Exkursionsflora von Österreich

| | |
|---|---|
| HK. | Hochkönig (S) |
| HSCH. | Hochschwab (St) |
| Ⓘ | Innsbruck (Nord-T) |
| Jaunt. | Jauntal (K) |
| K | Krems (N) |
| **K** | Kärnten |
| Ⓚ | Klagenfurt (K) |
| K.-GEB. | Kaiser-Gebirge (Nord-T) |
| Ki | Kitzbühl (Nord-T) |
| KITZB.A. | Kitzbühler Alpen (Nord-T) |
| Ku | Kufstein (Nord-T) |
| Ⓛ | Linz (O) |
| L | Lienz (Ost-T) |

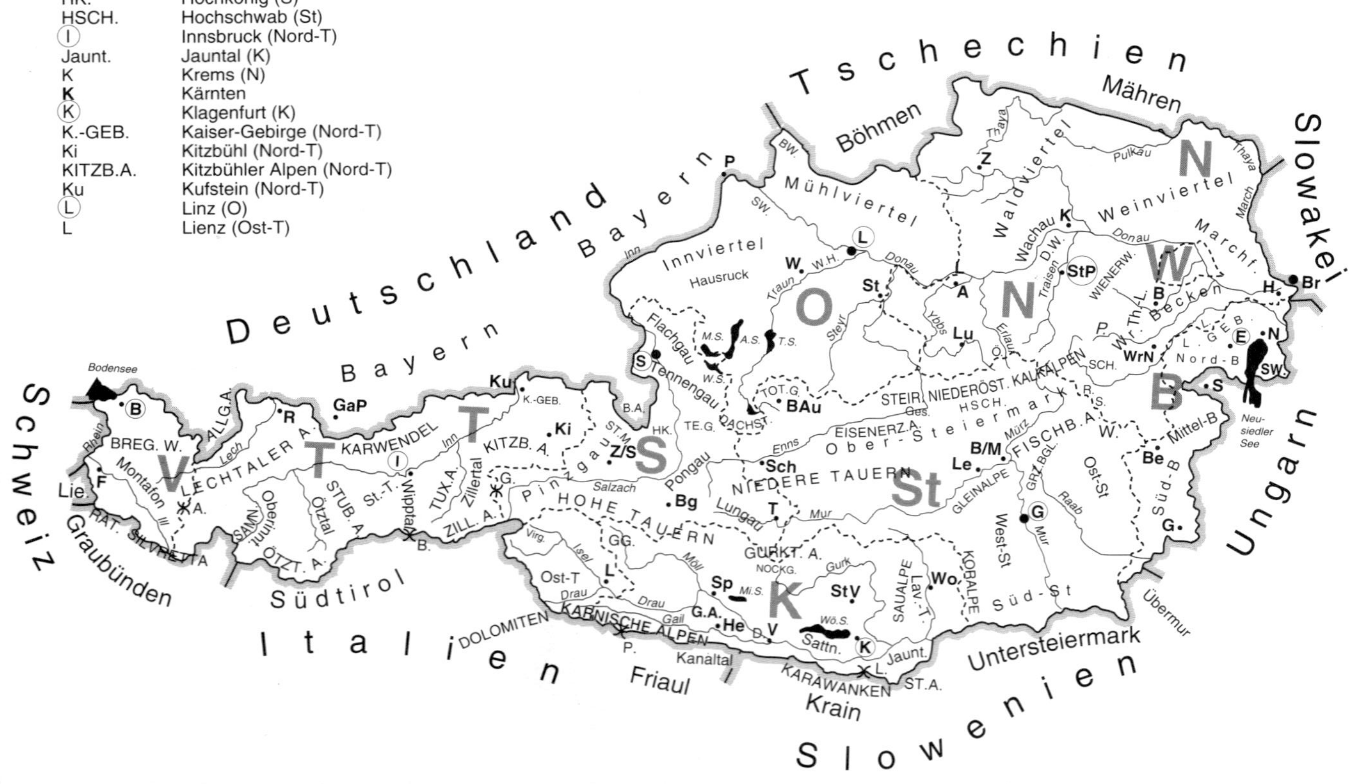

# Exkursionsflora von Österreich

Bestimmungsbuch für alle in Österreich wildwachsenden sowie die wichtigsten kultivierten Gefäßpflanzen (Farnpflanzen und Samenpflanzen) mit Angaben über ihre Ökologie und Verbreitung

Bearbeitet von

Wolfgang Adler, Karl Oswald, Raimund Fischer

sowie

Manfred A. Fischer, Otto Knab, Elvira Hörandl, Wilfried R. Franz, Franz Grims, Bernhard Schubert, Franz Speta, Johannes Walter, Willibald Maurer, Franz Starlinger und Peter Englmaier

Redigiert und herausgegeben von

Manfred A. Fischer

510 Abbildungen

Verlag Eugen Ulmer
Stuttgart und Wien

Mit Beiträgen, Verbesserungen und Ergänzungen von

Astrid Blab, Peter Buchner, Christoph Dobeš, Detlef Ernet, Walter Forstner, Dietrich Fürnkranz, Gertrude Gölles, Josef Greimler, Walter Gutermann, Jan Kirschner, Christiane König, Walter Mucher, Gerfried H. Leute, Helmut Melzer, Harald Niklfeld, Adolf Polatschek, Martin Röser, Johannes Saukel, Luise Schratt-Ehrendorfer, Robert Steinwendtner, Herwig Teppner, Walter Till, Ernst Vitek, Susanne Wagner, Helmut Wittmann, Arnold Zimmermann

Die Abbildungen zeichneten Gabriele Hofer-Sabek und Anton Igersheim

sowie

Wolfgang Adler, Peter Englmaier, Manfred A. Fischer, Monika Goldfuß, Karl und Lisbeth Oswald und Franz Speta

Die Deutsche Bibliothek – CIP-Einheitsaufnahme

**Exkursionsflora von Österreich** : Bestimmungsbuch für alle in Österreich wildwachsenden sowie die wichtigsten kultivierten Gefässpflanzen (Farnpflanzen und Samenpflanzen) mit Angaben über ihre Ökologie und Verbreitung / red. und hrsg. von Manfred A. Fischer. Bearb. von Wolfgang Adler . . . [Die Abb. zeichneten Gabriele Hofer-Sabek . . .]. – Stuttgart ; Wien : Ulmer, 1994
ISBN 3-8001-3461-6
NE: Fischer, Manfred A. [Hrsg.]; Adler, Wolfgang [Bearb.]


Wollgrasweg 41, 70599 Stuttgart (Hohenheim)
Printed in Austria
Einbandgestaltung: Alfred Krugmann
Gesamtherstellung: Druck- und Verlagshaus Styria, Graz

Seit ich deinen Namen kenne,
Blümchen, lieb ich dich!

Fernöstliche Weisheit
(Nach einem Haiku von Teiji)

So erfreulich auch dieser Umschwung ist, so hat er doch für die nächste Gegenwart ein gewisses vielleicht nicht immer gerechtes Misstrauen gegen alle frühern Leistungen geweckt und damit das Bedürfnis hervorgerufen, alles vom Grunde aus neu zu untersuchen. Auf solche Art ist die Fytografie in das Stadium allgemeiner Gährung getreten, und es könnte scheinen, der Zeitpunkt zur Herausgabe einer Specialflora sei unter diesen Umständen schlecht gewählt. Allein da käme man nie zu Ende, weshalb ich es für besser hielt, das bisher Bekannte schon jetzt den Freunden der Botanik zur Benützung anzubieten.

Wien, den 16. November 1858. August Neilreich

(Ende der „Vorrede“ in Neilreichs „Flora von Nieder-Österreich“, 1859.)

# Vorwort

Dies ist – so unglaublich es klingt – das erste Gefäßpflanzen-Bestimmungsbuch für unsere heuer 76 Jahre alt werdende Republik Österreich, das alle auf ihrem Gebiet wildwachsenden Arten behandelt. Denn die „Exkursionsflora für Österreich und die ehemals österreichischen Nachbargebiete" von KARL FRITSCH (3. und letzte Aufl. 1922; unveränderter Nachdruck 1973) und die „Schulflora für Österreich (und die angrenzenden Gebiete der Alpen- und Sudetenländer sowie des Küstenlandes bis Triest)" von ANTON HEIMERL (1. Aufl. 1903, 2. Aufl. 1912, unveränderte 3. Aufl. 1923) berücksichtigen zwar insgesamt ein wesentlich größeres Gebiet als das heutige Österreich, aber nicht das Burgenland. Beide Bestimmungswerke waren wohl für die damalige Zeit sehr gut, sind aber heute zwangsläufig veraltet. Das bis jetzt verwendete Schul-Bestimmungsbuch „Pflanzen der Heimat" von K. U. F. SCHWAIGHOFER (49. und letzte Auflage 1972, vergriffen) bringt nicht mehr als eine – zudem recht fragwürdige – Auswahl an Arten aus der Flora des zentralen Mitteleuropa unter auffälliger Vernachlässigung der Alpen und des Pannonischen Gebiets, also gerade der österreichischen Besonderheiten.

Neben den traditionellen Bereichen Allgemeinbildung und Schule, Biologie, Pharmazie, Land- und Forstwirtschaft sind es heute vor allem die „Umweltfächer" Raumplanung und Landschaftsökologie, Natur- und Umweltschutz, die an einer nicht zu schwierigen Bestimmungsmöglichkeit aller in Österreich wachsenden Farn- und Blütenpflanzen interessiert sind. Nicht zuletzt sind es aber – jenseits der genannten professionellen Botanik-Interessenten – in wachsender Zahl Menschen, die einfach aus Freude an der Natur unsere heimischen Pflanzen näher kennenlernen wollen: ihnen ganz besonders widmen wir dieses Buch. Diesen Pflanzen- und Naturfreunden und -freundinnen aus allen Bevölkerungsschichten wird es auch in erster Linie zu danken sein, wenn es gelingen sollte, der weiteren Zerstörung der Natur Einhalt zu gebieten. Denn was man nicht kennt, kann man im Grunde weder schätzen noch schützen.

Die Erforschung der österreichischen Gefäßpflanzenflora ist in den vergangenen mehr als 70 Jahren, seit FRITSCH und HEIMERL, weder abgeschlossen worden noch zum Stillstand gekommen. Wir verfügen heute über bessere und tiefere Einsichten nicht nur in das Leben der in Österreich wildwachsenden Pflanzen, sondern in die Organismenwelt überhaupt. So wissen wir mehr über die Verwandtschaftsverhältnisse der Familien, Gattungen, Arten und Unterarten, und daraus ergeben sich gegenüber den älteren Werken mannigfache Änderungen bei der Definition und Umgrenzung dieser Einheiten (= Taxa). Früher unerkannte Sippen (auch Arten!) lassen sich mittlerweile erfassen und unterscheiden, manche „Arten" früherer Auffassung hingegen halten den heutigen Maßstäben nicht stand (Näheres dazu auf S. 28 ff.).

Außerdem hat sich die Flora gerade in den letzten Jahrzehnten nicht unwesentlich verändert. Vor allem als Folge immer gewaltigerer Eingriffe des Menschen sind nicht wenige Arten sehr selten geworden oder sogar ausgestorben. Einige neue Arten sind eingewandert, die z. T. allerdings das Verschwinden heimischer beschleunigen.

Wesentliche Fortschritte unserer Kenntnisse seit der letzten Auflage der Exkursionsflora von FRITSCH betreffen aber vor allem die Lebensweise der Pflanzen, ihr Verhalten und ihre Verteilung im Lebensraum, also **Ökologie und Vegetationskunde**. (Angaben über die Lebensräume, die Standortsverhältnisse der einzelnen Arten fehlen bei FRITSCH und HEIMERL völlig.) Diese inzwischen entstandenen neueren Forschungsgebiete innerhalb der Botanik haben das Verständnis für die Rolle und Verteilung der verschiedenen Arten in der Biosphäre, in den Lebensräumen (→ Ökosystemen*, → Ökotopen, → Biotoptypen) vertieft. Insbesondere die **Pflanzensoziologie** hat die Bedingungen und Gesetzmäßigkeiten des natürlichen Vorkommens, der Lebensumstände, des gemeinsamen oder eben nicht gemeinsamen Auftretens der Pflanzensippen verstehen gelehrt. Schließlich hat sich auch die Kenntnis der **Verbreitung** der einzelnen Sippen in ihrem Gesamtareal (**Chorologie** = Arealkunde), in Europa und in Österreich wesentlich verfeinert.

Während es für die auffälligeren, häufigeren und weiter verbreiteten Arten der Wälder, Wiesen und Äcker, aber auch des Hochgebirges wenigstens einige – mehr oder weniger gute – Bildbände gibt, hat bisher eine Bestimmungsmöglichkeit für alle Arten, auch für die unscheinbareren und für die weniger prominenten unter den Seltenheiten, gänzlich gefehlt. Vor allem für die Pflanzen in den leider etwas vernachlässigten östlichen trocken-warmen („pannonischen") Gebieten (östliches Niederösterreich und nördliches Burgenland), für die endemischen Arten der östlichen Alpenteile sowie für die Flora der südlichen Alpenketten Kärntens und Osttirols hat es bislang keine leicht zugängliche Bestimmungsliteratur gegeben. Die bisher verwendeten Bestimmungsbücher beziehen sich entweder überhaupt nicht auf Österreich, oder sie behandeln nur einen Teil des Bundesgebietes oder nur eine Auswahl an Arten (siehe Literaturverzeichnis auf S. 1050). Ein Buch, das nur einzelne ausgewählte Arten behandelt, muß jedoch zwangsläufig zu unsicheren Bestimmungsergebnissen führen. So wie auch die besten Abbildungen in den schönsten „Bilderbüchern" ohne entsprechenden Text meist Unklarheiten bestehen lassen, die dem Benützer oft gar nicht bewußt werden.

Das gesamte Bundesgebiet der Republik Österreich wurde bisher lediglich von den folgenden drei umfassenderen Werken mitberücksichtigt: a) von der umfangreichen, vielbändigen, von G. HEGI begründeten „Illustrierten Flora von Mitteleuropa" (1. Auflage 1906–1931, veraltet; 2. Auflage ab 1935 und 3. Aufl. ab 1979; diese beiden neueren Auflagen sind jedoch noch recht unvollständig); b) von der eigenwilligen und längst vergriffenen „Flora von Nord- und Mitteleuropa" von F. HERMANN (Stuttgart, 1956); c) von der fünfbändigen „Flora Europaea" (Eds. TUTIN & al., Cambridge / U. K., 1964–1980, in englischer Sprache)**.

Sowohl die Flora Europaea – übrigens das erste einen ganzen Kontinent umspannende Pflanzenbestimmungsbuch – als auch besonders die in den letzten 30 Jahren entstandenen Verbreitungsatlanten (z. B. der Britischen Inseln, Belgiens, der Niederlande, nordeuropäischer Länder, der Schweiz, der ehemaligen Bundesrepublik Deutschland und neuerdings der beiden süddeutschen Bundesländer; → Literaturverzeichnis S. 1050) sowie die Abfassung und Verbesserung moderner Florenwerke der meisten europäischen Länder und in jüngster Zeit auch die Notwendigkeit der Schaffung von „Roten Listen" (Verzeichnissen der infolge Umweltzerstörung selten werdenden und vom Aussterben bedrohten Arten) und der Biotopkartierung haben die floristische Forschung angeregt und vorangebracht. Ein Atlas der exakten Verbreitung aller Pflanzenarten Österreichs (NIKLFELD & al.) steht vor der Fertigstellung (ein Verbreitungsatlas für das Land Salzburg erschien 1987: WITTMANN & al.; einer für Kärnten erschien kürzlich: HARTL, KNIELY, LEUTE, NIKLFELD & PERKO 1992).

---

* Alle Fachausdrücke – insbesondere die mit dem → versehenen – werden im Glossar (S. 1067) erklärt!

** Die 1993 erschienene 2. Aufl. von Band 1 konnten wir leider nicht mehr voll berücksichtigen.

Es gibt übrigens kein einziges Nachbarland Österreichs, das nicht über eine neuere Flora (Pflanzenbestimmungsbuch) verfügt (→ Literaturverzeichnis S. 1050), und auch im übrigen Europa gibt es fast kein Land ohne ein modernes nationales Florenwerk!

Die Wichtigkeit eines Bestimmungswerkes für die in Österreich wachsenden Pflanzen machen auch einige Zahlen deutlich: Von der Flora des Nachbarstaates Deutschland (dessen Bestimmungsbücher bei uns bisher notgedrungen viel verwendet wurden) unterscheidet sich jene des wesentlich kleineren Österreich nicht unbeträchtlich: Von den insgesamt etwa 3300 Arten bzw. Unterarten Österreichs fehlen in Deutschland rund 800 (wogegen umgekehrt nur etwa 500 Arten bzw. Unterarten zwar in Deutschland, nicht aber in Österreich vorkommen). Dieser somit absolut größere floristische Reichtum unseres kleinen Landes ist begründet – zu fast gleichen Teilen – in der → pannonischen Flora, in der Flora der Südalpen (besonders in Süd-Kärnten), in den ostalpisch-karpatisch verbreiteten Sippen und in der reichen Flora der hauptsächlich silikatischen Zentralalpen sowie nicht zuletzt in den Endemiten (insbesondere jenen der nordöstlichen Kalkalpen, von denen viele nicht bis nach Bayern reichen, und jenen der östlichen Zentralalpen; → S. 110ff.). Schließlich gibt es auch einige allgemein „südlichere“ Arten, wie etwa das Muschelblümchen / *Isopyrum thalictroides*, das zwar in fast allen österreichischen Bundesländern vorkommt, in ganz Deutschland hingegen an keinem einzigen Punkt.

Ein umfangreicheres wissenschaftliches Bestimmungsbuch, das alle neuen Forschungsergebnisse über die österreichische Flora zusammenfaßt, ist längst überfällig. Eine derartige sogenannte „kritische“ Flora ist gegenwärtig in Arbeit (Projekt „Flora von Österreich“, am Institut für Botanik der Universität Wien), die Fertigstellung wird aber noch mehrere Jahre benötigen, um nicht nur die in der Spezialliteratur verstreuten Befunde über Systematik, Ökologie, Verbreitung usw. zu sammeln, sondern sie vor allem kritisch zu sichten und zu überprüfen, die Angaben aus den Nachbarländern zu berücksichtigen und nicht zuletzt aber auch durch eigene Forschungsarbeit etliche besonders störende Kenntnislücken zu schließen. Diese künftige, größere „Flora von Österreich“ wird zu den einzelnen Taxa (insbesondere Familien, Gattungen, Arten und Unterarten) auch alle jene sogen. → Weiteren Angaben enthalten, die im vorliegenden Buch fehlen oder nur knapp angedeutet werden können: Chromosomenzahlen, Gesamtverbreitung, Bindung an Pflanzengesellschaften, Öko-Zeigerwerte, weitere Hinweise auf Fortpflanzungsbiologie, Lebensformen, chemische Inhaltsstoffe, Ethnobotanik usw. sowie auf die Spezialliteratur.

Um die Wartezeit auf diese wissenschaftliche „Flora von Österreich“ zu überbrücken und dabei die weitere floristische Erforschung unseres Landes zu fördern, hat eine kleine Gruppe unter unseren erfahrensten Amateurbotanikern (denen sich in der Folge zahlreiche Berufsbotaniker angeschlossen haben) das vorliegende Buch zusammengestellt, gleichsam als vorweggenommene Kurzfassung des wissenschaftlichen Werkes. Das so zustande gekommene vorliegende Bestimmungsbuch kann natürlich eine wissenschaftliche Flora in keiner Weise ersetzen und muß deshalb – nach streng wissenschaftlichen Maßstäben – bis zur Fertigstellung eines solchen Werkes ein Provisorium bleiben. Dennoch entspricht es in vieler Hinsicht und im großen und ganzen dem heutigen Kenntnisstand und möge damit einem weiten Kreis von Benützern dienlich sein, wendet es sich doch nicht nur an Fachbiolog/inn/en, sondern an alle, die die österreichische Pflanzenwelt kennenlernen wollen oder rasche Information über die in Österreich wildwachsenden Arten brauchen.

Das ideelle Verdienst, das sich die Autoren mit ihrer von großer Sachkenntnis und Begeisterung getragenen Arbeit an diesem Buch erworben haben, kann gar nicht hoch genug bewertet werden. Da die rasche Fertigstellung des Buches ein wesentliches Ziel war, mußte (außer in Einzelfällen) grundsätzlich und bewußt darauf verzichtet werden, die neuere Spezialliteratur vollständig auszuwerten. Dies schien auch insofern gerechtfertigt, als die gründliche, wissenschaftliche Bearbeitung ohnehin im Gange ist. Andererseits sind für einen großen Kreis von Pflanzenfreunden, aber auch von Fachbiologen und „angewandten Biologen“ (Forstleute, Landwirte, Gärtner, Imker, Kulturtechniker usw.), von Lehrern, Studenten und Schülern, von Ökologen, Umweltforschern, Biotopkartierern und Naturschützern detaillierte Kenntnisse auf dem aktuellsten Stand der Wissenschaft weniger vordringlich als ein Bestimmungs- und Nachschlagewerk, in dem alle Pflanzenarten des österreichischen Bundesgebietes in einigermaßen zeitgemäßer Form verzeichnet sind und damit auch eine gewisse Übersicht geboten wird, die es über eine so lange Zeit nicht gegeben hat. Das bisher notwendige mühsame Nachschlagen in mehreren verschiedenen und zum Teil schwer zugänglichen oder stark veralteten Werken kann nun wegfallen. Dieser Vorteil schien uns groß genug zu sein, um den Nachteil der etwas ungleichartigen und nicht in allen Punkten auf der vollen Höhe des aktuellen Wissensstandes befindlichen Darstellung in Kauf zu nehmen.

Zudem hoffen die Verfasser und der Herausgeber, daß dieses Bestimmungsbuch das Interesse an der österreichischen Flora anregen, deren weitere gründliche Erforschung fördern und dadurch mithelfen wird bei den gegenwärtig laufenden, langwierigen und mitunter schwierigen Arbeiten an jenem größeren Werk über die Flora Österreichs, dessen Unabdingbarkeit für den erfahrenen und anspruchsvollen Botaniker übrigens durch die Knappheit und die Beschränkungen dieser unserer hier vorliegenden „Überbrückungshilfe" unvermeidlicherweise klar zutagetritt.

Wir bitten die Benützerinnen und Benützer dieses Buches, uns alle Fehler, Mängel und Unklarheiten, alle Unzukömmlichkeiten und Lücken mitzuteilen und uns mit ihrer Kritik zu helfen, eine verbesserte Darstellung zu erreichen: dies sowohl im Hinblick auf die „große" Flora wie auch für eine etwaige künftige zweite Auflage des vorliegenden Bandes, die sich dann auch schon in beträchtlichem Ausmaß auf die Befunde der neuen wissenschaftlichen Flora wird stützen können.

Die Kenntnis unserer wildwachsenden Pflanzen ist grundlegend wichtig für fast alle biologischen Wissenschaften – seien sie nun „theoretische", die auf unser geistiges, oder „angewandte", die auf unser materielles Wohl bedacht sind. Vordringlich ist Pflanzenkenntnis heute aber auch für die Sorge, wie wir der fast allgegenwärtigen Naturverwüstung um uns herum Einhalt gebieten können – allein die Katastrophe des „Waldsterbens" muß uns aufrütteln! Nicht nur, daß unsere Wälder den Vergiftungstod sterben, es ist der Reichtum unserer ganzen Lebenswelt, der in erschreckender Weise im Schwinden begriffen ist. Die gesamte Biosphäre verarmt – nicht nur am Amazonas, sondern auch bei uns zuhause: 48% der Blütenpflanzenarten Österreichs sind laut Roter Liste (NIKLFELD & al. 1986) mehr oder weniger stark gefährdet oder gar vom Aussterben bedroht. Wir aber zerstören gedankenlos unsere Umwelt, nicht selten „bloß" durch stumpfsinniges Beibehalten alter Gewohnheiten, wir schieben leichtfertig die Verantwortung ab und neigen zu alledem noch dazu, die Lage zu verharmlosen und die Schuld immer bei den „anderen" zu suchen.

Zusätzlich zur kulturellen Verpflichtung, sich mit der Natur zu befassen, hat die Vertiefung in die Pflanzenwelt nicht ganz zuletzt eine immer wichtigere psychosoziale Dimension, ist eine uns Heutigen immer wertvoller werdende Möglichkeit, wenn nicht gar Notwendigkeit, den Belastungen durch eine einseitig materielltechnisch orientierte Zivilisation zu entfliehen in eine unermeßlich reiche Welt, aus der wir hervorgegangen sind und in der wir zu uns selber finden können.

Wir alle sind aufgerufen, die uns umgebende Pflanzenwelt, vor allem aber die schon sehr spärlich gewordenen naturnahen Lebensräume zu schonen und für unsere Nachkommen zu sichern. Eine Voraussetzung dafür ist allerdings das Kennenlernen dieser Natur. Möge dieses Buch somit ein kleiner Beitrag sein für die Erhaltung einer lebenswerten Welt!

Der Herausgeber M. A. F.

# Inhaltsübersicht

# Verzeichnis der Mitarbeiter

Eine Bestimmungsflora ist nie vollkommen perfekt und daher nie ganz fertig – so auch dieses Buch. Gerade deshalb bitten wir die Benützerinnen und Benützer dieser Exkursionsflora, uns mit ihrer **Kritik** an den Bestimmungsschlüsseln zu helfen, uns jenem unerreichbaren Ziel anzunähern, und uns zu diesem Zweck Fehler mitzuteilen und Verbesserungsvorschläge zu machen, entweder direkt an den zuständigen Autor bzw. die Autorin (bearbeitete Familie und Adresse im folgenden) oder an den Herausgeber.

Obwohl dieses Buch im wesentlichen ein Gemeinschaftswerk ist, haben wir uns die Arbeit aufgeteilt, und zwar so, daß die einzelnen Autor/inn/en insbesondere folgende Abschnitte erstellt bzw. Themen bearbeitet haben:

WOLFGANG ADLER: Mitarbeit an der Konzeption des Buches; sämtliche Hauptschlüssel; *Adoxaceae, Alismataceae, Alliaceae* (mit F. SPETA), *Amaryllidaceae, Aquifoliaceae, Araceae, Aristolochiaceae, Araliaceae, Anacardiaceae, Apiaceae, Apocynaceae, Asclepiadaceae, Asparagaceae, Asphodelaceae, Balsaminaceae, Berberidaceae, Boraginaceae, Brassicaceae, Buddlejaceae, Butomaceae, Buxaceae, Callitrichaceae, Caryophyllaceae, Ceratophyllaceae, Colchicaceae, Cornaceae, Cyperaceae* (außer *Carex*), *Dipsacaceae, Elatinaceae* (mit L. SCHRATT), *Elaeagnaceae, Empetraceae, Grossulariaceae, Haloragaceae, Hemerocallidaceae, Hippocastanaceae, Hippuridaceae, Hyacinthaceae* (mit F. SPETA), *Hydrangeaceae, Hydrocharitaceae, Iridaceae, Juglandaceae, Juncaceae, Juncaginaceae, Lamiaceae, Lemnaceae, Lentibulariaceae, Liliaceae, Loranthaceae, Melanthiaceae, Menyanthaceae, Najadaceae, Nymphaeaceae, Onagraceae* (außer *Circaea* u. *Oenothera*; *Epilobium* mit M. A. FISCHER), *Orobanchaceae, Oxalidaceae, Paeoniaceae, Papaveraceae, Parnassiaceae, Phytolaccaceae, Poaceae, Polemoniaceae, Polygalaceae, Polygonaceae* (außer *Polygonum), Populus, Portulacaceae, Potamogetonaceae, Primulaceae, Pyrolaceae* (mit M. A. FISCHER u. N. SAUBERER), *Rosaceae* (außer *Rubus* u. *Alchemilla*), *Rubiaceae, Rutaceae, Santalaceae, Saxifragaceae, Scheuchzeriaceae, Simaroubaceae, Sparganiaceae, Staphyleaceae, Tamaricaceae, Thymelaeaceae, Tiliaceae, Trapaceae, Typhaceae, Valerianaceae, Verbenaceae, Violaceae, Vitaceae, Xanthium, Zannichelliaceae*; Ergänzungen und Verbesserungen zu allen übrigen Familien; Verbreitungsangaben für Wien; verschiedene redaktionelle Arbeiten. – (W. A.: Schönbrunner Straße 67, A-1050 Wien.)

ASTRID BLAB: Korrekturen zu *Quercus, Fraxinus, Taraxacum*. – (Cand. biol. A. B., Wien.)

PETER BUCHNER: Durchsicht des ganzen Buches; zahlreiche Verbesserungen und Ergänzungen, besonders in den Schlüsseln. – (Prof. Mag. P. B., Pitten.)

CHRISTOPH DOBEŠ: *Potentilla verna agg.*, Ergänzungen zu *Pulmonaria*. – Mag. C. D., Wien.)

PETER ENGLMAIER: *Festuca, Puccinellia*. – (Univ.-Ass. Dr. P. E., Wien.)

DETLEF ERNET: Verbesserungen zu den *Valerianaceae*. – (W. OR. Dr. D. E., Graz.)

MANFRED A. FISCHER: Konzeption und Redaktion des Buches; ein- und ausleitende Kapitel; *Lycopodiaceae, Selaginellaceae, Isoetaceae, Ginkgoaceae, Taxodiaceae, Magnoliaceae, Fumariaceae, Prunus subg. Prunus, Mimosaceae, Epilobium* (mit W. ADLER), *Astrantia* (mit W. ADLER), *Pyrolaceae* (mit W. ADLER u. N. SAUBERER), *Tropaeolaceae, Zygophyllaceae, Scrophulariaceae* (außer *Euphrasia*), ± oberflächliche Durchsicht aller übrigen Familien; verantwortlich für alle Schwächen, Mängel und Fehler des Buches. – (Univ.-Prof. Dr. M. A. F.: Institut für Botanik der Universität Wien, Rennweg 14, A-1030 Wien.)

RAIMUND FISCHER: *Asteraceae, Ranunculaceae*; Angaben über gesetzlichen Naturschutz. – (OStR. Prof. R. F.: Kühweg 6, A-2753 Markt Piesting.)

WALTER FORSTNER: *Amaranthus, Oenothera, Polygonum*; Verbesserungen einzelner weiterer Gattungen wie *Oxalis, Aster, Galinsoga* u. a.; unbeständige Sippen; Verbreitungsangaben für Wien. – (W. F., Wien u. Streithofen.)

WILFRIED R. FRANZ: Überprüfung und Ergänzung der Angaben zur Standortsökologie und Pflanzensoziologie; einleitendes Kapitel über Pflanzensoziologie und die Vegetation Österreichs (mit M. A. FISCHER). – (Prof. Mag. Dr. W. R. F., Klagenfurt-Viktring.)

DIETRICH FÜRNKRANZ: Einleitungskapitel über Blüten- und Fruchtökologie; Durchsicht anderer Einleitungskapitel. – (Univ.-Prof. Dr. D. F., Salzburg.)

GERTRUDE GÖLLES: Überprüfungen und Verbesserungen im ganzen Buch; Mithilfe bei der Auswahl der Abbildungen und der Erstellung der Register. – (Prof. Dr. G. G., Wien.)

JOSEF GREIMLER: *Gentianella*; Überprüfungen bei den *Caryophyllaceae*. – (Univ.-Ass. Dr. J. G., Wien.)

FRANZ GRIMS: *Alchemilla*; einige weitere Verbesserungen. – (Prof. F. G., Taufkirchen/Pram.)

WALTER GUTERMANN: Verbesserungen bei mehreren Gattungen; zahlreiche taxonomische und nomenklatorische Verbesserungen, vor allem die Aktualisierung der akzeptierten Taxonomie und Nomenklatur. – (Univ.-Ass. Univ.-Lekt. Dr. W. G., Wien.)

ELVIRA HÖRANDL: *Ophioglossaceae, Thelypteridaceae, Dryopteridaceae, Blechnaceae; Cistaceae, Salix*; einige Abbildungen bei den Farnen; Verbesserungen zu einigen weiteren Gattungen. – (Univ.-Lekt. Ass. Mag. Dr. E. H., Wien.)

JAN KIRSCHNER: Verbesserungen zu *Taraxacum* und *Luzula*. – (Dr. J. K., Průhonice u Prahy.)

OTTO KNAB: *Caesalpiniaceae, Fabaceae*; Durchsicht einiger weiterer Familien. – (O. K.: Spittelauer Platz 4/7/11, A-1090 Wien.)

CHRISTIANE KÖNIG: *Biscutella*; EDV-Unterstützung. – (Univ.-Lekt. Ass. Dipl.-Ing. Dr. Ch. K., Wien.)

GERFRIED H. LEUTE: Verbesserungen bei einigen Gattungen; einige Verbreitungsangaben für Kärnten. – (ORR. Dr. G. H. L., Klagenfurt.)

WILLIBALD MAURER: *Rubus*; Durchsicht mehrerer Familien und besonders Überprüfung der Verbreitungsangaben für Steiermark. – (RegR. W. M., Graz.)

HELMUT MELZER: Durchsicht das ganzen Buches; zahlreiche Verbesserungen und Ergänzungen; Überprüfung der Verbreitungsangaben insbesondere für Steiermark, aber auch für Kärnten und Burgenland. – (OStR. Prof. Mag. H. M., Zeltweg.)

WALTER MUCHER: *Aconitum, Delphinium*. – (Ass. Mag. W. M.: Graz u. Bruck/Mur.)

HARALD NIKLFELD: Zahlreiche Verbesserungen, insbesondere zu den einleitenden Kapiteln über Vegetation, Verbreitung und Flora, zu etlichen Taxa und zu deutschen Namen; Überprüfung der Verbreitungsangaben für Kärnten. – (Univ.-Prof. Dr. H. N., Wien.)

KARL OSWALD: Mitarbeit an der Konzeption des Buches; Mitarbeit beim Morphologie/Phytographie-Kapitel, Überprüfung der Hauptschlüssel; *Aceraceae, Betulaceae, Campanulaceae, Caprifoliaceae, Cyperaceae: Carex, Celastraceae, Convolvulaceae, Crassulaceae, Cucurbitaceae, Cupressaceae, Cuscutaceae, Droseraceae, Ericaceae, Euphorbiaceae, Fagaceae, Gentianaceae, Geraniaceae, Globulariaceae, Hypericaceae, Linaceae, Lythraceae, Malvaceae, Menyanthaceae, Oleaceae, Pinaceae, Plantaginaceae, Resedaceae, Rhamnaceae, Solanaceae, Taxaceae, Ulmaceae, Urticaceae*; Überprüfungen und Verbesserungen bei zahlreichen weiteren Familien. – (ObInsp. K. O.: Babenbergerstraße 19, A-3180 Lilienfeld.)

ADOLF POLATSCHEK: Verbesserungen bei *Erysimum, Cardaminopsis, Thlaspi, Phyteuma*; Überprüfung der Verbreitungsangaben für Tirol und Vorarlberg. – (W. OR. Dr. A. P., Wien.)

MARTIN RÖSER: *Plumbaginaceae*; Verbesserungen bei *Helictotrichon, Avenula*. – (Ass. Dr. M. R., Wien.)

JOHANNES SAUKEL: *Achillea millefolium agg*. – (Univ.-Doz. Dr. J. S., Wien.)

LUISE SCHRATT(-EHRENDORFER): *Elatinaceae*; Verbreitungsangaben und Gefährdungsgrad für Niederösterreich; zahlreiche sonstige Hinweise u. Verbesserungen, u. a. zu den Wasserpflanzen-Taxa. – (Univ.-Lekt. Univ.-Ass. Dr. L. SCH., Wien u. St. Georgen/Längsee.)

BERNHARD SCHUBERT: *Orchidaceae*. - (Mag. B. SCH.: Hausenbach 48, A-3121 Karlstetten.)

FRANZ SPETA: *Alliaceae* (mit W. ADLER), *Hyacinthaceae* (mit W. ADLER); Verbesserungen bei *Microrrhinum* und *Misopates*. – (W. OR. Univ.-Doz. Dr. F. S., Linz.)

FRANZ STARLINGER: *Adiantaceae, Aspleniaceae, Dennstaedtiaceae, Equisetaceae, Marsileaceae; Circaea, Fragaria, Spiraea, Molinia*. – (Univ.-Lekt. Dipl.-Ing. F. ST., Wien.)

ROBERT STEINWENDTNER: Überprüfung der pharmazeutischen Angaben; Durchsicht bezüglich oberösterreichischer Arten. – (Mag. pharm. R. ST., Steyr.)

HERWIG TEPPNER: Mitarbeit beim Abschnitt über die morphologische Terminologie; Verbesserungen bei *Nigritella*. – (Univ.-Prof. Dr. H. T., Graz.)

WALTER TILL: Ergänzungen zu den *Vitaceae* und zu *Lilium*. – (Univ.-Lekt. Ass. Dr. W. T., Wien.)

ERNST VITEK: *Carlina, Euphrasia*. – (Univ.-Lekt. Ass. Dr. E. V., Wien.)

SUSANNE WAGNER: Durchsicht fast aller Familien; Überprüfung von Verbreitungsangaben für Kärnten und Oberösterreich. – (S. W., Windischgarsten.)

JOHANNES WALTER: *Chenopodiaceae*, Mitwirkung bei *Amaranthus, Polygonaceae* u. a. – (Mag. J. W., Wien.)

HELMUT WITTMANN: Durchsicht etlicher Familien; Beiträge zu *Festuca*; Verbesserungen der Schlüssel und der Verbreitungsangaben, besonders des Bundeslandes Salzburg. – (Dr. H. W., Salzburg.)

ARNOLD ZIMMERMANN: Durchsicht einiger Familien, Verbesserung einiger pflanzensoziologischer Angaben. – (Dr. A. Z., Graz.)

Zusätzlich zu diesen Autoren und Autorinnen haben sich noch mehrere weitere Botaniker/innen und Pflanzenkenner/innen in den Dienst dieses Werkes gestellt, indem sie uns mit ihrem Wissen und ihrer Erfahrung unterstützt haben, und zwar die meisten – ebenso wie übrigens alle Haupt-Autoren – außerberuflich, in ihrer Freizeit, aus Begeisterung an der österreichischen Pflanzenwelt. Zu allererst haben wir unseren Dank abzustatten an Frau Mag. SUSI WALLNÖFER (Meran u. Wien) und an Frau cand. phil. [inzw. Dr.] VERONIKA WALZ (Wien), die mit großer Genauigkeit und Sorgfalt den schwierigen Schriftsatz (PC-Text) erstellt haben und denen auch nicht wenige sachliche und formale Verbesserungen zu verdanken sind. Für mannigfache Ratschläge, Auskünfte, Korrekturen und die Bearbeitung kleinerer Taxa und einzelner Arten sind wir ferner zu großem Dank verpflichtet: Frau Univ.-Prof. Dr. MARIJA BEDALOV (Zagreb; *Arum*), Herrn GERALD BRANDSTÄTTER (Linz; *Hieracium*), Herrn cand. biol. GREGOR DIETRICH (Wien; *Crocus*), Herrn Univ.-Prof. Dr. FRIEDRICH EHRENDORFER (Wien; Rubiaceen, Dipsacaceen, Anthemideen), Frau Dr. BRIGITTA ERSCHBAMER (Innsbruck; *Carex curvula subsp. rosae*), Frau Doz. Dr. VIERA FERÁKOVÁ (Bratislava; *Lactuca*), Herrn KURT FITZ (Wien), Herrn SIGURD FRÖHNER (Nossen bei Dresden; *Alchemilla*), Herrn Dr. HELMUT GENAUST (Waldkirch), Herrn Prof. Dr. ALEXANDER GILLI (Wien), Frau MONIKA GOLDFUSS (Piesting; einige Abb.), Herrn MAX HABERHOFER (Wien; *Carex*), Herrn Dr. FRANZ HADAČEK (Wien; *Peucedanum*), Herrn Univ.-Doz. Dr. PAUL HEISELMAYER (Salzburg), Frau VERONIKA HOBIGER (Wien), Herrn Univ.-Prof. Dr. WOLFGANG HOLZNER (Wien; Malherbo- u. Japanologie), Herrn Univ.-Prof. Dr. ERICH HÜBL (Wien), Herrn dipl. biol. NEJC JOGAN (Ljubljana; Poaceen), Herrn cand. biol. CHRISTOPH JUSTIN (Wien; Serpentinflora), Herrn Univ.-Doz. Dr. GERHARD KARRER (Wien), Herrn Mag. ANDREAS KÄSTENBAUER (Wien; mathematische Komponente des Mehrwegschlüssels der Umbelliferen), Herrn Mag. pharm. JOSEF KIEM (Bozen), Herrn Dr. ERICH KLEIN (Canterbury/U. K.; *Nigritella*), Herrn Mag. FRIEDRICH KOFLER (Klagenfurt), Herrn OR. Dr. FRANZ KRENDL (Wien; *Galium, Ononis*), Herrn Dipl.-Ing. PETER LECHNER (Wien; *Sempervivum, Jovibarba*), Herrn Dr. KAROL MARHOLD (Bratislava; *Cardamine*), Herrn Prof. Dr. ZBIGNIEW MIREK (Kraków; *Camelina*, Lein-Beikräuter), Herrn Dr. JOHANNES D. NAUENBURG (Bielefeld u. Rostock; *Viola sect. Melanium*), Herrn Mag. Dr. GERHARD PILS (Linz; Vbr. in Oberösterreich u. a.), Frau W. OR. Dr. HELGA PITTONI (Graz; *Leontodon*), Herrn Hofrat Univ.-Prof. Dr. KARL-HEINZ RECHINGER (Wien), Herrn Mag. WERNER REHAK (Wien), Herrn cand. biol. FRANZ REINER (Frauenkirchen u. Wien; *Melampyrum*), Herrn KARL ROBATSCH (Viktring; *Epipactis*), Herrn cand. biol. NORBERT SAUBERER (Wien; Genisteen, Pyrolaceen), Frau Ass.-Prof. Dr. EVA SCHÖNBECK-TEMESY (Wien), Herrn Ing. GEORG SCHRAMAYR (Wien; *Arum*), Herrn [Univ.-]Prof. Dr. GERHARD WAGENITZ (Göttingen), Herrn Dr. BRUNO WALLNÖFER (Wien; *Carex*), Herrn [Univ.-]Prof. DDr. HEINRICH E. WEBER (Oldenburg/Vechta; *Rubus*), Frau Dr. MARTINA WEBER (Wien u. Lebenbrunn; Computertechnik u. v. a.), Herrn Dr. KLAUS WERNER (Halle/Saale), Herrn PETER WOLFF (Dudweiler; *Lemnaceae*), Frau BEATRIX WORBIS (Krems), Herrn Univ.-Prof. Dr. TONE WRABER (Ljubljana). – Für das Erproben der Schlüssel und das Aufspüren etlicher Fehler und Verbesserungsmöglichkeiten sind wir folgenden Botanik-StudentInnen dankbar: ASTRID BLAB, GREGOR DIETRICH, THORSTEN ENGLISCH, GERHARD JAKUBOWSKY, HELMUT SCHAFFER, ANDREAS TRIBSCH, HERMANN VOGLMAYR. – Zu danken haben wir auch dem Fonds zur Förderung der wissenschaftlichen Forschung und der Österreichischen Akademie der Wissenschaften, die durch die finanzielle Ermöglichung bzw. Unterstützung der Arbeiten an der kritischen Flora von Österreich damit in indirekter Weise auch dieses Buch gefördert haben. – Nicht zuletzt sind wir Herrn ROLAND ULMER, unserem verständnisvollen Verleger, und den Herren D. KLEINSCHROT und J. SPRENZEL (Ulmer-Verlag) sowie den Herren Ing. E. HOLASEK und E. HARRER von der Druckerei Styria (Graz) zu großem Dank verpflichtet.

# Einleitung

In erster Linie macht es das vorliegende Bestimmungsbuch möglich, die taxonomische Identität einer Pflanze, d. h. die Pflanzensippe (Familie, Gattung, Art ...) und ihren Namen festzustellen. Dieser Name ist die Voraussetzung für die Erlangung jedweder weiteren Information über die betreffende Pflanze. Der Name soll aber nicht Selbstzweck sein. Unser Buch bietet daher Angaben nicht nur über das Aussehen aller in Österreich wild wachsenden Pflanzensippen, sondern ebenso über deren ökologisches Verhalten (Lebensdauer, Blütezeit, Vorkommen, Zeigerwert für Standortseigenschaften usw.), über Häufigkeit und Verbreitung innerhalb Österreichs (fallweise auch darüber hinaus) und auch über eine etwaige Verwendung durch den Menschen (als Arzneipflanze, Wildgemüse usw.) (Näheres auf S. 170 f.). Das Buch soll aber auch Anregung und Anleitung zu näherer Beschäftigung mit unseren wildlebenden Pflanzen und der Pflanzenkunde überhaupt bieten und die Freude an deren Studium vertiefen.

Im Vordergrund stehen die vollständig erfaßten **wildwachsenden** Arten, seien sie nun ureinheimisch oder im Laufe (prä)historischer Zeiten zugewandert und nun eingebürgert (wie z. B. seit der Jungsteinzeit viele Arten der Ackerlandschaft oder die erst in der Neuzeit aus Übersee eingeschleppten sogenannten Neubürger). Zusätzlich wurden bewußt auch die allerhäufigsten im Freien angepflanzten (**kultivierten**) fremdländischen **Zier- und Nutzpflanzen** in die Bestimmungsschlüssel aufgenommen oder zumindest als Anmerkung erwähnt. Abgesehen davon, daß bei den kultivierten Arten Vollständigkeit prinzipiell unmöglich ist, gibt es in den Gärten und Parkanlagen so viele fremde Gehölze, Kräuter und Gräser, daß sich deren auch nur annähernd vollständige Berücksichtigung in einem Buch, das hauptsächlich der eigentlichen Natur gewidmet ist, von selbst verbietet. Andererseits stehen uns allen – auch dem Freund der echten, unverfälschten, „wilden" Natur – die Geschöpfe der Kultur, also etwa die wichtigsten landwirtschaftlichen Nutzpflanzen, die häufigsten forstlich genutzten Fremdhölzer („Gasthölzer") und schließlich auch die allerbeliebtesten Zierpflanzen so nahe, daß wir diese bei uns unter der Obhut des Menschen wachsenden und ihm dienenden Gewächse in diesem besonders auch dem Nichtwissenschaftler und der Nichtwissenschaftlerin gewidmeten Buch nicht ganz vernachlässigen wollen (sie erscheinen im Kleindruck und sind durch das Zeichen ★ gekennzeichnet).

Wir haben auch etliche der sogenannten **unbeständigen** Mitglieder unserer Flora aufgenommen – das sind gelegentlich, z. B. auf Bahnhöfen und Straßenböschungen auftretende, aber nach einiger Zeit wieder verschwindende Arten aus fremden Florengebieten, denen die Einbürgerung nicht gelingt. (Zu ihnen gehören auch die vielen zeitweilig und stellenweise aus Gärten verwilderten Arten.) Jene kurzfristig eingeschleppten und daher mitunter etwas geheimnisvollen „Besucher" aus oft fernen Gegenden lenken die Aufmerksamkeit besonders des fortgeschrittenen Floristen auf sich. Sie sind (sofern nicht ohnehin als ★ markiert) durch das Symbol ☆ gekennzeichnet und erscheinen gleichfalls im Kleindruck. (Bei diesen, auch Ephemerophyten genannten Sippen haben wir allerdings keine Vollzähligkeit für alle Bundesländer angestrebt.) – Daß hingegen die aus (sub)tropischen Gegenden stammenden und bei uns nicht winterharten Zimmerpflanzen (außer in Form gelegentlicher Anmerkungen am Beginn der betreffenden Familie oder Gattung) grundsätzlich unberücksichtigt bleiben, ist wohl selbstverständlich und sei nur der Vollständigkeit halber vermerkt. (Näheres über die „Geographie der Pflanzen" ab Seite 107.)

Wir haben uns bemüht, mit einem **Minimum an Fachausdrücken** auszukommen und sie alle sorgfältig zu erklären (S. 1067). Botanische Vorkenntnisse oder das Zurateziehen von Botaniklehrbüchern sind daher nicht notwendig, um eine unbekannte Pflanze richtig zu bestimmen. Anfänger/innen mögen aber die einleitenden allgemeinen Abschnitte (ab S. 25) und vor allem aber die **Anleitung zum Bestimmen** ab S. 164 genau lesen und auch das **Glossar** (S. 1067) zu Rate ziehen. Man beachte, daß nicht wenige Ausdrücke (auch deutsche Wörter) in der botanischen Fachsprache eine andere Bedeutung als im Alltag haben (z. B. „Stengel", „Blatt", „Wurzel" usw.). Die Literaturliste auf S. 1050 soll den Zugang zu weiterer Information über unsere Pflanzenwelt erleichtern, wozu auch Abbildungswerke, bunte Bildbände gehören, von denen es zwar eine größere Zahl gibt, die aber alle nur eine mehr oder weniger kleine Auswahl an Arten behandeln.

Was die **Schlüssel** betrifft, haben wir versucht, die Gegensätze (meist Fragenpaare) möglichst übersichtlich und gut vergleichbar zu gestalten. Insbesondere haben wir darauf geachtet, bloß qualitative und relative Merkmale (wie z. B. „Blätter groß", „Blütenstiele verlängert") zu vermeiden, weil sie nur demjenigen verständlich und nützlich sind, der bereits viele Taxa kennt, der z. B. schon weiß, was in der jeweiligen Gattung als „normal" anzusehen ist und daher als Vergleichsbasis dient. Unterstreichungen der besonders wichtigen Unterscheidungsmerkmale sollen die Lesbarkeit erhöhen. Im Bestreben, die Schlüssel klar und logisch zu gestalten, haben wir uns nicht gescheut, neue Wege zu gehen: Ein überlanger Gedankenstrich ( — ) trennt konsequent die (jeweils gegensätzlichen) Schlüsselmerkmale von denjenigen Merkmalen, die nur einen der Gegensätze betreffen, also einseitig und deshalb nicht vergleichbar sind, aber für jene eine Seite, sei es das Bestimmungsergebnis oder seien es die dort folgenden Punkte, sehr wohl wichtige Angaben liefern (→ S. 165). Insbesondere bei den Ergebnissen wird oft darauf geachtet, auch solche Merkmale anzuführen, die einen Vergleich mit anderen, im Schlüssel entfernter stehenden Sippen ermöglichen und nicht nur mit derjenigen, die gerade den Schlüsselpunkt-Gegensatz bildet.

Für die Familie der Umbelliferen (Doldenblütler/*Apiaceae*), die nicht nur dem Anfänger mitunter Schwierigkeiten bereitet, und auch für die Gattung Lauch/*Allium*, bei der die für die Bestimmung erforderlichen Laubblätter und Blüten oft nicht gleichzeitig vorhanden sind, haben wir zusätzliche, neuartige „Alternativschlüssel" beigefügt, die den Zugang zu diesen beiden Taxa erleichtern sollen. – Auch der Hauptschlüssel versucht teils neue Wege, die auch dem botanisch nicht Vorgebildeten die Benützung ermöglichen (etwa dadurch, daß die dem Anfänger meist schwierige Unterscheidung der Einkeimblättrigen von den Zweikeimblättrigen vermieden wird und sich auch eingeschlechtige Individuen von Zweihäusigen oder Halbzweihäusigen bestimmen lassen).

Die taxonomische und nomenklatorische Basis dieses Buches ist grundsätzlich die „Liste der Gefäßpflanzen Mitteleuropas" (2. Aufl. von Gutermann & al. [ed. Ehrendorfer], 1973), doch haben wir in etlichen Fällen neuere Auffassungen berücksichtigt, wenn auch nur dort, wo jene Liste eindeutig veraltet ist und die taxonomischen wie nomenklatorischen Neuerungen mit großer Wahrscheinlichkeit in Zukunft Bestand haben werden. (Für diese oft schwierigen Entscheidungen sind wir Herrn Dr. Walter Gutermann sehr zu Dank verpflichtet.)

Knappe Familienbeschreibungen bringen wir, in bewußter Inkonsequenz, nur bei den größeren Familien der österreichischen Flora, einerseits aus Platzgründen, andererseits aber auch, um Mißverständnisse zu verhindern: Die meisten bei uns kleinen Familien sind anderswo (z. B. in den Tropen) sehr reich entfaltet und groß, sodaß eine Beschreibung der ganzen Familie für Österreich großteils nicht zutreffen würde, die Beschreibung bloß der österreichischen Vertreter dagegen ein schiefes Bild der gesamten Familie geben würde und außerdem ohnehin nicht notwendig ist, weil sie die Zusammenfassung der wenigen im Buch behandelten Gattungen darstellt, die leicht zu überblicken ist; alles für den Bestimmungsgang Nötige findet sich zudem ohnehin im Hauptschlüssel. Taxonomisch näher interessierten Leser/inne/n kann und soll das Studium eines Systematik-Werkes nicht erspart bleiben (vgl. Literaturhinweise auf S. 1050!).

Was die Behandlung der **schwierigen Formenkreise** anlangt, bitten wir die Benützer und Benützerinnen, folgendes zu bedenken: So wie veraltete, unvollständige und gebietsfremde Bestimmungsbücher (mit denen wir in Österreich bisher leben mußten) leicht zu Fehlbestimmungen führen, würde auch ein Buch, das eine „heile botanische Welt" vorgaukelt – indem es die objektiven Schwierigkeiten verschweigt – , oft zu falschen Ergebnissen verleiten. Aus diesem Grund schrecken wir nicht davor zurück, auch die schwer bestimmbaren Kleinarten und Unterarten und die taxonomisch problematischen, meist noch nicht ausreichend erforschten Sippen in diesem Buch anzuführen oder auf sie zumindest in Form von Anmerkungen hinzuweisen (vgl. dazu auch S. 28 ff.). – Wir bemühten uns auch, jene Angaben der älteren Literatur, die inzwischen als fragwürdig oder fehlerhaft erkannt worden sind, ausdrücklich als solche festzuhalten, um der Weiterverschleppung solcher – oft bereits mehrmals in Frage gestellter oder hinreichend widerlegter – Angaben entgegenzuwirken.

Taxonomisch schwierige oder problematische (weil unzureichend erforschte) Arten und Unterarten haben wir durch das Symbol ■ vor dem Namen des Taxons gekennzeichnet. Damit wird mitunter auch ausgedrückt, daß die Brauchbarkeit der angegebenen Merkmale und/oder die Berechtigung der angeführten Taxa ± fragwürdig sind (weil es keine ausreichend verläßlichen Untersuchungsergebnisse gibt oder solche aus verschiedenen Gründen nicht berücksichtigt werden konnten). Der oder die noch wenig Erfahrene soll sich bewußt werden, daß es Probleme gibt und wo sie etwa liegen, um abschätzen zu können, ob gegebenenfalls speziellere Literatur oder Spezialist/inn/en heranzuziehen sind (und natürlich auch zur Tröstung bei Bestimmungsschwierigkeiten). Man bedenke: Vieles ist noch unerforscht; die Kenntnis der Probleme (auch der jeweiligen „kritischen" Merkmale) ist aber Voraussetzung für fachgerechte Beobachtungen und Aufsammlungen (→ S. 172), um zur weiteren Erforschung beizutragen. Ein völliges Weglassen solcher problematischer Taxa (die in anderen Büchern sehr wohl – und ohne jeden „warnenden" Hinweis! – behandelt werden) wollten wir allerdings auch nicht verantworten, weil unserer Überzeugung nach durch „Vogel-Strauß-Politik" weder Fehlbestimmungen verhindert noch Probleme gelöst und schon gar nicht Anreize zu deren Bewältigung gesetzt werden. In allen Zweifelsfällen begnüge man sich mit der „Artengruppe" (= „agg." = Aggregat im Sinne der „Liste der Gefäßpflanzen Mitteleuropas") als provisorischem Bestimmungsergebnis, was zwar weniger genau, aber weitaus besser ist als die Angabe einer falschen Kleinart und damit ein nur scheinbar genaueres, tatsächlich aber fragwürdiges, wenn nicht wertloses oder irreführendes Ergebnis. (In einigen wenigen Fällen weichen wir aus taxonomischen Gründen von jenen Kleinarten-Aggregaten der „Liste ..." ab, diese sind dann entweder zwischen Anführungszeichen gesetzt oder durch eine andere Gruppierung ersetzt, was man an der abweichenden Formulierung erkennen kann, z. B. heißt es in einem solchen Fall „Gruppe des Halbstrauchigen Ehrenpreises, *Veronica fruticulosa*-Gruppe", weil es eine „Artengruppe ..., ... *agg.*" in der „Liste ..." nicht gibt.)
Das Warnzeichen ■ soll auch verhindern, daß der Anfänger und die Anfängerin den Mut und die Freude verlieren beim Bestimmen von Sippen, bei denen selbst Erfahrene die Hilfe des/der Spezialisten/in suchen (und – angesichts von Forschungslücken – sogar dies nicht immer mit Erfolg!). Fortgeschrittene und Anspruchsvollere hingegen sollen darauf aufmerksam gemacht werden, wo sich kritische Vorsicht lohnt, wo eine tiefere Beschäftigung vonnöten ist, wo es ungelöste Probleme zu knacken und bisher Unbekanntes zu erforschen gibt!

Die Behandlung einiger – insbesondere schwieriger – Gattungen, wie etwa Habichtskraut/*Hieracium*, hat deutlich provisorischen Charakter. Ihre verbesserte, genauere Darstellung muß umfangreicheren, primär wissenschaftlichen Werken – wie der in Ausarbeitung befindlichen größeren und kritischen „Flora von Österreich" – vorbehalten bleiben. Andererseits ist es uns dennoch gelungen, einige andere schwierige Gattungen in Form einer Neubearbeitung durch entsprechende Spezialist/inn/en vorzulegen (z. B. Eisenhut/*Aconitum*, Frauenmantel/*Alchemilla*, Brombeere/*Rubus*, Leindotter/*Camelina*, Brillenschötchen/*Biscutella*, Sonnenröschen/*Helianthemum*, Weide/*Salix*, Ehrenpreis/*Veronica*, Augentrost/*Euphrasia*, Artengruppe Gewöhnliche Schafgarbe / *Achillea millefolium agg.*, Gold- u. Silberdistel / *Carlina*, Schwingel / *Festuca*, Kohlröschen / *Nigritella*, Aronstab / *Arum*).

Ein verschiedenes Ausmaß des Bearbeitungsgrades betrifft auch die infraspezifischen Taxa (d. h. die Sippen im Rang unterhalb der Art): Grundsätzlich werden die in der „Liste der Gefäßpflanzen Mitteleuropas" angeführten → **Unterarten** behandelt. Unsere Kenntnisse des taxonomischen Wertes (und damit der Berechtigung) vieler Unterarten sind allerdings leider immer noch mangelhaft; wir führen sie oft nur deshalb an, um auf den Formenreichtum, auf das Schwanken der Merkmale aufmerksam zu machen und diesbezügliche Beobachtungen anzuregen. – → **Varietäten** werden nur ausnahmsweise erwähnt.

Von den → **Hybriden** (= Bastarden) werden nur die auffälligsten und häufigsten angegeben, in der Regel aber nicht verschlüsselt, da einerseits ihr Erkennen meist die gute Kenntnis der Elternarten voraussetzt und also wohl nur für den Fortgeschrittenen in Betracht kommt, andererseits die Berücksichtigung der Hybriden im Schlüssel die Bestimmung der reinen Arten erschweren würde. Der Hinweis darauf, daß in manchen Gattungen Hybriden häufiger als sonst entstehen, scheint uns jedoch aus bestimmungspraktischen Gründen auch für den Anfänger unerläßlich. (Näheres auf S. 31.)

Nur in einigen wenigen – nach didaktischen Gesichtspunkten ausgewählten –, exemplarischen Fällen haben wir knappe Hinweise auf **evolutionsbiologische Erkenntnisse**, z. B. hybridogene Entstehung bzw. Allopolyploidie u. Ploidiegrade, eingefügt (→ S. 31 f.). Ausführlicheres hiezu ebenso wie Angaben über Chromosomenzahlen sollen der größeren „Flora von Österreich" vorbehalten bleiben.

Die Vorgangsweise bei den sogen. → Weiteren Angaben zu jeder Art und Unterart ist auf S. 170 (am Ende des Kapitels „Anleitung zum Bestimmen einer Pflanze") erklärt: außerdem beachte man das Verzeichnis der Abkürzungen auf S. 21 ff. und auf der Einbandinnenseite hinten.

Die Angaben zur **Ökologie** der einzelnen Arten wurden zwar – dem Rahmen und Umfang dieser Exkursionsflora entsprechend – knapp gehalten, aber dennoch sorgfältig bearbeitet, weil wir sie – heute, im „ökologischen Zeitalter" – für besonders wichtig halten. Es wurde versucht, möglichst weitgehende Allgemeinverständlichkeit mit wissenschaftlicher Genauigkeit und dem heutigen Kenntnisstand zu verbinden. Die Berücksichtigung der Erläuterungen ab S. 121 und des einführenden Überblicks ab S. 132 sei der Benützerin und dem Benützer unserer Exkursionsflora dennoch dringend empfohlen. Insbesondere haben wir angestrebt, nichtssagende, heute kaum verständliche und allzu vage oder gar irreführende Formulierungen (wie „auf Matten", „in Triften", „an Rainen", „auf Heiden") zu vermeiden und dagegen vegetationskundlich exaktere Begriffe zu verwenden (vgl. S. 121) sowie, wenn auch nur in wenigen, beispielhaften Fällen, standortsökologische Zeigerwerte (Bioindikator-Eigenschaften) anzugeben. Dabei müssen wir die noch unerfahrene BenützerIn freilich bitten zu bedenken, daß etliche vertraut klingende Ausdrücke in der botanischen Fachsprache etwas anderes bedeuten als in der gewöhnlichen Alltagssprache („Staude", „Rasen", „Forst", „Mischwald", „sauer" usw.). – Genauere Angaben über die Bindung an Pflanzengesellschaften bleiben der künftigen „großen Flora" vorbehalten.

Die Angaben über das Vorhandensein der Arten und Unterarten in den einzelnen **Bundesländern** gehen zwar von Janchens „Catalogus" (1956–1967) aus, wurden aber größtenteils auf den aktuellen Kenntnisstand gebracht, und zwar unter Berücksichtigung folgender neuerer Literatur-Quellen: Österreich (gefährdete

Arten): NIKLFELD & al. (1986); Vorarlberg: GRABHERR & POLATSCHEK (1986); Land Salzburg: WITTMANN (1989); Steiermark (gefährdete Arten): ZIMMERMANN & al. (1989); Burgenland: TRAXLER (1989); Wien (Ruderal- und Adventivflora): W. FORSTNER & E. HÜBL (1971). Ferner danken wir folgenden Experten für ihre kollegiale Hilfe:

A. POLATSCHEK (Naturhistorisches Museum, Wien) hat uns Einblick in das Manuskript seiner „Neuen Flora von Tirol und Vorarlberg" gewährt, der in Bälde erscheinenden Frucht seiner nun 3 Jahrzehnte währenden Forschungen über die Flora dieser beiden westlichen Bundesländer, die eine Fülle neuer Erkenntnisse bringen, darunter auch etliche Neunachweise für Tirol und Vorarlberg, einige auch für ganz Österreich. Davon können wir allerdings, auch aus technischen Gründen, in dieser Exkursionsflora nur einen Teil berücksichtigen (durch die Fußnote „A. POLATSCHEK, Mskr. N. Fl. **T & V**" gekennzeichnet). – Die Verfasser des Kärntner Verbreitungsatlasses (H. HARTL, G.-H. LEUTE, G. KNIELY, H. NIKLFELD & M. PERKO) ließen uns ebenfalls, noch vor deren Drucklegung, Einsicht in ihre neuen Karten nehmen. – Angaben bezüglich Oberösterreich (und Kärnten): S. WAGNER (Windischgarsten, früher Spittal/Drau) und R. STEINWENDTNER (Steyr); bezüglich Steiermark: H. MELZER (Zeltweg) und W. MAURER (Graz); bezüglich Niederösterreich: L. SCHRATT (Wien u. St. Georgen a. L.); bezüglich Wien: W. ADLER (Wien) und W. FORSTNER (Wien). Nicht zuletzt danken wir H. NIKLFELD (Wien), dem Leiter der österreichischen Florenkartierung, für mannigfache Angaben, Hinweise und Korrekturen.

Ein bekanntermaßen heikler Punkt ist die **Namengebung** (Nomenklatur), sowohl die wissenschaftliche (lateinische) wie auch die deutsche. Erstere kommt einerseits nicht zur Ruhe, weil leider immer noch einige bisher gebräuchliche Namen nicht den internationalen Regeln genügen, andererseits aber kann und darf sie gar nicht zur Ruhe kommen, weil die laufende taxonomische Forschung als Folge ihrer Erkenntnisse Änderungen notwendig macht. Da bei der vorliegenden Exkursionsflora wissenschaftliche Gesichtspunkte jedoch nicht im Vordergrund stehen, verhalten wir uns grundsätzlich konservativ, indem wir der Taxonomie und Nomenklatur der erwähnten „Liste der Gefäßpflanzen Mitteleuropas" (s. o.) folgen, sofern nicht einigermaßen gesicherte neuere Forschungsergebnisse eine Abweichung rechtfertigen. – Die korrekte **Betonung** der lateinischen Namen wird durch ein Akzentzeichen angezeigt (siehe dazu auch S. 35!). Bezüglich der Wortbedeutung und Etymologie verweisen wir auf entsprechende Wörterbücher (→ S. 1064).

Die Angabe der **Autoren der wissenschaftlichen Namen** halten wir – nach reiflicher Überlegung – in dieser Exkursionsflora für entbehrlich, zumal sie (entgegen einer verbreiteten, aber irrigen Meinung) nur für den Fachtaxonomen von Bedeutung sind, während sie für die meisten anderen Benützer/innen erfahrungsgemäß eher zu Mißverständnissen Anlaß geben (→ S. 33).

Sehr wichtig sind hingegen die **Synonyme**, von denen wir alle wichtigen anführen, um die Verbindung zu älteren Werken herzustellen, vor allem zur Flora von FRITSCH (1922) wie auch zum „Catalogus Florae Austriae" (JANCHEN 1956–1967) und zur „Flora Europaea" (TUTIN & al. 1964–1980), und um auch die Parallelisierung mit den Florenwerken (Bestimmungsbüchern) der Nachbarländer zu ermöglichen (→ S. 34 und das Literaturverzeichnis S. 1050). – Wenn wir ausnahmsweise einen anderen Namen akzeptieren als den in der – mittlerweile naturgemäß zum Teil etwas veralteten – „Liste der Gefäßpflanzen Mitteleuropas", dann wird in der Synonymie der Name aus der „Liste" durch **Fettdruck** hervorgehoben, sodaß der in den letzten Jahrzehnten hauptsächlich verwendete Name mit einem Blick ersichtlich ist.

Bezüglich der **deutschen Namen** folgen wir in erster Linie E. JANCHENS „Catalogus", weichen aber dort davon ab, wo uns dies sinnvoll und notwendig erscheint.

Da bezüglich der deutschen Pflanzennamen recht große Unsicherheit, ein beträchtliches Wirrwarr herrscht, bemühen wir uns, eine gewisse Standardisierung anzustreben, indem wir wohlüberlegte Namen vorschlagen (an erster Stelle angeführt). Wir bevorzugen dabei kurze Formen und zusammengesetzte „Bindestrich"-Wörter, was ihrer Eigenschaft als Namen (im Gegensatz zur Angabe von Merkmalen) besser entspricht: „Zwiebel-Zahnwurz" und „Gelb-Segge" halten wir demnach für besser als „Zwiebeltragende Zahnwurz" und „Gelbe Segge" (auch die Bildung pflanzensoziologischer Gesellschaftsnamen wird dadurch erleichtert). Aus Platzgründen ist es leider nicht möglich, auch nur alle wichtigeren echten volkstümlichen Pflanzennamen (Vernakularnamen) der einzelnen österreichischen Dialektlandschaften anzugeben (wir bringen nur eine kleine, notgedrungen leider ziemlich willkürliche Auswahl). Es kann nicht oft genug betont werden: Einerseits haben gewisse Arten (z. B. Arzneipflanzen und andere Nutzpflanzen) mehrere Namen, andererseits wird ein und derselbe Name in verschiedenen Gegenden für ganz verschiedene Arten und sogar Gattungen verwendet. (Weiteres zum Thema Nomenklatur auf den S. 32 ff.)

Die **Abbildungen** mußten wir auf das unbedingt notwendige Mindestmaß beschränken: auf die Erläuterung solcher komplizierterer Strukturen (Pflanzenteile, Merkmale), deren sprachliche Beschreibung schwieriger und umständlicher ist als eine entsprechende Skizze. Zeichnungen größerer Pflanzenteile oder ganzer Pflanzen konnten wir aus Platzmangel nicht aufnehmen; der Leser möge zur Überprüfung seines Bestimmungsergebnisses Bilderfloren heranziehen (z. B. die neue, reich bebilderte „Flora der Steiermark" von W. MAURER; vgl. auch S. 1051 ff.!). Man beachte jedoch, daß auch die beste Einzel-Abbildung niemals die Variationsbreite darstellen kann (diese läßt sich viel einfacher durch Worte wiedergeben)!

Angaben, die **angewandt-botanische Aspekte** betreffen, wie z. B. die Verwendung als Arzneipflanze (Heilpflanze; im Sinn des Österreichischen Arzneibuches), Volksarzneipflanze oder Wildgemüse, sind nur als knappe Andeutungen zu verstehen; dies gilt auch für die Angaben über die Giftigkeit der Arten; bezüglich Details müssen wir auf die entsprechende Fachliteratur verweisen (vgl. dazu die Literaturangaben auf S. 1064).

Es bedarf heute wohl keiner besonderen Betonung, daß das Studium der wildlebenden Pflanzen diese nicht in ihrem Bestand gefährden darf: Bei allen Untersuchungen an Pflanzen am Naturstandort müssen deshalb **naturschützerische Überlegungen** Vorrang haben. Unnötiges, leichtsinniges Abreißen oder Ausgraben von Pflanzen ist grundsätzlich zu unterlassen (→ S. 153). Schon vor der Untersuchung unterirdischer Pflanzenteile und vor der Entnahme einer Pflanze zum Herbarisieren (vgl. S. 172) muß sichergestellt sein, daß die betreffende Population keinen Schaden nimmt. (Wir haben übrigens bei der Konstruktion der Schlüssel darauf Bedacht genommen, daß eine Bestimmung seltener und gefährdeter Arten soweit wie möglich auch ohne die Kenntnis der unterirdischen Organe zum Ziel führt.) Dies gilt selbstverständlich nicht nur für die unter gesetzlichem Schutz stehenden Arten. Viele der von den Naturschutzgesetzen (S. 153) aus guten Gründen nicht erfaßten Arten sind wesentlich seltener und gefährdeter (siehe Rote Listen, S. 1051) als die gesetzlich geschützten. Auch die Häufigkeitsangaben („slt" und „sehr slt"; → S. 116) sind in diesem Zusammenhang zu berücksichtigen (vgl. auch S. 170).

## Alphabetisches Verzeichnis aller Abkürzungen:

(Weitere Erläuterungen finden sich auf S. 169ff., 1067ff., 534f. u. Abb. 103, 104)

| | |
|---|---|
| Abb. | Abbildung |
| Alp | Alpengebiet (innerhalb Österreichs) (→ S. 117) |
| Anm. | Anmerkung |
| *auct.* | *auctorum* = „der Autoren“, d. h., zwar im Sinne mancher oder vieler Autoren, aber nicht im taxonomisch und/oder nomenklatorisch richtigen Sinn (→ S. 34) |
| ausschl. | ausschließlich (= exklusive) |
| **B** | Burgenland (Bundesland); |
| Nord-**B**, Mittel-**B**, Süd-**B**. (→ Abb. 103) | |
| ...B | ...blatt (nur in Zusammensetzungen) |
| DeckB | Deckblatt (Braktee, Blütentragblatt, → S. 68) |
| HochB | Hochblatt |
| TragB | Tragblatt (→ S. 55) |
| **Bdld** | Bundesland, -länder |
| bes. | besonders |
| Blü | Blüte, Blüten |
| BlüHülle | Blütenhülle |
| Blüstd | Blütenstand (= Infloreszenz) |
| BM | nördliches Gneis- u. Granitgebiet (= österreichischer Anteil an der Böhmischen Masse: nordwestliches **N** [Waldviertel u. Dunkelsteiner Wald] und nördliches **O** [Mühlviertel samt Sauwald]) (→ S. 119) |
| br | breit |
| bzw. | beziehungsweise |
| Ch | Chamaephyt, Oberflächenpflanze (Lebensformentyp, → S. 95; krautig oder holzig; holziger Ch = Zwergstrauch) |
| cm | Zentimeter (0,01 m) |
| cv. | cultivar = → Kulturvarietät |
| d'... | dunkel... (bei Farben) |
| dazw. | dazwischen |
| dh | d. h. = das heißt |
| d. i. | das ist |
| durchschn. | durchschnittlich |
| ed., eds. | *editor, editores* = Herausgeber (Ein- u. Mehrzahl) |
| einschl. | einschließlich (= inklusive) |
| event. | eventuell |
| exkl. | exklusive (ausschließlich) |
| Fl. Eur. | Fl. Europ. = „Flora Europaea“ (= → TUTIN & al. im Literaturverzeichnis, S. 1050) |
| Fr | Frucht, Früchte |
| FrK | Fruchtkelch = Kelch zur Zeit der Fruchtreife |
| Frkn | Fruchtknoten |
| G | Größe (fallweise statt H oder zusätzlich, wenn nötig, z. B. bei niederliegenden Pf: Länge der Triebe) (→ S. 170) |
| Ge | Geophyt, Bodenwinterer (Lebensformentyp; → S. 96) |
| ...ges. | ...gesellschaft(en) |
| Gri | Griffel |
| H | Höhe (= Wuchshöhe der Pflanze) (→ S. 170) |
| h'... | hell... (bei Farben) |

| | |
|---|---|
| He | Hemikryptophyt, Erdschürfepflanze (Lebensformentyp; → S. 95) |
| hfg | häufig (→ S. 116) |
| Homöop. | homöopathisches Arzneimittel |
| Hptvbr. | Hauptverbreitungsgebiet = größter Teil des → Areals |
| Hrsg. | Herausgeber, herausgegeben |
| HS | Hemiphanerophyt, Halbstrauch (nur im unteren Teil verholzt, der obere, krautige Teil jährlich absterbend) |
| i. d. R. | in der Regel, normalerweise |
| i. e. S. | im engeren Sinn (= *s. str.*) |
| i. w. S. | im weiteren Sinn (= *s. l.*) |
| ined. | inediert, unveröffentlicht |
| inkl. | inklusive |
| insg. | insgesamt |
| Jahrh. | Jahrhundert |
| **K** | Bundesland Kärnten (→ Abb. 103) |
| K | Kelch |
| KB | Kelchblatt, Kelchblätter |
| KB'artig | kelchblattartig |
| KäB | Kärntner Beckenlandschaften (→ S. 119) |
| Kosmet. | für die Gewinnung eines kosmetischen Produkts verwendet |
| Kro | Krone (= Corolle) |
| KroB | Kronblatt, Kronblätter |
| LB | Laubblatt, Laubblätter |
| LB'artig | laubblattartig |
| LB'Spreite | Laubblattspreite |
| lg | lang |
| m | Meter |
| m s. m. | *metri supra mare* = Meter über dem Meer (= Seehöhe) |
| mm | Millimeter (= 0,001 m) |
| µm | Mikrometer = Tausendstel Millimeter (= 0,000001 m) |
| Medit. | Mediterraneis (= Mittelmeergebiet, mediterrane Florenregion) |
| medit. | mediterran, mittelmeerländisch |
| MPh | Makrophanerophyt, Baum oder Liane (Lebensformentyp; → S. 94) |
| **N** | Niederösterreich (Bundesland, also natürlich ohne Wien!) (→ Abb. 103) |
| nAlp | Nordalpen (innerhalb Österreichs) (→ S. 117) |
| nördl. | nördlich |
| NPh | Nanophanerophyt, Strauch (Lebensformentyp; → S. 94) |
| nVL | Vorland nördlich der Alpen (nördliches Alpenvorland) (→ S. 119) |
| **O** | Oberösterreich (Bundesland) (→ Abb. 103) |
| **Ö** | Österreich (Bundesgebiet) |
| öAlp | östliche Alpenländer (Teile von **S**, ganz **K**, Alpenanteile der östlichen Bundesländer **St, O, N**) (→ S. 117) |
| östl. | östlich |
| Pann | Pannonisches Gebiet innerhalb Österreichs (= östliches Niederösterreich, Wien und nördliches Burgenland) (→ S. 120) |
| Pf | (oberirdischer Teil der) Pflanze |
| Pharm. | für die Gewinnung eines pharmazeutischen Produkts verwendet |
| Pkt | Punkt, insbesondere Schlüsselpunkt = (Nummer des) Fragenpaar(s) |
| *p. p.* | *pro parte* (= zum Teil) |
| Rh | Rheintal mit Bodenseegebiet und Walgau (→ S. 119) |
| **S** | Bundesland Salzburg (→ Abb. 103) |

| | |
|---|---|
| Sa | Same, Samen |
| sAlp | Südalpen (innerhalb Österreichs) (→ S. 117) |
| Schl. | (Bestimmungs-)Schlüssel |
| -schl. | -schlüssel |
| Schl. | Schlauch (nur bei Segge/ *Carex*, s. d.) |
| s. d. | siehe dort! |
| sl.: | schriftslowenischer Name (bei Arten, die innerhalb Österreichs nur in Südkärnten vorkommen) |
| *s. l.* | *sensu lato* (= im weiteren Sinn); *s. latiss.* = im weitesten Sinn |
| slt | selten (→ S. 116) |
| s. o. | siehe (weiter) oben (im vorliegenden Text)! |
| sogen. | sogenannt |
| söVL | Vorland südöstlich der Alpen (Grazer Bucht [Ost-St] und Hügelländer im Mittel- u. Süd-**B**) (→ S. 119) |
| Sp | Spelze |
| DeckSp | Deckspelze (Deckblatt bei den Gräsern; → S. 55 u. 982) |
| HüllSp | HüllSp (→ S. 982) |
| VorSp | Vorspelze (→ S. 982) |
| *sp.; spp.* | *species* = Spezies = Art; Mehrzahl von *sp.* = Arten (→ S. 29) |
| *ss.* | *sensu* = im Sinne von |
| *s. str.* | *sensu stricto* (= im engeren Sinn) |
| *s. strictiss.* | *sensu strictissimo* (= im engsten Sinn) |
| **St** | Bundesland Steiermark |
| Ober-**St**, West-**St**, Ost-**St** (→ Abb. 103) | |
| Staubf. | Staubfaden, Staubfäden |
| Stg | Stengel |
| StgB | Stengelblatt, -blätter |
| s. u. | siehe unten (im vorliegenden Text)! |
| s. w. u. | siehe weiter unten (im vorliegenden Text)! |
| Submedit. | Submediterranes Florengebiet |
| submedit. | submediterran |
| *subsp.* | → *subspecies* = Subspezies = Unterart |
| *subspp.* | Mehrzahl von *subsp.* = Unterarten (→ S. 26, 29) |
| südl. | südlich |
| **T** | Bundesland Tirol (= Nord- und/oder Osttirol); Vorkommen in nur einem der beiden Teile dieses Bundeslandes werden oft, aber nicht konsequent getrennt angegeben: Ost-**T** bzw. Nord-**T**. – (Aber: Südtirol [= Autonome Provinz Bozen]) (→ Abb. 103) |
| Teilschl. | Teilschlüssel |
| Th | Therophyt, Annuelle; Winterannuelle und Sommerannuelle |
| u. | und |
| u. a. | und andere(s), unter anderem/n |
| unveröff. | unveröffentlicht |
| usw. | und so weiter |
| u. U. | unter Umständen |
| u./oder | und oder oder |
| Vbr.: | Verbreitung, Verbreitungsgebiet (Areal) |
| veg., veget. | vegetativ |
| vgl. | vergleiche! |
| Vwm. | Verwechslungsmöglichkeit |
| **V** | Bundesland Vorarlberg (→ Abb. 103) |

| | |
|---|---|
| **W** | Wien (Bundesland = Bundeshauptstadt) (→ Abb. 103) |
| Wa | Wasserpflanze (Hydrophyt) |
| wAlp | westliche Alpenländer (**V**, **T**, Teile von **S**) (nicht Westalpen!)(→ S. 119) |
| westl. | westlich |
| Wu | Wurzel |
| zahlr. | zahlreich |
| zB | z. B. = zum Beispiel |
| zstr | zerstreut (→ S. 116) |
| zT | z. T. = zum Teil |
| zw. | zwischen |
| → | siehe, vergleiche |
| ∅ | (im) Durchmesser; Querschnitt |
| ± | mehr oder weniger (bedeutet nicht „ungefähr", sondern weist auf eine Schwankung (der Merkmalsausprägung) hin |
| ♀, ♂, ⚥ | weiblich, männlich, zwittrig |
| ⊕ | radiärsymmetrisch (mit mindestens 2 Symmetrieebenen) |
| ↓ | zygomorph, monosymmetrisch |
| ⊙ | einjährig (annuell, winter- und sommerannuell; → S. 94 f.) |
| ⊙⊙ | zweijährig (bienn) u. mehrjährig (plurienn) hapaxanth (d. h. nur einmal blühend) |
| ♃ | ausdauernd, perennierend (mehrmals blühend) |
| ♄ | holzig, Holzpflanze |
| × | (Malzeichen) *zwischen Gattungsname u. Artepithet*: Hybride (im binären Namen einer Hybride); *zw. 2 Namen oder Epitheta*: „gekreuzt mit", verbindet in der → Hybridformel die Namen oder Epitheta der Eltern |
| **–!!** | Achtung! Es folgt noch ein weiterer Gegensatz (polytomer SchlüsselPkt) |
| — | dieses Zeichen trennt die Unterscheidungsmerkmale des Schlüsselpunktes von zusätzlichen, aber oft „einseitigen" Merkmalen (→ S. 16) |
| △ | in mindestens 1 Bundesland unter „teilweisem" gesetzlichem Naturschutz |
| ▲ | in mindestens 1 Bundesland unter vollständigem gesetzlichem Naturschutz |
| ■ | „bestimmungskritisch" oder taxonomisch kritisch (meist noch unzureichend erforschte Sippe); nichts für Anfänger! Dieses und die im folgenden erklärten Symbole werden jeweils vor dem Namen des betreffenden Taxons angeführt |
| ★ | kultivierte Sippe, im Gebiet (= **Ö**) nur als kultivierte (nicht heimische u. auch nicht eingebürgerte, also nicht wildwachsende), höchstens unbeständig verwilderte Sippe. (Erwähnung wie bei ■, s. d.) |
| ☆ | unbeständige, nur vorübergehend eingeschleppte, aber nicht eingebürgerte Sippe (→ Ephemerophyt). (Erwähnung wie bei ■, s. d.) |
| (☆) | unklare oder Übergangsstellung zwischen unbeständig und eingebürgert, zB nur lokal oder an einer einzigen Stelle eingebürgert |
| † | im Gebiet (= **Ö**) ausgestorben, ausgerottet oder verschollen. Bei Unbeständigen: seit mehreren Jahrzehnten nicht mehr beobachtet. (Erwähnung wie bei ■, s. d.) |
| ⊖ | Fehlt in **Ö** (bisherige Angaben unrichtig) oder Vorkommen in **Ö** fraglich, bisher in **Ö** nicht eindeutig nachgewiesen. (Erwähnung wie bei ■, s. d.) |
| ( ) | (eingeklammerte Bundesländersymbole:) in diesen Ländern nur unbeständige Vorkommen (→ S. 171) |

# Verwandtschaft, Ordnung und Benennung der Pflanzensippen
(Sippensystematik, Taxonomie und Nomenklatur)

## Sippensystematik und Taxonomie

Mit der wissenschaftlichen Erfassung der Formenfülle der Pflanzen beschäftigt sich die botanische Sippensystematik, auch Taxonomie (i. w. S.) genannt. Sie verfolgt zwei Ziele: Gemeinsamkeiten und Verschiedenheiten sollen einerseits dargestellt (Sippensystematik) und durch Ordnung und Benennung zugänglich gemacht (Taxonomie i. e. S. = Klassifikation und Nomenklatur), andererseits aber auch erklärt werden (Verwandtschafts- und Evolutionsforschung). Für das erste Ziel würde auch eine willkürliche Einteilung durch vom Wissenschaftler gesetzte Prinzipien genügen („künstliche Systeme“): zB Größe der Pflanzen, Farbe der Blüten, Verwendungsmöglichkeiten für den Menschen (eßbar/giftig); für das zweite Ziel müssen jedoch die in der Natur vorhandenen (vom Menschen unabhängigen) Gesetzmäßigkeiten aufgespürt werden („natürliche Systeme“). Am Anfang der Forschung stand zunächst die erste Zielsetzung, die auch für Bestimmungszwecke als Hilfsmittel eine nützliche Rolle spielt. Längst versucht die Wissenschaft jedoch, sich vor allem dem zweiten, allerdings schwerer erreichbaren Ziel zu nähern. Daher wird heute nur ein natürliches System als wissenschaftliches angesehen.
Vom „System der Pflanzen“ wird meist verlangt, daß es beiden (den „praktischen“ und den „theoretischen“) Anforderungen Rechnung trägt (was zugleich, in Kombination, eigentlich gar nicht möglich ist). Das Bemühen um ein natürliches System, also darum, die Verwandtschaftsverhältnisse darzustellen, bringt – entsprechend dem jeweiligen Stand der Forschung – eine ständige Abänderung solcher „Systeme“ mit sich. Eines der heute zeitgemäßen ist, soweit es die österreichische Flora betrifft, auf den Seiten 179–184 knapp skizziert und diesem Buch zugrundegelegt.

Unter „**Sippe**“ versteht man eine Verwandtschaftsgruppe unabhängig von ihrer Rangstufe und Größe, also eine natürliche, in der Natur (ohne menschliche „Einteilerei“) existierende Einheit. Sippen sind daher beispielsweise die Abteilung der Samenpflanzen, die Klasse der Nadelhölzer, die Familie der Korbblütler, die Gattung Veilchen, die Art Heidelbeere, die Art Wald-Erdbeere und auch die Kulturrasse Steirischer Ölkürbis (obwohl bei der Entstehung letzterer der Mensch seine Hand im Spiel gehabt hat). Diese Sippen werden zwecks wissenschaftlicher Erfassung etwas formalisiert und klassifiziert, d. h., sie bekommen eine Rangstufe, einen Platz im Sippensystem und einen Namen, und heißen dann „**Taxa**“ (Einzahl: das Taxon). Die Pflanzentaxa sind also Einheiten in einer hierarchischen Ordnung, wobei diese Gruppierung die verwandtschaftlichen Beziehungen (entsprechend der Evolutionstheorie) darstellen soll.

Die Gesamtheit der – meist räumlich benachbarten – Pflanzenindividuen, die eine (geschlechtliche) aktuelle Fortpflanzungsgemeinschaft darstellen, nennt man **Population**. In ihrem Merkmalsbestand und ihrem biologischen Verhalten gleiche Populationen (i. d. R. untereinander ohne Schwierigkeiten kreuzbar) bilden zusammen eine **Art**. Verwandte Arten werden zu **Gattungen**, verwandte Gattungen zu **Familien**, verwandte Familien zu **Ordnungen** usw. zusammengefaßt, entsprechend dem folgenden Schema der Rangstufen, die man meist an der Endung (hier unterstrichen) der Taxa-Namen oder an beigefügten Abkürzungen erkennt. Die Taxa sollten grundsätzlich alle → monophyletisch (von einheitlicher Abstammung) sein. Es sind im folgenden nur die wichtigeren Rangstufen angeführt (vgl. dazu die System-Übersicht S. 179 ff.).

| Rangstufen | Taxa (am Beispiel der taxonomischen Stellung des Bitter-Schaumkrautes) |
|---|---|
| Reich *(regnum)* | Organismen mit Zellkern / *Eukaryota* |
| Unterreich *(subregnum)* | Embryopflanzen / *Embryophyta („Cormobionta")* |
| Überabteilung *(supradivisio)* | Gefäßpflanzen / *Tracheophyta* |
| Abteilung *(divisio)* | Samenpflanzen / *Spermatophyta* |
| Unterabteilung *(subdivisio)* | Bedecktsamige / *Angiospermae* |
| Klasse *(classis)* | Zweikeimblättrige / *Dicotyledoneae* = *Magnoliopsida* |
| Unterklasse *(subclassis)* | Dillenienähnliche / *Dilleniidae* |
| Überordnung *(supraordo)* | Veilchenblütige / *Violanae* |
| Ordnung = Reihe *(ordo)* | Kapernartige / *Capparales* |
| Familie *(familia)* | Kreuzblütler / *Brassicaceae* ( = *Cruciferae)* |
| Unterfamilie *(subfamilia)* | — (Endung: -*oideae*) |
| Tribus *(tribus)* (die!) | Gänsekressenförmige / *Arabideae* |
| Untertribus *(subtribus)* | — (Endung: -*inae*) |
| Gattung *(genus* [das!]) | Schaumkraut / *Cardamine* |
| Untergattung *(subgenus)* | — (Abkürzung: *subgen.* oder *subg.)* |
| Sektion *(sectio)* | *Cardamine sect. Cardamine* |
| Untersektion *(subsectio)* | *C. sect. C. subsect. Dolichopetalae* |
| Serie *(series)* | — (Abkürzung: *ser.*) |
| Art *(species)* | Bitter-Schaumkraut / *Cardamine amara* |
| Unterart *(subspecies*; = Rasse) | Opiz-Bitter-Schaumkraut / *Cardamine amara subsp. opizii* |
| Varietät *(varietas)* | — (Abkürzung: *var.*) |
| Forma *(forma)* | — (Abkürzung: *f.* oder *fa.*) |

Einander ähnliche, schwer unterscheidbare Arten („Kleinarten") werden manchmal, so auch in diesem Buch, zu **Artengruppen** („Aggregaten", früher: „Sammelarten") zusammengefaßt. Es handelt sich dabei i. d. R. um „bestimmungspraktische" Gruppen, deren taxonomische (verwandtschaftliche) Zusammengehörigkeit gar nicht immer gesichert sein muß (nicht selten sind es → paraphyletische Gruppen, mitunter sogar nicht einmal die allernächsten Verwandten). In vielen neueren Florenwerken werden solche Artengruppen verwendet (zB Flora Europaea, Rothmaler, Hess & al., Pignatti). Sie sind zwar oft, wenn es sich nämlich um → monophyletische Gruppen handelt, gleichzusetzen mit dem Taxon der nächsthöheren Rangstufe oberhalb der Art, also mit der Serie. Grundsätzlich jedoch sind sie bewußt taxonomisch und nomenklatorisch unverbindliche oder provisorische Gruppen mit pragmatischer Orientierung. Das Aggregat, die (Kleinarten-)„Gruppe", ist nach der jeweils häufigsten Art benannt, was den Vorteil der leichteren Memorierbarkeit gegen den Nachteil der leichteren Verwechselbarkeit eintauscht (zB muß „*Doronicum clusii agg.*" sorgfältigst von „*Doronicum clusii (s. str.)*" unterschieden werden). In diesem Buch werden alle jene Aggregate der „Liste der Gefäßpflanzen Mitteleuropas" genannt, die mehr als eine österreichische Art enthalten, u. zwar mit der deutschen Bezeichnung „Artengruppe" und der dem lateinischen Namen folgenden Abkürzung „*agg.*". Von der erwähnten „Liste" abweichende Kleinartengruppen werden anders bezeichnet (zB als „Gruppe des ..."). In etlichen Fällen ist ein „Aggregat" auch einfach Ausdruck unserer noch mangelhaften taxonomischen Kenntnisse, also eine Verlegenheitslösung.

Varietäten und Formae werden in diesem Buch normalerweise nicht behandelt.

Ein Taxon ist jeweils die Summe (die Zusammenfassung) aller ihr untergeordneten Taxa: Die Familie umfaßt alle zu ihr gehörigen Gattungen; jede Gattung umschließt in gleicher Weise alle ihr eingeordneten Arten; jede Art schließt daher auch alle ihr untergeordneten Unterarten und Varietäten ein, die definitionsgemäß von der „typischen" Ausbildung der Art ± stark „abweichen". Dieser in einem hierarchischen System logischen Selbstverständlichkeit wurde früher, in einer stärker typologisch orientierten Betrachtungsweise, oft nicht Rechnung getragen: Die heterotypischen (dh vom → Nominattaxon abweichenden) untergeordneten Taxa wurden bei der Artbeschreibung nicht berücksichtigt, sondern gleichsam als Abweichungen („Ausreißer") vom homotypischen (dh den nomenklatorischen Typus einschließenden) untergeordneten Taxon aufgefaßt und in Form einer zusätzlichen Anmerkung behandelt („diese Art ändert ab ..."). Zur Verdeutlichung dazu ein konstruiertes (fiktives) und schematisches Beispiel: *Planta lutea* sei eine Art, die eine gelbblühende und eine rotblühende Rasse umfaßt, wobei sich beide Rassen auch noch in einigen wenigen anderen Detailmerkmalen unterscheiden, etwas verschiedene Standorte bewohnen, aber durch Zwischenformen miteinander verbunden sind und daher taxonomisch als Unterarten eingestuft werden. Die gelbblühende sei die weiter verbreitete und häufigere, die daher zuerst entdeckt worden ist und den Art-Beinamen veranlaßt hat (*lutea* = die Gelbe), sie muß demnach *P. lutea subsp. lutea* heißen, weil sie den nomenklatorischen Typus der Art (→ S. 34) enthält. Die seltenere, später entdeckte Sippe, so nehmen wir an, blüht rot und wurde daher *P. lutea subsp. rubra* genannt. Sie weicht, wie gesagt, u. a. durch das Merkmal „rote Kronenfarbe" von der gelbblühenden „Normalrasse" ab, d. h. von der „typischen" Unterart, also von *subsp. lutea* (der Nominat-Subspecies). Nicht jedoch weicht sie von der **Art** ab, zu der sie gehört, deren Bestandteil sie ja logischerweise ist. Sie weicht bloß vom nomenklatorischen Typus der Art ab, aber natürlich nicht „von der Art"! Denn die Artbeschreibung muß selbstverständlich die rote Blütenfarbe mit berücksichtigen, ganz gleichgültig, ob diese rotblühende Unterart häufig oder selten ist, ob sie zuerst oder später entdeckt worden ist, ob sie phylogenetisch ursprünglich oder abgeleitet ist. Daß sich dem Wortsinn nach der Unterart-Beiname dem Art-Beinamen logisch nicht gut unterordnen läßt, mag zwar als störend empfunden werden, ist aber wissenschaftlich völlig unerheblich und nomenklatorisch irrelevant. – Es sei auch, an dieses fiktive Beispiel anschließend, besonders darauf aufmerksam gemacht, daß die → Nomenklaturregeln rein formale Regeln sind, die über die biologische (morphologische, phylogenetische, ökogeographische) Situation nicht das mindeste aussagen: Die (nomenklatorisch) typische Unterart kann auch eine sehr untypische und/oder seltene und/oder abgeleitete (zB Kulturrasse) Vertreterin der Art sein, denn maßgeblich für die Benennung ist ausschließlich der formale Akt der regelgemäßen (zB prioritätsberechtigten) Benennung! (Vgl. dazu Weiteres ab S. 32.)

Verwandtschaft drückt sich zwar oft grob in Ähnlichkeit aus, beides darf aber nicht miteinander verwechselt werden. Denn Ähnlichkeit entsteht im Lauf der Evolution nicht nur aufgrund von Verwandtschaft, sondern auch durch Anpassungsdruck: Konvergenz (Beispiel: Die Kätzchen der Pappel ähneln denen der Birke und denen des Walnußbaums, obwohl diese drei Gattungen miteinander nicht näher verwandt sind). Umgekehrt können nahe verwandte Taxa infolge stark → divergenter Evolution stärker voneinander verschieden sein als einander verwandtschaftlich fernerstehende (Beispiele: Mohn/*Papaver* und Lerchensporn/*Corydalis* sind, obwohl recht unähnlich, viel näher miteinander verwandt als etwa die einander vergleichsweise ähnlichen Gattungen Hohlzahn/*Galeopsis* und Klappertopf/*Rhinanthus*; der Alpendost/*Adenostyles* ist mit dem auf den ersten Blick recht unähnlichen Greiskraut/*Senecio* wesentlich enger verwandt als mit dem oberflächlich ähnlichen Wasserdost/*Eupatorium*). Man beachte daher: Für das wissenschaftliche („natürliche") System sind die verwandtschaftlichen Beziehungen maßgeblich, für das Bestimmen und Erkennen der Sippen (Taxa) aber hauptsächlich ihre äußere Ähnlichkeit, d. h. ihr Bestand an gestaltlichen (= morphologischen) Merkmalen. Die Verwandtschaftsverhältnisse können verständlicherweise nicht direkt beobachtet, sondern nur wissenschaftlich erschlossen werden, und zwar durch Berücksichtigung möglichst vieler Merkmale – nicht nur der äußeren, gestaltlichen, sondern auch der des inneren Baus (→ Anatomie, → Embryologie), des → Pollens (Palynologie), der chemischen Inhaltsstoffe (Phytochemie), des Zellkerns mit den → Chromosomen (Karyologie), der → DNA usw.

Jede einzelne Pflanzensippe mit ihrer ganz bestimmten, erblich fixierten Gestalt, d. h. mit ihrem ganzen Merkmalsbestand und allen ebenso erblich festgelegten öko-physiologischen Eigenschaften und Fähigkeiten, samt ihren Möglichkeiten zur → modifikativen Variation, ist nicht bloß als „Anpassung" und damit gewissermaßen direkter Reflex der aktuellen Umweltsituation zu verstehen, sondern sie trägt gleichsam ihre ganze Geschichte mit sich, ist nur aus der Gesamtheit des Schicksals ihrer Vorfahren verständlich, die sich allerdings alle in der Auseinandersetzung mit ihrer jeweiligen damaligen Umwelt („Ringen ums Dasein") bewähren mußten. Die Merkmale einer Sippe lassen sich gewissermaßen zwei grundsätzlich verschiedenen Bereichen zuordnen: einerseits der „Last des Erbes" (Merkmale, die sich bei den Vorfahren bewährt haben, wie Grundstruktur der Sprosse, der Blätter, der Blüten, der Früchte) und andererseits den jeweils direkt nützlichen, unmittelbar funktionsbezogenen Eigenschaften und Fähigkeiten (auf Standortseigenschaften wie Trockenheit, Licht, auf Bestäubung und Samenausbreitung bezogene Merkmale). Diese beiden Bereiche sind natürlich nie genau gegeneinander abgrenzbar, den einen nennt man „Bauplan-" oder „Organisationsmerkmale", den anderen „Anpassungsmerkmale". Die ersteren sind sozusagen geronnene Geschichte, die Summe der Anpassungsmerkmale der Vorfahren plus eine nicht unbedeutende Portion „historischer Zufälligkeit". In der Taxonomie sind die Bauplanmerkmale verständlicherweise hauptsächlich für die Charakterisierung der Sippen höherer Rangstufen (zB Familien), die Anpassungsmerkmale mehr für die Sippen niederer Rangstufen wichtig (zB Arten). Die Blattstellung und die Position des Fruchtknotens sind etwa im allgemeinen (keineswegs überall!) Familienmerkmale, die Gestalt der Blattspreite und die Kronenfarbe dagegen sind meist Anpassungen an bestimmte Standortsverhältnisse bzw. an bestimmte Tiere als Bestäuber und wechseln von Art zu Art.

Der Unerfahrene sei darauf aufmerksam gemacht, daß gerade manche jener Merkmale, die ihm besonders auffallen – wie etwa die Blütenfarbe –, eine geringere und andersartige Bedeutung haben, als man zunächst anzunehmen geneigt ist: So ist etwa das Vorkommen weißblütiger Individuen bei Arten mit normalerweise purpurnen bis blauen Kronen zwar sehr auffällig und von Art zu Art verschieden häufig, aber grundsätzlich nicht ungewöhnlich (meist durch einen einfachen → Mutationsschritt bewirkt) und taxonomisch fast unbedeutend. Dennoch kann nicht oft genug betont werden, daß die taxonomische Wertigkeit der Merkmalsbereiche von Sippe zu Sippe außerordentlich stark verschieden sein kann: Innerhalb der Gattung Steinbrech / *Saxifraga* schwankt die Stellung des Fruchtknotens von ober- bis unterständig; die nahe Verwandtschaft zwischen Glockenblume / *Campanula* und Teufelskralle / *Phyteuma* ist wegen der stark verschiedenen Gestalt und Größe der Krone zunächst kaum zu erkennen. Aster und Skabiose, Ginster und Buchs-Kreuzblume, Gelbstern und Blaustern etwa gehören trotz der paarweisen Ähnlichkeit jeweils nicht nur zu verschiedenen Familien, sondern sogar zu verschiedenen Ordnungen. Dagegen sind Mohn- und Erdrauchgewächse miteinander nächst verwandt und stehen Hühnerdarm und Nelke, Gauchheil und Zyklame, Akelei und Waldrebe jeweils mitsammen in derselben Familie, obwohl sie alle recht ungleiche Paare sind.

Für die gegenseitige Abgrenzung der Sippen, für die Zuordnung einer Rangstufe (Einstufung: zB ob Unterart oder Art, ob Untergattung oder Gattung, ob Unterfamilie oder Familie) sowie für die Einordnung ins System (in das Taxon der nächsthöheren Rangstufe, zB einer Art in eine bestimmte Gattung) sind – um den natürlichen, durch die Stammesgeschichte vorgegebenen Verhältnissen soweit Rechnung zu tragen, wie es der Stand unseres jeweiligen Wissens erlaubt – nicht nur äußerlich leicht erkennbare Merkmale maßgeblich, sondern zB auch anatomische, mikrostrukturelle (elektronenmikroskopisch analysierbarer Feinbau) und chemische (Inhaltsstoffe) sowie auch das genetische (Möglichkeit von Kreuzungen), ökologische (Bewohnen verschiedenartiger Standortsbereiche) und geographische (= chorologische: Verbreitungsgebiete) Verhalten (vgl. S. 107 ff.).

Unsere Kenntnisse über die Verwandtschaftsverhältnisse haben sich dank der **taxonomischen Forschung** (i. w. S.: Sippensystematik [= „Systematik"], Evolutionsforschung) innerhalb der letzten Jahrzehnte entscheidend vermehrt. Es konnten dabei auch wesentliche weitere Einblicke in die evolutiven Prozesse der Sippenbildung gewonnen und damit die in der Natur vorhandenen Einheiten genauer erfaßt werden. Eine Fülle morphologischer, anatomischer, cytologischer, genetischer, chemischer, ökologischer, geobotanischer usw. Daten, also mikroskopischer wie makroskopischer Merkmale, werden heute zur Definition der Sippen, also zB der Gattungen, Arten, Unterarten, herangezogen und haben damit das System der Pflanzen (d. h. die Stellung der Familien, Gattungen, Arten zueinander und deren Abgrenzung gegeneinander) oft nicht unbeträchtlich verändert und wichtige Hinweise für eine naturgemäßere Gliederung der Formenmannigfaltigkeit geliefert. Nicht wenige neue Sippen wurden dabei als natürliche, eigenständige Einheiten neu erkannt (Aufgliederung früherer Arten in mehrere neue Arten oder Unterarten). Andererseits erwiesen sich jedoch auch umgekehrt viele früher zB als Arten, Unterarten und Varietäten betrachtete Einheiten als bloß willkürliche, künstliche Umgrenzungen, als bloß auf → modifikativer Variation beruhende Bildungen, denen keine biologische Realität zukommt und die daher in einem „natürlichen" System gar nicht aufscheinen dürfen, weil sie taxonomisch belanglos sind. In all diesen Fällen werden Sippen neu als solche erkannt und daher entsprechende Taxa neu aufgestellt oder neu gefaßt, d. h. anders umgrenzt (was sich keineswegs immer in Form neuer Namen kundtut, weil für den Namen nur die Zugehörigkeit des → nomenklatorischen Typus, nicht aber die taxonomische Umgrenzung maßgeblich ist; vgl. S. 33!). In anderen Fällen führen taxonomische Erkenntnisse bzw. Auffassungsunterschiede zu neuen Taxa, wobei aber die Sippe gleich bleibt: es ändert sich nur ihre Rangstufe oder ihre Stellung (Zugehörigkeit zum übergeordneten Taxon) und damit zwangsläufig ihr Name: zB *Coryloideae/Corylaceae; Ficaria verna / Ranunculus ficaria; Veronica hederifolia subsp. lucorum / V. sublobata.* Als Faustregel gilt: Je künstlicher (schematischer) eine Sippe, umso leichter, und je natürlicher (biologischer) eine Sippe, umso schwieriger ist sie beschreibbar und bestimmbar.

Ein zentrales Thema der Sippensystematik betrifft die Natur (Beschaffenheit, Wesen) der Sippen, insbesondere der Arten, also den **Begriff der Art (= Spezies)**. Die schwierige Diskussion darüber rührt daher, daß unter diesem zentralen Rangstufenbegriff evolutionsbiologisch recht verschiedenartige Einheiten zusammengefaßt werden. Sie haben aber gemeinsam, daß sie im Evolutionsgeschehen eine entscheidende (innovative) Rolle spielen und daß sie insofern in der Natur real vorhanden sind und nicht bloß vom Wissenschaftler konstruierte Abstraktionen darstellen. Dazu im folgenden einige ganz knappe Andeutungen.

Die Natur der Spezies hängt in erster Linie von der Beschaffenheit des gesamten → Fortpflanzungssystems ab sowie darüber hinaus allgemein vom Evolutionsmodus: Ausmaß der Kreuzbarkeit (der genetischen Isolationsmechanismen) und der tatsächlich vorkommenden Kreuzungsereignisse; gegenseitiges Verhältnis von erblicher Variation (Merkmalsschwankungen) und Kreuzungsmöglichkeit und -häufigkeit. Das bestäubungsbiologische und „ökogeographische" (= geobotanische, d. h. soziologische und chorologische) Verhalten ist dabei verständlicherweise ebenfalls sehr wichtig. Dennoch wäre es unrichtig, die Art ausschließlich genetisch, nämlich bloß nach dem Kreuzungsverhalten zu definieren.

Entsprechend der Verschiedenartigkeit dessen, was Spezies genannt wird, ist auch deren Untergliederung (in infraspezifische Sippen, s. u.) von entsprechend verschiedener biologischer Natur:

**(1)** So gibt es einerseits sehr variable Arten mit kaum eingeschränkter Fremdbestäubung und geringen Kreuzungs-Barrieren, die sich trotz ihres großen Formenreichtums nicht in einer natürlichen Weise untergliedern lassen, weil es sehr oft zu Kreuzungen und Rückkreuzungen kommt, die deutliche Grenzen schwierig oder unmöglich machen. Wo zwar eine ökologische und/oder chorologische Gliederung, aber keine klaren Grenzen vorhanden sind, also Übergangsformen (Zwischenformen) nicht selten sind, verwendet man für solche Einheiten innerhalb einer Art die Rangstufe der **Unterart (= Subspezies = *subspecies*)**. Beispiele für solche ökogeographische Rassen sind zB (a) geographisch → vikariierende Rassen, wie zB die vier Unterarten des Alpen-Mohns / *Papaver alpinum* und die beiden Unterarten der Strauß-Glokkenblume / *Campanula thyrsoides: subsp. thyrsoides* u. *subsp. carniolica*; (b) sogenannte Ökorassen („Ökotypen"), wie zB die Kalk- u. die Silikat-Gemskresse / *Pritzelago (= Hutchinsia) alpina subsp. alpina* u. *subsp. brevicaulis*; (c) chorologisch und ökologisch unterschiedliche Rassen wie die Unterarten des Gewöhnlichen Wundklees / *Anthyllis vulneraria*. Gibt es innerhalb einer variablen Art keinerlei Unterbrechung (Diskontinuität, Zäsur) der Variation und zeigt sich eine kontinuierliche Reihe von Veränderungen, nennt man das klinale Variation, erfolgt sie entlang eines ökologischen Gradienten (zB Höhenstufe), spricht man von Ökokline. Falls etwa die beiden Unterarten der Gewöhnlichen Echten Goldrute / *Solidago virgaurea* durch – ihrem Merkmalsbestand nach – gleitende Übergangspopulationen kontinuierlich miteinander verbunden sein sollten (was noch nicht ausreichend erforscht ist), müßten die Unterarten eingezogen (annulliert) werden; die Art würde dann durch ökoklinale Variation ausgezeichnet sein, nicht jedoch in zwei Unterarten gegliedert werden können.

**(2)** Andererseits gibt es Verwandtschaftsgruppen, in denen infolge vorherrschender Selbstbestäubung (d. h. eingeschränkter Kreuzungshäufigkeit) eine ± große Zahl deutlich genetisch getrennter Rassen bestehen, die sich jedoch in ihrem Erscheinungsbild („morphologisch") nur geringfügig unterscheiden und deshalb alle zu einer Art zusammengefaßt werden. (Beispiele sind viele Einjährige, wie etwa das Hirtentäschel / *Capsella bursa-pastoris*). Noch stärker ist dieser Typus von Sippenstruktur in Formenkreisen mit vorherrschender ungeschlechtlicher (= asexueller) Fortpflanzung ausgeprägt, wie etwa bei den Minzen/*Mentha*, die zwar gern Hybriden bilden, wobei diese sich vegetativ fortpflanzen. Oder bei jenen Gruppen, die sich zwar durch Samen fortpflanzen, diese aber überwiegend auf ungeschlechtlichem Weg erzeugen (sogenannte Agamospermie): zB viele Arten (→ „Kleinarten") in den Gattungen Brombeere/*Rubus*, Habichtskraut/*Hieracium*, Frauenmantel/*Alchemilla*, Löwenzahn/*Taraxacum*.
Zwischen diesen beiden Fällen, **(1)** und **(2)**, gibt es fast alle denkbaren Kombinationen und Zwischenstufen.

**Infraspezifische Taxa** (also jene auf einer Rangstufe unterhalb der Art, somit Untergliederungen von Arten) verursachen einerseits oft Probleme beim Bestimmen, andererseits schwankt die Bewertung durch verschiedene Botaniker (Bücher) oft beträchtlich. Die Gründe dafür können sein: (a) entsprechend der Vielschichtigkeit (Multidimensionalität) der Evolution sind zwei oder mehrere Betrachtungsweisen gleichermaßen berechtigt; (b) starke und/oder verwickelte Variation; manche Merkmalsbereiche variieren zB nicht parallel zueinander, und je nach Berücksichtigung (Zugrundelegung) des einen oder anderen Merkmalsbereichs ergeben sich verschiedene Gliederungen; es besteht noch keine Einigkeit darüber, welche Vorgangsweise die bessere, biologisch sinnvollere ist; (c) die Erfassung und Darstellung der Variation ist schwierig und noch nicht genügend klar; (d) die ganze Art, ihre Variation und deren Natur ist noch zu wenig erforscht. In solchen Fällen (besonders im Fall d) ist oft eine vorläufige Taxonomie praktikabel. Ein unverbindlicher Begriff, der die Festlegung einer Rangstufe vermeidet, ist → „Variante" (nicht zu verwechseln mit der Rangstufe der → Varietät!), ähnlich unverbindlich wie oberhalb der Art der Begriff des → „Aggregats" (Artengruppe, Sammelart). Bloß ontogenetische oder modifikative Variation, also Veränderungen im Laufe der Individualentwicklung (zB verschiedene Blattgestalt bei jugendlichen Individuen gegenüber älteren) oder nicht-erbliche, vielmehr durch verschiedene Lebensumstände (Wachstumsbedingungen) verursachte Unterschiede (zB bessere oder schlechtere Ernährung), sind selbstverständlich taxonomisch gänzlich irrelevant, lassen sich aber von den genetisch fixierten (= erblich festgelegten), also taxonomisch maßgeblichen, nicht immer leicht unterscheiden. – Ebenso grundsätzlich wichtig ist es, zu unterscheiden zwischen bloß deskriptiven, formalen Merkmalsverteilungen (= „künstlichen", wie etwa ein bestimmter Zahlenwert als Grenze zwischen „groß" und „klein") und solchen, die biologischen (= „natürlichen") Einheiten entsprechen. Merkmale, die miteinander korreliert sind (gemeinsam auftreten), die geobotanische (standörtlich-soziologische und geographische) oder ökologisch-funktionelle (zB bestäubungsökologische) Bezüge erkennen lassen, sind demnach höher einzustufen: Solche Merkmalskombinationen charakterisieren objektive, evolutionsbiologisch reale Einheiten, also Arten (wenn sie voneinander klar getrennt sind) oder Unterarten (wenn die Grenzen nicht so deutlich sind). Vereinzelt, ohne solche Zusammenhänge auftretende Merkmale sind dagegen, auch wenn sie sehr auffällig in Erscheinung treten (zB abweichende Blütenfarben), geringer zu bewerten: sie sind als Varietäten oder gar nur Formae einzustufen. Die Taxa auf diesen untersten beiden Rangstufen haben daher ± künstlichen Charakter, es handelt sich meist um ± subjektiv herausgegriffene abweichende Populationen oft auch polytoper Natur, d. s. solche, die voneinander unabhängig an verschieden Orten (und zu verschiedenen Zeiten) entstanden sind und daher keine Abstammungseinheit darstellen und auch nicht gleichwertig der → Nominatvarietät gegenüberstehen.

Faustregel: Wenn eine klare morphologische (merkmalsmäßige) Grenze (eine Diskontinuität, d. h. eine Lücke, eine Unterbrechung im Formenkontinuum der Variation) zusammen mit ökogeographischen Unterschieden (Bevorzugung verschiedener Standorte bzw. Pflanzengesellschaften und/oder verschiedene Areale) bestehen, handelt es sich um Arten. Treffen diese Bedingungen nicht zu, zeigen also die Unterschiede entweder im Merkmalsbestand oder im ökogeographischen Verhalten keine deutliche gegenseitige Abgrenzung, dann handelt es sich um Unterarten. Gibt es dagegen weder bei den Merkmalen noch im ökogeographischen Verhalten klare Grenzen (Diskontinuitäten), muß eine noch niedrigere Rangstufe, also die der Varietät herangezogen werden; dabei handelt es sich aber um keine natürlichen Einheiten mehr, was auch für die allerunterste Rangstufe, die der Forma, gilt. Neben dem Merkmalsbestand sehr wesentlich ist also immer das Vorhandensein objektiver Grenzen. Denn daß willkürlich gezogene Grenzen (Blätter bis 15 mm lang: Taxon A; länger als 15 mm: Taxon B) zwar praktikabel sind (solche Einheiten sind leicht und exakt bestimmbar), aber nicht die in der Natur vorliegenden Verhältnisse wiedergeben und deshalb unwissenschaftlich sind, leuchtet ein.

Die Art ist demnach die kleinste biologisch klar abgegrenzte taxonomische Einheit im phylogenetisch orientierten natürlichen System. Die Unterart ist die kleinste überhaupt objektiv faßbare Einheit innerhalb eines solchen Systems.

Produkte von Kreuzungen zwischen verschiedenen Sippen heißen **Hybriden** (= Bastarde). Sie treten in manchen Gattungen häufig, in anderen selten oder gar nicht auf. Sie sind in der Regel nur beschränkt fertil oder ganz steril (unfruchtbar, d. h., sie erzeugen keinen Pollen und/oder keine Früchte bzw. Samen) und weisen meist stark schwankenden Merkmalsbestand auf (oft auch → intraindividuell!). Aus bestimmungspraktischen Gründen sind sie in der Regel nicht in die Schlüssel aufgenommen („verschlüsselt“) worden, sie lassen sich nämlich im allgemeinen nur bei Kenntnis der Elternarten identifizieren. Für die Taxonomie hauptsächlich maßgeblich ist übrigens grundsätzlich das Verhalten der Populationen in der Natur (viel weniger dagegen das davon oft stark abweichende Hybridisieren unter künstlichen Bedingungen in Gartenkultur!); in diesem Buch werden daher auch, wenn überhaupt, höchstens natürliche Hybriden erwähnt. – Die Hybriden benennen wir prinzipiell nur mit ihrer → Hybridformel, da wir die binären Hybridnamen für überflüssigen Gedächtnisballast halten. Nur jene wenigen Hybriden, die sich ähnlich wie Arten verhalten, indem sie sich selbständig fortpflanzen, wenig schwankende Merkmale aufweisen und oft als Halb- oder Vollwaisen auftreten (und dadurch zu den artgewordenen Hybriden überleiten), werden „verschlüsselt“ und mit ihrem binären Namen genannt. – Um darauf aufmerksam zu machen, daß ein Bestimmungsversuch möglicherweise deshalb mißlungen ist, weil eine Hybride vorliegt, wird im gegebenen Fall jeweils am Beginn der entsprechenden Gattung auf das häufigere Vorkommen von Hybriden hingewiesen.

Die Forschung der vergangenen Jahrzehnte hat unsere Kenntnis der Vorgänge um die **Entstehung neuer Pflanzenarten** im Laufe der Evolution wesentlich bereichert. So verfügen wir heute über gut begründete Theorien über die Herkunft jener Pflanzenarten, die auf Vegetationstypen spezialisiert sind, die erst der Mensch in den letzten paar Jahrtausenden geschaffen hat: die meisten Grünlandgesellschaften (Wiesen und Weiderasen) Mitteleuropas, die Ackerbeikräutergesellschaften („Ackerunkräuter") und andere. Es hat sich gezeigt, daß nicht wenige der in diesen Lebensräumen wachsenden Arten aufgrund von Kreuzungsvorgängen (Hybridisierung) entstanden sind (→ hybridogene Arten), wobei die Vervielfachung der Chromosomenzahl als evolutiver „Trick" die volle Fruchtbarkeit und damit die Artwerdung erleichtert bzw. ermöglicht hat (→ Allopolyploidie). – Um das wissenschaftliche Interesse an unserer Pflanzenwelt zu wecken, machen wir für den/die theoretisch interessierte/n Benützer/in dieses Buches auf einige solche (ausgewählte) Fälle durch entsprechende Hinweise bei den Angaben zur Art aufmerksam. (Weitere Erläuterungen zu diesem Thema finden sich im Glossar, S. 1067.)

Obwohl die Flora Österreichs dank den Anstrengungen vieler Generationen von Botanikern viel besser bekannt ist als die großer anderer Bereiche unserer Erde, läßt sich auch bei uns Unbekanntes, Neues entdecken. Schwierigkeiten beim Bestimmen können nicht nur in schlechten Schlüsseln oder mangelnder Erfahrung des Bestimmers ihre Ursache haben, sondern auch in unzureichender wissenschaftlicher Kenntnis (geringem Erforschungsgrad) der Arten, ihrer Variation und oft auch ihres geobotanischen Verhaltens (Bindung an bestimmte Standorte und Pflanzengesellschaften, Klimagebiete u. dgl., geographische Verbreitung). Schwankende taxonomische Bewertung ist die Folge. In diesem Buch wird gelegentlich mittels Fragezeichens auf noch unbekannte Punkte oder widersprüchliche Angaben aufmerksam gemacht. Die genaue Kenntnis der „Feinsystematik", also der → Kleinarten und infraspezifischen Taxa, ist jedoch für ökologische Fragestellungen (Standortszeiger, → Bioindikation) meist sehr wichtig, da sich gerade nah verwandte Sippen oft in ökologischer Hinsicht stark unterscheiden. Sorgfältiges Bestimmen und genaues Beobachten der Populationen und Sippen im Gelände bieten reizvolle und wissenschaftlich ergiebige Aufgaben. Die verläßliche und präzise Dokumentation aller Beobachtungen (durch Anfertigung von → Herbarbelegen) ist dabei allerdings unerläßlich.

## Nomenklatur

Darunter versteht man die Namengebung, die Benennung der Taxa. Jedes Taxon hat einen international standardisierten lateinischen (genauer: oft nur latinisierten) Namen, der aufgrund bestimmter Regeln (Nomenklaturregeln, zB Prioritätsregel) gebildet wird. Das Botanische Latein ist eine Form des Neulateinischen, des (neuzeitlichen) Gelehrtenlateins, weicht daher vom klassischen (antiken) Latein (= Schullatein) auch in der Rechtschreibung manchmal etwas ab: zB *majus* und *sylvaticus* (klassisch: maius, silvaticus). Man beachte, daß die Wortbedeutung des Namens (so interessant sie in sprachwissenschaftlicher, historischer, ethnologischer usw. Sicht ist) für dessen Gültigkeit (Korrektheit) völlig unerheblich ist (nicht wenige Artnamen deuten Eigenschaften an, etwa Merkmale oder Standorte, die der Art gar nicht oder nur in eingeschränktem Maß zukommen: Die Berg-Ulme / *Ulmus glabra* zB hat bei uns nicht kahle, sondern behaarte Laubblätter; *Rosa arvensis* zB wächst bei uns nie im Acker, sondern ausschließlich in Wäldern; *Sophora japonica* stammt nicht aus Japan). Die Herkunft der verwendeten Wörter liegt meist im Lateinischen oder im Altgriechischen, nicht selten aber auch in anderen Sprachen, auch viele Eigennamen werden verwendet *. Um die richtige Betonung anzuzeigen, ist in diesem Buch bei den akzeptierten (korrekten) Namen ein Betonungsakzent gesetzt. Die Betonung richtet sich immer – auch bei den aus dem Altgriechischen stammenden Wörtern, die dort meist eine andere Betonung haben! – nach den Regeln der lateinischen Sprache *; zur Aussprache des Lateinischen → S. 35.

* Genaueres dazu in H. GENAUST & M. A. FISCHER (in Vorber.).

Die Rangstufe oberhalb der Gattung ist an der Endung erkennbar (siehe Tabelle auf S. 26). Die Artnamen bestehen immer aus zwei Wörtern (sie sind „binär“ und werden daher auch „Binome“ genannt): Das erste Wort ist der Name der Gattung (immer mit großem Anfangsbuchstaben), zu der die Art gehört, das zweite Wort der Art-Beiname (= Art-Epithet, nicht „Artname“!; mit kleinem Anfangsbuchstaben). Infraspezifische Taxa (d. h. Taxa in einer Rangstufe unterhalb der Art, also zB Unterarten und Varietäten, vgl. S. 25ff.) sind mehrgliedrig nach folgendem Schema:

*Ranunculus ficaria subsp. nudicaulis* / Nacktstengel-Feigwurz-Hahnenfuß.

*Plantago lanceolata var. sphaerostachya* (Kurzform für „*Plantago lanceolata subsp. lanceolata var. sphaerostachya*“) = eine kugelköpfige Varietät des Spitz-Wegerichs.

Varietäten (*var.*) und Formae (*fa.*) werden in diesem Buch nur ausnahmsweise behandelt.

Die Art-Beinamen und ebenso die Beinamen der infraspezifischen Taxa sind meist Adjektive (Eigenschaftswörter), die mit dem grammatischen Geschlecht des Gattungsnamens übereingestimmt werden müssen: zB *Linaria alpina* (weiblich), *Ranunculus montanus* (männlich), *Galium odoratum* (sächlich), *Trifolium pratense* (sächlich). Die Bäume sind fast alle (wie auch im Deutschen) weiblich: zB *Fagus sylvatica* (mit Ausnahme – ähnlich wie im Deutschen – des Ahorns / *Acer*). Auch die meisten Sträucher sind weiblich: zB *Rhamnus cathartica*. Gattungsnamen, die auf *-ma* (außer *-osma*) enden, sind meist (griechische) Neutra, zB *Phyteuma spicatum*. Etliche Epitheta (Beinamen) sind jedoch keine Adjektive, sondern substantivische, meist vorlinnéische Namen, die mit dem Gattungsnamen nicht übereingestimmt werden (in älteren Büchern werden sie mit großem Anfangsbuchstaben geschrieben): z. B. *Allium victorialis, Viburnum lantana, Carpinus betulus, Vaccinium vitis-idaea, V. myrtillus, Euphorbia peplus*. Manche dieser Epitheta werden auch als Gattungsnamen verwendet, und zwar entweder für dieselbe Sippe bei anderer taxonomischer Bewertung, wie engerem Gattungsbegriff (zB *Ranunculus ficaria* = *Ficaria verna*), oder für eine völlig andere, in irgendeiner Hinsicht ähnliche oder auch nicht ähnliche, ± entfernt bis gar nicht verwandte Sippe (die Gattung *Lantana* zB ist eine tropische Verbenacee [Eisenkrautgewächs]); andere dagegen scheinen sonst überhaupt nirgends auf („Victorialis“ zB gibt es nicht). In einigen wenigen Fällen weicht das Geschlecht im botanischen Latein von jenem im klassischen Latein ab: zB *Orchis ustulata, Adonis flammea* (beide verständlicherweise eigentlich männlich!); *Melilotus albus*. Bei Dedikationsnamen (Widmungsnamen) steht der Name der geehrten Person meist im Genitiv: zB *Gentiana clusii, Pulmonaria kerneri* (= „Enzian des [Herrn] Clusius“, „Lungenkraut des [Herrn Professor] Kerner“).

Zum vollständigen wissenschaftlichen Namen gehört auch die Angabe des nomenklatorischen Autors, d. i. jenes Botanikers, der die erste Benennung und Beschreibung des betreffenden Taxons vorgenommen hat. Er wird, meist in abgekürzter Form, dem eigentlichen Namen angefügt, zB: „*Bellis perennis L.*“ (L. = Carl von Linné); „*Pulmonaria kerneri Wettst.*“ (Wettst. = R. v. Wettstein).

Entgegen einer leider verbreiteten Fehlmeinung ist der nomenklatorische Autor somit keineswegs der beste Kenner oder die kompetenteste Autorität des Taxons, und seine Nennung sagt auch nichts über den taxonomischen Umfang (die Abgrenzung) der betreffenden Sippe aus, weil bei taxonomischen Änderungen die alten Namen nicht verschwinden dürfen, sondern nur eine andere Bedeutung erlangen. Als zB beim Stengellosen Enzian / *Gentiana acaulis* die kalkliebende Sippe mit spitzen, nicht abstehenden Kelchzipfeln usw. als eigenständige Art erkannt und daher „abgetrennt“ (ausgegliedert = segregiert) wurde, handelte es sich dabei tatsächlich um eine Zweiteilung: aus der ursprünglichen, einen, alten entstanden zwei neue Arten. Diese könnten zwar entsprechend taxonomischer Logik, nicht jedoch den Nomenklaturregeln zufolge zwei neue Namen bekommen. Regelgemäß muß vielmehr der alte Name (*G. acaulis*) für jene Sippe beibehalten werden, zu der der → nomenklatorische Typus gehört (das ist in diesem Beispiel die silikatliebende Art). Der Umfang, die Bedeutung des Namens *G. acaulis* ändert sich also beträchtlich (in diesem Beispiel wird er eingeengt), was man durch den zusätzlichen Hinweis „*s. str.*“ (= *sensu stricto* oder *strictiore* = „im enge[re]n Sinn“) andeuten kann (das Gegenstück heißt „*s. l.*“ = *sensu lato oder latiore* = „im weite[re]n Sinn“). Der Autorenname dagegen bleibt natürlich gleich (im Beispiel: Linné), er sagt also nichts über den Umfang, die

Abgrenzung der Art. Die andere Art (das andere Spaltprodukt) bekam einen neuen Beinamen (im Beispiel: *G. clusii*) und natürlich auch einen neuen Autorennamen.

Die Kenntnis des nomenklatorischen Autors und des Zitats der Erstbeschreibung (= Originaldiagnose) ermöglicht es dem Taxonomen, im Falle von → Homonymen Aufklärung zu schaffen und vor allem aber die Originaldiagnose und den → nomenklatorischen Typus (s. u.) aufzufinden, was bei allen taxonomischen Änderungen wegen der an den Typus geknüpften Benennung sehr wichtig ist. Diese Originaldiagnose ist aber sehr oft (und verständlicherweise: wegen des Alters) keineswegs eine besonders gute oder aufschlußreiche Beschreibung der Sippe; auch über das Ausmaß der Variation und den Umfang des Taxons sagt sie nichts aus. Ein Bestimmungsergebnis wird also durch die Angabe des nomenklatorischen Autors keinesfalls besser, sicherer, eindeutiger oder wissenschaftlicher. Ein bestimmter wissenschaftlicher Name wird nämlich nicht selten in verschiedenen Büchern in verschiedenem Sinn gedeutet. Um die Angabe eines Pflanzentaxons exakter zu machen, empfiehlt es sich daher, statt des nomenklatorischen Autors vielmehr jenes Florenwerk (Bestimmungsbuch) anzuführen, mit dem die Bestimmung durchgeführt wurde, wo die (aktuellere) Beschreibung der Sippe zu finden ist (immer auch die Auflage-Nummer oder das Erscheinungsjahr des Buches angeben!). Da die nomenklatorischen Autoren somit ausschließlich für den Fachtaxonomen wichtig sind, sonst aber erfahrungsgemäß bloß Verwirrung stiften, scheinen sie in dieser Exkursions-Flora zweckmäßigerweise gar nicht auf.

**Synonyme**. Viele Taxa haben mehr als einen lateinischen Namen. Solche gleichbedeutende Namen heißen Synonyme. Taxa dürfen im allgemeinen nur einen einzigen korrekten Namen haben, der durch die internationalen → Nomenklaturregeln festgelegt wird (nur einige der großen → Familien haben ausnahmsweise zwei korrekte Namen, zB *Compósitae* = *Asteráceae, Crucíferae* = *Brassicáceae*). – Die Nomenklaturregeln legen den gültigen bzw. korrekten Namen eines Taxons fest. Um feststellen zu können, was mit einem Namen gemeint ist, genügt nicht die Originalbeschreibung, sondern es muß jeder Name an ein Herbarexemplar (den nomenklatorischen Typus) geknüpft sein. Die wichtigste der Regeln, die Prioritätsregel, besagt, daß der älteste wirksam veröffentlichte Name der gültige ist. Der korrekte Name dagegen hängt von einer taxonomischen Entscheidung ab (sippensystematische Beurteilung: Grenzziehung zwischen den Taxa, Einstufung und Einordnung).

Synonyme kamen und kommen zustande durch (a) unbewußte oder auch bewußte Nichtanwendung der international verbindlichen Nomenklaturregeln (ungültige Namen: „nomenklatorische Synonyme") sowie durch (b) forschungsbedingte Änderungen in der sippensystematischen Bewertung (Einstufung und Einordnung) der betreffenden Sippe (inkorrekte Namen: „taxonomische Synonyme"). – In **Fettdruck** erscheinen in diesem Buch jene Synonyme, die in der „Liste der Gefäßpflanzen Mitteleuropas" (1973) als die akzeptierten Namen aufscheinen, aber bei uns durch einen dem neueren Forschungsstand entsprechenden ersetzt worden sind. In einigen wenigen Fällen werden unter den Synonymen auch Namen angeführt, die in manchen neuesten Werken verwendet werden, wahrscheinlich dem heutigen Stand der Taxonomie bzw. Nomenklatur entsprechen und daher voraussichtlich künftig stärker in Verwendung kommen werden, aber dennoch aus bestimmten Gründen von uns vorderhand noch nicht akzeptiert worden sind: diese „vorausschauenden" Synonyme sind durch Unterstreichung hervorgehoben.

Die angeführten Synonyme sind Namen, die in diesem Jahrhundert in einem oder mehreren wichtigeren Florenwerken betreffend Österreich oder Nachbarländer als akzeptierte Namen verwendet wurden oder werden (insbesondere FRITSCH, JANCHEN, HEGI, ROTHMALER, SCHMEIL & FITSCHEN, OBERDORFER, HESS & al., Flora Europaea), ohne daß damit über deren Berechtigung oder korrekte Bedeutung irgend etwas ausgesagt wird. Grundsätzlich wird mit diesen Synonymen also keineswegs irgendeine Feststellung getroffen über die Berechtigung der Gleichsetzung (Synonymisierung), über die Verwendbarkeit oder über die nomenklatorische Qualität dieser Synonyme. Sie sind nämlich oft keineswegs inhaltsgleich, sondern beziehen sich nicht selten bloß auf einen Teil der Sippe (mitunter durch „inkl." angedeutet), oder diese entspricht umgekehrt nur einem Teil des Synonyms (mitunter durch „*p. p.*" angedeutet), oder das Synonym ist gar kein echtes Synonym, sondern ein bloß falsch angewendeter Name (prominentere Fehlbestimmung) oder es ist aus nomenklatorischen oder sonstigen Gründen unrichtig (diese sehr verschiedenartigen Fälle sind mitunter durch „warnende" Anführungszeichen oder durch „*sensu*" = „i. S. v." angedeutet). Diese Anführungszeichen bedeuten also meist soviel wie „sogenannt" oder „in dem bisher oder früher meist (in Österreich, in Mitteleuropa) verwendeten, üblichen, wenn auch eigentlich nicht korrekten Sinn" (= „*auct.*"). Beispiel: Das bei *Alchemilla fissa* angeführte Synonym (*A. glaberrima*) bedeutet bloß, daß dieser Name in manchen auf Österreich bezüglichen Werken (z. B. in Fritsch) für die in der vorliegenden Exkursionsflora *A. fissa* genannte Art verwendet worden ist, wobei keineswegs ausgeschlossen wird, daß jenes Binom *A. glaberrima* auch für ganz andere Sippen verwendet worden ist oder vielleicht sogar korrekterweise verwendet werden müßte. – Wer sich für die Feinheiten exakter Nomenklatur und für die erschöpfende Synonymisierung interessiert, sei auf die künftige kritische „Flora von Österreich" verwiesen.

**Zur Aussprache des Lateinischen**: Bei uns (im Deutschen) ist meist folgende (vom klassischen Latein abweichende, neu- oder gelehrtenlateinische, zT ans Deutsche angenäherte) Aussprache üblich: c vor a, o, u und Mitlauten wie deutsch k, jedoch vor e, i, y, ae, oe wie deutsch z; y wie ü (am Wortanfang vor Selbstlauten jedoch wie j); ae wie ä; oe wie ö; ie wie i-e (nicht langes i), ei wie e-i (nicht wie deutsch ei [ai]); jedoch eu meist wie deutsch eu (oi); v wie deutsch w; st auch am Wortanfang wie st (nicht wie scht); sch (in griechischen Wörtern) wie sk, sonst wie deutsch sch; ch wie deutsch ch; z wie deutsch z (ts); ti vor Selbstlaut wie zi (tsi); qu wie kw; gu vor Selbstlauten wie gw, su vor Selbstlauten wie sw; ph (altgriechisch) neugriechisch wie f; th wie t; rh wie r. Der Unterschied zwischen langen und kurzen Selbstlauten wird nicht beachtet. Bei betonten Zwielauten (Diphthongen) steht der Betonungs-Akzent in diesem Buch auf dem ersten Zeichen (zB *Áesculus, Centáurium*). Wörter, die nicht lateinischer oder altgriechischer Herkunft sind, sondern aus einer anderen (modernen, lebenden) Sprache stammen, dürfen ausnahmsweise auch so wie in dieser Sprache ausgesprochen werden (zB *Goodyera* [englisch: wie „Gudjéra"], *Loiseleuria* [französisch: wie „Loaslöria"], *pancicii* [serbisch: wie „pantschítchii"], *Lavatera* [deutsch: wie „Lafátera"], *Scheuchzeria* [deutsch: wie šoichtseria] usw.). Ganz korrekt wäre aber eigentlich eine latinisierende Aussprache, die in manchen Fällen auch die übliche ist: *Lloydia* wie „Lóidia" und nicht (walisisch) wie „Chluidia", *Forsythia* wie „Forsítia" und nicht (englisch) „FoosaiΘia", *Gagea* wie „Gágea" und nicht (schottisch/englisch) „Ge(i)dscha" usw.

Beispiele: *Acer campestre* wie Ázer kampéstre; *Quercus cerris* wie Kwérkus zéris, *Aesculus hippocastanum* wie Éskulus hipokástanum, *Circaea lutetiana* wie Zirzéa luteziána, *Teucrium chamaedrys* wie Tóikrium chamédrüs, *Briza* wie Brítsa.

Es wird jedoch manchmal auch (mit guten Gründen, etwa zur besseren internationalen Verständigung) eine von den verschiedenen nationalen Aussprachegewohnheiten unabhängige und vielmehr der antiken angenäherte Aussprache empfohlen (die sich neuerdings auch in der Schule auszubreiten scheint), was hauptsächlich folgende Abweichungen von den obigen Angaben bewirkt: c immer wie k (nie wie deutsch z); ae wie áe oder ái (nicht wie deutsch ä), oe wie óe oder ói (nicht wie ö); eu wie é-u (nicht wie deutsch eu [oi]); ti immer wie ti (nie wie zi); z wie stimmhaftes s (nicht wie ts). Der im Lateinischen wichtige Unterschied zwischen langen und kurzen Selbstlauten darf nicht vernachlässigt werden; Doppelmitlaute sind lang zu sprechen.

Beispiele: *Acer campestre* wie Áker kampéstre, *Circaea lutetiana* wie Kirkáia lutetiána, *Teucrium chamaedrys* wie Téwkrium chamáidrüs, *Euphorbia seguieriana* wie E-ufórbia segi-eriana, *Populus* wie Poopulus (populus mit kurzem o heißt „Volk"), *Celastraceae* wie Kelastrákeai.

Bei den deutschen Namen handelt es sich meistens um Standardnamen („Büchernamen") und nur in wenigen Fällen um volkstümliche (= vernakulare) Namen. Dazu sei schon an dieser Stelle betont (was im folgenden noch näher erläutert wird): Trotz einer längeren Tradition schwanken die deutschen Büchernamen vieler Arten und sogar Gattungen und Familien recht stark, sodaß sie oft nicht ausreichen, um die betreffende Pflanzensippe eindeutig zu identifizieren. Die deutschen Namen sind also (solange es keinen allgemein akzeptierten Standard gibt) in nicht wenigen Fällen gewissermaßen bloß behelfsmäßige Namen neben den eigentlichen, exakten, wissenschaftlich-lateinischen.

Überdies bezweifeln viele Botaniker die Sinnhaftigkeit einer durchgehenden, konsequenten deutschen Nomenklatur, derzufolge jedes Taxon neben dem lateinischen auch einen möglichst standardisierten deutschen Büchernamen aufzuweisen hätte, und zwar mit einem nicht unvernünftigen Argument: Wer sich ernsthaft für die Pflanzen und deren wissenschaftliche Betrachtung interessiert, müsse sich ohnehin mit der lateinischen Nomenklatur vertraut machen, für alle anderen aber genügten die volkstümlichen Namen, deren Unzukömmlichkeiten sie dann eben in Kauf nehmen müßten, denn diese könnten letztlich nur den ernstlich Interessierten stören.

In diesem Buch jedoch folgen wir dennoch der Tradition des deutschen Sprachraums, mindestens bis zur Rangstufe der Art ausnahmslos deutsche Namen anzugeben, die – im Gegensatz zu den volkstümlichen Namen – einer gewissen wissenschaftlichen Betrachtungsweise entsprechen, denn diese botanische Information wird von den Verfechtern und Benützern deutscher Pflanzennamen sehr wohl erwartet. Gemäß dem Grundsatz „wennschon, dennschon", gehen wir noch einen Schritt weiter und führen auch für alle Unterarten solche deutschen Standardnamen an. - Diese Namen sollen nicht nur so weit wie möglich mit der Tradition und anderen Büchern im Einklang stehen, sondern auch möglichst viel und Richtiges über die betreffende Sippe aussagen, wozu auch die Information über ihre verwandtschaftliche Stellung gemäß dem aktuellen Stand der Wissenschaft gehört (das Scharbockskraut ist ein Hahnenfuß, die Ackerdistel ist eine Kratzdistel, das Alpenveilchen ist kein Veilchen usw.). Es wird daher versucht, bei diesen deutschen Standardnamen soweit wie möglich analog zu den lateinischen zu verfahren, nämlich bei den Arten und Unterarten auch die Gattungs-Zuordnung und die Rangstufe auszudrücken. Wir vermeiden es deshalb auch tunlichst, denselben Namen für verschiedene Gattungen und mehrere Namen für dieselbe Gattung zu verwenden. Darum heißen *Carduus* „Ringdistel", *Cirsium* „Kratzdistel"; *Dactylorhiza* „Fingerknabenkraut", *Orchis* „Knabenkraut"; *Taraxacum* „Löwenzahn" und *Leontodon* „Leuenzahn". Ebenso geben wir etwa für *Viola tricolor subsp. subalpina* und *Galium odoratum* als deutsche Namen nicht nur „Felsen-Stiefmütterchen" bzw. „Waldmeister" an, sondern daneben auch „Subalpines Dreifarben-Veilchen" bzw. „Duft-Labkraut", damit genau so wie aus dem lateinischen Namen zu erkennen ist, daß es sich um eine Unterart einer bestimmten Veilchen-Art bzw. um eine Art aus der Gattung Labkraut handelt. (Dieser Grundsatz ist freilich nicht in jedem Fall streng, ausschließlich und stur anzuwenden, da wir doch selbstverständlich etwa für die Kornblume diesen traditionsreichen Namen als gut und empfehlenswert beibehalten wollen, obwohl er nicht verrät, daß es sich um eine Art der Gattung Flockenblume handelt.) Klarerweise sind die deutschen Namen prinzipiell nicht weniger skurril (bis humoristisch) als die griechisch-lateinischen (über die nur altphilologisch Gebildete schmunzeln können) oder erst recht die volkstümlichen – und das ist gut so und schön.

Bei Gattungen, die im gesamten deutschen Sprachraum durch nur eine einzige Art vertreten sind, weichen wir allerdings vom wissenschaftlichen Prinzip ab und lassen es zu, daß in solchen Fällen der Artname ausnahmsweise identisch mit dem Gattungsnamen ist („Bilsenkraut" und „Eibe" statt „Schwarzes Bilsenkraut" und „Beeren-Eibe"). Wir bevorzugen zwar knappe und prägnante Namen, etwa „Nessel-Ehrenpreis" statt „Nesselblättriger E.", verwenden aber auch jene, die aussagekräftig sind und zumindest nicht in allzu krassem Widerspruch zu den Eigenschaften der betreffenden Sippe oder zu einem wohlentwickelten deutschen Sprachgefühl stehen. Grundsätzlich darf jedoch auch von den deutschen Namen nicht erwartet werden, daß sie Pflanzenbeschreibungen liefern oder immer konsequent logischen Gesichtspunkten gehorchen: Man bedenke, daß es sich um mehr oder weniger künstliche Namen, also letztlich um „Schall und Rauch" handelt! Sie sind nicht Selbstzweck, sondern Hilfsmittel zum Kennenlernen der Natur und zur besseren Verständigung über sie. Es stört uns ja auch kaum, daß das Heidekraut kein Kraut, sondern ein Zwergstrauch ist. Sehr gut eingeführte, allgemein verwendete, traditionelle Namen sind auch dann beizubehalten, wenn ihre Wortbedeutung ganz unpassend ist („Wolliger Schneeball"). Es ist nämlich sehr wohl sinnvoll, neben der Information über die Pflanzensippe auch die Tradition und ebenso den Zusammenhang mit der wissenschaftlich-lateinischen Benennung zu berücksichtigen. (Für Vorschläge besserer deutscher Namen, die sich für die Empfehlung als Standardnamen eignen, ist der Herausgeber übrigens dankbar.)

Die gleichbedeutenden deutschen Namen kommen zustande durch das Fehlen verbindlicher Regeln, durch verschiedene (darunter auch unrichtige*) Übersetzungen der lateinischen Namen (und Synonyme!), durch das Bemühen um möglichst passende und wohlklingende Namen und – bei außerwissenschaftlich bekannten und als Nutzpflanzen verwendeten Sippen – durch die Vielfalt der volkstümlichen Namen mit oft geographisch beschränktem Geltungsbereich (Dialekte!). So heißt zB *Vaccinium myrtillus* nicht überall „Heidelbeere", sondern in großen Teilen Österreichs „Schwarzbeere", in anderen Gegenden jedoch „Moosbeere" oder „Blaubeere" (ganz zu schweigen von Dialektnamen wie zB „Hoawa" [im Innviertel]); die Aurikel, *Primula auricula* (wörtlich: „Öhrchen-Erstling"), heißt gegendweise „Petergstamm" oder „Gelbes Gamsveigerl", im südlichen Niederösterreich „Zolidsch", in Tirol „Platenigl" usw. Dabei sind auch viele Homonyme (gleichlautende, aber Verschiedenes bedeutende Namen) zustandegekommen, zB „Butterblume", „Katzenauge", „Krätzenblume", „Kresse", „Speik", „Mehlbeere", „Hundszahn", „Männertreu". Andererseits haben viele Gattungen und Arten überhaupt keinen volkstümlichen Namen.

**Fettgedruckt** sind in dieser Flora der oder die wichtigste(n) in Österreich verwendete(n) Bücher-Name(n) (soweit sie nicht als schlecht abzulehnen sind), wobei an erster Stelle der fachbotanisch empfehlenswerte Name steht. Weniger gute und/oder wichtige folgen in Normaldruck. Sosehr wir darauf geachtet haben, die in der österreichischen Literatur und bei den österreichischen Pflanzenkennern üblichen Namen vorrangig zu behandeln, waren wir dennoch bestrebt, auch gemeindeutsche Namen (mit Deutschland und der Schweiz gemeinsame) anzuführen, um die Verbindung zu unseren gleichschriftsprachigen Nachbarländern zu betonen. Wichtig sind vor allem jene Namen, die die Verbindung zu anderen botanischen Büchern herstellen. Wenigstens einer der in JANCHENS Catalogus Florae Austriae genannten deutschen Namen scheint grundsätzlich auch bei uns auf. Namen, die bisher zwar oft oder an prominenterer Stelle verwendet wurden (bzw. noch werden), aber als mißverständlich abzulehnen sind (zB Homonyme), stehen in Normaldruck unter Anführungszeichen (zB „Gift-Hahnenfuß", weil dieser Name für zwei sehr verschiedene Arten verwendet wurde oder noch wird und außerdem nicht besonders sinnvoll ist, weil fast alle Arten dieser Gattung ± giftig sind). In Kleindruck stehen gelegentlich weniger wichtige, aber aus irgendeinem Grund interessante Namen sowie wichtigere regionale, volkstümliche und Dialekt-Namen, letztere unter Anführungszeichen. Es sei nochmals betont, daß diese oft sehr zahlreichen Volksnamen wegen Platzmangels und der Gefahr von Mißverständnissen im allgemeinen nicht berücksichtigt werden konnten. Nur in wenigen Ausnahmefällen nennen wir solche Dialektnamen, und zwar meist in einer dem Schriftdeutschen angenäherten Form und Orthographie (zB „Jägerblut" statt „Jagabluad"). Leider war es uns auch nicht möglich, die Minderheitensprachen in Österreich zu berücksichtigen, mit der einzigen Ausnahme, daß wir für die bei uns auf Süd-Kärnten beschränkten Arten – zugleich eine geobotanisch bemerkenswerte Gruppe – auch den (schrift-) slowenischen Namen anführen (die Kroaten, Ungarn und deutschnationalen Kärntner mögen es uns nachsehen!).

* Ein häufiger Fehler ist die Übersetzung des Epithets *„sylvestris"* mit „Wald-"; tatsächlich bedeutet dieses lateinische Wort jedoch „wildwachsend", „Wild-" (im Gegensatz zu „im Garten oder auf dem Acker kultiviert").

# Der Bau der Gefäßpflanzen

Erklärung der morphologischen und phytographischen Fachausdrücke

## Inhaltsübersicht

Die im Buch verwendeten **Stichwörter** sind **fettgedruckt**. Gleichbedeutende Ausdrücke (= Synonyme) sollen für den Benützer die Verbindung zu anderen Fachbüchern herstellen; sie sind nicht fettgedruckt. Die meisten der Ausdrücke unter Anführungszeichen (zB „Nebenwurzeln“) haben schwankende Definitionen und sind daher mehrdeutig oder haben eine unklare Bedeutung oder sind in irgendeiner Weise nicht korrekt, sie sollten deshalb tunlichst vermieden werden. Alle Fachausdrücke finden sich auch im alphabetischen Glossar (S. 1067). – Begriffe, die ausschließlich oder hauptsächlich für ein bestimmtes Taxon (meist Gattung oder Familie) verwendet werden, sind oft nur bei der betreffenden Gattung oder Familie näher erläutert; auf sie wird entsprechend verwiesen. – In eckigen Klammern stehen die im Haupttext verwendeten Abkürzungen bzw. Formulierungen (unter Verwendung der Abkürzungen, S. 21). – Mit Ausnahme des unmittelbar folgenden Absatzes, der an den Anfänger adressiert ist, sind die übrigen in Kleindruck gehaltenen Textpartien an den Fortgeschritteneren gerichtet, der es noch genauer wissen will und der sich für die mehr wissenschaftlich-botanischen Zusammenhänge interessiert (also nicht nur für die → Phytographie, sondern auch für die → Morphologie).

Auch die meisten deutschen Ausdrücke (wie „Wurzel“, „Blatt“, „Blättchen“, „sitzend“, „Gabel“) der botanischen Fachsprache haben eine andere (meist stark eingeschränkte) Bedeutung als in der Alltagssprache. Dies gilt aber auch für viele der stärker fachlich klingenden Bezeichnungen für Pflanzenorgane wie „Schote“, „Dolde“, „Rosette“, die oft gleichfalls in der Botanik eine vom Alltagsgebrauch erheblich abweichende Bedeutung haben. Ebenso gilt dies für vegetationskundliche u. standortsökologische Fachausdrücke wie „Wald“, „Rasen“, „frisch“, „sauer“, „Humus“ usw. Daß auch die (meist aus dem Altgriechischen u. Lateinischen stammenden) Fremdwörter unter den Fachausdrücken eine ± genau definierte Bedeutung haben, versteht sich wohl von selbst. Der/die mit der botanischen Fachsprache nicht ausreichend Vertraute überprüfe daher die Bedeutung auch solcher scheinbar leicht u. problemlos verständlicher Ausdrücke (anhand des alphabetischen Glossariums S. 1067–1112, wo die Ausdrücke erklärt werden oder wo auf die entsprechenden Einleitungskapitel mit den Erklärungen verwiesen wird). – Leider gibt es auch einige Ausdrücke, deren Bedeutung selbst innerhalb der Fachbotanik schwankt (→ „lanzettlich“, → „gezähnt“, → „linkswindend“), dh, verschiedene botanische Werke verwenden gewisse Ausdrücke in unterschiedlicher Bedeutung. Auch aus diesem Grund ist die sorgfältige Beachtung der folgenden Definitionen u. Erläuterungen für den Benützer des Buches unumgänglich.

Die **Morphologie** erforscht die pflanzliche Gestalt (Baugesetzlichkeiten und Baupläne), ihre naturgesetzliche ontogenetische wie evolutive Entwicklung. Unter **Phytographie** („Pflanzenbeschreibung“) dagegen ist die – wissenschaftsgeschichtlich viel ältere – traditionelle Technik der Beschreibung von Pflanzen vor allem für taxonomische Zwecke ohne wissenschaftlich-morphologische Ambitionen zu verstehen. In jenen Bereichen, in denen sich diese beiden Gesichtspunkte überschneiden oder gar widersprechen, wird in diesem Buch zwar oft der Morphologie Vorrang eingeräumt, dabei aber die in der floristischen Literatur bis heute wichtige traditionelle phytographische Fachsprache so weit wie möglich mitberücksichtigt (zumindest in Form von Synonymen u. Erläuterungen). – Fast alle Fachausdrücke sind Übersetzungen aus der Gelehrtensprache Botanikerlatein. Manche dieser neulateinischen Ausdrücke werden auch in deutschsprachigen botanischen Texten ± häufig verwendet: Obwohl wir sie im Haupttext dieses Bestimmungsbuches vermeiden, werden sie in den folgenden Erläuterungen in Klammern angeführt (meist in der verdeutschten Schreibweise), zB „Infloreszenz“ (= Blütenstand).

## 1. Der Bau der Samenpflanzen (Abb. 1)

Die Organe der Gefäßpflanzen (= „Sproßpflanzen“) lassen sich auf drei Grundorgane zurückführen: **Wurzel [Wu]** (→ **2.**), **Sproßachse** (= **Achse**, → **4.**) u. **Blatt** (→ **5.**). Die Achse zusammen mit den auf ihr angeordneten Blättern heißt **Sproß** (→ **3.**). Die Ansatzstellen der Blätter an der Achse werden als **Knoten** (= Nodi, Abb. 1 f) bezeichnet. Sie werden durch

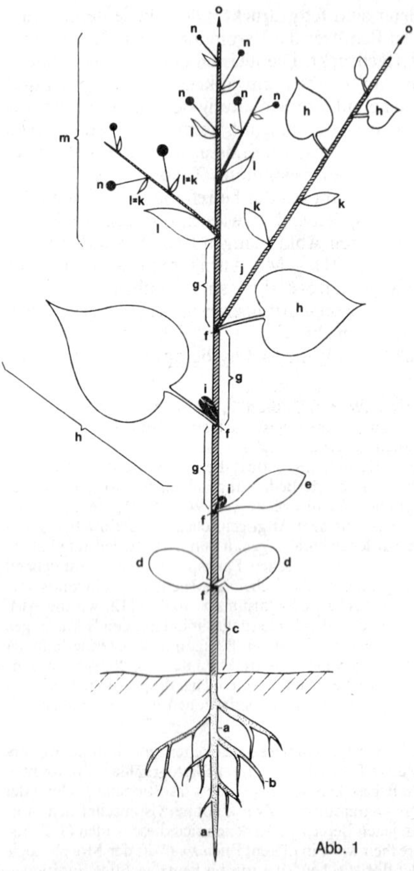

a Hauptwurzel
b Seitenwurzel
c Hypokotyl
d Keimblatt
e Niederblatt
f Knoten
g Internodium
h Laubblatt (zugleich → Tragblatt von i bzw. j)
i Achselknospe
j Seitenproß
k Vorblatt
l Hochblatt
m Blütenstand
n Blüte
o Endknospe

Abb. 1

**Internodien** (Abb. 1 g) voneinander getrennt, die **gestreckt** (lang) oder **gestaucht** (stark verkürzt) sein können. Die **Seitensprosse** (Abb. 1 j) gehen stets aus **Achselknospen** (= Blattachselknospen, Abb. 1 i) hervor. Diese sitzen jeweils an der Basis des Blattes im spitzenwärts zwischen diesem u. der Achse liegenden Winkel (Gesetz der **axillären Verzweigung** bei allen Samenpflanzen). Dieser Winkel heißt **Achsel** (= Blattachsel, Blattwinkel). Aus einer Achsel können auch mehr als eine Knospe (bzw. mehr als ein Seitenproß) entstehen: **Beiknospen (bzw. Beisprosse)**. Ausnahmsweise kommen Verwachsungen zwischen Seitenachse u. Abstammungsachse u. zwischen Seitenachse u. Tragblatt vor (→ Metatopien, **3.1.**), die diese Verhältnisse verschleiern. Die Seitensprosse können wieder verzweigt sein (Seitensprosse zweiter, dritter usw. Ordnung). – Der gesamte Pflanzenkörper läßt sich meist gliedern in eine (untere) **vegetative Region** (= „Laubblattregion": Bereich der Wurzeln, der unterirdischen Sprosse, der Niederblätter u. der Laubblätter) u. eine (obere) **Blühregion** (= reproduktive Region = florale Region: Bereich des Blütenstands bzw. der Blütenstände (bzw. Fruchtstand/Fruchtstände), d. i. der Bereich der Hochblätter). Der **Blütenstand [Blüstd]** (Abb. 1 m) ist ein Sproßsystem (verzweigter Sproß), dessen Verzweigungen in Blüten enden (→ **6.**). Auch die Blüten sind Sprosse (→ **7.**).

Die Mannigfaltigkeit der pflanzlichen Gestalten kommt durch Abwandlungen (Proportionsverschiebungen) der drei Grundorgane zustande: hauptsächlich durch Variation der Größenverhältnisse, durch stärkere oder schwächere Gliederung, durch Verwachsungen, durch Verschiedenheiten im anatomischen Feinbau (einschließlich Konsistenz u. Färbung). Größere Abänderungen, Umgestaltungen (im Zusammenhang mit der Übernahme anderer Funktionen) werden **Metamorphosen** genannt.

Die Begriffe Baum, Strauch, Halbstrauch, Staude usw. werden im Kapitel über die Lebensformen erläutert (S. 94ff.).

**Pflanze [Pf]**: ein ganzes → Individuum, die gesamte Gestalt der Pflanze, alle ihre Teile, meist aber bloß die oberirdischen Teile. In der Bedeutung → „Sippe" oder → „Taxon", also zB „Pflanzenart" usw., sollte in Fachtexten das Wort „Pflanze" nicht verwendet werden!

**Habitus** (= Tracht): Gesamtgestalt, Erscheinungsbild der ganzen Pflanze (oder meist nur der oberirdischen Teile).

**Individuum** (= Exemplar, Specimen): morphologisch-anatomisch u. physiologisch selbständige Pflanze.

## 2. Die Wurzel [Wu]

Die **Wurzeln [Wu]** verankern die Pflanze im Boden, nehmen Nährsalze u. Wasser durch ihre Wurzelhaare oder über Mykorrhiza-Pilze auf u. können auch der Speicherung von Nährstoffen dienen. Sie besitzen keinerlei Blätter, auch keine → schuppenförmigen (u. daher auch keine Blattnarben), sie sind daher nie in Knoten u. Internodien gegliedert. Auch dem Licht ausgesetzt, ergrünen sie meist nicht. Man unterscheidet **Allorhizie** (ein sich aus der → Keimlingswurzel entwickelndes Wurzelsystem ist vorhanden) und **Homorhizie** (alle Wurzeln sind → achsenbürtige Wurzeln).

**Hauptwurzel** (= Primärwurzel): entsteht aus der Keimlingswurzel (= Radicula; Abb. 92 b). Bleibt sie zeitlebens erhalten u. führt sie tief in den Boden, so wird sie **Pfahlwurzel** genannt (Abb. 1 a).

**Seitenwurzeln** („Nebenwurzeln"): An Wurzeln entspringende Wurzeln (Abb. 1 b), also Wurzeln 2., 3. usw. Ordnung.

**Rübe**: zu Speicherzwecken verdickte Hauptwurzel oft einschließlich des untersten Hauptsproßabschnitts; letzterer bildet den blättertragenden „Rübenkopf" (zB *Daucus carota* / Karotte, *Beta vulgaris var. altissima* / Zuckerrübe, bestimmte Sorten von *Raphanus sativus* / Rettich).

**achsenbürtige Wurzeln** (= **sproßbürtige** Wurzeln, „Adventivwurzeln", „homorhize" Wurzeln, „Nebenwurzeln"): entspringen aus der Achse (an Hypocotylen, an Stengeln, an Rhizomen, an Ausläufern u. Ablegern) (Abb. 1).

**Wurzelknolle**: zu Speicherzwecken verdickte sproßbürtige Wurzel oder Seitenwurzel (zB *Orchis*/Knabenkraut, *Ranunculus ficaria* / Scharbockskraut, *Dahlia*/Dahlie) (Abb. 2, 224).

Bei den **wurzellosen Pflanzen** fehlen die Wurzeln, ihre aufnehmende Funktion führen dann andere Organe durch, zB bei Wasserpflanzen die Oberfläche von Achsen u. Blättern (zB *Utricularia*/Wasserschlauch), bei Parasiten oft spezielle Saugorgane, sog. **Haustorien** auf dem Stengel (*Cuscuta*/Teufelszwirn).

Weitere unterirdische Organe → **3.1.**

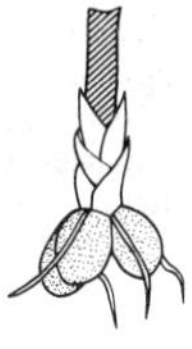

Abb. 2

## 3. Der Sproß

**3.0.** Der Sproß (vgl. Abb. 1) besteht aus der **Achse** (= Sproßachse; → **4.**) u. den an ihr angeordneten (aus ihr entspringenden) **Blättern** (→ **5.**). „**Sproß**" bezeichnet i. d. R. einen unverzweigten Sproß, ein → Monopodium (auch die Blüte ist ein Sproß(abschnitt)!; → Trieb!). Verzweigte Sprosse u. Verkettungen von Sprossen werden „Sproßsysteme" genannt (→ Sympodium!). Sprosse (Sproßabschnitte) mit stark verkürzten Internodien (sodaß die Blätter dicht aufeinander folgen) heißen **gestauchte** Sprosse, zB → Rosette, → Blüte; (Gegensatz: gestreckt = nicht gestaucht).

Im folgenden wird der Sproß im allgemeinen (unter bes. Berücksichtigung der vegetativen Sprosse) behandelt. Bezüglich der Sprosse der reproduktiven Region → **6.** u. **7.**!

**Sproßspitze** (Sproßapex): oberstes, vom Boden abgewendetes Ende des Sprosses. (→ **5.0.**!)

**oben** (apikal): an der Sproßspitze, der Sproßspitze nahe.

**Sproßgrund** (Sproßbasis): unteres, bodennahes Ende der Grundsprosse; unteres, dem Abstammungssproß nahes Ende der Achselsprosse. (→ **5.0.**!)

**unten**: gegen den Sproßgrund zu, dem Sproßgrund nahe.

### 3.1. Der Sproß u. seine Ausbildungen (Metamorphosen) (→ 4.1.)

**Hauptsproß** (= Primärsproß): der sich unmittelbar aus der Sproßanlage (Sproßpol) des Keimlings entwickelnde Sproß. (→ Grundsproß, → Achse [**4.**], → Stengel [**4.0.**], → Ast [**4.0.**].)

**Grundsproß (Grundtrieb)**: bei → Stauden ein jährlich direkt aus dem unterirdischen Überdauerungsorgan (→ Bodentrieb) hervorgehender oberirdischer (Jahres-)Trieb (oft auch als „Hauptsproß" bezeichnet). Grundsprosse können auch aus der Achsel grundständiger Laubblätter entspringen: zB bei *Knautia drymeia* / Wald-Witwenblume. (Bei Holzgewächsen heißt die Achse des Grundsprosses → Stamm. – „Grundsproß" ist nicht zu verwechseln mit „Grundachse" = → Bodentrieb!)

**Achsel** (= Blattachsel): der obere (dh spitzenwärts gelegene = akroskope) der beiden Winkel, den ein Blatt mit der Achse bildet, an der es sich befindet (Abb. 1 i).

**Achselsproß** (= **Seitensproß**, Abb. 1 j): Achselprodukt („Seitenzweig") eines Sprosses. Der den Achselsproß tragende Sproß wird als **Muttersproß** (= Abstammungssproß) bezeichnet (seine Achse heißt dementsprechend Mutterachse). Jeder Achselsproß kann wieder verzweigt sein, also seinerseits Achselsprosse tragen, für die er dann ein Abstammungssproß ist. Seitensprosse entstehen bei den Samenpflanzen stets u. ausschließlich in einer → Achsel (Grundgesetz der axillären Verzweigung).

**Seitentrieb** (= Achseltrieb): Achselsproß oder Achselsproßsystem.

**Zweig** (Zweigsproß, auch „Ast"): nicht gestauchter Seitensproß (mit krautiger oder holziger Achse), dh Ast samt Blättern. „**Rispenast**" = richtig **Rispenzweig**! (Vgl. → Zweigachse, → Ast, **4.0.**)

**Beisproß** (bzw. **Beiknospe**): zusätzlicher, aus derselben → Achsel entspringender Seitensproß (Abb. 1). Beisprosse treten sowohl im vegetativen Bereich (zB Seitensprosse bei *Lonicera*/Heckenkirsche) wie in Blütenständen auf (zB „Beiblüten" bei *Verbascum*/Königskerze).

**Sympodium**: Sproßsystem, das sich aus Sproßgliedern zusammensetzt, die zueinander im Verhältnis von Mutter- zu Seitensproß stehen, also eine Aufeinanderfolge jeweils auseinander hervorgehender Seitensprosse (Abb. 3 b). Das Sympodium wird somit nicht in seiner ganzen Länge von ein u. demselben Vegetationspunkt erzeugt, sondern ist sozusagen „gestückelt".

Abb. 3a

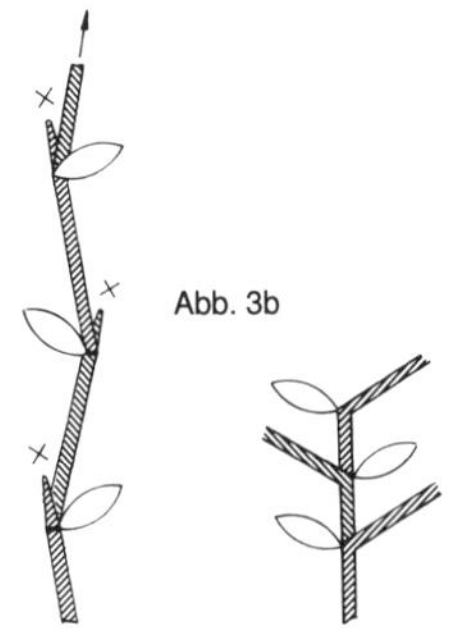

Abb. 3b

Die Sproßglieder können 1 oder mehrere Internodien umfassen. Die „Seitenzweige" eines Sympodiums sind die zur Seite gedrängten Spitzen der Muttersprosse der einzelnen Sproßglieder. – Der Gegensatz ist das **Monopodium**, das über eine durchgehende Achse verfügt (Abb. 3 a).

**Knospe** (Laubsproßknospe): der von Blattanlagen oder → schuppenförmigen Niederblättern oder Nebenblättern eingehüllte Sproßscheitel (Abb. 1 i, o). Man unterscheidet die an der Sproßspitze befindliche Endknospe (= Terminalknospe, Abb. 1 o) u. die in den Blattachseln gebildeten Achselknospen (= Seitenknospen). Mehrjährige Pflanzen besitzen **Erneuerungsknospen** (= Innovationsknospen), die der Überdauerung ungünstiger Jahreszeiten (zB **Winterknospen**) oder auch längerer Zeiträume („ruhende Knospen") dienen u. danach das Wachstum des Sproßsystems fortsetzen. Bei Gehölzen besitzen die Knospen außen meist derbe **Knospenschuppen**, seltener sind sie nackt (dh, die Knospenschuppen fehlen; zB *Viburnum lantana* / Wolliger Schneeball). Ruhende (= „schlafende") Knospen sind noch entwicklungsfähige Achselknospen an mehrjährigen, oft sehr alten Achsen. (→ Blütenknospe, **7.0.**)

**Trieb** („Sproß"): sehr allgemeiner Ausdruck für i. d. R. mit Laubblättern besetzte, nicht gestauchte, vegetative oder auch Blütenstände tragende Sprosse oder Sproßsysteme.

**Laubtrieb** (vegetativer Trieb): mit Laubblättern besetzter Trieb ohne Blüten.

**Jahrestrieb**: in einer einzigen Vegetationsperiode gebildeter Sproß oder Sproßsystem (bes. bei Holzgewächsen; „Jahreszuwachs").

**Blühtrieb**: → Jahrestrieb (meist → Jungtrieb), der in einem oder in mehreren Blütenständen oder einer einzelnen Blüte endet (auch noch im fruchtenden Zustand „Blühtrieb" genannt).

**Jungtrieb**: letzter (heuriger, unverholzter) Jahrestrieb.

**Schößling** („Wassertrieb"): Sproß (oder Sproßsystem) bei Gehölzen, der sich aus einer ruhenden Knospe – meist erst nach Störung des Spitzenwachstums – entwickelt, entweder in der Baumkrone (Obstbäume) oder an der Stammbasis (zB *Tilia*/Linde, *Robinia*/Robinie) oder aus dem Stumpf gefällter Bäume (Stockausschlag; zB *Fraxinus*/Esche, *Quercus*/Eiche) oder aus einer Wurzel (zB *Populus tremula* / Zitter-Pappel, *Hippophaë*/Sanddorn). Schößlinge sind sehr raschwüchsig, haben stark verlängerte Internodien u. meist übernormal große u. nicht selten abweichend geformte Blätter. Sie sind deshalb für die Bestimmung nicht geeignet. – Jedoch: Bei → *Rubus*/Brombeere werden die vegetativen → Jungtriebe ebenfalls **Schößlinge** genannt. Sie sind für die Bestimmung besonders wichtig. Im 2. Jahr entspringen aus ihnen die Blühtriebe.

**Langtrieb (Langsproß)**: ein- oder mehrjähriger Sproß (oder Sympodium) mit langen Internodien, dessen Blätter daher entfernt stehen.
**Kurztrieb (Kurzsproß)**: oft kurzer, ein- oder mehrjähriger Sproß (oder Sympodium) mit → gestauchten Internodien, dessen Blätter daher dicht gedrängt (= „rosettig") stehen (vgl. → Rosette).
**gestaucht**: stark verkürzt (→ Internodien [**3.0.**]).
**Rosette** (Rosettensproß): Sproß oder Sproßabschnitt mit → gestauchten Internodien; Blätter (i. d. R. Laubblätter) dadurch dicht übereinanderfolgend; mindestens (2)3 Blätter (= „Scheinwirtel"; zB *Anemone nemorosa* / Busch-Windröschen, *Moneses uniflora* / Einblütiges Wintergrün), meist aber wesentlich mehr. Blattstellung kann schraubig oder wirtelig sein. Rosetten sind meist grundständig (**Grundrosette**, Abb. 317; zB *Plantago* spp. / Wegerich-Arten, *Taraxacum*/Löwenzahn, *Sempervivum*/Hauswurz), seltener auf dem Stengel (*Lilium martagon* / Türkenbund-Lilie, *Euphorbia amygdaloides* / Mandel-Wolfsmilch, *Hieracium racemosum* / Trauben-Habichtskraut, *Trientalis*/Siebenstern). Die Gestalt der Laubblätter (gestielt oder sitzend) sowie deren Richtung (dem Boden angedrückt oder aufrecht) ist für den Begriff „Rosette" irrelevant.
**rosettig**: (Blätter) zu dreien oder mehreren infolge sehr starker Verkürzung der Internodien in fast gleicher Höhe stehend (also nicht am selben, sondern an mindestens (2)3 sehr dicht übereinanderliegenden Knoten entspringend); meist grundständig (→ Grundrosette), seltener stengelständig (zB *Anemone nemorosa* / Busch-Windröschen). (→ Rosette.)
**grundständig**: an der Basis des Stengels, also unmittelbar über dem Boden (zB die Blätter der → Grundrosette).
**Grundblatt [GrundB]**: grundständiges Laubblatt, zB LB der Grundrosette.
**Grundrosette**: grundständige Rosette.
**stengelständig**: am Stengel oberhalb des Grundes entspringend.
**Stengelblatt [StgB]**: oberhalb des Stengelgrundes sitzendes Laubblatt.
**ziegeldachig** (= mit „dachziegelig" angeordneten Blättern): Blätter der Achse ± dicht anliegend, sodaß diese infolge der dichten Beblätterung verdeckt wird; die Blätter überlappen einander teilweise (Abb. 383; zB Hülle der Körbe von *Centaurea cyanus* / Kornblume, Fichten-Zapfen).
**gescheitelt**: Blätter an waagrecht wachsenden Zweigachsen allseitig entspringend, aber zweireihig in die Horizontalebene gekrümmt (zB *Abies*/Tanne, *Taxus*/Eibe).
**Ule** (= **Narbe**): Narbe, die nach dem Abfallen oder Abbrechen eines abfallenden Organs (zB Blattes oder Sproßachse) entsteht (zurückbleibt). (Nicht zu verwechseln mit der → Narbe [= Stigma], die Teil des Stempels ist! [→ **7.8.**].)

**Dornen**: aus Oberhaut, Rindengewebe u. dem Holzkörper bestehende, daher stets von Nerven (Gefäßbündeln) durchzogene, harte, starre, stechend-spitze Gebilde verschiedenen Ursprungs: umgewandelte verkürzte Sprosse (→ Sproßdornen: zB *Crataegus*/Weißdorn, *Prunus spinosa* / Schlehdorn), umgewandelte Blätter (Blattdornen: *Berberis*/Berberitze) oder Blatt-Teile (Nebenblätter [Stipulardornen]: *Robinia*/Robinie; Blattspitzen: Disteln; Kelchzipfel: *Galeopsis tetrahit* / Stechender Hohlzahn). (→ **5.1.**)
**Sproßdorn**: stechend-spitzes Achsen-Ende eines beblätterten Sprosses oder in einen Dorn umgewandelter blattloser Kurzsproß (beides bei *Crataegus*/Weißdorn; *Ononis spinosa* / Dornige Hauhechel).
**Sproßranke**: zu einer Ranke umgebildeter Sproß (*Vitis*/Weinrebe).
**Ausläufer**: Meist kurzlebiger (etwa 1–3 Jahre alt werdender), dem Boden anliegender (*Fragaria*/Erdbeere) oder auch erst aufsteigender, dann zum Boden gebogener

(*Lamiastrum montanum* / Goldnessel: **Legtrieb**) oberirdischer oder auch unterirdischer (zB *Elymus repens* / Kriech-Quecke), waagrechter Seitensproß oder Sproßsystem mit dünnen, langen Internodien, an dessen Ende u./oder Knoten neue bewurzelte Pflanzen entstehen.

**Bodentrieb** („Grundachse", Bodensproß, „Erdsproß"): unterirdischer Sproß oder Sproßsystem. (→ Rhizom.)

**Rhizom** = **Wurzelstock [WuStock]**: ausdauernder, unterirdischer oder oberflächennaher, meist Wurzeln tragender, speichernder Sproß oder Sproßsystem. Entweder waagrecht wachsend (zB *Iris*/Schwertlilie) u. dann bisweilen langgliedrig (zB *Anemone nemorosa* / Busch-Windröschen) oder schräg oder senkrecht wachsend u. kurzgliedrig (zB *Rumex*/Ampfer, *Primula*/Primel). Es ist meist achsenbürtig (= „sproßbürtig") bewurzelt (Abb. 4) u. von der Wurzel immer durch das Vorhandensein von (oft unauffälligen, schuppenförmigen) Blättern (= → Niederblättern) oder wenigstens Blattanlagen unterschieden, die (an älteren Rhizomabschnitten) zumindest als ± deutliche Blatt-Ulen (→ Ule) erkennbar sind. (→ Bodentrieb.)

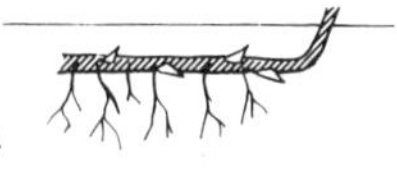
Abb. 4

Abb. 5

**Pleiokorm**: ausdauerndes, ± verholzendes → Sympodium, das sich aus den basalen, kurzgliedrigen Abschnitten der Erneuerungstriebe zusammensetzt (Abb. 99).

**Zwiebel**: Rosetten-Sproß mit stark verkürzter Achse (= Zwiebelscheibe, „Zwiebelkuchen") u. saftreichen, zu ± dicken Speicherorganen umgewandelten Blättern („Zwiebelblättern") oder Blatteilen (Abb. 5): meist sind es Niederblätter oder scheidig entwickelte Unterblätter von Laubblättern oder beides in bestimmter rhythmischer Abfolge. Oft sind auch abgestorbene, trockenhäutige Blätter oder Blatteile vorhanden. Nach der Gestalt der Zwiebelblätter unterscheidet man Schuppenzwiebeln (= imbrikate Z., mit Zwiebelschuppen [meist Niederblätter], zB bei *Tulipa*/Tulpe) u. Schalenzwiebeln (= tunikate Z., Scheidenzwiebeln, mit röhrig geschlossener Blattscheide [Unterblatt], zB *Allium cepa* / Küchenzwiebel). Zwiebeln sind meist unterirdische Speicher- u. Überdauerungsorgane (bei Geophyten) oder aber auch oberirdische vegetative Vermehrungsorgane (Brutzwiebeln, Bulbillen) in den Achseln von Laubblättern (zB *Dentaria bulbifera* / Zwiebel-Zahnwurz) u. in Blütenständen (*Allium*/ Lauch).

**Achsenknolle** (= **Sproßknolle**): meist unterirdischer Sproß(abschnitt) mit stark verdickter, der Speicherung dienender Achse; ein oder mehrere Internodien umfassend, zB bei *Crocus*/Safran, *Brassica oleracea subsp. gongylodes* / Kohlrabi (oberirdischer Hauptsproß), *Solanum tuberosum* / Erdapfel (Endabschnitt unterirdischer Ausläufer) (Abb. 98).

**Wurzelsproß [WuSproß]** (= Wurzelschößling): aus einer Wurzel entspringender Sproß (zB *Cirsium arvense* / Acker-Kratzdistel, *Prunus spinosa* / Schlehdorn, *Hippophaë*/Sanddorn).

**Metatopien**: scheinbare Abweichungen vom Prinzip der → axillären Verzweigung dadurch, daß die Seitenachse eine gewisse Strecke weit mit der Abstammungsachse verwächst (= **Konkauleszenz**, Abb. 20 a) oder die Seitenachse ein Stück weit mit dem Tragblatt verwächst (= **Rekauleszenz**, Abb. 20 b). (Besonders häufig bei den *Solanaceae*/Nachtschattengewächsen u. *Boraginaceae*/Rauhblattgewächsen.)

**Rutensproß** (Rutengewächs): Sproß mit verkleinerten oder ganz fehlenden (abortierten oder abgeworfenen) Laubblättern u. grüner Achse.
**rutenförmig**: einem Rutensproß ähnlich. (Der Ausdruck „rutenförmig" wird zuweilen auch für auffällig lange, ± starre, wenig beblätterte Zweige und für lange, steife, dünne Blütenstände verwendet.)
**Platykladium** u. **Phyllokladium**: → **4.1.**
**Kletterpflanzen**: → kletternde (klimmende, → 3.2.) Pflanzen, die befähigt sind, an anderen Pflanzen, insbesondere an Sträuchern u. Bäumen, aber oft auch an Felsen u. dgl., emporzuklettern. Je nach der Klettertechnik unterscheidet man (a) Rankenkletterer, (b) Windepflanzen, (c) Haftkletterer u. (d) Spreizklimmer.
**Rankenkletterer** (= Rankenpflanzen): mit Ranken kletternd. – **Ranken** sind aus Sproßachsen (*Vitis*/Weinrebe), Blättern (zB *Cucurbita*/Kürbis, *Lathyrus nissolia* / Ranken-Platterbse) oder Blatt-Teilen (Blättchen: *Pisum*/Erbse, *Vicia*/Wicke, Blattspindel: *Clematis vitalba* / Waldrebe) bestehende bzw. umgebildete stengel- oder fadenförmige Organe, die auf Berührungsreize mit Krümmungs- u. Wickelbewegungen reagieren u. sich dadurch an einem Substrat (Stütze, zB andere Pflanzen) festhalten können.

**Windepflanzen** (Windekletterer, Schlingpflanzen): mit einem sich schraubig um die Stütze legenden Langtrieb (oft Hauptsproß) kletternd (kreisende Wachstumsbewegungen). Der Windungssinn läßt sich, dem allgemeinen naturwissenschaftlichen u. technischen Gebrauch entsprechend, folgendermaßen definieren:

Achtung: Zum Teil wird in der Botanik, bes. in älteren Werken, auch (entsprechend der traditionellen Phytographie) die umgekehrte Definition für links- u. rechtswindend verwendet!

**Rechtswinder** bilden eine Rechtsschraube (= Schraube mit Rechtsgewinde): Windungsgänge auf der dem Betrachter zugewendeten Seite nach rechts oben ansteigend (Abb. 6 a); die Sproßspitze beschreibt beim Weiterwachsen ständig Linkskurven, von oben betrachtet: gegen den Uhrzeigersinn kreisende Bewegung: die meisten Windepflanzen (zB *Fallopia*/Windeknöterich, *Phaseolus*/Bohne, *Convolvulus*/Winde, *Cuscuta*/Teufelszwirn).

**Linkswinder** bilden eine Linksschraube (= Schraube mit Linksgewinde): Windungsgänge nach links oben ansteigend (Abb. 6 b); die Sproßspitze beschreibt beim Weiterwachsen ständig Rechtskurven, von oben betrachtet: im Uhrzeigersinn kreisende Bewegung (zB *Humulus*/Hopfen, *Lonicera subg. Caprifolium* / Geißblatt, *Tamus*/Schmerwurz).

**Haftkletterer**: Saugnapfkletterer, die sich am Substrat mit saugnapfartigen Haftorganen festhalten (zB *Parthenocissus tricuspidata* / Veitschrebe) und Wurzelkletterer mit Klettersprossen, die auf der der Unterlage zugewendeten Seite mit Haftwurzeln (als Kletterwurzeln ausgebildeten achsenbürtigen Wurzeln) besetzt sind (zB *Hedera*/Efeu).
**Spreizklimmer**: mit hakigen Kletterhaaren (zB *Galium aparine* / Klett-Labkraut), Stacheln (zB *Rubus*/Brombeere) u./oder sparrig abstehenden Ästen (zB *Cucubalus*/Hühnerbiß) kletternd.

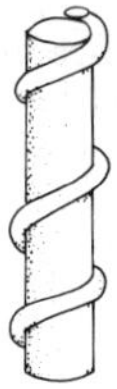

Abb. 6a

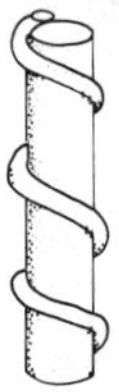

Abb. 6b

### 3.2. Die Stellung u. Anordnung von Sprossen

Die angeführten Begriffe werden sinngemäß zT auch zur Kennzeichnung der Stellung u. Anordnung von anderen Organen oder Strukturen wie Haaren, Emergenzen (zB Stacheln), Blättern, Blüten u. Früchten verwendet.

**aufrecht**: sich vom Grund an senkrecht (vertikal) oder nahezu senkrecht (subvertikal) erhebend.
**aufrecht-abstehend**: Seitenachsen mit der Abstammungsachse einen (spitzen) Winkel (Achsel) von etwa 30–45° bildend. (Um den Gegensatz zu abwärts-abstehend zu betonen, wird gegebenenfalls auch der gleichbedeutende Ausdruck „**aufwärts-abstehend**" verwendet.)
**abstehend**: Seitenachsen mit der Abstammungsachse einen Winkel von etwa 45–80° bildend.
**weit-abstehend**: Seitenachsen mit der Abstammungsachse einen Winkel von etwa 80–90° bildend;
**waagrecht-abstehend**: Seitenachsen etwa normal (= rechtwinkelig) von der Mutterachse abstehend (waagrecht im Falle einer senkrechten Mutterachse).
**zurückgeschlagen**: **abwärts-abstehend, abwärts gerichtet** (gerade, nicht gebogen); Seitenachsen mit der Abstammungsachse einen stumpfen Winkel (Achsel) bildend; **schwach z.**: Winkel etwa 100–135°; **stark z.**: Winkel etwa 135–170°.
**aufsteigend** (= aufstrebend): sich von der Basis allmählich bogig oder knickig aufrichtend (Abb. 7), bei am Boden entspringenden Achsen meist aus kriechendem oder liegendem Grund.

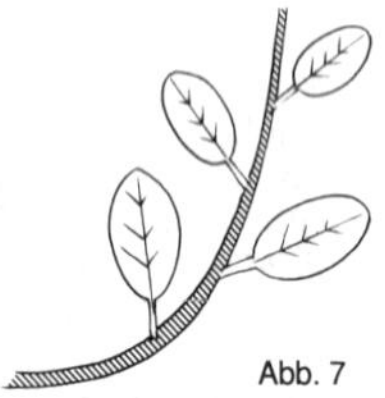

Abb. 7

**zurückgebogen**: bogig zurückgekrümmt.
**sparrig**: in verschiedene Richtungen unregelmäßig abstehend.
**liegend** (= niederliegend, niedergestreckt, prostrat): in ganzer Länge dem Boden aufliegend, aber nicht wurzelnd.
**kriechend**: in ganzer Länge dem Boden aufliegend u. stellenweise wurzelnd (bewurzelt).
**allseitswendig**: nach allen Seiten hin gerichtet.
**einseitswendig**: allseitig entspringend, aber infolge von Dreh- oder Krümmungsbewegungen nach ein u. derselben Seite hingewendet (zB Traube bei *Convallaria*/ Maiglöckchen u. *Digitalis*/Fingerhut, Dolde bei *Primula veris* / Frühlings-Schlüsselblume).
**einseitig**: auf nur einer Seite entspringend (weniger als 180° des Achsenumfangs), einreihig oder in mehreren nebeneinanderliegenden Reihen (zB Hüllchen bei *Aethusa*/Hundspetersilie).
**zweizeilig** (= distich): in zwei gegenüberliegenden Reihen, aber an jedem Knoten einzeln sitzend.
**gegabelt** (= **gabelig**, dichotom oder dichasial): Verzweigung an der Spitze in 2 ± gleichwertige Seitensprosse (**dichotom**: Abb. 8 a, zB *Lycopodium*/Bärlapp; **dichasial**: Abb. 8 b, zB *Viscum*/Mistel).

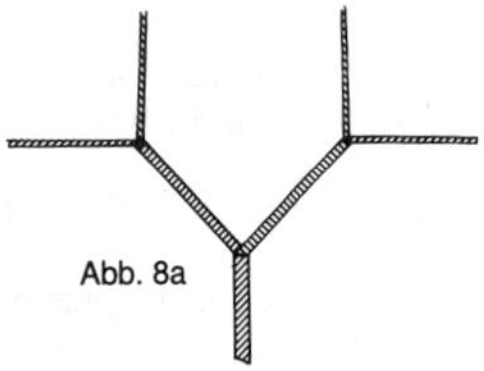

Abb. 8a

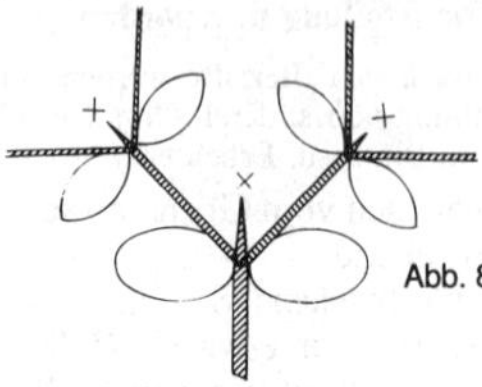

Abb. 8b

**gekniet**: mit einem Knick → aufsteigend; mit einem knieartigen Winkel versehen.
**übergebogen**: an der Spitze höchstens bis zur Waagrechten geneigt (Abb. 9 a).
**nickend**: an der Spitze bogig abwärts gekrümmt oder an einem derartigen Stiel (Abb. 9 b).
**hängend**: als Ganzes abwärts gerichtet, oft infolge des Eigengewichtes (Abb. 9 c).
**kletternd** (= klimmend): an Stützen (an anderen Pflanzen wie zB Baumstämmen oder an unbelebten Substraten wie Felswänden) emporwachsend. → Kletterpflanzen (→ **3.1.**).
**windend**: → Windepflanzen (→ **3.1.**).
**oberwärts**: nach oben zu; *auch:* nach oben zu zunehmend, sich allmählich verstärkend.
**unterwärts**: nach unten zu; *auch:* nach unten zu zunehmend, sich allmählich verstärkend.
**flutend**: in fließendem Wasser am Boden wachsend u. in der Strömungsrichtung ausgestreckt.
**horstig** (= **dichtrasig**): Grundsprosse infolge starker unterirdischer bis basaler Verzweigung, kurzer, gestauchter Pleiokorme oder Rhizome u. aufrechten Wuchses dichtgedrängt beisammenstehend; ohne Ausläufer!; Pflanze einen **Horst** bildend. (Vor allem bei grasartigen Pflanzen verwendeter Terminus: zB *Nardus stricta* / Bürstling, *Juncus effusus* / Flatter-Simse, *Eriophorum vaginatum* / Scheiden-Wollgras.) – Anm.: Der Ausdruck „rasig“ *(c[a]espitosus)* wurde früher, in älteren Werken hauptsächlich für „horstig“ verwendet (vgl. Rasenschmiele/*Deschampsia cespitosa*!).
**lockerrasig**: Grundsprosse infolge eines ausläuferartig kriechenden Rhizoms oder infolge von Ausläufer- oder Kriechtriebbildung ± ausgedehnte Flächen bedekkend. (Vor allem bei grasartigen Pflanzen verwendeter Terminus: zB *Eriophorum angustifolium* / Schmalblatt-Wollgras, *Carex hirta* / Rauh-Segge.)

## 3.3. Die Blattstellung

Die gesetzmäßige geometrische Anordnung der Blätter an der Achse bezeichnet man als **Blattstellung** (= Phyllotaxis). Da aufgrund der → axillären Verzweigung die Stellung von Seitensprossen gesetzmäßig mit der Blattstellung verknüpft ist, werden die angeführten Begriffe auch für die Kennzeichnung der Stellung u. Anordnung von Seitensprossen (Knospen, Blüten) u. Früchten verwendet (→ s. w. u.). – Einige Begriffe wie zB „grundständig“ beziehen sich nicht auf die Phyllotaxis, sondern auf Metamorphosen des Sprosses aufgrund wechselnder Internodienlänge u. der Stellungsrichtung der Blätter, daher → **3.1.**

**wechselständig** (= **schraubig**, „zerstreut“): an einem Knoten sitzt immer nur ein einziges Blatt. Das nächsthöher sitzende Blatt ist jeweils um einen bestimmten Winkelbetrag verdreht, was zu einer schraubigen Anordnung führt (Abb. 10).

**zweizeilig [2zeilig]** (= distich): wechselständig, wobei das nächsthöhere Blatt um den Winkelbetrag von 180 Grad verschoben ist, was zu zwei einander an der Achse gegenüberstehenden Blattreihen (Blattzeilen) führt (zB *Poaceae* / Süßgräser, *Ulmus* / Ulme).

Abb. 9a

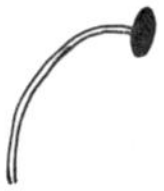
Abb. 9b

Abb. 9c

Abb. 10

Abb. 11

**wirtelig**: an einem Knoten sitzen zwei oder mehr Blätter (umfaßt → gegenständig u. → quirlständig).

**gegenständig**: zwei Blätter sitzen einander an jedem Knoten gegenüber (Abb. 11); der Normalfall ist: **kreuzgegenständig** (= kreuzweise gegenständig, dekussiert): die aufeinanderfolgenden, gegenständigen Blattpaare sind (entsprechend dem allgemeinen → Alternanzprinzip) jeweils rechtwinkelig zueinander gestellt, sodaß an der Achse vier Blattreihen (Blattzeilen) entstehen (zB *Lamiaceae* / Lippenblütler, *Urtica* / Brennessel).

**quirlständig** („quirlig"): drei oder mehr Blätter sitzen am selben Knoten, wobei jene des nächst höheren Knotens i. d. R. so angeordnet sind, daß sie in den Blattlücken der vorhergehenden zu stehen kommen (→ Alternanz) (Abb. 225, 347) (zB *Hippuris* / Tannenwedel, *Galium* / Labkraut).

**rosettig**: → **3.1.**

**3.4. Die Oberflächenbeschaffenheit von Achse u. Blatt** (oft nur mit 10–20fach vergrößernder Lupe erkennbar)

Die angeführten Begriffe werden sinngemäß auch für Früchte, Samen und Sporen verwendet.

**glatt**: ohne Unebenheiten, ohne Rauhigkeit (zB Flächen oder Blattrand).

**rauh**: mit feinen Unebenheiten (Wärzchen oder Stachelchen).

**bereift**: mit einer dünnen, abwischbaren, hellen Wachsschicht („Reif") überzogen (zB Zwetschken, Laubblätter von *Brassica* / Kohl, Stengel von *Secale* / Roggen).

**papillös**: samtartiges Aussehen infolge kleinster Zellwandausstülpungen (Papillen) der Epidermis (zB KroB bei *Viola tricolor* / Stiefmütterchen).

**runzelig**: mit unebener Oberfläche, zB bei Blättern infolge des eingesenkten Nervennetzes (zB *Digitalis purpurea* / Roter Fingerhut; *Salix caprea* / Sal-Weide).

**blasig-runzelig (blasig-höckerig**, bullat): mit blasig aufgetriebenen Zwischennervenfeldern (Intercostalfeldern) (zB Laubblätter von *Dipsacus* / Karde, *Brassica oleracea var. sabellica* / Kohl).

**punktiert**: mit (zuweilen nur im Gegenlicht sichtbaren!) erhabenen, vertieften, abweichend gefärbten oder durchscheinenden Punkten (zB Laubblätter von *Hypericum perforatum* / Echtes Johanniskraut). Vgl. → drüsig-punktiert (s. w. u.)!

**eingestochen-punktiert**: mit (wie durch Nadelstiche) vertieften Punkten.

**warzig** (verrucos): mit halbkugeligen, kugeligen oder länglichen Erhabenheiten (zB Kapseln mancher *Euphorbia*- / Wolfsmilch-Arten).

**höckerig**: mit (größeren) knötchenartigen oder höckerigen Unebenheiten.

**schwielig**: mit einer blattgrünlosen, knorpelartigen Verdickung (Buckel, Warze) besetzt (zB innere Perigonblätter mancher *Rumex spp.*- / Ampfer-Arten).

**stachelig**: mit Stacheln besetzt (→ dornig).

**Stacheln**: nur aus Oberhaut u. Rindengewebe bestehende, daher nie von Nerven (Gefäßbündeln) durchzogene, sondern meist leicht abbrechbare, ± harte, starre, stechend-spitze Gebilde an Zweigachsen oder Blättern (*Rosa*/Rose, *Rubus*/Brombeere).
**dornig**: mit Dornen besetzt (→ Dornen, **3.1.**; vgl. → stachelig).
**Drüsen**: kleine, ein- oder mehrzellige, meist rundliche Gebilde, die bestimmte Stoffe (Zuckerlösung, Harz, Öl, Salze usw.) ausscheiden.
**drüsig**: mit Drüsen versehen, diese sitzend oder gestielt (nicht gleichbedeutend mit → drüsenhaarig!).
**drüsig-punktiert**: die (sitzenden) Drüsen erscheinen als helle (oft durchscheinende) oder dunkle Punkte.
**Emergenzen**: (im Vergleich zu Haaren) derbere, vielzellige Gebilde, an denen Rindengewebe u. nicht bloß die Epidermis beteiligt ist (zB Stacheln, Stieldrüsen). **Stieldrüsen** sind Emergenzen, die mit einem Drüsenköpfchen enden (→ *Rubus*/ Brombeere, Schein-Stieldrüsen in der Blüte von *Parnassia*/Herzblatt). Haarförmige Stieldrüse = Drüsenhaar.
**Nektarium**: Drüse oder Gruppe von Drüsen oder Drüsenhaaren, die ± zuckerhaltige Säfte (Nektar, „Honig“) ausscheiden.
**nackt**: ohne Blätter, ohne Stacheln; *auch:* ohne Blüten.

### 3.5. Behaarung (= Haarkleid = Indument) (→ auch 5.10.!):

**Haare** (Trichome): Auswüchse (Anhängsel) der Oberhaut (Epidermis), die einzellig oder mehrzellig sein können.
**kahl**: haarlos. (Bei → *Hieracium*/Habichtskraut bedeutet „haarlos“ bloß „ohne einfache Haare“!)
**behaart**: mit Haaren besetzt (Behaarungsdichte: spärlich – zerstreut [zstr] – locker – dicht – sehr dicht).
**verkahlend**: im Lauf der Entwicklung (meist: der Wuchsperiode, des Jahres) kahl werdend (das Indument, die Haare verlierend).
**Gliederhaare**: mehrzellige Haare.
**Deckhaare**: alle nicht-drüsigen Haare.
**Drüsenhaare** (Abb. 13): Haare mit ein- oder mehrzelligem Endköpfchen (dieses meist kugelig, selten länglich wie bei *Epilobium*/Weidenröschen), das ein Sekret abscheidet (*Salvia glutinosa* / Kleb-Salbei); – **drüsenhaarig** (= drüsig behaart): mit Drüsenhaaren besetzt; (→ **drüsig**: die Drüsen können auch sitzen!).
**Wimpern** (= Wimperhaare): (blatt)randständige Haare (jedweder Gestalt, Länge u. Konsistenz [müssen weder lang noch steif sein noch locker stehen!]); – **gewimpert (= bewimpert)**: mit randständigen Haaren (Abb. 16); – (zuweilen, in manchen Büchern, werden auffällig lange, locker bis einzeln stehende Haare auch dann Wimpern oder Wimperhaare genannt, wenn sie nicht am Blattrand, sondern auf Nerven oder sogar Blattflächen stehen).

Abb. 12

Abb. 13

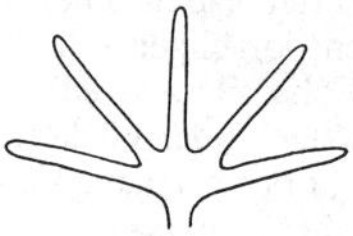
Abb. 14a

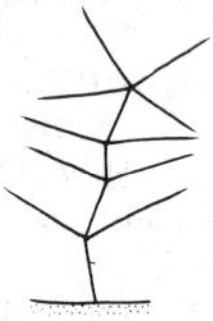
Abb. 14b

Abb. 15

**einfache Haare**: unverzweigte Haare ohne (Drüsen-)Köpfchen:

**flaumig** (= flaumhaarig, feinhaarig, pubeszent): mit locker bis ziemlich dicht stehenden, kurzen, weichen, zarten Haaren (= Flaumhaaren);

**striegelhaarig** (strigulos): mit steifen, oft am Grund verdickten, ± parallel in einer Richtung anliegenden Haaren (= Striegelhaaren);

**blasenhaarig**: mit blasig aufgetriebenen Haaren (Blasenhaaren), dadurch wie „**mehlig bestäubt**" aussehend, meist leicht abwischbar (zB *Chenopodium album* / Weiß-Gänsefuß);

**seidenhaarig** (= seidig behaart): dicht mit feinen, oft in einer Richtung anliegenden, ± silbrig glänzenden Haaren (zB *Alchemilla sect. Chirophyllum* / Silbermantel, *Fragaria*/Erdbeere);

**spinnwebig** (= spinnwebig behaart): mit langen, sehr dünnen, ineinander verflochtenen, anliegenden u. ± leicht abwischbaren Haaren besetzt (zB Laubblattoberseite bei *Tussilago*/Huflattich, Hülle bei *Arctium tomentosum* / Wollkopf-Klette u. *Cirsium eriophorum* / Woll-Kratzdistel);

**samthaarig**: mit sehr dicht stehenden, meist sehr kurzen, abstehenden, weichen, geraden, nicht miteinander verflochtenen Haaren;

**zottig** (zottenhaarig, villos): abstehend lang u. weich behaart (Haare ein- oder mehrzellreihig; zB Stengel bei *Epilobium hirsutum* / Zottiges Weidenröschen);

**steifhaarig** (= „borstig"): mit starren Haaren besetzt (zB *Echium*/Natterkopf);

**borstenhaarig**: mit derben, steifen, kräftigen Haaren. – Vgl. jedoch: borstig = borsten<u>artig</u> (sollte nicht für: „mit Borsten besetzt" verwendet werden!)

**wollig** (wollhaarig, lanat): mit langen, dicht stehenden, ± abstehenden, oft ± geschlängelten (oder auch verzweigten), jedoch nicht oder nur wenig miteinander verflochtenen Haaren (= Wollhaaren);

**kraushaarig**: mit stark hin u. her gekrümmten, verbogenenen (gekräuselten) Haaren ± dicht besetzt;

**krummhaarig** (= sichelhaarig): mit kurzen, gekrümmten Haaren, dadurch fast angedrückt behaart (Abb. 17); – **Schlängelhaare** sind S-förmig hin u. her gebogene Haare.

**verzweigte Haare**: verästelte Haare:

**gabelhaarig** (mit Gabelhaaren): **Gabelhaare** sind stimmgabelartig (= zweiarmig = zweiästig) verzweigt (Abb. 12), mit Stiel unter der „Gabel" (zB *Brassicaceae*/Kreuzblütler);

**kompaßhaarig** (mit Kompaßhaaren): **Kompaßhaare** sind wie Gabelhaare, deren unverzweigter unterer Teil sehr kurz oder fast fehlend ist u. deren Äste in einer Geraden liegen u. der Oberfläche angedrückt sind;

**sternhaarig**: die echten **Sternhaare** haben mehr als zwei Äste und müssen nicht der Oberfläche angedrückt sein; sie sind wenig- bis mehrstrahlig (-armig) und oft sternförmig (zB *Alyssum*/Steinkraut, *Matthiola*/Levkoje, manche *Boraginaceae*/Rauhblattgewächse; Abb. 14 a); jene bei *Hieracium*/Habichtskraut (Korbhülle) wurden früher „Flockenhaare" genannt; – sehr ähnlich sind die → Büschelhaare, die Sternhaaren äußerlich oft weitgehend gleichen u. deshalb oft mit ihnen verwechselt oder gleichgesetzt werden;

**büschelhaarig**: **Büschelhaare** sind büschelförmig konzentrierte oder an der Basis verzweigte ein- oder mehrzellige Haare (Abb. 270 a, b, c); ohne mikroskopische Untersuchung von Sternhaaren meist kaum zu unterscheiden u. daher auch oft so genannt (zB *Potentilla arenaria* / Sand-Fingerkraut, *Rubus canescens* / Filz-Brombeere);

**Bäumchenhaare** (= Kandelaberhaare): mehrere (sternförmige) Verzweigungen übereinander an einer „Hauptachse" (*Verbascum*/Königskerze; Abb. 14 b);

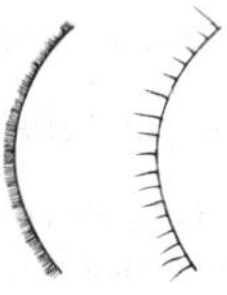

Abb. 16

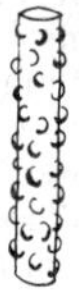

Abb. 17

Abb. 18a

Abb. 18b

Abb. 18c

**schildhaarig** (schuppenhaarig, **schülferig**): mit **Schild- oder Schuppenhaaren** (= „Schülfern") besetzt *(Lupe!)*, oft ± abwischbar: d. s. mehrstrahlige, vielzellige Sternhaare, deren Strahlen weit oder ganz miteinander verwachsen sind (Schüppchen; zB *Hippophaë*/Sanddorn, *Rhododendron*/Alpenrose; Abb. 15).
**flockig**: sich in Wollflocken ablösende, dichte, weiche Behaarung (*Verbascum pulverulentum* / Flockige Königskerze). (Achtung: die „Flockenhaare" bei *Hieracium*/Habichtskraut sind jedoch Sternhaare: → sternhaarig!).
**filzig** (tomentos): mit dicht ineineinander verflochtenen, kurzen oder längeren Haaren besetzt (zB innere Hüllblätter von *Leontopodium*/Edelweiß).
**bärtig** (bebärtet): mit räumlich begrenzten Haarfeldern, Haarbüscheln oder Fransenreihen (zB: Staubfäden mancher *Verbascum-*/Königskerzen-Arten).
**Domatien**: behaarte Stellen (= „Milbenhäuschen") in den Verzweigungswinkeln der Nerven auf der Unterseite fiedernerviger Blätter (zB *Tilia*/Linde, *Cornus mas* / Dirndlstrauch).

## 4. Die Achse

### 4.0. Die Achse (= Sproßachse)

bildet zusammen mit den **Blättern** den **Sproß**. Die Ansatzstellen der Blätter an der Achse heißen **Knoten**. Sie gliedern die Achse in blattlose **Internodien**. Das unterste Achsenglied der Hauptachse zwischen Hauptwurzel u. Keimblättern (bzw. Keimblatt) heißt **Hypokotyl** (Abb. 1 c, 92 c). Die Achse kann **holzig** oder **krautig** sein; sie kann ferner **markig** (im Inneren mit weichem Markgewebe erfüllt) oder **hohl** (im Inneren mit von Knoten zu Knoten durchgehendem Hohlraum) sein. (Vgl. → Sproß.) – Achsen dürfen nicht mit anderen stengelartigen Organen, wie → Blattstielen und → Blattspindeln (**5.5.**) verwechselt werden!

**Internodium** (Mehrzahl: Internodien) (= **Stengelglied [StgGlied]**, Achsenglied, Zwischenknotenstück, Abb. 1 g; nicht jedoch → Sproßglied!): Achsenabschnitt zwischen zwei → Knoten.
**Knoten**: Ansatzstelle eines Blattes an der Achse. Wegen der → axillären Verzweigung entspringen auch die Seitensprosse grundsätzlich immer an einem Knoten. Die Knoten sind i. d. R. nicht knotenförmig (dh sie sind nicht verdickt, außer etwa bei den *Poaceae*/Gräsern).
**gestaucht** nennt man eine Achse, deren Internodien sehr kurz sind (oft mit freiem Auge kaum sichtbar), deren Blätter also dicht aufeinander folgen (→ Rosette). Gegenteil: **gestreckt** (= entstaucht).
**Stengel [Stg]**: gestreckte, = nicht gestauchte (dh Internodien nicht verkürzt), krautige oder nur schwach oder teilweise verholzte Achse eines grundständigen Sprosses (Hauptsprosses oder Grundsprosses) ausschließlich der Blütenstandsachse. Der Stengel kann beblättert sein oder nackt; er kann **unverzweigt** (= einfach) oder **verzweigt** (= ästig, beastet) sein (die → Äste sind jedoch nicht als Stengel zu bezeichnen). (→ Schaft, → Ast, → Zweig, → Stamm, → Blütenstandsachse.)

**Ast** (= Seitenast): nicht gestauchte (krautige oder holzige) Achse eines Seitensprosses (sofern er kein Grundsproß ist). (→ Jungzweig.)
**Hauptachse**: Achse des → Hauptsprosses.
**Seitenachse** (= Nebenachse): Achse eines → Seitensprosses.
**Stamm**: vieljährige, verholzte Achse eines Grundsprosses (bei Holzgewächsen). (Manchmal auch gleichbedeutend mit „Achse" verwendet.)
**Mutterachse** (= **Abstammungsachse**): Achse, aus deren Achsel(n) eine (oder mehrere: → Beiknospe, Beisproß, → **3.1.**) Seitenachse(n) entspringt/en, also Achse des → Muttersprosses.
**Schaft**: völlig blattloser (zB *Primula veris* / Frühlings-Schlüsselblume) oder nur laubblattloser (aber mit Hochblättern besetzter: zB *Leontodon*/Leuenzahn, *Pyrola*/Wintergrün), einen Blütenstand tragender → Stengel, also ein Blütenstandsstiel (grundständig, oft aus einer Grundrosette entspringend). Im Fall völliger Blattlosigkeit ist der Schaft ein einziges Internodium, nämlich das Grundinternodium (= Hypopodium) des Blütenstandes.
**Zweigachse** (= „Zweig"): Seitenachse, Ast. (Vgl. → Ast.)

### 4.1. Die Gestalt (der Querschnitt) von Achsen

Die angeführten Begriffe werden sinngemäß zT auch zur Kennzeichnung der Gestalt von Blättern u. Früchten verwendet.

**Rinne**: ± deutlich eingesenkte (konkave), längsgerichtete Oberflächenskulptur von beliebigem Querschnitt.
**Furche** (= Rille): Rinne mit abgerundetem, U-förmigem Querschnitt.
**Kerbe**: Rinne mit V-förmigem Querschnitt.
**Leiste**: ± kräftige, vorspringende (konvexe), längsgerichtete Oberflächenskulptur von beliebigem Querschnitt.
**Rippe**: Leiste mit abgerundetem Querschnitt.
**Kante**: Leiste mit ± eckigem Querschnitt.
**stielrund** (= teret, zylindrisch): mit kreisförmigem Querschnitt.
**halbstielrund** (= halbwalzlich, halbzylindrisch): mit halbkreisförmigem Querschnitt (Abb. 18 a).
**zusammengedrückt** (= abgeflacht): mit elliptischem Querschnitt (Kanten stumpf oder scharf) (Abb. 18 b).
**zweischneidig [2schneidig]**: stark zusammengedrückt mit 2 ± scharfen Längskanten (Abb. 18 c).
**kantig**: mit ± eckigem Querschnitt.
**stumpfkantig**: mit gerundeten Kanten.
**scharfkantig**: mit scharfen Kanten.
**gerieft**: mit Längsrinnen u. -rippen (abwechselnd).
**gefurcht** (= gerillt): mit → Furchen zwischen Längsleisten; im Querschnitt gezähnt oder gebuchtet.
**kantig gefurcht**: mit → Furchen zwischen scharfkantigen Längsleisten; im Querschnitt gezähnt.
**gerippt**: mit Längsleisten, die mit → Kerben aneinanderstoßen; im Querschnitt gekerbt.
**gekielt**: der Länge nach mit einer vorspringenden → Kante oder Leiste.
**geflügelt**: (Stengel:) mit (meist 2–4) dünnen u. hohen, blattartigen Längsleisten (*Genista sagittata* / Flügel-Ginster, *Lathyrus sylvestris* / Wilde Platterbse) (Abb. 19 a; vgl. **5.2.**!); (Frucht:) blattartige Anhängsel (z. B. → Täschelkraut/*Thlaspi*).
**Phyllokladium**: Kurzsproß mit blattartiger (meist verbreiterter) Achse, als Photosyntheseorgan

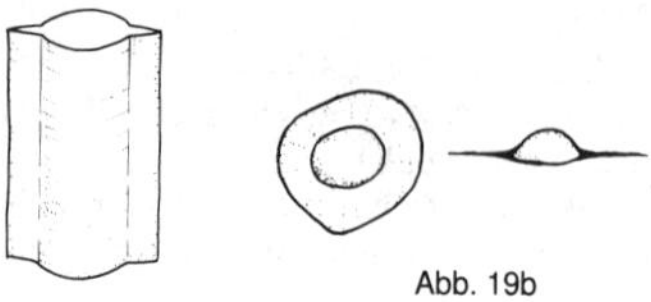

Abb. 19a Abb. 19b

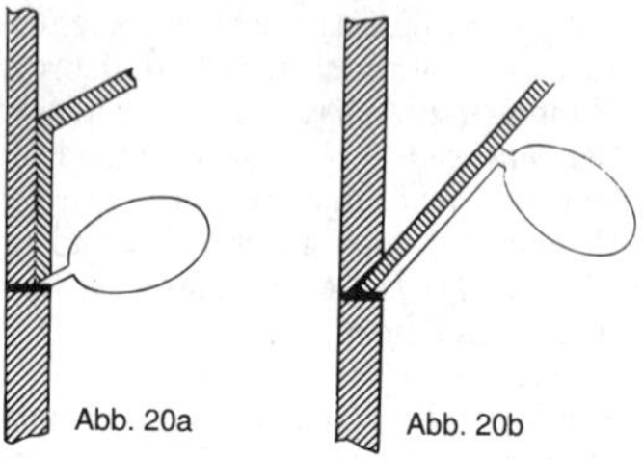

Abb. 20a Abb. 20b

anstelle des echten Laubblattes (bei *Ruscus*/Mäusedorn u. *Asparagus*/Spargel). – **Platykladium**: Sproß mit abgeflachter, ± bandartig verbreiterter Achse als Photosyntheseorgan (Laubblatt-Ersatz; „Fortsetzung" des → Rutengewächses!)

### 4.2. Die Oberfläche von Achsen (→ 3.4.)

## 5. Das Blatt (Abb. 21)

### 5.0. Blätter

sind seitliche, meist flächige Anhangsorgane der Sproßachse, die sich durch ein begrenztes Wachstum auszeichnen. Sie sind in Form u. Funktion verschieden u. werden entsprechend ihrer Gestalt u. ihrer Lage als **Laubblätter [LB]**, **Hochblätter [HochB]** oder **Niederblätter [NiederB]** bezeichnet (→ Abb. 1). – Morphologisch gesehen, gliedert sich das Blatt in **Unterblatt** (Abb. 21 a) u. **Oberblatt**. Das Unterblatt (am Blattgrund) ist als **Blattscheide** u./oder in Form von paarigen **Nebenblättern** (= Stipeln, Abb. 21 b) ausgebildet oder unterdrückt (fehlend); das Oberblatt umfaßt **Blattstiel** (Abb. 21 c) u. **Blattspreite** (Abb. 21 d). (→ **5.5.**) Bezüglich der Blätter in der Blüte → **7.**!

**Blattstellung**: → **3.3.**

**apikal** (= vorn): Gegend der Blattspitze. (→ **5.10.**)
**basal (am Grund**, „unten"): Gegend des → Blattgrundes, der Anheftungsstelle an der Achse. (→ **5.9.**)
**Blatt- (Spreiten)oberseite, oberseits**: die obere, d. i. die gegen die Sproßspitze zu gerichtete (akroskope) Blattoberfläche; (Gegensatz: → unterseits).
**Blatt- (Spreiten)unterseite, unterseits**: die untere, d. i. die gegen den → Sproßgrund zu gerichtete (basiskope) Blattoberfläche; (Gegensatz: → oberseits).

### 5.1. Die Typen von Blättern (u. Blatt-Metamorphosen)

**Blattfolge** (von unten nach oben): Keimblätter (bzw. Keimblatt) – Niederblätter – Laubblätter – Hochblätter; – Blütenblätter: Blütenhüllblätter – Staubblätter – Fruchtblätter (→ **7.**).

**Laubblatt [LB]**: das gewöhnliche, meist hauptsächlich der Photosynthese u. der Transpiration dienende Blatt, meist grün u. meist mit flacher Spreite. Gegenüber den anderen Blattypen ist es i. d. R. am größten u. am stärksten gegliedert. (Abb. 1 h, 21).
**Keimblatt/Keimblätter [KeimB]** (= Kotyledonen, Abb. 1 d, 92 d): das erste bzw. die ersten beiden, von den folgenden abweichend gestalteten Blätter des Hauptsprosses, die sich schon vor der Keimung am Keimling (im Samen) vorfinden. Die *Monocotyledoneae*/Einkeimblättrigen haben 1, die *Dicotyledoneae*/Zweikeimblättrigen 2 gegenständige (Abb. 1 d), die *Gymnospermae*/Nacktsamigen meist mehrere Keimblätter.

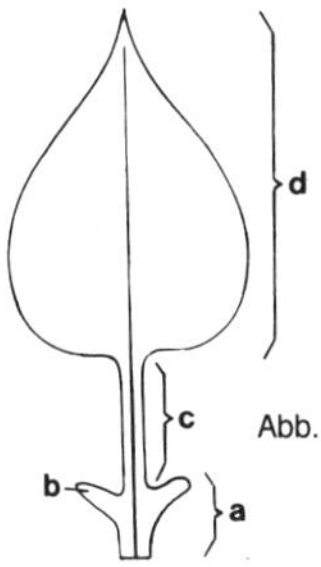


Abb. 21

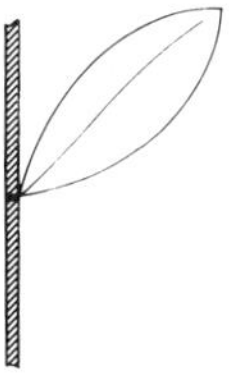

Abb. 22a

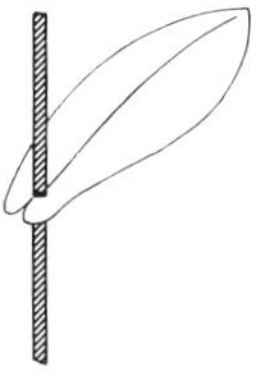

Abb. 22b

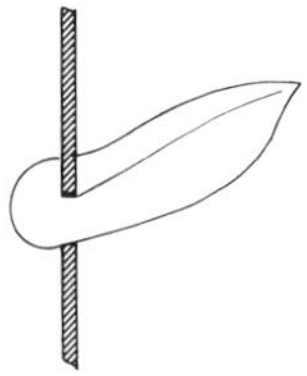

Abb. 22c

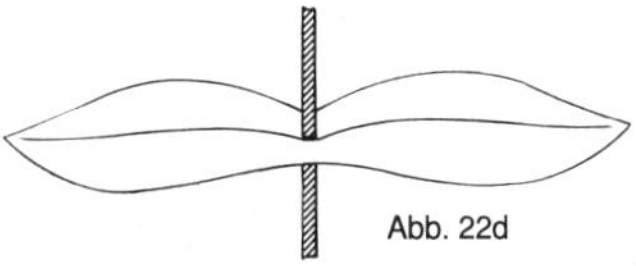

Abb. 22d

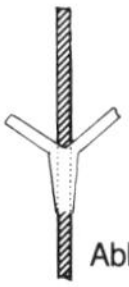

Abb. 23a

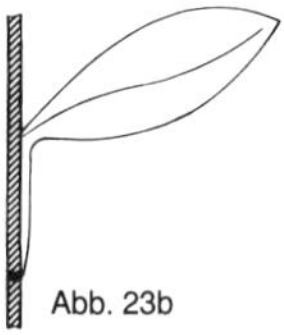

Abb. 23b

**Niederblatt [NiederB]** (Abb. 1 e): meist kleines, einfach gestaltetes, → schuppen- oder scheidenartiges Blatt, meist nur aus dem Blattgrund (= Unterblatt) bestehend: vaginales Niederblatt; oft nicht grün, im Sproß (bzw. im Jahrestrieb) unterhalb der Laubblätter stehend: am Stengelgrund, an unterirdischen Sprossen – zB Rhizomen, unterirdischen Ausläufern, Achsenknollen oder Zwiebeln (als **Zwiebelschuppen**). Auch äußere Teile der Winterknospen mancher Gehölze (als **Knospenschuppen**) aufbauend.

**Hochblatt [HochB]** (Braktee, Abb. 1 l): Blatt in der Blühregion (meist innerhalb des Blütenstandes) oder unterhalb einer Einzelblüte, vom Laubblatt meist durch geringere Größe u. einfacheren Bau u. auch Farbe (bleichgrün oder nicht grün) unterschieden, entweder aus dem Unterblatt (Blattgrund) (= vaginales HochB) oder aus dem verkleinerten Oberblatt (= laminales HochB) bestehend (zB Deck-, Hüll- u. Spreublätter, Spelzen u. Blütenscheiden). Vom Niederblatt nur durch die Stellung im Sproß unterschieden.

**Vorblatt [VorB]** (Abb. 1 k): das bzw. die erste(n), oft durch seine/ihre besondere Form oder Stellung von den folgenden Blättern unterschiedene(n) Blatt/Blätter an Seitenachsen, zB auch an seitlichen Blütenstielen. Bei den Einkeimblättrigen i. d. R. eines, bei den Zweikeimblättrigen i. d. R. zwei.

**Tragblatt [TragB]**: Blatt, aus dessen Achsel ein Seitensproß entspringt; es kann ein Keimblatt, Niederblatt, Laubblatt oder Hochblatt sein. Der Seitensproß kann ein vegetativer Zweig, ein Blütenstand oder eine einzelne Blüte sein. (Im Gegensatz zu dieser Definition wird der Ausdruck „Tragblatt" in manchen Büchern nur für die Tragblätter von Blüten, also für die → Deckblätter, verwendet.)

**Deckblatt [DeckB]** (Braktee): Tragblatt einer Einzelblüte (i. d. R. ein Hochblatt). (Vgl. dazu **6.0.**)

**Hüllblätter [HüllB]** (= Involukralblätter): Hochblätter, die (meist zu mehreren) einen Blütenstand (zB Korb, Dolde, Cyathium), seltener auch eine Einzelblüte (*Pulsatilla*/Küchenschelle, *Hepatica*/Leberblümchen, *Echinops*/Kugeldistel) umgeben. Mehrere Hüllblätter bilden manchmal in ihrer Gesamtheit eine **Hülle** (= Involukrum). Umgibt die Hülle eine einzelne Blüte mit Kelch, so heißt sie **Außenkelch** oder **Außenhülle** (zB: *Malva*/Malve, *Scabiosa*/Skabiose, *Tofieldia calyculata* / Hüllen-Simsenlilie; dazu → Außenkelch → **7.2.**!).

**Blütenscheide [BlüScheide]** (= **Spatha**): scheidenartige Hochblatthülle eines Blütenstandes; meist einblättrig (*Araceae*/Aronstabgewächse), seltener aus zwei (*Allium*/Lauch) oder mehr Blättern (*Zea*/Mais) gebildet.
**Spreublätter [SpreuB]**: stark rückgebildete Deckblätter der Einzelblüten eines → Korbs; sie sind entweder flach (zB *Hypochoeris*/Ferkelkraut) oder kahnförmig (*Helianthus*/Sonnenblume) oder borstenförmig (**Spreuborsten**: *Centaurea*/Flokkenblume) oder haarförmig (**Spreuhaare**; *Artemisia*/Wermut). (→ aber „Spreuschuppen" → **10.**).
**Schuppenblatt**: → **schuppenförmig** (→ **5.8.**)
**Spelzen [-Sp]**: die Hüll-, Deck- u. Perigonblätter im Ährchen der *Poaceae*/Süßgräser (s. d.) u. *Cyperaceae*/Sauergräser (s. d.).
**Schlauch [Schl.]** (= Utriculus): das zu einer ei- bis flaschenförmigen, den Fruchtknoten bzw. die Frucht umgebenden Hülle umgewandelte Deckblatt der ♀ *Carex*/Seggen-Blüte (= Vorblatt am Stiel des einblütigen *Carex*/Seggen-Ährchens). – Bei *Utricularia*/Wasserschlauch ein zu einer Fangblase umgestalteter Blattzipfel (s. d.).
**Blättchen** → 5.5.
**Blattdornen [BDornen]**: in Dornen umgewandelte Blätter (*Berberis*/Berberitze), Nebenblätter (*Robinia*/Robinie) oder austretende Blattnerven (Disteln).
**Blattranken [BRanken]**: in Ranken umgewandelte Blätter (*Cucurbita*/Kürbis) oder Blatteile wie Blattfiedern (= Blättchen: *Pisum*/Erbse, *Vicia*/Wicke) oder → Blattspindeln (= Rachis) (*Clematis vitalba* / Gewöhnliche Waldrebe).
**Faserschopf** = „Strohtunika" (Abb. 100): rosettig angeordnete, meist ± vertrocknete (aber persistierende) Reste von Blättern oder Blatteilen (zB Blattstielen) am Stengelgrund, die den Erneuerungsknospen meist als Schutz dienen, besonders vor Feuer (daher vor allem bei Steppenpflanzen!).

### 5.2. Der Blattansatz (Anheftung der Blätter an der Achse)

Die Blätter sind in verschiedener Weise mit der Achse verbunden:
**gestielt**: das Blatt (genauer: das Oberblatt) ist in → Blattstiel u. Spreite gegliedert (Abb. 21). (Eigentlich ist nicht das Blatt „gestielt", sondern die Blattspreite, denn der Blattstiel ist selbst Teil des Blattes.)
**sitzend** (= ungestielt): ohne Blattstiel (Abb. 22 a). (Korrekt: die Blattspreite sitzt auf der Achse, weil der Blattstiel fehlt.)
**halbstengelumfassend**: sitzendes Blatt, das den Stengel mit seinem Spreitengrund halb umfaßt. (Vgl. → stengelumfassend.)
**stengelumfassend**: sitzendes Blatt, dessen → Öhrchen den Stengel ganz umfassen (Abb. 22 b, 282).
**durchwachsen**: der Blatt- oder Spreitengrund scheint gleichsam vom Stengel durchbohrt, da die Öhrchen um den Stengel herum verwachsen sind (zB *Bupleurum rotundifolium* / Rundblatt-Hasenohr; Abb. 22 c).
**verwachsen**: zwei oder mehrere Blätter sind im unteren Teil ± weit miteinander verschmolzen: zwei gegenständige Blätter (*Lonicera caprifolium* / Jelängerjelieber) (Abb. 22 d) (→ **7.2.**!)
**scheidig-verwachsen**: gegenständige Blätter (zB *Dianthus*/Nelke, Abb. 23 a) oder quirlständige Blätter (*Equisetum*/Schachtelhalm, Abb. 121, 122) sind an der Basis zu einer stengelanliegenden Scheide (= „Stengelscheide") verwachsen.
**herablaufend**: das Blatt setzt sich von seiner Ansatzstelle am Stengel als Leiste (= „Flügel") abwärts (nach unten) fort, der Stengel ist dann ± **geflügelt** (zB *Verbascum*/Königskerze, *Carduus*/Ringdistel, Abb. 23 b; vgl. **4.1.**!).
**reitend**: → **5.13.**

**5.3. Die Konsistenz** (Beschaffenheit der Blattspreite) und die **Lebensdauer der Blätter**

Die Beschaffenheit der Blätter, die man durch Berührung feststellt, nennt man Konsistenz. Sie kann sein:

**häutig** (= trockenhäutig, membranös): sehr dünn, durchscheinend, ohne Blattgrün (meist Hochblätter, selten Kronblätter, zB bei *Plantago*/Wegerich).
**krautig**: grün, weich u. leicht (rasch) welkend.
**fleischig** (= **sukkulent**): grün, saftig (wasserspeichernd), dick, meist nicht so bald welkend (zB *Sedum*/Fetthenne, Mauerpfeffer).
**starr (steif)**: wenig biegsam (zB *Picea*/Fichte).
**ledrig** (lederig): derb, saftarm, steif, kaum oder nicht so bald welkend (zB *Hedera*/Efeu, *Ilex*/Stechpalme).
**hartlaubig** (= sklerophyll): starr, ledrig, winter- oder immergrün, nicht oder kaum welkend (zB *Ruscus*/Mäusedorn).
**immergrün**: mindestens 2 Vegetationsperioden lang lebend.
**wintergrün**: nicht wesentlich länger als 1 Vegetationsperiode lang lebend, aber grün am Sproß überwinternd (zB *Hepatica*/Leberblümchen).
**sommergrün**: nur eine einzige Vegetationsperiode lang lebend, nicht überwinternd.
**hinfällig**: frühzeitig abfallend (zB Kelchblätter bei *Papaver*/Mohn, Kronblätter bei *Linum*/Lein und *Fumana*/Heideröschen).

**5.4. Die Nervatur**

**streifennervig**: mit mehreren gleich starken Nerven, die vom Spreitengrund bis zur Blattspitze ohne Verzweigung nebeneinander verlaufen, ohne deutliche Seitennerven (aber oft mit zahlreichen feinen → Anastomosen): **parallelnervig** (bei schmalen Blättern) oder **bogennervig** (Abb. 398; bei breiteren Blättern: zB *Plantago*/Wegerich).
**netznervig**: Haupt- u. Seitennerven deutlich netzartig verbunden.
**fiedernervig**: netznervig mit nur 1 Hauptnerv, von dem die Seitennerven zweireihig entspringen (Abb. 24 a, 28 b, 29 b, 49 b, 398).
**handnervig** (= fingernervig): netznervig mit mehreren Hauptnerven, die strahlenförmig vom Spreitengrund ausgehen (Abb. 24 b, 28 a, 29 a).
**gabelnervig**: wiederholte Verzweigung der Nerven in jeweils 2 ± gleichwertig weiterführende Nerven (*Ginkgo*/Ginkgo).

Abb. 24a

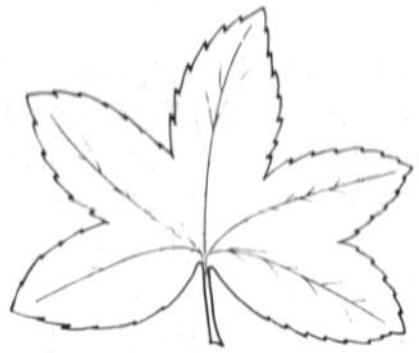

Abb. 24b

**5.5. Die Gliederung des Blattes u. dessen Teile (Abb. 21).** Vgl. dazu **5.0.**!

**Blattgrund**: unterster Teil des vollständigen Blattes: Basis des Blattstiels; → Unterblatt (**5.0.**). Nicht zu verwechseln mit dem → Spreitengrund!
**Blattstiel [LB'Stiel]** (Petiolus): der stielartige untere Teil des Blattes, der „Träger" der → Spreite. Fast nur bei Laubblättern. (Nicht zu verwechseln mit der → Achse!)

Abb. 25a

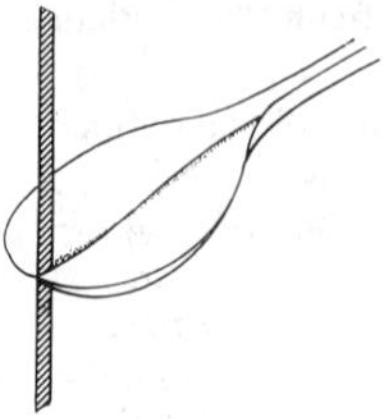

Abb. 25b

Abb. 26

**Blattscheide [BScheide** bzw. **LB'Scheide]**: der röhrig oder bauchig den Stengel umschließende Blattgrund (nicht Spreitengrund!) (*Poaceae*/Süßgräser, Abb. 25 a; viele Doldenblütler, zB *Angelica*/Brustwurz, Abb. 25 b).

**Spreite** (Blattspreite, **[LB'Spreite]**, Lamina): der (meist) flach ausgebreitete (obere) Teil des (Laub-)Blattes.

**Nebenblätter [NebenB]** (= Stipeln): zipfel- oder blattartige Ausgliederungen des (Randes des) → Blattgrundes (= Blattstiel-Grundes, nicht des Spreitengrundes, außer bei sitzenden Spreiten!). Bei Zweikeimblättrigen paarig (rechts u. links der Basis des Blattstieles, Abb. 1, 26, 164); entweder „**frei**" (*Vicia*/Wicke) oder (scheinbar) dem Blattstiel „**angewachsen**" (*Rosa*/Rose). Bei gegenständigen Blättern sind die Nebenblätter oft paarweise jeweils mit einem benachbarten zusammengewachsen (= Interpetiolarstipeln = Interfoliarstipeln), zB bei *Humulus*/Hopfen. Bei Einkeimblättrigen einzeln als **Axillarstipeln** scheinbar achselständig (*Potamogeton*/Laichkraut, s. d.). Vgl. dazu jedoch → Nebenblättchen (s. u.)!

**Blatthäutchen [BHäutchen]** (= Ligula): bei Blättern mit Blattscheide (besonders bei *Poaceae*/Süßgräsern u. *Cyperaceae*/Sauergräsern) ein Anhängsel an der Übergangsstelle von Scheide zu Spreitenoberseite (Abb. 473 a). Es erscheint meist als ein häutiger, farblos durchscheinender Fortsatz der Oberhaut (Auswuchs der Blattoberseite).

**Nebenblattscheide [NebenBScheide]** (= **Ochrea** = Tute): häutige Scheide am Grund des Blattstiels, die den Stengel (die Abstammungsachse) oberhalb des Knotens in Form einer geschlossenen Röhre einschließt; entweder aus zwei Nebenblättern (*Polygonaceae*/Knöterichgewächse: Abb. 109; *Alchemilla*/Frauenmantel) oder einer Axillarstipel (*Zannichellia*/Teichfaden) durch Verwachsung entstanden.

**Öhrchen**: krallenförmige oder lappige, stets von der Blattspitze weg gerichtete, oft den Stengel ± umfassende, meist paarige Bildung (Anhängsel, Abb. 473 b) verschiedener morphologischer Natur: Spreitengrund (zB *Bupleurum*/Hasenohr, *Hordeum*/Gerste), verbreiterter Blattstielgrund (zB *Filipendula ulmaria* / Großes Mädesüß), grundständige Blättchenabschnitte oder rückwärtsgerichtete Zipfel der Nebenblätter (zB *Vicia faba* / Saubohne).

**Blattspindel [BSpindel]** (= Rachis): die stielartige „Mittelrippe" (Fortsetzung des Blattstiels) eines → gefiederten Blattes (Abb. 27). (→ jedoch → Mittelfeld!)

**Blättchen** (= Teilblatt, Teilspreite): die völlig voneinander getrennten Spreitenabschnitte eines zusammengesetzten (gefiederten oder gefingerten) Blattes. Bei gefiederten Blättern auch **Fiedern** genannt. (Ein Gesamtblatt darf, auch wenn es noch so klein ist, nie als „Blättchen" bezeichnet werden.) – **Blättchenstiele** sind Stiele von Blättchen (zB *Clematis vitalba* / Gewöhnliche Waldrebe).

**Endblättchen** (= **Endfieder**): das an der Blattspitze angeordnete, unpaarige Blättchen.

**Nebenblättchen** (= Stipellen): nebenblattähnliche Gebilde am Grund der Blättchenstiele eines Fiederblattes; an der Endfieder paarig, an den Seitenfiedern stets einzeln (zB *Phaseolus*/Bohne, *Thalictrum flavum* / Gelb-Wiesenraute).

## 5.6. Die Gliederung der (Laubblatt-)Spreite

Nach dem Bau ihrer Spreite werden die Blätter in **einfache** u. **zusammengesetzte** Blätter eingeteilt. Die folgenden Ausdrücke beziehen sich jeweils auf die Spreite: „LB 3zählig-gefingert" bedeutet, daß dessen Spreite 3zählig-gefingert ist. Wenn die Spreitenteile (Blättchen) ebenfalls zusammengesetzt sind u. daher aus Blättchen 2. Ordnung bestehen, handelt es sich um eine doppelt-zusammengesetzte (2fach- = 2×-zusammengesetzte) Spreite („Blatt"). Bei noch stärkerer Gliederung spricht man von 3- bzw. mehrfach-zusammengesetzten Blättern (eigentlich: Spreiten) (zB „3×-gefiedert") u. dementsprechend von Blättchen 3. bzw. höherer Ordnung. Der Zerteilungsgrad (zB Fiederungsgrad) des Blattes bezieht sich – falls nichts anderes angegeben – immer auf dessen am stärksten gegliederten Teil!

**einfaches Blatt**: die Spreite ist unzerteilt (s. u.) oder zerteilt (s. u.), dh sie besteht aus nur einer, ununterbrochenen Fläche. Wenn die Spreite zerteilt, dh in Abschnitte gegliedert ist, dann hängen diese wenigstens am Grund miteinander zusammen.
**unzerteilt** (= ganz, „ungeteilt") (*in diesem Buch*): ohne tiefere Einschnitte, höchstens am Rand gesägt, gezähnt usw. (→ Spreitenrand → **5.11.**), also nicht gleichbedeutend mit „ganzrandig"! (Abb. 21).
**zerteilt** (= „nicht ganz", *divisum*) (*in diesem Buch*): zusammenfassender Ausdruck für die einfachen, aber durch ± tief reichende Einschnitte gegliederten Spreiten (unabhängig von der Tiefe der Einschnitte; also gelappt bis geschnitten). (Abb. 28–30.) – Die Teile der zerteilten Spreiten heißen **Abschnitte** (Segmente); mitunter werden sie (irreführend) auch als **„Lappen"** bezeichnet. Die **Abschnitte letzter Ordnung** werden oft auch **„Zipfel"** genannt.
**gelappt (-lappig)**: Einschnitte von etwa $^1/_4$–$^1/_3$ der Spreitenhälfte (bzw. Halbdurchmessers [= Radius]) reichend (Abb. 28).

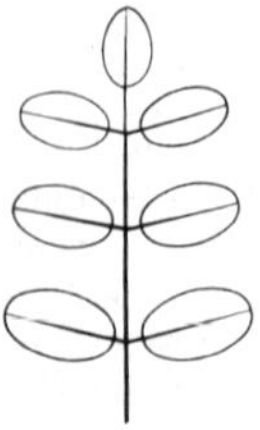
Abb. 27a

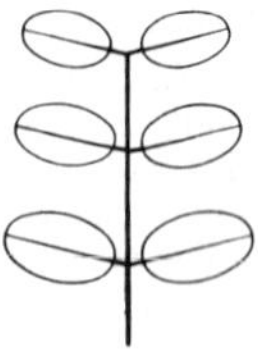
Abb. 27b

Abb. 28a

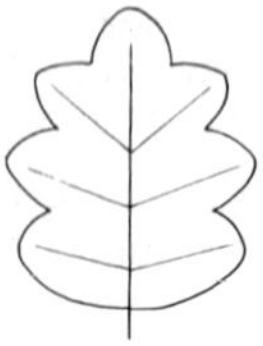
Abb. 28b

Abb. 29a

Abb. 29b

Abb. 30a

Abb. 30b

**gespalten (-spaltig)**: Einschnitte von etwa $^1/_3$–$^2/_3$ reichend (Abb. 29).
**geteilt (-teilig)**: Einschnitte von etwa $^2/_3$ bis fast zum Grund reichend (Abb. 30).
**geschnitten (-schnittig)**: Einschnitte fast bis zur Blattspindel (also fast bis zum Grund) reichend u. meist mit ± breitem Grund dieser aufsitzend.

**Mittelfeld**: der mittlere, nicht zerteilte Bereich einer zerteilten Spreite (entspricht oft der flächig entwickelten → Blattspindel).

**Rachisblatt**: streifennerviges Blatt, dessen Spreite nur aus dem Mittelfeld besteht und aus einer fiedrig zerteilten Spreite durch Wegfall der Fiederabschnitte entstanden ist. Sie ähneln Laubblättern von Monokotylen (zB *Plantago*/Wegerich, *Tragopogon*/Bocksbart).

**zusammengesetztes Blatt**: Spreite aus mehreren, völlig voneinander getrennten Teilen bestehend (die somit nur durch etwaige Blättchenstiele u. durch die Blattspindel, nicht aber durch Blattfläche miteinander in Verbindung stehen); diese selbständigen Spreitenteile heißen – auch wenn sie sehr groß sind – → Blättchen bzw. (bei gefiederten Spreiten) → Fiedern (→ **5.5.**).

## 5.7. Die Anordnung der Spreitenabschnitte bzw. der Blättchen. (Siehe dazu **5.6.**!)

**handförmig** (palmat): um einen Punkt, nämlich das Ende des Blattstiels, strahlig angeordnet.

**handförmig zerteilt**:

**handförmig gelappt** (zB *Alchemilla*/Frauenmantel, *Vitis*/Weinrebe); 3-, 4lappig usw. (Abb. 204, 326).

**handförmig gespalten** (zB *Leonurus cardiaca*, Gewöhnlicher Löwenschwanz); 3-, 4spaltig usw. (Abb. 154, 229 b, 230 a, 231 a).

**handförmig geteilt** (zB *Ranunculus acris* / Scharfer Hahnenfuß); 3-, 4teilig usw. (Abb. 155, 235).

**handförmig geschnitten**; 3-, 4schnittig usw.

**gefingert** (= **handförmig zusammengesetzt**, digitat, „digitat gefiedert"): mit handförmig angeordneten, völlig voneinander getrennten Blättchen (zB *Lupinus*/Lupine); 4zählig usw. (Abb. 236, 241).

**fiederförmig** (= **fied(e)rig**): längs einer Mittelrippe 2reihig angeordnet (*betrifft nur die Art der Anordnung der Spreitenteile, sagt über die Form der Abschnitte u. über die Tiefe der Einschnitte nichts aus*); zusammenfassender Begriff für die fiederförmig gegliederten Spreiten, Gegensatz zu „handförmig". – **fiederlappig** (zB *Quercus*/Eiche). – **fiederspaltig**. – **fiederteilig** (zB *Centaurea scabiosa* / Skabiosen-Flokkenblume). – **fiederschnittig** (zB *Tanacetum vulgare* / Rainfarn).

**gefiedert** (fiedrig zusammengesetzt, pinnat i. e. S., dh ohne „digitat gefiedert"): mit 2reihig an der → Blattspindel (= Rachis) angeordneten, völlig voneinander getrennten Blättchen (= **Fiedern** = Fiederblättchen) (Abb. 27). Bei 2- u. mehrfach gefiederten Blättern (Spreiten) heißt das Blättchen (die Fieder) 1. Ordnung **Hauptfieder**. Die **Blättchen (Fiedern) 2. Ordnung** werden manchmal „Fiederchen" genannt. Die Blattspindel beginnt als Fortsetzung des Blattstiels bei der untersten Fieder.

**unpaarig-gefiederte** (imparipinnate) Spreiten schließen mit einem Endblättchen ab (Abb. 27 a);

**paarig-gefiederte** (paripinnate) Spreiten schließen oft mit einer Ranke oder kurzen Spitze ab (Abb. 27 b). Paarig gefiederte Blätter haben nicht immer „Fiederpaare" (dh gegenständige Blättchen) u. müssen daher auch nicht immer eine gerade Blättchenzahl aufweisen!

**unterbrochen-fiederschnittig** (bzw. **unterbrochen-gefiedert**): mit größeren u. kleineren Blättchenabschnitten (bzw. Blättchen) in regelmäßigem oder unregelmäßigem Wechsel (zB *Potentilla anserina* / Gänse-Fingerkraut).

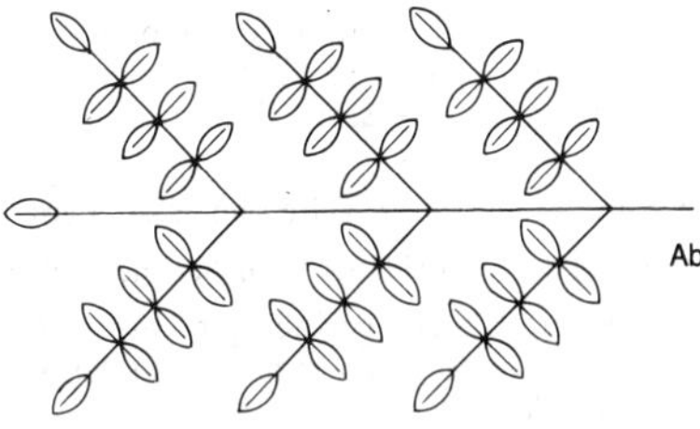

Abb. 31

**doppelt-** (= bipinnat) u. **mehrfach-gefiedert** (3×-gefiedert, 4×-gefiedert usw.): mit Hauptfiedern, die ihrerseits gefiedert sind (Abb. 31). Die selbständigen Spreitenteile heißen **Blättchen (= Fiedern) 2., 3. bzw. 4. Ordnung**. Bei nicht völliger Trennung der Spreite liegen **doppelt-** u. **mehrfach-fiederförmige** Blätter vor. Der Zerteilungsgrad (zB Fiederungsgrad) des Blattes bezieht sich – falls nichts anderes angegeben – immer auf dessen am stärksten gegliederten Teil!

**Fiederblatt**: Blatt mit gefiederter Spreite.

**Hauptfieder**: Fieder erster Ordnung.

**3zählig** (= ternat): mit drei völlig getrennten Spreitenabschnitten; entweder 3zählig-gefingert (zB *Trifolium pratense* / Rot-Klee) (Abb. 32) oder, bei gegliedertem Stiel des Mittelblättchens, 3zählig-gefiedert (zB *Phaseolus*/Bohne).

**doppelt-3zählig**: 3zählige Spreite, deren Blättchen wiederum 3zählig sind (zB Grundblätter von *Aegopodium*/Giersch).

**leierförmig** (= lyrat): fiederlappig bis fiederschnittig u. mit vergrößertem Endabschnitt (zB *Mycelis*/Waldlattich) (Abb. 33 a).

**schrotsägeförmig** (= runcinat): fiederlappig bis fiederteilig, mit 3eckigen, spitzen, nach dem Blattgrund zu gerichteten Abschnitten (zB *Taraxacum*/Löwenzahn) (Abb. 33 b).

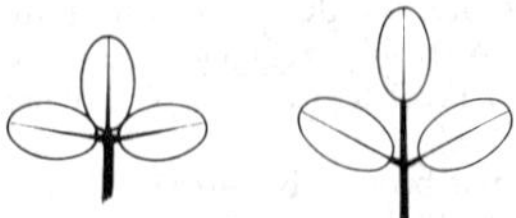

Abb. 32

Abb. 33a

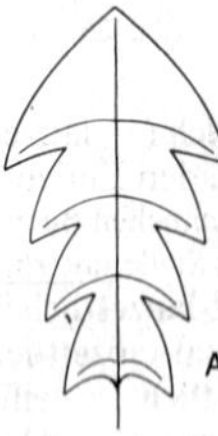

Abb. 33b

**kammförmig** (= pectinat): fiederteilig oder -schnittig mit zahlreichen, dicht stehenden, schmalen, gleich großen Abschnitten (zB *Hottonia*/Wasserfeder).

**fußförmig** (= pedat): mit nahezu handförmig angeordneten Spreitenabschnitten oder Blättchen, die aber nicht genau von einem Punkt, sondern von einer verbreiterten Basis (= Querrachis) ausgehen, indem die äußeren nahe dem Grund der nach innen folgenden abzweigen, zB **fußförmig geschnitten** oder **fußförmig zusammengesetzt** (*Helleborus niger* / Schneerose, Abb. 34).

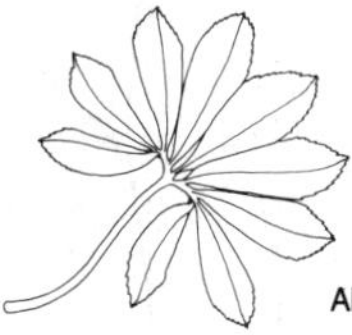

Abb. 34

**buchtig**: der Zusatz „buchtig“ (zB buchtig fiederlappig: *Quercus*/Eiche) gibt an, daß sowohl die Blattabschnitte wie die zwischen ihnen liegenden Einschnitte ± abgerundet sind. (Vgl. gebuchtet: → **5.11.**, S. 66.)

## 5.8. Die Gestalt der Spreite oder ihrer Teile (der Blättchen)

Die Angaben über die Gestalt der „Laubblätter“ [LB] beziehen sich immer auf deren Spreite.

**rundlich**: annähernd kreisrund, meist geringfügig länger als breit (Abb. 35).
**elliptisch** (= oval): etwa 1,5–3× so lang wie breit u. in der Mitte am breitesten (zB *Amelanchier*/Felsenbirne) (Abb. 36).
**querelliptisch**: breiter als lang; Längsachse der Ellipse normal zur Blattmediane.
**eiförmig** (= ovat): 1,5–3× so lang wie breit u. unter der Mitte am breitesten (Längsschnitt eines Eies) (Abb. 37, 189). (Nicht „oval“, denn oval = elliptisch!)
**verkehrt-eiförmig** (= obovat): wie eiförmig, aber oberhalb der Mitte am breitesten (zB *Primula auricula* / Aurikel) (Abb. 38).
**spatelförmig** (= spatelig, spathulat): mit abgerundeter Spitze, im oberen Drittel am breitesten u. nach dem Grund zu mit konkaven Rändern verschmälert (zB *Bellis*/Gänseblümchen) (Abb. 39).

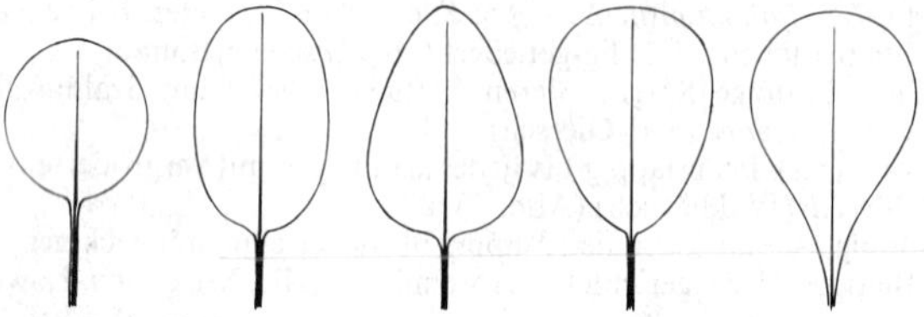

Abb. 35 Abb. 36 Abb. 37 Abb. 38 Abb. 39

**lanzettlich** (= lanzeolat): (3)4–6(9)× so lang wie breit, in der Mitte am breitesten, nach beiden Enden verschmälert, diese ± spitz (Abb. 40). Achtung: Dieser Ausdruck wird in manchen Büchern (bes. angloamerikanischen: „lanceolate“) anders definiert: nämlich: breiteste Stelle unterhalb der Mitte, → eilanzettlich!

**breit-lanzettlich [br-lanzettlich]**: 3–4× so lang wie breit (Abb. 40 a).
**schmal-lanzettlich**: 6–9× so lang wie breit (Abb. 40 d).

**eilanzettlich** (= eiförmig-lanzettlich): wie lanzettlich, aber unter der Mitte am breitesten (Abb. 41). Ist gleich dem angloamerikanischen „lanceolate“ u. dem „lanzettlich“ mancher deutschsprachiger Werke!
**verkehrt-eilanzettlich** („oblanceolate“): wie lanzettlich, aber oberhalb der Mitte am breitesten (Abb. 42).
**länglich** (= oblong): (3)4–6(9)× so lang wie breit u. mit annähernd parallelen Rändern (Abb. 43).

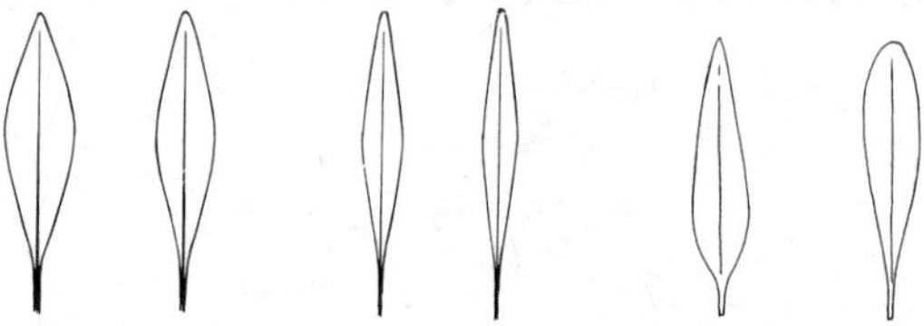

Abb. 40a Abb. 40b Abb. 40c Abb. 40d Abb. 41 Abb. 42

**linealisch** (= lineal, linear): schmal, mehr als (6)9× so lang wie breit, mit annähernd parallelen Rändern (Abb. 44).
**lineal-lanzettlich**: Zwischenform oder Kombinationsform von → linealisch und → lanzettlich.
**bandförmig**: breit-linealisch u. sehr lang (weich u. biegsam).

Anm.: Weitere Spreitenformen lassen sich durch Kombination der angeführten Begriffe beschreiben: zB lineal-lanzettlich, länglich-lanzettlich, länglich-eiförmig usw.

**nadelförmig**: (meist) schmal-linealisch, starr, nicht oder nur undeutlich in Stiel u. Spreite gegliedert, mit derber Spitze (zB *Erica*/Schneeheide, *Pinus*/Föhre).
**pfriemlich** (subulat): sehr schmal-3eckig, dh am Grund am breitesten u. von da allmählich in eine feine Spitze verschmälert, mehr als 6× so lg wie br.
**dreieckig [3eckig]**: von der Form eines gleichschenkeligen, auf der Basis stehenden Dreiecks.
**schmal-dreieckig [schmal-3eckig]** (lanzenförmig, lanceat): etwa 3–6× so lg wie br.
**breit-dreieckig [br-3eckig]**: etwa 0,5–1,5× so lg wie br.
**keilförmig**: nahe der Spitze am breitesten u. von da gegen den Grund zu allmählich geradlinig verschmälert (verkehrt-3eckig). („keilig" dagegen bezieht sich nicht auf die Gesamtgestalt der Spreite, sondern nur auf die Gestalt des Spreitengrundes, → **5.9.**!)
**rhombisch** (= rautenförmig): von der Form eines auf der Spitze stehenden Vierecks (zB *Trapa*/Wassernuß).
**herzförmig** (= cordat): breit-eiförmig mit → herzförmigem Grund (Herzbucht) u. spitzem Apex (Abb. 45 a, 292). Man beachte, daß das botanische Herz also verkehrt liegt! „Herzförmig" wird jedoch oft auch zur Bezeichnung bloß des Spreitengrundes verwendet (vgl. **5.9.**)
**verkehrt-herzförmig** (= obcordat): an der Herzspitze gestielt oder mit dieser der Achse ansitzend, die Herzbucht an der Blattspitze befindlich (Abb. 45 b).
**nierenförmig**: rundlich bis quer-elliptisch (breiter als lang), vorn abgerundet, am Grund mit ± → herzförmiger Stielbucht (zB *Asarum europaeum subsp. europaeum* / Europäische Haselwurz) (Abb. 45 c). (Vgl. **5.9.**)

Abb. 43

Abb. 44

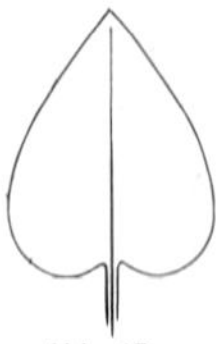
Abb. 45a

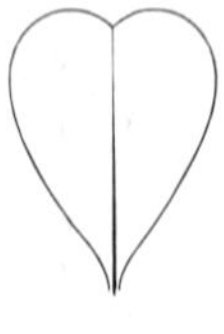
Abb. 45b

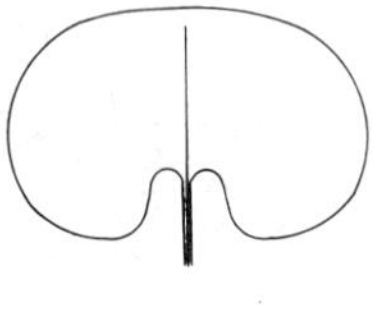
Abb. 45c

Abb. 46a

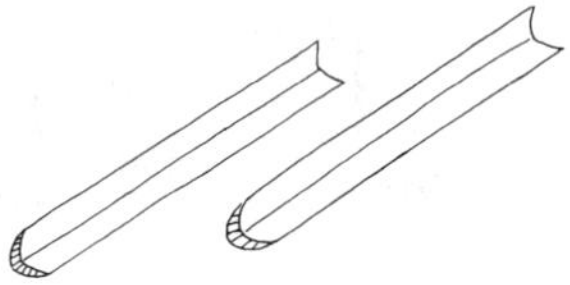
Abb. 46b

**geigenförmig**: länglich oder elliptisch u. etwa in der Mitte beiderseits mit einer bogigen Bucht.
**schuppenförmig**: rundlich bis lanzettlich oder länglich u. der Achse ± anliegend (zB *Thuja*/Lebensbaum, *Calluna*/Besenheide) (Abb. 110, 144, 313 a).
**schildförmig** (peltat): etwa kreisrund u. in der Mitte der Blattunterseite gestielt (zB *Tropaeolum*/Kapuzinerkresse) (Abb. 46 a).
**rinnig** (rillig): mit mehreren (!) Rinnen (→ **4.1.**). Oft auch für → rinnenförmig verwendet.
**rinnenförmig**: wie eine Rinne gestaltet (→ **4.1.**) (Abb. 46 b).

### 5.9. Der Spreitengrund (nicht → „Blattgrund"!)

**Spreitengrund** (Spreitenbasis): blattstielnahes („unteres") Spreitenende; nur bei sitzenden Blättern an der Anheftungsstelle des Blattes (an der Achse). (→ **5.0.**; Gegenteil: Spreitenspitze, → **5.10.**)
**keilig**: allmählich mit geradlinigem Rand schmäler werdend; **lang-keilig** (schmalkeilig, Abb. 47 a); **kurz-keilig** (breit-keilig, Abb. 47 b). (Vgl. dagegen → keilförmig, **5.8.**!)
**verschmälert**: mit spitzwinkelig zusammenstoßenden, an der Basis konkaven Spreitenrändern.
**abgerundet**: mit konvexen, nicht winkelig zusammenstoßenden Spreitenrändern (Abb. 48).
**gestutzt** (= truncat): mit normal auf die Mittelrippe treffenden, nicht bogigen Spreitenrändern (Abb. 49).
**herzförmig** (= cordat): mit meist spitzem (bis ± rundem) Einschnitt (Stielbucht) zwischen zwei abgerundeten Seitenlappen (Abb. 50). – Spreiten mit abgerundetem Einschnitt beiderseits des Blattstiels werden zuweilen **nierenförmig** genannt (vgl. **5.8.**).
**pfeilförmig** (= sagittat): mit zwei spitzen, abwärtsgerichteten Seitenlappen (zB *Convolvulus arvensis* / Acker-Winde) (Abb. 51, 308, 396, 397).
**spießförmig** (= hastat): mit zwei spitzen, rechtwinkelig abstehenden Seitenlappen (zB *Rumex acetosella* / Kleiner Sauer-Ampfer, *Salvia glutinosa* / Kleb-Salbei) (Abb. 52).

Abb. 47a

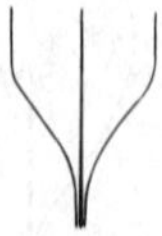
Abb. 47b

Abb. 48

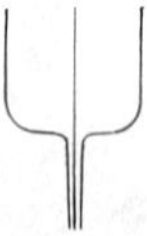
Abb. 49a

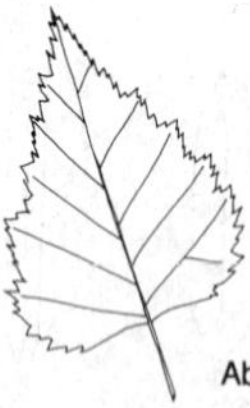
Abb. 49b

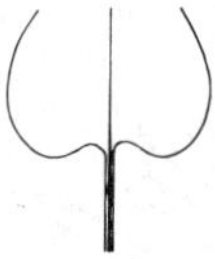
Abb. 50

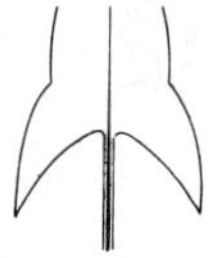
Abb. 51

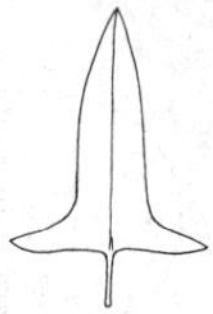
Abb. 52

**5.10. Der Spreiten-Apex** (die Spreitenspitze)

**apikal** (vorn): an oder in der Nähe des Spreiten-Apex (= der Spreitenspitze), am vorderen Ende der Spreite. (Gegenteil: am Grund, basal, unten, → **5.9.**)
**abgerundet**: mit konvex-bogiger, halbkreisförmiger, nicht winkliger Spitze (Abb. 53 a).
**gestutzt** (truncat, obtruncat): an der Spitze durch eine (fast) gerade Querlinie begrenzt (Abb. 53 b).
**stumpf**: mit stumpfwinkelig zusammenstoßenden, gerade oder leicht konvex verlaufenden Spreitenrändern (nicht abgerundet!) (Abb. 53 c; zB *Asarum europaeum subsp. caucasicum* / Kaukasus-Haselwurz).
**spitz**: mit spitzwinkelig zusammenstoßenden, gerade verlaufenden, nicht konkaven Spreitenrändern (Abb. 53 d).
**zugespitzt** (acuminat, cuspidat): mit spitzwinkelig zusammenstoßenden, gegen die Blattspitze zu konkaven Spreitenrändern (Abb. 53 e).

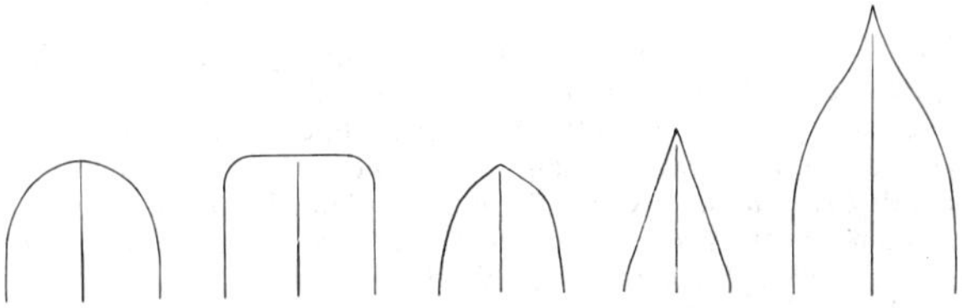

Abb. 53a Abb. 53b Abb. 53c Abb. 53d Abb. 53e

**begrannt**: mit ± langer Borste (= **Granne** = austretender Mittelnerv) (Abb. 54 a). Die Granne muß nicht an der Spitze der Spreite sitzen, sondern kann auch etwa aus der Blattunterseite (Rückseite) entspringen, zB bei der Deckspelze der *Poaceae-Aveneae* / Haferverwandtschaft.
**grannenspitzig**: Spitze in eine kurze Granne auslaufend.
**stachelspitzig**: mit sehr kurzer, steifer Endborste.
**haarspitzig**: mit endständigem Haar.
**bespitzt** (kleinspitzig, mit aufgesetzter Spitze, mukronat): mit kleiner, vom sonst abgerundeten Spreitenende abrupt abgesetzter, flächiger, nicht nur vom Nerv gebildeter Spitze (zB Blättchen bei *Medicago lupulina* / Hopfenklee) (Abb. 54 b).
**ausgerandet** (emarginat, eingekerbt): mit einem spitzen oder stumpfen Einschnitt (Abb. 55). Abgerundete („buchtige") Einschnitte werden auch **buchtig-ausgerandet** (= „eingedellt") genannt! – **eingedrückt** (= retus) = schwach ausgerandet.

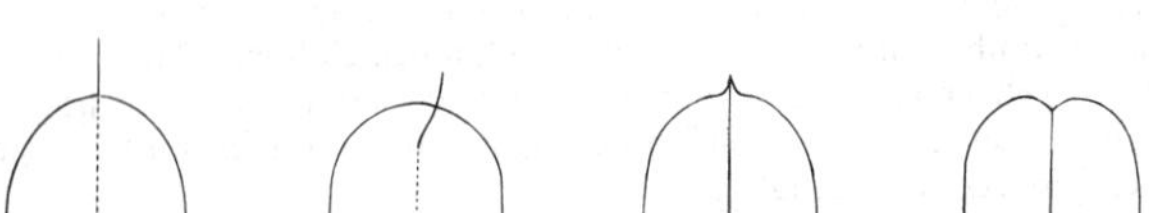

Abb. 54a Abb. 54b Abb. 55

**5.11. Der Spreitenrand (= Blattrand)**

Mit „**Blattrand**" [**BRand**] ist immer der Spreitenrand (meist der Laubblätter [**LB'Rand**] = Laubblattspreitenrand [**LB'Spreitenrand**]) gemeint. (Vgl. auch **3.4.**!)

Abb. 56a

Abb. 56b

Abb. 56c

Abb. 56d

Abb. 56e

Abb. 56f

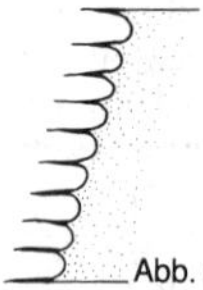
Abb. 56g

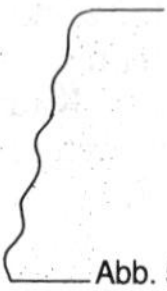
Abb. 56h

**Blattzähne** (Zähne): Vorsprünge der nicht-ganzrandigen Spreitenränder; umfaßt auch Sägezähne (→ gesägt) und Kerbzähne (→ gekerbt).
**ganzrandig**: ohne jeden Einschnitt (zB *Tulipa*/Tulpe) (Abb. 56 a).
**gesägt** (= serrat): mit spitzen Vorsprüngen (**Sägezähnen**) zwischen spitzen Einschnitten (zB *Urtica dioica* / Groß-Brennessel) (Abb. 56 b). Die Zähne sind meist vorwärts (zum Apex) gerichtet; wenn Zähne abstehend: **abstehend-gesägt** (= „dentat" in manchen Büchern; → gezähnt!).
**doppelt-gesägt** (= biserrat): Sägezähne ihrerseits mit kleineren Sägezähnen besetzt (Abb. 56 c, 193 b) (zB *Carpinus betulus* / Hainbuche).
**fein-gesägt** (= serrulat): mit kleinen Sägezähnen.
**rückwärts-gesägt**: mit zum Blattgrund gerichteten Sägezähnen.
**kerbsägig**: mit zugespitzten Kerbzähnen (vgl. → gekerbt) (zB *Veronica chamaedrys* / Gamander-Ehrenpreis; Abb. 56 e).
**gekerbt** (= crenat): mit abgerundeten Vorsprüngen (**Kerbzähnen**) zwischen spitzen Einschnitten (zB *Viola*/Veilchen, *Glechoma*/Gundelrebe) (Abb. 56 d).
**fein-gekerbt** (= crenulat): mit kleinen Kerbzähnen.
**gezähnt** (= dentat): mit spitzen Vorsprüngen (Zähnen) zwischen abgerundeten Einschnitten (Buchten) (zB *Castanea sativa* / Edelkastanie: Abb. 183, *Epilobium*/ Weidenröschen) (Abb. 56 f); „Gegenteil" von „gekerbt". Achtung: Abweichend von dieser unserer Definition, bedeutet „gezähnt" (dentate) in manchen (bes. angloamerikanischen) Büchern, daß die Zähne (meist Säge- bis Kerbsägezähne) normal (rechtwinkelig) vom Spreitenrand abstehen, ihre Gestalt, die Form der Einschnitte ist dabei weniger wichtig.
**entfernt-gezähnt**: Zähne ziemlich weit voneinander entfernt.
**gezähnelt** (= fein-gezähnt, denticulat): mit sehr kleinen Zähnen.
**gefranst** (= fimbriat): mit sehr langen u. schmalen Zähnen (Abb. 56 g).
**buchtig** (= **gebuchtet**, sinuat): mit abgerundeten Vorsprüngen u. abgerundeten Einschnitten (Buchten), „wellenförmig" (Abb. 56 h) (2dimensional, in einer Ebene; im Gegensatz zu „wellig"!).
**flach-buchtig** (= „ausgeschweift", *repandus*): sehr seicht gebuchtet.
**ausgebissen**: mit unregelmäßigen Einschnitten.
**zerschlitzt** (laciniat, lacerat): unregelmäßig u. tief eingeschnitten, mit unregelmäßig geformten, schmalen Abschnitten.
**vorwärts-rauh**: mit winzigen, rückwärtsgerichteten Stachelchen besetzt, sich daher beim Vorwärtsstreichen rauh anfühlend (Gegensatz: **rückwärts-rauh**).
**wellig** (= gewellt, undulat): mit Wellen in der 3. Dimension (im Unterschied zu → buchtig). (Gegensatz: flach.)

**kraus**: stark u. unregelmäßig wellig.
**knorpelrandig** (cartilaginös): Rand verdickt, bleich (chlorophyllos).

(Bezüglich → glatt u. → rauh, bezüglich der Oberflächenbeschaffenheit u. der Behaarungsformen → **3.4.** u. **3.5.**!)

## 5.12. Der Spreitenquerschnitt [Spreiten-∅]

(→ auch die Bezeichnungen unter **4.1.**!)

**umgerollt** (= revolut, zurückgerollt): an den Rändern nach unten gerollt (zB *Vaccinium vitis-idaea* / Preiselbeere, *Erica*/Schneeheide).
**eingerollt** (= involut): an den Rändern nach oben gerollt (zB *Pinguicula*/Fettkraut).
**gefalzt** (= gefaltet, plicat): längs der Mittelrippe nach oben zusammengeklappt, mit V-förmigem Querschnitt (Abb. 487 ff.).
**rinnenförmig**: wie eine Rinne gestaltet, einer Rinne (konkav, offener Halbzylinder) ähnlich, „einrinnig", mit U- bis V-förmigem Querschnitt (Abb. 46 b). (In manchen Büchern etwas mißverständlich auch → „rinnig" genannt.)
**gekielt**: mit deutlich hervortretender, erhabener, oft ± scharfkantiger Rippe auf flacher oder gewölbter Spreitenunterseite (Abb. 57). Bei borstenförmigen Blättern u. bei den Grasspelzen Gegensatz zu „am Rücken abgerundet" (die hervortretende Mittelrippe kann hier auch fehlen).

Abb. 57

## 5.13. Dreidimensionale (Körper-) Formen (Vgl. **7.5.**)

**kugelig** (globos): kugelförmig.
**eiförmig** (= **ovoid**): ähnlich einem Ei, unten breiter als oben. (Mit „eiförmig" ist jedoch meist eine flache, zweidimensionale Gestalt gemeint, → **5.8.**!)
**birnenförmig**: gegen den Grund zu ± stark verschmälert.
**ellipsoidisch**: dreidimensionale Ellipse.
**walzlich** (= walzenförmig) = **zylindrisch**.
**borstenförmig** (= **borstlich**): sehr lang u. schmal, gleich dick (etwa 0,8–1,5 mm), steif, bisweilen (*Festuca pallens* / Blau-Schwingel) oberseits mit Rinne (→ aber borstenhaarig → **3.5.**).
**fadenförmig** (= fädlich): wie vorige, aber noch dünner (0,5–0,8 mm), nicht steif.
**haarförmig**: wie vorige, aber unter 0,5 mm dick.
**binsenartig**: sehr lang u. schmal, im Querschnitt stielrund oder halbstielrund, aber ohne Rinne (zB *Schoenoplectus* / Teichbinse, *Juncus effusus* / Flatter-Simse); „binsenartig" wird auch zur Bezeichnung des Habitus von Pf mit überwiegend oder auffällig binsenartigen LB verwendet.
**röhrig**: röhren- oder schlauchartig, hohlzylindrisch (zB *Allium schoenoprasum* / Schnittlauch).
**reitend** (= **schwertförmig**): ungestielt, von den Seiten her stark flachgedrückt, mit der Schmalseite dem Stengel zugewandt u. mit stark gefalztem Grund ihn einschließend (*Iris*/Schwertlilie, *Tofieldia*/Simsenlilie, *Gladiolus*/Gladiole, *Acorus*/Kalmus).

# 6. Der Blütenstand

**6.0.** Der **Blütenstand** (**[Blüstd]** = Infloreszenz, Abb. 1 m) ist ein wenig bis stark verzweigtes Sproßsystem, dessen Sprosse (Verzweigungen) mit Blüten abschließen, spätestens nach der Fruchtbildung absterben und niemals vegetativ weiterwachsen. In der Morphologie der Blütenstände gelten dieselben morphologischen Gesetze wie in der vegetativen Region (zB bei der Verzweigung). Schließt die Hauptachse des Blütenstands (**Blütenstandsachse**, „Spindel") mit einer Endblüte (Gipfelblüte, Terminalblüte) ab, so spricht man von einem **geschlossenen Blütenstand** (Rispe u. alle zymösen Blüstd). Stellt das Spitzenmeristem (→ Meristem) der Hauptachse jedoch sein Wachstum ein, ohne eine Endblüte zu bilden, so spricht man von einem **offenen Blütenstand** (die meisten racemösen Blüstd).

Aus **Teilblütenständen** (= Partialinfloreszenzen) bestehende Blütenstände heißen **komplexe** (= **zusammengesetzte**) **Blütenstände** (**Gesamtblütenstände**). – Die Tragblätter der (einzelnen) Blüten heißen **Deckblätter [DeckB]** (Brakteen) (Abb. 1, 58).

Der Normalfall sind die **brakteosen** Blütenstände: die Blätter im Blütenstand sind Hochblätter, der Blütenstand hebt sich von der vegetativen Region deutlich ab. **Frondose** Blütenstände haben dagegen zur Gänze Laubblätter (die DeckB bzw. – bei zusammengesetzten Blüstd – die TragB der TeilBlüstd sind Laubblätter, Abb. 58 c). In **frondobrakteosen** Blütenständen sind (meist im unteren Bereich) Laubblätter vorhanden (die unteren Deckblätter bzw. die Tragblätter der unteren Teilblütenstände sind Laubblätter und gehen nach oben zu in Hochblätter über). **Nackte** Blütenstände: die Blätter sind abortiert (zB: deckblattlose Traube der *Brassicaceae*/Kreuzblütler). – Sterile Blätter (dh solche, die aus ihrer Achsel keine Blüte hervorbringen) am Grund des Blütenstands (zwischen dem obersten Seitensproß u. dem Blütenstand) heißen **Zwischenblätter** (= Interkalarblätter).

**Spatha**: ein großes Hochblatt, das den Blütenstand an der Basis umgibt oder ± einhüllt. – Zu mehreren rosettig beieinander sitzende Hochblätter heißen auch **Hüllblätter [HüllB]** (→ **5.1.**).

**Blütenstiel [BlüStiel]**: der bei der letzten Verzweigung beginnende u. in der Blüte endende Ast heißt **Blütenstiel** (Pedizellus): Er ist entweder ein einziges Internodium (Abb. 58 a) oder besteht aus 2 oder mehreren Internodien (dh, er trägt ein oder mehrere Blätter; Abb. 58 b); zur Fruchtzeit heißt er **Fruchtstiel [FrStiel]**. Der Stiel eines Blütenstandes heißt analog dazu **Blütenstandsstiel [BlüstdStiel]** (Pedunkulus) (auch er kann blattlos oder beblättert sein).

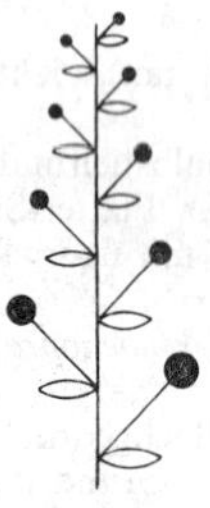
Abb. 58a

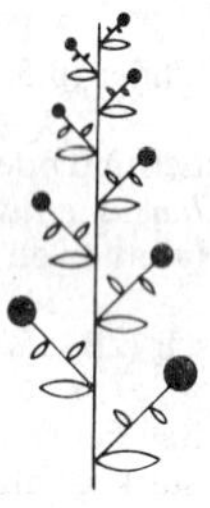
Abb. 58b

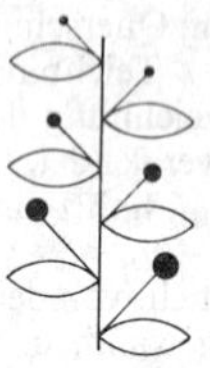
Abb. 58c

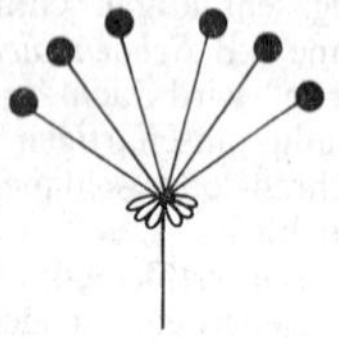
Abb. 59

Übersicht über die Typen von Blütenständen.

Die Mannigfaltigkeit der Blütenstände kommt zustande (a) durch den Verzweigungsgrad, d. i. die Anzahl der aufeinanderfolgenden Sproßgenerationen; (b) durch die Seitenzweigmenge, d. i.

die Anzahl der Einzelzweige in jeder Sproßgeneration; u. (c) durch das Auftreten von Internodienstauchung. Es lassen sich 3 Grundtypen unterscheiden: (a) **Rispe**, (b) **Thyrse** u. (c) **Traube**. Die (a) **Rispe** (→ **6.2.**) ist der allgemeinste u. am wenigsten spezialisierte Blütenstand, von dem sich sowohl die (b) **Thyrse** (→ **6.3.**) wie auch die (c) **Traube** (→ **6.1.**) ableiten lassen. Rispe u. Thyrse sind **komplexe** (= zusammengesetzte) **Blütenstände**, sie bestehen aus **Teilblütenständen [TeilBlüstd]** (= Partialinfloreszenzen); die Traube u. ihre Metamorphosen sind **einfache** (= razemöse) **Blütenstände**. Einfache Blütenstände können auch dadurch zu komplexen zusammentreten, daß sie sich nach demselben Bauprinzip anordnen wie ihre Blüten, dh, der komplexe Blütenstand wiederholt das Bauprinzip seiner Teile, der Teilblütenstände: derartige komplexe Blütenstände heißen **Doppelblütenstände** (→ **6.4.**). Der ganze, komplexe Blütenstand (= der Blüstd 2. Ordnung) wird im Gegensatz zum TeilBlüstd auch **Gesamtblütenstand [GesamtBlüstd]** genannt.
Durch bestimmte Metamorphosen, zB Internodienstauchung, werden Blütenstände nicht selten so umgestaltet, daß ihre wahre morphologische Natur nicht mehr ohneweiters zu erkennen ist: man spricht dann meist von „Scheindolden“, „Scheinquirlen“ usw.

Nach ihrer Position zum vegetativen Bereich (= zur Laubblattregion) lassen sich **endständige** (= terminale) Blütenstände von **seitenständigen** (= seitlichen = lateralen = achselständigen = axillären) unterscheiden.
Bei Hungerformen nicht selten auftretende **einblütig** gewordene **Blütenstände** sind von Einzelblüten meist am Vorhandensein eines Deckblattes an der Grenze zwischen Blütenstandsstiel u. Blütenstiel zu unterscheiden (zB Scheindolde bei *Holosteum*/Spurre).

## 6.1. Die einfachen (= racemösen = „traubigen“) Blütenstände

Sie sind von der Rispe durch Reduktion des Verzweigungsgrades abzuleiten: es werden nur Seitensprosse 1. Ordnung ausgebildet, nämlich die Blüten (auf einfachen Stielen). Die einfachen Blütenstände sind monopodial gebaut: Es gibt eine Hauptachse, an der die Blütenstiele (die in den Blütenachsen enden) als Seitenachsen entspringen u. der sie untergeordnet sind. Die Grundform ist die **Traube**, von der sich alle anderen Formen ableiten lassen (durch Stauchung der Haupt- u./oder der Seitenachsen): die Hauptformen sind außer der Traube die Dolde, die Ähre u. das Köpfchen.

**Traube**: an einer Hauptachse (= Traubenachse) mit deutlich entwickelten Internodien entspringen gestielte Einzelblüten (Seitenachsen): Hauptachse u. Seitenachsen sind also gestreckt (Abb. 58 a). Die Traubenachse wächst während des Blühens ständig weiter; die unterste Blüte ist zugleich die älteste, die obersten sind die jüngsten. Eine echte Endblüte (auf der Hauptachse) fehlt meistens („offene Traube“; die oberste seitliche Blüte täuscht allerdings oft eine endständige vor!), kann aber auch vorhanden sein („geschlossene Traube“: zB bei *Berberis*/Berberitze). Auf den Blütenstielen können Vorblätter sitzen (selten: zB bei *Aconitum*/Eisenhut; Abb. 58 b). Die Deckblätter (= Tragblätter der Blüten) fehlen nur ausnahmsweise („nackte Traube“, zB bei den *Brassicaceae*/Kreuzblütlern).

Von der Traube lassen sich die folgenden Hauptformen ableiten:
**Ähre**: Hauptachse gestreckt, Seitenachsen gestaucht: sitzende Blüten auf der Hauptachse (zB *Plantago*/Wegerich, *Orchis*/Knabenkraut, *Salix*/Weide; Abb. 61). Aufblühfolge von unten nach oben.
**Dolde**: Hauptachse gestaucht, Seitenachsen gestreckt: die Blütenstiele gehen von einem Punkt aus (zB *Primula*/Schlüsselblume, *Hedera*/Efeu; *Trifolium repens* / Kriech-Klee; *Prunus avium* / Kirschbaum; Abb. 59). Aufblühfolge von außen nach innen (zentripetal). Die Gesamtheit der (rosettig zusammengerückten) Deckblätter wird **Hülle** (= *involucrum*) genannt.
**Quirl**: mehrere bis viele Blüten entspringen an einem Knoten (Abb. 60).
**Köpfchen** (Kopf): sowohl Hauptachse wie Seitenachsen gestaucht: sitzende Blüten dicht nebeneinander auf der meist scheibenförmig bis ± kugelig verdickten Hauptachse (zB *Trifolium pratense* / Rot-Klee; Abb. 62, 158, 179 a).

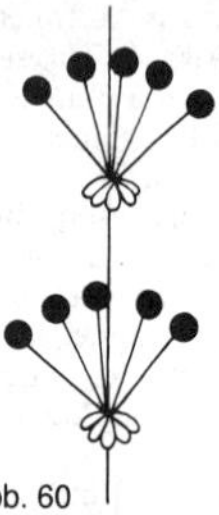
Abb. 60

Abb. 61

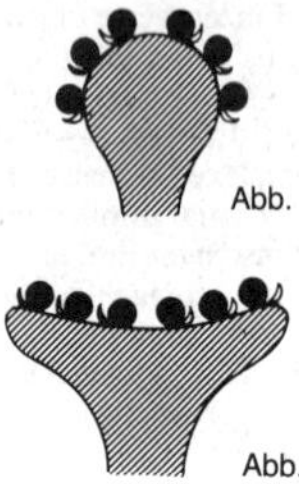
Abb. 62a

Abb. 62b

Abwandlungen dieser 4 Hauptformen der einfachen Blütenstände:

**Schirmtraube** (→ Doldentraube): Traube, bei der die Seitenachsen verschieden lang gestielt sind, sodaß alle Blüten in einer gemeinsamen Fläche (Ebene, Halbkugel) stehen (zB *Prunus mahaleb* / Steinweichsel, *Pyrus*/Birnbaum, viele *Brassicaceae* zur Blühzeit) (Abb. 63).
**Kolben**: Ähre mit ± stark (fleischig) verdickter Hauptachse, die dicht mit sehr kleinen Blüten besetzt ist (*Arum*/Aronstab, *Zea*/Mais, *Typha*/Rohrkolben) (Abb. 505, 507).
**Korb** (= Körbchen): Köpfchen mit meist scheibenförmig vergrößerter u. abgeflachter Hauptachse (= **Korbboden**, nicht „Blütenboden"!), das von einer Hochblatthülle (Hülle = Involukrum) umgeben ist (*Asteraceae*/Korbblütler, zB *Taraxacum*/Löwenzahn; Abb. 376).

### 6.2. Die Rispe u. ihre Abwandlungen

**Rispe**: Hauptachse mit mehrfach verzweigten Seitenachsen (Teilblütenständen), deren Verzweigungsgrad u. Zahl der Seitenzweige von unten nach oben abnimmt. (Weder Verzweigungsgrad noch Seitenzweigmenge sind in bestimmter Weise festgelegt.) Jeder Seitenzweig ähnelt in seinem Aufbau dem oberhalb von ihm stehenden Teil der gesamten Rispe. Haupt- u. Seitenachsen schließen mit einer Endblüte ab (zB *Ligustrum*/Liguster, *Vitis*/Weinrebe; Abb. 64). Als Rispe werden auch zusammengesetzte Blütenstände bezeichnet, deren Teilblütenstände Übergangsformen von racemös zu zymös darstellen (*Galium*/Labkraut).

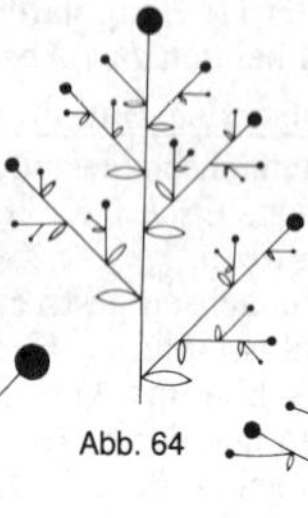
Abb. 64

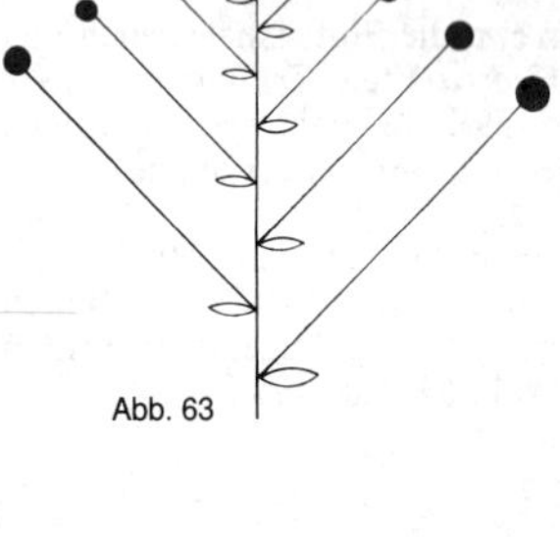
Abb. 63

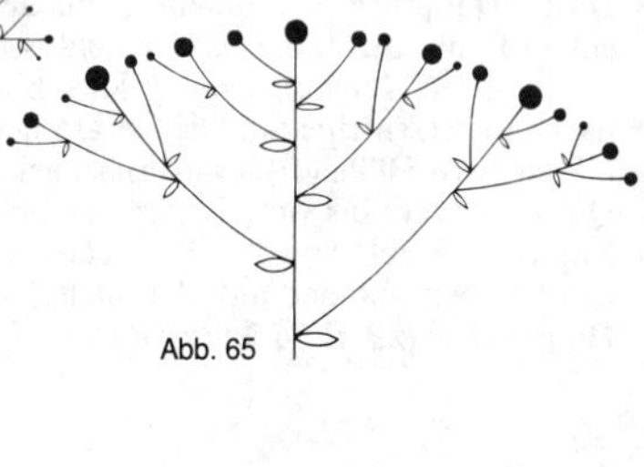
Abb. 65

**Schirmrispe** (Ebenstrauß): Rispe, bei der die Seitenachsen verschieden lang sind, sodaß alle Blüten in einer gemeinsamen Fläche (Ebene, Halbkugel) stehen (zB *Sambucus*/Holunder, *Viburnum*/Schneeball; Abb. 65).
**Spirre**: Rispe, bei der die unteren Seitenachsen so stark gefördert sind, daß sie die oberen übergipfeln, wodurch ein trichterförmig vertiefter Blütenstand entsteht, an dessen tiefster Stelle die Blüten der obersten Seitenachsen stehen (zB *Filipendula*/ Mädesüß, *Scirpus sylvaticus* / Wald-Binse).

### 6.3. Die Thyrsen u. die zymösen Blütenstände

Die **Thyrse** (= der Thyrsus) ist ein komplexer Blütenstand (mit offener oder geschlossener Hauptachse), der aus traubig angeordneten → **Zymen** zusammengesetzt ist, dh, dessen Teilblütenstände Zymen sind (zB *Aesculus*/Roßkastanie, *Echium*/Natterkopf; Abb. 66, 67). Die Thyrse u. die von ihr abgeleiteten Blütenstände heißen **zymöse Blütenstände**.
Die Thyrse ist von der Rispe abzuleiten durch Reduktion der Menge der Seitenzweige 2. u. höherer Ordnung: Jeder Seitensproß entwickelt unterhalb seiner Endblüte nur das eine (Monokotyledonen) bzw. die beiden (bei den Dikotyledonen) Vorblätter, aus deren Achseln Seitensprosse (der nächsthöheren Ordnung) entspringen. Diese so konstruierten sympodialen Seitensproßsysteme heißen → **Zymen** (Cymen).

**Zyme** (Cyme): → sympodialer (Teil-)Blütenstand, dh ein (Teil-)Blütenstand, dessen Hauptachse mit einer sich zuerst entwickelnden Blüte abschließt, die von 1 oder 2 Seitenachsen übergipfelt wird, die ihrerseits mit einer Blüte abschließen, die wiederum in gleicher Weise übergipfelt wird/werden, usw. Die Seitenachsen entspringen stets in der Achsel der Vorblätter unterhalb der Blüte. Man beachte: Wesentlich für die Unterscheidung zwischen sympodialem (Zyme) u. monopodialem (Traube) Blüstd ist nicht die Richtung der Achse (ob gerade oder zickzack), sondern die Position der HochB relativ zu den Seitenachsen (Verzweigungen): man vgl. das Schema des Monochasiums (Abb. 68 b) mit dem Schema der Traube (Abb. 58 a)! – Wegen endständiger Zymen → Zymoid. – Die Zyme läßt sich somit durch ausschließliche Verzweigung aus den Achseln der Vorblätter definieren. Man unterscheidet: **Monochasium**: Verzweigung aus der Achsel nur eines Vorblatts (Abb. 68 a, b, 69; vgl. Abb. 66); **Dichasium**: Verzweigung aus den Achseln beider Vorblätter (Abb. 70; vgl. Abb. 67).

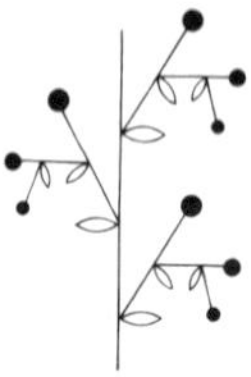

Abb. 66

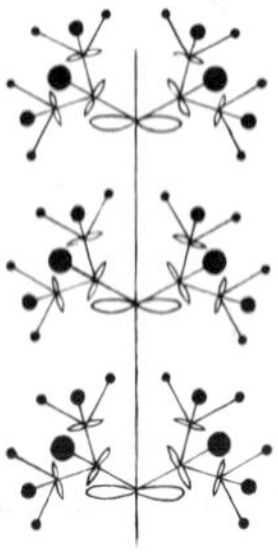

Abb. 67

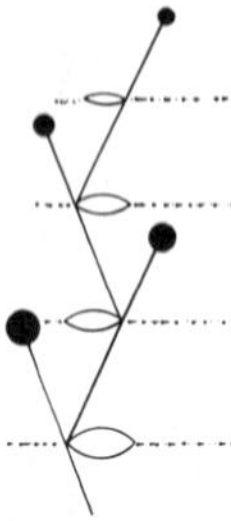

Abb. 68a

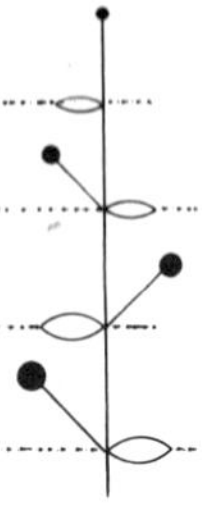

Abb. 68b

**Wickel u. Fächel**: monochasiale Zyme, bei der die einzelnen sich nacheinander entwickelnden Seitensprosse abwechselnd links u. rechts entspringen (Abb. 68).
**Wickel**: die Seitensprosse liegen in verschiedenen Ebenen; häufigste Form der Zyme (zB *Boraginaceae*/Rauhblattgewächse). **Fächel**: die Seitensprosse liegen in einer Ebene.

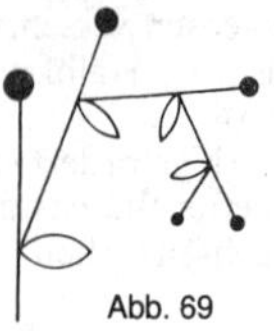
Abb. 69

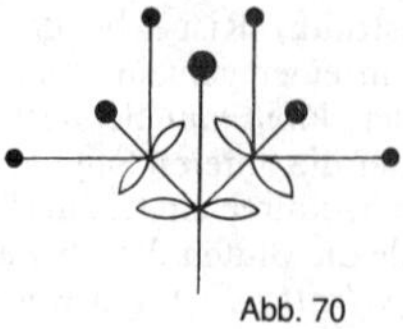
Abb. 70

**Schraubel** u. **Sichel**: monochasiale Zyme, bei der die einzelnen sich nacheinander entwickelnden Seitensprosse stets auf der gleichen Seite auszweigen (Abb. 69). – **Schraubel**: die Seitensprosse liegen in verschiedenen Ebenen. **Sichel**: die Seitensprosse liegen in einer Ebene.

**Doppelwickel/Doppelschraubel**: Zyme, die nach einer dichasialen Sproßverkettung monochasial ausläuft (entweder in 2 Wickeln oder in 2 Schraubeln).

**Zymoid**: geschlossene Thyrse, bei der nur die ein oder zwei unmittelbar unter der Gipfelblüte sitzenden Teilblütenstände (Monochasien: Abb. 71 b; oder Dichasien: Abb. 71 a) ausgebildet sind (zB *Stellaria*/Sternmiere; Abb. 71 a). Diese Mono- oder Dichasien können allerdings sehr lang sein (viele Sproßgenerationen umfassen). Rein beschreibend gesehen, ist das Zymoid eine endständige Zyme.

**Pleiochasium**: Thyrse, bei der mehr als zwei Zymen entwickelt sind, die alle aus demselben oder aus mehreren dicht übereinanderstehenden Knoten entspringen (zB *Euphorbia*/Wolfsmilch; Abb. 72).

Stärker gestauchte Thyrsen können im Habitus bestimmten einfachen Blüstd ± stark ähneln oder gleichen. Wenn ihre tatsächlichen Bauverhältnisse bekannt sind, werden sie mit eigenen Begriffen unterschieden: Scheindolde, Scheinquirl, Knäuel, Scheinkorb.

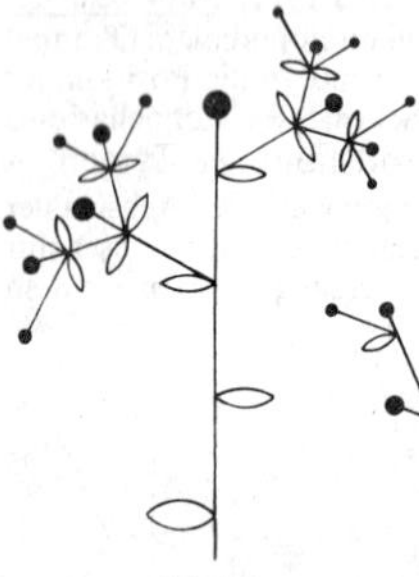
Abb. 71a

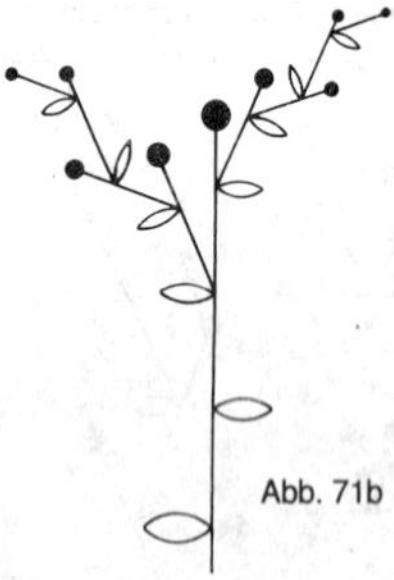
Abb. 71b

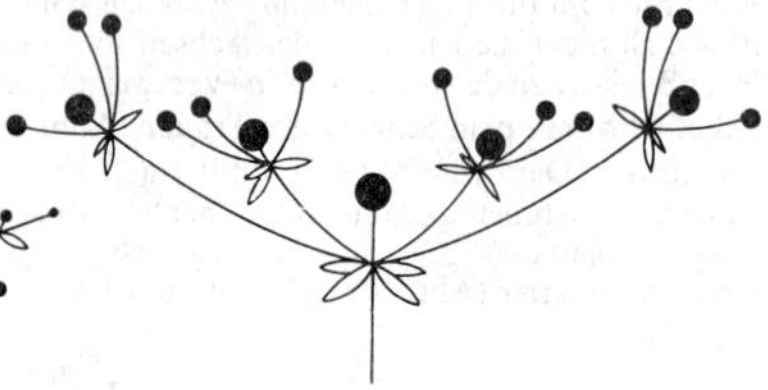
Abb. 72

**Knäuel** („Scheinköpfchen"): meist sitzende Zyme mit sitzenden Blüten; im Gegensatz zum Köpfchen nie endständig u. nicht regelmäßig von außen nach innen aufblühend (*Chenopodium*/Gänsefuß).

**Scheinquirl**: zwei gegenständig angeordnete, daher einander unmittelbar gegenüberstehende, sich meist berührende Knäuel (→ *Lamiaceae*/Lippenblütler).

**Ebenstrauß** (Corymbus): Blüten ± in einer Ebene angeordnet, Bau verschieden: meist rispig (→ Schirmrispe) oder thyrsisch usw.

**Scheindolde** („Trugdolde"): Thyrse, bei der infolge von Achsenverkürzungen alle Blütenstiele scheinbar (fast) aus einem Punkt entspringen u. daher äußerlich (fast) einer Dolde gleichen.

Aufblühfolge i. d. R. jedoch von innen nach außen (= zentrifugal; im Gegensatz zur → Dolde). (Vgl. dagegen → Schirmtraube, Schirmrispe!)
**Scheinkorb**: Der Blütenstand vieler *Dipsacaceae*/Kardengewächse gleicht äußerlich dem Korb, ist aber tatsächlich thyrsisch gebaut!

## 6.4. Weitere komplexe Blütenstände: Doppelblütenstände

Komplexe Blütenstände, deren Teile demselben Bauprinzip folgen, heißen **Doppelblütenstände** (das sind also solche, bei denen Blütenstände anstelle von Blüten ausgebildet sind). Alle einfachen Blütenstands-Typen können Doppelblütenstände aufbauen, die dementsprechend Doppeltraube, Doppeldolde, Doppelähre, Doppelköpfchen heißen.

**Doppeltraube**: in Form einer Traube angeordnete Trauben.
**Doppelähre**: in Form einer Ähre angeordnete Ähren (die meist **Ährchen** genannt werden), zB Ährengräser, → *Poaceae*/Süßgräser.
**Doppeldolde**: zusammengesetzte Dolde, also Dolde, bei der anstelle der Blüten wieder Dolden, die **Döldchen**, sitzen. Die Tragblätter der Döldchenstiele (= **Doldenstrahlen**) werden **Hüllblätter [HüllB]** genannt, deren Gesamtheit **Hülle** (= Involukrum); die Tragblätter der Blütenstiele (= die Deckblätter) heißen **Hüllchenblätter [HüllchenB]**, deren Gesamtheit **Hüllchen** (Involuzellum) (→ *Apiaceae*/ Doldenblütler: zB *Heracleum*/Bärenklau, *Carum*/Kümmel; Abb. 248).

## 6.5. Weitere Blütenstandsbegriffe

**Kätzchen**: einfacher oder komplexer Blütenstand mit biegsamer, meist hängender Hauptachse u. kleinen, meist eingeschlechtigen Blüten (meist ohne Schauapparat, meist windblütig). Die ♂ Kätzchen fallen nach dem Entleeren des Pollens i. d. R. als Ganzes ab (zB *Populus*/Pappel, *Corylus*/Hasel, *Fagus*/Buche). (Abb. 192.)
**Zapfen**: Ähre oder Scheinähre, deren Achse u./oder Blätter sich nach dem Verblühen vergrößern u. verholzen (♀ Blüstd von *Alnus*/Erle).
**Pseudanthium** („Scheinblüte"): aus meist kleinen Blüten zusammengesetzter, dichter Blütenstand (gleichgültig, welchen Bautyps), der bestäubungsökologisch (manchmal auch noch ausbreitungsbiologisch: → Fruchtverband) als Einheit funktioniert (auf den Bestäuber wie eine einzelne Blüte wirkt = „Blume"). Die Ähnlichkeit mit einer Blüte wird oft durch eine kelch- oder kronenähnliche Hochblatthülle (Involucrum) u./oder einen strahlenden Kranz von (vergrößerten) Randblüten („Scheinblütenhülle" als Schauapparat) verstärkt. Hierher gehören namentlich der **Korb** (→ *Asteraceae*/Korbblütler u. *Dipsacaceae*/Kardengewächse [bei letzteren eigentlich Scheinkorb]) u. das **Cyathium** der → *Euphorbia*/Wolfsmilch (s. d.). Pseudanthien weisen häufig eine Differenzierung (Arbeitsteilung!) zwischen den randlichen u. den übrigen Blüten auf. In ihrer Stellung im Gesamtsproßsystem (→ Synfloreszenz) verhalten sich die Pseudanthien wie Einzelblüten: sie bilden oft Blütenstände höherer Ordnung (→ Korbrispe).
**Korbrispe**: in Form einer Rispe angeordnete Körbe, zB bei *Asteraceae*/Korbblütlern.
**Synfloreszenz**: Gesamtheit aller Blütenstände einer Pflanze; umfaßt i. d. R. einen endständigen Hauptblütenstand (= Hauptfloreszenz) u. darunter angeordnete seitliche **Bereicherungstriebe** (= Parakladien), die einen vegetativen Unterbau (einen Laubblattbereich) mit endständigem Blütenstand (Kofloreszenz) umfassen.
Blütenstände, die sich als Übergangsformen zwischen zwei Blütenstandsformen betrachten lassen, können durch adjektivische Beifügungen oder durch ein zusammengesetztes Wort beschrieben werden: **köpfchenähnliche Dolde** (zB *Trifolium repens* / Weiß-Klee); **köpfchenähnliche Traube** (zB *Medicago lupulina* / Hopfenklee); **köpfchenähnliche Ähre** (zB *Trifolium badium* / Braun-Klee); **Ährenrispe** (zB *Phleum*/Lieschgras); **doldenähnliche Traube** (→ Schirmtraube); **doldenähnliche Rispe** (→ Schirmrispe). Bei nur äußerlicher Ähnlichkeit mit einem Blütenstandstyp, aber wesentlich verschiedenem morphologischem Bau wird meist die Silbe „Schein-" verwendet. In solchen Fällen, in denen die tatsächlichen Bauverhältnisse nur theoretisch erschlossen werden können u. äußerlich aber nichts davon zu erkennen ist, wird diese

Unterscheidung nicht immer streng vorgenommen (zB ist der Korb der Dipsacaceen eigentlich ein Scheinkorb, weil er thyrsisch gebaut ist; Entsprechendes gilt für die Dolden der Umbelliferen). – Die Ausdrücke „Doldentraube" u. „Trugdolde" sind mißverständlich geworden, weil sie für sehr Verschiedenartiges verwendet wurden; sie werden deshalb in diesem Buch vermieden (→ Schirmtraube, → Schirmrispe, → Thyrse!).

## 7. Die Blüte (Abb. 1 n, 73)

**7.0.** Die Blüte ist kein Grundorgan, sondern ein unverzweigter Kurzsproß mit begrenztem Wachstum, dessen Blätter direkt (Staubblätter u. Fruchtblätter) u./oder indirekt (als Schutzorgane bzw. Anlockungsorgane für bestäubende Tiere) im Dienst der geschlechtlichen Fortpflanzung stehen.

Die **Blüte [Blü]** (Abb. 73) besteht i. d. R. aus (a) **Blütenachse [BlüAchse] (= Blütenboden)**, (b) (zu unterst, außen:) **Blütenhülle [BlüHülle]** (= Perianth, = Blütendecke), (c) (darüber angeordnet = weiter innen:) **Andrözeum** (= Gesamtheit der Staubblätter) u. (d) (zu oberst = zu innerst:) **Gynözeum** (= Gesamtheit der Fruchtblätter).

Die Mannigfaltigkeit der Blüte kommt hauptsächlich zustande durch verschiedene Symmetrie, durch wechselnde Stellung, Zahl u. Gestalt der Blütenblätter u. durch Verwachsungen zwischen den Blütenblättern.

Die Blütenblätter sind entweder schraubig angeordnet (seltener Fall, zB bei vielen *Ranunculaceae*/Hahnenfußgewächsen) oder wirtelig (häufiger Fall), wobei die Wirtel (= „Kreise") meist 2-, 3-, 4- oder 5zählig sind. Die meisten wirtelig gebauten Zwitterblüten haben 4 Wirtel (sie sind „tetrazyklisch": 2 Blütenhüllwirtel, 1 Staubblätterwirtel, 1 Fruchtblätterwirtel) oder 5 Wirtel („pentazyklisch": wie vorher, aber mit 2 Staubblätterwirteln).

**Zähligkeit** der Blüte: Entsprechend der Zahl der Blütenblätter pro Wirtel unterscheidet man **2zählige, 3zählige** (Abb. 75 b), **4zählige** (Abb. 75 a), **5zählige** usw. Blüten. Die Blätter der unmittelbar aufeinanderfolgenden Wirtel stehen i. d. R. „auf Lücke" (sie wechseln einander ab: → Alternanzprinzip; Abb. 74), also die Kronblätter zwischen den Kelchblättern, die äußeren Staubblätter zwischen den Kronblättern u. damit vor (= „über") den Kelchblättern („episepal"), die inneren Staubblätter epipetal usw.

Bezüglich der Gestalt u. Behaarung usw. der Blütenblätter → **5.8.**, **3.4.** usw.

**Anthese** (= **Blühen**, Blühzeit): Stadium der geöffneten, funktionsfähigen Blüte. Die vor (= präfloral, präanthetisch) der Anthese noch geschlossene Blüte heißt **Blütenknospe [BlüKnospe]**, das Stadium nach der Anthese heißt **postfloral** (= postanthetisch).

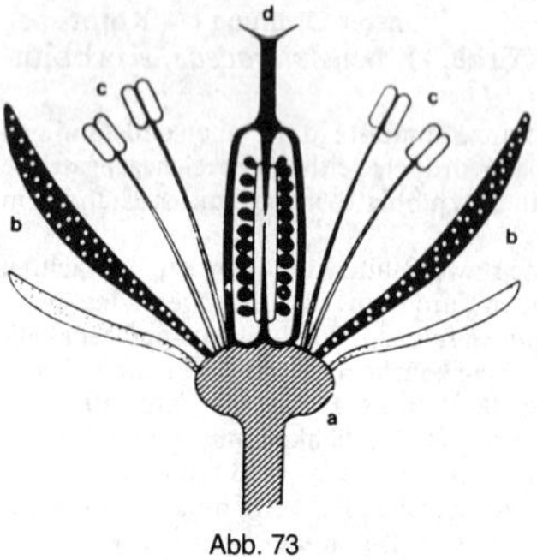


Abb. 73

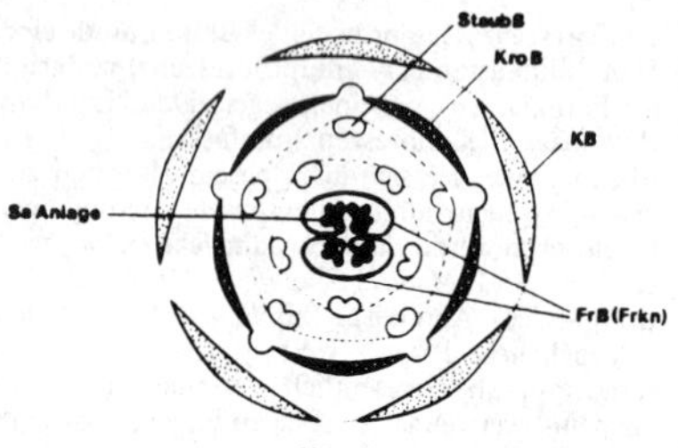


Abb. 74

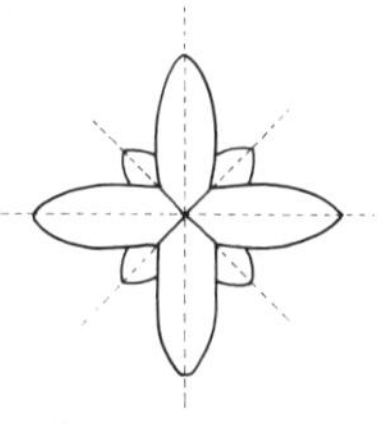

Abb. 75a

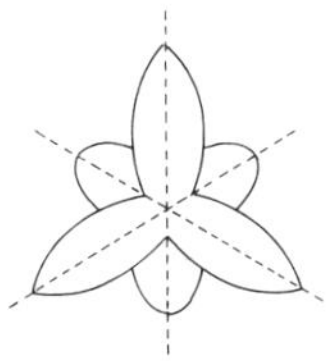

Abb. 75b

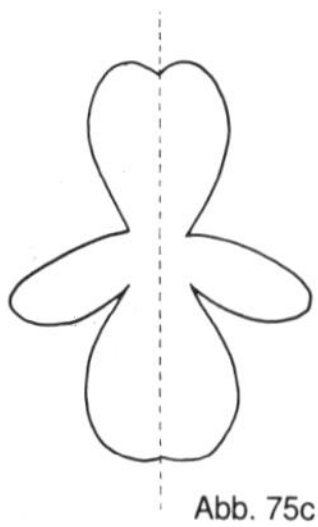

Abb. 75c

## 7.1. Die Symmetrie der Blüte

**radiär** (= ⊕, **strahlig**, aktinomorph, polysymmetrisch): die Blüte (zumindest Blütenhülle u. meist auch Andrözeum) läßt sich durch mindestens 3 Symmetrieebenen in je 2 spiegelbildlich gleichwertige Hälften teilen. Alle Kelch-, Kron- bzw. Perigonblätter (bzw. Staubblätter) sind jeweils untereinander gleich u. umstehen allseitig die Blütenachse. (Abb. 75 a, b, 160, 161, 166, 167, 169, 171, 399.)

**disymmetrisch** (= fälschlich oft „bilateral“ genannt): mit nur 2, aufeinander rechtwinkelig stehenden Symmetrieebenen (*Dicentra*/Herzblume, eigentlich auch die Blüten vieler Cruciferen).

**zygomorph** (= ↓, dorsiventral, monosymmetrisch, einfach-symmetrisch, bilateral): mit nur einer Symmetrieebene. Meist liegt diese senkrecht zum Deckblatt, dh die rechte u. die linke Blütenhälfte sind spiegelbildlich gleich (Lippen-, Zungen-, Schmetterlingsblüten), selten liegt sie quer (nur *Corydalis*/Lerchensporn u. *Fumaria*/Erdrauch) oder schräg (*Aesculus*/Roßkastanie) zum Deckblatt. (Abb. 76 a, b, c, 93, 108, 210, 266, 267, 314, 318–322, 324, 325, 330, 331, 343, 345, 352, 354–356, 358–362, 364, 365.)

**asymmetrisch** (= unregelmäßig): ohne jede Symmetrieebene (wegen des seitlich angeordneten Sporns: *Centranthus*/Spornblume, *Valeriana*/Baldrian; wegen der Gestalt des Schiffchens: *Phaseolus*/Bohne).

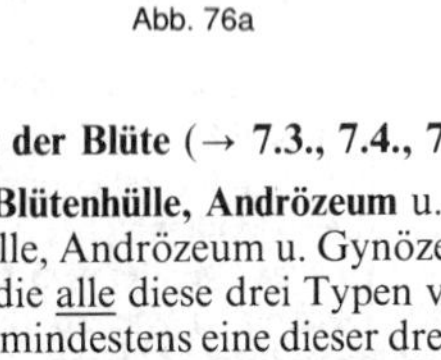

Abb. 76a

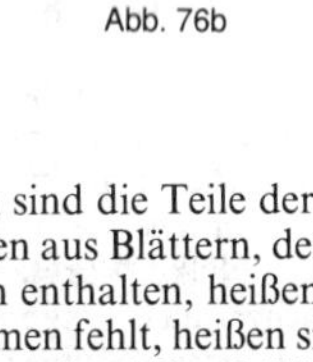

Abb. 76b

## 7.2. Die Teile der Blüte (→ 7.3., 7.4., 7.7., 7.8.)

**Blütenachse, Blütenhülle, Andrözeum** u. **Gynözeum** sind die Teile der Blüte (Abb. 73). Blütenhülle, Andrözeum u. Gynözeum bestehen aus Blättern, den **Blütenblättern**. Blüten, die alle diese drei Typen von Blättern enthalten, heißen **vollständige** Blüten; wenn mindestens eine dieser drei Organformen fehlt, heißen sie **unvollständige** Blüten. Die Blütenhülle [BlüHülle] besteht aus den **Blütenhüllblättern [BlüHüllB]**, das Andrözeum aus den **Staubblättern [StaubB]** (= Staubgefäßen = Stamina), u. das Gynözeum aus den **Fruchtblättern [FrB]** (= Karpellen); (diese alle sind – in morphologischer Sicht – **Blütenblätter**!). Die Blütenblätter können

frei oder miteinander verwachsen sein, u. zwar unter ihresgleichen wie auch unter verschiedenartigen oder beides gleichzeitig.
**verwachsen (verwachsenblättrig)**: es können gleichartige Organe (Blätter) miteinander verwachsen sein (zB Kelchblätter, Kronblätter, Perigonblätter je miteinander), die zum selben Wirtel oder zu zwei dicht übereinanderstehenden Wirteln gehören (→ die folgenden Stichwörter), oder es sind verschiedenartige Organe (Blätter) miteinander verwachsen, zB Staubblätter mit der Krone (zB *Primulaceae*/Schlüsselblumengewächse) oder Staubblätter mit dem Perigon (zB *Colchicum*/Herbstzeitlose) oder Staubblätter mit dem Gynözeum (= „Gynostemium": zB *Aristolochia*/Osterluzei, *Orchidaceae*/Orchideen). Der Grad der Verwachsung kann sehr verschieden sein: etwas (nur am Grund) oder stärker (Spitzen frei: → Zipfel) oder zur Gänze (zB Krone bei *Convolvulus*/Winde).
**frei (freiblättrig**, getrenntblättrig): Blätter bis zum Grund völlig voneinander getrennt, keine Verwachsung.
**Kelch verwachsenblättrig** (Blüte verwachsenkelchblättrig, synsepal; Abb. 179 b, 218, 319–322): Kelchblätter miteinander verwachsen (Synsepalie): zB *Dianthus*/Nelke, *Fabaceae*/Schmetterlingsblütler, *Lamiaceae*/Lippenblütler.
**Krone verwachsenblättrig** (Blüte verwachsenkronblättrig, sympetal; Abb. 294, 297, 318, 324, 325, 330, 363): Kronblätter miteinander verwachsen (Sympetalie): zB *Erica*/Schneeheide, *Solanaceae*/Nachtschattengewächse, *Asteraceae*/Korbblütler. Nicht mit freien Kronblättern verwechseln, die sekundär (postgenital) über dem Grund miteinander verbunden sind (zB *Linum*/Lein, *Oxalis*/Sauerklee, *Fabaceae*/Schmetterlingsblütler)!
**Perigon verwachsenblättrig** (Blüte verwachsenperigonblättrig, syntepal): Perigonblätter miteinander verwachsen (Syntepalie): zB *Muscari*/Traubenhyazinthe, *Convallaria*/Maiglöckchen.
**Staubblätter miteinander verwachsen** (Blüte verwachsenstaubblättrig, synandrisch, Synandrie): zB *Fabaceae*/Schmetterlingsblütler (unterer Teil der Staubfäden miteinander verwachsen, Staubbeutel frei, Abb. 210), *Asteraceae*/Korbblütler (Staubbeutel zu einer Röhre verwachsen, Staubfäden frei, Abb. 377).
**Fruchtblätter miteinander verwachsen** (Blüte verwachsenfruchtblättrig, verwachsenkarpellig, synkarpellat): alle Fruchtblätter sind miteinander verwachsen (Synkarpie, Coenokarpie) und bilden zusammen einen einzigen Stempel (Griffel u./oder Narben sind oft nicht miteinander verwachsen, sondern frei, u. ihre Zahl gleicht daher der Zahl der Fruchtblätter): der häufigste Fall, zB *Apiaceae*/Doldenblütler, *Scrophulariaceae*/Rachenblütler, *Orchidaceae*/Orchideen.
**Fruchtblätter frei** (Blüte freifruchtblättrig, freikarpellig): Fruchtblätter nicht miteinander verwachsen (Chorikarpie = Apokarpie, Abb. 116): bei den meisten *Ranunculaceae*/Hahnenfußgewächsen und *Rosaceae*/Rosengewächsen. Jedes Fruchtblatt bildet einen eigenen Stempel; Zahl der Fruchtblätter = Zahl der Stempel.
Nicht als Blütenteile anzusehen sind dagegen der **Blütenstiel [BlüStiel]** als Träger der Blüte sowie dicht an die Einzelblüte herangerückte Hochblätter, die bisweilen Kelchblättern stark ähneln (aus 3 Hochblättern bestehender **Scheinkelch [ScheinK]** bei *Hepatica*/Leberblümchen; **Außenkelch [AußenK]** bei *Calluna*/Besenheide, *Dianthus*/Nelke; **Vorblätter [VorB]** bei *Atriplex*/Melde; → **5.1.**!), und ebensowenig natürlich das Tragblatt der Blüte (Deckblatt) wie zB die **Deckspelze [DeckSp]** der *Poaceae*/Süßgräser u. der **Schlauch ([Schl.]**, Utriculus) der weiblichen Blüten der *Carex*/Segge. (→ dagegen den **Außenkelch** in anderen Fällen: → **7.4.**!)

### 7.3. Die Blütenachse (= der Blütenboden)

Die **Blütenachse [BlüAchse]** (= **Blütenboden [BlüBoden]**; Abb. 73 a) ist der die Blütenhüll-, Staub- u. Fruchtblätter tragende Achsenabschnitt. Er bildet die direkte Fortsetzung des **Blütenstiels [BlüStiels]** (= Pedizellus). Er ist entweder kopfig oder **kegelig** gewölbt (*Rubus idaeus* / Himbeere, *Fragaria*/Erdbeere) oder scheibenförmig **flach** (*Tulipa*/Tulpe) oder **schüssel-** bis **krugförmig** ausgehöhlt (*Rosa*/ Rose: Abb. 199, *Alchemilla*/Frauenmantel, Abb. 205) oder selten spindelförmig **verlängert** (*Myosurus*/Mäuseschwänzchen). Die Blütenachse zur Zeit der Samenreife wird auch **Fruchtboden [FrBoden]** genannt.

**Blütenachsenbecher [= Achsenbecher]** (= Blütenbodenröhre, Hypanthium, Rezeptakulum, Blütenbecher, „Kelchbecher", „Blütenröhre"): schüssel-, becher- (*Prunus*/Kirsche: Abb. 200 usw.), krug- (*Rosa*/Rose) oder röhrenförmige (*Oenothera*/Nachtkerze: Abb. 77) Ausbildung des Blütenbodens (oft auch unter Beteiligung der verwachsenen unteren Teile der Blütenhüllblätter u. Staubblätter). Ein Achsenbecher macht oft den Eindruck einer Kelchröhre (eines verwachsenblättrigen Kelches, aus dessen Schlund Kelch-, Kron- u. Staubblätter entspringen)!

**Diskus**: nektarbildender, dh mit Nektardrüsen versehener, glänzender, scheiben- oder ringförmiger Wulst des Blütenbodens (zB *Acer*/Ahorn).

### 7.4. Die Blütenhülle [BlüHülle] (= das Perianth)

**„ungleichartige"** (= heterochlamydeische, = „doppelte") **Blütenhülle** (Abb. 73 b): Blütenhüllblätter von zweierlei Art; die äußeren, meist derberen u. grünen, bilden den **Kelch** (Kalyx), die nach innen folgenden, meist zarteren u. auffallend gefärbten, die **Krone** (= Blumenkrone, Blütenkrone, Korolle, Corolla). Die einzelnen Blätter heißen **Kelchblätter [KelchB]** (= Sepalen) bzw. **Kronblätter [KroB]** (= Blumenkronblätter, „Blütenblätter", Petalen). Bisweilen sind auch Kelchblätter auffallend kronblattartig (petaloid) gefärbt (oft auch geformt) (zB *Calluna*/Besenheide, *Potentilla palustris* / Blutauge): Der Kelch ist hier kronenartig (= corollinisch).

**„gleichartige"** (= homochlamydeische, = **„einfache"**) Blütenhülle (= **Perigon**): Blütenhüllblätter (in 1 oder 2 Wirteln oder schraubig) entweder alle kelchähnlich (zB *Juncus*/Simse, *Fagus*/Buche) oder alle kronblattähnlich (zB *Tulipa*/Tulpe), bisweilen die des äußeren u. inneren Kreises in Größe u. Form etwas verschieden (zB *Galanthus*/Schneeglöckchen, *Iris*/Schwertlilie, *Orchidaceae*/Orchideen, *Rumex*/Ampfer). Die einzelnen Blütenhüllblätter heißen **Perigonblätter [PerigonB]** (= Tepalen).

**Außenkelch**: Wird bei den Rosengewächsen (*Rosaceae-Rosoideae*), *Malvaceae*/ Malvengewächse u. *Dipsacaceae*/Kardengewächse aus morphologischen Gründen (Homologie mit Unterblatt der Kelchblätter) meist zur Blüte gerechnet. (→ **7.2., 7.9., 5.1.**)

**Platte** u. **Nagel**: breiterer oberer Abschnitt (= **Platte**) u. ± deutlich davon abgesetzter, stielartig verschmälerter unterer Abschnitt (= **Nagel**) von Kron- oder Perigonblättern; **genageltes** Kronblatt (zB *Sinapis arvensis* / Acker-Senf; *Dianthus*/ Nelke) (Abb. 83, 159, 174).

**Röhre**: röhriger, unterer Abschnitt eines verwachsenblättrigen Kelchs (**Kelchröhre [KRöhre]**), einer verwachsenblättrigen Krone (**Kronröhre [KroRöhre]**) bzw. eines verwachsenblättrigen Perigons (**Perigonröhre**); (aus den miteinander verwachsenen unteren Teilen der Kelch- bzw. Kronblätter gebildet). (Abb. 78 a.)

**Saum**: erweiterter oder ausgebreiteter, oberer Abschnitt eines verwachsenblättrigen Kelchs, einer Krone oder eines Perigons; aus den miteinander verwachsenen oder (meist) freien oberen Teilen (= **Zipfeln**) der Blätter gebildet (Abb. 78 c).

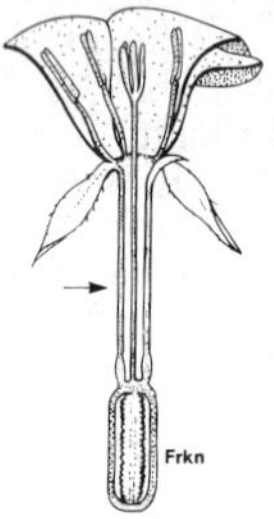


Abb.77

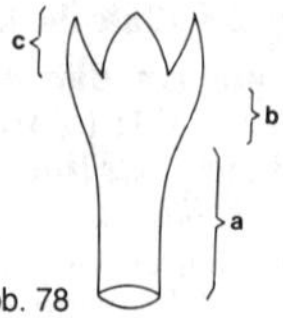


Abb. 78

Abb. 79a

Abb. 79b

Abb.79c

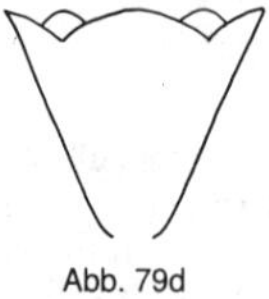

Abb. 79d

Abb. 79e

Abb. 79f

Abb. 80

**Schlund**: Übergangszone von der Röhre zum Saum, Eingang in die Röhre (Abb. 78 b).

**Schlundschuppen**: Schuppen oder Aufwölbungen der Krone (Hohlschuppen) im Bereich des Schlundes (zB *Anchusa*/Ochsenzunge, *Myosotis*/Vergißmeinnicht, *Androsace*/Mannsschild).

**Nebenkrone, Nebenperigon** (= „Paracorolla"): freie oder miteinander verwachsene Läppchen an der Übergangsstelle von Platte u. Nagel (zB *Silene*/Leimkraut: freiblättrige Nebenkrone; *Narcissus*/Narzisse: kragen- oder becherförmiges, verwachsenblättriges Nebenperigon, Abb. 408).

**Lippe** (= Labellum, „Honiglippe"): das von den übrigen Blütenhüllblättern ± stark abweichende, (morphologisch) obere Perigonblatt der Orchideenblüte, in der entfalteten Blüte infolge → Resupination meist nach unten gerichtet. (→ *Orchidaceae*/Orchideen, Abb. 93.) (→ Lippenkrone, **7.6.**).

**Zipfel**: die freien (dh nicht miteinander verwachsenen) Spitzen der Blütenhüllblätter bei verwachsenblättrigen Blütenhüllen, zB Kelchzipfel, Kronzipfel, Perigonzipfel. – Der Ausdruck „Zipfel" wird auch für die Abschnitte letzter Ordnung bei gegliederten [zusammengesetzten oder zerteilten] Spreiten verwendet.

**-zähnig (4-, 5zähnig** usw.): Blütenblätter fast völlig miteinander verwachsen, nur die Spitzen als kurze Zähne frei (zB Kelch bei *Dianthus*/Nelke, Krone bei *Vaccinium myrtillus* / Heidelbeere, Perigon bei *Muscari*/Traubenhyazinthe, Kapsel bei *Cerastium*/Hornkraut).

**-lappig (4-, 5lappig** usw.): Blütenblätter auf $^{2}/_{3}$ bis $^{3}/_{4}$ miteinander verwachsen, dh Einschnitte von $^{1}/_{4}$–$^{1}/_{3}$ reichend, die Zipfel machen $^{1}/_{3}$–$^{1}/_{4}$ der Länge aus (zB Krone von *Vaccinium vitis-idaea* / Preiselbeere).

**-spaltig (4-, 5spaltig** usw.): Blütenblätter etwa bis zur Hälfte miteinander verwachsen, Einschnitte daher bis etwa zur Hälfte der Blütenhülle reichend, dh die Zipfel

machen etwa die Hälfte der Länge aus (zB Krone von *Syringa vulgaris* / Flieder).
**-teilig (4-, 5teilig** usw.): Blütenblätter nur am Grund (bis höchstens $^{1}/_{3}$) miteinander verwachsen, Einschnitte daher bis mindestens zu $^{2}/_{3}$ der Blütenhülle reichend (zB *Anagallis*/Gauchheil, *Veronica*/Ehrenpreis). Sehr tief geteilte Kronen können leicht für freiblättrig gehalten werden (ihre KroB lassen sich aber nicht einzeln herauszupfen!).
**lippig [= 2lippig]**: verschieden hoch verwachsen, die beiden seitlichen Einschnitte am tiefsten (zB Krone der *Lamiaceae*/Lippenblütler, Kelch bei *Salvia*/Salbei).

### 7.5. Die Form der verwachsenblättrigen Blütenhülle (Kelch u. Krone) (Vgl. **5.13.**)

**walzlich (zylindrisch, röhrig**, walzenförmig, röhrenförmig): walzlich u. ohne deutliche Erweiterung in einen Saum (Abb. 79 a) (wenn schmal u. eng, dann meist „röhrig“ genannt).
**keulig** (keulenförmig): walzlich u. mit wenig erweitertem, ebenfalls walzlichem Saum (zB Krone bei *Symphytum*/Beinwell) (Abb. 79 b).
**glockig** (glockenförmig): sich nach oben in glockenartig geschwungener Form erweiternd (zB Krone bei *Campanula*/Glockenblume) (Abb. 79 c).
**trichterförmig**: sich nach oben gleichmäßig erweiternd (zB Krone bei *Convolvulus*/ Winde) (Abb. 79 d).
**becherförmig**: trichterförmig, aber unten breitflächig (ab)gestutzt, von der Form eines Kegelstumpfs (Abb. 79 e).
**kugelig** (kugelförmig): annähernd kugelig.
**krugförmig**: unten erweitert, oben wieder verengt u. oft mit kurzem Saum (zB Krone bei *Vaccinium myrtillus* / Heidelbeere, Abb. 79 f).
**radförmig** (rotat): mit sehr kurzer oder fehlender Röhre u. flach ausgebreitetem Saum (zB *Veronica*/Ehrenpreis, *Anagallis*/Gauchheil) (Abb. 80).
**stieltellerförmig**: mit enger, langer Röhre u. flach ausgebreitetem Saum (zB *Gentiana verna* / Frühlings-Enzian, *Phlox*/Phlox, *Syringa*/Flieder) (Abb. 81).
**zungenförmig**: mit (oft kurzer) Röhre u. einseitigem, flach ausgebreitetem, linealischem bis rundlichem Saum (zB *Taraxacum*/Löwenzahn) (Abb. 377 b).
**bauchig**: einseitig erweiterte Röhre bei zygomorphen Blüten (zB *Digitalis*/Fingerhut).
**ausgesackt**: einseitig mit kurzer, breiter, hohler Aufwölbung (zB *Antirrhinum*/Löwenmaul) (Abb. 324).
**gespornt**: mit einem ± langen, hohlen Anhängsel (= **Sporn**, bes. bei Blütenhüllblättern, → **7.9.**, Abb. 82, 117, 148).

Abb. 81

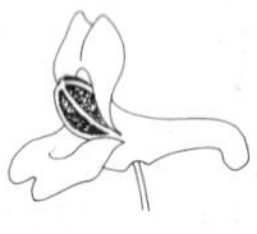
Abb. 82a

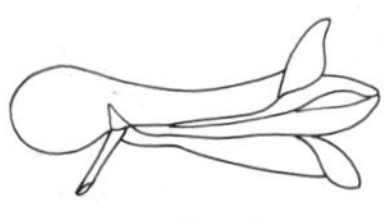
Abb. 82b

### 7.6. Wichtige Sonderfälle der zygomorphen Blütenhülle

**Schmetterlingsblüte**: die Blütenhülle oder die Krone (Schmetterlingskrone) bei den *Fabaceae*/Schmetterlingsblütlern (Abb. 210 a). Die Krone besteht aus einer aufwärts gerichteten **Fahne**, zwei seitlichen, spiegelbildlich gleichen **Flügeln** u. einem

kahnförmigen **Schiffchen**, das Staubblätter u. Stempel einhüllt u. durch Verbindung zweier Kronblätter entstanden ist.
**Schmetterlingsblume**: Blüte von verschiedenem Bauplan, die wie eine typische → Schmetterlingsblüte funktioniert (Andrözeum u. Gynözeum eingeschlossen, Pollenübertragung mit dem Insektenbauch) und manchmal auch äußerlich große Ähnlichkeit mit dieser aufweist. Bei → *Polygala*/Kreuzblümchen (Abb. 108, 239) werden die Flügel von 2 Kelchblättern gebildet, u. der Kiel (das Schiffchen) entspricht nur 1 Kronblatt.
**Lippenkrone** (oft fälschlich „Lippenblüte"): die verwachsenblättrige Krone ist durch 2 seitliche, tiefe Einschnitte in **Ober-** u. **Unterlippe** geteilt (Abb. 76, 330, 331, 343, 345, 352 a, 358–361, 363, 364; zB → *Lamiaceae*/Lippenblütler, → *Scrophulariaceae*/Braunwurzgewächse, *Lonicera*/Heckenkirsche). Pollenübertragung meist mit dem Insektenrücken. – **Lippenkelch** (zB bei *Fabaceae-Genisteae*/Ginster-Verwandten u. bei manchen *Lamiaceae*/Lippenblütlern, Abb. 357 b).
**Zungenblüte**: 1lippige Blüte (Abb. 377 b). Saum der Krone einseitig lang ausgezogen, Saum (= **Zunge**) meist aus 3 (*Asteraceae-Asteroideae*/Korbblütler mit Zungen- u. Röhrenblüten) oder 5 (*Asteraceae-Cichorioideae*/Korbblütler ohne Röhrenblüten) Kronblättern gebildet.
**strahlende Randblüten** (= **Strahlblüten [StrahlBlü]**): bei vielen *Asteraceae-Asteroideae* (Korbblütlern mit RöhrenBlü) meist Zungenblüten; bei einigen Sippen mit Dolden, Doldentrauben u. Doldenrispen: die Blüten des Blütenstandsrandes, bei denen die randwärts gerichteten Kronblätter stark vergrößert sind (*Orlaya*/Strahldolde, *Coriandrum*/Koriander, *Iberis*/Schleifenblume, *Scabiosa*/Skabiose, *Viburnum opulus* / Echter Schneeball).
**Sporn** (→ **7.9.**)

## 7.7. Das Andrözeum (Abb. 73 c)

**Andrözeum**: Gesamtheit der Staubblätter einer Blüte (♂ Organe der Blüte; → dazu **7.10.**!).

**Staubblatt [StaubB]** (= Staubgefäß, *stamen*): Mikrosporophyll, Pollenkörner bildendes Blatt (Abb. 84, 237). Besteht bei den Bedecktsamigen aus dem meist stielartigen **Staubfaden [Staubf.]** (= Filament), dem **Staubbeutel** (= Anthere) u. dem die beiden **Staubbeutelhälften** (= Theken) verbindenden, die Fortsetzung des Staubfadens bildenden **Konnektiv** (= Mittelband). Jede Theke enthält i. d. R. 2 **Pollensäcke** (Lokulamente = Mikrosporangien), in denen der **Pollen** (= Blütenstaub, bestehend aus den Pollenkörnern) gebildet wird.
**Staminodium**: unfruchtbares (dh keinen Pollen erzeugendes) Staubblatt, das keinen oder nur einen verkümmerten Staubbeutel trägt. Es kann zB fadenförmig, keulig, linealisch, schuppenförmig oder kronblattartig sein.
**Nektarblätter [NektarB]** (= „Honigblätter"): nektarabsondernde Blätter. Bei den *Ranunculales* (Hahnenfußgewächsen u. Berberitzengewächsen) sind es eigentlich → Staminodien (vielfach kronblattartig) zwischen der Blütenhülle u. dem Staubblattkreis (Abb. 150 b–d); sie sind röhrig (zB *Helleborus*/Nieswurz), 2lippig (*Nigella*/Schwarzkümmel), gespornt (*Aquilegia*/Akelei, Abb. 148 b) oder ± flach

Abb. 83

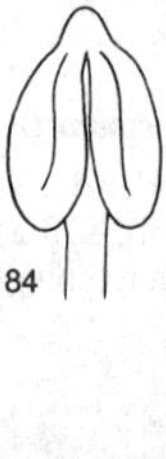
Abb. 84

Abb. 85

(*Isopyrum*/Muschelblümchen). Da sie ± kronblattartig (= petaloid, Abb. 152) sind, können sie auch als nektarproduzierende Kronblätter aufgefaßt werden (zB *Aquilegia*/Akelei, *Ranunculus*/Hahnenfuß, *Berberis*/Berberitze).

## 7.8. **Das Gynözeum** (Abb. 73 d)

**Gynözeum**: Gesamtheit der Fruchtblätter einer Blüte (♀ Organe der Blüte; → **7.10.**!)

**Fruchtblatt [FrB]** (= Karpell): das die Samenanlagen (mit dem Embryosack, der die Eizelle hervorbringt) einschließende Blatt bei Bedecktsamigen. Entweder bildet jedes einzelne Fruchtblatt einen Stempel (im Falle von Chorikarpie), oder 2 bis mehrere Fruchtblätter verwachsen miteinander zu einem mehrkarpelligen Stempel (im Falle von Synkarpie [s. l.] = Coenokarpie).
**Stempel** (= Pistill): aus einem Fruchtblatt oder aus mehreren, mit ihren Rändern verwachsenen Fruchtblättern gebildet. Besteht aus Fruchtknoten, Griffel u. Narbe (Abb. 85). Diese Definition weicht ab von jener in manchen Büchern, wo „Stempel" nur das coenokarpe Gynözeum bezeichnet.
**Fruchtknoten [Frkn]** (= Ovar): unterer, verdickter, fertiler Abschnitt des Stempels, der die **Samenanlage(n)** enthält. Diese entspringen (oft auf einem Stielchen, dem Funiculus) der Plazenta, die innerhalb des Fruchtknotens auf verschiedene Weise angeordnet u. ausgebildet ist: z. B. wandständig, zentralwinkelständig oder auf einem Mittelsäulchen („Zentralplazenta"). – Nach dem Grad der Verwachsung des Fruchtknotens mit dem Blütenboden unterscheidet man **oberständigen** (= „freiständig") (der bzw. die Fruchtknoten auf dem Blütenboden, der auch verbreitert oder becherartig ausgehöhlt sein kann, sitzend, aber nicht mit ihm verwachsen; Abb. 86 a, b, c), **halbunterständigen** (unterer Teil mit dem Blütenboden verwachsen, zB *Saxifraga spp.* / Steinbrech-Arten, Abb. 86 d, 198) u. **unterständigen** (zur Gänze mit dem ausgehöhlten Blütenboden verwachsen; zB *Rosaceae-Maloideae*/Kernobstgewächse, *Apiaceae*/Doldenblütler, *Iridaceae*/Schwertliliengewächse; Abb. 76 a, 86 e) Fruchtknoten. – Nach der Position des Fruchtknotens relativ zur Ansatzstelle der übrigen Blütenblätter kann man unterscheiden: hypogyne Blütenhülle (= „hypogyne Blüte"; Blütenhülle [u. i. d. R. auch Andrözeum] unterhalb des Fruchtknotens sitzend; Abb. 86 a); perigyne Blütenhülle (= „perigyne Blüte"; übrige Blütenblätter etwa auf der mittleren Höhe des Fruchtknotens entspringend; Abb. 86 b); epigyne Blütenhülle (= „epigyne Blüte"; übrige Blütenblätter am oberen Rand oder oberhalb des Fruchtknotens entspringend; Abb. 86 c, d, e). Bei Hypogynie ist der Fruchtknoten immer oberständig (Abb. 86 a); bei Perigynie ist der Fruchtknoten entweder oberständig (Abb. 86 b) oder halbunterständig; bei Epigynie ist er meistens unterständig (Abb. 86 e), kann aber auch halbunterständig oder oberständig sein (Abb. 86 c: *Rosa*/Rose, *Lythrum*/Blutweiderich). – **Mittelständig** nennen wir den Fruchtknoten dann, wenn er oberständig u. die Blütenhülle gleichzeitig perigyn oder epigyn ist (*Prunus*/„Steinobst", *Rosa*/Rose; Abb. 86 b, c).
**Fruchtknotenstiel [FrknStiel]** (= **Fruchtträger [FrTräger]**, Gynophor): der Fruchtknoten (genauer: der Stempel) sitzt auf einem Stiel, der dem Blütenboden entspringt (unklar manchmal „im Kelch gestielt" genannt, Abb. 97). Morphologisch

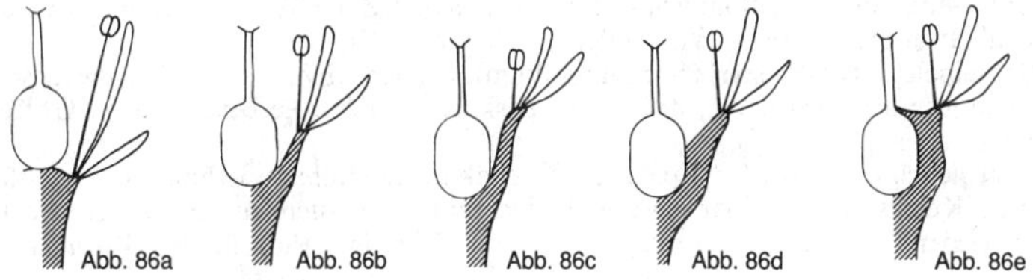

Abb. 86a Abb. 86b Abb. 86c Abb. 86d Abb. 86e

handelt es sich entweder um einen Teil des Gynözeums (*Salix*/Weide, *Diplotaxis*/Doppelrauke, *Lunaria*/Mondviole, *Pisum*/Erbse; *Oxytropis*/Spitzkiel) oder um eine Bildung der Blütenachse (*Silene spp.* / Leimkraut-Arten). Nicht zu verwechseln mit dem Fruchtstiel (unterhalb = außerhalb der Blüte)! Auch nicht mit dem Fruchthalter bei den Umbelliferen (s. d.)!

**Griffel [Gri]** (Stylus): stielartiger Abschnitt zwischen Fruchtknoten u. Narbe; bringt die Narbe in eine bestäubungsgünstige Lage (Abb. 85). Ist der Fruchtknoten aus mehreren Fruchtblättern verwachsen, dann sind die Griffel entweder frei (ihre Zahl stimmt mit der der Fruchtblätter überein; zB *Caryophyllaceae*/Nelkengewächse) oder ± verwachsen; ist die Verwachsung vollständig, so liegt nur ein Griffel vor, ist sie unvollständig, dann ist der Griffel in **Griffeläste [GriÄste]** (= Stylodien) geteilt. Bei *Iris*/Schwertlilie sind diese Griffeläste kronblattartig. Der Griffel kann auch sehr kurz sein oder völlig fehlen (**sitzende Narbe**). (→ Anm. → Narbe!)

**Narbe** (Stigma): oberster, meist papillöser Abschnitt des Stempels; dient dem Auffangen u. Keimen der Pollenkörner (Abb. 85). Die Narbe ist ungeteilt (kopfig, fädig usw.) oder 2- bis mehrfach ± tief zerteilt (*Polygala*/Kreuzblümchen, *Crocus*/Krokus, *Campanula*/Glockenblume); ihre Teile heißen **Narbenäste** oder **Narbenlappen**. Erstrecken sich die Einschnitte bis zum Griffel, so liegen mehrere Narben vor. Fehlt der Griffel, nennt man die Narbe **sitzend** (*Papaver*/Mohn). Narbenoberflächen können trocken oder feucht (u. dann zT ausgesprochen schleimig-klebrig) sein. (Anm.: Griffel u. Narben lassen sich morphologisch nicht immer unterscheiden, da sie im wesentlichen physiologisch definiert sind.) – (→ dagegen „**Ule**" [= Blatt- oder Achsennarbe], → **3.1.**!).

**Samenschuppe [SaSchuppe]**: Schuppe (Teil des Zapfens bei Nadelhölzern), die auf ihrer Oberfläche die Samenanlagen trägt.

## 7.9. Die Sonderbildungen an der Blüte u. in deren näherer Umgebung

**Sporn**: kegel- bis schlauchförmiges, meist nektarproduzierendes u. -speicherndes hohles Anhängsel (Ausstülpung) eines Kelch- (zB *Impatiens*/Springkraut, Abb. 117), Kron- (*Viola*/Veilchen, *Corydalis*/Lerchensporn, Abb. 82 a), Nektar- (*Aconitum*/Eisenhut: Abb. 147, *Delphinium*/Rittersporn, *Aquilegia*/Akelei: Abb. 148 b) oder Perigonblattes (*Delphinium*/Rittersporn: 148 a) oder des Blütenbodens (*Tropaeolum*/Kapuzinerkresse) oder einer Kronröhre (*Linaria*/Leinkraut) oder Kelchröhre. Aber auch Laubblätter können gespornt sein. Die Blüte und das Blatt heißen in solchen Fällen **gespornt**.

**Nektarie** (Nektardrüse): Gruppe von Drüsenzellen oder Feld von Drüsenhaaren, die einen zuckerhaltigen Saft (Nektar) ausscheiden; von sehr verschiedener Gestalt u. an den verschiedensten Stellen der Pflanze (meist in der Blüte; seltener außerhalb der Blüte: extrafloral). → Staminodien, oft ± kronblattartig, mit Nektarien heißen **Nektarblätter** (= „Honigblätter", → **7.7.**). Nektarien am Blütenboden (häufig ring- oder scheibenförmig) werden als **Diskus** bezeichnet. Extraflorale Nektarien kommen an Blattstielen (zB *Prunus avium* / Süß-Kirsche), auf der Unterseite von Nebenblättern (zB *Vicia sepium* / Zaun-Wicke) oder an Involukralblättern (*Euphorbia*/Wolfsmilch, s. d.) vor.

**Griffelpolster [GriPolster]** (= Stylopodium): bei den *Apiaceae*/Doldengewächsen der polsterartig verdickte, drüsige → Diskus, aus dem die beiden freien Griffel entspringen (Abb. 249).

**Außenkelch [AußenK]** (= Epicalyx): kelchähnliche Hülle außerhalb des eigentlichen Kelchs, unmittelbar unterhalb der Blüte, oft auch zur Blüte gerechnet. Entweder Hochblätter dicht unterhalb des Kelchs einer Einzelblüte (zB *Calluna*/

Besenheide, *Malva*/Malve, *Dianthus*/Nelke) oder umgewandelte Nebenblätter oder Fiedern der Kelchblätter (*Fragaria*/Erdbeere, *Potentilla*/Fingerkraut, *Alchemilla*/Frauenmantel).

**Schlauch [Schl.]** (= Utriculus): ei- bis flaschenförmige Hülle um den Fruchtknoten u. die eigentliche Frucht bei → *Carex*/Segge (Abb. 429, 433); morphologisch gesehen, ist der *Carex*-Schlauch das umgeformte Vorblatt auf dem Stiel des einblütigen ♀ Ährchens u. zugleich das Deckblatt von dessen (einziger) Blüte. Der Schlauch hüllt die Frucht bis zur Reife ein u. bildet mit ihr eine Diaspore (Scheinfrucht).

**Spelzen [-Sp]**: Hochblätter im → Ährchen der *Poaceae*/Süßgräser u. *Cyperaceae*/Sauergräser. Bei den Süßgräsern wird jede Einzelblüte von 2 Spelzen eingehüllt, wobei die untere (die **Deckspelze [DeckSp]** = Lemma) auf der Ährchenachse sitzt u. das Deckblatt der Blüte ist, während die obere (die **Vorspelze [VorSp]** = Palea) auf dem Blütenstiel sitzt u. dessen (adossiertes) Vorblatt ist oder dem äußeren Perigonwirtel angehört (vgl. Abb. 474). Bei den *Cyperaceae*/Sauergräsern (s. d., Abb. 429, 433) ist pro Blüte dagegen nur eine Spelze, das Deckblatt, vorhanden. Blütenlose Spelzen am Ährchengrund der *Poaceae*/Süßgräser heißen **Hüllspelzen [HüllSp]** (= Gluma).

## 7.10. Die Geschlechtlichkeit der Blüte

In phylogenetischer (sippenhistorischer) Sicht u. im Vergleich mit den Pteridophyten (Farnpflanzen) ist der gesamte Pflanzenkörper (vegetative Region samt Blüten) der Samenpflanzen nichts anderes als die Sporophytengeneration (die sich ungeschlechtlich fortpflanzt u. als Keime Sporen produziert). Allerdings hat diese sich im Lauf der Evolution die Gametophytengeneration (die sich geschlechtlich fortpflanzt u. Gameten produziert) gleichsam einverleibt, nämlich in Organe der Blüte verlagert. Die Blüte ist ein Organ des Sporophyten u. – in dieser rein historisch-phylogenetischen Sicht – als solches also nicht sexuell, da sie bloß die Keime (nämlich die Mikro- u. Megasporen) erzeugt, aus denen sich die sexuelle Generation (die Gametophyten) entwickelt. In dieser streng phylogenetischen, wenn auch – funktionell betrachtet – einseitigen Sicht gibt es in den vom Sporophyten gebildeten Strukturen der Blüte keine Geschlechtsorgane, keine männlichen u. weiblichen Blüten usw.; statt dessen müßte man „neutral" von „Staub-„ u. „Stempelblüten" oder von „staminaten" u. „pistillaten" oder „mikrosporen", „megasporen" u. „bisporen" Blüten usw. sprechen. Mit der Verlagerung der Gametophytenentwicklung in Teile der Blüte haben jedoch Teile des Sporophyten Funktionen im Zusammenhang mit der sexuellen Fortpflanzung übernommen. Daher ist es gerechtfertigt, die Termini „männlich" u. „weiblich" (die primär funktionell definiert sind) auf jene Organe (Funktionsstrukturen!) (Staubblätter u. Fruchtblätter) zu übertragen, die die entsprechenden Gametophyten hervorbringen bzw. beherbergen.

**zwittrig** (= hermaphroditisch, = ⚥): Blüte sowohl mit Staubblättern als auch mit Stempel(n).

**eingeschlechtig [1geschlechtig]**: Blüte nur mit Staubblättern (**männlich**, = ♂) oder nur mit Stempel(n) (**weiblich**, = ♀).

**geschlechtslos** (= **steril**): Blüte ohne Andrözeum (Staubblätter) u. ohne Gynözeum (Stempel), nur aus der Blütenhülle bestehend (zB Randblüten des Korbs bei *Helianthus*/Sonnenblume u. der Schirmrispe bei *Viburnum opulus* / Gewöhnlicher Schneeball, obere Blüten der Traube bei *Muscari comosum* / Schopfige Traubenhyazinthe), allenfalls mit Staminodien u./oder Karpellodien.

Verteilung der Geschlechter:

**Pf zwittrig** (= ⚥): es gibt nur Individuen mit ausschließlich zwittrigen Blüten. (Die Bezeichnung „zwittrige Pflanze" bezieht sich bei uns – der Einfachheit halber – immer nur auf Pflanzen mit zwittrigen Blüten. Fortpflanzungsbiologisch/genetisch gesehen, ist natürlich auch das Individuum einer einhäusigen Sippe ein Zwitter.)

**Pf einhäusig [1häusig]** (= monözisch): auf demselben Individuum ♂ u. ♀ Blüten (zB *Corylus*/Hasel, *Cucurbita*/Kürbis, *Zea*/Mais, *Carex spp.* / die meisten Seggen-Arten).
**Pf unvollständig-einhäusig**: auf demselben Individuum entweder ♂ u. ⚥ Blüten (**andromonözisch**: *Aesculus*/Roßkastanie, *Veratrum*/Germer) oder ♀ u. ⚥ Blüten (**gynomonözisch**: *Bellis*/Gänseblümchen, *Parietaria*/Glaskraut) oder ♂, ♀ u. ⚥ Blüten (**trimonözisch**: *Sanguisorba minor* / Kleiner Wiesenknopf, *Acer platanoides* / Spitz-Ahorn).
**Pf zweihäusig [2häusig]** (= diözisch): es gibt ♂ Individuen (nur mit ♂ Blüten) u. ♀ Individuen (nur mit ♀ Blüten) (zB *Taxus*/Eibe, *Salicaceae*/Weidengewächse, *Humulus*/Hopfen, *Silene dioica* / Rote Lichtnelke, *Rumex acetosa* / Sauer-Ampfer).
**Pf unvollständig-zweihäusig**: entweder ♂ u. ⚥ Individuen (**androdiözisch**: zB *Dryas*/Silberwurz, *Pulsatilla alpina* / Alpen-Küchenschelle) oder ♀ u. ⚥ Individuen (**gynodiözisch**: *Glechoma*/Gundelrebe, *Salvia pratensis* / Wiesen-Salbei, *Thymus*/Thymian, *Valeriana tripteris* / Dreischnittiger Baldrian).
**Pf dreihäusig [3häusig]** (= triözisch): es gibt ♂, ♀ u. ⚥ Individuen (*Fraxinus excelsior* / Gewöhnliche Esche, *Asparagus*/Spargel, *Silene vulgaris* / Aufgeblasenes Leimkraut).
**Pf polygam** (= „vielehig“): Sippe mit sowohl zwittrigen wie eingeschlechtigen Blüten; zusammenfassend für unvollständig-1häusig, unvollständig-2häusig u. 3häusig.

## 8. Die Frucht [Fr]

**8.0.** Die **Frucht [Fr]** ist die Blüte im Zustand der Samenreife, also die Gesamtheit aller aus einer Blüte hervorgegangenen Organe, die die oder den Samen bis zur Reife umschließen. Sie ist demnach entweder (a) nur aus dem Fruchtknoten oder aus dem ganzen Gynözeum (also aus dem oder den Stempeln) hervorgegangen, oder (b) es sind an der Bildung der Frucht außerdem auch noch andere Blütenteile (zB Blütenachse, Blütenhülle) oder (c) Organe außerhalb der Blüte, aber in deren unmittelbarer Nähe (zB das Deckblatt) beteiligt. Oft wird – in streng morphologischer Betrachtung – nur für den Fall (a) der Ausdruck „Frucht“ (= echte Frucht, eigentliche Frucht, Frucht i. e. S.) verwendet, für die Fälle (b) u. (c) dagegen der Ausdruck „Scheinfrucht“ (zB *Fragaria*/Erdbeere, *Rosa*/Rose, *Carex*/Segge, *Poaceae*/Süßgräser). Wenn das samentragende Organ oder die Ausbreitungseinheit jedoch (d) einem Blütenstand homolog ist (aus ihm hervorgegangen ist), also ein → Fruchtstand [FrStand] ist, nennt man dies → **Fruchtverband [FrVerband]**. (Vgl. → Diaspore.)
**Fruchtstiel [FrStiel]**: Blütenstiel zur Fruchtreife.
**Fruchtstand [FrStand]**: Blütenstand im Zustand der Frucht-(Samen-)reife. (→ Fruchtverband, **8.2.**)
**Fruchtträger [FrTräger]** (Gynophor, Karpophor; Abb. 97): Stiel des Stempels (Fruchtknotens) innerhalb der Blüte (zB bei *Silene spp.* / Leimkraut-Arten, *Astragalus spp.* / Tragant-Arten, *Gentianella austriaca* / Österreichischer Kranzenzian).
**Fruchthalter [FrHalter]** (Karpophor): zweiteiliger Träger der Teilfrüchte der Umbelliferen (s. d.), (Abb. 250).

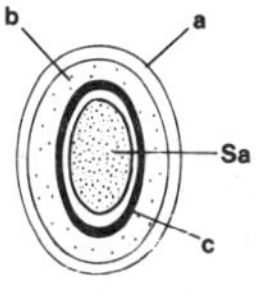

Abb. 87

Abb. 88

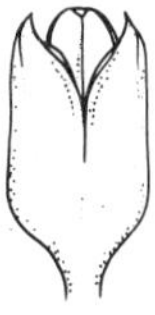
Abb. 89a

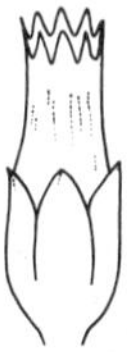
Abb. 89b

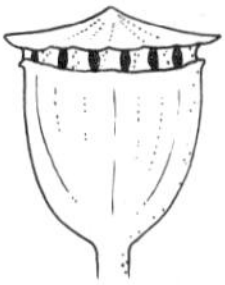
Abb. 89c

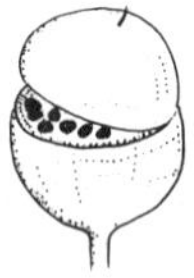
Abb. 89d

## 8.1. Die Teile der Frucht

**Fruchtwand [FrWand]** (= Perikarp): geht aus der Fruchtknotenwand hervor u. trägt auf ihrer Innenseite an bestimmten, charakteristisch angeordneten Ansatzstellen, den **Plazenten** (= Samenleisten), die (manchmal ± gestielten) **Samen**.

**Schnabel** (= **Fruchtschnabel [FrSchnabel]**): der meist samenlose, verschmälerte, obere, ganz oder größtenteils aus dem Fruchtknoten hervorgehende Teil mancher Früchte (zB *Geranium*/Storchschnabel, *Taraxacum*/Löwenzahn, *Anthriscus*/Kerbel). Bei den Schoten bezeichnet man als Schnabel den bei der Reife nach dem Abfallen der Klappen am oberen Ende des Replums (s. S. 281, 285) stehenbleibenden, sich nicht öffnenden Teil der Frucht, der außer dem Griffel oft auch noch Teile der Fruchtknotenwandung umfaßt u. dann bisweilen einen (*Sinapis arvensis* / Acker-Senf) oder mehrere Samen enthält. (Auch andere ± 3dimensionale Organe können → **geschnäbelt** sein: zB der Schlauch, der die eigentliche Frucht der *Carex*/Segge einhüllt, oder die Oberlippe der Krone von *Pedicularis*/Läusekraut.)

**Pappus**: der umgebildete Kelch, der eine aus einem unterständigen Fruchtknoten hervorgegangene Frucht krönt. (Er ist bei den *Asteraceae*/Korbblütlern [s. d.] schon zur Blütezeit weitgehend entwickelt.) Er bleibt nach dem Blühen erhalten oder entwickelt sich dann erst vollständig und dient meist als Flugorgan der Frucht. Meist ist er als Haarkranz ausgebildet (Abb. 378), seltener als Hautsaum (zB *Tanacetum*/Rainfarn), mitunter ist er becherförmig (*Echinops*/Kugeldistel), schuppig (*Cichorium*/Wegwarte), widerhakig (*Bidens*/Zweizahn), grannig (*Scabiosa*/Skabiose), borstig (*Centaurea scabiosa* / Skabiosen-Flockenblume) oder fiederig (zB *Valeriana*/Baldrian, *Cirsium*/Kratzdistel, *Leontodon*/Leuenzahn).

**Klappen** (= Valven): bei Springfrüchten die bei der Reife sich durch Längsrisse in der Fruchtwand ± weit voneinander trennenden Teile derselben; sie entsprechen meist halben oder ganzen Fruchtblättern oder paarweise verwachsenen Hälften benachbarter Fruchtblätter. Bei *Rumex*/Ampfer (s. d.) werden die 3 inneren Perigonblätter, die an der Frucht erhalten bleiben u. diese fest einhüllen, als „Valven" bezeichnet.

## 8.2. Die Fruchtformen

Die aus nur einem einzigen Fruchtblatt bestehenden Früchte werden auch „Einblattfrüchte" (= Karpidien, manchmal auch „Früchtchen") genannt. Dementsprechend gibt es Einblatt-Beeren, Einblatt-Nüsse usw. Einblatt-Springfrüchte werden je nach Öffnungsweise (Dehiszenzmodus) → Balg oder → Hülse genannt.

**Fruchtblatt [FrB]**: → Karpell (**7.2.**, **7.8.**)

**Früchtchen**: Element einer → Sammelfrucht. (→ Nüßchen.)

**Schließfrucht [SchließFr]**: geschlossen bleibend, Fruchtwand sich bei der Reife nicht öffnend; aus 1 (Einblatt-Schließfrucht) oder mehreren Fruchtblättern gebildet; trockene Schließfrüchte (Trockenschließfrucht, *achaenium, achena*) meist 1samig (→ Nuß, → Achäne), selten mehrsamig; → Beeren sind jedoch meist vielsamig, selten 1samig; → Steinfrüchte sind oft 1samig.

**Nuß** (Nußfrucht): aus 1 oder mehreren Fruchtblättern bestehende Schließfrucht mit trockener (holziger, ledriger oder häutiger, aber weder fleischiger noch saftiger) Fruchtwand. Zwei Sonderfälle von kleinen Nüssen mit meist dünner Wand sind die aus einem oberständigen Fruchtknoten hervorgegangene **Karyopse** (*Poaceae*/Süßgräser, s. d.) u. die aus einem unterständigen Fruchtknoten hervorgegangene **Achäne** (*Asteraceae*/Korbblütler, *Dipsacaceae*/Kardengewächse, *Valerianaceae*/Baldriangewächse).

**Flügelnuß**: geflügelte Nuß. **Flügel**: flächiges, meist ± häutiges Anhängsel einer Frucht (eine Bildung der Fruchtwand), das als Flugorgan dient (zB *Betula*/Birke, *Ulmus*/Ulme: Abb. 195, *Fraxinus*/Esche). (→ Nüßchen.)

**Nüßchen**: (die meist aus einem einzigen Fruchtblatt bestehende) Schließfrucht mit trockener Fruchtwand innerhalb einer → Sammelfrucht (zB bei vielen *Ranunculaceae*/Hahnenfußgewächsen).

**fleischige Frucht** (= Saftfrucht): die Fruchtwand (= das Perikarp) (bei unterständigem Fruchtknoten zusätzlich der Achsenanteil) zur Gänze oder teilweise fleischig u./oder saftig ausgebildet; aus 1 bis mehreren Fruchtblättern bestehend, 1- bis vielsamig, meist Schließfrucht (selten Saftkapsel: *Evonymus*/Spindelstrauch, *Impatiens*/Springkraut). (→ Beere, → Steinfrucht, → Apfelfrucht.)

**Beere**: Fruchtwand auch noch bei der Reife saftig oder doch wenigstens fleischig (zB *Vitis*/Weinrebe, *Ribes*/Ribisel); selten unmittelbar vor der Reife noch trocken werdend (*Asparagus*/Spargel, *Cucubalus*/Hühnerbiß); aus 1 (Einblattbeere, zB *Berberis*/Berberitze) oder mehreren Fruchtblättern bestehend, meist vielsamig. Ein Sonderfall ist die Panzerbeere (zB bei *Cucurbita*/Kürbis).

**Steinfrucht [SteinFr]** (Abb. 87): Fruchtwand in eine steinharte Innenschicht (**Endokarp: Stein, Steinkern**, Abb. 87 c) u. eine saftige oder doch wenigstens fleischige Mittelschicht (**Mesokarp**, Abb. 87 b) u. die häutige Außenschicht (**Exokarp**, Abb. 87 a) gegliedert (zB *Prunus*/Kirsche usw., *Juglans*/Walnuß, *Rhamnus*/Kreuzdorn). Entweder aus 1 oder aus mehreren Fruchtblättern bestehend, ein- bis wenigsamig. (→ Steinfrüchtchen, → Sammelfrucht.)

**Apfelfrucht**: fleischige Sammelfrucht mit 1 oder mehreren freien Einblattfrüchtchen, bei der die Fruchtwand trocken u. nur der Achsenanteil fleischig-saftig ist (*Rosaceae-Maloideae* / Apfelfrüchtige Rosengewächse) (fälschlich auch als „Sammelbalg" bezeichnet).

**Springfrucht** (= Öffnungsfrucht = Streufrucht): Fruchtwand sich bei der Reife öffnend u. die Samen entlassend (als Diasporen fungieren die Samen), meist trocken, selten fleischig oder saftig: → Balg, → Hülse, → Kapsel, → Schote, → Schötchen.

**Balg** (= Balgfrucht): aus 1 Fruchtblatt gebildet u. bei der Reife an nur 1 Längslinie (meist an der **Bauchnaht**) aufspringend (zB *Consolida*/Feldrittersporn, *Vincetoxicum*/Schwalbenwurz) (Abb. 88). Die aus einem chorikarp-mehrkarpelligen Gynözeum hervorgegangenen (u. daher Elemente einer Sammelfrucht darstellenden) Balgfrüchtchen werden oft ebenfalls Bälge genannt (zB *Caltha*/Sumpfdotterblume).

**Hülse**: aus 1 Fruchtblatt gebildet u. sich bei der Reife an 2 Längslinien, der **Bauchnaht** u. der Mittelrippe (**Rückennaht**), in 2 freie Klappen trennend (zB *Pisum*/Erbse, Abb. 91 a); ohne Scheidewand oder (*Astragalus*/Tragant, *Oxytropis*/Spitzkiel) durch eine falsche Längsscheidewand zweifächrig. (→ *Fabales*/Hülsenfrüchtler u. *Fabaceae*/Schmetterlingsblütler.) (Vgl. → Schote!)

**Kapsel**: aus 2 oder mehreren Fruchtblättern gebildet; ungefächert oder durch echte oder falsche Scheidewände gefächert. Das Öffnen (die Dehiszenz) erfolgt auf verschiedene Weise: mit Klappen (**Spaltkapsel**) (Abb. 89 a, 90; zB *Iris*/Schwertlilie: sich an der Spitze trennende Klappen; *Impatiens*/Springkraut: sich völlig trennende Klappen; *Evonymus*/Spindelstrauch) oder Zähnen (**Zahnkapsel**) (Abb. 89 b, 168, zB *Cerastium*/Hornkraut: Zähne oben; *Ledum*/Sumpfporst: Zähne unten), durch Längsritzen (*Oxalis*/Sauerklee, *Orchis*/Knabenkraut), durch Poren (**Porenkapsel**) (Abb. 89 c, *Papaver*/Mohn, *Antirrhinum*/Löwenmaul, *Campanula*/Glockenblume), mit einem Deckel (**Deckelkapsel**) (Abb. 89 d, zB *Anagallis*/Gauchheil, *Hyoscyamus*/Bilsenkraut) oder durch unregelmäßigen Zerfall (*Trientalis*/Siebenstern, *Cuscuta*/Teufelszwirn).

**fachspaltig** (= lokulizid): (die Kapsel) öffnet sich mit einem Längsspalt am Rücken in der Mitte jedes Faches. (Abb. 90 a; zB *Tulipa*/Tulpe, *Evonymus*/Pfaffenkäppchen.) (Gegensatz: → scheidewandspaltig.)

**scheidewandspaltig** (= septizid): (die Kapsel) öffnet sich an den Scheidewänden. (Abb. 90 b; zB *Veratrum*/Germer, *Colchicum*/Herbstzeitlose.)

**Schote** (Siliqua) (Abb. 272 a, 275, 285, 290): eine aus 2 (nach anderer morphologischer Interpretation 4) Fruchtblättern bestehende, lange Kapsel (mindestens 3mal so lang wie breit), bei der zur Reife 2 „Fruchtblätter" als samenlose **Klappen** von einem samentragenden, auf dem Fruchtstiel stehenbleibenden **Plazentar-Rahmen** (= Replum) abfallen (Abb. 91 b). Plazentar-Rahmen entweder ohne Scheidewand (*Chelidonium*/Schöllkraut, *Corydalis*/Lerchensporn)

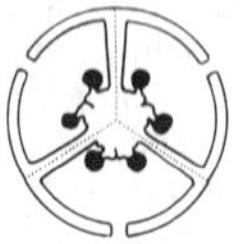

Abb. 90a

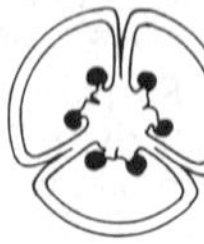

Abb. 90b

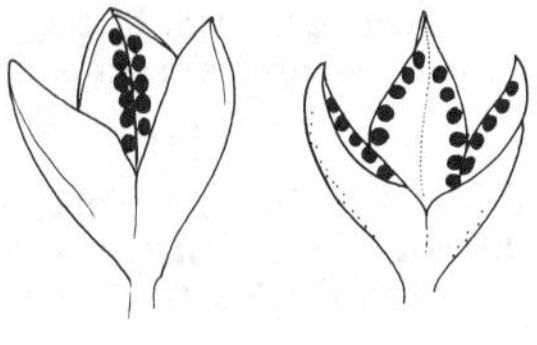

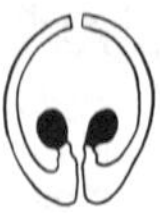

Abb. 91a

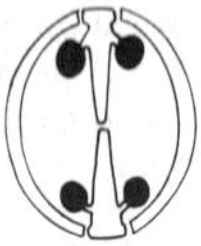

Abb. 91b

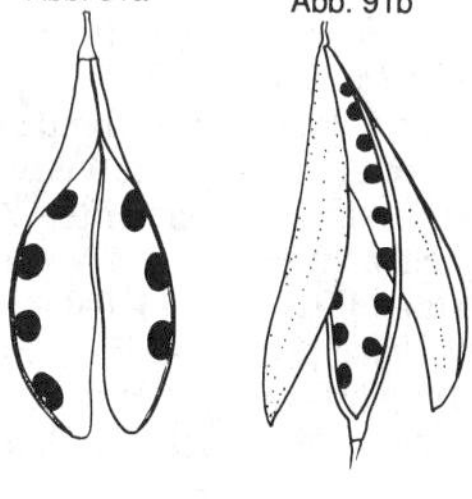

oder mit falscher Scheidewand (→ *Brassicaceae*/Kreuzblütler). („Schote" wird auch – aber nicht in diesem Buch – als Oberbegriff für Schote u. → Schötchen verwendet.) – Die „Paprikaschote" der Alltagssprache ist, botanisch gesehen, also keine Schote (sondern eine Hohlbeere); die „Erbsenschote" dagegen ist eine → Hülse.

**Schötchen** (Silicula): Schote, die höchstens 3mal so lang wie breit ist. Man unterscheidet Schötchen mit schmaler Scheidewand, die senkrecht zur Scheidewand abgeflacht sind (*Capsella*/Hirtentäschel) u. solche mit breiter Scheidewand, die parallel zur Scheidewand abgeflacht sind (*Lunaria*/Mondviole). (→ *Brassicaceae*/Kreuzblütler.)

**Zerfallfrucht**: Frucht, die bei der Reife in mehrere, meist einsamige u. geschlossen bleibende **Teilfrüchte** (= zugleich die Ausbreitungseinheiten) zerfällt: → Spaltfrucht, → Bruchfrucht u. → Klausenfrucht.

**Spaltfrucht [SpaltFr]**: zerfällt bei der Reife durch Spaltung (Längsteilung) echter Scheidewände in mehrere Teilfrüchte (zugleich Ausbreitungseinheiten), deren Wandung jeweils einem ganzen Fruchtblatt entspricht (*Acer*/Ahorn, *Malva*/Malve, *Rubiaceae*/Labkrautgewächse); diese TeilFr sind meist 1samig; zuweilen bleibt zwischen ihnen zentral ein stielartiger **Fruchthalter** (Karpophor) stehen (*Geranium*/Storchschnabel, *Apiaceae*/Doldengewächse, Abb. 250).

**Bruchfrucht [BruchFr]**: zerfällt bei der Reife durch Spaltung falscher Scheidewände in mehrere Teilfrüchte, deren Wandung daher jeweils nur Teilen eines oder mehrerer Fruchtblätter entspricht. Die Teilfrüchte sind stets einsamig u. bleiben geschlossen: → Gliederhülse, → Gliederschote.

**Gliederhülse** (Lomentum): aus 1 Fruchtblatt gebildet u. quer in (meist 1samige) Glieder zerfallend (zB *Securigera*/Kronwicke, *Hippocrepis*/Hufeisenklee) (Abb. 16, 44).

**Gliederschote** (Lomentum): aus 2 (bzw. 4) Fruchtblättern gebildet u. quer zerfallend (zB *Raphanus arvensis*/Hederich; 2 ungleiche Glieder bei *Rapistrum*/Rapsdotter) (Abb. 281).

**Klausenfrucht**: zerfällt bei der Reife durch Spaltung (Längsteilung) echter **und** falscher Scheidewände in mehrere Teilfrüchte; Zahl der aus 1 Fruchtknoten hervorgehenden Teilfrüchte (= **Klausen**) daher stets ein Mehrfaches der Fruchtblätter (bei den einheimischen Arten fast stets 4, da 2 Fruchtblätter mit nur je 1 falschen (u. 1 echten) Scheidewand: *Lamiaceae*/Lippenblütler, *Boraginaceae*/Rauhblattgewächse, *Callitriche*/Wasserstern).

**Sammelfrucht [SammelFr]**: bei Blüten mit mehreren, freien, 1karpelligen Stempeln (Chorikarpie) die Gesamtheit der aus 1 Blüte hervorgegangenen Fruchtblätter. Die einzelnen Elemente (Fruchtblätter) werden – auch wenn sie sehr groß sind – **Früchtchen** genannt; sie sind Einblattfrüchte (= Karpidien). Der Sammelbalg zB besteht aus Balgfrüchtchen (auch Bälge genannt; zB *Helleborus*/Nieswurz), die Sammelnuß aus Nüßchen (zB *Ranunculus*/Hahnenfuß, *Fragaria*/Erdbeere; Abb. 149, 151), die Sammelsteinfrucht aus Steinfrüchtchen (zB *Rubus idaeus* / Himbeere). – Meist bleiben die Früchtchen bis zur Reife getrennt u. werden auch einzeln ausgebreitet. Bisweilen verbinden sie sich aber zu einer Ausbreitungseinheit, entweder durch nachträgliche Verwachsung oder Verklebung der Früchtchenwände (*Rubus*/Himbeere) oder mittels Achsengewebe (*Fragaria*/Erdbeere, *Rosa*/Rose). (→ Apfelfrucht.)

**Fruchtstand [FrStand]**: → **8.0.**

**Fruchtverband [FrVerband]**: → Fruchtstand, der als → Ausbreitungseinheit (Diaspore) fungiert. Er kann Früchte ausstreuen (*Dipsacus*/Karde, *Asteraceae*/Korbblütler) oder mit diesen als Ganzes abfallen. So bildet der Nußfruchtstand der

Linde/*Tilia* zusammen mit dem vergrößerten, als Flugorgan dienenden Vorblatt eine Ausbreitungseinheit. Die **Doppelbeere** der *Lonicera alpigena* / Alpen-Heckenkirsche wird aus den beiden Fruchtknoten zweier benachbarter Blüten gebildet. Auch die Maulbeere des Maulbeerbaums/*Morus* ist ein Fruchtverband, da sie aus einem kätzchenförmigen Blütenstand hervorgeht u. sich aus den Nüssen vieler Blüten zusammensetzt, die samt ihren saftig-fleischig gewordenden Perigonen zu einem beerenartigen Gebilde verwachsen sind.

## 9. Der Same [Sa]

Der **Same [Sa]** (Abb. 92) ist die aus einer Samenanlage hervorgegangene, i. d. R. aus der **Samenschale** [**SaSchale**] (= Testa: Abb. 92 a), dem **Embryo** (= **Keimling**: Abb. 92 b + c + d) u. (meist) dem **Nährgewebe** (= sekundäres Endosperm bzw. Perisperm; Abb. 92 e) bestehende Fortpflanzungseinheit der Samenpflanzen. Der Same enthält die junge Tochterpflanze (= den Embryo) in einem Ruhestadium u. löst sich von der Mutterpflanze ab (als solcher oder in Organen der Mutterpflanze eingeschlossen). Der Embryo zeigt bereits die 3 Grundorgane: Wurzel (Keimwurzel: Abb. 92 b), Achse (Hypocotyl: Abb. 92 c) und Blatt (Keimblätter: Abb. 92 d). Die **Samenanlagen** sind bei den Bedecktsamigen im Fruchtknoten eingeschlossen; nach der Befruchtung wandeln sie sich zum Samen u. werden zur Zeit der Fruchtreife entweder freigesetzt oder samt der Frucht ausgebreitet. Bei den Nacktsamigen liegen die Samenanlagen zur Blühzeit frei auf der Oberseite von Samen- oder Zapfenschuppen u. sind meist zur Zeit der Reife in fruchtähnliche Gebilde eingeschlossen (Zapfen; Beerenzapfen bei *Juniperus*/Wacholder). Seltener (*Taxus*/Eibe, *Ginkgo*/Ginkgo) stehen die Samenanlagen einzeln am Ende von Sprossen u. sind bei der Reife frei.
**Samennabel** (= Hilum): ein verschieden geformter, oft weißlicher Fleck auf der Samenschale, er ist die Stelle, an der der Same am **Samenstielchen** (= Nabelstrang, **Funiculus**), durch das der Same ernährt wurde, festgeheftet war u. an der er sich bei der Reife gegebenenfalls ablöst.

**Samenmantel** (= **Arillus**): eine um den reifenden Samen entstehende u. ihn ganz oder fast ganz einhüllende, becher- oder sackförmige Hülle (zB *Taxus*/Eibe, *Nymphaea*/Seerose, *Evonymus*/Pfaffenhütchen). Manche Samen tragen Anhängsel, die von verschiedener anatomischer Natur sein können u. entsprechend verschiedene Namen tragen („Strophiolen" zB bei den *Caryophyllaceae*/Nelkengewächsen; „Carunculae" bei den *Euphorbiaceae*/Wolfsmilchgewächsen). Sie haben oft die Funktion von Ködern für Ameisen, dienen der Ausbreitung durch diese Tiere (Myrmekochorie) u. heißen dann **Elaiosome**. (Auch Früchte u. Teilfrüchte können Elaiosome tragen; → Abb. 102.)

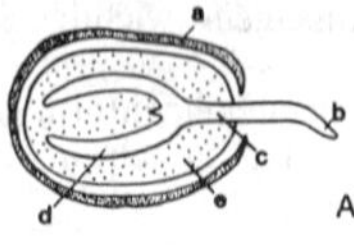

Abb. 92

## 10. Die besonderen Bildungen bei den Pteridophyten/Gefäßsporenpflanzen

**Spore**: einzellige, derbwandige, etwa 30–80 µm große Ausbreitungseinheit, aus der bei ihrer Keimung das **Prothallium** (= der Vorkeim, der Gametophyt) hervorgeht. Einige Gattungen (*Selaginella*/Moosfarn, *Marsilea*/Kleefarn) sind → heterospor, dh, sie bilden sowohl große Sporen (= **Megasporen** = Makrosporen, d. s. die ♀, weil aus ihnen die ♀ Gametophyten hervorgehen) wie auch kleine Sporen

Abb. 93

(= **Mikrosporen**, d. s. die ♂, weil aus ihnen die ♂ Gametophyten hervorgehen). Die länglichen, bei der Entstehung im Zentrum der Sporentetrade liegenden Keimstellen können einfach (monolete Sporen, zB *Dryopteridaceae*/Wurmfarngewächse) oder 3spaltig (trilete Sporen, zB *Pteridium*/Adlerfarn) sein. Bei den meisten heimischen Farnen ist die ± glatte, derbe Sporenwand (= Exospor) von einer ± dünnen, artspezifisch strukturierten „Hülle" (= Perispor, Perine) umgeben, die die Spore zB runzelig, stachelig, faltig oder glatt usw. erscheinen läßt.

**isospor** (= „gleichsporig"): nur eine Sorte von Sporen vorhanden; geschlechtliche Differenzierung erst im Gametophyten (Prothallium).

**heterospor** (= „verschiedensporig"): es werden **Mikrosporen** (klein), aus denen ♂ Prothallien, u. **Megasporen** (= Makrosporen) (wesentlich größer), aus denen ♀ Prothallien entstehen, erzeugt. (→ Spore!)

**Sporangium** (= „Sporenkapsel"): ein sich bei der Sporenreife öffnender Sporenbehälter, gestielt oder ungestielt, einzelstehend (*Lycopodiaceae*/Bärlappgewächse, *Selaginellaceae*/Moosfarngewächse, *Ophioglossaceae*/Natternzungengewächse) oder in Gruppen (Sori) angeordnet. Sporangien mit ♀ Megasporen heißen **Megasporangien**, solche mit ♂ Mikrosporen **Mikrosporangien**.

**Anulus**: aus einer Reihe randlicher, derbwandiger Zellen bestehende Struktur des Sporangiums, die zur (hygroskopischen) Öffnung dient.

**Sorus** (Mehrzahl: **Sori**; = Sporangiengruppen, -schar, -häufchen): Gruppe dicht beieinanderstehender Sporangien, die bei den *Polypodiophytina* auf der Blattunterseite stehen. (Abb. 94.)

**Schleier** (Indusium): zartes Häutchen, das einen Sorus bedeckt u. bei der Sporenreife meist schrumpft oder verschwindet. Seine Form oder auch sein Fehlen spielt bei der Bestimmung der Farngattungen u. -familien eine wichtige Rolle. (Abb. 95 a, b.)

**Sporokarp** (= „Sporenfrucht"): kugeliges, ei- oder bohnenförmiges Gebilde am Grund des Blattstiels, das mehrere Sporangien enthält u. sich zur Zeit der Sporenreife öffnet. (→ *Marsileaceae*/Kleefarngewächse.)

**Sporophyll**: sporangientragendes (fertiles) Blatt, in Form u. Größe den sporangienlosen (sterilen) Blättern (**Trophophyllen**) meist gleich, in einigen Fällen jedoch von diesen stark abweichend (*Lycopodiaceae*/Bärlappgewächse: Abb. 96; *Equisetum*/Schachtelhalm).

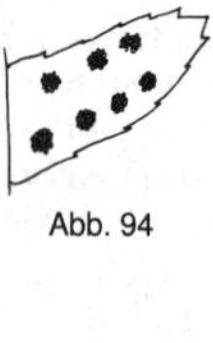

Abb. 94

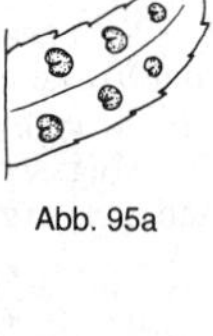

Abb. 95a

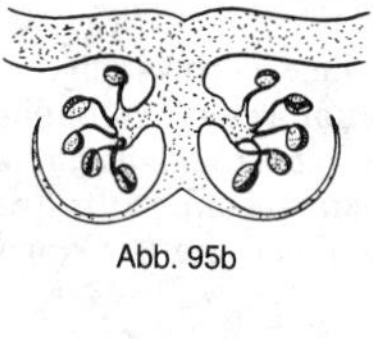

Abb. 95b

**Sporophyllstand** (= Strobilus): der die ährenartig angeordneten Sporophylle tragende Sproß(-Abschnitt) bei *Lycopodiaceae*/Bärlappgewächsen (Abb. 96) u. *Equisetaceae*/Schachtelhalmgewächsen (Abb. 112); morphologisch der Blüte homolog.

**Prothallium** (= Vorkeim): kleines, haploides, nicht in Sproß u. Wurzeln gegliedertes Pflänzchen, das aus der keimenden Spore hervorgeht u. an dem in besonderen Behältern die ♀ u. ♂ Geschlechtszellen (Eizellen bzw. Spermien) entstehen.

**Ligula**: häutiges, farbloses Anhängsel am Grund der Blattoberseite bei *Selaginella*/Moosfarn.

**Spreuschuppen**: häutige, meist braune, meist flächige, seltener haarförmige Schuppen an Blättern (besonders an deren Stielen) u. Rhizomen der *Pterophytina*/Farnpflanzen (→ aber Spreublätter bei den *Spermatophyta*/Samenpflanzen).

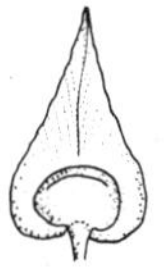

Abb. 96

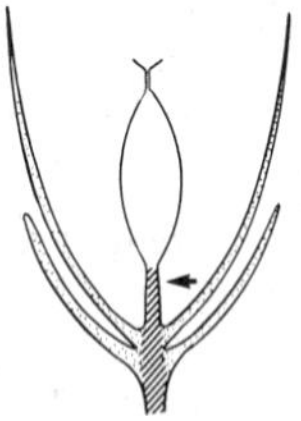

Abb. 97

# **Die Lebensweise der Pflanzensippen** (Ökomorphologie)

Als Einleitung in dieses Thema sei eine allgemein-biologische Überlegung vorangestellt.

Die Gestalt der Pflanze und ihrer Teile wird in einem Bestimmungsbuch in erster Linie unter dem Blickwinkel ihrer Tauglichkeit zur Unterscheidung der verschiedenen Pflanzensippen gesehen, das heißt, die verschiedenen Pflanzengestalten werden hinsichtlich ihrer Identifizierungs-„Merkmale" betrachtet, eine Sichtweise, die man **Phytographie** („Pflanzenbeschreibung") nennt. Der **Morphologe** dagegen erforscht beim Vergleich der Gestalten die diesen zugrundeliegenden Baugesetzlichkeiten. Der **Taxonom** bemüht sich um eine der Natur entsprechende, möglichst sinnvolle Anordnung der Sippen, indem er die Merkmale zur Kennzeichnung der Taxa benützt; wenn er dabei besonderes Augenmerk auf Verwandtschaft und evolutiven Werdegang legt, nennt man ihn **Sippensystematiker**.

Die bis jetzt genannten Aspekte stehen in einem Bestimmungsbuch naturgemäß im Vordergrund. Daß all dies jedoch nur einen Teil der biologischen Betrachtung der Pflanze und ihrer Mannigfaltigkeit ausmacht, liegt auf der Hand: Die Gestalt der Pflanze und ihrer Teile, der Organe, steht selbstverständlich in engstem Zusammenhang mit ihrer Lebensweise. Mit diesen funktionellen Gesichtspunkten befassen sich **Physiologie**, **Genetik** und **Ökologie**. Diese Arbeitsweisen kombiniert die **Evolutionsbiologie** (Evolutionsforschung) mit Morphologie und Sippensystematik, um damit die Entstehungsgeschichte der Sippen und deren ursächliche Zusammenhänge zu durchleuchten.

Jede Pflanze ist aufgrund ihrer von den Vorfahren ererbten genetischen Konstitution an das Leben in einem bestimmten Lebensraum in hohem Maße „angepaßt" oder „eingepaßt" (adaptiert), das heißt, sie ist aufgrund ihrer besonderen Eigenschaften (die nicht nur die Gestalt, sondern auch die physiologischen Fähigkeiten und Reaktionsmöglichkeiten umfassen) dazu ausgerüstet, die Anforderungen ihres Lebensraumes in ganz bestimmter Weise, mit einer bestimmten Lebens- und Überlebens-„Strategie" zu bewältigen. Der Begriff „Anpassung" wird hier unter Anführungszeichen geschrieben, weil dieser Ausdruck zwar in der Biologie üblich, aber eigentlich recht mißverständlich ist: Die Organismen passen sich in Wirklichkeit nicht – wie etwa der Handschuh an die Hand – bloß passiv an eine vorgegebene Umwelt an, sondern sie setzen sich mit ihr in vielfältiger und sehr komplexer Weise auseinander, ja gestalten sie zum Großteil mit! (Vgl. dazu S. 27/28!) Jede Pflanze verdankt also ihre bestimmte Gestalt und alle ihre sonstigen Eigentümlichkeiten zum allergrößten Teil ihren Vorfahren, die all diese Eigenschaften im Laufe ihrer Geschichte (des historischen Prozesses der Evolution) in langen geologischen Zeiträumen, in ständiger Auseinandersetzung mit der Umwelt, allmählich erworben haben (was wir darüber wissen, ist Gegenstand der Evolutionstheorie). Der Merkmalsbestand einer Sippe ist immer eine Kombination von relativ stabileren Merkmalen, die von älteren Vorfahren stammen (z. B. Familienmerkmale wie Stellung und Bau des Fruchtknotens) und von weniger stabilen, relativ jüngeren Merkmalen, deren Anpassungscharakter (d. h. ökologische Funktion) noch deutlicher ist (z. B. Artmerkmale wie Laubblattgestalt, Blütenfarben). Dazu kommen noch Merkmale, die auf verschiedenartige Zufallsereignisse während der stammesgeschichtlichen Abläufe zurückgehen. Die Gesamtheit aller erblichen Merkmale und Eigenschaften einer Pflanzensippe besteht daher sozusagen aus drei Komponenten (die aber im einzelnen niemals klar voneinander zu trennen sind): (a) solche, die bei den fernen Vorfahren einmal Anpassungswert hatten, dann aber nur noch „mitgeschleppt" werden, (b) solche, die auf historischen Zufälligkeiten (während des

Evolutionsgeschehens) beruhen, und (c) solche, die von den unmittelbaren Vorfahren stammen und noch immer ± aktuellen „Anpassungswert“ haben.

Alle diese Eigenschaften sind zwar im Erbgut (im Genom, in der genetischen Konstitution) festgelegt, aber in einem gewissen Ausmaß können fast alle Arten und Populationen (erblich) variieren: die einzelnen Individuen gehören verschiedenen Genotypen an (Biotypen; „gene-pool“), von denen sich einige besser, andere weniger gut unter den jeweils herrschenden Bedingungen durchsetzen können (natürliche Auslese = Selektion). Nur einen verhältnismäßig sehr geringen „Spielraum“ hat jedes Individuum zusätzlich zur Verfügung, um sich noch besser an die aktuellen Umweltbedingungen anzupassen: die sogenannte modifikative Variation. Diese individuellen Modifikationen sind nicht-erbliche Abänderungen (ihr Umfang, ihr Ausmaß, ihre Grenzen sind jedoch durch das Erbgut vorgegeben und fixiert): Wenn beispielsweise Nährstoffe und Feuchtigkeit knapp sind, wächst das betroffene Pflanzenindividuum langsamer, bleibt kleiner und kommt früher zur Blüten- und Samenbildung; im Schatten stehende Individuen bilden größere Blätter als im Licht stehende usw. Dies alles ist aber immer nur innerhalb des durch die genetische Konstitution festgelegten Rahmens möglich.

Mit dem Studium der Lebensweise (Ernährung, Wachstum usw.) befaßt sich die **Physiologie**, die Art und Weise der Bewältigung der Umweltsituation behandelt die **Ökologie**. Innerhalb dieser ist die Erforschung der „Umwelt-Anpassungen“ der einzelnen Pflanze Gegenstand der **Autökologie**; die Pflanzengemeinschaften und deren Verhältnis gegenüber ihrem Lebensraum untersucht die **Synökologie** (zu der die **Vegetationskunde** und **Pflanzensoziologie** gehören, vgl. S. 121). Die Aufklärung der Beziehungen zwischen der Pflanzengestalt (dem Bau der Pflanze und ihrer Teile) und ihrer Funktionsweise unter den jeweiligen spezifischen Umweltverhältnissen, also der gestaltlichen „Anpassungen“ sind Aufgabe der **Ökomorphologie**, zu der die im folgenden Abschnitt zu besprechenden Begriffe und Erörterungen hauptsächlich gehören.

## A) Bewältigung ungünstiger Jahreszeiten

**Lebensdauer, Wuchsform, Lebensform**. Tempo und Dauer des Entwicklungszyklus der Individuen zusammen mit Merkmalen der Wuchsform und insbesondere der Art und Weise der Bewältigung ökologischer Streßsituationen werden für autökologische Gruppierungen der Pflanzensippen verwendet, die eine Übersicht über die wichtigsten Anpassungs-Strategien bieten und die sich vielfach, besonders auch in der Vegetationskunde bewährt haben. Diese Klassifikationen, wie vor allem das System der Lebensformen (s. u.), sind völlig unabhängig von verwandtschaftlichen Beziehungen und damit vom Sippensystem. Derselbe Lebensformtyp tritt in ganz verschiedenen Verwandtschaftsgruppen auf, z. B. Makrophanerophyten (Bäume) bei den *Fagales* (Eiche/*Quércus*), bei den *Salicales* (Weiß-Pappel / *Pópulus álba*), *Malvales* (Linde/*Tília*); Rhizomgeophyten bei den Ranunculaceen (Windröschen/*Anemóne*), Cruciferen (Zahnwurz/*Dentária*), Asparagaceen (Weißwurz/*Polygónatum*); Frühlings-Therophyten bei den Cruciferen (Hungerblümchen/*Eróphila*), Caryophyllaceen (Hornkraut/*Cerástium*), Saxifragaceen (Finger-Steinbrech / *Saxífraga tridactylítes*) usw. Umgekehrt gibt es innerhalb desselben engeren Taxons oft sehr verschiedenartige Lebensformen, z. B. innerhalb der Gattung Hahnenfuß/*Ranúnculus* Wasser- und Landpflanzen, unter den Landpflanzen Einjährige und Stauden, unter den Stauden Geophyten und Hemikryptophyten, unter letzteren Hochstauden und niederwüchsige; es gibt Waldpflanzen (schattenertragend) und Rasenpflanzen (lichtliebend), trockenheits- und feuchtigkeitsliebende, nährstoffliebende (eutraphente) und magerkeitszeigende, wärmebedürftige und kälteertragende, dementsprechend colline bis subnivale usw. Diese Erscheinung, daß eine Sippe – im Beispiel eine Gattung (nämlich der Hahnenfuß) – viele verschiedene Lebensräume (Standortsbereiche, Pflanzengesellschaften) dadurch erobert hat, daß sich jede ihrer Arten auf einen bestimmten Ökotopbereich spezialisiert hat, nennt man ökologische Radiation; sie entspricht einem Grundprinzip der Evolution.

## 1) Lebensdauer

Hapaxanthe (= monokarpische Pflanzen) nennt man alle jene, die nur ein einziges Mal blühen, fruchten und danach absterben, und zwar unabhängig von ihrer Lebensdauer: Einjährige, Zweijährige, Mehrjährig-Hapaxanthe.

Einjährige (= Annuelle, ⊙) benötigen für ihre Individualentwicklung (Entwicklungszyklus, von der Keimung bis zur Samenreife und zum Tod) etwa ein Jahr, eine Vegetationsperiode oder weniger.

Zweijährige (= Bienne) und Mehrjährig-Hapaxanthe (= Plurienne) (im Hauptteil dieses Buches werden diese beiden Typen gemeinsam mit dem Symbol ⊙ gekennzeichnet) brauchen für ihren vollständigen Entwicklungszyklus 2 oder mehrere Jahre; sie blühen u. fruchten jedoch nur einmal, nämlich in ihrem letzten Lebensjahr.

Pollakanthe (= polykarpische Pf) heißen alle jene, die mehrmals (in mehreren Jahren) blühen u. fruchten: Stauden u. Holzgewächse.

Ausdauernde (= Perenne, Perennierende) leben mehrere Jahre u. blühen u. fruchten alljährlich. Sie sind entweder krautig (**Stauden**, Symbol: ♃) oder holzig (**Holzgewächse**, Symbol: ♄).

Krautige: unverholzte Pf, das sind die Stauden u. (in unserer Flora) die Hapaxanthen (⊙ u. ⊙).

*Man beachte*: Früher (in manchen älteren Büchern) wurden die Einjährigen auch „Kräuter" genannt (im Gegensatz zu den Stauden). – „Staude" bezeichnet im botanischen (u. auch gärtnerischen) Sprachgebrauch ausdauernde, dabei während ihrer ganzen Lebenszeit unverholzte Pf (die österreichische Umgangsprache dagegen verwendet dieses Wort auch für kräftige, verzweigte, großblättrige Annuelle und ebenso auch – oder sogar hauptsächlich – für holzige Pf, bes. Sträucher (z. B. „Hollerstaude"!).

Nach der Lebensdauer der grünen Laubblätter unterscheidet man Immergrüne (mehrere Jahre lebend), Wintergrüne (nicht länger als etwa ein Jahr lebend, mit grünen Laubblättern aber während des Winters: z. B. Leberblümchen / *Hepática nóbilis*) und Sommergrüne (nicht länger als ein Jahr lebend, aber nur während der Hauptvegetationszeit mit grünen Laubblättern).

## 2) Das System der Lebensformen

Einteilungsgrund für die Hauptgruppen ist die Art und Weise der Überdauerung ungünstiger Jahreszeiten, und zwar hauptsächlich nach der Position der Erneuerungsknospen (= Überdauerungsknospen = Innovationsknospen). Da es sich dabei um für die Pflanze sehr wichtige Organe handelt, ist diese eigentlich sehr simple Gruppierung dennoch ökologisch aussagekräftig. (→ Abb. 98.) Die Lebensformengruppen werden deshalb besonders in der Vegetationskunde verwendet.

**a) Im Boden Wurzelnde (Radikante)** (Abb. 98):

**Phanerophyten** („Luftpflanzen"; meist hoch- und höherwüchsige Gehölze):

Makrophanerophyten: Überdauerungsknospen höher als etwa 2–3 m über dem Boden (Bäume u. hochkletternde Lianen; ♄ MPh);

Nanophanerophyten: Überdauerungsknospen zwischen etwa 30–50 und 200–300 cm über dem Boden (Sträucher u. strauchförmige Stauden; ♄–♃ NaPh); (z. B. Dirndlstrauch / *Córnus mas*);

Hemiphanerophyten (Kleinsträucher):

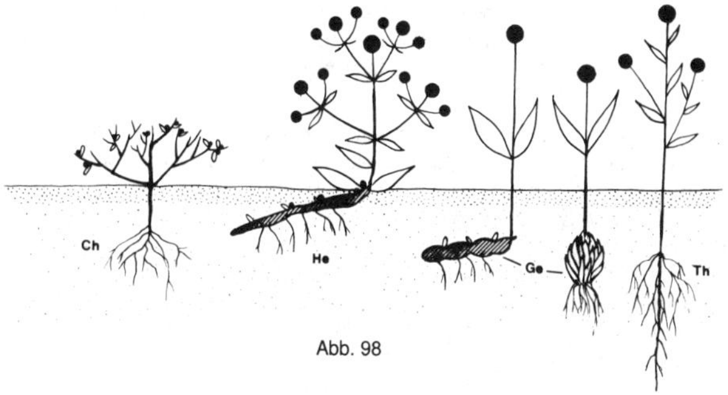


Abb. 98

Überdauerungsknospen etwa 30–70 cm über dem Boden (♄, HPh); (z. B. Felsen-Kreuzdorn / *Rhámnus saxátilis*, Zwerg-Weichsel / *Prúnus fruticósa*).

**Chamaephyten** („Bodennah Knospende", „Oberflächenpflanzen"; Ch): Überdauerungsknospen mindestens etwa (1)5–10 cm über der Bodenoberfläche, aber nicht höher als etwa 50 cm, deshalb Schneeschutz u. Vorteile des bodennahen Mikroklimas genießend. Meist anspruchslose, produktionsschwache, konkurrenzschwache Sippen auf ungünstigen (ökologisch extremen) Standorten.

Halbsträucher: nur im untersten Teil verholzt; Teile der vegetativen Jahrestriebe im Herbst absterbend; (z. B. Quendel / *Thýmus*, Sonnenröschen / *Heliánthemum*);

Zwergsträucher: vegetat. Sprosse zur Gänze verholzend, nicht absterbend (♄ Ch); (z. B. Besenheide / *Callúna vulgáris*, Heidelbeere / *Vaccínium myrtíllus*);

Teppichsträucher (= Spaliersträucher): meist kaum 5 cm hoch, flach am Boden ausgebreitet (♄ Ch); (z. B. Silberwurz / *Drýas octopétala*, alpine Weiden- / *Sálix*-Arten);

Polsterstauden (verholzt oder unverholzt; Flachpölster, Halbkugelpölster usw.); (Stengelloses Leimkraut / *Siléne acáulis*);

Bodennahe Sukkulente: Krautige mit sukkulenten LB (♃ Ch); (z. B. Mauerpfeffer / *Sédum*).

**Hemikryptophyten** („Am Boden Knospende", „Erdschürfepflanzen"; ♃ He): Überdauerungsknospen in unmittelbarer Nähe der Bodenoberfläche (weniger als 5 cm darüber), in der Laubstreuschicht; sie sitzen meist an basalen Abschnitten der Sprosse (deren oberer Teil abgestorben ist) oder an seichtliegenden, meist dünnen Rhizomen. Typisch für mittlere mitteleuropäische Standorte.

Pleiokorm-Hemikryptophyten (Pleiokormstauden): knapp an der Bodenoberfläche verzweigtes, gestauchtes Rhizom (die basalen Abschnitte der Laubsprosse bilden das Rhizom; Abb. 99); (z. B. Echtes Johanniskraut / *Hyperícum perforátum*);

Rosetten-Hemikryptophyten (Grundrosette, keine StgB, sondern Schaft (Schäfte); z. B. Gänseblümchen / *Béllis perénnis*, Mittel-Wegerich / *Plantágo média*);

Halbrosetten-Hemikryptophyten (Grundrosette u. StgB);

Nichtrosetten-Hemikryptophyten (keine Grundrosette, sondern nur StgB; z. B. Große Brennessel / *Urtíca dióica*);

Horst-Hemikryptophyten: starke basale Verzweigung, viele, eng benachbarte Grundsprosse; (z. B. Rasenschmiele / *Deschámpsia cespitósa*);

Kriech-Hemikryptophyten: bodennahe (knapp ober- bis unterirdische) Ausläufer treibende; (z. B. Kriech-Klee / *Trifólium répens*, Wald-Erdbeere / *Fragária vésca*);

Zu den Hemikryptophyten gehören, streng genommen, auch die Zweijährigen u. Mehrjährigen (oder sogar auch die Winterannuellen), die jedoch in ökologischer Hinsicht mehr Ähnlichkeit mit den Therophyten haben, mit denen sie auch die Hapaxanthie gemeinsam haben.

**Geophyten** (Kryptophyten, „Erdpflanzen", „Bodenwinternde"; ♃ Ge): Verdickte (speichernde) Überdauerungsorgane u. -knospen im Boden u. dadurch besonders gut geschützt, benötigen aber beim Austreiben (Aufbau der Jahrestriebe) und beim Auffüllen der Speicher größeren Material-/Energieaufwand: Typisch für kurzzeitig sehr günstige Standorte.

Die unterirdischen Speicherorgane können nicht seitlich wandern:
Zwiebel-Geophyten (z. B. Lauch / *Állium*, Schneeglöckchen / *Galánthus*);
Achsenknollen-Geophyten (z. B. Krokus / *Crócus*, Lerchensporn / *Corýdalis*);
Wurzelknollen-Geophyten (z. B. Scharbockskraut / *Ranúnculus ficária*).

Die unterirdischen Speichersprosse können seitlich wandern:
Rhizom-Geophyten (z. B. Busch-Windröschen / *Anemóne nemorósa*, Salomonssiegel / *Polygónatum odorátum*);

Wurzel-Geophyten haben wurzelbürtige Überdauerungsknospen (Sproßknospen: Wurzelsprosse) mit starker seitlicher Wanderfähigkeit (z. B. Acker-Kratzdistel / *Círsium arvénse*, Acker-Winde / *Convólvulus arvénsis*).

**Therophyten** (Annuelle = Einjährige; ⊙ Th): Hapaxanthe Krautige, deren Lebenszyklus nicht länger als ein Jahr dauert u. die deshalb keinerlei Überdauerungsorgane ausbilden (bei den Dikotylen meist „spindelige", dh lange, dünne Hauptwurzel, keine unterirdischen Sprosse; Überdauerung nur als Diaspore). („Sommerblumen" der Gärtner, „Samenunkräuter" der Landwirte.) Standortsökologisch ähnlich wie die Geophyten, nämlich besonders erfolgreich eingepaßt an kurzfristig sehr günstigen Standorten. Nur wenige in Mitteleuropa urheimisch, z. B. in Austandorten oder in Trockenrasen; als Spezialfall etliche der Halbschmarotzer (vgl. Abschnitt **C 2**). Viele Therophyten sind Archäo- und Neophyten der anthropogenen Vegetation, z. B. Segetalfluren (Ackerwildkräuter).

Die Sommerannuellen (streng therophytische Einjährige) keimen im Frühling, blühen u. fruchten zw. Frühling u. Herbst und sterben nach wenigen Monaten, jedenfalls noch im selben Jahr, sicherlich aber noch vor dem Winter, ab (z. B. Vogelknöterich / *Polýgonum aviculáre agg.*).

Die Winterannuellen (= Überwinternd-Einjährigen; eigentlich wintergrüne, hapaxanthe Halbrosetten-Hemikryptophyten) keimen im Spätsommer oder im Herbst, überwintern als JungPf (meist mit einer den Winter überdauernden Laubblattrosette, blühen und fruchten im darauffolgenden Frühling oder Sommer (z. B. Kleb-Labkraut / *Gálium aparíne*). – Frühlings-Annuelle nennt man jene (Sonderform der) Winterannuellen, die einen besonders kurzen, meist nur wenige Monate dauernden Entwicklungszyklus haben und ihn bereits im Vorfrühling oder zeitigen Frühling abschließen („Frühlings-Ephemeriden"; z. B. Hornkraut-Arten / *Cerástium spp.*). – Herbst-Annuelle sind jene Einjährigen, die erst im Sommer oder Herbst blühen (z. B. Gelber Zahntrost / *Odontítes lútea*).

Die Zweijährigen (= Biennen) und die Mehrjährig-Hapaxanthen (= Pluriennen) gehören, streng genommen, zu den Hemikryptophyten: In ökologischer Hinsicht schließen sie aber an die Annuellen an. Viele Bienne blühen nur unter sehr günstigen Standortsbedingungen bereits im zweiten Jahr, oft aber erst im dritten oder vierten oder noch später, sodaß zwischen bienn und plurienn meistens keine klare Grenze besteht (im Buch: beide ⊙). Beispiele: Lauchkraut / *Alliária petioláta*, Gewöhnliche Königskerze / *Verbáscum phlomoídes*.

**Hydrophyten** sind die Wasserpflanzen (Wa), die man in Tauchpflanzen (gänzlich Untergetauchte), Schwimmpflanzen (die als Ganzes schwimmen – wie die Krebsschere/*Stratiótes* – oder nur mit Schwimmblättern – wie manche Laichkraut-Arten / *Potamogéton spp.*) und die Sumpfpflanzen (Helophyten) gliedert, die in mannigfacher Weise zu den Landpflanzen vermitteln und mit ihnen durch alle „Übergangsfälle" verbunden sind; manche verhalten sich amphibisch, d. h., sie bilden unter Wasser andere Blattformen aus als im Trockenen (über Wasser); vgl. dazu Abschnitt **B 2** (weiter unten). Zu den Radikanten zählen natürlich nur jene Hydrophyten, die im Boden wurzeln; die Freischwimmenden gehören zur nächsten Gruppe. (Vgl. S. 98!)

**b) Nicht im Boden Wurzelnde (Adnate und Errantia):**
Hierher gehören neben den im vorigen erwähnten freischwimmenden Wasserpflanzen die Epiphyten („Überpflanzen", Aufsitzer; normalerweise keine echten Schmarotzer, sondern nur „Raumparasiten"!); in der mitteleuropäischen Flora sind an Gefäßpflanzen nur einige Halbschmarotzer in diese Gruppe zu stellen: die Mistelgewächse/*Loranthácea*e. Manche Arten treten fakultativ epiphytisch auf, z. B. der Tüpfelfarn/*Polypódium*. Die übrigen Epiphyten der heimischen Flora sind Kryptogamen (Moose, Flechten, Luftalgen).

## 3) Einige weitere Wuchsformen

Hochstauden: Mindestens etwa 0,8 m hohe, meist breitblättrige Stauden, meist Hemikryptophyten. (Z. B. Tollkirsche / *Átropa bélla-dónna*, Alpen-Ampfer / *Rúmex alpínus*.) Charakteristisch für nährstoffreiche und zugleich frische bis feuchte Standorte. Bezeichnend sind Hochstaudenfluren in der obermontanen und subalpinen Stufe an Standorten, die zwar günstig sind, aber aus bestimmten Gründen keinen Waldwuchs zulassen (z. B. wegen Lawinenwirkung).

Grasartige: Laubblätter mit scheidigem Unterblatt, Spreiten schmal, Internodien mit interkalarem Meristem (rasches Nachwachsen!), Windbestäubung. Besonders Poaceen, Juncaceen, Cyperaceen. Viele Lichtliebende, besonders reich in Rasengesellschaften.

Kletterpflanzen (Klimmpflanzen): Holzige (phanerophytische) Kletterpflanzen heißen Lianen.

Rankenpflanzen: Organe sehr verschiedener morphologischer Natur dienen als Ranken: Sproßachsen (Weinrebengewächse/Vitaceen), achsenbürtige Wurzeln (Efeu/*Hédera*), umgewandelte Blätter (Kürbisgewächse/Cucurbitaceen), umgewandelte Blättchen (Wicke/*Vícia*, Platterbse/*Láthyrus*), Laubblattrachis (Gewöhnliche Waldrebe / *Clématis vitalba*).

Windepflanzen: Die Hauptachse windet sich schraubenförmig um das Substrat; z. B. Hopfen / *Húmulus lúpulus*, Windengewächse/Convolvulaceen, Windenknöterich/*Fallópia*, Teufelszwirn/*Cúscuta*.

Spreizklimmer: Die Pflanze klettert mit Hilfe kräftiger, abstehender (spreizender) Äste; das Abrutschen wird oft durch Borsten, Hakenhaare u. dgl. erschwert; z. B. Klett-Labkraut / *Gálium aparíne*, Hühnerbiß / *Cucúbalus báccifer*.

## B) Bewältigung extremer Standorte

**1) Trockenheit (Xerophyten)**: Um zeitweise Trockenheit zu ertragen, haben die Pflanzen recht verschiedene Strategien entwickelt.
Entweder vermeiden sie die Trockenheit, sie weichen ihr aus:

**(a)** durch kurzen Lebenszyklus wie z. B. die Frühlings-Annuellen: sie nützen den feuchten Winter und Vorfrühling und überdauern den trockenen Sommer (des Pannonischen Gebiets) als Samen; z. B. Hungerblümchen / *Eróphila vérna agg.*;

oder sie beschaffen sich während der Trockenzeit das nötige Wasser von woanders:

**(b)** durch tief, bis zum Grundwasser reichende Pfahlwurzel; z. B. Lotwurz/ *Onósma*;

**(c)** durch Speicherung von Wasser: Sukkulenz bestimmter Pflanzenteile, und zwar Achsen (Achsensukkulenz = „Stammsukkulenz") oder Laubblätter (Blattsukkulenz), die über wasserspeicherndes Gewebe verfügen (Sukkulente = „Saftpflanzen"); z. B. Dickblattgewächse/ *Crassuláceae*. Diese Sukkulenz ist oft mit einem bestimmten Stoffwechseltyp (CAM) verknüpft, bei dem die $CO_2$-Aufnahme auf die kühlere Nacht verschoben wird, wodurch die Spaltöffnungen am trocken-heißen Tag weitgehend geschlossen bleiben können, wodurch die Wasserabgabe (Transpiration) beschränkt wird.

**(d)** Die echten Xerophyten verfügen über verdunstungshemmende Einrichtungen und spezielle physiologische Mechanismen: Verkleinerung (Verschmälerung) der Blattfläche oder ihrer Abschnitte (z. B. Frühlings-Adonis / *Adónis vernális*; vgl. → Rutengewächse!), Verkleinerung und Einhüllung der Blattunterseite (mit den Spaltöffnungen) (Rollblätter; z. B. Berg-Gamander / *Téucrium montánum*, Schaf-Schwingel-Gruppe / *Festúca ovína agg.*), dicke Cuticula, Wachsüberzug (z. B. Österreichische Schwarzwurzel / *Scorzonéra austríaca*), dichte Behaarung (z. B. Graues Sonnenröschen / *Heliánthemum cánum*).

**2) Gewässer (Hydrophyten)**: Differenzierung in meist stark und fein zerteilte Unterwasserblätter einerseits und Schwimmblätter andererseits (z. B. Wasserhahnenfuß / *Ranúnculus subgen. Batráchium*); luftgefüllte Gewebe (Aerenchyme) im Wurzelstock und/oder Stengel usw. Amphibische Pflanzen bilden unter und über Wasser je verschieden gestaltete Laubblätter aus (z. B. Sumpfkresse/*Rorippa*, Wolfsfuß/*Lýcopus*). Es gibt ständig wurzelnde (z. B. Teichrose/*Núphar*) und nur im Jugendstadium wurzelnde (z. B. Hornblatt/*Ceratophýllum*) Pflanzen. Siehe auch S. 97!

**3) Hochgebirge (Orophyten)**: Die hauptsächlichen Ökofaktoren der alpinen Stufe sind kurze Vegetationszeit, Wärmemangel, oft sehr niedrige Temperaturen (→ Frosttrocknis!), hohe UV-Strahlung. Dazu kommen noch erhöhter Wind- und Schneedruck. Die Pflanzen antworten darauf mit verschiedenen Einrichtungen: z. B. mit schützenden Hüllen für den Vegetationspunkt („Strohtunika" aus abgestorbenen Blättern; Abb. 100), mit Pigmenten gegen die hohe Strahlung (dunkel gefärbte Hochblätter usw. – im Vergleich zu den „hellhäutigen" Verwandten tieferer Lagen!), mit allgemein stärker entwickeltem Wurzelsystem, allgemein meist niedrigem, gedrungenem Wuchs usw. Häufig und charakteristisch sind Rosetten-Hemikryptophyten, Chamaephyten, besonders Polsterstauden (z. B. Stengelloses Leimkraut / *Siléne acáulis*), viele Teppichsträucher (z. B. Bärentraube/*Arctostáphylos*). Charakteristisch sind wenige, aber große Blüten (z. B. Ostalpen-Nelke / *Diánthus alpínus*). Man vergleiche etwa den Rundblatt-Steinbrech / *Saxífraga rotundifólia*, eine montane Waldpflanze, mit alpinen Arten derselben Gattung wie dem Moschus-St. / *S. moscháta* und dem Blaugrünen St. / *S. cáesia*, und den montanen Rauhen St. / *S. áspera* mit seinem nächsten Verwandten, dem alpinen Moos-St. / *S. bryoídes*! Der Gefahr der → Frosttrocknis wird durch Xeromorphosen begegnet (z. B. Gemsheide / *Loiseléuria*). – Auf den Felsschuttstandorten, einem Extremökotop, bezeichnend sind verschiedene Wuchsformen-Strategien, um das Leben auf diesem schwierigen Substrat zu bewältigen: Schuttwanderer (z. B. Rundblatt-Täschelkraut / *Thláspi rotundifólium*, Schild-Ampfer / *Rúmex scutátus*), Schuttüberkriecher (z. B. Zweiblüten-Sandkraut / *Arenária biflóra*), Schuttstrecker (unterirdische Ausläufer; z. B. Säuerling / *Oxýria digyna*), Schuttdecker (z. B. Silberwurz / *Drýas octopétala*), Schuttstauer (Pfahlwurzel; z. B. Alpen-Mohn / *Papáver alpínum*, Gletscher-Hahnenfuß / *Ranúnculus glaciális*) usw.

## C) Extreme Ernährungsweisen

**1) Carnivore („Fleischfressende"**, besser: „Eiweißverdauer"): Es handelt sich dabei um eine Methode für zusätzliche Stickstoffgewinnung auf besonders nährstoffarmen Böden. Mittels besonderer Einrichtungen (Fallen) werden Tiere, vor allem kleine Insekten, gefangen und verdaut. Im Gebiet nur bei 3 Gattungen: Der Sonnentau / *Drósera* arbeitet mit klebrigen Tentakeln auf den Laubblättern; das Fettkraut / *Pinguícula* hat stark schleimig-klebrige Laubblattoberflächen; die Wasserpflanze Wasserschlauch / *Utriculária* verfügt über kleine Blasen an den Unterwasserblättern, die mittels Unterdrucks Wassertierchen einsaugen.

**2) Parasiten (Schmarotzer)**:
Nährstoffe werden anderen Pflanzen (= Wirten) entnommen, die zu diesem Zweck angezapft werden. In mehreren, miteinander nicht näher verwandten Sippen voneinander unabhängig (konvergent) entstanden. Die Wirtsspezifität ist sehr verschieden, von nicht wählerisch (jede nächstbeste Nachbarpflanze wird angezapft) bis zu hoher Spezialisierung (nur bestimmte Familien, Gattungen oder gar Arten werden parasitiert). In unserer Flora nur wenige Taxa, die im folgenden alle genannt werden. Man unterscheidet:
Halbschmarotzer = Hemiparasiten: Grüne Laubblätter und damit Fähigkeit zur Photosynthese sind vorhanden. Dem Wirt werden hauptsächlich Wasser und darin gelöste anorganische Nährstoffe entnommen (anstelle des Bodenwassers):
Mistelgewächse / *Loranthácеae* (epiphytische Kleinsträucher, Wirte: Bäume);
Läusekrautförmige / *Scrophulariáceae-Pediculariéae*: Stauden, und zwar Läusekraut / *Pediculáris*, Alpenhelm / *Bártsia*, Alpenrachen / *Tózzia*, und Einjährige, und zwar Klappertopf / *Rhinánthus*, Wachtelweizen / *Melampýrum*, Augentrost / *Euphrásia*, Zahntrost / *Odontítes*; Bergflachs / *Thesium*
(Wirte sind bei beiden Taxa meist krautige oder auch holzige Nachbarpflanzen, deren Wurzeln mittels Saugwarzen [= Haustorien] auf den Wurzeln der Schmarotzer angezapft werden. – Die Orchideen sind insofern temporäre Parasiten, als sie im Keimlingsstadium auf Pilze angewiesen sind.)

Vollschmarotzer = Holoparasiten: Grüne Laubblätter fehlend. Ein Vollschmarotzer ist bezüglich Ernährung (organische Nährstoffe) gänzlich vom Wirt abhängig. Bei den ersten drei Gattungen der folgenden Liste sind die Wirte Samenpflanzen, bei den übrigen Pilze. Die Parasiten sind ± streng an bestimmte Wirtssippen (größeren oder geringeren taxonomischen Umfangs) gebunden.
Schuppenwurz / *Lathráea* (Rachenblütler / *Scrophulariáceae*)
Sommerwurz / *Orobánche* (Sommerwurzgewächse / *Orobancháceae*)
Teufelszwirn / *Cúscuta* (Teufelszwirngewächse / *Cuscutáceae*)
Fichtenspargel / *Monótropa* (Fichtenspargelgewächse / *Monotropáceae*)
Nestwurz / *Neóttia* (Orchideen / *Orchidáceae*)
Widerbart / *Epipógium* (Orchideen / *Orchidáceae*)

Dingel/*Limodórum* (Orchideen/*Orchidáceae*)
Korallenwurz/*Corallorhíza* (Orchideen/*Orchidáceae*)
Waldstendel/*Epipáctis spp.* (Übergänge zwischen Autotrophie und Parasitismus; Orchideen/*Orchidáceae*)

## D–E) Blüten- und Ausbreitungsökologie

Pflanzen, besonders die Höheren Landpflanzen (d. s. die in diesem Buch behandelten Gefäßpflanzen), sind überwiegend ortsfeste Lebewesen. Da sie aber ebenso wie die beweglichen Tiere Sexualität besitzen, bereitet das Zusammenführen der männlichen und weiblichen Keimzellen – das bei den Tieren meist im Wege der Partnersuche gelöst wird – erhebliche Schwierigkeiten. Außerdem können sich die Gefäßpflanzen als Folge ihrer Ortsfestigkeit auch nicht so leicht ihren „Feinden" (pflanzenfressenden Tieren) entziehen (dies ist übrigens auch der Hauptgrund für die gegenüber den Tieren viel reichere chemische Ausstattung der Pflanzen – weswegen es bekanntlich viel mehr Arzneipflanzen als „Arzneitiere" gibt!). Die Abhilfe besteht in der Nutzung verschiedener Naturkräfte: erstens zum Transport der die männlichen Keimzellen entwickelnden Gametophyten (Pollenkörner): damit befaßt sich die **Blütenökologie**; zweitens zum Transport der Diasporen (d. s. Sporen, Samen, Früchte, Fruchtverbände, größere Pflanzenteile oder komplette Pflanzen, die der Ausbreitung dienen), wodurch den an sich ortsfesten Pflanzen (u. U. weltweite) Wanderungen ebenso möglich werden wie das „Aufsuchen" geeigneter Biotope und der Aufbau von Populationen, in denen sich die zukünftigen Geschlechtspartner in interaktionsfördernder Nähe etablieren: damit beschäftigt sich die **Ausbreitungsökologie**. Die für die Pflanzen – oft in Kombination – nutzbaren Naturkräfte sind überwiegend exogen (d. h. von außen, nicht aus der Pflanze selbst kommend): Schwerkraft: Luft- und Wasserströmungen; laufende, kriechende, fliegende, schwimmende Tiere; seit der Jungsteinzeit der Mensch, insbesondere seit der Neuzeit mit seinem weltumspannenden Transportwesen. Endogen, also von der Pflanze selbst erzeugte Kräfte sind z. B. Turgor-, Trocknungs- und Federspannungen.

## D) Blütenökologie

(= Bestäubungsökologie, Pollinationsökologie, Blütenbiologie):

Während bei den Niederen Pflanzen (Algen, Pilzen) sowie bei den Moosen und den Farnpflanzen die männlichen und weiblichen Keimzellen einander bzw. die männlichen die weiblichen aufsuchen, werden bei Nackt- und Bedecktsamern nicht männliche Keimzellen allein, sondern die komplette, äußerst miniaturisierte Geschlechtsgeneration (= der sogen. männliche Gametophyt) in Form des Pollenkorns zur Samenanlage (bei den Nacktsamern) bzw. zur Narbe des Stempels (bei den Bedecktsamern) transportiert: Bestäubung. Jeweils von dort aus bringt der Pollenschlauch die männlichen Keimzellen zu den tief in der Samenanlage verborgenen Eizellen, mit denen sie verschmelzen: Befruchtung. Um zu gewährleisten, daß genügend Eizellen befruchtet werden, gibt es grundsätzlich zwei Möglichkeiten, deren sich die Pflanzen auch tatsächlich bedienen: diffuse („Schrotschußprinzip") und gezielte Übertragung. Die Kräfte Wasser (hat für die Bestäubung besonders heimischer Pflanzen nur sehr geringe Bedeutung) und Wind eignen sich nur für diffuse Übertragung. **Windbestäubte** (= Anemophile, Anemogame) leben dementsprechend meist in Riesenpopulationen (z. B. Wälder, Rasen), produzieren enorme Massen trockener, schwebefähiger Pollenkörner (dazu dienen oft Luftsäcke, z. B. bei den Koniferen), präsentieren diese oft in größerer Höhe (überwiegend Bäume: z. B. Tanne/*Ábies*, Föhre/*Pínus*, Buche/*Fágus*: Abb. 182, Eiche/*Quércus*: Abb. 186, Ulme/*Úlmus*: Abb. 193 a, 194; seltener Krautige: z. B. Kleiner Wiesenknopf / *Sanguisórba mínor*, Wiesenraute/*Thalíctrum*; Grasartige) aus oft pendelnden Staubblättern; ihre Narben sind relativ groß und häufig fedrig verzweigt („Luftfilterwirkung"!). Während bei den Nacktsamern Windbestäubung stammesgeschichtlich ursprünglich ist, sind die anemophilen Bedecktsamer wohl aus tierbestäubten (= zoophilen, zoogamen) Sippen hervorgegangen: sekundäre Windbestäubung. Unter den Zoophilen stellen die von Insekten bestäubten (= Entomophile, Entomogame) die größte Zahl dar (in außereuropäischen Gebieten spielen auch andere Tiere — Vögel, laufende und fliegende Kleinsäuger, Fische, sogar Reptilien — eine Rolle).

Die **Bestäubung durch Tiere** (Zoophilie, Zoogamie) bringt den Vorteil der gezielten Übertragung mit sich. Vielfältig sind die Anpassungen der Blüten bzw. Blütenstände (z. B. → Pseudanthien bei Korbblütlern/*Asteráceae*, Kardengewächsen/*Dipsacáceae*), also der bestäubungsökologischen Einheiten (= sogen. Blume [= Anthium] im wissenschaftlichen Sinn), an diese Bestäubungsart; daraus resultieren die sogenannten Gestalttypen (Blumentypen) als Ausdruck der Spezialisierung oder auch Nicht-Spezialisierung auf bestimmte Tiergruppen: **(1) Scheiben- und Schalenblumen** (Abb. 80, 199 a, 277, 399; z. B. Windröschen/*Anemóne*, Rose/*Rósa*, Apfelbaum/*Málus*, Mohn/*Papáver*, Korbblütler/*Asteráceae*) können von sehr vielen Insektentypen (Bienen, Hummeln, Käfern, Fliegen, Schmetterlingen) besucht und auch bestäubt werden, während **(2) Trichterblumen** (Abb. 79 d, 243) (groß: z. B. Winde/*Convólvulus*; klein: z. B. Baldrian/*Valeriána*) den Bestäuberkreis durch ihre Größe und damit Zugänglichkeit für bestimmte Tiere nach deren Körpergröße einschränken. **(3) Glockenblumen** (Abb. 79 c, 297) lassen, wenn sie genügend groß sind, kurzrüsselige Bestäuber (Bienen, Hummeln) ein; wenn sie kleine Blüten besitzen (z. B. Besenheide/*Callúna*, Beinwell/*Sýmphytum*, Ribisel/*Ribes*), wählen sie langrüsselige Insekten (Hummeln, Schmetterlinge) aus. **(4) Stieltellerblumen** (Abb. 81, 160, 294) kombinieren einen großflächigen Schauapparat mit einer ± langen Röhre und werden überwiegend von Schmetterlingen bestäubt. Die deutlich bis stark zygomorph gebauten **(5) Lippenblumen** (Abb. 330, 358–361, 364) (z. B. Lippenblütler/*Lamiáceae*, Heckenkirsche und Geißblatt / *Lonicera*) und **(6) Rachenblumen** (Abb. 318, 325) (Fingerhut/*Digitális*, Braunwurz/*Scrophulária*, Springkraut/*Impátiens*) wählen ihre Bestäuber nach passender Körperform und -größe sowie Rüssellänge (kleine und größere Bienen, Tag- und Nachtschmetterlinge) aus, während die **(7) Maskenblumen** (Abb. 323, 324) (Leinkraut/*Linária*, Löwenmaul/*Antirrhínum*) und die **(8) Schmetterlingsblumen** (Abb. 108, 148 a, 218, 239) (z. B. Schmetterlingsblütler/*Fabáceae*, Kreuzblume/*Polýgala*, Lerchensporn/*Corýdalis*) durch ihren verschlossenen Bau oft nur entsprechend kräftigen Insekten (Hummeln, großen Bienen) zugänglich sind – oder, für die Bestäubung bedeutungslos – durch „Einbruch" (= Aufbeißen) ausgebeutet werden (bestimmte Hummeln). Der Zugang zu **(8) Köpfchenblumen** (Abb. 307) (z. B. Korbblütler/*Asteráceae*, Kardengewächse/*Dipsacáceae*, Sandglöckchen/*Jasióne*) ist ähnlich wie bei den Scheiben- und Schalenblumen (1) vielen Tiergruppen möglich, doch tritt eine Bestäuberauswahl durch den Feinbau der Einzelblüten (± enge Röhren) ein. Besondere Anforderungen an die Körpergröße der Bestäuber stellen die **(9) Kesselfallenblumen** (Gleitfallenblumen; Abb. 506; z. B. Osterluzei/*Aristolóchia*, Aronstab/*Árum*): nur sehr kleine Fliegen (z. B. Taufliege/*Drosóphila*) und Mücken können in den Kessel eindringen und – was für die Bestäubung wichtig ist – ihn auch wieder verlassen.

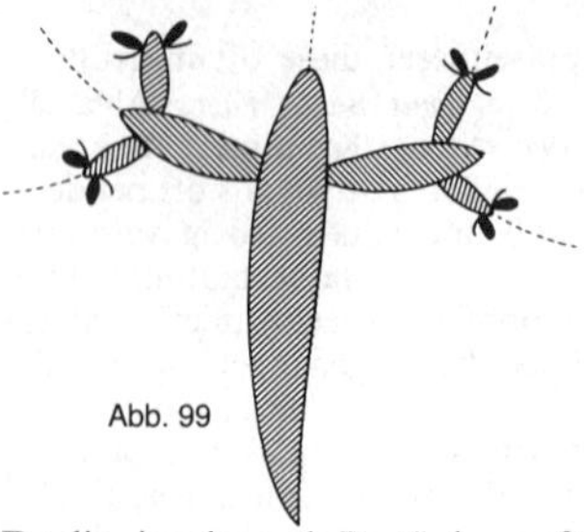

Abb. 99

Abb. 100

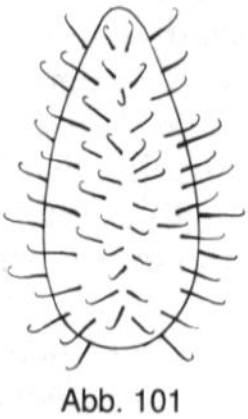

Abb. 101

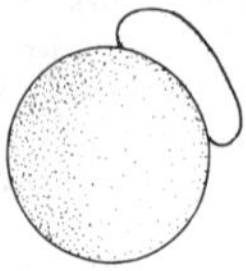

Abb. 102

Da die einzelnen als Bestäuber auftretenden Tiergruppen jeweils bestimmte Eigenarten (Verhalten, Sinnesphysiologie) aufweisen, entsprechen ihnen auch bestimmte Blumentypen (Blumenstile). Man kann daher die Blumen auch einteilen in Käferblumen (= Cantharophile), Fliegenblumen (= Myophile, z. B. Warzen-Spindelstrauch / *Evónymus verrucósa*), Bienenblumen (= Melittophile), Tagfalterblumen (Psychophile: z. B. Nelke/*Diánthus*, Rote Lichtnelke / *Siléne dióica*), Nachtfalterblumen (Sphingophile, nur nachts geöffnet und meist sehr schwer duftend: z. B. Nachtkerze/*Oenothéra*, Jelängerjelieber / *Lonícera caprifólium*, Stechapfel / *Datúra stramónium*) usw. Da die Insekten rotblind sind und Vogelbestäubung bei uns fehlt, gibt es bei uns fast keine roten Blumenfarben (dagegen viele rot gefärbte Früchte, die von Vögeln ausgebreitet werden, s. w. u.); die bei den Blumen unserer heimischen Flora häufigen Purpurtöne werden dagegen vom Insektenauge sehr gut wahrgenommen. Insekten sehen auch UV-färbige Blumen, die für unser Wirbeltierauge farblos sind (die uns rot erscheinende Krone des Klatsch-Mohns / *Papáver rhóeas* und jene uns weiß erscheinende der Roßkastanie / *Áesculus hippocástanum*).
Zur Anlockung dienen optisch auffällige Organe (meist Krone oder Perigon, oft auch Hochblätter), die durch Farben, einschließlich UV (s. u.), die Bestäuber anlocken und leiten (Saftmale). Ebenso wirken Gerüche (für uns Menschen aromatisch bis unangenehm, z. B. faulig oder fäkalisch, letztere besonders bei Fliegenbestäubung) anlockend. Als Belohnung für ihren Besuch erhalten die Tiere entweder Pollen (besonders z. B. pollenfressende Käfer), dessen Produktion für die Pflanze relativ aufwendig ist (energiereich!), meist aber den für die Pflanze „billigeren" Nektar (Zuckerlösungen mit vielen anderen Komponenten), der von verschiedensten Organen der Blüte abgegeben wird, sehr selten auch fettes Öl (erst in jüngster Zeit entdeckt, z. B. Gilbweiderich/*Lysimáchia*). Eine besonders hohe Spezialisation von seiten der Pflanze zeigen die sogen. Täuschblumen, denen es gelungen ist, die Bestäubung ohne Gegenleistung zu erreichen: Sie täuschen entweder durch entsprechende gelb gefärbte Strukturen Staubbeutel oder Pollen vor oder durch glänzende Körper das Vorhandensein von Nektar (Sumpf-Herzblatt / *Parnássia palústris*: Abb. 118). Auch durch Farbpolymorphismus (verschiedenfärbige Blüten innerhalb derselben Population einer Art) werden die Besucher getäuscht, die Pflanze erspart sich dadurch den Nektar: vom einen Farbtyp wegen der Nektarlosigkeit enttäuscht, fliegen sie zur anderen Farbe – und landen bei derselben Art! Besonders kompliziert und hochspezialisiert ist die Anlockung bestimmter männlicher Wespen bzw. Bienen durch das Vortäuschen der entsprechenden Weibchen bei der Ragwurz/*Óphrys*. – Die Befestigung des Pollens am Tier geschieht meist durch Klebrigkeit (Pollenkitt), durch Einpudern des Haarkleides (Explosions-Staubbeutel: Besenginster / *Cýtisus scopárius*, Gelber Lerchensporn / *Corýdalis lútea*), durch Klebe- (Orchideen/*Orchidáceae*) und Klemmkörper (Schwalbenwurz/*Vincetóxicum*), durch auf Berührung hin austretende Schleime (z. B. Zweiblatt/*Lístera*) sowie

sehr wahrscheinlich auch durch elektrostatische Kräfte. Die Wahrnehmungsstrukturen der Bestäuber (ihre → Blütenstetigkeit aufgrund der Lernfähigkeit besonders staatenbildender Insekten) bewirken eine weitestgehend intraspezifische Pollenübertragung (innerhalb einer Art, jedoch zwischen verschiedenen Individuen: Fremdbestäubung = Allogamie) mit geringer Tendenz zur Bildung interspezifischer Hybriden (Kreuzung zwischen verschiedenen Arten). Gegen Selbstung (= Selbstbestäubung, Autogamie) schützen sich die meisten Arten in mannigfaltiger Hinsicht: durch Dichogamie (die ♀ Organe reifen zeitlich vor den ♂: Proterogynie, oder nachher: Proterandrie), durch Verschiedengriffeligkeit (= Heterostylie, z. B. Schlüsselblume/*Prímula*, Lungenkraut/*Pulmonária*; Abb. 294) u. a. – Erst der Mensch ist in der Lage, nicht nur bestimmte Sippen gezielt zu bestäuben, sondern sogar bestimmte Individuen zu kreuzen: Voraussetzung für die Anwendung der Erkenntnisse der Genetik in der Züchtung.

Bei einigen Verwandtschaftsgruppen kam es im Lauf der Evolution unter bestimmten Bedingungen (besonders bei Einjährigen) zu einem ± weitgehenden Verlust der Fremdbestäubung (und damit weitgehend zu einer Reduktion des Zweckes der Sexualität, nämlich einer Durchmischung des Erbgutes): ± obligatorische Selbstbestäubung (Autogamie), entweder bei Nichteintreten von Fremdbestäubung oder bereits zu Beginn des Blühens. Dies hat meist (ähnlich wie bei der Windbestäubung) den Verlust des Schauapparats der Blumen zur Folge (z. B. Verkleinerung bis Verlust der Krone, z. B. Kronenloses Hirtentäschel / *Capsélla bursa-pastóris f. apétala*, Liegendes Mastkraut / *Sagína procúmbens*), → diskoide Korbblütler (z. B. Gewöhnliches Greiskraut / *Senécio vulgáris*). Die extremste Form der Selbstbestäubung ist die Kleistogamie (Bestäubung innerhalb der Blütenknospe, die Krone ist verkümmert oder fehlt völlig, z. B. Gemüse-Portulak / *Portuláca olerácea*).

Bei einigen wenigen Sippen kam es zu einer noch weitergehenden Reduktion der Sexualität: → Apomixis (obligatorische ungeschlechtliche Fortpflanzung), entweder als → Agamospermie (Samenbildung ohne Befruchtung: z. B. Gold-Hahnenfuß / *Ranúnculus aurícomus agg.*, Brombeere/*Rúbus*, Fingerkraut/*Potentílla*, Frauenmantel/*Alchemílla*, Löwenzahn/*Taráxacum*, Habichtskraut/*Hierácium*) oder in Form ausschließlich vegetativer Fortpflanzung, etwa mittels Brutzwiebeln (z. B. Zwiebel-Zahnwurz / *Dentária bulbífera*) oder Brutknöllchen (z. B. Knöllchen-Scharbockskraut / *Ranúnculus ficária subsp. bulbilífer*, Knöllchen-Knöterich / *Persicária vivípara*).

## E) Ausbreitungsökologie

(= Diasporenökologie, Fruchtbiologie, Fruchtökologie, „Verbreitungsbiologie", Diasporologie z. T.):

Ähnlich wie in der Blütenökologie entsprechen den verschiedenen Funktionsweisen jeweils bestimmte Funktionstypen, wobei die entsprechenden morphologischen Strukturen sehr verschiedenartig sein können und damit eindrucksvolle Beispiele für das Phänomen der → Analogie liefern. So wie zur Bezeichnung der bestäubungsökologischen funktionellen Einheit der Begriff Blume verwendet wird (für den es gleichgültig ist, ob es sich um einen Blütenteil [Meranthium], eine ganze Blüte [Euanthium] oder einen Blütenstand [Pseudanthium] handelt, s. o.), dient in der Ausbreitungsökologie der Begriff Diaspore als Bezeichnung für die ausbreitungsökologische Einheit (den Ausbreitungskörper), unabhängig davon, ob dies eine Spore, ein Same, eine Teilfrucht, eine Frucht oder ein Fruchtverband (Fruchtstand) ist.
Während im Bestäubungsvorgang nur kleine und kleinste Massen zu bewegen

sind (Pollenkorngewichte liegen im Milliardstel-Gramm-Bereich), benötigen Diasporen i. d. R. erheblich höhere Transportenergien. Eine Ausnahme bilden hier nur die Sporen (Farnpflanzen/Pteridophyten) und die „Staubsamen" (der Orchidaceen, Pyrolaceen, Droseraceen), deren Masse ebenfalls außerordentlich klein ist und die daher von Luftströmungen (**Anemochorie**) in praktisch jeden Winkel unserer Erde verfrachtet werden können. Schwerere Diasporen müssen, sollen sie vom Wind ausgebreitet werden, spezielle passive Einrichtungen besitzen: Flügel an Samen (z. B. Föhre/*Pínus*, Tanne/*Ábies*, Klappertopf/*Rhinánthus*) und Früchten (z. B. Birke/*Bétula*, Ulme/*Úlmus*: Abb. 195) bzw. Teilfrüchten (z. B. Ahorn/*Ácer*: Abb. 229–231, Laserkraut/*Laserpítium*) sowie Hochblätter (z. B. Linde/*Tília*, Hainbuche/*Cárpinus*: Abb. 188) sorgen für verzögerten Fall (schraubige Flugbahn: Rotationsflieger) und erhöhen dadurch die Wahrscheinlichkeit, vom Wind erfaßt und über weit(er)e Strecken transportiert zu werden (Flügelflieger). Auch blasige Früchte (z. B. Pimpernuß/*Staphyléa*) erhöhen diese Chance (Ballonflieger), ebenso wirken lange, behaarte Schwänze („Federschweifflieger", Abb. 149) und Fallschirme als Sinkbremsen, entweder in Form häutiger Gebilde (z. B. Skabiose/*Scabiósa*) oder, viel häufiger, in Form von Haarschöpfen („Schopfflieger") (z. B. an den Samen der Weidengewächse/*Salicáceae* und des Weidenröschens/*Epilóbium*) und analog als Pappus an den Früchten der Korbblütler/*Asteráceae* (Abb. 378) und des Baldrians/*Valeriána*. – Besonders in offenen Lebensräumen (Steppenrasen) leben Pflanzenarten, bei denen der gesamte oberirdische Teil oder der komplette Fruchtstand zur Reifezeit zum Ausbreitungsorgan wird und als Schirmflieger vor dem Wind herläuft (Steppenroller, Chamaechorie, Cyclochorie, Burrian, „Steppenhexe": z. B. Sicheldolde/*Falcária*, Mannstreu/*Erýngium*, Rapsdotter/*Rapistrum*).

Etliche Pflanzensippen – und nicht nur Wasserpflanzen, sondern auch solche der Ufervegetation – benützen das Wasser als Transportmedium (**Hydrochorie/Rheochorie**): unbenetzbare Frucht- bzw. Samenoberflächen (Sumpfdotterblume/*Cáltha*), gasreiche Schwimmkörper (Teichrose/*Núphar*) oder auch Staubfeinheit in Verbindung mit extremer Unbenetzbarkeit (siehe Anemochorie: Sonnentau/*Drósera*) erleichtern bzw. ermöglichen das Schwimmen. Allerdings kann Rheochorie naturgemäß immer nur talwärts wirken – zum Aufwärtstransport müssen andere Kräfte (meist Tiere: **Zoochorie**, s. u.) herangezogen werden. Häufig wurde beobachtet, daß die Diasporen Rheochorer sich auch im Gefieder von Wasservögeln verfangen und dann sogar (Zugvögel!) interkontinental ausgebreitet werden können: Epizoochorie (s. u.).

Besondere technisch-physikalische Einrichtungen entwickeln Pflanzenarten, die etwa die Energie fallender Regentropfen (**Ombrochorie**) nützen (z. B. Gamander/*Téucrium*, Helmkraut/*Scutellária*, Täschelkraut/*Thláspi*), wobei die Federkraft des ausgetrockneten Fruchtstiels genutzt wird. Andere Formen ombrochorer Ausbreitung sind etwa Spritzbecher (z. B. Mauerpfeffer/*Sédum*: die Frucht lenkt hineinfallende Regentropfen um und läßt damit die Samen ausspülen) und Regenschwemmlinge (Ombrorheochore), wo die Diasporen bei Starkregen in der Schichtflut schwimmen. Mit Ombrochorie ist oftmals auch Myxospermie gekoppelt: Klebrigkeit der Diasporen durch quellende Schleimschichten (Salbei/*Sálvia*, Zart-Simse/*Júncus ténuis*); solche Diasporen können ebenfalls epizoochor (durch Ankleben am Tier) ausgebreitet werden: es handelt sich dabei um Ausbreitung durch mehrere Agentien (Polychorie, s. u.).

Außen am Tier (**Epizoochorie**) werden alle Fell- und Federkletten (meist mittels widerhakiger Borsten oder dergleichen, Abb. 101, 385 b–d; z. B. Klett-Labkraut / *Gálium aparíne*, Hexenkraut/*Circáea*, Wassernuß/*Trápa*; seltener durch klebrige Ausscheidungen: Kelch des Kleb-Salbeis / *Sálvia glutinósa*) transportiert, während bei vielen unserer heimischen Baum- (z. B. Eibe/*Táxus*, Vogelbeere / *Sórbus aucupária*) und Straucharten (z. B. Brom- und Himbeere/*Rúbus*, Holunder/*Sambúcus*) deren meist kleine Samen unabsichtlich und daher unzerkaut beim Essen des Fruchtfleisches bzw. fleischigen Samenmantels mitverschluckt und so in den Darm aufgenommen, also im Inneren des Tieres transportiert und anschließend unverdaut ausgeschieden werden (**Endozoochorie**), sodaß sie aus dem Kot heraus keimen können. Die fleischigen und außen meist auffällig gefärbten Strukturen sind verschiedener morphologischer Natur (→ Analogien!): Samenmantel (Eibe/*Táxus*), Frucht(knoten)wand (Tollkirsche/*Átropa*), Blütenachse (Rose/*Rósa*, Erdbeere/*Fragária*), Perigon (Maulbeere/*Mórus*). Je nachdem, welche Tiere die Ausbreitung durchführen, unterscheidet man **Ornithochorie** (Vögel; Diasporen oft leuchtend „vogelrot") u. Mammaliochorie (Säuger: in Mitteleuropa besonders sammelnde und depotanlegende Nager, wie Eichhörnchen, Hamster); Ichthyochorie (Fische) und Saurochorie (Echsen) scheinen in Mitteleuropa eine nur geringe oder keine Rolle zu spielen.

Dagegen ist **Myrmekochorie** (Ameisen), besonders in Waldgesellschaften, sehr wichtig. (Andere Insekten treten – wohl wegen der größeren zu bewegenden Massen – im Gegensatz zur Bestäubungsökologie zumindest nicht planmäßig in Erscheinung.) Myrmekochore Diasporen besitzen meist ein für Ameisen (als Futterkörper) interessantes Anhängsel (Elaiosom; Abb. 102), das meist reich an Fetten, Eiweiß und organischen Säuren ist (z. B. Lerchensporn/*Corýdalis*: Samen; Lungenkraut/*Pulmonária*: Teilfrüchte); sie werden oft auf dem Boden, ± in der Laubstreu, präsentiert (z. B. Schneeglöckchen/*Galánthus*: Samen; Erd-Primel / *Prímula acáulis*: Samen; Leberblümchen/*Hepática*: Früchte). Die Elaiosome werden von den Tieren aufgenommen, weggetragen und verzehrt, die Samen bzw. Früchte bleiben als uninteressanter Rest liegen. In Wiesen können auch Regenwürmer an der Ausbreitung von Diasporen, die sie mit anderen Pflanzenteilen in den Boden ziehen, beteiligt sein (Lumbrichorie), ihre Tätigkeit dürfte aber eher dem Finden eines guten Keimbettes dienen; speziell an Regenwürmer angepaßte Diasporen scheint es nicht zu geben.

Noch kompliziertere anatomische Strukturen finden sich bei manchen **Selbstausbreitern (Autochorie)**: Trocknungsspannungen oder Turgorspannungen in verschiedenen Teilen der Frucht (Springkraut/*Impátiens*) oder der Samen (Sauerklee/*Óxalis*) erzeugen plötzliche Entlastungsstöße, die die Diasporen u. U. viele Meter weit wegschleudern können. Interessante Spezialisierungen sind auch die Bohr-Diasporen („Bohrfrüchte"), die sich mittels → hygrochastischer Bewegungen in das Keimbett einbohren (z. B. Reiherschnabel/*Eródium*: Frucht mit korkzieherartigem, hygrochastischem Schnabel: Abb. 233; Federgras/*Stípa*: die Frucht einschließende Deckspelze mit kräftiger, geknieter und tordierter, hygrochastischer Granne).

Die **Schüttelstreuer** haben steife, elastische Stengel und ihre Diasporen werden durch den Wind oder vorbeistreifende Tiere weggeschleudert, z. B. viele Arten mit Kapselfrüchten (wie Bilsenkraut/*Hyoscýamus*), die sich stets oben (an der Spitze) öffnen, sodaß die Samen portionsweise und nicht alle auf einmal abgegeben werden (die hängenden, dadurch also verkehrten Kapseln mancher Glockenblumen-Arten/*Campánula spp.* öffnen sich dementsprechend am Grund); hierher z. B. auch Gänseblümchen/*Béllis*. Als funktionelle Kapseln können auch andere Organe wirken, z. B. die Fruchtkelche bei den meisten Lippenblütlern/Lamiaceen: die Diasporen sind hier die Klausen (Teilfrüchte) (Analogie!).

Bei etlichen Arten werden die Diasporen auf verschiedene Weise ausgebreitet (**Polychorie**). Bei der Klette/*Árctium* z. B. werden die Früchte zunächst nach der

Methode des Schüttelstreuers aus den Körben geschleudert, schließlich können aber ganze Körbe mit restlichen Früchten dank der Widerhaken auf den Hüllblättern epizoochor verschleppt werden. Beim Zimbelkraut/*Cymbalária* werden die meisten Samen aus der Fruchtkapsel freigesetzt (Fernverbreitung), der letzte jedoch löst sich nicht ab, sondern bleibt fest mit der Frucht verbunden, diese wächst negativ phototrop in dunkle Fels- bzw. Mauerritzen hinein und wird dort, also im künftigen Keimbett, abgelegt (Nahausbreitung = Antitelechorie).

Seit der Jungsteinzeit, besonders aber in weltweitem Maßstab seit Beginn der Neuzeit, hat der Mensch Pflanzen ausgebreitet (**Anthropochorie**), und zwar sowohl absichtlich (Ethelochorie), wie die Zier- und Nutzpflanzen, als auch unabsichtlich (Dysochorie), wie etwa die Beikräuter, Woll- und Ballastwanderer. (→ Archäophyten; → Neophyten.)

Die ununterbrochene Abgabe von Diasporen an die Umwelt führt zur Bildung sogenannter „Samenbanken" im Boden, aus denen bei gegebener Gelegenheit Keimung und Etablierung der Keimlinge erfolgen kann (die Lebensdauer der Samen ist bei den einzelnen Sippen sehr verschieden lang, sie reicht von wenigen Tagen bis zu vielen Jahrzehnten). Wie effektiv die Ausbreitung durch Diasporen ist, zeigen uns nicht nur datierbare Wanderungen von Neophyten (vgl. S. 108, 113), sondern auch das Wissen um den Wiederaufbau der (mitteleuropäischen) Vegetation in wenigen Jahrtausenden nach deren weitgehender Zerstörung durch die (letzte) Eiszeit.

# Die Verbreitung der Pflanzensippen (Chorologie, Arealkunde)

Jede Pflanzensippe bewohnt ein ganz bestimmtes Gebiet (Verbreitungsgebiet = **Areal**), das für sie genauso bezeichnend ist wie ihre Ausstattung mit gestaltlichen (morphologischen und anatomischen) Merkmalen und ihr physiologisches und ökologisches Verhalten. So gibt es kaum Arten, die einander in ihrer geographischen Verbreitung ganz gleichen. Ähnliche Areale lassen sich jeweils zu Arealtypen zusammenfassen. Im folgenden ist hauptsächlich von Art-Arealen die Rede (natürlich haben auch Gattungen, Familien usw. jeweils charakteristische Areale, für die prinzipiell Gleiches gilt). Art-Areale können äußerst verschieden groß sein: einige wenige umspannen fast die gesamte Erdkugel (sog. Kosmopoliten: z. B. der Adlerfarn / *Pteridium aquilinum* und einige Arten des Kulturlandes im Gefolge des Menschen, wie z. B. Kleb-Labkraut/*Galium aparine*, Gewöhnliches Greiskraut/*Senecio vulgaris*), andere sind auf einen einzigen Berg beschränkt (sog. Stenochore oder Lokalendemiten, wie z. B. die Sturzbach-Gemswurz/*Doronicum cataractarum* in der subalpinen Stufe der Koralpe an der steirisch-kärntnerischen Grenze). Den 49 österreichischen Art-Endemiten (d. h. Arten, die nirgends außerhalb Österreichs vorkommen) und dem guten Dutzend subendemischer Arten (deren Areal nur knapp über Österreich hinausreicht) (S. 114) stehen die restlichen ziemlich genau 3000 Arten gegenüber, deren Areal ± weit über Österreich hinausreicht; viele haben dort ihre Hauptverbreitung (Hptvbr.) und besiedeln nur randlich auch einen kleinen Teil unserer Heimat.

Maßgeblich für das Areal einer Sippe sind zum einen historische Faktoren (stammesgeschichtliche Entwicklung sowie Veränderungen von Klima und Vegetation in geologischen und geschichtlichen Zeiträumen, vor allem die abwechselnden Eiszeiten und Warmzeiten während der letzten Jahrmillion und aber auch die vom Menschen verursachten Landschaftsveränderungen während der letzten rund 7000 Jahre), zum anderen die aktuell wirksamen Klima- und anderen Standortsverhältnisse (Ökofaktoren), von denen die einzelnen Pflanzenarten in hohem und sehr spezifischem Maße abhängig sind und für die sie daher – in umgekehrter Betrachtungsweise – als sehr genaue „Zeiger“ verwendet werden können (Bioindikation).

Österreich liegt in der temperaten Florenzone und gehört zum größten Teil zur Mitteleuropäischen Florenregion (früher „Baltische“ genannt). Die Gebirgsflora der Alpen hebt sich davon jedoch so stark ab, hat einen so eigenständigen Charakter, daß man sie als eigene Alpische (Unter-)Region zusammenfaßt. Das östliche Niederösterreich und das Nord-Burgenland – nämlich das Pannonische Gebiet (= Pann) – gehören der Südsibirisch-Pontisch-Pannonischen Florenregion an. Schließlich gibt es Einstrahlungen aus der Mediterranen Region, die sich in Form → submediterraner Arten besonders in den klimawärmsten Gegenden häufen, so etwa am niederösterreichischen Alpenostrand. – Dem entsprechen die weiter unten (S. 112) skizzierten wichtigsten Arealtypen der österreichischen Flora (vgl. damit den Überblick über die Vegetation Österreichs auf S. 127–152).

Auch innerhalb Österreichs sind die einzelnen Arten auffällig verschiedenartig verbreitet, was natürlich in engem Zusammenhang mit ihrem Gesamtareal steht. Auskunft darüber erwartet sich der Benützer einer „Flora“ in besonderem Maß, nicht zuletzt deswegen, weil sie ihm oft beim Bestimmungsvorgang helfen kann. Wir geben deshalb für jede Art alle Bundesländer an, in denen sie vorkommt. Neben dieser eigentlich politischen und unbiologischen Information werden aber (wenn auch nicht ganz konsequent, sondern nur in einigen charakteristischen Fällen) auch Naturräume angeführt (vgl. Karte Abb. 104), die einen Einblick in den biologischen Charakter der Areale gewähren.

Begründet sind diese verschiedenartigen Verbreitungstypen innerhalb Österreichs hauptsächlich in den (a) großklimatischen, (b) geologischen und (c) orographischen Verschiedenheiten, aber auch in (d) florengeschichtlichen Gegebenheiten und den (e) Wirkungen der menschlichen Einflußnahme sowie im komplexen Zusammenwirken all dieser Faktorenbereiche. Dazu einige Hinweise in knappster Form:

**(a)**: Wichtig sind Ozeanität/Kontinentalität des Klimas: → Ozeanisch getönt sind Vorarlberg und die randlichen Alpenteile, besonders im Norden und im Süden, etwas schwächer im Südosten (→ Randalpen); relativ → kontinental sind dagegen das → Pannonische Gebiet (Pann) und die → Innenalpen.

**(b)**: Wichtig ist die Verteilung karbonatischer Gesteine (Kalke, Dolomit) bzw. kalkreicher Mischgesteine (Kalkphyllit, Kalkglimmerschiefer u. a.) und kalkarmer (silikatischer) Gesteine sowie von festem, hartem Gestein (Fels) einerseits und Lockersedimenten (Schutt, Schotter, Sande, Löß, Lehme) andrerseits und den daraus - im Zusammenwirken mit dem Klima und der Organismenwelt - entstehenden Böden. (Näheres im Kapitel über Ökologie und Vegetation, S. 121 ff.)

**(c)**: Landschaftsrelief (Orographie, Geomorphologie): Höhenlage, Gestalt und Verteilung der Ebenen, Hügelländer, Gebirge, Becken und Täler. (Vgl. Abschnitt über Höhenstufen auf S. 128.)

**(d)**: Während der letzten Eiszeit konnten sich viele Arten in klimatisch günstigeren Gegenden südlich der Alpen und am Alpensüdrand, einige aber auch am Alpenostrand und Alpennordrand sowie auf während der Eiszeit eisfrei gebliebenen Gipfeln, Graten und Felswänden oberhalb der Gletscher (auf den sogen. Nunatakkern) erhalten (Refugialgebiete!), jedoch nach der Eiszeit die übrigen Alpenteile nur in sehr unterschiedlichem Ausmaß zurückerobern. Die östlichen Abschnitte der Ostalpen etwa boten wegen der dort wesentlich geringeren Vergletscherung bessere Überdauerungsmöglichkeiten als weiter im Westen, zudem unterscheiden sie sich auch heute durch die kontinentaleren, trockeneren Klimaverhältnisse (ostalpischer Endemismus!). Nicht unwichtig sind in diesem Zusammenhang auch Wanderwege (Täler, niedrige Pässe).

**(e)**: Sippen, die schon vor der Jungsteinzeit (Neolithicum) bei uns vorhandenen gewesen sind, nennt man indigen, sie sind ureinheimisch. Ein nicht geringer Teil der Flora verdankt erst dem Menschen die heutige Verbreitungssituation, ihr Vorkommen in Österreich, in Mitteleuropa: Das Seßhaftwerden in der Jungsteinzeit mit dem Beginn von Viehzucht und Ackerbau und die damit verbundene Rodung der Urwälder und die Schaffung von Weiderasen, Mähwiesen, Äckern und Siedlungen bewirkte u. a. das Vordringen von lichtliebenden Steppenpflanzen (z. B. in die Weiderasen), die Einwanderung von Ackerbeikräutern (→ Alteingebürgerte), die Herausbildung der Wiesenflora und der Ruderalflora. Waldnutzung und Forstwirtschaft (Waldschlagfluren!) und die Ausdehnung der Verkehrswege und überhaupt der anthropogenen Standorte ermöglichten vor allem in der Neuzeit weitere Zuwächse der Flora aus anderen Kontinenten, vor allem aus Nordamerika: sie heißen Neophyten; sofern sie sich → eingebürgert haben, nennen wir sie Neubürger. Besonders in neuester Zeit kam es durch allzu intensive zivilisatorische Einwirkungen allerdings auch zum Verschwinden vieler Arten. Schließlich dürfen die für den Menschen so wichtigen und vielfältigen kultivierten Nutzpflanzen (→ Kultursippen) mit ihrer in einigen (wenigen!) Fällen ± ausgeprägten Verwilderungstendenz (→ Status) nicht vergessen werden. Eingeschleppte Arten, die sich nur kurzfristig (ein bis einige Jahre) wildwachsend behaupten können, dann aber wieder verschwinden (oder neuerdings eingeschleppt werden), die sich also nicht einbürgern, werden → Unbeständige genannt (sie sind in diesem Buch mit ☆ bezeichnet, aber nicht ganz vollzählig erfaßt).

Abb. 103 (siehe Einbandinnenseite vorne)

# Die Flora Österreichs

## Einiges über die Größe der Taxa

Die Gefäßpflanzenflora Österreichs besteht aus fast 150 Familien, rund 900 Gattungen und (ohne die Unbeständigen und ohne die Löwenzahn/*Taraxacum*-Kleinarten und Habichtskraut/*Hieracium*-Zwischenarten) etwa 2950 Arten (jene ganz Europas aus 203 Familien, 1541 Gattungen und rund 11 500 Arten). Dazu kommen, bei Arten, die im Gebiet mehr als eine Unterart umfassen, etwa 220 „zusätzliche" Unterarten. In diesen Zahlen sind auch die 43 in Österreich ausgestorbenen (bzw. verschollenen) Arten enthalten, die in diesem Bestimmungsbuch ebenfalls berücksichtigt sind. Dazu kommen außerdem rund 130 unbeständige und rund 220 kultivierte Arten sowie rund 40 kultivierte zusätzliche Unterarten, die ebenfalls in den Bestimmungsschlüsseln behandelt werden; weitere 180 unbeständige und kultivierte Arten werden in Anmerkungen namentlich erwähnt. Schließlich erfassen die Schlüssel überdies noch 40 Arten, die zwar bisher in Österreich nicht nachgewiesen worden sind, jedoch in grenznahen Nachbargebieten vorkommen und bei uns vielleicht erst zu entdecken sind.

Die gattungs- und artenreichste Familie unserer österreichischen Flora sind die Korbblütler/Compositen mit 75 Gattungen und beinahe 400 Arten (weltweit rund 20 000). Mit Abstand folgen hinsichtlich des Artenreichtums die Rosengewächse mit 23 Gattungen und 223 Arten (weltweit rund 100 Gattungen und 4000 Arten), bezüglich des Gattungsreichtums aber die Süßgräser/Gramineen mit 64 Gattungen und 218 Arten (weltweit rund 700 bzw. 10 000). Der hohe Durchschnittswert an Arten je Gattung (fast 10 statt durchschnittlich 3–4) bei den Rosengewächsen/Rosaceen erklärt sich aus den 2 überwiegend → agamospermischen Gattungen *Rubus* / Him- u. Brombeeren und *Alchemilla*/Frauenmantel mit ihrer großen Fülle an Kleinarten. Hinsichtlich Artenzahl folgen die Kreuzblütler/Cruciferen mit rund 160 (weltweit über 3200) und in knappen Abständen die Sauergräser/Cyperaceen, Rachenblütler/Scrophulariaceen, Schmetterlingsblütler/Fabaceen und Nelkengewächse/Caryophyllaceen mit je etwa 140–130 Arten; ferner nach einem gewissen Abstand die Hahnenfußgewächse/Ranunculaceen, Doldenblütler/Umbelliferen und Lippenblütler/Labiaten mit je rund 100–90 Arten. Darauf folgen, wieder nach einem Abstand, die Orchideen (weltweit neben den Korbblütlern die größte Familie mit rund 20 000 Arten) mit etwas über 60 Arten, dann in knappen Abständen die Rauhblattgewächse/Boraginaceen, Primelgewächse/Primulaceen, Kaffeegewächse/Rubiaceen (letztere: nur 3 Gattungen!, weltweit mit über 500 Gattungen und rund 8000 Arten eine der größten Familien), Knöterichgewächse/Polygonaceen, Glockenblumengewächse/Campanulaceen, Gänsefußgewächse/Chenopodiaceen, Simsengewächse/Juncaceen, Steinbrechgewächse/Saxifragaceen und Weidengewächse/Salicaceen mit je rund 40–50 Arten, von denen die letzten drei bei uns nur je 2 Gattungen umfassen. Weitere 25 Familien, insgesamt also 46, haben mindestens 10 Arten (in 1–9 Gattungen). Diese 46 Familien (kaum ¹/₃ der österreichischen Familien) umfassen bereits rund 570 Gattungen (rund 65 %) und rund 2700 Arten (rund 90 %). Die meisten Familien (rund 100, somit etwa ²/₃) sind also, zumindest bei uns, sehr artenarm (umfassen die restlichen 10 % der Arten!). Die an Gattungen reichsten Familien (mit mindestens 9) sind die 14 artenreichsten (bis einschließlich Primelgewächse/Primulaceen), zuzüglich der Gänsefußgewächse/Chenopodiaceen (diese stehen bezüglich der Artenzahl an 18. Stelle) und der Heidekrautgewächse/Ericaceen (erst an 31. Stelle); sie umfassen rund 1900 Arten (63 %).

Die größte Gattung unserer österreichischen Flora ist die Segge/*Carex* mit 107 Arten (weltweit etwa 1500). Eigentlich noch größer ist die → agamospermische Gattung Habichtskraut/*Hieracium* mit 207 (Klein-)Arten (in dieser Flora sind davon jedoch nur die 32 „Hauptarten" behandelt; weltweit über 1000 Arten). Wahrscheinlich ähnlich viele (Klein-)Arten umfaßt die ebenfalls agamospermische Gattung Löwenzahn/*Taraxacum* (die bei uns noch sehr wenig erforscht ist*). Darauf folgt der gleichfalls überwiegend agamospermische Frauenmantel/

* Obwohl die *Taraxacum*-Forschung von dem Österreicher H. Handel-Mazzetti begründet worden ist.

*Alchemilla* mit 68 (Klein-)Arten (weltweit wahrscheinlich gegen 1000) sowie der Schwingel/*Festuca* mit 44 (darunter viele Kleinarten, weltweit wohl etwa 300) und der Hahnenfuß/*Ranunculus* mit 43 Arten (weltweit etwa 450). An 7. Stelle steht der agamospermische u. daher kleinartenreiche – und somit ebenso wie Habichtskraut, Löwenzahn und Frauenmantel eigentlich nicht ohneweiters vergleichbare – *Rubus* (38 weitverbreitete und Regionalarten, jedoch ohne die (nicht behandelte) Sektion der Haselblättrigen, von der aus Österreich bisher 8 Arten bekannt sind), gefolgt von Steinbrech/*Saxifraga* mit 37 (weltweit etwa 440), Ehrenpreis/*Veronica* (weltweit rund 300) und Labkraut/*Galium* mit je 35, Weide/*Salix*, Fingerkraut/*Potentilla* (weltweit rund 500), Wolfsmilch/*Euphorbia* (weltweit rund 2000) mit je über 30 Arten; Rose/*Rosa* (mit 29 Kleinarten, die jedoch neueren Maßstäben nicht standhalten werden); Glockenblume/*Campanula*, Simse/*Juncus*, Veilchen/*Viola*, Ampfer/*Rumex* mit je mindestens 25; Klee/*Trifolium*, Greiskraut/*Senecio* (weltweit rund 2000), Leimkraut/*Silene*, Sommerwurz/*Orobanche*, Rispe/*Poa* mit je über 20; Pippau/*Crepis*, Enzian/*Gentiana*, Gänsefuß/*Chenopodium*, Laichkraut/*Potamogeton*, Hornkraut/*Cerastium*, Wicke/*Vicia*, Weidenröschen/*Epilobium*, Läusekraut/*Pedicularis* (weltweit rund 500), Storchschnabel/*Geranium*, Augentrost/*Euphrasia*, Tragant/*Astragalus* (weltweit rund 2000), Schafgarbe/*Achillea*, Beifuß (Wermut)/*Artemisia*, Kratzdistel/*Cirsium*, Lauch/*Allium* und Hainsimse/*Luzula* mit je mehr als 15 Arten. Je 12–15 in Österreich wachsende Arten gibt es bei den folgenden Gattungen, die somit die Ränge 40 bis 57 einnehmen: Gänsekresse/*Arabis*, Felsenblümchen/*Draba*, Mauerpfeffer/*Sedum*, Schlüsselblume/*Primula*, Platterbse/*Lathyrus*, Nachtkerze/*Oenothera* (Kleinarten!), Nelke/*Dianthus*, Streifenfarn/*Asplenium*, Miere/*Minuartia*, Flockenblume/*Centaurea*, Vergißmeinnicht/*Myosotis*, Wegerich/*Plantago*, Trespe/*Bromus*, Mannsschild/*Androsace*, Baldrian/*Valeriana*, Aster/*Aster*, Schaumkraut/*Cardamine* und Fuchsschwanz/*Amaranthus*.

## Die Artenzahlen in ökologischer und geographischer Beziehung

Interessanter ist eine Gliederung unserer Flora nach Lebensformen: In Österreich gibt es (ohne die kultivierten) 66 wildwachsende Baumarten, 5 Lianenarten, 120 Arten von Sträuchern (darunter 30 Rosen-Arten; ohne die Brombeer-Kleinarten) und 71 Arten von Klein-, Zwerg- und Halbsträuchern. (Jene Arten, die sowohl baum- wie strauchartig entwickelt sein können, wurden dabei jeweils nur einmal gezählt.)

Die Aufgliederung nach Höhenstufen zeigt, daß die österreichische Flora nicht weniger als 1 084 (= 37,3 %) ausgesprochene Hochgebirgsarten aufweist, nämlich solche, die in der subalpinen Stufe und/oder darüber vorkommen (subalpin bis subnival).

Auf die österreichischen Bundesländer verteilt sich die Artenfülle der österreichischen Gefäßpflanzenflora in folgender Weise (ohne ★ = nur Kultivierte und ohne ☆ = Unbeständige; aber einschließlich der Eingebürgerten [auch Neubürger]):

Burgenland (**B**): 1665 Arten (und 52 „zusätzliche" Unterarten = subspp.) + außerdem 34 ausgestorbene/verschollene Arten (= †). Davon 36 (+ 2) nur in **B**.
Wien (**W**): 1369 (+ 46 subspp.) + 84 †. Davon 2 nur in **W**.
Niederösterreich (**N**): 2204 (+ 100) + 57 †. Davon 86 (+ 9) nur in **N**.
Oberösterreich (**O**): 1798 (+ 92) + 76 †. Davon 5 (+ 1) nur in **O**.
Steiermark (**St**): 2078 (+ 110) + 42 †. Davon 54 (+ 1) nur in **St**.
Kärnten (**K**): 2060 (+ 107) + 31 †. Davon 69 (+ 4) nur in **K**.
Salzburg (**S**): 1699 (+ 81) + 46 †. Davon 7 nur in **S**.
Tirol (Nord- und Osttirol) (**T**): 1950 (+ 97) + 21 †. Davon 50 (+ 3) nur in **T**.
Vorarlberg (**V**): 1622 (+ 54) + 77 †. Davon 21 (+ 2) nur in **V**.

Österreich (**Ö**): 2907 (+ 222) + 43 †

Der Vergleich der Bundesländer macht deutlich, daß die Vielfalt der Standorte für den Florenreichtum* viel wichtiger ist als die Flächengröße. Niederösterreich ist nicht nur das größte,

* In den folgenden Vergleichen der Artenzahlen sind die † Arten mitberücksichtigt, nicht jedoch die ☆.

sondern auch das abwechslungsreichste Land (Anteil am nördlichen Gneis- und Granitgebiet [= Böhmische Masse, BM] und an den nördlichen Kalkalpen bis zur alpinen Stufe, großer Anteil an der Pannonischen Florenprovinz [Pann]; es fehlen allerdings silikatische Hochgebirge). Die nur wenig kleinere Steiermark vereint ebenfalls beträchtliche Gegensätze, weist jedoch etwas weniger Arten auf (statt der reichlich vorhandenen silikatischen Gebirge [Niedere Tauern] fehlen ihr jedoch die Arten der Böhmischen Masse und fast gänzlich auch die Pannonische Flora). Das viel kleinere Kärnten verfügt über etwa gleich viele Arten, hauptsächlich eine eindrucksvolle Folge des Anteils an der stark abweichenden südalpischen (insbesondere südostalpischen) Flora. Dieser Reichtum Kärntens fällt besonders auf im Vergleich mit den Ländern Oberösterreich und Tirol, die trotz größerer Landfläche deutlich weniger Arten beherbergen. Das westlichste und das östlichste Bundesland, also Vorarlberg und Burgenland, sind zwar beide zusammen immer noch deutlich kleiner als das Land Salzburg, verfügen aber über nur unwesentlich weniger Arten und haben untereinander fast genau gleich viele Arten, obwohl sie ungleich groß sind: Was für das Burgenland das Pannonicum, ist sozusagen für Vorarlberg das Hochgebirge. Das Bundesland Wien schließlich (das übrigens kürzlich 70 Jahre alt wurde) kann fast die Hälfte aller in Österreich wildwachsenden Arten vorweisen, obwohl Wiens Grundfläche mit 414 km² nur genau ein halbes Prozent der Fläche Österreichs ausmacht (die Lage an der Florengrenze zwischen der Pontisch-Pannonischen und der Mitteleuropäischen Florenregion bedingt die relativ abwechslungsreiche und daher reiche Flora).

## Chorologische Aspekte

Wichtiger als die Diskussion der Artenzahlen ist jedoch, weil wissenschaftlich aufschlußreicher, eine Klassifizierung der Flora nach chorologischen Gesichtspunkten. Wenn man die Taxa der österreichischen Flora nach geographischer Lage und Größe ihrer Gesamtareale bzw. deren Schwerpunkt (Hauptverbreitung) gruppiert („Arealtypen" bildet) und dazu ihr Vorkommen in Österreich in Beziehung setzt, ermöglicht dies Aufschlüsse unter anderem über den geschichtlichen Werdegang unserer Flora und ihrer Elemente. Besonders ergiebig ist die Betrachtung der Art-Areale. Dazu im folgenden Abschnitt einige Beispiele.

Es ist naheliegend und interessant, die Arealbilder der Arten zu deren vegetationskundlicher (ökologischer) Position in Beziehung zu setzen. So sind etwa die meisten arktisch-alpisch verbreiteten Arten in den Alpen an die alpine Stufe gebunden (z. B. Schnee-Enzian / *Gentiana nivalis*); submediterrane „Einstrahlungen" häufen sich in den entsprechenden Vegetationstypen am Alpenostrand und in den Südalpen (z. B. Gras-Schwertlilie / *Iris graminea*); Reliktendemiten sind hauptsächlich in der alpinen Stufe (z. B. Ostalpen-Nelke / *Dianthus alpinus*) und auf azonalen Sonderstandorten der montanen Stufe (z. B. Anemonen-Schmuckblume / *Callianthemum anemonoides*) anzutreffen usw. Wichtig ist weiters auch die Frage nach der taxonomischen und öko-geographischen Stellung der jeweiligen nächsten Verwandten. (Diese Zusammenhänge können im folgenden nur sehr knapp angedeutet werden.)

Da eine dem heutigen Forschungsstand entsprechende Arealtypologie sich erst in Ausarbeitung befindet und die österreichische Flora daher dahingehend noch nicht ausreichend analysiert ist, können wir im folgenden keine Zahlenwerte, sondern bloß einzelne Beispiele bringen. (Die folgenden Angaben folgen großteils den Untersuchungen von H. NIKLFELD 1972 u. 1973, wo der Interessierte Genaueres findet.)

## Einige für die heimische Flora Österreichs wichtige Arealtypen

(mit je 1–5 Beispielen; vgl. dazu S. 107!)

Mitteleuropäisch: Rotbuche / *Fagus sylvatica*, Wald-Bingelkraut / *Mercurialis perennis*, Süße Wolfsmilch / *Euphorbia dulcis*, Hohe Schlüsselblume / *Primula elatior*, Berg-Johanniskraut / *Hypericum montanum*.

Alpisch: Zyklame/*Cyclamen purpurascens*, Bayern-Enzian/*Gentiana bavarica*.
Alpisch-pyrenäisch: Rost-Alpenrose/*Rhododendron ferrugineum*, Goldprimel/*Androsace vitaliana*.
Ostalpisch: Zwergalpenrose/*Rhodothamnus chamaecistus*, Wimper-Alpenrose/*Rhododendron hirsutum*.
Ostalpisch-karpatisch: Ostalpen-Stiefmütterchen/*Viola alpina*, Sudeten-Veilchen/*V. lutea*, Karpaten-Felsenblümchen/*Draba lasiocarpa*, Neilreich-Meier/*Asperula neilreichii*.
Ostalpisch-illyrisch: Österreichische Schwarz-Föhre/*Pinus nigra subsp. nigra*; Dinarischer Wundklee/*Anthyllis montana subsp. jacquinii*; Clusius-Fingerkraut/*Potentilla clusiana*; Scheibenschötchen/*Peltaria alliacea*.
Südalpisch: Blaues Mänderle/*Paederota bonarota*, Riesen-Taubnessel/*Lamium orvala*.
Südostalpisch: Wulfen-Primel/*Primula wulfeniana*, Karawanken-Enzian/*Gentiana froelichii*, Kerner-Alpen-Mohn/*Papaver alpinum subsp. kerneri*.
Südalpisch-illyrisch: Karawanken-Stiefmütterchen/*Viola zoysii*, Krainer Kreuzdorn/*Rhamnus fallax*.
Zentralasiatisch-alpisch (-alpin): Zwerg-Haarschlund/*Comastoma nanum (Gentianella nana)*.
Westalpisch: Alpenbalsam/*Erinus alpinus*, Purpur-Enzian/*Gentiana purpurea*, Kleiner Fingerhut/*Digitalis lutea*.
Arktisch-alpisch (-alpin): Alpen-Wiesenraute/*Thalictrum alpinum*, Zweiblüten-Miere/*Minuartia biflora*, Zwitter-Krähenbeere/*Empetrum hermaphroditum*, Gemsheide/*Loiseleuria procumbens*, Silberwurz/*Dryas octopetala*.
Arktisch-zentralasiatisch-alpisch: Alpen-Bärentraube/*Arctostaphylos alpinus*.
(Circum)boreal-alpisch: Moosglöckchen/*Linnaea borealis*, Siebenstern/*Trientalis europaea*, Mehl-Primel/*Primula farinosa*.
Atlantisch und Subatlantisch (Westeuropäisch): Stechpalme/*Ilex aquifolium*, Quendel-Kreuzblume/*Polygala serpyllifolia*, Salbei-Gamander/*Teucrium scorodonia*.
Südsibirisch-pontisch-pannonisch: Frühlings-Adonis/*Adonis vernalis*, Sibirische Glokkenblume/*Campanula sibirica*.
Pontisch-pannonisch: Tataren-Ahorn/*Acer tataricum*, Behaarter Spitzkiel/*Oxytropis pilosa*, Wiener Gamander-Ehrenpreis/*Veronica vindobonensis*, Österreichischer Drachenkopf/*Dracocephalum austriacum*.
Pannonisch: Große Küchenschelle/*Pulsatilla grandis*, Waldsteppen-Beifuß/*Artemisia pancicii*.
Aralokaspisch-südsibirisch-pontisch: Hornmelde/*Krascheninnikovia ceratoides*, Einjahrs-Kampferkraut/*Camphorosma annua*, Steppenhafer/*Helictotrichon desertorum*.
Zentralsibirisch: Steif-Lauch/*Allium strictum*, Schierlingssilge/*Conioselinum tataricum*.
Submediterran: Flaum-Eiche/*Quercus pubescens*, Diptam/*Dictamnus albus*, Kantabrische Winde/*Convolvulus cantabrica*, Schmalblatt-Spargel/*Asparagus tenuifolius*.

Auch die anthropogenen (vom Menschen mitgestalteten) Areale zeigen Gesetzmäßigkeiten.
Kosmopolitische Kulturfolger: Einjahrs-Rispe/*Poa annua*, Großer Wegerich/*Plantago major*.
Westhimalajisch-neophytisch: Drüsen-Springkraut/*Impatiens glandulifera*.
Nordamerikanisch-neophytisch: Kanadaberufkraut/*Conyza canadensis*, Späte Goldrute/*Solidago gigantea*, Scheingreiskraut/*Erechtites hieraciifolia*.

Besonders wissenswert sind die → disjunkt und die engräumig (= stenochor) verbreiteten Sippen; unter letzteren sind in einer Gebietsflora wie der vorliegenden natürlich die Endemiten interessant, also die in Österreich endemischen Arten (im Haupttext dieses Buches als „Endemisch" bezeichnet, vgl. S. 107; endemische Gattungen und Familien gibt es in Österreich nicht). Diesen Themen sind die folgenden beiden Abschnitte gewidmet.

## Disjunktion und Vikariismus

Beispiele für disjunkte Areale und geographischen Vikariismus: Das Verbreitungsgebiet des Heilglöckchens/*Cortusa matthioli* in Österreich ist stark disjunkt (d. h. aus getrennten Teilarealen bestehend). Das Areal des Drachenmauls/*Horminum pyrenaicum* ist hauptsächlich südalpisch, hat aber disjunkte Arealsplitter am Alpennordrand, wahrscheinlich als Zeugen eines größeren Verbreitungsgebietes vor der letzten Eiszeit. Die Art Echter Speik/*Valeriana celtica* bewohnt ein stark disjunktes Areal, das aus zwei weit auseinanderliegenden Teilarealen besteht, wobei allerdings jedes einer eigenen Unterart gehört: *subsp. celtica* in den Walliser und Grajischen Alpen (Schweiz/Italien), *subsp. norica* in Österreich. Ein anderes schönes Beispiel bietet eine disjunkte Verwandtschaftsgruppe rotblühender Gebirgs-Primeln, nämlich *Primula sect. Auricula subsect. Arthritica*: ihre Glieder, die einzelnen Arten, bewohnen verschiedene Teile der Alpen, und zwar jeweils solche randliche Abschnitte, von denen wir aus der Erdgeschichte wissen, daß sie während der letzten Eiszeit nur wenig vergletschert waren, sodaß sie manchen Sippen als Rückzugs- (Überdauerungs-)Gebiete dienten: die Clusius-Primel/*Primula clusiana* in den nordöstlichen Kalkalpen, die Wulfen-P./*P. wulfeniana* in den südöstlichen Kalkalpen (und außerhalb Ö die Pracht-P./*P. spectabilis* in den Judikarischen und Vicentiner Alpen). Diese Areale nächst verwandter Arten überlappen einander nirgends, sondern sie lösen einander sozusagen ab, sie vertreten gleichsam einander: sie „vikariieren", man spricht von geographischem Vikariismus.

## Österreichs Endemiten und Subendemiten

Endemische und subendemische (*) Arten u. Unterarten der Flora Österreichs, geordnet nach groben chorologischen Gesichtspunkten (Kapitel a bis g) und innerhalb dieser Kapitel nach ihrer taxonomischen Rangstufe: erst Arten (agamospermische Klein-Arten: [AA]), dann (eingerückt) Unterarten. Innerhalb dieser Gruppen Reihung taxonomisch. Die Subendemiten – ihr Areal reicht nur geringfügig über Österreich hinaus – sind durch ein * gekennzeichnet (bei diesen ist in Klammern die Vbr. außerhalb Österreichs angegeben). Gleichfalls in Klammern sind in einigen Fällen die nächstverwandte/n Art/en bzw. Unterarten und deren Vbr.-Gebiet angegeben, falls ebenfalls stenochor.

a) In den nordöstlichen Kalkalpen (in den niederösterreichisch-steirisch-oberösterreichischen Kalkalpen etwa vom Alpenostrand u. Schneeberg bis ins Salzkammergut); einige auch ± weit in Kalkgebiete der Zentralalpen reichend:

*Callianthemum anemonoides* (*C. kerneri*: Südalpen)
*Dianthus alpinus* (*D. glacialis*: westl. Ostalpen u. Westalpen)
(AA) *Alchemilla anisiaca*
(AA) *Alchemilla stiriaca*
(AA) *Alchemilla longituba* (Dachstein-Gebiet)
(AA) *Alchemilla antiropata* (Hohe Veitsch)
*Euphorbia saxatilis* (*E. triflora*: Südost-Alpen)
*Euphorbia austriaca* (westl. Abschnitt)
*Draba stellata*
**Draba sauteri* (auch Bayern: Berchtesgadener Alpen)
*Thlaspi alpestre* (= *alpinum*)
**Primula clusiana* (auch Bayern: Berchtesgadner Alpen)
*Soldanella austriaca* (*S. minima*: Südost-Alpen)
*Galium meliodorum*
**Galium truniacum* (auch Berchtesgadener Alpen)
*Pulmonaria kerneri* (nur im westlichen Abschnitt)
*Pedicularis portenschlagii*
*Campanula pulla*
*Campanula beckiana*
*Achillea clusiana*

*Leucanthemum atratum*
*Doronicum calcareum*
(AA) *Nigritella stiriaca*
(AA) *Nigritella archiducis-joannis*
*Papaver alpinum subsp. alpinum (subsp. sendtneri*: westl. Nordalpen; *subsp. kerneri*: Südostalpen; *subsp. rhaeticum*: südwestl. Alpen, Balkanhalbinsel)
**Biscutella laevigata subsp. austriaca* (auch Bayern)

b) Nur im östlichsten Abschnitt der niederösterreichischen Kalkalpen (und der angrenzenden Steiermark):
(AA) *Alchemilla platygyria* (Hohe Veitsch)
*Melampyrum subalpinum* (inkl. *M. angustissimum*)
*Campanula praesignis*
*Leontodon montaniformis*
*Festuca stricta*
*Dianthus plumarius subsp. neilreichii*

c) In den östlichen Zentralalpen (im Steirischen Randgebirge und westlich anschließenden Gebirgen):
*Pulsatilla styriaca (P. slavica*: Karpaten)
*Moehringia diversifolia* (Koralpe)
**Saxifraga paradoxa* (auch nördl. Slowenien)
*Sempervivum pittonii* (Serpentinophyt, im mittleren Murtal)
(AA) *Alchemilla maureri*
(AA) *Alchemilla philonotis*
(AA) *Rubus liubensis*
(AA) *(Rubus widderi)*
(AA) **Rubus weizensis*
*Knautia carinthiaca (K. velebitica*: Dinarisches Gebirge)
*Knautia norica (K. illyrica*: Dinarisches Gebirge)
*Pulmonaria stiriaca*
*Rhinanthus carinthiacus*
*Erigeron candidus (E. polymorphus)***
*Tephroseris (Senecio) serpentini* (Serpentinophyt)**
*Doronicum cataractarum* (Koralpe)
*Festuca eggleri* (Serpentinophyt)
*Stipa styriaca***
*Delphinium elatum subsp. austriacum*
*Sempervivum montanum subsp. stiriacum*
*Potentilla crantzii subsp. serpentini* (Serpentinophyt)**

d) In den mittleren Zentralalpen (Tauern, Gurktaler Alpen):
**Saponaria pumila* (auch Nord-Italien)
*Saxifraga blepharophylla*
(AA) *Alchemilla curta*
(AA) **Alchemilla acrodon*
(AA) *Alchemilla norica*
*Oxytropis triflora*
**Androsace wulfeniana* (auch Südtirol)
*Saxifraga stellaris subsp. prolifera*
*Onobrychis arenaria subsp. taurerica*
*Valeriana celtica subsp. norica*

e) In den südöstlichen Kalkalpen:
**Wulfenia carinthiaca* (auch Friaul) (*W. blecicii*: südliches Dinarisches Gebirge)
**Helictotrichon petzense* (auch Slowenien) (*H. setaceum*: Südwest-Alpen)
**Thlaspi rotundifolium subsp. cepaeifolium* (auch Friaul)

** taxonomische Wertigkeit noch nicht ausreichend geklärt: Rangstufe vielleicht zu hoch.

f) Im westlichen Österreich:
(AA) *Alchemilla matreiensis*
(AA) *Alchemilla kerneri*
* *Taraxacum handelii*
* *Taraxacum reichenbachii*
*Delphinium elatum subsp. tiroliense*

g) Im Pannonischen Gebiet:
*Cochlearia macrorrhiza* (Wiener Becken)
* *Biscutella laevigata subsp. kerneri* (auch Mähren?)
*Onosma helvetica subsp. austriaca* (Wachau)

## Häufigkeit

Wie eng Arealkunde und Standortsökologie miteinander verknüpft sind, wird u. a. deutlich bei der Betrachtung der Häufigkeit der einzelnen Arten. Zwei verschiedene „Häufigkeits"-Begriffe sind dabei zu unterscheiden: (a) Häufigkeit in bezug auf geographische Räume (z. B. Naturräume oder Bundesländer), aber unabhängig von der Standortsbindung; (b) Häufigkeit innerhalb des für jede Art charakteristischen Standortsbereichs. In diesem Buch wird – abweichend von der üblichen Vorgangsweise! – hauptsächlich letzterer (b) Gesichtspunkt berücksichtigt, also die Häufigkeit relativ zu den angegebenen ökologisch-soziologischen Lebensräumen. Eine Art, die an einen seltenen Standortstyp gebunden ist, z. B. an Hochmoore, dort aber häufig, d. h. regelmäßig (mit hoher → Stetigkeit) auftritt, wird dementsprechend als „hfg" eingestuft. Die verwendete Skala:

sehr hfg = sehr häufig (= „gemein");
hfg = häufig;
mäßig hfg = mäßig häufig;
zstr = zerstreut;
slt = selten;
sehr slt = sehr selten.

# Gliederung Österreichs in Groß-Naturräume

Da sich die Pflanzen nicht an politischen Grenzen, sondern an Klima, Geologie und den anderen Standortsfaktoren orientieren, ist eine Gliederung des Gebiets nach Naturräumen sinnvoll: In diesem Buch verwenden wir 12 derartige Begriffe für – sehr verschieden umfangreiche – Großlandschaften (von denen sich einige überlappen; sie sind übrigens gleichbedeutend mit denen in NIKLFELD & al. 1986, hinzu kommen nur die Zentralalpen). Siehe dazu auch Karte Abb. 104 und den Abschnitt „Österreichs Geologie u. Klima" auf S. 127! Im folgenden nur einige schlagwortartige Andeutungen; Genaueres findet man u. a. bei WAGNER 1985, NIKLFELD 1973, 1992, FISCHER 1976, 1989, STÜBER (ed., 1989) (→ Literaturverzeichnis S. 1050).

**Alp = Alpengebiet** (innerhalb Österreichs) (also Österreich ohne BM, Pann, nVL, söVL.). Die folgenden Teilgebiete des Alp schließen einander nicht aus, sondern überlagern einander: die Nordtiroler Kalkalpen z. B. gehören gleichzeitig zu den wAlp und zu den nAlp usw.

Die wichtigsten Unterschiede sind bei der Durchquerung der Alpen von Norden nach Süden zu beobachten: von den → subozeanischen Randalpen zu den → subkontinentalen Innenalpen (diese mit den innenalpischen Trockengebieten, vgl. S. 128). Die Höhenstufen liegen daher im Alpeninneren höher, sie sind gewissermaßen nach oben hin verschoben. Es gibt aber auch, ganz grob gesehen, Unterschiede zwischen dem Westen (Klima meist eher kühler, feuchter, ozeanischer; starke Vergletscherung während der letzten Eiszeit; Gebirge meist höher) und dem Osten (Klima meist eher wärmer, trockener, subkontinentaler; geringe eiszeitliche Vergletscherung; Gebirge weniger hoch, z. T. stärker isoliert).

**nAlp = Nordalpen** (innerhalb Österreichs): Bregenzerwald (Flysch), nördliche Kalkalpen, (Kalk- u. Flysch-)Wienerwald. Subozeanisches Klima; in **N** nach Osten zu trockener und wärmer (kontinentaler) werdend. Viele Endemiten im Osten (östlich des Salzkammerguts: nordostalpischer Endemismus, vgl. S. 114). Eine Besonderheit sind die Schwarzföhrenwälder im äußersten Osten (→ S. 139).

**öAlp = östliche Alpenländer** (**S** ohne Pinzgau, ganz **K**, Alpenanteile der östlichen Bundesländer **St**, **O**, **N**). Etliche ostalpisch-karpatisch verbreitete Arten; eigenständige, an Relikten und Endemiten reiche Gebiete sind besonders die östlichen Randgebirge (Steirisches Randgebirge), darunter etwa das (kalkreiche) Grazer Bergland und die (silikatische) Koralpe; Serpentinstandorte im mittleren Murtal.

**sAlp = Südalpen** (innerhalb Österreichs): Gailtaler Alpen (inkl. Lienzer Dolomiten) (**K**, Ost-**T**), Karnische Alpen (Ost-**T**, **K**), Karawanken (**K**), Steiner Alpen (**K**). Die südalpische Flora unterscheidet sich von jener der übrigen Alpenteile relativ stark, wohl aufgrund der Nähe zu den eiszeitlichen Refugialgebieten, durch ihren Reichtum an südalpischen Arten, aber auch an vielen submediterranen, illyrischen Einstrahlungen. Unterschied zwischen Westen und Osten noch stärker als in den nAlp, auch wegen der stärkeren Verschiedenartigkeit der Gesteine (große geologische Mannigfaltigkeit in den Karnischen Alpen!). Starker Endemismus der Südostalpen (Steiner Alpen, Karawanken, Julische Alpen), → S. 113. – So finden sich in warmen Lagen (collin bis untermontan) u. a. *Gladíolus illýricus, Aspáragus tenuifólius, Genísta radiáta, Medicágo carstiénsis*; in den montanen Buchenwäldern u. a. *Aremónia agrimonioídes, Dentária pentaphýllos, Hacquétia epipáctis, Lilium*

BM – nördliches Gneis- und Granitgebiet (Böhmische Masse)
FlyZ – Flyschzone
KäB – Kärntner Beckenlandschaften
nAlp – Nordalpen (nördliche Kalkalpen + FlyZ)
nVL – Vorland nördlich der Alpen (nördliches Alpenvorland)
Pann – österreichisches Pannonisches Gebiet
Rh – Rheintal mit Bodenseegebiet und Walgau
sAlp – österreichische Südalpen (überwiegend kalkig)
söVL – Vorland südöstlich der Alpen

überwiegend Karbonatgesteine (kalkreiche Gesteine, Kalke, Dolomite)

Flyschzone und Gosau-Schichten (überwiegend Sandsteine und Mergel)

Bündner Schiefer (überwiegend Mischgesteine) (Engadiner Fenster im westlichen Nord-Tirol; Umrahmung des Tauernfensters; in den Hohen Tauern und den Tuxer Alpen)

(S) – Ophiolithe (= „Serpentingestein")

........ – Grenze zwischen Großnaturräumen

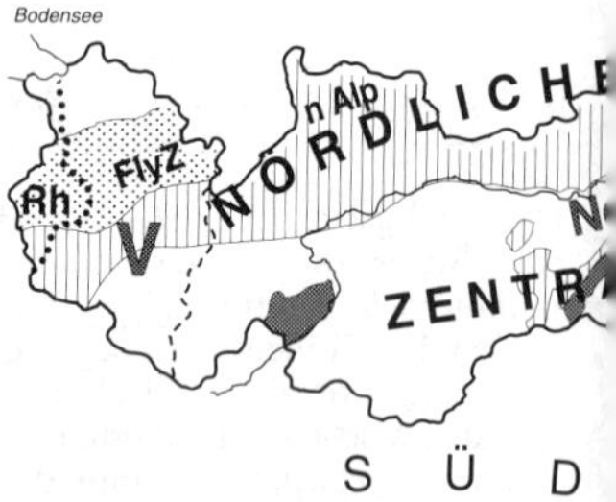


*carniólicum, Homógyne sylvéstris*; auf flachergründigen bzw. trockeneren Standorten u. a. *Fráxinus órnus, Óstrya carpinifólia, Pínus nígra, Crépis froelichiána, Chamaecýtisus purpúreus, Euphrásia tricuspidáta, Labúrnum alpínum, Saponária ocymoídes, Thláspi práecox*; in montanen bis subalpinen Hochstaudenfluren u. a. *Círsium waldstéinii, Erýngium alpínum, Lámium órvala*; in montanen bis subalpinen Felsfluren u. a. *Achilléa oxýloba, Paederóta lútea, Ranúnculus thóra, Scrophulária juraténsis, Verónica fruticulósa*; in (sub)alpinen Gesellschaften u. a. *Árabis vochinénsis, Artemísia nítida, Campánula zóysii, Nigritélla lithopolitánica, Potentílla nítida, Prímula wulfeniána, Soldanélla mínima.*

**wAlp = westliche Alpenländer** (**V**, **T**, westliche Teile von **S**: Pinzgau) (nicht: Westalpen!). Etliche mittel- bis westalpische Arten wie u. a. *Digitális lútea, Erínus alpínus, Gentiána purpúrea, Lúzula lútea, Trifólium alpínum.*

**Zentralalpen** = von der Silvretta (an der Grenze **V**/Schweiz) über Samnaun, Ötztaler und Zillertaler Alpen, Hohe und Niedere Tauern, Gurktaler und Seetaler Alpen sowie das Steirische Randgebirge bis zum Wechsel (an der Grenze **St**/**N**), hauptsächlich (aber nicht ausschließlich) aus silikatischen Gesteinen bestehend. Reiche Entfaltung der alpinen, besonders auch oberalpinen Flora; etliche arktisch-alpine Arten. ± subkontinentales Klima. In den niederen Lagen in einigen Tälern steppenartige Vegetation und Flora (innenalpische Trockentäler: z. T. mit Ähnlichkeiten und sogar Gemeinsamkeiten mit der pannonischen Vegetation im östlichen Österreich!). Auf der Alpensüdseite südalpische Einstrahlungen, besonders auf karbonatreichen Standorten. Starke West-Ost-Differenzierung.

Abb. 104

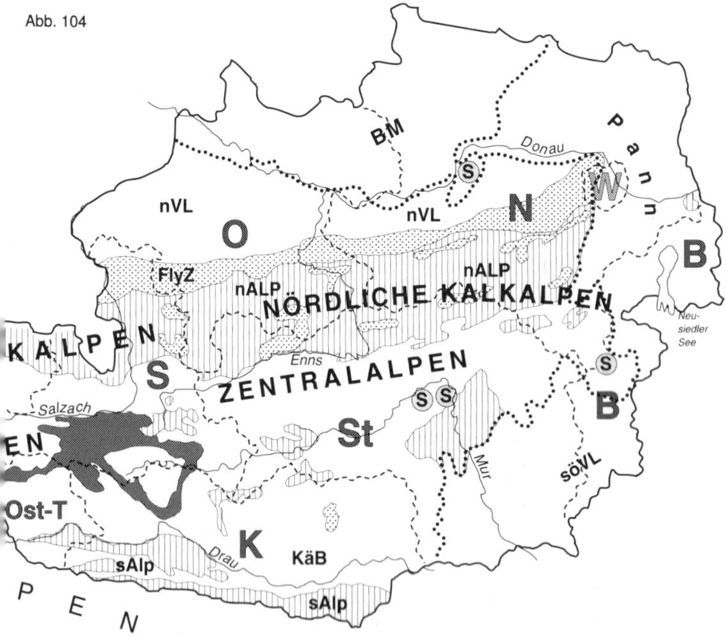


**KäB** = **Kärntner Beckenlandschaften** (Klagenfurter Becken, Krappfeld, Zollfeld, Jauntal). Besonders charakteristisch sind (Blumeneschen-)Hopfenbuchenwälder sowie Trockenrasen mit südlichen Einstrahlungen und reich entwickelte Wasser- und Moorvegetation.

**Rh** = **Rheintal** mit Bodenseegebiet u. Walgau. Besonders charakteristisch sind die Feuchtwiesen („Riedwiesen") mit ihren Flach- und Zwischenmooren; eine außerordentliche Spezialität ist die amphibische Pflanzengesellschaft des Bodensee-Ufers mit z. B. dem Bodensee-Vergißmeinnicht/*Myosótis rehstéineri.*

**nVL** = **Vorland nördlich der Alpen** (Nördliches Alpenvorland). Neben der ausgedehnten Kulturlandschaft Reste naturnaher colliner und submontaner, auf den kühl-feuchteren Höhenzügen auch untermontaner Laubwälder; Gewässer- und Moorvegetation; Auenreste und interessante Konglomeratsteilhänge entlang der Flüsse; Spuren der ehemaligen, heute größtenteils vernichteten „Heide"-Vegetation auf Schotterböden.

**söVL** = **Vorland südöstlich der Alpen** (Grazer Bucht, südöstliche **St** u. Hügelländer im Mittel- u. Süd-**B**). Subillyrisch getönte Wälder des südburgenländischen und oststeirischen Hügellandes und der weststeirischen Randlagen (Klima relativ feucht und sommerwarm); submediterrane Einstrahlungen (z. B. Hundszahn/*Erythrónium dens-cánis* in Edellaubwäldern) bis an den Rand des Grazer Berglandes (mit seinen Besonderheiten wie *Moehringia bavárica, Thalíctrum fóetidum, Hésperis cándida* u. a.); Feuchtwiesen mit ebenfalls südlichen, seltenen Arten (z. B. Schachblume/ *Fritillária meleágris*); die Hopfenbuchenwälder der Weizklamm; stellenweise wärmeliebende Arten z. B. auf den oststeirischen Vulkanhügeln; Serpentinvegetation um Bernstein (**B**).

**BM = nördliches Gneis- u. Granitgebiet** (Böhmische Masse; nordwestliches **N** (Waldviertel, Dunkelsteiner Wald), nördliches **O**: Mühlviertel, Sauwald). Bis in die montane Stufe aufsteigend; geringe Reste naturnaher Laubwälder und Fichten-Tannen-Buchenwälder; Hochmoore; trockene Sonderstandorte über Silikatgesteinen, insbesondere Granit; seltene Arten stark bodensaurer Sandböden (z. B. *Arnóseris mínima, Teesdália nudicáulis*). Am Ostrand des Gebietes ein interessanter Kontaktbereich zum pannonischen Bereich (z. B. um Retz und Eggenburg, im Kamptal). Serpentinvegetation im Dunkelsteiner Wald.

**Pann = Pannonisches Gebiet** innerhalb Österreichs (= östliches **N** [Weinviertel, Wachau, Marchfeld, Wiener Becken, Alpenostrand: „Thermenlinie"], **W** u. nördliches **B**). Klima trocken-warm, subkontinental; colline bis submontane Stufe. Naturnahe Vegetation nur in spärlichen Resten vorhanden (trocken-warme Flaumeichenwälder), überwiegend Kulturlandschaft mit stark anthropogen geprägter Vegetation. Viele östliche, pontisch-pannonische und viele südliche, (kontinental-)submediterrane Arten. Besonderheiten: Salzsteppen, Lößsteppen, Sandsteppen. Hierher gehört auch der trocken-warme Alpenostrand: an der mittleren „Thermenlinie" ist eine Häufung submediterraner Arten zu beobachten (z. B. Perückenstrauch/*Cótinus coggýgria*, Kantabrische Winde/*Convólvulus cantábrica*). Aber auch die Feuchtvegetation ist bemerkenswert: Auwälder an Donau, March und Leitha (z. B. Wilde Weinrebe/*Vitis vinífera subsp. sylvéstris*, Sommer-Knotenblume/*Leucójum aestívum*); die letzten Reste an Flachmoorwiesen (im nördlichen Wiener Becken: „Feuchte Ebene").

# Standorte, Pflanzengesellschaften, Vegetationskunde und die Vegetation Österreichs

## 1) Standortsökologie

Die einzelnen Pflanzenarten sind mehr oder weniger fest (gesetzmäßig) an bestimmte nachstehend näher beschriebene Standortsbedingungen (Umweltverhältnisse) gebunden und bilden unter diesen zusammen mit bestimmten anderen Pflanzenarten in konkurrenzbedingten und mengenabhängigen Kombinationen sogenannte **Pflanzengesellschaften**, die sich mit ihrer Umwelt in einem gewissen Gleichgewicht befinden. Mit der Erforschung der Pflanzengesellschaften befaßt sich die → **Pflanzensoziologie** (→ **Vegetationskunde**).
Die am Standort für das Pflanzenwachstum wichtigen Bedingungen erforscht die **Standortsökologie**. Unter **Standort** (= Ökotop) versteht man die Gesamtheit aller für die Pflanze an ihrem Wuchsplatz maßgeblichen Umweltfaktoren (Ökofaktoren, Standortsbedingungen). Dies sind: (a) Klima; (b) Boden; (c) andere Organismen (Mikroorganismen, Pflanzen, Tiere: biotische Faktoren) und schließlich (d) der wirtschaftende und „freizeitende" Mensch (anthropogene Faktoren).

**(a)** Die wichtigsten **Klimafaktoren** sind: Niederschlagsmenge (Feuchtigkeit) und deren jahreszeitliche Verteilung (feuchte und trockene Perioden); Andauer, Mächtigkeit und Regelmäßigkeit der Schneebedeckung; Einstrahlung, Temperatur und deren jahreszeitliche Verteilung (Sommerwärme, Winterkälte), Dauer der Vegetationszeit, Auftreten von Früh- und Spätfrösten; → Kontinentalität/Ozeanität. Außer dem Großklima (Makroklima), das größere Landschaftsräume charakterisiert, sind auch Meso- und Mikroklima entscheidend wichtig, die vor allem vom Relief abhängig sind: Der Vergleich zwischen einem schattigen, kühlen, luftfeuchten Nordhang und einem sonnigen, warmen, trockenen Südhang mit auffallend verschiedener Vegetation macht dies deutlich. Neben der Hanglage (**Exposition**: nordseitig [= nord-exponiert = schattseitig], südseitig [= süd-exponiert = sonnseitig] usw.) spielt die **Hangneigung** eine Rolle, denn je steiler die Sonnenstrahlen einfallen, desto größer ist die zugeführte Energie. Entscheidend ist jeweils das Verhältnis zwischen Einstrahlung (Erwärmung, Verdunstung) einerseits und dem verfügbaren Wasserangebot andrerseits. Wegen der photosynthetischen Ernährungsweise der grünen Pflanzen ist der Faktor Licht besonders wichtig: Es gibt demnach **lichtliebende** (= heliophile) und weniger stark lichtbedürftige, ± „**schattenliebende**" (= sciadophile) Sippen. Besonders im Hochgebirge von großer Wichtigkeit ist die Dauer der Schneebedeckung. Der Schnee gewährt einerseits Schutz vor Frosttrocknis, andererseits verkürzt er die Vegetationsdauer, weil sich durch eine mächtige Schneedecke das Ausapern verspätet; dementsprechend kann man **schneeliebende** (chionophile) und **schneemeidende** (chionophobe) Arten unterscheiden. Nicht zuletzt spielt, vor allem in der alpinen Stufe, auch der Wind als ökologischer Faktor eine wichtige Rolle (vgl. die Windkantengesellschaften, Nr. 31, 41, 45 im Abschn. **5** des nächsten Kapitels!).

**(b) Bodenfaktoren**: Aus dem – im einzelnen sehr komplizierten – Zusammenwirken von → Gesteinsuntergrund (= geologisches Substrat, Ausgangs-[= Mutter-]gestein für die Bodenbildung, z. B. → Karbonatgesteine oder → Silikatgesteine) mit Klima und Organismen entsteht der **Boden**. Er besteht i. a. aus Bodenmineralien, Humus (wichtige organogene Komponente des Bodens, die drei Haupthumusformen sind: → **Rohhumus**, → **Moderhumus**, → **Mullhumus**), Luft und Wasser. Dazu kommen die lebenden Bodenorganismen (= das Edaphon: Bakterien, Pilze, Bodenalgen, Bodentiere, Pflanzenwurzeln), deren abgestorbene Reste und der pflanzliche Bestandesabfall (z. B. abgefallenes Laub). Der Boden ist also nicht nur die „Unterlage“ für die Pflanzen, sondern ein komplexes System und selber eine Organismengemeinschaft. Die Bodenkunde (Pedologie) unterscheidet → Bodentypen (z. B. → Rendsina, → Ranker, → Braunerde, → Schwarzerde [= Tschernosem], → Podsol, → Gleyböden, → Anmoore, → Salzböden), die naheliegenderweise für die Vegetation von großer Bedeutung sind.

Wichtig für die Vegetation ist die Geschwindigkeit und Art der Verwitterung des Gesteinsuntergrundes und die Mächtigkeit („Gründigkeit“) des Bodens. Harte, langsam verwitternde Gesteine ergeben i. d. R. flachgründige Standorte; weiche und rasch verwitternde dagegen eher tiefgründige, oft aber auch dichtere, lehmreiche Böden. **Flachgründige** Böden sind meist nährstoffarm und trocken, **tiefgründige**, feinerdereiche dagegen nährstoffreich und besser wasserversorgt. Ebenso entscheidend ist die Bodenart: Grobkörnige, **lockere**, „leichte“, also kiesige bis sandige Böden sind gut durchlüftet und gut durchwurzelbar, nehmen Feuchtigkeit rasch auf, geben sie aber auch wieder leicht ab, d. h. trocknen rasch aus; feinkörnige, **dichte**, „bindige“, schwere, also lehmige bis tonige Böden sind schlechter durchwurzelbar, nehmen Feuchtigkeit nur langsam auf, halten sie aber gut fest.
**Karbonatgesteine** (besonders die – aus Kalziumkarbonat bestehenden – Kalke und Marmore) verwittern meist zu kalkreichen, basischen Böden; Dolomite (Kalzium-Magnesium-Karbonat) ergeben meist besonders flachgründige, nährstoffarme, zwar oft ± basenreiche, aber oft auch etwas zur Versauerung neigende Böden. Aus kalk- und **basenarmen Silikatgesteinen** (früher „Urgestein“ genannt: Granite, Gneise, Silikatschiefer, kalkfreie Sandsteine usw.) hingegen entstehen ± saure Böden. Basen- u. kalkreichere Silikatgesteine, Schiefer, Mergel, kalkige Sandsteine, vulkanische Gesteine usw. („intermediäre Gesteine“, „Mischgesteine“) nehmen bezüglich Bodenbildung meist eine Mittelstellung zwischen reinen Silikaten und Kalken ein. Schotter und Sande als Gesteinsuntergrund können selbstverständlich kalkreich bis kalkfrei sein; Löß ist meist kalk- und basenreich. Entscheidend wichtig sind auch die bei der Verwitterung entstehenden Tonminerale, Oxide und Hydroxide, die für Wasserhaushalt, Durchlüftung, Nährstoffreichtum und Tendenz zur Versauerung ausschlaggebend sind. – Auf basenarmem, kalkfreiem Ausgangsgestein können nur saure Böden entstehen. Jedoch darf nicht übersehen werden, daß sich besonders im Gebirge (wegen der unzureichenden abbauenden Vorgänge im Boden infolge kurzer Vegetationszeit und stärkerer Auswaschung der Basen durch höhere Niederschläge) auch über Kalkuntergrund häufig rohhumusreiche und damit saure Böden bilden können! Ebenso wird von Unerfahrenen oft zu wenig beachtet, daß in den „Silikatalpen“ (z. B. Zentralalpen) basen- oder kalkreichere Gesteine (z. B. basen- oder kalkreiche Schiefer, Marmore) nicht selten sind, wenn auch oft nur kleinräumig verbreitet. (Vgl. dazu Abb. 104!)
Für das pflanzliche Leben besonders entscheidend sind Nährstoff- und Basenversorgung (Mineralstoffgehalt), Feuchtigkeit (Wasserhaushalt), pH-Wert (Säure-Grad) und Durchlüftung.
Unter Nährstoffversorgung im strengeren Sinn versteht man den Gehalt an Stickstoff- und Phosphorverbindungen, unter Basenversorgung jenen an Kalzium

($Ca^{++}$), Magnesium ($Mg^{++}$), Kalium ($K^{+}$) und Natrium ($Na^{+}$). Der größte Teil dieser Bodenmineralstoffe (Mineralsalze) entstammt dem durch Verwitterungsvorgänge umgewandelten Ausgangsgestein, ein weiterer Teil gelangt über die Lebenstätigkeit stickstoffbindender (nitrifizierender) Bakterien, über Düngung oder auch durch das Grundwasser in den Boden. Ein geringer, ungebundener Nährstoffvorrat in der Bodenlösung ist der Pflanze direkt zugänglich. Der weitaus größte Teil der Nährstoffe ist ± fest an die Oberfläche organischer und anorganischer Bodenteilchen gebunden und für die Pflanze nur über Austauschvorgänge zwischen Bodenteilchen und Bodenlösung verfügbar, die daher („Austauschkapazität"!) für die Versorgung der Pflanze mit Nährstoffen (also für die Bodenfruchtbarkeit) von größter Bedeutung sind. Die Austauschkapazität nimmt u. a. mit der Menge der Tonmineralien und der organischen Substanz (Humus) zu. – Nährstoffreiche (= eutrophe) Böden werden auch „**fett**", nährstoffarme (= oligotrophe) „**mager**" genannt. Grob vereinfacht: **Anspruchsvolle** (eutraphente) Arten wachsen nur auf nährstoffreichen, **anspruchslose** (oligotraphente) in der Natur (konkurrenzbedingt!; siehe weiter unten) nur auf nährstoffarmen Standorten.

Bei der Feuchtigkeit muß unterschieden werden nicht nur nach der Quantität (→ **trocken**, → **frisch**, → **feucht**, → **naß**), sondern auch zwischen bewegter, sauerstoffreicher („sickerfrisch", „rieselfeucht") und unbewegter, sauerstoffarmer Feuchtigkeit („**Staunässe**"); außerdem ist die jahreszeitliche Verteilung sehr wichtig (→ wechseltrocken, → **wechselfeucht**, → wechselnaß). – Sippen trockener Standorte nennt man → xerophytisch (Xerophyten, „xerophil"); entsprechende weitere Begriffe sind: → mesophytisch, → hygrophytisch, → hydrophytisch.

Für den Säuregrad (= → Bodenazidität = pH-Wert = Wasserstoffionenkonzentration) des Bodens maßgeblich sind das Ausgangsgestein (Karbonate wirken als chemische Puffer, die den Säuregrad verringern), das Klima (kühl-feuchtes, niederschlagsreiches Klima fördert die Bodenversauerung), die → Humusform, die Bodenorganismen (Geschwindigkeit der den Bestandesabfall abbauenden Prozesse) und die Vegetation selbst (die Lebenstätigkeit der Pflanzen bewirkt eine gewisse Versauerung des Bodens). **Kalkstete** Sippen (Kalkzeiger) (wie z. B. Wimper-Alpenrose = *Rhododendron hirsutum*, Kalk-Blaugras = *Sesleria albicans (= varia)*, Clusius-Enzian = *Gentiana clusii*, Steinschmückel = *Petrocallis pyrenaica*) wachsen ausschließlich auf karbonatreichen Böden (sind an sie gebunden), **kalkliebende** (= calciphile) (wie z. B. Zyklame = *Cyclamen purpurascens*) bevorzugen sie in ± starkem Ausmaß, **kalkmeidende** (wie z. B. Pechnelke = *Lychnis viscaria*, Weißzüngel = *Pseudorchis albida*, Rippenfarn = *Blechnum spicant*, Rost-Alpenrose = *Rhododendron ferrugineum*) fehlen auf kalkhaltigen Standorten durchwegs. Kalkreiche Böden sind damit immer auch basenreich, „**basenreiche**" aber keineswegs immer kalkhaltig, sondern z. B. reich an Kalium, Kalzium, Magnesium, Natrium (dementsprechend spricht man von „basiphilen" Sippen, z. B. *Kleines Knabenkraut = *Orchis morio*, das oft auf kalkfreien Standorten wächst). **Säureliebende** (= acidophile) Sippen (wie z. B. Weißliche Hainsimse = *Luzula luzuloides*, Drahtschmiele = *Avenella flexuosa*, Besenheide = *Calluna vulgaris*, Echter Ehrenpreis = *Veronica officinalis*) meiden Karbonatgestein. Sippen, für deren Vorkommen der pH-Wert nicht oder kaum wichtig ist, werden „**pH-indifferent**" (früher meist „bodenvag") genannt (z. B. Latsche = *Pinus mugo*). – (Man beachte: „sauer" bedeutet in unserer Fachsprache niemals „naß", so wie „frisch" niemals „kühl" bedeutet!)

Schlechte Bodendurchlüftung und dadurch verursachte Sauerstoffarmut ist z. B. für Bruchwald- und Auwaldböden (Gleyböden) charakteristisch und der Hauptgrund dafür, daß gewisse Arten solche Standorte nicht besiedeln können (z. B. Rotbuche = *Fagus sylvatica*), andere dagegen sehr wohl (z. B. Schwarz-Erle = *Alnus glutinosa*, Stiel-Eiche = *Quercus robur*).

**(c)** Ganz wichtig für die Verteilung der Arten auf die verschiedenen Standorte (Ökotope) ist die **Konkurrenz** zwischen den Pflanzenarten. Konkurrenzkräftige Arten (wie z. B. Buche = *Fagus sylvatica*, Wald-Bingelkraut = *Mercurialis perennis*) sind i. d. R. „**anspruchsvoll**" (benötigen nährstoffreiche, frische, nicht zu saure, in keinem Faktor extreme Standorte), sie sind produktiv (raschwüchsig) und verdrängen dadurch (z. B. durch Beschattung) andere, weniger produktive (langsamer wachsende) Arten. Konkurrenzschwache Arten (wie z. B. Rot-Föhre und Latsche = *Pinus sylvestris, P. mugo*, Gewöhnliche Birke = *Betula pendula*, Katzenpfötchen = *Antennaria dioica*) dagegen sind „**anspruchslos**" und können sich nur auf ungünstigeren (ärmeren, trockeneren oder feuchteren, jedenfalls extremeren) Standorten durchsetzen. Viele Arten solcher ungünstiger bis extremer Standorte sind also gar nicht Spezialisten, die diese Standortsbedingungen für ihr Leben benötigen, sondern vielmehr bloß resistent gegen solche ungünstige Verhältnisse, d. h., sie wachsen an derartigen Standorten nur deshalb, gleichsam gezwungenermaßen, weil sie dort nicht dem Konkurrenzdruck der anspruchsvolleren Arten ausgesetzt sind. (Außerdem ist die Konkurrenzkraft einer Art natürlich kein absoluter Wert, sondern auch abhängig von der jeweiligen Situation: auf einem bodensauren, sandigen Waldschlag ist die oben als konkurrenzschwach angeführte Birke relativ sehr konkurrenzkräftig!) – Schließlich ist der Einfluß anderer Organismen, insbesondere der pflanzenfressenden (= phytophagen) Insekten (einschließlich deren Larven), der weidenden Großsäuger und der Symbiose mit anderen Organismen (Mykorrhiza usw.) auf die Pflanzen nicht zu vernachlässigen.

**(d)** Nachhaltig ist die Wirkung der **Nutztiere** (Weidevieh) auf die Vegetation (Viehweiden, → Weiderasen) und die direkte **Einflußnahme des Menschen** selbst (anthropogene Faktoren) in Form landwirtschaftlicher (Rodung, Mahd, Pflügen, Düngung, Be- und Entwässerung), forstwirtschaftlicher (Schlägern, Aufforstung) und jagd- und fischereiwirtschaftlicher Maßnahmen sowie Bau- und Siedlungstätigkeit usw.: Anthropogene (vom Menschen gestaltete) Vegetationstypen sind etwa → Äcker und → Wiesen sowie → Waldschläge und → Forste.

Die einzelnen Pflanzensippen verhalten sich aber nicht nur in bezug auf die **Standortsfaktoren** und deren Kombination sehr unterschiedlich. Verschieden ist auch ihre **Amplitude** (Schwankungsbreite, Streuung, Toleranzbereich) einzelnen Faktoren und auch der Gesamtheit der zusammenwirkenden Faktoren gegenüber: Sie ist entweder klein (eng): Stenözie (**stenöke** Sippen). Oder sie ist groß (weit): Euryözie (**euryöke** Sippen). Dementprechend besiedelt eine Sippe wenige, sehr spezielle Standorte bzw. viele, verschiedenartige Standorte.
Bei Kenntnis der Standortsansprüche der Sippen lassen sie sich als „**Zeigerpflanzen**" (Boden- und Klimazeiger, Indikatoren, vgl. → Bioindikation) verwenden: das Vorkommen von einzelnen Arten, besser aber von Artenkombinationen und ganzen Pflanzengesellschaften (siehe folgender Abschnitt) läßt detaillierte Aussagen über die Standortseigenschaften zu, die wesentlich genauer und verläßlicher sind als direkte Messungen einzelner Faktoren (z. B. pH-Wert oder Kalkgehalt usw.), weil sie die Faktorenkombination in ihrer Gesamtheit und deren Integration über das ganze Jahr bzw. meist über viele Jahre widerspiegeln.
Eine Übersicht über die hauptsächlichen Faktoren, die für einen bestimmten Biotop, einen bestimmten Vegetationsbestand (ein Gesellschaftsindividuum) maßgeblich sind, bietet das folgende Schema:

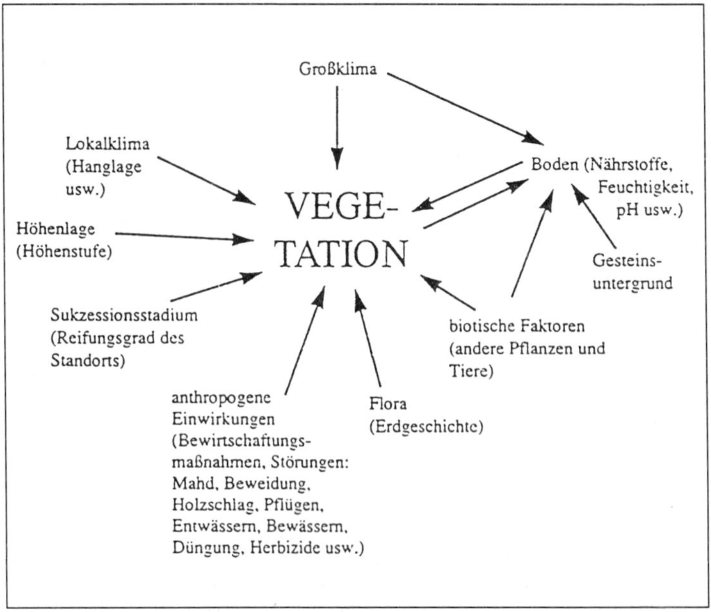
Großklima
Lokalklima (Hanglage usw.)
Boden (Nährstoffe, Feuchtigkeit, pH usw.)
VEGE-TATION
Höhenlage (Höhenstufe)
Gesteins-untergrund
Sukzessionsstadium (Reifungsgrad des Standorts)
biotische Faktoren (andere Pflanzen und Tiere)
anthropogene Einwirkungen (Bewirtschaftungs-maßnahmen, Störungen: Mahd, Beweidung, Holzschlag, Pflügen, Entwässern, Bewässern, Düngung, Herbizide usw.)
Flora (Erdgeschichte)

## 2) Erfassung und Ordnung der Vegetationstypen (Pflanzengesellschaften): Pflanzensoziologie

Die vollständige Erfassung konkreter Pflanzenbestände (Gesellschaftsindividuen) heißt pflanzensoziologische Aufnahme: das ist eine Auflistung aller Arten, die auf einer bestimmten, ökologisch in sich gleichartigen (= homogenen) Fläche miteinander wachsen. Häufigkeit (Individuenzahl = Abundanz; Deckungsgrad = Dominanz), Verteilung (Geselligkeit), Wuchsweise, Schichtung (etwa Moos-, Kraut-, Strauch-, Baumschicht) usw. werden mit Hilfe einer bestimmten Methode (Meß-Skala) angegeben bzw. geschätzt. Diese – hauptsächlich floristisch orientierten (d. h. den Artenbestand betonenden) – Vegetationsaufnahmen werden miteinander verglichen, nach ihrer Ähnlichkeit geordnet und als Grundlage für die Aufstellung von **Pflanzengesellschaften** verwendet. Maßgeblich für die Definition der Gesellschaften sind jene Arten, die in einem begrenzten, gut umschriebenen Standortsbereich wachsen, also eine enge Standorts-Amplitude aufweisen: sie sind einer Gesellschaft „**treu**", d. h. sie wachsen ausschließlich in ihr oder haben dort einen deutlichen Schwerpunkt ihres Vorkommens: solche werden **Charakterarten** (= Kennarten) genannt. Gesellschaften sind i. d. R. durch eine oder mehrere Charakterarten definiert. Der Grad der Bindung (ausschließliches Vorkommen) an eine bestimmte Gesellschaft heißt **Treue**; die Häufigkeit einer Art in einer bestimmten Gesellschaft hingegen heißt **Stetigkeit**, eine in einer bestimmten Gesellschaft (fast) immer vorhandene Art ist daher eine **stete** Art.

Analog zur Sippensystematik, deren Grundeinheit die Art = Species ist (vgl. S. 25), bildet die Assoziation die Grundeinheit des pflanzensoziologischen Systems (= Synsystematik, **Syntaxonomie**). Man faßt ähnliche Assoziationen zu einem Verband, ähnliche Verbände zu einer Ordnung und schließlich ähnliche Ordnungen zu einer (Vegetations-)Klasse in hierarchischer Weise zusammen. Ähnlich wie im Sippensystem die Art, kann im pflanzensoziologischen System die Assoziation in Subassoziationen, diese in Varianten und letztere wieder in Subvarianten untergliedert werden. (Diesem System liegen jedoch nicht wie im Sippensystem verwandtschaftlichen Zusammenhänge zugrunde, sondern bloß floristische bzw. ökologische Gemeinsamkeiten und Ähnlichkeiten!)

Die Benennung der Pflanzengesellschaften erfolgt in der Weise, daß an den Wortstamm des Gattungsnamens einer oder zweier Charakterarten bestimmte Endungen (im folgenden unterstrichen) angehängt werden (die jeweils die Rangstufe des → Syntaxons ausdrücken), und deren Artbeiname in den Genitiv gesetzt wird: So heißt z. B. die Assoziation des Polsterseggenrasens (eine wichtige Gesellschaft der alpinen Stufe auf Kalkböden) nach einer ihrer Charakterarten, nämlich der Polster-Segge = *Carex firma* (Wortstamm von *carex:* „caric-") „Caricetum firmae". (Die Rangstufe des Unterverbandes ist durch die Endung „-enion", die des Verbandes durch „-ion", die der Unterordnung durch „-enalia", die der Ordnung durch „-alia", die der Unterklasse durch „-enea", die der Klasse durch „-etea" gekennzeichnet.)

## 3) Österreichs Geologie und Klima

Anm.: Vgl. dazu das Kapitel „Gliederung Österreichs in Groß-Naturräume", S. 117–120!

Die geologisch-tektonischen Großeinheiten Österreichs umfassen (vgl. Abb. 104):
a) die Rumpfscholle der Böhmischen Masse (Granit- und Gneishochland innerhalb des variszischen Gebirgssystems): nordwestliches Niederösterreich (Waldviertel und Dunkelsteiner Wald) und nördliches Oberösterreich (Mühlviertel und Sauwald) (BM);
b) das Deckensystem der Ostalpen samt Vorland und Becken:
Die Ostalpen kann man ganz grob nach Gesteinszonen gliedern, die z. T. den tektonischen Einheiten entsprechen:
Sandstein-(Flysch-)zone
Nördliche Kalkzone (Nördliche Kalkalpen)
Nördliche Schiefer-(Grauwacken-)zone
Kristalline (Silikat-)Zone (Zentralalpen)
Südliche Schiefer-(Grauwacken-)zone
Südliche Kalkzone (Südliche Kalkalpen)

Östlich der Alpen im östlichen Niederösterreich und im Nord-Burgenland liegt das durch tektonische Bruchlinien begrenzte („Thermenlinien": Thermalquellen!) Wiener Becken, das sich jenseits des Leithagebirges in der Kleinen Ungarischen Tiefebene fortsetzt. Die Fortsetzung der Alpen nach Osten sind die West-Karpaten, zu denen auf österreichischem Gebiet nur die Hainburger Berge gehören.
Das nördliche Alpenvorland erstreckt sich von Salzburg bis nach Niederösterreich. – Das südöstliche Alpenvorland (Oststeirisches Hügelland, Mittel- und Süd-Burgenland), ein welliges Platten-, Hügel- und Riedelland mit breiten Mulden- und Sohlentälern, gehört mit der Grazer Bucht zum Randgebiet des pannonischen Tieflandes. Das größte innenalpine Senkungsfeld, das Klagenfurter Bekken, ist gekennzeichnet durch Reste des Grundgebirges, tertiäre Ablagerungen sowie Schotterfelder und Moränen des eiszeitlichen Draugletschers.
Die Alpen sind eine markante Scheide zwischen dem Gebiet mit mitteleuropäischem (Niederschlagsmaximum im Sommer) und jenem mit mediterranem Klimarhythmus (Frühjahrs- und Herbstniederschläge). Letzterer wirkt sich innerhalb Österreichs lediglich in Süd-Kärnten (Gailtal, Karnische Alpen, Karawanken) aus.
Das südöstliche Vorland und die Randzonen der benachbarten Bergländer sind durch illyrischen Klimaeinfluß gekennzeichnet: niederschlagsreich (häufig Gewitter) mit heiß-schwülem Sommer und kaltem Winter. (Man beachte jedoch, daß das Vorkommen → illyrischer Pflanzenarten mit diesen Klimaeinflüssen nicht direkt zusammenhängt!) – Trocken-heiße Sommer, mäßig kalte und trockene Winter sind für das pannonische Klima der östlichen Flach- und Hügelländer und ihrer Randgebiete (östliches Niederösterreich, Nord-Burgenland) typisch (also jene Gegenden, für die auch pannonische Vegetation und Flora typisch ist).
Das alpine Klima zeichnet sich durch einen Klimawandel mit zunehmender Höhe aus. So ändern sich z. B. die Temperatur- und Niederschlags-Jahresmittel (vertikale Temperaturabnahme rund 6° C je 1000 m bei gleichzeitiger Zunahme des Niederschlags).
Das Niederschlagsmaximum liegt im mitteleuropäischen Klima im Frühsommer: Juni bis Juli (im südwestlichen Kärnten ein weiteres im Herbst; auf diese randliche Auswirkung der mediterranen Herbst- und Winterregen wurde schon oben hingewiesen). Der Alpenrand erhält (durch den Wolkenstau-Effekt) ebenso wie die

höheren westlichen Alpen (die maritim-feuchte Luft der hauptsächlichen Westwinde regnet sich in den westlichen Alpen stärker ab und wird gegen Osten zu immer trockener) über 2000 mm Jahresniederschlagssumme (subozeanisches Klima). Die Sommer sind daher in den randlichen Alpenteilen weniger heiß, und die Winter sind wegen der mächtigeren Schneedecke für die Pflanzen nicht extrem kalt. Das Klima der Randalpen ist subozeanisch. Die innenalpischen (= „inneralpinen") Täler (besonders im Westen) und Becken sowie die gesamten östlichen Zentralalpen sind relativ niederschlagsarm (Leelage: Regenschatten!); die Sonnenein- und -abstrahlung ist daher größer, die Sommer sind wärmer, die Winter kälter: das Klima der Innenalpen ist subkontinental. Zu diesem botanisch interessanten innenalpischen Trockengebiet mit seinem fast steppenhaften (und dadurch ans Pannonische Gebiet erinnernden) Vegetationscharakter gehören insbesondere das obere Inntal (oberhalb von Landeck, Nordtirol), das Virgental (nördliches Osttirol), das Mölltal (im nördlichem Oberkärnten) und in abgeschwächtem Maß das mittlere und obere Murtal (Obersteiermark und Lungau). Der Übergangsbereich (klimatische Zwischenstellung) zwischen Rand- und Innenalpen heißt Zwischenalpen. Am trockensten ist das pannonische Gebiet (z. T. unter 600 mm Jahresniederschlag) (subkontinentales Klima).
Zu den für die Pflanzendecke wichtigen Erscheinungen des alpinen Klimas gehören auch die Temperaturumkehr (= Temperaturinversion) und der Föhn. Unter Temperaturinversion versteht man das Phänomen der Kaltluft-Seen, die sich im Winter in windgeschützten Becken- und Tallagen durch absinkende und stagnierende Kaltluft bilden, was eine umgekehrte Vegetations-Höhenstufung zur Folge haben kann. Der Föhn tritt in den Alpen meist als warmer, trockener Fallwind sowohl auf der Nord- wie auf der Südseite auf. Der warme Süd-Föhn tritt am stärksten im Herbst und Frühling, zeitweise auch im Winter in Erscheinung. Manche breite Täler (vor allem der westlichen Bundesländer) zeigen besonders starke Föhnwirkung („Föhngassen"), sie verstärken den kontinentalen Klimacharakter der Alpen-Innentäler. Der Süd-Föhn bewirkt frühere Schneeschmelze, längere Vegetationszeit (läßt Mais und Wein früher reifen: „Türkenröster", „Traubenkocher").

## 4) **Höhenstufen** (vgl. Abb. 105)

Die vertikale Änderung einzelner Klimaelemente, wie Temperatur, Niederschlag, Luftfeuchte, Windrichtung und -stärke, Bewölkung und Sonnenscheindauer, vor allem aber die verschiedene relative Dauer von Sommer (genauer: Vegetationsperiode) und Winter (bzw. Vegetationsruhe) führt zu einer deutlichen Änderung der Vegetation mit zunehmender Höhenlage. Diesem charakteristischen Wechsel entspricht die Gliederung der Pflanzendecke in sieben (Haupt-)**Höhenstufen** der Vegetation. Entsprechend dem Großklima sind deren Grenzen in Höhenmetern verschieden: am Alpenrand (Randalpen: subozeanisches Klima) liegen die Höhenstufen i. a. niedriger als im Alpeninneren (Innenalpen: subkontinental geprägtes Klima). Im sommerwärmeren Süden und Südosten sowie an Südhängen liegen sie i. a. höher als im sommerkühleren Norden und Westen oder an Nordhängen. Dementsprechend schwanken die Meter-Angaben für die Grenzen ziwschen den Stufen ziemlich stark. Dazu kommt, daß unter besonderen lokalklimatischen Verhältnissen diese Werte noch über- oder unterschritten werden.

Die nachstehende Kurzcharakterisierung der Vegetations-Höhenstufen bezieht sich auf die natürliche, hauptsächlich durch das Großklima bedingte Vegetation auf günstigen Standorten (→ Klimax-Vegetation); hingegen sind die Gesellschaften auf den Sonderstandorten und anthropogenen Standorten hier nicht angeführt. (In der Reihenfolge von oben nach unten:)

(7) nival: Schnee-Stufe („Stufe des ewigen Schnees"). Kryoplankton (z. B. im Gletschereis lebende Algen). Nur auf Nunatakkern (über das Eis hinausragenden steilen Gipfeln und Graten) vereinzelte Kryptogamen und Samenpflanzen-Pioniere

**klimatische Schneegrenze**: 2800–3100 m s. m.

(6) subnival: Zone der dominierenden Kryptogamen (Moos- u. Flechtenvereine) und der vereinzelten, höchststeigenden Gefäßpflanzen (bes. Dikotylen-Pölster u. Teppiche) (→ Nunatakker)

**Obergrenze geschlossener Vegetation**: 2500–2800 m s. m.

(5) alpin: großgehölzfreie, im Winter schneebedeckte Vegetation

oberalpin (hochalpin): ± geschlossene Rasengesellschaften (auf den relativ günstigen, weil nicht zu steilen, nicht zu felsigen, nicht zu schutt- und nicht zu schneereichen Flächen, denn auf diesen sind entsprechende Sondergesellschaften – Felsrasen-, Schuttfluren, Schneetälchen usw. – ausgebildet): „Grasheiden"

1900–2300(2500) m s. m.

unteralpin *(nicht mit subalpin zu verwechseln!)*: Zwergstrauchheiden

**obere Baumgrenze, zugleich Krummholzgrenze**: 1800– 2100(2300) m s. m.

(4) subalpin: zwischen Baum- u. Waldgrenze sowie Wald knapp unterhalb der Waldgrenze („Kampfwald" und Krummholz). Legföhren- (= Latschen-), Grünerlen- u. (lokal in den Randalpen auch) (Leg-)Buchen-Gebüsche; (aufgelockerte) Fichtenwälder; (in den Innenalpen:) Zirben-Wälder, Lärchen-Zirben-Wälder, Lärchen-Fichten-Wälder

**Grenze des geschlossenen Waldes**: 1500–2000 m s. m.

(3) montan (Bergstufe, „Bergwald-", „Voralpen-Stufe"):

obermontan: in den Randalpen Fichten-Tannen-Buchen-Wälder und darüber gelegentlich („hochmontan") Fichtenwälder; in den Zwischenalpen meist Fichten-Tannen-Wälder; in den Innenalpen Fichten-, Fichten-Lärchen-Wälder

600–800(900) m s. m.

untermontan (tiefmontan; *nicht mit „submontan" zu verwechseln!*): in den Randalpen: Buchenwälder; in den Innenalpen Fichtenwälder

350–500(700) m s. m.

(2) submontan: warme Randlagen der Böhmischen Masse und der Alpen, Nördliches und Südöstliches Alpenvorland: Buchenwälder (frische Hänge) und Eichen-Hainbuchenwälder (trockenere, aber auch ausgeprägt feuchte Hänge); in den Innenalpen: Stieleichenwälder, Rotföhrenwälder. (Diese Stufe wurde früher zum oberen Teil der collinen Stufe gerechnet.)

250–400(500) m s. m.

(1) collin (= planar-collin, Ebenen- und Hügelstufe): trocken-warme Eichen-Hainbuchenwälder und Eichenwälder. Zu unterst: Übergang zu (kaum mehr erhaltenen) Vegetationskomplexen aus lichtem Eichenwald und Steppenrasen („Waldsteppenzone"). Das pannonische Gebiet (Pann) gehört zur Gänze dieser Stufe an. (Buchenwälder fehlen!)

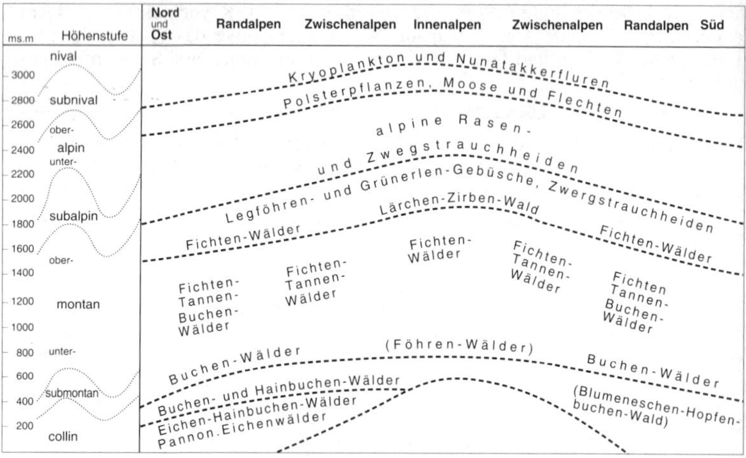


Abb. 105: Höhenstufen der Vegetation in den Ostalpen und ihrem Vorland (grob schematisch, potentielle natürliche Klimaxvegetation).

## 5) Gliederung der Vegetation

Österreich liegt großteils in der Zone der sommergrünen, mitteleuropäischen Buchen*- und Eichen-Hainbuchenwälder. Diese Waldvegetation ist insbesondere das Ergebnis des Großklimas, das in dieser (Klima-)Zone herrscht, und wird als **zonale** Vegetation oder → Klimax-Vegetation (klimatisch bedingte Schlußgesellschaft der Vegetationsentwicklung) bezeichnet.

Die Abfolge der Höhenstufen in den Alpen (siehe oben) zeigt eine gewisse Parallelität mit den ebenfalls klimatisch bedingten Vegetationszonen höherer geographischer Breite. Trotz gewisser, nicht unwesentlicher klimatischer Unterschiede (das Gebirgsklima ist niederschlagsreicher, die Sonneneinstrahlung ist höher, im Winter ist es nicht dauernd finster) läßt sich in groben Zügen die nahezu pflanzenlose Polarzone mit der (Sub)nivalstufe der höchsten Alpengipfel, die Zone der arktischen Tundren mit der alpinen Höhenstufe und die boreale (nordeuropäische) Nadelwaldzone (Taiga) mit der subalpinen und obermontanen Höhenstufe vergleichen, und schließlich entspricht die mitteleuropäische Buchen- und Eichenzone der untermontanen und submontanen Laubwaldstufe.

* Mit „Buche“ ist immer und ausschließlich die Rotbuche = *Fagus sylvatica* gemeint!

Von anderen Vegetationszonen reichen noch Ausläufer bis nach Österreich. So sind z. B. die sekundären (anthropogenen) und die edaphischen (bodenbedingten) Steppenrasen des Pannonischen Gebietes in gewisser Hinsicht Ausläufer der in der Ukraine und im südöstlichen Rußland zonal auftretenden echten, klimatisch bedingten Steppenvegetation. Submediterrane Vegetation ist in Österreich nur als Exklave in besonders wärmebegünstigten Gegenden inselförmig anzutreffen: z. B. die Flaumeichenwälder am Alpenostrand bei Wien und (sehr kleinflächig) nördlich von Graz sowie die Blumeneschen-Hopfenbuchen-Wälder in Süd-Kärnten. Gut entwickelt findet man solche Waldbestände (außerhalb Österreichs) am Alpensüdrand in Slowenien, Südtirol und Oberitalien. Solche bei uns nur kleinflächig anzutreffenden Vegetationstypen anderer Vegetationszonen heißen **extrazonal**.

Pflanzengesellschaften, die in mehreren Vegetationszonen (mit unterschiedlichem Großklima) in ungefähr gleicher Form auftreten, weil sie nicht vom Klima, sondern von den gleichen extremen Bodenfaktoren geprägt werden (Sonderstandorte), faßt man zur **azonalen** Vegetation zusammen. Da diese Pflanzengemeinschaften langfristig bestehen bleiben, weil aufgrund bestimmter Ökofaktoren die Weiterentwicklung zu einer Klimax-Gesellschaft nicht möglich ist, werden sie auch als Dauergesellschaften bezeichnet. Hierher gehören Felsspalten- und -schutthaldengesellschaften, felsig-trockene Föhrenwälder, luftfeuchte Schluchtwälder, Auwälder, Bruchwälder, Quellfluren, Verlandungsvegetation von (Still-)Gewässern, Hochmoore, Schneeböden, Salzsteppen usw.

Die Veränderung einzelner oder mehrerer Ökofaktoren führt zu einer ± rasch ablaufenden Vegetationsänderung (**Sukzession**) und damit zu verschiedenen, einander ablösenden Sukzessionsstadien. In vielen Fällen ist der Mensch für solche Veränderungen verantwortlich.

In der Landschaft sind die Pflanzengesellschaften oft ± kontinuierlich miteinander verbunden, oft bilden sie ökologisch bedingte Reihen (sogen. Catenen = „Ketten“), für die einer oder wenige Standortsfaktoren maßgeblich sind, die sich räumlich, entlang eines (Standorts-)Gradienten ändern (z. B. zunehmende oder abnehmende Feuchtigkeit, Nährstoffgehalt, Bodendichte, Kalkgehalt, Klimafaktor wie Sommerwärme usw.). – Für die heutige, aktuelle Vegetation sind in großem Ausmaß die Eingriffe des Menschen maßgeblich, die von ihm gesetzten oder geänderten ökologischen Faktoren und Standortsgradienten. Durch Abstraktion (theoretische Entfernung) dieser anthropogenen Einwirkungen läßt sich die potentielle natürliche Vegetation auf ± schwierige Weise mit ± gesicherten Ergebnissen rekonstruieren. Wegen der inzwischen eingetretenen Klima- und Standortsveränderungen ist sie oft nicht ganz identisch mit der vor der Jungsteinzeit tatsächlich vorhandenen ursprünglichen Vegetation.

Die Intensität, das Ausmaß der menschlichen (= anthropogenen) Einflußnahme (Rodung, Schlägerung, Mahd, Beweidung, Grundwasserabsenkung, Düngung usw.) auf die Vegetation läßt sich grob durch folgende Begriffsreihe beschreiben:
(a) natürlich: kaum menschliche Einwirkung, ursprünglich; z. B. alpine Felsrasen, Felssteppen, Urwälder, Hochmoore, Verlandungsvegetation mancher Seen usw.;
(b) naturnah: geringe menschliche Einwirkung; z. B. Bannwälder „außer Ertrag“, Wirtschaftswälder mit Naturverjüngung ohne oder mit nur geringfügiger Veränderung der Artenzusammensetzung, Waldschlaggesellschaften, manche Bruchwälder, einmähdige Pfeifengraswiesen [zur Streugewinnung];

(c) mäßig naturfern: nachhaltigere menschliche Einwirkung; „Halbkulturvegetation"; durch Mahd und/oder Beweidung treten an die Stelle der ursprünglichen Vegetation sogenannte **Ersatzgesellschaften**, z. B. Wiesen, Weiderasen. Der anthropogene Charakter nimmt von den ungedüngten, einmähdigen (= einschürigen, d. h. nur einmal im Jahr gemähten) Streu-, Feucht- und Magerwiesen zu den gedüngten, mehrmähdigen Fettwiesen hin zu!;
(d) stärker naturfern: starke menschliche Einwirkung (z. B. Beikrautgesellschaften, Forstgesellschaften, Robinienhaine, Ruderalgesellschaften);
(e) weitgehend künstlich: fast völlig vom Menschen gestaltet; z. B. Forste aus standortsfremden oder gar florenfremden (ausländischen) Gehölzen: Fichten- und Föhren-Monokulturen auf Laubwaldstandorten, Robinienpflanzungen, Fichtenforste auf Moorböden (die mit dem Moorstreifenpflug entwässert wurden), „sterile", „englische" Zierrasen und „greens" der Golfplätze, stark mit Herbiziden behandelte Äcker.

## 6) Überblick über die wichtigsten Vegetationstypen Österreichs*

Diese grobe Übersicht (dieser Abschnitt **6**) und die darauf folgende Aufzählung von Beispielen für Pflanzengesellschaften (der Abschnitt **7** auf S. 135) sind weder vollständig noch durchgängig und konsequent systematisch. Sie wollen nur eine grobe Übersicht über die wichtigsten und für Österreich bezeichnenden Ökofaktoren, Standortsbereiche und Vegetationstypen mit knapper, schlagwortartiger Charakterisierung geben. Nur die wichtigsten sind angeführt, meist samt Hinweis auf deren Variation, die für die Untergliederung maßgeblich ist (vgl. S. 135). Vor allem soll dieses Kapitel das Begriffsgerüst zum Verständnis der in den Bestimmungsschlüsseln bei der ökologischen Charakterisierung der Arten verwendeten Ausdrücke liefern, es will auf Zusammenhänge aufmerksam machen, einen kleinen Einblick in die Vegetationskunde vermitteln und vor allem zur Beschäftigung mit diesem interessanten und schönen Teilgebiet der Botanik anregen. – Die im folgenden linear angeordneten Vegetationstypen sind in mehrfacher Weise (mehrdimensional) durch Übergänge miteinander verbunden, z. B. die Waldschlaggesellschaften (hier unter II) mit den ruderalen Staudenfluren (unter V B); die Trockenrasen und Magerrasen (III A) mit den Magerweiden (V A); die Felsrasen und die Trockenrasen (III A) mit den Felsspaltengesellschaften (III B); die Latschen-Hochmoore (IV B) mit den bodensauren Rotföhrenwäldern (I C); die Salzrasen (III B) mit den Röhrichten u. Flachmooren (IV B), Feuchtwiesen u. Weiderasen (V A), Trockenrasen (III A) u. Ruderalfluren (V B); die Harten Auwälder (I B) mit den klimaxnahen Laubwäldern (I A) usw. – Im Kapitel **5** werden die meisten im unmittelbar folgenden bloß kurz erwähnten Vegetationstypen etwas näher besprochen und z. T. weiter aufgegliedert. *Bei unbekannten Ausdrücken (auch deutschen Wörtern wie „Niederwald", „Bruchwald", „Bestand", „Hochstaude", „Beikraut", „Innenalpen", „alpisch") schlage man im Glossarium (S. 1067) nach!*

**I) Naturnahe Wälder**

A) Klimaxnahe Laubwälder

(1–3) Wärmegebundene (xerotherme) Eichenmischwälder** und andere ± submediterran getönte Wälder: besonders im Pannonischen Gebiet, aber auch in der südöstlichen Steiermark und in Süd-Kärnten; collin bis submontan (untermontan); zonal bis extrazonal.

(4) Eichen-Hainbuchen-Wälder: trocken bis frisch, nährstoffarm bis nährstoffreich; (collin) submontan (untermontan); zonal.

* mit Ausschluß der Kryptogamengesellschaften

** „Mischwälder" sind (im Gegensatz zur alltagssprachlichen Bedeutung!) Wälder, in denen mehr als eine Holzart in der Baumschicht eine wichtige Rolle spielt, ganz unabhängig davon, ob Laubholz oder Nadelholz!

(5–8) Buchenwälder (submontan bis mittelmontan) und (Fichten-)Tannen-Buchenwälder (mittelmontan bis obermontan): subozeanisch (Randalpen): „Edellaubwälder": mäßig nährstoffreich bis bodensauer, frisch bis trocken; zonal.

B) Laubwälder auf Sonderstandorten (azonal)
(9–10) Schluchtwälder u. Naßgallen-Hangwälder: luftfeucht, nährstoffreich, frisch bis naß; (collin) submontan bis obermontan.
(11–13, 15) Weiche und Harte Fluß- und Bach-Auwälder sowie Weiden-Pioniergesellschaften: selten bis ± oft und regelmäßig überschwemmt, ± grundwassernah, naß bis frisch, nährstoffreich; collin bis montan.
(14) Gebirgs-Auwälder: grobes Substrat, Boden sauerstoffreich, oft feucht (Wasser kalt), nährstoffreich; montan (bis subalpin).
(16) Bruchwälder (Sumpfwälder): grundwassernah, über Flachmoortorf, nährstoffreich; collin bis untermontan.

C) Nadelwälder und arktisch-alpine Zwergstrauchgesellschaften (Klimax- und Dauergesellschaften)
(17) Fichten-Tannen-Wälder: besonders in den Zwischenalpen; montan; Klimaxgesellschaft.
(18–20) Fichtenwälder u. Fichten-Lärchen-Wälder: meist bodensauer; besonders in den Innen- und Zwischenalpen; obermontan bis subalpin; Klimaxgesellschaft.
(21–22) Schneeheide-Föhrenwälder und Schwarzföhrenwälder: flachgründig, trocken, nährstoffarm, basenreich, über Karbonatschotter, Kalk- und Dolomitfels; montan; Dauergesellschaft (auf Sonderstandort).
(23–25) Bodensaure Rotföhrenwälder: flachgründig, nährstoffarm, über Silikatgesteinen (einschließlich Serpentin) und Schotter; submontan bis obermontan; Dauergesellschaft (auf Sonderstandort).
(26) Lärchen-Zirben-Wälder und Lärchenwälder: in den Innenalpen subalpine („tiefsubalpine") Klimaxgesellschaft.
(27–29) Legföhren-(Latschen-)Gebüsche und Spirkenwälder: trocken bis frisch, bodensauer bis -basisch; obermontan bis subalpin.
(30–31) Arktisch-alpine Zwergstrauchgesellschaften: bodensauer bis -basisch, schneeliebend (chionophil) bis „schneemeidend (chionophob)" (richtig: Schneemangel ertragend!); subalpin bis unteralpin.

**II) Naturnahe Gebüsche und Staudenfluren**
(32–33) Wärmegebundene Mantel- und Saum-Gesellschaften sowie Staudenfluren: nährstoffreich, lichtliebend; collin bis montan.
(34) Waldschlagfluren: anthropogen, nährstoffreich, bodenbasisch bis ± bodensauer, lichtliebend, kurzlebig (Sukzessionsstadien); collin bis obermontan.
(35) Hochstaudenfluren (submontan bis unteralpin) und Hochstaudengebüsche (Grünerlengebüsche): nährstoffreich, feucht; montan bis subalpin.
(36) Wildlägerfluren und → Balmen: sehr nährstoffreich; montan bis alpin.

**III) Pionier- und Rasenvegetation** (± naturnah, lichtliebend)
A) Rasengesellschaften
(37–39) Trocken- und Halbtrockenrasen: bodenbasisch bis -sauer, flachgründig (skelettreich, sehr trocken) bis tiefergründig (feinerde- und nährstoffreicher, mäßig trocken), subkontinental bis submediterran; collin bis montan.
(40) Felsrasen: sehr trocken und nährstoffarm, bodenbasisch (Karbonatfels) bis -sauer (kalkfreier Silikatfels); collin bis subnival. (Vgl. Felsspaltenges., Nr. 48–50!)
(41–45) Subalpine bis subnivale Magerrasen über Kalk und über Silikat: Polsterseggen-, Blaugras-Horstseggen-, Nacktried- und Krummseggenrasen: bodenbasisch bis -sauer, skelettreich, flachgründig bis ± feinerdereich, mäßig trocken bis feucht, schneereich bis schneearm, ± windexponiert, auf wenig bis stärker bewegten Böden.
(46–47) Schneeböden (Schneetälchen): schneereich und spät ausapernd (kurze Vegetationszeit!), feucht, nährstoffreich, bodenbasisch bis -sauer; subalpin bis subnival.

B) ± trockene Pionier- und Dauergesellschaften auf Fels, Felsschutt, Sand- und Salzböden (Sonderstandorte, azonal)

(48–50) Felsspalten- und Mauerfugengesellschaften: kalkarm-sauer bis kalkreich, sonnig-trocken bis schattig-(luft-)feucht; collin bis alpin.

(51–54) Felsschutt- und Geröllfluren: kalkreich (basisch) bis silikatisch (kalkfrei, sauer), trocken bis frisch; collin bis alpin.

(55–58) Sandrasen, Salzrasen, Lößsteppen, Serpentinfluren: Sonderstandorte („Substratsteppen"), feucht bis trocken, bodenbasisch bis -sauer; collin (Serpentinfluren bis montan).

**IV) Vegetation der Naß- und Feuchtstandorte** (natürliche und ± naturnahe, nasse bis feuchte Sonderstandorte, azonal)

A) Wasserpflanzengesellschaften: stehendes (sauerstoffärmeres) bis fließendes (sauerstoffreicheres), nährstoffreicheres (eutrophes und/oder verschmutztes) bis nährstoffärmeres (oligotrophes, meist unverschmutztes), basisches bis saures, tiefes bis seichtes, kaltes bis warmes Wasser, schattig (lichtarm) bis sonnig (lichtreich).

(59) Wasserschwebergesellschaften (Schwimmpflanzengesellschaften): collin bis montan.

(60–61) Unterwasser- und Schwimmblattgesellschaften: collin bis montan.

B) Ufergesellschaften, Sümpfe und Moore

(62–66) Röhrichte und Großseggensümpfe, Uferstaudenfluren und Flutrasen: Verlandungszone stehender bis fließender Gewässer, nährstoffreich bis nährstoffarm; collin bis subalpin.

(67) Lackenfluren und Zwergbinsengesellschaften: periodisch austrocknende Kleingewässer; collin bis montan.

(68–70) Quellfluren und Quellsümpfe: kalkarm bis kalkreich; submontan bis subalpin.

(71–72) Hochmoore, Zwischenmoore und Schlenken: auf Hochmoortorf (Torfmoos = *Sphagnum*), sehr nährstoffarm (dystroph); montan.

(73–74) Flachmoore (Niedermoore) und Kleinseggensümpfe: Flachmoortorfböden, basisch bis sauer, nährstoffreich bis -arm; collin bis alpin.

**V) Stark vom Menschen geprägte (anthropogene) Vegetation**
(Lebensräume der Kulturlandschaft, Ersatzgesellschaften nach ursprünglichen Wäldern)

A) Wirtschaftsgrünland

(75) Naßwiesen (Flachmoorwiesen, Streuwiesen): einmähdig, mäßig nährstoffarm, bodenbasisch bis -sauer; collin bis montan.

(76–80) Kalk- und Silikat-Magerrasen, Magerwiesen und Magerweiden (magere Weiderasen): ± mäßig trocken bis frisch, nährstoffarm (ungedüngt), bodenbasisch bis -sauer, ± extensiv beweidet; collin bis subalpin.

(81–83) Fettweiden (fette Weiderasen), Almböden und Trittrasen: nährstoffreich, gedüngt, oft intensiv beweidet bzw. betreten, collin bis subalpin.

(84–88) Fettwiesen: mehrmähdig, nährstoffreich; collin bis montan.

B) Segetal- und Ruderalfluren

(89–91) Beikrautfluren (Wildkrautfluren, Unkrautfluren) in Äckern, Gärten und Weingärten: nährstoffarm bis nährstoffreich, bodenbasisch bis -sauer, trocken bis feucht, in Winter- oder Sommergetreide oder Hackfruchtäckern, nicht oder ± und in verschiedener Weise mit Herbiziden behandelt; collin bis montan.

(92–97) Ruderalfluren, Lägerfluren, Halbruderalfluren, ruderale Säume, Pflasterritzengesellschaften: meist nährstoffreich, ungestört bis stark (oft) gestört, trocken bis feucht; collin bis subalpin.

C) Forstgesellschaften und Kunstrasen

(98–99) Rot- und Schwarzföhren-, Fichten-, Robinien-, Hybridpappelforste auf ökologisch fremden Standorten; collin bis montan.

(100) Kunstrasen: angesät, sehr oft gemäht; collin bis montan.

## 7) Einige Beispiele wichtiger Pflanzengesellschaften Österreichs

Die im folgenden zu besprechenden Pflanzengesellschaften entsprechen der Grobgliederung des vorangehenden Kapitels **6**. Die zonale Waldvegetation wird bewußt etwas ausführlicher behandelt. Die angeführten Arten sind immer nur eine knappe Auswahl einzelner, teils auch dem Anfänger bekannter, teils besonders charakteristischer Beispiele (keineswegs die vollständige Aufzählung auch nur der Charakterarten!; die Ausdrücke „z. B." oder „unter anderen" treffen überall zu und sind daher durchwegs weggelassen; viele dieser als Beispiele angeführten Arten sind nicht auf die betreffende Pflanzengesellschaft beschränkt; seltenere, bloß regional wichtige und oft nur dem Fortgeschritteneren bekannte Arten und Gesellschaften sind durch ein * markiert). Wissenschaftliche Namen von Pflanzengesellschaften (Syntaxa) werden, da es momentan noch keine neuere, für Österreich befriedigende Syntaxonomie gibt, grundsätzlich nicht angeführt, abgesehen von wenigen exemplarischen und illustrativen Ausnahmen. (Zur Veranschaulichung dieses Kapitels empfehlenswert ist etwa das Buch von G. Grabherr & A. Polatschek, das als erster einführender, gut lesbarer, schön bebilderter, knapper Überblick für die wichtigsten Pflanzengesellschaften großer Teile Österreichs [ausgenommen das Pannonicum in Ost-Österreich] geeignet ist. Für den näher Interessierten empfiehlt sich das Hochschullehrbuch von H. Ellenberg [→ S. 1063].)

### I A) Klimaxnahe Laubwälder

**(1)** Wärmeliebende Eichenmischwälder sind die natürliche grundwasserferne Waldvegetation des Pannonischen Gebiets (östliches Niederösterreich: Alpenostrand („Thermenlinie"), Wiener Becken, Marchfeld, Weinviertel, Südhänge der Wachau; Nord-Burgenland). In der Baumschicht finden sich Flaum-Eiche = *Quercus pubescens*, Zerr-Eiche = *Qu. cerris*, Feld-Ahorn = *Acer campestre*, Feld-Ulme = *Ulmus minor*, Elsbeerbaum = *Sorbus torminalis*, Winter-Linde = *Tilia cordata;* als Halbparasit auf den Eichen Riemenmistel = *Loranthus europaea*, in der Strauchschicht Roter Hartriegel = *Cornus sanguinea*, Dirndlstrauch = *C. mas*, Liguster = *Ligustrum vulgare*, Wolliger Schneeball = *Viburnum lantana*, Warzen-Spindelstrauch = *Evonymus verrucosa*, *Pimpernuß = *Staphylea pinnata;* in der Krautschicht Purpurblauer Steinsame = *Buglossoides purpurocaerulea*, *Purpur-Knabenkraut = *Orchis purpurea*, Frühlings-Schlüsselblume = *Primula veris*, *Muschelblümchen = *Isopyrum thalictroides*, *Südliches Mariengras = *Hierochloë australis*. Durch landwirtschaftliche Nutzung wurde die Urwaldlandschaft schon früh verkleinert, heute nur noch als kleinflächige Reste vorhanden, die allerdings durch Siedlungen, überhöhte Wilddichten und Aufforstung mit Fremdhölzern (Robinien!) sehr gefährdet sind. – In den wärmsten Lagen finden sich als extrazonale Gesellschaften submediterrane **(2)** Flaumeichenwälder (*Quercus pubescens*); auf trockenen, sonnigen, steilen Südhängen als Buschwald. In seiner Strauchschicht wachsen etwa Steinweichsel = *Prunus mahaleb*, in der Krautschicht *Bunte Wolfsmilch = *Euphorbia polychroma*, *Eiblatt-Bingelkraut = *Mercurialis ovata*, *Roßkümmel = *Laser trilobum*, *Gekrönte Kronwicke = *Coronilla coronata*, *Riemenzunge = *Himantoglossum adriaticum*. – Gleichfalls submediterran u. bei uns extrazonal: **(3)** *Hopfenbuchenwälder werden in der Baumschicht von der 6–8(18) m hohen Hopfenbuche = *Ostrya carpinifolia* und der Blumen-Esche (Manna-Esche) = *Fraxinus ornus* beherrscht. Diese oft kleinwüchsigen Baumarten sind Elemente des illyrischen Karstwaldes, der in kleinflächigen Beständen in Süd-Kärnten und Osttirol (außerdem punktuell in der Weizklamm in der Ost-Steiermark und in der Mühlauer Klamm bei Innsbruck) vorkommt. Im Unterwuchs finden sich *Grannen-Meier = *Asperula aristata subsp. oreophila*, *Großlippen-Ziest = *Stachys labiosa*, *Kugel-Ginster = *Genista radiata;* aus dem Tierreich die Hornviper = *Vipera ammodytes*.

**(4)** Eichen-Hainbuchen-Wälder siedeln in der Collin- und der Submontan-Stufe. An trockeneren Standorten überwiegen die Eichen (Trauben- und/oder Stiel-Ei. = *Quercus petraea, Qu. robur*), an jenen mit dichteren, frischeren, mitunter auch etwas staufeuchten Böden, besonders an Hangfüßen, herrschen Hainbuche (= Weißbuche)* = *Carpinus betulus* und Stiel-Eiche = *Quercus robur;* in der Krautschicht Große Sternmiere = *Stellaria holostea*, Pfirsichblatt-Glockenblume = *Campanula persicifolia*, Knollen-Beinwurz = *Symphytum tuberosum*, Maiglöckchen = *Convallaria majalis*, Hain-Veilchen = *Viola riviniana*, *Weiß- und *Erdbeer-Fingerkraut = *Potentilla alba, P. sterilis*, Erd-Primel = *Primula acaulis (= vulgaris)*, im Süden u. bes. im Nordosten *Wimper-Segge = *Carex pilosa*. Die Hainbuche ist ausschlagfreudig (büschelförmig angeordnete Stämme!) und setzt sich daher in als → Niederwald (Brennholzgewinnung!) bewirtschafteten Beständen stark durch.

**(5)–(7)** Buchenwälder (Rotbuchenwälder) sind, pflanzensoziologisch gesehen, recht verschiedenartig. Die namengebende Art (*Fagus sylvatica*) herrscht in der Baumschicht oft allein; sie stellt hohe Ansprüche bezüglich Wasserversorgung (Bodenfrische, auch Luftfeuchtigkeit), verträgt keine Spätfröste, benötigt wintermildes Klima (subozeanisches Klima) und nicht zu nährstoffarme Böden. In warm-trockenen Gebieten (wie im Pannonischen Gebiet) und in den (subkontinentalen) Innenalpen fehlen daher nennenswerte Buchenwälder gänzlich, diese Bereiche werden deshalb sogar „Buchenausschlußgebiete" genannt. In den ausgeprägt subozeanischen (besonders regen- und schneereichen) Randalpen, wie im Süden in den Karawanken und östlichen Karnischen Alpen, im Norden z. B. auf dem Salzburger Untersberg, steigt die Rotbuche an einigen Stellen bis in die subalpine Stufe hinauf und bildet dort als Strauch („Leg-Buche") eine eigene Buchen-Krummholzzone. Buchenwälder sind meist ziemlich schattig (etliche Arten blühen im Vorfrühling, d. h. vor der Laubentfaltung!). Der Boden und die Krautschicht können sehr unterschiedlich sein, dementsprechend lassen sich 3 Haupttypen unterscheiden: **(5)** bis **(7)**.

**(5)**: Braunerde-Buchenwälder: „Edellaubwälder", Boden tiefgründig, frisch, meist nährstoff- und kalkreich; oft recht artenreich: Waldmeister = *Galium odoratum*, Wald-Veilchen = *Viola reichenbachiana*, Sanikel = *Sanicula europaea*, Wald-Bingelkraut = *Mercurialis perennis*, Einblütiges Perlgras = *Melica uniflora*, Echter Seidelbast = *Daphne mezereum*, Zwiebel-Zahnwurz = *Dentaria bulbifera*, Echtes Lungenkraut = *Pulmonaria officinalis;* Frischezeiger sind Goldnessel = *Lamiastrum montanum*, *Flatterhirse = *Milium effusum*, Weiße Teufelskralle = *Phyteuma spicatum*, Purpurlattich = *Prenanthes purpurea;* Kalkzeiger sind Leberblümchen = *Hepatica nobilis*, Türkenbund = *Lilium martagon*, *Mandel-Wolfsmilch = *Euphorbia amygdaloides;* zugleich Frischezeiger sind Neunblättchen-Zahnwurz = *Dentaria enneaphyllos*, Schneerose = *Helleborus niger;* Feuchtezeiger sind Christophskraut = *Actaea spicata* und Wald-Segge = *Carex sylvatica;* ein Klimawärmezeiger ist *Lorbeer-Seidelbast = *Daphne laureola;* illyrische Arten, die nur in den *südalpischen Buchenwäldern (Süd-Kärnten) auftreten, sind *Dreiblatt-Windröschen = *Anemone trifolia* (auch im westlichen Niederösterreich), *Schaftdolde = *Hacquetia epipactis*, *Aremonie = *Aremonia agrimonioides*, *Wald-Brandlattich = *Homogyne sylvestris*, *Riesen-Taubnessel = *Lamium orvala*. – **(6)** Kalk-Buchenwälder („Orchideen-Buchenwälder"): Boden trocken, kalkreich; nur in niederschlagsreichen Lagen. Hier wachsen Cremeweißes Waldvöglein = *Cephalanthera damasonium*, Weiß-Segge = *Carex alba*, *Bleich-Knabenkraut = *Orchis pallens*, Nickendes Perlgras = *Melica nutans*, auf den bodentrockensten Stellen mitunter sogar Kalk-Blaugras = *Sesleria albicans (= varia)*. – **(7)** Bodensaure Buchenwälder (Hainsimsen-Buchenwald): Boden nährstoffarm, sauer, meist artenarm, reichlich Säurezeiger: Weißliche Hainsimse = *Luzula luzuloides*, Wald-Habichtskraut = *Hieracium murorum (= sylvaticum)*, Echter Ehrenpreis = *Veronica officinalis*, Drahtschmiele = *Avenella flexuosa*. – In der mittleren und oberen Bergstufe treffen wir weitere Buchenwälder, etwa an steilen, steinschlaggefährdeten Hängen den hochstaudenreichen **(7b)** Bergahorn-

* Sie darf aber niemals „Buche" genannt werden!

Buchenwald, an sehr schattigen, besonders luftfeuchten Hängen farnreiche Buchenwälder.

Verbreitet und wichtig ist der obermontane **(8)** Fichten-Tannen-Buchenwald, in dem die Baumschicht von den drei namengebenden Arten gebildet wird, zu denen sich meist auch noch der Berg-Ahorn = *Acer pseudoplatanus* gesellt. Infolge der Höhenlage, der kürzeren Vegetationszeit, des weniger intensiven Bodenlebens, des Niederschlagreichtums und nicht zuletzt wegen der Nadelstreu der beiden Coniferen kommt es hier selbst über Kalkuntergrund zu leichter Bodenversauerung: neben vielen Edellaubwaldarten der unteren Höhenstufen zusätzlich etliche „Höhenzeiger", wie Männlicher Wurmfarn = *Dryopteris filix-mas*, Gewöhnlicher Schildfarn = *Polystichum aculeatum*, Quirl-Weißwurz = *Polygonatum verticillatum*, Kleb-Kratzdistel = *Cirsium erisithales*, und bisweilen auch einzelne Moder- und Säurezeiger, wie etwa *Moosauge (Einblütiges Wintergrün) = *Moneses uniflora*, Korallenwurz = *Corallorhiza trifida*, *Kleeblatt-Schaumkraut = *Cardamine trifolia*.

Die Buchenwälder (und überhaupt alle naturnahen Laubwälder) sind heute gefährdet: durch forstwirtschaftliche Zerstörung wie Umwandlung in Fichtenforste, durch Schadstoffimmissionen aus der Luft („saurer Regen"), selektiven Verbiß bestimmter Arten (Tanne, Berg-Ahorn, Linden) bei überhöhten Wilddichten.

**I B) Laubwälder auf Sonderstandorten** (azonal)

**(9)** Schluchtwälder zeichnen sich durch besonders hohe Wasserzügigkeit des Bodens, hohe Luftfeuchtigkeit, Schatten und z. T. instabile Bodenverhältnisse (Schutthalden!) aus. Dazu gehören: Ahorn-Linden-Wälder in warmen, niederen Lagen (submontan): Spitz-Ahorn = *Acer platanoides*, Sommer-Linde = *Tilia platyphyllos*; Eschen-Ahorn- und Ulmen-Ahorn-Wälder in höheren Lagen (montan) mit Berg-Ahorn = *Acer pseudoplatanus*, Gewöhnlicher Esche = *Fraxinus excelsior*, Berg-Ulme = *Ulmus glabra;* *Breitblatt-Spindelstrauch = *Evonymus latifolia;* in der Krautschicht dominieren Luftfeuchtezeiger, großblättrige, hygrophytische Arten, z. B. Farne wie *Gewöhnlicher Schildfarn = *Polystichum aculeatum*, *Hirschzunge = *Asplenium (Phyllitis) scolopendrium*, Echtes Rührmichnichtan = *Impatiens noli-tangere*, Hochstauden wie Mondviole = *Lunaria rediviva*, Rispen-Eisenhut = *Aconitum degenii (= paniculatum)*, Woll-Hahnenfuß = *Ranunculus lanuginosus*. – An Quellaustritten in Berghängen („Naßgallen") stockt der **(10)** Grauerlen-Hangwald (*Alnus incana*) mit verschiedenen Farnen und Hochstauden, Wald-Sternmiere = *Stellaria nemorum agg.*, *Alpen-Hexenkraut = *Circaea alpina*.

Auwälder sind azonale, flußbegleitende Pflanzengesellschaften, die durch hohen und stark schwankenden Grundwasserstand, ± häufige Überschwemmungen und meist hohen Nährstoffreichtum (infolge der von den Hochwässern eingebrachten Schwebstoffe, die düngend wirken) gekennzeichnet sind. Differenzierend wirken die Höhe über dem Flußwasserspiegel und damit die Häufigkeit der Überschwemmungen sowie die Korngröße des Substrats (Schotter – Sand – Schluff). Auwälder zählen zu den produktivsten Vegetationstypen überhaupt. Meist sind sie relativ reich an Kletterpflanzen (Gewöhnliche Waldrebe = *Clematis vitalba*, Bittersüß = *Solanum dulcamara*, *Wilde Weinrebe = *Vitis vinifera subsp. sylvestris* [an der Donau bei Wien], Hopfen = *Humulus lupulus*, Zaunwinde = *Calystegia sepium*, Hecken-Windeknöterich = *Fallopia dumetorum*) und an Nährstoffzeigern wie Große Brennessel = *Urtica dioica*, *Blasenkirsche = *Physalis alkekengi*. – Auwälder haben in der ursprünglichen Vegetation in den Tälern, Becken und Ebenen, wo die ungebändigten Flüsse breit mäandrierten, einen großen Raum eingenommen. Die Kulturtätigkeit hat sie durch Flußregulierungen, Dammbauten entscheidend zurückgedrängt. Umso bedauerlicher ist es, daß heute die sehr bescheidenen verbliebenen Reste dieser reichen und eigenartigen Urlandschaft zugunsten kurzsichtiger Energieverschwendungspolitik zerstört werden. – Die nahe am Ufer stehenden, von hohem Grundwasserstand und häufigen Überschwemmungen geprägten Gesellschaften werden als „Weiche Au(-Wälder)" (Weichholz-Au) zusammengefaßt. Das Gegenstück dazu ist die flußferne, höherliegende, nur selten überschwemmte „Harte Au(-Wälder)" (Hartholz-Au). Zu den **(11)** Weichen Auwäldern gehören Silberweidenauen, benannt nach der Silber- oder Weiß-Weide = *Salix alba*, *Weißpappelauen (*Populus alba*), *Schwarzpappelauen (*Populus nigra*). Pioniergesellschaft auf frisch angelandeten Schotterinseln ist das Purpurweidengebüsch (mit *Salix purpurea*). Die Weichen Auwälder sind eigentlich Pionierstadien der Vegetationssukzession. Zwischen Weicher und Harter Au vermittelt die **(12)** Eschenau (= Frische bis Feuchte Hartholzau) mit Gewöhnlicher Esche = *Fraxinus excelsior* (nur ganz im Osten, an Leitha und March, auch *Quirl-E. = *F. angustifolia*), Traubenkirsche = *Prunus padus;* Echtem Schneeball = *Viburnum opulus;* vielen Geophyten, wie Schneeglöckchen = *Galanthus nivalis*, Wald-Gelbstern = *Gagea lutea*, *Blaustern = *Scilla spp.*, Gelbem Windröschen = *Anemone ranunculoides*. – Für die **(13)** Harten Auwälder charakteristisch sind Stiel-Eiche = *Quercus robur*, Flatter-Ulme = *Ulmus laevis*, Feld-Ulme = *U. minor*, Linden = *Tilia spp.*, Feld-Ahorn = *Acer campestre*, Gewöhnlicher Spindelstrauch = *Evonymus europaea*. – Die Grau-Erle = *Alnus incana* bildet an Gebirgsflüssen montane **(14)** Grauerlen-Auwälder etwa mit dem prächtigen *Straußfarn = *Matteuccia struthiopteris* u. Frühlings-Knotenblume = *Leucojum vernum* im Unterwuchs. Durch maßlose und naturfeindliche Flußkraftwerke ist diese für die Alpen so charakteristische Auwaldgesellschaft leider stark in Mitleidenschaft gezogen und auf weite Strecken zerstört worden. – Für **(15)** Bachauen kennzeichnend sind Bruch-Weide = *Salix fragilis*, Schwarz-Erle = *Alnus glutinosa* (an langsam fließenden Bächen mit sauerstoffarmem Boden, collin bis submontan), Gewöhnliche Esche, Traubenkirsche. Im Südosten (südliche West-**St**: Windische Bühel; Klagenfurter Becken) gibt es in kleinen Restbeständen (Bach-)Auwälder illyrischer Prägung mit *Knollenmiere = *Pseudostellaria europaea*.

**(16)** Bruchwälder besiedeln als letzte Stadien der Verlandung von Stillgewässern oder Verebnungen an gefällsarmen Flüssen, Bächen und Quellaustritten mäßig nährstoffreiche, aber meist basenarme (Bruchwald-)Torfböden, in denen das Grundwasser dauernd nahe der Bodenoberfläche steht und die Schwankungen des Wasserspiegels nur gering sind (meist kleinflächig ausgebildet, so etwa an den Kärntner Seen). Sie können auch als „Sumpfwälder" („brook", niederdeutsch = Sumpf) bezeichnet werden. An Gehölzen herrschen die strauchige Asch-Weide = *Salix cinerea* und die baumförmige Schwarz-Erle = *Alnus glutinosa* vor; in der Krautschicht sind etwa Drachenwurz = *Calla palustris*, Walzen-Segge = *Carex elongata*, Kleiner Dornfarn = *Dryopteris carthusiana (s. str.)* und der seltene *Kammfarn = *D. cristata* bezeichnend.

## I C) Nadelwälder und verwandte Vegetationstypen

**(17)** Fichten-Tannen-Wälder verbinden in mancher Hinsicht die Fichten-Tannen-Buchen-Wälder mit den Fichtenwäldern. – Von Fichten dominierte Waldgesellschaften besiedeln recht verschiedene Standorte, grob gesagt solche, die von den (anspruchsvolleren) Laubwäldern nicht mehr „bewältigt" werden können, hingegen für Föhrenwälder doch noch zu günstig sind. **(18)** Montane, bodensaure Fichtenwälder mit Säurezeigern (mäßigen wie Wald-Sauerklee = *Oxalis acetosella*, stärkeren wie Weißlicher Hainsimse = *Luzula luzuloides*, sehr ausgeprägten wie Gewöhnlichem Wachtelweizen = *Melampyrum pratense*, Heidelbeere = *Vaccinium myrtillus*, Bärlapp-Arten = *Lycopodium annotinum, L. clavatum*, Rippenfarn = *Blechnum spicant*) und meist auch reichlich (gleichfalls säurezeigenden) Moosarten finden sich größerflächig (zT allerdings forstlich bedingt) im nördlichen Gneis- und Granitgebiet (BM), hier etwa als Bergsoldanellen-Fichtenwald mit der *Berg-Soldanelle = *Soldanella montana* und dem Siebenstern = *Trientalis europaea*, aber auch in den Innenalpen anstelle der dort ja fehlenden Buchenwälder. Der **(19)** hochmontan bis subalpine, stark bodensaure, feuchte Alpenlattich-Fichtenwald *(Homogyne alpina)* ist durch *Herz-Zweiblatt = *Listera cordata* gekennzeichnet. Über Karbonat-Hangschutt ist der **(20)** Alpendost-Fichtenwald ausgebildet, benannt nach dem kalkzeigenden Kahlen Alpendost = *Adenostyles glabra*.

Wesentlich trockenere Standorte besiedeln die meisten Föhrenwälder (= Kiefernwälder). Häufig, besonders charakteristisch und durch eine reiche Artengarnitur ausgezeichnet sind die **(21)** Schneeheide-Föhrenwälder (Erico-Pinion) mit den namengebenden Arten Rot-Föhre = *Pinus sylvestris* und *Erica carnea (= herbacea)* sowie Buchs-Kreuzblume = *Polygala chamaebuxus*, Kalk-Blaugras = *Sesleria albicans (= varia)*, Braunrote Stendelwurz = *Epipactis atrorubens*, *Duft-Händelwurz = *Gymnadenia odoratissima*, Steinröserl = *Daphne cneorum;* Felsen-Kreuzdorn = *Rhamnus saxatilis*, in der Strauchschicht Echter Wacholder = *Juniperus communis*, Felsenbirne = *Amelanchier ovalis* und in der Baumschicht Mehlbeerbaum = *Sorbus aria*. – Recht ähnlich sind die arealkundlich hochinteressanten **(22)** *Schwarzföhrenwälder: Solche gibt es nur am Ostrand der Nördlichen Kalkalpen in Niederösterreich und Wien sowie an einigen Stellen Süd-Kärntens (Karawanken, Dobratsch). Sie besiedeln extrem flachgründige Dolomit- (selten Kalk-)Böden in warmen und meist etwas luftfeuchten Lagen, wo sie anstelle von Rotföhrenwäldern auftreten. Ihr disjunktes Areal und die damit parallele Verbreitung etlicher ihrer Charakterarten (sowie auch Funde fossilen Pollens) zeigen, daß unsere Österreichische Schwarz-Föhre = *Pinus nigra subsp. nigra* dank ihrer Anspruchslosigkeit zumindest die (letzte, die sogenannte) Würm-Eiszeit in ihrem heutigen Verbreitungsgebiet überdauern konnte, es sich also um eine Reliktwaldgesellschaft handelt. (Ihre Hauptverbreitung haben die Schwarzföhrenwälder in der Bergstufe der Mittelmeerländer von Spanien bis nach Anatolien.) Typische Arten der Krautschicht sind *Bittere Kreuzblume = *Polygala amara subsp. amara*, *Felsen-Wolfsmilch = *Euphorbia saxatilis*, *Berg- und *Gösing-Täschelkraut = *Thlaspi montanum, Th. goesingense*, *Anemonen-Schmuckblümchen = *Callianthemum anemonoides* in Niederösterreich; *Dinarischer Pippau = *Crepis froelichiana subsp. dinarica*, *Purpur-Zwerggeißklee = *Chamaecytisus purpureus* in Süd-Kärnten. – **(23)** Bodensaure Rotföhrenwälder (Silikat-Föhrenwälder) auf sauren Böden, mit Besenheide = *Calluna vulgaris*, *Netzblatt = *Goodyera repens*, Preiselbeere = *Vaccinium vitis-idaea*, *Grünlichem Wintergrün = *Pyrola chlorantha;* u. U. auch Grün-Erle = *Alnus alnobetula (= viridis)* und Rost-Alpenrose = *Rhododendron ferrugineum*. Für die niederschlagsarmen inneren Alpentäler charakteristisch sind die **(24)** (innenalpischen) *Steppenföhrenwälder mit dem Sevenstrauch (Gift-Wacholder) = *Juniperus sabina*, *Rundblatt-Hauhechel = *Ononis rotundifolia*, Erd-Segge = *Carex humilis*, *Seidenhaar-Spitzkiel = *Oxytropis halleri*, Felsen-Zwenke = *Brachypodium rupestre* (vgl. dazu die innenalpischen Trockenrasen unter Nr. 39). Eine seltene Spezialität der wenigen Serpentingebiete im Süd-Burgenland (bei Bernstein), in Niederösterreich (Dunkelsteiner Wald) und in der Steiermark (mittleres Murtal bei Kraubath und Kirchdorf) sind die **(25)** *Serpentin-Föhrenwälder, meist eng mit Serpentin-Felsrasen (Nr. 58) verzahnt.

In den Innen- und Zwischenalpen – vom Engadin bis in die Niederen Tauern – sind verschiedene **(26)** Lärchen- und Lärchen-Zirben-Wälder über sauren Böden mit Wolligem Reitgras = *Calamagrostis villosa*, *Gelblicher Hainsimse = *Luzula luzulina*, Rost-Alpenrose = *Rhododendron ferrugineum* verbreitet; über kalkreichen Böden in den Rand- und Zwischenalpen der Karbonat-Lärchen-Zirben-Wald mit Wimper-Alpenrose = *Rhododendron hirsutum* und Berg-Steinmispel = *Cotoneaster tomentosa*. Zirben und Lärchen wurden seit alten Zeiten wegen des wertvollen (Bau-)Holzes stark genutzt und diese Wälder dadurch arg dezimiert. Heute versucht man, sie in den Hochlagen, auch als Lawinenschutz, wieder aufzuforsten.

Die Leg-Föhre (= Latsche) = *Pinus mugo* bildet in der subalpinen Stufe auf mäßig trockenen, weder zu schneereichen noch zu schneearmen Standorten Buschwaldgesellschaften („Krummholz"): auf den Kalkplateaubergen im Osten und in den Felsschutthalden der Südalpen oft recht ausgedehnte **(27)** Karbonat-Alpenrosen-Latschengebüsche (Wimper-Alpenrose = *Rhododendron hirsutum*, Zwergalpenrose = *Rhodothamnus chamaecistus*, im Süden und Westen mit Kahlem Steinröserl = *Daphne striata*); in den Silikatgebirgen meist nur (weil dort entsprechend trockene Standorte viel seltener sind) kleinflächige **(28)** Silikat-Alpenrosen-Latschengebüsche (Rost-Alpenrose = *Rhododendron ferrugineum*, in den Innenalpen finden sie sich besonders auf extremen Sonderstandorten, z. B. auf Bergsturz-Blockhalden. – **(29)** Berg-Spirkenwälder, gebildet von der mit der Latsche ganz eng verwandten, sich u. a. durch den aufrechten, baumförmigen Wuchs unterscheidenden *Spirke (Haken-Föhre) = *Pinus uncinata*, gibt es nur im Westen (in Vorarlberg und sehr selten in Tirol), auf meist schattseitigen Steilhängen über Karbonatfels und grobem Hangschutt. – Latsche und („Moor"-)Spirke (bzw. deren Hybride *P.* × *rotundata*) treten außerhalb dieser subalpinen bzw. Steilhang-Standorte auch in bestimmten Hochmooren (in der Montanstufe) bestandbildend auf („Latschenfilze").

Zwergstrauchheiden gibt es in der subalpinen und unteralpinen Stufe. Die subalpinen Zwergstrauchheiden sind hauptsächlich anthropogene Ersatzgesellschaften (Rodung von Latschengebüsch und anderen subalpinen Waldgesellschaften, um Almflächen zu schaffen) und den unteralpinen floristisch recht ähnlich. Sie stehen wie jene meist in engem Kontakt mit Hochstaudenfluren und Weiderasen und bilden mit ihnen ein Vegetationsmosaik. Neben pH-Wert und Tiefgründigkeit und damit Nährstoffreichtum des Bodens ist für sie die Länge der winterlichen Schneebedeckung, die weitgehend reliefabhängig ist (Mulden/Kuppen!) der wichtigste Faktor: Es gibt demgemäß einen Öko-Gradienten von schneereichen Standorten mit schneeliebenden (chionophilen) Gesellschaften und Arten zu schneearmen Standorten bzw. schneemeidenden (chionophoben) Arten. Am erstgenannten Extrem liegen etwa Alpenrosen = *Rhododendron spp.* und Heidelbeere = *Vaccinium myrtillus*, am anderen Extrem die Gemsheide = *Loiseleuria procumbens*. **(30)** Bodensaure Rostalpenrosen-Heiden (*Blaue Heckenkirsche = *Lonicera caerulea*, Alpen-Wacholder = *Juniperus communis subsp. alpina*, Preiselbeere = *Vaccinium vitis-idaea*, Punktierter Enzian = *Gentiana punctata*) sind in den Silikatalpen weit und oft großflächig verbreitet, in den Kalkalpen verständlicherweise nur kleinflächig über Rohhumus-Standorten. Ansonsten wachsen in den Kalkalpen (wegen des unruhigeren Reliefs nur kleinflächig) bodenbasische Wimperalpenrosen-Heiden, → (27). Die Krähenbeeren-Rauschbeeren-Heide (*Empetrum hermaphroditum, Vaccinium gaultherioides*) besiedelt auf saurem Substrat Grate, Kuppen und Steilhänge mit noch immer ausreichender Schneebedeckung. **(31)** Die flechtenreichen Gemsheidespaliere (Windheiden) (*Loiseleuria procumbens*, Strauchflechte *Alectoria ochroleuca*) besiedeln die extremsten, windexponierten, schneearmen (auch im Winter oft längerfristig aper geblasenen: Gefahr der Frosttrocknis!), bodensauren, unteralpinen Standorte, die zu alpinen Rasen überleiten und mit diesen oft verzahnt sind. Über Karbonatgesteinen wird diese Rolle unter anderem von Silberwurzspalieren (*Dryas octopetala*) übernommen; → (41), S. 142 f.

## II) Naturnahe Gebüsche und Staudenfluren

An den Waldrändern sind i. d. R. lichtliebende Waldmäntel ausgebildet, d. s. Strauchgesellschaften, in wärmeren Lagen mit Rot-Hartriegel = *Cornus sanguinea*, Schlehdorn = *Prunus spinosa* und Liguster = *Ligustrum vulgare*. Unmittelbar daran schließen die fast ausschließlich aus Stauden bestehenden Waldsaumgesellschaften an: Diese günstigen, gut wasserversorgten (Traufzone!) und zugleich lichtreichen Standorte sind meist recht arten- und blütenreich. Im Pannonischen Gebiet am Rand der Flaumeichenwälder finden wir die besonders prächtige **(32)** Diptam-Blutstorchschnabel-Gesellschaft (*Geranium sanguineum*, *Dictamnus albus*) mit *Bunt-Flockenblume = *Centaurea triumfetti*, *Bunt-Schwertlilie = *Iris variegata*, *Kamm-Wachtelweizen = *Melampyrum cristatum*. In der Submontan- und unteren Montanstufe gibt es die **(33)** Mesophilen Zickzackklee-Saumgesellschaften mit Zickzack- und Heide-Klee = *Trifolium medium, T. alpestre*, Hain-Wachtelweizen = *Melampyrum nemorosum*, Echtem Odermennig = *Agrimonia eupatoria*, Quirlborste = *Clinopodium vulgare*, *Wald-Wicke = *Vicia sylvatica*. Die Saumgesellschaft des Karst-Schneckenklees (**Medicago carstiensis*) ist auf wärmere Lagen Kärntens beschränkt.

Stärker anthropogen (nämlich von der Forstwirtschaft) geprägt sind die **(34)** Waldschlaggesellschaften, die je nach Basenreichtum und Feuchtigkeit recht verschieden sind: Tollkirsche = *Atropa belladonna* (kalkliebend), Fuchs-Greiskraut = *Senecio ovatus ( = fuchsii)*, Großer Fingerhut = *Digitalis grandiflora* (kalkzeigend), Schmalblatt-Weidenröschen = *Epilobium angustifolium* (säurezeigend). Diese staudenreichen Gesellschaften sind Glieder einer Sukzession, die meist mit reichlich Einjährigen (wie Weicher Hohlzahn = *Galeopsis pubescens*, Wald-Greiskraut = *Senecio sylvaticus*), dann Zweijährigen (Kleinblütige Königskerze = *Verbascum thapsus*) beginnt, sich über sträucherreiche Stadien (mit Himbeeren = *Rubus idaeus*, Brombeeren = *Rubus sect. Rubus* und [bis untermontan] Schwarz-Holunder = *Sambucus nigra* bzw. [mittel- und obermontan] Rot-H. = *S. racemosa*) zum Vorwald (mit den Vorhölzern Sal-Weide = *Salix caprea* und Aspe (Espe) = *Populus tremula*) und schließlich zum Schlußwald „zurück"entwickelt.

Besonders artenreich und eindrucksvoll sind die **(35)** subalpinen Hochstaudenfluren, in engem Kontakt mit Grünerlen-Gebüschen, oft in Lawinenrinnen: Grün-Erle = *Alnus alnobetula ( = viridis)*, Großblatt-Weide = *Salix appendiculata*, Grauer Alpendost = *Adenostyles alliariae*, Alpenmilchlattich = *Cicerbita alpina*, Meisterwurz = *Peucedanum ostruthium*, Wolfs- und Rispen-Eisenhut = *Aconitum vulparia, A. degenii ( = paniculatum)*, Österreichische Gemswurz = *Doronicum austriacum*, Platanen-Hahnenfuß = *Ranunculus platanifolius*, Rundblatt-Steinbrech = *Saxifraga rotundifolia*, Hoher Rittersporn = *Delphinium elatum*, Stacheligste Kratzdistel = *Cirsium spinosissimum*, aber auch das kleinwüchsige Zweiblüten-Veilchen = *Viola biflora*.

Eine eigentümliche Spezialität sind jene sehr kleinräumig verbreiteten Pflanzengesellschaften am Grund von Halbhöhlen. Sie sind vor Regen geschützt, trocken und zugleich nährstoffreich (Düngung durch Exkremente des Wildes, das hier oft Unterstand findet: „Wildläger"). In diesen sogenannten **(36)** *Balmen-Fluren wachsen etliche Seltenheiten, wie *Österreichische Rauke = *Sisymbrium austriacum*, *Herabgebogener Igelsame = *Lappula deflexa*, *Weißer Lerchensporn = *Corydalis capnoides*.

## III A) Rasenvegetation

Trockenrasen gibt es hauptsächlich im Pannonischen Gebiet: flachgründige und trockene, daher ursprünglich waldfreie Standorte: **(37)** *pannonische Felssteppen, skelettreich, offen, reich an Chamaephyten, mit *Heideröschen (Nadelröschen) = *Fumana procumbens*, *Bleich-Schwingel = *Festuca pallens*, *Badner Rispe = *Poa badensis*, *Grauem Sonnenröschen = *Helianthemum canum*, *Österreichischer Schwarzwurz = *Scorzonera austriaca*, *Zwerg-Schwertlilie = *Iris pumila*, *Silberscharte (Bisamdistel) = *Jurinea mollis*, Federgras = *Stipa pennata agg.* (Vgl. dazu Nr. 40!) Etwas feinerdereicher sind die weitgehend geschlossenen **38)** *pannonischen Rasensteppen mit *Walliser

Schwingel = *Festuca valesiaca*, *Zartem Schillergras = *Koeleria macrantha*, *Niederliegendem Ehrenpreis = *Veronica prostrata*, *Illyrischem Hahnenfuß = *Ranunculus illyricus*, Großer Küchenschelle = *Pulsatilla grandis*, von den Felssteppen hierher übergreifend *Schwert-Alant = *Inula ensifolia*; die pannonischen *Silikat-Rasensteppen sind etwa durch Feinblatt-Schafgarbe = *Achillea setacea*, *Böhmischen Gelbstern = *Gagea bohemica* und *Dillenius-Ehrenpreis = *Veronica dillenii* zu kennzeichnen.

Die tiefergründigen **(39)** *pannonischen Wiesensteppen sind durch extensive Beweidung entstandene Halbtrockenrasen als Ersatzgesellschaften auf ursprünglichem Waldland (vgl. Nr. 76–80), reich an schönen und geobotanisch interessanten Arten östlicher (pontischer) und südlicher (submediterraner) Herkunft: *Pannonischer Goldlack = *Erysimum odoratum*, *Purpur-Königskerze = *Verbascum phoeniceum*, *Trauer-Nachtviole = *Hesperis tristis*, Frühlings-Adonis = *Adonis vernalis*, *Große Kreuzblume = *Polygala major*. Auf frischeren und nicht beweideten Stellen geht sie in die Diptam-Blutstorchschnabel-Saumgesellschaft (Nr. 32) über. – Die Lücken der pannonischen Trockenrasen sind von Frühlings-Annuellenfluren besetzt: Frühlings-Hungerblümchen = *Erophila verna agg.*, *Dreifinger-Steinbrech = *Saxifraga tridactylites*, *Felskresse = *Hornungia petraea*, *Steppen-Stiefmütterchen = *Viola kitaibeliana*.

Pannonisch (und sarmatisch) getönt sind die *innenalpischen („inneralpinen") Trockenrasen (subkontinentale Klima!), z. T. anthropogen (Extensivweiderasen), in Kontakt mit Rotföhrenwäldern (vgl. Nr. 24!) mit Federgras = *Stipa pennata agg.*, *Ähren-Blauweiderich (Heide-Ehrenpreis) = *Pseudolysimachion (Veronica) spicatum*, *Langfahnen-Tragant = *Astragalus onobrychis*, *Steppen-Spitzkiel = *Oxytropis pilosa*, *Ähren-Glockenblume = *Campanula spicata*. Innenalpische Trockenrasen gibt es in Österreich (von Westen nach Osten zu immer weniger deutlich ausgeprägt) insbesondere im Oberinntal, im Virgental, im Mölltal und im oberen Murtal. – In einigen Tälern der Hohen Tauern sind sogenannte Hochsteppenrasen durch etliche gemeinsame Arten mit den alpinen Rasen (über Karbonatgestein) verbunden. – In den **(40)** Felsrasen („Felsheiden") außerhalb des Pannonischen Gebiets, besonders in der Bergstufe, finden wir Österreichischen Bergfenchel = *Seseli austriacum*, *Feder-Nelke = *Dianthus plumarius*, Kurzhaar-Donarsbart (Hauswurz) = *Jovibarba (Sempervivum) hirta*, *Krainer Strauß-Glockenblume = *Campanula thyrsoides subsp. carniolica*, *Wimper-Perlgras = *Melica ciliata*, Berg-Gamander = *Teucrium montanum*, Grauen Leuenzahn = *Leontodon incanus*, Herz-Kugelblume = *Globularia cordifolia*, *Alpen-Bergflachs = *Thesium alpinum*. Übergänge zwischen den Trockenrasen der Innenalpen und den Felsfluren (40) sind die **(40 b)** (Halb-)Trockenrasen der regenarmen Täler am südlichen und östlichen Alpenrand mit Furchen-Schwingel = *Festuca rupicola*, Berg-Lauch = *Allium montanum*, Steppen-Lieschgras = *Phleum phleoides*, Südlicher und Gelblichweißer Skabiose = *Scabiosa triandra (= gramuntia)* und *S. ochroleuca*, Kleinem Schneckenklee = *Medicago minima*. (Vgl. dazu Nr. 48–50, 58, 76–77!)

Die Trockenrasen sind heute in ihrer Existenz sehr stark bedroht, und dies in vielfältiger Weise: durch Intensivierung der landwirtschaftlichen Nutzung (Umbruch, Düngung), Kommassierung, Aufforstung (im Pannonischen Gebiet besonders gefährlich ist die den Boden überdüngende Robinie), Müllablagerung, Bautätigkeit, Steinbrüche und Schottergruben, aber auch durch zu intensive Erholungsnutzung und sogar durch Erklärung zum Naturschutzgebiet ohne entsprechende Betreuung (natürliches Zuwachsen durch Gehölze!). (Vgl. dazu W. HOLZNER u. a.: Österreichischer Trockenrasenkatalog.)

Aus der Fülle der Hochgebirgsrasen (subalpin bis subnival) seien nur einige markante und weiter verbreitete herausgegriffen: **(41)** Polsterseggenrasen („Firmeten") besiedeln ebene bis schwach geneigte (selten steilere), kalkreiche, felsige, flachgründige (feinerdearme), mäßig trockene bis frische, meist ± windexponierte (Kuppenpositionen!) Standorte; diese frostresistenten, sehr charakteristischen

Gesellschaften sind gekennzeichnet durch Polster-Segge = *Carex firma*, Silberwurz = *Dryas octopetala*, Blaugrünen Steinbrech = *Saxifraga caesia*, Stengelloses Leimkraut = *Silene acaulis*, *Alpenzwergorchis = *Chamorchis alpina*, Immergrünes Felsenblümchen = *Draba aizoides*. Auf ebenfalls kalkreichen, aber etwas tiefergründigen, wesentlich feinerdereicheren und damit auch besser wasserversorgten (frischeren) Böden in sommerwarmer, oft steiler Lage entwickeln sich **(42)** Blaugras-Horstseggen-Rasen („Seslerio-Sempervireten") mit Kalk-Blaugras = *Sesleria albicans* ( = *S. varia*) und Horst-Segge = *Carex sempervirens*, Alpen-Wundklee = *Anthyllis vulneraria subsp. alpestris*, Clusius-Enzian = *Gentiana clusii*, Alpen-Aster = *Aster alpinus* und vielen anderen Arten, insgesamt eine besonders farbenprächtige alpine Rasengesellschaft. – Der üppige **(42 b)** Violettschwingelrasen *(Festuca violacea agg.)* gedeiht sowohl über Silikatgesteinen als auch über Karbonatfels auf feinerdereichen, länger durchfeuchteten Böden; an Schmetterlingsblütlern reiche „Wildweiden". – Der **(43)** Rostseggenrasen benötigt noch mehr Bodenfeuchte und tritt bevorzugt über Karbonatgestein in den (ozeanisch getönten) Randalpen auf. Neben der namengebenden *Carex ferruginea* wachsen hier Narzissen-Windröschen = *Anemone narcissiflora*, *Durchblättertes Läusekraut = *Pedicularis foliosa* und auch höherwüchsige Kräuter wie Strauß-Glockenblume = *Campanula thyrsoides*, Große Sterndolde = *Astrantia major* und Trollblume = *Trollius europaeus*, in den südlichen Kalkalpen sind etwa die *Rosarote Schwarzwurz = *Scorzonera rosea* und die *Gelbe Platterbse = *Lathyrus laevigatus* auffällig.

Auf den feinerdereicheren sauren Böden, besonders also über Silikatgesteinen und daher weit verbreitet vor allem in den Zentralalpen, bilden sich **(44)** Krummseggenrasen (Caricion curvulae, „Curvuleten"), die häufigste und wichtigste Rasengesellschaft der alpinen Stufe, die oft große Flächen einnimmt. Die typische gelbliche Farbe beruht darauf, daß die namengebende Charakterart dieses Rasens, die Krumm-Segge = *Carex curvula*, an der lockig gedrehten Laubblattspitze fast immer von dem Pilz *Pleospora elynae* befallen ist, der die Laubblätter frühzeitig absterben läßt. Auffällige Arten sind Krainer Greiskraut = *Senecio incanus subsp. carniolicus*, *Grasblatt-Teufelskralle = *Phyteuma hemisphaericum*, Echter Speik = *Valeriana celtica*, Frühlings-Küchenschelle = *Pulsatilla vernalis*, *Steingras = *Oreochloa disticha*, *Zwerg-Seifenkraut = *Saponaria pumila* (ein österreichischer → Subendemit), Zwerg-Augentrost = *Euphrasia minima*, auf offenen, feuchteren Stellen Kleb- und Zwerg-Schlüsselblume = *Primula glutinosa* und *P. minima*. Die Curvuleten haben enge Beziehungen zu den ± beweideten Nardeten in der subalpinen Stufe. – Gewisse süd-exponierte Steilhänge werden von (oft treppig ausgebildeten) **(44 b)** Buntschwingelrasen *(Festuca varia)* mit *Kelch-Kranzenzian = *Gentianella anisodonta* und Felsen-Ehrenpreis = *Veronica fruticans* besiedelt. – In oberalpinen Gratlagen („Windkanten") auf ± basischen Böden sind **(45)** Nacktriedrasen (Elynion) entwickelt, namengebend *Kobresia (Elyna) myosuroides*, weiters etwa *Zwerg-Mutterwurz = *Ligusticum mutellinoides*, *Felsen-Segge = *Carex rupestris*, *Zart-Haarschlund = *Comastoma (Gentianella) tenellum*, *Quendel-Weide = *Salix serpillifolia;* auch das Edelweiß = *Leontopodium alpinum* – das übrigens erst während des Eiszeitalters aus asiatischen Hochgebirgen zugewandert ist – hat hier seinen ökologischen Schwerpunkt (ist also hauptsächlich eine Rasenpflanze, die sich erst als Folge der Edelweißräuberei mitunter nur an unzugänglichen Felsstandorten halten kann!).

Schneeböden sind Sonderstandorte der alpinen Stufe mit sehr spezifischen Pflanzengesellschaften, die lange Schneebedeckung und damit eine ± stark verkürzte Vegetationszeit ertragen bzw. daran angepaßt sind; andererseits stehen auf der „positiven Seite" der Standortsfaktoren in derartigen Muldenpositionen überdurchschnittlicher Feuchtigkeits- und Nährstoffreichtum. Für **(46)** Kalkschneebodengesellschaften sind *Netz-Weide = *Salix reticulata*, *Blaue Gänsekresse (Blaukresse) = *Arabis caerulea*, Alpen- und *Traunfellner-Hahnenfuß = *Ranunculus* *alpestris* und *R. traunfellneri*, *Zwerg-Fingerkraut = *Potentilla brauneana*, *Österreichische und *Zwerg-Soldanelle = *Soldanella austriaca* (Endemit der nordöstlichen Kalkalpen) und *S. minima*, *Gletscher-Ampfer = *Rumex nivalis* charakteristisch; für **(47)** Silikatschneebodengesellschaften („Schneetälchen") Kraut-Weide = *Salix herbacea*, Gelbling = *Sibbaldia procumbens*, Kleine Soldanelle = *Soldanella pusilla*, *Alpen-Schaumkraut = *Cardamine alpina*, *Zwerg-Ruhrkraut = *Gnaphalium supinum* und Moosarten wie *Nordisches Haarmützenmoos = *Polytrichum sexangulare* und das eigentümlich „schimmelartige" Lebermoos **Anthelia juratzkana*.

## III B) Trockene Pionier- und Dauergesellschaften

Felsspaltengesellschaften besiedeln Extremökotope und sind auch wegen ihrer oft an Reliktsippen und Lokalendemiten reichen Flora bemerkenswert (besonders nordexponiert-schattige Bereiche); sie schließen eng an die Felsrasen (Nr. 40) an. **(48)** Kalkfelsspaltenfluren umfassen z. B. die montane, luftfeuchteliebende Felsfingerkraut-Gesellschaft (*Potentilla caulescens*) mit Grünem Streifenfarn = *Asplenium viride* und Zwerg-Kreuzdorn = *Rhamnus pumila*, und die sonnenliebende Aurikel-Felsflur (*Primula auricula*, *Niedriges Habichtskraut = *Hieracium humile*), die alpine *Schweizermannsschild-Gesellschaft (**Androsace helvetica*, *Filz-Felsenblümchen = *Draba tomentosa*, *Sternhaar-Gänsekresse = *Arabis stellulata*), die feucht-schattig-montane Blasenfarnfelsflur (Bruch-Blasenfarn = *Cystopteris fragilis*, Moos-Nabelmiere = *Moehringia muscosa*). – **(49)** Silikatfelsspaltenfluren umfassen z. B. die submontan-montane Gesellschaft des Nordischen Streifenfarns (*Asplenium septentrionale*, *Buckel-Mauerpfeffer = *Sedum dasyphyllum*) und die davon stark verschiedenen oberalpinen bis subnivalen Gesellschaften etwa mit Gegenblatt-Steinbrech = *Saxifraga oppositifolia* (einer der kälteresistentesten und höchststeigenden Arten), *Pelz-Primel = *Primula hirsuta* und *Himmelsherold = *Eritrichum nanum*. – Von den **(50)** Mauerfugen-Gesellschaften sei die Zimbelkraut-Flur (*Cymbalaria muralis*, Mauerraute = *Asplenium ruta-muraria*) erwähnt, die anthropogene, aber dennoch wertvolle Biotope bewohnt und daher Schutz vor naturfeindlichen Dorf- und Stadt-„Sanierungen" verdient.

Auch die (Fels-)Schutt- (= Steinschutt-) und Geröllgesellschaften haben nur wenige Arten gemeinsam, wie etwa das von den Alpenblumenkalendern wohlbekannte Alpen-Leinkraut = *Linaria alpina;* es müssen nämlich in erster Linie die Kalk- von den Silikat-Schuttfluren unterschieden werden; eine verbindende Stellung nehmen die Schieferschuttgesellschaften ein. Der „schwierige" Standort wird mittels verschiedener Wuchsformenstrategien bewältigt: Schuttüberkriecher, Schuttstauer, Schuttwanderer u. a. Auf dem ± stark bewegten (noch nicht zur Ruhe gekommenen) Schutt siedeln, je nach Höhenlage, Exposition, Feuchtigkeit und Substratmobilität: Die **(51)** Pestwurzhalde auf obermontanem, feuchtem Kalk- und Mergelschutt (Alpen-Pestwurz = *Petasites paradoxus*, Schild-Ampfer = *Rumex scutatus*, Schutt-Leimkraut = *Silene vulgaris subsp. glareosa*); die kalkalpine Rundblattäschelkrauthalde (*Thlaspi rotundifolium*, *Wimper-Nabelmiere = *Moehringia ciliata*, *Kärntner Hornkraut = *Cerastium carinthiacum*, *Blattloser Steinbrech = *Saxifraga aphylla*, Alpen-Mohn = *Papaver alpinum*); auf etwas gefestigterem, sonnexponiertem alpinem Schutt die *Triglavpippauhalde (**Crepis terglouensis*). – Submontan bis untermontan, wärmeliebend sind die *Rauhgrasfluren (**Achnatherum calamagrostis*) und die *Schmalblatthohlzahnfluren (**Galeopsis angustifolia*). – Zu den **(52)** Schieferschuttfluren, die wie die Silikatschuttfluren rascher besiedelt werden als die Kalkschutthalden, gehören auf oberalpinen, frischen, basenreichen Feinschuttböden, etwa als Pioniergesellschaft auf Moränenwällen die *Ährengrannenhafer-Gesellschaft (*Trisetum spicatum*, *Zwergenzian = *Comastoma [Gentianella] nanum*); für die *Hoppefelsenblümchenflur (**Draba hoppeana*, *Farnblatt-Läusekraut = *Pedicularis aspleniifolia*) über Kalkschiefer ist langandauernde Schneebedeckung (6–8 Monate) typisch; auf feinem, feuchtem Tonschieferschutt gedeiht die *Bergleuenzahnhalde (**Leontodon montanus*); in der alpinen *Zweiblütensteinbrechflur (**Saxifraga biflora*), in der „Schieferhülle" der Hohen Tauern verbreitet, aber selten, wächst der *Rudolph-Steinbrech = *Saxifraga rudolphiana*. – **(53)** Silikatschuttfluren sind die *Rollfarnflur (*Cryptogramma crispa*) auf obermontanem bis subalpinem Silikatblockschutt; die oberalpin-subnivale *Alpenmannsschildhalde (**Androsace alpina*, Bayerischer Enzian = *Gentiana bavarica var. subacaulis*, *Seguier-Hahnenfuß = *Ranunculus seguieri*) auf humusreichen Schuttböden; die ebenfalls oberalpin-subnivale Säuerlingsflur (*Oxyria digyna*, Kriech-Nelkenwurz = *Geum reptans*, Gletscher- Hahnenfuß = *Ranunculus glacialis* [die in den Alpen am höchsten steigende Art]) auf humusarmem Boden ist charakteristischer Moränenerstbesiedler; die unteralpine *Wulfenmannsschildflur (**Androsace wulfeniana;* eine Höhen-Vikariante zur Alpenmannsschildhalde) ist auf windexponierten Kuppen der Gurktaler Alpen und Niederen Tauern endemisch. Der *Braunsimsenrasen (*Braun-Hainsimse = *Luzula alpinopilosa*) benötigt lange Schneebedeckung und leitet – ähnlich wie die Hoppefelsenblümchenflur (unter Nr. 52) – zu Schneetälchengesellschaften (Nr. 46 und 47) über.

**(54)** In den Auen an rascher fließenden Bächen und Flüssen (auch an der österreichischen Donau, soweit sie nicht in Stauseen umgewandelt worden ist) erzeugt der Vorgang der Anlandung am Gleithang *Schotterfluren mit eigentümlicher Vegetation: *Sanddorn = *Hippophaë rhamnoides*, *Deutsche Tamariske = *Myricaria germanica*, *Lavendel-Weide = *Salix eleagnos*, *Rosmarin- (in niederen Lagen) bzw. *Kies-Weidenröschen (in Hochlagen im Westen) = *Epilobium dodonaei, E. fleischeri*. Schließlich sollen auch die sogenannten *Heißländen hier genannt werden, die sich infolge der Absenkung des Wasserspiegels an der regulierten Donau stärker ausgeprägt haben, im Pannonischen Gebiet (im Tullner Feld und in Wien) mit interessanten Steppenrasengesellschaften (ob sie die geplante Staustufe Wien-Freudenau überleben werden?).

Schlußendlich seien noch einige weitere interessante spezielle Gesellschaften auf in Österreich seltenen Substraten (Bodenarten) erwähnt: **(55)** *Sandrasen (Sandsteppen) (*Sandstrohblume = *Helichrysum arenarium*) vor allem im Pannonischen Gebiet, aber sehr selten. – **(56)** *Lößsteppen-Fragmente (*Tatarischer Meerkohl = *Crambe tataria*, *Hornmelde = *Krascheninnikovia [Eurotia] ceratoides*, *Löß-Löwenzahn = *Taraxacum serotinum*) im niederösterreichischen Weinviertel, sehr selten. – **(57)** *Salzsteppen (*Neusiedlersee-Salzschwaden = *Puccinellia peisonis*, *Salz-Kresse = *Lepidium cartilagineum [= crassifolium]*, *Salzsteppen-Wermut = *Artemisia santonicum [„maritima"]*), wo neben europäischen Küstenpflanzen etliche Arten der pannonischen, pontischen und sogar aralo-kaspischen Salzsteppen und -wüsten wachsen (im Pannonischen Gebiet sehr lokal, besonders im burgenländischen Seewinkel). – **(58)** *Serpentinfluren: Felssteppen und -rasen über bestimmten, petrographisch verschiedenen ultrabasischen magnesium- und z. T. schwermetallhältigen Silikatgesteinen, die von den Botanikern „Serpentin" (Serpentinite) genannt werden, die auf viele Pflanzen giftig wirken und wo die Bodenbildung nur sehr langsam abläuft. Auf solchen extremen Standorten können sich einerseits konkurrenzschwache Arten behaupten und reliktisch erhalten, andererseits haben sie die Flora zu speziellen Anpassungen herausgefordert („Serpentinophyten"). In den Serpentinfelsfluren finden wir *Pelzfarn = *Cheilanthes (Notholaena) marantae*, *Serpentin-Streifenfarn = *Asplenium cuneifolium*, *Gösing-Täschelkraut = *Thlaspi goesingense*, das einzige österreichische Vorkommen des *Alpen-Knöterichs = *Persicaria (Polygonum) alpinum*, die steirisch-endemische *Serpentin-Hauswurz = *Sempervivum pittonii*. (Vgl. dazu Nr. 23, 37, 40). Diese botanisch hochinteressanten Standorte und Pflanzengesellschaften sind leider noch nicht alle unter Naturschutz gestellt, sondern z. T. durch Steinbrüche zur Straßen- und Bahnschottergewinnung (!) gefährdet.

### IV A) Wasserpflanzengesellschaften

**(59)** Wasserschwebergesellschaften sind durch nicht-wurzelnde Wasserpflanzen charakterisiert. Wasserlinsendecken (Kleine Wasserlinse = *Lemna minor*) bilden sich auf stehenden Gewässern. Größere wurzellose Wasserpflanzen sind *Wassernuß = *Trapa natans*, *Wasserschlauch-Arten = *Utricularia spp.*, *Froschbiß = *Hydrocharis morsus-ranae*, besonders in nährstoffreichen Altwässern *Rauhes Hornblatt = *Ceratophyllum demersum*. In den ökologisch recht mannigfachen **(60)** Unterwassergesellschaften (Tauchgesellschaften; wurzelnde Wasserpflanzen) – meist mit jeweils nur wenigen Arten – finden sich in stehenden oder langsam fließenden Gewässern etwa Laichkraut-Arten = *Potamogeton spp.*, Tausendblatt-Arten = *Myriophyllum spp.*, die seltene *Wasserfeder = *Hottonia palustris* und Armleuchteralgen = *Characeae* (eine Grünalgenfamilie, die in diesem Buch nicht behandelt wird), in Fließgewässern *Aufrechter Merk = *Berula erecta*. – In **(61)** Schwimmblattgesellschaften stehender Gewässer geben neben etlichen untergetauchten Wasserpflanzen etwa Weiße Seerose = *Nymphaea alba*, Gelbe Teichrose = *Nuphar lutea*, *Wasser-Knöterich = *Persicaria (Polygonum) amphibium*, *Schwimm-Laichkraut = *Potamogeton natans* den Ton an, eine der Seltenheiten ist die *Seekanne = *Nymphoides peltata*; in kalkarmen Waldtümpeln Wasserstern-Arten = *Callitriche spp.*; in stärker fließenden Gewässern leben Gesellschaften mit bestimmten Wasserhahnenfuß-Arten = *Ranunculus subgen. Batrachium spp.*. – Die Wasserpflanzengesellschaften sind heute aus vielfältigen Gründen schwer gefährdet, nicht wenige Arten im Aussterben begriffen (relativ viele und ganze Gesellschaften sind bereits ausgestorben!): Vernichtung von Gewässern (Zuschütten der Tümpel zwecks Mülldeponie, Kanalisierung und Verrohrung der Bäche), Eutrophierung (Nährstoffanreicherung durch Landwirtschaft und Abwässer), „Ausräumen" der Gräben, naturferne Uferverbauungen und Vernichtung der „Schlingpflanzen" wegen touristischer Nutzung (Badebetrieb); auch Maßnahmen zur Intensivierung der Fischzucht.

### IV B) Ufervegetation, Sümpfe und Moore

**(62)** An nährstoffreichen Gewässern sind Röhrichtgesellschaften ausgebildet (Schilf = *Phragmites australis*, Rohrglanzgras = *Phalaris arundinacea*, Breitblatt-Rohrkolben = *Typha latifolia*, Teichbinse = *Schoenoplectus lacustris* (die auch als „lebende Kläranlage" benutzt wird), Gewöhnlicher Gilbweiderich = *Lysimachia vulgaris*, Gewöhnlicher Blutweiderich = *Lythrum salicaria*, Wasser-Schwertlilie = *Iris pseudacorus*); im Igelkolben-Röhricht herrscht *Sparganium erectum;* an etwas nährstoffärmeren, torfschlammigen Gewässern leben Gesellschaften mit *Wasser-Schachtelhalm = *Equisetum fluviatile* (der bis in die obermontane Stufe steigt). In den an das Röhricht meist anschließenden (sowohl räumlich als auch zeitlich: im Zuge der Verlandungs-Sukzession) **(63)** Großseggensümpfen („Magnocariceten"), die recht verschiedenartig sind, dominieren hochwüchsige Seggen-Arten wie Steif-Segge (Bult-S.) = *Carex elata*, *Scharfkantige S. = *C. acutiformis*, Schlank-S. = *C. acuta (= gracilis)*, *Blasen-S. = *C. vesicaria*, auf meist kalkreichen Standorten die bis hoch ins Gebirge steigende *Schnabel-S. = *C. rostrata;* an kalkarmen, humos-schlammigen Standorten der seltene, wegen seiner Giftigkeit berühmte echte *Wasserschierling = *Cicuta virosa*. Die hochstaudenreichen **(64)** Ufersäume fließender Gewässer werden gebildet von Gesellschaften, in denen Zaunwinde = *Calystegia sepium*, Zotten-Weidenröschen = *Epilobium hirsutum*, Sumpfdotterblume = *Caltha palustris*, Große Pestwurz = *Petasites hybridus*, aber auch konkurrenzstarke, in Ausbreitung befindliche Neubürger wie Drüsiges Springkraut = *Impatiens glandulifera* (das die heimische, alteingesessene Flora zusehends verdrängt) eine Rolle spielen; an Ufern kleinerer Bäche mit rascher fließendem und weniger nährstoffreichem (also „sauberem") Wasser Bachbunge = *Veronica beccabunga* und Bitter-Schaumkraut (Falsche Brunnenkresse) = *Cardamine amara*.

Im **(65)** Überflutungsbereich (Spülsaum) von See- und Flußufern entwickeln sich spezielle Pioniergesellschaften („Flutrasen“) mit Kriech-Straußgras = *Agrostis stolonifera*, *Rot- und *Knie-Fuchsschwanzgras = *Alopecurus aequalis* und *A. geniculatus*, Kriech- und *Gift-Hahnenfuß = *Ranunculus repens* und *R. sceleratus*, *Gewöhnlichem Zweizahn = *Bidens tripartitus*; Uferschlammfluren mit *Tännel-Arten = *Elatine spp.*, *Schlammkraut = *Limosella aquatica*. – Höchst bemerkenswert, sehr selten und leider stark von Vernichtung bedroht ist die **(66)** *Strandlingsflur am Bodensee-Ufer in der Zone zwischen Hoch- und Niedrigwasser mit dem seltenen *Strandling = *Litorella uniflora* und dem *Bodensee-Vergißmeinnicht = *Myosotis rehsteineri*, einer sehr kleinräumig verbreiteten und äußerst selten gewordenen, wohl im Aussterben begriffenen Art.

**(67)** Zwergbinsengesellschaften (Nanocyperion) sind bezeichnend für Lackenfluren, also kurzfristig nasse Stellen, periodisch austrocknende Kleingewässer, mit meist kleinwüchsigen, kurzlebigen Arten wie *Gelbem u. Rotem Zypergras = *Cyperus flavescens* u. *fuscus*, *Kleinling = *Centunculus minimus*, *Kleinem Tausendguldenkraut = *Centaurium pulchellum*, *Kröten-Simse = *Juncus bufonius*, *Sumpf-Ruhrkraut = *Gnaphalium uliginosum*, *Mäuseschwanz = *Myosurus minimus*, *Sumpfquendel = *Peplis portula*.

Den Stern-Steinbrech = *Saxifraga stellaris* findet man in Quellfluren; in **(68)** kalkarmen Quellfluren in der obermontanen bis alpinen Stufe außerdem *Quellkraut = *Montia fontana*, *Drüsen-Mauerpfeffer = *Sedum villosum* (selten), *Gauchheil-Weidenröschen = *Epilobium anagallidifolium*, seltene Simsen, wie *Kastanien-Simse = *Juncus castaneus*), und reichlich verschiedene Moose. In **(69)** Kalk-Quellfluren wachsen Bach-Steinbrech = *Saxifraga aizoides*, Jacquin-Gänsekresse = *Arabis soyeri*, Wild-Schnitt-Lauch = *Allium schoenoprasum subsp. alpinum;* benannt sind sie nach einer Moosart, dem Starknervmoos = *Cratoneuron commutatum*, das besonders in Tal- und mittleren Höhenlagen zu Kalksinterbildungen führt. – Hauptsächlich montan an nährstoffreicheren Quellaustritten, oft auf vernäßten Stellen inmitten von Weiderasen trifft man die auffällige **(70)** Roßminzen-Blausimsen-Flur (*Mentha longifolia*, **Juncus inflexus*).

Moore sind Torflagerstätten, Ansammlungen nicht oder unvollständig zersetzter Pflanzenreste (also eigentlich ein primär geologischer Begriff). Der Geobotaniker unterscheidet Hochmoore, Zwischen- und Flachmoore (= Niedermoore), die sich ökologisch und floristisch wesentlich unterscheiden. Hochmoore sind in mehrfacher Hinsicht besonders interessante montane Extremlebensräume: naß, äußerst nährstoffarm (dystroph), weil ohne Verbindung mit dem mineralischen Untergrund ausschließlich vom Regenwasser ernährt, und stark sauer (sehr niedriger pH-Wert). Sie stammen aus der nacheiszeitlichen Vegetationsentwicklung oder entstanden (und entstehen) in niederschlagsreichen Gebieten nach Verlandung von Stillgewässern mit Verlust des Kontaktes zum Untergrund und verdanken ihre Existenz den Besonderheiten und Fähigkeiten der Moosgattung Torfmoos = *Sphagnum*, die in mehreren Arten die Hochmoore und den Hochmoortorf aufbaut. Die Gefäßpflanzen sind entsprechend hochspezialisierte, darunter der „fleischfressende“ (carnivore) Sonnentau = *Drosera*, der auf diese „tierische“ Weise dem Stickstoffmangel begegnet. Da die – mit Pilzen in Symbiose lebenden – Torfmoose unterschiedlich schnell wachsen, bildet sich bald eine wellige Oberfläche mit sehr nassen, meist wassergefüllten Vertiefungen (= Schlenken = Kolke, vgl. Nr. 72) und etwas weniger nassen Erhebungen (= Bulte = Bülten), was ein entsprechendes Standorts- und Vegetationsmosaik bewirkt. Im zentralen Bereich (des bekanntesten Hochmoortyps) wachsen die Torfmoose am schnellsten (die Torfschicht ist je nach Alter und klimatischen Bedingungen 2 bis 10 m mächtig); die typische Hochmooroberfläche ist leicht uhrglasförmig gewölbt (Name!), der Rand fällt relativ steil zur „randlichen Schlenke“, dem sogenannten Lagg (zum Flachmoor) ab. Unter den Gefäßpflanzen der Hochmoore sind die mit Pilzen

symbiontisch zusammenlebenden (endotrophe Mycorrhiza!) Heidekrautgewächse = *Ericaceae* besonders reich vertreten.
Die wichtigsten Charakterarten der **(71)** Hochmoorbultgesellschaften (Sphagnion magellanici) sind Rundblatt-Sonnentau = *Drosera rotundifolia*, Moosgranten (Moosbeere) = *Vaccinium oxycoccos*, Rosmarinheide = *Andromeda polifolia*, Moor-Rauschbeere = *Vaccinium uliginosum*, Scheiden-Wollgras = *Eriophorum vaginatum*, *Armblütige Segge = *Carex pauciflora*. Manche Hochmoore, besonders im Randbereich, tragen auch Gehölze, ja sogar einen Hochmoorbusch- oder Hochwald: Moor-Birke = *Betula pubescens*, Leg-Föhre (Latsche) = *Pinus mugo*, bei uns nur sehr selten *Spirke („Moor-Spirke") = *Pinus uncinata* oder *P.* × *rotundata*.
**(72)** In den *(Hochmoor-)Schlenkengesellschaften, hauptsächlich in den nassen Bereichen zwischen den Hochmoorbulten, leben ganz andere Torfmoos- und Gefäßpflanzen- Arten: *Schlamm-Segge = *Carex limosa*, *Blasensimse (Blumenbinse) = *Scheuchzeria palustris*, *Langblatt-Sonnentau = *Drosera anglica*, *Moorbärlapp = *Lycopodiella inundata*. **(72 b)** *Zwischenmoorgesellschaften sind weniger extrem nährstoffarm als Hochmoore, hier wachsen *Weiße und Braune Schnabelbinse = *Rhynchospora alba, R. fusca*, *Mittlerer Sonnentau = *Drosera intermedia*, *Alpenwollgras = *Trichophorum alpinum*, Faden-Segge = *Carex lasiocarpa;* sehr seltene, aber bemerkenswerte Arten sind *Zwerg- und *Strauch-Birke = *Betula nana, B. humilis*. Soziologisch hierher gehören auch die eigenartigen **(72 c)** *Schwingrasen, schwimmende Rasendecken nährstoffarmer Stillgewässer, hauptsächlich aus Riedgrasgewächsen = *Cyperaceae* bestehend.
Hochmoore sind wegen ihrer Pollen- und Makrofossilien auch als „Archive" für die Vegetations- und Florengeschichte unersetzlich wertvoll. Sie sind dennoch sehr gefährdet: durch Torfabbau, Anlegung von Entwässerungsgräben zwecks „Trockenlegung", Eutrophierung, Zerstörung durch forstliche Maßnahmen, Aufschüttungen für Parkplätze, Hochwildgehege (-gatter), Pflegemaßnahmen für Langlaufloipen usw.

**(73–74)** Flachmoore (= Niedermoore, „Rieder") sind sehr vielfältig (die meisten „Sümpfe" sind tatsächlich Flachmoore), finden sich von collin bis alpin, sind weniger nährstoffarm als Hochmoore, meist im Zuge der Verlandung von Fließgewässern entstanden, in der obermontanen bis subalpinen Stufe auch aus ehemaligen (aus wärmeren Klimaperioden stammenden) Hochmooren, und reich an Riedgrasgewächsen = *Cyperaceae:* **(73)** Kalkarme mit *Schmalblatt-Wollgras = *Eriophorum angustifolium*, Fieberklee = *Menyanthes trifoliata*, *Grau-, Braun-, *Igel-Segge = *Carex canescens, C. nigra, C. echinata*. In höheren (subalpinen bis alpinen) Lagen finden wir *Rasenbinse = *Trichophorum cespitosum*, *Tarant = *Swertia perennis*. Im Verlandungsgürtel alpiner Seen (auf Mineralböden) wächst das eindrucksvolle Scheuchzer-Wollgras = *Eriophorum scheuchzeri*. **(74)** Kalk-Flachmoore beherbergen Davall-S. = *Carex davalliana*, *Mittlere Gelb-Segge = *C. lepidocarpa*, Breitblatt-Wollgras = *Eriophorum latifolium*, Schwarz-Knopfbinse = *Schoenus nigricans*, Mehl-Primel = *Primula farinosa*, *Sumpfstendel = *Epipactis palustris*, Gewöhnliches Fettkraut = *Pinguicula vulgaris*, Kelch-Simsenlilie = *Tofieldia calyculata*, Herzblatt = *Parnassia palustris*.

## V A) Vom Menschen geschaffene und erhaltene Grünlandvegetation

Die für Mitteleuropa so charakteristischen Wiesen und Weiden, im Gebirge die Almen, sind höchstens wenige tausend Jahre alt. Ihr Pflanzen- (und Tier-)bestand ist genauso wie bei den natürlichen Gesellschaften von den Boden- und Klimafaktoren abhängig, zusätzlich aber stark von der Nutzungs- und Pflegeweise und -intensität. Die Grünlandgesellschaften sind vielfältig und – abgesehen von den extrem stark behandelten (z. B. überdüngten) – artenreich. Als Faustregel gilt: je nährstoffärmer (= magerer), umso naturnäher; je nährstoffreicher (= fetter), desto naturferner, also künstlicher. – (Wo diese vielen, streng etwa an eine bestimmte Wiesengesellschaft gebundenen Arten ihre natürlichen Standorte haben, „woher“ sie also „gekommen sind“, ist eine interessante Frage, die im Zusammenwirken von Vegetationskunde und Sippensystematik [Evolutionsforschung] heute weitgehend beantwortet werden kann.)

**(75)** Flachmoorwiesen (Naß- bis Feuchtwiesen, Sumpfwiesen, Streuwiesen, Riedwiesen, „saure Wiesen“, Pfeifengraswiesen) sind meist durch Rodung von Schwarzerlen-Bruchwäldern (Nr. 16) oder durch (teilweise) Trockenlegung von Flachmooren und Großseggengesellschaften entstanden. Namengebend ist das dichthorstige Blaue Pfeifengras = *Molinia caerulea (agg.)*; wichtige und markante Arten – aus sehr verschiedenen Gesellschaften – sind Teufelsabbiß = *Succisa pratensis*, Großer Wiesenknopf = *Sanguisorba officinalis*, Lungen-Enzian = *Gentiana pneumonanthe*, Färber-Scharte = *Serratula tinctoria*, Mehl-Primel = *Primula farinosa*, Breitblatt-Fingerknabenkraut = *Dactylorhiza majalis*, Kuckuckslichtnelke = *Lychnis flos-cuculi*, *Kanten-Lauch = *Allium angulosum*, etliche vom Aussterben bedrohte wie *Sibirische Schwertlilie = *Iris sibirica*, *Wild-Gladiolen (Siegwurz-Arten) = *Gladiolus spp.*, *Gnadenkraut = *Gratiola officinalis*, *Sumpf-Löwenzahn = *Taraxacum sect. Palustria (= T. palustre agg.)*. Diese Streuwiesen wurden früher nicht gedüngt, nur einmal gemäht und das Heu (mit geringem Futterwert) als Stallstreu verwendet. Im Zuge der Rationalisierung und Intensivierung der Landwirtschaft wurden viele dieser Wiesen völlig trockengelegt, gedüngt, auf diese Weise „melioriert“ und ihre artenreiche Vegetation zerstört. Den letzten Resten drohen heute überdies Aufforstung und natürliche Verbuschung (etwa durch Faulbaum = *Frangula alnus*, Rot-Föhre = *Pinus sylvestris*, Gewöhnliche Birke = *Betula pendula*).

Auch die übrigen, trockeneren Magerrasen sind vergleichsweise naturnah und artenreich. Etliche (konkurrenzschwache!) Magerkeitszeiger besiedeln sowohl trockene wie feuchte Magerrasen, verbinden also Pfeifengraswiesen (Nr. 75) mit Trespenrasen (Nr. 76): Zittergras = *Briza media*, Echtes Labkraut = *Galium verum*. Die trockeneren Magerwiesen und -weiden der niederen Lagen schließen eng an die pannonischen Halbtrockenrasen an (vgl. Nr. 38–39). – Halbtrockenrasen außerhalb des Pannonischen Gebiets über Kalk, die sogenannten **(76)** Kalk-Magerrasen („Trespenrasen“, „Mesobrometen“), lassen sich kennzeichnen durch Aufrechte Trespe = *Bromus erectus*, Furchen-Schwingel = *Festuca rupicola*, Eiblatt-Sonnenröschen = *Helianthemum ovatum*, Karthäuser-Nelke = *Dianthus carthusianorum*; montane Ausprägungen mit *Pyramidenorchis = *Anacamptis pyramidalis*, *Kugelorchis = *Traunsteinera globosa*. In den **(77)** bodensauren Magerrasen (Silikat-Magerrasen, „Heidewiesen“) wachsen Hügel-Hainsimse = *Luzula campestris*, Niedriges Labkraut = *Galium pumilum*, *Dreizahn = *Danthonia decumbens*, *Deutscher Ginster = *Genista germanica*, Flügel-Ginster = *Genista (Chamaespartium) sagittalis*, *Gewöhnliches Katzenpfötchen = *Antennaria dioica*, *Pechnelke = *Lychnis viscaria*. – **(78)** Wechselfeuchte Magerwiesen weisen zeitweise starke Durchfeuchtung auf, die dem Kundigen von Wechselfeuchtezeigern verraten wird: Kleines Mädesüß = *Filipendula vulgaris*, *Warzen-Wolfsmilch = *Euphorbia verrucosa*, *Weidenblatt-Alant = *Inula salicina*, Echte Betonie = *Betonica officinalis*, Blutwurz = *Potentilla erecta*, Wiesen-Flockenblume = *Centaurea jacea*, Blau-Segge = *Carex flacca*, *Sumpf-Blaugras = *Sesleria uliginosa*, *Niedrige Schwarzwurz = *Scorzonera humilis*.

Weiderasen („Triften“) sind durch weideresistente Arten ausgezeichnet: Rosettenpflanzen (Mittlerer Wegerich = *Plantago media*), übelschmeckende (bittere Enziangewächse = *Gentianaceae*, aromatisch-scharfschmeckende Lippenblütler = *Lamiaceae* wie Wiesen-Quendel = *Thymus pulegioides*) und stachelige (Disteln), die vom Weidevieh verschmäht werden und sich daher anreichern können, dazu kommen charakteristische Weidesträucher wie Eingriffel-Weißdorn = *Crataegus monogyna*, Berberitze = *Berberis vulgaris*, Hunds-Rose = *Rosa canina*, Echter Wacholder = *Juniperus communis*. – **(79)** Kalk-Magerweiden sind durch Dornige Hauhechel = *Ononis spinosa*, Silberdistel (Große Wetterdistel) = *Carlina acaulis*, *Pyramiden-Schillergras = *Koeleria pyramidata*, gekennzeichnet. Die besonders artenreichen montanen bis subalpinen bodensauren Magerweiden verdanken ihren Namen dem berühmten, vom Vieh wie vom Landwirt ver- bzw. geschmähten Bürstling (Borstgras) = *Nardus stricta*: **(80)** Bürstlingsrasen (Borstgrastriften, Nardion, „Nardeten"): Arnika = *Arnica montana*, Weißzüngel = *Pseudorchis albida*, Besenheide = *Calluna vulgaris*, *Berg-Platterbse = *Lathyrus linifolius*, Stengelloser Enzian = *Gentiana acaulis (kochiana)*, Holunder-Fingerknabenkraut = *Dactylorhiza sambucina*, Hohlzunge = *Coeloglossum viride*, *Wildes Stiefmütterchen = *Viola tricolor*, *Bart-Glockenblume = *Campanula barbata*. – Die Magerwiesen und -weiderasen sind heute übrigens – ähnlich wie die Trockenrasen – ernstlich gefährdet, vor allem durch Düngung und Aufforstung, und dies nicht nur in niederen Lagen, sondern sogar in der Montanstufe: Es gibt bereits etliche Gebirge, auf denen man diese noch vor wenigen Jahren häufigen bunten Bergwiesen mühsam suchen muß.

**(81)** Fettweiden sind gedüngte Weiderasen, für die Kammgras = *Cynosurus cristatus* (frisch bis feucht), Herbst-Leuenzahn = *Leontodon autumnale*, Ausdauernder Lolch = *Lolium perenne*, Kümmel = *Carum carvi*, Kriech- (Weiß-)Klee = *Trifolium repens*, Gänseblümchen = *Bellis perennis*, Rasenschmiele = *Deschampsia cespitosa* (feucht) charakteristisch sind. – Einige Arten mit ihnen gemeinsam haben verständlicherweise ruderale **(82)** Trittrasen, wie sie etwa auf Wiesenwegen, auf Fußballplätzen und im Siedlungsbereich anzutreffen sind (Einjährige Rispe = *Poa annua*, Breit-Wegerich = *Plantago major*, Vogelknöterich = *Polygonum aviculare agg.*). – Die subalpinen Fettweiden, also die nährstoffreicheren **(83)** Almböden („Milchkrautweiden", Poion alpinae) erfreuen sich einer reichen und bunten Flora: Alpen-Rispe = *Poa alpina*, Gold-Fingerkraut = *Potentilla aurea*, Gold-Pippau = *Crepis aurea*, Alpen-Mutterwurz = *Ligusticum mutellina*, Alpen-Lieschgras = *Phleum alpinum*, Frühlings-Krokus = *Crocus albiflorus*, Braun-Klee = *Trifolium badium*, viele Frauenmantel-Arten = *Alchemilla spp.*, Berg-Nelkenwurz = *Geum montanum*, Hochstauden-Enziane = *Gentiana pannonica*, *G. punctata*, Weißer Germer = *Veratrum album*. Auch diese Pflanzengesellschaften sind leider manchenorts bedroht: durch zu intensive Nutzung und durch „Almplanierung"!

Nicht überdüngte („klassische") Fettwiesen (Trisetenalia flavescentis) sind artenreich und vor der ersten Mahd herrlich bunt: Die **(84)** Glatthaferwiese, benannt nach dem hochwüchsigen Rispengras *Arrhenatherum elatius*, das begleitet wird u. a. von Gewöhnlichem Knäuelgras = *Dactylis glomerata*, (Östlichem) Wiesen-Bocksbart = *Tragopogon orientale*, Wiesen-Pippau = *Crepis biennis*, Rot- (Wiesen-)Klee = *Trifolium pratense*, Scharfem Hahnenfuß = *Ranunculus acris*, Wiesen-Glockenblume = *Campanula patula*, Weißem (Fettwiesen-)Labkraut = *Galium album*, Gewöhnlicher Margerite = *Leucanthemum ircutianum*, Wiesen-Leuenzahn = *Leontodon hispidus*, Wiesen-Sauerampfer = *Rumex acetosa*, Wiesen-Bärenklau = *Heracleum sphondylium*, Großer Bibernelle = *Pimpinella major*. An trockeneren, kalkreichen Stellen siedelt die **(85)** Salbei-Glatthaferwiese mit Wiesen-Salbei = *Salvia pratensis*, Wiesen-Witwenblume = *Knautia arvensis*, Knollen-Hahnenfuß = *Ranunculus bulbosus*, Skabiosen-Flockenblume = *Centaurea scabiosa*, *Wiener Gamander-Ehrenpreis = *Veronica vindobonensis*. An frischen und feuchten Standorten hingegen herrschen die **(86)** Kohldistelwiese und verwandte Gesellschaften mit Wolligem Honiggras = *Holcus lanatus*, Herbstzeitlose = *Colchicum autumnale*, *Wiesen-Storchschnabel = *Geranium pratense*, Rauhhaarigem Kälberkropf = *Chaerophyllum hirsutum* und mit Hochstauden, wie Großem Mädesüß = *Filipendula ulmaria* und dem namengebenden *Cirsium oleraceum*. In **(87)** montanen Fettwiesen (Goldhaferwiesen (Polygono-Trisetion) spielen etwa Goldhafer = *Trisetum flavescens* und Schlangen-Knöterich = *Persicaria (Polygonum) bistorta* eine wichtige Rolle. – Bei überstarker Düngung verarmen all diese Fettwiesen zur eintönigen und tierärztefreundlichen Intensivfutterfabrik: dieser ökologisch extremen Situation der **(88)** überdüngten Fettwiese sind nur wenige „Hochleistungspflanzen" gewachsen, wie Gewöhnlicher Löwenzahn = *Taraxacum sect. Ruderalia ( = T. „officinale agg.")*, Gewöhnliches Knäuelgras = *Dactylis glomerata*, Wiesen-Kerbel = *Anthriscus sylvestris*, Stumpfblatt-Ampfer = *Rumex obtusifolius*.

## V B) Segetal- und Ruderalfluren

In noch stärkerem Ausmaß als die Gesellschaften des Wirtschaftsgrünlandes ist die Vegetation des Ackerlandes (einschließlich der Gärten und Weingärten) und der Siedlungen vom Menschen geprägt. Auch hier zeigen sich dieselben ökologischen Naturgesetzlichkeiten: nur jeweils bestimmte, ± spezialisierte Arten wachsen unter bestimmten Standortsverhältnissen; die so zustandekommenden Pflanzengesellschaften sind genauso klar (bzw. schwierig) wissenschaftlich zu fassen wie jene der natürlichen Vegetation. Was der Laie als „Unkraut" zusammenfaßt, muß zunächst aufgegliedert werden in Ackerbeikrautgesellschaften (Segetalpflanzen = „Unkräuter", auch „Ackerwildkräuter" genannt, zwischen den angebauten Ackerpflanzen) und Ruderalgesellschaften (auf „Ödland", also nicht kultivierten, aber auch nicht naturnahen Flächen), denn gar nicht so viele Arten sind beiden Standortsbereichen gemeinsam.
Viele Arten der Segetalflora sind nicht ureinheimisch, sondern Alteingebürgerte (Archäophyten), deren Heimat im (östlichen) Mediterranraum und in der südwestasiatischen Steppenlandschaft liegt. Sie sind zusammen mit dem Getreidebau seit der Jungsteinzeit bei uns eingewandert. Zur Segetalflora zählen die uns vertrautesten Gewächse überhaupt, die uns viel geläufiger sind als die ureinheimischen (selbst der naturkundlich Ungebildetste kennt Klatsch-Mohn und Kornblume, nicht wenige Naturfreunde dagegen tun sich schwer, Rot- und Hainbuche, beide ureinheimische Leitarten der mitteleuropäischen Klimaxvegetation, voneinander zu unterscheiden), auch deshalb verdienen sie es nicht, brutal „weggespritzt" zu werden. Aus nicht wenigen sind übrigens Kulturpflanzen entstanden.

Die beiden Hauptstrategien der Beikräuter entsprechen den Lebensformen: Einjährige („Samenunkräuter": Acker-Stiefmütterchen = *Viola arvensis*, Acker-Vergißmeinnicht = *Myosotis arvensis*, Flug-Hafer = *Avena fatua*, Gauchheil = *Anagallis*) und Stauden (mit Ausläufern oder Wurzelsprossen: Kriech-Quecke [Baier] = *Elymus [Agropyron] repens*); Acker-Kratzdistel (Ackerdistel) = *Cirsium arvense*. In den Wintergetreide-Beikrautgesellschaften dominieren jene Arten, die bereits im Herbst keimen und den Winter gut überdauern können (Winterannuelle), wie Kornblume = *Centaurea cyanus*, Feldrittersporn = *Consolida regalis*; in **(89)** kalkreicheren Gesellschaften: Klatsch-Mohn = *Papaver rhoeas*, *Sommer-Adonis = *Adonis aestivalis*, Acker-Senf = *Sinapis arvensis*, *Venusspiegel = *Legousia speculum-veneris;* in **(90)** kalkärmeren: Gewöhnlicher Windhalm = *Apera spica-venti*, Acker-Rettich = *Raphanus raphanistrum*, Acker-Hundskamille = *Anthemis arvensis*, Acker-Knäuel = *Scleranthus annuus agg.*, *Lämmersalat = *Arnoseris minima* (sehr selten!). In den **(91)** Hackfrucht- und Sommergetreide-Beikrautgesellschaften dominieren die erst im späteren Frühling auflaufenden Wärmekeimer: Dorn-Hohlzahn = *Galeopsis tetrahit*, Weißer, Sautod- und Vielsamiger Gänsefuß = *Chenopodium album, Ch. hybridum* u. *Ch. polyspermum*, Acker-Bingelkraut = *Mercurialis annua*, Hühnerhirse = *Echinochloa crus-galli*, Gemüse-Gänsedistel = *Sonchus oleraceus;* sie alle sind Nährstoffzeiger ebenso wie Vogelmiere = *Stellaria media*, Efeu-Ehrenpreis = *Veronica hederifolia;* Grundwasser- (Pflugsohlen-)zeiger sind Acker-Schachtelhalm = *Equisetum arvense* und *Sumpf-Ziest = *Stachys palustris;* Krumenfeuchtezeiger sind *Sumpf-Ruhrkraut = *Gnaphalium uliginosum* und *Mäuseschwanz = *Myosurus minimus* (sehr selten). Die Anwendung von Herbiziden hat in den letzten Jahrzehnten die Ökosysteme der Beikrautgesellschaften wesentlich verändert bis zerstört. Nicht wenige Arten sind selten geworden oder gar ausgestorben, andere sind neu eingewandert oder haben sich stärker ausgebreitet. Der moderne, ökologische Ackerbau hat jedoch die positiven Wirkungen der Beikräuter verstehen gelernt. Seltene, schöne und gefährdete Arten sind etwa *Acker-Schwarzkümmel = *Nigella arvensis* und die ehemals häufige *Kornrade = *Agrostemma githago*.

Ruderalfluren entwickeln sich auf Standorten im Bereich der menschlichen Siedlungen an Stellen, die durch Fäkalien, Exkremente der Nutztiere und sonstige Abfälle ± stark nährstoffreich sind und/oder häufig gestört werden, also Wegränder, Brachland im Bereich und am Rand von Siedlungen, Müllplätze, Ödland, auf dem Abfälle deponiert werden (wienerisch: „Gstettn"), u. dgl.; auch anthropogene Pionier- und Spezialstandorte wie Bahngelände, Pflasterritzen usw. gehören hierher. Viele Ruderalarten sind extreme Nährstoffzeiger (insbesondere nitrophile). Neben ureinheimischen Arten (die meisten aus der Aulandschaft stammend, wie Große Brennessel = *Urtica dioica*) konnten sich zahlreiche Alteingebürgerte (wie Schöllkraut = *Chelidonium majus*) und Neubürger (= Neophyten; wie Strahlenlose Kamille = *Matricaria matricarioides [= discoidea]*, Bocksdorn = *Lycium barbarum*) etablieren.
Zu den **(92)** kurzlebigen Ruderalfluren (auf oftmals gestörten Standorten) gehören Weg-Malve = *Malva neglecta*, Eisenkraut = *Verbena officinalis*, *Ausgebreitete Melde = *Atriplex patula*, Duftlose Ruderalkamille = *Tripleurospermum inodorum (Matricaria perforata)*, Stechapfel = *Datura stramonium* und Pioniere wie Huflattich = *Tussilago farfara*; in **(93)** Beifuß-Gesellschaften bzw. Kletten-Gesellschaften wachsen Gewöhnlicher Beifuß = *Artemisia vulgaris*, Schwarznessel = *Ballota nigra*, Kletten-Arten = *Arctium spp.*; in trocken-warmen Lagen (im Pannonicum) die *Eselsdistel-Flur (**Onopordum acanthium*) mit Bilsenkraut = *Hyoscyamus niger*. In **(94)** ruderalen Schotterfluren gedeihen Natternkopf = *Echium vulgare*, Echter Steinklee = *Melilotus officinalis*; in **(95)** Pflasterritzengesellschaften *Kleines Liebesgras = *Eragrostis minor*, *Platt-Rispe = *Poa compressa;* in feuchteren *Niederliegendes Mastkraut = *Sagina procumbens;* in trockenen Ruderalfluren etwa *Graukresse = *Berteroa incana*, Mäuse-Gerste = *Hordeum murinum*, Hundszahngras = *Cynodon dactylon*, *Stink-Gänsefuß = *Chenopodium vulvaria*. In den frischen, ± halbschattigen **(96)** ruderalen Heckensäumen finden wir Zaunrübe = *Bryonia spp.*, Stadt-Nelkenwurz = *Geum urbanum*, *Betäubenden Kälberkropf = *Chaerophyllum temulum*, Lauchkraut = *Alliaria petiolata*. – Sogar die „unschuldigen" Ruderalfluren werden nicht selten aus pervertierter Ordnungsliebe bekämpft – mit Gift, Feuer und Fräse.

Die hauptsächlich subalpinen **(97)** Lägerfluren entwickeln sich um die Almhütten, wo das Almvieh lagert und sich erleichtert, weithin erkennbar an der Leitart Alpen-Ampfer = *Rumex alpinus*, oft zusammen mit Echtem Eisenhut = *Aconitum napellus*. Die Annäherung an die Schutzhütte zeigt dem Bergwanderer der Gute Heinrich = *Chenopodium bonus-henricus* an.

### V C) Kunstrasen- und Forstgesellschaften

In standortsfremden Aufforstungen (z. B. Fichten- und Föhrenpflanzungen auf Laubwaldstandorten und Halbtrockenrasen oder Erlen- und Weiden-Forste in Flachmooren) ist manchmal an der Krautschicht und am Aufkommen der ursprünglichen Holzarten die standörtliche Situation oft noch erkennbar, oft ist jedoch, z. B. in Kanadapappelplantagen im Auwald, das Ökosystem recht nachhaltig gestört, etwa dann, wenn außer der Baumschicht auch die Krautschicht stark verändert oder, wie im „Piceetum nudum", gar völlig unterdrückt wird. Im letzteren Fall spricht man von **(98)** Forstgesellschaften. – **(99)** Robinienforste (Falsche Akazie = *Robinia pseudacacia*; Schmetterlingsblütler!) bewirken infolge der Tätigkeit der symbiontischen stickstoffbindenden Knöllchenbakterien starke Eutrophierung, was sich im Vorherrschen nitrophiler Ruderalarten äußert: Schwarzer Holler = *Sambucus nigra*, Taube Trespe = *Bromus sterilis*, *Hain-Ehrenpreis = *Veronica sublobata* usw., diese verdrängen die ursprüngliche Vegetation meist völlig. – Ebenfalls äußerst naturferne Gesellschaften schließlich sind **(100)** Kunstrasen und gebautes beikrautloses („unkrautfreies") Grünland (z. B. Timotheegras = *Phleum pratense*) – hoffentlich nicht die Zukunft!

# Naturschutz

Seit mehr als hundert Jahren gibt es in Mitteleuropa Bemühungen, durch gesetzliche Vorschriften Pflanzenarten (wie natürlich auch Tierarten) vor der Ausrottung zu bewahren. Dieser Artenschutz stand ursprünglich im Vordergrund. Seit langem schon ist man aber auch bestrebt, besonders schöne, biologisch reiche Flächen als Naturschutzgebiete oder Nationalparke zu widmen und dadurch zu erhalten. Dies ist Biotopschutz, der heute in einem umfassenderen Sinn besonders vordringlich ist: Es geht um die Bewahrung von ökologisch wertvollen, artenreichen Pflanzenfundstellen in der Natur unter Einschluß des Lebensraums, also um den Schutz ganzer Pflanzengesellschaften bzw. Lebensgemeinschaften von Pflanzen und Tieren (Biozönosen) und weit noch darüber hinaus um überhaupt ökologisch verantwortungsbewußtes Handeln in der gesamten Landschaft, vor allem auch im Zusammenhang mit deren wirtschaftlicher Nutzung.

In den „Roten Listen gefährdeter Farn- und Blütenpflanzen Österreichs" (NIKLFELD & al. 1986; Rote Listen für die Bundesländer: vgl. Literaturverzeichnis auf S. 1050) finden wir erschreckende Zahlen über den Rückgang des Reichtums unserer Flora: Fast die Hälfte der in Österreich wildwachsenden Arten, nämlich rund 48 %, sind mehr oder weniger stark → gefährdet, sind deutlich seltener geworden und in ihrer Existenz bedroht: 6 % sind wegen ihrer Seltenheit oder besonderen Attraktivität potentiell gefährdet, 10 % sind regional gefährdet, d. h. in einem oder in mehreren großen Naturräumen Österreichs aktuell gefährdet oder gar verschwunden, 24 % sind im gesamtösterreichischen Maßstab aktuell gefährdet, fast 6% sind vom Aussterben bedroht und fast 2 % der ehedem heimischen Arten sind bereits ausgerottet, ausgestorben oder verschollen. Ähnliche Zahlen liegen aus unseren Nachbarländern vor; viele in Österreich bedrohte Arten sind in den anderen Ländern genauso oder sogar noch stärker gefährdet.

Die Angaben bezüglich des → Gefährdungsgrades folgen in dieser Exkursionsflora prinzipiell der erwähnten → Roten Liste Österreichs (NIKLFELD & al. 1986). Abweichungen davon aufgrund neuerer Befunde haben wir durch ein eingeklammertes Fragezeichen (?) bzw. Rufzeichen (!) angedeutet.

Hauptursache für diese Verarmung der Natur sind **Zerstörungen der Standorte** infolge oft maß- und rücksichtsloser Eingriffe in die Landschaft. Der Traum von der absoluten Machbarkeit des menschlichen Lebensraums behindert die Einsicht, daß der Mensch auch der Natur gegenüber Verantwortung hat und daß zur Kultur nicht nur die Bodenkultur gehört. Hat man bis zur technischen Revolution der Neuzeit unter „Kultur" im wesentlichen die schrankenlose Ausbeutung der Natur und den steten Kampf gegen sie verstanden, müssen wir uns heute darauf besinnen, daß die Naturwissenschaft, also das Studium der Natur keinesfalls deren völlige Unterjochung zum Ziel oder auch nur als unbeabsichtigte Folge haben darf. Die Sonderstellung des Menschen ist nicht schrankenlose Herrschaft über die Natur, sondern Herausforderung, für sie Verantwortung zu übernehmen.

Das Seßhaftwerden des Menschen in der Jungsteinzeit (die „neolithische Revolution") mit dem Beginn der Landwirtschaft führte zu gewaltigen und nachhaltigen Veränderungen der Natur, die im Waldland Mitteleuropa freilich anfangs insgesamt eine Bereicherung mit sich brachten, eine Vergrößerung der Mannigfaltigkeit der Landschaft, des Abwechslungsreichtums der Umwelt: Die Schaffung von Weiderasen, Wiesen und Äckern, die an die Stelle ursprünglicher Wälder traten, bedeutete eine stärkere Differenzierung der Vegetation, eine Vermehrung der Lebensraumtypen und auch eine Zunahme der Artenzahl. Viele Arten (vor allem lichtliebende) fanden Ausbreitungsmöglichkeiten, etliche sind dabei in relativ kurzer Zeit wohl auch neu entstanden (nämlich durch Kreuzungsvorgänge), zahlreiche aber wanderten als „Kulturfolger" aus anderen Lebensräumen und Weltgegenden ein (diese frühen Zuwanderer nennen wir heute die Alteingebürgerten): so insbesondere die meisten Begleiter der Ackerpflanzen, also die Ackerbeikräuter (auch „Ackerwildkräuter" oder früher „Unkräuter" genannt), die vor allem aus dem Mediterranraum und aus Südwestasien (Vorderasien) kamen, also aus der Heimat vieler Kulturpflanzensippen. Außer diesen Grünland- und Ackergesellschaften entstanden im Bereich der Siedlungen Ruderalgesellschaften und als Folge der Waldwirtschaft Schlagfluren, alle mit einer jeweils reichen und standortsspezifischen Flora.

Später, vor allem seit Beginn der Neuzeit brachte der Weltverkehr nicht nur neue Kulturpflanzen (besonders aus Amerika), sondern auch unabsichtliche Einwanderer aus Übersee („Neubürger"). Nach Waldzerstörung durch Überweidung und Raubbau bis ins 17. und 18. Jahrhundert brachte das 19. Jahrhundert zwar Forstgesetze, aber auch die forstlichen Monokulturen. In der neuesten Zeit, im 20. Jahrhundert, wurde nun als Folge immer stärkerer Eingriffe die Trendumkehr deutlich: statt der ursprünglichen Bereicherung überwiegen nun zusehends Zerstörung und Verarmung. Die Umstellung der Landwirtschaft auf einseitigen, ausschließlichen Ackerbau (Zerstörung der [Weide-]Rasengesellschaften durch Umbruch wie z. B. im Pannonischen Gebiet Österreichs) bzw. auf einseitige Viehwirtschaft (in den Alpen), der immer stärkere Einsatz von Düngemitteln, die weiter perfektionierte Saatgutreinigung und überhaupt die vervollkommnete Agrartechnik, nicht zuletzt mit dem heute meist üblichen massiven Herbizideinsatz, kurzum die Intensivierung der Bewirtschaftung im Zeichen des Ideals der industriellen Pflanzen- und Tierproduktion führten und führen zum Verschwinden der biologisch relativ reichen extensiven Kulturflächen und damit zu einer Verarmung der Kulturlandschaft, zu einer heute geradezu beängstigenden Monotonisierung der Landschaft, zu der zusätzlich noch die weitere Dezimierung der letzten Reste ursprünglicher Naturlandschaft kommt. Insgesamt sehen wir daher heute einen Rückgang in der Vielfalt an Standorten, Vegetationstypen und Arten. – Die zunehmende Mobilität der Menschen brachte uns schließlich die heute tatsächlich bedrohlich gewordene, weil immer stärker zerstörerisch wirkende Fremdenverkehrsindustrie, die im Sommer wie im Winter, besonders im Gebirge, die letzten Flächen der vom Menschen bisher nicht oder nur wenig beeinflußten Natur belastet und vernichtet. Die jahrtausendealte, ursprünglich abwechslungsreiche Kulturlandschaft, also die vom Menschen geschaffenen bzw. mitgestalteten Lebensräume, werden auf diese Weise immer artenärmer, naturferner und eintöniger. (Vgl. dazu auch die Hinweise im vorangehenden Kapitel, S. 135–152!)

Die Zerstörung der Lebensräume und damit auch der Flora geht im einzelnen in sehr vielfältiger Weise vor sich, insgesamt vor allem aber, wie eben dargestellt, durch Maßnahmen der immer stärkeren (und angesichts der Überproduktion immer absurderen) Intensivierung der Land- und Forstwirtschaft, durch die Errichtung von Verkehrswegen und Bauten sowie durch bestimmte Formen der Freizeitindustrie.

Fast alle naturnahen Standortsbereiche sind relativ nährstoffarm (nur sehr wenige

Lebensräume sind von Natur aus nährstoffreich, wie etwa die Flußauen und Wildläger). Die heute allgegenwärtige Nährstoffanreicherung (Eutrophierung) (durch Abwässer, landwirtschaftliche Überdüngung und überdimensionierte Tierzucht) gehört daher zu den größten aktuellen ökologischen Problemen. Die artenreichen, bunten Magerwiesen werden durch Düngung, Aufforstung oder durch die Umwandlung zu Sportanlagen, neuerdings z. B. zu Golfplätzen zerstört; Trockenrasen (Steppenrasen) werden als Müllhalden benutzt, aufgedüngt, umgeackert oder aufgeforstet; die letzten Feuchtwiesen und Moore werden entwässert bzw. abgetorft; Bäche und Flüsse werden begradigt, kanalisiert und durch Einleitung von Abwässern vergiftet; Auwälder und Alpentäler werden in Stauseen verwandelt, naturnahe Wälder zu naturfernen Forsten oder Wildgehegen umgeformt. Steinbrüche und Schottergruben, Straßen, Autobahnen, im Gebirge außerdem Bachableitungen und Kraftwerksbauten, Berglifte, Schipisten und andere Touristikeinrichtungen verursachen weitere Beeinträchtigungen der Landschaft, vernichten Pflanzenstandorte, verringern die Flächen mit artenreichen, naturnahen, schönen und botanisch (wie zoologisch) interessanten Biozönosen und die Fundstellen seltenerer Arten. Selbst jene Wälder der Berglandschaften, die noch einigermaßen naturnah sind, leiden heute vielerorts unter stark überhöhten Wilddichten (weil die Trophäenzucht gegenwärtig profitabler ist als die Holzproduktion), unter dem oft allzu ausgedehnten und brutalen Bau von Forstwegen (mitunter sogar unter dem Vorwand einer „Schutzwaldsanierung“) und nicht zuletzt überdies unter den schädlichen Luftimmissionen („Waldsterben“). Die Ackerlandschaft ist durch den massiven Herbizideinsatz verödet, nicht wenige Ackerwildkräuter sind im Aussterben begriffen. Selbst die wenigen und meist kleinflächigen Naturschutzgebiete leiden oft unter Dünger- und Herbizideinwehung aus benachbarten Intensivkulturen bzw. unter Grundwasserabsenkung oder an der Ausbreitung von Fremdhölzern wie z. B. der Robinie („Akazie“). Und sogar die Kunstrasen und Ruderalfluren oder alte Stadtmauern werden von einem fehlgeleiteten, naturentfremdeten Sauberkeitsfanatismus (der im Gänseblümchen nur das „Unkraut“ sieht) unbarmherzig verfolgt, vergiftet, ausgemerzt.

Die Schäden durch Blumenpflücker, Kräutersammler, Hobbygärtner und – ganz zuletzt – Botaniker sind im Vergleich zu jenen großflächig wirksamen Zerstörungen in der Natur (und in den Gehirnen) heute eher gering und nur in manchen besonders intensiv besuchten Ausflugsgegenden besorgniserregend. Auch das neuerdings doch ein wenig (wenn auch leider viel zu langsam) wachsende Umweltbewußtsein hat diese Gefahren etwas vermindert. Schlimm sind allerdings auch gewisse modische irregeleitete „Umweltaktivitäten“ wie das Ausbringen (Aussäen) von vermeintlich oder auch tatsächlich bedrohten Pflanzen aus Gärten oder auch entfernt gelegenen Wildherkünften in die freie Natur. Dieses sogenannte „Ansalben“ kommt oft einer Florenverfälschung gleich, weil sich diese Herkünfte von den Wildpopulationen oft genetisch unterscheiden. Gleichfalls bedrohlich ist die Vernichtung wertvoller Rasengesellschaften (vor allem Magerwiesen, Almen, Steppenrasen) durch bedenkenloses Aufforsten, was zwar zum gegenwärtigen Wachsen der Waldfläche Österreichs führt, aber leider großteils auf der ökologischen Verlustseite zu verbuchen ist.

In den letzten Jahren hat zwar endlich in etwas weiteren Kreisen ein gewisses Umdenken eingesetzt – leider in mancher Hinsicht allzu spät. Dem Optimisten eröffnet sich vorsichtige Hoffnung auf ein künftig geringeres Ausmaß der Naturzerstörung. Angesichts der weiter zunehmenden Schäden, der Diskrepanz zwischen Absichtserklärungen und tatsächlichem Handeln, dem verlogenen „Bio“-

Getue und der in „Grün"-Mäntelchen gehüllten Verharmlosungen, in Anbetracht der nach wie vor weitverbreiteten Blindheit, der kleingläubigen Unterwerfung unter scheinbare „Sachzwänge" ist jedoch eine wesentlich radikalere Neubesinnung dringend notwendig. Naturzerstörerische Maßnahmen werden leider nicht selten unter Etikettenschwindel als „grün", „umweltfreundlich" und „bio" einem leichtgläubigen und biologisch mangelhaft informierten Publikum „verkauft". Immer gibt es noch allzu viele Naive, die meinen, das Aufstellen von Blumentrögen und das „Begrünen" von Autobahnböschungen hätte etwas mit Umweltbewußtsein zu tun. Es sind immer noch viel zu wenige, die das Menschenfeindliche und Zerstörerische erkannt haben in Verhaltensweisen, die von einem pervertierten Sauberkeitswahn, der kein „Unkraut" in den Pflasterritzen duldet, bis zum Straßenbauwahn und Wachstums-Fetischismus reichen.

Diesen Zerstörungen kann nur durch Neubesinnung über „Fortschritt" und „Wohlstand", durch überlegtes, behutsames Vorgehen bei Eingriffen in die Landschaft, durch eine verantwortungsbewußte, ökologisch sinnvolle Land- und Forstwirtschaft, durch vorausschauende Maßnahmen des Biotopschutzes und der Biotoppflege, durch die Schaffung von Schutzzonen und Schutzgebieten Einhalt geboten werden.

Dennoch hat auch der **Artenschutz**, also der gesetzliche Schutz einzelner Pflanzenarten, heute immer noch seine Berechtigung, unter anderem auch als Instrument für die Erhaltung ökologisch wertvoller Biotope und Biozönosen. Er wird in Österreich durch die Naturschutzgesetze der einzelnen neun Bundesländer geregelt (denn dieser traditionelle Bereich des Naturschutzes liegt in der Kompetenz der Länder). Die geschützen Arten und auch die Schutzkategorien sind daher – manchmal leider – von Bundesland zu Bundesland verschieden. Meist werden „teilweise geschützte" (Handelsverbot, Pflückverbot ab einer bestimmten Menge u. dgl.) und „gänzlich geschützte" Arten (völliges Pflückverbot) unterschieden. Die Listen der in den einzelnen Bundesländern geschützten Arten unterscheiden sich nicht nur wegen der verschiedenen Flora der Länder, sondern auch aufgrund verschiedener Gesichtspunkte, die für die Auswahl der geschützten Arten maßgeblich sind. Dennoch ist allgemein zu beachten, daß keineswegs alle seltenen oder gefährdeten Arten gesetzlichen Schutz genießen, sondern ganz im Gegenteil jeweils nur einige besonders auffällige und „prominente", darunter auch solche (wie etwa der Türkenbund und das Edelweiß), die gar nicht so selten sind, aber in einem bedrohlichen Ausmaß gesammelt würden, wenn sie nicht unter Schutz stünden. – (Das Betreten von besonders sensiblen Bereichen in Naturschutzgebieten ist übrigens nicht gestattet, ein Besuch [etwa mit Schulklassen] ist – in manchen Bundesländern – an eine spezielle Bewilligung durch die zuständige Landesregierung gebunden. In solchen Gebieten dürfen auch nicht-geschützte Arten nicht gesammelt werden, auch nicht deren Früchte und Samen.)

Wegen dieser komplizierten Gesetzeslage kann unsere Exkursionsflora nur recht grobe Hinweise auf den Artenschutz bringen: Das Zeichen △ bedeutet, daß die betreffende Art bzw. Unterart in mindestens einem unserer neun Bundesländer „teilweise" geschützt ist; ▲ besagt, daß sie in mindestens einem Bundesland „gänzlich" geschützt ist (oft in anderen noch zusätzlich „teilweise"). Genaueres entnehme man den Naturschutzgesetzen und Naturschutzplakaten der einzelnen Bundesländer. – Viel wichtiger als die Befolgung der leider notwendigen gesetzlichen Bestimmungen ist allerdings eine Haltung und Handlungsweise, die grundsätzlich von Liebe und Verantwortungsgefühl unserer Natur und Umwelt gegenüber getragen ist und die keinen Grashalm unbedacht zerstört.

# Kurzer Rückblick auf die Geschichte der Erforschung der österreichischen Flora

Die floristische Erforschung unserer Heimat und die Geschichte der Florenwerke und Bestimmungsbücher beginnt recht früh, nämlich lange vor LINNÉ: Von herausragender Bedeutung ist der aus Flandern bzw. Nord-Frankreich stammende **CAROLUS CLUSIUS** (CHARLES DE L'ESCLUSE, 1526–1609), ein Pionier der wissenschaftlichen Botanik in einer Zeit, da Botanik noch hauptsächlich Heilkräuterkunde, also Pharmazeutik war. CLUSIUS interessierte sich, seiner Zeit voraus, mit wissenschaftlicher Akribie für alle Pflanzen, nicht nur für die „nützlichen". Aus Forscherdrang bestieg er, Hofbotaniker Kaiser Maximilians II. und Rudolfs II. in Wien, wohl als erster Botaniker den Ötscher („Etscher") und den Schneeberg („Sneberg") (beide in Niederösterreich), wirkte lange Zeit in Güssing (Süd-Burgenland), beschrieb erstmals rund 500 Pflanzenarten und verfaßte u. a. eine Art Flora der Seltenheiten: „Rariorum aliquot stirpium per Pannoniam, Austriam et vicinas quasdam Provincias observatarum Historia" (1583) (Geschichte einiger seltener, in Ungarn, Österreich und gewissen benachbarten Provinzen beobachteter Sippen), etwas später (1601) „Rariorum plantarum historia" ([Natur-]Geschichte seltener Pflanzen). In dem erstgenannten Werk wird z. B. der Österreichische Drachenkopf / *Dracocephalum austriacum* (wie er dann viel später von LINNÉ benannt wurde) unter dem Namen „*Chamaepitys austriaca*" („Österreichische Zwergfichte") beschrieben, und zwar (aus dem Lateinischen übersetzt) „wächst er auf dünnem, schwarzem Boden auf den gegen die Ortschaft Rodaun zu gerichteten Berghöhen unweit von Perchtoldsdorf, eineinhalb Meilen von Wien entfernt, ziemlich häufig; bis jetzt ist es nicht gelungen, ihn anderswo zu beobachten". Man fand den Österreichischen Drachenkopf später tatsächlich noch an drei anderen Stellen, davon existiert heute nur noch eine. An der von CLUSIUS entdeckten Stelle wächst diese Art aber auch heute noch, allerdings keineswegs mehr „häufig", sondern in einem eigens für sie eingerichteten kleinen Naturschutzgebiet. Nicht nur die tropische Gattung *Clusia*, sondern auch etliche (hauptsächlich für die Ostalpen charakteristische) Arten erinnern an diesen großen Botaniker: *Achillea clusiana, Doronicum clusii, Gentiana clusii, Potentilla clusiana, Primula clusiana, Rubus clusii* usw. – Ein anderer vorlinnéischer Botaniker, der gleichfalls sehr früh, an der Wende vom 16. zum 17. Jahrhundert, die Ostalpen bereiste und besammelte, ist der Deutsche **J. BURSER** (1583–1639), dessen Andenken etwa die tropischen *Burseraceae* und unsere *Saxifraga burseriana* hochhalten.

Um die Mitte des 18. Jahrhunderts beginnt die intensive botanische Forschung. **W. H. KRAMER**, Arzt in Bruck an der Leitha (Niederösterreich), brachte schon 1756, also nur 3 Jahre nach LINNÉs grundlegenden „Species Plantarum" und ohne auf irgendeinen Vorläufer zurückgreifen zu können, den „Elenchus vegetabilium Austriae inferioris" (Aufstellung der Gewächse Niederösterreichs) heraus, eine bereits nach LINNÉs Methode verfaßte Flora. – Der in Luxemburg geborene Arzt u. Botaniker **H. J. N. v. CRANTZ** (1722–1799) verfaßte u. a. (1762–1767) „Stirpium austriacarum fasciculi" und (1766) „Institutiones rei herbariae"; als äußerst scharfsichtiger und -sinniger Beobachter – im wissenschaftlichen Streit mit seinen Zeitgenossen JACQUIN und LINNÉ – entdeckte u. benannte er z. B. die Gattung *Camelina* und viele neue Arten, u. a. *Pedicularis rostratocapitata, P. rostratospicata, Pseudolysimachion orchideum, Veronica dillenii*; ihm gewidmet ist u. a. *Potentilla crantzii*. – **N. J. v. JACQUIN** (1727–1817), in den Niederlanden geboren, Professor an der Universität Wien und Direktor des Botanischen Gartens, Zeitgenosse und Korrespondent LINNÉS, bearbeitete – neben der erstmaligen Erforschung der

Karibik – die (ost-)österreichische Flora, in der er zahlreiche Arten erstmals wissenschaftlich erfaßte. Außerdem sandte er viele Pflanzen aus Österreich-Ungarn, vor allem aus der damals noch wenig erforschten pannonischen Flora, an LINNÉ, der sie dann erstmals benannt (dabei nicht selten das Art-Epithet „*austriacus*" verwendend) und beschrieben hat. JACQUIN verfaßte u. a. (1762) „Enumeratio stirpium plerarumque, quae sponte crescunt in agro Vindobonensi montibusque confinibus" (Aufzählung mehrerer Sippen, die im Gebiete Wiens und in den angrenzenden Gebirgen wild wachsen) und (1773–1778) „Florae Austriacae sive plantarum selectarum in Austriae archiducatu sponte crescentium icones . . .". (Abbildungen der österreichischen Flora, d. h. ausgewählter, im Erzherzogtum Österreich wildwachsender Pflanzen usw.; 5 Bände: 303 S., 500 Farbtafeln). Von JACQUIN selbst aufgestellte Gattungen unserer Flora sind *Peltaria, Wulfenia* und *Scopolia*; von ihm erstmals beschrieben wurden u. a. uns so vertraute Arten wie *Anthemis austriaca, Artemisia austriaca, Astragalus austriacus, Crataegus monogyna, Doronicum austriacum, Draba stellata, Euphorbia angulata, E. saxatilis, Galium austriacum, Gentiana pumila, Juncus monanthos, Loranthus europaeus, Meum athamanticum, Orchis palustris, Polygala major, Potentilla clusiana, Primula glutinosa, Rhamnus saxatilis, Rumex alpestris, Seseli hippomarathrum, Sisymbrium austriacum, Valeriana elongata, Veronica fruticans, V. urticifolia, Viola alpina*; nach ihm benannt sind z. B. *Crepis jacquinii* und *Juncus jacquinii*. – Eine ähnlich große Bedeutung für die Erforschung der Ostalpenflora hat der aus dem Trentino stammende Altösterreicher **J. A. SCOPOLI** (1723–1788), Arzt, Chemiker, Mineraloge und vor allem Botaniker, der u. a. längere Zeit als Arzt in Idrija (Slowenien) wirkte und 1760 die wichtige „Flora carniolica" (Krainer Flora) verfaßte, mit der er zum Pionier der slowenischen Floristik wurde; er beschrieb erstmals z. B. die Gattung *Ostrya* und die Arten *Campanula cespitosa, Erigeron polymorphus, Carex alba, C. pilosa, Chamaecytisus purpureus, Cotinus coggygria, Gentiana pannonica, Hacquetia epipactis, Helianthemum grandiflorum, Paederota lutea*; mit der Gattung *Scopolia* setzte ihm JACQUIN ein Denkmal ebenso wie etwa HOPPE mit *Scrophularia scopolii*.

Ein recht umfangreiches Werk hinterließ **J. A. SCHULTES** (1773–1831), Professor der Zoologie, Botanik, Mineralogie, Chemie usw. in Wien, Krakau, Innsbruck, Landshut (Bayern). Mit seinem Bericht über die Besteigung des Schneebergs (1802) und des Glockners (1804) leitete er die touristische Erschließung der österreichischen Hochgebirge ein. Er ist der Verfasser von (1794) „Östreichs Flora" (2 Bände; 2. Aufl.: 1814) – einem von seinen Nachfolgern wegen der vielen Fehler und der unkritischen Vorgangsweise heftig kritisierten Werk. An ihn erinnert etwa *Galium schultesii*.

Nach den (1792) „Primitiae florae Salisburgensis" von dem bedeutenden bayerischen Botaniker **F. V. P. V. SCHRANK** schrieb der Salzburger Regierungssekretär **F. A. V. BRAUNE** 1797 eine 3bändige „Salzburgische Flora".

**N. TH. HOST** (1761–1834), Leibarzt des Kaisers Franz I. (Wien), schrieb 1797 „Synopsis plantarum in Austria provinciisque adjacentibus sponte crescentium" (Übersicht der in Österreich und den angrenzenden Provinzen wild wachsenden Pflanzen) und (1827–1831) „Flora Austriaca" (2 Bände), außerdem, als Frucht seiner speziellen Beschäftigung mit den Gräsern, (1801–1809) „Icones et descriptiones graminum austriacorum". Ihm gewidmet sind die uns als Gartenzierpflanze bekannte ostasiatische Gattung *Hosta* TRATTINNICK und aus der heimischen Flora etwa *Carex hostiana* und *Saxifraga hostii*. – Dem ungarischen (in Mattersburg geborenen, also „in Wirklichkeit" burgenländischen) Botaniker **P. KITAIBEL**

(1757–1817) verdanken wir das grundlegende, große Standardwerk der pannonischen Flora: F. A. v. WALDSTEIN & P. KITAIBEL (1799–1812): „Descriptiones et icones plantarum rariorum Hungariae“ (Beschreibungen und Abbildungen seltener Pflanzen Ungarns), in dem zahllose neue Arten beschrieben werden, dem Botaniker geläufig unter der Autoren-Abkürzung „W. & K.“: *Aster canus, Euphorbia lucida, Glechoma hirsuta, Melampyrum barbatum, Scabiosa canescens, Viola ambigua*, um nur einige zu nennen. Außerdem erinnert an ihn etwa *Viola kitaibeliana*. – Große Verdienste um die Erforschung der Alpenflora kommen dem deutschen (bayerischen) Botaniker **D. H. HOPPE** (1760–1846) zu: Arzt, Pharmazeut und Direktor des botanischen Gartens in Regensburg, Herausgeber einer wichtigen botanischen Fachzeitschrift, Autor vieler Alpenpflanzentaxa; an ihn erinnern u. a. *Gnaphalium hoppeanum* und *Hieracium hoppeanum*.

Der Arzt, Chemiker u. Botaniker **L. CH. V. VEST jun.** (1776–1840), Arzt in Klagenfurt und Professor am Joanneum in Graz, beschrieb etwa *Danthonia alpina, Galium schultesii, Rubus sulcatus* u. a. Brombeer-Arten sowie *Saxifraga crustata*. – **L. TRATTINNICK** (1764–1849), ein eifriger Botaniker in Wien (u. a. Custos am Hof-Naturalienkabinett, dem Vorläufer des Naturhistorischen Museums) verfaßte 1814–1822 eine zweibändige „Flora des österreichischen Kaiserthumes“. – Der vielseitig hochbegabte, bedeutende Botaniker und Sippensystematiker **ST. L. ENDLICHER** (1805–1849), zuletzt Professor an der Universität Wien, schrieb 1830 eine Flora seiner Geburtsstadt: „Flora posoniensis“ (Preßburg/Bratislava und Umgebung, damit heute noch österreichisches Gebiet einschließend). – Obwohl er keine Flora schrieb, darf der ebenfalls sehr vielseitige und genialische österreichische Botaniker **F. X. UNGER** nicht unerwähnt bleiben, der u. v. a. mit seinem Werk (1836) über den „Einfluss des Bodens auf die Vertheilung der Gewächse“ Grundlegendes für die damals noch nicht als eigenes Fachgebiet existente Ökologie und Vegetationskunde leistete.

Aus der Feder von **J. K. [C.] MALY** (1797–1866), einem in Prag gebürtigen und u. a. in Graz wirkenden Arzt u. Botaniker, stammen die ersten steirischen Floren: (1838) „Flora Styriaca“ und (1867–1869) „Flora von Steiermark“ (ed. R. L. MALY) sowie (1848) „Enumeratio plantarum phanerogamicarum imperii Austriaci universi“ (Aufzählung der phanerogamischen Pflanzen des gesamten österreichischen Kaiserreichs). – Mit ihm beginnt die fruchtbare Zeit der floristischen Erforschung der einzelnen Bundesländer (damals Kronländer) Österreichs, in rascher Folge erscheinen nun neue Floren: **C. [= K.] J. KREUTZER**: (1840) „Prodromus florae Vindobonensis“; 2. Aufl.: (1864) „Taschenbuch der Flora Wiens“. – **F. S. SAILER** (1792–1847; Pfarrer in Linz und Umgebung): (1841) „Die Flora Oberöstreichs“. – **G. DOLLINER**: (1842) „Enumeratio plantarum phanerogamicarum in Austria inferiore crescentium“ (Aufzählung der in Niederösterreich wachsenden phanerogamischen Pflanzen); nach ihm benannt ist *Thesium dollineri*. – An **F. V. PORTENSCHLAG-LEDERMAYER**, der der Botanik zuliebe seine Rechtsanwaltskarriere aufgab und die ganze Monarchie, besonders Dalmatien, erforschte, erinnert u. a. die prächtige, ostalpisch-endemische *Pedicularis portenschlagii*.

Der höchst verdienstvolle **A. NEILREICH** (1803–1871), hauptberuflich (1828–1856) Jurist im Justizdienst (Oberlandesgerichtsrat, Wien), begründete die modernere, kritische floristische Forschung mit seiner (1846) „Flora von Wien. Eine Aufzählung der in den Umgebungen Wiens wild wachsenden oder im Grossen gebauten Gefässpflanzen nebst einer pflanzengeografischen Übersicht“; 1859 folgte die „Flora von Nieder-Österreich“; an diesen hervorragenden Botaniker erinnern etwa *Asperula neilreichii* und der Lokalendemit des Alpenostrandes *Dianthus* *plumarius subsp. neilreichii*. – **F. v. Hausmann zu Stetten** (1810–1878) verfaßte 1851–1854 die erste „Flora von Tirol. Ein Verzeichnis der in Tirol und Vorarlberg wildwachsenden und häufiger gebauten Gefäßpflanzen" (1614 S.); ihm zu Ehren benannt ist *Androsace hausmannii*. – Die Brüder **R. Hinterhuber** (1802–1892) und **J. H. Hinterhuber** (1810–1880), beide Apotheker, verfaßten gemeinsam: (1851) „Prodromus einer Flora des Kronlandes Salzburg"; 2. Aufl.: Hinterhuber J. & [M.] F. Pichlmayr (1879): „Prodromus einer Flora des Herzogthumes Salzburg und der angrenzenden Ländertheile".

Der bedeutende Erforscher der Natur Kärntens (und auch Krains) **F. X. v. Wulfen** (1728–1805), Jesuit, Professor für Mathematik, Physik, Philosophie in Görz, Wien, Laibach, besonders aber lange Zeit in Klagenfurt, verfaßte u. a. (1778–1790) „Plantae rariores carinthiacae" (Seltenere Kärntner Pflanzen) und hinterließ uns die erst posthum im Jahre 1858 veröffentlichte „Flora Norica" (ed. E. Fenzl & R. Graf); sein Name ist uns geläufig nicht nur von der Kärntner Nationalblume *Wulfenia carinthiaca* Jacq., sondern ebenso von Arten wie *Alyssum wulfenianum, Androsace wulfeniana, Primula wulfeniana, Sempervivum wulfenii*; außerdem ist er der Entdecker und Erstbeschreiber (nomenklatorische Autor) mehrerer Arten, wie z. B. *Androsace chamaejasme, Campanula zoysii, Dianthus sylvestris, Draba fladnizensis* (nach einem Kärntner Dorf benannt), *Lomatogonium carinthiacum, Oreochloa disticha, Pedicularis rosea, Primula villosa, Ribes petraeum, Saxifraga moschata, S. tenella, Thlaspi praecox, Vicia oroboides, Viola zoysii*. – Das Verdienst, die erste Kärntner Landesflora geschrieben zu haben, gebührt **E. v. Josch** (1799–1874; Senatsgerichtspräsident in Klagenfurt): (1853) „Die Flora von Kärnten".

Die Brüder Lorinser schufen eine über lange Zeit beliebte Exkursionsflora: **G. L. Lorinser** (böhmischer Arzt und Botaniker, 1811–1863): (1854) „Botanisches Excursionsbuch für die deutsch-österreichischen Kronländer und das angrenzende Gebiet", 1. Aufl. (384 S.); ab der 3. Aufl. (1871) herausgegeben von seinem Bruder **F. W. Lorinser** (1817–1895, „Landes-Sanitätsrath" in Wien); 4. Aufl.: 1877, 5. Aufl.: 1883 (565 S.). – **Ch. Brittinger** (1795–1869; Apotheker): (1862) „Flora von Ober-Österreich"; (vgl. *Persicaria lapathifolia subsp. brittingeri*). – **J. N. Bayer** (1802–1870; Eisenbahner): (1869) „Botanisches Exkursionsbuch für das Erzherzogthum Österreich ob und unter der Enns". – **A. E. Sauter** (1800 bis 1881), Botaniker und Arzt u. a. in Salzburg, Kitzbühel, Bregenz, Zell a. See, Mittersill, Steyr, schrieb 1866–1879 eine „Flora des Herzogthumes Salzburg", die auch die Kryptogamen behandelt; 2. Aufl. (1879): „Flora der Gefäßpflanzen des Herzogthums Salzburg"; ihm gewidmet ist *Draba sauteri*. – **J. Duftschmid** (1804–1866): (1870–1885) „Die Flora von Oberösterreich" und die dazu eine Ergänzung bildende „Systematische Aufzählung der im Erzherzogthume Österreich ob der Enns bisher beobachteten samenlosen Pflanzen (Kryptogamen)" von **J. S. Poetsch & K. (C.) B. Schiedermayer** sind bis heute die letzte vollständige Landesflora Oberösterreichs. – In Kärnten setzte der Priester **D. Pacher** (1816 bis 1902; u. a. Pfarrer in Tröpolach, Tiffen, zuletzt Dechant in Obervellach) Wulfens Arbeiten fort, gekrönt von einer mehrbändigen Landesflora (1881–1887, Nachträge 1894); *Draba pacheri* und *Taraxacum pacheri* sind nach ihm benannt.

Einer der wissenschaftlich bedeutendsten und fruchtbarsten österreichischen Botaniker ist zweifellos **Anton Kerner v. Marilaun** (1831–1898), Gymnasialprofessor in Budapest, Direktor der botanischen Gärten in Innsbruck u. Wien, Vorläufer einer evolutionsbiologisch und ökologisch orientierten Taxonomie und auch einer der Begründer der Geobotanik (Pflanzengeographie); er schrieb zwar keine Flora, aber ein sehr geschätztes Botanik-Lehrbuch und das berühmte (1863) „Pflanzenleben der Donauländer", erforschte zahlreiche Taxa und entdeckte viele neue Sippen, z. B. *Alyssum ovirense, Dianthus pontederae, Erigeron neglectus, Euphorbia polychroma, E. austriaca, Ornithogalum pyrenaicum subsp. sphaerocarpum, Pedicularis elongata, Phyteuma confusum, Pulmonaria stiriaca*; ihm gewidmet sind *Alchemilla kerneri, Crepis kerneri, Euphrasia kerneri, Myosotis decumbens subsp. kerneri, Papaver alpinum subsp. kerneri, Pedicularis kerneri, Pulmonaria kerneri, Rumex kerneri.* (Die Cruciferen-Gattung *Kernera* ist nach einem älteren, deutschen Botaniker, J. S. K., benannt.) – Zahlreiche floristische und taxonomische Beiträge (z. B. über *Hieracium, Quercus, Rosa, Veronica, Viola, Viscum*) verdanken wir dem Jesuitenpater **J. B. WIESBAUR** (1836–1906).

Der böhmisch-österreichische Botaniker **G. BECK V. MANNAGETTA u. LERCHENAU** (1856–1931), Universitäs-Professor in Wien u. Prag, verfaßte zunächst (1884) die „Flora von Hernstein in Niederösterreich und der weiteren Umgebung", die als Vorläufer seiner späteren, umfangreichen (1890–1893) „Flora von Nieder-Österreich" anzusehen ist; *Campanula beckiana* erinnert an diesen Forscher, der u. a. auch eine Flora Bosniens und der Herzegowina verfaßte.

Die erste Auflage des Schulbestimmungsbuchs von **A. SCHWAIGHOFER**, das allerdings keine richtige Flora ist, weil es nur eine bescheidene, didaktisch motivierte Auswahl bringt, erschien 1887: „Tabellen zur Bestimmung einheimischer Samenpflanzen und Gefäßsporenpflanzen. Für Anfänger, insbesondere für den Gebrauch beim Unterricht" (12. Aufl.: 1907; 36. Aufl.: 1946 (bearb. v. **K. F. SCHWAIGHOFER**); 44. Aufl.: 1972).

Die meisten „cisleithanischen" Kronländer behandelt **M. WILLKOMM** in seiner weit verbreiteten (1888) „Schulflora von Österreich" (371 S.); 2. Aufl.: 1892. – Der bedeutende Erforscher der griechischen Flora **EU. V. HALÁCSY** (1842–1913), Arzt und Botaniker in Wien und in Athen, schuf (1896) die „Flora von Niederösterreich. Zum Gebrauche auf Excursionen und zum Selbstunterricht", eine handliche, einbändige Exkursionsflora, die auch dem heutigen Floristen in diesem Land noch gute Dienste leistet und eindrucksvoll erlaubt, die Veränderungen der Flora seither zu demonstrieren.

**K. FRITSCH** (1864–1934), Universitäts-Professor für Botanik an der Universität Graz, verbesserte die letzte Auflage des „Excursionsbuches" von LORINSER ganz entscheidend und schuf damit (1897) die „Excursionsflora für Österreich (mit Ausschluss von Galizien, Bukowina und Dalmatien)"; 3. Aufl.: 1922. Ihm verdanken wir u. a. floristische Beiträge über die Steiermark und die Entdeckung der *Poa stiriaca*; nach ihm benannt sind z. B. *Carex fritschii, Centaurea scabiosa subsp. fritschii.* – Illustriert und stärker pädagogisch orientiert, in Schulen über viele Jahrzehnte (bis heute!) benutzt, ist **A. HEIMERL**s (1903) „Schulflora für Österreich" (2. Aufl.: 1912).

Ein besonders umfangreiches Kompendium stammt von **K. W. V. DALLA TORRE & L. V. SARNTHEIN**: (1900–1913) „Flora von Tirol, Vorarlberg und Liechtenstein", bis heute die letzte Flora (Gesamt-)Tirols und Vorarlbergs. – **A. V. HAYEK** (1871–1928), Arzt und Botanik-Professor an der Universität Wien, schuf außer dem Riesenwerk der ersten Flora der Balkanhalbinsel (die er bescheiden „Prodromus florae peninsulae Balcanicae" nannte) auch eine ausführliche (1908–1914) „Flora von Steiermark" (Dicotyle; die Monokotylen erschienen posthum im Jahre 1956; viele Vorarbeiten für diese Flora von **F. KRAŠAN** [1840–1907]); seinen Namen trägt etwa *Silene hayekiana.* – **E. RITZBERGER** (1868–1923, Apotheker u. Kräuterhändler) konnte seinen (1904–1914) „Prodromus einer Flora von Oberösterreich" nicht zu Ende führen. – **J. Murr** schrieb (1923–1926) eine „Neue Übersicht über die Farn- und Blütenpflanzen von Vorarlberg und Liechtenstein".

Als Sippensystematiker bedeutend ist **R. v. Wettstein** (1863–1931), nomenklatorischer Autor u. a. von *Gentianella pilosa, Euphrasia kerneri, Pulmonaria kerneri, Sempervivum montanum subsp. stiriacum.* – Ebenso wichtig ist **F. K. M. Vierhapper** (jun.) (1876–1932), Univ.-Prof. in Wien, einer der Vorläufer des modernen biologischen Kleinarten-Konzepts und Erforscher mehrerer alpischer Gattungen, in denen er auch als Taxon-Autor seine Spuren hinterließ: z. B. *Campanula witasekiana, Doronicum calcareum, Soldanella austriaca, Valeriana celtica subsp. norica*; floristisch hat er besonders den Lungau (im Land Salzburg) bearbeitet.

Nach dem 2. Weltkrieg wurden zwar zahlreiche floristische und vegetationskundliche und auch taxonomische Arbeiten über die österreichische Pflanzenwelt veröffentlicht, aber nur sehr wenige Landesfloren. Eine recht bescheidene Aufzählung (ohne Bestimmungsschlüssel) ist das Büchlein von **E. Janchen & G. Wendelberger** (1953): „Kleine Flora von Wien und Niederösterreich". – Der posthume 3. Band von Hayeks steirischer Flora wurde schon erwähnt. – 1959 erschien die „Kleine Flora des Landes Salzburg" von **F. Leeder & M. Reiter**. – Besonders wichtig ist der von **E. Janchen** (1882–1970; Univ.-Prof. in Wien) verfaßte (1956–1960, Nachträge 1963–1967) „Catalogus Florae Austriae", ein systematisches Verzeichnis der auf österreichischem Gebiet festgestellten Pflanzenarten samt umfassender Bibliographie. 1966–1974 folgte E. Janchens „Flora von Wien, Niederösterreich und Nordburgenland". Erst seit den 70er Jahren erscheinen – hauptsächlich im Zusammenhang mit den beginnenden Aktivitäten zur Kartierung der Flora Österreichs – kleine Gebietsfloren, z. B. von unserem Mitautor W. Maurer (→ Literaturverzeichnis [im Anhang], Abschn. 2 d–e). In den letzten Jahren wurden, angeregt durch die immer drängender werdenden Naturschutzprobleme und im Zusammenhang mit Biotopkartierungen, sogenannte → Rote Listen (→ Literaturverz.) erarbeitet. Ausgedehnte kontinuierliche floristische Forschungen während der letzten Jahrzehnte wurden und werden insbesondere von unserem Mitautor H. Melzer (bes. Steiermark, Kärnten, Niederösterreich, Burgenland) sowie u. a. von G. Traxler (1903–; Burgenland) durchgeführt. Als Ergebnisse der langjährigen floristischen Kartierung erschien 1987 ein Atlas des Landes Salzburg (Wittmann & al.) und kürzlich (1992) einer von Kärnten (Hartl & al.). Landesfloren von Tirol und Vorarlberg (A. Polatschek) sowie von Steiermark (W. Maurer) sind in Vorbereitung (→ Literaturverz.).

Zum Abschluß seien, in alphabetischer Abfolge, noch kurz und schlagwortartig, soweit Österreich betreffend, einige Botaniker-Persönlichkeiten der letzten Jahrzehnte genannt, denen unsere Wissenschaft wesentliche Erkenntnisse auf den Gebieten der Gefäßpflanzen-Taxonomie und -Floristik verdankt. Die Tradition der bunten Mischung von haupt-, neben- und außerberuflicher botanischer Forschertätigkeit setzt sich – allem gesellschaftlichem Wandel zum Trotz – bis in die Gegenwart fort. Die folgende knappe Auswahl ist zwangsläufig problematisch, subjektiv, teils willkürlich und daher unbefriedigend. Bevorzugt werden dabei die Toten; benachteiligt (weitgehend unerwähnt) sind nicht nur die Nichts- oder Wenigschreiber (die ihr Wissen für sich behalten oder nur mündlich weitergeben oder sich durch ihre Sammlungen [Herbar] verdient gemacht haben), sondern mit wenigen Ausnahmen auch die Mitarbeiter und Ratgeber dieses Buches (→ S. 12 ff.). Trotz des engen Zusammenhangs zwischen taxonomischer, floristischer und vegetationskundlicher (pflanzensoziologischer) Forschung sind auch die vielen Botaniker mit vegetationskundlichem Schwergewicht ihrer Forschungen nicht gebührend berücksichtigt. Man beachte dazu auch Abschn. 2 des Literaturverzeichnisses im Anhang, wo eine kleine und exemplarische Auswahl wichtigerer neuerer Arbeiten, auch vegetationskundlicher, geboten wird! Nach dem Namen folgen jeweils in Klammern die Lebensdaten sowie fallweise geographische Angaben, die das hauptsächliche Gebiet floristischer Tätigkeit bezeichnen, und/oder Taxa-Namen, die die wichtigsten sippensystematischen Arbeitsbereiche nennen („Veget." = Vegetationskunde; „Tax." = Taxonomie). Sofern große Forschungsbereiche außerhalb unseres Themas liegen, ist dies in eckigen Klammern vermerkt. Die Eponymie – d. i. die Liste der nach den Botanikern benannten Taxa – ist dabei meist unvollständig. (Vollständigere bibliographische Angaben bis etwa 1966 finden sich in JANCHENS „Catalogus Florae Austriae".)

E. AICHINGER (1894–1985; Kärnten; Veget.); A. BUSCHMANN (1908–1989; *Cerastium, Poa, Deschampsia*; Steiermark); F. FISCHER (1893–1968; Salzburg); H. GAMS (1893–1976; Österreich; Arealkunde u. Veget.; [Kryptogamen]); GY. GÁYER (1883–1932; Burgenland); O. GUGLIA (Burgenland); HEINRICH HANDEL-MAZZETTI (1882–1940; *Taraxacum*; [China]); HERMANN HANDEL-MAZZETTI (1882–1963; Tirol; vgl. *Taraxacum handelii* J. MURR, *T. mazzettii* V. SOEST); E. HÜBL (1930–; Niederösterreich; Veget.); F. LEEDER (1862–1942; Salzburg); A. LONSING (1904–1990; *Caryophyllaceae*; Oberösterreich); H. METLESICS (1900–1985; Niederösterreich, [Europa, Kanaren]); F. MORTON (1890–1969; Oberösterreich, Salzkammergut); W. MÖSCHL (1906–1981; *Cerastium*; Steiermark); A. NEUMANN (1916–1973; *Rubus, Carex, Salicaceae*; Österreich [Europa]); H. NEUMAYER (1887–1945; *Caryophyllaceae*; Niederösterreich); F. PEHR (1878–1946; Kärnten); K. H. RECHINGER (1906–; *Salix, Rumex*; Wien, Niederösterreich; [Griechenland; Südwestasien]); M. REITER (1896–1969; Salzburg); K. RONNIGER (1871–1954; *Thymus, Melampyrum*; Niederösterreich); F. ROSENKRANZ (1900–1957; Niederösterreich, Salzkammergut; Phänologie); H. SABIDUSSI (1864–1941; Kärnten); H. SABRANSKY (1864–1916; Steiermark; *Rubus*); H. SCHAEFTLEIN (1886–1973; *Pseudostellaria, Euphrasia*; Steiermark); R. SCHARFETTER (1880–1956; Kärnten, Steiermark; Tax., Veget.); J. SCHWIMMER (1879–1959; Vorarlberg); W. TITZ (1941–1983; *Arabis, Valeriana*); H. WAGNER (1916–1993; Veget.); A. WAISBECKER (1835–1916; Köszeg/Güns; Burgenland); G. WENDELBERGER (1915–; Burgenland; Veget.; *Artemisia*); F. J. WIDDER (1892–1974; *Doronicum, Draba, Erigeron, Leontodon, Xanthium*; Steiermark; vgl. *Thymus widderi* MACHULE, *Nigritella widderi* TEPPNER & KLEIN, *Rubus widderi* MAURER); K. ZUKRIGL (1931–; Veget.).

Abb. 107b

# Anleitung zum Bestimmen einer Pflanze

Wer noch wenig Erfahrung hat, bestimme zunächst frische, blühende Pflanzen (herbarisierte Pflanzen erfordern einige Erfahrung). Am besten eignen sich Individuen, an denen auch Früchte (zumindest unreife) schon entwickelt sind. Fast immer sind vollständige Pflanzen erforderlich (nicht bloß abgerupfte Blüten oder Zweige oder gar Stücke aus einem Blumenstrauß!), da die Stengelblätter und meist auch die untersten Blätter sowie nicht selten auch die unterirdischen Organe beachtet werden müssen. Bei seltenen Arten (mit diesem Fall muß man grundsätzlich immer rechnen!) und in Naturschutzgebieten ist das Ausgraben von Pflanzen allerdings tunlichst zu unterlassen (man versuche in solchen Fällen zwei oder mehr Schlüsselwege; siehe weiter unten!). Meist ist es zweckmäßig, mehrere Blüten oder mehrere Individuen (derselben Sippe!) zu untersuchen, um nicht durch Mißbildungen und abnormale Ausbildungen irregeleitet zu werden. Man meide auch schlecht (kümmerlich) entwickelte und durch Tierfraß, Mahd, Parasiten, Überdüngung usw. beeinträchtigte Exemplare.

Zur Untersuchung benötigt man eine etwa 10- bis 20fach vergrößernde Handlupe (am besten bewährt sich eine Doppel-Einschlaglupe, 10fach und 15- oder 20fach vergrößernd: Abb. 106 a) sowie allenfalls zwei Präpariernadeln (Abb. 106 b), eine Pinzette und eine Rasierklinge oder ein scharfes Taschenmesser (besser: kleines Skalpell) zum Anfertigen von Schnitten durch Blüten, Stengel usw. Für Bestimmungsarbeiten in größerem Umfang bietet ein Auflicht-Stereomikroskop mit von 10- bis 50facher variabler Vergrößerung nicht unbedeutende Annehmlichkeiten.

Anfängern sei empfohlen, sich anhand des Kapitels „Der Bau der Pflanzen" (S. 38–91, Abb. 1–97) eine Grundkenntnis der Gliederung des Pflanzenkörpers, der pflanzlichen Organe und der entsprechenden Fachausdrücke zu verschaffen. Man beachte, daß es nicht wenige Fachausdrücke gibt, die als solche nicht ohneweiters erkennbar sind, deren fachliche Bedeutung aber oft von der gewohnten Bedeutung in der Alltagssprache erheblich abweicht: Staude, Wurzel, Blatt, Blättchen, Laubblatt, Stengel, Traube, Dolde, Blüte; Rasen, Forst, frisch, sauer sind (neben vielen anderen) solche Wörter, mit deren botanischer Bedeutung man sich anhand der einleitenden allgemeinen Kapitel (S. 15–184) oder mit Hilfe der Erläuterung der Fachausdrücke (S. 1067) vertraut machen muß.

Wer keine Vorkenntnisse hat, beginne den Bestimmungsgang immer mit dem Eingangsschlüssel auf S. 185. Falls aber die Familie oder gar die Gattung schon sicher bekannt ist, suche man diese über das Namensregister (S. 1117) auf und beginne mit dem betreffenden Gattungs- bzw. Artenschlüssel. Eingangs- und Hauptschlüssel führen meist zu einer Familie oder zu einer Gattung, selten gleich zu einer Art, stets mit dem entsprechenden Seitenhinweis. Dort setze man den Bestimmungsgang fort, der in den meisten Fällen von der Familie mit Hilfe des Gattungsschlüssels zur Gattung und von dieser mit Hilfe des Artenschlüssels zur Art und gegebenenfalls weiter bis zur Unterart führt.

Die Bestimmungstabellen (Bestimmungsschlüssel) dieses Buches bestehen aus fortlaufend numerierten Absätzen (= „Punkten" = Pkt), die jeweils aus meist zwei, seltener drei (sehr selten mehr) gegensätzlichen Merkmalsgruppen (oder einzelnen Merkmalen) bestehen. Jede Merkmalsgruppe (= Merkmalskombination = „Gegensatz" = „Frage") führt (am rechten Zeilenrand) entweder zu einer fettgedruckten Zahl ( = Punkt-Nummer) oder zu einem Pflanzennamen (genauer: zum Namen eines Pflanzentaxons), damit also zum Bestimmungsergebnis. Die Pkt-Nummer nach der zutreffenden Merkmalskombination suche man auf, um dort wieder eine Entscheidung zu treffen, und auf diese Weise verfahre man so lange weiter, bis statt der Pkt-Nummer ein Pflanzenname als Ergebnis aufscheint. – Man lese stets sorgfältig beide (bzw. alle) Gegensätze durch und stelle fest, welche Merkmalsausprägungen auf die zu bestimmende Pflanze zutreffen. Zuweilen macht (machen) nämlich erst die gegensätzliche Frage(n) den entscheidenden Unterschied ausreichend deutlich. Es genügt nicht, daß nur ein Merkmal der Merkmalsgruppe zutrifft, sondern es müssen jeweils alle Merkmale der Merkmalsgruppe, also die ganze Merkmalskombination zutreffen, ausgenommen natürlich die mit „meist" oder „oft" u. dgl. sowie die durch „oder" bezeichneten Angaben. Das Wort „bis" zeigt das Vorkommen von Zwischenformen an: So bedeutet etwa „Kro gelb bis orange", daß für die Farbe der Blumenkrone alle Zwischentöne von gelb bis orange zutreffen können. Die genaue Bedeutung der Fachausdrücke läßt sich anhand des Verzeichnisses (Glossars) auf S. 1067 leicht herausfinden.

Bei manchen Schlüsselpunkten sind zusätzlich zu den gegensätzlichen (paarweise vergleichbaren) Merkmalen, und zwar deutlich abgetrennt durch einen überlangen Gedankenstrich ( — ), weitere Merkmale angegeben, die bei der gegensätzlichen Merkmalsgruppe kein Gegenstück haben (meist deshalb, weil dort die Merkmalsausprägung nicht durchwegs gegensätzlich, sondern schwankend ist). Diese nur einseitig (d. h. nur für die eine Merkmalsgruppe und damit für alle von dort aus erreichbaren Sippen) zutreffenden Merkmale dienen der Absicherung und ersparen überdies Wiederholungen. Beispiel:

**8** KroB tief 2spaltig (Abb. 999). — Kro stets weiß . . . . . . . . . . . . . **9**
**-** KroB unzerteilt (höchstens seicht ausgerandet) . . . . . . . . . . . . . **11**

Dies bedeutet, daß zwar alle unter Pkt **9** und **10** angeführten Sippen immer weiße Blumenkronen haben, bei den ab Pkt **11** angeführten Sippen jedoch weiße und nicht-weiße vorkommen. Das Merkmal „Krone weiß" ist also zwar kein unterscheidendes (gegensätzliches) Schlüsselmerkmal für Pkt **8**, jedoch eine willkommene zusätzliche Angabe für die Pkt **9** u. **10**, d. h. für alle dort angeführten Taxa. Eine blaukronige Pflanze kann daher nur ab Pkt **11**, nicht aber unter Pkt **9** oder **10** zu finden sein, wogegen für eine weißkronige beide weiterführenden Schlüssel-Punkte in Frage kommen. – Nach dem überlangen Gedankenstrich ( — ) stehen (vor allem bei den Ergebnissen) oft auch Unterscheidungsmerkmale, die sich gegenseitig etwas überlappen und daher nicht ganz „sicher" sind, aber zusammen mit den anderen Merkmalen eine hilfreiche Ergänzung bieten, sei es, um die Wahrscheinlichkeit der Richtigkeit des Weges bzw. Ergebnisses zu erhöhen, sei es, um die Zweifel zu mehren. Ebenfalls nach dem „ — " stehen in manchen Fällen Merkmale, die nicht leicht festzustellen sind (etwa weil sie stärkere Vergrößerung oder besondere Präparation erfordern). Im Hauptschlüssel und in den Gattungsschlüsseln sind bei den Ergebnissen (Familie oder Gattung) nach dem „ — " oft auch Merkmale angeführt, die für die Charakterisierung des betreffenden Taxons als solchen wichtig sind (Familien- bzw. Gattungsmerkmale).

Normalerweise ist der Schlüssel-Punkt, wie erwähnt, dichotom (zweigabelig), d. h. er umfaßt zwei gegensätzliche Fragen. Man beachte jedoch, daß es gelegentlich auch drei (Trichotomie) oder noch mehr Fragen (Polytomie) pro Schlüssel-Punkt gibt, was durch zwei warnende Rufzeichen (–!!) mit der Bedeutung „Achtung, es kommt noch eine Frage!“ angezeigt wird.

Um die Unterschiede zwischen zwei Sippen (Taxa) festzustellen oder um ein vermutetes Bestimmungsergebnis zu bestätigen oder zu widerlegen oder um einen Fehler im Bestimmungsgang aufzufinden, läßt sich dieser auch in umgekehrter Richtung durchführen: Dazu dienen die Herkunftsnummern (in eckigen Klammern nach der Schlüsselpunkt-Nummer), angegeben bei allen „Sprüngen“, die mehr als 2 Punkte weit reichen. Schließlich sei darauf aufmerksam gemacht, daß man in etlichen Fällen auf mehreren Wegen zum richtigen Ergebnis gelangen kann („Mehrfachverschlüsselungen“).
Daß die (*kursiv gedruckten*) untersuchungstechnischen Hinweise und die beigefügten Abbildungen stets beachtet und sorgfältig verglichen werden müssen, ist wohl selbstverständlich.

Ist eine Entscheidung nicht möglich (z. B. deshalb, weil das betreffende Organ nicht vorhanden ist oder weil die Merkmalsausprägung nicht klar genug ist oder weil keine der angegebenen Merkmalskombinationen eindeutig zutrifft), dann ziehe man beide Möglichkeiten in Betracht und verfolge nacheinander beide entsprechenden weiteren Bestimmungswege, zunächst den einen, dann den anderen, und zwar jeweils so lange, bis bei einem der beiden eindeutig keine zutreffenden Merkmalskombinationen mehr auftreten: der andere ist dann der richtige. Führt auch das nicht zum Ziel, d. h. zu keinem widerspruchsfreien Ergebnis, kann dies folgende Gründe haben:

a) Man hat sich schon bei einem früheren Punkt geirrt und befindet sich auf dem falschen Weg. Man beginne nochmals ganz vorn!
b) Man hat einen Fachausdruck falsch verstanden. Man überzeuge sich mit Hilfe des Glossars (S. 1067) bzw. der einleitenden Kapitel (S. 15–152) von der richtigen und exakten Bedeutung der im Schlüssel vorkommenden Fachausdrücke!
c) Man hat ein untypisches Exemplar (z. B. ein verkümmertes oder durch Herbizide oder Mahd usw. beschädigtes Stück) vor sich. Man untersuche weitere Exemplare derselben Sippe!
d) Die vorliegende Pflanze gehört zu keiner reinen Art, sondern ist eine Hybride (= ein Bastard). Man versuche, erst die Eltern kennenzulernen!
e) Die Sippe ist in diesem Buch nicht berücksichtigt, weil sie in Österreich nicht wildwachsend vorkommt, etwa eine weniger häufige Gartenpflanze, die nur selten verwildert auftritt. Man bedenke, daß dieses Buch der Wildflora gewidmet ist und von den Zier- und Kulturpflanzen nur eine Auswahl der allerhäufigsten behandelt! Man schlage eventuell in Büchern über Gartenblumen nach!
f) Man hat eine für Österreich neue Art entdeckt, die den österreichischen Botanikern bisher entgangen ist (sehr seltener, also äußerst wenig wahrscheinlicher Fall!). Man benachrichtige bitte einen Botaniker (etwa eine der auf S. 177 angegebenen Adressen)!
g) Der/die Bestimmer/in ist ein Pechvogel, denn er/sie ist an einen ganz außerordentlich seltenen Fall geraten: an einen Fehler im Schlüssel! Man verwende ein noch besseres Buch und schreibe dem zuständigen Autor (siehe S. 12 ff.) oder dem Herausgeber einen bösen Brief (den dieser freudig und dankbar entgegennehmen wird)! Sehr erfolgreichen Fehlerfahndern verspricht der Herausgeber ein Freiexemplar der 2., verbesserten Auflage.

Zur Einübung empfiehlt sich das Bestimmen einer schon bekannten Gattung oder Art. Damit überprüft man seine Kenntnis der Fachausdrücke bzw. eignet sich diese an. Erfolgreiches Pflanzenbestimmen erfordert nicht nur scharfe Beobachtung und große Genauigkeit, sondern ist auch eine Sache der Übung und der Geduld! – Anfängern u. Anfängerinnen in der Freilandbotanik, die sich für das Pflanzenbestimmen, -sammeln, -fotografieren, für Pflanzensoziologie usw. interessieren, seien auf das lesenswerte Büchlein von K. BUTTLER (1983) hingewiesen.

Im folgenden ein Beispiel für einen Bestimmungsgang:
Bestimmung einer Pflanze, die im März im blühenden Zustand in den Donauauen des Tullner Feldes (Niederösterreich) gefunden wird. Sie ist 15 cm hoch und hat zwei grundständige Laubblätter, einen unverzweigten, einblütigen Stengel mit einem Hochblatt. Die Blüte ist nickend, die äußeren Blütenhüllblätter (Perigonblätter) sind zu dritt und weiß, der Fruchtknoten ist auffällig und leicht von außen (ohne Zerlegung der Blüte) zu sehen und damit als unterständig zu erkennen usw. *(Die auf dieses Bestimmungsobjekt jeweils zutreffenden Merkmale sind in diesem Beispiel durch* **Fettdruck** *hervorgehoben.)*

*Man beginnt mit dem* **Eingangsschlüssel** *auf S. 185:*

1 Ganze Pf im Wasser untergetaucht oder schwimmend oder mit SchwimmB.
**Hauptschlüssel A** (→ S. 187)
– **Land-** oder Sumpf**Pf** . . . . . . . . . . . . . . . . . . . . . . . . . . . . . . . 2

2 Baum oder Strauch (Pf ♄; auch Liane oder Zwergstrauch). **Hauptschlüssel B** (→ S. 191)
– **Pf krautig (Pf nicht** oder nur am StgGrund etwas **verholzt)** . . . . . . . . . . . . . . . 3

3 Pf keine Blü u. keine Sa hervorbringend. — Fortpflanzung (Ausbreitung) durch Sporen. (GefäßsporenPf: Farne, Bärlappe, Schachtelhalme). **Hauptschlüssel C** (→ S. 201)
– **Pf Blü u. Sa hervorbringend** . . . . . . . . . . . . . . . . . . . . . . . . . . . . . 4

4 Pf zumindest während des Blühens ohne grüne LB. **Hauptschlüssel D** (→ S. 204)
– **Pf während des Blühens mit grünen LB** . . . . . . . . . . . . . . . . . . . . . . . 5

5 Pf grasartig: LB'Spreite schmal-lanzettlich bis linealisch oder borstenförmig oder binsenartig (stielrund, stengelartig, hohl oder voll). — Blü oft von trockenhäutigen HochB (Spelzen) eingehüllt, oft in Ähren oder Köpfchen angeordnet; BlüHülle fehlend oder unscheinbar, nämlich grün (K'artig) oder trockenhäutig. **Hauptschlüssel F** (→ S. 206)
– **Pf anders, nicht grasartig. — Blü oft nicht von trockenhäutigen HochB eingehüllt; BlüHülle** meist **vorhanden, nur slt grün u. nur slt trockenhäutig** . . . . . . . . . . . . . . . . . . 6

6 *Man untersuche den Blüstd!* Blüstd: Korb (dh Blüstd ein Köpfchen, das von einer HochB'Hülle [= Korbhülle = „Hülle"] umgeben ist; Abb. 376). *Die Körbe ähneln Blüten und sind mitunter nur wenige mm groß! Beim sorgfältigen Zerlegen (Lupe!) läßt sich ihre Natur aber meist unschwer erkennen: sie bestehen nicht aus Blütenteilen, sondern enthalten ganze, wenn auch mitunter sehr kleine Blüten: vgl. Abb. 377 a, b!)*
**Hauptschlüssel E** (→ S. 205)
–!! Blüstd: Doppeldolde (Abb. 248). **Doldenblütler, *Apiáceae*** (→ S. 525)
–!! Blüstd: Kolben (Abb. 471, 505–507). — BlüHülle fehlend oder unscheinbar . . . . . . 7
– **Blü einzeln** oder Blüstd weder Korb noch Doppeldolde noch Kolben, sondern andersartig (wenn Köpfchen, dann dieses nicht von einer HochB'Hülle umgeben) . . . . . . . . . 9

********

9 [6] Stempel (innerhalb der scheinbaren BlüHülle) deutlich gestielt, vom Ende des Blühens an nickend oder überhängend (aus der „Blü" seitlich heraushängend); „Blü" nur scheinbar eine ZwitterBlü (tatsächlich ein sog. Cyathium: Abb. 243); scheinbare BlüHülle becherförmig, am Rand mit 4–5, meist gelb gefärbten Nektardrüsen. — Mehrere Cyathien (ScheinBlü) in einem Pleiochasium angeordnet.
**Wolfsmilch, *Euphórbia*** *(Euphorbiaceae)* (→ S. 516)
– **Stempel nicht deutlich gestielt; Blü anders** . . . . . . . . . . . . . . . . . . . . . 10

10 Blü eine Schmetterlingsblume, dh Kro ↓, zumindest zT freiblättrig, StaubB u. Stempel von KroB eingehüllt (Abb. 210 a., S. 445) . . . . . . . . . . . . . . . . . . . . . . . . 11
– **Blü ohne Ähnlichkeit mit einer SchmetterlingsBlü.** **Hauptschlüssel G** (→ S. 207)

*Man setzt den Bestimmungsgang fort mit dem* **Hauptschlüssel G** *auf S. 207:*

**Hauptschlüssel G**
**(Krautige, aber nicht grasartige LandPf mit zur BlüZeit grünen Blättern u. deutlichen Blü, die weder in Körben noch in Kolben noch in Doppeldolden angeordnet sind):**

**Schlüssel 0**

**1** Blü alle 1geschlechtig . . . . . . . . . . **2**
**–** **Zumindest einige Blü ⚥** *(in diesem Falle untersuche man im weiteren Bestimmungsgang die ⚥ Blü!)* . . . . . . . . . . **3**

********

**3** StaubB (u. zwar entweder die Staubfäden oder die Staubbeutel) untereinander oder mit dem Gri verwachsen . . . . . . . . . . **4**
**–** **StaubB zur Gänze frei, dh weder untereinander noch mit dem Gri verwachsen,** wohl aber oft an der BlüHülle (zB Kro) angewachsen oder (slt) scheinbar paarweise am Grund miteinander verwachsen . . . . . . . . . . **9**

********

**9** [3] **Meist alle StaubB gleich lg,** oder 3, 4, 5 oder 6 länger u. ebensoviele kürzer, oder es sind zahlr. ungleich lg StaubB vorhanden . . . . . . . . . . **10**
**–** StaubB 4 oder 6, wovon stets 2 kürzer sind als die anderen . . . . . . . . . . **15**

**10** *Man zähle die StaubB in der Blü!*
Blü mit 1 StaubB. **Schlüssel I** („Einmännige") (→ S. 209)
**–!!** Blü mit 2 StaubB. **Schlüssel II** („Zweimännige") (→ S. 210)
**–!!** Blü mit 3 StaubB. **Schlüssel III** („Dreimännige") (→ S. 211)
**–!!** Blü mit 4 StaubB. **Schlüssel IV** („Viermännige") (→ S. 212)
**–!!** Blü mit 5 StaubB. **Schlüssel V** („Fünfmännige") (→ S. 214)
**–!!** **Blü mit 6 StaubB.** **Schlüssel VI** („Sechsmännige") (→ S. 219)
**–!!** Blü mit 7 StaubB. („Siebenmännige") . . . . . . . . . . **11**
**–!!** Blü mit 8 StaubB. **Schlüssel VII** („Achtmännige") (→ S. 221)
**–!!** Blü mit 9 StaubB. — PerigonB 6, rosa, dunkler geädert; Blüstd: Scheindolde; LB grundständig, linealisch, 3kantig; Stempel 6, oberständig, nur am Grund miteinander verwachsen; Fr: SammelFr aus 6 vielsamigen BalgFr. **Schwanenblume, *Bútomus*** (→ S. 878)
**–!!** Blü mit 10 StaubB. **Schlüssel VIII** („Zehnmännige") (→ S. 223)
**–!!** Blü mit 12–18 StaubB. **Schlüssel IX** („Zwölfmännige") (→ S. 225)
**–** Blü mit mindestens 20 StaubB . . . . . . . . . . **13**

*Man setzt fort mit dem* **Schlüssel VI** *auf S. 219:*

**Schlüssel VI** („Sechsmännige")

**1** BlüHülle ↓. — Stg knotig gegliedert; KB („äußere PerigonB") 3, KroB („innere PerigonB") 3, d'blau; StaubB 6, 3 fertile u. 3 sterile (die sterilen kreuzförmig 4lappig); Frkn oberständig; Gri 1; Fr: fachspaltige Kapsel.
☆ **Commelina, *Commelína*** *(Commelinaceae)* (→ S. 982)
**–** **BlüHülle ⊕** . . . . . . . . . . **2**

**2** **Gri** oder sitzende Narbe **1** . . . . . . . . . . **12**
**–!!** Gri oder sitzende Narben 2. — GrundB nierenförmig. Alpin.
**Säuerling, *Oxýria*** (→ S. 349)
**–!!** Gri oder sitzende Narben 3 . . . . . . . . . . **4**
**–** Gri oder sitzende Narben 6 oder mehr . . . . . . . . . . **3**

********

**12** [2] **Frkn unterständig** oder mittelständig (dh in den ausgehöhlten BlüBoden eingesenkt) . . . . . . . . . . **13**
**–** Frkn oberständig u. nicht in den BlüBoden eingesenkt . . . . . . . . . . **14**

13 **LB grundständig,** meist **linealisch; Frkn unterständig. — Pf mit Zwiebel; PerigonB 6; Fr: 3klappige Kapsel mit ± fleischiger Außenwand.**
**Narzissengewächse, *Amaryllidáceae*** (→ S. 907)
– LB Stg'ständig, meist nicht linealisch; Frkn mittelständig (dh in den ausgehöhlten BlüBoden [= scheinbare KRöhre] eingesenkt). **Blutweiderichgewächse, *Lythráceae*** (→ S. 494)

*Die erste Etappe des Bestimmungsganges ist nun mit dem Ergebnis der Familienzugehörigkeit (Narzissengewächse/Amaryllidáceae)* erreicht. Diese Familie wird auf S. 907 behandelt, dort setzt man den Bestimmungsgang mit dem Gattungsschlüssel fort, um die Gattung zu ermitteln. (Unmittelbar nach der Familienüberschrift folgt in Klammern ein Rückverweis auf den Hauptschlüssel G VI, Punkt 13, denn dort findet sich eine knappe Familienbeschreibung, d. h. die Angabe der wichtigsten Merkmale, die den heimischen Vertretern dieser Familie gemeinsam sind.)

**137. Familie: Narzissengewächse, *Amaryllidáceae*** (→ G VI 13)

1 PerigonB röhrig verwachsen, mit 6zipfligem Saum u. einem schüssel- oder becherförmigen Nebenperigon (Abb. 408). **(3) Narzisse, *Narcíssus***
– **PerigonB frei, ohne Nebenperigon. — Perigon weiß** . . . . . . . . . . . . . . . . . . . . . 2

2 PerigonB gleich lg, alle an der Spitze mit grünlichem oder gelbem Fleck; LB 3–4, grasgrün. **(1) Knotenblume, *Leucójum***
– **Innere PerigonB mit grünem Spitzenfleck, nur halb so lg wie die ungefleckten äußeren; LB 2, blaugrün, — dicklich.** **(2) Schneeglöckchen, *Galánthus***

*Man ist nun beim nächsten Ergebnis, nämlich bei der Gattung (Genus) angelangt. Aufgrund ihrer Nummer, im Beispiel* **(2)**, *ist sie (mit Hilfe der Kopfleiste auf jeder Seite) leicht zu finden, nämlich auf S. 908. Dort wird der Bestimmungsgang fortgesetzt, um die Art (Spezies) festzustellen.*

**(2) Schneeglöckchen, *Galánthus***
**Stg 1blütig; Sa mit gekrümmtem Anhängsel (Elaiosom: Ameisenausbreitung!). H: 10–20 cm. ♃ Ge. II–IV. Auwälder u. lehmig-feuchte Edellaubwälder; collin** bis montan; zstr. **Fehlt T**; in **K** nur verwilderte ZierPf. Schwach giftig. Im nVL, söVL u. im Rh gefährdet. ▲
**Schneeglöckchen**, Eigentliches Sch., Kleines Sch., ***G. nivális***

*Es zeigt sich, daß diese Gattung im Gebiet dieser Flora (= in* **Ö***) nur eine einzige Art umfaßt, es gibt daher in diesem Fall keinen Artenschlüssel. Da alle für diese Art angegebenen Merkmale, auch Wuchshöhe, Blütezeit, Standort, Bundesland usw., zutreffen oder zumindest nicht im Widerspruch mit der zu bestimmenden Pflanze stehen, besteht kein Grund für einen Zweifel an der Richtigkeit dieses Bestimmungsergebnisses. Gegebenenfalls ist der Bestimmungsgang bis zur → subspecies fortzusetzen.*

## Die Angaben bei den Arten und Unterarten (beim Bestimmungsergebnis)

Die folgende Seite gibt einen Überblick und Erläuterungen insbesondere zu den bei den einzelnen Arten (bzw. Unterarten) außer den Merkmalen zusätzlich zum Namen angeführten ökologischen, geographischen usw. Daten am Beispiel des Gletscher-Hahnenfußes, *Ranúnculus glaciális* (Näheres dazu auch auf S. 15–20):

**3** KB außen rotbraun behaart, K u. Kro nach dem Blühen bleibend. — GrundB gestielt, fleischig, d'grün, 3schnittig; Stg dick, aufrecht oder aufsteigend, 1–3blütig; BlüHülle außen oft rötlich, 12–30 mm ∅. H: 10–15 cm. ♃ He. VII–VIII. Nährstoffarme, silikatische Felsschuttfluren, Moränen; Schuttkriecher, PionierPf; oberalpin; zstr bis slt. **St, K, S, T, V.** (Arktisch-alpin.) Giftig. △
*(Oxygraphis vulgaris)* **Gletscher-H., *R. glaciális***

| ***Beispiel*** | ***Erläuterung*** |
|---|---|
| **3** KB außen rotbraun behaart, K u. Kro nach dem Blühen bleibend. | **1)** Schlüsselpunkt-Nummer in eckigen Klammern [ ], danach gegeb nenfalls die Herkunftsnummer und die vergleichbaren, gegensätzliche guten, nicht überlappenden Schlüsselmerkmale (Unterscheidung merkmale). – Unterstreichungen heben die besonders wichtigen Mer male hervor. Eine der Weiteren Angaben (zB die Wuchshöhe oder d Höhenstufenverbreitung) ist dann unterstrichen, wenn sie als zusätz ches Unterscheidungsmerkmal (innerhalb des betreffenden Schlüss punktes) wichtig ist. – Eingeklammerte Werte sind seltenere Extrer werte. „(3)5–8(12) cm lg" bedeutet demnach: „meist zwischen 5 ur 8 cm lang, nur selten zwischen 3 und 5 oder zwischen 8 und 12 cm lang |
| — GrundB gestielt, fleischig, d'grün, 3schnittig; Stg dick, aufrecht oder aufsteigend, 1–3blütig; BlüHülle außen oft rötlich, 12–30 mm ∅. | **2)** Nach dem überlangen Gedankenstrich ( — ): **fallweise** zusätzlich mit dem Schlüsselpunkt-Gegensatz nicht vergleichbare und/oder übe lappende und/oder schwer feststellbare Merkmale. In den Hauptschlü seln auch: Familienmerkmale.<br>Die folgenden Angaben heißen „Weitere Angaben" (W. A.). Sie sir zum Großteil in ihrer Form standardisiert und finden sich bei jeder A (nie bei Artengruppen!), ausgenommen die im folgenden als „**fallweis** oder „**gegebenenfalls**" bezeichneten W. A. Eine Ausnahme bilden auc jene Arten, die in Unterarten gegliedert sind: dort stehen die W. A. b den Unterarten (sofern sie hinlänglich bekannt sind), allerdings n jene, die bei den einzelnen Unterarten verschieden sind; die allen Unte arten gemeinsamen Angaben stehen hingegen bei der Art. |
| H: 10–15 cm. | **3)** H: = **Wuchshöhe** (nicht Stengelhöhe und nicht Stengellänge): A stand von der Bodenoberfläche bis zum höchsten Punkt der Pflan (senkrecht gemessen), gleichgültig um welches Organ es sich dabei ha delt (der höchste Punkt kann z. B. Blütenstandsspitze oder Laubblat spitze sein); G: = Größe, jedoch anders als H gemessen, meist Läng der Pf, der oberirdischen Sprosse (bei nicht aufrecht wachsenden, so dern kriechenden, niederliegenden, aufsteigenden oder kletternden Pf |
| ♃ He. | **4) Lebensdauer** und **Lebensformentyp**; z. B.: ♄ = holziges Gewächs; = Staude; ⊙ = hapaxanth (nur einmal blühend); ⊙ = einjährig. H = Hemikryptophyt. Eingeklammerte Lebensformen treten selten bzw. als Ausnahme unter bestimmten Verhältnissen auf. (→ S. 94 f |
| VII–VIII. | **5) Blühmonate**; z. B.: VI–VIII(X) = Hauptblühzeit etwa von Juni b August, selten oder vereinzelt oder unter besonderen Umständen (z. Populationen auf extremen Standorten) auch noch bis Oktober bl hend. |
| Nährstoffarme, silikatische Felsschuttfluren, Moränen; Schuttkriecher, PionierPf; | **6) Standorte**, (Bindung an) Pflanzengesellschaften. **Fallweise** (wenn b sonders markant oder wichtig oder exemplarisch) nach einem Stric punkt: Zeigereigenschaften und besondere ökologische Eigentümlic keiten (z. B.: „kalkliebend", „Lehmzeiger", „Säurezeiger"). (– S. 121 ff.) |
| oberalpin; | **7) Höhenverbreitung** (vertikale Verbreitung): Höhenstufen. Eingeklam merte Höhenstufenbezeichnungen bedeuten seltenere oder randlich ausklingende oder durch spezielle Standortsverhältnisse bedingte Vo kommen. (→ S. 128 f.) |
| zstr bis slt. | **8) Häufigkeit** innerhalb des angegebenen Standortsbereichs. Skala: seh selten [sehr slt] – selten [slt] – zerstreut [zstr] – mäßig häufi [mäßig hfg] – häufig [hfg] – sehr häufig [sehr hfg]. (→ S. 116)<br>**9) Fallweise**: Verbreitung nach Groß-**Naturräumen** (Großlandschafte innerhalb Österreichs), z. B. „Im Pann" oder „Bes. in den Zentrala pen" oder „nordöstl. Kalkalpen". Solche Angaben sind mitunter aus sagekräftiger als die (obligatorische) Angabe der Bundesländer, da de ren politische Grenzen meist nicht mit natürlichen Gegebenheiten über einstimmen: Eine Art, die z. B. nur in den nordöstlichen Kalkalpe vorkommt, scheint in den vier Bundesländern **N, O, St** und **S** auf besiedelt innerhalb dieser vier Länder jedoch jeweils nur sehr klein Teile, also insgesamt eine viel kleinere Fläche, als die Summe der vie Bundesländer ausmacht. (→ S. 117 f.) |

| | |
|---|---|
| **St, K, S, T, V.** | **10)** Verbreitung nach **Bundesländern**. Eingeklammerte Bundesländer: Vorkommen nur unbeständig, vorübergehend eingeschleppt oder nur lokal verwildert und eingebürgert. (→ S. 108) |
| (Arktisch-alpin.) | **11) Fallweise**: Angaben über die **Gesamtverbreitung** [Gesamt-Vbr.], besonders bei Arten, die nur in einem einzigen österreichischen Bundesland vorkommen: meist als „Hptvbr." (= Hauptverbreitung) oder auch als „sonstige Vbr." = Verbreitung außerhalb Österreichs, oder als Angabe des Arealtyps (z. B. „arktisch-alpin") oder (bei in **Ö** nicht heimischen) der Heimat. (Diese Angaben alle in Klammern.) Gegebenenfalls Angabe über den chorologischen Status in **Ö**, z. B.: „Neubürger"; „endemisch" (d. h. österreichischer Endemit). (→ S. 112) |
| Giftig. | **12) Fallweise: ethnobotanische** Angaben: Giftigkeit (für den Menschen!), Verwendbarkeit als NutzPf, z. B. ArzneiPf (= im amtlichen österreichischen Arzneibuch enthalten), VolksarzneiPf (= alle übrigen Heilpflanzen), Wildgemüse, Wildsalat usw. (→ S. 20) |
| △. | **13) Gegebenenfalls**: **Gefährdungsgrad** (laut „Roter Liste": NIKLFELD & al. 1986) und gesetzlicher **Naturschutz** (△ bzw. ▲; → Abkürzungsverzeichnis und S. 153). Abweichungen von jener Roten Liste sind durch Fragezeichen bzw. Rufzeichen ausgedrückt. |
| | **14) Fallweise**: Angaben zur **Taxonomie** (z. B. Variabilität, Untergliederung, Zuordnung, problematische Rangstufe) und Hinweise auf ähnliche oder leicht zu verwechselnde Sippen. |
| *(Oxygraphis vulgaris)* | **15) Gegebenenfalls**: die wichtigsten **Synonyme** des wissenschaftlichen Namens, d. s. abweichende Namen (vor allem) bei FRITSCH, JANCHEN, HEGI, „Flora Europaea" und modernen Floren der Nachbarländer. **Fett gedrucktes Synonym**: akzeptierter Name in der „Liste der Gefäßpflanzen Mitteleuropas" (GUTERMANN 1973); unterstrichenes Synonym: möglicherweise in Zukunft zu akzeptierender Name. (→ S. 34) |
| | **16) Fallweise**: die Zahl in eckigen Klammern ist die Nummer des Schlüsselpunktes, der zum selben Ziel führt (bei Mehrfachverschlüsselung). |
| | **17) Gegebenenfalls**: vor dem (Familien-, Gattungs-, Art- bzw. Unterart-)Namen Symbole, die sich auf den chorologischen oder taxonomischen **Status** in der österreichischen Flora beziehen:<br>★ = nur oder fast nur kultiviert (als Zier- oder Nutzpflanze, in Gärten oder feldmäßig oder forstlich), nicht wildwachsend, höchstens selten verwildert. (Text in Kleindruck.)<br>☆ = unbeständig (hie und da auftauchend und wieder verschwindend, nicht eingebürgert). (Text in Kleindruck.)<br>(☆) = unklar, ob unbeständig oder eingebürgert oder Zwischenstellung, zB nur sehr begrenzte, lokale Einbürgerung. (Text in Kleindruck.)<br>⊖ = für Österreich nicht sicher nachgewiesen. Ungesicherte Angaben in der Literatur oder sichere Vorkommen knapp außerhalb der österreichischen Grenze und vielleicht in **Ö** erst noch zu entdecken. (Text in Kleindruck.)<br>† = in Österreich ausgestorben oder verschollen. (Text in Kleindruck.)<br>■ = taxonomisch schwierig und/oder noch nicht ausreichend erforscht oder schwer bestimmbar; nur für den Erfahrenen und Geübten; oft lassen sich keine Einzelindividuen, sondern nur ganze Populationen bestimmen, und/oder es ist für die sichere Bestimmung Spezialliteratur und der Vergleich mit Herbarmaterial nötig. (→ S. 17) |
| **Gletscher-H.,** | **18) Deutsche(r)** Standard-**Name(n)** (in Fettdruck), **fallweise** deutsche Synonyme (nicht fett) und/oder (in Kleindruck) einzelne bemerkenswerte (z. T. etwas willkürliche, exemplarische Auswahl) regionale und/oder Dialektnamen (Vernakularnamen) (letztere unter Anführungszeichen). Die deutschen Namen in JANCHENS „Catalogus" (zumindest der dort an erster Stelle genannte) scheint bei uns zumindest als Synonym auf. Homonyme oder sonstige mehrdeutige, mißverständliche, irreführende und daher abzulehnende Namen stehen unter Anführungszeichen. (→ S. 35ff.) |
| ***R. glaciális*** | **19) Wissenschaftlich-lateinischer Name** mit Angabe des betonten Vokals (durch Akzent: Akut). (→ S. 19, 32ff.; vgl. → subspecies.) |

# Hinweise zum Sammeln und Präparieren (Herbarisieren) von Gefäßpflanzen

Wer sich ernsthafter mit der Flora unter wissenschaftlichem Blickwinkel auseinandersetzt, wird ohne das Anlegen eines Herbars kaum auskommen. Zunächst ist ein eigenes Herbar ein sehr gutes Hilfsmittel, sich floristische Kenntnisse anzueignen. Für die botanische Forschung, besonders im Bereich von Taxonomie und Geobotanik, ist das Herbar ein unentbehrliches Instrument, besonders auch zur Dokumentation der Objekte von Untersuchungen und aber auch als Bestimmungshilfe. Um Fehler zu vermeiden, die sich später in ärgerlicher Weise bemerkbar machen, geben wir der Anfängerin und dem Anfänger im folgenden einige Hinweise. Auch an dieser Stelle sei auf das informative Büchlein von BUTTLER hingewiesen. Empfehlenswert und nützlich ist immer der Erfahrungsaustausch mit anderen Pflanzenkennern, Hobby- und Profi-BotanikerInnen. Fortgeschrittenere FloristInnen, die sich an die schwierigen Taxa wagen und ihre Erfahrungen der Wissenschaft zukommen lassen wollen (und sollten!), mögen sich an die Verfasser dieses Buches (S. 12 ff.) oder an die weiter unten (S. 177 f.) angegebenen Institutionen wenden, wo sie auch Kontakt mit Spezialisten finden können.

**Sammelausrüstung**. Pflanzenstecher (oder kräftiges Messer), Taschenmesser, verschließbare Plastikbeutel verschiedener Größe, Notizheft, Schreibgerät (Bleistift für Regenwetter!), 8–15(20)fach vergrößernde Lupe (Abb. 106 a); genaue Landkarte (Maßstab 1: 50 000), eventuell Kompaß und Höhenmesser; Pflanzenpresse (Abb. 107; siehe weiter unten) oder (provisorische) Einlegemappe.

**Sammeln**: Pflanzen vollständig sammeln: mit unterirdischen Organen, auf Ausläufer achten! Die Grundblätter sind oft verschieden von den Stengelblättern! Wenn möglich, verschiedene Entwicklungsstadien, vor allem auch Früchte (Samen) sammeln (besonders wichtig bei Cruciferen, Umbelliferen usw.)! Insbesondere bei Einjährigen sollen verschieden große Individuen aufgesammelt werden, die einen Eindruck von der Variation vermitteln. Bei großen, blattreichen Pflanzen (z. B. Königskerzen) repräsentative Laubblätter aus den verschiedenen Teilbereichen der Pflanze (Grundrosette, mittlere und obere Stengelblätter, untere und obere Seitenäste, Blütenstandsabschnitte, Blüten usw.), bei Holzgewächsen repräsentative Zweige entnehmen (Achtung: Kurz- und Langtriebe sind nicht selten verschieden, Blätter von „Wassertrieben" meist abweichend)! Getrennt nach Individuen sammeln (Stücke von verschiedenen Individuen nicht vermischen, denn es könnte sich um verschiedene Sippen handeln)! Auf die Größenverhältnisse ist zu achten, besonders bei Sträuchern und Bäumen ist die Wuchshöhe festzuhalten (Notizen!). Blütenfarben (und auch abweichende Farben der Laubblätter) und Gerüche notieren (nicht nur der Blüten, sondern auch vegetativer Teile beim Zerreiben)! Bei eingeschlechtigen Individuen (zweihäusigen Sippen) ist nach einem Exemplar auch des anderen Geschlechts zu suchen. Beim Sammeln von Parasiten sind die Wirtspflanzen zu notieren oder mitzusammeln.

Naturschutzbestimmungen unbedingt beachten! In Schutzgebieten und in Gegenden mit schützenswerter Vegetation oder Flora darf grundsätzlich nicht gesammelt werden (in der Regel auch nicht für wissenschaftliche Zwecke!). Seltene Arten (gleichgültig ob „geschützt" oder nicht; die großen Raritäten stehen meist nicht unter Naturschutz!) am Wuchsort bestimmen oder lieber nur fotografieren!

(Sie sind in den Herbarien meist ohnehin gut repräsentiert.) Die heutige mitteleuropäische Kulturlandschaft ist infolge der Intensivierung der Land- und Forstwirtschaft, der Zerstörungen durch die Touristikindustrie usw. ohnehin schon stark an Arten verarmt. Die Rechtfertigung „es waren ohnehin noch mehrere Individuen vorhanden“, darf man nicht gelten lassen, denn es geht um die Erhaltung von Populationen – es könnte die letzte gewesen sein (einzelne Individuen sind oft nicht überlebensfähig)!

Fundort, Standortsverhältnisse und Datum sofort beim Sammeln genau notieren! Beim Sammeln an mehreren Fundorten vergißt oder vermischt man erfahrungsgemäß sehr leicht die Daten, obwohl man beim Sammeln zunächst glaubt, sich auf sein Gedächtnis verlassen zu können! Der genaue Fundort (topographische Angabe) und der Charakter des Standorts (ökologische Verhältnisse, Begleitpflanzen, Pflanzengesellschaft usw.) sind unbedingt exakt (und unverwechselbar mit der Aufsammlung verbunden) festzuhalten, also entweder im Gelände-Notizheft (das man auf keinen Fall verlieren darf!) oder – besser – direkt auf dem Einlegebogen. (Näheres zum Herbaretikett weiter unten.)

**Einlegen.** Die frischen Pflanzen sollten womöglich sofort in die Presse (Abb. 107) gelegt werden (eventuell provisorisch in eine „Geländepresse“ – aus zwei steifen Deckeln mit einigen Bögen Zeitungspapier). Ist dies nicht möglich, sind sie in verschlossenen Plastiksäcken (oder noch besser, wenn auch umständlicher: in Blech- oder steifen Plastikbehältern = „Botanisiertrommeln“) zu transportieren, um das Welken zu verhindern. Diese Säcke sollen im Verhältnis zur Pflanzenoberfläche nicht zu voluminös sein. Bodenreste von den Pflanzen vorher sorgfältig entfernen (eventuell auswaschen!), dabei Pflanzen aber nicht beschädigen (zarte Ausläufer brechen leicht ab)! Vgl. dazu auch Abb. 107b auf S. 163.

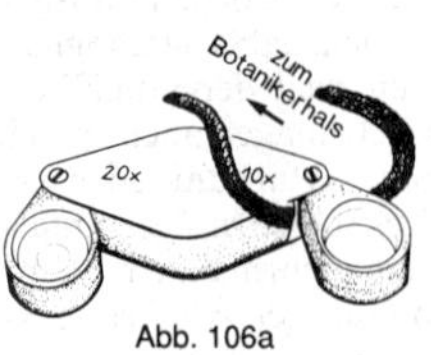

Abb. 106a

Abb. 106b

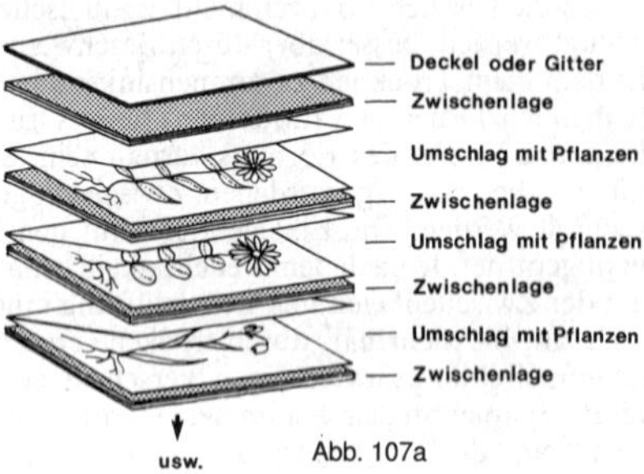

Abb. 107a

Pflanzen nach Arten und Fundorten getrennt (Belege derselben Art, die von verschiedenen Fundstellen stammen, dürfen nicht vermischt werden!) in Umschläge aus saugfähigem Papier (z. B. Zeitungspapierbogen) legen. Die Pflanze wird so ausgebreitet, daß möglichst wenige Pflanzenteile einander überdecken. Größere Pflanzen sind zu knicken (nicht biegen!) oder zu zerteilen, bzw. sind repräsentative Teile zu sammeln, die man nötigenfalls auf mehrere Bögen verteilt, mit einer Notiz über deren Zusammengehörigkeit! Zarte, abfallende Blüten und Blütenteile sorgfältig behandeln! Blüten in verschiedener Position (z. B. seitlich und ausgebreitet) auflegen! Abgestorbene Blätter u. dgl. dürfen nicht (wegen „Häßlichkeit“) entfernt werden, weil ihr Vorhandensein wichtig und charakteristisch sein kann.

Dicke Organe (Knollen usw.) halbieren, zerschneiden usw.! Sukkulente Pflanzen vor dem Einlegen kurz in siedendes Wasser tauchen, um sie abzutöten. Sie wachsen sonst in der Presse weiter und bilden untypische, verkrümmte, etiolierte Sprosse! Bei stark verschieden dicken Pflanzenteilen empfiehlt es sich, zwecks Niveau-Ausgleichs entsprechende Filzpapierstücke (oder Schaumstoff) einzuschieben. Schon beim Pressen sollte das Herbarformat (die Größe der Spannbogen) berücksichtigt werden. Weithin übliches und bewährtes Herbarformat ca. 35 × 45 cm. Kleineres (halbes) Format hat den Nachteil, daß größere Pflanzen auf mehrere Bögen verteilt werden müssen.

In den Umschlägen verbleiben die Pflanzen samt allen Notizen unverändert, bis sie völlig getrocknet sind. Etwa 6–12 Stunden nach dem Einlegen, bevor die Pflanzen ganz schlaff geworden sind und solange sie auf dem Umschlagbogen noch nicht kleben, können jedoch noch Korrekturen in der Position der Pflanzen bzw. Teile vorgenommen, z. B. Blätter flach ausgebreitet werden usw. (Vorsicht: Manche Kronblätter, z. B. von Veilchen und Mohn, versuchen sich einzurollen!) Später sollen keinerlei Veränderungen mehr vorgenommen werden, weil die Pflanzen dabei meist Beschädigungen erleiden.
Mehrere solche mit Pflanzen gefüllte Bögen werden, durch rasch auswechselbare Zwischenlagen aus möglichst saugfähigem Papier (Zeitungspapier [womöglich entleimtes, d. h. mehrfach durchnäßtes und wieder getrocknetes], noch besser aber: Filzpapier, Löschpapier oder dgl.) getrennt, übereinandergeschichtet und zwischen Gittern oder steifen Deckeln – womöglich an einem luftigen Ort – gepreßt (Abb. 107 a, b). Die Pflanzen also niemals ohne Umschlag direkt zwischen die Zwischenlagen legen, weil sie dann beim Auswechseln der feuchten gegen trockene Zwischenlagen beschädigt werden oder die dazugehörigen Notizen verlorengehen oder vertauscht werden können! Der Preßdruck soll kräftig sein, jedoch die frischen Pflanzen nicht zerquetschen. Er kann durch Gurten oder dgl. erzeugt werden, besser aber durch Beschweren mit Gewichten, Steinen oder dgl., die dem beim Trocknen zusammensinkenden Preßgut folgen und dadurch gleichbleibenden Druck gewährleisten. Dieser Druck soll möglichst gleichmäßig über die ganze Fläche des Formats verteilt sein. Spätestens nach ein bis zwei Tagen müssen die feucht gewordenen Zwischenlagen erstmals gegen trockene ausgewechselt werden. Die Einlegebögen mit den Pflanzen werden dabei womöglich nicht geöffnet. Je nach dem Feuchtigkeitsgehalt der Pflanzen, nach der Saugfähigkeit der Zwischenlagen und der Belüftung müssen die Zwischenlagen auch später noch ein- bis mehrmals durch trockene ersetzt werden, um Verfärbung oder gar Schimmelbildung zu vermeiden (verschiedene Sippen sind verschieden stark anfällig! Preßpapier, in dem Schimmel auftritt, wegwerfen!). Nach mehrmaligem „Umlegen" sind die Pflanzen trocken. Durch einen warmen und luftigen Aufstellungsort der Presse kann das Trocknen beschleunigt werden. Je rascher der Trocknungsprozeß abläuft, umso besser (naturgemäßer) werden die Pflanzen präpariert. Zu schwacher Preßdruck erzeugt runzelige Belege, die die Haltbarkeit herabsetzen und die Untersuchung erschweren. Am besten (raschesten) trocknen die Pflanzen, wenn ein Teil der Zwischenlagen durch Wellpappe ersetzt wird und durch die so entstandenen Kanäle Warmluft geleitet wird, die sich z. B. am einfachsten mit einem Heizlüfter (mit Thermostat; auf ganz schwache Hitze einstellen!) erzeugen läßt. Auf mögliche Überhitzung achten! Brandgefahr bei unsachgemäßer Aufstellung! Der Luftstrom ist wichtiger als dessen Temperatur!

Die gute **Etikettierung** (am besten auf Zetteln im DIN-A6- oder -A7-Format) ist von entscheidender Bedeutung. Ohne exakte Dokumentation vor allem der Herkunft u. der anderen Fundumstände ist das Herbar wertlos, die Sammel- u. Präparationsarbeit vergeudet! Das wichtigste sind genaue Angaben über Fundort und Standort sowie Sammeldatum und der Name des/r Sammlers/Sammlerin. Wissenschaftlicher und deutscher Name können später nachgetragen werden; dagegen müssen die übrigen Angaben sofort beim Sammeln und Einlegen festgehalten werden. Die Fundortsangabe muß möglichst genau sein und das Wiederauffinden auf der Landkarte und im Gelände ermöglichen. Das Etikett muß demnach unbedingt enthalten:

Fundort (topographische Angabe, z. B.):

Österreich, Kärnten, östliche Karawanken,
Berg Petzen/Peca, 0,2 km südöstlich des Berggasthofes „Siebenhütten".

Womöglich zusätzlich Grundfeld- und Quadrantennummer der Kartierung der Gefäßpflanzen Mitteleuropas (in außereuropäischen Gegenden sind u. U. Gradnetzangaben vorteilhaft) angeben! Man achte darauf, daß die Angabe eindeutig und unverwechselbar ist! Häufig vorkommende Orts- und Flurnamen (wie „Kirchbach" oder „Buchenkogel" u. dgl.) bedürfen entsprechender ergänzender Hinweise. Man verwende nur Lokalitätsbezeichnungen, die auf guten Standard-Landkarten aufscheinen! Vorsicht beim Abschreiben von (besonders fremdsprachigen!) Straßenschildern oder Angaben von Einheimischen, die von jenen der Landkarten abweichen! Man wähle jedenfalls immer einen größeren Ort als Bezugspunkt, der auch in kleinermaßstäbigen Karten aufzufinden ist! Man halte den vollständigen, offiziellen Namen fest (z. B. „Kirchschlag in der Buckligen Welt") und ersetze ihn nicht durch eine abgekürzte Form! Man unterscheide Orts- von Flurnamen (z. B. Bergnamen; mit „Kirchbach" kann ein Bach, aber auch ein Dorf gemeint sein)! Man notiere gegebenenfalls auch synonyme Lokalitätsbezeichnungen. Entfernungen sollen sich normalerweise auf die Luftlinie (gerade Verbindung) beziehen; wenn dagegen Straßen-km gemeint sind, muß dies ausdrücklich angegeben werden! Keine schwer deutbaren oder mißverständlichen Abkürzungen verwenden!

Standort (d. i. die ökologische Angabe, die den Biotoptyp angibt, z. B.):

Hochstaudenreicher Fichtenwald über Kalk, 1700 m s. m. [= metri supra mare = Meter über dem Meer = Seehöhe].

Angaben über den geologischen Untergrund (Gesteinstyp) und den Boden (Feuchtigkeit!) sind immer wertvoll. Im Gebirge ist die Angabe der Seehöhe unerläßlich, bei Berghängen auch die Exposition (Hanglage, z. B. „E-expon.", d. h. nach Osten gewendet; man beachte, daß die Nordseite des Berges die Südseite des Tales ist!). Angaben über Häufigkeit, Geselligkeit, Populationsstruktur usw. sind wertvoll. Ferner sollen Angaben über Farben, Glanz, Gerüche, Geschmack und andere Merkmale, die bei der Präparation verlorengehen, hinzugefügt werden. An weiteren Etikettenangaben sind möglich und wertvoll: begleitende Arten, Pflanzengesellschaft; Sammelnummer (um den Beleg leichter zitieren zu können, sie muß keine fortlaufende sein, sondern kann auch aus einer Kombination mit dem Datum gebildet werden).

Sammeldatum, Sammler/in („leg." = *„legit"* bzw. *„legerunt"* [= „er/sie hat gesammelt" bzw. „sie haben gesammelt"]). Das Sammeldatum soll immer leicht u. eindeutig lesbar sein (nicht bloß in der Sammelnummer versteckt; man unterscheide etwa auch „11." [= November] von „II." [= Februar] u. dgl.!). Der bloße Überbringer einer Pflanze, die er nicht selbst gesammelt hat, wird durch „comm." (= *„communicavit"* = „er/sie hat übermittelt, überbracht") angegeben.

Zusätzlich mögliche, aber nicht wesentliche Angaben auf dem Herbaretikett sind: Familie; deutsche Namen bzw. Volksnamen, und zwar die tatsächlich am Fundort

(Sammelgebiet) von den Einheimischen verwendeten, was dokumentarischen Wert haben kann! (Die bloß aus Büchern abgeschriebenen dürfen damit nicht verwechselt oder vermischt werden!). Weiters: Wuchsweise, Lebensform, besondere Beobachtungen (wie tierische Besucher oder Fresser usw.). Wichtig ist dabei jedoch stets: Die Angaben auf dem Etikett eines wissenschaftlichen Herbarbelegs haben dokumentarischen Charakter, d. h., sie sollen sich ausschließlich auf die vorliegenden Individuen, auf die betreffende konkrete Aufsammlung beziehen. Eventuelle allgemeine Angaben über die ganze Species, über deren Lebensweise und ökologische Streuung (Amplitude), Verbreitung und Verwendung usw. (wie etwa in Lehrbehelfen oder Bestimmungsbüchern) sollten auf dem Herbaretikett grundsätzlich vermieden werden. Wenn das nicht möglich ist, müssen sie von den dokumentarischen Angaben deutlich getrennt und als solche gekennzeichnet werden, um Mißverständnisse auszuschließen.

Weitere übliche Abkürzungen: cf. = *confer* = „vergleiche!", d. h. die Bestimmung (Determination) ist noch unsicher, nur vorläufig (provisorisch, aber nicht professorisch), bedarf weiterer Überprüfung. Determinator (= Bestimmer/in; „det." = *„determinavit"* [= „er/sie hat bestimmt]"). Angabe des/derjenigen, der/die die Bestimmung durchgeführt hat, mit Datum (zumindest Jahreszahl)! Sehr nützlich und empfehlenswert ist die Angabe des verwendeten Bestimmungsbuches (jedenfalls sinnvoller als die Angabe des nomenklatorischen Autors des Taxons!). Falls man als Gewährsperson für eine Bestimmung jemanden angibt, der die betreffende Aufsammlung nicht persönlich gesehen und geprüft hat, dann sollte man nicht „det." schreiben, sondern die Ausdrücke *„fide"* oder *„teste"* (= „nach der Meinung, dem Zeugnis von") verwenden.

## Beispiel für Herbaretiketten:

HERBARIUM JOSEF L. SCHWARZ

Flora von Österreich

*Draba fladnizensis*

**Tirol:** Osttirol: Hohe Tauern:
Berge NW ob Kals: ca. 0,3 km SW der Gipfelkote 2554 m (S des Hohen Törl) im Gratzug Weißer Knopf – Kofelkopf [Brunner Kogel] (8941/4)

Ost-expon. Rasen über Kalkschiefer; ca. 2540 m s. m.

31. Juli 1993, leg. *Erika Weiß & Josef L. Schwarz,* Nr. 16 213
det.: *E. Weiß,* 1995
(n. ADLER, OSWALD & al.: „Exkursionsflora v. Österr.", 1. Aufl., 1994)

**Aufbewahren und Ordnen**. Die trockenen Pflanzen können lose in einem Doppelbogen Zeitungspapier aufgehoben werden; dies womöglich nur kurzfristig wegen der leicht entstehenden Beschädigungen beim Hantieren. Besser ist es daher, sie auf einem Bogen festen Papiers oder dünnen Kartons (= „Spannbogen") mit einigen Klebestreifen zu befestigen (= „aufzuspannen"). Dafür sind weiße, gummierte Papierstreifen am besten geeignet. Vor selbstklebenden Streifen („Tesafilm", „Tixo" und dgl.) muß gewarnt werden, da sie meist nach einiger Zeit braun und brüchig werden, die Pflanzen beschädigen und sich ablösen. Die getrockneten Pflanzen (= „Exsikkate") sollte man nicht mit einer Klarsichtfolie überziehen, da

sie dadurch beschädigt werden und außerdem nähere Untersuchungen des Materials unmöglich werden.
Zusätzlich können Habitus-, Blüten- und Standortsfotos als anschauliche Ergänzung auf den Herbarbogen aufgeklebt werden. Kleine und/oder abbrechende Teile wie Samen usw. sind in (aufgeklebten) Papierfaltkuverts beizufügen.
Gut präparierte und vor allem vollständig beschriftete (etikettierte) Herbarbelege (mit verläßlicher u. genauer Herkunftsangabe!) sind Dokumente von bleibendem wissenschaftlichem Wert und in entsprechenden (öffentlichen) Sammlungen (Museen, Universitäten) immer willkommen.

Das Herbar muß vor Feuchtigkeit und Staub und vor allem vor Schädlingsbefall geschützt aufbewahrt werden. Es soll von Zeit zu Zeit auf Insektenfraß oder Schimmelbildung durchgesehen werden. Gegen Insektenfraß wirksame Mittel sind z. B. Pyrethroide, die für den Menschen kaum gefährlich sind. – Die Taxa in einem Herbarium werden meist nach einem natürlichen System angeordnet (z. B. in der Reihenfolge dieser Exkursionsflora). Es können – zwecks leichteren Auffindens – die Familien aber auch alphabetisch geordnet werden, innerhalb der Familien können die Gattungen und innerhalb der Gattungen die Arten gleichfalls alphabetisch angeordnet werden. Für Lehrzwecke kann auch eine Ordnung nach morphologischen, ökologischen, geobotanischen oder angewandt-botanischen Gesichtspunkten nützlich sein.

**Benützung und Untersuchung von Herbarmaterial.** Herbarbögen dürfen nicht wie Buchseiten umgeblättert werden, sie müssen stets mit der Pflanze nach oben umgelegt werden. Gut präparierte Herbarpflanzen lassen sich leicht, auch für Bestimmungszwecke, untersuchen. Blüten, Früchte und andere Pflanzenteile kann man dabei zwecks näherer Analyse mit einem Tropfen „Pril"-Lösung (oder einem anderen Detergentium) oder durch Einlegen in (warmes) Wasser aufweichen. Bei wertvollem Material werden diese abgelösten Teile (ebenso abgebrochene Stücke, herausgefallene Samen) nach der Untersuchung unter leichtem Druck wieder gepreßt und getrocknet und dem Herbarbogen in einem Kuvert wieder beigefügt.
Wer sich nach diesen Empfehlungen eine einwandfreie und daher wissenschaftlich wertvolle Sammlung aufgebaut hat, sollte rechtzeitig Verfügung treffen, welcher Großsammlung (einer wissenschaftlichen Institution wie Museum oder Universität) sie eingegliedert (verkauft) werden soll, wenn er/sie sie nicht mehr selbst betreuen will oder kann.

## Botanische Adressen

(Siehe auch Verzeichnis der Autoren dieses Buches auf S. 12ff.!)

Arbeitsgruppe „Flora von Österreich" (Univ.-Prof. Dr. MANFRED A. FISCHER, Dr. WALTER GUTERMANN, Dipl.-Ing. Dr. CHRISTIANE KÖNIG, Mag. Dr. ELVIRA HÖRANDL, Dr. JOSEF GREIMLER), Institut für Botanik der Universität Wien, Rennweg 14, A-1030 Wien; und: Forschungsstelle für Biosystematik und Ökologie der Österreichischen Akademie der Wissenschaften, Kegelgasse 27, A-1030 Wien.

*Zentralstelle für die Kartierung der Flora Österreichs (Univ.-Prof. Dr. HARALD NIKLFELD, DR. WALTER GUTERMANN, Dr. LUISE SCHRATT), Institut für Botanik der Universität Wien, Rennweg 14, A-1030 Wien. Dieser Zentralstelle, die den Verbreitungsatlas der Flora Österreichs erarbeitet, sind etliche Regionalstellen beigeordnet, die in diesem Adreßverzeichnis gleichfalls mit einem vorangesetzten * bezeichnet sind.

Wien, Niederösterreich und Burgenland:
*Geobotanisch-Floristische Arbeitsgemeinschaft der Zoologisch-Botanischen Gesellschaft in Österreich (Dr. WALTER GUTERMANN), Institut für Botanik der Universität Wien, Rennweg 14, A-1030 Wien.

Abteilung für Vegetationsökologie und Naturschutzforschung (Univ.-Prof. Dr. GEORG GRABHERR), Inst. f. Pflanzenphysiologie der Universität Wien, Althanstraße 14, A-1030 Wien.
Botanisches Institut der Universität für Bodenkultur (Univ.-Prof. Dr. ERICH HÜBL, Univ.-Prof. Dr. WOLFGANG HOLZNER), (Postadresse:) Gregor-Mendel-Str. 33, A-1180 Wien.
Botanische Abteilung des Naturhistorischen Museums (OR. Mag. Dr. ADOLF POLATSCHEK, Dr. BRUNO WALLNÖFER), Burgring 7, A-1014 Wien.
Biologische Station Illmitz (Dr. E. KÖLLNER, Dr. E. WEBER), A-7142 Illmitz. (Burgenland.)
Wiener-Niederösterreichische Arbeitsgemeinschaft für heimische Orchideen (Mag. BERNHARD SCHUBERT), Parkring 12, A-1010 Wien; Mag. B. SCH., Hausenbach 48, A-3121 Karlstetten.

Mit der Floristik vor allem ihres Bundeslandes befassen sich u. a. insbesondere auch:
SchR. JOSEF WÖHL, Hauptplatz 9/28, A-7350 Oberpullendorf. (Burgenland).
WOLFGANG ADLER, Schönbrunner Str. 67, A-1050 Wien (Wien).
WALTER FORSTNER, Obere Augartenstr. 16/15, A-1020 Wien.
ObInsp. KARL OSWALD, Babenbergerstr. 19, A-3180 Lilienfeld (Niederösterreich).
Prof. Mag. PETER BUCHNER, Pitten 386, A-2823 (Niederösterreich).

Oberösterreich:
*Botanische Arbeitsgemeinschaft am Oberösterreichischen Landesmuseum (Mag. pharm. ROBERT STEINWENDTNER), Museumstr. 14, A-4020 Linz; H.-Wagner-Str. 8, A-4400 Steyr.
Abteilung Botanik, Biologiezentrum des Oberösterreichischen Landesmuseums (Wiss. OR Univ.-Doz. Dr. FRANZ SPETA), Johann-Wilhelm-Klein-Str. 73, A-4040 Linz-Dornach.

Mit der Floristik vor allem dieses Bundeslandes befassen sich u. a. insbesondere auch:
Prof. FRANZ GRIMS, Gadern 27, A-4775 Taufkirchen/Pram.
Prof. Mag. Dr. GERHARD PILS, Karl-Renner-Str. 4/9/47, A-4040 Linz-Dornach.

Steiermark:
*Floristisch-Geobotanische Arbeitsgemeinschaft des Naturwissenschaftlichen Vereins für Steiermark (W. OR. Dr. DETLEF ERNET), Abteilung für Botanik, Steiermärkisches Landesmuseum Joanneum, Raubergasse 10, A-8010 Graz.
Institut für Botanik der Universität Graz (Univ.-Prof. Dr. HERWIG TEPPNER), Holteigasse 6, A-8010 Graz.
Arbeitskreis heimische Orchideen Steiermark (Dr. ERICH KLEIN), Abteilung für Botanik, Steiermärkisches Landesmuseum Joanneum, Raubergasse 10, A-8010 Graz.

Mit der Floristik vor allem dieses Bundeslandes befassen sich u. a. insbesondere auch:
OStR. Prof. Mag. HELMUT MELZER, Buchengasse 14, A-8740 Zeltweg.
RegR. WILLIBALD MAURER, Koßgasse 11 a, A-8010 Graz.

Kärnten:
*Botanische Abteilung des Landesmuseums für Kärnten (Dr. GERFRIED H. LEUTE), Museumgasse 2, A-9021 Klagenfurt.

Mit der Floristik vor allem dieses Bundeslandes befaßt sich u. a. insbesondere auch:
Prof. Mag. Dr. WILFRIED R. FRANZ, Am Birkengrund 75, A-9073 Klagenfurt-Viktring.

Salzburg:
*Institut für Botanik der Universität Salzburg, Hellbrunner Str. 34, A-5020 Salzburg.
Institut für Ökologie am Haus der Natur (Dr. HELMUT WITTMANN), Arenbergstr. 10, A-5020 Salzburg.

Tirol und Vorarlberg:
*Institut für Botanik der Universität Innsbruck (Dr. BRIGITTA ERSCHBAMER), Sternwartestr. 15, A-6020 Innsbruck.
Tiroler Landesmuseum „Ferdinandeum" (Dr. WOLFGANG NEUNER), Museumstraße 15, A-6020 Innsbruck.

Mit der Floristik vor allem dieser beiden Bundesländer befaßt sich u. a. insbesondere auch:
OR. Mag. Dr. ADOLF POLATSCHEK, Botanische Abteilung des Naturhistorischen Museums, Burgring 7, A-1014 Wien.

# Übersicht über das System der Organismen

und insbesondere das diesem Buch zugrunde gelegte

# System der Pflanzen

Reich ***Prokaryota*** (Organismen ohne echten Zellkern): Bakterien und Blaualgen
Reich ***Eukaryota*** (Pflanzen und Tiere mit echtem Zellkern):
Unterreich ***Protobionta***: Algen, Pilze, tierische Einzeller
Unterreich ***Metazoa***: Mehrzellige Tiere
Unterreich ***Embryophyta***
Überabteilung **Moose, *Bryophyta***

(Alle bis hierher genannten Organismensippen werden in diesem Buch nicht behandelt.)

Überabteilung **Gefäßpflanzen, *Tracheophyta*** *(Cormophyta)*
Abteilung **Gefäßsporenpflanzen, Farnpflanzen i. w. S., *Pteridophyta***
Unterabteilung **Bärlapppflanzen, *Lycophytina***
Klasse **Bärlappähnliche, *Lycopsida***
Ordnung Bärlappartige, *Lycopodiales*
1. Familie: Bärlappgewächse, *Lycopodiaceae*
Ordnung Moosfarnartige, *Selaginellales*
2. Familie: Moosfarngewächse, *Selaginellaceae*
(Ordnung Brachsenkrautartige, *Isoëtales*)
⊖ (2b. Familie: Brachsenkrautgewächse, *Isoëtaceae*)

Unterabteilung **Schachtelhalmpflanzen, *Sphenophytina***
Klasse **Schachtelhalmähnliche, *Sphenopsida***
Ordnung Schachtelhalmartige, *Equisetales*
3. Familie: Schachtelhalmgewächse, *Equisetaceae*

Unterabteilung **Farnpflanzen i. e. S., Farne i. w. S., *Pterophytina (Polypodiophytina)***
Klasse **Natterzungenähnliche, *Ophioglossopsida***
Ordnung Natternzungenartige, *Ophioglossales*
4. Familie: Natternzungengewächse, *Ophioglossaceae*

Klasse **Tüpfelfarnähnliche, Eigentliche Farne, Farne i. e. S., *Polypodiopsida***
Ordnung Tüpfelfarnartige, *Polypodiales*
5. Familie: Venusfarngewächse, *Adiantaceae*
(★)(5b. Familie: Wasserhornfarngewächse, *Parkeriaceae*)
6. Familie: Adlerfarngewächse, *Dennstaedtiaceae*
7. Familie: Sumpffarngewächse, *Thelypteridaceae*
8. Familie: Streifenfarngewächse, *Aspleniaceae*
9. Familie: Wurmfarngewächse, *Dryopteridaceae*
10. Familie: Rippenfarngewächse, *Blechnaceae*
11. Familie: Tüpfelfarngewächse, *Polypodiaceae (s. str.)*

Klasse **Kleefarnähnliche, *Marsileopsida***
Ordnung Kleefarnartige, *Marsileales*
12. Familie: Kleefarngewächse, *Marsileaceae*

(Klasse **Schwimmfarnähnliche, *Salviniopsida***)
Ordnung Schwimmfarnartige, *Salviniales*
☆ (13. Familie: Schwimmfarngewächse, *Salviniaceae*)
☆ (13b. Familie: Algenfarngewächse, *Azollaceae*)

Abteilung **Samenpflanzen (Blütenpflanzen), *Spermatophyta***
Unterabteilung **Nadel-Nacktsamer, *Coniferophytina***
(Klasse **Ginkgoähnliche, *Ginkgoopsida***)
★ (13c. Familie: Ginkgogewächse, *Ginkgoaceae*)

Klasse **Nadelhölzer, *Coniferopsida***
Unterklasse **Föhrenähnliche, *Pinidae***
Ordnung Föhrenartige, *Pinales*
14. Familie: Föhrengewächse, *Pinaceae*
15. Familie: Zypressengewächse, *Cupressaceae*
★ (15b. Familie: Sumpfzypressengewächse, *Taxodiaceae*)

Unterklasse **Eibenähnliche, *Taxidae***
Ordnung Eibenartige, *Taxales*
16. Familie: Eibengewächse, *Taxaceae*

(Unterabteilung **Fieder-Nacktsamer, *Cycadophytina***)

Unterabteilung **Bedecktsamer, *Angiospermophytina (Angiospermae)***
Klasse **Zweikeimblättrige, *Dicotyledoneae (Magnoliopsida)***
Unterklasse **Magnolienähnliche, *Magnoliidae***
Überordnung **Magnolienblütige, *Magnolianae***
(Ordnung Magnolienartige, *Magnoliales*)
★ (16b. Familie: Magnoliengewächse, *Magnoliaceae*)
Ordnung Osterluzeiartige, *Aristolochiales*
17. Familie: Osterluzeigewächse, *Aristolochiaceae*
Überordnung **Seerosenblütige, *Nymphaeanae***
Ordnung Seerosenartige, *Nymphaeales*
18. Familie: Seerosengewächse, *Nymphaeaceae*
19. Familie: Hornblattgewächse, *Ceratophyllaceae*

Unterklasse **Hahnenfußähnliche, *Ranunculidae***
Überordnung **Hahnenfußblütige, *Ranunculanae***
Ordnung Hahnenfußartige, *Ranunculales*
20. Familie: Hahnenfußgewächse, *Ranunculaceae*
21. Familie: Berberitzengewächse, *Berberidaceae*
Ordnung Mohnartige, *Papaverales*
22. Familie: Mohngewächse, *Papaveraceae*
23. Familie: Erdrauchgewächse, *Fumariaceae*

Unterklasse **Nelkenähnliche, *Caryophyllidae***
Ordnung Nelkenartige (Zentralsamige), *Caryophyllales (Centrospermae)*
24. Familie: Nelkengewächse, *Caryophyllaceae*
25. Familie: Kermesbeerengewächse, *Phytolaccaceae*
26. Familie: Portulakgewächse, *Portulacaceae*
27. Familie: Gänsefußgewächse, *Chenopodiaceae*
28. Familie: Fuchsschwanzgewächse, *Amaranthaceae*
Ordnung Knöterichartige, *Polygonales*
29. Familie: Knöterichgewächse, *Polygonaceae*
Ordnung Bleiwurzartige, *Plumbaginales*
30. Familie: Bleiwurzgewächse, *Plumbaginaceae*

Unterklasse **Zaubernußähnliche (Kätzchenblütige), *Hamamelididae***
Ordnung Zaubernußartige, *Hamamelidales*
★ 31. Familie: Platanengewächse, *Platanaceae*
Ordnung Buchenartige, *Fagales*
32. Familie: Buchengewächse, *Fagaceae*
33. Familie: Birkengewächse (i. w. S.), *Betulaceae (s. l.)*
Ordnung Brennesselartige, *Urticales*
34. Familie: Ulmengewächse, *Ulmaceae*
★ 35. Familie: Maulbeergewächse, *Moraceae*
36. Familie: Hanfgewächse, *Cannabaceae*
37. Familie: Brennesselgewächse, *Urticaceae*
Ordnung Walnußartige, *Juglandales*
38. Familie: Walnußgewächse, *Juglandaceae*

Unterklasse **Rosenähnliche, *Rosidae***
Überordnung **Rosenblütige, *Rosanae (Rosiflorae)***
Ordnung Steinbrechartige, *Saxifragales*
39. Familie: Stachelbeergewächse, *Grossulariaceae*
40. Familie: Dickblattgewächse, *Crassulaceae*
41. Familie: Steinbrechgewächse, *Saxifragaceae*
42. Familie: Herzblattgewächse, *Parnassiaceae*
Ordnung Rosenartige, *Rosales*
43. Familie: Rosengewächse, *Rosaceae*
Überordnung **Hülsenfrüchtige, *Fabanae***
Ordnung Hülsenfrüchtler, *Fabales (Leguminosae)*
★ 44. Familie: Bockshörndlbaumgewächse, *Caesalpiniaceae*
★ (44b. Familie: Mimosengewächse, *Mimosaceae*)
45. Familie: Schmetterlingsblütler, *Fabaceae*
Überordnung **Myrtenblütige, *Myrtanae***
Ordnung Myrtenartige, *Myrtales*
46. Familie: Nachtkerzengewächse, *Onagraceae*
47. Familie: Blutweiderichgewächse, *Lythraceae*
48. Familie: Wassernußgewächse, *Trapaceae*
Ordnung Seebeerenartige, *Haloragales*
49. Familie: Tausenblattgewächse (Seebeerengewächse), *Haloragaceae*
Überordnung **Rautenblütige (Fiederblättrige), *Rutanae (Pinnatae)***
Ordnung Rautenartige, *Rutales*
50. Familie: Pistaziengewächse (Kaschugewächse, Sumachgewächse), *Anacardiaceae*
51. Familie: Rautengewächse, *Rutaceae*
52. Familie: Bittereschengewächse, *Simaroubaceae*
Ordnung Seifenbaumartige, *Sapindales*
53. Familie: Ahorngewächse, *Aceraceae*
54. Familie: Pimpernußgewächse, *Staphyleaceae*
(★)55. Familie: Roßkastaniengewächse, *Hippocastanaceae*
Ordnung Storchschnabelartige, *Geraniales (Gruinales)*
56. Familie: Sauerkleegewächse, *Oxalidaceae*
57. Familie: Leingewächse, *Linaceae*
† 57a. Familie: Jochblattgewächse, *Zygophyllaceae*
58. Familie: Storchschnabelgewächse, *Geraniaceae*
59. Familie: Springkrautgewächse, *Balsaminaceae*
★ 60. Familie: Kapuzinerkressengewächse, *Tropaeolaceae*
Ordnung Kreuzblumenartige, *Polygalales*
61. Familie: Kreuzblumengewächse, *Polygalaceae*
Überordnung **Pfaffenkäppchenblütige (Diskusblütige), *Celastranae (Disciflorae)***
Ordnung Pfaffenkäppchenartige (Baumwürgerartige), *Celastrales*
62. Familie: Pfaffenkäppchengewächse (Spindelstrauchgewächse), *Celastraceae*
Ordnung Kreuzdornartige, *Rhamnales*
63. Familie: Kreuzdorngewächse, *Rhamnaceae*
64. Familie: Weinrebengewächse, *Vitaceae*
Ordnung Sandelholzartige, *Santalales*
65. Familie: Sandelholzgewächse, *Santalaceae*
66. Familie: Mistelgewächse, *Loranthaceae*
Überordnung **Wolfsmilchblütige, *Euphorbianae***
Ordnung Wolfsmilchartige, *Euphorbiales*
67. Familie: Buchsbaumgewächse, *Buxaceae*
68. Familie: Wolfsmilchgewächse, *Euphorbiaceae*
Ordnung Spatzenzungenartige, *Thymelaeales*
69. Familie: Spatzenzungengewächse, *Thymelaeaceae*

Ordnung Ölweidenartige, *Elaeagnales*
70. Familie: Ölweidengewächse, *Elaeagnaceae*
Überordnung **Efeublütige (Sellerieblütige), *Aralianae***
Ordnung Efeuartige, *Araliales*
71. Familie: Efeugewächse, *Araliaceae*
72. Familie: Doldenblütler (Selleriegewächse), *Apiaceae (Umbelliferae)*
Unterklasse **Dillenienähnliche, *Dilleniidae***
Überordnung **Dillenienblütige, *Dillenianae***
Ordnung Dillenienartige, *Dilleniales*
73. Familie: Pfingstrosengewächse, *Paeoniaceae*
Überordnung **Teeblütige, *Theanae***
Ordnung Teeartige, *Theales (Guttiferales)*
74. Familie: Johanniskrautgewächse, *Hypericaceae (Guttiferae)*
75. Familie: Tännelgewächse, *Elatinaceae*
Ordnung Sonnentauartige, *Droserales*
76. Familie: Sonnentaugewächse, *Droseraceae*
Überordnung **Veilchenblütige, *Violanae***
Ordnung Veilchenartige, *Violales (Parietales)*
77. Familie: Veilchengewächse, *Violaceae*
78. Familie: Zistrosengewächse, *Cistaceae*
79. Familie: Tamariskengewächse, *Tamaricaceae*
Ordnung Kapernartige, *Capparales*
80. Familie: Kreuzblütler (Kohlgewächse), *Brassicaceae (Cruciferae)*
81. Familie: Resedagewächse, *Resedaceae*
Ordnung Weidenartige, *Salicales*
82. Familie: Weidengewächse, *Salicaceae*
Ordnung Kürbisartige, *Cucurbitales*
83. Familie: Kürbisgewächse, *Cucurbitaceae*
Überordnung **Malvenblütige, *Malvanae***
Ordnung Malvenartige, *Malvales (Columniferae)*
84. Familie: Lindengewächse, *Tiliaceae*
85. Familie: Malvengewächse, *Malvaceae*
Überordnung **Hartriegelblütige, *Cornanae***
Ordnung Hartriegelartige, *Cornales*
86. Familie: Hortensiengewächse (Pfeifenstrauchgewächse), *Hydrangeaceae (Philadelphaceae)*
87. Familie: Stechpalmengewächse, *Aquifoliaceae*
88. Familie: Hartriegelgewächse, *Cornaceae*
Ordnung Heidekrautartige, *Ericales (Bicornes)*
89. Familie: Heidekrautgewächse, *Ericaceae*
90. Familie: Wintergrüngewächse, *Pyrolaceae*
91. Familie: Fichtenspargelgewächse, *Monotropaceae*
92. Familie: Krähenbeerengewächse, *Empetraceae*
Überordnung **Primelblütige, *Primulanae***
Ordnung Primelartige, *Primulales*
93. Familie: Primelgewächse, *Primulaceae*
Unterklasse **Lippenblütlerähnliche (Taubnesselähnliche), *Lamiidae***
Überordnung **Enzianblütige, *Gentiananae***
Ordnung Enzianartige, *Gentianales (Contortae)*
94. Familie: Enziangewächse, *Gentianaceae*
95. Familie: Fieberkleegewächse, *Menyanthaceae*
96. Familie: Hundsgiftgewächse, *Apocynaceae*
97. Familie: Seidenpflanzengewächse, *Asclepiadaceae*
98. Familie: Krappgewächse (Kaffeegewächse), *Rubiaceae*
Ordnung Ölbaumartige, *Oleales*
99. Familie: Ölbaumgewächse, *Oleaceae*

Ordnung Kardenartige, *Dipsacales*
100. Familie: Geißblattgewächse, *Caprifoliaceae* (inkl. Holundergewächse, *Sambucaceae*)
101. Familie: Moschuskrautgewächse, *Adoxaceae*
102. Familie: Baldriangewächse, *Valerianaceae*
103. Familie: Kardengewächse, *Dipsacaceae*

Überordnung **Nachtschattenblütige, *Solananae***
Ordnung Nachtschattenartige, *Solanales*
104. Familie: Himmelsleitergewächse, *Polemoniaceae*
105. Familie: Windengewächse, *Convolvulaceae*
106. Familie: Teufelszwirngewächse, *Cuscutaceae*
107. Familie: Nachtschattengewächse, *Solanaceae*

Ordnung Boretschartige, *Boraginales*
★ 108. Familie: Wasserblattgewächse, *Hydrophyllaceae*
109. Familie: Rauhblattgewächse (Boretschgewächse), *Boraginaceae*

Überordnung **Taubnesselblütige, *Lamianae***
Ordnung Rachenblütlerartige, *Scrophulariales*
★ 110. Familie: Sommerfliedergewächse, *Buddlejaceae*
111. Familie: Rachenblütler (Braunwurzgewächse), *Scrophulariaceae*
112. Familie: Kugelblumengewächse, *Globulariaceae*
113. Familie: Sommerwurzgewächse, *Orobanchaceae*
114. Familie: Wasserschlauchgewächse, *Lentibulariaceae*
★ (114b. Familie Bignoniengewächse, *Bignoniaceae*)
115. Familie: Wegerichgewächse, *Plantaginaceae*

Ordnung Tannenwedelartige, *Hippuridales*
116. Familie: Tannenwedelgewächse, *Hippuridaceae*

Ordnung Lippenblütlerartige, *Lamiales*
117. Familie: Eisenkrautgewächse, *Verbenaceae*
118. Familie: Lippenblütler (Taubnesselgewächse), *Lamiaceae* (*Labiatae*)
119. Familie: Wassersterngewächse, *Callitrichaceae*

Unterklasse **Korbblütlerähnliche, *Asteridae*** (*Synandrae*)
Ordnung Glockenblumenartige, *Campanulales*
120. Familie: Glockenblumengewächse, *Campanulaceae*

Ordnung Korbblütlerartige, *Asterales*
121. Familie: Korbblütler (Asterngewächse), *Asteraceae* (*Compositae*)

Klasse **Einkeimblättrige, *Monocotyledoneae (Liliopsida)***
Unterklasse **Froschlöffelähnliche, *Alismatidae (Helobiae)***
Ordnung Froschlöffelartige, *Alismatales*
122. Familie: Schwanenblumengewächse, *Butomaceae*
123. Familie: Froschlöffelgewächse, *Alismataceae*

Ordnung Froschbißartige, *Hydrocharitales*
124. Familie: Froschbißgewächse, *Hydrocharitaceae*

Ordnung Nixenkrautartige (Laichkrautartige), *Najadales* (*Potamogetonales*)
125. Familie: Blasensimsengewächse, *Scheuchzeriaceae*
126. Familie: Dreizackgewächse, *Juncaginaceae*
127. Familie: Laichkrautgewächse, *Potamogetonaceae*
128. Familie: Teichfadengewächse, *Zannichelliaceae*
129. Familie: Nixenkrautgewächse, *Najadaceae*

Unterklasse **Lilienähnliche, *Liliidae***
Überordnung **Lilienblütige, *Lilianae (Liliiflorae)****
Ordnung Yamwurzartige, *Dioscoreales*
130. Familie: Yamwurzgewächse, *Dioscoreaceae*

*131. Familie: Einbeerengewächse, *Trilliaceae*
Ordnung Spargelartige, *Asparagales*
*132. Familie: Spargelgewächse, *Asparagaceae*
*133. Familie: Grasliliengewächse, *Asphodelaceae*
*134. Familie: Tagliliengewächse, *Hemerocallidaceae*
*135. Familie: Hyazinthengewächse, *Hyacinthaceae*
*136. Familie: Lauchgewächse, *Alliaceae*
137. Familie: Narzissengewächse, *Amaryllidaceae*
Ordnung Lilienartige, *Liliales (s. str.)*
*138. Familie: Germergewächse, *Melanthiaceae*
*139. Familie: Herbstzeitlosengewächse, *Colchicaceae*
*140. Familie: Liliengewächse (i. e. S.), *Liliaceae (s. str.)*
141. Familie: Schwertliliengewächse, *Iridaceae*
Überordnung **Orchideenblütige, *Orchidanae (Gynandrae)***
Ordnung Orchideenartige, *Orchidales*
142. Familie: Orchideen (Knabenkrautgewächse), *Orchidaceae*
Überordnung **Simsenblütige, *Juncanae***
Ordnung Simsenartige, *Juncales*
143. Familie: Simsengewächse, *Juncaceae*
Ordnung Riedgrasartige, *Cyperales*
144. Familie: Riedgrasgewächse (Sauergräser), *Cyperaceae*
Überordnung **Rohrkolbenblütige, *Typhanae***
Ordnung Rohrkolbenartige, *Typhales*
145. Familie: Rohrkolbengewächse (i. w. S.: inkl. Igelkolbengewächse), *Typhaceae (s. l.:* inkl. *Sparganiaceae)*
Überordnung **Commelinablütige, *Commelinanae***
Ordnung Commelinaartige, *Commelinales*
☆ (146. Familie: Commelinagewächse, *Commelinaceae*)
Ordnung Süßgrasartige, *Poales (Glumiflorae)*
147. Familie: Süßgräser (Echte Gräser), *Poaceae (Gramineae)*

Unterklasse **Palmenähnliche, *Arecidae (Spadiiflorae)***
Überordnung **Aronstabblütige, *Aranae***
Ordnung Aronstabartige, *Arales*
148. Familie: Aronstabgewächse, *Araceae* (inkl. Kalmusgewächse, *Acoraceae*)
149. Familie: Wasserlinsengewächse, *Lemnaceae*

* Anm.: Die mit * bezeichneten 9 Familien wurden früher und traditionellerweise und in manchen Florenwerken auch heute noch zur Familie der Liliengewächse i. w. S. (= *Liliaceae s. l.*) zusammengefaßt (wegen ihrer äußerlichen Ähnlichkeiten besonders im Blütenbau, obwohl diese Gemeinsamkeiten nach heutiger Auffassung auf Konvergenz und nicht auf Verwandtschaft beruhen).

# Übersicht über die Hauptschlüssel

*Der Anfänger beginne den Bestimmungsvorgang mit dem Eingangsschlüssel, der zu den Hauptschlüsseln hinführt.*



## Eingangsschlüssel

(Übersicht über die Hauptschlüssel):

Anm.: Die Hinweise wie zB „→ B 46" oder „→ G XIII 6" bedeuten „siehe Hauptschlüssel **B**, Pkt 46" bzw. „siehe Hauptschlüssel **G**, Schlüssel XIII, Pkt 6", denn dort findet sich eine genauere Beschreibung der betreffenden Gattung oder Familie (immer nur bezüglich der im Buch behandelten österreichischen Vertreter). Für die größten bzw. wichtigsten Familien wird hingegen im Haupttext (unmittelbar vor dem Gattungsschlüssel) eine knappe Familienbeschreibung geboten (die sich ebenfalls stets nur auf die heimischen Vertreter bezieht). Hinweise in eckigen Klammern beziehen sich auf jene Schlüsselpunkte, bei denen die betreffende Gattung oder Familie gleichfalls als Ergebnis aufscheint.

**1** Ganze Pf im Wasser untergetaucht oder schwimmend oder mit SchwimmB.
**Hauptschlüssel A** (→ S. 187)

**–** Land- oder SumpfPf . . . . . **2**

**2** Baum oder Strauch (Pf ♄; auch Liane oder Zwergstrauch).
**Hauptschlüssel B** (→ S. 191)

– Pf krautig (Pf nicht oder nur am StgGrund etwas verholzt) . . . . . . . . 3

3 Pf keine Blü u. keine Sa hervorbringend. — Fortpflanzung (Ausbreitung) durch Sporen. (GefäßsporenPf: Farne, Bärlappe, Schachtelhalme, Moosfarne). **Hauptschlüssel C** (→ S. 201)

– Pf Blü u. Sa hervorbringend . . . . . . . . . . . . . . . . . . . . . . . . 4

4 Pf zumindest während des Blühens ohne grüne LB. **Hauptschlüssel D** (→ S. 204)

– Pf während des Blühens mit grünen LB . . . . . . . . . . . . . . . . . . 5

5 Pf grasartig: LB'Spreite schmal-lanzettlich bis linealisch oder borstenförmig oder binsenartig (stielrund, stengelartig, hohl oder voll). — Blü oft von trokkenhäutigen HochB (Spelzen) eingehüllt, oft in Ähren oder Köpfchen angeordnet; BlüHülle fehlend oder unscheinbar, nämlich grün (K'artig) oder trokkenhäutig. **Hauptschlüssel F** (→ S. 206)

– Pf anders, nicht grasartig. — Blü oft nicht von trockenhäutigen HochB eingehüllt; BlüHülle meist vorhanden, nur slt grün u. nur slt trockenhäutig . . 6

6 *Man untersuche den Blüstd!* Blüstd: Korb (dh Blüstd ein Köpfchen, das von einer HochB'Hülle [= Korbhülle = „Hülle"] umgeben ist; Abb. 376). *Die Körbe ähneln Blüten u. sind mitunter nur wenige mm groß! Beim sorgfältigen Zerlegen (Lupe!) läßt sich ihre Natur aber meist unschwer erkennen: sie bestehen nicht aus Blütenteilen, sondern enthalten ganze, wenn auch mitunter sehr kleine Blüten: vgl. Abb. 377 a, b!)* **Hauptschlüssel E** (→ S. 205)

–!! Blüstd: Doppeldolde (Abb. 248). **Doldenblütler, *Apiáceae*** (→ S. 525)

–!! Blüstd: Kolben (Abb. 471, 505–507). — BlüHülle fehlend oder unscheinbar . . . . . . . . . . . . . . . . . . . . . . . . . . . . . . . . . . 7

– Blü einzeln oder Blüstd weder Korb noch Doppeldolde noch Kolben, sondern andersartig (wenn Köpfchen, dann dieses nicht von einer HochB'Hülle umgeben) . . . . . . . . . . . . . . . . . . . . . . . . . . . . . . . . . . 9

7 Kolben tatsächlich seitenständig, mit nur ♀ Blü; WuStock u. LB *(beim Zerreiben)* nicht riechend. — ♂ Blü in endständigen Rispen; BlüHülle fehlend. ★ **Mais, *Zéa*** *(Poaceae)* (→ S. 1045)

–!! Kolben scheinbar seitenständig, von einer Stg'ähnlichen Blattscheide (Spatha) überragt, mit ⚥ Blü; WuStock u. LB *(beim Zerreiben)* stark (angenehm) riechend. — Perigon K'artig, 6zählig. **Kalmus, *Ácorus*** *(Araceae)* (→ S. 1046)

– Kolben deutlich endständig, mit meist 1geschlechtigen Blü; WuStock u. LB *(beim Zerreiben)* nicht auffällig riechend . . . . . . . . . . . . . . . . . 8

8 LB herz- oder pfeilförmig; Kolben von einem großen HochB scheidenförmig umgeben (Abb. 505, 506, 507). — Pf mit knolligem oder kriechendem Rhizom; Fr: Beere. **Aronstabgewächse, *Aráceae*** (→ S. 1046)

– LB linealisch oder schwertförmig; Kolben nicht von einem HochB umgeben (Abb. 471). — Unterer Kolbenteil ♀, oberer ♂ (Pf 1häusig); Fr: Nuß. **Rohrkolben, *Týpha*** *(Typhaceae)* (→ S. 980)

9 [6] Stempel (innerhalb der scheinbaren BlüHülle) deutlich gestielt, vom Ende des Blühens an nickend oder überhängend (aus der „Blü" seitlich heraushängend); „Blü" nur scheinbar eine ZwitterBlü (tatsächlich ein sogen. Cyathium: Abb. 243); scheinbare BlüHülle becherförmig, am Rand mit 4–5, meist gelb gefärbten Nektardrüsen. — Mehrere Cyathien (ScheinBlü) in einem Pleiochasium angeordnet. **Wolfsmilch, *Euphórbia*** *(Euphorbiaceae)* (→ S. 516)

– Stempel nicht deutlich gestielt; Blü anders . . . . . . . . . . . . . . . 10

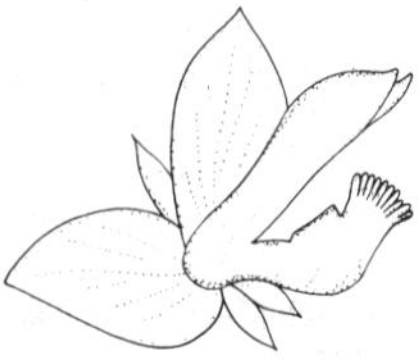

Abb. 108

**10** Blü ohne Ähnlichkeit mit einer SchmetterlingsBlü.

**Hauptschlüssel G** (→ S. 207)

**-** Blü eine Schmetterlingsblume, dh Kro ↓, zumindest zT freiblättrig, StaubB u. Stempel von KroB eingehüllt (Abb. 82, 108, 210 a) . . . . . . . . . . . . **11**

**11** KB deutlich miteinander verwachsen. — Kro u. StaubB: Abb. 210.

**Schmetterlingsblütler, *Fabáceae*** (→ S. 444)

**-!!** KB frei: 2 innere, große, kronblattartige, u. 3 äußere, kleine (Abb. 108). — LB einfach, unzerteilt, ganzrandig.

**Kreuzblume, *Polýgala*** *(Polygalaceae)* (→ G 6; → S. 507)

**-** KB frei (2 winzige) oder fehlend. — LB zusammengesetzt oder einfach (u. dann geschnitten bis geteilt); Kro gespornt (Abb. 82).

**Erdrauchgewächse, *Fumariáceae*** (→ S. 292)

# Hauptschlüssel A: (Wasserpflanzen)

**1** Sproß weniger als 1 cm lg, in oder auf dem Wasser frei schwimmend, linsenförmig (Abb. 508, 510) u. einzeln oder gestielt-lanzettlich u. mehrere kreuzweise miteinander verbunden (Abb. 509). — Blü werden sehr slt gebildet, sie sind winzig u. sitzen zu 2–3 in einer Spalte am Sproßrand, ohne BlüHülle, 1geschlechtig; ♀ Blü aus 1 Stempel, ♂ aus 1 StaubB bestehend.

**Wasserlinsengewächse, *Lemnáceae*** (→ S. 1048)

**-** Pf anders gestaltet . . . . . . . . . . . . . . . . . . . . . . . . . . . . . **2**

**2** Pf ohne Blätter — u. ohne Blü, untergetaucht, im Boden verankert; Stg quirlästig, spröde (sehr zerbrechlich), ohne gezähnte Scheiden; Astglieder mit mohnkorngroßen Geschlechtsorganen. **Armleuchteralgen, *Charáceae*** (werden in diesem Buch nicht behandelt, da zu den Algen u. nicht zu den GefäßPf gehörend)

**-** Pf stets mit Blättern (LB) . . . . . . . . . . . . . . . . . . . . . . . . **2b**

**2b** Blätter (LB) binsen-, gras- oder farnartig, stets in grundständiger Rosette (wenn glückskleeähnlich, → Pkt 9). — Pf meist ohne Blü . . . . . . . . . **2c**

**-** Blätter (LB) nicht so, weder binsen- noch farnartig . . . . . . . . . . . . . . **3**

**2c** Blätter farnartig, verschieden gestaltet: UnterwasserB (wie auch die SchwimmB) gestielt (Blattstiel bis 30 cm lg, mit Luftgewebe), Spreite ± tief gelappt bis geschnitten; die aus dem Wasser herausragenden LuftB 2–3×-gefiedert, Abschnitte linealisch, fast stielrund. (Nur in K.) **(☆) Wasserhornfarn, *Ceratópteris*** *(Parkeriaceae)* (→ S. 242)

**-** Blätter binsenartig, alle gleich gestaltet . . . . . . . . . . . . . . . . . . . **23**

**3** LB'Spreite muschelförmig; LB'Stiel flach, nach vorn zu keilig verbreitert, unterhalb der Spreite mit 4–6 Borsten. **† Wasserfalle, *Aldrovánda*** *(Droseraceae)* (→ S. 568)

**-** LB anders gestaltet . . . . . . . . . . . . . . . . . . . . . . . . . . . . . **4**

**4** Alle LB in viele fädliche oder borstliche Abschnitte zerteilt, — alle untergetaucht u. gleich gestaltet . . . . . . . . . . . . . . . . . . . . . . . . . . **5**

- Nicht alle LB in fädliche bis borstliche Abschnitte zerteilt. — LB unzerteilt (mitunter aber fädlich!) oder zerteilt bis zusammengesetzt (gefingert oder gefiedert) u. dann stets mit br Abschnitten bzw. Blättchen . . . . . . . . . . . **9**

**5** BlüHülle ↓ (Abb. 345); LB an den Zipfeln meist mit 0,5–2 mm lg Bläschen (Fangblasen zum Fang kleiner Wassertiere, Abb. 344). — LB wechselständig; Blüstd: Traube; Kro gelb, gespornt; StaubB 2.
**Wasserschlauch, *Utriculária*** *(Lentibulariaceae)* (→ S. 746)
- BlüHülle ⊕; LB ohne Bläschen . . . . . . . . . . . . . . . . . . . . . . . . **6**

**6** LB quirlständig; Blü 1geschlechtig (Pf 1häusig) . . . . . . . . . . . . . . . **7**
- LB wechselständig; Blü ⚥ . . . . . . . . . . . . . . . . . . . . . . . . . . . . **8**

**7** LB wiederholt gabelig zerteilt (Abb. 146), — im Alter oft verhärtet u. starr, (wie die Stg) leicht zerbrechlich; Pf untergetaucht lebend (auch die Blü unter Wasser!); Blü in den Achseln von LB; Fr: 1samige Nuß.
**Hornblatt, *Ceratophýllum*** *(Ceratophyllaceae)* (→ S. 264)
- LB kammförmig gefiedert (Abb. 225), — weich u. biegsam (nicht zerbrechlich); Blü quirlständig, in aufrechten, über die Wasseroberfläche hinausragenden Ähren; KB 4; KroB 4 oder fehlend; Fr in 4 1samige TeilFr zerfallend.
**Tausendblatt, *Myriophýllum*** *(Haloragaceae)* (→ S. 495)

**8** LB wiederholt gabelig zerteilt; Blü einzeln (seitenständig). — Kro weiß.
**Wasserhahnenfuß, *Ranúnculus subgen. Batráchium***
*(Ranunculaceae)* (→ S. 265)
- LB kammförmig gefiedert; Blü quirlständig, einen traubenförmigen Blüstd bildend. — Kro weiß bis rosa.
**Wasserfeder, *Hottónia*** *(Primulaceae)* (→ S. 659)

**9** [4] LB 4zählig zusammengesetzt (fast gefingert, glückskleeähnlich).
**Kleefarn, *Marsílea*** *(Marsileaceae)* (→ S. 255)
- LB nicht 4zählig zusammengesetzt . . . . . . . . . . . . . . . . . . . . . . . **10**

**10** Wenigstens die oberen LB auf dem Wasser schwimmend oder aus dem Wasser herausragend . . . . . . . . . . . . . . . . . . . . . . . . . . . . . . . . . . . **11**
- Alle LB untergetaucht . . . . . . . . . . . . . . . . . . . . . . . . . . . . . . **21**

**11** LB in 3zähligen Quirlen, davon je 2 elliptisch, ganzrandig u. schwimmend, das dritte untergetaucht u. in wurzelähnliche, fädliche Abschnitte zerteilt. — SchwimmB oberseits mit behaarten Warzen. ★ **Schwimmfarn, *Salvínia*** *(Salviniaceae)* (→ S. 256)
- Pf anders gestaltet . . . . . . . . . . . . . . . . . . . . . . . . . . . . . . . . **12**

**12** SchwimmB'Spreite handförmig gelappt bis geteilt, — im Umriß ± rundlich; Blü einzeln; KroB weiß, am Grund mit einer Nektarschuppe.
**Wasserhahnenfuß, *Ranúnculus subgen. Batráchium***
*(Ranunculaceae)* (→ S. 283, Pkt 35)
- SchwimmB unzerteilt . . . . . . . . . . . . . . . . . . . . . . . . . . . . . . . **13**

**13** SchwimmB elliptisch bis rundlich-eiförmig, am Grund tief-herzförmig eingeschnitten . . . . . . . . . . . . . . . . . . . . . . . . . . . . . . . . . . . . . **14**
- SchwimmB linealisch, lanzettlich, eiförmig oder rhombisch, am Grund niemals eingeschnitten . . . . . . . . . . . . . . . . . . . . . . . . . . . . . . . . . . . **16**

**14** Pf frei schwimmend; LB'Spreite meist weniger als 5 cm br; Blü 1geschlechtig; Kro 3zählig, — weniger als 2 cm br; KroB 3, weiß.
**Froschbiß, *Hydrócharis*** *(Hydrocharitaceae)* (→ S. 880)
- Pf im Boden wurzelnd; LB'Spreite (3)5–30 cm br; Blü ⚥; Kro 5- bis vielzählig . . . . . . . . . . . . . . . . . . . . . . . . . . . . . . . . . . . . . . . . . **15**

**15** SchwimmB unterseits drüsig punktiert; Blü in den Achseln der obersten StgB; StaubB 5; Kro verwachsenblättrig, — gelb.
**Seekanne, *Nymphoídes*** *(Menyanthaceae)* (→ S. 670)
**-** SchwimmB unterseits nicht drüsig punktiert; Blü dem am Boden kriechenden Rhizom entspringend; StaubB zahlr; BlüHülle freiblättrig, — weiß oder gelb; Rhizom dick, stärkereich; Leitbündel ohne Tracheen; Fr: beeren- oder kapselartige SammelFr. **Seerosengewächse, *Nymphaeáceae*** (→ S. 263)
**16** [13] LB deutlich gezähnt, — rosettig angeordnet . . . . . . . . . . . . . **17**
**-** LB ganzrandig . . . . . . . . . . . . . . . . . . . . . . . . . . . . . . . . **18**
**17** LB br-linealisch, halb aus dem Wasser ragend, — 2–3 cm br, stachelig gezähnt.
**Krebsschere, *Stratiótes*** *(Hydrocharitaceae)* (→ S. 880)
**-** LB (SchwimmB) rhombisch, mit der ganzen Spreite auf der Wasseroberfläche schwimmend, — mit bauchigem Stiel; KB, KroB u. StaubB je 4; Frkn mittelständig; Fr: Nuß, von dem vergrößerten Achsenbecher umschlossen, mit 2–4, aus KB umgewandelten Dornen, stärkereich („Wasserkastanie").
**Wassernuß, *Trápa*** *(Trapaceae)* (→ S. 495)
**18** SchwimmB *(samt eventuell vorhandenem LB'Stiel)* etwa 5–20 mm lg.
**Wasserstern, *Callítriche*** *(Callitrichaceae)* (→ A 38–; → S. 772)
**-!!** SchwimmB (stets ungestielt) weniger als 3 mm lg.
☆ **Algenfarn, *Azólla*** *(Azollaceae)* (→ S. 256)
**-** SchwimmB *(samt eventuell vorhandenem LB'Stiel)* mehr als 50 mm lg . **19**
**19** Blü stets deutlich gestielt, in meist rispenartigen Blüstd; LB ohne NebenB, am Grund nicht mit trockenhäutiger, stengelumfassender, röhriger Scheide. — Pf mit Milchsaft; KB 3; KroB 3, weiß oder rötlich; Fr 1samig.
**Froschlöffelgewächse, *Alismatáceae*** ([A 33]; → S. 878)
**-** Blü sitzend, in dichten Ähren; LB mit großem, scheinbar achselständigem NebenB oder am Grund mit trockenhäutiger, röhriger, stengelumfassender Scheide (Ochrea, Abb. 109) . . . . . . . . . . . . . . . . . . . . . . **20**
**20** LB fiedernervig, am Grund mit trockenhäutiger, stengelumfassender Röhre (Ochrea, Abb. 109); PerigonB 5, rosa; StaubB 5.
**Wasser-Knöterich, *Persicária amphíbia*** *(Polygonaceae)* (→ S. 351)
**-** LB parallelnervig, am Grund ohne trockenhäutige Röhre (Ochrea), aber zuweilen mit großem, (scheinbar) achselständigem NebenB; (scheinbare) PerigonB 4, grün oder bräunlich; StaubB 4, — mit sitzenden Staubbeuteln; Blü ⚥, ohne BlüHülle, aber mit 4 perigonähnlichen, grundständigen StaubB-Anhängseln; Fr 1samig. **Laichkrautgewächse, *Potamogetonáceae*** ([A 28]; → S. 881)
**21** [10] LB in grundständiger Rosette, — linealisch (bandförmig) oder (pfriemlich-)binsenartig; Stg höchstens mit SchuppenB . . . . . . . . . **22**
**-** LB nicht in grundständiger Rosette (sondern ± gleichmäßig über den Stg verteilt) . . . . . . . . . . . . . . . . . . . . . . . . . . . . . . **24**
**22** LB flach, lg-linealisch (bandförmig), 5–12 mm br, stumpf, — 20–80 cm lg.
**(★) Wasserschraube, *Vallisnéria*** *(Hydrocharitaceae)* (→ S. 880)
**-** LB stielrund bis halbstielrund, binsenartig, 1–2 mm br (am Grund auffallend stark verbreitert), spitz . . . . . . . . . . . . . . . . . . . . . **23**
**23** [2c] Pf mit Ausläufern, ohne knolliges Rhizom; Wu weiß; LB nicht quergefächert; Pf Blü u. Sa bildend (nur über der Wasseroberfläche).
**Strandling, *Littorélla*** *(Plantaginaceae)* (→ G XIII 6; → S. 750)
**-** Pf ohne Ausläufer, mit knolligem Rhizom; Wu dunkel; LB deutlich quergefächert; Pf niemals Blü u. Sa bildend. — Blätter eine dichte Rosette bildend, am Grund scheidenartig verbreitert u. je ein Sporangium tragend.
⊖ **Brachsenkraut, *Isoëtes*** *(Isoëtaceae)* (→ S. 236)

**24** [21] LB entfernt-stachelig-gezähnt. — Pf ⊙, sehr zerbrechlich; Blü 1geschlechtig, in LB'Achseln sitzend; Fr: 1samige Nuß.
**Nixenkraut, *Nájas*** *(Najadaceae)* (→ S. 886)
**-** LB ganzrandig oder sehr fein gesägt bis gezähnt . . . . . . . . . . . . **25**

**25** LB (wenigstens die untergetauchten) in (6)8–15zähligen Quirlen. — Blü einzeln, seitenständig . . . . . . . . . . . . . . . . . . . . . . . . . . **26**
**-** LB meist wechsel- oder gegenständig, wenn quirlständig, dann Quirle höchstens 6zählig . . . . . . . . . . . . . . . . . . . . . . . . . . . . **27**

**26** UnterwasserB 1,5–2,5 mm br; ÜberwasserB (falls vorhanden) in vielzähligen Quirlen; Sproßachse im ∅ mit sehr vielen, kleinen, regellos angeordneten Hohlräumen. **Tannenwedel, *Hippúris*** *(Hippuridaceae)* (→ S. 751)
**-** UnterwasserB 0,5–1,5 mm br; ÜberwasserB (falls vorhanden) in 3zähligen Quirlen; Sproßachse im ∅ mit wenigen, großen, radiär angeordneten Hohlräumen. **Quirl-Tännel, *Elatíne alsinástrum*** *(Elatinaceae)* (→ S. 566)

**27** LB in ihrer Achsel mit einem (oft großen) NebenB oder mit röhriger, den Stg umgebender NebenBScheide . . . . . . . . . . . . . . . . . . . . . . **28**
**-** LB ohne achselständiges NebenB u. ohne röhrige NebenBScheide . . . . **29**

**28** Blü zu wenigen in LB'Achseln, untergetaucht blühend.
**Teichfaden, *Zannichéllia*** *(Zannichelliaceae)* (→ S. 885)
**-** Blü in meist vielblütiger, meist aus dem Wasser ragender Ähre.
**Laichkrautgewächse, *Potamogetonáceae*** (→ A 20; → S. 881)

**29** LB höchstens 2 mm br, — schmal-linealisch bis pfriemlich . . . . . . . . **30**
**-** LB meist breiter als 2 mm . . . . . . . . . . . . . . . . . . . . . . . . **32**

**30** Blü in 2–6blütigen Köpfchen (diese rispig angeordnet).
**Rasen-Simse, *Júncus bulbósus*** *(Juncaceae)* (→ S. 936)
**-** Blü einzeln, seitenständig . . . . . . . . . . . . . . . . . . . . . . . . **31**

**31** KroB u. KB je 4; H: 3–5 cm.
**Nordisches Teichkraut, *Cràssula aquática*** *(Crassulaceae)* (→ S. 368)
**-** KroB u. KB fehlend; H: (5)10–50 cm.
**Wasserstern, *Callítriche*** *(Callitrichaceae)* (→ A 38; → S. 772)

**32** [29] LB wechselständig (an der Sproßspitze manchmal noch zusätzlich 2 gegenständige) . . . . . . . . . . . . . . . . . . . . . . . . . . . . . . **33**
**-** LB gegenständig oder quirlständig . . . . . . . . . . . . . . . . . . . . **34**

**33** Blü 1geschlechtig, in kugeligen, übereinanderstehenden Köpfchen (Abb. 469). — Obere Köpfchen ♂, untere ♀; Fr: SteinFr.
**Igelkolben, *Spargánium*** *(Typhaceae)* ([G XIII 4, 15]; → S. 981)
**-** Blü ⚥, einzeln (slt zu 2–5), gestielt.
**Froschlöffelgewächse, *Alismatáceae*** (→ A 19; → S. 878)

**34** LB etwas stengelumfassend, einander paarweise (slt zu 3–5) genähert, fast gegenständig, — ungestielt, scheidenlos; Blü grün, in wenigblütiger, aus dem Wasser ragender Ähre.
**Dichtlaichkraut, *Groenlándia*** *(Potamogetonaceae)* (→ S. 885)
**-** LB nicht stengelumfassend, quirlständig oder eindeutig gegenständig . . **35**

**35** LB quirlständig (zumindest die oberen) . . . . . . . . . . . . . . . . **35b**
**-** LB gegenständig . . . . . . . . . . . . . . . . . . . . . . . . . . . . **36**

**35b** LB ganzrandig; Blü ⚥. **Quirl-Tännel, *Elatíne alsinástrum*** (→ Pkt 26–)
**-** LB fein gesägt bis gezähnt; Blü meist 1geschlechtig. — Blü oder Blüstd vor der

Entfaltung in eine aus 1 oder 2 HochB gebildete Hülle (Spatha) eingeschlossen; Fr beerenartig, unter Wasser reifend. **Froschbißgewächse, *Hydrocharitáceae*** (→ S. 879)

36 LB etwa 10 mm br. **Heusenkraut, *Ludwígia*** *(Onagraceae)* (→ S. 486)
- LB 2–5 mm br . . . . . . . . . . . . . . . . . . . . . . . . . . . . **37**

37 Grund der LB'Stiele etwas verbreitert, mit dem des gegenüberstehenden LB ± deutlich verwachsen; BlüHülle 5zählig u. verwachsenblättrig.
**Quellkraut, *Móntia*** *(Portulacaceae)* (→ G III 5; → S. 326)
- Grund der LB'Stiele nicht verbreitert, mit dem des gegenüberstehenden LB nicht verwachsen, oder LB sitzend. — BlüHülle fehlend oder 3–4zählig u. dann getrenntblättrig . . . . . . . . . . . . . . . . . . . . . . . . . **38**

38 LB mit kleinen NebenB; K u. Kro vorhanden (3–4zählig). — StaubB 3, 6 oder 8; Fr eine fast kugelige Kapsel ohne scharfe Kanten.
**Tännel, *Elatíne*** *(Elatinaceae)* ([G III 11–, VI 6, VII 5]; → S. 566)
- LB ohne NebenB; BlüHülle fehlend, aber meist durch 2 sichelförmige VorB ersetzt. — SchwimmB gegenständig, rosettig gedrängt; untere, untergetauchte LB nicht rosettig; Blü in den Achseln der SchwimmB, unscheinbar, 1geschlechtig; StaubB 1; Frkn 1; Fr 4teilig, mit 4 ± scharfen Kanten.
**Wasserstern, *Callítriche*** *(Callitrichaceae)* ([A 18, 31]; → S. 772)

# Hauptschlüssel B (Holzgewächse):

1 Pf zur BlüZeit ohne entfaltete LB . . . . . . . . . . . . . . . . . . . **2**
- Pf zur BlüZeit mit ± entfalteten LB (oder LB u. Blü sich gleichzeitig entfaltend) . . . . . . . . . . . . . . . . . . . . . . . . . . . . . **11**

2 Zumindest die ♂ Blüstd sind Kätzchen. (Bei Hasel/*Corylus* ♀ Blü in wenigblütigen, knospenartigen Blüstd, aus denen nur die roten Narben herausragen). — LB wechselständig, einfach, unzerteilt . . . . . . . . . . . . . . . . **3**
- Blüstd: keine Kätzchen . . . . . . . . . . . . . . . . . . . . . . . **4**

3 Pf 2häusig; Fr: Kapsel. — Sa mit grundständigem Haarschopf
**Weidengewächse, *Salicáceae*** (→ S. 617)
- Pf 1häusig; Fr: Nuß. — LB'Spreite gesägt bis gekerbt; ♂ Kätzchen meist hängend; Blü ohne oder nur mit unscheinbarer BlüHülle (Perigon); Frkn 1; Narben 2.
**Birkengewächse, *Betuláceae*** (→ S. 358)

4 Pf stark dornig, — scheinbar blattlos, da ohne LB'Spreiten (die LB'Stiele, NebenB u. Kurztriebspitzen sind zu Dornen umgewandelt).
**(★) Stechginster, *Úlex*** *(Fabaceae)* (→ S. 454)
- Pf dornenlos . . . . . . . . . . . . . . . . . . . . . . . . . . . **5**

5 LB, Seitentriebe u. Knospen wechselständig . . . . . . . . . . . . . **6**
- LB, Seitentriebe u. Knospen gegenständig. — Kro fehlend oder vorhanden . . . . . . . . . . . . . . . . . . . . . . . . . . . . . . **9**

6 BlüHülle aus K u. Kro bestehend. — StaubB meist mehr als 8 . . . . . **7**
- BlüHülle ein Perigon. — StaubB 3–8 . . . . . . . . . . . . . . . . . **8**

7 StaubB mindestens 20; Kro ⊕; Fr keine Hülse.
**Rosengewächse, *Rosáceae*** (→ S. 380)
- StaubB 8–10; Kro stark ↓ (schmetterlingsblütenähnlich); Fr: Hülse
**★ Judasbaum, *Cércis*** *(Caesalpiniaceae)* (→ S. 444)

**8** Baum oder großer, über 2 m hoher Strauch; Perigon unscheinbar, glockig, bräunlich; Fr: ringsum br'häutig geflügelte Nuß; LB'Spreite doppelt gesägt, am Grund ± deutlich asymmetrisch (Abb. 193 b, c). — LB 2zeilig angeordnet, einfach, unzerteilt; Blü ⚥; Perigon 4–8zählig; StaubB 3–8; Frkn 1, oberständig; Gri 2. **Ulme, *Úlmus*** *(Ulmaceae)* (→ S. 363)

**-** Kleiner, höchstens 1,2 m hoher Strauch; Perigon (tatsächlich: becherförmiger BlüBoden: Achsenbecher) auffällig lg'röhrig, kräftig purpurrosa; Fr: knallrote SteinFr; LB'Spreite ganzrandig, am Grund symmetrisch. — StaubB 8. **Echter Seidelbast, *Dáphne mezéreum*** *(Thymelaeaceae)* (→ S. 523)

**9** [5] StaubB 2. — Kro fehlend oder, wenn vorhanden, dann verwachsenblättrig u. länger als 10 mm. **Ölbaumgewächse, *Oleáceae*** (→ B 32; → S. 678)

**-** StaubB 4 oder 8(10). — Kro fehlend oder, wenn vorhanden, dann freiblättrig u. kürzer als 7 mm . . . . . . . . . . . . . . . . . . . . . . . . . **10**

**10** Blüstd: sitzende Dolde; Blü 2–3 mm ∅; BlüHülle (Kro) kräftig gelb; StaubB 4; Frkn unterständig; Gri 1; LB einfach u. unzerteilt (eiförmig bis schmal-elliptisch); Fr: rote SteinFr. **Dirndlstrauch, *Córnus más*** *(Cornaceae)* (→ B 31; → S. 642)

**-** Blüstd: gestielte, aufrechte oder hängende Rispe oder Traube; Blü mehr als 3 mm ∅; BlüHülle h'- bis gelbgrün oder fehlend; StaubB (4)8(10); Frkn oberständig; Gri (Narben) 2; LB einfach (handförmig gelappt bis gespalten, Abb. 229 a, 230 a, 231 a) oder zusammengesetzt (unpaarig gefiedert); Fr: SpaltFr, in 2 geflügelte TeilFr zerfallend (Abb. 229 b, 230 b, 231 b). — KB 4–5, frei; KroB 4–5, frei oder fehlend; StaubB meist einem Diskus eingefügt. **Ahorn, *Ácer*** *(Aceraceae)* ([B 34]; → S. 497)

**11** [1] Blü auf der Oberseite LB'artig verbreiterter, immergrüner Zweigachsen (Phyllokladien) doldig gehäuft in der Achsel eines schuppenförmigen, derben, immergrünen HochB; Blätter auf dem Stg klein, unscheinbar, trockenhäutig. **Mäusedorn, *Rúscus*** *(Asparagaceae)* ([G XIV 19]; → S. 890)

**-!!** LB schuppenförmig (Abb. 110, 144) . . . . . . . . . . . . . . . . . . . . **12**

**-!!** LB nadelförmig . . . . . . . . . . . . . . . . . . . . . . . . . . . . . . . . **14**

**-** LB weder schuppen- oder nadelförmig noch die Blü auf der Oberseite von Phyllokladien . . . . . . . . . . . . . . . . . . . . . . . . . . . . . . . . **19**

**12** LB wechselständig. — Blüstd: Traube; KB 5; KroB 5, h'rosa bis weiß; Frkn 1, oberständig; Fr: vielsamige Kapsel; Sa mit Haarschopf. **Tamariskengewächse, *Tamaricáceae*** (→ S. 576)

**-** LB gegenständig, — 4zeilig angeordnet . . . . . . . . . . . . . . . . **13**

**13** LB am Grund mit 2 abwärtsgerichteten Öhrchen, — nicht harzführend u. nicht aromatisch; Zwergstrauch; Kro u. K purpurrosa; H: (0,1)0,2–0,4(0,6) m. **Besenheide, *Callúna*** *(Ericaceae)* (→ S. 646)

**-** LB am Grund ohne Öhrchen, — harzführend (*beim Zerreiben* aromatisch!); an jüngeren Pf LB mitunter nadelförmig u. in 3zähligen Quirlen; Strauch oder Baum; H: 0,5–20(30) m. **Zypressengewächse, *Cupressáceae*** (→ S. 260)

**14** [11] Nadeln in Scheinquirlen zu 3 oder 4 (manchmal auch gegenständig) **15**

**-** Nadeln wechselständig oder an Kurztrieben gebüschelt . . . . . . . . . **16**

**15** Nadeln *(beim Zerreiben)* aromatisch; Blü 1geschlechtig (Pf 2häusig), ohne BlüHülle; „Fr": blauschwarzer Beerenzapfen. **Wacholder, *Juníperus*** *(Cupressaceae)* (→ S. 261)

**-** Nadeln *(beim Zerreiben)* nicht aromatisch; Blü ⚥, mit (h'purpurner) BlüHülle; Fr: Kapsel. **Schneeheide, *Eríca*** *(Ericaceae)* (→ S. 646)

**16** Zwergstrauch; H: 0,1–0,3 m . . . . . . . . . . . . . . . . . . . . . . . . . **17**
**-** Strauch oder Baum; H: 1–50 m . . . . . . . . . . . . . . . . . . . . . . . . **18**

**17** Kro 3zählig, rosa; Nadeln nicht stachelspitzig, am Rand stark umgerollt, ihre Ränder unterseits an einer weißen Linie einander fast berührend; Fr: schwarze SteinFr. — Blü unscheinbar, KB u. KroB je 3.
**Krähenbeere, *Émpetrum*** *(Empetraceae)* ([G XIV 13, 21]; → S. 650)
**-** Kro 5zählig, goldgelb; Nadeln stachelspitzig, am Rand nicht umgerollt, fast stielrund, unterseits ohne weiße Linie; Fr: Kapsel.
**Heideröschen, *Fumána*** *(Cistaceae)* (→ S. 576)

**18** Nadeln (unter ihrem stielartigen Grund) als grüne Leisten auf der Zweigachse herablaufend, ihr Mittelnerv oberseits stark hervortretend, harzlos, beim Zerreiben daher nicht aromatisch; Pf 2häusig. — Strauch oder Baum; ♂ Blü kugelig; StaubB 6–15; ♀ Blü einzeln, knospenförmig, mit einer einzigen SaAnlage; Sa von einer fleischigen, zur Reife roten Hülle (= Arillus) umgeben.
**Eibe, *Táxus*** *(Taxaceae)* (→ S. 262)
**-** Nadeln nicht auf der Zweigachse herablaufend, ihr Mittelnerv oberseits nicht stark hervortretend, harzführend, beim Zerreiben daher aromatisch; Pf 1häusig. — Baum oder Strauch; ♂ Blü kätzchenförmig; StaubB zahlr.; ♀ Blüstd: Zapfen; SaSchuppen mit den Deckschuppen nicht verwachsen; Sa zu 2 auf der Oberseite der SaSchuppen, meist geflügelt; SaSchuppen verholzend.
**Föhrengewächse, *Pináceae*** (→ S. 256)

**19** [11] LB gegenständig, quirlständig oder einander quirlähnlich genähert . **20**
**-** LB wechselständig oder an Kurztrieben rosettig . . . . . . . . . . . . . **44**

**20** LB zusammengesetzt (gefiedert oder gefingert) . . . . . . . . . . **21**
**-** LB einfach (unzerteilt oder zerteilt) . . . . . . . . . . . . . . . . . . . . . **26**

**21** LB gefingert. — Kro (wie Andrözeum) ↓, freiblättrig; StaubB 5–8; Gri 1; Fr: 1–3fächrige, weichstachelige Kapsel; Sa etwa 3–4 cm br.
(★) **Roßkastanie, *Áesculus*** *(Hippocastanaceae)* (→ S. 499)
**-** LB gefiedert . . . . . . . . . . . . . . . . . . . . . . . . . . . . . . . . . **22**

**22** Pf kletternd (Kletterstrauch = Liane); Blättchenstiel etwa ½× so lg wie die Blättchenspreite. **Waldrebe, *Clématis*** *(Ranunculaceae)* (→ S. 276)
**-** Pf nicht kletternd; Blättchen sitzend oder ihr Stiel viel weniger als ½× so lg wie die Blättchenspreite . . . . . . . . . . . . . . . . . . . . . . . . . . . . . **23**

**23** LB zur Blühzeit noch nicht entwickelt; Seitennerven der Blättchen den Rand erreichend, in die Blättchenzähne laufend.
(★) **Eschen-Ahorn, *Ácer negúndo*** *(Aceraceae)* (→ S. 497)
**-** LB zur Blühzeit bereits vollständig entwickelt; Seitennerven der Blättchen den Rand nicht erreichend . . . . . . . . . . . . . . . . . . . . . . . . . . . **24**

**24** Baum; KroB 2 (fast frei); StaubB 2. — LB mit 5–9 Blättchen.
**Blumen-Esche, *Fráxinus órnus*** *(Oleaceae)* (→ S. 679)
**-** Strauch; KroB 5 (frei oder miteinander verwachsen); StaubB 5. — LB mit 3–7 Blättchen . . . . . . . . . . . . . . . . . . . . . . . . . . . . . . . . . . **25**

**25** Blättchen fein gezähnt (etwa 7 Zähne je cm), beim Zerreiben nicht auffällig riechend; junge Zweigachsen glatt, die 1–2jährigen krautig (grünlich bis braunrot); Blüstd (traubenförmige Rispe) hängend, 10–20blütig; Fr (Kapsel) 3–4 cm lg, trocken, häutig, aufgeblasen.
**Pimpernuß, *Staphyléa*** *(Staphyleaceae)* (→ S. 499)
**-** Blättchen grob gezähnt (etwa 5 Zähne je cm), beim Zerreiben stark unangenehm riechend; junge Zweigachsen von Korkporen (Lentizellen) rauh, 2jährige

Zweigachsen bereits verholzt; Blüstd (Rispe oder Schirmrispe) aufrecht, mehr als 50blütig; Fr (SteinFr) höchstens 0,5 cm lg (∅), saftig, nicht aufgeblasen.
**Holunder, *Sambúcus*** *(Caprifoliaceae)* (→ S. 681)

**26** [20] LB ganzrandig (ausgenommen SchößlingsB), — niemals zerteilt . . **27**
**–** LB nicht ganzrandig, — unzerteilt oder zerteilt . . . . . . . . . . . . . . **33**

**27** Pf auf Bäumen (oder Sträuchern) schmarotzend. — PerigonB 4 oder 6; Frkn unterständig; Fr: Beere mit klebrigem Fleisch.
**Mistelgewächse, *Lorantháceae*** (→ S. 515)
**–** Pf im Boden wurzelnd . . . . . . . . . . . . . . . . . . . . . . . . . . . . . **28**

**28** Halbstrauch, niederliegend oder kriechend . . . . . . . . . . . . . . . . . **29**
**–** Strauch, aufrecht oder kletternd (windend) . . . . . . . . . . . . . . . . **30**

**29** Kro purpurn; BlüHülle ↓. — LB sommergrün.
**Quendel, *Thýmus*** *(Lamiaceae)* (→ S. 766)
**–!!** Kro blau; BlüHülle ⊕. — LB immergrün, kahl, 3–8 cm lg; Kro 5zählig, Zipfel in der Knospe gedreht; Frkn oberständig; Fr: BalgFr.
**Immergrün, *Vínca*** *(Apocynaceae)* ([G V 37]; → S. 670)
**–** Kro gelb; BlüHülle ⊕. — LB nicht immergrün, Spreite 0,5–3 cm lg, meist behaart. **Sonnenröschen, *Heliánthemum*** *(Cistaceae)* (→ S. 574)

**30** LB immergrün, Spreite 1–3(4) cm lg. — Blü 1geschlechtig (Pf einhäusig), unscheinbar, in achselständigen Knäueln; Perigon grünlichgelblich; StaubB meist 4; Staubbeutel gelb; Gri 3; Fr: Kapsel.
**Buchsbaum, *Búxus*** *(Buxaceae)* (→ S. 516)
**–!!** LB wintergrün, Spreite (bei den größeren LB) 5–6 cm lg. — Blü ⚥, auffallend; Kro rosarot.
**Lorbeerrose, *Kálmia*** *(Ericaceae)* (→ S. 644)
**–** LB sommergrün, meist länger als 4 cm . . . . . . . . . . . . . . . . . . **31**

**31** Seitennerven bogig zur LB'Spitze hin verlaufend — u. in den Rand einmündend; Zweigachsen u. Laubknospen ± behaart; Blüstd: Dolde oder Schirmrispe; KroB u. StaubB 4; Frkn unterständig; Fr: SteinFr.
**Hartriegel, *Córnus*** *(Cornaceae)* ([B 10]; → S. 642)
**–** Seitennerven zum LB'Rand verlaufend. — LB gegenständig; Kro verwachsenblättrig . . . . . . . . . . . . . . . . . . . . . . . . . . . . . . . . **32**

**32** Ansatzstelle der LB'Stiele jedes LB'Paares durch eine Querlinie (Fortsetzung der LB'Stielränder) miteinander verbunden (Abb. 111). — Pf meist ♄; LB gegenständig, einfach oder gefiedert; Blü ⚥, ⊕ oder ↓; KB (4)5, oft rückgebildet; Kro verwachsenblättrig; KroB u. StaubB je (4)5; Frkn unterständig; Fr: Beere, SteinFr oder Kapsel.
**Geißblattgewächse, *Caprifoliáceae*** (→ S. 680)
**–** Ansatzstelle der LB'Stiele der LB'Paare nicht durch eine Querlinie verbunden. — LB gegenständig; KB 4 (slt fehlend); Kro verwachsenblättrig u. 4zählig oder (slt) fehlend; StaubB 2; Frkn oberständig; Gri 1; Fr: Nuß, Kapsel oder SteinFr.
**Ölbaumgewächse, *Oleáceae*** ([B 9]; → S. 678)

**33** [26] LB zerteilt (gelappt bis gespalten) . . . . . . . . . . . . . . . . . . **34**
**–** LB unzerteilt, — gesägt, gezähnt oder gekerbt . . . . . . . . . . . . . . **35**

**34** LB'Stiel (nahe dem Spreitengrund) mit becherförmigen Nektardrüsen.
**Gewöhnlicher Schneeball, *Vibúrnum ópulus*** *(Caprifoliaceae)* (→ S. 682)
**–** LB'Stiel ohne Nektardrüsen. **Ahorn, *Ácer*** *(Aceraceae)* (→ B 10; → S. 497)

**35** Stg kriechend. **Moosglöckchen, *Linnáea*** *(Caprifoliaceae)* (→ S. 682)
**–** Stg nicht kriechend . . . . . . . . . . . . . . . . . . . . . . . . . . . . . **36**

**36** LB am StgGrund einander scheinquirlig genähert, immergrün.
**Winterlieb, *Chimáphila*** *(Pyrolaceae)* (→ S. 648)

- LB am StgGrund einander nicht scheinquirlig genähert, sommergrün, — gegenständig . . . . . . . . . . **37**

**37** Ansatzstelle der LB'Stiele jedes LB'Paares durch eine Querlinie (Fortsetzung der LB'Stielränder) miteinander verbunden (Abb. 111) . . . . . . . . **38**
- Ansatzstelle der LB'Stiele jedes LB'Paares nicht durch eine Querlinie verbunden. — LB kahl . . . . . . . . . . **42**

**38** LB unterseits weißfilzig. — Blüstd (Rispe) vielblütig; Kro 4zählig, lila bis violett; KB u. StaubB 4; Frkn oberständig; Fr: Kapsel.
(★) **Sommerflieder,** ***Buddléja*** *(Buddlejaceae)* (→ S. 709)
- LB unterseits nicht weißfilzig (wenn auch mitunter dicht behaart) . . . . **39**

**39** Heurige Zweigachsen dicht sternhaarig.
**Wolliger Schneeball,** ***Vibúrnum lantána*** *(Caprifoliaceae)* (→ S. 681)
- Heurige Zweigachsen nicht sternhaarig . . . . . . . . **40**

**40** Blü etwa 5 mm ∅, in eiförmigen, vielblütigen Rispen angeordnet; Frkn oberständig; Fr: 2flügelige SpaltFr.
**Tataren-Ahorn,** ***Ácer tatáricum*** *(Aceraceae)* (→ S. 498)
- Blü etwa 20–30 mm ∅, nicht in vielblütigen Rispen angeordnet; Frkn unterständig; Fr: Kapsel . . . . . . . . **41**

**41** BlüHülle 4zählig; Kro getrenntblättrig, weiß; StaubB zahlr.; Frkn u. Fr nicht stielförmig. **Pfeifenstrauch,** ***Philadélphus*** *(Hydrangeaceae)* (→ S. 642)
- BlüHülle 5zählig; Kro verwachsenblättrig, rosa; StaubB 5; Frkn u. Fr stielförmig.
★ **Weigelie,** ***Wéigela*** *(Caprifoliaceae)* (→ S. 682)

**42** [37] Seitennerven bogenförmig zur LB'Spitze hin verlaufend; Fr: schwarze, kugelige SteinFr. — Pf mitunter dornig; KroB 4(5); Diskus innerhalb des StaubB-Kreises. **Kreuzdorn,** ***Rhámnus*** *(Rhamnaceae)* (→ S. 511)
- Seitennerven zum LB'Rand hin verlaufend; Fr: Kapsel. — Pf stets dornenlos . . . . . . . . . . **43**

**43** LB'Spreite nur vorn gezähnt; Kro goldgelb; StaubB 2.
★ **Forsythie,** ***Forsýthia*** *(Oleaceae)* (→ S. 678)
- LB'Spreite ringsum gezähnt; Kro grünlich oder bräunlich; StaubB 4–5. — Zweigachsen meist mehrere Jahre grün bleibend, kahl; Winterknospen kahl, Knospenschuppen mit ± br, bräunlichem Hautsaum; Fr: Saftkapsel; Sa mit lebhaft orange gefärbtem SaMantel (Arillus).
**Spindelstrauch,** ***Evónymus*** *(Celastraceae)* (→ S. 510)

**44** [19] LB zusammengesetzt (gefiedert oder gefingert) . . . . . . . . **45**
- LB einfach (unzerteilt bis geteilt) . . . . . . . . **56**

**45** LB (zumindest jene der Langtriebe) doppelt-gefiedert. — Hauptsächlich tropische Holzgewächse; LB wechselständig; Blü ↓; Kro 5zählig, freiblättrig, mit sogen. aufsteigender Knospendeckung (dh das adaxiale [= hinterste, „oberste"] KroB ist das innerste; vgl. Schmetterlingsblütler, *Fabaceae*) (slt BlüHülle fehlend: zB beim medit. Bockshörndlbaum); StaubB 10, frei; Fr: meist Hülse (oder mehrsamige SchließFr).
★ **Bockshörndlbaumgewächse,** ***Caesalpiniáceae*** (→ S. 444)
-!! LB gefingert (3- bis mehrzählig-zusammengesetzt) . . . . . . . . **46**
- LB 1×-gefiedert . . . . . . . . . . **48**

**46** Kro ↓. **Schmetterlingsblütler,** ***Fabáceae*** (→ S. 444)
- BlüHülle ⊕ . . . . . . . . . . **47**

**47** Pf mit Stacheln. **Brombeere,** ***Rúbus*** *(Rosaceae)* (→ S. 414)
- Pf ohne Stacheln. (★) **Jungfernrebe,** ***Parthenocíssus*** *(Vitaceae)* (→ S. 512)

**48** [45] Blättchen ganzrandig, höchstens am Grund mit 1–3 großen Zähnen **49**

– Blättchen ringsum gezähnt oder gesägt . . . . . . . . . . . . . . . . . . . . . 52
49 LB ohne NebenB; Blättchen meist länger als 8 cm . . . . . . . . . . . . 50
– LB mit NebenB; Blättchen kürzer als 8 cm . . . . . . . . . . . . . . . . . . 51
50 Blättchen 13–38, am Grund mit 1–3 großen, unterseits drüsigen Zähnen; Blü in aufrechten Rispen; LB *(Zerreiben!)* stinkend. — KB u. KroB meist je 5; StaubB (♂ Blü) 10; BlüBoden zu einer 10lappigen Scheibe erweitert; 3–5zählige SammelFr, EinzelFr 2flügelig (Flügel gedreht). **(★) Götterbaum, *Ailánthus*** *(Simaroubaceae)* (→ S. 497)
– Blättchen (5)7–9, ohne Zähne; ♂ Blü in hängenden Kätzchen, die ♀ meist zu 2–3; LB *(beim Zerreiben)* herb-würzig riechend. — Junge Zweigachsen durch Markquerwände gekammert (dh Mark durch Zwischenräume unterbrochen); SteinFr ellipsoidisch, mit fasriger, aufspringender Außenschale (Exo- + Mesokarp). **(★) Walnuß, *Júglans*** *(Juglandaceae)* (→ S. 367)
51 Blü ↓; Blättchen alle frei; NebenB nie stanitzelförmig. **Schmetterlingsblütler, *Fabáceae*** (→ S. 444)
– Blü ⊕; oberste Blättchen an der Spindel herablaufend; NebenB stanitzelförmig. **★ Strauch-Fingerkraut, *Potentílla fruticósa*** *(Rosaceae)* (→ S. 386)
52 [48] LB immergrün, — lederig, dornig gezähnt. **★ Mahonie, *Mahónia*** *(Berberidaceae)* (→ S. 289)
– LB sommergrün . . . . . . . . . . . . . . . . . . . . . . . . . . . . . . . . 53
53 LB mit 5–7(11) Blättchen; Pf stachelig. **Rosengewächse, *Rosáceae*** (→ S. 380)
– LB mit mindestens 11 Blättchen; Pf nicht stachelig . . . . . . . . . . . 54
54 Junge Zweigachsen braunzottig. — Zweigachsen mit Harzgängen; Blü 5zählig; Fr: 1samige SteinFr. **★ Hirschkolben-Sumach, *Rhus hírta*** *(Anacardiaceae)* (→ S. 496)
– Junge Zweigachsen nicht zottig . . . . . . . . . . . . . . . . . . . . . . . 55
55 Blü 1geschlechtig, — die ♂ in hängenden Kätzchen, die ♀ zu 2–3. **★ Schwarznuß, *Júglans nigra*** *(Juglandaceae)* (→ B 50–; → S. 367)
– Blü ⚥. **Rosengewächse, *Rosáceae*** (→ S. 380)
56 [44] LB zerteilt, — dh gelappt bis geteilt . . . . . . . . . . . . . . . . . 57
– LB unzerteilt . . . . . . . . . . . . . . . . . . . . . . . . . . . . . . . . . 65
57 Pf kletternd (rankend) oder kriechend . . . . . . . . . . . . . . . . . . 58
– Pf aufrecht . . . . . . . . . . . . . . . . . . . . . . . . . . . . . . . . . . 59
58 Pf mit (verzweigten) Sproßranken; LB sommergrün; LB'Lappen gezähnt; Blüstd: Rispe. — Blü ⊕; Frkn oberständig; Fr: Beere mit hartschaligen Sa. **Rebengewächse, *Vitáceae*** (→ S. 512)
–!! Pf mit HaftWu; LB immergrün; LB'Lappen ganzrandig; Blüstd: Dolde. — KroB 5; Fr: schwarze Beere. **Efeu, *Hédera*** *(Araliaceae)* (→ S. 525)
– Pf weder mit Ranken noch mit HaftWu. — Kro violett; Fr: rote Beere. **Bittersüßer Nachtschatten, *Solánum dulcamára*** *(Solanaceae)* (→ S. 697)
59 LB gabelnervig, — fächerförmig, unzerteilt oder 2lappig bis -spaltig; Pf 2häusig; ♀ „Blü" aus nur einer Sa-Anlage (Megasporangium) bestehend, zu 2 an einem Stiel; ♂ Blü traubig-kätzchenförmig, aus zahlr. Pollensäcken (Mikrosporangien) bestehend. **★ Ginkgo, *Gínkgo*** *(Ginkgoaceae)* (→ S. 256)
– LB fieder- oder netznervig . . . . . . . . . . . . . . . . . . . . . . . . . 60
60 Pf mit Milchsaft; FrStände himbeerähnlich, — saftig, süß; LB unzerteilt bis (unregelmäßig) 3–5lappig. **★ Maulbeerbaum, *Mórus*** *(Moraceae)* (→ S. 364)
– Pf ohne Milchsaft; FrStände nicht himbeerähnlich . . . . . . . . . . . . 61
61 Borke in großen Platten abblätternd; LB 10–20 cm br, — wechselständig, 3–7zählig handförmig gespalten; Pf 1häusig; ♂ u. ♀ Blüstd kugelig; FrStände igelähnlich; Fr: behaarte Nuß. **★ Platane, *Plátanus*** *(Platanaceae)* (→ S. 355)
– Borke nicht in großen Platten abblätternd; LB weniger als 10 cm br . . 62

62 LB'Spreite mit 3–5 etwa gleich kräftigen, fingerförmig von der Spitze des LB'Stiels ausgehenden Nerven . . . . . . . . . . . . . . . . . . . . . . . . **63**
- LB'Spreite mit nur 1 von der Spitze des LB'Stiels ausgehenden Hauptnerv, — von dem oberhalb des Spreitengrundes die Seitennerven abzweigen . . . **64**

63 Baum; LB unterseits weiß oder grau; LB'Lappen ganzrandig.
**Pappel, *Pópulus*** *(Salicaceae)* (→ S. 617)
- Strauch; LB unterseits weder weiß noch grau; LB'Lappen meist deutlich gezähnt. — KroB 5; StaubB 5; Gri 2, unten miteinander verwachsen; Fr: Beere.
**Stachelbeere u. Ribisel, *Ríbes*** *(Grossulariaceae)* (→ S. 367)

64 LB'Buchten abgerundet; Blü 1geschlechtig (Pf 1häusig). — ♂ Blü in lockeren, hängenden Kätzchen; Fr: am Grund von einem FrBecher („Cupula") umschlossene Nuß („Eichel"). **Eiche, *Quércus*** *(Fagaceae)* (→ S. 355)
- LB'Buchten spitz; Blü ⚥. **Rosengewächse, *Rosáceae*** (→ S. 380)

65 [56] LB ganzrandig . . . . . . . . . . . . . . . . . . . . . . . . . . . **66**
- LB gesägt, gezähnt oder gekerbt . . . . . . . . . . . . . . . . . . . . **86**

66 Pf ± dornig . . . . . . . . . . . . . . . . . . . . . . . . . . . . . . . **67**
- Pf nicht dornig . . . . . . . . . . . . . . . . . . . . . . . . . . . . . **69**

67 LB wenigstens unterseits mit silbrigen oder rostroten, abribbelbaren Schildhaaren (Abb. 15). — BlüHülle einfach, 2- oder 4zählig; Achsenbecher (= „K") röhrig; Frkn mittelständig; Fr: Nuß, von der fleischigen „KRöhre" (= Achsenbecher) umschlossen u. daher steinfruchtartig. **Ölweidengewächse, *Elaeagnáceae*** (→ S. 524)
- LB ohne Schildhaare, — kahl oder zerstreut lg'haarig . . . . . . . . . . **68**

68 Zwergstrauch; Zweige nicht überhängend; Kro ↓, gelb.
**Ginster, *Genísta*** *(Fabaceae)* (→ S. 454)
- Strauch (bis 2,5 m hoch); Zweige bogig überhängend; Kro ⊕, violett bis lila.
**Bocksdorn, *Lýcium*** *(Solanaceae)* (→ S. 695)

69 [66] Pf kletternd (windend oder rankend) . . . . . . . . . . . . . . . . **70**
- Pf nicht kletternd . . . . . . . . . . . . . . . . . . . . . . . . . . . **72**

70 LB immergrün, lederig; Blü in Dolden.
**Efeu, *Hédera*** *(Araliaceae)* (→ B 58; → S. 525)
- LB sommergrün, krautig; Blü nicht in Dolden . . . . . . . . . . . . . . **71**

71 LB länglich-eiförmig; Kro violett. — Beeren rot, länglich.
**Bittersüßer Nachtschatten, *Solánum dulcamára*** *(Solanaceae)* (→ S. 697)
- LB herzförmig; Kro weiß. — Blü in großen Rispen.
★ **Baldschuang-Flügelknöterich, *Fallópia aubértii*** *(Polygonaceae)* (→ S. 353)

72 [69] LB mit Dornspitze oder bespitzt (mit kleinem, aufgesetztem Stachelspitzchen), — immergrün . . . . . . . . . . . . . . . . . . . . . . . . . . **73**
- LB weder mit Dornspitze noch mit Stachelspitzchen . . . . . . . . . . . **74**

73 Zwergstrauch, 5–20 cm hoch; LB'Spreite kürzer als 2 cm, ganzrandig, bespitzt (mit aufgesetztem Stachelspitzchen).
**Buchs-Kreuzblume, *Polýgala chamaebúxus*** *(Polygalaceae)* (→ S. 508)
- Strauch oder Baum, 100–600 cm hoch; LB'Spreite länger als 2 cm, meist dornig-gezähnt. — Pf meist 2häusig; Blü gebüschelt in LB'Achseln; K krugförmig, 4(6)zählig; Kro radförmig, 4(6)blättrig; Fr: mehrsamige, saftige SteinFr.
**Stechpalme, *Ílex*** *(Aquifoliaceae)* ([B 99]; → S. 642)

74 Zwergstrauch oder niedriger Strauch, höchstens 150 cm hoch . . . . . . **75**
- Höherer Strauch oder Baum, mindestens 150 cm hoch . . . . . . . . . . **80**

**75** Jede Knospe mit nur 1 Schuppe; Blü in Kätzchen.
**Weide, *Sálix*** *(Salicaceae)* (→ S. 619)
**–** Jede Knospe mit mehreren Schuppen; Blü nicht in Kätzchen . . . . . . . . **76**

**76** Zweige grün, kantig oder geflügelt. **Schmetterlingsblütler, *Fabáceae*** (→ S. 444)
**–** Zweige nicht grün (deutlich holzig), weder kantig noch geflügelt . . . . . **77**

**77** LB mit NebenB, — Spreite elliptisch.
**Steinmispel, *Cotoneáster*** *(Rosaceae)* (→ S. 436)
**–** LB ohne NebenB . . . . . . . . . . . . . . . . . . . . . . . . . . . . . **78**

**78** Pf mit Sternhaaren. **Hornmelde, *Krascheninnikóvia*** *(Chenopodiaceae)* (→ S. 337)
**–** Pf ohne Sternhaare . . . . . . . . . . . . . . . . . . . . . . . . . . . **79**

**79** BlüHülle nicht aus K u. Kro bestehend, sondern aus einem Kro'artigen Achsenbecher u. Perigon bestehend, diese purpurn, grünlichgelb oder weiß.
**Seidelbast, *Dáphne*** *(Thymelaeaceae)* (→ S. 523)
**–!!** BlüHülle aus K u. Kro bestehend; Kro blau. — Blüstd: endständiges, kugeliges Köpfchen.
**Herz-Kugelblume, *Globulária cordifólia*** *(Globulariaceae)* (→ E 8; → S. 741)
**–** BlüHülle aus K u. Kro bestehend; Kro nicht blau. — Blü nicht in endständigen, kugeligen Köpfchen. **Heidekrautgewächse, *Ericáceae*** (→ S. 643)

**80** [74] LB zumindest am Rand behaart . . . . . . . . . . . . . . . . . . . . **81**
**–** LB kahl . . . . . . . . . . . . . . . . . . . . . . . . . . . . . . . . . **83**

**81** Pf einhäusig; LB seidig bewimpert (auf den Flächen anfangs seidenhaarig, später verkahlend). **Rotbuche, *Fágus*** *(Fagaceae)* ([B 100, 103]; → S. 356)
**–** Pf nicht einhäusig; LB nicht seidig gewimpert . . . . . . . . . . . . . **82**

**82** Blü 1geschlechtig, in Kätzchen; jede Knospe mit nur 1 Knospenschuppe.
**Weide, *Sálix*** *(Salicaceae)* (→ S. 619)
**–** Blü ⚥, nicht in Kätzchen; jede Knospe mit mehreren Knospenschuppen **82b**

**82b** Kro gelb, — meist 5–6 cm ∅.
**Gelbe Alpenrose, *Rhododéndron lúteum*** *(Ericaceae)* (→ S. 645)
**–** Kro nicht gelb (meist weiß oder rosa), — meist weniger als 5 cm ∅.
**Rosengewächse, *Rosáceae*** (→ S. 380)

**83** [80] LB lanzettlich, — spitz . . . . . . . . . . . . . . . . . . . . . . **84**
**–** LB rundlich bis elliptisch . . . . . . . . . . . . . . . . . . . . . . . **85**

**84** Blü in Kätzchen; Fr: Kapsel; Zweige meist aufrecht, nicht dornig.
**Weide, *Sálix*** *(Salicaceae)* (→ S. 619)
**–** Blü nicht in Kätzchen; Fr: Beere; Zweige meist bogig überhängend, ± dornig.
**Bocksdorn, *Lýcium*** *(Solanaceae)* (→ S. 695)

**85** LB'Spreite am Grund nierenförmig; Kro stark ↓ (ähnlich einer SchmetterlingsBlü), leuchtend purpurrosa, etwa 10–20 mm lg; Fr: Hülse. — Blüstd aus mehrjährigen Ästen entspringend. **★ Judasbaum, *Cércis*** *(Caesalpiniaceae)* (→ S. 444)
**–** LB'Spreite am Grund keilig; Kro ⊕, (grünlich-)weißlich, etwa 1–2 mm lg; Fr: SteinFr . . . . . . . . . . . . . . . . . . . . . . . . . . . . . . . . . **85b**

**85b** LB stumpf bis abgerundet, unterseits bläulichgrün; KroB größer als die KB; StaubB vor den KB stehend; Fr birnenförmig, 1samig. — Seitennerven nicht mit den benachbarten Nerven verbunden.
**Perückenstrauch, *Cótinus*** *(Anacardiaceae)* (→ S. 496)
**–** LB meist spitz bis zugespitzt; unterseits nicht bläulichgrün; KroB deutlich kleiner als die KB; StaubB vor den KroB stehend; Fr kugelig, 2–3samig. —

Seitennerven am Rand bogig miteinander verbunden; Diskus innerhalb des StaubB-Kreises. **Faulbaum, *Frángula*** (*Rhamnaceae*) (→ S. 511)

**86** [65] LB rosettig (auf Kurztrieben) in der Achsel von 1–5teiligen Dornen (= umgewandelte LB der Langtriebe). — LB stachelig gewimpert.
**Berberitze, *Bérberis*** (*Berberidaceae*) (→ S. 289)

**-** LB nicht rosettig in der Achsel von Dornen . . . . . . . . . . . . . . . . **87**

**87** LB'Spreite mit 3–5 etwa gleich kräftigen, fingerförmig von der Spitze des LB'Stiels ausgehenden Nerven . . . . . . . . . . . . . . . . . . . . **88**

**-** LB'Spreite mit nur 1 von der Spitze des LB'Stieles ausgehenden Hauptnerv, — von dem oberhalb des Spreitengrundes die Seitennerven abzweigen . . . **94**

**88** LB'Spreite höchstens 1,5 cm lg, — fast kreisrund; H: 30–80 cm.
**Zwerg-Birke, *Bétula nána*** (*Betulaceae*) (→ S. 361)

**-** LB'Spreite länger als 1,5 cm . . . . . . . . . . . . . . . . . . . . . . **89**

**89** Seitennerven in die LB'Zähne verlaufend . . . . . . . . . . . . . . **90**

**-** Seitennerven bogig in Richtung LB'Spitze verlaufend u. in den jeweils nächstoberen Seitennerv einmündend . . . . . . . . . . . . . . . . . . . . **91**

**90** Spreitengrund herzförmig; LB einfach kerbsägig, unterseits in den Nervenwinkeln bärtig. — LB'Stellung 2zeilig; der Blüstd-Stiel mit einem HochB (VorB) bis zur Hälfte verwachsen (als Flugorgan der Fr dienend); KB u. KroB je 5; StaubB zu 5 Bündeln vereinigt; Frkn oberständig; Gri 1; Fr: Nuß.
**Linde, *Tília*** (*Tiliaceae*) (→ S. 639)

**-** Spreitengrund abgerundet bis keilförmig; LB doppelt kerbsägig, Nervenwinkel nicht bärtig. **Birke, *Bétula*** (*Betulaceae*) (→ S. 360)

**91** Blü in lg-walzlichen, hängenden Kätzchen. — Pf 2häusig.
**Pappel, *Pópulus*** (*Salicaceae*) (→ S. 617)

**-** Blü nicht in lg-walzlichen, hängenden Kätzchen . . . . . . . . . . . . **92**

**92** Pf mit Milchsaft; LB'Spreite meist breiter als 8 cm, — unzerteilt bis gelappt, am Grund herzförmig; Blü 1geschlechtig; Blüstd: dichtes Kätzchen oder birnenförmige, fleischige Behälter, in deren Innerem die Blü sitzen (Feigen); ♂ Blü mit 3–4 StaubB; ♀ Blü mit 4zähligem Perigon u. oberständigem Frkn. ★ **Maulbeergewächse, *Moráceae*** (→ S. 364)

**-** Pf ohne Milchsaft; LB'Spreite meist schmäler als 8 cm . . . . . . . . . **93**

**93** BlüHülle: ein Perigon. — LB'Stellung 2zeilig; Fr: trockene, kugelige SteinFr.
★ **Zürgelbaum, *Céltis*** (*Ulmaceae*) (→ S. 363)

**-** BlüHülle aus K u. Kro bestehend. — LB'Stellung meist wechselständig, aber nicht 2zeilig, sondern mindestens 3zeilig.
**Rosengewächse, *Rosáceae*** (→ S. 380)

**94** [87] Pf dornig oder stachelig (mitunter aber mit dornig gezähnten LB); Blü 5zählig. **Rosengewächse, *Rosáceae*** (→ S. 380)

**-!!** Pf dornig (Sproßdornen); Blü 4zählig.
**Kreuzdorn, *Rhámnus*** (*Rhamnaceae*) (→ B 42; → S. 511)

**-** Pf dornenlos . . . . . . . . . . . . . . . . . . . . . . . . . . . . . **95**

**95** Seitennerven vor dem LB'Rand endend oder bogig in den jeweils nächstoberen Seitennerv einmündend . . . . . . . . . . . . . . . . . . . . . . . **96**

**-** Seitennerven in die LB'Zähne einmündend . . . . . . . . . . . . . **101**

**96** Zwergsträucher oder niedrige Sträucher, 0,01–0,8 m hoch . . . . . . . . **97**

**-** Höhere Sträucher oder Bäume, 1–40 m hoch . . . . . . . . . . . . . **98**

**97** Blü ⚥, nicht in Kätzchen; BlüHülle vorhanden (K u. Kro, manchmal gleichfärbig). — H: (5)10–80 cm. **Heidekrautgewächse, *Ericáceae*** (→ S. 643)

- Blü 1geschlechtig, in Kätzchen; BlüHülle fehlend (durch eine Nektardrüse ersetzt). — H: 1–5 cm. **Kraut-Weide, *Sálix herbácea*** *(Salicaceae)* (→ S. 622)

**98** Jede Knospe mit nur 1 einzigen Schuppe. — Blüstd: Kätzchen. **Weide, *Sálix*** *(Salicaceae)* (→ S. 619)

- Jede Knospe mit mehreren Schuppen . . . . . . . . . . . . . . . . . . **99**

**99** LB immergrün, lederig, dornig-gezähnt. **Stechpalme, *Ílex*** *(Aquifoliaceae)* (→ B 73; → S. 642)

- LB sommergrün, krautig, nicht dornig-gezähnt . . . . . . . . . . . . **100**

**100** LB'Spreite entfernt- (seicht buchtig-)gezähnt (mitunter fast ganzrandig); Blü 1geschlechtig; ♂ Blü in kugeligen Kätzchen. **Rotbuche, *Fágus*** *(Fagaceae)* (→ B 81; → S. 356)

- LB'Spreite dicht gezähnt oder gesägt; Blü ⚥, nicht in Kätzchen. **Rosengewächse, *Rosáceae*** (→ S. 380)

**101** [95] LB mit erhalten bleibenden NebenB. **Rosengewächse, *Rosáceae*** (→ S. 380)

- LB mit bald nach dem Laubaustrieb im Frühling abfallenden NebenB **102**

**102** LB'Stellung 2zeilig. — Blüstd: Kätzchen . . . . . . . . . . . . . . **103**

- LB'Stellung mindestens 3zeilig . . . . . . . . . . . . . . . . . . . . . **104**

**103** LB'Spreite entfernt- (seicht buchtig-)gezähnt (mitunter fast ganzrandig); ♂ Kätzchen kugelig. — LB ± wellig, bes. jung seidenhaarig (u. seidig-zottig gewimpert), später auf den Flächen verkahlend. **Rotbuche, *Fágus*** *(Fagaceae)* (→ B 81; → S. 356)

- LB'Spreite dicht u. scharf gezähnt; ♂ Kätzchen lg-walzlich. Unterfamilie **Haselförmige, *Coryloídeae*** (→ B 2: → S. 359)

**104** Blü nicht in Kätzchen . . . . . . . . . . . . . . . . . . . . . . . . **105**

- Blü in Kätzchen. — Fr: Nuß . . . . . . . . . . . . . . . . . . . . . . **106**

**105** Niederliegender, sich dem Felsen anschmiegender Zwergstrauch (Spalierstrauch). — H: 3–20 cm. **Niedriger Kreuzdorn, *Rhámnus púmila*** *(Rhamnaceae)* (→ B 42; → S. 512)

–!! Aufrechter, bis etwa 3 m hoher Strauch. **Krainer Kreuzdorn, *Rhámnus fállax*** *(Rhamnaceae)* (→ B 42; → S. 512)

- Baum. **Rosengewächse, *Rosáceae*** (→ S. 380)

**106** LB'Spreite 10–20(30) cm lg, lederig, grob stachelspitzig gezähnt; ♂ Kätzchen 10–20 cm lg, duftend; Fr etwa 20–30 mm br. — ♀ Blüstd am Grund der ♂ Kätzchen, 3blütig, von einer stacheligen Hülle (= Cupula) umgeben; ♂ Kätzchen aufrecht. **Edelkastanie, *Castánea*** *(Fagaceae)* (→ S. 355)

- LB'Spreite höchstens 10 cm lg, krautig, nicht stachelspitzig gezähnt; ♂ Kätzchen meist kürzer als 10 cm (wenn länger als 10 cm, dann Kätzchen stets hängend), nicht duftend; Fr etwa 1,5–3 mm br. Unterfamilie **Birkenförmige, *Betuloídeae*** (→ B 3; S. 359)

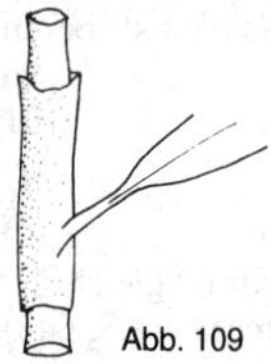
Abb. 109

Abb. 110

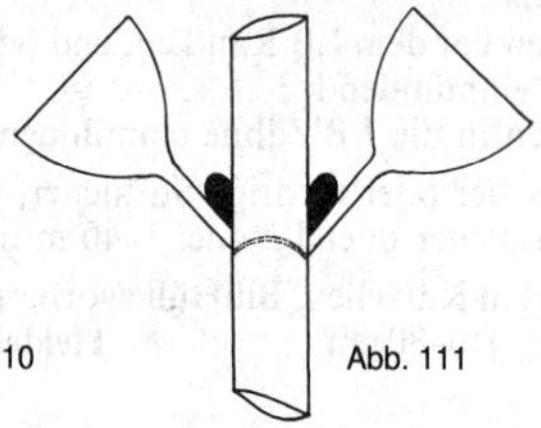
Abb. 111

Abb. 112

# Hauptschlüssel C
## (Gefäßsporenpflanzen = Pteridophyten)

Anm: *Meist sind nur voll entwickelte Pf mit sporangientragenden Organen (Blättern) sicher bestimmbar!* – In diesem Schlüssel werden die grünen, photosynthetisch aktiven Blätter (LB) einfach „Blätter" genannt (bei den Farnen werden die großen Blätter mit meist zusammengesetzter Spreite oft auch als „Wedel" bezeichnet). Die Blätter tragen entweder unterseits Sori (= Sporangien-Häufchen) u. dienen daher gleichzeitig der Photosynthese (Ernährung) und der Fortpflanzung (Sporenproduktion), weswegen sie auch „Sporotrophophylle" genannt werden; oder sie sind vegetativ (steril) u. werden deshalb „Trophophylle" genannt. Auch die zu nichtgrünen Schuppen umgewandelten Blätter (die Photosynthese wird von der Achse geleistet: Rutengewächse) werden „Blätter" genannt. Die bloß Sporangien tragenden, aber nicht-grünen u. nicht-flächigen (u. nicht der photosynthetischen Ernährung dienenden) Blätter dagegen heißen Sporophylle („Sporenblätter"). – Die Blättchen werden „Fiedern" genannt; jene 1. Ordnung heißen „Hauptfiedern". – Vgl. auch Hpt-Schl. A, Pkt 2b!

**1** Blätter stengelständig, sitzend, 0,1–1,5(2) cm lg, höchstens 2 mm br, mit nur einem einzigen, unverzweigten Nerv, — einfach, unzerteilt, oft schuppenförmig, grün oder nicht grün, frei oder zu mehreren miteinander verwachsen **2**

**-** Blätter („Wedel") grundständig, gestielt, 2–200 cm lg, breiter als 10 mm, mit verzweigten Nerven, — einfach (unzerteilt oder zerteilt) oder zusammengesetzt. (Unterabteilung Farnpflanzen, *Pterophytina*) . . . . . . . . . . . . . **4**

**2** Blätter quirlständig, miteinander zu röhrigen, den Stengel umschließenden, oben gezähnten Scheiden verwachsen („StgScheide": Abb. 121, 122); je mehrere Sporangien auf der Unterseite schildförmiger Träger (= Sporophylle = Sporangiophore) — in endständigen Sporophyllständen (Abb. 112); Stg meist grün; Blätter NiederB-artig, schuppenförmig, oft nicht grün.
**Schachtelhalm, *Equisétum*** *(Equisetaceae)* (→ S. 236)

**-** Blätter schraubig oder gegenständig, nicht miteinander verwachsen; je ein Sporangium auf der Oberseite der Sporophylle (Abb. 96). — Blätter LB'artig oder schuppenförmig, stets grün. (Klasse Bärlappähnliche, *Lycópsida*) . . **3**

**3** Blätter nie am Stg herablaufend u. höchstens 4(5) mm lg; die oberen und unteren Sporangien eines Sporophyllstandes voneinander verschieden gestaltet u. verschieden groß. — Pf moosähnlich, Laubsprosse kriechend; Blätter oberseits mit einem kleinen Häutchen (= „Ligula"; *Lupe!*); oberer Abschnitt des Sporophyllstandes mit ± kugeligen Mikrosporangien, unterer mit ± deutlich 4lappigen Megasporangien.
**Moosfarn, *Selaginélla*** *(Selaginellaceae)* (→ S. 236)

**-** Blätter am Stg herablaufend (Abb. 113) u. etwa 1 mm lg, oder nicht herablaufend, dann aber mindestens 4 mm lg; alle Sporangien gleich gestaltet u. gleich groß („Isosporen"). — Pf immergrün.
**Bärlappgewächse, *Lycopodiáceae*** (→ S. 233)

**4** [1] Blattspreite aus 4 ganzrandigen Fiedern zusammengesetzt (2 sehr nahe zusammengerückte Fiederpaare). — Wurzelnder Wasserfarn.
**Kleefarn, *Marsílea*** *(Marsileaceae)* (→ S. 255)

**-** Blattspreite nicht aus 4 ganzrandigen Fiedern zusammengesetzt . . . . . . **5**

**5** Sporangientragende (= fertile) Blätter (= Sporophylle) oder ein fertiler Blattabschnitt anders gestaltet als die vegetativen (= sterilen) Blätter oder der veget. Blattabschnitt . . . . . . . . . . . . . . . . . . . . . . . . . . . . . **6**

**-!!** Sporangientragende Blätter (Sporotrophophylle) gleich gestaltet wie die sterilen Blätter, oder sporangientragende Blätter (noch) nicht vorhanden. (Zur Klasse Tüpfelfarnähnliche, Eigentliche Farne, *Polypodiópsida*; vgl. Pkt 7–11) . . . . . . . . . . . . . . . . . . . . . . . . . . . . . . **9**

– (Wenn WasserPf, Sporangien einzeln (nicht in Sori gruppiert) auf der Unterseite von fiedrig zerteilten LuftB, vgl. **Wasserhornfarn, *Ceratópteris*,** → A 2c)

**6** Sporangien etwa 1 mm ∅, in ährenförmigen oder rispigen Sporangienständen angeordnet, — diese den fertilen Blattabschnitt bildend, aber nicht blattartig aussehend (Abb. 123, 124).
**Natternzungengewächse, *Ophioglossáceae*** (→ S. 239)

– Sporangien viel kleiner als 1 mm ∅, auf der Unterseite von Sporophyllen angeordnet. (Zur Klasse Tüpfelfarnähnliche, Eigentliche Farne, *Polypodiópsida*; vgl. Pkt 12–21) . . . . . . . . . . . . . . . . . . . . . . . . . . **7**

**7** Sporophylle 2–3(4)×-gefiedert.
**Rollfarn, *Cryptográmma*** *(Adiantaceae)* (→ S. 242)

– Sporophylle 1×-gefiedert oder 1×-fiederteilig . . . . . . . . . . . . . . . **8**

**8** (Sterile) Blätter bodennah, fast waagrecht ausgebreitet, 1×-fiederteilig, Abschnitte ganzrandig. **Rippenfarn, *Bléchnum*** *(Blechnaceae)* (→ S. 254)

– (Sterile) Blätter aufrecht (Rosette trichterförmig), 1×-gefiedert, Hauptfiedern fiederteilig. **Straußenfarn, *Matteúccia*** *(Dryopteridaceae)* (→ S. 249)

**9** [5] Blätter einfach u. unzerteilt, ganzrandig.
**Hirschzunge, *Asplénium scolopéndrium*** *(Aspleniaceae)* (→ S. 245)

–!! Blätter 1×-fiederteilig, Abschnitte ganzrandig oder fast ganzrandig (schwach gekerbt) . . . . . . . . . . . . . . . . . . . . . . . . . . . . . . . . . . **10**

– Blätter 1×-fiederteilig mit nicht ganzrandigen Abschnitten oder mehrfach-fiederteilig oder 1×- bis mehrfach gefiedert . . . . . . . . . . . . . . . **12**

**10** Blätter unterseits dicht spreuschuppig.
**Milzfarn, *Asplénium céterach*** *(Aspleniaceae)* (→ S. 246)

– Blätter unterseits kahl . . . . . . . . . . . . . . . . . . . . . . . . . . . **11**

**11** Blätter im Umriß schmal-länglich bis länglich-lanzettlich (die unteren Fiederabschnitte kürzer als die mittleren), mit etwa 30–50 Abschnitt-Paaren; — Abschnitte 2–6 mm br. **Rippenfarn, *Bléchnum*** *(Blechnaceae)* (→ S. 254)

– Blätter im Umriß ei-länglich (die unteren Fiederabschnitte etwa so lg wie die mittleren), mit etwa 10–20 Abschnitt-Paaren; — Abschnitte 5–10 mm br.
**Tüpfelfarn, *Polypódium*** *(Polypodiaceae)* (→ S. 254)

**12** [9] Sori bzw. Sporangien nicht ohne weiteres sichtbar (entweder vom umgerollten Blattrand bedeckt oder Sori tragende Blätter noch nicht entwickelt) **13**

– Sori (mit oder ohne Schleier) auf der Blattunterseite frei sichtbar (höchstens zw. Spreuschuppen versteckt) . . . . . . . . . . . . . . . . . . . . . . **14**

**13** Blattspreite 40–200 cm lg, im Umriß 3eckig; Blätter nicht rosettig (sondern einzeln hintereinander, voneinander entfernt) aus einem (oft mehr als 1 m) lg, kriechenden Rhizom entspringend.
**Adlerfarn, *Pterídium*** *(Dennstaedtiaceae)* (→ S. 242)

–!! Blattspreite 5–20 cm lg, im Umriß länglich; Blätter rosettig; Rhizom nur wenige cm lg, kriechend. **Pelzfarn, *Notholáena*** *(Adiantaceae)* (→ S. 242)

– Blattspreite 30–100(150) cm lg, im Umriß länglich-elliptisch; Blätter rosettig, einen geschlossenen Trichter bildend; Rhizom ausläuferartig. — Sporophylle (fertile, sporangientragende, von den sterilen stark verschiedene Blätter) erst im Sommer in der Mitte des Blatt-Trichters erscheinend.
**Straußenfarn, *Matteúccia*** *(Dryopteridaceae)* (→ S. 249)

**14** Blattunterseite dicht mit Schuppenhaaren besetzt. — Hauptfiedern fiederschnittig. **Pelzfarn, *Notholáena*** *(Adiantaceae)* (→ S. 242)

- Blattunterseite kahl oder mit unauffälligen, zarten *(nur mit der Lupe sichtbaren)* Drüsenhaaren . . . . . . . . . . . . . . . . . . . . . . . . . . . . **15**

**15** Blattspreite 1×-fiederschnittig oder 3zählig zerteilt oder 2–5zählig-ungleich-gabelig-zusammengesetzt . . . . . . . . . . . . . . . . . . . . . . . . . . **16**
- Blattspreite 1- bis mehrfach gefiedert . . . . . . . . . . . . . . . . . . . . . . **17**

**16** Sori kreisrund bis br-elliptisch; Blattspreite 1×-fiederschnittig, — Abschnitte schwach gekerbt (fast ganzrandig).
**Tüpfelfarn, *Polypódium*** *(Polypodiaceae)* (→ S. 254)
- Sori länglich bis linealisch; Blattspreite 3spaltig bis 3zählig- oder 2–5zählig-ungleich-gabelig-zusammengesetzt.
**Streifenfarn, *Asplénium*** *(Aspleniaceae)* (→ S. 243)

**17** Blattspreite 1×-gefiedert, Hauptfiedern unzerteilt bis gelappt . . . . . . . **18**
–!! Blattspreite 1×-gefiedert, Hauptfiedern fiederspaltig bis fiederschnittig . **20**
- Blattspreite 2–4×-gefiedert, dh Hauptfiedern (wenigstens die längsten!) 1–3×-gefiedert . . . . . . . . . . . . . . . . . . . . . . . . . . . . . . . . **19**

**18** Sori rundlich, mit schildförmigem, aus der Mitte des Sorus entspringendem Schleier (Abb. 114); Blätter auffällig derb-ledrig (immergrün), Fiedern gesägt bis gezähnt, Zähne begrannt.
**Lanzenfarn, *Polýstichum lonchítis*** *(Dryopteridaceae)* (→ S. 250)
- Sori länglich bis linealisch, mit ebenso geformtem, seitlich dem Sorus angefügtem Schleier (Abb. 115); Blätter nicht auffällig ledrig, Fiedern gekerbt bis gelappt oder buchtig gezähnt, Zähne nicht begrannt.
**Streifenfarn, *Asplénium*** *(Aspleniaceae)* (→ S. 243)

**19** Schleier länglich, an seiner Längsseite angeheftet, stets gerade (nicht gekrümmt); Spreuschuppen gegittert (Zellwände verdickt, deutlich hervortretend). **Streifenfarn, *Asplénium*** *(Aspleniaceae)* (→ S. 243)
- Schleier rundlich (schild- oder nierenförmig), in der Mitte oder in der Bucht angeheftet oder ± hakenförmig gekrümmt oder fehlend; Spreuschuppen nicht gegittert (Zellwände dünn, nicht hervortretend).
**Wurmfarngewächse, *Dryopteridáceae*** (→ S. 247)

**20** [17] Schleier mit haarförmigen Fransen; Blätter 2–20(30) cm lg; Blattstiel unterhalb der Mitte ringförmig eingeschnürt.
**Wimperfarn, *Wóodsia*** *(Dryopteridaceae)* (→ S. 249)
- Schleier ohne haarförmige Fransen; Blätter meist 20–120(150) cm lg; Blattstiel ohne ringförmige Einschnürung . . . . . . . . . . . . . . . . . . . . . . **21**

**21** Schleier bleibend; die letzten Blattabschnitte deutlich kerbsägig bis gezähnelt.
**Wurmfarn u. Dornfarn, *Dryópteris*** *(Dryopteridaceae)* (→ S. 251)
- Schleier fehlend oder noch vor der Sporenreife abfallend; die letzten Blattabschnitte (fast) ganzrandig. **Sumpffarngewächse, *Thelypteridáceae*** (→ S. 242)

Abb. 113

Abb. 114

Abb. 115

# Hauptschlüssel D
## (Krautige LandPf (Samenpflanzen), die zur Blütezeit keine grünen Blätter haben):

**1** Stg windend, — gelblich bis rötlich; Wu'loser u. LB'loser Vollschmarotzer; Blüstd: seitliche, kopfige Knäuel (Abb. 309); KB, KroB u. StaubB 4–5; Kro glockig, innen mit unter den StaubB stehenden, meist gefransten Schlundschuppen; StaubB der KroRöhre angeheftet, zw. den KroZipfeln stehend; Frkn 1, oberständig; Gri 1–2; Fr: Kapsel.
**Teufelszwirn, *Cuscúta*** (*Cuscutaceae*) (→ S. 693)

**–** Stg nicht windend . . . . . . . . . . . . . . . . . . . . . . . . . . . **2**

**2** Äste mit büschelig gehäuften, grünen Kurztrieben, die wie nadel- bis fadenartige LB aussehen (aber in der Achsel von kleinen trockenhäutigen SchuppenB sitzen). **Spargel, *Aspáragus*** (*Asparagaceae*) ([ G XIV 4, 9, 21–]; → S. 889)

**–** Äste ohne nadel- bis fadenartige, blattartige, büschelig gehäufte Kurztriebe . . . . . . . . . . . . . . . . . . . . . . . . . . . . . . . . . . **3**

Anm.: Wenn jedes StgGlied am Grund von einer röhrigen, gezähnten Scheide umgeben („StgScheide" = miteinander verwachsene quirlständige SchuppenB; Abb. 121, 122), dann → **Schachtelhalm, *Equisétum*** (→ C 2; → S. 236)

**3** Stg zur BlüZeit fehlend. — Blü grundständig (in grundständiger Dolde); Perigon purpurrosa, mit lg, bis in den Boden hineinreichender Perigonröhre; BlüZeit meist Herbst; Stg mit LB erst im nächsten Frühjahr erscheinend.
**Herbstzeitlose, *Cólchicum autumnále*** (*Colchicaceae*) (→ S. 909)

**–** Stg zur BlüZeit vorhanden . . . . . . . . . . . . . . . . . . . . . . **4**

**4** Blü winzig, unscheinbar, meist zu 3 in Aushöhlungen des Stg eine Scheinähre bildend, von außen kaum sichtbar; Stg fast immer verzweigt (außer bei Kümmerexemplaren). — Einjähriger Halophyt; Stg (samt den LB) dickfleischig u. saftig; StgB scheinbar fehlend (tatsächlich Stg von dicht anliegenden, unscheinbaren, sukkulent-schuppenförmigen LB bedeckt, Abb. 175).
**Glasschmalz, *Salicórnia*** (*Chenopodiaceae*) (→ S. 341)

**–** Blü ansehnlich (auffallend), nicht in Aushöhlungen des Stg, deutlich sichtbar; Stg stets unverzweigt. — Stg nackt oder mit deutlichen, ± schuppenförmigen Blättern (Nieder-/HochB) besetzt (diese nicht dicht-anliegend u. nicht sukkulent) . . . . . . . . . . . . . . . . . . . . . . . . . . . . . . . . **5**

**5** Blüstd: Korb (dh von einer gemeinschaftlichen HochBHülle umgebenes Köpfchen). — BlüZeit: III–V; Pf nach dem Blühen große (5–70 cm br), meist ± rundliche, grüne LB treibend; Pf autotroph. (→ Korbblütler, *Asteraceae*; → E 1) . . . . . . . . . . . . . . . . . . . . . . . . . . . . . . . . . . **6**

**–** Blüstd: Traube oder Ähre. — Pf auch nach der BlüZeit ohne LB; Vollschmarotzer . . . . . . . . . . . . . . . . . . . . . . . . . . . . . . . . . **7**

**6** Stg 1körbig; Kro goldgelb. **Huflattich, *Tussilágo*** (*Asteraceae*) (→ S. 828)

**–** Stg vielkörbig; Kro rötlich oder weißlich.
**Pestwurz, *Petasítes*** (*Asteraceae*) (→ S. 829)

**7** Blü ⊕; StaubB 8–10. — Pf wachsgelb; BlüstdSpitze während des Blühens nickend (nach der BlüZeit aufrecht); Frkn oberständig; Pollen einzelkörnig (vgl. Wintergrüngewächse, *Pyrolaceae*); Fr: Kapsel mit zahlr., winzigen Sa.
**Fichtenspargel, *Monótropa*** (*Monotropaceae*) (→ S. 649)

**–** Blü ↓; StaubB 1 oder 4 . . . . . . . . . . . . . . . . . . . . . . . . **8**

**8** StaubB 1; Frkn unterständig. — Vollschmarotzer auf Pilzen (Myzelien).
**Orchideen, *Orchidáceae*** (→ S. 916)

- StaubB 4 (2 lange u. 2 kurze); Frkn oberständig. — Vollschmarotzer auf GefäßPf . . . . . . . . . . . . . . . . . . . . . . . . . . . . . . . . . . . . . 9

9 Blüstd: einseitswendige Traube (die fast den gesamten oberirdischen Teil der Pf ausmacht); Stg (Traubenstiel) kürzer als 5 cm, meist nackt; NiederB (SchuppenB) gegenständig; am Grund des Frkn eine eiförmige Drüse; BlüZeit: (III)–IV(V). — WuStock kräftig, mit fleischigen SchuppenB besetzt; Traube h'rosa; Oberlippe der Kro nicht ausgerandet. Pf auf den Wu von Laubhölzern schmarotzend. **Schuppenwurz, *Lathráea*** *(Scrophulariaceae)* (→ S. 741)

- Blüstd: allseitswendige Ähre; Stg länger als 5 cm, meist mit HochB besetzt; Blätter des Stg (SchuppenB) wechselständig; am Grund des Frkn ohne eiförmige Drüse; BlüZeit: V–VIII. — WuStock fehlend; Ähre (wie die ganze Pf) gelblich, bräunlich oder (blau)violett; Kro 2lippig (mit 2lappiger Ober- u. 3lappiger Unterlippe). Pf auf den Wu bestimmter krautiger Pf-Sippen schmarotzend. **Sommerwurz, *Orobánche*** *(Orobanchaceae)* (→ S. 742)

## Hauptschlüssel E
## (Krautige LandPf mit Körben):

1 Staubbeutel miteinander zu einer Röhre verwachsen, — aus der bei älteren Blü eine 2teilige Narbe herausragt (Abb. 377).
**Korbblütler, *Asteráceae*** ([D 6]; → S. 783)

- Staubbeutel nicht zu einer Röhre verwachsen (frei oder höchstens am Grund zusammenhängend) . . . . . . . . . . . . . . . . . . . . . . . . . . . . . 2

2 Blü 1geschlechtig (Pf 1häusig); auf derselben Pf Köpfchen von zweierlei Gestalt, — grün, entweder mit nur ♂ oder mit nur ♀ Blü; letztere zu zweit u. von einer stacheligen (klettenartigen) Hülle umschlossen.
**Spitzklette, *Xánthium*** *(Asteraceae)* (→ S. 810)

- Blü ⚥; auf derselben Pf nur Körbe von einerlei Gestalt . . . . . . . . . . . 3

3 BlüHülle: 6zähliges Perigon. **Lauch, *Állium*** *(Alliaceae)* (→ S. 898)

- BlüHülle: aus K u. Kro bestehend, 4–5zählig . . . . . . . . . . . . . . . . . 4

4 HüllB dornig, — meist länger als das Köpfchen; Pf meist distelartig.
**Mannstreu, *Erýngium*** *(Apiaceae)* (→ S. 548)

- HüllB nicht dornig . . . . . . . . . . . . . . . . . . . . . . . . . . . . . . . . . 5

5 LB schildförmig. — Köpfchen fast doldenartig, wenigblütig; Hülle 3–5blättrig; Fr: 2teilige SpaltFr mit holziger FrWand, ohne FrHalter.
**Wassernabel, *Hydrocótyle*** *(Apiaceae)* (→ S. 547)

- LB nicht schildförmig . . . . . . . . . . . . . . . . . . . . . . . . . . . . . . . 6

6 LB quirlständig (untere zu 4, obere zu 6), — stachelspitzig; Kro trichterförmig.
**Ackerröte, *Sherárdia*** *(Rubiaceae)* (→ S. 671)

- LB nicht quirlständig . . . . . . . . . . . . . . . . . . . . . . . . . . . . . . . 7

7 Frkn oberständig. — GrundBRosette vorhanden; Fr: 1samige, vom K umschlossene Nuß . . . . . . . . . . . . . . . . . . . . . . . . . . . . . . . . . . 8

- Frkn unterständig . . . . . . . . . . . . . . . . . . . . . . . . . . . . . . . . . 9

8 Kro h'purpurn, ⊕, mit 5 gleich lg Zipfeln; StaubB 5; Gri 5; LB schmal-linealisch, grasartig. — HüllB am Rand trockenhäutig.
**Grasnelke, *Arméria*** *(Plumbaginaceae)* ([G V 18]; → S. 354)

- Kro blau, ↓, mit 4–5 ungleich lg Zipfeln; StaubB 4; Gri 1; GrundB elliptisch bis verkehrt-eiförmig. — DeckB vorhanden; KroZipfel sehr schmal.
**Kugelblume, *Globulária*** *(Globulariaceae)* (→ S. 741)

**9** Korbhülle K'artig, grün, unauffällig; StgB vorhanden, wie alle LB gegenständig; LB'Spreite einfach, unzerteilt bis fiedrig zerteilt; StaubB 4; Fr: Achäne, vom AußenK umschlossen bleibend. — Blüstd: Korb; am Grund jeder Blü 2 VorB, die zu einem AußenK verwachsen sind; KB 4–5, oft borstenförmig; Kro 4- oder 5zählig, verwachsenblättrig. **Kardengewächse, *Dipsacáceae*** (→ S. 688)

**–!!** Korbhülle K'artig, grün, unauffällig; StgB vorhanden, wie alle LB wechselständig; LB'Spreite einfach, unzerteilt; StaubB 5; Fr: Kapsel. — Kro 5zählig, verwachsenblättrig (meist tief, fast bis zum Grund geteilt).
**Glockenblumengewächse, *Campanuláceae*** (→ G V 35; → S. 774)

**–** Korbhülle Kro'artig, gelbgrün, auffällig; StgB fehlend (alle LB grundständig); LB'Spreite handförmig geteilt; StaubB 5; Fr: 2teilige SpaltFr. — Kro 5zählig, freiblättrig. **Schaftdolde, *Hacquétia*** *(Apiaceae)* (→ S. 547)

# Hauptschlüssel F
# (LandPf von grasartigem Habitus):

**1** LB beim Zerreiben deutlich lauch- oder zwiebelartig riechend.
**Lauch, *Állium*** *(Alliaceae)* (→ S. 898)

**–** LB weder lauch- noch zwiebelartig riechend . . . . . . . . . . . . . . . . . . **2**

**2** BlüHülle aus K u. Kro bestehend. — Kro durchscheinend trockenhäutig.
**Wegerichgewächse, *Plantagináceae*** (→ S. 748)

**–!!** Blü mit nur 1–2 (scheinbaren) PerigonB oder undeutlichem oder fehlendem Perigon . . . . . . . . . . . . . . . . . . . . . . . . . . . . . . . . . . . . **3**

**–** BlüHülle: 6zähliges Perigon . . . . . . . . . . . . . . . . . . . . . . . . . . . **4**

**3** LB 3zeilig angeordnet; Blü von 1 Spelze umgeben (= DeckB, Abb. 433); Perigon aus Borsten bestehend oder fehlend; BlüStd am Grund nur sehr slt von HochB umgeben. — Stg oft 3kantig, meist voll (nicht hohl), an den Knoten meist nicht verdickt (dh nicht knotenförmig); LB'Scheiden meist geschlossen; Fr: 3kantige oder linsenförmige Nuß (bei der Segge/*Carex* im „Schlauch" eingeschlossen). **Riedgrasgewächse, *Cyperáceae*** (→ S. 941)

**–** LB 2zeilig angeordnet; Blü von 2 Spelzen umgeben (= Deckspelze u. Vorspelze; Abb. 474), scheinbar zw. ihnen eingeschlossen; Perigon meist aus 2 kleinen Schüppchen (Lodiculae) bestehend; (Teil-)Blüstd (= Ährchen, Abb. 474 a, b) am Grund von (1)2(4) HochB (= Hüllspelzen) umgeben. — Stg stielrund oder zusammengedrückt bis 2schneidig, StgGlieder meist hohl; Stg an den Knoten meist verdickt u. markig (knotenförmig, gelenkartig); LB'Scheiden oft offen; Fr: 1samige SchließFr. **Süßgräser, *Poáceae*** (→ S. 982)

**4** Blüstd: Rispe (Spirre oder Schirmrispe) oder Köpfchen, die zu einer Rispe (Spirre) angeordnet sind; Perigon trockenhäutig. — LB flach oder stielrund; Frkn 1; Gri 1 mit 3 Narben; Fr: Kapsel.
**Simsengewächse, *Juncáceae*** ([G VI 17]; → S. 933)

**–** Blüstd: Trauben oder Ähren; Perigon krautig . . . . . . . . . . . . . . . . . . **5**

**5** Stg beblättert; Blüstd 3–10blütig; DeckB vorhanden; BlüStiele mindestens 5 mm lg; Perigon vorhanden, bleibend (6zählig); Staubbeutel länglich; FrB nur am Grund miteinander verwachsen; Fr: BalgFr.
**Blasensimse, *Scheuchzéria*** *(Scheuchzeriaceae)* ([G VI 11]; → S. 881)

**–** Stg nackt (LB alle grundständig); Blüstd mehr als 10blütig; DeckB fehlend; BlüStiele höchstens 3 mm lg; Perigon fehlend, aber stattdessen hinfällige,

perigonblattähnliche StaubBAnhängsel; Staubbeutel rundlich; FrB fast bis zur Spitze miteinander verwachsen; Fr: SpaltFr.
**Dreizack, *Triglóchin*** *(Juncaginaceae)* ([G VI 3 u. 11]; → S. 881)

# Hauptschlüssel G
## (Krautige, aber nicht grasartige LandPf mit zur BlüZeit grünen Blättern u. deutlichen Blüten, die weder in Körben noch in Kolben noch in Doppeldolden angeordnet sind):

Anm.: Etliche der im folgenden mit I bis XIV bezeichneten Schlüssel entsprechen weitgehend (aber nicht gänzlich!) bestimmten Klassen des sogen. LINNÉ'schen Sexualsystems. Diese „Klassen" waren hauptsächlich durch die Zahlenverhältnisse der Staubblätter definiert (und wurden nach der Zahl der Griffel in „Ordnungen" unterteilt). Der große schwedische Naturforscher des 18. Jahrhunderts KARL VON LINNÉ (= CARL LINNAEUS) hat dieses bewußt künstliche System als schematisches Ordnungsprinzip und für einen Überblick über die Formenfülle geschaffen. Obwohl es größtenteils keineswegs die verwandtschaftlichen Beziehungen zwischen den Sippen darstellt, bewährt es sich (zum Teil in verschiedenen Abwandlungen) als Bestimmungshilfe bis heute. (Im Laufe der darauffolgenden Geschichte der Botanik ist das Zählen der Staubblätter bisweilen zur stumpfsinnigen Perversion biologischer Studien ausgeartet und gilt daher so manchem noch heute als Symbol schlechten Biologie-Unterrichts und überhaupt geistloser Tätigkeit.)

## Schlüssel 0

**1** Blü alle 1geschlechtig, dh ♀ oder ♂ . . . . . . . . . . . . . . . . . . . . . . **2**
**–** Zumindest einige Blü ⚥ *(in diesem Falle untersuche man im weiteren Bestimmungsgang diese ⚥ Blü!)* . . . . . . . . . . . . . . . . . . . . . . **3**

**2** ♂ u. ♀ Blü kommen auf derselben Pf (= demselben Individuum) vor. *Man untersuche in der Folge die ♂ Blü!* **Schlüssel XIII** (Einhäusige) (→ S. 228)
**–** Jede Pf (= jedes Individuum) trägt entweder nur ♂ oder nur ♀ Blü.
**Schlüssel XIV** (Zweihäusige) (→ S. 230)

**3** StaubB (u. zwar entweder die Staubfäden oder die Staubbeutel) untereinander oder mit dem Gri verwachsen . . . . . . . . . . . . . . . . . . . . . . **4**
**–** StaubB zur Gänze frei, dh weder untereinander noch mit dem Gri verwachsen, wohl aber oft an der BlüHülle (zB Kro) angewachsen oder (slt) scheinbar paarweise am Grund miteinander verwachsen . . . . . . . . . . . . . . **9**

**4** Staubbeutel frei. — Staubfäden zu einer Röhre oder Rinne oder zu einem oder mehreren Bündeln verwachsen . . . . . . . . . . . . . . . . . . . . . . **5**
**–!!** Staubbeutel untereinander zusammenhängend. — Kro ↓, verwachsenblättrig; StaubB 4. **Rachenblütler, *Scrophulariáceae*** (→ S. 710)
**–** Staubbeutel zu einer Röhre verwachsen (Staubfäden frei) oder an den Gri angewachsen . . . . . . . . . . . . . . . . . . . . . . **7**

**5** Alle Staubf. zu 1 Röhre oder zu 1 Büschel verwachsen oder zumindest am Grund miteinander verwachsen. **Schlüssel XI** („Einbrüderige") (→ S. 226)
**–!!** Die Staubf. zu 2 Bündeln verwachsen oder 9 miteinander verwachsen (zu einer Rinne) u. 1 frei (Abb. 210 b) . . . . . . . . . . . . . . . . . . . . . . **6**
**–** Die zahlr. Staubf. am Grund zu 3–5 Bündeln verwachsen. — LB gegenständig, Spreite unzerteilt, ganzrandig; KB u. KroB je 5; Kro gelb, in der BlüKnospe gedreht; Frkn 1, oberständig; Gri 3–5; Fr: vielsamige, 3fächrige Kapsel.
**Johanniskraut, *Hypericum*** *(Hypericaceae)* ([G X 4]; → S. 564)

**6** StaubB 6, je 3 miteinander verwachsen (eigentlich: je 1 ganzes mit 2 seitlichen halben). — Pf mit wäßrigem Saft; KB 2, hinfällig oder sehr klein; KroB 2+2, ein oder beide äußere gespornt, die inneren an der Spitze zusammenhängend; Fr: Kapsel oder kugelige Nuß. **Erdrauchgewächse, *Fumariáceae*** (→ S. 292)

–!! StaubB 8, je 4 miteinander verwachsen (Abb. 239). — LB einfach, unzerteilt, ganzrandig; Blü (Abb. 108) äußerlich ähnlich jener der Schmetterlingsblütler; KB 5: 2 innere, große, kronblattartige („Flügel") u. 3 äußere, kleine; KroB 5, das untere („Schiffchen") groß u. mit fransigem Anhängsel, die übrigen klein; Frkn oberständig; Gri 1; Fr: 2klappige Kapsel. **Kreuzblume, *Polýgala*** *(Polygalaceae)* ([G XI 2]; → S. 507)

– StaubB 10, davon 9 miteinander verwachsen u. 1 frei (Abb. 210 b). — Kro eine SchmetterlingsBlü: 1 „Fahne", 2 „Flügel", 1 2blättriges „Schiffchen" (Abb. 210 a). **Schmetterlingsblütler, *Fabáceae*** (→ S. 444)

**7** [4] Staubbeutel nicht an den Gri angewachsen, — sondern untereinander zu einer Röhre verwachsen, durch welche meist der Gri hindurchgeht (Abb. 377). **Schlüssel XII** („Vereintmännige") (→ S. 228)

– Staubbeutel an den Gri angewachsen. — BlüHülle ↓ . . . . . . . . . . . . . **8**

**8** StaubB 1(2). **Orchideen, *Orchidáceae*** (→ S. 916)

– StaubB 6. — Perigon am Grund kugelig erweitert, oben mit gelber Fahne (Abb. 145); Fr: vielsamige Kapsel. **Osterluzei, *Aristolóchia*** *(Aristolochiaceae)* (→ S. 262)

**9** [3] Meist alle StaubB gleich lg, oder 3, 4, 5 oder 6 länger u. ebensoviele kürzer, oder es sind zahlr. ungleich lg StaubB vorhanden . . . . . . . . . . . . **10**

– StaubB 4 oder 6, wovon stets 2 kürzer sind als die anderen . . . . . . . **15**

**10** *Man zähle die StaubB in der Blü!*
Blü mit 1 StaubB. **Schlüssel I** („Einmännige") (→ S. 209)
–!! Blü mit 2 StaubB. **Schlüssel II** („Zweimännige") (→ S. 210)
–!! Blü mit 3 StaubB. **Schlüssel III** („Dreimännige") (→ S. 211)
–!! Blü mit 4 StaubB. **Schlüssel IV** („Viermännige") (→ S. 212)
–!! Blü mit 5 StaubB. **Schlüssel V** („Fünfmännige") (→ S. 214)
–!! Blü mit 6 StaubB. **Schlüssel VI** („Sechsmännige") (→ S. 219)
–!! Blü mit 7 StaubB. („Siebenmännige") . . . . . . . . . . . . . . . . . **11**
–!! Blü mit 8 StaubB. **Schlüssel VII** („Achtmännige") (→ S. 221)
–!! Blü mit 9 StaubB. — PerigonB 6, rosa, dunkler geädert; Blüstd: Scheindolde; LB grundständig, linealisch, 3kantig; Stempel 6, oberständig, nur am Grund miteinander verwachsen; Fr: SammelFr aus 6 vielsamigen BalgFr. **Schwanenblume, *Bútomus*** *(Butomaceae)* (→ S. 878)
Anm.: Wenn Perigon grün u. LB herzförmig, vgl. ★ **Rhabarber, *Rhéum*** *(Polygonaceae)* (→ S. 349)
–!! Blü mit 10 StaubB. **Schlüssel VIII** („Zehnmännige") (→ S. 223)
–!! Blü mit 12–18 StaubB. **Schlüssel IX** („Zwölfmännige") (→ S. 225)
– Blü mit mindestens 20 StaubB . . . . . . . . . . . . . . . . . . . . **13**

**11** BlüHülle meist einfach: kelch- bis kronenartiges Perigon; LB'Grund mit einer den Stg umfassenden, häutigen NebenBScheide (Abb. 109). **Knöterichgewächse, *Polygonáceae*** (→ S. 344)

– BlüHülle meist aus K u. Kro bestehend; LB'Grund ohne NebenBScheide **12**

**12** KroB 5 u. frei oder Kro fehlend. **Nelkengewächse, *Caryophylláceae*** (→ S. 295)

– KroB 7, miteinander verwachsen. **Siebenstern, *Trientális*** *(Primulaceae)* (→ S. 650)

**13** [10] BlüBoden nicht sichtbar verbreitert u. nie ausgehöhlt; die StaubB stehen daher unmittelbar neben den Stempeln (dem Stempelköpfchen): Abb. 116 a. **Schlüssel X** („Vielmännige") (→ S. 226)

- Die StaubB stehen auf dem äußeren Rand des etwas verbreiterten oder ausgehöhlten (u. dann eine scheinbare KRöhre bildenden) BlüBodens; die StaubB stehen daher nicht unmittelbar neben den Stempeln (dem Stempelköpfchen): Abb. 116 b . . . . . . . . . . **14**

**14** KroB mindestens 10. — StaubB doppelt so viele wie KroB.
**Hauswurz i. e. S., *Sempervívum*** *(Crassulaceae)* (→ S. 372)
- KroB höchstens 9, manchmal fehlend.
**Rosengewächse, *Rosáceae*** (→ S. 380)

**15** [9] StaubB 6 (4 längere u. 2 kürzere); KroB 4, frei, — slt fehlend.
**Kreuzblütler, *Brassicáceae*** (→ S. 577)
- StaubB 4 (2 längere u. 2 kürzere); KroB 5, miteinander verwachsen, — stets vorhanden . . . . . . . . . . **16**

**16** Frkn 4teilig oder 4fächrig; Fr bei der Reife in 4 TeilFr („Klausen") zerfallend. — LB gegenständig (slt quirlständig); Frkn oberständig . . . . . . . . . **17**
- Frkn 1–3fächrig; Fr nicht in TeilFr zerfallend . . . . . . . . . . **18**

**17** Frkn 4teilig (2 FrB mit je 1 falschen Scheidewand); TeilBlüstd (Knäuel; slt Blü einzeln) gegenständig, dadurch Scheinquirl bildend.
**Lippenblütler, *Lamiáceae*** (→ S. 751)
- Frkn ungeteilt (4fächrig); Blü wechselständig in aufrecht-abstehenden, steifen Ähren. — Kro 5zählig.
**Eisenkraut, *Verbéna*** *(Verbenaceae)* ([G IV 3]; → S. 751)

**18** BlüHülle ⊕. — Niederliegender HS; LB gegenständig; Blü zu 1–2 auf lg Stiel, nickend; Kro glockig, weiß oder blaßrosa.
**Moosglöckchen, *Linnáea*** *(Caprifoliaceae)* (→ S. 682)
- BlüHülle ↓. **Rachenblütler, *Scrophulariáceae*** (→ S. 710)

## Schlüssel I („Einmännige")

**1** BlüHülle ↓ . . . . . . . . . . **2**
- BlüHülle ⊕ . . . . . . . . . . **3**

**2** Gri 1; Kro vorhanden, — gespornt, purpurrot.
**Spornblume, *Centránthus*** *(Valerianaceae)* (→ S. 684)
- Gri 2; Kro fehlend. — BlüHülle aus wenigen ungleichen Schüppchen bestehend.
☆ **Wanzensame, *Corispérmum*** *(Chenopodiaceae)* (→ S. 340)

**3** Gri oder sitzende Narbe 1. — Kro fehlend . . . . . . . . . . **4**
-!! Gri oder sitzende Narben 2. **Gänsefußgewächse, *Chenopodiáceae*** ([G III 8]; → S. 326)
- Gri oder sitzende Narben 3.
**Sternmiere, *Stellária*** *(Caryophyllaceae)* (→ S. 305)

**4** Pf mit gestielten, vollständig ausgebildeten LB. — LB'Spreite handförmig-zerteilt. **Frauenmantel, *Alchemílla*** *(Rosaceae)* (→ S. 393)
- Pf scheinbar blattlos, — scheinbar achsensukkulent (nur undeutliche, fleischige, sitzende, dem Stg angepreßte SchuppenB vorhanden).
**Glasschmalz, *Salicórnia*** *(Chenopodiaceae)* (→ D 4; → S. 341)

## Schlüssel II („Zweimännige“)

1 BlüHülle ↓. — Gri 1 . . . . . . . . . . 2
– BlüHülle ⊕ . . . . . . . . . . 7
2 Frkn unterständig u. Kro stets vorhanden . . . . . . . . . . 3
– Frkn oberständig oder BlüHülle fehlend . . . . . . . . . . 4
3 Kro verwachsenblättrig; Blüstd: Knäuel; Pf ⊙.
**Feldsalat, *Valerianélla*** *(Valerianaceae)* (→ S. 687)
– Kro freiblättrig; Blüstd: Traube; Pf ♃. — KroB 2.
**Hexenkraut, *Circáea*** *(Onagraceae)* (→ S. 493)
4 Frkn 4teilig. **Lippenblütler, *Lamiáceae*** (→ S. 751)
– Frkn nicht 4teilig . . . . . . . . . . 5
5 Außer den beiden vollständigen StaubB noch 2 StaubB ohne Staubbeutel (= Staminodien). **Gnadenkraut, *Gratíola*** *(Scrophulariaceae)* (→ S. 731)
– Alle StaubB mit Staubbeutel (Staminodien fehlend) . . . . . . . . . . 6
6 Kro gespornt. — LB in grundständiger Rosette, einfach, unzerteilt, insektenfangend. Blü einzeln; K 5zählig, 2lippig; Kro 5zählig, 2lippig; StaubB 2, mit je 1 Theke; Frkn oberständig; Fr: vielsamige Kapsel.
**Fettkraut, *Pinguícula*** *(Lentibulariaceae)* (→ S. 746)
– Kro nicht gespornt. **Rachenblütler, *Scrophulariáceae*** (→ S. 710)
7 [1] Gri oder sitzende Narben 1 . . . . . . . . . . 8
–!! Gri oder sitzende Narben 2. — Pf scheinbar achsensukkulent.
**Glasschmalz, *Salicórnia*** *(Chenopodiaceae)* (→ D 4; → S. 341)
– Gri oder sitzende Narben 3. — Pf nicht sukkulent.
**Sternmiere, *Stellária*** *(Caryophyllaceae)* (→ S. 295)
8 Pf gras- oder binsenartig. **Riedgrasgewächse, *Cyperáceae*** (→ F 3; → S. 941)
– Pf anders . . . . . . . . . . 9
9 LB scheinbar fehlend; Stg scheinbar sukkulent.
**Glasschmalz, *Salicórnia*** *(Chenopodiaceae)* (→ S. 341)
– Pf mit deutlichen LB; Stg nicht sukkulent . . . . . . . . . . 10
10 Frkn unterständig u. Kro stets vorhanden.
**Hexenkraut, *Circáea*** *(Onagraceae)* (→ S. 493)
– Frkn oberständig oder BlüHülle fehlend . . . . . . . . . . 11
11 Frkn 4teilig. **Wolfsfuß, *Lýcopus*** *(Lamiaceae)* (→ S. 768)
– Frkn nicht 4teilig . . . . . . . . . . 12
12 LB handförmig-3spaltig. — K 4zählig, aber durch Vorhandensein eines AußenK scheinbar 8zählig; Kro fehlend.
**Frauenmantel, *Alchemílla*** *(Rosaceae)* (→ S. 393)
– LB anders gestaltet . . . . . . . . . . 13
13 LB 3eckig bis spießförmig, — gezähnt; BlüHülle einfach, meist 5blättrig.
**Gänsefuß, *Chenopódium*** *(Chenopodiaceae)* (→ S. 328)
– LB anders gestaltet . . . . . . . . . . 14
14 BlüHüllB 0–3. ☆ **Wanzensame, *Corispérmum*** *(Chenopodiaceae)* (→ S. 340)
– BlüHüllB mindestens 4 . . . . . . . . . . 15
15 Blü (meist einzeln [slt zu 2]) in den Achseln von LB; BlüBoden ausgehöhlt (= Achsenbecher); Frkn am Grund des BlüBodens sitzend.
**Blutweiderich, *Lýthrum*** *(Lythraceae)* (→ S. 494)
– Blü in Trauben angeordnet; BlüBoden nicht ausgehöhlt (kein Achsenbecher vorhanden). **Kresse, *Lepídium*** *(Brassicaceae)* (→ S. 610)

## Schlüssel III („Dreimännige")

**1** BlüHülle ↓. — Gri 1 . . . . . . . . . . **2**
**-** BlüHülle ⊕ . . . . . . . . . . **3**
**2** BlüHülle 6zählig (2 3zählige Wirtel), freiblättrig; Fr: Kapsel.
**Siegwurz, *Gladíolus*** (*Iridaceae*) (→ S. 914)
**-** Kro (3)5zählig, verwachsenblättrig; Fr: Nuß. — LB gegenständig; Frkn unterständig (von den 3 FrFächern stets nur 1 fertil).
**Baldriangewächse, *Valerianáceae*** (→ S. 684)
**3** Gri oder sitzende Narbe 1 . . . . . . . . . . **4**
**-!!** Gri oder sitzende Narben 2 . . . . . . . . . . **7**
**-** Gri oder sitzende Narben 3–4 . . . . . . . . . . **10**
**4** Frkn unterständig u. BlüHülle stets vorhanden.
**Meier, *Aspérula*** (*Rubiaceae*) (→ S. 671)
**-** Frkn oberständig oder BlüHülle gänzlich fehlend . . . . . . . . . . **5**
**5** BlüHülle aus K u. Kro bestehend. — LB fleischig; KB 2; Kro 5zählig, verwachsenblättrig, unscheinbar, weiß; Frkn oberständig; Fr: Kapsel, 3klappig aufspringend, 2–3samig.
**Quellkraut, *Móntia*** (*Portulacaceae*) ([A 37, G III 11]; → S. 326)
**-** BlüHülle: ein Perigon, — 5–6blättrig . . . . . . . . . . **6**
**6** BlüHüllB 5. — Pf ⊙; Blü in LB'Achseln.
**Knorpelkraut, *Polycnémum*** (*Chenopodiaceae*) (→ S. 340)
**-** BlüHüllB 6. — Pf binsenartig. **Simse, *Júncus*** (*Juncaceae*) (→ S. 933)
**7** [3] Pf binsenartig. — BlüHüllB 6. **Simse, *Júncus*** (*Juncaceae*) (→ S. 933)
**-** Pf nicht binsenartig . . . . . . . . . . **8**
**8** Alle LB linealisch bis pfriemlich, — sehr schmal.
**Gänsefußgewächse, *Chenopodiáceae*** ([G I 3]; → S. 326)
**-** Zumindest die unteren LB weder linealisch noch pfriemlich . . . . . . . . **9**
**9** Blü ohne DeckB. **Gänsefuß, *Chenopódium*** (*Chenopodiaceae*) (→ S. 328)
**-** Blü mit 1 DeckB — u. 2 VorB.
**Fuchsschwanz, *Amaránthus*** (*Amaranthaceae*) (→ G V 16; → S. 341)
**10** [3] K (2)3(4)blättrig; Kro 3- oder 5zählig. — Pf niemals grasartig . . . . **11**
**-** K 3–5blättrig oder nur eine einfache oder gar keine BlüHülle vorhanden **12**
**11** Kro 5blättrig; Blü gestielt.
**Quellkraut, *Móntia*** (*Portulacaceae*) (→ G III 5; → S. 326)
**-** Kro (2)3(4)blättrig; Blü sitzend, — sehr klein.
**Tännel, *Elatíne (E. triándra)*** (*Elatinaceae*) (→ A 38; → S. 566)
**12** BlüHülle undeutlich (zB aus Haaren bestehend) oder fehlend. — Pf grasartig; Blü in Ährchen, von Spelzen umgeben.
**Riedgräser, *Cyperáceae*** (→ F 3; → S. 941)
**-** BlüHülle stets deutlich entwickelt, — „einfach" (Perigon) oder „doppelt" (aus K u. Kro bestehend) . . . . . . . . . . **13**
**13** BlüHülle: 6blättriges Perigon (PerigonB in 2 3zähligen Wirteln angeordnet) . . . . . . . . . . **14**
**-** BlüHülle: 3–5zählig, ein Perigon oder aus K u. Kro bestehend . . . . . . **15**
**14** BlüHüllB KroB'artig, mindestens 1 cm lg. — Stauden (Geophyten) mit Knollen, Zwiebeln oder Rhizomen; LB meist linealisch; Blü u./oder Blüstd von einem oder mehreren häutigen HochB umschlossen; BlüHülle Kro'artig, äußerer u. innerer Wirtel voneinander ± verschieden; Frkn unterständig; Fr: Kapsel.
**Schwertliliengewächse, *Iridáceae*** ([G III 2]; → S. 913)

- BlüHüllB trockenhäutig, weniger als 1 cm lg. — Pf gras- oder „binsenartig“.
**Simse, *Júncus*** *(Juncaceae)* (→ S. 933)

15 KroB 2zipfelig (ausgerandet bis 2teilig) oder fehlend (dann BlüHülle ein Perigon) . . . . . . . . . . . . **16**
- KroB unzerteilt u. stets vorhanden . . . . . . . . . . . . **17**

16 LB wechselständig. — BlüHülle „einfach“, 3–5blättrig.
**Fuchsschwanz, *Amaránthus*** *(Amaranthaceae)* (→ G V 16; → S. 341)
- LB gegenständig. — K u. Kro 5blättrig, letztere manchmal fehlend.
**Sternmiere, *Stellária*** *(Caryophyllaceae)* (→ S. 305)

17 Frkn 3–4. — LB dickfleischig. Auf schlammigen Teichufern u. Teichböden; sehr slt; nur **N** (im Waldviertel).
**Teichkraut, *Crássula*** *(Crassulaceae)* ([G IV 14], → S. 368)
- Frkn 1. — Gri 3(4–5). **Nelkengewächse, *Caryophylláceae*** (→ S. 295)

## Schlüssel IV („Viermännige“)

1 BlüHülle ↓. — Gri 1; Narben meist 2 . . . . . . . . . . . . **2**
- BlüHülle ⊕ . . . . . . . . . . . . **4**

2 Frkn 4teilig (daher oft scheinbar 4 Frkn).
**Lippenblütler, *Lamiáceae*** (→ S. 751)
- Frkn ungeteilt . . . . . . . . . . . . **3**

3 Frkn 4fächrig *(Querschnitt!)*. — Blüstd: steife, zuletzt stark verlängerte Ähren; K 5zähnig; Kro verwachsenblättrig, 5zipfelig.
**Eisenkraut, *Verbéna*** *(Verbenaceae)* ([→ G 17]; → S. 751)
- Frkn 2fächrig *(Querschnitt!)*. **Rachenblütler, *Scrophulariáceae*** (→ S. 710)

4 [1] Gri oder sitzende Narbe 1 . . . . . . . . . . . . **15**
–!! Gri oder sitzende Narben 2 . . . . . . . . . . . . **5**
–!! Gri oder sitzende Narben 3 **Nelkengewächse, *Caryophylláceae*** (→ S. 295)
- Gri oder sitzende Narben 4–6 . . . . . . . . . . . . **10**

5 LB gegenständig oder (scheinbar) quirlständig; Kro vorhanden, — verwachsenblättrig . . . . . . . . . . . . **6**
- Zumindest die oberen LB wechselständig; Kro fehlend oder anstelle der KroB Borsten . . . . . . . . . . . . **7**

6 Frkn oberständig. **Enziangewächse, *Gentianáceae*** (→ G V 50; → S. 660)
- Frkn unterständig. **Kaffeegewächse, *Rubiáceae*** (→ G IV 17; → S. 671)

7 LB gefiedert. **Wiesenknopf, *Sanguisórba*** *(Rosaceae)* (→ S. 385)
- LB nicht gefiedert . . . . . . . . . . . . **8**

8 Blü mit KB u. AußenKB, — 4zählig; LB handförmig gelappt bis geteilt.
**Frauenmantel, *Alchemílla*** *(Rosaceae)* (→ S. 393)
- Blü nur mit KB, ohne AußenKB . . . . . . . . . . . . **9**

9 Anstelle der KroB 5 Borsten. — Pf niederliegend, meist am Boden flach ausgebreitet u. stark verzweigt; LB 2–8(12) mm lg, ganzrandig.
**Bruchkraut, *Herniária*** *(Caryophyllaceae)* (→ S. 313)
- KroB völlig fehlend. — Pf meist aufrecht; LB meist viel länger als 8 mm.
**Gänsefuß, *Chenopódium*** *(Chenopodiaceae)* (→ S. 328)

10 [4] KroB am Grund etwas miteinander verwachsen, stets vorhanden. — GrundB doppelt-3zählig-zusammengesetzt; die 2 StgB 3zählig-zerteilt; Blüstd: endständiges, fast würfelförmiges, 5(–9)blütiges Köpfchen; GipfelBlü mit 2

KB u. je 4 KroB u. StaubB; SeitenBlü mit 3 KB u. je 5 KroB u. StaubB; Kro h'grün; StaubB fast bis zum Grund 2teilig, daher scheinbar 8 bzw. 10; Frkn halbunterständig; Narben 4 bzw. 5; SteinFr.
**Moschuskraut, *Adóxa*** *(Adoxaceae)* ([G V 17, G VII 3, G VIII 10]; → S. 684)
- KroB frei oder (slt) fehlend . . . . . . . . . . . . . . . . . . . . . . . . **11**

**11** KB an der Spitze (2)3zähnig, — am Grund miteinander verwachsen; Fr: kugelige, 4fächrige (unvollkommen 8fächrige) Kapsel.
**Zwergflachs, *Radíola*** *(Linaceae)* ([G XI 3]; → S. 502)
- KB unzerteilt . . . . . . . . . . . . . . . . . . . . . . . . . . . . . . **12**

**12** Blü doldenartig angeordnet (nur Kümmerexemplare 1blütig); KroB gezähnt.
**Spurre, *Holósteum*** *(Caryophyllaceae)* (→ S. 307)
- Blü nicht doldenartig angeordnet; KroB (sofern vorhanden) nicht gezähnt . . . . . . . . . . . . . . . . . . . . . . . . . . . . . . **13**

**13** Frkn 1. **Mastkraut, *Sagína*** *(Caryophyllaceae)* (→ S. 312)
- Frkn 4. — LB dickfleischig . . . . . . . . . . . . . . . . . . . . . . **14**

**14** LB gegenständig **Teichkraut, *Crássula*** *(Crassulaceae)* (→ G III 17; → S. 368)
- LB wechselständig. **Rosenwurz, *Rhodíola*** *(Crassulaceae)* (→ S. 372)

**15** [4] Frkn unterständig . . . . . . . . . . . . . . . . . . . . . . . . **16**
- Frkn oberständig . . . . . . . . . . . . . . . . . . . . . . . . . . . **19**

**16** LB schraubig (wechselständig) angeordnet, — einfach, unzerteilt, Spreite meist schmal-linealisch, slt lineal-lanzettlich, ganzrandig; Halbschmarotzer (WuParasit); Perigon 4–5zählig, verwachsenblättrig; StaubB 4–5; Fr: Nuß.
**Bergflachs, *Thesíum*** *(Santalaceae)* ([G V 34]; → S. 514)
- LB wirtelig (gegenständig oder quirlständig) angeordnet . . . . . . . . . **17**

**17** Wenigstens die unteren LB (scheinbar) quirlständig. — LB eigentlich gegenständig (nur 2 Blattachseln!), NebenB jedoch gleich gestaltet wie die LB'Spreiten u. meist vermehrt; K oft rückgebildet; Kro (3)4zählig, radförmig; StaubB (3)4; Frkn unterständig; Fr: 2zählige SpaltFr (bei der Reife in 2 1samige TeilFr zerfallend).
**Kaffeegewächse, *Rubiáceae*** ([G IV 6, G V 33]; → S. 671)
- LB gegenständig . . . . . . . . . . . . . . . . . . . . . . . . . . . . **18**

**18** Blü sitzend, einzeln in den Achseln von LB; BlüHülle einfach, 4zählig, K'artig.
**Heusenkraut, *Ludwígia*** *(Onagraceae)* (→ S. 486)
- Blü gestielt, nicht einzeln in den Achseln von LB (sondern in einem lg gestielten, 2blütigen Blüstd); BlüHülle aus K u. Kro zusammengesetzt; Kro 5zipfelig. — Kriechender Zwergstrauch.
**Moosglöckchen, *Linnáea*** *(Caprifoliaceae)* (→ S. 682)

**19** [15] Frkn 4teilig. **Lippenblütler, *Lamiáceae*** (→ S. 751)
- Frkn ungeteilt . . . . . . . . . . . . . . . . . . . . . . . . . . . . . **20**

**20** BlüHülle einfach (4blättrig), AußenK fehlend . . . . . . . . . . . . . **21**
- Blü mit K u. Kro oder mit K u. AußenK . . . . . . . . . . . . . . . . . **24**

**21** LB gefiedert; Blüstd: dichtes, kugeliges bis eiförmiges, endständiges Köpfchen.
**Wiesenknopf, *Sanguisórba*** *(Rosaceae)* (→ S. 385)
-!! LB gefiedert; Blüstd: kein dichtes, endständiges Köpfchen . . . . . . . . **29**
- LB einfach u. unzerteilt . . . . . . . . . . . . . . . . . . . . . . . . **22**

**22** LB pfriemlich. — Blü unscheinbar.
**Kampferkraut, *Camphorósma*** *(Chenopodiaceae)* (→ S. 338)
- LB nicht pfriemlich . . . . . . . . . . . . . . . . . . . . . . . . . . **23**

**23** LB herzförmig; Blüstd: endständige Traube; BlüHülle weiß.
**Schattenblümchen, *Maiánthemum*** *(Asparagaceae)* (→ S. 889)

– LB lanzettlich; Blüstd: achselständige Knäuel; BlüHülle grünlich.
**Glaskraut, *Parietária*** *(Urticaceae)* ([G XIII 9]; → S. 366)

24 [20] LB doppelt-3zählig-zusammengesetzt. — Blü 4zählig; Kro blutrot; NektarB gelb, gespornt. **Sockenblume, *Epimédium*** *(Berberidaceae)* (→ S. 289)

– LB anders . . . . . . . . . . 25

25 Kro verwachsenblättrig . . . . . . . . . . 26

– Kro freiblättrig oder fehlend . . . . . . . . . . 28

26 Kro trockenhäutig. — Blüstd: Ähre; K (3)4(5)zählig, ± verwachsenblättrig, KB oft etwas ungleich; Kro 4(5)zählig, verwachsenblättrig; StaubB meist weit aus der KroRöhre herausragend; Frkn oberständig; Fr: Deckelkapsel.
**Wegerich, *Plantágo*** *(Plantaginaceae)* ([F 2]; → S. 748)

– Kro nicht trockenhäutig . . . . . . . . . . 27

27 LB wechselständig. — Kro winzig, krugförmig, mit 4spaltigem Saum.
**Kleinling, *Centúnculus*** *(Primulaceae)* (→ S. 653)

– LB gegenständig, — bitter schmeckend.
**Enziangewächse, *Gentianáceae*** (→ G V 50; → S. 660)

28 [25] LB handförmig gelappt bis geteilt; Kro fehlend, — aber K (gelblichgrün) u. AußenK vorhanden. **Frauenmantel, *Alchemílla*** *(Rosaceae)* (→ S. 393)

– LB fiederschnittig bis fiederteilig; Kro meist vorhanden, — weiß . . . . 29

29 [21, 28] Fr linealisch, flach, aufspringend.
**Schaumkraut, *Cardámine*** *(Brassicaceae)* (Pkt 14, → S. 592)

– Fr breiter als lg, nierenförmig oder 2teilig, nicht aufspringend.
**Krähenfuß, *Corónopus*** *(Brassicaceae)* (→ S. 612)

## Schlüssel V („Fünfmännige“)

1 BlüHülle ↓ . . . . . . . . . . 2

– BlüHülle ⊕ . . . . . . . . . . 7

2 Gri oder sitzende Narben 5. — Blü gespornt.
**Springkrautgewächse, *Balsamináceae*** (→ G V 5; → S. 507)

–!! Gri oder sitzende Narben 2 . . . . . . . . . . 3

– Gri oder sitzende Narbe 1 . . . . . . . . . . 4

3 Kro freiblättrig, weiß, gelb oder rötlich; Frkn unterständig; Blüstd: Doppeldolde (Abb. 248) oder einfache Dolde oder Köpfchen; Fr: 2zählige SpaltFr.
**Doldenblütler, *Apiáceae*** (→ S. 525)

– Kro verwachsenblättrig, blaulila; Frkn oberständig; Blüstd: Wickel (scheinbar einseitswendige Ähren); Fr: 2klappige Kapsel. — KB 5–8 (?), ± miteinander verwachsen; KroB 5; StaubB weit aus der Kro herausragend.
★ **Büschelkraut, *Phacélia*** *(Hydrophyllaceae)* ([G V 31, 52]; → S. 698)

4 Blü gespornt . . . . . . . . . . 5

– Blü nicht gespornt . . . . . . . . . . 6

5 KB meist 3, das obere kronblattartig u. gespornt; KroB scheinbar 3, die seitlichen 2zählig gespalten (Abb. 117); alle Staubbeutel ohne Anhängsel an der Spitze, — den Gri kapuzenartig bedeckend; Frkn oberständig; Fr: 5klappige, gefächerte, ruckartig aufspringende Kapsel (Schleuderkapsel).
**Springkrautgewächse, *Balsamináceae*** ([G V 2]; → S. 507)

– KB 5, mit je einem krautigen Anhängsel am Grund; KroB 5 (Abb. 266, 267), das unterste gespornt; die beiden unteren StaubB mit einem in den Sporn hineinragenden, Nektar absondernden Anhängsel; Staubbeutel an der Spitze mit einem Anhängsel (gelbem Zipfel). — Gri 1, oft S-förmig gebogen; Frkn oberständig; Fr: 3klappige, vielsamige Kapsel; Sa oft mit Elaiosom (Ameisenausbreitung!). **Veilchen, *Víola*** *(Violaceae)* ([G XII 3]; → S. 568)

**6** Frkn 4teilig (slt ungeteilt, dann aber 4fächrig). — LB unzerteilt. **Rauhblattgewächse, *Boragináceae*** (→ S. 698)

**–!!** Frkn ungeteilt (meist 2fächrig); Kro gelb oder violettpurpurn, nicht dunkler geadert. **Königskerze, *Verbáscum*** *(Scrophulariaceae)* (→ S. 714)

**–** Frkn ungeteilt (2fächrig); Kro blaßgelb, auffällig violettschwarz geädert (bes. nach innen zu). — KZähne zur FrZeit vergrößert, zugespitzt, stechend; Fr: Deckelkapsel. **Bilsenkraut, *Hyoscýamus*** *(Solanaceae)* (→ S. 696)

**7** [1] *(Man stelle die Zahl der Gri bzw. Narben fest: jeweils pro Blüte [dh: nicht pro Karpell]!)*
Gri oder sitzende Narbe 1 . . . . . . . . . . . . . . . . . . . . . . . **32**
**–!!** Gri oder sitzende Narben 2 . . . . . . . . . . . . . . . . . . . . . . **23**
**–!!** Gri oder sitzende Narben 3 . . . . . . . . . . . . . . . . . . . . . . **12**
**–!!** Gri oder sitzende Narben 4 . . . . . . . . . . . . . . . . . . . . . . **8**
**–!!** Gri oder sitzende Narben 5 . . . . . . . . . . . . . . . . . . . . . . **17**
**–** Gri oder sitzende Narben mehr als 5 . . . . . . . . . . . . . . . . . **10**

**8** Stg mit gegenständigen LB. — Kapsel bis zum Grund 4klappig aufspringend. **Mastkraut, *Sagína*** *(Caryophyllaceae)* (→ S. 312)

**–** Stg ohne oder mit nur 1 einzigen LB, — die übrigen LB in einer GrundRosette . . . . . . . . . . . . . . . . . . . . . . . . . . . . . . . . . . **9**

**9** LB mit lg, roten, klebrigen Stieldrüsen bedeckt (Abb. 265); Blü in einem ährenförmigen Wickel. **Sonnentau, *Drósera*** *(Droseraceae)* ([G V 13] → G V 21; → S. 567)

**–** LB kahl; Blü einzeln. — Zw. den StaubB insgesamt 5 Schuppen (ScheinnektarB) mit je 8–14 lg gestielten, glänzenden Köpfchen (Abb. 118). **Herzblatt, *Parnássia*** *(Parnassiaceae)* (→ G V 45; → S. 380)

**10** [7] Pf ♃. — LB 3zählig-zusammengesetzt, Blättchen verkehrt-eiförmig, vorn 3zähnig. Alpin. **Gelbling, *Sibbáldia*** *(Rosaceae)* (→ S. 393)

**–** Pf ⊙ . . . . . . . . . . . . . . . . . . . . . . . . . . . . . . . . **11**

**11** KB gespornt; LB unzerteilt, — linealisch. **Mäuseschwanz, *Myosúrus*** *(Ranunculaceae)* (→ S. 285)

**–** KB nicht gespornt; LB zerteilt — (meist handförmig). **Hahnenfuß, *Ranúnculus*** *(Ranunculaceae)* (→ S. 276)

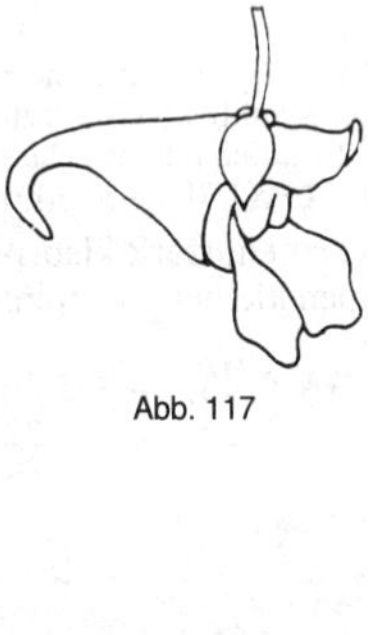
Abb. 117

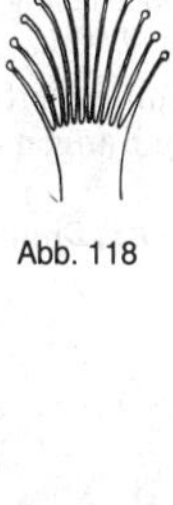
Abb. 118

Abb. 119

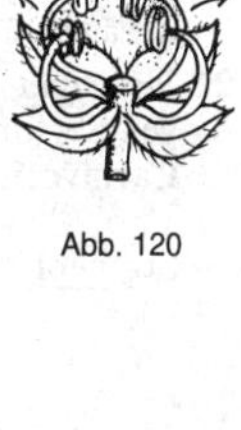
Abb. 120

**12** [7] LB gefiedert. **Holunder, *Sambúcus*** *(Caprifoliaceae)* (→ S. 681)
**–** LB einfach . . . . . . . . . . . . . . . . . . . . . . . . . . . . . . . **13**
**13** Stg nackt (= Schaft); LB in Grundrosette, mit lg, roten, stark klebrigen Stieldrüsen bedeckt (Abb. 265). — Blüstd: ährenförmige Wickel.
**Sonnentau, *Drósera*** *(Droseraceae)* ([G V 9] → G V 21; → S. 567)
**–** Stg beblättert; LB ohne lg, rote Stieldrüsen . . . . . . . . . . . . . . . **14**
**14** Staubf. am Grund zu einem Ring verwachsen (Abb. 119).
**Lein, *Línum*** *(Linaceae)* (→ G V 20; → S. 500)
**–** StaubB frei . . . . . . . . . . . . . . . . . . . . . . . . . . . . . . . **15**
**15** LB wirtelig (meist gegenständig, slt quirlständig).
**Nelkengewächse, *Caryophylláceae*** (→ S. 295)
**–** LB wechselständig . . . . . . . . . . . . . . . . . . . . . . . . . . . **16**
**16** Grund der LB mit häutiger NebenBScheide (Abb. 109). — BlüHüllB meist KroB'artig (weißlich oder rötlich) gefärbt.
**Knöterichgewächse, *Polygonáceae*** (→ G VI 7; → S. 344)
**–** LB ohne NebenBScheide. — Pf meist ☉ (slt ♃), meist 1häusig (slt 2häusig); LB wechselständig, gestielt, einfach, unzerteilt, ganzrandig. Blüstd: dichte Knäuel, die meist zu dichtblütigen, ährigen, traubigen oder rispigen GesamtBlüstd zusammengefügt sind; BlüHüllB (PerigonB) (2)3–4(5), K'artig, meist grün bis trockenhäutig, slt rot; StaubB gleich viele wie PerigonB; Frkn oberständig; Narben (2)3; Fr: meist 1samige Deckelkapsel, slt Nuß; Sa meist schwarz, glänzend.
**Fuchsschwanz, *Amaránthus*** *(Amaranthaceae)* ([G III 9 u. 16, G XIII 3 u. 17]; → S. 341)
**17** [7] Pf behaart; Blü gestielt; LB mit NebenB, 3zählig-gefingert. — Stg kriechend; KroB frei, gelb, kürzer als die KB. Alpin.
**Gelbling, *Sibbáldia*** *(Rosaceae)* (→ S. 393)
**–!!** Pf kahl; Blü sitzend; LB ohne NebenB, die grundständigen doppelt-3zählig-zusammengesetzt. — Stg aufrecht; KroB am Grund etwas miteinander verwachsen, h'grün, länger als die KB. Collin bis subalpin.
**Moschuskraut, *Adóxa*** *(Adoxaceae)* ([G VIII 10]; → G IV 10; → S. 684)
**–** LB nicht 3zählig-zusammengesetzt (sondern gefiedert oder einfach u. unzerteilt) . . . . . . . . . . . . . . . . . . . . . . . . . . . . . . . **18**
**18** Kro verwachsenblättrig. — K 5zähnig, gefaltet, oft oben trockenhäutig.
**Grasnelke, *Arméria*** *(Plumbaginaceae)* (→ E 8; → S. 354)
**–** KroB frei (KroB manchmal ± aneinanderhaftend, jedoch nicht verwachsen!) . . . . . . . . . . . . . . . . . . . . . . . . . . . . . . . **19**
**19** StaubB am Grund etwas miteinander verwachsen . . . . . . . . . . . . **20**
**–** StaubB gänzlich frei. — Staminodien fehlend . . . . . . . . . . . . . **21**
**20** LB gefiedert; Fr in 5 geschnäbelte TeilFr zerfallend (Abb. 233). — 5 StaubB mit u. 5 StaubB ohne Staubbeutel (= Staminodien).
**Reiherschnabel, *Eródium*** *(Geraniaceae)* (→ S. 503)
**–** LB einfach; Fr: Kapsel. — LB sitzend, Spreite unzerteilt, ganzrandig; Blüstd zymös; Blü ⚥; KB 5, frei; KroB 5, frei, zart, hinfällig, in der Knospe gedreht; StaubB am Grund zu einem Ring verwachsen (Abb. 119); Frkn 1, oberständig, 5fächrig; Fr durch falsche Scheidewände 10kammerig. **Lein, *Línum*** *(Linaceae)* ([G V 14, G XI 7]; → S. 500)
**21** Stg nackt. — LB alle grundständig (Grundrosette), mit lg, roten, stark klebrigen Stieldrüsen bedeckt (Abb. 265) (zum Fangen u. Verdauen kleiner Insekten: Carnivorie). Standort: Hochmoore.
**Sonnentau, *Drósera*** *(Droseraceae)* ([G V 9, 13]; → S. 567)
**–** Stg beblättert . . . . . . . . . . . . . . . . . . . . . . . . . . . . . . **22**

**22** Frkn (4)5(6); LB meist wechselständig, — fleischig, kahl.
**Mauerpfeffer, *Sédum*** *(Crassulaceae)* (→ S. 369)
– Frkn 1; LB gegen- oder quirlständig.
**Nelkengewächse, *Caryophylláceae*** (→ S. 295)

**23** [7] Zw. (u. unterhalb von) den 5 KB stehen 5 sehr kleine, pfriemliche AußenKB. — LB gefiedert; KroB gelb. **Aremonie, *Aremónia*** *(Rosaceae)* (→ S. 385)
– Blü ohne AußenKB. — BlüHülle „einfach" oder „doppelt" . . . . . . . **24**

**24** Frkn unterständig. — Blüstd: meist Doppel-Dolde (Abb. 248), seltener einfache Dolde. **Doldengewächse, *Apiáceae*** (→ S. 525)
– Frkn oberständig . . . . . . . . . . . . . . . . . . . . . . . . . . **25**

**25** BlüHülle einfach (Perigon) . . . . . . . . . . . . . . . . . . . . . **26**
– BlüHülle aus K u. Kro bestehend. — KroB manchmal fadenförmig . . . **28**

**26** LB mit den Stg umhüllender, häutiger NebenBScheide (Ochrea: Abb. 109); BlüHülle meist Kro'artig, grünlich, weißlich oder rötlich.
**Knöterichgewächse, *Polygonáceae*** (→ G VI 7; → S. 344)
– LB ohne NebenBScheide; BlüHülle K'artig, meist grünlich . . . . . . . . **27**

**27** LB gegenständig, — halbstielrund-pfriemlich; BlüHüllB grün, weiß berandet.
**Knäuelkraut, *Scleránthus*** *(Caryophyllaceae)* (→ S. 313)
– LB wechselständig. **Gänsefußgewächse, *Chenopodiáceae*** (→ S. 326)

**28** [25] KroB normal entwickelt, nicht fadenförmig . . . . . . . . . . . . **29**
– KroB fadenförmig . . . . . . . . . . . . . . . . . . . . . . . . . . **40**

**29** Kro freiblättrig. — K verwachsenblättrig.
**Gipskraut, *Gypsóphila*** *(Caryophyllaceae)* (→ S. 321)
– Kro verwachsenblättrig . . . . . . . . . . . . . . . . . . . . . . . **30**

**30** Frkn 2; Staubbeutel mit Anhängseln, diese zu einem 5spaltigen Kranz verwachsen (eine scheinbare NebenKro bildend). — Kro weiß; Sa mit Haarschopf. **Schwalbenwurz, *Vincetóxicum*** *(Asclepiadaceae)* (→ G V 37; → S. 671)
– Frkn 1; Staubbeutel ohne Anhängsel, frei . . . . . . . . . . . . . . . . **31**

**31** LB unzerteilt, meist gegenständig, — bitter schmeckend.
**Enziangewächse, *Gentianáceae*** (→ G V 50; → S. 660)
– LB fiederschnittig, wechselständig.
★ **Büschelkraut, *Phacélia*** *(Hydrophyllaceae)* (→ G V 3; → S. 698)

**32** [7] Frkn halb- oder ganz unterständig . . . . . . . . . . . . . . . . . **33**
– Frkn oberständig . . . . . . . . . . . . . . . . . . . . . . . . . . **36**

**33** LB wirtelig (dh gegenständig oder quirlständig).
**Kaffeegewächse, *Rubiáceae*** (→ IV 17; → S. 671)
– LB wechselständig . . . . . . . . . . . . . . . . . . . . . . . . . **34**

**34** BlüHülle: Perigon, — innen weiß, außen grün.
**Bergflachs, *Thesíum*** *(Santalaceae)* (→ G IV 16; → S. 514)
– BlüHülle aus K u. Kro bestehend. — KroB wenigstens am Grund miteinander verwachsen . . . . . . . . . . . . . . . . . . . . . . . . . . . . . **35**

**35** Außer 5 fruchtbaren StaubB noch 5 verkümmerte vorhanden; Frkn halbunterständig. — Kro weiß. **Salzbunge, *Sámolus*** *(Primulaceae)* (→ S. 653)
– Nur 5 fruchtbare StaubB vorhanden *(Achtung: zur Zeit des Vollblühens bereits ± verwelkt, weil proterandrisch!)*; Frkn gänzlich unterständig. — Pf meist mit Milchsaft; LB wechselständig, einfach, unzerteilt; KB 5; KroB 5, miteinander verwachsen; Gri 1; Fr: (2)3(5)fächrige, vielsamige Kapsel.
**Glockenblumengewächse, *Campanuláceae*** ([E 9]; → S. 774)

**36** [32] Frkn 2, — aber nur 1 Gri oder 1 Narbe! . . . . . . . . . . . . . . . **37**
**-** Frkn 1, — ungeteilt oder 4teilig . . . . . . . . . . . . . . . . . . . . . **38**
**37** Blü einzeln; Kro blau; Sa ohne Haarschopf.
**Immergrün, *Vinca*** *(Apocynaceae)* (→ B 29; → S. 670)
**-** Blü in Blüstd; Kro weiß; Sa mit lg, seidigem Haarschopf. — LB gegenständig; KB 5, frei; KroB 5, miteinander verwachsen, in der Knospe gedreht. StaubB 5, mit dem Narbenkopf zu einem Säulchen verwachsen; Staubbeutel mit KroB'artigen Anhängseln, diese zu einem 5spaltigen Kranz verwachsen; Pollen zu einer Pollenmasse (Pollinium) verklebt; die nebeneinanderliegenden Pollinien zweier benachbarter Staubbeutel durch Klemmkörper (Translatoren) miteinander verbunden (Klemmfallenblume!); Frkn 2; Fr: BalgFr.
**Schwalbenwurz, *Vincetóxicum*** *(Asclepiadaceae)* ([G V 30, G XI 9]; → S. 671)
**38** BlüHülle einfach (Perigon), oder die KroB faden- oder borstenförmig . . **39**
**-** BlüHülle aus K u. Kro bestehend, letztere normal entwickelt . . . . . . **43**
**39** [G VIII 13] KroB faden- oder borstenförmig . . . . . . . . . . . . . . . **40**
**-** KroB ganz fehlend . . . . . . . . . . . . . . . . . . . . . . . . . . . . . **41**
**40** [28, 39] KB verdickt, von der Seite her zusammengedrückt, schneeweiß.
**Knorpelblume, *Illécebrum*** *(Caryophyllaceae)* (→ S. 314)
**-** KB nicht verdickt, flach-konkav, grün. — Blüstd: achselständige Knäuel.
**Bruchkraut, *Herniária*** *(Caryophyllaceae)* (→ S. 313)
**41** LB mit den Stg umhüllender, häutiger NebenBScheide (Abb. 109). — BlüHülle meist Kro'artig. **Knöterichgewächse, *Polygonáceae*** (→ G VI 7; → S. 344)
**-** Ohne NebenBScheide. — BlüHülle meist unscheinbar . . . . . . . . . . **42**
**42** LB pfriemlich, stachelspitzig. — Blü einzeln in LB'Achseln.
**Knorpelkraut, *Polycnémum*** *(Chenopodiaceae)* (→ S. 340)
**-** LB weder pfriemlich noch stachelspitzig. — Meist Knäuel. (Wenn Blü einzeln, rosa: → ***Glaux***, S. 652) **Gänsefuß, *Chenopódium*** *(Chenopodiaceae)* (→ S. 328)
**43** [38] KroB frei . . . . . . . . . . . . . . . . . . . . . . . . . . . . . . **44**
**-** KroB wenigstens am Grund miteinander verwachsen . . . . . . . . . . **46**
**44** Kro gelb; LB wirtelig (gegenständig oder quirlständig).
**Gilbweiderich, *Lysimáchia*** *(Primulaceae)* (→ S. 651)
**-** Kro nicht gelb; LB wechselständig (stengelständig oder in grundständiger Rosette) . . . . . . . . . . . . . . . . . . . . . . . . . . . . . . . . . . . **45**
**45** Zw. den 5 StaubB insgesamt 5 Schuppen (Staminodien) mit je 8–14 lg gestielten, glänzenden Köpfchen (Scheinnektarien, Abb. 118: Täuschblume). — KroB 5, weiß; LB herzförmig, ganzrandig; Frkn oberständig; Fr: Kapsel.
**Herzblatt, *Parnássia*** *(Parnassiaceae)* ([G V 9]; → S. 380)
**-** Zw. den StaubB keine derartigen Scheinnektarien, höchstens 5 Staubf. ohne Staubbeutel (Staminodien). — LB gefiedert oder handförmig-zerteilt; Kro meist purpurn bis violett (sehr slt weiß)
**Storchschnabelgewächse, *Geraniáceae*** (→ G XI 4; → S. 502)
**46** [43] StaubB vor den KroZipfeln stehend (Abb. 303 a).
**Schlüsselblumengewächse, *Primuláceae*** ([G VI 15]; → S. 650)
**-** StaubB zwischen den KroZipfeln stehend (Abb. 303 b) oder KroZipfel fehlend . . . . . . . . . . . . . . . . . . . . . . . . . . . . . . . . . . . . . **47**
**47** Frkn 4teilig oder (wenn ungeteilt) durchgehend 4fächrig. — LB unzerteilt.
**Rauhblattgewächse, *Boragináceae*** (→ S. 698)
**-** Frkn ungeteilt u. 1–3fächrig . . . . . . . . . . . . . . . . . . . . . . . . **48**
**48** Frkn 1–2fächrig, slt unvollständig 4fächrig, mit zahlr. SaAnlagen . . . . **49**

- Frkn 1–2fächrig (u. mit 4 SaAnlagen) oder 3fächrig . . . . . . . . . . . 51

49 Alle LB 3zählig-zusammengesetzt, — wechselständig, lg gestielt, mit scheidigem Grund; KB 5; KroB 5, weiß bis blaßrötlich, innen stark bärtig, in der Knospe klappig; Frkn oberständig; Gri 1; Fr: 2klappige Kapsel.
**Fieberklee, *Menyánthes*** (*Menyanthaceae*) (→ S. 669)

- LB nicht 3zählig-zusammengesetzt (höchstens einige 3teilig) . . . . . . . 50

50 LB fast immer gegenständig; Kro lange bleibend. — Pf kahl, bitter schmeckend; LB meist sitzend, einfach, unzerteilt, ganzrandig; Blü ⊕, K u. Kro 4–5(9)zählig; Kro verwachsenblättrig, in der Knospe rechtswendig eingedreht; StaubB 4–5(9); Frkn 1, oberständig; Narben 2; Fr: 2klappige Kapsel.
**Enziangewächse, *Gentianáceae*** ([G IV 6, 27, G V 31, G VI 15]; → S. 660)

- LB meist wechselständig oder im Bereich des Blüstd scheinbar gegenständig, dann aber eines der beiden LB deutlich kleiner; Kro nach dem Blühen bald abfallend. **Nachtschattengewächse, *Solanáceae*** (→ S. 694)

51 [48] LB fiederschnittig . . . . . . . . . . . . . . . . . . . . . . . . . 52

- LB unzerteilt . . . . . . . . . . . . . . . . . . . . . . . . . . . . . . 53

52 Blättchen ganzrandig. — K u. Kro 5zählig, verwachsenblättrig; Kro in der BlüKnospe linkswendig eingedreht; Frkn oberständig; Fr: 3fächrige Kapsel.
**Sperrkraut, *Polemónium*** (*Polemoniaceae*) (→ S. 691)

- Blättchen gekerbt bis fiederspaltig.
★ **Büschelkraut, *Phacélia*** (*Hydrophyllaceae*) (→ G V 3; → S. 698)

53 Kro trichterförmig, ohne Saum. — KB 5; Frkn oberständig; Fr: Kapsel.
**Windengewächse, *Convolvuláceae*** (→ S. 692)

- Kro stieltellerförmig, mit deutlichem Saum. ★ **Phlox, *Phlóx*** (*Polemoniaceae*) (→ S. 691)

## **Schlüssel VI** („Sechsmännige")

1 BlüHülle ↓. — Stg knotig gegliedert; KB („äußere PerigonB") 3; KroB („innere PerigonB") 3, d'blau; StaubB 6, 3 fertile u. 3 sterile (die sterilen kreuzförmig 4lappig); Frkn oberständig; Gri 1; Fr: fachspaltige Kapsel.
☆ **Commelina, *Commelína*** (*Commelinaceae*) (→ S. 982)

- BlüHülle ⊕ . . . . . . . . . . . . . . . . . . . . . . . . . . . . . . . 2

2 Gri oder sitzende Narbe 1 . . . . . . . . . . . . . . . . . . . . . . . 12

-!! Gri oder sitzende Narben 2. — GrundB nierenförmig. Alpin.
**Säuerling, *Oxýria*** (*Polygonaceae*) (→ S. 349)

-!! Gri oder sitzende Narben 3 . . . . . . . . . . . . . . . . . . . . . . 4

- Gri oder sitzende Narben 6 oder mehr . . . . . . . . . . . . . . . . . 3

3 Die 3 äußeren BlüHüllB KB'artig, grün, die 3 inneren KroB'artig, weiß. — LB meist nicht grasartig. **Froschlöffel, *Alísma*** (*Alismataceae*) (→ S. 878)

- Alle 6 BlüHüllB grünlich. — LB grasartig.
**Dreizack, *Triglóchin*** (*Juncaginaceae*) ([G VI 11]; → F 5; → S. 881)

4 BlüHülle (Perigon) deutlich verwachsenblättrig, — mit mehrere cm lg Röhre u. 6zipfeligem, trichterförmigem Saum.
**Herbstzeitlose, *Cólchicum*** (*Colchicaceae*) (→ S. 909)

- BlüHüllB frei, höchstens am Grund etwas miteinander verwachsen . . . . 5

5 LB gegenständig . . . . . . . . . . . . . . . . . . . . . . . . . . . . 6

- Wenigstens die unteren LB wechselständig, oder alle LB grundständig . . 7

6 KroB 3. **Tännel, *Elatíne*** (*Elatinaceae*) (→ A 38; → S. 566)

- KroB 5. **Sternmiere, *Stellária*** (*Caryophyllaceae*) (→ S. 305)

7 LB mit den Stg umhüllender, häutiger NebenBScheide (= Ochrea, Abb. 109). — Blü kleiner als 1 cm ∅. BlüHülle (Perigon) ⊕, K- oder Kro'artig, 3–6zählig; StaubB 3–9; Frkn 1, oberständig; Gri 2–3; Fr: (2)3kantige Nuß.
**Knöterichgewächse, *Polygonáceae*** ([G VII 2, 8, 13, G XIV 27]; → S. 344)
- LB ohne NebenBScheide . . . . . . . . . . . . . . . . . . . . . . . . . . **8**

8 Blü grundständig (einer Knolle entspringend).
**Kärntner Lichtblume, *Cólchicum vérnum*** (*Colchicaceae*) (→ Pkt 18; S. 909)
- Blü nicht grundständig (oberirdischer Stg vorhanden) . . . . . . . . . . **9**

9 Gri vorhanden . . . . . . . . . . . . . . . . . . . . . . . . . . . . . **10**
- Gri fehlend . . . . . . . . . . . . . . . . . . . . . . . . . . . . . . **11**

10 Blü größer als 2 cm ∅. **Liliengewächse i. e. S., *Liliáceae s. str.*** (→ S. 910)
- Blü kleiner als 2 cm ∅. — Pf ohne Zwiebel.
**Germergewächse, *Melanthiáceae*** (→ S. 908)

11 Stg nackt (alle LB grundständig); Staubbeutel sitzend; BlüHüllB ganz frei; Blüstd (Traube) reichblütig; DeckB fehlend.
**Dreizack, *Triglóchin*** (*Juncaginaceae*) ([G VI 3]; → F 5; → S. 881)
- Stg beblättert (LB Stg'ständig); Staubf. vorhanden; BlüHüllB am Grund etwas miteinander verwachsen; Blüstd (Traube) armblütig; DeckB vorhanden.
**Blasensimse, *Scheuchzéria*** (*Scheuchzeriaceae*) (→ F 5; → S. 881)

12 [2] Frkn unterständig oder mittelständig (in den ausgehöhlten BlüBoden eingesenkt) . . . . . . . . . . . . . . . . . . . . . . . . . . . . . . . **13**
- Frkn oberständig u. nicht in den BlüBoden eingesenkt . . . . . . . . . **14**

13 LB grundständig, meist linealisch; Frkn unterständig. — Pf mit Zwiebel; PerigonB 6; Fr: 3klappige Kapsel mit ± fleischiger Außenwand.
**Narzissengewächse, *Amaryllidáceae*** (→ S. 907)
- LB Stg'ständig, meist nicht linealisch; Frkn mittelständig (in den ausgehöhlten BlüBoden [= scheinbare KRöhre] eingesenkt).
**Blutweiderichgewächse, *Lythráceae*** (→ S. 494)

14 BlüHülle aus K u. Kro bestehend . . . . . . . . . . . . . . . . . . . **15**
- BlüHülle „gleichartig" (Perigon) . . . . . . . . . . . . . . . . . . . . **16**

15 StaubB vor den KroZipfeln stehend (Abb. 303 a).
**Schlüsselblumengewächse, *Primuláceae*** ([G V 46]; → S. 650)
- StaubB zw. den KroZipfeln stehend (Abb. 303 b).
**Enziangewächse, *Gentianáceae*** (→ G V 50; → S. 660)

16 BlüHüllB meist 5; LB am Grund mit häutiger NebenBScheide, die den Stg umhüllt (Abb. 109). — LB wechselständig, meist mit deutlichem Mittelnerv.
**Knöterichgewächse, *Polygonáceae*** (→ G VI 7; → S. 344)
- BlüHüllB 6; LB ohne NebenBScheide. — LB meist parallelnervig, slt netznervig . . . . . . . . . . . . . . . . . . . . . . . . . . . . . . . . . . **17**

17 BlüHülle trockenhäutig, meist braun oder grünlich, slt rötlich, gelblich oder weiß; Narben fädlich verlängert. — Pf gras- oder binsenartig.
**Simsengewächse, *Juncáceae*** (→ F 4; → S. 933)
- BlüHülle meist Kro'artig, verschieden gefärbt; Narben meist nicht fädlich verlängert . . . . . . . . . . . . . . . . . . . . . . . . . . . . . . . **18**

18 Blü grundständig (grundständig einer Knolle entspringend); Stg fehlend; Frkn zur BlüZeit unterirdisch (aber oberständig). — PerigonB nicht miteinander verwachsen; Gri 1, oben 3spaltig; BlüZeit I–III.
**Kärntner Lichtblume, *Cólchicum vérnum*** (*Colchicaceae*) (→ S. 909)
- Blü nicht grundständig; Stg vorhanden; Frkn zur BlüZeit oberirdisch . . **19**

**19** Blü oder Blüstd achselständig. **Spargelgewächse, *Asparagáceae*** (→ S. 888)
**–** Blü oder Blüstd endständig . . . . . . . . . . . . . . . . . . . . . . . . . . **20**

**20** Blü in reichblütigen (Schein-)Dolden, von einer 1–2 (bis mehr-)blättrigen Hülle vor dem Aufblühen ganz eingeschlossen; Pf *(beim Zerreiben)* mit Lauch- oder Zwiebelgeruch. — Anstelle der Blü manchmal nur sitzende Brutzwiebeln.
**Lauch, *Állium*** *(Alliaceae)* (→ S. 898)
**–** Blü einzeln oder in Trauben oder Rispen; wenn in Dolden, dann vor dem Aufblühen nicht von einer Hülle eingeschlossen; Pf *(beim Zerreiben)* ohne Lauch- oder Zwiebelgeruch . . . . . . . . . . . . . . . . . . . . . . . . . **21**

**21** PerigonB mindestens im untersten 1/5 miteinander verwachsen . . . . . . **22**
**–** PerigonB frei oder am Grund auf weniger als 1/5 der Länge miteinander verwachsen . . . . . . . . . . . . . . . . . . . . . . . . . . . . . . **24**

**22** PerigonB höchstens bis zur Hälfte ihrer Länge miteinander verwachsen. — Blü 5–7(10) cm lg, etwa 6 cm ∅.
**Taglilie, *Hemerocállis*** *(Hemerocallidaceae)* (→ S. 891)
**–** PerigonB weiter als bis zur Hälfte ihrer Länge miteinander verwachsen . **23**

**23** Fr: scharlachrote Beere; Pf mit kriechendem Rhizom. — Blüstd: endständige, einseitswendige Traube; Blü wohlriechend; Perigon weiß.
**(19) Maiglöckchen, *Convallária*** *(Asparagaceae)* (→ S. 889)
**–** Fr: Kapsel; Pf mit Zwiebel.
**Hyazinthengewächse, *Hyacintháceae*** (→ S. 891)

**24** [21] Neben grundständigen LB zumindest einige stengelständige LB oder LB'artige DeckB vorhanden. **Liliengewächse i. e. S., *Liliáceae*** (→ S. 910)
**–** Alle LB grundständig (manchmal umscheiden 1–2 LB mit ihrem Grund den Stg u. erscheinen dadurch stengelständig!) . . . . . . . . . . . . . . . . **25**

**25** Pf mit Zwiebel; PerigonB weiß, aber außen mit grünem Mittelstreif, oder grünlichgelb oder blau (zumindest blaßblau).
**Hyazinthengewächse, *Hyacintháceae*** (→ S. 891)
**–** Pf ohne Zwiebel; PerigonB weiß u. ohne grünen Mittelstreif.
**Grasliliengewächse, *Asphodeláceae*** (→ S. 890)

## Schlüssel VII („Achtmännige“)

**1** Gri oder sitzende Narbe 1 . . . . . . . . . . . . . . . . . . . . . . . . . **10**
**–!!** Gri oder sitzende Narben 2 . . . . . . . . . . . . . . . . . . . . . . . . **6**
**–!!** Gri oder sitzende Narben 3 . . . . . . . . . . . . . . . . . . . . . . . . **2**
**–!!** Gri oder sitzende Narben 4 . . . . . . . . . . . . . . . . . . . . . . . . **3**
**–** Gri oder sitzende Narben 8.
**Asiatische Kermesbeere, *Phytolácca esculénta*** *(Phytolaccaceae)* (→ G VIII 4; → S. 325)

**2** LB mit einer häutigen, den Stg umhüllenden NebenBScheide (Abb. 109); BlüHülle: Perigon, — meist Kro'artig gefärbt.
**Knöterichgewächse, *Polygonáceae*** (→ G VI 7; → S. 344)
**–** LB ohne NebenBScheide; BlüHülle meist aus K u. Kro bestehend (oder ausnahmsweise fehlend). **Nelkengewächse, *Caryophylláceae*** (→ S. 295)

**3** LB zusammengesetzt oder zerteilt. — Blüstd: endständiges Köpfchen.
**Moschuskraut, *Adóxa*** *(Adoxaceae)* (→ G IV 10; → S. 684)
**–** LB einfach u. unzerteilt . . . . . . . . . . . . . . . . . . . . . . . . . . **4**

**4** Alle LB am Ende des Stg in einem einzigen, 4–5zähligen Scheinquirl. — BlüHüllB 8, grünlich. **Einbeere, *Páris*** *(Trilliaceae)* (→ S. 888)
**–** LB über den ganzen Stg verteilt in mehreren, 2- bis vielzähligen Wirteln. — Kro weiß oder rötlich, manchmal fehlend . . . . . . . . . . . . . . . . . . . . **5**
**5** Blü fast sitzend, — einzeln in LB'Achseln, sehr klein; Wasser- oder SchlammPf. **Tännel, *Elatíne*** *(Elatinaceae)* (→ A 38; → S. 566)
**–** Blü deutlich gestielt. — LandPf.
**Mastkraut, *Sagína*** *(Caryophyllaceae)* (→ S. 312)
**6** [1] BlüHülle: K u. Kro . . . . . . . . . . . . . . . . . . . . . . . . . . . . **7**
**–** BlüHülle: Perigon . . . . . . . . . . . . . . . . . . . . . . . . . . . . . . . **8**
**7** LB einfach; Kro weiß; Fr aufspringend.
**Nabelmiere, *Moehríngia*** *(Caryophyllaceae)* (→ S. 303)
**–** LB gefiedert; Kro gelb; Fr nicht aufspringend.
**Odermennig, *Agrimónia*** *(Rosaceae)* (→ S. 384)
**8** LB mit Stg'umhüllender, häutiger NebenBScheide (= Ochrea, Abb. 109).
**Knöterichgewächse, *Polygonáceae*** (→ G VI 7; → S. 344)
**–** LB ohne NebenBScheide . . . . . . . . . . . . . . . . . . . . . . . . . . **9**
**9** LB sitzend, Spreite halbstielrund-pfriemlich. — BlüHüllB grün, mit weißem Rand. **Knäuelkraut, *Sclerânthus*** *(Caryophyllaceae)* (→ S. 313)
**–** LB gestielt, Spreite flach, nierenförmig, — gekerbt; BlüHülle innen gelb; Fr: Kapsel. **Milzkraut, *Chrysosplénium*** *(Saxifragaceae)* ([G VIII 7, 13]; → S. 374)
**10** [1] Frkn unterständig . . . . . . . . . . . . . . . . . . . . . . . . . . . **11**
**–** Frkn oberständig, manchmal in den ausgehöhlten BlüBoden eingeschlossen . . . . . . . . . . . . . . . . . . . . . . . . . . . . . . . . . . . . . **12**
**11** KroB miteinander verwachsen (wenn nur am Grund miteinander verwachsen, dann KroZipfel zurückgeschlagen). — Zwergstrauch oder Zwerg-Halbstrauch; Fr: Beere.
**Heidel-, Preisel-, Rausch- u. Moosbeere, *Vaccínium*** *(Ericaceae)* (→ S. 646)
**–** KroB frei, nie zurückgeschlagen. — Pf krautig; Blü meist 4zählig; BlüAchse (Achsenbecher) ± becher- bis röhrenförmig verlängert.
**Nachtkerzengewächse, *Onagráceae*** (→ S. 485)
**12** LB 1–3×-gefiedert, slt 3zählig-gefingert. — Pf stark aromatisch; LB von Öldrüsen durchscheinend punktiert *(Lupe!)*; KB u. KroB je 4–5; BlüBoden zw. den StaubB u. dem Frkn zu einer polsterförmigen Scheibe (= Diskus) erweitert; Fr: mehrfächrige Kapsel. **Rautengewächse, *Rutáceae*** (→ S. 496)
**–** LB unzerteilt oder handförmig geteilt . . . . . . . . . . . . . . . . . . **13**
**13** LB mit Stg'umhüllender, häutiger NebenBScheide (= Ochrea, Abb. 109). — BlüHülle einfach. **Knöterichgewächse, *Polygonáceae*** (→ G VI 7; → S. 344)
**–** LB ohne NebenBScheide, — unzerteilt, ganzrandig oder nur etwas wellig, manchmal nadel- oder schuppenförmig . . . . . . . . . . . . . . . . . **14**
**14** LB in grundständiger Rosette.
**Wintergrüngewächse, *Pyroláceae*** (→ G VIII 17; → S. 648)
**–** LB nicht in grundständiger Rosette . . . . . . . . . . . . . . . . . . . . **15**
**15** LB wechselständig . . . . . . . . . . . . . . . . . . . . . . . . . . . . . . **16**
**–!!** LB gegenständig . . . . . . . . . . . . . . . . . . . . . . . . . . . . . . **17**
**–** LB zu 3–4 quirlständig . . . . . . . . . . . . . . . . . . . . . . . . . . . . **18**
**16** Blü höchstens 1,5 cm ∅, ⊕, ungespornt; LB nicht schildförmig. — BlüBoden ausgehöhlt, einen Achsenbecher bildend (der oft auffällig gefärbt u. einer K-

oder KroRöhre ähnlich ist; Kro fehlend); StaubB auf der Innenseite des Achsenbechers meist hoch über dem Frkn eingefügt; Frkn oberständig u. mittelständig; Fr: Nuß oder SteinFr.

**Seidelbastgewächse, *Thymelaeáceae*** (→ S. 523)

– Blü mindestens 3–6 cm ∅, ↓, gespornt; LB schildförmig, — Spreite rundlich, fast ganzrandig; Fr: SpaltFr, in 3 1samige TeilFr zerfallend.

★ **Kapuzinerkresse, *Tropáeolum*** *(Tropaeolaceae)* (→ S. 507)

**17** Pf ♄ (Zwergstrauch); LB schuppenförmig (3kantig), kürzer als 5 mm; Kro purpurn (slt weiß). — Sommerblüher.

**Besenheide, *Callúna*** *(Ericaceae)* (→ S. 646)

– Pf krautig (☉); LB nicht schuppenförmig, flach, blattartig, länger als 5 mm; Kro gelb. **Bitterling, *Blackstónia*** *(Gentianaceae)* (→ S. 668)

**18** [15] Pf ♄ (Zwergstrauch); LB nadelförmig. — (Vor-)Frühlingsblüher.

**Schneeheide, *Eríca*** *(Ericaceae)* (→ S. 646)

– Pf krautig (Geophyt); LB br-elliptisch, — in einem 4(5)zähligen Scheinquirl angeordnet. **Einbeere, *Páris*** *(Trilliaceae)* (→ S. 888)

## Schlüssel VIII („Zehnmännige")

**1** BlüHülle ↓ . . . . . . . . . . . . . . . . . . . . . . . . . . . . . . **2**

– BlüHülle ⊕ . . . . . . . . . . . . . . . . . . . . . . . . . . . . . . **3**

**2** Gri 1; Kro h'purpurn, dunkel geadert, 3–4 cm ∅; ganze Pf mit starkem Zitronengeruch. **Diptam, *Dictámnus*** *(Rutaceae)* (→ S. 497)

– Gri 3–5; Kro blaßgelb oder weißlich, höchstens 1 cm ∅; Pf ohne Zitronengeruch. — Blüstd: Traube; KB 4; KroB 4–6(8), frei, in Nagel u. Platte gegliedert (Platte zerschlitzt); StaubB 10–40; Frkn 1, oberständig; Fr: schon vor der Reife oben offene Kapsel. **Wau, *Reséda*** *(Resedaceae)* ([G IX 2, G X 2]; → S. 616)

**3** *(Man ermittle die Zahl der Gri bzw. Narben je Blü!).*
Gri oder sitzende Narbe 1 . . . . . . . . . . . . . . . . . . . . . . . . **13**

–!! Gri oder sitzende Narben 2 . . . . . . . . . . . . . . . . . . . . . . **6**

–!! Gri oder sitzende Narben 3–5 . . . . . . . . . . . . . . . . . . . . . **9**

– Gri oder sitzende Narben mehr als 5 . . . . . . . . . . . . . . . . . . . **4**

**4** BlüHülle einfach (Perigon); LB nicht fleischig; Fr: Beere. — Perigon 5blättrig, (grünlich)weiß; Frkn oberständig; Fr flachkugelig, gefurcht bis geteilt, etwa 10 mm br, d'rot, zuletzt schwarz.

**Kermesbeere, *Phytolácca*** *(Phytolaccaceae)* ([G VII 1]; → S. 325)

– BlüHülle mit K u. Kro; LB ± fleischig; Fr: BalgFr oder Kapsel . . . . . **5**

**5** KB 2. **Portulak, *Portuláca*** *(Portulacaceae)* (→ G IX 10; → S. 326)

– KB 5(6). **Fetthenne u. Mauerpfeffer, *Sédum*** *(Crassulaceae)* (→ S. 369)

**6** [3] KroB fadenförmig oder fehlend . . . . . . . . . . . . . . . . . . . **7**

– KroB normal entwickelt . . . . . . . . . . . . . . . . . . . . . . . . . **8**

**7** LB gekerbt; Perigon (= K) innen gelb; Frkn unterständig. — Kro fehlend; LB nierenförmig.

**Milzkraut, *Chrysosplénium*** *(Saxifragaceae)* (→ G VII 9; → S. 374)

– LB ganzrandig; K grünlich oder weiß; Frkn oberständig.

**Nelkengewächse, *Caryophylláceae*** (→ S. 295)

**8** Frkn 2fächrig; Fr mit 2, von den bleibenden Gri gebildeten Schnäbeln, zw. diesen mit einem Spalt aufspringend. — LB meist wechselständig, oft in Grundrosette; Frkn ober-, halbunter- oder unterständig.

**Steinbrech, *Saxífraga*** *(Saxifragaceae)* (→ S. 374)

– Frkn 1fächrig oder unvollkommen gefächert; Fr nicht geschnäbelt, mit mehreren Klappen oder Zähnen oder gar nicht aufspringend. — LB stets gegenständig; Frkn oberständig. **Nelkengewächse, *Caryophylláceae*** (→ S. 295)

**9** [3] LB zerteilt oder zusammengesetzt . . . . . . . . . . . . . . . . . . . . . . **10**
– LB einfach u. unzerteilt . . . . . . . . . . . . . . . . . . . . . . . . . . . . . **11**

**10** LB 3zählig-gefingert („Kleeblätter"); Blättchen verkehrt-herzförmig; Blü deutlich gestielt; KroB gänzlich frei, länger als 4 mm, gelb oder weiß bis blaßrosa; Blüstd doldenähnlich oder zymös, oder Blü einzeln.
**Sauerklee, *Óxalis*** *(Oxalidaceae)* (→ G XI 4; → S. 499)

–!! GrundB doppelt-3zählig-zusammengesetzt; Blü sitzend; KroB am Grund etwas miteinander verwachsen, kürzer als 4 mm, grünlich; Blüstd: endständiges (Schein-)Köpfchen.
**Moschuskraut, *Adóxa*** *(Adoxaceae)* ([G V 17]; → G IV 10; → S. 684)

– LB gefiedert oder handförmig-zusammengesetzt oder handförmig-zerteilt; Blü deutlich gestielt; KroB gänzlich frei, lila bis purpurn; Blüstd: doldig oder 1–2blütig. — Staubf. am Grund meist etwas miteinander verwachsen.
**Storchschnabelgewächse, *Geraniáceae*** (→ G XI 4–; → S. 502)

**11** KB 2. **Portulak, *Portuláca*** *(Portulacaceae)* (→ G IX 10; → S. 326)
– KB mehr als 2 . . . . . . . . . . . . . . . . . . . . . . . . . . . . . . . . . . **12**

**12** Frkn 4–5; LB ± fleischig (sukkulent), meist wechselständig. — Blüstd zymös (meist ebensträußig; sehr slt Blü einzeln); KB 4–20, meist am Grund verwachsen; KroB 4–20, meist frei; StaubB so viele oder doppelt so viele wie KroB; Frkn oberständig, frei oder am Grund miteinander verwachsen; Fr: Sammelbalg.
**Dickblattgewächse, *Crassuláceae*** ([G IX 10]; → S. 368)

– Frkn 1; LB slt fleischig, stets gegenständig.
**Nelkengewächse, *Caryophylláceae*** (→ S. 295)

**13** [3] KroB fehlend. — LB nierenförmig, gekerbt; KB innen gelb.
**Milzkraut, *Chrysosplénium*** *(Saxifragaceae)* (→ G VII 9; → S. 374)

–!! KroB fadenförmig. — LB ganzrandig; KB grün oder weiß.
**→ Schlüssel V, Pkt 39** (→ S. 218)

– KroB normal entwickelt . . . . . . . . . . . . . . . . . . . . . . . . . . . . . **14**

**14** Frkn unterständig. — KroB entweder fast zur Gänze miteinander verwachsen (Saum daher sehr kurz u. meist ± zurückgerollt) oder nur am Grund miteinander verwachsen, dann aber KroZipfel zurückgeschlagen.
**Heidel- u. Preiselbeere usw., *Vaccínium*** *(Ericaceae)* (→ S. 646)

–!! Frkn halbunterständig; KroZipfel weder zurückgeschlagen noch umgerollt. — KroB nur am Grund miteinander verwachsen, weiß.
**Salzbunge, *Sámolus*** *(Primulaceae)* (→ S. 653)

– Frkn oberständig (manchmal in den ausgehöhlten BlüBoden eingesenkt, mit ihm aber nicht verwachsen: mittelständig) . . . . . . . . . . . . . . **15**

**15** BlüBoden ausgehöhlt; Blü mit AußenK. — KB in 2 Kreisen; Frkn in den ausgehöhlten BlüBoden (scheinbar KRöhre) eingesenkt (daher mittelständig).
**Blutweiderich, *Lýthrum*** *(Lythraceae)* (→ S. 494)

– BlüBoden nicht ausgehöhlt; Blü ohne AußenK . . . . . . . . . . . . **16**

**16** LB einfach u. unzerteilt . . . . . . . . . . . . . . . . . . . . . . . . . . . **17**
– LB zerteilt oder zusammengesetzt. — KB u. KroB frei . . . . . . . . . . **18**

**17** LB lineal-lanzettlich, unterseits weißlich, mit nach unten umgerolltem Rand; KroB fast ganz miteinander verwachsen. — Kro krugförmig.
**Rosmarinheide, *Andrómeda*** *(Ericaceae)* (→ S. 645)

– LB rundlich bis elliptisch bis eiförmig, unterseits grün, ohne umgerollten Rand; KroB nur am Grund etwas miteinander verwachsen. — Pf immergrün; mit ausläuferartigen Erdsprossen; KB 4–5; KroB 4–5; StaubB 8–10; Frkn oberständig; Fr: 4–5klappige Kapsel mit sehr vielen u. sehr kleinen Sa; Pollenkörner fast stets in Tetraden (*Mikroskop!*; vgl. *Monotropaceae*).
**Wintergrüngewächse, *Pyroláceae*** ([G VII 14]; → S. 648)

18 Staubf. am Grund meist etwas miteinander verwachsen; Narben 5.
**Schlüssel XI, Pkt 4**

– Staubf. frei; Narbe 1 . . . . . . . . . . . . . . . . . . . . . . . . . . . **19**

19 LB mit NebenB, 1×-gefiedert; Fr: dornige SpaltFr, in (4)5 TeilFr („Kokken") zerfallend. — KB (4)5, hinfällig; KroB (4)5, gelb; Frkn oberständig; Narbe 5strahlig.
† **Burzeldorn, *Tríbulus*** *(Zygophyllaceae)* (→ S. 502)

– LB ohne NebenB, doppelt- bis 3×-gefiedert oder 3zählig-zusammengesetzt; Fr: wehrlose Kapsel. — Nur die endständige Blü jedes Blüstd 5zählig, alle übrigen 4zählig.
★ **Raute, *Rúta*** *(Rutaceae)* (→ S. 496)

## Schlüssel IX („Zwölfmännige")

1 BlüHülle ↓ . . . . . . . . . . . . . . . . . . . . . . . . . . . **2**

– BlüHülle ⊕ . . . . . . . . . . . . . . . . . . . . . . . . . . . **3**

2 KroB alle oder zum Teil zerschlitzt.
**Wau, *Reséda*** *(Resedaceae)* (→ G VIII 2; → S. 616)

– „KroB" (PerigonB) nicht zerschlitzt. — KB frei.
**Hahnenfußgewächse, *Ranunculáceae*** (→ S. 265)

3 LB zerteilt oder zusammengesetzt . . . . . . . . . . . . . . . . . **4**

– LB einfach u. unzerteilt . . . . . . . . . . . . . . . . . . . . . . **7**

4 KB 2, schon beim Aufblühen abfallend *(BlüKnospe untersuchen!)*. — Pf mit gelbem Milchsaft; KroB 4, gelb; Frkn lg schmal-linealisch; Sa mit Elaiosom.
**Schöllkraut, *Chelidónium*** *(Papaveraceae)* (→ S. 290)

– KB mehr als 2, während des Blühens bleibend . . . . . . . . . . . **5**

5 BlüBoden ausgehöhlt oder am äußeren Rand flach verbreitert, die KB, KroB u. StaubB an seinem äußeren Rand eingefügt, daher vom Stempelköpfchen etwas entfernt (Abb. 116 b). — Mittlerer Teil des BlüBodens flach oder halbkugelig bis kegelig aufgewölbt; K daher scheinbar verwachsenblättrig.
**Rosengewächse, *Rosáceae*** (→ S. 380)

– BlüBoden weder ausgehöhlt noch randlich flach verbreitert, StaubB unmittelbar unter dem Stempelköpfchen eingefügt (Abb. 116 a). — BlüBoden ± kegelförmig aufgewölbt; KB frei . . . . . . . . . . . . . . . . . . . . **6**

6 [G X 5] Blü mehr als 5 cm ∅ (niemals gelb). — Wu knollig verdickt; KB 5, in die 5–8, roten (slt weißen) KroB übergehend; Stempel 2–5, oberständig, mit br Narbe; Fr: Sammelbalg. Die Gattung Pfingstrose/*Paeonia* wurde früher aufgrund der zahlr. Ähnlichkeiten zu den Hahnenfußgewächsen / *Ranunculaceae* gestellt; neuere taxonomische Forschungen haben jedoch erwiesen, daß sie nicht nur nicht zu ihnen gehört, sondern mit ihnen nicht einmal näher verwandt ist, da sie sich in grundlegenden Merkmalen unterscheidet: zB in Stg- u. Blü-Anatomie, Blü-Entwicklung, Samenbau (Arillus!), Embryologie, Palynologie (Pollenkörner), Karyologie (Chromosomen), Phytochemie.
(★) **Pfingstrose, *Paeónia*** *(Paeoniaceae)* (→ S. 564)

– Blü weniger als 5 cm ∅ (wenn breiter als 5 cm, dann gelb).
**Hahnenfußgewächse, *Ranunculáceae*** (→ S. 265)

**7** [3] BlüBoden kegelförmig aufgewölbt. — KB frei; Kro gelb. Meist auf nassen Standorten. **Hahnenfußgewächse, *Ranunculáceae*** (→ S. 265)
**–** BlüBoden nicht kegelförmig . . . . . . . . . . . . . . . . . . . . . . . . . **8**
**8** BlüHülle: Perigon, — 3zipfelig, braun; LB nierenförmig; Fr: Kapsel. **Haselwurz, *Ásarum*** (*Aristolochiaceae*) (→ S. 263)
**–** BlüHülle aus K u. Kro bestehend . . . . . . . . . . . . . . . . . . . . . **9**
**9** Blü mit AußenK. — BlüBoden ausgehöhlt (Achsenbecher); Frkn mittelständig. **Weiderich, *Lýthrum*** (*Lythraceae*) (→ S. 494)
**–** Blü ohne AußenK . . . . . . . . . . . . . . . . . . . . . . . . . . . . . . **10**
**10** (Scheinbarer) K 2zählig. — LB fleischig; KroB 5, gelb (oder verkümmert); Frkn halbunterständig; Gri 3–8; Fr: Deckelkapsel. **Portulak, *Portuláca*** (*Portulacaceae*) ([G VIII 5, 11]; → S. 326)
**–!!** KB 5, — ungleich groß (3 größer u. 2 kleiner); Stg meist ausgebreitet niederliegend; KroB 5, gelb, am Rand mit schwarzen, meist sitzenden Drüsen. **Erd-Johanniskraut, *Hypericum humifúsum*** (*Hypericaceae*) (→ S. 564)
**–** KB 6 oder mehr, — oft am Grund miteinander verwachsen. **Dickblattgewächse, *Crassuláceae*** (→ G VIII 12; → S. 368)

## Schlüssel X („Vielmännige“)

**1** BlüHülle ↓ . . . . . . . . . . . . . . . . . . . . . . . . . . . . . . . . **2**
**–** BlüHülle ⊕ . . . . . . . . . . . . . . . . . . . . . . . . . . . . . . . . **3**
**2** KroB alle oder zum Teil zerschlitzt. — KB 4, 6 oder (slt) 8; Kro gelblich (slt weißlich). **Wau, *Reséda*** (*Resedaceae*) (→ G VIII 2; → S. 616)
**–** KroB bzw. PerigonB nicht zerschlitzt. — KB (falls vorhanden) frei. **Hahnenfußgewächse, *Ranunculáceae*** (→ S. 265)
**3** KB 2 (meist schon beim Aufblühen abfallend). — Pf mit Milchsaft; KroB 4(6); Frkn oberständig (2 bis zahlr. FrB); Fr: Kapsel. **Mohngewächse, *Papaveráceae*** (→ S. 290)
**–** KB oder PerigonB mehr als 2, — manchmal Kro'artig gefärbt . . . . . . **4**
**4** StaubB in 3–5 Bündeln angeordnet. — Gri pro Blü 3–5. **Johanniskraut, *Hypericum*** (*Hypericaceae*) (→ G 5; → S. 564)
**–** StaubB nicht in Bündeln angeordnet. — Gri pro Blü meist entweder 1 oder zahlr.; Fr 1fächrig . . . . . . . . . . . . . . . . . . . . . . . . . . . . . **5**
**5** LB zerteilt oder zusammengesetzt. → **Schlüssel IX, Pkt 6** (→ S. 225)
**–** LB einfach u. unzerteilt . . . . . . . . . . . . . . . . . . . . . . . . . . **6**
**6** Frkn 1. — Blüstd (Wickel) endständig, traubenförmig, wenigblütig, oft etwas nickend; KB 5, frei, ungleich groß (2 äußere, kleine, schmale u. 3 innere, viel größere, breitere); KroB 5, gelb, frei, in der Knospe gedreht; Frkn oberständig; Gri 1; Fr: 3klappige Kapsel. **Zistrosengewächse, *Cistáceae*** (→ S. 573)
**–** Frkn mehrere. **Hahnenfußgewächse, *Ranunculáceae*** (→ S. 265)

## Schlüssel XI („Einbrüderige“)

**1** BlüHülle ↓ . . . . . . . . . . . . . . . . . . . . . . . . . . . . . . . . **2**
**–** BlüHülle ⊕ . . . . . . . . . . . . . . . . . . . . . . . . . . . . . . . . **3**

**2** StaubB 5; Blü ohne Ähnlichkeit mit einer SchmetterlingsBlü. — Oberes, größeres KB kronartig u. gespornt (Abb. 117).
**Springkraut, *Impátiens*** *(Balsaminaceae)* (→ S. 507)
**–!!** StaubB 8 (Abb. 239); Blü eine Schmetterlingsblume (Abb. 108).
**Kreuzblume, *Polýgala*** *(Polygalaceae)* (→ G 6; → S. 507)
**–** StaubB 10; Blü eine SchmetterlingsBlü (Abb. 210 a).
**Schmetterlingsblütler, *Fabáceae*** (→ S. 444)

**3** StaubB 4. — H: 1–10 cm; LB gegenständig.
**Zwergflachs, *Radíola*** *(Linaceae)* (→ G IV 11; → S. 502)
**–!!** StaubB 5 . . . . . . . . . . . . . . . . . . . . . . . . . . . . . . **5**
**–!!** StaubB 10 . . . . . . . . . . . . . . . . . . . . . . . . . . . . . . **4**
**–** StaubB zahlr. — Blü mit AußenK; KroB 5, in der Knospe gedreht; Frkn oberständig; Fr: Kapsel oder SpaltFr (diese käselaib- oder tortenförmig, in mehrere TeilFr [„Tortenstücke"] zerfallend, rund um eine Mittelsäule angeordnet). **Malvengewächse, *Malváceae*** (→ S. 639)

**4** [G VIII 18] LB 3zählig-gefingert („Kleeblatt"), Blättchen verkehrt-herzförmig; Kro gelb oder weiß (slt rosa). — LB mit Schlafbewegungen, sauer schmeckend; KB u. KroB je 5; StaubB 10, am Grund miteinander verwachsen; Frkn oberständig; Gri 5; Fr: 5klappige Schleuder-Kapsel (die Sa werden abgeschossen).
**Sauerklee, *Óxalis*** *(Oxalidaceae)* ([G VIII 10, G XI 6]; → S. 499)
**–** LB nicht 3zählig-gefingert (nicht „kleeblattartig"), sondern gefiedert oder handförmig zerteilt (slt 5zählig handförmig-zusammengesetzt); Kro nie gelb (höchstens slt weiß). — LB meist wechselständig, mit NebenB; Blü meist Zymen; KB 5; KroB 5, frei; Frkn 1, oberständig, 5fächrig; Fr: SpaltFr, in 5 1samige TeilFr mit grannenartigen, aus der GriSäule hervorgehenden Fortsätzen zerfallend (Abb. 233, 234).
**Storchschnabelgewächse, *Geraniáceae*** ([G XI 7]; → S. 502)

**5** Kro freiblättrig (KroB jedoch manchmal ± aneinanderhaftend) . . . . . . **6**
**–** Kro verwachsenblättrig. — LB einfach . . . . . . . . . . . . . . . . . . **8**

**6** LB 3zählig-gefingert. — Kro gelb oder weiß (slt rosa).
**Sauerklee, Óxalis** *(Oxalidaceae)* (→ G XI 4; → S. 499)
**–** LB nicht 3zählig-gefingert . . . . . . . . . . . . . . . . . . . . . . . . . **7**

**7** LB (handförmig) zerteilt oder gefiedert; Fr geschnäbelt: — entweder SpaltFr (Abb. 233) oder 5klappige Kapsel (Abb. 234); Gri 5, zum FrSchnabel vereinigt.
**Storchschnabelgewächse, *Geraniáceae*** (→ G XI 4–; → S. 502)
**–** LB einfach u. unzerteilt; Fr: ungeschnäbelte, fast kugelige Kapsel, — nicht in TeilFr zerfallend; Gri 3–5, frei oder nur am Grund verwachsen.
**Lein, *Línum*** *(Linaceae)* (→ G V 20; → S. 500)

**8** LB gegenständig, unzerteilt, — (fast) ganzrandig . . . . . . . . . . . . . **9**
**–** LB wechselständig oder alle grundständig, meist zerteilt . . . . . . . . . **10**

**9** Kro gelb, ohne NebenKro; Frkn 1.
**Gilbweiderich, *Lysimáchia*** *(Primulaceae)* (→ S. 651)
**–** Kro weiß, mit (scheinbarer) NebenKro; Frkn 2.
**Schwalbenwurz, *Vincetóxicum*** *(Asclepiadaceae)* (→ G V 37; → S. 671)

**10** Stg beblättert; Pf mit Ranken; Kro gelb, grünlich oder weiß. — LB wechselständig. **Kürbisgewächse, *Cucurbitáceae*** ([G XII 4]; → G XIII 13; → S. 637)
**–** Stg nicht beblättert (alle LB grundständig); Pf ohne Ranken; Kro purpurn. — Blüstd: Dolde. **Heilglöckchen, *Cortúsa*** *(Primulaceae)* (→ S. 653)

## Schlüssel XII („Vereintmännige")

**1** Blü ohne K oder anstelle des K mit einem Pappus (Haarschopf oder Schuppenkrone); Kro (4)5zählig; Blüstd: Korb. — Staubbeutel miteinander zu einer Röhre verwachsen, aus der bei älteren Blü die 2teilige Narbe herausragt (Abb. 377). **Korbblütler, *Asteráceae*** (→ S. 783)

**–!!** BlüHülle: Perigon, 6zählig; Blüstd: kein Korb. — Perigon blauviolett (slt weiß), im Schlund gelb. **Grasschwertel, *Sisyrínchium*** *(Iridaceae)* (→ S. 914)

**–** Jede Blü mit deutlichem K oder K'artiger Hülle; Blüstd: kein Korb . . . . **2**

**2** BlüHülle ↓ . . . . . . . . . . . . . . . . . . . . . . . . . . . . . **3**

**–** BlüHülle ⊕ . . . . . . . . . . . . . . . . . . . . . . . . . . . . . **4**

**3** KB meist 3, das obere KroB'artig u. gespornt; KroB scheinbar 3 (tatsächlich zu 2 + 2 + 1 miteinander verwachsen), — die seitlichen 2spaltig (Abb. 117). **Springkraut, *Impátiens*** *(Balsaminaceae)* (→ S. 507)

**–** KB 5, das obere weder KroB'artig noch gespornt; KroB 5 (Abb. 266, 267), — das unterste gespornt; KB am Grund mit Anhängsel. **Veilchen, *Víola*** *(Violaceae)* (→ G V 5; → S. 568)

**4** Frkn unterständig; Pf mit Ranken. **Kürbisgewächse, *Cucurbitáceae*** (→ G XIII 13; → S. 637)

**–** Frkn oberständig; Pf ohne Ranken . . . . . . . . . . . . . . . . . . . . **5**

**5** Kro walzlich-glockig, kurz 5zähnig. — Pf stechend-steifhaarig. **Lotwurz, *Onósma*** *(Boraginaceae)* (→ S. 701)

**–** Kro radförmig, 5teilig. — Pf verschiedenartig behaart (aber nicht stechend-steifhaarig) oder fast kahl. **Nachtschatten, *Solánum*** *(Solanaceae)* (→ S. 696)

## Schlüssel XIII (Krautige Einhäusige)

**1** In jeder ♂ Blü 1 StaubB (tatsächlich jedoch 5 StaubB, diese infolge vollständiger Verwachsung ein Säulchen bildend). — Pf mit Ranken. **Kürbisgewächse, *Cucurbitáceae*** (→ G XIII 13; S. 637)

**–!!** In jeder ♂ Blü 2 oder 3 StaubB . . . . . . . . . . . . . . . . . . . . **2**

**–!!** In jeder ♂ Blü 4 StaubB . . . . . . . . . . . . . . . . . . . . . . . . **5**

**–** In jeder ♂ Blü 5 oder mehr StaubB . . . . . . . . . . . . . . . . . . **11**

**2** LB netznervig; Pf mit Ranken. — StaubB scheinbar 3, tatsächlich jedoch paarweise (2 + 2 + 1) miteinander verwachsen. **Kürbisgewächse, *Cucurbitáceae*** (→ G XIII 13; → S. 637)

**–!!** LB netznervig; Pf ohne Ranken . . . . . . . . . . . . . . . . . . . . **3**

**–** LB parallelnervig, — linealisch oder lanzettlich . . . . . . . . . . . . . **4**

**3** Alle Blü mit DeckB u. meist auch mit 2 VorB. **Fuchsschwanz, *Amaránthus*** *(Amaranthaceae)* (→ G V 16; → S. 341)

**–** Zumindest die ♂ Blü ohne DeckB u. ohne VorB. **Melde, *Átriplex*** *(Chenopodiaceae)* (→ S. 335)

**4** Blü in kugeligen Köpfchen (Abb. 469); WasserPf. **Igelkolben, *Spargánium*** *(Typhaceae)* (→ A 33; → S. 981)

**–** ♂ Blü in einer großen, endständigen Rispe, ♀ in achselständigen, von HochBScheiden (= „Lieschen") umhüllten Kolben; LandPf. — KulturPf. ★ **Mais, *Zéa*** *(Poaceae)* (→ S. 1045)

**5** [1] LB gefiedert. — Blü in Köpfchen. **Wiesenknopf, *Sanguisórba*** *(Rosaceae)* (→ S. 385)

– LB nicht gefiedert . . . . . . . . . . . . . . . . . . . . . . . . . . . . . . 6

**6** BlüHülle aus K u. Kro bestehend. — LB binsenartig; ♂ Blü einzeln an lg Stielen (diese fast so lg wie die LB), ♀ Blü am Grund dieser Stiele sitzend; Fr: 1samige Nuß. **Strandling, *Littorélla*** *(Plantaginaceae)* ([A 23; F 2]; → S. 750)

– BlüHülle einfach oder fehlend . . . . . . . . . . . . . . . . . . . . . . . . 7

**7** Frkn unterständig. — LB gegenständig; Blü einzeln in LB'Achseln; BlüHülle nur aus dem K bestehend, grünlich.
**Heusenkraut, *Ludwígia*** *(Onagraceae)* (→ S. 486)

– Frkn oberständig . . . . . . . . . . . . . . . . . . . . . . . . . . . . . 8

**8** Narbe pinselförmig . . . . . . . . . . . . . . . . . . . . . . . . . . . . 9

– Narbe nicht pinselförmig . . . . . . . . . . . . . . . . . . . . . . . . . 10

**9** LB gegenständig, Spreite gesägt; Pf mit Brennhaaren.
**Brennessel, *Urtíca*** *(Urticaceae)* (→ G XIV 15; → S. 365)

– LB wechselständig, Spreite ganzrandig; Pf ohne Brennhaare.
**Glaskraut, *Parietária*** *(Urticaceae)* (→ G IV 23; → S. 366)

**10** Pf ♄, sternhaarig. — LB lanzettlich; ♀ Blü wollig. Sehr slt in N.
**Hornmelde, *Krascheninnikóvia*** *(Chenopodiaceae)* (→ S. 337)

– Pf ⊙, nicht sternhaarig, — meist mehlig bestäubt oder schuppenhaarig.
**Melde, *Átriplex*** *(Chenopodiaceae)* (→ S. 335)

**11** [1] LB zusammengesetzt (gefiedert). — Blüstd: Köpfchen.
**Wiesenknopf, *Sanguisórba*** *(Rosaceae)* (→ S. 385)

– LB einfach (unzerteilt oder zerteilt) . . . . . . . . . . . . . . . . . . . . 12

**12** BlüHülle aus K u. Kro bestehend . . . . . . . . . . . . . . . . . . . . 13

– BlüHülle einfach oder fehlend . . . . . . . . . . . . . . . . . . . . . . 15

**13** Frkn 1, unterständig; KroB miteinander ± verwachsen; Pf mit Ranken. — LB wechselständig; LB'Spreite meist handförmig gelappt; Blü 1geschlechtig; KB 5; KroB 5; StaubB 5, oft zu 2 + 2 + 1 miteinander verwachsen oder infolge vollständiger Verwachsung ein Säulchen bildend; Theken meist gewunden; Gri 1(3); Fr: Beere (oft „Panzerbeere“: Außenwand derb, fest). **Kürbisgewächse, *Cucurbitáceae***
([G XI 10, G XII 4; G XIII 1 u. 2, G XIV 3 u. 17]; → S. 637)

– Frkn mehrere, oberständig; KroB frei; Pf ohne Ranken . . . . . . . . . 14

**14** KB u. KroB je 3; StaubB u. Frkn zahlr. — LB teils linealisch, teils pfeilförmig; Kro weiß. **Pfeilkraut, *Sagittária*** *(Alismataceae)* (→ S. 878)

– KB u. KroB je 4–6; StaubB 8–12; Frkn 4–6. — LB fleischig.
**Dickblattgewächse, *Crassuláceae*** (→ S. 368)

**15** [12] LB parallelnervig, — linealisch, 2zeilig angeordnet; Blüstd: in kugelige Köpfchen (Abb. 469).
**Igelkolben, *Spargánium*** *(Typhaceae)* (→ A 33; → S. 981)

– LB nicht parallelnervig . . . . . . . . . . . . . . . . . . . . . . . . . . 16

**16** Frkn *(Querschnitt!)* 2fächrig, in jedem Fach 1–2 SaAnlagen. — LB gegenständig, Spreite gesägt oder gekerbt; StaubB 9–12(18).
**Bingelkraut, *Mercuriális*** *(Euphorbiaceae)* (→ G XIV 10, 27; → S. 517)

– Frkn *(Querschnitt!)* 1fächrig, mit 1 einzigen SaAnlage . . . . . . . . . 17

**17** Alle Blü mit DeckB u. meist auch 2 VorB.
**Fuchsschwanz, *Amaránthus*** *(Amaranthaceae)* (→ G V 16; → S. 341)

– Zumindest die ♂ Blü ohne DeckB u. ohne VorB.
**Gänsefußgewächse, *Chenopodiáceae*** (→ S. 326)

## **Schlüssel XIV** (Krautige Zweihäusige)

**1** *Es liegt eine ♂ Pf zur Bestimmung vor* . . . . . . . . . . . . . . . . . . . . . . . . . **2**
**–** *Es liegt eine ♀ Pf zur Bestimmung vor* . . . . . . . . . . . . . . . . . . . . . . . . . **16**
Anm.: Sehr slt finden sich bei uns 2häusige Fuchsschwanz-/*Amaranthus*-Arten als unbeständig eingeschleppt (→ G V 16 u. S. 341).

## **Pf krautig** (slt zwergstrauchig) **u. ♂:**

**2** Die StaubB jeder Blü entweder in ihrer ganzen Länge oder zumindest mit ihren Staubbeuteln miteinander zu einem Säulchen verwachsen . . . . . . . . . . **3**
**–** StaubB frei . . . . . . . . . . . . . . . . . . . . . . . . . . . . . . . . . . . . . . **4**
**3** Pf mit Ranken. — Kro verwachsenblättrig.
**Kürbisgewächse, *Cucurbitáceae*** (→ G XIII 13; → S. 637)
**–** Pf ohne Ranken. — Blü auf der Oberseite blattartig verbreiterter Zweigachsen (= Phyllokladien); StaubB 3.
**Mäusedorn, *Rúscus*** *(Asparagaceae)* ([Pkt 19]; → S. 890)
**4** StaubB 1–2. — Äste mit Büscheln grüner, nadel- oder fadenförmiger Kurztriebe in den Achseln kleiner, schuppenförmiger, trockenhäutiger Blätter; BlüHülle 6blättrig. **Spargel, *Aspáragus*** *(Asparagaceae)* ([Pkt 9, 21–], → S. 889)
**–!!** StaubB 3 . . . . . . . . . . . . . . . . . . . . . . . . . . . . . . . . . . . . . **13**
**–!!** StaubB 4 . . . . . . . . . . . . . . . . . . . . . . . . . . . . . . . . . . . . . **5**
**–!!** StaubB 5 . . . . . . . . . . . . . . . . . . . . . . . . . . . . . . . . . . . . . **6**
**–!!** StaubB 6 . . . . . . . . . . . . . . . . . . . . . . . . . . . . . . . . . . . . . **8**
**–!!** StaubB 8. — KB u. KroB je 4; Blüstd (Schirmrispe) vielblütig, endständig; LB wechselständig, flach, etwas fleischig.
**Rosenwurz, *Rhodíola*** *(Crassulaceae)* (→ S. 372)
**–** StaubB 9 oder mehr . . . . . . . . . . . . . . . . . . . . . . . . . . . . . . . . . **10**
**5** Pf mit Brennhaaren; LB gegenständig, Spreite herzförmig bis eiförmig, gesägt; WildPf. **Brennessel, *Urtíca*** *(Urticaceae)* (→ G XIV 15; → S. 365)
**–** Pf ohne Brennhaare; LB wechselständig, Spreite 3eckig-spießförmig, ganzrandig; KulturPf. **★ Spinat, *Spinácia*** *(Chenopodiaceae)* ([G XIV 7, 32]; → S. 337)
**6** Pf windend. — Stg von Klimmhaaren rauh; LB meist gelappt.
**Hopfen, *Húmulus*** *(Cannabaceae)* (→ S. 365)
**–!!** Pf mit Ranken kletternd. — Kro 2–3 cm ∅, goldgelb.
**(☆) Quetschgurke, *Thladiántha*** *(Cucurbitaceae)* (→ S. 637)
**–** Pf weder windend noch kletternd . . . . . . . . . . . . . . . . . . . . . . . . . . **7**
**7** LB gefingert. — Pf ohne Milchsaft; ♂ Blü gestielt, mit 5teiligem Perigon.
**Hanf, *Cánnabis*** *(Cannabaceae)* (→ G XIV 25; → S. 365)
**–** LB einfach, 3eckig-spießförmig, — ganzrandig.
**★ Spinat, *Spinácia*** *(Chenopodiaceae)* ([G XIV 5, 32]; → S. 337)
**8** [4] Pf windend. — Rhizom knollig; Stg ohne Klimmhaare; LB'Spreite herzförmig, mit tief nierenförmigem Grund; PerigonB 6, miteinander verwachsen.
**Schmerwurz, *Támus*** *(Dioscoreaceae)* (→ G XIV 18; → S. 887)
**–** Pf nicht windend . . . . . . . . . . . . . . . . . . . . . . . . . . . . . . . . . . . . **9**
**9** Echte LB fehlend, jedoch kleine, schuppenförmige Blätter (NiederB) vorhanden u. in deren Achseln Büschel nadel- oder fadenförmiger Kurztriebe (Phyllokladien, scheinbare LB).
**Spargel, *Aspáragus*** *(Asparagaceae)* ([Pkt 21–], → S. 889)
**–** Stg mit normalen, flächigen LB u. ohne schuppenförmige Blätter u. ohne Phyllokladien. **Ampfer, *Rúmex*** *(Polygonaceae)* ([G XIV 32]; → S. 345)

**10** [4] BlüHülle einfach, — K'artig, grünlich; Pf ohne Milchsaft; LB gegenständig; ♂ Blü mit 9–12(18) StaubB.
**Bingelkraut, *Mercuriális*** *(Euphorbiaceae)* ([G XIII 16, G XIV 27]; → S. 517)
**-** Blü mit K u. Kro . . . . . . . . . . . . . . . . . . . . . . . . . . . . . . **11**

**11** KB u. KroB je 4. — Kro grünlichgelb oder rötlich; LB'Spreite unzerteilt, fleischig-dicklich (sukkulent). **Rosenwurz, *Rhodíola*** *(Crassulaceae)* (→ S. 372)
**-** KB u. KroB meist je 5 . . . . . . . . . . . . . . . . . . . . . . . . . . **12**

**12** LB einfach u. unzerteilt, — gegenständig.
**Nelkengewächse, *Caryophylláceae*** (→ S. 295)
**-** LB 2–3×-gefiedert. — Blüstd: Rispe.
**Geißbart, *Arúncus*** *(Rosaceae)* (→ S. 384)

**13** [4] Pf ♄, Zwergstrauch; LB nadelförmig, — am Rand umgerollt.
**Krähenbeere, *Émpetrum*** *(Empetraceae)* ([Pkt 21]; → B 17; → S. 650)
**-** Pf krautig, Staude oder Einjährige; LB nicht nadelförmig . . . . . . . . **14**

**14** BlüHülle (= Kro) verwachsenblättrig, korollinisch: — oft weiß bis rosa; K während des Blühens undeutlich (aus Knötchen bestehend), sich später (an der Fr) zu einem vielstrahligen Pappus entwickelnd.
**Baldrian, *Valeriána*** *(Valerianaceae)* (→ S. 684)
**-** BlüHülle (= Perigon), freiblättrig, K'artig, — meist grün oder bräunlich **15**

**15** Pf mit Brennhaaren; Stg reichlich beblättert. — LB gegenständig, Spreite gesägt; Perigon 4zählig; StaubB in der BlüKnospe nach innen gebogen, sich beim Aufblühen ruckartig entspannend (Abb. 120); Narbe schopfig; Fr: Nuß, vom erhalten bleibenden Perigon umhüllt.
**Brennessel, *Urtíca*** *(Urticaceae)* ([G XIII 9, G XIV 5, 23]; → S. 365)
**-** Pf ohne Brennhaare; Stg nackt oder 1–2(3)blättrig. — Pf kahl; LB überwiegend grundständig. Alpin. **Säuerling, *Oxýria*** *(Polygonaceae)* (→ S. 349)

## **Pf krautig** (slt zwergstrauchig) **u.** ♀:

**16** [1] Pf windend oder rankend . . . . . . . . . . . . . . . . . . . . . . . **17**
**-** Pf nicht windend oder rankend . . . . . . . . . . . . . . . . . . . . . **19**

**17** Pf mit Ranken. — Kro verwachsenblättrig.
**Kürbisgewächse, *Cucurbitáceae*** (→ G XIII 13; → S. 637)
**-** Pf ohne Ranken . . . . . . . . . . . . . . . . . . . . . . . . . . . . . . **18**

**18** Stg von winzigen *(Lupe!)* Klimmhaaren rauh; LB gegenständig, Spreite meist 3–5zählig handförmig-gelappt. **Hopfen, *Húmulus*** *(Cannabaceae)* (→ S. 365)
**-** Stg ohne Klimmhaare, glatt; LB wechselständig, Spreite unzerteilt, — herzförmig, mit tief nierenförmigem Grund; Frkn 1, 3fächrig, unterständig; Fr: kugelige, rote Beere. **Schmerwurz, *Támus*** *(Dioscoreaceae)* ([G XIV 8]; → S. 887)

**19** [16] Blü auf der Oberseite blattartig verbreiterter Zweigachsen (Phyllokladien), — diese je in der Achsel kleiner, trockenhäutiger, schuppenförmiger NiederB entspringend; Pf immergrün.
**Mäusedorn, *Rúscus*** *(Asparagaceae)* ([Pkt 3]; → S. 890)
**-** Blü nicht auf der Oberseite von Phyllokladien . . . . . . . . . . . . . **20**

**20** LB (bzw. scheinbare LB) nadel- bis fadenförmig . . . . . . . . . . . **21**
**-** LB weder nadel- noch fadenförmig . . . . . . . . . . . . . . . . . . . **22**

**21** Immergrüner Zwergstrauch; Fr (beerenartige SteinFr) schwarz. — LB wechselständig; Blü ⚥ oder 1geschlechtig; BlüHülle aus K u. Kro bestehend, 3zählig.
**Krähenbeere, *Émpetrum*** *(Empetraceae)* ([Pkt 13]; → B 17; → S. 650)

**–!!** Sommergrüne Staude; Fr (Beere) rot. — Scheinbare LB (tatsächlich Kurztriebe: sehr schmale Phyllokladien) büschelig angeordnet, u. zwar jeweils in den Achseln unscheinbarer, trockenhäutiger, schuppenförmiger NiederB; Blü 1geschlechtig (Pf 2häusig); BlüHülle: Perigon, 6zählig.
**Spargel, *Aspáragus*** *(Asparagaceae)* ([Pkt 4]; → S. 889)
**–** (Wenn anders, vgl. **Nelkengewächse, *Caryophylláceae***, → S. 295)

**22** LB gegenständig. — Stg stets beblättert . . . . . . . . . . . . . . . . . . . **23**
**–** LB wechselständig, — Stg'ständig oder grundständig . . . . . . . . . . . . **28**

**23** Pf mit Brennhaaren. — LB gesägt.
**Brennessel, *Urtíca*** *(Urticaceae)* (→ G XIV 15; → S. 365)
**–** Pf ohne Brennhaare . . . . . . . . . . . . . . . . . . . . . . . . . . . . . . . **24**

**24** StgB gefingert oder fiederschnittig . . . . . . . . . . . . . . . . . . . . . **25**
**–** StgB einfach u. unzerteilt. — Frkn oberständig . . . . . . . . . . . . . . **26**

**25** StgB gefingert; Frkn oberständig. — ♀ Blü sitzend, mit becherförmigem Perigon; Fr: Nuß. **Hanf, *Cánnabis*** *(Cannabaceae)* (→ G XIV 7; → S. 365)
**–** StgB fiederschnittig; Frkn unterständig. — GrundB unzerteilt; Kro trichterig-röhrig, am Grund meist mit einer Aussackung.
**Baldrian, *Valeriána*** *(Valerianaceae)* (→ S. 684)

**26** StgB ganzrandig; Frkn ungeteilt, — meist 1fächrig, mit in der Mitte stehender Plazentarsäule („zentrale Plazentation"); Gri 2–5.
**Nelkengewächse, *Caryophylláceae*** (→ S. 295)
**–** StgB nicht ganzrandig; Frkn 2- oder 4teilig. — Gri 1, mit 2 Narben . . **27**

**27** Frkn 2teilig; Fr: zur Reife in 2 TeilFr zerfallend.
**Bingelkraut, *Mercuriális*** *(Euphorbiaceae)* (→ G XIV 10; → S. 517)
**–** Frkn 4teilig (durch eine falsche u. eine echte Scheidewand in 4 Fächer mit je 1 SaAnlage geteilt, zw. denen der scheinbar grundständige Gri steht); Fr: KlausenFr, zur Reife in 4 TeilFr zerfallend. — Pf oft ± aromatisch; Blü infolge Verkümmerung der StaubB ♀ (Pf gynodiözisch).
**Lippenblütler, *Lamiáceae*** (→ S. 751; man benütze die Hilfstabelle am Ende des Gattungsschlüssels der Lippenblütler, S. 772!)

**28** [22] LB überwiegend grundständig.
**Knöterichgewächse, *Polygonáceae*** (→ G VI 7; → S. 344)
**–** LB überwiegend Stg'ständig . . . . . . . . . . . . . . . . . . . . . . . . . . . **29**

**29** LB 2–3×-gefiedert. — Blüstd: Rispe. **Geißbart, *Arúncus*** *(Rosaceae)* (→ S. 384)
**–** LB einfach . . . . . . . . . . . . . . . . . . . . . . . . . . . . . . . . . . . . . **30**

**30** BlüHülle aus K u. Kro bestehend . . . . . . . . . . . . . . . . . . . . . . **31**
**–** BlüHülle: K'artiges Perigon . . . . . . . . . . . . . . . . . . . . . . . . . . **32**

**31** LB kahl. — KB u. KroB je 4; KroB grünlichgelb oder rötlich; LB dicklich-fleischig (sukkulent), verkehrt-eilanzettlich.
**Rosenwurz, *Rhodíola*** *(Crassulaceae)* (→ S. 372)
**–** LB dicht borstig behaart. — Blü (manchmal) infolge Verkümmerung der StaubB ♀ (Pf gynodiözisch). **Natternkopf, *Échium*** *(Boraginaceae)* (→ S. 701)

**32** BlüHülle 2(–4)blättrig; Narben 4–5. — LB 3eckig-pfeilförmig bis länglich-eiförmig; KulturPf. ★ **Spinat, *Spinácia*** *(Chenopodiaceae)* ([G XIV 5, 7]; → S. 337)
**–** BlüHülle 6blättrig; Narben 3. — Meist WildPf.
**Ampfer, *Rúmex*** *(Polygonaceae)* (→ S. 345)

# Überabteilung Gefäßpflanzen, *Tracheophýta* (*Cormophyta*)

## Abteilung Gefäßsporenpflanzen, Gefäßkryptogamen, Farnpflanzen (i. w. S.), *Pteridophýta*

## Unterabteilung Bärlapppflanzen, *Lycophýtina*

## Klasse Bärlappähnliche, *Lycópsida*

## Ordnung Bärlappartige, *Lycopodiáles*

## 1. Familie: Bärlappgewächse, *Lycopodiáceae* (inkl. *Huperziaceae*) (→ C 3)

1 Stg rasch aufsteigend bis aufrecht; Sporophylle gleichartig u. gleich groß wie die LB, Sporophyllstand daher vom Laubsproß nicht abgesetzt, vegetativ durchwachsend (Fortsetzung wieder mit LB); ganze Pf deutlich gabelig verzweigt (Gabeläste gleich lg). **(1) Teufelsklaue, *Hupérzia***

– Stg niederliegend bis schwach aufsteigend; Sporophylle ± deutlich verschieden (oft kleiner; Abb. 96) von den LB, Sporophyllstand daher vom Laubsproß ± deutlich abgesetzt, nicht vegetativ weiterwachsend; nicht die ganze Pf auffällig gabelig verzweigt, höchstens veget. Äste . . . . . . . . . . . . . . . **2**

2 LB ± schuppenförmig, weniger als 2 mm lg, gegenständig, daher 4reihig; Laubsprosse 4kantig oder abgeflacht, dorsiventral (dh Ober- u. Unterseite verschieden), — den Zweigen schuppenblättriger Zypressengewächse / *Cupressaceae* (zB Thujen) ähnlich. *Man unterscheidet deshalb LB der Sproßoberseite, seitliche LB u. LB der Sproßunterseite.*
**Flachbärlapp, (2), *Lycopódium subg. Diphásium***

– LB linealisch bis pfriemlich, mehr als 2 mm lg, wechselständig, nicht deutlich reihig angeordnet; Laubsprosse weder 4kantig noch abgeflacht, allseits gleich . . . . . . . . . . . . . . . . . . . . . . . . . . . . . . **3**

3 Stg 20–100(400) cm lg kriechend, mehrmals verzweigt; Sporophylle deutlich verschieden (viel kürzer) von den LB, ihr ganzer Rand gezähnt; Sporophyllstand vom vegetativen Sproß deutlich abgesetzt.
**Bärlapp** (i. e. S.), **(2), *Lycopódium subg. Lycopódium***

– Stg 2–10 cm lg kriechend, wenig verzweigt; Sporophylle nur wenig verschieden (am Grund breiter) von den LB, nur ihr unterer Rand gezähnt; Sporophyllstand vom vegetativen Sproß wenig deutlich abgesetzt.
**(3) Moorbärlapp, *Lycopodiélla***

### (1) Teufelsklaue, *Hupérzia* (*Urostachys, Lycopodium subg. Urostachya*)

In den Achseln der oberen LB oft (bei Berührung leicht abbrechende) Brutknospen. H: 5–20(30) cm. ♃ Ch. VII–XII. Mäßig frische bis trockene, magere, lichte Stellen in bodensauren Wäldern, Zwergstrauchheiden, Silikatfelsfluren; montan bis subalpin; zstr. **Fehlt B, W.** Im BM u. nVL gefährdet. △ (*Lycopodium selago, Urostachys selago*) **Teufelsklaue, Tannenbärlapp, *H. selágo***

### (2) Bärlapp, *Lycopódium* *s. latiore* (inkl. Flachbärlapp / „*Diphásium*" = *Diphasiastrum*; exkl. (1) Teufelsklaue / *Huperzia* u. (3) Moorbärlapp / *Lycopodiella*)

1 LB linealisch bis pfriemlich, mehr als 2 mm lg, wechselständig, nicht deutlich reihig angeordnet; Laubsprosse weder 4kantig noch abgeflacht, allseits gleich. (Bärlapp i. e. S., *Lycopodium sect. Lycopodium*, **Lycopodium** *s. strictiss.*) . **2**

- LB ± schuppenförmig, weniger als 2 mm lg, gegenständig, daher 4reihig; Laubsprosse 4kantig oder abgeflacht, dorsiventral (dh Ober- u. Unterseite verschieden), — den Zweigen schuppenblättriger Zypressengewächse / *Cupressaceae* (zB Thujen) ähnlich. *Man unterscheidet deshalb LB der Sproßoberseite, seitliche LB u. LB der Sproßunterseite.* (Flachbärlapp, *Lycopodium subg. Diphasium* = „***Diphasium***" = *Diphasiastrum*; Artengruppe *L. (D.) complanatum agg.*) . . . . . . . . . . . . . . . . . . . . . . . . . . . . . . . . . . . . . . . **3**

**2** LB'Spitze in ein 1–3 mm lg Haar endend; LB ganzrandig bis sehr fein gezähnt. — 1–3(5) Sporophyllstände meist auf einem mit HochB locker besetzten (gemeinsamen) „Stiel". H: 5–20(30) cm; G: 0,5–4 m lg. ♃ Ch. (VI)VII–VIII. **Alle Bdld**. VolksarzneiPf (Sporenpulver: histor. u. modern: Baby-„Stupp"; außerdem für technische Zwecke); giftig. △ **Keulen-B., *L. clavátum***

**a** Sporophyllstände 3–6 cm lg, zu (1)2–3(5) auf 5–10(18) cm lg „Stiel"; LB meist 4–5 mm lg, oft sehr fein gezähnt, aufrecht bis aufrecht-abstehend. H: (5)10–20(30) cm. Mäßig trockene bis frische, stark bodensaure, oft lichte Wälder, bodensaure Magerrasen; submontan bis montan (subalpin); zstr. **Alle Bdld.** **Gewöhnlicher K.-B., *L. c. subsp. clavátum***

**-** Sporophyllstände 1–2 cm lg, einzeln, sitzend oder auf bis höchstens etwa 2 cm lg „Stiel"; LB meist 3–6 mm lg, oft kaum gezähnt, aufrecht-angedrückt. H: 5–10(15) cm. Mäßig trockene, stark bodensaure Zwergstrauchheiden, windgefegte Magerrasen, nordseitige, schneereiche Blockhalden, Felshänge (?); obermontan bis alpin; slt. Gurktaler Alpen, Seetaler Alpen, Hohe u. Niedere Tauern. **St, K, S.** (Arktisch-alpin.) Potentiell gefährdet. (*L. lagopus*) **Schneehuhn-K.-B., Schneehuhn-B., *L. c. subsp. monostáchyon***

- LB'Spitze spitz, aber ohne Haar; LB meist fein gesägt-gezähnt, — meist (fast waagrecht) abstehend; Sporophyllstände einzeln, sitzend (unmittelbar an den Laubsproß anschließend), 2–4 cm lg. H: 10–30 cm; G:0,3–1 m lg. ♃ Ch. (VII)VIII–IX. Frische bis feuchte, bodensaure, schattige Wälder, bes. Nadelwälder, Blockhalden, Zwergstrauchheiden; montan bis subalpin (alpin); mäßig hfg. **Alle Bdld**. △ **Schlangen-B., Wald-B.**, Sprossender B., ***L. annótinum***

**3** Laubsprosse 4kantig, im ∅ quadratisch (dh nicht abgeflacht); LB der Sproßunterseite kurz gestielt, etwas gekniet, Spreite eilanzettlich; seitliche LB deutlich zur Sproßunterseite hin gebogen, asymmetrisch; LB der Sproßoberseite gleich groß wie die der Sproßunterseite; Sporophyllstände 8–16 mm lg; Sporophylle 3eckig-eiförmig. — Lange, ober- u. unterirdische Kriechsprosse; LB blaugrün, etwas bereift; Sporophyllstände zu (1)2–4 am Ende der Zweige, ungestielt. H: 2–5(10) cm; G: 10–60(100) cm lg. ♃ Ch. VIII–IX. Bodensaure Magerrasen (Bürstlings-Weiderasen), Zwergstrauchheiden, schneereiche Feinschuttfluren; subalpin bis alpin; zstr. **Fehlt B, W**. △ (***Diphasium alpinum***, *Diphasiastrum alpinum*) **Alpen-Bärlapp, Alpen-Flachbärlapp, *L. alpínum***

- Laubsprosse ± abgeflacht; LB der Sproßunterseite sitzend, gerade (nicht gekniet), Spreite 3eckig, pfriemlich oder linealisch; seitliche LB nicht oder nur wenig zur Sproßunterseite hin gebogen, symmetrisch; LB der Sproßober- u. der -unterseite verschieden groß; Sporophyllstände 15–30 mm lg; Sporophylle am Grund rundlich, mit aufgesetzter, langer Spitze . . . . . . . . . . . . **4**

**4** Sporophyllstände einzeln oder zu zweit, ungestielt (dh unmittelbar am Ende der mit LB besetzten Sprosse; slt kurz, höchstens 2,5 cm lg, gestielt); Laubsprosse zusammengedrückt (abgeflacht) 4kantig, seitliche LB mindestens ⅓× so lg wie der Abstand zum nächsten seitlichen LB; LB der Sproßunterseite ¾–1× so lg wie der Abstand zum nächsten gleichartigen LB. — Laubsprosse meist graugrün; seitliche LB ± abstehend; Sporophyllstand 20–30 mm lg. H: 5–10(20) cm. ♃ Ch. VII–VIII(IX). Bodensaure Magerrasen u. Nadelwälder,

Zwergwacholder- u. Alpenrosengebüsch; montan bis subalpin (alpin); slt. **V**!; **fehlt B, W**. Gefährdet; stark gefährdet im BM u. nVL. ▲ (Vielleicht aus *D. alpinum* × *D. complanatum s. l.* entstanden.) (***Diphasium issleri***, *Diphasiastrum issleri*)

■ **Voralpen-B. (-F.), Issler-B. (-F.), *L. íssleri***

- Sporophyllstände zu (2)3–5(7), 2–12 cm lg gestielt (gemeinsamer Stiel viel lockerer beblättert als die Laubsprosse); Laubsprosse flach (nicht 4kantig), seitliche LB weniger als 1/3× so lg (meist nur 1/4–1/5×) wie der Abstand zum nächsten seitlichen LB; LB der Sproßunterseite höchstens 3/4× so lg wie der Abstand zum nächsten gleichartigen LB. (*L. complanatum s. l.*) . . . . . . **5**

**5** Seitliche LB meist deutlich abstehend, deutlich breiter als die LB der Sproßober- u. der -unterseite; kriechender Hauptsproß oberirdisch oder sehr flach (höchstens 1–2 cm tief) unterirdisch; mittlerer Ast der oberirdischen Triebe stets steril; (oberirdische) Laubsprosse stark abgeflacht, ihre Achsen br u. scharfkantig geflügelt. — Laubsprosse oberseits grasgrün, unterseits gelblichgrün, nie bereift, (1,5)2,5–3(4) mm br; Äste meist fächerförmig spreizend; LB der Sproßunterseite 1/3–1/5× so lg wie der Abstand zum nächsten gleichartigen LB u. höchstens 1/4× so br wie die Achse; Sporophyllstände zu 2–4(6). H: 5–20(40) cm. ♃ Ch. VII–IX. Mäßig trockene, bodensaure, magere Nadelwälder, bes. Föhrenwälder; montan (subalpin?); slt. **Fehlt W**. Gefährdet. △ (*L. anceps, L. complanatum subsp. complanatum*, ***Diphasium complanatum*** *s. str., Diphasiastrum complanatum*)

■ **Eigentlicher Flachbärlapp**, Flacher B., „Fächer-B.", ***L. complanátum***

- Seitliche LB aufrecht, der Achse anliegend, nicht oder kaum breiter als die LB der Sproßober- u. -unterseite; kriechender Hauptsproß mindestens 1–2 cm tief unterirdisch (bleich); mittlerer Ast der oberirdischen Triebe in Sporophyllständen endend; (oberirdische) Laubsprosse schwach abgeflacht, ihre Achsen schmal u. stumpflich geflügelt. — Äste meist aufrecht büschelig angeordnet. (Zypressen-B. i. w. S., *L. chamaecyparissus*) . . . . . . **6**

**6** Oberirdische Laubsprosse 1,5(1,8) mm br, oberseits d'graugrün, unterseits deutlich bereift; Sproßunterseite ähnlich wie die -oberseite aussehend; LB der Sproßunterseite 1/2–3/4× so lg wie der Abstand zum nächsten gleichartigen LB u. meist 1/3×–1/2× so br wie die Achse; seitliche LB mit dickem, stumpfrückigem Kiel. — Hauptsproß 3–15(30) cm tief im Boden kriechend; Sporophyllstände zu 2–7. H: 5–20(30) cm; G: 50–100 cm lg (?) (bis 70 m ∅ große „Hexenringe" bildend). ♃ Ch. VII–IX. Trockene bis wechselfrische, bodensaure, magere Nadelwälder (?). Ob in **Ö**?. (*Lycopodium „thyoides", L. chamaecyparissus, L. complanatum subsp. chamaecyparissus*, ***Diphasium tristachyum***, *Diphasiastrum tristachyum*)

⊖■ **Zypressen-B. (-F.), *L. tristáchyum***

- Oberirdische Laubsprosse (1,5)1,8–2,5 mm br, oberseits d'grün bis graugrün, unterseits gelblichgrün, nicht oder kaum bereift; Sproßunterseite deutlich verschieden von der -oberseite; LB der Sproßunterseite 1/3–1/2× so lg wie der Abstand zum nächsten gleichartigen LB u. meist 1/4× so br wie die Achse; seitliche mit schmalem, ziemlich scharfkantigem, hohem Kiel. — Hauptsproß 1–10 cm tief im Boden kriechend; Sporophyllstände zu 2–4. H: 5–20(30) cm. ♃ Ch. VII–IX. Trockene bis wechselfrische, bodensaure, magere Nadelwälder (?). Ob in **Ö**?. (Vielleicht aus *D. complanatum* × *tristachyum* entstanden?.) (*Lycopodium complanatum subsp. zeilleri*, ***Diphasium zeilleri***, *Diphasiastrum zeilleri*)

⊖■ **Zeiller-(Zypressen-)B. (-F.), *L. zéilleri***

## (3) Moorbärlapp, *Lycopodiélla* (*„Lepidotis"; Lycopodium sect. „Lepidotis"*) (C 3)

Pf im Habitus laubmoosartig (an Haarmützenmoos / *Polytrichum* erinnernd); LB pfriemlich; Sporophyllstand etwas breiter als der Laubsproß. H: 2–10 cm. ♃ Ch. Hoch- u. Zwischenmoor-Schlenken, Schwingrasen; montan; slt. **Fehlt B, W**. Stark gefährdet. ▲ (*Lycopodium inundatum*)

**Moorbärlapp**, Sumpfbärlapp, ***L. inundáta***

# Ordnung Moosfarnartige, *Selaginelláles*

## 2. Familie: Moosfarngewächse, *Selaginelláceae*

**Moosfarn**, Zwergbärlapp, ***Selaginélla*** (inkl. *Lycopodioides*) (→ C 3–)

**1** Laubsprosse abgeflacht, dorsiventral, niederliegend; LB 4reihig in einer Ebene angeordnet, die der beiden unteren (bodenwärtigen) Reihen größer, die der beiden oberen Reihen kleiner, alle ganzrandig (bis fein gesägt); Sporophylle gegenständig. — LB eiförmig mit breiter, stumpflicher Spitze; Sporophyllstand 3–6 cm lg, aufsteigend bis aufrecht, vom Laubsproß durch einen undeutlichen Stiel etwas abgesetzt. H: 1–5 cm; G: 3–20(30) cm lg. ♃ Ch. VI–VII. Lückige, meist sandige bis schottrige, basenreiche Magerrasen, auch Trockenrasen, halbschattige Felsen u. Mauern, Dämme, in Auen; collin bis montan; zstr bis slt (lokal auch hfg). **Alle Bdld**. Gefährdet im nVL u. Pann. △ *(Lycopodioides helveticum)* **Schweizer M., *S. helvética***

**–** Laubsprosse im ∅-Umriß stielrund, aufrecht; LB allseitig abstehend, alle untereinander gleich, fransig gezähnt; Sporophylle wechselständig. — LB schmal-3eckig bis schmal-eilanzettlich, mit schmaler, scharfer Spitze; LBRand jederseits mit 1–5 fast grannigen Zähnen; Sporophyllstand 1–3(5) cm lg, aufrecht, vom Laubsproß nicht oder kaum abgesetzt. H: 2–8(15) cm. ♃ Ch. VII–IX. Meist kalkreiche Rasen, Quellfluren; subalpin bis alpin; hfg. **Fehlt B, W.** △ **Alpen-M., Dorniger M.,** Gezähnter M., ***S. selaginoídes***

# ⊖ Ordnung Brachsenkrautartige, *Isoëtales*

## ⊖ 2 b. Familie: Brachsenkrautgewächse, *Isoëtáceae*

Die in allen Nachbarländern außer Ungarn u. Slowenien durch 1–2 Arten vertretene Gattung ⊖ **Brachsenkraut, *Isóëtes*** (in Kaltwasserseen unter Wasser lebende RosettenPf mit binsenförmigen Blättern, auf deren scheidig erweitertem Blattgrund Mikro- bzw. Megasporangien sitzen) **fehlt in Ö** (obwohl in alter Zeit einmal, vermutlich irrtümlich, ⊖†? ***I. lacústris*** für S angegeben worden war).

# Unterabteilung Schachtelhalmpflanzen, *Sphenophýtina*

# Klasse Schachtelhalmähnliche, *Sphenópsida*

# Ordnung Schachtelhalmartige, *Equisetáles*

## 3. Familie: Schachtelhalmgewächse, *Equisetáceae* (C 3)

**Schachtelhalm,** Zinnkraut, ***Equisétum*** (inkl. *Hippochaete*)

Anm.: (1) *Die Länge der StgScheiden (Abb. 121, 122) ist einschl. der Zähne zu messen.* – (2) *Die Angaben über die Breite des Hautrands der StgScheidenzähne beziehen sich auf die Situation etwa in der halben Zahnlänge.* – (3) Die Merkmale der StgScheiden treffen meist auf die unmittelbar unter dem Sporophyllstand sitzende Scheide nicht voll zu. – (4) Die grundständige Scheide jedes Astes weicht von den übrigen meist ab; *für sie gelten die angegebenen Merkmale nicht.*

**1** Stg ebenso wie die Röhre der StgScheiden braun, gelblich oder weißlich. — Stg ohne Äste, stets mit Sporophyllstand . . . . . . . . . . . . . . **2**

**–** Stg oder wenigstens Röhre der StgScheiden grün. — Stg mit oder ohne Äste, mit oder ohne Sporophyllstand . . . . . . . . . . . . . . . . . . . **4**

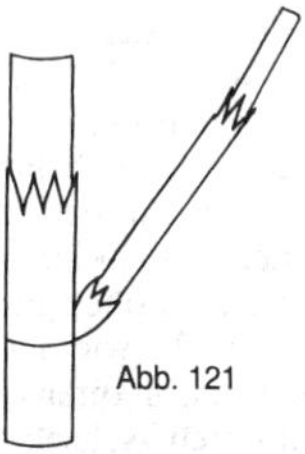
Abb. 121

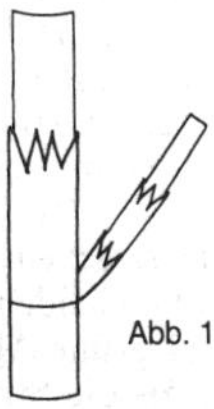
Abb. 122

**2** StgScheidenzähne aus eilanzettlichem Grund in eine lg Pfrieme zusammengezogen; untere StgScheiden mit (12)15–25, obere mit (12)20–35(40) Rippen; Sporophyllstand 40–85(100) mm lg; Stg am Grund (4)5–15 mm ∅. — Stg der Frühjahrssprosse nach der Sporenreife absterbend. (Spätsprosse → Pkt 4) **Riesen-Sch., Groß-Sch., *E. telmatéia*** (→ Pkt 4)

**-** StgScheidenzähne pfriemlich bis eilanzettlich (oft miteinander zu breiten Lappen verwachsen!); StgScheiden mit (6)8–16(20) Rippen; Sporophyllstand (7)10–40 mm lg; Stg am Grund 2–5 mm ∅ . . . . . . . . . . . . . . . . . . **3**

**3** Jeweils 2–7 StgScheidenzähne miteinander bis zur Spitze zu 2–4(6) Lappen verwachsen, ihr Hautrand $^1/_2$–1$^1/_2$(2)× so br wie der rotbraune Mittelstreifen; untere StgScheiden (10)16–25(31) mm lg. — Stg der fertilen Sprosse nach der Sporenreife grün werdend u. Äste treibend. (Sterile Sprosse → Pkt 7) **Wald-Sch., *E. sylváticum*** (→ Pkt 7)

**-!!** StgScheidenzähne frei oder jeweils 2–3 miteinander bis zur Spitze verwachsen, ihr Hautrand $^1/_4$–$^1/_2$($^2/_3$)× so br wie der meist d'braune Mittelstreifen; untere StgScheiden (9)11–17(20) mm lg. — Stg der Frühjahrssprosse nach der Sporenreife absterbend. (Spätsprosse → Pkt 6) **Acker-Sch., *E. arvénse*** (→ Pkt 6)

**-** StgScheidenzähne wenigstens zT am Hautrand bis auf etwa $^3/_4$ ihrer Länge miteinander verwachsen, mit freier Spitze, ihr Hautrand 1$^1/_2$–4× so br wie der d'braune Mittelstreifen; untere StgScheiden 8–11 mm lg. — Stg der fertilen Sprosse nach der Sporenreife grün werdend u. Äste treibend. (Sterile Sprosse → Pkt 7–) **Hain-Sch., *E. praténse*** (→ Pkt 7–)

**4** [1] Stg weißlich (der Endabschnitt aber wie die Äste gestaltet!); Äste mit tief gefurchten Rippen, daher Anzahl der Astkanten doppelt so hoch wie die der Astscheidenzähne, stets vorhanden; StgScheidenzähne aus eiförmigem bis eilanzettlichem Grund in eine bleibende, lg Pfrieme zusammengezogen. — Sporophyllstand an den Spätsprossen nur slt vorhanden. H: (10)40–150(200) cm. ♃ Ge. VI–VIII. Nasse Stellen in Wäldern; collin bis montan; mäßig hfg. **Alle Bdld**. (Frühjahrssprosse → Pkt 2) **Riesen-Sch., Groß-Sch., *E. telmatéia***

**-** Stg grün; Äste mit ungefurchten Rippen, daher Anzahl der Astkanten gleich der Zahl der Astscheidenzähne oder Äste fehlend; StgScheidenzähne eiförmig bis pfriemlich, nur slt aus br Grund in eine Pfrieme zusammengezogen, dann diese aber meist bald abfallend . . . . . . . . . . . . . . . . . . . . . . . . . . **5**

**5** Erstes (unterstes) Internodium der oberen u. mittleren Äste länger als die StgScheide an deren Achsel (Abb. 121). — Stg stets mit Ästen . . . . . . . **6**

**-** Erstes (unterstes) Internodium aller Äste kürzer als die StgScheide an deren Achsel (Abb. 122). — Stg mit oder ohne Äste . . . . . . . . . . . . . . . . . **8**

**6** StgRippen glatt oder mit stumpfen, niedrigen Papillen besetzt *(Lupe!)*; Hautrand der StgScheidenzähne fast fehlend bis $^1/_2$(1)× so br wie der grüne bis d'braune Mittelstreifen; erstes Internodium der unteren Äste länger oder nur wenig kürzer als die StgScheide an deren Achsel; Äste ziemlich steif, meist aufrecht. — Astscheiden mit 3–5(6) pfriemlichen bis schmal-3eckigen Zähnen. H: (5)20–60(100) cm. ♃ Ge. III–IV(V). Grundfeuchte Äcker, Wiesen u. Ruderalstellen; collin bis subalpin; sehr hfg. **Alle Bdld**. ArzneiPf. (Frühjahrssprosse → Pkt 3–!!) **Acker-Sch.**, „Katzenschweif", ***E. arvénse***

- StgRippen wenigstens streckenweise mit spitzen, hohen Papillen besetzt *(Lupe!)*; Hautrand der StgScheidenzähne ½–4× so br wie der rot- bis d'braune, am Grund manchmal grüne Mittelstreifen; erstes Internodium der unteren Äste deutlich kürzer als die StgScheide an deren Achsel; Äste schlaff, meist überhängend . . . . . . . . . . . . . . . . . . . . . . . . . . . . . . . . . . **7**

**7** [6, 8] Äste 1–2(3)fach verzweigt; Astscheiden mit 3–4 schmal-3eckigen bis pfriemlichen Zähnen; jeweils 2–7 StgScheidenzähne bis zur Spitze zu 2–4(6) Lappen verwachsen, auch später meist verwachsen bleibend, ihr Hautrand ½–2× so br wie der Mittelstreifen. — Untere StgScheiden (8)9–13(15) mm lg. H: (6)20–60(80) cm. ♃ Ge. V. Feuchte, kalkarme, bodensaure Wälder; submontan bis subalpin; hfg. **Alle Bdld**. (Fertile Sprosse → Pkt 3) **Wald-Sch.**, ***E. sylváticum***

- Äste unverzweigt; Astscheiden mit 3 br-3eckigen Zähnen; StgScheidenzähne mit freier Spitze, im jungen Zustand an ihrem Hautrand auf etwa ¾ ihrer Länge miteinander verwachsen, später frei werdend, ihr Hautrand (2)3–4× so br wie der Mittelstreifen. — Untere StgScheiden (4,5)5,5–9(10) mm lg. H: (10)20–60 cm. ♃ Ge. IV–V(VI). Feuchte Wälder, bes. Auwälder; montan bis subalpin; zstr. **N, O*, St, K, S, T**. Gefährdet im BM. (Fertile Sprosse → Pkt 3–) **Hain-Sch.**, Wiesen-Sch., ***E. praténse***

**8** [5] Äste ohne Zentralhöhle, schlaff, meist überhängend, stets vorhanden; StgScheidenzähne an ihrem Hautrand ± miteinander verwachsen, bleibend; StgRippen oft mit spitzen, hohen Papillen besetzt . . . . . . . . . . . . . . **7**

- Äste meist mit Zentralhöhle, ziemlich steif, aufrecht-abstehend oder fehlend; StgScheidenzähne fast alle frei, wenn großteils miteinander verwachsen, dann sehr früh abfallend (vgl. *E. hyemale*, Pkt 12); StgRippen mit stumpfen, niedrigen Papillen besetzt . . . . . . . . . . . . . . . . . . . . . . . . . . . . . . . . . **9**

**9** StgScheidenröhre fast stets mit schwarzer, ziemlich scharf begrenzter Querbinde am oberen Rand, darunter grün; StgScheidenzähne ± gerade, aus eiförmigem Grund ziemlich abrupt in eine kurze, fadenförmige, oft abfallende Spitze zusammengezogen, bleibend, ihr Hautrand mindestens (½)2× so br wie der braunschwarze, manchmal fast fehlende Mittelstreifen; Stg mit ± kantigen, an ihrem Scheitel abgeflachten oder schwach gefurchten Rippen. — Stg überwinternd; Sporophyllstand spitz. H: 5–30(40) cm. ♃ Ch–He. IV–VIII. Sandige bis kiesige Ufer, Flachmoore; montan bis subalpin (alpin); zstr. **Fehlt B, W**. *(Hippochaete variegata)* **Bunter Sch.**, ***E. variegátum***

Anm.: Die Angaben österreichischer Vorkommen des ⊖ **Binsen-Sch.**, ***E. scirpoídes*** beruhen auf Fehlbestimmungen.

- StgScheidenröhre grün oder im oberen Teil h'braun, wenn mit schwarzer Querbinde am oberen Rand, dann fast stets eine weitere Querbinde in der unteren Hälfte (vgl. *E. hyemale*, Pkt 12); StgScheidenzähne entweder aus ± stark einwärts gekrümmtem, 3eckigen Grund allmählich in eine lg, fadenförmige Spitze zusammengezogen u. zT bis fast zur Gänze abfallend oder aber ±

* Neufund durch E. Sinn, 1992 (unveröff.).

gerade, schmal-3eckig bis pfriemlich, bleibend, ihr Hautrand höchstens so br wie der braunschwarze, am Grund manchmal grüne, i. d. R. bis in die Spitze reichende Mittelstreifen; Stg mit abgerundeten oder slt (bei *E. hyemale*, Pkt 12) mit ± kantigen u. an ihrem Scheitel undeutlich gefurchten Rippen . . . . **10**

**10** Sporophyllstand stumpf-abgerundet, ohne Spitze; StgScheidenzähne (1/4)1/3–2/3(3/4)× so lg wie die Röhre, schmal-3eckig bis pfriemlich, ± gerade, mit bleibender Spitze. — Stg nicht überwinternd . . . . . . . . . . . . . . . . **11**

**–** Sporophyllstand fast stets mit einer deutlichen Spitze; StgScheidenzähne höchstens 1/3(1/2)× so lg wie die Röhre, aus 3eckigem, einwärts gekrümmtem Grund in eine pfriemliche bis fadenförmige Spitze zusammengezogen, die früher oder später zT oder zur Gänze abfällt . . . . . . . . . . . . . . . . . . . . . . **12**

**11** ∅ der Zentralhöhle 3/4–9/10 des Stg-∅; StgScheiden mit (6)10–24(30) Rippen, ihre Röhre in den Rillen ohne scharfe Furchen; Stg am Grund (2)4–8(12) mm ∅. — Stg mit oder ohne Äste. H: 20–150 cm. ♃ Wa, Ge. V–VI. Uferröhricht, Sümpfe, seltener in nassen Wäldern; collin bis subalpin; mäßig hfg. **Alle Bdld**. *(E. limosum)* **Teich-Sch., Schlamm-Sch., *E. fluviátile***

**–** ∅ der Zentralhöhle 1/6–1/3 des Stg-∅; StgScheiden mit (4)6–8(10) Rippen, ihre Röhre in den Rillen scharf gefurcht; Stg am Grund (1)1,5–3(5) mm ∅. — Stg fast stets mit Ästen. H: 10–50(100) cm. ♃ Ge. VI–IX. Nasse Wiesen, Flachmoore; collin bis subalpin; hfg. **Alle Bdld**. Giftig (für Weidevieh).
**Sumpf-Sch.,** Duwock, ***E. palústre***

**12** StgScheidenzähne meist sehr früh fast zur Gänze abfallend, ihr Rest kürzer als br; StgScheidenröhre im jungen Zustand grün, später mit schwarzen Querbinden in der unteren Hälfte u. am oberen Rand, dazwischen meist h'braun, slt grün oder schwarz gefärbt; Stg überwinternd, ohne oder sehr slt oben mit wenigen, kurzen Ästen; ∅ der Zentralhöhle 2/3–9/10 des Stg-∅; StgScheiden zylindrisch, dem Stg eng anliegend, später aufreißend, mit (8)15–25(35) Rippen. H: (20)30–100 cm. ♃ He (Ph). (V)VII–VIII. Auwälder, Bachhochstaudenfluren; collin bis subalpin; zstr. **Alle Bdld**. Gefährdet im BM, nVL u. Pannon. *(Hippochaete hyemalis)* **Winter-Sch., *E. hyemále***

**–** StgScheidenzähne bleibend oder nur die Zahnspitze abfallend, dann ihr Rest deutlich länger als br; StgScheidenröhre grün oder im oberen Teil h'braun, ohne schwarze Querbinden; Stg nicht überwinternd, meist mit lg Ästen; ∅ der Zentralhöhle 1/2–2/3 des Stg-∅; StgScheiden trichterförmig, dem Stg meist locker anliegend, nur slt aufreißend, mit (4)8–15(25) Rippen. H: (10)20–80(100) cm. ♃ Ge. VI–VII. Trockene Schotter-, Sand- u. Lößböden, auch oft Bahnschotter, seltener in Sumpfwiesen; collin bis montan; zstr. **Fehlt O, S**. Gefährdet, in den Alpen stärker. *(Hippochaete ramosissima)*
**Sand-Sch., Ästiger Sch., *E. ramosíssimum***

## **Unterabteilung Farnpflanzen (i. e. S.),** Farne (i. w. S.), ***Pterophýtina*** *(Polypodiophytina)*

## Klasse Natternzungenähnliche, *Ophioglossópsida*

## Ordnung Natternzungenartige, *Ophioglossáles*

## **4. Familie: Natternzungengewächse, *Ophioglossáceae***

**1** Vegetativer BTeil unzerteilt, netznervig; fertiler BTeil unzerteilt, mit den ins Gewebe eingesenkten Sporangien eine ährenähnliche Einheit bildend; (Abb. 123). **(1) Natternzunge, *Ophioglóssum***

- Vegetativer BTeil fast stets 1- oder mehrfach-fiederteilig bis -gefiedert (sehr slt unzerteilt), mit frei endigenden, nicht netzig verbundenen Nerven; fertiler BTeil meist gefiedert, mit den aufsitzenden Sporangien meist rispen- oder traubenähnlich; (Abb. 124, 125). **(2) Rautenfarn, *Botrýchium***

## (1) **Natternzunge,** Natterzunge, ***Ophioglóssum***

Vegetative Spreite eiförmig bis eilanzettlich, ganzrandig, kahl. H: 7–30 cm. ♃ Ge. VI–VII. Moorwiesen, feuchte Magerwiesen; collin bis montan; zstr. **Alle Bdld**. Gefährdet, in den wAlp stark gefährdet. **Natternzunge, *O. vulgátum***

## (2) **Rautenfarn,** Mondraute, ***Botrýchium*** (inkl. *Sceptridium* u. *Botrypus*)

1 Vegetative Spreite im Umriß br-3eckig, 2–3×-gefiedert (Fiedern letzter Ordnung ganz bis fiederteilig); Blätter jung behaart, später verkahlend . . . . **2**

- Vegetative Spreite im Umriß länglich, eiförmig-länglich oder eiförmig, 1–2×-fiederschnittig bis -fiederteilig oder 3teilig bis 3lappig (sehr slt, nur beim Einfachen R. / *B. simplex* unzerteilt oder mehrteilig); Blätter stets kahl . . . . . **3**

2 Vegetativer BTeil 1–9 cm lg gestielt, im untersten Drittel der Pf abzweigend, fleischig, derb, seine Fiedern bzw. Abschnitte letzter Ordnung eiförmig bis rundlich, ganzrandig bis gekerbt. H: 5–30 cm. ♃ Ge. VII–VIII. Trockene Magerwiesen u. -weiden, lichte Waldstellen; montan bis subalpin; slt. **N, O?, St, K, S, T**. Vom Aussterben bedroht. *(Sceptridium m.)* **Vielspaltiger R., *B. multifidum***

- Vegetativer BTeil (fast) sitzend, im mittleren Drittel der Pf abzweigend, dünn, seine Fiedern bzw. Abschnitte letzter Ordnung länglich, spitz kerbsägig (Abb. 125). H: 15–45 cm. Ge ♃. VI–VIII. Bergwälder, Grauerlen-Auwälder, Schluchtwälder, Alluvionen; montan; slt*. **N, O, St, K, S**, Nord-**T**†?. Gefährdet. *(Botrypus v.)* **Virginischer R., *B. virginiánum***

Abb. 123

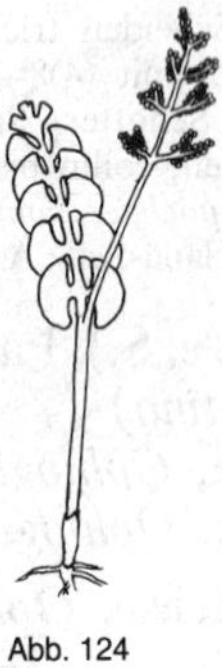

Abb. 124

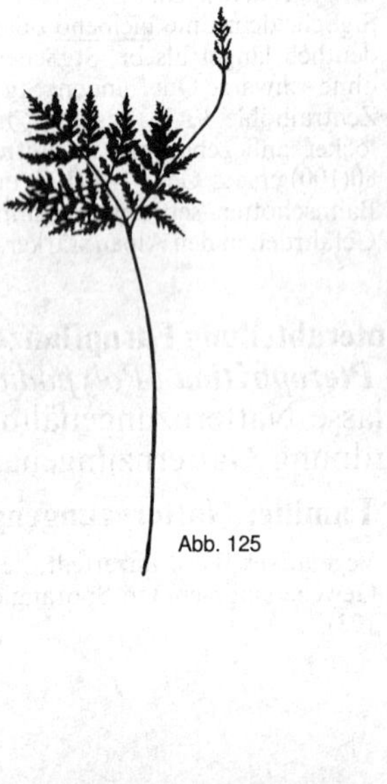

Abb. 125

* Vgl. FRANZ (1991).

**3** Abschnitte 1. Ordnung der vegetativen Spreite meist unzerteilt (oder handförmig gelappt), fächerförmig oder rundlich (sehr slt eiförmig) . . . . . . . . **4**
**-** Abschnitte 1. Ordnung der vegetativen Spreite fiedrig zerteilt, im Umriß eiförmig bis länglich . . . . . . . . . . . . . . . . . . . . . . . . . . . **5**

**4** Vegetativer BTeil im mittleren Drittel der Pf abzweigend, sitzend oder kurz (bis 1/4 der Spreitenlänge) gestielt; Spreite 1×-fiederschnittig mit 3–9 Paar fächerförmigen Abschnitten (Abb. 124). — Vegetative Spreite im Umriß länglich bis eilänglich, Abschnitte unzerteilt (oder vorn handförmig gelappt); fertiler BTeil oft einseitswendig. H: 2–30 cm. ♃ Ge. VI–VIII. ± trockene Magerwiesen u. -weiden, lichte Waldstellen; submontan bis alpin; im Alp mäßig hfg, sonst zstr bis slt. **W†!, sonst alle Bdld**. Regional stark gefährdet, im nVL, Pann, BM. ZauberPf.
**Mond-R., Eigentliche Mondraute,** „Gewöhnliche M.", ***B. lunária***
**-** Vegetativer BTeil meist im untersten oder slt im obersten Drittel der Pf abzweigend, Stiel 1/3–1× so lg wie die Spreite; Spreite 3teilig bis 3lappig oder 1×-fiederteilig bis -fiederschnittig mit 2–3 Paar rundlichen bis eiförmigen bis fächerförmigen Abschnitten (Spreite sehr slt unzerteilt oder mehrteilig), — vegetative Spreite im Umriß eiförmig bis länglich. H: 3–12 cm. ♃ Ge. VII–VIII. Quellige, anmoorige Wiesenstellen; subalpin; sehr slt. **St!,** Ost-**T†**. Vom Aussterben bedroht (!). **Einfacher R., *B. símplex***

**5** Längste Abschnitte 1. Ordnung der vegetativen Spreite im Umriß eiförmig bis elliptisch, fiederteilig bis fiederlappig; Abschnitte 2. Ordnung br abgerundet, ausgerandet oder stumpf; vegetativer BTeil oft gestielt (Stiel 0,2–1,5 cm lg), — Spreite im Umriß länglich bis eiförmig. H: 9–20 cm. ♃ Ge. VI–VII. Magerrasen, lichte Waldstandorte, Weiderasen; kalkmeidend; submontan bis montan; slt. **B, N, St, K, S,** Nord-**T!, V†?**. Stark gefährdet. *(B. ramosum)*
**Ästiger R., *B. matricariifólium***
**-** Längste Abschnitte 1. Ordnung der vegetativen Spreite im Umriß lanzettlich oder länglich, fiederspaltig bis gesägt; Abschnitte 2. Ordnung bzw. Sägezähne spitz oder stumpf; vegetativer BTeil stets sitzend, — Spreite im Umriß eiförmig bis 3eckig-eiförmig. H: 7–25 cm. ♃ Ge. VII–VIII. Bergweiden, Magerrasen, lichte Krummholzstellen; montan bis subalpin; sehr slt. **K (?),** Ost-**T!***, Nord-**T†**. Vom Aussterben bedroht (!). **Lanzett-R., *B. lanceolátum***

## Klasse Tüpfelfarnähnliche, Farne (i. e. S.), *Polypodiópsida*
## Ordnung Tüpfelfarnartige, *Polypodiáles*

Anm.: Einige Arten u. (vor allem) Unterarten der Farne lassen sich nur unter Beachtung von Merkmalen der Sporen *(mit Hilfe eines Mikroskops)* sicher bestimmen.

## 5. Familie: Venushaarfarngewächse (i. w. S.), *Adiantáceae (s. l.,* inkl. *Cryptogrammaceae [s. str.]* u. *Sinopteridaceae)*

**1** Fertile u. veg. Blätter gleich gestaltet, unterseits dicht spreuschuppig; Fiedern flach, aber mit zurückgerolltem Rand. **(1) Pelzfarn, *Notholáena***

* Wiedergefunden in Ost-T von A. Polatschek, Mskr. N. Fl. **T & V**.

- Fertile u. veg. Blätter verschieden gestaltet, kahl, fertile mit zusammengerollten Fiedern, veg. mit flachen, flachrandigen Fiedern. **(2) Rollfarn, *Cryptográmma***

### (1) Pelzfarn, *Notholáena* (*Cheilanthes* p. p.)

Spreite im Umriß länglich bis eiförmig, 1(2)×-gefiedert; Hauptfiedern fiederlappig bis fiederschnittig; letzte BAbschnitte länglich-rechteckig, abgerundet, am Grund manchmal etwas verbreitert, ganzrandig. H: 4–35 cm. ♃ He. VI–VII. Sonnige, meist steile Serpentin-Felsspalten u. -Felsfluren; collin bis montan; slt (Standort sehr slt!). **B** (vom Aussterben bedroht), **N, St**. Stark gefährdet. (***Cheilanthes marantae***) **Pelzfarn, *N. marántae***

### (2) Rollfarn, *Cryptográmma* (*Allosorus, Cryptogramme*)

Spreite der fertilen Blätter im Umriß länglich bis eiförmig-3eckig, ihre Fiedern letzter Ordnung länglich, gekerbt; Spreite der veg. Blätter im Umriß eiförmig-3eckig, ihre Fiedern letzter Ordnung aus keiligem Grund ± elliptisch, grob kerbsägig bis fiederteilig; BNerven vor dem BRand endend. H: 3–35 cm. ♃ He. VI–VIII. Geröll, Block- u. Grobschutthalden (Silikatgesteine); subalpin bis alpin; zstr. **St, K, S, T, V**. (*Allosorus crispus*) **Rollfarn,** Krauser R., ***C. críspa***

## ☆ 5 b. Familie: Wasserhornfarngewächse, *Parkeriáceae*

☆ **Wasserhornfarn, *Ceratópteris*** (→ A 2b, C 5)

Kurzlebiger WuStock (JungPf frei schwimmend); SchwimmB steril, wenig zerteilt; LuftB stärker zerteilt. Veget. Fortpflanzung durch TochterPf, die an den Rändern der BZipfel gebildet werden. H: 20–40 cm (?). ♃–⊙ (?). Seichte, stille, warme Gewässer. Nur in **K** im Warmbach (Abfluß der Therme) bei Warmbad Villach zuweilen unbeständig verwilderte AquarienPf. (Heimat: weltweit in den Tropen u. Subtropen.) (*Acrostichum th.*) ☆ **Wasserhornfarn, *C. thalictroídes***

## 6. Familie: Adlerfarngewächse, *Dennstaedtiáceae (Hypolepidaceae)*

### Adlerfarn, *Pterídium*

Spreite 2–3×-gefiedert, mit fiederschnittigen Fiedern letzter Ordnung; letzte BAbschnitte eiförmig bis länglich, abgerundet, ganzrandig bis ausgeschweift, am Grund manchmal fiederlappig bis fiederspaltig; Sori als ± geschlossener Saum den BRand begleitend, vom zurückgerollten, durchscheinenden BRand bedeckt. H: 30–200 cm. ♃ Ge. VII–IX. Waldschläge, lichte Wälder; säureliebend, weideresistent; collin bis subalpin; hfg bis sehr hfg. **Alle Bdld.** **Adlerfarn, *P. aquilínum***

## 7. Familie: Sumpffarngewächse, *Thelypteridáceae*

1 Mittlere Fiederpaare durch die flügelartigen, mit der BSpindel verwachsenen innersten Abschnitte miteinander verbunden (Abb. 126 b); Spreite 1,2–2× so lg wie br, oberseits behaart; die beiden untersten Fiedern schräg zurückgebogen (Abb. 126a). **(1) Buchenfarn, *Phegópteris***

- Mittlere Fiederpaare nicht miteinander verbunden, deren innerste Abschnitte von der BSpindel frei; Spreite 2–4× so lg wie br, oberseits fast kahl; die beiden untersten Fiedern waagrecht-abstehend. **(2) Sumpffarn, *Thelýpteris***

### (1) Buchenfarn, *Phegópteris (Thelypteris p. p.)*

Spreite im Umriß 3eckig bis pfeilförmig; Fiederabschnitte der fertilen u. der sterilen Blätter länglich, abgerundet. H: 13–50 cm. ♃ Ge. VII–IX. Modrige, humose, ± saure Wälder, Krummholz; montan bis subalpin; hfg. **Fehlt W**. *(Nephrodium phegopteris,* ***Thelypteris phegopteris****)*
**Buchenfarn, *Ph. connéctilis***

### (2) Sumpffarn u. Bergfarn, *Thelýpteris (s. strictiore)* (exkl. (1) Buchenfarn, *Phegopteris*; inkl. *Lastrea = Oreopteris*)

1 Spreite am Grund kaum verschmälert; unterste Fieder mindestens ½× so lg wie die längsten Fiedern, im Umriß lanzettlich; Spreite ½–2× so lg wie der BStiel; Blätter einzeln dem dünnen, weitkriechenden Rhizom entspringend, ± entfernt stehend. — Spreite im Umriß aus gestutztem Grund lanzettlich; Fiederabschnitte der fertilen Blätter durch den stark zurückgerollten Rand 3eckig bis sichelförmig, die der sterilen Blätter länglich, abgerundet. H: 20–75(100) cm. ♃ Ge. VII–IX. Bruchwälder, Sümpfe, Moore, Schilfbestände; collin bis montan; zstr bis mäßig hfg. **Fehlt W**. Stark gefährdet (!) *(Nephrodium thelypteris)* **Sumpffarn, *Th. palústris***

- Spreite am Grund deutlich verschmälert; unterste Fieder höchstens ⅓× so lg wie die längsten Fiedern, im Umriß 3eckig; Spreite 3–8× so lg wie der BStiel; Blätter rosettig dem kurzen, dicken Rhizom entspringend, trichterförmig stehend. — Spreite unterseits dicht drüsig, aromatisch; Fiederabschnitte der fertilen u. der sterilen Blätter länglich, abgerundet. H: 35–120 cm. ♃ He. VII–IX. Frische bis feuchte, bodensaure, hochstaudenreiche Wälder, Grünerlengebüsche, Hochstauden- u. Schlagfluren; submontan bis subalpin; mäßig hfg bis hfg. **Fehlt W**. *(Nephrodium oreopteris, Oreopteris limbosperma, Lastrea limbosperma)*. **Bergfarn, Lappenfarn, *Th. limbospérma***

## 8. Familie: Streifenfarngewächse, *Aspleniáceae*

### **Streifenfarn,** Strichfarn, ***Asplénium*** (*s. l.*: inkl. **Hirschzunge, *Phyllitis*** u. **Milzfarn, *Ceterach***)

1 Spreite 2–3(4)×-gefiedert . . . . . . . . . . . . . . . . . . . . . . . . **2**

- Spreite unzerteilt bis 1×-gefiedert oder ungleich gabelig zusammengesetzt oder 3zählig zerteilt . . . . . . . . . . . . . . . . . . . . . . . . **7**

2 Längste Hauptfiedern etwa in der Mitte der Spreite, diese im Umriß lanzettlich bis länglich-lanzettlich; BStiel ⅙–⅔(1)× so lg wie die Spreite. — Letzte BAbschnitte rundlich bis elliptisch, vorn mit spitzen Lappen. H: 5–20(25) cm. ♃ He. VII–IX. Kalkhaltige Fels- u. Mauerspalten; collin bis montan; sehr slt. **St†, V†**. (Hptvbr.: Westalpen, Jura, Schwarzwald.) Verschollen. **† Jura-St., *A. fontánum***

- Längste Hauptfiedern am oder nahe dem Grund der Spreite, diese im Umriß 3eckig, eiförmig oder eilanzettlich; BStiel (⅔)¾–2× so lg wie die Spreite . **3**

3 BStiel am Grund verdickt, dort (1,5)2–3(5) mm ∅; Endfieder fiederschnittig bis (spitzenwärts) fiederlappig. — Spreite beiderseits mit jeweils 5–12(15) Hauptfiedern; letzte BAbschnitte vorn spitz oder stumpf kerbsägig. (Artengruppe Immergrüner St., *A. adiantum-nigrum agg.*) . . . . . . . . . . . **4**

Abb. 126a

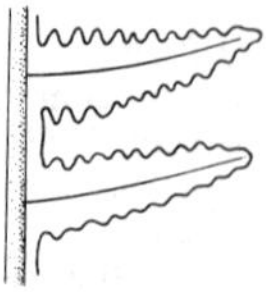

Abb. 126b

Abb. 127

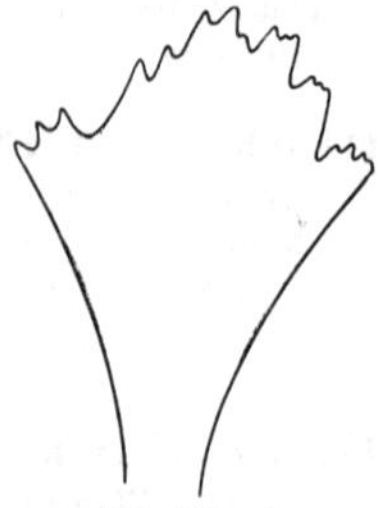

Abb. 128

- BStiel am Grund nicht verdickt, nur bis etwa 1 mm ∅; Endfieder unzerteilt oder in 2–3 Abschnitte gespalten bis geteilt. — Letzte BAbschnitte am Vorderrand gekerbt, buchtig gezähnt oder ausgerandet . . . . . . . . . . . . . . . . **5**

**4** BZähne ± lg zugespitzt, oft stachelspitzig, meist einwärts gekrümmt (Abb. 127); Spreite stark silbrig glänzend; BAbschnitte meist dicht stehend, einander oft berührend oder überlappend; Sporen (30)34–38(44) µm lg. — Spreite im Umriß schmal-3eckig, (2)2,5–4× so lg wie die unterste Hauptfieder. H: 10–45(50) cm. ♃ He. VI–X. Kalkarme Fels- u. Mauerspalten, steinige Wälder; collin bis montan; slt bis zstr. **B, W†, N, O, St, K, V**. Gefährdet. **Immergrüner St.**, „Schwarzstieliger St.“, Schwarzer St., ***A. adiántum-nígrum*** *(s. str.)*

- BZähne stumpf oder spitz, slt zugespitzt, aber nicht stachelspitzig, fast stets gerade (Abb. 128); Spreite glanzlos oder schwach glänzend; BAbschnitte i. d. R. entfernt stehend; Sporen (27)30–34(36) µm lg. — Spreite im Umriß br-3eckig, 1,7–2,7(3,2)× so lg wie die unterste Hauptfieder. H: 10–45(50) cm. ♃ He. VII–X. Serpentin-Felsspalten u. Felsfluren (slt über Magnesit); (collin) montan bis subalpin; mäßig hfg (aber Standort sehr slt!). **B, N, St, S***. Gefährdet. **Serpentin-St., *A. cuneifólium***

**5** Letzte BAbschnitte linealisch oder schmal-keilförmig; Schleier ganzrandig; Spreite im Umriß schmal-3eckig bis eilanzettlich, (2)2,8–4(6)× so lg wie die unterste Hauptfieder, beiderseits mit jeweils (5)6–12 Hauptfiedern. — Letzte BAbschnitte an der Spitze ausgerandet oder noch tiefer eingeschnitten. H: 5–25(32) cm. ♃ He. VII–IX. Kalk- u. Dolomit-Felsspalten u. Felsschutt; montan bis alpin; slt. **N, O, St**. Potentiell gefährdet. **Zerschlitzter St., *A. físsum***

Anm.: Manchmal wird der Alpen-Blasenfarn / *Cystópteris alpina* wegen der Ähnlichkeit im Habitus u. dem Vorkommen auf ähnlichen Standorten mit *A. fissum* verwechselt. Erstere ist jedoch durch h'braune, dünnwandige Rhizomschuppen u. sehr kräftige, durchscheinende BNerven ausgezeichnet, wogegen *A. fissum* fast schwarze, gegitterte Rhizomschuppen u. schwache, oft undeutliche BNerven besitzt.

- Letzte BAbschnitte rhombisch, br-keilförmig oder verkehrt-eiförmig; Schleier gefranst; Spreite im Umriß br-3eckig bis eiförmig, 1,5–2,8(3,7)× so lg wie die unterste Hauptfieder, beiderseits mit jeweils 2–5(6) Hauptfiedern . . . . . **6**

**6** Spreite zart, fast stets ± drüsenhaarig; letzte BAbschnitte fächerförmig, keil-

* Neufund durch Ch. Justin, 1989.

Abb. 129

Abb. 130

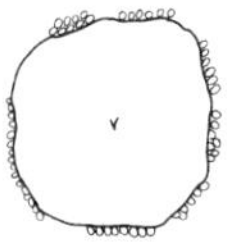
Abb. 131a

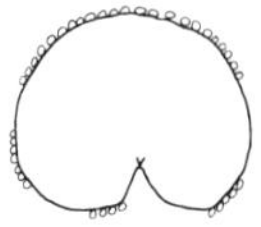
Abb. 131b

förmig oder verkehrt-eiförmig, vorn gekerbt bis gelappt (Abb. 129); Sporangien bleiben auch nach der Sporenreife großteils geschlossen u. voll, sie lassen den Vorderrand des BAbschnitts stets frei sichtbar; Sporen unregelmäßig stachelig-warzig, blaßbraun bis gelblich. H: 4–9(13). ♃ He. VII–IX. Spalten senkrechter u. überhängender Kalkfelswände; montan; slt. **N, St**. Potentiell gefährdet. **Zarter St., *A. lépidum***

Anm.: Um Verwechslungen mit der Hybride *A. rúta-murária* × *A. lépidum* ausschließen zu können, sollte man sich davon überzeugen, daß die Sporen gut entwickelt sind.

- Spreite ziemlich derb, meist kahl, slt drüsenhaarig; letzte BAbschnitte rhombisch, manchmal auch verkehrt-eiförmig oder keilförmig, vorn gekerbt bis buchtig gezähnt, sehr slt gelappt (Abb. 130); Sporangien öffnen u. entleeren sich bei der Sporenreife, sie bedecken dann oft die gesamte Unterseite des BAbschnitts; Sporen grob netzig-runzelig, d'braun. H: 4–15(25). ♃ He. VII–VIII. Fels- u. Mauerspalten, kalkliebend; collin bis subalpin; sehr hfg. **Alle Bdld**. **Mauer-St., Mauerraute, *A. rúta-murária***

Anm.: *A. rúta-murária* umfaßt neben der weit verbreiteten u. häufigen ***subsp. rúta-murária*** (Sporen (39)42–51(59) µm lg; tetraploid) die seltene ***subsp. dolomíticum*** (Sporen (30)34–41(50) µm lg; diploid). Letztere ist bisher nur für **K** u. Ost-**T** sicher nachgewiesen.

**7** [1] BStiel 2–5× so lg wie die Spreite, diese ungleich gabelig zusammengesetzt oder 3zählig zusammengesetzt bis -spaltig . . . . . . . . . . . . . . . . . . **8**
- BStiel ³/₄–1¹/₂× so lg wie die Spreite, diese unzerteilt oder 1×-fiederteilig oder 1×-gefiedert . . . . . . . . . . . . . . . . . . . . . . . . . . . . . . **9**

**8** Spreite kahl, glänzend, 2–5zählig ungleich-gabelig zusammengesetzt; BAbschnitte linealisch bis verkehrt-eilanzettlich, meist mit beiderseits jeweils 1–2 pfriemlichen bis spitzen Zähnen besetzt. H: 5–15(17) cm. ♃ He. VII–X. Kalkarme bis kalkfreie Felsspalten; collin bis alpin; mäßig hfg. **Fehlt W**. **Nordischer St., *A. septentrionále***
- Spreite beiderseits drüsenhaarig, glanzlos, 3zählig, 3teilig oder 3spaltig; BAbschnitte im Umriß rhombisch-elliptisch bis lanzettlich, vorn unregelmäßig kerbsägig oder gezähnt, manchmal die untersten Zähne sehr groß (BAbschnitte 3spaltig erscheinend!). H: 3–10(13) cm. ♃ He. VII–VIII. Dolomit-Felsspalten (unter Überhängen); montan; slt. **N, O, St, K, T**. Potentiell gefährdet. **Dolomit-St., *A. seelósii***

**9** Spreite unzerteilt oder fiederschnittig . . . . . . . . . . . . . . . . . . **10**
- Spreite 1×-gefiedert, — im Umriß länglich bis linealisch . . . . . . . . . **11**

**10** Spreite unzerteilt, ganzrandig, aus tief herzförmigem Grund br-länglich, schwach glänzend; BUnterseite in der Jugend zstr fein spreuschuppig, später kahl. — Sori linealisch, auf benachbarten Nerven paarweise angeordnet, von sich gegeneinander öffnenden Schleiern eingefaßt. H: 10–60(100) cm. ♃ He. VII–IX. Feuchte, steinige (Schlucht-)Wälder; montan bis subalpin; zstr. **Fehlt B, W**. ▲ *(**Phyllitis scolopendrium**)*. **Hirschzunge, *A. scolopéndrium***

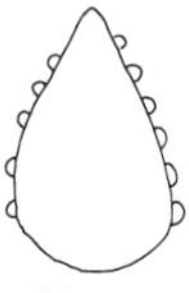

Abb. 132a

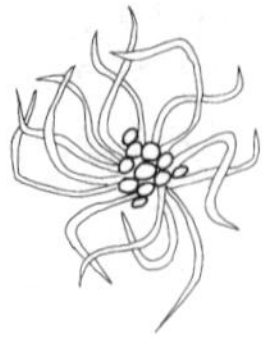

Abb. 132b

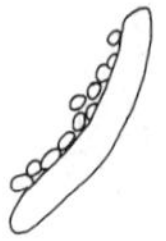

Abb. 132c

- Spreite im Umriß linealisch bis lineal-lanzettlich, glanzlos, fiederschnittig, mit beiderseits jeweils 9–12 halb-kreisrunden bis eiförmigen, ganzrandigen Abschnitten; BUnterseite mit bleibenden, einander ziegeldachig deckenden, h'braunen, eiförmigen Spreuschuppen bedeckt. H: 6–20(35) cm. ♃ He. VII–X. Fels- u. Mauerspalten; collin (montan); sehr slt. **B, (St, K), V†**. Alle nur unbeständig? (Hptvbr.: Medit.) Vom Aussterben bedroht. *(**Ceterach officinarum**)*. **Milzfarn,** Schriftfarn, ***A. céterach***

  Anm.: Im Gebiet: ***subsp. céterach*** (Sporen (30)36–48(51) µm lg; tetraploid)*.

**11** BStiel nur am Grund glänzend rot- bis schwarzbraun, sehr slt bis zum Grund der BSpindel braun, sonst wie die BSpindel grün. H: 5–15(20) cm. ♃ He. VII–VIII. Fels- u. Mauerspalten, steinige Wälder, kalkliebend; montan bis alpin; hfg. **Alle Bdld.** (Diploid.)** **Grüner St.,** Grünstieliger St., ***A. víride***

- BSpindel beiderseits meist bis weit über die Mitte wie der BStiel glänzend rotbraun bis schwarz . . . . . . . . . . . . . . . . . . . . . . . . . **12**

**12** BStiel u. BSpindel deutlich schmal geflügelt, bis zur Spitze schwarzbraun. H: 5–20(35) cm. ♃ He. VII–VIII. Kalkarme bis kalkreiche Fels- u. Mauerspalten, steinige Wälder; collin bis subalpin; hfg. **Alle Bdld.**
**Schwarzstieliger St.,** Braunstieliger St., „Brauner St.", Widerton-St., ***A. trichómanes***

  Anm.: *A. trichómanes* besteht aus verschiedenen di- u. tetraploiden Sippen (meist als subspp. bewertet), die nach Spreitenmerkmalen u. Sporengröße nicht immer sicher unterscheidbar sind. Auch die neuere Literatur ist in bezug auf die Merkmale etwas widersprüchlich, diese Verwandtschaftsgruppe demnach noch nicht ausreichend erforscht.

- BStiel u. BSpindel ungeflügelt; Spitzenbereich, dh vorderes ($^{1}/_{15}$)$^{1}/_{10}$–$^{1}/_{3}$($^{1}/_{2}$) der BSpindel grün, sonst kräftig rostbraun. H: 8–20(25) cm. ♃ He. VII–VIII. Felsspalten u. Felsfluren (Serpentin u. Magnesit); (collin) montan bis subalpin; slt. **Fehlt W, O, V*****. Gefährdet. (Artgewordene, allotetraploide Hybride *A. trichomanes* × *viride*) **Grünspitziger St.,** Braungrüner St., ***A. adulterínum***

  Anm.: Bei dieser Art sollte man immer überprüfen, ob die Sporen gut entwickelt sind, da sonst Verwechslungen mit den Hybriden *A. trichómanes* × *A. víride, A. adulterínum* × *A. víride* oder *A. adulterínum* × *A. trichómanes* nicht ausgeschlossen werden können.

---

* Zufolge F. Starlinger, ined.
** Synonym: *A. trichomanes-ramosum.*
*** Neufunde für **S** u. Nord-**T**: Ch. Justin, für Ost-**T**: A. Polatschek (ined.).

# 9. Familie: Wurmfarngewächse, *Dryopteridáceae* (*Aspidiaceae* u. *Athyriaceae*)

**1** Fertile Blätter (Sporophylle) braun (nur anfangs grün), mit zusammengerollten Fiedern; vegetative (sterile) Blätter grün, laubblattartig, mit flachen Fiedern. [7–] **(5) Straußenfarn, *Matteúccia***

**-** Alle Blätter stets grün, laubblattartig, mit flachen Fiedern, auf der Unterseite mit oder ohne Sori . . . . . . . . . . . . . . . . . . . . . . . . . . **2**

**2** Spreite im Umriß 3–5eckig, etwa so lg wie br, am Grund stets viel breiter als in der Mitte; BStiel 1–3× so lg wie die Spreite; Blätter einzeln, voneinander ± entfernt am Rhizom stehend . . . . . . . . . . . . . . . . . . . . . . **3**

**-** Spreite im Umriß länglich, lanzettlich oder eilanzettlich, deutlich länger als br, am Grund schmäler oder wenig breiter als in der Mitte; BStiel höchstens $1(1^1/_2)\times$ so lg wie die Spreite; Blätter dicht rosettig dem Rhizom entspringend . . . . . . . . . . . . . . . . . . . . . . . . . . . . . **4**

**3** Spreite am Grund 2×-gefiedert mit fiederschnittigen Fiedern 2. Ordnung; Schleier fehlend. **(3) Eichenfarn, *Gymnocárpium***

**-** Spreite am Grund 3×-gefiedert mit ganzen bis fiederteiligen Fiedern 3. Ordnung; Schleier eilanzettlich, anfangs blasig über die Sori gewölbt, später zurückgeschlagen. **(2) Blasenfarn, *Cystópteris***

**4** BStiel am Grund mit 3–8(17) Leitbündeln *(Querschnitt!)*; Schleier rundlich (schildförmig: Abb. 131 a, oder nierenförmig: Abb. 131 b) . . . . . . . . . **5**

**-** BStiel am Grund mit 2 Leitbündeln *(Querschnitt!)*; Schleier nicht rundlich (eiförmig-lanzettlich: Abb. 132 a, in haarförmige Fransen geteilt: Abb. 132 b, oder länglich: Abb. 132 c) oder fehlend oder Sori fehlend . . . . . . . . . **6**

**5** Schleier schildförmig, in der Mitte angeheftet (Abb. 131 a); Fiedern letzter Ordnung asymmetrisch, am Grund außenseitig (von der BSpindel weg) oder zur Spreitenspitze hin spitz geöhrt (Abb. 133). **(6) Schildfarn, *Polýstichum***

**-** Schleier nierenförmig-rundlich, in der Bucht angeheftet (Abb. 95 a, 131 b); Fiedern bzw. Abschnitte letzter Ordn. meist ± symmetrisch, nicht oder innenseitig (zur BSpindel hin) geöhrt (Abb. 135). **(7) Wurmfarn u. Dornfarn, *Dryópteris***

**6** Hauptfiedern unzerteilt bis höchstens fiederschnittig. — Schleier zur Gänze in haarförmige Fransen geteilt (Abb. 132 b) oder fehlend oder Sori fehlend . **7**

**-** Hauptfiedern zumindest 1×-gefiedert. — Schleier entweder unzerteilt, höchstens am Rand etwas fransig (länglich bis hakenförmig: Abb. 132 c, oder eilanzettlich, Abb. 132 a), oder fehlend . . . . . . . . . . . . . . . . . . . . **8**

**7** Blätter 2–20(30) cm lg; Sori rund; Schleier zur Gänze in haarförmige Fransen geteilt (Abb. 132 b); innerste Abschnitte nicht sichelförmig. **(4) Wimperfarn, *Wóodsia***

**-** Blätter 50–170 cm lg; Sori u. Schleier fehlend; innerste Abschnitte der Hauptfiedern sichelförmig über die BSpindel gebogen. [1] **(5) Straußenfarn, *Matteúccia***

**8** Schleier entweder länglich bis hakenförmig, an seiner Längsseite angeheftet, sich zum Rand des Fiederabschnittes hin öffnend (später zurückgeschlagen u. dann zT von den Sporangien verdeckt) oder Schleier fehlend (weil lange vor der Sporenreife abfallend); Blätter (30)50–150 cm lg; BStiel $^1/_4$–$^1/_2\times$ so lg wie die Spreite. **(1) Frauenfarn, *Athýrium***

- Schleier eilanzettlich, an seiner Schmalseite angeheftet u. sich zur Spitze des Fiederabschnittes hin öffnend (Abb. 132 a) (später zurückgeschlagen u. dann zT von den Sporangien verdeckt); Blätter 5–40(50) cm lg; BStiel ½–1¼× so lg wie die Spreite. **(2) Blasenfarn, *Cystópteris***

## (1) Frauenfarn, *Athýrium*

1 Sori länglich bis kommaförmig bis hakenförmig (bei geöffneten Sporangien rundlich, ± zusammenfließend!); Schleier bleibend; Sporen fast glatt. — Spreite oberseits h'grün, im Umriß br-lanzettlich, 2×-gefiedert, Fiedern 2. Ordnung fiedrig mit spitzen, meist kerbsägigen Abschnitten. H: (30)50–120(150) cm. ♃ He. VII–IX. Wälder, Grünerlengebüsche, Hochstaudenfluren; submontan bis subalpin; sehr hfg. **Alle Bdld.** **Wald-F., Gewöhnlicher F., *A. filix-fémina***

- Sori rundlich; Schleier fehlend (lange vor der Sporenreife abfallend); Sporen netzig-faltig. — Spreite oberseits d'grün; letzte Abschnitte breiter u. stumpfer als bei voriger Art. H: 50–150(200) cm. ♃ He. VII–IX. Grünerlen- u. Legföhrengebüsche, Bergwälder; obermontan bis subalpin; hfg. **Fehlt B, W.** *(A. alpestre)* **Gebirgs-F., *A. distentifólium***

## (2) Blasenfarn, *Cystópteris*

Anm.: Das angebliche Vorkommen von ⊖†? ***C. sudética*** in **V** ist nicht belegt u. seither nicht bestätigt worden.

1 Blätter einzeln u. ± entfernt dem dünnen, weitkriechenden Rhizom entspringend; BStiel 1–3× so lg wie die Spreite; Spreite im Umriß 3–5eckig, 0,7–1,2× so lg wie br; unterste Hauptfieder deutlich länger als die oberen (Abb. 136). — Spreite 3×-gefiedert mit zerteilten Endfiedern; innerste, zum BGrund gerichtete Fieder 2. Ordnung der untersten Hauptfieder länger als die nach außen folgenden. H: (10)20–40 cm. ♃ Ge (He). VII–IX. Schattig-feuchte Blockwälder, Felsschutt- u. Felsstandorte; montan bis subalpin; mäßig hfg. **Fehlt B, W.** **Berg-B., *C. montána***

- Blätter rosettig an der Spitze des kurzen, dicken Rhizoms entspringend; BStiel 0,5–1,2× so lg wie die Spreite; Spreite im Umriß eiförmig-lanzettlich bis länglich, 2–5× so lg wie br, unterste Hauptfieder höchstens so lg wie die oberen (zB Abb. 137). (Artengruppe Zerbrechlicher B., *C. fragilis agg.*) . . . . . . . . 2

2 Fiedern 2. Ordnung meist fiederteilig mit länglich-rechteckigen, vorn 2zähnigen, ausgerandeten oder stumpfen Abschnitten; alle oder die meisten Nerven in den Buchten der Abschnitte endend (Abb. 138). — Sporen regelmäßig stachelig. H: 5–20(30) cm. ♃ He. VII–X. Schattig-feuchte Kalk-Felsspalten u. -schuttstandorte; subalpin bis alpin; mäßig hfg. **Fehlt B, W.** *(C. fragilis subsp. alpina, C. crispa, „**C. regia**")* ■ **Alpen-B., *C. alpína***

Anm.: Pf im Habitus dem seltenen ***Asplenium fissum*** ähnlich (→ S. 244).

- Fiedern 2. Ordnung gesägt-gekerbt bis fiederteilig (slt gefiedert) mit länglich-3eckigen, spitzen oder abgerundeten Zähnen bzw. Abschnitten; alle oder die meisten Nerven in den Spitzen der Zähne bzw. Abschnitte endend (Abb. 139) . . . . . . . . . . . . . . . . . . . . . . . . . . . . . . . 3

3 Sporen regelmäßig stachelig (Abb. 140 a). — Spreite 2(3)×-gefiedert, Fiedern 2. Ordnung gesägt-gekerbt bis fiederteilig (slt gefiedert). H: 12–45(50) cm. ♃ He. VI–X. Schattig-feuchte Fels- u. Mauerspalten, Blockwälder, Schuttfluren; schwach kalkliebend; (collin) submontan bis alpin; sehr hfg. **Alle Bdld.** *(C. fragilis subsp. fragilis)*

■ **Zerbrechlicher B.,** Gewöhnlicher B., Bruch-B., Bruchfarn, ***C. frágilis (s. str.)***

- Sporen runzelig, mit unregelmäßigen Falten u. Leisten bedeckt (Abb. 140 b). — Fiedern 2. Ordnung gesägt-gekerbt bis höchstens fiederspaltig. ♃ He. Felsspalten; montan? (Ökologie unzureichend bekannt); sehr slt. **S**!. *(C. fragilis subsp. dickieana)* ■ **Runzelsporiger B.**, ***C. dickieána***

## (3) Eichenfarn u. Ruprechtsfarn, *Gymnocárpium*

1 Gesamter BStiel sowie BSpindel drüsenlos; Spreite h'grün, dünn, kahl oder spärlich drüsig, mit 3–5 Hauptfiedern. — Spreite im Umriß br-3eckig; Sori nackt. H: 10–40(50) cm. ♃ Ge. VII–VIII. Schattige Wälder; humose bis modrige Böden; submontan bis subalpin; hfg. **Alle Bdld**. *(Nephrodium dryopteris, Thelypteris dryopteris)* **Eigentlicher Ei.**, Eichenfarn (i. e. S.), ***G. dryópteris***

- Oberer Abschnitt des BStiels sowie BSpindel drüsenhaarig; Spreite d'grün, ± derb, drüsenhaarig, mit 5–10 Hauptfiedern; — Spreite im Umriß schmal-3eckig. H: 15–50(60) cm. ♃ Ge. VI–VIII. Felsschuttfluren, steinige Wälder, Fels- u. Mauerfluren; kalkliebend; (collin) submontan bis subalpin; hfg. **Alle Bdld**. *(Nephrodium robertianum, Thelypteris robertiana)* **Ruprechts-Ei.**, **Kalk-Ei.**, **Ruprechtsfarn**, Kalkfarn, ***G. robertiánum***

## (4) Wimperfarn, *Wóodsia*

1 BStiel oberwärts bleich-grünlich bis strohfarben, so wie BSpindel u. BUnterseite meist ohne Spreuschuppen; Abschnitte der längsten Fiedern meist länglich-spitzlich; Spreite zart, — im Umriß länglich-lanzettlich, längste Fiedern im Umriß schief eiförmig mit beiderseits 2–7, oft gekerbten Abschnitten (Abb. 134 a). H: 2,5–12(15) cm. ♃ He. Kalk-Felsspalten in schattiger, meist luftfeuchter Lage; montan bis alpin; slt. **St**, **K**, Nord-**T**. Gefährdet. *(„W. glabella", W. glabella subsp. pulchella)* **Zierlicher W.**, ***W. pulchélla***

- BStiel oberwärts rötlich-braun, so wie Blattspindel u. BUnterseite mit lanzettlichen u. haarförmigen Spreuschuppen besetzt; Abschnitte der längsten Fiedern stumpf; Spreite ± derb. (Artengruppe Rostroter W., *W. ilvensis agg.*) . . **2**

2 BSpindel u. BUnterseite dicht mit 2–3 mm lg Spreuschuppen besetzt; längste Fieder etwa 1½–2× so lg wie br, mit beiderseits 4–9, häufig gekerbten bis fiederspaltigen Abschnitten; Spreite d'- bis bräunlichgrün, — im Umriß lanzettlich bis länglich-lanzettlich (Abb. 134 b). H: (4)10–20(30) cm. ♃ He. VII–VIII. Trockene Felsschutt- u. Felsfluren; kalkmeidend; montan bis subalpin; slt. **St, K, S†, T**. (**Fehlt O!**) Gefährdet. **Rostroter W.**, ***W. ilvénsis (s. str.)***

- BSpindel u. BUnterseite zstr mit 1–2 mm lg Spreuschuppen besetzt; längste Fieder etwa 1–1½× so lg wie br, mit beiderseits 1–4 fast ganzrandigen Abschnitten; Spreite blaß- bis gelblich-grün, — im Umriß lineal-länglich bis länglich-lanzettlich (Abb. 134 c). H: 2–15(20) cm. ♃ He. VII–IX. Felsspalten; kalkmeidend; montan bis alpin; zstr. **St, K, S, T, V**. Potentiell gefährdet. **Alpen-W.**, ***W. alpína***

## (5) Straußenfarn, *Matteúccia*

Blätter in aufrechten, trichterförmigen Rosetten; vegetative Blätter im Umriß br-lanzettlich; Hauptfiedern fiederspaltig bis fiederteilig, letzte Abschnitte flach; innerster Abschnitt sichelförmig über die BSpindel gebogen; Sporophylle im Umriß lanzettlich, Hauptfiedern fiederlappig; Fiederabschnitte zusammengerollt; Sori in 2 Reihen, zusammenfließend. H: 50–180 cm. ♃ He. VII–IX. Hochstaudenfluren, (Grauerlen-)Auwälder, feuchte Gebüsche, Bachufer; (collin) submontan bis montan (subalpin); kalkmeidend; zstr bis mäßig hfg. **Fehlt W, V**. *(Struthiopteris germanica)*

**Straußenfarn,** „Straußfarn", ***M. struthiópteris***

## (6) Schildfarn, *Polýstichum*

Anm.: Achtung! Alle Schildfarn-Arten bilden öfters Hybriden!

**1** Spreite 1×-gefiedert, (4)5–8× so lg wie br, im Umriß schmal-länglich bis lanzettlich (Fieder: Abb. 133 a). — Blätter wintergrün, derb; Sori in 2 Reihen, zuletzt zusammenfließend. H: 15–50(65) cm. ♃ He. VI–IX. Felsschuttfluren, steinige Wald- u. Gebüschstandorte, Fels- u. Mauerfluren; kalkliebend; montan bis subalpin (alpin); hfg. **Fehlt B, W**. (Diploid.)

**Lanzen-Sch., Lanzenfarn, *P. lonchítis***

**-** Spreite 2×-gefiedert, 2–5× so lg wie br, im Umriß lanzettlich bis br-lanzettlich . . . . . . . . . . . . . . . . . . . . . . . . . . . . . . . . . . . . **2**

**2** Spreite am Grund kaum verschmälert, unterste Hauptfieder mindestens halb so lg wie die mittleren; innere Fiedern 2. Ordnung mit dünnen, 1–1,5 mm lg Stielen, nicht herablaufend (Abb. 133 b); Spreite etwa 1–3× so lg wie der Blattstiel. — Spreite im Umriß aus gestutztem Grund lanzettlich, 2–4× so lg wie br, oberseits fast kahl (vereinzelte haarförmige Spreuschuppen vorhanden). H: 30–120 cm. ♃ He. VII–XI. Schattige Wälder, Schluchtwälder; montan; sehr slt. **St, K**. Gefährdet. (Diploid.) (Zur „Artengruppe *P. aculeatum* agg.")

**Grannen-Sch., Borsten-Sch., *P. setíferum***

**-** Spreite am Grund deutlich verschmälert, unterste Hauptfieder höchstens ½ so lg wie die mittleren; innere Fiedern 2. Ordnung sitzend oder höchstens kurz u. br gestielt, herablaufend (Abb. 133 c, d); Spreite etwa 3–8× so lg wie der BStiel . . . . . . . . . . . . . . . . . . . . . . . . . . . . . . . . . . . . **3**

**3** Spreite derb, wintergrün, oberseits kahl; innerste zur Spreitenspitze gerichtete Fiedern 2. Ordnung deutlich länger als die übrigen (Abb. 133 c). — Spreite im Umriß lanzettlich; Fiedern 2. Ordnung sichelförmig auswärts geneigt, ei-lanzettlich, gezähnt. H: 20–70(100) cm. ♃ He. VI–X. Schattige Wälder, bes. Buchen- oder Schluchtwälder; (submontan) montan (subalpin); hfg. **Fehlt W**. (Allotetraploid, entstanden wahrscheinlich aus *P. lonchitis* × *setiferum*.) (Zur „Artengruppe *P. aculeatum* agg.") *(P. lobatum)*

**Gewöhnlicher Sch.,** Gelappter Sch., Dorniger Sch. ***P. aculeátum*** *(s. str.)*

**-** Spreite weich, sommergrün, oberseits mit haarförmigen Spreuschuppen besetzt; innerste zur Spreitenspitze gerichtete Fiedern 2. Ordnung in der unteren Spreitenhälfte nicht oder nur wenig länger als die übrigen (Abb. 133 d). — Spreite im Umriß länglich-lanzettlich; Fiedern 2. Ordnung rechtwinkelig abstehend, eiförmig, kerbsägig-bespitzt. H: 20–80(100) cm. ♃ He. VI–IX. Schattig-

Abb. 133a

Abb. 133b

Abb. 133c

Abb. 133d

Abb. 134a

Abb. 134b

Abb. 134c

feuchte Wälder, bes. Schluchtwälder; schwach kalkmeidend; montan (subalpin); zstr. **Fehlt W, V.** **Schuppen-Sch.,** Weicher Sch., Zarter Sch., ***P. bráunii***

## (7) Wurmfarn u. Dornfarn, *Dryópteris* (*Nephrodium p. p., Aspidium p. p.*)

Anm.: *Jeweils mehrere Blätter bzw. mehrere Individuen im Bestand untersuchen! – Im frischen Zustand sind etwaige Färbungen am Grund der Fiederspindeln auf der Blattunterseite zu beachten. – Die angegebenen Spreitenmaße u. der beschriebene Blattschnitt gelten nur für gut ausgewachsene Blätter, nicht für Kümmer- u. Schattenformen! – Bei den meisten Arten sind reife Sporen zur sicheren Bestimmung u. zur Unterscheidung der reinen Arten von den Hybriden unbedingt erforderlich.*

**1** Hauptfiedern höchstens 1×-fiederteilig bis -fiederschnittig; Spreite am Grund meist schmäler als in der Mitte . . . . . . . . . . . . . . . . . . . . . . . . **2**

**-** Hauptfiedern zumindest 1×-gefiedert (mit fiederspaltigen Fiedern 2. Ordnung); Spreite am Grund mindestens so br wie in der Mitte . . . . . . . . **4**

**2** Vegetative Blätter u. fertile Blätter verschieden gestaltet: vegetative Blätter 35–90 cm lg, aufrecht stehend, lg gestielt; fertile Blätter 20–35 cm lg, ± deutlich abstehend, kurz gestielt; Hauptfiedern (bei allen Blättern) am Spreitengrund im Umriß 3eckig, weniger als 2× so lg wie br, in der Spreitenmitte im Umriß schmal-3eckig, 2–3× so lg wie br. — Spreite im Umriß länglich. H: 35–90 cm. ♃ He. VII–IX. Bruchwälder, Moorränder; submontan bis montan; slt. **Fehlt W, N?.** Vom Aussterben bedroht. (Tetraploid.) (*Nephrodium cristatum*)
**Kamm-W., Kammfarn, *D. cristáta***

**-** Vegetative Blätter u. Sporangien tragende Blätter gleich gestaltet; Hauptfiedern am Spreitengrund im Umriß schmal-3eckig, mehr als 2× so lg wie br, in der Spreitenmitte im Umriß 3eckig-lanzettlich, 4–6× so lg wie br. (Zur Artengruppe Gewöhnlicher W., *D. filix-mas agg.*) . . . . . . . . . . . . . . . . **3**

**3** Spindeln der Hauptfiedern am Grund stets ungefärbt; Spreuschuppen an BStiel u. BSpindel br-lanzettlich, 1färbig bleich; Fiederabschnitte am Grund meist außenseitig verschmälert; Sporen 33–46 µm lg, alle gut ausgebildet. — Blätter meist sommergrün, grasgrün, nicht lederig; Spreite im Umriß länglich-lanzettlich; Fiederabschnitte rundherum kerbsägig, Kerbzähne vorn zusammenneigend (Abb. 135 a); Schleier dünn, später schrumpfend u. abfallend. H: 30–120(150) cm. ♃ He. VII–IX. Frische Wälder, Gebüsche, Hochstaudenfluren, Waldschläge; submontan bis subalpin; sehr hfg. **Alle Bdld.** VolksarzneiPf. (Allotetraploid: aus *D. oreades* × *caucasica* entstanden.) (*Nephrodium filix-mas*)
■ **Echter W., Männerfarn,** Männlicher W., Gewöhnlicher W., ***D. filix-más s. str.***

**-** Spindeln der Hauptfiedern unterseits am Grund violettschwarz gefärbt (*Färbung beim Trocknen verschwindend!*); Spreuschuppen an BStiel u. BSpindel pfriemlich bis lanzettlich, 2färbig, ± blaß- bis kastanienbraun mit dunklem Grund; Fiederabschnitte am Grund meist beidseitig verbreitert (Abb. 135 b–d); gute Sporen 35–60 µm lg, oft einige wenige abortiert. H: 30–120 cm. ♃ He. Schattige, humose, bodensaure Wälder, Gebüsche, Hochstaudenfluren,

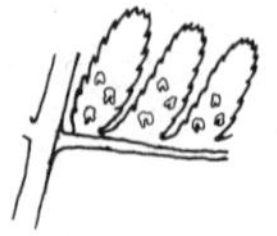
Abb. 135a

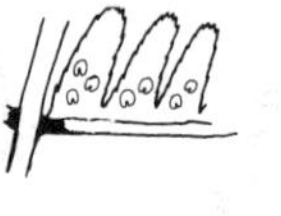
Abb. 135b

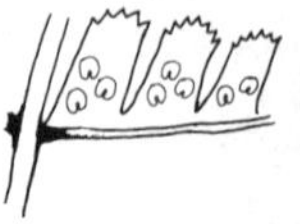
Abb. 135c

Abb. 135d

Waldschläge; montan (subalpin); zstr bis mäßig hfg. **Fehlt W**. *(„D. paleacea", D. borreri, D. tavelii non auct.,* ***„D. abbreviata", D. pseudomas*)**

**■ Falscher W., Dichtschuppiger W., *D. affinis (s. l.)***

Anm.: *D. affinis* stellt einen Komplex verschiedener, zT noch unzureichend bekannter diploider u. triploider apogamer („apomiktischer") Sippen dar, die eine große morphologische Variabilität aufweisen und zudem mit ***D. filix-mas*** hybridisieren können. Diese slt und vereinzelt auftretenden Hybriden (*D.* × *complexa*) sind nur durch ausreichende Populations-, Merkmals- und Sporenanalysen sicher zu bestimmen. Bisherige Angaben von „***D.*** × ***tavelii*** (= *D. filix-mas* × *pseudomas*)" haben sich jedoch bei genauerer Prüfung zumeist als *D. affinis* oder auch als *D. filix-mas* erwiesen. – Nach dem derzeitigen Kenntnisstand können im Gebiet 3 – vorläufig als Unterarten aufgefaßte – Sippen innerhalb von *D. affinis (s. l.)* unterschieden werden (angebliche Vorkommen weiterer Sippen bleiben zu untersuchen):

■ ***D. a. subsp. affinis***: Fiederabschnitte mit großen, V-förmigen Zwischenräumen, vorn abgerundet u. schwach gezähnt (Abb. 135 b; Schleier derb, einreißend; Spreite d'grün. Schluchtwälder; montan; sehr slt. **St, V**. (Diploid.)

■ ***D. a. subsp. bórreri*** (inkl. *subsp. robusta*): Fiederabschnitte gedrängt, parallelrandig, vorn zumindest zT gestutzt u. nur schwach gezähnelt (Abb. 135 d); Schleier dünn, schrumpfend, seltener derb; Spreite ± d'grün; Spreuschuppen blaßbraun, matt. Wälder, v. a. Schluchtwälder, Waldschläge, Hochstaudenfluren; montan; mäßig hfg. **Fehlt W**. (Triploid.)

■ ***D. a. subsp. cambrénsis*** *(„subsp. stilluppensis")*: Fiederabschnitte gedrängt, parallelrandig, vorn abgerundet u. gezähnt mit auffällig spreizenden, 3eckigen Zähnen (Abb. 135 c); Schleier derb, einreißend; Spreite gelbgrün bis d'grün, — oft drüsenhaarig; Spreuschuppen meist kastanienbraun, glänzend. Hochstaudenfluren, Grünerlengebüsche, Wälder; kalkmeidend; montan bis subalpin; slt. **St, K,** Nord-**T, V**. (Triploid.)

**4** [1] Unterste Hauptfieder im Umriß symmetrisch, schmal-3eckig, deren einander gegenüberstehende Fiedern 2. Ordnung etwa gleich lg; Spreuschuppen an BStiel u. BSpindel dicht, 1färbig h'rotbraun; Spreite herb riechend, unterseits u. auf den Spindeln dicht drüsenhaarig. — Spreite im Umriß länglich, 2×-gefiedert, Fiedern 2. Ordnung fiederspaltig. H: 15–50 cm. VII–VIII. Grobschuttfluren, Karrenfelder, Hochstaudenfluren; kalkstet; subalpin (alpin); mäßig hfg. **Fehlt B, W**. (Diploid.) *(Nephrodium villarsii)*

**Steifer W., Starrer W., *D. villárii*** *(subsp. villarii)*

**–** Unterste Hauptfieder im Umriß asymmmetrisch, 3eckig, deren innere zum BGrund gerichtete Fiedern 2. Ordnung deutlich länger als die ihnen gegenüberstehenden; Spreuschuppen an BStiel u. BSpindel entweder dicht u. 2färbig (im Zentrum dunkler) oder spärlich u. 1färbig (blaßbraun); Spreite geruchlos, drüsenlos oder höchstens locker drüsenhaarig . . . . . . . . . . . . . . . . **5**

**5** Spindeln der Hauptfiedern am Grund violettschwarz gefärbt *(Färbung beim Trocknen verschwindend!)*; mittlere Fiedern 2. Ordnung ganz bis fiederspaltig (-teilig), mit kurz zugespitzten Kerbzähnen; Sporen zT abortiert. — Spreuschuppen 2färbig; Spreite im Umriß schmal-lanzettlich. H: 30–90 cm. ♃ He. VII–VIII. Schattige, ± feuchte Wälder; montan; zstr. **B?, O, St, K!, S!,** Nord-**T, V**. Gefährdet. (Zur Artengruppe Gewöhnlicher W., *D. filix-mas agg.*) (Triploid, apogam.) **Entferntfiedriger W., Verkannter W., *D. remóta***

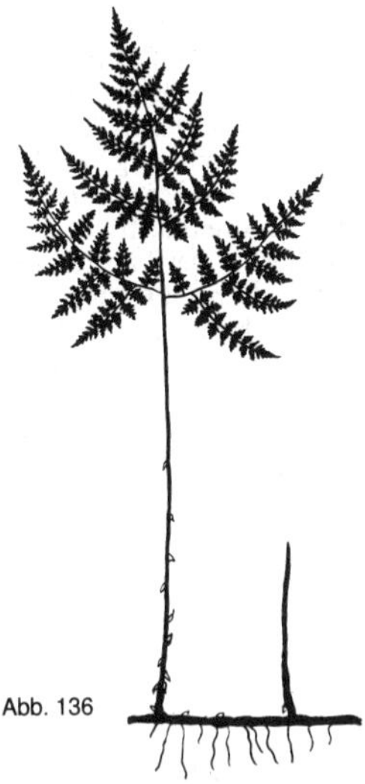

Abb. 136

Abb. 137

- Spindeln der Hauptfiedern am Grund stets ungefärbt (h'grün); mittlere Fiedern 2. Ordnung zumindest 1×-gefiedert oder wenn ganz bis fiederteilig, dann mit lg stachelspitzigen Kerbzähnen; alle Sporen gut ausgebildet. (Artengruppe Dornfarn, *D. carthusiana agg.*, vgl. Pkt 3–, Anm.) . . . . . . . . . . . . . **6**

**6** Spreuschuppen an BStiel u. BSpindeln 1färbig blaßbraun, etwa 0,5–1 cm lg, spärlich; Fiedern 2. Ordnung ganz bis fiederteilig, mit lg stachelspitzigen Kerbzähnen; BSpindel u. Spreite drüsenlos (slt mit einzelnen Drüsenhaaren). — Spreite h'- bis grasgrün, im Umriß aus gestutztem Grund lanzettlich bis länglich. H: 20–75(90) cm. ♃ He. VII–VIII. Bodensaure Wälder, Bruchwälder, Moore; submontan bis montan (subalpin); mäßig hfg. **Fehlt W.** (Tetraploid.) *(Nephrodium spinulosum, Dryopteris austriaca subsp. spinulosa)*

■ **Dorn-W., Kleiner D.,** Gewöhnlicher D., Dorniger W., ***D. carthusiána (s. str.)***

- Spreuschuppen an BStiel u. BSpindeln 2färbig, im Zentrum d'braun, am Rand h'braun, etwa 1–2 cm lg, dicht; Fiedern 2. Ordnung zumindest 1×-gefiedert (Fiedern 3. Ordnung ganz bis fiederteilig), mit kurz zugespitzten Kerbzähnen; BSpindel u. Spreite unterseits meist zstr bis locker drüsenhaarig . . . . . . **7**

**7** Spreite oberseits d'grün; Blätter meist überwinternd; innerste zum BGrund gerichtete Fieder 2. Ordnung der untersten Hauptfieder 0,3–0,4(0,5)× so lg wie

Abb. 138

Abb. 139

Abb. 140a

Abb. 140b

diese Hauptfieder; Spreuschuppen h'braun mit lg, meist bis zur Spitze durchgehendem d'braunem Mittelstreif; Sporen d'braun, deren Oberfläche dicht feinstachelig *(Vergrößerung 500×!)*. — Spreite im Umriß 3eckig bis eilanzettlich; Hauptfiedern meist in der Spreitenebene. H: 25–120 cm. ♃ He. VII–VIII. Schattige, bodensaure Wälder; montan bis subalpin; hfg. **Fehlt W**. (Tetraploid.) *(Nephrodium austriacum, Dryopteris austriaca subsp. austriaca)*
■ **Dunkler D., Großer D.**, Breitblättriger D., ***D. dilatáta***

- Spreite oberseits h'- bis grasgrün; Blätter im Herbst meist absterbend; innerste zum BGrund gerichtete Fieder 2. Ordnung der untersten Hauptfieder 0,4–0,6× so lg wie diese Hauptfieder; Spreuschuppen rotbraun mit ± kurzem, meist nicht bis zur Spitze durchgehendem d'braunen Mittelstreif; Sporen h'braun, deren Oberfläche zstr warzig *(Vergrößerung 500×!)*. — Hauptfiedern meist ± horizontal, aus der Spreitenebene gedreht. H: 30–120 cm. ♃ He. VII–IX. Legföhren- u. Grünerlengebüsche, Hochstaudenfluren, Blockhalden, Wälder; montan bis alpin; mäßig hfg. **Fehlt B?, W**. (Diploid; eine der Stammarten der *D. dilatata*.) *(**Dryopteris assimilis**)* ■ **Gebirgs-D.**, Feingliedriger D., ***D. expánsa***

## 10. Familie: Rippenfarngewächse, *Blechnáceae*

### Rippenfarn, *Bléchnum*

Blätter rosettig; vegetative Blätter ± waagrecht ausgebreitet, Fiedern länglich; Sporophylle aufrecht, rippenähnlich fiederschnittig mit linealischen Abschnitten; Sori länglich, zu 2 Reihen verschmelzend. H: 10–90 cm. ♃ He. VII–IX. Frische, stark bodensaure Wälder; submontan bis subalpin; mäßig hfg bis hfg. **Alle Bdld.** **Rippenfarn, *B. spícant***

## 11. Familie: Tüpfelfarngewächse (i. engst. S.), *Polypodiáceae (s. strictiss.)*

### Tüpfelfarn, Engelsüß, Süßwurzel, *Polypódium*

Anm. 1: Zur eindeutigen Bestimmung der Art sind reife Sporangien nötig! – Anm. 2: Die Hybride *P. interjectum × vulgare (= P. × mantoniae)* ist nicht slt, oft bestandbildend, auch ohne Eltern.

(Alle angeführten Arten gehören zur Artengruppe Gewöhnlicher T., *P. vulgare agg.*).

1 Knorpelverbindung zw. dem knorpeligen BRand in den BBuchten u. dem Hauptnerv der Spreite meist deutlich vorhanden (Abb. 141 a) (in der Zone von knapp unterhalb bis zur Mitte der Spreite); Sporangien mit (8)11–15(17) dickwandigen Anuluszellen u. 1(2) unverdickten Basalzellen; Sporenreife VIII, ab X die meisten Sporangien geöffnet. — Spreite länglich-eilanzettlich; Seitennerven der untersten BAbschnitte 1–3(4)× gegabelt; Sori rund; Sporenlängen-Mittelwert kleiner als 70 µm; Schließzellenlängen-Mittelwert meist höchstens 57 µm; neue Blätter entwickeln sich im Frühjahr u. Frühsommer; längste Rhizomschuppen höchstens 5,5 mm lg. H: 10–30 cm. ♃ He. VIII–IX. Schattige, frische bis feuchte, ± bodensaure Felsen u. Mauern; submontan bis montan; mäßig hfg bis zstr. **Alle Bdld.** (Tetraploid.) **Gewöhnlicher T., *P. vulgáre***

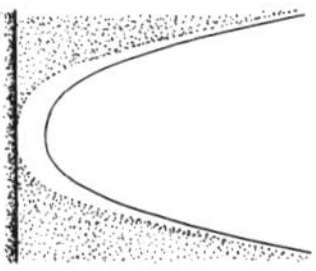

Abb. 141a

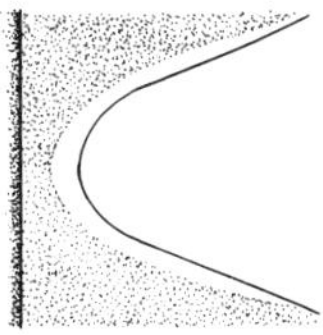

Abb. 141b

- Knorpelverbindung zw. dem knorpeligen BRand in den BBuchten u. dem Hauptnerv der Spreite fehlend oder undeutlich als helle Spur (Abb. 141 b); Sporangien mit (5)7–12(14) dickwandigen Anuluszellen u. 2–5 unverdickten Basalzellen; Sporenreife IX–X, erst ab V die meisten Sporangien geöffnet. — Spreite br-eilanzettlich; Seitennerven der untersten BAbschnitte (2)3–4× gegabelt; Sori im Jugendstadium ± elliptisch, später rundlich; Sporenlängen-Mittelwert größer als 70 µm; Schließzellenlängen-Mittelwert größer als 56 µm; neue Blätter entwickeln sich im Sommer; längste Rhizomschuppen mindestens 5,5 mm lg. H: 20–40(50) cm. ♃ He. Schattige Felsen (oft Kalk u. Dolomit); submontan; slt. IX–X. **B, N, St, K**. (Hexaploid: allopolyploid aus *P. vulgare* u. dem medit. *P. australe [= P. serratum*; → Anm.] entstanden.)

**Mittlerer T.**, Gesägter T., ***P. interjéctum***

Anm.: ⊖ ***P. austrále*** *(P. vulgare subsp. serrulatum, P. „cambricum", P. serratum)* **fehlt in Ö**.

# Klasse Kleefarnähnliche, *Marsileópsida*
# Ordnung Kleefarnartige, *Marsileáles*

## 12. Familie: Kleefarngewächse, *Marsileáceae*

### Kleefarn, *Marsílea*

BStiel mehrmals länger als die Spreite, diese kleeblattartig, aus 4 Fiedern bestehend; BFiedern br-keilförmig, bis 15 mm lg (bei SchwimmB bis 30 mm lg), vorn abgerundet, ganzrandig, kahl; Sorokarpien (Sorusbehälter) zu (1)2–3(4) deutlich über dem Grund dem BStiel eingefügt, auf meist miteinander verwachsenen Stielen, bohnenförmig, mit glatter Oberfläche, 4–6 mm lg, schwärzlich. H: 5–12(50) cm. ♃ Wa, Ge. IX–X. Schlammige Teichufer; collin (montan); sehr slt. **B**†**?, O**†**, St, K**†. Vom Aussterben bedroht.

**Kleefarn, *M. quadrifólia***

Anm.: *Marsilea* bildet mehrere ähnlich aussehende BTypen aus: JugendB, UnterwasserB, SchwimmB u. LandB. Sorokarpien finden sich nur an LandB.

☆ Klasse Schwimmfarnähnliche, *Salviniópsida*
☆ Ordnung Schwimmfarnartige, *Salviniáles*

## ☆ 13. Familie: Schwimmfarngewächse, *Salviniáceae*

☆ **Schwimmfarn, *Salvínia***
Nicht oder wenig verzweigte SchwimmPf, ohne echte Wu; Blätter zu 3 in Quirlen, davon 2 elliptisch, etwa 10–20 mm lg, grün u. schwimmend, das 3. tief geteilt, wurzelbüschelähnlich, bräunlich, untergetaucht; Oberseite der SchwimmB mit säulenförmigen Papillen, die an der Spitze ein Haarbüschel tragen; Sporangienbehälter (= Sporokarpien) kugelig. G: 5–10(20) cm lg. ♃–⊙ Wa. VI–X (?). Stehende u. langsam fließende Gewässer. Unbeständig (durch Aquarianer verschleppt). Hfg als AquarienPf kultiviert. (Heimat: subtropisches Südostasien.) ☆ **Schwimmfarn, *S. nátans***

## ☆ 13 b. Familie: Algenfarngewächse, *Azolláceae*

☆ **Algenfarn, *Azólla***
Verzweigte SchwimmPf, ähnlich einem Blattlebermoos, mit Wu; Blätter schuppenförmig, dicht 2zeilig angeordnet, blaugrün, 2lappig (Oberlappen schwimmend, Unterlappen kleiner u. untergetaucht); Oberlappen etwa 2–2,5 mm lg, etwa 1–1,5 mm br, mit deutlichem Hautrand, im Blattgewebe mit symbiontischer Blaualge *(Anabaena)*; Sporangienbehälter (= Sporokarpien) zu 2–4 auf den Unterlappen. G: 1–10 cm lg. ♃–⊙ (?) Wa. VI–IX (?). Stehende u. langsam fließende, warme Gewässer. **(V)** (Lustenauer Ried). Unbeständig. AquarienPf (verschleppt u. / oder angesalbt?) (Heimat: subtropisches Amerika). ☆ **Großer A., *A. filiculoídes***

Anm.: (Ältere) Angaben von ⊖ ***A. caroliniána*** für Mitteleuropa sind wahrscheinlich unrichtig.

# **Abteilung Samenpflanzen,** Blütenpflanzen, ***Spermatophýta***
# **Unterabteilung Nadel-Nacktsamer, *Coniferophýtina***
Klasse Ginkgoähnliche, *Ginkgoópsida*
Ordnung Ginkgoartige, *Ginkgoáles*

## ★ 13 c. Familie: Ginkgogewächse, *Ginkgoáceae*

Die einzige rezente (dh: noch nicht ausgestorbene) Art ist der ★ **Ginkgobaum, *Gínkgo bíloba*** (→ B 59): Lang- u. KurztriebB voneinander ± deutlich verschieden; Sa mit gelbfleischiger, übelriechender (Buttersäure!) Schale u. hartem Kern. Als botanisch bemerkenswerte Art („lebendes Fossil") in botanischen Gärten u. Parkanlagen kultiviert. (Heimat: Mittel-China.)

Klasse Nadelhölzer, *Coniferópsida (Pinopsida)*
Unterklasse Föhrenähnliche, *Pínidae*
Ordnung Föhrenartige, *Pináles*

## 14. Familie: Föhrengewächse, *Pináceae* (→ B 18–)

1 Nadeln der Kurztriebe zu 15–40(50) gebüschelt (nur die der Langtriebe einzeln stehend), im Herbst abfallend, sommergrün. **(1) Lärche, *Lárix***
– Nadeln einzeln oder zu 2 oder zu 5 gebündelt, im Herbst nicht abfallend, sondern immergrün . . . . . . . . . . . . . . . . . . . . . . . **2**

**2** Nadeln zu 2 oder zu 5 gebündelt, am Grund meist von einer gemeinsamen, häutigen Scheide umgeben (die Bündel sind 2- bzw. 5nadelige Kurztriebe). — ♂ Blü am Grund, ♀ Blü an der Spitze diesjähriger Triebe. **(2) Föhre, *Pínus***

**–** Nadeln einzeln, am Grund nicht von einer häutigen Scheide umgeben . . **3**

**3** Nadeln ausgerandet (eingekerbt); Nadelstiel am Grund deutlich scheibenförmig verbreitert (Nadelkissen 1–2 mm ∅; Abb. 142); SaZapfen aufrecht, zur Reife nur die Sa- u. Deckschuppen abfallend (die nackte Zapfenspindel am Zweig verbleibend). — Nadeln meist ± gescheitelt (dh scheinbar 2zeilig angeordnet), flach, unterseits mit 2 deutlichen weißlichen Längsstreifen (aus Wachsschüppchen); Zweigachsen nach dem Abfallen der Nadeln fast glatt (mit kreisrunden Ulen). **(3) Tanne, *Ábies***

**–** Nadeln nicht ausgerandet; Nadelstiel am Grund nicht (oder höchstens undeutlich) scheibenförmig verbreitert; SaZapfen hängend, zur Reife als Ganzes abfallend . . . . . . . . . . . . . . . . . . . . . . . . . . . . . . **4**

**4** Nadelstiel verholzend, nicht abfallend; Nadeln nicht gescheitelt, steif, meist 1–2 cm lg, im ∅ meist ± rhombisch-4kantig, mit zugespitzter, oft ± stechender Spitze, beiderseits mit Spaltöffnungen (weißliche Punkte; *Lupe!*), beim Zerreiben harzig riechend; Zweigachsen nach dem Abfallen der Nadeln (wegen der erhalten bleibenden holzigen Nadelstiele) raspelartig (Abb. 143); SaZapfen (10)12–16(18) cm lg, Deckschuppen nicht herausragend. **(4) Fichte, *Pícea***

**–** Nadelstiel nicht verholzend, gemeinsam mit der Spreite abfallend; Nadeln ± gescheitelt, biegsam, meist 2–3,5 cm lg, im ∅ flach (nicht 4kantig), mit meist stumpflicher bis abgerundeter, nicht stechender Spitze, nur unterseits mit Spaltöffnungen (2 weißliche Längsstreifen aus Wachsschüppchen), beim Zerreiben orangenähnlich riechend; Zweigachsen nach dem Abfallen der Nadeln nicht raspelartig (Nadeln kleine, kaum 1 mm ∅, rundlich-elliptische Ulen hinterlassend); SaZapfen 5–10 cm lg, mit herausragenden, 3zipfeligen Deckschuppen. ★ **(5) Douglasie, *Pseudotsúga***

## (1) Lärche, *Lárix*

Anm.: Die in Japan beheimatete ★ **Japan-L.**, ***L. káempferi*** *(L. leptolepis)* wird nicht slt forstlich gepflanzt (Nadeln bläulich-grün; SaSchuppen zur Reife zurückgerollt).

Baumkrone schlank-kegelförmig; Nadeln flach, 10–30 mm lg, weniger als 1 mm br, biegsam, h'grün; SaZapfen eiförmig, 2,5–4 cm lg; SaSchuppen zur Reife anliegend. H: 10–35(45) m. ♄ MPh. IV–VI. Waldbildend (slt allein) in subkontinentalen Klimalagen mit Fichte (bes. auf Steilhängen u. Blockstandorten), an der Waldgrenze zusammen mit Zirbe; beigemischt in Föhren- u. Spirkenwäldern; Lichtholz, Rohboden-Pionier; bes. Lehm- u. Tonböden; obermontan bis subalpin; mäßig hfg. **Alle Bdld** (in **B, W** nur aufgeforstet). Als Forstbaum hfg (auch in niederen Lagen) kultiviert. VolksarzneiPf, Homöop. **Europäische L., *L. decídua***

## (2) Föhre, Kiefer, *Pínus*

**1** Nadeln zu 5, im ∅ 3eckig . . . . . . . . . . . . . . . . . . . . . . . . **2**

**–** Nadeln zu 2, im ∅ halbrund . . . . . . . . . . . . . . . . . . . . . . . . **3**

**2** Nadeln ziemlich steif, 5–8 cm lg u. 1–1,5 mm br; SaZapfen aufrecht, ei- bis tonnenförmig, nicht gekrümmt, 5–8 cm lg; Sa ungeflügelt, 8–12 mm lg. — Diesjährige Zweigachsen rostgelb-filzig, frühestens ab dem 4. Jahr verkahlend; unreife SaZapfen bläulich (violett) überlaufen; Sa wohlschmeckend („Zirbelnüsse"), Ausbreitung durch Vögel, bes. Tannenhäher. H: 10–25 m. ♄ MPh. VI–VII. Waldbildend mit Lärche (u./oder Fichte) in kontinentalen Klima-

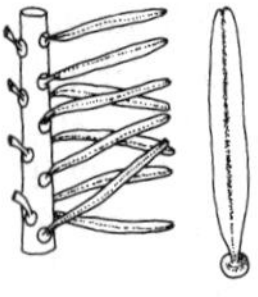

Abb. 142

Abb. 143

Abb. 144

lagen, einzeln auf Felsblöcken; Lichtholz, Rohhumuskeimer, langsamwüchsig, bis 1000 Jahre alt werdend; subalpin; in den Innenalpen zstr bis mäßig hfg, sonst slt. **Fehlt B, W, N**. Auch geforstet (Hochlagenaufforstung). Wertvolles Holz (Möbel, Schnitzereien). ▲ **Zirbe, Zirbel-K.**, Arve, ***P. cémbra***

- Nadeln biegsam, 6–14 cm lg u. 0,6–0,8 mm br; SaZapfen hängend, schlank, leicht gekrümmt, meist 10–15(20) cm lg; Sa geflügelt, 5–7 mm lg *(ohne Flügel gemessen)*. — Diesjährige Zweigachsen kurz grau- bis braunhaarig. H: 20–40(60) m. ♄ MPh. V. Als Forst- (u. Zier-)baum kultiviert. (Heimat: östl. Nordamerika.) Gelegentlich vom Blasenrost *Cronartium ribicola* (Rostpilz) befallen. ★ **Strobe, Weymouths-K. *P. stróbus***

**3** Nadeln meist 8–11(15) cm lg. — Borke schwärzlichgrau; Nadeln stachelspitzig, d'grün, am Rand fein gesägt *(Lupe!)*; Baumkrone in der Jugend kegelförmig, später br-eiförmig bis schirmförmig; SaZapfen rundlich-eiförmig, meist 6–8 cm lg, (fast) sitzend, meist waagrecht-abstehend. H: 10–20(30) m. ♄ MPh. V–VI. Trockene, flachgründige Dolomit- (u. Kalk-)Felshänge; (submontan) montan; mäßig hfg bis slt. **B** (sehr slt), **W, N** (fast nur im östlichsten Abschnitt der Kalkalpen südwestl. von Wien), **K** (nur lokal in den Karawanken und auf dem Dobratsch). Mäßig hfg bis hfg kultiviert (forstlich sowie als Zierbaum, früher auch zur Harzgewinnung; in allen Bdld). (In **Ö** nur *subsp. nigra*, deren Hauptareal: Gebirge der westl. Balkanhalbinsel; die anderen Unterarten in den Gebirgen der übrigen Teile Südeuropas bis West-Anatoliens.) *(P. austriaca)*
**Schwarz-F., Schwarz-K.,** Österreichische Sch.-F., „Schirm-F.", ***P. nígra***

- Nadeln meist 3–7 cm lg . . . . . . . . . . . . . . . . . . . . . . . . . . . . **4**

**4** Stamm älterer Bäume deutlich 2färbig (unten schwärzlichgrau, oben fuchsrot bis ockergelb); Nadeln jung bläulichgrün; SaZapfen meist mehr als 5 mm lg gestielt, (bereits im ersten Jahr) ± nickend (zurückgeschlagen), — eiförmig, 3–6 cm lg; Baumkrone in der Jugend kegelförmig, später manchmal ± schirmförmig; Nadeln zugespitzt, (2)4–6(7) cm lg. H: (10)15–30(40) m. ♄ MPh. V–VI. Magere, flachgründige, u. zwar trockene wie nasse, basische wie saure Böden; Zeiger der magersten Waldstandorte; waldbildend auf Fels- u. Felsschutthängen sowie auf Sandböden (Föhrenwälder), an Hochmoorrändern (mit Fichte), auch auf sauren Schotterböden (mit Stiel-Eiche) u. als Pionier; (collin) montan; hfg. **Alle Bdld**. Hfg forstlich kultiviert. ArzneiPf (ätherisches Öl). Variabel (mangelhaft erforscht; mindestens 2 Unterarten).
**Rot-F.,** Weiß-F., **Weiß-K.,** Rot-K., Wald-F., -K., Forche, Schottische K., ***P. sylvéstris***

**a** Schild der SaSchuppen matt, Nabel nicht schwarz umrandet; Nadeln 1–1,5(2) mm br; Winterknospen nicht harzig. — Baumkrone kegelig bis br-schirmförmig; Nadeln (3)4–6(7) cm lg. Sehr variabel. **Alle Bdld**. ■ **Gewöhnliche R.-F., *P. s. subsp. sylvéstris***

- Schild der SaSchuppen glänzend, Nabel schwarz (bis grau) umrandet (von einem Pilz verursacht?); Nadeln 1,5–2 mm br; Winterknospen harzig. — Baumkrone schmal-walzlich, bis tief herab beastet; Nadeln (1,5)2–3,5(4) cm lg. **Fehlt B, W, O**. Wahrscheinlich aus Rückkreuzungen von *P. mugo agg.* × *sylvestris* (= *P.* × *rhaetica*) mit *P. sylvestris*. (*P. s. var. engadinensis, P.* × *engadinensis*)
  ■ **Engadin-F.**, Engadiner K., ***P. s. subsp. engadinénsis***
- Stamm stets 1färbig (h'grau bis schwarzbraun); Nadeln meist d'grün; SaZapfen sitzend oder sehr kurz gestielt (Stiel weniger als 5 mm lg), aufrecht- bis waagrecht-abstehend (kaum etwas zurückgeschlagen). — Nadeln 2,5–7 cm lg, 1–2 mm br; Nabel auf dem Schild der SaSchuppen meist grau bis schwarz umrandet. (Artengruppe Berg-F., *P. mugo agg.* (= *P. mugo s. l.*) . . . . . **5**

**5** Strauch mit niederliegenden bis bogig aufsteigenden Stämmen u. Ästen, oft ein undurchdringliches Gewirr („Latschenfilz", „Latschenfelder") bildend; SaZapfen symmetrisch (Zapfenstiel – sofern vorhanden – zentrisch u. gerade, dh in der Zapfenachse liegend); Schild der SaSchuppen meist flach (slt etwas aufgewölbt bis kegelig), — Nabel zentrisch oder exzentrisch; SaZapfen 2–5(6) cm lg. H: 1–2(3) m. ♄ NPh. VI–VII. Mäßig trockene, felsige Stellen, etwas schneeschutzbedürftig; montan: Hochmoore (Torfmoosbülten); (montan) subalpin; hfg. **Fehlt B, W**. ArzneiPf (pharm., kosm.; ätherisches Öl: Latschenkiefernöl). △ (→ Anm. nach Pkt 5–!) (*P. mugo subsp. mugo*, inkl. *subsp. pumilio*)
  **Leg-F., Latsche,** Latschen-K., Leg-K., Krummholz-K., ***P. múgo (s. str.)***

- Baum mit geradem, aufrechtem Stamm u. meist kegelförmiger Baumkrone, slt strauchig; SaZapfen asymmetrisch (Zapfenstiel – sofern vorhanden – exzentrisch u. schief, dh gegen die Zapfenachse abgewinkelt); Schild der SaSchuppen warzig oder buckelig bis ± hakig, — Nabel exzentrisch (in der unteren Hälfte des Schildes); Schuppenschilder etwas breiter als hoch bis höher als breit; SaZapfen (2,5)3–6(7) cm lg. H: 3–10(25) m. ♄ (NPh) MPh. VI–VII. Steilhänge, bes. schneereiche Nordhänge auf flachgründigen Böden über Dolomit (u. Kalkfelsschutt): montan (in den wAlp; „Berg-Spirke"), zstr; Hochmoore („Moor-Spirke"): collin bis montan; slt. **T, V**. Potentiell gefährdet. △ (*P. mugo subsp. uncinata*, → Anm.)
  **Spirke,** Aufrechte Berg-F., Haken-F., ***P. uncináta***

Anm.: Die Leg-F., *P. mugo s. str.* ist karpatisch-ostalpisch verbreitet; die Spirke, *P. uncinata* pyrenäisch-westalpisch; in **Ö** dominiert erstere. Die beiden Arten sind durch eine (wahrscheinlich hybridogene) recht variable, ± intermediäre Zwischensippe miteinander verbunden (***P.*** × ***rotundáta***, inkl. *P. uliginosa, P. pseudopumilio*), wobei die Habitus- u. Zapfen-Merkmale oft nicht miteinander parallel gehen. Diese meist ± aufrecht-hochstämmige Zwischensippe, deren Zapfen zwar „schief sitzen", deren Schuppenschilder aber einen wenig ausgeprägten Haken haben u. etwas breiter als hoch sind, tritt bei uns – in **allen Bdld** (?) – vor allem als Moor-Spirke auf.

## (3) Tanne, *Ábies*

Anm.: Ausländische Tannen-Arten werden als Zier- und Forstbäume kultiviert, forstlich bes. die ★ **Große** oder **Kalifornische Küsten-Tanne**, Riesen-T., ***A. grándis*** (Nadeln der Zweigunterseite 40–50 mm lg, die der Zweigoberseite meist deutlich kürzer; SaZapfen 5–8(10) cm lg; Heimat: westl. Nordamerika).

In der Jugend mit weißlichgrauer Rinde (Borke); Baumkrone in der Jugend kegelförmig, im Alter meist ± walzlich, mit ± waagrecht abstehenden Ästen u. meist abgeflachtem („storchennestförmigem") Wipfel; Nadeln 15–25(30) mm lg; SaZapfen 10–18 cm lg. H: 20–45(60) m. ♄ MPh. V–VI. Montan waldbildend, in den Randalpen mit Fichte und Buche, in den Zwischenalpen mit Fichte; submontan beigemischt in Edellaubwäldern auf staufeuchten

Lehmböden (ehedem häufiger); bes. in subozeanischen Klimalagen; Schattholz, Tiefwurzler; bedroht (bes. empfindlich gegen Wildverbiß u. Luftimmissionen); (submontan) montan; mäßig hfg bis slt (stark im Rückgang begriffen, weil durch die Forstwirtschaft an der natürlichen Verjüngung gehindert u. fast nirgends aufgeforstet). **Alle Bdld**. Stark gefährdet. Als Christbaum bevorzugt.
**Tanne, Weißtanne**, Edeltanne, Gewöhnliche T., ***A. álba***

## (4) Fichte, *Pícea*

Anm.: Als Zier- (u. Forst-)bäume werden einige ausländische Arten kultiviert, bes. die im westl. Nordamerika beheimatete ★ **Stech-F., „Silbertanne"** / ***P. púngens*** mit stachelig-zugespitzten, stechenden, meist weißlich-blaugrünen Nadeln (mehrere Kultursorten) u. die in Bosnien u. Serbien endemische ★ **Serbische F.** / ***P. omórika*** mit nur 3–6(8) cm lg SaZapfen u. stumpfen, nicht-stechenden Nadeln (diese unterseits mit 2 weißlichen Längsstreifen).

Rinde (rötlich)braun bis braungrau; Baumkrone meist regelmäßig kegelförmig, Äste oft ± abwärts gerichtet, Wipfel spitz. H: 20–40(50) m. ♄ MPh. V–VI. Montan waldbildend auf mäßig flachgründigen u. auf feucht-sauren Böden, in den Randalpen mit Tanne u. Buche, in den Zwischenalpen mit Tanne; in Frostlagen, obermontan u. subalpin auch allein herrschend oder mit Lärche u. Zirbe; Flachwurzler; montan bis subalpin (Zwergformen oft bis unteralpin); hfg. **Alle Bdld**. Sehr hfg forstlich kultiviert (auch in niederen Lagen u. hfg auf Laubwaldstandorten: dort oft in ökologisch ungünstigen u. problematischen Monokulturen). Meist verwendetes Weichholz; genutzt auch als Christbaum, zur Gewinnung von Holzkohle, von Fichtennadelöl u. von Fichtenharz. Sehr variabel: mehrere ökophysiologisch u. morphologisch verschiedene Standortsrassen. *(P. excelsa)* **Fichte,** Gewöhnliche Fichte, „Rottanne", ***P. ábies***

### ★ (5) Douglasie, *Pseudotsúga*

H: 10–30(50) m. ♄ MPh. IV–V. Oft forstlich kultiviert. (Heimat: westl. Nordamerika.)
★ **Küsten-D., Douglastanne, *P. menziésii***

# 15. Familie: Zypressengewächse, *Cupressáceae* (→ B 13–)

Gemeinsame Merkmale: Baum oder Strauch; LB nadel- oder schuppenförmig, immergrün; Pf 1- oder 2häusig; ♂ Blü köpfchenförmig; ♀ Blüstd: Zapfen; Sa- u. Deckschuppen miteinander verwachsen (= Zapfenschuppen); SaZapfen („Fr") holzig oder beerenartig („Beerenzapfen").

Anm.: Vor allem als Ersatz für die bei uns nicht winterharte ★ **Echte Zypresse, *Cupréssus sempérvirens*** (die in wintermilden Gegenden, zB in Südeuropa, hfg kultiviert wird und im östl. Medit. beheimatet ist) werden (ursprünglich bes. auf Friedhöfen) mehrere Taxa als Ziergehölze (in verschiedenen gärtnerischen Sorten) hfg kultiviert. Außer den unten behandelten Gattungen u. Arten ist in dieser Hinsicht zB auch noch die ★ **Scheinzypresse, *Chamaecýparis*** (aus Nordamerika und Ostasien) zu nennen.

1 Zweige stielrund oder 4kantig; SaZapfen fleischig („Scheinbeere"), kugelig, 4–9 mm ∅, zur Reife blauschwarz. — LB nadel- oder schuppenförmig.
**(1) Wacholder, *Juníperus***

– Zweige sehr flach; SaZapfen trocken u. ± holzig, eiförmig bis länglich, 10–20 mm lg, zur Reife bräunlich. — Pf 1häusig; LB stets schuppenförmig, (kreuz)gegenständig (4zeilig), sehr dicht stehend (Abb. 144). (Anm.: Slt, bes. bei JungPf, sind die LB nadelförmig: „Retinospora-Form" der Gärtner.) ★ **(2) Lebensbaum, *Thúja***

## (1) Wacholder, *Juníperus* (B 15)

Anm.: Schuppenförmige LB (ähnlich wie der Sebenstrauch / *J. sabina*; vgl. dazu jedoch auch die Anm. im Gattungsschlüssel, Pkt 1–) haben auch mehrere als Ziergewächse hfg kultivierte Wacholder-Arten, so zB der ★ **Virginische W., Virginische Rotzeder, *J. virginiána*** (säulenförmiger Baum oder auch niedrige, zwergwüchsige Sorten; LB fast geruchlos; Scheinbeere aufrecht; Heimat: östl. Nordamerika), der ★ **Nordamerikanische Kriech-W., *J. horizontális*** (mehrere Sorten; Heimat: Nordamerika) u. der ★ **Chinesische W., *J. chinénsis*** (Heimat: Ostasien).

1 LB nadelförmig (= Nadeln), in meist 3zähligen Quirlen, ± abstehend, nicht an der Zweigachse herablaufend, oberseits mit einem hellen, meist bläulichweißen Wachsstreifen, beim Zerreiben angenehm würzig riechend; Scheinbeeren aus 3 Schuppen gebildet. — Pf meist 2häusig. Arznei-, Gewürz- u. SchnapsPf (Beerenzapfen). △

**Echter W.,** „Kranewit", „Kronawit", „Kranawett", „Kranebeere" ***J. commúnis***

a Scheinbeeren von der dazugehörigen Nadel deutlich überragt; Nadeln gerade abstehend, schmal-linealisch, sehr fein zugespitzt, sehr stechend, — (5)10–18(20) mm lg u. 1–1,5 mm br; höherer, aufrechter Strauch von meist säulenförmigem Wuchs (slt kleiner Baum); Nadel-Quirle meist 2–8 mm voneinander entfernt. H: 1–3(12) m. ♄ NPh–MPh. IV–V. Weiderasen, Föhrenwälder, slt in Pfeifengraswiesen, (ursprünglich:) Felshänge; collin bis subalpin; zstr. **Alle Bdld**. Gefährdet im Rh, nVL, söVL u. Pann. △

**Gewöhnlicher E. W., *J. c. subsp. commúnis***

– Scheinbeeren von der dazugehörigen Nadel nicht oder nur wenig überragt; Nadeln bogig aufwärts gekrümmt (sich ziegeldachig überlappend), lineal-lanzettlich, spitz bis zugespitzt, kaum stechend, — 5–15 mm lg u. 1–2 mm br; niedriger, ausgebreiteter Strauch; Nadel-Quirle meist 1–3 mm voneinander entfernt. H: 30–60(100) cm. ♄ Ch–NPh. V–VII. Weiderasen, Felsfluren; subalpin bis unteralpin; zstr, in **N** slt. **Fehlt B, W**. ▲ *(J. sibirica, J. nana, J. alpina).* **Zwerg-W., Alpen-W., *J. c. subsp. alpína***

– LB schuppenförmig, kreuzgegenständig (nur an jungen Pf oft nadelförmig u. in 3zähligen Quirlen), dicht ziegeldachig anliegend, an der Zweigachse herablaufend, an der Innenseite (= oberseits) mit 2 weißlichen Wachsstreifen, beim Zerreiben scharf würzig riechend; Scheinbeeren aus 4 Schuppen gebildet, — hängend; Pf 1- bis 2häusig; meist niedriger Strauch mit niederliegenden bis weit ausgebreiteten, (besenförmigen) Ästen; Zweige 4kantig. H: 0,4–1,5 m. ♄ NPh. IV–V. Trockenrasen, Felsfluren; montan bis unteralpin; zstr bis slt, in **T** mäßig hfg. **Fehlt B, W**. Auch als Zier- u. VolksarzneiPf (histor.: Abortivum) kultiviert. Giftig! ▲

**Sebenstrauch,** Stink-W., Sefenstrauch, Sadebaum, „Segenbaum", Sevenbusch, ***J. sabína***

## ★ (2) Lebensbaum, Thuje, *Thúja*

Anm.: Der **Riesen-L., *Th. plicáta*** (LB der Zweigunterseite weißlich gefleckt) wird nicht slt als Zierbaum (vor allem in Parkanlagen) kultiviert (Heimat: westl. Nordamerika).

1 Zweige senkrecht ausgebreitet, beiderseits gleichfärbig; FlächenB (= LB der Zweigober- u. -unterseite [im Gegensatz zu den gefalteten „KantenB"]) ohne Drüsenbuckel, sondern mit einer feinen Längsfurche *(Lupe!)*; Zapfenschuppen an der Spitze mit hakenförmigem Fortsatz; Sa ungeflügelt. H: 2–7 m. ♄ NPh–MPh. IV–V. Als Ziergehölz in einigen Sorten kultiviert, manchmal auch verwildert, zB in Mauerritzen; stellenweise an Felsen eingebürgert. **W, N, St, K**. (Heimat: Asien.) Giftig. *(Biota orientalis, Platycladus orientalis)*

**(★) Orient-L., *Th. orientális***

– Zweige waagrecht ausgebreitet, unterseits heller (blaßgrün); FlächenB (meist) mit länglichem Drüsenbuckel („Kiel"); Zapfenschuppen ohne hakenförmigen Fortsatz; Sa geflügelt. H: 3–20 m. ♄ (NPh)MPh. IV–V. Als Ziergehölz in mehreren Sorten kultiviert, slt verwildert, zB in **W**. (Heimat: Nordamerika.) Giftig. **★ Amerikanischer L., *Th. occidentális***

### ★ 15 b. Familie: Sumpfzypressengewächse, *Taxodiáceae*

Hier seien zwei als Zierbäume kultivierte Arten genannt: ★ **Sumpfzypresse, *Taxódium dístichum*** (Nadeln gescheitelt, flach, 1–2 cm lg, sommergrün; Heimat: südöstl. Nordamerika) u. ★ **Mammutbaum,** Wellingtonie, ***Sequoiadéndron giganteum*** (*Sequoia wellingtonia*; Nadeln spiralig angeordnet, an Seitentrieben 3–6 mm lg, an Haupttrieben bis 12 mm lg, immergrün, beim Zerreiben nach Anis riechend; Heimat: westl. Nordamerika).

## Unterklasse Eibenähnliche, *Táxidae*

## *Ordnung Eibenartige, Taxáles*

## 16. Familie: Eibengewächse, *Taxáceae*

### Eibe, *Táxus* (→ B 18)

Rinde rotbraun, sich an älteren Stämmen in dünnen Längsstreifen ablösend; Nadeln ± gescheitelt, flach, kurz zugespitzt, 15–30 mm lg u. etwa 2 mm br, oberseits d'grün, unterseits h'grün. H: 5–15 m. ♄ (NPh) MPh. III–IV. Bes. schattige, luftfeuchte Steilhang-Wälder, Schluchten; montan; zstr bis slt. **Alle Bdld**. Hfg als Ziergehölz kultiviert, gelegentlich auch verwildert. Giftig (ausgenommen der SaMantel). (Früher sehr wichtig als Armbrust-Holz, daher stellenweise ausgerottet.) Gefährdet. ▲ **Eibe, *T. baccáta***

# Unterabteilung: Bedecktsamer, *Angiospermophýtina (Angiospermae)*

## Klasse: Zweikeimblättrige, *Dicotyledóneae (Magnoliopsida)*

## Unterklasse: Magnolienähnliche, *Magnolíidae*

## Überordnung: Magnolienblütige, *Magnoliánae*

## Ordnung: Magnolienartige, *Magnoliáles*

### 16 b. Familie: ★ Magnoliengewächse, *Magnoliáceae*

Hierher gehören die ★ **Magnolie, *Magnólia*** (verschiedene Arten u. Kulturhybriden) u. der ★ **Tulpenbaum, *Liriodéndron tulipífera*** (Heimat: Nordamerika), die als Ziergehölze kultiviert werden.

## Ordnung: Osterluzeiartige, *Aristolochiáles*

## 17. Familie: Osterluzeigewächse, *Aristolochiáceae*

1 Blü ↓; StaubB 6; Perigon gelb, — mit meist mindestens 1 cm lg, gebogener, schlanker, am Grund bauchiger Röhre (Abb. 145); Pf eigentümlich bitterlich riechend. **(1) Osterluzei, *Aristolóchia***

– Blü ⊕; StaubB 12; Perigon purpurbraun, — 3zipfelig, Röhre kürzer als 1 cm, br, gerade; LB (zerrieben) u. Blü pfeffer/weihrauchartig riechend. **(2) Haselwurz, *Ásarum***

### (1) Osterluzei, *Aristolóchia* (→ G 8)

Anm.: Als ZierPf wird slt die ★ **Pfeifenwinde, *A. macrophýlla*** (*A. sipho, A. durio*) (Stg windend; Perigon tabakspfeifenartig gekrümmt, grünlichbraun; Heimat: östl. Nordamerika) kultiviert.

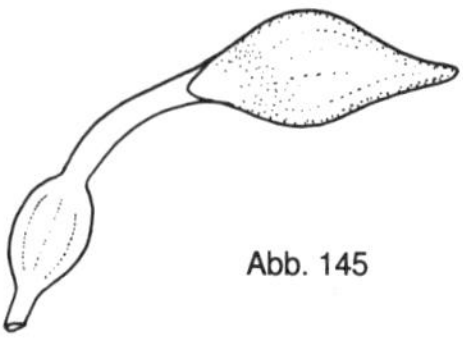

Abb. 145

Stg aufrecht; Fr: etwa 5 cm lg u. 3 cm br, vielsamige Kapsel. H: 30–70 cm. ♃ He. V–VI. Auwälder, Böschungen, Weingartenränder; collin; zstr bis slt. **B, W, N, (O), St, K, (S, T), V†**. In den wAlp u. im söVL gefährdet. (Hptvbr.: Medit. u. Westasien.) Giftig; VolksarzneiPf; Homöop. **Osterluzei, *A. clematítis***

## (2) Haselwurz, *Ásarum* (→ G IX 8)

Pf kriechend; LB rundlich-nierenförmig. H: 5–10 cm. ♃ He. III–V. Collin bis montan; hfg. **Alle Bdld**. VolksarzneiPf (WuStock), Pharm. (nur *subsp. europaeum*); schwach giftig. **Haselwurz, *A. europáeum***

**a** LB überwinternd (wintergrün), vorn abgerundet, (slt etwas spitz); LB'Unterseite behaart; LB'Oberseite ± glänzend (Epidermiszellen ohne Papillen: *Mikroskop!*). Frische bis feuchte Edellaubwälder, Auwälder; hfg, in **K** slt. **Alle Bdld**. Pharm. *(A. europaeum s. str.)* **Europäische H.**, Wintergrüne H., ***A. e. subsp. europáeum***

**-** LB im Herbst verwelkend (sommergrün), meist mit deutlicher (stumpfwinkeliger) Spitze; LB'Unterseite kahl (höchstens Nerven behaart); LB'Oberseite matt (Epidermiszellen papillös: *Mikroskop!*). Frische Edellaubwälder, Auwälder; zstr bis mäßig hfg. **B, St, K, S, T**. (Ersetzt anscheinend in südlichen, wärmeren Gegenden die *subsp. europaeum*.) *(A. ibericum)* **Kaukasische H.**, Sommergrüne H., ***A. e. subsp. caucásicum***

Anm.: In Kontaktbereichen der beiden Unterarten treten meist Zwischenformen auf.

# Überordnung: Seerosenblütige, *Nymphaeánae*
# Ordnung: Seerosenartige, *Nymphaeáles*
## 18. Familie: Seerosengewächse, *Nymphaeáceae* (→ A 15)

Anm.: Verschiedene exotische Arten werden mitunter in Gärten kultiviert; sehr slt verwildern manche, zB in Thermalwässern, so etwa die ★ **Nordamerikanische Haarnixe, *Cabómba caroliniána*** (Heimat: Nordamerika) in **K** (Warmbad Villach).

**1** KB 5, gelb; KroB (= NektarB) etwa 13, gelb, $\frac{1}{2}$–$\frac{1}{3}$× so lg wie der K; Rhizom u. LB'Stiel im ∅ elliptisch; Seitennerven 1. Ordnung der LB sich gabelig verzweigend, dabei nicht maschig verbunden; Fr nur am Grund von den BlüHüllB umgeben. — Pf meist mit UnterwasserB. **(1) Teichrose, *Núphar***

**-** KB 4(5), grün; KroB 15–30, weiß, die äußeren größer als der K; Rhizom u. LB'Stiel im ∅ rundlich; Seitennerven 1. Ordnung der LB nahe dem Rand untereinander maschig verbunden; Fr in der ganzen Länge von den Narben der BlüHüllB u. der StaubB bedeckt. — NektarB fehlend. **(2) Seerose, *Nympháea***

## (1) Teichrose, *Núphar*

Anm.: Die Hybride der folgenden beiden Arten, *N. lutea × pumila*, wächst zB in **K** (Ossiacher See).

**1** Blü (3)4–6 cm ∅; Narbenscheibe ganzrandig oder schwach ausgerandet, in der Mitte trichterförmig vertieft, meist (10)15–20strahlig, Strahlen den Rand nicht erreichend; Staubbeutel 3–4× so lg wie br; LB'Stiel im oberen Teil stumpf

3kantig; LB (10)12–30(40) cm lg. H: 50–250(400) cm. ♃ Wa. VI–IX. Stehende u. langsam fließende, ± nährstoffreiche Gewässer; collin bis montan; zstr. **Alle Bdld**. Gefährdet. Homöop. ▲ **Gelbe T.**, Große T., ***N. lútea***

\- Blü 1,5–3,5 cm ∅; Narbenscheibe am Rand deutlich buchtig, meist flach, (6)8–10(14)strahlig, Strahlen bis zum Rand reichend; Staubbeutel 1–2× so lg wie br; LB'Stiel im oberen Teil abgeflacht, im ∅ 2eckig; LB 5–12 cm lg. H: 70–150(350) cm. ♃ Wa. VI–IX. Stehende, nährstoffarme Gewässer, Moorseen, Gebirgsseen mit kühlem, schwach saurem Wasser; (collin) montan bis subalpin; sehr slt. **N†*, O, K, S, T†?**. Vom Aussterben bedroht. ▲

**Kleine T.**, ***N. púmila***

## (2) Seerose, *Nympháea* (*Castália*)

**1** BlüGrund deutlich 4kantig; Staubf. der inneren StaubB etwa in der Mitte am breitesten u. dort 1½–3× so br wie die beiden Staubbeutel (bevor sie sich öffnen); Fr mit 4kantiger Basis, ihre Narbenscheibe deutlich schmäler als die FrBreite, Narbenzähne (5)8–14(16); Sa 3–4(5) mm lg; Hauptnerven der Basallappen der SchwimmB bogenförmig gekrümmt, bes. im ersten Drittel vor dem LB'Stiel. H: 50–160(280) cm. ♃ Wa. VII–IX. Stehende u. träg fließende Gewässer; empfindlich gegen Wasserverschmutzung u. Kalkdüngung; collin bis montan; früher slt, heute vermutlich ausgestorben. **N†, St†, K†?, S†**. (Sonstige Vbr.: Deutschland, Böhmen, Mähren, Nord- u. Osteuropa bis West-Sibirien.) ▲

**†? ■ Kleine S.**, ***N. cándida***

\- BlüGrund nahezu abgerundet; Staubf. der inneren StaubB gleichmäßig br bandförmig, in der Mitte kaum verbreitert, höchstens 1½× so br wie die beiden Staubbeutel (bevor sie sich öffnen); Fr mit abgerundeter Basis, ihre Narbenscheibe so br wie oder nur wenig schmäler als die FrBreite, Narbenzähne (9)14–20(23); Sa 2–3 mm lg; Hauptnerven der Basallappen der SchwimmB fast gerade oder nur wenig gebogen, im ersten Drittel stets fast gerade. H: 50–250(550) cm. ♃ Wa. VI–IX. Stehende Gewässer; collin bis montan; zstr. **Alle Bdld** (in **W** wahrscheinlich nur eingebürgert). Oft auch kultiviert u. auch in natürliche Gewässer eingebracht u. dort verwildert. ▲ **■ Große S.**, ***N. álba***

Anm.: Kultursorten, oft mit rosa Blü, werden nicht slt ausgepflanzt.

# 19. Familie: Hornblattgewächse, *Ceratophylláceae*

## Hornblatt, *Ceratophýllum* (→ A 7)

**1** LB 3–4× gabelteilig mit 5–8 Zipfeln, weich, undeutlich u. spärlich stachelig gezähnt; Fr ohne Stacheln. — LB h'grün. H: 20–100(130) cm. ♃ Wa. VI–X. Nährstoffreiche, sich stark erwärmende, meist seichte Gewässer, bes. Tümpel u. Teiche; wärmeliebend; collin; slt bis sehr slt. **Fehlt S**. Gefährdet.

**Glattes H.**, ***C. submérsum***

\- LB 1–2× gabelteilig mit 2–4 Zipfeln, starr, deutlich stachelig gezähnt; Fr mit Stacheln (1 End- u. 2 Basalstacheln). — LB d'grün, in (4)7–12zähligen Wirteln (Abb. 146). H: (30)50–100(370) cm. Fortpflanzung in Mitteleuropa fast ausschließlich vegetativ: durch Überdauerungssprosse (Turionen). ♃ Wa. VI–IX. Nährstoffreiche stehende u. träg fließende Gewässer; unempfindlich gegen Wasserverschmutzung; collin bis montan; hfg. **Alle Bdld**.

**Rauhes H.**, ***C. demérsum***

* L. Schratt (1990): Rote Liste für Niederösterreich.

Abb. 146

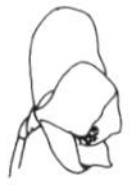
Abb. 147

Abb. 148a

Abb. 148b

**a** Fr flügellos; Fr mit walzenförmigen Stacheln; Stacheln so lg oder wenig länger als die Fr. Hfg. **Alle Bdld.** ■ **Gewöhnliches R. H., *C. d. subsp. demérsum***
**-** Fr beiderseits zw. den Basalstacheln mit ± br, oft gezähntem Flügel; Fr mit am Grund verbreiterten, seitlich zusammengedrückten Stacheln; Stacheln viel länger als die Fr. In Ö noch nicht nachgewiesen. ⊖ ■ **Breitstacheliges R. H., *C. d. subsp. platyacánthum***

# Unterklasse Hahnenfußähnliche, *Ranuncúlidae*
# Überordnung: Hahnenfußblütige, *Ranunculánae*
# Ordnung: Hahnenfußartige, *Ranunculáles*

## 20. Familie: Hahnenfußgewächse, *Ranunculáceae* (inkl. *Helleboraceae*)

Krautige Pf, slt ♄ (Lianen); LB meist schraubig, slt gegenständig; Blü ⊕ oder ↓; BlüHülle gleichartig (Perigon) oder ungleichartig (K u. Kro); anstelle der KroB manchmal NektarB; StaubB meist zahlr.; Stempel 1karpellig, 1 bis zahlr., frei (sehr slt miteinander verwachsen); meist SammelFr aus BalgFr oder Nüßchen, slt Kapsel oder Beere. Viele ZierPf, viele Arznei- u. GiftPf. Sehr variabel (viele Merkmalsentwicklungsreihen!). (G IX 2, 6, 7; G X 2, 6)

*Helleboreae*
(1) *Caltha*
(2) *Trollius*
(3) *Helleborus*
★ (4) *Eranthis*
(5) *Nigella*

*Actaeeae*
† (6) *Cimicifuga*
(7) *Actaea*

*Delphinieae*
(8) *Delphinium*
(9) *Consolida*
(10) *Aconitum*

*Anemoneae*
(11) *Anemone*
(12) *Hepatica*
(13) *Pulsatilla*
(14) *Clematis*

*Ranunculeae*
(15) *Ranunculus*
(16) *Myosurus*
(17) *Ceratocephala*
(18) *Adonis*
(19) *Callianthemum*

*Thalictreae*
(20) *Isopyrum*
(21) *Aquilegia*
(22) *Thalictrum*

**1** BlüHülle ↓. — BalgFr. (Wenn KroB weniger als 5, untereinander gleich, gelb u. Fr ein Nüßchen, vgl. Artengruppe Gold-Hahnenfuß (15) / *Ranunculus auricomus agg.*, Pkt 22–) . . . . . . . . . . . . . . . . . . . . . . . . . . . . **2**
**-** BlüHülle ⊕ . . . . . . . . . . . . . . . . . . . . . . . . . . . . . . . . . **4**

**2** Perigon nicht gespornt. — Pf ♃; LB handförmig zerteilt; Traube bis Rispe; oberes PerigonB helmförmig (= „Helm“) (Abb. 147), 2 NektarB einschließend; Stempel 2–5; Sa 3kantig-pyramidenförmig. **(10) Eisenhut, *Aconítum***
**-** 1 PerigonB lg gespornt (Abb. 148 a), — Sporn gerade . . . . . . . . . . . **3**

**3** Stempel 1; NektarB 1 (aus 2 verwachsen), gespornt (innerhalb des Perigonsporns liegend). **(9) Feldrittersporn, *Consólida***
**-** Stempel 3(5); NektarB 4, die 2 oberen gespornt (u. innerhalb des Perigonsporns liegend). — StgB wechselständig, handförmig zerteilt (oft tief, aber nie bis zum Grund), mit eingeschnitten-gesägten Abschnitten; BlüStiel mit 2 lineal-lanzettlichen VorB; PerigonB 5, blau, das oberste zu einem lg Sporn (doppelt so lg wie die Platte) ausgezogen; BalgFr; Sa 3kantig.
**(8) Rittersporn, *Delphínium***

**4** [1] Blü mit 5 gespornten NektarB, die mit 5 spornlosen PerigonB abwechseln; BalgFr. — Sporne zuweilen an der Spitze hakig gekrümmt (Abb. 148 b). **(21) Akelei, *Aquilégia***

**–** Blü ungespornt . . . . . . . . . . . . . . . . . . . . . . . . . . . . **5**

**5** LB gegenständig. — Stg zuweilen kletternd u. verholzend; PerigonB 4; Fr: Nüßchen; Gri zur FrZeit verlängert, 2–3 cm lg, abstehend behaart („Federschweif": Abb. 149, Windausbreitung!) **(14) Waldrebe, *Clématis***

**–** LB wechsel- oder (schein)quirlständig oder in grundständiger Rosette, zuweilen erst nach der BlüZeit erscheinend . . . . . . . . . . . . . . . . . **6**

**6** Stg fehlend oder völlig blattlos. — Alle LB in grundständiger Rosette . . **7**

**–** Stg auch über dem Grund mit LB oder mit HochB besetzt. — LB grundständig u./oder stengelständig . . . . . . . . . . . . . . . . . . . . . . . . **10**

**7** Perigon (scheinbar Kro) blau (slt weiß oder rötlich); (scheinbarer) K 3blättrig; LB handförmig 3spaltig, — überwinternd; Pf ♃; Blü grundständig; Fr: Nüßchen. **(12) Leberblümchen, *Hepática***

**–** Kro bzw. Perigon gelb oder grünlichgelb oder weiß; K fehlend oder 5blättrig; LB nicht 3spaltig . . . . . . . . . . . . . . . . . . . . . . . . . **8**

**8** LB einfach, unzerteilt, schmal-linealisch. — KroB mit basalem Nektargrübchen; Fr: Nüßchen; BlüAchse zur FrZeit stark verlängert (Abb. 153 f). **(16) Mäuseschwanz, *Myosúrus***

**–!!** LB einfach, unzerteilt, rundlich bis br-eiförmig. **Nacktstengel-Scharbockskraut, (15), *Ranúnculus ficária* subsp. *nudicáulis***

**–** LB tief geteilt oder zusammengesetzt . . . . . . . . . . . . . . . . . . **9**

**9** Pf höchstens 10 cm hoch, ⊙; LB höchstens 1 cm lg, 3teilig mit linealischen Abschnitten; Blü 0,5–1 cm ∅; KroB gelb; Fr: 5–7 mm lg, geschnäbeltes Nüßchen (mit 2 seitlichen hohlen Höckern), zahlr. an walzenförmiger BlüAchse (Ausbreitung als SammelFr: KlettFr). — Pf etwas graufilzig; Stg 1blütig; alle LB grundständig; KroB am Grund mit einem Nektargrübchen. **(17) Hornköpfchen, *Ceratocéphala***

**–** Pf mindestens 15 cm hoch, ♃; LB mindestens 10 cm lg, fußförmig zusammengesetzt (Abb. 34) mit verkehrt-eilanzettlichen Blättchen; Blü 4–6(10) cm ∅; Perigon weiß, grünlich oder rötlich; Fr: mindestens 10 mm lg, mehrsamige BalgFr, zu wenigen kreisförmig angeordnet. **Schneerose, (3), *Helléborus níger***

**10** [6] Unter der Blü oder dem Blüstd (bis etwa 7 cm darunter) eine aus meist 3 HochB oder LB bestehende Rosette (diese manchmal scheinbar ein Quirl aus zahlr., linealischen Blattzipfeln); alle (übrigen) LB grundständig . . . . . **11**

**–** Keine derartige Rosette (sondern höchstens einzelne HochB); LB am ganzen Stg verteilt (wenn alle LB grundständig, → Pkt 9–) . . . . . . . . . . . **13**

**11** Blü mit röhrenförmigen NektarB; Hülle (aus 3 handförmig gespaltenen HochB) dicht (unmittelbar) unterhalb der Blü; BalgFr. — Perigon gelb. ★ **(4) Winterling, *Eránthis***

**–!!** Blü ohne NektarB; Hülle aus 3 KB-artigen HochB bestehend u. nur 1–2 mm unterhalb der Blü; Fr: Nüßchen. — Perigon (violett)blau oder weiß. **(12) Leberblümchen, *Hepática***

**–** Blü ohne röhrenförmige NektarB; Hülle (aus 3, oft miteinander verwachsenen u. ± tief zerteilten HochB bestehend) von der Blü mindestens 10 mm entfernt; Fr: Nüßchen . . . . . . . . . . . . . . . . . . . . . . . . . . . . **12**

**12** Gri zur Zeit der FrReife kurz, keinen Federschweif bildend. — Die (unter dem Blüstd bzw. der Blü eine Hülle bildenden) Blätter am Stg sind LB'ähnlich; Perigon weiß (slt schwach rötlich) oder dottergelb.
**(11) Windröschen, *Anemóne***

**–** Gri zur Zeit der FrReife stark verlängert u. zottig behaart (einen „Federschweif" bildend, slt kahl) (ähnlich Abb. 149). — Perigon lila bis schwarzviolett, schwefelgelb oder weiß. **(13) Küchenschelle, *Pulsatílla***

**13** [10] StaubB mindestens so lg wie die zuweilen früh abfallenden u. zur BlüZeit nicht mehr vorhandenen BlüHüllB . . . . . . . . . . . . . . . . . . . . **14**

**–** StaubB kürzer als die BlüHüllB . . . . . . . . . . . . . . . . . . . . . . **16**

**14** Jede Blü mit nur 1 Stempel. — Blüstd: 2–5(10) cm lg aufrechte Traube oder Rispe; Frkn birnenförmig; Fr: anfangs grüne, zuletzt glänzend schwarze Beere.
**(7) Christophskraut, *Actáea***

**–** Jede Blü mit mehr als 1 Stempel . . . . . . . . . . . . . . . . . . . . **15**

**15** BlüHülle doppelt (Kro vorhanden): KB h'grün, hinfällig, KroB (NektarB) grünlichweiß; Stempel meist 4, klebrig-drüsig, — mit kurzem, aufrechtem Gri; LB 2–3×-gefiedert; Blüstd: meist überhängende, lg Traube (bis Rispe); BalgFr. † **(6) Wanzenkraut, *Cimicífuga***

**–!!** BlüHülle einfach (Kro fehlend), grünlich, gelblich oder violett, sehr hinfällig (zuweilen schon beim Aufblühen abfallend); Stempel mehr als 4, nicht klebrig. — LB mehrfach- gefiedert; Blüstd: traubig-rispig, nicht überhängend; StaubB zahlr., lg (Windbestäubung!); Gri manchmal hakig gebogen; Fr: Nüßchen.
**(22) Wiesenraute, *Thalíctrum***

**–** (Wenn LB nicht zusammengesetzt oder handförmig zerteilt, vgl. Artengruppe **Gold-Hahnenfuß (15), *Ranúnculus aurícomus agg.***, [→ Gattung (15), Pkt 23])

**16** [13] Zw. den PerigonB u. den StaubB ist ein Kranz von etwa 5–10 NektarB vorhanden, diese sind schmal-linealisch oder röhrig oder muschelförmig oder 2lippig, jedoch niemals KroB'artig . . . . . . . . . . . . . . . . . . **17**

**–** NektarB fehlend oder kronblattartig (dh KroB am Grund mit einer Nektardrüse bzw. Nektarschuppe) . . . . . . . . . . . . . . . . . . . . . . **20**

**17** PerigonB (6)9–11(15), zusammenneigend, gelb, — Blü daher fast kugelig (Abb. 150 a), 2–4 cm ∅; Pf ♃; LB tief handförmig geteilt; NektarB 5–10, schmal-linealisch, an der Spitze löffelartig, h'gelb (Abb. 150 b); Stempel 20–40; BalgFr.
**(2) Trollblume, *Tróllius***

**–** PerigonB 5, abstehend, nicht gelb . . . . . . . . . . . . . . . . . . . . **18**

**18** Perigon blaßblau bis bläulichweiß; Fr: mehrfächrige Kapsel. — Pf ⊙; LB 2–3×-gefiedert mit fadenförmig-linealischen Abschnitten; Blü 2–3,5 cm ∅; NektarB (5)8(10), becherförmig, 2lippig (kompliziert gebaut, Abb. 150 c), ± olivgrün, marmoriert; 1 Stempel mit 4–7(9) Narben (weil aus ebenso vielen miteinander verwachsenen FrB bestehend). **(5) Schwarzkümmel, *Nigélla***

**–** Perigon grün oder weiß; BalgFr . . . . . . . . . . . . . . . . . . . . . . **19**

Abb. 149

Abb. 150a

Abb. 150b

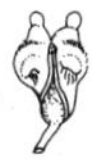
Abb. 150c

Abb. 150d

**19** Perigon grün; NektarB 8–15, etwa 5–8 mm lg, schlauch- bis stanitzelförmig, gelblichgrün; Blü 2,5–5 cm ∅. — Pf ♃; LB fußförmig zusammengesetzt (Abb. 34); Stempel 3–7. **(3) Nieswurz, *Hellėborus***

**-** Perigon weiß; NektarB 5–6, etwa 1–1,5 mm lg, muschelförmig, weiß; Blü 1–2 cm ∅. — Pf ♃; LB doppelt- (3zählig-)gefiedert (an jene der Wiesenraute / *Thalictrum* erinnernd); Stempel (1)2–3. **(20) Muschelblümchen, *Isopýrum***

**20** [16] BlüHülle einfach: Perigon; BalgFr. — Perigon dottergelb; Blü mindestens 2 cm ∅ (wenn Blü kleiner: vgl. Gold-Hahnenfuß / *Ranunculus auricomus*, (15), Pkt 22) **(1) Sumpfdotterblume, *Cáltha***

**-** BlüHülle in K u. Kro gegliedert; Fr: Nüßchen . . . . . . . . . . . . . . . **21**

**21** KroB am Grund ohne Nektargrübchen bzw. -drüse. — LB 2–4×-gefiedert, mit schmal-linealischen Abschnitten; KroB (3)5–20, gelb oder rot; SammelFr walzig, aus zahlr. Nüßchen bestehend (Abb. 151 c).
**(18) Teufelsauge u. Adonis, *Adónis***

**-** KroB am Grund mit einem Nektargrübchen bzw. einer Nektardrüse (die KroB sind KroB'artige NektarB) . . . . . . . . . . . . . . . . . . . . . . . . . . . **22**

**22** KroB 8–20, weiß, am Grund goldgelb, nicht auffällig glänzend; Nektardrüse am Grund des KroB nackt (ohne Schuppe); LB mehrfach fiederteilig — mit linealischen Abschnitten. **(19) Schmuckblümchen, *Calliánthemum***

**-** KroB 5 (slt 8–14, dann aber immer gelb; slt weniger als 5), gelb oder weiß (dann aber am Grund nicht gelb), auffällig lackartig glänzend; Nektardrüse am Grund des KroB unter einer Schuppe („Nektarschuppe") verborgen *(Lupe!)* (Abb. 152); LB unzerteilt oder handförmig zerteilt.
**(15) Hahnenfuß, *Ranúnculus***

## (1) Sumpfdotterblume, *Cáltha*

Pf kahl; Stg dick, hohl, aufsteigend; LB'Spreite herz-eiförmig bis nierenförmig, gekerbt, d'grün, glänzend. H: 15–30(50) cm. ♃ He. III–IV(IX). Schwarzerlenwälder, nährstoffreiche Sumpfwiesen, Gräben, Bachufer, Quellfluren; collin bis subalpin; hfg. **Alle Bdld**. Giftverdächtig. Im Pann gefährdet. Variabel (BalgFr, Habitus, Chromosomenzahl; Unterarten?).
**Sumpfdotterblume,** Dotterblume, ***C. palústris***

## (2) Trollblume, *Tróllius*

Pf kahl; Stg meist unverzweigt, 1blütig; LB'Abschnitte 3spaltig, gesägt. (Abb. 150 a.) H: 30–60 cm. ♃ He. V–VII. Sumpfwiesen u. Flachmoorwiesen (collin bis submontan), kräuterreiche, frische Rasen, Hochstaudenfluren; (collin) montan bis subalpin; zstr bis mäßig hfg. **Alle Bdld**. Giftig. Gefährdet (bes. im BM, nVL, söVL, Pann). ▲ (Inkl. *T. altissimus*)
**Trollblume,** „Budabinkerl", „Butterrosn", ***T. europáeus***

## (3) Nieswurz, Schneerose, *Hellėborus*

Anm.: Als ZierPf wird nicht slt die ★ **Garten-Nieswurz, *H.-Hybriden*** (durch Kreuzung verschiedener Arten entstandene Sorten) mit violettem bis grünem Perigon kultiviert, die auch slt verwildert auftritt, zB in N.

**1** Stg meist unverzweigt, ohne LB, oben mit 1–3 blassen HochB, mit 1(3) Blü; Perigon weiß (nach dem Blühen grünlich oder rötlich), — 5–6(8) cm ∅, bis zur FrReife bleibend; LB d'grün, lederig, überwinternd, Blättchen keilförmig; NektarB gelbgrün, stanitzelförmig. H: 15–30 cm. ♃ He. (XII)II–IV. Edellaubwälder, bes. Fichten-Tannen-Buchenwälder; kalkstet; montan bis subalpin; mäßig hfg. **Fehlt B, W**. Früher Schnupfpulver zum Niesen (zerriebene Wu). Giftig. In den wAlp u. im BM gefährdet. ▲

**Schneerose**, Schwarze N., Christrose, ***H. níger***

- Stg ± ästig u. mit LB besetzt, mit meist mehr als 3 Blü; Perigon grünlich oder ± violett überlaufen . . . . . . . . . . . . . . . . . . . . . . . . . **2**

**2** Stg mehr als 10blütig, vom Grund an beblättert, unten mit LB, oben mit scheidenartigen, eiförmigen, unzerteilten HochB; Blü 1–2,5 cm ∅, — unangenehm riechend; PerigonB grün, am Rand d'rot, glockig zusammenneigend. H: 30–80 cm. ♃ Ch. III–V. Gelegentlich als Zier- oder VolksarzneiPf (Herzglykosid Helleborin; histor.) kultiviert u. slt verwildert. **W** (lokal eingebürgert). (Heimat: Medit.) Giftig. **(★) Stinkende N.,** ***H. fóetidus***

- Stg etwa 2–6blütig, unten mit LB, oben mit zerteilten HochB; Blü 2,5–5 cm ∅ . . . . . . . . . . . . . . . . . . . . . . . . . . . . . . . . **3**

**3** Stg meist 2–3blütig; PerigonB br-eiförmig, einander mit den Rändern überdeckend; Pf meist oberwärts ± fein behaart u. bes. am Grund der Blättchen drüsig; Haupt-u. Nebennerven der LB unterseits vorspringend; BalgFr 20–25(28) mm lg *(ohne Schnabel gemessen)*, Schnabel kürzer als der fruchtbare Teil der BalgFr. — Blü 3,5–5 cm ∅. H: 15–40 cm. ♃ He. III–IV. Frische Edellaubwälder; kalkliebend; collin bis montan; zstr. **Fehlt B**. TierarzneiPf (histor.: zum „Güllen" [„Güün"] der Schweine gegen Rotlauf etc.), als solche auch kultiviert (u. gebietsweise als Kulturrelikt seit dem Mittelalter verwildert u. eingebürgert: „BurgenPf", zB in **K**). Giftig. Gefährdet. ▲

**Grüne N.,** „Güllkraut", „Gilwurz", „Güllkräutl", ***H. víridis*** *(subsp. víridis)*

- Stg meist 3–6blütig; PerigonB schmal-eiförmig, einander nicht oder höchstens am Grund überdeckend; Pf kahl; Hauptnerven der LB unterseits etwas vorspringend, Seitennerven eher eingesenkt; BalgFr 15–18 mm lg *(ohne Schnabel gemessen)*, Schnabel länger als der fruchtbare Teil der BalgFr. — Spreite der unteren LB im Umriß fast kreisrund; Blü 3–4 cm ∅. H: 15–40 cm. ♃ He. III–IV. Auwälder; collin bis untermontan; im söVL zstr, sonst sehr slt. **B, W, N, St**. (Hptvbr.: Ost- u. Südost-Europa.) Auch als TierarzneiPf (in Bauerngärten; wie → die vorige Art) kultiviert u. von da aus in Obstgärten u. auf Wiesen verwildert. Giftig. Im Pann gefährdet. ▲

**Hecken-N.,** ***H. dumetórum*** *(subsp. dumetórum)*

★ **(4) Winterling,** ***Eránthis***

Sproßknolle; Stg 1blütig; GrundB lg gestielt, handförmig 5–7teilig, erst nach dem Blühen erscheinend; NektarB meist 6, gestielt (Abb. 150 d); Stempel bzw. BalgFr 4–6, kurz gestielt. H: 5–15 cm. ♃ Ge. (I)II–III. ZierPf, bes. in Parkanlagen; in **B, W, N, St** slt verwildert (lokal eingebürgert). (Heimat: Süd- u. Südost-Europa.) Giftig. **(★) Winterling,** ***E. hyemális***

## (5) Schwarzkümmel, *Nigélla*

**1** Blü u. Fr von einer grünen, mehrfach fiederteiligen (schmal-linealische Abschnitte) HochB'Hülle umgeben. — Perigon meist h'blau; FrB völlig (abgesehen von den Narben) miteinander verwachsen; Gri waagrecht-abstehend. H: 15–30 cm. ⊙ VI–VIII. ZierPf (Heimat: östl. Medit.; meist als gefülltblütige Zierform: NektarB zu PerigonB umgewandelt!), slt unbeständig verwildert: **(W, N, St, K, S, T, V)**.

**★ Damaszener Sch.,** Gretl in der Stauden, Jungfer im Grünen, ***N. damascéna***

- Keine HochBHülle unmittelbar unter der Blü . . . . . . . . . . . . . . **2**

**2** Staubbeutel stachelspitzig; PerigonB h'blau bis weißlichblau, grünlich geadert; FrB bis zur Mitte miteinander verwachsen; Frkn u. Fr glatt bis mäßig rauh. — Stg fast kahl, verzweigt, mit spreizend abstehenden Ästen. H: 15–45 cm. ⊙ Th.

VI–IX. Nährstoffreiche, warme, lehmig-steinige Äcker, Brachen, Erdanrisse; kalkliebend; collin; slt. Im Pann. **B, W, N, O†, (T, V)**. Stark gefährdet.
**Acker-Sch., Wilder Sch., *N. arvénsis***

**-** Staubbeutel ohne Stachelspitze; PerigonB weiß mit grünlich-bläulicher Spitze; FrB gänzlich (mit Ausnahme der Narben) miteinander verwachsen; Frkn drüsig-rauh, Fr warzig. H: 30–50 cm. ⊙ Th. VI–VII. Sehr slt als GewürzPf kultiviert (Sa, bes. im Orient als Gebäck-Gewürz verwendet). Sehr slt unbeständig verwildert. (Heimat: West-Asien bis Indien.)
**★ Echter Sch., *N. satíva***

† **(6) Wanzenkraut,** Silberkerze, ***Cimicífuga***

Pf unangenehm riechend; LB sehr groß; KB (3)5; KroB (NektarB) (3)4(5). H: 40–100(200) cm. ♃ VII–VIII. Feuchte Laubwälder; collin; (früher:) slt. **N†** (bei Hardegg). (Hptvbr.: Ost- u. Südost-Europa.) *(Actaea cimicifuga)* **† Wanzenkraut, *C. europáea***

## (7) Christophskraut, *Actáea*

LB groß, Spreite 20–40 cm lg, doppelt bis 3fach 3zählig zusammengesetzt; KB gelblichweiß, 4–6, hinfällig; KroB 4–6, weiß, spatelförmig. H: 30–60(80) cm. ♃ Ge. V–VII. Feuchte u. schattige Schluchten, frische Edellaubwälder; (collin) submontan bis montan; zstr bis mäßig hfg. **Alle Bdld**. Schwach giftig.
**Christophskraut, *A. spicáta***

## (8) Rittersporn, *Delphínium*

Anm.: Der ausdauernde **★ Große Garten-R., *D.-Hybriden***, durch Kreuzungen aus verschiedenen Arten, darunter *D. elatum*, gezüchtet, ist eine hfg kultivierte Garten-Zierstaude.

WuStock länglich; Stg aufrecht, im oberen Drittel oft blau überlaufen; Blüstd: Traube bis Rispe; die beiden unteren NektarB auf der Fläche u. am Rand weiß oder gelb behaart; StaubB meist völlig kahl. Proterandrische Hummelblume. H: 50–250 cm. ♃ He. VI–IX. Hochstaudenges., Waldränder, Bachufer; gern über Feinschutt; obermontan bis subalpin (alpin); zstr bis slt. Giftig (Aconitin). ▲. (Inkl. *D. alpinum*) **Hoher R., *D. elátum***

**a** NektarB auf der Fläche blau, weiß oder gelblich, dann oft blau berandet. — Blüstd stets verzweigt (Rispe); PerigonB 17–21(25) mm lg *(ohne Sporn gemessen)*, Sporn so lg wie die Platte. — BlüstdAchse, DeckB, BlüStiel, VorB u. PerigonB außen kahl; Stempel kahl oder slt an der Bauchnaht schwach behaart *(var. glábridum)*; oder Blüstd'Achse, DeckB, BlüStiel, VorB u. PerigonB außen mit ± abstehenden, geraden, krummen u. flaschenförmigen Haaren; Stempel kahl oder allseits behaart *(var. stiríacum)*. H: 100–250 cm. **St, K, S**. Endemisch. Gefährdet.
**Österreichischer H. R., *D. e. subsp. austríacum***

**-** NektarB auf der Fläche d'braun bis schwarz. — Blüstd einfach (Traube) oder mit nur wenigen Seitentrauben; PerigonB *(ohne Sporn gemessen)* 14–19(22) mm lg, Sporn deutlich länger als die Platte. *(D. elatum subsp. elatum s. l.)* . . . . . . . . . . . . . . . **b**

**b** BlüstdAchse u. BlüStiele je zur Gänze sowie Außenseite der PerigonB ± abstehend behaart; Stempel am Rücken oder allseits ± dicht, ± aufsteigend anliegend behaart. — DeckB u. VorB abstehend behaart. H: 50–150 cm. Nord-**T** (im Voldertal bei Hall i. T.). Endemisch. Stark gefährdet. *(D. tiroliense, D. e. subsp. elatum var. tiroliense)*
**Tiroler H. R., *D. e. subsp. tiroliénse***

**-** BlüstdAchse zumindest im oberen Drittel kahl; BlüStiele kahl, slt nur am BlüAnsatz abstehend behaart; Außenseite der PerigonB kahl; Stempel kahl, slt auf der Bauchseite schwach behaart. — DeckB im oberen Teil des Blüstd meist abstehend behaart; VorB kahl oder behaart. H: 50–180 cm. **St, S, T, V**. (Sonstige Vbr.: Sudeten, Westalpen.) Potentiell gefährdet. *(D. e. subsp. elatum var. elatum)*
**Eigentlicher H. R., *D. e. subsp. elátum (s. str.)***

## (9) Feldrittersporn, *Consólida* (*Delphinium* p. p.)

**1** Untere DeckB unzerteilt; Traube 5–8blütig. ⊙ Th. V–VIII. *(Delphinium consolida)* **Feldrittersporn**, Ackerrittersporn, ***C. regális***

**a** Traube ziemlich dicht; PerigonB 12–15 mm lg, violettblau; BalgFr meist etwa 3× so lg wie br, — kahl. H: 20–50 cm. Nährstoffreiche Äcker, Brachen, slt Wegränder; kalkhold, Basenzeiger; collin bis montan; mäßig hfg bis slt. **(K)?; V†; sonst alle Bdld.** In den wAlp gefährdet. **Gewöhnlicher F., *C. r. subsp. regális***

**-** Traube sehr locker; PerigonB 9–11 mm lg, d'blau; BalgFr meist etwa 2× so lg wie br, — kahl oder angedrückt-behaart; Stg oben dicht grauflaumig. H: 50-100 cm. Warme, nährstoffreiche, bodensaure Therophytenfluren; collin; sehr slt?. Unbeständig? **W?, N?**. (Hptvbr.: Ost- u. Südost-Europa, bis Nord-Italien u. West-Slowakei bis zur March.) *(Delphinium paniculatum, C. p., inkl. C. divaricata)* ⊖ ☆? **Rispiger F., *C. r. subsp. paniculáta***

**-** Untere DeckB zerteilt; Traube 8–20blütig. — BalgFr stets angedrückt behaart . . . . . . . . . . . . . . . . . . . . . . . . . . . . . . . . . **2**

**2** VorB mit ihrer Spitze den BlüGrund nicht erreichend; Sporn 13–18 mm lg; BalgFr allmählich in den fadenförmigen Gri übergehend; Sa schwarz. H: 30–100 cm. ⊙ Th. VI–VIII. ZierPf, gelegentlich verwildert in Ruderalges. (Heimat: Medit.) Giftig. *(C. ambigua, Delphinium ajacis)* ★ **Kleiner Gartenrittersporn**, Einjähriger G., ***C. ajácis***

**-** VorB mit ihrer Spitze den BlüGrund erreichend oder überragend; Sporn 8–12 mm lg; BalgFr abrupt in den kurzen Gri übergehend; Sa rötlichbraun. H: 30–70 cm. Lehmig-tonige Äcker, Brachen; collin; sehr zstr. **(B, W), N, (St, K?, T)**. Neubürger (?). (Heimat: Südost-Europa, West-Asien.) Auch als ZierPf in verschiedenen Formen kultiviert. Giftig (?) *(Delphinium orientale, C. hispanica)* **Morgenländischer F., *C. orientális***

## (10) Eisenhut, *Aconítum*

Anm.: Alle Arten sind sehr stark giftig! – Hybriden zw. den Unterarten u. zw. den Arten sind in der Gattung Eisenhut / *Aconítum* zT recht häufig, wobei die Hybriden zT nicht nur intermediäre Merkmale zeigen.

**1** Perigon blau bis violett, manchmal lila, slt weiß-blau gescheckt oder an den Rändern grünlich . . . . . . . . . . . . . . . . . . . . . . . . . . . . **2**

**-** Perigon h'gelb bis gelblichweiß . . . . . . . . . . . . . . . . . . . . . . . **6**

**2** Helm des Perigons höchstens so br wie hoch; Stg hin- u. hergebogen; StgB unterseits stets deutlich netznervig; Sa braun, mit 4–6 häutigen Querlamellen an einer Seitenfläche, Längskanten nicht geflügelt; Wu: eine kugelige Knolle. („Artengruppe Bunter Ei., *A. variegatum agg.*") . . . . . . . . . . . . . . . **3**

**-** Helm des Perigon breiter als hoch; Stg steif aufrecht; StgB unterseits meist ohne deutliche Netznervatur; Sa schwarz, an den Seitenflächen glatt oder gerunzelt, Längskanten geflügelt; Wu: eine rübenförmige Knolle. — VorB meist knapp unterhalb der Blü; Perigon blauviolett, slt lila. (Gruppe des Echten Ei., *A. napellus-Gruppe*; ***A. napellus*** *[s. l.]*; die hier vorliegende Neubearbeitung läßt sich mit den früheren Auffassungen nur zT parallelisieren!) . . . . . . . . . . **5**

**3** Helm des Perigons so hoch oder nur wenig höher als br; Stiel der NektarB gebogen; Sporn der NektarB nur wenig zurückgebogen, den Helmgipfel erreichend. — Stg meist ausgebreitet-ästig; BlüStiel abstehend-drüsenhaarig; VorB etwa in der Mitte des BlüStiels, linealisch bis fädlich, abstehend-drüsenhaarig; PerigonB blau (slt lila), außen abstehend-drüsenhaarig; NektarB kahl oder behaart (*var. turrachénse*); StaubB kahl (*var. laxiflórum*) oder behaart (*var. turrachénse*); Stempel 3(5), kahl. H: 50–250 cm. ♃ He. VII–IX. Hochstaudenges.,

Schluchtwälder, feuchte Wiesen, Bachufer; (submontan) montan bis subalpin; zstr bis slt. **Fehlt B, W, N.** (Hptvbr.: Südost- u. Südwest-Europa.) Stark giftig. △ *(**A. paniculatum**)* **Rispen-Ei., *A. degénii* (*subsp. paniculátum*)**

- Helm des Perigons deutlich höher als br; Stiel der NektarB aufrecht; Sporn der NektarB zurückgerollt, den Helmgipfel nicht erreichend . . . . . . . . . . **4**

**4** Perigon außen kahl; BlüStiel kahl oder unter den VorB zstr drüsenlos-krummhaarig; VorB in der Mitte des BlüStiels bis knapp unterhalb der Blü, spatelig oder tief eingeschnitten, krummhaarig gewimpert, unterseits kahl. — Perigon blau bis violett, manchmal grünlich oder weiß gescheckt, slt lila; NektarB kahl. H: 30–150 cm. ♃ He. VII–IX. Hochstaudenfluren, Waldränder, Bachufer; (submontan) montan bis subalpin; zstr bis hfg. **Fehlt B, W.** Stark giftig. Im nVL gefährdet. **Bunt-Ei.,** Bunter Ei., ***A. variegátum*** *(s. str.)*

**a** Stempel (3)5, nur an den Bauchnähten *(var. variegátum)* oder auf der ganzen Bauchseite *(var. stiriacum)* behaart. **Fehlt B, W.** **Eigentlicher B.-Ei., *A. v. subsp. variegátum***

**-** Stempel 3, kahl. **N, O, St** (im Salzkammergut), **K.** (Hptvbr.: Südalpen bis Kaukasus.) **Geschnäbelter B.-Ei., *A. v. subsp. nasútum***

- PerigonB außen drüsig-behaart; BlüStiel über den VorB mit schlängeligen (S-förmigen) Drüsenhaaren, unter den VorB hauptsächlich krummhaarig; VorB knapp unterhalb der Blü, spatelig, allseits krumm u. drüsig behaart. — Perigon blauviolett; NektarB kahl; Stempel 3–5, allseits behaart. H: 30–150 cm. ♃ He. VII–IX. Hochstaudenfluren; montan bis alpin; zstr bis slt. **St, K, S, T.** Anm.: Diese Art wurde bisher nicht von *A. variegatum* unterschieden. *(A. variegatum p. p.)* **Rauhstiel-Ei., Härchen-Ei., *A. pílipes***

**5** [2] PerigonB außen kahl; VorB kahl oder gewimpert; VorB fädlich bis linealisch. — Blüstd einfach oder mit nur wenigen Ästen (Seitentrauben). H: 10–80 cm. ♃ He. VIII–X. Hochstaudenfluren, (alpin:) Rasen; (montan) subalpin bis alpin; hfg. **O, St, K, S, T.** (Hptvbr.: Süd- u. Ostalpen.) *(**A. napellus subsp. tauricum**, A. napellus subsp. koelleanum)* **Tauern-Ei., *A. táuricum***

**a** BlüStiel kahl; NektarB u. StaubB kahl *(f. táuricum)* oder abstehend behaart *(f. tauréricum)*. **Eigentlicher T.-Ei., *A. t. var. táuricum***

**-** BlüStiel am BlüAnsatz mit steif abstehenden Drüsenhaaren; NektarB u. StaubB stets dicht behaart. **Südtiroler T.-Ei., *A. t. var. latemarénse***

- PerigonB außen ± krummhaarig; VorB meist lanzettlich, allseits krummhaarig. — Blüstd mit wenigen bis vielen Ästen (Seitentrauben); NektarB u. StaubB dicht abstehend-behaart. H: 30–250 cm. ♃ He. VI–X. Läger- u. Hochstaudenfluren, Waldränder, Bach- u. Seeufer; (submontan) montan bis alpin; zstr bis hfg. Sehr stark giftig; VolksarzneiPf (histor.), Homöop., Pharm. (Aconitin). Sehr variabel. **Echter Ei.,** „Blauer Ei.“, „Täuberl am Nest“, ***A. napéllus s. str.***

**a** Stempel am Rücken oder allseits dicht krummhaarig. — Untere LB'Achseln zuweilen mit Brutknöllchen; Blüstd nicht oder nur schwach verzweigt. H: 30–160 cm. Montan bis subalpin; zstr. **O, St,** Nord-**T, V.** ■ **Mariazeller Ei., *A. n. subsp. lobélii***

**-** Stempel allseits kahl.
**Eigentlicher Echter Ei., *A. napellus subsp. napellus*** . . . . . . . . . . . . . . . . . **b**

**b** VorB der untersten Blü der Endtraube 1–2(3) mm lg, linealisch bis 3eckig. — Blüstd meist nur schwach verzweigt; Stempel 2–3. H: 30–150 cm. Submontan bis subalpin; zstr. **O, St, S,** Nord-T. Gefährdet. *(„**A. napellus subsp. hians**“)* ■ **Schöner E. Ei.,** Schöner Ei., ***A. n. subsp. napéllus var. formósum***

**-** VorB der untersten Blü der Endtraube 3–8(15) mm lg, lanzettlich bis spatelig oder tief eingeschnitten. — Blüstd oft stark verzweigt; Stempel (2)3(5). H: 30–200(300) cm; zstr bis hfg. **Fehlt B, W, K,** Ost-T. Im nVL gefährdet. *(**A. n. subsp. neomontanum, A. n. subsp. vulgare**, A. compactum)* ■ **Eigentlicher E. Ei., *A. n. subsp. napéllus var. napéllus***

**6** [1] Helm halbkugelig, etwa so hoch wie br; StgB sehr fein zerteilt, Abschnitte schmal-linealisch. — Wu rübenförmig verdickt. H: 25–100 cm. ♃ He. VII–IX.

Steinige Hänge, Gebüschränder; collin bis montan; slt bis sehr slt. **N, St.** Stark giftig. Potentiell gefährdet. ▲ **Feinblatt-Ei.**, Gift-Ei., ***A. ánthora***

- Helm zylindrisch, etwa 3× so hoch wie br; Abschnitte der StgB br-länglich. — Wu nicht verdickt. Hochstaudenfluren, lichte Wälder, Waldränder, Waldschläge. Stark giftig. Variabel. (Die vorliegende Neubearbeitung weicht von den bisherigen Auffassungen ab! Diese noch immer nicht ganz geklärte Art läßt sich bis jetzt bei uns in mindestens die 2 folgenden Unterarten gliedern.) (***A. vulparia agg.***, *A. altissimum)* **Wolfs-Ei.**, ***A. lycóctonum***

**a** BlüStiel meist ± dicht ± abstehend behaart, dazwischen oft kurz drüsenhaarig; StgB mit br, am Grund miteinander verbundenen Abschnitten; Blüstd meist locker u. abstehend-ästig; StaubB meist kahl; Stempel kahl, drüsig oder aufrecht-abstehend behaart. H: 40–150 cm. ♃ He. V–IX. Collin bis subalpin; zstr bis hfg. **Alle Bdld**. *(A. vulparia s. str., A. platanifolium p. p.)* ▪ **Eigentlicher W.-Ei.**, ***A. l. subsp. vulpária***

- BlüStiel meist ± dicht krummhaarig, meist drüsenlos; StgB mit stärker zerteilter Spreite, bis nahe zum Grund geteilt; Blüstd dicht, einfach oder mit aufrechten Seitenästen; StaubB oft behaart; Stempel kahl oder krummhaarig. H: 40–200 cm. ♃ He. VI–IX. Submontan bis subalpin; zstr. **K, T, V.** (Hptvbr.: Gebirge Süd-Europas.) *(„**A. lamarckii**", A. ranunculifolium, „**A. platanifolium**")* ▪ **Hahnenfuß-W.-Ei.**, ***A. l. subsp. ranunculifólium***

## (11) **Windröschen,** Anemone, ***Anemóne*** (inkl. *Anemonastrum, Anemonoides*; exkl. (12) *Hepatica* u. (13) *Pulsatilla*)

**1** PerigonB gelb, — außen behaart; die 3 StgB wie die GrundB 3teilig, Blättchen eingeschnitten-gesägt, ihr Stiel kürzer als 1 cm; Blü (1)2(3); PerigonB 5(6). H: 15–25 cm. ♃ Ge. IV–V. Feuchte Edellaubwälder, bes. Auwälder; schwach kalkliebend; collin bis obermontan; hfg bis slt. **Alle Bdld**. In den wAlp gefährdet. Giftig. △ *(Anemonoides r.)* **Gelbes W.**, Gelb-W., ***A. ranunculoídes***

- PerigonB weiß, — außen (unterseits) oft blaßlila oder purpurrosa, kahl oder außen behaart . . . . . . . . . . . . . . . . . . . . . . . . . . **2**

**2** Endständige, 3–8blütige Dolde; die 3(4) StgB sitzend. — GrundB handförmig 3–5teilig, lg zottig behaart; PerigonB 5–6, zuweilen außen rötlich überlaufen; Nüßchen kahl. H: 20–40 cm. ♃ Ge. V–VII. Kräuterreiche Rasen, bes. Rostseggenrasen, Legföhrengebüsch; kalkstet; (montan) subalpin (alpin); mäßig hfg. **Fehlt B, W**. In den sAlp gefährdet (wenn überhaupt vorhanden?). ▲ *(Anemonastrum narcissiflorum, A. narcissifolia)* **Narzissen-W.**, ***A. narcissiflóra***

- Blü einzeln (slt zu 2); die 3 StgB gestielt . . . . . . . . . . . . . . . . **3**

**3** PerigonB außen weißfilzig behaart; GrundB ± zahlr. . . . . . . . . . . . . **4**

- PerigonB außen kahl; GrundB 0–1. — StgB 3teilig, B'Stiel länger als 1 cm **5**

**4** PerigonB meist 5; Blü 4–6 cm ∅. — Grundständige LB tief handförmig 3–5teilig, mit 2–3teiligen, nicht gestielten Abschnitten. H: 15–35 cm. ♃ He. IV–VI. Eichenwaldlichtungen, Waldsäume, Halbtrockenrasen; kalk- u. wärmeliebend; collin bis submontan; mäßig hfg bis slt. **B, W, N, O, St, S†.** Schwach giftig. Gefährdet (in **O** stark gefährdet). ▲ **Waldsteppen-W.**, Großes W., ***A. sylvéstris***

- PerigonB 8–10; Blü 2,5–4 cm ∅. — Grundständige LB 3zählig handförmig zusammengesetzt, die Blättchen gestielt, jedes Blättchen nochmals bis zum Grund 3schnittig mit mehrfach tief geteilten Abschnitten. H: 5–15 cm. ♃ He. VI–VIII. Steinige Magerrasen, Felsschutt; kalkliebend; alpin; in den sAlp hfg, in den nAlp zstr bis slt. **N** (sehr slt), **St, K, S, T**. In den wAlp gefährdet. ▲ **Baldo-W.**, Südtiroler W., Monte-Baldo-A., ***A. baldénsis***

**5** Abschnitte der StgB nicht zerteilt, ± regelmäßig gesägt; meist 1 StgB mit Achselknospe; Staubbeutel (bläulich)weiß; WuStock weißlich. — PerigonB meist 6. H: 10–30(40) cm. ♃ Ge. V–VI. Edellaubwälder, slt Wiesen; (submontan) montan; in den sAlp mäßig hfg, sonst slt. **N, O!, St†, K, S, Ost-T.** (Hptvbr.: Südalpen, Südwest-Europa.) Im nVL gefährdet. *(Anemonoides trifolia)* **Dreiblatt-W.**, Dreiblättchen-A., ***A. trifólia***

**-** Abschnitte der StgB 2–5teilig u. grob, ± eingeschnitten-gezähnt; meist alle StgB ohne Achselknospe; Staubbeutel gelb; WuStock gelb- bis d'braun. — PerigonB (5)6(9). H: 10–20(30) cm. ♃ Ge. III–V. Frische, meist leicht bodensaure (Edellaub-)Wälder, Magerwiesen; collin bis montan; hfg. **Alle Bdld.** Schwach giftig. △ *(Anemonoides nemorosa)* **Busch-W.**, ***A. nemorósa***

## (12) Leberblümchen, *Hepática*

GrundB zahlr., lg gestielt, oberseits grün, zuweilen hell gefleckt, unterseits purpurbraun bis violett, überwinternd (wintergrün); Blü 2–3 cm ∅; PerigonB (5)7–9(11); Nüßchen behaart, mit Elaiosom (Ameisenausbreitung!). H: 8–15 cm. ♃ He. III–IV. Edellaubwälder; kalkliebend; collin bis montan; hfg bis zstr. **Alle Bdld.** Giftig; VolksarzneiPf. △ *(H. triloba, Anemone hepatica)* **Leberblümchen**, ***H. nóbilis***

## (13) Küchenschelle, „Kuhschelle", „Grantiger Jager", *Pulsatílla*

Anm.: Alle Arten sind schwach giftig.

**1** StgB LB'artig, frei, 3×-gefiedert; Stg, StgB, BlüStiel u. Außenseite der PerigonB kahl bis kurzzottig (Haare höchstens 3 mm lg); keine NektarB (Staminodien). — Blü aufrecht. („**Artengruppe Alpen-K.**, „Alpenanemone", ***P. alpina agg.***") **Alpen-K.** (i. w. S.), ***P. alpína s. l.***

**a** Endfieder der LB fiederschnittig, Abschnitte nicht zurückgerollt, Spreite gegen den Stiel deutlich abgewinkelt u. fast waagrecht-abstehend, fast kahl; NiederB fransig; PerigonB 10–20 mm lg u. 5–10 mm br. — Die beiden unteren Hauptfiedern so groß wie der Rest der Spreite; Perigon innen weiß, außen weiß oder blaßpurpurn bis -bläulich überlaufen. H: blühend (10)15–30(35) cm, fruchtend 20–40 cm. ♃ He. V–VII. Mäßig frische, bodensaure Magerrasen; kalkmeidend; (subalpin) alpin; mäßig hfg. Bes. Zentralalpen. **St, K, S, T.** ▲ *(**P. alba** p. p., P. micrantha)* **Kleine A.-K., Österreichische (Weiße) A.-K., *P. a. subsp. austríaca***

**-** Endfieder der LB fiederspaltig, Abschnitte oft zurückgerollt; Spreite gegen den LB'Stiel nicht abgewinkelt, deutlich behaart; NiederB ganz; PerigonB 20–30 mm lg u. 10–20 mm br. — Die beiden unteren Hauptfiedern nur wenig kleiner als der Rest der Spreite . **b**

**b** Perigon innen weiß, außen weiß oder blaßpurpurn bis bläulich überlaufen. H: blühend 20–45 cm, fruchtend (30)40–50(70) cm. ♃ He. V–VII. Frische, kalkreiche, mäßig nährstoffreiche, steinige Rasen; subalpin bis alpin; zstr bis mäßig hfg. Bes. in den nördl. Kalkalpen. **Fehlt B, W.** ▲ *(Anemone alpina, **P. alpina s. str.**)* **Große A.-K., Eigentliche A.-K., *P. a. subsp. alpína***

**-** Perigon innen u. außen schwefelgelb. H: blühend 20–45 cm, fruchtend (30)40–50(70) cm. ♃ He. V–VII. Mäßig frische, basenreiche, kalkarme, bodensaure Magerrasen, bes. Bürstlingsrasen, Krummseggenrasen; kalkmeidend; obermontan bis subalpin; zstr bis slt. In den Zentralalpen u. in den Südalpen. **K?, T, V.** (Hptvbr.: Dolomiten, Schweiz, Allgäu, Slowenien.) △ *(Anemone sulphurea, P. alpina subsp. sulphurea, **P. apiifolia**)* **Gelbe A.-K., *P. a. subsp. apiifólia***

**-** StgB HochB'artig, am Grund scheidenartig zu 1/3–1/4 miteinander verwachsen, deren Spreite aus ± handförmig angeordneten linealischen Abschnitten bestehend; Stg, StgB (HochB), BlüStiel u. Außenseite der PerigonB lg weiß- oder goldzottig (Haare 5–10 mm lg) (= „Pelz"); äußerste StaubB (Staminodien) zu NektarB umgebildet . . . . . . . . . . . . . . . . . . . . . . . . . . . . **2**

**2** Perigon innen weiß oder bläulichweiß; LB überwinternd, — nach dem Blühen erscheinend, 1×-gefiedert, 2–3 Fiederpaare; Fiedern verkehrt-eiförmig, 3–5lappig bis -spaltig; insgesamt 15–25 Abschnitte, diese br-lanzettlich, 5–10 mm br; LB schwach behaart bis fast kahl; Blü anfangs nickend, später aufrecht; „Pelz" golden; PerigonB außen h'blau bis h'purpurn oder lila. H: blühend 5–10 cm, fruchtend 10–35 cm. ♃ He. III–VII. Bodensaure Silikat-Magerrasen; (sehr slt submontan bis montan) (subalpin) alpin; in den Zentralalpen mäßig hfg bis zstr, sonst slt. **N†; fehlt B, W, O**. Gefährdet im BM. ▲. *(Anemone vernalis)* **Frühlings-K., *P. vernális***

**-** Perigon innen purpur-, blau- oder schwarzviolett; LB nicht überwinternd. — „Pelz" meist weiß . . . . . . . . . . . . . . . . . . . . . . . . . . . **3**

**3** Blü bereits beim Aufblühen nickend; innen u. außen schwarzviolett. — LB 1–2×-gefiedert. H: blühend (7)10–25 cm, fruchtend 20–40(50) cm. ♃ He. IV–V. Halbtrockenrasen, Wiesensteppen; kalkhold; collin bis submontan; im Pann zstr, sonst sehr slt. **B, W, N, O, St, K**. Gefährdet. ▲ *(Anemone pratensis subsp. nigricans, A. nigricans, P. nigricans, P. pratensis subsp. bohemica)* **Schwarze K., Osterglocke, *P. praténsis* (subsp. *nígricans*)**

**-** Blü beim Aufblühen aufrecht (höchstens bei Schlechtwetter oder am Ende der BlüZeit nickend); innen u. außen purpur- bis blauviolett . . . . . . . . . . **4**

**4** LB 1×-gefiedert, 2(3) Fiederpaare, die unteren Fiedern 3spaltig, insges. 7–20 Abschnitte, diese 6–11 mm br. — LB zur BlüZeit erscheinend; HochB 35–45 mm lg; Haare der LB u. Blü 4–5 mm lg; PerigonB (30)35–40(50) mm lg. H: blühend 5–20(30), fruchtend (20)30–50(70) cm. ♃ He. III–IV. Felsrasen, Rotföhrenwälder über Kalk u. Dolomit; submontan bis montan; zstr bis slt. **St** (mittleres Murtal u. einige Seitentäler: zw. Schoberpaß, Aflenz u. Graz). Endemisch. Gefährdet. ▲. Slt sind Zwischenformen (?) zu *P. grandis*: in **N**; sehr slt Hybriden mit *P. pratensis subsp. nigricans* bildend. (Zur Artengruppe Haller-K., *P. halleri agg.*) *(P. halleri subsp. styriaca)* **Steirische K.**, „Gokoloanzen", ***P. styríaca***

**-** LB 2(3)×-gefiedert, (2)3–5(6) Hauptfiederpaare, Hauptfiedern fiederschnittig bis fiederspaltig mit je 5–15 Abschnitten; insges. 40–200 Abschnitte, diese meist 2–7 mm br. (Artengruppe Gewöhnliche K., *P. vulgaris agg.*) . . . . . . . . **5**

**5** LB knapp gleichzeitig mit dem Aufblühen erscheinend; Abschnitte (75)100–150(200), linealisch, (1)2–4(6) mm br; Blü bei trüb-kaltem Wetter nickend. — PerigonB 15–35(50) mm lg. H: blühend (3)5–15 cm; fruchtend 15–40(50) cm. ♃ He. III–IV. Halbtrockenrasen; collin; sehr slt. **N?, O** (wohl nur noch bei Steyr, sonst weitestgehend ausgerottet), **S†**. (Hptvbr.: Bayern, West-Europa.) Vom Aussterben bedroht. ▲. Hfg in Steingärten als ZierPf kultiviert. Im Gebiet nur Zwischenformen gegen *P. grandis*. *(Anemone pulsatilla, P. vulgaris subsp. vulgaris)* **Bayerische K.**, Gewöhnliche K., ***P. vulgáris***

Anm.: Ob die ■ **Innsbrucker K., *P. oenipontána*** eine Zwischenform gegen *P. grandis* ist oder eine eigenständige Sippe, ist noch ungeklärt: LB'Abschnitte 80–120, 4–7 mm br. **T** (bei Innsbruck). Vom Aussterben bedroht. ▲

**-** LB gegen Ende der BlüZeit erscheinend; Abschnitte 40–90, br-lineal-lanzettlich, (2)4–7(12) mm br; Blü auch bei trüb-kaltem Wetter aufrecht. — PerigonB 20–45 mm lg. H: blühend (3)5–15 cm, fruchtend 15–40(50) cm. ♃ He. III–IV. Kalkreiche Trockenrasen, Rasensteppen (Schwarz-)Föhrenwälder; collin bis submontan; mäßig hfg bis zstr. Im Pann. **B, W, N**. (Pannonisch.) Gefährdet. △ *(P. vulgaris subsp. grandis)* **Große K., *P. grándis***

## (14) Waldrebe, *Clématis* (B 22)

Anm.: Einige mediterrane u. ostasiatische Arten u. bes. deren künstliche Hybriden werden als ZierPf (Klettersträucher) kultiviert, zB die ★ **Großblumige Klematis, *Clematis-Hybriden*** mit Blü 3–15 cm ∅ u. weißem, purpurnem, violettem oder blauem Perigon.

**1** LB einfach, unzerteilt, — eiförmig bis lanzettlich, 9 cm lg u. 5 cm br, ganzrandig; Stg aufrecht; Blü meist einzeln, endständig, lg gestielt, nickend bis hängend; PerigonB 4, d'violett, 3,5 cm lg. H: 30–50(70) cm. ♃ He. V–VI (IX). Auwiesen, wechselfeuchte bis wechseltrockene Böden; collin; sehr slt. **B, N**. (Hptvbr.: Südost-Europa bis Westasien.) Stark gefährdet. *(Viorna integrifolia)*
**Ganzblatt-W., *C. integrifólia***

**-** LB zusammengesetzt, 1–2×-gefiedert . . . . . . . . . . . . . . . . . . . . . . . . **2**

**2** Perigon blau oder violett (slt weiß oder rosa), 4–6 cm ∅; LB doppelt-3zählig, mit meist 9 Blättchen. — Kletterstrauch (Liane); LB'Stiele u. LB'Spindel als Ranken fungierend; Perigon glockig; ein Kranz von 10–12 kleinen, KroB'artigen, weißen NektarB vorhanden. H: 1–2 m. ♄ NPh. V–VII. Lichte Blockwälder u. (Alpenrosen- u. Legföhren-)Gebüsch; obermontan bis subalpin; zstr. **Fehlt W**. Giftig. ▲. *(Atragene alpina)* **Alpen-W., Alpenrebe, *C. alpína***

**-** Perigon weiß, 1,5–2 cm ∅; LB unpaarig gefiedert mit 3–7 Blättchen . . . **3**

**3** Stg krautig (slt etwas verholzend), aufrecht, nicht kletternd. — Aufrechte, endständige Rispen; PerigonB am Rand filzig, sonst kahl. H: 100–150 cm. ♃ He. VI–VII. Sommerwarme, trockene Waldsäume, Waldlichtungen, Weingartenränder; collin bis submontan; zstr bis slt. **B, W, N, O, St, K**. VolksarzneiPf, Homöop. In den nAlp u. im nVL gefährdet.
**Aufrechte W., Steife W., *C. récta***

**-** Stg verholzend, kletternd (Liane), — bis 6 cm ∅; Stiele u. Spindel der FiederB sowie Blättchenstiele als Ranken fungierend; Schirmrispen; Blü unangenehm ähnlich wie WeißdornBlü riechend; PerigonB beiderseits weißfilzig. H: 1–6 m. ♄ NPh. VI–IX. Frische bis feuchte, lichte Edellaubwälder u. Gebüsche, bes. Auwälder, Waldränder; Stickstoffzeiger, PionierPf; collin bis montan; sehr hfg. **Alle Bdld**. Giftig (Protoanemonin).
**Gewöhnliche W.**, „Lü(l)n", „Lian", „Ulischwidn", „Liasch", ***C. vitálba***

## (15) Hahnenfuß, *Ranúnculus* (inkl. Scharbockskraut/*Ficaria* u. Wasserhahnenfuß/*Batrachium*) (A 8, 12; G V 11–)

Anm.: Alle Arten sind im frischen Zustand ± giftig.

**1** Land- oder SumpfPf mit unzerteilten oder handförmig gelappten bis tief geteilten GrundB u. StgB. — Kro weiß, gelb oder slt rötlich oder fehlend . . . **2**

**-** WasserPf mit untergetauchten (stark zerteilten) WasserB u. oft zusätzlich mit unzerteilten SchwimmB oder nur mit solchen SchwimmB. — Kro weiß. Anm.: Zur Bestimmung dieser Arten sind (außer beim Spreizenden W., *R. circinatus*) unbedingt blühende u. fruchtende Pf erforderlich! Außerdem ist stets mit Hybriden zu rechnen, die mit dem Schlüssel nicht erfaßt werden. (Untergattung Wasserhahnenfuß, Froschkraut, *R. subg. Batrachium* [= Gattung *Batrachium*]) . . . . . . . . . . **35**

**2** Kro weiß oder rötlich . . . . . . . . . . . . . . . . . . . . . . . . . . . . . . . **3**

**-** Kro gelb oder fehlend . . . . . . . . . . . . . . . . . . . . . . . . . . . . . . **11**

**3** KB außen rotbraun behaart, K u. Kro nach dem Blühen bleibend. — GrundB gestielt, 3schnittig, fleischig-dicklich, d'grün, kahl; Stg dick, aufrecht oder aufsteigend, 1–3blütig; BlüHülle außen oft rötlich, 12–30 mm ∅. H: 10–15 cm. ♃ He. VII–VIII. Nährstoffarme, silikatische Steinschuttfluren, Moränen, Säuerlingsfluren; Schuttkriecher, PionierPf; oberalpin bis subnival (höchststeigende SamenPf der Alpen); mäßig hfg bis zstr. **St, K, S, T, V**. (Arktisch-alpin.) Giftig. ▲ **Gletscher-H., *R. glaciális***

- KB kahl oder weiß behaart; K u. Kro nach der BlüZeit abfallend . . . . . **4**

**4** GrundB ganzrandig, — unzerteilt, schmal-lanzettlich oder herzförmig . . . **5**

- GrundB gezähnt oder gekerbt, — unzerteilt oder gelappt bis tief geteilt . . **6**

**5** GrundB schmal-lanzettlich, kahl; Stg aufrecht, meist einfach u. 1blütig; KB kahl. — Blü 2–3 cm ∅. H: 10–15(20) cm. ♃ He. V–VII. Feuchte Rasen; subalpin bis alpin; slt. Bes. Zentralalpen. West-**K, T, V**. (Hptvbr. der Unterart: Westalpen, Korsika; der anderen Unterarten: Pyrenäen, Iberische Gebirge.) Giftig. △ *(R. plantagineus, **R. pyrenaeus subsp. plantagineus**)* **Pyrenäen-H., *R. kúepferi* (subsp. *orientális*)**

- GrundB herzförmig, am Grund u. Rand zottig behaart; Stg meist bogig aufsteigend, mehrblütig; KB zottig behaart. — Weiße NiederB; Blü 2–2,5 cm ∅. H: 4–10(20) cm. ♃ He. VI–VIII. Feuchte, steinige Hänge, Felsschutthalden; kalkstet; alpin; slt. **St**, West-**K, T, V**. (Hptvbr.: Westalpen.) Giftig. Potentiell gefährdet. ▲ **Herzblatt-H., *R. parnassiifólius* (subsp. *heterocárpus*)**

**6** Pf meist mehr als 30 cm hoch, mehrblütig . . . . . . . . . . . . . . . . **7**

- Pf höchstens 15 cm hoch, 1- bis wenigblütig . . . . . . . . . . . . . . . . **8**

**7** BlüStiele während des Blühens flaumig, 1–3× so lg wie das DeckB; Stg mit gespreizten Ästen; LB tief (bis zum Spreitengrund) geteilt; Mittellappen der GrundB in ein kurzes Stielchen verschmälert; Abschnitte der StgB ziemlich br u. bis zur Spitze gesägt; StaubB bis zur Höhe der Gri reichend; reife Nüßchen 2–3 mm lg u. 2 mm br. H: 20–50(100) cm. ♃ He. V–VII. Staudenreiche Wälder, Hochstaudenfluren, Bachränder u. Quellfluren; bes. über Silikatgestein; montan bis subalpin; zstr. **Fehlt B, W**. Giftig. *(R. aconitifolius subsp. aconitifolius)* **Eisenhut-H.,** Eisenhutblättriger H., ***R. aconitifólius***

- BlüStiele stets kahl, 4–5× so lg wie das DeckB; Stg mit aufrechten Ästen; LB geteilt (nicht ganz bis zum Spreitengrund); Mittellappen der GrundB am Grund nicht verschmälert; Abschnitte der oberen StgB schmal, die der obersten meist ganzrandig; StaubB die Gri überragend (die Frkn verdeckend); reife Nüßchen 3–4 mm lg u. 3 mm br. H: 40–120 cm. ♃ He. V–VII. Schluchtwälder, Hochstaudenfluren; bes. über Kalk; obermontan bis subalpin; mäßig hfg. **Fehlt B, W**. Giftig. *(R. aconitifolius subsp. platanifolius)* **Platanen-H.,** Platanenblättriger H., ***R. platanifólius***

**8** Pf zstr zottig behaart; GrundB unterirdisch (3–10 cm tief) entspringend; BlüStiel stielrund; Nüßchen 5–10(15), 3–5 mm lg *(ohne Schnabel gemessen)*, 2–4 mm br, mit wulstig geaderter Oberfläche; BlüBoden zstr behaart. — Stg 1(2), meist verzweigt; LB'Spreite 3schnittig, Mittelabschnitt 4–8 mm lg gestielt, 3–5teilig; Nektarschuppe 1,5–2 mm lg. H: 8–15(25) cm. ♃ He. VI–VII. Feuchte Felsschutthalden; kalkstet; alpin; slt. **K**, Ost-**T**. (Hptvbr.: Südwest- u. West-Alpen.) Giftig. **Seguier-H., *R. seguiéri***

- Pf kahl; GrundB an der Bodenoberfläche entspringend; BlüStiele gefurcht; Nüßchen 20–100, 2 mm lg *(ohne Schnabel gemessen)*, 1,5 mm br, mit glatter Oberfläche; BlüBoden kahl. — Stg 1–2, unverzweigt, 1blütig . . . . . . . **9**

**9** GrundB unzerteilt, rundlich-nierenförmig, gekerbt. H: 4–10 cm. ♃ VI–VII. Feuchte Rasen, am Rande des schmelzenden Schnees; bodensäureliebend;

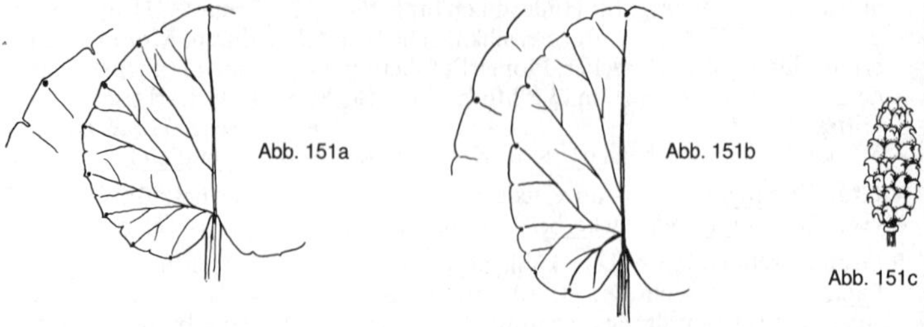

Abb. 151a Abb. 151b Abb. 151c

alpin; sehr slt. **St** (in den östl. Niederen Tauern). (Hptvbr.: Karpaten, Gebirge der Balkanhalbinsel.) Giftig. Potentiell gefährdet.

**Kerb-H., Gekerbter H., *R. crenátus***

- GrundB mindestens bis zur Hälfte zerteilt. (Artengruppe Alpen-H., *R. alpestris agg.*) . . . . . . . . . . . . . . . . . . . . . . . . . . . . . . . . . . . . . **10**

**10** GrundB 3–5spaltig bis -teilig, glänzend, Mittelabschnitt am Grund meist breiter als 2,5 mm; Spreitengrund abgestutzt bis herzförmig; Nüßchenstand (= SammelFr) kugelig. H: 5–15(20) cm. ♃ He. V–VIII. Gesteinsfluren, Feinschutthalden, Schneetälchen; kalkhold; (obermontan) subalpin bis alpin; mäßig hfg. **Fehlt B, W**. Giftig. *(R. alpestris subsp. alpestris)*

**Alpen-H., *R. alpéstris***

- GrundB 3teilig bis -schnittig, zumeist matt, nicht glänzend, Mittelabschnitt am Grund höchstens 2 mm br; Spreitengrund keilig; Nüßchenstand ellipsoidisch. — Habitus zierlicher als beim Alpen-H. / *R. alpestris*. H: 5–10 cm. ♃ He. V–VIII. Lange schneebedeckte Feinschuttfluren, Schneetälchen; subalpin bis alpin; mäßig hfg. Südöstl. Kalkalpen. Süd-**K** (Karawanken: vom Hochobir westwärts). (Hptvbr.: Julische u. Steiner Alpen.) Giftig. *(R. alpestris subsp. traunfellneri)* **Traunfellner-H.,** (sl.:) Traunfellnerjeva zlatica, ***R. traunféllneri***

**11** [2] KroB (7)8–13; KB 3(5). — Keulige WuKnollen; Stg niederliegend bis aufsteigend; LBSpreite am Grund herzförmig, ± schwach grob gekerbt, kahl; Blü 25–35 mm ∅. ♃ Ge. III–IV(V). Wildgemüse (LB). *(Ficaria verna)*

**Scharbockskraut, Feigwurzeliger H.**, Feigwurz, ***R. ficária***

**a** LB nicht in einer Rosette gedrängt; BlüStiele mit 2–4 LB; LB'Spreite ± rundlich; Hydathoden (helle, dickliche Punkte) je meist an der Spitze der (oft undeutlichen) B'Rand-Kerbzähne, Einschnitte zwischen ihnen sehr eng (Winkel spitz, meist etwa 45–0° oder weniger, dh Ränder einander ± überlappend) (Abb. 151 a, *Lupe!*); nach dem Blühen mit Brutknöllchen in den LB'Achseln; Nüßchen meist verkümmert (Pf apomiktisch: nur vegetative Fortpflanzung). — LB'Spreite deutlich fettig glänzend. H: 5–10(20) cm. (III)IV(V). Sehr nährstoffreiche, feuchte Edellaubwälder, bes. Auwälder; collin bis (unter)montan; hfg. **Alle Bdld**. (Tetraploid.) *(„R. ficaria s. str.", „R. f. subsp. verna", **R. f. subsp. bulbifer**)*

■ **Gewöhnliches Sch., Knöllchen-Sch.,** Knöllchen-F., ***R. f. subsp. bulbílifer***

- LB in einer grundständigen u. / oder einer bis etwa 5 cm lg gestielten Rosette gedrängt; BlüStiele mit 0–1 LB (oder 1 HochB); LB'Spreite eiförmig; Hydathoden (helle, dickliche Punkte) je meist in schwachen, abgerundeten bis stumpfwinkeligen Einschnitten (Buchten), zw. ihnen keine oder etwa rechtwinkelige Einschnitte (Abb. 151 b; *Lupe!*); Brutknöllchen fehlend; Nüßchen reichlich u. gut entwickelt (Pf sexuell), — behaart; LB'Spreite meist ziemlich matt, d'grün; BlüStiele nach dem Blühen auffällig stark bogig zurückgekrümmt. H: 3–5(10) cm. III–IV. Eichenwälder, Halbtrockenrasen, auch Kunstrasen; collin; slt. Im Pann. **B, W, N**. Gefährdet. (Diploid.) *(R. f. subsp. calthifolius, R. calthifolius, Ficaria verna subsp. calthaefolia, Ficaria calthifolia)*

■ **Nacktstengel-Sch.,** Fruchtende Feigwurz, ***R. f. subsp. nudicáulis***

- KroB 5 (slt weniger oder fehlend); KB 5 . . . . . . . . . . . . . . . . . . **12**

**12** LB etwas lederig; unterstes StgB rundlich oder nierenförmig, gezähnt oder höchstens gelappt, bläulichgrün bereift, — sitzend oder kurz gestielt . . **13**

- LB nicht lederig; unterstes StgB unzerteilt u. lanzettlich oder zerteilt, nicht bläulich bereift (wenn rundlich oder nierenförmig, dann lg gestielt) . . . **14**

**13** GrundB zur Blü- u. FrZeit fehlend (verdorrt); unterstes StgB etwa in der Mitte des Stg sitzend, gekerbt bis gesägt; Stg meist unverzweigt. — StgB 8–13 cm lg, obere lanzettlich oder 3lappig, zugespitzt. H: 5–30(40) cm. ♃ He. V–VII. Felsschutthalden, Felsbänder, Blaugrashalden, Horstseggenrasen, Legföhrengebüsch; kalkstet; (montan) subalpin bis alpin; sehr slt. Süd-**K** (östl. Karawanken). (Hptvbr.: Illyrische Gebirge, Karpaten, Westalpen, Pyrenäen.) Sehr giftig. Potentiell gefährdet. ▲
**Schildblatt-H.**, „Gift-H.", (sl.:) opojna zlatica, ***R. thóra***

- GrundB spätestens zur FrZeit vorhanden, 1–2(4); unterstes StgB gestielt, meist unterhalb der StgMitte, br-nierenförmig, vorn 3–5lappig bis eingeschnitten-gesägt; Stg meist ± verzweigt. — Obere LB 3–5zähnig; oberste LB lanzettlich. H: 10–15(20) cm. ♃ He. VI–VIII. Felsschuttfluren, steinige Rasen, Felsspalten; kalkstet; obermontan bis alpin; zstr bis mäßig hfg. **Fehlt B, W, V**. Giftig.
**Hahnenkamm-H.**, Kamm-H., ***R. hýbridus***

**14** Pf seidig-filzig behaart; Wu knollig (ellipsoidisch) verdickt. — Stg aufrecht, ästig, wenig beblättert, 1–5blütig; GrundB lg gestielt, 3teilig mit lineal-lanzettlichen, unzerteilten 3teiligen Abschnitten; Blü einzeln, 20–30 mm ∅; KB außen silbergrau-zottig, stark herabgeschlagen; SammelFr walzlich-ellipsoidisch; Nüßchen zahlr., schmal geflügelt mit langem, geradem, spitzem Schnabel. H: 30–50 cm. ♃ Ge. V–VI. Halbtrockenrasen; collin; zstr bis slt. Im Pann. **B, N**. Giftig. Gefährdet. **Illyrischer H., *R. illýricus***

- Pf nicht seidig-filzig, zT aber abstehend oder anliegend behaart; Wu nicht knollig verdickt . . . . . . . . . . . . . . . . . . . . . . . . . . . . **15**

**15** GrundB unzerteilt, lanzettlich bis länglich-elliptisch, ganzrandig oder höchstens entfernt gezähnelt. — Auf nassen Standorten . . . . . . . . . . . **16**

- GrundB unzerteilt u. rundlich (nierenförmig) u. gekerbt oder gespalten bis geteilt . . . . . . . . . . . . . . . . . . . . . . . . . . . . . . . **19**

**16** Pf ⊙; Blü 2,5–3 mm ∅, sitzend, — in den StgBAchseln (oft zw. den gabeligen StgVerzweigungen); Stg meist aufrecht; untere LB lg gestielt, entfernt gezähnelt; Kro h'gelb; Nüßchen etwas warzig, 2,5 mm lg, Schnabel etwa so lg wie das (übrige) Nüßchen, gerade, nur an der Spitze gebogen. H: 5–25 cm. ⊙ Th. V–VIII. Feuchte, lehmige Weiderasen, Lackenränder; collin; (früher:) sehr slt. **B**† (auf der Parndorfer Platte zw. Parndorf u. Neusiedl a. See), (**N**†). (Hptvbr.: Ost- u. Südost-Europa.) Erloschen (durch Umwandlung der Pußta/Steppe in Ackerland um 1960 vernichtet). † **Seitenblütiger H., *R. lateriflórus***

- Pf ♃; Blü 5–40 mm ∅, gestielt . . . . . . . . . . . . . . . . . . . . **17**

**17** Mit unterirdischen Ausläufern; Blü 20–40 mm ∅. — Stg aufrecht, dick, hohl. H: 50–150 cm. ♃ Wa. VI–VIII. Sümpfe, Röhrichte, Ufer träg fließender Gewässer, Teichränder, Wassergräben; collin bis submontan; sehr slt. **V†, sonst alle Bdld**. Giftig. Stark gefährdet. ▲ **Zungen-H.**, Großer H., ***R. língua***

- Ohne unterirdische Ausläufer; Blü 5–20 mm ∅. — Stg niederliegend, bogig aufsteigend oder aufrecht (Artengruppe Brenn-H., *R. flammula agg.*) . . **18**

**18** Pf aufrecht oder aufsteigend u. dann Stg nur an den unteren Knoten wurzelnd, aber mit geraden StgGliedern; untere LB 2–7 cm lg gestielt, elliptisch, obere lanzettlich, sitzend; Blü 8–20 mm ∅; Nüßchen 1,5–2 mm lg, Schnabel gerade, 1/8× so lg wie das übrige Nüßchen. H: 20–70 cm. ♃ He. V–IX. Sümpfe, nasse

Wiesen, Wassergräben; kalkmeidend; collin bis montan; mäßig hfg bis slt. **Alle Bdld**. Giftig. In den wAlp gefährdet. **Brenn-H.,** ***R. flámmula***

- Pf kriechend, Stg an jedem Knoten wurzelnd, mit bogigen StgGliedern; alle LB gestielt, lineal-lanzettlich; Blü 5–10 mm ∅; Nüßchen 1–1,5 mm lg, Schnabel gebogen, etwa ¼× so lg wie das übrige Nüßchen. H: 5–30 cm. ♃ He. VI–VIII. Offene, zeitweise überschwemmte Ufer; collin bis subalpin; sehr slt. **O?, St, K?, S, T, V**. Giftig. Stark gefährdet. *(R. flammula subsp. reptans)* **Ufer-H.,** ***R. réptans***

**19** [15] Stg am Grund (im Boden!) knollig verdickt. — Pf unten abstehend, oben anliegend behaart; KB außen lg zottig, blaßgelb, stark herabgeschlagen; KroB 6–20 mm lg; Nüßchen-Schnabel deutlich gekrümmt. H: 15–40(50) cm. ♃ He (Ge). V–VII. Kalk-Magerrasen, trockene Wiesen, Böschungen; Lehmzeiger; collin bis untermontan; hfg. **Alle Bdld**. Giftig. Im BM u. nVL gefährdet. **Knollen-H.,** Knolliger H., ***R. bulbósus***

- Stg am Grund nicht knollig verdickt . . . . . . . . . . . . . . . . . . . . **20**

**20** Stempel u. Nüßchen 3–8, 4–7 mm lg *(ohne Schnabel gemessen)*, mit vielen Stacheln besetzt (Abb. 153 a). — LB 3teilig, mit 3spaltigen bis 3teiligen Abschnitten; Blü 4–10 mm ∅; Kro h'gelb. H: 20–60 cm. ⊙ Th. V–VII. Nährstoffreiche, lehmig-tonige Äcker; basenhold; Lehmzeiger; collin bis montan; zstr bis slt. **Alle Bdld**. Giftig. Gefährdet (durch Herbizide). **Acker-H.,** ***R. arvénsis***

- Stempel u. Nüßchen 10–100, 2–4 mm lg, ohne Stacheln . . . . . . . . . **21**

**21** KB herabgeschlagen; Pf ⊙ . . . . . . . . . . . . . . . . . . . . . . . . **22**

- KB nicht herabgeschlagen; Pf ♃ . . . . . . . . . . . . . . . . . . . . . . **23**

**22** Blü 4–10 mm ∅; KroB blaßgelb, etwa so lg wie der (hinfällige) K; Nüßchenstand (SammelFr) walzlich; Stg kahl oder oberwärts behaart, — mit Längsrillen, hohl. H: 10–100 cm. ⊙ Th, Wa. VI–X. Stickstoffreiche, schlammige Gräben, Teichränder, Wegmulden, Sumpfwiesen, stehende Gewässer; collin bis montan; zstr bis mäßig hfg. **Alle Bdld**. Sehr giftig. VolksarzneiPf (histor.). Gefährdet. **Gefährlicher H.,** „Gift-H.", ***R. scelerátus***

- Blü 12–20 mm ∅; KroB gelb, doppelt so lg wie der K; Nüßchenstand halbkugelig; Stg ± abstehend behaart. — GrundB 3zählig, mit ± gestieltem Mittelabschnitt; Nüßchen-Schnabel sehr kurz. H: 10–30 cm. ⊙ Th. V–IX. Feuchte bis nasse Äcker, Weiderasen, Weg- u. Grabenränder, Ruderalstellen; Feuchtigkeits- u. Bodenverdichtungszeiger, salzertragend; collin bis untermontan; im Pann mäßig hfg, sonst zstr bis slt. **(T); fehlt V**. Giftig. Gefährdet; im BM u. nVL stark gefährdet. **Sardischer H., Rauhhaar-H.,** ***R. sardóus***
  - **a** Nüßchen auf der Innenseite randlich mit kleinen Höckern, Schnabel aufwärts gekrümmt. Häufigkeit u. Vbr. in Ö unerforscht. *(R. s. var. tuberculatus)* ⊖■ **Höckeriger S. H.,** ***R. s. subsp. subdichotómicus***
  - **-** Nüßchen auf der Innenseite glatt, Schnabel fast gerade. Häufigkeit u. Vbr. in Ö unerforscht. *(R. pseudobulbosus, R. s. subsp. laevis)* ⊖■ **Glatter S. H.,** ***R. s. subsp. sardóus***

**23** Nüßchen dicht behaart; GrundB von den StgB stark verschieden. — GrundB lg gestielt, mit unzerteilter, nierenförmig-rundlicher, gekerbt-gezähnter bis auch ± 3–7spaltiger Spreite; StgB 2–4, sitzend, tief (bis zum Grund) (3)5–9(11)teilig, meist mit linealischen Abschnitten (dadurch an Labkraut-Quirl erinnernd) oder mit lanzettlichen, grob gesägten Abschnitten; BlüBoden kahl bis behaart; Kro oft defekt (dh nur 0–4zählig); Nüßchen eiförmig, 3–4 mm lg, Schnabel kurz, hakig (Abb. 153 b). H: 15–60 cm. ♃ He. IV–V. Feuchte Edellaubwälder, bes. Hainbuchenwälder, feuchte bis sumpfige Wiesen, Flachmoorwiesen; collin bis montan (subalpin); zstr bis mäßig hfg. **Fehlt V**. Giftig. Gefährdet. Artengruppe **Gold-H.,** Goldschopf-H., ***R. auricomus agg.***

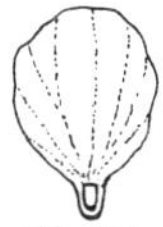

Abb. 152

Abb. 153 a b c d e f

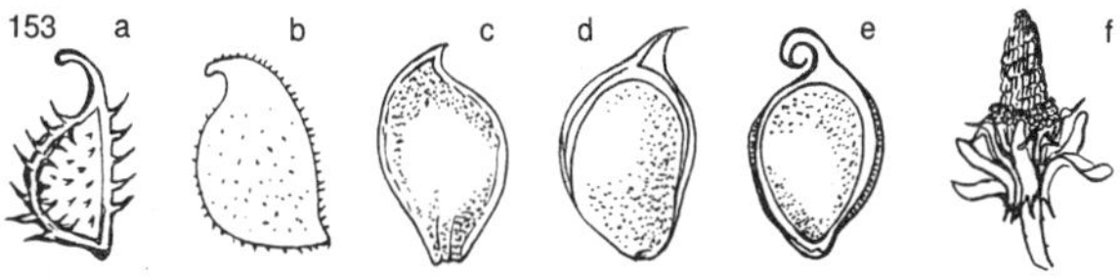

Anm.: Diese Artengruppe umfaßt (neben 1 oder sehr wenigen sexuellen) zahlr. agamospermische Kleinarten, die in Ö großteils noch sehr unzureichend erforscht sind. Zur Bestimmung der Kleinart sind jeweils mehrere (rund 10) vollerblühte (u. zT schon fruchtende) Individuen einer Population notwendig (denn die entscheidend wichtige Kenntnis der vollständigen Blattfolge der rosettigen GrundB ist nie an einem einzigen Individuum ausgebildet, sondern läßt sich nur aus der Analyse mehrerer Individuen zu diesem Zeitpunkt ermitteln!). Gesammelte Individuen müssen vollständig sein, dh Blühtrieb u. GrundB samt ihren basalen Scheiden im Zusammenhang zeigen. Die LB'Spreiten sollten sorgfältig ausgebreitet sein.

**-** Nüßchen kahl; GrundB von den StgB nicht auffällig verschieden . . . . **24**

**24** Blü 5–10 mm ∅; Nüßchen 0,8–1,4 mm ∅. — Pf 1blütig; Stg meist von den handförmig gelappten LB überragt; Nüßchen eiförmig, glatt, Schnabel an der Spitze abwärts gebogen. H: 1–5 cm. ♃ He. VII–VIII. Schneetälchen, Gletscherränder, feuchte Felsbänder, bes. über Silikatgesteinen; alpin; sehr slt. Zentralalpen. **K(!), S, T**. (Arktisch-alpin; Hptvbr.: arktisches Europa, Asien, Nordamerika.) Giftig. Potentiell gefährdet. △ **Zwerg-H., *R. pygmáeus***

**-** Blü 12–35 mm ∅; Nüßchen 1,5–4 mm ∅ . . . . . . . . . . . . . . . . . **25**

**25** BlüBoden (u. FrBoden) kahl . . . . . . . . . . . . . . . . . . . . . . . . **26**

**-** BlüBoden (u. FrBoden) (zumindest oben) behaart *(mit der Lupe den von den Blü bzw. Nüßchen befreiten gewölbten BlüBoden betrachten!)* . . . . . . . **27**

**26** Pf dicht abstehend-behaart; GrundB 5spaltig, — mit br-eiförmigen, unregelmäßig gesägten Abschnitten; Kro tief goldgelb; Nüßchen eiförmig, seitlich stark zusammengedrückt, Schnabel etwa 1 mm lg u. rund 1/3× so lg wie das übrige Nüßchen, hakig gekrümmt. H: (30)50–70(100) cm. ♃ He. V–VII. Feuchte, schattige Edellaubwälder, Bachränder, Auwälder, Schluchtwälder, Hochstaudenfluren; kalkliebend; collin bis subalpin; hfg. **Alle Bdld**. Giftig. **Woll-H., *R. lanuginósus***

**-** Pf locker u. kurz anliegend-behaart oder kahl; GrundB 5–7teilig, mit lineal-lanzettlichen bis eiförmigen, 3spaltigen, eingeschnitten-gesägten Abschnitten (Abb. 155). — Schnabel kaum 0,5 mm lg, höchstens 1/4× so lg wie das übrige Nüßchen, wenig (Abb. 153 a) bis stark gekrümmt. Giftig (im frischen Zustand; im Heu jedoch unschädlich). *(R. acer,* **Artengruppe Scharfer H., *R. acris agg.)*** **Scharfer H., *R. ácris (s. l.)***

**a** WuStock höchstens 1 cm lg, meist schräg; GrundB daher ± rosettig, 3–5schnittig, — Abschnitte geteilt bis geschnitten, Zipfel meist lineal-lanzettlich; Nüßchen-Schnabel wenig gekrümmt. H: 30–60(100) cm. ♃ He. V–X. Frische Fettwiesen u. -weiden; collin bis subalpin; sehr hfg. **Alle Bdld**. ■ **Gewöhnlicher Sch. H., *R. a. subsp. ácris***

**-** WuStock 3–10 cm lg, fast waagrecht; GrundB meist nicht rosettig, 3–5teilig, — Abschnitte gespalten bis geteilt, Zipfel eiförmig . . . . . . . . . . . . . . . . . **b**

**b** LB weich, dünn, jung unterseits seidenhaarig; LB'Abschnitte einander meist ± dekkend, reich gesägt; Staubf. kahl; Nüßchen-Schnabel stark gekrümmt. H: 50–120 cm. ♃ He. V–X (?). Fettwiesen, bes. in Gärten u. Parkrasen. **W, N?, St, T, V**. In den wAlp vielleicht heimisch, im Osten nur Neubürger u. slt. *(R. „stevenii")* ■ **Fries-H.**, Steven-H., ***R. a. subsp. friesiánus***

**-** LB etwas lederig, dicklich, dicht steifhaarig; LB'Abschnitte einander meist nicht dekkend (sondern oft deutlich voneinander abstehend), wenig u. grob gesägt; Staubf. behaart; Nüßchen-Schnabel ziemlich gerade. — LB'Spreite mit br Stielbucht; KB am Grund mit kurzen u. spitzenwärts mit längeren, ± abstehenden, (getrocknet rötlichen?)

Haaren. H: 50–120 cm. ♃ He. V–X (?). Feuchtwiesen (?), Bahndämme (?); collin; sehr slt. **N***. (Hptvbr.: Ost-Europa.) Unbeständig? *(**R. strigulosus**)*

☆■ **Striegelhaariger Sch. H., *R. a. subsp. strigulósus***

**27** Pf mit oberirdisch kriechenden Ausläufern; Stg kriechend, — an den Knoten wurzelnd; GrundB 3schnittig mit ± gelappten oder gespaltenen Abschnitten, Mittelabschnitt deutlich gestielt; Blü 2–3 cm ∅. G: 30–40(60) cm lg. ♃ He. V–IX. Nasse Wiesen, Gräben, nasse Äcker, nasse Waldstellen, Erlenbruchwälder; Nässezeiger; collin bis montan; sehr hfg. **Alle Bdld**. Giftig.

**Kriech-H., *R. répens***

**-** Pf ohne oberirdische Ausläufer; Stg aufrecht (zumindest bis zum Beginn der BlüZeit) . . . . . . . . . . . . . . . . . . . . . . . . . . . . . . . . **28**

**28** BlüStiele längsgefurcht; Nüßchen berandet (Abb. 153 d). (Artengruppe Vielblüten-H., *R. polyanthemos agg.*) . . . . . . . . . . . . . . . . . . . **29**

**-** BlüStiele ungefurcht, stielrund; Nüßchen nicht berandet, — mit hakigem bis eingerolltem Schnabel. (Artengruppe Berg-H., *R. montanus agg.*) . . . . **32**

**29** Stg anfangs schief aufrecht, später niederliegend; in den LB'Achseln LB'Rosetten treibend, die sich bewurzeln; untere StgB den GrundB gleichend, — ihre Spreite tief 3teilig, mit wenig zerteilten Abschnitten; Blü 2–3 cm ∅; KB außen abstehend behaart, den KroB anliegend. G: 20–50 cm lg. ⊙ He. V–VII. Kräuterreiche frische Schluchtwälder, Hochstaudenfluren; collin bis montan; zstr. **O, S,** Nord-**T, V**. Giftig. Potentiell gefährdet. Hybriden mit der folgenden Art sind nicht slt. *(R. radicescens, R. nemorosus subsp. serpens, R. s. subsp. serpens)*

■ **Wurzelnder H., *R. sérpens***

**-** Stg aufrecht, nie niederliegend, daher auch keine LB'Rosetten treibend; untere StgB von den GrundB verschieden . . . . . . . . . . . . . . . . . . . . . . **30**

**30** Nüßchen-Schnabel nicht eingerollt, — sondern kurz u. spitz, leicht gekrümmt (Abb. 153 d); GrundB u. untere StgB tief 3–5schnittig, Mittelabschnitt 4–8 mm lg gestielt, Abschnitte der abermals 3spaltigen Blättchen schmal-linealisch, gezähnt; Stg am Grund abstehend, oben anliegend behaart; Blü 18–25 mm ∅. H: 30–60 cm. ♃ He. V–VII. Eichenwälder, Waldsäume, Gebüsche u. Waldwiesen; wärmeliebend; collin bis submontan; zstr bis slt. **B, W, N, O, S**. Giftig. Gefährdet. *(R. polyanthemos subsp. polyanthemos)*

■ **Vielblüten-H., *R. polyánthemos (s. str.)***

Anm.: Wieweit in **Ö** der ⊖■ **Falsche Vielblüten-H., *R. polyanthemoídes*** verbreitet ist, ist noch nicht ganz geklärt. Er unterscheidet sich von *R. polyanthemos* hauptsächlich durch die 3spaltigen, dem Wald-H., *R. nemorosus* ähnlichen LB'Spreiten.

**-** Schnabel (bei jungen Nüßchen) stark eingerollt (Abb. 153 e), — 1/3- bis 1/2× so lg wie das restliche Nüßchen . . . . . . . . . . . . . . . . . . . . . . . . **31**

**31** GrundB 3spaltig, Mittelabschnitt nicht gestielt, höchstens bis zum untersten 1/3 der Länge 3spaltig (Abb. 154). — StgB in schmal-lanzettliche Abschnitte zerschnitten. H: 20–80 cm. ♃ He. V–VII. Edellaubwälder, bes. Fichten-Tannen-Buchenwälder, Magerwiesen; montan bis subalpin; hfg. **Alle Bdld**. Giftig. *(R. n. subsp. nemorosus, R. serpens subsp. nemorosus, R. tuberosus)*

■ **Wald-H.,** Hain-H., ***R. nemorósus***

**-** GrundB 3–5schnittig, Mittelabschnitt 4–8 mm lg gestielt, wie alle Abschnitte noch mehrmals tief (bis zum untersten 1/5) geteilt. — Die untersten GrundB im Umriß vieleckig bis rund, 3–5schnittig, alle Abschnitte nochmals in schmale Abschnitte geteilt, die einander meist überdecken. H: 50–100 cm. ♃ He. V–VII. Halbtrockenrasen, Wald- u. Wegränder; collin bis submontan; zstr bis slt (?).

* Neuerdings von H. Melzer u. von L. Schratt beobachtet (ined.).

**B?, N, O?, St, K, T***, **V**. (Vbr. unzureichend erforscht.) Giftig. Stark gefährdet. ▲ *(R. nemorosus subsp. polyanthemophyllus)*
■ **Schlitzblatt-H., *R. polyanthemophýllus***

**32** [28] WuStock oben dicht mit 2–4 mm lg Haaren besetzt; BlüBoden überall behaart; Spreite der jungen LB im noch gefalteten Zustand nach unten geknickt. — GrundB tief 3teilig, anliegend behaart (etwa 6–12 Haare pro mm²); StgB höchstens 2 cm lg, mit 3–5 kurzen schmal-lanzettlichen bis linealischen, lg zugespitzten Abschnitten; Nüßchen 35–70. H: 5–15 cm. ♃ He. V–VII. Sonnige, flachgründige, sickerfrische Stein- u. Schuttrasen; kalkliebend; subalpin bis alpin; zstr. **N, St, K** (auf dem Dobratsch), **S, T, V**. Giftig. *(R. hornschuchii,* ***R. oreophilus****)* **Gebirgs-H., Rax-H.,** Hornschuch-H., ***R. breynínus***

**-** WuStock kahl; BlüBoden nur oberwärts behaart; junge LB'Spreiten aufrecht. — Nüßchen 25–50 . . . . . . . . . . . . . . . . . . . . . . . . . . . **33**

**33** LB sehr dicht behaart (8–20 Haare je mm²), — gelblichgrün, matt; Abschnitte der StgB lineal-lanzettlich, lg zugespitzt, im unteren Drittel am breitesten; GrundBSpreite bis zu ²/₃–⁵/₆ tief gespalten/geteilt, Seitensegmente nur bis etwa zur Hälfte eingeschnitten, Endzipfel 3eckig. H: 12–20 cm. ♃ He. V–VIII. Frische bis trockene Silikat-Magerrasen, Weiderasen, lichte Lärchenwälder; kalkmeidend; obermontan bis alpin; mäßig hfg. Bes. in den Zentralalpen. **T, V**. (Westalpisch.) Giftig. *(**R. grenieranus**)* **Grenier-H., Villars-H., *R. villársii***

**-** LB kahl bis zstr behaart (0–6 Haare je mm²) . . . . . . . . . . . . . . . **34**

**34** StgB-Abschnitte lanzettlich, weniger als 7× so lg wie br, stumpflich bis kurz zugespitzt, in oder knapp oberhalb der Mitte am breitesten; Schnabel der Nüßchen etwas abstehend. — LB kahl bis zstr behaart; GrundBSpreite bis zu ²/₃–⁵/₆ tief gespalten/geteilt, Seitensegmente nur bis etwa zur Hälfte eingeschnitten, Endzipfel 3eckig. H: 25–30(50) cm. ♃ He. IV–VIII. Frische bis feuchte, mäßig nährstoffreiche Weiderasen, Flachmoorwiesen, lichte Wälder; kalkliebend; obermontan bis alpin; hfg (in den östl. Zentralalpen slt). **Fehlt B, W**. (Mittel- u. Ostalpisch.) Giftig. *(R. montanus subsp. montanus)*
**Berg-H., *R. montánus***

**-** StgB-Abschnitte schmal-lanzettlich bis linealisch, (6)7–15× so lg wie br, lg zugespitzt; Schnabel der Nüßchen sehr kurz, anliegend. — LB völlig kahl (höchstens vereinzelt bewimpert); GrundBSpreite fast bis zum Grund 3(5)teilig, Seitensegmente über die Hälfte weit eingeschnitten, Endzipfel länglich, meist 2× so lg wie br. H: 4–20(40) cm. ♃ He. IV–VII. Mäßig frische, flachgründige, skelettreiche Kalk-Magerrasen, Föhrenwälder; kalkliebend; (montan) subalpin bis alpin; mäßig hfg bis slt. **N, St, K**. (Ges.-Vbr.: Ostpyrenäen bis Dinarische Gebirge; reliktär-disjunkt.) Giftig. **Kärntner H., *R. carinthíacus***

**35** [1] Anm.: Je nach Umweltbedingungen werden Land- oder Wasserformen ausgebildet, was das Bestimmen erschwert. In Tümpeln, die im Sommer austrocknen, werden die normalerweise perennierenden Arten mitunter ± annuell.
SchwimmB (unzerteilte LB, auf der Wasseroberfläche) an gut entwickelten Pf vorhanden. — TauchB (geteilte, haarförmig zerschlitzte LB unter Wasser) vorhanden oder fehlend. (Teil der Artengruppe Großblüten-W., *R. aquatilis agg.*; vgl. Pkt 41–) . . . . . . . . . . . . . . . . . . . . . . . . . . . **36**

**-** SchwimmB fehlen . . . . . . . . . . . . . . . . . . . . . . . . . . . **39**

**36** Unreife Nüßchen kahl. — SchwimmB wechselständig, deren Stiel bis 80 mm lg, Spreite nierenförmig bis kreisrund, 3–5lappig (manchmal auch fehlend); TauchB mit 5–20 mm lg Stiel, Segmente steif, spreizend, nicht zusammen-

* Zufolge unveröff. Angaben von W. Gutermann, A. Polatschek u. L. Schratt.

fallend, meist vorhanden, manchmal auch fehlend; KroB 6–10 mm lg, br-verkehrt-eiförmig; BlüBoden behaart, zur FrReife deutlich verlängert, eiförmig; Nüßchen geflügelt; Stg dick, sukkulent. G: 20–50 cm lg. Niederliegend in der Land-, aufrecht-spreizend in der Wasserform. ♃(☉?) Wa. (III)V–VIII. In Gräben, Viehtränken, Weihern mit salzigem, manchmal auch süßem Wasser; collin; slt. **B** (im Seewinkel). (Hptvbr.: West-Europa.) Giftig. Stark gefährdet. *(R. aquatilis subsp. baudotii, Batrachium baudotii,* ***R. baudotii****, R. peltatus subsp. fucoides, R. p. subsp. saniculifolius)*

■ **Salz-W.,** ***R. peltátus*** **subsp.** ***baudótii*** (vgl. Pkt 38)

– Unreife Nüßchen behaart, manchmal nur zstr behaart . . . . . . . . . . **37**

**37** BlüStiel zur FrZeit kürzer als der Stiel des gegenüberliegenden SchwimmB, LB'Rand gezähnt; Nektargrube rund. — Spreite der SchwimmB nieren- bis kreisförmig, gelappt; TauchB immer vorhanden, gabelspaltig, Spreiten-Umriß kugelförmig (manchmal unregelmäßig geformte ÜbergangsB); Blü-∅ mehr als 2 cm; StaubB 25–30. G: 50–150 cm lg. ♃(☉?) Wa. V–VIII(IX). Stehende u. langsam fließende, meist kalkarme Gewässer; collin bis untermontan; zstr bis slt. **N, O, St, K, S, T**. Giftig. Gefährdet. *(R. aquatilis subsp. aquatilis, B. aquatile)* ■ **Großblüten-W., Gewöhnlicher W.,** ***R. aquátilis*** *(s. str.)*

– BlüStiel zur FrZeit länger als der Stiel des gegenüberliegenden SchwimmB; LB'Rand gekerbt; Nektargrube mondsichel- oder birnenförmig . . . . . **38**

**38** Ausgewachsene TauchB kürzer als die Stg-Internodien, ihre Spreiten-Abschnitte spreizend (nicht parallel laufend), — Spreite kugelig bis verkehrt-kegelförmig; meist auch SchwimmB vorhanden: deren Spreite rundlich, am Grund herzförmig, 3(7)spaltig; KroB 12–15 mm lg; StaubB 15–30. G: 0,5–2 m lg. ♃(☉?) Wa. IV–VIII. Stehende u. träge fließende Gewässer, Weiher u. Entwässerungsgräben; PionierPf neu angelegter Gräben; collin; zstr. **B, N, O, St, K**. Giftig. Stark gefährdet. *(R. aquatilis subsp. peltatus, B. langei,* ***R. peltatus*** *s. str.)* ■ **Schild-W.,** ***R. peltátus*** **subsp.** ***peltátus*** (vgl. Pkt 36)

– Ausgewachsene TauchB so lg wie oder länger als die Stg-Internodien, ihre Spreiten-Abschnitte schlaff (± parallel), — haarfein; slt auch SchwimmB entwickelt: deren Spreite nieren- bis halbkreisförmig, 3–5lappig, LB'Rand gekerbt, gezähnt oder mit feinen Auswüchsen; KroB 10–15 mm lg; StaubB 20–40. G: 0,5–3 m lg. ♃. Wa. IV–VII. Im fließenden Wasser; collin; slt. **St?**. Giftig. Stark gefährdet. Sehr variabel (vielleicht Hybriden von *R. peltatus, R. trichophyllus, R. fluitans*). *(R. aquatilis subsp. penicillatus, B. penicillatum,* inkl. *R. pseudofluitans)* ⊖■ **Pinselblatt-W.,** ***R. penicillátus***

**39** [35] LB'Abschnitte der TauchB in einer Ebene liegend, — im Umriß kreisrund, außerhalb des Wassers gespreizt bleibend, nicht zusammenfallend; BlüBoden behaart; KroB 7–10 mm lg, einander deckend, mit mondsichelförmiger Nektargrube; KB 6 mm lg, abstehend. G: 5–300 cm. ♃(☉?) Wa. V–IX. Eutrophe, bes. kalkreiche Gewässer, über humosem Schlamm; collin bis untermontan; sehr zstr. **T†?, V†?, sonst alle Bdld**. Giftig. Gefährdet. *(R. aquatilis var. circinatus, R. stagnalis, B. circinatum)* ■ **Spreizender W.,** ***R. circinátus***

– LB'Abschnitte in mehr als einer Ebene liegend . . . . . . . . . . . . . **40**

**40** Reife Nüßchen geflügelt; KB gewöhnlich mit blauer Spitze.

■ **Salz-W.,** ***R. baudótii*** (→ Pkt 36)

– Reife Nüßchen nicht geflügelt; KB niemals mit blauer Spitze . . . . . . **41**

**41** KroB 7–13 mm lg, während der BlüZeit bleibend; Nektargruben kreis- oder birnenförmig . . . . . . . . . . . . . . . . . . . . . . . . . . . . . . . . **42**

– KroB 3,5–5,5 mm lg, hinfällig; Nektargruben mondsichelförmig. — LB in haarfeine Abschnitte geteilt. (Teil der Artengruppe Großblüten-W., *R. aquatilis agg.*; vgl. Pkt 35–37) . . . . . . . . . . . . . . . . . . . . . . . . **43**

**42** Ausgewachsene TauchB kürzer als die Internodien, 4–7 cm lg; LB'Abschnitte meist nicht parallel, sondern in spitzem Winkel zueinander stehend; FrBoden behaart. **Großblüten-W., *R. aquátilis*** (→ Pkt 37)

– Ausgewachsene TauchB so lg oder länger als die Internodien, (8)10–30 cm lg; LB'Abschnitte meist ± parallel zueinander stehend; FrBoden (fast) kahl. — KB 4–6,5 mm lg, abstehend. Wasserform: ♃, G: bis 6 m lg, Internodien bis 35 cm lg. Landform: ⊙, H: slt über 6 cm. Wa. VI–VIII. Oft in großen Massen, in ± schnell fließendem Wasser; eher in größeren Gewässern mit Kieselgrund; collin bis montan; zstr bis hfg. **N, O, S, T, V**. Giftig. Im Alp u. nVL gefährdet. *(R. fluviatilis, B. fluitans)* **Flutender W., *R. flúitans***

**43** Reife Nüßchen kürzer als 1 mm, ± kugelig, zahlr., (50)60–90(100). — LB'Abschnitte ± steif auseinanderlaufend, Spreite kugelförmig; FrStiele 30–50 mm lg. Rasig in der Landform, aufrecht-spreizend in der Wasserform. G: 5–20 cm lg. ⊙ Th, Wa. VI–VIII. In warmen, stehenden Gewässern, in sommerlich ganz oder teilweise austrocknenden Tümpeln; collin; sehr slt. **W, N**. Giftig. Gefährdet. *(R. trichophyllus var. rionii, B. rionii)* ■ **Zarter W., *R. riónii***

– Reife Nüßchen länger als 1,5 mm, ± eiförmig, slt mehr als 35. — LB'Abschnitte steif oder schlaff; Blü 8–14 mm ∅; KB 2,5–3,6 mm lg; KroB bei offener Blü einander nicht überdeckend; StaubB 9–15. G: 10–50 cm lg. ♃(⊙?) Wa. V–VIII. Giftig. *(R. flaccidus, B. trichophyllum, R. (B.) paucistamineus)* ■ **Haarblatt-W., *R. trichophýllus***

**a** Pf kräftig, aufrecht; nur untere Knoten wurzelnd. Meso- bis eutrophe stehende u. langsam fließende Gewässer; collin bis subalpin; mäßig hfg. **Alle Bdld.** **Gewöhnlicher H.-W., *R. t. subsp. trichophýllus***

– Pf zart, niederliegend; die meisten bis alle Knoten wurzelnd. — Bis 2,5 m Tiefe blühend. Frischwasser oligotropher Seen; subalpin bis alpin; slt (?). **O, St, S, T**. (Arktisch-alpin.) *(R. t. subsp. eradicatus, R. confervoides)* **Gebirgs-H.-W., *R. t. subsp. lutuléntus***

## (16) Mäuseschwanz, *Myosúrus* (G V 11)

LB grundständig, grasartig; KB 5, grünlich, kurz gespornt, hinfällig; StaubB 5–10; Stempel zahlr.; FrStand mäuseschwanzähnlich. H: 5–10 cm. ⊙ Th. IV–VI. Feuchte bis nasse Äcker; kalkfeindlich; collin; slt. **B, W, N, O, St**. Gefährdet; im nVL u. söVL stark gefährdet. **Mäuseschwanz, *M. mínimus***

## (17) Hornköpfchen, *Ceratocéphala* *(Ceratocephalus)*

**1** Schnabel des Nüßchens fast gerade; Nüßchen oberseits mit schmaler Furche, unterseits mit einem fast 4eckigen Kamm. H: 2–5(8) cm. ⊙ Th. III–V. Sandige Straßenböschungen; collin; sehr slt. Nord-**B** (bei Jois), **W**†, **N** (in Mödling). (Hptvbr.: Südost-Europa, Kleinasien.) Vom Aussterben bedroht. ▲ *(Ranunculus testiculatus, Ceratocephalus testiculatus)* **Geradfrucht-H., *C. orthóceras***

– Schnabel des Nüßchens sichelförmig gebogen; Nüßchen oberseits mit br Grube, unterseits gekielt, ohne Kamm. H: 3–10 cm. ⊙ Th. III–V. (Früher:) Ackerränder, Wegränder, Grasplätze, erdige Böschungen; collin; slt. **W**†, **N**†. Ausgestorben. *(Ranunculus falcatus)* † **Sichel-H., *C. falcáta***

## (18) Adonis(röschen) u. Teufelsauge, *Adónis* (inkl. *Adonanthe*)

Anm.: Der ☆ **Herbst-A., *A. ánnua*** *(A. autumnális)* unterscheidet sich von den beiden unter Pkt 2 angeführten Arten durch Nüßchen ohne Buckel oder Vorsprung am inneren Rand u. durch verschmälerten Nüßchengrund, Blü 15–25 mm ∅, KroB 2,5–3× so lg wie br; er tritt in **(K)** unbeständig eingeschleppt auf.

1 KroB 10–20, goldgelb; Blü 4–8 cm ∅; Pf ♃. — LB alle stengelständig, 3- bis mehrfach fiederteilig, Abschnitte schmal-linealisch; KB br-eiförmig, weichhaarig; Gri hakenförmig gekrümmt; Nüßchen dicht gedrängt. H: 10–40 cm. ♃ He. (III)IV–V. Halbtrockenrasen, sonnige Schwarzföhrenwaldränder; kalkliebend; collin bis submontan; mäßig hfg bis zstr (jedoch Standorte slt!). Im Pann. **B, W, N**. (Südsibirisch-pontisch-pannonisch.) ArzneiPf, Pharm. (Herzglykoside); giftig. Gefährdet. ▲ *(Adonanthe vernalis)* **Frühlings-A., *A. vernális***

- KroB 5–8, leuchtend rot (slt h'gelb), am Grund oft mit schwarzem Fleck; Blü (1)2–3 cm ∅; Pf ⊙. (Teufelsauge, *A. sect. Adonis*) . . . . . . . . . . . . 2

2 KB ± am Grund meist zstr lg'haarig, zuletzt verkahlend, 1/3–1/2× so lg wie die KroB; Nüßchen locker stehend (FrBoden daher sichtbar), mit angedrücktem, schwarzem Schnabel, an der (der Achse zugewandten) Bauchseite unmittelbar unter dem Schnabel mit 1 stumpfen Zahn, Rückenseite ohne Zahn; KroB schmal- bis lineal-lanzettlich (4–5× so lg wie br), scharlach- bis blutrot, oft stark verschieden groß. H: 20–50 cm. ⊙ Th. VI–VIII. Kalkreiche Getreideäkker; collin; sehr slt. Bes. im Pann. **B, W, N, O†, St†, (K), S†, T**. (Hptvbr.: Südost-Europa, West-Asien.) Stark gefährdet. **Scharlach-A.**, Scharlach-T., Flammen-A., ***A. flámmea***

- KB kahl (slt mit 1–3 Haaren), 2/3–3/4× so lg wie die KroB; Nüßchen dichtstehend, mit abstehendem, geradem bis etwas gekrümmtem, grünem Schnabel, an der Bauchseite unter dem Schnabel mit 1 stumpfen u. noch weiter unten mit 1 spitzen Zahn, Rückenseite mit kleinem Zahn; KroB länglich bis zungenförmig, (mennig)rot, meist untereinander fast gleich groß. H: 20–60 cm. ♃–⊙ Th. VI–VIII. Lehmig-tonige Äcker; kalkliebend; collin bis submontan; slt (früher häufiger). **(K); S†, V†; sonst in allen Bdld**. Gefährdet; in den Alp, im BM, nVL u. söVL stark gefährdet. **Sommer-A.**, Sommer-T., ***A. aestivális***

## (19) Schmuckblümchen, Schmuckblume, Jägerkraut, *Calliánthemum*

1 Blü 20–30 mm ∅; KroB 6–13, weiß bis schwach rosa, br-eiförmig, ausgerandet, 1,5× so lg wie die KB; Nüßchen samt Schnabel 3 mm lg; LB zur BlüZeit meist schon voll entwickelt, untere Fiedern sitzend oder kurz gestielt; KB krautig, blaßgrünlich. H: 10–20 cm. ♃ Ge. V–VII. Feuchte, neutrale bis schwach bodensaure steinige Rasen, auch zw. Krummholz; bes. über Silikatgestein; subalpin bis alpin; zstr bis slt. Zentralalpen. **St, K, S, T**. **Korianderblatt-Sch., *C. coriandrifólium***

- Blü 30–40(50) mm ∅; KroB 10–18, weiß bis blaßrosa, linealisch(-keilförmig), 2× so lg wie die KB; Nüßchen samt Schnabel 4,5–5 mm lg; GrundB zur BlüZeit noch nicht voll entwickelt, untere Fiedern über 10 mm lg gestielt; KB häutig, weiß. H: 5–22 cm. ♃ Ge. IV–V. Föhrenwälder, feucht-schattige Felsen u. Geröll; nur über Kalk u. Dolomit; montan bis subalpin; zstr bis slt. **N, O, St**. Endemisch (nordöstl. Kalkalpen). △ **Anemonen-Sch., *C. anemonoídes***

## (20) Muschelblümchen, *Isopýrum*

Stg am Grund mit br NiederB; GrundB lg gestielt, blaugrün; Blüstd in den Achseln von LB; BalgFr samt dem einwärts gebogenen Schnabel etwa 10 mm lg. H: 10–30 cm. ♃. IV–V. Frische bis feuchte Edellaubwälder, bes. Eichen-Hainbuchen-Wälder u. Auwälder; collin bis untermontan; zstr bis slt. **B, W, N, O, St, K**. In den Alp u. im nVL gefährdet. **Muschelblümchen, *I. thalictroídes***

## (21) Akelei, *Aquilégia*

Anm.: Hybriden sind nicht slt.

1 BlüSporne am Ende stark hakig gekrümmt; Stg meist verzweigt, 3–10blütig. (Artengruppe Gewöhnliche A., *A. vulgaris agg.*) . . . . . . . . . . . . . . **2**
Anm.: Diese Artengruppe ist in Ö noch nicht ausreichend erforscht.

– BlüSporne fast gerade oder nur schwach gekrümmt; Stg meist unverzweigt, 1–3blütig . . . . . . . . . . . . . . . . . . . . . . . . . . . . . . . . **3**

2 Stg oben fast kahl bis drüsenlos behaart (oder mit nur wenigen Drüsenhaaren); BlüHülle (= Perigon u. NektarB) blauviolett; StaubB nicht oder nur wenig (1–5 mm?) aus der BlüHülle ragend. — LB unterseits meist behaart; spornlose PerigonB 20–25(30) mm lg; Platte der NektarB (7)9-12(14) mm lg; Sporne 13–22 mm lg. H: 30–60 cm. ♃ He. V–VII. Lichte Wälder, Wiesen, Gebüsche; etwas kalkliebend; collin bis subalpin; mäßig hfg bis slt. **Alle Bdld**. Schwach giftig. ▲ *(Aquilegia vulgaris subsp. vulgaris)* **■ Gewöhnliche A., *A. vulgáris***
Anm.: Diese Art wird auch hfg als ZierPf kultiviert; bei Gartensorten, oft auch bei Hybriden mit anderen Arten (bes. mit der ★ **Kanadischen A., *A. canadénsis***), ist die BlüHülle weiß, rosa, purpurn usw.

–!! Stg oben dicht drüsenlos behaart; BlüHülle braunviolett; StaubB weit (10–20 mm) aus der BlüHülle ragend. — LB unterseits meist kahl; spornlose PerigonB 15–25(30?) mm lg; Platte der NektarB (5)8–12 mm lg; Sporne 10–15 mm lg. H: 20–60 cm. ♃ He–Ge. VI–VII. Wälder, bes. Rotföhrenwälder, Waldsäume, Flachmoorwiesen; kalkliebend; montan bis subalpin; mäßig hfg bis slt. **Fehlt B, W**. ▲ *(A. vulgaris subsp. atrata)* **■ Schwarzviolette A., *A. atráta***

– Stg oben überwiegend drüsenhaarig; BlüHülle blau bis d'blauviolett; StaubB meist ein wenig (2–10 mm?) aus der BlüHülle ragend. — LB unterseits meist weichhaarig; spornlose PerigonB (20)25–35 mm lg; Platte der NektarB (5)9–12(14) mm lg; Sporne (12)16–21(25) mm lg. H: 20–60 cm. ♃ He–Ge. VI–VII. Wälder u. Wiesen (?); kalkliebend; montan bis subalpin; slt. **N?, O?, St, K**. ▲ (Artrang ungeklärt!) *(A. vulgaris subsp. nigricans)* **■ Dunkle A., *A. nígricans***

3 Stg drüsenlos flaumhaarig; Blü 6–9 cm br; BlüHülle intensiv himmelblau; spornlose PerigonB 35–45 mm lg. H: 15–50 cm. ♃ He. VI–VIII. Steinige Hänge, Grashalden, Weiderasen, Gebüsche; subalpin bis alpin. **V**. (Hptvbr.: Westalpen.) Potentiell gefährdet. ▲ **Alpen-A., *A. alpína***

– Stg oben ± drüsig-flaumhaarig; Blü 2,5–3(4) cm br; BlüHülle blauviolett; spornlose PerigonB 15–20 mm lg. H: 15–40 cm. ♃ He. VI–VII. Lichte Gebüsche, Steinschutthalden; kalkstet; subalpin; sehr slt. Süd-**K, T**. Potentiell gefährdet; in den nAlp gefährdet. △ *(A. aquilegioides)* **Kleinblütige A., *A. einseleána***

## (22) Wiesenraute, *Thalíctrum*

1 PerigonB braunrot, höchstens 2 mm lg; Traube; Pf meist weniger als 15 cm hoch; alle LB grundständig. — Blättchen 2–4 mm lg; Staubf. violett. H: 5–15 cm. ♃ He. VII–VIII. Bodensaure Rasen; alpin; sehr slt. In den Zentralalpen **St, K, S, T**. (Arktisch-alpin.) Potentiell gefährdet. **Alpen-W., *Th. alpínum***

– PerigonB weißlich, gelblich oder grünlich, 3–6 mm lg; Rispe; Pf meist höher als 15 cm; Stg beblättert . . . . . . . . . . . . . . . . . . . . . . . . . . **2**

2 Staubf. unterhalb des Staubbeutels verdickt; Nüßchen mit 3 geflügelten Kanten, glatt, etwa 7 mm lg, deutlich gestielt, hängend. — Staubf. lila bis weiß; Blättchen rundlich bis eiförmig, höchstens 1,5× so lg wie br, grob u. stumpf eingeschnitten, mit häutigen Nebenblättchen (am Grund der Fiedern). H:

40–120 cm. ♃ He. V–VII. Frische bis feuchte Edellaubwälder, Waldsäume u. Hochstaudenfluren; montan bis subalpin; mäßig hfg. **W†?** („Lobau"); **sonst alle Bdld**. **Akelei-W.**, Akeleiblättrige W., ***Th. aquilegiifólium***

- Staubf. nicht verdickt; Nüßchen ± deutlich längsrippig, 1–5 mm lg, (fast) sitzend, aufrecht . . . . . . . . . . **3**

**3** Blättchen (auch der oberen LB) etwa so lg wie br (höchstens 1,5× so lg wie br); Nüßchen 3–5 mm lg. — StaubB niederhängend; Staubbeutel bespitzt. (Artengruppe Kleine W., *Th. minus agg.*) . . . . . . . . . . **4**

- Blättchen (wenigstens der oberen LB) eiförmig oder lanzettlich bis schmal-linealisch, deutlich länger als br (mindestens 1,5× so lg wie br); Nüßchen 1–2,5 mm lg . . . . . . . . . . **5**

**4** Stg u. LB dicht kurz-drüsenhaarig, stinkend; Narbe deutlich gefranst; Stg stielrund bis schwach gerillt; Blättchen höchstens 2–4(5) mm lg; Nüßchen drüsenhaarig, zusammengedrückt, ihr Schnabel fast so lg wie das Nüßchen; Staubf. schwach verdickt. — Blättchen durch eingesenkte Nerven runzelig wirkend. H: (10)30–40(80) cm. ♃ He. VI–VIII. Föhrenwälder, felsige, meist kalkreiche Waldlichtungen u. -schläge, (inneralpische) Trockenrasen, Balmen (regengeschützter Grund von Kalkfelsen, Nischen, Höhleneingängen), Burgmauern; montan bis subalpin; sehr slt. **St** (Grazer Bergland; gefährdet), **T**. **Stink-W.**, ***Th. fóetidum***

- Stg u. LB kahl, geruchlos; Narbe nicht gefranst; Stg gerillt bis deutlich kantig; Blättchen 5–30 mm lg; Nüßchen kahl, nicht oder nur schwach zusammengedrückt, ihr Schnabel viel kürzer als das Nüßchen; Staubf. fadenförmig, nicht verdickt. H: 15–150 cm. ♃ He. V–VIII. Lichte Eichenwälder, Gebüsche, Waldsäume, Trockenrasen, Felsfluren; kalkliebend; collin bis montan; zstr bis mäßig hfg. **Alle Bdld**. Sehr variabel, umfaßt im Gebiet etwa 4 (unzureichend erforschte) Unterarten (unterschiedlich: bes. Höhe, LB, Blüstd). (Inkl. *Th. sylvaticum, Th. flexuosum, Th. elatum, Th. pseudominus, Th. minus subsp. saxatile*) **Kleine W.**, ***Th. mínus***

**5** Blättchen der mittleren StgB br- bis schmal-linealisch, 4–20× so lg wie br; Rispe schmal, länglich-eiförmig, lockerblütig; Blü nickend; StaubB niederhängend; Staubbeutel bespitzt; Blü duftlos (?). — WuStock kriechend. H: 30–70(100) cm. ♃ He. VI–VII. Flachmoorwiesen, Pfeifengraswiesen, wechselfeuchte Kalkmagerrasen; collin bis submontan; slt bis sehr slt. **Alle Bdld**. Stark gefährdet. (Inkl. *Th. galioides*) **Einfache W.**, ***Th. símplex*** *(s. l.)*

**a** Blättchen der oberen LB 3–5 mm br, länglich-keilförmig, gelappt oder gezähnt, die der unteren LB breiter u. stärker gelappt. ■ **Eigentliche E. W.**, ***Th. s. subsp. símplex***

- Blättchen der oberen LB 1–2 mm br, lineal-lanzettlich, unzerteilt, die der unteren LB nur wenig breiter, ebenfalls unzerteilt; (Blühtriebe daher etwa an *Galium verum* erinnernd). *(Th. galioides,* inkl. ***subsp. bauhínii)*** ■ **Labkraut-W.**, ***Th. s. subsp. galioídes***

- Blättchen der mittleren StgB eiförmig bis länglich, 2–4× so lg wie br; Rispe eiförmig, ± ausladend, mit dichtblütigen Endabschnitten; Blü aufrecht; StaubB (aufrecht-)abstehend; Staubbeutel stumpf; Blü duftend . . . . . . **6**

**6** WuStock nicht kriechend, ohne unterirdische Ausläufer; Blättchen der obersten StgB lanzettlich, länglich-keilförmig bis schmal-linealisch, mehr als 5× so lg wie br, gelappt oder ganz, oberseits glänzend; auch junge LB ohne Nebenblättchen (s. u.); PerigonB 4–5 mm lg; Nüßchen mit 8–10 Längsrippen. H: 60–120 cm. ♃ He. VI–VII(VIII). Auwälder, nährstoff- u. basenreiche nasse bis wechselfeuchte Wiesen; collin bis montan; zstr bis slt. **Fehlt V**. Im Pann gefährdet. **Glanz-W.**, Schmalblatt-W., ***Th. lúcidum***

- WuStock kriechend, meist mit unterirdischen Ausläufern; Blättchen der obersten StgB keilig-verkehrt-eiförmig, 3–4× so lg wie br, an der Spitze meist 3–4lappig, nicht glänzend; junge LB mit Nebenblättchen (häutigen Abschnitten am Grund bes. der Fiedern 1. Ordnung); PerigonB 2–4 mm lg; Nüßchen mit 6 Längsrippen. — Stg nicht glänzend; Rispe länglich-eiförmig; DeckB meist länger als 1 mm; Staubbeutel 1,4–1,7 mm lg; LB unterseits kahl. H: (10)50–100(120) cm. ♃ He. VI–VII(VIII). Augebüsch-Säume, wechselnasse, nährstoff- u. basenreiche Flachmoorwiesen, Gräben; collin bis submontan; slt. **St†; fehlt S, sonst in allen Bdld.** Stark gefährdet. **Gelbe W., *Th. flávum***

  Anm.: ⊖ ***Th. morisónii*** *(Th. exaltatum)* (Stg glänzend; Blättchen der oberen LB linealisch; Rispe br-eiförmig; DeckB < 1 mm; die meisten Staubbeutel < 1,4 mm): V (Bodensee-Gebiet)? (Sonstige Vbr.: SW-Deutschland, Schweiz, SW-Europa.)

## 21. Familie: Berberitzengewächse, *Berberidáceae*

1 Pf ♃; Blü 4zählig; NektarB schuhförmig; Fr: 2klappige Kapsel. **(1) Sockenblume, *Epimédium***

- Pf ♄; Blü (5)6zählig; NektarB flach (KroB'artig); Fr: Beere. — StaubB reizbar: klappen bei Berührung des Staubf.-Grundes zum Stempel . . . . . . . . . 2

2 LB einfach, sommergrün; Zweige mit 1–5teiligen Dornen (= umgewandelte LangtriebB); Traube; Fr rot, länglich. — LB meist auf Kurztrieben (rosettig). **(2) Berberitze, *Bérberis***

- LB gefiedert, immergrün; ohne Dornen; Rispe; Fr blau, kugelig. ★ **(3) Mahonie, *Mahónia***

### (1) Sockenblume, Elfenblume, *Epimédium* (→ G IV 24)

WuStock kriechend; 1 grundständiges (sich nach dem Blühen entwickelndes) LB u. 1(2) den Blüstd überragende(s) StgB; LB räumlich 2–3×-3zählig zusammengesetzt; Blättchen lg gestielt, herzförmig, stachelig gewimpert, verkahlend; Blüstd: lockere, 8–26(30)blütige Rispe; K grünlichrötlichgrau, hinfällig; Kro blutrot; NektarB h'gelb. H: 15–30 cm. ♃ Ge. III–V. Frische, schattige Wälder; collin bis untermontan; sehr slt. Süd-**K**. (Hptvbr.: Südalpen, illyrische Gebirge, Mittel-Italien.) Potentiell gefährdet. ▲. Slt als ZierPf kultiviert.
**Sockenblume, Elfenblume,** Europäische S., (sl.:) vimček, ***E. alpínum***

### (2) Berberitze, Sauerdorn, *Bérberis* (→ B 86)

Anm.: Ausländische, bes. ostasiatische Arten hfg als Ziersträucher kultiviert, zB ★ **Thunberg-B., *B. thunbérgii***, aus Japan, meist in einer rotblättrigen Kultursorte (*'Atropurpurea'*).

Rinde innen leuchtend gelb; LB gezähnt; Traube hängend (u. geschlossen: EndBlü 5zählig); Blü stark riechend (Trimethylamin). H: 1–3 m. ♄ NPh. IV–V(VI). Weidegebüsche, Lesesteinhaufen, lichte Wälder; kalkliebend; collin bis subalpin; hfg bis zstr. **Alle Bdld.** Fr genießbar („Weinschadln", [fälschlich „Weinscharln"]), übrige Teile schwach giftig; Holz (zäh) für Werkzeug; VolksarzneiPf; Homöop.
**(Echte) Berberitze, Sauerdorn,** „Maisslbeer", „Baisslbeer", „Zitzenbeer", ***B. vulgáris***

### ★ (3) Mahonie, *Mahónia* (B 52)

Blättchen 5–9, elliptisch-eiförmig, abstehend buchtig-dornig gezähnt, lederig, oberseits glänzend, unterseits glatt, am Rand gewellt, im Winter bronzefarben. H: 50–150 cm. ♄ NPh. IV–VI. Als Zierstrauch kultiviert, in wintermilden Gegenden verwildert. (Heimat: westl. Nordamerika.) ★ **Gewöhnliche M., *M. aquifólium***

Anm.: Oft wird auch *M. aquifólium* × *répens* kultiviert.

# Ordnung: Mohnartige, *Papaveráles*

## 22. Familie: Mohngewächse, *Papaveráceae (s. str.)*
## *(Papaveraceae subfam. Papaveroideae)* (→ G X 3)

Anm.: Unbeständig u. slt (vorübergehend eingeschleppt) treten **(W, St))** ☆ ***Roeméria refrácta*** u. ☆ ***Argemóne mexicána*** auf.

1 Ohne Milchsaft, aber mit farblosem, wäßrigem Saft; KB mützenförmig miteinander verwachsen, beim Aufblühen als Ganzes abfallend. — Narbe fädlich.
**★ (1) Schlafmützchen, *Eschschólzia***

– Milchsaft weiß, rosa, gilbend oder orange (sehr slt farblos); KB frei, beim Aufblühen einzeln abfallend . . . . . . . . . . . . . . . . . . . . . . . . . 2

2 Fr walzig bis eiförmig, weniger als 10× so lg wie br, mit Löchern aufspringend; Narben 4–15(20), sitzend, auf einer Scheibe strahlenförmig ausgebreitet.
**(4) Mohn, *Papáver***

– Fr schmal-linealisch, mehr als 10× so lg wie br, 2klappig aufspringend; Narbe 2lappig auf kurzem Gri . . . . . . . . . . . . . . . . . . . . . . . . . 3

3 Blü einzeln, endständig; KroB 20–40 mm lg; Fr mit Scheidewand; Milchsaft weiß. — LB fiederspaltig bis fiederteilig; Kro zitronengelb bis blutorange.
**☆ (3) Hornmohn, *Gláucium***

– Dolde; KroB 7–10(12) mm lg; Fr ohne Scheidewand; Milchsaft orange. — LB tief fiederteilig, Fiedern fiederspaltig; Kro gelb. **(2) Schöllkraut, *Chelidónium***

### ★ (1) Schlafmützchen, Kappenmohn, *Eschschólzia*

Kro gelb bis orange; LB 3fach fiederteilig, Zipfel schmal-linealisch. H: 20–60 cm. ⊙ Th. VI–X. Als Zier- u. BienenweidePf kultiviert, sehr slt verwildert. (Heimat: westl. Nordamerika.) Giftig. **★ Sch., K., Goldmohn, Kalifornienmohn, Eschscholzie, *E. califórnica***

### (2) Schöllkraut, *Chelidónium* (→ G IX 4)

Stg meist ± (von Osten nach Westen abnehmend) abstehend weißzottig; LB unterseits blaugrün; Sa schwarz, mit weißem Elaiosom (Ausbreitung der Sa durch Ameisen). H: 30–70 cm. ♃ He. V–X. Frische Ruderalstellen, ruderale Gebüschsäume, Robinienforste, Mauern; Stickstoffzeiger; collin bis montan; hfg bis sehr hfg. **Alle Bdld**. Alteingebürgert (Kulturbegleiter). (Urheimat: Asien.) Giftig; VolksarzneiPf, Homöop., Pharm. (Krebstherapie).
**Schöllkraut,** „Warzenkraut", ***Ch. május***

### ☆ (3) Hornmohn, *Gláucium*

1 Kro gelb; Fr kahl, — aber warzig; Pf kahl oder schwach behaart. H: 30–70(90) cm. ⊙–♃ He. VI–VII. Sandige Ruderalstellen, Flußschotter; collin; sehr slt. **(W†, N, O, St)**. Unbeständig. (Heimat: Medit.) Giftig. **☆ Gelber H., *G. flávum***

– Kro orange bis orangerot; Fr steifhaarig. — Pf behaart. H: (15)30–40(50) cm. ⊙(⊙) Th (He). VI–VIII. Ruderalstellen, Äcker; collin; slt. **(B, W, N, St, K)**. Unbeständig. (Heimat: Medit., Südwest-Asien.) Giftig. **☆ Orangeroter H., *G. corniculátum***

### (4) Mohn, *Papáver*

Anm.: ☆ ***P. atlánticum* (W, St)**, ☆ ***P. commutátum* (St)**, ☆ ***P. pilósum* (O, St)**, ☆ ***P. bracteátum*** *(= P. pseudorientale)* (hfg kultivierte, großblütige ZierPf: „Garten-M.", Heimat: Südwestasien) **(W)** u. ☆ ***P. cróceum*** *(= P. nudicaule*; Stg unbeblättert, Kro gelb, weiß oder auch orangerot; Heimat: Altaigebirge) **(T, V)** treten unbeständig u. slt (verwildert bzw. eingeschleppt) auf.

**1** Pf ♃; Stg unbeblättert (Schaft), — 1blütig, alle LB grundständig. Subalpin bis alpin. („**Artengruppe Alpen-M.,** ***P. alpinum agg.***")
**Alpen-M.** (i. w. S.), ***P. alpínum s. l.***
**a** LB 1fach-gefiedert, mit 2–4(6) mm br, br-lanzettlichen, oft gespaltenen Zipfeln; untere Blättchen wechselständig; StgGrund mit dichtem Faserschopf . . . . . . . . . . . . **b**
**-** LB 2–3fach-gefiedert, mit 1–2 mm br, schmal-lineal-lanzettlichen Zipfeln; untere Blättchen gegenständig; StgGrund mit lockerem Faserschopf . . . . . . . . . . . . . . . . **c**
**b** Kro gelb bis orangegelb; LB'Zipfel stumpf. H: 5–20 cm. ♃ He. VII–VIII. Felsschuttfluren, Moränen, Flußkies; kalkliebend; subalpin bis alpin; zstr. Südwestl. Alpen. **St, K, S, T, V?**. ▲ (*P. aurantiacum,* ***P. rhaeticum***) **Rätischer A.-M.,** ***P. a. subsp. rháeticum***
**-** Kro weiß (sehr slt gelb); LB'Zipfel zugespitzt. H: 5–20 cm. ♃ He. VII–VIII. Kalkschuttfluren; kalkliebend; alpin; zstr. Nordwestl. Kalkalpen. **O, St, S, T, V**. ▲ (***P. sendtneri***)
**Salzburger A.-M.,** Sendtner-M., ***P. a. subsp. séndtneri***
**c** Kro gelb; Narbenstrahlen meist 5. H: 5–20 cm. ♃ He. VII–VIII. Kalkschuttfluren; kalkliebend; obermontan bis alpin; zstr. Südöstl. Kalkalpen. Süd-**K**. (Hptvbr.: Alpen Sloweniens.) ▲ (***P. kerneri***)
**Karawanken-A.-M., Kerner-A.-M.,** (sl.:) Kernerjev mak, ***P. a. subsp. kérneri***
**-** Kro weiß; Narbenstrahlen meist 4. H: 5–20 cm. ♃ He. VII–VIII. Kalkschuttfluren; kalkstet; subalpin bis alpin; zstr. **N, O, St**. Endemisch (nordöstl. Kalkalpen). ▲ (***P. burseri***) **Nordost-A.-M.,** Burser-M., ***P. a. subsp. alpínum s. str.***
**-** Pf ☉–⊙; Stg beblättert, — oft verzweigt u. mehrblütig. Collin bis montan . . . . . . . . . . . . . . . . . . . . . . . . . . . . . . . **2**

**2** Obere LB stengelumfassend, fiederlappig, — blaugrün; KroB 35–45 mm lg, lila bis weiß (slt rot), am Grund mit dunklem Fleck. H: 30–100(150) cm. ☉ Th. VI–VIII. Giftig (ausgenommen Sa). **Schlaf-M., Echter M.,** ***P. somníferum***
**a** LB spitzlappig; Pf abstehend borstig behaart; Fr sich stets mit Poren öffnend. — Sa dunkel. Ruderalstellen. **Ö?**. ⊖ **Borstiger Sch.-M.,** ***P. s. subsp. setígerum***
**-** LB stumpflappig; Pf (fast) kahl; Fr meist geschlossen bleibend. — Sa weiß, bläulich grau oder schwarz. Als Nahrungs-, Öl- u. ArzneiPf (auch Pharm.: Opium u. Derivate wie zB Heroin) kultiviert, oft unbeständig verwildert. (Opium ist der durch Anschneiden der unreifen Fr gewonnene eingetrocknete Milchsaft.) Giftig.
★ **Kultur-M., Kultur-Sch.-M., Schließ-M.,** ***P. s. subsp. somníferum***
**-** Obere LB nicht stengelumfassend, fiederteilig bis fiederschnittig . . . . . . **3**

**3** Fr borstig; Staubf. zur Spitze hin keulig verbreitert. — Kro rot; Fr lg-keulenförmig, 1,5–2 cm lg u. 0,4–0,6 cm br, deutlich gerippt. H: 20–50 cm. ☉ Th. V–VII. Meist sandige Ruderalstellen u. Äcker; kalkmeidend; collin bis submontan; slt. **B, W, N, O†, (St), K?, T, (V)**. Gefährdet; im Alp u. nVL stark gefährdet. (Vielleicht nur Neubürger; Hptvbr.: Medit.)
**Sand-M.,** ***P. argemóne***
**-** Fr kahl; Staubf. auf ganzer Länge gleich dick . . . . . . . . . . . . . . **4**

**4** BlüStiele in ganzer Länge abstehend bostenhaarig. — Milchsaft beim Austreten weiß oder rosa, slt gelblich werdend; Kro rot, am Grund mit oder ohne schwarzen Fleck; äußere KroB breiter als lg, am Grund einen Winkel von (120)140–160° bildend; BlüStaub graugrün; Narbenstrahlen (6)8–10(18); Fr eiförmig bis kugelig, 1–2× so lg wie br; freie Lappen des FrDeckelrandes (Narbenscheibe) einander zur FrReife seitlich ± überdeckend. UV-färbige Pollenblume. H: 25–70(90) cm. ☉ Th. V–VI(X). Basenreiche Getreideäcker, Ruderalstellen; collin bis montan; früher sehr hfg, heute (durch Herbizide) stark im Rückgang, zstr bis mäßig hfg. **Alle Bdld**. Alteingebürgert. Schwach giftig; VolksarzneiPf, Homöop. BlüStiele slt anliegend behaart (*var. strigosum*), vgl. Pkt 5. **Klatsch-M.,** „Mohnblume", ***P. rhóeas***
**-** BlüStiele zumindest in der oberen Hälfte anliegend behaart . . . . . . . . **5**

**5** BlüStaub graugrün; Narbenstrahlen (6)8–10(18); Fr eiförmig bis kugelig, 1–2× so lg wie br; freie Lappen des FrDeckelrandes (Narbenscheibe) zur FrReife einander seitlich ± überdeckend; äußere KroB breiter als lg, am Grund einen Winkel von (120)140–160° bildend.
**Anliegend behaarte Varietät des Klatsch-M., *P. rhóeas var. strigósum*** (→ Pkt 4)

**–** BlüStaub gelb; Narbenstrahlen 4–9; Fr keulenförmig, (1,6)2–3,3(4)× so lg wie br; freie Lappen des FrDeckelrandes zur FrReife einander seitlich nicht überdeckend; äußere KroB so br wie lg oder nur wenig breiter als lg, am Grund meist einen Winkel von 110(–140)° bildend. (Artengruppe Schmalkopf-M., *P. dubium agg.*) . . . . . . . . . . . . . . . . . . . . . . . . . . . . . . 6

**6** KroB weiß (slt blaßrosa), meist mit violettschwarzem Fleck am Grund; BlüKnospen im oberen Drittel oder in der Mitte am breitesten. — Fr 2,6–3,3× so lg wie br; BlüStiele meist in der ganzen Länge anliegend behaart; LB meist d'grün. H: 20–60(80) cm. ⊙ Th. V–VI. Trockenrasen, Bahndämme, Wegränder; collin; slt. **B, W, N**. Stark gefährdet. Unzureichend erforscht. *(P. dubium subsp. albiflorum)* **■ Weiß-M., Weißer Schmalkopf-M., *P. albiflórum***

**a** Milchsaft beim Austreten zitronengelb; BlüKnospen im oberen Drittel oder in der Mitte am breitesten. **B, W, N**. **■ Südmährischer W.-M., *P. a. subsp. austromorávicum***

**–** Milchsaft beim Austreten farblos; BlüKnospen in der Mitte am breitesten. N. (Hptvbr.: Ukraine, Ungarn, Slowakei.) **■ Eigentlicher W.-M., *P. a. subsp. albiflórum***

**–** KroB rot, nur slt mit, meist aber ohne schwarzen Fleck am Grund; BlüKnospen im unteren Drittel am breitesten . . . . . . . . . . . . . . . . . . 7

**7** Fr 2,4–3,3× so lg wie br. — Milchsaft beim Austreten weiß oder schwach cremefarben, eingetrocknete Milch d'gelb bis braunschwarz; BlüStiele im untersten Viertel bis Drittel aufrecht-abstehend, weiter oben anliegend borstenhaarig. H: 50–100(200) cm. ⊙ Th. V–VI. Weingärten, Bahndämme, Wegränder, Straßenböschungen, halbruderale Trockenrasen, Ruderalstellen; collin bis submontan; slt?. **Fehlt B, W, N** (?). Vielleicht manchmal mit der folgenden Art verwechselt. **■ Schmalkopf-M., Saat-M., *P. dúbium***

**–** Fr (1,6)2–2,3× so lg wie br. — Milchsaft beim Austreten farblos, weiß oder gelborange, eingetrocknete Milch rot bis rotbraun . . . . . . . . . . . . 8

**8** Milchsaft beim Austreten weiß bis farblos, — nach etwa 15 Minuten (h')gelb; BlüStiele im untersten Viertel bis Drittel aufrecht-abstehend, weiter oben anliegend borstenhaarig. H: 40–80 cm. ⊙ Th. IV–V. Alte Steinbrüche, Felsränder, halbruderale Trockenrasen, Bahn- u. Straßendämme, Ruderalstellen u. Weingärten; nur auf basischen Böden; collin bis submontan; zstr. **B, W, N, St**. Unzureichend erforscht. *(„P. lecoqii")* **■ Verkannter M., *P. confine***

**–** Milchsaft beim Austreten gelborange. — BlüStiele in ganzer Länge anliegend behaart. H: 30–60 cm. ⊙ Th. V–VI. Halbruderal- und Segetalstandorte (?); collin. N?. Vorkommen in Ö noch nicht gesichert. ⊖ **■ Lecoq-M., *P. lecóqii***

## 23. Familie: Erdrauchgewächse, *Fumariáceae (Papaveraceae subfam. Fumarioideae)* (→ G 6)

**1** Kro herzförmig, ⊕ (disymmetrisch), nicht gespornt; Traube einseitswendig.
**★ (1) Herzblume, *Dicéntra***

**–** Kro nicht herzförmig, ↓ (quer-zygomorph), gespornt; Traube allseitswendig . . . . . . . . . . . . . . . . . . . . . . . . . . . . . . . . . . 2

**2** Kro 10–28 mm lg (Abb. 82 a); Fr: mehrsamige, längliche Kapsel; Sa mit Elaiosom. **(2) Lerchensporn, *Corýdalis***

**–** Kro 5–9(15) mm lg (Abb. 82 b); Fr: 1samige, fast kugelige Nuß; Sa ohne Elaiosom. — Pf ⊙ **(3) Erdrauch, *Fumária***

### ★ (1) Herzblume, *Dicéntra*

Anm.: Seltener werden noch andere (in Nordamerika beheimatete) Arten als ZierPf kultiviert.

LB doppelt-3zählig; Traube nickend; Blü hängend; Kro purpurrosa. H: 40–80 cm. ♃ He. V–VI. ZierPf (bes. in Bauerngärten). (Heimat: Korea, China.) Schwach giftig.
**★ Herzblume, Herzerlstock,** Tränendes Herz, Flammendes Herz, ***D. spectábilis***

## (2) Lerchensporn, *Corýdalis* (inkl. *Pseudofumaria*)

Anm.: *Die Kro-Größe wird samt dem Sporn gemessen.*

**1** Pf mit mehreren, verzweigten Stg; StgB mehr als 2; Knolle fehlend; BlüZeit V–X. — Kro gelb bis weiß. . . . . . . . . . . . . . . . . . . . . . . . . . **2**

**-** Pf mit 1, unverzweigten Stg (oder mit nur 1 Ast); StgB 2; fast kugelige Sproßknolle; BlüZeit III–IV(V). — Kro purpurn oder weiß. *(Corydalis s. str.)* . **3**

**2** Untere DeckB zusammengesetzt, den oberen LB ähnlich; Kro cremeweiß bis weiß; Sporn 5–7 mm lg; Gri bis zur Fr bleibend; Fr 20–30 mm lg. — Blüstd 5–8blütig; Kro 11–16 mm lg. H: 20–40 cm. ⊙–⊙ Th–He. VI–VIII. Felsen, Balmen, Wildläger am Fuß von Felswänden, sekundär auch an Ruderalstellen (Forststraßenränder, Schutthaufen, alte Mauern); montan; sehr slt. **St** (in den Wölzer Tauern), **K, S?,** Ost-**T**. (Sonstige Vbr.: Südtirol, Cadore, Ungarn, Slowakei, Ost-Europa, Asien.) *(C. gebleri, C. „alba")*
**Weißer L., *C. capnoídes***

**-** Alle DeckB schmal-lineal-3eckig, einfach, unzerteilt, ganzrandig, viel kürzer als der BlüStiel; Kro sattgelb (Spitze dunkler), Sporn 2–4 mm lg; Gri beim Verblühen abfallend; Fr etwa 10 mm lg. — LB oberseits grasgrün, unterseits h'bläulichgrün; LB'Stiel nicht geflügelt; Blüstd 6–16blütig; KB 2(–6?) mm lg; Kro 12–20 mm lg; Fr hängend; Sa schwarz, glänzend. H: 10–20(40) cm. ♃ He. V–X. Mauern in luftfeuchter Lage; kalkliebend; collin bis montan; zstr. **(W, N), O, St, K, S, T, V**. Verwilderte ZierPf, oft eingebürgert. (Heimat: westl. Südalpen; Norditalien, südl. Schweiz.) *(Pseudofumaria lutea)*
**Gelber L., *C. lútea***

Anm.: Der ☆ **Blaßgelbe L., *C. álba*** (***C. ochroleuca***, *Pseudofumaria alba*) (LB beiderseits blaugrün; LB'Stiel schmal, aber deutlich geflügelt; Kro blaßgelb (Spitze gelb); Fr aufrecht; Sa matt, fein bekörnelt) tritt slt u. unbeständig eingeschleppt auf (zB **K**), in **St** (auf dem Grazer Schloßberg) lokal eingebürgert. (Heimat: küstennahes Kroatien, Mittel-Italien.)

**3** DeckB ganzrandig . . . . . . . . . . . . . . . . . . . . . . . . . . . . . . **4**

**-** DeckB vorn gekerbt oder handförmig gelappt bis gespalten. — Stg am Grund mit einem schuppenförmigen, bleichen NiederB; Knolle voll (nicht hohl) . **5**

**4** Stg am Grund ohne NiederB; Knolle hohl; Traube (4)6– 20blütig, stets aufrecht; Kro 18–28 mm lg, — purpurn oder weiß; Stg stets unverzweigt; LB schwach blaugrün. H: (10)15–25(35) cm. ♃ Ge. (III)IV(V). Frische bis feuchte, sehr nährstoffreiche Edellaubwälder, Obstgärten, Auwälder; Nährstoff- u. Lehmzeiger, kalkliebend; collin bis montan; hfg bis zstr. **Alle Bdld**. Giftig. *(„C. bulbosa" [sensu Fl. Eur. 1964])* **Hohler L.**, Hohlwurz-L., ***C. cáva***

**-** Stg am Grund mit einem schuppenförmigen, bleichen NiederB; Knolle voll (nicht hohl); Traube 1–5(8)blütig, wenigstens zur FrZeit überhängend; Kro 10–15 mm lg, — h'purpurn; Stg meist rötlich, meist verzweigt (1, meist blühender Ast aus der Achsel des NiederB); LB deutlich blaugrün. H: (5)7–15(20) cm. ♃ Ge. III–IV(V). Frische Edellaubwälder, Hochstaudenfluren; etwas kalkliebend (?); submontan bis montan; zstr bis slt (oft übersehen!). **Alle Bdld**. Gefährdet. *(C. fabacea)* **Mittlerer L., *C. intermédia***

**5** Kro 16–20 mm lg; BlüStiel ½× so lg wie der am Ende abwärts gekrümmte Sporn; Traube (2)4–12blütig, stets aufrecht; Fr fast stielrund, so lg wie ihr Stiel, hängend. — LB deutlich blaugrün; DeckB vorn eingeschnitten gekerbt bis gelappt, schmal-keilförmig, länger als br, die Fr nicht bedeckend; Kro kräftig purpurlila. H: 10–20(25) cm. ♃ Ge. III–IV. Frische bis feuchte, meist kalkarme Edellaubwälder, (Hasel-)Gebüsche, Bachauwälder; submontan bis montan; zstr. **B, N, O, St, K**. *(„C. bulbosa")*

**Finger-L.**, Vollwurz-L., Fester L., ***C. sólida***

**-** Kro 12–15 mm lg; BlüStiel höchstens ¼× so lg wie der gerade Sporn; Traube 1–6(8)blütig, zur FrZeit überhängend; Fr deutlich zusammengedrückt, (2)3× so lg wie ihr Stiel, aufrecht bis abstehend. — LB schwach blaugrün; DeckB handförmig gelappt bis gespalten, br-keilförmig, breiter als lg, die Fr fast vollständig bedeckend; Kro blaßpurpurn. H: (5)10–(15)20 cm. ♃ Ge. III–IV. Sommerwarme, frische, lehmige Edellaubwälder, bes. Eichen-(Hainbuchen-)Wälder, Auwälder, auch (Flaum-)Eichenwälder; collin bis submontan; zstr bis slt. Bes. im Pann. **B, N, O?**. Gefährdet.

**Zwerg-L.**, Kleiner L., Niedriger L., ***C. púmila***

## (3) Erdrauch, *Fumária*

Anm.: *Die KroLänge wird immer einschließlich des Sporns gemessen!*

**1** Kro (zumindest anfangs) weiß (Spitze d'purpurn), 10–15 mm lg; KB 4–6 mm lg; FrStiele zurückgekrümmt; Pf ± kletternd (mittels der rankenden Blättchenstiele). — Blüstd (5)10–20blütig, kürzer als ihr Stiel; Kro vor der Bestäubung weiß bis cremeweiß, danach oft rosa bis d'rot; FrStiel 4 mm lg, 1–1,5× so lg wie sein DeckB; Fr 2(2,5) mm lg u. 2(2,5) mm br, glatt. H: 30–100 cm. ⊙ Th. V–IX. Frische Ruderalstellen; submontan; sehr slt. **(St†)** (ehemals auf dem Gleichenberger Schloßberg). (Hptvbr.: Medit. u. West-Europa.)

**(†) Ranken-E., *F. capreoláta***

**-** Kro h'- bis d'purpurrosa (Spitze schwarzpurpurn), 4,5–9 mm lg; KB 0,25–3 mm lg; FrStiele aufrecht-abstehend; Pf nicht oder nur sehr schwach kletternd . . . . . . . . . . **2**

**2** Kro 7–9 mm lg; KB 1,5–3 mm lg. — Kro kräftig purpurrosa . . . . . . . **3**

**-** Kro (4)4,5–6 mm lg; KB 0,25–1 mm lg. — Fr fast kugelig, 2 mm lg, (1,75)2 mm br . . . . . . . . . . **4**

**3** KB länglich, 0,5–1,5 mm br, höchstens so br wie die Kro; Fr oben deutlich gestutzt, verkehrt-eiförmig, breiter als lg, 2,2–2,5 mm lg u. 2,5–2,8 mm br, schwach warzig. — Blüstd 15–50blütig; KB 1,5–3 mm lg, weißlich bis rosa; FrStiel 2,5–5 mm lg, (1)1,5–2(3)× so lg wie sein DeckB. H: (10)15–30 cm. ⊙ Th. (IV)V–X. Nährstoffreiche, basenreiche, lehmige, frische Äcker u. Weingärten; Nährstoffzeiger, Tiefwurzler. Alteingebürgert. VolksarzneiPf; schwach giftig. **Echter E., *F. officinális***

**a** Traube (10)15–30(35)blütig, locker (2–4 Blü pro cm); Kro 7–8 mm lg, h'purpurn; Platte des oberen KroB nur wenig verbreitert, vorn stumpf mit aufgesetztem Spitzchen, ihre Flügel schmäler als die grünliche Mittelrippe; KB 1,5–2(2,5) mm lg u. 0,8–1,2 mm br, sehr blaß-purpurn (fast weiß); Fr sehr kurz bespitzt. Collin (?); zstr bis slt (?). **W, N,** Nord-T. (Unzureichend bekannt.) **■ Wenigblütiger E. E., *F. o. subsp. wirtgénii***

**-** Traube (20)30–50(60)blütig, dicht (5–7 Blü pro cm); Kro 8–9 mm lg, d'purpurrot; Platte des oberen KroB stark verbreitert, vorn fast ausgerandet, ihre Flügel breiter als die grünliche Mittelrippe; KB (2)2,5–3 mm lg u. (1)1,2–1,5 mm br, purpurrosa; Fr nicht bespitzt. Collin bis montan; hfg bis sehr hfg. **Alle Bdld**. (Abgrenzung gegenüber *subsp. wirtgenii* unklar.) **■ Gewöhnlicher E. E., *F. o. subsp. officinális***

**-** KB rundlich, 1,5 mm br, breiter als die Kro; Fr oben nicht deutlich gestutzt, stumpf, fast kugelig, etwa gleich lg wie br, 2 mm ∅, (fast) glatt. — Blüstd

15–25blütig; KB 2–2,5 mm lg, weißlich; FrStiel 1,5× so lg wie sein DeckB. H: 15–40 cm. ⊙ Th. VI–IX. Äcker, Ruderalstellen; collin bis submontan; slt bis sehr slt. **B, N, St, K**. (Hptvbr.: Submedit.) Stark gefährdet.

**Schnabel-E.,** ***F. rostelláta***

**4** FrStiel (2,5)3–4× so lg wie sein DeckB, 2,5–4 mm lg; Kro purpurrosa; Pf schwach bereift; Fr oben mit sehr kurzem Schnabel, schwach warzig; Blüstd 2–5 cm lg gestielt, — 12–30blütig; KB 0,6–1 mm lg u. 0,3–0,75 mm br, meist rosa; Kro 4,8–6 mm lg. H: 10–30 cm. ⊙ Th. V–VI(X). Trockene Ruderalfluren, Mauern, Pflasterritzen, Weingärten, Äcker; kalkliebend; collin; slt. **B, W, N, St, T**. Alteingebürgert. Stark gefährdet.

**Dunkler E.,** Schleicher-E., ***F. schléicheri***

**-** FrStiel 1,3–2× so lg wie sein DeckB, 1,5–2 mm lg; Kro blaßrosa; Pf stark bereift; Fr oben ohne Schnabel, deutlich warzig; Blüstd 0,5–1,5 cm lg gestielt, — 6–15blütig; KB 0,25–0,8(1) mm lg u. 0,1–0,5 mm br, meist weißlich; Kro (4)4,5–6 mm lg. H: (5)10–20(30) cm. ⊙ Th. V–VIII. Trockene Ruderalfluren, Mauern, Pflasterritzen, lehmige Äcker u. Weingärten, Wildläger am Grund von Felsen (Balmen); kalkliebend, Stickstoffzeiger; collin (montan); im Pann hfg, sonst zstr. **Fehlt S, V**. Alteingebürgert. Im Alp (?), nVL u. söVL gefährdet.

**Blasser E.,** Vaillant-E., ***F. vaillántii***

## Unterklasse: Nelkenähnliche, *Caryophýllidae*
## Ordnung: Nelkenartige (Zentralsamige), *Caryophylláles (Centrospermae)*

# 24. Familie: Nelkengewächse, *Caryophylláceae* (inkl. *Illecebraceae* u. *Alsinaceae*)

Krautig (slt halbstrauchig); LB gegenständig, meist einfach, unzerteilt u. ganzrandig, slt mit NebenB (Unterfamilie Nagelheilförmige, *Paronychioideae [= Illecebraceae]*: Gattungen Nr. 12–15); Blüstd: meist Thyrsus; Blü ⊕, meist ⚥; K 4–5zählig, freiblättrig (Unterfamilie Mierenförmige, *Alsinoídeae*: Gattungen Nr. 1–11) oder verwachsenblättrig (Unterfamilie Leimkrautförmige, *Silenoideae (= Caryophylloideae)*: Gattungen Nr. 16–24); KroB 5(4), oft lg gestielt (= „genagelt": Abb. 83, 159, bes. bei *Silenoideae*), oder slt fehlend; StaubB meist 5 + 5; Frkn meist oberständig, Gri 2–5; Fr: 1- oder mehrfächrige, sich mit Zähnen öffnende Kapsel (slt Beere). (G 12; G III 17, IV 4, V 15, 22, VII 2, VIII 7, 8, 12, XIV 12, 26)

| *Alsinoideae* (= *Alsinaceae*) | *Paronychioideae* (= *Illecebraceae*) | *Silenoideae* (= *Caryophyllaceae s. str.*) |
|---|---|---|
| (1) *Arenaria* | (12) *Herniaria* | (16) *Lychnis* |
| (2) *Moehringia* | (13) *Illecebrum* | (17) *Agrostemma* |
| (3) *Minuartia* | (14) *Spergula* | (18) *Silene* |
| (4) *Stellaria* | (15) *Spergularia* | (19) *Cucubalus* |
| (5) *Pseudostellaria* | | (20) *Gypsophila* |
| (6) *Holosteum* | | (21) *Saponaria* |
| (7) *Cerastium* | | (22) *Vaccaria* |
| (8) *Moenchia* | | (23) *Petrorhagia* |
| (9) *Myosoton* | | (24) *Dianthus* |
| (10) *Sagina* | | |
| (11) *Scleranthus* | | |

**1** PerigonB 5, KB'artig, frei, auf einem den Frkn umgebenden röhren- bis becherförmigen BlüBoden (Achsenbecher) (Abb. 156 a). — LB pfriemlich, stets ohne NebenB; Perigonzipfel grün mit ± deutlichem weißem Hautrand; Frkn

Abb. 154

Abb. 155

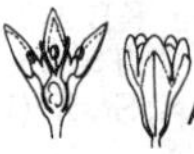

Abb. 156a

Abb. 156b

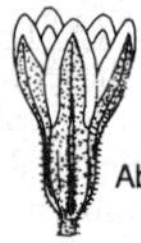

Abb. 156c

halbunterständig; Gri 2; 1samige Nuß, mit dem knorpelig verhärtenden Perigon zusammen abfallend (= „ScheinFr“). **(11) Knäuelkraut, *Scleránthus***

–!! KB 5 oder 6, miteinander verwachsen (eine KRöhre bildend, nur die Spitzen [= KZipfel] frei); Kro stets vorhanden. — LB stets ohne NebenB; Gri 2–5 . . . . . . . . . . . . . . . . . . . . . . . . . . . . . . . . . 2

– KB 4 oder 5, frei oder höchstens am Grund verbunden; Kro meist vorhanden, slt fehlend. — LB mit oder ohne NebenB; Gri 2–5 . . . . . . . . . . . . . 11

2 *(Immer mehrere Blü untersuchen!)* Gri 2. — Blü ⚥ . . . . . . . . . . . 3

– Gri 3–5 (slt an einzelnen Blü 2 Gri) oder fehlend, weil Blü ♂ u. Pf 2häusig 7

3 K am Grund von schuppenartigen HochB („AußenK“) umgeben (Abb. 157) oder Blü in wenigblütigen, von gemeinsamer HochBHülle umgebenen Köpfchen (Abb. 158) . . . . . . . . . . . . . . . . . . . . . . . . . . . . . . 4

– K am Grund ohne HochB, nie in Köpfchen mit gemeinsamer Hülle . . . . 5

4 K mit abwechselnd grünen u. trockenhäutigen Längsstreifen (KB miteinander durch weißliche, trockenhäutige Streifen verbunden).
**(23) Felsennelke, *Petrorhágia***

– K ohne trockenhäutige Streifen, gleichmäßig grün oder (braun)rot.
**(24) Nelke, *Diánthus***

5 K mit abwechselnd grünen u. trockenhäutigen Längsstreifen; KroB am Grund allmählich (keilig) verschmälert. — KroB ohne NebenKro.
**(20) Gipskraut, *Gypsóphila***

– K ohne trockenhäutige Streifen; KroB abrupt in einen lg Nagel verschmälert . . . . . . . . . . . . . . . . . . . . . . . . . . . . . . . . 6

6 K walzlich, ungeflügelt; KroB mit NebenKro (am Schlund mit 2 spitzen Zähnen) (Abb. 159); Pf ♃. **(21) Seifenkraut, *Saponária***

– K bauchig, scharf geflügelt (Abb. 160); Kro ohne NebenKro; Pf ⊙.
**(22) Kuhnelke, *Vaccária***

7 [2] KZipfel die Kro weit überragend (Abb. 161). — Pf dicht anliegend seidig behaart (Haare 3–5 mm lg); KZipfel länger als die KRöhre; KroB 20–45 mm lg, purpurviolett, vorn gestutzt bis ausgerandet; NebenKro stets fehlend; Gri 5 (slt 4). **(17) Kornrade, *Agrostémma***

– KZipfel die Kro nicht überragend . . . . . . . . . . . . . . . . . . 8

Abb. 157

Abb. 158

Abb. 159

Abb. 160

Abb. 161

Abb. 162

a b

Abb. 163

Abb. 164

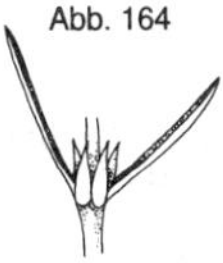

Abb. 165

**8** Pf spreizklimmend; Fr eine kugelige, zuletzt schwarz u. trockenhäutig werdende Beere (Abb. 162 b). — Stg stark knotig; StgB br-lanzettlich (1,5–3× so lg wie br), kurz gestielt; K kurz glockig (Abb. 162 a); KroB (12)15–17(20) mm lg, schmal-keilförmig, spitz ausgerandet, grünlichweiß bis weiß.
**(19) Hühnerbiß, *Cucúbalus***

**-** Pf nicht spreizklimmend; Fr eine Kapsel . . . . . . . . . . . . . . . . . . . . **9**

**9** Fr sich mit 5 Zähnen öffnend. — Kro stets (h'-)purpurn oder fleischfarben; Gri 5 (Kapselzähne gleich viele wie Gri). **(16) Kuckucks- u. Pechnelke, *Lýchnis***

**-** Fr sich mit 6 oder 10 Zähnen öffnend oder Fr fehlend (weil ♂ Individuum einer 2häusigen Art). — Kro oft weiß, rosa oder grünlichweiß (wenn kräftig purpurn, dann entweder alpine PolsterPf oder Pf 2häusig oder K 30nervig); Gri 3 oder 5 (Kapselzähne doppelt so viele wie Gri) . . . . . . . . . . . . . . . **10**

**10** Nagel der KroB mit Flügelleisten. — Fast stengellose alpine Pf mit großen KroB (Platte 7–9 mm lg). **Zwerg-Seifenkraut, (21), *Saponária púmila***

**-** Nagel der KroB ohne Flügelleisten. **(18) Leimkraut, *Siléne***

**11** [1] Blü dicht geknäuelt in den LB'Achseln liegender Stg u. Äste (Abb. 163). — LB mit häutigen oder trockenen NebenB (Abb. 164); Kro winzig oder fehlend; Fr eine 1samige Nuß, mit dem K zusammen abfallend . . . . . . . . . . **12**

**-** Blü nicht dicht geknäuelt u. nicht in den LB'Achseln liegender Stg u. Äste . . . . . . . . . . . . . . . . . . . . . . . . . . . . . . . . . . **13**

**12** KB knorpelig verdickt, grannig zugespitzt, weiß.
**(13) Knorpelblume, *Illécebrum***

**-** KB flach, stumpf (abgerundet), grün. **(12) Bruchkraut, *Herniária***

**13** LB mit häutigen NebenB (Abb. 164). — KroB 5, stets unzerteilt, weiß, rosa oder rot . . . . . . . . . . . . . . . . . . . . . . . . . . . . . . **14**

**-** LB ohne NebenB. — Kro stets weiß oder weißlich oder fehlend . . . . . **15**

**14** Gri 5; Fr mit 5 Zähnen aufspringend; Kro weiß. — LB scheinbar quirlständig (mit sterilen Laubsprossen in beiden gegenüberliegenden Achseln), pfriemlich (Abb. 165); NebenB der LB desselben Knotens nicht miteinander verwachsen; Stg aufrecht. **(14) Spörgel, *Spérgula***

**-** Gri 3; Fr mit 3 Zähnen aufspringend; Kro rosa bis rot. — LB gegenständig, sterile Laubsprosse höchstens in einer der gegenüberliegenden Achseln; NebenB der LB desselben Knotens miteinander verwachsen; Stg meist liegend bis aufsteigend. **(15) Schuppenmiere, *Spergulária***

**15** KroB fehlend . . . . . . . . . . . . . . . . . . . . . . . . . . . . . **16**

**-!!** KroB unzerteilt (höchstens schwach ausgerandet oder gezähnelt) . . . . **18**

**-** KroB 2spaltig (Abb. 167) bis tief 2teilig (Abb. 166). — KroB (4)5 . . . . **23**

**16** Gri 4. **(10) Mastkraut, *Sagína***

**-** Gri 3 . . . . . . . . . . . . . . . . . . . . . . . . . . . . . . . . . . **17**

**17** Fr sich mit 3 Zähnen öffnend. Alpine PolsterPf.
**(3) Miere, *Minuártia*** (Pkt 2 u. 3)

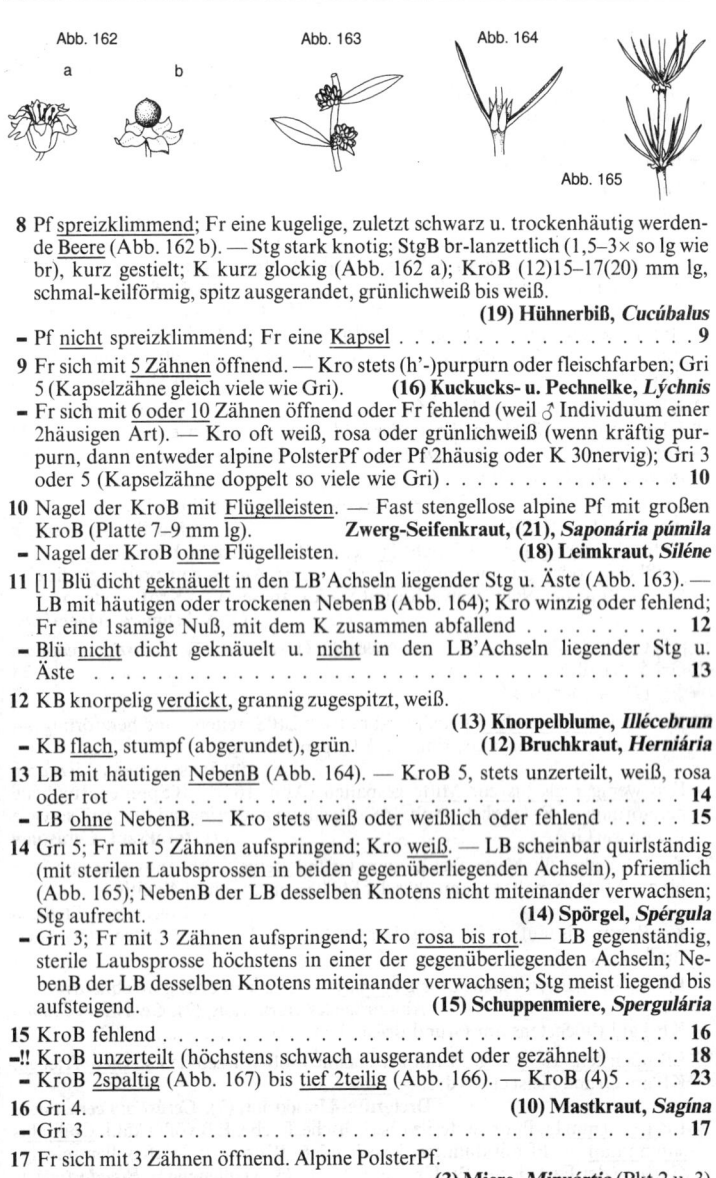

– Fr sich mit 6 Klappen öffnend. Collin.
**Bleiche Vogelmiere, (4), *Stellária pállida***

**18** [15] Blüstd doldenförmig (bei Hungerformen nur 1–2blütig). — BlüStiele nach dem Verblühen zurückgeschlagen, zur Reife wieder aufrecht; Gri 3; KroB 5, vorn gezähnelt. **(6) Spurre, *Holósteum***

– Blüstd nicht doldenförmig . . . . . . . . . . . . . . . . . . . . . . . . . **19**

**19** Gri 4 oder 5 . . . . . . . . . . . . . . . . . . . . . . . . . . . . . . . **20**

– Gri (2)3 . . . . . . . . . . . . . . . . . . . . . . . . . . . . . . . . . . **21**

**20** KB 5, br trockenhäutig (Hautrand im oberen Drittel der inneren KB 0,4–1 mm br), lg zugespitzt; Gri 5; Fr sich mit 10 Zähnen öffnend (doppelt so viele Zähne wie Gri); LB lanzettlich. — KroB 5. **(8) Weißmiere, *Móenchia***

– KB 4 oder 5, sehr schmal trockenhäutig (Hautrand höchstens 0,2 mm br), stumpf (abgerundet) oder kurz stachelspitzig; Gri 4 oder 5; Fr sich mit 4 oder 5 Zähnen öffnend (so viele Zähne wie Gri); LB linealisch bis pfriemlich. — KroB 4 oder 5. **(10) Mastkraut, *Sagína***

**21** Klappen der Fr 3 (so viele wie Gri). **(3) Miere, *Minuártia***

–!! Klappen oder Zähne der Fr 4 oder 6 (doppelt so viele wie Gri) . . . . . **22**

– *Falls noch keine Fr vorhanden, siehe* **Sonderschlüssel** *nach dem Ende des Gattungsschlüssels (S. 299)!*

**22** Fr 6zähnig, Zähne meist kürzer als 1/3 der Gesamt-Kapsellänge; Sa ohne Anhängsel. — KroB 5. **(1) Sandkraut, *Arenária***

– Fr tief 4- oder 6klappig, Klappen länger als 1/3 der Gesamt-Kapsellänge; Sa mit weißlichem oder grauem Anhängsel (Elaiosom) (Ameisenausbreitung!; die einzige Gattung der Nelkengewächse mit Sa-Anhängseln). — KroB 4 oder 5.
**(2) Nabelmiere, *Moehríngia***

**23** [15] Gri 4; KroB 4. **Niedriges Hornkraut, (7), *Cerástium púmilum***

–!! Gri 5; KroB 5 . . . . . . . . . . . . . . . . . . . . . . . . . . . . . . **24**

– Gri (2)3(4); KroB 5 . . . . . . . . . . . . . . . . . . . . . . . . . . . **25**

**24** KroB fast bis zum Grund 2teilig (Abb. 166); LB'Spreitengrund herzförmig. — Fr eiförmig, 5klappig aufspringend, Klappen 2zähnig.
**(9) Wassermiere, *Myosóton***

– Kro weniger als bis zur Mitte gespalten (Abb. 167); LB'Spreitengrund nie herzförmig. — Fr länglich (Abb. 168), 10zähnig aufspringend (doppelt so viele Zähne wie Gri). **(7) Hornkraut, *Cerástium***

**25** KroB bis über die Mitte, fast bis zum Grund 2teilig (Abb. 166) oder nur etwa bis zur Mitte gespalten, dann aber der Stg bes. unten scharf 4kantig.
**(4) Sternmiere, *Stellária***

– KroB nur bis auf 3/4–2/3 ihrer Länge 2lappig; Stg auch unten stets stielrund . . . . . . . . . . . . . . . . . . . . . . . . . . . . . . . . . . . **26**

**26** KB auf der ganzen Fläche drüsig behaart. — Ganze Pf drüsig weichhaarig.
**Abweichendes Hornkraut, (7), *Cerástium dúbium***

– KB kahl (höchstens am Grund drüsig behaart) . . . . . . . . . . . . **27**

**27** LB höchstens 10 mm lg; Pf mit kriechenden, oft wurzelnden sterilen Trieben; KB am Grund meist etwas drüsig. Alpin.
**Dreigriffel-Hornkraut, (7), *Cerástium cerastoídes***

– LB 15–30 mm lg; Pf ohne sterile oberirdische Triebe; KB völlig kahl. Collin bis submontan. — Pf mit dünnem, kriechendem Rhizom u. WuKnollen (einzige Gattung der Familie mit WuKnollen). **(5) Knollenmiere, *Pseudostellária***

## Sonderschlüssel*

für die Arten der Mierenförmigen/*Alsinoideae* (K freiblättrig; NebenB fehlend) mit unzerteilten (nicht 2lappigen, nicht ausgerandeten) KroB u. mit (2)3 Gri (umfassend die Gattungen (1) Sandkraut/*Arenaria*, (2) Nabelmiere/*Moehringia* u. (3) Miere/*Minuartia*). Die Weiteren Angaben zu den einzelnen Arten entnehme man den Artenschlüsseln der 3 Gattungen!

**1** KroB fehlend oder (slt) 5 fädliche KroB. — Pf dicht polsterförmig. Subalpin bis subnival. **Zwerg-Miere, (3),** ***Minuártia sedoídes*** (→ Pkt 1 u. 3) u. **Mannsschild-Miere, (3),** ***Minuártia cherlerioídes*** (→ Pkt 1 u. 2)

**–!!** KroB 4 . . . . . . . . . . **2**

**–** KroB 5, — nicht fädlich . . . . . . . . . . **3**

**2** KroB ein wenig kürzer als die KB; Pf dicht polsterförmig mit säulenförmigen Stämmchen; LB 1–3 mm lg, fleischig. **Mannsschild-Miere, (3),** ***Minuártia cherlerioídes***

**–** KroB $1^1/_2\times$ so lg wie die KB; Pf nicht dicht polsterförmig, sondern Stg sparrig verzweigt; LB 10–30(40) mm lg, nadelförmig. **Moos-Nabelmiere, (2),** ***Moehríngia muscósa***

**3** KroB kürzer als die KB . . . . . . . . . . **4**

**–** KroB so lg oder länger als die KB . . . . . . . . . . **8**

**4** LB eilanzettlich, $1–3^1/_2\times$ so lg wie br . . . . . . . . . . **5**

**–** LB pfriemlich-borstlich, (8)10–30× so lg wie br . . . . . . . . . . **6**

**5** Untere LB deutlich gestielt (LB'Stiel fast so lg wie die Spreite), obere LB sehr kurz gestielt; LB'Spreite 7–25 mm lg. **Dreinerven-Nabelmiere, (2),** ***Moehríngia trinérvia***

**–** Alle LB ungestielt (höchstens ganz kurz gestielt); LB'Spreite 2–5 mm lg. **Artengruppe Quendel-Sandkraut, (1),** ***Arenária serpyllifólia agg.*** (→ Gattung (1), Pkt 6)

**6** KB weiß, trockenhäutig, beiderseits des Mittelnervs mit grünem Streifen. **Büschel-Miere, (3),** ***Minuártia fastigiáta***

**–** KB ganz grün, oder nur am Rand trockenhäutig . . . . . . . . . . **7**

**7** KB schmal-lanzettlich, 2–2,5(3) mm lg, ihre Nerven zueinander fast parallel; KroB $^1/_2\times$ so lg wie die KB; LB, BlüStiele u. StgOberteil drüsig. **Kleb-Miere, (3),** ***Minuártia viscósa***

**–** KB eilanzettlich, (2,8)3–4 mm lg, ihre seitlichen Nerven gebogen; Kro $^3/_4\times$ so lg wie die KB; Pf meist kahl. ☆? **Zart-Miere, (3),** ***Minuártia hýbrida***

**8** [3] Untere LB lg gestielt, Stiel 2–3× so lg wie die Spreite. — Spreiten der unteren StgB eiförmig, die der mittleren u. oberen StgB nach oben zu allmählich spatelförmig bis lineal-lanzettlich werdend. **Verschiedenblättrige Nabelmiere, (2),** ***Moehríngia diversifólia***

**–** Alle LB sitzend oder kurz gestielt, Stiel aber stets deutlich kürzer als die Spreite . . . . . . . . . . **9**

**9** LB eiförmig bis lanzettlich, 1–4× so lg wie br . . . . . . . . . . **10**

**–** LB linealisch bis pfriemlich-borstig, 5–30(50)× so lg br . . . . . . . . . . **13**

**10** LB'Spreite kahl (nur LB'Stiel gewimpert), 1–2× so lg wie br, — stumpf (abgerundet); KB stumpf (abgerundet) bis etwas zugespitzt. **Zweiblüten-Sandkraut, (1),** ***Arenária biflóra***

**–** LB'Spreite zumindest in der unteren Hälfte gewimpert, 2–4× so lg wie br **11**

---

* um die p. t. Benutzer dieser Flora mehr als die anderer Bestimmungsbücher zu verwöhnen!

**11** LB u. KB stumpf (vorn abgerundet). — LB'Spreitenrand überall sehr kurz gewimpert. **Zweiblüten-Miere, (3), *Minuártia biflóra***
**-** LB u. KB spitz . . . . . . . . . . . . . . . . . . . . . . . . . . . . . . . 12

**12** LB unterseits 3–7nervig (neben den 3 Hauptnerven meist 1–2 schwächere Seitennervenpaare), am Rand meist überall kurz gewimpert, — oberseits flach. **Felsen-Miere, (3), *Minuártia rupéstris***
**-** LB 1nervig (daneben netznervig), am Rand vom Grund nur bis zur Mitte stark fransig gewimpert. Artengruppe **Wimper-Sandkraut, (1), *Arenária ciliáta agg.*** (→ Gattung (1), Pkt 5)

**13** [9] LB (30)50–100 mm lg, — 1 mm br, rinnenförmig; Stg steif aufrecht; Blüstd vielblütig, endständig, traubig; KB stumpf (abgerundet); KroB 2–3× so lg wie die KB; Pf 20–40(50) cm hoch. **Grasblatt-Sandkraut, (1), *Arenária procéra (subsp. glábra)***
**-** LB 3–20(25) mm lg . . . . . . . . . . . . . . . . . . . . . . . . . . . 14

**14** LB mit 0,5–0,8 mm lg, grannenartiger Spitze; KB stachelspitzig, — drüsig; KroB 1½–2½× so lg wie die KB. **Großblüten-Sandkraut, (1), *Arenária grandiflóra***
**-** LB stumpf (abgerundet) oder spitz, aber ohne Grannenspitze; KB stumpf (abgerundet) oder spitz, aber ohne Stachelspitze . . . . . . . . . . 15

**15** LB ± fleischig, nervenlos oder undeutlich 1(3)nervig, — stets kahl (höchstens am Grund gewimpert); KB kahl . . . . . . . . . . . . . . . . . . 16
**-** LB nicht fleischig, meist deutlich 1–3nervig . . . . . . . . . . . . . . 17

**16** Pf grasgrün; BlüStiel etwa 10 mm lg; LB kahl, meistens am Grund gewimpert, 6–10 mm lg, undeutlich 1(3)nervig. **Wimper-Nabelmiere, (2), *Moehríngia ciliáta***
**-** Pf blaugrün bereift; BlüStiel etwa 20 mm lg; LB vollständig kahl, am Grund nicht gewimpert; untere LB 5 mm lg, oberseits gefurcht, mittlere u. obere LB 10–20 mm lg, gegen die Spitze zu schwach verbreitert, nervenlos, — halbstielrund bis fast stielrund. **Steirische Nabelmiere, (2), *Moehríngia bavárica* (*subsp. bavarica*)**

**17** KB weiß, trockenhäutig, beiderseits des Mittelnervs mit grünem Streifen. **Borsten-Miere, (3), *Minuártia setácea***
**-** KB ganz grün oder nur am Rand trockenhäutig . . . . . . . . . . . 18

**18** KB stumpf (abgerundet) . . . . . . . . . . . . . . . . . . . . . . . . . 19
**-** KB spitz . . . . . . . . . . . . . . . . . . . . . . . . . . . . . . . . . . 20

**19** LB br-linealisch, 3–8× so lg wie br; KroB 1–1,5× so lg wie die KB; Blü zu 1–2(3) am Ende der Stg. **Zweiblüten-Miere, (3), *Minuártia biflóra***
**-** LB schmal-linealisch bis fädlich, meist sichelförmig gebogen, 10–50× so lg wie br; KroB 1,5–2× so lg wie die KB; Blü zu 1–6 am Ende der Stg. **Artengruppe Lärchennadel-Miere, (3), *Minuártia laricifólia agg.*** (→ Gattung (3), Pkt 10)

**20** KB 5nervig; LB sichelförmig gekrümmt, borstenförmig eingerollt. — KB oft violett überlaufen; Pf kalkmeidend. **Krummblatt-Miere, (3), *Minuártia recúrva***
**-** KB 3nervig; LB gerade, flach. **(3) Miere, *Minuártia***: Pkt 12

## (1) Sandkraut, *Arenária*

**1** LB 5–10 cm lg, schmal-linealisch. — Stg steif aufrecht; Blüstd vielblütig, endständig, traubig; LB nur 1 mm br, rinnenförmig; KB 2,5–5 mm lg, eiförmig, stumpflich (± abgerundet); KroB 2–3× so lg wie die KB; Blüstd kahl, drüsenlos. H: 20–40(50) cm. ♃ Ch. VI–VII. Trockenrasen; collin; sehr slt. **B**. Stark gefährdet. (Hptvbr. von Art u. Unterart: Ost-Europa.) *(A. micradenia, A. graminifolia, Eremogyne graminifolia)* **Grasblatt-S., *A. procéra* (subsp. *glábra*)**

- LB höchstens 1,3 cm lg, lineal-lanzettlich oder rundlich bis eiförmig . . . **2**

**2** LB schmal-lanzettlich, 0,5–1,3 cm lg, 6–20× so lg wie br, mit 0,5–0,8 mm lg, grannenartiger Spitze; KB stachelspitzig. — WuStock holzig, vielköpfig; KB 4–6 mm lg, drüsig; KroB 1½–2½× so lg wie die KB. H: 3–15 cm. ♃ Ch. V–VII(VIII). Felsen, Felsschutt; kalkstet; subalpin (in Süd-Mähren: Pollauer Berge collin!); zstr bis slt. **N, St, K, T**. Potentiell gefährdet. *(Czernohorskya g.)* **Großblüten-S., *A. grandiflóra***

- LB rundlich bis br-lanzettlich, 0,2–0,7 cm lg, 1–4× so lg wie br, stumpf (abgerundet) oder spitz, aber ohne Grannenspitze; KB spitz, aber ohne Stachelspitze . . . . . . . . . . . . . . . . . . . . . . . . . . . . . . . . **3**

**3** KroB 1–2× so lg wie die KB; Pf meist ♃ . . . . . . . . . . . . . . **4**

- KroB ½–¾× so lg wie die KB; Pf meist ☉–⊙. — LB eiförmig, zugespitzt, 2–5 mm lg, 1–3× so lg wie br. (Artengruppe Quendel-S., *A. serpyllifólia agg.)* . . . . . . . . . . . . . . . . . . . . . . . . . . . . . . . . **6**

**4** LB'Spreite rundlich bis eiförmig, stumpf (vorn abgerundet), 1–2× so lg wie br, kahl, mit gewimpertem LB'Stiel; KroB 1–1⅓× so lg wie die KB; Stg niederliegend bis kriechend, — mit seitlichen Blühtrieben; LB 0,2–0,6 cm lg; Blü meist einzeln oder zu 2; KB 4–4,5 mm lg, kahl. H: 2–3 cm; G: 10–30 cm lg. ♃ Ch. VII–IX. Schneetälchen, feuchte Felsschuttfluren; kalkmeidend; alpin; zstr bis mäßig hfg. **Fehlt B, W, N**. **Zweiblüten-S., *A. biflóra***

- LB'Spreite elliptisch bis lanzettlich, 2–4× so lg wie br, die untere Hälfte gewimpert, sonst kahl; KroB 1¼–2× so lg wie die KB; Stg aufsteigend bis aufrecht. (Artengruppe Wimper-S., *A. ciliáta agg.* Vielleicht eher nur eine aus Unterarten bestehende Art?) . . . . . . . . . . . . . . . . . . . . . . . . . . . . **5**

**5** Blü zu 1–2(3) je Zweig; Blü (10)12–15 mm ∅; KroB (5)6–9 mm lg. — LB 3–4× (?) so lg wie br; KroB 1¼–2× so lg wie die KB. H: 2–5 cm. ♃ He. VII–VIII. Polsterseggenges. (Firmeten), Nacktriedrasen (Elyneten); kalkliebend; alpin; zstr. **Fehlt B, W**. (Ostalpisch.) ■ **Eigentliches W.-S., *A. ciliáta*** *(s. str.)*

- Blü zu (1)3–7(11) je Zweig; Blü 7–9(10) mm ∅; KroB (4)5–6(7) mm lg. — LB 2–3× (?) so lg wie br; KroB 1¼–1½× so lg wie die KB. H: 4–10 cm. ♃ He. VII–VIII. Lückige Rasen; etwas kalkliebend; alpin; zstr. **V**. (Westalpisch.) *(A. ciliata subsp. moehringioides)* ■ **Vielstengel-W.-S., *A. multicáulis***

**6** [3] Blüstd u. bes. FrStand aus 1–2 lg Wickeln bestehend (überwiegend monochasial); KB 1,8–3 mm lg; FrStiele 2–3× so lg wie der K. — Pf oft drüsenhaarig; LB 2–3½× so lg wie br; häutiger Rand der inneren KB ½–1× so br wie der krautige Mittelstreifen; Fr etwa 2× so lg wie br, so lg oder kürzer als der K; Sa 0,3–0,5 mm lg. H: 3–15 cm. ☉–⊙ Th–He. V–IX. Lückige Trockenrasen; collin; zstr. Im Pann. **B, N**. (Diploid?) ■ **Zartes S., *A. leptóclados***

- Blüstd u. bes. FrStand überwiegend dichasial (mehrfach scheingabelig); KB 3–5 mm lg; FrStiele ⅔–2× so lg wie der K. — Sa 0,4–0,7 mm lg . . . . . **7**

**7** Haare der LB u. KB 0,1–0,2 mm lg; Fr etwa 1½× so lg wie br. — Pf behaart bis ± kahl, drüsenhaarig oder drüsenlos; LB 1–2½× so lg wie br; KB 3–4 (4,5) mm lg; häutiger Rand der inneren KB ⅔–1× so br wie der krautige Mittelstreifen; FrStiele 1–2× so lg wie der K; Fr meist etwas länger als der K. H: 3–30 cm. ☉–⊙ Th–He. V–IX. Trockenrasen, Lücken in Wiesen, Äcker,

Ruderalfluren; etwas kalkliebend; collin bis montan; sehr hfg. **Alle Bdld.** (Tetraploid.) **Quendel-S., *A. serpyllifólia*** *(s. str.)*

- Haare der LB u. KB 0,2–0,5 mm lg; Fr etwa 2× so lg wie br. — Pf meist drüsenlos; LB 1–2× so lg wie br; KB (3)4–5 mm lg; häutiger Rand der inneren KB ½–¾ so br wie der krautige Mittelstreifen; FrStiele ⅔–1½× so lg wie der K; Fr meist kürzer als der K. H: 2–10 cm. ☉–⊙ Th–He. VI–VIII. Feinerdereiche Felsschutthalden, Ruhschutt, Lägerstellen; alpin; zstr bis slt. **K, S, T.** **Alpen-S., *A. marschlínsii***

## (2) Nabelmiere, *Moehríngia* (G VII 7)

1 KB u. KroB 4; StaubB 8. — Stg dünn, sparrig verzweigt; LB nadelförmig, 1–3(4) cm lg, kahl; KB 2,5–3,5 mm lg; KroB 1½× so lg wie die KB; Sa 1,2–1,5 mm lg; Anhängsel etwa ½–⅔× so lg wie der Sa, fast ganzrandig. H: 5–20 cm. ♃ He. V–IX. Schattig-feuchte Felsen, Geröllfluren; kalkliebend; montan bis subalpin; hfg bis zstr. **Fehlt B, W.** **Moos-N.**, Moosmiere, ***M. muscósa***

- KB u. KroB 5; StaubB 10 . . . . . . . . . . . . . . . . . . . . . . . . . . . . **2**

2 Alle LB linealisch . . . . . . . . . . . . . . . . . . . . . . . . . . . . . . . **3**

- Alle oder zumindest die unteren LB lanzettlich bis eiförmig . . . . . . . . **4**

3 Pf grasgrün; BlüStiel etwa 10 mm lg; Fr um ⅓ länger als der K; LB kahl, meistens am Grund gewimpert, schwach fleischig, 6–10 mm lg, schwach 1(3)nervig. — KB 3–4 mm lg; KroB 1⅓–1½× so lg wie der K; Sa etwa 1,2 mm lg, mit sehr kleinem, gefransten Anhängsel (Anhängsel-Fransen etwa 1/10 der SaLänge). H: 2–8 cm; G: bis 30 cm lg kriechend u. aufsteigend. ♃ He. VI–VIII. Schneetälchen, feuchte Gesteinsfluren, Feinschuttfluren, Felsen u. lückige Rasen; kalkstet; (montan) subalpin bis alpin; zstr. **Fehlt B, W.** **Wimper-N., *M. ciliáta***

- Pf blaugrün bereift; BlüStiel etwa 20 mm lg; Fr wenig länger als der K; LB kahl, am Grund nicht gewimpert, stark fleischig; untere LB etwa 5 mm lg, oberseits gefurcht; mittlere u. obere LB 10–20 mm lg, gegen die Spitze zu schwach verbreitert, ± flach, nervenlos. — KB 3–4 mm lg; KroB länger als der K; Sa 1,2–1,5 mm lg, mit stark gefranstem, grauem Anhängsel (Fransen fast ½× so lg wie die SaLänge). H: 5–20 cm; G: 10–60 cm lg, liegend oder hängend. ♃ He. VI–VIII(IX). Senkrechte u. überhängende Felswände; kalkstet; collin bis montan; slt (lokal hfg). **St.** (Sonstige Vbr.: Südalpen u. Dinarische Gebirge.) Potentiell gefährdet. *(M. ponae, M. malyi)* **Steirische N., *M. bavárica*** *(subsp. bavárica)*

4 Alle LB eiförmig, behaart, 3nervig; KroB ½–¾× so lg wie die KB; KB 4–5 mm lg. — Sa 1 mm lg, mit wenig gefranstem Anhängsel (Fransen nur ⅕× so lg wie Sa). H: 10–25(30) cm. ☉–♃ He. V–VII. Frische, schattige Edellaubwälder; schwach kalkmeidend; collin bis subalpin; hfg. **Alle Bdld.** **Dreinerven-N., *M. trinérvia***

- Obere LB lineal-lanzettlich, untere LB lg gestielt, Spreite br- bis schmal-lanzettlich, 1nervig; KroB etwa so lg oder etwas länger als die KB; KB 3 mm lg. — Pf fast kahl; Blü 4–5 mm ∅; Fr kugelig, Sa knapp 1 mm lg, mit lg'zottigem, weißem Anhängsel (Fransen ⅓–½× so lg wie Sa). H: 10–30 cm. ☉–⊙ Th–He. V–VII. Trockene bis feuchte, meist ± sonnige Felsspalten, Felsbänder, Felsschutt am Fuß von Felswänden; nur über Silikatgesteinen (bes. Glimmerschiefer u. Gneise), kalkmeidend; submontan bis subalpin; zstr (lokal hfg). **St, K.** Endemisch (Steirisches Randgebirge: vom Rennfeld bis zur südl. Koralpe). ▲ **Verschiedenblättrige N., *M. diversifólia***

## (3) Miere, *Minuártia*

**1** LB eiförmig oder lanzettlich. — KroB 4 oder fehlend. (Subalpin bis) alpin . . . . . . . . . . **2**

**-** LB linealisch oder pfriemlich. — KroB 5 oder fehlend; StaubB 10 . . . . . **3**

**2** LB länglich-eiförmig bis eiförmig, vorn abgerundet (slt kurzstachelig), oberseits etwas rinnenförmig (konkav), Rand kahl, Spitze kapuzenförmig, meist stumpf (abgerundet; slt mit kurzer Stachelspitze); KB 4; KroB 4 oder fehlend (vgl. Anm.!); KB 2–4 mm lg, 3nervig; StaubB 8; Pf dicht polsterförmig mit säulenförmigen Stämmchen. — LB 1–3 mm lg, fleischig, unterseits mit 3 deutlich hervortretenden, dicken Nerven. H: 2–5 cm. ♃ Ch. VII–VIII. Kalk- u. Dolomitfelsen, Felsschuttfluren; oberalpin; zstr. Nordöstl. u. südl. Kalkalpen. **O, St, K, S, T.** ▲ *(M. aretioides)*

**Mannsschild-M.**, „Polster-M.", ***M. cherlerioídes***

Anm.: Neueste Befunde zeigen, daß diese Art in Ö zwei geographisch vikariierenden Unterarten umfaßt: eine nordostalpische Sippe mit Kro u. eine südalpische kronenlose (apetale) (T. WRABER, unveröff.)

**-** LB lanzettlich, spitz, oberseits flach, gewimpert, spitz; KB u. KroB 5; KB 4–5 mm lg, 5nervig; StaubB 10; Pf rasig-kriechend. — Stg verholzend; LB 2–5 mm lg, unterseits 3–5(7)nervig, mit Drüsenhaaren oder lg Gliederhaaren. H: 4–15 cm. ♃ Ch. VII–VIII. Windexponierte Grate, Fels- u. -schuttfluren; kalkliebend, bes. über Kalkschiefer; (subalpin) alpin; slt. **K, S, T, V.** ▲

**Felsen-M.**, ***M. rupéstris*** *(s. str.)*

**3** KroB fehlend, slt fädlich. — Dichte, flache Polster; LB rinnenförmig, am Grund verwachsen, 3–5 mm lg; Blü einzeln, sitzend oder kurz gestielt; KB 2–3 mm lg, h'grün. H: 4–8 cm. ♄ Ch. VII–VIII. Felsritzen, Felsschutthalden, Moränenschutt, Polsterseggenrasen; kalkliebend; subalpin bis subnival; hfg bis zstr. **Fehlt B, W.** ▲ *(Cherleria sedoides)* **Zwerg-M.**, „Polster-M.", ***M. sedoídes***

**-** KroB stets vorhanden . . . . . . . . . . **4**

**4** KB weiß, beiderseits des Mittelnervs mit grünem Streifen . . . . . . . . **5**

**-** KB ganz grün, am Rand schmal weißlich-trockenhäutig . . . . . . . . . **6**

**5** KroB viel kürzer (1/3–1/2× so lg) als die KB; Stg einzeln, unterwärts meist rotbraun; BlüStiele der EndBlü so lg oder nur etwas länger als der K, Blü daher fast büschelig gehäuft; Fr kürzer als die KB. — KB (4)5–6 mm lg. H: (8)10–30(35) cm. ☉–⊙ Th–He. VII–VIII. Trockenrasen über Fels, Schotter u. Sand; etwas kalkliebend; collin bis submontan; zstr bis slt. **B, N, O.** Gefährdet. *(M. fasciculata, „M. rubra")* **Büschel-M.**, ***M. fastigiáta***

**-** KroB etwas länger als die KB; Stg zahlr., unten meist grün; BlüStiele der EndBlü meist 2–4× so lg wie der K; Blü daher nicht gehäuft; Fr so lg oder etwas länger als die KB. — KB 2–5 mm lg. H: (5)10–15(20) cm. ♃ Ch. V–VIII. Fels- u. Schotterfluren; kalkliebend; collin bis submontan; zstr bis slt. **B, N, O?, St, T?.** Gefährdet. **Borsten-M.**, ***M. setácea***

Anm.: Die beiden Unterarten bedürfen weiterer Erforschung.

**a** KB (2)3–3,5(4) mm lg, eiförmig-lanzettlich; KroB 3,5–4,5 mm lg; Blühtriebe (3)5–20blütig. ▪ **Gewöhnliche B.-M.**, ***M. s. subsp. setácea***

**-** KB 3,5–4,5 mm lg, lineal-lanzettlich; KroB 5–5,5 mm lg; Blühtriebe 2–5(6)blütig. ▪ **Banater B.-M.**, ***M. s. subsp. bannática***

**6** KroB 1/2–3/4× so lg wie die KB; Pf ☉. — KB spitz . . . . . . . . . . . **7**

**-** KroB 1–2× so lg wie die KB; Pf ♃ . . . . . . . . . . . . . . . **8**

**7** KB schmal-lanzettlich, 2–2,5(3) mm lg, so lg oder etwas länger als die Fr, ihre Nerven fast parallel; KroB 1/2× so lg wie die KB; Fr 2(3) mm lg; Sa 0,25–

0,35 mm br; Stg oben meist drüsig. H: (3)5–10 cm. ⊙ Th. V–VII. Lückige Silikat-Trockenrasen, sandige Äcker (?); collin; sehr slt. **N.** (Hptvbr.: in Mitteleuropa slt, bes. Ost- u. Nordost-Europa.) Stark gefährdet. **Kleb-M., *M. viscósa***

– KB eilanzettlich, (2,8)3–4 mm lg, etwas kürzer als die Fr, ihre Seitennerven gebogen; KroB ¾× so lg wie die KB; Fr 4–5 mm lg; Sa 0,4–0,5 mm br; Pf meist kahl. H: 7–20 cm. ⊙ Th. V–VII. Trockene Wegränder, Äcker, Trockenrasen; kalkhold; collin; sehr slt. **(V)** (Gisingen). Unbeständig (?). (Heimat: Südwest-Deutschland, Medit., West-Asien.) *(M. tenuifolia)* ☆? **Zart-M., Feinblatt-M., *M. hýbrida***

**8** KB vorn br abgerundet, Spitze kapuzenförmig nach innen gebogen . . . . **9**

– KB spitz . . . . . . . . . . . . . . . . . . . . . . . . . . . . . . . **11**

**9** LB br-linealisch, 3–8× so lg wie br; KroB 3,5–4,5 mm lg, 1–1,5× so lg wie die KB. — LB 5–10 mm lg, stumpf (vorn abgerundet); Blü zu 1–2(3) am Ende der Stg; KB 3,5–4,5 mm lg, 3nervig; Fr 1,5× so lg wie die KB. H: 3–10 cm. ♃ Ch. VI–VIII. Schneetälchen, Rasenbänder, Feinschutt, auch Nacktriedrasen; über basenreicheren Silikatgesteinen; oberalpin bis subnival; slt. **K, S, T.** Potentiell gefährdet. ▲ **Zweiblüten-M., *M. biflóra***

– LB schmal-linealisch bis fädlich, meist sichelförmig gebogen, 10–50× so lg wie br; KroB (7)8–12 mm lg, 1,5–2× so lg wie die KB. — LB (5)10–12(15) mm lg, spitz, ± kapuzenförmig, oft stumpf (± abgerundet); Blü zu 1–6 am Ende der Stg. (Artengruppe Lärchennadel-M., *M. laricifolia agg.*) . . . . . . . . . **10**

**10** Fr 1–1,5× so lg wie die KB; Sa 0,8–1 mm br, am Rücken runzelig, Papillen etwa so lg wie br; KB (4,5)5–6 mm lg, slt drüsig. H: 8–30 cm. ♃ Ch. VII–VIII. Sonnige, steinige Abhänge, Felsen, Feinschutt; kalkmeidend; obermontan bis subalpin; slt. **T.** (Hptvbr.: Westalpen.) *(M. striata, M. laricifolia subsp. laricifolia)* **Lärchennadel-M.,** Streifen-M., ***M. laricifólia***

– Fr 1,5–2× so lg wie die KB; Sa 1–1,3(1,5) mm br, am Rücken höckerig, Papillen 2–3× so lg wie br; KB (5)6–7 mm lg, stets drüsenlos. H: 10–30 cm. ♃ Ch. VI–VII. Kalk- u. Dolomitfelsen, Felsschuttfluren, Bachschotter; kalkstet; montan bis subalpin; zstr bis slt. **N, O?, St.** (Sonstige Vbr.: Karpaten.) Potentiell gefährdet. *(M. laricifolia subsp. kitaibelii, **M. kitaibelii**)*
**Karpaten-M., *M. lángii***

**11** [8] KB 5nervig *(im trockenen Zustand deutlich!)*; LB meist sichelförmig gekrümmt, pfriemlich-borstenförmig. — Pf am Grund verholzt; KB (3)4–5 mm lg, oft (?) violett überlaufen. H: (2)5–15(20) cm. ♃ Ch. VII–VIII. Lückige bodensaure Magerrasen (Krummseggenrasen), oft auf windgefegten Kuppen; streng kalkmeidend; (ober)alpin; slt. **St†, K, T, V.** ▲
**Krummblatt-M., *M. recúrva***

– KB 3nervig; LB ± gerade, flach . . . . . . . . . . . . . . . . . . . . **12**

**12** KroB fast doppelt so lg wie der K, vorn gestutzt oder gezähnelt; Fr 5–9 mm lg, 1⅓–2× so lg wie die KB; KB 4–6 mm lg, beim Blühen aufrecht. — Stg meist 2blütig; BlüStiel 4–8(11)× so lg wie der K. H: 8–20 cm. ♃ Ch. VI–VIII. Fein- u. Grobschutt; kalkstet; montan bis alpin; zstr. **Fehlt B, W, V.** ▲
**Österreichische M., *M. austríaca***

– KroB so lg oder wenig länger als der K, vorn abgerundet; Fr 3–4 mm lg, so lg oder etwas länger als die KB; KB 3–4 mm lg, beim Blühen abstehend. — Stg 1- bis vielblütig. (Artengruppe Frühlings-M., *M. verna agg.*) . . . . . . . . **13**

**13** Furchen zw. den LB'Nerven eng, meist schmäler als die Nerven; EndBlüstd (6)10–20(30)blütig; sterile LB'Büschel in den LB'Achseln der blühenden Stg meist vorhanden; Sa 0,4–0,6(0,7) mm ∅, mit stumpfen Papillen, diese kürzer als br. — BlüStiel etwa 13–18 mm lg; KroB 3–4 mm lg, so lg wie die KB;

Staubbeutel gelb (?) bis purpurgrau, zuletzt d'purpurn. H: 5–15 cm. ♃ Ch. V–VIII. Trockenrasen; bes. auf Sandböden; collin bis montan; zstr bis slt. Bes. im Pann. **B, N, St, K**. Gefährdet. ▲ *(„**M. verna**", M. verna subsp. collina)*

**Hügel-M.,** Östliche Frühlings-M., ***M. glaucína***

Anm.: Wieweit die Populationen in **K** u. **St** von den pannonischen abweichen, ist noch unklar; nach neuesten Befunden* gehören sie zur illyrischen *M. orthophylla.*

- Furchen zw. den LB'Nerven so br wie die Nerven oder breiter; EndBlüstd 1–5(7)blütig; sterile LB'Büschel meist fehlend; Sa (0,5)0,7–1 mm ∅, mit ± spitzen Papillen, diese etwa so lg wie br. — BlüStiel etwa 5–15(20) mm lg; KroB 4–5 mm lg, meist etwas länger als die KB; Staubbeutel purpurn. H: 2–5(10) cm. ♃ Ch. VI–VIII. Rasen, Gesteinsfluren; etwas kalkliebend; subalpin bis alpin u. (herabgeschwemmt) montan; hfg bis zstr. **Fehlt B, W.** ▲ *(M. verna subsp. gerardii, M. verna subsp. verna sensu Fl. Eur. 1 [1964])*

**Gerard-M., Alpen-Frühlings-M.,** Alpen-M., ***M. gerárdii***

Anm.: Populationen auf Alluvionen in Süd-**K** (zB auch bei Arnoldstein) weichen etwas ab, ihre taxonomische Stellung ist noch ungeklärt.

## (4) Sternmiere, *Stellária* (G I 3, III 16, VI 6)

**1** Stg unten stielrund; untere LB gestielt, Spreite 2–3× so lg wie br . . . . . **2**

**-** Stg unten 4kantig; alle LB sitzend, 3–10× so lg wie br . . . . . . . . . . . **6**

**2** Stg ± allseitig behaart oder unten kahl; LB 3–8 cm lg, gewimpert; KroB 1½–2× so lg wie die KB. — Anm.: Die im Habitus ähnliche Wassermiere, (9), *Myosoton aquaticum* unterscheidet sich durch die 5 Gri, durch die sitzenden oder höchstens kurz gestielten unteren StgB u. durch den unten 4kantigen, kahlen Stg. (Gruppe der Wald-St., *S. nemorum-Gruppe* = ***S. nemorum*** *[s. l.]*) . . . . . . . . . . . **3**

**-** Stg auf 1(2) Längslinien behaart; LB 0,5–3(4) cm lg, kahl; KroB etwa ¼–1⅓× so lg wie die KB oder fehlend. (Artengruppe Vogel-St., *S. media agg.*) . . **4**

**3** FrStiele der oberen Fr 1–4× so lg wie die nächststehenden (Vor)B; Sa 1–1,3 mm lg, mit 0,05–0,1 mm hohen, halbkugeligen Höckern ohne Widerhäkchen; obere StgB (fast) sitzend (slt bis 8 mm lg gestielt), ihre Spreite 2½–3½× so lg wie br, Grund nicht oder undeutlich herzförmig; Blätter des Blüstd nach jeder Verzweigung allmählich kleiner werdend, sodaß das zweite Blattpaar des Blüstd meist länger als ⅓ des ersten ist; KB 5–6 mm lg, zur BlüZeit nur unten drüsenhaarig. H: 20–40(50) cm. ♃ He. V–IX. Feucht-schattige Wälder, Gebüsche, Hochstaudenfluren, Alpenampferfluren, Bachufer; etwas kalkmeidend; (collin) montan bis subalpin; hfg bis zstr. **Alle Bdld.** *(**S. nemorum subsp. nemorum**)*

**(Eigentliche) Wald-St.,** Hain-St., ***S. némorum s. str.***

**-** FrStiele der oberen Fr 5–10× so lg wie die nächststehenden (Vor)B; Sa etwa 1 mm lg, mit 0,1–1,5 mm hohen zylindrischen Höckern, die an der Spitze mit 5 winzigen Widerhäkchen besetzt sind; obere StgB gestielt (jene des LB'Paares unterhalb der untersten Äste des Blüstd (5)15(30) mm lg gestielt), ihre Spreite 1½–2½× so lg wie br, Grund deutlich herzförmig; Blätter des Blüstd nach der ersten Verzweigung abrupt kleiner werdend, das zweite Paar meist kürzer als ⅓ des ersten Paars, jene des dritten Paars nur noch 1–2 mm lg (also HochB); KB 4–5 mm lg, zur BlüZeit bis zur Spitze drüsenhaarig. H: 15–30 cm. ♃ He. VI–VIII. Feucht-schattige Wälder, Bachufer; collin bis montan; zstr bis slt. **St, K**. Potentiell gefährdet. *(**S. nemorum subsp. glochidisperma**)*

**Berg-St., Hexenkraut-St.,** Berg-Wald-St., ***S. montána***

* Dvořáková (ined.)

**4** StaubB meist 10; KroB 1–1½× so lg wie der K; KB 5–7 mm lg; Sa 1,1–1,5 mm ∅, Oberfläche mit hohen, spitzkegeligen Warzen (deutlich länger als br). — Staubbeutel purpurrot; Sa d'rotbraun. H: 20–80 cm. ⊙–♃ Th–He. IV–VII. Auwälder, feuchte Waldränder u. Staudenfluren; collin; zstr bis slt. **B, W, N, O, St, K?**. (Eine der diploiden Elternsippen von *S. media s. str.*) *(S. media subsp. major, Alsinula n., S. media subsp. major)*

■ **Großblütige Vogel-St., G. Vogelmiere, *S. neglécta***

**–** StaubB meist 1–5; KroB ¼–1× so lg wie der K oder fehlend; KB 2–5 mm lg; Sa 0,5–1,3 mm ∅, mit stumpfen Höckern (nicht oder kaum länger als br) . . **5**

**5** Höcker der SaOberfläche breiter als hoch; KroB fehlend oder (slt) winzig; KB (2)3–4,5 mm lg, schmal-lanzettlich; StaubB 1–3(5); Staubbeutel graulila; Blü-Stiele 1–3 mm lg; FrStiele 2–4× so lg wie der K. — Pf meist ± gelbgrün; Sa 0,7–0,9(1,1) mm ∅, gelblichbraun. H: 1–3 cm; G: 5–20 cm ∅. ⊙ Th. III–V. Trockene, sandige Wiesen, Wegränder, Kunstrasen, Ruderalstellen; collin; im Pann hfg, sonst slt. **V†; fehlt K.** (Eine der diploiden Elternsippen von *S. media s. str.*) *(S. apetala; Alsinula p., S. media subsp. apetala)* ■ **Bleiche Vogel-St., *S. pállida***

**–** Höcker der SaOberfläche etwa so lg wie br; KroB meist vorhanden, ⅔–1× so lg wie der K; KB 3–5 mm lg, br-lanzettlich; StaubB 3–5; Staubbeutel purpurn; BlüStiele länger als 5 mm; FrStiele 4–6× so lg wie der K. — Pf meist ± grasgrün; Sa (0,8)1–1,4 mm ∅, d'rötlichbraun. H: 2–30(40) cm. ⊙–⊙ Th–He. I–XII. Äcker, Gärten, Weingärten, frische Ruderalfluren; stickstoffliebend, Nährstoffzeiger; collin bis subalpin; sehr hfg. **Alle Bdld**. VolksarzneiPf. Wildsalat. (Allotetraploid.) *(Alsinula m., S. media subsp. media)*

■ **Gewöhnliche Vogel-St., G. Vogelmiere,** Hühnerdarm, ***S. média*** *(s. str.)*

**6** [1] KroB bis zur Mitte 2spaltig, 1½–2× so lg wie die KB. — LB steif, 3–9 cm lg; KB 6–8 mm lg; Kro 20–30 mm ∅; Sa 2–2,4 mm lg, mit 0,2 mm lg, zylindrischen Höckern. H: 15–30 cm. ♃ Ch. IV–V. Trockene, lichte Edellaubwälder, bes. Eichen-Hainbuchen-Wälder u. deren Säume, Harte Auwälder; schwach kalkmeidend; collin bis submontan (montan); hfg bis zstr. **Fehlt T, V**.

**Große St.,** Großblütige St., ***S. holóstea***

**–** KroB bis fast auf den Grund 2teilig, ¾–1½× so lg wie die KB. — LB weich, 0,5–4 cm lg; KB 3–7 mm lg . . . . . . . . . . . . . . . . . . . . . . . . **7**

**7** Stg oberwärts an den Kanten von kleinen Papillen rauh; LB am Rand rauh. — LB 0,5–3 cm lg; KB 3 mm lg; KroB 1–1⅓× so lg wie die KB; Sa 1 mm lg, fast glatt. H: 10–25 cm. ♃ He. VI–VIII. Feuchte Fichtenwälder, moorige Stellen; subalpin; slt bis sehr slt. **St, K*, S, T**. In den öAlp gefährdet. *(S. diffusa)*

**Langblatt-St., *S. longifólia***

**–** Stg glatt; LB am Rand glatt, höchstens am Grund gewimpert . . . . . . . **8**

**8** KroB etwa ¾× so lg wie der am Grund trichterig verschmälerte K; KB 2,5–3,5 mm lg; Blüstd (Thyrse) scheinbar seitenständig (weil sympodial übergipfelt von Seitentrieben); Sa 0,6–0,8 mm lg, schwach gerippt. — LB bläulichgrün, etwa 2,5 cm lg, am Grund gewimpert. H: 10–40 cm. ♃ He. V–VII. Quellfluren, Bachränder, Waldwegmulden; nasse, offene, sandige Böden; kalkmeidend; collin bis obermontan; zstr bis mäßig hfg. **Alle Bdld**. *(**S. uliginosa**)*

**Bach-St., *S. álsine***

**–** KroB 1–1½× so lg wie der am Grund abgerundete oder nur schwach trichterige K; KB 4–7 mm lg; Blüstd (Thyrse) deutlich endständig; Sa 1–1,5 mm ∅, gerippt . . . . . . . . . . . . . . . . . . . . . . . . . . . . . . . . . . . . . . . . **9**

* Neufund durch Ch. Justin, 1992, unveröff.

**9** DeckB u. LB'Grund gewimpert; Stg schlaff; LB dünn, grün; KB gewimpert. — KB 3–6(7) mm lg; KroB 1–1 1/3× so lg wie der K; Sa 1–1,2 mm ∅. H: 10–50 cm. ♃ He. V–VII. Magerwiesen, Weiderasen, slt Äcker; kalkmeidend; collin bis subalpin; hfg. **Alle Bdld.** **Gras-St.**, Grasmiere, ***S. gramínea***

**-** DeckB u. LB kahl; Stg aufrecht; LB etwas fleischig, blaugrün; KB am Rand kahl. — KB (4,5)5–7 mm lg; KroB 1 1/4–1 1/2× so lg wie der K; Sa 1,2–1,5 mm ∅. H: 10–45 cm. ♃ He. V–VII. Feuchte u. sumpfige Wiesen; kalkmeidend; collin; sehr slt. Flußtäler von Donau u. March. **N, O**. Vom Aussterben bedroht. *(S. glauca)* **Sumpf-St.**, ***S. palústris***

## (5) Knollenmiere, *Pseudostellária*

KB 4–5 mm lg; KroB 1 1/2–1 2/3× so lg wie der K, 2lappig (äußerstes 1/4 eingeschnitten); Gri 2–3; slt kleistogame (stark reduzierte), kleine (2–3 mm ∅), 4zählige Blü in den unteren LB'Achseln; Sa 1,8–2,2 mm lg, mit kleinen Hökkern. H: 8–15 cm. ♃ Ge. IV–V. Feucht-schattige Laubwälder (Auwälder) an Bächen u. quelligen Hängen; kalkmeidend; collin bis submontan; zstr. Süd- u. West-**St, K**. (Sonstige Vbr.: bes. Slowenien.) *(Stellaria bulbosa)*
**Knollenmiere**, Knollen-Sternmiere, (sl.:) gomoljčica, ***P. europáea***

## (6) Spurre, *Holósteum* (G IV 12)

LB bläulichgrün; KB 3,5–4,5 mm lg; KroB etwas länger als der K, weiß oder blaßrosa. H: 5–25 cm. ⊙–⊙ Th–He. III–V. Trocken-sandige offene Stellen, Äcker, lückige Trockenrasen, etwas kalkmeidend; collin bis montan; zstr bis slt. **B, W, N, O, St, (K), S†, (T)**. Im Alp, nVL u. söVL gefährdet.
**Spurre**, Dolden-Sp., ***H. umbellátum***

**a** Drüsenhaare ± auf den oberen Teil des Stg u. den LB'Rand beschränkt; StaubB meist 3–5. ▪ **Gewöhnliche Sp.**, ***H. u. subsp. umbellátum***

**-** Ganze Pf außer den LB'Flächen ± klebrig, mit dichter Drüsenbehaarung; StaubB meist 8–10. Im Pann. ▪ **Klebrige Sp.**, ***H. u. subsp. glutinósum***

## (7) Hornkraut, *Cerástium*

**1** Gri 3, 4 oder 6; FrZähne 6, 8 oder 12. — HochB ohne Hautrand . . . . . **2**

**-** Gri 5; FrZähne 10. — KroB 5 . . . . . . . . . . . . . . . . . . . . . . . . **4**

**2** KroB kürzer als die KB. — Pf stark drüsenhaarig; HochB drüsig; KB 7–9 mm lg; KroB 4–5; Gri 4(5). Variante des **Niedrigen H.**, ***C. púmilum*** (→ Pkt 9)

Anm.: Es handelt sich hierbei um eine taxonomisch geringwertige Variante *(„f. subtetrandrum")*, wenn nicht gar bloß um Hungerformen, die im Pann, bes. an Salzstandorten, um den Neusiedler See (**B**) u. im Marchfeld (**N**) vorkommen; sie wurden früher als eigene Art („Schwedisches H., ***C. subtetrándrum*** = *C. diffusum subsp. subtetrandrum*") angesehen.

**-** KroB 1 1/3–2× so lg wie die KB. — KroB 5 . . . . . . . . . . . . . . . **3**

**3** Stg kriechend oder aufsteigend, mit 1 fast drüsenlos behaarten Streifen, sonst kahl; LB lanzettlich. — KB 4–7 mm lg, am Grund drüsenhaarig, sonst kahl; KroB 1 1/2–2× so lg wie die KB; Gri 3(–5); Fr 7–10 mm lg; Sa 0,7–1 mm lg. H: 5–15 cm. ♃ Ch. VII–VIII. Feuchte Gesteinsfluren, Schneetälchen, Quellfluren, Ränder von Weidetümpeln, moorige Stellen; kalkmeidend; subalpin bis alpin; zstr bis mäßig hfg. **Fehlt B, W**. *(C. trigynum, C. lapponicum, Dichodon c.)*
**Dreigriffel-H.**, ***C. cerastoídes***

- Stg aufrecht, drüsig (klebrig) behaart; LB linealisch. — Stg mit Deck- u. Drüsenhaaren, die mehrfach kürzer als der Stg-∅ sind (bei den übrigen einjährigen Cerastien etwa so lg wie der Stg-∅); HochB drüsig; KB 4–6 mm lg, drüsig behaart; KroB 1¹/₃–1²/₃× so lg wie die KB; Gri 3; Fr 8–12 mm lg; Sa etwa 1 mm lg. H: (6)10–30 cm. ⊙ He. IV–VI. Sandige, feuchte Wiesen, überschwemmte Äcker, bes. in Auen, schlammig-sandige Ufer; auch auf schwach salzigen Böden; collin; slt. Im Pann. **B, W†, N, (St)**. Gefährdet. *(C. anomalum, Dichodon viscidum)* **Abweichendes H., *C. dúbium***

**4** [1] Pf ⊙, nie mit kurzen, vegetativen Trieben. — KroB etwa so lg wie die KB oder etwas kürzer; StaubB 5–10; BlüZeit III–V . . . . . . . . . . . . . . . **5**
- Pf ♃, am Grund meist mit kurzen, vegetativen Trieben. — StaubB stets 10; BlüZeit IV–X . . . . . . . . . . . . . . . . . . . . . . . . . . . . . . . **10**

**5** KB'Spitze wird von drüsenlosen Haaren deutlich überragt . . . . . . . . . **6**
- KB'Spitze wird von drüsenlosen Haaren nicht überragt . . . . . . . . . . **8**

**6** FrStiele ¹/₃–1× so lg wie der K, Blüstd daher gedrängt, geknäuelt; StaubB kahl; KroB am Grund kahl, etwa so lg wie die KB; Pf gelbgrün, — meist dicht drüsig behaart; KB 4 mm lg; Sa 0,4 mm lg. H: 2–45 cm. ⊙ Th. III–IX. (Hackfrucht-) Äcker, Ruderalstellen, Wege, Grasplätze, Waldschläge; bes. lehmig-tonige Böden; kalkmeidend; collin bis montan; zstr bis slt. **Alle Bdld**. *(„C. viscosum")* **Knäuel-H., *C. glomerátum***
- FrStiel 2–3× so lg wie der K, Blüstd daher locker; StaubB ± behaart; KroB am Grund gewimpert, ³/₄× so lg wie die KB; Pf graugrün. (Artengruppe Kleinblütiges H., *C. brachypetalum agg.*) . . . . . . . . . . . . . . . . . . . . . . **7**

**7** BlüStiele u. KB mit aufwärts angedrückten Haaren, — stets drüsenlos; BlüStiele 5–17 mm lg; KB 4–5 mm lg; Sa 0,4–0,6 mm lg. H: 5–18 cm. ⊙ Th. IV–VI. Trockene, lückige Wiesen; collin bis submontan; zstr (?) bis slt (?). **B, W†?, N, O, St, K**. Gefährdet. *(C. pilosum, C. brachypetalum subsp. tenoreanum)* **Tenore-H., *C. tenoreánum***
- BlüStiele u. KB mit abstehenden oder leicht aufwärts gerichteten Haaren, — ohne oder mit Drüsenhaaren; BlüStiele 5–27 mm lg; KB 4–5,5 mm lg; Sa 0,5–0,6 mm lg. H: 5–40 cm. ⊙ Th. IV–VI. Trockene, lückige Wiesen; collin bis submontan; zstr bis slt. **B, W, N, O, St, K, (S), Ost-T, V†?**. (*C. strigosum*, inkl. *C. tauricum*) **Kleinblütiges H., *C. brachypétalum*** *(s. str.)*
  Anm.: Pf mit Drüsenhaaren auf BlüStielen u. K wurden oft als Unterart (*„subsp. tauricum"*) der drüsenlosen typischen Unterart gegenübergestellt, eine Auffassung, die sich als nicht haltbar erwiesen hat.

**8** [5] Obere HochB mindestens im oberen ¹/₃ hautrandig. — KB 3–4 mm lg, br hautrandig, oft gezähnelt; StaubB meist 5; Sa 0,3–0,6 mm lg. H: 3–20 cm. ⊙ Th. III–V. Sandige, lückige Grasplätze u. Trockenrasen, trockene Ruderalstellen, Ackerränder; collin bis montan; im Pann mäßig hfg, sonst zstr bis slt. **Fehlt** S. Im Alp, nVL u. söVL gefährdet. **Sand-H., *C. semidecándrum***
- Obere HochB höchstens im obersten ¹/₅ hautrandig. — KB 4–5 mm lg; Sa 0,8 mm lg. (Artengruppe Niedriges H., *C. pumilum agg.*) . . . . . . . . **9**

**9** Unterste HochB ganz krautig (nur obere HochB u. KB schmal hautrandig), beiderseits behaart, meist aufrecht-abstehend, flach; Pf d'grün. — KroB 3× so lg wie br; StaubB meist 5. H: 2–15 cm. ⊙ Th. III–V. Lückige Trockenrasen, Halbruderalstellen; kalkliebend; collin; im Pann hfg, sonst sehr slt. **B, W, N, K?, (S), T?, (V)**. Potentiell gefährdet. Vgl. Anm. unter Pkt 2! *(C. obscurum, C. p. subsp. p.* inkl. ***C. subtetrandrum*)** ■ **Niedriges H., *C. púmilum***

- Alle, auch die untersten HochB vorn mit sehr schmalem Hautrand, oberseits (= innen!) kahl, meist aufrecht, oft etwas „gefaltet"; Pf etwas gelblichgrün. — KroB 2½× so lg wie br; StaubB (5)6–10. H: 2–15 cm. ⊙ Th. III–V. Lückige Trockenrasen, Halbruderalstellen; collin bis submontan; im Pann hfg, sonst slt. **Fehlt** V. Im Alp, im nVL u. im söVL gefährdet. *(C. pallens, C. pumilum subsp. glutinosum)* ■ **Kleb-H., *C. glutinósum***

**10** [4] KroB höchstens 1½× so lg wie die KB . . . . . . . . . . . . . . . . . **11**
- KroB mindestens 1½× so lg wie die KB . . . . . . . . . . . . . . . . . . . . **15**

**11** Alle HochB krautig, ohne Hautrand; Fr gerade. — LB ± spitz, (5)10–20 mm lg u. 3 mm br, unter der Mitte am breitesten; Blü meist einzeln; KB 5–7 mm lg, mit schmalem Hautrand; Kro glockig, KroB 1–1⅓× so lg wie die KB; Sa 1 mm lg, mit lose anliegender SaSchale; FrStiele 20–45 mm lg, 2–3× so lg wie die Fr, herabgeschlagen (am Boden liegend). H: 3–10 cm. ♃ Ch. VI–VIII. Bodensaure Felsschuttfluren, Gesteinsfluren, bes. in Gletschervorfeldern (Moränen); kalkmeidend; alpin; in **T** zstr, sonst sehr slt. **K, S, T, V**. *(C. filiforme)* **Stiel-H., *C. pedunculátum***
- Zumindest die oberen HochB mit Hautrand; Fr meist stark gebogen oder schwach gekrümmt bis fast gerade. — SaSchale eng anliegend . . . . . . **12**

**12** Untere StgB gestielt. — KB 6 mm lg, am Rand häutig; KroB 1¼–2× so lg wie die KB; Fr schwach gekrümmt; Sa 1–1,2 mm lg. H: 30–60 cm. ♃ He. VI–VII. Feuchte Laubwälder, Bachränder; humusliebend; collin bis montan; mäßig hfg bis slt. **B, W, N, O, St**. Gefährdet (?). **Wald-H., *C. sylváticum***
- Alle LB sitzend. (Artengruppe Gewöhnliches H., *C. fontanum agg.*) . . . **13**

**13** KroB fast 1½× so lg wie die KB. — Pf dicht abstehend behaart, drüsenlos oder slt mit einzelnen Drüsenhaaren; LB 10–25 mm lg u. 5–15 mm br, dick (nicht durchscheinend); KB 6–9 mm lg; Fr 12–18 mm lg, gebogen; Sa 1–1,3 mm lg. H: (10)20–40 cm. ♃ Ch. IV–VI. Rasen u. feuchte Gesteinsfluren, Lägerstellen; stickstoff- u. feuchtigkeitsliebend, kalkmeidend; subalpin bis alpin; zstr. **Fehlt B, W**. *(C. f. subsp. alpinum, C. f. subsp. fontanum)* **Quellen-H., *C. fontánum*** *(s. str.)*
- KroB etwa so lg wie die KB . . . . . . . . . . . . . . . . . . . . . . **14**

**14** KB u. KroB 3–5(7) mm lg; Fr höchstens 12 mm lg, stark gebogen; Sa 0,4–0,8 mm lg; LB 10–25 mm lg u. 3–10 mm br. H: 5–50 cm. ♃ Ch. III–VI. Fettwiesen u. -weiden, Äcker, Brachen, Ruderalstellen; Lehmzeiger; collin bis subalpin; sehr hfg. **Alle Bdld**. *(C. caespitosum, C. triviale, C. fontanum subsp. triviale, C. fontanum subsp. vulgare)* **Gewöhnliches H., *C. holosteoídes***
- KB u. KroB 6–9 mm lg; Fr 12–18 mm lg, fast gerade (Abb. 168); Sa 0,8–1,2 mm lg; LB 30–60 mm lg u. 12–25 mm br. — Pf dicht drüsenhaarig; LB dünn, durchscheinend; KroB am Nagel mit bis 0,4 mm lg Wimpern. H: 10–60 cm. ♃ Ch. IV–VI. Frische, lichte Wälder; kalkliebend; collin bis montan; zstr bis slt. **Fehlt B, W**. *(**C. macrocarpum**, C. fontanum subsp. macrocarpum)* **Großfrucht-H.**, Hain-H., ***C. lucórum***

**15** [10] Blühtriebe mit kurzen, vegetativen LB'Büscheln oder Knospen in den LB'Achseln. — SaSchale eng anliegend . . . . . . . . . . . . . . . . . . . **16**
- Blühtriebe ohne kurze, vegetative LB'Büschel oder Knospen in den LB'Achseln . . . . . . . . . . . . . . . . . . . . . . . . . . . . . . . . . . **18**

**16** Fr gebogen; FrStiele unter dem K gebogen. — Stg rückwärts anliegend oder abstehend behaart, oben oft drüsig; Sa 0,8–1,3 mm lg. Anm.: Die Gliederung dieser Art ist noch recht unklar und strittig. **Acker-H., *C. arvénse*** *(s. l.)*

**a** LB oberseits meist behaart, mitunter auch drüsig; die nichtblühenden Stg fast so lg wie die blühenden. — LB 10–30 mm lg u. 2–3 mm br, lineal-lanzettlich; KB 5–7 mm lg; KroB 11–14 mm lg; Stg 3–7blütig. Fr 1–2× so lg wie die KB. H: 10–20 cm. ♃ Ch. IV–VII. Trockene Wiesen, Äcker, Raine, steinige Stellen; kalkliebend; collin bis obermontan; mäßig hfg. **Fehlt V**. Im BM gefährdet. *(C. arvense s. str.)*

■ **Gewöhnliches A.-H., Eigentliches A.-H., *C. a. subsp. arvénse***

**–** LB oberseits meist kahl, randlich u. unterseits oft behaart; die nichtblühenden Stg viel kürzer als die blühenden. *(C. strictum)* . . . . . . . . . . . . . . . . . . . . . . . . **b**

**b** Fr so lg oder wenig länger als die KB. — Stg 1–3blütig, slt drüsig; LB 6–15 mm lg u. 1–4 mm br, lanzettlich; KB 4–6 mm lg; KroB 10–12 mm lg. H: 5–10 cm. ♃ Ch. VI–VIII. Rasen, steinige Stellen; kalkliebend; subalpin bis alpin; zstr. **Fehlt B, W**. *(C. strictum subsp. strictum)* ■■ **Steifes A.-H., *C. a. subsp. stríctum***

**–** Fr 1½–2× so lg wie die KB. — LB 10–20 mm lg; HochB mit sehr br Hautrand; KB 5–8 mm lg. H: 10–20 cm. ♃ Ch. VI–VIII. Steinige Rasen; kalkliebend; subalpin bis alpin; zstr. **St, K?, T**. (*C. strictum subsp. ciliatum, C. a. subsp. ciliatum, C. matrense*)

■■ **Gewimpertes A.-H., *C. a. subsp. calcícola***

Anm.: Ob „*subsp. molle*“ im westl. **Ö**, etwa in **K**, wenn auch wohl nicht im östl. **Ö**, vorkommt, ist nicht ganz klar!

**–** Fr gerade; FrStiele unter dem K gerade . . . . . . . . . . . . . . . . . . . . **17**

**17** Junge Stg außer einem Haarstreifen kahl.

**Dreigriffel-H., *C. cerastoídes*** (→ Pkt 3)

**–** Junge Stg, zumindest oben, rundum behaart. — Pf dichtrasig; StgOberteil drüsig mit abstehenden Haaren, die etwa so lg wie der Stg-∅ sind; LB 10–30 mm lg u. 1–2,5 mm br, am Grund spärlich gewimpert; Stg 1–3blütig; untere HochB krautig, die oberen mit schmalem Hautrand; KroB 5–8 mm lg, 1½–2× so lg wie die KB; Sa 1,3–1,8 mm lg. H: 5–10 cm. ♃ He. V–VII. Felsschutt u. Felsen; kalkliebend; subalpin bis alpin; sehr slt. Südost-**K** (östl. Karawanken). (Hptvbr.: slowenische Alpen.) *(C. rupestre)*

**Julisches H., Felsen-H.,** (sl.:) julijska smiljka, ***C. júlicum***

**18** [15] HochB LB'artig, ohne Hautrand, höchstens mit trockenhäutiger Spitze; Sa mit undeutlichen Höckern auf der verschrumpften, dem Inneren des Sa nur lose anliegenden SaSchale . . . . . . . . . . . . . . . . . . . . . . . . . . **19**

**–** Zumindest die oberen HochB KB'artig oder winzig, mit ± deutlichem Hautrand; SaSchale meist eng anliegend oder slt lose . . . . . . . . . . . . **21**

**19** LB meist oberhalb der Mitte am breitesten, 4–14(18) mm lg u. 2–5 mm br, stumpf (± abgerundet), mit 0,5–1,5 mm lg Haaren. — Pf dichtrasig, mit vielen sterilen Trieben; Stg 1–3blütig; KB 5–7 mm lg; KroB 1½–2× so lg wie die KB, bis zur Hälfte 2spaltig; Fr 2× so lg wie der K; Sa 1,5–2 mm lg. H: 2–8 cm. ♃ Ch. VII–VIII. Schieferschuttfluren, Moränen, Felsspalten; meist kalkmeidend; (subalpin) alpin bis subnival; mäßig hfg bis hfg. **Fehlt B, W, N.**

**Einblüten-H., *C. uniflórum***

**–** LB meist unterhalb der Mitte am breitesten, 12–30 mm lg u. 4–10 mm br, spitz, mit 0,3–0,5 mm lg Haaren . . . . . . . . . . . . . . . . . . . . . . . . . **20**

**20** Oberste HochB mit krautiger Spitze, oberseits (= innen) behaart. — Pf lockerrasig, mit wenigen sterilen Trieben; Stg 1–3blütig; KB 5–7 mm lg, mit br Hautrand; KroB mehr als 2× so lg wie die KB, auf ¼ der Länge 2lappig; Fr mehr als 2× so lg wie der K; Sa 2–3 mm lg. H: 3–10 cm. ♃ Ch. VII–VIII. Kalkschutthalden, Kalkgeröll; kalkstet; subalpin bis alpin; zstr. **T, V**.

**Breitblatt-H., *C. latifólium***

**–** Oberste HochB mit trockenhäutiger Spitze (aber ohne Hautrand), sehr klein, oberseits ± (fast) kahl.

**Südalpen-H., *C. carinthíacum subsp. austroalpínum*** (→ im folgenden)

Die Art **Kärntner H., *C. carinthíacum*** u. ihre Unterarten:
SaSchale dem übrigen Teil des Sa nur lose anliegend; KroB 1½–2¼× so lg wie die KB; Fr mindestens 2× so lg wie die KB; Sa 1,5–2 mm lg. H: 10–20 cm.

**a** Oberste HochB ohne Hautrand, nur mit trockenhäutiger Spitze; Pf meist dicht drüsenhaarig. — KB 5–6 mm lg. ♃ Ch. VI–IX. Steinige Rasen, Kalkschuttböden u. Geröllhalden; kalkstet; subalpin bis alpin; zstr bis slt. **St, K** (Karawanken), Ost-**T***. *(C. austroalpinum)* **Südalpen-H., *C. c. subsp. austroalpínum***

**-** Oberste HochB br hautrandig (Hautrand ⅓–½× so br wie das HochB); Pf meist fast kahl. — KB 3–6 mm lg. H: 10–20 cm. ♃ Ch. VI–IX. Felsschutt- u. Felsfluren, Legföhrengebüsche; kalkstet; (montan) subalpin bis alpin; hfg bis zstr. **Fehlt B, W, V.** **Eigentliches Kärntner H., *C. c. subsp. carinthíacum***

**21** [18] Unterste LB lg gestielt. — SaSchale eng anliegend. **Wald-H., *C. sylváticum*** (→ Pkt 12)

**-** Alle LB sitzend . . . . . . . . . . . . . . . . . . . . . . . . . . . . **22**

**22** Obere HochB sehr schmal hautrandig (Hautrand nur ⅒× so br wie das HochB); untere HochB oft krautig ohne Hautrand. — Vegetative Triebe ± rosettig; LB eiförmig bis lanzettlich, 0,5–2 cm lg, 1½–4× so lg wie br; KB 7–9 mm lg; KroB etwa 2× so lg wie die KB; Sa 1–1,4 mm lg, SaSchale eng anliegend. H: 5–20 cm. ♃ Ch. VII–VIII. Steinige Rasen, Felsschuttfluren, Felsspalten; kalkmeidend; subalpin bis alpin; zstr. **Alpen-H., *C. alpínum***

**a** Pf von lg, weichen Haaren graugrün wollig behaart, bisweilen drüsig oder verkahlend *(var. alpinum)*, slt kahl *(var. glabrátum)*; Stg 4–5blütig. Subalpin bis alpin. **Fehlt B, W, N.** **Eigentliches A.-H., *C. a. subsp. alpínum***

**-** Pf dicht lg- u. kraushaarig, dadurch grau bis weiß erscheinend, stets drüsenlos; Stg 2–3blütig. Alpin. **O?, St, K, T, V**. *(C. lanatum)* **Wolliges A.-H.,** Woll-H., ***C. a. subsp. lanátum***
Anm.: Die Ergebnisse der im Gang befindlichen Untersuchungen werden zeigen, ob es sich bei diesem Taxon um eine einheitliche Sippe handelt.

**-** Alle HochB br hautrandig (Hautrand ⅓–½× so br wie das HochB) . . . **23**

**23** LB lineal-lanzettlich; SaSchale eng anliegend. — LB 6–30 mm lg u. 1–4(6) mm br. **Acker-H., *C. arvénse*** (→ Pkt 16)

**-** LB eiförmig bis eilanzettlich; SaSchale lose anliegend. — LB 10–25 mm lg u. 3–8(10) mm br. **Kärntner H., *C. carinthíacum* subsp. *carinthíacum*** (→ Pkt 20–)

## (8) Weißmiere, *Móenchia*

KB (6)7–11 mm lg; KroB 1,5–2× so lg wie der K. H: 10–30(40) cm. ⊙ Th. V–VI. Magerwiesen, trockene Grasplätze, Ackerränder, Brachen, lichte Gebüsche; collin. **B** (zstr), **W**†, **St** (slt). Gefährdet. **Weißmiere, *M. mántica***

## (9) Wassermiere, *Myosóton* *(Malachium, Stellaria p. p.)*

Stg liegend oder klimmend; Oberteil des Stg, Blüstd u. K drüsig behaart; KB 5–8(9) mm lg; KroB 1–1⅓× so lg wie die KB. H: 20–50 cm. ♃ He. VI–IX. Feuchte Wälder, Auen, Ufer; stickstoffliebend; collin bis montan; hfg bis zstr. **Alle Bdld**. Anm.: Die im Habitus ähnliche Wald-Sternmiere, (4), *Stellaria nemorum* unterscheidet sich vegetativ durch die lg gestielten unteren StgB u. den unten stielrundlichen u. behaarten Stg. *(Stellaria aquatica, Malachium aquaticum)* **Wassermiere,** Wasserdarm, ***M. aquáticum***

* A. Polatschek: Mskr. N. Fl. **T & V**.

## (10) Mastkraut, *Sagína* (G IV 13, V 8, VII 5)

Anm.: Die irrigerweise für Ö angegebenen Arten ⊖ **Kahles M.**, ***S. glábra,*** u. ⊖ **Schnee-M.**, ***S. intermédia,* fehlen in Ö.**

**1** KroB 4, höchstens ½× so lg wie der 4blättrige K oder fehlend; StaubB 4. — KB 1–2,5 mm lg . . . . . . . . . . . . . . . . . . . . . . . . . . . . . . **2**

**-** KroB 5, ⅔–2× so lg wie der 5blättrige K; StaubB 5 oder 10 . . . . . . . . **3**

**2** Alle KB gleichgestaltet, stumpf (abgerundet), ohne Stachelspitze; LB sehr kurz stachelspitzig; Pf ♃. — Pf meist liegend, wurzelnd, mit zentraler LB'Rosette; LB 0,5–1,5 cm lg; BlüStiele nach dem Blühen abwärtsgebogen. H: 1–5 cm. ♃ Ch. V–IX. Feuchte, lehmige Stellen, ruderale Trittges., Pflasterfugen, Äcker (Verdichtungszeiger); ± kalkmeidend, etwas salzresistent; collin bis montan (subalpin); hfg. **Alle Bdld.** **Liegendes M., *S. procúmbens***

**-** Die 2 äußeren KB spitz oder kapuzenförmig zusammengezogen u. mit aufgesetzter, kleiner, gekrümmter Stachelspitze; LB mit lg Stachelspitze; Pf ⊙. Kalkmeidend; collin; sehr slt. Stark gefährdet. *(„***Artengruppe Wimper-M., *S. apetala agg.***")* **Wimper-M., Kronenloses M., *S. apétala*** *(s. l.)*

**a** KB an der reifen Fr sternförmig abstehend, deutlich kürzer als die br-eiförmige Fr, die beiden äußeren kapuzenförmig mit aufgesetzter Stachelspitze; BlüStiele nach dem Blühen nicht oder kaum zurückgekrümmt, meist kahl; LB meist kahl; Pf h'grün. H: 3–15 cm. ⊙ Th. V–IX. Feuchte Äcker, Ruderalstellen, Wege, Pflasterritzen, Gräben. **O, St.** *(**S. micropetala**, S. „apetala")* **▪ Kleinblütiges W.-M., *S. a. subsp. erécta***

**-** KB der reifen Fr anliegend, fast so lg wie die schmal-eiförmige Fr, die 2 äußeren spitz; BlüStiele nach dem Blühen hakig zurückgekrümmt, zur FrReife wieder aufrecht, meist reichlich (zT drüsig) behaart; LB meist gewimpert; Pf d'grün. H: 3–10 cm. ⊙ Th. IV–VII. Sandige Äcker u. Brachen, Sandtrockenrasen, Trittstellen. **B, N, St.** *(S. ciliata, S. apetala subsp. ciliata, **S. apetala** s. str.)* **▪ Eigentliches W.-M., *S. a. subsp. apétala***

**3** KroB doppelt so lg wie der K. — Stg mit nichtblühenden Kurztrieben in den LB'Achseln (knotiges Aussehen!); obere LB (1–2 mm lg) mehrfach kürzer als die unteren LB (5–15 mm lg); KB 2–3 mm lg. H: 5–15 cm. ♃ He. VI–VIII. Feucht-sandige, offene Böden, kiesige Wegränder; Sumpfwiesen u. Moore; etwas kalkliebend; collin bis montan; slt. **Fehlt B, W, K?**. Stark (?) gefährdet. **Knoten-M., *S. nodósa***

**-** KroB ⅔–1× so lg wie der K . . . . . . . . . . . . . . . . . . . . . . . . . **5**

**5** Stg, LB u. K kurz u. drüsig behaart; Stachelspitze der gewimperten LB 0,5 mm lg, so lg wie die LB'Breite; reife Fr wenig länger als der drüsige K. — K 2 mm lg. H: 3–10 cm. ♃ He. VI–VIII. Feucht-sandige, offene Böden, Brachen, Ruderalstellen; kalkmeidend; collin bis montan; slt bis sehr slt. **B, N, S?**. Stark gefährdet. **Pfriemen-M., *S. subuláta***

**-** Stg, LB u. K kahl; Stachelspitze der kahlen LB 0,1–0,3 mm lg, ½× so lg wie die LB'Breite; reife Fr bis doppelt so lg wie der kahle K . . . . . . . . . . . **6**

**6** KB 2,8–3 mm lg; StaubB 10 (slt 5); Fr stets gut entwickelt, 2,5–4,5 mm lg. — RosettenB 3–20 mm lg. H: 2–7 cm. ♃ He. VI–VIII. Feuchte, nährstoffreiche, lange schneebedeckte lückige Magerrasen, Schneetälchen, Quellfluren; kalkmeidend; subalpin bis alpin; zstr (?). **Fehlt B, W.** *(S. linnaei)* **Alpen-M., *S. saginoídes***

Anm.: Die angeblichen Unterarten *subsp. saginoídes* u. *subsp. macrocárpa* sind nicht ausreichend geklärt.

**-** KB 1,5–2,5 mm lg; StaubB 4–5; Fr meist verkümmert, ohne entwickelte Sa. — RosettenB 5–30 mm lg. H: 3–15 cm. ♃ He. VI–VIII. Feuchte Bergwiesen; kalkmeidend; subalpin bis alpin; slt. **St, T.** *(S. procumbens × S. saginoides)* **Norman-M., *S. × normaniána***

## (11) Knäuelkraut, Knäuel, *Sclеránthus* (G V 27, VII 9)

Anm.: Mit „ScheinFr" ist die Fr samt dem Perigon gemeint.

**1** Pf ♃, am Grund verholzt, mit abgestorbenen LB'Resten; PerigonB 2,5–3 mm lg, stumpf (abgerundet), mit 0,3–0,5 mm br weißem Hautrand (Abb. 156 b, c), wenig länger als die 10 StaubB. H: 5–15(20) cm; ScheinFr 3,5–4,5 mm lg. ♃ He. V–IX. Silikatfelsen u. -felsgrus, Sandböden, auch Äcker; kalkfeindlich; collin bis montan; im BM zstr bis mäßig hfg, sonst slt. **B, N, O, St?, K, T?**. **Ausdauerndes K., *S. perénnis***

**-** Pf ⊙, am Grund nicht verholzt; PerigonB 1,5–2,5 mm lg, spitz, mit höchstens 0,2 mm br Hautrand, 3–4× so lg wie die 5–2 StaubB (die übrigen zT verkümmert). (Artengruppe Einjahrs-K., *S. annuus agg.*) . . . . . . . . . . . . . . . **2**

**2** PerigonB deutlich ungleich lg (3 längere u. 2 um 1/5–1/8 kürzere); ScheinFr (1,5)1,9–2,5(2,7) mm lg, mit 3 einwärts gebogenen PerigonBZipfeln; Pf gelbgrün. — StgGlieder 2–5 mm lg, meist (?) kürzer als die 4–6(8) mm lg LB; Knäuel sehr kurz gestielt u. dichtblütig, die beiden einander gegenüberstehenden je einen Scheinwirtel bildend; Stg mit etwa 5–10 solchen Scheinwirteln. H: (2)3–10(14) cm. ⊙ Th. IV–V. Trockene, steinige Grasplätze, Trockenrasen; kalkliebend; collin; sehr slt. **B, N†** (!). Vom Aussterben bedroht. *(S. collinus, S. annuus subsp. collinus, S. a. subsp. verticillatus)* **■ Hügel-K., *S. verticillátus***

**-** PerigonB untereinander etwa gleich lg; ScheinFr 2,2–5 mm lg mit spreizenden oder gerade vorgestreckten PerigonBZipfeln; Pf grasgrün. — StgGlieder 4–50 mm lg, meist so lg oder länger als die 5–15 mm lg LB . . . . . . . . . **3**

**3** ScheinFr (3,2)3,5–4,5(5) mm lg, Grund spitzkegelig; PerigonBSpitzen zur FrReife deutlich spreizend (abstehend), StgGlieder 10–20(50) mm lg; LB 5–15 mm lg; Blüstd meist ausgebreitet; DeckB meist länger als die Blü. H: (3)5–20(25) cm. ⊙ Th. IV–X. Sandige Äcker u. Brachen, sandige Ruderalstellen, nur in anthropogenen PfGes.; kalkmeidend; collin bis obermontan; zstr. **Alle Bdld**. *(S. annuus subsp. annuus)* **■ Einjahrs-K., *S. ánnuus*** *(s. str.)*

**-** ScheinFr (2,2)2,8–3,6(3,8) mm lg, Grund abgerundet; PerigonBSpitzen zur FrReife gerade vorgestreckt (aufrecht); StgGlieder 4–8 mm lg; LB 6–9 mm lg; Blüstd dicht, meist aus sitzenden, gehäuften Knäueln; DeckB die Blü meist nicht überragend. H: (2)3–10(17) cm. ⊙ Th. IV–IX. Trockene, steinige Grasplätze, offene Böden, meist nicht in Äckern; kalkmeidend; collin bis obermontan; zstr bis slt. **Fehlt W, O**. *(S. alpestris, S. annuus subsp. polycarpos)* **■ Wildes K., Alpen-K., *S. polycárpos***

## (12) Bruchkraut, *Herniária* (G IV 9, V 40)

**1** K kahl. — Stg niederliegend, flach dem Boden anliegend; LB 3–8 mm lg, kahl oder etwas gewimpert; KB 0,5 mm lg, kahl; Fr ± länger als der K. H: 1–2 cm; G: 5–20(30) cm ∅. ⊙–♃ Th–He. VII–IX. Trockene, sandige Stellen, Schwemmsand an Bächen u. Flüssen, trockene Ruderalstellen, Äcker, Brachen; kalkmeidend; collin bis montan (subalpin); zstr. **Alle Bdld**. ArzneiPf, Homöop. **Kahles B., Kahl-B., *H. glábra***

**a** LB gewimpert; Zweige oft wurzelnd; Fr kaum länger als der K; Pf ♃. Montan bis subalpin. *(H. microcarpa)* **Nebroden-K.-B.,** Kleinfrucht-K.-B., ***H. g. subsp. nebrodénsis***

**-** LB kahl oder nur am Grund kurz gewimpert; Zweige meist nicht wurzelnd; Fr länger als der K; Pf ⊙. Collin bis montan. **Gewöhnliches K. B., *H. g. subsp. glábra***

**-** K behaart. — Fr kürzer als der K . . . . . . . . . . . . . . . . . . . **2**

**2** KB durch eine längere Borste stachelspitzig; Knäuel etwa 10blütig. — Stg kriechend, flach dem Boden anliegend, 5–20 cm lg; LB 3–8 mm lg, behaart; KB 0,5 mm lg, dicht u. borstig behaart. H: 1–2 cm. ♃ He. VII–IX. Trockene, sandige Stellen, Äcker, Brachen, Ruderalstellen; kalkmeidend; collin; slt. **B, W, N, O, (St, K, V)**. Stark gefährdet. **Behaartes B., *H. hirsúta***

**-** KB ohne Stachelspitze; Knäuel 3–6blütig . . . . . . . . . . . . . . . . . . . . **3**

**3** LB 4–12 mm lg, lanzettlich; K mit sehr lg, borstigen Haaren (diese etwa 1/2× so lg wie die Breite der KB). — Stg liegend u. oft aufsteigend, 5–20 cm lg; LB lg steifborstig gewimpert; Knäuel 3–6blütig; KB 1–1,5(2) mm lg. H: 2–5 cm. ♃ Ch. VII–X. Trockene Sandböden; collin; (früher:) sehr slt. **N**† (im Marchfeld). (Vbr.: Ost- u. Süd-Europa.) Ausgestorben. **† Graues B., *H. incána***

**-** LB 2–5 mm lg, eiförmig; K mit kurzen, zstr stehenden, borstlichen Haaren (diese etwa 1/10–1/5× so lg wie die Breite der KB). — Stg liegend, 5–20 cm lg; LB am Rand u. slt auch auf den Flächen behaart; Knäuel 3blütig; KB 1–1,5 mm lg. H: 2–3 cm. ♃ Ch. VII–VIII. Felsen, Moränen, Felsschuttfelder; kalkmeidend; subalpin bis subnival; sehr slt. Zentralalpen. **T, V**†. Gefährdet. **Alpen-B., *H. alpína***

## (13) Knorpelblume, *Illécebrum* (G V 40)

Stg fadenförmig, liegend; LB 2–5 mm lg, verkehrt-eiförmig, kahl; KB 2–2,5 mm lg, mit 0,5–0,7 mm lg, grannenartiger Spitze. H: 5–25 cm. ⊙ Th. VII–IX. Feuchte, offene Sandböden, Äcker, Ruderalstellen; kalkmeidend; collin; sehr slt. **N** (im Waldviertel). (Hptvbr.: West-Europa.) Vom Aussterben bedroht (!). **Knorpelblume, Quirlige K., *I. verticillátum***

## (14) Spörgel, Spark, Spergel, *Spérgula*

**1** LB unterseits mit Längsfurche; Sa mit schmalem, höchstens 0,2 mm br Hautrand. — KB 2,5–4,5 mm lg, stumpf (abgerundet), drüsig behaart; KroB wenig länger als der K. H: 10–50(80) cm. ⊙ Th. VI–X. Sandige Äcker, sandige Ruderalstellen; kalkmeidend; collin bis montan (subalpin); hfg bis slt. **W**†, **V**†; **sonst alle Bdld**. In den wAlp gefährdet. Umfaßt mehrere Unterarten (teils Ackerbeikräuter, teils KulturPf). **Acker-S., *S. arvénsis***

**-** LB unterseits ohne Längsfurche; Sa mit 0,4–0,8 mm br, strahlig-gerieftem ringförmigem Hautrand. (Artengruppe Fünfmänniger Sp., *Sp. pentandra agg.*) . . . . . . . . . . . . . . . . . . . . **2**

**2** KroB br-eiförmig, stumpf (abgerundet), einander berührend oder randlich deckend; StaubB (6)10; SaRand bräunlich, 0,4 mm br, 1/2× so br wie der ∅ des Sa. — KroB meist kürzer als die KB. H: 5–25 cm. ⊙ Th. IV–VI. Arme, bodensaure Sandtrockenrasen, sandige Brachen, trockene Föhrenwälder; kalkmeidend; collin; sehr slt. **N**. (Hptvbr.: Mitteleuropa.) Vom Aussterben bedroht. *(S. vernalis)* **Frühlings-S., *S. morisónii***

**-** KroB lanzettlich, spitzlich, einander nicht berührend; StaubB meist 5; SaRand weißlich, 0,5–0,8 mm br, so br wie der ∅ des Sa. — KroB meist länger als die KB. H: 5–20 cm. ⊙ Th. IV–V. Bodensaure Silikatfelsfluren, Sandtrockenrasen; collin; sehr slt. **B, N, (V)**. Vom Aussterben bedroht. **Fünfmänniger S., *S. pentándra***

## (15) Schuppenmiere, Salzmiere, *Spergulária*

**1** Blü 8–12 mm ∅; Kro blaßrosa; Fr 6–12 mm lg, etwa doppelt so lg wie der K; alle (oder die meisten) Sa mit br, weißem Hautrand. — StaubB (7)10. H: 5–40 cm. ♃ He. VII–IX. Feuchte Salzsteppen; Salztonböden; collin; zstr bis slt (Standort sehr slt!). **B, N**. Gefährdet. (***S. media***, *S. marginata*)
**Flügel-Sch., -S., Strand-Sch., *S. marítima***

**-** Blü 6–8 mm ∅; Kro tiefrosa; Fr 4–6 mm lg, so lg wie der K oder wenig länger; alle Sa oder doch viele (die meisten) ohne Hautrand. — StaubB (2)5–10 . **2**

**2** Sa am Rand mit zahlr. Stacheln, auf den Flächen mit spitzen Wärzchen. — Untere LB stumpf (abgerundet), obere stachelspitzig; NebenB sehr klein, hinfällig, glanzlos; StaubB 5. H: 4–10 cm. ♃ He. VI–X. Feuchte, sandige Teichufer; kalkmeidend; collin; sehr slt. **N** (im Waldviertel). (Sonstige Vbr.: östl. Deutschland, Polen, Böhmen, Mähren, Slowakei.) Vom Aussterben bedroht.
**Igelsamige Sch., *S. echinospérma***

**-** Sa fein runzelig oder feinwarzig, fast glatt, meist nicht bestachelt . . . . . **3**

**3** LB stachelspitzig; NebenB silberweiß, glänzend; Fr so lg wie der K; Kro rosenrot; StaubB 10. H: 4–25 cm. ⊙–⊙ Th–He. V–IX. Trockene bis mäßig feuchte Sandstellen, sandige Äcker, Brachen u. Ruderalstellen, alte Fahrwege in Wäldern; kalkmeidend; collin bis obermontan (subalpin); zstr bis slt. **W†, sonst alle Bdld**. VolksarzneiPf. **Acker-Sch.,** Rote Sch., ***S. rúbra***

**-** LB stumpflich (vorn ± abgerundet); NebenB wenig glänzend; Fr ein wenig länger als der K; KroB tiefrosa, am Grund abrupt weiß; StaubB (2)5(9). — LB fleischig. H: 5–20 cm. ⊙–⊙ Th–He. Feuchte, sandige (?) Salzsteppen; collin; sehr slt. **B** (im Seewinkel), **N†, (S)**. Vom Aussterben bedroht. (*S. marina*).
**Salz-Sch., Meeres-S., *S. salína***

## (16) Kuckuckslichtnelke (Lichtnelke) u. Pechnelke, *Lýchnis* (inkl. *Viscaria*)

Anm.: Die ★ **Scharlachlichtnelke, Brennende Liebe, *L. chalcedónica*** (Pf grün; Blüstd kopfig; KroB 2lappig bis ausgerandet, scharlachrot; Heimat: Ukraine bis Kasachstan und Süd-Sibirien) wird als ZierPf kultiviert u. verwildert gelegentlich unbeständig: **(W, K)**. – Die ★ **Kranzlichtnelke, Vexiernelke, *L. coronária*** (Pf weißwollig; Blü lg'gestielt; KroB unzerteilt bis ausgerandet, tiefpurpurn; Heimat: Südost-Europa, Westasien) wird ebenfalls als ZierPf kultiviert u. tritt in **(W, St, K, T, V)** stellenweise u. ± unbeständig verwildert auf. – Die ★ **Jupiterlichtnelke, Jupiternelke, *L. flos-jóvis*** (Pf weißwollig; Blüstd kopfig; KroB 2lappig, tiefpurpurn; Heimat: West- u. Südalpen) wird gleichfalls als ZierPf kultiviert.

**1** KroB-Platte 4teilig (Abb. 169); Pf zstr kurzhaarig. — KroB 15–25 mm lg, fleischfarben; K 6–9 mm lg, kahl. H: 30–80 cm. ♃ He. V–VII. Feuchte, mäßig fette Wiesen; collin bis montan (subalpin); hfg bis zstr. **Alle Bdld**.
**Kuckuckslichtnelke, Kuckucksnelke, *L. flos-cúculi***

**-** KroB-Platte gestutzt, ausgerandet oder 2spaltig; Pf kahl oder nur stellenweise u. wenig behaart. (Pechnelke, *Viscaria*) . . . . . . . . . . . . . . . . . **2**

**2** Stg (u. Blüstd) unter den Knoten stark klebrig; Blüstd: lockere Thyrse; KroB (10)12–18(20) mm lg, gestutzt oder leicht ausgerandet, — purpurn; LB am Grund etwas behaart u. gewimpert; K 10–16 mm lg, kahl. Manchmal 2häusig. H: 30–60 cm. ♃ He. V–VII. Trockene, bodensaure Eichenwälder u. Magerrasen, Wiesen- u. Wegraine; kalkmeidend; collin bis montan; hfg bis slt. **Fehlt V**. Im Pann u. in den wAlp gefährdet. (*Viscaria vulgaris, Steris viscaria*)
**Gewöhnliche Pechnelke, *L. viscária***

– Stg nicht klebrig; Blüstd dichtkopfig; KroB 6–8(12?) mm lg, 2spaltig, — h'purpurn; K (3)4–7 mm lg, kahl. H: 5–15 cm. ♃ He. VII–VIII. Sonnige, trockene, ± kalkarme, windexponierte Rasen, bes. Krummseggen- u. Nacktriedrasen; alpin; zstr bis slt. Zentralalpen. **K**, Ost-**T**. (Westalpisch.) Potentiell gefährdet. *(Viscaria alpina)* **Alpen-Pechnelke, *L. alpína***

## (17) Kornrade, *Agrostémma*

Sa nierenförmig, schwarz, giftig. H: (30)50–80(100) cm. ⊙ Th. VI–VII. Äcker, vor allem in Wintergetreide; collin bis montan; früher hfg, heute zstr bis sehr slt. **V†, sonst in allen Bdld**. VolksarzneiPf (Sa). Im Alp, BM, nVL u. söVL gefährdet. **Kornrade, *A. githágo***

## (18) Leimkraut, „Lichtnelke" u. Strahlensame, *Siléne* (inkl. *Melandrium [Elisanthe], Heliosperma [Ixoca], Oberna, Pleconax, Otites*)

1 Pf höchstens 3 cm hoch, dicht polsterförmig; Stg 1blütig. — Pf meist 3häusig; Kro purpurrot. (Artengruppe Stengelloses L., *S. acáulis agg.*) . . . . . . . 2

– Pf höher als 3 cm, nicht dicht polsterförmig; Stg meist mehrblütig . . . . . 3

2 LB (6)8–12 mm lg, aufrecht-abstehend; Fr elliptisch, länger als der K; K 5–8 mm lg; BlüStiele 10–30 mm lg, nicht geflügelt; Kro kräftig leuchtend purpurrot. — K am Grund abrupt verschmälert (abgerundet oder abgestutzt); KroB 3 mm br. H: 1–3 cm. ♃ Ch. VI–IX. Steinige Kalk-Magerrasen u. -felsfluren; kalkstet; alpin; hfg. **Fehlt B, W**. ▲ (Inkl. *S. a. subsp. longiscapa*) **Kalk-Polsternelke, Gewöhnliches Stengelloses L., *S. acáulis*** *(s. str.)*

– LB 4–8 mm lg, aufrecht; Fr kugelig, kaum länger als der K; K 3,5–5 mm lg; BlüStiele 1–5 mm lg, etwas geflügelt; Kro purpurrosa. H: 1–3 cm. ♃ Ch. VI–IX. Bodensaure, steinige Magerrasen u. Silikatfelsfluren; kalkmeidend; alpin; hfg bis zstr. Zentralalpen. ▲ *(S. acaulis subsp. exscapa, S. a. subsp. bryoides)* **Silikat-Polsternelke, Kieselliebendes Stengelloses L., *S. exscápa***

a K abwärts allmählich verschmälert, nicht genabelt; KroB 2 mm br. **T, V**. Taxonomische Stellung problematisch. *(S. exscapa s. str.)* **■ Westliche K.-P., Westliches K. St. L., *S. e. subsp. exscápa***

– K am Grund genabelt oder gestutzt; KroB 3 mm br. **St, K, S, T**. ▲ Taxonomischer Wert unklar. *(S. norica)* **■ Norische K.-P., Norisches K. St. L., *S. e. subsp. nórica***

3 K 3–7 mm lg . . . . . . . . . . . . . . . . . . . . . . . . . . . . . . 4

– K 8–25 mm lg . . . . . . . . . . . . . . . . . . . . . . . . . . . . . 9

4 Blü im oberen StgTeil in vielen, übereinander angeordneten quirlartigen TeilBlüstd oder Trauben; Kro gelbgrün. — Pf 2häusig; K 4–5 mm lg, undeutlich 10nervig; KroB unzerteilt, am Schlund ohne Krönchen, 5–7 mm lg; Gri 3. ♃ He. V–VIII. Trockenrasen; kalkliebend; collin bis montan; im Pann mäßig hfg, sonst zstr bis slt. Gefährdet; im nVL stark gefährdet. Anm.: Die Unterarten sind in **Ö** unzureichend erforscht. *(„**Artengruppe Ohrlöffel-L., S. otites agg.**", Otites cuneifolius)* **Ohrlöffel-L., *S. otítes (s. l.)***

a Unterster Blüstd-Ast 1–8(18) cm lg; Haare am StgGrund 0,1–0,2(0,3) mm lg; Sa glatt. — LB 3–7 cm lg u. 4–8(12) mm br; BlüStiel 3,5–7 mm lg; K 3–4,5 mm lg. H: (10)20–70 cm. Zstr. **B, N, O†, St?, T?**. *(**S. otites [s. str.]**)* **■ Eigentliches O.-L., *S. o. subsp. otítes***

– Unterster Blüstd-Ast (5)10–20(26) cm lg; Haare am StgGrund (0,1)0,25–0,4 mm lg; Sa höckerig. — LB 5–8(13) cm lg u. 7–15(20) mm br; BlüStiel 5–8 mm lg; K 3–4 mm lg. H: (50)60–140 cm. Slt. **B, W?, N?, St?**. *(**S. „pseudotites"**)* **⊖■ Ungarisches O.-L., *S. o. subsp. hungárica***

– Blü in lockeren, nicht quirlartigen Blüstd; Kro weiß . . . . . . . . . . . . 5

Abb. 166

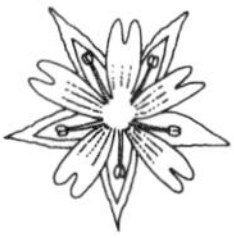

Abb. 167

Abb. 168

Abb. 169

Abb. 170a

Abb. 170b

Abb. 171

**5** Pf vollständig kahl, Stg oben nicht klebrig beringelt; Sa 0,5 mm ∅, am Rand ohne Schuppen. — Stg u. LB bläulichgrün; K 3–5 mm lg, 10nervig, kahl; KroB 6–9 mm lg, tief ausgerandet, weiß bis rosa. H: 10–25 cm. ⊙–♃ He. VII–VIII. Steinige u. sandige offene (Roh-)Böden, felsige Hänge, Felsspalten (Silikat), Straßenböschungen; kalkmeidend; submontan bis alpin; hfg. **St, K, S, T, V**. **Felsen-L., *S. rupéstris***

**-** Stg entweder ± kahl u. oben klebrig beringelt, oder weißlich wollig behaart; Sa 1–1,4 mm ∅, am Rand mit zahlr., 0,2 mm lg, abstehenden Schuppen. — KroB vorn meist ± deutlich (2)4(6)zähnig, im Schlund mit kleinem Nebenkrönchen. (Strahlensame, *S. sect. Heliosperma*, Gattung *Heliosperma*) . . . . . . . . **6**

**6** Pf weißlich-wollig (mit lg, vielzelligen drüsigen u. drüsenlosen Haaren). — K 5 mm lg, undeutlich 10nervig; Sa 0,7–1 mm lg, Rückenkamm des Sa höchstens 1/4× so lg wie der Sa-∅. H: 10–20(25) cm. ♃ Ch. V–VII. In Felsklüften, Höhlen, unter überhängenden Felsen auf trockenen, sandigen Plätzen (in Balmen); kalkliebend; submontan; slt. Süd-**St, K**, Ost-**T**. Gefährdet. ▲ (Zur Artengruppe Kleiner St., *S. pusilla agg.*; vgl. Pkt 7–!) *(Heliosperma eriophorum, H. veselskyi)* ■ **Woll-St., Wolliges L., *S. vesélskyi***

Anm.: Die Vorkommen in der südlichsten **St** (auf der Koralpe) gehören zu *subsp. widderi*; ob dagegen die Populationen in Ost-**T** (in den Lienzer Dolomiten), die ganz knapp noch nach **K** reichen, zu *subsp. héufleri* gehören, ist nicht gesichert. (T. WRABER)

**-** Pf nicht weißlich-wollig (kahl oder kurzhaarig, — mit oder ohne Drüsenhaare); Stg oben klebrig beringelt; Blüstd 2–6(8)blütig; Sa 1–1,5 mm lg, Rücken-Kamm des Sa mindestens 1/3× so lg wie der Sa-∅ . . . . . . . . . . . **7**

**7** WuStock mit deutlichen, lg Ästen; unterste StgGlieder mit 2 Haarleisten; Fr meist 7–9 mm lg, etwa doppelt so lg wie der K (4–6 mm weit aus dem K herausragend). — LB verkehrt-eilanzettlich bis lineal-lanzettlich, (2)3–5(9) mm br, im unteren StgBereich gehäuft, an vegetativen Trieben fast rosettig; K 5–7(8) mm lg, zstr bis dicht fein drüsig-flaumig; Kro weiß (slt rötlich überlaufen), Nagel der KroB oft gewimpert; Sa 1,5 mm ∅. H: 10–30 cm. ♃ Ch. (VI)VII–VIII. Frischer Felsschutt, Bachschotter, Föhrenwälder; nur über Karbonatgestein; montan bis subalpin (alpin); hfg bis zstr. **N, O, St, K**, in **V** nur lokaler Neubürger (aus einem Alpengarten verwildert). *(Heliosperma alpestre, S. quadrifida non auct. mult.)* **Großer St., Alpen-L., *S. alpéstris***

**-** WuStock ohne deutliche Äste; auch unterste StgGlieder ohne Haarleisten; Fr 3–5(7) mm lg, 0,5–4 mm weit aus dem K herausragend. — Pf am Grund stark verzweigt, rasenartige Polster bildend; LB schmal-linealisch bis schmal-verkehrt-eilänglich, 1–2(3) mm br; Nagel der KroB stets kahl. (Zur Artengruppe Kleiner St., *S. pusilla agg.*; vgl. Pkt 6!) ***(S. pusilla [s. l.])*** . . . . . . . . . **8**

**8** Kro weiß (slt blaßrosa); K (3)3,5–5,5(6,5) mm lg, kahl (slt mit vereinzelten sehr kurzen Drüsenhaaren), mindestens 3 KZähne halbelliptisch, abgerundet (die übrigen länglich), höchstens randlich etwas purpurn überlaufen; mittlere StgGlieder höchstens 3 cm lg; LB am Grund ± locker mit kurzen (höchstens 0,4 mm lg), ± krausen Haaren gewimpert; Fr (3)3,5–5(7) mm lg; Sa etwa 0,9–1,1 mm ∅. — Pf einen rasenartigen bis lockeren Polster mit höchstens (10)12 cm ∅ bildend, meist mit etwa 10–20(30) Blühtrieben; Stg zarter als bei der folgenden Art; K schmal verkehrt-kegelstumpfförmig, spitz verschmälert; KZähne (1,2)1,5–2(2,5) mm lg; Fr den K um 0,8–1,5(2) mm überragend. H: (6)8–16(22) cm. ♃ Ch. VI–IX. Kalk- u. basenreiche, feuchte Fels- u. Felsschuttfluren, Quellfluren in schattiger Lage (hfg mit Moosen vergesellschaftet); montan bis subalpin (alpin); mäßig hfg bis zstr. **Fehlt B, W**. *(Heliosperma „quadridentatum", S. pusilla var. pusilla; Ixoca pusilla)*

**■ Kleiner St., Eigentliches Kleines L., *S. pusílla s. str.***

- Kro meist rosa bis purpurn (slt weiß); K (4,5)5,5–6,5(7,5) mm lg, mit sehr kurzen Drüsenhaaren (slt kahl), höchstens 2 KZähne halbelliptisch, abgerundet (die übrigen länglich), meist zur Gänze deutlich purpurn überlaufen; mittlere StgGlieder 3–5 cm lg; LB'Stiele kahl; Fr (4)5–6,5(7) mm lg; Sa 1,2–1,4 mm ∅. — Pf einen lockeren Rasen mit meist (10)15–20(25) cm ∅ bildend, meist mit mehr als 20 Blühtrieben, Stg kräftiger als bei der vorigen Art; K meist ziemlich zylindrisch; KZähne (1,2)1,8–2,8(3,5) mm lg; Fr den K um (0,5)1–3,5(4) mm überragend. H: (15)17–25(30) cm. ♃ Ch. VII–IX. Bachränder, Quellfluren; über meist fast kalkfreien Silikatgesteinen; montan bis subalpin (alpin); zstr. **K, S, T**. (Sonstige Vbr. noch unklar.) Anm.: Diese Art wurde bisher von der vorigen Art nicht unterschieden. *(Heliosperma pudibundum, S. pusilla var. pudibunda)*

**■ Rosafarbener St.**, Schamroter St., **Rosafarbiges Kleines L., *S. pudibúnda***

**9** [3] Gri 5; Pf 2häusig (daher bei ♂ Pf Gri fehlend). — Die ♂ Blü mit röhrenförmigem (Abb. 170 a), die ♀ Blü mit eiförmigem (Abb. 170 b) K . . . . . **10**

- Gri 3; Pf ⚥ (alle Blü mit Gri). — K bei ♂ u. ♀ Blü nicht verschieden gestaltet . . . . . . . . . . . . . . . . . . . . . . . . . . . . . . . **11**

**10** KroB weiß (slt h'rosa), 25–30 mm lg; K 18–25 mm lg, grün; KZähne schmal-3eckig; Blü sich meist (an sonnigen Tagen) erst nachmittags öffnend, duftend. H: 30–100 cm. Nachtfalterblume; 2häusig. ⊙–⊙ Th–He. VI–X. Trockene Ruderalstellen, Gebüsche, gestörte Fettwiesen, Äcker; collin bis montan; hfg. **Alle Bdld**. *(Melandrium album, Silene pratensis, **S. alba** (subsp. alba)*

**Weiße Nachtnelke, Weiße L., Weißes L., *S. latifólia (subsp. álba)***

- KroB rot, 18–25 mm lg; K 10–15 mm lg, rötlich; KZähne br-3eckig; Blü am Tag geöffnet, geruchlos. H: 30–90 cm. Tagfalterblume; 2häusig. ⊙–♃ He. IV–IX. Feuchte Hochstaudenfluren, feuchte Gebüsche, kalkreiche, frische Fettwiesen, bes. Umbruch-Wiesen; (collin) montan bis subalpin; hfg. **Alle Bdld**. *(Melandrium rubrum, M. sylvestre)*

**Rote Lichtnelke, Rotes L.,** „Rote Nachtnelke", „Herrgottsblut", ***S. dióica***

**11** K 30nervig. — Ganze Pf drüsig behaart, Stg etwas klebrig; KroB 13–20 mm lg, h'purpurn; K 10–15 mm lg, drüsig, nicht netzadrig; KZähne ²/₃× so lg wie die KRöhre; Sa h'grau bereift (bei den meisten anderen Arten der Gattung schwarz). H: (10)15–45 cm. ⊙ Th. VI–VII. Sandige Böden, trockene Ruderalstellen; collin; sehr slt. **B, W, N, (St, S)**. Vom Aussterben bedroht. *(Pleconax conica)* **Kegel-L., *S. cónica***

-!! K 20nervig . . . . . . . . . . . . . . . . . . . . . . . . . . . **12**

- K 10nervig . . . . . . . . . . . . . . . . . . . . . . . . . . . **13**

**12** K deutlich aufgeblasen, stark netzadrig (Abb. 171); KroB weiß, 2spaltig; Pf meist kahl u. bläulich bereift. ♃ Ch. VI–IX(X). PionierPf. Wildgemüse; VolksarzneiPf. *(S. cucubalus, S. inflata, Oberna)*
**Aufgeblasenes L.**, Gewöhnliches L., Blasen-L., Klatschnelke, „Taubenkropf", „Schnålzerl", ***S. vulgáris***

**a** Stg niederliegend bis aufsteigend; GrundB 1–1,5 cm lg u. 0,3–0,5 cm br; StgB (1)1,5–3 cm lg u. (0,2)0,4–0,7(1) cm br, Blüstd 1–5(7)blütig; K 12–15 mm lg; Sa 1,5–2 mm ∅, mit flachen, rundlichen Papillen bis fast glatt. — BlüStiele 10–20(40) mm lg; NebenKro vorhanden (Platte der Kro am Grund 2höckerig); Fr mit abstehenden oder umgebogenen Zähnchen. H: 10–30(40) cm. VII–VIII. Kalkschutt- u. Geröllfluren; kalkstet; (montan) subalpin (alpin) (slt herabgeschwemmt); zstr. **Fehlt B, W**. *(S. willdenowii, S. uniflora subsp. glareosa)*
**Schutt-L.**, Schutthalden-K., Alpen-Klatschnelke, ***S. v. subsp. glareósa***

**-** Stg aufsteigend bis aufrecht; GrundB 1,5–4 cm lg u. 0,5–1,2 cm br; StgB (2,5)3–7(13) cm lg u. (0,7)1–2,5(4) cm br; Blüstd 5–15(30)blütig; K (13)15–19 mm lg; Sa 1–1,5 mm ∅, deutlich spitz-papillös. — BlüStiele (18)20–35 mm lg; NebenKro meist fehlend; Fr mit aufrechten Zähnchen. H: (20)30–50(100) cm. VI–IX. Felsschutthalden, trockene Wiesen, Waldschläge, schottrige Ruderalstellen, Bahnkörper; collin bis subalpin; sehr hfg. **Alle Bdld**. *(Oberna behen)* **Gewöhnliches Au. L.**, Gewöhnliche K., ***S. v. subsp. vulgáris***

Anm.: Unklar ist das ■■ **Gemsen-L.**, ***S. v. subsp. antélopum*** *(S. v. subsp. bosniaca, Oberna antelopum)*: StgGrund zT ± verholzt; LB groß, ± eiförmig, am Rand kurz zähnig-wimperig; reife Fr nicht länger als ihr FrTräger. H: 30–50(100) cm. VII–VIII. Hochstaudenfluren, feuchte lichte Wälder; montan bis subalpin; zstr bis slt. **N, St, K?, S?**. Gefährdet (?). ▲.

**13** Kro am Schlund ohne Krönchen. — KroB 2spaltig bis 2teilig . . . . . . **14**
**-** Kro am Schlund mit Krönchen (Schuppen u. Zähnchen) . . . . . . . . . **17**

**14** Stg sehr kurz flaumhaarig, überhaupt nicht klebrig. — K 14–16 mm lg, kahl oder kurz kraushaarig; Kro weiß. H: 30–60 cm. ♃ He. VI–VII. Wechselfeuchte Rasen; collin; slt. Im Pann. **B, N†?**. Stark gefährdet.
**Vielblütiges L.**, ***S. multiflóra***
**-** Ganze Pf klebrig-zottig, oder Stg klebrig beringelt . . . . . . . . . . . **15**

**15** Ganze Pf klebrig-zottig. — KroB rein weiß; K 14–17 mm lg, wie die ganze Pf dicht drüsig-klebrig; LB am Rand wellig. H: 30–70 cm. ⊙ He. V–VII. Sandige Trockenrasen, auch auf (Bahn-)Dämmen u. Böschungen; collin; sehr slt. Im Pann. **B, W†, N**. Stark gefährdet. *(Melandrium viscosum, Elisanthe viscosa)*
**Klebrige Nachtnelke, Klebriges L.**, ***S. viscósa***
**-** Pf flaumig-kurzhaarig, Stg klebrig beringelt. — KroB oberseits weiß, unterseits mit h'violetten, grauen oder grünen Adern; K 14–21 mm lg, drüsig. (Artengruppe Italienisches L., *S. italica agg.*) . . . . . . . . . . . . . **16**

**16** Pf ♃, mit mehreren Stg, die eine lockere Thyrse tragen; Nagel der KroB meist gewimpert. H: 30–60 cm. ♃ He. V. Wiesen, Böschungen, Ruderalstellen; collin; slt. **(St†, K?), T**. Potentiell gefährdet. ■ **Italienisches L.**, ***S. itálica***
**-** Pf ⊙, mit einzelnen Stg u. ziemlich dichter Thyrse; Nagel der KroB meist kahl. H: (30)60–100(120) cm. ⊙ He. V–VII. Trockene Wiesen, Gebüsche, Waldränder; collin bis montan; slt bis (Mittel-**St**) mäßig hfg. **(B, W, N), St, (K)**. zT verschleppt u. unbeständig. Im Pann gefährdet (?). ■ **Hain-L.**, ***S. nemorális***

**17** [13] KroB unzerteilt oder ausgerandet . . . . . . . . . . . . . . . . . . **18**
**-** KroB 2spaltig bis 2teilig . . . . . . . . . . . . . . . . . . . . . . . **19**

**18** Wenigblütige Scheintrauben (Abb. 172). — Pf behaart, Stg oberwärts drüsig; K 8–10 mm lg; KroB 10–15 mm lg, weiß oder rosa. H: 10–45 cm. ⊙ Th. VI–VIII. Äcker, Ruderalstellen; kalkmeidend; collin bis montan; slt. **(W†, N, O, St, K?, T†, V†)**. (Heimat: Medit.)
☆ **Französisches L.**, ***S. gállica***

–!! Thyrsen. — Pf kahl, bläulich bereift; Stg unter den oberen Knoten klebrig beringelt; K 14–20 mm lg; KroB 20–28 mm lg, h'purpurn oder rosa. H: 15–60 cm. ⊙ Th. VI–IX. Als ZierPf kultiviert u. verwildert. (Heimat: Süd-Europa.) ★ **Garten-L., *S. arméria***

– Blü in armblütigen Dichasien. — Stg kurzflaumig; K 12–14 mm lg; KroB 15–20 mm lg, rosarot mit 3 purpurroten Streifen. H: 30–60 cm. ⊙ Th. VI–IX. (Ehedem:) Leinäcker; collin; (ehedem:) slt bis sehr slt. **W†, N†, O†, St†, K†**. (Mit dem Verschwinden der Leinkultur) ausgestorben. † **Flachs-L., *S. linícola***

**19** Stg 1–2(3)blütig. — LB lineal-lanzettlich. (Artengruppe Steinbrech-L., *S. saxifraga agg.*) . . . . . . . . . . . . . . . . . . . . . . . . . . . . . . . . . . **20**

– Stg mehr als 3blütig . . . . . . . . . . . . . . . . . . . . . . . . . . . . . . **21**

**20** Nägel der KroB nur wenig aus dem K herausragend, wenigstens der untere Teil der Fr im K eingeschlossen. — K 8–15 mm lg, kahl; Kro weiß, unterseits rötlich oder gelbgrün. H: 15–20(30) cm. ♃ Ch. VI–VIII. Sonnige Felsen, steinige Abhänge; kalkliebend; montan bis subalpin; zstr bis slt. In den sAlp. Südwest-**K**, Ost-**T**. (Hptvbr.: Gebirge Süd-Europas.) Potentiell gefährdet. **Steinbrech-L., *S. saxífraga*** *(s. str.)*

– Nägel der Kro weit aus dem K herausragend, die ganze Fr über den K emporgehoben. — K 11–14 mm lg, kahl, nur an den Zähnen gewimpert; KroB oben gelblich oder rötlichweiß, unterseits grünlich. H: 20–40 cm. ♃ Ch. VI–VIII. Felsspalten u. steinige Hänge; kalkliebend; montan bis subalpin. In den sAlp. Süd-**K** (mäßig hfg), Ost-**T** (slt). (Endemit der südöstl. Kalkalpen.) **Karst-L.,** (sl.:) Hayekova lepnica, ***S. hayekiána***

**21** Pf ♃, mit nichtblühenden, vegetativen LB'Rosetten; Thyrse „mehrstökkig" . . . . . . . . . . . . . . . . . . . . . . . . . . . . . . . . . . . . . . **22**

– Pf ⊙, ohne nichtblühende LB'Rosetten; verarmte Thyrse, oft Cymoid . **23**

**22** K am Grund allmählich verschmälert; FrTräger (= FrStiel oberhalb des K) ¼–⅔× so lg wie die Fr; KroB innen (oben) grünlichweiß, außen (unten) grün; K 15–20 mm lg, drüsig-flaumig. — Pf dichtflaumig behaart; Zymen nicht einseitig überhängend; Sa höckerig. H: 50–100 cm. ♃ He. VII–VIII. Wärmeliebende Laubwälder, an buschigen Abhängen; collin; sehr slt. **St**. Stark gefährdet. *(S. pauciflora)* **Grünblütiges L., *S. viridiflóra***

– K am Grund abgestutzt bis genabelt (eingedellt); FrTräger höchstens ⅕× so lg wie die Fr; KroB innen weißlich oder gelblichweiß, außen schmutzigweiß bis rötlich oder olivgrün bis schmutzigrot; K 7–15 mm lg, drüsenhaarig. — Sa warzig-stachelig. Blü nur nachts (u. an trüben Tagen) geöffnet: Nachtfalterblume. ♃ He. („**Artengruppe Nickendes L., *S. nutans agg.***") **Nickendes L., *S. nútans (s. l.)***

**a** Thyrse einseitswendig, ihre Zymen überhängend; KroB außen schmutzigweiß bis rötlich; vegetative, rosettig beblätterte Triebe kurz u. dick (die meisten Internodien 1–3× so lg wie dick). — Pf meist weichhaarig, slt kahl *(var. glabra)*; KroB 15–25 mm lg. H: 30–60 cm. V–VIII. Lichte, trockene Wälder, Waldränder, schwach saure, magere Halbtrockenrasen; etwas kalkmeidend, bes. auf basenreicheren Silikatgesteinen; collin bis subalpin; hfg bis zstr. **Alle Bdld**. *(**S. nutans** [s. str.])* ■ **Gewöhnliches N. L., *S. n. subsp. nútans***

– Thyrse allseitswendig, ihre Zymen nicht einseitig überhängend; KroB außen olivgrün bis schmutzigrot; vegetative, rosettig beblätterte Triebe lg u. dünn (die meisten Internodien 3–20× so lg wie dick). H: 40–80 cm. VI–VIII. Lichte Wälder, Gebüsche, Waldränder; kalk- u. wärmeliebend; submontan bis montan; sehr slt. Süd-**K!** (Karnische Alpen). (Hptvbr.: Südalpen.) Bei uns vielleicht nur als Annäherungsform. *(S. nutans subsp. insubrica, S. livida, **S. insubrica**)* ■■ **Insubrisches N. L.,** Schmutziges L., ***S. n. subsp. lívida***

**23** [21] KRöhre 10–15 mm lg; Kro weiß; Blüstd wiederholt gegabelt, mit einer EinzelBlü in jeder Gabelung, die Gabeläste sind reichblütige, einseitswendige Wickel. H: 30–70 cm. ⊙ Th. VI–VIII. Äcker, Ruderalstellen; kalkliebend; collin bis montan; slt. **Fehlt V***. Unbeständig bis eingebürgert.
(☆) **Gabel-L., *S. dichótoma***

**–** KRöhre 20 mm lg; Kro blaßrosa; ziemlich armblütige gabelästige Thyrse. — Pf dicht drüsig behaart. H: 15–45 cm. Nachtfalterblume. ⊙ Th. VI–IX. Äcker, Brachen, Ruderalstellen; kalkliebend; collin bis submontan; zstr bis slt. **(S), sonst alle Bdld**. Im Alp u. im söVL gefährdet. *(Melandrium noctiflorum, Elisanthe n.)* **Acker-Nachtnelke, Nachtblühendes L., *S. noctiflóra***

## (19) Hühnerbiß, *Cucúbalus*

Stark verzweigt, Zweige rechtwinkelig abstehend; Gri (2)3; K schüsselartig ausgebreitet, zur FrZeit ± zurückgeschlagen. H: 60–120(200) cm. ♃ He. VII–IX. Säume der Auwald-Gebüsche, wasserzügige Waldschläge; collin; zstr bis slt. **Fehlt S, V**. **Hühnerbiß**, „Taubenkropf", ***C. báccifer***

## (20) Gipskraut, *Gypsóphila* (G V 29)

Anm.: Das ☆ **Schwarzwurzel-G., *G. scorzonerifólia*** (♃; LB breiter als 10 mm; Blüstd drüsenhaarig, locker; Heimat: Rußland, Kaukasus) sehr slt u. unbeständig. **(W, N)** (Truppenübungsplatz Zwölfaxing).

**1** Stg kriechend oder aufsteigend . . . . . . . . . . . . . . . . . . . . . . . **2**
**–** Stg steif aufrecht . . . . . . . . . . . . . . . . . . . . . . . . . . . . . . . . **3**

**2** Stg oben drüsig-weichhaarig; StaubB u. Gri länger als die Kro; Blüstd dicht; Pf aufsteigend bis aufrecht. — Kro weiß oder rötlich. H: 20–50 cm. ♃ Ch. VI–VIII. Trockene Sandböden; collin; sehr slt. **N** (Marchfeld). (Sonstige Vbr.: Böhmen, Mähren, Slowakei, Ungarn, Ost-Europa.) Vom Aussterben bedroht. (Inkl. *G. arenaria*) **Sand-G., *G. fastigiáta***

**–** Stg kahl; StaubB u. Gri kürzer als die Kro; Blüstd locker; Pf liegend bis kriechend. — Kro weiß bis h'lila; LB blaugrün. H: 8–20 cm. ♃ Ch. V–VIII. Felsschuttfluren, Felsen; kalkstet; subalpin bis alpin (stellenweise im Bachgeschiebe tiefer herabgeschwemmt); zstr bis mäßig hfg. **Fehlt B, W**.
**Kriechendes G., *G. répens***

**3** Pf ♃, 60–90 cm hoch; KroB weiß, vorn abgerundet. — Stg am Grund drüsig-weichhaarig, sonst kahl. Steppenroller (± kugeliger Habitus). ♃ Ch. VI–IX. Sandsteppen, sandige Hügel; collin; slt. **W, N** (im Marchfeld, lokal hfg). Stark gefährdet. Wird auch als ZierPf kultiviert („Schleierkraut").
**Rispen-G., *G. paniculáta***

**–** Pf ⊙, 5–20 cm hoch; KroB rosa, dunkler gestreift, vorn ausgerandet. — Pf von Grund an ästig; Stg am Grund kurzhaarig, sonst kahl. ⊙ Th. VI–X. Sandige, feuchte Äcker, feuchte Ruderalstellen, Gräben; kalkmeidend; collin; zstr bis slt. **W(!); S†; fehlt V**. *(Psammophiliella m.)* **Mauer-G.**, Acker-G., ***G. murális***

---

* laut A. Polatschek: Mskr. N. Fl. **T & V**.

## (21) Seifenkraut, *Saponária*

**1** Gri (2)3; Stg höchstens 5(10) cm lg, 1blütig. — Pf Flachpölster bildend; K 13–15 mm lg, etwas aufgeblasen, kurzzottig; KroB h'purpurrot, Platte 7–9 mm lg. H: 3–5 cm. ♃ Ch. VIII–IX. Bodensaure Felsschutthalden, trockene, steinige Magerrasen, meist Krummseggenrasen u. offene Gemsheideteppiche; kalkfeindlich; (subalpin) alpin; hfg bis sehr hfg. Zentralalpen. **St, K, S,** Ost-**T**. Subendemisch (sonst nur Südtirol u. Cadore). ▲ *(S. nana, S. pumilio)*
**Zwerg-S.,** ***S. púmila***

**–** Gri 2; Stg mindestens 10 cm lg (außer bei Hungerformen), mehrblütig . . **2**

**2** LB'Spreite (1,4)2–3(3,3) cm lg u. 0,5–1,3 cm br; Blüstd: locker-gabelig, klebrig-zottig; Stg niederliegend; K 6–8(12) mm lg, mit Gliederdrüsenhaaren; Kro 12–18 mm lg, d'purpurrot; Fr 6–8 mm lg. H: 10–25 cm. ♃ He. IV–X. Trockene Hänge, Felsschuttfluren, Flußgeschiebe, Mauern, offene Wegböschungen, lichte Wälder (bes. Föhrenwälder); basenliebend; collin bis subalpin; mäßig hfg bis zstr. **(W, St), K, T, V.** **Kleinblütiges S.,** Rotes S., ***S. ocymoídes***

**–** LB'Spreite 5–11(15) cm lg u. 1,5–3 cm br; Blüstd: dicht knäuelige (deutlich endständige) Thyrse, kahl oder drüsenlos behaart; Stg aufrecht; K (15)20–25 mm lg, mit drüsenlosen Gliederhaaren; Kro 30–40 mm lg, blaßrosa bis weiß; Fr 20 mm lg. H: 30–70 cm. ♃ He. VI–X. Auen, feuchte Gebüsche, Ufer, feuchte Ruderalstellen; etwas kalkliebend; collin (submontan); hfg bis zstr. **Alle Bdld.** Als ZierPf u. VolksarzneiPf kultiviert.
**Echtes S.,** Gewöhnliches S., ***S. officinális***

## (22) Kuhnelke, *Vaccária*

Pf kahl, oberwärts ästig; LB lanzettlich, blaugrün; KroB 15–25 mm lg, rosa. H: 30–60 cm. ⊙ Th. VI–VIII. Getreideäcker, Brachen, Ruderalstellen; collin (submontan); sehr slt. **B, W, N, O†, (St, K, S), T, V.** (Status wohl in allen Bdld fraglich: ob alteingebürgert oder unbeständig?.) Vom Aussterben bedroht. ▲ *(V. pyramidata)* **Kuhnelke, *V. hispánica***

## (23) Felsennelke u. Kopfnelke, *Petrorhágia* (inkl. *Tunica* u. *Kohlrauschia*)

**1** Blü stets einzeln, in lockerem, rispenartigem Blüstd; K glockenförmig, 4–6 mm lg. — KroB h'purpurn bis satt rosa, mit 3 dunkleren Adern. H: 10–25(35) cm. ♃ Ch. VI–IX. Felsrasen, Trockenrasen, sandige u. steinige Stellen, Mauern; kalkliebend; collin bis montan; hfg bis zstr. **Alle Bdld, (S)**. Im Rh gefährdet. *(Tunica saxifraga)*
**Felsennelke,** Gewöhnliche F., Steinbrech-F., ***P. saxífraga***

**–** Blü in (1- bis) wenigblütigem, endständigem Köpfchen mit gemeinsamer HochBHülle; K röhrenförmig, 10–13 mm lg. — Kro rosa. H: 15–40 cm. ⊙ Th.

Abb. 172

Abb. 173

Abb. 174

VI–X. Trockenrasen, sandige u. steinige Stellen, trockene Ruderalstellen; collin (submontan); slt. **B, W, N, (O, St, K, T)**. Stark gefährdet; im Alp u. im söVL vom Aussterben bedroht. *(Kohlrauschia prolifera)*

**Kopfnelke,** Sprossende F., Nelkenköpfchen, ***P. prolífera*** *(s. str.)*

## (24) Nelke, *Diánthus*

Anm.: Viele Arten sind gynodiözisch bis triözisch, u. dementsprechend wechselt die Kro-Größe.

**1** Platte der KroB mindestens bis zu 1/3 zerschlitzt (Abb. 173) . . . . . . . . **2**

**-** Platte der KroB vorn gezähnt oder fast ganzrandig . . . . . . . . . . . . . . **6**

**2** Platte der KroB bis über die Mitte der Platte zerschlitzt (Abb. 173). — LB lineal-lanzettlich, 3–5 mm br; Blü wohlriechend; Kro h'purpurn. H: 30–60 cm. ♃ He. VI–IX. ▲. Die Taxonomie der Unterarten bedarf weiterer Prüfung.

**Pracht-N., *D. supérbus***

**a** Stg aufsteigend, grasgrün, ästig, meist 5–10blütig; K grün oder purpurrot überlaufen; Platte etwa 20 mm lg, weit über die Mitte unregelmäßig fiederig geschlitzt, am Grund mit grünem Fleck. Wechselfeuchte Wiesen; collin; zstr bis slt. **Alle Bdld**. Stark gefährdet.

■ **Feuchtwiesen-P.-N., *D. s. subsp. supérbus***

**-** Stg steil aufsteigend, bläulich bereift, meist 1–5blütig; K braunrot oder violett; Platte etwa 30 mm lg, kaum über die Mitte gabelig in linealische Abschnitte geschlitzt, am Grund meist schwarz getüpfelt. Magerrasen, bes. Bürstlingsrasen; subalpin bis alpin; zstr bis hfg. **St, K, S**. *(D. s. subsp. speciosus)*

■ **Alpen-P.-N.,** Großblütige P.-N., ***D. s. subsp. alpéstris***

**-** KroB höchstens bis zur Mitte der Platte zerschlitzt . . . . . . . . . . . . **3**

**3** AußenKB mit schmal-3eckiger, lg, krautiger Granne, (samt dieser) 1/3- bis mehr als 1/2× so lg wie der K. (Gehört eigentlich zu *D. plumarius agg.*)

**Montpellier-N., *D. monspessulánus***

**a** AußenKB mindestens 1/2× so lg wie der K, Granne länger als die Schuppe; Blü meist zu 2–5; Kro weiß bis rosa, Platte 12–15 mm lg. H: 20–60 cm. ♃ Ch. VI–VIII. Steinige Böden, felsige Hänge, Gebüsche, lichte Wälder, in warmen Lagen; kalkliebend; montan; slt. **Fehlt in O** (fälschlich für T angegeben). *(D. hyssopifolius)*

⊖■ **Gewöhnliche M.-N., *D. m. subsp. monspessulánus***

**-** AußenKB 1/3- bis kaum 1/2× so lg wie der K, Granne etwa 1/3× so lg wie die Schuppe; Blü meist einzeln (nur in tieferen Lagen zu 2–3); Kro rosarot bis schwach purpurn, Platte 15–20 mm lg. H: 10–20(30) cm. ♃ Ch. VII–VIII(IX). Steinige Wiesen, auf Felsschutt u. grobem Geröll; nur über Kalk u. Dolomit; montan bis alpin; slt. **O?, St, K**. ▲ *(D. sternbergii, D. waldsteinii)* ■ **Dolomit-(M.-)N., *D. m. subsp. waldstéinii***

**-** AußenKB ohne lg Granne, nur mit kurzer Stachelspitze, (samt dieser) etwa 1/4× so lg wie der K . . . . . . . . . . . . . . . . . . . . . . . . . . . **4**

**4** Stg ± stielrund, grasgrün; LB vom Grund an schmäler werdend. — Kro weiß; LB 1–2 mm br; Stg 2–5blütig. H: 20–30 cm. ♃ Ch. VII–X. Sandsteppen, sandige Hügel; collin; sehr slt. **N** (im Marchfeld). (Pannonisch.) Vom Aussterben bedroht. **Späte Feder-N., *D. serótinus***

**-** Stg ± 4kantig, ± blaugrün bereift; LB von oberhalb der Mitte an verschmälert. (Artengruppe Feder-N., *D. plumarius agg.*) . . . . . . . . . . . . . **5**

**5** Kro weiß (slt blaßrosa). — Stg meist 1blütig. H: 20–30 cm. ♃ Ch. V–VI. Fels- u. Rasensteppen über Kalk; collin; slt (lokal hfg). **N** (Hainburger Berge). (Sonstige Vbr.: Slowakei: Kleine Karpaten.) Potentiell gefährdet. ▲ *(D. serotinus subsp. lumnitzeri)* ■ **Hainburger (Feder-)N.,** Preßburger N., ***D. lumnítzeri***

**-** Kro rosa bis rötlich. — Stg 1–5blütig. H: 20–30 cm. ♃ Ch. IV–VII. ▲ Anm.: Die Unterarten sind erst sehr unzureichend erforscht u. die angeführten Unterscheidungsmerkmale vorläufig fragwürdig. ■ **(Eigentliche) Feder-N., *D. plumárius***

**a** Nägel der Kro weit (bis 5 mm) aus dem K herausragend (?). — LB kräftig bereift, blaugrün; K etwa 2,5 cm lg. Felsen, Felsschutt, steinige Hänge; kalkstet; montan bis subalpin; zstr. **O, St, S** (nördl. Kalkalpen). *(D. blandus)*
**■■ Zierliche F.-N., *D. p. subsp. blándus***

**–** Nägel der Kro nicht (weit?) aus dem K herausragend (?) . . . . . . . . . . . . . . **b**

**b** LB grasgrün, fast nicht bereift (?); K etwa 3 cm lg. Felssteppen, Felsen u. steinige Hänge; kalkstet; montan bis subalpin; slt. **St, K** (Zentralalpen). Unzureichend erforscht. *(D. hoppei)* **■■ Steirische F.-N., Hoppe-F.-N., *D. p. subsp. hóppei***

**–** LB blaugrün, sehr deutlich bereift; K 1,8–2,3 cm lg. Felsen u. Magerrasen; kalkstet; collin; sehr slt. **N** (Mödlinger Klause u. Kleiner Anninger). Endemisch. Stark gefährdet. *(D. neilreichii)* **■■ Mödlinger F.-N., *D. p. subsp. neilréichii***

**6** [1] Blü einzeln oder in einer Rispe angeordnet; Blü lg gestielt . . . . . . . **7**

**–** Blü in kopfigen Blüstd oder büschelig gehäuft (Abb. 158); Blü sitzend oder sehr kurz gestielt . . . . . . . . . . . . . . . . . . . . . . . . . . . . . . . . . . . . . . . **11**

**7** Stg kurzhaarig-flaumig-rauh. — LB schmal-lanzettlich, kurzhaarig; KroB purpurn, mit weißen Punkten u. dunklem Ring. H: (10)15–30(40) cm. ♃ He–Ch. VI–IX. Bodensaure, trockene Magerwiesen, Waldränder, gern über Sand; kalkfeindlich; collin bis montan; hfg (zB im BM) bis slt. **Alle Bdld**. In den wAlp, im nVL u. söVL gefährdet. △ **Heide-N., Delta-N., *D. deltoídes***

**–** Stg kahl . . . . . . . . . . . . . . . . . . . . . . . . . . . . . . . . . . . . . **8**

**8** AußenK so lg oder länger als die halbe KRöhre . . . . . . . . . . . . . **9**

**–** AußenK bedeutend kürzer als die halbe KRöhre . . . . . . . . . . . . **10**

**9** LB lineal-lanzettlich, spitz, 3–5 mm br; KroB 2× so lg wie der K; AußenK etwa so lg wie die KRöhre; Platte der KroB 15–18 mm lg u. 14–17 mm br, purpurn, am Schlund tief-purpurrot u. weiß gesprenkelt. — LB 15–35 mm lg. H: (2)5–10(20) cm. ♃ Ch. VI–VIII. Steinige Rasen; kalkstet; (subalpin) alpin; hfg bis zstr. **N, O, St**. Endemisch (nordöstl. Kalkalpen); mit *D. glacialis* vikariierend.
▲ **Ostalpen-N.**, Alpen-N., ***D. alpínus***

**–** LB linealisch, sehr schmal-lanzettlich, stumpf (abgerundet), 1–2 mm br; KroB 1,5× so lg wie der K; AußenK meist länger als die KRöhre; Platte der KroB 9–10 mm lg u. 7–10 mm br, purpurrot, ± ungefleckt. — LB 20–50 mm lg. H: (1)2–4(10) cm. ♃ Ch. VII–VIII. Rasen, Grus; meist über ± kalkhältigen Silikatgesteinen; (subalpin) alpin; zstr bis slt. **St, K, S, T**. Mit *D. alpinus* vikariierend. △ **Gletscher-N., *D. glaciális***

**10** KroSchlund kurz-bärtig (Abb. 174), nicht punktiert. — LB vorn abgerundet, Rand glatt, blaugrün; AußenKB 4–6, untere allmählich u. lg zugespitzt, 1/3–1/2× so lg wie der K; Kro purpurn. H: 10–25 cm. ♃ Ch. V–VI. Als ZierPf kultiviert u. manchmal verwildert u. lokal eingebürgert: Trockenwarme Kalk- u. Silikatfelsspalten, Felsfluren; collin bis montan; slt. (Heimat: Schweiz, Frankreich, Belgien, Deutschland, Böhmen, Polen.) *(D. caesius)*
★ ■ **Pfingst-N.**, Grenobler N., ***D. gratianopolitánus***

**–!!** KroSchlund kahl, nicht punktiert. — LB lg zugespitzt, Rand rauh, grasgrün; AußenKB meist 2, abrupt in eine kurze Spitze ausgezogen, 1/4× so lg wie der K; Kro rosa. H: (5)10–30(40) cm. ♃ Ch. VI–VIII. Steinige Magerrasen, Trockenrasen, Felsen; montan bis subalpin; zstr. **K, S, T, V**. △
**Wilde N.**, Stein-N., ***D. sylvéstris*** *(subsp. sylvéstris)*

**–** Schlund der Kro kahl, d'rot punktiert. — LB graugrün, zugespitzt; Blü zu 2; Kro h'purpurn. H: 25–50 cm. ♃ He. VI–VIII. Magerrasen, Säume, lichte Gebüsche; kalkmeidend; montan; sehr slt. **V***. Stark gefährdet. △ ***(D. seguieri subsp. glaber)*** **■ Busch-N., *D. sylváticus***

**11** [6] AußenK, Stg u. LB kurz rauhhaarig. — Kro klein, purpurn, dunkler u. weiß

** leg. A. POLATSCHEK, det. W. GUTERMANN, unveröff.

punktiert. H: 30–60 cm. ⊙ He. VI–VIII. Lichte Wälder, Säume, trockene Magerrasen; etwas kalkmeidend; collin bis montan; zstr bis slt. **Alle Bdld**. Im Pann, im Alp, im BM u. im nVL gefährdet. ▲

**Büschel-N., Rauhe N., *D. arméria*** *(subsp. arméria)*

- AußenK, Stg u. LB kahl oder nur am Rand rauh . . . . . . . . . . . . . **12**

**12** LB 5–18 mm br. — Kro d'rot bis weiß, oft weiß punktiert, Schlund dunkler. H: (20)30–50(70) cm. ♃ Ch. VI–IX. Lichte Wälder, Waldränder, Rasen; collin bis subalpin (alpin); zstr bis slt. **B, (W), St, K, T, (V)**. Im söVL gefährdet (?). △ Auch als ZierPf kultiviert u. oft verwildert. **Bart-N., *D. barbátus***

- LB 2–4 mm br . . . . . . . . . . . . . . . . . . . . . . . . . . . . . . **13**

**13** LB'Scheiden so lg wie die Spreitenbreite. — Stg u. LB rauh; Blü zu 2–8 gebüschelt. H: 20–80 cm. ♃ He. VI–VIII. Wechselfeuchte Wiesen; collin; sehr slt. **N** (im Marchtal). (Pannonisch.) Vom Aussterben bedroht.

**Hügel-N., *D. collínus*** *(subsp. collínus)*

- LB'Scheiden 2–4× so lg wie die Spreitenbreite. — Blüstd (Köpfchen) 2–16-blütig; Kro ± purpurn. (Artengruppe Karthäuser-N., *D. carthusianorum agg.*) . . . . . . . . . . . . . . . . . . . . . . . . . . . . . . . **14**

**14** Blüstd (5)8–16blütig; AußenKB eiförmig bis lanzettlich, allmählich in eine kurze Granne zugespitzt; K 10–13(15) mm lg; KroBPlatte 4–6(8) mm lg, meist ½× so lg wie ihr Nagel. — GrundB 1–3 mm br; AußenK u. HochB meist unbereift; Kro meist blaßrosa. H: 20–60 cm. ♃ Ch. V–VII(IX). Trockenrasen, Rasensteppen; collin; im Pann mäßig hfg, sonst sehr slt. **B, W, N, O**. *(D. carthusianorum subsp. pontederae, D. giganteiformis subsp. pontederae)*

■ **Pannonische Karthäuser-N.**, Kleinblütige K.-N., ***D. pontedérae***

- Blüstd 2–8(11)blütig; AußenKB br-verkehrt-eiförmig, vorn abgerundet bis gestutzt, mit aufgesetzter lg Granne; K 13–20 mm lg; KroBPlatte 5–12 mm lg, ½–¾× so lg wie ihr Nagel. — H: 20–60 cm. ♃ Ch. (V)VI–IX. Meist kalkreiche, trockene Magerrasen, Halbtrockenrasen; hfg bis zstr. △

■ **Eigentliche Karthäuser-N.**, „Stein-N.", ***D. carthusianórum***

**a** AußenK u. HochB meist deutlich bereift; KroBPlatte (7)9–12 mm lg. — GrundB (1,1)1,7–3(4) mm br; K (14)15–20 mm lg. Obermontan bis alpin. **B?, N, O, St**. *(D. c. subsp. latifolius)* ■ **Voralpen-K.-N., *D. c. subsp. alpéstris***

- AußenK u. HochB nicht oder kaum bereift; KroBPlatte 5–8(10) mm lg . . . . . . . **b**

**b** GrundB (0,8)1–1,7 mm br; AußenKB meist gestutzt bis ausgerandet. Magerrasen über Serpentin; montan; zstr (Standort sehr slt!). **B, N, St**. *(D. c. var. capillifrons)*

■ **Serpentin-K.-N.**, Haarblatt-K.-N., ***D. c. subsp. capíllifrons***

- GrundB (1,1)1,5–2,8(3,1) mm br; AußenKB meist abgerundet bis stumpf. Collin bis montan. **V†?, sonst alle Bdld**. ■ **Gewöhnliche K.-N., *D. c. subsp. carthusianórum***

# 25. Familie: Kermesbeerengewächse, *Phytolaccáceae*

## Kermesbeere, *Phytolácca* (→ G VII 1, VIII 4)

**1** StaubB 10; FrB (= Stempel) 10, am Grund verwachsen; Trauben ± bogig überhängend; Beere nicht gefurcht. H: 1–3 m. ♃ He. VII–VIII. Ruderalisierte Wälder u. Gebüsche; collin; slt. **B, W, N, St, (K)**. Neubürgerin. (Heimat: Nordamerika.) Zier- u. FarbPf (Saft der Beeren zum Färben von Wein) u. verwildert. Homöop.; Rübe giftig. *(Ph. decandra)*

(☆) **Amerikanische K.**, Zehnmännige K., ***Ph. americána***

- StaubB 8; FrB 8, frei; Trauben aufrecht; Beere tief längsfurchig. H: 50–150 cm. ♃ He. VII–VIII. Ruderalisierte Wälder u. Gebüsche (?); collin; slt. **B, N, O, St**. Neubürgerin (?). (Heimat: Himalaja bis Japan.) *(Ph. acinosa)*

(☆) **Asiatische K.**, Achtmännige K., Spinat-K., ***Ph. esculénta***

# 26. Familie: Portulakgewächse, *Portulacáceae*

**1** „KroB" 1–2 mm lg, weiß; StaubB 3–5; K'ähnliche Hülle aus 2 freien HochB bestehend; Fr sich mit 3 Klappen öffnend, 3samig. **(1) Quellkraut, *Móntia***
**–** KroB 6–8 mm lg, gelb; StaubB 7–12; K'ähnliche Hülle aus 2 miteinander verwachsenen HochB bestehend; Fr sich mit Deckel öffnend, vielsamig. **(2) Portulak, *Portuláca***

## (1) Quellkraut, *Móntia* (→ A 37, G III 5, 11)

LB sitzend, länglich bis spatelförmig; Blü zu 2–5 seiten- oder endständig, kurz gestielt; „Kro" (Perigon) 5teilig; StaubB 3. H: 5–30 cm. ⊙–♃ Th–Ge. IV–IX. Feuchte, bodensaure, meist sandige Äcker, Gräben, Bäche, Quellfluren; kalkmeidend; collin bis montan; zstr bis slt. **Fehlt B, W**. **Quellkraut, *M. fontána***

Anm.: Zur Bestimmung der Unterarten sind reife Sa notwendig *(40fache Vergrößerung!)*.

**a** Schale der Sa auch am Kiel (Rand) glatt, stark glänzend. — ♃. **Fehlt B, W**. *(M. lamprosperma)* **Brunnen-Qu.**, Glanzsamen-Qu., ***M. f. subsp. fontána***
**–** Schale der Sa wenigstens gegen den Kiel (Rand) hin mit ± deutlichen Warzen (Hökkern) besetzt, matt oder etwas glänzend . . . . . . . . . . . . . . . . . . . . . . . . **b**
**b** Sa matt oder nur wenig glänzend, auf der gesamten Oberfläche mit Warzen, — diese Warzen stumpf u. br; Pf stark verzweigt. ⊙. **Fehlt Ö?**. *(M. arvensis, M. minor, M. verna)* ⊖ **Acker-Qu., *M. f. subsp. chondrospérma***
**–** Sa etwas glänzend; Warzen nur auf dem Kiel. — Pf nie auf Äckern . . . . . . . . . **c**
**c** Sa (auf dem Kiel) mit 3–4 Reihen spitzer Warzen dicht besetzt. ♃. **N, O**. Gefährdet. *(M. lusitanica, M. f. subsp. intermedia, M. rivularis)* **Mittleres Qu., *M. f. subsp. amporitána***
**–** Sa (auf dem Kiel) mit entfernt stehenden, niedrigen, stumpfen oder zugespitzten Warzen besetzt. ⊙–♃. **N, O**. Gefährdet. **Veränderliches Qu., *M. f. subsp. variábilis***

## (2) Portulak, *Portuláca* (→ G VIII 5, 11; IX 10)

Anm.: Das ★ **Portulakröschen, *P. grandiflóra*** (Heimat: Brasilien) mit Kro 4–5 cm ⌀ u. leuchtend purpurrot wird (meist als gefülltblütige Sorte) als ZierPf kultiviert u. verwildert gelegentlich unbeständig, zB in **W**.

LB länglich-keilförmig, fleischig. H: 10–30 cm. ⊙ Th. VI–IX. **Portulak, *P. olerácea***

**a** Stg niederliegend; LB 1–2 cm lg u. 0,5–1 cm br, vorn abgerundet; KZipfel stumpf gekielt; Sa 0,5–0,75(1) mm lg. — Blü oft kleistogam; SaOberfläche mit oder ohne Warzen (ob von taxonomischer Bedeutung, bedarf noch weiterer Untersuchungen). Äcker, Weingärten, gekieste Wege (oft in Friedhöfen); collin bis submontan; zstr bis hfg. Neubürger. **Alle Bdld**. (Heimat: gemäßigtes Asien.) Wildgemüse. **Wilder P., *P. o. subsp. olerácea***
**–** Stg aufsteigend bis ± aufrecht; LB 2–4 cm lg u. 1–2 cm br, vorn gestutzt oder ausgerandet; KZipfel flügelartig gekielt; Sa 1–1,5 mm lg. Kultursippe: Gemüse- (u. Salat-)Pf. **Ö?**. ★⊖ **Garten-P., Gemüse-P., *P. o. subsp. satíva***

# 27. Familie: Gänsefußgewächse, *Chenopodiáceae*

TeilBlüstd: meist Knäuel; Blü ⚥ oder 1geschlechtig, meist unscheinbar; Perigon grünlich bis bleich-weißlich, slt fehlend oder auffallend (corollinisch) gefärbt; StaubB 1–5; Fr: meist 1samige Nuß, slt Deckelkapsel; nährstoffliebend (viele Halo- u. Nitrophyten: Ruderal- u. SalzPf; KulturPf). (B 74; G I 3; III 8; V 27; XIII 17)

**1** Strauch, Staude oder Zweijährige . . . . . . . . . . . . . . . . . . . . . . . . **2**
**–** Einjährige . . . . . . . . . . . . . . . . . . . . . . . . . . . . . . . . . . . . **5**

2 Strauch, dicht mit Sternhaaren besetzt; Blü 1geschlechtig (Pf 1häusig). — LB schmal-eilanzettlich; FrHülle mit lg, dicht gebüschelten Haaren.
**(4) Hornmelde, *Krascheninnikóvia***
- Pf höchstens am Grund ♄ (daher fast halbstrauchig), ohne Sternhaare; Blü ⚥ (daneben auch, manchmal zahlr., 1geschlechtige, bes. ♂ Blü) . . . . . . . . **3**

3 LB schmal-linealisch (fast fädlich), 1(2) mm br; FrPerigonB mit waagrecht-abstehenden Flügeln. **Halbstrauch-Radmelde (7), *Bássia prostráta***
- LB br-3eckig bis br-eiförmig, (viel) mehr als 30 mm br; FrPerigonB ohne waagrecht-abstehende Flügel . . . . . . . . . . . . . . . . . . . . . **4**

4 Pf kahl; Knäuel 2–3(8)blütig; unterer Teil der PerigonB mit dem Frkn verwachsen, zur FrZeit holzig verhärtet u. angeschwollen. ★☆ **(5) Rübe, *Béta***
- Pf dicht körnig-mehlig „bestäubt" (= mit Blasenhaaren besetzt); Knäuel vielblütig; Perigon nicht mit dem Frkn verwachsen, zur FrZeit weder verhärtet noch angeschwollen, sondern häutig.
**Guter Heinrich, (1), *Chenopódium bónus-henrícus***

5 [1] Pf (scheinbar) blattlos; Laubsprosse durch die gegenständigen, dicht aneinandergefügten, schuppenförmigen, fleischigen (glasig-saftigen) Blätter scheinbar achsensukkulent (Abb. 175). **(12) Glasschmalz, *Salicórnia***
- Pf mit deutlichen (nicht schuppenförmigen) LB; Stg nicht scheinbar fleischig; zumindest die oberen LB wechselständig. — LB flach oder stielrund, dünn oder schwach sukkulent bis saftig-fleischig . . . . . . . . . . . . . . . . **6**

6 LB'Spreite deutlich flächig. — Blüstd: endständige oder achselständige Knäuel (das sind meist reichblütige, gestauchte TeilBlüstd) zu rispigem bis ährenförmigem GesamtBlüstd zusammengesetzt . . . . . . . . . . . . . . . . . . . . **7**
- LB'Spreite schmal-linealisch, pfriemlich, nadelförmig oder halbstielrund, oft ± sukkulent. — Blü zu 1–3(5) in LB'Achseln . . . . . . . . . . . . . **11**

7 Spreitenrand gewimpert; Triebspitzen fein wollig-zottig bis fein gekräuselt-flaumig behaart (mitunter fast kahl). — LB eiförmig-lanzettlich bis lineal-lanzettlich. **Besen-Radmelde (7), *Bássia scopária***
- Spreitenrand der LB nicht gewimpert; Triebspitzen weder wollig-zottig noch gekräuselt-flaumig behaart . . . . . . . . . . . . . . . . . . . . . . . . **8**

8 Die meisten Blü ⚥ (daneben auch 1geschlechtige, meist ♂ Blü) . . . . . . . **9**
- Blü durchwegs 1geschlechtig . . . . . . . . . . . . . . . . . . . . . . **10**

9 Unterer Teil der PerigonB mit dem Frkn verwachsen, zur FrZeit holzig verhärtet u. angeschwollen; Knäuel 2–3(8)blütig, — in den Achseln von LB, zu einer unterbrochenen Scheinähre u. solche zu einem rispigen Gesamt-Blüstd zusammengesetzt; Spreite der GrundB br-herzförmig; KulturPf. ★ **(5) Runkelrübe, *Béta***
- PerigonB u. Frkn getrennt, zur FrZeit nicht holzig verhärtet, sondern trockenhäutig; Knäueln (meist) vielblütig, — GesamtBlüstd end- bis achselständig.
**(1) Gänsefuß, *Chenopódium***

10 Pf 2häusig; Gri 4–5; Fr kugelig. — LB'Spreite runzelig; KulturPf. ★ **(3) Spinat, *Spinácia***
- Pf 1häusig; Gri 2; Fr abgeflacht, — die meisten aufrecht (senkrecht), zuweilen außerdem auch einzelne waagrecht u. dick; VorB der ♀ (perigonlosen) Blü diese u. die Fr als FrHülle verdeckend *(im Artenschlüssel kurz „VorB" genannt)* (zuweilen zusätzliche Blü ohne VorB, diese aber mit Perigon).
**(2) Melde, *Átriplex***

11 [6] LB mit blaßgelber, derber u. stechender, (1)1,5–2 mm lg Knorpelspitze (austretender Nervenspitze); Pf steif-sparrig verzweigt, ± kugelförmig. —

FrPerigonB mit schmalem Querkiel, mit je einem steifhäutigen, waagrechten, br Flügel (slt reduziert); VorB derb, grün; Spreite halbstielrund, fadenförmig.
**(8) Salzkraut, *Sálsola***

– LB ohne blaßgelbe, derbe u. stechende Knorpelspitze, Mittelnerv höchstens fein-stachelspitzig austretend, stets kürzer als 1 mm; Pf weder steif-sparrig verzweigt noch ± kugelförmig . . . . . . . . . . . . . . . . . . . . . . . . . 12

**12** VorB zart, weißhäutig-durchscheinend mit auffällig weißem Mittelnerv; LB nadelartig bis haarförmig, durch die etwa 0,5 mm lg Knorpelspitze fein stachelspitzig, — dicht stehend, 1–2 cm lg; Sa schwarz, eiförmig, schwach abgeflacht, dicht regelmäßig warzig. **(10) Knorpelkraut, *Polycnémum***

– VorB nicht h'weißhäutig, ohne auffällig weißen Mittelnerv, oder VorB fehlend; LB weder nadelartig noch haarförmig, oder wenn nadelartig, dann ohne Knorpelspitze, daher nicht fein stachelspitzig . . . . . . . . . . . . . 13

**13** Pf zumindest an den Triebspitzen mit längeren, einfachen Haaren, verzweigte Haare fehlend . . . . . . . . . . . . . . . . . . . . . . . . . . . . . . 14

– Pf kahl oder spärlich ausschließlich mit verzweigten Haaren *(Lupe!)* . . 15

**14** Blü kugelig; PerigonB 5, gleich lg, ihre Spitzen nach dem Blühen waagrecht nach innen gekrümmt, einander deckend u. die Fr ± verdeckend; FrPerigonB meist mit je einem derbhäutigen, fächerartigen, waagrechten Flügel; Fr waagrecht, ungeschnäbelt; StaubB während des Blühens aufrecht, das Perigon kaum überragend, — stets gelb. **(7) Radmelde, *Bássia***

– Blü länglich-eiförmig; PerigonB 4, mit 2 längeren, nach außen gekrümmten Perigonzipfeln; FrPerigonB ohne Flügel; Fr aufrecht, schief geschnäbelt; StaubB während des Blühens durch verlängerte Staubf. frei hängend, das Perigon deutlich überragend, — oft purpurrosa.
**(6) Kampferkraut, *Camphorósma***

**15** Pf spärlich mit verzweigten Haaren (Etagen- bis Sternhaaren) besetzt; PerigonB fehlend oder bloß 1–3(5) winzige, ungleichförmige, ± feinhäutige Schüppchen; Blü stets einzeln; Fr stark verflacht, aufrecht, mit hautartigem Flügelsaum. — Blü von den eilanzettlichen DeckB fast völlig verdeckt.
**(11) Wanzensame, *Corispérmum***

– Pf kahl; PerigonB 5, untereinander gleichförmig, deutlich; Blü zu 1–5; Fr kugelig oder schwach niedergedrückt, ohne Hautsaum.
**(9) Salzmelde, *Suáeda***

## (1) Gänsefuß u. Erdbeerspinat, „Melde", *Chenopódium* (inkl. *Blitum*)

(G II 13; III 9; IV 9; V 42)

Anm.: Weitere slt eingeschleppte u. unbeständige Arten wurden in früheren Zeiten gelegentlich beobachtet oder sind vielleicht auch in Zukunft zu erwarten.
*Wichtig für die Untersuchung der Sa (Größe u. Oberflächenskulptur, insbes. von Ch. album agg.)*: Maßgeblich sind die rein schwarzen, hartschaligen Sa (die im Sommer, im Langtag gebildet werden u. eine Keimruhe benötigen); nicht berücksichtigt werden sollen die d'braunen, größeren, dünnschaligen Sa (die bes. am Ende der Vegetationsperiode, im Kurztag gebildet werden u. sofort keimfähig sind). – Der harte Sa ist von der dünnhäutigen FrWand umgeben, die sich frisch ± leicht abwischen (abribbeln) läßt. *Die Länge des Sa wird von der Spitze der KeimWu-Anlage (= Radicula; äußerlich erkennbar) zum gegenüberliegenden Ende u. die Breite normal dazu gemessen.* Bei der Skulptur der SaSchale maßgeblich ist die (dem BlüStiel zugewandte) SaUnterseite, denn die Oberseite u. auch die Furche der Keimwurzel auf der Unterseite zeigen oft untypische, variable Skulpturen *(mindestens 40fache Vergrößerung!)*.

**1** Pf mit Drüsenhaaren, dadurch aromatisch, mitunter auch klebrig; Drüsenhaare oft schwach gelblich; grauweißliche Blasenhaare fehlen . . . . . . . . . 2

- Pf ohne Drüsenhaare, jedoch mit Blasenhaaren, zumindest Triebspitzen u. bes. Perigon dadurch grauweißlich (slt purpurn) mehlig bestäubt oder auch (fast) kahl, weder klebrig noch duftend, zuweilen jedoch widerlich stinkend . . . **5**

**2** TeilBlüstd (Zymen) deutlich gestielt (in der Achsel von LB bis HochB), scheingabelig verzweigt, etwa 0,5–3 cm lg, Blü voneinander entfernt oder in voneinander entfernten Knäuelchen, Zymenachsen daher immer sichtbar . . . . **3**
- TeilBlüstd (Knäuel) sitzend (in der Achsel von LB bis HochB), weniger als 0,5 cm lg (∅), Blü dicht geknäuelt, Knäuelachsen daher nicht sichtbar . . . . . . . . . . . . . . . . . . **4**

**3** Perigonzipfel auf dem kiellosen Mittelnerv ohne kammartige Höcker; Pf deutlich drüsig-klebrig. — Geruch: herb-aromatisch (ähnlich wie Föhrenharz); LB'Spreite fiederspaltig, mit wenig gezähnten Abschnitten; GesamtBlüstd reichblütig (mit ± kompakten, zur FrZeit oft überhängenden Zweigen) bis armblütig. H: 20–80 cm. ⊙ Th. (V)VII–VIII. Stein-, schotter- u. sandreiche Ruderalstellen, Schottergruben, Schlackenhalden; wärmeliebend; collin; nur in den wärmsten Gebieten eingebürgert u. zstr bis slt, sonst unbeständig. **B, W, N, O, St, (K), T**. (Hptvbr.: Südost-Europa bis Ost-Asien.) △

**Klebriger G.**, Drüsen-G., ***Ch. bótrys***
- Perigonzipfel auf dem gekielten Mittelnerv mit kammartigen Höckern; Pf kaum klebrig. — Geruch: intensiv aromatisch, an (frisches) Basilikum erinnernd; LB'Spreite buchtig-fiederspaltig (meist 3–5 Abschnitte); Blüstd'Stiele sehr dünn. H: (10)30–100 cm. ⊙ Th. VI–VIII. Sand- u. steinreiche, trockene Ruderalstellen; sehr wärmeliebend; collin; sehr slt. **(St, S)** (auch anderwärts?). Unbeständig. (Heimat: tropisches Afrika.) *(**Ch. schraderanum**, Ch. foetidum)* ☆ **Schrader- G.,** ***Ch. schraderiánum***

**4** LB 4–12 cm lg; Knäuel 1–2(3) mm ∅; PerigonB br-eiförmig, zu 3/4–1/1 miteinander verwachsen, die Fr verhüllend; StaubB 5; Stg dominant, kräftig mit aufrechten Ästen. — LB'Spreite lanzettlich, grob u. br, meist regelmäßig einfach bis doppelt gezähnt; Geruch intensiv ± unangenehm herb-aromatisch (kampferartig). H: 20–80 cm. ⊙ Th. VI–IX. Heute kaum noch kultiviert, slt verwildert: Ruderalstellen; collin. Unbeständig (in Südost-**St** eingebürgert?). (Heimat: (sub)tropisches Amerika; im Medit. eingebürgert.) ArzneiPf („Jesuitentee", früher als Anthelminthicum [Wurmmittel]).

☆ **Duft-G.**, Tee-G., Mexikanischer G., Mexikanisches Teekraut, ***Ch. ambrosioídes (s. l.)***

Anm.: Umfaßt mehrere nahe verwandte Sippen, die oft als Arten eingestuft werden.
- LB'Spreite 1–4 cm lg; Knäuel 3–5 mm ∅; PerigonB schmal-eiförmig, zu 1/5–1/4 miteinander verwachsen, die Fr sichtbar; StaubB 1–2 oder fehlend; grundständige Äste gleich stark wie der Stg; Zweige niederliegend bis aufsteigend. — LB'Spreite rhombisch-eiförmig, br gelappt bis buchtig-gezähnt mit je 3–4 Lappen; Geruch sehr schwach. H: (10)20–50(80) cm. ⊙ Th. VI–IX. Sand- u. steinreiche, trockene Ruderalstellen; sehr wärmeliebend; collin; unbeständig (lokal eingebürgert?) u. sehr slt. **(W, N)**. (Heimat: Australien.)

☆ **Australischer G.,** ***Ch. pumílio***

**5** [1] FrPerigon saftig-fleischig, zur FrReife intensiv blutrot (FrKnäuel maulbeerartig). (Erdbeerspinat, *Ch. sect. Blitum, Blitum*) . . . . . . . . . . . . **6**
- FrPerigon nicht saftig-fleischig, grün, graugrün oder gelbgrün bis bräunlich, höchstens rötlich überlaufen . . . . . . . . . . . . . . . . . . . . . . . . . **7**

**6** Blüstd völlig durchblättert (alle Knäuel in der Achsel von TragB); TragB fiederspaltig bis scharf gezähnt; LB'Spreite spießförmig, tief gezähnt bis scharf fiederspaltig; Sa gerillt. — LB'Spreitengrund lg in den LB'Stiel verschmälert. H: 30–60 cm. ⊙ Th. VI–VIII. Mäßig trockene bis frische Ruderalstellen (halbschattige, stickstoffreiche Standorte), bes. Balmen u. Wildläger; sehr slt; (collin) montan bis subalpin. **(N, O, St), K, (S), T, (V)**. Zentralalpen. (Hptvbr.: Südost-Europa bis West- u. Mittelasien.) Gefährdet. Alte, ehemalige GemüsePf, slt auch unbeständig verwildert. *(Ch. virgatum, Blitum virgatum)*.

**Durchblätterter E.**, Echter E., ***Ch. foliósum***

- (Zumindest) oberer Teil des Blüstd ohne TragB; TragB ± ganzrandig; LB'Spreite 3eckig bis pfeilförmig, ganzrandig bis ± schwach geschweift-gezähnt; Sa gekielt. — LB'Spreitengrund br-keilig. H: 30–60 cm. ☉ Th. VI–VIII. Ruderalstellen; collin; sehr slt. **(Fehlt K, V)**. Unbeständig. (Heimat: Nordamerika (?)). Als Spinat-, Färbe- u. SchminkPf früher kultiviert. *(Blitum capitatum)* ☆ **Kopfiger E., Ähriger E., *Ch. capitátum***

7 Pf ♃, mit starkem WuStock; Blüstd eine lg, blattlose, oft nickende Scheinähre (mit zahlr., oft dichtstehenden, knäueligen oder sehr kurzästig-gedrungenen, (0,5)1–2(3) cm lg Blüstd-Ästen). — LB'Stiel (1)1⅓–2× so lg wie die Spreite, diese (5)7–14 cm lg u. (3)5–14 cm br, 3eckig-spießförmig bis pfeilförmig, ganzrandig bis seichtbuchtig (slt grob) gezähnt; Spreitengrund gestutzt, bes. LB'Unterseite dicht mehlig-bestäubt; SaSchale fast glatt. H: 10–80 cm. ♃ He. IV–X. Ruderalfluren, stickstoffreiche, frische Hochstaudenfluren, Lägerfluren; (collin) montan bis subalpin; mäßig hfg bis zstr. **Alle Bdld**. Früher GemüsePf („Spinat") u. VolksarzneiPf. **Guter Heinrich, *Ch. bónus-henrícus***

- Pf ☉, daher ohne WuStock; Blüstd deutlich ästig u. rispig oder achselständig . . . . . . . . . . . . . . . . . . . . . . . . . . . . . . . . . **8**

8 LB'Spreite auffällig 2farbig: Unterseite (intensiv) weißgrau bis h'bläulich-grau bemehlt, Oberseite d'blaugrün, kahl, LB'Spreite länglich-elliptisch-eiförmig, (seicht-)buchtig gezähnt bis gelappt; SaSchale regelmäßig feingrubig punktiert bis netzadrig-hügelig. — Pf niederliegend bis aufsteigend, außer der LB'Unterseite kahl; LB schwach sukkulent, Spreitenrand ± wellig; Blüstd achsel- bis endständig. H: (5)20–50(70) cm. ☉ Th. VI–VIII. Sandreiche, schlammige, sehr nährstoff- bes. stickstoffreiche (AmmoniakPf), ausgetrocknete Salz-, Sodalakken, Ruderalstellen, Dünger- u. Komposthaufen, feuchter Stallmist, Jauche- u. Gülle-Stellen; salzertragend; collin bis (unter)montan; zstr bis slt (lokal hfg). **Alle Bdld**. **Graugrüner G., Grauer G., *Ch. gláucum***

- LB'Spreite nicht auffällig 2farbig, Unterseite höchstens (h'-)graugrün, dann aber weder Spreite länglich-elliptisch-eiförmig u. (seicht-)weitbuchtig gezähnt noch SaSchale feingrubig punktiert . . . . . . . . . . . . . . **9**

9 PerigonB u. StaubB je 2; Fr aufrecht (dh Vertikal-∅ größer als Horizontal-∅), ausgenommen die EndBlü der Knäuel: 5zählig mit waagrechter Fr. — Pf völlig kahl; PerigonB dickhäutig-sukkulent, ihr Rücken gerundet, kaum gekielt. (Artengruppe Roter G., *Ch. rubrum agg.*) . . . . . . . . . . . . . . **10**

- PerigonB u. StaubB alle stets je (3–)5; Fr alle waagrecht (dh Vertikal-∅ höchstens so groß wie der Horizontal-∅). — Pf deutlich bemehlt oder zumindest Triebspitzen (Perigon) u. LB'Unterseiten schwach bemehlt oder fast kahl, dann aber PerigonB nicht dickhäutig-sukkulent; PerigonB-Rücken ± deutlich gekielt oder ± gerundet . . . . . . . . . . . . . . . . . . . . . . . . . . **11**

10 PerigonB vom Grund an frei oder bis zur Hälfte verwachsen (slt vereinzelt schwach über der Mitte verwachsen); LB'Spreite unregelmäßig, tief buchtig u. scharf gezähnt, meist mit schmal-verlängerten u. gebogenen Zahnlappen, mitunter auch fast ganzrandig. — Pf betont aufrecht, mit mehreren unteren, bogig aufsteigenden Ästen oder (bes. an salzhältigen Standorten, dort oft intensiv purpurrot gefärbt u. sukkulent) sehr niedrig mit niederliegenden bis aufsteigenden Ästen *(var. humile = var. pusillum)*; LB ± sukkulent; Sa rotbraun. H: (5)25–80(180) cm. ☉ Th. VI–VIII. Nährstoffreiche, schlammige Ufer, ausgetrocknete Salzlacken, Ruderalstellen; Schlammpionier, salzertragend; collin (submontan); sehr slt. **(K), sonst alle Bdld (?)**. Stark gefährdet. ▲ ■ **Roter G., *Ch. rúbrum*** *(s. str.)*

- PerigonB zur Gänze (zT zu nur ¾) sackartig verwachsen; LB'Spreite gleichmäßig, tief, br-buchtig gezähnt oder fast ganzrandig. — Entweder Pf steif aufrecht (u. ohne ausgebreitete untere Äste), mit endständigem, rispigem Blüstd u. LB'Spreite br-buchtig, scharf gezähnt („*var. lengyelianum*") oder Pf sehr niedrig mit niederliegenden bis aufsteigenden Ästen (Stg bes. am Grund stark ausladend verzweigt), mit achselständigem Blüstd u. LB'Spreite eiförmig-rhombisch, seichtbuchtig gezähnt bis ganzrandig („*var. degenianum*"); bes. Perigon oft rot verfärbend; Sa rotbraun. H: 5–30(50). ⊙ Th. VI–X. An salzhältige Standorte gebunden, bes. auf wechselfeuchten Sand- u. Schlickböden (sehr slt an salzfreie Stellen verschleppt); collin; zstr (Standort sehr slt!). **B** (im Seewinkel), **N** (sehr slt: im Marchtal). Gefährdet (***Ch. botryodes***, *Ch. crassifolium*).

■ **Dickblatt-G., *Ch. chenopodioídes***

**11** Spreite aller LB ganzrandig oder höchstens mit je 1(2) unteren, schwach entwickelten, stumpfen Zähnen; entweder nach altem Fisch stinkend oder Sa-Schale netzartig, feingrubig-punktiert . . . . . . . . . . . . . . . . . . . . **12**

– Spreite der (bes. unteren u. mittleren) LB sowie der unteren AstB deutlich gezähnt, oft mit vergrößerten, unteren Zahnlappen bis 3lappig; wenn (fast) ganzrandig, dann Pf weder nach Fisch stinkend noch SaSchale feingrubig-punktiert . . . . . . . . . . . . . . . . . . . . . . . . . . . . . . . . . **13**

**12** LB'Spreite klein, 1,5–2(3) cm lg u. 1–1,5 cm br, br-rhombisch; Pf stark graugrün bemehlt; intensiv fischartig bis mehlig-kleiig stinkend (Geruchstoff: Trimethylamin – wie zersetztes Fischeiweiß); SaSchale glatt. — Pf stets graugrün, meist niedergestreckt, mit niederliegenden bis aufsteigenden Ästen; Achsen dünn. H: (5)10–40 cm. ⊙ Th. V–VIII. Hackfruchtäcker, nährstoff- u. sandreiche, schutthältige, trockene Ruderalfluren u. Parkrasen, Pflaster- u. Mauerritzenfluren; trittfest, sehr wärmeliebend; collin (submontan); slt. **B, W, N, (O, St), K, (S, T)**. Nur in den wärmsten Gebieten eingebürgert, sonst unbeständig. (Medit.) Stark gefährdet. **Stink-G., *Ch. vulvária***

– LB'Spreite (3)4–8(10) cm lg u. (1,5)2–4(6) cm br, br-eiförmig-rhombisch bis länglich-elliptisch-eiförmig; Pf (fast) kahl, h'- oder d'grün, nicht stinkend; SaSchale feingrubig-punktiert. — Pf aufrecht oder niedergestreckt bis aufsteigend; Äste weit ausladend, mindestens bis zur Mitte gegenständig; Spreitenrand meist rot gefärbt, im Herbst oft die ganze Pf. H: 10–60(100) cm. ⊙ Th. VI–VIII. Flußufer, frische, lehmige, nährstoffreiche Hackfruchtäcker, Ruderalstellen; (collin) submontan bis montan; zstr (bis mäßig hfg). **Alle Bdld.** Formenreich. (Als Fischköder verwendet [?].)

**Vielsamiger G.**, Fisch-G., Fischmelde, ***Ch. polyspérmum***

**13** LB'Spreitengrund herzförmig, Spreite eiförmig-3–5eckig, grob-buchtig-gezähnt; SaSchale (bes. SaOberseite regelmäßig) stark br-grubig (kraterartig). — Pf ± kahl; zur FrReife manchmal intensiv rot verfärbt, unangenehm riechend; Stg deutlich kantig; LB'Spreite 5–20 cm lg u. 5–16 cm br, beiderseits mit je 2–5 zugespitzten Zähnen, Oberseite leicht glänzend; Blüstd br-ästig zymös (± dichasial); PerigonB zur FrZeit stark spreizend, die Sa daher gut sichtbar. H: 15–50(70) cm. ⊙ Th. VI–VIII. Hackfruchtäcker, Weingärten, Ruderalstellen; wärmeliebend; collin bis untermontan; im Pann sehr hfg, sonst zstr. **Alle Bdld.** Für Schweine giftig (?). (In alten Zeiten für eine Kreuzung [Name!] von Stechapfel [LB von sehr ähnlicher Gestalt u. ähnlichem Geruch!] mit Gänsefuß [Blü!] gehalten.)

**Sautod-G.**, „Bastard-G.", „Ahorn-G.", „Saumelde", ***Ch. hýbridum***

– LB'Spreitengrund nicht herzförmig, sondern keilig bis gestutzt, Spreite nicht 3–5eckig, sondern br-rhombisch-eiförmig bis eiförmig-lanzettlich oder ± deutlich 3lappig, reichlich tief scharf gezähnt oder gezähnelt bis (fast) ganz-

Abb. 175

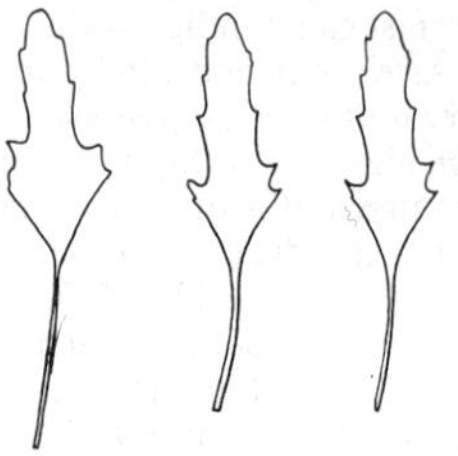

Abb. 176a

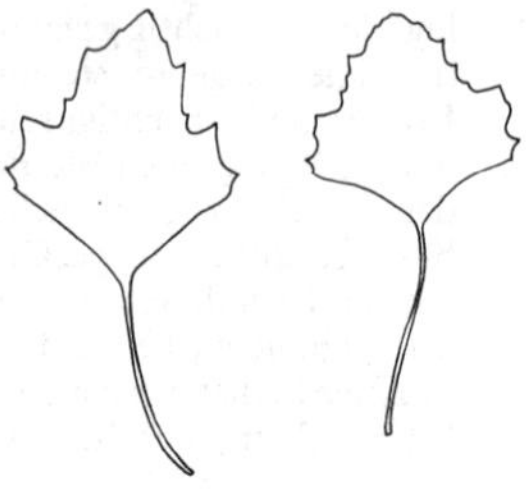

Abb. 176b

randig; SaSchale nicht stark br-grubig, sondern glatt bis unregelmäßig radiär gerillt, feingrubig punktiert oder (bes. SaOberseite) bekörnelt (dh dicht mit sehr kleinen Höckern besetzt) . . . . . . . . . . . . . . . . . . . . . . . . . **14**

**14** LB'Spreite 3lappig mit tief sitzenden Seitenlappen u. mit länglichem bis fast linealischem Mittellappen (Abb. 176 a); Sa 0,8–0,9(1,0) mm lg; SaSchale (bes. Oberseite) regelmäßig feingrubig punktiert. — Hauptachse meist mit intensiv rotem Achselfleck (am Grund der Äste); GesamtBlüstd kompakt rispig-pyramidal; Knäuel dichtstehend, h'graugrün bemehlt; FrPerigon verkahlend, gelblich-, rötlich- bis bräunlichgrün. H: 20–90(150)cm. ⊙ Th. VI–IX. Frische (Hackfrucht-)Äcker u. Ruderalstellen; collin; zstr bis mäßig hfg. **(K), sonst alle Bdld**. Alteingebürgert. (Diploid.) *(Ch. serotinum)*

**■ Feigenblatt-G., *Ch. ficifólium***

Anm.: im Habitus ähnlich: *Ch. hircinum* (→ Pkt 19–, Anm.).

**–** LB'Spreite entweder 3lappig mit br Mittellappen oder einfach, gezähnt bis (fast) ganzrandig; Sa mindestens 1,0 mm lg; SaSchale ± glatt bis radiär-gerillt oder bekörnelt . . . . . . . . . . . . . . . . . . . . . . . . . . . . . . . **15**

**15** Sa horizontal scharf gekielt; SaSchale bekörnelt (dh dicht mit sehr kleinen Höckern besetzt, Abb. 177 c), dadurch matt; GesamtBlüstd achsel- bis endständig, die LB'Region kaum überragend, Äste ± zymös. — Pf stark verkahlend, daher dann rein grün; LB'Spreite br-rhombisch bis länglich-eiförmig-rhombisch, tief, scharf, reichlich u. unregelmäßig gesägt bis gezähnt, Zähne oft nach vorn gebogen; LB'Oberseite glänzend (jung matt). H: 15–80(120) cm. ⊙ Th. VI–X. Mäßig trockene, sand- u. schuttreiche Ruderalstellen, bes. in Dörfern (AmmoniakPf); wärmeliebend; collin; slt. **B, W, N, O, St, K?, (S, T)**. Nur in den wärmeren Gebieten heimisch oder alteingebürgert, sonst sehr slt u. meist nur unbeständig. Gefährdet. **Mauer-G., *Ch. murále***

**–** Sa nicht gekielt, sondern deutlich abgerundet (höchstens etwas wulstig); SaSchale nicht bekörnelt, sondern glatt bis schwach radiär gerillt, ± glänzend (ähnlich Abb. 177 a); GesamtBlüstd deutlich endständig, die LB'Region meist deutlich überragend (die TragB der BlüstdÄste nach oben zu deutlich kleiner werdend), slt achselständig . . . . . . . . . . . . . . . . . . . . . . . . **16**

**16** LB'Spreite tief 3lappig u. ungefähr so lg wie br . . . . . . . . . . . . . . **17**

**–** LB'Spreite nicht oder nur seicht (angedeutet) 3lappig u. deutlich länger als br (wenn so lg wie br, dann nicht 3lappig) . . . . . . . . . . . . . . . . . . . **18**

**17** Spreite auch der oberen LB sowie der der Äste etwa so lg wie br u. deutlich 3lappig; LB'Spreite 1,5–3,5(5) cm lg u. br (Abb. 176 b); Blü- u. FrKnäuel ungleichmäßig angeordnet: klumpig gehäuft. — Pf (meist) völlig ohne rote Verfärbungen, mit abstehenden, weitbogig-aufsteigenden Ästen; LB'Oberseite grau-(d')grün, Unterseite h'graugrün; Gesamt-Blüstd rispig br-pyramidal; Blü- u. FrStand weißlichgraugrün bemehlt. H: 30–100(150) cm. ⊙ Th. (V)VI–VIII. Trockene, sand- u. schuttreiche Ruderalstellen, bes. an Mauern u. Straßenrändern (bes. in Dörfern), neuerdings auch Äcker; wärmeliebend; collin; zstr bis slt. **(K), sonst alle Bdld (?)**. Nur in den wärmsten Gebieten heimisch oder alteingebürgert, sonst slt oder meist unbeständig. (Medit.) (Zur Artengruppe Weißer G., *Ch. album agg.*; → Pkt 19.)

■ **Schneeball-G.,** Schneeballblatt-G., ***Ch. opulifólium***

–!! Spreite auch der oberen LB sowie der der Äste deutlich länger als br u. (oft im Unterschied zu denen der unteren LB des Hauptsprosses) nicht mehr deutlich 3lappig; LB'Spreite oft breiter u. vor allem länger als 3,5 cm; Blü- u. FrKnäuel gleichmäßig angeordnet, meist dicht aneinandergereiht. — LB'Oberseite meist grün, Unterseite kaum heller; Gesamt-Blüstd rispig schmal-pyramidal.

**Weißer G., *Ch. álbum*** (→ Pkt 19–)

– Eingeschleppte, unbeständige Arten mit br-blättrigen bis ± 3lappigen LB: → Pkt 19–, Anm.: bes. ☆ ***Ch. suécicum,*** ☆ ***Ch. próbstii,*** ☆ ***Ch. hircínum,*** ☆ ***Ch. quinóa,*** ☆ ***Ch. berlandiéri.***

**18** Blüstd mit spitzwinkelig-steif-aufrechten BlüstdÄsten; Pf kahl (höchstens jung sehr schwach bestäubt); LB'Spreite entweder br-3eckig, grob gezähnt u. am Grund gestutzt („*var. urbicum*") oder (slt): länglich-rhombisch, lappig u. buchtig gezähnt u. am Grund lg-keilig („*var. intermedium*"). — Pf stets grün; LB'Spreite 3–12(20) cm lg u. 3–12(15) cm br, oberseits d'grün, glänzend; Blüstd rein grün; FrPerigon zuletzt braun vertrocknet u. stark spreizend, die (schwarze) Fr daher gut sichtbar. H: 50–100 cm. ⊙ Th. VII–IX. Ruderalfluren; wärmeliebend; collin; sehr slt (früher weniger slt). **K†; fehlt V; sonst alle Bdld**. (Alteingebürgert?) Stark (!) gefährdet. **Straßen-G., *Ch. úrbicum***

– Blüstd meist ausgebreitet-ästig; Pf bemehlt oder stärker verkahlend; LB'Spreite eiförmig-rhombisch bis länglich-elliptisch bis eilanzettlich; unregelmäßig bis regelmäßig gezähnt oder gezähnelt bis ganzrandig; Spreitengrund keilig. (Zur Artengruppe Weißer G., *Ch. album agg.*, → Pkt 17) . . . . . . . . . . **19**

**19** Sa (0,9)1,0–1,15 mm br (u. 1,2–1,3 mm lg, dadurch br-eiförmig); Knäuel h'- bis olivgrün; Perigon (wie ganze Pf) kaum bemehlt (daher grün, zuletzt rötlich, braun vertrocknend); LB'Spreite, elliptisch bis eiförmig-lanzettlich, ± regelmäßig gezähnelt (bis gezähnt) oder ± ganzrandig, d'grün, Rand oft schwach gewellt u. frühzeitig gerötet. — Pf bes. am Grund mit weit-ausgebreiteten, waagrecht abzweigenden u. aufsteigenden Ästen; Stg frühzeitig purpurstreifig (oder slt Pf grün bleibend); LB'Unterseite heller (h'bläulichgrün oder auch stärker bemehlt); Blüstd rispig, slt zymös; Knäuel meist ± regelmäßig u. dicht gereiht oder kompakt an kurzen Ästen zusammengedrängt, slt aufgelockert; SaSchale stets glatt; KeimWuAnlage stark hervortretend. H: 20–150(200) cm. ⊙ Th. VII–IX. Trockene, schutt- u. trümmerreiche Ruderalstellen (Bahnanlagen), schotterreiche Äcker; wärmeliebend; collin (untermontan); zstr bis slt. **Alle Bdld** (?). Eingebürgert in den wärmeren Gebieten, sonst nur unbeständig. (Heimat: Südwestasien). (Tetraploid.) *(Ch. striatum;* inkl. *Ch. striatiforme = Ch. album var. microphyllum)* ■ **Streifen-G., *Ch. stríctum***

–!! Vgl. auch ***Ch. suécicum*** (→ Pkt 19–, Anm.)

– Sa (1,2)1,3(1,4) mm br (u. (1,2)1,3–1,4(1,5) mm lg, also fast kreisförmig); Knäuel (weißlich-)graugrün bemehlt; (bes.) Perigon deutlich u. dicht bemehlt (slt stärker verkahlend), daher graugrün bis weißlichgrau (frisch bleibend oder nur vereinzelt braun vertrocknend); LB'Spreite meist br-3eckig bis rhombisch-eiförmig, meist unregelmäßig grob, scharf (doppelt) gezähnt, meist graugrün,

Rand flach, grün (slt gerötet). — Pf oft grün, mitunter ± freudig rot verfärbt; meist deutlich bemehlt; Blüstd scheinrispig bis cymös; Knäuel meist unregelmäßig (grobknäuelig) gehäuft (wenn regelmäßig u. dicht gereiht, dann deutlich bemehlt); Randwulst des Sa deutlich; SaSchale flach u. unregelmäßig gerillt bis glatt (Abb. 177 a) (oder sehr slt netzig u. fein eingestochen punktiert: „*Ch. reticulatum*"). H: (5)10–200 cm. ⊙ Th. (VI)VII–VIII. Äcker, Ruderalflächen, Brachen; sehr erfolgreiche, neuerdings auch herbizidresistente PionierPf; collin bis untermontan (subalpin); sehr hfg. **Alle Bdld**. Alteingebürgert oder ureinheimisch? (Kosmopolitisch.) Früher als Gemüse- u. GetreidePf verwendet. (In größeren Mengen für Schafe u. Schweine giftig?) Sehr variabel. (Hexaploid.) (Inkl. *Ch. pedunculare)* [17–!] ■ **Weißer G.**, „Moltn", ***Ch. álbum***

Anm.: zT nächst verwandt sind einige weitere, schwierig unterscheidbare Sippen, wie zB die folgenden, bei uns seltenen oder unbeständigen (Klein-)Arten:

☆? **Grüner G., Schwedischer G., *Ch. suécicum*** *(„Ch. viride" p. p.)*: im Habitus dem Weißen G. / *Ch. album s. str.* sehr ähnlich: Pf blaugrün bis rein grün; lockerästig u. (bes. Blüstd) zierlicher; Stg schwachwandig; LB'Spreite dünn, oft stärker asymmetrisch, rhombisch-eiförmig bis elliptisch, oft br-3lappig, mit scharfen, leicht einwärts gebogenen Zähnen, zuletzt d'purpurbraun verfärbend; Blüstd stets zymös (Verzweigung bes. am Ende des Blüstd oft gabelig); SaSchale tiefer radiär gerillt u. narbig-furchig (slt mit mehreckigen bis rundlichen Feldern), KeimWuAnlage sehr schwach entwickelt, nicht hervortretend, Randwulst des Sa fehlend (Abb. 177 b). Äcker u. Ruderalstellen; sehr slt. (Hptvbr.: Mitteleuropa, bes. Nord-Europa, Nordwest-Asien.) Status unklar (heimisch, alteingebürgert oder unbeständig?) (Diploid.).

☆ **Probst-G., *Ch. próbstii***: LB'Spreite groß: 6–9(10) cm lg u. 5–8(9) cm br, reichlich buchtig gezähnt, Mittellappen groß, mit stumpf doppelt-gezähnten Lappen; LB'Spreite sich im Herbst meist gelb u. rotbraun verfärbend. VIII–XI. Slt eingeschleppt u. unbeständig (im Vogelfutter). **(W, N, St, K)**. (Heimat: Nordamerika?)

☆ †? **Amerikanischer G., *Ch. berlandiéri subsp. zschackei***: Im Habitus dem *Ch. album* ähnlich; jedoch LB'Spreite meist br-elliptisch bis ei-rhombisch, schwach 3lappig, meist wenig gezähnt, Spreitengrund u. -spitze br abgerundet; Perigon oft stark bestäubt; SaSchale oft regelmäßig wabig-grubig (bienenwabenartig). Sehr variabel. VII–IX. Früher öfters (mit Getreide) eingeschleppt, aber stets nur unbeständig. Hybridisiert leicht mit *Ch. album*, die Hybriden sind jedoch meist geschwächt u. verschwinden nach 2–3 Jahren völlig. **(W, N, T, V)**. (Heimat: wärmeres Nordamerika.) In jüngerer Zeit in **Ö** erloschen oder übersehen?

☆ **Bocks-G., *Ch. hircínum***: Im Habitus u. bes. LB dem *Ch. ficifolium* ähnlich, jedoch: Pf gewöhnlich lockerästig, meist widerlich stinkend (Trimethylamin, ähnlich wie *Ch. vulvaria*); LB'Spreite (bes. der Mittellappen) breiter u. kürzer; SaSchale mit länglichen (tieferen) Netzfeldern. Sehr variabel. VII–IX. Ruderal u. in Äckern. Früher slt eingeschleppt u. unbeständig; sehr wärmeliebend. **(N)**. (Mit Getreide- u. Ölfrüchten eingeschleppt; Heimat: Südamerika.)

☆ **Schmalblatt-G., *Ch. desiccátum*** *(Ch. pratericola)*: Pf stark bemehlt (weißlich-grau); LB'Spreite schmal-eiförmig-lanzettlich, mit einem kleinen Zahnlappen unterhalb der Spreitenmitte, Mittelteil der Spreite länglich, zugespitzt, ganzrandig, die der oberen LB

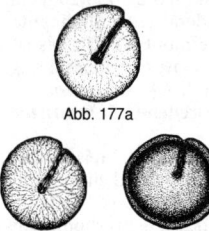

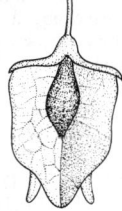

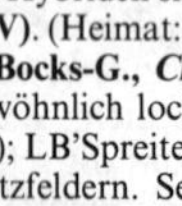
Abb. 177a

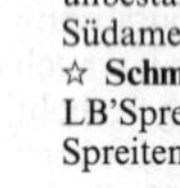
Abb. 177b

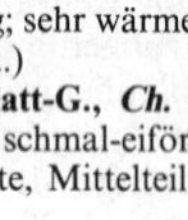
Abb. 177c

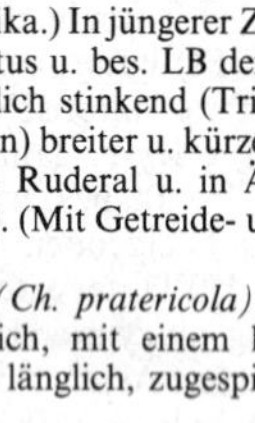
Abb. 178

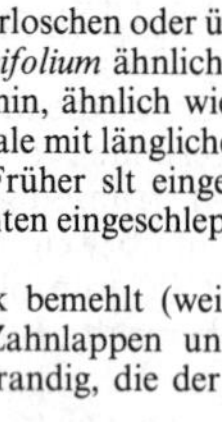
Abb. 179a

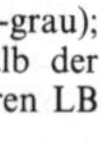
Abb. 179b

schmal-lanzettlich, ganzrandig; alle LB nur mit 2 deutlich sichtbaren, bogig neben dem Hauptnerv verlaufenden Basalnerven. Bes. sandige Ruderalstellen. Früher slt mit Getreide (?) eingeschleppt, in jüngerer Zeit anscheinend nicht mehr beobachtet. **(W, N, St, T, V)**. (Heimat: wärmeres Nordamerika.)

★ **Reismelde, Quinoa, *Ch. quinóa***: Pf jung stark weißgrau bemehlt; LB'Spreite br-3lappig; Seitenlappen br, 1–3zähnig; Mittellappen br u. kurz, grob buchtig gezähnt; Spreitenspitze stumpf, meist abgerundet; Spreitengrund stets br-abgerundet; GesamtBlüstd br-pyramidal, dicht, klumpig zusammengezogen, weißgrau bemehlt, zur Reife verkahlend, h'braun; Sa (der Kulturform!) weiß-bräunlich, h'rötlich bis fast farblos, glatt (die der Wildform schwarz, netzig-wabig). Früher als FutterPf kultiviert u. slt verwildert. **(V)**. (Wichtiger Stärkelieferant bei den Anden-Indianern: „Inka-Reis"; auch als ArzneiPf in Verwendung. Heimat: Südamerika.)

## (2) Melde, *Átriplex* (G XIII 3, 10)

Anm.: ☆ **Verschiedensamige M., *A. heterospérma***: Pf vegetativ ähnlich der Glanz-M. / *A. sagittata* u. VorB (zur FrZeit) ähnlich jenen der Langblatt-M. / *A. oblongifolia*. LB br-3eckig, untere fast pfeilförmig, obere spießförmig, oberseits d'graugrün, schwach glänzend, unterseits graugrün; VorB 4–6 mm lg, rundlich-eiförmig, deutlich netznervig, stets glatt, der Mittelnerv sich schon am Grund in 3(5) Hauptnerven verzweigend; Fr oberhalb (= innerhalb) der VorB ungestielt; alle ♀ Blü gleichartig: mit 2 VorB, ohne Perigon u. mit senkrecht abgeflachten Fr (Sa). H: 30–150 cm. ⊙ Th. VII–IX. Ruderalstellen; collin, sehr slt (oder bloß übersehen oder verkannt?). **(B)**. (Heimat: Westasien).

**1** VorB mindestens bis zur Mitte, meist darüber verwachsen, weißlichgraugrün, am Grund knorpelig verhärtet; Stg bleich-gelblichgrün . . . . . . . . . . . **2**

**–** VorB nur am Grund verwachsen, krautig-grün, am Grund nicht knorpelig verdickt; Stg zumindest oben grün . . . . . . . . . . . . . . . . . . . . . . . **3**

**2** LB'Spreite meist unregelmäßig buchtig-gelappt bis lappig-gezähnt bis fast ganzrandig; Spreitenrand meist gewellt; nur die untersten Knäuel mit TragB, die oberen stets ohne. — LB'Spreite (d')grün, schwach glänzend, am Grund gestutzt, schmal-keilig in den LB'Stiel gezogen, öfters doppelt lappig-gezähnt u. meist stumpf abgerundete Zähne(-Lappen); VorB variabel, meist rhombisch, (5)6–7(9) mm lg u. 5–7 mm br, mit knotigen, zahnartigen Anhängseln. H: 30–100(150) cm. ⊙ Th. VII–X. Trockene, meist skelettreiche, nährstoff-(stickstoff)reiche Ruderalfluren, (versalzene) Straßenränder; wärmeliebend, etwas salzresistent; collin; mäßig hfg bis zstr. **B, W, N, (St, K)**. Außerhalb des Pann nur unbeständig. (Hptvbr.: östl. Mitteleuropa bis Mittelasien.)

**Tataren-M., *A. tatárica***

**–** LB'Spreite gleichmäßig rhombisch-eiförmig, reich u. scharf gezähnt, an der Spitze stumpfwinkelig; Spreitenrand flach; alle, auch die obersten Knäuel mit TragB. — LB'Spreite stets graugrün, matt; VorB 3eckig bis br-rhombisch, 4–5 mm lg u. 4–6 mm br, Rand fein gezähnt, oft mit kleinen, knotigen, zahnartigen Anhängseln. H: 25–80 cm. ⊙ Th. VII–IX. Trockene, nährstoff-, bes. stickstoff(ammoniak-)reiche Sand- u. Tonböden, auch an Salzstandorten, sonst wie vorige Art, aber viel seltener; wärmeliebend; collin; sehr slt. **B, W, N**. (Hptvbr.: südöstl. Mitteleuropa bis Westasien). Vom Aussterben bedroht.

**Rosen-M., *A. rósea***

**3** LB'Spreite linealisch bis länglich, ganzrandig (höchstens die untersten gezähnt) oder slt scharf gesägt bis gezähnt; mittlerer Teil der VorB zungenförmig verlängert, meist zugespitzt. — Pf jung grau beschilfert, später verkahlend; Äste rutenförmig ausgebreitet; LB etwas sukkulent; VorB eiförmig-3eckig bis rhombisch, am unteren Rand mit mehreren schmalen Zähnen, auf der Breitseite mit ± spitzen Anhängseln. H: 30–80 cm. ⊙ Th. VII–IX. Salzfluren, slt salzhältige Ruderalfluren („streugesalzene" Straßenränder); collin; sehr slt. **B** (im Seewinkel), **(W, O**, Ost-**T)**. (Hptvbr.: Meeresküsten.) Vom Aussterben bedroht. **Strand-M., *A. littorális***

- LB'Spreite zumindest eiförmig bis eilanzettlich oder 3eckig-spießförmig, deutlich gezähnt, gelappt oder zumindest mit großen, basalen Zahnlappen; mittlerer Teil der VorB kurz . . . . . . . . . . . . . . . . . . . . . . . . . . . . . **4**

**4** LB'Spreite eiförmig bis schmal-eilanzettlich; Spreitengrund (zumindest der mittleren u. oberen LB) keilig. — LB gezähnt bis ganzrandig, untere bis mittlere (bis obere) meist mit 2 länglichen, vergrößerten Basiszähnen . . . **5**

- LB'Spreite br-3eckig bis spießförmig; Spreitengrund (aller LB) gestutzt bis herzförmig. — LB'Spreite tief weitbuchtig bis seichtbuchtig gezähnt bis ganzrandig . . . . . . . . . . . . . . . . . . . . . . . . . . . . . . . . . . . . **6**

**5** Pf mit waagrecht-abstehenden Ästen; LB bis über die Mitte gegenständig, d'grün, kahl; VorB 3eckig-rhombisch, meist reich u. scharf gezähnt mit zähnig-knotigen Anhängseln. — Stg u. Äste dünn; Äste oft mindestens so lg wie der Hauptsproß, Pf slt niedergestreckt; LB'Spreite (schmal-)eilanzettlich, mit basalen, schmalen Zahnlappen oder Spreite schwach 3lappig oder ganzrandig; Endlappen unregelmäßig buchtig- (bis tief) gezähnt. H: (10)30–80 cm. ⊙ Th. VII–X. Frische, bes. stickstoffreiche Ruderalfluren, Äcker, Ufer, auch Salzfluren; collin bis montan (subalpin); sehr hfg bis zstr. **Alle Bdld**. Variabel, vielgestaltig. **Ruten-M., Sparrige M.,** Spreizende M., ***A. pátula***

- Pf mit aufrecht-abstehenden Ästen; LB wechselständig, graugrün, bemehlt; VorB br-eiförmig bis rhombisch-eiförmig, (fast) ganzrandig, ohne Anhängsel oder mit sehr zstr Zähnchen. — Stg kräftig; LB'Spreite rhombisch-eilanzettlich, ziemlich gleichmäßig, scharf, oft buchtig-gezähnt bis ganzrandig, oft mit verlängerten oder reduzierten basalen Zahnlappen. H: 30–120(150) cm. ⊙ Th. VII–IX. Trockene, nährstoffreiche, schuttreiche Ruderalstellen, slt Salzfluren; wärmeliebend; collin; im Pann mäßig hfg, sonst zstr bis slt. **B, W, N, O, (St)**. (Hptvbr.: südöstl. Mitteleuropa bis Westasien). (Vgl. *A. heterosperma*, → Anm. am Beginn der Gattung!) **Langblatt-M., *A. oblongifólia***

**6** VorB 4–5 mm lg u. br, rhombisch bis 3eckig, meist mit kleinen warzigen Anhängseln, ± gezähnt; dicklich; Äste weit hinauf gegenständig, waagrecht-abstehend; alle ♀ Blü stets gleich; Fr immer von 2 VorB eingehüllt; Perigon fehlend. — Pf aufrecht oder am Boden niedergestreckt; Stg stumpfkantig; LB'Spreite br 3eckig-spießförmig, ± ganzrandig, weitschweifig bis br-buchtig gezähnt mit waagrecht abstehenden bis zurückgeschlagenen Spießlappen, oft etwas sukkulent (bes. auf Salzböden: „*f. salina*"). H: (5)10–60(100) cm. ⊙ Th. VII–IX. Flußufer, Ruderalstellen, Salzlacken; feuchte, stickstoffreiche (AmmoniakPf), nährstoffreiche, auch salzhältige Lehm- u. Schlammböden; collin; slt bis sehr slt. **(K); fehlt V, sonst alle Bdld (?)**. Gefährdet (!). Sehr variabel, schwierig u. wohl unzureichend erforscht (vielleicht Kleinartengruppe). *(A. prostrata subsp. latifolia,* ***A. hastata agg.*** *[p. p.]*, inkl. ***A. latifolia, A. triangularis****)* **Spieß-M., *A. prostráta (s. l.)***

- VorB 5–15 mm lg u. br, br-eiförmig bis rundlich, spitz bis abgerundet, ohne Anhängsel, ganzrandig, netzaderig; ScheinFr (dh Fr samt den beiden VorB) flach; Äste wechselständig (höchstens die unteren gegenständig), schräg-aufwärts gerichtet; ♀ Blü 2gestaltig: die einen mit 2 VorB, ohne Perigon u. mit senkrechter, flacher Fr (Sa), die anderen ohne VorB, mit 4–5 PerigonB u. waagrechter, dicklicher Fr (Sa). — Pf stets aufrecht, kräftig; Mittelnerv des VorB sich erst bei (1/5)1/4 der VorBLänge über dem Grund in 3–5 Hauptnerven verzweigend; Fr oberhalb der VorB kurz (so lg wie der unverzweigte VorB-Mittelnerv) gestielt . . . . . . . . . . . . . . . . . . . . . . . . . . . 7

7 Oberseite der LB älterer (blühender) Pf d'grün, stark glänzend (junger Pf graugrün, matt!), Unterseite weißlichgrau-schülferig, matt glänzend; VorB eiförmig mit br Spitze bis kurz zugespitzt, slt rundlich, undeutlich netznervig; FrStiel sehr kurz (etwa bis 1 mm lg), höchstens 1/3 der Fr-Breite. — LB'Spreite 8–12 cm lg u. br, grob buchtig-gezähnt, Grund (bes. der größeren LB) meist br-herzförmig. H: 60–180 (200) cm. ☉ Th. VII–IX. Mäßig trockene Ruderalfluren; wärmeliebend, salzertragend (an gesalzenen Straßen); collin; im Pann zstr bis hfg, sonst slt. **B, W, N, O, St, (K), S?, T?**. Alteingebürgert (?) (Urheimat: Mittelasien?). Wahrscheinlich Stammsippe der Garten-M. / *A. hortensis*. (Vgl. *A. heterosperma*, → Anm. am Beginn der Gattung!) *(A. nitens,* ***A. acuminata****)* **Glanz-M., *A. sagittáta***

– Auch LB älterer (blühender) Pf beiderseits grün, slt graugrün mehlig bleibend, glanzlos; VorB rundlich (höchstens mit stumpfer Spitze), deutlich netznervig; FrStiel deutlich, 2,5–3 mm lg, fast so lg wie die Fr-Breite. — LB'Spreite flach buchtig gezähnt oder geschweift-gezähnt bis ± ganzrandig; bes. die oberen LB länglich-eiförmig bis lanzettlich. H: 30–150(200)cm. ☉ Th. VII–VIII. KulturPf (Stammsippe: wahrscheinlich die vorige Art): Als GemüsePf (Vitamin C) u. FärbePf (Blau) (u. einige Farbvarianten als slt ZierPf) nur noch slt kultiviert; slt verwildert auf Ruderalplätzen. **★ Garten-M., *A. horténsis***

## ★ (3) Spinat, *Spinácia* (G XIV 5, 7, 32)

LB lg gestielt, Spreite 3eckig-spieß- bis pfeilförmig bis länglich-eiförmig, ganzrandig bis weitbuchtig gezähnt; Scheinähren der ♂ Pf blattlos, der ♀ durchblättert; ♂ Blü mit (3)4(5)teiligem Perigon, ohne VorB, ♀ Blü perigonlos, mit 2 VorB, diese zu einer Hülle verwachsen, zuletzt erhärtet u. die Fr völlig einschließend; Fr aufrecht, 1 cm lg. H: 30–50 cm. ☉ Th. V–VI. Als GemüsePf hfg kultiviert u. slt verwildert. (KulturPf seit dem 15. Jh.; Stammsippe unsicher; Herkunft: wahrscheinlich asiat. Hochgebirge).
**★ Echter Spinat, *S. oleràcea***

## (4) Hornmelde, *Krascheninnikóvia* *(Eurotia, Ceratoides)* (B 78)

LB 1–4,5 cm lg u. 0,3–1,6 cm br, ganzrandig; ♂ Blü mit 4teiligem Perigon, ohne VorB; ♀ Blü ohne Perigon, mit 2 VorB, diese 4–9 mm lg, zur FrZeit zu 2/3–3/4 verwachsen u. die Nuß völlig einschließend (verdeckend); Pf fein sternhaarig; VorB (außer an der Spitze) lg sternhaarig, dadurch seidig-zottig, Haare sich durch Trocknen rotbraun verfärbend. H: 20–100 cm. ♄ NPh. VII–IX. Trockene Lößhänge; collin; sehr slt. **N** (nur bei Oberschoderlee u. bei Goggendorf im Weinviertel). (Hptvbr.: Zentralasien; in Europa disjunkt u. slt.) Gilt als glaziales Kältesteppenrelikt. Stark gefährdet. *(Eurotia ceratoides, Ceratoides latens)*
**Hornmelde, *K. ceratoídes***

## ★ (5) Runkelrübe, „Rübe", *Béta*

1 PerigonB 2–2,5(3) mm lg, unscheinbar grünlich mit schmalem, aber deutlichem hellhäutigen Rand; Staubf. deutlich kürzer als die PerigonB, Staubbeutel daher das Perigon nicht oder höchstens knapp überragend; Pf ☉. — Stg kantig-rillig; LB grasgrün, etwas glänzend, GrundBSpreite 15–30 cm lg, länglich-eiförmig, stark gekräuselt; Blüstd scheinährig, meist locker (Knäuel nicht dicht gedrängt); PerigonB meist schmal-elliptisch bis eiförmig oder 3eckig bis pfriemlich, am Rücken meist stark gekielt, unterer Teil zur FrZeit stark knorpelig verhärtet mit herablaufendem Kiel; FrPerigon die Fr umschließend. H: 50–100 cm. ☉(♃?) He. VII–VIII. (Stammsippe: *Beta maritima [= B. vulgaris subsp. maritima]*: halophile Küstenbewohnerin des Medit.) Gemüse-, FutterPf. Viele Kultursorten: **Burgunderrübe** (Futterrübe), **Zuckerrübe, Rote Rübe, Mangold**. VolksarzneiPf, Pharm. (Rote-Rüben-Saft). **★ Runkelrübe, Beta-Rübe,** Rohne, Beete, ***B. vulgáris***

- PerigonB (2,5)3–4(5) mm lg, auffallend (grünlich-)h'gelb bis weißlich oder rötlich, ohne deutlichen h'häutigen Rand; Staubf. zuletzt mindestens so lg wie die PerigonB, Staubbeutel daher das Perigon deutlich überragend; Pf ♃. — LB d'grün, matt, GrundB länglich-herzförmig; Blüstd oft scheinrispig, zusammengezogen, Knäuel dicht stehend; PerigonB meist br-eiförmig oder länglich-elliptisch bis spatelförmig, höchstens schwach gekielt, unterer Teil zur FrZeit mit abwärts gerichteten, ineinandergreifenden, schwach gekielten Höckern. H: 50–100 (?) cm. ♃ He. VII–VIII (?). Uferbereiche, Gebüschränder, Wiesen (?); collin; sehr slt. **N** (Weinviertel: Schmida-Tal) Lokaler Neubürger (ob noch vorhanden?). (Hptvbr.: Ost-Europa.) **(☆) Dreiweibige R., *B. trigýna***

## (6) Kampferkraut, *Camphorósma* (G IV 22)

Pf spärlich behaart, mitunter verkahlend, liegend bis aufsteigend oder aufrecht; LB lineal-pfriemlich bis fadenförmig, halbstielrund, schwach sukkulent; DeckB so lg oder etwas länger als Blü; PerigonB zu 1/2–2/3 verwachsen, spärlich gewimpert. H: Bis 30 cm. ⊙ Th. VIII–IX(X) (?). Wechselfeuchte Salzsteppen; collin; sehr slt. **B** (im Seewinkel). (Hptvbr.: Südosteuropa bis Westasien.) Vom Aussterben bedroht. **Kampferkraut, *C. ánnua***

## (7) Radmelde, Dornmelde, *Bássia* (inkl. *Kochia*)

1 Pf ♃. — Pf mit ausgestreckten, bis zu 70 cm langen, meist einfachen Ästen; Pf gekräuselt-flaumig behaart; LB u. Perigon (der ⚥ Blü) zottig behaart; Spreite (schmal-lanzettlich bis) schmal-linealisch bis fädlich (nadelförmig), 0,5–2 cm lg; Blü einzeln oder in kleinen, wenigblütigen Knäueln, eine schlanke Scheinähre oder eine wenig verzweigte Rispe ergebend; FrPerigonflügel einander nicht deckend. H: 20–60(80) cm. ♃ HS. VII–IX. Steile Löß-Hänge; collin; sehr slt. **B†, N** (im Weinviertel). Gilt als postglaziales Steppenrelikt. (Hptvbr.: Süd-, Südosteuropa, Mittel-, Westasien.) Stark gefährdet. *(**Kochia prostrata**)* **Halbstrauch-R., *B. prostráta***

- Pf ⊙ . . . . . . . . . . . . . . . . . . . . . . . . . . . . . . . . . . 2

2 Stg aufrecht; LB'Spreite eiförmig-lanzettlich bis linealisch, deutlich flach, spitz; FrPerigonflügel (der ⚥ Blü) etwa so br wie lg, unregelmäßig ausgefranst bis 3lappig, einander fast deckend (Flügel bei den ♂ Blü meist fehlend). — Pf kräftig, bis weit hinauf verzweigt: reichästig (Äste aufrecht bis abstehend, oft verzweigt); Äste weißlich gekräuselt-flaumig behaart; LB u. DeckB fein zottig behaart; Perigon kahl. Steppenroller. H: (5)30–150(180) cm. ⊙ Th. VII–X. Trockene Sand- u. steinreiche Ruderalstandorte, Raine, Mülldeponien; collin; VII–X. **B, W, N, (O), St, K**. Neubürgerin. (Heimat: Osteuropa, West- u. Mittelasien). Wildgemüse. Kultiviert als „Grüne Sommerzypresse" u. bes. „Rote S." oder „Brennender Busch" (Purpurrote S.: *var. trichóphila*) u. verwildert. Formenreich. (***Kochia scoparia***, inkl. *subsp. densiflora*) **Besen-R., Besenmelde,** Sommerzypresse, Besenkraut, ***B. scopária***

- Stg niederliegend bis aufsteigend; LB'Spreite lineal-pfriemlich, fadenförmig bis halbstielrund (nadelartig), stumpf; FrPerigonflügel deutlich länger als br, schmal, deutlich voneinander entfernt. — Pf zart, meist nur am Grund verzweigt (Äste kaum verzweigt), slt auch oben stärker beastet; Äste bes. jung dicht gekräuselt-flaumig behaart, später etwas verkahlend, Haare im Bereich des BlüGrundes stark gebüschelt („Haarkranz"); Perigon meist deutlich behaart. H: 5–80 cm. ⊙ Th. VII–IX. Sandtrockenrasen, sandige Brachäcker; collin; sehr slt. **B†, N** (eine Stelle im Marchfeld, ob noch?). (Hptvbr.: Südosteuropa bis Westasien.) Bereits ausgestorben? *(K. arenaria, **Kochia laniflora**)* **†? Sand-R.**, Sand-Dornmelde, ***B. laniflóra***

## (8) Salzkraut, *Sálsola*

Stg fein kurzstachelig-rauh behaart; LB walzlich-fadenförmig; FrPerigon derb, oft mit je 1 weißlichen bis h'purpurrosa derbhäutigen Flügel (mitunter zT reduziert bis völlig fehlend), oberer Teil des FrPerigons waagrecht nach innen gekrümmt, die Fr einhüllend; die Perigonzipfel zu einer weichhäutigen Spitze zusammengeneigt u. ± aufrecht-abstehend. H: 5–100 cm. Steppenroller. ☉ Th. VI–X. Trockene Sand- u. Schotterstellen, sandige Äcker, nicht auf salzhältigen Standorten!; collin; zstr bis slt (Standort slt!), im Marchfeld (**N**) hfg. **B, W, N**. (Binnenlandsippe, Hptvbr.: Osteuropa.) (Strand-S., *S. k. subsp. kali* an europäischen, nordafrikanischen u. südwestasiatischen Meeresküsten.) Variabel. *(S. australis)* **Kali-S., *S. káli* (subsp. *ruthénica*)**

## (9) Salzmelde, Sode, *Suáeda*

**1** 1–2(3)FrPerigonB am Rücken mit verlängertem, waagrechtem, länglich-3eckig-flügelartigem bis spitz-hornartigem Anhängsel, mitunter zusätzlich auch mit aufrecht-kielartigem Wulst; die übrigen FrPerigonB mit nur schmal-3eckigem Anhängsel; FrPerigon dadurch dicklich-strahlig; Mittelnerv der FrPerigonB auf der Unterseite rippig bis wulstartig verstärkt. — Pf zur FrReife mitunter intensiv rot; Stg u. Äste 2,5–4,5 mm ∅, auffallend brüchig; Hauptsproß aufrecht mit niederliegenden bis aufsteigenden Ästen; Sa 1,3–1,4 mm lg, d'rotbraun, mit stark hervortretender KeimWuAnlage; SaSchale glatt bis schwach netzig-hügelig. H: 10–50(70) (?) cm. ☉ Th. VII–IX (?). Salzfluren; collin; sehr slt. **B** (im Seewinkel). (Hptvbr.: südöstl. Rußland, Kasachstan, Zentral-Asien, Mandschurei.) Gefährdet. Das Vorkommen bedarf weiterer Erforschung. ■ **Horn-S., Gehörnte S., *S. corniculáta***

**-** FrPerigonB ohne derartige Anhängsel, sondern gerundet oder höchstens schwach gekielt. (Artengruppe Strand-S., *S. maritima agg.* . . . . . . . . . **2**

**2** LB 10–15(20) mm lg, hfg gebogen bis fast sichelförmig; Stg u. Äste dünn: (1)1,5–2,5 mm ∅; Knäuel stets gleichmäßig dicht gereiht; Äste weitbogig, unverzweigt oder mit nur wenigen Ästen; PerigonB am Rücken schwach kielartig verdickt bis kurz 3eckig-geflügelt; Sa 0,8–1,0(1,1) mm ∅. — Pf stark ausgebreitet bis niedergestreckt, untere Äste meist dem Boden anliegend, aufsteigend (slt schräg-aufrecht); Stg u. Perigon zur FrReife oft deutlich rot verfärbt; Pf durch das Trocknen stets unverändert (grau)grün; Sa (reif!) schwarz, deutlich regelmäßig netzig-hügelig. H: (1)5–10(30) cm. ☉ Th. VIII–IX. Trockenere Salzsteppen; collin; zstr bis slt. Im Pann. **B, N**†. (Endemit der pannonischen Tiefebene.) *(S. maritima subsp. pannonica, „S. prostrata ss. propr.“?)* ■ **Pannonische S., *S. pannónica***

**-** LB (15)20–30 mm lg, ± gerade; Stg u. Äste kräftiger: (1,5)2,5–4,5(5) mm ∅; Knäuel an den Triebenden gehäuft u. mit ihren TragB ein walzlich verdicktes Triebende bildend oder auch aufgelockert, entfernt stehend; Äste steif, gerade (kaum gebogen), meist (mitunter reichlich) verzweigt; PerigonB am Rücken abgerundet (oder höchstens schwach gekielt); Sa 1,2–1,5 mm ∅. — Pf stark ausgebreitet oder hfg auch aufrecht mit schräg- u. steif-aufrechten Ästen; Pf sich durch das Trocknen dunkel (d'braungrün bis schwarz) verfärbend oder unverändert grün; PerigonB halbkugelig-niedergedrückt; Sa d'rotbraun bis schwarz, glatt oder nur schwach ± netzig-hügelig. H: 3–100 cm. ☉ Th. VII–IX. Wechselnasse Salzstellen, Sodalacken, salzhältige Schlickböden; collin; hfg bis zstr (aber Standort sehr slt!). **B, N†**. Variabel. (Hptvbr.: europäische Meeresküsten.) (Inkl. *subsp. salsa* u. *subsp. prostrata* = *„S. pannonica ss. propr."?)*

**■ Strand-S., *S. marítima***

## (10) Knorpelkraut, *Polycnémum* (G III 6; V 42)

**1** LB fadenförmig, mit rundlichem ∅, höchstens 0,3 mm ∅, gekrümmt, zuletzt waagrecht-abstehend u. abwärts gekrümmt, mitunter (jung!) drüsig-behaart. — Pf sehr zierlich; Stg meist aufrecht, drüsige Behaarung verkahlend; mit aufwärts-abstehenden, unverzweigten Ästen; DeckB 6–10× so lg wie die PerigonB; VorB so lg wie die PerigonB. H: 5–25 cm (?). ⊙ Th. VII–IX. Äcker, Brachen, trockene Wälder; collin; (früher:) sehr slt. **B†, (N†?)**. (Hptvbr.: südöstl. Mittel- u. Südosteuropa.) Ausgestorben. (Zur Artengruppe Acker-K., *P. arvense agg.*; vgl. Pkt 3.) **† Heuffel-K., *P. heuffélii***

**-** LB nadelartig, pfriemlich, mit 3eckigem ∅, mindestens 0,5 mm ∅, gerade (höchstens nur vereinzelt schwach gekrümmt), auch zuletzt aufrecht-abstehend, stets drüsenlos . . . . . . . . . . . . . . . . . . . . . . . . . . . . **2**

**2** VorB (2,2)2,4–3,5 mm lg, 1,2–1,7(2)× so lg wie PerigonB; untere LB (10)15–20 mm lg. — Pf oft kräftig; Stg aufrecht mit lg Ästen oder bogig-aufsteigend, gekräuselt-flaumig behaart, verkahlend; LB 0,5–1 (am Grund bis 2) mm br, kahl; DeckB 2–8× so lg wie die 2–2,5 mm lg PerigonB; VorB mit schmal-3eckigem Hautsaum, dieser bis zur Spitze hinaufziehend, mitunter mit einem deutlichen Zahn. H: 10–20 cm. ⊙ Th. VII-IX. Schotter- u. Sandgruben, sandige bis kiesige Brachäcker, trockene Ruderalstellen; collin; slt. **B, W, N, (St)**. (Hptvbr.: Südosteuropa bis südl. Westasien.) Gefährdet.

**Großes K., *P. május***

**-** VorB 1,3–1,9 mm, 0,7–1,1× so lg wie die PerigonB; untere LB 5–10(12) mm lg. — VorB mit br-3eckigem Hautsaum, dieser meist deutlich unter der Spitze endend, Mittelnerv daher meist deutlich austretend. (Zur Artengruppe Acker-K., *Polycnemum arvense agg.*; vgl. Pkt 1.) . . . . . . . . . . . . . . . **3**

**3** Stg sowie Äste gerade bis einfach aufwärts gebogen (sehr slt schlangenartig gebogen); die oberen DeckB mindestens (2)3× so lg wie die PerigonB. — Pf niederliegend bis aufsteigend, slt aufrecht, schwach gekräuselt-flaumig behaart, verkahlend, meist grün; LB pfriemlich u. zugespitzt, etwas stechend; PerigonB 1–1,5 mm lg, grün, slt schwach purpurn überlaufen . H (G?): 5–30 cm. ⊙ Th. VII–IX. Basenreiche Äcker, Brachen; collin; sehr slt. **B, W†, N, (O)**. (Hptvbr.: Mittel-, Südeuropa bis südl. Westasien.) Vom Aussterben bedroht.

**■ Acker-K., *P. arvénse (s. str.)***

**-** Stg u. bes. Äste meist deutlich schlangenartig gebogen; die meisten oberen DeckB höchstens 2–3× so lg wie die PerigonB. — Pf zart, mit weit ausladenden, aufsteigenden, dünnen Ästen, schwach gekräuselt-flaumig behaart, verkahlend; bes. Stg u. Äste purpurrot gefärbt; LB u. DeckB meist aufrecht bis dem Stg anliegend; PerigonB 1,5–1,7 mm lg. H: 5–15 cm. ⊙ Th. VIII–IX. Ackerbrachen oder degradierte Trockenrasen; collin; sehr slt. **B†, N** (im Marchfeld). (Hptvbr.: südöstl. Mitteleuropa bis Kleinasien.) Vom Aussterben bedroht. **■ Warzen-K., *P. verrucósum***

## ☆ (11) Wanzensame, *Corispérmum* (G I 2; II 14)

Anm.: ☆ **Schmalflügel-W., *C. leptópterum***: Pf kräftiger; Ähre meist dichtblütig u. kurz walzenförmig; LB flach, linealisch; PerigonB 1; FrFlügel breiter, 1/5–1/3× so br wie die restliche Fr; auf Sand- u. Schotterböden; **(O)**; sehr slt, unbeständig. – Ältere Angaben (T) auch für ☆†? ***C. hyssopifólium***: Der vorigen Art ähnlich, jedoch Ähre oft länger u. schmäler; FrFlügel sehr schmal, 1/8–1/5× so br wie die restliche Fr.

LB sehr dünn, fadenförmig oder halbstielrund; FrFlügel sehr schmal (meist weniger als 1/5 der SaBreite) u. oft rötlich überlaufen, am Grund nicht oder höchstens sehr schwach herzförmig. — Pf spärlich sternhaarig, (bes. Fr) etwas glänzend, reichästig; Ähren lg, schlank; DeckB br-häutig; PerigonB stets 3, eines größer u. gezähnelt, die seitlichen oft gelappt; Fr 3–3,5 mm lg. H: 10–40 cm. ⊙ Th. VIII–X. Sandreiche Böden (Ufer von Altwässern), (früher) bes. Brachäcker, trockenwarme Ruderalschuttfluren; collin; (früher:) sehr slt. Im Pann. **B†, W†, N†**. (Hptvbr.: südöstl. Mitteleuropa, Südosteuropa bis Westasien.) Ausgestorben. **† Glanz-W., *C. nítidum***

## (12) Glasschmalz, Queller, *Salicórnia* (D 4; G I 4; II 7, 9)

Pf meist aufrecht, meist reich verzweigt mit abstehenden bis aufsteigenden, gegenständigen Ästen; Blü meist zu 3 (ein Dreieck bildend) im StgGlied eingesenkt, frei oder schwach mit dem Stg verwachsen; PerigonB verwachsen, vorderer Teil schwammig-sukkulent, deckelartig; StaubB 1–2. H: 5–30 cm. ⊙ Th. VIII–X. Salzfluren (obligatorischer Halophyt: benötigt 2,5–3% u. erträgt 8–12% Salzgehalt; am stärksten salzresistente heimische Chenopodiacee); collin; zstr (Standort sehr slt!). **B** (im Seewinkel), **N†!** (früher: Zwingendorf im Pulkautal?). Gefährdet. (Zur formenreichen, schwierigen Artengruppe *S. europaea agg.*.) *(S. herbacea s. l., S. „europaea" s. l.)*
**Glasschmalz, Queller, *S. prostráta***

# 28. Familie: Fuchsschwanzgewächse, *Amaranthácеae*

## Fuchsschwanz, Amaranth, *Amaránthus* (→ G III 9, 16; V 16; XIII 3, 17)

**1** Eine endständige, oft stark verlängerte, LB'lose Scheinähre, die aus mehreren dicht zusammengedrängten Knäueln besteht, an ihrem Grund zusätzlich mehrere bis viele seitliche Scheinähren . . . . . . . . . . . . . . . . . . . . . . **2**

**-** Keine endständige Scheinähre, sondern alle Knäuel in den Achseln von LB (GesamtBlüstd daher mit LB) . . . . . . . . . . . . . . . . . . . . . . **10**

**2** VorB am Grund eiförmig bis elliptisch, vorn mit langer, pfriemlicher Spitze; VorB mindestens so lg wie das Perigon. — Fr sich (fast stets) mit kreisförmigem Querriß öffnend, der obere Teil sich deckelförmig ablösend (wenn Fr sich nicht öffnend, vgl. Anm. unter Pkt 6!); ♀ Blü mit 5 PerigonB; LB'Spreite rhombisch-eiförmig . . . . . . . . . . . . . . . . . . . . . . **3**

**-** VorB elliptisch bis eilanzettlich oder fast 3eckig, mit sehr kurzer Spitze; VorB kürzer als das Perigon. — Fr sich nicht oder nur unregelmäßig öffnend; ♀ Blü mit 2–5 PerigonB . . . . . . . . . . . . . . . . . . . . . . **7**

**3** Blüstd *(wenn voll entwickelt, zur FrZeit!)* zur Gänze hängend, — lebhaft purpurrot (oder gelb); Stg meist rot, oben flaumig behaart, LB'Spreite 4–10(15) cm lg; PerigonB (der ♀ Blü) höchstens 2,5 mm lg, spatelförmig; Fr länger als das Perigon; Sa etwa 1 mm lg, schwarz oder weißlich mit violettem Rand. H: 25–120 cm. ⊙ Th. VI–IX. Als ZierPf kultiviert u. (in **allen Bdld)** unbeständig verwildert. **★ Hängender F.,** Garten-F., ***A. caudátus***

**-** Blüstd auch zur FrZeit aufrecht, slt oberhalb der Mitte nickend, — grün oder rot . . . . . . . . . . . . . . . . . . . . . . **4**

**4** PerigonB der ♀ Blü spatelförmig, stumpf, gestutzt oder eingedellt, mit aufgesetzter kurzer Grannenspitze, grüne Mittelrippe der inneren PerigonB deutlich unter der Spitze ausbleichend u. ± verschwindend; Fr kürzer als das Perigon. — Stg meist blaß-weißlichgrün (slt rötlich), matt, oben dicht kraushaarig; Scheinähren weißlichgrün, die seitlichen zahlreich, dicht beisammenstehend, kurz; LB'Spreite 2–6(9) cm lg, matt graugrün; die längsten VorB der ♀ Blü 3–6 mm lg; PerigonB der ♀ Blü (2)2,5–3,5 mm lg; StaubB 4–5; Sa etwa 1 mm lg.

H: 15–100 cm. ⊙ Th. VII–X. Äcker, Ruderalfluren; collin bis montan; sehr hfg. **Alle Bdld**. Neubürger. (Heimat: Nordamerika.) Wildgemüse.

**Rauh-F.**, „Zurückgebogener F.", ***A. retrofléxus***

Anm.: Angaben von eingeschleppten Vorkommen des ⊖ **Quito-F.**, ***A. quiténsis*** (dessen Artberechtigung überdies strittig ist) aus **Ö** sind irrig.

**-** PerigonB (der ♀ Blü) schmal-lanzettlich, schmal- eiförmig, schmal-elliptisch oder schwach verkehrt-eiförmig, mit kurzer Grannenspitze, grüne Mittelrippe durchlaufend, gegen die Spitze zu stärker hervortretend; Fr etwa so lg wie das Perigon. (Artengruppe Ausgebreiteter F., „Bastard-F.", *A. hybridus agg.*) . . . . . . . . . . . . . . . . . . . . . . . . . . . . . . . . **5**

**5** VorB 1–1½× so lg wie das Perigon der dazugehörigen Blü; die Narben kaum überragend. — Stg oben fast kahl; Blüstd lebhaft rot (slt gelb), oft sehr groß (länger als etwa 30 cm); endständige Scheinähre manchmal schlaff, fast stets nur 0,5–1,2 cm br, seitliche Scheinähren oft zahlr., auffallend dicht gedrängt, manchmal beinahe waagrecht abstehend; Sa etwa 1 mm lg. H: (15)20–100(200) cm. ⊙ Th. VII–XI. Kultursippe. Als ZierPf, slt wegen der Sa (als Getreide!) kultiviert; slt, bes. auf Müllplätzen, unbeständig verwildert. **(B, W, N, O, St, K, V)**. (Heimat: Amerika.) *(A. paniculatus, A. hybridus subsp. cruentus)*

★ **Rispen-F., Blutroter F.**, ***A. cruéntus*** *(s. str.)*

**-** VorB etwa 2× so lg wie das Perigon, die Narben weit überragend . . . . . **6**

**6** Stg oben (unterhalb des Blüstd) fast kahl (BlüstdAchse jedoch ziemlich dicht behaart); die längsten VorB der ♀ Blü 4–5(8) mm lg, mit sehr starker Mittelrippe; StaubB 3(4); Gri sich vom verdickten Grund allmählich verschmälernd, von der Fr nicht deutlich abgesetzt; PerigonB (der ♀ Blü) 2,5–3,5 mm lg. — Stg sonnseitig etwas rötlich, schwach glänzend; LB'Spreite 2–11(20) cm lg, meist lebhaft grün, glänzend; GesamtBlüstd grün, nicht sehr dicht; seitliche Scheinähren oft aufrecht bis aufrecht abstehend; endständige Scheinähre stets steif, 8–25(40) cm lg u. 1–1,5(2,5) cm br, viel länger als die seitlichen; Sa etwa 1–1,3 mm lg. H: 20–100(150) cm. ⊙ Th. VII–X. Ruderalfluren, Äcker; collin bis montan; hfg. **Alle Bdld**. Neubürger. (Heimat: westl. Süd- u. Nordamerika.) *(A. „chlorostachys", A. hybridus subsp. „chlorostachys", A. hybridus sensu Fl. Europ. [ed. 1, 1964]*; inkl. *var. pseudoretroflexus*; [→ Anm. 1])

**Grünähren-F., Kahl-F.**, ***A. powéllii***

Anm. 1: Ob ■ **Bouchon-F.**, ***A. bouchónii***, der sich (hauptsächlich?, ausschließlich?) durch nicht aufspringende Fr (also Nüsse) unterscheidet (für **(St, K)** angegeben), bloß eine Variante ist oder Artrang verdient, bedarf weiterer Prüfung.

Anm. 2: Der ★ **Trauer-F.**, ***A. hypochondríacus*** *(„A. paniculatus")* (wohl höchstens Unterart!?) unterscheidet sich von *A. powellii* nur (?) durch folgende Merkmale: Blüstd rot, oft sehr groß u. dicht, meist mit zahlr. seitlichen Scheinähren. Kultursippe (oft wesentlich kräftiger u. höherwüchsig als *A. powellii*). Als ZierPf kultiviert, slt unbeständig verwildert. (Oft mit *A. cruentus* verwechselt, → Pkt 5!)

**-** Stg oben locker bis dicht kurzhaarig; die längsten VorB der ♀ Blü 2–4 mm lg, mit mäßig starker Mittelrippe; StaubB 5; Gri sich vom verdickten Grund rasch verschmälernd, oben schlank, auf der kurz-zylindrischen, von der restlichen Fr deutlich abgesetzten FrSpitze; PerigonB (der ♀ Blü) 1,5–2,5 mm lg, — schwach verkehrt-eiförmig; Blüstd grün, meist mit vielen, kurzen, dichtblütigen u. dichtstehenden seitlichen Scheinähren. Sehr slt eingeschleppt. **(W, St, K, T)**. Unbeständig. (Heimat: Amerika; in Südeuropa eingebürgert.) *(A. patulus, A. hybridus subsp. patulus, A. cruentus sensu Fl. Europ. [ed. 1, 1964])*

☆ **Ausgebreiteter F.**, „Bastard-F.", ***A. hýbridus (s. str.)***

**7** [2] PerigonB (der ♀ Blü) 4–5; LB mit 1 mm lg Grannenspitze. — Stg niederliegend, aufsteigend oder aufrecht, kahl oder oben schwach flaumhaarig; LB'Spreite 1–5(8) cm lg, rhombisch-eiförmig bis lanzettlich, stumpf; LB'Rand fein kraus; LB'Nerven der Unterseite vorspringend, weißlich; endständige Scheinähre sehr kurz, oft fehlend; VorB der ♀ Blü etwa halb so lg wie das Perigon; PerigonB (der ♀ Blü) etwa 2–2,5 mm lg, spatelförmig, weißhäutig mit deutlicher grüner Mittelrippe, am Grund höchstens 0,3 mm br, oben auf bis zu 1 mm verbreitert, quer abgestutzt, mit lg Grannenspitze, von der Fr abgespreizt; Sa etwa 1 mm lg. H: 30–70 cm. ⊙ Th. VII–X. Ruderalstellen; collin; slt. **(W, N, St, K)**. Unbeständig. (Heimat: Argentinien.) (Zur Artengruppe „*A. crispus agg.*“, vgl. *A. crispus*, → Pkt 10.) *(„A. vulgatissimus“)* ☆ **Argentinischer F., *A. standleyánus***

Anm.: ☆ **Stachelspitziger F., *A. muricátus***: meist kahl; LB linealisch bis lanzettlich, 2–5 cm lg, weniger als 1 cm br, mit kurzer, höchstens 0,5 mm lg Grannenspitze; PerigonB der ♀ Blü 5, spatelförmig; Fr geschlossen bleibend, stark warzig-runzelig; ⊙ (bei uns; in der Heimat ♃); VIII–XI; sehr slt; **(W)**; unbeständig; (Heimat: Südamerika).

**-** PerigonB (der ♀ Blü) 2–3; LB vorn mit höchstens 0,5 mm langer Grannenspitze. — LB'Spreite rhombisch-eiförmig, Grund keilig . . . . . . . . . . . **8**

**8** Fr fast kugelig, stark warzig-runzelig (auch schon jung); Stg aufrecht. Scheinähren meist mehrere, oft länger als 6 cm, oft auffallend schlank (etwa 0,5 cm br), oft nickend bis hängend. — LB'Spreite (1,5)3–8(11) cm lg, vorn stumpf bis seicht eingedellt; PerigonB (der ♀ Blü) 1–1,5 mm lg; Fr etwa so lg wie das Perigon. H: 30–90 cm. ⊙ Th. VII–IX. Ruderalstellen; collin; slt. **(B, W, N, St)**. Unbeständig. (Heimat: Amerika.) *(A. gracilis)* ☆ **Zierlicher F., *A. víridis*** *(sensu orig., non auct.)*

**-** Fr ellipsoidisch, fast glatt oder schwach runzelig; Stg niederliegend oder aufsteigend (fast nie aufrecht); Scheinähren meist nur wenige, slt länger als 7 cm, oft breiter als 0,5 cm, meist nicht stark nickend, endständige Scheinähre slt auch fehlend. — Knäuel in den Achseln von LB; VorB der ♀ Blü eiförmig, kürzer als das Perigon; PerigonB (der ♀ Blü) linealisch bis spatelförmig; Sa etwa 1–1,2 mm lg . . . . . . . . . . . . . . . . . . . . . . . . **9**

**9** Stg oben kahl; Fr 1,5–2,5 mm lg, ohne deutliche Längsnerven; LB oft deutlich graugrün. — LB'Spreite 1–6,5 cm lg, vorn gestutzt bis tief eingedellt, oft mit einem hellen oder dunklen Fleck; PerigonB (der ♀ Blü) 3, 1,5–2 mm lg; Fr glatt oder schwach längs-runzelig, das Perigon kaum überragend. H: 10–80 cm. ⊙ Th. VII–X. (Hackfrucht)Äcker, Ruderalfluren; Bodengare- u. Nährstoffzeiger; collin bis submontan; hfg. **Alle Bdld**. Alteingebürgert (? oder Neubürger?). Wildgemüse (früher GemüsePf) *(**A. lividus**, A. ascendens, „A. viridis“)* **Stutzblatt-F.**, Graugrüner F., Aufsteigender F., ***A. blítum***

**-** Stg oben dicht flaumig; Fr 2,5–3 mm lg, mit 2–3 deutlichen Längsnerven, LB grasgrün. — LB'Spreite meist 1–4(7) cm lg, vorn gestutzt bis seicht eingedellt, fast nie mit einem (hellen oder dunklen) Fleck; PerigonB (der ♀ Blü) 2(3), etwa 1,2–1,5 mm lg; Fr eichelförmig, glatt, mit deutlichem Längsnerv, oben stumpf, das Perigon deutlich überragend (meist fast doppelt so lg). H: 10–50 cm. ⊙ (bei uns; in der Heimat ♃) Th. VII–X. Ruderalfluren; collin; slt. **W, N, T**. Unbeständig (bis stellenweise eingebürgert?). (Heimat: Südamerika.) **(☆) Liegender F., *A. defléxus***

**10** [1] PerigonB (der ♀ Blü) 4–5 . . . . . . . . . . . . . . . . . . . . . . . . **11**

**-** PerigonB (der ♀ Blü) 3. — Fr sich mit kreisförmigem Querriß öffnend; Stg kahl (sehr slt flaumhaarig) . . . . . . . . . . . . . . . . . . . . . . . . **12**

**11** Fr sich mit kreisförmigem Querriß öffnend, der obere Teil sich deckelartig ablösend. — Stg niederliegend; LB'Spreite etwa 0,5–3(5) cm lg, verkehrt-eiförmig-spatelig bis länglich-lanzettlich, flach, vorn stumpf, öfters mit ½–1 mm lg Grannenspitze u. meist mit schmalem, weißlichem Knorpelrand; PerigonB (der ♀ Blü) untereinander verschieden lg, (1,5)2–2,5 mm, elliptisch-lanzettlich bis länglich-spatelig; Sa 1,3–1,8 mm lg. H: 15–50 cm. ⊙ Th. VII–X. Ruderalstellen; collin; im Pann zstr, sonst slt. **B, W, N, (St, K, S, T)**. Im Pann eingebürgert, sonst unbeständig. (Heimat: westl. Nordamerika.) **Westamerikanischer F., *A. blitoídes***

**-** Fr geschlossen bleibend, ohne kreisförmigen Querriß. — Stg niederliegend bis aufsteigend, kurzhaarig; LB'Spreite 0,5–1,5(2) cm lg, elliptisch-rhombisch, mit höchstens ½ mm lg Grannenspitze, stark wellig-kraus; VorB der ♀ Blü eiförmig; PerigonB (der ♀ Blü) 0,8–

1,5 mm lg, verkehrt-eiförmig-spatelig, Grund stark verschmälert (dort nur höchstens 0,3 mm br), vorn stumpf; Sa etwa 1 mm lg. H: 5–40 cm. ⊙ Th. VII–X. Ruderalstellen, Trittges.; collin; sehr slt. **(B, W, N, St)**. Unbeständig. (Heimat: Argentinien.) (Zur Artengruppe „*A. crispus agg.*", vgl. *A. standleyanus*, → Pkt 7) ☆ **Krauser F.**, ***A. críspus***

**12** VorB doppelt so lg wie das Perigon der ♀ Blü, lanzettlich bis schmal-eilanzettlich, vorn in eine lange, fast pfriemliche Spitze ausgezogen; PerigonB (der ♀ Blü) 0,7–1,2 mm lg; Sa etwa 0,8 mm lg. — Stg aufrecht bis niederliegend, vom Grund an stark verzweigt, weißlich; LB'Spreite 0,5–2,5 cm lg, länglich, Grund verschmälert, vorn abgerundet, mit 0,5–1 mm lg Grannenspitze, Rand schwach wellig-kraus; PerigonB (der ♀ Blü) linealisch bis schmal-elliptisch, spitz; Fr etwa 1,5 mm lg, runzelig-höckerig. H: 10–50 cm. ⊙ Th. VII–X. Trockene Ruderalfluren, Pflasterritzen, Bahnanlagen; PionierPf; collin; im Pann mäßig hfg, sonst zstr. **Fehlt S**. Neubürger. (Heimat: südl. Nordamerika.) **Weißer F.**, ***A. álbus***

**–** VorB etwa so lg wie das Perigon der ♀ Blü, eilanzettlich bis eiförmig, nach vorn zu allmählich verschmälert, ohne lange schmale Spitze; PerigonB (der ♀ Blü) 1,3–2 mm lg; Sa etwa 1,5 mm lg. — Stg aufrecht bis aufsteigend, grün bis weißlich oder rötlich; LB'Spreite 2–4 cm lg, eiförmig bis elliptisch-rhombisch oder verkehrt-eiförmig, mit höchstens 0,5 mm lg Grannenspitze; PerigonB (der ♀ Blü) eiförmig-lanzettlich, spitz; Fr etwa so lg wie das Perigon, jung mit Längsnerven, reif wenig runzelig. H: 8–70 cm. ⊙ Th. VII–X. Ruderalfluren, (Hackfrucht-)Äcker; collin bis submontan; zstr. **(B, W, N, St, K, V)**. Unbeständig. (Heimat: Süd-Europa, West-Asien, Afrika.) ▲ (*A. angustifolius, A. sylvestris p. p.?*) ☆ **Griechischer F.**, „Wilder F.", ***A. gráecizans***

# Ordnung: Knöterichartige, *Polygonáles*

## 29. Familie: Knöterichgewächse, *Polygonáceae* (→ G VI 7; VII 2, 8, 13; XIV 28)

Anm.: Die NebenBScheide (= Ochrea = Tute) ist eine an den Knoten sitzende, aus dem UnterB (den NebenB) gebildete, den Stg umschließende häutige Röhre; sie ist für diese Familie charakteristisch u. durchwegs vorhanden.

**1** Pf ♄. — Liane, Stg windend; LB herzförmig; Rispen; Perigon weiß. ★ **Silberregen (6)**, ***Fallópia aubértii***

**–** Pf krautig, ♃ oder ⊙ . . . . . . . . . . . . . . . . . . . . . . . . . 2

**2** PerigonB 4. — StaubB 4(6); Narben 2, pinselförmig. **(2) Säuerling, *Oxýria***

**–!!** PerigonB 5. — StaubB 5–8 . . . . . . . . . . . . . . . . . . . . . 4

**–** PerigonB 6 . . . . . . . . . . . . . . . . . . . . . . . . . . . . . . 3

**3** StaubB 9; die 3 inneren PerigonB zur FrZeit nicht vergrößert. — LB'Spreite handnervig, etwa 60 cm lg, 40–50 cm br, herzförmig. ★ **(3) Rhabarber, *Rhéum***

**–** StaubB 6; die 3 inneren PerigonB (der ⚥ u. ♀ Blü; = „Valven") zur FrZeit vergrößert u. viel größer als die 3 äußeren. — Innere PerigonB oft mit einer ± knorpeligen Schwiele (Abb. 178); Narben 3. **(1) Ampfer, *Rúmex***

**4** Die 3 äußeren PerigonB zur FrZeit gekielt oder geflügelt **(6) Windenknöterich (i. w. S.), *Fallópia (s. l.)***

**–** Die 3 äußeren PerigonB zur FrZeit weder gekielt noch geflügelt . . . . . . 5

**5** LB'Spreite etwa 1–1,5× so lg wie br, Grund tief herzförmig; Fr mindestens 2× so lg wie das Perigon, daher weit aus ihm herausragend, — 3kantig. **(7) Buchweizen, *Fagopýrum***

**–** LB'Spreite meist mindestens 2× so lg wie br, Grund abgestutzt bis keilig; Fr höchstens 1,5× so lg wie das Perigon, daher nicht oder nur wenig herausragend, — linsenförmig oder 3kantig. (**Knöterich i. w. S., *Polýgonum*** *[s. l.]*) . 6

**6** NebenBScheiden spitzenwärts silberglänzend; Blü einzeln oder in wenigblütigen Knäueln in LB'Achseln angeordnet, die unterbrochene Scheinähren bilden. — Stg fast stets stark verzweigt; NebenBScheiden zuletzt (FrZeit) zerschlitzt. **(4) Vogelknöterich (i. w. S.), *Polýgonum (s. str.)***
**-** NebenBScheiden braun, grün oder rötlich überlaufen, spitzenwärts nicht silberglänzend; Blü in Scheinähren, Scheintrauben oder Rispen angeordnet. **(5) Knöterich (i. e. S.), *Persicária***

## (1) Ampfer, Sauerampfer, *Rúmex* (inkl. Sauerampfer, *Acetosa* u. Zwergsauerampfer, *Acetosella*) (G XIV 9, 32)

Anm.: Die nach dem Blühen u. zur FrReife ± vergrößerten inneren PerigonB (= „Valven") tragen bei manchen Arten eine auffällige, derbe Anschwellung der Mittelrippe, die „Schwiele" genannt wird (Abb. 178, auf S.334). – Hybriden sind (in der Untergattung Ampfer, *R. subg. Rumex*) nicht slt; sie sind meist leicht am Fehlschlagen der Fr zu erkennen.

**1** LB'Spreite meist pfeil- oder spießförmig, sauer schmeckend; Blü meist 1geschlechtig. (Sauerampfer u. Zwergsauerampfer) . . . . . . . . . . . . . . . **2**
**-** LB'Spreite am Grund herzförmig, abgerundet oder keilig verschmälert, nie pfeil- oder spießförmig, nicht sauer schmeckend; alle oder doch die meisten Blü ⚥. (Untergattung Ampfer, *R. subg. Rumex* = Gattung *Rumex s. str.*) . . . **7**

**2** Innere PerigonB die Fr nicht oder kaum überragend. — Äußere PerigonB den inneren anliegend, diese schwielenlos. H: 10–30 cm. ♃ He. V–VII. (Untergattung Zwergsauerampfer, *R. subg. Acetosella* = Gattung *Acetosella* = „Artengruppe Zwerg-S., ***R. acetosella agg.***") **Zwerg-S., *R. acetosélla (s. l.)***

**a** Innere PerigonB mit der Fr untrennbar verbunden; Fr so br oder etwas breiter als lg. Sandige, magere, bodensaure Trockenrasen; kalkmeidend; collin bis untermontan; slt. **B, N, O, St, K**. (Hptvbr.: West- u. Südwest-Europa, westl. Medit.) Gefährdet. Schwach giftig. *(**R. angiocarpus**, Acetosella angiocarpa)* **■ Verwachsenfrüchtiger Z.-S., *R. a. subsp. pyrenáicus***
**-** Innere PerigonB von der Fr leicht trennbar; Fr länger als br . . . . . . . . . . . **b**
**b** LB'Spreiten am Grund nur mit 1 Paar Spießecken (Basallappen), slt lanzettlich u. ohne Spießecken. — Spreiten sehr variabel, auch modifikabel: auf sehr mageren, sandigen Böden zB schmal-linealisch bis fast fadenförmig *(var. tenuifolius)*. Trockene, bodensaure Magerwiesen u. lückige Trockenrasen, Äcker u. magere Waldschläge; kalkmeidend; collin bis subalpin (alpin); hfg. **Fehlt V**. Schwach giftig. *(Acetosella vulgaris, **R. acetosella s. str.** p. p., **R. tenuifolius p. p.**)* **■ Gewöhnlicher Z.-S., *R. a. subsp. acetosélla***
**-** LB'Spreiten am Grund mit 2–5(15) Paaren fingerförmig abstehender, linealischer Basallappen. Sandige, magere, trockene, offene Böden; kalkmeidend; collin bis untermontan; slt. **W?, N**. (Hptvbr.: Südost-Europa.) Gefährdet. *(R. acetosella f. multifidus, **R. tenuifolius p. p.**)* **■ Südöstlicher Z.-S., *R. a. subsp. acetoselloídes***

**-** Innere PerigonB mindestens 1½× so lg wie die Fr. (Untergattung Sauerampfer, *R. subg. Acetosa* = Gattung *Acetosa*) . . . . . . . . . . . . . . . . **3**

**3** Äußere PerigonB frei, den inneren PerigonB anliegend; alle inneren PerigonB schwielenlos. — LB spießförmig, etwa so lg wie br, grün bis blaugrün. H: 10–40 cm. ♃ He. V–VIII. Grobschuttfluren (Geröllhalden), sonnige, steinige Abhänge; basenliebend; montan bis subalpin; mäßig hfg. **Fehlt B**. Wildgemüse. Kultursorten als Gemüse kultiviert (**★ Französischer S., Römischer S., *R. s. var. horténsis***) u. verwildert. *(Acetosa scutata)* **Schild-S., Schild-A., *R. scutátus***
**-** Äußere PerigonB am Grund miteinander verwachsen, zurückgeschlagen; zumindest 1 inneres PerigonB mit Schwiele . . . . . . . . . . . . . . **4**

**4** Stg blattlos oder 1–2blättrig; LB dicklich, fast nervenlos. H: 7–20 cm. ♃ Ch. VII–VIII. Schneetälchen, Schuttfluren, steinige Magerrasen; kalkliebend;

(ober)alpin; in den nördl. Kalkalpen zstr, sonst slt. **O, St, S, T, V**. *(Acetosa nivalis)* **Schnee-S., Schnee-A., *R. nivális***

- Stg mit mehr als 3 LB; LB nicht dicklich, netznervig oder 5–7nervig . . . **5**

**5** Blüstd dicht, seine Äste reich verzweigt; bis 3 m tief reichende PfahlWu. — GrundB 3–4× so lg wie br; StgB nach oben zu schmäler werdend (oberste 14× so lg wie br). H: 30–120 cm. ♃ He. VI–VIII (2–6 Wochen später als *R. acetosa*). Fettwiesen, Ackerränder, gestörte Halbtrockenrasen, Wegränder, Bahndämme, Ruderalstellen; collin bis submontan; zstr bis hfg. **Fehlt S, T**. Neubürger (zT?). *(Acetosa thyrsiflora)* **Rispen-S., *R. thyrsiflórus***

- Blüstd locker, seine Äste meist unverzweigt; keine PfahlWu . . . . . . . . **6**

**6** NebenBScheide (fast) ganzrandig; LB dünn, die unteren etwa 2× so lg wie br; Fr meist gelbbraun, matt, 2,5–3 mm lg. — Innere PerigonB 3,3–4,5 mm ∅. H: (10)50–120 cm. ♃ He. VI–VIII. Hochstaudenfluren, Lägerfluren, Weiderasen; obermontan bis subalpin (vertritt hier die folgende Art); hfg. **Fehlt B, W**. *(R. arifolius, Acetosa alpestris)* **Berg-S., *R. alpéstris***

- NebenBScheide fransig zerschlitzt oder gezähnt; LB dicklich, die unteren 2–4× so lg wie br; Fr schwarzbraun, glänzend, 1,8–2,2 mm lg. — Innere PerigonB 3–3,5 mm lg ∅. H: 30–100 cm. ♃ He. V–VII. Frische Fettwiesen u. Fettweiden; collin bis untermontan (obermontan); sehr hfg. **Alle Bdld**. Wildgemüse; als Viehfutter schlecht geeignet (Oxalsäure) u. daher landwirtschaftlich unerwünscht. *(Acetosa pratensis)* **Wiesen-S., Gewöhnlicher S., *R. acetósa***

**7** [1] LB'Achseln mit beblätterten Seitentrieben, die später als der Hauptsproß blühen u. diesen zuletzt übergipfeln. — LB etwa 5× so lg wie br, lineal-lanzettlich; innere PerigonB 3eckig, ganzrandig, mit Schwiele. H: 30–50(100) cm. ♃ He. VI–IX. Bahndämme, Flußufer, Ruderalstellen, Sandgruben; collin; slt. **(W, N, O, St)**. Unbeständig (?). (Heimat: Nordamerika.) *(R. salicifolius var. triangulivalvis)* **☆? Weidenblatt-A., *R. trianguliválvis***

- Stg ohne spätblühende Achselsprosse . . . . . . . . . . . . . . . . . . . . **8**

**8** Alle inneren PerigonB ohne Schwiele, — (fast) ganzrandig . . . . . . . . . **9**

- Zumindest eines der inneren PerigonB mit deutlicher Schwiele . . . . . . **12**

**9** Spreite der GrundB u. unteren StgB 1–2½× so lg wie br, alle tief herzförmig. — Innere PerigonB ganzrandig . . . . . . . . . . . . . . . . . . . . . . **10**

- Spreite der GrundB u. unteren StgB 3–8× so lg wie br, Spreitengrund verschmälert bis abgerundet, nicht herzförmig. — Innere PerigonB ganzrandig bis fein gekerbt . . . . . . . . . . . . . . . . . . . . . . . . . . . . . . . . **11**

**10** GrundB 1–1½× so lg wie br, mit abgerundeter Spitze; innere PerigonB 4,5–5(6) mm lg u. 3,5–5 mm br. H: 50–100 cm. ♃ He. VI–VIII. Sehr nährstoffreiche Lägerfluren, Hochstaudenfluren, oft um Almhütten; Düngungszeiger; obermontan bis unteralpin (an Bach- u. Flußufern auch tiefer hinabsteigend); hfg. **Fehlt B, W**. *(R. pseudalpinus)* **Alpen-A., *R. alpínus***

- GrundB 1½–2½× so lg wie br, spitz; innere PerigonB 5–9 mm lg u. 5–7 mm br. H: (50)100–200 cm. ♃ He, Wa. VII–VIII. In u. an fließenden (slt stehenden) Gewässern; collin; slt. **Fehlt B, V**. Gefährdet; in den wAlp, im nVL u. söVL stark gefährdet. **Wasser-A., *R. aquáticus***

**11** Untere StgB 6–8× so lg wie br; innere PerigonB 3,2–4,8 mm br (3,5–5 mm lg). — Alle LB schmal lineal-lanzettlich, gewellt, mittlere u. obere 8–15× so lg wie br; Blüstd lg, schmal u. sehr dicht, (fast) ohne LB. H: 80–150 cm. ♃ He. VII–VIII. Zeitweise überschwemmte Auwiesen; etwas salzliebend; collin; sehr slt. **N** (in den March-Auen). (Hptvbr.: Nord- u. Osteuropa.) Vom Aussterben bedroht. *(R. fennicus)* **Finnischer A., *R. pseudonatronátus***

- Untere StgB 3–4× so lg wie br; innere PerigonB 5,5–6,5 mm br (4,5–6 mm lg). H: 60–120 cm. ♃ He. VII–VIII. Flußufer, subalpine Weiden-Auen, feuchte Ruderalstellen; montan bis subalpin; sehr slt. Nord-**T** (im Oberinntal). Neubürger? (oder eher in den Westalpen heimisch?) (Sonstige Vbr.: Oberengadin, Savoyen, Pyrenäen, Nord-Europa, Rußland.) *(R. domesticus)*
**Langblatt-A., Gemüse-A., *R. longifólius***

**12** [8] Innere PerigonB mit deutlichen Zähnen, die mehr als 1 mm lg sind . **13**
- Innere PerigonB ganzrandig, slt mit höchstens 0,5(1) mm lg Zähnen . . **16**

**13** Pf ⊙; Spreiten der unteren LB mit verschmälertem Grund; innere PerigonB jederseits mit 2(3) lg, borstlichen Zähnen, die mindestens so lg sind wie die Breite des PerigonB *(ohne Zähne gemessen)* . . . . . . . . . . . . . . . . **14**
- Pf ♃; Spreiten der unteren LB mit herzförmigem Grund; innere PerigonB jederseits mit 3–8 Zähnen, die höchstens so lg sind wie das PerigonB br **15**

**14** Reife innere PerigonB 3–3,5(4) mm lg, schmal-zungenförmig, stumpflich, Zähne etwa so lg wie die Breite des inneren PerigonB *ohne Berücksichtigung der Zähne*; Schwiele eiförmig, mit stumpfer Spitze. — Pf zur FrZeit bräunlich- oder rötlichgrün; Blüstd locker, Quirle voneinander entfernt. H: 30–60 cm. ⊙ Th. VII–IX. Schlammige Ufer, feuchte, ± salzige Äcker u. Ruderalstellen; collin; slt. **B, W, N, O**. Stark gefährdet. *(R. limosus)* **Sumpf-A., *R. palústris***
- Reife innere PerigonB 2,5–3 mm lg, schmal-3eckig, zugespitzt, Zähne etwa 2× so lg wie die Breite des inneren PerigonB *ohne Berücksichtigung der Zähne*; Schwiele schmal-lanzettlich, zugespitzt. — Pf zur FrZeit goldgelb; Blüstd dicht, Quirle einander oft berührend. H: 10–50(70) cm. ⊙ Th. VII–IX. Schlammige Ufer, feuchte Ruderalstellen, feuchte Äcker; oft auf ± salzhältigen Böden; collin; slt. **B, W, N, O, St, K**. Neubürger (zT). Gefährdet.
**Strand-A., Salz-A., Gold-A., *R. marítimus***

**15** BlüStiele dick, so lg oder etwas kürzer als das innere Perigon, nahe der Mitte gegliedert, dort auch zur Reifezeit kaum abbrechend; GrundBSpreite dick, fleischig, etwa 10 cm lg; Blüstd bis zur Spitze beblättert. — Pf oft papillös; innere PerigonB 4,5–5 mm lg, jederseits mit 4 Zähnen, diese 1–2 mm lg. H: 20–60 cm. ♃ He. V–VII. Ruderalstellen, Teichränder; collin; slt. **(W, N, St, K)**. Unbeständig (Heimat: Submedit.).
☆ **Schöner A., *R. púlcher*** *(subsp. púlcher)*
- BlüStiele dünn, 1½–2½× so lg wie das innere Perigon, im unteren Drittel gegliedert, dort zur Reifezeit leicht abbrechend; GrundBSpreite dünn, etwa 20 cm lg; Blüstd in der oberen Hälfte ohne LB oder HochB. H: 60–120 cm. ♃ He. VII–VIII. Frische Ruderalstellen, Äcker, Gräben, Fettweiden, überdüngte Fettwiesen, Waldschläge; Düngungszeiger (Stickstoffzeiger); collin bis subalpin; sehr hfg. **Alle Bdld**. **Stumpfblatt-A.,**
„Laamstådl", „Laanstådl", „Stru(m)pfen(bletschen)", ***R. obtusifólius***
  **a** Innere PerigonB ganzrandig oder am Grund mit einigen kurzen, undeutlichen Zähnen, 3–4 mm lg, mit undeutlichen Nerven. — Alle 3 inneren PerigonB mit Schwiele; LB'Spreite unterseits kahl. Im Osten hfg, im Westen slt. **Fehlt V**. (Hptvbr.: östl. Mitteleuropa, Ost-Europa.) [20] ▪ **Östlicher St.-A., *R. o. subsp. sylvéstris***
  - Innere PerigonB mit mehreren, deutlichen, mehr als 1 mm lg Zähnen; innere PerigonB 4–6 mm lg, mit deutlichen Nerven . . . . . . . . . . . . . . . . . . . . . . **b**
  **b** Alle 3 inneren PerigonB mit Schwielen, — 4–5 mm lg, deren längste Zähne etwa ½ so lg wie die Breite des PerigonB *(ohne Zähne gemessen)*; Schwielen meist ungleich groß; LB'Spreite unterseits papillös bis kahl. **Fehlt K, V**. (Gesamt-Vbr.: Mitteleuropa, Balkanhalbinsel, Süd-Skandinavien.) ▪ **Mittlerer St.-A., *R. o. subsp. tránsiens***
  - Nur 1 inneres PerigonB mit Schwiele, die anderen 2 schwielenlos . . . . . . . . . **c**
  **c** Innere PerigonB 6 mm lg, eiförmig oder eiförmig-3eckig, stumpf; LB'Spreite unterseits

papillös. Im Westen hfg, gegen Osten zu slt werdend. (Hptvbr.: West-Europa u. westl. Mitteleuropa.) *(R. o. subsp. agrestis, R. o. subsp. friesii)*

■ **Westlicher St.-A., *R. o. subsp. obtusifólius***

- Innere PerigonB 5 mm lg, schmal-3eckig oder zungenförmig, spitz; LB'Spreite unterseits meist nicht papillös. Noch nicht sicher für Ö nachgewiesen. Im Schneeberg-Gebiet? (Hptvbr.: Karpaten, Gebirge der Balkanhalbinsel.)

⊖ ■ **Südöstlicher St.-A., *R. o. subsp. subalpínus***

**16** [12] GrundB u. untere StgB kaum länger als br, Grund tief herzförmig, — papillös, jung flaumig behaart; innere PerigonB etwa 6 mm lg u. 8 mm br, am Grund undeutlich gezähnt, 1 PerigonB mit kleiner Schwiele. H: 50–100 cm. ♃ He. VII–VIII. Bahnhofsgelände, trockene Ruderalstellen; collin; slt. **W, N, St, (K)**. Lokaler Neubürger? (Heimat: Ost-Europa bis West-Sibirien.)

☆? **Gedrungener A., *R. confértus***

- GrundB u. untere StgB viel länger als br, am Grund abgerundet, gestutzt oder verschmälert, slt schwach herzförmig . . . . . . . . . . . . . . . . . . . **17**

**17** Innere PerigonB 3–4 mm lg, schmal-länglich, kaum breiter als die Schwiele; Scheinwirtel voneinander entfernt . . . . . . . . . . . . . . . . . . . . **18**

- Innere PerigonB meist 4–8 mm lg, rundlich bis abgerundet-3eckig, (1½)2–5× so br wie die Schwiele; Scheinwirtel meist einander genähert . . . . . . . **19**

**18** FrStiele so lg oder kaum länger als die inneren PerigonB; alle inneren PerigonB mit Schwiele; Blüstd (fast) bis zur Spitze beblättert. H: 30–80(120) cm. ♃ He. VII–VIII. Ufer, Gräben, Wiesen, feuchte Ruderalstellen; nährstoffliebend; collin bis untermontan; zstr. **Alle Bdld**. **Knäuel-A., *R. conglomerátus***

- FrStiele stets deutlich länger als die inneren PerigonB; nur 1 inneres PerigonB mit Schwiele; Blüstd nur am Grund beblättert. H: 50–80 cm. ♃ He. VI–VIII. Wege, Störstellen in feuchten, fetten Edellaubwäldern, Auwälder; collin bis untermontan; zstr bis slt. **V†; K?, sonst alle Bdld**. In den wAlp gefährdet. *(R. nemorosus)* **Hain-A., Blut-A., *R. sanguíneus***

**19** WasserPf; Spreite der GrundB meist 50–80 cm lg; innere PerigonB 3eckig; Schwielen 2–3× so lg wie br. — Spreite der GrundB am Grund verschmälert, Seitennerven in der Spreitenmitte rechtwinkelig abzweigend. H: 100–200 cm. ♃ He, Wa. VII–VIII. An u. in stehenden u. träg fließenden Gewässern; nährstoffliebend; collin; zstr. **V†, fehlt St, sonst alle Bdld**. Im Alp gefährdet.

**Teich-A., Ufer-A.,** Hoher A., ***R. hydrolápathum***

- LandPf; Spreite der GrundB etwa 20–40 cm lg; innere PerigonB ± herzförmig; Schwielen 1–2× so lg wie br . . . . . . . . . . . . . . . . . . . . . . **20**

**20** Innere PerigonB etwa 1½× so br wie die Schwiele; GrundB mit abgerundeter Spitze, — etwa 2× so lg wie br, am Grund herzförmig.

**Östlicher Stumpfblatt-A., *R. obtusifólius subsp. sylvéstris*** (→ Pkt 15–a)

- Innere PerigonB etwa 2–5× so br wie die Schwiele; GrundB ± spitz . . **21**

**21** GrundB etwa 3× so lg wie br, blaßgrün; LB'Stiel oberseits abgeflacht; innere PerigonB etwa 5× so br wie die Schwiele, die sich spät entwickelt u. lange weich bleibt. (Artengruppe Garten-A., *R. patientia agg.*) . . . . . . . . . . **22**

- GrundB 4–5× so lg wie br, d'grün; LB'Stiel oberseits gefurcht; innere PerigonB etwa (2–)3× so br wie die Schwiele, die sich früh entwickelt u. bald hart wird . . . . . . . . . . . . . . . . . . . . . . . . . . . . **24**

**22** Seitennerven der GrundB in der Spreitenmitte in einem Winkel von 45–60° vom Hauptnerv abzweigend; innere PerigonB ganzrandig. — LB unterseits nicht papillös. H: 80–150(200) cm. ♃ He. VII–VIII. **Garten-A., *R. patiéntia***

**a** Innere PerigonB 4–6 mm lg u. 4–8 mm br. Ruderalstellen, Straßen- u. Bahnböschungen;

collin; in **B** im Pann zstr bis hfg, sonst slt u. unbeständig. **B, W, N, (St, S, T, V)**. (Slt oder nur früher?) als GemüsePf (LB) kultiviert.
■ **Gewöhnlicher G.-A.**, Englischer Spinat, Ewiger Spinat, ***R. p. subsp. patiéntia***

- Innere PerigonB 6–8 mm lg u. 8–10 mm br. Ruderalstellen; collin; slt. **(W)**. (Heimat: Osteuropa bis Westasien.) Unbeständig. ☆ ■ **Östlicher G.-A.**, ***R. p. subsp. orientális***

- Seitennerven der GrundB in der Spreitenmitte in einem Winkel von 60–90° vom Hauptnerv abzweigend; innere PerigonB ± gezähnt . . . . . . . . **23**

**23** Innere PerigonB 6–8 mm lg, rotbraun, mit zahlr. unregelmäßigen, 0,7–1 mm lg Zähnen; LB unterseits nicht papillös. — Innere PerigonB 6–7 mm br. H: 60–120 cm. ♃ He. VII–VIII. Bahngelände, Bahndämme; collin; slt. **W**. Lokaler Neubürger (Heimat: Griechenland, Sizilien.) *(R. graecus, R. patientia subsp. graecus)* (☆) **Griechischer A.**, ***R. cristátus*** *(s. str.)*

- Innere PerigonB etwa 5 mm lg, d'braun, am Grund mit winzigen (0,2–0,5 mm lg) Zähnen; LB unterseits, bes. auf den Nerven mit winzigen Papillen. — Innere PerigonB 6 mm br. H: 60–120 cm. ♃ He. VII–VIII. Ruderale Böschungen, Bahngelände; collin bis submontan; slt. **W, N, O, (St, K)**. Unbeständig bis lokal eingebürgert. (Heimat: nördl. Balkanländer, Rumänien, Ungarn). *(R. confertoides, R. cristatus subsp. kerneri)* (☆) **Kerner-A.**, ***R. kérneri***

**24** [21] Innere PerigonB (fast) ganzrandig, 3–5,5(6,5) mm lg u. br; Spreitenrand stark kraus, Spreite am Grund meist keilig verschmälert; FrStiele 2–2½× so lg wie die inneren PerigonB. H: 30–150 cm. ♃ He. VI–VIII. Ruderalstellen, Gräben, feuchte Äcker, Fettweiden; collin bis montan; sehr hfg. **Alle Bdld**. Sehr formenreich! Schwach giftig (Oxalsäure); VolksarzneiPf, Homöop. (Wu).
**Kraus-A.**, ***R. críspus***

- Innere PerigonB mit zahlr. 0,5(1,0) mm lg, deutlichen Zähnen, die br-3eckige Spitze ganzrandig, (3,5)4(5) mm lg u. br; Spreitenrand schwach kraus, Spreite am Grund meist abgerundet; FrStiele 1½–2× so lg wie die inneren PerigonB. H: 20–60(180) cm. ♃ He. VII–VIII. Wassergräben, feuchte Wiesen u. Ruderalstellen; etwas salzliebend; collin; slt. Im Pann. **B, W, N, (St, K)**. Gefährdet. *(R. odontocarpus)* **Schmalblatt-A.**, ***R. stenophýllus***
Anm.: Leicht zu verwechseln mit der hfg Hybride *R. crispus × obtusifolius*, die jedoch weitgehend fruchtsteril ist (einige Blü fallen schon ab, bevor die inneren PerigonB ihre normale Größe erreicht haben), deren innere PerigonB am selben Individuum auffällig voneinander abweichen und deren LB'Spreiten am Grund nicht abgerundet sind.

## (2) Säuerling, *Oxýria* (G VI 2; XIV 15)

Stg meist nur am Grund beblättert; LB nierenförmig, lg gestielt, 1–3 cm br, kahl. H: 5–15(30) cm. ♃ He. VII–VIII. Feuchtes, kiesiges Geröll, Moränen, steinige Weiderasen; kalkmeidend; (subalpin) alpin bis subnival; zstr. **St, K, S, T, V**. **Säuerling**, Alpen-S., ***O. dígyna***

### ★ (3) Rhabarber, *Rhéum*

LB meist grundständig, mit 3–4 cm dicken Stielen, am Rand stark gewellt. H: 100–150 cm. ♃ Ge. V–VI. Als GemüsePf (junge LB'Stiele für Kompott) kultiviert. (Heimat: Nordwest-China, Mongolei, Südost-Sibirien.) *(R. undulatum)* ★ **Rhabarber**, ***Rh. rhabárbarum***

## (4) Vogelknöterich (i. w. S.), Knöterich (zT), *Polýgonum (s. str.)* (*P. sect. Polygonum*; exkl. (5) Knöterich, *Persicaria, Bistorta, Rubrivena*) (G V 16, 26, 41; VI 16###)

**1** BlüÄste weiter oben ohne LB (nur schuppenförmige HochB, kürzer als die Blü); BlüStiele mindestens so lg wie das Perigon. — Stg aufrecht, oft verzweigt;

LB'Spreite länglich oder schmal-lanzettlich, 2,5–4,5 cm lg; PerigonB grünlich, aufrecht; Fr 3kantig, glänzend. H: 20–100 cm. ⊙ Th. VI–X. Sandige Ruderal- u. Salzstellen; collin; sehr slt. **B, (W), N, (St, K, T, V)**. (Hptvbr.: Süd- u. Ost-Europa.) Stark gefährdet. *(„**P. patulum**", inkl. P. kitaibelianum)*

■ ■ **Ungarischer V.**, Ungarischer K., ***P. bellárdii***

Anm.: Der ☆? **Sand-V.**, ***P. arenárium*** wurde für **N** als unbeständig eingeschleppt (irrtümlich?) angegeben (Heimat: Ost- u. Südost-Europa) (Stg niederliegend bis aufsteigend; PerigonB weiß oder rosa, abstehend).

**-** BlüÄste fast stets bis zur Spitze beblättert (LB länger als die Blü), LB jedoch sehr oft frühzeitig abfallend; BlüStiele kürzer als das Perigon. (Artengruppe Eigentlicher V., „Hansl am Weg", *P. aviculare agg.*) . . . . . . . . . . . . . . **2**

**2** LB am Stg viel größer als an den Ästen; Perigon nur bis 1/3 verwachsen, zuletzt mit stark hervortretenden Nerven; Fr mit 3 stets ziemlich gleich breiten konkaven Seitenflächen. — Stg aufrecht bis niederliegend; LB'Spreite 1–5 cm lg u. (0,1)0,2–1,7 cm br, br-elliptisch bis linealisch; Perigon fast stets grün mit rosa oder purpurrotem, slt weißem Rand; Fr 2–3(3,5) mm lg, fast stets matt, braun. G: 5–50 cm lg. ⊙ Th. (V)VI–X(XI). Äcker, Ruderalstellen, Trittrasen; trittresistent, etwas salzresistent; collin bis subalpin; hfg. **Alle Bdld**. (Inkl. *P. monspeliense, P. heterophyllum = P. rectum* u. ***P. rurivagum****)*

■ **Verschiedenblättriger V.**, Gewöhnlicher V., ***P. aviculáre***
*(s. str., nec strictiss.)*

**-** LB am Stg u. an den Seitenzweigen fast gleich groß; Perigon oft bis fast zur Hälfte verwachsen, mit nicht hervortretenden Nerven; Fr mit 2 konvexen Seitenflächen, die oft sehr deutlich breiter sind als die 3., konkave. — Stg niederliegend bis aufsteigend; LB'Spreite 0,5–2 cm lg u. 0,1–0,5 cm br, elliptisch bis linealisch, meist stumpf, oft gegen die Zweigenden gehäuft; Perigon fast stets grün mit weißem, slt rosa Rand; Fr 2–2,5 mm lg, matt oder glänzend, braun oder schwarz. G: 5–30 cm lg. ⊙ Th. VII–X. Trittrasen, Wegränder, Ruderalstellen; stark trittresistent: Betrittzeiger; collin bis montan; sehr hfg. **Alle Bdld**. *(P. aequale, P. calcatum, P. microspermum)*

■ **Gleichblättriger Vogel-K., Sand-V.-K., *P. arenástrum***

## (5) Knöterich (i. e. S.), Flohknöterich, *Persicária* (*Polygonum sect. Persicaria, sect. Aconogonum, sect. Bistorta*; inkl. *Bistorta, Rubrivena*)

Anm.: ★☆ ***P. affinis*** *(Polýgonum a.)* (Pf kriechend, ♃, H: 30–45 cm, die meisten LB grundständig; aufrechte, rosarote Scheinähren) wird als ZierPf kultiviert u. tritt sehr slt unbeständig verwildert auf (Heimat: Nepal).

**1** Stg fast stets unverzweigt; Griffel 3, völlig getrennt. — ♃; Rhizom dickwalzlich; obere StgB sitzend; nur 1, endständige Scheinähre; StaubB herausragend; Fr 3kantig, glänzend, braun; Stg aufrecht. *(P. sect. Bistorta* = Gattung *Bistorta)* . . . . . . . . . . . . . . . . . . . . . . . . . . . . . . . . . . . . . . . **2**

**-** Stg meist verzweigt; Griffel 2 oder 3, am Grund verwachsen. — Außer der endständigen meist mehrere seitenständige Scheinähren vorhanden . . . . **3**

**2** Scheinähren 1–2 cm br, ohne Brutknospen; Spreite der gestielten unteren LB länglich-eiförmig, 5–16 cm lg, stumpf, am Grund gestutzt, am Stiel herablaufend (dieser daher geflügelt); Perigon meist rosa; Rhizom schlangenartig gewunden, Ausläufer treibend. — Obere StgB eilanzettlich, lanzettlich bis linealisch, flach, oberseits d'grün, unterseits bläulichgrün; Scheinähren (1,5)3–5(9) cm lg, dichtblütig; Fr 4–5 mm lg, das bleibende Perigon überragend. H:

20–100 cm. ♃ He. V–VIII. Feuchte (Fett-)Wiesen; collin bis subalpin; zstr. **Fehlt W**. Gefährdet. (*Bistorta major*, ***Polygonum bistorta***)
**Schlangen-K.**, Wiesen-K. ***P. bistórta***

- Scheinähren 0,4–0,9 cm br, am Grund fast stets mit braunen oder purpurnen Brutknospen, die oft schon kleine LB entwickeln; Spreite der gestielten unteren LB lanzettlich, 2–3 cm lg; LB'Stiel nicht geflügelt; Perigon meist weiß; Rhizom nicht schlangenartig gewunden, ohne Ausläufer. — Obere StgB lineal-lanzettlich, am Rand oft umgerollt; Scheinähren (2)3–6 cm lg, lockerblütig; Fr etwa 3 mm lg, oft fehlend. (Apomikt.) H: 5–25(40) cm. ♃ He. VI–VIII. Rasen, Schneetälchen; obermontan bis alpin; hfg. **Fehlt B, W**. (*Bistorta vivipara*, ***Polygonum viviparum***) **Knöllchen-K.**, ***P. vivípara***

**3** Pf ♃; kriechendes Rhizom. — Fr 3kantig, glänzend, braun . . . . . . . . . **4**
**-** Pf ⊙; spindelförmige, senkrecht absteigende HauptWu . . . . . . . . . . . **6**

**4** 1 endständige u. oft zusätzlich 1 seitliche dichtblütige Scheinähre. — Stg niederliegend, aufsteigend oder aufrecht, schwimmend; LB u. NebenBScheiden bei der Wasserform schwimmend, kahl, bei der Landform oft anliegend behaart; LB'Stiel oberhalb der Mitte der NebenBScheide abgehend; LB'Spreite 5–17 cm lg, am Grund verschmälert, abgestutzt, abgerundet oder herzförmig; Scheinähren (2,5)3–5 cm lg u. 0,7–1,5 cm br; Perigon etwa 4–5 mm lg, rosa; Fr 2–3,5 mm lg. G: 30–100 cm lg. ♃ Wa. V–IX. (Stehende) Gewässer, zeitweise nasse Stellen, grundfeuchte Ruderalfluren; collin bis montan; zstr. **Alle Bdld**. (***Polygonum amphibium***) (A 20) **Wasser-K.**, ***P. amphíbia***
**-** Mehrere lockerblütige Scheinähren eine Rispe bildend. — Stg aufrecht; LB'Spreite am Grund verschmälert, eiförmig-lanzettlich oder länglich-lanzettlich. (*P. sect. Aconogonum*) . . . . . . . . . . . . . . . . . . . . . . **5**

**5** NebenBScheiden hell, dünnhäutig, behaart. — LB'Spreite 3–15(20) cm lg u. 1–3 cm br; Perigon (2)3–3,5(5) mm lg, gelblichweiß, weiß oder blaßrot; Fr 4–5 mm lg. H: 30–80 cm. ♃ He. VI–IX. Felsfluren u. Föhrenwälder, nur über Serpentin; leicht nitrophil; montan; sehr slt. **St**. (Hptvbr.: West- u. Südalpen, Ost-Europa, Gebirge Süd-Europas, West-Asien.) Potentiell gefährdet. (*Aconogonum alpinum*, *Rubrivena alpina*, ***Polygonum alpinum***)
**Alpen-K.**, ***P. alpína***
**-** NebenBScheiden d'braun, derb, kahl. — LB'Spreite 6–35 cm lg u. 1,5–8 cm br. H: 80–180 cm. ♃ He. VIII–X. **(O, St, K, T)**. (Heimat: Himalaja.) Eingeschleppt u. unbeständig. (*Rubrivena polystachya*, ***Polygonum polystachyum***) ☆ **Himalaja-K.**, ***P. polystáchya***

**6** [3] Scheinähren (5)7–15 mm br, sehr dicht . . . . . . . . . . . . . . . . **7**
**-** Scheinähren 3–5 mm br, nicht sehr dicht . . . . . . . . . . . . . . . . . **9**

**7** NebenBScheiden dem Stg locker anliegend, kahl oder mit 0,5 mm lg Wimpern am oberen Rand. — LB'Spreite eiförmig bis lineal-lanzettlich, meist unterseits drüsig punktiert, oberseits oft mit einem schwärzlichen Fleck, 2–13 cm lg; Perigon weißlich oder grünlich, seltener rötlich, 2–3 mm lg, manchmal drüsig punktiert, zur FrZeit mit stark hervortretenden, oben ankerförmig 2geteilten Nerven; Fr 2–3 mm lg, 2kantig (linsenförmig), glänzend schwarzbraun. H: 20–80 cm. ⊙ Th. VII–X. Feuchte Ruderalstellen u. stark gedüngte Äcker, Ufer; collin bis montan; sehr hfg. **Alle Bdld**. Sehr variabel (zuweilen werden noch weitere Unterarten unterschieden, auch zw. den 3 angeführten sind die Grenzen unklar). (***Polygonum lapathifolium***) **Ampfer-K.**, „Riaderer", „Riatach", ***P. lapathifólia***
**a** Spreite der unteren LB unterseits nicht dicht spinnwebig-filzig, — eiförmig-lanzettlich bis lineal-lanzettlich; Stg fast stets aufrecht. **Fehlt V**. (*Polygonum l. subsp. nodosum*)
■ **Gewöhnlicher A.-K.**, ***P. l. subsp. lapathifólia***

- Spreite der unteren LB unterseits dicht spinnwebig-filzig . . . . . . . . . . . . . . . **b**

**b** Spreite der unteren LB eiförmig-lanzettlich, slt br-elliptisch (etwa 4–5× so lg wie br); Stg oft aufsteigend, seltener niederliegend. **B, O, St, K, T?, V**. *(Polygonum tomentosum, P. l. subsp. pallidum)* ■ **Grauer A.-K.**, Filziger K., ***P. l. subsp. incána***

- Spreite der unteren LB eiförmig bis br-elliptisch (etwa 2× so lg wie br); Stg fast stets niederliegend, stark verzweigt. **B, W, N, O, St**. *(Polygonum brittingeri, P. danubiale,* ***P. l. subsp. danubiale****)* ■ **Ufer-A.-K., Donau-K., *P. l. subsp. brittíngeri***

- NebenBScheiden dem Stg ziemlich eng anliegend, mit 1–3 mm lg Wimpern am oberen Rand. — Perigon meist rosa oder purpurrot; Fr glänzend, schwarz . . . . . . . . . . . . . . . . . . . . . . . . . . . . . . . . . . . **8**

**8** LB'Spreite lanzettlich oder länglich-lanzettlich; Scheinähren aufrecht; Perigon 2–3 mm lg, — meist ohne Drüsenpunkte; Stg aufrecht oder niederliegend bis aufsteigend, kahl; NebenBScheiden mit anliegenden Haaren; LB'Spreite 5–10 cm lg, oberseits oft mit einem schwärzlichen Fleck; Scheinähren 1–4 cm lg; Fr etwa 2–2,5(3) mm lg, 2kantig (linsenförmig) oder 3kantig. H: (10)20–60(80) cm. ⊙ Th. VII–IX. Feuchte Ruderalstellen, stark gedüngte Äcker, Ufer; collin bis subalpin; hfg. **Alle Bdld**. *(**Polygonum persicaria**)* **Floh-K.**, Eigentlicher F., ***P. maculósa***

- LB'Spreite eiförmig oder länglich-eiförmig, zugespitzt; Scheinähren nickend; Perigon 3–4 mm lg. — Pf weichhaarig; Stg aufrecht; LB'Spreite 8–20 cm lg; Scheinähren 3–10 cm lg; Fr 3 mm lg, linsenförmig. H: 50–100(250) cm. ⊙ Th. VII–X. Als ZierPf kultiviert u. unbeständig verwildert. **(B, W, N, K, T, V)**. *(**Polygonum orientale**)* ★ **Garten-K., *P. orientális***

**9** [6] Perigon stark drüsig punktiert *(Lupe!)*. — Pf scharf pfefferartig schmeckend; Stg aufrecht oder niederliegend bis aufsteigend; LB'Spreite länglich-lanzettlich, 3–6(12) cm lg, kahl oder unterseits kurzhaarig, manchmal drüsig punktiert, oberseits manchmal mit einem schwärzlichen Fleck; NebenBScheiden mit 1–2 mm lg Wimpern am oberen Rand; Scheinähren 4–6(9) cm lg, oft nickend; Perigon 3–5 mm lg, fast stets grünlichweiß; Fr linsenförmig oder 3kantig, d'purpurn, warzigrauh, matt. H: 30–60(100) cm. ⊙ Th. VII–IX. Feuchte Ruderalfluren, nasse Waldwege, Ufer, Gräben; kalkmeidend; collin bis montan; zstr bis slt. **Alle Bdld**. *(**Polygonum hydropiper**)* **Pfeffer-K., Wasserpfeffer-K., *P. hydrópiper***

- Perigon nicht oder nur sehr schwach drüsig punktiert *(Lupe!)*. — NebenBScheiden anliegend kurzhaarig, mit (1)2–4(5) mm lg Wimpern am oberen Rand; Perigon weiß, rosa oder rot; Fr linsenförmig oder 3kantig, glänzend, schwarz . . . . . . . . . . . . . . . . . . . . . . . . . . . . . . . . . . **10**

**10** LB'Spreite lanzettlich bis schwach eilanzettlich, etwa (0,3)1–1,7(2) cm br, mit deutlichen Seitennerven; Scheinähre fast stets etwas überhängend; Perigon zuletzt (2,5)3–3,5(4) mm lg. — Stg aufrecht, aufsteigend oder niederliegend; LB'Spreite 2–10 cm lg; StaubB meist 6; Fr (2)3–4,5 (?) mm lg. H: 15–60(80) cm. ⊙ Th. VII–X. Feuchte Ruderalfluren, nasse Waldwege, Ufer, Gräben; collin bis montan; zstr. **Alle Bdld**. *(**Polygonum mite**)* **Milder K., *P. mítis***

- LB'Spreite linealisch bis lineal-lanzettlich, etwa 0,2–0,8 cm br, mit undeutlichen Seitennerven; Scheinähren fast stets aufrecht; Perigon zuletzt (2)2,5(3) mm lg. — Stg niederliegend oder aufsteigend; LB'Spreite (1)5–7 cm lg; StaubB 5(–8); Fr (1,5)2–2,5(3) (?) mm lg. H: (7)15–30(50?) cm. ⊙ Th. VII–X. Feuchte Ruderalfluren, Ufer, Gräben; kalkmeidend; collin bis montan; slt. **Alle Bdld**. *(**Polygonum minus**)* **Kleiner K., *P. mínor***

## (6) Windenknöterich u. Staudenknöterich, Flügelknöterich, *Fallópia (s. l.)* (*Bilderdykia, Tiniaria, Pleuropterus*, inkl. ***Reynoutria***)

**1** Pf ♄. — Liane; Stg (rechts-)windend; Blüstd: Rispe; Perigon weiß. H: 2–5 m. ♄ NPh. VII–X. Als Zier- u. BienenweidePf hfg kultiviert, slt verwildert (**B, W, N, K**). (Heimat: West-China, Tibet.) (*Polygonum baldschuanicum s. l., Tiniaria aubertii*) (B 71)
★ **Silberregen, „Baldschuang"-Knöterich, *F. aubértii***

**-** Pf krautig . . . . . . . . . . . . . . . . . . . . . . . . . . . . . . **2**

**2** Pf ♃, aufrecht, nicht windend; Gri 3, mit je einer fransigen Narbe. — Pf mit unterirdischen Kriechsprossen, unduldsame Herden bildend. (*F. sect. Reynoutria*, **Staudenknöterich, *Reynóutria***) . . . . . . . . . . . . . . . . . . **3**

**-** Pf ⊙, windend; Gri 1, sehr kurz mit (fast sitzender) kopfiger Narbe. — Blü zu 2–5 in den LB'Achseln oder lockere Trauben; Perigon grünlich. (**Windenknöterich, *Fallopia s. str.***, *Tiniaria*) . . . . . . . . . . . . . . . . . . . . . . . . **4**

**3** LB'Spreite 5–12 cm lg, am Grund gestutzt, zugespitzt; Perigon weiß. H: 1–3 m. ♃ Ge. VII–IX. Feuchte Böschungen, Ufer, Säume von Weiden- u. Erlengebüschen; collin bis untermontan; mäßig hfg bis hfg (sich weiter ausbreitend!). **Alle Bdld**. Als ZierPf, Wild- u. ViehfutterPf kultiviert u. verwildert: Neubürger (Heimat: Japan). Wildgemüse. (*Polygonum cuspidatum*, ***Reynoutria japonica***, *Tiniaria japonica*) **Japanischer St., Japanischer F., *F. japónica***

**-** LB'Spreite 15–30 cm lg, am Grund sehr deutlich herzförmig, spitz (ausgenommen die obersten); Perigon grünlich. H: 2–3(4) m. ♃ Ge. VII–IX. Ufer, feuchte Böschungen; collin bis submontan; slt. **Fehlt O, V**. Als ZierPf, Wild- u. ViehfutterPf kultiviert u. verwildert: Neubürger (Heimat: Süd-Sachalin). (*Polygonum sachalinense*, ***Reynoutria sachalinensis***, *Tiniaria sachalinensis*)
**Sachalin-St., Sachalin-F., *F. sachalinénsis***

Anm.: Die letzten beiden Arten bilden eine (samensterile) Hybride.

**4** FrStiele 1–3 mm lg, oberhalb der Mitte (nahe der Fr) gegliedert; Stg körnigrauh; äußere PerigonB gekielt bis schmal geflügelt, die Flügel aber nicht am FrStiel herablaufend; Fr feinkörnig, matt. H: 20–100 cm. ⊙ Th. VII–X. Äcker, Stoppelfelder, Gärten, Ruderalstellen; collin bis montan; hfg. **Alle Bdld**. Die vegetativ ähnliche Acker-Winde / *Convolvulus arvensis* unterscheidet sich durch: Pf ♃; Stg kurz-flaumhaarig bis kahl; ohne NebenBScheiden; LB'Spreite nicht in eine lg Spitze ausgezogen. (*Polygonum convolvulus, Bilderdykia convolvulus, Tiniaria convolvulus*)
**Kleiner W., Winden-Flügelknöterich, *F. convólvulus***

**-** FrStiele 5–8 mm lg, in oder unterhalb der Mitte gegliedert; Stg nicht körnigrauh; äußere PerigonB br geflügelt, Flügel am FrStiel herablaufend; Fr glatt, glänzend. H: 50–200(300) cm. ⊙ Th. VII–IX. Auwälder, Waldränder, Hecken; collin bis untermontan; hfg. **Alle Bdld**. (*Polygonum dumetorum, B. d., T. d.*)
**Großer W., Hecken-Flügelknöterich, *F. dumetórum***

## ★ ☆ (7) Buchweizen, *Fagopýrum* (exkl. *Fallopia*)

**1** PerigonB 3–4 mm lg, weißlich oder purpurn; LB meist etwas länger als br, herz-pfeilförmig; Fr auf den Flächen glatt, mit ganzrandigen Kanten; Stg zuletzt purpurn. H: 15–60 cm. ⊙ Th. VII–X. Als Getreide- (Heidenmehl), Futter- u. BienenweidePf kultiviert, slt verwildert auf Ruderalstellen (**B, W, N, K**). (Heimat: Mittelasien, Südsibirien, Nord-China.) Homöop. (*F. vulgare, F. sagittatum*) ★ **Echter Buchweizen, Heidenkorn, Heiden, *F. esculéntum***

**-** PerigonB etwa 2 mm lg, grünlich; LB meist breiter als lg, br-herz-pfeilförmig; Fr auf den Flächen runzelig, mit gezähnten Kanten; Stg grün bleibend. H: 30–70 cm. ⊙ Th. VII–IX. Unbeständiges Beikraut („Unkraut") in Äckern des Echten B.; collin bis submontan; slt (?); slt (?) eigens kultiviert (weniger frostempfindlich als *F. esculentum*). (**B, W, N, K**). (Heimat: Mittelasien, Südsibirien, Himalaja.) ☆ **Tataren-B., Falscher B., *F. tatáricum***

# Ordnung Bleiwurzartige, *Plumbaginále*s

## 30. Familie: Bleiwurzgewächse, *Plumbagináceae*

Anm.: Hierher gehört auch ★ **Strandflieder, Meerlavendel, Widerstoß, „Statice"**, ***Limónium***, wovon einige Arten als ZierPf für Trockensträuße verwendet werden.

### Grasnelke, *Arméria* (→ E 8, G V 18)

LB grasähnlich, ganzrandig, in grundständiger Rosette; Stg einfach, blattlos (= Schaft); Blüstd: Köpfchen, von mehreren trockenhäutigen, bleichen bis h'braunen oder rötlichen HochB (= HüllB) umgeben, deren miteinander verwachsene basale Anteile den obersten Teil des Schaftes als röhrige HüllBScheide umschließen (Abb. 179 a*); K verwachsenblättrig, im oberen Teil trockenhäutig (papierartig), von den 5, als Grannenspitzen auslaufenden Hauptnerven durchzogen; Kro ⊕, 5zählig; KroB ± ausgerandet (Abb. 179 b*). („Artengruppe Strand-G., *A. maritima agg.*")

**1** LB schmal-linealisch, (0,9)1,5–2,5(3) mm br, gewimpert, — niemals mit durchscheinendem Saum, 1nervig (slt am Grund 3nervig); Köpfchen (14)19–26 mm ∅, 0,7–1,8× so groß wie die Länge der HüllBScheide; äußere HüllB lanzettlich bis fädlich, 1–3× so lg wie die inneren, oft die Knospe des Köpfchens überragend; HüllBScheide 12–25 mm lg; KroB blaßrosa bis rosa; FrStand dicht. H: 20–40(50) cm. ♃ He. (V)VI–VIII. Bodensaure Sandmagerrasen, Silikat-Trokkenrasen u. lichte Rotföhrenwälder, Serpentin-Felsfluren, -Trockenrasen u. -Schutthalden; collin bis submontan; slt bis sehr slt. **B, N, St**. Stark gefährdet. Sehr variabel. *(A. maritima subsp. elongata)*

**Sand-G.**, Gewöhnliche G., ***A. elongáta***

Anm.: Die in **St** (mittleres Murtal) u. in **B** (Neufund im Jahre 1991 von Ch. Justin bei Bernstein) über Serpentin wachsenden Populationen wurden gelegentlich mit der aus Bayern beschriebenen „Serpentin-G., *A. e. subsp. serpentini*" *(A. maritima subsp. serpentini, A. m. subsp. halleri var. serpentini)* in Zusammenhang gebracht (ihr zugeordnet), deren teils geringe Organgrößen [äußere HüllB (5)6–7(8) mm lg; LB 1–1,5 mm br] auch bei felsbewohnenden Populationen von *A. elongata* über Nicht-Serpentin auftreten können (zB in **N**) u. vermutlich bloß modifikativer Natur sind.

**-** LB schmal-lanzettlich, (2)3–5(6) mm br, kahl oder (slt) nur am Grund gewimpert, — meist mit durchscheinendem Saum, 1–3nervig; Köpfchen (18)25–45 mm ∅, (1,5)1,7–4,5× so groß wie die Länge der HüllBScheide; äußere HüllB eiförmig bis lanzettlich, kürzer bis so lg wie die inneren u. kürzer bis so lg wie die Knospe des Köpfchens; HüllBScheide 6–14(20) mm lg; KroB kräftig rosa bis purpurn, slt blaßrosa; FrStand locker. H: (5)10–25(35) cm. ♃ He. VII–VIII(IX). Magerrasen, Gesteinsfluren; pH-indifferent; subalpin bis alpin; zstr bis mäßig hfg. **Fehlt B, W, V**. ▲ Sehr variabel. *(A. maritima subsp. alpina)*

**Alpen-G., *A. alpína*** *(s. str.)*

---

* Auf S. 334.

# Unterklasse Zaubernußähnliche, *Hamamelídidae*
## Ordnung Zaubernußartige, *Hamamelidáles*

Zu der ★ **(30 a.) Familie Zaubernußgewächse, *Hamamelidáceae***, gehört u. a. die ★ **Zaubernuß, Zauberhasel, *Hamamélis*** (Heimat: Ostasien u. Nordamerika), von der einige Arten gelegentlich als (im Winter blühende) Ziersträucher kultiviert werden.

## ★ 31. Familie: Platanengewächse, *Platanáceae*

★ **Platane, *Plátanus*** (→ B 61)

Pf 1häusig; LB ähnlich jenen des Spitz-Ahorns / *Acer platanoides*; LB'Stielgrund die Achselknospe einschließend; ♀ u. ♂ Blüstd kugelig; FrStände kugelig, igelähnlich, lg gestielt, hängend den Winter über am Baum bleibend; Fr: lg'haarige Nuß. H: (6)20–40 m. ♄ MPh. V. Als Zierbaum, bes. als Alleebaum, hfg gepflanzt; relativ immissionsresistent. (Herkunft unbekannt; wahrscheinlich Hybride aus *P. orientalis* [Auwälder der östl. Medit.] u. *P. occidentalis* [Nordamerika].) *(P. acerifolia, P. × hybrida)*
★ **Platane, Bastard-P., Ahornblättrige P., *P. × hispánica***

# Ordnung Buchenartige, *Fagáles*
## 32. Familie: Buchengewächse, *Fagáceae*

Gemeinsame Merkmale: 1häusige Bäume, slt Sträucher; LB wechselständig, meist 2zeilig angeordnet, sommergrün, gestielt, einfach; ♀ TeilBlüstd 3–1blütig, von einer beschuppten Hülle (= Cupula) umgeben; ♂ Blüstd (Kätzchen) vielblütig; ♀ Blü mit 6zähligem, ♂ Blü mit 4–6zähligem, unscheinbarem Perigon; StaubB meist so viele oder doppelt so viele wie PerigonB; Frkn 1, unterständig; Narben 3(–6); Fr: Nuß.

1 LB fiederlappig bis -spaltig; Cupula becherförmig, eine einzelne Fr (= „Eichel") am Grund umschließend. — Blü mit den LB erscheinend; ♂ Blüstd länglich- bis linealisch-walzlich, lockerblütig, (2)3–6(8) cm lg, hängend (Abb. 186). **(3) Eiche, *Quércus***

- LB unzerteilt (gezähnt oder fast ganzrandig); Cupula nicht becherförmig, 2–3 Fr vollständig umschließend, — stachelig, zur Reife sich mit 4 Klappen öffnend . . . . . . . . . . . . **2**

2 LB'Spreite 4–9 cm lg, (fast) ganzrandig bis seicht-buchtig entfernt-gezähnt, Rand ± wellig (Abb. 180); Blü mit den LB erscheinend; Stacheln der Cupula nicht stechend; Fr („Bucheckern") zu 2 in der Cupula (Abb. 181), länglich-eiförmig, scharf 3kantig, spitz. **(2) Buche, *Fágus***

- LB'Spreite 10–20(30) cm lg, grob stachelspitzig gezähnt (Abb. 183); Blü nach den LB erscheinend; Stacheln der Cupula stechend; Fr (Kastanien = „Maroni") zu (2)3 in der Cupula, rundlich-eiförmig (meist breiter als lg), nicht kantig, kurz zugespitzt. **(1) Edelkastanie, *Castánea***

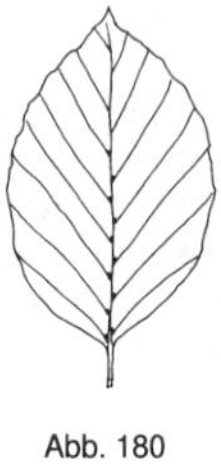
Abb. 180

Abb. 181

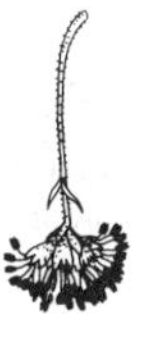
Abb. 182

Abb. 183

## (1) Edelkastanie, *Castánea* (B 106)

LB schmal-elliptisch bis länglich-lanzettlich, etwas lederig, oberseits glänzend d'grün, unterseits matt u. h'grün, meist kahl; ♂ Blüstd ährenförmig, aufrecht, sehr schlank, 10–20 cm lg u. etwa 0,5 cm br, gelblichweiß, stark riechend; ♀ Blüstd am Grund des ♂ Blüstd (Abb. 184). Insektenbestäubung (Nektar!). H: 15–35 m. ♄ MPh. VI–VII. Als Obstbaum kultiviert, in milden Klimalagen verwildert u. (in naturnahen Waldges.) eingebürgert (in **Ö** wohl nirgends ursprünglich heimisch): kalkarme, meist ± bodensaure Laub- u. Eichen-Föhrenwälder; collin bis untermontan; zstr bis mäßig hfg. **Fehlt S?**. (Hptvbr.: Südeuropa, Westasien; submedit.) Bienenweide. *(C. vesca)*

**Edelkastanie**, Echte Kastanie, Maronibaum, Eßkastanie, „Kesten", ***C. satíva***

## (2) Buche, *Fágus* (→ **B 81**, 100, 103)

Rinde h'grau, ± glatt, keine Borke bildend; Winterknospen spindelförmig, 1–3 cm lg, spitz, abstehend; LB elliptisch bis eiförmig, in der Jugend (wie die jungen Zweigachsen) seidig behaart, später auf den Flächen verkahlend; ♂ u. ♀ Blüstd köpfchenförmig; ♂ Blüstd lg'gestielt, hängend (Abb. 182), ♀ Blüstd kürzer u. kräftiger gestielt, aufrecht; ♂ Blü mit 4–15 StaubB. H: (2)20–35(45) m. ♄ MPh. IV–V. Wälder, oft bestandbildend; mittel- u. obermontan bes. mit Tanne, Fichte, Berg-Ahorn; submontan u. untermontan auch mit Trauben-Eiche u. Hainbuche; (slt in ozeanischen Klimalagen subalpin als Krummholz: „Leg-Buche"); frische, gut dränierte, gut durchlüftete, basische bis saure Böden, bes. in subozeanischen, luftfeuchten Klimalagen; Tief- bis Flachwurzler, Schattholz, wenig ausschlagfähig; submontan bis montan (subalpin); hfg; bes. in den Randalpen, fehlt in den Innenalpen. **Alle Bdld**.

**Rotbuche, Buche,** Waldbuche, ***F. sylvática***

## (3) Eiche, *Quércus* (→ B 64)

Anm.: Hybriden sind nicht slt, wo 2 oder mehrere Arten gemeinsam vorkommen. *Zur Beurteilung der LB'Merkmale sind stets die LB von blühenden oder fruchtenden Zweigen heranzuziehen.* – Die Angaben über die Behaarung der LB'Unterseite beziehen sich nicht auf die Haare auf den Nerven u. in den Nervenwinkeln! – Einige ausländische Eichen-Arten werden hauptsächlich als Forstbäume kultiviert, u. zwar bes. die im östl. Nordamerika beheimatete ★ **Rot-Ei., *Qu. rúbra*** (LB'Spreite 15–20 cm lg, kahl, Lappen mit spitzen Zähnen, die in eine etwa 2 mm lg Granne auslaufen).

**1** LB'Stiele u. junge Zweigachsen kahl (höchstens mit zstr Flaumhaaren). — NebenB nach dem Laubaustrieb abfallend; LB'Spreite oberseits stets völlig kahl; Fr im 1. Jahr reifend; LB'Lappen meist abgerundet; Cupula etwa 1–2 cm ∅; Fr etwa 1–3,5 cm lg . . . . . . . . . . . . . . . . . . . . . . . . . . . **2**

**–** LB'Stiele u. junge Zweigachsen dicht behaart (Stern- oder Büschelhaare). — LB'Spreite unterseits ± behaart bleibend, oberseits ziemlich stark (bis völlig) verkahlend . . . . . . . . . . . . . . . . . . . . . . . . . . . . **3**

**2** LB'Stiel 2–5(7) mm lg; LB'Spreite am Grund meist deutlich geöhrt, unterseits (außer in der Jugend) völlig kahl (Sternhaare stets fehlend); Buchtennerven (= gegen die Buchten zu laufende Nerven) nicht nur im unteren Drittel vorhanden; FrStand meist 2–4(6) cm lg gestielt; Cupula-Schuppen bis knapp unter die häutige Spitze miteinander verschmolzen. — LB'Spreite länglich-verkehrt-eiförmig, Lappen oft unregelmäßig u. ungleich groß (Sekundärlappen nicht slt), Buchten oft sehr tief (die tiefsten etwas oberhalb der Spreitenmitte). H: 15–40(45) m. ♄ MPh. IV–V. Wälder, bes. auch Harte Auwälder, bestandbildend

zB mit Hainbuche oder mit Rot-Föhre; mäßig frische bis feuchte, oft magere, ± saure Böden; Tiefwurzler, Halblichtholz; mäßig ausschlagfähig; größere Standortsamplitude (weniger empfindlich) als die Trauben-Ei. / *Qu. petraea*; collin bis untermontan; mäßig hfg. **Alle Bdld**. Auch forstlich kultiviert. Wertholz; ArzneiPf (Rinde). Bildet nicht slt Hybriden, bes. mit Trauben-Ei. / *Qu. petraea.*
*(Qu. pedunculata)* **Stiel-Ei.**, Sommer-Ei., ***Qu. róbur***

– LB'Stiel (10)18–25(30) mm lg; LB'Spreite am Grund nicht geöhrt (meist keilig bis abgerundet), unterseits mit winzigen, 2–4strahligen, anliegenden Sternhaaren *(Lupe!)*, in den Nervenwinkeln etwas behaart, nie völlig verkahlend; Buchtennerven fehlend oder höchstens im unteren Drittel; FrStand sitzend oder höchstens 2 cm lg gestielt; Cupula-Schuppen frei (doch fest ziegeldachig angepreßt). — LB'Spreite 7–12 cm lg, verkehrt-br-eiförmig bis elliptisch, Lappen meist ± regelmäßig u. nicht sehr ungleich groß (Sekundärlappen slt), Buchten nicht sehr tief (die tiefsten in oder unterhalb der Spreitenmitte); Cupula-Schuppen eilanzettlich, flach bis ± gewölbt, aber ohne Höcker, dichtflaumig. H: 10–30(40) m. ♄ MPh. IV–V. Wälder, bestandbildend oft mit Hainbuche u./ oder Zerr-Eiche u. a.; mäßig trockene bis frische, basische bis saure Böden; Tiefwurzler, Halblichtholz; mäßig ausschlagfähig; collin bis untermontan; mäßig hfg. **Alle Bdld**. Auch forstlich kultiviert. Wertholz; ArzneiPf (Rinde). Bildet nicht slt Hybriden mit Stiel-Ei. / *Qu. robur* u. Flaum-Ei. / *Qu. pubescens.*
*(Qu. sessiliflora)* **Trauben-Ei.**, Winter-Ei., ***Qu. petráea***

Anm.: In die engste Verwandtschaft dieser Art (Artengruppe Trauben-Ei., *Qu. petraea agg.*) gehören die folgenden beiden, aus den (nord)östlichen Nachbarländern Ungarn, Slowakei u. Süd-Mähren angegebenen Arten, bei denen weder ausreichend gut erforscht ist, wieweit sie sich von *Qu. petraea* unterscheiden lassen u. welcher taxonomische Rang ihnen zukommt, noch bisher bekannt ist, ob u. wo sie in **Ö** verbreitet sind. Die folgenden Angaben mögen auch als Aufforderung verstanden werden, dieser Artengruppe entsprechende Aufmerksamkeit zuzuwenden. – Die beiden folgenden Arten unterscheiden sich von der Trauben-Ei. / *Qu. petraea* durch folgende Merkmale: (voll entwickelte) LB ± lederig*; Cupula-Schuppen mit einem deutlichen Höcker, zumindest auf diesem Höcker kahl.

**a** LB'Spreite 6–10 cm lg, br-elliptisch, ziemlich regelmäßig seicht gelappt, stark lederig; Cupula bräunlich, Schuppen br-eiförmig; Borke auch mit Querrissen. — LB'Spreite oberseits d'grün, unterseits h'grün. **B, N?** (Vielleicht im östl. **Ö** weiter verbreitet*.) *(Qu. petraea subsp. polycarpa)* ▪ **Reichfrüchtige Ei., *Qu. polycárpa***

– LB'Spreite 7–12 cm lg, eiförmig bis eilanzettlich (Spitze oft verlängert), meist nicht ganz regelmäßig gelappt (Lappen schmal, spitzlich), ± lederig; Cupula grau, Schuppen fast rhombisch; Borke oft tief- u. br-längsrissig (ähnlich wie bei der Zerr-Ei.). **B(!), W, N, St***. *(Qu. petraea subsp. dalechampii)* ▪ **Gelbliche Ei., *Qu. dalechámpii***

**3** LB'Spreite unterseits zart sternhaarig (Sternhaare winzig, etwa 8–9strahlig, *Lupe!*), Behaarung nicht abreibbar; LB'Lappen spitz bis kurz bespitzt; NebenB

* Auskünfte von F. Starlinger, 1993 (ined.)

Abb. 184

Abb. 185

Abb. 186

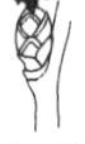
Abb. 187a

Abb. 187b

Abb. 187c

mindestens 2 Jahre erhalten bleibend; Cupula mit pfriemlichen, etwa 5–10 mm lg, abstehenden Schuppen (Abb. 185); Fr im 2. Jahr reifend, Zweige daher unterhalb der FrStände nicht beblättert; Borke auffällig br-längsrissig (Risse etwa 3–5 cm voneinander entfernt). — LB'Stiel 5–20 mm lg; FrStand sitzend oder bis 2 cm lg gestielt; Cupula 1,5–2,5(3) cm ∅; Fr 2–3,5(4,5) cm lg. Im Frühling etwa 1–2 Wochen später austreibend als die anderen Arten. H: 15–35 m. ♄ MPh. IV–V. Trocken-warme Wälder auf lehmigen, oft kalkarmen Böden; collin bis submontan; zstr. Bes. im Pann. **B, W, N, St**. (Hptvbr.: Süd- u. Südosteuropa; submedit.) **Zerr-Ei., *Qu. cérris***

- LB'Spreite unterseits kraus weichhaarig (4–5armige, verflochtene Büschelhaare), Behaarung *(ohne Lupe leicht sichtbar!)*, abreibbar (abzuribbeln); LB'Lappen meist abgerundet, slt spitz; NebenB bald nach dem Laubausbruch abfallend; Cupula mit eiförmigen bis schmal-lanzettlichen, etwa 1–2 mm lg, ziegeldachig anliegenden Schuppen; Fr im 1. Jahr reifend, Zweige daher unterhalb der FrStände beblättert; Borke nicht auffällig br-längsrissig (Risse 1–2 cm voneinander entfernt). — Junge Zweigachsen u. junge LB'Stiele filzig behaart (Büschelhaare); LB'Spreite br-verkehrt-eiförmig bis br-elliptisch, oft stark uneben, Lappen meist wellig, oft mit Sekundärlappen. (Artengruppe Flaum-Ei., *Qu. pubescens agg.*) . . . . . . . . . . . . . . . . . . . . . . . . . . . **4**

**4** LB'Stiel meist 5–12 mm lg; Cupula mit dicht angepreßten Schuppen; FrStand sitzend oder bis 1 cm lg gestielt. — Pf oft strauchig; junge Zweigachsen schlank; seitliche Winterknospen kürzer als 5 mm; LB'Spreite 4–8(12) cm lg, 3–6(8) cm br, am Rand bleibend flaumig behaart; Cupula 0,6-1,2(1,4) cm ∅, Schuppen schmal-lanzettlich; Fr 0,8–1,8(2,5) cm lg. H: 2–15(20) m. ♄ MPh–NPh. IV–V. Trocken-warme, lichte Wälder, Gebüsche bildend; auf flachgründigen, steinigen Böden; kalkliebend; collin (submontan); im Pann hfg, sonst sehr slt. **B, W, N, St(?)** (slt), **K(?)** (slt). (Hptvbr.: Südeuropa; submedit.) Bildet nicht slt Hybriden, bes. mit Trauben-Ei. / *Qu. petraea.* *(Qu. lanuginosa)*

**■ Eigentliche Flaum-Ei., *Qu. pubéscens***

Anm.: Die bisher vorliegenden Vbr.- u. Häufigkeitsangaben beziehen sich auf *Qu. pubescens s. l. ( = agg.)*, die zB auch in **St** u. **K** sicher vorkommt; die folgende Art wurde nämlich bisher von *Qu. pubescens s. str.* in **Ö** kaum unterschieden.

- LB'Stiel meist 15–25 mm lg; Cupula mit locker anliegenden Schuppen; FrStand (1)2–6 cm lg gestielt. — Pf stets baumförmig; junge Zweigachsen auffallend kräftig; seitliche Winterknospen 5–8(10) mm lg, kantig; LB'Spreite (5)6–14(16) cm lg u. 4–11(13) cm br, am Rand hfg kahl u. graubläulich bereift; Cupula 1–1,8 cm ∅, Schuppen eiförmig; Fr 2–4 cm lg. H: 10–20 m. ♄ MPh. IV–V. Trocken-warme Wälder, kalkliebend (?); collin (submontan); im Pann zstr (?). **B, W, N, St?, K?**. (Vielleicht weiter verbreitet, genaue Vbr. unerforscht, → vorhergehende Anm.) **■ Adriatische Flaum-Ei., *Qu. virgiliána***

## 33. Familie: Birkengewächse (i. w. S.), *Betuláceae (s. l.,* dh inkl. *Corylaceae, Carpinaceae)*

Gemeinsame Merkmale: 1häusige Bäume oder Sträucher (slt Zwergsträucher); LB wechselständig, sommergrün, gestielt, Spreite einfach, unzerteilt, gesägt (slt kerbsägig); ♂ Kätzchen meist hängend; ♀ u. ♂ Blü ohne oder nur mit unscheinbarer BlüHülle (Perigon); Frkn 1, unterständig; Narben 2; Fr: Nuß.

**1** Fr meist geflügelt, ohne Hülle; ♂ Blü mit BlüHülle; Staubbeutel kahl; ♀ Blüstd: aufrechtes Kätzchen (fruchtende Kätzchen aufrecht oder hängend); ♀ Blü ohne

BlüHülle. (Unterfamilie Birkenförmige, *Betuloideae* = *Betulaceae s. str.*; → B 106–) . . . . . . . . . . **2**

- Fr nicht geflügelt, von einer Hülle umgeben (diese becherförmig, sackförmig oder flach u. 3lappig); ♂ Blü ohne BlüHülle; Staubbeutel an der Spitze mit einem Haarbüschel; ♀ Blüstd: knospenförmig oder walzliches Kätzchen; ♀ Blü mit BlüHülle. — ♂ Kätzchen linealisch-walzlich, stets hängend. (Unterfamilie Haselförmige, *Coryloideae* = *Corylaceae [s. l.]*) . . . . . . . . . **3**

**2** FrSchuppen 3lappig, nicht verholzend, zur FrReife abfallend, keinen nach der Reife erhalten bleibenden Zapfen bildend; ♀ Kätzchen einzeln; StaubB 2, gespalten, Theken voneinander getrennt. **(1) Birke, *Bétula***

- FrSchuppen (4)5lappig, nach der Reife verholzend, nicht abfallend, sondern einen bis in das nächste Jahr am Zweig verbleibenden Zapfen bildend; ♀ Kätzchen zu 3–5; StaubB 4, Theken zumindest am Grund miteinander verbunden. — ♂ Kätzchen linealisch-walzenförmig, stets hängend; FrZapfen kugelig-eiförmig bis schmal-ellipsoidisch, 1–2 cm lg, in einem ährigen oder traubigen Zapfenstand angeordnet (ähnlich Abb. 191). **(2) Erle, *Álnus***

**3** Blü lange vor den LB erscheinend; ♀ Blüstd knospenförmig, aufrecht (Abb. 187 a, b); FrHülle becherförmig, zerschlitzt; junge Zweigachsen u. LB'Stiele mit (rötlichen) Drüsenhaaren. — StaubB (scheinbar) 8 (mit nur je 1 Theke, tatsächlich also 8 halbe StaubB; Abb. 187 c). **(3) Hasel, *Córylus***

- Blü etwa gleichzeitig mit den LB erscheinend; ♀ Blüstd: walzliches Kätzchen; FrHülle sackförmig oder flach u. 3lappig, nicht zerschlitzt; junge Zweigachsen u. LB'Stiele ohne Drüsenhaare. — Winterknospen 5–8(10) mm lg; LB'Spreitengrund abgestutzt bis schwach herzförmig, meist ± asymmetrisch; StaubB 4–12, gespalten (Theken voneinander getrennt) . . . . . . . . . **4**

**4** FrHülle flach u. 3lappig (Abb. 188); Stamm mit glatter Rinde (die nur im hohen Alter zu einer Borke aufreißt), im ∅ mit unregelmäßigen Ausbuchtungen (Stamm mit unregelmäßigen Längsrippen); LB'Spreite ober- u. unterseits auf den Seitennerven (wie auf dem Mittelnerv) mit (1)1,5–2(2,5) mm lg (steifen) Haaren, sonst, zw. den Seitennerven, (fast) völlig kahl (slt oberseits sehr vereinzelte, sitzende Drüsen); unterseits drüsenlos *(Lupe!)*; ♂ Kätzchen im Winter noch nicht sichtbar (sondern in Winterknospen eingeschlossen); DeckB der ♂ Blü (4)5(6) mm lg. **(4) Hainbuche, *Cárpinus***

- FrHülle sackförmig, unzerteilt, die Fr völlig einhüllend; Stamm nur anfangs mit fast glatter (schwach geringelter) Rinde, bald mit dunkler, rissiger Borke, im ∅ meist regelmäßig rundlich (Stamm ohne Längsrippen), nur auf Steilhän-

Abb. 188

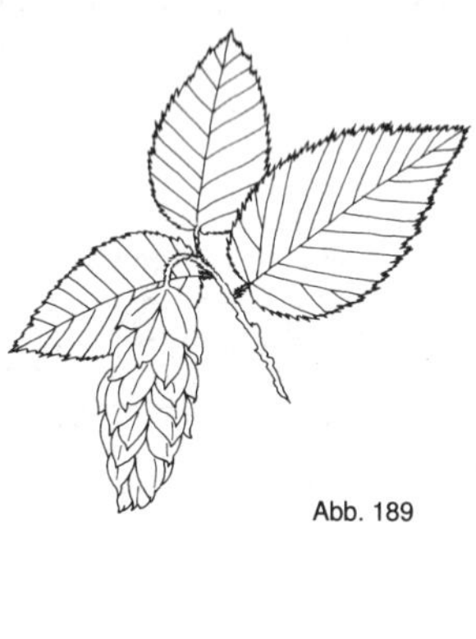

Abb. 189

gen ± eiförmig (bes. am Grund); LB'Spreite oberseits auf den Seitennerven (fast) kahl, nur auf dem Mittelnerv u. fallweise auf den untersten Seitennerven mit 0,5–1(1,5) mm lg (geraden) Haaren, oberseits zw. den Seitennerven jedoch je ein Längsstreifen mit 0,5–1(1,5) mm lg (geraden) Haaren, sonst kurz- bis sehr kurzhaarig oder kahl (immer drüsenlos); unterseits auf den Nerven mit 0,5–1(1,5) mm lg (geraden) Haaren, dazw. meist locker kurzhaarig, slt kahl, (bes. in der Jugend) ± reichlich mit sitzenden Drüsen *(Lupe!)*; ♂ Kätzchen im Winter bereits als solche sichtbar (meist zu 2–4); DeckB der ♂ Blü (2)3(4) mm lg. **(5) Hopfenbuche, *Óstrya***

## (1) Birke, *Bétula*

Anm.: Zur Beurteilung der LB'Merkmale sind stets die LB von blühenden oder fruchtenden Zweigen heranzuziehen.

1 Bäume oder höhere Sträucher (über 3 m hoch); LB 10–30 mm lg gestielt, Spreite meist länger als 25 mm; ♂ Kätzchen hängend; FrFlügel so br oder breiter als die Nuß. — Rinde weiß, sich in waagrechten Streifen abschälend . . . . . . . . . . . . . . . . . . . . . . . . . . . . . . . . . 2

- Niedere Sträucher (nicht höher als 3 m); LB 1–5 mm lg gestielt, Spreite kaum länger als 25 mm; ♂ Kätzchen aufrecht; FrFlügel schmäler als die Nuß. — Fruchtende Kätzchen aufrecht . . . . . . . . . . . . . . . . . . . . 3

2 Heurige Zweigachsen stark warzig (Harzdrüsen), (fast) kahl; LB meist 2–3 cm lg gestielt, (fast) kahl (nur LB von JungPf u. Stockausschlägen oft ähnlich behaart wie bei der folgenden Art); Seitenlappen der FrSchuppen weit-abstehend bis schwach abwärts gerichtet; FrFlügel 2–3× so br wie die Nuß. — Rinde reinweiß, glänzend; bei älteren Bäumen die äußeren Zweige meist hängend; LB'Spreite rhombisch bis 3eckig-eiförmig, mit br-keilförmigem bis seicht herzförmigem Grund u. meist lg ausgezogener Spitze, zumindest in der vorderen Hälfte scharf doppelt-gesägt (Abb. 49 b); fruchtende Kätzchen hängend. H: 10–20(30) m. ♄ MPh. IV–V. Beigemischt in lichten Wäldern auf mageren Böden, in Vorgehölzen; Lichtholz, Pioniergehölz, anspruchslos; collin bis subalpin; zstr bis mäßig hfg. **Alle Bdld.** Hfg als Zierbaum u. auch forstlich kultiviert. ArzneiPf (LB, Blutungssaft). Variabel; ■ Hybriden (bzw. Zwischenarten) mit der Moor-B. / *B. pubescens* u. der Strauch-B. / *B. humilis*.
*(B. verrucosa, B. „alba")*
**Weiß-B., Gewöhnliche B.**, Warzen-B., Hänge-B., Rauh-B., Sand-B., ***B. péndula***

- Heurige Zweigachsen kaum warzig, dicht kurzhaarig (nicht verkahlend); LB meist 1–2 cm lg gestielt, jung flaumhaarig, später zumindest unterseits in den Nervenwinkeln behaart bleibend; Seitenlappen der FrSchuppen oft aufwärts-abstehend; FrFlügel so br oder nur wenig breiter als die Nuß. — Rinde gelblich- bis grauweiß, matt; Zweige meist aufrecht-abstehend; LB'Spreite eiförmig bis rundlich-eiförmig, etwas derb, meist 2,5–5 cm lg u. 2,5–3,5 cm br, mit br-keilförmigem Grund, spitz bis zugespitzt, (einfach- bis doppelt-) gesägt. H: (2)3–15(20) m. ♄ MPh (NPh). IV–V. Moore, Moorwälder, Birkenbruchwälder; collin bis montan; zstr. **Fehlt W**. ArzneiPf. Gefährdet. ■ Hybriden (bzw. Zwischenarten) mit der Weiß-B. / *B. pendula* (zB *B. carpatica, B. tortuosa*, die oft als Unterarten der Moor-B. / *B. pubescens* angesehen werden) u. der Strauch-B. / *B. humilis*. **Moor-B.**, Flaum-B., Haar-B., ***B. pubéscens***

3 LB'Spreite eiförmig bis elliptisch, deutlich länger als br, fiedernervig (beiderseits je 4–5(6) Seitennerven); ♀ Kätzchen kurz gestielt, 8–15 mm lg. — Heurige Zweigachsen mit Harzdrüsen besetzt; vorjährige Zweigachsen stark warzig-

rauh; LB 2–5 mm lg gestielt, Spreite 10–25(30) mm lg. H: 0,5–2(3) m. ♄ NPh. IV–V. Moore, Föhren- u. Fichtenwälder; collin bis montan; sehr slt. **O, St, K, S†, V?**. Stark gefährdet; im nVL vom Aussterben bedroht. ▲ Bildet Hybriden mit Moor-B. / *B. pubescens* u. Weiß-B. / *B. pendula*. **Strauch-B., *B. húmilis***

- LB'Spreite fast kreisrund, oft etwas breiter als lg, je 2–4 Seitennerven; ♀ Kätzchen fast sitzend, 5–10 mm lg. — LB 1–3 mm lg gestielt, Spreite 4–12(15) mm lg u. 5–15 mm br, grob-(einfach)kerbsägig. H: 20–50 cm. ♄ NPh. IV–V. Hochmoore, Zwergstrauchheiden; montan bis subalpin (alpin); slt. **Fehlt B, W, O**. (Arktisch-alpisch.) Stark gefährdet. ▲ [B 88] **Zwerg-B., *B. nána***

## (2) Erle, *Álnus* (inkl. *Duschekia*)

1 LB'Spreite meist gestutzt bis ausgerandet (Abb. 190), slt abgerundet. — Baum; Rinde anfangs glatt, grünlich bis bräunlich, später in eine rissige, schwärzliche Borke übergehend; Winterknospen gestielt, stumpf; junge Zweigachsen u. junge LB klebrig; LB 1–2(3) cm lg gestielt, Spreite rundlich bis verkehrt-eiförmig, 4–8(10) cm lg, beiderseits je 6–8 Seitennerven, gesägt bis gezähnt, oberseits (fast) kahl, d'grün, unterseits in den Nervenwinkeln behaart; ♀ u. ♂ Kätzchen als Knospen im Herbst des Vorjahres erscheinend, lange vor dem Laubausbruch blühend (Abb. 192); seitliche FrZapfen etwa 5–15 mm lg gestielt (Abb. 191); Fr sehr schmal geflügelt. H: 10–25(35) m. ♄ MPh. III–IV. Ufer, Auwälder, Bruchwälder; staunasse, tonige, nährstoffreiche, kalkarme Böden; Tiefwurzler, Grundwasserzeiger, Stickstoffsammler (wie Grau-E. / *A. incana*); collin bis untermontan; zstr bis hfg. **Alle Bdld**. Im Alp gefährdet. **Schwarz-E.**, Rot-E., ***A. glutinósa***

- LB'Spreite ± spitz . . . . . . . . . . . . . . . . . . . . . . . . . . . . . 2

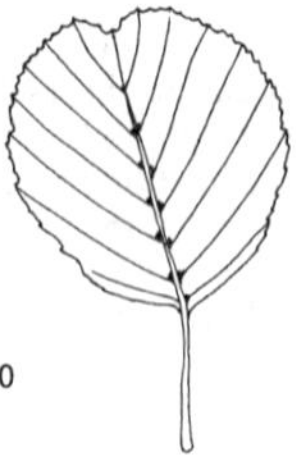

Abb. 190

Abb. 191

Abb. 192

2 Strauch (sehr slt Baum), während des Laubausbruchs blühend (stäubend); LB unterseits grasgrün; ♀ Kätzchen erst im Frühjahr mit den LB erscheinend (♂ Kätzchen schon im Herbst des Vorjahres erscheinend); Winterknospen sitzend, spitz; seitliche FrZapfen 5–30 mm lg gestielt; Fr br geflügelt (Flügel zart, durchscheinend). — LB (0,5)1–2 cm lg gestielt, Spreite elliptisch bis br-eiförmig, 3–6 cm lg, spitz bis kurz zugespitzt, scharf doppelt-gesägt, beiderseits kahl oder unterseits in den Nervenwinkeln ± behaart; junge LB klebrig; FrZapfen 10–15 mm lg. H: 0,5–2,5(4) m. ♄ NPh. IV–V(VI). Bes. subalpin gebüschbildend auf nährstoffreichen, gut durchfeuchteten Böden, bes. in Lawinenrunsen, mit Hochstaudenfluren; zstr im Unterwuchs bodensaurer, magerer montaner Wälder; (slt als Glazialrelikt in collinen Föhrenwäldern); (collin bis) subalpin; zstr bis hfg. **Fehlt W**. △ (*Duschekia alnobetula*, ***A. viridis***) **Grün-E.**, Alpen-E., „Luttern", ***A. alnobétula***

- Baum (slt Strauch), lange vor dem Laubausbruch blühend; LB unterseits graugrün; ♀ (wie ♂) Kätzchen als Knospen schon im Herbst des Vorjahres erscheinend; Winterknospen gestielt, stumpf; seitliche FrZapfen sitzend oder bis 2 mm lg gestielt; Fr schmal geflügelt. — Rinde glatt, grau, keine Borke bildend; LB 1–2(3) cm lg gestielt, Spreite meist elliptisch bis rundlich-elliptisch, seltener eiförmig, 5–8(10) cm lg, spitz bis kurz zugespitzt, beiderseits mit 8–12 Seitennerven, doppelt-gesägt, zunächst behaart, später ± verkahlend. H: 5–15(20) m. ♄ MPh. III–IV. Ufer, Auwälder (namengebende Art des Grauerlen-Auwaldes), vernäßte Hänge, slt in Bruchwäldern; feuchte bis nasse, gut durchlüftete, kalk- u. nährstoffreiche Böden; Stickstoffsammler (symbiontische N-bindende Aktinomyzeten in Wurzelknöllchen); (collin) montan; hfg. **Alle Bdld.**

**Grau-E.**, Weiß-E., ***A. incána***

## (3) Hasel, *Córylus*

Anm.: Als Zierbaum (slt forstlich) wird gelegentlich die ★ **Baum-H.**, ***C. colúrna***, kultiviert (Nuß in tief zerteilter Hülle, 1,5 cm lg, eßbar; Heimat: Südost-Europa, Westasien).

LB etwa 1 cm lg gestielt, Spreite meist rundlich bis verkehrt-eiförmig, doppelt-gesägt, mit herzförmigem Grund u. deutlich ausgezogener Spitze; Winterknospen elliptisch, stumpf, etwas zusammengedrückt („pantoffelförmig"), behaart; Narben d'rot (Abb. 187 b). H: 1–4 m. ♄ NPh. (I)II–IV. Gebüsche, Edellaubwälder u. deren Säume; ausschlagfähige PionierPf; collin bis montan; hfg. **Alle Bdld.** Wildobst (Fr eßbar: Haselnuß).

**Gewöhnliche H.**, Haselstrauch, Haselnußstrauch, ***C. avellána***

## (4) Hainbuche, *Cárpinus*

Winterknospen meist deutlich behaart, die seitlichen der Zweigachse ± anliegend; LB (5)8–15(20) mm lg gestielt, Spreite elliptisch bis schwach eiförmig, spitz, doppelt-gesägt; ♀ Kätzchen schon beim Blühen hängend. H: 6–25 m. ♄ MPh. IV–V. Waldbildend (oft zusammen mit Trauben-Eiche / *Qu. petraea*): Edellaubwälder (auch Harte Auwälder); bes. auf lehmigen, staufeuchten Böden; Halbschattholz, gut ausschlagfähig; collin bis untermontan; hfg bis slt. **Alle Bdld.** Hartholz. Auch (als Hecke) kultiviert.

**Hainbuche**, Weißbuche, ***C. bétulus***

## (5) Hopfenbuche, *Óstrya*

Winterknospen klebrig; LB (3)5–8(10) mm lg gestielt, Spreite eiförmig, spitz, sehr scharf doppelt-gesägt (sehr ähnlich der Hainbuche!); ♀ Kätzchen anfangs (beim Blühen) ± aufrecht; FrStand koniferenzapfenförmig (ähnlich jenem des Hopfens), 4–6 cm lg (Abb. 189), seine Achse nicht abfallend. H: 5–10(18) m. ♄ MPh. IV–VI. Meist kalkhältige, felsige Steilhangwälder in subozeanischen Klimalagen, auch auf Rohböden u. Pionier auf Felsschutthalden; gut ausschlagfähig; collin bis untermontan. Ost-**St** (sehr slt: nur in der Weiz-Klamm), **K** (bes. im Süden zstr bis mäßig hfg), Ost-**T*** (zstr bis slt), Nord-**T** (sehr slt: nur in der Mühlauer Klamm bei Innsbruck). (Hptvbr.: östl.-submedit.) ▲

**Hopfenbuche**, Schwarzbuche, (sl.:) črni gaber, ***O. carpinifólia***

---

* A. Polatschek: Mskr. Fl. **T & V**.

# Ordnung Brennesselartige, *Urticáles*

Anm.: Diese Ordnung wird aufgrund neuerer Befunde von manchen Taxonomen zu den *Dilleníidae*, u. zwar anschließend an die *Malváles*, gestellt.

## 34. Familie: Ulmengewächse, *Ulmáceae*

Anm.: Hierher auch der ★ **Amerikanische Zürgelbaum, *Céltis occidentális*** (→ B 93), der als Alleebaum kultiviert wird (Heimat: USA).

### **Ulme**, Rüster, „Rusten", ***Úlmus*** (→ B 8)

**1** Blü 6–18 mm lg gestielt, in zunächst ± aufrechten, später hängenden, doldenähnlichen Büscheln (Abb. 193 a); Fr (Flugsaum) zottig bewimpert; die meisten LB'Nerven ungegabelt; Winterknospen h'braun. — Stamm oft mit Wasserreisern, Stammgrund ± deutlich zerklüftet: „Brettwurzeln"; Knospenschuppen auf der Fläche kahl; LB'Stiel etwa 5–8 mm lg, dicht behaart; LB'Spreite meist elliptisch, mit kurz ausgezogener Spitze u. stark asymmetrischem Grund (Abb. 193 b), oberseits meist kahl, unterseits ± dicht flaum-(kraus-)haarig, (Haupt-) Blattzähne stark nach vorn gekrümmt; StaubB 5–8; Fr (samt Flugsaum) meist elliptisch, etwa 10–12 mm lg, an bis 4 cm lg, fädlichen Stielen hängend; Sa etwa in der Mitte der Fr. H: 15–35 m. ♄ MPh. III(IV). (Harte) Auwälder; collin; zstr. **Fehlt K, T**. *(U. effusa)* **Flatter-U.**, Bast-R., ***U. láevis***

**-** Blü fast sitzend, in stets aufrechten, köpfchenähnlichen Büscheln (Abb. 194); Fr (Flugsaum) nicht bewimpert; die meisten LB'Nerven gegabelt; Winterknospen d'braun (schwarzbraun). — Spreitengrund ± deutlich asymmetrisch; StaubB (3)4–6 . . . . . . . . . . . . . . . . . . . . . . . . . . . . . **2**

**2** Junge LB drüsig; LB'Spreiten oberseits kahl (bis rauh-papillös) oder nur mit vereinzelten, kurzen, steifen Haaren; Fr (samt Flugsaum) (12)15–20 mm lg; Sa etwas oberhalb der Mitte der Fr (Abb. 195 a); WuSchößlinge vorhanden. — Borke korkreich, durch Längs- u. Querrisse gefeldert; Winterknospen (zumindest die inneren Schuppen) ± weißhaarig; Zweigachsen meist kahl, bes. an strauchigen Exemplaren oft mit Korkleisten; LB etwa (2)5–10(15) mm lg gestielt, Spreite meist elliptisch, spitz bis zugespitzt (Abb. 193 c), unterseits in den Nervenwinkeln behaart; Perigon weiß bewimpert. H: (2)5–30 m. ♄ (NPh) MPh. III–IV. Edellaubwälder, bes. Auwälder; collin bis submontan; zstr bis mäßig hfg. **Fehlt K?**. *(U. „glabra", U. suberosa, U. campestris, U. carpinifolia)* **Feld-U.**, Rot-R., ***U. mínor***

Anm.: Die nahe verwandte, aber noch unzureichend erforschte ⊖? ▪ **Haar-U.**, Englische U., ***U. procéra*** wird für **B** (Auwälder) angegeben (Zweigachsen dicklich, im 1. u.

Abb. 193a

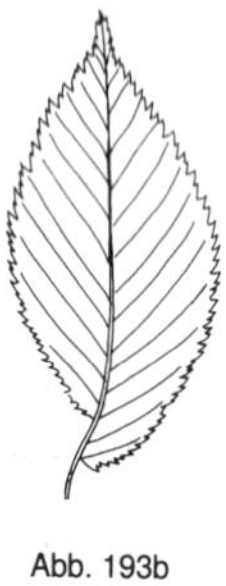

Abb. 193b

Abb. 193c

Abb. 194

Abb. 195a

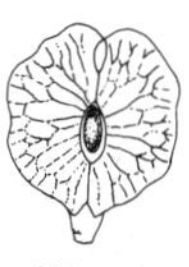

Abb. 195b

2. Jahr ± dicht borstenhaarig); LB'Stiele 4–6 mm lg, ± dicht behaart; LB'Spreite rundlich bis verkehrt-eiförmig (bei *U. minor* eiförmig bis verkehrt-eilanzettlich), oberseits meist sehr rauh, unterseits zur Gänze (nicht nur in den Nervenwinkeln) weichhaarig; Fr rundlich (bei *U. minor* verkehrt-eiförmig bis herzförmig), etwa 13 mm ∅; Hptvbr.: West-, Süd- u. Südost-Europa.

– Junge LB nicht drüsig; LB'Spreiten oberseits kurz-rauhhaarig; Fr (samt Flugsaum) 20–30 mm lg; Sa in der Mitte der Fr (Abb. 195 b); WuSchößlinge fehlend. — Winterknospen etwas versetzt über den Blattnarben sitzend, kegelig, spitz, Knospenschuppen fuchsgelb bis rostbraun behaart; junge Zweigachsen kurzhaarig; BlüstdKnospen kugelig; LB etwa 3–5 mm lg gestielt, Spreite meist elliptisch bis verkehrt-eiförmig, vorn in 1 oder 3–5 Spitzen ausgezogen; Grund der vergrößerten Spreitenhälfte öhrchenförmig, den kurzen LB'Stiel ± verdeckend; Perigon rostrot bewimpert. H: 10–40 m. ♄ MPh. III–IV. Frische, nährstoffreiche Wälder, Schluchtwälder; collin bis montan (subalpin); mäßig hfg. **Alle Bdld.** (*U. montana, U. scabra*) **Berg-U.**, Weiß-R., ***U. glábra***

Anm.: Die ★ **Holland-U., *U. glábra* × *mínor*** wird nicht slt kultiviert (?).

## ★ 35. Familie: Maulbeergewächse, *Moráceae* (→ B 92)

Anm.: Gelegentlich angepflanzt werden ★ **Osagedorn, Milchorange, *Maclúra pomífera*** (*M. aurantiaca*) (dorniger, 2häusiger Baum; LB unzerteilt, eiförmig; FrStand kugelig, 8–10 cm ∅; Heimat: Nordamerika) u. ★ **Papiermaulbeerbaum, *Broussonétia papyrífera*** (2häusiger Baum; LB handförmig gespalten mit auffällig runden Buchten; Heimat: Ostasien).

1 ♂ u. ♀ Blü in getrennten, kätzchenartigen Ähren; Frstd (FrVerband) brombeerartig. — FrPerigon fleischig-saftig; LB gestielt, Spreite vielgestaltig (zT unzerteilt, zT 3–5lappig), grob gesägt. ★ **(1) Maulbeerbaum, *Mórus***

– ♂ u. ♀ Blü auf der Innenseite der hohlen BlüstdAchse; Frstd birnenförmig. ★ **(2) Feigenbaum, *Fícus***

### ★ (1) Maulbeerbaum, *Mórus* (B 60)

1 LB oberseits rauh, unterseits flaumhaarig; FrStand schwarzpurpurn, sitzend, — wohlschmeckend. H: 1–15 m. ♄ (NPh) MPh. V. Als Zier- u. Obstbaum kultiviert, sehr slt verwildert. (Heimat: Südwest-Asien.) ★ **Schwarzer M., *M. nígra***

– LB oberseits glatt, unterseits kahl (höchstens auf den Nerven behaart); FrStand weiß bis rosa, gestielt (Stiel etwa so lg wie Frstd), — genießbar (etwas weniger schmackhaft als die vorige). H: 1–10 m. ♄ (NPh) MPh. V. (Früher:) als FutterPf für die Seidenraupe in warmen Lagen kultiviert (kahle LB!); Anbau bes. von Kaiserin Maria Theresia gefördert; auch als Alleebaum; zstr (collin) verwildert (bes. im Pann u. **K**). (Heimat: Ost-Asien.) ★ **Weißer M., *M. álba***

Anm.: Slt gepflanzt wird der ★ **Rote M., *M. rúbra*** (LB unterseits weichhaarig; FrStand rot; Heimat: östl. Nordamerika).

### ★ (2) Feigenbaum, *Fícus*

Anm.: Als ZimmerPf werden immergrüne tropische Arten dieser Gattung kultiviert, zB der beliebte ★ **Gummibaum, *F. elástica*** (Heimat: tropisches Asien).

LB'Spreite 10–20 cm lg, gelappt; Frstd (Feige) 5–8 cm lg, violett oder blaßgrün. H: 1–5 m. ♄ NPh–MPh. V–X. Als Obstbaum in warmen Lagen slt kultiviert (slt JungPf unbeständig verwildert). (Heimat: östl. Medit.) Alte KulturPf. ★ **Feigenbaum, *F. cárica***

## 36. Familie: Hanfgewächse, *Cannabáceae*

Gemeinsame Merkmale: Pf meist 2häusig, ohne Milchsaft; ♂ Blü gestielt; ♀ Blü sitzend; BlüHülle einfach (Perigon); Fr: Nuß, vom meist erhalten bleibenden Perigon umhüllt.

1 Stg windend; LB'Spreite meist gelappt; ♂ u. ♀ Blüstd hängend; ♀ Blü in

Scheinähren, zur FrReife sich zu FrZapfen entwickelnd. — ♂ Blü in Rispen (diese in LB'Achseln). **(1) Hopfen, *Húmulus***
- Stg aufrecht; LB'Spreite gefingert; ♂ u. ♀ Blüstd aufrecht; ♀ Blü zu 2 in LB'Achseln, sich nicht zu FrZapfen entwickelnd. — ♂ Blü (Abb. 641) in Rispen. **(2) Hanf, *Cánnabis***

## (1) Hopfen, *Húmulus* (G XIV 6, 18)

Stg linkswindend, mit winzigen Kletterhakenhaaren *(Lupe!)*, dadurch sehr rauh; ♂ Blü etwa 5 mm ∅; FrStände („Hopfen-Dolden“) mit gelben Drüsen (Lupulin). H: 2–6 m. ♃ He. V. Auwälder, feuchte, nährstoffreiche Gebüsche, Ufersäume; collin bis montan; zstr. **Alle Bdld.** Auch kultiviert (für Bierbrauerei: FrStände). Wildgemüse (junge Triebe); ArzneiPf (Beruhigungsmittel). **Hopfen, *H. lúpulus***

## (2) Hanf, *Cánnabis* (G XIV 7, 25)

Pf 2häusig; Stg kurzhaarig; Blättchen lanzettlich, gesägt. ⊙ Th. *(**C. sativa agg.**)*
**Hanf, *C. satíva s. l.***

a BlüHülle der ♀ Blü verkümmert; Fr h'grau, 3,5–5 mm lg u. 2,5–4 mm br, ohne stielartigen Ringwulst, kaum abfallend. H: 150–250 cm. VII–VIII. KulturPf (Faser-, Öl-, Vogelfutter- u. RauschgiftPf [Haschisch, Marihuana]), mitunter verwildert. (Heimat: Asien.) VolksarzneiPf (histor., heute Anbau gesetzlich verboten!). *(**C. sativa** s. str.)*
★ **Kultur-H., *C. s. subsp. satíva***
- BlüHülle der ♀ Blü vorhanden; Fr bräunlich, 2,5–3,5 mm lg u. 1,8–2,5 mm br, am Grund mit stielähnlichem Ringwulst, leicht abfallend, — von der vertrockneten BlüHülle umgeben. H: 50–150 cm. V–VII. Ruderalstellen, Äcker; collin; slt. **B, W, N, St, (K, S).** Neubürger (?). (Heimat: Ost-Europa, Asien.) Taxonomischer Rang strittig, vielleicht nur Varietät. *(**C. ruderalis**)* ▪ **Wilder H., *C. s. subsp. spontánea***

# 37. Familie: Brennesselgewächse, *Urticáceae*

Gemeinsame Merkmale: LB gestielt, Spreite einfach, unzerteilt; Blü 1geschlechtig oder ⚥; BlüHülle einfach (Perigon), sehr unscheinbar (K'artig), 4(5)zählig; StaubB 4(5), in der BlüKnospe nach innen gebogen, sich beim Aufblühen ruckartig entspannend (Abb. 120); Frkn 1, oberständig; Narbe schopfig; Fr: Nuß, vom erhalten bleibenden Perigon umhüllt.

1 Pf mit Brennhaaren; LB gegenständig, Spreite grob gesägt; NebenB vorhanden; Blü in achselständigen Rispen ohne HochB; Pf 1- oder 2häusig. **(1) Brennessel, *Urtíca***
- Pf ohne Brennhaare; LB wechselständig, Spreite ganzrandig; NebenB fehlend; Blü in achselständigen Knäueln mit HochB; Pf gynomonözisch (dh mit ♀ u. ⚥ Blü). **(2) Glaskraut, *Parietária***

## (1) Brennessel, *Urtíca* (→ G XIII 9; XIV 5, 15, 23)

1 Pf ⊙; LB'Spreite rundlich-eiförmig bis (meist) br-elliptisch, 1–4(5) cm lg, am Grund meist abgerundet bis keilig, Endzahn nicht länger als die benachbarten

Abb. 196

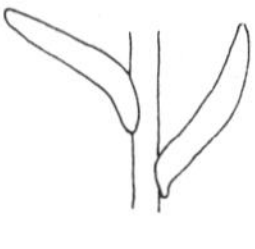
Abb. 197

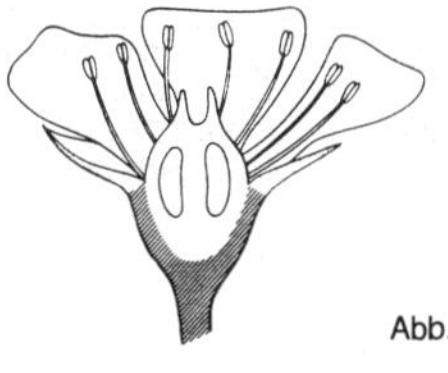
Abb. 198

Zähne. — Rispen meist etwas kürzer als der TragB'Stiel, mit ♂ u. ♀ Blü. H: 10–60 cm. ⊙ Th. V–IX. Gärten, Hackfruchtäcker, (Dorf-)Ruderalstellen, Balmen; Stickstoffzeiger; collin bis montan; mäßig hfg bis slt (seltener als früher?). **Alle Bdld**. Wildgemüse. **Kleine B., *U. úrens***

- Pf ♃; LB'Spreite eiförmig bis (slt) eilanzettlich, zumindest die der unteren LB meist 4–15 cm lg, am Grund meist herzförmig, slt abgerundet, Endzahn deutlich länger als die benachbarten Zähne . . . . . . . . . . . . . . . . . . . . **2**

**2** Pf 2häusig, außer den Brennhaaren noch mit kurzen Borstenhaaren; alle NebenB lineal-lanzettlich, spitz, stets frei; Perigon kurzhaarig; Stg aufrecht, unverzweigt, an den Knoten kaum bewurzelt, — stets deutlich 4kantig, slt dicker als 5 mm; LB d'grün, meist matt; ♂ Rispen länger als der TragB'Stiel; ♀ Rispen hängend. Im Winter ohne grüne Triebe. H: 30–150(250) cm. ♃ He. VI–X. Ruderalstellen, Gärten, Auwälder; Stickstoffzeiger; collin bis montan; sehr hfg. **Alle Bdld**. VolksarzneiPf; Wildgemüse; wichtig im „Biolandbau" (biolog. Schädlingsbekämpfung etc.). **Große B., Gewöhnliche B., *U. dióica***

Anm.: Die **Hohlzahn-B., *U. galeopsifólia,*** unterscheidet sich durch: LB'Spreite ohne Brennhaare, zumindest unterseits dicht flaumhaarig; Blüstd am 13.–20. StgKnoten beginnend (bei *U. dioica* am 7.–14.); sie wurde kürzlich (1993) in **N** (in Auwäldern) beobachtet*. (Vbr.: West-, Mittel- u. Ost-Europa.)

- Pf 1häusig, nur mit Brennhaaren (diese bes. oberwärts ziemlich dicht stehend, etwa 1,5–3 mm lg, slt fast fehlend); NebenB meist eiförmig (variabel!), zugespitzt, am Grund oft paarweise miteinander verwachsen; Perigon (fast) kahl; Stg kriechend (u. aufrechte Triebe bildend) bis aufsteigend, verzweigt, an den unteren Knoten dicht bewurzelt, — h'grün (bis in den Herbst), nicht 4kantig, Internodien der aufsteigenden u. aufrechten Triebe im Mittelteil meist verdickt (5–8 mm ∅), stark hohl, leicht zusammendrückbar; LB oberseits h'grün u. glänzend; untere Rispen ♂, oft kürzer als der TragB'Stiel, mittlere meist mit ♂ u. ♀ Blü, obere ♀. Im Winter oft grüne Triebspitzen vorhanden. H: 30–70(100) cm; G: 60–200 cm lg. ♃ He, Wa. VII–VIII. Röhrichte, periodisch trockenfallende Altwässer; collin; sehr slt. **N** (in den March-Auen). (Hptvbr.: Ost-Europa.) Gefährdet. **Sumpf-B.,** Ukrainische B., ***U. kioviénsis***

## (2) Glaskraut, *Parietária* (→ G IV 23–; XIII 9–)

**1** LB'Spreite (5)10–15(20) cm lg; Stg aufrecht, (meist) unverzweigt. — LB'Spreite eiförmig, elliptisch oder lanzettlich, beiderseits verschmälert, meist lg zugespitzt; Knäuel vielblütig; Frkn der ♀ Blü vom Perigon umhüllt, nur Gri mit Narbe herausragend (Abb. 196). H: 30–80 cm. ♃ He. VI–IX. Ödland, feuchte Wälder, Auen, Lägerfluren am Fuß von Felsen u. Mauern; collin bis submontan; in den Donauauen u. um Wien hfg, sonst zstr bis slt. **Alle Bdld**. *(P. erecta)* **Aufrechtes G., *P. officinális***

- LB'Spreite 2–5 cm lg; Stg niederliegend bis aufsteigend (meist an Mauern emporsteigend), meist stark verzweigt. — Stg oft rötlich; LB'Spreite rundlich-eiförmig bis schmal-elliptisch, zugespitzt. H: 10–40 cm. ♃ He. V–X. Ödland, Gemäuer; collin; sehr slt. **(W)****, **St** (Graz, Bad Radkersburg***). Lokal eingebürgert. (Hptvbr.: Medit. u. West-Europa.) *(P. ramiflora, P. punctata, P. diffusa)* **(☆) Ästiges G., *P. judáica***

---

* L. Schratt, ined.
** Neufund 1990 von G. Gölles.
*** K. Oswald, ined.

# Ordnung Walnußartige, *Juglandáles*

## 38. Familie: Walnußgewächse, *Juglandáceae*

### (★) Walnuß, *Júglans* (→ B 50–)

1 Blättchen meist 7–9, fast ganzrandig; FrSchale glatt, grün. — LB *(beim Zerreiben)* stark aromatisch. H: 10–25 m. ♄ MPh. (IV)V. Als Obstbaum (Sa = „Nußkern") kultiviert, hfg verwildert u. oft (alt)eingebürgert in Edellaubwäldern, bes. in Harten Auwäldern (auch an der Donau wohl kaum ureinheimisch); collin bis untermontan; zstr bis mäßig hfg. **Alle Bdld (?)**. (Heimat: Östl. Medit., West-Asien.) VolksarzneiPf, Kosmet. (Nußöl). **(★) Echte W., *J. régia***

- Blättchen meist 11–23, gesägt; FrSchale rauh, zur Reife schwarz. H: 15–30(50) m. ♄ MPh. V. Als Zierbaum u. auch als Forstbaum (in Auwäldern) kultiviert. (Heimat: östl. Nordamerika.) **★ Schwarz-W., Schwarznuß, *J. nígra*** (B 55)

# Unterklasse Rosenähnliche, *Rósidae*
# Überordnung Rosenblütige, *Rosánae*
# Ordnung Steinbrechartige, *Saxifragáles*

## 39. Familie: Stachelbeergewächse, *Grossulariáceae*

### Stachelbeere u. Ribisel, Johannisbeere, *Ríbes* (inkl. *Grossularia*) (→ B 63–)

Anm.: Die **★ Blut-J., *R. sanguíneum*** (Blü wie Schwarz-Ribiseln duftend, Achsenbecher u. K leuchtend purpurrot, Kro weiß u. viel kleiner als der K), BlüZeit: IV(V), aus Nordamerika stammend, wird hfg als Zierstrauch kultiviert. - Die **★ Gold-J., *R. áureum*** (K u. Kro gelb), BlüZeit: IV–V, aus den USA stammend, wird als Pfropfunterlage u. als Zierstrauch kultiviert (slt, zB in **W** verwildert).

1 Zweige mit 1–3teiligen Stacheln; Blü meist einzeln, slt zu 2–3; Kro weiß; Fr 10(–20) mm ∅, grünlich oder trüb d'purpurrötlich. H: 60–120 cm. ♄ NPh. IV–V. *(R. grossularia, Grossularia u.-c.)*
**Stachelbeere**, „Ågråsl", „Mungatzen", „Mei(t)schg(a)le", „Mauchale", ***R. úva-críspa***

a Achsenbecher, LB'Ränder, Frkn u. Fr drüsenborstig — u. weichhaarig, grün. Feuchte, lichte Wälder u. Gebüsche, Auwälder, Bachschluchten, auch auf Lesesteinhaufen u. Mauern; collin bis montan; zstr bis slt. **Alle Bdld**. Wildobst. *(R. u.-c. subsp. lasiocarpum)* **Drüsenborstige St., *R. u.-c. subsp. grossulária***

- Achsenbecher, LB'Ränder, Frkn u. Fr drüsenlos, — behaart bis kahl, meist trüb-d'purpurrot. KulturPf (oder auch wild u. ureinheimisch?). Als Obststrauch hfg kultiviert, slt (collin) verwildert: **W, N, T, V**. (Inkl. *subsp. reclinatum*) **★ Kurzhaarige St., *R. u.-c. subsp. úva-críspa***

- Zweige wehrlos; Trauben; Kro gelblichgrünlich; Fr höchstens 5 mm ∅, leuchtend rot oder schwarz . . . . . . . . . . . . . . . . . . . . . . . . **2**

2 Trauben aufrecht; DeckB meist länger als die BlüStiele; LB'Stiele kürzer als die halbe Spreitenlänge. — Blü meist 1geschlechtig (Pf unvollkommen 2häusig); Trauben drüsig behaart; DeckB mit sitzenden Drüsen; LB mit auffallend verlängertem Mittellappen; Fr rot, fad schmeckend. H: 80–150 cm. ♄ NPh. V. Frische Edellaubwälder, bes. (Block-)Schluchtwälder; kalkliebend; (ober-) montan bis subalpin; Zentralalpen slt, sonst zstr. **Fehlt B, W**. **Alpen-R., -J., *R. alpínum***

- Trauben (wenigstens nach dem Blühen) hängend; DeckB kürzer als die BlüStiele; LB'Stiele länger als die halbe Spreitenlänge . . . . . . . . . . . . **3**

**3** LB'Unterseite mit Drüsenringen; Fr schwarz. — LB'Oberseite mit Drüsenpunkten; LB beim Zerreiben auffällig (wanzenartig) riechend; K drüsig punktiert. H: 80–150 cm. ♄ NPh. IV–V. Als Obststrauch u. VolksarzneiPf (LB als Tee) hfg kultiviert, slt verwildert bis eingebürgert in Auwäldern, Sumpfwiesen; collin. **W, N, St, (K), T, V.** (Wohl kaum ureinheimisch.) (Heimat: West-Europa?, Nord- u. Ost-Europa, Asien.) **Schwarz-R.**, Schwarze J., ***R. nígrum***

**-** LB'Unterseite ohne Drüsenringe; Fr rot oder gelb . . . . . . . . . . . . . **4**

**4** KB gewimpert; LB'Oberseite mit einzelnen Drüsen; LB'Lappen spitz. — Grund der LB'Stiele mit lg gestielten Drüsenhaaren u. Kräuselhaaren; Traubenachse dicht kräuselhaarig, kurzdrüsig. H: 100–200 cm. ♄ NPh. V–VI. Feuchte Gebüsche, Wälder, in Latschendickicht; kalkmeidend, über Kalkgesteinen nur auf dicken Humusschichten; montan bis subalpin; zstr. **Fehlt B, W.** **Felsen-R., -J., *R. petráeum***

**-** KB meist kahl, slt gewimpert; LB'Oberseite ohne Drüsen; LB'Lappen stumpf. (Artengruppe Rot-R., *R. rubrum agg.*) . . . . . . . . . . . . . . . . . . **5**

**5** Achsenbecher flach, mit Ringwulst auf der Innenseite; Staubbeutelhälften nicht zusammenstoßend; Traubenachse kahl. — Grund der LB'Stiele meist kahl, slt mit lg, drüsenlosen Haaren u. einzelnen sitzenden Drüsen; Blü gelbgrün. H: 80–150 cm. ♄ NPh. IV–V. Als Obststrauch in vielen Kultursorten hfg kultiviert, slt verwildert in Auen u. an Waldrändern, in **N** (im Weinviertel), **K** eingebürgert. (Heimat: Belgien, Nord-Frankreich.) (Inkl. *R. sylvestre*) **(★) Rot-R.**, Rote J., ***R. rúbrum***

**-** Achsenbecher schüsselförmig, ohne Ringwulst auf der Innenseite; Staubbeutelhälften zusammenstoßend; Traubenachse kräuselhaarig. — Grund der LB'Stiele mit kurzen, sitzenden Drüsen. H: 80–150 cm. ♄ NPh. IV–V. Edellaubwälder; collin; slt. **V?.** Gefährdet (?). Auch kultiviert (u. verwildert in **W, N**). ⊖☆ **Ährige R., J., *R. spicátum***

## 40. Familie: Dickblattgewächse, *Crassuláceae* (G VIII 12; IX 10–; XIII 14–)

**1** StaubB so viele wie KroB. **(1) Dickblatt, *Crássula***

**-** StaubB doppelt so viele wie KroB. — Blüstd zymös, meist ebensträußig . **2**

**2** Blü 1geschlechtig (Pf 2häusig); KroB 4. **(3) Rosenwurz, *Rhodíola***

**-** Blü ⚥; KroB 5–20 . . . . . . . . . . . . . . . . . . . . . . . . . . **3**

**3** KroB 5(6); Pf ohne kugelige LB'Rosetten. **(2) Mauerpfeffer u. Fetthenne, *Sédum***

**-** KroB 6–20; Pf mit ± kugeligen LB'Rosetten. — Blü gedrängt . . . . . . **4**

**4** KroB 8–16(20), sternförmig ausgebreitet, ohne Fransen. **(4) Hauswurz, *Sempervívum***

**-** KroB 6, glockig-zusammenneigend (nur die KroZipfel ± ausgebreitet), am Rand gefranst. — Tochter-LB'Rosetten sich von der MutterPf bei Berührung leichter ablösend als bei voriger Gattung; KroB blaßgelb bis gelblichweiß, gekielt. **(5) Donarsbart, *Jovibárba***

### (1) Dickblatt, *Crássula* (A 31, G III 17; IV 14)

Pf kahl; Stg kriechend bis aufsteigend, verzweigt; LB gegenständig, linealisch, spitz, etwa 4–6 mm lg; Blü ⚥, meist 4zählig, fast sitzend, einzeln in LB'Achseln; KroB frei, weiß. H: 2–5 cm. ⊙ Th. VII–IX. Feuchte, schlammige, kalkfreie

Böden abgelassener Teiche; submontan bis untermontan; sehr slt. **N** (nur im nordwestl. Waldviertel). (Circumpolar.) Vom Aussterben bedroht. *(Tillaea aquatica)* **Wasser-D., Teichkraut,** Nordisches D., ***C. aquática***

## (2) Mauerpfeffer u. Fetthenne, *Sédum* (G V 22; VIII 5–)

Anm.: Außer den im folgenden verschlüsselten werden noch einige weitere Arten als ZierPf kultiviert, bes. die folgenden beiden ostasiatischen, die gelegentlich auch verwildern: ★ **Schöne F.,** ***S. spectábile,*** ★ **Ausläufer-F., Kriech-F.,** ***S. sarmentósum.***

1 LB flach, breiter als 7 mm. — Pf ♃; Blüstd vielblütig, meist dicht; Blü 5zählig. (Fetthenne i. e. S.) . . . . . . . . . . **2**

– LB stielrund bis halbstielrund (slt ± zusammengedrückt), schmäler als 7 mm. (Mauerpfeffer i. e. S.) . . . . . . . . . . **6**

2 Kro glänzend goldgelb. — LB wechselständig, gegen den Grund zu keilig verschmälert . . . . . . . . . . **3**

– Kro nicht goldgelb (wenn fallweise h'grünlich- oder blaßgelb, dann LB gegenständig oder in 3zähligen Quirlen u. zumindest die oberen StgB am Grund seicht herzförmig) . . . . . . . . . . **4**

3 Stg aufrecht; meist alle Triebe blühend; LB 5–8 cm lg, — verkehrt-eilanzettlich, gezähnt oder gesägt; DeckB LB'artig; KroB 7–10 mm lg, zugespitzt. H: (20)30–40 cm. ♃ He/Ch. VII–VIII. ZierPf, gelegentlich verwildert (bis eingebürgert?). (Heimat: Nordost-Asien, Japan.) ★ **Deckblatt-F.,** ***S. aizóon***

– Stg kriechend (nur Blühtriebe aufsteigend); meist zahlr. nichtblühende Triebe vorhanden; LB (1)2–3 cm lg, — verkehrt-eiförmig bis verkehrt-eilänglich, stumpflich gezähnt; Stg holzig, verzweigt; KroB 6–9 mm lg, spitz. H: 15–20 cm. ♃ Ch. V–VI. ZierPf, slt verwildert. (Heimat: Ural, Sibirien [?], Mongolei [?].) ★ **Sibirische F.,** „Bastard"-F., ***S. hýbridum***

4 KroB 10–12(15) mm lg, aufrecht-abstehend; Stg kriechend (nur Blühtriebe aufsteigend). — Sterile Triebe deutlich kürzer als die blühenden; LB 15–30 mm lg, verkehrt-(rhombisch-)eiförmig, am Grund keilig, zur Spitze hin gekerbt bis stumpflich gezähnt; KZipfel stumpf, etwa 3–5 mm lg; KroB schmal-lanzettlich, zugespitzt, purpurn, rosa oder weiß. H: 10–20 cm. ♃ Ch. VI–VIII. ZierPf, stellenweise verwildert u. zT eingebürgert (Neubürger) auf Mauern u. Felsen, zB in **W, N, K**. (Heimat: Kaukasus.) ★ **Kaukasus-F.,** ***S. spúrium***

– KroB 3–5 mm lg, sternförmig ausgebreitet; Stg aufrecht. — Pf kahl; LB eiförmig, länglich-elliptisch oder verkehrt-(länglich-)eiförmig, die größeren etwa 4–8(10) cm lg, unregelmäßig (ausgebissen) gezähnt bis fast ganzrandig. (Artengruppe Große Fetthenne, *S. telephium agg.*) . . . . . . . . . . **5**

5 Kro grünlich- bis gelblichweiß (sehr slt blaßpurpurn); LB überwiegend gegenständig oder in 3zähligen Quirlen, zumindest die mittleren u. oberen meist halbstengelumfassend. — Stg oft rötlich überlaufen; KZipfel 3eckig, etwa 1 mm lg. H: 25–50(80) cm. ♃ He. VII–IX. Fels- u. Schotterfluren, Gebüschsäume, Mauern, felsige Stellen in lichten Buschwäldern, Ackerraine; collin bis montan; zstr. **Alle Bdld**. VolksarzneiPf (histor.); früher SalatPf. Auch als ZierPf kultiviert? *(S. telephium subsp. maximum, Hylotelephium maximum)* **Große F.,** ***S. máximum***

– Kro purpurn bis lila (slt weiß); LB überwiegend wechselständig, sitzend, aber nicht oder nur schwach halbstengelumfassend. H: 25–50 cm. ♃ He. VII–IX. Fels- u. Schotterfluren, Gebüschsäume, Mauern, Bahndämme; collin bis montan; zstr bis slt. **Fehlt B***. Gefährdet. Nicht slt als ZierPf kultiviert. *(S. purpureum, S. telephium subsp. telephium, S. purpurascens, Hylotelephium purpureum)* **Purpur-F.,** Rote F., ***S. teléphium*** *(s. str.)*

---

* Neufund für **W**: W. ADLER, 1992.

**6** [1] Pf ohne Ausläufer. — LB wechselständig . . . . . . . . . . . . . . . . . . **7**
**–** Pf mit sterilen, kriechenden, am Ende dicht beblätterten Ausläufern . . . **10**

**7** KroB 6, 4–5× so lg wie der K. — Pf meist kahl; Stg verzweigt, aufsteigend; LB linealisch, halbstielrund, blaugrün, etwa 7–15 mm lg; KroB 5–7 mm lg, lanzettlich, weiß, mit rötlichem Rückenstreifen. H: 7–15 cm. ☉–☉(?) He–Th. VI–VII. Trockene bis feuchte, kalkreiche Fels- u. Felsschuttfluren; montan; slt. **St, K, (S)**. Auch als ZierPf kultiviert, stellenweise verwildert. (Hptvbr.: Südost-Europa.) *(S. glaucum)* **Blaugrüner M.**, „Spanischer M.", ***S. hispánicum***
**–** KroB 5, höchstens 3× so lg wie der K . . . . . . . . . . . . . . . . . . **8**

**8** Pf (bes. oberwärts) drüsenhaarig. — Stg unten oft mit kurzen, sterilen Seitentrieben; LB linealisch bis verkehrt-eilänglich, halbstielrund, 4–7 mm lg; KroB eiförmig, stumpf, (3)4–5 mm lg, (blaß)purpurn. H: 5–20 cm. ♃(-☉) He. VI–VIII. Flachmoore, Quellfluren, nasse Felsfluren; kalkmeidend; montan bis subalpin; zstr (Kärntner Nockberge) bis sehr slt. **N†, O†, St, K, S, T(!), V†**. Stark gefährdet; in den wAlp u. im BM ausgestorben. ▲ **Drüsen-M.**, ***S. villósum***
**–** Pf kahl. — KroB etwa 1,5–2× so lg wie der K . . . . . . . . . . . . . . . **9**

**9** KB spitz, nicht dicklich; Blüstd dicht. — LB 4–6 mm lg; Fr sternförmig ausgebreitet. H: 2–7(10) cm. ☉ Th. VI–VIII. Kalkhaltige Fels- u. Felsschuttfluren, steinige Rasen; Pionier; (montan) subalpin bis alpin; zstr bis mäßig hfg. **Fehlt B, W**. **Dunkler M.**, ***S. atrátum***
**a** Pf meist rotbraun überlaufen; Kro rötlich. — Pf meist kleiner als bei der folgenden Unterart. Im Süden slt, dort meist durch die folgende Unterart ersetzt. **Fehlt B, W**. **Gewöhnlicher D. M.**, Eigentlicher D. M., ***S. a. subsp. atrátum***
**–** Pf meist gelblichgrün (kaum rötlich überlaufen); Kro grünlichgelb, nur slt etwas rötlich. Im Süden zstr, sonst slt. **K**. Genaue Vbr. in **Ö** unbekannt. (Sonstige Vbr.: Balkanhalbinsel.) **Kärntner D. M.**, ***S. a. subsp. carinthíacum***
**–** KB stumpf bis abgerundet, dicklich (ähnlich den StgB); Blüstd locker (gabelig verzweigt). — Pf mitunter rötlich überlaufen; Stg am Grund meist verzweigt, Seitensprosse aufrecht-abstehend bis aufsteigend; LB meist schmal-(verkehrt-) eilänglich, am Grund etwas gespornt; KroB gelb, spitz bis zugespitzt. H: 3–10(15) cm. ☉–☉ Th–He. VI–VIII. Kalkfreie Fels- u. Felsschuttfluren; montan bis subalpin; zstr. **Fehlt B, W, N**. **Einjahrs-M.**, ***S. ánnuum***

**10** [6] Kro weiß oder rötlich . . . . . . . . . . . . . . . . . . . . . . . . . **11**
**–** Kro gelb. — LB wechselständig . . . . . . . . . . . . . . . . . . . . . . **12**

**11** BlüstdAchsen kahl (slt mit einzelnen, fast sitzenden Drüsen); LB stets wechselständig, — linealisch bis br-elliptisch, etwa (4)7–13 mm lg, graugrün bis rotbraun; Stg meist rotbraun; Blüstd schirmförmig, dicht, vielblütig; KZipfel etwa 1 mm lg, abgerundet, oft halbrund; KroB lanzettlich, 2–4(5) mm lg, weiß (slt rosa); Staubf. weiß oder rötlich; Staubbeutel rotbraun. H: 5–15 cm. ♃ He. VI–VII. Felsfluren, Mauern, Feinschutthalden, trockenwarme, lückige Rasen, Kiesdächer; collin bis subalpin (alpin); mäßig hfg. **Alle Bdld**. **Weiß-M.**, Weißer M., ***S. álbum***
**–** BlüstdAchsen drüsenhaarig; LB der Blühtriebe überwiegend gegenständig, — br-eiförmig bis elliptisch, etwa 3–6 mm lg, meist graugrün (oft etwas rötlich punktiert), oberseits flach, unterseits stark gewölbt; Blüstd meist nur wenig- bis mehrblütig; KroB etwa 3–4 mm lg, weiß, außen mitunter rot gestrichelt. H: 3–8 cm. ♃ Ch. VI–VIII. Trockenwarme Silikatfels- u. -schuttfluren, Mauern; (collin) submontan bis subalpin; zstr. **St, K, S, T, V**. **Dickblatt-M.**, Buckel-M., ***S. dasyphýllum***

**12** LB kurz stachelspitzig. (Artengruppe Felsen-M., *S. rupestre agg.*) . . . . **13**
**-** LB stumpf, ohne Stachelspitze. — Pf kahl, drüsenlos; KB eiförmig bis länglich . . . . . . . . . . . . . . . . . . . . . . . . . . . . **14**

**13** GesamtBlüstd im Knospenzustand nickend; die einzelnen Zymen im Knospenzustand eiförmig, im FrZustand konkav; KB 3–4 mm lg (KZipfel etwa 2,5 mm lg), völlig kahl; Fr gelb. — Stg am Grund etwas holzig, meist rötlich überlaufen, etwa 2–3(4) mm dick, kahl, oberwärts meist mit winzigen Drüsen *(Lupe!)*; LB linealisch, etwa 7–15(20) mm lg, am Grund kurz gespornt; LB der sterilen Triebe meist blaugrün; KroB 6–8 mm lg. H: 15–30 cm. ♃ Ch. VI–VIII. Lückige, trocken-warme Rasen u. Felsfluren, Mauern, sandige Ruderalfluren; kalkliebend (?); collin bis montan; sehr zstr. **Fehlt B**. (Eine Kulturform, die slt als Gewürz- u. SalatPf kultiviert wird, ist „Tripmadam".) *(**S. reflexum**, Petrosedum reflexum)* **■ Felsen-M., *S. rupéstre*** *(subsp. rupéstre)*
**-** GesamtBlüstd im Knospenzustand aufrecht; die einzelnen Zymen im Knospenzustand u. FrZustand oben flach (Schirmrispe); KB 5–7 mm lg, drüsig-flaumig (oft sehr wenige Drüsen!); Fr grünlich. — KroB 7–10 mm lg. H: 15–30 cm. ♃ Ch. VI–VIII. Lückige, trocken-warme Rasen u. Felsfluren, Mauern; kalkmeidend; collin bis submontan; slt. Nur im Pann. **(W), N**. (Submedit.) Potentiell gefährdet. *(S. montanum subsp. orientale, S. ochroleucum subsp. montanum)* **■ Östlicher Felsen-M., *S. thártii***

**14** KroB stumpf, etwa 1½× so lg wie die KB, mattgelb; LB meist über der Mitte am breitesten, — verkehrt-eiförmig bis schmal-länglich, 4–6 mm lg, fast ungespornt; Blühtriebe aufsteigend, 2–5blütig; Blü dicht stehend; KroB etwa 3–3,5 mm lg. H: 5–8 cm. ♃ Ch. VI–VIII. Kalkfreie, frische Fels- u. Felsschuttfluren, Schneetälchen; subalpin bis alpin; zstr. **Fehlt B, W, N**. **Alpen-M., *S. alpéstre***
**-** KroB spitz bis zugespitzt, etwa 2× so lg wie die KB, leuchtend h'gelb; LB unter der Mitte am breitesten. — Blüstd meist mehr- bis vielblütig; KroB lanzettlich, sternförmig ausgebreitet . . . . . . . . . . . . . . . . . . . . . . . **15**

**15** LB eiförmig, 2–4 mm br, nicht oder nur wenig gespornt, meist (nach einigem Kauen) von scharfem Geschmack, — 3–6 mm lg; KroB 6–8 mm lg. H: 5–12 cm. ♃ Ch. VI–VIII. Lückige Sandtrockenrasen, sandige Ruderalfluren, trockene Felsen, Mauern, Dämme; collin bis montan; zstr. **Alle Bdld**. VolksarzneiPf (histor.). **Scharf-M., Scharfer M., *S. ácre***
**-** LB schmal-eilänglich, 1–1,5 mm br, am Grund kurz gespornt (Abb. 197), ohne scharfen Geschmack . . . . . . . . . . . . . . . . . . . . . . . . **16**

**16** Stg der Blühtriebe in der unteren Hälfte meist ohne abgestorbene LB (LB nach dem Vertrocknen bald abfallend); LB meist h'schmutziggrün (mitunter leicht bräunlich überlaufen), nicht papillös, — (3)4–6(8) mm lg; veget. Triebe oft auffällig dicht 6zeilig beblättert; KroB 4–6 mm lg. H: 5–15 cm. ♃ Ch. VI–VII. Lückige Trocken- u. Halbtrockenrasen, Felsspalten, Mauern, sandige Ruderalfluren; collin bis montan; hfg. **Alle Bdld**. *(S. mite, S. boloniense)* **Mild-M., Milder M., *S. sexanguláre***
**-** Stg der Blühtriebe in der unteren Hälfte von abgestorbenen LB bedeckt (abgestorbene LB ziemlich derb, in der unteren Hälfte weißlich, zur Spitze hin grau bis schwärzlich); LB blaugrün, papillös, — 4–5 mm lg; Blüstd meist locker; KroB etwa 6 mm lg, lg u. fein zugespitzt; Sa blaß-gelbbraun. H: 7–12 cm. ♃ Ch. V–VII. Warme, sandige Trockenrasen (?); collin; sehr slt. **B** (Ostufer des Neusiedler Sees?; Bahnhof Pamhagen: M. HABERHOFER, 1993, ined.). Unbeständig? Als Autochthone ausgestorben? (Hptvbr.: Ost-Europa.) *(S. hillebrandtii, S. urvillei)* ☆? **■ Ungarischer M., *S. sartoriánum (subsp. hillebrándtii)***

**(3) Rosenwurz, *Rhodíola*** (G IV 14–, XIV 4–, 11, 31)

Pf kahl; LB wechselständig, sitzend, von unten nach oben an Größe zunehmend, flächig, meist verkehrt-eilanzettlich, spitz, am Grund keilig, in der vorderen Hälfte meist gezähnt; Blüstd doldenförmig, dicht, vielblütig; K u. Kro 4zählig; KroB 3–4 mm lg, linealisch, grünlichgelb, oft rötlich überlaufen, die der ♀ Blü oft verkümmert. H: 10–35 cm. ♃ He. VI–VIII. Felsspalten, steinige Quellfluren, Weiderasen, Grobblockhalden; obermontan bis subalpin; zstr bis sehr slt. **Fehlt B, W**. VolksarzneiPf. △ *(Sedum rosea)* **Rosenwurz, *Rh. rósea***

**(4) Hauswurz (i. e. S.), *Sempervívum*** *(s. str., S. sect. Sempervivum)* (G 0 14)

Anm.: Die Angaben über die LB'Rosetten beziehen sich stets auf erwachsene (± blühreife) Exemplare. Unter „RosettenB" sind stets die unteren (äußeren) LB der Rosette zu verstehen.

**1** RosettenB an der Spitze mit lg, spinnwebigen Haaren, diese die RosettenB meist spinnwebenartig miteinander verbindend. — LB'Rosetten etwa 0,5–2(3) cm ∅; RosettenB länglich-eiförmig bis verkehrt-eilänglich, meist beiderseits drüsenhaarig (slt kahl), an der Spitze meist rotbraun; KroB 8–10, etwa 8–10 mm lg, h'purpurn mit d'purpurnem Mittelnerv; Staubf. purpurn. H: 4–10 cm. ♃ Ch. VII–IX. Steinige Magerrasen, meist kalkarme bis kalkfreie Felsfluren; montan bis alpin; mäßig hfg. **St, K, S, T, V**. ▲ **Spinnweb-H., *S. arachnoídeum*** *(subsp. arachnoideum)*

**–** RosettenB ohne lg, spinnwebige Haare . . . . . . . . . . . . . . . . . . . . . . . . . **2**

**2** RosettenB auf den Flächen kahl (am Rand jedoch stets bewimpert!), — verkehrt-eiförmig bis verkehrt-eilänglich, ± sternförmig ausgebreitet, stachelig zugespitzt . . . . . . . . . . . . . . . . . . . . . . . . . . . . . . . . . . . . . . **3**

**–** RosettenB auf den Flächen drüsenhaarig (Drüsenhaare mitunter sehr kurz, *Lupe!*) . . . . . . . . . . . . . . . . . . . . . . . . . . . . . . . . . . . . . . . . . **4**

**3** Kro gelb. — Pf ohne Harzgeruch; LB'Rosetten etwa 4–6(9) cm ∅; RosettenB verkehrt-eilänglich, 8–12(14) mm br, drüsig bewimpert, blaugrün, am Grund oft etwas rötlich überlaufen; Stg oberwärts dicht drüsenhaarig; KroB 11–15, etwa 10 mm lg, drüsenhaarig, am Grund purpurn; Staubf. purpurn; Staubbeutel gelb. H: 15–25 cm. ♃ Ch. VII–VIII. Kalkarme Felsfluren, steinige Magerrasen; (montan) subalpin bis alpin; slt. **St, K, S, T**. Potentiell gefährdet. ▲ **Wulfen-H., *S. wulfénii***

**–** Kro sattrosa bis purpurrot. — LB'Rosetten 3–14 cm ∅ (bei der Wildsippe kaum mehr als 7 cm ∅); Blüstd 22–100(120)blütig; KroB meist 10–13(15), 9–10 mm lg; Staubf. purpurn bis rosa. H: 10–50 cm. ♃ Ch. VII–IX. Felsen, Felssteppen, Felsschuttfluren, Magerrasen; nur über Silikatgesteinen; obermontan bis alpin; slt. Süd-**K**, Nord-**T**, **V**. Anm.: Eine Kultursippe, *S. tectorum s. str.*, mit weitgehend verkümmerten StaubB (als Folge hybridogenen Ursprungs?) u. größeren LB'Rosetten, wird als alte Zauber- (gegen Blitzschlag), Volksarznei- u. ZierPf auf Dächern u. Mauern angepflanzt u. verwildert gelegentlich. (Hptvbr. der Wildsippe: Süd- u. Westalpen, Pyrenäen.) ▲ (Inkl. *S. alpinum, S. schottii*) **Dach-H., *S. tectórum***

**4** Kro blaßgelb; RosettenB auf den Flächen (bes. gegen die Spitze zu) mit lg Drüsenhaaren; Pf ohne Harzgeruch. — Stg, StgB u. K. dicht drüsenhaarig; LB'Rosetten (1,5)2–4(5) cm ∅, oft (mehrere zusammen) (halb)kugelige Pölster bildend; RosettenB verkehrt-eilänglich, meist 4–6 mm br; StgB eilänglich; KroB meist 12, etwa 10 mm lg, bes. außen drüsenhaarig (innen meist nur gegen die Spitze zu); Staubf. weißlich, fast kahl (nur am Grund mitunter etwas drüsenhaarig); Staubbeutel gelb. H: (8)12–15 cm. ♃ Ch. VII–VIII. Steile Serpentin-Felsfluren; montan; slt. **St.** Endemisch (Serpentingebiet um Kraubath im mittleren Murtal). Stark gefährdet. ▲ **Serpentin-H., *S. pittónii***

- Kro h'purpurn; RosettenB auf den Flächen mit sehr kurzen Drüsenhaaren (Drüsen mitunter fast sitzend); Pf mit Harzgeruch. — Blüstd dicht; KroB meist 10–13(15), lineal-lanzettlich, 3–4× so lg wie die KZipfel, bes. unterseits u. am Rand drüsenhaarig; Staubf. purpurn, am Grund etwas drüsenhaarig. H: 5–12 cm. ♃ Ch. VII–IX. Kalkarme, steinige Magerrasen, Fels- u. Felsschuttfluren; subalpin bis alpin; mäßig hfg bis slt. ▲ **Berg-H., *S. montánum***

**a** LB'Rosetten 1–2(2,5) cm ∅, kugelig, randständige Drüsenhaare nur wenig länger als die Haare auf den Flächen; Blüstd (2)3–7(8)blütig; KroB 10–15(18) mm lg. **K, S, T, V.** ▲ **Eigentliche B.-H., *S. m. subsp. montánum***

- LB'Rosetten (2)2,5–4,5 cm ∅, (im Sommer) etwas sternförmig ausgebreitet, randständige Drüsenhaare deutlich länger als die Haare auf den Flächen; Blüstd (3)4–10(13)blütig; KroB (12)14–20 mm lg. — KB etwa 5 mm lg, lanzettlich; KroB fein zugespitzt. **N, O?, St, K, S.** Endemisch (vom Glocknergebiet an ostwärts). ▲ *(S. braunii, S. stiriacum)* **Steirische B.-H., *S. m. subsp. stiríacum***

## (5) Donarsbart, Hauswurz (zT), *Jovibárba* *(Diopogon, Sempervivum sect. Jovibarba)*

(Alle zur Artengruppe *J. hirta agg.* [= *J. globifera*])

Anm.: → Anm. bei (4) Hauswurz / *Sempervivum*. – Die Abgrenzung der Arten u. Unterarten u. die Zuordnung intermediärer Taxa (*J. arenaria subsp. pseudohirta, J. hirta subsp. glabrescens, „Sempervivum neilreichii“* [vgl. Anm. bei *J. hirta*], *„Sempervivum hillebrandtii“*) ist bes. in **Ö** sehr kritisch. – Hybriden können gelegentlich auftreten.

**1** StgB schmäler als die RosettenB. — LB'Rosetten etwa 1–2(3) cm ∅; RosettenB u. StgB an der Spitze rotbraun; RosettenB 8–12 mm lg u. 3–5 mm br, lanzettlich, in oder unter der Mitte am breitesten, drüsig bewimpert, auf den Flächen meist kahl, slt drüsenhaarig; StgB 12–13 mm lg u. 3–4 mm br, zugespitzt, beiderseits kurz drüsenhaarig; KroB meist 13–15 mm lg; Staubf. kahl (oder auch drüsenhaarig, → Anm.!). H: 8–15 cm. ♃ Ch. VIII–IX. Kalkfreie Magerrasen u. Felsfluren; montan bis subalpin; slt. **St, K, S,** Ost-**T.** ▲ *(Sempervivum arenarium, Diopogon hirtus subsp. arenarius, J. globifera subsp. arenaria)* **Fels-D.,** „Sand-H.“, ***J. arenária***

Anm.: Ob die in **K** (auf der Gerlitzen) vorkommende Sippe mit drüsenhaarigen RosettenB hierher oder zur südwestalpischen ⊖ ***J. alliónii*** gehört, bedarf weiterer Untersuchungen. – Ob die in den östlichsten Zentralalpen (Hafnergruppe) in der alpinen Stufe vorkommende Sippe mit drüsenhaarigen Staubf., 15 mm lg u. 5,5–6 mm br RosettenB u. schmal-3eckigen, 5 mm br StgB der *J. arenaria* zuzuordnen ist, muß erst noch geklärt werden (K. Oswald, ined.).

- StgB so br oder breiter als die RosettenB. — RosettenB bewimpert, sonst meist kahl; Stg bes. oberwärts drüsenhaarig; StgB stets bewimpert, auf den Flächen kahl oder drüsenhaarig; Blüstd reichblütig; KroB meist (12)15–18 mm lg . **2**

**2** RosettenB in oder unter der Mitte am breitesten; LB'Rosetten locker, die unteren RosettenB ± sternförmig ausgebreitet; zumindest die oberen StgB auf den Flächen drüsenhaarig. — LB'Rosetten 3–5(7) cm ∅; RosettenB 6–8(11) mm br, mit oder ohne rötliche Spitze; mittlere StgB br-eiförmig, (8)10–17(19) mm br, spitz, mit herzförmigem Grund halbstengelumfassend; K, Kro, Staubf. u. Frkn drüsenhaarig. H: 10–30 cm. ♃ Ch. VII–VIII. Lückige, meist kalkreiche Trockenrasen, trockene Felsfluren; collin bis subalpin; zstr. **B, N, O, St, K,** Ost-**T.** ▲ *(Sempervivum hirtum, Diopogon hirtus, J. globifera subsp. h.,* inkl. *Sempervivum adenophorum)* **Kurzhaar-D., *J. hírta*** *(subsp. hirta)*

Anm.: Der ■ **Neilreich-D., *J. h. subsp. neilréichii*** *(Sempervivum arenarium subsp. n.)*, unterscheidet sich von der Nominat-Unterart durch: RosettenB schmal-lanzettlich, zugespitzt, 2–3,5 mm br; StgB bewimpert, sonst kahl. H: 8–13 cm. Silikatfelsen; submontan; sehr slt. **N** (Bucklige Welt). – Eine andere Variante, ■ ***J. h. „subsp. glabrescens"***, aus Bratislava/Preßburg beschrieben, soll in den Hainburger Bergen (**N**) vorkommen.

**-** RosettenB über der Mitte am breitesten; LB'Rosetten meist sehr kompakt, RosettenB ± kugelig zusammenneigend; StgB auf den Flächen kahl. — LB'Rosetten 2,5–5(7) cm ∅; RosettenB 6–10 mm br, kurz zugespitzt, oft mit rötlicher Spitze; mittlere StgB eilänglich bis schmal-eiförmig, 7–13 mm br; KB bewimpert, auf den Flächen kahl. H: 8–25 cm. Pf auffallend slt blühend. ♃ Ch. VII–VIII. Lückige, meist kalkarme Sandtrockenrasen u. Felssteppen; meist über Silikat, slt über Kalk; collin bis submontan; sehr zstr. (Nur!) **N** (im Waldviertel u. im Weinviertel). (Sonstige Vbr.: Tschechien, Deutschland, Nord-Europa.) Gefährdet. ▲ *(Sempervivum soboliferum, Diopogon hirtus subsp. borealis, J. globifera subsp. globifera)* **Ausläufer-D., *J. sobolífera***

# 41. Familie: Steinbrechgewächse (i. e. S.), *Saxifragáceae* (s. str.: exkl. [39. Fam.] *Grossulariaceae*, exkl. [42. Fam.] *Parnassiaceae* u. exkl. [86. Fam.] *Hydrangeaceae)*

**1** BlüHülle einfach, 4zählig; StaubB 8. — KB grünlichgelb; Frkn unterständig. **(1) Milzkraut, *Chrysosplénium***

**-** BlüHülle doppelt (aus K u. Kro bestehend), 5zählig; StaubB 10. — Frkn ober-, halbunter- bis unterständig. **(2) Steinbrech, *Saxífraga***

## (1) Milzkraut, *Chrysosplénium* (→ G VII 9; VIII 7, 13)

LB wechselständig, lg gestielt, Spreite nierenförmig, tief gekerbt. H: 15–20 cm. ♃ He. IV–VI. Schattig-feuchte Wälder, Auwälder, Waldsümpfe, Bachufer, nasse Wiesen; collin bis subalpin; hfg. **Fehlt W**.
**Wechselblatt-M.**, „Krätzenblume", ***C. alternifólium***

## (2) Steinbrech, *Saxífraga* (→ G VIII 8)

Anm. 1: Hybriden sind nicht hfg, meist nur zw. nahverwandten Arten innerhalb derselben Sektion. – Anm. 2: Kürzlich (1993) wurde in **K** der **Krainer St., Felsen-St., *S. petraea,*** neu für **Ö** (Hptvbr.: Südalpen), entdeckt: L. Kutschera-Mitter & al. (im Druck).

**1** LB gegenständig, — überall oder wenigstens in der unteren Spreitenhälfte gewimpert; Kro purpurviolett bis purpurrot . . . . . . . . . . . . . . **2**

**-** LB wechselständig, — oft in Rosetten . . . . . . . . . . . . . . **7**

**2** Blü stets einzeln (Blüstd 1blütig) . . . . . . . . . . . . . . **3**

**-** Blüstd 2–9blütig . . . . . . . . . . . . . . **6**

**3** KB ungewimpert; LB von der Mitte an zurückgekrümmt, 5punktig, — glatt, glänzend. **Wulfen-St., *S. retúsa*** (→ Pkt 6–)

**-** KB gewimpert; LB nur an der Spitze zurückgekrümmt, 1–3punktig. (Artengruppe Gegenblatt-St., *S. oppositifolia agg.*) . . . . . . . . . . . . . . **4**

**4** Wuchs dichtrasig: feste, kompakte Pölster bildend; KB wenigstens teilweise drüsig gewimpert *(man untersuche mehrere KB!)*; LB höchstens 2 mm lg. — Pf graugrün; LB'Spitzen auffallend stark rückwärts gebogen, mit deutlicher Kalkablagerung; Blü fast sitzend. H: 2–5 cm. ♃ Ch. IV–VII. Felsgrus, schattige Felsen; oft auf Kalk-Glimmerschiefer; alpin; slt. **St, K, S, Ost-T**. ▲ *(S. oppositifolia subsp. rudolphiana)* **Rudolph-St., *S. rudolphiána***

- Wuchs ± lockerrasig (höchstens lockere Polster bildend); KB stets drüsenlos gewimpert; LB mindestens 2 mm lg . . . . . . . . . . . . . . . . . . . . . . . . **5**

**5** LB spatelförmig, an der Spitze abgerundet oder gestutzt u. mit 1, meist unauffälligem (nicht kalkigem) Punkt, vorn wenig verdickt, unterseits nicht gekielt. — LB'Rand auffallend lg gewimpert. H: 2–5 cm. ♃ Ch. IV–VII. Felsen u. Felsschuttfluren; kalkmeidend; alpin; zstr. **St, K** (sehr slt), S. Endemisch (östl. Zentralalpen). ▲ *(S. oppositifolia subsp. blepharophylla)*
**Wimper-St.,** Gewimperter Gegenblatt-St., ***S. blepharophýlla***

- LB eilänglich, fast spitz, mit 1(3) meist auffälligen weißen (kalkigen) Punkt(en), vorn stark verdickt, unterseits ± gekielt. — Pf graugrün. H: 2–5 cm. ♃ Ch. IV–VII. Meist frische, ± kalkreiche Silikatfelsen u. -schuttfluren, offene Magerrasen; alpin; zstr bis mäßig hfg. **Fehlt B, W, N.** ▲
**Gegenblatt-St., Roter St.,** ***S. oppositifólia*** *(subsp. oppositifólia)*

**6** [2] KB gewimpert; LB an der Spitze 1punktig; Pf lockerrasig. — KroB schmalelliptisch, 3nervig, etwa so lg wie die StgB. H: 1–5 cm. ♃ Ch. VII–VIII. Feuchte Felsschuttfluren u. Felsen; kalkmeidend; alpin; zstr. Fast nur in den Zentralalpen. **K, S, T, V.** ▲ **Zweiblüten-St.,** ***S. biflóra***

Anm.: Bei den als ***subsp. macropétala*** unterschiedenen Individuen / Populationen handelt es sich nach Untersuchungen von W. GUTERMANN u. E. HÖRANDL (im Druck) um Hybriden (oft Hybridschwärme) von *S. biflora* × *oppositifolia.*

- KB nicht gewimpert; LB an der Spitze 5punktig; Pf dichtrasig, kompakte Pölster bildend. — LB von der Mitte an zurückgekrümmt, glatt, glänzend, 4reihig-dachig. H: 2–5 cm. ♃ Ch. V–VIII. Windexponierte, winters oft schneefreie Grate in schattiger Lage; kalkmeidend; alpin; sehr slt. **St, S.** (Hptvbr.: Karpaten, Gebirge Bulgariens, Westalpen, Pyrenäen.) ▲ *(S. wulfeniana)*
**Wulfen-St.,** Gestutzter St., ***S. retúsa***

**7** [1] LB am Rand mit vertieften, meist kalkig bereiften Punkten (Hydathoden), — unzerteilt . . . . . . . . . . . . . . . . . . . . . . . . . . . . . . . **8**

- LB am Rand ohne Punkte, höchstens an der Spitze ein Grübchen in einem Knötchen . . . . . . . . . . . . . . . . . . . . . . . . . . . . . . . **15**

**8** LB mindestens 2 mm br, flach, länglich bis br-linealisch oder schwach spatelig, — stumpf oder mit kleiner Spitze, in ausgebreiteter Grundrosette . . . . . **9**

- LB kaum 2 mm br, im ∅ ± 3eckig bis fast stielrund, unterseits ± gekielt. — Triebe kurz säulenförmig, dicht beblättert, LB polsterförmig bis fast rosettig zusammenschließend; ohne Ausläufer . . . . . . . . . . . . . . . . **13**

**9** Kro gelb bis orange. — Stg meist bereits unterhalb der Mitte verzweigt; reichblütige Rispe; LB 10–70 mm lg u. 7–12 mm br. H: 20–50 cm. ⊙ He. VI–VII. Feuchte Felsen, Felsschutt, Bachkies, (alpin auch Rasen); karbonatliebend (bes. über Dolomit); submontan bis subalpin (alpin); zstr. **Fehlt B, W,** Ost-**T.** Potentiell gefährdet; im Rh gefährdet. ▲ **Kies-St.,** ***S. mutáta***

- Kro weiß . . . . . . . . . . . . . . . . . . . . . . . . . . . . . . . . . . **10**

**10** Stg vom Grund an oder wenig darüber rispig verzweigt; LB 9–15 mm br, — 20–70 mm lg, bespitzt. H: 15–50(60) cm. ♃ Ch. VI–VIII. Warme, frische Silikat-Felsspalten (zB Amphibolit); kalkmeidend; montan bis subalpin; slt. **V** (Montafon). (Hptvbr.: Westalpen, Pyrenäen, Karpaten, arktisches Nord-Europa.) Stark gefährdet. ▲
**Pracht-St.,** Montafoner St., Dickblatt-St., ***S. cotylédon***

- Stg in der oberen Hälfte rispig verzweigt; LB 2–9(11) mm br . . . . . . **11**

**11** RosettenB ganzrandig oder sehr schwach gezähnt, — 2–4 mm br, etwa 7–12× so lg wie br, oft fast ganz von Kalk überkrustet; Rispenäste 1–3blütig. H:

12–30(40) cm. ♃ Ch. VI–VIII. Kalkfelsen, steinige Hänge, Felsschutt; kalkstet; montan bis alpin; zstr. **St, K,** Ost-**T**. ▲ *(S. incrustata)*
**Krusten-St.,** ***S. crustáta***

– RosettenB deutlich fein gezähnt oder gesägt, — meist breiter als 4 mm . **12**

**12** LB nach vorn zu wenig verbreitert, länglich bis br-linealisch, 5–10× so lg wie br, vorn abwärts gebogen; Rispenäste 3–9blütig. — LB 4–11 mm br. H: 20–40(60) cm. ♃ Ch. V–VII. Felsspalten, Felsrasenges.; kalkstet; montan bis alpin; zstr bis slt. Südöstl. Kalkalpen. **St, K,** Ost-**T**. Potentiell gefährdet. ▲ (Inkl. *S. altissima*) **Host-St.,** ***S. hóstii*** *(subsp. hóstii)*

– LB nach vorn zu deutlich verbreitert, verkehrt-eilänglich (lg-keilig-spatelig), 2–5× so lg wie br, vorn aufwärts gebogen; Rispenäste 1–3blütig. — LB (2)4–7(8) mm br. H: 15–30 cm. ♃ Ch. V–VIII. Felsfluren, felsige alpine Rasen; etwas kalkliebend; (submontan) montan bis alpin; hfg bis mäßig hfg. **Fehlt B, W.** ▲ *(S. aizoon)* **Rispen-St.,** Trauben-St., „Immergrüner St.", ***S. paniculáta***

**13** [8] LB 6–12 mm lg, mehr als 5× so lg wie br, allmählich in die harte, stechende Spitze verschmälert, nicht zurückgebogen, oft schwach aufwärts gebogen; Stg 1blütig. H: 3–10 cm. ♃ Ch. III–VI. Felsspalten, slt Felsschutt; kalkstet; montan bis alpin; zstr bis slt. **Fehlt B, W, V.** ▲ ***(S. burserana)***
**Burser-St.,** ***S. burseriána***

– LB höchstens 5(6) mm lg, höchstens 5× so lg wie br, stumpf, ± zurückgebogen; Stg (2)3–6(8)blütig . . . . . . . . . . . . . . . . . . . . . . . . **14**

**14** LB vom Grund an nach unten zurückgebogen, 1–1,5 mm br, spatelförmig; KroB elliptisch. — Schaft oft oben stärker kurz-drüsenhaarig als unten; LB stark glauk; kalkausscheidende Grübchen (Hydathoden) meist 7. H: (2)3–6(12) cm. ♃ Ch. VI–IX. Felsfluren, Felsrasen (Polsterseggenges.), Felsschutt- u. Geröllfluren; kalkstet; (montan) alpin; hfg. **Fehlt B, W.** ▲
**Blaugrüner St.,** ***S. cáesia***

– LB nur an der Spitze etwas abwärts gebogen, 0,7–0,9 mm br, länglich (nach vorn zu nicht verbreitert); KroB rundlich. — Schaft oft unten stärker kurz-drüsenhaarig als oben; LB weniger stark glauk; kalkausscheidende Grübchen meist 3. H: 4–10(15) cm. ♃ Ch. VII–VIII. Felsspalten, Felsschutt; kalkstet; (montan) alpin; zstr. Süd-**K**, Ost-**T**. (Südalpisch.) ▲
**Sparriger St.,** ***S. squarrósa***

**15** [7] LB an der Spitze mit Grübchen in einem Knötchen, — spitz, meist borstig bewimpert . . . . . . . . . . . . . . . . . . . . . . . . . . . . . . **16**

– LB an der Spitze ohne Grübchen in einem Knötchen . . . . . . . . . . **17**

**16** LB weich, dick, fleischig, in den Achseln ohne vegetative Knospen; Kro gelb, orange oder braunrot; LB nicht lg stachelspitzig. H: 5–25 cm. ♃ Ch. VI–IX. Steinige Bachufer, Quellfluren, feuchte Felsschuttfluren, Schneeböden; etwas kalkliebend; montan bis alpin; hfg. **Fehlt B, W.** Im nVL gefährdet.
**Bach-St.,** Quell-St., „Fetthennen-St.", ***S. aizoídes***

– LB starr, nicht fleischig, in den Achseln mit vegetativen Knospen; Kro weiß oder gelblichweiß; LB lg stachelspitzig, — schmal-lineal-lanzettlich; KroB 1,5× so lg wie die KB; Frkn halbunterständig. H: 5–10 cm. ♃ Ch. VI–VII. Schattige, feuchte Felsen u. Felsschutt; kalkstet; montan bis alpin; sehr slt. Nur auf der Grebenzen in den Gurktaler Alpen. **St, K.** (Sonstige Vbr.: Alpen Sloweniens u. Venetiens.) Stark gefährdet. ▲ **Zarter St.,** ***S. tenélla***

**17** KB während u. nach dem Blühen zurückgeschlagen . . . . . . . . . . **18**

– KB während u. nach dem Blühen meist aufrecht, seltener abstehend, jedoch nie zurückgeschlagen . . . . . . . . . . . . . . . . . . . . . . . . . . . . . **23**

**18** Stg beblättert. — Pf mit Bocksgeruch; beblätterte Ausläufer; Stg oben dicht mit 1–2 mm lg, braunen Haaren besetzt; LB lanzettlich, ganzrandig, 1–3 cm lg, 3–4× so lg wie br; Kro gelb. H: 10–40 cm. ♃ He. VII–IX. Moore; collin; früher sehr slt, heute ausgestorben. St†. (Hptvbr.: West- u. Nordeuropa, Asien, Nordamerika.) **† Moor-St., *S. hírculus***

**-** Stg unbeblättert (alle LB grundständig) . . . . . . . . . . . . . . . . . . **19**

**19** LB'Spreite rundlich bis nierenförmig. — KroB meist rot punktiert; Frkn rosa; LB'Spreite fast rundum gezähnt oder gekerbt. (Artengruppe Schatten-St., *S. umbrosa agg.*) . . . **20**

**-** LB'Spreite aus keilförmigem Grund elliptisch bis spatelförmig . . . . . . **21**

**20** LB'Stiele im ∅ rundlich; LB'Spreiten beidseitig behaart. H: 10–40 cm. ♃ Ch. VI–VIII. Als ZierPf kultiviert u. mitunter verwildert (?) in **(N†?)**. (Heimat: West- u. Südwest-Europa.) *(„S. geum")* **★ Rauhhaar-St., *S. hirsúta***

**-** LB'Stiele deutlich abgeflacht; LB'Spreiten meist kahl, zumindest unterseits. H: 10–40 cm. ♃ Ch. VI–VIII. Kulturhybride *(S. hirsuta × umbrosa)*. (Heimat: Pyrenäen.) Als ZierPf kultiviert u. (angeblich) mitunter verwildert, slt (wo?). *(„S. umbrosa")* **★ Nelkenwurz-St., *S. × géum***

**21** KroB grünlich oder purpurn, so lg oder etwas kürzer als die KB. **Habichtskraut-St., *S. hieraciifólia*** (→ Pkt 35)

**-** KroB weiß, 1½–2½× so lg die KB, slt fehlend . . . . . . . . . . . . **22**

**22** LB ohne Knorpelrand, mit spitzen Zähnen, Spreite mit br-keiligem Grund, nicht in einen deutlichen Stiel verschmälert. — LB etwas fleischig; KroB mit 2 gelben Punkten. H: 5–20 cm. ♃ Ch. VI–VIII. Quellfluren, Bachufer, Schneetälchen; subalpin bis alpin. **Fehlt B, W.** (Arktisch-alpin; *subsp. stellaris* von Nordost-Kanada bis Nordwest-Europa.) ▲ **Stern-St., *S. stelláris***

**a** Blüstd ohne Brutknospen. Hfg. **Fehlt B, W**. *(**S. s. subsp. alpigena**)* **Gewöhnlicher St.-St., *S. s. subsp. robústa***

**-** Blüstd mit zahlr. Brutknospen, — nur mit wenigen oder gar keinen Blü. Meist ± kalkmeidend; zstr. **St, K,** S. Endemisch (Gurktaler Alpen). *(„S. foliolosa")* **Brut-St.-St., *S. s. subsp. prolífera***

**-** LB mit gelblichem Knorpelrand, vorn mit stumpfen Zähnen, in einen deutlichen LB'Stiel verschmälert. — KroB meist ohne rote Punkte; Frkn weißlich; LB'Spreite im unteren Drittel ganzrandig. H: 10–20 cm. ♃ Ch. VI–VIII. Feuchte, schattige Felsen u. Blöcke in Wäldern; obermontan bis subalpin; zstr, in den sAlp hfg. **K, S, T, V**. In den wAlp gefährdet. ▲ **Keilblatt-St., *S. cuneifólia (subsp. robústa)***

**23** [17] Wenigstens die GrundB, oft auch die StgB in den LB'Achseln Brutknospen tragend. — Spreite der GrundB nierenförmig . . . . . . . . . . **24**

**-** In den LB'Achseln keine Brutknospen . . . . . . . . . . . . . . . . **26**

**24** Blühtriebe meist nur 1blütig oder Blü fehlend. — GrundB u. StgB Brutknospen tragend; Stg hin u. her gebogen, zerbrechlich; GrundB 5–7lappig. H: 10–30 cm. ♃ He. VII. Feuchte, überrieselte Felsen in schattigen Schluchten, Höhlen, Lägerfluren, Balmen; subalpin bis alpin; sehr slt. **St, K, T**. (Arktisch-alpin.) Stark gefährdet. ▲ **Nickender St., *S. cérnua***

**-** Blühtriebe mehrblütig . . . . . . . . . . . . . . . . . . . . . . **25**

**25** Brutknospen nur in den Achseln der GrundB; Stg meist ab der Mitte verzweigt; LB handförmig gespalten. — KroB 9–16 mm lg. H: 15–50 cm. ♃ He. V–VI. Trockene bis frische, sandige Wiesen; collin bis montan; slt. **B, N, O, (St), K,** S. (Hptvbr.: West-Europa.) Gefährdet. VolksarzneiPf. **Knöllchen-St., *S. granuláta*** *(subsp. granuláta)*

**-** GrundB u. StgB Brutknospen tragend; Stg erst an der Spitze verzweigt; LB handförmig gelappt. — KroB 7–10 mm lg. H: 15–40 cm. ♃ He. V–VI. Trockene Wiesen, Böschungen, Waldränder; collin bis submontan; zstr bis slt. **B, W,** N. (Pannonisch-Medit.) Gefährdet. **Zwiebel-St., *S. bulbífera***

**26** [23] Pf ⊙–⊙, ohne veget. Triebe . . . . . . . . . . . . . . . . . . . . . . **27**
**-** Pf ♃, mit veget. Trieben . . . . . . . . . . . . . . . . . . . . . . . . . . **28**

**27** Pf ⊙; GrundB in dichter Rosette, 3–5zähnig, Spreite am Grund verschmälert, fast sitzend, zur FrZeit noch vorhanden; KroB 3–5 mm lg. — BlüStiele oft so lg oder kürzer als die Blü. H: 3–20(25) cm. ⊙ He. VI–VIII. Mäßig feuchte, kurzgrasige, lückige Weiderasen u. Schaflägerstellen; obermontan bis alpin; zstr bis slt. **Fehlt B, W, O?**. *(S. controversa)*
**Aufsteigender St., *S. adscéndens*** *(subsp. adscéndens)*
**-** Pf ⊙; GrundB in lockerer Rosette, ganzrandig, deutlich gestielt, zur BlüZeit meist verwelkt; KroB 2–3 mm lg; BlüStiele 2–5× so lg wie die Blü. — StgB 3spaltig. H: 3–8(20) cm. ⊙ Th. IV–VI. Lückige Trockenrasen (Frühlingsannuellenfluren), auch subruderal; kalkliebend; collin bis montan; zstr bis slt. **Alle Bdld**. Gefährdet. **Finger-St., Dreifinger-St., *S. tridactylítes***

**28** LB rundlich-herzförmig . . . . . . . . . . . . . . . . . . . . . . . . . . **29**
**-** LB am Grund verschmälert, nie herzförmig. — KroB am Grund meist verschmälert . . . . . . . . . . . . . . . . . . . . . . . . . . . . . . **30**

**29** KroB weiß, 2–3× so lg wie die KB; KroB am Grund verschmälert; LB behaart. — LB'Stiel 2–7× so lg wie der Spreiten-∅; KroB 6–11 mm lg, meist in der unteren Hälfte mit gelben u. in der oberen mit roten Punkten. H: 15–40 cm. ♃ He. VI–IX. Schattig-feuchte Wälder, Legföhren- u. Grünerlengebüsche, Hochstaudenfluren u. Karfluren; montan bis subalpin; mäßig hfg. **Fehlt B, W**.
**Rundblatt-St., *S. rotundifólia*** *(subsp. rotundifólia)*
**-** KroB grünlich, etwa so lg wie die KB; KroB am Grund nicht verschmälert; LB kahl, — lg gestielt, zart, fast durchsichtig; Stg niederliegend bis aufsteigend, zerbrechlich. H: 5–30 cm. ♃ He. VI–VIII. Feuchte, schattige Felsabsätze u. -höhlungen; auf Gneis u. Glimmerschiefer; montan; slt. West-**St**, Ost-**K** (Kor- u. Stubalpe). Subendemisch (sonstige Vbr.: slowenischer Südfuß der Koralpe u. Bacher-Gebirge/Pohorje). Potentiell gefährdet. *(Zahlbrucknera paradoxa)*
**Glimmer-St., *S. paradóxa***

**30** Frkn oberständig. — LB schmal-lanzettlich oder fast parallelrandig, am Rand meist gefranst oder bewimpert . . . . . . . . . . . . . . . . . . . . **31**
**-** Frkn unterständig oder halbunterständig (dh wenigstens zu ⅓ seiner Länge in den BlüBoden [= Achsenbecher, scheinbar KBecher] eingesenkt u. mit diesem verwachsen: Abb. 198) . . . . . . . . . . . . . . . . . . . . . . . . **32**

**31** Dichtrasig, Flachpölster bildend; LB am Grund der Blühtriebe in dichten, fast kugeligen Rosetten von höchstens 2 cm ∅; LB 2–6 mm lg; Rosetten in den LB'Achseln an den veget. Trieben so lg wie das LB; Blühtriebe meist 1blütig; KroB in der Mitte am breitesten. H: 2–5(8) cm. ♃ Ch. VII–VIII. Windexponierte Felsschuttfluren, Felsen; kalkmeidend; alpin; hfg. **St, K, S, T, V**. Zentralalpen. ▲ *(S. aspera subsp. bryoides)* **Moos-St., *S. bryoídes***
**-** Lockerrasig, LB nicht in Rosetten gehäuft, Laubtriebe 3–20 cm lg; LB 5–20 mm lg; Rosetten in den LB'Achseln meist ½× so lg wie das LB; Blüstd 1–10blütig; KroB über der Mitte am breitesten. H: 8–20 cm. ♃ Ch. VII–VIII. Schattige Felsen, Felsschutt; obermontan bis subalpin; zstr. Zentralalpen. **St, K, S, T, V**. ▲ *(S. aspera subsp. aspera)* **Rauher St., *S. áspera***

**32** Alle LB unzerteilt u. (fast) ganzrandig . . . . . . . . . . . . . . . . . . **33**
**-** Zumindest einige LB zerteilt oder alle unzerteilt, dann aber deutlich gezähnt *(man untersuche mehrere LB!)* . . . . . . . . . . . . . . . . . . . . **38**

**33** Abgestorbene u. ausgetrocknete GrundB gegen die Spitze zu silbergrau. —

Dichte Polster bildend, harzig duftend; KroB blaßgelb, 1½–2× so lg wie die KB. H: 1–5 cm. ♃ Ch. VI–VIII. Rasenpolster, Felsgrus, Felsschutt; alpin; im Lungau slt, sonst sehr slt. **K, S.** Potentiell gefährdet. ▲ *(S. tenera, S. planifolia)*
**Flachblatt-St., *S. muscoídes***

– Abgestorbene u. ausgetrocknete GrundB nicht silbergrau . . . . . . . . . . **34**

**34** LB (wenigstens die oberen) grannig-stachelspitzig; KroB spitz. — KB spitz. ▲ (Artengruppe Mauerpfeffer-St., *S. sedoides agg.**) . . . . . . . . . . . . . . **35**

– LB nicht grannig-stachelspitzig; KroB nicht spitz . . . . . . . . . . . . . . **36**

**35** KroB lanzettlich bis eiförmig, kürzer als die KB; Staubbeutel gelb; Blühtriebe meist 1–2(3)blütig. H: 2–4 cm. ♃ Ch. VI–IX. Feuchte Gesteinsfluren, Felsschuttfluren; kalkstet; alpin; in den nordöstl. Kalkalpen slt, sonst zstr. **N, O, St, S?, K, T.** ▲ *(S. sedoides subsp. sedoides)*
■ **(Eigentlicher) Mauerpfeffer-St.,** „Fettkraut-St.“, ***S. sedoídes***

– KroB linealisch, mindestens so lg wie die KB; Staubbeutel orange; Blühtriebe meist (2)3–4(6)blütig. H: 2–4 cm. ♃ Ch. VI–IX. Feuchte Gesteinsfluren, Felsschuttfluren; kalkstet; alpin; zstr. In den sAlp (Karawanken). Süd-**K**. (Sonstige Vbr.: Slowenien.) ▲ *(S. sedoides subsp. hohenwartii)*
■ **Hohenwart-St.,** (sl.:) Hohenwartov kamnokreč, ***S. hohenwártii***

**36** LB 3–7 cm lg, eiförmig bis elliptisch, — in den kurzen, geflügelten Stiel verschmälert; Stg aufrecht, dick, fleischig, LB'los, dicht drüsig; gedrungene, ährenförmige Traube; KroB grünlich oder purpurn, etwa so lg wie die KB. H: (5)10–40 cm. ♃ He. VII–VIII. Feuchte Gesteinsfluren, feuchte Felsrasen, Schluchten; kalkmeidend; subalpin bis alpin; sehr slt. **St, K, S.** (Arktisch-alpin, Karpaten.) Gefährdet. ▲ **Habichtskraut-St., *S. hieraciifólia***

– LB 1–2,5 cm lg, lanzettlich-spatelförmig . . . . . . . . . . . . . . . . . . **37**

**37** KroB weiß, 2–3× so lg wie die KB, einander berührend. H: 2–8 cm. ♃ Ch. V–VII. Schneeböden, feuchte Weiderasen, Gesteinsfluren; schwach kalkliebend; subalpin bis alpin; zstr bis mäßig hfg. **Fehlt B, W.** Variabel.
**Mannsschild-St., *S. androsácea***

– KroB gelb, 0,8–1,2× so lg wie die KB, einander nicht berührend. — Stets dichte Pölster bildend. H: 2–8 cm. ♃ Ch. VII–VIII. Felsschuttfluren, Felsspalten; kalkmeidend; alpin; slt. Nord-**T, V.** ■ **Seguier-St., *S. seguiéri***

**38** [32] KroB ¼–½× so br wie die KB, — 1–1⅓× so lg wie die KB, blaßgelb; GrundB spatelförmig, an der Spitze mit 3(5) großen, 1,5–3 mm lg u. 1–1,5 mm br, stumpfen Zähnen; Stg meist ohne LB, meist 1blütig. H: 2–4 cm. ♃ Ch. VII–IX. Felsschutt mit langer Schneebedeckung (Rundblattäschelkrautges.), feuchte Felsspalten; kalkstet; alpin; mäßig hfg. **Fehlt B, W, K.** (Ostalpisch.) ▲ *(S. stenopetala)* **Stengelblattloser St.,** „Blattloser St.,“ ***S. aphýlla***

– KroB ⅘–2× so br wie die KB. — LB nicht grannig-stachelspitzig; KroB nicht spitz. (Artengruppe Furchen-St., *S. exarata agg.*) . . . . . . . . . . . . . **39**

**39** LB oberseits kaum oder nicht gefurcht; neben zerteilten auch unzerteilte GrundB vorhanden, oft auch alle unzerteilt, schwach drüsig; KroB etwa ⅘–1¼× so br wie die KB, gelbgrün, slt weiß. H: 1–10 cm. ♃ Ch. VII–VIII. Felsschutt, steinige Weiderasen, Schneeböden; etwas basenliebend; subalpin bis alpin; hfg. **Fehlt B, W.** Sehr variabel (Unterarten?). ▲ *(S. exarata subsp. moschata;* inkl. *S. exarata subsp. pseudexarata, S. moschata subsp. pseudexarata)* ■ **Moschus-St., *S. moscháta***

* Genaueres in HÖRANDL (1993).

- LB oberseits deutlich gefurcht; GrundB meist alle zerteilt, dicht drüsig; KroB etwa 2× so br wie die KB, weiß oder gelblich. H: 1–10 cm. ♃ Ch. VII–VIII. Felsschutt, Felsspalten, Grate; kalkmeidend; alpin; slt. **T, V.** ▲ *(S. exarata subsp. exarata)* ■ **Furchen-St., *S. exaráta***

## 42. Familie: Herzblattgewächse, *Parnassiáceae*

### Herzblatt, *Parnássia* (G V 9, 45)

GrundB lg gestielt, Spreite herzförmig, ganzrandig; Stg mit 1 sitzenden, herzförmigen LB, 1blütig; KroB 5, weiß; Frkn oberständig; Fr: Kapsel. H: 5–30 cm. ♃ He. VII–IX. Kalkreiche Magerrasen (subalpin bis alpin), Quellfluren, Sumpfwiesen, Kalkflachmoore (collin bis montan); collin bis alpin; hfg. **Alle Bdld**. In BM, nVL, söVL u. Pann gefährdet.
**Herzblatt**, Studentenröschen, ***P. palústris***

# Ordnung Rosenartige, *Rosáles*

## 43. Familie: Rosengewächse, *Rosáceae* (inkl. *Mespilaceae*)

Pf ♄ oder krautig; LB meist mit NebenB, Spreite oft zusammengesetzt; Blü meist ⚥; BlüBoden meist vergrößert: scheibenförmig bis krugförmig (= **Achsenbecher**); KB meist 5, frei (jedoch scheinbar oft verwachsen, da der Achsenbecher von außen wie ein verwachsenblättriger K, oft wie eine KRöhre erscheint); KroB meist 5, frei; StaubB meist zahlr., frei; Stempel 1 oder mehrere, frei (wenn Frkn oberständig); Frkn ober-, mittel- oder unterständig; Fr: meist 1samige Nüßchen oder SteinFr, oft mit Beteiligung des fleischig gewordenen BlüBodens. (B 7, 53, 55, 64, 82, 93, 94, 100, 101, 105; G 14, G IX 5)

Spiraeoideae
(1) *Spiraea*
★ (2) *Physocarpus*
★ (3) *Sorbaria*
(4) *Aruncus*

Rosoideae
(5) *Filipendula*
(6) *Agrimonia*
(7) *Aremonia*
(8) *Sanguisorba*
(9) *Dryas*
(10) *Geum*
(11) *Waldsteinia*
(12) *Potentilla*
(13) *Duchesnea*
(14) *Fragaria*
(15) *Sibbaldia*
(16) *Alchemilla*
(17) *Aphanes*
★ (18) *Kerria*
(19) *Rubus*
(20) *Rosa*

Maloideae (= *Mespilaceae*)
★ (21) *Cydonia*
★ (22) *Choenomeles*
(23) *Pyrus*
(24) *Malus*
(25) *Sorbus*
(26) *Amelanchier*
(27) *Cotoneaster*
★ (28) *Mespilus*
(29) *Crataegus*

Prunoideae (= *Amygdalaceae*)
(30) *Prunus*

**1** Bäume oder Sträucher . . . . . **2**
- Krautige Pf oder niederliegende Zwerg- oder Halbsträucher (Spaliersträucher). — Pf ⊙ oder ♃ oder ♄ . . . . . **18**

**2** Gri zahlr. . . . . . **3**
- Gri 1–5 . . . . . **5**

**3** BlüBoden krugförmig (= Achsenbecher), zur FrZeit fleischig u. gefärbt (meist rot, slt schwarz; „Hagebutte“, Abb. 199). **(20) Rose, *Rósa***
- BlüBoden halbkugelig bis kegelförmig, zur FrReife weder fleischig noch gefärbt . . . . . **4**

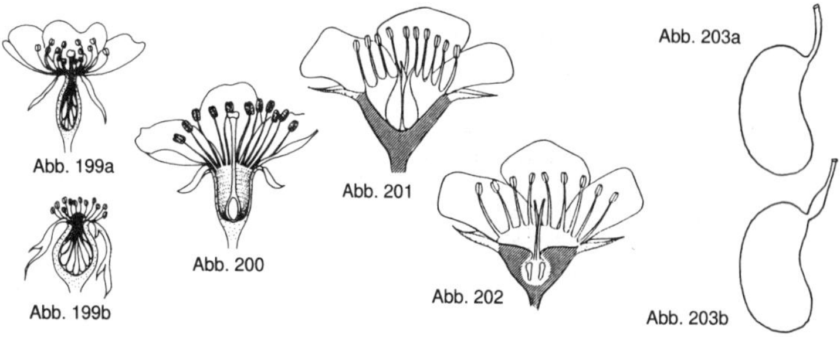

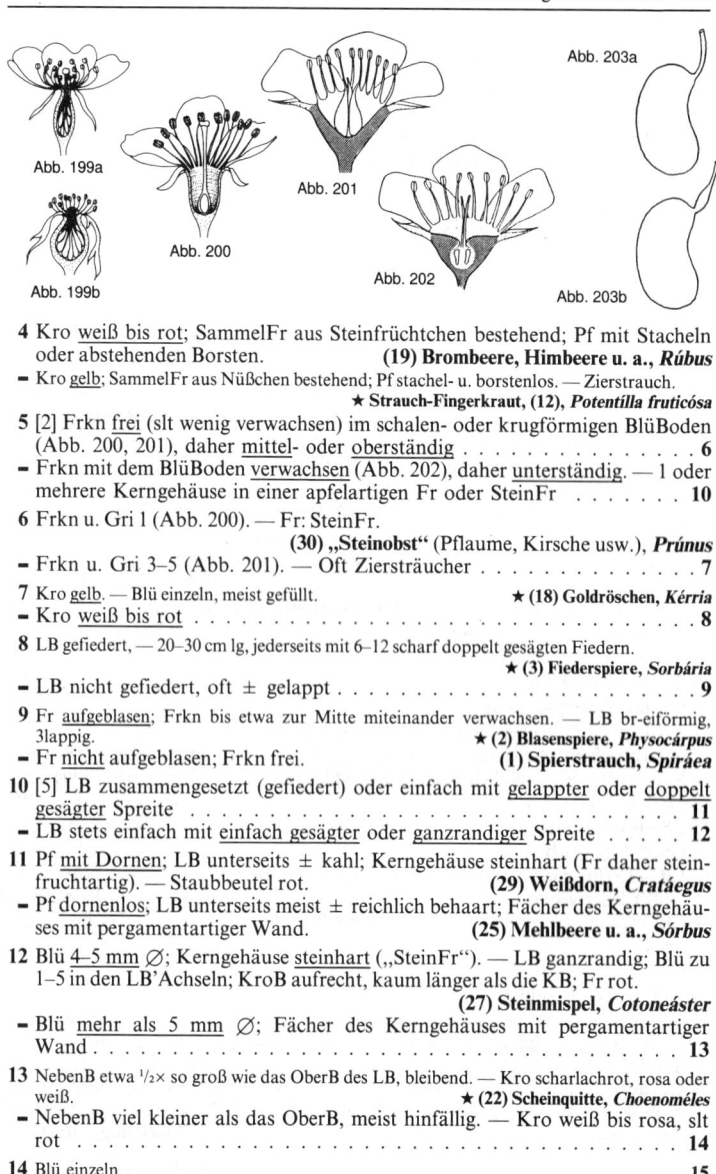

Abb. 199a Abb. 199b Abb. 200 Abb. 201 Abb. 202 Abb. 203a Abb. 203b

**4** Kro weiß bis rot; SammelFr aus Steinfrüchtchen bestehend; Pf mit Stacheln oder abstehenden Borsten. **(19) Brombeere, Himbeere u. a., *Rúbus***

**–** Kro gelb; SammelFr aus Nüßchen bestehend; Pf stachel- u. borstenlos. — Zierstrauch. ★ **Strauch-Fingerkraut, (12), *Potentílla fruticósa***

**5** [2] Frkn frei (slt wenig verwachsen) im schalen- oder krugförmigen BlüBoden (Abb. 200, 201), daher mittel- oder oberständig . . . . . . . . . . . . . . . . **6**

**–** Frkn mit dem BlüBoden verwachsen (Abb. 202), daher unterständig. — 1 oder mehrere Kerngehäuse in einer apfelartigen Fr oder SteinFr . . . . . . . . **10**

**6** Frkn u. Gri 1 (Abb. 200). — Fr: SteinFr. **(30) „Steinobst"** (Pflaume, Kirsche usw.), ***Prúnus***

**–** Frkn u. Gri 3–5 (Abb. 201). — Oft Ziersträucher . . . . . . . . . . . . . . **7**

**7** Kro gelb. — Blü einzeln, meist gefüllt. ★ **(18) Goldröschen, *Kérria***

**–** Kro weiß bis rot . . . . . . . . . . . . . . . . . . . . . . . . . . . . . . **8**

**8** LB gefiedert, — 20–30 cm lg, jederseits mit 6–12 scharf doppelt gesägten Fiedern. ★ **(3) Fiederspiere, *Sorbária***

**–** LB nicht gefiedert, oft ± gelappt . . . . . . . . . . . . . . . . . . . . . **9**

**9** Fr aufgeblasen; Frkn bis etwa zur Mitte miteinander verwachsen. — LB br-eiförmig, 3lappig. ★ **(2) Blasenspiere, *Physocárpus***

**–** Fr nicht aufgeblasen; Frkn frei. **(1) Spierstrauch, *Spiráea***

**10** [5] LB zusammengesetzt (gefiedert) oder einfach mit gelappter oder doppelt gesägter Spreite . . . . . . . . . . . . . . . . . . . . . . . . . . . . **11**

**–** LB stets einfach mit einfach gesägter oder ganzrandiger Spreite . . . . . **12**

**11** Pf mit Dornen; LB unterseits ± kahl; Kerngehäuse steinhart (Fr daher steinfruchtartig). — Staubbeutel rot. **(29) Weißdorn, *Cratáegus***

**–** Pf dornenlos; LB unterseits meist ± reichlich behaart; Fächer des Kerngehäuses mit pergamentartiger Wand. **(25) Mehlbeere u. a., *Sórbus***

**12** Blü 4–5 mm ∅; Kerngehäuse steinhart („SteinFr"). — LB ganzrandig; Blü zu 1–5 in den LB'Achseln; KroB aufrecht, kaum länger als die KB; Fr rot. **(27) Steinmispel, *Cotoneáster***

**–** Blü mehr als 5 mm ∅; Fächer des Kerngehäuses mit pergamentartiger Wand . . . . . . . . . . . . . . . . . . . . . . . . . . . . . . . . . **13**

**13** NebenB etwa ½× so groß wie das OberB des LB, bleibend. — Kro scharlachrot, rosa oder weiß. ★ **(22) Scheinquitte, *Choenoméles***

**–** NebenB viel kleiner als das OberB, meist hinfällig. — Kro weiß bis rosa, slt rot . . . . . . . . . . . . . . . . . . . . . . . . . . . . . . . . **14**

**14** Blü einzeln . . . . . . . . . . . . . . . . . . . . . . . . . . . . . . . **15**

**–** Blü zu mehreren in ± reichen Blüstd . . . . . . . . . . . . . . . . . . **16**

**15** KB ganzrandig, die KroB weit überragend; Gri kahl; Blü endständig; Fr braun. **★ (28) Mispel, *Méspilus***
**–** KB gezähnelt, die KroB nicht überragend; Gri unten wollig; Blü an kurzen Seitenästen; Fr gelb. **★ (21) Quitte, *Cydónia***
**16** KroB lg-lanzettlich, 2–5× so lg wie br; FrFächer 10 *(∅ durch Achsenbecher!)*; Fr blauschwarz. — Pf stets dornenlos; Blü vor den LB erscheinend. **(26) Felsenbirne, *Amelánchier***
**–** KroB rundlich bis verkehrt-eiförmig, 1–2× so lg wie br; FrFächer 5 *(∅ durch Achsenbecher!)*; Fr grün, gelb oder rot. — Pf dornenlos oder dornig . . 17
**17** Staubbeutel gelb; Gri am Grund miteinander verwachsen. **(24) Apfelbaum, *Málus***
**–** Staubbeutel rot; Gri vom Grund an frei. **(23) Birnbaum, *Pýrus***
**18** [1] KroB fehlend, BlüHülle daher nur aus („innerem") K u. AußenK bestehend . . . . . . . . . . . . . . . . . . . . . . . . . . . . . 19
**–** KroB 4 oder mehr . . . . . . . . . . . . . . . . . . . . . . . . . . . . . 22
**19** LB gefiedert. — Blü in dichten, kugeligen oder eiförmigen, endständigen Köpfchen. **(8) Wiesenknopf, *Sanguisórba***
**–** LB einfach u. handförmig zerteilt oder gefingert . . . . . . . . . . . 20
**20** Pf ⊙, ohne GrundBRosette; StaubB 1; Blüstd: LB'achselständige Knäuel. — StgB handförmig 3spaltig; **(17) Ohmkraut,** Ackerfrauenmantel, ***Áphanes***
**–** Pf ♃, mit GrundBRosette; StaubB 4–10; Blüstd: endständige Rispe bis Thyrse . . . . . . . . . . . . . . . . . . . . . . . . . . . . . 21
**21** Stempel (2)5–12; StaubB (4)5(10). — Kro vorhanden, aber hinfällig. **(15) Gelbling, *Sibbáldia***
**–** Stempel 1; StaubB 4. **(16) Frauenmantel u. Silbermantel, *Alchemílla***
**22** [18] KroB (7)8(9), — weiß. **(9) Silberwurz, *Drýas***
**–** KroB 4–6 . . . . . . . . . . . . . . . . . . . . . . . . . . . . . 23
**23** Blü ohne AußenK. — KB 4–6 . . . . . . . . . . . . . . . . . . . . 24
**–** Blü mit AußenK. — KB 4–5 . . . . . . . . . . . . . . . . . . . . 27
**24** KroB gelb; FrBecher (Achsenbecher) am Rand mit hakigen Stacheln. — LB unterbrochen gefiedert; Blüstd ährig. **(6) Odermennig, *Agrimónia***
**–** KroB weiß oder gelblichweiß, manchmal unterseits rot; Fr ohne hakige Stacheln . . . . . . . . . . . . . . . . . . . . . . . . . . . . . 25
**25** LB ohne NebenB; FrB 3. **(4) Geißbart, *Arúncus***
**–** LB mit NebenB; FrB 6 oder mehr . . . . . . . . . . . . . . . . . . 26
**26** LB unterbrochen gefiedert (dh mit kleineren Blättchen zw. den größeren); TeilFr lederig-hart. **(5) Mädesüß, *Filipéndula***
**–** LB 3zählig zusammengesetzt, alle Blättchen etwa gleich groß; TeilFr saftig-fleischig. **Steinbeere, (19), *Rúbus saxátilis***
**27** [23] StaubB 4–10 . . . . . . . . . . . . . . . . . . . . . . . . . . 28
**–** StaubB 10 bis zahlr. . . . . . . . . . . . . . . . . . . . . . . . . 29
**28** GrundB unterbrochen gefiedert (dh mit kleineren Blättchen zw. den größeren); KroB 6–7 mm lg; Fr zur Reifezeit vom Achsenbecher eingeschlossen. — StaubB 5–10. **(7) Aremonie, *Aremónia***
**–** GrundB 3zählig zusammengesetzt, alle Blättchen untereinander etwa gleich groß; KroB 1–2 mm lg; Fr zur Reifezeit nicht vom Achsenbecher eingeschlossen. — StaubB (4)5(10); Stempel (2)5–12. **(15) Gelbling, *Sibbáldia***
**29** LB gefiedert . . . . . . . . . . . . . . . . . . . . . . . . . . . . 30
**–** LB 3zählig oder gefingert . . . . . . . . . . . . . . . . . . . . . 31

30 Frkn mit lg, bleibendem Gri, reifende Fr dadurch geschwänzt.
**(10) Nelkenwurz, *Géum***
– Frkn mit kurzem, abfallendem Gri, reifende Fr nicht geschwänzt.
**(12) Fingerkraut, *Potentílla***
31 FrBoden sich nach der BlüZeit stark vergrößernd, dann saftig, fleischig . **32**
– FrBoden sich nach der BlüZeit nicht stark vergrößernd, dann schwammig, korkig . . . . . . . . . . . . . . . . . . . . . . . . . . . . **33**
32 Kro gelb; AußenKB 3lappig. ★ **(13) Scheinerdbeere, *Duchésnea***
– Kro weiß; AußenKB ganzrandig. — KroB abgerundet, nicht ausgerandet (bei zur BlüZeit im Habitus ähnlichen, weißblühenden (12) Fingerkräutern / *Potentilla*: KroB meist ausgerandet). **(14) Erdbeere, *Fragária***
33 Stempel mehr als 8. **(12) Fingerkraut, *Potentílla***
– Stempel 2–6 . . . . . . . . . . . . . . . . . . . . . . . . . . . . **34**
34 Kro 5zählig, — gelb; RosettenB lg gestielt, Spreite 3zählig zusammengesetzt; Stg u. LB behaart. **(11) Waldsteinie, *Waldstéinia***
– Kro 4zählig. **(12) Fingerkraut, *Potentílla***

## (1) Spierstrauch, *Spiráea*

Anm.: Einige (hauptsächlich ostasiatische) Arten, Kultursorten u. Hybriden werden hfg als Ziersträucher kultiviert u. sind slt unbeständig verwildert, zB ★ **Belgischer Sp., *S.* × *vanhóuttei***, ★ **Weißer Sp., *Sp. álba*** u. ★ **Oregon-Sp., *Sp. douglásii.***

1 Blüstd einfach doldig oder doldentraubig, nicht rispig verzweigt. — Kro stets weiß . . . . . . . . . . . . . . . . . . . . . . . . . . . . **2**
– Blüstd mehrfach verzweigt (rispig) . . . . . . . . . . . . . . . . . **3**
2 Zweigachsen stielrund; LB über der Mitte gesägt, sonst ganzrandig. H: 0,5–1,6 m. ♄ NPh. V–VI. Sonnige Kalkfelsen, steinige, buschige Hänge; kalkliebend; collin bis montan; sehr slt. **B, N, St**. (Hptvbr.: Asien, Südost-Europa.) Potentiell gefährdet. ▲ Auch als Zierstrauch slt kultiviert.
**Karpaten-Sp., *S. média***
– Zweigachsen kantig; LB vom unteren 1/3 oder 1/4 an tief eingeschnitten oder gesägt. H: 1–2 m. ♄ NPh. V–VII. Wald- u. Gebüschränder an sonnigen Hängen; collin bis montan; slt. Süd-**K**. (Hptvbr.: Slowenien, Balkanhalbinsel, Karpaten.) Potentiell gefährdet. Auch als Zierstrauch kultiviert u. verwildert (zB in **W, N, V**). *(S. ulmifolia)*
**Ulmen-Sp.,** (sl.:) vrednikovolistna medvejka, ***S. chamaedryfólia***
3 Blüstd länglich-zylindrisch, viel länger (höher) als br. — LB länglich-lanzettlich, gesägt; Blüstd endständig; Kro rosa. H: 0,5–2 m. ♄ NPh. VI–VII. Ufergebüsche, Auen, feuchte Wiesen; kalkmeidend; collin bis montan; slt. **N, O, St, K**. Gefährdet. Auch als Zierstrauch kultiviert u. verwildert, zB in **V**.
**Weiden-Sp., *S. salicifólia***
– Blüstd flach, breiter als hoch . . . . . . . . . . . . . . . . . . . **4**
4 StaubB meist höchstens so lg wie die KroB; Kro weiß; Pf niederliegend bis aufsteigend. — LB verkehrt-eiförmig bis länglich, höchstens 4 cm lg, vorn gesägt, völlig kahl; Blüstd 3–5 cm br; Blü 5–7 mm ∅. Unvollständig 2häusig. H: 0,25 m. ♄ Ch. V–VI. Sonnige Kalkfelsfluren; submontan bis montan; sehr slt. Süd-**K?** (im Gailtal bei Hermagor). Alte (unbelegte) Angabe irrig oder Art verschollen? (Gesamt-Vbr.: Friaul, bes. Kanaltal; randlich auch im angrenzenden Slowenien.)
⊖?†? **Friauler Sp., Niederliegender Sp.,** „Kärntner Sp.“, (sl.:) polegla medvejka, ***S. decúmbens*** *(subsp. decúmbens)*

- StaubB mindestens $1^2/_3$× so lg wie die KroB; Kro rosa; Pf aufrecht. — LB auf den Nerven u. BlüStiele meist flaumhaarig. H: 1–1,5 m. ♄ NPh. VII–VIII. Zierstrauch, manchmal verwildert, in **V** eingebürgert. (Heimat: Japan, China.) ★ **Japanischer Sp., *S. japónica***

### ★ (2) Blasenspiere, Knackbusch, *Physocárpus*

Kugelige Dolden; Kro weiß; Rinde längsrissig, später in lg Fetzen abblätternd. H: 1–3 m. ♄ NPh. V–VII. Zierstrauch, manchmal verwildert. (Heimat: östl. Nordamerika.)
★ **Schneeball-B.**, Knackbusch, ***Ph. opulifólius***

### ★ (3) Fiederspiere, *Sorbária*

1 Blättchen mit weniger als 25 Nervenpaaren; StaubB etwa 2× so lg wie die KroB; FrStiele aufrecht. — Blättchen unterseits kahl oder flaumig behaart. H: 1–2 m. ♄ NPh. VI–VIII. Zierstrauch, slt verwildert. (Heimat: Nord-Asien.) ★ **Ebereschen-F., *S. sorbifólia***
- Blättchen mit mehr als 30 Nervenpaaren; StaubB etwa so lg wie die KroB; FrStiele zurückgebogen. — Blättchen in jungem Zustand unterseits auf den Nerven flaumig behaart. H: 1–6 m. ♄ NPh. VI–VIII. Zierstrauch; an aus Sandsteinquadern gefügten Mauern nicht slt verwildert (eingebürgert?) in **W** (bes. im Wiental, zB in Margareten, Gaudenzdorf u. Gumpendorf). (Heimat: Himalaja.) *(S. lindleyana)* **(★) Himalaja-F., *S. tomentósa***

## (4) Geißbart, *Arúncus* (G XIV 12, 29)

Pf 2häusig; LB 2–3fach gefiedert; Blü in rispig angeordneten, schmalen Ähren; ♂ Rispen gelblichweiß, ♀ reinweiß. H: 80–150 cm. ♃ He. VI–VII. Schattig-feuchte Wälder, Schluchtwälder, Hochstaudenfluren, Bachufer; montan bis subalpin; hfg. **Alle Bdld**. △ (Inkl. *A. sylvestris, A. vulgaris)*
**Geißbart, *A. dióicus***

## (5) Mädesüß, *Filipéndula*

1 GrundB mit 8–25 Paaren von großen Blättchen, diese 1–2 cm lg; KroB 5–9 mm lg; Wu knollig verdickt. — KroB meist 6, weiß, außen oft rötlich; Fr behaart. H: 30–60(80) cm. ♃ He. VI–VII. Mäßig trockene bis mäßig feuchte Magerwiesen; collin bis montan; im Pann hfg, sonst zstr bis slt. **Fehlt V**. Gefährdet. *(F. hexapetala)* **Knollen-M., *F. vulgáris***
- GrundB mit 2–5 Paaren von großen Blättchen, diese (2)3–8 cm lg; KroB 2–5 mm lg; Wu nicht knollig verdickt. — KroB 5(6). Feuchte bis nasse Fettwiesen (Kohldistelwiesen), Streuwiesen, Ufergebüsche, Sümpfe. VolksarzneiPf.
**Echtes M., *F. ulmária***

a LB'Unterseite grün, mit vereinzelten, lg, geraden Haaren. H: 50–150(200) cm. ♃ He. VI–VIII. Collin bis subalpin; zstr. **Alle Bdld**. ■ **Grünes E. M., *F. u. subsp. denudáta***
- LB'Unterseite weißfilzig . . . . . . . . . . . . . . . . . . . . . . . . . . . . . . . . . . . . b

b Fr kahl; Blättchen gekerbt-gesägt bis seicht doppelt gezähnt. H: 50–150(200) cm. ♃ He. VI–VIII. Collin bis subalpin; hfg. **Alle Bdld**. *(F. u. subsp. nivea)*
■ **Schneeweißes E. M.**, Gewöhnliches E. M., ***F. u. subsp. ulmária***
- Fr behaart (?); Blättchen tief doppelt gezähnt oder seicht gelappt mit gesägten Lappen. H: 40–100 cm. ♃ He. VI. Flußnahe, wechselfeuchte Auwiesen; collin; slt. **N** (im Marchtal). (Pontisch-Pannonisch.) Gefährdet. *(F. stepposa)*
■ **Steppen-M., *F. u. subsp. picbáueri***

## (6) Odermennig, *Agrimónia* (G VII 7)

1 LB unterseits dicht graufilzig, ohne oder nur mit vereinzelten Drüsen, daher nicht oder nur schwach riechend; Blü 5–8 mm br, KroB meist nicht ausgerandet; ScheinFr verkehrt-kegelförmig, fast bis zum Grund deutlich gefurcht, unterste Stacheln aufrecht bis waagrecht abstehend; StgBehaarung: neben den

locker stehenden lg Haaren auch (etwa ½–⅓× so lange) kurze Haare u. wenige fast sitzende Drüsen; die beiden VorB (knapp unterhalb der Blü) 1–3spaltig. H: 30–100 cm. ♃ He. VI–IX. Trockene, slt gemähte Wiesen, Waldränder, Waldschläge; collin bis montan; mäßig hfg. **Alle Bdld**. ArzneiPf.

**Echter O., Gewöhnlicher O.**, „König aller Kräuter", ***A. eupatória***

- LB unterseits locker behaart, mit zahlr. gelblichen, sitzenden Drüsen *(Lupe!)*, daher stark angenehm riechend; Blü 10 mm br, KroB meist ausgerandet; ScheinFr glockenförmig, nur in der oberen Hälfte weit u. seicht gefurcht bis fast ungefurcht; unterste Stacheln ± herabgeschlagen; StgBehaarung: neben den locker stehenden lg Haaren keine kurzen, aber reichlich fast sitzende Drüsen; die beiden VorB meist 5spaltig. H: 50–180 cm. ♃ He. VI–VIII. Frische Waldränder, feuchte Magerwiesen, Röhrichte; schattenliebend, ± kalkmeidend; collin bis montan; slt. **Fehlt W**. Gefährdet. ArzneiPf. *(A. odorata)*

**Duft-O., *A. procéra***

## (7) Aremonie, *Aremónia* (G V 23)

LB unterbrochen gefiedert; AußenK den K becherförmig umschließend; KroB 5, gelb. H: 5–40 cm. ♃ He. V–VI. Edellaubwälder, bes. Buchenwälder; montan; zstr. **St** (sehr slt), Süd-**K**. (Submedit.) Im söVL gefährdet.

**Aremonie,** (sl.:) strček, ***A. agrimonoídes***

## (8) Wiesenknopf, *Sanguisórba* (G IV 7, 21; XIII 5, 11)

1 BlüHülle (K) d'rotbraun; alle Blü ⚥; StaubB 4, starr, etwa so lg wie der K; Gri mit kopfiger Narbe, am Grund mit Nektarring (Insektenbestäubung!). H: (20)30–100(150) cm. ♃ He. VI–IX. Feuchte bis nasse Wiesen; collin bis montan; hfg bis zstr (Standorte heute slt!). **Alle Bdld**. Im Pann gefährdet.

**Großer W., *S. officinális***

- BlüHülle (K) anfangs grün, später rötlich; untere Blü des Köpfchens ♂, mittlere ⚥, obere ♀; StaubB 20–30, schlaff hängend, viel länger als der K; Gri mit pinselförmiger Narbe, ohne Nektarring (Windbestäubung!). Proterogyn. H: 20–60 cm. ♃ He. VI–VII. **Alle Bdld**. VolksarzneiPf u. GewürzPf. *(Poterium sanguisorba)* **Kleiner W.**, „Bibernelle", ***S. mínor***

a Achsenbecher zur FrZeit 4kantig (nicht oder undeutlich geflügelt: Flügelsaum 0,2–0,5 mm hoch, ganzrandig), mit netzig-grubigen Seitenflächen. — Stg unten oft behaart; Blättchen sitzend oder 1–2 mm lg gestielt, gesägt. Trockenrasen; collin bis montan; hfg. **Alle Bdld**. **Gewöhnlicher K. W., *S. m. subsp. mínor***

- Achsenbecher zur FrZeit mit 4 geflügelten Kanten (Flügelsaum 0,5–1 mm hoch, gezähnelt), die Seitenflächen tief zerfurcht, mit unregelmäßig hohen (0,4–0,8 mm), zackigen Rippen. — Stg unten stets kahl; Blättchen 1–4 mm lg gestielt, eingeschnitten-gesägt; KB zuletzt 3 mm lg. Trockene Halbruderalstellen; collin; slt. **B, W, N, O, St, K, (S, T)**. (Submedit.) (Auch durch Rasenansaaten verschleppt?) Gefährdet. *(Poterium muricatum, S. muricata subsp. muricata)* **Geflügelter K. W., *S. m. subsp. polýgama***

## (9) Silberwurz, *Drýas*

Pf niederliegend, verholzt (Teppichstrauch); LB elliptisch, tief gekerbt, oben meist kahl (slt ± grauhaarig), unten dicht weißfilzig, immergrün; Gri nach dem Blühen weiterwachsend, sich auffallend verlängernd, federig behaart, bis zur Reife an den Fr bleibend („Federschweif-Flieger"). H: 2–5 cm; G: 10–50 cm lg. ♄ HS. VI–VIII. Kalkfelsfluren, Polsterseggenrasen, Felsschutt; kalkstet, Pionier; (montan: an Flußufern, Kiesbänken herabgeschwemmt) alpin; hfg. **Fehlt B, W**. ▲ **Silberwurz, *D. octopétala***

## (10) Nelkenwurz, Nelkwurz, *Géum*

1 Blüstd mehrblütig; Gri nach der Blü bei etwa 2/3 oder 4/5 der Länge mit einer hakenförmigen Gliederung; oberer GriTeil vor der FrReife abfallend . . . **2**
- Blüstd 1blütig; Gri nicht gegliedert, der ganze Gri bis zur FrReife an der Fr bleibend. — Kro gelb . . . . . . . . . . . . . . . . . . . . . . . . . . . . . . . **3**

2 Blü nickend, Fr jedoch aufrecht; KB nach dem Blühen aufgerichtet, rotbraun; KroB 0,8–1,5 cm lg, gelb, gegen den Rand zu rotbraun; Gri bei etwa 2/3 der Länge hakig gegliedert. H: 30–100 cm. ♃ He. V–VII. Bachufer, Hochstaudenfluren; montan bis subalpin; mäßig hfg bis zstr. **Fehlt B, W**.
**Bach-N.**, ***G. rivále***
- Blü aufrecht; KB nach dem Blühen zurückgeschlagen, grün; KroB 0,3–0,7 cm lg, goldgelb; Gri bei etwa 4/5 der Länge hakig gegliedert. — WuStock im ∅ mit d'purpurnem Zentrum, nach Gewürznelken riechend. H: 30–60 cm. ♃ He. VI–IX. Ruderale Gebüsche, Hecken, Auwälder, Ruderalfluren; stickstoffliebend; collin bis obermontan; hfg. **Alle Bdld**. Volks-ArzneiPf (WuStock), Wildgewürz. **Echte N., Stadt-N.**, ***G. urbánum***

3 Endblättchen der GrundB viel größer als die Seitenblättchen; Pf ohne Ausläufer. H: zur BlüZeit 5–10 cm, zur FrZeit bis 30 cm. ♃ He. VI–VIII. Bes. Weiderasen, Zwergstrauchheiden, Hochstaudenfluren; subalpin bis alpin; hfg bis zstr. **Fehlt B, W**. *(Sieversia montana, Parageum montanum)*
**Berg-N.**, ***G. montánum***
- Endblättchen der GrundB wenig größer als die Seitenblättchen; Pf mit bis 1 m lg Ausläufern. H: zur BlüZeit 5–10 cm, zur FrZeit bis 30 cm. ♃ He. VII–VIII. Pionier auf Moränen, feuchten Felsschuttfluren, Bachalluvionen, slt auf Felsen; meist kalkmeidend; alpin; zstr. **St, K, S, T, V**. ▲ *(Sieversia reptans, Parageum reptans)* **Kriech-N.**, Gletscher-Petersbart, ***G. réptans***

## (11) Waldsteinie, *Waldstéinia*

WuStock kriechend, verzweigt, mit wurzelnden Ausläufern; Blättchen ± gelappt, grob kerbsägig; Blüstd 3–7blütig; Blü etwa 15 mm ∅. H: 5–15 cm. ♃ He. IV–V. Luftfeuchte Wiesenhänge, Wälder, Gebüschsäume; untermontan; sehr slt. Südöstl. **K**. (Hptvbr.: Slowenien, Slowakei, Rumänien; Ostsibirien, Japan [rund 5000 km weite Areallücke!].) Stark gefährdet. ▲ *(W. trifolia)*
**Dreiblatt-W.**, (sl.:) trilistna valdštajnija, ***W. ternáta (subsp. trifólia)***

## (12) Fingerkraut, *Potentílla* (inkl. *Comarum* u. *Dasiphora*)

1 Strauch. — LB gefiedert, unterseits seidenhaarig; Kro gelb; Fr dicht behaart mit grundständigem, nach oben deutlich verdicktem Gri. H: 50–100 cm. ♄ NPh. VI–VIII. Hfg kultivierter Zierstrauch. (Heimat: reliktär in Nordeuropa, in den Südwestalpen u. in südeuropäischen Gebirgen, sonst in Asien u. Nordamerika.) *(Dasiphora f.)*
★ **Fünffingerstrauch, Strauch-F.**, ***P. fruticósa*** (B 51)
- Pf krautig, ⊙ oder ♃ (höchstens am Grund schwach verholzt) . . . . . . . **2**

2 Kro weiß, rosa oder purpurbraun . . . . . . . . . . . . . . . . . . . . . . . . . **3**
- Kro gelb . . . . . . . . . . . . . . . . . . . . . . . . . . . . . . . . . . . . . . . **10**

3 Untere LB gefiedert, die oberen 3zählig; Fr kahl. — H: 20–60 cm . . . . . **4**
- Alle LB 3–5zählig gefingert, die oberen manchmal unzerteilt; Fr behaart. — H: 2–30 cm . . . . . . . . . . . . . . . . . . . . . . . . . . . . . . . . . . . . . . . . **5**

**4** KroB purpurbraun, kürzer als die KB, bleibend; Blättchen länglich, — grob gesägt, unten behaart; WuStock kriechend; BlüBoden aufgewölbt, zur FrReife schwammig trocken; K braunrot. H: 30–50 cm. ♃ Ch. VI–VII. Moore, Sümpfe, Ufer; kalkmeidend; collin bis subalpin; slt bis zstr. **B†; fehlt W**. Gefährdet; im söVL stark gefährdet. ▲ *(Comarum palustre)*
**Blutauge,** Sumpf-Blutauge, ***P. palústris***

**-** KroB weiß, länger als die KB, früh abfallend; Blättchen rundlich-elliptisch (StgB den LB der Erdbeere ähnlich). — Stg braunrot, kurz zottig behaart. H: 20–60 cm. ♃ He. V–VII. Trockene Magerwiesen, lichte Gebüsche, Waldränder u. Lichtungen, (nie an Felsen!); kalkmeidend; collin bis montan; zstr (im Süden) bis slt. **Alle Bdld**. Gefährdet. **Stein-F., *P. rupéstris***

**5** GrundB 3zählig . . . . . . . . . . . . . . . . . . . . . . . . . . . . **6**
**-** GrundB 5zählig . . . . . . . . . . . . . . . . . . . . . . . . . . . . **8**

**6** KroB rosa (sehr slt weiß), viel länger als die KB; Frkn gänzlich lg'haarig. — Ganze Pf dicht u. silbrig glänzend behaart; Staubf. u. Gri purpurrot. H: 2–5 cm. ♃ He. VI–VIII. Kalk- u. Dolomitfelsen, Ruhschutt; kalkstet; alpin; zstr. **K,** Ost-**T**. (Hptvbr.: Südalpen.) ▲
**Dolomiten-F.,** „Triglaurose", Glanz-F., (sl.:) triglavska roža, ***P. nítida***

**-** KroB weiß (slt rosa), etwa so lg wie die KB; Frkn nur am Nabel behaart. — LB denen der Erdbeere/*Fragaria* täuschend ähnlich . . . . . . . . . . . . . . . **7**

**7** Staubf. kahl, fädlich, schmäler als die Staubbeutel; Stg niederliegend, ausläuferartig; Blättchen jederseits mit 4–6 stumpfen Zähnen; KB innen gelblich. H: 5–10 cm. ♃ He. IV–V. Waldränder, lichte (Eichen-)Hainbuchenwälder, Waldschläge, Magerwiesen; kalkmeidend, gern über Sandstein; collin bis montan; in der Flyschzone zstr, sonst slt (oft bloß übersehen!). **Alle Bdld**. Gefährdet; in den KäB u. im söVL u. wohl auch im BM stark gefährdet. *(P. fragariastrum)*
**Erdbeer-F., *P. stérilis***

**-** Staubf. unten bewimpert, bandförmig, fast so br wie die Staubbeutel; Stg nicht niederliegend, nicht ausläuferartig; Blättchen jederseits mit 6–11 spitzen Zähnen; KB innen rot. H: 5–10 cm. ♃ He. IV–V. Lichte, trockene Wälder, Magerwiesen; kalkliebend; montan; slt. **O?; fehlt B, W, V**. Gefährdet.
**Kleinblütiges F., *P. micrántha***

**8** [5] Staubf. wenigstens am Grund behaart. — Stg meist schlaff, hängend (an Felswänden), viel länger als die grundständigen LB; Blättchen der GrundB mit ungleichen, zusammenneigenden Zähnen, unterseits anliegend seidenhaarig u. drüsig; Gri gelb. H: 10–30 cm. ♃ He. VII–IX. Kalkfelsen (Leitart der montanen Kalkfelsspaltenges.); kalkstet; montan bis subalpin; zstr bis mäßig hfg. **Fehlt B, W**. ▲ **Kalkfelsen-F.,** Stengel-F., ***P. cauléscens***

**-** Staubf. kahl . . . . . . . . . . . . . . . . . . . . . . . . . . . . . . **9**

**9** LB oberseits grün, unterseits silberweiß-seidenhaarig, drüsenlos; Blüstd die grundständigen LB nicht überragend; Fr nur am Grund behaart. — Blü meist höchstens 2 cm ∅; Gri gelblich. H: 5–25 cm. ♃ He. IV–VI. Trockene Magerwiesen, Waldränder, Eichen- u. Eichen-Hainbuchen-Wälder; collin bis submontan; zstr. **V?; fehlt K, S**. In den wAlp gefährdet. **Weißes F., *P. álba***

**-** LB beiderseits grün, unterseits schief abstehend behaart, drüsig; Blüstd die grundständigen LB weit überragend; Fr an der Spitze behaart. — Blü meist 2–2,5 cm ∅; Gri purpurn. H: 5–10 cm. ♃ He. VI–VIII. Kalkfelsen, Felsschutt; kalkstet; (subalpin) alpin; zstr bis hfg. Nordöstl. u. Südl. Kalkalpen. **N, O, St, K, S**. ▲ **Clusius-F.,** Ostalpen-F., ***P. clusiána***

**10** [2] Zumindest die grundständigen LB gefiedert. — K u. Kro 5zählig . . **11**
**-** LB 3–9zählig gefingert . . . . . . . . . . . . . . . . . . . . . . . . . . **12**

**11** GrundB 2–7paarig gefiedert, obere oft 3zählig, beiderseits grün; KroB kürzer als die KB. H: 10–40 cm. ⊙–♃ Th–He. VI–IX. Feuchte Ruderalfluren, feuchte Ufer, feuchte Äcker; kalkmeidend, salzresistent; collin bis submontan; slt. **Alle Bdld**. Gefährdet (?). **Niedriges F.**, ***P. supína***
**-** GrundB 7–12paarig gefiedert, unterseits silbrig-seidig behaart; KroB fast doppelt so lg wie die KB. — Lange, kriechende Ausläufer; LB unterbrochen gefiedert. H: 15–50 cm. ♃ He. V–VIII. Staufeuchte, nährstoffreiche Ruderalfluren, Gänseanger, Salzrasen, Weg- u. Straßenränder (infolge Straßensalzung); stickstoffliebend, etwas salzertragend; collin bis subalpin; hfg. **Alle Bdld.** VolksarzneiPf, Homöop. **Gänse-F.**, Anserine, ***P. anserína***

**12** Blü 4zählig (oder an derselben Pf auch einige 5zählige Blü) . . . . . . . **13**
**-** Blü alle 5zählig . . . . . . . . . . . . . . . . . . . . . . . . . . . . . **15**

**13** Auch untere StgB sitzend oder höchstens 5 mm lg gestielt, ihre NebenB fingerig gelappt; Blü fast alle 4zählig, 7–11(15) mm br; Stempel 4–8(20); Stg aufsteigend bis aufrecht, nie wurzelnd; alle LB 3zählig (slt wenige GrundB 4–5zählig); Blättchen der GrundB mit 3–4 Zähnen jederseits. H: 10–30 cm. ♃ He. V–VIII. (Meist wechselfeuchte bis feuchte) Magerwiesen u. -weiden, Waldränder; kalkmeidend; collin bis subalpin; hfg. **Alle Bdld**. ArzneiPf („Tormentillwurzel"). *(P. tormentilla)* **Blutwurz**, Tormentille, ***P. erécta***
**-** Untere StgB 1–2 cm lg gestielt, obere 0,5–1 cm lg gestielt, ihre NebenB meist ganzrandig; 3/4 der BlüZahl 4zählig, 1/4 der BlüZahl 5zählig; Blü (10)14–18 mm br; Stempel 20–50; Stg höchstens anfangs aufsteigend, bald niederliegend, im Herbst meist wurzelnd; GrundB zT 5zählig, zT 3–4zählig; Blättchen der GrundB mit 4–6 Zähnen jederseits. ([Arten]gruppe Englisches F., *P. anglica agg.)* . . . . . . . . . . . . . . . . . . . . . . . . . . . . . . . . **14**

**14** Pf fruchtend. H: 5–10 cm, G: 15–70 cm lg. ♃ He. V–IX. Waldwege, Gräben, Sumpfwiesen; collin; slt. **N?, St, K?** (vielleicht auch anderswo?). (Hptvbr.: West- u. Nord-Europa.) (Gilt als artgewordene Hybride von *P. erecta* × *P. reptans.*) *(P. procumbens)* **Englisches F.**, ***P. ánglica***
**-** Pf steril. H: 5–10 cm, G: 15–70 cm lg. ♃ He. V–IX. Waldwege, Gräben, Sumpfwiesen; collin; slt. **St, V**. (Vielleicht auch anderswo zw. den Eltern.) Primäre Hybride *P. reptans* × *P. erecta*. *(P. × italica)* **Italienisches F.**, ***P. × míxta***

**15** [12] Alle LB 3zählig (ausnahmsweise einzelne LB 4–5zählig) . . . . . . . **16**
**-** GrundB u. untere StgB 5–9zählig . . . . . . . . . . . . . . . . . . . . . **20**

**16** LB unterseits dicht weißfilzig. — KroB viel länger als der K. H: 5–20 cm. ♃ He. VII–VIII. Sonnige, windexponierte Hänge u. Gesteinsfluren mit kurzer Schneebedeckung; kalkliebend; alpin; slt. **K†, S†?, T**. (Sonstige Vbr.: Westalpen, Kaukasus, Zentralasien, Arktis, Nordamerika.) Potentiell gefährdet. *(P. nivea)* **Schnee-F.**, ***P. prostráta* (subsp. *floccósa*)**
**-** LB unterseits nicht dicht weißfilzig, — aber ± behaart . . . . . . . . . . **17**

**17** *(Man fertige einen Längsschnitt durch das Stempelköpfchen an!)* Gri am Grund deutlich verdickt (Abb. 203 a) . . . . . . . . . . . . . . . . . . . . . . . **18**
**-** Gri am Grund nicht verdickt (Abb. 203 b) . . . . . . . . . . . . . . . . . **19**

**18** KroB so lg wie die KB oder kürzer; grundständige LB zur BlüZeit meist abgestorben. — KB zur BlüZeit 3–4 mm lg, nach dem Blühen weiter wachsend, zur FrZeit 8–12 mm lg; AußenKB zur FrZeit länger als die KB. H: 10–

50(70) cm. ⊙ ♃ Th–He. VI–X. Feuchte Wiesen, Ufer, feuchte Ruderalfluren; kalkmeidend; collin (montan); slt (in Ausdehnung befindlich?). **Fehlt B**. Stark gefährdet (?). ▲ **Norwegisches F., *P. norvégica***

– KroB 1½–2× so lg wie die KB; grundständige LB zur BlüZeit nicht abgestorben. — Staubbeutel nach außen gerichtet u. sich nach außen (dem Gri abgewendet) öffnend. H: 10–40 cm. ♃ He. VI–VII. Magerrasen, Gesteinsfluren, Hochstaudenfluren, sonnige, felsige Hänge; kalkmeidend; obermontan bis alpin; zstr. Zentralalpen. **S, T, V**. **Großblütiges F., *P. grandiflóra***

**19** LB oberseits kahl oder mit wenigen Haaren, unterseits locker behaart; zw. den Haaren an LB'Stielen, Stg u. BlüStielen keine Drüsen. — Blü meist einzeln; KroB 1–1½× so lg wie die KB. H: 2–5 cm. ♃ He. VII–VIII. Schneeböden, Mulden mit lg Schneebedeckung, feuchte Gesteinsfluren; kalkstet; (subalpin) alpin; zstr bis slt. **Fehlt B, W**. *(P. minima, P. dubia)* **Zwerg-F., *P. brauneána***

– LB oberseits (wie die ganze Pf) behaart, seidig glänzend; überall zw. den Haaren zahlr. 0,05–0,1 mm lg, gelbe Drüsen. — KroB etwa so lg wie die KB; Blüstd meist 1–3blütig. H: 3–10 cm. ♃ He. VII–VIII. Saure Magerrasen, Felsfluren, an windexponierten Kuppen u. Graten; kalkmeidend; alpin bis nival; slt. **K, S, T, V**. **Gletscher-F., *P. frígida***

**20** [15] Alle Stg kriechend, an den Knoten wurzelnd, unverzweigt. — Ausläufer 30–100 cm lg; LB 5zählig; Blü einzeln auf lg, die LB meist überragendem Stiel; Blü 17–25 mm ∅; Gri am Grund verschmälert. H: 10–20 cm. ♃ He. VI–VIII. Feuchte Wiesen, feuchte Ruderalfluren, ruderale Schuttfluren (Bahnschotter), Straßenböschungen, Ufer, Äcker; stickstoffliebend; collin bis obermontan; hfg. **Alle Bdld**. **Kriech-F., *P. réptans***

– Stg aufrecht oder niederliegend, meist nicht wurzelnd, verzweigt . . . . . **21**

**21** *(Man fertige einen Längsschnitt durch das Stempelköpfchen an!)* Gri am Grund kegelförmig verdickt (Abb. 203 a) . . . . . . . . . . . . . . . . . . . . . **22**

– Gri am Grund nicht kegelförmig verdickt, — sondern meist gegen den Grund zu verschmälert u. an der Spitze, unterhalb der Narbe keulig verdickt . . **28**

**22** LB unterseits nicht filzig, jedoch meist ± dicht mit ± geraden Haaren besetzt; zw. den 1–3 mm lg, rechtwinkelig abstehenden Haaren an Blü- u. LB'Stielen zahlr., etwa 0,1 mm lg, gerade Borstenhaare. — Stg steif aufrecht, nur im oberen Teil verzweigt; Blü 2–2,5 cm ∅. H: 20–70 cm. ♃ He. VI–VII. Trockene, lichte Gebüschränder, trockene Grasplätze, ruderale Halbtrockenrasen; collin bis submontan; im Pann zstr, sonst slt. **Alle Bdld***. Formenreich. **Aufrechtes F., *P. récta***

– LB unterseits weiß- oder graufilzig (krause Haare miteinander verflochten), dazwischen oft mit ± geraden Haaren; Blü- u. LB'Stiele ohne solche sehr kurze Borstenhaare zw. längeren Haaren . . . . . . . . . . . . . . . . **23**

**23** Gri gegen die Narbe zu schwach verdickt, — oft ± verdreht; Pf aufsteigend bis niederliegend meist mit zT erst im Spätsommer auftretenden, nichtblühenden, oft verlängerten Trieben, die mit einer LB'Rosette abschließen; LB unterseits ± dicht graufilzig, am Rand nicht umgerollt; Blättchen jederseits mit 2–4 Zähnen; Fr oft verkümmert. (Artengruppe Hügel-F., *P. collina agg.* Anm.: Diese Artengruppe umfaßt artgewordene Hybridabkömmlinge aus Kreuzungen von Arten der Gruppe Silber-F. / *P. argentea agg.* mit Arten der Gruppe Frühlings-F. / *P. verna agg.*; dabei bringt die erstgenannte Elternartengruppe den am Grunde verdickten Gri, die andere den unter der Narbe verdickten Gri in die Verbindung ein.) . . . . . . . . . . **24**

---

* Auch in V laut A. POLATSCHEK: Mskr. N. Fl. **T & V**.

- Gri gegen die Narbe zu schmäler werdend . . . . . . . . . . . . . . . . . . . **26**

**24** Pf zur BlüZeit ohne nichtblühende LB'Rosette, diese fehlend oder erst im Spätsommer erscheinend. — Pf bogig aufsteigend, kräftig; LB unterseits dicht silbergrau-filzig, oberseits locker kurzhaarig; Blättchen jederseits mit 2–3(4) tief eingeschnittenen Zähnen, Endzahn meist kürzer als die seitlichen. H: 25–35 cm. ♃ He. V–VII. Trockene Grasplätze, felsige, lückige Trockenrasen; collin; slt. **B, W, N**. Stark gefährdet. *(P. wibeliana)* **Hügel-F., *P. collína*** *(s. str.)*

- Pf zur BlüZeit mit nichtblühenden LB'Rosetten . . . . . . . . . . . . . . **25**

**25** KroB nur wenig länger als die KB (weniger als doppelt so lg). — LB oberseits seidig bis graufilzig, d'- oder graugrün. H: 10–20 cm. ♃ He. V–VII. Lückige Trockenrasen; collin; slt. **B, W†, N, O**. Stark gefährdet! *(P. collina subsp. leucopolitana)* ■ **Elsässer F.**, Weißenburger F., ***P. leucopolitána***

- KroB mindestens doppelt so lg wie die KB. — Blättchen nur vorn jederseits mit 1–2(4) ungleichen, tief eingeschnittenen, schmalen, lg u. spitzen Zähnen. H: 5–20 cm. ♃ He. VI–VII. Bodensaure Magerwiesen, trockene Weiderasen, sandige, kiesige Böden; collin; slt. **B?, N?**. *(P. collina subsp. wiemanniana)* ⊖■ **Wiemann-F., *P. wiemanniána***

**26** [23] LB unterseits graufilzig, neben gekräuselten Haaren auch lg, gerade Haare; Blättchen am Rand nicht umgerollt, — jederseits mit 6–9(zahlr.) Zähnen; Stg meist aufsteigend. H: 15–50 cm. ♃ He. V–VIII. Sandige u. steinige Trokkenwiesen, trockene, lichte Gebüsche, Waldränder; collin bis submontan; slt. **Fehlt V***. Potentiell gefährdet; in den KäB, im BM, im nVL u. söVL gefährdet. Wahrscheinlich artgewordene Hybride *P. recta* × *P. argentea*. (Inkl. *P. adscendens* u. *P. canescens)* ■ **Graues F., *P. inclináta***

- LB unterseits weißfilzig, alle Haare gekräuselt, am Rand umgerollt. — Blättchen tief unregelmäßig eingeschnitten, oft fast 3spaltig oder fiederschnittig, Endzipfel oft etwas größer als die seitlichen. (Artengruppe Silber-F., *P. argentea agg.*) . . . . . . . . . . . . . . . . . . . . . . . . . . . . . . . . . **27**

**27** LB oberseits fast kahl, grün. H: 20–30 cm. ♃ He. VI–X. Trockene, bodensaure Magerwiesen, Halbtrockenrasen, Wegränder u. Böschungen; kalkmeidend; collin bis montan; zstr bis mäßig hfg. **Alle Bdld**. **Silber-F., *P. argéntea***

- LB oberseits filzig, grau bis weiß. H: 20–50 cm. ♃ He. VI–VII. Lückige Trokkenwiesen, Wegränder, Böschungen; nur an trockensten u. wärmsten Stellen; kalkmeidend; collin; slt (?). Genaue Vbr. noch festzustellen. *(P. incanescens, P. impolita)* ■ **Übersehenes F., *P. neglécta***

**28** [21] NebenB der GrundB br-eiförmig bis lanzettlich, die der abgestorbenen GrundB vertrocknend u. bleibend, Stg deshalb am Grund von den abgestorbenen NebenB umscheidet; sterile Triebe kurz, nicht wurzelnd. — Pf stets ohne Sternhaare *(starke Lupe!)* . . . . . . . . . . . . . . . . . . . . . . . . . . . **29**

- NebenB der GrundB lg-schmal-linealisch, die der abgestorbenen GrundB bald schwindend, Stg am Grund daher nicht auffallend umscheidet; sterile Triebe meist ± verlängert (aber nicht ausläuferartig), wurzelnd. — Pf oft mit Sternhaaren (*starke Lupe!* Vgl. die folgende Anm.!). (Artengruppe Frühlings-F., *P. verna agg.*) . . . . . . . . . . . . . . . . . . . . . . . . . . . . . . . . . **32**

Anm.: Die „Sternhaare" der Frühlings-F.-Gruppe / *P. verna agg.* sind tatsächlich Büschelhaare, denn ihre Strahlen entspringen zwar knapp nebeneinander, aber nicht aus einer gemeinsamen Haarbasis.

---

* Auch in **T**: A. POLATSCHEK: Mskr. N. Fl. **T & V**.

**29** GrundB (5)7(9)zählig, ihre Blättchen ringsum oder doch bis über die Hälfte gesägt; Stg meist abstehend (slt aufrecht-abstehend) behaart; BlüStiele nach dem Blühen nickend. — Stg meist rötlich überlaufen, zottig. Collin bis montan. (Artengruppe Siebenblatt-F., *P. heptaphylla agg.*) . . . . . . . . . . **30**

**–** GrundB 5zählig, ihre Blättchen meist nur in der oberen Hälfte (zur Spitze zu) mit einigen Zähnen; Stg anliegend oder aufrecht-abstehend behaart; BlüStiele nach dem Blühen aufrecht. — KroB ausgerandet, goldgelb, Grund meist d'gelb. Montan bis alpin . . . . . . . . . . . . . . . . . . . . . . . . . . **31**

**30** Ganze Pf drüsenlos; AußenKB schmal-lineal-länglich, viel schmäler als die br-3eckig-eiförmigen KB; Zottenhaare des Stg aufrecht-abstehend. H: 10–20 cm. ♃ He. IV–V. Trockene Magerwiesen, Trockenrasen, Böschungen; collin; sehr slt. **N?** (Nordwest-Rand des Marchfeldes?). (Hptvbr.: Ost-Europa.) Verschollen?

⊖ ■ **Ausgebreitetes F.,** Ungarisches F., ***P. pátula***

**–** Pf bes. an den BlüStielen mit Drüsenhaaren; AußenKB den KB ähnlich, so br oder wenig schmäler (nie weniger als halb so br) als diese; Zottenhaare des Stg waagrecht-abstehend. — Stg niederliegend, an der Spitze aufsteigend. H: 5–15 cm. ♃ He. V–VI. Trockene Magerwiesen, Waldschläge, lichte Wälder; collin bis montan; zstr bis slt. **Fehlt T, V**. *(P. opaca, P. rubens)*

**Siebenblatt-F., Siebenblättchen-F.,** Rötliches F., ***P. heptaphýlla***

**31** Blättchen am Rand anliegend, silberig glänzend behaart, unterseits mit deutlich sichtbarem, engmaschigem Nervennetz; Stg anliegend behaart. — Endzahn der Blättchen meist deutlich kleiner als die übrigen; KroB 1½–2× so lg wie die KB. H: 5–20 cm. ♃ He. VI–IX. Weiderasen; kalkmeidend bis meist pH-indifferent; (obermontan) subalpin bis alpin; hfg bis sehr hfg. **Fehlt B, W.** VolksarzneiPf. **Gold-F., *P. áurea***

**–** Blättchen am Rand abstehend, nicht silberig-glänzend behaart, unterseits nur Haupt- u. Seitennerven deutlich sichtbar; Stg aufrecht-abstehend behaart, — zottig; Endzahn der Blättchen meist kaum kleiner als die übrigen; KroB 1–2× so lg wie die KB. H: 5–15 cm. ♃ He. V–IX. Magerrasen, Gesteinsfluren, Felsen; (montan) subalpin bis alpin; zstr bis slt. **Fehlt W**. Die Unterarten sind noch nicht ausreichend geklärt. *(P. alpestris, P. villosa)*

**Crantz-F., *P. crántzii***

**a** Pf ohne Drüsen oder nur spärlich drüsig. V–IX. Kalkliebend; (obermontan) subalpin bis alpin; slt. **Fehlt B, W.** ■ **Gewöhnliches C.-F., *P. c. subsp. crántzii***

**–** Pf dicht drüsig (sitzende Drüsen!). V–VI. Nur über Serpentin; montan; zstr. **B, N?, St?**. Endemisch (?). (Taxonomischer Wert problematisch: vielleicht nur Varietät.) *(P. serpentini)* ■ **Serpentin-F., *P. c. subsp. serpentíni***

**32** [28] LB'Unterseite mit einfachen Haaren, ohne Sternhaare (slt mit sehr vereinzelten Sternhaaren, die aber nur 1–2(3) sehr kurze Seitenstrahlen aufweisen) *(starke Lupe!)*. — Rhizom stets ausläuferartig verlängert; Pf stets ± lockere Polster bis Rasen bildend; LB'Oberseite kahl oder locker mit einfachen Haaren besetzt, h'grün, schimmernd-glänzend; BlüStiele ohne Sternhaare, mit kurzen, aufwärts gebogenen u. lg, schräg aufwärts gerichteten, drüsenlosen Haaren oder mit kurzen, h'köpfigen Drüsenhaaren (slt lg u. rotköpfig). H: 5–15 cm. ♃ He. V–VI(VII). Trockenwiesen, Parkrasen, Böschungen, Wegränder; gern über Sandstein; collin bis submontan; fehlt im Pann (höchstens randlich), sonst mäßig hfg (zB im BM) bis slt. **B?, W, N, O, T*, V**. Gefährdet; im Rh stark gefährdet. Recht variabel. *(P. verna „s. str.", P. tabernaemontani)*

■ **(Eigentliches) Frühlings-F., *P. neumanniána***

* A. Polatschek: Mskr. N. Fl. **T & V**.

- LB'Unterseite mit zumindest einigen Sternhaaren *(starke Lupe!)* . . . . **33**

**33** LB'Unterseite locker (0–50(80) Sternhaare pro mm² zw. den Nerven) mit 1–10(15)strahligen Sternhaaren, bei denen der mittelständige Strahl stets deutlich länger (2–10(12)× so lg) als die übrigen ist *(starke Lupe!)*, die aber niemals einen geschlossenen Haarfilz bilden. — Rhizom ± ausläuferartig verlängert; LB'Oberseite locker mit Sternhaaren u. / oder einfachen Haaren besetzt oder kahl, d'mattgrün (nicht glänzend); BlüStiele meist mit kurzen u. fast stets mit lg Drüsenhaaren u. kurzen u. längeren, bogig aufsteigenden drüsenlosen Haaren. H: 5–15 cm. ♃ He. V(–VII). Trockene Magerwiesen, Trockenrasen, Parkrasen, lichte Föhrenwälder, Böschungen; collin bis obermontan; hfg bis zstr. **Alle Bdld**. (Vielleicht hybridogen aus der vorigen u. der folgenden.) *(P. gaudinii, P. puberula)* **■ Flaum-F., *P. pusílla***

- LB'Unterseite dicht ((40)50–150(200) Sternhaare pro mm² zw. den Nerven) mit (6)10–30(35)strahligen Sternhaaren besetzt, deren Strahlen etwa gleich lg sind oder deren mittelständiger Strahl höchstens 4(5)× so lg wie die anderen ist *(starke Lupe!)*. — Rhizom meist nicht ausläuferartig verlängert; Pf ± dichte Polster bis Rasen bildend; LB'Oberseite dicht sternhaarig u. graugrün bis ± dicht einfach-flaumhaarig u. ± grün; BlüStiele dicht mit Sternhaaren u. oft mit kurzen u. / oder öfters mit lg Drüsenhaaren besetzt. H: 5–15 cm. ♃ He. (III)V(VII). Trockenrasen, trockene Magerwiesen, Felssteppen, Böschungen, steinige, felsige u. sandige Stellen; collin bis submontan; im Pann sehr hfg, sonst zstr bis slt. **B, W, N, O, St, K**. **■ Sand-F., *P. arenária***

**★ (13) Scheinerdbeere, *Duchésnea***

Auf den Ausläufern Blü vorhanden; Fr („Beere") kugelig, leuchtend rot, sehr erdbeerähnlich, jedoch von fadem Geschmack. H: 5–15 cm. ♃ He. V–IX. Als ZierPf kultiviert u. stellenweise verwildert u. eingebürgert. *(Fragaria indica, Potentilla indica)*
**★ Scheinerdbeere, *D. índica***

## (14) Erdbeere, *Fragária*

**1** Blü 25–37 mm ∅; KB u. AußenKB meist mehr als 5; Fr (1,5)3–5cm lg; FrStand bei der Reife herabgebogen; LB d'grün, derb, zstr behaart oder kahl. — Alle Ausläuferabschnitte (zw. MutterPf u. 1. TochterPf u. zw. jeweils 2 TochterPf) mit mittenständigen NiederB. H: 15–45 cm. ♃ He. V–VII. Als KulturPf hfg kultiviert, manchmal verwildert.
**★ Garten-E.**, Ananas-E., ***F. × ananássa***

Anm.: An der Entstehung dieser Kulturart sind bes. *F. chiloënsis* (Heimat: Chile) u. *F. virginiana* (Heimat: Nordamerika) beteiligt.

- Blü 10–29 mm ∅; KB u. AußenKB stets je 5; Fr 0,8–1,8 cm lg; FrStand bei der Reife aufrecht; LB frisch grün, dünn, oberseits gleichmäßig ± dicht behaart . . . . . . . . . . . . . . . . . . . . . . . . . . . . . . . **2**

**2** KB sich beim Verblühen zusammenneigend, der Fr eng anliegend; reife Fr beim Pflücken samt dem K knackend abreißend (Name!); Spreite des untersten HochB schmal-lanzettlich, ganzrandig, 3–8 mm lg u. 0,5–2 mm br; nur der Ausläuferabschnitt zw. MutterPf u. 1. TochterPf mit mittenständigem NiederB, die weiteren ohne; Endzahn der Blättchen ⅓–½× so br wie die Nachbarzähne, diese sichelförmig zum Endzahn hin gebogen, ihn meist überragend; mittleres Blättchen der LB länger gestielt als die beiden seitlichen Blättchen. — BlüStiele aufwärts-angedrückt behaart. H: 5–15(30) cm. ♃ He. V–VI. Halbtrockenrasen, Trockenwälder u. -gebüsche u. ihre Säume; collin bis submontan (montan); im Pann zstr, sonst slt. **V†; sonst alle Bdld**. Im Alp, im nVL u. söVL gefährdet. *(F. collina)*
**Knack-E., Hügel-E.**, „Bröbstling", Knackelbeere, ***F. víridis***

- KB auch an der Fr waagrecht abstehend bis zurückgebogen, der reifen Fr nicht anliegend; reife Fr beim Pflücken ohne den K abreißend; Spreite des untersten HochB laubblattartig, gezähnt, länger als 8 mm u. breiter als 3 mm, oft 3teilig; alle Ausläuferabschnitte, dh auch diejenigen zw. jeweils 2 TochterPf, mit mittenständigem NiederB; Endzahn der Blättchen (½)⅔–1× so br wie die Nachbarzähne, diese nicht oder kaum zum Endzahn hin gebogen, ihn nur slt überragend; mittleres Blättchen der LB meist so lg oder nur wenig länger gestielt als die beiden seitlichen Blättchen . . . . . . . . . . . . . . . . . . . . . . . . . **3**

3 Blü (15)17–29 mm ∅; BlüStiele (abwärts- bis) abstehend behaart; Blüstd (3)7–14(24)blütig; Blü unvollkommen 2häusig, dh Blü der ♀ Pf mit verkümmerten StaubB, Blü der ♂ Pf mit verkümmertem, beim Verblühen vertrocknendem Stempelköpfchen; Blättchen unterseits locker aufwärts-abstehend behaart, meist kurz gestielt. H: (10)15–30(35) cm. ♃ He. V–VI. Frische, lichte Edellaubwälder, Waldränder, Gebüsche, Böschungen; collin bis untermontan; zstr. **Alle Bdld**. (*F. elatior*) **Zimt-E., Große E., *F. moscháta***

- Blü 10–16(19) mm ∅; BlüStiele aufwärts anliegend behaart; Blüstd (2)3–6(10)blütig; Blü ⚥; Blättchen unterseits dicht angedrückt behaart, sitzend. H: 5–15(23) cm. ♃ He. (IV)V–VII(IX). Lichte, nicht zu trockene Laub- u. Nadelwälder, Waldschläge, Waldränder; collin bis montan (subalpin); sehr hfg. **Alle Bdld**. TeePf, VolksarzneiPf. **Wald-E.**, „Rotbeer", ***F. vésca***

## (15) Gelbling, *Sibbáldia* (G V 10, 17)

Kro h'gelb, kürzer als der K, slt fehlend; LB 3zählig, Blättchen vorn 3zähnig. H: 2–5 cm. ♃ He. VI–VIII. Bodensaure Schneetälchen; kalkmeidend; (subalpin) alpin; in den Zentralalpen zstr bis mäßig hfg, in den Kalkalpen sehr slt. **Fehlt B, W**. **Gelbling, *S. procúmbens***

Abb. 204

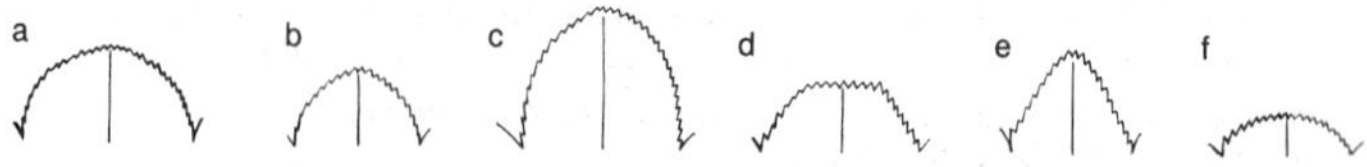


a: Lappen halbkreisförmig; b, c: Lappen parabolisch; d: Lappen trapezförmig; e: Lappen 3eckig; f: Lappen flachbogig.

## (16) Frauenmantel u. Silbermantel, Sinau, *Alchemílla* (G I 4; II 12; IV 8, 28)

Anm.: Taxonomisch äußerst schwierige, teils noch nicht ausreichend erforschte Gattung. Die Vbr. vieler Arten in **Ö** ist noch ungenügend bekannt; mit der Auffindung neuer Arten ist im Alpenraum zu rechnen. Fast alle Arten sind hybridogen, polyploid, pollensteril, agamospermisch.

Die vorliegende Bearbeitung berücksichtigt die jüngst erschienene Darstellung der Gattung durch den renommierten *Alchemilla*-Forscher Sigurd Fröhner (Nossen bei Dresden, Deutschland) in der 3. Auflage von G. Hegis „Illustrierter Flora von Mitteleuropa" (Band IV/2B: 13–242, 1990).

*Hinweise für das Sammeln u. Bestimmen: Hfg wachsen zwei oder mehrere Arten eng nebeneinander („ineinander"!; bes. in Hochlagen); sie sollten womöglich schon beim Sammeln sorgfältig getrennt werden. Im frischen Zustand ist festzustellen: (1) LB flach, gefaltet oder gewellt? (2) Farbe der LB (grasgrün, blaugrün oder gelbgrün?). (3) Richtung der Haare an Stg u. LB'Stielen (anliegend, waagrecht-abstehend, aufwärts-abstehend [= aufrecht-abstehend] oder abwärts-abstehend?). (4) Farbe u. Form der NebenB. – Zum Bestimmen sollten mehrere gut entwickelte, ganze, blühende oder fruchtende Exemplare herangezogen werden (abgebissene, abgemähte u. erneut ausgetriebene Individuen sind oft kaum bestimmbar). Die Arten können jeweils nur durch die Gesamtheit der angegebenen Merkmale erkannt werden (weil einzelne Merkmale oft stark schwanken u. untypisch ausgebildet sind). – Der wenig Erfahrene begnüge sich notfalls mit der Bestimmung bis zur Sektion (sofern der Schlüssel dies erlaubt)!*

Man beachte: Unter „**LB**" sind ausnahmsweise bei dieser Gattung immer nur die Spreiten der grundständigen Laubblätter (= die Spreiten der GrundB) zu verstehen. – Bei einigen Arten gibt es (Behaarungs-)Unterschiede zw. den FrühjahrsB u. SommerB! SommerB (= Sommer-LB) sind die später, erst im Hochsommer entwickelten, oberen (= „inneren") LB der Grundrosette. Die Angaben über die LB'Größe beziehen sich stets auf die SommerB (die FrühjahrsB sind immer kleiner)! Die Länge der Spreite wird vom Spreitengrund bis zur Spitze des Mittellappens gemessen (vgl. Abb. 205a). Man beachte den Unterschied zw. „gewellt" (Erhebungen rund) u. „gefaltet" (Erhebungen kantig)! Mit „**Lappen**" sind die Abschnitte der GrundB'Spreite gemeint, über ihre verschiedene Gestalt gibt die Abb. 204 Auskunft. Die **Basallappen** sind die beiden untersten Lappen. Die „**ganzrandigen Einschnitte**" sind die (nicht immer vorhandenen) ganzrandigen Einschnitte zw. den im übrigen gesägten Lappen. Die „**Basalbucht**" ist die Bucht am Spreitengrund (durch den Winkel zw. den Flanken der Basallappen gebildet); ihre Größe (ihr Öffnungsgrad) wird als Bruchzahl ausgedrückt, die den „offenen" Teil vom Gesamtumfang angibt: „zu ¼ offen" bedeutet demnach, daß die Bucht an der Peripherie ¼ des Spreitenumfangs ausmacht, dh der Winkel der Basalbucht etwa 90° beträgt. Vgl. dazu Abb. 205a! Bei „**offener**" Basalbucht ist die Spreite (= das „LB") „**nierenförmig**". „Basalbucht **geschlossen**" bedeutet, daß die Flanken der Basallappen unmittelbar aneinander liegen, die Spreite (das „LB") ist in diesem Fall wie auch dann, wenn die Basallappen einander überdecken, im Umriß „**kreisförmig**". Die LB'Zähne des Lappenrandes sind entweder in Gestalt u. Größe alle gleich (= „**gleichmäßig**") oder sehr unterschiedlich, wie zB die untersten eines Lappens kurz u. br, die mittleren u. oberen lg u. schmal (= „**ungleichmäßig**"). – Die Angaben über die Gestalt des Blü'Achsenbechers (= „**Achsenbecher**": Abb. 205b) beziehen sich auf den fruchtenden Zustand.

In der folgenden Übersicht über die in **Ö** vorkommenden Arten wird die Gliederung S. Fröhners (1990) jener der „Liste der Gefäßpflanzen Mitteleuropas" (1973) (im folgenden als „früher" bezeichnet) gegenübergestellt. Jene ohne Hinweis auf ein Aggregat (Kleinartengruppe) der „Liste" gehörten früher zu keinem Aggregat; * = seither neubeschriebene Arten. – Die Buchstaben u. Zahlen in Klammern verweisen auf den Teilschlüssel (= Teilschl.) u. Schlüssel-Pkt, wo die Art behandelt wird, zB „(D5)" bedeutet: „Teilschlüssel D, Pkt 5".

Worauf sich die Angaben der westschweizerischen ⊖ ***A. semihirta*** („bei Innsbruck") u. ⊖ ***A. cinerea*** (Meeralpen) für **Ö** beziehen, ist unklar.

Anm.: Die folgenden 9 (Fröhnerschen) Sektionen bildeten früher die *subsectt. Calycanthum* u. *Heliodrosium* (innerhalb *sect. „Brevicaulon" = sect. Alchemilla s. l.*).

Abb. 205a

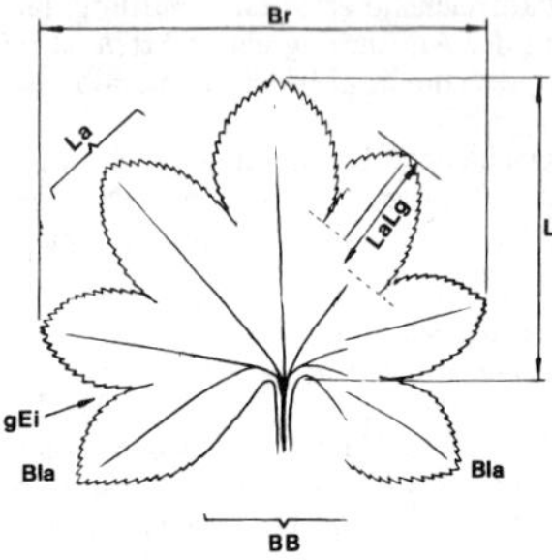


Abb. 205b

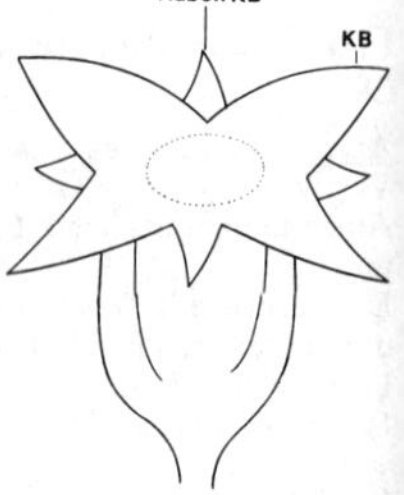


LB'Spreite (= „LB"): Br = Breite des LB; Lg = Länge der LB'Spreite; LaLg = Länge des Lappens; gEi = ganzrandiger Einschnitt; Bla = Basallappen; BB = Basalbucht.

<u>*Sect. Erectae*</u>
(★) *A. mollis* (E 1)

<u>*sect. Alchemilla*</u>
(alle früher zu *A. vulgaris agg.*)
*A. vulgaris* (= *A. acutiloba*) (F [5], 22)
*A. xanthochlora* (F [4], 21–, [23])
*A. micans* (= *A. gracilis*) (F 8)
*A. tirolensis* (D 4)
*A. obscura* (F 14–)
*A. crinita* (F 15, [18, 25])
*A. curtiloba* (F 21)

<u>*sect. Coriaceae*</u>
(früher zu *A. vulgaris agg.*
mit Ausnahme von *A. othmarii*)
*A. lineata* (C 8)
*A. stiriaca* * (C 22)
*A. othmarii*
(früher zu *A. fissa agg.*) (B 3)
*A. platygyria* * (C 5–, [20]
*A. incisa* (B [3–], 4)
*A. straminea* (C 4)
*A. coriacea* (C 2)
*A. inconcinna* (C 11)
*A. cataractarum* * (C 12)
*A. connivens* (C 13)
*A. versipila* (C 5)
*A. compta* (D 4)
*A. acrodon* * (C 22–)
*A. antiropata* * (C 18)
*A. longituba* * (C 21)
*A. glabra* (C 19)
*A. obtusa* (C 16)
*A. reniformis* (C 16–)
*A. impexa* (C 15)
*A. effusa* (C 17)
*A. glomerulans* ([Grdschl. 10], C7)
*A. undulata* (= *A. sectilis*) (D 7–)
*A. semisecta* (D 5)
*A. curta* * (C 4–))
*A. philonotis* * (C 11–)
*A. longana* (D 6)
*A. norica* * (C 4–)

<u>*sect. Calycinae*</u>
(alle früher zu *A. fissa agg.*)
*A. fissa* (B 1)
⊖ *A. gracillima* (F 8–)
*A. sericoneura* (B 5–, [C 7–])

<u>*sect. Decumbentes*</u>
(alle früher zu *A. vulgaris agg.*)
*A. decumbens* (D 7)
*A. hirtipes* (F 10)
*A. rubristipula* (F 10–)
*A. tenuis* (D 4–)
*A. flaccida* (D 3–)
*A. maureri* * (F 26–)

<u>*sect. Ultravulgares*</u>
(alle früher zu *A. vulgaris agg.*)
*A. cymatophylla* (F 25–)
*A. subcrenata* (F 26)

<u>*sect. Plicatae*</u>
(früher zT zu *A. vulgaris agg.*,
zT zu *A. hybrida agg.*)
*A. strigosula* (früher zu *A. vulgaris agg.*)
(F 16)
*A. subglobosa* (früher zu *A. vulgaris agg.*)
(F 13, [18–])
*A. monticola* (früher zu *A. vulgaris agg.*)
(F [3–, 6–], 14, [16–])
*A. filicaulis* (früher zu *A. vulgaris agg.*)
(F 3, 6, 19)
*A. exigua* (früher zu *A. hybrida agg.*)
(Grdschl. 5, [E5])
*A. colorata* (inkl. *A. illyrica*)
(früher zu *A. hybrida agg.*) (E 6)
*A. glaucescens* (früher zu *A. hybrida agg.*)
(E 3b, Grdschl. 10)
*A. plicata* (früher zu *A. hybrida agg.*)
(E 7)

<u>*sect. Splendentes*</u>
(früher zu *A. splendens agg.*)
*A. splendens* (Grdschl. 9–)

<u>*sect. Flabellatae*</u>
(früher zT zu *A. fissa agg.*,
zT zu *A. splendens agg.*,
zT zu *A. hybrida agg.*)
*A. fallax* (früher zu *A. fissa agg.*) (B 5)
*A. matreiensis* * (E 7–)
*A. kerneri* (früher zu *A. splendens agg.*)
(Grdschl. 9)
*A. acutata* * (E 4–)
*A. flabellata* (früher zu *A. hybrida agg.*)
(E 4)

Anm.: Die folgenden beiden *sectt. Glaciales* u. *Alpinae* wurden früher als *subsect. Chirophyllum* (Silbermantel) (innerhalb der *sect. „Brevicaulon"*) zusammengefaßt.

*sect. Glaciales*
(früher zu *A. conjuncta agg.* mit Ausnahme von *A. subsericea*)
*A. grossidens* (A 6)
*A. glacialis* (A 6–)
*A. pallens* (A 9–)
*A. anisiaca* (A 8)
*A. nitida* (A 10)
*A. subsericea* (früher zu *A. alpina agg.*) (A 4–)

*sect. Alpinae* (früher zT zu *A. alpina agg.*, zT zu *A. conjuncta agg.*)
*ser. Saxatiles* (früher zu *A. alpina agg.*)
*A. saxatilis* (A 2)
*A. alpina* (A 4)

*ser. Hoppeanae* (früher zu *A. conjuncta agg.*)
*A. hoppeana* (A 11)
*A. alpigena (= A. „plicatula")* (A 11–)
*A. velebitica* * (A 9)

*sect. Pentaphylleae (sect. Pentaphyllum)*
*A. pentaphyllea* (A 1)

Anm.: Alle Arten der Gattung sind VolksarzneiPf u. alte Kult- bzw. ZauberPf (unterschieden werden nur „Silbermantel" = „Alpen-Sinau" u. „Frauenmantel" = „Sinau").

## Grundschlüssel

**1** LB zu mindestens 2/3, meist bis zum Grund oder fast bis zum Grund geteilt (daher oft fast zusammengesetzt); Abschnitte (bzw. Blättchen) 5–9, br-elliptisch bis schmal-länglich. — Im Alp. **Teilschlüssel A** (→ S. 397)

**–** LB gelappt bis gespalten (dh höchstens bis zur Mitte oder wenig darüber zerteilt). (Vgl. auch Teilschl. D!) — Abschnitte (= Lappen) 5–11, br . . . **2**

**2** Wenigstens einige Stg waagrecht-, aufwärts- bis abwärts-abstehend behaart, slt kahl (→ *A. norica*!) . . . **3**

**–** Stg kahl oder angedrückt behaart . . . **6**

**3** LB'Stiele der FrühjahrsLB kahl, die der SommerLB (oft nur schwach) anliegend, aufwärts- oder waagrecht-abstehend behaart *(mehrere vollständige Pf untersuchen!)*. — Nur obermontan bis alpin im Alp. **Teilschlüssel D** (→ S. 406)

**–!!** Alle LB'Stiele u. auch zumindest der untere StgTeil (zumeist dicht) waagrecht-, aufwärts- oder abwärts-abstehend behaart . . . **4**

**–** (Wenn Pf auffällig groß, dh mehr als 30 cm hoch u. LB 9–15 cm ∅: vgl. Weicher F., *A. mollis* [→ Teilschl. E, Pkt 1])

**4** Alle Achsenbecher dicht u. abstehend behaart; LB'Unterseite sehr dicht behaart. **Teilschlüssel E** (→ S. 408)

**–** Achsenbecher kahl oder schwach behaart; LB'Unterseite nicht sehr dicht behaart . . . **5**

**5** Pf höchstens 10 cm hoch; Lappen 5–7, gestutzt, jederseits mit nur 4–5 Zähnen; LB'Oberseite dicht behaart, — ebenso die Unterseite; LB'Zähne 2× so lg wie br, ihre Spitzen schwach einwärts gebogen; grundständige LB 1–3 cm ∅; StgBehaarung meist deutlich abwärts gerichtet; am Übergang zw. Achsenbecher u. KB mit deutlicher Einschnürung (Achsenbecher daher krugförmig). H: 3–7(10) cm. ♃ He. VI–VIII(IX). Magerwiesen u. -weiden; kalkliebend; obermontan bis alpin; zstr bis slt. **Fehlt B, W.** *Man beachte, daß kleinwüchsige Formen des Bergwiesen-F. / A. monticola (→ Teilschl. F, Pkt 14) oft zusammen mit A. exigua wachsen. (Zu sect. Plicatae.) (A. pusilla)* [E5]

■ **Niedriger F., *A. exígua***

**–** Pf höher als 10 cm; Lappen 7–12, jederseits mit 5–12 Zähnen; LB'Oberseite zstr behaart bis (slt) völlig kahl. **Teilschlüssel F** (→ S. 409)

**6** [2] Achsenbecher höchstens so lg wie die inneren KB. — Nur im Alp (obermontan bis alpin); Pf schwach behaart bis kahl. **Teilschlüssel B** (→ S. 400)

- Achsenbecher länger als die inneren KB . . . . . . . . . . . . . . . . . . . . **7**

**7** Stg kahl oder nur in der unteren Hälfte behaart. (Größter Teil der *sect. Coriaceae.*) **Teilschlüssel C** (→ S. 401)

- Stg u. BlüStiele behaart. — Achsenbecher dicht behaart oder kahl . . . . **8**

**8** LB'Oberseite meist kahl, höchstens an den Rändern (auf den LB'Zähnen u. in den Falten) seidenhaarig. — West-**Ö** (slt) . . . . . . . . . . . . . . . . . **9**

- LB'Oberseite behaart . . . . . . . . . . . . . . . . . . . . . . . . . . **10**

**9** LB lebend immer deutlich stark gefaltet (Faltung meist auch an Herbarexemplaren noch deutlich sichtbar); LB'Zähne 1–2× so lg wie br, die vorderen gerade oder einwärts gekrümmt, die hinteren spreizend; unterstes Stg'Internodium oft kahl, slt auch über der StgMitte kahl, sonst dicht seidig behaart; Blü 3(4) mm ∅. — Basalbucht eng bis geschlossen; LB zu $^1/_3$–$^3/_4$ zerteilt; ganzrandige Einschnitte 1–5 mm lg. H: 5–10(15) cm. ♃ He. VII–VIII. Weiderasen, Felsschuttfluren; kalkliebend; subalpin; sehr slt. **T** (Floitengrund im Zillertal). Endemisch. Vom Aussterben bedroht (durch Kraftwerksbau!). (Zu *sect. Flabellatae.*) ■ **Kerner-F., *A. kérneri*** *(sensu* Fröhner*)*

- LB flach bis ± gefaltet; LB'Zähne 0,7–1,3× so lg wie br, einwärts gekrümmt oder gerade nach vorn gerichtet; Stg ziemlich dicht seidig behaart; Blü 2,5–5 mm ∅. — Basalbucht deutlich offen bis slt geschlossen; LB zu $^1/_4$–$^1/_2$ zerteilt, unterseits ziemlich dicht seidig behaart (slt nur die Nerven); ganzrandige Einschnitte 1–4 mm lg. H: 10–20 cm. ♃ He. (VI)VII–VIII. Fettweiderasen u. leicht bodensaure Bunthafer-Fluren; kalkliebend; alpin; sehr slt. **V** (auf dem Fellhorn in den Allgäuer Alpen unmittelbar an der bayerischen Staatsgrenze). (Hptvbr.: Schweiz.) Vom Aussterben bedroht (Bergbahnstation)!. (Zu *sect. Splendentes.*) *(A. kerneri sensu* Rothm. *p. p.)* ■ **Schimmernder F., *A. spléndens***

**10** Achsenbecher dicht behaart. — Stg u. LB'Stiele dicht aufwärts-anliegend bis schwach abstehend, fast grau-silbrig behaart. ■ **Angedrückthaariger Filz-F., *A. glaucéscens var. adpressipilósa*** (→ Teilschl. E, Pkt 3b)

- Achsenbecher kahl. ■ **Knäuel-F., *A. glomérulans*** (→ Teilschl. C, Pkt 7)

## Teilschlüssel A

**1** LB'Rosette mit kriechenden (dh an den Knoten wurzelnden) Stg; ganze Pf grün, schwach behaart bis kahl. — LB (3)5(7)teilig; Blättchen (LB'Abschnitte) mehrmals bis auf $^2/_3$ oder $^1/_2$ in schmale Zipfel geteilt. H: (3)5–7(10) cm. Sexuell. ♃ He–HS. VIII. Schneetälchen, feuchter Gesteinsgrus, Moränen, nordseitige Felsen; kalkmeidend; alpin bis nival; sehr slt. **K?**, **V**. (Hptvbr.: Westalpen.) Potentiell gefährdet. (*Sect. Pentaphylleae.*) **Schnee-F.**, Fünfblättriger F., ***A. pentaphýllea***

Anm.: Das angebliche Vorkommen in **K** (Glocknergebiet: Salmhöhe), somit weit außerhalb des Areals, ist fragwürdig; diese Angabe beruht auf einem anonymen, sehr alten Beleg u. konnte bisher nicht bestätigt werden.

- Stg aufrecht, bogig aufsteigend oder niederliegend (dh nie Wu treibend); Stg, LB'Unterseite u. Blü anliegend seidig-glänzend behaart. — LB 5–11teilig. Pf mit agamospermischer Fortpflanzung (Ausnahme: *A. grossidens*, → Pkt 6). Teppich-Zwergsträucher. („Silbermantel“, *sectt. Glaciales* u. *Alpinae*) . . . . . . . **2**

**2** LB'Spreite halbkreisförmig, bis zum Grund geteilt, stets nur 5 Blättchen, — oberseits gelb- bis grasgrün; Blättchen im obersten Viertel oder etwas darunter am breitesten; Blü h'gelb, 2,5–4 mm br. H: (10)15–20(30) cm. ♃/♄ Ch. VII–IX. Silikat-Felsspalten u. -Schutt, Zwergstrauchheiden; obermontan bis alpin; slt. **T** (Ötztaler Alpen: im Venter Tal). (Hptvbr.: Südwest-Europa, Westalpen, westl. Südalpen.) (Zu *sect. Alpinae.*) ■ **Stein-S.,** ***A. saxátilis***
**-** An jedem Individuum auch LB mit mehr als 5 Blättchen (bzw. LB'Abschnitten) . . . . . . . . . . . . . . . . . . . . . . . . . . . . . . . . . . **3**

**3** Pf niederliegende, etwa 5–10 cm lg, nicht-wurzelnde Sprosse treibend, die mit einer LB'Rosette endigen. — Grundständige LB 5–7teilig (nie 9teilig), die 2–3 mittleren Abschnitte meist fast bis zum Spreitengrund reichend, slt bis 3 mm weit unzerteilt; FrStiele höchstens so lg wie die KB (oder nur wenige länger); Pf kalkmeidend . . . . . . . . . . . . . . . . . . . . . . . . . . . . . . . **4**
**-** Pf keine mit LB'Rosette endigenden (längeren) Sprosse treibend . . . . . . **5**

**4** LB'Zähne 0,5–1 mm lg, etwa so lg wie br, meist zusammenneigend; LB unterseits silbrig, dicht seidig glänzend behaart; Blättchen meist schmal-lanzettlich, mit der größten Breite in der Mitte oder knapp darüber. H: 5–20(30) cm. ♃/♄ Ch. VII–VIII. Bürstlingsrasen, Zwergstrauchheiden, Felsschuttfluren, Felsen; acidophil; subalpin bis alpin; zstr bis slt. **K, S, T, V**. (Arktisch-alpin.) (Zu *sect. Alpinae.*) ■ **Alpen-S.,** ***A. alpína***
**-** LB'Zähne 1,5–3 mm lg, 2–3× so lg wie br, meist gerade nach vorn gerichtet oder nur wenig zusammenneigend; LB'Unterseite bleichgrün, nur schwach seidig glänzend behaart, — 5–7teilig; Blättchen meist schmal-verkehrt-eilanzettlich (größte Breite im vorderen Drittel). H: 5–20(30) cm. ♃/♄ Ch. VII. Feuchte, schattige Silikatschuttfluren, Weiderasen, Grünerlengebüsche; acidophil; subalpin bis alpin; slt. West-**T, V**. (Hptvbr.: Westalpen, Pyrenäen.) (Zu *sect. Glaciales.*) Anm.: Die im Habitus sehr ähnliche *A. grossidens* (→ Pkt 6) hat 7–9teilige, niemals nur 5teilige LB. ■ **Matten-S.,** Schwachseidiger F., ***A. subsericea***

**5** LB'Zähne 2–4 mm lg, — 1–3× so lg wie br; Blü (3)4–6 mm ∅. (Zu *sect. Glaciales.*) . . . . . . . . . . . . . . . . . . . . . . . . . . . . . . . . . . **6**
**-** LB'Zähne etwa 0,5–1,5 mm lg, — so lg wie br oder breiter als lg . . . . . **7**

**6** LB unterseits schwach seidig behaart, wenig silberglänzend; Blättchen elliptisch bis verkehrt-eiförmig, am Grund meist deutlich keilförmig, — 1–2× so lg wie br, oberseits d'blaugrün, vorderstes Viertel der Blättchen gezähnt; AußenK manchmal braunrot. H: 5–15(20) cm. Sexuell. ♃/♄ Ch. VI–VIII. Felsen, Ruhschutt, steinige Rasen; etwas kalkliebend bis indifferent, über Flysch, Schiefer, seltener reinem Kalk; subalpin bis alpin; slt. **V** (Rätikon). (Hptvbr.: Westalpen.) (Vgl. *A. subsericea*, → Pkt 4–.) ■ **Grobzahn-S.,** ***A. gróssidens***
**-** LB unterseits dicht seidig, silberweiß glänzend (slt nur graugrün); Blättchen länglich-verkehrt-eiförmig bis linealisch, am Grund schwach keilig, — 1,5–4× so lg wie br; AußenK nie braunrot. H: 5–15(20) cm. ♃/♄ Ch. VII–VIII. Felsspalten, Ruhschutt, Rasen; kalkliebend; alpin; slt. **V** (Rätikon). (Hptvbr.: Westalpen.) ■ **Eis-S.,** ***A. glaciális***

**7** LB'Spreite zu etwa 75–85% (ihrer Länge) eingeschnitten . . . . . . . . . . **8**
**-** LB'Spreite zu mehr als 85%, also (fast) bis zum Grund eingeschnitten (nur vereinzelte LB weniger tief geteilt) . . . . . . . . . . . . . . . . . . . . **10**

**8** Basalbucht zu mindestens ⅓ offen, nur slt ein LB mit geschlossener Bucht. — LB'Spreite bis 10 cm br; LB'Oberseite glanzlos, ± dicht anliegend behaart (bes. Spitze u. Grund der Abschnitte) oder (nicht slt!) kahl; LB'Abschnitte länglich-linealisch bis lineal-lanzettlich, seltener verkehrt-eiförmig, etwa 3–5× so lg wie br, ziemlich spitz, vorderes Drittel gesägt, Zähne 1–3 mm lg. H: 5–10(20) cm. ♃/♄ Ch. (VI)VII–VIII(IX). Geröllfluren, Felsbänder, steinige Weiderasen, Schneeböden, Tal-Alluvionen; kalkstet; (ober)montan bis alpin; zstr bis hfg. **N, O, St, S**. Endemisch (nordostalpisch). (Zu *sect. Glaciales.*)

**■ Ennstaler S., *A. anisíaca***

– Basalbucht zu 1/5 offen bis geschlossen, Spreite daher im Umriß kreisförmig . . . . . . . . . . . . . . . . . . . . . . . . . . . . . . . . . **9**

**9** Blättchen 3–5× so lg wie br, unterseits dicht seidig-silbrig behaart, — oberseits gelb- bis graugrün, meist verkehrt-eiförmig bis linealisch; LB'Zähne 0,7–3 mm lg; Blüstd zusammengezogen, sehr schmal. H: 5–15(25) cm. ♃/♄ Ch. VII–VIII. Felsspalten, Gesteinsschutt; kalkstet; obermontan bis alpin. Süd-**K** (Karnische Alpen: auf dem Poludnig; vielleicht weiter verbreitet.) (Hptvbr.: Gebirge Sloweniens u. Kroatiens.) (Zu *sect. Alpinae.*) *(A. **„plicatula"** p. p.?)*

**■ Velebit-S.,** (sl.:) velebitska plahtica, ***A. velebítica***

–!! Blättchen 1,5–3× so lg wie br, unterseits schwach seidig glänzend behaart, — oberseits blau- bis gelbgrün, kahl, meist verkehrt-eiförmig bis br-elliptisch (am selben Individuum oft sehr verschiedene Blättchenformen!); LB'Zähne 1–4 mm lg; Blüstd armblütig. H: 5–20(30) cm. ♃/♄ Ch. VII–VIII. Frische bis feuchte, steinige Rasen, Ruhschuttfluren; gern halbschattig; kalkliebend (zB über Kalkglimmerschiefer) bis indifferent; obermontan bis alpin; zstr. **S, T, V**. (Zu *sect. Glaciales.*) **■ Blaßgrüner S.,** Bleicher S., ***A. pállens***

– (Wenn Blättchen ziemlich parallelrandig, vorn gestutzt u. nur im vordersten Fünftel mit etwa 1–1,5 mm lg Zähnen, vgl. **Hoppe-S., *A. hoppeána***, → Pkt 11)

**10** [7] Blättchen meist in der Mitte oder knapp darüber am breitesten; LB'Oberseite d'- bis schwarzgrün, frisch meist schwach glänzend. — Blättchen 1,5–2,5× so lg wie br, unterseits meist grauseidig; LB'Zähne krumm-3eckig, sehr spitz, die unteren meist entfernt stehend, die oberen enger beisammen u. zusammenneigend; Blü dicht seidenhaarig. H: (5)10–20(30) cm. ♃/♄ Ch. VII–VIII. Felsen, Schuttfluren, Rasen, lichte Gebüsche; über Kalk- (u. Silikatmischgestein); obermontan bis alpin; zstr. **N** (angepflanzt?), **O?** („Windischgarsten": bestätigungsbedürftig!), **S, T, V**. (Zu *sect. Glaciales.*) *(A. **„plicatula"** p. p.)*

**■ Glänzender S., *A. nítida***

– Blättchen meist im vorderen Drittel am breitesten; LB'Oberseite gelbgrün, grasgrün oder blaugrün, glanzlos. (Zu *sect. Alpinae subsect. Hoppeanae.*) **11**

**11** LB'Unterseite grau-seidig; Blättchen nur im vordersten Fünftel oder weniger gesägt. — LB flach (nicht gefaltet), 7(9)teilig; Basalbucht geschlossen, Umriß kreisförmig; Blättchen linealisch, Grund keilig, vorn gestutzt, die mittleren am Grund kurz miteinander verwachsen; Endzähne der Blättchen stark zusammenneigend, sehr spitz; Nervennetz der LB'Unterseite in der Regel gut als dunkle Linien erkennbar *(Lupe!)*; Haare die AußenKB höchstens um deren halbe Länge u. nicht in dichtem Büschel überragend. H: 5–20(30) cm. ♃/♄ Ch. VI–VIII. Steinige Rasen, Felsspalten, Felsschuttfluren; über Kalk- u. kalkreichem Silikatgestein („Mischgesteinen"), kalkliebend; obermontan bis subalpin (alpin); zstr bis slt. **O, St, S, T**. [9–] **■ Kalk-S., Hoppe-S., *A. hoppeána***

– LB'Unterseite schneeweiß-seidig; Blättchen mindestens im vorderen Drittel, oft bis zur Mitte herab gesägt. — LB'Spreite 7–9teilig, fast immer bis zum Grund geteilt (slt bei einzelnen LB Blättchen kurz miteinander verwachsen); Basalbucht geschlossen bis Basallappen einander bis zu einem Viertel überdeckend; Blättchen flach (entlang der Mittelrippe nicht gefaltet); LB'Zähne zusammenneigend, aneinander gedrückt, meist im Haarsaum versteckt; Blü gelbgrün. H: 5–20(25) cm. ♃/♄ Ch. VII–VIII. Felsspalten, Schuttfluren, steinige Rasen; meist über Kalk; obermontan bis alpin; zstr. **T, V**. (Hptvbr.: Westalpen, Jura.) (***A. „scintillans"***?) ■ **Kalkalpen-S., Funkelnder S., *A. alpígena***

Anm.: Ob der ⊖ ■ **Falten-S., Handblatt-S., *A. chirophýlla* („*A. plicatula*"** *p. p.*) in **Ö** vorkommt, ist sehr zweifelhaft (LB'Spreite [der meisten LB] 7[9]teilig, am Grund etwa 3–7 mm weit verwachsen [mittleres am Grund oft fast frei]; Basalbucht oft zu ¹/₅ offen; Blättchen zumeist entlang der Mittelrippe gefaltet [bes. an frischen Pf, meist aber auch noch im Herbar erkennbar], — länglich-linealisch bis elliptisch mit eiförmiger Spitze, unterseits sehr dicht seidig [Nervennetz deshalb meist nicht erkennbar]; Haare die AußenKB in dichtem Büschel um deren ganze Länge überragend; H: [5]8–15[20] cm; ♃/♄ Ch; VI–VIII; steinige Rasen, Felsschuttfluren, Felsspalten; kalkliebend; obermontan bis alpin; slt; **V?**; [Hptvbr.: Westalpen, Jura]).

## Teilschlüssel B

**1** Stg, LB'Stiele u. LB'Flächen kahl (nur SommerB gelegentlich mit einigen aufwärts-abstehenden Haaren). — Pf zart, mit dünnen Stg u. BlüStielen; LB bis zur Hälfte oder darüber gespalten, ganzrandige Einschnitte 3–6 mm lg (Spreite daher zerschlitzt erscheinend); LB'Abschnitte gestutzt (verkehrt-eiförmig bis fast quadratisch), seltener eiförmig; LB'Zähne 1,5–5 mm lg, 2–3× so lg wie br. H: 5–20(30) cm. ♃ He. VI–VIII. Schneetälchen, feuchte Felsschuttfluren, feuchter Grus, Karrenfelder; über Silikatgesteinen, meist säureliebend u. kalkmeidend (in Kalkgebirgen über Rohhumus); subalpin bis alpin; zstr bis slt. **Fehlt B, W, N**. (Zu *sect. Calycinae.*) (*A. glaberrima*)
■ **Schlitzblatt-F., *A. fissa***

**–** Stg zumindest im unteren Teil sowie meist alle LB'Stiele behaart . . . . . **2**

**2** LB'Unterseite (mit Ausnahme der Nervenenden) völlig kahl. (Zu *sect. Coriaceae.*) . . . . . . . . . . . . . . . . . . . . . . . . . . . . . . . . . . . . . . . . **3**

**–** Basallappen zumindest unterseits ± dicht behaart (wenigstens der FrühjahrsB). — Unterseite der benachbarten Lappen meist nur noch sehr schwach behaart, übrige Lappen kahl . . . . . . . . . . . . . . . . . . . . . . . . . . . **4**

**3** Lappen ohne ganzrandige Einschnitte. — Stg kahl oder nur am untersten Internodium behaart, niederliegend bis aufsteigend; mittlere StgB bis zur Hälfte gespalten; Blüstd dicht büschelig; LB 2–5 cm ∅. H: 5–15(20) cm. ♃ He. VI–VIII. Steinige Rasen; subalpin; slt bis (in **V**) hfg. **S, T, V**. (Hptvbr.: nordwestl. Ostalpen.) (*A. othmari*) ■ **Othmar-F., *A. othmárii***

**–** Lappen (wenigstens einiger!) durch ganzrandige Einschnitte getrennt, — Lappen deutlich länger als br. ■ **Eingeschnittener F., *A. incísa*** (→ Pkt 4)

Anm.: Der früher für **Ö** angegebene ⊖ ■ **Pyrenäen-F.** / ***A. firma*** (= *A. pyrenaica*) ist westalpisch u. **fehlt in Ö**.

**4** Lappen zumindest einiger LB durch ganzrandige Einschnitte getrennt. — Pf zart; LB bis zur Hälfte gespalten, mit 3–5 mm tiefen ganzrandigen Einschnitten; Lappen parabolisch bis länglich, deutlich länger als br; Blüstd locker; Blü 3–4 mm br. H: 10–20(30) cm. ♃ He. VI–VIII. Schneetälchen, feuchte Weiderasen, Bachufer, Hochstaudenfluren; obermontan bis alpin; slt. **O, St, T, V**. (Zu *sect. Coriaceae.*) [3–] ■ **Eingeschnittener F., *A. incísa***

**–** Lappen aller LB ohne ganzrandigen Einschnitt . . . . . . . . . . . . . . . **5**

**5** LB 7–9lappig; Lappen ¹/₃× so lg wie die Spreite, jene der SommerB parabolisch, jene der FrühjahrsB zumeist gestutzt. — Die untersten 3–4 Internodien schwach behaart, die meisten Stiele der LB ebenfalls behaart; LB'Zähne 1,5–3 mm lg, einwärts gekrümmt. H: (5)10–30(40) cm. ♃ He. VII–VIII. Trokkene, steinige Weiderasen; subalpin bis alpin; slt. **N, St, K, T, V**. (Zu *sect. Flabellatae*.) **■ Täuschender F., *A. fállax***

- LB 9–11lappig; Lappen trapezförmig (an der Spitze der Abschnitte 3–5 Zähne gleich weit nach vorn ragend). H: 10–30(40) cm. ♃ He. VII–VIII. Trockene, steinige Weiderasen, Waldränder; kalkliebend; obermontan bis subalpin; slt. **T** (Kitzbüheler Alpen), **V** (Rätikon). (Hptvbr.: Westalpen.) (Inkl. ***A. cuspidens***, vgl. die folgende Anm.!) (Zu *sect. Calycinae*.) [C 8–] **■ Seidennerviger F., *A. sericonéura***

Anm.: Der **■■ „Stachelzahn-F. / *A. cúspidens*“** (Stg aufsteigend bis aufrecht, robust; LB nur bis zu 1/3 oder weniger tief gelappt, mit 1–3 mm tiefen ganzrandigen Einschnitten; Lappen parabolisch; LB'Zähne 1 1/2–2× so lg wie br, jene der SommerB 2–3 mm lg; Blü 4–5 mm br) stellt nach neueren Befunden bloß Jugendformen von *A. sericoneura* oder Kümmerformen von *A. othmarii* dar. Worauf sich die Angabe für **St** bezieht, ist unklar.

## Teilschlüssel C (Alle zu *sect. Coriaceae*)

**1** Stg u. LB'Stiele völlig kahl oder nur Stiele einiger SommerB (u. slt ein einzelner Stg) behaart . . . . . . . . . . . . . . . . . . . . . . . . . . . . **2**

- Mehrere StgInternodien behaart; LB'Stiele kahl oder im oberen Teil behaart . . . . . . . . . . . . . . . . . . . . . . . . . . . . . . **6**

**2** LB lederig-derb; Lappen durch weit offene, deutlich V-förmige ganzrandige Einschnitte getrennt; LB'Zähne br, stumpf, 3eckig, — pro Lappenhälfte 6–8, ungleich; Pf mit Ausnahme der LB'Zähne u. des vorderen Teils der LB'Rippen der Unterseite kahl; LB bläulichgrün, Lappen parabolisch, ganzrandige Einschnitte 2–3 mm; StgB mit weit offenen, tiefen ganzrandigen Einschnitten. H: 10–30(40) cm. ♃ He. VI–VIII. Schattige, nasse (von kaltem Wasser überrieselte) Weiderasen, Bachränder, Quellfluren; montan bis subalpin; slt. Nur im Alp. **Fehlt B, W, N.** **■ Lederblatt-F., *A. coriácea***

Anm.: Eine ungeklärte Sippe aus der Verwandtschaft der westalpischen *A. aggregata* unterscheidet sich von *A. coriacea* bes. durch zarte LB, spitze LB'Zähne, bogig verlaufende vordere LB'Nerven u. 1–1,5× so lg wie br Achsenbecher u. kommt in **St** (Tauplitzalm im Toten Gebirge) und **O** (auf dem Dachstein-Plateau) vor.

- LB zarter u. weicher; Lappen ohne oder mit engen ganzrandigen Einschnitten *(der Enge wegen oft unauffällig!)*; LB'Zähne schmal, spitz, an der Spitze oft zur Spreitenspitze hin gebogen. — Ganzrandige Einschnitte seicht bis tief . . . **3**

**3** Alle LB'Stiele kahl (sehr slt ein einzelner Stiel innerer LB bei *A. straminea* sehr schwach eng anliegend behaart). — LB 9–11lappig; LB'Zähne pro Lappenhälfte 7–11 . . . . . . . . . . . . . . . . . . . . . . . . . . . . . **4**

- Mehrere, u. zwar meist die inneren LB'Stiele zstr behaart. — LB 7–9lappig; LB'Zähne pro Lappenhälfte 4–8. (Vgl. auch Teilschl. D, Pkt 6!) . . . . . . **5**

**4** Pf meist 25–40 cm hoch, sehr kräftig; ganzrandige Einschnitte 0,1–0,2× Lappenlänge. — Basalbucht fast geschlossen; Lappen parabolisch bis undeutlich 3eckig oder halbkreisförmig u. vorn leicht gestutzt; LB'Zähne pro Lappenhälfte 7–9, gleichmäßig, schmal, spitz; Stg steif aufrecht; Lappen der obersten StgB meist länger als br; LB u. Blüstd h'gelbgrün. H: (15)20–30(50) cm. ♃ He. VII–VIII. Bachufer, Quellfluren, nasse Weiderasen, Hochstaudenfluren; obermontan bis subalpin; zstr bis slt. **Fehlt B, W, N.** **■ Stroh-F., *A. stramínea***

- Pf meist 8–20 cm hoch, zart u. zierlich; ganzrandige Einschnitte mindestens 0,3× Lappenlänge . . . . . . . . . . . . . . . . . . . . . . . . . **4b**

**4b** LB (wie Blüstd) rein grün (blaßgrün bis h'blaugrün), zu 1/5–2/5 zerteilt, — 9–11lappig; Pf zierlich; Basalbucht geschlossen bis Basallappen sich überdekkend; Lappen flach-trapezförmig bis halbkreisförmig u. dann vorn leicht gestutzt; Lappenhälften 11–18zähnig; ganzrandige Einschnitte 0–3 mm tief, 0,3–0,4(0,5)× Lappenlänge; Blühtriebe die GrundB kaum überragend, kahl oder nur 1–2 StgInternodien oder ein vereinzelter StgB'Stiel manchmal sehr schwach behaart. H: (5)8–15(20) cm. ♃ He. VI–VIII. Bachufer in Fichten-Lärchenwäldern; subalpin; slt. **St** (in den Schladminger Tauern: unterhalb der Zwieflerseen). Endemisch. **■ Kurz-F., *A. cúrta***

Anm.: Der früher für **T, V** angegebene ⊖ **■ Gestutztlappige F.** / ***A. truncíloba*** (Schweiz) **fehlt in Ö** (bisher Verwechslung mit *A. reniformis, glabra* u. a.).

- LB oberseits d'graugrün, zu ¼–½ zerteilt, zumindest einige bis zur Hälfte gespalten, — 7–9lappig, gefaltet bis stark wellig, deutlich trichterig, nierenförmig bis kreisförmig, mit oberseits helleren Nerven; Pf weich u. zart; Basalbucht mit einander schwach deckenden Basallappen oder bis zu ⅓ offen; LB'Stiele innen meist rötlich; ganzrandige Einschnitte 1–7 mm tief; Stg kahl, slt etwas (anliegend) behaart; Achsenbecher kugelig bis glockig, am Grund abgerundet. H: (5)10–30(40) cm. ♃ He. VII–VIII. Quellfluren, Bachränder; säureliebend; obermontan bis subalpin; slt. **St** (in den Schladminger Tauern: im Prebergraben), **S** (in den Radstädter Tauern). Endemisch. **■ Norischer F., *A. nórica***

**5** LB zu ⅒–⅓ zerteilt; Lappen parabelförmig u. mit bis 4 mm tiefen Einschnitten oder flachbogig-rundlich u. mit undeutlichen oder ohne Einschnitte; LB'Spreiten oberseits auf den Zähnen oder überall locker behaart. — Stg niederliegend, 2–4× so lg wie die ganzen LB (dh samt LB'Stiel); Spreite schüsselförmig, faltig; Basalbucht ¼ offen bis geschlossen; Spreiten der SommerB oberseits schwach behaart (bes. in den Falten), unterseits kahl; LB'Zähne 1–2× so lg wie br, etwas zur Lappenspitze hin gebogen. H: 10–20(30) cm. ♃ He. VI–VII. Quellfluren, schattige Bachufer, feuchte Rasen, lichte Gebüsche u. Wälder; montan bis subalpin; slt. **O, St,** West-**T, V**.
**■ Wechselhaar-F., *A. versípila***

- LB zu ⅕–½ zerteilt; Lappen flachbogig u. am Grund keilig in die 1–4 mm tiefen Einschnitte verschmälert oder rundlich bis kurz parabelförmig u. ebenfalls mit deutlichen Einschnitten; LB'Spreiten oberseits kahl oder nur auf den Zähnen behaart. — Pf h'blaugrün; LB'Stiele kahl, nur vereinzelt jene von SommerB schwach behaart; LB nieren- bis fast kreisförmig, deutlich faltig, Basalbucht zu ⅓ offen bis geschlossen, Lappen 7–9; Basallappen einander aber nicht überdeckend; LB unterseits wenigstens auf den Nervenenden behaart; Lappenhälfte 5–8zähnig; Blüstd 350–450blütig; Achsenbecher glockig bis kugelig. H: 10–40(60) cm. ♃ He. VII–VIII. Krummholz, Hochstaudenfluren, Schneetälchen; subalpin; sehr slt. **St** (auf der Hohen Veitsch). Endemisch. (*A. perglabra, A.* **„flexicaulis"** p. p.) [20]
**■ Flachkreis-F., Veitsch-F., *A. platygýria***

Anm.: ⊖**■ *A. flexicáulis*** ist eine Schweizer Art u. **fehlt in Ö**; die älteren Angaben von der Hohen Veitsch beziehen sich auf *A. platygyria* u./oder *A. stiriaca*.

**6** [1] Stg über das 4. Internodium hinaus ebenso wie die LB'Stiele dicht anliegend behaart; LB unterseits behaart . . . . . . . . . . . . . . . . . . . . . . . . **7**

- Stg höchstens bis zum 4. Internodium dicht anliegend behaart; LB unterseits kahl oder nur die Basallappen behaart . . . . . . . . . . . . . . . . . . . . . . **9**

**7** LB meist oberseits dicht, slt nur in den Falten u. auf den Zähnen behaart, unterseits dünner behaart. — LB lebend stark gewellt *(gepreßt daher stark gefaltet)*; Lappen halbkreisförmig oder trapezförmig bis schwach parabolisch, keine ganzrandigen Einschnitte; LB'Zähne gleichmäßig, 3eckig, an der Spitze spitzenwärts gebogen, etwa so lg wie br; Blüstd'Achse anliegend behaart. H: 10–30(40) cm. ♃ He. VII–VIII. Nasse Rasen, Schneetälchen, feuchte Mulden, schattige Hänge, Grünerlengebüsche; subalpin; slt. **Fehlt B, W, O.** [Grundschl., Pkt 10–] ■ **Knäuel-F.,** ***A. glomérulans***

- LB'Oberseite kahl, nur vereinzelt ein LB in den Falten u. am Rand schwach behaart . . . . . . . . . . . . . . . . . . . . . . . . . . . . . . . . . **8**

**8** Blüstd'Achse kahl. — LB flach, nicht gefaltet, oberseits kahl (nur auf den Zähnen slt einige wenige Haare), unterseits zumindest die Basallappen auf der ganzen Fläche u. die Hauptnerven in ganzer Länge behaart; Lappen br-3eckig, in eine deutliche Spitze auslaufend, LB'Zähne klein, 3eckig-spitz, Endzahn kleiner als die benachbarten, aber diese etwas überragend; ganzrandige Einschnitte kurz, weit offen, V-förmig; schmale, helle Streifen entlang der LB'Nerven nur slt vorhanden oder sehr undeutlich; Stg oft bis in den Blüstd hinein behaart; AußenKB nach dem Blühen abstehend, innere aufgerichtet, sodaß die Knäuel ein stacheliges Aussehen haben. H: 10–20(30) cm. ♃ He. VI–VIII. Weiderasen, Gebüsche; montan bis subalpin; zstr. Nur im Alp. **O, St, K, T, V.** ■ **Streifen-F.,** ***A. lineáta***

- Blüstd'Achse vom 2. bis zum 4. Internodium dicht seidig behaart, bis zum 6. spärlich. ■ **Seidennerviger F.,** ***A. sericonéura*** (→ Teilschl. B, Pkt 5)

**9** [6] Stg oft nur am 1., slt auch am 2. Internodium behaart; LB'Stiele kahl (slt zstr bis dicht behaart), oder von der Mitte nach oben zu verkahlend. — LB völlig kahl mit Ausnahme des vordersten Drittels der Hauptnerven . . . **10**

- Stg bis einschließlich zum 2., oft auch 3. Internodium behaart (slt einige Haare am 4.), LB'Stiele auf der ganzen Länge behaart (sehr slt ein einzelner LB'Stiel kahl). — LB'Unterseite oft behaart, bes. Basallappen, Lappenränder u. Nerven . . . . . . . . . . . . . . . . . . . . . . . . . . . . . . . . . **13**

**10** LB ohne ganzrandige Einschnitte; LB'Zähne breiter als lg, gebogen, abrupt zugespitzt . . . . . . . . . . . . . . . . . . . . . . . . . . . . . . **11**

- Lappen durch ganzrandige Einschnitte getrennt; LB'Zähne so lg wie br, gerade nach vorn gerichtet . . . . . . . . . . . . . . . . . . . . . . . . . . . **12**

**11** Basalbucht 1/4 offen bis geschlossen; LB'Stiele der SommerB behaart; LB d'grün, Oberseite der SommerB fast immer am Rand dicht behaart. — Blüstd 60–320blütig; Lappen 0,25–0,40(0,50)× so lg wie die Spreite. H: 10–20(30) cm. ♃ He. VI–VIII. Weiderasen, Zwergstrauchges.; bes. humose Böden; subalpin bis alpin; slt. **T?, V?.** (Hptvbr.: Westalpen, Jura) ⊖ ■ **Unschöner F.,** ***A. inconcinna***

- Basalbucht geschlossen oder Basallappen einander überdeckend; LB'Stiele der SommerB meist kahl, sehr slt schwach behaart; LB blaugrün, Oberseite der SommerB kahl (sehr slt mit wenigen Haaren). — Blüstd 30-180blütig; Lappen 0,20–0,33× so lg wie die Spreite. H: 10–20(30) cm. ♃ He. VII–VIII. Kalkarme Quellfluren; subalpin; slt. **St?, K** (auf der Koralpe). Endemisch. ■ **Quellmoos-F.,** ***A. philonótis***

**12** Ganzrandige Einschnitte schmal V-förmig. — NebenB der GrundB (30)35–40 mm lg; Basalbucht zu 1/5 offen bis geschlossen; Lappen gestutzt; Winkel zw. den Lappen 40–60°; ganzrandige Einschnitte zw. ihnen 1,5–2,5 mm lg; LB'Zähne sichelig bis br-krumm-3eckig; Nerven der LB'Unterseite meist in ganzer Länge behaart; alle StgB gestielt. H: (15)20–30(40) cm. ♃ He. VII–VIII. Gräben, nasse Wiesen, Wasserfälle, nasse Hochstaudenfluren; subalpin; slt. **St** (Niedere Tauern, Zirbitzkogel). (Vgl. den recht ähnlichen Longa-F., *A. longana,* → Teilschl. D, Pkt 6!) (Sonstige Vbr.: Südtirol, Apennin, Pyrenäen.) ■ **Wasserfall-F.,** ***A. cataractárum***

Anm.: Der früher für **T, V** angegebene ⊖■ **Buchten-F.** / ***A. sinuáta*** (Schweizer Alpen) **fehlt in Ö** (früher Verwechslung mit *A. othmarii*).

– Ganzrandige Einschnitte br V-förmig. (Vgl. Stroh-F., *A. straminea* [→ C 4] u. Spitzzahn-F., *A. versipila* [→ C 5]) . . . . . . . . . . . . . . . . . . . . . . . **3**

**13** [9] LB'Stiele u. Stg locker anliegend bis aufwärts-abstehend behaart (ältere LB'Stiele oft auch waagrecht-abstehend behaart). — Pf zierlich; Stg niederliegend; Basalbucht offen; LB 7–9lappig, Lappen 0,25–0,5× so lg wie die Spreite, br-3eckig; Lappenhälften etwa 8zähnig, Zähne schmal-3eckig, spitz; ganzrandige Einschnitte 2–4 mm lg; Lappen der obersten StgB länger als br, ganzrandige Einschnitte 2–6 mm tief. H: 10–20(30) cm. ♃ He. VI–VIII. Trockene bis feuchte Rasen, feuchter Grus, lichte Nadelwälder; montan bis alpin; slt bis zstr. Nur im Alp. **Fehlt B, W, N**. *(A. montana)*

■ **Zusammenneigender F., *A. connívens***

– LB'Stiele u. Stg eng anliegend behaart . . . . . . . . . . . . . . . . . . . . **14**

**14** Lappen höchstens 0,25× so lg wie die Spreite, — sehr stumpf (vgl. aber auch *A. glabra*, → Pkt 19) . . . . . . . . . . . . . . . . . . . . . . . . . . . . . . . **15**

– Lappen 0,25–0,4(0,5)× so lg wie die Spreite . . . . . . . . . . . . . . . . **17**

**15** Spitzen der Lappenzähne eine gerade Linie bildend, — Lappen daher deutlich br-3eckig mit gerundeter Spitze; LB 9lappig, lederig, glatt; LB'Unterseite schwach behaart; Basalbucht fast geschlossen; LB'Zähne meist 2× so br wie lg, mit kleiner aufgesetzter Spitze. H: 10–30(40) cm. ♃ He. (VI)VII–VIII. Lägerfluren, Hochstaudenfluren, Quellfluren; (montan) subalpin bis alpin; slt. **O, St, K, T, V**. ■ **Ungekämmter F., *A. impéxa***

– Spitzen der Lappenzähne eine gerundete Linie bildend. — LB unterseits nur an den Nerven, zT auch auf den Basallappen behaart . . . . . . . . . . . **16**

**16** LB'Zähne breiter als lg; LB weich, nicht lederig; NebenB'Öhrchen der GrundB am LB'Stielansatz frei oder höchstens bis 2 mm weit verwachsen; Spreite oberseits völlig kahl. — Basalbucht deutlich offen; LB'Zähne 1–2 mm lg u. 2–6 mm br, ungleichmäßig u. stumpf; Pf, bes. LB'Oberseite blaugrün. H: 10–20(30) cm. ♃ He. VII–VIII. Quellfluren, Schneetälchen, feuchte Weiderasen; obermontan bis alpin; slt. **O, St, K, T, V**. ■ **Stumpfzahn-F., *A. obtúsa***

– LB'Zähne so lg wie br oder nur wenig breiter; LB etwas lederig; NebenB'Öhrchen der GrundB am LB'Stielansatz (2)3–12 mm weit verwachsen; Spreite auf den Zähnen höchstens schwach behaart. — Stg-Behaarung nach oben zu allmählich schwächer werdend; Lappen halbkreisförmig bis kurz parabolisch; Blühtriebe die GrundB nur wenig überragend. H: 10–30(40) cm. ♃ He. VI–VIII. Feuchte Rasen, Quellfluren, Niedermoore, Grabenränder, lichte Wälder; subalpin; zstr. **Fehlt B, W, N**. ■ **Nierenblatt-F., *A. renifórmis***

**17** [14] LB'Oberseite kahl, nur ganz slt mit wenigen Haaren auf den Zähnen. — NebenB am Grund frei; LB h'blaugrün, sternförmig flach ausgebreitet; Basalbucht geschlossen oder die Basallappen einander überdeckend; Lappen verlängert-parabolisch, nicht slt am selben Individuum aber auch LB mit halbkreisförmigen bis br-3eckigen Lappen; LB'Zähne sehr br u. stumpf; LB'Rand, Basallappen unterseits, vorderer Teil der Nerven auf der LB'Unterseite behaart bis völlig kahl; StgB 2–4 cm br u. 1–3 cm lg. H: 10–30(40) cm. ♃ He. VI–VIII. Bachufer, Quellfluren, Waldsümpfe, feuchte Weiderasen, Hochstaudenfluren; obermontan bis subalpin; zstr. Nur im Alp. **Fehlt B, W**.

■ **Ausgebreiteter F., *A. effúsa***

– LB'Oberseite zumindest auf den Zähnen behaart, nur ganz slt ein einzelnes LB kahl . . . . . . . . . . . . . . . . . . . . . . . . . . . . . . . . . . . . . . . **18**

**18** Basalbucht aller LB stets fast oder ganz geschlossen, Basallappen oft auch einander weit (bis ½ des Spreitenumfangs) überdeckend, alle LB daher kreisförmig (nur sehr slt ein nierenförmiges LB vorhanden). — Alle LB stark faltig, wellig; Lappen 9–11, flachbogig bis halbkreisförmig oder kurz parabolisch; ganzrandige Einschnitte fehlend oder bis 3 mm tief; LB'Zähne halbeiförmig, meist länger als br, meist zur Lappenspitze hin gebogen; LB oberseits auf den Zähnen oder überall locker behaart, unterseits auf den Nerven u. am Rand behaart; Stg aufsteigend bis aufrecht; Blüstd sehr sparrig, mit ziemlich waagrecht-abstehenden Ästen; AußenKB lanzettlich bis br-3eckig, zuletzt weit spreizend. H: 10–20(30) cm. ♃ He. VII–VIII. Schneetälchen, feuchte Mulden in Rasen; subalpin; slt. **St** (auf der Hohen Veitsch). Endemisch.

**■ Waagrechter F., *A. antirópata***

Anm.: Der früher für **St?, K, S, T, V** angegebene ⊖■ **Spitzzahn-F. / *A. acútidens*** (Westalpen, Jura) **fehlt in Ö** (Verwechslung mit schmalzähnigen Exemplaren trockener Standorte von *A. glabra, A. connivens* u. a.).

**–** Alle oder wenigstens einige LB mit zu ¼–½ offener Basalbucht, daher zumindest einige LB nierenförmig (dh niemals alle kreisrund) . . . . . . . . . . **19**

**19** Basalbucht der meisten LB zu ⅓–½ offen, Spreite daher oft 2× so br wie lg, nierenförmig (nur vereinzelt mastige SpätsommerB kreisförmig), — mit 9 parabolischen bis verlängert-3eckigen Lappen (bei FrühjahrsB mitunter sehr stumpf); LB trichterig, gelb- bis grasgrün, jung unterseits zT blaugrün; Hauptnerven der LB'Unterseite höchstens bis zur Mitte behaart; LB'Zähne br, asymmetrisch, spitzenwärts gebogen; Endzahn der Lappen die benachbarten nicht überragend; die untersten beiden StgInternodien behaart; StgBehaarung nach dem 1. oder 2. Internodium plötzlich endend (slt ganz kahl); StgB groß, zum Blüstd hin nur wenig kleiner werdend; Achsenbecher schlank, unten spitz; (innere) KB meist deutlich länger als br; AußenKB lineal-lanzettlich. H: 5–40(60) cm. ♃ He. VI–VIII. Feuchte Fettwiesen, Quellfluren, Gräben, Hochstaudenfluren, (subalpin:) lichte Wälder, slt feuchte Ruderalfluren; meist auf feuchten, nährstoffreichen Böden; montan bis alpin; zstr bis hfg. **Fehlt W.**

Anm.: Sehr variabel: Pf sommertrockener Magerrasen unterscheiden sich deutlich von jenen feuchterer Standorte: Pf niedrig, LB klein u. sehr kurz gestielt, Blühtriebe bis 4× so lg wie die LB (sonst Blühtriebe die GrundB nur wenig überragend). (Häufigste unter den anliegend behaarten Arten!). **■ Kahler F., *A. glábra***

**–** Neben nierenförmigen stets auch kreisförmige LB vorhanden. — Kleinräumig verbreitete Endemiten der Ostalpen . . . . . . . . . . . . . . . . . . . . **20**

**20** LB zu ¼–½ zerteilt; LB'Stiele kahl, nur vereinzelt u. dann meist die der inneren LB zstr behaart. **■ Flachkreis-F., *A. platygýria*** (→ Pkt 5–)

**–** LB nur bis zu ⅓ zerteilt; alle LB'Stiele locker bis dicht behaart . . . . . **21**

**21** Stg bis in den Blüstd behaart; Basalbucht zu ⅓ offen bis geschlossen (die Basallappen überdecken einander nicht), LB daher oft nierenförmig; Achsenbecher 2–2,5× so lg wie br (dh auffallend lg), — die der meisten EndBlü schwach behaart; AußenKB br-lanzettlich bis rundlich; Lappen (9)11(13), kurz parabolisch bis halbkreisförmig, stumpf; LB oberseits kahl oder nur mit einzelnen Haaren auf den Zähnen, unterseits auf den Nerven u. meist auch am Rand behaart. H: 10–30(40) cm. ♃ He. VI–VIII. Rasen, Schneetälchen; obermontan bis alpin; sehr slt. **O, St.** Endemisch (vom Dachstein bis zu den Gosau-Seen). **■ Langröhren-F., *A. longitúba***

**–** Stg nur bis zum 3. Internodium behaart oder ganz kahl; Basalbucht zu ¼ offen bis geschlossen oder die Basallappen überdecken einander bis zu ¼; Achsenbecher so lg wie br oder nur wenig länger als br . . . . . . . . . . . **22**

**22** LB schüsselförmig, sehr wellig u. faltig; Blüstd sparrig; AußenKB lineal-lanzettlich bis schmal-eiförmig, sehr spitz. — Pf d'grasgrün; LB'Zähne 0,6–1,5× so lg wie br; LB 9–11lappig, unterseits schwach oder nur auf den Nerven behaart; Lappen flachbogig bis trapezförmig oder kurz- u. stumpf-3eckig; Lappenhälfte 6–12zähnig. H: 10–30(40) cm. ♃ He. VII–VIII. Krummholz, Hochstaudenfluren; subalpin; sehr slt. **St** (auf der Hohen Veitsch, im Gesäuse). Endemisch. *(A. „flexicaulis" p. p.)* ■ **Steirischer F., *A. stiríaca***

**-** LB nicht schüsselförmig, schwach bis stark unsymmetrisch wellig; Blüstd dicht; AußenKB lanzettlich bis br-eiförmig. — LB'Zähne (0,4)1–2,2× so lg wie br; LB d'grün, etwas ledrig; Lappen kurz parabolisch, 2–6× so br wie lg; LB oberseits nur auf den Zähnen oder auch am Rand u. in den Falten behaart, unterseits auf den Nerven (wenigstens gegen die Lappenspitze zu) u. oft auch am Rand behaart. H: 10–25(35) cm. ♃ He. VII–VIII. Krummholz, Weiderasen, Dolinen, Fichtenwälder; subalpin; slt. **N, St, K**. Subendemisch (sonstige Vbr.: Südtirol). ■ **Scharfzahn-F., Rax-F., *A. ácrodon***

Anm.: Die beiden Arten des Pkt 22 stehen einander sehr nahe u. sind aufgrund der geringen Unterschiede schwer zu trennen.

## Teilschlüssel D

**1** LB zu ¼–⅓ gelappt . . . . . . . . . . . . . . . . . . . . . . . . . . . . **2**

**-** Die meisten LB zu ½–⅔ zerteilt, höchstens vereinzelt ein LB weniger als bis zur Hälfte gelappt . . . . . . . . . . . . . . . . . . . . . . . . . . . . **5**

**2** NebenB der GrundB am Grund (lebend) purpurrötlich. — Stg vom Grund an behaart, slt das 1. Internodium oder der ganze Stg kahl, Haare an Stg u. LB'Stielen oft waagrecht-abstehend; LB rundlich-nierenförmig mit ziemlich geschlossener Basalbucht; FrühjahrsB kahl; SommerB schwach behaart; Blüstd ± zusammengezogen u. spitzwinkelig verzweigt; Achsenbecher schmal, unter den KB verengt, am Grund verschmälert. H: 10–20(30) cm. ♃ He. VI–VIII. Mager- u. Fettwiesen, Weiderasen, lichte Wälder; (collin) montan bis subalpin (alpin); zstr bis slt. **T, V**. (Zu *sect. Decumbentes*.)
■ **Dünner F., *A. ténuis***

**-** NebenB der GrundB am Grund weiß oder grünlich . . . . . . . . . . . . **3**

**3** Stg zumeist bis zum 3. Internodium kahl, ab dem 4. bis einschließlich Blüstd'Achse u. BlüStiele ebenso wie die LB'Stiele steif aufwärts-abstehend behaart. — LB'Lappen gleichmäßig abgerundet oder leicht gestutzt; LB'Zähne schmal; Achsenbecher kurz glockig, am Grund abgerundet. H: 10–20(30) cm. ♃ He. VII–VIII. Wiesen, Weiderasen, Hochstaudenfluren; obermontan bis alpin; slt bis sehr slt. **St, S, T, V**. (Ostalpisch.) (Zu *sect. Coriaceae*.)
■ **Schmuck-F.**, Gekämmter F., ***A. cómpta***

**-** Stg u. LB'Stiele waagrecht-abstehend behaart . . . . . . . . . . . . . . **4**

**4** Ganzrandige Einschnitte fehlend oder höchstens 1 mm tief; Stg alle kahl oder nur am 2. u. 3. Internodium schwach behaart; AußenKB nicht länger als br, rundlich-3eckig, stumpflich; Öhrchen der NebenB 1,5× so lg wie br, — gestutzt bis abgerundet; LB zu ⅕–¼ zerteilt; FrühjahrsB völlig kahl, SommerB oberseits zstr behaart bis fast kahl; NebenB 20–40 mm lg; Stiele der meisten SommerB waagrecht-abstehend behaart; StgB groß, nur schwach zerteilt. H: 10–20(30) cm. ♃ He. VII–VIII. Weiderasen, lichte Waldstellen, Felsfluren; meist über Kalk, slt über Silikatgestein; obermontan bis subalpin; slt bis zstr. **K, S, T, V**. (Zu *sect. Alchemilla*.) ■ **Tiroler F., *A. tirolénsis***

- Ganzrandige Einschnitte 1–4 mm tief; Stg der ersten Blühtriebe manchmal kahl, sonst alle vom 2. oder 3. Internodium an bis in den Blüstd behaart; AußenKB länger als br, nur vereinzelt so lg wie br; Öhrchen der NebenB schmal, 3–4× so lg wie br. — LB zu 1/5–1/3 zerteilt; Basalbucht zu 1/3–1/2 offen, LB daher halbkreis- bis nierenförmig; NebenB 20–50 mm lg; Stiele der meisten SommerB ziemlich dicht aufwärts- bis waagrecht-abstehend behaart. H: (5)10–15 cm. ♃ He. VI–VIII. Weiderasen, Hochstaudenfluren, Gebüsche, auf feuchten bis nassen, kalkreichen Böden; subalpin bis alpin; slt. **T, V**. (Zu *sect. Decumbentes.*) **■ Langöhrchen-F., *A. fláccida***

  Anm.: Der früher für **T, V** angegebene ⊖ **■ Verschiedenstielige F. / *A. heterópoda*** (Westschweiz, Jura) **fehlt in Ö** (bisher hauptsächlich mit *A. flaccida* verwechselt).

**5** [1] LB flach, halbkreis- bis nierenförmig, Basalbucht zu 1/5–1/2 offen; LB'Stiele am Grund meist purpurn. — LB'Stiele völlig kahl (slt die innersten etwas behaart); LB waagrecht stehend, zu (14)24–50(67) % (dh zu etwa 1/4–1/2) zerteilt; Stg niederliegend bis aufsteigend; NebenB des untersten StgB seitlich abspreizend. H: 10–20(30) cm. ♃ He. VII–VIII. Schneetälchen, feuchte Weiderasen, an Gräben; obermontan bis alpin; slt. **O** (auf dem Dachstein), **St, T*, V**. (Zu *sect. Coriaceae.*) **■ Halbgeteilter F., *A. semisécta***

- LB schwach bis deutlich wellig, kreisförmig, nur vereinzelte nierenförmig, Basalbucht meist geschlossen oder die Basallappen einander bis zu 1/4 überdekkend; LB'Stiele am Grund grün . . . . . . . . . . . . . . . . . . . . . . **6**

**6** LB'Zähne höchstens wenig länger als br, meist so lg wie br oder breiter als lg; Haare an Stg u. LB'Stielen aufwärts-abstehend bis fast anliegend oder Pf völlig kahl. — Stiele der letzten SommerB behaart; LB flach, gelbgrün, kreisförmig, 7lappig; Basalbucht zu 1/4 offen bis geschlossen; Lappen halbkreisförmig bis lg-parabolisch (oft am selben Individuum beide Lappenformen), zuweilen auch (an einzelnen LB) mittlere Lappen deutlich länger als die seitlichen; Spreite der SommerB oberseits kahl oder mit wenigen Haaren am Rand u. in den Falten, unterseits nur auf den Nerven behaart. H: (5)10–20(30) cm. ♃ He. VI–VIII. (Feuchte) Weiderasen, Hochstaudenfluren, Schneetälchen, Quellfluren, Grabenränder, Bachufer, Flachmoore; kalkmeidend (auf Kalkbergen daher nur über Rohhumus); subalpin bis alpin; zstr bis slt. **O, St, K, S, T, V**. (Zu *sect. Coriaceae.*) *(A. libericola, A. austriaca)* **■ Longa-F., *A. longána***

  Anm.: Der früher für **T?, V?** u. damit für das Gebiet als fraglich angegebene ⊖**■ Niedrige F. / *A. demíssa*** (Westalpen, Jura, nördl. Apennin) **fehlt in Ö** (früher Verwechslung mit *A. longana*). — Vgl. *A. cataractarum*, → C 12.

- LB'Zähne meist deutlich länger als br; Haare an Stg u. LB'Stielen abwärts-abstehend; Pf schwach behaart oder auch fast kahl . . . . . . . . . . . . . . **7**

**7** LB flach oder fast flach, 7–9lappig, meist tiefe ganzrandige Einschnitte *(dadurch Verwechslung mit Schlitzblatt-F. / A. fissa – → Teilschl. B, Pkt 1 – möglich!; beide Arten sind nicht slt vergesellschaftet!)*, oberseits sehr spärlich in den Falten u. am Rand, unterseits nur auf den Nerven behaart, manche LB auch völlig kahl; BlüStiel so lg oder länger als der Achsenbecher. — Pf dicht rasig; Stg u. LB'Stiele sehr schwach behaart bis kahl; LB rundlich-nierenförmig bis kreisförmig; Blüstd wenigblütig; Blü 3–4 mm ⌀; Achsenbecher deutlich länger als die (inneren) KB; AußenKB sehr schmal. H: 5–15(20) cm. ♃ He. VII–VIII. Schneetälchen, feuchte Mulden u. Runsen in Weiderasen, feuchter Gesteinsgrus; subalpin bis alpin; zstr. **Fehlt B, W**. (Zu *sect. Decumbentes.*)
**■ Niederliegender F., *A. decúmbens***

* Neufund von S. FRÖHNER, 1993, ined.

- LB stark gewellt, 9lappig; keine ganzrandigen Einschnitte, meist beiderseits locker behaart, nur FrühjahrsB kahl oder fast kahl; BlüStiele etwa 1/3 so lg wie der Achsenbecher. — Lappen halbkreisförmig bis parabolisch; Blüstd br u. reichblütig. H: 10–20(30) cm. ♃ He. VII–VIII. Weiderasen, Schneetälchen, Hochstaudenfluren; subalpin bis alpin; slt. **O, K, S, T, V**. (Zu *sect. Coriaceae.*) (*A. sectilis*) ■ **Welliger F., *A. unduláta***

## Teilschlüssel E

**1** (Innere) KB länger als der Achsenbecher; Blü gelb; LB 8–15 cm ∅, — meist gelbgrün, mit 9–11 sehr stumpfen Lappen; ganze Pf, bes. aber die unteren StgInternodien dicht weichhaarig mit Ausnahme der kahlen BlüStiele u. der nur auf den Nerven behaarten KB. H: 30–60(80) cm. ♃ He. VI–VIII. Als ZierPf kultiviert u. manchmal verwildert oder eingebürgert zB in Parks, Friedhöfen, Kunstrasen, in Gebüschen in Siedlungsnähe, auf Flußschotter. (Heimat: Südost-Europa, Kleinasien.) (Zu *sect. Erectae.*) (★) **Weicher F., *A. móllis***

- (Innere) KB höchstens so lg wie der Achsenbecher; Blü grünlich; LB 1,5–6 cm ∅ . . . . . . . . . . . . . . . . . . . . . . . . . . . . . . . . . . . . . . . . . **2**

**2** Alle BlüStiele in ihrer ganzen Länge oder wenigstens im unteren Teil dicht behaart, nur ganz vereinzelt ein Stiel einer Blü kahl. — Achsenbecher dicht behaart . . . . . . . . . . . . . . . . . . . . . . . . . . . . . . . . . . . . . . . **3**

- Zumindest die obersten BlüStiele eines Blüstd kahl oder nur mit wenigen Haaren, Stiele der untersten Blü oft etwas stärker behaart . . . . . . . . . **5**

**3** NebenBGrund rot gefärbt; LB'Stiele u. Stg alle waagrecht-abstehend behaart. — Einschnitte der NebenBScheide 2–6 mm lg.
**Dichthaariger Fadenstengel-F., *A. filicáulis* subsp. *vestíta*** (→ Teilschl. F, Pkt 3)

- NebenBGrund meist ungefärbt; LB'Stiele u. Stg wenigstens zT aufwärts- oder abwärts-abstehend behaart. — Einschnitte der NebenBScheide 1–3 mm lg . . . . . . . . . . . . . . . . . . . . . . . . . . . . . . . . . . . . . . **3b**

**3b** Lappen länger als br, parabolisch bis halbkreisförmig; Achsenbecher etwa doppelt so lg wie die AußenKB. — Basalbucht geschlossen; ganzrandige Einschnitte fehlend oder kurz; Achsenbecher oben eingeschnürt; AußenKB stumpf. H: (5)10–20(30) cm. ♃ He. V–VIII(IX). Sonnige Magerwiesen, steinige Weiderasen; oft etwas kalkliebend; (collin) montan bis subalpin; zstr. **Alle Bdld**. *Var. adpressipilosa* mit dicht ± aufwärts-anliegend behaarten Stg u. LB'Stielen (vgl. Grundschl., Pkt 10). (Zu *sect. Plicatae.*) (*A. hybrida, A. pubescens*) [Grundschl., Pkt 10] ■ **Filz-F.**, Weichhaar-F., ***A. glaucéscens***

- Lappen breiter als lg, oft (bes. bei FrühjahrsB) deutlich gestutzt u. daher flachbogig oder quadratisch (da tiefe, ± parallel verlaufende Einschnitte); Achsenbecher etwa so lg wie die (inneren) KB. (Zu *sect. Flabellatae.*) . . . **4**

**4** AußenKB etwa halb so lg wie die (inneren) KB, spreizend; LB'Zähne etwa so lg wie br; oberste StgB mit br u. stumpfen Lappen. — LB oberseits graugrün; Basalbucht zu 1/2 offen bis Basallappen einander überdeckend; Lappen am Grund br-keilig verschmälert, ganzrandige Einschnitte 1–4 mm tief, so lg wie mindestens die Hälfte der Lappenlänge; Achsenbecher nicht eingeschnürt. (Die im Habitus oft recht ähnliche *A. colorata* [→ Pkt 6] ist an der abwärts gerichteten StgBehaarung zu unterscheiden.) H: 5–15(20) cm. ♃ He. VI–VIII. Trockene Magerwiesen u. Weiderasen, Lägerfluren; montan bis alpin; zstr (Alpensüdseite) bis slt (Alpennordseite). **Fehlt W**.
■ **Fächer-F.**, Fächerblatt-F., ***A. flabelláta***

- AußenKB etwa so lg oder wenig kürzer als die (inneren) KB, aufrecht; LB'Zähne 1,5–2× so lg wie br; oberste StgB mit schmalen u. spitzen Lappen. — LB halbkreis- bis nierenförmig, Basalbucht zu 1/4 offen bis geschlossen, 7–9lappig; LB oberseits blaugrün, dicht, unterseits sehr dicht behaart; LB'Stiele oft braunrot. H: 5–15(25) cm. ♃ He. VII–VIII. Rasen, Zwergstrauchheiden; kalkmeidend; alpin; slt. **T**. (Sonstige Vbr.: Südtirol, Norditalien, Slowenien; südeuropäische Gebirge.) **■ Spitzblütiger F.,** ***A. acutáta***

5 [2] Achsenbecher kahl oder höchstens mit vereinzelten Haaren. — Pf höchstens 10 cm hoch. **■ Niedriger F., *A. exígua*** (→ Grundschl., Pkt 5)
- Achsenbecher ± dicht behaart, nur slt einige eines Blüstd kahl . . . . . . **6**

6 Stg u. LB'Stiele abwärts-abstehend behaart. — Pf graugrün, dicht behaart, im Sommer rot werdend (bes. die Blü!); LB zu 20–50% in meist 7(9) Lappen zerteilt; ganzrandige Einschnitte so lg wie die Zähne; LB'Zähne pro Lappenseite 4–6, 1–2 mm lg, so lg wie br; Stg steif, aufrecht; Blü 2–4 mm ∅; Achsenbecher kugelig bis eiförmig. H: 5–10(15) cm. ♃ He. VI–VIII. Sonnige, trockene Magerrasen, kalkliebend; subalpin bis alpin; slt. **K, T, V**. (Zu *sect. Plicatae.*) (Inkl. ***A. illyrica***) **■ Errötender F.,** Geröteter F., Gefärbter F., ***A. coloráta***
  Anm.: Der früher für **S, T, V** angegebene ⊖ **■ Schweizer F., *A. helvética*** *(A. intermedia)* (Schweiz) **fehlt in Ö** (die Angaben konnten nicht bestätigt werden).
- Stg u. LB'Stiele aufwärts- bis waagrecht-abstehend behaart. — LB etwa 20–40% (der LB'Länge) tief zerteilt (gelappt); Blü 3–6 mm ∅ . . . . . . . . . **7**

7 NebenBScheiden der GrundB mit 4–9 mm tiefen Einschnitten; LB meist stark wellig, — 4–8 cm ∅, halbkreis- bis nierenförmig, Basalbucht zu 1/2–1/5 offen; LB oberseits bläulichgrün, 7–9lappig, oberseits ziemlich dicht, unterseits noch dichter behaart; LB'Zähne groß, br u. stumpf; Blüstd 45–230blütig; AußenKB 0,3–0,9× so lg wie der Achsenbecher. H: 5–15(20) cm. ♃ He. VI–VIII. Weiderasen u. meist sonnige, trockene Magerrasen; montan bis subalpin (alpin); slt. **N, O, St, T, V**. (Zu *sect. Plicatae.*) **■ Falten-F., *A. plicáta***
- NebenBScheiden der GrundB mit 1–4 mm tiefen Einschnitten; LB flach; — nieren- bis kreisförmig, Basalbucht zu 1/4 offen bis geschlossen; LB 7lappig; Lappen kurz parabolisch bis halbkreisförmig; FrühlingsB beiderseits ziemlich dicht behaart oder unterseits nur am Rand u. auf den Nerven behaart; SommerB weniger behaart; Blüstd 30–150blütig; AußenKB 0,6–1,4× so lg wie der Achsenbecher. H: 10–20(30) cm. ♃ He. VII–VIII. Rasen über Silikatgestein; alpin; slt. **Ost-T** (in den Hohen Tauern: in der Granatspitz-Gruppe u. bei Außergschlöß). Endemisch. (Zu *sect. Flabellatae.*)
**■ Matreier F., *A. matreiénsis***

## Teilschlüssel F

1 Alle Achsenbecher behaart, nur ab u. zu einer kahl . . . . . . . . . . . . . **2**
- Alle Achsenbecher kahl, nur ab u. zu einer behaart . . . . . . . . . . . . . **7**

2 BlüStiele behaart. (Zu *sect. Plicatae.*) . . . . . . . . . . . . . . . . . . . **3**
- BlüStiele kahl . . . . . . . . . . . . . . . . . . . . . . . . . . . . . . . . . **4**

3 Achsenbecher u. BlüStiele dicht behaart; LB nierenförmig, Basalbucht etwa zu 1/4 offen. — Pf meist dicht behaart, oft bis in den Blüstd hinein; NebenB u. LB'Stiele am Grund ± purpurn. H: 10–20(30) cm. ♃ He. VI–VIII. Magerrasen; submontan bis subalpin; slt. **N?, St, K, V**. (Westeuropäisch.) (*Subsp. filicáulis* unter Pkt 6!) *(A. minor, A. anglica)*. [E 3]
**■ Dichthaariger Fadenstengel-F., Englischer F.-F., *A. filicaulis subsp. vestíta***

Anm.: Vom Zirbitzkogel (**St**) u. aus den Karawanken (**K**) ist eine weitere, mit *A. filicaulis subsp. vestita* verwandte, noch unbeschriebene Sippe bekanntgeworden.

**-** Achsenbecher u. BlüStiele meist zstr behaart, oft einige wenige eines Blüstd kahl; LB kreisförmig; Basalbucht fast geschlossen. — LB'Oberseite stark behaart. ■ **Bergwiesen-F., *A. montícola*** (→ Pkt 14)

**4** LB'Oberseite völlig kahl (sehr slt mit wenigen Haaren). ■ **Gelbgrüner F., *A. xanthochlóra*** (→ Pkt 21–)

**-** LB'Oberseite behaart . . . . . . . . . . . . . . . . . . . . . . . . . . **5**

**5** Lappen schmal-3eckig bis schmal-parabolisch; LB'Zähne sehr ungleichmäßig, zT spitz, zT grob u. stumpf; Stiel der untersten StgB 2–5× so lg wie deren Spreite. ■ **Spitzlappiger F., *A. vulgáris*** (→ Pkt 22)

**-** Lappen rundlich bis parabolisch; LB'Zähne gleichmäßig; Stiel der untersten StgB kürzer als 2× so lg wie die Spreite. (Zu *sect. Plicatae*.) . . . . . . . . **6**

**6** AußenKB kahl bis schwach behaart; NebenB der unteren StgB höchstens am Rand zstr behaart, die der oberen völlig kahl oder mit wenigen Haaren am Rand. — LB nieren- bis kreisförmig, 7–9lappig; Lappen halbkreisförmig; LB'Zähne sehr gleichmäßig; Stg auffallend dünn. H: 10–20(30) cm. ♃ He. VI–VIII. Feuchte Wiesen, Naßwiesen, Graben- u. Teichränder; montan; slt. **N** (Lilienfeld), **O, S, T, V**. (→ *subsp. vestíta* unter Pkt 3) ■ **Gewöhnlicher Fadenstengel-F., *A. filicáulis subsp. filicáulis***

**-** AußenKB auf der Außenseite am Rand meist dicht behaart; NebenB aller StgB auf der Außenseite u. am Rand dicht behaart. ■ **Bergwiesen-F., *A. montícola*** (→ Pkt 14)

**7** [1] Stg u. LB'Stiele zumindest zT deutlich aufwärts-abstehend behaart (etwa 10–80°), vereinzelte Stg u. LB'Stiele auch mit waagrecht-abstehenden Haaren . . . . . . . . . . . . . . . . . . . . . . . . . . . . . . . . . . **8**

**-** Stg u. LB'Stiele waagrecht- bis abwärts-abstehend behaart, nur ab u. zu einzelne Stg u. / oder LB'Stiele schwach aufwärts-abstehend behaart . . . . . . . **9**

**8** LB oberseits dicht behaart; Nerven der LB'Unterseite in ihrer ganzen Länge dicht anliegend behaart. — LB 7–9lappig; Lappen halbkreisförmig bis 3eckig, vorn gestutzt, da die Spitzen der 3 mittleren Zähne in einer Geraden liegen; LB unterseits behaart bis fast kahl; LB'Zähnung sehr regelmäßig; Achsenbecher schlank, in den BlüStiel verschmälert. H: 10–40(60) cm. ♃ He. VI–VIII. Feuchte Wiesen u. Weiderasen, bes. an schattigen Waldrändern, Hochstaudenfluren, Gräben, periodisch überschwemmte Stellen; oft in Kalksumpfges.; kalkliebend; submontan bis subalpin; zstr. **Fehlt W**. (Zu *sect. Alchemilla*.) („***A. gracilis***") ■ **Zierlicher F., *A. mícans***

**-** LB oberseits kahl oder nur auf den Zähnen behaart; Nerven der LB'Unterseite nur in den Lappenspitzen behaart. — LB 9lappig; Lappen halbkreisförmig bis parabolisch; LB unterseits fast kahl. H: 15–30(40) cm. ♃ He. VII–VIII. Magerrasen, Quellfluren, Gebüsche; kalkliebend; subalpin bis alpin. Für **Ö** bisher nicht nachgewiesen, in Süd-**K** zu erwarten. (Vbr.: Slowenien: Karawanken-Südseite, Julische Alpen.) (Zu *sect. Calycinae*.) ⊖ ■ **Julischer F., *A. gracíllima***

**9** NebenB der GrundB am Grund rötlich. — LB halbkreis- bis nierenförmig. (Vgl. auch *A. tenuis*, → Teilschl. D, Pkt 2!) (Zu *sect. Decumbentes*.) . . . **10**

**-** NebenB der GrundB am Grund weiß . . . . . . . . . . . . . . . . . . . . . **11**

**10** LB'Spreiten waagrecht ausgebreitet, flach oder schwach faltig; ganzrandige Einschnitte 1–6 mm tief; LB'Zähne länger als br oder höchstens so lg wie br. — Lappen 9–11, halbkreisförmig bis kurz parabolisch; Einschnitte der NebenB-

Scheide der StgB 2–3 mm tief; Monochasien (TeilBlüstd) oft ± scheindoldig-kugelig; Blü grün. H: 10–30(40) cm. ♃ He. VI–VIII. Wiesen, Magerrasen, Niedermoore; montan bis subalpin; slt. **T** (Ötztaler Alpen), **V***. (Hptvbr.: Allgäu bis Lombardei.) **■ Westtiroler F., *A. hírtipes***

- LB'Spreiten schüsselförmig konkav oder wellig; ganzrandige Einschnitte fehlend bis höchstens 1 mm tief; LB'Zähne breiter als lg oder höchstens so lg wie br. — Lappen 9–13, halbkreisförmig bis kurz 3eckig, vorn leicht gestutzt; Einschnitte der NebenBScheide der StgB 2–7 mm tief; Blü gelbgrün, oft rot überlaufen. H: 10–20(30) cm. ♃ He. VI–VIII. Weiderasen, Wiesen; obermontan bis subalpin; slt. **T** (Ötztaler Alpen), **V***. (Hptvbr.: Westalpen, Jura.) **■ Rotscheidiger F., *A. rubristípula***

**11** LB'Oberseite dicht, in den Falten u. am Rand oft sehr dicht behaart . . **12**

- LB'Oberseite schwach behaart bis kahl, nur in den Falten u. am Rand behaart . . . . . . . . . . . . . . . . . . . . . . . . . . . . . . . **17**

**12** Basalbucht geschlossen, nur slt ein vereinzeltes LB mit schwach offener Basalbucht . . . . . . . . . . . . . . . . . . . . . . . . . . . . . . . **13**

- Basalbucht ± offen, nur slt bei einem einzelnen LB geschlossen . . . . . **15**

**13** Haare an Stg u. LB'Stielen meist deutlich abwärts gerichtet (45–60°); LB unterseits außer den Nerven sehr schwach behaart; Haare auf den Nerven der LB'Unterseite weiter vorn vorwärts gerichtet. — Basallappen einander bis zu ¼ überdeckend; Lappen 9–11, halbkreisförmig bis br-parabolisch, LB'Zähne groß, gleichmäßig; Stiele der untersten StgB höchstens 3× so lg wie deren Spreite; Stg u. BlüstdAchse behaart. H: 10–20(30) cm. ♃ He. VII–VIII. Krummholz (unter Leg-Föhren), Felsschuttfluren, Magerrasen, Weiderasen, Halbruderalfluren, Erdaufschüttungen, Forststraßenböschungen; obermontan bis subalpin; slt. Nur im Alp. **N**, **St**, Ost-**T***. (Zu *sect. Plicatae.*) [18–] **■ Kugel-F., *A. subglobósa***

- Haare an Stg u. LB'Stielen waagrecht- oder nur ganz schwach abwärts-abstehend; LB unterseits dicht, Nerven oft sehr dicht behaart . . . . . . . . . **14**

**14** LB zu ¼–⅓ zerteilt, 9lappig; Lappen meist parabolisch (bes. an SommerB) oder seltener rundlich; Basalbucht zu ¼ offen bis fast geschlossen. — NebenB meist dicht behaart; LB beiderseits ± dicht behaart u. dadurch mattgraugrün erscheinend; ganzrandige Einschnitte der LB mit parabolischen Lappen oft eng, so lg wie 2–3 Zähne; LB'Zähne fein, gleichmäßig, krumm-3eckig; Achsenbecher eiförmig-kugelig, oben etwas verengt, meist zstr behaart. *(Zwergformen in subalpinen Rasen sind oft schwer ansprechbar.)* H: (5)10–20(40) cm. ♃ He. V–VIII. Magerwiesen u. -weiden, Hochstaudenfluren, Ruderalfluren; collin bis subalpin; hfg. (Häufigste Art der Gattung.) **Alle Bdld**. (Zu *sect. Plicatae.*) [3–, 6–, 16–] **■ Bergwiesen-F., *A. montícola***

- LB zu ⅕–½ zerteilt, 7–9lappig; Lappen halbkreisförmig; Basallappen einander überdeckend. — LB frisch oberseits d'grün, unterseits trüb-gelbgrün; oberseits bes. in den Falten u. am Rand sehr dicht (fast samtig) behaart; Stg oft etwas wollig, bis einschließlich der BlüStiele dicht behaart. H: 10–20(45) cm. ♃ He. VII–VIII. Weiderasen; subalpin bis alpin; slt. **St** (Fischbacher Alpen), **V***. (Hptvbr.: Westalpen, Jura.) Die steirischen Populationen bedürfen wahrscheinlich weiterer Erforschung. (Zu *sect. Alchemilla.*) **■ Dunkler F., *A. obscúra***

---

* A. Polatschek: Mskr. der N. Fl. von **T & V**.

**15** [12] LB zu 1/10–1/4 zerteilt; Lappen sehr flachbogig, br-gerundet bis trapezförmig (Endzahn kleiner als die benachbarten u. von diesen überragt); Basalbucht zu 1/3–2/5 offen; LB'Zähne br u. ungleichmäßig, — 7–9 pro Lappenhälfte; LB meist 9lappig; Nervennetz auf der LB'Oberseite vertieft; Stg kürzer bis kaum länger als die GrundB *(samt Stiel!)*, bis einschließlich der Verzweigungen im Blüstd dicht, waagrecht bis abwärts-abstehend behaart, ebenso die LB'Stiele. H: 10–20(30) cm. ♃ He. VI–VIII. Hochstaudenfluren, etwas feuchte Fettwiesen u. -weiden, feuchte Halbruderalfluren, Erdaufschüttungen, Forststraßenböschungen; montan bis subalpin; hfg bis zstr. **Fehlt B, W.** [18, 25]

■ **Langhaar-F.**, Haariger F., ***A. crinita***

– LB zu 1/4–1/3 zerteilt; Lappen halbrund bis parabolisch; Basalbucht zu weniger als 1/3 offen; LB'Zähne fein u. gleichmäßig. — LB meist 7–9lappig. (Zu *sect. Plicatae.*) . . . . . . . . . . **16**

**16** Stg nur bis zur Mitte behaart; Haare an Stg u. LB'Stielen meist deutlich abwärts-abstehend; Haare auf den Nerven der LB'Unterseite deutlich gegen den Spreitengrund zu gerichtet. — LB dicht bis sehr dicht behaart. H: 10–25(35) cm. ♃ He. VI–VIII. Trockene Wiesen u. Fettweiderasen, Lägerfluren; obermontan bis subalpin; slt. **K?, T.** ■ **Gestriegelter F.**, ***A. strigósula***

– Ganzer Stg samt Blüstd behaart; Haare an Stg u. LB'Stielen meist waagrecht- oder nur schwach abwärts-abstehend; Haare auf den Nerven der LB'Unterseite waagrecht-abstehend oder vorwärts (spitzenwärts) gerichtet.

■ **Bergwiesen-F.**, ***A. monticola*** (→ Pkt 14)

**17** [11] Haare an Stg u. LB'Stielen deutlich abwärts gerichtet . . . . . . . . **18**

– Haare an Stg u. LB'Stielen waagrecht-abstehend . . . . . . . . . . . . . **19**

**18** LB zu 1/10–1/4 zerteilt, nierenförmig mit weit offener Basalbucht.

■ **Langhaar-F.**, ***A. crinita*** (→ Pkt 15)

– LB zu 1/3–1/2 zerteilt, kreisrund, mit sich deckenden Basallappen. — Lappen halbkreisförmig bis br-parabolisch.

■ **Rundblatt-F.**, ***A. subglobósa*** (→ Pkt 13)

**19** Stg höchstens an den untersten 3 Internodien behaart; NebenB der StgB höchstens am Rand behaart.

■ **Gewöhnlicher Fadenstengel-F.**, ***A. filicáulis* subsp. *filicáulis*** (→ Pkt 6)

– Stg an mehr als 3 Internodien behaart; NebenB wenigstens der unteren StgB auf der Fläche behaart . . . . . . . . . . . . . . . . . . . . . **20**

**20** LB oberseits völlig kahl (höchstens auf den Zähnen einige Haare). (Zu *sect. Alchemilla.*) . . . . . . . . . . . . . . . . . . . . . **21**

– LB oberseits schwach behaart, manchmal nur in den Falten mit einigen Haaren . . . . . . . . . . . . . . . . . . . . . . **22**

**21** NebenB der GrundB 4–7 cm lg; LB unterseits nur auf den Nerven dichter behaart, sonst nur zstr behaart bis kahl; LB zu 1/10–1/5 zerteilt; Blü etwa 3,5 mm ∅. H: (15)25–50(70) cm. ♃ He. VII–VIII. Weiderasen, Hochstaudenfluren; subalpin; sehr slt; **T, V** (bei Zürs). (Hptvbr.: Westalpen.)

■ **Kurzlappiger F.**, ***A. curtíloba***

– NebenB der GrundB 1,5–3 cm lg; LB unterseits auf den Nerven dicht, dazw. locker behaart; LB zu 1/4–1/3 zerteilt; Blü 2,5–3 mm ∅. — LB 9–11lappig, oberseits reingrün bis blaugrün, unterseits h'grün bis gelbgrün; LB'Zähne klein: höchstens 1 mm lg, gleichmäßig, oft treppenförmig angeordnet; Stg aufrecht, bis einschließlich des Blüstd behaart. H: 20–50(70) cm. ♃ He. VI–

VIII. Wiesen, Quellfluren, Hochstaudenfluren, Grünerlengebüsche, Läger- u. Ruderalfluren (zB Straßenböschungen); nährstoffliebend; collin bis subalpin; hfg bis zstr. **Fehlt W.** (*„A. vulgaris“*) [4, 23]
**■ Gelbgrüner F., *A. xanthochlóra***

**22** LB zu 1/3–1/2 zerteilt; Lappen 3eckig bis schmal-parabolisch; Stiel der untersten StgB 2–5× so lg wie deren Spreite. — LB 9–(unvollständig)11lappig, gelbgrün, nierenförmig; Basalbucht zu 1/4 offen; LB'Zähne sehr ungleichmäßig, die unteren (am Lappengrund) etwa 0,5 mm lg u. 2 mm br, die oberen 3eckig, spitz, 2 mm lg u. 3–4 mm br; Blüstd reich verzweigt, locker, kahl; LB'Stiele u. Stg dagegen bis zu den oberen StgB dicht waagrecht-abstehend behaart; Stg aufrecht. H: (15)25–50(60) cm. ♃ He. VI–VIII. Fettwiesen, Sümpfe, Gräben, Hochstaudenfluren, Ruderalfluren; nährstoffliebend; submontan bis subalpin; zstr. **Fehlt W; sonst alle Bdld?.** (Zu *sect. Alchemilla.*) (*A. acutangula,* ***A. acutiloba.***) [5] **■ Spitzlappiger F., *A. vulgáris***

**-** LB höchstens zu 1/3 zerteilt; Lappen rundlich bis parabolisch; Stiel der unteren StgB etwa 1 1/2× so lg wie deren Spreite. — LB 7–11lappig . . . . . . . . **23**

**23** LB 9–11lappig, mit kleinen, spitzen, gleichmäßigen Zähnen.
**■ Gelbgrüner F., *A. xanthochlóra*** (→ Pkt 21–)

**-** LB 7–9(11)lappig, mit br, groben, oft ungleichmäßigen Zähnen . . . . . **24**

**24** LB zu 1/10–1/4 zerteilt, Lappen flachbogig bis br-trapezförmig, häufig gestutzt . . . . . . . . . . . . . . . . . . . . . . . . . . . . . . . . . **25**

**-** LB zu 1/4–1/3 zerteilt, Lappen halbrund bis br-parabolisch . . . . . . . . . **26**

**25** LB nierenförmig, 7–9lappig, Basalbucht zu 1/3–2/5 offen; Stg, Blüstd'Achse u. meist auch BlüStiele bleibend behaart. — Blüstd 40–150blütig; AußenKB kurz, br u. stumpf. **■ Langhaar-F., *A. crinita*** (→ Pkt 15)

**-** LB kreisförmig, 9–11lappig, Basalbucht fast geschlossen bis Basallappen einander überdeckend; Stg oberwärts, bes. Blüstd bald verkahlend. — LB oberseits blaugrün; Lappen sehr br, flachbogig oder kurz parabolisch bis flach trapezförmig (gestutzt); ganzrandige Einschnitte 2–3 Zahnlängen lg; LB'Zähne schmal, gerade nach vorn gerichtet; Blüstd 50–250blütig. H: 10–30(40) cm. ♃ He. VI–VIII. Weiderasen, Waldränder, verfestigte Ruderalfluren; montan; sehr slt. **O** (zw. Hallstatt u. Obertraun). (Hptvbr.: Sudeten, Nordost-Europa.) (Zu *sect. Ultravulgares.*) **■ Wellenblatt-F., *A. cymatophýlla***

**26** LB (7)9–11lappig, meist deutlich wellig, im frischen Zustand oberseits matt, oberseits am Rand u. in den Falten oder überall schwach bis ziemlich dicht behaart; LB'Zähne krumm, 0,04–0,08× so lg wie die Spreite; NebenBScheide der GrundB 4–5 mm tief eingeschnitten; BlüStiele 1–2 mm lg, jene der EndBlü 1,5–3,5 mm lg; KB (1)1,3–1,7× so lg wie br, außen fast immer mit einzelnen Haaren; Fr mit 1/4–1/3 ihrer Länge aus dem Achsenbecher herausragend. — LB nieren- bis kreisförmig, zu 1/5–2/5 der Spreitenlänge zerteilt (gelappt); Lappen kurz trapezförmig bis parabolisch; LB'Zähne 0,25–1× so lg wie br, 3eckig; LB'Unterseite schwach oder nur auf den Nerven behaart. H: 10–50(60) cm. ♃ He. VI–VIII. Wiesen, Weiderasen, Hochstaudenfluren, Gebüschränder, Sümpfe; nährstoff- u. feuchtigkeitsliebend; montan bis alpin; zstr bis hfg. **Fehlt W.** (Zu *sect. Ultravulgares.*) **■ Kerbzahn-F., Gekerbter F., *A. subcrenáta***

**-** LB 7(9)lappig, flach bis schwach faltig, im frischen Zustand oberseits etwas glänzend, oberseits meist nur auf den Zähnen, slt überall schwach behaart; LB'Zähne gerade, 0,02–0,04× so lg wie die Spreite; NebenBScheide der GrundB 5–7 mm tief eingeschnitten; BlüStiele 0,5–1 mm lg, jene der EndBlü

1,5–6 mm lg; KB 1–1,2(1,3)× so lg wie br, kahl oder mit einzelnen Haaren an der Spitze; Fr nur mit der Spitze aus dem Achsenbecher herausragend. — LB kreis- bis nierenförmig, zu 1/5–1/3 der Spreitenlänge gelappt; Lappen kurz trapezförmig bis 3eckig; LB'Zähne 0,28–1× so lg wie br, rundlich bis br-3eckig, nach vorn gerichtet; LB'Unterseite überall oder nur am Rand u. auf den Nerven oft dichter als auf der Oberseite behaart; NebenB'Öhrchen der SommerB meist auffällig waagrecht-abstehend, sehr reichnervig. H: 10–30(45) cm. ♃ He. VI–VIII. Rasen, Wegränder, Ruderalfluren; subalpin; sehr slt. **St** (Fischbacher Alpen: Gipfelbereich des Stuhleck). Endemisch. (Zu *sect. Decumbentes.*) **■ Maurer-F., *A. máureri***

Anm.: Ob u. wieweit sich diese beiden Arten, *A. subcrenata* u. *A. maureri* (die zu verschiedenen Sektionen gehören sollen!), tatsächlich im Artrang unterscheiden, bedarf wohl noch weiterer Untersuchungen.

## (17) Ohmkraut, Ackerfrauenmantel, Ackersinau, *Áphanes*

1 Achsenbecher u. KB zur Zeit der FrReife zusammen 2,3–2,7 mm lg; Achsenbecher mit 8 deutlich vorstehenden Nerven, am Grund der KB eine deutliche Einschnürung; KB aufrecht bis etwas spreizend; Lappen der (die Blü umgebenden) NebenB br-3eckig, etwas länger als br; Fr 1,5–1,8 mm lg, braun; Pf meist graugrün. H: 5–20 cm. ⊙ Th. V–IX. Äcker, Brachen, Weinberge, lückige Trockenrasen, lichte Föhrenwälder; kalkmeidend; bes. auf lehmigen Sandböden; collin bis montan; hfg bis slt. **W†, V†, sonst alle Bdld**. In den wAlp u. in den KäB gefährdet. **Gewöhnliches O., *A. arvénsis***

– Achsenbecher u. KB zur Zeit der FrReife zusammen 1,4–1,6 mm lg; Achsenbecher ohne deutliche Nerven, am Grund der KB keine oder eine nur undeutliche Einschnürung; KB zusammenneigend; Lappen der (die Blü umgebenden) NebenB länglich-lanzettlich, 2–3(5)× so lg wie br; Fr 0,9–1,1 mm lg, gelb; Pf rein grün. H: 3–15 cm. ⊙ Th. V–IX. Mineralarme, stark bodensaure, stets sandige Äcker, Brachen, lückige, sandige Trockenrasen; extrem kalkmeidend; collin bis submontan; sehr slt. **B, N, St**. Stark gefährdet. (***A. microcarpa***, *A. inexpectata*) **Kleinfrüchtiges O., *A. austrális***

### ★ (18) Goldröschen, Kerrie, *Kérria*

LB lg zugespitzt, doppelt gesägt. H: 1–3 m. ♄ NPh. V. Zierstrauch, oft gefülltblütige Ziersorten. (Heimat: Ostasien.) **★ Japanisches G., *K. japónica***

## (19) Brombeere, Himbeere u. Steinbeere, *Rúbus* (B 47)

Anm.: Die meisten Brombeer-Arten (*Rubus subgen. Rubus*) erzeugen die Samen hauptsächlich auf ungeschlechtlichem Weg (Agamospermie, obwohl Bestäubung meist notwendig: Pseudogamie) u. zeigen daher keine genetische Variation. Bei manchen Kreuzungsereignissen entstehen jedoch Hybriden, die meist wieder agamosperm u. daher genetisch konstant sind u. sich insofern wie Arten verhalten („Agamospecies"); ihre Elternsippen sind allerdings oft nicht feststellbar. Die Taxonomie der Brombeeren ist deshalb schwierig, insbesondere ist die gegenwärtig laufende zeitgemäße Erforschung der österreichischen Brombeeren noch nicht abgeschlossen. Das Artkonzept der heutigen Batologie (= Brombeerforschung) betrachtet nur Sippen mit einem Arealdurchmesser von mindestens etwa (20–)50 km als taxonomisch sinnvolle Arten (die sogenannten Weitverbreiteten Arten [mit einem Arealdurchmesser von mehr als 500 km] u. die sogenannten Regionalarten [mit einem Arealdurchmesser von etwa 20–500 km], nicht dagegen jene sehr vielen noch engerräumig verbreiteten Sippen - die sogenannten Lokal- u. Individualarten –, die auch heute laufend [durch Hybridisierung] entstehen, von denen im Gebiet wohl Tausende vorkommen u. die als taxonomisch unerheblich angesehen werden).

Während in der Vergangenheit zahlreiche Lokal- u. Individualarten beschrieben worden sind (sodaß für **Ö** insgesamt rund 270 Arten der Eigentlichen Brombeeren u. zusätzlich rund 150 Hybriden angegeben wurden), sind an Regional- u. Weitverbreiteten Brombeer-Arten aus **Ö** bisher nur 42 bekannt (in ganz Mitteleuropa bisher rund 250). Dabei ist zu beachten, daß die Kenntnis der österreichischen Brombeer-Flora gegenwärtig sehr ungleich über das Bundesgebiet verteilt ist: Während die Bundesländer **St, K,** aber auch **B, O** hinsichtlich der Weitverbreiteten Arten gut untersucht sind u. vor allem in der Steiermark bereits auch einige Regionalarten erforscht wurden, sind in den anderen Bundesländern sowohl die Weitverbreiteten erst unvollständig erfaßt als auch noch unentdeckte Regionalarten zu erwarten.
Die meisten Arten bilden überwinternde veget. Triebe: Schößlinge (= Sch). Dies sind aus dem Boden entspringende, LB tragende (= Schößling-LB = Sch-LB), jedoch noch nicht blühende Sprosse, die am Ende des 1. Sommers mehrere Meter lg sein können. Sie bringen im 2. Jahr seitliche Blühtriebe hervor.
Mit „Sch-LB" sind im folgenden stets die mittleren Schößlings-LB, mit „Sch-Blättchen" deren Blättchen, mit „Sch-Endblättchen" deren Endblättchen gemeint; mit „Fr" ist die SammelFr, mit „Fr'chen" sind deren Elemente (die Steinfrüchtchen) gemeint. Zw. „Drüsenhaar", „Drüsenborste" u. „Stieldrüse" besteht kein wesentlicher Unterschied.

*Für die Bestimmung müssen vorhanden sein: Zwei etwa 10 cm lg Stücke aus dem Mittelteil (weder vom Grund noch Seitenzweig oder Spitze!) eines Schößlings mit je 1 LB (= „Sch-LB") sowie ein Blüstd (Achtung: oft wachsen Individuen verschiedener Arten eng durcheinander!). – Folgende Merkmale sollten am Fundort notiert werden, da sie an Herbarmaterial oft nicht mehr zu erkennen sind: 1) Habitus der Pf, bes. Gestalt der Schößlinge (zB hochbogig, niedrigbogig oder niederliegend); 2) Farbmerkmale an den Blü (Kro, Staubf., Gri); 3) Form u. Länge der KroB (am besten abgelöst vom Blüstd pressen!). – Man bedenke, daß Schattenexemplare lichtliebender Arten meist schlecht entwickelt u. untypisch ausgebildet sind!*
*Führt der Bestimmungsgang (Beginn auf S. 417) zu keinem eindeutigen Ergebnis, so kann der Grund dafür der sein, daß man eine noch nicht beschriebene Regionalart oder nur eine Lokal- oder Individualart oder eine ± unfruchtbare Primärhybride vor sich hat. Man versuche dann, mit Hilfe des Übersichtsschlüssels (S. 415) die Serie bzw. Subsektion zu ermitteln (es gibt allerdings auch zahlr. Hybriden zw. Arten verschiedener Serien, insbes. bei* ser. Hystrices *u.* ser. Glandulosi).

## Orientierung

über die Gliederung der Eigentlichen Brombeeren, *R. subg. R. sect. Rubus (= R. fruticosus agg.)* in Form eines zu den Untersektionen und Serien führenden Übersichts-Schlüssels

Anm.: Dieser „Übersichts-Schlüssel" muß nicht als Vorschlüssel verwendet werden; vielmehr beginne man die Bestimmung der Arten besser mit dem eigentlichen Schlüssel auf S. 417!

**1** Sch-Achse drüsenlos oder sehr spärlich mit Drüsenhaaren oder Stieldrüsen besetzt (höchstens 2 pro 1 cm); BlüStiele ohne oder mit nur sehr wenigen Stieldrüsen. — Stacheln auf der Sch-Achse untereinander stets gleich groß . . . . . . . . . . . . . . . . . . . . . . . . . . . **2**

**-** Sch-Achse ± reichlich mit Stieldrüsen (dh ± derben Drüsenhaaren) besetzt (mindestens 4 pro 1 cm) (trifft jedoch für *R. styriacus* nicht u. für *R. canescens* nicht immer zu); BlüStiele ± dicht stieldrüsig. — Stacheln auf der Sch-Achse untereinander gleich groß bis sehr ungleich groß. (Zur **Untersektion Wintergrüne B., *subsect. Hiemáles***) . . . . . . . . . . **4**

**2** KB auf der Fläche unten (außen) meist ± grünlich; Sch-Achse kahl; LB sommergrün. — Pf WuSprosse bildend; Schößlinge aufrecht bis hochbogig, an der Spitze nie im Boden einwurzelnd (mit Ausnahme von *R. graecensis*); Sch-LB unterseits meist grün (nicht grau oder weißfilzig behaart).

**Untersektion der Aufrechten B. / *subsect. Rúbus*** (= *sect. Suberecti)*
[Hierher *R. nessensis, R. sulcatus,* ★*R. allegheniensis, R. bertramii, R. plicatus, R. graecensis, (R. constrictus* → Pkt 3–, ser. *Discolores*); → Pkt 9, 24–26.]

**-** KB auf der Fläche unten (außen) graugrün- bis grauweißfilzig behaart; Sch-Achse meist (drüsenlos) behaart; LB wintergrün. — Schößlinge hochbogig bis niederliegend, im Herbst an der Spitze im Boden einwurzelnd. (Zur **Untersektion Wintergrüne B. / *subsect. Hiemáles***) . . . . . . . . . . . . . . . . . . . . . . . . . . . . . . . . . . . . . . . **3**

3 Sch-LB oberseits meist ± behaart, unterseits grün bis graugrün, nicht oder nur wenig filzig behaart. — LB nicht lederig; Pf meist nicht sehr stark bestachelt.
**Serie Wald-B. / *ser. Sylvátici***
[Hierher: *R. macrophyllus, R. ferox, R. juennensis, R. venosus, R. salzmannii*; → Pkt 30, 32, 33.]
u. **Serie der Sprengel-B. / *ser. Sprengeliáni***
[Hierher: *R. sprengelii*; → Pkt 33–, Anm.]
– Sch-LB oberseits oft kahl, unterseits graugrün bis grauweiß- oder weißfilzig behaart. — LB oft ± lederig; Pf oft sehr stark bestachelt. **Serie der Zweifärbigen B., *ser. Discolóres***
[Hierher: *R. constrictus, R. bifrons,* ⊖*R. ulmifolius, R. praecox,* ★ *R. armeniacus, R. elatior, R. albiflorus, R. montanus, R. grabowskii*; → Pkt 29, 35, 36, 39–40.]
u. **Serie Kreuzdornblatt-B., *ser. Rhamnifólii***
[Hierher: *R. gracilis, R. obtusangulus, R. liubensis,* ★*R. laciniatus*; → Pkt 31, 35–, 38]

4 [1] Kro milchweiß, beim Trocknen gelblichweiß; zumindest die LB im Blüstd oberseits weich sternhaarig *(Lupe!)* oder kahl; Sch-LB'Stiel oberseits mit durchgehender Rinne (wie bei *sect. Caesii* u. bei *sect. Corylifolii*). **Serie der Filz-B. / *ser. Canescéntes***
[Hierher: *R. canescens*; → Pkt 8.]
– Kro schneeweiß (auch getrocknet) bis rosa; alle LB oberseits ohne Sternhaare; Sch-LB'Stiel oberseits nicht mit einer durchgehenden Rinne . . . . . . . . . . . . . . . . . . . . . . **5**

5 Sch-LB unterseits deutlich samthaarig (Blattoberfläche unter der dichten Behaarung nicht mehr fühlbar). **Serie der Samt-B. / *ser. Vestíti***
[Hierher: *R. solvensis, R. widderi, R. vestitus*; → Pkt 20–, 21.]
– Sch-LB unterseits nicht samthaarig . . . . . . . . . . . . . . . . . . . . . . . . . . . . **6**

6 Sch-Achse mit nicht sehr ungleichartigen Stacheln u. mit 0–100(200) ungleich lg Stieldrüsen pro 5 cm Achsenlänge. — Sch-Achsen ± kantig. **Serie Drüsenarme B. / *ser. Micántes***
[Hierher: *R. clusii, R. styriacus*; → Pkt 15, 17.]
–!! Sch-Achse zw. fast gleichartigen Stacheln durch zahlr. kurze Stieldrüsen raspelartig rauh. — Sch-Achsen ± kantig. **Serie der Raspel-B. / *ser. Rádulae***
[Hierher: *R. radula, R. epipsilos, R. rudis, R. salisburgensis*; → Pkt 18, 20, 22.]
u. **Serie Bleich-B. / *ser. Pállidi***
[Hierher: *R. bregutiensis*; → Pkt 17–.]
– Sch-Achse dicht mit ungleichartigen Stacheln, Stachelborsten u. Stieldrüsen besetzt. — Sch-Achsen ± stielrundlich; Stieldrüsen der BlüStiele länger als deren ∅ . . . . . . . **7**

7 Größere Stacheln am Grund stark flach zusammengedrückt.
**Serie Stachelschwein-B. / *ser. Hýstrices***
[Hierher: *R. weizensis, R. apricus*; → Pkt 12.]
– Alle Stacheln ± nadelförmig. **Serie der Drüsen-B. / *ser. Glandulósi***
[Hierher: *R. pedemontanus, R. hirtus, R. guentheri*; → Pkt 13–14.]

## Übersicht über die Gattung

***Rubus***

***subgen. Idaeobatus*** (= Himbeere)
*R. idaeus* (Pkt 5)
★ *R. phoeniculasius* (Pkt 5–)
★ *R. occidentalis* (Pkt 4)

***subgen. Anoplobatus***
★ *R. odoratus* (Pkt 2)

***subgen. Cylactis*** (= Steinbeere)
*R. saxatilis* (Pkt 1)

***subgen. Rubus*** (= Brombeere i. w. S.)
***sect. Caesii***
*R. caesius* (Pkt 7)
***sect. Corylifolii*** (Pkt 7–)
(aus Ö bisher 8 Arten bekannt; sie werden in diesem Buch nicht behandelt)

***sect. Rubus*** *( = „R. fruticosus agg.“ =* Eigentliche Brombeere, Brombeere i. e. S.)
***subsect. Rubus*** *( = sect. Suberecti)*
*R. nessensis* (Pkt 24)
*R. sulcatus* (Pkt 26)
★ *R. allegheniensis* (Pkt 26, Anm.)
*R. bertramii* (Pkt 26–)
*R. plicatus* (Pkt 25)
*R. graecensis* (Pkt 9)
***subsect. Hiemales***
*ser. Discolores*
*R. constrictus* (besser hierher statt zu *subsect. Rubus*!) (Pkt 29)
*R. bifrons* (Pkt 35)
⊖ *R. ulmifolius* (Pkt 35, Anm.)
*R. praecox ( = R. procerus)* (Pkt 40)
★ *R. armeniacus* (Pkt 40, Anm.)
*R. elatior* (Pkt 39)
*R. albiflorus* (Pkt 35–)
*R. montanus ( = R. candicans)* (Pkt 36)
*R. grabowskii* (Pkt 40–)
*ser. Rhamnifolii*
*R. gracilis ( = R. villicaulis)* (Pkt 31)
*R. obtusangulus* (Pkt 38)
*R. liubensis* (Pkt 38–)
★ *R. laciniatus* (Pkt 31, Anm.)
*ser. Sylvatici*
*R. macrophyllus* (Pkt 33–)
*R. ferox* (Pkt 32–)
*R. juennensis* (Pkt 30)
*R. venosus* (Pkt 30–)
*R. salzmannii* (Pkt 33)
*ser. Canescentes*
*R. canescens ( = R. tomentosus)* (Pkt 8)
eb0**ser.Sprengeliani*
*R. sprengelii* (Pkt 33–, Anm.)
*ser. Vestiti*
*R. vestitus* (Pkt 21)
*R. solvensis* (Pkt 20–)
*R. widderi* (Pkt 20–, Anm.)
*ser. Micantes*
*R. clusii ( = „R. gremlii“)* (Pkt 17)
*R. styriacus* (Pkt 15)
*ser. Radulae*
*R. radula* (Pkt 22)
*R. epipsilos* (Pkt 20)
*R. rudis* (Pkt 18)
*R. salisburgensis* (Pkt 22–)
*ser. Pallidi*
*R. bregutiensis* (Pkt 17–)
*ser. Hystrices*
*R. weizensis* (Pkt 12)
*R. apricus* (Pkt 12, Anm.)
*ser. Glandulosi*
*R. pedemontanus ( = R. bellardii)* (Pkt 14)
*R. hirtus agg.* (Pkt 14–)
*R. guentheri (agg.)* (Pkt 13)

Zum **Bestimmen** der *Rubus*-Arten benütze man den folgenden Schlüssel:

**1** Pf krautig, mit liegenden, ausläuferartigen, unbewehrten oder zart-weichstacheligen, im Winter bis zum Grund absterbenden Schößlingen; Fr aus wenigen (2–6), kaum zusammenhängenden Steinfrüchtchen bestehend. — Blühtriebe grundständig, aufrecht; alle LB 3zählig, beiderseits grün, Blättchen grob eingeschnitten-gesägt; KroB aufrecht, schmal-lineal-lanzettlich, weiß; Fr leuchtend rot, glänzend. H: 10–25 cm. ♃ He. V–VII. Steinige Gebüsche, lichte Wälder (bes. Föhrenwälder), frischer Gesteinsschutt; kalkliebend; submontan bis subalpin; zstr. **Fehlt B, W**. (Weitverbreitete Art.)
**Steinbeere,** Felsenbeere, ***R. saxátilis***

**–** Pf holzig, mit oft bogigen, meist stacheligen, überwinternden Schößlingen, aus deren LB'Achseln im 2. Jahr die Blühtriebe entspringen; Fr aus zahlreichen (meist viel mehr als 20), zusammenhängenden Steinfrüchtchen bestehend . **2**

**2** Pf unbestachelt; Sch-LB gelappt; Blü 4–5 cm ∅, — duftend; KroB purpurrosa, ausgebreitet; Fr slt entwickelt, orange, ungenießbar. H: 1–1,5 m. ♄ NPh. VI–VII. Als Zierstrauch kultiviert, slt (unbeständig) verwildert. **(St, K)**. (Heimat: Nordamerika.)
★ **Zimt-H., *R. odorátus***

- Pf bestachelt; Sch-LB zusammengesetzt; Blü höchstens 3 cm ∅ . . . . . . 3

**3** KroB 5 mm lg, höchstens 3 mm br, meist aufrecht; Sch-LB unpaarig gefiedert, slt (3)5zählig gefingert; Fr sich zur Reife von dem am FrStiel verbleibenden BlüBoden kappenförmig ablösend. — Sch-LB unterseits grau- bis weißfilzig. (Himbeeren, *R. subgen. Idaeobatus*) . . . . . . . . . . . . . . . . . . **4**

- KroB meist länger u. breiter als 5 mm, ausgebreitet (dh abstehend); Sch-LB 3zählig oder hand- bis fußförmig 5zählig zusammengesetzt; Fr zur Reife zusammen mit dem BlüBoden abfallend. — Sch-LB unterseits grün oder grau- bis weißfilzig; Fr blau, schwarz oder schwarzrot. Volksarznei- u. TeePf (LB), Wildobst. (Brombeeren, *R. subgen. Rubus*) . . . . . . . . . . . . . . . **6**

**4** Fr schwarz, — bereift, wohlschmeckend; Sch-Achse kahl, bereift, mit kurzen Stacheln; Sch-LB (3)5zählig gefiedert oder gefingert, unterseits graufilzig. H: 1–2 m. ♄ NPh. V–VI. Als Obststrauch kultiviert, slt verwildert. **(St)**. (Heimat: östl. Nordamerika.)
**★ Schwarze H., *R. occidentális***

- Fr rot . . . . . . . . . . . . . . . . . . . . . . . . . . . . . . . **5**

**5** Sch-Achse mit zarten, höchstens 5 mm lg, schwarzpurpurnen Stacheln; Sch-LB 3–7zählig gefiedert; Kro weiß; Fr matt, sternhaarig bis flaumig, — scharlachrot, wohlschmeckend; Sch-Achse stielrund, bereift. H: 0,5–2 m. ♄ NPh. V–VI(VII). Waldschläge, Waldsäume, lichte Wälder, Hochstaudenges., Steinhaufen; Nitrifizierungszeiger; collin bis subalpin; sehr hfg. **Alle Bdld**. (Weitverbreitete Art.) **Himbeere, *R. idáeus***

- Sch-Achse dicht mit etwa 5–9 mm lg, fuchsroten Drüsenborsten besetzt; Sch-LB 3(5)zählig fiederteilig; Kro rosa; Fr glänzend, kahl, — lebhaft rosarot, säuerlich schmeckend. H: 1–2 m. ♄ NPh. VI–VII. Als Obststrauch kultiviert, nicht slt verwildert. **(B, W, N, St, K)**. (Heimat: Ostasien.) **★ Rotborstige H., Japanische Weinbeere, *R. phoeniculásius***

**6** [3] NebenB der Sch-LB schmal- bis br-lanzettlich, 4–10(15)× so lg wie br; Fr ± stark blau bereift oder zumindest nicht glänzend. — Sch-LB 3–5zählig, in letzterem Fall die 2 untersten Blättchen sitzend. (*Sect. Caesii* u. *sect. Corylifolii*) . . . . . . . . . . . . . . . . . . . . . . . . . . . . . **7**

- NebenB der Sch-LB meist schmal-linealisch bis fast fadenförmig, 10–20(30)× so lg wie br; Fr nicht bereift, meist glänzend. (Artengruppe Eigentliche B., *sect. Rubus* ( = *sect. „Moriferi"*, = *„R. fruticosus agg."* *Vgl. auch die Übersicht vor dem Beginn dieses Schlüssels, auf S. 416!*) . . . . . . . . . . . . . . . . **8**

**7** Sch-Achse dünn (3–5 mm ∅), ziemlich gleichmäßig mit nadelig-borstlichen (etwa 1–2(3) mm lg) Stacheln; Fr stark h'bläulich bereift, meist gut entwickelt; NebenB br-lanzettlich bis fast laubblattartig. — Schößlinge kriechend; Sch-Achsen stielrund, stets stark bereift, meist kahl; Sch-LB 3zählig, unterseits grün, nicht filzig; Blüstd wenigblütig; KroB weiß, knitterig. H: 0,2–0,6 m. ♄ NPh. V–VII. Auwälder (meist die einzige Brombeere der Auen!), Bachufer, feuchte Äcker, subruderale, frische bis feuchte Gebüsche u. Waldränder; pH-indifferent; collin bis montan; sehr hfg. **Alle Bdld**. (Weitverbreitete Art. Sexuell.) **Auen-B., Kratzbeere,** Bereifte B., ***R. cáesius***

- Sch-Achse meist kräftig (mehr als 5 mm ∅), meist ungleich u. kräftiger bestachelt (Stacheln meist länger als 3 mm); Fr matt schwarz oder schwarzrot, nur schwach bis undeutlich bereift, meist bis auf einige Fr'chen verkümmert oder auch gänzlich steril; NebenB schmal- bis br-lanzettlich. — Schößlinge niedrigbogig bis kriechend; Sch-Achsen stielrund bis ± kantig, bereift bis unbereift, kahl oder behaart, stieldrüsenlos bis dicht stieldrüsig; LB'Stiel oberseits durchgehend rinnig; Sch-LB 3–5(7)zählig, unterseits graufilzig oder auch nur graugrün oder gänzlich filzlos grün. H: 0,5–1,5 m. ♄ NPh. V–VII. Gebüsche,

Waldränder, ruderale Staudenfluren, Wegränder; meist lichtliebend; collin bis montan; zstr. **Alle Bdld.** **■ Sektion der Haselblatt-B., *R. sect. Corylifólii***

Anm.: Die Arten dieser Sektion nehmen eine Mittelstellung zw. der Auen-B., *R. caesius (sect. Caesii)*, u. den Eigentlichen B., *R. sect. Rubus*, ein u. können leicht mit Primärhybriden verwechselt werden. Aus **Ö** sind bisher 8 Arten bekannt, die aber hier nicht aufgeschlüsselt werden.

**8** Stiel der Sch-LB oberseits mit einer (bis zur Spitze) durchlaufenden, deutlichen Rinne; LB oberseits locker bis dicht sternhaarig-graufilzig *(15fach vergr. Lupe!; die Sternhaare, eigentlich Büschelhaare, sind winzig!)*, slt kahl *(var. glabratus = R. loydianus)*. — Sch-Achse dünn, 3–6 mm ∅; Sch-Stacheln sehr schwach u. ungleich; Sch-LB 3zählig oder fußförmig 5zählig (Abb. 206), unterseits dicht weißfilzig; Blättchen rhombisch, am Grund meist keilig, vorn ungleich eingeschnitten-gesägt, mit br-3eckigen Zähnen; BlüStiele zart, fein bestachelt; Blü höchstens 20 mm ∅; Kro weiß, beim Vertrocknen gelblichweiß. H: 0,5–1 m. ♄ NPh. (V)VI–VII. Lichte, trockene Eichenwälder, Waldränder, felsige Hänge, trockene Gebüsche; kalkliebend, wärmeliebend, lichtliebend; collin bis montan; mäßig hfg bis slt. **Fehlt V***. Sehr variabel. (Weitverbreitete Art. Sexuell u. zur Hybridisierung neigend.) *(R. tomentosus p. p.)*
**Filz-B., *R. canéscens***

**-** Stiel der Sch-LB oberseits nicht mit durchlaufender, deutlicher Rinne; LB oberseits nicht sternhaarig . . . . . . . . . . . . . . . . . . . . . . . . **9**

**9** Sch-Achse mit auffällig wenigen u. sehr kurzen Stacheln (Abstände oft mehr als etwa 15 cm), daher fast stachellos erscheinend; Stiel der Sch-LB oberseits mit einer meist bis über die Hälfte reichenden Rinne. — Pf ohne Stieldrüsen; Schößling anfangs aufrecht, im Herbst bogig, mit der Spitze oft einwurzelnd; Sch-Achse stark gefurcht; LB unterseits samtig weichhaarig; Blü etwa 30 mm ∅; KB unten grün, weißfilzig berandet; Kro weiß, slt rosa. H: 1–1,5 m. ♄ NPh. (V)VI–VII. Waldlichtungen, Waldränder; kalkmeidend; collin bis montan; zstr bis mäßig hfg. **B, St, K**. (Sonstige Vbr.: Slowenien, Mähren. Regionalart.)
**Grazer B., *R. graecénsis***

Anm.: *R. graecensis* gehört zu *sect. Rubus subsect. Rubus (= sect. Suberecti)*, stellt aber durch die einwurzelnden Schößlinge ein Bindeglied zur *subsect. Hiemales* dar.

**-** Sch-Achse reichlich bestachelt; Stiel der Sch-LB oberseits flach oder nur am Grund mit einer schwachen Rinne . . . . . . . . . . . . . . . . . . **10**

**10** Stieldrüsen wenigstens im Blüstd vorhanden . . . . . . . . . . . . **11**

**-** Pf ohne oder mit nur sehr vereinzelten Stieldrüsen . . . . . . . . . . **23**

**11** KB nach dem Blühen (u. an der Fr) aufrecht bis abstehend; wenigstens einige Stieldrüsen im Blüstd deutlich länger als der ∅ der BlüStiele. — Sch-Achse stumpfkantig bis stielrund, Stacheln ungleich, mit allen Übergängen zu Drüsenborsten . . . . . . . . . . . . . . . . . . . . . . . . . . . . **12**

**-** KB nach dem Blühen zurückgeschlagen; Stieldrüsen im Blüstd kürzer oder höchstens wenig länger als der ∅ der BlüStiele. — Sch-Achsen meist kantig; StaubB die Gri überragend . . . . . . . . . . . . . . . . . . . . **15**

**12** Die größeren Stacheln der Sch-Achsen kräftig u. am Grund deutlich verbreitert, — alle samt den Stieldrüsen gelbgrün bis blaßrot; Sch-LB hand- bis fußförmig (3–)5zählig, ziemlich gleichmäßig fein gesägt; Sch-Endblättchen aus schwach herzförmigem bis abgerundetem Grund verkehrt-eiförmig, abrupt in

* Neufund für **O**: W. Adler (ined.).

eine meist dünne, ausgezogene Spitze verschmälert; Blüstd kurz u. gedrungen mit meist waagrecht abstehenden Ästen; Stacheln im Blüstd 1–6 mm lg, gerade u. geneigt, nicht gekrümmt, gelblich; Kro weiß. H: 0,5–1 m. ♄ NPh. VI–VII. Feucht-schattige Waldschläge, lichte Wälder, Waldränder; meist auf kalkarmen Lehm- u. Schotterböden, halbschattenliebend; collin bis montan; zstr bis slt. Süd-**B** (Hackerberg südwestl. von Stinatz), **St**. Subendemisch (vereinzelt auch in Slowenien). (Hptvbr.: Oststeiermark zw. Graz u. Weiz. Regionalart.)

**Weizer B., *R. weizénsis***

Anm.: Bei der ■ **Waldschlag-B., *R. apricus*** sind die Stacheln u. Drüsen auf der Sch-Achse u. im Blüstd meist dunkler, sonnseitig d'rot; Sch-Achse dicht abstehend behaart (mit mehr als 20 Haaren pro 1 cm Achsenseitenfläche); Sch-LB fußförmig-5zählig oder 3(4)zählig, im oberen Drittel grob doppelt-gesägt; Endblättchen der Sch-LB eiförmig oder elliptisch bis verkehrt-eiförmig, am Grund gestutzt oder seicht herzförmig; Blüstd meist umfangreich, weit hinauf beblättert; KB der Fr anliegend bis etwas abstehend. ♄ NPh. (VI)VII. Waldschläge u. Waldränder; montan; slt. **N** (bei Hardegg im Waldviertel)*. (Weitverbreitete Art.)

– Auch die größten Stacheln der Sch-Achsen schwach (dünn), unmittelbar oberhalb des ± verbreiterten Grundes rasch pfriemlich-nadelförmig verschmälert; — mit meist zahlr. Drüsenborsten; Sch-Achse stielrund . . . . . . . . . **13**

**13** StaubB die Gri nicht überragend. — Sch-Achse schwarzrot, mit meist aschgrau schimmernder Behaarung u. mit dichtstehenden Drüsenborsten u. Nadelstacheln; Sch-LB 3zählig bis fußförmig (4)5zählig; Sch-Endblättchen aus schwach herzförmigem Grund elliptisch bis (verkehrt-)eiförmig, lg zugespitzt, gleichmäßig bis doppelt gesägt; Blüstd'Achse wie die BlüStiele mit zahlr., dichtstehenden schwarzroten Drüsenborsten, Nadelstacheln u. Stieldrüsen; KroB weiß, schmal-elliptisch, weniger als 10 mm lg. H: 0,3–0,8 m. ♄ Ch, NPh. VI–VII(VIII). Frische, vorzugsweise lehmige, oft etwas bodensaure, lichte Wälder, Waldschläge, Waldränder; ± halbschattenliebend; montan; zstr. **Alle Bdld (?)**. Sehr variabel, weitverbreitet; noch wenig erforschter, hybridogener Formenschwarm (oder Artengruppe?); die typische Sippe nur aus **T** bekannt (deren Hptvbr.: Sudeten). ■ **Günther-B., *R. güentheri*** *(agg.)*

– StaubB die Gri überragend . . . . . . . . . . . . . . . . . . . . . **14**

**14** Sch-LB 3zählig, nie 5zählig; Sch-Endblättchen länger als 10 cm, kurz gestielt (Stiel 1/5–1/3× so lg wie das Blättchen), aus abgerundetem Grund elliptisch bis schwach verkehrt-eiförmig, mit aufgesetzter, dünner, oft etwas sicheliger, bis 20 mm lg Spitze; Sch-Achse spärlich behaart bis fast kahl; KroB weiß, schmal (10–13 mm lg u. 3–4 mm br). H: 0,5–0,8 m. ♄ Ch, NPh. VI–VII(VIII). Bodensaure, frische Waldschläge, lichte Wälder, Waldränder; halbschattenliebend; (collin) submontan bis montan; zstr bis slt. **V**. (Hptvbr.: Nord-, West- u. Mitteleuropa. Weitverbreitete Art.) *(R. „glandulosus", **R. bellardii** p. p.)*

**Bürgerberg-B., Bellardi-B., *R. pedemontánus***

– Pf mit anderer Merkmalskombination; Stieldrüsen dunkel. H: 0,3–0,8 m. ♄ Ch, NPh. VI–VII(VIII). Frische, lichte Wälder, Waldschläge, Waldränder; auf kalkreichen bis kalkarmen Böden, halbschattenliebend; (submontan) montan (subalpin); hfg bis zstr. **Alle Bdld**. Noch wenig erforschte, sippenreiche Artengruppe. (Oder, weil wohl großteils sexuell, sehr variable Art: schwierig faßbarer Formenschwarm großteils unstabilisierter Hybrid-Populationen?).

■ Artengruppe um die **Drüsen-B., *R. hírtus* agg.**

---

* Wiederauffindung (des echten *R. apricus*!) für **Ö**: W. Maurer u. H. E. Weber im Jahre 1991 (ined.).

**15** [11] Sch-Achse mit 0–10 kurzen (0,5–1 mm lg) Stieldrüsen pro 1 cm Achsenseitenfläche. (Vgl. Bienen-B. / *R. ferox* mit sehr kurzen, in der Behaarung verborgenen Stieldrüsen, Pkt 27, u. Großblatt-B. / *R. macrophyllus*, Pkt 28–!) — Sch-Achse kantig, locker behaart bis fast kahl, rötlich wie die gekrümmten, stellenweise dichter gedrängten Stacheln; Stieldrüsen rötlich; Sch-LB fußförmig 5zählig oder 3–4zählig, grob doppelt gesägt, oberseits d'grün, mit 10–20 Haaren pro $cm^2$, unterseits graugrün flaumig behaart; Sch-Endblättchen aus br-herzförmigem Grund eiförmig bis fast 3eckig, mit lg ausgezogener Spitze; Blüstd meist br-pyramidal, weit hinauf durchblättert; BlüStiele mit 0–10 0,5–1 mm lg Stieldrüsen; Kro kräftig rosenrot. H: 0,5–1,5 m. ♄ NPh. (VI)VII. Lichte Wälder, Waldränder, Waldschläge, Hecken; bes. auf frischen Böden, halbschattenliebend; collin bis montan; hfg (Mittelsteiermark) bis zstr. **B, N, St, K**. (Hptvbr.: südl. u. südöstl. Österreich, West-Ungarn, Slowenien. Regionalart.) **Steirische B.,** ***R. styríacus***

- Sch-Achse mit mehr als 10 Stieldrüsen pro 1 cm Achsenseitenfläche. — BlüStiele mit meist mehr als 10 Stieldrüsen . . . . . . . . . . . . . . . . . . . . **16**

**16** Sch-LB unterseits kaum fühlbar behaart, nicht graufilzig . . . . . . . . . **17**

- Sch-LB unterseits ± dicht graugrün bis h'grau-filzig behaart . . . . . . **18**

**17** Sch-Achse kantig, flachseitig; Sch-LB hand- bis fußförmig 5zählig; Stacheln u. Stieldrüsen gelblichgrün; Kro weiß. — Sch-Achse mit etwa 10 ungleichen Stieldrüsen pro 1 cm Achsenseitenfläche; Sch-Endblättchen aus herzförmigem Grund eiförmig, kurz zugespitzt; Blüstd meist kurz u. gestutzt. H: 0,5–1 m. ♄ NPh. VII. Frische, mäßig nährstoffreiche, lichte Wälder, Waldschläge, Waldränder; halbschattenliebend; collin bis montan; zstr. **Fehlt T, V**. (Hptvbr.: südl. Mitteleuropa vom östl. Bayern bis Slowenien u. Ungarn. Weitverbreitete Art.) *(**R. gremlii** p. p.)* **Clusius-B.,** Gremli-B., ***R. clúsii***

- Sch-Achse stumpfkantig bis stielrund; Sch-LB 3zählig; Stacheln u. Stieldrüsen d'rot; Kro blaßrosa. H: 1–2 m (?). ♄ NPh. (V)VII–VIII. Meist nährstoffreiche Waldverlichtungen, Waldränder; collin bis submontan; sehr hfg bis zstr. **T?, V**. (Sonstige Vbr.: nordwestl. Schweiz. Regionalart.) **Bregenzer B.,** ***R. bregutiénsis***

**18** Sch-Achse kahl; Sch-Endblättchen am Grund abgerundet bis keilförmig, nie herzförmig. — Sch-Achse durch Drüsenborsten rauh, außerdem mit 10–20 Stieldrüsen pro 1 cm Achsenseitenfläche; Sch-LB oberseits kahl; Blüstd reich verzweigt, Äste sparrig abstehend; BlüStiele mit zahlr., gleich lg, rotköpfigen Stieldrüsen. H: 1–2 m. ♄ NPh. VII-VIII. Waldschläge, Waldränder im Bereich kalk- u. nährstoffreicher Buchen- u. Hainbuchenwälder; collin bis submontan; zstr. **V**. (Hptvbr.: ozeanisches Mitteleuropa, Westeuropa. Weitverbreitete Art.) **Rauhe B.,** ***R. rúdis***

- Sch-Achse ± behaart; Sch-Endblättchen am Grund meist herzförmig . . **19**

**19** Stacheln der Blüstd'Achse ± deutlich sichelförmig gekrümmt . . . . . . **20**

- Stacheln der Blüstd'Achse gerade, geneigt . . . . . . . . . . . . . . . **21**

**20** Sch-Achse spärlich behaart (5–10 Härchen pro 1 cm Achsenseitenfläche), mit 20–30 Stieldrüsen pro 1 cm Achsenseite; Sch-LB oberseits kahl; Sch-Endblättchen aus herzförmigem Grund br-eiförmig bis br-elliptisch; Blüstd br-pyramidal, gestutzt. — Sch-LB unterseits graugrün- bis h'grau-filzig; Stieldrüsen im Blüstd ziemlich gleich lg. H: 1–2 m. ♄ NPh. VII. Lichte Wälder, Waldränder, Waldschläge; collin bis montan; zstr. **O, Nord-T**. (Hptvbr.: südl. u. mittleres Bayern. Regionalart.) *(R. murrii, R. traunsteiniensis;* zT *R. bifrons × R. ser. Glandulosi?)* ■ **Kahlblatt-B.,** ***R. epípsilos***

- Sch-Achse reichlich behaart (mehr als 20 Haare pro 1 cm Achsenseitenfläche), spärlich drüsig bis drüsenlos; Sch-LB oberseits behaart; Sch-Endblättchen ausgeprägt verkehrt-eiförmig; Blüstd schmal-pyramidal. — Sch-LB unterseits graugrün-filzig u. meist schimmernd weichhaarig; Stieldrüsen im Blüstd rötlich, auffallend ungleich, zT so lg oder etwas länger als der ∅ der BlüStiele; Kro weiß (bis blaßrosa). H: 1–2 m. ♄ NPh. (VI)VII(VIII). Nährstoffreiche Waldschläge, Waldränder, lichte Wälder, Gebüsche; collin bis montan; zstr bis hfg. **St, K**. (Sonstige Vbr.: nordöstl. Slowenien. Regionalart.)
**Sulmtaler B.,** ***R. solvénsis***

Anm.: Die **Widder-B.** / ***R. wídderi*** unterscheidet sich von der Sulmtaler B. / *R. solvensis* durch die schlanken, sehr ungleichen Stacheln u. Drüsenborsten auf der Sch-Achse, grob u. ungleich doppelt gesägte, an den Rändern gewellte Sch-LB, den meist br-pyramidalen, bis zur Spitze durchblätterten Blüstd u. die rosa KroB. H: 1–1,5 m. ♄ NPh. (VI)VII(VIII). Kalkarme Waldschläge, Hecken, Waldränder, lichte Wälder; submontan bis obermontan; hfg bis zstr. Südl. West-**St** (von Deutschlandsberg über Trahütten bis Freiland u. Glashütten). In Ausbreitung begriffen. (Endemische Lokalart.)

**21** Sch-LB unterseits durch längere Haare schimmernd samtig-weichhaarig *(auffallend weich anzufühlen)*. — Sch-Achse dicht behaart, mit spärlichen Stieldrüsen; Stacheln gerade; Sch-LB fußförmig bis handförmig (4)5zählig, dicklich, oberseits d'grün, behaart, unterseits graugrün bis h'grau, ziemlich gleichmäßig einfach gesägt; Sch-Endblättchen br-verkehrt-eiförmig bis kreisrund; Blüstd mit d'roten, die dichte Behaarung meist nicht überragenden Stieldrüsen; KB unten mit rötlichen Stacheln; Kro blaßrosa. H: 1–2 m. ♄ NPh. VII–VIII. Frische, nährstoffreichere, bes. kalkhaltige u. lehmreiche Waldschläge u. Waldränder (im Bereich von Edellaubwäldern in ozeanischer Klimalage); halbschattenliebend; collin bis obermontan; zstr bis slt. **W, N, O, St, K, V**. (Sonstige Vbr.: westl. Deutschland, Schweiz, Westeuropa. Weitverbreitete Art.)
**Weichblatt-B., Samt-B.,** ***R. vestítus***

- Sch-LB unterseits dünn graufilzig, nicht durch etwas längere Haare samtig . . . . . . . . . . . . . . . . . . . . . . . . . . . . . . . . . . **22**

**22** Stacheln der Sch-Achsen mehr als 4 mm lg; Sch-Endblättchen aus abgerundetem oder gestutztem Grund elliptisch bis eiförmig; StaubB die Gri überragend. — Sch-Achse spärlich behaart, mit 5–10(20) Härchen pro 1 cm Achsenseitenfläche, von Stieldrüsen u. (Drüsen-)Borsten raspelig rauh; Sch-LB oberseits kahl; Blüstd reichdrüsig, mit lg, geraden oder schwach geneigten, gelblichen Stacheln. H: 1–2 m. ♄ NPh. VI–VII(VIII). Nährstoffreiche, lehmreiche Waldränder, lichte Wälder, Gebüsche; schwach lichtliebend; collin bis submontan; zstr bis slt. **B, N, O, St, K, S?, V?**. (Sonstige Vbr.: Bes. subozeanisches Europa: von Skandinavien bis Spanien. Weitverbreitete Art.) *(R. mollicellus)*
**Raspel-B.,** ***R. rádula***

- Stacheln der Sch-Achsen 3–4 mm lg; Sch-Endblättchen aus herzförmigem Grund rundlich; StaubB die GriSpitze nicht oder gerade erreichend. — Sch-Achsen dünner als bei voriger; Gri grünlich. H: 0,5–1,5 m. ♄ NPh. (VI)VII–VIII. Lichte Wälder, Waldschläge; collin bis montan (?); slt (?). S. (Hptvbr. (?): südöstl. Bayern, Böhmen, Mähren, Schlesien. Weitverbreitete Art.) Wenig erforscht.
**Salzburger B.,** ***R. salisburgénsis***

**23** [10] KB unten (= außen) grünlich, graufilzig berandet; Schößling aufrecht, — im Herbst überhängend („hochbogig"), aber nicht einwurzelnd; Sch-Achse kahl; LB beiderseits grün, höchstens an den Nerven behaart; Blüstd meist traubig; frühblühend; kalkmeidend . . . . . . . . . . . . . . . . . . **24**

- KB unten grau- bis weißfilzig; Schößling ± bogig, — im Herbst einwurzelnd;

Sch-Achse kahl oder behaart; LB unterseits oft filzig; StaubB die Gri stets überragend . . . . . . . . . . . . . . . . . . . . . . . . . . . . . . . . . . **27**

**24** Sch-Achse mit kurz-kegelförmigen bis pfriemlichen, nur 1–4 mm lg, d'violetten Stacheln; Fr schwarzrot; Sch-Achse ± stielrund. — StaubB die Gri überragend. H: 1–1,5 m. ♄ NPh. V–VII. Frische, bodensaure Wälder, Waldschläge, Gebüsche, Waldsäume; kalkmeidend, halbschattenliebend; collin bis montan; zstr bis mäßig hfg. **Alle Bdld**. (Weitverbreitete Art.) *(R. suberectus)*
**Loch-Ness-B.**, Aufrechte B., ***R. nessénsis***

- Sch-Achse mit längeren, kräftigen, gelblichen Stacheln; Fr schwarz; Sch-Achse meist ± kantig oder gefurcht . . . . . . . . . . . . . . . . . . . . . . . . . **25**

**25** StaubB die Spitze der Gri nicht erreichend. — Sch-Blättchen gefaltet, Endblättchen mäßig lg gestielt, untere Seitenblättchen im Sommer sitzend oder bis 2 mm (im Herbst bis 4 mm) lg gestielt, unterseits fühlbar behaart; KB kurz, ± abstehend; Kro rosa. H: 0,5–1 m. ♄ NPh. V–VII. Lichte Wälder, frische Waldschläge, Flachmoore; kalkmeidend, schwach lichtliebend; collin bis montan; zstr bis slt. **Fehlt* W, V?**. (Weitverbreitete Art.)
**Falten-B.**, Gefaltete B., ***R. plicátus***

- StaubB bis zur Spitze der Gri reichend oder sie überragend . . . . . . . **26**

**26** Sch-Achse meist tief gefurcht, mit meist 3 geraden oder leicht gekrümmten Stacheln pro 5 cm Achsenlänge; Sch-Endblättchen länglich-verkehrt-eiförmig bis eiförmig, 10–12 cm lg u. 8–9 cm br, mit herzförmigem Grund, 4–5 cm lg gestielt, fast gleichmäßig gesägt, untere Blättchen 5–10 mm lg gestielt; Blüstd meist unverzweigt, BlüStiele spärlich u. schwach bestachelt: mit 0–2, etwa 1 mm lg Stacheln; KroB 12–16 mm lg, weiß oder blaßrosa; Fr zylindrisch. H: 1,5–3 m. ♄ NPh. V–VII. Waldlichtungen, Waldränder, Bachufer; kalkmeidend; collin bis montan; hfg bis zstr. **Alle Bdld**. (Weitverbreitete Art.)
**Furchen-B.**, Gefurchte B., ***R. sulcátus***

Anm.: Die ★ **Allegheny-B.**, ***R. allegheniénsis*** ist eine aus dem östl. Nordamerika stammende, in verschiedenen, meist stachellosen Sorten kultivierte ObstPf, die sich von unseren Aufrechten B. *(subsect. Rubus)* u. a. durch die unterseits etwas weichhaarigen LB sowie die kurzen Stieldrüsen im Blüstd unterscheidet; StaubB nach dem Blühen waagrecht ausgebreitet.

- Sch-Achse ± flachseitig bis stielrund, mit 4–6 deutlich gekrümmten Stacheln pro 5 cm Achsenlänge; Sch-Endblättchen rundlich-eiförmig, 8–10 cm lg u. 7(8) cm br, mit br, seicht herzförmigem Grund, 2–3,5 cm lg gestielt, scharf doppelt gesägt, untere Blättchen 2–3 mm lg gestielt; Blüstd meist reich verzweigt; BlüStiele dünn, mit 0–5, meist 1–3 mm lg, gekrümmten Stacheln; KroB 9–12 mm lg, meist kräftig rosa; Fr rundlich. H: 1–1,5 m. ♄ NPh. V–VII. Lichte Wälder, Waldlichtungen, feuchte Waldschläge; kalkmeidend; collin bis montan; zstr. **O, St, K, S, T, V****. (Hptvbr.: Westeuropa, westl. Mitteleuropa. Weitverbreitete Art.) ■ **Bertram-B.**, ***R. bertrámii***

**27** [23] Sch-LB unterseits grün oder höchstens durch dünnen Filz graugrün **28**
- Sch-LB unterseits ± grau- oder weißfilzig (nur an schattigen Standorten weniger stark behaart) . . . . . . . . . . . . . . . . . . . . . . . . . . . . . . **34**

**28** Sch-Achse kahl oder nur mit vereinzelten Härchen an den Kanten . . . **29**
- Sch-Achse auf den Flächen reichlich behaart (mehr als 30 Haare pro 1 cm Achsenseitenfläche) . . . . . . . . . . . . . . . . . . . . . . . . . . . . . . **31**

---

* Neufund für **B**: W. Maurer, 1993 (ined.).
** Neufund durch W. Maurer, 1992 (ined.).

**29** Schößling hochbogig; Sch-Achse (6)8(10) mm ∅; Sch-Endblättchen 10–11 cm lg u. 8–9 cm br; annähernd 5eckig, grob doppelt gesägt, am Rand wellig, oberseits kahl oder spärlich behaart (0–5 Haare je cm²); BlüStiele mit (3)5(8) gekrümmten Stacheln; Frkn spärlich behaart. H: 1,5–3 m. ♄ NPh. VI–VII. Lichte Wälder, Waldränder, Waldschläge; gern über Sandstein; collin bis montan; zstr bis slt. **Alle Bdld** (auch **T!**). (Weitverbreitete Art.) *(R. thyrsoideus subsp. constrictus,* ***R. vestii****)* **Vest-B., *R. constríctus***

**-** Schößling ± niedrigbogig; Sch-Achse 5–7 mm ∅; Sch-Endblättchen 9(10) cm lg u. (4)6 cm br . . . . . . . . . . . . . . . . . . . . . . . . . . . . . . . . . **30**

**30** Sch-Achse scharfkantig; Sch-LB oberseits reichlich behaart (durchschnittlich 30 Härchen pro cm²), auch im frischen Zustand mit meist nicht deutlich sichtbaren Nebenadern; Blüstd nicht auffallend weit hinauf durchblättert, mit kräftigen, zahlr., geraden (geneigten), 4–7 mm lg Stacheln; KroB 13–18 mm lg, d'rosa. — Sch-Endblättchen aus seicht herzförmigem oder gestutztem Grund länglich-elliptisch bis verkehrt-eiförmig. H: 0,5–1,5 m. ♄ NPh. VI–VIII. Lichte Wälder, Waldränder, Waldschläge; meist frische, aber auch trockene, meist kalkreiche Böden; collin bis montan; zstr bis slt. **N**, Ost-**St**, Süd-**K**. (Sonstige Vbr.: westl. u. nördl. Slowenien. Regionalart.) **Jauntaler B., *R. juennénsis***

**-** Sch-Achse meist stumpfkantig bis stielrund; Sch-LB oberseits spärlich behaart (5–10 Härchen pro cm²), im frischen Zustand mit deutlich sichtbaren Nebenadern; Blüstd weit hinauf beblättert (bis 2–6 cm unter der Spitze), mit meist spärlichen, gekrümmten oder geneigten, schwachen, 3(4) mm lg Stacheln; KroB 8–12 mm lg, blaßrosa. — Sch-LB etwas lederig; Sch-Endblättchen aus herzförmigem Grund br-verkehrt-eiförmig bis br-elliptisch. H: 1–2 m. ♄ NPh. VI–VII. Waldränder, lichte Wälder, Waldschläge; vorzugsweise auf tiefgründigen Lehmböden; collin bis submontan; hfg bis zstr. Süd-**St** (von Bad Radkersburg bis Eibiswald). (Hptvbr.: nordöstl. Slowenien. Regionalart.) **Aderige B., *R. venósus***

**31** [28] Sch-Endblättchen meist 8–9 cm lg u. 5 cm br. — Sch-Achse mit meist 9–10 gekrümmten Stacheln pro 5 cm Achsenlänge; Sch-LB (3)5zählig gefingert, unterseits an stärker besonnten Standorten graugrün; Kro blaßrosa. H: 0,5–1,5 m. ♄ NPh. VI–VII. Waldränder, Lichtungen, Hecken; kalkmeidend; collin; slt. **St** (Nordosten u. Süden). (Hptvbr.: Mittel- u. Nordeuropa. Weitverbreitete Art.) *(****R. villicaulis****)* ■ **Rauhstengel-B., *R. grácilis*** *(subsp. grácilis)*

Anm.: Durch die fiederteiligen bis gefiederten Blättchen (Abschnitte spitz) weicht die ★ **Schlitzblatt-B., *R. laciniátus*** auffällig ab. Diese KulturPf stammt wahrscheinlich aus England u. dürfte aus dem westeuropäischen *R. nemoralis* hervorgegangen sein. Bes. die durch eine Mutation des Epidermisgewebes entstandene stachellose Sorte „Dornenlose Riesenbrombeere" wird bei uns nicht slt kultiviert.

**-** Sch-Endblättchen meist 11–12 cm lg u. 8 cm br . . . . . . . . . . . . . . . **32**

**32** Sch-Achse mit 10–18, stellenweise gehäuften, schlanken Stacheln pro 5 cm Achsenlänge u. vereinzelten Stieldrüsen; KB unten mit 6–10 gelblichen, gekrümmten Stacheln; Kro weiß. — Stacheln der Schößlinge schlank, meist länger als der ∅ der Achse; LB h'grün, dünn u. schlaff, ziemlich fein u. gleichmäßig gesägt, unterseits an stärker besonnten Standorten graugrün; Blüstd schlank u. schmal, meist ohne LB, mit schlanken, geneigten, stellenweise gehäuften Stacheln u. in der dichten, lg Behaarung verborgenen Stieldrüsen; BlüStiele meist waagrecht abstehend. H: 1–2 m. ♄ NPh. VI–VIII. Frische Waldschläge, Waldränder, lichte Wälder; collin bis montan; zstr. **St**, **K**. (Sonstige Vbr.: West-Ungarn.) (Regionalart am östl. Alpenrand.) *(R. lasiaxon, R. apum)* **Bienen-B., *R. férox***

- Sch-Achse mit 6–10, gleichmäßig verteilten Stacheln pro 5 cm Achsenlänge; KB unten stachellos oder mit nur vereinzelten Stachelchen; Kro blaßrosa **33**

**33** Pf ohne Stieldrüsen; Sch-LB schlaff, am Rand gewellt, grob doppelt gesägt, oberseits h'grün u. etwas glänzend, unterseits schwach graugrün-filzig; Blü-Stiele meist rechtwinkelig abstehend; Frkn behaart. — FrBoden behaart. H: 1–3 m. ♄ NPh. VI–VII. Waldränder, lichte Wälder, Gebüsche; collin; hfg bis zstr. Südl. Ost- u. West-**St**. (Sonstige Vbr.: angrenzende Teile Sloweniens. Regionalart.) **Salzmann-B.,** ***R. salzmánnii***

- Pf (zB im Blüstd) mit vereinzelten Stieldrüsen; Sch-LB nicht schlaff, am Rand nicht gewellt, ziemlich gleichmäßig gesägt, oberseits d'grün u. matt, unterseits grün; BlüStiele aufrecht-abstehend; Frkn (fast) kahl. — Sch-Blättchen lg zugespitzt; Blüstd nach unten zu verbreitert; FrBoden behaart. H: 1–3 m. ♄ NPh. VI–VII. Meist kalkarme, nährstoffreiche Waldränder, Waldschläge, Gebüsche, Ufergehölze; wärmeliebend; collin bis submontan; zstr bis slt. **B?, N?, O?, St, V?**. (Sonstige Vbr.: Slowenien, Südtirol, Schweiz, Bayern. Weitverbreitete Art.) **Großblatt-B.,** ***R. macrophýllus***

  Anm.: Die ■ **Sprengel-B.** / ***R. sprengélii*** hat unterschiedlich lg StaubB, die meist nicht die GriHöhe erreichen, meist stark verlängerte KB, rosa(rote) Kro, dünnästig-sparrigen Blüstd, Sch-Achse mit sichelförmigen, 5–6 mm lg Stacheln, teils 3zählige Sch-LB mit gelappten Seiten-Blättchen, teils fußförmige, 4–5zählige Sch-LB. Sie ist wahrscheinlich eine uneinheitliche, hybridogene Sippe, in **Ö** für **V** nachgewiesen, wohl weiter verbreitet (auch mit hybridogenen Abkömmlingen), Hptvbr. im nördl. Deutschland.

**34** [27] Sch-LB 5zählig, deutlich fußförmig (dh: die äußeren Seitenblättchen am Stiel der mittleren entspringend, Abb. 206), einzelne 3zählig . . . . . . . **35**

- Sch-LB 5zählig gefingert (dh: alle Blättchen vom selben Punkt entspringend) bis schwach fußförmig, einzelne 3–4zählig . . . . . . . . . . . . . . . . . **36**

**35** Sch-Endblättchen rundlich bis verkehrt-eiförmig; Kro kräftig rosa; Sch-Achse u. Blüstd ohne Stieldrüsen. — Sch-Achse kurzhaarig, später oft verkahlend; Endblättchen fein gesägt; Stacheln im Blüstd zahlr., gerade. H: 0,5–2 m. ♄ NPh. VI–VIII. Trockene, wenig bewachsene Waldschläge, Gebüsche, Steinhaufen; kalkliebend, lichtliebend; collin bis montan; hfg bis zstr. **Alle Bdld**. (Hptvbr.: südl. Mitteleuropa. Weitverbreitete Art.)
**Zweifarben-B.,** Zweifärbige B., ***R. bífrons***

  Anm.: Im Medit. wird die Zweifarben-B. / *R. bifrons* durch die ähnliche (sexuelle) ⊖ **Ulmenblatt-B.** / ***R. ulmifólius***, vertreten. Diese medit. Art unterscheidet sich vor allem durch die sehr derben, stark gekrümmten Stacheln u. die starke Bereifung der Schößlings- u. Blüstd-Achse; sie wird in Mitteleuropa gelegentlich als unbeständig verschleppt beobachtet, könnte daher auch in **Ö** gefunden werden.

- Sch-Endblättchen eiförmig bis elliptisch; Kro weiß; Sch-Achse u. Blüstd mit vereinzelten Stieldrüsen. H: 0,5–2 m (?). ♄ NPh. VI–VIII. Waldränder, Gebüsch; frische, nährstoffreiche, meist kalkarme Lehmböden (?); submontan (?); sehr slt. **V** (Bregenzer Wald: südwestl. von Sulzberg). (Hptvbr.: Schweiz, Frankreich. Weitverbreitete Art.) **Weißblütige B.,** ***R. albiflórus***

**36** Blüstd meist lg, schmal u. locker, nach unten zu wenig verbreitert; Sch-Endblättchen schmal-verkehrt-eiförmig mit schmalem, kaum herzförmigem Grund u. mit wenig abgesetzter Spitze. — Sch-Achse mit 1–3(5) Stacheln pro 5 cm; Sch-LB oberseits kahl; Stiel des Endblättchens etwa 1/3× so lg wie das Endblättchen, Spreite gefingert bis angedeutet fußförmig; BlüStiele spärlich u. schwach bestachelt; Kro weiß bis h'rosa. H: 1,5–2,5 m. ♄ NPh. VI–VII. Sonnige, trockene, basenreiche Waldränder u. -lichtungen, sonnige Abhänge u. Gebüsche; schwach lichtliebend; collin bis montan; zstr bis mäßig hfg. **Alle Bdld**

(in **T*** u. **V** in etwas abweichenden Formen). (Weitverbreitete, vielgestaltige, ± ungeklärte Art.) *(R. thyrsoideus,* ***R. candicans)*** ■ **Berg-B., Weißliche B., *R. montánus***
– Blüstd breiter; Sch-Blättchen breiter . . . . . . . . . . . . . . . . . . . . . **37**

**37** Sch-Achse stumpfkantig bis fast stielrund, mit etwas ungleich starken Stacheln, — die zT gekrümmt sind; Pf ohne oder mit sehr vereinzelten Stieldrüsen; Schößling weniger hochbogig . . . . . . . . . . . . . . . . . . . . . . . . **38**
– Sch-Achse kantig, gleichmäßig bestachelt. — Pf ohne Stieldrüsen; Schößling hochbogig . . . . . . . . . . . . . . . . . . . . . . . . . . . . . **39**

**38** Sch-LB oberseits reichlich behaart (mit etwa 100–200 feinen Härchen pro $cm^2$); Stiel der Sch-Endblättchen etwa ½× so lg wie das Blättchen; BlüStiele slt mit einer Stieldrüse. — Sch-Endblättchen aus schmal abgerundetem Grund meist schmal-verkehrt-eiförmig; Stacheln der Blüstd'Achse buckelig gekniet. H: 0,5–1 m (?). ♄ NPh. VI–VII(VIII). Gebüsche u. sonnige Waldränder auf nährstoffreichen Böden; montan; zstr bis hfg. **T** (Hall i. T., Mühlau u. Stangensteig bei Innsbruck), **V****. (Regionalart; sonstige Vbr.: Süd-Baden, Schweiz, Liechtenstein.) **Stumpfkantige B., *R. obtusángulus***
– Sch-LB oberseits spärlich behaart (kaum 5 Härchen pro $cm^2$) bis kahl; Stiel der Sch-Endblättchen etwa ¼–⅓× so lg wie das Blättchen; BlüStiele stets mit einigen Stieldrüsen. — Blüstd weit hinauf durchblättert; BlüStiele reichlich bestachelt. H: 0,5–1 m. ♄ NPh. VII. Waldschläge, Waldränder; montan; zstr. **St** (von Seckau bis östl. von Leoben u. Trofaiach sowie in der südl. Oststeiermark). Endemisch. (Regionalart.) *(R. thyrsanthus var. adenophorus)*
■ **Leobner B., *R. liubénsis***

**39** Sch-Achse reichlich büschelhaarig (mit 50–100 auf die Stacheln übergehenden Haaren pro 1 cm Achsenseitenfläche); Sch-LB auffallend doppelt gesägt. — Schößlings-Stacheln 4–8 pro 5 cm Achsenlänge; BlüStiele mit 5–9 ziemlich kräftigen, deutlich gekrümmten, 2–2,5 mm lg Stacheln; Kro weiß. H: 1,5–2,5 m. ♄ NPh. VII–VIII. Waldränder, Gebüsche, lichte Wälder; collin bis montan (?); slt. **O, T**. (Hptvbr.: Bayern.) (Noch nicht ausreichend geklärte Art: Weitverbreitete Art?) *(**R. phyllostachys** p. p.)* ■ **Hohe B., *R. elátior***
– Sch-Achse spärlich behaart (mit weniger als 50 Haaren pro 1 cm Achsenseitenfläche) oder kahl; Sch-LB nicht auffallend stark doppelt gesägt . . . . . **40**

**40** Sch-Achse in der Mitte 10(15) mm ∅; Sch-Endblättchen (8)10(12) cm lg u. (6)7(9) cm br; Blüstd mit kräftigen, sichelig gekrümmten Stacheln; Frkn (ebenso wie der FrBoden) zur Gänze reichlich behaart. — Pf kräftig; Sch-Achse anfangs mit zahlr. Büschelhaaren, später oft verkahlend, mit sehr kräftigen, meist etwas gekrümmten Stacheln; Sch-LB meist groß u. schlaff; Sch-Endblättchen br-eiförmig bis br-verkehrt- eiförmig; Blüstd meist reichblütig, nach oben zu verbreitert u. gestutzt; Kro rosa, slt weiß. H: 1,5–2,5 m. ♄ NPh. VI–VII. Waldränder, sonnige Hänge, Gebüsche, Hecken; kalkliebend, lichtliebend; collin bis montan; in Weinbaugebieten zstr bis hfg, sonst slt. **Fehlt S** (?). (Weitverbreitete Art.) *(R. macrostemon, R. hedycarpus,* ***R. procérus)***
**Frühe B., Süßfrüchtige B.,** Weinberg-B., ***R. práecox***
Anm.: Sehr nahe verwandt ist die ★ **Armenische B., *R. armeníacus***; sie unterscheidet sich von *R. praecox* durch meist sehr umfangreichen Blüstd, stets rosa Kro u. rosa Gri, rotkantige, glänzende Sch-Achsen mit am Grund lebhaft roten Stacheln. Sie wird als

* Neu für **T**: W. MAURER, 1993 (ined.).
** A. POLATSCHEK: Mskr. N. Fl. **T & V**.

Sorten 'Theodor Reimers' u. 'Himalaja' hfg als Obstgewächs kultiviert; sie verwildert nicht slt u. ist stellenweise eingebürgert. **(W, N?, O, St, T)**. (Heimat: vermutlich Armenien.)

- Sch-Achse in der Mitte 5–10 mm ∅; Sch-Endblättchen (7)8 cm lg u. (5)6 cm br; Blüstd mit schwachen, meist wenig gekrümmten Stacheln; Frkn nur an der Spitze behaart. — Pf weniger kräftig; Sch-Achse spärlich behaart bis kahl; Sch-LB schwach fußförmig; Kro h'rosa bis weiß. H: 1,5–2 m. ♄ NPh. VI–VII. Gebüsche, Waldränder; kalkliebend, lichtliebend; collin bis montan; zstr. **W, N, O, T, V**. (Weitverbreitete Art; noch nicht ausreichend geklärt.) *(R. thyrsoideus, **R. thyrsanthus** [var. thyrsanthus])* **■ Grabowski-B., Straußblütige B., *R. grabówskii***

## (20) Rose, *Rósa*

Anm.: Die meisten der zahlr. als ZierPf kultivierten (u. gelegentlich verwilderten) Rosen werden nicht behandelt; fast alle von ihnen sind künstliche Hybriden. – Die Wildrosen (fälschlich „Heckenrosen" genannt) sind taxonomisch schwierig, weil sie zur Bildung von Hybriden neigen, die sich zT aufgrund spezieller cytogenetischer Mechanismen wie Arten verhalten. Die folgende provisorische Darstellung folgt der „Flora Europaea" (u. der „Liste der Gefäßpflanzen Mitteleuropas"), die einen sehr engen Artbegriff anwenden, indem sie jene hybridogenen Kleinsippen als Arten betrachten. – Mit „Fr" ist die Hagebutte (= „Hetscherl") gemeint. – Erläuterung zu Abb. 207: GK = GriKanal, R = Ringscheibe (Rand des BlüBodens).

Abb. 206

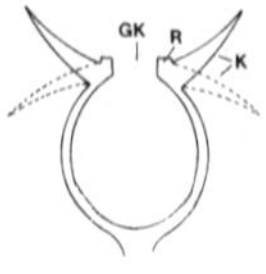


Abb. 207a

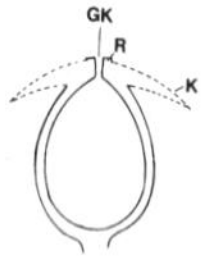


Abb. 207b

**1** Gri zu einer aus dem Achsenbecher deutlich herausragenden Säule verwachsen (Abb. 199 a) . . . . . . . . . . . . . . . . . . . . . . . . . . . . . . . . **2**

- Gri nicht oder nur wenig aus dem Achsenbecher herausragend. — Narben zu einem halbkugeligen Köpfchen vereinigt (Abb. 199 b) . . . . . . . . . . . **3**

**2** GriSäule zumindest so lg wie die inneren StaubB (meist länger); Blü meist einzeln; Kro weiß; KB meist ganzrandig (gelegentlich die beiden äußeren mit 1–2 Paar fadenförmiger Abschnitte); Stamm dünn, niederliegend bis kriechend oder kletternd. — Stacheln schwach gekrümmt, die oberen manchmal fast gerade; LB kahl oder nur auf den Nerven behaart. H: 0,3–2 m. ♄ NPh. VI. Wälder, Waldränder, Waldschläge, Gebüsche; collin bis montan; hfg bis zstr. **Alle Bdld**. △ *(R. repens)* **Kriech-R.**, Wald-R., ***R. arvénsis***

- GriSäule nur halb so lg wie die StaubB; Blüstd reichblütig; Kro weiß oder rosa; äußere KB mit drüsig gezähnten Fiedern; Stamm aufrecht mit überhängenden Ästen. — Stacheln kräftig, sichelförmig gekrümmt; LB oberseits kahl, glänzend, unterseits graugrün, dicht flaumig behaart; die den Gri umgebende Ringscheibe kegelförmig erhöht. H: 0,5–3 m. ♄

NPh. VI–VII. Wärmeliebende Gebüsche u. Trockenwälder; kalkliebend; collin bis montan. In Ö nicht sicher nachgewiesen, aber im westl. Teil zu erwarten. (Hptvbr.: West-Europa.)
⊖ **Verwachsengriffelige R., *R. stylósa***

3 Alle KB ganzrandig, slt mit kleinen Zähnen . . . . . . . . . . . . . . . . . . . 4
– Äußere KB fiederspaltig . . . . . . . . . . . . . . . . . . . . . . . . . . . . . . 11

4 Blättchen kahl . . . . . . . . . . . . . . . . . . . . . . . . . . . . . . . . . . . 5
– Blättchen flaumig behaart, zumindest auf der Unterseite . . . . . . . . . . 8

5 Blättchen einfach gesägt. — Fr kugelig, kahl . . . . . . . . . . . . . . . . . . 6
– Blättchen doppelt gesägt . . . . . . . . . . . . . . . . . . . . . . . . . . . . . 7

6 Stamm u. Äste mit verschiedenartigen Stacheln; Fr schwarz. — Stamm u. Äste mit 3–10 mm lg geraden, festen Nadelstacheln u. kürzeren, weicheren Stachelborsten (nie mit gebogenen Stacheln); Kro weiß, slt rosa. H: 0,2–1 m. ♄ NPh. V–VI. Trocken-warme, lichte Gebüsche, sonnige, steinige, flachgründige Hänge, Flaumeichen(busch)wald-Säume; kalkliebend; collin bis montan; am Westrand des Pann zstr, sonst slt. **B, W, N, O†, St?, S, V†**. Im Alp u. im nVL gefährdet. △ *(R. spinosissima)*
**Bibernell-R.,** Reichstachlige R., Stacheligste R., ***R. pimpinellifólia***

– Stamm u. Äste mit gleichartigen Stacheln; Fr rotbraun. — Wuchs gedrungen; Stacheln ± vereinzelt, ± gebogen bis gerade; LB u. Zweigachsen auffallend purpurn, oft hechtblau bereift; Kro rot. H: 1–3 m. ♄ NPh. VI–VII. Waldränder, Gebüsche, flachgründige Stellen auf Steinhaufen in sonnigen Lagen; montan (bis subalpin?); slt. **Fehlt B, W**. Potentiell gefährdet. △ *(R. rubrifolia, non R. „glauca" auct.!)* [15] **Rotblatt-R., *R. gláuca***

7 Kro gelb; Fr kugelig. — Stacheln am Grund auffallend weit herablaufend; LB u. Blü nach Wanzen riechend. H: 1–4 m. ♄ NPh. VI. ZierPf, manchmal verwildert. (Heimat: West-Asien.) *(R. lutea)* [8] ★ **Gelbe R., *R. fóetida***

– Kro rosa bis leuchtend d'purpurrot; Fr eiförmig bis länglich-flaschenförmig, slt kugelig. — Stacheln gerade, wenige, oben meist fehlend; KB nach dem Blühen auffällig aufgerichtet, nicht vor der FrReife abfallend; Fr nickend, meist mit Stieldrüsen u. Stachelborsten, slt kahl. H: 0,5–2 m. ♄ NPh. V–VII. Schluchtwälder, Hochstaudenfluren, Krummholz; montan bis subalpin; zstr. **Fehlt W**. △ *(R. alpina)* [10] **Hängefrucht-R.,** „Alpen-Heckenrose", ***R. pendulína***

8 [4] Kro gelb. ★ **Gelbe R., *R. fóetida*** (→ Pkt 7)
– Kro rosa bis d'rot (slt weiß) . . . . . . . . . . . . . . . . . . . . . . . . . . . 9

9 Junge Zweigachsen, Stacheln u. LB'Unterseite dicht behaart; LB dick, runzelig. — Alle Zweigachsen dicht mit geraden, verschieden lg Stacheln besetzt; KroB 3–5 cm lg, d'rot, slt weiß; Fr kugelig, kahl, rot, 2–2,5 cm ∅. H: 1–2 m. ♄ NPh. V–VI. Hfg kultivierter Zierstrauch, slt verwildert. (Heimat: Ost-Asien.) ★ **Kartoffel-R.,** Runzel-R., ***R. rugósa***
– Junge Zweigachsen u. Stacheln kahl, LB'Unterseite schwach behaart; LB nicht dick u. runzelig . . . . . . . . . . . . . . . . . . . . . . . . . . . . . . . 10

10 BlüStiele dicht mit Stieldrüsen besetzt; Blättchen doppelt gesägt.
**Hängefrucht-R., *R. pendulína*** (→ Pkt 7–)

– BlüStiele (fast) kahl; Blättchen einfach gesägt. — Stacheln ± hakig gekrümmt, meist paarig am LB'Grund; Blättchen oberseits bläulichgrün u. anliegend behaart, unterseits grau behaart bis filzig; Blü einzeln; Kro rosa; Fr kugelig, kahl, rot; Zweigachsen dünn, glänzend-braunrot (deutscher Artbeiname!). H: 1–1,5(2) m. ♄ NPh. V–VI. Augehölze der Alpenflüsse (Grauerlenwälder) u. der Donau; collin bis montan; slt. **N, O†, (St, K), S, T, V**. Gefährdet. Auch als Zierstrauch kultiviert u. manchmal nur verwildert. *(R. cinnamomea)*
**Zimt-R.,** Mai-R., ***R. majális***

**11** [3] Blättchen lederig-starr; KroB (25)30–45 mm lg. — Stamm u. Zweigachsen mit verschiedenartigen Stacheln besetzt: 4–6 mm lg, sichelförmig gebogene Stacheln, zudem Nadelstacheln, Stachelborsten u. Stieldrüsen; Blü meist einzeln, slt zu 2–4, 6–9 cm ∅, stark riechend, h'rot bis d'purpurn; BlüStiele etwa 3 cm lg, dicht drüsig u. borstig. H: 30–80 cm. ♄ NPh. VI–VII. Warm-trockene Waldränder, trockene Böschungen, Halbtrockenrasen; collin bis montan; slt bis sehr slt. **B, W, N, O†, St, K**. Gefährdet. △ *(R. austriaca, R. pumila)* [19]
**Essig-R., *R. gállica***

**-** Blättchen nicht lederig-starr; KroB 8–25(30) mm lg . . . . . . . . . . . . **12**

**12** Blättchen beiderseits kahl oder fast kahl, drüsenlos oder sehr zstr drüsig behaart . . . . . . . . . . . . . . . . . . . . . . . . . . . . . . . . . . **13**

**-** Blättchen zumindest unterseits deutlich behaart u./oder drüsig . . . . . **19**

**13** Blättchen blaugrün oder purpurn überlaufen; junge Zweigachsen bereift **14**

**-** Blättchen grün; junge Zweigachsen nicht bereift . . . . . . . . . . . . . . . **16**

**14** Achsenbecher u. BlüStiele dicht mit Stieldrüsen besetzt. — Stacheln gebogen oder fast gerade, am Grund abrupt verdickt; Blättchen doppelt gesägt; Kro blaßrosa, später weißlich werdend; Fr eiförmig bis flaschenförmig verlängert, meist stieldrüsig, slt kahl. H: 1–3 m. ♄ NPh. VI–VII. Steile, felsige, sonnige Hänge u. Felsschuttfluren, Gebüsche; montan; slt. **N, St, K?, S**. Gefährdet. [17] ⊖■? **Berg-R., *R. montána***

**-** Achsenbecher kahl; BlüStiele slt zerstreut stieldrüsig . . . . . . . . . . . **15**

**15** KB 2–3 mm br; Stacheln schlank, gebogen oder gerade, ohne verdickten Grund. — Blättchen einfach gesägt. **Rotblatt-R., *R. gláuca*** (→ Pkt 6–)

**-** KB 3–5 mm br; Stacheln dick, stets gebogen bis hakig gekrümmt, meist mit verdicktem Grund. (Artengruppe der Hunds-Rosen [i. w. S.], *sect. Caninae subsect. Caninae*, „*R. canina* group" sensu Fl. Eur. [1968]) . . . . . . . . . **31**

**16** [13] BlüStiele kahl. (Artengruppe der Hunds-Rosen [i. w. S.], *sect. Caninae subsect. Caninae*, „*R. canina* group" sensu Fl. Eur. [1968]) . . . . . . . . . **31**

**-** BlüStiele mit Stieldrüsen . . . . . . . . . . . . . . . . . . . . . . . . . . . . . **17**

**17** KB nach dem Blühen aufrecht, lg bleibend. **Berg-R., *R. montána*** (→ Pkt 14)

**-** KB nach dem Blühen zurückgeschlagen, hinfällig . . . . . . . . . . . . . . **18**

**18** Blättchen schwach lederig; Stacheln meist gerade oder schwach gebogen. — Blättchen doppelt gesägt, unterseits mit auffallend vorstehendem Nervennetz; Kro 3–7 cm ∅, h'- bis d'rot; Fr meist kugelig, spärlich mit Stieldrüsen besetzt oder kahl; Gri flaumig behaart. H: 1–2 m. ♄ NPh. VI–VII. Trockene Gebüsche, Waldränder, Steinhaufen; collin bis montan; slt. **B, N, O†, St, K?, V**. Stark gefährdet. ▲ *(R. marginata, R. trachyphylla)* **Rauhblatt-R., *R. jundzíllii***

**-** Blättchen nicht lederig; Stacheln meist gebogen oder hakig gekrümmt. (Artengruppe der Hunds-Rosen [i. w. S.], *sect. Caninae subsect. Caninae*, „*R. canina* group" sensu Fl. Eur. [1968]) . . . . . . . . . . . . . . . . . . . . . . . . . **31**

**19** [12] Stamm u. Zweigachsen mit verschiedenartigen Stacheln besetzt: 4–6 mm lg, sichelförmig gebogene Stacheln, zudem Nadelstacheln, Stachelborsten u. Stieldrüsen; H: 30–80 cm; KroB (25)30–45 mm lg.
**Essig-R., *R. gállica*** (→ Pkt 11)

**-** Stamm u. Zweigachsen meist mit gleichartigen Stacheln, slt auch mit Nadelstacheln, jedoch stets ohne Stachelborsten u. Stieldrüsen; H: 100–300 cm; KroB 8–25(30) mm lg . . . . . . . . . . . . . . . . . . . . . . . . . . . . . . . . . **20**

**20** Blättchen unterseits ± dicht klebrig-drüsig . . . . . . . . . . . . . . . . . **21**

**-** Blättchen unterseits drüsenlos oder meist nur auf den Hauptnerven drüsig . . . . . . . . . . . . . . . . . . . . . . . . . . . . . . . . . . . . . . **30**

**21** Blättchen unterseits nicht oder nur schwach flaumig behaart, nach Apfelmost duftend. (Gruppe der Wein-R., *R. rubiginosa-Gruppe*) . . . . . . . . . . **22**
**-** Blättchen unterseits filzig behaart, mit harzigem Geruch. — GriKanal (GK) br (mehr als 1 mm ∅), die ihn umgebende Ringscheibe (R) schmal (Abb. 207 a); Stacheln gerade oder schwach gebogen; (wenn ± stark gebogen → Pkt 39) (Artengruppe Apfel-R., *R. villosa agg.*) . . . . . . . . . . . . . . . . . . **27**
**22** BlüStiele u. Achsenbecher kahl . . . . . . . . . . . . . . . . . . . . . . . **23**
**-** BlüStiele u. Achsenbecher mit Stieldrüsen oder drüsig-flaumig . . . . . . **25**
**23** Gri kahl oder ganz schwach behaart; GriKanal (GK) schmal (höchstens 1 mm ∅), die ihn umgebende Ringscheibe (R) br (Abb. 207 b). — KB nach dem Blühen zurückgeschlagen, bald abfallend; die meisten Blättchen am Grund keilförmig verschmälert; Fr kahl. H: 1–2 m. ♄ NPh. VI. Pionierbuschges. auf Magerwiesen u. an Wald- u. Feldrändern; collin bis submontan; slt. **Alle Bdld**. Gefährdet. △ *(R. sepium)* [26] **Feld-R., *R. agréstis***
**-** Gri wollig oder dicht zottig behaart; GriKanal (GK) br (mehr als 1 mm ∅), die ihn umgebende Ringscheibe (R) schmal (Abb. 207 a) . . . . . . . . . . . **24**
**24** KB nach dem Blühen zurückgeschlagen u. dann bald abfallend; Äste neben den Stacheln meist mit Nadelstacheln u. Drüsenborsten. — Fr kahl. H: 0,5–1 m. ♄ NPh. VI. An Wegen u. Weingartenrändern; collin; slt. **B**. Potentiell gefährdet. **Nelken-R., *R. caryophyllácea***
**-** KB nach dem Blühen aufrecht, bis zur FrReife bleibend; Äste nur mit Stacheln. — Die meisten Blättchen am Grund keilförmig verschmälert; Fr kahl. H: 1–2 m. ♄ NPh. VI–VII. Sonnige, felsige Hänge, oft auf Steinhaufen; kalkliebend; collin bis obermontan; slt. **O†; fehlt W, V**. Stark gefährdet. ▲ *(R. graveolens)* **Keilblatt-R., *R. ellíptica***
**25** [22] Gri wollig oder dicht zottig behaart; GriKanal (GK) br (mehr als 1 mm ∅), die ihn umgebende Ringscheibe (R) schmal (Abb. 207 a). — Blättchen am Grund meist abgerundet; KB nach dem Blühen aufrecht, bis zur FrReife bleibend; Fr kahl oder drüsig. H: 1–3 m. ♄ NPh. VI–VII. Trockene, lichte Gebüsche, Waldränder, Trockenwiesen; collin bis obermontan; zstr bis slt. **Alle Bdld**. △ *(R. eglanteria)* **Wein-R., *R. rubiginósa***
**-** Gri kahl oder ganz schwach behaart; GriKanal (GK) schmal (höchstens 1 mm ∅), die ihn umgebende Ringscheibe (R) br (Abb. 207 b) . . . . . . . . . **26**
**26** Blättchen am Grund keilig verschmälert. **Feld-R., *R. agréstis*** (→ Pkt 23)
**-** Blättchen am Grund abgerundet. — KB nach dem Blühen zurückgeschlagen, bald abfallend; Fr kahl oder drüsig. H: 1–3,5 m. ♄ NPh. VI. Trockene, lichte Gebüsche u. Waldränder; collin bis montan; zstr bis slt. **V†; sonst alle Bdld**. **Kleinblütige R., *R. micrántha***
**27** [21, 30] KB nach dem Blühen ± abstehend oder zurückgeschlagen u. bald abfallend. — Blättchen weich, dicht filzig oder flaumig behaart; Gri behaart oder kahl; FrStiele (1)2–3× so lg wie die Fr. H: 1–2 m. ♄ NPh. VI–VII. Lichte Gebüsche, Waldränder; collin bis obermontan; zstr bis slt. **Alle Bdld**. △ **Filz-R., *R. tomentósa***
**-** KB nach dem Blühen aufrecht, bis zur FrReife bleibend. — Gri wollig behaart . . . . . . . . . . . . . . . . . . . . . . . . . . . . . . . . **28**
**28** Stacheln völlig gerade; Spitzen der NebenB meist sichelförmig einwärts gekrümmt. — Zweigachsen nicht bereift; KB am Grund verdickt; KroB gewimpert; FrStiel etwa so lg wie die Fr; Kro rosa. H: 0,5–1,5 m. ♄ NPh. VI–VII. Sonnige, trockene, steinige Hänge; montan bis subalpin; zstr. **Fehlt B, W**. △ *(R. pomifera, R. resinosa)* **Apfel-R., *R. villósa***

- Stacheln schwach gekrümmt; Spitzen der NebenB meist abstehend . . . **29**

**29** BlüStiele 2–4× so lg wie der Achsenbecher; Kro meist blaßrosa bis weißlich, — oft kürzer als der K; Blättchen rauh, meist schwach filzig oder flaumig behaart; Äste ausgebreitet u. dünn, mit vielen, auffallend lg, oft gepaarten, am Grund nicht verbreiterten Stacheln. H: 1–3 m. ♄ NPh. VI–VII. Trockengebüsche; collin bis montan; slt. Taxonomischer Wert u. Vbr. unklar.
**■■ Kratz-R., *R. scabriúscula***

- BlüStiele höchstens so lg wie der Achsenbecher; Kro meist tiefrot, — oft länger als der K; KB am Grund nicht verdickt; Zweigachsen meist bereift. H: 0,5–2 m. ♄ NPh. VI–VII. Trockene Felsgebüsche, Felsgesimse; kalkliebend; collin bis montan; slt. **N, T, V**. Stark gefährdet. △ *(R. omissa)* **■ Samt-R., *R. sherárdii***

**30** [20] Stacheln gerade oder schwach gebogen; Blättchen immer behaart, meist stark filzig behaart, nach Harz duftend. (Artengruppe Apfel-R., *R. villosa agg.*) . . . . . . . . . . . . . . . . . . . . . . . . . . . . **27**

- Stacheln meist gebogen oder hakenförmig; Blättchen kahl oder flaumig behaart; wenn Blättchen (sehr slt) filzig behaart, dann Stacheln deutlich gebogen oder hakenförmig u. Achsenbecher kahl; Blättchen meist nicht duftend. (Artengruppe der Hunds-Rosen [i. w. S.], *sect. Caninae subsect. Caninae, „R. canina* group" sensu Fl. Eur. [1968]) . . . . . . . . . . . . . . . . . . . **31**

**31** [15, 16, 18, 30] GriKanal (GK) br (mehr als 1 mm ∅), die ihn umgebende Ringscheibe (R) schmal (Abb. 207 a). — Gri meist wollig behaart. (Vogesen-R., *R. dumalis s. l. [R. caesia]* . . . . . . . . . . . . . . . . . . . **32**

- GriKanal (GK) schmal (höchstens 1 mm ∅), die ihn umgebende Ringscheibe (R) br (Abb. 207 b). — KB im FrZustand meist zurückgeschlagen, bald abfallend. (Hunds-R. i. w. S., *R. canina s. l.*) . . . . . . . . . . . . . . . **36**

**32** LB kahl. — Blättchen meist blaugrün u. bereift. (*„R. vosagiaca agg."*) . **33**

- LB zumindest unterseits behaart. — KB im FrZustand meist aufrecht oder abstehend, lg erhalten bleibend. (*„R. coriifolia agg."* = *R. dumalis subsp. coriifolia*) . . . . . . . . . . . . . . . . . . . . . . . . . . . . . **34**

**33** KB im FrZustand aufrecht; FrStiele 2–20 mm lg, kaum länger als die Fr. — Zweigachsen meist rötlich. H: 1–2 m. ♄ NPh. VI–VII. Waldränder, Waldlichtungen, Gebüsche, Hecken; montan; zstr. **Fehlt B, W**. △ *(R. coriifolia subsp. vosagiaca, R. afzeliana subsp. vosagiaca, R. glauca subsp. reuteri, R. dumalis subsp. dumalis)* **■ Vogesen-R., *R. vosagíaca***

- KB im FrZustand abstehend oder zurückgeschlagen; FrStiele (10)20–30 mm lg, meist länger als die Fr. H: 1,5–2 m. ♄ NPh. VI–VII. Waldränder, Waldlichtungen, Gebüsche, Hecken; montan; zstr. **Fehlt B, W**. △ *(R. coriifolia subsp. subcanina, R. afzeliana subsp. subcanina, R. glauca subsp. subcanina)*
**■ Falsche Hunds-R., *R. subcanína***

**34** Äste neben gebogenen Stacheln auch mit geraden Nadelstacheln. — BlüStiele 5–10 mm lg, kahl oder mit Stieldrüsen; Blättchen grün, nicht blaugrün oder bereift. H: 1–2 m. ♄ NPh. VI–VII. Sonnige, steinige, trockene Hänge innenalpischer Trockentäler; montan; slt. **T**. Gefährdet. *(R. coriifolia subsp. rhaetica, R. afzeliana subsp. rhaetica)*
**■ Bündner R.**, Graubündner R., Rätische R., ***R. rháetica***

- Äste nur mit gebogenen Stacheln, ohne gerade Nadelstacheln. — Zweigachsen meist grün . . . . . . . . . . . . . . . . . . . . . . . . . . . . . **35**

**35** Blättchen unterseits dicht angedrückt bis filzig behaart. — HochB stark entwickelt, länger als die kurzen (2–15 mm lg) BlüStiele, den Blüstd ± einhüllend;

Blättchen etwas starr, blaugrün. H: 1,5–2 m. ♄ NPh. VI–VII. Waldränder, lichte Gebüsche, Hecken; montan; zstr. **Fehlt B, W**. △ *(R. caesia, R. coriifolia subsp. coriifolia, R. afzeliana subsp. coriifolia, R. dumalis subsp. coriifolia?)* **■ Lederblatt-R., *R. coriifólia***

– Blättchen unterseits meist zstr behaart, — meist grasgrün, nicht bereift. H: 1–2 m. ♄ NPh. VI–VII. Waldränder, Gebüsche, Hecken; montan bis subalpin; zstr. **Fehlt B, W**. △ *(R. coriifolia subsp. subcollina, R. afzeliana subsp. coriifolia)* **■ Falsche Hügel-R., *R. subcollína***

**36** [31] Blättchen zumindest auf der Unterseite behaart. (Busch-R. i. w. S., *R. corymbifera s. latiss.*) . . . . . . . . . . . . . . . . . . . . . . . . . . **37**

– Blättchen kahl. (*„R. canina agg." = [s. str.]*) . . . . . . . . . . . . . . . **40**

**37** Blättchen unterseits drüsenlos. (*„R. corymbifera agg."*) . . . . . . . . . . **38**

– Blättchen unterseits auf den Nerven drüsig. (*„R. obtusifolia agg."*) . . . **39**

**38** BlüStiele stieldrüsig. — Kro h'rosa bis fast weiß. H: 1–2 m. ♄ NPh. VI. Waldränder, Gebüsche, steinige Stellen; collin bis submontan; slt. **B, T**. Gefährdet. △ *(R. dumetorum subsp. deseglisei)* **■ Déséglise-R., *R. deseglísei***

– BlüStiel kahl. H: 1–2 m. ♄ NPh. VI. Waldränder, Gebüsche, steinige Stellen; collin bis subalpin; zstr. **Alle Bdld**. △ *(R. dumetorum, R. canina subsp. dumetorum)* **■ Busch-R., Hecken-R., *R. corymbífera***

**39** BlüStiele stieldrüsig; KB unterseits (= „außen") drüsig. — Fr kahl oder dicht stieldrüsig. H: 1–2 m. ♄ NPh. VI. Lichte Buschwälder, Waldränder, Hecken; kalkmeidend; collin bis obermontan; slt. (Bes. in den Tälern der Drau u. des Inn.) **K?, T, V**. Gefährdet. ▲ *(R. obtusifolia subsp. abietina)* **■ Tannen-R., *R. abietína***

– BlüStiele kahl; KB drüsenlos. — Blättchen fast rund. H: 1–2 m. ♄ NPh. V–VI. Waldränder, lichte Gebüsche, steinige Stellen, Steinhaufen; collin bis obermontan; slt. **Fehlt K?**. Stark gefährdet. ▲ *(R. obtusifolia subsp. o., R. tomentella)* **■ Flaum-R.**, Stumpfblättrige R., ***R. obtusifólia***

**40** [36] BlüStiele kahl . . . . . . . . . . . . . . . . . . . . . . . . . . . . . . **41**

– BlüStiele mit Stieldrüsen . . . . . . . . . . . . . . . . . . . . . . . . . . **43**

**41** LB drüsenlos. — Zweigachsen grün; FrStiele 10–20 mm lg, so lg oder länger als die Fr; Fr kahl. H: 1–3 m. ♄ NPh. VI. Hecken, Gebüsche, Waldränder, Weidefluren, Steinhaufen; collin bis montan; hfg. **Alle Bdld**. VolksarzneiPf. *(R. canina subsp. canina var. canina)* **■ Hunds-R.**, „Hecken-R.", ***R. canína*** *(s. str.)*

– LB drüsig, zumindest die LB'Spindeln, die LB'Stiele u. die Nerven der Blättchen . . . . . . . . . . . . . . . . . . . . . . . . . . . . . . . . . . . . **42**

**42** Blättchen mit drüsenlosen Zähnen. H: 1–3 m. ♄ NPh. VI. Hecken, Gebüsche, Steinhaufen an Weingartenrändern; collin; slt. **B**. Gefährdet. *(R. canina var. scabrata, R. c. subsp. c. var. s.)* **■ Sparrige R., *R. squarrósa***

– Blättchen drüsig gezähnt. H: 1–3 m. ♄ NPh. VI. Hecken, Gebüsche, Steinhaufen; collin bis montan; slt. **B, O, T**. Gefährdet. *(R. nitidula, R. canina subsp. c. var. blondeana)* [43–] **■ Glanz-R., *R. blondaeána***

**43** [40] Blättchen einfach gesägt, die Zähne kurz u. br (etwa so lg wie br). — Fr oft mit Stieldrüsen. H: 1–3 m. ♄ NPh. VI. Sonnige Hecken u. Gebüsche, steinige Stellen; collin bis submontan; slt. **B, N, St**. Potentiell gefährdet. *(R. canina subsp. c. var. a.)* **■ Anjou-R., *R. andegavénsis***

– Blättchen doppelt gesägt, die Zähne lg, schmal u. zugespitzt (länger als br). — Blättchen auf den Stielen, den Spindeln, den Nerven u. den Zähnen mit Drüsen. **■ Glanz-R., *R. blondaeána*** (→ Pkt 42–)

### ★ (21) Quitte, *Cydónia*

LB eiförmig, ganzrandig, unterseits filzig; Kro rosa; Fr apfel- oder birnförmig, filzig. H: 1,5–5 m. ♄ NPh–MPh. V–VI. Als Obstgehölz kultiviert (Sorten: „Apfel-Qu.", „Birnen-Qu.") u. manchmal verwildert. (Heimat: Transkaukasien, Persien, Zentralasien, Südost-Arabien.) *(C. vulgaris)* **★ Quitte, *C. oblónga***

### ★ (22) Scheinquitte, *Choenoméles* *(Chaenomeles)*

Sparrig verzweigter Strauch mit Kurztriebdornen; Fr birn- oder apfelförmig, grünlichgelb, kahl. H: 1–3 m. ♄ NPh. V–VI. Zierstrauch (auch Obststrauch; Fr wie jene der Quitte verwendbar). (Heimat: Ostasien.) *(Ch. japonica, Ch. lagenaria)*
**★ Japanische Sch., Zierquitte, *Ch. speciósa***

## (23) Birnbaum, Birne, *Pýrus*

(Alle angeführten Arten zu *P. communis agg.*)

1 Fr (5)6–16 cm lg, saftig, süß. — Zweige mit oder ohne Dornen; LB 5–8 cm lg u. 3,5–5,5 cm br, meist kahl; Fr 4–12 cm br. H: 3–20 m. ♄ MPh. V. Als Obstbaum in zahlr. Sorten kultiviert. (Alte, hybridogene KulturPf'Art; Stammsippen aus Europa, West- u. Zentral-Asien.) **★ Kultur-B., *P. commúnis***

– Fr weniger als 5 cm lg, hart, meist nicht süß . . . . . . . . . . . . . . . . . 2

2 LB höchstens 1½× so lg wie br, unterseits kahl. — Zweige meist mit Dornen; LB 2,5–7 cm lg u. 2–5 cm br; Fr fast kugelig, 1,5–3,5 cm br. H: 8–20 m. ♄ MPh. V. Lichte Wälder u. Gebüsche, auch Harte Auen; collin bis obermontan; zstr bis slt. **Alle Bdld**. (Inkl. *P. achras*) **Holz-B., Wild-B., *P. pyráster***

– LB mehr als 1½× so lg wie br, unterseits behaart . . . . . . . . . . . . . . 3

3 Gri am Grund dicht behaart. — Zweige meist dornenlos; LB 5–9 cm lg u. 3–4 cm br, oberseits schwach u. unterseits dicht flaumig behaart; Fr fast kugelig, 3–4(5) cm br, gelbgrün mit roten Flecken. H: 8–20 m. ♄ MPh. V. Waldränder, Hecken, Weingartenränder, sonnig-trockene Standorte; collin bis submontan (montan); slt. **B, W, N, O, St**. (Hptvbr.: Ost-Europa, Kleinasien; eine der Stammeltern der Kultur-B., *P. communis*.) Ob autochthone Wildsippe? (oder vielleicht verwilderte Kultursippe?; wird als Pfropfunterlage verwendet). Stark gefährdet. ▲ **Schnee-B., Leder-B., *P. nivális***

– Gri fast kahl . . . . . . . . . . . . . . . . . . . . . . . . . . . 4

4 LB meist weniger als 3,5 cm br, ganzrandig. — Zweige meist dornig; LB 4–7 cm lg u. 2–3,5 cm br, oberseits kahl, unterseits graufilzig; Fr birnenförmig. H: 3–15 m. ♄ MPh. V. Waldränder, Hecken, Gebüsche; collin bis montan; slt. **W, N**. (Wahrscheinlich eine der Elternarten der Kultur-B.) Als Obstbaum kultiviert (?) u. vielleicht oft nur verwildert bis ± eingebürgert.
**■ Salbeiblatt-B., *P. salviifólia***

– LB meist breiter als 3,5 cm, zur Spitze hin gesägt. — Zweige dornenlos, Zweigachsen schwarz; LB 6–9 cm lg u. 3–5 cm br, oberseits kahl, unterseits gelbgraufilzig; Fr 2,5–5 cm lg u. 2–4 cm br. H: 10–25 m. ♄ MPh. V. Waldränder, Hecken, Gebüsche; collin bis montan; slt. **N, St**. Als Pfropfunterlage u. Obstbaum kultiviert (für Obstwein), vielleicht oft nur verwildert bis eingebürgert? *P. pyraster* × *nivalis*?) **■ Österreichischer B., *P. austríaca***

## (24) Apfelbaum, Apfel, *Málus*

1 Ausgewachsene LB beiderseits kahl. — Meist dornig; Fr 2,5–3 cm br. H: 2–10 m. ♄ NPh–MPh. V. Edellaubwälder; collin bis montan; slt. **Alle Bdld**. (Zu *M. sylvestris agg.*) **Holz-A., Wild-A.,** Glattblättriger A., ***M. sylvéstris***

- Ausgewachsene LB zumindest unterseits behaart . . . . . . . . . . . . . . **2**

**2** Fr 3–4 cm br. — Zweige schwach dornig, Zweigachsen filzig. H: 3–10 m. ♄ MPh. V. Lichte Wälder u. Gebüsche; collin bis submontan; slt. **N, O, St, T, V.** (Status als autochthone Wildsippe nicht ganz gesichert; Stammsippe mancher Kulturapfel-Sorten?). (Zu *M. sylvestris agg.*) ■ **Filz-A.,** ***M. dasyphýlla***

- Fr mehr als 5 cm br. — Zweige dornenlos, Zweigachsen stark filzig. H: 3–10 m. ♄ MPh. V. Als Obstbaum in zahlr. Sorten kultiviert, manchmal verwildert. Alte hybridogene Kultursippe. ★ **Kultur-A.,** ***M. doméstica***

## (25) Mehlbeerbaum, Eberesche u. a., *Sórbus*

Anm.: Der ★ **Schwedische M.,** ***S. intermédia*** (Nordwest-Eur.) wird als Zierbaum kultiviert; in **W** auch verwildert.

**1** LB gefiedert; LB'Ulen mit 5 Punkten (5 Leitbündeln) . . . . . . . . . . . **2**

- LB einfach: unzerteilt oder gelappt; LB'Ulen mit 3 Punkten (3 Leitbündeln) . . . . . . . . . . . . . . . . . . . . . . . . . . . . . . . . . . . . . . **3**

**2** Winterknospen rotbraun, kahl, klebrig; Borke rauh; Doldentrauben armblütig (6–12blütig); Gri meist 5; Fr birnförmig, rötlich-gelb, mindestens kirschgroß. H: 8–15 m. ♄ MPh. V. Wärmeliebende Laubwälder; collin bis submontan; slt. **B, W, N, (St, V).** Gefährdet. Status unklar: ureinheimisch oder alteingebürgert? Ehedem als Obstbaum kultiviert, manchmal verwildert. (Submedit.) **Speierling,** „Arschitzenbaum", ***S. doméstica***

- Winterknospen schwarz, behaart oder verkahlend, meist nicht klebrig; Borke glatt; Doldentrauben vielblütig; Gri meist 2–4; Fr kugelig bis eiförmig, rot, erbsengroß. △ **Eberesche, Vogelbeerbaum,** „Faulesche", „Moschpir", ***S. aucupária***

  **a** Heurige Zweigachsen, LB'Unterseiten, BlüstdAchsen u. Laubknospen (Winterknospen) behaart; Fr kugelig. H: 3–15 m. ♄ MPh (NPh). V–VI. Nährstoffarme, bes. ± bodensaure, lichte Wälder, Vorwälder, Waldschläge; tiefwurzelnder Pionier; collin bis obermontan; zstr bis hfg. **Alle Bdld.** Auch als (relativ immissionsresistenter) Zier- u. Obstbaum (Fr vitamin-C-reich; auch zur Schnapserzeugung; Kultursorten mit eßbaren Fr) kultiviert. Wildobst- u. BienenweidePf. **Gewöhnliche E.,** ***S. a. subsp. aucupária***

  - Heurige Zweigachsen, LB'Unterseiten u. BlüstdAchsen fast kahl, Laubknospen (Winterknospen) verkahlend, oft ± klebrig; Fr eiförmig. H: 1–3 m. ♄ NPh. VI–VII. Gebüsche; subalpin; zstr. **Fehlt B, W. Gebirgs-E.,** ***S. a. subsp. glabráta***

**3** KroB rosa oder rot, aufrecht, — schmal; LB'Spreite derb, meist kahl, fast lederig, oberseits d'grün, unterseits blaugrün, fein 1fach gesägt. H: 0,6–1,5(2) m. ♄ NPh. VI–VII. (Grünerlen-, Latschen- u. Alpenrosen-)Gebüsche u. lichte Wälder; kalkliebend; subalpin; zstr. **Fehlt B, W.** △ (***S. chamae-mespilus***) **Zwerg-Mehlbeere,** Alpenzwergmispel, ***S. chamaeméspilus***

- KroB weiß (bis gelblichweiß), abstehend . . . . . . . . . . . . . . . . . . **4**

**4** LB'Spreitenunterseite jederseits mit 3–5 auffallend hervortretenden Seitennerven, anfangs lockerfilzig, bei der FrReife meist (fast) kahl. — LB'Spreite jederseits mit 3–4 allmählich zugespitzten Abschnitten, unterstes Abschnittpaar am größten, ± waagrecht-abstehend, obere Abschnitte vorwärts gerichtet; KroB etwa 5 mm lg; Fr eiförmig, 12–18 mm lg, braun. H: 5–25 m. ♄ MPh. V–VI. Wärmeliebende, lichte Laubwälder; etwas kalkliebend; collin bis submontan; im Pann mäßig hfg, in **O, T** slt, sonst zstr. **Fehlt V.** (Submedit.) Slt auch kultiviert. △ **Elsbeerbaum,** „Adlasbeerbaum (Odlasbir)", ***S. torminális***

- LB'Spreitenunterseite jederseits mit (5)6–14(15) auffallend hervortretenden Seitennerven, auch bei der FrReife stets noch filzig . . . . . . . . . . **5**

**5** LB'Spreite nicht oder nur undeutlich gelappt, — gleichmäßig bis ungleichmäßig gesägt, unterseits weißfilzig; Fr rot, kaum punktiert. (Artengruppe Mehlbeerbaum / *S. aria agg.*; taxonomisch sehr schwierig, zT ungeklärt; agamospermisch fixierte Hybriden) . . . . . . . . . . . . . . . . . . . . . . . . . **6**

**-** LB'Spreite deutlich seicht gelappt, — unterseits weißlich-, gelblich- oder graugrün-filzig . . . . . . . . . . . . . . . . . . . . . . . . . . . . . . **8**

**6** LB'Spreite rhombisch-kreisförmig, — sehr bald derb, über der Mitte undeutlich gelappt u. grob gezähnt, gegen den Spreitengrund zu ganzrandig, jederseits mit 8–10 Nerven. H: 3–6 m. ♄ NPh. V. Lichtes Buschwerk an sonnigen, trockenen Stellen; collin bis submontan; slt. **N** (Hainburger Berge). Potentiell gefährdet. (Übergangsform zw. *S. graeca* [→ Pkt 7–] u. der balkanisch-ostmediterranen *S. umbellata.)* **■ Donau-M., *S. danubiális***

**-** LB'Spreite elliptisch bis kreisförmig, slt elliptisch-lanzettlich, nie rhombisch . . . . . . . . . . . . . . . . . . . . . . . . . . . . . . **7**

**7** LB'Spreite meist in der Mitte oder etwas darunter am breitesten, am Grund abgerundet, jederseits mit (9)10–14(15) Nerven; Fr länger als br, mit zahlr., kleinen Pünktchen. H: 3–20 m. ♄ MPh (NPh). V. Lichte, trockene Wälder; etwas kalkliebend; collin bis montan (subalpin); hfg bis zstr. **Alle Bdld**. △ **■ Echter M., *S. ária***

**-!!** Anm.: Unklare Zwischenformen zw. *S. aria* u. *S. graeca* werden als **■ *S. pannonica*** bezeichnet.

**-** LB'Spreite meist oberhalb der Mitte am breitesten, am Grund keilförmig, jederseits mit 9–11 Nerven; Fr nicht länger als br, mit wenigen, großen Punkten. — LB sehr bald lederig. H: 3–6 m. ♄ NPh (MPh). V. Lichtes Buschwerk an sonnigen, trockenen Stellen; collin bis montan; slt. **B, W, N,** Ost-**T**†?. Potentiell gefährdet. *(S. cretica)* **■ Griechischer M., *S. gráeca***

**8** [5] LB'Spreite seicht gelappt (nur bis zum ersten ⅛ der Entfernung vom Spreitenrand zur Mittelrippe eingeschnitten). — LB'Spreite br-elliptisch, 1–1¼× so lg wie br, jederseits mit 7–9 Nerven, etwas lederig, unterseits graugrünfilzig; Fr gelbbraun mit großen Punkten. H: 3–10 m. ♄ MPh (NPh). V. Wärmeliebende Laubwälder; kalkliebend; collin bis montan; slt. **N, O**. Potentiell gefährdet. (Umfaßt artgewordene [agamospermische] Hybriden zw. Elsbeerbaum / *S. torminalis* u. der Artengruppe Mehlbeerbaum / *S. aria agg.*.) **■** Gruppe des **Breitblatt-M., *S. latifólia s. l.***

Anm.: Der eine Elter dieser (Klein)artengruppe, nämlich der Elsbeerbaum / *S. torminalis*, mit braunen Fr bewirkt die gelbbraune FrFarbe, während die artgewordenen Hybriden zw. Mehlbeerbaum / *S. aria agg.* u. Vogelbeerbaum / *S. aucuparia* (→ Pkt 8–) aufgrund der roten Fr beider Eltern stets rote Fr besitzen.

**-** LB'Spreite deutlich gelappt (im ersten ¼–⅓ der Entfernung vom Spreitenrand zur Mittelrippe eingeschnitten). (Umfaßt artgewordene [agamospermische] Hybriden zw. der Artengruppe Mehlbeerbaum / *S. aria agg.* u. Eberesche / *S. aucuparia*: Artengruppe Vogesen-M., *S. mougeotii agg.*) . . . . . . . . . **9**

**9** LB'Spreite 1½–2× so lg wie br; Fr mit wenigen, kleinen Pünktchen. — LB'Spreite unterseits grauweißfilzig, jederseits mit 8–10 Nerven; Fr etwas länger als br, etwa 10 mm lg, rot. H: 3–20 m. ♄ NPh–MPh. V–VI. Laubwälder, Gebüsche (?); kalkliebend; montan bis subalpin; slt. **V**. Gefährdet. △ (*S. aria* × *S. aucuparia.*) **■** Vogesen-M., *S. mougeótii*

**-** LB'Spreite 1–1½× so lg wie br; Fr mit vielen, großen Punkten . . . . . **10**

**10** Fr gelbbraun. **■** Gruppe des **Breitblatt-M., *S. latifólia s. l.*** (→ Pkt 8)

**-** Fr rot. — LB'Spreite unterseits grauweißfilzig, jederseits mit 8–12 Nerven; Fr

± kugelig, 10–13 mm ∅. H: 3–15 m. ♄ NPh–MPh. V–VI. Lichte Gebüsche; montan (subalpin); slt. **B, N, O, St, K, V***. Gefährdet. (Vermutlich *S. graeca* × *S. aucuparia*) **■ Österreichischer M., *S. austríaca***

Anm. 1: Ob es sich beim ■ **„Serpentin-M., *S. austríaca subsp. serpentíni*"** (LB'Spreite etwa so lg wie br, ± rundlich, etwa 10 cm ∅, jederseits mit 8–9[10] Nerven; meist über Serpentin; montan; sehr slt; **B** – gegenüber der typischen Form: LB'Spreite 1¼–1½× so lg wie br, 8–12 cm lg u. 6–8 cm br, jederseits mit 9–12 Nerven; kalkliebend; obermontan [subalpin]; slt; **N, O, St, K, V**) nicht vielmehr bloß um eine Standortsmodifikation extrem trocken-magerer Böden handelt, ist unklar.

Anm. 2: Der ■ **Karpaten-M., *S. carpática*** (vermutlich *S. austriaca* × *S. aria agg.*) steht merkmalsmäßig zw. diesen vermutlichen Eltern. Lichte, wärmeliebende Gebüsche; kalkliebend; montan bis subalpin; slt. **B, N, O** (auf dem Traunstein). Gefährdet.

## (26) Felsenbirne, *Amelánchier*

**1** Gri frei; KroB außen zottig. — LB'Spreite elliptisch, beiderseits abgerundet, kerbsägig, anfangs unterseits weißfilzig behaart (Filz sehr leicht abwischbar: im Unterschied zu (27) Steinmispel / *Cotoneaster*, Pkt 2), später kahl. H: 1–3 m. ♄ NPh. IV–V. Trocken-warme, lichte Felsgebüsche, Föhrenwälder; kalkliebend; collin bis obermontan; zstr. **Alle Bdld.** △ *(A. vulgaris)* **Gewöhnliche F.**, „Edelweißstrauch", ***A. ovális***

**–** Gri am Grund miteinander verwachsen; KroB außen kahl, aber bewimpert. — LB'Spreite eiförmig, vorn zugespitzt mit aufgesetzter Stachelspitze. H: 1–2 m. ♄ NPh. IV–V. Als Zierstrauch kultiviert u. manchmal verwildert. (Heimat: Nordamerika.) **★ Ährige F., *A. spicáta***

## (27) Steinmispel, Bergmispel, „Zwergmispel", *Cotoneáster* (B 77)

Anm.: Weitere Ziersträucher: ★ ***C. franchétii***, ★ ***C. multiflórus*** (beider Heimat: West-China) u. ★ ***C. lúcidus*** (Heimat: Altai), die auch gelegentlich (zB in **W**) verwildern.

**1** Fr schwarz, — fast kugelig, 6–9 mm ∅, bereift; junge Zweigachsen ± behaart, ältere kahl, glänzend, rötlichbraun; Frkn kahl bis schwach behaart. H: 2–2,5 m. ♄ NPh. In **Ö** bisher nicht nachgewiesen, aber vielleicht nur übersehen. (Vbr.: Böhmen, Mähren, Slowakei, Ungarn, Nord- u. Ost-Europa, Balkanhalbinsel.) Auch auf ein mögliches Vorkommen des nächst verwandten *C. matrensis ( = ? C. integerrimus × niger)* wäre zu achten. *(C. orientalis, C. melanocarpus)* **⊖ Schwarz-St., *C. níger***

**–** Fr rot . . . . . . . . . . . . . . . . . . . . . . . . . . . . . . . . **2**

**2** Zweige meist auffällig regelmäßig 2zeilig beblättert u. verzweigt; Blü fast sitzend; LB'Spreite 10–15 mm lg. H: 50 cm. ♄ NPh. V. Als Zierstrauch hfg kultiviert u. in wärmeren Lagen gelegentlich verwildert. (Heimat: China.) **★ Waagrechte St., *C. horizontális***

**–** Zweige nicht 2zeilig beblättert u. verzweigt; Blü ± lg gestielt, meist hängend; LB'Spreite 15–50 mm lg. — LB'Unterseite dicht graufilzig behaart (Filz nicht abwischbar: im Unterschied zu (26) Felsenbirne / *Amelanchier ovalis*), Kro rosa . . . . . . . . . . . . . . . . . . . . . . . . . . . . . . . . **3**

**3** Frkn (Achsenbecher) u. KB außen kahl (höchstens am Rand schwach filzig); LB'Oberseite u. Fr kahl. — LB'Spreite 15–40 mm lg; Blüstd 1–5blütig. H: 0,5–2 m. ♄ NPh. V. Lichte, steinige Wälder, bes. Föhrenwälder; ± kalkliebend; collin bis (bes. innenalpisch) montan; zstr bis slt. **Alle Bdld.** △ **Gewöhnliche St., *C. integérrimus***

**–** Frkn (Achsenbecher) u. KB außen dicht filzig behaart; LB'Oberseite locker behaart; Fr dicht filzig behaart. — LB'Spreite 20–50 mm lg; Blüstd (1)3–12blü-

* A. Polatschek: Mskr. N. Fl. **T & V**.

tig. H: 1–2(3) m. ♄ NPh. V. Lichte, steinige Wälder (bes. Föhrenwälder, Lärchen-Zirben-Wälder); kalkstet; (collin bis) montan; zstr bis slt. **Fehlt B.** △ *(C. nebrodensis)*

**Filz-St., *C. tomentósus***

Anm.: ★ **(27 b) Feuerdorn, *Pyracántha coccínea:*** Dornen 1–2 cm lg; LB immergrün, lanzettlich oder elliptisch, gezähnt; Kro weiß, 0,5–1 cm ∅; Gri 5; StaubB 20; Fr leuchtend rot oder gelb, 5–7 mm ∅. H: 1–3 m. ♄ NPh. V–VI. Als Zierstrauch in einigen Sorten hfg kultiviert u. (zB in **W**) verwildert (Heimat: Südeuropa, Südwest-Asien; erfriert – eigentlich: vertrocknet – bei uns in strengen Wintern.)

### (28) ★ Mispel, *Méspilus*

Pf dornig (Kultursorten dornenlos); Fr vom aufrechten K gekrönt. H: 1,5–5 m. ♄ NPh–MPh. V–VI. Als Obstgehölz kultiviert u. slt verwildert. (Heimat: Westasien.)

★ **Mispel,** Asperl, ***M. germánica***

## (29) Weißdorn, *Cratáegus*

**1** Blü ausschließlich mit 2 oder mehr Gri. (Artengruppe Zweikern-W., *C. laevigata agg.*) . . . . . . . . . . **2**

**-** Blü ausschließlich 1griffelig oder mit 1 und 2 Gri, dabei der zweite Gri oft kürzer oder schon zur BlüZeit verkümmert . . . . . . . . **3**

**2** LB gelappt, LB'Lappen stumpf, relativ stumpf gezähnt (Abb. 208); KB br-3eckig, etwa so lg wie br, ± stumpflich (Abb. 209 a). — Fr kugelig, 8–10 mm ∅ oder ± walzlich, 11–14 mm lg u. 8–10 mm br. H: 2–6 m. ♄ NPh–MPh. V–VI. Frische bis feuchte, lehmreiche Edellaubwälder; im Pann ± schattenliebend; collin bis obermontan; zstr. **Alle Bdld**. In den wAlp gefährdet. VolksarzneiPf, Pharm., Homöop. △ *(C. oxyacantha)*

**Zweikern-W., Zweigriffel-W.,** Stumpflappiger W., ***C. laevigáta***

**-** LB gespalten bis geteilt; LB'Lappen spitz, fein u. scharf gezähnt; KB wenigstens zT erheblich länger als br, zugespitzt (Abb. 209 b). — Fr meist walzlich, (10)12–15 mm lg u. 10–12 mm br, oft mit Höckern am Grund. H: 0,5–2 m. ♄ NPh. V–VI. Lehmreiche, lichte Edellaubwälder (?); collin bis obermontan; slt. **T, V**. (Vielleicht weiter verbreitet?) ***(C. (×) macrocarpa)***

■ **Großfrucht-W., *C. curvisépala* × *laevigáta***

**3** Blü 1- und 2griffelig *(man prüfe mehrere Zweige eines Strauches!)* mit wechselnder Zahl von 1- u. 2griffeligen Blü je Blüstd . . . . . . . . **4**

**-** Blü ausschließlich 1griffelig, höchstens (slt) die ZentralBlü eines Blüstd mit 2 Gri . . . . . . . . . . . . . . **5**

**4** Wenigstens ein Teil der KB erheblich länger als br, deutlich zugespitzt (Abb. 209 b); LB mit ± spitzen, fein u. scharf gezähnten Lappen, unterseits heller, aber nicht bläulichgrün.

■ **Großfrucht-W., *C. curvisépala* × *laevigáta*** (→ Pkt 2–)

**-** Alle KB so lg wie br, br-3eckig, mit stumpflicher oder ± abgerundeter Spitze (Abb. 209 a); LB grob gezähnt mit (oft wenig tiefen) ± ganzrandigen Ein-

Abb. 208

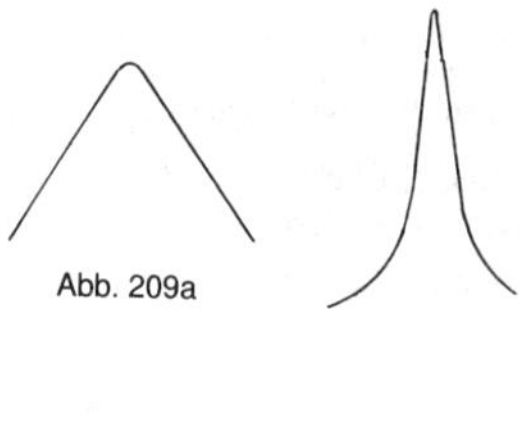

Abb. 209a

Abb. 209b

schnitten, unterseits meist hell bläulich grün. — Fr kugelig bis ± walzlich. H: 2–6 m. ♄ NPh–MPh. V–VI. Waldränder u. Lichtungen, Gebüsche; ± lichtliebend; collin bis obermontan; zw. den Eltern nicht slt. Genaue Vbr. unbekannt.

■ ***C. laevigáta × monógyna***

**5** KB br-3eckig, stumpf oder mit abgerundeter Spitze (Abb. 209 a); NebenB blühender Kurztriebe ganzrandig oder mit wenigen groben, 3eckigen Zähnen; Einschnitte der LB ganzrandig, LB'Lappen an der Spitze mit wenigen groben Zähnen. — LB gespalten bis geteilt; Fr eiförmig elliptisch bis gestaucht kugelig, 8–9(11) mm lg u. 7–9(11) mm br. H: 2–6 m. ♄ NPh–MPh. V–VI. Waldränder u. Lichtungen, trockene Gebüsche, Heißländen in Auen; lichtliebend; collin bis montan; hfg. **Alle Bdld**. VolksarzneiPf, Pharm., Homöop.

**Einkern-W., Eingriffel-W.,** Spitzlappiger W., ***C. monógyna***

**-** KB wenigstens zT lanzettlich, linealisch oder zumindest aus br Grund lg u. schmal zugespitzt, zumindest einige erheblich länger als br (Abb. 209 b); NebenB blühender Kurztriebe mit oft sehr schmalen, drüsenköpfigen „Zähnen"; LB'Lappen u. Einschnitte fein u. scharf gezähnt, zumindest der zum LB'Stiel führende Abschnitt des untersten LB'Lappens mit feinen Zähnen . . . . . **6**

**6** Meist nur einige KB lanzettlich; NebenB blühender Kurztriebe oft nur mit vereinzelten Drüsenzähnchen; wenigstens der zum LB'Stiel führende Abschnitt des untersten LB'Lappens mit feinen, scharfen Zähnchen. — Fr kugelig bis walzlich, meist 8–10(11) mm lg u. 5–9(10) mm br. H: 2–6 m. ♄ NPh–MPh. V–VI. Waldränder, Lichtungen, Gebüsche, oft an ± gestörten Standorten; ± lichtliebend; collin bis montan; slt. Genaue Vbr. unbekannt.

■ ***C. monógyna × curvisépala***

**-** Alle KB schmal-lanzettlich bis linealisch, erheblich länger als br (Abb. 209 b); NebenB blühender Kurztriebe meist mit zahlr. Drüsenzähnen; alle LB'Lappen u. LB'Einschnitte fein u. scharf gezähnt. (Artengruppe Krummkelch-W., *C. curvisepala agg.*) . . . . . . . . . . . . . . . . . . . . . . . . **7**

**7** KB auch schon an unreifen Fr nach oben gerichtet oder zusammenneigend; Achsenbecher oft kahl; Fr zylindrisch, h'korallenrot. — Fr 12–15 mm lg u. 7–9 mm br. H: 2–4 m. ♄ NPh. V–VI. Wälder, Waldränder, Gebüsche auf Trockenrasen; schattenliebend (?); collin bis montan; sehr slt. **W, N, K, V**. Stark gefährdet. ▲ *(„C. calycina")* ■ **Langkelch-W.,** ***C. lindmánii***

**-** KB stets deutlich zurückgebogen, slt annähernd abstehend; Achsenbecher oft ± behaart; Fr kugelig-eiförmig, d'kirschrot. — Fr 9–15 mm lg u. 5–10 mm br, gelegentlich mit Buckeln oder Wülsten. H: 2–4 m. ♄ NPh. V–VI. Wälder, Waldränder, in dichten Hecken, nicht freistehend; schattenliebend; collin bis montan; sehr slt. **B, N, St, K**. Stark gefährdet. △

■ **Krummkelch-W.,** ***C. curvisépala***

## (30) Pflaume, Kirsche, Mandel usw. („Steinobst"), *Prúnus* (*s. l.*: inkl. *Padus, Cerasus, Armeniaca, Persica, Amygdalus*)

Anm.: Als Zierstrauch kultiviert wird nicht slt die ★ **Kolchische Lorbeerkirsche**, „Pontische" L., „Kirschlorbeer", ***P. laurocérasus*** *(Laurocerasus officinalis)* (LB ledrig, immergrün; aufrechte Trauben; Kro weiß; schwach giftig; Heimat: Kolchis [West-Georgien].)

**1** Blü in (meist überhängenden) Trauben; Gri ohne Furche; Narbe kopfig, nicht ausgerandet. — LB elliptisch, fast doppelt gesägt; Kro weiß. (Traubenkirsche, *P. subg. Padus = Padus*) . . . . . . . . . . . . . . . . . . **2**

- Blü einzeln, zu 2–3 oder in Dolden oder (aufrechten) Doldentrauben; Gri mit einer Längs-Furche; Narbe kopfig-nierenförmig, ausgerandet . . . . . . . 3

2 LB lederig, glänzend, gekerbt; Achsenbecher innen kahl; Steinkern glatt. — LB auffallend sichelförmig zugespitzt. H: 3–15 m. ♄ MPh. VI–VII. Als Zierbaum u. Forstbaum kultiviert; kalkmeidend; manchmal verwildert (sich einbürgernd?): **B, W, N, O, St, K?**. (Heimat: östl. Nordamerika.) *(Padus serotina)* **★ Späte Traubenkirsche, *P. serótina***

- LB weich, ± runzelig, nicht glänzend, scharf gesägt; Achsenbecher innen behaart; Steinkern grubig gefurcht. — Laubknospen (Winterknospen) u. LB beim Zerreiben stark mandelartig riechend; am LB'Spreitengrund 2 grüne Warzen (extraflorale Nektardrüsen). △ *(Padus avium)* **Gewöhnliche Traubenkirsche,** „Ölexn", „Elixn", „Elsen", ***P. pádus***

  a Heurige Zweigachsen bald verkahlend; LB kahl, unterseits oft graugrün, aber höchstens in den Nervenwinkeln behaart. — Trauben ± hängend; Blü stark riechend. H: 3–10 m. ♄ MPh. IV–V. Auwälder (auch Bachauen), Ufergebüsche; collin bis obermontan; zstr. **Alle Bdld**. **■ Eigentliche G. T., *P. p. subsp. pádus***

  - Heurige Zweigachsen behaart bleibend; LB unterseits behaart, — mit hervortretenden Nerven, derb; Trauben abstehend bis aufrecht; Blü kaum riechend. H: 1–3 m. ♄ NPh. V–VI. Felsige Hänge, feuchte Gebüsche; subalpin; slt. **K, S, T, V**. Taxonomie noch recht unklar. (Inkl. *Padus avium subsp. petraea*) **⊖■ Gebirgs-T., *P. p. subsp. boreális***

3 Frkn u. Fr samtig-filzig bis zottig behaart. — Blü sehr kurz gestielt bis sitzend, einzeln oder paarig . . . . . . . . . . . . . . . . . . . . . . . . 4

- Frkn u. Fr kahl. — Blü meist deutlich gestielt . . . . . . . . . . . . . . . 7

4 LB'Spreite br-eiförmig bis fast herzförmig, etwa 2× so lg wie der LB'Stiel, in der Knospenlage zusammengerollt, — doppelt gesägt, zugespitzt, kahl, jung rötlich; BlüStiele drüsig; Blü vor den LB erscheinend; BlüBoden u. K ± rotbraun, behaart; Kro weiß, außen rötlich. H: 2–5 m. ♄ MPh. III–IV. Als Obstbaum (mehrere Sorten) kultiviert, gelegentlich verwildert. (Heimat: Mittelasien.) *(Armeniaca vulgaris)* **★ Marille,** Aprikose, ***P. armeníaca***

- LB länglich bis lanzettlich bis eilanzettlich, mehr als 2× so lg wie der LB'Stiel, in der Knospenlage zusammengefaltet . . . . . . . . . . . . . . . . . . . 5

5 LB drüsig gesägt; LB'Stiele so lg oder länger als die Breite der Spreite; Steinkern glatt, löcherig; Kro weiß bis blaßrosa. — Blü vor den LB erscheinend; BlüBoden glockig; Fr lederig, trocken, bei der Reife aufreißend. H: 2–6 m. ♄ (NPh)MPh. III(IV). Als Obstbaum kultiviert, nur in den wärmsten Lagen. (Heimat der Stammsippe *subsp. spontanea*: Syrien, Libanon, Palästina.) *(Amygdalus communis, P. communis)* **★ Mandel, Mandelbaum, *P. dúlcis***

- LB drüsenlos gesägt; LB'Stiele kürzer als die Breite der Spreite; Steinkern ± gefurcht; Kro kräftig rosa . . . . . . . . . . . . . . . . . . . . . . . . 6

6 LB 7–15 cm lg u. 2–4 cm br; BlüBoden glockig; Fr 5–8 cm ∅, fleischig, meist samtig-filzig behaart (bei der Nektarine, Konserven-Pf., *subsp. laevis [var. nucipersica]* kahl); Steinkern tief gefurcht u. löcherig. H: 2–8 m. ♄ MPh–NPh. IV–V. Als Obstbaum kultiviert, nicht slt verwildert. (Heimat: Ostasien.) *(Persica vulgaris)* **★ Pfirsich, *P. pérsica***

- LB 3–5 cm lg u. 1–2 cm br; BlüBoden röhrig verlängert; Fr 1–2 cm ∅, lederig, trocken, seidig-zottig; Steinkern schwach gefurcht, nicht löcherig. — Unterirdische Ausläufer. H: 0,5–1,5 m. ♄ NPh. III–V. Waldränder, Gebüschstreifen an Böschungen u. Ackerrainen; collin; slt bis sehr slt; nur im Pann. **B, N** (im südl. Weinviertel). (Pannonisch-Pontisch-Südsibirisch.) Stark gefährdet. ▲ *(Amygdalus nana)* **Zwerg-Mandel, *P. tenélla***

7 [3] Blüstd: Doldentraube; LB rundlich-eiförmig, fast herzförmig, — etwas lederig, glänzend, stumpf kerbsägig, jene der Langtriebe gleich denen der Kurztriebe; Zweige cumarinartig riechend. H: 2–6 m. ♄ NPh (MPh). IV–V. Trockene Gebüsche, lichte trockene Wälder; collin bis montan; kalkliebend; zstr bis slt. **B, W, N, O, (St, K, S), T, (V)**. In den wAlp u. im nVL gefährdet.

Ehedem in **B** u. **N** (um Baden u. im Weinviertel) zur Erzeugung von „Weichselrohren" (Pfeifen u. a.) kultiviert. *(Cerasus mahaleb)*

**Stein-Weichsel,** Badener Weichsel, Felsenkirsche, „Türkische Weichsel", ***P. máhaleb***

- Blüstd: sitzende Dolde oder Blü einzeln . . . . . . . . . . . . . . . . . . . . . . **8**

**8** LB in der Knospenlage zusammengerollt; FrStiel höchstens 1½× so lg wie die Fr. — Fr ± bereift; LB elliptisch bis br-lanzettlich. (Pflaume u. Verwandte, *P. subg. Prunus = Prunus s. str.*) . . . . . . . . . . . . . . . . . . . . . . . . **9**

- LB in der Knospenlage zusammengefaltet; FrStiel mindestens 2× so lg wie die Fr. — Blü mindestens 15 mm lg gestielt, in sitzenden Dolden oder Doldentrauben; Fr meist kugelig. (Kirsche u. Verwandte, *P. subg. Cerasus = Cerasus*; → Pkt 7) . . . . . . . . . . . . . . . . . . . . . . . . . . . . . . . . . . **11**

**9** Meist 1–2(3) m hoher Strauch; LB 2–4(5) cm lg; Blü vor den LB erscheinend; KroB 5–6(8) mm lg; Fr 10–15(20) mm ∅, meist herb schmeckend, — kugelig, d'blau bis schwarz; WuSprosse bildend; Stämme d'grau; Pf meist bedornt (mit dornspitzigen, fast rechtwinkelig abstehenden Ästchen = Sproßdornen), slt wehrlos; junge Zweigachsen u. LB weichhaarig, matt; Blü- u. FrStiel meist einzeln, (4)5–8(10) mm lg, meist kahl, abstehend; Rückenfurche des Steins mit Fischgrätenzeichnung; Bauchnaht u. deren Parallelleisten ohne Nadelstichtrichter. H: 1–3 m. ♄ NPh. (III)IV(V). Hecken, Gebüsche, Waldränder; collin bis submontan; hfg. **Alle Bdld.** △ (Tetraploid; eine Elternsippe der Kultur-Pflaume / *P. domestica*.)

**Schlehdorn, Schlehe,** Schwarzdorn, ***P. spinósa*** *(subsp. spinósa)*

Anm.: Kultursippen der Schlehe (Garten-Schlehe, „Hafer-Schlehe", *var. macrocarpa, subsp. fruticans?*) unterscheiden sich von der vorstehend angeführten Wildsippe durch größere LB, größere (15–25 mm ∅) Fr, deren Fleisch sich oft leicht vom Stein löst, u. weniger oder gar mangelnde Dornen. Ob u. wieweit solche Formen auf Hybridisierung (Rückkreuzungen: ***P. × fruticans***) mit den Pflaumen, *P. domestica* (Pkt 5) zurückgehen, ist oft schwer zu entscheiden.

- Meist 3–10 m hoher Baum; LB (4)5–10 cm lg; Blü zugleich mit den LB erscheinend; KroB meist (6)7–10(14) mm lg; Fr (14)20–50 mm lg, meist mild u. sehr süß schmeckend . . . . . . . . . . . . . . . . . . . . . . . . . . . . . . . . . . **10**

**10** Pf meist wehrlos, Zweige oft überhängend; Knospenschuppen kahl; junge Zweigachsen kahl, etwas glänzend; junge LB nur unterseits am Grund des Mittelnerven filzig behaart, sonst kahl; LB 4–7 cm lg; Blü- u. FrStiel meist zu 1–2, kahl, (8)10–15(20) mm lg, hängend; Kro weiß; FrReife im Juli; Fr rot (slt gelb), 20–25(30) mm ∅, fast kugelig bis oft etwas dicker als lg (0,93–1,2× so dick wie lg); FrStielgrube deutlich; Stein blaß-rötlichbraun, glatt, Breitseite br-elliptisch, meist an beiden Enden abgerundet, (0,5)0,70–0,9× so dick wie lg, Rückenfurche des Steins ohne Fischgrätenzeichnung, Bauchnaht u. deren Parallelleisten mit Nadelstichtrichtern. H: 3–5(8) m. ♄ MPh. IV. Als Ziergehölz hfg (bes. in der rotblättrigen Kulturvarietät *'Pissárdii' [= ,Atropurpurea']*), als Obstgehölz (bes. als Pfropfunterlage) zstr kultiviert, nicht slt verwildert. (Diploid; umfaßt Kultursippen [zB *subsp. myrobalana*] u. Wildsippen [*subsp. divaricata*], letztere ist eine der Elternsippen der Kultur-Pflaume / *P. domestica*); Heimat der Wildsippen: Südwest-Sibirien, Transkaukasien bis nördliche Balkan-Länder.)

★ **Kirschpflaume, Myrobalane,** „Mablane", ***P. cerasífera***

- Pf wehrlos oder ± bedornt; Zweige meist aufrecht, slt überhängend; Knospenschuppen kahl bis behaart; junge Zweigachsen oft, zumindest im 1. Jahr ± behaart, meist matt; junge LB oft unterseits gänzlich behaart, slt auch oberseits behaart; LB 4–7 cm lg; Blü- u. FrStiel oft zu 2–3, oft behaart, (6)10–20(30) mm lg; Kro weiß bis grünlichweiß; FrReife meist erst im August; Fr gelb, rot, violett oder blau, (14)18–50 mm lg u. 15–40 mm dick, kugelig bis länglich (ellipsoidisch) (0,64–1,2× so dick wie lg); FrStielgrube oft fehlend; Stein oft schokoladebraun, meist rauh, ± pockennarbig, Breitseite br-elliptisch bis lanzettlich, Enden rund bis deutlich zugespitzt, 0,45–1× so dick wie lg, Rückenfurche des Steins meist mit Fischgrätenzeichnung, Bauchnaht u. deren Parallelleisten meist ohne Nadelstichtrichter.

H: (2)3–6(8) m. ♄ NPh–MPh. IV–V. Hfg als Obstbaum kultiviert, nicht slt verwildert (zT vielleicht ursprünglich?). (Herkunft: allohexaploide Kultursippe; hybridogen entstanden aus Schlehdorn / *P. spinosa* × Sparrige Kirschpflaume / *P. cerasifera subsp. divaricata.*)
*(P. domestica s. l.)* **★ Pflaume (i. w. S.), *P. doméstica****

**a** Breitseite des Steins br-elliptisch, Schmalseite (Längsprofil, Dicke) elliptisch, 0,63–0,97× so dick wie lg. *(**P. d. „subsp. insititia“ [s. l. ??]**, P. insititia s. str.?)* . . . . . . **b**
**-** Breitseite des Steins lanzettlich bis elliptisch, Schmalseite lanzettlich, 0,45–0,62× so dick wie lg. *(**P. d. „subsp. domestica“ [s. l. ??]**, P. domestica s. str.?)* . . . . . . . . . . . **h**

**b** Stein (17)18–22 mm lg . . . . . . . . . . . . . . . . . . . . . . . . . . . . . . . . . . . **c**
**-** Stein 12–17 mm lg . . . . . . . . . . . . . . . . . . . . . . . . . . . . . . . . . . . . **d**

**c** FrFleisch sich leicht vom Stein lösend („Kerngeher“); Stein 12–15 mm br, — rauh, runzelig; Baumkrone schmal, Äste aufwärts gerichtet; Zweigachsen u. BlüStiele stark behaart; Kro rein weiß; Fr grünlichgelb mit roten Wangen u. grauen, feinsten Tupfen, fast kugelig (0,91–0,99× so dick wie lg), 29–37 mm ∅; FrStielgrube deutlich. H: 6–8 m.
**★■ Pfluder, *P. d. subsp. „ovális“***
**-** FrFleisch sich nicht leicht vom Stein lösend; Stein (8)9–12 mm br.
**★■ Eigentliche Krieche, *P. d. subsp. insitítia (s. str.)*** (→ Pkt g–)

**d** Fr gelbgrün, blau, violett oder rot; wenn gelb, dann dicker als 20 mm . . . . . . . **e**
**-** Fr gelb (oft rot punktiert), 10–20 mm dick . . . . . . . . . . . . . . . . . . . . . . . **f**

**e** Stein 11–14 mm dick, 0,71–1× so dick wie lg, — 14–17 mm lg; Baumkrone schmal, Äste aufwärts gerichtet; LB'Spreite (3)5–8 cm lg u. 3–5 cm br; Blü- u. FrStiele stark behaart, höchstens 1/3× so lg wie die Fr; Fr 17–32 mm lg u. 21–34 mm dick, kugelig bis dicker als lg, blauviolett oder grünlichgelb, sehr stark duftend. H: 4–7 m. Hierher zahlr. Edelsorten. *(P. insititia subsp. italica, P. d. „subsp. rotunda“,* inkl. *var. subrotunda, var. claudiana, var. vinaria)*
**★■ Rundpflaume, Reineclaude, Ringlotte,** Punze, „Weinkriech“, ***P. d. subsp. itálica***
**-** Stein (8)9–12 mm dick, 0,57–0,77× so dick wie lg . . . . . . . . . . . . . . . . . . . **g**

**f** FrStielgrube vorhanden; Pf dornenlos; Stein ± runzelig, — h'gelblichbraun, 12–14 mm lg u. 9–11 mm dick, 0,72–0,81× so dick wie lg; Fr 14–23 mm lg u. 10–20 mm dick, 0,73–0,98× so dick wie lg. Dazu mehrere Edelsorten. (Diploid; vielleicht besser zu *P. cerasifera*?) *(P. d. subsp. cerea, P. insititia var. cerea)*
**★■ Mirabelle, Gelbe Mirabelle, *P. d. subsp. syríaca***
**-** FrStielgrube meist fehlend; Pf (meist) mit Dornen; Stein glatt bis netzig oder etwas pockennarbig . . . . . . . . . . . . . . . . . . . . . . . . . . . . . . . . . . . . . . . **g**

**g** H: 3–4 m; Baumkrone gedrungen, meist gewölbt; LB'Stiel mit Drüsen (Warzen), diese oft zu kleinen Fiederblättchen umgebildet. — Blü- u. FrStiel behaart bis kahl; Fr erst im August reifend, grüngelb, gelb oder blau bis violett, 20–23 mm lg u. 18–22 mm dick, 0,8–1× so dick wie lg, mit starkem Duft; Stein schokoladebraun, 12–15 mm lg u. 9–11 mm dick, 0,67–0,77× so dick wie lg. Sehr alte Kultursorten, der Kirschpflaume / *P. cerasifera* nahestehend. **★■ Ziberl, Ziparte, *P. d. subsp. prísca***
**-** H: 6–8 m; Baumkrone schmal u. spitz; LB'Stiel ohne Drüsen (Warzen). — LB'Spreite 5–8 cm lg u. 3,7–4,5 cm br; Blü- u. FrStiele kahl bis spärlich behaart, mindestens so lg wie die Fr; Fr gelb, rot, violett, blau oder schwarz, 18–28 mm lg u. 17–27 mm dick, 0,8–1,1× so dick wie lg (also fast kugelig bis breiter als lg), meist mit blutrotem Saft; FrNaht undeutlich bis seicht; FrFleisch sich nicht leicht vom Stein lösend; Stein 13–19 mm lg u. (8)9–12 mm dick, 0,57–0,72× so dick wie lg. *(P. insititia s. strictiss.?)*
**★■ Eigentliche Krieche,** Haferpflaume, ***P. d. subsp. insitítia s. str.***

**h** [a] Breitseite des Steins asymmetrisch, weil Rückenkante deutlich weniger stark gekrümmt als die Bauchkante. — FrFleisch sich leicht vom Stein lösend („Kerngeher“) . . . . . . . . . . . . . . . . . . . . . . . . . . . . . . . . . . . . . . . . . . **i**

---

* Taxonomie u. Merkmale für die folgende Darstellung der Unterarten wurden den Veröffentlichungen von H. L. Werneck (1958, 1961) (mühsam) entnommen, die glaubhaft darlegen, daß die Gestalt des Steins wesentlich bedeutsamer ist als die Farbe der Fr(Haut). Die Befunde Wernecks beziehen sich auf wurzelechte Sorten des Landes **O**. (M. A. F.)

- Breitseite des Steins (fast) symmetrisch, weil Rücken- u. Bauchkante etwa gleich stark gekrümmt . . . . . . . . . . . . . . . . . . . . . . . . . . . . . . . . . . . . . . . . **k**

i Stein am oberen (= griffelnahen) Ende mit einer aufgesetzten Spitze u. am unteren (= stielnahen) Ende schnabelförmig verschmälert, — 17–26 mm lg u. (9)11–16 mm dick, 0,49–0,62× so dick wie lg; Stamm h'braun mit großen, weißen Lentizellen; Laubknospen (Winterknospen) anfangs behaart, dann verkahlend; Zweigachsen kahl; NebenB auffällig groß: 7–9 mm lg; LB'Stiel rinnenförmig, mit 1–2 rötliche Drüsen; LB'Spreite 7–11 cm lg u. 4–7 cm br, jung am Rand mit roten Zahnspitzen; frühblühend; BlüStiel stark behaart; Kro reinweiß bis grünlichweiß; FrStiel meist kahl, 9,3–12,4 mm lg; Fr früh reifend, gelb, oft mit roten Wangen, oder blau, 27–46 mm lg u. 22–39 mm dick, 0,78–0,92× so dick wie lg; FrFleisch sehr süß, marillenartig. Hierher etliche Edelsorten. (Inkl. *var. ovoidea)* ★■ **Bidling, Eierpflaume,** Weinpflaume, ***P. d. subsp. „práecox"***

- Stein an beiden Enden oder wenigstens am unteren Ende abgerundet . . . . . . . . **j**

j Laubknospen (Winterknospen) behaart; heurige Zweigachsen etwas behaart; Blü- u. FrStiel 19–22 mm lg, stark behaart; FrStielgrube vorhanden; Breitseite des Steins br-elliptisch, Rücken- u. Bauchkante nur wenig verschieden stark gekrümmt, beide Enden abgerundet (kaum spitzlich). — LB'Stiel meist rötlich, am oberen Ende oft mit 2 Drüsen; LB'Spreite 5–10 cm lg u. 3–6 cm br; Fr lebhaft purpurrot, oft ± birnenförmig, 32–48 mm lg u. 25–35 mm dick, 0,7–0,9× so dick wie lg; FrNaht meist tief; Stein 21–28 mm lg u. 11–17 mm dick, 0,50–0,62× so dick wie lg. Hierher Ovalpflaume, Spitzpflaume, Damaszene, Rotwampen, Dattelzwetsche u. zahlr. Edelsorten. (Inkl. *P. d. subsp. mamillaris, var. oxycarpa, P. rubella)*
★■ **Halbzwetschke, Kuchelzwetsche u. Rotzwetsche, *P. d. subsp. intermédia***

- Laubknospen (Winterknospen) kahl; heurige Zweigachsen kahl; Blü- u. FrStiele 16–18 mm lg, spärlich behaart u. verkahlend; FrStielgrube fehlend; Breitseite des Steins deutlich asymmetrisch, da Bauchnaht viel stärker gekrümmt als die Rückennaht, oberes Ende ± zugespitzt. — LB'Stiel am oberen Ende mit 2 Drüsen oder diese oft auf den Spreitenrand verschoben; Fr blau bis blauviolett, br-ellipsoidisch, 30–42 mm lg u. 22-27 mm dick, 0,68–0,75× so dick wie lg; Stein 20–26 mm lg u. 12–14 mm dick, 0,47–0,6× so dick wie lg. Hierher zahlr. Edelsorten. *(P. d. subsp. oeconomica, P. domestica s. strictiss.?)*
★■ **Eigentliche Zwetschke, Echte Zwetsche,** „Zweschpen", ***P. d. subsp. doméstica***

**k** [h] Stein 0,57–0,72× so dick wie lg, — Enden stumpf oder undeutlich spitz.
★■ **Eigentliche Krieche, *P. d. subsp. insitítia*** (→ Pkt g–)

- Stein 0,45–0,57× so dick wie lg . . . . . . . . . . . . . . . . . . . . . . . . . . . **l**

**l** Breitseite des Steins elliptisch, an den Enden abgerundet bis nur schwach spitzlich, — Stein 18–21 mm lg u. (9)10–11(12) mm dick, 0,50–0,57× so dick wie lg, jung pockennarbig, später fast glatt oder schwach netzadrig; Baumkrone schmal; alle Zweigachsen stets kahl; LB'Spreite 4,5–9,5 cm lg u. 2,8–4,2 cm br; BlüStiele kahl; Fr 27–34 mm lg u. 24–31 mm dick, 0,80–0,93× so dick wie lg.
★■ **Pemsen, Pamsen, *P. d. subsp. „versícolor"***

- Breitseite des Steins schmal-elliptisch bis lanzettlich, an beiden Enden deutlich zugespitzt . . . . . . . . . . . . . . . . . . . . . . . . . . . . . . . . . . . . . . . . **m**

**m** Zweigachsen bis ins 2. Jahr behaart; H: 8–10 m; Baumkrone br, Äste aufwärts gerichtet; FrFleisch sich leicht vom Stein lösend („Kerngeher"); FrStiel 15 mm lg, halb so lg wie die Fr, — stark behaart; Fr gelb (ohne rote Tupfen), blau oder (slt) rot, 24–35 mm lg u. 18–26 mm dick, 0,64–0,83× so dick wie lg; Stein (15)16–20(22) mm lg u. 7–11(12) mm dick, 0,45–0,50(0,54)× so dick wie lg, glatt oder nur wenig runzelig. Sehr alte Kultursorten. Dazu 2 Edelsorten. ★■ **Spilling, Spenling, *P. d. subsp. pomariórum***

- Schon heurige Zweigachsen kahl; H: 3–4(5) m; Baumkrone gewölbt, Zweige meist herabhängend; FrFleisch sich nicht leicht vom Stein lösend; FrStiel 20 mm lg, so lg wie die Fr, — diese gelb oder rötlich oder fuchsviolett bis blau, 20–28 mm lg u. 15–20 mm dick, 0,70–0,74× so dick wie lg; Stein 13–18 mm lg u. 7–9 mm dick, 0,48–0,55× so dick wie lg, pockennarbig bis runzelig. ★■ **Zwispitz, *P. d. subsp. „bisacumináta"***

**11** LB etwas runzelig, unterseits flaumig, nicht lederig; LB'Stiele (an der Spreitenbasis) stets mit 2 roten Warzen (Nektardrüsen); Blüstd über den zurückgeschlagenen Knospenschuppen blattlos. — FrStiel 3–5 cm lg. H: 2–25 m. ♄ MPh. Edellaubwälder, bes. Eichen-Hainbuchen-Wälder; collin bis untermontan (in höheren Lagen nur verwilderte Kultursippen); zstr. **Alle Bdld**. VolksarzneiPf (FrStiele). △ Kultursorten hfg als Obstbäume kultiviert u. oft verwildert. *(Cerasus avium)* **Kirsche, Süßkirsche, *P. ávium***

**a** Fr weniger als 1 cm ∅; FrFleisch bittersüß. — Fr schwarz. Wildsippe. **Vogel-Kirsche, Wild-Kirsche, *P. a. subsp. ávium***

**-** Fr mehr als 1 cm ∅; FrFleisch süß. — Fr rot oder schwarz. Kultursippen . . . . . **b**

**b** FrFleisch weich, sehr saftig. — Fr schwarzrot. ★ **Herz-Kirsche,** Weiche Kultur-Kirsche, ***P. a. subsp. juliána***

**-** FrFleisch fest, wenig saftig. — Fr meist gelb bis rot. ★ **Knorpel-Kirsche,** Harte Kultur-Kirsche, ***P. a. subsp. duracína***

**-** LB flach, kahl, etwas lederig; LB'Stiele meist ohne Warzen (Drüsen), slt 2drüsig (dann Drüsen aber meist nicht rot); Blüstd über den aufrechten Knospenschuppen mit 1–3 kleinen LB besetzt. — Meist unterirdische Ausläufer . **12**

**12** LB der Kurztriebe (6)8–10(12) cm lg; Fr etwa 10–15 mm ∅. — Baum oder Strauch; LB der Lang- u. der Kurztriebe etwa gleichgestaltet, elliptisch, zugespitzt; LB'Stiele mit (meist grünen) oder ohne Warzen; Hauptnerv der LB'Spreite unterseits mit einzelnen, lg, dünnen, fadenförmigen Haaren *(Lupe!)*; KroB rundlich, nicht ausgerandet; Pf reich fruchtend; FrStiel 2–3 cm lg; Fr mit kugeligem, 2furchigem Steinkern. H: 1–10 m. ♄ MPh (NPh). IV–V. Als Obstbaum kultiviert. (Heimat: Südost-Europa bis West-Asien.) (Zur „Artengruppe *P. cerasus agg.*", vgl. Pkt 13.) *(Cerasus vulgaris)* ★ **Weichsel, *P. cérasus***

**a** Baum mit aufrechten Zweigen. — Fr h'rot-glasig, sauer u. mit nichtfärbendem Saft, ihr Stein sich nicht vom FrStiel lösend (Glaskirsche, Amarelle, *var. vulgáris*) oder Fr d'rot, süßsauer u. mit färbendem Saft, ihr Stein sich vom FrStiel leicht lösend (Süß-Weichsel, Morelle, *var. austéra*). *(Cerasus vulgaris subsp. vulgaris)* ★ **Baum-Weichsel, *P. c. subsp. cérasus***

**-** Strauch oder kleiner Baum mit schlaffen, überhängenden Zweigen. — Unterirdische Ausläufer; BlüStiel meist drüsig; Fr d'rot, sauer u. mit färbendem Saft. (Hierher die Kultursorten „Schattenmorelle" u. „Ostheimer Weichsel".) *(Cerasus vulgaris subsp. acida)* ★ **Strauch-Weichsel, *P. c. subsp. ácida***

**-** LB der Kurztriebe 3–6 cm lg; Fr weniger als 10 mm ∅ oder fehlend. — H: 0,3–3,5 m; Strauch . . . . . . . . . . . . . . . . . . . . . . . . . . **13**

**13** Hauptnerv der LB'Spreite unterseits mit wenigen einzelnen, lg, dünnen, fadenförmigen Haaren *(Lupe!)*; Pf trotz reichlichen Blü (fast) keine Fr ausbildend. — Pf breitet sich vegetativ mittels Wu-Ausläufern aus u. bildet oft dichte Bestände. H: (1)2–3,5 m. ♄ NPh. IV–V. Trocken-(Eichen-)Waldränder, Halbtrockenrasen; collin bis submontan; slt. Bes. Pann. **B, W, N, St**. Gefährdet. (Zur „Artengruppe *P. cerasus agg.*", vgl. Pkt 12.) *(P. fruticosa × P. cerasus)* **Mittlere Weichsel, *P. × éminens***

**-** Hauptnerv der LB'Spreite unterseits kahl *(Lupe!)*; Pf reichlich fruchtend. — Kurztrieb-LB verkehrt-eiförmig u. vorn abgerundet, Langtrieb-LB elliptisch bis lanzettlich; LB'Stiele stets ohne Warzen; KroB länglich, meist ausgerandet; Fr kaum 5 mm ∅, mit spitzem, 2kantigem Steinkern; Pf mit Wu-Ausläufern. H: 0,3–1(2) m. ♄ NPh. IV–V. Sonnige, steinige, trockene Stellen, Halbtrockenrasen, Trocken-(Flaumeichen-)Waldränder; collin; im Pann zstr bis mäßig hfg, sonst sehr slt. **B, W, N.** *(Cerasus fruticosa)* **Zwerg-Weichsel, *P. fruticósa***

# Überordnung Hülsenfrüchtige, *Fabánae*
# Ordnung Hülsenfrüchtler, *Fabáles*

## ★ 44. Familie: Bockshörndlbaumgewächse, Johannisbrotbaumgewächse, *Caesalpiniáceae* (→ B 45)

1 LB gefiedert; Blü unscheinbar, grünlich, ⊕. — Am selben Baum sowohl einfach-gefiederte wie auch doppelt-gefiederte (bes. an Langtrieben) LB; LB 10–25 cm lg; Stamm u. Äste meist mit verzweigten Dornen. **★ (1) Gleditschie, *Gledítsia***

– LB einfach u. unzerteilt, fast kreisrund, Spreitengrund nierenförmig; Blü auffällig, leuchtend purpurn, ↓, — ähnlich denen der Schmetterlingsblütler / *Fabaceae*, Flügel (der Kro) jedoch nach oben gerichtet, u. die unteren KroB frei, nicht zusammenhängend (kein Schiffchen bildend); Knospendeckung der KroB aufsteigend (im Gegensatz zu den Schmetterlingsblütlern); StaubB 10, frei. **★ (2) Judasbaum, *Cércis***

### ★ (1) Gleditschie, *Gledítsia*

Einfach gefiederte LB mit (5)7–12(13), doppelt gefiederte mit 5–8 Blättchenpaaren 1. Ordnung; Blättchen 2. Ordnung länglich-lanzettlich, 3–4 cm lg, schwach gekerbt; Trauben ährenartig, 4–5(12) cm lg; Blü duftend; StaubB 5; Fr braun, lederbandartig, 30–40 cm lg u. 3–4 cm br. H: 20–40 m. ♄ MPh. VI–VII. Zierbaum, bes. in Parkanlagen; slt verwildernd (**W, St**). (Heimat: östl. Nordamerika.) Einige Kulturrassen (zB dornenlose).
**★ Gleditschie, Amerikanische G.**, Falscher Christusdorn, ***G. triacánthos***

### ★ (2) Judasbaum, *Cércis* (B 7, 85)

LB 8–10 cm lg u. 9–12 cm br, ganzrandig, beiderseits kahl; Trauben (4)6–8(10)blütig, sitzend, aus mehrjährigen, verholzten Zweigachsen entspringend („kauliflor"); Blü etwa 2 cm lg, mit purpurroten Stielen, vor oder während der Entfaltung der LB erscheinend; Fr 10–15 cm lg, flach, spitz, dünn, bis ins Frühjahr am Stamm hängend. H: 2–8(10) m. ♄ NPh–MPh. III–IV. Als Ziergehölz angepflanzt. (Heimat: östl. Medit.)
**★ Judasbaum, *C. siliquástrum***

**44 b. Familie: Mimosengewächse, *Mimosáceae*:** Tropisch-subtropische Holzgewächse, zu denen neben der **★ (Echten) Mimose, *Mimósa pudíca*** („Sinnpflanze": erschütterungsempfindliche LB; RuderalPf der Tropen) u. a. die Gattung **★ *Acácia*** (echte Akazie; Trockengebiete Afrikas u. Australiens) gehört: blühende Zweige bei uns im Blumenhandel unter dem Namen „Mimosen".

## 45. Familie: Schmetterlingsblütler, Saubohnengewächse, *Fabáceae (Papilionáceae)*

„Klee-, Wicken-, Erbsen- u. Bohnenfamilie". Pf ♄ oder krautig; LB (fast immer) wechselständig; NebenB meist vorhanden; Spreite meist zusammengesetzt: 3- oder 5zählig (slt mehrzählig) handförmig (gefingert) oder unpaarig oder paarig gefiedert; Blüstd: Traube, Dolde, Ähre oder Köpfchen; Blü („Schmetterlingsblüte"): ↓, ⚥; K verwachsenblättrig, meist ± deutlich 5zählig; Kro meist freiblättrig, 5zählig (Abb. 210 a; mit sogen. absteigender Knospendeckung, dh das adaxiale [= hinterste = „oberste"] ist das äußerste; vgl. Bockshörndlbaumgewächse/*Caesalpiniaceae*): das „oberste" KroB ist meist das größte (= **Fahne**), die beiden „oberen" seitlichen sind kleiner u. heißen **Flügel**, u. die beiden „unteren", meist ± untereinander zusammenhängenden bilden das **Schiffchen**, das an der Unterseite ± gekielt u. manchmal vorne ± geschnäbelt oder bespitzt ist, es schließt die StaubB u. den Stempel ein; StaubB 10, ihre Staubf. zu etwa 3/4 entweder alle miteinander zu einer Röhre verwachsen (Abb. 210 c) oder der oberste Staubf. fast frei (jedoch der Röhre meist eng anliegend) u. die übrigen 9 zu einer Rinne verwachsen (Abb. 210 b) (nur beim Schnurbaum/*Sophora* alle frei); Stempel 1karpellig; Frkn 1, oberständig, meist länglich bis linealisch; Gri 1, meist kurz, Narbe 1; Fr meist wenig- bis mehrsamig,

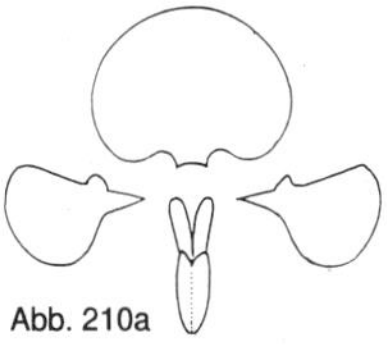

Abb. 210a

Abb. 210b

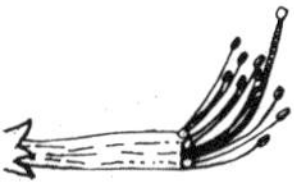

Abb. 210c

2klappig aufspringend (= „**Hülse**", Abb. 91 a), seltener eine in 1samige Fragmente zerfallende BruchFr („Bruchhülse") oder eine 1samige SchließFr (Nuß). – Auf den Wu leben regelmäßig in mit freiem Auge gerade erkennbaren Knöllchen symbiontische Bakterien („Rhizobien", „**Knöllchenbakterien**"), die molekularen Stickstoff aus der Luft chemisch binden und ihrem Wirt (u. auch dem Boden) zur Verfügung stellen (landwirtschaftliche Verwendung der Schmetterlingsblütler zur Bodenverbesserung: „Gründüngung"). (Eing.-Schl. 11; B 46, 51, 76; G 6; G XI 2)

*Sophoreae*:
★ (1) *Sophora*
*Genisteae*:
(★)(2) *Lupinus*
(3) *Laburnum*
(4) *Cytisus* (inkl. *Sarothamnus* u. *Lembotropis*)
(5) *Chamaecytisus*
(★)(6) *Ulex*
(★)(6b) *Spartium*
(7) *Genista* (inkl. *Chamaespartium* u. *Cytisanthus*)
*Ononideae* (*Trifolieae*):
(8) *Ononis*
(9) *Trigonella*
*Ononideae* (Forts.):
(10) *Melilotus*
(11) *Medicago*
(12) *Trifolium*
*Loteae*:
(13) *Lotus* (inkl. *Tetragonolobus*)
(14) *Dorycnium*
(15) *Anthyllis*
*Astragaleae* (*Galegeae*):
★ (16) *Wisteria*
(17) *Galega*
★ (18) *Amorpha*
(19) *Robinia*
★ (20) *Caragana*
(21) *Astragalus*
(22) *Oxytropis*
(23) *Colutea*
*Coronilleae* (*Hedysareae*):
(24) *Coronilla* (exkl. *Securigera*)
(25) *Securigera*
(26) *Hippocrepis*
(27) *Hedysarum*
(28) *Onobrychis*
*Phaseoleae*:
★ (29) *Glycine*
★ (30) *Phaseolus*
*Vicieae*:
★ (31) *Lens*
★ (32) *Pisum*
(33) *Vicia*
(34) *Lathyrus*

**1** Kro aus nur 1 d'violetten, eingerollten KroB bestehend (= Fahne; Flügel u. Schiffchen fehlend). **★ (18) Scheinindigo, *Amórpha***

**–** Kro vollständig (aus Fahne, Flügeln u. Schiffchen bestehend) (Abb. 210 a) . . . . . . . . . . . . . . . . . . . . . . . . . . . . . . . . . . **2**

**2** Spätere LB in nadelförmige, stechende, 6–12 mm lg Dornen umgewandelt. — Dorniger, dichtbuschiger, 1–2 m hoher Strauch; Blü 1,5–2 cm lg, duftend, zu 1–3 in den LB'Achseln. **(★) (6) Stechginster, *Úlex***

**–** LB nicht nadelförmig u. stechend (zuweilen verkümmert u. hinfällig) . . . **3**

**3** LB'Spreite einfach u. unzerteilt (= eigentlich 1 Blättchen) oder zu einer Ranke umgewandelt oder fehlend (dann LB nur aus den NebenB bestehend) . . . **4**

**–** Die Spreiten aller oder der meisten LB zusammengesetzt: 1- bis mehrpaarig gefiedert oder 3- bis mehrzählig gefingert . . . . . . . . . . . . . . . . **8**

**4** Stg br 2schneidig geflügelt, — aus 3–6 Gliedern bestehend; rasenbildender, 10–25 cm hoher Halbstrauch mit kriechenden, verholzten Stämmchen; LB einzeln, hinfällig; dichte, meist gedrungene, aufrechte Trauben; Kro gelb. **Flügel-Ginster, (7), *Genísta sagittális***

- Stg nicht geflügelt . . . . . . . . . . . . . . . . . . . . . . . . . . . . . . **5**

**5** LB'Spreite nur aus einer Ranke bestehend, an deren Grund 2 große, LB'artige, eiförmige, mit 2 spreizenden Öhrchen sitzende NebenB (Abb. 211 a). — Pf 10–40(60) cm hoch, kahl; Kro h'gelb.
**Ranken-Platterbse, (34), *Láthyrus áphaca***

- LB'Spreite u. NebenB (falls vorhanden) anders gestaltet . . . . . . . . . . **6**

**6** Kro purpurn; Pf krautig, ♃. — NebenB ± schmal, sehr klein oder fehlend; LB'Spreite fehlend (nur LB'Stiel bzw. Spreitenspindel vorhanden); Kro oft geschlossen bleibend, Fahne dunkler geadert, Schiffchen weißlich.
**Gras-Platterbse, (34), *Láthyrus nissólia***

-!! Kro gelb; Pf krautig, ⊙. — LB teils einfach, teils zusammengesetzt u. 3zählig mit 3–4 cm lg Endblättchen, das viel größer als die Seitenblättchen ist.
☆ **Skorpions-Kronwicke, (24), *Coronílla scorpioídes***

- Kro gelb; Pf ♄: Zwergstrauch oder höherer Strauch. — LB ohne oder mit NebenB; K mit deutlich gezähnter oder geteilter Ober- u. Unterlippe . . . **7**

**7** BlüStiele so lg oder deutlich länger als der K, — etwa 1 cm lg.
**(4) Geißklee, *Cýtisus***

-!! BlüStiele viel kürzer als der K. **(7) Ginster, *Genísta***

- Wenn Kro 20–25 mm lg u. K beim Verblühen oberseits tief gespalten u. dadurch 1lippig, an der Spitze trockenhäutig u. kurz 5zähnig, vgl. ★ **(6b) Binsenginster, *Spártium***

**8** [3] Baum (oder mindestens 6 m hoher Strauch) . . . . . . . . . . . . . . . **9**

- Krautig, Halbstrauch, Zwergstrauch, Strauch oder Kletterstrauch . . . . **11**

**9** LB 3zählig. — Pf 2–7 m hoch; NebenB fehlend; Blüstd: lg Traube; K glockig, 2lippig, mit kurzen Zähnen; Kro gelb. **(3) Goldregen, *Labúrnum***

- LB unpaarig gefiedert . . . . . . . . . . . . . . . . . . . . . . . . . . . **10**

**10** Aufrechte, endständige Rispen (2–3fach-Trauben); Kro gelblich- bis grünlichweiß; Staubf. frei; junge Zweige ohne Dornen, drüsenlos; Fr perlschnurartig gegliedert, fleischig, sich nicht öffnend, — kahl. ★ **(1) Schnurbaum, *Sophóra***

- Achselständige, meist hängende Trauben; Kro weiß oder rosa; Staubf. miteinander verwachsen; junge Zweige mit paarweise angeordneten (den NebenB homologen) Dornen oder drüsig-klebrig behaart; Fr flach, länglich, ungegliedert, trocken, sich öffnend, — kahl oder drüsig-borstig. **(19) Robinie, *Robínia***

**11** [8] Stattlicher, 3–10(20) m hoher, sommergrüner Schlingstrauch mit windendem u. kletterndem Stg; 20–30 cm lg, hängende Trauben; Blü stark duftend, etwa 2,5 cm lg; Kro h'blauviolett (slt weiß). ★ **(16) Blauregen, *Wistéria***

- Pf von anderem Aussehen . . . . . . . . . . . . . . . . . . . . . . . . . **12**

**12** LB einfach gefiedert, mit 1 bis mehreren Blättchenpaaren (wenn nur 1–2 Paare, dann ohne Endblättchen oder LB'Spindel mit kurzer Spitze [Granne] oder Ranke) . . . . . . . . . . . . . . . . . . . . . . . . . . . . . . . . . . . **13**

- LB 3- bis mehrzählig gefingert (oder unpaarig gefiedert mit nur 1 Blättchenpaar; Endblättchen stets vorhanden) . . . . . . . . . . . . . . . . . . **31**

**13** LB meist paarig gefiedert, mit einer kurzen Spitze oder einer Granne oder Ranke anstelle des Endblättchens (Abb. 223 b), — meist mit mehreren Blättchenpaaren, slt nur mit 1 Paar (seltener auf derselben Pf auch einzelne LB mit einem Endblättchen) . . . . . . . . . . . . . . . . . . . . . . . . . . . . **14**

- LB unpaarig gefiedert, mit deutlichem Endblättchen . . . . . . . . . . **18**

**14** Pf ♄, aufrechter Zierstrauch. — Blü groß, 1,8–2,2 cm lg, Kro goldgelb.
★ **(20) Erbsenstrauch, *Caragána***

- Pf krautig . . . . . . . . . . . . . . . . . . . . . . . . . . . . . . . . . **15**

**15** Alle KZähne weitaus länger als die KRöhre; Staubf.-Röhre schief abgeschnitten (Abb. 210 b). — Stg scharfkantig bis fast geflügelt; Blättchen in 2–7 Paaren, kurz gestielt, schmal-elliptisch; Blü etwa 5–7 mm lg; Kro bläulichweiß; Fahne lila geadert; Fr 1–2samig. **★ (31) Linse, *Lens***

**-** KZähne kürzer oder so lg wie die KRöhre, oft die oberen kürzer als die unteren (wenn die unteren KZähne deutlich 2–3× so lg wie die KRöhre, dann Staubf.-Röhre rechtwinkelig abgeschnitten [Abb. 210 c] u. Blü duftend). — Fr 2- bis mehrsamig . . . . . . . . . . . . . . . . . . . . . . . . . . . . . . . . **16**

**16** NebenB 4–10 cm lg u. 2,5–4 cm br, br-halbherzförmig, größer als die Blättchen, — am unteren Rand entfernt unregelmäßig grob-buchtig gezähnt; Blättchen in 1–3 Paaren; Staubf.-Röhre gerade (rechtwinkelig) abgeschnitten (Abb. 210 c); Blüstd mit 1–3 duftenden Blü; Gri oberwärts stark verbreitert, innen bebärtet. **★ (32) Erbse, *Písum***

**-** NebenB höchstens 4 cm lg, höchstens so groß wie die Blättchen, — zumindest die unteren ± eiförmig oder halbherz-, halbspieß- bis mondsichelförmig, ganzrandig, gezähnt oder handförmig zerteilt (wenn NebenB groß, dann diese ganzrandig oder nur schwach gezähnt) . . . . . . . . . . . . . . . . . . . . **17**

**17** Staubf.-Röhre schief abgeschnitten (da untere Staubf. länger miteinander verwachsen als obere; Abb. 210 b). — Gri meist fadenförmig, seltener oberwärts etwas verbreitert, nie gedreht, oben ringsum oder nur auf der Außenseite behaart; Blättchen in der Knospenlage meist gefaltet (wenn gerollt, dann sehr groß: etwa 3–10 cm lg). **(33) Wicke, *Vícia***

**-** Staubf.-Röhre rechtwinkelig („gerade") abgeschnitten (da die 9 Staubf. etwa gleich lg miteinander verwachsen; ähnlich Abb. 210 c). — Gri oberwärts oft verbreitert, oft gedreht, auf der Innenseite bärtig; Blättchen in der Knospenlage gerollt. **(34) Platterbse, *Láthyrus***

Anm.: Mnemotechnischer Hinweis: Wicke = *Vicia*: schief; Platterbse = *Lathyrus*: gerade.

**18** [13] Strauch, mindestens 60 cm hoch . . . . . . . . . . . . . . . . . . **19**

**-** Pf krautig oder nur am Grund holzig (manchmal mit ± stark verholzendem, oft lg unterirdische Ausläufer treibendem WuStock) oder höchstens 60 cm hoher Zwerg- bis Halbstrauch . . . . . . . . . . . . . . . . . . . . . . . **21**

**19** Kro weiß, rosa oder fleischfarben. **(★) (19) Robinie, *Robínia***

**-** Kro gelb . . . . . . . . . . . . . . . . . . . . . . . . . . . . . . . . . **20**

**20** Zweigachsen stielrund; Blättchen an der Spitze meist ausgerandet; Blü zu 2–6(8), nickend, in achselständigen Trauben; Fr stark aufgeblasen, ellipsoidisch, etwa 30 mm br, reif ockerbraun, — zugespitzt, mit meist durchscheinenden Klappen, 6–8 cm lg; (1)2–4(6) m hoher Strauch; LB 5–15 cm lg, 7–11(13)zählig gefiedert. **(23) Blasenstrauch, *Colútea***

**-** Zweigachsen kantig; Blättchen an der Spitze abgerundet oder nur schwach ausgerandet; Blü in meist 2blütigen Dolden; Fr nicht aufgeblasen, stielrund, etwa 2 mm br, olivgrün, — 5–10 cm lg; stark verzweigter, 0,5–1(2) m hoher Strauch; LB etwa 5–7 cm lg, meist 7(–9)zählig gefiedert. **Strauchkronwicke, (26), *Hippocrépis émerus***

**21** [18] Dolden (zuweilen mit HochB) oder Köpfchen. — BlüStiele zuweilen mit VorB . . . . . . . . . . . . . . . . . . . . . . . . . . . . . . . . . . **22**

**-** Trauben oder Ähren . . . . . . . . . . . . . . . . . . . . . . . . . . **27**

**22** Alle StaubB zu einer Röhre verwachsen; Köpfchen von fingerförmig zerschlitzten HüllB umgeben. — Kro gelb, purpurn oder weiß; ± dichte, scheinbar endständige, vielblütige Köpfchen. **(15) Wundklee, *Anthýllis***

**-** Oberstes StaubB frei; Blüstd nicht von fingerförmig zerschlitzten HüllB umgeben, aber zuweilen mit einem gefiederten, LB-ähnlichen HochB . . . . . **23**

**23** Dolden flach, breiter als hoch; K stets kahl. — Pf ganz kahl oder höchstens Stg u. LB zstr kurzhaarig-rauh; Fr in 1samige Glieder zerfallend („Gliederhülse") . . . . . . . . . . . . . . . . . . . . . . . . . . . . . . . . . . **24**
**-** Köpfchen kugelig oder eiförmig, mindestens so lg wie br, sich später oft zu Trauben oder Ähren verlängernd; K stets spärlich bis dicht behaart . . . **30**

**24** Kro 2färbig: purpurlila-weiß. **(25) Beilwicke, *Securígera***
**-** Kro gelb . . . . . . . . . . . . . . . . . . . . . . . . . . . . . . . . . **25**

**25** Strauch; Dolden (1)2(3)blütig. — Nagel der Fahne 2–3× so lg wie der K. **Strauchkronwicke, (26), *Hippocrépis émerus***
**-** Krautig oder Zwerghalbstrauch; Dolden 4–20blütig; Nagel der Fahne 1–2× so lg wie der K . . . . . . . . . . . . . . . . . . . . . . . . . . . . . . **26**

**26** LB, bes. die oberen, höchstens 1 cm lg gestielt (unterstes Blättchenpaar daher nahe dem Stg); Fr gerade oder schwach gekrümmt, schmal-linealisch, FrGlieder nicht hufeisenförmig gekrümmt, im ∅ ± elliptisch, manchmal geflügelt; Nagel der Fahne nicht länger als der K. — LB deutlich bläulichgrün (zumindest unterseits), mit 3–6(7) Blättchenpaaren. (Vgl. Pkt 24 u. 25!) **(24) Kronwicke (i. e. S.), *Coronílla (s. str.)***
**-** LB'Stiel länger als 1 cm; FrGlieder flach, hufeisenförmig gekrümmt (Abb. 211 b); Nagel der Fahne meist deutlich länger als der K. — Blättchenpaare (3)5–6(7); NebenB frei. **Hufeisenklee, (26), *Hippocrépis comósa***

**27** [21] Fr in 1–4samige Glieder zerfallend („Gliederhülse": Abb. 212). — NebenB fast in ihrer ganzen Länge miteinander verwachsen, (scheinbar) blattgegenständig, die oberen lg zugespitzt, die unteren schuppenförmig. **(27) Süßklee, *Hedýsarum***
**-** Fr nicht gegliedert, zuweilen ± stark aufgedunsen. — NebenB frei oder verwachsen (miteinander oder mit dem LB'Stiel), zuweilen klein u. hinfällig . . . . . . . . . . . . . . . . . . . . . . . . . . . . . . . . . . **28**

**28** KZähne $1\frac{1}{2}$–4× so lg wie die KRöhre, lanzettlich bis pfriemlich; Trauben viel länger als die LB; Fr eine 1samige, mit dornartigen Zähnen besetzte Nuß (Abb. 213). — Kro rosa bis karminrot, Fahne dunkler geadert; Flügel winzig, viel kürzer als die Fahne; oberstes StaubB frei. **(28) Esparsette, *Onóbrychis***
**-** KZähne kürzer (zuweilen sehr kurz!), so lg oder höchstens wenig länger als die KRöhre; Trauben viel kürzer, so lg oder etwas länger als die LB (zuweilen Blüstd u./oder LB grundständig); Fr nicht bedornt, meist 3- bis mehrsamig . . . . . . . . . . . . . . . . . . . . . . . . . . . . . . . . . . **29**

**29** Alle StaubB zu einer Röhre verwachsen (Abb. 210 c); Fr ± stielrund, stets ohne Scheidewand, — schräg aufrecht-abstehend, etwa 2–3 cm lg u. 2–3 mm dick; kahle, aufrechte Staude mit hohlem Stg; Blättchen 11–17; Fahne meist blaßbläulichlila, Flügel u. Schiffchen weiß. **(17) Geißraute, *Galéga***
**-** Oberstes StaubB ganz frei (Abb. 210 b); Fr 1fächrig oder durch eine Scheide-

Abb. 211a

Abb. 211b

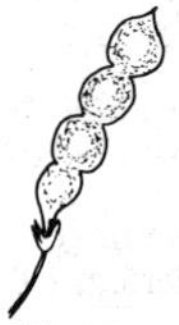
Abb. 212

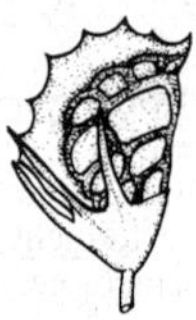
Abb. 213

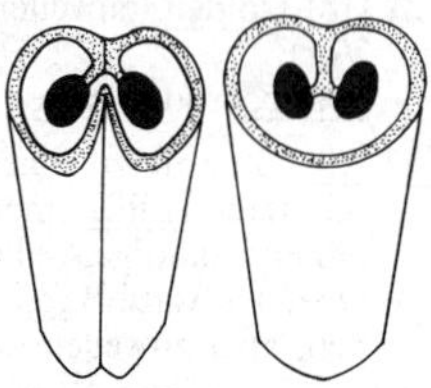
Abb. 214

wand ± 2fächrig (Abb. 214), meist ± aufgedunsen. — Staude oder Halbstrauch mit niederliegenden, aufsteigenden oder aufrechten Stg u. (zumindest in der Jugend u. zumindest K u. BlüStiele) behaart; Stg zuweilen fehlend u. dann LB u. Blüstd daher grundständig . . . . . . . . . . . . . . . . . **30**

**30** [23, 29] Schiffchen mit deutlichem, knapp unterhalb der Spitze aufgesetztem Spitzchen (Abb. 215). **(22) Spitzkiel, *Oxýtropis***

**-** Schiffchen stumpf oder spitz bis spitzlich, aber ohne ein solches Spitzchen. **(21) Tragant, *Astrágalus***

**31** [12] LB 5–15zählig gefingert (wenn 5zählig, alle Blättchen sitzend oder kurz gestielt) . . . . . . . . . . . . . . . . . . . . . . . . . . . . . **32**

**-** LB 3- oder 5zählig gefingert (im letzteren Fall unteres Blättchenpaar von den 3 anderen Blättchen etwas entfernt am Grund des LB'Stiels sitzend, NebenB'artig, manchmal etwas kleiner u. manchmal mit dem LB'Stiel verwachsen; Endblättchen stets vorhanden) . . . . . . . . . . . . . . . . . . . . . **33**

**32** LB 5zählig gefingert (unteres Blättchenpaar NebenB'artig angeordnet!), fast sitzend; Blättchen schmal-verkehrt-eiförmig, 0,5–2 cm lg; Blü 4–7 mm lg. — Kro weiß, Flügel mit Aufwölbung („Backe"); Schiffchen an der geschnäbelten Spitze meist schwarzviolett; Fr eiförmig bis kugelig. **(14) Backenklee, *Dorýcnium***

**-** LB 5–15zählig gefingert, lg gestielt; Blättchen 2–15 cm lg; Blü mindestens 10 mm lg. **(2) Lupine, *Lupínus***

**33** Holzig (zumindest Stg unten verholzend; *daher StgGrund sorgfältig untersuchen!*). — LB'Spreite 3zählig . . . . . . . . . . . . . . . . . . . . **34**

**-** Krautig (aufrechte oder KletterPf) . . . . . . . . . . . . . . . . . **40**

**34** Kro purpurn oder slt weiß, nie gelb. — Kleinstrauch oder Krautige . . . **35**

**-** Kro gelb . . . . . . . . . . . . . . . . . . . . . . . . . . . . . . . **36**

**35** K röhrig, 2lippig (Abb. 216 a), die Oberlippe mit 3eckigen Zipfeln; Blättchen ganzrandig. — Blü zu 1–3 an Kurztrieben LB'achselständig. **Purpur-Zwerggeißklee, (5), *Chamaecýtisus purpúreus***

**-** K meist fast bis zum Grund in 5 Zipfel geteilt (Abb. 216 b); Blättchen meist gezähnt. **(8) Hauhechel, *Onónis***

**36** Strauch oder Baum mit meist bogig überhängenden, (10–30 cm lg) Trauben; Fr über dem BlüBoden gestielt (dh FrTräger vorhanden). **(3) Goldregen, *Labúrnum***

**-** Halbstrauch oder Strauch mit abstehenden oder aufrechten Blüstd; Fr auf dem BlüBoden sitzend (dh FrTräger fehlend) . . . . . . . . . . . . . . . **37**

**37** LB gegenständig, mit 3 schmal-linealischen, 1–2,5 cm lg, frühzeitig abfallenden Blättchen. — Blüstd: kurze köpfchenartige, 2–7blütige Trauben; DeckB eilanzettlich; K glockig, 5zähnig (obere 2 Zähne viel länger als die 3 unteren). **Kugelginster, (7), *Genísta radiáta***

**-** LB schraubig gestellt, mit breiteren, verkehrt-eiförmigen, elliptischen bis lanzettlichen Blättchen . . . . . . . . . . . . . . . . . . . . . . . **38**

**38** Gri sehr lg, uhrfederartig eingerollt. — Zweige aufrecht, rutenförmig (dh Achsen grün), 5kantig; die meisten LB hinfällig, die oberen einfach, die übrigen 3zählig mit verkehrt-eiförmigen Blättchen; K kurz, 2lippig mit 2zähniger Ober- u. 3zähniger Unterlippe. **Besenginster, (4), *Cýtisus scopárius***

**-** Gri pfriemlich, aufstrebend, nicht eingerollt, wenn auch oft leicht gekrümmt . . . . . . . . . . . . . . . . . . . . . . . . . . . . . . **39**

**39** K kurz-glockig, nur wenig länger als br; die 2 KZähne der KOberlippe etwa gleich kurz wie die 3 der KUnterlippe; Blüstd: mehr als 15blütige Traube, 10–30 cm lg, — endständig. **Trauben-Geißklee, (4), *Cýtisus nigricans***

**–** K röhrig, doppelt so lg wie br; die 2 KZähne der KOberlippe länger als die 3 der KUnterlippe (oder KUnterlippe 1spitzig); Blüstd: höchstens 10blütiges Köpfchen, 3–6 cm lg, — endständig oder seitenständig oder Blüten einzeln. **(5) Zwerggeißklee, *Chamaecýtisus***

**40** [33] Blättchen mindestens 3 cm lg u. 2 cm br, am Grund mit sehr kleinen „Nebenblättchen" („Stipellen"), — zu 3, eiförmig; Endblättchen länger gestielt als die Seitenblättchen; KulturPf . . . . . . . . . . . **41**

**–** Blättchen kürzer als 3 cm u. schmäler als 2 cm, am Grund ohne „Nebenblättchen" . . . . . . . . . . . **42**

**41** Blü etwa 1–3 cm lg, deutlich gestielt, zu 2–10 Paaren in achselständigen Trauben; LB nur locker kurzhaarig; oberstes StaubB frei (Abb. 210 b); Fr etwa 10–20 cm lg u. 16–20(30) mm br. **★ (30) Gartenbohne, *Phaséolus***

**–** Blü (4,5)6–7 mm lg, unscheinbar, sehr kurz gestielt, in etwa 3–8(12)blütigen Büscheln in den LB'Achseln; LB beiderseits, bes. am Rand u. auf den Nerven der Unterseite, stark behaart; alle 10 StaubB zu einer Röhre verwachsen; Fr etwa (2)3,5–5(8) cm lg u. 10 mm br. — Stg aufrecht. **★ (29) Sojabohne, *Glycíne***

**42** LB scheinbar 5zählig; die 2 untersten Blättchen NebenB'artig (aber etwa gleich groß wie die übrigen 3 Blättchen), sitzend, dem Stg etwas angedrückt, von den 3 übrigen Blättchen etwas entfernt (Abb. 217). — Alle Blättchen ganzrandig; Fr linealisch, 4–5× so lg wie der K. **(13) Hornklee, *Lótus***

**–** LB deutlich 3zählig, ohne oder mit viel kleineren NebenB (diese zuweilen ± scheidig mit dem LB'Stiel verbunden). — Blättchen ganzrandig oder wenigstens in der vorderen Hälfte gezähnt bis gesägt . . . . . . . . . . . **43**

**43** NebenB etwa halb so lg wie die Blättchen; Blü einzeln, etwa 2 cm lg, mindestens 5 cm lg gestielt. — Kro h'gelb; Fr mit 4 geflügelten Kanten. **Gelbe Spargelerbse, (13), *Lótus marítimus***

**–!!** NebenB weniger als halb so lg wie die Blättchen; Blü meist in Blüstd, wenn einzeln, dann viel weniger als 5 cm lg gestielt . . . . . . . . . . . **44**

**–** Wenn Endblättchen viel größer als die seitlichen Blättchen, vgl. **☆Skorpions-Kronwicke, (24), *Coronílla scorpioídes.***

**44** Blü in meist reichblütigen, end- oder achselständigen Köpfchen, Doldentrauben, Trauben oder Ähren. — Triebe nie verdornend . . . . . . . . . . . **45**

**–** Blü zu 1–3 in achselständigen, — sehr verkürzten, manchmal verdornenden Kurztrieben . . . . . . . . . . . **48**

**45** Blü hängend. — Blüstd: achselständige, lange, schmale, vielblütige Traube; Blü 2–7 mm lg, nickend; Kro weiß oder gelb; Blättchen gezähnt, das mittlere gestielt, die seitlichen fast sitzend; NebenB lanzettlich bis pfriemlich, mit dem LB'Stiel verbunden. **(10) Steinklee, *Melilótus***

**–** Blü wenigstens anfangs aufrecht bis abstehend. — Blüstd: end- oder achselständige, oft köpfchenartige Doldentraube, kurze Traube oder Ähre . . **46**

Abb. 215

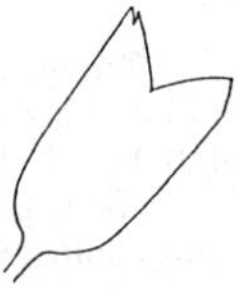
Abb. 216a

Abb. 216b

Abb. 217

**46** KroB miteinander u. ± mit der Staubf.-Röhre verwachsen (oder nur die Fahne frei; Abb. 218), alle nach dem Blühen meist bleibend (verwelkend, also nicht oder erst sehr spät abfallend), die Fr einschließend; Fr so lg oder nur wenig länger als der K. — NebenB meist groß, kürzer bis so lg wie der LB'Stiel und oft ± mit ihm verbunden; Blättchen ganzrandig oder gezähnt; Fr verkehrt-eiförmig bis linealisch. **(12) Klee, *Trifólium***

- KroB frei, nach dem Blühen abfallend; Fr stets den K überragend. — Blättchen zumindest in der vorderen Hälfte gezähnt bis gesägt . . . . . . . . 47

**47** Pf (bes. getrocknet) ± stark riechend; Fr entweder eiförmig, 4–6 mm lg, mit dünnem, geradem oder gekrümmtem Schnabel (in diesem Fall Kro blau, slt weiß) oder lg zylindrisch u. leicht aufwärts gekrümmt, 10–15 mm lg, mit vielen schiefen, stark hervortretenden Nerven (Kro h'gelb u. höchstens 3 mm lg). — Fr zumindest anfangs zstr kurzhaarig, nie eingerollt oder bedornt. **(9) Bockshornklee, *Trigonélla***

- Pf geruchlos; Fr gerade (dann Blü 8–11 mm lg) oder nierenförmig, sichelförmig oder spiralig (schneckenhausförmig) eingerollt mit 2–6 Windungen. — Kro gelb, violett, grünlich bis bräunlich oder bunt. **(11) Schneckenklee, *Medicágo***

**48** [44] Pf stark riechend; Kro blaßgelb, am Grund mit violetten Strichen. — Fr 6–11 cm lg, mit 1–2,5 cm lg Schnabel. **★ Griechischer Bockshornklee, (9), *Trigonélla fóenum-gráecum***

- Pf geruchlos; Kro gelb, purpurn oder slt weiß . . . . . . . . . . . . . . 49

**49** Kro purpurn, slt weiß. — Fr länglich bis eiförmig. **(8) Hauhechel, *Onónis***

- Kro gelb . . . . . . . . . . . . . . . . . . . . . . . . . . . . . . 50

**50** Die 5 KZipfel höchstens etwas länger als die KRöhre, oft nur zahnartig; Fr spiralig eingerollt, zylindrisch, scheibenartig oder ± kugelförmig mit mehreren Windungen; der oberste Staubf. nicht mit der Staubf.-Rinne verwachsen, aber ihr meist eng anliegend u. daher leicht zu übersehen *(Lupe!)*. **(11) Schneckenklee, *Medicágo***

- Die 5 sehr spitzen KZähne mindestens 2 × so lg wie die KRöhre; Fr eiförmig; alle 10 Staubf. miteinander verwachsen (daher eine Staubf.-Röhre bildend). — Stg drüsig-zottig u. klebrig. **Zwerg-Hauhechel, (8), *Onónis pusílla***

**★ (1) Schnurbaum, *Sophóra***

LB 15–25 cm lg, mit 9–15 Blättchen, im Herbst leuchtend gelb; auch mehrjährige Zweigachsen noch grünlich, unbewehrt. H: 10–20(30) m. ♄ MPh. VII–VIII. Als Park- u. Alleebaum hfg angepflanzt (da relativ resistent gegen Luftimmissionen), slt auch als Forstbaum. (Heimat: China.) **★ Schnurbaum, Perlschnurbaum,** „Japanischer Sch.", ***S. japónica***

## (★) (2) Lupine, Wolfsbohne, *Lupínus*

Anm.: Als FutterPf kultiviert wird auch die **★ Gelbe L., *L. lúteus*** (Kro gelb).

**1** Blättchen (10)13–15, — lanzettlich; Blüstd 50–80blütig; Kro blau bis purpurn. H: 1–1,5 m. ♃ He. VI–IX. Als Futter- (auch als Wildfutter-), Gründüngungs- u. ZierPf hfg kultiviert, oft auf Waldschlägen, bes. an Forststraßenböschungen angepflanzt u. verwildert, ± eingebürgert. (Heimat: westl. Nordamerika.) **(★) Vielblatt-L.,** Ausdauernde L., ***L. polyphýllus***

- Blättchen 5–11 . . . . . . . . . . . . . . . . . . . . . . . . . . . 2

**2** KOberlippe 2spaltig; Blättchen schmal-linealisch, — 5–9(11); Stg schwach angedrückt behaart; Kro meist h'blau, seltener rosa, purpurn, bunt gescheckt oder weiß. H: 20–100 cm. ⊙ Th. IV–VII. Als Futter- u. GründüngungsPf angebaut, auch als Kaffee-ErsatzPf (Sa), bes. im Westen, slt verwildert (Heimat: Medit.). **★ Blau-L.,** Schmalblättrige L., ***L. angustifólius***

- KOberlippe unzerteilt; Blättchen verkehrt-eiförmig, — 5–7; Stg anliegend seidig-zottig behaart, Kro weiß mit blauen Spitzen. H: 20–100(180) cm. ⊙ Th. IV–VII. Als Futter- u. ZierPf slt kultiviert (Heimat: Medit.) **★ Weiß-L., *L. álbus***

## (3) Goldregen, *Labúrnum*

Anm.: In Gärten wird meist die Hybride zw. beiden Arten kultiviert (**★ *L. × wateréri***): Trauben etwa 20–40 cm lg, überaus zahlr.; LB etwa 7 cm lg, oberseits d'grün, etwas glänzend, unterseits nur an den Nerven behaart. H: 2–10 m. Giftig.

**1** Zweigachsen (im 1. Jahr), LB'Unterseite, LB'Stiele u. Fr auch im voll entwikkelten Zustand anliegend kurz grauhaarig; Blättchen 3–8 cm lg u. 2–3,5 cm br; LB'Stiele 2–6(7) cm lg; Fr an der Bauchnaht ohne Flügel. — Trauben 10–30blütig, 10–25 cm lg, ziemlich locker. H: 2–6(7) m. ♄ NPh–MPh. IV–VI. Lichte, trocken-warme Eichenwälder; kalkhold; collin bis submontan. **B, W, N, St, K**. Hfg als Zierstrauch kultiviert (vgl. obige Anm.!) u. in warmen Lagen verwildert u. eingebürgert. Ob auch heimisch (zB im Pann)? Giftig. **Gewöhnlicher G., *L. anagyroídes***

**-** Zweigachsen (im 1. Jahr), LB'Unterseite, LB'Stiele u. Fr im voll entwickelten Zustand kahl (LB'Unterseite nur in der Jugend lg abstehend behaart, im Alter ganz kahl oder nur noch abstehend bewimpert); Blättchen 10–13 cm lg u. 4–6 cm br; LB'Stiele meist 5–10 cm lg; Fr an der Bauchnaht mit 1–2 mm br Flügel. — Trauben 20–40blütig, 15–30 cm lg, schmal, dichtblütig. H: 2–5 m. ♄ NPh. V–VI(VII). Felsige Hänge in luftfeuchten Lagen, Föhrenwälder, flachgründige Buchenwälder; montan bis subalpin; sehr zstr. Süd-**K**; in **St** eingebürgert. (Hptvbr.: Südalpen.) Giftig. △ **Alpen-G.**, (sl.:) alpski nagnoj, ***L. alpínum***

## (4) Geißklee u. Besenginster, *Cýtisus* (inkl. Besengeißklee / *Corothamnus*, Besenginster / *Sarothamnus* u. Traubengeißklee / ***Lembotropis***; exkl. (5) Zwerggeißklee / *Chamaecytisus*)

**1** LB 3zählig-zusammengesetzt; Pf aufrecht . . . . . . . . . . . . . . . . . . . . **2**

**-** LB einfach (= aus nur 1 Blättchen bestehend); Pf niederliegend bis aufsteigend . . . . . . . . . . . . . . . . . . . . . . . . . . . . . . . . . **3**

**2** Blü einzeln oder zu 2 LB'achselständig, 2–2,5 cm lg, geruchlos. — Kro leuchtend gelb (slt weiß), mit zurückgeschlagener Fahne; Fr an den Nähten lg-abstehend behaart. H: 50–200(300) cm. ♄ NPh. V–VI. Bodensaure, magere Wälder; kalkmeidend, lichtliebend; collin bis montan; zstr bis hfg. **Alle Bdld**. (In **K?, S, T, V** vielleicht einheimisch, sonst angepflanzt – als Bodenfestiger an Straßenböschungen usw. u. als Wildfutter – , verwildert u. ± eingebürgert). Schwach giftig. (*Sarothamnus scoparius*) **Besenginster, *C. scopárius*** (*subsp. scopárius*)

**-** Blüstd: mehr als 15blütige Traube; Blü etwa 1 cm lg, duftend. — Pf beim Trocknen schwarz werdend; Zweigachsen gelblich anliegend behaart; Traube 10–30 cm lg, endständig; BlüStiele mit pfriemlichem VorB; K kurz-glockig, nur wenig länger als br; die 2 Zähne der KOberlippe etwa gleich lg wie die 3 der KUnterlippe. H: (30)50–120(200) cm. ♄ Ch–NPh; VI–VIII. Waldränder, trokkene, lichte, magere, meist bodensaure Wälder; wärmeliebend; collin bis montan; zstr bis mäßig hfg. **B, W, N, O, St, K, S**†. (***Lembotropis nigricans***)
**Trauben-G.**, Schwarzgeißklee, Schwärzlicher Geißklee, ***C. nígricans*** (*subsp. nigricans*)

**3** LB'Unterseite u. LB'Stiel sowie BlüStiele u. K angedrückt seidenhaarig; Zweigachsen 8–10kantig bis schwach geflügelt; Fr 2,5–3 cm lg, flach zusammengedrückt, dicht angedrückt behaart. H: 10–40(80) cm. ♄ Ch, HS. IV–VII. Halbtrockenrasen, lichte Föhren- u. Eichenwälder; über Kalk; collin; sehr slt. Im Pann. **W**, **N**. Stark gefährdet. (Im Habitus recht ähnlich dem Heide-Ginster / *Genista pilosa*, bei diesem aber die BlüStiele viel kürzer als der K). *(Corothamnus procumbens, Genista pedunculata subsp. procumbens)*

**Niederliegender B.**, ***C. procúmbens***

**-** LB, BlüStiele u. K kahl; Zweigachsen 4–5kantig, ungeflügelt; Fr etwa 1,5 cm lg, etwas gedunsen, meist kahl. H: 10–40(60) cm. ♄ Ch. V–VI. Föhrenwälder, trockene Felshänge; über Kalk; submontan (?); sehr slt. **Fehlt Ö**. (Vbr.: Slowenien, Nord-Italien, Dinarische Gebirge.) *(Corothamnus diffusus,* ***Cytisus pseudoprocumbens****, Genista pedunculata subsp. diffusa)* ⊖ **Ausgebreiteter B.**, ***C. diffúsus***

## (5) Zwerggeißklee, Geißklee (zT), *Chamaecýtisus* (*Cytisus p. p.*)

**1** Kro purpurn. — Stg u. Äste niederliegend bis aufsteigend; Zweigachsen meist kahl; Blättchen verkehrt-eiförmig, zstr behaart bis kahl; Fr schmal-linealisch, kahl. H: 20–50(100) cm. ♄ Ch. IV–VI. Föhrenwälder, Felshänge, Magerweiden; kalkliebend; submontan bis montan; zstr. Süd-**K**. *(Cytisus purpureus)*

**Purpur-Z.**, Roter Geißklee, (sl.:) rdeča relika, ***Ch. purpúreus***

**-** Kro gelb . . . . . . . . . . . . . . . . . . . . . . . . . . . . . . . **2**

**2** Fahne außen ± dicht flaumig (seidig) behaart, meist einheitlich gelb (ohne dunklen Fleck). — Stg aufrecht, dicht angedrückt silbergrau behaart; LB unterseits dicht anliegend grau behaart; Blü zu 2–8(10) in endständigen, kurzen Trauben an den Langtrieben; Schiffchen kürzer als Fahne u. Flügel, nur gewimpert. H: 30–50(70) cm. ♄ Ch. VI–VIII. Trockene Hänge, Halbtrockenrasen, bes. über Löß; collin; zstr bis slt. Im Pann. **B**, **W**, **N**, **O?**. Gefährdet. *(Cytisus austriacus)* **Österreichischer Z.**, ***Ch. austríacus***

**-** Fahne ganz kahl oder etwas gewimpert bis zstr behaart, meist mit einem rötlichbraunen Fleck . . . . . . . . . . . . . . . . . . . . . . . . **3**

**3** Stg, LB, K u. Fr anliegend seidig behaart. — Stg u. Äste meist niederliegend bis aufsteigend; Blü etwa 2 cm lg, zu 1–3 gebüschelt an seitenständigen Kurztrieben, zusammen oft einen sehr lg u. dichten, einseitswendigen Blüstd bildend. H: 10–30(50) cm. ♄ Ch. IV–VI. Halbtrockenrasen, Föhrenwälder, Steinbrüche; wärmeliebend; collin; im Pann hfg, sonst slt. **B**, **W**, **N**, **O**. Im nVL gefährdet. △ *(Cytisus ratisbonensis)* **Regensburger Z.**, ***Ch. ratisbonénsis***

**-** Stg (zumindest in der Jugend), LB, K u. Fr abstehend zottig behaart. — Stg meist aufrecht, Äste meist ausgebreitet . . . . . . . . . . . . . . . . **4**

**4** Zweigachsen jung locker abstehend behaart, im 2. Jahr ziemlich verkahlt; KUnterlippe deutlich länger als br (?). — Blü sowohl zu 1–3 an seitenständigen Kurztrieben (bes. im Frühling) als auch zu 2–6 in kopfig-verkürzten Trauben am Ende der letzten Langtriebe. H: 20–60(100) cm. ♄ Ch. (IV–V)VII–VIII(X). Trockene, lehmige u. felsige Hänge u. Böschungen, Föhren- u. Eichenwälder; kalkmeidend; collin bis untermontan; im Pann hfg, sonst zstr. **Fehlt T**, **V**. Im nVL gefährdet. Anm.: Frühblühende Individuen ohne endständigen Blüstd ähneln im Habitus stark der folgenden Art! *(Cytisus supinus, C. capitatus)*

■ **Kopf-Z.**, ***Ch. supínus***

**-** Zweigachsen in der Jugend u. auch noch bis ins 2. Jahr (?) lg'zottig behaart; KUnterlippe etwa so lg wie br (?). — Blü zu 1–4 an seitenständigen Kurztrieben, welche zusammen einen traubigen u. beblätterten Blüstd bilden; niemals ein endständiges Köpfchen vorhanden. H: 30–100 cm. ♄ Ch. III–V(VI). Meist ± bodensaure lichte Wälder, bes. Eichen-Föhrenwälder, Magerwiesen, Geröll, Felsen; collin bis submontan; zstr. **B, N?, O(?), St, K**. Wird nicht slt mit Kopf-Z. / *Ch. supinus* verwechselt (→ Anm. dort!). *(Cytisus hirsutus)*

**■ Rauhhaar-Z., *Ch. hirsútus***

**a** K u. Fr lg-abstehend behaart. **■ Gewöhnlicher R.-Z., *Ch. h. subsp. hirsútus***

**-** Fr kahl oder nur gewimpert. Kalkmeidend. **B?, St.**

**■ Wimper-R.-Z., *Ch. h. subsp. ciliátus***

**(★) (6) Stechginster, *Úlex*** (B 4)

Zweigachsen d'grün, abstehend behaart; BlüStiele dicht behaart, unter dem K mit rotbraunen VorB; Kro goldgelb; Fr zottig-behaart, 1,5–2 cm lg, mit 2–4 bräunlichen Sa. H: 100–200 cm. ♄ NPh. IV–VII(IX). Forstlich kultiviert (als WildfutterPf) u. gelegentlich verwildert bis eingebürgert in **N, St, V**. (Heimat: West- u. Südwest-Europa.) Giftig.

**(★) Stechginster, *U. europáeus***

**★ (6 b) Binsenginster, *Spártium***

Rutenstrauch; Blü duftend. H: 1–3 m. ♄ NPh. V–VI(IX). Gelegentlich kultiviert als ZierPf oder auch an Straßenböschungen, slt verwildert (?). (Medit.)

**★ Binsenginster, Pfriemenginster, *S. júnceum***

## (7) Ginster, *Genísta* (inkl. Kugelginster, *Cytisanthus* u. Flügelginster, *Chamaespartium* = *Genistella*) (B 68)

**1** Stg br 2schneidig geflügelt, — aus 3–6 Gliedern bestehend, etwas ledrig; Stg kriechend, verholzt, Zweige aufsteigend bis aufrecht; LB ohne NebenB, in der Jugend dicht kurzhaarig, später verkahlend, ± hinfällig; dichte, meist gedrungene, aufrechte Trauben; Kro gelb; Fr 1,5–2 cm lg u. 0,5 cm br, braun, anliegend behaart. H: 10–25 cm. ♄ Ch, HS. V–VII(IX). Trockene, bodensaure Magerwiesen, lichte Föhren- u. Eichenwälder; wärmeliebend, kalkmeidend, säurezeigend; collin bis subalpin; zstr bis slt. **Fehlt S, V**. Gefährdet im Pann u. nVL. *(Genistella sagittalis, **Chamaespartium sagittale**)*

**Flügel-G., *G. sagittális***

**-** Stg nicht geflügelt . . . . . . . . . . . . . . . . . . . . . . . . . . . . **2**

**2** LB 3zählig zusammengesetzt. — Sehr ästiger, ± sparrig-kugeliger (Zwerg-) Strauch; LB'Grund schuppenförmig, bleibend. H: 20–50(100) cm. ♄ NPh. V–VI(VIII). Schutthänge, lichte, trockene Föhrenwälder (u. Hopfenbuchenwälder) über Kalk; collin bis (unter)montan; slt. Süd-**K**. (Hptvbr.: Südalpen, Balkanhalbinsel, Apennin.) ▲ *(Cytisus radiatus, Cytisanthus radiatus)*

**Kugel-G.**, Strahlen-G., (sl.:) žarkasta košeničica, ***G. radiáta***

**-** LB einfach (= aus nur 1 Blättchen bestehend), ganzrandig . . . . . . . **3**

**3** Stg unten mit verzweigten Dornen (= umgewandelte Kurztriebe) in den Achseln der LB. — Zweigachsen gefurcht, grün, oberwärts behaart; Trauben 3–5 cm lg, endständig, BlüStiele abstehend behaart; DeckB schmal, halb so lg wie jene; Zweige aufsteigend oder aufrecht. H: 10–60 cm. ♄ Ch, HS. V–VI. Bodensaure, trockene Wälder, Waldränder u. Magerwiesen; kalkmeidend, Säurezeiger; collin bis montan; zstr. **Fehlt V**. Giftig.

**Deutscher G., *G. germánica***

**-** Stg immer unbewehrt . . . . . . . . . . . . . . . . . . . . . . . . . . . . **4**

**4** Kro (außen = unten) seidenhaarig. — Niederliegender Zwergstrauch; LB in der Jugend seidenhaarig, später oberseits verkahlend, d'grün; Flügel gekrümmt, dadurch 2 Löcher zw. Schiffchen u. Flügeln. H: 5–30 cm. ♄ Ch.

IV–VII(X). Trockene Magerwiesen, Trockenrasen u. Felssteppen über Kalk, Föhrenwälder, magere u. bodensaure Wälder; collin bis subalpin; zstr bis slt, im Pann hfg. **B, W, N, O, St, K**.

**Heide-G.**, Sand-G., Haar-G., „Seidenhaar-G.", ***G. pilósa***

- Kro kahl. — LB lanzettlich bis elliptisch oder eiförmig, 1–3,5(5) cm lg u. etwa 3–15 mm br, spitz bis stumpf, d'grün, kahl bis flaumhaarig; Trauben endständig, ± dicht, 2–7 cm lg; K u. Fr kahl bis behaart. H: 20–60(150) cm. ♄ Ch, Hs. V–VIII. Wechselfeuchte bis trockene Magerwiesen, Eichen- u. Föhrenwälder; collin bis subalpin; hfg bis slt. **T**†*; **fehlt V**. Auch als ZierPf kultiviert. VolksarzneiPf, Homöop.; giftig; histor. FarbstoffPf. Sehr variabel.

**Färber-G., *G. tinctória***

Anm.: Ob der ■ ■ **Eiblatt-G., *G. ováta*** *(G. t. var. ovata)*, eine eigene Sippe (Art oder Unterart) darstellt, ist ungeklärt (LB elliptisch bis eiförmig, 2–5 cm lg u. 6–15 mm br, meist stumpf, ± behaart; K u. Fr flaumig bis abstehend rauhhaarig).

## (8) Hauhechel, Heuhechel, *Onónis*

Anm.: Die submedit. ☆ **Gelb-H., *O. nátrix*** (Pf klebrig-drüsig, Blü 1½–2 cm lg, Kro gelb) wurde in **(K)** als Unbeständige beobachtet.

1 Kro goldgelb, so lg oder meist kürzer als der K. — LB dicht stehend, 3zählig, die oberen manchmal einfach; Blü fast sitzend, einzeln in den LB'Achseln, 6–8(10) mm lg, insgesamt aufrechte, von den LB ± überragte Blüstd bildend; Fr eiförmig. H: 5–30 cm. ♃ He. VI–VII(IX). Trockenrasen, trockene Magerwiesen, lichte Föhrenwälder; collin; sehr zstr. **B, W, N**. Stark gefährdet. *(O. columnae)* **Zwerg-H., *O. pusílla***

- Kro in Purpurtönen, seltener weiß, deutlich länger als der K. — Blü zu 1–3, LB'achselständig . . . . . . . . . . . . . . . . . . . . . . . . . . . . . **2**

2 Blü nickend, an verlängerten, gerade in eine kurze Granne auslaufenden Seitenachsen; Blättchen fast kreisrund; oberster (10.) Staubf. meist nur am Grund mit den übrigen verwachsen. — Pf dornenlos. H: 20–50 cm. ♃ He. V–IX. Föhrenwälder, Geröllhalden, Bachschutt; kalkliebend; montan bis subalpin; zstr bis slt. In den Innenalpen. **K, T**. Potentiell gefährdet.

**Rundblatt-H., *O. rotundifólia***

- Blü abstehend bis aufrecht; Blättchen nicht kreisrundlich; alle 10 Staubf. zu einer Röhre verwachsen. (Artengruppe Dorn-H., *O. spinosa agg.*) . . . . . **3**

3 Blü am Ende der Äste in 10–15 cm lg, ziemlich dichten ährenförmigen Trauben angeordnet, Hauptachse dadurch fast nie sichtbar (weil von den Blü verdeckt); Blü zu (1)2(3) in den Achseln von LB (mit nur 1 Blättchen), deren NebenB etwa 6–8 mm lg sind; NebenB im vegetat. Bereich meist 15–20 mm lg u. 10–20 mm br; obere StgAbschnitte dicht abstehend behaart (Haare meist 2–3 mm lg) — u. zusätzlich mit Drüsenhaaren besetzt; Pf meist aufrecht, fast stets dornenlos, ohne kriechenden WuStock u. ohne Ausläufer, mit starkem Rhabarber- bis Bocksgeruch; Kro rosa, purpurn gestreift, slt weiß; Fr eiförmig, kürzer als der K. H: 30–60 cm. ♃ He. VII–VIII. Feuchtwiesen, Wegränder, Bahnböschungen; kalkliebend; bes. collin; slt. **Fehlt V**. Vom Aussterben bedroht. ▲ *(O. hircina)* **Bocks-H., *O. arvénsis***

- Blü am Ende der Äste in höchstens etwa 5(10) cm lg, lockeren ährenförmigen Trauben, Hauptachse daher fast immer sichtbar (nicht durch die Blü verdeckt);

* A. Polatschek: Mskr. N. Fl. **T & V**.

Blü meist zu 1–2 in den Achseln von LB (mit nur 1 Blättchen), deren NebenB meist etwa 3–5 mm lg sind; NebenB im vegetat. Bereich meist 5–10 mm lg u. br; obere StgAbschnitte zstr behaart (Haare meist 0,5–2 mm lg) . . . . . . . . **4**

**4** Blättchen vorn abgerundet-gestutzt bis eingedellt; Stg niederliegend, kriechend oder aufsteigend. — Pf meist unbedornt, manchmal aber auch ± stark bedornt; lg, unterirdische Ausläufer; Stg u. Zweigachsen meist ringsum zottig behaart u. ± drüsig; LB oft mit nur 1 Blättchen; Fr eiförmig, auch drüsig-zottig behaart, meist kürzer als der K. G: 30–60 cm lg. ♃ He. V–IX. Trockene u. feuchte Wiesen, Waldränder, Laub- u. Föhrenwälder; collin bis subalpin; zstr (?). **Alle Bdld**. Gefährdet. **Kriech-H., *O. répens (subsp. procúrrens)***

**-** Blättchen vorn ± spitz; Stg aufrecht, — meist 1(2)reihig behaart; WuStock nicht kriechend; junge, klebrig behaarte Laubtriebe ± rhabarberkompott- bis ziegenbockähnlich riechend; Kro-Flügel fast weiß. ♃ He. VolksarzneiPf (Wu), Homöop. **Dorn-H., Dornige H.,** „Nageldorn", ***O. spinósa***

**a** Pf meist mit zahlr. Sproßdornen (sehr slt Dornen nur spärlich oder fehlend); Fr so lg oder länger als der K; Blättchen meist (3)5–10× so lg wie br. — Pf meist nur schwach riechend. H: 30–60 cm. VI–IX. Trockene Wiesen u. Weiderasen, Weg- u. Ackerränder, Steinbrüche; bes. auf Kalk u. Lehm; collin bis montan (subalpin); hfg. **Alle Bdld**. **Gewöhnliche D.-H., *O. s. subsp. spinósa***

**-** Pf meist unbedornt (ganz slt mit weichen Dornen); Fr kürzer als der K; Blättchen meist nur 2–5× so lg wie br. — Pf stark unangenehm riechend, manchmal mit lg unterirdischen Ausläufern. H: 30–60(100) cm. VI–VII. Sumpfige Wiesen; kalkliebend; collin bis montan; zstr bis slt. **Fehlt B**. Gefährdet. *(O. foetens)* **Österreichische D.-H.,** Stinkende H., ***O. s. subsp. austríaca***

## (9) Bockshornklee, *Trigonélla*

Anm.: Der ★ **Schabzigerklee,** Ziegerklee, ***T. caerúlea*** *(T. caerulea subsp. sativa)* (Stg aufrecht; Blättchen länglich-eiförmig, die oberen etwas schmäler; Trauben kugelig, sehr dichtblütig; KZipfel etwa so lg wie die KRöhre; Kro blau; Fr abrupt in den geraden oder nur schwach gekrümmten Schnabel verschmälert, schwach längsnervig; H: 30–60[100] cm; ⊙ Th; VI–VII) wurde früher als KulturPf ([Käse-]Gewürz- u. ArzneiPf) slt in (Bauern-)Gärten gepflanzt (u. war auch als slt verwildert angegeben).

**1** Blü zu 1–2 in LB'Achseln, fast sitzend. — Stg u. Äste steif aufrecht, hohl; mittleres Blättchen lg gestielt, die seitlichen fast sitzend; Kro meist blaßgelb, nur am Grund mit violetten Strichen; Fr 6–10(11) cm lg, linealisch oder gekrümmt, mit 1–2,5(3) cm lg Schnabel; ganze Pf in der Jugend deutlich behaart, später ± kahl. H: 10–50 cm. ⊙ Th. VI–VII. KulturPf (Arznei- [Samen], Futter- u. GewürzPf), slt in Getreideäckern u. auf Ruderalstellen verwildert. **★ Griechischer B.,** Griechisch-Heu, ***T. fóenum-gráecum***

**-** Blü in achselständigen, kopfigen Trauben . . . . . . . . . . . . . . . . **2**

**2** Kro h'gelb. — Blüstd 5–7(15)blütig, sitzend; Blü sehr kurz gestielt; Fr 10–15 mm lg u. 1,5 mm br, fast walzlich, leicht aufwärts gekrümmt. H: 5–15(40) cm. ⊙ Th. III–V(VI). Trockenrasen, Wegränder, Bahndämme, Mauern; collin bis submontan; slt. **B, W†, N**. Stark gefährdet. Im Habitus ähnlich dem Zwerg-Schneckenklee, (11), *Medicago minima*: bei diesem jedoch die Fr schneckenförmig gewunden. *(Medicago monspeliaca)* **Montpellier-B., Französischer B.,** Kleiner B., ***T. monspelíaca***

**-** Kro blau (slt weiß). — Stg niederliegend bis aufsteigend; Blättchen länglich-linealisch; Trauben eiförmig, locker; KZipfel etwas kürzer als die KRöhre; Fr allmählich in den gekrümmtem Schnabel verschmälert, mit kräftigen Längsnerven. H: 30–40 cm. ⊙ Th. VI–VII. Trockenwiesen, Weg- u. Ackerränder; collin; (früher:) slt. **B†**. Ausgestorben. *(T. caerulea subsp. procumbens)* **† Liegender B.,** Wilder B., ***T. procúmbens***

## (10) Steinklee, Honigklee, *Melilótus*

1 Kro weiß. — Blättchen mit 6–12 Paaren Seitennerven u. ebensovielen, oft undeutlichen Zähnen; NebenB meist ganzrandig; Blü 4–5 mm lg; reife Fr meist schwarz. H: 30–150 cm. ⊙ He. V–VIII. Weg- u. Ackerränder, trockene Ruderalstellen, Fluß- u. Seeufer, Bahndämme; collin bis subalpin; sehr hfg. **Alle Bdld**. (Alt-?)eingebürgert. (Heimat: wahrscheinlich West- u. Zentral-Asien.) Auch als FutterPf (VolksarzneiPf, BienenweidePf) kultiviert. ***(M. alba)***
**Weißer St.**, Bucharaklee („Bokharaklee"), ***M. álbus***

- Kro gelb . . . . . . . . . . . . . . . . . . . . . . . . . . . . . . 2

2 NebenB deutlich (bis eingeschnitten-) gezähnt. — Blü 3–5 mm lg . . . . . 3

- NebenB meist entweder ganzrandig oder am Grund mit 1–2 ± deutlichen Zähnen (manchmal nur bei den mittleren u. unteren NebenB) . . . . . . . . 4

3 Blättchen mit 16–22 Paaren Seitennerven, die in ebensoviele scharfe, dicht stehende Zähne auslaufen; Fr schief-eiförmig, 5–5,5 mm lg u. etwa 2,5 mm br, glatt, netznervig. — Blü 3–3,5 mm lg. H: 20–50(80) cm. ⊙–⊙ Th. V–IX. Gräben, Waldränder, Salzwiesen; collin; zstr bis slt. Im Pann. **B, W, N, (O)**. Stark gefährdet. ***(M. dentata)*** **Salz-St.**, Gezähnter St., ***M. dentátus***

- Blättchen mit weniger als 16 Paaren Seitennerven, entfernt gezähnt; Fr 3–4 mm lg u. fast ebenso br, konzentrisch furchig-gestreift. — Blü etwa 3–5 mm lg. H: 10–40 cm. ⊙ He. V–VIII. Ruderalstellen, zB Bahnhöfe; collin; slt. **(St)**. Unbeständig. (Heimat: Medit.) ***(M. sulcata)*** ☆ **Furchen-St.**, ***M. sulcátus***

4 Blü 2–3 mm lg; NebenB 4–6 mm lg, am Grund mit 1–2 ± deutlichen Zähnen, lanzettlich. — Blättchen jederseits mit 5–9 Zähnen; Kro anfangs lebhaft gelb, bald verbleichend; Fr fast kugelig, nur 2–2,5 mm lg, kahl, gelblich oder rötlich. H: 10–50 cm. ⊙ Th. V–VIII (?). Ruderalstellen; collin; sehr slt. **(St)**. Unbeständig. (Heimat: Medit.) ***(M. indica)***
☆ **Kleinblütiger St.**, Orientalischer St., ***M. índicus***

- Blü 5–7 mm lg; NebenB 6–8 mm lg, meist völlig ganzrandig oder seltener am Grund der mittleren u. unteren NebenB jederseits mit je 1 Zahn. — Blättchen jederseits mit 6–14 Paaren Seitennerven . . . . . . . . . . . . . . . . 5

5 Frkn u. Fr kahl *(Lupe!)*; Fr lederbraun, undeutlich querrunzelig; Schiffchen kürzer als die Flügel. — Stg meist aufrecht, meist reich- u. lg'ästig, kahl oder nur oben schwach behaart; Trauben meist 4–10 cm lg, 30–70blütig. H: 30–100(150) cm. ⊙ Th–He. V–IX. Schotterfluren, trockene Ruderalstellen, Wegränder; kalkliebend; collin bis montan; sehr hfg. VolksarzneiPf, BienenweidePf. **Alle Bdld.**
**Echter St.**, Gewöhnlicher Honigklee, „Acker-St.", ***M. officinális***

- Frkn u. Fr kurz u. zstr behaart *(Lupe!)*; Fr zuletzt schwärzlich, undeutlich netznervig; Schiffchen etwa so lg wie die Flügel. — Stg aufrecht, am Grund bogig aufsteigend, ± abstehend verzweigt, meist kahl; Blättchen meist 1,5–4 cm lg; Trauben meist 2–6 cm lg, 25–60blütig. H: (39)50–150 cm. ⊙ He. VII–IX. Sumpfwiesen, Auwälder, See- u. Flußufer; collin; zstr. **Fehlt K; (St), sonst alle Bdld (?)**. Gefährdet. Anm.: ⊖■ ***subsp. macrorhíza***: Wu sehr ästig; Stg stärker verzweigt; Blättchen 1,5–2 cm lg u. schmäler; Trauben meist nur 30blütig; Fr meist grau, oft nur 1samig. Im Pann? ***(M. altissima)*** **Hoher St.**, Sumpf-St., ***M. altíssimus***

## (11) Schneckenklee u. Luzerne, *Medicágo*

1 Kro blauviolett bis purpurviolett oder grün oder (gelblich)weiß oder bunt bläulich-grünlich-gelblich (KroFarbe verändert sich während des Blühens). (Zu *M. sativa agg.*, vgl. Pkt 3) . . . . . . . . . . . . . . . . . . . . . . 2

- Kro gelb . . . . . . . . . . . . . . . . . . . . . . . . . . . . . . 3

**2** Kro h'lila bis blauviolett oder d'purpurviolett; Fr mit 2–3½ Windungen, — 4–5 mm lg u. 3–4 mm br, anliegend weich behaart; Trauben 1–3 cm lg, länglich. H: 30–90(120) cm. ♃ He. V–X. Alte KulturPf, als FutterPf sehr hfg kultiviert u. oft verwildert. (Entstanden wahrscheinlich im Iran aus *M. coerulea [= M. sativa subsp. coerulea]* × *M. falcata*; Heimat von *M. coerulea*: Südost-Europa, Vorderasien.) Auch BienenweidePf, GemüsePf, GründüngungsPf. *(„**M. sativa**")* **(★) Gewöhnliche L., Bastard-L., Blaue L.**, Alfalfa, ***M.*** × ***vária***

Anm.: Die **Eigentliche Saat-L.,** ***M. satíva s. str. (= M. s. subsp. sativa)***, wird hauptsächlich in wärmeren Ländern, zB im Medit. kultiviert.

**-** Kro bunt: gelb mit blau, grünlich, bräunlich oder purpurviolett gemischt, seltener (gelblich)weiß; Fr mit 1–2 Windungen. — Weg- u. Ackerränder, Ruderalstellen, Fettwiesen. (Rückkreuzungsprodukte der Luzerne mit der einen Stammsippe.) *(„**M. varia**" = M. „sativa" × falcata)*

**Bunte L.,** ***M.*** × ***vária*** × ***falcáta***

**3** Blü 8–11 mm lg; Fr linealisch, gerade bis schwach sichelförmig gekrümmt, flach, — 5–15 mm lg u. 3–4 mm br, reif schwärzlich; Stg niederliegend oder aufsteigend; Blättchen etwa 1 cm lg u. 2–3 mm br, fein behaart, meist nur an der Spitze etwas gezähnelt. H: 20–60 cm. ♃ He. VI–IX. Halbtrockenrasen, trockene Wiesen u. Säume, Weg- u. Ackerränder, Bahn- u. Flußdämme; collin; kalkliebend; hfg. **Alle Bdld**. (Zu *M. sativa agg.*, vgl. Pkt 2.) *(M. sativa subsp. falcata)* **Sichel-Sch., Gelbe L.,** Sichel-L., Sichelklee, ***M. falcáta***

**-** Blü 2–7 mm lg; Fr nierenförmig oder schneckenförmig gewunden, kugelig bis zylindrisch . . . . . . . . . . . . . . . . . . . . . . . . . . . . . . . . . . . . **4**

**4** Fr stachellos, glatt. — Stg niederliegend bis aufsteigend . . . . . . . . . . **5**

**-** Fr dicht lg bestachelt (Stacheln gerade bis ± bogig gekrümmt), mit mehreren schneckenförmigen Windungen . . . . . . . . . . . . . . . . . . . . . . . . **6**

**5** Blü 2–3(4,5) mm lg; BlüStiel viel kürzer als der K, nie abwärts gerichtet; Köpfchen 10–50blütig; Fr fast nierenförmig (Abb. 219), 2–3 mm ∅, mit 3–5 starken Nerven; KZipfel 3eckig-lanzettlich. — LB fast kahl bis ± behaart, drüsenlos; NebenB ganzrandig oder schwach gezähnt; Köpfchen kugelig, später etwas verlängert; K behaart; Fr zuletzt braunschwarz. G: 10–50(60) cm lg. ⊙–♃ Th–He. V–X. Fettwiesen, Ruderalfluren, Wegränder; collin bis subalpin; sehr hfg. **Alle Bdld**. Slt als FutterPf kultiviert. Wildgemüse. Im Habitus ähnlich dem Faden-Klee, (12), *Trifolium dubium*, bei dem aber der K kahl ist.

**Hopfenklee,** Hopfen-L., Gelbklee, ***M. lupulína***

**-** Blü 5–7 mm lg; BlüStiele etwa so lg bis doppelt so lg wie der K, 2–4 mm lg, nach dem Verblühen abwärts gerichtet; doldenförmig verkürzte Trauben, 5–10(20)blütig; Fr locker schneckenförmig gewunden, mit 2–4 Windungen, etwa 3,5 mm ∅, mit 5–8 undeutlichen Nerven; KZipfel pfriemlich. — Stg dünn, meist nur wenig verzweigt; die unteren NebenB gezähnt. G: 10–40 cm lg. ♃ He. IV–VIII. Trockenrasen, Felsen; collin; sehr slt. Im Pann. **W†, N.** (Pannonisch-submedit.) Stark gefährdet.

**Niederliegender Sch.,** Pannonischer Sch., ***M. prostráta***

**6** Blü 6–8 mm lg; Trauben (1)5–12(20)blütig; FrRand mit 1 Längsnerv, in den die Quernerven direkt einmünden, ohne starken, parallel zum randlichen Längsnerv laufenden Nerv. — NebenB fast spießförmig, ohne oder mit bis zu 5 Zähnen; Fr kahl, reif schwarz, mit 5 br Windungen; Sa h'gelb. H: 30–60 cm. ♃ He. V–VI. Eichen-Hainbuchen-Wald-Ränder, wechselfeuchte, lehmige Magerwiesen; collin bis submontan; zstr bis slt. **K.** (Hptvbr.: Balkanhalbinsel.) Gefährdet. **Karst-Sch.,** (sl.:) kraška meteljka, ***M. carstiénsis***

Abb. 218

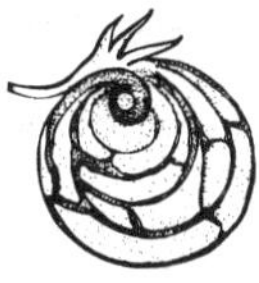
Abb. 219

Abb. 220

Abb. 221a

Abb. 221b

Abb. 221c

Abb. 221d

- Blü 2,5–5 mm lg; Trauben 1–6(8)blütig; FrRand mit 1 Längsnerv und mit starkem, parallel zum randlichen Längsnerv laufenden Nerv, in den die Quernerven einmünden. — NebenB zumindest teilweise gezähnt oder bis zur Mitte eingeschnitten . . . . . . . . . . . . . . . . . . . . . . . . . . . . . 7

7 NebenB teils ganzrandig, teils (bes. am Grund) gezähnt; LB beiderseits ± dicht behaart; Fr (2)3–4 mm br, — mit 3–5 Windungen, fast kugelig. G: 10–30(50) cm lg. ⊙ Th. IV–VII. Trockenrasen u. -weiden, Sandgruben, Lößhänge; collin; slt. Bes. im Pann. **Fehlt S, V**. Gefährdet. **Zwerg-Sch., *M. mínima***

- NebenB zu 1/4 bis zur Mitte kammförmig eingeschnitten-gezähnt; LB oberseits kahl, unterseits kahl oder ± anliegend behaart; Fr 4–6(10) mm br, — mit 1 1/2–6 Windungen . . **8**

**8** Blättchen meist mit rundlichem, purpurschwarzem Fleck; Flügel kürzer als das Schiffchen. — Stg niederliegend bis aufrecht; Stg u. LB wenigstens in der Jugend von Gliederhaaren etwas rauh *(Lupe!)*; Trauben 1–5blütig; Fr mit 4–6 lockeren, ziemlich br-randigen Windungen. G: 30–50(60) cm lg. ⊙ Th. IV–VI. Äcker, Ruderalstellen; collin; sehr slt. **(N)**. Unbeständig. (Heimat: Medit.). ☆ **Arabischer Sch.,** Gefleckte Wollklette, ***M. arábica***

- Blättchen ungefleckt; Flügel etwas länger als das Schiffchen. — Stg niederliegend bis aufsteigend; Stg u. LB kahl oder ± kurz behaart; Trauben 1–8blütig; Fr mit 1 1/2–4(6) scharfrandigen Windungen. G: 10–30 cm. ⊙ Th. V–VII. Äcker, Ruderalstellen, Wegränder; collin; sehr slt. **(N, St, K)**. Unbeständig. (Heimat: Medit.). *(M. hispida,* ***M. nigra****)*
☆ **Rauher Sch.,** Wollklette, ***M. polymórpha***

## (12) Klee, *Trifólium* (inkl. *Xerosphaera, Amoria, Chrysaspis*)

Anm.: Der ☆ **Alexandriner K.,** ***T. alexandrínum*** (Pf ⊙; Kro 8–10 mm lg, cremefarben; reife Fr an der Spitze schwach ausgerandet) wird slt als FutterPf kultiviert u. verwildert slt unbeständig, zB in **K** (Heimat: Ägypten).

**1** Blüstd (2 1/2)3× so lg wie br, — eiförmig-länglich bis lg'walzlich, 3–7 cm lg u. 1–3 cm br; Blü sitzend, ohne DeckB; Kro purpurn (slt weiß), nie gelb . . **2**

- Blüstd höchstens 2× so lg wie br, — halbkugelig, kugelig oder eiförmig bis kurz-walzlich; Blü sitzend oder gestielt, mit oder ohne DeckB; Kro purpurn oder gelb bis weiß . . . . . . . . . . . . . . . . . . . . . . . . . . . **3**

**2** Alle KZähne fast gleich lg; K 10nervig, dicht bräunlich-zottig behaart; Blättchen aus keilförmigem Grund br-verkehrt-eiförmig bis fast kreisrundlich, 1–2 cm lg u. br; Blüstd unbehüllt, lg gestielt; Kro lebhaft scharlachrot. H: 10–50 cm. ⊙–⊙ Th–He. IV–VII. Als FutterPf kultiviert, manchmal unbeständig verwildert in Äckern, auf Ruderalstellen, an Straßenrändern u. Bahndämmen. (Heimat: Medit., West-Europa).
★ **Inkarnat-K.,** Blut-K., ***T. incarnátum***

- Unterster KZahn auffallend viel länger als die obersten Zähne u. die KRöhre; K 20nervig, mit meist kahler Röhre u. zottig behaarten Zähnen; Blättchen länglich-lanzettlich, 4–6,5 cm lg u. 0,8–1,4 cm br; Blüstd oft von seinem TragB (= LB) behüllt; Kro purpurrot (sehr slt weiß). H: 20–60 cm. ♃ He. VI–VII. Trockene, lichte Laub- u. Föhrenwälder, Waldsäume; collin bis montan; zstr bis slt. **O†, V†; fehlt S**. Gefährdet in den wAlp, im nVL u. im söVL.
**Fuchs-K., Fuchsschwanz-K.,** Roter Hasen-K., ***T. rúbens***

**3** Kro heller oder dunkler gelb, nach dem Verblühen oft braun; K kahl (aber zuweilen nur die Röhre u. die Zähne ± bewimpert), die unteren KZähne meist viel länger als die oberen. *(T. sect. Chronosemium; Chrysaspis)* . . . . . . **4**
**–** Kro purpurn oder weiß, zuweilen schmutzig- oder gelblichweiß (wenn gelblichweiß, dann K ± behaart) . . . . . . . . . . . . . . . . . . . . . . . . . . **9**

**4** Oberste LB fast gegenständig; obere Köpfchen scheinbar endständig, oft paarweise einander genähert; Kro nach dem Verblühen kastanienbraun. — Alle Blättchen sitzend oder sehr kurz gestielt . . . . . . . . . . . . . . . . . . . . . **5**
**–** Alle LB deutlich wechselständig; alle Köpfchen deutlich LB'achselständig; Kro nach dem Verblühen h'(gelb-)braun. — Blättchen sitzend oder ± lg gestielt . . . . . . . . . . . . . . . . . . . . . . . . . . . . . . . . . . . **6**

**5** Köpfchen zuerst eiförmig, zuletzt kurz-walzlich, höchstens doppelt so lg wie br; BlüStiele viel kürzer als die KRöhre; alle NebenB länglich-lanzettlich. — Stg steif aufrecht. H: 20–40 cm. ⊙ Th. VI–VIII. Moorwiesen, feuchte Waldwiesen, lichte Wälder; collin bis montan; zstr bis slt. **Fehlt B, W**. Gefährdet; im Alp stärker gefährdet. *(Chrysaspis spadicea)*
**Moor-K.**, „Kolben-K.", Dattelbrauner K., Dattel-K., ***T. spadíceum***
**–** Köpfchen kugelig, zuletzt eiförmig; BlüStiele so lg oder kaum kürzer als die KRöhre; NebenB eiförmig-lanzettlich. — Stg niederliegend bis etwas aufsteigend, slt aufrecht. H: 10–20 cm. ⊙–♃ He. VII–VIII. Feuchte Wiesen, Moränen, Bachläufe; kalk- u. feuchtigkeitsliebend; obermontan bis subalpin; zstr. **Fehlt B, W**. *(Chrysaspis badia)*
**Braun-K.,** Leder-K., Lederbrauner K., ***T. bádium***

**6** Fahne zusammengefaltet, kaum längsgefurcht, auf dem Rücken etwas gekielt; Köpfchen 3–15(25)blütig. — Stg dünn, schlaff; NebenB eiförmig, spitz, mit br Grund; mittlere Blättchen etwas länger gestielt als die beiden seitlichen; K kahl. G: 10–35 cm lg. ⊙–⊙ Th–He. V–X. Trockene bis frische Wiesen; collin bis subalpin; zstr bis hfg. **Alle Bdld**. Im Habitus ähnlich dem Hopfenklee, (11), *Medicago lupulina*, bei dem aber der K behaart ist. *(T. filiforme subsp. dubium, T. minus, Chrysaspis dubia)* **Faden-K., Kleiner K., Zwerg-K., *T. dúbium***
**–** Fahne löffelförmig, deutlich längsgefurcht, auf dem Rücken flach, nur an der Spitze einwärts gebogen; Köpfchen 20–40blütig . . . . . . . . . . . . . . **7**

**7** Mittleres Blättchen viel länger gestielt als die beiden seitlichen, — alle Blättchen über der Mitte am breitesten; Stg niederliegend oder aufsteigend; NebenB am Grund verbreitert u. abgerundet, eiförmig, meist kürzer als der LB'Stiel. G: 5–30(50) cm lg. ⊙–⊙ Th–He. (V)VI–X. Fett- u. Magerwiesen, Äcker, Waldwege, Ruderalstellen, (auch in Begrünungssaaten); bes. auf kalkarmen Böden; collin bis montan; hfg bis slt. **Alle Bdld**. *(Chrysaspis campestris)*
**Feld-K.**, Gelber Acker-K., ***T. campéstre***
**–** Mittleres Blättchen kaum länger gestielt als die beiden seitlichen oder alle fast sitzend . . . . . . . . . . . . . . . . . . . . . . . . . . . . . . . . . . . . **8**

**8** NebenB eiförmig, spitz, mit deutlichen Öhrchen, meist kürzer als der LB'Stiel; mittleres Blättchen kaum länger gestielt als die beiden seitlichen, alle Blättchen aus keilförmigem Grund schmal-länglich; BlüstdStiel dünn, bogig abstehend, das TragB weit überragend; Stg dünn, hin- u. hergebogen, — aufrecht oder aufsteigend. G: 20–50 cm lg. ⊙ Th. VI–VIII(IX). Feuchte, gemähte Wiesen, Gräben; collin; slt. Süd-**B, (N), St, (K, S, T*)**. *(Chrysaspis patens)*
**Spreiz-K., *T. pátens***

* A. Polatschek: Mskr. N. Fl. **T & V**.

- NebenB länglich-eiförmig, spitz, ohne Öhrchen, so lg oder länger als der LB'Stiel; alle Blättchen fast sitzend, länglich-eiförmig bis rhombisch; Blüstd-Stiel kräftig, steif aufrecht, so lg oder länger als das TragB; Stg meist kräftig, — aufrecht. H: 15–30(40) cm. ⊙–⊙–♃? Th–He. VI–VIII. Lichte Laub- u. Nadelwälder, Wegränder, zuweilen im Geröll; kalkmeidend; collin bis montan; zstr bis hfg. **Alle Bdld**. *(T. strepens, T. agrarium, Chrysaspis aurea)*
**Gold-K., *T. áureum***

**9** [3] Kro um 180° gedreht (= „resupiniert"), daher Fahne unten u. Schiffchen oben. — Blüstd mit einer HochBHülle. (Artengruppe Persischer K., *T. resupinatum agg.*) . . . **10**
- Kro nicht resupiniert, Fahne daher oben, Schiffchen unten . . . . . . . . **11**

**10** Stg niederliegend bis aufsteigend, dünn, voll; Blü 4–6 mm lg; Pf 5–15 cm hoch. — Köpfchen halbkugelig, meist unter 1 cm br, aber zur FrZeit bis auf die doppelte Breite anwachsend; KOberlippe zur FrZeit helmartig aufgeblasen, zstr drüsig-zottig; Kro rosa bis purpurn. G: (10)20–30(50) cm lg. ⊙ Th. V–VII. Ruderalstellen; bes. auf salzhaltigen Böden; collin bis submontan (?); slt. **(W, N, O, St, K, T?)**. Zur Böschungsbegrünung angesät, als FutterPf kultiviert u. unbeständig verwildert. (Heimat: Medit. u. Vorderasien.) *(Xerosphaera resupinata)* ☆ **Persischer K.**, Wende-K., Schabdar, ***T. resupinátum***
- Stg aufrecht, dick, hohl; Blü 6–8 mm lg; H: 25–60 cm. ⊙ Th. VI–IX. Ruderalstellen, Ackerränder (?); collin bis submontan (?); slt. **(N, S)**. (Heimat: Vorderasien?) Als FutterPf kultiviert u. unbeständig verwildert. *(T. resupinatum subsp. suaveolens)*
☆ **Duftender Persischer K., *T. suavéolens***

**11** Zumindest die oberen Blü des Blüstd gestielt, in der Achsel oft sehr kleiner DeckB . . . . . . . . . . . . . . . . . . . . . . . . . . . . . . . **12**
- Blü sitzend, ohne DeckB. — K meist behaart, zuweilen die KRöhre (fast) kahl u. nur die KZähne behaart, K nie blasenförmig vergrößert . . . . . . . . **19**

**12** K ± behaart, — 10–20nervig (Nervatur aber manchmal undeutlich) . . **13**
- K kahl . . . . . . . . . . . . . . . . . . . . . . . . . . . . . . **15**

**13** Stg in seiner ganzen Länge weißwollig behaart, — aufrecht oder nur am Grund kurz aufsteigend; Pf mit grundständiger, von Resten der LB'Scheiden umgebener LB'Rosette; Blättchen unterseits dicht seidig behaart; BlüStiele sehr kurz; KZähne untereinander fast gleich lg, aus 3eckigem Grund pfriemlich, gerade vorgestreckt; Kro weiß, oft schwach gelblich, slt rötlich, nach dem Verblühen rötlichgraubraun. H: 15–60 cm. ♃ He. V–VIII. Trockene Magerwiesen; kalkliebend; collin bis subalpin; hfg. **Alle Bdld**. Im BM gefährdet. *(Amoria montana)* **Berg-K., *T. montánum***
- Stg (meist) kahl . . . . . . . . . . . . . . . . . . . . . . . . . . **14**

**14** Kro etwa doppelt so lg wie der K; K mit etwa 20 undeutlichen Nerven; obere KHälfte zur FrZeit auffallend stark aufgeblasen, trockenhäutig, der ganze FrStand dann himbeerartig (kaum „erdbeerartig"!) aussehend (Abb. 220). — Stg meist kahl, kriechend; Köpfchen blühend etwa 1 cm, fruchtend etwa 1,5 cm br; äußere DeckB nach dem Blühen zu einer Hülle verwachsen, die so lg wie die KZähne ist; untere Blü sehr kurz, obere etwas länger gestielt; Kro h'rosa bis fleischfarben mit dunkler gestreifter Fahne, zuletzt braun. G: 5–20 cm lg. ♃ He. (V)VI–IX. Mäßig feuchte Wiesen, wechselfeuchte bis wechselnasse Weiderasen u. Feldwege, Flußufer; salzliebend; collin bis montan; zstr. **Alle Bdld**. Gefährdet; im Alp, im nVL u. im söVL stärker gefährdet. *(Xerosphaera fragifera)*
**Himbeer-K., Erdbeer-K., *T. fragíferum*** *(subsp. fragiferum)*
- Kro kürzer, so lg oder nur wenig länger als der K; K 10nervig, nie aufgeblasen. — Stg schlaff, niederliegend bis aufsteigend oder ± aufrecht, ohne Ausläufer; Köpfchen klein (0,7–1 cm br), rosa oder weiß; BlüStiele kürzer als die DeckB. G: 5–30 cm lg. ⊙ Th. V–VII. Trockenwiesen, Wegränder; kalkmeidend; collin;

sehr slt. Im Pann. **B, W, N**. Vom Aussterben bedroht. *(T. „strictum", T. parviflorum, Amoria retusa)* **Kleinblüten-K.**, Steifer K., ***T. retúsum***

**15** [12] Blü 18–21 mm lg; äußere DeckB miteinander zu einer etwa 1 mm lg HochBHülle verwachsen; oberirdische Stg fehlend. — Sehr kräftige, bis 1 m lg HauptWu; ganze Pf kahl; Blü stark duftend; Kro sehr schlank, meist purpurrot (slt gelblichweiß). H: 5–15 cm. ♃ He. VI–VIII. Bodensaure, kalkarme Magerrasen; (subalpin) alpin; zstr bis hfg. **T, V**. (Hptvbr.: bes. Westalpen.) **Westalpen-K., Alpen-K., *T. alpínum***

**-** Blü 5–12 mm lg; äußere DeckB nicht miteinander verwachsen; Pf mit oberirdischen Stg (diese manchmal niederliegend bis kriechend u. nur die Spitzen aufsteigend) . . . . . . . . . . . . . . . . . . . . . . . . . . . . . **16**

**16** Stg weithin kriechend (dh an den Knoten wurzelnd, bis etwa 30 cm lg) u. höchstens an der Spitze ein wenig aufsteigend, — oft ± violett; NebenB trockenhäutig, zu einer tütenförmigen Scheide verwachsen, abrupt in eine grannenartige Spitze verschmälert; Köpfchen auf lg, aufrechten Stielen, ± kugelig, etwa 2 cm br, locker, (20)40–80blütig; K 10nervig; Kro weiß, zuweilen etwas grünlich oder rosa, verblüht h'braun. G: 5–20(30) cm lg. ♃ He. V–X. Fettweiderasen, Trittrasen, Wegränder, Kunstrasen; collin bis alpin; sehr hfg. **Alle Bdld**. Auch als FutterPf kultiviert. *(Amoria repens)* **Kriech-K., Weiß-K., *T. répens*** *(subsp. répens)*

**-** Stg aufrecht, aufsteigend oder niederliegend (dh nicht an den Knoten wurzelnd) . . . . . . . . . . . . . . . . . . . . . . . . . . . . . . . . . **17**

**17** Blättchen mit etwa 20–40 parallelen, aber wiederholt gegabelten Paaren von Seitennerven; K 5nervig, seine beiden unteren Zähne etwas kürzer als die oberen. — NebenB br-eiförmig bis eiförmig-lanzettlich, allmählich in die grannenartige Spitze verschmälert; Kro erst schmutzigweiß, dann lebhaft rosa, verblüht bräunlich (Köpfchen daher oft auffallend bunt gefärbt). H: 20–40 cm. ⊙–♃ He. V–IX. Sumpfwiesen, feuchte Fettwiesen, Wegränder, Böschungen, Ruderalstellen, Kunstrasen; collin bis submontan (montan); hfg. **Alle Bdld**. Verwilderte KulturPf (FutterPf); slt kultiviert. Wahrscheinlich Neubürger; oder an Feuchtstandorten heimisch?. (Heimat bzw. Hptvbr: Westeuropa?) *(Amoria hybrida)* **Schweden-K., *T. hýbridum***

**a** Stg aufrecht oder aufsteigend, hohl, wenig verzweigt; Blättchen 1,5–3 cm lg u. 1–2(–2,5) cm br, mit etwa 20 Paaren Seitennerven; Köpfchen (15)20–25 mm br; Fahne 7–8 mm lg. *(T. fistulosum)* **Gewöhnlicher Sch.-K., *T. h. subsp. hýbridum***

**-** Stg meist ausgebreitet, niederliegend oder aufsteigend, markig, stark verzweigt; Blättchen meist unter 2 cm lg u. unter 1,5 cm br, mit meist 40 Paaren Seitennerven; Köpfchen 16–20 mm br; Fahne 5–6 mm lg, — h'rosa. Haupts. zur Böschungsbegrünung verwendete KulturPf, meist nur vorübergehend auftretend. *(T. elegans)* **☆ Schöner Sch.-K., *T. h. subsp. élegans***

**-** Blättchen mit 7–20 Paaren Seitennerven; K 10nervig (aber Nerven oft nur schwach sichtbar); die beiden unteren KZähne wenig bis viel kürzer als die oberen Zähne . . . . . . . . . . . . . . . . . . . . . . . . . . . . . . **18**

**18** Blättchen 7–10nervig (Nerven unterseits stark hervortretend); BlüStiele 1–1,6 mm lg, meist ½–¾× so lg wie der K, nach dem Verblühen nicht oder nur wenig zurückgekrümmt. — Pf dichtrasig, mit zahlr. kurzen, niederliegenden, kahlen Stg; obere KZähne nur wenig länger als die unteren; Kro zuerst weiß, dann lebhaft rosa, verblüht h'braun, 1½× so lg wie der K. G: 4–10(15) cm lg. ♃ He. VII–VIII. Fettweiderasen, Lägerfluren, Schneeböden; kalkstet; subalpin bis alpin; zstr bis hfg. **K, T, V**. **Alm-K.**, Thal-K., Rasiger K., ***T. thálii***

- Blättchen etwa 10–20nervig (Nerven nur schwach hervortretend); BlüStiele 2–3 mm lg, länger als der K, zuletzt meist stark zurückgekrümmt. — Pf ± lockerrasig, mit niederliegenden bis aufsteigenden Stg; obere KZähne viel länger als die unteren; Kro schmutzigweiß, zuweilen rosa, verblüht d'braun. G: 5–20 cm lg. ♃ He. VII–VIII(IX). Feuchte Geröllfluren, Moränen u. Rasen der silikatischen Alpen; kalkmeidend; alpin bis subnival; zstr bis mäßig hfg. **St, K, S, T, V**. **Geröll-K., Bleich-K., *T. palléscens***

**19** [11] Kro gelblich bis gelblichweiß, später meist bräunlich. — KRöhre 10nervig; Kro länger als der K (manchmal auch den längeren untersten KZahn überragend) . . . . . . . . . . **20**
- Kro in Purpurtönen oder weiß . . . . . . . . . . **23**

**20** Alle KZähne ± gleich lg, — linealisch-pfriemlich, durch weite Buchten getrennt; Blättchen länglich-lanzettlich bis elliptisch, etwa 1–1,5 cm lg u. 6–8 mm br, unterseits zottig behaart; Köpfchen einzeln, anfangs nickend, über die obersten LB deutlich emporgehoben u. nur am Grund von 1–2 kleinen LB umhüllt, kugelig, 2,5–4 cm br; Kro weiß bis gelblichweiß. H: 8–15 cm. ♃ He. VII–VIII. Weiderasen, Geröll; nur über Kalk; alpin; slt. **K** (Karnische Alpen, Dobratsch). (Hptvbr.: Slowenien, Südtirol, Oberitalien, illyrische Gebirge, Apenninen.) [28] **Norischer K.,** (sl.:) noriška detelja, ***T. nóricum***
- Unterster KZahn deutlich länger als die übrigen . . . . . . . . . . **21**

**21** Köpfchen einzeln, endständig, meist weit über den obersten LB stehend u. daher unbehüllt, eiförmig bis kurz-walzlich, 3–5(8) cm lg u. etwa 3 cm dick; Blättchen 3–8 cm lg — u. 10–20 mm br, beiderseits wie die LB'Stiele ± rauhzottig behaart; KZähne linealisch-pfriemlich, die 4 oberen Zähne etwa so lg wie die KRöhre, der unterste 2–3× so lg, zur FrZeit hakig abstehend. H: 20–50(100) cm. ♃ He. VI. Slt als FutterPf kultiviert. ★ **Pannonischer K.,** Ungarischer Hasen-Klee, ***T. pannónicum***
- Köpfchen zu 1–4 am Stg, von den obersten LB bzw. deren NebenB nur sehr kurz entfernt u. von ihnen ± behüllt, zumindest anfangs kugelig, etwa 1,5–3 cm ∅; Blättchen 1,5–3(5) cm lg . . . . . . . . . . **22**

**22** Freier Teil der NebenB pfriemlich; Köpfchen etwa 0,5 cm lg gestielt, etwa 1,5–2,5 cm br; KZähne lanzettlich, 3nervig, zur FrZeit der unterste (längste) ± herabgebogen. — NebenB lanzettlich, dicht zottig behaart; Kro gelblichweiß, verblüht rotbraun. H: 20–50 cm. ♃ He. VI–VIII. Trockene u. feuchte Magerwiesen, lichte Laubwälder; kalkmeidend, wärmeliebend; collin bis submontan; zstr bis slt. **V†; fehlt S, T**. Gefährdet. **Blaßgelber K., *T. ochroléucon***
- Freier Teil der NebenB aus 3eckig-eiförmigem Grund abrupt in eine lg, scharfe Granne zusammengezogen; Köpfchen sitzend, etwa 3 cm br; KZähne pfriemlich, stets gerade vorgestreckt. **Schneeweißer Wiesen-K., *T. praténse subsp. nivále*** (→ Pkt 28 c)

**23** [19] K 20nervig, — zottig behaart; KZähne pfriemlich, bewimpert; KSchlund innen durch einen behaarten Ringwulst fast verschlossen; Köpfchen in den Achseln der obersten LB sitzend u. so von deren NebenB umhüllt; Kro leuchtend purpurrot. H: 15–40 cm. ♃ He. V–VIII. Trockene, lichte Laub- u. Nadelwälder, Wald- u. Gebüschsäume, Trockenwiesen; collin bis montan (subalpin); zstr bis hfg. **Fehlt S, V**. **Heide-K., Waldrand-K.,** Voralpen-K., ***T. alpéstre***
- K 10nervig . . . . . . . . . . **24**

**24** KRöhre außen kahl, — grünlichweiß, durch einen 2lippigen, behaarten Ringwulst fast geschlossen; Stg aufsteigend, meist zickzackförmig hin- u. hergebogen, oft rötlich überlaufen oder gestrichelt; Blättchen 1,5–5 cm lg u. 0,8–2 cm br, länglich-elliptisch; Blüstd 3 cm lg, kugelig, meist endständig, einzeln, anfangs meist sitzend u. von den obersten LB ± behüllt, später oft länger gestielt; KZähne ± bewimpert, ungleich lg, aufrecht. G: 20–45 cm lg. ♃ He. VI–VIII. Lichte Wälder, Waldsäume, Trockenwiesen; collin bis montan (subalpin); hfg. **Alle Bdld.** **Zickzack-K., Mittlerer K.,** Mittel-K., ***T. médium*** *(subsp. médium)*

– KRöhre außen behaart . . . . . . . . . . . . . . . . . . . . . . . . . **25**

**25** Blättchen 4–6 mm lg, mit wenigen, undeutlichen Seitennerven, — keilförmig-schmal-verkehrt-eiförmig bis verkehrt-herzförmig, fast ganzrandig, beiderseits anliegend seidig behaart; Stg angedrückt behaart; Köpfchen 1–3, 6–8 mm br, von HochB umhüllt; Kro weiß bis rosa, 3–4 mm lg, höchstens so lg wie der K. G: 3–15 cm lg. ⊙ Th. VII–VIII. Trockenes Geröll, Moränenschutt, sandige Alluvionen, Silikatfelsgrus (Glimmerschiefer); obermontan bis subalpin; sehr slt. Nord-**T** (im Ötztal, in den Stubaier Alpen*). (Hptvbr.: Westalpen.) Stark gefährdet (vom Aussterben bedroht?). **Felsen-K. *T. saxátile***

– Blättchen länger als 6 mm, mit deutlichen Seitennerven . . . . . . . . . . **26**

**26** K mit den längsten KZähnen etwa 3/4–1× so lg wie die Kro; Köpfchen höchstens 1 cm br . . . . . . . . . . . . . . . . . . . . . . . . . . . . **27**

– K höchstens 1/2× so lg wie die Kro; Köpfchen 2–4 cm br . . . . . . . . . **28**

**27** Köpfchen oft zahlr., ohne HochBHülle, deutlich achselständig oder die obersten scheinbar endständig, sehr zottig; Kro weiß, später rosa. H: (5)10–30 cm. ⊙ Th. V–IX. Bodensaure, sandige Äcker, Magerweiden, Trockenwiesen, Silikattrockenrasen; collin bis subalpin; Säurezeiger; hfg bis zstr. **Alle Bdld.**
**Hasen-K.,** Katzen-K., ***T. arvénse*** *(subsp. arvénse)*

– Köpfchen einzeln, in den oberen LB'Achseln sitzend, von den verbreiterten NebenB der obersten LB eingehüllt, nicht zottig; Kro h'rosa, dunkler geadert. — Stg niederliegend bis aufrecht; Blättchen 1–1,5(2) cm lg u. 1/3–1/2× so br, beiderseits seidig behaart; obere KZähne merklich kürzer als die unteren (alle etwas kürzer als die Kro). H: 5–30 cm. ⊙–⊙ Th–He. V–VIII. Trockenwiesen, sandige Äcker, Wegränder; kalkmeidend; collin; sehr slt. **B, W, N.** Vom Aussterben bedroht. **Streifen-K.,** Gestreifter K., ***T. striátum***

**28** Köpfchen einzeln, am Grund von 1–2 kleinen LB umgeben; Kro weiß oder gelblichweiß; alle KZähne ± gleich lg. **Norischer K., *T. nóricum*** (→ Pkt 20)

– Köpfchen meist zu 2 (1–4), von HochB umhüllt; Kro karmin- oder fleischrot, seltener gelblichweiß bis weiß; unterster KZahn deutlich länger als die übrigen, etwa gleich lg Zähne. — Blättchen meist 1,5–3(5) cm lg u. 1/2× so br, beiderseits oder nur unterseits anliegend weich behaart; KZähne alle wesentlich kürzer als die Kro. H: (5)10–60(100) cm. ⊙–♃ He. V–IX(XI). Frische Fettwiesen u. Fettweiderasen, Äcker, Wegränder, lichte Wälder; collin bis alpin; sehr hfg. **Alle Bdld.** Auch als FutterPf kultiviert. Wildgemüse.
**Rot-K., Wiesen-K.,** „Deutscher K.", ***T. praténse***

a Stg schwach anliegend behaart bis fast kahl . . . . . . . . . . . . . . . . . . . . . **b**

– Stg zumindest oberwärts stark abstehend behaart . . . . . . . . . . . . . . . . . **c**

b Stg 10–40 cm lg, voll bis wenig hohl, oberwärts dicht angedrückt behaart (slt kahl); Köpfchen oft einzeln, meist von LB behüllt; Blättchen 1,5–3 cm lg.
**Gewöhnlicher W.-K., *T. p.* subsp. *praténse***

* L. Schratt u. H. Niklfeld, unveröff.

- Stg 40–70(100) cm lg, hohl, schwach behaart bis kahl; Köpfchen meist zu 2, oft nicht von LB behüllt; Blättchen 3–5 cm lg. — Pf 2–3jährig; KZähne meist rot. Die häufigste Kulturrasse. **★ Saat-W.-K., Saat-Rot-K., *T. p. subsp. satívum***

c NebenB kahl; Kro tief purpurrot; Stg aufsteigend, 40–80 cm lg. — NebenB mit lg Scheide; Pf 2–3jährig. Als FutterPf kultiviert. (Kulturrasse südosteuropäischer Abstammung; aus Nordamerika eingeführt.) *(T. p. subsp. americanum)*
**★ Amerikanischer Rot-K., *T. p. subsp. expánsum***

- NebenB behaart; Kro schmutzigweiß (bis gelblich oder rötlich); Stg niederliegend bis aufsteigend, 5–15(20) cm lg. H: 5–15 cm. ⊙–⊙ Th–He. Fettweiderasen; subalpin bis alpin; zstr. **Fehlt B, W**. [22–]
**Schneeweißer Wiesen-K., Alpen-W.-K.,** „Schneeweißer Alpen-K.“, ***T. p. subsp. nivále***

## (13) Hornklee, *Lótus* (inkl. Spargelklee/*Tetragonolobus*)

1 NebenB etwa halb so lg wie die Blättchen (LB'Spreite 3zählig); Blü einzeln auf mindestens 5 cm lg Stielen. — Stg u. LB ± kurz behaart oder kahl, meist bläulich-grün; Blättchen ohne deutliche Seitennerven; am Grund der Blü ein kleines, meist 3zähliges, sitzendes HochB; Kro h'gelb. G: 10–20(40) cm lg. ♃ He. V–VII(VIII). Nasse, quellige Wiesen, feuchte Weiderasen, Gräben; salzliebend; collin bis subalpin; zstr. **Alle Bdld**. Gefährdet. *(Lotus siliquosus, **Tetragonolobus maritimus**, T. siliquosus)*
**Spargelklee,** Spargelbohne, Spargelerbse, Gelbe Sp., ***L. marítimus* (subsp. *siliquósus*)**

- Scheinbare NebenB etwa so lg (so groß) wie die Blättchen (tatsächlich: = „heruntergerutschtes“ unterstes Blättchenpaar; LB'Spreite 5zählig; echte NebenB winzig, *nur mit starker Lupe zu sehen!*); (1)2–12(15)blütige Dolden. *(Lotus s. str.)* . . . . . . . . **2**

2 Dolden (4)8–12(15)blütig, am Grund mit 1- bis 3zähligen HochB; lg, mit NiederB besetzte unterirdische Ausläufer; Stg meist weitröhrig hohl, Blättchen mit deutlichen Seitennerven, die oberen ± elliptisch, die unteren br schiefherzförmig; KZähne vor dem Aufblühen bogenförmig abstehend bis zurückgebogen, — meist bewimpert; Stg aufsteigend oder aufrecht, kahl oder ± behaart. H: 30–90 cm. ♃ He. (V)VI–VII(VIII). Feuchte Wiesen u. Wälder, Gräben, Ufer; kalkmeidend; collin bis submontan; zstr bis slt. **Fehlt O***. Gefährdet. Früher auch als FutterPf kultiviert (?); auch in Ansaaten zur (landwirtschaftlichen) „Verbesserung“ von nassen Wiesen. (Inkl. ***L. uliginosus***)
**Sumpf-H., *L. pedunculátus***

- Dolden (1)2–8blütig, am Grund mit 3 kleinen HochB; Pf ohne unterirdische Ausläufer; Stg markig oder engröhrig; Blättchen ohne deutliche Seitennerven, schmal, linealisch bis lineal-lanzettlich oder verkehrt-eiförmig; KZähne vor dem Aufblühen zusammenneigend. (Artengruppe Gewöhnlicher H., *L. corniculatus agg.*) . . . . . . . . **3**

3 Blättchen der LB in der oberen StgHälfte linealisch bis lanzettlich, 3–8(10)× so lg wie br, — oft etwas sichelförmig . . . . . . . . **4**

- Blättchen br-eiförmig bis br-lanzettlich oder fast rundlich, (1)2–3(4)× so lg wie br . . . . . . . . **5**

4 KZähne kürzer als die KRöhre; Blättchen 5–8(10)× so lg wie br; Blü 7–10(12) mm lg; K u. LB kahl oder nur zstr behaart. — Blüstd 1–4(6)blütig; Blü meist (veilchenartig?) duftend; Stg meist kahl, oft stark verzweigt, nieder-

* Laut L. Schratt (unveröff.) u. A. Polatschek (Mskr. N. Fl. **T & V**) auch in **T** vorhanden.

liegend bis aufsteigend oder aufrecht. H: 20–40(80) cm. ♃ He. VI–VIII. Feuchte, salzhältige Wiesen u. Weiderasen, Ränder versalzener Straßen (hier in Ausbreitung begriffen?); collin; zstr bis slt. **B, W, N, O†, (St), K, T**. Gefährdet; im Alp u. im nVL stärker gefährdet. Auch als FutterPf kultiviert (?). (Diploid.) *(L. corniculatus subsp. tenuifolius;* ***L. tenuis****)*

**Salz-H.**, Schmalblatt-H., ***L. gláber***

- KZähne stets länger als die KRöhre; Blättchen etwa 3–6× so lg wie br; Blü 13–18 mm lg; K u. LB meist dicht behaart, slt fast kahl *(f. futákii)*. — Blüstd 2–4(6)blütig; Stg meist behaart, ± aufrecht. H: 15–40 cm. ♃ He. V–VII. Trockenrasen; collin; slt. Im Pann. **B, W, N**. Gefährdet. (Diploid. Vielleicht eher nur Unterart?) *(L. corniculatus subsp. slovacus)* [5]

■ **Slowakischer H., Borbas-H., *L. borbásii***

5 KZähne stets länger (meist um mindestens 1/5) als die KRöhre, untereinander etwas ungleich; Stg ± aufrecht. ■ **Slowakischer H., *L. borbásii*** (→ Pkt 4–)

- KZähne kürzer bis unmerklich (höchstens um 1/10) länger als die KRöhre, untereinander gleich; Stg meist niederliegend bis aufsteigend . . . . . . . . **6**

6 Blüstd (2)5(8)blütig; KZähne etwa so lg bis etwas kürzer als die KRöhre; Blättchen 4–18 mm lg, fast kahl oder dicht behaart *(var. hirsutus)*; Blü 10–14 mm lg; Schiffchenspitze gelb oder rötlich. — Kro lebhaft gelb, außen oft rot gezeichnet. G: 5–40(60) cm lg. ♃ He. VI–VIII. Trockene bis feuchte Wiesen u. Weiderasen; collin bis subalpin; sehr hfg. **Alle Bdld**. Sehr variabel. (Meist tetraploid.) ■ **Gewöhnlicher H., *L. corniculátus (s. str.)***

- Blüstd 1–3(4)blütig; KZähne deutlich kürzer als die KRöhre; Blättchen 2–8 mm lg, meist kahl; Blü 14–18 mm lg; Schiffchenspitze d'purpurn. — Kro außen oft lebhaft rot; Stg von einem sehr kräftigen, oft verholzten WuStock ausgehend. (?) G: 3–5(10) cm lg. ♃ He. VII–VIII. Wiesen, steinige Rasen, Schneetälchen; subalpin bis alpin; zstr. **Fehlt B, W** (?). (Meist diploid?) Von Hochlagenformen des *L. corniculatus* oft schwer unterscheidbar! *(L. corniculatus var. alpinus)* ⊖ ■ **Alpen-H., *L. alpínus***

Anm.: Ob der echte, diploide *L. alpinus s. str.* in **Ö** überhaupt vorkommt u. nicht auf die Westalpen beschränkt ist, bedarf weiterer Forschung.

## (14) Backenklee, *Dorýcnium*

1 Blättchen locker abstehend behaart, oft ± verkahlend; Blüstd (12)15–25blütig, meist ohne oder nur mit einigen wenigen DeckB; BlüStiel so lg oder länger als die KRöhre; Fahne (3)4–5 mm lg. — Pf mit sehr lg, verholzter PfahlWu; Stg am Grund verholzt; mittlere Blättchen lanzettlich, 7–18 mm lg u. (2)4–6 mm br, 3–5× so lg wie br; K 1,5–2 mm lg, meist nur spärlich kurz angedrückt behaart; Fr länglich-eiförmig, 3–4 mm lg u. 1,5 mm br, längsrunzelig. H: 15–40 cm; G: 30–65 cm lg. ♃ Ch–He. VI–VIII. Lehmige, trockene Wiesen, (Eichen-)Waldränder; kalkliebend; collin bis submontan; zstr bis slt. **B, W, N, St, K**. Gefährdet. **Krautiger B., *D. herbáceum***

- Blättchen anliegend kurz seidig behaart, oft verkahlend; Blüstd 6–14blütig, oft mit DeckB; BlüStiel kürzer als die KRöhre; Fahne 5–7 mm lg. — Stg niederliegend bis aufsteigend, sich einseitswendig verzweigend, am Grund etwas verholzt, oberwärts kurz anliegend behaart; mittlere Blättchen schmal-lanzettlich, 5–15 mm lg u. 2–4 mm br, 4–8× so lg wie br; K 2,5–3,5 mm lg, lg anliegend seidenhaarig; Fr eiförmig, 3,5–4,5 mm lg u. 2–4 mm br, fast doppelt so lg wie der K, glatt. H: 10–30(45) cm. ♃ Ch–He. (VI)VII–VIII. (Halb-)Trockenrasen; Föhrenwälder; kalkliebend; collin bis montan; im Pann hfg, sonst slt. **Fehlt S** (?). Im Rh u. öVL gefährdet. **Seidenhaar-B., *D. germánicum***

## (15) Wundklee, *Anthýllis*

1 Alle LB mit (5)7–20 Blättchenpaaren; Endblättchen nicht größer als die seitlichen; KZähne pfriemlich, etwa so lg wie die KRöhre; K glockig, nicht aufgeblasen; Kro fleischfarben bis weiß-rosa, meist dunkler geadert; Platte der Fahne 2× so lg wie der Nagel. — Pf am Grund ± verholzt, mit niederliegenden, verzweigten Ästen; Blü 10–12 mm lg; KRöhre 3–4 mm lg u. 2 mm br. H: 2–5 cm, G: 10–30 cm lg. ♃ He. V–VI(VII). Felsen, Geröll, Föhrenwälder, Trockenweiden; collin bis montan; kalkstet; sehr slt. **N, K.** (Hptvbr.: Slowenien, Balkanhalbinsel.) Gefährdet.

**Dinarischer W., Österreichischer W., Jacquin-W., *A. montána* (subsp. *jacquínii*)**

- Grundständige LB mit 0–4 Blättchenpaaren, Endblättchen merklich größer als die übrigen; StgB mit 2–7 Blättchenpaaren; KZähne mehrmals kürzer als die KRöhre, die 2 oberen eiförmig u. zusammenneigend, die 3 unteren lanzettlich u. kürzer; K zuerst flaschenförmig, nach dem Verblühen bauchig anschwellend; Kro gelb, orange oder rötlich; Platte der Fahne kürzer, so lg oder etwas länger als der Nagel. — Staude mit kurzem, ± ästigem, vielköpfigem WuStock u. aufsteigendem oder aufrechtem Stg; Blü 9–19 mm lg. H: 5–40(60) cm. ♃ He. V–VIII. Trockenwiesen, trockene Föhrenwälder, Magerrasen, Geröll, Felsen; kalkhold; collin bis alpin; hfg. **Alle Bdld**. VolksarzneiPf.

**Echter W.**, „Katzenprankerl", ***A. vulnerária***

Anm.: Sehr formenreiche Art; die Unterarten sind noch nicht ausreichend erforscht; es gibt offenkundig zahlr. Zwischenformen u. (?) Hybriden.

a Seitliche KZähne schmal, an die oberen angedrückt; Blättchen der Köpfchen-TragB schmal-3eckig-lanzettlich, spitz; LB meist beiderseits behaart (oberseits rauhhaarig bis verkahlend); Stg mit (2)3–6 ± gleichmäßig verteilten LB, diese mit 3–7 Blättchenpaaren; Endblättchen der oberen StgB nicht oder kaum größer als die seitlichen . . . . **b**

- Seitliche KZähne deutlich, nicht an die oberen angedrückt; Blättchen der Köpfchen-TragB lineal-lanzettlich, stumpf; LB meist zumindest oberseits kahl, unterseits ± kurz anliegend behaart; Stg bes. im unteren Teil beblättert: mit 1–3(4) LB, diese mit (1)2–4 Blättchenpaaren; Endblättchen der oberen StgB wesentlich größer als die seitlichen. — Stg (kurz) anliegend oder am Grund abstehend behaart . . . . . . . . . . . . . . . **c**

b Stg im unteren Teil ± waagrecht-abstehend zottig behaart, oben ± anliegend filzig behaart, sehr kräftig, oft verzweigt, am Grund etwas verholzt; Blättchen der oberen StgB linealisch. — Obere StgB 3–6, mit 5–7 Blättchenpaaren; GrundB mit 1–2 Blättchenpaaren; Kro meist gelb, auch weißlich oder rötlich; K 11–12 mm lg, einfärbig weißlich. H: 20–60 cm. ♃ He. VI–VIII. Trocken- u. Halbtrockenrasen; collin; slt. **B, W, N, O, St, K**. Gefährdet. ■ **Steppen-W.**, Ungarischer W., ***A. v. subsp. polyphýlla***

- Stg kurz anliegend behaart, manchmal niederliegend, slt verzweigt, am Grund nicht verholzt; Blättchen der oberen StgB linealisch-lanzettlich bis elliptisch. — Obere StgB 3–4(6), mit (3)4–7 Blättchenpaaren; GrundB mit 2–3 Blättchenpaaren; Kro meist gelb oder ± blaßgelb, doch nie rein d'gelb; K 8–11(12) mm lg, einfärbig weiß oder öfters auch mit rötlichen Spitzen. H: 5–30(50) cm. ⊙(♃) He. Trockenwiesen, trockene Föhrenwälder; collin bis montan; zstr. **N, St, T, V**. Auch als FutterPf kultiviert u. gelegentlich verwildert; oft zur Böschungsbegrünung in Rasensaaten ausgebracht.

■ **Nordischer W., *A. v. subsp. vulnerária***

c K meist (10)13–15(18) mm lg, weißlich, trocken grau, ± aufrecht-abstehend behaart, wenig aufgeblasen; Platte der Fahne länger als ihr Nagel; Kro blaßgelb (Schiffchen u. Fahne ± rot überlaufen) bis einfärbig goldgelb. — WuStock kräftig; GrundB oft nur aus dem großen, elliptischen Endblättchen bestehend. H: 5–15(25) cm. ♃ He. V–VII. Kalkschutt, steinige Magerrasen; montan bis alpin; mäßig hfg bis hfg. **Fehlt B, W**.

■ **Alpen-W., *A. v. subsp. alpéstris***

- K 8–11(13) mm lg, blaß, Spitzen zuweilen purpurn, ± anliegend behaart, ± stark aufgeblasen; Platte der Fahne so lg oder kürzer als ihr Nagel; Kro meist blaßgelb, slt sattgelb. — GrundB mit seitlichen Blättchen; Stg meist aufsteigend, anliegend oder am

Grund ± abstehend behaart, mit 2–4 LB im unteren Teil. H: 10–30(40) cm lg. ♃–⊙ He–Th. (V)VI–VII. Halbtrockenrasen; Trockenwiesen, lichte Wälder; collin bis subalpin; hfg. **Alle Bdld?**. (*A. v. var. affinis, A. vulgaris*)

■ **Blasser W., Karpaten-W., Gewöhnlicher W., *A. v. subsp. carpática***

★ **(16) Blauregen, *Wistéria*** (*Wistaria*)

Junge Zweigachsen u. LB seidig behaart, später verkahlend; LB etwa 20–30 cm lg, mit 7–11(13) eiförmig-lanzettlichen bis elliptischen Blättchen; oberstes (10.) StaubB frei; Fr 10–15 cm lg, lederig, stachelspitzig, schwarzbraun, vielsamig. ♄ MPh. (IV)V–VI, oft noch im Spätsommer. Ziemlich winterharte Liane, als ZierPf kultiviert. (Heimat: China.) Schwach giftig. ★ **Blauregen,** Blaue Akazie, Glyzine, Wistarie, ***W. sinénsis***

## (17) Geißraute, *Galéga*

NebenB klein, ganz frei; Blättchen elliptisch bis br-lanzettlich, 1,5–4 cm lg u. 0,7–1,5 cm br, kurzgrannig; Trauben LB'achselständig, lg gestielt. H: 40–100 cm. ♃ He. (VI)VII(IX). Feuchte Wiesen u. Gebüsche in Auen, Flußufer; collin; zstr bis slt. **B, W, N, O, St, K, (S), V†**. Gefährdet; im nVL u. Pann stärker gefährdet. Früher auch als Futter- u. VolksarzneiPf (getrocknetes Kraut) kultiviert u. gelegentlich verwildert (S).

**Geißraute**, Echte G., ***G. officinális***

★ **(18) Scheinindigo, *Amórpha***

Pf (zerrieben) aromatisch (rhabarberartig-bituminös); LB (10)15–25(30) cm lg, mit (7)11–19(25) eiförmigen bis elliptischen, (nur!) jung drüsig (durchscheinend) punktierten, an der Spitze sehr kurz begrannten, bes. unterseits flaumhaarigen Blättchen; NebenB fädlich bis linealisch, braun; Blüstd: 5–15 cm lg, aufrechte, dichtblütige, ährenförmige Traube; Fr sichelförmig, mit Drüsenhöckern, 2samig. H: (0,5)1–2(6) m. ♄ NPh. V–VI. Zierstrauch u. bes. zum Bodenschutz angepflanzt, gelegentlich verwildert u. eingebürgert. **B, W, N, (K)**. (Heimat: südl. USA u. Mexiko.) (★) **Scheinindigo,** Bastardindigo, Bleibusch, ***A. fruticósa***

## (★) (19) Robinie, Falsche Akazie, *Robínia*

Anm.: Zwei ebenfalls in Nordamerika beheimatete Arten (Blü geruchlos, meist ± rosa; NebenB nie verdornend) werden gelegentlich als Ziergehölze kultiviert: ★ **Klebrige R., *R. viscósa*** (MPh; junge Zweigachsen klebrig, nicht brüchig; Blättchen mehr als 13; Trauben (6)10–15(18)blütig; KZähne kürzer als die KRöhre; in **K** sehr slt verwildert) u. ★ **Borstige R., *R. híspida*** (NPh; junge Zweigachsen rotborstig, brüchig; Blättchen weniger als 13; Trauben 3–5(9)blütig; KZähne länger als die KRöhre).

Trauben zuerst aufrecht, später hängend, Blüstd'Achsen weder klebrig noch borstig; Blü 1,5–2 cm lg, duftend; Kro weiß (slt gelblich oder rosa), wohlriechend; NebenB meist verdornend (1–2 cm lg, glänzende Dornen). — Borke grob-rissig; LB 20–30(35) cm lg, mit 9–19(21) elliptischen bis (länglich-)eiförmigen Blättchen, bald kahl; Fr ganz flach, 5–10 cm lg u. 1–2 cm br, kahl, glatt, purpurbraun, 4–10samig. H: 3–12 m. ♄ NPh. V–VI. Hfg kultiviert als Zier-, Bienenweide- u. Forstbaum (auch unbedornte Kultursorten), bes. längs Eisenbahntrassen u. bes. im Pann oft verwildert u. eingebürgert. Mit Hilfe der Knöllchenbakterien bewirkt die Robinie eine starke Überdüngung des Bodens (Nitrate), sie wirkt daher, bes. im Pann, vegetationszerstörend u. landschaftsökologisch sehr ungünstig! (Heimat: Nordamerika.) Volkstüml. Verwendung in der Küche: Blüstd mit Teig gebacken wie jene des Schwarzen Holunders. Rinde, Fr, Sa schwach giftig. Anm.: Die VolksarzneiPf „Akazienblüten" („Flos acaciae") sind die Blü des Schlehdorns / *Prunus spinosa*!

(★) **Gewöhnliche R., Falsche Akazie,** „Akazie", ***R. pseudacácia***

### ★ (20) Erbsenstrauch, *Caragána*

LB mit 4–6(8) Blättchenpaaren; Blättchen ± elliptisch, stachelspitzig, dünnhäutig, beiderseits behaart, oberseits verkahlend; Fr 5 cm lg, stielrund. H: 2–4(5) m. ♄ NPh. V–VI. Als Zierstrauch kultiviert, slt verwildert (zB in **W**). (Heimat: Sibirien u. Ostasien.) Schwach giftig. **★ Erbsenstrauch, *C. arboréscens***

## (21) Tragant, Stragel, *Astrágalus* (inkl. *Phaca*)

**1** LB am StgGrund rosettig gehäuft . . . . . . . . . . . . . . . . . . . . . . . . **2**

**-** LB nicht am StgGrund rosettig gehäuft (beblätterter Stg stets deutlich vorhanden) . . . . . . . . . . . . . . . . . . . . . . . . . . . . . . . . . . . . **3**

**2** Stg u. LB dicht abstehend behaart; NebenB ziemlich lg mit dem LB'Stiel verbunden (Abb. 221 c); Blättchenpaare 12–19; Blüstd 3–9blütig. — Kro h'gelb; Fr fast sitzend, eiförmig, aufgedunsen, dicht zottig behaart. H: 3–10 cm. ♃ He. V–VII(IX). Halbtrockenrasen; kalkliebend; collin; sehr slt. Im Pann. **B, N**. Vom Aussterben bedroht. **Stengelloser T.**, Boden-T., ***A. exscápus***

**-** Stg u. LB anliegend behaart; NebenB frei (Abb. 221 a); Blättchenpaare 9–11(12); Blüstd 6–14blütig. — Kro weißlich, oft h'rot überlaufen, das Schiffchen oft bläulich; Fr oft nickend, erst sehr zstr angedrückt behaart, später verkahlend. H: 2–4 cm. ♃ He. V–VI(VII). Trockene, kalkreiche Hänge; alpin; sehr slt. **T**. (Südalpen.) Stark gefährdet. **Niederliegender T.**, Niedriger T., ***A. depréssus***

**3** Kro stets einfärbig gelb bis gelblichweiß, niemals purpurn bis bläulich getönt u. niemals Teile der Kro purpurn bis bläulich . . . . . . . . . . . . . . . . . **4**

**-** Kro nie einfärbig gelb bis gelblichweiß, sondern purpurn, blau oder weiß, manchmal Teile gelb oder Kro anders verschiedenfärbig . . . . . . . . . . **8**

**4** Fr kahl; LB 10–20 cm lg. — Stg niederliegend, kräftig, hin- u. hergebogen, spärlich anliegend behaart, aber bald verkahlend; Blättchen oberseits lebhaft grün, unterseits behaart, etwas bläulich, süß schmeckend; Trauben kurz, vielblütig, kürzer als die LB; Kro bleich grünlichgelb; Fr spiralig aufwärts gekrümmt, fast sitzend, 3–4 cm lg u. 4–5 mm br, 2fächerig. G: 40–80(150) cm lg. ♃ He. V–VI(IX). Lichte Wälder, Waldschläge; collin bis montan; hfg. **Alle Bdld**. **Süß-T.**, Süßblatt-T., Bärenschote, ***A. glycyphýllos***

**-** Fr behaart, manchmal verkahlend; LB 5–13 cm lg . . . . . . . . . . . . . **5**

**5** Blüstd dicht kopfig. — Stg u. LB mit einfachen Haaren; Stg niederliegend oder aufsteigend bis aufrecht; Blättchenpaare 8–12(14); NebenB klein, lanzettlich, frei, nur die oberen miteinander verbunden; Kro blaßgelb; Fr kugelig-eiförmig, 1–1,5 cm lg u. fast 1 cm dick, 1–2 mm lg geschnäbelt, 2fächerig. G: 20–80 cm lg. ♃ He. V–VIII. Lichte Gebüsche, Trockenwiesen, auch halbruderal; kalkhold; collin bis untermontan; zstr bis slt. **Fehlt V**. **Kicher-T.**, ***A. cícer***

**-** Blüstd ± verlängert, nicht dicht kopfig. — Stg aufrecht . . . . . . . . . . **6**

**6** Blü u. Fr aufrecht; Stg u. LB mit angedrückten 2armigen Haaren (Kompaßnadelhaaren, *Lupe!*)). — Stg einfach oder schwach ästig; Blättchenpaare 8–15; Blättchen 1,5–2,5 cm lg u. 1–2(3) mm br, spitz; Fr 1,5–2,5 cm lg u. 3 mm br, länglich-linealisch. H: 30–60 cm. ♃ He. V–VI. Halbtrockenrasen, wechseltrokkene Wiesen; collin; sehr slt. Im Pann. **B** (im Seewinkel), **N**. (Hptvbr.: Slowakei, Ungarn, Kroatien, Ost-Europa.) Stark gefährdet. **Rauh-T.**, ***A. ásper***

**-** Blü u. Fr abstehend bis hängend; Stg u. LB mit einfachen Haaren oder kahl. — Fr 20–30 mm lg . . . . . . . . . . . . . . . . . . . . . . . . . . . . . . . . **7**

**7** Blättchenpaare 7–15; Blättchen 3–6 mm br; Fr 10–15 mm br, — auffallend stark aufgeblasen, verkahlend; Stg stark verzweigt, meist behaart. H: 30–

50 cm. ♃ He. VII–VIII. Sonnige, steinige, ± trockene Magerrasen, Felsschutt; obermontan bis alpin; slt. **St, K, S, T, V**. *(Phaca alpina, Ph. penduliflora)*
**Hängeblüten-T.**, Alpen-T., Alpen-Blasenschote, Alpenlinse, ***A. penduliflórus***

- Blättchenpaare 4–8, Blättchen 7–18 mm br; Fr 6 mm br. — Pf mit dünnen, unterirdischen Ausläufern; Stg u. Blättchen meist kahl. G: 10–35 cm lg. ♃ Ge. VII–VIII. Magerrasen, Gratfluren; kalkliebend; (subalpin) alpin; hfg. **Fehlt B, W**. *(Phaca frigida)* **Kälte-T.**, Gratlinse, ***A. frígidus***

**8** [3] Stg u. LB mit angedrückten 2armigen Haaren (Kompaßnadelhaaren) . **9**
- Stg u. LB mit einfachen Haaren oder kahl . . . . . . . . . . . . . . . . . . . **13**

**9** Blü 5–8 mm lg . . . . . . . . . . . . . . . . . . . . . . . . . . . . . . . **10**
- Blü 12–30 mm lg . . . . . . . . . . . . . . . . . . . . . . . . . . . . . . **11**

**10** Stg niederliegend bis aufsteigend; KZähne stumpf-3eckig, höchstens 1/4× so lg wie die KRöhre; Flügel tief-2spaltig. — Stg stielrund; Blättchen in 6–10 Paaren, linealisch bis lanzettlich, 0,5–1 cm lg u. 1–2 mm br; NebenB frei, 3eckig, klein; Trauben locker, 8–23blütig; Blü abstehend bis nickend; Kro h'blau mit violetter Schiffchenspitze. H: 5–15 cm; G: 10–30(50) cm lg. ♃ He. VI–VIII. Halbtrockenrasen; collin; zstr. Im Pann. **B, W, N**. Gefährdet.
**Österreichischer T.**, ***A. austríacus***

- Stg aufrecht; KZähne lineal-lanzettlich, 1/2–3/4× so lg wie die KRöhre; Flügel ganzrandig. — Stg nicht oder nur wenig verzweigt, tief gefurcht, hohl; LB mit 5–9 Blättchenpaaren; Blättchen linealisch, 1–2 cm lg u. 0,5–3 mm br, kahl oder nur zstr weichhaarig; NebenB kurz mit dem LB'Stiel verbunden (Abb. 221 b); Traube verlängert, 6–18blütig; Blü aufrecht; Kro lila bis h'blau; Fahne eiförmig, tief ausgerandet. H: 30–60(80) cm. ♃ He. V–VII. Wiesen, Gebüsche; collin; slt. Im Pann. **B, W, N, (St)**. Stark gefährdet.
**Ungarischer T.**, Gefurchter T., ***A. sulcátus***

**11** Fahne fast linealisch, um 6–8 mm länger als die Flügel. — Ähre 10–20blütig, zuerst kopfförmig, später verlängert; Kro leuchtend purpurn bis violettpurpurn (sehr slt weiß), 18–24 mm lg; Frkn u. Fr sitzend, wenig gedunsen, dicht weiß behaart. G: 10–30(60) cm lg. ♃ He. VI–VII(IX). Halbtrockenrasen, Trockenrasen, Felsfluren, trockene Föhrenwälder, trockene Bahndämme, Wegränder; kalkstet; collin; im Pann hfg, sonst zstr bis slt. **B, W, N, O†, (St), K, T**. Im nVL gefährdet. (Inkl. *A. murrii*)
**Langfahnen-T., Esparsetten-T.**, ***A. onobrýchis***

- Fahne schmal- bis br-eiförmig, meist nur um 1–4 mm länger als die Flügel, — abgerundet oder ± tief ausgerandet . . . . . . . . . . . . . . . . . . . . **12**

**12** Blü 20–25 mm lg; Stg u. LB dicht angedrückt silbergrau behaart; NebenB ganz frei (Abb. 221 a). — Köpfchen 3–10blütig; LB mit 3–7 Blättchenpaaren; Fahne purpurn, Flügel u. Schiffchen gelblich; K nach der BlüZeit sich blasenförmig erweiternd. H: 10–20(30) cm. ♃ He. V–VIII. Trockenrasen, Felsfluren; collin; sehr slt. Im Pann. **B, N**. Stark gefährdet. *(A. albidus)*
**Blasen-T., Aufgeblasener T.**, ***A. vesicárius*** *(subsp. vesicárius)*

- Blü 12–15 mm lg; Stg u. LB spärlich behaart; NebenB meist untereinander ± verwachsen. — LB mit (5)7–9(10) Blättchenpaaren; Köpfchen dicht, 10–20blütig; Kro blauviolett bis lila oder rosa, slt weißlich. H: 5–20 cm. ♃ He. (VI)VII–VIII. Trockenrasen, Geröllschutt, lichte Föhren- u. Lärchenwälder; kalkliebend; montan; slt. **T**. Stark gefährdet. **Tiroler T.**, ***A. leontínus***

**13** [8] Blüstd dicht kopfig. — Blü 13–18 mm lg . . . . . . . . . . . . . . . **14**
- Blüstd locker, nicht dicht kopfig. — Blü 10–15 mm lg . . . . . . . . . . **15**

**14** Fr 7–8 mm lg; NebenB auf 1/3–2/3 ihrer Länge miteinander verwachsen, obere NebenB 2,5–5 mm lg; Kro blauviolett, am Grund gelblichweiß. — Stg u. LB spärlich angedrückt behaart; DeckB höchstens 1/2× so lg wie die KRöhre; K 6–8 mm lg; KZähne 0,4–0,5× so lg wie die KRöhre; Fahne höchstens 1 1/4× so lg wie die Flügel. H: 5–20(30) cm. ♃ He. V–VI. Trockenwiesen; salzertragend; collin; sehr slt. **N** (im Weinviertel), **O**†. (Sonstige Vbr.: Von den Südwest-Alpen u. Großbritannien bis Zentralasien.) Stark gefährdet; im nVL vom Aussterben bedroht. **Dänischer T., *A. dánicus***

**-** Fr 10–15 mm lg; NebenB bis zu etwa 1/3 ihrer Länge miteinander verwachsen, obere NebenB 5–10 mm lg; Kro purpurn. — Blättchen ausgerandet, oberseits fast kahl, unterseits behaart; DeckB fast so lg wie die KRöhre; K 8–10 mm lg; KZähne 0,6–0,7× so lg wie die KRöhre; Fahne 1 1/2× so lg wie die Flügel. G: 10–40 cm. ♃ He. VI–VII. Trockene Magerwiesen; montan; sehr slt. Südwest-**K***. (Hptvbr.: Südalpen, südeuropäische Gebirge.) Gefährdet (!). *(A. gremlii, A. hypoglottis subsp. gremlii)* **Purpur-T., *A. purpúreus* (subsp. *grémlii*)**

**15** Flügel tief 2lappig bis 2spaltig. — Stg niederliegend oder aufsteigend; Kro gelblichweiß mit violetter Schiffchenspitze (manchmal auch Fahne violett überlaufen); Blättchenpaare (3)5–6(7); Blättchen schmal-elliptisch bis ± lanzettlich, 6–16 mm lg u. 2–5 mm br; Fr 1fächerig, kahl, stark aufgedunsen. G: 10–20(30) cm lg. ♃ He. V–VI. Magerwiesen, Geröllhalden; kalkliebend; alpin; slt. **St, K, S, T, V**. *(A. helveticus)* **Südlicher T.**, Schweizer T., ***A. austrális***

**-** Flügel abgerundet, ganzrandig . . . . . . . . . . . . . . . . . . . . . . . . **16**

**16** Schiffchen etwa so lg wie die Fahne, — weiß mit violettblauer Spitze, Fahne violett, blau geadert, Flügel weiß; Stg niederliegend bis aufsteigend; LB mit (4)7–12 Blättchenpaaren; Blättchen elliptisch, ohne deutliche Seitennerven, wenigstens unterseits auch noch später behaart; Trauben 5–15blütig; Blü 10–12 mm lg, abstehend bis nickend; KZähne nur wenig kürzer als die KRöhre; Fr hängend, gestielt, aufgedunsen, zottig behaart. G: (5)8–30(150) cm lg. ♃ He. VI–VIII. Magerwiesen, Weiderasen; kalkliebend; subalpin bis alpin; hfg. **St, K, S, T, V**. **Alpen-T., *A. alpínus***

**-** Schiffchen deutlich kürzer als die Fahne. — LB mit (5)6–7(8) Blättchenpaaren; LB anfangs unterseits kurz weißhaarig, später kahl; NebenB meist auf weniger als 1/3 ihrer Länge miteinander verwachsen; Kro einfärbig violett. G: 20–40 cm lg. ♃ He. VII–VIII. Frische Wiesen u. Magerrasen, Felsfluren; subalpin bis alpin; sehr slt, aber stellenweise truppweise. In den Tauern. **St?, K, S,** Ost-**T**. (Hptvbr.: arktisch-ostalpisch, Karpaten, Süd-Sibirien.) *(A. oroboides)* **Norwegischer T., Nordischer T.,** Walderbsen-T., ***A. norvégicus***

## (22) Spitzkiel, Fahnenwicke, *Oxýtropis*

**1** Stg fehlend oder nahezu fehlend (nur Blüstd'Stiel entwickelt, daher alle LB in Grundrosette) . . . . . . . . . . . . . . . . . . . . . . . . . . . . . . **2**

**-** Beblätterter Stg vorhanden, aber manchmal sehr kurz. — Blü kurz gestielt . . . . . . . . . . . . . . . . . . . . . . . . . . . . . . **5**

**2** Blü kurz gestielt, (0,8)1–1,3 cm lg; Fr kurz zylindrisch; NebenB kürzer oder nur wenig länger als die unteren Blättchen. — Traube doldig verkürzt, 3–10blütig, mit meist 5–10(15) cm lg, zstr abstehend behaartem Stiel; Kro purpurviolett. (Teil der Artengruppe Berg-Sp., *O. montana agg.*; → Pkt 7) . . . . . . . . **3**

* Erstnachweis für **Ö**: W. Gutermann, ined.

- Blü sitzend, 1,5–2 cm lg; Fr blasenartig erweitert; NebenB 2–3× so lg wie die unteren Blättchen. — Blüstd kopfig bis ährenförmig, dicht 6–18blütig . . **4**

**3** Blüstd meist 7–10(20)blütig, Stiel abstehend behaart; Pf dünnfilzig behaart; Blättchen länger als 7 mm, meist 12–20 Paare. — KZähne 1/2–2/3× so lg wie die KRöhre. H: 5–15 cm. ♃ He. VII–VIII. Magerwiesen, Schutthalden; kalkliebend; subalpin bis alpin; zstr bis slt. **N, St, K, T**. *(O. triflora var. insubrica, O. generosa,* ***O. pyrenaica****)* **Pyrenäen-Sp., Insubrischer Sp.,** ***O. neglécta***

- Blüstd 3–6blütig, Stiel meist anliegend behaart; Pf spärlich behaart; Blättchen kürzer als 7 mm, 10–12 Paare. H: 5–7 cm. ♃ He. VI–VIII. Magerwiesen, Schutthalden; über Kalkschiefer; alpin; hfg bis zstr. Hohe u. Niedere Tauern. **St, K, S,** Ost-**T**. Endemisch.
**Dreiblüten-Sp.,** Armblütiger Sp., ***O. triflóra***

**4** Pf fast in allen Teilen lg u. dicht weiß-seidenhaarig; Blüstd'Stiel mit 1,5–3 mm lg Haaren (neben kürzeren); KZähne lanzettlich; Kro freudig violett bis purpurn (slt lila oder weißlich); Fr 2fächerig. — Blättchenpaare (8)10–14(16); Blättchen 1–1,5 cm lg u. 0,25–0,5 cm br, beiderseits dicht anliegend seidig behaart; NebenB nur am Grund mit dem LB'Stiel verwachsen (Abb. 221 b); 1–2 Blüstd pro Rosette; Blüstd kopfig bis etwas ähren- oder eiförmig, 6–16blütig; Fr aufrecht, aufgeblasen, lg bespitzt. H: 5–15 cm. ♃ He. (V)VI–VIII. Steppenföhrenwälder, trockene Magerrasen, Schutt- u. Gesteinsfluren; obermontan bis alpin; sehr zstr bis slt. **St, K, S, T, V?**. *(O. sericea)*
**Seidenhaar-Sp., Haller-Sp.,** ***O. hálleri***

- Pf in den meisten Teilen locker behaart bis fast kahl; Blüstd'Stiel nur mit 0,5–1,5 mm lg Haaren; KZähne 3eckig; Kro gelblichweiß (Schiffchen zuweilen mit violetten Flecken) oder trüb bläulichlila bis weißlich; Fr mit unvollständiger Scheidewand (daher 1fächerig erscheinend). — LB beiderseits oder nur unterseits zstr behaart bis fast kahl, mit 10–15 Blättchenpaaren, Blättchen oft mit etwas verdicktem u. eingerolltem Rand; NebenB lanzettlich, ziemlich weit mit dem LB'Stiel verbunden (Abb. 221 c); Blüstd kopfig, 10–18blütig. H: 10–15(18) cm. ♃ He. (VI)VII–VIII. Magerwiesen, Schuttfluren, grasige Hänge, Lärchwiesen; (ober)montan bis alpin; zstr bis hfg. **St, K, S, T, V**.
**Alpen-Sp.,** Gewöhnlicher Sp., ***O. campéstris***

a Platte der Fahne elliptisch bis verkehrt-eiförmig, höchstens 2× so lg wie br; Flügel kaum länger als das Schiffchen; KZähne (1,5)2(3) mm lg; Kro meist gelblichweiß, Schiffchen zuweilen violett gefleckt. — K 7–10 mm lg; Fahne 1,2–1,4× so lg wie die Flügel.
**Gewöhnlicher A.-Sp.,** ***O. c. subsp. campéstris***

- Platte der Fahne schmal-elliptisch, 3–4× so lg wie br; Flügel länger als Schiffchen; KZähne (0,8)1,5(2) mm lg; Kro meist trüb bläulichlila bis weißlich. — K 6–8 mm lg; Fahne 1,2–1,5× so lg wie die Flügel. In den wAlp. **Tiroler A.-Sp.,** ***O. c. subsp. tiroliénsis***

**5** [1] Kro h'gelb; Fr mit unvollständiger (halber) Scheidewand; FrTräger fehlend (Fr daher im K sitzend). — Stg kräftig, meist bogig aufsteigend, wie die LB dicht mit weißen, meist abstehend-zottigen Haaren besetzt; KZähne pfriemlich, die unteren länger als die oberen; NebenB ganz frei; Fahne eiförmig, ausgerandet, deutlich länger als die Flügel u. als das mit lg, schmaler Spitze versehene Schiffchen. G: 10–30(50) cm lg. ♃ He. (V)VI–VIII. Steppenhänge, Felsfluren, Trockenrasen; kalkliebend; collin bis obermontan; slt. Im Pann u. den innenalpischen Trockengebieten. **B, N, St, K, S†?, T, V†**. Gefährdet.
**Steppen-Sp.,** Zottiger Sp., ***O. pilósa***

- Kro h'blau bis blau- oder purpurviolett, slt rosa, nie gelb; Fr 1fächerig (Scheidewand durchgehend); FrTräger (= FrStiel *oberhalb* des K) vorhanden . **6**

**6** NebenB (zumindest die unteren) 1/2–4/5 ihrer Länge miteinander (aber nicht mit dem LB'Stiel) verwachsen (Abb. 221 d); FrTräger bedeutend kürzer (meist nur 1/2 × so lg) als die KRöhre; DeckB bis über die Mitte der KRöhre reichend. — Stg kurz, aber deutlich entwickelt, aufsteigend, wie die LB dicht anliegend seidig-behaart; Blättchenpaare (6)7–10(12); Blü 1 cm lg, wie die 1–1,5 cm lg u. 4–5 mm br, etwas aufgedunsenen Fr nickend; KZähne linealisch, 2/3–4/5× so lg wie die KRöhre; Kro h'- bis lebhaft blauviolett, seltener rosa. G: 5–10(30) cm lg. ♃ He. VI–VIII. Schuttfluren, Magerwiesen; kalkliebend; alpin; zstr bis slt. **K, S, T.** **Lappland-Sp.,** ***O. lappónica***

**-** NebenB untereinander ganz frei (Abb. 221 a), höchstens am Grund mit dem LB'Stiel verwachsen (Abb. 221 b); FrTräger mindestens so lg wie die KRöhre (bei *O.* × *carinthiaca* zuweilen auch kürzer, → Pkt 7–); DeckB kaum bis zur Mitte der KRöhre reichend. (Teil der Artengruppe Berg-Sp., *O. montana agg.*; → Pkt 3) . . . . . . . . . . . . . . . . . . . . . . . . . . . . . **7**

**7** Stg mit meist nur 1 Blüstd, — dünn; Pf rasig ausgebreitet, nur spärlich behaart oder verkahlend; Blü über 1 cm lg, kurz, aber deutlich gestielt; Kro lebhaft violett bis purpurn, slt weiß, zu 5–15 in trauben- oder köpfchenartigen Blüstd; KZähne kurz 3eckig, 1/4–1/3 × so lg wie die KRöhre; Blättchenpaare (4)8–14(19); Fr spärlich kurz behaart bis verkahlt. G: 4–10(12) cm lg. ♃ He. VII–VIII. Felsen, Felsschutt, Magerrasen; auf Kalk u. Dolomit; alpin; zstr. **Fehlt B, W.** (*O. montana var. jacquinii,* ***O. jacquinii***)
**Berg-Sp.,** Jacquin-Sp., ***O. montána s. str.***

**-** Stg mit meist 2–3 Blüstd. — Merkmalsbestand zw. Berg-Sp. / *O. montana s. str.* (= *O. jacquinii*) u. Pyrenäen-Sp. / *O. neglecta* (= *O. pyrenaica*, → Pkt 3) vermittelnd. An gleichen Standorten wie die Eltern; zstr (oft auch ohne einen Elter auftretend). G: 5–30 cm lg. Süd-**K**. (*O. montana* × *O. neglecta*)
**Kärntner Sp.,** (sl.:) koroška osivnica, ***O. (×) carinthíaca***

## (23) Blasenstrauch, *Colútea*

Blü etwa 2 cm lg, auf 0,5–1,5 cm lg Stielen, mit schuppenförmigen VorB unter dem K; K kurzhaarig, mit br, stumpfen KZähnen, diese kürzer als die KRöhre. H: 2–4(5) m. ♄ NPH. V–VIII. Lichte, trockene Laub- u. Föhrenwälder, Gebüsche; collin; zstr. **B, N, T, V**†?. Status (ob heimisch) unsicher. Zuweilen als Zierstrauch kultiviert u. manchmal verwildert u. eingebürgert (zB in **W, St, K**). Schwach giftig. Gefährdet. **Blasenstrauch,** ***C. arboréscens***

## (24) Kronwicke, *Coronílla* (exkl. *C. sect. Emerus* [→ (26) *Hippocrepis*] u. *C. varia* [→ (25) *Securigera*])

Anm.: Die stärkere Berücksichtigung des Baus der Fr macht es notwendig – um die verwandtschaftlichen Beziehungen besser darzustellen – , die Art *Coronilla varia* aus dieser Gattung auszugliedern u. der Gattung *Securigera* einzufügen u. ebenso, *C. emerus* in die Gattung *Hippocrepis* zu überstellen.

**1** LB einfach oder 3zählig-zusammengesetzt, — dabei Endblättchen 3–4 cm lg u. viel größer als die Seitenblättchen; NebenB miteinander verwachsen, 1–2 mm lg, häutig; Kro 4–8 mm lg, gelb. H: 20–40 cm. ⊙ Th. V–VI. Trockene Ruderalstellen, Straßen- u. Eisenbahndämme, Ackerränder; collin; sehr slt. **(K)**. (Heimat: Medit.) ☆ **Skorpions-K.,** ***C. scorpioídes***

**-** LB gefiedert . . . . . . . . . . . . . . . . . . . . . . . . . . . . . **2**

**2** Zwerg-Halbstrauch mit stark verzweigtem, krautigem, niederliegendem bis bogig aufsteigendem Stg; Blättchen 3–10(15) mm; NebenB miteinander verwachsen, zusammen etwa so groß wie ein Blättchen, weiß oder rötlich; Dolden 4–8(10)blütig. Im Habitus ähnlich dem Hufeisenklee, (26), *Hippocrepis comosa*, bei dem jedoch die NebenB nicht miteinander (sondern nur kurz mit dem LB'Stiel) verwachsen u. viel kleiner als ein Blättchen sind. H: 2–5(10) cm; G: 5–20 cm. ♃ Ch. (V)VI–VII(VIII). Föhrenwälder, Magerwiesen, trockene Hänge, Fels- u. Bachschutt; über Kalk u. Dolomit; collin bis alpin; zstr bis mäßig hfg. **Fehlt B, W**.

**Scheiden-K.**, ***C. vaginális***

- Pf krautig; Stg aufrecht, nicht oder wenig verzweigt; Blättchen 15–25 mm lg; NebenB klein (viel kleiner als die Blättchen) u. meist frühzeitig abfallend; Dolden 12–20blütig. H: 30–50(70) cm. ♃ Ch. V–VII. Trocken-warme, lichte Wälder, bes. Flaumeichenwälder, steile Magerrasen; nur über Kalk; collin bis submontan; zstr. **B, W, N, O?, St, K?, T**. Gefährdet; im söVL stärker gefährdet.

**Gekrönte K.**, Berg-K., ***C. coronáta***

## (25) Buntkronwicke, Beilwicke, *Securígera* (*Coronilla* p. p.)

Anm.: Vgl. die Anm. bei Gattung 24!

Stg schwach behaart oder kahl, kantig, niederliegend bis aufsteigend; 12–15(20)blütige Dolden; LB 5–10paarig gefiedert; Blü 1–1,5 cm lg, duftend; Fahne purpurlila, Flügel weiß, Schiffchen weiß, an der Spitze schwarzpurpurn. G: 30–120 cm lg. ♃ He. V–IX. Trockene bis frische Wiesen, Straßen- u. Wegränder, Eisenbahndämme, Bahnschotter; kalkliebend; collin bis montan; hfg. **Alle Bdld**. Schwach giftig. (***Coronilla varia***)

**Buntkronwicke, Bunte B.**, Bunte Kronwicke, ***S. vária***

## (26) Hufeisenklee u. Strauchkronwicke, *Hippocrépis* (inkl. *Coronilla sect. Emerus*)

Anm.: Vgl. die Anm. bei Gattung 24!

1 Strauch; Dolden (1)2–3blütig; LB mit (2)3(4) Blättchenpaaren, die obersten 3 Blättchen von einem Punkt entspringend; Blü 15–20 mm lg, — nickend; Zweigachsen kantig, grün, nur in der Jugend kurz anliegend behaart, später bald kahl; Fr fast stielrund, 5–10 cm lg u. 2 mm br. H: (30)50–150 cm. ♄. IV–V. Lichte, trocken-warme Laubwälder (zB Flaumeichenwälder), Föhrenwälder; etwas kalkliebend; collin bis untermontan; mäßig hfg bis zstr. **Alle Bdld**. (***Coronilla emerus***)

**Strauchkronwicke, Strauchwicke**, Strauchige Kronwicke, ***H. émerus***

- Krautig; Dolden 5–12blütig; LB mit (3)4–8 Blättchenpaaren; Blü 7–12 mm lg, — duftend, nickend; Pf mit zahlr., verzweigten, niederliegenden bis aufsteigenden, am Grund oft etwas verholzenden Stg; NebenB nicht miteinander (nur kurz mit dem LB'Stiel) verwachsen u. viel kleiner als ein Blättchen. Im Habitus ähnlich der Scheiden-Kronwicke, (24), *Coronilla vaginalis*, bei der jedoch die NebenB miteinander verwachsen u. zusammen etwa so groß wie ein Blättchen sind; KZähne 3eckig, die oberen deutlich länger als die unteren. H: 2–5 cm; G: 5–30 cm lg. ♃ He. (IV)V(IX). Föhrenwälder; Magerwiesen, bes. Halbtrockenrasen, Felsen, Schutt, kalkliebend; collin bis alpin; hfg. **Fehlt B, W**. Im nVL gefährdet.

**Hufeisenklee**, ***H. comósa***

## (27) Süßklee, *Hedýsarum*

Pf kahl; LB 5–9paarig gefiedert, oberseits d'grün, unterseits h'grün; Blättchen elliptisch bis eiförmig, unterseits mit auffälliger Nervatur, 1–3 cm lg u. 0,5–1,5 cm br; scheinbar endständige, 12–20(50)blütige, zuletzt verlängerte Traube; Blü 2 cm lg; Kro purpurrot. H: 10–40 cm. ♃ He. VI–VIII. Magerrasen; kalkliebend; subalpin bis alpin; zstr bis hfg. **Fehlt B, W**. *(H. obscurum)*
**Süßklee, Alpen-S., *H. hedysaroídes*** *(subsp. hedysaroides)*

## (28) Esparsette, *Onóbrychis*

(Alle angeführten Arten gehören zu O. viciifolia agg.)

**1** Traube vor dem Aufblühen schlank, linealisch, spitz, lockerblütig, während des Blühens 1–1,5 cm br; DeckB 3 mm lg (?), viel kürzer als der K (?); Stiel des obersten Blüstd 2–3× so lg wie das TragB; Kro 8–10(12) mm lg, blaßrosa; Fr 4–6 mm lg; StgGrund ohne NebenB der abgestorbenen LB. — Stg niederliegend bis aufsteigend; Blättchenpaare 5–12(14); Blättchen 10–35 mm lg, meist (1,5)2–4 mm br, lineal-lanzettlich; BlüStiel etwa 2 mm lg; K 4–5(7) mm lg, KZähne 1,5–2,5× so lg wie die KRöhre; Fahne mindestens so lg wie das Schiffchen; Flügel 2–3(4,5) mm lg, deutlich kürzer als der K; Kamm der Fr mit 4–5(6) schlanken, 0,5–2 mm lg Stacheln. H: 15–30(40) cm. ♃ He. (V)VI–VII. Trockene Hänge u. Rasen, Föhrenwälder, Steppenwiesen; auf Löß u. Kalkschutt; kalkliebend. **■ Sand-E., *O. arenária***

**a** Blü 8–10 mm lg; Blüstd vor dem Aufblühen an der Spitze schopfig. Collin; im Pann hfg, sonst zstr bis slt. **Fehlt S?**. Gefährdet. **■ Eigentliche S.-E., *O. a. subsp. arenária***

**-** Blü 10–12 mm lg; Blüstd vor dem Aufblühen nicht schopfig. Submontan; slt. Hohe Tauern. **K,** Ost-T. (Endemisch.) Potentiell gefährdet.
**■ Tauern-S.-E., *O. a. subsp. taurérica***

**-** Traube vor dem Aufblühen dick, eilänglich, an der Spitze abgerundet, dichtblütig, während des Blühens 1,5–2,5 cm br; DeckB 3,5–6(8) mm lg (?), nicht oder nur wenig kürzer als der K (?); Stiel des obersten Blüstd 1–2× so lg wie das TragB; Kro (9)10–14 mm lg, kräftig rosa; Fr 6–8 mm lg; StgGrund mit NebenB der abgestorbenen LB . . . . . . . . . . . . . . . . . . . . . . . . . . **2**

**2** Stg aufrecht; Fahne etwa gleich lg wie das Schiffchen; Flügel 2–3(4,5) mm lg, bedeutend kürzer als der K; Fr mit dicken, 0,5–1 mm lg Stacheln oder fast unbestachelt. — Blättchenpaare (5)6–12(14); Blättchen (10)15–25(35) mm lg u. (3)4–6(9) mm br, meist länglich-elliptisch; BlüStiel etwa 1 mm lg; K 5,5–8 mm lg; KZähne 2–4× so lg wie die KRöhre. H: 30–60(100) cm. ♃ He. V–VII. Wiesen; collin bis montan; hfg. **Alle Bdld**. FutterPf unklarer Herkunft, wahrscheinlich verwilderte hybridogene KulturPf (*O. arenaria* × *montana*?). *(O. viciifolia subsp. sativa)* **■ Gewöhnliche E., Futter-E.,** Saat-E., ***O. viciifólia***

**-** Stg niederliegend bis aufsteigend; Fahne um (1)2 mm kürzer als das Schiffchen; Flügel 4–6 mm lg, so lg oder fast so lg wie der K; Fr mit schlanken (0,5)1–2 mm lg Stacheln. — Blättchenpaare (3)5–7(8); Blättchen 5–20 mm lg u. (2)3–5(9) mm br, länglich-elliptisch; KZähne 1,5–3× so lg wie die KRöhre. G: 10–25 cm lg. ♃ He. VII–VIII. Sonnige Magerrasen, Kalkhänge, Felsschutt; kalkstet; subalpin bis alpin; zstr. **T, V**. *(O. viciifolia subsp. montana)*
**■ Berg-E., *O. montána***

## ★ (29) Sojabohne, *Glycíne*

Kro etwas länger als der K, violett bis weiß; Sa eiförmig, glatt, gelb oder braun. H: 30–50(100?) cm. ⊙ Th. VII–VIII. KulturPf; neuerdings in den östl. Bdld feldmäßig als FuttermittelPf kultiviert. (Heimat der Stammform *G. sója* = *G. ussuriénsis*: Ostasien.) *(Soja hispida)* **★ Sojabohne, *G. max***

## ★ (30) Gartenbohne, *Phaséolus*

1 Trauben deutlich kürzer als ihr TragB, armblütig (Blü in 2–6(10) Paaren); Blü 1–1,5 cm lg; Kro gelblich- oder grünlichweiß, rosa bis lila; Schiffchenschnabel mit 2 Windungen schraubig eingedreht; Fr glatt, — 10–20(30) cm lg u. 1–2 cm br, gerade oder gebogen, anfangs oft kurz behaart, später kahl, (2)5–9samig; Sa 9–16 mm lg, weiß oder färbig. ⊙ Th. VI–IX. KulturPf (Gemüse- u. FutterPf: unreife Fr, Sa), sehr slt unbeständig verwildert. (Heimat der Stammformen: Mittel- bis Südamerika.) VolksarzneiPf (trockene Hülsen angeblich blutzuckersenkend); Rohe Sa giftig. – Anm.: Der Name „Bohne" bezeichnete ursprünglich die Saubohne, (33), *Vicia faba.*

★ **Gewöhnliche Gartenbohne, Bohne**, Fisole, (kärntn.:) „Stranggale", ***Ph. vulgáris***

a Stg (rechts)windend, 1–3(5) m hoch. ★ **Stangenbohne,** Steigbohne, ***Ph. v. var. vulgáris***

– Stg aufrecht, 0,5–1 m hoch, stärker verzweigt. ★ **Buschbohne, *Ph. v. var. nánus***

– Trauben so lg oder meist länger als ihr TragB, reichblütig (Blü in 6–10 Paaren); Blü 1,5–3 cm lg; Kro scharlachrot oder weiß (manchmal nur die Flügel weiß); Schiffchenschnabel mit 1–1½ Windungen schraubig eingedreht; Fr rauh, — (12)15–25(35) cm lg, 2–3 cm br u. 8–12 mm dick, gerade oder leicht gebogen, anfangs dicht behaart, im reifen Zustand kahl, (5)7–11samig; Stg stets windend, anfangs wie die LB kurz behaart, später verkahlend; Sa 13–25 mm lg, lila, schwarz gesprenkelt. H: 2–4(7) m. ⊙–⊙ Th–He. VI–IX. Gemüse- u. ZierPf. (Heimat: wahrscheinlich Mexiko, Mittelamerika.) Rohe Fr u. Sa giftig.

★ **Feuerbohne,** Prunkbohne, ***Ph. coccíneus***

## ★ (31) Linse, *Lens*

Stg meist aufrecht u. von unten an verzweigt, nicht oder wenig kletternd, ± weich behaart; NebenB klein, krautig, halbspießförmig, meist am Grund mit einigen Zähnen; Blättchen 1–2 cm lg u. 3–8 mm br; obere LB meist mit einfacher oder verzweigter Ranke; Blü zu 1–3, nickend, gestielt, die Blüstd'Achse in eine lg Granne auslaufend; Kro so lg oder nur wenig länger als der K. H: 15–30(50) cm. ⊙ Th. V–VII. Alte KulturPf (zahlr. Kultursorten als GemüsePf [Sa]). (Heimat: Medit. bis Südwest-Asien; Stammform: *L. orientális*; Ost-Medit. bis Mittelasien.) Bei uns heute nur noch slt kultiviert. *(L. esculenta)* ★ **Linse, *L. culináris***

## ★ (32) Erbse, *Písum*

Pf völlig kahl, bläulich- oder gelblichgrün, kletternd oder niederliegend; LB'Spindel in eine verzweigte Ranke auslaufend; Blättchen eiförmig bis br-elliptisch, ganzrandig oder vorn schwach gezähnt; Ranken anstelle der oberen Blättchen. ⊙ Th. V–VI. Eine der ältesten KulturPf. (Heimat der Stammform *P. elatius*: östl. Medit., mittleres u. südl. Asien, Indien, Tibet.) ★ **Gewöhnliche E., *P. satívum***

a Kro bunt; NebenB am Grund mit purpurnem Fleck. — Blüstd meist nur 1blütig; Fr 4–7 cm lg u. 12–18 mm br; Sa meist kugelig, aber auch eckig, 1färbig, gelblich bis grünlich u. rot punktiert. H: 50–100(150) cm. Hauptsächlich als FutterPf kultiviert.

★ **Futter-E.,** Feld-E., Stock-E., ***P. s. subsp. arvénse***

– Kro meist weiß; NebenB am Grund ohne purpurnen Fleck. — Blüstd 1–5blütig; Fr 5–10 cm lg u. 15–24 mm br, meist aufgedunsen, reif h'ocker; Sa kugelig, glatt, blaßgelb bis dotterfarben oder grünlich bis grünlichgelb, einfärbig oder rötlich punktiert. H: 30–70(100) cm. In zahlr. Sorten (Saat-E., Gemüse-E., Roll-E., Mark-E., Zucker-E. u. a.) sehr hfg als GemüsePf kultiviert. ★ **Garten-E., *P. s. subsp. satívum***

# (33) Wicke, *Vícia*

Anm.: Viele Arten dieser Gattung tragen auf der Unterseite der NebenB Nektarien (Nektardrüsen): braune, purpurne bis schwärzliche, rundliche bis längliche Flecken, die bes. Ameisen anlocken. – Die Farbe der Fr versteht sich für den reifen Zustand.

1 Blü einzeln u. sehr kurz gestielt bis fast sitzend oder in armblütigen, aber gleichfalls sehr kurz gestielten Blüstd. — NebenB oft mit Nektarien . . . . **2**

– Blü einzeln u. lg gestielt oder in arm- bis reichblütigen, gleichfalls lg gestielten Trauben. — NebenB nie mit Nektarien . . . . . . . . . . . . . . . . . . **11**

**2** LB'Spindel ohne Ranken . . . . . . . . . . . . . . . . . . . . . . . . . . . . **3**
**-** Spindel zumindest der oberen LB in eine einfache oder ästige Ranke auslaufend (Abb. 223 b), untere LB zuweilen ohne Ranken (wenn zT mit kurzer einfacher Ranke, dann Blü nur 5–8 mm lg u. einzeln achselständig: vgl. Platterbsen-W., *V. lathyroídes*, → Pkt 3). — Blü 10–30 mm lg . . . . . . . . . **5**

**3** Blü 5–8 mm lg, Kro meist h'violett (slt weiß), Flügel bläulich; Fr 2–2,5 cm lg u. 4 mm br. — Blättchen in 1–2(–4) Paaren, 2–6 mm lg (obere bis 14 mm lg) u. ½× so br; Blü einzeln (slt paarweise); KZähne lanzettlich, alle fast gleich lg u. so lg wie die KRöhre. H: 5–15(25) cm. ♃–⊙ He–Th. IV–VI(VIII). Trockene Magerrasen, Steppenrasen, Äcker, Wegränder; kalkfeindlich; collin; zstr bis sehr slt (aber oft herdenweise). **Fehlt S, V.** (Hptvbr.: Submedit.) Im Alp, nVL u. söVL gefährdet. **Platterbsen-W.**, Frühlings-Zwerg-W., ***V. lathyroídes***
**-** Blü 14–30 mm lg; Kro weiß oder gelblichweiß bis bleichgelb, Fahne zuweilen rötlich, bläulich oder violett überlaufen oder geadert; Fr 3–12 cm lg u. 7–20 mm br . . . . . . . . . . . . . . . . . . . . . . . . . . . . . . . **4**

**4** Kro h'gelb bis bleichgelb; Blü 1,4–1,9 cm lg. — Stg fast stielrund; LB mit 1–3 Blättchenpaaren; Blättchen eiförmig bis br-elliptisch, 4–8 cm lg u. 3–4,5 cm br, zugespitzt, die untersten fast kreisrund; Traube 2–8blütig, fast sitzend; Fahne am Rücken purpurn oder bläulich überlaufen; Schiffchen mit grünlicher oder rötlicher Spitze; Fr abgeflacht, lg geschnäbelt, 3–4 cm lg u. 0,7–0,9 cm br, schwarz. H: 25–40 cm. ♃ He. V–VII. Edellaubwälder, Hochstaudenfluren, Schluchten; kalkstet; montan bis subalpin; zstr bis slt. **Fehlt W, T, V.** Anm.: LB ähnlich denen der Frühlings-Platterbse / *Lathyrus vernus*, bei der jedoch die LB'Spindel in eine Granne ausläuft; blühende Pf im Habitus auch ähnlich der Gelben Platterbse / *Lathyrus laevigatus*, bei dieser aber LB 3–6paarig gefiedert u. Traube gestielt.
**Walderbsen-W.**, ***V. oroboídes***
**-** Kro meist weiß (Fahne slt violett oder bräunlich geadert oder ganz lila), Flügel meist mit je 1 großen, schwarzen Fleck; Blü 2–3 cm lg. — Pf völlig kahl; Stg meist einzeln, aufrecht u. unverzweigt, bis 1 cm dick, scharf 4kantig, hohl; LB dicklich, mit (1)2–3 Blättchenpaaren; Blättchen eiförmig bis elliptisch, 3–10 cm lg u. 1–4(5) cm br; Traube 2–7blütig, kurz gestielt; Fr fast stielrund, 8–12 cm lg u. 1–2 cm br, zuletzt d'braun. H: 40–60 cm. ⊙ Th. V–VII. Sehr formenreiche alte KulturPf, slt verwildert. Kultiviert als FutterPf (Sa) u. GemüsePf (Fr), auch zur Gründüngung. (Heimat: Medit.) Anm.: Die Saubohne ist die hauptsächliche „Bohne" bis zum Beginn der Neuzeit; der Name „Bohne" wurde dann auf die aus Amerika zu uns gekommene Gattung (30) *Phaseolus* übertragen. *(Faba bona)*
★ **Saubohne, Pferdebohne, Ackerbohne,** Dicke Bohne, Puffbohne, Feldbohne, ***V. fába***

**5** [2] Fahne außen dicht angedrückt zottig behaart, mit meist braunrotem Mittelstreif. — Stg meist zu mehreren niederliegend, aufsteigend oder kletternd, gleich den LB ± zottig behaart; LB mit 7–9 Blättchenpaaren; Blättchen 1–1,5 cm lg u. 2–5 mm br; Blü in 1–4blütigen Büscheln, 1,5–1,8 cm lg; Kro gelblich bis trübviolett; Fr nickend. G: 20–50 cm lg. ⊙ Th. IV–VI(IX). Getreideäcker, Wegränder, Halbruderalstellen, Bahndämme; collin bis submontan; zstr bis slt. Auch als FutterPf (noch heute?) u. zur Böschungsbegrünung angebaut. **Pannonische W.**, Ungarische W., ***V. pannónica***
**a** KroB weißlich bis ockergelb; Fahnenplatte kürzer als der Nagel, am Rücken braun gestreift; Sa einfarbig schwarz. Bes. im Pann, sonst meist unbeständig. **B, W, N, (O, St, K, S, T, V).** *(V. p. var. typica)* **Eigentliche P. W., *V. p. subsp. pannónica***
**-** KroB trübviolett; Fahnenplatte so lg wie der Nagel; Sa marmoriert. Seltener als *subsp. pannonica*. **B, W, N, O, (St, K, T, V).** *(V. p. subsp. purpurascens)*
**Gestreifte P. W., *V. p. subsp. striáta***
**-** Fahne kahl . . . . . . . . . . . . . . . . . . . . . . . . . . . . . . . . . . . **6**

**6** Kro gelb, zuweilen Fahne u./oder Schiffchen violett oder grünlich überlaufen . . . . . . . . . . . . . . . . . . . . . . . . . . . . . . . . . . . . . . . **7**
**-** Kro in Blau-, Violett- oder Purpurtönen (slt weiß) . . . . . . . . . . . . . **8**

**7** Untere KZähne 2–3× so lg wie die oberen, länger als die KRöhre; Blü 2–2,5 cm lg, meist einzeln (seltener zu 2–3), sehr kurz gestielt; Kro zitronengelb. — Stg gerillt, abstehend behaart; obere LB mit 6–8, untere mit 3–4 Blättchenpaaren; Fr 2,5–3 cm lg u. 8–10 mm br, abstehend behaart, olivbraun. G: 20–60 cm lg. ⊙ Th. V–VI(–VIII). Getreideäcker, Feldwege, Bahndämme, Weiderasen; collin; sehr slt. **(N, St, S)**. Unbeständig bis ± eingebürgert. (Heimat: Süd- u. Westeuropa.) **(☆) Gelbe W., *V. lútea***
**-** KZähne untereinander fast gleich lg, gerade vorgestreckt, kürzer als die KRöhre; Blü (2)2,5–3(3,5) cm lg, zu (1)2(4), an 2–8 mm lg Stielen; Kro bleichgelb, Fahne ± violett bis grünlich überlaufen. — Stg stielrund, abstehend behaart bis kahl; LB mit 3–7 Blättchenpaaren; Fr linealisch, flach, 3,5–5 cm lg u. 6–8 mm br, anfangs kurz behaart, reif kahl, schwarz. G: 30–60 cm lg. ⊙ Th. (IV)V–VI. Getreideäcker, Wiesen, Äcker, Gebüsche, Ruderalstellen; collin bis untermontan; hfg bis slt. **B, W, N, St, K, T?, V?**. **Großblüten-W., *V. grandiflóra***

**a** Blättchen br, rundlich oder aus keilförmigem Grund verkehrt-eiförmig bis verkehrt-herzförmig, 1–3× so lg wie br, die oberen Blättchen elliptisch; Schiffchen einschließlich der Spitze h'gelb oder weißlich, — Fahne violett überlaufen. Slt. Ost-**St**. *(V. g. var. rotundata)* **Eigentliche G.-W., *V. g. subsp. grandiflóra***
**-** Blättchen der oberen LB schmal-linealisch bis linealisch, 3–15× so lg wie br; Schiffchen zumindest an der Spitze violett oder grünlich . . . . . . . . . . . . . . . . . . . . **b**

**b** Blättchen der oberen LB linealisch, 3–5× so lg wie br. Hfg bis zstr. **B, W, N, St, K**. Wohl eher nur Varietät! *(V. g. var. kitaibeliana, var. sordida)* **■ Schmutzige G.-W., *V. g. „subsp." sórdida***
**-** Blättchen der oberen LB schmal-linealisch, oft (6)10–15× so lg wie br. Slt. **B, (N)**. *(V. g. var. biebersteinii)* **■ Ungarische G.-W., *V. g. subsp. bieberstéinii***

**8** KZähne ungleich lg, — die unteren pfriemlich (Abb. 222 a) oder lanzettlich u. länger als die 3eckigen oberen Zähne . . . . . . . . . . . . . . . . . . . . . . . **9**
**-** KZähne etwa gleich lg (Abb. 222 b). — Blü zu 1–2(4). (Artengruppe Saat-W., *V. sativa agg.*) . . . . . . . . . . . . . . . . . . . . . . . . . . . . . . . . . . **10**

**9** Blättchenpaare 4–7(8); Blättchen rundlich- bis länglich-eiförmig, 7–26 mm lg u. 6–12 mm br; Blü 12–15 mm lg, in (1)2–5(6)blütigen Trauben. — NebenB unterseits mit je 1 schwarzpurpurnem Nektarium; Kro lila bis purpurviolett; Fr 2–3,5 cm lg u. 5–8 mm br, anfangs kurzhaarig, kahl, glänzend schwarz. G: 30–60 cm lg. ♃ He. (IV)V–VI(VIII). Fettwiesen, Weg- u. Ackerränder, lichte Edellaubwälder; Nährstoffzeiger; collin bis subalpin; hfg. **Alle Bdld**. **Zaun-W., *V. sépium***
**-** Untere LB mit 1 Blättchenpaar, in eine Spitze auslaufend, obere LB mit (2)3–4 Blättchenpaaren u. Ranken; Blättchen verkehrt-eiförmig bis br-elliptisch, 30–50 mm lg u. 20–30(40) mm br; Blü 15–30 mm lg, einzeln oder zu 2(6). — Obere NebenB oft mit Nektarien; Kro d'violett oder schmutziglila bis purpurrot, Fahne grau geadert, Schiffchen schwarzviolett; Fr 3–6 cm lg u. 10–15 mm br, mit fast stacheligen Haaren dicht besetzt (später verkahlend), schwärzlich. H: 30–60 cm. ⊙ Th. V–VI. Lichte Wälder, Waldschläge; submontan (?); sehr slt. **B** (im Leithagebirge), **N**. Neubürgerin (?). (Heimat: Medit.) *(V. narbonensis subsp. serratifolia)*
**Maus-W.**, Französische W., Schwarze Ackerbohne, ***V. serratifólia***

**10** Blü 2–3 cm lg; fast alle LB mit starken, verzweigten Ranken u. 4–8 Blättchenpaaren; Blättchen verkehrt-eiförmig bis verkehrt-herzförmig, über 5 mm br, — schwach behaart bis fast kahl; Pf ohne unterirdische Ausläufer; Kro bunt: Fahne lila bis violett, Flügel purpurviolett, Schiffchen weiß bis rosa; Fr aufrecht, meist 4–8 cm lg u. (6)6,5–8(11) mm br, zw. den Sa ± deutlich eingeschnürt, samtig behaart, gelblich-h'braun bis braun. H: 40–70(100) cm. ⊙–⊙ Th–He. III–VI(VIII–IX). Kultursippe; als FutterPf in zahlr. Kulturformen angebaut u. verwildert in Getreideäckern, an Wegrändern, auf Ruderalstellen. (Heimat der Stammsippe: Medit.) *(V. sativa subsp. obovata, V. s. subsp. sativa)*

★ **Saat-W.**, Futter-W., ***V. satíva***

**–!!** Blü 1–1,8 cm lg; unterste LB oft ohne, obere LB mit meist verzweigten Ranken; untere LB mit 1–3, obere mit 3–5(7) Blättchenpaaren; Blättchen meist länglich-lanzettlich bis linealisch, 2–5(6) mm br. — Pf mit oder ohne unterirdische Ausläufer; Fahne u. Flügel purpurn, Schiffchen weiß (seltener die ganze Kro purpurn oder weiß); Fr abstehend, 2,5–5 cm lg u. 4–6 mm br. H: 10–40(80) cm. ⊙ Th. V–VI (IX-X). Weiderasen, trockene, ± ruderale Wiesen, Getreideäcker; collin bis montan; hfg. **Alle Bdld.** Sehr formenreiche Art; die Unterarten sind zT schwer unterscheidbar. *(V. sativa subsp. angustifolia, V. s. subsp. nigra)*

**Schmalblatt-W.**, ***V. angustifólia***

**a** Platte der Fahne etwa um 90° abgewinkelt; K fast nur halb so lg wie die Kro; Fahne u. Flügel leuchtend purpurn; Blättchen schmal-linealisch; Fr 3–4 cm lg, — glänzend schwarz. Trockene Wiesen, Äcker; hfg. *(V. a. var. nigra)*

■ **Gewöhnliche Sch.-W.**, ***V. a. subsp. angustifólia***

**–** Platte der Fahne vorgestreckt oder bis etwa um 45° abgewinkelt; K etwa ³/₄× so lg wie die Kro; Fahne h'purpurn, Flügel purpurn; Blättchen meist länglich bis lanzettlich bis elliptisch; Fr 4–4,5 cm lg, — d'braun bis schwarz. Getreideäcker, frische Ruderalstellen; zstr (?). *(V. a. var. segetalis)* ■ **Acker-Sch.-W.**, ***V. a. subsp. segetális***

**–** Blü 1–1,5 cm lg; untere LB mit 1–3 Blättchen u. rankenlos, obere mit 4–7 Blättchenpaaren u. mit Ranken; Blättchen der unteren LB verkehrt-herzförmig u. kurz bespitzt, die der oberen länglich-linealisch, spitz. — Fr 2,5–4 cm lg u. (4,5)5–5,5(6) mm br, zw. den Sa nicht eingeschnürt, meist fast kahl, d'braun bis schwarz. G: 30–45 cm lg. ⊙ Th. V–VII. Ruderalstellen; slt. **(N, K, T)**. *(V. a. var. cordata, V. sativa subsp. cordata)* ☆ **Herz-W.**, ***V. cordáta***

**11** [1] Blü einzeln oder in 2–5blütigen Trauben, die oft in eine kurze, 2–12(15) mm lg Granne auslaufen. — Blättchenpaare 3–12(15); LB mit oder ohne Ranken . . . . . . . . . . . . . . . . . . . . . . . . . . . . . **12**

**–** Blü in 4–50blütigen Trauben. — Blättchenpaare 3–20; LB mit einfachen oder ästigen (verzweigten) Ranken . . . . . . . . . . . . . . . . . . . . . **15**

**12** LB ohne Ranken: Blättchenpaare 8–12(15). — Stg kantig; Blü nickend, in 2–4blütigen Trauben, die kürzer als die LB sind; Kro h'rosa; Fr hängend, fast perlschnurartig eingeschnürt. H: 20–50(65) cm. ⊙ Th. VI–VII. Slt angebaute KulturPf (FutterPf), gelegentlich verwildert bzw. eingeschleppt. (Heimat: Medit.) Giftig (für den Menschen).

★ **Linsen-W.**, Wicklinse, ***V. ervília***

**–** LB mit Ranken (diese zuweilen an den untersten LB fehlend); Blättchenpaare 3–8(10) . . . . . . . . . . . . . . . . . . . . . . . . . . . . . **13**

**13** NebenB desselben LB sehr ungleich gestaltet: eines linealisch, unzerteilt, sehr klein, sitzend, das andere größer, tief handförmig in 3–9 pfriemliche Zipfel zerschlitzt, gestielt. — Pf völlig kahl; Stg kantig, niederliegend, aufsteigend oder kletternd; Blättchenpaare 5–8; Blü einzeln, 8–12(15) mm lg, kurz gestielt, nickend; Kro bläulichweiß, Fahne lila geadert. G: 20–70 cm lg. ⊙ Th. VI–VIII. KulturPf, gelegentlich als Futter- u. GründüngungsPf angebaut (zB in **N, O** ?) u. bes. in Linsen- u. Getreideäckern verwildernd. (Heimat: Medit.)

★ **Einblüten-W.**, Algaroba-Linse, ***V. articuláta***

**–** NebenB anders gestaltet, unzerteilt, ganzrandig oder slt gezähnt . . . . . **14**

**14** KZähne sehr ungleich: die unteren pfriemlich, so lg oder länger als die KRöhre, die oberen 3eckig, viel kürzer; NebenB halbpfeilförmig, die oberen schmal-linealisch; Blü 5–9 mm lg, meist einzeln (seltener in 2–5blütigen Trauben); Kro bläulichweiß bis h'lila, Fahne violett geadert; Fr kahl, meist 4samig. — Stg schwach kantig; Blättchenpaare meist 3–5. G: 20–50 cm lg. ⊙ Th. V–VIII(X). Magerwiesen, Äcker, Halbruderalstellen; kalkmeidend; collin bis montan; zstr, im Alp slt. **Alle Bdld**. **Viersamen-W.**, ***V. tetraspérma***

- KZähne gleich lg, pfriemlich, so lg oder etwas länger als die KRöhre; NebenB linealisch; Blü 2–4 mm lg; Kro weiß, Fahne an der Spitze meist violett; Fr behaart bis verkahlend, meist 2samig. — Stg 4kantig; Blättchenpaare (4)6–8(10); Trauben (2)3–6(8)blütig. G: 20–60 cm lg. ⊙ Th. V–IX. Trockenwiesen, Äcker, Halbruderalstellen; kalkliebend; collin bis montan; hfg bis zstr. **Alle Bdld**. [15] **Behaarte W.**, Zitter-W., Zitterlinse, ***V. hirsúta***

**15** [11] Blü 2–4 mm lg; Trauben (2)3–6(8)blütig. — Blättchenpaare (4)6–8(10). **Behaarte W.**, ***V. hirsúta*** (→ Pkt 14–)

- Blü (6)8–18 mm lg, Trauben 6–50blütig . . . . . . . . . . . . . . . . . . . . **16**

**16** Blättchenpaare 3–5; Blättchen höchstens doppelt so lg wie br, — 2–4(6) cm lg; NebenB halbpfeil- oder mondsichelförmig, ± buchtig gezähnt; Trauben ± einseitswendig . . . . . . . . . . . . . . . . . . . . . . . . . . . . . **17**

- Blättchenpaare 6–20; Blättchen meist mehr als doppelt so lg wie br, — 0,5–3 cm lg; NebenB ganzrandig oder zerschlitzt bis tief gespalten (letzteres wenn Kro weiß, blauviolett geadert) . . . . . . . . . . . . . . . . . . . **18**

**17** Kro gelb; unterstes Blättchenpaar dem Stg anliegend, dadurch die NebenB verdeckend; Trauben 10–30blütig. — Blättchen 2–4(6) cm lg u. bis fast ebenso br, kahl. G: 1–2 m lg. ♃ He. V–VIII. Lichte Laubwälder, Waldränder; collin bis montan; sehr zstr bis slt. **B, W, N, O†, St, K, V**. Gefährdet; in den KäB u. im nVL stärker gefährdet. **Erbsen-W.**, „Gelbe Walderbse", ***V. pisifórmis***

- Kro purpurrot, nach dem Verblühen schmutziggelb; unterstes Blättchenpaar von den NebenB abgerückt, diese daher nicht verdeckend; Trauben 4–8(14)blütig. — Blättchen 2–3(4) cm lg u. etwa halb so br, kahl oder bes. am Rand kurz behaart. G: 1–1,5(2,5) m lg. ♃ He. VI–VIII(IX). Lichte Edellaubwälder; etwas kalkliebend; collin bis montan; hfg bis slt, gebietsweise fehlend. **Alle Bdld**. **Hecken-W.**, Hain-W., ***V. dumetórum***

**18** KroB weiß, blauviolett geadert (slt ganz weiß oder lila). — Lg, unterirdische Ausläufer; Stg schlaff, 4kantig, gefurcht, kahl, kletternd; NebenB halbnieren- bis mondsichelförmig, tief in 7–10 lg begrannte Zipfel gespalten (nur die obersten oft ganzrandig); Blättchenpaare (5)6–8(10); Trauben (5)10–15(20)blütig (in sehr schattigen Standorten armblütig). G: 1–2(4) m lg. ♃ He. VI–VIII(IX). Frische Wälder, Waldränder, Waldschläge, Hochstaudenfluren; montan bis subalpin; zstr. **Fehlt B, W**. **Wald-W.**, ***V. sylvática***

- KroB purpurn bis violett oder lila (slt weiß, aber dann NebenB ganzrandig), Flügel u. Schiffchen manchmal weißlich u. im vorderen Teil bläulich oder violett . . . . . . . . . . . . . . . . . . . . . . . . . . . . . . . . . . **19**

**19** Platte der Fahne deutlich kürzer als ihr Nagel; K am Grund stark aufgetrieben („Bauch": Abb. 222 c). G: 30–120 cm lg. ⊙–⊙ Th–He. VI–VIII. **Sand-W.**, ***V. villósa (s. l.)***

**a** Stg, LB u. Blüstd dicht zottig abstehend behaart; Trauben zottig behaart, vor dem Aufblühen schopfig. — Blättchen 1,5–3 cm lg u. 2–6 mm br, meist abgerundet u. kurz bespitzt; Trauben dicht 10–30blütig; Blü 15–20 mm lg; die 3 unteren KZähne lg gewimpert, pfriemlich, viel länger als die 2 oberen, aber etwa so lg wie die KRöhre; Kro meist blauviolett; Fr etwa 2 cm lg. ⊙ He. Getreide- (bes. Roggen-)Äcker; collin bis montan; zstr. **Alle Bdld**. Auch als FutterPf kultiviert; in Begrünungssaaten. *(V. villosa)* **Zottige S.-W., Zottel-W., *V. v. subsp. villósa***

Abb. 222a

Abb. 222b

Abb. 222c

Abb. 223a

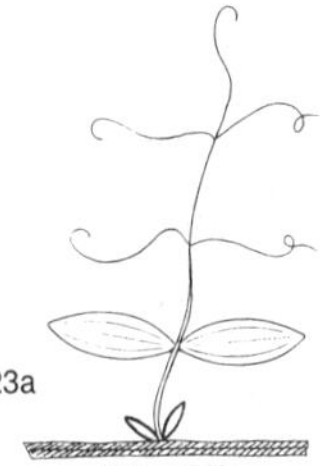
Abb. 223b

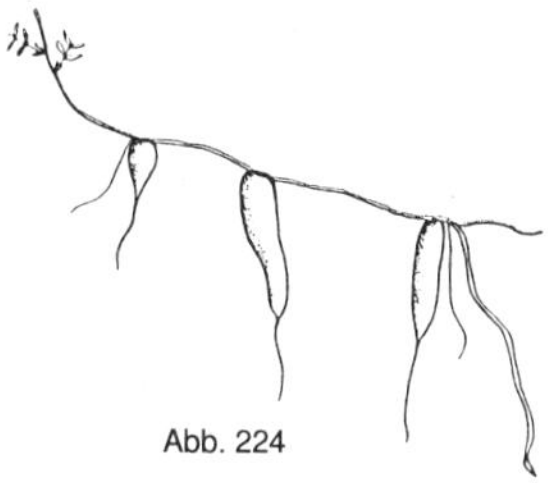
Abb. 224

- Stg u. LB kahl oder nur spärlich u. anliegend behaart; Trauben nicht zottig, vor dem Aufblühen nicht schopfig. — Blättchen 1–2(3) cm lg u. 2–4 mm br, meist spitz, schwach behaart; Trauben (3)5–15(25)blütig; Blü 12–17 mm lg; K oft violett überlaufen; KZähne fast kahl, kurz, alle deutlich kürzer als die Röhre; Kro violettblau (slt weiß), Flügel heller als die Fahne; Fr 2–4 cm lg. ⊙ Th. Wegränder, Ruderalstellen, (Getreide-)Äcker; collin bis submontan; zstr, oft unbeständig. **Alle Bdld (?)**. *(V. glabrescens, V. villosa subsp. pseudovillosa, V. dasycarpa)*
**Kahle S.-W., Bunte W.,** Falsche Vogel-W., ***V. v. subsp. vária*** *(auct. p. p.)*
- Platte der Fahne mindestens so lg bis doppelt so lg wie ihr Nagel; K am Grund nicht aufgetrieben. — Blü 8–15 mm lg . . . . . . . . . . . . . . . . . . . . **20**

**20** Blättchen elliptisch bis länglich-lanzettlich, 2–2,5× so lg wie br, die Seitennerven in einem Winkel von etwa 45–60° vom Hauptnerv abzweigend. — Blättchen 10–15(25) mm lg u. (4)5–7(10) mm br, in (5)9–11(13) Paaren; WuStock kurz, dicke unterirdische Ausläufer treibend; Stg meist aufrecht (slt niederliegend oder kletternd), kantig, wie die LB kurz weichhaarig; NebenB halbpfeil- bis halbspießförmig, meist ganzrandig; Fahne purpurn, dunkler geadert; Fahnenplatte etwa so lg wie der Nagel; Fr fast rhombisch, 1,5–2,5 cm lg u. 6–8 mm br, kahl, braun. G: 30–60(100) cm lg. ♃ He. VI–VII. Trockene, lichte Laub- (bes. Eichen-) u. Nadel- (bes. Föhren-)wälder, Waldwiesen, Bahndämme; collin bis montan; zstr bis slt. **B, W, N, St, T**. Gefährdet.
**Kassuben-W., *V. cassúbica***
- Blättchen schmal-linealisch bis länglich, etwa 3–5× so lg wie br, die Seitennerven in sehr spitzem Winkel (etwa 30°) vom Hauptnerv abzweigend, dadurch fast parallelnervig scheinend. — Blättchen 10–30 mm lg u. 2–7 mm br, in 6–20 Paaren. (Artengruppe Vogel-W., *V. cracca agg.*) . . . . . . . . . . . . . **21**

**21** Platte der Fahne etwa doppelt so lg wie ihr Nagel; Trauben *(samt Stiel)* meist 1½–2× so lg wie ihre TragB; Blü (9)12–15 mm lg. — Blättchen linealisch, 1–2,5 cm lg u. 2–4 mm br, fast parallelnervig, kurz und dicht anliegend behaart oder kahl; Trauben 10–25blütig; Fahne viel länger als die Flügel, meist lebhaft purpurviolett (slt weiß). H: 60–150 cm. ♃ He. V–VIII. Trockene Mager- u. Fettwiesen, lichte Wälder, Gebüschränder; collin bis submontan; im Pann hfg, sonst zstr. **Fehlt S, V***. *(V. c. subsp. tenuifolia)*
■ **Feinblatt-W., Schmalblatt-Vogel-W., *V. tenuifólia***
- Platte der Fahne etwa so lg wie ihr Nagel; Trauben *(samt Stiel)* kürzer bis nur wenig länger als ihr TragB; Blü (6)8–12(14) mm lg . . . . . . . . . . . **22**

* Auch in Nord- u. Ost-T laut A. Polatschek: Mskr. N. Fl. **T & V**.

**22** Stg kahl oder angedrückt-behaart; Blättchenpaare 6–10(15); Blättchen meist (1,5)2,5–5(8) mm br, wie der Stg kahl oder kurz anliegend behaart; untere seitliche KZähne 3eckig-lanzettlich; Kro blauviolett (slt weiß); Trauben *(samt Stiel)* meist nur wenig länger als ihre TragB; FrTräger kurz, auch zuletzt nicht aus dem K hinausragend. — Stg schlaff, kantig; Blü meist 8–12 mm lg (bei Schattenformen nur 6–8 mm lg). G: 20–130(150) cm lg. ♃ He. VI–VII. Fettwiesen, Gebüsche, Flußauen, Waldränder, Äcker; collin bis montan (alpin?); hfg. **Alle Bdld**. *(V. cracca subsp. vulgaris)* **(Gewöhnliche) Vogel-W.**, ***V. crácca***

Anm.: Die nächstverwandte ■ **Gebirgs-Vogel-W.**, ***V. oreóphila*** (Blättchenpaare 6–10; Trauben kürzer als ihr TragB; Blü 10–13 mm lg; G: 5–30 cm) wurde für **St, K** nachgewiesen; sie bedarf weiterer Untersuchung.

**–** Stg (wie die ganze Pf) dicht abstehend-behaart; Blättchenpaare 10–22; Blättchen (3,5)5–7 mm br, beiderseits behaart (im Herbst oft verkahlend); untere KZähne linealisch-pfriemlich; Kro purpurviolett; Trauben (samt Stiel) kürzer bis so lg wie ihre TragB; FrTräger zuletzt aus dem K hinausragend. — Blü 9–12 mm lg. G: 30–150 cm lg. ♃ He. VI–VII. Trockene Wiesen, lichte Wälder (bes. Föhrenwälder); kalkliebend; montan; slt. **St, K, T**. *(V. cracca subsp. gerardii, V. galloprovincialis)*
**Grau-W., Graue Vogel-W.,** Provence-W., ***V. incána***

## (34) Platterbse, Walderbse, *Láthyrus* (inkl. *Orobus*)

**1** LB'Spreite (scheinbar) einfach, unzerteilt, grasartig, oder durch eine Ranke ersetzt. — Blü einzeln, slt zu 2; DeckB sehr klein, schuppenförmig oder fehlend . . . . . . . . . . **2**

**–** LB'Spreite ein- bis vielpaarig gefiedert, — mit oder ohne Ranken . . . . . **3**

**2** Kro purpurn, 8–9 mm lg; Fr linealisch, 4–5 cm lg u. 3–4 mm br. — Stg einfach oder am Grund ästig, aufrecht, dünn; Spreite nur aus dem blattartig verbreiterten LB'Stiel bestehend; (Abb. 223 a). H: 20–40 cm. ⊙ Th. VI–VII. Äcker, Feldwege, Waldwiesen, Weiderasen; kalkfeindlich; collin; sehr slt. **B, W, N, St, K, (S)**. Stark gefährdet. **Gras-P.,** Blattlose P., ***L. nissólia***

**–** Kro h'gelb, (6)10(12) mm lg; Fr 2–3 cm lg u. 4–6 mm br. — Stg einfach oder am Grund ästig, aufsteigend oder kletternd, dünn, 4kantig; LB'Spreite fehlend, NebenB LB'artig u. am Grund spießförmig (Abb. 211 a). H: 10–40(60) cm. ⊙ Th. V–VII. Äcker, Feldwege, Ruderalstellen; collin; slt (oft nur unbeständig?). Im Pann. **B, W, N, (übrige Bdld)**. (Hptvbr.: Medit., Westasien.)
**Ranken-P.,** ***L. áphaca***

**3** LB'Spindel mit Spitze oder Granne (aber ohne Ranke) endend, manchmal auch mit einem Endblättchen. *(L. sect. Orobus)* . . . . . . . . . . **4**

**–** LB'Spindel mit einer Ranke endend (zumindest der oberen LB) (Abb. 223 b) . . . . . . . . . . **9**

**4** Stg ungeflügelt, kantig, gerillt oder gefurcht . . . . . . . . . . **5**

**–** Stg mit 2 deutlichen Flügeln, — samt diesen 3–4 mm br, niederliegend, aufsteigend oder aufrecht; knollig verdickte, weitkriechende unterirdische Ausläufer; LB mit 2–3 Blättchenpaaren; LB'Stiele geflügelt; Trauben 3–5(6)blütig; Kro h'purpurn, am Grund grünlich, beim Verblühen h'blau bis grünlich; Fr glatt. H: 15–30(50) cm. ♃ Ge. IV–VI(IX). Bodensaure Magerwiesen, Waldränder, lichte Wälder; collin bis montan; zstr, oft herdenweise auftretend. **Fehlt W, S, V?**. In den wAlp, im BM, nVL u. Pann gefährdet. *(L. montanus)*
**Berg-P.,** ***L. linifólius***

**5** Kro gelblichweiß oder gelb, Fahne manchmal rötlich überlaufen . . . . . **6**

- Kro purpurn, purpur- oder blauviolett, später blau bis grünlichblau oder violett . . . . . . . . . . . . . . . . . . . . . . . . . . . . . . . . . . . 7

6 LB'Stiele u. LB'Spindel ungeflügelt; Kro h'gelb, beim Verblühen bräunlich; LB mit 3–6 Blättchenpaaren; Blättchen eiförmig bis elliptisch oder br-lanzettlich, 2–3× so lg wie br, — 3–7(9) cm lg u. 1–3(4) cm br; Trauben 3–12blütig; Stg meist einfach, unterwärts blattlos. H: 20–60 cm. ♃ Ge. (V)VI–VIII. Hochstaudenfluren, Wiesen; kalkstet; montan bis subalpin; zstr. **Fehlt B, W, N**. Der „Doppelgänger" Walderbsen-Wicke / *Vicia oroboides* unterscheidet sich u. a. durch die fast sitzende Traube u. die nur 1–3 Blättchenpaare. *(L. luteus)* **Gelb-P., *L. laevigátus***

a LB'Stiele, NebenB u. Spreiten-Unterseite behaart (zuweilen verkahlend); Blü oft über 2 cm lg; KZähne gut entwickelt, die unteren mindestens halb so lg bis so lg wie die KRöhre u. mindestens doppelt so lg wie die oberen. — Blättchen in 3–6 Paaren, elliptisch, bis 3 cm br; KRöhre wollig behaart. **Fehlt B, W, N**. *(L. ochraceus)* **Westliche G.-P., *L. l. subsp. occidentális***

- LB meist ganz kahl; Blü meist unter 2 cm lg; KZähne sehr kurz, die obersten oft undeutlich, die unteren kürzer als die halbe KRöhre. — Blättchen in (3)4(5) Paaren, 2–4 cm br, eiförmig. **St, K**. Stark (!) gefährdet. *(L. l. subsp. scopolii, L. scopolii)* **Östliche G.-P., *L. l. subsp. laevigátus***

- LB'Stiele u. LB'Spindel deutlich geflügelt, LB mit 2–3(4) Blättchenpaaren; KroB gelblichweiß, Fahne oft rötlich überlaufen; Blättchen schmal-lanzettlich bis linealisch, mehr als 4× so lg wie br, — 2–7 cm lg u. 2–3(4) mm br; Trauben 4–8blütig; Stg aufrecht oder aufsteigend, einfach oder am Grund ästig; Fr rotbraun; Pf mit kurzem WuStock u. walzlich oder keulig verdickten Wu. H: 20–50 cm. ♃ He. Magerwiesen; collin bis submontan. **B, W, N.** **Pannonische P.**, Weiße P., ***L. pannónicus***

a Trauben samt Stiel länger als ihr TragB, die unteren meist über 10 cm lg; KZähne meist bewimpert, die unteren etwa ½× so lg wie die KRöhre; verdickte WuKnollen keulig, 3–5 cm lg u. 6–9 mm dick. — Stg am Grund oder im Boden verzweigt. VI–VII(VIII). Feuchte u. wechselnasse Magerwiesen, Sumpfwiesen; slt. Bes. im Pann. **B, W, N**. Stark gefährdet. *(L. p. subsp. microrrhizus)* **Kurzknollige P. P., *L. p. subsp. pannónicus***

- Trauben samt Stiel kürzer bis so lg wie das TragB, slt über 10 cm lg; KZähne meist kahl, die unteren ½–⅘× so lg wie die KRöhre; verdickte WuKnollen lg-walzlich bis spindelförmig, 8–20 cm lg u. 4–5 mm dick. — Stg meist einfach, slt ästig. V–VI. Trockene bis wechselfeuchte Magerwiesen; meist über Kalk; sehr slt. Im Pann. **B, W, N**. Stark gefährdet. *(L. p. subsp. versicolor)* **Langknollige P. P., *L. p. subsp. collínus***

7 Blättchen beiderseits matt, unterseits heller, elliptisch bis eiförmig, 1–3 cm lg u. 5–11 mm br, in 4–6 Paaren, — oft noch ein Endblättchen vorhanden; LB beim Trocknen schwarz werdend; Trauben 3–10blütig; Blü 10–12(15) mm lg; Kro trübpurpurn bis bräunlich, später violett; Fr schwarz; Stg meist einzeln, aufrecht, meist ästig. H: 30–90 cm. ♃ Ge. (V)VI–VII. Warm-trockene Eichenwälder; wärmeliebend; collin bis submontan; im Pann mäßig hfg, sonst zstr bis slt. **Alle Bdld**. Im Alp gefährdet. **Schwärzende P., *L. níger***

- Blättchen unterseits glänzend, br-elliptisch, 3–7 cm lg u. 10–30(40) mm br, in 2–3(4) Paaren, — stets ohne Endblättchen . . . . . . . . . . . . . . . . **8**

8 Blü 15–20 mm lg; Trauben 3–8(10)blütig, ihre Achse gerade; Fr meist kahl u. glatt, braun. — Stg meist einzeln, aufrecht oder am Grund aufsteigend, einfach; Blättchen lg zugespitzt, 3–7 cm lg u. 1–3(4) cm br, ganz kahl oder kurz gewimpert; Kro erst purpurn (Flügel ± violett), beim Verblühen blauviolett bis grünblau. H: 20–30(60) cm. ♃ Ge. IV–V(VI). Edellaubwälder; kalkliebend; collin bis montan; hfg. **Alle Bdld.** **Frühlings-P., *L. vérnus***

- Blü 10–15 mm lg; Trauben 6–12(30)blütig, ihre Achse oben gekrümmt; Fr fein rot bis braun, drüsenhaarig. — Stg meist zu mehreren, aufrecht oder aufsteigend, einfach oder ästig; Blättchen kurz zugespitzt, 4–5 cm lg u. 2–2,5 cm br,

stets gewimpert. H: 20–40 cm. ♃ Ge (?). V–VI. Wälder; untermontan; sehr slt. **N.** (Hptvbr.: Submedit.) Stark gefährdet. *(L. variegatus)*
**Bunte P.**, Italienische P., Vielblütige P., ***L. vénetus***

**9** [3] Stg 4kantig, aber nicht geflügelt . . . . . . . . . . . . . . . . . . . . . . **10**

**–** Stg stets deutlich geflügelt (oft außerdem kantig oder gerillt). — LB'Spreite 1- oder 2–3paarig gefiedert (zumindest an den oberen LB) . . . . . . . . . **11**

**10** Kro gelb; Blättchen lanzettlich bis schmal-elliptisch, unterseits deutliche Längsnerven; unterirdische Ausläufer lg, dünn, ohne Knollen. — Stg aufsteigend oder kletternd; Trauben 3–12blütig. H: 30–60(120) cm. ♃ He. (V)VI–VII. Fettwiesen; collin bis subalpin; sehr hfg, oft herdenweise auftretend. **Alle Bdld.**
**Wiesen-P.**, „Gelbe P.", ***L. praténsis***

**–** Kro leuchtend purpurrot; Blättchen elliptisch bis verkehrt-eiförmig, unterseits mit Netznerven; unterirdische Ausläufer mit WuKnollen (Abb. 224). — Stg niederliegend oder kletternd; Trauben 2–5blütig; Blü duftend (Rosen). G: 30–100 cm lg. ♃ He. VI–VII(IX). Getreideäcker, Feldwege, Wegränder, Fluß- u. Bahndämme, Hecken; collin bis untermontan; verbreitet u. hfg. **Alle Bdld.** (Früher) Wildgemüse (Knollen eßbar). **Knollen-P.**, Erdnuß-P., ***L. tuberósus***

**11** Blü einzeln oder in 2–3blütigen Trauben . . . . . . . . . . . . . . . . . . **12**

**–** Trauben 3–12(16)blütig, — einseitswendig; Blü 1,2–3 cm lg . . . . . . . **14**

**12** Blättchen elliptisch oder schmäler bis breiter eiförmig, 2–3× so lg wie br. — KZähne kürzer bis länger als die KRöhre; Blü duftend, verschiedenfarbig; Fr rauhhaarig; Stg behaart. — KZähne etwas länger als die KRöhre. G: 80–160 cm lg. ⊙ Th. VI–IX. ZierPf, hfg in Gärten u. auf Gräbern angepflanzt u. gelegentlich verwildert. (Heimat: Süditalien.)
★ **Duft-P.**, Spanische Wicke, Gartenwicke, ***L. odorátus***

**–** Blättchen lineal-lanzettlich bis lanzettlich, mindestens 3× so lg wie br. — KZähne so lg wie die KRöhre . . . . . . . . . . . . . . . . . . . . . . . **13**

**13** Kro meist weiß, bläulich geadert, Fahne u. Flügel zuweilen rosa oder bläulich; Blättchen linealisch-lanzettlich, 5–15 cm lg u. 3–7(9) mm br (somit mehr als 10× länger als br); Stg u. LB'Stiele br geflügelt, Stg samt den Flügeln 4–6 mm br; Fr kahl. — Trauben meist nur 1blütig; Stg niederliegend oder kletternd, meist ästig. G: 30–100 cm lg. ⊙ Th. (IV)V–VI. Als FutterPf (heute nur noch slt) kultiviert u. slt unbeständig verwildert. (Heimat: vermutlich Medit., Vorderasien.) ★ **Saat-P.**, Weiße Kicher, ***L. satívus***

**–** Fahne u. Flügel meist blauviolett, seltener rosa oder weiß, beim Verblühen blau, Fahne dunkler geadert, Schiffchen weißlich; Blättchen lanzettlich, 1,5–6(8) cm lg u. 3–15(20) mm br (somit etwa 4–5× so lg wie br); Stg u. LB'Stiele schmal geflügelt, Stg samt Flügeln 2–4 mm br; Fr lg behaart. — Trauben 1–3(4)blütig; Stg aufsteigend oder kletternd, oft vom Grund an ästig. G: 30–100 cm lg. ⊙ Th. VI–VIII. Getreideäcker, Feldwege, Ruderalstellen, Steinbrüche; kalkliebend; collin; im Pann slt, sonst sehr slt. **B, W, N, O, St, (K, S), T, (V).** Stark gefährdet.
**Haarfrucht-P.**, Rauhhaarige P., Behaartfrüchtige P., ***L. hirsútus***

**14** [11] Zumindest die oberen LB mit 2–3 Blättchenpaaren . . . . . . . . . . **15**

**–** Alle LB mit nur 1 Blättchenpaar . . . . . . . . . . . . . . . . . . . . . . . **16**

**15** LB'Stiel kurz, kaum geflügelt (nur berandet); alle LB mit 2–3(5) Blättchenpaaren; Blättchen 3–6 cm lg u. 3–8(16) mm br, mit meist 5 Längsnerven u. ± deutlichen Fiedernerven. — Stg klimmend oder niederliegend, mit schmalen Flügeln, 2–4(7) mm br; Trauben (samt ihrem Stiel) so lg oder etwas länger als ihr TragB, 2–6(8)blütig; Fahne u. Flügel h'blauviolett bis lila, Schiffchen weiß; Fr kahl. G: 30–100 cm lg. ♃ He. VI–VIII. Sümpfe, feuchte Wiesen, Röhricht, Gräben, Augebüsch; collin; slt. **B, N, O, K, S.** Stark gefährdet. ▲
**Sumpf-P.**, ***L. palústris***

- LB'Stiel bis zum ersten Blättchenpaar br geflügelt; nur die oberen LB meist mit 2–3 Blättchenpaaren, die mittleren u. unteren mit nur 1 Paar; Blättchen 5–10 cm lg u. (5)10–35 mm br (4–8× so lg wie br); mit 5–7 Längsnerven u. längliche Maschen bildenden Netznerven. — Traube (samt Stiel) 1–3× so lg wie ihr TragB, 3–12blütig; Blü 12–22 mm lg; KZähne sehr ungleich, der unterste doppelt so lg wie die übrigen u. lg zugespitzt, etwa doppelt so lg wie die KRöhre; Kro purpurrot. G: 150–200(300) cm lg. ♃ He. VII–VIII. Lichte Gebüsche (bes. Eichen- u. Haselgebüsche), Schutthalden, Felsen; kalkliebend; montan; slt. **St, K, T, V**. Potentiell gefährdet. *(L. sylvestris subsp. heterophyllus)* **Verschiedenblättrige P., *L. heterophýllus***

**16** Trauben nicht oder nur wenig ihre TragB überragend; Flügel der LB'Stiele (u. -Spindel) 0,5–1,3 mm br, schmäler bis so br wie jene des Stg; NebenB mehrmals kürzer als die LB'Stiele. — Blättchen 1–15(20) mm br, (3)5–20(40)× so lg wie br, mit oder ohne deutliche Netznerven; Trauben 2–10blütig; Blü 13–18 mm lg; Flügel purpurn, restliche Kro gelblichgrün bis schmutzigrosa, purpurn überlaufen. G: 100–200 cm lg. ♃ He. (VI)VII–VIII. Lichte Wälder, Waldränder, Geröllhalden; collin bis montan; zstr bis slt. **Alle Bdld**. VolksarzneiPf. Variabel (Blättchen- u. Flügelbreite etc.). (*L. sylvester;* inkl. *L. angustifolius* u. *L. platyphyllos*) **Wild-P.**, „Wald-P.", Wilde Kicher, „Harnwindkraut", ***L. sylvéstris***

- Trauben schon vor dem Aufblühen ihre TragB überragend; Flügel der LB'Stiele (u. -Spindel) 2–6 mm br, so br oder etwas breiter als jene des Stg; NebenB mindestens halb so lg bis so lg wie die LB'Stiele, — wie die Blättchen fieder- u. netznervig; Stg meist von feinen Zähnchen rauh, unten meist verzweigt; Trauben 4–14blütig; Blü (15)20–30 mm lg; Kro ± purpurrosa, Fahne außen braunrot, Schiffchen grünlich. G: 50–200 cm lg. ♃ He. VI–VIII(IX). Trocken-warme Magerwiesen, Gebüsche u. Waldränder; kalk- u. sandsteinliebend; collin bis submontan; slt. **B, W, N, St, (T, V)**. Gefährdet. Slt als ZierPf kultiviert (?) u. gelegentlich verwildert. *(L. megalanthus)* **Breitblatt-P.**, „Bukett-Wicke", ***L. latifólius***

# Überordnung Myrtenblütige, *Myrtánae*
# Ordnung Myrtenartige, *Myrtáles*

## 46. Familie: Nachtkerzengewächse, *Onagráceae* *(Oenotheraceae)* (→ G VII 11–)

Anm.: Hfg kultivierte ZierPf sind die ★ **Godetie**, „Sommerazalee", ***Godétia*** (2 Arten in je mehreren Sorten; Heimat: Kalifornien) u. die ★ **Fuchsie, *Fúchsia*** (mehrere Arten, bes. als ZimmerPf; Heimat: Mittel- bis Südamerika.)

**1** Stg kriechend oder flutend; BlüHülle nur aus dem K bestehend (Kro fehlend; vgl. jedoch Anm. am Beginn der Gattung!); Blü einzeln in LB'Achseln. — Pf kahl; KB 4; StaubB 4. **(1) Heusenkraut, *Ludwígia***

- Stg aufrecht oder aufsteigend; BlüHülle aus K u. Kro bestehend; Blüstd: Ähre oder Traube . . . . . . . . . . . . . . . . . . . . . . . . . . **2**

**2** KB 2; KroB 2 (beide 2spaltig); StaubB 2; Fr: 1–2samige SchließFr. — Pf mit unterirdischen Ausläufern; LB eiförmig bis eilanzettlich; Traubenachse drüsigflaumig; Kro weiß; Fr mit Hakenborsten (Abb. 101). **(4) Hexenkraut, *Circáea***

- KB 4; KroB 4; StaubB 8; Fr: mit 4 Klappen aufspringende Kapsel. — Kro weiß, purpurn oder gelb . . . . . . . . . . . . . . . . . . . . . . . . **3**

**3** Kro gelb; Blüstd: Ähre; Achsenbecher (= BlüBodenröhre, scheinbare KRöhre) 2–5 cm lg; Frkn höchstens 3 cm lg; Fr mindestens 5 mm br, höchstens 4× so lg wie br; Sa ohne Haarschopf. — HalbrosettenPf mit (eßbarer) RübenWu; StgB wechselständig; Blü meist ± stark duftend (abends!); Narbe 4teilig; Fr 20–40(45) mm lg; Abend- u. Nachtblüher. **(2) Nachtkerze, *Oenothéra***

**-** Kro purpurn oder weiß; Blüstd: Traube; Achsenbecher höchstens 1 cm lg; Frkn mindestens 3 cm lg; Fr höchstens 4 mm br, mindestens 8× so lg wie br (schotenartig); Sa mit Haarschopf. **(3) Weidenröschen, *Epilóbium***

## (1) Heusenkraut, *Ludwígia* (*Ludvigia*) (A 36; G IV 18; XIII 7)

Anm.: Die Angabe, wonach das im südl. Nordamerika beheimatete Wechselblatt-H., *L. alternifólia* (*L. „mulerttii"*; Pf aufrecht; LB wechselständig, 5–8 cm lg; Kro gelb) in **K**, u. zwar im Abfluß der Thermen von Warmbad Villach, eingebürgert sei, beruht offenkundig auf einem Irrtum, nämlich einer Verwechslung mit dem als AquariumPf kultivierten **(★) Schwimm-H., *L. nátans*** (*L. „mulerttii", L. repens?, L. fluitans*), das sich von dem in Habitus u. LB sehr ähnlichen Sumpf-H., *L. palustris* durch das Vorhandensein der Kro (gelb) u. die 1–2 mm lg gestielten Fr unterscheidet (Heimat: südl. Nordamerika). Sie ist am genannten Fundpunkt höchstens lokal eingebürgert.

LB gegenständig, kurz gestielt, Spreite elliptisch, spitz; Blü u. Fr sitzend. H: 5–10 cm; G: 10–60 cm lg. ⊙–♃ Th–He. VI–VIII. Nasse, zeitweise überschwemmte, nährstoffreiche, kalkarme Schlammböden, an u. in stehenden u. langsam fließenden Gewässern (Teichufer, Tümpel, Gräben), Zwergbinsenges.; collin; sehr slt. **B, St, K†, V†**. Vom Aussterben bedroht (!).
**Sumpf-H., Wasserlöffelchen, *L. palústris***

## (2) Nachtkerze, *Oenothéra*

Anm. 1: Die meisten Nachtkerzen-Arten (Kleinarten) sind untereinander sehr nah verwandt u. einander sehr ähnlich u. daher oft nicht leicht zu unterscheiden. Bei ihnen handelt es sich nämlich um artgewordene Hybriden, die mittels eines speziellen cytogenetischen Mechanismus („Komplexheterozygotie") erblich konstant bleiben. Selbstbestäubung herrscht vor. Gelegentlich kann es (durch Hybridisierung) zur Neuentstehung von solchen Arten kommen. Die Gattung ist Neubürgerin in Europa; die Elternsippen der heute in Europa verbreiteten Kleinarten wurden zu Beginn des 17. Jahrh. aus Nordamerika eingeschleppt. – Über die taxonomische Rangstufe der Sippen gibt es verschiedene Auffassungen. Die hier vorliegende Bearbeitung – mit einem relativ engen Artbegriff – folgt K. Rostański. – Anm. 2: Die Blü öffnen sich abends u. schließen sich am folgenden Vormittag – je nach Lichtangebot früher oder später. – Unter „KB'Spitze" ist der oberste, meist ± fädliche Abschnitt der KB zu verstehen (im Knospenstadium frei voneinander). – Anm. 3: *Es ist ratsam, bes. wegen der Farbmerkmale, frische Pf zu untersuchen!* – Anm. 4: Auch die häufigeren Arten verhalten sich oft oder zT ± unbeständig. Das hfg unbeständige Auftreten der Kleinarten rührt wohl zumindest zT daher, daß viele – aufgrund ihrer oben erläuterten Eigenart – immer wieder neu entstehen können.

Die Kleinarten werden meist zu 2 Artengruppen („Aggregaten") zusammengefaßt, u. zwar in folgender Weise:
Artengruppe Gewöhnliche N., *Oe. biennis agg.*: *Oe. biennis, Oe. suaveolens, Oe. deflexa, Oe. carinthiaca, Oe. erythrosepala, Oe. salicifolia, Oe. canovirens, Oe. pycnocarpa, Oe. heiniana, Oe. rubricaulis, Oe. wienii, Oe. fallax, Oe. hoelscheri.*
Artengruppe Kleinblütige N., *Oe. parviflora agg.*: *Oe. parviflora, Oe. subterminalis, Oe. issleri, Oe. cruciata, Oe. angustissima, Oe. ammophila, Oe. oakesiana.*

**1** Stg, Äste u. Frkn ohne rote Tupfen; die kegel- bis walzenförmigen Basen der kräftigen spitzen Haare grün (vgl. *Oe. canovirens*!) . . . . . . . . . . . . . . **2**

**-** Stg, Äste u. Frkn mit roten Tupfen (roten Haarbasen auf grünem Grund) (vgl. jedoch Pkt 11–!) . . . . . . . . . . . . . . . . . . . . . . . . . . . . . **9**

**2** Gipfel des Blüstd bes. vor Aufblühbeginn nickend . . . . . . . . . . . . . . . . **3**

- Gipfel des Blüstd immer aufrecht . . . . . . . . . . . . . . . . . . . . . . . . . **5**

**3** KroB 6–12(15) mm lg u. ebenso br; KB zuerst grün, später ± braunrot; KB'Spitzen im Knospenzustand am Grund durch stumpfe, U-förmige Buchten voneinander getrennt, — 2–3 mm lg; Pf am Ende der Blühzeit mit undeutlichen roten Tupfen; Fr (20)25–30 mm lg, oft dick, bauchig; FrZähne manchmal ausgerandet. H: 100–150 cm. ⊙ He. VII–X. Schottrige Halbruderalstellen; collin; sehr slt. **(N†?, O)**. Unbeständig.
☆ ■ **Kleinblütige N. (i. e. S.),** ***Oe. parviflóra*** *(s. str.)*

- KroB fast stets mehr als 12 mm lg; KB immer grün; KB'Spitzen im Knospenzustand am Grund immer eng beisammen . . . . . . . . . . . . . . . . . . . . . . . . . **4**

**4** Stg bis weit hinauf rot; KroB 14–20 mm lg u. ebenso br; KB'Spitzen 3–6 mm lg, meist gerade; Fr 25–30 mm lg, — slt mit undeutlichen roten Tupfen; Achsenbecher (26)30–42 mm lg. H: 100–150 cm. ⊙ He. VII–IX. Schottrige Halbruderalstellen; collin; slt. **(St)**. Unbeständig. *(**Oe. silesiaca**)* ☆ ■ **Schlesische N.,** ***Oe. subterminális***

- Stg grün oder manchmal rot angelaufen; KroB (10)13–21 mm lg u. ebenso br; KB'Spitzen etwa 3 mm lg, im Knospenzustand oben nach außen gekrümmt; Fr 18–25 mm lg. — Blüstd u. FrStand sehr dicht; Achsenbecher (28)35–40(44) mm lg. H: 100–150 cm. ⊙ He. VI–IX. Schottrige Halbruderalstellen; collin; sehr slt. **(W)**. Unbeständig. ☆ ■ **Issler-N.,** ***Oe. issleri***

**5** [2] KroB länger als 12 mm . . . . . . . . . . . . . . . . . . . . . . . . . **6**

- KroB höchstens 12 mm lg . . . . . . . . . . . . . . . . . . . . . . . . . **7**

**6** LB'Mittelnerv fast stets rot; KroB 13–32 mm lg u. 16–39 mm br, meist deutlich breiter als lg; — Blüstd dicht drüsenhaarig; Achsenbecher 22–38 mm lg; Fr meist 25–35 mm lg. H: 100–150(200) cm. ⊙ He. VI–VIII. Trockene, sandige bis schottrige Ufer, Dämme, Ruderalstellen, halbruderale Trockenrasen; collin; hfg. **Alle Bdld.** ■ **Gewöhnliche N. (i. e. S.),** ***Oe. biénnis*** *(s. str.)*

- LB-Mittelnerv fast stets weiß; KroB (25)30–35(40) mm lg, meist so br wie lg oder schmäler oder nur sehr wenig breiter als lg. — Achsenbecher meist (30)35–42 mm lg; Fr (20)30–45(51) mm lg. H: 100–150 cm. ⊙ He. VII–VIII. Trockene, sandige bis schottrige Halbruderalstellen; collin; (früher:) sehr slt. **(W†)**. Verschollen. † ☆ ■ **Duft-N.,** ***Oe. suavéolens***

**7** KroB 2–3 mm br, linealisch. H: 50–100 cm. ⊙ He. VI–IX. Schottrige Halbruderalstellen; collin; (früher:) sehr slt. **St†**. Verschollen. *(Oe. atrovirens)*
† ☆ ■ **Kreuz-N.,** ***Oe. cruciáta***

- KroB wesentlich breiter als 3 mm, verkehrt-herzförmig . . . . . . . . . . . . . . . . . **8**

**8** LB br-lanzettlich; LB-Mittelnerv fast stets weiß; KB'Spitzen (1)3–4 mm lg; Fr 30–45 mm lg. — KroB 9–12 mm lg. H: 50–100(200) cm. ⊙ He. VII–IX. Schottrige Halbruderalstellen; collin; sehr slt. **(St)**. Unbeständig. *(Oe. lipsiensis)*
☆ ■ **Leipziger N.**, Umgebogene N., ***Oe. defléxa***

- LB schmal-lanzettlich; LB-Mittelnerv fast stets rot; KB'Spitzen 1,2–2,5 mm lg; Fr 25–30 mm lg. — KroB 8–12(15) mm lg. H: 100–180 cm. ⊙ He. VI–IX. Schottrige Halbruderalstellen; collin; slt. **(St, K)**. ☆ ■ **Kärntner N.,** ***Oe. carinthíaca***

**9** [1] KroB (25)40–55 mm lg — u. (28)46–60 mm br, meist breiter als lg; RosettenB u. untere StgB stark buckelig-querrunzelig; Spitze der Blüstd'Achse meist rot; Achsenbecher (21)35–45(50) mm lg; KB'Spitzen 4–10 mm lg; KB fast stets braunrot gestreift (in der Knospe zuweilen bleichgrün); Gri (mit den Narben) überragt die StaubB weit u. kann die Länge der KroB erreichen. H: 100–150(180) cm. ⊙ He. VI–IX. Schottrige Halbruderalstellen; collin; mäßig hfg. **Alle Bdld.** ■ **Rotkelch-N., Große N.,** ***Oe. erythrosépala***

- KroB meist nicht länger als 30 mm . . . . . . . . . . . . . . . . . . . . . **10**

**10** Pf u. bes. junge Fr auffallend dicht anliegend behaart, dadurch graugrün; Basen der StgHaare schwach entwickelt; FrZähne deutlich ausgerandet . **11**

- Behaarung meist abstehend; Basen der StgHaare meist verdickt (vgl. jedoch *Oe. oakesiana*, Pkt 14–!); FrZähne nicht deutlich ausgerandet . . . . . . **12**

**11** StgB u. untere HochB oft wellig u. oft mit eingedrehten Spitzen, mit roter Mittelrippe; K meist braunrot. — Die roten Tupfen meist deutlich; Stg rot angelaufen; StgB schmal-lanzettlich, meist weniger als 15 mm br; Blüstd u. FrStand auffallend locker; Blü oft geschlossen bleibend; Achsenbecher (27)30–32(35) mm lg; KroB 12–20(25) mm lg u. ebenso br; Fr 30–40 mm lg. H: 140–180(200) cm. ⊙ He. VI–IX. Schottrige Halbruderalstellen; collin; zstr. **W, N, O, T**. *(**Oe. depressa**, Oe. hungarica, Oe. strigosa p. p., Oe. bauri, Oe. villosa p. p.)* ■ **Weidenblatt-N., Ungarische N., *Oe. salicifólia***

– StgB u. untere HochB ± flach, mit weißer Mittelrippe; K meist grün. — Die roten Tupfen nicht immer deutlich, manchmal ganz fehlend; StgB ziemlich schmal-lanzettlich; Achsenbecher (20)25–35(38) mm lg; KroB (7)15–25 mm lg u. ebenso br. H: (50)100–150(200) cm. ⊙ He. (VI)VII–IX. Schottrige Halbruderalstellen; collin; zstr. **(St, K, S)**. Unbeständig? *(**Oe. renneri**, Oe. strigosa subsp. mollis, Oe. mollis, Oe. velutinifolia, Oe. villosa p. p.)* ☆? ■ **Graugrüne N.**, Renner-N., ***Oe. canóvirens***

**12** BlüstdGipfel am Beginn der Blühzeit nickend; KB'Spitzen im Knospenzustand oft am Grund etwas voneinander entfernt . . . . . . . . . . . . . . . . . . . . . . . . **13**

– BlüstdGipfel immer aufrecht (auch am Beginn der Blühzeit nicht nickend); KB'Spitzen im Knospenzustand am Grund eng aneinanderliegend . . . **15**

**13** Stg unten stark rot; BlüstdGipfel schwach nickend; FrZähne so lg wie br. — StgB d'grün, schmal-lanzettlich, wenig behaart; LB meist weniger als 15 mm br; Achsenbecher 24–35 mm lg; K u. Frkn oft drüsenhaarig; KB'Spitzen etwa 4–5 mm lg, fast stets gerötet, V-förmig spreizend; KroB 4–20 mm ∅; Fr 25–35 mm lg. H: 100–150(200) cm. ⊙ He. VI–IX. Schottrige Halbruderalstellen; collin; sehr slt. **(N)**. Unbeständig. *(**Oe. rubricuspis**)* ☆ ■ **Schmale N.**, Pyramiden-N., Rotspitzen-N., ***Oe. angustíssima***

– Stg grün oder graugrün, slt rot überlaufen; BlüstdGipfel stark nickend; FrZähne entweder kürzer oder länger als br. — Fr anliegend behaart . . . . . . . . . . . . . . . **14**

**14** Stg fast stets ausgeprägt aufsteigend; StgHaare ± deutlich abstehend, Haarbasen deutlich verdickt; LB d'grün, lanzettlich, undeutlich gezähnt; Achsenbecher (25)35–45 mm lg; FrZähne meist kürzer als br. — KB'Spitzen 3–4,5 mm lg; KroB (9)12–20 mm ∅; Fr oft rotstreifig oder -fleckig, 25–35 mm lg; FrZähne oft etwas zugespitzt, oft zusammenneigend. H: 100–150 cm. ⊙ He. VII–IX. Schottrige Halbruderalstellen; collin; sehr slt. **(N)**. Unbeständig. ☆ ■ **Sand-N., *Oe. ammóphila***

– Stg aufrecht; StgHaare fast anliegend, mit kaum verdickten Basen; LB h'- bis graugrün, schmal-lanzettlich, deutlich gezähnt; Achsenbecher (20)25-35 mm lg; FrZähne meist länger als br. — KB'Spitzen 2–3 mm lg; KroB 8–16 mm lg; Fr manchmal rotstreifig, 25–38 mm lg; FrZähne stumpf, nicht zusammenneigend. H: 100–150 cm. ⊙ He. VI–IX. Schottrige Halbruderalstellen; collin; slt. **(W, N)**. Unbeständig. *(**Oe. syrticola**)* ☆ ■ **Syrten-N., *Oe. oakesiána***

**15** [12] LB lanzettlich; Spitze der Blüstd'Achse grün, fast nie rötlich . . . . **16**

– LB meist eilanzettlich, slt lanzettlich; Spitze der Blüstd'Achse rot . . . . . . . . . . . **17**

**16** Achsenbecher 25–35 mm lg; KroB rundlich, (6)12–20(25) mm lg u. ebenso br oder etwas breiter als lg. H: 140–180 cm. ⊙ He. VII–IX. Schottrige Halbruderalstellen; collin; zstr. **Fehlt B, V**. *(**Oe. chicagoënsis**;* inkl. *Oe. turoviensis = Oe. royfraseri)* ■ **Dickfrucht-N.**, Chicago-N., ***Oe. pycnocárpa***

– Achsenbecher 35–45(48) mm lg; KroB 16–28 mm lg, deutlich länger als br. — FrZähne etwas gespitzt. H: 100–150 cm. ⊙ He. VI–IX. Schottrige Halbruderalstellen; collin; (früher:) sehr slt. **W**†. *(Oe. biennis × syrticola?)* † ■ **Hein-N., *Oe. heiniána***

**17** KroB höchstens 20 mm lg; Achsenbecher 15–25 mm lg; KB stets grün . . . . . . . . **18**

– KroB 20–25(30) mm lg; Achsenbecher 25–45 mm lg; KB rot längsgestreift, fast nie grün . . . . . . . . . . . . . . . . . . . . . . . . . . . . . . . . **19**

**18** LB eiförmig-länglich bis eilanzettlich; Frkn (wie der gesamte Blüstd) drüsenhaarig. — KroB so br wie lg oder schmäler; FrZähne abgestutzt. H: 100–150 cm. ⊙ He. VI–IX. Schottrige Halbruderalstellen; collin; slt. **(B, W, N, St, T)**. Unbeständig (?). ☆ ■ **Rotstengel-N., *Oe. rubricáulis***

- LB lanzettlich; Frkn der unteren Blü ohne Drüsenhaare. — KroB so br wie lg oder breiter; FrZähne oft schwach ausgerandet. H: 100–150 cm. ⊙ He. VII–IX. Schottrige Halbruderalstellen; collin; sehr slt. **(St)**. Unbeständig. *(Oe. rubricaulis × salicifolia)*
☆ ■ **Wien-N.**, ***Oe. wíenii***

19 LB meist buckelig-querrunzelig; Achsenbecher 35–45 mm lg. H: (50)100–150 cm. ⊙ He. VI–IX. Schottrige Halbruderalstellen; collin; sehr slt. **(W, St, K)**. Unbeständig. *(Oe. erythrosepala × biennis, Oe. cantabrigiana)* ☆ ■ **Trug-N.**, Cambridge-N., ***Oe. fállax***

- LB flach oder wellig; Achsenbecher 25–35(40) mm lg. — KB grün *(var. hoelscheri)* oder rot längsgestreift *(var. rubricalyx)*; KroB breiter als lg. H: (80)100–150 cm. ⊙ He. VII–IX. Schottrige Halbruderalstellen; collin; sehr slt. **(St)**. Unbeständig. *(Oe. salicifolia × biennis, Oe. salicifolia × rubricaulis)* ☆ ■ **Hölscher-N.**, ***Oe. hóelscheri***

## (3) Weidenröschen, *Epilóbium* (inkl. *Chamaenerion)*

Anm.: Die Köpfchen der Drüsenhaare sind meist länglich u. dadurch weniger auffällig als sonst *(daher starke Lupe verwenden!)*. – Hybriden sind in dieser Gattung nicht slt (meist an den verkümmerten Sa zu erkennen!).

1 Alle LB wechselständig; Kro schwach ↓; Gri u. StaubB etwas abwärts gebogen. — Kro 20–40 mm ∅; KroB nicht ausgerandet. („Feuerkraut", *Chamaenerion = Chamerion; E. subg. Chamaenerion*) . . . . . . . . . . . . . . . . . . . . . **2**

- Zumindest die unteren LB gegenständig (oder quirlständig); Kro ⊕; Gri u. StaubB aufrecht. — Kro 4–30 mm ∅; KroB meist ausgerandet. (*E. s. str., E. subg. Epilobium)* . . . . . . . . . . . . . . . . . . . . . . . . . . . . **4**

2 LB lanzettlich, 10–25 mm br, unterseits blaß-bläulichgrün, mit deutlichen Seitennerven; KroB kurz gestielt (genagelt); Pf zur Gänze krautig. — Traube 20–50 cm lg; Kro leuchtend purpurrot. H: 60–120(150) cm. ♃ He. Frische, meist kalkarme Waldschläge; Rohbodenpionier, Bodenfestiger (WuSprosse!); (collin) montan bis subalpin; hfg. **Alle Bdld**. Wildgemüse, (alte) VolksarzneiPf (vgl. jedoch Bach-W., Pkt 5– !). *(Cham[aen]erion angustifolium)*
**Waldschlag-W.**, Schmalblatt-W., ***E. angustifólium***

- LB linealisch bis lineal-lanzettlich, höchstens 6 mm br, beiderseits grün, nur Mittelnerv deutlich; KroB sitzend; Pf am Grund ± holzig . . . . . . . . . **3**

3 Stg aufrecht; Gri fast so lg wie die längeren StaubB, nur im unteren Drittel zottig; LB beidseitig dicht anliegend behaart, — 1–5 mm br, ganzrandig bis schwach entfernt gezähnelt; K u. Achsenbecher außen dicht anliegend behaart; Kro h'purpurn. H: (30)50–100 cm. ♃ Ch. VI–VIII. Flußschotter, schottrige Seeufer, Schotter- u. Kiesgruben; kalkliebend; PionierPf (unterirdische Ausläufer!); collin bis submontan (montan); zstr bis slt. **Alle Bdld**. In den wAlp gefährdet. *(Chamaenerion palustre, Chamerion dodonaei)*
**Rosmarin-W., Sand-W.**, Dodonaeus-W., ***E. dodonáei***

- Stg aufsteigend; Gri kaum so lg wie die kürzeren StaubB, untere Hälfte zottig; LB kahl, — (1)2–4(6) mm br, gezähnelt; K u. Achsenbecher außen kahl bis schwach angedrückt behaart; Kro kräftig purpurn. H: 10–40 cm. ♃ He. VII–IX. Wechseltrockene Bach- u. Flußschotter, Kiesbänke, Moränenschutt; kalkmeidend; PionierPf (unterirdische Ausläufer!); obermontan bis subalpin; zstr. **T, V**. (West- u. Südalpen.) Gefährdet. ▲ *(Cham[aen]erion fleischeri)*
**Bergbach-W., Kies-W.**, Fleischer-W., ***E. fléischeri***

4 [1] Stg abstehend behaart (Haare mindestens 2 mm lg). — BlüKnospen aufrecht; Stg stielrund, ohne gegenüberliegende Längsleisten; Narbe 4teilig (bei Hybriden mit keulennarbigen Arten asymmetrisch 2–3teilig) . . . . . . . . **5**

- Stg kahl oder mit angedrückten Haaren (die höchstens 1 mm lg sind). — BlüKnospen meist nickend . . . . . . . . . . . . . . . . . . . . **6**

**5** Kro 15–30 mm ∅; Stg zottig (längste Haare 2–5 mm lg); LB halbstengelumfassend sitzend (bis schwach herablaufend), scharf gezähnt-gesägt; KB bespitzt. — Pf mit kräftigen, unterirdischen Ausläufern; LB 6–12 cm lg; Kro leuchtend purpurrot; Sa etwa 1,1 mm lg. H: 60–120(150) cm. ♃ He. VI–IX. Nasse, nährstoffreiche Uferstaudenfluren u. Verlandungsges.; collin bis untermontan; mäßig hfg. **Alle Bdld.** **Zottiges W., *E. hirsútum***

**-** Kro 5–9 mm ∅; Stg dicht (abstehend-)flaumhaarig (Haare 1–2 mm lg); LB mit verschmälertem Grund sitzend, ganzrandig bis entfernt gezähnelt; KB nicht bespitzt. — Im Herbst am StgGrund LB'Rosetten; LB 3–7 cm lg; Kro purpurrosa; Fr 4,5–6 cm lg, überwiegend drüsenhaarig; Sa etwa 1 mm lg. H: (20)30–60(80). ♃ He. VI–IX. Nasse, nährstoffreiche Bachufer, Gräben; collin bis montan; hfg. **Alle Bdld.** Neuerdings VolksarzneiPf (Blasen-, Nieren-, Prostatabeschwerden; auch [alle?] andere kleinblütige Weidenröschen-Arten). Bildet nicht slt Hybriden mit etlichen anderen Arten.
**Flaum-W., Bach-W.**, Kleinblütiges W., ***E. parviflórum***

**6** Narbe 4teilig (Narbenlappen frei: Abb. 226 a). — Stg stielrund, ohne gegenüberliegende Längsleisten, ringsum gleichmäßig angedrückt kurzhaarig (Krummhaare); Kro blaßrosa bis purpurn; Frkn u. Fr an den Kanten mit anliegend-drüsenlosen Krummhaaren . . . . . . . . . . . . . . . . . . . . **7**

**-** Narbe keulig, unzerteilt (die 4 Narbenlappen miteinander verwachsen: Abb. 226 b; unklare, vermittelnde Ausprägungen dieses Merkmals wie zB 2½ freie Narbenlappen weisen auf Hybridität hin!). — Stg stielrund u. mit 2(4) einander gegenüberliegenden Haarleisten oder mit erhabenen Längsleisten . . . . . **8**

**7** LB'Spreite 3–5 cm lg u. 0,8–1,5 cm br, mit keilig verschmälertem Grund u. nur entfernt gezähneltem Rand; Spreitenoberseite mit gekrümmten, kleinen Drüsenhaaren *(Lupe!)*; LB'Stiel 3–10 mm lg; Frkn u. Fr auf den Flächen mit abstehenden Drüsenhaaren. — Im Herbst am StgGrund kleine LB'Rosetten; KroB 6–10 mm lg; Sa etwa 1,2 mm lg, am Grund meist mit kurzem Anhängsel. H: 20–50 cm. ♃ He. VI–VIII. Steinige Hänge, lichte Wälder; kalkmeidend; collin bis submontan; sehr slt. **B, N.** (Hptvbr.: Gebiete ozeanischen Klimas: westl. Deutschland, West- u. Südeuropa.) Stark gefährdet.
**Lanzett-W., *E. lanceolátum***

**-!!** LB'Spreite 4–8 cm lg u. 1,5–3,5 cm br (bei aus Sa entstandenen Pf br-eiförmig, bei aus Ausläuferknospen entstandenen schmal-eiförmig), mit abgerundetem bis herzförmigem Grund u. deutlich gezähneltem Rand; Spreitenoberseite mit abstehenden, kleinen Drüsenhaaren *(Lupe!)*; LB'Stiel 0–4 mm lg; Frkn u. Fr auf den Flächen mit abstehenden Drüsenhaaren. — Im Herbst mit unterirdischen Ausläuferknospen; Stg nicht oder erst oben ein wenig verzweigt; LB oberseits meist matt; auch obere LB gegenständig; BlüKnospen eiförmig, kurz bespitzt; KroB 7–13 mm lg; Fr 5–8 cm lg; Sa etwa 1,2 mm lg, am Grund meist ohne Anhängsel. H: (20)30–60(80) cm. ♃ He. VI–IX. Frische (Edel-)Laubwälder, Fichtenforste, Waldschläge, auch halbsegetal; (halb)schattenliebend; (collin) submontan bis montan (subalpin); hfg bis sehr hfg. **Alle Bdld.**
**Berg-W., *E. montánum***

**-** LB'Spreite 1,5–3(4) cm lg u. 0,5–1 cm br, mit abgerundetem bis etwas keilig verschmälertem Grund u. deutlich u. ziemlich dicht gezähntem Rand; Spreitenoberseite *bei Lupenvergrößerung* kahl erscheinend *(mikroskopische Drüsenhaare!)*; LB'Stiel 0,5–5 mm lg; Frkn u. Fr auf den Flächen dicht anliegend behaart, scheinbar ohne Drüsenhaare (tatsächlich mit winzigen, aber auch mit starker Lupe kaum sichtbaren!). — Im Herbst mit unterirdischen Ausläuferknospen; Stg vom Grund an meist kräftig verzweigt; LB oberseits meist etwas glänzend; obere StgB meist wechselständig; BlüKnospen fast kugelig, stumpf; KroB 5–8 mm lg; Fr 4–6,5 cm lg; Sa etwa 1,1 mm lg, am Grund ohne Anhängsel. H: (10)20–40 cm. ♃ He. VI–IX. Trockene bis mäßig frische, kalkarme Felsschutt- u. Felsfluren, Mauerspalten, offene Wegböschungen; Säurezeiger, lichtliebend; submontan bis montan (subalpin); zstr. **Fehlt W.**

**Hügel-W.**, ***E. collínum***

**8** Zumindest die unteren LB fast immer in 3(4)zähligen Quirlen. — Stg mit 2 gegenüberliegenden Längsleisten *(Lupe!)*; LB oberseits deutlich glänzend, kahl; KroB 8–12 mm lg; Frkn u. Fr auf den Flächen mit abstehenden Drüsenhaaren u. an den Kanten mit wenig gekrümmten drüsenlosen Haaren; Fr 4,5–6,5 cm lg; Sa 1,8 mm lg, am Grund mit kurzem Anhängsel. H: 30–80(100) cm. ♃ He. VII–VIII. Frische bis feuchte Hochstaudenfluren, Lägerfluren, Grünerlengebüsch; Nährstoffzeiger; (obermontan) subalpin; mäßig hfg. **Fehlt B, W.** **Quirl-W.**, Voralpen-W., ***E. alpéstre***

**-** Auch die unteren LB immer gegenständig. — LB kahl oder am Rand u. auf den Nerven behaart . . . . . . . . . . . . . . . . . . . . . . . . . . . . . . **9**

**9** LB ganzrandig oder nur undeutlich u. entfernt gezähnelt. — H: 4–30(50) cm; LB 1–5 cm lg u. 0,2–1,5 cm br, Spreitenrand flach oder umgerollt; KroB 4–8 mm lg. Nasse Standorte . . . . . . . . . . . . . . . . . . . . . . . . **10**

**-** LB ± dicht u. deutlich gezähnt (wenn entfernt, dann vgl. Mieren-W., → Pkt 14). — H: (10)30–90(100) cm; Stg mit 2–4 einander gegenüberliegenden Längsleisten *(Lupe!)*; LB 2–8 cm lg u. (0,5)1–3 cm br, Spreitenrand stets flach **12**

**10** LB linealisch bis lineal-lanzettlich, Spreitenrand umgerollt, stark behaart; Ausläufer sehr dünn, lg, fadenförmig, scheinbar blattlos, ± unterirdisch *(Vorsicht: reißen sehr leicht ab!)*, in einer zuletzt kugeligen Knospe endend; Stg stielrund, ohne Längsleisten, aber mit 2 Haarlinien; LB'Spreite (1,5)3–5 cm lg — u. 0,3–1,5 cm br, kahl bis schwach behaart, (fast) ganzrandig; Frkn u. Fr auf den Flächen dicht drüsenlos- u. drüsig grauhaarig, an den Kanten meist mit stark anliegenden Haaren; Sa etwa 1,5(2) mm lg, am Grund mit deutlichem, durchscheinendem Anhängsel. H: 10–30(50) cm. ♃ He. VII–IX. Kalkarme Flach- u. Quellmoore, Sümpfe, Großseggenges.; (collin) montan bis unteralpin; mäßig hfg bis zstr. **Fehlt W.** Bildet recht hfg Hybriden mit etlichen Arten. **Sumpf-W.**, ***E. palústre***

**-** LB elliptisch bis länglich-lanzettlich, Spreitenrand flach, kahl; Ausläufer nicht auffällig dünn, beblättert, oberirdisch, ohne kugelige Knospe am Ende; Stg mit 2 ± deutlichen, einander gegenüberliegenden Längsleisten *(Lupe!)*; LB'Spreite 1–2(2,5) cm lg — u. 0,2–0,8 cm br, stets kahl; Pf 4–20(30) cm hoch, (Blüstd) 1–10blütig; Fr 2–4 cm lg; Sa am Grund mit kurzem Anhängsel . . . . . **11**

**11** Frkn u. Fr sehr locker drüsenhaarig bis fast kahl; oberer StgTeil höchstens mit einzelnen Haaren; Sa fast glatt, — etwa 1,2 mm lg; Stg meist zu mehreren (Pf meist ± rasenbildend); LB sehr kurz (1–2 mm lg) gestielt. H: 4–10(20) cm. ♃ He. VII–VIII. Quellfluren, überrieselte nasse Felsen u. Felsschutt; alpin; zstr bis mäßig hfg. **Fehlt B, W.** *(E. alpinum)*

**Gauchheil-W.**, **Alpen-W.**, ***E. anagallidifólium***

**-** Frkn u. Fr dicht anliegend drüsenlos behaart; oberer StgTeil mit spärlichen Drüsenhaaren u. drüsenlosen Krummhaaren; Sa dicht fein papillös (?), — 1,2–1,5 mm lg; Stg meist einzeln; LB sitzend, höchstens die unteren sehr kurz gestielt. H: (5)10–20(30) cm. ♃ He. VII–VIII. Kalkarme Quellfluren u. Quellmoore; subalpin bis alpin; zstr bis slt. **Fehlt B, W.** Im BM gefährdet.

**Nickendes W.**, ***E. nútans***

**12** [9] Blüstd'Achse ± drüsig behaart. — LB'Stiel 2–15(20) mm lg . . . . . **13**
**-** Blüstd'Achse nicht drüsenhaarig (höchstens am K u. am Achsenbecher einige Drüsen). — LB'Stiel 0–4 mm lg . . . . . . . . . . . . . . . . . . . . . . . **14**

**13** SaOberfläche *(starke Lupe!)* mit braunen, runden Papillen, die nicht in auffälligen Längsreihen stehen; Spreite elliptisch, am Grund keilig in den meist etwa (5)10–15(20) mm lg LB'Stiel verschmälert. — Im Herbst LB'Rosetten am StgGrund; KroB anfangs meist weiß, später rosa, 5–6(8) mm lg; Frkn u. Fr auf den Flächen mit reichlich Drüsenhaaren, auf den Kanten anliegend behaart; Sa etwa 1 mm lg, am Grund meist ohne Anhängsel. H: (20)30–60(80) cm. ♃ He. VII–IX. Feuchte bis nasse, nährstoffreiche Ufer, Gräben, Ruderalstellen; Nährstoffzeiger; collin bis montan; hfg. **Alle Bdld**. Neuerdings VolksarzneiPf (vgl. Bach-W. / *E. parviflorum*!)
**Blasses W., Weißrosa W., Rosenrotes W., *E. róseum***
**-** SaOberfläche *(starke Lupe!)* mit weißen, spitzen Papillen, die dicht gedrängt in auffallenden Längsreihen stehen, sodaß die Sa weiß gestreift erscheinen (Abb. 227); Spreite eilanzettlich bis länglich-lanzettlich, am Grund abgerundet bis gestutzt; LB'Stiel 1,5–4(6) mm lg. — Pf oft rötlich überlaufen; im Herbst mit kleinen LB'Rosetten am StgGrund; zumindest oberer Teil des Stg (unter der Blüstd'Achse) meist ± dicht bis locker drüsenhaarig; KroB rosa oder weiß, (2,5)4–5(6) mm lg; Frkn u. Fr hauptsächlich mit abstehenden Drüsenhaaren; Sa etwa 1 mm lg, am Grund u. an der Spitze mit kurzem Anhängsel. H: (20)30–80(150?) cm. ♃ He. VI–IX. Feuchte Ruderalstellen, Gräben, frische bis feuchte Forststraßenränder u. Waldschläge; collin bis montan; hfg (zB im BM) bis zstr. **Alle Bdld?** Neubürger (erst seit etwa 1950), stark in Ausbreitung begriffen. (Heimat: Nordamerika.) Recht variabel. Bildet hfg Hybriden mit etlichen heimischen Arten. *(**E. adenocaulon**, E. americanum)*
**Amerikanisches W., Drüsen-W., *E. ciliátum***

**14** Unterirdische Fortsetzung des Stg schief, weißlich; unterirdische, 4–10 cm lg, weiße Ausläufer mit fleischigen NiederB *(reißen leicht ab!)*; Blüstd meist 2–5blütig; Frkn u. Fr spärlich drüsenhaarig bis fast kahl (ohne drüsenlose Haare); Sa fast glatt (ohne Papillen), 1,3–1,7 mm lg. — LB sitzend oder kurz (höchstens 4 mm lg) gestielt, Spreite lanzettlich bis eiförmig oder elliptisch, etwas glänzend, entfernt-gezähnt, Hauptnerv nur oberseits mit einigen (drüsenlosen u. drüsigen) Haaren, Spreitenrand kahl, flach; KroB 7–10 mm lg; Sa am Grund mit deutlichem Anhängsel. H: 10–25(35) cm. ♃ He. VII–VIII. Quellfluren, nasse, nährstoffreiche Hochstaudenfluren; (obermontan) subalpin bis unteralpin; hfg. **Fehlt B, W**. **Mieren-W., *E. alsinifólium***
**-** Unterirdische Fortsetzung des Stg nicht schief; keine unterirdischen Ausläufer; Blüstd meist mehr als 6blütig; Frkn u. Fr dicht anliegend drüsenlos behaart; Sa papillös, 1 mm lg. — Pf meist höher als 30 cm . . . . . . . . . . . . . **15**

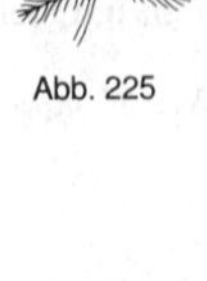
Abb. 225

Abb. 226a

Abb. 226b

Abb. 227

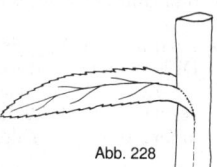

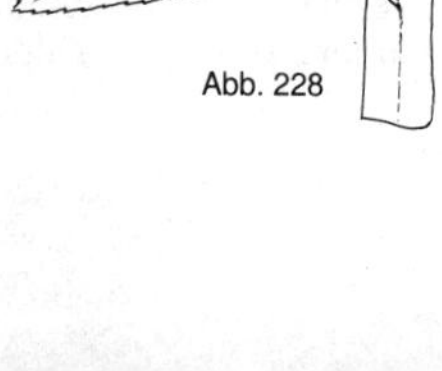
Abb. 228

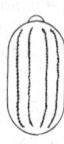

**15** Oberirdische, beblätterte Ausläufer meist vorhanden; Achsenbecher (scheinbare KRöhre) mit vereinzelten Drüsenhaaren; BlüKnospen u. junge Blü nickend; Stg mit meist 2 einander gegenüberliegenden Längsleisten. — LB länglich bis eiförmig, 4–8 cm lg u. 0,8–1,8 cm br, Spreitenrand u. Hauptnervunterseite anliegend behaart; KroB etwa 6–9 mm lg; Fr 5–6 cm lg, auf den Flächen zusätzlich mit einigen wenigen Drüsenhaaren; Sa am Grund ohne Anhängsel. H: 25–60(100) cm. ♃ He. VI–IX. Bach- u. Quellfluren, feuchte Waldschläge; submontan bis mittelmontan; zstr bis slt. **Fehlt W, T.**
**Dunkles W.,** Dunkelgrünes W., ***E. obscúrum***

**-** Keine Ausläufer vorhanden; Achsenbecher (scheinbare KRöhre) ohne Drüsenhaare; BlüKnospen u. junge Blü aufrecht; Stg mit meist 4 Längsleisten. — Im Herbst kleine LB'Rosetten am StgGrund; LB linealisch bis lineal-lanzettlich bis länglich-eiförmig; Fr 6–8(9) cm lg. H: 30–100 cm. ♃ He. VII–IX. Collin bis submontan. Ob diese beiden Sippen nicht vielleicht Artrang verdienen, bedarf weiterer Untersuchungen. **Vierkant-W. (i. w. S.),** ***E. tetrágonum***

**a** Untere u. mittlere StgB sehr kurz, aber deutlich herablaufend (Abb. 228); LB linealisch bis länglich, 4–8 cm lg, h'grün, etwas glänzend, völlig kahl; KB 4–6 mm lg. — Stg meist kahl (?); LB 5–13 mm br, scharf u. dicht gezähnelt(-gesägt); KroB 4,5–6 mm lg; Sa am Grund oft mit kurzem, durchscheinendem Anhängsel. H: (30)50–100 cm. Nasse Staudenfluren an Ufern u. in Gräben; zstr. **Alle Bdld**. Gefährdet. *(E. tetragonum s. str., E. adnatum)* **▪ Eigentliches V.-W., *E. t. subsp. tetrágonum***

**-** Untere u. mittlere StgB nicht oder nur undeutlich herablaufend; LB länglich-eiförmig, 1,5–3(4) cm lg, graugrün, nicht glänzend, Spreitenrand u. Hauptnervunterseite mit Krummhaaren besetzt; KB 6–8 mm lg. — Stg oben behaart (?); LB 4–9 mm br, entfernt u. seicht bis dicht u. stark gezähnelt; KroB 5,5–7 mm lg; Sa am Grund ohne Anhängsel. H: 30–60 cm. Waldschläge; zstr bis slt. **B, W?, N, O, St, K, S†**. Gefährdet. *(E. lamyi)*
**▪ Graugrünes V.-W., Graugrünes W., *E. t. subsp. lámyi***

## (4) Hexenkraut, *Circáea* (G II 3, 10)

**1** Blüstd zur BlüZeit doldentraubig; Fr 1fächrig, etwas asymmetrisch; Frkn an BlüKnospen fast kahl, Hakenborsten sich erst nach dem Aufblühen deutlich entwickelnd. — Endabschnitt der unterirdischen Ausläufer deutlich verdickt; Stg kahl; LB'Spreite br-eiförmig, 1,5–5,5(7,5) cm lg, sehr kurz zugespitzt, dünn, durchscheinend, Spreitengrund fast stets deutlich herzförmig, Spreitenrand scharf gebuchtet-gezähnt; DeckB borstlich; KroB 0,6–1,5(1,9) mm lg; Gri 1–2 mm lg; Fr fertil. H: 5–20 cm. ♃ Ge. VI–VIII. Nasse Stellen (Naßgallen) bes. in Schlucht- u. Auwäldern (zB Grauerlenwäldern); montan (subalpin); zstr bis slt. **Fehlt B, W.** **Gebirgs-H.,** Alpen-H., ***C. alpína***

**-** Blüstd zur BlüZeit traubig; Fr 2fächrig, symmetrisch oder unentwickelt; Frkn schon vor dem Aufblühen deutlich u. dicht mit Hakenborsten besetzt . . . **2**

**2** DeckB fehlend; Fr fertil, mit 2 gleich großen Fächern; Stg mit lockerer bis dichter Behaarung (kurze Sichelhaare oder lg, abstehende Haare), sehr slt kahl; LB'Rand seicht-buchtig gezähnt. — Endabschnitt der unterirdischen Ausläufer nicht verdickt; LB'Spreite eiförmig bis eilanzettlich, (3)4–8(15) cm lg, lg zugespitzt, nicht durchscheinend, Spreitengrund abgerundet, slt schwach herzförmig; KroB (1,4)2–3,7 mm lg; Gri meist 2,5–5 mm lg. H: (15)30–60(90) cm. ♃ Ge. VI–VIII. Frische bis feuchte Edellaubwälder (bes. Auwälder), staunasse Waldwege u. Waldschläge; collin bis montan.
**Wald-H., Großes H., *C. lutetiána***

**a** Fr ohne starke Korkrippen u. tiefe Furchen; Stg mit ± dichter Behaarung (kurze Sichelhaare oder lg, abstehende Haare). Zstr bis mäßig hfg. **Alle Bdld**.
**Gewöhnliches W.-H., *C. l. subsp. lutetiána***

- Fr mit starken Korkrippen u. dazw. liegenden tiefen Furchen; Stg spärlich behaart (kurze Sichelhaare) oder kahl. Slt. Ober-**K**, Ost-**T**. *(C. quadrisulcata)*
**Vierfurchen-W.-H., *C. l. subsp. quadrisulcáta***
- DeckB borstlich; Fr steril, unreif abfallend; Stg kahl oder zstr kurz sichelhaarig; LB'Rand scharf buchtig gezähnt. — Endabschnitt der unterirdischen Ausläufer höchstens schwach verdickt; LB'Spreite eiförmig, 2–7(11) cm lg, kurz zugespitzt, kaum durchscheinend, Spreitengrund meist schwach herzförmig; KroB (1)1,6–3,6 mm lg; Gri 2,5–5 mm lg. H: 10–40(70) cm. ♃ Ge. VI–VIII. Frische Edellaubwälder, bes. Schlucht- u. Auwälder; submontan bis montan; zstr bis slt. Sich vegetativ fortpflanzende, fast immer zumindest als Halbwaise vorkommende Hybride *C. alpina* × *C. lutetiana*.
**Mittleres H., *C.* × *intermédia***

## 47. Familie: Blutweiderichgewächse, Weiderichgewächse, *Lythráceae*

Gemeinsame Merkmale der heimischen Vertreter: LB einfach, unzerteilt, ganzrandig; Blü ⊕, ⚥, mit becher- bis röhrenförmigem BlüBoden; KB (scheinbar KZähne) 4–6, mit ebenso vielen AußenKB; KroB 4–6, frei, slt fehlend; StaubB 2–12, meist doppelt so viele wie KroB; Frkn 1, mittelständig; Gri 1; Fr: 2klappig aufspringende Kapsel.

1 Stg aufrecht bis aufsteigend; KroB stets vorhanden, die „KZähne" deutlich überragend; LB linealisch, länglich oder (ei-)lanzettlich, sitzend bis halbstengelumfassend, spitz bis zugespitzt. **(1) Blutweiderich, *Lýthrum***
- Stg kriechend; KroB hinfällig, meist fehlend, die „KZähne" nicht überragend; LB spatelig oder verkehrt-eiförmig u. in den 1–3 mm lg LB'Stiel verschmälert, an der Spitze abgerundet. **(2) Sumpfquendel, *Péplis***

### (1) Blutweiderich, Weiderich, *Lýthrum* (G II 15; VIII 15; IX 9)

1 KroB 2–3 mm lg, lilapurpurn; StaubB (2)4–6; LB meist wechselständig (slt gegenständig); Blü einzeln oder (slt) zu 2 in LB'Achseln. — Pf meist kahl, im Habitus dem Vogel-Knöterich, *Polygonum aviculare* sehr ähnlich; LB linealisch bis länglich, meist 10–20 mm lg u. 2–5 mm br. H: 5–30 cm. ⊙ Th. VI–IX. Ufersäume, feuchte Äcker, nasse Wiesen, auch auf salzhältigen Böden; collin; slt. **B, W, N, O, St, (K, S)**. Stark gefährdet. **Ysop-B., *L. hyssopifólia***
- KroB 5–11 mm lg, leuchtend purpurrot; StaubB 12; LB meist gegenständig (slt in 3(4)zähligen Quirlen); Blü in HochB'Achseln, — insgesamt einen endständigen, ährenförmigen, vielblütigen GesamtBlüstd bildend . . . . . . . . . . . **2**

2 Stg stets kahl; Außen- u. Innen-„KZähne" fast gleich lg; KroB 5–8(9) mm lg. — LB meist lineal- bis schmal-(ei)lanzettlich, am Grund ± keilig; Blüstd lockerer u. wenigerblütig als bei der folgenden Art. H: 30–100 cm. ♃ He. VI–VIII. Ufersäume, nasse, auch etwas salzige Wiesen u. Gräben, feuchte Äcker; collin; sehr slt. **B, N, O, St**†. Stark gefährdet; im nVL u. söVL vom Aussterben bedroht. **Ruten-B., *L. virgátum***
- Stg zumindest oberwärts kurzhaarig; Außen- u. Innen-„KZähne" verschieden lg; KroB etwa 8–11 mm lg. — LB br-länglich-lanzettlich bis schmal-eilanzettlich, am Grund schwach herzförmig bis abgerundet, ± halbstengelumfassend; Außen-„KZähne" pfriemlich, 2–3× so lg wie die 3eckigen Innen-„KZähne". H: 50–100(150) cm. ♃ He. VI–IX. Ufersäume, nasse Wiesen, Flachmoore, Gräben, Röhrichte; collin bis montan; hfg. **Alle Bdld**.
**Gewöhnlicher B., Eigentlicher B., *L. salicária***

### (2) Sumpfquendel, *Péplis*

Pf kahl; LB gegenständig, 5–15 mm lg; Blü einzeln in LB'Achseln; KroB 6, rötlich, etwa 1 mm lg; StaubB 6. H: 1–5 cm; G: 5–15(25) cm lg. ⊙ Th. VII–IX. Kalkarme, feuchte Äcker, Ruderalstellen u. Karrenwege, zeitweise überschwemmte Ufersäume, nasse Gräben; collin bis submontan; zstr. **Fehlt W, V.** Gefährdet. *(Lythrum portula)* **Sumpfquendel, *P. pórtula***

## 48. Familie: Wassernußgewächse, *Trapáceae*

### Wassernuß, *Trápa* (→ A 17–)

LB'Stiele bauchig (aufgeblasen); KB, KroB u. StaubB je 4; Frkn mittelständig; Fr: steinfruchtartige Nuß (vom vergrößerten Achsenbecher umschlossen), mit 2–4 dornartigen Hörnern (umgewandelte KB), stärkereich („Wasserkastanie"). G: 50–200(400) cm lg. ⊙ Wa. VI–VIII. Flache Seebuchten, Altwässer, Teiche mit nährstoffreichem, sich sommerlich stark (über 25° C) erwärmendem Wasser; collin; slt. **B, N, O, St, K**. Gefährdet; in den KäB, im nVL u. Pann stark gefährdet. ▲ NahrungsPf (Fr eßbar). **Wassernuß, *T. nátans***

# Ordnung Seebeerenartige, *Haloragáles*

## 49. Familie: Tausendblattgewächse, *Haloragáceae*

### Tausendblatt, *Myriophýllum* (→ A 7–)

1 Obere DeckB kammförmig gefiedert, Blättchen linealisch bis haarförmig. — Pf nicht kalkinkrustiert; LB in (4)5(6)zähligen Quirlen (Abb. 225); Kro grünlichweiß. G: (20)50–200(300) cm. Mit Winterknospen. ♃ Wa. VI–VIII. Stehende u. träg fließende, oft kalkarme (aber $CO_2$-reiche) Gewässer; empfindlich gegen Wasserverschmutzung; verträgt Austrocknung; collin bis montan; zstr. **Alle Bdld.** **Quirl-T., *M. verticillátum***

- Obere DeckB einfach u. unzerteilt (ganzrandig, gesägt oder höchstens kammförmig eingeschnitten), nicht gefiedert . . . . . . . . . . . . . . . . . . . . 2

2 DeckB länger als die Blü; StaubB 4. — LB in 4–5(6)zähligen Quirlen; bei Wassertemperaturen von 12–16°C entwickeln sich fiederteilige LB, bei 20–25°C ungeteilte, gezähnte LB. G: 30–150 cm. ♃ Wa. VI–VII. Stehende u. langsam fließende Gewässer; collin; (früher:) sehr slt. **St**†. Neubürger (Heimat: Nordamerika). † **Verschiedenblättriges T., *M. heterophýllum***

- DeckB höchstens so lg wie die Blü; StaubB 8 . . . . . . . . . . . . . . . . 3

3 Blüstd 4–16 cm lg, vielblütig, aufrecht; Kro rot; StaubB blaß gelbgrün; LB mit 13–38 Seitenabschnitten. — Ältere Pf kalkinkrustiert (dh mit weißlichen Kalküberzügen); LB in (3)4(5)zähligen Quirlen; alle Blü in 4zähligen Quirlen. G: (20)40–275 cm. Bildet keine Winterknospen. ♃ Wa. VI–VIII. Stehende u. langsam fließende Gewässer; kalkliebend; verträgt mäßige Wasserverschmutzung, aber keine Austrocknung; collin bis subalpin; mäßig hfg. **Alle Bdld.** **Ähren-T., *M. spicátum***

- Blüstd 0,5–2(3) cm lg, wenigblütig, anfangs überhängend; Kro durchscheinend weißlichgelb; StaubB gelb, rot gestreift; LB mit (7)9–18 Seitenabschnitten. — LB in (3)4zähligen Quirlen; Blüstd oben mit wechsel-, gegen- oder quirlständigen ♂ Blü, unten mit quirlständigen ♀ Blü. H: (10)20–125 cm. ♃ Wa. VI–VIII. Nährstoffarme, unverschmutzte, stehende oder langsam fließende Gewässer; kalkmeidend; collin bis montan; sehr slt. **O?, St/K** (auf der Turracher Höhe).

**Wechselblütiges T., *M. alterniflórum***

# Überordnung Rautenblütige, *Rutánae*
# Ordnung Rautenartige, *Rutáles*

## 50. Familie: Pistaziengewächse, Kaschúgewächse, Sumachgewächse, *Anacardiáceae*

**1** LB gefiedert; FrStiele nicht verlängert, ohne auffallend lg Haare. **★ (1) Sumach, *Rhus***

**–** LB einfach u. unzerteilt; FrStiele verlängert, mit lg abstehenden, meist ± purpurnen Haaren; — Frstd deshalb perückenartig. **(2) Perückenstrauch, *Cótinus***

### ★ (1) Sumach, *Rhus*

Zweigachsen mit Harzgängen; LB unpaarig gefiedert (mit 11–30 Blättchen), 15–30 cm lg; Zweige u. BlüStiele dicht zottig; Blüstd dicht, gelblichgrün oder rötlich; Blü 5zählig; Fr: 1samige SteinFr. H: 2–6 m. ♄ NPh. VI–VII. Als Ziergehölz hfg kultiviert, slt verwildert. (Heimat: östl. Nordamerika.) Schwach giftig. *(**R. typhina**)*

**★ Hirschkolben-S., Essigbaum, *R. hírta*** (B 54)

### (2) Perückenstrauch, *Cótinus* (→ B 85)

LB gestielt, verkehrt-eiförmig bis rundlich, ganzrandig, kahl; Blü ⊕, 5zählig; Kro weiß; Fr: 1samige SteinFr. H: 50–200 cm. ♄ NPh. VI–VII. Lichte (Flaum-)Eichenwälder u. deren Säume; collin; am Westrand des Pann slt (hier vielleicht heimisch), im söVL sehr slt (nur verwildert?). **N, St, (T)**. (Submedit.) Gefährdet; im söVL stark gefährdet. ▲ Auch als Zierstrauch hfg kultiviert (oft in rotblättrigen Sorten), slt verwildert. **Perückenstrauch, *C. coggýgria***

## 51. Familie: Rautengewächse, *Rutáceae*

Gemeinsame Merkmale der heimischen Vertreter: LB durchscheinend punktiert *(Lupe!)* (Öldrüsen, Pf daher stark aromatisch); Blü ⊕ bis ↓, 4–5zählig; BlüBoden zw. den StaubB u. dem Frkn zu einer polsterförmigen Scheibe erweitert (= Diskus); Fr: Kapsel.

Anm.: Gelegentlich als Ziergehölz kultiviert u. auch verwildert findet sich die **★ Kleeulme, *Ptélea trifoliáta*** (Strauch oder kleiner Baum; LB 3zählig zusammengesetzt; Rispen; Blü 1–1,5 cm ∅, Kro weißlich- bis gelblichgrün; Fr: ringsum geflügelte, abgeflachte, 2samige Nuß; Heimat: östl. Nordamerika).

**1** Kro ⊕, 1–2 cm ∅; KroB 4(5), gelb; LB 2–3fach gefiedert. **★ (1) Raute, *Rúta***

**–** Kro ↓, 4–6 cm ∅; KroB 5, rosa mit dunklen Adern; LB 1fach-gefiedert (denen der Esche ähnlich, aber wechselständig). **(2) Diptam, *Dictámnus***

### ★ (1) Raute, *Rúta* (G VIII 19–)

Pf blaugrün, kahl; nur die endständige Blü jedes Blüstd 5zählig, alle übrigen 4zählig. H: 40–60(80) cm. ♄ Ch. VI–VIII. Als Zier-, Gewürz- u. ArzneiPf kultiviert, slt verwildert. VolksarzneiPf; Homöop. (Heimat: nordwestl. Balkanländer, Nord-Italien.)

**★ Raute, Weinraute, *R. gravéolens***

### (2) Diptam, *Dictámnus* (G VII 12; VIII 2)

LB intensiv zitronenähnlich duftend; BlüStiele drüsig. H: 50–80(100) cm. ♃ He. V–VI. Waldsteppen, Flaumeichenwaldsäume, warm-trockene, lichte Wälder; kalkliebend; collin bis submontan; zstr bis slt. Nur im Pann. **B, W, N.** (Hptvbr.: Submedit.) VolksarzneiPf. Gefährdet. ▲ **Diptam, *D. álbus***

## (★) 52. Familie: Bitterholzgewächse, Bittereschengewächse, *Simaroubáceae*

### (★) Götterbaum, *Ailánthus* (→ B 50)

LB 30–100 cm lg, unpaarig bis paarig gefiedert, Blättchen im Herbst von der Rachis abfallend; Blü grünlichgelb, stark riechend (berberitzenblütenähnlich: Trimethylamin), polygam: ⚥, ♀ oder ♂. H: 10–30 m. ♄ MPh. (VI) VII. Seit 1850 als sehr raschwüchsiger Zier- u. Forstbaum kultiviert, in warmen Gebieten hfg verwildert u. oft eingebürgert: Ruderalstellen, Ruinen, Trümmerschutt, Pflasterritzen, Halbtrockenrasen; collin. (Heimat: China.) Schwach giftig. *(A. peregrina, A. glandulosa)* **(★) Götterbaum, *A. altíssima***

# Ordnung Seifenbaumartige, *Sapindáles*

## 53. Familie: Ahorngewächse, *Aceráceae*

### Ahorn, *Ácer* (→ B 10–, 34–)

Gemeinsame Merkmale: LB gegenständig; Blü ⚥ bis 1geschlechtig (Rudimente des anderen Geschlechts vorhanden), ⊕; KB 4–5, frei; KroB 4–5, frei, mitunter fehlend; StaubB meist 8, meist einem Diskus eingefügt; Frkn 1, oberständig; Gri (Narben) 2; Fr: SpaltFr, in 2 geflügelte TeilFr zerfallend (Abb. 229 bis 231).

Anm.: Der submedit. **(★) Montpellier-A.**, Felsen-A., Französischer A., ***A. monspessulánum*** (LB klein, 3spaltig, ganzrandig) ist slt verwildert u. zT lokal eingebürgert, zB in **W, N, St, K**. Einige weitere fremdländische Ahorn-Arten werden als Ziergehölze kultiviert, so zB der **★ Silber-A., *A. saccharínum*** (= *A. dasycarpum*) (LB tief gespalten, unterseits weißlich; Blü unscheinbar, spätwinterlich; slt verwildert, zB in **W**) u. Kultursorten des **★ Japanischen A., *A. palmátum*** (LB dekorativ feingegliedert).

**1** LB 3–5(7)zählig gefiedert; Kro fehlend; Blü 1geschlechtig (Pf 2häusig). — Junge Zweigachsen ± bereift, mehrere Jahre grün bleibend; Winterknospen behaart; Blättchen 5–10 cm lg, meist eiförmig bis schmal-elliptisch, lg zugespitzt, mitunter 2–3lappig, vorn grob gesägt; Blü vor den LB erscheinend; Blüstd hängend. Windbestäubung. H: 3–20 m. ♄ MPh. III–IV. Als Zierbaum (Alleebaum) u. forstlich kultiviert, ♂ auch als Bienenweide; hfg verwildert u. eingebürgert (bes. in Auwäldern). (Heimat: Nordamerika.) *(Negundo aceroides)* **(★) Eschen-A., *A. negúndo***

**–** LB einfach (unzerteilt oder handförmig gelappt bis gespalten); Kro vorhanden; Blü ⚥ oder oft funktionell 1geschlechtig; zumindest deutliche Rudimente von StaubB bzw. Stempeln vorhanden (Pf trimonözisch) . . . . . . . . . . . **2**

**2** LB'Spreite mit nur 1 von der Spitze des LB'Stiels ausgehenden Hauptnerv (von dem oberhalb des Spreitengrundes die Seitennerven abzweigen), deutlich länger als br, unzerteilt bis seicht gelappt, — eiförmig, meist 3–7 cm br, stumpf bis spitz, gesägt, kahl; LB'Stiel ohne Milchsaft; Blü nach den LB erscheinend; Rispen aufrecht; Kro grünlichweiß; FrFlügel einen sehr spitzen Winkel bildend, mitunter fast parallel stehend, zur Reife blutrot. H: 3–6 m. ♄ NPh–MPh. V–VI. Auwälder; collin; sehr slt. **B, (W), N**. (Hptvbr.: Ost- u. Südost-Europa u. West-Asien.) Stark gefährdet. Slt als Ziergehölz kultiviert u. verwildert. [B 40]

**Tataren-A.**, Schwarzring-A., ***A. tatáricum***

**-** LB'Spreite mit (3)5–7 etwa gleich kräftigen, fingerförmig von der Spitze des LB'Stiels ausgehenden Nerven, meist etwas breiter als lg, deutlich (3)5–7zählig handförmig gelappt bis gespalten. — Kro h'- bis gelblichgrün . . . . . . . **3**

**3** Blü in hängenden, traubenförmigen Rispen; LB'Stiel ohne Milchsaft; LB'Lappen unregelmäßig gesägt bis gekerbt (Abb. 229 a). — LB 5–10(15) cm lg gestielt, Spreite meist 10–15(23) cm br; Blü mit oder kurz nach den LB erscheinend; BlüStiele kahl; KroB 2–4 mm lg; FrFlügel einen fast rechten Winkel bildend (Abb. 229 b); Winterknospen grün, kahl; Schuppenborke. H: 8–25 m. ♄ MPh. V–VI. Frische bis feuchte, nährstoffreiche Edellaubwälder, Schluchtwälder, Weiderasen (als Schattbäume: „Ahornböden"); submontan bis subalpin; sehr hfg. **Alle Bdld**. Auch forstlich kultiviert (Wertholz). Bienenweide.

**Berg-A.**, Trauben-A., ***A. pseudoplátanus***

**-** Blü in aufrechten Schirmrispen; LB'Stiel Milchsaft führend; LB'Lappen grob gezähnt oder stumpflappig . . . . . . . . . . . . . . . . . . . . . . . . . . **4**

**4** LB'Lappen zugespitzt, mit wenigen, lg zugespitzten Zähnen (Abb. 230 a); Blü kurz vor den LB erscheinend; BlüStiele kahl. — Winterknospen d'rot bis rötlichbraun, kahl; LB 5–15 cm lg gestielt, Spreite meist 10–18 cm br; KroB etwa 5–6 mm lg, länger als der K; FrFlügel einen stumpfen Winkel bildend (Abb. 230 b). H: 10–20(30) m. ♄ MPh. IV–V. Frische Edellaubwälder, Schluchtwälder; collin bis montan; zstr. **Alle Bdld**. Auch als Park- u. Alleebaum kultiviert (auch Ziersorten, zB rotblättrige).

**Spitz-A.**, „Lein-A.", „Leim-A.", ***A. platanoídes***

**-** LB'Lappen stumpf bis abgerundet, seicht u. unregelmäßig gelappt, die beiden untersten oft unzerteilt u. ganzrandig (Abb. 231 a); Blü mit den LB erscheinend; BlüStiele behaart. — Zweigachsen mitunter mit flügelartig verdickten Korkleisten; Winterknospen braun, an der Spitze fein behaart; LB meist 2–5 cm lg gestielt, Spreite meist 4–8 cm br, (3)5lappig; KB u. KroB etwa 2–3 mm lg, bewimpert; Fr kahl oder behaart; FrFlügel waagrecht ausgebreitet (Abb. 231 b). H: 2–15(20) m. ♄ NPh–MPh. V. Trockenere Edellaubwälder, Gebüsche; wärmeliebend; collin bis submontan (untermontan); hfg bis slt. **Alle Bdld**, in **T, V** slt. Hfg auch kultiviert (als „lebender Zaun"). Gefährdet in den wAlp. **Feld-A.**, „Spindel-A.", ***A. campéstre***

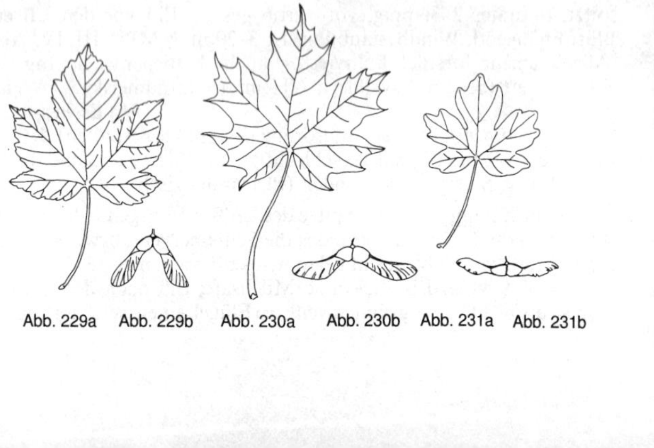

Abb. 229a Abb. 229b Abb. 230a Abb. 230b Abb. 231a Abb. 231b

## 54. Familie: Pimpernußgewächse, *Staphyleáceae*

### Pimpernuß, *Staphyléa* (→ B 25)

LB 5(7)zählig gefiedert; Blättchen mit 1–2 mm lg, fadenförmigen Nebenblättchen; Blü duftend; Kro weiß; Fr eine häutige, aufgeblasene Kapsel; Sa kugelig, hartschalig, h'braun. H: 1–4 m. ♄ NPh. V–VI. Frische Wälder, auch Schluchtwälder; kalkliebend; Klimawärmezeiger; collin bis submontan; im Pann zstr, sonst slt. **Fehlt T** (in **St, K** nur verwildert?). In den KäB u. im söVL gefährdet. △ Wildobst (Sa eßbar; schon in prähistorischer Zeit verwendet).

**Pimpernuß, *S. pinnáta***

Anm.: Ähnliche Blasenkapseln hat die zur Familie der Seifenbaumgewächse / *Sapindáceae* gehörende ★ **Blasenesche, *Koelreutéria paniculáta*** (Baum; LB gefiedert; Rispen; Kro gelb), die in Parkanlagen hfg kultiviert wird (Heimat: Ostasien).

## ★ 55. Familie: Roßkastaniengewächse, *Hippocastanáceae*

### ★ Roßkastanie, *Áesculus* (→ B 21)

Anm.: Die ★ **Gelbe R., *Áe. glábra*** (Baum; Kro schwefelgelb; Heimat: Nordamerika) u. die ★ **Schwärmer-R., Strauch-R., *Áe. parviflóra*** (breiter Strauch mit unterirdischen Ausläufern; Rispen lg u. schlank; Kro weiß, abends duftend [Bestäubung durch Nachtschmetterlinge!]; Heimat: Nordamerika) werden slt kultiviert.

1 KroB weiß, mit anfangs gelbem, später purpurrotem Saftmal; Blättchen alle sitzend; Winterknospen klebrig; Fr stachelig. H: 15–25 m. ♄ MPh. V. Als Zier- u. Alleebaum sehr hfg kultiviert (erstmals 1576 in Wien), hfg lokal unbeständig verwildert. (Heimat: Bergschluchten der mittleren Balkanhalbinsel). VolksarzneiPf, Pharm., Homöop.

**★ Weiße R., Europäische R., *Áe. hippocástanum***

- KroB rosa; mittleres Blättchen ein wenig gestielt; Winterknospen nicht klebrig; Fr glatt oder wenig stachelig. H: 10–20 m. ♄ MPh. V. Als Zier- u. Parkbaum hfg kultiviert. Kulturhybride *A. hippocástanum* × *A. pávia*. (Heimat der slt kultivierten ★ **Roten R., *Áe. pávia***, mit strauchigem Wuchs u. d'roten Kro: östl. Nordamerika.)

**★ Fleischrote R., *Áe.* × *cárnea***

# Ordnung Storchschnabelartige, *Geraniáles (Gruinales)*

## 56. Familie: Sauerkleegewächse, *Oxalidáceae*

### Sauerklee, *Óxalis* (G VIII 10; → **XI 4**, 6)

1 KroB weiß (slt rosa), purpurn geadert, (8)10–16 mm lg; LB u. Blü grundständig; Fr 3–4 mm lg; Sa mit Längsrippen. — WuStock kriechend, mit verdickten, speichernden LB'Stielbasen; Blättchen 10–20 mm lg u. 15–25 mm br. H: 5–12 cm. ♃ He–Ge. IV–V. Mäßig bodensaure Wälder, Krummholzges.; collin bis subalpin; hfg. **Alle Bdld**. Schwach giftig (Oxalsäure!). Homöop.

**Wald-S.,** Echter S., ***O. acetosélla***

- KroB gelb bis orangegelb (manchmal mit roten Strichen), 4–8(13) mm lg; LB u. 1–7blütige Blüstd stengelständig; Fr mindestens 7 mm lg; Sa mit Querrippen. — Blättchen 5–15 mm lg u. 7–20 mm br; Blü nur vormittags geöffnet **2**

2 Fr 8–12(15) mm lg, locker abstehend behaart bis kahl, ohne kurze, abwärts gerichtete Haare; FrStiele aufrecht- bis waagrecht-abstehend. — Stg fast stets aufrecht, meist zT ± rötlich, zstr abstehend behaart bis fast kahl; die LB öfters fast gegenständig bis quirlständig; Blättchen höchstens bis zu $^1/_5$–$^1/_4$ ihrer

Länge 2lappig; ältere Pf mit dünnen, meist unterirdischen, im Herbst knollig anschwellenden Ausläufern (slt oberirdische Ausläufer); NebenB fehlend; Blüstd 1–2(4)blütig, zymös. H: (5)10–(30)40 cm. ⊙–♃ Th–He. (VI)VII–X. Gärten, Friedhöfe, Äcker, Ruderalstellen, feucht-ruderale Waldstellen; collin bis submontan; hfg. **Alle Bdld.** Neubürger (seit 19. Jh.). (Heimat: Nordamerika?) *(O. europaea,* ***O. fontana****, Xanthoxalis fontana)*

**Aufrechter S.,** Europäischer S., ***O. strícta***

- Fr 12–25 mm lg, ziemlich dicht mit kurzen, abwärts gerichteten (fast anliegenden) Haaren besetzt (dadurch fast grau) u. oft zusätzlich mit längeren, abstehenden Haaren; FrStiele ± deutlich zurückgeschlagen. — Blüstd (1)2–5(7)blütig, doldig; Stg locker bis dicht behaart . . . . . . . . . . . . . . . . . . . . . 3

3 Stg kriechend (an den Knoten ± bewurzelt), nur die Blühtriebe aufsteigend; LB (fast stets) alle wechselständig, meist ± purpurbraun; Blättchen bis zu ¼–⅓(½) ihrer Länge 2lappig; Querrippen der Sa braun, ohne deutliche weiße Linien. — Stg mit anliegenden bis ± abstehenden Haaren; UnterB als schmale Säume bis deutlich zipfelförmige NebenB ausgebildet (Abb. 232); KroB meist 4–7 mm lg; Fr (10)12–15(25) mm lg. H: 3–5(10) cm; G: 10–40 cm lg. ⊙–♃ Th–He. V–X. Gärten, Friedhöfe, Parkanlagen, Blumenbeete, Ruderalstellen wie Wegränder, Kieswege, Pflasterritzen; collin bis submontan; hfg. **(S), sonst alle Bdld.** Neubürger (?, seit 16. Jh.?). (Heimat: Medit.?) *(O. c. var. atropurpurea; Xanthoxalis c.)*

**Horn-S., *O. corniculáta***

- Stg aufrecht, slt aufsteigend, nicht bewurzelt; LB meist ± gegenständig oder quirlständig, meist grün; Blättchen nur bis zu ⅙–¼ ihrer Länge 2lappig; Querrippen der Sa braun, aber mit deutlichen weißen Linien. — Ausläufer meist fehlend (slt oberirdische); Stg ziemlich dicht aufwärts-anliegend behaart; NebenB meist fehlend (!); KroB meist (6)10–13 mm lg; Fr (10)15–20(30) mm lg. H: (5)10–30(40) cm. ⊙–♃ Th–He. VI–X. Friedhöfe, Parks, Gärten, Äcker, Stoppelfelder, Wegränder; collin bis untermontan; lokal mäßig hfg, sonst zstr bis slt. **Fehlt S?, V?.** Genaue Vbr. erst festzustellen, anscheinend in Arealausdehnung begriffen. Neubürger (seit etwa 1960). (Heimat: Nordamerika?) *(O. navieri, „O. stricta" sensu „Florae Europaeae", Xanthoxalis d.)*

**Dillenius-S., *O. dillénii***

## 57. Familie: Leingewächse, *Lináceae*

1 Blü 5zählig; KB ganzrandig. — KroB zuweilen seitlich aneinander haftend (nicht miteinander verwachsen!); Fr (Kapsel) meist kugelig (slt etwas eiförmig).

**(1) Lein, *Línum***

- Blü 4zählig; KB vorn 2–3zähnig. **(2) Zwergflachs, *Radíola***

### (1) Lein, Flachs, *Línum* (G V 14, → 20–; XI 7–)

1 LB überwiegend gegenständig; KroB (3)4–5(6) mm lg, — weiß, am Grund gelb; Pf kahl; Stg aufrecht oder aufsteigend, fadenförmig, oberwärts meist gabelästig; untere LB elliptisch bis verkehrt-eiförmig, mittlere u. obere lanzettlich; Blü vor dem Aufblühen nickend; KB schmal-elliptisch, zugespitzt; FrStiele aufrecht. H: 5–20(30) cm. VI–VIII. Magerwiesen, Weiderasen, Flachmoore; collin bis subalpin; Tonzeiger, PionierPf mit Wurzelpilz; sehr hfg. **Alle Bdld.** VolksarzneiPf (histor.). *(Cartholinum c.)* **Purgier-L., *L. cathárticum***

Anm.: Die Gliederung in die Unterarten *subsp. cathárticum* (kein verholzter WuStock; Stg am Grund locker beblättert, mit wenigen LB'Paaren, im Herbst ohne sterile Kurztriebe; Blüstd locker; Pf ⊙) u. *subsp. suécicum ( = var. subalpinum)* (schwach verholzter WuStock; Stg am Grund dicht beblättert, im Herbst mit sterilen Kurztrieben; Blüstd meist ziemlich dicht; Pf ⊙–♃, kaum höher als 5 cm, am Grund meist ästig, oft rasig; KroB 4–6 mm lg) läßt sich wohl kaum aufrechterhalten.

- LB überwiegend wechselständig; KroB 8–30 mm lg . . . . . . . . . . . . . 2

2 Kro gelb . . . . . . . . . . . . . . . . . . . . . . . . . . . . . . . . . . 3
- Kro andersfärbig . . . . . . . . . . . . . . . . . . . . . . . . . . . . . 4

3 LB am Grund beiderseits mit einer Drüse; untere (u. mittlere) LB wechselständig (obere LB mitunter gegenständig); KB eilanzettlich, 6–9 mm lg; KroB 15–20 mm lg; Fr 4–5 mm ∅. — Pf kahl; Stg zumindest oberwärts mit fein geflügelten Kanten; untere StgB verkehrt-eilanzettlich, mit verschmälertem Grund; mittlere u. obere StgB länglich bis br-lanzettlich, ± halbstengelumfassend; KB lg zugespitzt, ± hautrandig, drüsig bewimpert. H: 20–50 cm. ♃ He. VI–VII(IX). Trockenrasen, Waldsäume, trockene Föhrenwälder; kalk- u. wärmeliebend; collin bis submontan; im Pann zstr bis slt, sonst sehr slt. **B, W, N, O?, St, K**. Stark gefährdet. ▲ **Gelb-L., *L. flávum*** *(s. str.)*

- LB am Grund ohne Drüsen; untere LB gegenständig (obere LB wechselständig); KB eiförmig, etwa 3 mm lg; KroB (8)10–13(15) mm lg; Fr 2–3 mm ∅. — LB lanzettlich bis schmal-elliptisch, 2–4(5) mm br; KB spitz, nicht hautrandig, zumindest die inneren am Rand mit sitzenden Drüsen. H: (10)20–60(80) cm. ♃ He. VI–X. Feuchte, schwach salzige Wiesen; collin; sehr slt. **B** (im Seewinkel). (Hptvbr.: Medit.) Vom Aussterben bedroht. **Strand-L. *L. marítimum***

4 Kro h'purpurn bis blaßlila. — KB eilanzettlich, drüsig bewimpert . . . . . 5
- Kro blau, slt weiß, — am Grund gelb oder zumindest etwas gelblich . . . 6

5 Stg zottig behaart; mittlere StgB eilanzettlich, 5–9(11) mm br, 3–5nervig, drüsig bewimpert, — meist 20–35 mm lg; KroB 18–25 mm lg, h'rosarot bis h'purpurn, dunkler geadert. H: 30–60(80) cm. ♃ He. V–VII. Kalkreiche Wiesen, Waldsäume, Föhrenwälder; collin bis montan; zstr bis slt. **O, St†?, K, S, T**. Gefährdet in den nAlp. **Klebriger L. *L. viscósum***

- Stg kahl oder (bes. unten) kurz-krummhaarig *(Lupe!)*; mittlere StgB linealisch, 1–1,5 mm br, 1nervig, nicht drüsig bewimpert, sondern am Rand fein stachelig-rauh *(Lupe!)*, — meist 10–25 mm lg; Pf mehrstengelig; Stg aufrecht oder bogig aufsteigend, am Grund verholzend; KroB 10–15 mm lg, blaßpurpurlila. H: 15–40 cm. ♃ He (Ch). VI–VIII. Sonnige, trockene Kalkmagerrasen, Felssteppen; collin; im Pann mäßig hfg, sonst zstr bis slt. **B, W, N, O, St, T**. Im Alp, nVL u. söVL gefährdet. **Feinblatt-L., Schmalblatt-L., *L. tenuifólium***

6 Pf behaart; BlüStiele kürzer als der K. — Mittlere StgB eilänglich bis länglich, 4–8(10) mm br; DeckB drüsig bewimpert; KroB 20–30 mm lg. H: 20–60 cm. ♃ He. VI–VIII. Trockenwarme, meist offene u. etwas gestörte Rasen u. Waldsäume; collin; im Pann slt, sonst sehr slt. **B, W, N, O?, St†, K?**. Stark gefährdet. ▲ **Zotten-L., *L. hirsútum***

- Pf kahl; BlüStiele länger als der K. — LB spitz bis zugespitzt . . . . . . . 7

7 Pf ⊙(⊙), ohne nichtblühende Triebe; mittlere StgB 3–6 mm br, deutlich 3nervig; KB (vorn) bewimpert (jedoch nicht drüsig), — die äußeren etwa so lg wie die inneren; LB lanzettlich bis lineal-lanzettlich, etwa 20–30 mm lg; KroB 12–15 mm lg; FrStiele steif aufrecht; Fr 6–8 mm lg. H: 20–100 cm. ⊙(⊙) Th. VI–VIII. Schuttplätze, Brachen; slt (durch Vogelfutter unbeständig eingeschleppt). Alte KulturPf: Öl-, Faser- u. ArzneiPf (Sa-Öl); bis vor kurzem fast nur noch als VogelfutterPf verwildert, neuerdings wieder gelegentlich kultiviert. (Heimat der Stammform: wahrscheinlich Vorderasien.) **★ Flachs, Echter L., Saat-L.,** „Har", ***L. usitatíssimum***

- Pf ♃, mit nichtblühenden Trieben; mittlere StgB 0,5–3 mm br, meist 1nervig (höchstens am Grund mitunter schwach 3nervig); KB nicht bewimpert (völlig kahl), — die beiden äußeren schmäler als die inneren; Pf mehrstengelig; LB linealisch bis lineal-lanzettlich. Verschiedengriffeligkeit. (Artengruppe Stauden-L. i. w. S., *L. perenne agg.*) . . . . . . . . . . . . . . . . . . . . . . . . **8**

**8** FrStiele abwärts gekrümmt. — Stg vielblütig; KroB 10–15(17) mm lg, sich an den Rändern meist der ganzen Länge nach deckend. H: (20)30–60 cm. ♃ He. V–VII. Sommerwarme Trockenrasen, trockene Bahnböschungen; collin (montan); im Pann zstr, sonst slt (u. wohl nur eingebürgert). **B, W, N, (O, St), K, (T, V)**. Gefährdet. ■ **Österreichischer L., *L. austríacum*** *(subsp. austriacum)*

- FrStiele aufrecht. (Gruppe des Stauden-L. i. e. S., *L. perenne s. l.*, früher: „***L. perenne s. str.***") . . . . . . . . . . . . . . . . . . . . . . . . . . . . . **9**

**9** Pf 10–20(30) cm hoch, 1–8blütig; innere KB etwa so lg wie die äußeren; KroB 12–16(18) mm lg u. meist 5–8 mm br, einander höchstens bis zur Mitte mit den Rändern deckend. — Stg unten meist sehr dicht beblättert; LB 0,5–1(2) mm br. ♃ He. VI–VIII. Kalkfelsfluren u. -schutthalden, steinige Kalkmagerrasen; montan bis alpin; zstr. **Fehlt B, W**. In den wAlp gefährdet. *(**L. perenne subsp. alpinum**, inkl. L. julicum)* ■ **Alpen-L., *L. alpínum***

- Pf (20)30–60 cm hoch, meist mehr als 10blütig; innere KB um 0,5–1 mm länger als die äußeren; KroB 15–20 mm lg u. meist 9–12 mm br, einander meist bis über die Mitte mit den Rändern deckend. ♃ He. V–VII. Trockene, sommerwarme Magerwiesen u. Föhrenwälder; collin; sehr slt. **N, O†?**. Vom Aussterben bedroht. *(**L. perenne subsp. perenne**)* ■ **Stauden-L., Ausdauernder L., *L. perénne s. strictiss.***

## (2) Zwergflachs, Zwerglein, *Radíola* (→ G IV 11; XI 3)

Pf kahl; Stg mehrfach gegabelt; LB gegenständig, meist eiförmig bis schmal-elliptisch, 3–5 mm lg; Blüstd: Dichasium (Cymoid); KB u. KroB je 4, etwa 1–1,5 mm lg; Kro weiß; Fr (Kapsel) kugelig, 1 mm ∅. H: 1–10 cm. ⊙ Th. VII–VIII. Feuchte, sandige Stellen, Zwergbinsenges.; kalkmeidend; collin; sehr slt. **B**. Stark gefährdet. **Zwergflachs, *R. linoídes***

## † 57 b. Familie: Jochblattgewächse, *Zygophylláceae*

† **Burzeldorn, *Tríbulus*** (→ G VIII 19)

Pf flach niederliegend; Blättchen 10–16, schmal-elliptisch, ganzrandig; Blü einzeln in LB'Achseln; K (4)5zählig, hinfällig; KroB (4)5, 4–5 mm lg, gelb; Frkn oberständig. H: 1–3 cm, G: 5–30(50) cm lg. ⊙ Th. V–X (?). Sandige Stellen (subruderal?); collin; (früher:) sehr slt. N† (an der March). Ausgestorben. (Hptvbr.: Medit.) † **Burzeldorn, *T. terréstris***

## 58. Familie: Storchschnabelgewächse, *Geraniáceae* (→ G XI 4–)

Anm. 1: Hierher auch die ★ **Pelargonie**, Geranie, ***Pelargónium***, von der mehrere Arten u. viele Sorten u. künstliche Hybriden als ZierPf (bes. Topf- u. BalkonPf) sehr hfg kultiviert werden (Heimat: Südafrika). – Anm. 2: Die Angaben über die Gestalt der LB'Spreiten beziehen sich auf GrundB u. untere StgB.

**1** LB'Spreite gefiedert, im Umriß länglich, meist 3–4× so lg wie br; Zymen doldenförmig, (2)3–10blütig; nur 5 StaubB mit Staubbeuteln; Fr: SpaltFr: die TeilFr lösen sich völlig von der Mittelsäule u. bohren sich mit Hilfe des spiralig gewundenen Schnabels in den Boden (Abb. 233). — Stg niederliegend bis aufsteigend. **(1) Reiherschnabel, *Eródium***

- LB'Spreite handförmig gelappt bis geschnitten oder 3–5zählig zusammengesetzt, im Umriß rundlich bis nierenförmig, so br oder (meist) breiter als lg; Zymen („BlüStiele") 1–2blütig; meist alle StaubB mit Staubbeuteln; Fr: Kapsel, 5klappig aufspringend (das Aufspringen der Kapsel erfolgt ruckartig von unten nach oben, wodurch die Sa ausgeschleudert werden; die FrKlappen bleiben, bogig nach oben gekrümmt, an der Mittelsäule hängen, Abb. 234). **(2) Storchschnabel, *Geránium***

## (1) Reiherschnabel, *Eródium* (G V 20, 45–; XI 7)

Anm.: Der medit. ☆ **Herzblatt-R., *E. malacoídes*** tritt sehr slt **(St, K?)** als eingeschleppte Unbeständige auf.

1 Blättchen sitzend, fiederspaltig bis fiederschnittig; KroB 5–8(11) mm lg; fruchtbare StaubB am Grund ohne Zähne; Gruben an der Spitze der TeilFr drüsenlos. — Kro purpurrosa, slt weiß. H: 10–20 cm. ⊙–⊙ Th–He. (III)IV–X. Warme, trockene Ruderalfluren, Wege, subruderale Rasen, Weingärten, Hackfrucht-(Kartoffel-)Äcker, Brachen; PionierPf, Sandzeiger; collin bis submontan (montan); hfg. **Alle Bdld**. Wildgemüse. **Gewöhnlicher R., *E. cicutárium*** *(s. str.)*

- Blättchen zuweilen etwas gestielt, einfach bis doppelt gezähnt, seltener tiefer eingeschnitten; KroB etwa 13–15 mm lg; fruchtbare StaubB am Grund beiderseits mit 1 Zahn; Gruben an der Spitze der TeilFr drüsig. — Stg bes. oberwärts dicht drüsenhaarig; Kro purpurn bis violett. H: 10–50 cm. ⊙–⊙ Th–He. V–VII. Ruderalfluren; collin; sehr slt. **(B, St, K, S, T, V)**. Unbeständig. (Heimat: Medit.) ☆ **Moschus-R., *E. moschátum***

## (2) Storchschnabel, *Geránium*

1 Zymen („BlüStiele") fast immer 1blütig. — LB 5–7zählig handförmig geteilt bis geschnitten; KroB verkehrt-eiförmig . . . . . . . . . . . . . . . . . . . . **2**

- Zymen („BlüStiele") fast immer 2blütig . . . . . . . . . . . . . . . . . . . . **3**

2 KroB 5–7 mm lg, etwa so lg wie die KB, blaßrosa. — Stg ausgebreitet-verzweigt, mit meist abwärts gerichteten Haaren; LB'Abschnitte rhombisch, grob eingeschnitten-gesägt; BlüStiele mit meist abwärts-gerichteten, drüsenlosen Haaren. H: 30–80(100) cm. ♃ He. VII–IX. Frische Ruderalfluren; collin; zstr, im Pann zT mäßig hfg, zT in Arealausdehnung begriffen. **B, W, N, St, K, T**. Neubürger. (Heimat: Ost-Europa, gemäßigtes Asien.) **Sibirischer St., *G. sibíricum***

- KroB 13–20(25) mm lg, etwa doppelt so lg wie die KB, leuchtend tief-purpurn. — Stg buschig verzweigt, mit bis 2 mm langen, meist waagrecht-abstehenden Haaren; LB'Abschnitte meist mit 3 länglichen Zipfeln (Abb. 235); LB im

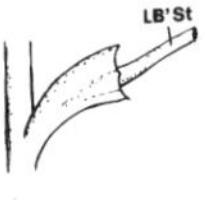

Abb. 232

Abb. 233

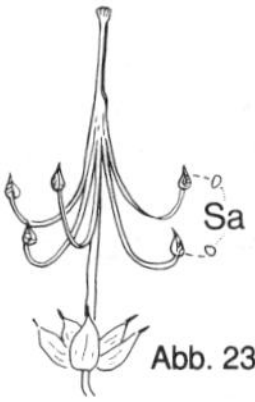

Abb. 234

Abb. 235

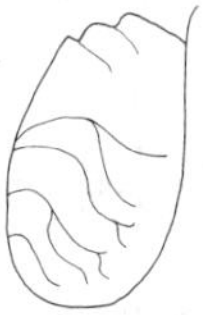
Abb. 236

Herbst leuchtend rot (Artbeiname!); BlüStiele mit zstr sitzenden Drüsen *(Lupe!)* u. waagrecht-abstehenden drüsenlosen Haaren; KroB meist etwas ausgerandet. H: 15–50 cm. ♃ He. V–VIII. Meist kalkreiche (Flaumeichen-)Waldsäume, Halbtrockenrasen; trockenwarme Lagen; collin; im Pann u. zT in **K** mäßig hfg, sonst zstr bis slt. **Fehlt S.** **Blut-St., Blutroter St., *G. sanguíneum***

**3** LB 3–5zählig zusammengesetzt. — Blättchen fiederschnittig; Pf (bes. Stg u. LB) auf sonnigen, heißen Standorten (zB Bahnschotter) meist stark d'purpurrot überlaufen; BlüStiele drüsenhaarig; K krugförmig, die unreife Fr eng umschließend; KroB deutlich genagelt, h'- bis leuchtend purpurrot; FrKlappen querrunzelig; Pollen h'gelb. (Artengruppe Stink-St., *G. robertianum agg.*) . **4**

**-** LB einfach, 5–7zählig handförmig gelappt bis geschnitten . . . . . . . . . . **5**

**4** KroB 9–13(15) mm lg, ihre Platte (5)6–8 mm lg, — schmal-verkehrt-eiförmig; Pf stark riechend („stinkend"?); KB mit (1)2 mm lg Granne; Staubbeutel meist rotbraun, slt orangegelb; FrKlappen kahl bis schwach behaart, an der Spitze mit 1–2(3) starken Querleisten, unten mit einigen unregelmäßigen, meist offenen (kein Netz bildenden) Nerven (Abb. 236). H: 20–40 cm. ⊙ Th. V–X. Kräuterreiche Wälder, Schluchten, Waldschläge, ± frische Ruderalstellen u. Schutthalden, Bahnschotter; Nährstoffzeiger (nitrophil); collin bis montan; sehr hfg. **Alle Bdld.** VolksarzneiPf (modern).
**Stink-St., Ruprechts-St.,** Ruprechtskraut, ***G. robertiánum*** *(s. str.)*

**-** KroB (5)6–8 mm lg, ihre Platte 2–3(4) mm lg, — länglich-elliptisch; Pf meist nicht oder nur wenig riechend; KB mit etwa 0,5–1 mm lg Granne; Staubbeutel stets h'gelb; FrKlappen an der Spitze mit etwa 3–4 starken Querleisten, unten mit schwächeren Nerven, die meist ein Netz bilden. H: 20–30 cm. ⊙ Th. V–VI. Ruderal auf alten Bahn- u. Hafenanlagen; collin; sehr slt. **(W, N, St)**. (Hptvbr.: Medit.) Unbeständig. ☆ **Purpur-St., *G. purpúreum***

**5** KroB meist 13–20 mm lg, — an der Spitze meist abgerundet; LB handförmig geteilt bis geschnitten, Abschnitte ± tief zerteilt; KB mit (1)2–4 mm lg Granne . . . . . . . . . . . . . . . . . . . . . . . . . . . . . . . . . . . **6**

**-** KroB 2–12(15) mm lg . . . . . . . . . . . . . . . . . . . . . . . . . . . . **9**

**6** Stg unter dem Blüstd nicht beblättert, die GrundB nicht oder nur wenig überragend; KroB lg genagelt; FrKlappen (fast) kahl, — querrunzelig; Pf aromatisch; BlüStiele drüsenhaarig; K während des Blühens fast kugelig; KroB purpurrot, slt weiß, etwa 15 mm lg; Staubf. stark verlängert (bis 20 mm lg), weit aus dem K herausragend. H: 20–50 cm. ♃ He(Ch). V–VII. Hochstaudenfluren, schattige Mauern u. Felsfluren; kalkliebend; montan; sehr slt. Südwest-**K**. Slt als Zier- u. als BienenweidePf kultiviert, sehr slt verwildert **(B, N)**. Potentiell gefährdet. (Hptvbr.: Südost-Europa.)
**Großwurzel-St.,** Felsen-St., ***G. macrorrhízum***

**-** Stg unter dem Blüstd beblättert, die GrundB weit überragend; KroB kaum genagelt; FrKlappen behaart, — ohne oder mit nur undeutlichen Querrunzeln; KroB verkehrt-eiförmig . . . . . . . . . . . . . . . . . . . . . . . . . . . **7**

**7** BlüStiele ohne Drüsenhaare, — (bes. im oberen Teil) angedrückt behaart (Haare abwärts-gerichtet); LB handförmig geteilt; KB nur an den etwas hervortretenden Längsnerven ± anliegend-kurzhaarig, sonst (fast) kahl; KroB 13–17(20) mm lg, purpurrot; FrStiele (nicht die Fr!) herabgeschlagen (wenn FrStiele aufrecht, vgl. Pkt 8– [drüsenlose Form von *G. sylvaticum*]!); FrKlappen zumindest oberwärts oft mit sitzenden Drüsen. H: 25–60 cm. ♃ He. VI–IX. Feuchte bis nasse Wiesen, Hochstaudenges., Gräben, Ufersäume; collin bis submontan; zstr bis slt. **Fehlt W.** **Sumpf-St., *G. palústre***

**-** BlüStiele meist mit Drüsenhaaren . . . . . . . . . . . . . . . . . . . . . . **8**

**8** Staubf. am Grund abrupt auf (1)1,5–2 mm verbreitert (Abb. 237 a); BlüStiele nach dem Blühen abwärts gerichtet (zur FrReife wieder aufrecht); Kro flach ausgebreitet; Gri 6–8 mm lg *(an der unreifen Fr gemessen)*. — KroB 15–20(22) mm lg, meist lilablau; FrKlappen dicht drüsenhaarig. H: 30–60 cm. ♃ He. VI–VIII. Frische, lehmreiche Fettwiesen; Nährstoffzeiger; collin bis montan; zstr bis hfg. **Alle Bdld.** **Wiesen-St., *G. praténse***

**-** Staubf. gegen den Grund zu allmählich auf 1 mm verbreitert (Abb. 237 b); BlüStiele nach dem Blühen (bis zur FrReife) aufrecht; Kro schalenförmig ausgebreitet; Gri 3–4 mm lg *(an der unreifen Fr gemessen)*. — BlüStiele mit kurzen Drüsenhaaren, diese vermischt mit etwa gleich lg, drüsenlosen, meist nach unten gekrümmten Haaren (Drüsenhaare mitunter fehlend!); KroB 13–18(22) mm lg, meist lilapurpurn bis purpurviolett, am Grund weißlich. H: 30–60 cm. ♃ He. VI–VII(VIII). Frische bis feuchte Fettwiesen, Hochstaudenfluren, Grauerlenwälder, Zwergstrauchheiden, Lärchen-Zirbenwälder; montan bis subalpin; mäßig hfg. **Fehlt W.** **Wald-St., *G. sylváticum***

**9** [5] KroB bespitzt, purpurbraun bis schwarzviolett oder schmutzig-lila, — flach ausgebreitet oder etwas zurückgeschlagen; LB handförmig gelappt bis geteilt, ± behaart; BlüStiele mit kurzen Drüsenhaaren, etwa gleich lg, drüsenlosen Haaren u. zstr stehenden, lg Seidenhaaren; KroB (8)10–12(15) mm lg, nur wenig länger als die KB; Staubf. purpurn, Staubbeutel goldgelb; FrKlappen querrunzelig, behaart. H: 40–60 cm. ♃ He. V–VI. Frische Fettwiesen u. -weiden, Hochstaudenfluren (montan bis subalpin); Waldsäume, Auwälder (collin); Lehm- u. Nährstoffzeiger; collin bis subalpin; mäßig hfg bis zstr. **Alle Bdld.** **Brauner St. (i. w. S.), *G. pháeum***

**a** Kro purpurbraun bis schwarzviolett (das weiße Zentrum meist deutlich abgesetzt), (am Rand stark wellig?); LB oft mit braunem Fleck. Bes. Auwälder; collin bis montan. **B, W, N, O, St, K, S, (T, V)**. (Östl. Rasse). **(Eigentlicher) B. St., *G. ph. subsp. pháeum***

**-** Kro schmutzig-lila, (am Rand kaum gewellt?); LB stets ungefleckt. Bes. Fettwiesen u. -weiden, Hochstaudenfluren; montan (subalpin). **Fehlt B, W, St**, in **N** lokal eingebürgert. (Westl. Rasse). **Blaßvioletter St., Lila St., *G. ph. subsp. lívidum***

**-** KroB abgerundet bis ausgerandet, h'- bis kräftig purpurn, lila oder rosa (doch nie bräunlich) . . . . . . . . . . . . . . . . . . . . . . . . . . . . **10**

**10** Pf ♃; KroB fast doppelt so lg wie die KB, stets deutlich 2lappig (tief herzförmig ausgerandet, Einschnitt zw. den beiden Lappen spitz). — Stg meist rötlich, weichhaarig; LB handförmig gespalten, Abschnitte br, meist 3lappig; BlüStiele mit sehr kurzen, sehr dicht stehenden Drüsenhaaren, diese vermischt mit etwa gleich lg drüsenlosen Haaren; KroB 7–10(12) mm lg, purpurn, außen meist etwas milchig überlaufen; FrKlappen ohne Querrunzeln, meist kurzhaarig. H: 25–50 cm. ♃ He. V–X. Fettwiesen, Waldsäume, Ruderalfluren; collin bis submontan (montan); zstr bis sehr hfg. Neubürger. (Heimat: Gebirge Südeuropas.) **Alle Bdld.** **Pyrenäen-St., *G. pyrenáicum***

**-** Pf meist ⊙–⊙; KroB so lg oder nur wenig länger als die KB, meist abgerundet bis ausgerandet (nur *G. molle*, → Pkt 16, hat tief herzförmig ausgerandete KroB) . . . . . . . . . . . . . . . . . . . . . . . . . . . . . . . **11**

**11** KroB an der Spitze meist abgerundet (slt schwach ausgerandet). — LB handförmig gespalten bis geteilt; Kro etwas länger als der K . . . . . . . . . **12**

**-** KroB an der Spitze meist deutlich ausgerandet . . . . . . . . . . . **13**

**12** Pf bes. oberwärts mit Drüsenhaaren; KB (während des Blühens) abstehend. — LB'Abschnitte vorn mit 3(5) Kerbzähnen; KB kurz bespitzt oder mit sehr kurzer, kaum 0,3 mm lg Granne; KroB 5–6 mm lg, h'purpurn; FrKlappen abstehend (meist drüsenlos) behaart, ohne Querrunzeln; FrSchnabel drüsenhaarig. H: 10–30 cm. ⊙ Th. V–X. ± trockene, nährstoffreiche Weingärten, Wegränder, Mauern; collin; sehr slt. **(W†); fehlt S, V**. Alteingebürgert (oder in **B, St** ureinheimisch?). Stark gefährdet. **Rundblatt-St., *G. rotundifólium***

- Pf oberwärts flaumhaarig bis (fast) kahl, stets ohne Drüsenhaare; KB (während des Blühens) kegelförmig zusammenneigend (die unreife Fr fest umschließend), — mit gekielten Längsnerven u. etwa 3–4 Querrunzeln; Stg ± rot überlaufen; LB'Abschnitte mit bespitzten Kerbzähnen; KroB lg genagelt, 8–10 mm lg, rosa; FrKlappen oberwärts drüsenhaarig, runzelig. H: 15–30 cm. ⊙ Th. V–VIII. Schattig-feuchte Waldsäume, frische Felsfluren; collin bis submontan; sehr slt. **N**. (Hptvbr.: [Sub-]Medit.) Vom Aussterben bedroht. **Glanz-St., *G. lúcidum***

**13** LB handförmig geschnitten; LB'Abschnitte mit linealischen, auseinandergespreizten Zipfeln. — FrKlappen ohne Querrunzeln . . . . . . . . . . . **14**

- LB handförmig gespalten bis geteilt; LB'Abschnitte kerbzähnig oder mit br, nicht auseinandergespreizten Zipfeln. — BlüStiele mit kurzen Drüsenhaaren, diese vermischt mit drüsenlosen Haaren . . . . . . . . . . . . . . . . . **15**

**14** BlüStiele angedrückt behaart, ohne Drüsenhaare; TeilBlüstd (Zyme) sein TragB deutlich überragend; BlüStiele (1,5)2–6 cm lg; KB mit 1,5–3 mm lg Granne; KroB 7–10(12) mm lg, — purpurn, meist etwas länger als der K; FrKlappen (fast) kahl, FrSchnabel angedrückt kurzhaarig. H: 10–60 cm. ⊙ Th. (V)VI–X. Mäßig trockene, meist kalkhaltige Ruderalfluren, Bahndämme, Äcker; collin (submontan); sehr zstr. **Alle Bdld**. **Tauben-St.**, Stein-St., ***G. columbínum***

- BlüStiele abstehend behaart, mit Drüsenhaaren; TeilBlüstd (Zyme) sein TragB nicht überragend; BlüStiele 0,5–1,5 cm lg; KB mit 0,5–1,5 mm lg Granne; KroB etwa 5–6 mm lg, — kräftig purpurrot, so lg oder etwas kürzer als der K; FrKlappen abstehend drüsenhaarig. H: 10–60 cm. ⊙ Th. V–IX. Frische bis mäßig trockene Ruderalfluren, Hackfruchtäcker, Gärten; collin bis montan; zstr bis slt. **V†, sonst in allen Bdld**. Gefährdet in den wAlp. **Schlitzblatt-St., *G. disséctum***

**15** FrKlappen ohne Querrunzeln; Stg nur mit höchstens 1 mm lg Haaren. — KB spitz bis kurz zugespitzt; KroB (2)2,5–4 mm lg, etwa so lg wie der K, blaßlila (slt weiß); FrKlappen behaart, drüsenlos (nur der FrSchnabel mit Flaum- und Drüsenhaaren). H: 15–30 cm. ⊙–⊙(♃) Th(–He?). V–X. Frische bis mäßig trockene Ruderalfluren, Äcker; collin bis montan; sehr hfg. **Alle Bdld**. **Kleiner St.**, Flaum-St., ***G. pusíllum***

Anm.: Der im Habitus ähnliche †? **Böhmische St., *G. bohémicum*** (KroB jedoch 8–9 mm lg) ist seinerzeit (1913) in Ost-**T** beobachtet (an Brandstellen), seither für **Ö** aber nicht mehr eindeutig nachgewiesen worden.

- FrKlappen mit Querrunzeln (diese mitunter sehr zart; *starke Lupe!*); Stg auch mit 1–2 mm lg Haaren . . . . . . . . . . . . . . . . . . . . . . . . **16**

**16** KB nicht begrannt, sondern nur sehr kurz bespitzt; FrKlappen (fast) kahl (FrSchnabel jedoch behaart); Kro purpurrot; obere LB meist wechselständig. — KroB 3–7 mm lg, tief herzförmig ausgerandet; Querrunzeln der FrKlappen oft nur sehr zart. H: 8–30 cm. ⊙–⊙(♃) Th(–He). V–IX. Mäßig trockene, halbruderale Rasen, Parkrasen; collin; slt. **(K), sonst alle Bdld**. Gefährdet. **Weich-St.**, Langhaar-St., ***G. mólle*** *(s. str.)*

- KB begrannt (Granne 0,3–1 mm lg); FrKlappen kurzhaarig; Kro h'rosa; alle LB meist gegenständig. — KroB 5–7 mm lg. H: 25–50 cm. ⊙ Th. V–VIII.

Lehmreiche Weingärten, Ruderalfluren, Halbtrockenrasen, Gebüschsäume; collin bis submontan; sehr slt. **(W†, N), T**. Alteingebürgert (?). Vom Aussterben bedroht. **Spreiz-St., *G. divaricátum***

Vgl. Anm. bei Pkt 15!

## 59. Familie: Springkrautgewächse, *Balsamináceae*

### Springkraut, Rührmichnichtan, *Impátiens* (→ G V 2, 5; XI 2; XII 3)

Anm.: Als GartenzierPf wird oft die ★ **Balsamine, Gartenbalsamine, *I. balsámina*** (Kro purpurrot bis weiß, Fr sich nur träge öffnend) in vielen Sorten kultiviert (Heimat: Asien). Hierher auch das als ZimmerPf kultivierte ★ **Fleißige Lieschen, *I. walleriána*** (Heimat: tropisches Ostafrika).

1 LB gegenständig oder zu 3 quirlständig; Kro purpurrot, rosa oder weiß. — LB eilanzettlich, 5–18 cm lg, an den unteren Zähnen u. am LB'Stiel mit Drüsen; Blü etwa 25–40 mm lg, süß duftend. H: (50)100–200 cm. ⊙ Th. VII–VIII. Bachufer, Auwälder, feuchte Ruderalstellen; Nährstoff- u. Nässezeiger; collin bis montan; hfg. **Alle Bdld**. Neubürger (verwilderte ZierPf): starke Ausbreitung in den letzten Jahrzehnten. (Heimat: Indien, Himalaja.) *(I. roylei)* **Drüsen-Sp., *I. glandulífera***

- LB wechselständig; Kro gelb . . . . . . . . . . . . . . . . . . . . . . . . . **2**

2 Blü 8–18 mm lg, aufrecht; Kro blaßgelb; Sporn gerade; obere LB meist größer als die unteren, an jeder Seite mit (13)20–35 Sägezähnen. H: 30–50(60) cm. ⊙ Th. VI–IX. Schattig-feuchte Wälder, Auwälder, Hecken, Gärten; stickstoffliebend; collin bis montan; hfg. **Alle Bdld**. Neubürger. (Heimat: Mittelasien: Tadschikistan, Kaschmir.) **Kleines Sp.**, Kleinblütiges Sp., Sibirisches Sp., ***I. parviflóra***

- Blü (15)20–35 mm lg, hängend; Kro goldgelb; Sporn gekrümmt; obere LB meist kleiner als die unteren, an jeder Seite mit 7–16(20), meist stumpflichen Zähnen. H: 30–70(100) cm. ⊙ Th. VII–VIII. Schattig-feuchte bis nasse Waldstellen, Schluchtwälder, Auwälder, Bachränder; collin bis montan; hfg. **Alle Bdld**. **Großes Sp., Großes R.**, Wald-Sp., „Altweiberzorn", ***I. nóli-tángere***

## ★ 60. Familie: Kapuzinerkressengewächse, *Tropaeoláceae*

### ★ Kapuzinerkresse, *Tropáeolum* (→ G VII 16–)

Pf ± niederliegend, kahl; LB kressenartig scharf schmeckend; KroB genagelt, gelb bis orangerot, die unteren am Grund fransig-gewimpert; Narben 3. H: 10–30 cm. ⊙–⊙ Th–He. VI–VIII. Als Garten-ZierPf hfg kultiviert, slt verwildert. (Heimat: Südamerika.) **★ Kapuzinerkresse, *T. május***

# Ordnung Kreuzblumenartige, *Polygaláles*

## 61. Familie: Kreuzblumengewächse, *Polygaláceae*

### Kreuzblume, Kreuzblümchen, *Polýgala* (inkl. *Chamaebuxus* = *Polygaloides*) (Eingangs-Schl. 11–; → **G 6–**; G XI 2)

1 Pf ♄ (Zwergstrauch); LB immergrün, ledrig; BlüHülle meist 2färbig: gelb-weiß oder purpurrot-gelb; Blü einzeln oder zu 2 in LB'Achseln; das untere große KroB (= Schiffchen) vorn 4lappig. H: 5–15(20) cm. ♄ Ch. IV–VI. Föhrenwäl-

der, trockene Magerwiesen; bes. über Kalk u. Dolomit; collin bis subalpin; hfg bis zstr. **Alle Bdld**. *(Chamaebuxus alpestris, Polygaloides chamaebuxus)*

**Buchs-K.**, Zwergbuchs, „Waldmyrte", ***P. chamaebúxus*** [B 73]

- Pf krautig; LB sommergrün, nicht ledrig; BlüHülle 1färbig: blau, purpurn oder weiß; Blü in meist reichblütigen Trauben; Schiffchen vorn mit zerschlitztem Anhängsel . . . . . . . . . . . . . . . . . . . . . . . . . . . . . . . **2**

**2** Flügel kürzer als die KroRöhre, 10–15 mm lg; Stiel des Frkn 2–4× so lg wie der Frkn. — BlüStiel viel kürzer als das gewimperte DeckB. H: 10–40(60) cm. ♃ He. VI–VII. Halbtrockenrasen, trockene Wiesen; collin bis submontan; zstr bis slt. **B, W, N**. Gefährdet. **Große K., Riesen-K., *P. májor***

- Flügel so lg oder länger als die KroRöhre, 2–9 mm lg; Stiel des Frkn ½–1× so lg wie der Frkn . . . . . . . . . . . . . . . . . . . . . . . . . . . . . . . **3**

**3** GrundB eine grundständige Rosette bildend, meist doppelt bis mehrfach so lg wie die StgB, — verkehrt-eiförmig bis spatelig; StgB ± lanzettlich; Nervatur der Flügel meist offen (Abb. 238 a), slt mit 1–4 Netzmaschen . . . . . . . **4**

- GrundB keine Grundrosette bildend (mitunter aber einander genähert), kleiner als die StgB, — elliptisch bis lanzettlich (ähnlich den StgB) . . . . . . **6**

**4** DeckB etwa so lg wie das VorB, halb so lg wie der BlüStiel, 0,7–1,2 mm lg; Blüstd seitlich der Rosette entspringend; Mitteltrieb der Rosette meist ohne Blüstd. — StgB etwa 3 mm lg, nicht bitter schmeckend; Blüstd 5–10blütig; BlüHülle meist h'blau; Flügel elliptisch-lanzettlich, 3,5–5,5 mm lg u. 1,2–2,2 mm br. H: 2–8 cm. ♃ He. VII. Weiderasen; kalkliebend; alpin; sehr slt. **T**. (Hptvbr.: West- u. Südwest-Alpen.) Potentiell gefährdet.

**Westalpen-K., *P. alpína***

- DeckB länger als das VorB, etwa so lg wie der BlüStiel, 1–2,6 mm lg; Blüstd der Mitte der Rosette entspringend: Mitteltrieb der Rosette daher mit Blüstd. — Alle LB stark bitter schmeckend; Blüstd vielblütig. H: 5–30 cm. (Artengruppe Bitter-K., *P. amara agg.*) . . . . . . . . . . . . . . . . . . . . . . . . . **5**

**5** Flügel länglich-eiförmig, 3–5,1 mm lg u. 1,2–2,2 mm br, höchstens so lg u. stets deutlich schmäler als die Fr; Sa 1,5–2,1 mm lg, nur mit Kurzborsten; Lappen des SaAnhängsels etwa gleich lg, 0,3–0,6 mm lg; BlüHülle meist blaßblau; Fransen des KroB'Anhängsels 6–14; StgB im vorderen Drittel am breitesten, ± stumpf. H: 5–20 cm. ♃ He. IV–VI. Feuchte Wiesen, Sumpfwiesen, Flachmoore, aber auch trockene Magerwiesen; collin bis unteralpin; zstr. **Alle Bdld**. Im BM, nVL, söVL u. Pann gefährdet. (Inkl. *P. austriaca* u. *P. uliginosa*)

**Sumpf-K., *P. amarélla***

- Flügel br-elliptisch bis verkehrt-eiförmig, 4,8–8,5 mm lg u. 2–5,5 mm br, länger u. gleich br oder wenig schmäler als die Fr; Sa 2,1–2,8 mm lg, mit Kurz- u. Langborsten; Lappen des SaAnhängsels ungleich lg, 0,6–1 mm lg; BlüHülle meist kräftig blau; Fransen des KroB'Anhängsels 12–35; StgB etwa in der Mitte am breitesten, ± spitz. H: 5–20 cm. ♃ He. V–VI. Föhrenwälder, trockene Magerrasen, Felsfluren, Blaugras-Horstseggenrasen; kalkstet; zstr. **Fehlt V**. VolksarzneiPf. **Bitter-K.**, Bittere K., ***P. amára***

**a** Flügel br-elliptisch, 6–8,5 mm lg u. 3,5–5,5 mm br, fast 2× so lg wie die Fr u. etwa gleich br wie diese; Flügel oft mit 1–4 Netzmaschen; Kro etwa so lg wie die Flügel, 5–7 mm lg, der freie Teil deutlich länger als der geschlossene. (Submontan) montan bis subalpin. **B, W, N**, Nord-St. **Langflügel-B.-K., *P. a. subsp. amára***

- Flügel länglich-eiförmig, 4,8–6,5 mm lg u. 2–4,4 mm br, höchstens um ⅓ länger als die Fr u. schmäler als diese; Flügel slt mit 1–2 Netzmaschen; Kro kürzer als die Flügel, 3,5–5,5 mm lg, der freie Teil etwa so lg wie der geschlossene. (Submontan) montan. **Fehlt W, V**. *(P. subamara)* **Kurzflügel-B.-K., *P. a. subsp. brachýptera***

Abb. 237a

Abb. 237b

Abb. 238a

Abb. 238b

Abb. 239

Abb. 240a

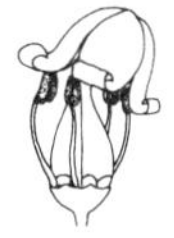
Abb. 240b

**6** [3] DeckB lineal-lanzettlich, 2–5 mm lg, vor u. während des Blühens viel länger als der BlüStiel; BlüKnospen an der Spitze des Blüstd daher von den DeckB wenig bis deutlich überragt (BlüstdSpitze „schopfig"); BlüHülle meist purpurn, seltener blau oder weiß. — DeckB ± gewimpert; Flügelnervatur geschlossen (Abb. 238 b) . . . . . . . . . . . . . . . . . . . . . . . . . . **7**

**-** DeckB eiförmig, 0,7–2,6 mm lg, während des Blühens etwa so lg oder kürzer als der BlüStiel; BlüKnospen an der Spitze des Blüstd von den DeckB daher nicht überragt (BlüstdSpitze nicht „schopfig"); BlüHülle meist blau oder weiß (slt purpurn) . . . . . . . . . . . . . . . . . . . . . . . . . . . . . . **8**

**7** Flügel 4–6(8) mm lg, mit 1–3 Nerven; DeckB die reifen BlüKnospen kurz, aber deutlich überragend; DeckB lg erhalten bleibend. H: 7–30 cm. ♃ He. V–VI. Basische Halbtrockenrasen, trockene Magerwiesen; etwas kalkliebend; collin bis montan; hfg. **Alle Bdld**. **Schopf-K., *P. comósa***

**-** Flügel (6)8–11 mm lg, mit 3–5 Nerven; DeckB die reifen BlüKnospen kaum überragend (Blüstd'Spitze im Knospenzustand daher nur schwach „schopfig"); DeckB bald abfallend. — Die 3 äußeren (kurzen) KB kaum länger als die KroRöhre. H: (10)15–40 cm. ♃ He. V–VII. Sonnige, trockene Magerrasen; wärmeliebend; collin bis montan; slt. **B?, St?, K?**. Gefährdet. (Nächste Vorkommen: westl. Slowenien.) (Vielleicht nur Unterart von *P. comosa*?) *(P. nicaeensis var. pannonica)* ⊖■ **Pannonische K., *P. nicaeénsis (subsp. carniólica)***

**8** Flügelnervatur offen (Abb. 238 a), slt mit 1–4 Netzmaschen, Seitennerven wenig verzweigt; Flügel 4,5–7 mm lg u. 2–3,5 mm br; Kro so lg wie die Flügel oder kürzer; Gri kürzer als der Frkn. — GrundB viel kleiner als die auffallend größeren oberen StgB; DeckB etwa so lg wie der BlüStiel. H: 7–15 cm. ♃ He. VI–VII. Magerwiesen u. -weiden, Zwergstrauchheiden, lichtes Krummholz; obermontan bis alpin; in den wAlp hfg, sonst zstr bis slt. **Fehlt B, W, N.** **Alpen-K.**, Voralpen-K., ***P. alpéstris*** *(subsp. alpéstris)*

**-** Flügelnervatur geschlossen (Abb. 238 b), mit 4–20 Netzmaschen, Seitennerven stark verzweigt; Flügel 4–10 mm lg u. 2–5,5 mm br; Kro länger als die Flügel; Gri so lg oder länger als der Frkn . . . . . . . . . . . . . . . . . . . . . . . . . **9**

**9** Untere LB gegenständig; seitliche Blüstd den Haupttrieb übergipfelnd, (3)5–8(10)blütig; DeckB ½× so lg wie der BlüStiel. — Stg aus liegendem Grund aufsteigend; untere LB ± schuppenförmig, obere LB fast paarweise einander genähert; BlüHülle meist h'blau; Flügel lanzettlich, 5–7,5 mm lg u. 2–3,5(4) mm br. H: 6–12 cm. ♃ He. V–IX. Flachmoore, feuchte Weiderasen; kalkmeidend; collin bis untermontan; slt. **T, V**. (Hptvbr.: ozeanisches u. subozeanisches Westeuropa.) Gefährdet. *(P. serpyllacea)* **Quendel-K., *P. serpyllifólia***

**-** Untere LB wechselständig; seitliche Blüstd fehlend oder dem Haupttrieb untergeordnet, meist mehr als 10blütig; DeckB so lg wie der BlüStiel. — Untere LB bisweilen gehäuft. ♃ He. V–VIII. Kalkmeidend. **Wiesen-K., Gewöhnliche K. i. w. S., *P. vulgáris***

**a** BlüHülle meist blau bis violett (slt purpurn); Pf ± aufrecht, kräftig, mehrstengelig; obere StgB deutlich größer als die unteren, 25–40 mm lg; Flügel verkehrt-eiförmig, 3,5–5 mm br, etwa so br wie die Fr u. diese kaum überragend, stumpf, am Grund ±

genagelt; Gri so lg wie der Frkn. — Flügel 6–8,5 mm lg, mit 6–20 Netzmaschen. H: 5–25 cm. Magerweiden, Wegböschungen, lichte Wälder, seltener in Sumpfwiesen u. Flachmooren; collin bis subalpin; im Pann slt, sonst hfg. **Alle Bdld**.

**Gewöhnliche W.-K., Gewöhnliche K. i. e. S., *P. v. subsp. vulgáris***

- BlüHülle fast immer grünlichweiß, slt h'blau; Pf ± aufsteigend bis aufrecht, zierlich, wenigstengelig; obere StgB nur wenig größer als die unteren, 10–30 mm lg; Flügel lanzettlich, 2–3,5 mm br, deutlich schmäler als die Fr u. diese etwa um 1/3 überragend, spitz, am Grund ± keilförmig; Gri länger als der Frkn. — Flügel 6–7,5 mm lg, mit 4–8 Netzmaschen. H: 15–25 cm. Trockene Silikat-Magerrasen, ± sandige, bodensaure Föhrenwälder; collin bis montan; im Pann zstr, sonst slt. **Fehlt O?, S?, T, V**. (Vbr. ungenügend bekannt.) **Spitzflügel-W.-K., *P. v. subsp. oxýptera***

# Überordnung Pfaffenkäppchenblütige (Diskusblütige), *Celastránae (Disciflorae)*

# Ordnung Pfaffenkäppchenartige (Baumwürgerartige), *Celastráles*

## 62. Familie: Pfaffenkäppchengewächse, Spindelstrauchgewächse, *Celastráceae*

### Spindelstrauch, Pfaffenkäppchen, Pfaffenhütchen, „Pfarrerkapperl", *Evónymus (Euonymus)* (→ B 43–)

Anm.: Der ★ **Japanische Sp., *E. japónica*** (immergrün) wird hfg als Zierstrauch (in mehreren Kultursorten) kultiviert (Heimat: Japan, Korea).

**1** Zweigachsen dicht mit Korkwarzen besetzt, dadurch rauh; Kro bräunlich (auf grünlichem Grund sehr dicht u. fein rotbraun punktiert); Sa schwarz, vom SaMantel nur teilweise eingehüllt. — LB etwa 2–3 mm lg gestielt, Spreite eiförmig bis schmal-elliptisch, meist 3–5 cm lg, ± zugespitzt, fein kerbsägig, fast kahl; Blüstd (Zyme) meist 1–3blütig; Blü 4zählig, unangenehm riechend; KroB 2–3(4) mm lg, rundlich; Fr abgerundet-4kantig. H: 1–2,5 m. ♄ NPh. V–VI. Trockene, sommerwarme (Edellaub-)Wälder; kalkliebend; collin bis untermontan; im Pann hfg, sonst zstr. **B, W, N, O†, K, T**. Gefährdet in den sAlp, KäB, im BM u. nVL. ▲ **Warzen-Sp., Warziger Sp., *E. verrucósa***

**-** Zweigachsen ohne Korkwarzen, glatt; Kro blaßgrünlich; Sa weiß, vom SaMantel völlig eingehüllt. — LB 5–10 mm lg gestielt, kahl . . . . . . . . . **2**

**2** Mehrjährige Zweigachsen stumpf 4kantig, später oft mit 4 ± deutlichen, weißlichen Kork-Längsleisten; winterliche Laubknospen eiförmig, die seitlichen 2–4 mm lg; Blü meist 4zählig; Fr 4kantig, Kanten abgerundet. — LB'Spreite meist lanzettlich bis elliptisch (slt eiförmig), meist 4–8 cm lg, spitz bis zugespitzt, fein kerbsägig; Blüstd (1)3–7(9)blütig; KroB 3–5(6) mm lg; Fr purpurrosa. H: 1,5–3 m. ♄ NPh. V–VI. Frische bis feuchte Edellaubwälder, bes. Auwälder, Hecken; collin bis montan; hfg. **Alle Bdld**. Giftig. △

**Gewöhnlicher Sp.**, Europäischer Sp., ***E. europáea***

**-** Alle Zweigachsen stielrund oder etwas zusammengedrückt (niemals mit 4 Längsleisten); winterliche Laubknospen ei-spindelförmig, die seitlichen meist 8–15 mm lg (u. oft gebogen; Endknospen bis 25 mm lg); Blü meist 5zählig; Fr (4)5kantig, Kanten geflügelt. — LB'Spreite meist 7–14 cm lg, meist elliptisch, zugespitzt, Rand sehr fein u. regelmäßig kerbsägig *(Lupe!)* (bei der vegetativ ähnlichen Alpen-Heckenkirsche / *Lonicera alpigena* ganzrandig u. gewimpert); Blüstd 3–15blütig; KroB rundlich, 2,5–3 mm lg; Fr purpurrot. H: 1–5 m. ♄ NPh (MPh). V–VI. Frische bis feuchte Edellaubwälder, bes. Schluchtwälder; montan; zstr. **Fehlt B, W**. Giftig (?). ▲ **Voralpen-Sp.**, Breitblatt-Sp., ***E. latifólia***

# Ordnung Kreuzdornartige, *Rhamnáles*

## 63. Familie: Kreuzdorngewächse, *Rhamnáceae*

1 LB ganzrandig; Blü meist 5zählig. — SteinFr mit 2–3 Steinkernen. *(Rhamnus sect. Frangula)* **(1) Faulbaum, *Frángula***

– LB kerbsägig; Blü meist 4zählig. — Blü seitenständig, etwa 2–8 mm lg gestielt, einzeln oder zu 2–8 gebüschelt, unscheinbar, grünlich; KroB meist linealisch, viel kleiner als die KB, dicht hinter den StaubB stehend u. diese ± umhüllend, mitunter auch fehlend; SteinFr mit 2–4 Steinkernen. **(2) Kreuzdorn, *Rhámnus***

### (1) Faulbaum, *Frángula* (→ B 85b–)

Strauch oder kleiner Baum, dornenlos; LB wechselständig, meist 5–15 mm lg gestielt, Spreite meist elliptisch, zunächst unterseits ± behaart, später meist verkahlend, mit 7–9 Paaren Seitennerven; Blü seitenständig, etwa 5 mm lg gestielt, einzeln oder (meist) zu mehreren gebüschelt; KroB weiß, viel kleiner als die KB, die StaubB löffelförmig umfassend; Fr zunächst grün, dann rot, reif schwarz, 7–10 mm ∅ (über lange Zeit hin Blü, unreife grüne u. rote sowie reife schwarze Fr gleichzeitig vorhanden). H: 1–4 m. ♄ NPh–MPh. V–VI. Auwälder, Flachmoore, Erlenbruchwälder, Sümpfe, Föhrenwälder; auf mageren (nassen oder trockenen) Standorten; collin bis montan; mäßig hfg. **Alle Bdld**. ArzneiPf. (Früher: Holz für Holzkohle für Schießpulver). *(Rhamnus frangula)*
**Faulbaum,** „Pulverholz", ***F. álnus***

### (2) Kreuzdorn, *Rhámnus* (→ **B 42**, 94–)

1 Zweige dornig (Sproßdornen); LB meist gegenständig oder annähernd gegenständig, — meist kahl; Fr schwarz. *(Rhamnus s. str.)* . . . . . . . . . . . . 2

– Zweige dornenlos; LB stets deutlich wechselständig. *(Oreoherzogia)* . . . . 3

2 1–3(6) m hoher Strauch (slt Baum) mit aufstrebenden Ästen; LB 1–3 cm lg gestielt, Spreite meist 3–8 cm lg, — elliptisch bis rundlich, mit 3–4 Paaren Seitennerven; K h'grün; Fr 6–8 mm ∅. H: 1–3(4) m. Meist 2häusig (StaubB bzw. Stempel rudimentär). ♄ NPh (MPh). V–VI. Frische bis mäßig trockene, nährstoffreiche Waldsäume, Auwälder; kalkliebend; collin bis montan; hfg. **Alle Bdld**. *(**Rh. catharticus**)* **Gewöhnlicher K.**, Purgier-K., ***Rh. cathártica***

– 0,2–0,6(1) m hoher Strauch mit sparrig verzweigten Ästen; LB 0,2–0,4 cm lg gestielt, Spreite 1–3 cm lg, — meist lanzettlich bis elliptisch, mit 2–4 Paaren Seitennerven; K gelblichgrün; KroB bei ♀ Blü oft fehlend; Fr 5–7 mm ∅. H: 20–60(100) cm. ♄ NPh. IV–V. Trockenwarme Föhrenwälder, Felsfluren, Trokkenrasen; kalkliebend; collin bis montan; in trocken-warmen Lagen (zB im Pann) mäßig hfg, sonst zstr bis slt. **Alle Bdld**.
**Felsen-K., *Rh. saxátilis*** *(subsp. saxátilis)*

3 Aufrechter, bis etwa 3 m hoher Strauch; LB etwa 10 mm lg gestielt, Spreite an blühenden Trieben etwa 7–10 cm lg, mit (12)14–18(20) Seitennervenpaaren, — elliptisch bis länglich-elliptisch, zugespitzt, oberseits kahl, ± glänzend, unterseits in der Jugend in den Nervenwinkeln etwas behaart, später ± verkahlend; Fr 7–10 mm ∅. H: 1–3 m. ♄ NPh. V–VI. Kalkreiche Edellaubwälder, Felsschutthalden; submontan bis montan; zstr bis slt. Süd-**K**. (Hptvbr.: Balkanhalbinsel.) *(Rh. carniolica, Rh. alpina subsp. fallax, Oreoherzogia fallax)* (B 105–) **Krainer K.**, (sl.:) kranjska kozja češnja, ***Rh. fállax***

- Niederliegender, knorriger, sich dem Felsen anschmiegender Zwergstrauch (Spalierstrauch); LB etwa 2–5 mm lg gestielt, Spreite an blühenden Trieben etwa 2–4 cm lg, mit 6–8 Seitennervenpaaren, — verkehrt-eiförmig bis elliptisch, kurz zugespitzt, oberseits in der Jugend flaumhaarig, später verkahlend, unterseits entlang der Nerven flaumhaarig; Fr 6–8 mm ∅, blauschwarz. H: 5–20 cm. ♄ Ch. V–VII. Feinerdearme Kalk- u. Dolomit-Felsfluren u. -Felsspalten; montan bis subalpin; slt. **Fehlt B, W, N.** *(Oreoherzogia pumila,* ***Rh. pumilus****)* (B 105) **Zwerg-K.**, Niedriger K., ***Rh. púmila***

## 64. Familie: Weinrebengewächse, *Vitáceae* (→ B 58)

1 Rinde nicht längsfaserig; KroB frei, ausgebreitet; Gri pfriemlich. — KletterPf; LB'Spreite einfach (handförmig gelappt) oder gefingert; Fr 1–2samig. **★ (1) Jungfernrebe, *Parthenocíssus***

- Rinde älterer Zweige längsfaserig; KroB oben mützenartig miteinander verbunden u. gemeinsam abfallend (Abb. 240); Gri kegelig. — KletterPf; Ranken ohne Haftscheiben; LB'Spreite handförmig gelappt; Fr (0)1–4samig. **(2) Weinrebe, *Vítis***

### ★ (1) Jungfernrebe, *Parthenocíssus* (B 47–)

1 LB meist 3lappig, slt unzerteilt. — Ranken mit Haftscheiben. H: 3–20 m. ♄ NPh. VII–VIII. Als Mauerbegrünung hfg kultiviert, slt verwildert. (Heimat: Japan.) *(P. veitchii)* **★ Veitschrebe, Dreispitz-J.**, Mauerkatze, „Veitschi", ***P. tricuspidáta***

- LB 5–7zählig gefingert (Abb. 241). (Artengruppe Gewöhnliche Jungfernrebe, *P. quinquefolia agg.*) . . . . . . . . . . . . . . . . . . . . . . . . . . . . . 2

2 Ranken (3)5–8(12)armig, mit Haftscheiben; junge Zweigachsen im Frühjahr h'rot; LB unterseits weißlichgrün, matt. G: 10–30 m lg. ♄ NPh. VII–VIII. Als ZierPf slt kultiviert, slt verwildert. (Heimat: östl. Nordamerika.) *(P. pubescens)* **★ Selbstkletternde J., Selbstklett. „Wilder Wein"**, Haftender „W. W.", ***P. quinquefólia***

- Ranken (2)3–5armig, ohne Haftscheiben (aber an den Spitzen oft ± verdickt); junge Zweigachsen im Frühjahr grün; LB unterseits grün, glänzend. G: 10–30 m lg. ♄ NPh. VII–VIII. Als ZierPf sehr hfg kultiviert, hfg verwildert u. eingebürgert (Neubürgerin) in Auwäldern, an Waldrändern u. auf ruderalen Böschungen. (Heimat: nordöstl. Nordamerika, bes. Kanada.) Homöop. *(P. vitacea, P. „quinquefolia")* **(★) Gewöhnliche J., Gewöhnlicher „Wilder Wein"**, Rankender „W. W.", ***P. insérta***

### (2) Weinrebe, Rebe, *Vítis*

1 LB 5zählig gelappt bis gespalten; Stielbucht verkehrt-V-förmig bis geschlossen; LB'Stiel kahl. — LB'Spreitenumriß ± rund, der Mittellappen niemals in eine Spitze ausgezogen. G: 2–30 m lg. ♄ NPh. VI(VII). **Echte W., Weinstock, *V. vinífera***

**a** Blü 1geschlechtig (Pf 2häusig); Sa ungeschnäbelt. — Fr elliptisch, blauschwarz, sauer bis süß (?), etwa 6 mm lg; Sa meist 3 (?). G: 5–30 m lg. Auwälder an Donau u. March; collin; sehr slt. **W, N**. Stark gefährdet. ▲

**Wilde W., Wilder Weinstock,** Echter Wilder Wein, ***V. v. subsp. sylvéstris***

**-** Blü ⚥; Sa geschnäbelt. — LB'Spreite schwach gelappt (zB Sorten der ‚Burgunder-Gruppe') bis tief gespalten (zB Sorten ‚Grüner Veltliner', ‚Welschriesling' [= Riesling, Riesler], ‚Rheinriesling', ‚Müller-Thurgau' [= Riesling-Sylvaner], ‚Neuburger', ‚Weißer Burgunder', ‚Traminer'); Fr ellipsoidisch bis kugelig, grün, gelb, d'purpurn oder blauviolett, süß, 6–22 mm lg; Sa (0)2–3(6). G: 2–10 m lg. Als Obst- u. WeinPf in vielen Kultursorten (siehe oben, weiters zB ‚Blaufränkischer', ‚Blauer Zweigelt' [= ‚Rotburger'], ‚Blauer Portugieser') in klimawarmen Lagen hfg kultiviert, manchmal verwildert. Alte KulturPf (Heimat: Südwest-Asien?). VolksarzneiPf, Pharm.

★ **Edle W.,** ***V. v. subsp. vinífera***

**-** LB <u>3lappig</u> (bei Hybriden mit *V. vinifera* undeutlich 5lappig); Stielbucht weit offen, wie ein verkehrtes breites U (bei Hybriden mit *V. vinifera* ± verkehrt-V-förmig); LB'Stiel behaart. — Seitenlappen der LB'Spreite etwas zur Spitze hin verlängert (deshalb Spreitenumriß hfg ± rechteckig), Mittellappen hfg in eine deutliche Spitze ausgezogen; Fr 3–4samig . . . **2**

<u>Anm.</u>: Diese amerikanischen Arten werden als ZierPf an Häusern u. Pergolen gezogen, in **B** u. **St** (slt) als „Direktträger" („unveredelte" Reben) zur Gewinnung von Tafeltrauben u. Hauswein („Uhudler", „Heckenklescher", „Rabiatperle", mit eigenartigem „Fuchsgeschmack"; wegen hohen Methanolgehalts mit Handelsbeschränkungen) u. als Unterlagsreben (dh reblausresistente Pfropfunterlage für „Veredelung" der Sorten von *V. vinifera*) kultiviert. Für diese letztere Verwendung eignen sich nur 3 Arten, die genügend Reblausresistenz, Anpassungsfähigkeit an europäisches Klima u. europäischen Boden, Bewurzelungsfähigkeit u. Verträglichkeit mit *V. vinifera* haben: *V. cinerea var. helleri (= V. berlandieri), V. riparia* u. *V. rupestris*. Diese werden in **Ö** fast ausschließlich als Hybriden untereinander (bes. *V. cinerea var. helleri* × *riparia*) oder als Hybriden mit *V. vinifera* zur „Rebveredelung" als Pfropfunterlage (Unterlagsrebe) verwendet u. verwildern gelegentlich, bes. in aufgelassenen Weingärten.

**2** Vorjährige Zweigachsen kantig; Fr weniger als 8 mm ∅. — Vorjährige Zweigachsen spinnwebig oder kurzborstig behaart, gelegentlich verkahlend, Knoten hfg durch rote Pigmentierung gebändert. Kultiviert (→ Anm. unter Pkt 1–). (Heimat: südl. Nordamerika.) *(**V. berlandieri**)* ★ **Graurinden-R., Kalk-R., Berg-R.,** ***V. cinérea (var. hélleri)***

**-** Vorjährige Zweigachsen ± stielrund; Fr meist mehr als 8 mm ∅. — Vorjährige Zweigachsen kahl oder flaumhaarig, Knoten meist nicht durch rote Pigmentierung gebändert . **3**

**3** LB unterseits <u>dicht</u> spinnwebig-flaumhaarig bis filzig, die Spreitenunterseite völlig bedeckend; reife Fr mehr als 12 mm ∅. — Alle StgKnoten mit Ranke oder Blüstd; LB undeutlich 3lappig. Kultiviert (→ Anm. unter Pkt 1–), mitunter verwildert (in Mantelges.) an Auwaldrändern. (Heimat: östl. Nordamerika.) **(★) Nördliche Fuchs-R.,** ***V. labrúsca***

**-** LB unterseits <u>kahl oder nur locker</u> spinnwebig-flaumhaarig, die Spreitenunterseite zw. den Nerven nicht völlig bedeckend; reife Fr weniger als 12 mm ∅ . . . . . . . . . . . . . **4**

**4** Triebspitzen nicht von den sich entfaltenden LB eingehüllt; NebenB meist kürzer als 3 mm; Diaphragma (= quer durch das Mark verlaufendes Trenngewebe; *Längsschnitt!*) an den Knoten der vorjährigen Zweige meist mehr als 1 mm dick. H: 2–10 m. ♄ NPh. VI–VII. Kultiviert (?) (→ Anm. unter Pkt 1–). (Heimat: südöstl. Nordamerika.) *(V. „rotundifolia"?)* **★? Südliche Fuchs-R., Winter-R.,** Frost-R., ***V. vulpína (s. str.)***

**-** Triebspitzen ± von den sich entfaltenden LB eingehüllt; NebenB meist länger als 3 mm; Diaphragma an den Knoten der vorjährigen Zweige meist weniger als 1 mm dick . . . **5**

**5** LB im Umriß rundlich (nierenförmig); Ranken nur an den obersten Knoten. — Ältere LB unterseits kahl. Kultiviert (→ Anm. unter Pkt 1–). (Heimat: südöstl. Nordamerika.)

★ **Sand-R., Felsen-R.,** Busch-R., Zucker-R., ***V. rupéstris***

**-** LB im Umriß herz-eiförmig; Ranken an den meisten Knoten. — Ältere LB unterseits kahl bis flaumhaarig. Kultiviert (→ Anm. unter Pkt 1–), mitunter verwildert (lokal eingebürgert) in Auwäldern. **N**. (Heimat: mittleres bis nordöstl. Nordamerika.) *(„V. vulpina" p. p.)*

**(★) Ufer-R.,** Duft-R., ***V. ripária***

# Ordnung Sandelholzartige, *Santaláles*

## 65. Familie: Sandelholzgewächse, *Santaláceae*

**Bergflachs,** Leinblatt, Vermeinkraut, ***Thesíum*** (G IV 16; → V 34)

Anm.: Alle Arten sind Halbschmarotzer (Semiparasiten), deren Wu mittels Saugnäpfen (Haustorien) auf den Wu der WirtsPf hängen, um ihnen Nährstoffe zu entziehen.

**1** Bei jeder Blü nur 1 HochB (= das DeckB, dessen Stiel mit dem BlüStiel verwachsen ist, sodaß es nicht am Grund des BlüStiels sitzt, sondern an dessen Spitze, unmittelbar unter der Blü), VorB fehlend. — Blühende (bzw. fruchtende) Stg an der Spitze schopfig beblättert (Blü'lose DeckB) . . . . . . . . . **2**

**-** Bei jeder Blü 3 HochB: u. zwar das DeckB (dessen Stiel mit dem BlüStiel verwachsen ist, sodaß es nicht am Grund des BlüStiels sitzt, sondern an dessen Spitze, unmittelbar unter der Blü) u. 2 kleinere VorB . . . . . . . . . . . . **3**

**2** Rhizom kriechend, mit Ausläufern; Fr (über dem HochB) kurz gestielt, lederig; Perigon zur FrReife höchstens so lg wie die Fr. H: 10–30 cm. ♃ Ge. V–VI. Feuchte bis wechselfeuchte Wiesen; collin; sehr slt. **N**. In höchstem Maß vom Aussterben bedroht. **Vorblattloser B., *Th. ebracteátum***

**-** Rhizom kurz, ohne Ausläufer; Fr (über dem HochB) ± sitzend, saftig; Perigon zur FrReife 2–3× so lg wie die Fr, — Fr daher geschnäbelt erscheinend; LB schmal-linealisch, 1nervig; Blüstd unverzweigt (Traube); Perigonzipfel länglich, 3–4 mm lg. H: 20–30 cm. ♃ Ge. V–VII. Trockenwiesen, Rotföhrenwälder; collin bis montan; slt. **K, T, V?**. **Schnabelfrucht-B., *Th. rostrátum***

**3** Perigon zur FrReife nur an der Spitze eingerollt, so lg oder länger als die Fr. — LB schmal-linealisch, 1nervig . . . . . . . . . . . . . . . . . . . . . . . . **4**

**-** Perigon zur FrReife bis auf den Grund eingerollt, dadurch viel kürzer als die Fr. — Perigon (4)5zipfelig . . . . . . . . . . . . . . . . . . . . . . . . **5**

**4** Perigon (3)4(5)zipfelig, 2–3× so lg wie die Fr; Blüstd meist unverzweigt u. deutlich einseitswendig. H: 10–20(30) cm. ♃ He. VI–VII. Föhrenwälder, steinige Magerrasen, Trockenrasen; kalkliebend; collin bis subalpin; hfg bis zstr. **Fehlt W**. (Inkl. *Th. tenuifolium)* **Alpen-B., *Th. alpínum***

**-** Perigon (4)5zipfelig, 1–2× so lg wie die Fr; Blüstd im unteren Teil oft rispenartig verzweigt u. allseitswendig. ♃ He. VI–VII. Trockene Magerwiesen, lichte Wälder; kalkmeidend. *(Th. pratense)* **Wiesen-B., Pyrenäen-B., *Th. pyrenáicum***

**a** Perigon 3–4(5) mm lg, etwa so lg wie die Fr; Stg aufrecht; Blüstd locker. — Perigon fast immer 5zipfelig. H: 20–30 cm. Bodensaure Magerwiesen; montan; slt. Bes. im BM (?). **B, N** (im Waldviertel), **O, V**. Gefährdet; im **B** stark gefährdet. **■ Kleinblütiger W.-B., *Th. p. subsp. pyrenáicum***

**-** Perigon (5)6–8 mm lg, etwa 2× so lg wie die Fr; Stg bogig aufsteigend; Blüstd gegen die Spitze zu ziemlich dicht. — Perigon 4–5zipfelig. H: 10–20 cm. Basen- (kalk-)reiche Rasen u. Gesteinsfluren; (montan) subalpin bis alpin; zstr bis slt. Im Alp. **O, St, K, S, T**. *(Th. alpestre, Th. grandiflorum, Th. pratense subsp. refractum, „Th. pyrenaicum subsp. grandiflorum")* **■ Großblütiger W.-B., *Th. p. subsp. alpéstre***

**5** Blüstd: Traube oder Doppeltraube; Fr über den HochB fast ungestielt. — Pf ohne Ausläufer; DeckB (dh seine freie Spreite) meist (1½?)3–4× so lg wie die Fr . . . . . . . . . . . . . . . . . . . . . . . . . . . . . . . . . **6**

**-** Blüstd: Thyrse (TeilBlüstd zumindest zT zymös); Fr über den HochB gestielt . . . . . . . . . . . . . . . . . . . . . . . . . . . . . . . . . **7**

**6** Blü mit den 3 HochB fast sitzend (bis höchstens 0,5 cm lg gestielt), dieser Stiel auch viel kürzer als das DeckB, zur FrZeit höchstens so lg wie die Fr; Fr deutlich nervig. — LB schmal-linealisch, 1nervig; VorB etwa so lg wie die Fr; Fr etwa 3–4× so lg wie das eingerollte Perigon. H: 6–15 cm. ⊙ (♃) Th (He). IV–IX. Trockene Wiesen, Trockenrasen, Ackerböschungen; collin; slt. Nur im Pann. **B, W, N.** (Hptvbr.: Balkanhalbinsel.) Stark gefährdet. *(„Th. humile")*

**Niedriger B., *Th. dollíneri***

Anm.: Bereits im Herbst zum Blühen kommende Pf entwickeln im oberen oder auch im unteren Teil des Hauptsprosses lange, blühende Seitenäste (Kofloreszenzen); überwinternde Pf treiben dagegen aus dem Hypokotylkopf ± zahlr. unverzweigte Blühtriebe. Letztere wurden als eigene Art beschrieben (*„Th. simplex"*) u. oft als Unterart (***subsp. símplex***) bewertet. Beide Formen sind von denselben Fundorten bekannt.

- Blü mit den 3 HochB etwa 1 cm lg gestielt, dieser Stiel etwa so lg wie das DeckB (dh dessen freie Spreite), zur FrZeit 3–4× so lg wie die Fr; Fr undeutlich nervig. — LB linealisch bis lineal-lanzettlich, 1(3)nervig; VorB höchstens halb so lg wie das DeckB (dh dessen freie Spreite); Fr etwa 4× so lg wie das eingerollte Perigon. H: (10)15–25(30) cm. ♃ He. VI–VIII. Trockenrasen, Brachäcker; collin; im Pann zstr bis slt, sonst sehr slt. **B, W, N, (O).** *(Th. arvense)*

**Ästiger B., *Th. ramósum***

7 Pf mit unterirdischen Ausläufern: Wuchs lockerrasig; LB 1–3(5)nervig, meist h'- bis gelblichgrün, 1–3(6) mm br. — Ausläufer gelblich. H: 10–30(40) cm. ♃ Ge. (V)VI–VII. (Halb-)Trockenrasen; kalkliebend; collin bis montan; im Pann hfg, sonst zstr bis slt. **Fehlt T, V.** Im Alp, nVL u. söVL gefährdet. ▲ *(Th. intermedium)* **Mittlerer B., Gewöhnlicher B., *Th. linophýllon***

- Pf ohne Ausläufer: Wuchs buschig; LB 3–5nervig, d'grün, (2)3–7(9) mm br — u. meist 4–6 cm lg. H: 25–60 cm. ♃ Ge. VI–IX. Trockene Wiesen u. Böschungen, lichte Wälder; montan; zstr bis slt. **O†; fehlt W, S, V.** In den nAlp, im nVL u. Pann gefährdet. *(Th. montanum)* **Großer B., *Th. bávarum***

## 66. Familie: Mistelgewächse, *Lorantháceae* (inkl. *Viscaceae*)

(→ B 27)

1 LB sommergrün; Zweigachsen ab dem 2. Jahr schwarzgrau; Blüstd razemös (Traube oder Ähre); Gri fadenförmig; nur auf Eichen/*Quercus* oder Edelkastanien/*Castanea* schmarotzend; Beeren gelb. **(1) Eichenmistel, *Loránthus***

- LB immergrün; alle Zweigachsen (bleibend) grün; Blüstd zymös; Gri fehlend; fast nie auf Eichen oder Edelkastanien schmarotzend; Beeren weiß, grünlichweiß oder gelblichweiß. **(2) Mistel, *Víscum***

### (1) Eichenmistel, *Loránthus*

Pf 2häusig. H: 30–50(80) cm. ♄ NPh. IV–V. Collin bis untermontan; im Pann sehr hfg, sonst zstr bis slt. **B, W, N, O, St.**

**Eichenmistel,** Riemenmistel, Riemenblatt, ***L. europáeus***

### (2) Mistel, *Víscum*

(Alle Arten gehören zur Artengruppe der Weiß-M., „Ischpl", *V. album agg.*)

1 Nur auf Laubhölzern schmarotzend; Beeren weiß; Sa weiß, mit 2–3 Keimlingen, Seitenflächen fast eben. H: 20–50 cm. ♄ NPh. II–IV. Auf Laubbäumen, bes. auf Weichhölzern (slt auf Sträuchern) schmarotzend; collin bis untermontan; zstr bis hfg. In den Innenalpen fehlend. **Alle Bdld.** VolksarzneiPf, Homöop., ZauberPf. *(V. album subsp. album)* **Laubholz-M., *V. álbum (s. str.)***

- Nur auf Nadelhölzern schmarotzend; Beeren grünlich- bis gelblichweiß; Sa grünlich, mit 1(2) Keimling(en), Seitenflächen stark gewölbt . . . . . . . . 2

2 LB 4–8 cm lg, 2–3× so lg wie br, d'grün. H: 20–60 cm. ♄ NPh. III–V. Nur auf Tanne/*Abies* schmarotzend; collin bis montan; zstr bis hfg. In den Innenalpen fehlend. **Alle Bdld (?)**. VolksarzneiPf, Homöop. *(V. album subsp. abietis, V. laxum subsp. abietis)* **Tannen-M.,** ***V. abiétis***

- LB 2–4(6) cm lg, 4–6× so lg wie br, gelbgrün. H: 20–60 cm. ♄ NPh. III–V. Auf Rot- oder Schwarz-Föhre / *Pinus sylvestris* u. *P. nigra* (sehr slt auf Fichte / *Picea abies*) schmarotzend; collin bis montan; zstr bis hfg. **Fehlt K?, S**. VolksarzneiPf, Homöop. *(V. album subsp. austriacum)* **Föhren-M.,** Österreichische M., ***V. láxum***

# Überordnung Wolfsmilchblütige, *Euphorbiánae*

# Ordnung Wolfsmilchartige, *Euphorbiáles*

## 67. Familie: Buchsbaumgewächse, *Buxáceae*

**Buchsbaum, *Búxus*** (→ B 30)

LB eiförmig, ledrig, glänzend, 1–3 cm lg; Blü geknäuelt; Kro gelblichweiß. H: 30–400 cm. ♄ NPh–MPh. III–IV. Trockengebüsche, Laubmischwälder, felsige Abhänge; wärmeliebend, ozeanische Klimalagen; submontan bis untermontan; sehr slt. In den nördl. Kalkalpen an wenigen Stellen möglicherweise heimisch (nicht bloß verwildert). **O, S**. Gefährdet. ▲ Sonst als Ziergehölz hfg kultiviert u. auch verwildert, bes. in **B, W, N, St, T, V**. Schwach giftig. **Buchsbaum, *B. sempérvirens***

## 68. Familie: Wolfsmilchgewächse, *Euphorbiáceae*

Anm.: Der ★ **Wunderbaum, *Ricinus commúnis*** (♄; LB handförmig gespalten; Sa bohnenförmig; Heimat: Ostafrika?), eine sehr alte KulturPf (ölreiche Sa), wird bei uns als ⊙, aber hochwüchsiges Kraut gelegentlich kultiviert (blüht u. fruchtet im 1. Jahr!) u. verwildert slt (unbeständig?), zB in **(B, W, N)**. Giftig (Sa).

1 Pf ohne Milchsaft; Blü deutlich 1geschlechtig (Abb. 242 a, b). — Pf meist 2häusig; LB gegenständig, mit NebenB, Spreite unzerteilt, kerbsägig; ♂ Blüstd: je eine lg'gestreckte, unterbrochene, aufrechte Scheinähre in den Achseln der oberen LB; BlüHülle 3zählig, einfach, K'artig; StaubB meist 8–12(18); Frkn 2fächrig; Narben 2; Fr: Kapsel (ähnlich 2 zusammengepreßten Bällen), borstig, 2klappig aufspringend. **(1) Bingelkraut, *Mercuriális***

- Pf mit (ätzend-scharfem, giftigem) Milchsaft; Blü scheinbar ⚥: — 10–20 ♂ Blü u. 1 ♀ Blü bilden gemeinsam mit einem becherförmigen Hüllbecher eine scheinbare ZwitterBlü, das Cyathium (Abb. 243): Hüllbecher aus 5 HochB gebildet, am Rand mit 4(5), meist lebhaft gefärbten Nektardrüsen; BlüHülle vollständig fehlend; die ♂ Blü bestehen aus nur einem einzigen StaubB, die ♀ Blü aus einem oberständigen, gestielten Frkn, der später über den Rand des Hüllbechers hinaushängt; Gri 3 (am Grund oft miteinander verwachsen), mit je 2 Narben; Fr: Kapsel, in 3 2klappig aufspringende TeilFrüchtchen (= „Kokken") zerfallend; LB wechselständig (slt gegenständig), unzerteilt. **(2) Wolfsmilch, *Euphórbia***

Abb. 241

Abb. 242a

Abb. 242b

Abb. 244a

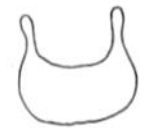
Abb. 244b

Abb. 243a

Abb. 243b

Abb. 243c

## (1) Bingelkraut, *Mercuriális* (→ G XIII 16; **XIV 10, 27**)

**1** Pf ⊙; Stg meist verzweigt; ♀ Blü fast sitzend. — LB gestielt, Spreite eiförmig bis lanzettlich; Sa runzelig. H: (10)20–40 cm. ⊙ Th. V–X. Lehmige, stickstoffreiche Äcker, Gärten, Ruderalstellen; Stickstoff- u. Garezeiger; collin bis submontan (montan); in klimawarmen Lagen hfg, sonst sehr zstr. **B, W, N, O, St, K, (S), T**. Gefährdet im Alp, nVL u. söVL.

**Einjahrs-B.**, Acker-B., Garten-B., ***M. ánnua***

**-** Pf ♃; Stg unverzweigt; ♀ Blü deutlich gestielt. — Stg am Grund stielrund, oberwärts mit 2–3 erhabenen Längsleisten. (Artengruppe Wald-B., *M. perennis agg.*) . . . . . . . . . . . . . . . . . . . . . . . . . . . . . . **2**

**2** LB 5–15(25) mm lg gestielt; Stg in der unteren Hälfte nur mit schuppenförmigen NiederB. — LB'Spreite meist schmal-eiförmig bis br-lanzettlich, leicht zugespitzt, unterseits meist kahl u. glänzend; ♀ Blü einzeln oder zu 2(3), seitenständig. H: 15–30 cm. ♃ Ge (He). III–V(VI). Frische Edellaubwälder; collin bis montan (subalpin); hfg. **Alle Bdld**. **Wald-B.,** ***M. perénnis*** *(s. str.)*

**-** LB fast sitzend; Stg in der unteren Hälfte mit kleinen LB . . . . . . . . . **3**

**3** ♀ Pf fruchtend. — LB meist rundlich- bis br-eiförmig, kurz zugespitzt, beiderseits meist zstr kurzhaarig. H: 15–30 cm. ♃ He (Ch). (III)IV–V. Trockenwarme Laubwälder, Flaumeichenwälder, Föhrenwälder; collin bis submontan; zstr. **B, W, N, St, K,** Ost-**T**. Gefährdet im Alp u. söVL.

**Eiblatt-B.**, Busch-B., ***M. ováta***

**-** ♀ Pf steril. — LB meist br-eiförmig, zugespitzt. H: 15–30 cm. ♃ He (Ch). IV–V. Trockenwarme Edellaubwälder (?); collin bis submontan (montan?); sehr zstr (?). **N?** (sonst?). Unzureichend erforscht. Sich vegetativ fortpflanzende (artgewordene?) Hybride *M. ovata × perennis*; (Nachweis schwierig). *(M. longistipes)*. ⊖■ **Bastard-B., *M. × páxii***

## (2) Wolfsmilch, *Euphórbia* (inkl. *Chamaesyce, Tithymalus;* [Eingangsschlüssel, Pkt 9])

Anm.: Im folgenden Schlüssel werden in Anlehnung an den äußerlich grob ähnlichen Blüstd der Doldenblütler die TragB der „Scheindoldenstrahlen" als HüllB, die TragB der weiteren Verzweigungen als HüllchenB bezeichnet. – Angaben über die Gestalt von HüllchenB beziehen sich stets auf die oberen HüllchenB.

**1** LB mit NebenB, gegenständig (jedoch nicht kreuzgegenständig!), am Grund meist ± asymmetrisch. — Stg vom Grund an verzweigt. *(Eu. subg. Chamaesyce; Chamaesyce)* . . . . . . . . . . . . . . . . . . . . . . . . . . . . . **2**

**-** LB ohne NebenB, wechselständig (sehr slt kreuzgegenständig), am Grund symmetrisch. — Cyathien in einem Pleiochasium (doldenförmige Thyrse) angeordnet. *(Eu. subg. Esula; Tithymalus)* . . . . . . . . . . . . . . . . . **4**

**2** LB'Spreite 10–30 mm lg; Stg meist ± aufsteigend; Cyathien in dichten, kurzstrahligen Scheindolden (slt einzeln). — LB meist eilänglich, ringsum gesägt, oberseits meist mit einem rötlichen Fleck; Fr kahl. H: 15–40 cm. ⊙ Th. VII–IX. Ruderalfluren; collin; slt. **St, (K)**. Neubürgerin, zT unbeständig? (Heimat: Nordamerika.) *(Chamaesyce nutans)* **Nickende W., *E. nútans***

- LB'Spreite 3–7(9) mm lg; Stg flach niederliegend, dem Boden angepreßt; Cyathien einzeln, — infolge Verkürzung der oberen StgGlieder meist ziemlich dicht stehend; Stg meist stark verzweigt, bes. im Alter oft rot überlaufen; LB kaum 1 mm lg gestielt, Spreite meist 2–3 mm br, zumindest in der vorderen Hälfte fein gezähnt; Fr 1,5–2 mm br . . . . . . . . . . . . . . . . . . . . . **3**

**3** Stg kahl; Fr kahl; Sa ohne Querfurchen. — Pf meist mit 4 grundständigen Sproßachsen; LB'Spreiten meist (länglich-)elliptisch, seltener eiförmig oder verkehrt-eiförmig, kahl. H: 1–5(10) cm; G: 5–20 cm lg. ⊙ Th. VI–IX(X). Trockene Ruderalfluren, Gärten; collin; slt. **(W, N, St, K)**. Unbeständig (oder ± eingebürgert ?). (Heimat: Asien.) *(Chamaesyce humifusa)* ☆? **Niederliegende W., *E. humifúsa***

- Stg behaart; Fr anliegend behaart; Sa zumindest auf den beiden Außenflächen mit Querfurchen. — LB'Spreiten meist länglich-elliptisch, zumindest unterseits ± behaart, oberseits meist mit trüb-d'purpurnem Fleck. H: 1–5(10) cm; G: 5–20 cm lg. ⊙ Th. VI–IX(X). Ruderalfluren, Gärten; collin; slt. **W, N, St, K, (S), T**. (Heimat: Nordamerika.) Neubürgerin. *(E. supina, Chamaesyce maculata)* **Flecken-W., *E. maculáta***

**4** [1] Nektardrüsen rundlich bis querelliptisch, die Außenkante stets konvex (Abb. 243 a) . . . . . . . . . . . . . . . . . . . . . . . . . . . . . **5**

- Nektardrüsen 2hörnig (Abb. 244) bis mondsichelförmig (Abb. 243 b) oder knackwurstförmig (243 c), die Außenkante nie konvex, sondern gerade oder konkav (nur bei *Eu. glareosa* u. *Eu. seguieriana* – beide nur im Pann vorkommend – sind zuweilen einige querelliptische Nektardrüsen beigemengt). — LB ganzrandig . . **15**

**5** Pf ⊙. — HüllchenB etwa ab der Mitte fein gezähnt . . . . . . . . . . . **6**

- Pf ♃ . . . . . . . . . . . . . . . . . . . . . . . . . . . . . . . . . . . . **8**

**6** Fr glatt; Sa mit bienenzellenartigen Grübchen. — StgB spatelförmig, vorn gezähnt, zur BlüZeit mitunter schon fehlend; HüllchenB meist verkehrt-eiförmig; Scheindolde meist 5strahlig. H: 10–30 cm. ⊙ Th. IV–X. Äcker, Gärten, Weingärten, Ruderalfluren; Lehm- u. Nährstoffzeigerin; collin bis montan; zstr bis hfg. **Alle Bdld**. Alteingebürgert. *(Tithymalus h.)* **Sonnwend-W., *E. helioscópia***

- Fr warzig; Sa glatt. — LB zumindest vorn fein gezähnt; HüllchenB br-3eckig-eiförmig, bespitzt (Abb. 245 b) . . . . . . . . . . . . . . . . . . . . . **7**

**7** LB beiderseits völlig kahl; Fr etwa 2 mm br; FrWarzen kurz-walzlich; Sa etwa 1 mm br. — Mittlere u. obere StgB verkehrt-eilänglich bis länglich-lanzettlich, spitz; endständige Scheindolde 3(5)strahlig; Blüstd nach HolunderBlü duftend (?). H: (15)30–50(80) cm. ⊙ Th. VI–IX. Auen, Flußufer, feuchte Ruderalfluren, Forststraßenränder; collin bis montan; zstr. **Alle Bdld**. Gefährdet im nVL, söVL u. Pann. *(E. serrulata, Tithymalus serrulatus)* **Steife W., *E. strícta***

- LB unterseits ± behaart; Fr etwa 3 mm br; FrWarzen halbkugelig; Sa etwa 1,5–2 mm br. — Mittlere u. obere StgB br-verkehrt-eilänglich bis schmal-verkehrt-eilanzettlich; HüllchenB meist breiter als lg; endständige Scheindolde meist 5strahlig. H: 25–60 cm. ⊙ Th. VI–IX. Äcker, Gärten, Ruderalfluren; collin bis submontan; sehr zstr. **(K), sonst alle (?) Bdld**. Gefährdet; im Alp stark gefährdet. *(Tithymalus p.)* **Breitblatt-W., *E. platyphýllos***

**a** LB unterseits u. am Rand zstr bis locker behaart. **Eigentliche B.-W., *Eu. p. subsp. platyphýllos***

- LB unterseits u. am Rand dicht zottig. **Zottige B.-W., *Eu. p. subsp. literáta***

**8** [5] Fr ohne deutliche Warzen (glatt, punktiert oder fein bekörnelt). — LB (fast) sitzend, zumindest unterseits behaart; endständige Scheindolde 5strahlig, darunter meist seitliche TeilBlüstd. (Artengruppe Flaum-W., *E. villosa agg.*) . **9**

**-** Fr mit deutlichen Warzen (diese meist halbkugelig bis kurzwalzlich, slt wurm- bis fadenförmig) . . . . . . . . . . . . . . . . . . . . . . . . . . . . **10**

**9** Fr kahl oder nur mit sehr wenigen, vereinzelten Haaren. — Stg kahl (nur im untersten Teil zuweilen kurzflaumig), markig; mittlere u. obere StgB lanzettlich bis länglich-lanzettlich, 4–8 cm lg u. 1,2–2 cm br, vorn fein gezähnt; endständige Scheindolde später von den seitlichen TeilBlüstd deutlich überragt; HüllchenB verkehrt-eiförmig bis elliptisch. H: 50–100 cm. ♃ Ge. V–VI. Feuchte bis nasse Wiesen u. Gebüschsäume; collin; slt. **B, W, N, St, K**. Stark gefährdet. ▲ *(E. pilosa, Tithymalus villosus)*
**Flaum-W., Zotten-W., *E. villósa*** *(s. str.)*

**-** Fr locker lg'haarig. — Mittlere u. obere StgB schmal-elliptisch bis verkehrt-eilänglich, meist 7–9(12) cm lg u. (1,5)2–3,5 cm br; HüllchenB elliptisch. H: 50–80 cm. ♃ Ge. V–VII. Frische, kalkreiche, lichte Wälder, Hochstaudenfluren, (subalpin:) Fettweiden; montan bis subalpin; zstr. Nordöstl. Kalkalpen (vom Ötscher-Gebiet bis ins Salzkammergut). **N, O, St**. Endemisch (Nordost-Alpen). *(Tithymalus austriacus)* **Österreichische W., *E. austríaca***

**10** Endständige Scheindolde vielstrahlig. — Pf kahl, stattlich; Stg dick (bis 15 mm ∅), mit zahlr. blühenden u. nichtblühenden Seitenzweigen; mittlere StgB schmal-elliptisch bis lanzettlich bis verkehrt-eilänglich, im Herbst sich rot verfärbend; HüllchenB elliptisch bis verkehrt-eiförmig; Fr kahl; FrWarzen kurzwalzlich. H: 50–150 cm. ♃ He. V–VI. Auwälder, nasse, nährstoffreiche Wiesen, Röhrichte; collin; slt. **B, W†, N, O**. Stark gefährdet; im nVL vom Aussterben bedroht. *(Tithymalus p.)* **Sumpf-W., *E. palústris***

**-** Endständige Scheindolde 3–5strahlig . . . . . . . . . . . . . . . . . . . . **11**

**11** FrWarzen wurm- bis fadenförmig. — Stg dicht waagrecht-abstehend behaart; mittlere u. obere StgB sitzend, meist länglich-verkehrt-eiförmig bis länglich-eiförmig, meist 3–5,5 cm lg u. (1)1,5–3 cm br, zumindest unterseits dicht behaart; HüllchenB verkehrt-eiförmig bis elliptisch, meist ganzrandig, leuchtend h'gelb, später orange; FrWarzen mit orangeroter Spitze. H: 30–50 cm. ♃ He. V–VI. Lichte Trockenwälder (zB Flaumeichenwälder) u. deren Säume, trocken-warme, meist kalkreiche Magerrasen; collin; zstr. **B, W, N, K?**. *(E. epithymoides sensu „Fl. Europ.", Tithymalus polychromus, T. epithymoides)*
**Vielfarben-W., Bunt-W., *E. polychróma***

**-** FrWarzen halbkugelig bis kurzwalzlich . . . . . . . . . . . . . . . . . . . **12**

**12** WuStock senkrecht aufsteigend. — Stg meist kahl; mittlere u. obere StgB meist schmal-elliptisch bis schmal-eiförmig, zumindest in der vorderen Hälfte sehr fein gezähnt *(Lupe!)*, unterseits (zumindest anfangs) ± behaart, oberseits behaart (bes. die unteren StgB) bis kahl; HüllchenB verkehrt-eiförmig bis (rhombisch-)elliptisch, gelb, vorn sehr fein gezähnt *(Lupe!)*; Fr kahl. H: 30–50 cm. ♃ He. V–VI. Wechseltrockene bis -frische Magerwiesen u. Waldränder; kalkstet; collin bis submontan (untermontan); zstr. **Alle Bdld**. Gefährdet im nVL, söVL u. Pann. *(E. brittingeri, Tithymalus brittingeri, T. flavicomus)*.
**Warzen-W., *E. verrucósa***

**-** WuStock waagrecht kriechend . . . . . . . . . . . . . . . . . . . . . . . **13**

**13** HüllchenB meist elliptisch, ganzrandig, kurz zugespitzt bis stachelspitzig; Cyathien meist 5–10 mm lg gestielt. — Mittlere u. obere StgB länglich bis verkehrt-eilänglich, meist 30–50 mm lg u. 7–15 mm br, ganzrandig; Fr meist kahl. H: 30–50 cm. ♃ He. V–VI. Frische Waldsäume, lichte Edellaubwälder, Föhrenwälder; kalkliebend; submontan bis montan; sehr slt. Süd-**K**. (Hptvbr.: Südalpen, Slowenien, Ost-Karpaten.) Stark gefährdet. ▲ *(Tithymalus carniolicus)* **Krainer W.**, (sl.:) kranjski mleček, ***E. carniólica***

- HüllchenB meist 3eckig-eiförmig, fein gezähnt, spitz bis abgerundet; Cyathien sitzend oder bis 2(4) mm lg gestielt . . . . . . . . . . . . . . . . . . . . . . . . **14**

**14** Stg zumindest oberwärts scharfkantig, kahl; WuStock nicht dicker als der Stg; HüllchenB kaum länger als br. — WuStock mit knolligen Verdickungen; mittlere u. obere StgB meist schmal-elliptisch bis lanzettlich, etwa 20–30 mm lg u. 6–12 mm br; Fr kahl. H: 20–50 cm. ♃ He–Ge. V–VI. Frische bis mäßig trockene, kalkreiche Edellaubwälder u. Föhrenwälder; collin bis untermontan; zstr. **B, N, St, K**. *(Tithymalus angulatus)* **Kanten-W.**, ***E. anguláta***

- Stg stielrund, zumindest oberwärts zstr behaart (slt kahl); WuStock deutlich dicker als der Stg; HüllchenB deutlich länger als br. — Mittlere u. obere StgB meist verkehrt-eilänglich, meist 40–60(90) mm lg u. 10–20 mm br; Nektardrüsen später d'purpurn; Fr flaumhaarig bis kahl. H: 20–50 cm. ♃ He–Ge. IV–VI. Frische, krautreiche Edellaubwälder, bes. kalkreiche Buchenwälder; collin bis montan; hfg. **Alle Bdld**. *(Tithymalus d.)* **Süß-W.**, ***E. dúlcis***

**a** Fr auch noch zur Reife behaart.
**Behaartfrüchtige S.-W., Gewöhnliche S.-W., *E. d. subsp. dúlcis***

- Fr nur in der Jugend behaart, später kahl. (*E. purpurata)*
**Kahlfrüchtige S.-W., Purpurne S.-W., *E. d. subsp. incómpta***

**15** [4] HüllchenB paarweise miteinander verwachsen. — Pf wintergrün; LB in der Mitte des Blühtriebes rosettig gehäuft, deren Spreite verkehrt-eilanzettlich, in den kurzen LB'Stiel verschmälert, unterseits u. am Rand meist behaart; endständige Scheindolde (3)5–9strahlig, darunter meist noch seitliche TeilBlüstd; Nektardrüsen mondsichelförmig; Fr fein punktiert, kahl. H: 30–60 cm. ♃ Ch. IV–VI. Kalkreiche Edellaubwälder; Lehmzeiger; collin bis montan; hfg bis zstr. **Alle Bdld**. *(Tithymalus a.)* **Mandel-W.**, Mandelblatt-W., ***E. amygdaloídes***

- HüllchenB nicht paarweise miteinander verwachsen . . . . . . . . . . . . **16**

**16** LB kreuzgegenständig. — Pf kahl; LB sitzend, untere StgB 3eckig-linealisch, mittlere u. obere eilänglich, d'grün, 7–10 cm lg u. 1,5–2,5 cm br; Hüll- u. HüllchenB 3eckig-eiförmig; Scheindolde 2–4strahlig; Nektardrüsen 2hörnig mit verbreiterten Enden; Fr (8)10–15 mm br. H: 20–100 cm. ⊙ Ch. VI–VIII. Zier- u. NutzPf (vegetabilisches Benzin). In Gärten hfg kultiviert (vertreibt angeblich Wühlmäuse); in frischen Ruderalfluren gelegentlich (unbeständig) verwildert. **(Alle Bdld)**. (Hptvbr.: Medit.) *(Tithymalus l.)*
★ **Spring-W.**, Kreuzblatt-W., Springwurz, Maulwurfskraut, ***E. láthyris***

- LB wechselständig. — Fr kahl oder höchstens jung behaart . . . . . . . **17**

**17** Pf ⊙, — kahl; Fr glatt (warzenlos), kahl . . . . . . . . . . . . . . . . . . . . **18**

- Pf ♃. — HüllchenB rhombisch-rundlich bis querelliptisch-herzförmig (Abb. 245 a), bespitzt; Fr glatt oder warzig, tief 3furchig . . . . . . . . . . . . **22**

**18** Fr mit 6 flügelförmigen Längsleisten (Abb. 246); StgB rundlich bis verkehrt-eiförmig, — in den meist 2–5 mm lg LB'Stiel verschmälert; Spreite der mittleren

Abb. 245a

Abb. 245b

Abb. 245c

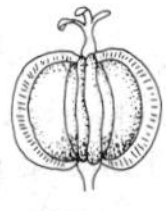
Abb. 246

Abb. 247

u. oberen StgB etwa 10–20 mm lg u. 5–10 mm br; HüllchenB 3eckig-eiförmig, meist bespitzt; endständige Scheindolde meist 3strahlig; Nektardrüsen mit lg, haarfein auslaufenden Hörnern. H: 10–30 cm. ☉ Th. VI–IX(X). Frische Äkker, Gärten, Ruderalfluren; Lehm-, Nährstoff- u. Garezeiger; collin bis montan; hfg. **Alle Bdld**. *(Tithymalus p.)* **Garten-W.**, ***E. péplus*** *(s. str.)*

- Fr ohne flügelförmige Längsleisten; StgB linealisch bis lanzettlich. — Endständige Scheindolde 3–5strahlig; Nektardrüsen 2hörnig . . . . . . . . . . . **19**

**19** HüllchenB eilänglich (Abb. 245 c). — LB linealisch, sitzend, mittlere u. obere StgB meist 10–20 mm lg u. 1–3 mm br; Sa warzig-runzelig. H: 6–20 cm. ☉ Th. VI–X. Trockene bis mäßig trockene, meist kalkhaltige (Getreide-)Äcker, Gärten; collin bis submontan (montan); zstr bis slt. **V†, (K), sonst alle Bdld**. Im Alp gefährdet. *(Tithymalus exiguus)* **Kleine W.**, ***E. exígua***

- HüllchenB 3eckig-eiförmig bis querelliptisch-herzförmig (meist breiter als lg) . . . . . . . . . . . . . . . . . . . . . . . . . . . . . . . . **20**

**20** Fr 3 mm lg u. 3,5 mm br; Sa 1,8–2 mm lg, tief-grubig, — grauweiß; mittlere u. obere StgB (10)15–30 mm lg u. 3–5 mm br, länglich bis schmal-verkehrt-eilanzettlich, ganzrandig; unterste HüllchenB meist schmal-3eckig-eiförmig, die oberen (in Relation zur Länge) deutlich breiter; Nektardrüsen gelb, mit lg, haardünnen Hörnern (ähnlich wie bei *Eu. peplus*, → Pkt 18). H: 5–30(40) cm. ☉ Th. V–VII(IX). Ruderal auf Bahnanlagen; collin; slt (?). **(B, W, N, St)**. (Heimat: Submedit.) *(Tithymalus t.)* ☆ **Turiner W.**, ***E. taurinénsis***

- Fr 1,5–2 mm lg u. 1–2,5 mm br; Sa 1,2 mm lg, querfurchig, — blaßgrau bis braun; LB'Spreite 5–30 mm lg u. 3–5 mm br, verkehrt-eilanzettlich (nur die untersten StgB zungenförmig). (Artengruppe Sichel-W., *E. falcata agg.*) **21**

**21** Pf bläulichgrün; HüllchenB deutlich bespitzt, Spitze etwa 0,5–1 mm lg; Nektardrüsen grünlich bis gelblich. — LB meist 10–20 mm lg u. 3–5 mm br, spitz bis stachelspitzig, nur die untersten StgB stumpf bis ausgerandet; Sa im ∅ 4kantig, Furchen in 4 Querreihen. H: 8–20 cm. ☉ Th. VI–X. Äcker, trockene Ruderalfluren; collin bis submontan; zstr. **B, W, N, O, (St, K, S, T†?)**. Gefährdet im nVL. *(Tithymalus falcatus)*
■ **Sichel-W.**, Sichelblatt-W., ***E. falcáta*** *(s. str.)*

- Pf trüb- bis d'grün; HüllchenB spitz bis sehr kurz stachelspitzig (Spitze kaum länger als 0,5 mm); Nektardrüsen purpurn. — H: 8–20 cm. ☉ Th. VI–VIII (?). Trockene Ruderalfluren; collin; slt. **(N)**. Im Wiener Becken stellenweise eingebürgert (?), sonst unbeständig. (Hptvbr.: Medit.) Im Habitus der vorigen Art sehr ähnlich u. oft mit ihr verwechselt. *(E. falcata subsp. acuminata, Tithymalus acuminatus)* ☆ ■ **Spitzblatt-W.**, ***E. acumináta***

**22** [17] Nektardrüsen knackwurstförmig (Außenkante gerade bis seicht konkav, ausnahmsweise auch leicht konvex, an den Ecken stets abgerundet (Abb. 243 c; niemals 2hörnig oder mit spitzen Enden). — LB kahl, bläulichgrün . . . **23**

- Nektardrüsen deutlich kipfel-(mondsichel-)förmig (Abb. 243 b) bis 2hörnig (Abb. 244). — Fr kahl . . . . . . . . . . . . . . . . . . . . . . . **24**

**23** Mittlere StgB etwa (10)15–20 mm lg u. 2–3,5(6) mm br, — linealisch bis lineal-lanzettlich, stachelspitzig; endständige Scheindolde meist (8)9- bis vielstrahlig; unterhalb der endständigen Scheindolde meist keine oder nur wenige seitliche TeilBlüstd; Fr kahl. Oft „Hexenringe" bildend. H: (5)15–35 cm. ♃ He. IV–VI. Felssteppen, (sandige) Trockenrasen; collin; mäßig hfg. Nur im Pann. **B, W, N**. *(E. gerardiana,* ***E. seguierana****, Tithymalus seguierianus)*
**Steppen-W.**, ***E. seguieriána***

- Mittlere StgB etwa 40–55 mm lg u. (6)10–16 mm br, — länglich bis br-lanzettlich, meist über der Mitte am breitesten, mit auffallend matter Oberfläche; endständige Scheindolde meist 5–8strahlig; unterhalb der endständigen Scheindolde meist noch seitliche TeilBlüstd; Fr zumindest anfangs behaart. H:

30–60 cm. ♃ He. VI–VII. Halbtrockenrasen; collin; sehr slt. Nur im Pann. **B, W, N**. Stark gefährdet. *(E. pannonica, Tithymalus glareosus)*
**Pannonische W., *E. glareósa***

**24** Pf behaart. — Mittlere StgB schmal-elliptisch bis lanzettlich, unterhalb der Mitte am breitesten, meist 5–7 cm lg u. 1–2,5 cm br (wenn LB schmäler als 5 mm, vgl. Pkt 28–, *E. esula*!); endständige Scheindolde meist 8–10strahlig, darunter noch blühende u. meist auch nichtblühende Seitenäste. H: 30–70 cm. ♃ He. V–VI. Halbtrockenrasen, Flaumeichen-Waldsäume, zT auch subruderal; collin; slt. Nur im Pann. **B, N**. Stark gefährdet. *(Tithymalus salicifolius)*
**Weidenblatt-W., *E. salicifólia***

**–** Pf kahl . . . . . . . . . . . . . . . . . . . . . . . . . . . . **25**

**25** LB fleischig, stark blaugrün; ZierPf. — Stg niederliegend bis aufsteigend, dicht beblättert; Nektardrüsen 2hörnig, Hörner an den Enden verdickt bis schwach 2lappig (Abb. 244 a) . . . . . . . . . . . . . . . . . . . . . . . . . . . . **26**

**–** LB krautig, höchstens schwach blaugrün; heimische WildPf . . . . . . . **27**

**26** LB verkehrt-eiförmig bis fast rundlich, — bespitzt; Stg etwa 5–10 mm ∅; Sa meist etwas runzelig. H: 10–30 cm; G: 30–60 cm lg. ♃ Ch. (IV)V. Als ZierPf (in Steingärten) kultiviert, gelegentlich verwildert u. unbeständig bis lokal eingebürgert: **(W, N, K, S, Nord-T)**. (Heimat: Felsfluren der Medit.) *(Tithymalus m.)* **(★) Walzen-W., Myrten-W., *E. myrsinítes***

**–** LB lanzettlich, — zugespitzt; Sa glatt, weißlich. H: 10–40 cm. ♃ Ch. (IV)V. In klimamilden Lagen gelegentlich als ZierPf (in Steingärten) kultiviert; slt verwildert, so zB in **(N)**. (Heimat: Medit.) *(E. biglandulosa)* **★ Zweidrüsen-W., *E. rígida***

**27** Pf mit blühenden u. nichtblühenden Trieben; endständige Scheindolde 3–5strahlig; Stg aus liegendem Grund aufsteigend, — etwa 2–3(4) mm ∅; nichtblühende Stg an der Spitze schopfig, blühende Triebe in der Mitte rosettig beblättert; RosettenB länglich- bis linealisch-keilförmig, h'bläulichgrün, an der Spitze stumpf bis eingekerbt (Abb. 247); die über den LB'Rosetten stehenden StgB br-lanzettlich bis eiförmig, deutlich kleiner als die RosettenB; Hörner der Nektardrüsen an den Enden weder verdickt noch 2lappig (Abb. 244 b). H: 5–12(20) cm. ♃ Ch. V–VI. Trockenwarme, steinige Magerrasen, Dolomitfels- u. -schuttfluren, Schwarzföhrenwälder; submontan bis untermontan; zstr bis slt. **N**. Endemisch (nordöstlichste Kalkalpen). (Die Nächstverwandte ist *E. triflora* in den Südalpen knapp außerhalb von **Ö**: Cadore, Carnia, westl. Slowenien u. im Velebit-Gebirge.) **Felsen-W., *E. saxátilis***

**–** Pf ohne nichtblühende Triebe; endständige Scheindolde meist 5–12(16)strahlig; Stg aufrecht. — LB linealisch bis lanzettlich, ± grau- bis grasgrün; unter der endständigen Scheindolde meist noch seitliche TeilBlüstd; unter dem GesamtBlüstd meist nichtblühende Seitenäste . . . . . . . . . . . . . . **28**

**28** LB in oder oberhalb der Mitte am breitesten. — Fr fein-warzig . . . . . **29**

**–** LB unterhalb der Mitte am breitesten . . . . . . . . . . . . . . . . . **30**

**29** Mittlere StgB meist 10–30 mm lg u. 1,5–3 mm br, — linealisch bis linealisch-keilig, stets völlig kahl; LB der sterilen Seitenzweige deutlich schmäler, mitunter fast borstlich; Blüstd meist (?) mit starkem Honigduft. H: 15–30 cm. ♃ He. IV–V. Trocken-warme, meist kalkreiche Magerrasen, Böschungen, Felsfluren u. lichte Trockenwälder; collin bis montan; hfg. **Alle Bdld**. Homöop. *(Tithymalus c.)* **Zypressen-W., *E. cyparíssias***

Anm.: Pf oft vom Erbsenrost / *Uromyces pisi*, einem Rostpilz *(Uredinales)*, befallen, der die LB'Unterseite mit orangefarbenen Pusteln (= Äzidien = Äzidiosporenbehälter) bedeckt; die befallenen Pf erhalten ein verändertes Aussehen: Stg schwach u. unverzweigt; LB eiförmig, etwa 1 cm lg; Pf nichtblühend. (Durch Nektar- u. Duftproduktion werden Insekten angelockt, die die Äzidiosporen ausbreiten.)

- Mittlere StgB meist 30–60(100) mm lg u. 3–8(13) mm br (LB der sterilen Seitenzweige deutlich kleiner). — LB sitzend oder in einen kurzen LB'Stiel verschmälert, linealisch bis verkehrt-eilanzettlich (slt LB unterseits kurzhaarig u. mittlere StgB nur 3–4 mm br); Hörner der Nektardrüsen am Ende nicht verbreitert. H: 30–60(100) cm. ♃ He. V–VII. Mäßig trockene bis wechselfrische Wiesen, Gebüschsäume, Bahndämme, Ruderalfluren; collin bis (unter)montan; in **B, N, O** hfg, sonst zstr. **Alle Bdld***. (Zur Artengruppe Esels-W., *E. esula agg.*) *(Tithymalus esula)* **Esels-W., Scharfe W., *E. ésula*** *(s. str.)*

**30** Mittlere StgB meist 60–100(140) mm lg u. 10–25(35) mm br. — LB meist eilanzettlich, oberseits d'grün u. etwas (ledrig) glänzend. H: (40)60–130 cm. ♃ He. V–VII. Feuchte bis nasse, nährstoffreiche Wiesen, Ufersäume, Gräben; collin; sehr slt. Nur im Pann. **N**. (Hptvbr.: Ost-Europa.) Stark gefährdet. *(Tithymalus lucidus)* **Glanz-W.**, Glänzende W., ***E. lúcida***

- Mittlere StgB meist 40–60 mm lg u. (3)4–8(10) mm br. — LB oberseits mattgrün (glanzlos); Hörner der Nektardrüsen am Ende oft etwas verbreitert. H: 30–80(100) cm. ♃ He. V–VIII. Trockenrasen, trockene bis frische Ruderalfluren; collin bis untermontan; im Pann mäßig hfg, sonst zstr. **B, W, N, O, (St, S, T)**. Gefährdet im nVL. (Zur Artengruppe Esels-W., *E. esula agg.*) *(Tithymalus waldsteinii)* **Ruten-W., *E. virgáta***

# Ordnung Spatzenzungenartige, *Thymelaeáles*

## 69. Familie: Seidelbastgewächse, Spatzenzungengewächse, *Thymelaeáceae* (→ G VII 16)

**1** Zwergstrauch; Perigon 4–12 mm lg, nach dem Blühen abfallend; Blü ± stark duftend; Fr: SteinFr. **(1) Seidelbast u. Steinröserl, *Dáphne***

- Pf krautig u. ⊙; Perigon 2–3 mm lg, nach dem Blühen bleibend; Blü nicht duftend; Fr: Nuß, — durch das sie umhüllende Perigon scheinbar geschnäbelt (Name!). **(2) Spatzenzunge, *Thymeláea***

### (1) Seidelbast u. Steinröserl, *Dáphne* (B 79)

**1** Blü zu 1–7 in den Achseln von LB oder (bei zur BlüZeit LB'losen Pf) über den Ulen vorjähriger LB. — LB 3–12 cm lg . . . . . . . . . . . . . . . . . . . **2**

- Blü zu 2–15 endständig. — LB 1–4 cm lg . . . . . . . . . . . . . . . . . . **3**

**2** Perigon (h')purpurn (sehr slt weiß); Perigonröhre (eigentlich: Achsenbecher) anliegend behaart; LB sommergrün, krautig (weich); Blü stark duftend; Fr rot. — Blü vor den LB erscheinend. H: 30–100(150) cm. ♄ NPh. (II)III–IV. Edellaubwälder, Hochstaudenfluren; kalkliebend; (collin) submontan bis subalpin; hfg bis zstr. **Alle Bdld**. Stark giftig (bes. Fr, aber auch BlüDuft!) *Blühende Zweige weder abreißen (▲!) noch ins Zimmer stellen!* ▲
**Echter S., Gewöhnlicher S.,** Kellerhals, ***D. mezéreum*** (B 8–)

- Perigon gelblichgrün; Perigonröhre kahl; LB immergrün, lederig; Blü schwach duftend; Fr anfangs grün, dann schwarz. H: 30–100(120) cm. ♄ NPh. II–IV. Sommerwarme, wintermilde Edellaubwälder, bes. Buchenwälder; kalkliebend; submontan bis obermontan; hfg bis slt. **W, N, O, St, K**. Giftig. In den sAlp gefährdet. ▲ **Lorbeer-S.**, Immergrüner S., „Waldlorbeer", ***D. lauréola***

---

* Auch für **V** angegeben in A. Polatschek: Mskr. N. Fl. **T & V**.

**3** Perigon weiß; LB sommergrün, krautig (weich), beiderseits anliegend behaart. — Perigonröhre behaart. H: 20–100 cm. ♄ NPh. V–VI. Buschige, sonnige Felsfluren, lichte Föhrenwälder, Felsschutthalden; kalkstet; montan bis subalpin; slt. Süd-**K** (Karawanken, Dobratsch). Giftig. Potentiell gefährdet. ▲
**Weißer S., Berg-S.,** (sl.:) alpski volčin, ***D. alpína***

**–** Perigon rosa; LB immergrün, lederig, kahl. (Steinröserl) . . . . . . . . . . **4**

**4** Perigonröhre kahl; LB meist 5–6× so lg wie br; Zweigachsen kahl; Fr rötlich. — Perigonröhre oft fein längsgestreift. H: 10–35 cm. ♄ NPh. V–VII. Lichte Nadelwälder, Latschengebüsche, Zwergstrauchheiden, trockene, steinige Magerrasen, Felsschuttfluren; subalpin bis alpin; zstr bis slt. **K, T, V**. Giftig. ▲
**Kahles St.**, Gestreiftes St., ***D. striáta***

**–** Perigonröhre außen dicht anliegend behaart; LB meist 3–4× so lg wie br; Zweigachsen meist behaart; Fr bräunlichgelb. H: 10–30 cm. ♄ NPh. IV–VI. Föhrenwälder, Trockenrasen; kalkliebend; collin bis subalpin; zstr bis slt. **B, N, O, St, K**. Giftig. Im söVL u. Pann gefährdet. ▲
**Flaum-St.**, „Heideröschen", ***D. cneórum***

## (2) Spatzenzunge, *Thymeláea*

Blü meist einzeln in den Achseln von LB; LB lineal-lanzettlich; Fr behaart (bei dem im FrZustand im Habitus ähnlichen Acker-Steinsamen / *Buglossoides arvensis* [→ S. 700] Fr kahl). H: 10–40 cm. ⊙ Th. VII. Trockene Äcker, sonnige Böschungen, Weingärten; kalkliebend; collin bis submontan; im Pann zstr bis slt, sonst sehr slt. **B, W, N, O, (St, K)**. Giftig. Stark (?) gefährdet. *(Lygia passerina)* **Spatzenzunge, *T. passerína***

# Ordnung Ölweidenartige, *Elaeagnáles*

# 70. Familie: Ölweidengewächse, *Elaeagnáceae* (→ B 67)

**1** Blü 1geschlechtig (Pf 2häusig); Perigon 2teilig; LB 3–10 mm br, oberseits fast kahl, unterseits mit silbrigen bis rostbraunen Schuppenhaaren.
**(1) Sanddorn, *Hippóphaë***

**–** Blü ⚥; Perigon 4zählig; LB 8–25 mm br, beiderseits mit silbrigen Schuppenhaaren. — Blü wohlriechend, innen gelb. **★ (2) Ölweide, *Elaeágnus***

## (1) Sanddorn, *Hippóphaë*

Pf dornig; Zweigachsen rotbraun beschuppt; Fr ellipsoidisch bis kugelig, 6–8 mm lg, orangerot. H: 1–5 m. ♄ NPh. III–V. Schotter der Gebirgsflüsse u. der Donau, Schuttfluren, Sandgruben, Heißländen; Pionier (WuAusläufer, Actinomyceten-Symbiose); collin bis subalpin; slt. **Fehlt B, St**. Potentiell gefährdet; im nVL u. Pann gefährdet. ▲ Oft kultiviert zur Böschungsbefestigung u. als Zier- u. als Obststrauch (Fr genießbar, sehr reich an Vitamin C), manchmal verwildert (auch in **B**) bis eingebürgert. **Sanddorn, *H. rhamnoídes***

**a** LB meist 3–6 mm br; Sa eiförmig, nicht abgeflacht. — Pf wenig dornig; Zweige lg, biegsam; Blüstd locker. Vbr. ungenügend bekannt. **Gebirgs-S., *H. r. subsp. fluviátilis***

**–** LB meist 5–10 mm br; Sa ± abgeflacht . . . . . . . . . . . . . . . . . . . . **b**

**b** Schößlinge ± gedreht, knotig; Fr meist zylindrisch; Sa elliptisch. — Pf stark dornig; Zweige kurz, steif aufrecht. Kultiviert. (Heimat: Küstendünen u. -steilufer Nord- u. West-Europas.) **★ Küsten-S., *H. r. subsp. rhamnoídes***

**–** Schößlinge gerade; Fr fast kugelig; Sa lanzettlich bis schmal-eiförmig. Vbr. ungenügend bekannt. **Karpaten-S., *H. r. subsp. carpática***

**★ (2) Ölweide, *Elaeágnus***

Pf meist ± dornig; junge Zweigachsen silbergrau; Fr eiförmig, 10–20 mm lg, fleischig, gelb mit silbrigen Schuppen, genießbar, aber wertlos. LB der JungPf viel breiter als jene der erwachsenen. H: 3–10 m. ♄ NPh–MPh. V–VI. Hfg kultiviert als Ziergehölz u. in Windschutzstreifen, slt auch forstlich (bes. im Nord-**B**). (Heimat: Medit., West- u. Mittel-Asien.) **★ Ölweide,** Schmalblättrige Ö., ***E. angustifólia***

Anm.: Auch andere Arten werden gelegentlich kultiviert.

# Überordnung Efeublütige, *Araliánae*
# Ordnung Efeuartige, *Araliáles*

## 71. Familie: Efeugewächse, *Araliáceae*

Anm.: Hierher auch die ZierPf ★ ***Arália*** (aus Nordamerika u. Ostasien) u. die ZimmerPf ★ **Zimmeraralie, *Fátsia japónica*** (aus Japan, Korea) u. ★ ***Schéfflera***.

### Efeu, *Hédera* (→ B 58, 70)

Kletterstrauch; KletterWu an der dem Licht abgewendeten Seite; LB immergrün, Jugendform 3–5eckig bis 3–5lappig, Altersform rhombisch bis eilanzettlich; Blü grünlichgelb; Fr schwarz. Wespenbestäubung. H: 0,05 m (kriechend) bis 20 m (kletternd). ♄ NPh–MPh. IX–XI. Schattige Edellaubwälder, an alten Bäumen, Felsen u. Mauern; collin bis montan; hfg. **Alle Bdld**. Auch als ZierPf (in mehreren Kultursorten) kultiviert. Schwach giftig; VolksarzneiPf; Pharm.; Homöop. **Efeu, *H. hélix***

## 72. Familie: Doldenblütler, Doldengewächse, Umbelliferen, *Apiáceae (Umbellíferae*)*

Pf krautig, meist reich an ätherischen Ölen; Stg oft hohl; LB wechselständig; meist ± deutliche LB'Scheide; Spreite meist 1- bis mehrfach-gefiedert oder fiedrig zerteilt; Blüstd meist (Unterfamilie *Apioídeae*) Doppeldolden (Abb. 248), dh aus „Döldchen" zusammengesetzte Dolden 2. Ordnung (Döldchenstiele = „Dolden-)Strahlen"; „Dolde 12strahlig" = Doppeldolde mit 12 Döldchen); die DeckB heißen HüllchenB (deren Gesamtheit: „Hüllchen"), die TragB der Döldchen heißen HüllB (deren Gesamtheit: „Hülle") (Abb. 248); Blü ⊕ oder (die randständigen) ± ↓; K (4)5zählig, oft verkümmert bis fehlend; Kro freiblättrig, 5zählig (Abb. 249, vgl. S. 534); StaubB 5; Frkn unterständig; Gri 2, einem meist scheibenförmigen, glänzenden (Nektardrüsen!) Griffelpolster aufsitzend; (→ Abb. 249); Fr: sich in 2 TeilFr zerspaltend, die an einem

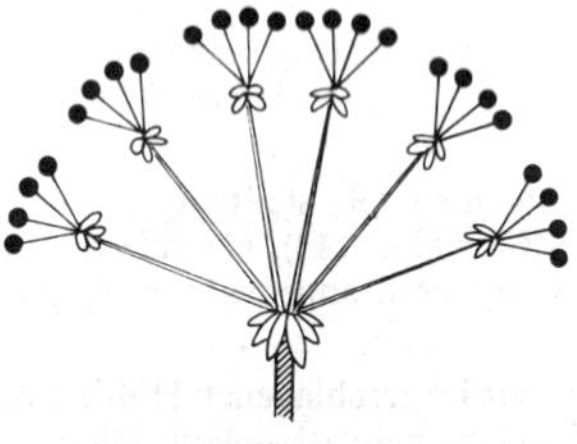

Abb. 248

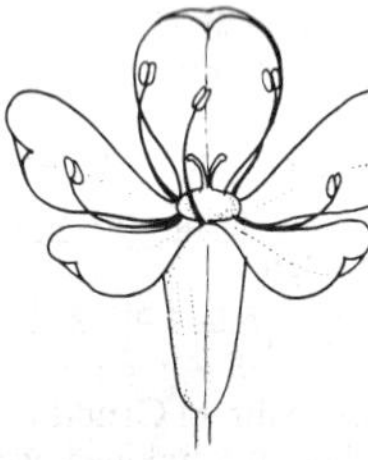

Abb. 249

* wörtlich: „Schirmträger"; nomenklatorisch gültiger Alternativname. Vgl. Fußnote S. 577!

gegabelten FrHalter (= Karpophor) stehen (Abb. 250); TeilFr meist mit Längsrippen (dazwischen Tälchen). (Eingg.-Schl. 6; G V 3, 24)

Anm.: *Pf ohne entwickelte Fr lassen sich besser mit dem Alternativschlüssel auf den S. 532–546 bestimmen!*

*Hydrocotyloideae*
(1) *Hydrocotyle*
*Saniculoideae*
(2) *Sanicula*
(3) *Hacquetia*
(4) *Astrantia*
(5) *Eryngium*
*Apioideae*
(6) *Chaerophyllum*
(7) *Anthriscus*
(8) *Scandix*
(9) *Myrrhis*
(10) *Coriandrum*
(11) *Bifora*
(12) *Smyrnium*
(13) *Bunium*
(14) *Pimpinella*
(15) *Aegopodium*
(16) *Sium*
(17) *Berula*
(18) *Seseli*
(19) *Oenanthe*
(20) *Aethusa*
(21) *Athamanta*
(22) *Foeniculum*
(23) *Anethum*
(24) *Silaum*
(25) *Meum*
(26) *Conium*
(27) *Pleurospermum*
(28) *Bupleurum*
(29) *Trinia*
(30) *Apium*
(31) *Petroselinum*
(32) *Cicuta*
(33) *Falcaria*
(34) *Carum*
(35) *Cnidium*
(36) *Selinum*
(37) *Ligusticum*
(38) *Conioselinum*
(39) *Angelica*
(40) *Levisticum*
(41) *Peucedanum*
(42) *Pastinaca*
(43) *Heracleum*
(44) *Tordylium*
(45) *Laser*
(46) *Laserpitium*
(47) *Torilis*
(48) *Caucalis*
(49) *Turgenia*
(50) *Orlaya*
(51) *Daucus*

**1** LB schildförmig (fast in der Mitte der Spreitenunterseite gestielt). — Stg kriechend, 10–40(50) cm lg, fadenförmig, kahl. **(1) Wassernabel, *Hydrocótyle***

**–** LB nicht schildförmig (LB'Stiele nie in der Spreitenmitte) . . . . . . . . 2

**2** Pf stachelig, distelartig. — Abschnitte der GrundB (zumindest der blühenden Pf) länglich, dornig gezähnt oder gesägt; KZähne in eine dornige Stachelspitze auslaufend; Blüstd: eiförmige bis fast kugelige Köpfchen, die an ihrem Grund von lg begrannten bis ± dornigen HüllB umgeben sind. **(5) Mannstreu, *Erýngium***

**–** Pf nicht stachelig oder distelartig . . . . . . . . . . . . . . . . . . . . 3

**3** LB einfach, unzerteilt, — völlig ganzrandig, die unteren oft deutlich gestielt, die oberen sitzend oder durchwachsen; Doppeldolden; Kro gelb, slt rötlichgrün. **(28) Hasenohr, *Bupléurum***

**–** LB zusammengesetzt oder zerteilt . . . . . . . . . . . . . . . . . . . . 4

**4** GrundB u. untere StgB handförmig 3–5zählig zerteilt . . . . . . . . . . . 5

**–** GrundB u. untere StgB 1- bis mehrfach-gefiedert oder -fiederschnittig oder 1- bis mehrfach-3zählig zusammengesetzt . . . . . . . . . . . . . . . 8

**5** KroB gelb, — etwa 1,5 mm lg, verkehrt-herzförmig, an der Spitze ausgerandet; Köpfchen einfach, einzeln am Stg (Schaft) stehend, von 5–6 LB'artigen, gelbgrünen, sternförmig abstehenden, die Blü weit überragenden HüllB umgeben. **(3) Schaftdolde, *Hacquétia***

**–** KroB weißlich oder rötlich . . . . . . . . . . . . . . . . . . . . . . . 6

**6** LB unterseits grau- bis weißfilzig; Stg meist ± steifhaarig; 15–30strahlige Doppeldolden. **Wiesen-Bärenklau, (43), *Heracléum sphondýlium***

**–** LB unterseits kahl; Stg kahl; (doldig-thyrsisch angeordnete) Köpfchen oder einfache Dolden . . . . . . . . . . . . . . . . . . . . . . . . . . . 7

**7** Köpfchen an ihrem Grund von 4–6(8) zurückgeschlagenen HüllB umgeben; Fr kugelig, dicht mit hakigen, weichen Stacheln besetzt. — HüllB linealisch, spitz, kürzer als die Köpfchen. **(2) Sanikel, *Sanícula***

**–** Dolden von 10–20 abstehenden (strahlenden) HüllB umgeben; Fr länglich bis verkehrt-eiförmig, blasig-höckerig, aber ohne Weichstacheln. — HüllB linealisch bis länglich oder lanzettlich, meist weiß oder rosa, kürzer bis doppelt so lg wie die Dolden. **(4) Sterndolde, *Astrántia***

**8** [4] Kro gelb oder grünlichgelb, slt grünlich . . . . . . . . . . . . . . . . **9**
**–** Kro weiß oder rötlich . . . . . . . . . . . . . . . . . . . . . . . . . . **23**

**9** LB'Zipfel haarförmig. — LB nach Dill oder dillähnlich riechend . . . . . . . . . . . **10**
**–** LBZipfel nicht haarförmig . . . . . . . . . . . . . . . . . . . . . . . . **11**

**10** Fr im ∅ rundlich, ungeflügelt (Abb. 251), 4–11 mm lg; LB'Scheiden der unteren u. mittleren LB (2)3–6 cm lg. — Pf blaugrün, oberwärts bläulich bereift. **★ (22) Fenchel, *Foenículum***
**–** Fr im ∅ zusammengedrückt, geflügelt (Abb. 252), 3–5 mm lg; LB'Scheiden 1,5(2) cm lg. — Pf d'grün, oberwärts nur schwach bereift. **★ (23) Dill, *Anéthum***

**11** Pf 2häusig, slt mit einzelnen ⚥ Blü. — Pf blaugrün, kahl; Stg am Grund mit auffälligem Faserschopf; KroB der ♂ Blü mit schmalem, grünem, die der ♀ Blü mit br, rötlichem Mittelstreif. **(29) Faserschirm, *Trínia***
**–** Pf 1häusig, die meisten Blü ⚥ . . . . . . . . . . . . . . . . . . . . . **12**

**12** HüllB 4 bis zahlr., bleibend. — HüllchenB 4 bis zahlr.; TeilFr am Rand geflügelt (Abb. 253) . . . . . . . . . . . . . . . . . . . . . . . . . **13**
**–** HüllB fehlend oder nur 1–2(4), oft hinfällig . . . . . . . . . . . . . . **15**

**13** Fr feinborstig behaart (manchmal verkahlend); TeilFr mit 2 kleinen u. 2 großen Flügeln oder Rippen. — Döldchenstrahlen u. KroB stets feinborstig behaart; Stg, LB u. HüllB meist feinborstig behaart. **Preußisches Laserkraut, (46), *Laserpítium pruténicum***
**–** Fr kahl; TeilFr mit 3 kleinen u. 2 großen Flügeln oder Rippen . . . . . **14**

**14** K deutlich 5zähnig; LB mit schmal-linealischen Zipfeln. — LB 2–4×-gefiedert. **Elsässer Haarstrang, (41), *Peucédanum alsáticum***
**–** K undeutlich gezähnt; LB mit br-eiförmigen Zipfeln. — LB 2–3×-gefiedert; ganze KroB gekrümmt. **★ (40) Liebstöckel, *Levísticum***

**15** [12] HüllchenB mindestens 3, bleibend . . . . . . . . . . . . . . . . **16**
**–** HüllchenB fehlend, slt 1–2 hinfällige HüllchenB . . . . . . . . . . . **20**

**16** Fr gerippt (Abb. 254 a); K undeutlich gezähnt. — Pf zerrieben stark riechend . . . . . . . . . . . . . . . . . . . . . . . . . . . . . . . **17**
**–** Fr geflügelt (Abb. 253 oder 254 b); K meist deutlich 5zähnig . . . . . . **18**

**17** Kro schmutziggelblich; Fr fast nicht zusammengedrückt; LB'Zipfel rötlich bespitzt; WildPf. **(24) Wiesensilge, *Sílaum***

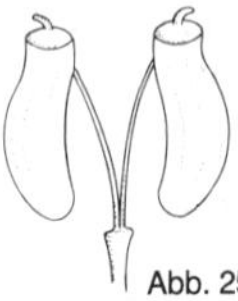
Abb. 250

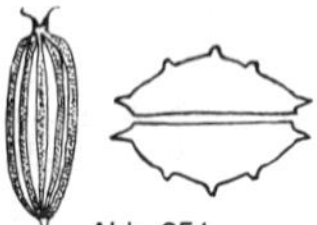
Abb. 251

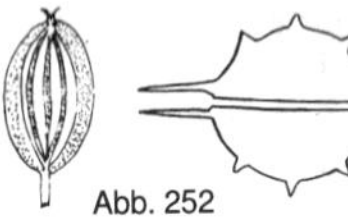
Abb. 252

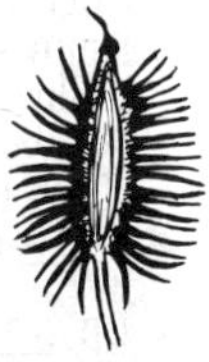
Abb. 255

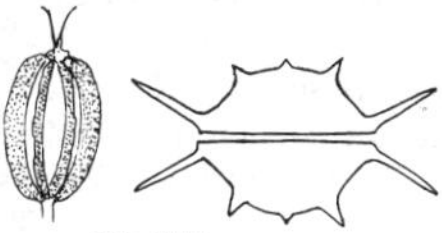
Abb. 253

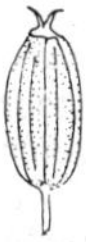
Abb. 254a

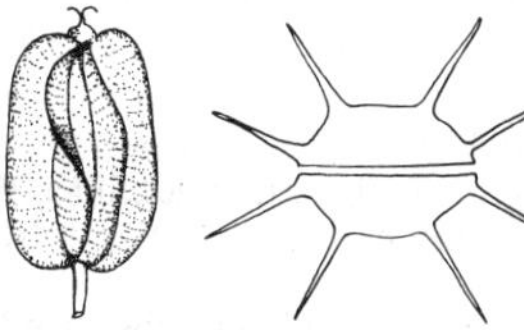
Abb. 254b

- Kro gelblichgrün; Fr von der Seite zusammengedrückt; LB'Zipfel weißlich bespitzt; KulturPf, slt verwildert. ★ **(31) Petersilie, *Petroselínum***

**18** LB'Zipfel lg fädlich. — LB reisbesenartig; Randflügel der beiden TeilFr fest aneinanderliegend. **Echter Haarstrang, (41), *Peucédanum officinále***
- LB'Zipfel breiter, nicht fädlich . . . . . . . . . . . . . . . . . . . . **19**

**19** LB (1×-)gefiedert; Stg rauhhaarig; Randflügel der beiden TeilFr fest aneinanderliegend. **Grünblühende Gewöhnliche Bärenklau, (43), *Heracléum sphondýlium* subsp. *flavéscens***

-!! LB 2–3×-3zählig; Stg meist kahl; Randflügel der beiden TeilFr auseinanderklaffend. **Schweizer Laserkraut, (46), *Laserpítium krápfii* subsp. *gaudínii***
- LB 2–3×-gefiedert; Stg fast kahl; Randflügel der beiden TeilFr auseinanderklaffend. **Echte Engelwurz, (39), *Angélica archangélica***

**20** [15] Obere StgB ohne deutliche Scheiden sitzend, eiförmig bis länglich, ungeteilt, gekerbt, am Grund tief herzförmig u. stengelumfassend (mit übereinandergreifenden Lappen, fast scheinbar wie durchwachsen. — Untere LB 1- bis mehrfach-3zählig mit eiförmig-rundlichen, oft herzförmigen Abschnitten; Stg oberwärts häutig geflügelt; Kro grüngelb. **(☆) (12) Gelbdolde, *Smýrnium***
- Obere StgB anders gestaltet, nicht wie durchwachsen erscheinend . . . . . **21**

**21** LB'Zipfel linealisch bis lanzettlich. — LB 1×-fiederteilig oder -gefiedert. **Kümmel-Haarstrang, (41), *Peucédanum carvifólia***
- LB'Zipfel eiförmig oder herzförmig . . . . . . . . . . . . . . . . . **22**

**22** Stg kantig gefurcht; LB meist 1×-gefiedert. **(42) Pastinak, *Pastináca***
- Stg nicht kantig gefurcht; LB meist 2–3×-gefiedert oder -3zählig. — H: 150–250 cm. **Quirl-Haarstrang, (41), *Peucédanum verticilláre***

**23** [8] Fr mit 20–80 mm lg Schnabel. — Schnabel 3–5× so lg wie der samentragende Teil der Fr; LB 2–3×-gefiedert. **(8) Venuskamm, *Scándix***
- Fr ungeschnäbelt oder mit kurzem, 1–4 mm lg Schnabel . . . . . . . . . **24**

**24** Fr unter dem GriPolster mit einem 1–4 mm lg, gerippten bis gefurchten Schnabel. **(7) Kerbel, *Anthríscus***
- Fr ohne Schnabel . . . . . . . . . . . . . . . . . . . . . . . . **25**

**25** Fr (15)20–25 mm lg, — kantig, fast linealisch, oben verschmälert, an den Kanten kurz borstig, sonst kahl, lackglänzend, reif schwarzbraun; LB anis- (= fenchel-, kerbel-)artig duftend. **(9) Süßdolde, *Mýrrhis***
- Fr höchstens 12 mm lg . . . . . . . . . . . . . . . . . . . . . . **26**

**26** Fr mit lg, gekrümmten, hakigen oder geraden Borsten, die ½× so lg bis so lg wie der ∅ der TeilFr sind (Abb. 255) . . . . . . . . . . . . . . . **27**
- Fr kahl, weichhaarig oder mit fast geraden Börstchen, die viel kürzer als der halbe ∅ der TeilFr sind . . . . . . . . . . . . . . . . . . . . . . **31**

**27** HüllB 3teilig bis fiederteilig. — Nach der Bestäubung neigen sich die Doldenstrahlen vogelnestartig zusammen; zur FrReife öffnet sich dieses „Nest" nur bei trockenem Wetter. **(51) Möhre, *Dáucus***
- HüllB ungeteilt oder fehlend . . . . . . . . . . . . . . . . . . . . **28**

**28** LB 1×-gefiedert. — LB meist mit 4 Paar lanzettlichen, fiederspaltigen Fiedern. **(49) Klettendolde, *Turgénia***
- LB 2–3×-gefiedert . . . . . . . . . . . . . . . . . . . . . . . . **29**

**29** Stg fein gerillt, mit abwärts anliegenden Börstchen. — LB'Spreiten, LB'Stiele, Dolden- u. Döldchenstrahlen mit aufwärts anliegenden Börstchen; Fr 3–5 mm lg. **(47) Borstendolde, *Tórilis***
- Stg kantig gefurcht, kahl oder abstehend-borstig . . . . . . . . . . . **30**

**30** Stg borstenhaarig; LB'Scheiden am Rand bewimpert; Dolde 2–3(5)strahlig; HüllB 0–2, kaum hautrandig; KroB am Doldenrand wenig vergrößert, 2–3× so lg wie die übrigen. **(48) Haftdolde, *Cáucalis***
**–** Stg u. LB'Scheiden kahl; Dolde 5–12strahlig; HüllB (3)5, br weiß-hautrandig; KroB am Außenrand der Doppeldolde auffallend vergrößert, 6–8× so lg wie die übrigen. — KroB am Außenrand der Doppeldolde 8–12 mm lg. **(50) Strahldolde, *Orláya***

**31** [26] LB 1–3×-3zählig . . . . . . . . . . . . . . . . . . . . . . . . **32**
**–!!** LB 1×-fiederteilig oder 1×-gefiedert . . . . . . . . . . . . . . . . . . **37**
**–** LB 2–3×-fiederteilig oder 2–3×-gefiedert . . . . . . . . . . . . . . . . . **43**

**32** Hülle fehlend oder hinfällig 1–2blättrig . . . . . . . . . . . . . . . . . **33**
**–** Hülle 4- bis vielblättrig, bleibend . . . . . . . . . . . . . . . . . . . . **36**

**33** TeilFr mit br, dünnem Randflügel. — Stg stielrund, gerillt; LB 1–2×-3zählig, ihre Zipfel doppelt-gesägt. **Meisterwurz, (41), *Peucédanum ostrúthium***
**–** TeilFr ohne Randflügel . . . . . . . . . . . . . . . . . . . . . . . . . **34**

**34** HüllchenB zahlr., bewimpert, bleibend. **(6) Kälberkropf, *Chaerophýllum***
**–** HüllchenB fehlend (slt wenige, hinfällige, kahle HüllchenB) . . . . . . . **35**

**35** K deutlich 5zähnig; Stg stielrund; Blättchen rundlich, stumpf, ungleich gekerbt; Pf mit Kümmelgeruch. — LB kahl. **(45) Roßdolde, *Láser***
**–** K ohne deutliche Zähne; Stg kantig gefurcht; Blättchen eiförmig bis eilänglich, zugespitzt, scharf gesägt; Pf ohne Kümmelgeruch. — LB unterseits auf den Nerven kurzhaarig *(Lupe!)*. **(15) Geißfuß, *Aegopódium***

**36** [32] Blättchen lg-linealisch; TeilFr ungeflügelt. — Blättchen gleichmäßig scharf gesägt mit knorpeligen, grannenspitzigen Sägezähnen. **(33) Sicheldolde, *Falcária***
**–** Blättchen eiförmig bis herzförmig; TeilFr 4flügelig (Abb. 254 b). — Blättchen meist gekerbt bis gesägt. **(46) Laserkraut, *Laserpítium***

**37** [31] TeilFr mit br Randflügel . . . . . . . . . . . . . . . . . . . . . **38**
**–** TeilFr ungeflügelt . . . . . . . . . . . . . . . . . . . . . . . . . . . **39**

**38** Pf ⊙–⊙; Dolde 5–8(15)strahlig; HüllB zahlr., bleibend; Fr borstig. **(44) Zirmet, *Tordýlium***
**–** Pf ♃; Dolde (7)15–30strahlig; HüllB fehlend oder 1–6, hinfällig; Fr kahl oder weichhaarig. **(43) Bärenklau, *Heracléum***

**39** HüllchenB fehlend, slt 1–2, hinfällig . . . . . . . . . . . . . . . . . . **40**
**–** HüllchenB (2)3 bis zahlr., bleibend . . . . . . . . . . . . . . . . . . . **41**

**40** Pf stark nach Sellerie riechend; zumindest einige Doppeldolden (scheinbar) den LB gegenüberstehend; KroB an der Spitze eingerollt, Flexurkante gerade; Fr 1,5–2 mm lg. — Pf kahl. **★ Echte Sellerie, (30), *Ápium gravéolens***
**–** Pf nicht nach Sellerie riechend; alle Doppeldolden deutlich endständig; KroB mit eingebogenem Läppchen, Flexurkante gebuchtet; Fr 2–5 mm lg. — Eingebogenes Läppchen der KroB deutlich rinnenförmig; Pf kahl oder behaart. **(14) Bibernelle, *Pimpinélla***

**41** Stg kriechend, am Grund liegend oder im Wasser flutend; K undeutlich gezähnt. **Kriech-Sellerie, (30), *Ápium répens***
**–** Stg aufrecht; K deutlich gezähnt . . . . . . . . . . . . . . . . . . . . **42**

**42** FrWand überall dick (auch unter den Tälchen), die Rippen daher nur als breite, wenig vorspringende, flache Kanten vortretend; Stg zart gerillt; Doppeldolden wenigstens teilweise (scheinbar) den LB gegenüberstehend; HüllB nur sehr schmal weißberandet. **(17) Berle, *Bérula***

- FrWand unter den Tälchen dünn, die Rippen daher deutlich von ihnen abgesetzt, vorspringend; Stg kantig gefurcht; alle Doppeldolden endständig; HüllB deutlich weißlich hautrandig. **(16) Merk, *Síum***

**43** [31] Pf mit 1–4 cm br, fast kugeliger oder rübenförmiger Knolle . . . . . **44**
- Pf ohne Knolle . . . . . . . . . . . . . . . . . . . . . . . . . . . . . **45**

**44** Stg unten behaart. **Rüben-Kälberkropf, (6), *Chaerophýllum bulbósum***
- Stg unten kahl. — Pf kahl. **(☆) (13) Erdkastanie, *Búnium***

**45** HüllchenB fehlend oder 1–2, hinfällig. — HüllB fehlend; K nicht deutlich gezähnt . . . . . . . . . . . . . . . . . . . . . . . . . . . . . **46**
- HüllchenB zahlr., bleibend . . . . . . . . . . . . . . . . . . . . . **48**

**46** Pf 2häusig, slt mit einzelnen ⚥ Blü; Pf blaugrün, — kahl; Stg am Grund mit auffälligem Faserschopf; KroB der ♂ Blü mit schmalem, grünem, die der ♀ Blü mit br, rötlichem Mittelstreifen. **(29) Faserschirm, *Trínia***
- Blü ⚥; Pf grasgrün . . . . . . . . . . . . . . . . . . . . . . . . . **47**

**47** Scheiden der StgB an ihrem Grund jederseits mit vielzipfligem Fiederabschnitt; unterstes Paar der Blättchen 2. Ordnung kreuzweise gestellt (ähnlich Abb. 256); Fr mit Kümmelgeruch. **(34) Kümmel, *Cárum***
- Scheiden der StgB an ihrem Grund ohne Fiederabschnitte; unterstes Paar der Blättchen 2. Ordnung nicht deutlich kreuzweise gestellt oder LB 1×-gefiedert; Fr ohne Kümmelgeruch. **(14) Bibernelle, *Pimpinélla***

**48** [45] HüllchenB 2–3(6), nur an der Außenseite des Döldchens (Hüllchen „halbiert" erscheinend, Abb. 257). — Pf kahl . . . . . . . . . . . . . . **49**
- HüllchenB zahlr., allseitig ausgebildet (Abb. 258) . . . . . . . . . . . . **52**

Abb. 256

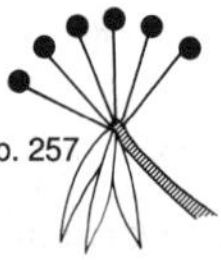

Abb. 257

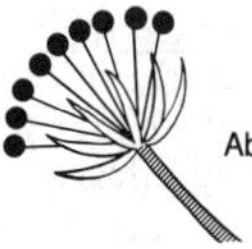

Abb. 258

**49** Pf mit auffallendem Wanzengeruch; Doldenstrahlen 3–8; Gri 1,5–2 mm lg. — HüllB fehlend . . . . . . . . . . . . . . . . . . . . . . . . . . . . **50**
- Pf ohne Wanzengeruch; Doldenstrahlen (7)10–20; Gri 0,5–1 mm lg . . . **51**

**50** Fr fast kugelig, nicht in 2 TeilFr zerfallend; K 5zähnig, die beiden äußeren Zähne bedeutend länger als die anderen. **★ (10) Koriander, *Coriándrum***
- Fr 2knotig, reif in 2 kugelige TeilFr zerfallend; KZähne undeutlich. **(11) Stinkkoriander, *Bífora***

**51** HüllB 3–5; HüllchenB 3eckig-lanzettlich, stets kürzer als das Döldchen. — Fr eiförmig bis kugelig mit etwas wellig-gekerbten Rippen. **(26) Fleckenschierling, *Coníum***
- HüllB 0(2); HüllchenB linealisch, länger oder kürzer als das Döldchen. **(20) Hundspetersilie, *Aethúsa***

**52** [48] Fr behaart . . . . . . . . . . . . . . . . . . . . . . . . . . **53**
- Fr kahl . . . . . . . . . . . . . . . . . . . . . . . . . . . . . . **56**

**53** Stg auffallend stark kantig-gefurcht; Blättchen 1. Ordnung ungestielt, daher jedes unterste Blättchenpaar 2. Ordnung mit dem gegenüberstehenden Blättchenpaar ein Kreuz bildend. — Dolde 20–40strahlig; HüllB zahlr. **Heilwurz, (18), *Séseli libanótis***

- Stg nicht stark kantig-gefurcht; Blättchen 1. Ordnung gestielt, unterste Blättchen 2. Ordnung kein Kreuz bildend . . . . . . . . . . . . . . . . . . . . . **54**

**54** Stg kahl. **(18) Bergfenchel, *Séseli***
- Stg behaart . . . . . . . . . . . . . . . . . . . . . . . . . . . . . **55**

**55** Pf ⊙; StgGrund ohne abgestorbene LB'Scheiden; KroB kahl. — FrStacheln kaum 1 mm lg, zu auf Warzen sitzenden Borsten verkümmert.
**Kurzstachel-Haftdolde, (48), *Cáucalis platycárpos* subsp. *muricáta***
- Pf ♃; StgGrund mit abgestorbenen LB'Scheiden; KroB außen behaart. — Fr rauhzottig. **(21) Augenwurz, *Athamánta***

**56** [52] HüllB 4 bis zahlr., bleibend . . . . . . . . . . . . . . . . . . . **57**
- HüllB fehlend oder 1–3, hinfällig . . . . . . . . . . . . . . . . . . . **61**

**57** LB'Zipfel haarfein, etwa 0,2 mm br. — Pf sehr stark würzig riechend; StgGrund mit auffälligem, braunem Faserschopf. **(25) Bärwurz, *Méum***
- LB'Zipfel nicht haarfein, breiter als 1 mm . . . . . . . . . . . . . . **58**

**58** HüllB wenigstens zT fiederspaltig, fiederteilig oder handförmig gespalten **59**
- HüllB ganzrandig, lanzettlich . . . . . . . . . . . . . . . . . . . . . **60**

**59** H: 3–15 cm; Stg unverzweigt, blattlos, mit 1 endständigen Doppeldolde; Fr geflügelt. **Zwerg-Mutterwurz, (37), *Ligústicum mutellinoídes***
- H: 60–150 cm; Stg verzweigt, reichblättrig, mit mehreren Doppeldolden; Fr gerippt. — Stg kantig gefurcht. **(27) Rippendolde, *Pleurospérmum***

**60** Jede TeilFr mit Randflügel u. auf dem Rücken mit 3 Rippen; Fr linsenförmig abgeflacht. **(41) Haarstrang, *Peucédanum***
- Jede TeilFr mit je 4 Rückenflügeln, davon 2 randnah; Fr nicht abgeflacht.
**(46) Laserkraut, *Laserpítium***

**61** [56] LB'Zipfel haarfein, etwa 0,2 mm br. — LB quirlig gebüschelt; StgGrund mit auffälligem, braunem Faserschopf; Pf sehr stark würzig riechend.
**(25) Bärwurz, *Méum***
- LB'Zipfel nicht haarfein, breiter als 1 mm . . . . . . . . . . . . . . **62**

**62** Stg wenigstens unterwärts zstr lg- u. steifborstig; Hüllchen meist bewimpert.
**(6) Kälberkropf, *Chaerophýllum***
- Stg meist kahl, slt dicht u. kurz feinflaumig; Hüllchen meist nicht bewimpert . . . . . . . . . . . . . . . . . . . . . . . . . . . . . . . **63**

**63** Letzte LB'Abschnitte (= Zipfel) br-eiförmig oder br-herzförmig. — Fr 4–6 mm lg, mit Randflügel. **(39) Engelwurz, *Angélica***
- Letzte LB'Abschnitte (= Zipfel) lanzettlich bis linealisch . . . . . . . . . **64**

**64** Fr 8- oder 10flügelig . . . . . . . . . . . . . . . . . . . . . . . . **65**
- Fr ungeflügelt, ± gerippt. — Stg nicht geflügelt . . . . . . . . . . . . **66**

**65** Stg in der ganzen Länge scharfkantig-gefurcht, oberwärts mit häutig-geflügelten Kanten; Fr 10flügelig. — LB'Stiele oberseits deutlich gefurcht.
**(36) Silge, *Selínum***
-!! Stg unterwärts stielrund, oberwärts kantig-gefurcht; Fr 8flügelig. — Dolden 20–30strahlig. **(35) Brenndolde, *Cnídium***
- Stg in der ganzen Länge stielrund, gerillt; Fr 8flügelig. — Stg meist bereift.
**(38) Schierlingssilge, *Conioselínum***

**66** Fr breiter als lg; Rhizom durch Querwände gefächert; LBZipfel scharf gesägt. — Fr 1,5 mm lg u. 2 mm br; KZähne deutlich. **(32) Wasserschierling, *Cicúta***
- Fr länger als br; Rhizom nicht fächerig; LBZipfel nicht scharf gesägt . . **67**

**67** KZähne an der reifen Fr deutlich (Abb. 259). — FrHalter den TeilFr fest angewachsen, daher scheinbar fehlend. SumpfPf. **(19) Rebendolde, *Oenánthe***
**-** KZähne an der reifen Fr undeutlich oder fehlend . . . . . . . . . . . . . **68**

**68** Kro purpurrot. **Alpen-Mutterwurz, (37), *Ligústicum mutellína***
**-** Kro weiß. **(18) Bergfenchel, *Séseli***

## Alternativ-Schlüssel (Methode Adler / Kästenbauer)

Da die Doldenblütler mit Doppeldolde (Umbelliferen-Apioideen) meist in blühendem Zustand bestimmt werden und dann Fr oft nicht vorhanden sind, wurde der folgende Alternativ-Schlüssel entwickelt, der auf FrMerkmale konsequent verzichtet, dafür aber großen Wert auf KroB-Merkmale legt (zur Erläuterung der diesbezüglichen Fachausdrücke dienen Abb. 260 u. 261). Die meisten anderen Merkmale werden nicht wiederholt, man entnehme sie dem „Normalschlüssel" (→ S. 526) u. den Artenschlüsseln (S. 547), ebenso finden sich dort die Merkmale der Unterarten u. die Angaben über Ökologie u. Verbreitung.

Mit dem folgenden neuartigen, in diesem Werk erstmals verwendeten Bestimmungsschlüssel soll der/dem Benutzer/in ein Werkzeug in die Hand gegeben werden, welches durch die Feststellung möglichst weniger Merkmale eine rasche Bestimmung einer Pflanze aus dieser nicht ganz einfachen Familie ermöglicht. Achtung: Dieser Schlüssel behandelt nur die Doldenblütler mit **Doppeldolden** (Unterfamilie *Apioideae*)!
Der aus 7 Schlüsselpunkten bestehende Vorschlüssel führt zu 38 möglichen Positionen, von denen 14 bereits Endergebnisse – nämlich Arten – sind, die 24 übrigen dagegen zu verschieden langen Spezialschlüsseln (als Zwischenergebnissen) führen (S. 535–546), die wieder in der üblichen Weise zum Endergebnis, u. zwar ebenfalls durchwegs gleich zur Art führen.
Falls an der zu bestimmenden Pflanze nicht alle 7 für den Vorschlüssel benötigten Merkmale festgestellt werden können, müssen mehr als eines der 38 möglichen Endergebnisse bzw. Zwischenergebnisse (Spezialschlüssel) berücksichtigt werden; auch in solchen Fällen wird der Bestimmungsgang dieses Mehrwegschlüssels oft kürzer sein als beim üblichen Schlüssel („Normalschlüssel" auf den S. 526–532 u. 547–563).

Anleitung zum Gebrauch des Vorschlüssels:
Bei jedem der 7 Schlüsselpunkte (A bis G) ist eine Entscheidung zu treffen, die jeweils zur Ziffer 0 oder 1 führt (für alle Schlüsselpunkte zusammen ergibt das eine 7stellige Binärzahl). Diese Ziffern sind nun für jeden der 7 Schlüsselpunkte an der entsprechenden Position (Buchstaben A bis G) in den Code-Raster (unmittelbar vor u. nach dem Vorschlüssel) einzutragen, und zwar in der unteren, leergelassenen Zeile. In diesem Raster sind nun alle jene Buchstabenpositionen (senkrechte Spalten A bis G) aufzusuchen, die dabei den Wert „1" erhalten haben: die dort in der mittleren Zeile angeführten Zahlenwerte werden untereinander addiert, woraus sich als Resultat eine Code-Zahl ergibt, die identisch ist mit der Nummer eines der 38 Spezialschlüssel bzw. Endergebnisse (ab S. 535).
Beispiel: Die Bestimmung mit dem Vorschlüssel ergibt für Schlüsselpunkt A die Ziffer 0, für B u. C ebenfalls 0, für D u. E je 1, für F u. G wieder je 0; zusammen entsteht dadurch die Binärzahl 0001100. Deren richtige Eintragung u. Übersetzung im Code-Raster ergibt die Code-Zahl 12 (denn die mit „1" versehenen Spalten D und E ergeben 8 + 4 = 12). Der mit dieser Zahl bezeichnete Spezialschl. auf S. 539 führt nun sehr leicht zum Art-Ergebnis (Wimper-Kälberkropf, Fleckenschierling oder Erdkastanie).

## **Vorschlüssel** (siehe Anleitung S. 532)

(A) KroB weiß, weißlich rosa oder rot . . . . . . . . . . . . . . . . . . . . . . **0**
- KroB gelb, gelblich, gelbgrün oder grünlich . . . . . . . . . . . . . . . . **1**
  Anm.: *Man überprüfe voll aufgeblühte Blü (dh: weder unaufgeblühte noch verwelkte).*

(B) GrundB u. untere StgB 1- bis mehrfach-fiederschnittig bis gefiedert . . . **0**
- GrundB u. untere StgB ungeteilt, ganzrandig oder gezähnt, handförmig 3–5spaltig oder 1- bis mehrfach-3zählig . . . . . . . . . . . . . . . . **1**

(C) GrundB u. untere StgB 2–4×-gefiedert . . . . . . . . . . . . . . . . . **0**
-!! GrundB u. untere StgB 1×-gefiedert . . . . . . . . . . . . . . . . . . **1**
-!! GrundB u. untere StgB ungeteilt, ganzrandig . . . . . . . . . . . . . . **0**
- GrundB u. untere StgB ungeteilt u. gezähnt, handförmig 3–5spaltig oder -lappig, 1×- bis mehrfach-3zählig . . . . . . . . . . . . . . . . . . . **1**

(D) HüllB fehlend oder 1–2 hinfällige HüllB. . . . . . . . . . . . . . . . **0**
- HüllB zahlr. oder 1–2 bleibende HüllB . . . . . . . . . . . . . . . . . **1**

(E) HüllchenB fehlend oder 1–2 hinfällige HüllchenB . . . . . . . . . . . **0**
- HüllchenB zahlr. oder mit 1–2 bleibenden HüllchenB . . . . . . . . . . **1**

(F) KZähne fehlend oder undeutlich ausgebildet oder KSaum ungezähnt . . . **0**
  Anm.: KZähne undeutlich = KSaum „verwischt".
- KZähne deutlich ausgebildet . . . . . . . . . . . . . . . . . . . . . . **1**

(G) StgGrund ohne Faserschopf . . . . . . . . . . . . . . . . . . . . . . **0**
- StgGrund mit deutlichem Faserschopf oder mit faserförmigen LB'Scheiden oder mit schopfartigen Resten abgestorbener LB . . . . . . . . . . . . **1**

Code-Raster:

| A | B | C | D | E | F | G |
|---|---|---|---|---|---|---|
| **64** | **32** | **16** | **8** | **4** | **2** | **1** |
| | | | | | | |

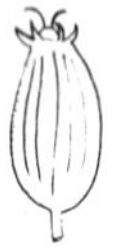

Abb. 259

Übersicht über die Spezialschlüssel:

Code-Zahlen:

Erklärung der für die KroB der Umbelliferen verwendeten Fachausdrücke zu den Abb. 260 u. 261; nach SCHMITZ & FROEBE 1986: Bestandsaufnahme der Kronblattstrukturen der mitteleuropäischen Umbelliferen und die Frage ihrer taxonomischen Auswertung. — Bot. Jahrb. Syst. **106**: 337–357):
Aufsicht auf das KroB von oben (ventral):

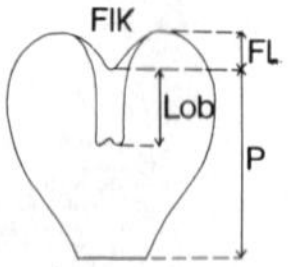

Abb. 260

Abb. 261a Abb. 261c
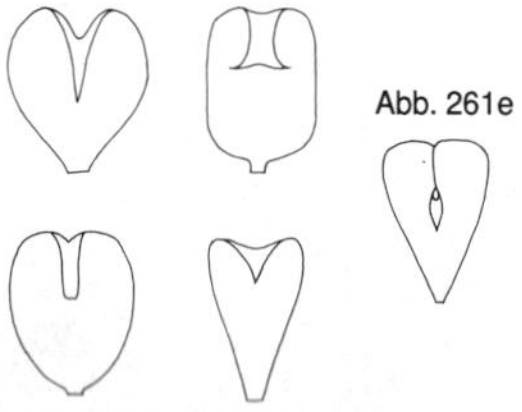
Abb. 261e
Abb. 261b Abb. 261d

| | a | b | c | d | e |
|---|---|---|---|---|---|
| KroBGestalt: | herzförmig | elliptisch | rechteckig | keilförmig | keilförmig |
| Flexurkante: | gebuchtet | gekerbt | gerade | ausgerandet | maskiert |
| Lob. (= Läppchen) | riemenförmig-zugespitzt | riemen-förmig | br-riemen-förmig | 3eckig | riemenförmig-zugespitzt |

P = KroBLänge ohne Flügel (Abb. 260)
FlK = Flexurkante: Gestalt des Vorderrandes des KroB (Abb. 260, 261)
FL = Flügellänge (Abb. 260),
„FL 1/4“ = Fl ist 1/4× so lg wie P.
Lob. = Länge des eingeschlagenen Läppchens (lobulum inflexum) (Abb. 260),
„Lob. 1/2“ = Lob. ist 1/2× so lg wie P.

Fö = Förderung (Vergrößerung): Die randlichen Blüten der Döldchen u./oder Doppeldolden (bzw. jene an der Peripherie der Doppeldolde) sind bei etlichen Doldenblütlern vergrößert, „strahlend" ausgebildet (ein ± ausgeprägtes Pseudanthium bildend). Wenn diese Förderung so deutlich ist, daß die KroB etwa doppelt so groß wie die normalen sind, wird deren größte Länge in mm angegeben. (→ gefö.)

gefö. = gefördert(e), dh gegenüber den normalen Blü vergrößert (bei den strahlenden Blü); bes. bei Merkmalsausprägungen geförderter KroB (→ Fö).

## Endergebnisse und Spezialschlüssel

(bezeichnet u. geordnet nach Ihrer Code-Zahl; die rechts neben dieser Code-Zahl stehende Ziffernfolge ist die – arithmetisch mit der Code-Zahl gleiche – Binärzahl, die sich als Bestimmungsergebnis des Vorschlüssels ergibt – sie ist der Kontrolle halber hier zusätzlich angeführt).

**0** (= 0000000)

1 Stg kantig-gerieft; Scheiden der StgB an ihrem Grund jederseits mit vielzipfligem Fiederabschnitt; unterstes Fiederchenpaar jeder Fieder mit dem der gegenüberstehenden Fieder ein Kreuz bildend. — KroB weiß; Fö mäßig; FlK gebuchtet bis ausgerandet; FL $^1/_{10}$–$^1/_2$; Lob. ($^1/_3$)$^1/_2$($^4/_5$), riemenförmig, zuweilen leicht rinnig, ± schmal ansitzend. **Kümmel, (34), *Cárum cárvi***

– Stg stielrund, zartgerillt; Scheiden der StgB an ihrem Grund ohne Fiederabschnitte; unterste Fiederchen kein deutliches Kreuz bildend. — Kro weiß; FlK gebuchtet; FL $^1/_8$–$^1/_2$; Lob. $^1/_4$–$^1/_2$, riemenförmig, meist deutlich rinnig, 2–4spitzig, ± schmal ansitzend . . . . . . . . . . . . . . . . . . . . . . . . . . . . **2**

2 Haare des unteren StgTeiles u. der unteren LB'Stiele verlängert u. geschlängelt, zottig abstehend; frische Wu am Schnitt sich blau verfärbend (meist nur außen). — Doldenstrahlen meist 15–18 (?).

■ **Schwarze Bibernelle, (14), *Pimpinélla nígra***

– Haare des unteren StgTeiles u. der unteren LB'Stiele kurz u. gerade, nach unten anliegend oder fehlend; frische Wu am Schnitt sich nicht blau verfärbend. — Doldenstrahlen meist 12–15 (?).

■ **Kleine Bibernelle, (14), *Pimpinélla saxífraga***

**1** (= 0000001)

KroB gelblichweiß, durch den nicht eingedrückten Mittelnerv gekielt, ± aufrecht stehend; FlK ausgerandet oder gerade; Lob. 0–$^2/_3$, br zugespitzt, nicht vom KroB abgesetzt. **Kleiner Faserschirm, (29), *Trínia gláuca***

**4** (= 0000100)

1 KroB bewimpert. — Stg stielrund, gerillt . . . . . . . . . . . . . . . . . . . **2**

– KroB nicht bewimpert . . . . . . . . . . . . . . . . . . . . . . . . . . . . . **4**

2 Jede der basalen Fiedern fast so groß wie die übrige LB'Spreite. — KroB weiß bis rosa, bewimpert; FlK ausgerandet bis gekerbt; FL 0–$^1/_4$; Lob. 0–$^1/_4$, ± länglich-3eckig, ± br ansitzend.

**Wimper-Kälberkropf, (6), *Chaerophýllum hirsútum***

– Jede der basalen Fiedern viel kleiner als die übrige LB'Spreite. — KroB weiß bis rosa, bewimpert; FlK ausgerandet bis gekerbt; FL 0–$^1/_4$; Lob. $^1/_5$–$^1/_3$, mit variablem Ansatz. . . . . . . . . . . . . . . . . . . . . . . . . . . . . . . **3**

**3** Obere Seitendolden meist gegen- oder quirlständig; Stg u. LB samtig-flaumig behaart.
⊖ **Schöner Kälberkropf, (6),** ***Chaerophýllum élegans***

**–** Obere Seitendolden meist wechselständig; Stg u. LB meist borstig behaart, slt kahl. **Alpen-Kälberkropf, (6),** ***Chaerophýllum villársii***

**4** [1] HüllchenB einseitig, etwa so lg wie die Döldchen (Abb. 257). — KroB weiß; Fö deutlich, dabei die nach außen weisenden KroB der peripheren Blü stark, die nach innen weisenden KroB mäßig u. die tangential stehenden KroB gar nicht vergrößert, dadurch randliche Blü im Umriß länglich-5eckig bis trapezförmig; FlK gebuchtet, ± maskiert; FL 1–(gefö.:) 2, zuweilen nur $^1/_3$; Lob. $^1/_4$–$^1/_3$, riemenförmig-rinnig, schmal ansitzend.
**Hundspetersilie, (20),** ***Aethúsa cynápium***

**–** HüllchenB meist allseitig, wenn einseitig, dann viel kürzer als die Döldchen . . . . . . . . . . . . . . . . . . . . . . . . . . . . . . . . **5**

**5** Stg zumindest unten kantig oder gefurcht . . . . . . . . . . . . . . . . . . **6**

**–** Stg stielrund, manchmal etwas gestreift . . . . . . . . . . . . . . . . . . **10**

**6** Pf mit auffallend starkem Wanzengeruch. — HüllchenB einseitig; Doldenstrahlen 3–8, kahl; KroB weiß; Fö mäßig (gefö. KroB 2–4 mm lg) oder fehlend; FlK ausgerandet bis gebuchtet; FL (0)$^1/_{10}$–$^1/_4$; Lob. etwa $^1/_3$, riemenförmig-zugespitzt, ± br ansitzend. **Stinkkoriander, (11),** ***Bífora rádians***

**–** Pf ohne Wanzengeruch . . . . . . . . . . . . . . . . . . . . . . . . . . **7**

**7** Stg sehr stark kantig gefurcht, oberwärts fast geflügelt; Doldenstrahlen innen papillös-rauhflaumig. — Doldenstrahlen 15–20; KroB weiß, aufrecht stehend; FlK gebuchtet, meist maskiert; FL $^1/_2$–$^1/_1$; Lob. $^1/_2$–$^3/_4$, riemenförmig, stumpf 1–3spitzig, schmal ansitzend. **Silge, (36),** ***Selínum carvifólia***

**–** Stg mäßig stark kantig oder gefurcht, nie geflügelt; Doldenstrahlen kahl . **8**

**8** FlK gebuchtet; Lob. etwa ½, schmal-riemenförmig; HüllchenB etwa 5× so lg wie br, allmählich zugespitzt; Stg nicht gefurcht, aber leicht kantig, meist rot gefleckt. — KroB weiß; Fö mäßig; FlK zuweilen leicht maskiert; FL $^1/_2$–$^1/_1$.
**Gold-Kälberkropf, (6),** ***Chaerophýllum áureum***

**–** FlK gerade bis schwach gekerbt; Lob. 0–$^1/_5$, schmal u. kurzspitzig; HüllchenB etwa 2× so lg wie br, abrupt zugespitzt; Stg stets ungefleckt. — KroB weiß, ± keilförmig; FlK gerade bis schwach gekerbt; FL 0–$^1/_4$; Lob. 0–$^1/_5$, schmal u. kurzspitzig oder KroB leicht löffelförmig gewölbt u. am Ende in ganzer Breite umgebogen! . . . . . . . . . . . . . . . . . . . . . . . . . . . . . . . . **9**

**9** Jede der beiden untersten Fiedern viel kleiner als der Rest der Spreite; LB matt. — KroB oft in den „Stiel" verschmälert, slt auch länglich-herzförmig oder elliptisch; Fö mäßig bis nicht erkennbar.
**Wiesen-Kerbel, (7),** ***Anthríscus sylvéstris***

**–** Jede der beiden untersten Fiedern fast so groß wie der Rest der Spreite; LB d'grün, bes. unterseits mit auffallendem silbrigem Glanz. — KroB oft in den „Stiel" verschmälert; Fö mäßig. **Alpen-Kerbel, (7),** ***Anthríscus nítidus***

**10** [5] Doldenstrahlen 1–3 . . . . . . . . . . . . . . . . . . . . . . . . . . **11**

**–** Doldenstrahlen 4–30 . . . . . . . . . . . . . . . . . . . . . . . . . . **12**

**11** Pf aromatisch (nach Anis duftend); HüllchenB meist einseitig. — KroB weiß, keilförmig bis ± herzförmig, manchmal etwas gestielt; Fö mäßig; FlK ± ausgerandet, slt gebuchtet; FL 0–$^1/_3$($^2/_3$); Lob. 0–$^1/_3$, meist ± br 3eckig.
**Echter Kerbel, (7),** ***Anthríscus cerefólium***

- Pf nicht aromatisch duftend; HüllchenB allseitig. — KroB weiß, keilförmig; Fö mäßig bis stark, äußere KroB bis 4 mm lg; FlK gerade bis ausgerandet; Lob. $^1/_{10}$–(gefö.:)$^1/_2$, kurz zugespitzt. **Venuskamm, (8), *Scándix pécten-véneris***

12 Wu knollig verdickt. — Stg rot gefleckt, unten steifhaarig; Doldenstrahlen (12)15–20, kahl; HüllchenB (fast) kahl; Kro weiß; Fö mäßig; FL $^1/_2$–2; Lob. etwa $^1/_2$, schmal-riemenförmig-rinnig, schmal ansitzend. **Rüben-Kälberkropf, (6), *Chaerophýllum bulbósum***

- Wu nicht knollig verdickt . . . . . . . . . . . . . . . . . . . . . . . . . . 13

13 Doldenstrahlen kahl . . . . . . . . . . . . . . . . . . . . . . . . . . . 14

–!! Doldenstrahlen auf der Innenseite von spitzen, zäckchenförmigen Papillen rauh. — Stg kahl, bereift; Obere LB'Scheiden aufgeblasen; KroB weißlich, innen papillös; FlK ausgerandet; Lob. $^1/_2$, riemenförmig zugespitzt. **Schierlingssilge, (38), *Conioselínum tatáricum***

- Doldenstrahlen allseitig flaumhaarig oder borstig . . . . . . . . . . . . . 15

14 Stg kahl; FlK gerade bis schwach gekerbt; FL 0–$^1/_5$; Lob. 0–$^1/_5$, br-3eckig. — LB am Rand u. unterseits an den Nerven dicht abstehend weichborstig behaart; Hüllchen einseitig, HüllchenB bewimpert; KroB weiß, keilförmig-elliptisch. **Hunds-Kerbel, (7), *Anthríscus cáucalis***

- Stg behaart (am Grund u. oft an den Knoten mit 1,5–3 mm lg, abwärts-abstehenden Borstenhaaren, außerdem vom Grund an bis gegen die Spitze von sehr kurzen, rückwärts angedrückten Haaren feinflaumig); FlK gebuchtet; FL $^1/_2$–$^1/_1$; Lob. etwa $^1/_2$, schmal-riemenförmig. — Stg meist rot gefleckt; LB meist dicht behaart; Kro weiß; Fö mäßig. **Gold-Kälberkropf, (6), *Chaerophýllum áureum***

15 Pf nach Anis duftend. — KroB weiß, mäßig vergrößert . . . . . . . . . . 16

- Pf nicht nach Anis duftend . . . . . . . . . . . . . . . . . . . . . . . . . 17

16 KroB fein papillös; HüllchenB allseitswendig, fast völlig weißhäutig; Lob. $^1/_4$–$^1/_2$, schmal-riemenförmig-zugespitzt. — Doldenstrahlen 4–20; KroB keilförmig bis länglich herzförmig; FlK gerade oder gebuchtet; FL 0–$^1/_3$. **Süßdolde, (9), *Mýrrhis odoráta***

- KroB kahl; HüllchenB einseitig, hautrandig; Lob. 0–$^1/_3$, meist ± br-3eckig. — Doldenstrahlen 4–6; KroB keilförmig bis ± herzförmig, manchmal etwas gestielt; FlK ± ausgerandet, slt gebuchtet; FL 0–$^1/_3$($^2/_3$). **Echter Kerbel, (7), *Anthríscus cerefólium***

17 Stg am Grund borstig-zottig; HüllchenB bewimpert; KroB kahl. — LB borstig-zottig; KroB weiß; Fö mäßig; FlK gebuchtet, zuweilen maskiert; FL etwa $^1/_1$; Lob. etwa $^1/_2$, riemenförmig-zugespitzt. **Taumel-Kälberkropf, (6), *Chaerophýllum témulum***

- Stg am Grund kahl; HüllchenB am Rand papillös-flaumig; KroB papillös, — weiß bis rosa, zugespitzt oval bis ± elliptisch; FlK meist gerade, slt gekerbt; FL 0–$^1/_6$; Lob. 0–$^1/_2$, slt bis $^1/_1$, 3eckig-zugespitzt, schwach rinnig. **Wild-Engelwurz, (39), *Angélica sylvéstris***

## 5 (= 0000101)

1 LB'Zipfel haarfein (0,2 mm br). — Pf mit stark würzigem Geruch; LB'Zipfel quirlig gebüschelt; Kro gelblichweiß bis weiß; FlK gerade bis schwach gekerbt; FL 0–$^1/_5$; Lob. 0–$^1/_2$, 3eckig zugespitzt. **Bärwurz, (25), *Méum athamánticum***

- LB'Zipfel nicht haarfein (sondern breiter als 1 mm) . . . . . . . . . . . . 2

2 Pf 2häusig, slt mit einzelnen ⚥ Blü. — KroB gelblichweiß, durch den nicht

eingedrückten Mittelnerv gekielt, ± aufrecht stehend; FlK ausgerandet; Lob. $^{2}/_{3}$–$^{1}/_{1}$, br-zugespitzt. **Großer Faserschirm, (29), *Trínia ucraínica***

– Blü ⚥ . . . . . . . . . . . . . . . . . . . . . . . . . . . . . . . . . . . . . . 3

3 HüllchenB pfriemlich, fast nicht hautrandig; Doldenstrahlen 20–30; FL $^{1}/_{3}$–$^{1}/_{1}$; Lob. $^{1}/_{2}$, riemenförmig-rinnig, schmal ansitzend, 1- oder 3spitzig. — Kro weiß; FlK gebuchtet, maskiert. **Brenndolde, (35), *Cnídium dúbium***

– HüllchenB lanzettlich, deutlich hautrandig; Doldenstrahlen 7–10(15); FL 0–$^{1}/_{4}$; Lob. 0–$^{1}/_{3}$, kurz-3eckig bis lg zugespitzt, mit variablem Ansatz. — Kro weiß oder rosa bis purpurn; FlK sehr variabel.
**Alpen-Mutterwurz, (37), *Ligústicum mutellína***

## 6 (= 0000110)

1 Stg behaart . . . . . . . . . . . . . . . . . . . . . . . . . . . . . . . . . . 2

– Stg kahl . . . . . . . . . . . . . . . . . . . . . . . . . . . . . . . . . . . . 3

2 Stg fein gerillt mit rückwärts gerichteten stechenden Börstchen; KroB außen meist behaart, — weiß; Fö mäßig u. deutlich; gefö. KroB 2 mm lg; FlK gerade bis gebuchtet bis (gefö.:) maskiert; FL 0–$^{1}/_{1}$; Lob. etwa $^{1}/_{2}$, schmal-riemenförmig, schmal ansitzend; Doldenstrahlen 2–10.
**Acker-Borstendolde, (47), *Tórilis arvénsis***

– Stg kantig, oberwärts gefurcht, zstr abstehend borstig (Börstchen nicht stechend); KroB kahl, — weiß oder rosa, ± herzförmig, zT aufrecht stehend; FlK gekerbt bis gebuchtet, manchmal maskiert; Fö unterschiedlich; FL $^{1}/_{5}$–(gefö.:)$^{1}/_{1}$; Lob. $^{1}/_{2}$ bis fast $^{1}/_{1}$, schmal-riemenförmig zugespitzt, ± schmal ansitzend; Doldenstrahlen 2–3(5). **Haftdolde, (48), *Cáucalis platycárpos***

3 Stg scharfkantig gefurcht mit etwas häutig-geflügelten Kanten. — Doldenstrahlen 15–30; Kro weiß oder weißlich; KroB genagelt, fein papillös; FlK ausgerandet; Lob. etwa $^{1}/_{3}$, riemenförmig. **† Sumpf-Engelwurz, (39), *Angélica palústris***

– Stg stielrund, fein gerillt oder gefurcht, aber nie mit häutig-geflügelten Kanten . . . . . . . . . . . . . . . . . . . . . . . . . . . . . . . . . . . . . . 4

4 Doldenstrahlen 15–25; Rhizom knollenartig, aufrecht, durch Querwände fächrig. — Stg stielrund, fein gerillt; Kro weiß; FlK ausgerandet bis schwach gekerbt; FL $^{1}/_{5}$; Lob. etwa $^{1}/_{2}$, riemenförmig zugespitzt, ± schmal ansitzend.
**Wasserschierling, (32), *Cicúta virósa***

– Doldenstrahlen 2–15: Rhizom nicht durch Querwände fächrig . . . . . . . 5

5 Zumindest einige Doppeldolden (scheinbar, weil Sympodium!) LB-gegenständig; deren Stiele meist kürzer als 3 cm, kürzer als die Doldenstrahlen; Wu nicht knollig verdickt. — KroB weiß, oft gewölbt; Fö mäßig, aber meist deutlich; FlK gekerbt, ± maskiert; FL $^{1}/_{10}$–$^{1}/_{2}$; Lob. $^{1}/_{4}$–$^{1}/_{3}$, schmal-riemenförmig zugespitzt, schmal ansitzend. **Wasserfenchel, (19), *Oenánthe aquática***

– Doppeldolden endständig; deren Stiele meist länger als 4 cm, länger als die Doldenstrahlen; Wu teilweise knollig verdickt. — Stg u. untere LB'Stiele hohl; FlK gekerbt, ± maskiert; Lob. schmal u. lg zugespitzt, schmal ansitzend . 6

6 Pf mit Ausläufern; Dolde 2–4strahlig. — KroB weiß, oft gewölbt; Fö deutlich, mäßig bis stark; gefö. KroB 3–4 mm lg; FL $^{1}/_{2}$–$^{1}/_{1}$; Lob. $^{1}/_{3}$.
**† Röhrige Rebendolde, (19), *Oenánthe fistulósa***

– Pf ohne Ausläufer; Dolde 4–10strahlig. — Kro weiß bis rötlich; Fö meist deutlich; FL $^{1}/_{5}$–$^{1}/_{2}$($^{1}/_{1}$); Lob. $^{1}/_{3}$–$^{3}/_{4}$, ± rinnig.
**Silgenblatt-Rebendolde, (19), *Oenánthe silaifólia***

## 7 (= 0000111)

**1** Doldenstrahlen auf der Innenseite flaumig behaart. — LB'Stiele der GrundB oberseits rinnig vertieft; Kro weiß . . . . . . . . . . . . . . . . . . . . . . . . **2**
**-** Doldenstrahlen kahl. — Kro weiß . . . . . . . . . . . . . . . . . . . . . . . . **3**

**2** HüllchenB fast bis zur Spitze becherartig verwachsen (Abb. 262); Dolden 5–12strahlig; KroB kahl, — weiß; FlK ausgerandet bis maskiert gekerbt; FL 0–1/3; Lob. 1/5–1/1, lg riemenförmig, 1–3spitzig, ± br ansitzend.
**Pferde-Bergfenchel, (18),** ***Séseli hippomárathrum***
**-** HüllchenB frei; Dolden 12–40strahlig; KroB außen fein papillös *(Lupe!)*, — weiß oder rötlich; FlK gekerbt, ± maskiert; FL etwa 1/3; Lob. 1/3–3/4, br-riemenförmig-rinnig, mit stumpfer Spitze, ± schmal ansitzend.
**Steppen-Bergfenchel, (18),** ***Séseli ánnuum***

**3** LB'Stiele der GrundB oberseits rinnig vertieft. — KroB etwa 1/2 mm lg, rundlich, kahl, weiß. **Bunter Bergfenchel, (18),** ***Séseli pallásii***
**-** LB'Stiele der GrundB oberseits nicht rinnig vertieft. — Lob riemenförmig, etwa 1/2, meist vorn etwas verbreitert, gestutzt, meist stark eingerollt; FlK ± gerade bis schwach gebuchtet . . . . . . . . . . . . . . . . . . . . . . . . **4**

**4** LB'Zipfel an der Spitze kahl; KroB 3/4 mm lg, — br-eiförmig.
**Österreichischer Bergfenchel, (18),** ***Séseli austríacum***
**-** LB'Zipfel an der Spitze winzig papillös *(gute Lupe!)*; KroB 1/2 mm lg, — eiförmig-rundlich. **Meergrüner Bergfenchel, (18),** ***Séseli ósseum***

## 8 (= 0001000)

**Kümmel, (34),** ***Carum carvi*** (→ Spezialschl. **0**, Pkt 1, S. 535!)

## 12 (= 0001100)

**1** KroB bewimpert. — Stg stielrund, gerillt.
**Wimper-Kälberkropf, (6),** ***Chaerophýllum hirsútum*** (→ Spezialschl. **4**, Pkt 2!)
**-** KroB kahl oder fein papillös . . . . . . . . . . . . . . . . . . . . . . . . **2**

**2** Stg röhrig, hohl, mit bläulichem, abwischbarem Reif überzogen, unterwärts meist rot gefleckt; Pf mit (± diffusem!) Mäusegeruch; Hüllchen einseitig (Abb. 257); KroB kahl, — weiß; FlK ± ausgerandet; FL 0–1/10; Lob. 1/10–1/4, br ansitzend, Spitze schmal ausgezogen.
**Fleckenschierling, (26),** ***Coníum maculátum***
**-** Stg nicht röhrig-hohl, unbereift, nicht rot gefleckt; Pf ohne Mäusegeruch; Hüllchen allseitswendig (Abb. 258); KroB fein papillös. — Pf mit 1–4 cm großer, kugeliger Hypocotylknolle; KroB weiß, herzförmig bis (gefö.:) elliptisch; Fö mäßig; FlK gebuchtet; FL 1/2–1/1; Lob. etwa 3/4, riemenförmig, schwach rinnig, stumpf 1–2spitzig, schmal ansitzend.
**Erdkastanie, (13),** ***Búnium bulbocástanum***

## 13 (= 0001101)

Kro gelblichweiß bis weiß; FlK gerade bis schwach gekerbt; FL 0–1/5; Lob. 0–1/2, 3eckig zugespitzt. **Bärwurz, (25),** ***Méum athamánticum***

## 14 (= 0001110)

**1** KroB außen abstehend feinborstig behaart. — Stg meist rauhhaarig, slt kahl; LB'Zipfel, Hüll- u. HüllchenB u. BlüStiele bewimpert; Kro gelblichweiß; FlK gekerbt bis gebuchtet, maskiert; FL $^1/_4$–$^1/_1$; Lob. etwa $^1/_2$, sehr br rinnig, mit stumpfer Spitze. **Preußisches Laserkraut, (46), *Laserpítium pruténicum***
**-** KroB außen kahl oder angedrückt behaart . . . . . . . . . . . . . . . . . . 2

**2** Stg kahl . . . . . . . . . . . . . . . . . . . . . . . . . . . . . . . . . . . . . . 3
**-** Stg behaart . . . . . . . . . . . . . . . . . . . . . . . . . . . . . . . . . . . 5

**3** Äußerste KroB extrem u. abrupt vergrößert. — Kro weiß, oft mit einem violetten Anflug; gefö. KroB (6)8–13(15) mm lg; FlK gebuchtet; FL $^1/_5$–(gefö.:)15; Lob. $^1/_3$–$^3/_4$, schmal-riemenförmig zugespitzt. **Strahldolde, (50), *Orláya grandiflóra***
**-** Äußerste KroB nicht oder kaum vergrößert. — Kro weiß . . . . . . . . . 4

**4** Doldenstrahlen innen stark rauhflaumig; HüllchenB wimperig-rauh; Lob. $^1/_2$–$^3/_4$. — FL 0–$^1/_3$, slt bis $^1/_2$ u. dann FlK gebuchtet; Lob. br-riemenförmig, vorn verbreitert 1–4spitzig, zuweilen etwas rinnig. **Sumpf-Haarstrang, (41), *Peucédanum palustre***
**-** Doldenstrahlen kahl; HüllchenB kahl; Lob. $^1/_5$–$^1/_3$. — KroB gestielt; FlK ausgerandet bis gebuchtet; FL 0–$^1/_3$; Lob. riemenförmig zugespitzt bis 3eckig, ± br ansitzend. **Merk, (16), *Síum latifólium***

**5** [2] Stg gefurcht, abstehend behaart. — Kro weiß; Fö unterschiedlich, von schwach bis stark; gefö. KroB bis 4 mm lg; FlK gebuchtet, oft maskiert; FL $^1/_4$–(gefö.:)3; Lob. $^1/_2$–$^2/_3$, riemenförmig, zugespitzt oder vorn verbreitert. **Möhre, (51), *Dáucus caróta***
**-** Stg fein gerillt, von rückwärts angedrückten, steifen Haaren rauh. — Gefö. KroB 2 mm lg; Lob. etwa $^1/_2$, schmal rinnenförmig . . . . . . . . . . 6

**6** HüllB 1–2. — KroB weiß, schwach angedrückt behaart oder kahl; Fö mäßig u. deutlich; FlK gerade bis gebuchtet bis (gefö.:) maskiert; FL 0–$^1/_1$; Lob. schmal ansitzend. **Acker-Borstendolde, (47), *Tórilis arvénsis***
**-** HüllB 4–6(12). — KroB weiß bis leicht rosa, angedrückt behaart; Fö schwach bis mäßig; FlK gebuchtet, slt maskiert; FL $^1/_2$–$^1/_1$ u. mehr; Lob. br 1–3spitzig. **Wald-Borstendolde, (47), *Tórilis japónica***

## 15 (= 0001111)

**1** Stg sehr stark kantig gefurcht. — KroB weiß bis rosa, knospig d'rot, slt spärlich behaart; FlK ausgerandet bis maskiert gekerbt, slt gebuchtet; FL $^1/_{10}$–$^1/_5$; Lob. etwa $^1/_3$, riemenförmig, ± rinnig, ± br ansitzend, Spitze verbreitert. **Heilwurz, (18), *Séseli libanótis***
**-** Stg stielrund oder ± gerillt . . . . . . . . . . . . . . . . . . . . . . . . . 2

**2** KroB außen behaart. — Lob. $^1/_3$–$^1/_2$ . . . . . . . . . . . . . . . . . . 3
**-** KroB kahl oder papillös . . . . . . . . . . . . . . . . . . . . . . . . . . . 4

**3** Lob. schmal-riemenförmig zugespitzt, schmal ansitzend; LB'Spreite viel länger als der LB'Stiel. — LB steif u. derb behaart; Kro weiß oder rötlich; FlK gebuchtet. **Haller-Laserkraut, (46), *Laserpítium halléri***
**-** Lob. 3eckig-rinnig zugespitzt, ± br ansitzend; LB'Spreite nicht viel länger als der LB'Stiel. — LB samtig-flaumig bis zottig behaart; KroB weiß, elliptisch bis kreisrund, gestielt; FlK gebuchtet bis ausgerandet; FL $^1/_{10}$–$^1/_5$. **Augenwurz, (21), *Athamánta creténsis***

**4** HüllB zumindest teilweise fiederspaltig oder 3–5spaltig . . . . . . . . . . . **5**
**-** HüllB ganzrandig. — Kro weiß . . . . . . . . . . . . . . . . . . . . . . . **6**

**5** Stg reich beblättert, meist reichdoldig. — KroB weiß, 2–3 mm lg, oft wellig oder gewölbt; Fö schwach; FlK gerade; Lob. fehlend oder KroB am Ende in ganzer Breite einwärts gebogen.
**Rippendolde, (27), *Pleurospérmum austríacum***
**-** Stg meist blattlos, meist 1doldig. — Kro rötlichweiß; FlK gebuchtet; FL 1/5; Lob. 1/4–1/3, riemenförmig bis 3eckig, etwas rinnig.
**Zwerg-Mutterwurz, (37), *Ligústicum mutellinoídes***

**6** KroB zumindest teilweise papillös . . . . . . . . . . . . . . . . . . . . . **7**
**-** KroB kahl. — FlK gebuchtet, oft maskiert; Lob. riemenförmig zugespitzt, ± rinnig . . . . . . . . . . . . . . . . . . . . . . . . . . . . . . **9**

**7** LB'Spindel bei jedem Fiederansatz knickig abwärts gebogen. — FlK ± gerade, slt gebuchtet; FL 0–1/4; Lob. 1/2–3/4, br-riemenförmig, vorn verbreitert, 1–4spitzig. **Berg-Haarstrang, (41), *Peucédanum oreoselínum***
**-** LB'Spindel nicht knickig abwärts gebogen . . . . . . . . . . . . . . . . . **8**

**8** LB'Zipfel ei-rautenförmig. — FL 0–1/3, slt bis 1/2 u. dann FlK gebuchtet; Lob. 1/2–3/4, br riemenförmig, vorn verbreitert, 1–4spitzig, zuweilen etwas rinnig.
**Hirschwurz, (41), *Peucédanum cervária***
**-** LB'Zipfel länglich-lanzettlich. — FlK gebuchtet; Lob. 2/3, br-riemenförmig, 1–4spitzig. **Österreichischer Haarstrang, (41), *Peucédanum austríacum***

**9** [6] Blättchen ganzrandig. — FL 1/4–2/3; Lob. 1/4–1/2, schmal ansitzend.
**Berg-Laserkraut, (46), *Laserpítium síler***
**-** Blättchen grob gesägt. — FL 1/5–1/4; Lob. 1/4–1/2(2/3), ± schmal ansitzend.
**Breitblatt-Laserkraut, (46), *Laserpítium latifólium***

### 16 (= 0010000)

**1** Pf mit Selleriegeruch; FlK gerade bis leicht gekerbt. — Kro weiß; Lob. etwa 1/2, br-3eckig, in eine stumpfe Spitze ausgezogen, br ansitzend. ★ **Echte Sellerie, (30), *Ápium gravéolens***
**-** Pf ohne Selleriegeruch; FlK gebuchtet . . . . . . . . . . . . . . . . . . . . **2**

**2** Stg kantig gefurcht, meist röhrig hohl, bis oben beblättert. — Kro weiß bis rosa; FL 1/3–1/1; Lob. 1/4–1/2, riemenförmig, deutlich rinnig, stumpf 2–4spitzig, ± schmal ansitzend. **Groß-Bibernelle, (14), *Pimpinélla májor***
**-** Stg stielrund oder kantig, schwach gerillt, fast voll, oberwärts nur fast spreitenlose LB'Scheiden tragend.
**Artengruppe Klein-Bibernelle, (14) *Pimpinélla saxífraga agg.***;
→ Spezialschl. 0, Pkt 2)

### 17 (= 0010001)

Kro weiß; FlK gebuchtet; FL 1/8–1/2; Lob. 1/4–1/2, riemenförmig, meist deutlich rinnig, 2–4spitzig, ± schmal ansitzend.
**Alpen-Bibernelle, (14), *Pimpinélla alpína***

### 20 (= 0010100)

KroB weiß, behaart; Fö stark; gefö. KroB 5(12) mm lg; FlK ± gekerbt; FL 1/4–(gefö.:)2; Lob. 1/5–(gefö.:)1/2, schmal-riemenförmig, oft vorn verbreitert, 1–3spitzig. **Gewöhnliche Bärenklau, (43), *Heracléum sphondýlium***

## 22 (= 0010110)

**1** Doldenstrahlen (5)7–13(15); KroB weiß, behaart; Fö stark; gefö. KroB (3)5–8(8,5) mm lg u. 1–2(2,3) mm br. — FlK gekerbt; FL $^{1}/_{4}$–(gefö.:)2; Lob. $^{1}/_{5}$–(gefö.:)$^{1}/_{2}$, schmal-riemenförmig, oft vorn verbreitert, 1–3spitzig.
**Weiße Österreichische Bärenklau, (43), *Heracléum austríacum subsp. austríacum***

**-** Doldenstrahlen (5)6–10(12); KroB rosa oder rot, behaart; Fö stark; gefö. KroB (5)6–10(12) mm lg u. (1,3)1,8–3,5(4) mm br. — FlK gekerbt; FL $^{1}/_{4}$–(gefö.:)2; Lob. $^{1}/_{5}$–(gefö.:)$^{1}/_{2}$, schmal-riemenförmig, oft vorn verbreitert, 1–3spitzig.
**Rote Österreichische Bärenklau, (43), *Heracléum austríacum subsp. siifólium***

## 28 (= 0011100)

KroB weiß, zuweilen kurz gestielt; FlK ± gerade bis schwach gebuchtet; FL $^{1}/_{5}$; Lob. $^{1}/_{3}$–$^{1}/_{2}$. **Kriech-Sellerie, (30), *Ápium répens***

## 30 (= 0011110)

**1** Stg behaart . . . . . . . . . . . . . . . . . . . . . . . . . . . . . . . . **2**

**-** Stg kahl. — KroB weiß, gestielt; FlK ausgerandet bis gebuchtet; FL 0–$^{1}/_{3}$; Lob. $^{1}/_{5}$–$^{1}/_{3}$, riemenförmig zugespitzt bis 3eckig, ± br ansitzend . . . . . . . . . **3**

**2** HüllB sehr br u. auffällig hautrandig (der Hautrand so br oder breiter als das grüne Mittelfeld); Dolden 2–5strahlig; Stg mit sehr kurzen pfriemlichen Börstchen u. längeren zackig-rauhen Haaren. — KroB weiß oder rosenrot, außen behaart; Fö stark; gefö. KroB 3–4 mm lg u. 5–6 mm br; FlK gebuchtet; FL 1–(gefö.:)5; Lob. $^{1}/_{2}$–$^{1}/_{1}$, riemenförmig, zugespitzt.
**Klettendolde, (49), *Turgénia latifólia***

**-** HüllB krautig, (nicht hautrandig); Dolden 5–15strahlig; Stg kurzborstig, Haare auf Knötchen sitzend, nach rückwärts angedrückt. — KroB weiß, am Grund schwach behaart; Fö abrupt u. deutlich; gefö. KroB 2–3(5) mm lg; FlK gerade bis (gefö.:) tief gekerbt; FL 0–(gefö.:)5(6); Lob. $^{1}/_{3}$, kurz u. br rinnig riemenförmig, mit (gefö.:) ± stumpfer Spitze oder kaum abgesetzt.
**Zirmet, (44), *Tordýlium máximum***

**3** Hüll-u. HüllchenB krautig; Doppeldolden wenigstens teilweise von achselständigen Zweigen übergipfelt u. dadurch LB gegenständig erscheinend.
**Berle, (17), *Bérula erécta***

**-** Hüll- u. HüllchenB deutlich weißlich hautrandig; Doppeldolden am Stg u. an den Ästen endständig, nicht oder kaum übergipfelt.
**Merk, (16), *Síum latifólium***

## 48 (= 0110000)

**1** KroB behaart u. bewimpert. — Pf aromatisch (Anisgeruch); Stg kurzflaumig behaart; Kro weiß; FlK gebuchtet; FL $^{1}/_{3}$–$^{1}/_{2}$; Lob. $^{1}/_{2}$–$^{2}/_{3}$, riemenförmig, deutlich rinnig, stumpf 1–2spitzig, ± schmal ansitzend. **★ Anis, (14), *Pimpinélla anísum***

**-** KroB kahl, meist ± papillös. — Pf mit Ausläufern; Kro weiß; FlK gebuchtet; Lob. etwa $^{1}/_{2}$, riemenförmig zugespitzt . . . . . . . . . . . . . . . . **2**

**2** Stg kahl (nur unter den Doppeldolden rauhflaumig); Pf stark würzig nach Karotten u. Sellerie duftend; Doldenstrahlen 30–60. — FL $^{1}/_{2}$–$^{1}/_{1}$.
**Meisterwurz, (41), *Peucédanum ostrúthium***

- Stg oberwärts mit winzigen spitz-kegelförmigen Börstchen (*Lupe!* Ohne Lupe kahl erscheinend.) Pf schwach aromatisch; Doldenstrahlen 10–20. — FlK maskiert; FL $^1/_3$–$^1/_1$; Lob. deutlich rinnig, ± schmal ansitzend.
**Geißfuß, (15),** ***Aegopódium podagrária***

## 51 (= 0110011)

Kro weiß; FlK ausgerandet bis gebuchtet; FL $^1/_4$–$^1/_2$; Lob. $^1/_2$, riemenförmig zugespitzt, schwach rinnig. **Roßkümmel, (45),** ***Láser trílobum***

## 52 (= 0110100)

1 Stg kahl (nur unter den Doppeldolden flaumig) — Kro weiß; FlK gebuchtet; FL $^1/_2$–$^1/_1$; Lob. $^1/_2$, riemenförmig zugespitzt.
**Meisterwurz, (41),** ***Peucédanum ostrúthium***
- Stg behaart. — Kro weiß . . . . . . . . . . . . . . . . . . . . . . . . . . **2**

2 KroB kahl; Pf angenehm aromatisch riechend; Stg stielrund bis gerillt. — Fö mäßig; FlK gebuchtet, zuweilen maskiert; FL etwa $^1/_1$; Lob. etwa $^1/_2$, schmal-riemenförmig-rinnig, schmal ansitzend.
**Duft-Kälberkropf, (6),** ***Chaerophýllum aromáticum***
- KroB behaart; Pf stark unangenehm riechend; Stg kantig gefurcht. — Fö stark; FlK ± gekerbt; FL $^1/_4$–(gefö.:)2. (**Gewöhnliche Bärenklau,** ***Heracléum sphondýlium***) . . . . . . . . . . . . . . . . . . . . . . . . . . **3**

3 LBSpreite einfach — u. gelappt; gefö. KroB 5–10 mm lg; Lob. $^1/_5$–(gefö.:) $^1/_2$. **Veroneser Gew. Bärenklau, (43),** ***H. sphondýlium subsp. polliniánum***
- LBSpreite zusammengesetzt . . . . . . . . . . . . . . . . . . . . . . . . . . **4**

4 Größere StgB meist 3zählig. — Gefö. KroB 5–10 mm lg; Lob. $^1/_5$–(gefö.:)$^1/_2$.
**Berg-Bärenklau, (43),** ***H. sphondýlium subsp. élegans***
- Größere StgB fast immer gefiedert mit 5(9) Blättchen. — Gefö. KroB 5–12 mm lg; Lob. $^1/_5$–(gefö.:)$^1/_2$, schmal-riemenförmig, oft vorn verbreitert, 1–3spitzig.
**Weiße Gew. Bärenklau, (43),** ***H. sphondýlium subsp. sphondýlium***

## 54 (= 0110110)

1 Stg stielrund, fein gerillt, kahl, 20–50(70) cm hoch; KB ungleich; Hüllchen einseitig; KroB kahl, — weiß; Fö stark; gefö. KroB 3–5 mm lg; FlK gebuchtet; FL $^1/_4$–(gefö.:)3; Lob. $^4/_5$, br-riemenförmig, schmal ansitzend, am Ende verbreitert, 1- oder 2spitzig.
**★ Koriander, (10),** ***Coriándrum satívum***
- Stg kantig gefurcht, behaart, 200–500 cm hoch; KB ± gleich; HüllchenB allseitswendig; KroB behaart, — weiß; Fö stark; gefö. KroB 5–12 mm lg; FlK ± gekerbt; FL $^1/_4$–(gefö.:)2; Lob. $^1/_5$–(gefö.:)$^1/_2$, schmal-riemenförmig, oft vorn verbreitert, 1–3spitzig.
**(★) Riesen-Bärenklau, (43),** ***Heracléum mantegazziánum***

## 63 (= 0111111)

1 Blättchen ganzrandig. — Kro weiß; FlK ausgerandet; Lob. $^3/_4$–$^1/_1$, schmal-riemenförmig zugespitzt.
**Haarstrang-Laserkraut, (46),** ***Laserpítium peucedanoídes***
- Blättchen scharf gesägt, mit bespitzten Zähnen. — Kro weiß; FlK ± gebuchtet; FL $^1/_5$–$^1/_1$; Lob. $^1/_2$–$^3/_4$, riemenförmig, ± schmal ansitzend.
**Sicheldolde, (33),** ***Falcária vulgáris***

## 64 (= 1000000)

1 LB'Scheiden der unteren u. mittleren LB (2)3–6 cm lg; Pf blaugrün, oberwärts bläulich bereift, stark nach Fenchel duftend. — KroB gelb, über die ganze Länge gekrümmt; FlK gerade; Lob. $^1/_2$–$^2/_3$, br-riemenförmig, flach, br 2spitzig.
**★ Fenchel, (22), *Foenículum vulgáre***

- LB'Scheiden 1,5(2) cm lg; Pf d'grün, oberwärts nur schwach bereift, stark nach Dill duftend. — KroB gelb, über die ganze Länge gekrümmt; FlK gerade; Lob. $^1/_2$–$^2/_3$, br 2spitzig. **★ Dill, (23), *Anéthum gravéolens***

## 65 (= 1000001)

1 Pf 2häusig, slt mit einzelnen ⚥ Blü. — KroB gelblichweiß, durch den nicht eingedrückten Mittelnerv gekielt, ± aufrechtstehend; FlK ausgerandet oder gerade; Lob. 0–$^2/_3$, br zugespitzt, nicht vom restlichen KroB abgesetzt.
**Kleiner Faserschirm, (29), *Trínia gláuca***

- Blü meist ⚥. — KroB gelb, über die ganze Länge gekrümmt; FlK gerade; Lob. $^1/_2$–$^2/_3$, br-riemenförmig, flach, br 2spitzig. **★ Fenchel, (22), *Foenículum vulgáre***

## 66 (= 1000010)

Kro blaßgelb; FlK gerade; Lob. $^1/_4$, 3eckig, Spitze abgerundet.
**Quirl-Haarstrang, (41), *Peucédanum verticilláre***

## 68 (= 1000100)

1 Pf 120–300 cm hoch; Doldenstrahlen 20–40, zumindest innen von spitzen Papillen rauh; Lob. 0–$^1/_2$, 3eckig zugespitzt. — KroB grünlich, zugespitzt-oval bis elliptisch, manchmal fast kreisrund; FlK ± gerade, sehr slt etwas gekerbt.
**Echte Engelwurz, (39), *Angélica archangélica***

- Pf 30–100(130) cm hoch; Doldenstrahlen 10–20, kahl; Lob. $^1/_4$–$^3/_4$, riemenförmig, stumpf 2spitzig. — KroB gelblich, etwa $^2/_3$ mm lg u. $^2/_3$ mm br; FlK ± gerade.
**★ Petersilie, (31), *Petroselínum críspum***

## 69 (= 1000101)

1 Pf 2häusig, slt mit einigen ⚥ Blü. — KroB gelblichweiß, durch den nicht eingedrückten Mittelnerv gekielt, ± aufrecht stehend; FlK ausgerandet; Lob. $^2/_3$–$^1/_1$, br zugespitzt. **Großer Faserschirm, (29), *Trínia ucraínica***

- Blü ⚥ . . . . . . . . . . . . . . . . . . . . . . . . . . . . . . . . . . . . 2

2 LB'Zipfel haarförmig, 0,2 mm br, quirlig gebüschelt; Pf mit stark würzigem Geruch; Lob. 0–$^1/_2$, 3eckig zugespitzt. — Kro gelblichweiß bis weiß; FlK gerade bis schwach gekerbt; FL 0–$^1/_5$. **Bärwurz, (25), *Méum athamánticum***

- LB'Zipfel 2–3 mm br, nicht quirlig gebüschelt; Pf ohne stark würzigem Geruch; Lob. $^1/_3$–$^1/_2$, riemenförmig, vorn verbreitert, stumpf 1–4spitzig. — KroB h'gelb, etwa 1 mm lg u. etwa 0,3 mm br; FlK ± gerade.
**Wiesensilge, (24), *Sílaum sílaus***

## 77 (= 1001101)

1 LB'Zipfel haarförmig, 0,2 mm br, quirlig gebüschelt. — Kro gelblichweiß bis weiß; FlK gerade bis schwach gekerbt; FL 0–$^1/_5$; Lob 0–$^1/_2$, 3eckig zugespitzt.
**Bärwurz, (25), *Méum athamánticum***

- LB'Zipfel breiter als 10 mm, nicht quirlig gebüschelt. — KroB grünlich, ganzes KroB in sich gekrümmt; KroB 1 mm lg u. 1 mm br, unterseits papillös; FlK gerade; Lob. $^1/_3$–$^1/_2$, br 3eckig zugespitzt. **★ Liebstöckel, (40), *Levísticum officinále***

**78** (= 1001110)

KroB gelblichweiß, außen behaart; FlK gekerbt bis gebuchtet, maskiert; FL $^1/_4$–$^1/_1$; Lob etwa $^1/_2$, sehr br rinnig mit stumpfer Spitze.

**Preußisches Laserkraut, (46), *Laserpítium pruténicum***

**79** (= 1001111)

KroB blaßgelb, manchmal etwas aufrechtstehend; FlK gerade; Lob. $^1/_2$–$^2/_3$, riemenförmig, stumpf 1–2spitzig, manchmal vorn verbreitert.

**Elsässer Haarstrang, (41), *Peucédanum alsáticum***

**80** (= 1010000)

KroB gelb, rundlich, manchmal etwas behaart; ganzes KroB in sich gekrümmt; FlK gerade; Lob. $^1/_2$–$^2/_3$, br-riemenförmig, vorn verbreitert, 1–4spitzig.

**Pastinak, (42), *Pastináca satíva***

**81** (= 1010001)

KroB blaßgelb, außen oft rötlich überlaufen; FlK ± gerade; Lob. $^1/_2$–$^3/_4$, br-riemenförmig, vorn verbreitert, 1–4spitzig.

**Kümmel-Haarstrang, (41), *Peucédanum carvifólia***

**100** (= 1100100)

Kro gelb; ganzes KroB in sich gekrümmt; FlK gerade; Lob. $^1/_2$, br bis sehr br-riemenförmig, stumpf 2spitzig.

**Durchwachsenes Hasenohr, (28), *Bupléurum rotundifólium***

**108** (= 1101100)

1 LB mit 1 Mittelnerv, sonst auffallend netznervig *(man untersuche die Unterseite!)*. — Kro gelb; ganzes KroB in sich gekrümmt; FlK gerade; Lob. $^2/_3$, br- bis sehr br-riemenförmig, stumpf 2spitzig.
**Langblatt-Hasenohr, (28), *Bupléurum longifólium***

- LB mit mehreren Längsnerven, nicht oder nur sehr schwach netznervig . . 2

2 Obere StgB mit stark verbreitertem Grund deutlich stengelumfassend. — Kro gelb; ganzes KroB in sich gekrümmt; FlK gerade; Lob. $^1/_1$, fast quadratisch, stumpf 2spitzig. **Hahnenfuß-Hasenohr, (28), *Bupléurum ranunculoídes***

- Obere StgB linealisch bis lanzettlich, am Grund nicht oder nur wenig verbreitert, meist nicht stengelumfassend . . . . . . . . . . . . . . . . . . . 3

3 Grund- u. untere StgB 5–40 mm br, elliptisch bis verkehrt-eiförmig, länglich bis lanzettlich, oft sichelförmig gekrümmt, lg gestielt; obere StgB lanzettlich, nach beiden Enden hin verschmälert, ± sichelförmig gebogen. — Dolden 5–15strahlig; BlüStiele 2× so lg wie Blü; Kro gelb; ganzes KroB in sich gekrümmt; FlK ausgerandet; Lob. $^2/_3$, br- bis sehr br-riemenförmig, stumpf 2spitzig. **Sichel-Hasenohr, (28), *Bupléurum falcátum***

- Untere LB (schmal-)linealisch, zuweilen unterwärts etwas verbreitert u. mit kurzer (aber nicht herzförmiger) Scheide stengelumfassend, 4–12 mm br; obere StgB linealisch, grasartig . . . . . . . . . . . . . . . . . . . . . 4

4 Enddolden 1–3strahlig; FlK ausgerandet bis gebuchtet. — HüllchenB etwa so lg wie die Döldchen, meist fein gezähnelt; LB unterseits durch die Mittelrippe

nicht gekielt; KroB gelblich- bis bläulichgrün, unterseits oft schwach papillös; Lob. $^{1}/_{2}$, gestutzt, ± ausgerandet.

**Salz-Hasenohr, (28), *Bupléurum tenuíssimum***

- Enddolden 3–8strahlig; FlK gerade. — KroB gelb, an der FlK mit deutlichem, kielartigen Buckel, daher ± kapuzenförmig . . . . . . . . . . . . . . . . . 5

5 HüllchenB fast doppelt so lg wie die Döldchen; LB unterseits durch die Mittelrippe nicht gekielt; Enddolden 3–8strahlig. — Lob. $^{1}/_{2}$–$^{2}/_{3}$, gestutzt.

**Ungarisches Hasenohr, (28), *Bupléurum affíne***

- HüllchenB meist so lg wie die Döldchen; zumindest die unteren LB unterseits durch die Mittelrippe auffallend gekielt; Enddolden 3(5)strahlig. — Lob. $^{1}/_{2}$–$^{2}/_{3}$, ausgrandet bis gestutzt. **Simsen-Hasenohr, (28), *Bupléurum praeáltum***

## 109 (= 1101101)

1 LB mit 1 Mittelnerv, sonst auffallend netznervig *(man untersuche die Unterseite)*. — Kro gelb; ganzes KroB in sich gekrümmt, etwas aufrecht stehend; FlK gerade; Lob. $^{1}/_{1}$, br- bis sehr br-riemenförmig, stumpf 2spitzig.

**Stern-Hasenohr, (28), *Bupléurum stellátum***

- LB mit mehreren Längsnerven, nicht oder nur sehr schwach netznervig. — Kro gelb; ganzes KroB in sich gekrümmt, etwas aufrecht stehend; FlK gerade; Lob. $^{1}/_{1}$, br- bis sehr br-riemenförmig, stumpf 2spitzig.

**Felsen-Hasenohr, (28), *Bupléurum petráeum***

## 112 (= 1110000)

KroB gelb, aufrechtstehend, ± elliptisch, relativ frühzeitig abfallend; FlK ± gerade; Lob. $^{1}/_{4}$–$^{1}/_{2}$, br 3eckig zugespitzt

**Gelbdolde, (12), *Smýrnium perfoliátum***

## 116 (= 1110100)

KroB gelblich, behaart, keine deutliche Fö; FlK gerade bis schwach ausgerandet; FL 0–$^{1}/_{1}$; Lob. $^{1}/_{2}$, schmal-riemenförmig, oft vorn verbreitert, 1–3spitzig.

**Grüne Gewöhnliche Bärenklau, (43), *Heracléum sphondýlium subsp. flavéscens***

## 119 (= 1110111)

1 Blättchen 25–90 mm lg u. $^{1}/_{2}$–3 mm br; LB 5×-3zählig, 3dimensional, reisbesenartig; FlK ± gerade. — Kro h'gelb; Lob. $^{1}/_{2}$–$^{3}/_{4}$, br-riemenförmig, vorn verbreitert, 1–4spitzig. **Echter Haarstrang, (41), *Peucédanum officinále***

- Blättchen 20–80 mm lg u. 15–60 mm br; LB nicht reisbesenartig; FlK ausgerandet. — Stg stark bereift; KroB gelbgrün mit scharfem roten Rand u. Mittelstreifen; Lob. $^{1}/_{2}$, riemenförmig zugespitzt.

**Schweizer Laserkraut, (46), *Laserpítium krápfii* (subsp. *gaudínii*)**

## 127 (= 1111111)

Stg stark bereift; KroB gelbgrün mit scharfem roten Rand u. Mittelstreifen; FlK ausgerandet; Lob. $^{1}/_{2}$, riemenförmig zugespitzt.

**Schweizer Laserkraut, (46), *Laserpítium krápfii* (subsp. *gaudínii*)**

## Artenschlüssel

### (1) Wassernabel, *Hydrocótyle* (E 5)

Köpfchen gestielt, in den Achseln von LB, mit wenigen unscheinbaren, grünlichen Blü. H: 10–15 cm. ♃ He. VII–VIII. Sümpfe, Moorwiesen, Gräben, Ufer, Erlenbrüche; collin; sehr slt. **V** (im Bereich des Bodensees). ((Hptvbr.: ganz Europa, bes. im Westen u. Norden.) Vom Aussterben bedroht. Giftig.
**Wassernabel, *H. vulgáris***

### (2) Sanikel, *Sanícula*

LB wintergrün, Spreite handförmig 5teilig, unterseits glänzend; grundständige LB lg'gestielt. H: 20–50 cm. ♃ He. V–VII. Edellaubwälder; kalkliebend; collin bis obermontan; hfg. **Alle Bdld**. VolksarzneiPf [„Radix Saniculae" jedoch stammt von *Dentaria enneaphyllos*!]. **Sanikel,** Heildolde, ***S. europáea***

### (3) Schaftdolde, *Hacquétia*

LB grundständig, meist 2, lg gestielt, Spreite handförmig 3–5teilig. H: (10)20–25 cm. ♃ He. IV–V. Schattige Edellaubwälder, auch Fichtenforste; kalkliebend; collin bis montan; zstr bis slt. **(O, St)**, Süd-**K**. (Hptvbr.: Slowenien, Friaul, westl. Kroatien, Nord-Karpaten.) **Schaftdolde,** (sl.:) tevje, ***H. epipáctis***

### (4) Sterndolde, Stränze, *Astrántia*

**1** KB schmal-lanzettlich, deutlich stachelspitzig bis kurzgrannig, 1–3 mm lg; HüllB derb, mit deutlichen Quernerven, — 3–5nervig, 10–30 mm lg; Spreite der unteren LB meist (3)6–12(20) cm ∅, (3)5(7)teilig, ihr Mittelabschnitt fast bis zum Spreitengrund, die Seitenabschnitte bis etwa $^1/_3$ der Spreitenlänge reichend; Fr 6–8 mm lg. H: 30–100 cm. ♃ He. (V)VI–VIII. Frische bis feuchte Edellaubwälder, Hochstaudenfluren, Rostseggenrasen; kalkliebend; montan bis subalpin; zstr. **Alle Bdld**. **Große St., *A. májor***

**a** Hülle fast 2× so lg wie die Dolde; KB lanzettlich, 2–2,5 mm lg, deutlich länger als die KroB. — Endständige Dolde *(samt Hülle)* (3)4–5 cm ∅, Hülle oft ± purpurrosa; Fr 5–6 mm lg. Slt. **Fehlt B, W, N**. *(A. major var. involucrata)*
**Kärntner G. St., *A. m. subsp. carinthíaca***

**-** Hülle meist so lg bis nur wenig länger als die Dolde; KB eilanzettlich, (1)1,5–2 mm lg, nicht bis nur wenig länger als die KroB. — Endständige Dolde *(samt Hülle)* 2–3(4) cm ∅; Hülle meist weißlich(grünlich); Fr 4–5 mm lg. Zstr. **Alle Bdld**. (Inkl. *„var. minor"*)
**Gewöhnliche G. St., *A. m. subsp. májor***

**-** KB eilanzettlich, ± spitz bis stumpflich, meist bespitzt, 0,7–1 mm lg; HüllB dünn, häutig, ohne oder mit nur undeutlichen Quernerven, — 3nervig, 5–15 mm lg, weiß; Spreite der unteren LB meist 2–5(10) cm ∅ . . . . . . . **2**

**2** Mittelabschnitt der unteren LB fast bis zum Spreitengrund reichend (bis zu $^1/_9$–$^1/_{15}$); HüllB 8–15 mm lg u. 2–3 mm br, die Dolde deutlich überragend. — WuStock am Hals dicht faserschopfig (?); untere LB 5(7)teilig, Abschnitte lanzettlich; Dolden 1–5, *(samt Hülle)* 1–1,5(2,5) cm ∅; HüllB oft schneeweiß; Fr länglich, etwa 4 mm lg. H: 20–50(60) cm. ♃ He. VI–IX. Trockene Rasen, steinige Wälder, Zwergstrauchheiden u. Krummholz; kalkliebend; montan bis subalpin; zstr bis slt. **K, T**. Disjunkt in den nördl. (Bayerisch-Tiroler) u. in den südöstl. (Kärntnerisch-Slowenischen) Kalkalpen. **Bayerische St., *A. bavárica***

**-** Mittelabschnitt der unteren LB nur bis zu ($^1/_3$)$^1/_4$–$^1/_5$($^1/_6$) der Spreitenlänge (vom Stielansatz) reichend; HüllB 4–8(10) mm lg u. 1–2 mm br, kürzer bis so lg wie die

Dolde. — WuStock am Hals nur schuppig (nicht oder kaum faserschopfig); untere LB (3)5spaltig, Abschnitte elliptisch; Dolden 3–10, *(samt Hülle)* etwa 1 cm ∅; HüllB weiß bis grünlich; Fr eiförmig, etwa 3 mm lg. H: 30–75 cm. ♃ He. VII–VIII. Feuchte, lichte Laubwälder, Rasen, Hochstaudenfluren, Bachränder; kalkliebend; montan (subalpin); zstr. **K**. (Südostalpisch; Hptvbr.: Slowenien, Friaul.) **Krainer St.,** (sl.:) kranjski zali kobulček, ***A. carniólica***

## (5) **Mannstreu,** Donardistel, ***Erýngium*** (E 4)

1 GrundB der blühenden Pf fiederschnittig; Köpfchen grünlich-h'grau. — Pf weißlich oder bläulich- bis grasgrün, sehr ästig, meist einen fast halbkugeligen Busch bildend (Steppenroller! → deutscher Gattungsname!); HüllB meist dornig, in einen stechenden Enddorn auslaufend; Kro weißlich oder graugrün; Köpfchen eiförmig-kugelig, 1–1,5 cm ∅. H: 20–60 cm. ♃ He. VII–IX. Trockenrasen, trockene Magerweiden, Wegränder, Bahndämme; collin bis submontan (montan); im Pann mäßig hfg, sonst slt. **B, W, N, O, (St, K, S, T)**. Im nVL regional gefährdet. **Feld-M., Gewöhnliche M., G. D.,** ***E. campéstre***

- GrundB der blühenden Pf unzerteilt; Köpfchen samt HüllB meist blau . . 2

2 HüllB 1–2×-fiederteilig mit lg begrannten Abschnitten, deutlich länger als das Köpfchen, dieses 3–4 cm lg (hoch); GrundB meist spitz. — Pf oben amethystblau überlaufen. H: 50–70(80) cm. ♃ He. VII–IX. Hochstaudenfluren; kalkliebend; subalpin; slt bis sehr slt. Südwest-**K, V**. (Hptvbr.: Westalpen, Jura, Dinarische Gebirge.) Gefährdet. ▲ **Alpen-M., -D.,** „Blaue Distel", ***E. alpínum***

- HüllB entfernt dornig-gesägt, meist nur wenig länger als das Köpfchen; dieses 1–1,5 cm lg (hoch); GrundB stumpf. — Pf oben knallblau überlaufen. H: (30)70–100(150) cm. ♃ He. VI–IX. Wiesen, Weiderasen, Flußufer, Dämme; liebt sandige Böden; collin; sehr slt. Im Pann. **W, N, (St), (K)**. (Hptvbr.: Osteuropa.) Vom Aussterben bedroht. **Flachblatt-M., -D.,** ***E. plánum***

## (6) **Kälberkropf,** ***Chaerophýllum***

1 KroB deutlich bewimpert *(Lupe!)*; GriÄste fast parallel. — Kro weiß bis rötlich; HüllchenB lg bewimpert; Stg unter den Knoten nicht verdickt. (Artengruppe Wimper-K., *C. hirsutum agg.*) . . . . . . . . . . 2

- KroB nicht bewimpert; GriÄste spreizend. — Kro weiß; Stg unter den Knoten ± deutlich verdickt, wenigstens unterwärts rotfleckig . . . . . . . . . . . 4

2 Jede der beiden unteren Hauptfiedern fast so groß wie die übrige LB'Spreite; FrHalter nur im oberen ⅓ oder weniger gespalten, über dem Grund verdickt. — Döldchen zur BlüZeit gewölbt. H: 50–120 cm. ♃ He. V–VII. Feuchte Fettwiesen (Kohldistelwiesen), Bachufer, Hochstaudenfluren, schattig-feuchte Wälder, Auwälder; montan bis subalpin; hfg. **Fehlt W**. *(C. cicutaria)* **Wimper-K., Bach-K.,** Rauhhaariger K., ***C. hirsútum*** *(s. str.)*

- Jede der beiden unteren Hauptfiedern viel kleiner als die übrige LB'Spreite; FrHalter mindestens bis zur Mitte oder fast bis zum Grund gespalten, über dem Grund fast nicht verdickt . . . . . . . . . . . . . . . . . . . . 3

3 Obere Seitendolden meist gegen- oder quirlständig; Stg u. LB'Unterseite samtig-flaumig behaart; Scheiden der obersten LB 15–20 mm lg. — LB'Abschnitte lg zugespitzt; FrHalter tief geteilt. H: 50–100 cm. ♃ He. VI–VIII. Wiesen, Bachufer, Hochstaudenfluren, Grünerlengebüsche; kalkmeidend; subalpin; zstr. **V?** (im Kleinen Walsertal?). (Südwestalpisch.) ⊖ **Schöner K.,** ***C. élegans***

- Obere Seitendolden meist wechselständig; Stg u. LB meist borstig behaart, slt kahl; Scheiden der obersten LB 3–10 mm lg. — FrHalter bis zur Mitte oder noch tiefer gespalten. H: 50–100 cm. ♃ He. VI–VIII. Hochstaudenfluren, Bergwiesen; Bachufer, lichte Wälder; subalpin bis alpin; mäßig hfg bis zstr. **Fehlt B, W.** **Alpen-K., *C. villársii***

**4** [1] LB 2–3×-3zählig; Blättchen ungeteilt, doppelt-gesägt. — Pf (zerrieben) würzig riechend; HüllchenB bewimpert. H: 60–150 cm. ♃ He. VII–VIII. Bachauen, Ufergehölze, schattig-feuchte Wälder; kalkmeidend; stickstoffliebend; collin bis untermontan; zstr bis slt. **B, W, N, O, (St).**
**Duft-K., Aromatischer K.,** „Würz-K.", ***C. aromáticum***

**-** LB 2–3×-gefiedert; Blättchen am Grund fiederspaltig, an der Spitze gekerbt oder gesägt . . . . . . . . . . . . . . . . . . . . . . . . . . . . . . **5**

**5** Pf ♃; Fr 8–12 mm lg; Gri 2–3× so lg wie der GriPolster. — Stg kurzflaumig u. meist lg steifhaarig, rotfleckig; LB gelbgrün, mit lg zugespitzten Endabschnitten; HüllchenB bewimpert. H: 80–120 cm. ♃ He. VI–VII. Frische Fettwiesen, schattig-feuchte Gebüsche u. Waldränder; (collin) montan bis subalpin; hfg bis zstr. **B†, sonst alle Bdld.** (Im Habitus recht ähnlich dem Wiesen-Kerbel, (7), *Anthriscus sylvestris*, der sich durch den dicht kurz-steifhaarigen, gerillten unteren Stg ohne rote Fleckung sowie die nur 1–4strahlige endständige Dolde unterscheidet.) **Gold-K., *C. áureum***

**-** Pf ⊙–⊙; Fr 4–7 mm lg; Gri so lg wie der GriPolster . . . . . . . . . . . . **6**

**6** Wu spindelförmig; Stg auch in der oberen Hälfte behaart; HüllchenB bewimpert. — LB'Zipfel stumpf, eiförmig. H: 30–100 cm. ⊙–⊙ Th–He. V–VIII. Nitrophile Hecken u. Wälder, Robinienforste, ruderale Gebüsche; collin bis montan; zstr bis slt. **(K), S†, sonst alle Bdld.** Im Alp, im nVL u. im söVL gefährdet. Schwach giftig. *(C. temulentum)*
**Taumel-K.,** Hecken-K., Betäubender K., ***C. témulum***

**-** Wu knollig verdickt; Stg in der oberen Hälfte kahl; HüllchenB kahl. — Stg nur unten steifhaarig u. rot gefleckt, oben meist bereift. H: 80–180 cm. ⊙ Ge. VI–VIII. Weingartenränder, Gebüsche, Hecken; stickstoffliebend; collin bis untermontan; im Pann hfg bis zstr, sonst slt. **Fehlt S, V.** Wildgemüse (Knolle), früher Gemüse- u. FutterPf. Im Alp u. im söVL gefährdet.
**Rüben-K., Kerbelrübe, *C. bulbósum***

## (7) Kerbel, *Anthríscus*

**1** Pf ♃; Fr mit kurzem, 1–2 mm lg, schwach ausgeprägtem Schnabel; Schnabel 1/6–1/5× so lg wie der Rest der Fr (Abb. 263 a); Pf ohne Kerbelgeruch (jedoch schwach andersartig riechend). (Artengruppe Wiesen-K., *A. sylvestris agg.*) . . . . . . . . . . . . . . . . . . . . . . . . . . . . . . **2**

**-** Pf ⊙; Fr mit deutlichem, (1)2–4 mm lg, gut ausgeprägtem Schnabel; Schnabel 1/4–1/2× so lg wie der Rest der Fr (Abb. 263 b); Pf (beim Zerreiben) stark aromatisch (± deutlicher Kerbelgeruch: anis- u. fenchelähnlich) . . . . . . **3**

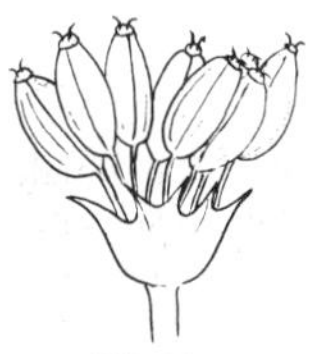
Abb. 262

Abb. 263a

Abb. 263b

Abb. 264

**2** Jede der beiden untersten Fiedern viel kleiner als der Rest des LB; Fr 7–10 mm lg, am Grund der Blü u. der Fr meist mit einem Kranz von etwa 0,1 mm lg Borstenhaaren; RandBlü nur wenig strahlend. — Stg bes. unten grau, weil dicht kurz-steifhaarig; LB 2–3×-gefiedert. H: 60–150 cm. ♃ He. V–VIII. Frische, überdüngte Fettwiesen, Hochstaudenfluren, Ruderalfluren, Waldränder; düngerliebend; collin bis untermontan (subalpin); sehr hfg bis hfg. **Alle Bdld.**

**Wiesen-K., *A. sylvéstris***

**-** Jede der beiden untersten Fiedern fast so groß wie der Rest des LB; Fr 5–7 mm lg, am Grund kein Kranz von Borstenhaaren; RandBlü meist deutlich strahlend. — Stg unten grün, sehr kurzhaarig bis fast kahl; LB 2×-gefiedert, schwach aromatisch (fichtennadelähnlich, nicht kerbelartig duftend!), bes. unterseits mit auffallendem Glanz; ∅ des LB'Stiels ohne zentrale Gefäßbündel; Rand der GrundB mit kurzen, 0,1–0,2 mm lg Haaren; Rand der KroB kahl; Fr glatt, ungefurcht. H: 60–120 cm. ♃ He. VI–VIII. Hochstaudenfluren, Subruderalfluren, Schluchtwälder, Fettwiesen, Bachufer, feuchte Wälder, luftfeuchtigkeitsliebend; montan bis subalpin; zstr bis slt. **Fehlt W**. In den wAlp u. sAlp gefährdet. LB sehr ähnlich jenen des Wimper-Kälberkropfs (6), *Chaerophyllum hirsutum*; bei diesem jedoch ∅ des LB'Stiels mit 1–5 zentralen Gefäßbündeln; Rand der GrundB mit kurzen, 0,2 mm lg u. zusätzlich mit längeren, 0,7–1 mm lg Haaren; KroB bewimpert; Fr längsgefurcht). *(**A. nitida**)* **Alpen-K., Glanz-K., *A. nítidus***

**3** Fr eiförmig, 4–5 mm lg; Schnabel (1)2 mm lg; Gri kürzer als der GriPolster; Doldenstrahlen kahl. — Pf (LB zerrieben) fichtennadel- bis herb-kerbelartig riechend; Stg am Grund oft purpurn; Fr dicht mit gekrümmten Borsten besetzt. H: 15–80 cm. ⊙ Th. V–VI. Gebüsche, Ruderalstellen; stickstoffliebend; collin; slt. **B, W, N, (O)**. Gefährdet. *(A. scandix, A. scandicinus, A. vulgaris)*

**Hunds-K., *A. cáucalis***

**-** Fr schmal-walzlich, 7–10 mm lg, Schnabel 3–4 mm lg; Gri länger als der GriPolster; Doldenstrahlen dicht flaumhaarig. — Pf (LB zerrieben) angenehm süß-würzig (ähnlich Fenchel und Anis) duftend. H: 20–70 cm. ⊙ Th. V–VIII. VolksarzneiPf (Kraut, Fr). **Echter K., *A. cerefólium***

**a** Fr mit hakigen Borsten. — Lichte, trockene, nährstoffreiche Wälder, Gebüsche, Ruderalstellen, Weingartenränder; collin bis submontan; zstr. **B, W, N, O**. Die Wildsippe. Wildgewürz. *(A. c. subsp. trichospermus)*

**Wilder E. K.,** Wildes Kerbelkraut, ***A. c. var. longiróstris***

**-** Fr kahl. Die Kultursippe. Als Gewürzkraut (Suppenkraut) kultiviert u. verwildert (zT eingebürgert). *(A. sativa)*

★ **Garten-K.**, Garten-Kerbelkraut, (kärntn.:) „Keferfil", ***A. c. var. cerefólium***

## (8) Venuskamm, *Scándix*

H: 15–30 cm. ⊙ Th. V–VII. Getreideäcker, Kartoffeläcker, Ruderalstellen; kalkliebend; collin bis submontan; im Pann slt, sonst sehr slt. **W†, St†, (K); fehlt S; sonst alle Bdld**. (Medit.) Stark gefährdet.

**Venuskamm, *S. pécten-véneris*** *(subsp. pécten-véneris)*

## (9) Süßdolde, *Mýrrhis*

Fr stark nach Anis riechend. H: 60–120 cm. ♃ He. VI–VII. Hochstaudenfluren, Waldschläge, Grauerlenwälder; kalkliebend; obermontan bis subalpin; zstr bis slt. **St, K, S, T**. Heimisch nur in den sAlp. Früher als Gewürz-, Gemüse- u. VolksarzneiPf, aber auch als TierarzneiPf (Steigerung der Milchleistung) kultiviert, verwildert u. zT eingebürgert (zB in **V**). (Heimat: West-Alpen u. südl. Kalkalpen.) **Süßdolde, *M. odoráta***

## ★ (10) Koriander, *Coriándrum*

Obere LB mit linealischen, untere mit br Zipfeln; LB eigenartig riechend u. schmeckend. H: 30–50 cm. ⊙ Th. VI–VII. Als Gewürz- u. ArzneiPf slt kultiviert u. sehr slt verwildert. (Heimat: West-Asien.) Fr als Wurst-, Brot- u. Likörgewürz verwendet (im Orient auch LB als Gewürzkraut); VolksarzneiPf. **★ Echter Koriander, *C. satívum***

## (11) Stinkkoriander, *Bífora*

Untere LB gestielt, mit etwa 1 mm br Zipfeln; obere LB sitzend, mit entfernteren, fädlichen Zipfeln; äußere KroB der RandBlü viel größer (strahlend) als die anderen. H: 15–40 cm. ⊙ Th. V–VIII. Getreideäcker, Ruderalstellen; collin bis submontan; zstr. **B, W, N, O, St, (K?, S, T, V)**.
**Stinkkoriander,** Hohlkoriander, Hohlsame, „Wanzensame", ***B. rádians***

## (☆) (12) Gelbdolde, *Smýrnium*

Wu knollig; Stg zur FrReife bleich, totengerippeähnlich; Fr etwas breiter als lg, 3–3,5 mm lg, schwarz, glänzend. H: 50–80 cm. ⊙ He. V–VI. Sehr slt in botanischen Gärten u. (Schloß-)Parks lokal eingebürgert. **W** (Botanischer Garten der Universität Wien), **N** (Burg Liechtenstein bei Mödling), **St** (Grazer Schloßberg). Kulturrelikt? (früher als GewürzPf verwendet?). (Heimat: Medit.) **(☆) Gelbdolde,** Gespenst, ***S. perfoliátum***

## (☆) (13) Erdkastanie, *Búnium*

Dolde (5)10–20strahlig; BlüStiele an den inneren Kanten winzig gezähnt *(Lupe!)*; Fr 3–5 mm lg, ähnlich der des Kümmels, *Carum carvi*; HüllB 5–10 (beim im Habitus sehr ähnlichen Kümmel, (34), *Carum carvi* HüllB meist fehlend). H: 20–60 cm. ♃ Ge. VI–VII. Trockene Wiesen, collin bis untermontan; slt. **W, N** (Donau-Schutzdämme in u. unterhalb von Wien), **(K)**. Unbeständig bis eingebürgert. (Hptvbr.: West-Europa.)
**(☆) Erdkastanie**, Knollenkümmel, ***B. bulbocástanum***

## (14) Bibernelle, *Pimpinélla*

**1** Frkn u. Fr weichhaarig; untere LB ungeteilt, gesägt. — Obere LB 2–3×-gefiedert, mit lineal-lanzettlichen Zipfeln. H: 15–50 cm. ⊙ Th. VII–VIII. GewürzPf (Fr u. ganze Pf), ArzneiPf, Homöop.; slt kultiviert. (Alte KulturPf, Heimat unbekannt, wahrscheinlich im Raum Ägypten, Vorderasien, Ost-Medit.) **★ Anis, *P. anísum***

**–** Frkn u. Fr kahl, untere LB gefiedert (slt 2–3×-gefiedert) . . . . . . . . . . **2**

**2** Stg kantig gefurcht, meist röhrig hohl, bis oben beblättert; Gri sofort nach dem Abblühen länger als die junge Fr. — LB 1×-gefiedert mit sitzenden Blättchen (slt doppelt-gefiedert). ♃ He. VI–IX. Fettwiesen, Hochstaudenfluren, Gebüsche; Nährstoffzeiger; hfg. **Alle Bdld**. **Groß-B., *P. májor***

**a** Kro weiß. H: 50–100 cm. (Collin) submontan bis montan. **■ Gewöhnliche G.-B., *P. m. subsp. májor***

**–** Kro kräftig rosa. H: (10)20–40 cm. Obermontan bis subalpin (alpin). **■ Rote G.-B., *P. m. subsp. rúbra***

**–** Stg stielrund oder kantig, schwach gerillt, fast voll, oberwärts nur fast spreitenlose LB'Scheiden tragend; Gri sofort nach dem Abblühen kürzer als die junge

Fr. — LB 1×-gefiedert, größere Blättchen deutlich gestielt. (Artengruppe Klein-B., *P. saxifraga agg.*; schwierig, noch nicht ausreichend erforscht) . . . . 3

3 Stg kantig-gerillt, am Grund mit einem Schopf von Gefäßresten abgestorbener LB. — Blättchen mit spitzen, abspreizenden Zähnen; Dolde 6–12strahlig; Kro weiß, slt rötlich; Pf fast stets völlig kahl u. glänzend. H: 15–30 cm. ♃ He. VII–X. Magere Weiderasen, Geröllhalden; subalpin; zstr. **N, St, O?, K?**. *(P. saxifraga subsp. alpestris)* ■ **Alpen-B., *P. alpína***

- Stg ± fein-gerillt, am Grund ohne Gefäßreste abgestorbener LB. — Unterseite der KroB behaart. (Echte Bibernelle, *P. saxifraga s. str.*) . . . . . . . . . . 4

4 Haare des unteren StgTeiles u. der unteren LB'Stiele verlängert u. geschlängelt, zottig abstehend; GrundB (4)5–6paarig gefiedert; frische Wu auf der Schnittfläche sich ± stark blau verfärbend (meist nur die Rinde); Doldenstrahlen 15–18 (?). H: 40–65 cm. ♃ He. VII–IX. Halbtrockenrasen, trockene Wiesen, Böschungen, Ruderalstellen; collin; zstr bis slt. **Fehlt V, T?**. (Wohl eher nur Unterart.) *(P. saxifraga subsp. nigra)* ■ **Schwarz-B., *P. nígra***

- Haare des unteren StgTeiles u. der unteren LB'Stiele kurz u. gerade, nach unten anliegend oder fehlend; GrundB 3–4(5)paarig gefiedert; frische Wu am Schnitt sich nicht blau verfärbend; Doldenstrahlen 12–15 (?). — Blättchen meist rundlich, gezähnt, slt in schmale, zugespitzte Zipfel zerschlitzt *(var. dissecta)*. H: 10–50 cm. ♃ He. VII–IX. Magerrasen, Halbtrockenrasen, Wegränder, Böschungen; collin bis subalpin; hfg. **Alle Bdld**. VolksarzneiPf (Wu); Homöop. (Wohl eher nur Unterart.) ■ **Klein-B., *P. saxífraga***

## (15) Geißfuß, *Aegopódium*

H: 50–100 cm. ♃ He. VI–VII. Schattig-feuchte Gebüsche, Auwälder, feuchte Wälder, Wiesen, Gärten; Nährstoffzeiger, stickstoffliebend; collin bis montan; hfg. **Alle Bdld**. Wildgemüse (junge LB).
**Geißfuß**, Giersch, „Krähenhaxn", ***Ae. podagrária***

## (16) Merk, *Síum*

Blättchen der LuftB länglich-eiförmig, gleichmäßig scharf gesägt, am Grund schief, die Hälften verschieden groß; untergetauchte LB 2–3×-gefiedert, mit verlängerten, linealischen Zipfeln, von den LuftB auffallend verschieden. H: 60–120 cm. ♃ He. VII–VIII. An u. in stehenden u. trägfließenden Seichtwässern u. in Sümpfen; collin (submontan); slt. **B, W, N, O**. Stark gefährdet. Giftig. **Merk, *S. latifólium***

## (17) Berle, *Bérula*

Blättchen länglich eiförmig, ungleich grob gesägt bis eingeschnitten. H: 30–80 cm. ♃ He. VII–IX. An u. in fließenden u. stehenden Gewässern (oft auf sandigen Böden), in Sümpfen, slt in Erlenbrüchen; collin bis submontan (montan); zstr bis slt. **Alle Bdld**. Im Alp gefährdet. Giftig. *(B. angustifolia, Sium erectum)* **Berle, *B. erécta***

## (18) Bergfenchel, Sesel, *Séseli*

1 HüllB meist zahlr., slt anstatt der HüllB 1–3 LB; Stg auffallend stark kantig gefurcht. — Fiedern ungestielt, daher das unterste Fiederchenpaar jeder Fieder mit dem der gegenüberstehenden Fieder ein Kreuz bildend; Dolde 20–40strah-

lig. H: 15–120(150) cm. ⊙ He. VII–VIII. Trockene Magerwiesen, Halbtrokkenrasen, Rasenbänder im Fels, felsige Hänge, trockene Gebüschränder; meist kalkliebend; collin bis subalpin; mäßig hfg bis zstr. **Fehlt V**. Sehr variabel. *(Libanotis montana,* inkl. *L. pyrenaica* u. *L. daucifolia)*
**Heilwurz, Hirschheil-B., *S. libanótis*** *(subsp. libanótis)*

- HüllB fehlend (slt 1–2); Stg nicht stark kantig gefurcht . . . . . . . . . . . **2**

2 Doldenstrahlen auf der Innenseite flaumig behaart. — LB'Stiele der GrundB oberseits rinnig vertieft . . . . . . . . . . . . . . . . . . . . . . . . . . **3**

- Doldenstrahlen kahl . . . . . . . . . . . . . . . . . . . . . . . . . . **4**

3 HüllchenB fast bis zur Spitze becherartig verwachsen (Abb. 262). — Dolden 5–12strahlig. H: 15–50 cm. ♃ He. VII–IX. Trockenrasen, trockene Wiesen; collin bis untermontan; im Pann zstr, sonst slt. **B, W, N, O**†. Im nVL gefährdet.
**Pferde-B., *S. hippomárathrum***

- HüllchenB frei. — Stg oft violett überlaufen; Dolden 12–40strahlig; KroB weiß oder rötlich, außen fein papillös *(Lupe!)*. H: 10–60(90) cm. ⊙ He. VIII–X. Magerrasen, Halbtrockenrasen, lichte Gebüsche; collin bis montan; zstr bis slt. **Alle Bdld, außer V**†. In den wAlp u. im nVL gefährdet. *(S. coloratum)*
**Steppen-B., *S. ánnuum***

4 LB'Stiele der GrundB oberseits rinnig vertieft. — Pf graugrün; Dolden 7–25strahlig; KroB kahl. H: 30–120 cm. ⊙–♃ He. VII–VIII. Trockenrasen, trockene Böschungen, Wegränder; collin bis submontan; slt. **B, W**†, **N**. Stark (?) gefährdet. (Inkl. *S. levigatum* u. *S. varium)* **Bunter B., *S. pallásii***

- LB'Stiele der GrundB oberseits nicht rinnig vertieft. — Stg meist bereift; LB meist seegrün; Dolden (5)8–20strahlig. (Artengruppe Hoher B., *S. elatum agg.*) . . . . . . . . . . . . . . . . . . . . . . . . . . . . **5**

5 Fr dicht mehlig bestäubt, mit (1)2–3 Ölstriemen zw. je 2 Rippen; Endzipfel der LB meist völlig kahl u. glatt *(starke Lupe!)*; KroB 0,75 mm lg. — Dolden 9–20strahlig. H: 30–80 cm. ♃ He. VIII–IX. Felssteppen, Rasenbänder an sonnigen, felsigen Abhängen; kalkstet; submontan bis montan; zstr. **N, O, St, K**. ▲ *(Seselina austriaca)* **Österreichischer B., *S. austríacum***

- Fr fein flaumig oder kahl, mit 1(2) Ölstriemen zw. je 2 Rippen; Endzipfel der LB an der Spitze winzig papillös *(starke Lupe!)*; KroB 0,5 mm lg. — Dolden (5)8–15strahlig. H: 30–120 cm. ⊙–♃ He. VII–VIII. Felsfluren, sonnige, steinige Abhänge; collin bis submontan (untermontan); slt. **B, W, N, O**. Potentiell gefährdet. *(S. beckii, S. devenyense)* **Meergrüner B., *S. ósseum***

## (19) Rebendolde, *Oenánthe*

1 Zumindest einige Doppeldolden LB-gegenständig; Doppeldoldenstiele meist kürzer als 3 cm, kürzer als die Doldenstrahlen; Wu nicht knollig verdickt. — Stg am Grund oft sehr stark verdickt (∅ 5–8 cm); untergetauchte LB haarfein zerschlitzt, Zipfel der ÜberwasserLB fiederschnittig; HüllB meist fehlend. H: 30–150 cm. ⊙–⊙ Th–He. VI–VIII. Stehende Gewässer, Röhricht, Sümpfe; collin bis untermontan; slt. **Fehlt V; St**†. Schwach giftig. TierarzneiPf. Stark gefährdet. ▲ *(O. phellandrium, Phellandrium aquaticum)*
**Wasserfenchel, Roßfenchel, *O. aquática***

- Doppeldolden endständig; Doppeldoldenstiele meist länger als 4 cm, länger als die Doldenstrahlen; Wu teilweise knollig verdickt. — Stg u. untere LB'Stiele hohl . . . . . . . . . . . . . . . . . . . . . . . . . . . . . **2**

**2** Pf mit Ausläufern; alle Fr sitzend; FrDöldchen kugelig; Dolde 2–4strahlig. — Untere LB doppelt, obere 1×-fiederteilig. H: 30–60(80) cm. ♃ He. VI–VIII. In u. an stehenden u. trägfließenden Gewässern, in Sümpfen; collin; früher slt, heute vermutlich ausgestorben. **B†, N†**. Giftig. **† Röhrige R., *O. fistulósa***

**-** Pf ohne Ausläufer; wenigstens einige Fr gestielt (FrStiele oft verdickt u. kurz); FrDöldchen flach bis halbkugelig; Dolde 4–10strahlig. — FrStiel so dick wie der untere Teil der Fr. H: 30–60 cm. ♃ He. Sumpfwiesen; collin bis submontan; sehr slt. **B†, N, K?**. Vom Aussterben bedroht. **Silgenblatt-R., *O. silaifólia***

## (20) Hundspetersilie, *Aethúsa*

LB unterseits glänzend. ⊙ Th. VI–IX. Früher irrtümlich für giftig gehalten (Verwechslung mit dem Fleckenschierling / *Coníum maculátum*!?). Homöop. (Taxonomischer Wert der Unterarten noch nicht ausreichend erforscht.)

**Hundspetersilie**, Gleiße, ***Ae. cynápium***

**a** Pf 100–200 cm hoch; LB'Zipfel linealisch bis länglich. — Stg stielrund, fein gefurcht, bereift; HüllchenB so lg oder kürzer als die Döldchen. H: 100–200 cm. Feuchte Wälder, bes. Auwälder; collin bis untermontan; zstr bis slt. **Fehlt S, T**. **■ Wald-H., *Ae. c. subsp. cynapioídes***

**-** Pf 5–80 cm hoch; LB'Zipfel eiförmig . . . . . . . . . . . . . . . . . . . . . . . . **b**

**b** HüllchenB länger als die Döldchen; äußere Döldchenstrahlen etwa 2× so lg wie ihre Fr. — Stg gefurcht, grün. H: 30–80 cm. Feucht-schattige Stellen in Gärten, feuchte Ruderalstellen; collin bis montan; hfg. **Alle Bdld**. **■ Garten-H., *Ae. c. subsp. cynápium***

**-** HüllchenB so lg oder kürzer als die Döldchen; äußere Döldchenstrahlen meist kürzer als ihre Fr. — Pf meist sparrig verzweigt; Stg kantig, grün. H: 5–20 cm. Stoppeläcker, Brachen; collin bis untermontan; zstr bis slt. **Fehlt S (sonst alle Bdld?)**. **■ Acker-H., *Ae. c. subsp. agréstis***

## (21) Augenwurz, *Athamánta*

HüllB 0–5, 1 HüllB oft LB'artig ausgebildet u. doppelt fiederschnittig; LB graugrün, meist rauhhaarig. H: 10–50 cm. ♃ He. VI–VIII. Felsen, Schuttfluren; kalkliebend; montan bis alpin; zstr. **Fehlt B, W**. VolksarzneiPf (histor.). **Augenwurz, *A. creténsis***

## ★ (22) Fenchel, *Foenículum*

Doppeldolden bis 15 cm ∅, 4–25strahlig. H: (30)80–150(250) cm. ⊙–♃ He. VII–IX. KulturPf, gelegentlich verwildert. (Heimat: Medit.) Gemüse-, Gewürz- u. ArzneiPf (Fr). Der Gemüse-F., Knollen-F., „finocchio", *var. azóricum* mit zwiebelartigen Sprossen (LB'Scheiden vergrößert u. verdickt) ist eine als Gemüse verwendete Kulturrasse.

**★ Fenchel,** Echter F., ***F. vulgáre***

## ★ (23) Dill, *Anéthum*

H: 50–120 cm. ⊙ Th. VII–IX. KulturPf, nicht slt verwildert. (Heimat: Südwest-Asien.) LB als Gemüse, Fr (kümmelähnlich schmeckend) als Gewürz verwendet. VolksarzneiPf.

**★ Dill,** Dille, Dill(en)kraut, Gurkenkraut, „Koper", ***A. gravéolens***

## (24) Wiesensilge, *Sílaum*

LB'Zipfel rötlich bespitzt; HüllchenB weißhäutig berandet. H: 30–100 cm. ♃ He. VI–IX. Feuchte Wiesen; collin bis montan; zstr bis slt. **Fehlt K**. Gefährdet. (*S. selinoides, Silaus pratensis*) **Wiesensilge, *S. sílaus***

## (25) Bärwurz, *Méum*

Pf stark aromatisch; Dolden 3–15strahlig. H: 10–50 cm. ♃ He. V–VI. Weiderasen, Geröllhalden, steinige Stellen unter Krummholz; obermontan bis subalpin; zstr bis slt. **Fehlt B, W, T?**. GewürzPf: Wu u. Fr für Kräuterliköre; VolksarzneiPf. In den wAlp gefährdet. ▲ **Bärwurz, *M. athamánticum***

## (26) Fleckenschierling, *Coníum*

Pf ± deutlich nach Mäusen riechend; Stg stielrund, kahl, bereift, unten rot gefleckt; LB kahl. H: 80–180 cm. ⊙ He. VI–IX. Ruderalstellen, Hecken, Weingartenränder, Äcker; stickstoffliebend; collin bis untermontan; zstr bis slt. **Alle Bdld**. (Hptvbr.: Medit.) Sehr giftig; VolksarzneiPf (histor.); Homöop. Gefährdet. **Fleckenschierling, Echter Schierling**, Giftschierling, Gefleckter Schierling, Sokrates-Schierling, ***C. maculátum***

## (27) Rippendolde, *Pleurospérmum*

Stg röhrig, gefurcht. H: 60–150 cm. ⊙–♃ He. VI–VII. Hochstaudenfluren, Rostseggenrasen, Auwälder, Bachufer, Kare; kalkliebend; montan bis subalpin; zstr, lokal mäßig hfg. **Fehlt W**. **Rippendolde,** Rippensame, Österreichkümmel, ***P. austríacum***

## (28) Hasenohr, *Bupléurum*

**1** Mittlere u. obere StgB vollständig durchwachsen (sodaß die Spreite rings um den Stg völlig geschlossen ist (Abb. 264); *nicht mit „stengelumfassend" verwechseln!*). — Hülle stets fehlend. H: (10)15–75 cm. ⊙ Th. V–VII. Böschungen, Weinberge, Ruderalplätze; kalkliebend; collin bis submontan; slt. **B, W, N, O†, (K), S†, T?, V?**. Stark gefährdet; im nVL vom Aussterben bedroht. **Durchwachs-H.**, Durchwachsenes H., ***B. rotundifólium***

**-** StgB nicht durchwachsen, aber manchmal mit ± herzförmigem Grund stengelumfassend . . . . . . . . . . . . . . . . . . . . . . . . . . . **2**

**2** LB mit 1 Mittelnerv, sonst auffallend netznervig *(Man untersuche die Unterseite!)* . . . . . . . . . . . . . . . . . . . . . . . . . . . . **3**

**-** LB mit mehreren Längsnerven, nicht oder nur sehr schwach netznervig . . **4**

**3** GrundB zur BlüZeit zahlr., rosettig angeordnet; oberster Teil des WuStocks von abgestorbenen LB'Scheiden bedeckt, die einen dicken Schopf bilden; Stg meist ohne LB oder 1–2blättrig; HüllchenB 8–12, bis über die Mitte zusammengewachsen, eine schüsselförmige Hülle bildend. — GrundB 0,3–1,5 cm br, grasartig. H: 15–40 cm. ♃ He. VII–VIII. Steinige Hänge u. Weiderasen, Felsspalten, Schuttfluren; meist auf trockenen Böden; kalkmeidend; (obermontan) subalpin bis alpin; slt. **V**. Potentiell gefährdet. **Stern-H., *B. stellátum***

**-** GrundB zur BlüZeit meist schon abgefallen u. fehlend; oberster Teil des WuStocks ohne Schopf aus abgestorbenen LB'Scheiden; Stg mit zahlr. LB; HüllchenB 5–8, nur am Grund zusammengewachsen, keine schüsselförmige Hülle bildend. — StgB eiförmig, 3–8 cm br, mit herzförmigem Grund stengelumfassend. H: 30–100 cm. ♃ He. VI–VIII. Edellaubwälder, Waldwiesen, Hochstaudenfluren; kalkliebend; montan bis subalpin; zstr bis slt. **Fehlt B, W**. Gefährdet. **Langblatt-H., *B. longifólium* (subsp. *vapincénse*)**

**4** Stg unverzweigt, meist ohne LB, nur mit HochB. — GrundB rosettig-schopfig, grasartig, 10–30 cm lg u. 0,3–0,5 cm br; WuStock von einem dicken Schopf abgestorbener LB'Scheiden umgeben. H: 20–30(50) cm. ♃ He. VII–VIII. Felsrasen, Felsspalten, Polsterseggenrasen; kalkliebend; montan bis subalpin; zstr. In den sAlp. **K** (Karawanken, Karnische Alpen, Dobratsch). (Hptvbr.: Süd- u. Westalpen.) **Felsen-H.**, (sl.:) skalna prerast, ***B. petráeum***

- Stg ästig u. mit mehreren LB . . . . . . . . . . . . . . . . . . . . . . . . . . 5

**5** Pf ♃, zur FrZeit grundständige LB vorhanden. — Kro gelb . . . . . . . . 6

- Pf ⊙, zur FrZeit meist keine grundständigen LB mehr vorhanden . . . . . 7

**6** Obere StgB mit stark verbreitertem Grund deutlich stengelumfassend. — HüllB 2–4, den oberen StgB ähnlich, gelbgrün, gelblich oder rötlich überlaufen. H: 20–30 cm. ♃ He. VII–VIII. Felsfluren, steinige Weiderasen, Geröllfluren; kalkliebend; subalpin bis alpin; zstr bis sehr slt. **St, S,** Nord-**T, V**. In den öAlp gefährdet. **Hahnenfuß-H.**, ***B. ranunculoídes***

- Obere StgB dem Grund zu verschmälert, sitzend. — HüllB 2–3. H: 20–100(120) cm. ♃ He. VII–IX. Trockene Wiesen, Halbtrockenrasen, Gebüsche, Säume; kalk- u. lößliebend; collin bis montan; im Pann sehr hfg, sonst slt. **B, W, N, O, St, T**. **Sichelblatt-H.**, ***B. falcátum***

**7** Fr bekörnelt-rauh. — Kro gelblich- oder bläulichgrün; Pf bläulichgrün. H: 10–70 cm. ⊙ Th. VIII–IX. Salzhaltige Wiesen, trockene Grasplätze, sandige Stellen; Gräben, Dämme; salzertragend; collin; zstr bis sehr slt. Im Pann. **B** (im Seewinkel zstr), **N**. Stark gefährdet. **Salz-H.**, ***B. tenuíssimum***

- Fr glatt . . . . . . . . . . . . . . . . . . . . . . . . . . . . . . . . . . . . 8

**8** HüllchenB die Spitzen der Fr nicht erreichend; Kro goldgelb. — Pf im Sommer freudig-grün, im Herbst auffallend violett. H: 20–100 cm. ⊙ Th. VII–IX. Trockene Magerrasen, Säume; kalkliebend (meist über Jurakalk); collin bis submontan; sehr slt. **W, N** (Alpenostrand: Thermenlinie). Stark gefährdet. *(B. junceum)* **Simsen-H.**, ***B. praeáltum***

- HüllchenB die Spitzen der Fr überragend; Kro rötlichgrün. — Pf bläulichgrün. H: 20–70 cm. ⊙ Th. VII–IX. Weg- u. Weinbergränder, Säume, trockene, sonnige Stellen; collin; slt. Im Pann. **B, W, N**. Gefährdet. **Ungarisches H.**, ***B. affine***

## (29) Faserschirm, *Trínia*

**1** HüllchenB 5, bleibend. H: 30–80 cm. ⊙–♃ He. V–VI. Trockenrasen, trockene Böschungen; collin; sehr slt. Im Pann. **N** (im Marchfeld u. im Weinviertel). (Hptvbr.: Mähren, Slowakei, Ungarn, Südost-Europa.) Vom Aussterben bedroht. (Inkl. *T. kitaibélii, T. ramosissima)* **Großer F.**, ***T. ucraínica***

- HüllchenB fehlend (slt 1–2 hinfällige HüllchenB). H: 15–30(50) cm. Steppenroller. ⊙ He. IV–V(VI). Trockenrasen (Rasensteppen); kalkliebend; collin bis untermontan; slt. Im Pann. **B, W, N, (O)**. Gefährdet. **Kleiner F.**, ***T. gláuca***

## (30) Sellerie, *Ápium*

**1** HüllchenB fehlend. H: 30–100 cm. ⊙ He. VII–IX. **Echte S.**, ***Á. gravéolens***

a Wu dünn, hart, ästig, nicht eßbar; LB'Stiele nicht fleischig; WildPf. — Feuchte, salzige Wiesen u. Gräben; collin; sehr slt. **B, N, (V)**. Vom Aussterben bedroht (oder ausgestorben?). **Wilde E. S.**, ***Á. g. subsp. gravéolens***

- Wu dick, fleischig, eßbar; LB'Stiele fleischig; KulturPf. — GemüsePf (Knollen u. LB), hfg kultiviert, manchmal verwildert. VolksarzneiPf. ★ **Knollen-S., Zeller, Seller, *Á. g. subsp. rapáceum***

- HüllchenB 5–7. — Stg kriechend, am Grund liegend oder im Wasser flutend. H: 10–30 cm. ♃ He. VII–IX. Offene, zeitweise überschwemmte Teichufer, Gräben, feuchte Ruderalstellen, sumpfige Stellen; collin; sehr slt. **Fehlt St; K†, V†, sonst alle Bdld.** Vom Aussterben bedroht. ▲ *(Helosciadium repens)*

**Kriech-S., *Á. répens***

## ★ (31) Petersilie, *Petroselínum*

Untere LB 3×-gefiedert, oft kraus. H: 40–90 cm. ⊙ He. VI–VII. (Heimat: Medit.) GewürzPf (LB), slt verwildert. *(P. sativum, P. hortense)*

**★ Petersilie, Garten-P., *P. críspum***

## (32) Wasserschierling, *Cicúta*

WuStock dick, durch Querwände fächrig, mit gelbem Milchsaft; Dolden 10–20strahlig. H: 60–120 cm. ♃ He. VII–IX. Im Seichtwasser an den Ufern stehender u. langsam fließender Gewässer, in Sümpfen u. Flachmooren; kalkmeidend; collin bis montan; slt bis sehr slt. **V†; fehlt W.** Sehr giftig; VolksarzneiPf (histor.). Stark gefährdet; im Alp, im nVL, im söVL u. im Pann vom Aussterben bedroht. ▲ **Wasserschierling**, Giftwüterich, ***C. virósa***

## (33) Sicheldolde, *Falcária*

Pf kahl, blaugrün, sparrig ästig (Steppenroller!). H: 30–80 cm. ♃ He. VII–IX. Trockene Ruderalstellen, Mauerfugen, Böschungen, Äcker; collin bis montan; im Pann hfg, sonst zstr bis slt. **B, W, N, O, St, (K).**

**Sicheldolde, Sichelmöhre, *F. vulgáris***

## (34) Kümmel, *Cárum*

Wu spindelförmig; LB kahl; HüllchenB meist fehlend, slt 1–8. H: 30–80 cm. ⊙ He. V–VII. Fettweiden, Fettwiesen; collin bis subalpin; hfg. **Alle Bdld.** Auch (als Kultursorten) kultiviert. (Wild-)GewürzPf, ArzneiPf; Homöop.

**Echter Kümmel, Wiesen-Kümmel, *C. cárvi***

## (35) Brenndolde, *Cnídium* *(Selinum s. l.)*

Vgl. die Anm. bei (36) Silge, *Selinum*!

HüllchenB nur ganz schwach hautrandig, am Rand von kurzen Zäckchen etwas rauh. H: 30–100 cm. ⊙–♃ He. VIII–IX. Sumpfwiesen, Auen; collin; slt. Im Pann. **B, N.** Stark gefährdet. *(C. venosum, Selinum dubium)*

**Brenndolde, *C. dúbium***

## (36) Silge, *Selínum* *(s. str.)*

Anm.: Die Brenndolde, (35), *Cnidium dubium* wird besser dieser Gattung einverleibt.

LB'Zipfel mit weißer Grannenspitze; Doldenstrahlen 15–20, innen flaumig; KZähne undeutlich. H: 30–90 cm. ♃ He. VII–VIII. Feuchte Wiesen, Sumpfwiesen, feuchte, lichte Wälder u. Gebüsche, auch trockene Magerrasen; kalkmeidend; collin bis montan; zstr bis slt. **Alle Bdld.** In den wAlp, nAlp, im nVL u. im Pann gefährdet. **Silge, Kümmelsilge, *S. carvifólia***

## (37) Mutterwurz, *Ligústicum*

1 HüllB 5–10, bleibend, wenigstens zT 3teilig bis fiederteilig; StgGrund mit braunen, häutigen LB'Resten; Stg meist blattlos mit einer einzigen, endständigen Doppeldolde; Kro weiß oder rosa. H: 3–15 cm. ♃ He. VII–VIII. (Weide-) Rasen auf tiefgründigen, oft kalkarmen Böden; meist windexponierte Grate mit kurzer Schneebedeckung, bes. Nacktriedrasen, auch Polsterseggen- u. Krummseggenrasen; über Silikatgesteinen u. Kalkschiefer; (subalpin) alpin; zstr bis slt. **Fehlt B, W**. *(L. simplex, Pachypleurum m.)*
**Zwerg-M., *L. mutellinoídes***

- HüllB meist fehlend, slt 1–2, hinfällig, ganzrandig; StgGrund mit dichtem Faserschopf; Stg meist mit 1–2 kleinen LB u. 2–3 Doppeldolden; Kro meist rot oder purpurn. H: 10–50 cm. ♃ He. VI–VIII. (Fett-)Weiderasen, Hochstaudenfluren; subalpin bis alpin; hfg bis zstr. **Fehlt B, W**. ArzneiPf. *Mutellina purpurea)* **Alpen-M., *L. mutellína***

## (38) Schierlingssilge, *Conioselínum*

Obere LB'Scheiden groß, aufgeblasen; Dolden (7)15–30strahlig; KZähne undeutlich. H: 50–150 cm. ♃ He. VII–IX. Karfluren, Hochstaudenfluren, basenreiche Silikatfelsen; montan bis subalpin; slt. **St** (auf dem Zirbitzkogel), **K** (auf der Koralpe), **S** (im Göriachwinkel im Lungau). (Hptvbr.: Karpaten, Nord- u. Osteuropa, Nordasien.) Stark (?) gefährdet. ▲ *(C. vaginatum)*
**Schierlingssilge, *C. tatáricum***

## (39) Engelwurz, Brustwurz, *Angélica*

**1** KZähne deutlich ausgebildet; Stg scharfkantig-gefurcht mit häutig-geflügelten Kanten; Blättchengrund oft herzförmig; Blättchen unterseits an den Nerven borstig-rauh; LB'Stiele unterseits gekielt; Doppeldoldenstiele fast kahl; KroB genagelt. — Fr 5–6 mm lg. H: 50–120 cm. ⊙ He. VII–VIII. Feuchte Wiesen, Flachmoore; collin; (früher:) sehr slt. **K**†. (Hptvbr.: von Westsibirien u. Rußland bis Slowakei [†?], Mähren, Böhmen, Nord-Deutschland u. Montenegro.) Ausgestorben. *(Ostericum palustre, Oristecum p.)*
**† Sumpf-E., *A. palústris***

- KZähne fehlend oder undeutlich ausgebildet („KSaum verwischt"); Stg zumindest in der unteren Hälfte stielrund, höchstens feingerillt bis gefurcht; Blättchengrund verschmälert; Blättchen unterseits kahl; LB'Stiele unterseits nicht gekielt; Doppeldoldenstiele zumindest an der Spitze flaumzottig; KroB nicht genagelt . . . . . . . . . . . . . . . . . . . . . . . . . . . . . **2**

2 LB'Stiel oberseits rinnenförmig; Doppeldoldenstiele in ganzer Länge flaumzottig; Kro weiß oder rötlich. H: 50–150 cm. ⊙ He. VII–IX. Feuchte, lichte Wälder, Auen, feuchte Wiesen, Ufer, Flachmoore; collin bis subalpin; hfg bis zstr. **Alle Bdld**. **Wild-E., Brustwurz, *A. sylvéstris***

**a** LB'Zipfel (Blättchen) eiförmig bis länglich, nicht oder nur sehr kurz am Stiel herablaufend; Fr 4–5,5 mm lg u. 3–4(5) mm br. Feuchte, lichte Wälder, Auen, Feuchtwiesen, Flachmoore, Ufer; collin bis montan; hfg. **Alle Bdld**.
**■■ Gewöhnliche W.-E., *A. s. subsp. sylvéstris***

- LB'Zipfel (Blättchen) länglich-lanzettlich bis lanzettlich, die oberen herablaufend u. die seitlichen oft paarweise verschmelzend; Fr 6–8 mm lg u. (4,5)5–6 mm br. Berg- u. Schluchtwälder, Bachufer; montan bis subalpin; zstr. **Fehlt W**.
**■■ Berg-W.-E., *A. s. subsp. montána***

- LB'Stiel stielrund; Doppeldoldenstiele nur an der Spitze flaumzottig; Kro grünlich, grünlichweiß oder gelblich. — Pf aromatisch. H: 120–300 cm. ⊙ He. VI(–VIII?). (Ehedem?) als Gewürz- u. ArzneiPf kultiviert, verwildert in **B, W**,

**N, O, K, S?**. (Heimat: Nord- u. Ost-Europa, Sudeten, Karpaten.) *(Archangelica officinalis)* **Erz-E., Echte E.**,, Angelika, ***A. archangélica***

a HüllchenB linealisch, etwa so lg wie das Döldchen; Fr 6–8(9) mm lg u. 4–5(6) mm br, mit 3 stark vorspringenden, scharfen Rückenrippen; Kro grünlich, grünlichgelb oder gelblich; Stg meist weich u. saftig, würzig schmeckend u. riechend; LB'Scheiden fast ganz krautig. Verwilderte (ehemalige?) KulturPf (?). **B, N, O, K, S?**. ▪ **Echte E.-E.,** ***A. a. subsp. archangélica***

- HüllchenB pfriemlich, etwa halb so lg wie das Döldchen; Fr (4,5)5–6 mm lg u. (3)3,5–4,5 mm br, mit wenig vorspringenden, stumpfen Rückenrippen; Kro grünlichweiß; Stg meist hart, scharf u. stechend schmeckend u. riechend; LB'Scheiden ± häutig. Ufer der Donau. **W, N, O**. Neubürgerin der Donauufer, neuerdings (ab etwa 1980) flußabwärts bis Wien. (Heimat: Küstengebiete Nord-Europas.) ▪ **Küsten-E.,** ***A. a. subsp. litorális***

### ★ (40) Liebstöckel, *Levísticum*

Pf nach Maggi riechend. H: 100–200 cm. ♃ He. VII–VIII. Als GewürzPf oft kultiviert. (Heimat: Gebirge Süd-Persiens.) ArzneiPf. ★ **Liebstöckel,** Maggikraut, „Lu(st)stock", ***L. officinále***

## (41) Haarstrang, *Peucédanum*

1 LB 1- bis mehrfach 3zählig zusammengesetzt oder 1×-gefiedert (mit geteilten Fiedern) . . . . . . . . **2**

- LB mehrfach gefiedert. — KZähne deutlich ausgebildet; eingeschlagenes Läppchen der KroB länglich, gestutzt (Abb. 261 b, c) . . . . . . **4**

2 LB'Zipfel weit über 10 mm br; Stg hohl; KroB weiß, eingeschlagenes Läppchen zugespitzt (Abb. 261 a); Pf mit Ausläufern. — LB 3zählig zusammengesetzt, Blättchen gestielt, tief 3teilig; KZähne undeutlich. H: 30–100 cm. ♃ He. VII–VIII. Hochstaudenfluren, Lägerfluren, feuchte Gebüsche, Bachufer; montan bis subalpin (alpin); mäßig hfg bis zstr. **Fehlt B, W**. ArzneiPf (Wu). *(Imperatoria ostruthium)* **Meisterwurz,** ***P. ostrúthium***

- LB'Zipfel höchstens 4 mm br; Stg voll (markig); KroB blaßgelb, eingeschlagenes Läppchen gestutzt (Abb. 261 b, c); Pf ohne Ausläufer . . . . . . **3**

3 LB 5×-3zählig zusammengesetzt (3dimensional: reisbesenartig), Zipfel schmal-linealisch, (2)3–7(10) cm lg; HüllchenB zahlr., KZähne deutlich 3eckig; Wu verdickt, stark verholzt. H: 60–200 cm. ♃ He. VII–IX. Wechselfeuchte u. schwach salzige Wiesen; meist auf Tonböden; collin; sehr slt. Nur im Pann. **B, N**. (Hptvbr.: in Mitteleuropa StromtalPf, sonst Süd- u. Ost-Europa.) VolksarzneiPf (Wu). Vom Aussterben bedroht. **Echter H.,** ***P. officinále***

- LB 1×-gefiedert, Fiedern gespalten bis geteilt, Zipfel schmal-lanzettlich, (0,5)1–3(4) cm lg; HüllchenB 0–1; KZähne undeutlich; Wu schlank rübenförmig, schwach verholzt. H: 30–100 cm. ♃ He. VI–IX(X). Wechselfeuchte Wiesen, Waldränder, lichte Wälder; collin bis untermontan; slt, im söVL zstr. **B, W, N, O, St, K**. *(P. chabraei)* **Kümmel-H.,** ***P. carvifólia***

4 [1] LB'Zipfel (2)3–6(7) cm lg u. (1)2–5(7) cm br; Stg zur Gänze purpurbraun, — hohl, ohne Faserschopf; LB'Zipfel eiförmig; Kro blaßgelb. H: 150–250 cm. ♃ He. VI–VIII. Waldränder, Straßenböschungen, bes. in Schluchten; montan; zstr bis slt. **Fehlt W, S**. Im Rh gefährdet. *(Imperatoria altissima, Tommasinia a., T. verticillaris)* **Quirl-H., Tommasinie,** Riesen-H., ***P. verticilláre***

- LB'Zipfel weniger als 3 cm lg u. weniger als 2 cm br; Stg höchstens am Grund purpurbraun . . . . . . . . **5**

**5** LB'Spindel bei jedem Fiederansatz knickig abwärts gebogen, Verzweigungen der Spreite recht- bis stumpfwinkelig. — Zipfel der LB länglich-lanzettlich; Kro weiß. H: 30–100 cm. ♃ He. VII–VIII. Trockenrasen, trockene Magerwiesen, trockene, lichte Gebüsche u. Wälder; oft kalkarme, gern sandige Böden; collin bis montan; mäßig hfg bis slt. **Alle Bdld**. VolksarzneiPf (Wu, Fr).
**Berg-H., *P. oreoselínum***

**-** LB'Spindel nicht knickig abwärts gebogen, Verzweigungen der Spreite spitzwinkelig . . . . . . . . . . . . . . . . . . . . . . . . . . . . . . . . **6**

**6** LB'Zipfel eiförmig bis rhombisch-elliptisch, — grannig gezähnt, derb; Stg am Grund mit Faserschopf; Kro weiß. H: 30–100 cm. ♃ He. VII–IX. Trockene Magerwiesen, Halbtrockenrasen, Waldsäume, lichte, trockene Wälder, slt wechselfeuchte Wiesen; etwas kalkliebend; collin bis montan; zstr bis hfg. **Alle Bdld**. VolksarzneiPf (Wu). **Hirsch-H., Hirschwurz, *P. cervária***

**-** LB'Zipfel länglich-lanzettlich . . . . . . . . . . . . . . . . . . . . . . . . **7**

**7** StgGrund stark purpurbraun, ohne faserförmige LB'Scheiden-Reste. — Pf (zumindest im Frühling) mit Milchsaft; Stg hohl, kantig gefurcht; Kro weiß. H: 50–150(200) cm. ♃ He. VII–VIII. Sumpfwiesen, Flachmoore, Röhricht, feuchte Gebüsche, Bruchwälder; kalkmeidend; collin bis montan; mäßig hfg (zB im BM) bis slt. **Fehlt W**. VolksarzneiPf (Wu). Gefährdet. *(Thyselium p.)*
**Sumpf-H., *P. palústre***

**-** StgGrund nicht purpurbraun, mit faserförmigen LB'Scheiden-Resten . . . **8**

**8** Stg hohl, unterhalb der Hauptdolde mit mindestens 5 Bereicherungsdolden u./oder mehreren (verzweigten) Bereicherungstrieben; StgGrund mit dichtem Faserschopf (aus LB'Scheiden-Resten); LB'Zipfel am Rand papillös; Kro blaßgelb; KroB-Oberfläche glatt *(Lupe!)*. — LB am Rand u. auf den Adern behaart; LB'Zipfel mit br Grund. H: (30)50–180 cm. ♃ He. VII–IX. Trockene Gebüsche, Halbtrockenrasen, Weingartenränder, Halbruderalstellen; collin bis untermontan; zstr bis slt. **B, W, N, O†, St†**. Im nVL u. im söVL gefährdet.
**Elsässer H., *P. alsáticum***

Anm.: Knapp jenseits der österreichischen Ostgrenze in der Slowakei, am linken March-Ufer (auf dem Sandberg bei Devínska Nová Ves/Theben-Neudorf) beginnt das Areal des ⊖ **Sand-H., *P. arenárium***, der sich durch folgende Merkmale unterscheidet: Stg voll (markig); LB völlig kahl, Zipfel am Grund etwas verschmälert; (Vbr.: pontisch-pannonisch).

**-** Stg voll (markig), unterhalb der Hauptdolde meist mit 0–2 Bereicherungsdolden; StgGrund mit einigen wenigen faserförmigen LB'Scheiden-Resten; LB'Zipfel glatt; Kro weiß bis (außen) rosa; KroB-Oberfläche papillös *(Lupe!)*. (Gruppe des Österreichischen H., ***P. austriacum*** *[s. l.])* . . . . . . . . . . **9**

**9** LB'Zipfel lanzettlich bis länglich-eiförmig, (1)2–4(5)× so lg wie br; KroB verkehrt-herzförmig, beiderseits weiß. H: (40)60–120 cm. ♃ He. VII–VIII. Lichte Wälder; kalkliebend; (submontan) montan (subalpin); zstr bis slt. **N, O, St** (slt), Südost-**K** (in den Karawanken). *(**P. austriacum** p. p.)*
**Österreichischer H.** (i. e. S.), ***P. austríacum (s. str.)***

**-** LB'Zipfel schmal-linealisch, (5)10–20(30)× so lg wie br; KroB br-verkehrt-eiförmig-3eckig, innen weiß, außen rosa angehaucht. H: 60–120 cm. ♃ He. VII–VIII. Trockene, sonnige, felsige Hänge, Waldsäume u. lichte Wälder; montan; slt. Südwest-**K** (Karnische Alpen). (Hptvbr.: übrige Südalpen, vom Kanaltal u. den Julischen Alpen bis zum Aostatal). *(P. austriacum subsp. rablense, **P. austriacum** p. p.)* **■ Raibler H., *P. rablénse***

## (42) Pastinak, *Pastináca*

Stg, LB'Stiele u. Doldenstrahlen zstr borstig-rauh; KSaum ungezähnt. H: 30–100(120) cm. ⊙ He. VII–VIII. Frische bis mäßig feuchte Fettwiesen, Wegränder, Gräben, frische Ruderalstellen; collin bis montan; hfg. **Alle Bdld.** Auch als WurzelgemüsePf kultiviert (in früheren Zeiten mehr als heute). VolksarzneiPf. **Pastinak,** Pastinake, ***P. satíva*** *(subsp. sativa)*

## (43) Bärenklau, *Heracléum*

**1** Stg am Grund etwa 3 mm ∅; Pf 10–50(60) cm hoch; Doppeldolden nicht mehr als 9 cm ∅, mit (5)6–13(15) Strahlen. — LB ähnlich denen des Pastinaks, gefiedert mit 2–3 Blättchenpaaren. H: 10–50(60) cm. ♃ He. VII–VIII. Steinschuttrasen, Hochstaudenfluren, lichte Gebüsche; kalkliebend; hfg bis slt. **N, O, St, S, T.** **Österreichische B., *H. austríacum***

**a** KroB weiß, — die äußeren (3)5–8(8,5) mm lg u. 1–2(2,3) mm br; Doldenstrahlen (5)7–13(15). Montan bis subalpin. **Fehlt B, W, V.** **Weiße Ö. B., *H. a. subsp. austríacum***

**-** KroB rosa oder rot, — die äußeren (5)6–10(12) mm lg u. (1,3)1,8–3,5(4) mm br; Doldenstrahlen (5)6–10(12). Subalpin. Süd-**K**. **Rote Ö. B.,** Merk-B., (sl.:) rdeči Avstrijski dežen, ***H. a. subsp. siifólium***

**-** Stg am Grund mehr als 4 mm ∅; Pf meist mehr als 50 cm hoch; zumindest die größeren Doppeldolden mehr als 10 cm ∅, mit 12–150 Strahlen . . . . . **2**

**2** Doppeldolden 20–50 cm ∅, Doldenstrahlen 50–150; Ölstriemen an der reifen Fr am unteren Ende deutlich angeschwollen, 0,5–1 mm br. — LB 100–300 cm lg; Fr oft, bes. am Rand, mit aufwärts gebogenen Stacheln. H: 200–500 cm. ♃ He. VI–IX. Als Zier- u. BienenweidePf kultiviert u. stellenweise verwildert; anscheinend in Einbürgerung u. Ausbreitung begriffen. (Heimat: Kaukasus.) Giftig (phototoxisches Kontaktgift: verursacht Haut-Verätzungen!). **(★) Riesen-B., *H. mantegazziánum***

**-** Doppeldolden 10–20 cm ∅, Doldenstrahlen 12–45; Ölstriemen an der reifen Fr am unteren Ende nicht oder kaum angeschwollen, 0,2–0,4 mm br. H: 50–150(200) cm. ♃ He. VI–IX. **Gewöhnliche B., *H. sphondýlium***

**a** Kro grünlichweiß bis gelbgrün; RandBlü mit nur schwach strahlenden KroB, diese höchstens im obersten ⅓ ausgerandet; Dolden- u. Döldchenstrahlen zstr behaart; Frkn mit aufwärts gerichteten Borsten. — Dolden- u. Döldchenstrahlen mit spitzen Höckern; Doldenstrahlen 12–25. H: 50–150 cm. Mäßig feuchte Wiesen, feuchte Gebüsche, Waldlichtungen, Obstgärten; collin bis montan; zstr. **B, W, N, O?.** *(H. sibiricum)* **▪ Grünblühende G. B., *H. s. subsp. flavéscens***

**-** Kro reinweiß, slt rötlich werdend; RandBlü mit stark strahlenden KroB, diese bis zur Hälfte oder bis zum untersten ⅓ eingeschnitten; Dolden- u. Döldchenstrahlen weichhaarig; Frkn weichhhaarig bis zottig . . . . . . . . . . . . . . . . . . . . . . . . **b**

**b** LBSpreite einfach, — gelappt; an die des Elsbeerbaumes, *Sorbus torminalis* erinnernd; LB'Unterseite flaumig oder borstig behaart. H: 50–150 cm. Kalkgeröllhalden, Legföhrengebüsche; subalpin; slt. Süd-**K** (in den Karawanken), Ost-**T, V**. **▪ Veroneser G. B.,** Pollini-B., ***H. s. subsp. polliniánum***

**-** LBSpreite zusammengesetzt . . . . . . . . . . . . . . . . . . . . . . . . **c**

**c** Größere StgB meist 3zählig. H: 100–200 cm. Feuchte Wälder, Karfluren, Bergwiesen; obermontan bis subalpin; zstr bis slt. **Fehlt B, W.** *(H. s. subsp. montanum)* **▪ Berg-B., *H. s. subsp. élegans***

**-** Größere StgB fast immer gefiedert mit 5(9) Blättchen. H: 50–150 cm. Frische Fettwiesen, Gebüsche, Waldlichtungen, Waldschläge; collin bis montan; sehr hfg. **Alle Bdld.** **Weißblühende G. B., *H. s. subsp. sphondýlium***

## (44) Zirmet, *Tordýlium*

Stg kantig gefurcht, borstig. H: 50–130 cm. ⊙–⊙ Th–He. VI–VIII. Weingartenböschungen, Äcker, Ruderalstellen, steinige Stellen; collin; slt bis sehr slt. **B, W, N, (O).** Stark gefährdet. **Zirmet, *T. máximum***

## (45) Roßkümmel, *Láser*

H: 30–120 cm. ♃ He. V–VI. Trocken-warme Gebüsche, warme (Flaum-)Eichenwälder u. deren Säume; kalkliebend; collin bis montan; am Alpenostrand zstr, sonst slt. **B, W, N, St, K?**. Gefährdet. Die LB unterscheiden sich von jenen des Breitblatt-Laserkrauts, (45), *Laserpitium latifolium* durch den stielrunden LB'Stiel u. die grob lappig (eingeschnitten) gekerbten u. stärker glänzenden Blättchen. *(Siler trilobum)*
**Roßkümmel, *L. trílobum***

## (46) Laserkraut, Bergkümmel, *Laserpítium* (inkl. *Siler p. p.*)

1 Blättchen 2×-fiederteilig. — Blättchen mit 1–4 mm lg u. 0,5–1 mm br, spitzen Zipfeln; HüllB zahlr., bleibend, bewimpert; KroB weiß oder etwas rötlich, außen oft zstr bewimpert; Stg behaart, meist schon am Grund verzweigt. H: 15–60 cm. ♃ He. VII–VIII. Steinige Rasen, bes. Buntschwingelrasen, lichte Wälder u. Gebüsche; meist kalkmeidend; subalpin bis alpin; zstr bis slt. **T, V**.
**Haller-L., *L. hálleri***

–!! Blättchen ganzrandig. — HüllB kahl; Kro weiß . . . . . . . . . . . . . . . . 2

– Blättchen gezähnt, gelappt oder 1×-fiederteilig . . . . . . . . . . . . . . . . 3

2 Doldenstrahlen 20–50; Blättchen fiedernervig (die Seitennerven in der ganzen Länge vom Hauptnerv abzweigend), — 15–70 mm lg u. 3–25 mm br, mit hellem, schmalem Knorpelrand; Doppeldolden 10–20 cm ∅. H: 30–100(150) cm. ♃ He. VI–VIII. Trockene, steinige, sonnige Hänge, Gebüsche, lichte Wälder, Schutthalden; kalkliebend; montan bis subalpin; zstr. **Fehlt B, W**. *(Siler montanum)* **Berg-L.**, Eigentlicher Bergkümmel, ***L. síler***

– Doldenstrahlen (2)5–15; Blättchen fast parallelnervig (alle Seitennerven nahe dem Blättchengrund vom Hauptnerv abzweigend), — 15–100 mm lg u. 2–12 mm br; Doppeldolden 5–8 cm ∅. H: 30–60(100) cm. ♃ He. VI–VIII. Bergwiesen, steinige, trockene Hänge, lichte Gebüsche; montan bis subalpin; slt. In den sAlp. **K**, Ost-**T**. (Hptvbr.: Norditalien, Slowenien.)
**Haarstrang-L., *L. peucedanoídes***

3 HüllB bewimpert, stets vorhanden. — Stg kantig gefurcht, oft steifhaarig; Blättchen am Rand bewimpert; KroB weiß oder gelblich, außen mit 0,2 mm lg Börstchen. H: 30–100 cm. ⊙ He. VII–VIII. Feuchtwiesen (Pfeifengraswiesen), lichte Wälder (?); collin bis montan; zstr. **Alle Bdld**. Gefährdet; in den wAlp, der BM, im nVL u. im Pann stark gefährdet. **Preußisches L., *L. pruténicum***

– HüllB kahl oder fehlend . . . . . . . . . . . . . . . . . . . . . . . . . 4

4 HüllB zahlr., bleibend; Doldenstrahlen (20)25–40(50); Kro weiß. H: 60–150 cm. ♃ He. VII–VIII. Trockene Wiesen, Gebüsche, lichte Wälder; kalkliebend; (collin) montan bis subalpin; hfg bis zstr. **Fehlt W**. Die LB unterscheiden sich von jenen des Roßkümmels, (45), *Laser trilobum* durch den etwas seitlich zusammengedrückten, oberseits deutlich gekielten LB'Stiel u. die gleichmäßig kerbsägigen Blättchen. – (Infraspezifische Taxonomie ungeklärt (**Rauhes B.-L., *L. l. subsp. ásperum***: LB rauhhaarig; im Pann; – ***subsp. latifólium***: LB kahl; außerhalb des Pann).
**Breitblatt-L., *L. latifólium***

– HüllB 0–5, hinfällig; Doldenstrahlen (5)7–15(24); Kro grünlichgelb. — Stg meist stark bereift; Blättchen der oberen StgB fast ganzrandig, die der unteren StgB gekerbt bis gezähnt, auffallend verschieden. H: 50–120 cm. ♃ He. VII–VIII. Magerwiesen, Karfluren, Gebüsche; subalpin; sehr slt. West-**T**. (Hptvbr.: Ost-Schweiz, Südtirol, Nord-Italien, Slowenien.) *(L. gaudinii)*
**Schweizer L., *L. krápfii* (*subsp. gaudinii*)**

## (47) Borstendolde, *Tórilis*

1 Hülle fehlend oder 1–2blättrig; FrStacheln an der Spitze mit harpunenartigem Häkchen *(gute Lupe!)*. H: 30–90 cm. ☉ Th. VII–VIII. Äcker, brachliegende Weingärten, trockene Ruderalstellen; collin (submontan); im Pann slt, sonst sehr slt. **B, W, N, O†, St†**. Stark gefährdet; im nVL vom Aussterben bedroht, im söVL ausgestorben. **Acker-B., *T. arvénsis*** *(subsp. arvénsis)*

– Hülle 4–6(12)blättrig; FrStacheln an der Spitze ohne Häkchen. H: 30–120 cm. ☉–☉ Th–He. VI–VIII. Waldränder, frische, halbruderale Gebüsche u. Waldschläge; collin bis montan; hfg bis zstr. **Alle Bdld.** *(T. anthriscus)* **Wald-B., *T. japónica***

## (48) Haftdolde, *Cáucalis*

Kro weiß bis rosa. H: 10–30(40) cm. ☉ Th. V–VII. Getreideäcker, Brachen, Ruderalstellen (?); kalkliebend; collin bis montan. *(C. lappula, C. daucoides)* **Haftdolde, *C. platycárpos***

a FrStacheln etwa so lg wie der ∅ der TeilFr, an der Spitze mit kräftigen Haken. Zstr. **K†, V†, sonst alle Bdld.** Gefährdet. **Langstachel-H., *C. p. subsp. platycárpos***

– FrStacheln viel kürzer als der ∅ der TeilFr, an der Spitze ohne kräftige Haken. — FrStacheln kaum 1 mm lg, zu auf Warzen sitzenden Borsten verkümmert. Slt, zT unbeständig (?). **B, W, N, (O, K†, T), V†**. Vom Aussterben bedroht. *(C. bischoffii)* **Kurzstachel-H., *C. p. subsp. muricáta***

## (49) Klettendolde, *Turgénia*

HüllB 2–5, HüllchenB 5–7, alle sehr br hautrandig; Kro weiß, rosa oder purpurn. H: 15–50(60) cm. ☉ Th. VI–VIII. Äcker u. Ruderalstellen; collin; im Pann früher slt, sonst früher nur unbeständig. **B†, W†, N*, (O†, St†, K†, T†, V†)**. Doch (noch?) nicht ausgestorben. *(Caucalis latifolia)* **Klettendolde, *T. latifólia***

## (50) Strahldolde, Breitsame, *Orláya*

LB 2–3×-gefiedert; Kro weiß. H: 10–30(40) cm. ☉ Th. VI–VIII. Trockene Gebüsche, steinige Trockenrasen, Halbruderalstellen, Äcker?; kalkliebend; collin bis submontan; slt bis sehr slt. **B, W, N, O, K, T?**. Stark gefährdet; in den KäB u. im nVL vom Aussterben bedroht. **Strahldolde, *O. grandiflóra***

## (51) Möhre, *Dáucus*

Blü im Mittelpunkt der Doppeldolde oft mit schwarzpurpurner Kro; Fr 2–4 mm lg (Abb. 255). H: 20–100 cm. ☉ He. VI–IX. **Möhre, *D. caróta***

a Wu dünn-spindelförmig, hart, zäh, scharf schmeckend, nicht genießbar. Halbruderale Wiesen, Halbtrockenrasen u. Ruderalstellen; collin bis montan; sehr hfg. **Alle Bdld.** **Wilde M., *D. c. subsp. caróta***

– Wu rübenförmig, weichfleischig, süß schmeckend, genießbar. Als GemüsePf in vielen Rassen hfg kultiviert, slt verwildert. Kosmet. (Carotin). **★ Kultur-M., Karotte,** u. **Gelbe Rübe, *D. c. subsp. satívus***

---

* Kürzlich im Wiener Becken wiedergefunden (Melzer & Barta 1992).

# Unterklasse Dillenienähnliche, *Dilleníidae*
# Überordnung Dillenienblütige, *Dilleniánae*
# Ordnung Dillenienartige, *Dilleniáles*

## (★) 73. Familie: Pfingstrosengewächse, *Paeoniáceae*

**(★) Pfingstrose, *Paeónia*** (→ G IX 6)

**1** Blättchen meist unzerteilt; untere LB mit 9–16 Abschnitten; Frkn meist 5. H: 30–50 cm. ♃ Ge. V. Gebüsche, Waldschläge; montan; sehr slt. **N** (Berge um das obere Traisental). Wohl lokale Neubürgerin (vermutlich ehedem angesalbt oder Verwilderung einer ehemaligen ZierPf). (Heimat: Süd-Europa bis West-Asien.) Gefährdet. *(P. corallina)* **(★) Korallen-Pf., *P. máscula***

**-** Blättchen meist in 2–3 Abschnitte zerteilt; untere LB mit 17–30 Abschnitten, Frkn 2–3. H: 30–60(90) cm. ♃ Ge. V. Als ZierPf (bes. in gefülltblütigen Sorten) kultiviert, slt verwildert. (Hptvbr.: Slowenien, Süd- u. Westalpen.) VolksarzneiPf. *(P. femina)* **★ Garten-P.**, Echte Pf., Arznei-Pf., ***P. officinális***

# Überordnung Teeblütige, *Theánae*
# Ordnung Teeartige, *Theáles (Guttiferales)*

## 74. Familie: Johanniskrautgewächse, *Hypericáceae* *(Guttiferae, Clusiáceae)*

**Johanniskraut,** Hartheu, ***Hypericum*** (→ G 0 5–; X 4)

**1** StaubB 15–20; KroB nur wenig länger als die KB, 5–7 mm lg; Stg zart, etwa 0,5 mm dick, niederliegend bis aufsteigend, am Grund meist verzweigt u. mitunter wurzelnd, — stielrund (oft mit 2 zarten Längsleisten); Pf kahl; LB schmal-länglich bis schmal-elliptisch, etwa 1 cm lg, meist durchscheinend punktiert; KB ungleich groß, meist kurz bespitzt, ganzrandig oder etwas gezähnelt; Kro h'gelb; KroB am Rand mit schwarzen, meist sitzenden Drüsen. H: 5–20 cm. ⊙–♃ He. (V)VI–VIII. Feuchte, kalkarme Äcker, bodensaure Magerwiesen, Waldwege, Waldschläge; Säurezeiger; collin bis montan; slt. **Alle Bdld.** **Liegendes J.**, Erd-J., ***H. humifúsum*** (G IX 10–)

**-** StaubB 30–100; KroB deutlich länger als die KB, (6)8–15 mm lg (wenn kürzer als 8 mm, dann Stg behaart oder deutlich 4kantig); Stg kräftig, dicker als 0,5 mm, meist aufrecht (wenn aufsteigend, dann KroB etwa doppelt so lg wie die KB), am Grund meist unverzweigt u. niemals wurzelnd . . . . . . . . **2**

**2** KB am Rand mit lg, drüsenlosen Fransen (Fransen etwa 1–2 mm lg). — Pf kahl; LB meist eilänglich bis eilanzettlich, mit schwarzen Drüsenpunkten; HochB gefranst; KB eilanzettlich, mit zahlr. schwarzen Punkten; KroB goldgelb, ± schwarz gepunktet. H: 20–50(70) cm. ♃ He. V–VI. Trockenwarme Wiesen, Waldsäume, Waldschläge; collin; sehr slt. **B, W†, N, St†**. Vom Aussterben bedroht. **Bart-J., *H. barbátum***

**-** KB am Rand ohne lg, drüsenlose Fransen . . . . . . . . . . . . . . . . **3**

**3** KB am Rand mit schwarzen, kugeligen Drüsen . . . . . . . . . . . . . . **4**

**-** KB am Rand ohne schwarze, kugelige Drüsen (sondern ganzrandig bis ausgebissen gezähnelt) . . . . . . . . . . . . . . . . . . . . . . . . **7**

**4** Stg dicht weichhaarig, — stielrund (ohne Längsleisten); LB sitzend bis kurz gestielt, Spreite meist schmal-elliptisch bis br-lanzettlich, beiderseits behaart, durchscheinend punktiert, ohne schwarze Punkte, unterseits blaugrün; KB länglich; Kro h'gelb. H: 40–80(100) cm. ♃ He. VI–VIII. Waldschläge, Waldwege; kalkliebend; collin bis montan; zstr bis hfg. **Alle Bdld.**

**Flaum-J.**, Behaartes J., ***H. hirsútum***

- Stg kahl . . . . . . . . . . . . . . . . . . . . . . . . . . . . . . . . **5**

**5** LB am Rand ohne schwarze Drüsenpunkte; KB verkehrt-eiförmig, stumpf bis abgerundet, am Rand mit (fast) sitzenden Drüsen. — LB halbstengelumfassend, durchscheinend punktiert, am Grund seicht herzförmig, unterseits blaugrün; Blüstd schmal, locker; KroB 7–9 mm lg, am Rand (bes. vorn) mit (fast) sitzenden, rötlichschwarzen Drüsen. H: 20–60 cm. ♃ He. VII–IX. Trockene, bodensaure, meist sandige oder lehmige Wälder u. deren Säume; collin bis untermontan; sehr slt. **N***, **O?**†. (Hptvbr.: Westeuropa.) Unbeständig?

☆? **Heide-J., Schönes J.,** ***H. púlchrum***

- LB am Rand mit schwarzen Drüsenpunkten; KB eilanzettlich bis lanzettlich, spitz, am Rand mit deutlich gestielten Drüsen . . . . . . . . . . . . . . . . **6**

**6** Stg bis oben stielrund (ohne Längsleisten), ohne schwarze Drüsenpunkte; oberste StgGlieder meist 5–10 cm lg, auffällig länger als die übrigen; KroB blaßgelb, ohne schwarze Punkte. — LB meist schmal-eiförmig bis br-eilanzettlich, am Rand dicht schwarz punktiert, unterseits blaugrün; HochB geöhrt, am Rand mit gestielten schwarzen Drüsen. H: 30–60(80) cm. ♃ He. VI–VIII. Wälder; Lehmzeiger; collin bis montan; zstr. **Alle Bdld.** **Berg-J.,** ***H. montánum***

- Stg oberwärts 2kantig (stielrund mit 2 zarten Längsleisten), an den Längsleisten mit zahlr. schwarzen Drüsenpunkten; oberste StgGlieder meist 2–3 cm lg, kaum länger als die übrigen; KroB h'goldgelb, am Rand schwarz punktiert. — LB schmal-eiförmig bis eilänglich, halbstengelumfassend, am Rand meist nur spärlich schwarz punktiert, auf der Fläche mit zahlr. durchscheinenden Drüsenpunkten; Blüstd locker. H: 15–45 cm. ♃ He. V–VI. Halbtrockenrasen, Gebüsche; collin; sehr slt. **N**. (Pannonisch-pontisch-südsibirisch.) Vom Aussterben bedroht. **Zierliches J.,** ***H. élegans***

**7** [3] Stg 2kantig (stielrund mit 2 gegenüberliegenden Längsleisten); KB während des Blühens deutlich länger als der Frkn. — LB br-eiförmig bis schmal-länglich, durchscheinend punktiert, am Rand (u. oft auch auf der Fläche) mit schwarzen Drüsenpunkten; BlüKnospen beim Zerquetschen d'rot; KB schmal-eilanzettlich, meist fein zugespitzt; KroB 10–13(15) mm lg, goldgelb, schwarz punktiert u./oder gestrichelt, auf einer Seite (slt auf beiden) gekerbt. H: (20)30–60 cm. ♃ He. VI–VIII. Waldschläge, Waldsäume, Magerweiden, Wegränder, Bahnschotter; Pionier; Magerkeitszeiger; collin bis montan; sehr hfg. **Alle Bdld.** VolksarzneiPf (u. a. Auszug der frischen Blü als „Johanniskrautöl"); ZauberPf; für Weidevieh giftig. Sehr variabel.

**Echtes J.**, Gewöhnliches J., Tüpfel-J., Tüpfel-H., ***H. perforátum***

- Stg zumindest stellenweise 4kantig (wenn ausnahmsweise durchgehend 2kantig, dann KB nicht lanzettlich u. nicht ganzrandig); KB während des Blühens kaum länger als der Frkn . . . . . . . . . . . . . . . . . . . . . . . **8**

**8** KroB (5)6–8 mm lg, h'gelb, meist ohne oder nur mit 1–2(4) schwarzen Punkten oder Stricheln; Stg an den Kanten ± geflügelt; StaubB 30–40; LB halbstengelumfassend, — elliptisch bis eiförmig, sehr dicht u. fein durchscheinend punktiert, bes. am Rand auch schwarz punktiert; Pf mit fädlichen, unterirdischen Ausläufern; KB spitz bis zugespitzt. H: 30–60 cm. ♃ He. VII–VIII. Feuchte bis nasse Gräben, Bachufer, Quellfluren, Röhrichte; Nährstoff- u. Wechselnässezeiger; collin bis montan; zstr. **Alle Bdld.** Gefährdet in den wAlp. *(H. acutum, H. quadrangulum)* **Flügel-J.,** ***H. tetrápterum***

* Neufund durch K. Oswald (1984, unveröff.)

- KroB 9–15 mm lg, goldgelb, mit zahlr. schwarzen Punkten u. Stricheln; Stg an den Kanten nicht geflügelt (höchstens mit zarten Längsleisten); StaubB 80–100; LB sitzend (aber nicht stengelumfassend), — netzadrig, mit oder ohne durchscheinende Punkte, am Rand (seltener auch auf der Fläche) schwarz punktiert. (Artengruppe Flecken-J., *H. maculatum agg.* . . . . . . . . . . . 9

9 KB meist stumpf bis abgerundet, fast ganzrandig; KroB am Rand meist ohne schwarze Drüsenpunkte; Blüstd dicht. — Stg meist durchgehend 4kantig (dh mit 4 zarten Längsleisten). H: 20–60(80) cm. ♃ He. VII–VIII. Frische bis wechselfeuchte, kalkarme, ± bodensaure Magerwiesen u. -weiden, Bürstlingsrasen, Waldsäume, Waldschläge, Hochstaudenfluren; montan bis subalpin; mäßig hfg (in **W** sehr slt). **Alle Bdld**. *(„H. quadrangulum")*
**Flecken-J.**, Kanten-J., „Vierkant-J.", ***H. maculátum*** *(s. str.)*

- KB meist spitz, in der vorderen Hälfte oft ausgebissen-gezähnt; KroB auch am Rand mit schwarzen Drüsenpunkten; Blüstd locker. — Stg meist nur stellenweise 4kantig, mitunter auch durchgehend 2kantig. H: 50–80 cm. ♃ He. VII–VIII. Feuchte Wiesen, Auen, Ufergebüsche, feuchte bis nasse Hochstaudenfluren; collin bis untermontan; slt. **N***, **O, St, K**. Potentiell gefährdet. *(H. erosum, H. maculatum subsp. obtusiusculum, H. m. subsp. styriacum)*
■ **Stumpfliches J.**, ***H. dúbium***

# 75. Familie: Tännelgewächse, *Elatináceae*

## Tännel, *Elatíne* (→ A 38; G III 11; VI 6; VII 5)

Anm.: Bei den (Unter-)Wasserformen sind die LB stärker länglich, bei den Landformen meist elliptisch.

1 LB in 3–9- (bei Wasserformen in 8–18-)blättrigen Quirlen, ungestielt; Triebe aufrecht oder aufsteigend, unverzweigt oder nur am Grund ästig; Kro grünlich. — LB der Wasserform 0,4–1,5 mm br (beim im Habitus ähnlichen Tannenwedel / *Hippuris* [→ S. 347] LB 1,5–2,5 mm br); ÜberwasserB eiförmig; KB 4; KroB 4; StaubB 8; Gri 4; Sa wenig gebogen. H: 2–50(100) cm. ⊙–♃ Th–Wa. (V)VI–VIII(IX). Ränder stehender, nährstoffreicher Gewässer wie Teiche, Tümpel, Wassergräben; kalkmeidend; collin; sehr slt. **B, N†**. Vom Aussterben bedroht (!). **Quirl-T.**, ***E. alsinástrum*** [A 26]

- LB gegenständig, gestielt oder am Grund stielförmig verschmälert; Triebe niederliegend, ästig (Landform meist weniger als 1 cm hoch); Kro meist rosa. — Stg meist an den Knoten wurzelnd. Anm.: Oft wachsen mehrere Arten neben- u. durcheinander! . . . . . . . . . . . . . . . . . . . . . . . . . . . . . . . 2

2 Blü 4zählig: KroB 4, StaubB 8; Narben 4 (Stempel 4karpellig); Fr oben flach (nicht eingedellt); Sa hakenförmig gekrümmt. — LB länglich-elliptisch bis spatelig, LB'Stiel zumindest der untersten LB 1(–3)× so lg wie die Spreite; KB 4, nicht deutlich gezähnt; Fr stets sitzend. G: 1–12 cm lg. ⊙ Th. (VI)VIII–X(XI). Zeitweise überschwemmte Stellen, nährstoffreiche Teichufer; (blüht u. fruchtet auf nassen, gerade trockengefallenen Standorten); kalkfeindlich; collin; sehr slt. **N** (im Waldviertel), **K†****. Stark gefährdet (!). *(E. gyrosperma, E. h. subsp. hydropiper)* **(Krummsamiges) Wasserpfeffer-T.**, ***E. hydrópiper***

---

* Neufund von P. Buchner, unveröff.
** Ob je vorhanden gewesen, ist fragwürdig.

- Blü 3zählig: KroB 3, StaubB 3 oder 6; Narben 3 (Stempel 3karpellig); Fr oben eingedellt; Sa nicht hakenförmig gekrümmt. — LB'Stiel auch der untersten LB höchstens gleich lg, meist kürzer als die Spreite . . . . . . . . . . . . . . . **3**

**3** Blü u. bes. Fr 0,5–5(10) mm lg gestielt; StaubB 6. — LB elliptisch bis eilänglich, völlig ganzrandig; KB 3; Fr zurückgekrümmt; Sa fast gerade, kaum merklich gekrümmt. G: 1–10 cm lg. ⊙–⊙ Th–He. (VI)VIII–X(XI). Seichte, stehende, nährstoffreiche Gewässer u. deren Ufer sowie auf schlammigen Böden abgelassener Teiche; kalkfeindlich; collin bis submontan; sehr slt. **N** (im Waldviertel), **O, V**†. Stark gefährdet. **Sechsmänniges T., *E. hexándra***

- Blü u. Fr sitzend; StaubB 3. — LB elliptisch bis eilänglich oder linealisch, kaum merklich gekerbt; Blü sich meist nicht öffnend; KB 2, meist undeutlich; Sa leicht gebogen. G: 1–8 cm lg. ⊙ Th Wa. (VI)VIII–X(XI). Seichte, stehende, nährstoffreiche Gewässer u. an deren zeitweise überschwemmten Ufern sowie bes. auf den Böden abgelassener Teiche; kalkfeindlich; collin; sehr slt. **N, O**†, **St, S**†. Stark gefährdet; im Alp, nVL u. söVL vom Aussterben bedroht. **Dreimänniges T., *E. triándra***

# Ordnung Sonnentauartige, *Droseráles*

## 76. Familie: Sonnentaugewächse, *Droseráceae*

**1** LandPf (der Hoch- u. Zwischenmoore); LB in Grundrosette, Spreite dicht mit lg, roten, sich auf Berührungsreiz hin einkrümmenden Stieldrüsen besetzt, die ein klebriges Sekret abscheiden (Einrichtung zum Fang von Tieren zwecks Verdauung: „Carnivorie": Stickstoff-Gewinnung!; Abb. 265). — Blüstd: einseitswendige Wickel; KB 5, am Grund miteinander verwachsen; KroB 5, frei, weiß; Frkn 1, oberständig; Gri 3–5; Fr: Kapsel. **(1) Sonnentau, *Drósera***

- Untergetauchte, Wu'lose WasserPf; LB quirlständig, Spreite drüsenlos, — muschelförmig, linsengroß, auf Berührungsreiz hin zusammenklappend; LB'Stiel flach, keilförmig, unter der Spreite mit 4–6 lg Borsten; Blü einzeln in LB'Achseln; Fr: Kapsel. **† (2) Wasserfalle, *Aldrovánda***

### (1) Sonnentau, *Drósera* (→ G V 9, 13, 21)

**1** LB'Spreite etwa so lg wie br (kreisrund bis querelliptisch), abrupt in den LB'Stiel zusammengezogen (Abb. 265 a). — KroB etwa 5 mm lg. H: 7–15(20) cm. ♃ He. VII-VIII. Hochmoore (Bülten), Zwischenmoore, auch auf Torfmoosbülten in Flachmooren; (submontan) montan; hfg (aber Standort slt!). **Fehlt W**. VolksarzneiPf; Pharm. Gefährdet. ▲ **Rundblatt-S., *D. rotundifólia***

- LB'Spreite (1,5)2–8(10)× so lg wie br, allmählich in den LB'Stiel verschmälert . . . . . . . . . . . . . . . . . . . . . . . . . . . . . **2**

**2** Schaft seitlich der LB'Rosette entspringend, kurz-bogig aufsteigend, nicht oder nur wenig länger als die LB. — LB'Spreite meist schmal-verkehrt-eiförmig, 2–3(4)× so lg wie br (Abb. 265 d); Fr mit Längsrillen; Sa dicht fein-warzig *(Lupe!)*. H: 3–10 cm. ♃ He. VII–VIII. Hochmoor-Schlenken, Zwischenmoore; (submontan) montan; slt (Standort sehr slt!). **O, K, S, T, V**. Stark gefährdet. ▲ *(„D. longifolia" p. p.)* ■ **Mittlerer S., *D. intermédia***

- Schaft scheinbar dem Zentrum der LB'Rosette entspringend, aufrecht, 2–3× so lg wie die LB . . . . . . . . . . . . . . . . . . . . . . . . . . **3**

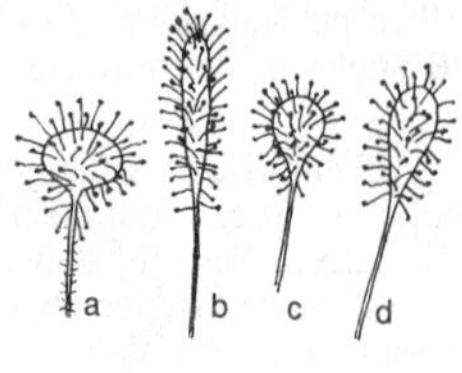

Abb. 265

Abb. 266

Abb. 267

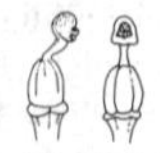
Abb. 268

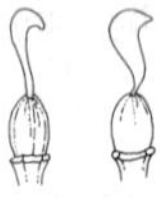
Abb. 269

**3** LB'Spreite länglich- bis linealisch-spatelig, 4–8(10)× so lg wie br (Abb. 265 b); Fr viel länger als der K. — Sa mit sehr feinem Adernetz *(Lupe!)*. H: 7–20 cm. ♃ He. VII–VIII. Hochmoor-Schlenken, Zwischenmoore, Flachmoore; (submontan) montan; slt bis sehr slt. **Fehlt B, W.** Stark gefährdet. ▲ *(„D. longifolia" p. p.)* **Langblatt-S., *D. ánglica***

**-** LB'Spreite verkehrt-eiförmig, (1,5)2–3× so lg wie br (Abb. 265 c); Fr kürzer als der K (sehr klein). — Pf samen-steril (Sa verkümmert). H: 7–20 cm. ♃ He. VII–VIII. Zwischenmoore; montan bis subalpin; slt (Standort sehr slt!). **Fehlt B, W.** Stark gefährdet. ▲ *(D. anglica × rotundifolia)*. ▪ **Bastard-S., *D. × obováta***

† **(2) Wasserfalle, *Aldrovánda*** (A 3)

LB'Quirl 6–9zählig; Kro grünlichweiß. G: 5–30 cm lg. ♃ Wa. VII–VIII. Geschützte Buchten meso- bis eutropher Seen, Flachmoor-Torfstiche; collin; (früher:) sehr slt. (Früher:) V† (im Bodensee). Ausgestorben. (In Deutschland ausgestorben u. angesalbt; sonstige Vbr.: Italien, Osteuropa, fast weltweit.) † **Wasserfalle**, Blasen-W., Aldrovande, ***A. vesiculósa***

# Überordnung Veilchenblütige, *Violánae*

# Ordnung Veilchenartige, *Violáles (Parietales)*

## 77. Familie: Veilchengewächse, *Violáceae*

### Veilchen (u. Stiefmütterchen), *Víola* (→ G V 5; XII 3)

Anm.: Achtung: In dieser Gattung ist verstärkt mit Hybriden zu rechnen!

**1** Die beiden unteren seitlichen KroB aufwärts gerichtet, den Rand der oberen deckend (Abb. 266) (vgl. auch *V. hirta*, → Pkt 25). — Meist mindestens das untere KroB ± gelb . . . . . . . . . . . . . . . . . . . . . . . . . . . . **2**

**-** Die beiden unteren seitlichen KroB abwärts gerichtet (außer zuweilen bei *V. hirta*), den Rand der oberen nicht deckend (Abb. 267). — KroB (auch das untere) nie gelb. (*V. sect. Viola*) . . . . . . . . . . . . . . . . . . . . . . **10**

**2** LB'Spreiten breiter als lg, nierenförmig; Narbenkopf 2lappig. — NebenB meist viel kürzer als der LB'Stiel, unzerteilt; KroB gelb, bräunlich gestreift. *(V. sect. Dischidium)*. H: 8–20 cm. ♃ He. V–VIII. Schattig-feuchte Gesteinsfluren, zw. Krummholz, Hochstaudenfluren, schattige Felsen; montan bis alpin; hfg. **Fehlt B, W.** **Zweiblüten-V., *V. biflóra***

**-** LB'Spreiten länger als br, nicht nierenförmig; Narbenkopf nicht 2lappig, sondern ± kugelig mit ± großer Lippe (Abb. 268). (Stiefmütterchen, *V. sect. Melanium*) . . . . . . . . . . . . . . . . . . . . . . . . . . . . **3**

**3** Stg fehlend. — LB u. Blü grundständig; NebenB am LB'Stiel angewachsen; Kro tief blauviolett, 2–3 cm ∅. H: 4–10 cm. ♃ He. VI–VII. Gesteinsfluren u.

Magerrasen; kalkstet; (subalpin) alpin; zstr bis slt. Nordöstl. Kalkalpen. **N, O, St**. (Sonstige Vbr.: Karpaten.) **Ostalpen-St.**, Ostalpen-V., ***V. alpína***

- Stg vorhanden, wenn auch manchmal nur 0,5–1 cm lg . . . . . . . . . . . **4**

**4** Sporn 8–15 mm lg . . . . . . . . . . . . . . . . . . . . . . . . . . . . **5**

- Sporn 1–6 mm lg. — NebenB (der oberen StgB) meist so lg oder länger als der LB'Stiel, meist fiederteilig. (Artengruppe Wild-St., *V. tricolor agg.*) . . . . **6**

**5** NebenB deutlich gezähnt bis fiederspaltig; LB'Spreite meist viel länger als br; Kro meist d'violett, slt blaßgelb oder weiß. H: 3–10 cm. ♃ He. V–VII. Rasen u. Gesteinsfluren; subalpin bis alpin; zstr. **T, V**. (Westalpisch.) **Sporn-St.**, Langsporn-V., ***V. calcaráta***

- NebenB (fast immer) ganzrandig; LB'Spreite fast kreisrund; Kro gelb. H: 3–8 cm. ♃ He. V–VI. Magerwiesen, Felsspalten; kalkliebend; subalpin bis alpin; slt. **K** (in den Karawanken). (Hptvbr.: Dinarische Gebirge.) ▲ *(V. calcarata subsp. zoysii)* **Karawanken-St.**, Zois-St., Zois-V., (sl.:) Zoisova vijolica, ***V. zóysii***

**6** KroB höchstens so lg wie die KB *(Blü von unten betrachtet)*; Kro 0,4–1,5 cm Längs-∅, — oft ± trichterig, die oberen 2 KroB weiß bis bläulich, die 3 unteren h'gelb; Pf ⊙ . . . . . . . . . . . . . . . . . . . . . . . . . **7**

- KroB länger als die KB *(Blü von unten betrachtet)*; Kro 1,5–3,5 cm Längs-∅, — flach . . . . . . . . . . . . . . . . . . . . . . . . . . . . . . **8**

**7** NebenB fiederig geteilt, ihr Endabschnitt deutlich kleiner als die dazugehörige Spreite, die übrigen Abschnitte meist pfriemlich, kürzer als der Endabschnitt; Spreite der größten LB meist länglich, 1½–2× so lg wie br, beiderseits fast immer mit je 5 Kerben; Spreite der mittleren StgB meist länger als 1 cm; Stg unten kahl bis ± flaumhaarig; Kro 1–1,5 cm Längs-∅; KroB etwa so lg wie die KB; KB meist nicht gewimpert. — Oberrand der oberen KroB oft mit purpurvioletten Punkten. ■ **Gewöhnliches Acker-St.**, Acker-V., ***V. arvénsis subsp. arvénsis*** (→ unter Pkt 8)

- NebenB meist handförmig geteilt, ihr Endabschnitt nur wenig kleiner als die dazugehörige Spreite, die übrigen Abschnitte linealisch bis lineal-lanzettlich, länger als der Endabschnitt; Spreite der größten LB rundlich bis br-eiförmig, beiderseits mit je 1–2(4) Kerben; LB'Spreite der mittleren StgB meist weniger als 1 cm lg; Stg unten meist dicht kurz-rauhhaarig (steifborstig); Kro 0,4–0,8 cm Längs-∅; KroB meist kürzer als KB; KB meist gewimpert. — Selbstbestäuber. H: 2–10(15) cm. ⊙ Th. IV–V. Lückige Trockenrasen (Frühlingsannuellenfluren); collin; slt. Im Pann. **B, W, N**. Gefährdet. *(V. tricolor subsp. minima)* ■ **Steppen-St.**, Kitaibel-V., ***V. kitaibeliána***

**8** Lippe am Narbenkopf 1/7–1/8× so lg wie der Narbenkopf-∅; Kro gelblichweiß, nicht slt ± blau überlaufen u./oder am Oberrand der beiden oberen KroB mit purpurnen bis purpurvioletten Flecken; Pollenkörner (4)5(6)kantig. **Großblütiges Acker-St.**, ***V. arvénsis subsp. megalántha*** (→ im folgenden)

Die beiden Unterarten des **Acker-St.**, Acker-V., ***V. arvénsis:***

**a** Blü duftlos; KroB höchstens so lg wie die KB; Kro auch der ersten Blü (zu Blühbeginn) höchstens 1,5 cm Längs-∅, ± trichterig, — h'gelb-weiß. Selbstbestäuber. H: (5)10–20(40) cm. ⊙ Th. IV–X. Äcker, auch Weiderasen u. Halbruderalstellen; collin bis montan; sehr hfg. **Alle Bdld**. Sehr variabel. [7] ■ **Gewöhnliches A.-St.**, ***V. a. subsp. arvénsis***

- Blü meist stark duftend; KroB länger als die KB; Kro der ersten Blü (zu Blühbeginn) 1,8–2,6 cm Längs-∅, flach, — öfters ± bläulich überlaufen, die oberen KroB am oberen Rand nicht slt purpurviolett gefleckt. Fremdbestäuber. H: 10–30(40) cm. ⊙-⊙ Th-He. (IV)V–X. Getreideäcker, Halbruderalfluren, Erdhaufen, slt Wiesenränder;

montan; zstr (?). **N, O, St, V**. Früher meist nicht von *V. tricolor* unterschieden. Es gibt Übergangspopulationen zu *subsp. arvensis*: in **N, St, K**. *(* ***V. tricolor*** *p. p.)*

■ **Großblütiges A.-St.,** ***V. a. subsp. megalántha***

- Lippe am Narbenkopf 1/4–1/6× so lg wie der Narbenkopf-∅; Kro gelb oder ± violett; Pollenkörner (3)4(5)kantig . . . . . . . . . . . . . . . . . . . . . . . . . . . **9**

**9** NebenB mit deutlich verbreitertem, meist gekerbtem Endabschnitt; Pf ohne unterirdische Ausläufer. — NebenB mit 4–8(10) seitlichen Abschnitten; Sporn 1–2× so lg wie die KB'Anhängsel. Auch als ZierPf kultiviert. ArzneiPf (blühende oberirdische Teile), Homöop. (bezieht sich auf die ganze Artengruppe). Früher nicht von *V. arvensis subsp. megalantha* unterschieden. *(* ***V. tricolor*** *p. p.)*

**Wild-St.**, Dreifarben-V., ***V. trícolor*** *(s. str.)*

**a** Kro 1,5–3 cm ∅, alle KroB meist (purpur)violett bis lilablau oder unteres KroB gelblichweiß; Sporn 3–5 mm lg, wenig länger als die KB'Anhängsel. H: (5)15–25(40) cm. ♃ (☉) (1–3jährig) He (Th). IV–IX. ± bodensaure bis basische Magerwiesen, Böschungen; collin bis montan; hfg. **Alle Bdld**. Variabel; es gibt Übergangspopulationen zu *subsp. saxatilis*. **Wiesen(-W.)-St.,** ***V. t. subsp. trícolor***

**-** Kro 2–3,5 cm ∅, meist alle KroB gelb, slt die 2 oberen schwach bläulichlila; Sporn 5–6 mm lg, etwa gleich lg bis mehr als doppelt so lg wie die KB'Anhängsel. — Blü oft duftend. H: 20–30(40) cm. ☉–♃ (2–3jährig) He. V–VIII. Magerwiesen, Felsschuttfluren, felsige Hänge; montan bis subalpin; zstr. **Fehlt B, W**. *(* ***V. t. subsp. subalpina****; inkl. V. bielziana, inkl. V. polychroma, V. saxatilis)*

**Felsen(-W.)-St., Voralpen-W.-St.,** ***V. t. subsp. saxátilis***

Anm.: Als ZierPf sehr hfg kultiviert wird das ★ **Garten-St.,** ***V. wittrockiána-Hybriden*** *(V. wittrockiana, V. hortensis)* mit sehr großen Blü (mehr als 3 cm ∅).

- NebenB mit nur wenig verbreitertem, ± linealischem, stets ganzrandigem Endabschnitt; Pf mit unterirdischen Ausläufern. — NebenB mit 4–6 seitlichen Abschnitten; Kro gelb. H: 10–20(40) cm. ♃ He. VI–VIII. Magerwiesen, Weiderasen; kalkmeidend; subalpin bis alpin; sehr slt. **St** (Rottenmanner u. Wölzer Tauern). (Hptvbr.: Karpaten, Sudeten, Westeuropa.) Potentiell gefährdet.

**Sudeten-St.**, Sudeten-V., ***V. lútea*** **(*****subsp. sudética*****)**

**10** [1] Stg u. LB'Stiele 1reihig behaart. — LB'Spreite etwa so lg wie br, br-herzförmig; NebenB elliptisch, ganzrandig, auffallend groß, im folgenden Jahr ± braun (Knospenschuppen!); Kro der grundständigen Blü h'lilablau (Sporn weiß), duftend, meist steril; stengelständige Blü meist keine Kro ausbildend, sondern kleistogam u. stets fruchtbar. H: 10–30 cm. ♃ He. IV–VI. Warm-trokkene Edellaubwälder, bes. Flaumeichenwälder u. Eichen-Hainbuchenwälder; kalkliebend, Lehmzeiger; collin bis submontan; hfg bis zstr. **Alle Bdld**. Im Alp, nVL u. söVL gefährdet. **Wunder-V.,** ***V. mirábilis***

- Stg u. LB'Stiele ringsum behaart oder kahl . . . . . . . . . . . . . . . . . . . **11**

**11** Pf mit aufsteigenden bis aufrechten, oberirdischen, beblätterten Stg; Blü in den Achseln von StgB; KB spitz . . . . . . . . . . . . . . . . . . . . . . . . . **12**

- Pf ohne aufsteigende bis aufrechte, oberirdische, beblätterte Stg, höchstens mit Ausläufern; Blü in den Achseln von GrundB; KB stumpf . . . . . . . . **18**

**12** Pf ohne grundständige LB'Rosette. — LB'Spreite meist länger als br; Spreitengrund ± herzförmig, gestutzt oder verschmälert . . . . . . . . . . . . **13**

- Pf mit grundständiger LB'Rosette. — LB'Spreite meist so lg wie br; Spreitengrund deutlich herzförmig . . . . . . . . . . . . . . . . . . . . . . . . . . . . . **16**

**13** LB'Spreite meist eiförmig mit ± herzförmigem Grund; Sporn 5–8 mm lg, 1 1/2–3× so lg wie das KB'Anhängsel; NebenB der mittleren StgB 1/5–1/2× so lg wie der LB'Stiel. ♃ He. V–VI. **Hunds-V.,** ***V. canína***

**a** Stg liegend oder aufsteigend; LB'Spreite 1 1/3–2× so lg wie br, ± herzförmig; NebenB der mittleren StgB 1/5–1/3× so lg wie der LB'Stiel; Kro tiefblau, Sporn gelblich. H:

5–15 cm. Trockene bis frische, bodensaure Magerwiesen, sandige, lückige, bodensaure Wiesen, Waldränder, Waldschläge; kalkmeidend; collin bis montan; hfg bis zstr. **Fehlt K.** ■ **Gewöhnliches H.-V., *V. c. subsp. canína***

– Stg aufrecht; LB'Spreite 2× so lg wie br, schwach herzförmig; NebenB der mittleren StgB 1/3–1/2× so lg wie der LB'Stiel; Kro blau oder weiß, Sporn weiß . . . . . . . . **b**

**b** KroB br-elliptisch; Sporn gerade, 1 1/2–2× so lg wie das KB'Anhängsel. H: 10–40 cm. Feuchte bis mäßig trockene Magerwiesen; collin bis montan; zstr. **Alle Bdld.** *(V. montana)* ■ **Berg-H.-V., *V. c. subsp. montána***

– KroB schmal-elliptisch; Sporn gebogen, 2–3× so lg wie das KB'Anhängsel. H: 5–20 cm. Feuchte Wiesen; collin bis untermontan; slt. **O?, St, T.** ■ **Schultz-H.-V., *V. c. subsp. schúltzii***

– LB'Spreite eilanzettlich, mit gestutztem oder keilförmigem Grund; Sporn 2–3 mm lg, 1 1/4× so lg wie das KB'Anhängsel; NebenB der mittleren StgB 1/2–1 1/4× so lg wie der LB'Stiel . . . . . . . . . . . . . . . . . . . . . **14**

**14** Pf kahl. — NebenB der mittleren StgB etwa so lg wie der LB'Stiel; KroB h'violett, dunkel geadert. H: 5–15(20) cm. ♃ He. V–VI. Feuchte u. sumpfige Wiesen, Flachmoorwiesen; collin bis untermontan; sehr slt. **B, N.** Stark gefährdet. **Zwerg-V., *V. púmila***

– Ganze Pf oder zumindest die LB kurz flaumig behaart . . . . . . . . . . **15**

**15** NebenB 1–1 1/4× so lg wie der LB'Stiel. — Pf oberwärts dicht flaumhaarig; Kro h'blau mit weißem Grund. H: 20–50 cm. ♃ He. V–VII. Auwälder, feuchte Gebüsche; collin; slt. **B, W, N, O†, St†, K†.** Stark gefährdet; im nVL u. söVL vom Aussterben bedroht. **Hohes V., *V. elátior***

– NebenB 1/2–3/4× so lg wie der LB'Stiel. — Pf bleich gelbgrün, spärlich kurzhaarig; Kro weiß, lila geadert. H: 10–20 cm. ♃ He. VI–VII. Feuchte, moorige u. sumpfige Wiesen, Wassergräben, feuchte Wälder; collin; sehr slt. **St!; fehlt W, S, T.** Vom Aussterben bedroht. *(**V. persicifolia**)* **Graben-V.,** Moor-V., ***V. stagnína***

**16** [12] LB u. Stg meist flaumig behaart; LB 1–2 cm ∅, schwach gekerbt oder ganzrandig; Frkn stets, Fr meist behaart; BlüStiele auch im oberen Teil mit kurzen, 0,1 mm lg Haaren. — Kro blauviolett oder weiß. H: 3–8 cm. ♃ He. V–VI. Trockenrasen, Föhrenwälder, slt Felsen; collin bis montan; zstr, im Pann mäßig hfg. **Alle Bdld.** (Inkl. *V. arenaria*) **Sand-V.,** Felsen-V., ***V. rupéstris***

– LB u. Stg meist kahl (wenn behaart, dann nie flaumig); LB 2–4 cm ∅, deutlich gekerbt; Frkn u. Fr kahl; BlüStiele im oberen Teil stets kahl . . . . . . . **17**

**17** KB'Anhängsel 2–3 mm lg, deutlich; Sporn h'blauviolett bis weiß, deutlich heller als die restliche Kro, bis zur sattelartig eingebuchteten Spitze nur wenig verengt, oft etwas aufwärts gebogen; untere Fransen der NebenB meist kürzer als die Breite des unzerteilten Restes. — Kro h'blauviolett. H: 10–15 cm. ♃ He. IV–V. ± bodensaure Laubwälder (Eichen-Hainbuchen-Wälder); collin bis montan; hfg. **Alle Bdld.** **Hain-V.,** Rivinus-V., ***V. riviniána***

– KB'Anhängsel 1/2–1 mm lg, undeutlich; Sporn violett, nicht heller als die KroB, allmählich in die dünne, gerundete Spitze verschmälert, meist gerade; untere Fransen der NebenB länger als die Breite des unzerteilten Restes. — Kro violett. H: 10–15 cm. ♃ He. IV–VI. (Edellaub-)Wälder; oft an ± feuchten Stellen; (collin) submontan bis montan; hfg. **Alle Bdld.** *(V. sylvestris)* **Wald-V.,** Reichenbach-V., ***V. reichenbachiána***

**18** [11] LB tief fiederspaltig; NebenB bis über die Mitte mit dem LB'Stiel verwachsen. — Blü zart duftend; Kro blaßviolett. H: 3–8 cm. ♃ He. V–VI. Gesteinsfluren, Felsspalten, lückige Magerwiesen; kalkliebend; obermontan; slt. **K, T.** Potentiell gefährdet. **Fieder-V., *V. pinnáta***

- LB unzerteilt, gekerbt; NebenB meist frei . . . . . . . . . . . . . . . . . . . . . . **19**

**19** Narbe in ein schiefes Scheibchen ausgebreitet; FrStiele aufrecht; Fr 3seitig, spitz, kahl, aufspringend. — LB kahl oder fast kahl . . . . . . . . . . . **20**

- Narbe hakig umgebogen (Abb. 269); FrStiele niederliegend; Fr kugelig, stumpf, behaart, nicht aufspringend, sondern sich langsam am Boden öffnend . . . . . . . . . . . . . . . . . . . . . . . . . . . . . . . . . . . . **21**

**20** NebenB 2–3× so lg wie br; WuStock weniger als 5 mm ∅; seitliche KroB am Grund behaart, Haare aber nicht keulig verdickt; Kro lila, unteres KroB samt Sporn 10–15 mm lg, — mit violetten Adern; LB'Spreite rundlich(-nierenförmig). H: 4–10 cm. ♃ He. IV–VI. Bodensaure Flachmoore, torfige Wiesen, Erlenbrüche; kalkfeindlich; collin bis subalpin; zstr bis slt; **B†; fehlt W; sonst in allen Bdld**. Im nVL, söVL u. Pann gefährdet. **Sumpf-V., *V. palústris***

- NebenB 4–6× so lg wie br; WuStock mehr als 5 mm ∅; seitliche KroB innen mit an der Spitze keulig verdickten Haaren (bei keiner anderen Veilchen-Art des Gebiets so); Kro meist weiß, unteres KroB samt Sporn 18–25 mm lg, — mit violetten Adern; LB'Spreite br-herzförmig. H: 10–20 cm. ♃ He. V–VI. Parkrasen, subruderal; collin bis submontan; slt. **K** (zB KäB). Neubürger (verwilderte ZierPf?; Heimat: Nordamerika). *(„V. cucullata", V. obliqua)* **Amerikanisches V., *V. papilionácea***

**21** Pf mit ober- oder unterirdischen Ausläufern. — Blü duftend . . . . . . . **22**

- Pf ohne Ausläufer . . . . . . . . . . . . . . . . . . . . . . . . . . . . . . **24**

**22** VorB deutlich unter der Mitte des BlüStiels; LB nicht überwinternd; Ausläufer unterirdisch, höchstens etwa 5 cm lg, ihre Achsen 1,5–3 mm ∅, bleich, — noch nicht im 1. Jahr blühend; NebenB der LB lanzettlich; Kro lilablau mit deutlichem weißem Zentrum. H: 6–10 cm. ♃ He. III–IV. Auwälder, frische Flaumeichenwälder, Gebüsche, bes. über Löß (?); collin bis montan; zstr bis sehr slt. **(K†); fehlt S**. Im Alp u. söVL gefährdet. Variabel. Hybridisiert zB mit *V. odorata* (→ Pkt 27–). (Inkl. *V. austriaca, V. beraudii, V. cyanea, V. sepincola*) **Hecken-V.**, Blaues V., ***V. suávis***

-!! VorB in oder etwas unterhalb der Mitte des BlüStiels; Ausläufer meist ± unterirdisch. — LB wenig behaart bis fast kahl; Kro blau, oft mit ± deutlichem weißem Zentrum. Vgl. die häufige Hybride ***V. odoráta × suávis*** (→ Pkt 27–)

- VorB in oder oberhalb der Mitte des BlüStiels; LB ± überwinternd; Ausläufer oberirdisch, (5)10–20 cm lg, ihre Achsen 1–1,5 mm ∅, ± grün . . . . . **23**

**23** LB'Spreite meist spitz, meist 1–1½× so lg wie br; LB'Stiel der SommerB mit waagrecht abstehenden, 0,5–1,2 mm lg Haaren; Ausläufer im 1. Jahr blühend; NebenB der LB 4–8× so lg wie br, — lineal-lanzettlich; Kro meist weiß mit gelbgrünem oder violettem Sporn, slt violett. H: 5–10 cm. ♃ He. III–IV. Eichen- u. Eichen-Hainbuchen-Wälder, Waldschläge; collin bis submontan; zstr. **(K), sonst alle Bdld**. Im Alp, nVL u. söVL gefährdet. [27] **Weiß-V., *V. álba***

**a** LB d'grün, oft violett überlaufen; Sporn violett, übrige Kro weiß oder violett; Fr braunviolett. **Violettsporn-W.-V., Dunkles W.-V., *V. a. subsp. scotophýlla***

- LB h'grün, nicht violett überlaufen; Sporn gelbgrün, übrige Kro weiß; Fr gelbgrün. *(V. virescens)* **Weißsporn-W.-V., Helles W.-V., *V. a. subsp. álba***

- LB'Spreite meist abgerundet, meist ⅘–1⅕× so lg wie br; LB'Stiel der SommerB mit rückwärts anliegenden 0,2–0,4 mm lg Haaren; Ausläufer nicht im 1. Jahr blühend; NebenB der LB 1–4× so lg wie br. — LB stets behaart; Kro meist violett, ohne weißes Zentrum, slt weiß oder rosa (wenn weiß, dann Sporn auch weiß!). H: 5–15 cm. ♃ He. III–IV. Auwälder, halbruderale Gebüsche; collin bis montan; zstr. **Alle Bdld**. Wahrscheinlich nur im Pann ursprünglich; hfg als ZierPf kultiviert u. (meist?, außerhalb des Pann stets?) aus Gärten verwildert u. eingebürgert. (Heimat: Medit. bis West-Asien.) VolksarzneiPf (u. a. Blü für „Veilchensirup"; nicht jedoch die Wu: vgl. *Iris*!); Wildgemüse (LB). Bastardiert zB mit *V. hirta* u. *V. suavis.* **Duft-V.**, März-V., ***V. odoráta***

**24** [21] LB'Spreite am Grund gestutzt, slt undeutlich herzförmig; Kro kräftig violettpurpurn. — LB'Stiel oberwärts geflügelt; Blü duftend; Fr behaart. H: 5–10 cm. ♃ He. IV–V. Trockenrasen, Felssteppen; collin; slt. Nur im Pann. **B, N**. Gefährdet. Bastardiert zB mit *V. hirta.* **Steppen-V.**, ***V. ambígua***

**–!!** LB'Spreite schwach herzförmig; Kro h'blau oder violett. — Blü duftend; fehlt im Pann . . . . . . . . . . . . . . . . . . . . . . . . . . . . . . . . **25**

**–** LB'Spreite tief herzförmig; Kro blau oder weiß. — Fr ± behaart . . . . **26**

**25** Fr u. KB kahl; LB'Spreite 0,8–1,2× so lg wie br; Kro h'blau. H: 8–10 cm. ♃ He. IV–VI. Lichte Wälder, Hochstaudenfluren, Felsspalten, Felsschuttfluren; schattenliebend; kalkliebend; montan bis subalpin; slt bis sehr slt. **O?, K, T**. (Hptvbr.: Südwest-Europa, Westalpen, Südost-Europa.) Potentiell gefährdet. **Pyrenäen-V., Schatten-V.**, ***V. pyrenáica***

**–** Fr u. KB behaart; LB'Spreite 1¼–1¾× so lg wie br; Kro violett. — Fransen der NebenB bewimpert. H: 5–10 cm. ♃ He. V–VII. Magerwiesen, Felsspalten; kalkmeidend; obermontan bis subalpin; slt. **T, V?**. (Westalpisch.) Gefährdet. **Schweizer V.**, ***V. thomasiána***

**26** NebenB ungefranst oder mit Fransen, die ⅕–¼× so lg sind wie die Breite des unzerteilten Restes; Blü nicht duftend; LB'Spreite länglich-eiförmig. — Fransen der NebenB nicht bewimpert; VorB meist deutlich unter der Mitte des BlüStieles; Kro blaulila (untere seitliche KroB oft, wie bei den Stiefmütterchen, aufwärts gerichtet). H: 5–10 cm. ♃ He. IV–V. Trockene bis frische Magerwiesen, Waldränder; collin bis montan; hfg. **Alle Bdld**. Bastardiert zB mit *V. odorata, V. collina, V. ambigua.* **Wiesen-V.**, Behaartes V., ***V. hírta***

**–** NebenB mit Fransen, die ½–1× so lg sind wie die Breite des unzerteilten Restes; Blü duftend; LB'Spreite 3eckig-br-eiförmig oder rundlich . . . . **27**

**27** Kro meist weiß; Fransen der NebenB nicht bewimpert. **Weiß-V.**, ***V. álba*** (→ Pkt 23)

**–!!** Kro h'blau, ohne weißes Zentrum, slt weiß; Fransen der NebenB bewimpert. — VorB in oder über der Mitte des BlüStieles; Sporn weißlich. H: 6–12 cm. ♃ He. IV–V. Trockene, lichte Wälder, Föhrenwälder; kalkliebend; collin bis montan; zstr bis slt. **Alle Bdld**. Hybridisiert bes. mit *V. hirta.* **Hügel-V.**, ***V. collína***

**–** Kro blau, oft mit weißem Zentrum; Fransen der NebenB nicht oder kaum bewimpert. — Pf mit kurzen, unterirdischen Ausläufern; LB wenig behaart bis fast kahl; VorB in oder etwas unterhalb der Mitte des BlüStiels. Vgl. die Hybride ***V. odoráta*** × ***suávis*** (→ Pkt 22)

## 78. Familie: Zistrosengewächse, *Cistáceae* (→ G X 6)

Anm.: *Größe u. Form der bald abfallenden u. schrumpfenden KroB müssen entweder am Wuchsort festgestellt oder durch sofortiges, möglichst flaches Pressen erhalten werden. – Die Zahl der Blü pro Blühtrieb ist an gut entwickelten Exemplaren zu erheben. Man untersuche den vorherrschenden Haartyp bei 10–20facher Vergrößerung (die Behaarungsdichte ist weniger wichtig!), vgl. Abb. 270:* **Borstenhaare**: am Grund nicht miteinander verwachsen, ± einseitswendig, 0,5–2 mm lg, einzeln oder zu 2–4 büschelig (Abb. 270 a); — **Sternhaare**: am Grund scheinbar miteinander verwachsen, ± allseitswendig, 3–6strahlig: **lang**-sternhaarig: Strahlen 0,3–1 mm lg (Abb. 270 b); **kurz**-sternhaarig: Strahlen 0,05–0,2 mm lg (Abb. 270 c); — **Drüsen-** u. **Gliederhaare**: einzeln, 0,05–0,2 mm lg (Abb. 270 d).

1 LB gegenständig, mit flächiger Spreite; alle StaubB mit Staubbeuteln (keine Staminodien vorhanden). — Kro gelb. **(1) Sonnenröschen, *Heliánthemum***
- LB wechselständig, mit nadelförmiger Spreite; äußere StaubB ohne Staubbeutel (zu Staminodien reduziert). — NebenB fehlend; Kro gelb. **(2) Heideröschen, *Fumána***

## (1) Sonnenröschen, *Heliánthemum* (inkl. *Rhodax*) (→ B 29–)

1 LB ohne NebenB (sehr slt die obersten mit NebenB); LB der Blühtriebe meist kleiner als die der veget. Triebe. — Drüsenhaare oft vorhanden. *(Rhodax = H. subgen. Plectolobum)* . . . . . . . . . . . . . . . . . . . . . . . . . . **2**
- LB stets mit NebenB; LB der Blühtriebe mindestens so groß wie die der veget. Triebe. — Drüsenhaare stets fehlend. (*Helianthemum s. str. = H. subgen. H.*; Artengruppe Gewöhnliches S., *H. nummularium agg.*, *H. nummularium s. l.* Anm.: Die 4 Sippen sind gebietsweise – wo 2 oder mehr gemeinsam vorkommen – durch meist offenkundig hybridogene Zwischenformen miteinander verbunden, weswegen sie von manchen Autoren nur als Unterarten eingestuft werden. Dabei hybridisiert *H. nummularium* nur slt u. lediglich mit *H. ovatum* u. ist auch von den übrigen drei Arten durch die Behaarungsmerkmale deutlicher geschieden als diese untereinander. Inwieweit im Alp intermediär erscheinende Individuen oder Populationen zw. *H. ovatum* u. *H. glabrum*, zw. *H. ovatum* u. *H. grandiflorum* sowie zw. *H. glabrum* u. *H. grandiflorum* Merkmalsüberlappungen aufweisen oder kontinuierliche Übergänge oder Hybriden darstellen, ist noch an Populationen der Kontaktgebiete zu untersuchen . . . . . . . . . . . . . . . . . **3**

2 LB unterseits von kurzen (zuweilen zusätzlich auch lg) Sternhaaren dicht graufilzig, die grüne Oberhaut dadurch verdeckt. — Pf niederliegend bis aufsteigend; LB 5–20(30) mm lg u. 2–5 mm br, die der veget. Triebe deutlich (1–8 mm lg) gestielt, deren Spreite lanzettlich bis länglich, die der Blühtriebe fast sitzend, elliptisch; Blüstd 5–12blütig; innere (größere) KB 3–5,5 mm lg; KroB 5–8 mm lg. H: 3–10(20) cm. ♄ Ch. (IV)V–VI. Flachgründige, kalkreiche Trockenrasen u. Felssteppen; collin; im Pann mäßig hfg, sonst slt. **B, W, N, O**†?*. Im nVL gefährdet. *(H. oelandicum subsp. canum, Rhodax canus)* **Graues S., *H. cánum***
- LB unterseits locker borstenhaarig (aber nicht filzig!) bis kahl, die grüne Oberhaut sichtbar. — Pf aufsteigend (dichtrasig); sterile Triebe an den Enden schopfig beblättert; LB 6–22 mm lg u. 2–5 mm br, die der veget. Triebe am Grund verschmälert, sitzend oder undeutlich gestielt, Spreite verkehrt-eilanzettlich, die der Blühtriebe verkehrt-eiförmig; Blüstd 2–7blütig; innere (größere) KB 5–7 mm lg; KroB 6–10 mm lg. H: 3–12 cm. ♄ Ch. VI–IX. Exponierte, meist kalkreiche Fels- u. Magerrasen, bes. Polsterseggenrasen, auch Nacktriedrasen u. Blaugras-Horstseggen-Rasen; (montan) subalpin bis alpin; mäßig hfg bis hfg. In den Alp. **Fehlt B, W**. *(H. italicum subsp. alpestre, H. oelandicum subsp. alpestre, Rhodax alpestris)* **Alpen-S., *H. alpéstre*** *(s. str.)*

3 LB unterseits von kurzen (zuweilen zusätzlich auch lg) Sternhaaren dicht bis locker weiß- bis graufilzig (Haarfilz sehr fein, *starke Lupe!*), die grüne Oberhaut dadurch meist verdeckt. — Pf niederliegend bis aufsteigend; LB gestielt, deren Spreite 6–30 mm lg u. 2–9 mm br, die unteren elliptisch bis eiförmig, die mittleren länglich bis lanzettlich, die oberen lanzettlich bis lineal-länglich; Blüstd 6–9(15)blütig; BlüKnospen eiförmig, bauchig, stumpf bis kurz zuge-

* Unsicher, ob je vorhanden gewesen.

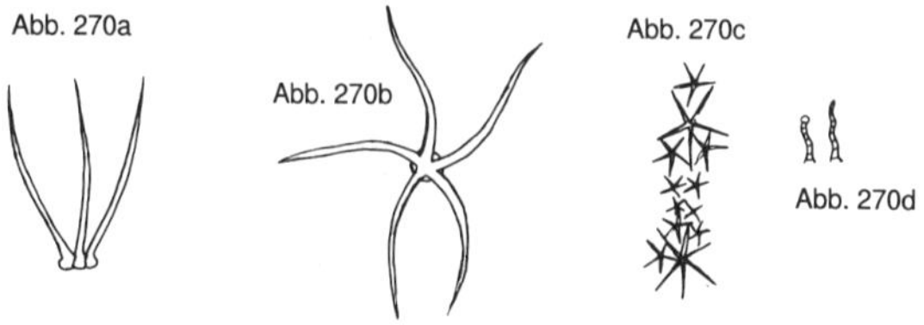


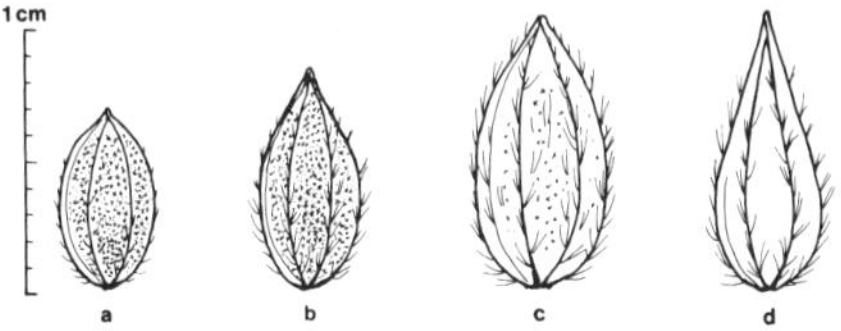


Abb. 271

spitzt (Abb. 271 a, b); innere (größere) KB (5)6–8(9) mm lg, zw. den Nerven stets kurz-sternhaarig; KroB (7)8–13(14) mm lg; Staubbeutel 0,3–0,6 mm lg. H: 10–20(35) cm. ♄ Ch. V–IX. Mäßig kalkarme Trocken- u. Halbtrockenrasen, Waldsäume; collin bis untermontan; im Donautal (zB in der Wachau) mäßig hfg, sonst zstr bis slt. **N, O, S,** Nord-**T, V**. Gefährdet. *(H. nummularium subsp. nummularium)* ■ **Zweifarben-S.,** ***H. nummulárium (s. str.)***

– LB unterseits von Borsten- oder langen Sternhaaren ± locker bedeckt bis kahl (nicht feinfilzig behaart), die grüne Oberhaut daher stets sichtbar, stets ohne kurze Sternhaare. — LB meist (durchschnittlich) breiter als bei der vorigen Art, die unteren der Blühtriebe elliptisch bis eiförmig, die mittleren länglich-elliptisch bis br-lanzettlich, die oberen länglich bis lanzettlich . . . . . . . . **4**

**4** KroB (8)10–13(16) mm lg; innere (größere) KB (5)6–8(9) mm lg, zw. den Nerven meist dicht bis zstr kurz-sternhaarig (im Gebiet sehr slt kahl); Staubbeutel 0,4–0,6 mm lg. — Pf niederliegend bis aufrecht; LB'Spreite 6–30 mm lg u. 2–10 mm br, unterseits auf den Flächen dicht bis zstr lg-sternhaarig (bis büschelig-borstenhaarig); Blüstd 5–9(15)blütig; BlüKnospen eiförmig, bauchig, stumpf bis kurz bespitzt (Abb. 271 a, b). H: 10–30(50) cm. ♄ Ch. V–IX. Kalkreiche bis mäßig kalkarme Trocken- u. Halbtrockenrasen, Magerrasen, Waldsäume, lichte Trockenwälder; collin bis montan; hfg. **Alle Bdld**. *(H. nummularium subsp. obscurum, H. grandiflorum subsp. obscurum)*
■ **Trübgrünes S.,** Eiblatt-S., ***H. ovátum***

– KroB (11)12–16(18) mm lg; innere (größere) KB (6)7–12(13) mm lg, zw. den Nerven meist kahl, nur beim Großblüten-S., *H. grandiflorum* oft auch kurz-sternhaarig u./oder borstenhaarig; Staubbeutel 0,5–0,8 mm lg. — Blüstd 2–6(9)blütig. Standorte (montan) subalpin bis alpin; nur in den Alp. (***H. grandiflorum*** *s. l.)* . . . . . . . . . . . . . . . . . . . . . . . . . . . . . . . . . . . **5**

**5** LB unterseits auf den Flächen dicht bis zstr büschelig-borstenhaarig bis lg-sternhaarig; BlüKnospen eiförmig, bauchig, spitz oder kurz bespitzt (Abb. 271 c). — Pf niederliegend bis aufrecht; LB'Spreite 10–35 mm lg u. 5–14 mm br; KB zw. den Nerven kurz-sternhaarig u./oder borstenhaarig oder kahl. H: 8–15(30) cm. ♄ Ch. VI–IX. Sonnexponierte, kalkreiche Magerrasen, bes. Blaugras-Horstseggen-Rasen; (montan) subalpin bis alpin; in den wAlp hfg, in den öAlp zstr. Östlich bis zu den Gurktaler u. Karnischen Alpen. **St, K, S, T, V**. *(**H. grandiflorum subsp. grandiflorum**, H. nummularium subsp. grandiflorum)*

**■ (Behaartes, Eigentliches) Großblüten-S., *H. grandiflórum (s. str.)***

- LB unterseits auf den Flächen kahl, nur am Mittelnerv u. am Rand borstenhaarig; BlüKnospen eilanzettlich, schlank, mit lg ausgezogener Spitze (Abb. 271 d). — Pf niederliegend bis aufsteigend; LB'Spreite 10–30 mm lg u. 4–12 mm br; KB zw. den Nerven stets kahl, glänzend. H: 5–15(25) cm. ♄ Ch. VI–IX. Sonnexponierte, kalkreiche, oft skelettreiche Magerrasen u. Steinrasen, bes. Blaugras-Horstseggen-Rasen; (montan) subalpin bis alpin; in den öAlp hfg bis zstr, in den wAlp nur im östl. Randbereich u. sehr slt. Westlich bis zum Kaiser-Gebirge u. zu den Kitzbüheler Alpen. **N, O, St, K, S,** Nord-**T**. *(H. „nitidum", **H. grandiflorum subsp. glabrum**, H. nummularium subsp. glabrum)*

**■ Kahles S.,** Kahles Großblüten-S., ***H. glábrum***

## (2) Heideröschen, *Fumána* (→ B 17–)

Pf niederliegend; Stg anliegend drüsen- u. gliederhaarig; LB 5–20 mm lg u. 0,5–1 mm br, die oberen kaum kleiner als die unteren, alle nadelförmig, weich u. meist schwach gebogen, vorn begrannt oder spitz; oft büschelig beblätterte Kurztriebe in den LB'Achseln; Blüstd 1–2(4)blütig; BlüStiel etwa so lg wie das DeckB, zstr bis spärlich drüsenhaarig; FrStiele vom Grund an gleichmäßig zurückgebogen; äußere KB 2–5 mm lg; innere KB 6–8 mm lg; KroB 6–10 mm lg, hinfällig (meist nur vormittags vorhanden). H: 2–5 cm; G: 5–20 cm lg. ♄ Ch. VI–VIII. Kalkreiche Felssteppen u. Felstrockenrasen, Steppenföhrenwälder; collin bis submontan; im Pann mäßig hfg, sonst sehr slt. **B, W, N, O**†?*, **St, K**, Nord-**T** (innenalpische Trockentäler). Potentiell gefährdet; im nVL gefährdet. *(F. vulgaris)* **Heideröschen, Nadelröschen,** Liegendes H., ***F. procúmbens***

# 79. Familie: Tamariskengewächse, *Tamaricáceae* (→ B 12)

**1** StaubB 4–5, frei, Gri deutlich; Haarschopf der Sa sitzend; Blüstd seitenständig.

★ **(1) Tamariske, *Támarix***

- StaubB 10, bis zur Hälfte miteinander verwachsen; Narben sitzend; Haarschopf der Sa gestielt; Blüstd endständig. **(2) Deutsche Tamariske, *Myricária***

## ★ (1) Tamariske, *Támarix*

LB angedrückt-dachig; Kro h'rosa (slt weiß). H: 1–5 m. ♄ NPh. VI–VIII. Als Zierstrauch hfg kultiviert, slt verwildert (?). (Heimat: westl. Medit.) ★ **Tamariske, *T. gállica***

## (2) Deutsche Tamariske, *Myricária*

LB schuppenförmig, 2–3 mm lg, graublaugrün; dichte Trauben; Kro h'rosa oder weiß. H: 60–200 cm. ♄ NPh. VI–VIII. Auf Kies u. Schotterbänken fließender Gewässer u. in Sandgruben; (collin bis) montan bis subalpin; slt. **Fehlt B; W**†, **N**†, **V**†. Stark gefährdet; im Rh, nVL u. Pann ausgestorben. ▲

**Deutsche Tamariske, Rispelstrauch, *M. germánica***

---

* Unsicher, ob je vorhanden gewesen.

# Ordnung Kapernartige, *Capparáles*

## 80. Familie: Kreuzblütler, Kreuzblütengewächse, Kohlgewächse, Cruciferen*, *Brassicáceae (Crucíferae*)

Pf meist ⊙ oder ♃; LB fast stets wechselständig; Blüstd: (fast stets) deckblattlose Traube; BlüHülle meist (fast) ⊕ (oft disymmetrisch); KB 2 + 2, frei; KroB 4, frei (slt fehlend); StaubB meist 6 (slt 4 oder 2), die beiden äußeren kürzer als die 4 inneren; Frkn 1, oberständig; Gri 1, Narben ± deutlich 2 (oder 1 2lappige); Fr: Schote oder Schötchen (→ Pkt 1): 2fächrige, 2klappig aufspringende Kapsel mit (meist silberhäutiger) Scheidewand, oder zu SchließFr oder BruchFr umgebildet. (G 15)

*Sisymbrieae*
(1) *Sisymbrium*
(2) *Descurainia*
(3) *Alliaria*
(4) *Arabidopsis*
(5) *Braya*
(6) *Myagrum*
(7) *Isatis*
(8) *Bunias*
*Hesperideae*
(9) *Erysimum*
(10) *Hesperis*
★ (11) *Malcolmia*
☆ (11b) *Chorispora*
★ (12) *Matthiola*
(13) *Euclidium*
*Arabideae*
(14) *Barbarea*
(15) *Rorippa*
★ (16) *Armoracia*
(17) *Nasturtium*
(18) *Cardamine*
(19) *Dentaria*
(20) *Cardaminopsis*
(21) *Arabis*
*Alysseae*
(22) *Lunaria*
(23) *Peltaria*
(24) *Aurinia*
(25) *Alyssum*
(26) *Berteroa*
(26 b) *Lobularia*
(27) *Draba*
(28) *Erophila*
(29) *Petrocallis*
*Lepidieae*
(30) *Cochlearia*
(31) *Kernera*
(32) *Camelina*
(33) *Neslia*
(34) *Capsella*
(35) *Pritzelago*
(= *Hutchinsia*)
† (36) *Hymenolobus*
(37) *Hornungia*
(38) *Teesdalia*
(39) *Thlaspi*
(40) *Aëthionema*
(41) *Iberis*
(42) *Biscutella*
*Lepidieae* (Forts.)
(43) *Lepidium*
(44) *Cardaria*
(45) *Coronopus*
*Brassiceae*
(46) *Conringia*
(47) *Diplotaxis*
(48) *Brassica*
(49) *Sinapis*
★ (50) *Eruca*
(51) *Erucastrum*
☆ (52) *Hirschfeldia*
(53) *Rapistrum*
(54) *Crambe*
(55) *Raphanus*

**1** Fr höchstens 3× so lg wie br, dh ein Schötchen (Abb. 272 b, 273; *meist schon am Frkn erkennbar*). (Schötchenfrüchtige Kreuzblütler) . . . . . . . . . . . **2**
**–** Fr mindestens 3× so lg wie br, dh eine Schote (Abb. 272 a; *meist schon an der Gestalt des Frkn klar erkennbar*). (Schotenfrüchtige Kreuzblütler) . . . . **48**

### Schötchenfrüchtige Kreuzblütler

**2** Kro fehlend . . . . . . . . . . . . . . . . . . . . . . . . . . . . . . . **3**
**–** Kro vorhanden . . . . . . . . . . . . . . . . . . . . . . . . . . . . . **5**

**3** Fr kugelig. — StaubB 2(4); Pf stinkend.
**Zweiknotiger Krähenfuß, (45),** ***Corónopus dídymus***
**–** Fr flachgedrückt, rundlich oder 3eckig. — StaubB meist 6 . . . . . . . . **4**

**4** Fr 3eckig-verkehrt-herzförmig (Abb. 273), nicht geflügelt, FrFächer mehrsamig. **Gewöhnliches Hirtentäschel, (34),** ***Capsélla búrsa-pastóris***
**–** Fr rundlich bis br-elliptisch bis eiförmig, an der Spitze ± geflügelt, jedes der 2 FrFächer 1samig. **(43) Kresse,** ***Lepídium***

---

* dh „Kreuzträger"; nomenklatorisch gültiger Alternativname (vgl. → „alternative lateinische Familiennamen" im Glossar!).

**5** [2] KroB ungleich groß (Abb. 274) . . . . . . . . . . **6**
**–** KroB alle gleich groß . . . . . . . . . . **7**

**6** Fast alle LB in grundständiger Rosette (am Stg höchstens 1–3 winzige LB); StaubB am Grund mit stumpfem Zahn; FrFächer 2samig. **(38) Bauernsenf, *Teesdália***
**–** LB nicht in Rosette, Stg bis oben beblättert; StaubB ohne Zahn; FrFächer 1samig. **(41) Schleifenblume, *Ibéris***

**7** Kro weiß, purpurn, lila oder violett . . . . . . . . . . **8**
**–** Kro gelb oder gelblichweiß, zuweilen weiß verbleichend . . . . . . . . . . **33**

**8** KroB tief 2teilig, — stets weiß . . . . . . . . . . **9**
**–** KroB unzerteilt (höchstens seicht ausgerandet) . . . . . . . . . . **10**

**9** Alle LB in grundständiger Rosette; H: 3–15 cm; Fr kahl. **(28) Hungerblümchen, *Eróphila***
**–** Stg bis in die BlüRegion beblättert; H: 25–60 cm; Fr mit Sternhaaren. — Pf grauhaarig. **(26) Graukresse, *Bertéroa***

**10** LB stets unzerteilt, entweder ganzrandig oder gezähnt oder gesägt, aber nicht (oder nur die oberen StgB: bei (★) (16) Kren, *Armorácia*) tiefer eingeschnitten . **11**
**–** LB alle (oder außer den oberen) fiederteilig, fiederspaltig oder vorn 3–5spaltig . . . . . . . . . . **25**

**11** Kro purpurn bis violett . . . . . . . . . . **12**
**–** Kro weiß . . . . . . . . . . **14**

**12** Fr 10–30 mm br; LB gestielt, herzförmig; H: 30–140 cm. **(22) Mondviole, *Lunária***
**–** Fr höchstens 6 mm br; LB sitzend oder in den LB'Stiel verschmälert; H: 6–20 cm. — LB dicklich, bläulichgrün . . . . . . . . . . **13**

**13** Staubf. ungeflügelt. **(39) Täschelkraut, *Thláspi***
**–** Die 4 längeren Staubf. geflügelt. — StgB in den kurzen LB'Stiel verschmälert. **(40) Steintäschel, *Aëthionéma***

**14** [11] Fr kugelig bis birnförmig, nicht oder nur schwach abgeflacht (zusammengedrückt) . . . . . . . . . . **15**
**–** Fr deutlich bis stark abgeflacht (zusammengedrückt) . . . . . . . . . . **18**

**15** Fr mit schnabelförmigem, gekrümmtem, behaartem Gri. — GrundB nicht rosettig gehäuft; Fr behaart. **(13) Schnabelschötchen, *Euclídium***
**–** Fr ohne Schnabel (Gri hinfällig oder bleibend, daher höchstens kurz bespitzt) . . . . . . . . . . **16**

**16** Grundständige LB 30–100 cm lg, — kahl. H: 60–125 cm. **(★) (16) Kren, *Armorácia***
**–** Grundständige LB höchstens 10 cm lg . . . . . . . . . . **17**

**17** LB kahl; Spreite der GrundB rundlich, mit abgestutztem bis herzförmigem Grund, — daher deutlich abgesetzt vom LB'Stiel, dieser länger als die Spreite; Staubf. nicht gebogen. **(30) Löffelkraut, *Cochleária***
**–** LB angedrückt behaart (slt verkahlend); Spreite der LB (zumindest der GrundB) linealisch bis lanzettlich, Grund keilig . . . . . . . . . . **17b**

**17b** GrundB rosettig, lanzettlich bis spatelig, deutlich gestielt (LB'Stiel kürzer als die Spreite); Stg aufrecht, unverzweigt; Blüstd ästig; die 4 längeren Staubf. knieförmig nach außen gebogen (vgl. Abb. 277 a); Fr 8–10(12)samig, — fast kugelig (Abb. 277 b); LB fiederlappig bis gezähnt bis ganzrandig. **(31) Kugelschötchen, *Kérnera***

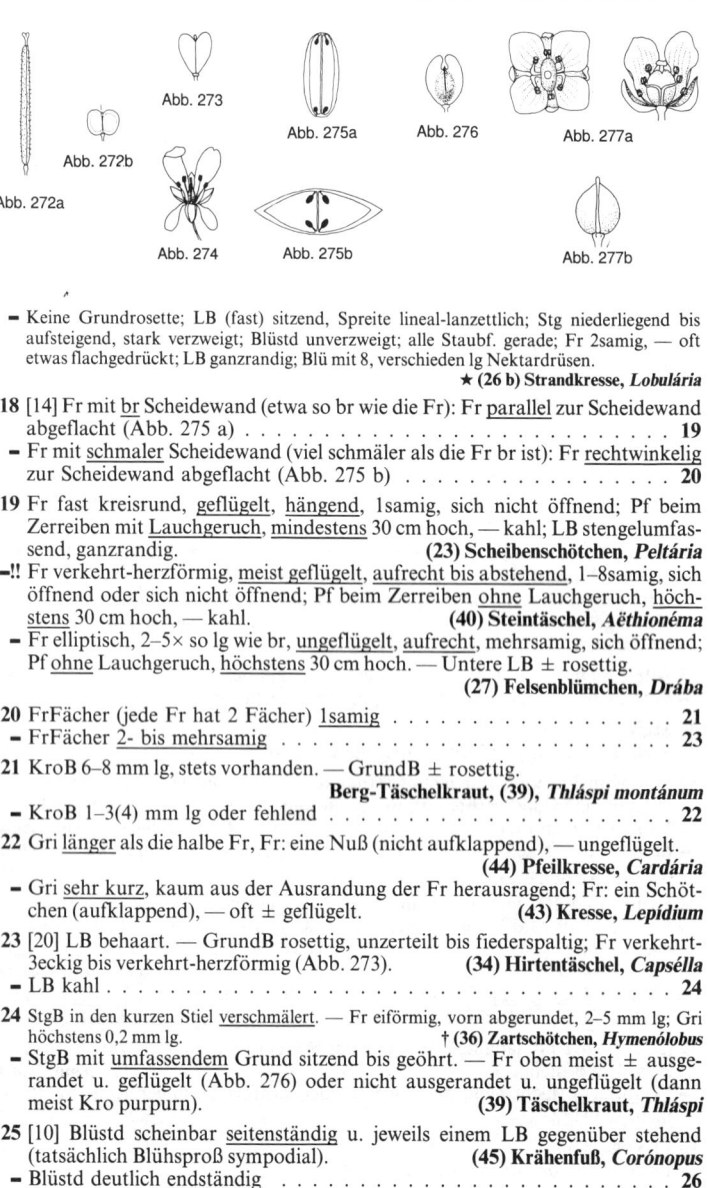

Abb. 272a

Abb. 272b

Abb. 273

Abb. 274

Abb. 275a

Abb. 275b

Abb. 276

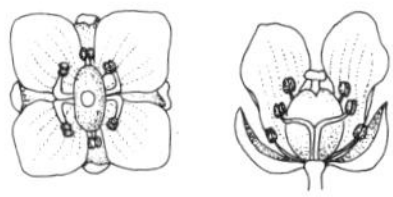
Abb. 277a

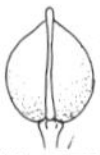
Abb. 277b

- Keine Grundrosette; LB (fast) sitzend, Spreite lineal-lanzettlich; Stg niederliegend bis aufsteigend, stark verzweigt; Blüstd unverzweigt; alle Staubf. gerade; Fr 2samig, — oft etwas flachgedrückt; LB ganzrandig; Blü mit 8, verschieden lg Nektardrüsen. ★ **(26 b) Strandkresse, *Lobulária***

18 [14] Fr mit br Scheidewand (etwa so br wie die Fr): Fr parallel zur Scheidewand abgeflacht (Abb. 275 a) . . . . . . . . . . . . . . . . . . . . . . . . . **19**

- Fr mit schmaler Scheidewand (viel schmäler als die Fr br ist): Fr rechtwinkelig zur Scheidewand abgeflacht (Abb. 275 b) . . . . . . . . . . . . . . . . **20**

19 Fr fast kreisrund, geflügelt, hängend, 1samig, sich nicht öffnend; Pf beim Zerreiben mit Lauchgeruch, mindestens 30 cm hoch, — kahl; LB stengelumfassend, ganzrandig. **(23) Scheibenschötchen, *Peltária***

-!! Fr verkehrt-herzförmig, meist geflügelt, aufrecht bis abstehend, 1–8samig, sich öffnend oder sich nicht öffnend; Pf beim Zerreiben ohne Lauchgeruch, höchstens 30 cm hoch, — kahl. **(40) Steintäschel, *Aëthionéma***

- Fr elliptisch, 2–5× so lg wie br, ungeflügelt, aufrecht, mehrsamig, sich öffnend; Pf ohne Lauchgeruch, höchstens 30 cm hoch. — Untere LB ± rosettig. **(27) Felsenblümchen, *Drába***

20 FrFächer (jede Fr hat 2 Fächer) 1samig . . . . . . . . . . . . . . . . . **21**

- FrFächer 2- bis mehrsamig . . . . . . . . . . . . . . . . . . . . . . . . . **23**

21 KroB 6–8 mm lg, stets vorhanden. — GrundB ± rosettig. **Berg-Täschelkraut, (39), *Thláspi montánum***

- KroB 1–3(4) mm lg oder fehlend . . . . . . . . . . . . . . . . . . . . . . **22**

22 Gri länger als die halbe Fr, Fr: eine Nuß (nicht aufklappend), — ungeflügelt. **(44) Pfeilkresse, *Cardária***

- Gri sehr kurz, kaum aus der Ausrandung der Fr herausragend; Fr: ein Schötchen (aufklappend), — oft ± geflügelt. **(43) Kresse, *Lepídium***

23 [20] LB behaart. — GrundB rosettig, unzerteilt bis fiederspaltig; Fr verkehrt-3eckig bis verkehrt-herzförmig (Abb. 273). **(34) Hirtentäschel, *Capsélla***

- LB kahl . . . . . . . . . . . . . . . . . . . . . . . . . . . . . . . . . . **24**

24 StgB in den kurzen Stiel verschmälert. — Fr eiförmig, vorn abgerundet, 2–5 mm lg; Gri höchstens 0,2 mm lg. † **(36) Zartschötchen, *Hymenólobus***

- StgB mit umfassendem Grund sitzend bis geöhrt. — Fr oben meist ± ausgerandet u. geflügelt (Abb. 276) oder nicht ausgerandet u. ungeflügelt (dann meist Kro purpurn). **(39) Täschelkraut, *Thláspi***

25 [10] Blüstd scheinbar seitenständig u. jeweils einem LB gegenüber stehend (tatsächlich Blühsproß sympodial). **(45) Krähenfuß, *Corónopus***

- Blüstd deutlich endständig . . . . . . . . . . . . . . . . . . . . . . . . . **26**

**26** Fr nicht abgeflacht (kugelig oder walzlich) . . . . . . . . . . . . . . . . . . . **27**
**-** Fr abgeflacht . . . . . . . . . . . . . . . . . . . . . . . . . . . . . . . . . . . . . **29**

**27** Fr eilänglich, gedunsen, lg zugespitzt. ★ **Garten-Rettich, (55), *Ráphanus satívus***
**-** Fr nicht eilänglich, nicht lg zugespitzt . . . . . . . . . . . . . . . . . . . . . . **28**

**28** Fr kugelig (Abb. 277 b); die 4 längeren Staubf. knieförmig nach außen gebogen (Abb. 277 a). **(31) Kugelschötchen, *Kérnera***
**-** Fr aus einem stielartigen unteren Glied u. einem kugeligen oberen Glied bestehend; alle Staubf. gerade. **(54) Meerkohl, *Crámbe***

**29** [26] Kro lila bis purpurrosa. **(29) Steinschmückel, *Petrocállis***
**-** Kro weiß . . . . . . . . . . . . . . . . . . . . . . . . . . . . . . . . . . . . . . . . **30**

**30** Stg unbeblättert. **(35) Gemskresse, *Pritzélago (= Hutchínsia)***
**-** Stg beblättert . . . . . . . . . . . . . . . . . . . . . . . . . . . . . . . . . . . . . **31**

**31** FrFächer 1samig. **(43) Kresse, *Lepídium***
**-** FrFächer 2- bis vielsamig . . . . . . . . . . . . . . . . . . . . . . . . . . . . . **32**

**32** Fr verkehrt-3eckig, verkehrt-herzförmig (Abb. 273); LB behaart; FrFächer vielsamig. **(34) Hirtentäschel, *Capsélla***
**-** Fr eiförmig; LB kahl; FrFächer 2samig. **(37) Felskresse, *Hornúngia***

**33** [7] Alle Blüstd (scheinbar) seitenständig u. jeweils einem LB gegenüber angeordnet. **Zweiknoten-Krähenfuß, (45), *Corónopus dídymus***
**-** Endständige Blüstd vorhanden . . . . . . . . . . . . . . . . . . . . . . . . . . . **34**

**34** Fr aus 2 scheibenförmigen Fächern bestehend, dadurch brillenähnlich. — LB länglich-lanzettlich bis lanzettlich oder verkehrt-eilanzettlich, schwach u. entfernt gezähnt (fast ganzrandig) bis fiederlappig-buchtig gezähnt, ± steifhaarig; Kro h'gelb. **(42) Brillenschötchen, *Biscutélla***
**-** Fr anders . . . . . . . . . . . . . . . . . . . . . . . . . . . . . . . . . . . . . . . . **35**

**35** Alle LB einfach u. unzerteilt (höchstens gesägt oder gezähnt) . . . . . . **36**
**-** Wenigstens die unteren LB fiederspaltig bis gefiedert . . . . . . . . . . . **43**

**36** StgB am Grund verschmälert oder fehlend . . . . . . . . . . . . . . . . . . . **37**
**-** StgB am Grund pfeilförmig stengelumfassend . . . . . . . . . . . . . . . . **39**

**37** Staubf. nicht geflügelt u. nicht gezähnt, am Grund ohne Höcker, höchstens die inneren am Grund verbreitert; Stg meist unbeblättert (slt mit meist gezähnten LB). — Fr elliptisch. **(27) Felsenblümchen, *Drába***
**-** Staubf. ± geflügelt u. oft gezähnt oder am Grund mit einem Höcker; Stg stets mit ganzrandigen LB . . . . . . . . . . . . . . . . . . . . . . . . . . . . . . . . . **38**

**38** GrundB 40–100 mm lg; LB mit verdicktem Grund, der auf dem verholzten StgGrund als Mal (Ule) erhalten bleibt; K schüsselförmig. — Fr kahl; FrFächer 2samig. (Wenn Fr behaart u. FrFächer 1samig, vgl. ★ Mauer-Steinkraut, (25), *Alyssum murale*!) **(24) Felsensteinkraut, *Aurínia***
**-** GrundB 2–15(20) mm lg (zur BlüZeit oft schon abgefallen); LB ohne verdickten Grund; K nicht schüsselförmig. **(25) Steinkraut, *Alýssum***

**39** [36] Fr hängend, länglich, geflügelt, zur Reife schwarz (Abb. 278), — 1samig, sich nicht öffnend. **(7) Waid, *Ísatis***
**-** Fr aufrecht (nicht hängend), kugelig oder birnförmig, ungeflügelt, zur Reife nicht schwarz . . . . . . . . . . . . . . . . . . . . . . . . . . . . . . . . . . . . . . **40**

**40** Fr kugelrund . . . . . . . . . . . . . . . . . . . . . . . . . . . . . . . . . . . . . . **41**
**-** Fr eiförmig, birnförmig oder amboßförmig . . . . . . . . . . . . . . . . . . **42**

**41** Reife Fr ohne Gri, kurz bespitzt (Gri kurz: Abb. 279); Pf ⊙, mit verzweigten Haaren. — FrStiele aufrecht-abstehend. **(33) Finkensame, *Néslia***
**–** Reife Fr mit langem Gri (fast so lg wie die Fr); Pf ♃, kahl oder nur mit einfachen Haaren. **Österreichische Sumpfkresse, (15), *Roríppa austríaca***

**42** Fr eiförmig bis birnförmig, mit 2 erhabenen Längsleisten. — Pf meist behaart, slt kahl. **(32) Leindotter, *Camelína***
**–** Fr amboßförmig. — Pf völlig kahl. **(6) Hohldotter, *Mýagrum***

**43** [35] StgB nicht stengelumfassend . . . . . . . . . . . . . . . . . . . . **44**
**–** StgB stengelumfassend . . . . . . . . . . . . . . . . . . . . . . . . . **46**

**44** Stg von Höckern (= br sitzenden Drüsen) rauh. — Fr eine schief-eiförmige oder 4kantige, zackig-geflügelte Nuß. **(8) Zackenschötchen, *Búnias***
**–** Stg ohne drüsige Höcker. — Stg ± behaart . . . . . . . . . . . . . . . . **45**

**45** Fr ein 2gliedriges Gliederschötchen, das untere Glied walzlich, das obere kugelig. **(53) Rapsdotter, *Rapístrum***
**–** Fr eiförmig-elliptisch. **Ufer-Sumpfkresse, (15), *Roríppa amphíbia***

**46** [43] LB auffallend verschieden: obere LB ganzrandig, stengelumfassend, untere 2–3fach fiederteilig. **Durchwachs-Kresse, (43), *Lepídium perfoliátum***
**–** LB nicht auffallend verschieden: alle LB ± fiederspaltig bis gefiedert . . **47**

**47** KroB so lg wie die KB; Fr walzlich, nicht abgeflacht; mittlere StgB tief fiederteilig. **(15) Sumpfkresse, *Roríppa***
**–** KroB fast doppelt so lg wie die KB; Fr fast kugelig, etwas abgeflacht, gekielt; mittlere StgB buchtig gezähnt.
**† Eigentlicher Gezähnter Leindotter, (32), *Camelína alýssum subsp. alýssum***

**Schotenfrüchtige Kreuzblütler**

**48** [1] LB (zumindest die GrundB) gefiedert oder zerteilt: fiederteilig, -spaltig oder zumindest tief -buchtig . . . . . . . . . . . . . . . . . . . . . . . . . **49**
**–** LB, auch die der GrundB, stets einfach u. unzerteilt, entweder ganzrandig oder seicht gelappt oder gezähnt oder gesägt, aber niemals tiefer eingeschnitten . . . . . . . . . . . . . . . . . . . . . . . . . . . . . . . **70**

**49** KroB fehlend . . . . . . . . . . . . . . . . . . . . . . . . . . . . . **50**
**–!!** Kro reinweiß, purpurn oder lila . . . . . . . . . . . . . . . . . . . . **51**
**–** Kro gelb oder gelblichweiß . . . . . . . . . . . . . . . . . . . . . . . **56**

**50** LB am Grund den Stg mit 2 schmalen Zipfeln (Öhrchen) umfassend (Abb. 280). **Spring-Schaumkraut, (18), *Cardámine impátiens***
**–** LB nicht stengelumfassend.
**Viermänniges Schaumkraut, (18), *Cardámine hirsúta***

**51** LB gefiedert, mehr als 3zählig gefingert oder 3zählig, aus getrennten Fiederblättchen zusammengesetzt . . . . . . . . . . . . . . . . . . . . . . . . **52**
**–** LB buchtig gezähnt oder fiederspaltig, nicht aus getrennten Fiederblättchen zusammengesetzt . . . . . . . . . . . . . . . . . . . . . . . . . . . . **54**

**52** Pf mit kriechendem, mit fleischigen Schuppen besetztem WuStock.
**(19) Zahnwurz, *Dentária***
**–** Pf ohne einen solchen WuStock . . . . . . . . . . . . . . . . . . . . . **53**

**53** Stg am Grund kriechend; FrStiele ± waagrecht oder rückwärts abstehend; Fr stielrund, gebogen. — WuStock u. Stg hohl; Blü etwa 5 mm lg; Kro weiß; Staubbeutel stets gelb. **(17) Brunnenkresse, *Nastúrtium***

- Stg aufrecht; FrStiele meist aufrecht abstehend; Fr zusammengedrückt, gerade. — Staubbeutel gelb oder violett; Kro weiß oder lila. **(18) Schaumkraut, *Cardámine***

**54** [51] KroB mehr als 1 cm lg. — KB aufrecht, oft borstig behaart; Fr dickwandig, oft zw. den Sa perlschnurartig eingeschnürt (Abb. 281). **(55) Rettich, *Ráphanus***
- KroB etwa 0,5 cm lg. — Fr linealisch, flach, nicht perlschnurartig eingeschnürt . . . . . . . . . . . . . . . . . . . . . . . . . . . . . . . **55**

**55** Sa wechselseitig in die Scheidewand eingesenkt; FrKlappen deshalb flach u. nur wenig höckerig. **(21) Gänsekresse, *Árabis***
- Sa kaum in die Scheidewand eingesenkt; FrKlappen deshalb über den Sa höckerig. **(20) Schaumkresse, *Cardaminópsis***

**56** [49] Fr etwa so lg wie der FrStiel. — Fr ungeschnäbelt; FrKlappen nervenlos; Sa undeutlich 2reihig. **(15) Sumpfkresse, *Roríppa***
- Fr viel länger als der FrStiel . . . . . . . . . . . . . . . . . . . **57**

**57** Mittlere u. obere StgB mit herzförmigem, pfeilförmigem oder geöhrtem Grund stengelumfassend . . . . . . . . . . . . . . . . . . . . . . . . . . . **58**
- StgB nicht stengelumfassend . . . . . . . . . . . . . . . . . . . **60**

**58** Kro gelblichweiß; Sa 2reihig. — StgB ganzrandig. **Kahle Gänsekresse, (21), *Árabis glábra***
- Kro gelb; Sa 1reihig . . . . . . . . . . . . . . . . . . . . . . . . . . **59**

**59** Fr 4–12 mm lg geschnäbelt; stengelumfassende LB mit herzförmigem Grund, grau- bis blaugrün. — StgB meist ganzrandig. **(48) Kohl, *Brássica***
- Fr höchstens 3 mm lg geschnäbelt; stengelumfassende LB mit pfeilförmigem Grund, grasgrün. — StgB fiederspaltig oder gezähnt. **(14) Barbarakraut, *Barbaréa***

**60** [57] LB 3zählig gefingert. — LB quirlständig; Blüstd: überhängende Traube; Kro gelblichweiß. **Neunblatt-Zahnwurz, (19), *Dentária enneaphýllos***
- LB fiederspaltig oder gefiedert . . . . . . . . . . . . . . . . . . . **61**

**61** Fr perlschnurartig eingeschnürt (Abb. 281), in 1samige Bruchstücke zerfallend (eine sogen. Gliederschote). — KB aufrecht, meist borstenhaarig; Kro h'gelb, deutlich geadert. **(55) Rettich, *Ráphanus***
- Fr nicht perlschnurartig eingeschnürt, sich mit 2 Längsklappen öffnend (eine typische Schote) . . . . . . . . . . . . . . . . . . . . . . . . . . **62**

**62** Fr stets deutlich, mindestens 1,5 mm lg geschnäbelt . . . . . . . . . . . **63**
- Fr nicht oder höchstens 1,5 mm lg geschnäbelt . . . . . . . . . . . . **69**

**63** Fr aufrecht, der Traubenachse anliegend oder angedrückt . . . . . . . . **64**
- Fr ± abstehend, der Traubenachse nicht angedrückt . . . . . . . . . . **66**

**64** FrSchnabel deutlich abgeflacht. **★ (50) Senfrauke, *Erúca***
- FrSchnabel stielrund oder ± 4kantig (nicht abgeflacht) . . . . . . . . . **65**

**65** Fr 15–20 mm lg; Mittelnerv kielartig hervorspringend; Schnabel viel dünner als die Fr. **★ Schwarzer Senf, (48), *Brássica nígra***
- Fr 8–12 mm lg; Mittelnerv nicht kielartig hervorspringend; Schnabel etwa so dick wie die Fr. **☆ (52) Rempe, *Hirschféldia***

**66** [63] FrKlappen mit 3–5 Längsnerven. — KB fast waagrecht-abstehend; Sa kugelig, in jedem Schotenfach stets 1reihig angeordnet. **(49) Senf, *Sinápis***
- FrKlappen 1nervig . . . . . . . . . . . . . . . . . . . . . . . . . . . **67**

Abb. 278

Abb. 279

Abb. 280

Abb. 281

Abb. 282

Abb. 283a

Abb. 283b

Abb. 284a

Abb. 284c

Abb. 284b

**67** Sa in jedem Schotenfach in 2 Längsreihen angeordnet. — LB kahl; DeckB fehlend; Kro zitronengelb; FrSchnabel 1,5–3 mm lg; Sa eiförmig oder walzlich. **(47) Doppelsame, *Diplotáxis***

**-** Sa in jedem Schotenfach in 1 Längsreihe angeordnet . . . . . . . . . . . **68**

**68** LB blaugrün, abwischbar bereift; FrSchnabel mindestens 4 mm lg; Sa kugelig; höchstens die GrundB behaart. **(48) Kohl, *Brássica***

**-** LB grasgrün, nicht bereift; FrSchnabel 2–3 mm lg; Sa eiförmig bis walzlich; alle LB behaart. — DeckB (bei den untersten Blü) oft vorhanden; Kro h'- bis leuchtendgelb. **(51) Hundsrauke, Erucástrum**

**69** [62] Alle LB 2- bis 3fach-gefiedert, Abschnitte schmal-linealisch; LB durch Sternhaare grauhaarig. **(2) Besenrauke, *Descuráinia***

**-** Zumindest untere LB leierförmig gefiedert (dh mit größerer Endfieder), Abschnitte meist schmal-3eckig; LB mit einfachen Haaren (ohne Sternhaare) oder kahl. **(1) Rauke, *Sisýmbrium***

**70** [48] LB, zumindest die StgB, mit herz- oder pfeilförmigem Grund stengelumfassend (Abb. 282) . . . . . . . . . . . . . . . . . . . . . . . . . **71**

**-** LB gestielt oder sitzend, wenn am Grund herzförmig, dann aber nicht stengelumfassend . . . . . . . . . . . . . . . . . . . . . . . . . . . . **75**

**71** Kro rein gelb . . . . . . . . . . . . . . . . . . . . . . . . . . . . . . **72**

**-** Kro weiß oder gelblichweiß . . . . . . . . . . . . . . . . . . . . . . . **73**

**72** Fr hängend, geflügelt, 1samig, zuletzt d'violett bis schwarz, deutlich abgeflacht (Abb. 278). **(7) Waid, *Ísatis***

**-!!** Fr aufrecht, ungeflügelt, vielsamig, auch zuletzt grün bleibend, stielrund, — meist lg geschnäbelt. **(48) Kohl, *Brássica***

**-** Fr aufrecht, ungeflügelt, vielsamig, zur Reife bräunlich, fast 8kantig (durch 4 kräftige u. 4 schwächer vortretende Längsnerven), — kurz geschnäbelt. **Österreichischer Ackerkohl, (46), *Conríngia austríaca***

**73** StgB ± spitz. **(21) Gänsekresse, *Árabis***

**-** StgB an der Spitze abgerundet . . . . . . . . . . . . . . . . . . . . . **74**

**74** LB stets kahl, bläulich bereift. — Sa stets 1reihig angeordnet. **(46) Ackerkohl, *Conríngia***

**-** LB ± behaart, nicht bereift. **(21) Gänsekresse, *Árabis***

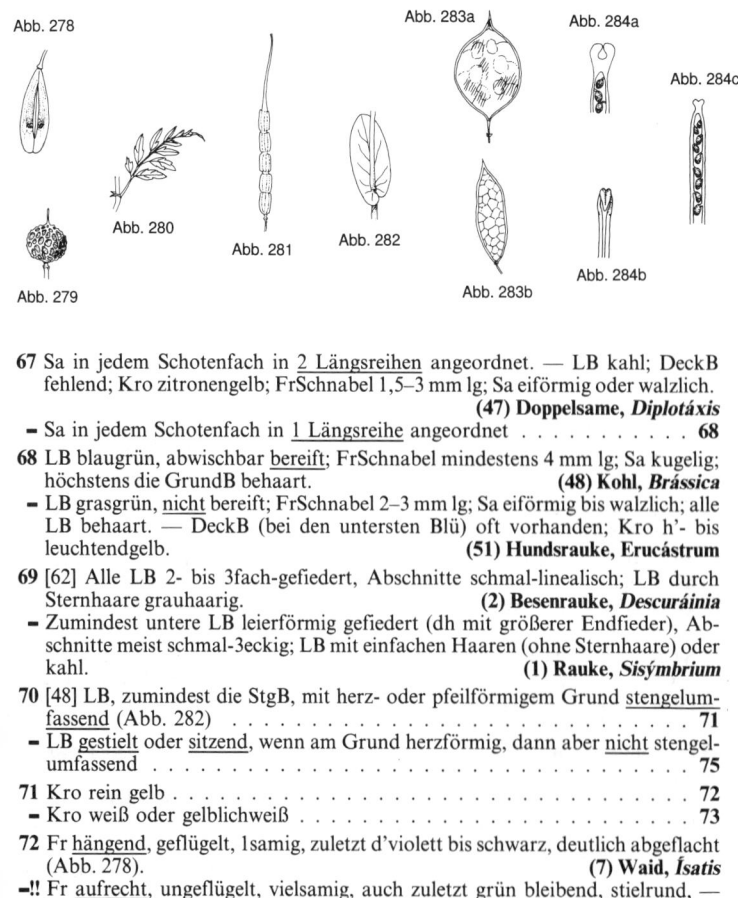

**75** [70] Kro gelbgrün, ± stark violett geadert. **Trauer-Nachtviole, (10), *Hésperis trístis***

–!! Kro weiß, rot, lila oder bläulich . . . . . . . . . . . . . . . . . . . . . . 76
– Kro gelb oder bräunlich . . . . . . . . . . . . . . . . . . . . . . . . . . . . . 86

76 LB'Spreite am Grund herzförmig . . . . . . . . . . . . . . . . . . . . . . 77
– LB'Spreite nicht herzförmig . . . . . . . . . . . . . . . . . . . . . . . . . . 78

77 Kro lila; Fr br-elliptisch, flach (Abb. 283). **(22) Mondviole, *Lunária***
– Kro weiß; Fr lg schmal-linealisch, 4kantig. **(3) Lauchkraut, *Alliária***

78 Narbe mit 2 nach innen gekrümmten Lappen (Abb. 284 a) oder Narbe aus 2 Lappen bestehend, die aneinander liegen u. frei oder verwachsen sind (Abb. 284 b) . . . . . . . . . . . . . . . . . . . . . . . . . . . . . . . . . 79
– Narbe einfach, stumpf oder seicht ausgerandet (Abb. 284 c) — Kro weiß 82

79 Narbenlappen am Rücken angeschwollen oder gehörnt, — meist nach innen gekrümmt (Abb. 284 a). ★ **(12) Levkoje, *Matthíola***
– Narbenlappen weder angeschwollen noch gehörnt . . . . . . . . . . . 80

80 FrSchnabel zumindest ½× so lg wie der Rest der Fr. — Pf (locker) drüsig behaart. ☆ **(11a) Gliederschote, *Chorispora***
– FrSchnabel höchstens ¼× so lg wie der Rest der Fr . . . . . . . . . . . 81

81 Narbe aus 2 Lappen bestehend, die aneinander liegen, aber frei (nicht verwachsen) sind (Abb. 284 b); Narbe rundlich, stumpf. **(10) Nachtviole, *Hésperis***
– Narbe aus 2 Lappen bestehend, die miteinander verwachsen sind; Narbe kegelförmig, spitz. **(11) Meerviole, *Malcólmia***

82 [78] Fr weniger als 1 mm br. **(4) Schmalwand, *Arabidópsis***
– Fr breiter als 1 mm . . . . . . . . . . . . . . . . . . . . . . . . . . . . . . . . 83

83 Sa in die Scheidewand der Fr eingesenkt; Fr flach, netznervig, aber nicht höckerig. **(21) Gänsekresse, *Árabis***
– Sa nicht in die Scheidewand eingesenkt; FrKlappen daher über den Sa höckerig . . . . . . . . . . . . . . . . . . . . . . . . . . . . . . . . . . . . . . 84

84 Sa in jedem FrFach 2reihig oder undeutlich 2reihig angeordnet; Fr 5–7× so lg wie br. — Pf behaart. **(5) Breitschötchen, *Bráya***
– Sa in jedem FrFach 1reihig angeordnet; Fr 10–30× so lg wie br. — Pf behaart oder kahl . . . . . . . . . . . . . . . . . . . . . . . . . . . . . . . . . 85

85 Stg kahl; alle LB kahl. **Alpen-Schaumkraut, (18), *Cardámine alpína***
– Stg behaart; GrundB von einfachen Gabelhaaren rauh. **(20) Schaumkresse, *Cardaminópsis***

86 [75] Pf mit einfachen Haaren oder kahl . . . . . . . . . . . . . . . . . . 87
– Pf mit anliegenden, ungestielten, 2–3(4)strahligen Haaren. **(9) Goldlack, *Erýsimum***

87 FrKlappen mit 1 deutlichem Mittelnerv, ohne seitliche Längsnerven (1nervig, eventuell mit netzförmigen Seitennerven). **(48) Kohl, *Brássica***
– FrKlappen 3–5nervig . . . . . . . . . . . . . . . . . . . . . . . . . . . . . . . 88

88 Fr nicht geschnäbelt. **Steif-Rauke, (1), *Sisýmbrium strictíssimum***
– Fr 1–1,5 cm lg geschnäbelt. **Acker-Senf, (49), *Sinápis arvénsis***

## (1) Rauke, *Sisýmbrium*

1 Alle LB unzerteilt; Sa 2–3 mm lg. — LB spitz gezähnt bis fast ganzrandig; KB 5–6 mm lg, die 2 äußeren behörnt. H: 50–100(150) cm. ♃ He. VI–VII. Nährstoffreiche Gebüsch- u. Waldsäume, Auwaldränder; kalkliebend; collin bis submontan; zstr. **Fehlt V.** **Steif-R., *S. strictíssimum***

- Wenigstens die unteren LB fiederlappig bis -teilig; Sa 0,7–1,4 mm lg . . . **2**

**2** Fr dem Stg dicht aufrecht-angedrückt (Abb. 285), vom Grund bis zur Spitze verschmälert, — 0,7–2 cm lg; KB 1,5–2,5 mm lg, ungehörnt. H: 30–60 cm. ⊙ Th. V–X. Ruderalstellen (bes. in Dörfern), entlang von Hausmauern; Stickstoffzeiger; collin bis montan; hfg. **Alle Bdld**. Alteingebürgert. Wildgemüse. *(Chamaeplium o.)* **Weg-R.,** Echte R., Gewöhnliche R., ***S. officinále***

- Fr ± aufrecht-abstehend bis abstehend, überall ± gleich dick, — 1–10 cm lg . . . **3**

**3** FrStiele etwa so dick wie die 5–10 cm lg Fr. — Abschnitte der unteren LB (bei guter Ausbildung) am Grund geöhrt (Abb. 286); Kro blaßgelb . . . **4**

- FrStiele deutlich dünner als die 1–6 cm lg Fr . . . **5**

**4** Pf grün; Stg am Grund 1–3 mm lg borstig behaart; obere LB meist sitzend, fiederteilig mit 5 oder mehr schmal-linealischen, ganzrandigen Abschnitten (nur die allerobersten 3teilig), zur FrZeit fehlend; KB zur BlüZeit abstehend, die 2 äußeren unter der Spitze gehörnt. H: 30–60(100) cm. Steppenroller. ⊙ Th. V–VII. Trockene Ruderalstellen, Böschungen; collin; im Pann zstr, sonst slt. **(K); fehlt V***. *(S. pannonicum)* **Pannonische R., Hohe R.,** Hunnen-R., ***S. altíssimum***

- Pf schwach grauhaarig; Stg bis oben 1 mm lg weichhaarig; obere LB gestielt, 3teilig-spießförmig bis unzerteilt; KB aufrecht, nicht gehörnt. H: (30)50–80(100) cm. ⊙ Th. VI–VII. Äcker, Wegränder, Böschungen; collin bis submontan; im Pann hfg bis zstr, sonst slt. **(K); fehlt T, V**. *(S. columnae)* **Morgenland-R., Orient-R., *S. orientále***

**5** KB 4–4,5 mm lg, die 2 äußeren unter der Spitze gehörnt; KroB 7–9 mm lg; Pf ♃, mit kriechendem Rhizom. — Pf blaugrau, fast kahl. H: 30–75 cm. ♃ He. V–VIII. Ruderalstellen, Böschungen, Ruinengelände; collin; slt. **(W, N)**. Unbeständig. (Heimat: Süd-Rußland.) ☆ **Wolga-R., *S. volgénse***

- KB 2–4 mm lg, alle nicht gehörnt; KroB 3–7 mm lg; Pf ⊙–⊙, ohne kriechendes Rhizom . . . **6**

**6** KB 2–2,5 mm lg; KroB 3–4 mm lg, blaßgelb; Staubbeutel 0,7 mm lg; junge Fr die Blü weit überragend. — Stg kahl oder mit einzelnen 0,5 mm lg Haaren. H: 10–50 cm. ⊙ Th. V–VIII. Ruderalstellen, Wegränder, Straßenränder gepflasterter Straßen; collin; in u. um **W** zstr, sonst sehr slt. **W, N, St, (S†)**. (Heimat: östl. Medit.) **Schlaffe R., *S. írio***

- KB 3–4 mm lg; KroB 5–7 mm lg, zitrongelb; Staubbeutel 1,5–2 mm lg; junge Fr die Blü nicht oder kaum überragend . . . **7**

**7** KroB 5–6 mm lg; Gri fast fehlend; Stg unten meist dicht rauhhaarig: mit etwa 2 mm lg, abstehenden oder abwärtsgerichteten Haaren, slt kahl. — LB meist stark behaart. H: 30–60(70) cm. ⊙ He. V–XI. Ruderalstellen, Schuttplätze, Pflasterritzen, Wegränder; stadtliebend; collin; in **W** hfg, sonst zstr bis slt. **(K); fehlt S, V**. **Wiener R., Lösel-R., *S. loesélii***

- KroB 6–7 mm lg; Gri 1–2 mm lg; Stg unten kahl oder mit aufwärts gebogenen 0,3–1 mm lg Haaren. — LB kahl, glänzend. H: (10)30–60(80) cm. ⊙ He. V–VI. Kalkfelsen, bes. unter überhängenden (= Balmen), Lägerfluren, Ruderalstellen, Wegränder, Kalkgeröll; kalk- u. stickstoffliebend; collin bis montan (subalpin); slt bis sehr slt. **(B), N, St, K**. **Österreichische R., *S. austríacum*** *(subsp. austriacum)*

---

* A. Polatschek: Mskr. N. Fl. **T & V**.

## (2) Besenrauke, *Descuráinia*

LB graugrün; KB 2–2,5 mm lg; KroB gelb, 1,5–2 mm lg, kaum 1 mm br; Fr 15–25 mm lg, 0,5–1 mm dick, kahl. H: 20–70 cm. ⊙ Th. V–IX. Äcker, Ruderalstellen, Wegränder; collin bis montan; im Pann sehr hfg, sonst hfg bis zstr. **Alle Bdld**. *(Sisymbrium sophia)*

**Besenrauke, Sophienrauke,** Sophienkraut, ***D. sóphia***

## (3) Lauchkraut, *Alliária*

LB gestielt, beim Zerreiben nach Knoblauch riechend, buchtig gezähnt (Abb. 292). H: 20–30 cm. ⊙ He. IV–VI. Ruderale Gebüsche, Auwälder, frische Ruderalstellen; Stickstoffzeiger; collin bis montan; sehr hfg. **Alle Bdld**. Wildgemüse. *(A. officinalis)* **Lauchkraut,** Knoblauch(s)rauke, ***A. petioláta***

## (4) Schmalwand, *Arabidópsis*

LB am StgGrund rosettig gehäuft; KB mehr als 2 mm lg; KroB 2–4 mm lg; Fr stielrund bis 4kantig, 10–20 mm lg, etwas nach oben gebogen. H: 5–30 cm. ⊙ Th. IV–V. Lückige, bodensaure Magerrasen, Äcker, sandige Ruderalstellen; kalkmeidend; collin bis montan; hfg bis zstr. **Alle Bdld**. Wichtiges Studien- u. Versuchsobjekt der Genetik.

**Schmalwand,** Gänserauke, Ackerkresse, ***A. thaliána***

## (5) Breitschötchen, *Bráya*

Stg mit 2- u. 3gabeligen Haaren besetzt, purpurn überlaufen; KroB 3–4 mm lg, weiß, in getrocknetem Zustand violett; Fr 5–11 mm lg u. 1,5 mm br, 5–7× so lg wie br. H: 5–10(15) cm. ♃ Ch. VII. Sonnige, trockene Abhänge, auf Felsfeinschutt u. sandigen Moränen; über Kalk u. Glimmerschiefer; alpin bis subnival; sehr slt. **K, S***, Ost-**T**. (Sonstige Vbr.: nur noch Südtirol; Endemit der Ostalpen.) Gefährdet. ▲ **Breitschötchen,** Alpen-B., ***B. alpína***

## (6) Hohldotter, *Mýagrum*

Pf blaugrün, bereift, beim Zerreiben unangenehm riechend; Fr mit 1 unteren, 1samigen u. 2 oberen, hohlen Fächern (Name!). H: 20–50 cm. ⊙ Th. V–VII. Äcker, Ruderalstellen; collin; sehr slt. **B, W, N, (O?), St, (S?, T?)**. (Alteingebürgert oder Neubürger?) (Hptvbr.: Ost-Europa bis Südwest-Asien.) Stark gefährdet. **Hohldotter,** ***M. perfoliátum***

## (7) Waid, *Ísatis*

Pf oben bläulichgrün bereift; LB kahl; KB 2 mm lg; KroB 3–4 mm lg; Fr (Abb. 278) 8–18 mm lg, 2,5–3× so lg wie br. H: 40–120 cm. ⊙ He. V–VII. Trockene Hänge, Felsen, trockene Ruderalstellen; eingebürgertes Kulturrelikt (ehedem FarbPf: „Deutscher Indigo"); collin bis submontan; im Pann slt, sonst sehr slt. **Fehlt S, V**. (Heimat: Vorderasien.) **Waid, Färberwaid, *I. tinctória*** *(s. str.)*

---

* Neufund von B. Griehser (unveröff.).

## (8) Zackenschötchen, *Búnias*

1 RosettenB länglich, buchtig-fiederspaltig; Fr schief-eiförmig, ungeflügelt, 1–2fächrig; Kro d'gelb; Narbe ± sitzend; nur StgOberteil u. Blüstd rot-drüsig-warzig. Steppenroller. H: 25–120 cm. ⊙ He. V–VIII. Straßenböschungen, Rasen auf Schotter; collin bis subalpin; zstr bis slt. **(K); fehlt T, V**. Im Pann voll eingebürgert, sonst unbeständig. (Heimat: Ost-Europa bis West-Asien.) △
**Glattes Z., Orientalisches Z., *B. orientális***

– RosettenB leierförmig, schrotsägeförmig-fiederspaltig; Fr 4kantig, an den Kanten zackig geflügelt, 4fächrig; Kro h'gelb; Gri 5–7 mm lg; gesamter Stg rot-drüsig-warzig. H: 15–50(60) cm. ⊙ He. V–VII. Kartoffeläcker, Getreideäcker, Bahndämme, Brachen; collin; im südwestl. **O** lokal hfg (eingebürgert?), sonst sehr slt u. unbeständig. **Fehlt V**. (Heimat: Medit.)
☆(?) **Flügel-Z., *B. erucágo***

## (9) Goldlack, Schöterich, Schotendotter, *Erýsimum* (inkl. *Cheiranthus*)

1 Narbe tief 2lappig, Lappen später nach außen gekrümmt; Fr 2,5–3,5 mm br. — LB lanzettlich, mit 2armigen Haaren; Blü stark duftend (veilchenähnlich); Kro gelb bis orange-bräunlich. H: 20–60 cm. ♃ Ch. V–VI. ZierPf, hfg kultiviert; zstr verwildert u. stellenweise eingebürgert an Felsen u. alten Gemäuern (Burgen). KulturPf (Stammsippe: *E. senoneri* oder *E. corinthium* in Griechenland). Giftig. *(Cheiranthus cheiri)* ★ **Echter G., *E. chéiri***

– Narbe nicht tief 2lappig, sondern einfach, unzerteilt; Fr 1–1,5 mm br . . . 2

2 Fr 2–3× so lg u. deutlich dicker als ihre Stiele; BlüStiele 2–3× so lg wie der K; KroB 4–5 mm lg. — StgGrund ohne Reste alter LB; StgB meist mit 3(4)strahligen Haaren; Fr 1,2–3 cm lg. H: (6)15–60(120) cm. ⊙ Th. V–IX. Ruderalstellen, Gärten, Brachen, Ufer, in Auen; feuchtigkeitsliebend; collin bis montan; zstr. **Alle Bdld.** **Ruderal-G., Acker-Sch., *E. cheiranthoídes***

– Fr mindestens 5× so lg u. nicht oder nur wenig dicker als ihre Stiele; BlüStiele höchstens so lg wie der K; KroB 6–20 mm lg. — Fr 2–8(10) cm lg . . . . 3

3 Fr fast waagrecht-abstehend, stielrundlich; Staubbeutel 1 mm lg. — StgGrund ohne Reste alter LB; unterste LB buchtig gezähnt; StgB meist mit 2- u. 3strahligen Haaren; KroB 6–8 mm lg; FrStiele etwa ebenso dick wie die Fr. H: (5)15–35(50) cm. ⊙ Th. V–VII. Äcker, Brachen, Ruderalstellen; collin (submontan); im Pann zstr, sonst slt. **(K); fehlt V**.
**Brachen-G., Ausgespreizter Sch., *E. repándum***

–!! Fr abstehend bis zurückgebogen, im ∅ fast quadratisch. — Reichlich 3–4(5)strahlige Haare vorhanden; untere StgB buchtig-gezähnelt bis gesägt, untere bis mittlere deutlich gestielt; BlüStiel 4–6 mm lg; KroB 8–12 mm lg, etwa 3 mm br; Staubbeutel 1,5–2 mm lg; FrStiel (6)8–11(15) mm lg; Fr 2–5 cm lg u. 1–2 mm br; Gri 1,5–2(3) mm lg. H: (40)60–170 cm. ⊙ He. V–VII. Robinienforst, subruderal; collin; sehr slt. **St** (auf dem Grazer Schloßberg). (Heimat: Rußland, Ukraine.) Lokal eingebürgert. Ähnlich dem *E. virgatum* (→ Pkt 9). ☆ **Gold-G., -Sch., *E. áureum***

– Fr aufrecht-abstehend bis angedrückt, ± 4kantig. — Staubbeutel 1,2–5,5 mm lg . . . . . . . . . . . . . . . . . . . . . . . . . . . . . . 4

4 StgB hauptsächlich mit 2strahligen Haaren (kompaßnadelförmig, *Lupe!*), daneben sehr wenige 3strahlige Haare . . . . . . . . . . . . . . . . . . . . 5

– StgB hauptsächlich mit 3(4)strahligen (Stern-)Haaren *(Lupe!)*, daneben sehr wenige oder keine 2strahligen (kompaßnadelförmigen) . . . . . . . . . . . 8

5 Außenseite (= Unterseite) der KroB mit meist 2strahligen Haaren; BlüStiele ungefähr so lg wie der K. — Meist veget. Kurzsprosse in den Achseln der oberen StgB. (Gruppe des Grau-G., ***E. diffusum*** *s. l.*) . . . . . . . . . . . . 6

- Außenseite der KroB kahl; BlüStiele 1/2–1/3× so lg wie der K. — Blü stark duftend. (Artengruppe Felsen-G., *E. sylvestre agg.*) . . . . . . . . . . . . . . 7

6 Untere LB seicht weitbuchtig gezähnelt, mittlere u. obere LB oft mit aufgesetzten Zähnen, LB'Spitze nicht zurückgekrümmt; Kanten der Fr verkahlend; FrStiele aufrecht-abstehend, mit der Traubenachse einen Winkel von 20° bildend; Blü schwach duftend; KroB (10)12–14(16) mm lg, d'gelb; Gri 1,2–2,5 mm lg; Narbe br-kopfig bis eingedellt. H: 30–90(120) cm. ⊙ He. V–VII. Waldsteppensäume; collin (submontan); slt. Nur im Pann. **B, N.** Stark gefährdet. *(**E. diffusum** p. p.)*

■ **Andrzejowski-G., -Sch., *E. andrzejowskiánum*** *

- Alle LB ganzrandig, mittlere u. obere LB meist mit zurückgekrümmter Spitze; Kanten der Fr nicht verkahlend; FrStiele abstehend, mit der Traubenachse einen Winkel von 30–50° bildend; Blü nicht duftend; KroB 8–10 mm lg, h'gelb; Gri 1–1,5 mm lg; Narbe kopfig bis schwach eingedellt. H: 30–100 cm. ⊙ He. V–VII(IX). Trockenrasen; collin; im Pann zstr bis slt, sonst sehr slt. **B, W, N, O**†. Im nVL gefährdet. Schwach giftig. *(E. canescens, **E. diffusum** p. p.)*

■ **Grau-G., Grauer Sch., *E. diffúsum*** *(s. str.)*

7 Gri 0,8–1,5 mm lg *(an vollreifen Fr gemessen)*, nicht abgesetzt; höchstens untere LB manchmal entfernt gezähnelt; meist ohne veget. Kurzsprosse in den oberen StgBAchseln. — KroB 16–23 mm lg. H: 8–40 cm. ♃ He. (IV)V–VII. Steinige Hänge, sonnige Felsen, (lichte Wälder); kalkliebend; collin bis subnival; zstr. **Fehlt B,** Nord-**T, V**.

**Felsen-G., -Sch.**, Wilder G., ***E. sylvéstre*** *(s. str.)*

- Gri 2,6–3,2 mm lg, von der Fr abgesetzt; mittlere u. obere LB manchmal entfernt gezähnelt; meist mit veget. Kurzsprossen in den oberen StgBAchseln. — KroB 15–20 mm lg. H: (5)15–50(120) cm. ♃ He. (V)VI–VII. Felsen, Felsschutt, steile Hänge; montan; zstr. **T** (im Oberinntal). *(„E. helveticum")*

**Rätischer G., Rätischer Sch., *E. rháeticum***

**8** [4] Kanten der Fr verkahlend; KroB 13–16(20) mm lg; BlüStiele kürzer als der K. — Blü stark duftend; Staubf. u. Staubbeutel behaart; Gri 1–2(3) mm lg, etwas abgesetzt. H: 20–90(130) cm. ⊙ He. VI–VII. Waldränder (Flaumeichenwaldsäume), Halbtrockenrasen; kalkliebend; collin bis montan; im Pann zstr, sonst sehr slt. **B, W, N, O, (St),** Nord-**T**. Gefährdet; im Alp u. nVL stark gefährdet. *(E. pannonicum, E. erysimoides)*

**Pannonischer G., Duft-Sch., *E. odorátum***

- Kanten der Fr nicht verkahlend; KroB 6,5–13 mm lg; BlüStiele etwa so lg wie der K. — Gri 0,8–2(2,5) mm lg . . . . . . . . . . . . . . . . . . . . . . . 9

**9** KroB auf der Außenseite mit Sternhaaren; FrStiele aufrecht-abstehend, mit der Traubenachse einen Winkel von 30° bildend; StgB hauptsächlich mit 3strahligen Haaren (daneben 4strahlige u. slt 2- u./oder 5strahlige Haare); untere LB meist buchtig gezähnt; KB 5–7,5(8) mm lg; KroB 8–10 mm lg, spatelig, goldgelb; Fr 3–5,5 cm lg; Sa 1 mm lg u. 0,3 mm br. — LB lanzettlich bis br-lanzettlich; Blü schwach duftend. H: (30)40–100(110) cm. ⊙ He. V–VII. Auwaldränder, Waldschläge, Ruderalstellen, Forststraßenränder; (alpin:) Lägerfluren; stickstoffliebend, kalkliebend; im Osten collin bis alpin, im Westen obermontan bis alpin; slt bis zstr (neuerdings in stärkerer Ausbreitung begriffen?). **Fehlt V**. Anm.: Hungerformen ähneln im Habitus der folgenden Art

* Zufolge A. POLATSCHEK, ined.

(FrGröße u. Behaarungsmerkmale beachten!). (Inkl. ***E. hieraciifolium**** u. ***E. hungaricum****, *E. wahlenbergii, E. strictum)* **Ruten-Sch., Steifer G., *E. virgátum***
- KroB auf der Außenseite kahl; FrStiele aufrecht, mit der Traubenachse einen Winkel von höchstens 10° bildend; StgB mit 3- u. 4strahligen Haaren (daneben slt 2- u./oder 5strahlige Haare); untere LB meist ganzrandig oder undeutlich gezähnt; KB 4–5 mm lg; KroB 6,5–8(8,5) mm lg, keilförmig, schwefelgelb; Fr 2,3–3(3,9) cm lg; Sa 1(1,3) mm lg u. 0,6 mm br. — LB br- bis schmal-lanzettlich; Blü nicht duftend. H: 20–90(120) cm. ⊙ He. VI–IX. Trockenrasen, trockene, sandige Halbruderalstellen, Dämme; wärmeliebend; collin; slt. Nur im Pann. **B, W, N, (St**: Bahnhof Selzthal**)**. Stark (?) gefährdet. (→ Anm. bei der vorigen Art!). *(E. durum)* **Harter G., Harter Sch., *E. marschalliánum***

## (10) Nachtviole, *Hésperis*

1 KroB gelblichgrün mit purpurnem Adernetz. — Nur unterste StgB gestielt, sonst alle sitzend; Bäumchenhaare fehlend; KroB 20–32 mm lg; Fr 4–14 cm lg, waagrecht-abstehend bis überhängend. H: 35–50(60) cm. ⊙–♃ He. V–VI. Halbtrockenrasen, Waldränder; kalkliebend; collin; slt. Nur im Pann. **B, W, N**. Gefährdet. ▲ *(Deilosma t.)* **Trauer-N., Trübe N.,** Traurige N., ***H. trístis***

–!! Kro immer strahlend weiß. — Stg unten mit lg, abwärtsgerichteten Borsten; am LB'Rand slt ganz kurze Drüsenborsten; KroB 20 mm lg; Fr 3–4 cm lg. H: 40–80 cm. ⊙–♃ He. VI–VII. Schluchtwälder, nitrophile Staudenfluren; collin bis montan; sehr slt. **St** (bei Mixnitz u. bei Vordernberg). (Sonstige Vbr.: von den Karpaten bis zu den Pyrenäen.) Potentiell gefährdet. Vielleicht nur Unterart von *H. matronalis* oder von *H. sylvestris*; (zu *H. matronalis agg.*; vgl. Pkt 2). *(H. nivea, H. matronalis subsp. candida)* ■ **Weiße N., *H. cándida***

– Kro purpurn, blaßlila oder violett. (Zu *H. matronalis agg.*; vgl. Pkt 1–!) . **2**

2 Pf völlig drüsenlos; oberste LB kurz gestielt. — Haare zT bäumchenartig verzweigt; KroB 20–25 mm lg, meist violett. H: 40–80(100) cm. ⊙–♃ He. V–IX. Kultiviert als ZierPf u. hfg verwildert, unbeständig bis eingebürgert in Aubereichen u. auf Ruderalstellen; collin bis montan; zstr. (Heimat: Südeuropa bis Mittelasien.) **Alle Bdld**. Unterscheidet sich von der zur BlüZeit ähnlichen Garten-Mondviole, (22), *Lunaria annua* durch die (ei-)lanzettlichen LB.
**(★) Garten-N.,** Matronenblume, ***H. matronális*** *(s. str.)*

– Pf immer mit Drüsenborsten (vor allem im oberen, beblätterten StgBereich); oberste LB sitzend. — KroB 20 mm lg, h'lila. H: 40–80 cm. ⊙–♃ He. VI–VII. Steinige, lichte Wälder, sonnige Waldschläge u. Waldränder; collin bis submontan; sehr slt. **B, W, N, (St)**. Stark gefährdet. ▲ **Wilde N., *H. sylvéstris***

## ☆ (11) Meerviole, *Malcólmia*

KroB 8–10 mm lg, violett; Fr 25–65 mm lg, ± 4kantig, dicht behaart. H: 25–30 cm. ⊙ Th. VI–VII. Ackerränder, Bahnanlagen; collin; sehr slt. **(B, W, N, K)**. Unbeständig. (Heimat: Nordwest-Afrika, Südost-Europa, Kleinasien.) *(Strigosella africana)*
☆ **Afrikanische M., *M. africána***

---

* Die früher als Kleinarten *E. hieraciifolium (E. strictum)* (Stromtalsippe der Donauauen), *E. virgatum s. str. (E. hieraciifolium subsp. virgatum)* (innenalpische Trockentäler: Oberinntal) u. *E. hungaricum (E. wahlenbergii)* (subalpine Hochstaudenfluren in den östl. Zentralalpen, lokal-reliktisch-disjunkt, ostalpisch-karpatisch) unterschiedenen u. ökogeographisch voneinander weit getrennten Populationsgruppen sind zufolge A. Polatschek miteinander konspezifisch.

### ☆ (11b) Gliederschote, *Chorispora*

KroB 10–12 mm lg; Fr 15–30 mm lg, walzlich, ihr Schnabel 15–30 mm lg. H: 10–60 cm. ⊙ Th. V. Brachäcker, frisch angeschüttete Böschungen, Ruderalstellen; collin; slt. **(B, W, N, K)**. Wahrscheinlich mit Rasensaat eingeschleppt; unbeständig (?) oder in Einbürgerung begriffen (?). (Heimat: Südost- u. Ost-Europa u. Asien.) ☆ **Gliederschote, *Ch. tenélla***

### ★ (12) Levkoje, Matthíola

Pf graufilzig; LB schmal-lanzettlich; Blü stark duftend; Kro violett, purpurn oder weiß, einfach oder gefüllt. H: 20–80 cm. ⊙ Th. V–IX. Als ZierPf hfg kultiviert, slt verwildert. (Heimat: Medit.) ★ **Levkoje**, Garten-L., Winter-L., Lambertveilchen, ***M. incána***

## (13) Schnabelschötchen, *Euclídium*

Stg kantig, behaart, reich verzweigt; KroB 1,2–1,5 mm lg. H: 20–35 cm. ⊙ Th. V. Wegränder, Schuttplätze, Kiesgruben; collin; sehr slt. Neubürger (?) im Pann. **B, W, N**. (Hptvbr.: Ost-Europa, Südwest-Asien.)
**Schnabelschötchen, *E. syríacum***

## (14) Barbarakraut, *Barbaréa* (*Campe*)

1 Alle LB fiederspaltig bis fiederteilig . . . . . . . . . . . . . . . . . . . . . . **2**
– Oberste LB einfach, buchtig gezähnt . . . . . . . . . . . . . . . . . . . . . **3**

2 GrundB mit 3–5 Paaren von Abschnitten u. großem Endabschnitt; Fr 1,5–3 cm lg, gerade. — KroB 4–6 mm lg, h'gelb; FrStiele 3–5 mm lg. H: 20–60 cm. ⊙ He. IV–V. Feuchte Ruderalstellen, Ufer; collin bis montan (?); slt. **N, St, K, S, T, V**. Neubürger. (Heimat: westl. Medit.) **Mittleres B., *B. intermédia***

– GrundB mit 6–10 Paaren von Abschnitten u. kleinem Endabschnitt; Fr 3–7 cm lg, leicht gekrümmt. — FrStiele 4–8 mm lg. H: 20–75 cm. ⊙ He. IV–VI. Frische Ruderalstellen; collin; sehr slt. **(W, N†?, O†?)**. (Ozeanisch-submed.; alte NutzPf.) Unbeständig. (*B. praecox*) ☆ **Frühlings-B., *B. vérna***

3 KB an der Spitze mit 0,3–0,5 mm lg Haaren; Gri an der Fr 0,5–1,5 mm lg; gefiederte GrundB mit eilänglichem Endlappen, dieser länger als der Rest des LB; KroB h'gelb, 3,5–6 mm lg, 1½× so lg wie der K. — Fr steif aufrecht. H: 60–100 cm. ⊙ He. IV–VI. Auwälder, feuchte Gebüsche, Sandböden, feuchte Ruderalstellen, Böschungen; collin bis montan; zstr bis slt. **(K); fehlt T, V**.
**Steifes B., *B. stricta***

– KB kahl; Gri an der Fr 1,5–2,5 mm lg; gefiederte GrundB mit rundlichem Endlappen, dieser viel kürzer als der Rest des LB; KroB goldgelb, 5–7 mm lg, doppelt so lg wie der K. — Fr aufrecht bis abstehend. H: 30–90 cm. ⊙ He. V–VII. Ufer, feuchte Ruderalstellen, feuchte Äcker; collin bis subalpin; hfg. **Alle Bdld**. Wildsalat. **Gewöhnliches B., *B. vulgáris***
  a Fr aufrecht-abstehend; Trauben gedrungen. Hfg. **Ganz G. B., *B. v. subsp. vulgáris***
  – Fr bogenförmig aufsteigend; Trauben locker. Zstr bis slt.
  **Krummfrüchtiges G. B., *B. v. subsp. arcuáta***

## (15) Sumpfkresse, *Rorippa*

1 KroB h'gelb, 1–2,5 mm lg, höchstens so lg wie die KB. — Pf aufrecht; alle LB leierförmig-fiederschnittig; KB 1–2,5 mm lg; Gri an der Fr 0,3–0,6(1) mm lg; Fr 4–8(12) mm lg u. 1,5–2(3) mm br, oft schwach gekrümmt. (Artengruppe Gewöhnliche S., *R. islandica agg.*) . . . . . . . . . . . . . . . **2**
– KroB goldgelb, 3–5 mm lg, 1½–2× so lg wie die KB . . . . . . . . . . . . **3**

2 KB 1–1,5 mm lg; FrStiele ⅓–⅔ × so lg wie die Fr; Öhrchen der StgB den Stg

nicht oder nur undeutlich umfassend; Stg am Grund verzweigt. — Stg immer völlig kahl; unzerteiltes LB'Mittelfeld unter dem Endabschnitt meist weniger als 1,5 mm br; Endabschnitt der StgB oft kürzer als 1/4 der gesamten LB'Länge (samt LB'Stiel). H: (5)10–20(25) cm. (⊙)♃ He. VI–IX. Sumpfige Stellen, Flachmoore, Alluvionen (?); (montan) subalpin (alpin?); sehr slt. **T**†?. (Arktisch-alpin.) Potentiell gefährdet oder ausgestorben?.

†? ■ **Island-S.,** ***R. islándica (s. str.)***

- KB 1,6–2,5 mm lg; FrStiele 2/3–1 1/3× so lg wie die Fr; Öhrchen der StgB den Stg meist deutlich umfassend; Stg nicht am Grund, sondern erst weiter oben verzweigt, — gelegentlich mit feinen Borstenhärchen; unzerteiltes LB'Mittelfeld unter dem Endabschnitt meist breiter als 2 mm; Endabschnitt der StgB oft 1/4–1/2× so lg wie das gesamte LB. H: (10)20–60(80) cm. ⊙–⊙ Th–He. VI–IX. Ufer, Gräben, feuchte Äcker, feuchte Forststraßen u. Ruderalstellen; feuchte nährstoffreiche Stellen, halbruderal; collin bis montan (subalpin); mäßig hfg bis zstr. **Alle Bdld**. *(„R. islandica" auct.)* ■ **Gewöhnliche S.,** ***R. palústris***

3 Fr fast kugelig, 1,5–5 mm ∅ *(ohne Gri gemessen)*. — Alle LB ganz, verkehrt- bis länglich-lanzettlich, unregelmäßig gezähnt bis gesägt, mit geöhrltem Grund sitzend; oberseits kahl, unterseits sehr kurz flaumig *(Lupe!)*; FrStiel 7–15 mm lg, 3–5× so lg wie die Fr; Gri an der Fr 1–2 mm lg. H: 40–100 cm, aufrecht. ♃ He.(V)VI–VII(VIII). Zeitweise überflutete Flußufer, ruderal an wechsel(grund)feuchten, nährstoffreichen Bahndämmen, Wegrändern, Wiesenrändern; collin bis submontan; im Pann zstr, sonst slt u. oft nur unbeständig. **Fehlt V**. Im Pann urheimisch, sonst wohl nur eingebürgert.

**Österreichische S.,** ***R. austríaca***

- Fr 2–15× so lg wie br, 3–20 mm lg . . . . . . . . . . . . . . . . . . . . . . **4**

4 FrStiel (1,5)2–3× so lg wie die Fr; Fr 2–4× so lg wie br, länglich-elliptisch, 3–6(7) mm lg; Gri an der Fr 1–2 mm lg, deutlich abgesetzt; obere LB meist ganz, gezähnt oder slt (bei UnterwasserPf) kammförmig-fiederlappig bis -fiederschnittig mit linealischen, ganzrandigen Abschnitten. — Mit Ausläufern; Stg u. LB kahl; untere LB (UnterwasserB) kammförmig-fiederschnittig mit linealischen bis lineal-lanzettlichen, ganzrandigen Abschnitten; StgB nicht stengelumfassend sitzend bis kurz gestielt; untere FrStiele des FrStands herabgeschlagen; Fr (1)2(3) mm br. H: 40–120 cm, aufsteigend bis niederliegend. ♃ He. V–VIII. Altwässer, Teichränder, auf nährstoffreichen Schlammböden; collin; zstr bis slt. **B, W, N, O?, St, K, T?, V***. Regional gefährdet.

**Ufer-S.,** ***R. amphíbia***

- FrStiel 2/3–1× so lg wie die Fr; Fr 5–15× so lg wie br, linealisch (zylindrisch), (6)8–18(20) mm lg; Gri an der Fr 0,5–1 mm lg, nicht deutlich abgesetzt; alle LB fiederteilig bis fiederschnittig, mit länglich-lanzettlichen gezähnten bis nochmals fiederlappigen Abschnitten. — Mit unterirdischen Ausläufern; Stg mit sehr kurzen Borstenhaaren; StgB gestielt, am Grund ohne Öhrchen; alle FrStiele waagrecht bis aufsteigend; Fr 0,8–1,2(1,5) mm br. H: 15–40(60) cm, niederliegend oder aufsteigend bis aufrecht. ⊙-♃ Th–He. V–IX. Ufer, nasse Äcker, feuchte Ruderalstellen; collin bis montan; hfg. **Alle Bdld**.

**Wilde S.,** (fälschlich „Wald-S."), ***R. sylvéstris*** *(s. str.)*

Hybriden: zB: *R. amphibia × sylvestris (= R. × anceps, R. prostrata)*, auch fruchtbar (?); *R. amphibia × palustris; R. palustris × sylvestris (= R. × astyla, R. × barbareoides); R. austriaca × sylvestris (= R. × armoracioides)*.

* A. Polatschek: Mskr. N. Fl. **T & V**.

**(★) (16) Kren, *Armorácia***

H: 60–125 cm. ♃ Ge. V–VII. Als Gewürzpf (Wu) viel kultiviert; öfters verwildert u. (alt)eingebürgert: stickstoffreiche Ruderalstellen; collin bis montan; mäßig hfg bis zstr. **Alle Bdld.** (Heimat: vermutlich südöstl. Rußland.) *(A. lapathifolia)*

**(★) Kren**, Meerrettich, ***A. rusticána***

## (17) Brunnenkresse, *Nastúrtium*

Anm.: Die beiden Arten (bes. die zweite) ähneln im Habitus stark der in **Ö** viel häufigeren Falschen Brunnenkresse, (18), *Cardamine amara*, die ebenfalls als (noch besserer!) Salat verwendet wird u. die sich durch die nicht geöhrlten LB, die größeren Blü, die purpurvioletten (zuletzt schwärzlichen) Staubbeutel, die flachen FrKlappen u. den längeren Gri unterscheidet.

**1** Fr 2–2,5 mm br, meist gerade; Sa in jedem Fach deutlich 2reihig, jederseits mit 25–50 großen, erhabenen Netzmaschen; LB im Herbst grün bleibend, — mit (3)5–7(9) Abschnitten; FrStiele (5)8–12(16) mm lg, ± gerade; Fr 10–18 mm lg. H: 20–80 cm. ♃ Wa. V–X. Quellfluren, an u. in reinen, fließenden Gewässern; collin; slt. **W, N, O, St?, K, S, (T?), V**. Gefährdet. Wildsalat. Auch kultiviert als SalatPf, vielleicht stellenweise auch aus Kulturen verwildert u. eingebürgert.

**Echte B., *N. officinále*** *(s. str.)*

**–** Fr 1,2–2 mm br, oft gebogen; Sa in jedem Fach ± 1reihig, jederseits mit über 100 kleinen, erhabenen Netzmaschen; LB im Herbst purpurn bis bronzefarben, — mit (5)7–9 Abschnitten; FrStiele (6)11–20 mm lg, oft gebogen; Fr (14)16–24 mm lg. H: 20–80 cm. ♃ Wa. V–X. In reinen Bächen u. Flüssen; submontan bis montan; slt. **O, S, T, V**. Gefährdet. **Kleinblatt-B., *N. microphýllum***

Anm.: Die Hybride zw. den beiden Arten ohne FrBildung oder mit stark verminderter generativer Fertilität, pflanzt sich vegetativ fort; in England als „winter cress" kultiviert; sehr slt. **N** (zB im Weinviertel u. bei Moosbrunn). (Verwilderte KulturPf?)

**Unfruchtbare B., *N. × stérile***

## (18) Schaumkraut, *Cardámine* (*s. str.*: exkl. → (19) *Dentaria*)

**1** Alle LB unzerteilt. — StgB flachbuchtig-gezähnt oder seicht gelappt, hfg ganzrandig, am Grund des LB'Stieles ohne stengelumfassende Öhrchen. H: 2–12 cm. ♃ He. VII–VIII. Feuchte, erdige Stellen; Gesteinsgrus, feuchte Felsen, Schneetälchen; kalkmeidend; alpin; in den Zentralalpen zstr, in den Kalkalpen sehr slt. **Fehlt B, W.** (In **N, O** sehr slt). **Alpen-Sch., *C. alpína***

**–** Wenigstens die oberen LB zusammengesetzt oder zerteilt . . . . . . . . . . **2**

**2** Ältere GrundB unzerteilt, jüngere 3teilig. — StgB 2–3paarig fiederschnittig; LB'Stiel am Grund geöhrt. H: 2–15 cm. ♃ He–Ge. V–VIII. Steinige, erdige Stellen, Schneetälchen, feuchte Felsen; kalkmeidend; alpin; in den Zentralalpen mäßig hfg, in den Kalkalpen sehr slt. **Fehlt B, W.**

**Reseda-Sch., *C. resedifólia***

**–** Alle GrundB zusammengesetzt oder geteilt . . . . . . . . . . . . . . . . . **3**

**3** LB 3zählig, Blättchen gleich groß. — Blättchen rhombisch bis rundlich, flachbuchtig-gekerbt; LB wintergrün; StgB 0–2, geöhrt; KroB 8–11 mm lg, weiß. H: 20–30 cm. ♃ Ge. IV–VI. Feuchte, schattige Wälder, slt Erlenbruchwälder; modrig-saure Böden, aber meist über Kalk; montan; hfg bis zstr. **Fehlt W.**

**Kleeblatt-Sch., Dreiblatt-Sch., *C. trifólia***

**–** LB fiederschnittig bis gefiedert, wenn 3zählig, dann das Endblättchen größer als die seitlichen . . . . . . . . . . . . . . . . . . . . . . . . . . . . . **4**

**4** KroB fehlend. — Pf ⊙ . . . . . . . . . . . . . . . . . . . . . . . . . . . **5**

**–!!** KroB länglich, 2–4 mm lg, aufrecht, — höchstens 2× so lg wie der K, stets weiß; Pf ⊙ . . . . . . . . . . . . . . . . . . . . . . . . . . . . . . . . . . **6**

- KroB verkehrt-eiförmig, 5–19 mm lg, ausgebreitet, — meist 3× so lg wie der K, lila oder weiß; Pf ♃ . . . . . . . . . . . . . . . . . . . . . . . . . . **9**

**5** LB am Grund den Stg mit 2 schmalen Zipfeln umfassend (Abb. 280).
**Spring-Sch., *C. impátiens*** (→ Pkt 6)

- LB am Grund den Stg nicht umfassend.
**Viermänniges Sch., *C. hirsúta*** (→ Pkt 8)

**6** StgB am Grund mit pfeilförmigen Öhrchen. — Blättchen der unteren LB eiförmig, 3–5spaltig; KroB 2–3 mm lg, kürzer als der K, oft fehlend. H: 10–85 cm. ⊙ He. V–VII. Frische bis feuchte Wälder, Auwälder, Schluchtwälder; collin bis montan; hfg. **Alle Bdld.** [5] **Spring-Sch., *C. impátiens***

- StgB am Grund ohne Öhrchen . . . . . . . . . . . . . . . . . . . . . **7**

**7** StgB am Grund mit 0,1–0,2 mm lg Haaren, sonst kahl. — Stg stets kahl; GrundB mit keilförmigem Endblättchen, zur FrZeit abgestorben; KroB 2 mm lg. H: 4–25 cm. ⊙ He. V–VII. Ufer, feuchte Sandböden, überschwemmte Böden; collin; sehr slt. Im Pann. **B, N**. Vom Aussterben bedroht.
**Kleinblütiges Sch., *C. parviflóra***

- StgB am Rand u. am Stiel mit 0,5–0,8 mm lg Haaren. — Stg kahl oder behaart . . . . . . . . . . . . . . . . . . . . . . . . . . . . . **8**

**8** Stg kahl oder zerstreut behaart, 2–4blättrig; RosettenB viele, mit 1–3 Fiederpaaren; FrStiele aufrecht, mit dem Stg einen spitzen Winkel bildend; StaubB 4(6). — LB'Stiele am Grund auffällig bewimpert; KroB slt fehlend. H: 7–30 cm. ⊙ He–Th. IV–VI. Gärten, Äcker, Weingärten, Ruderalstellen, zB zw. Betonsteinen vor Garagen, in Vorgärten etc.; kalkmeidend; collin bis montan; hfg. **Alle Bdld.** *(C. multicaulis)* [5–]
**Viermänniges Sch., Vielstengel-Sch., *C. hirsúta***

- Stg unten reich behaart, 4–10blättrig; RosettenB wenige, mit 3–6 Fiederpaaren; FrStiele abstehend, mit dem Stg einen stumpfen Winkel bildend; StaubB (4)6. — Stg hin- u. hergebogen; KroB immer vorhanden. H: 10–50 cm. ⊙–⊙ Th–He. IV–X. Feuchte, schattige (Laub-)Wälder; slt ruderal; collin bis montan (subalpin); hfg bis zstr. **Alle Bdld.** *(C. sylvatica)* **Wald-Sch., *C. flexuósa***

**9** [4] Staubbeutel violett; Rhizom Ausläufer treibend. — Stg markig; grundständige LB nicht rosettig angeordnet; KroB weiß, 5–10 mm lg. H: 10–60 cm. ♃ He (wintergrün). IV–VI. An Bächen, in Quellfluren u. Erlenbrüchen; (submontan) montan bis subalpin; hfg bis zstr. **Alle Bdld.** Wertvoller Wildsalat (oft mit der seltenen Echten Brunnenkresse, (17), *Nasturtium* verwechselt).
**Wilde Brunnenkresse, Bitter-Sch.,** Wildkresse, Falsche Brunnenkresse, ***C. amára***

**a** WuStock „dünn"; StgB (2)3–14(24), unter dem Blüstd nicht gedrängt. — Pf kahl, nur Stg am Grund zstr behaart; Stg einfach oder verzweigt; untere StgB mit 2–6(7) Fiederpaaren, Endfieder br-eiförmig; Blüstd 6–30blütig (?); Fr die obersten Blü nicht überragend. Hfg bis zstr. **Alle Bdld.**
**■ Gewöhnliches B.-Sch., Gewöhnliche F. B., *C. a. subsp. amára***

- WuStock „dick"; StgB (10)13–46(53), unter dem Blüstd gedrängt. — Pf kahl oder dicht behaart; Stg verzweigt; untere StgB mit (4)5–9(11) Fiederpaaren, Fiedern alle länglich-eiförmig; Blüstd 2–5blütig (?). Subalpin; zstr bis slt. **N?, St** (Wechsel-Gebiet), **S, T.** *(„C. crassifolia* Opiz*", C. a. subsp. opicii)* **■ Opiz-B.-Sch., *C. a. subsp. opízii***

- Staubbeutel gelb; Rhizom ohne Ausläufer. — Stg hohl; Kro blaßlila oder weiß. Vielleicht nur eine Art, die aus mehreren Unterarten besteht; Taxonomie noch sehr problematisch. (Artengruppe Wiesen-Sch., *C. pratensis agg.*) . . . . . . . . . . . **10**

**10** KB 4–6 mm lg; KroB 12–19 mm lg . . . . . . . . . . . . . . . . . . **11**

- KB 2–4 mm lg; KroB 4–12 mm lg. — Kro weißlich bis purpurn, Blättchen der StgB stets ungestielt . . . . . . . . . . . . . . . . . . . . . . . . . **12**

**11** Blättchen der StgB ungestielt.
■ **Großes Wiesen-Sch.,** ***C. p. subsp. májor*** (→ Pkt 13)

**–** Blättchen der StgB kurz gestielt, — oft hinfällig; GrundB mit 3–12 Fiederpaaren; StgB 5–12; Blättchen der StgB oft gezähnt; Kro meist weiß, KroB (9)12–16(19) mm lg; Fr (2)3–5 cm lg, 2–2,5 mm br u. 1,2–1,5 mm dick. Blüht 2 Wochen später als *C. pratensis*. H: (20)30–50 cm. ♃ He. IV–VI. Feuchte Wiesen, Flachmoore, Verlandungsges.; collin; zstr. **Alle Bdld?**. Gefährdet. Taxonomie noch sehr problematisch. (***C. palustris***, *C. pratensis subsp. dentata?*)
■ **Gezähntblättriges Wiesen-Sch.,** Sumpf-W.-Sch., ***C. dentáta***

**12** Fr 1–1,5 mm br u. 0,5–1,3 mm dick; untere Blättchen der unteren StgB meist gerundet u. nach rückwärts gerichtet; GrundB (wenigstens einige) behaart, Haare der LB'Spindel anliegend. — Pf meist schon am Grund verzweigt (mehrstengelig) oder ab der Mitte verzweigt; GrundB mit (2)5–8 Fiederpaaren, Endblättchen größer als die seitlichen; StgB (2)3–14(18), die unteren mit 2–14 Fiederpaaren; Haare am Rand der unteren LB am Grund 0,03 mm br, 5–12× so lg wie br; KroB 5–9(12) mm lg, meist weniger als 5,5 mm br, weiß (slt blaß purpurrosa); Staubbeutel gelb. H: 10–50 cm. ♃ He. IV–VI. Feuchte Wiesen, Flachmoore, Verlandungsges.; collin; slt. **Fehlt K, S, T?**. Potentiell gefährdet. (*C. pratensis subsp. matthioli*) ■ **Weißes Wiesen-Sch.,** ***C. matthíoli***

Anm.: Nach K. Marhold (Bratislava; pers. Mitt.) wäre zu überprüfen, ob es sich bei den Populationen im südöstl. **Ö** um die (relativ großblütige) tetraploide ⊖■ ***C. majóvskyi*** handelt.

**–** Fr 2–2,5 mm br u. 0,9–1,6(1,9) mm dick; untere Blättchen der unteren StgB ± spitz, im rechten Winkel abstehend oder nach vorn gerichtet; GrundB kahl oder verkahlend oder behaart, dann aber Haare der LB'Spindel rechtwinkelig abstehend . . . . . . . . . . . . . . . . . . . . . . . . . . . . . **13**

**13** Haare am Rand der unteren LB am Grund 0,05–0,08 mm br, 2–5× so lg wie br; zumindest am Rand der grundständigen LB immer einzelne Haare vorhanden; untere StgB mit (2)5–8(11) Fiederpaaren; GrundB mit 1–10(15) Fiederpaaren, das Endblättchen meist größer als die seitlichen, oft länger als 1,5 cm. — Pf 1–2stengelig oder oben verzweigt; StgB 2–10(13); KroB (6)8–13(19) mm lg, lila, slt weiß; Fr 1,5–4 cm lg. H: 15–50(60) cm. ♃ He. IV–VI. Frische bis feuchte Fettwiesen, Flachmoore; collin bis montan; im Gegensatz zu den anderen Kleinarten durch Bewirtschaftung der Wiesen stark gefördert; hfg. **Alle Bdld.** (*C. pratensis subsp. pratensis*) ■ **Gewöhnliches Wiesen-Sch.,** ***C. praténsis***

**a** KB 2–4 mm lg; KroB 6–12 mm lg. ■ **Eigentliches W.-Sch.,** ***C. p. subsp. praténsis***

**–** KB 4–6 mm lg; KroB 12–19 mm lg. — Lichter Auwald (Eschenauen); collin; slt. **N** (in den March-Auen). [11] ■ **Großes W.-Sch.,** ***C. p. subsp. májor***

**–** Haare am Rand der unteren LB am Grund 0,02–0,05 mm br, 5–12× so lg wie br oder LB ganz kahl; untere StgB mit 9–21 Blättchen; Endblättchen der grundständigen LB kaum länger als 1,5 cm . . . . . . . . . . . . . . . **14**

**14** KroB purpurn, 4–7 mm lg; Endblättchen des zweitobersten StgB nicht länger u. nicht breiter als die Seitenblättchen; 1 Stg je Rosette, meist aufrecht u. unverzweigt. — LB derb, dicklich, RosettenB nicht früh verwelkend. H: 10–50 cm. ♃ He. VI–VIII(?). Feuchtwiesen, Flachmoore; subalpin; zstr. **St, K, S.** (*C. crassifolia (Pourr.) O. E. Schulz*)
■ **Voralpen-Wiesen-Sch.,** Gebirgs-W.-Sch., Bach-W.-Sch., ***„C. rivuláris"***

Anm.: Nach K. Marhold (pers. Mitt. u. im Manuskr. der 2. Aufl. der „Flora Europaea") kommt die echte, karpatische *C. rivularis* = *C. pratensis subsp. rivularis* in **Ö** sehr wahrscheinlich nicht vor.

- KroB lila oder weiß, 7–12 mm lg; Endblättchen des zweitobersten StgB länger u. breiter als die Seitenblättchen; oft mehrere Stg je Rosette, Stg oft aufsteigend, meist verzweigt. — Fr samenarm; RosettenB früh verwelkend. H: 20–60 cm (?). ♃ He. IV–V (?). Bachauwiesen, nährstoffarme Moorwiesen, Zwischenmoore; collin; zstr bis slt (?). **N, O, St?, K, T, V**. Potentiell gefährdet. Taxonomie problematisch. ■ **Morast-Wiesen-Sch., *C. udícola***

## (19) Zahnwurz, *Dentária* (*Cardamine subg. Dentaria*)

1 Untere LB gefiedert, obere 3zählig, oberste unzerteilt; in den Achseln der StgB schwarzviolette Brutknospen. — Kro h'lila, rosa bis weißlich; KroB kurz genagelt; Staubbeutel gelb. H: 30–60 cm. ♃ Ge. V–VI. Edellaubwälder; collin bis montan; hfg bis zstr. **Alle Bdld**. (*Cardamine bulbifera*) **Zwiebel-Z.**, Zwiebeltragende Z., ***D. bulbífera***

- LB 3–5zählig, gefingert; keine schwarzen Brutknospen in den StgB'Achseln . . . . . . . . 2

2 Untere LB 5zählig-, obere 3zählig-gefingert. — LB wechselständig; Kro purpurn; KroB lg genagelt; Staubbeutel gelb. H: 25–50 cm. ♃ Ge. IV–VI. Schattige Edellaubwälder (Schluchtwälder); kalkliebend; montan bis subalpin; zstr bis slt. **K, T, V**. In den wAlp gefährdet. (*D. digitata, Cardamine digitata, C. pentaphyllos*) **Finger-Z., Fünfblatt-Z.**, Fünfblättchen-Z., ***D. pentaphýllos***

- Alle LB 3zählig . . . . . . . . 3

3 Kro purpurn. — WuStock mit dünnen, weißen Ausläufern; LB quirlständig, meist zu 3, in den Winkeln zw. den LB'Zähnen u. in den „Achseln" der Blättchen mit drüsenförmigen Brutknospen; Blü aufrecht; KroB 12–22 mm lg; StaubB halb so lg wie die KroB; Staubbeutel gelb. H: 12–25 cm. ♃ Ge. III–IV. Schattiger Edellaubwald; collin; sehr slt. Süd-**St** (bei Ehrenhausen). Lokale Neubürgerin. (Heimat: Polen, Mähren, Ungarn, Karpaten, Balkanhalbinsel.) (*Cardamine glanduligera*) **Drüsen-Z., *D. glandulósa***

- Kro weiß oder h'gelb . . . . . . . . 4

4 StgB wechselständig; Blüstd aufrecht; Kro weiß; StaubB kürzer als die KroB; Staubbeutel violett. H: 12–30(50) cm. ♃ Ge. IV–VI. Feuchte Edellaubwälder (Charakterart der illyrischen Buchenwälder), Auwälder, Schluchtwälder; collin bis montan; slt. Süd-**St, Süd-K?**. (Hptvbr.: Slowenien.) (*Cardamine savensis, C. waldsteinii*) **Dreiblatt-Z.**, Dreiblättchen-Z., (sl.:) zasavska konopnica, ***D. trifólia***

- StgB quirlständig (meist zu 3); Blüstd nickend; Kro blaßgelb; StaubB so lg wie die KroB; Staubbeutel gelb. H: 20–30 cm. ♃ Ge. III–V(VI). Frische Edellaubwälder, Hochstaudenfluren; kalkliebend; submontan bis subalpin; hfg bis zstr. **Fehlt V**. VolksarzneiPf („Radix Saniculae"!). (*Cardamine enneaphyllos*) **Neunblatt-Z.**, Neunblättchen-Z., „Sanigl", ***D. enneaphýllos***

## (20) Schaumkresse, *Cardaminópsis*

1 Alle StgB ganzrandig (höchstens das unterste gezähnelt) . . . . . . . . 2

- Zumindest untere StgB fiederspaltig-leierförmig . . . . . . . . 3

2 Pf ohne Ausläufer. — GrundB länglich, ganzrandig oder unregelmäßig grobgesägt bis buchtig; Kro weiß. H: 10–25 cm. ♃ He. V–VII. Felsspalten, Dolomitgrus, lichte Föhrenwälder; kalkliebend; submontan bis montan; zstr bis slt. **N, O, St, K**. In den KäB gefährdet. (*C. hispida*) **Felsen-Sch., *C. petráea***

- Pf mit Ausläufern. **Kriech-Sch., *C. hálleri*** (→ Pkt 3)

**3** Pf ohne Ausläufer; StgB lineal-lanzettlich; GrundB fiederspaltig bis -teilig. — KroB weiß bis h'purpurn, 6–8(9) mm lg. H: 15–40 cm. ⊙–♃ He. IV–VIII. Waldränder, Forstwegböschungen, Dämme, Mauern; collin bis montan; hfg bis zstr. **Alle Bdld**. Variabel. **Sand-Sch., *C. arenósa***

**–** Pf mit Ausläufern; StgB eiförmig; GrundB unzerteilt, Spreite rundlich-herzförmig oder GrundB gefiedert mit rundlichem Endblättchen. — KroB weiß oder lila, 4–6 mm lg. H: 10–40 cm. ♃ He. IV–VI. Feuchte Wiesen u. Weiderasen, Waldränder, feuchte Ruderalstellen; montan bis alpin. **Fehlt W**. In den wAlp gefährdet. (Inkl. *subsp. ovirensis*) [2–] **Kriech-Sch., *C. hálleri***

## (21) Gänsekresse, *Árabis*

**1** StgB am Grund abgestutzt, abgerundet oder ± verschmälert, nicht herz- oder pfeilförmig . . . . . . . . . . . . . . . . . . . . . . . . . . . . . . **2**

**–** StgB mit herz- oder pfeilförmigem Grund . . . . . . . . . . . . . . . . **8**

**2** GrundB am Rand mit ± angedrückten, kaum gestielten, 2armigen Haaren (deren beide Balken sind nicht oder kaum gegeneinander gewinkelt u. erstrekken sich entlang des Spreitenrandes: Gabelhaar also in der Ebene der Spreite liegend); auch die längsten Fr nicht länger als 15 mm, wenigsamig. — GrundB stumpf, ganzrandig; KroB 5–7 mm lg. H: 5–14 cm. ♃ Ch. V–VII. Feuchte Felsschutthalden, steinige Hänge, offene Rasen; kalkliebend; montan bis alpin; zstr. **K** (Karawanken, Karnische Alpen, Dobratsch). (Hptvbr.: Slowenien, Friaul.) **Wocheiner G.,** (sl.:) bohinjski repnjak, ***Á. vochinénsis***

**–** GrundB ± kahl oder mit abstehenden, einfachen oder lg gestielten verzweigten Haaren; die längsten Fr fast immer länger als 15 mm, ± vielsamig . . . . **3**

**3** GrundB nahe der Spitze mit 2(–7) deutlichen, spitzen Zähnen; Kro h'lila; die unreifen Fr meist blau überlaufen. — GrundB auf der Fläche meist ziemlich kahl, glänzend, in ihren Stiel keilförmig verschmälert; nickende, 2–8blütige Traube. H: 2–12 cm. ♃ He. VII–VIII. Schneetälchen (Charakterart!), feuchte Felsschuttfluren; kalkstet; alpin bis subnival; zstr bis slt. **Fehlt B, W**. **Blau-G., Blaukresse, *Á. caerúlea***

**–** GrundB ohne Zähne oder mit ± stumpfen, meist ± gleichmäßig verteilten Zähnen; Kro weiß; die unreifen Fr grün, meist nicht blau überlaufen . . . **4**

**4** Pf (fast) völlig kahl, höchstens GrundB u. StgGrund mit wenigen, vereinzelten Haaren; StgB auch am Rand immer völlig kahl. — StgB (3)4–12(14) cm lg, oft mit ± angedeutet herzförmiger Basis stengelumfassend; auf der Hauptachse mehr als 10, hfg mehr als 20 Blü (Fr); Sa d'braun, allseits 0,3–0,4(0,5) mm br geflügelt. H: 15–30 cm. ♃ Ch. V–VIII. Quellfluren, überrieselte Felsen u. Felsschutt; kalkliebend; (montan) subalpin bis alpin. In **K, S, T** hfg, sonst zstr bis slt. **Fehlt B, W**. *(„A. bellidifolia", A. jacquinii)* [9] **Glanz-G., Jacquin-G.,** „Maßlieb-G.", ***Á. soyéri (subsp. subcoriácea)***

**–** Pf ± behaart, zumindest die GrundB, meist auch die StgB am Rand regelmäßig bewimpert u./oder der StgGrund deutlich behaart . . . . . . . . . . **5**

**5** Sa 0,3–0,8 mm br geflügelt; Traube 5–15(20)blütig, locker; Fr (1,5)1,7–2,2(2,7) mm br. — StgB (0)2–6(11); innere KB am Grund sackartig ausgebuchtet; KroB 5–8 mm lg, vorn (1,5)2–4(5) mm br; längste FrStiele jeweils 5–13(18) mm lg. (Gruppe der Zwerg-G., *A. pumila-Gruppe*, **Zwerg-G., *A. pumila*** *[s. l.]*) . . . . . . . . . . . . . . . . . . . . . . . . . . . . . . . . . **6**

**–** Sa 0,1–0,2 mm br geflügelt oder ungeflügelt; Traube 15–25blütig, dicht; Fr

1–1,5 mm br. — StgB (3)5–50(60); KroB 3–6,5 mm lg, vorn höchstens 2 mm br; längste FrStiele 3–6(10) mm lg . . . . . . . . . . . . . . . . . . . . . . . . . 7

**6** Haare am LB'Rand 3–4teilig; H: 5–10 cm. ♃ Ch. VI–VIII. Meist in Kalkfelsspalten; (montan) subalpin bis alpin; zstr. **N, O?, St?, K, S, T, V**. (Diploid.) *(**A. p. subsp. stellulata**)*

**Sternhaar-Zwerg-G., Sternhaar-G.**, Stern-G., ***Á. stellulåta***

**-** Haare am LB'Rand 2teilig; H: 10–20 cm. ♃ Ch. VI–VIII. Meist frische Kalkschuttfluren; (montan) subalpin bis alpin; mäßig hfg. **N, O?, St?, K, S, T, V**. (Tetraploid.) *(**A. p. subsp. pumila**, A. pumila s. str.)*

**Gabelhaar-Zwerg-G., Gabelhaar-G.**, Gabel-G., ***Á. bellidifólia***

**7** Sa ungeflügelt; KB 1,5–2(2,5) mm lg; Gri in der Blü weniger als halb so br wie der Frkn; Fr meist weniger als 22 mm lg, deutlich abstehend. — Pf ± behaart *(var. hírta)* oder fast kahl *(var. glabráta)*; dichte Schirmtraube; KroB 4–5 mm lg. H: 8–20 cm. ⊙ He. V–VII. Trockene Wiesen, steinige Stellen; kalkliebend; (montan) subalpin (alpin); zstr. **Fehlt B, W**. (Diploid.) *(A. corymbiflora)*

**Voralpen-G., *Á. ciliáta***

**-** Sa 0,1–0,2 mm br geflügelt; KB 2–4 mm lg; Gri in der Blü mehr als halb, meist fast ebenso br wie der Frkn; Fr fast immer länger als 22 mm, wenig abstehend bis der BlüstdAchse ± anliegend. (Teil der Artengruppe Wiesen-G., *A. hirsuta agg.*, vgl. Pkt 15–16) . . . . . . . . . . . . . . . . . . . . . . **17**

**8** [1] StgB völlig kahl, auch nicht bewimpert, blaugrün bereift oder grün u. glänzend . . . . . . . . . . . . . . . . . . . . . . . . . . . . . . . **9**

**-** StgB ± behaart, zumindest etwas bewimpert, weder blaugrün noch stark glänzend . . . . . . . . . . . . . . . . . . . . . . . . . . . . . **11**

**9** StgB schwach herzförmig, nur undeutlich geöhrt, ebenso wie die GrundB grün, ± stark glänzend; Sa ± br geflügelt.

**Glanz-G., *Á. soyéri (subsp. subcoriácea)*** (→ Pkt 4)

**-** StgB deutlich herz- bis pfeilförmig, mit stark entwickelten stengelumfassenden Öhrchen, blaugrün bereift; Sa ungeflügelt . . . . . . . . . . . . . . . . . **10**

**10** GrundB ± kahl; Kro weiß; Sa pro FrFach 1reihig; Fr ± abstehend. — Klappen der Fr flach. H: 30–100 cm. ♃ He. V–VII. Trockene, lichte Wälder; kalkliebend; collin bis submontan; slt. **W, N, O**, Nord-**T***. Gefährdet. *(A. brassiciformis, **A. brassica**, Fourraea alpina)*

**Wenigblüten-G.**, Armblütige G., ***Á. pauciflóra***

**-** GrundB mit verzweigten Haaren dicht besetzt; Kro gelblichweiß; Sa pro FrFach 2reihig; Fr der Traubenachse anliegend. — GrundB meist fiederteilig; Gri 2 mm lg; Klappen der Fr stark konvex, mit starkem Mittelnerv. H: 60–120 cm. ⊙ He. V–VII. Waldschläge, trockene, lichte Wälder, auch Ruderalstellen; collin bis subalpin; mäßig hfg bis zstr. **Alle Bdld**. *(Turritis glabra)*

**Kahle G., Turmkraut**, Turmkresse, ***Á. glábra***

**11** [8] Pf durch lg, ausläuferartig kriechende, anfangs mit gestielten LB ± locker bis rosettig besetzte Stg dichte Rasen bildend; — Stg meist mehrere, aufsteigend bis aufrecht; Kro weiß; Fr abstehend. H: 5–40 cm. ♃ Ch. IV–X. *(**A. alpina agg.**)* **Alpen-G., *Á. alpína*** *(s. str.)*

**a** KroB 8–10 mm lg, allmählich in den Nagel verschmälert; KB 3–4 mm lg; Pf rauhhaarig. — Kro reinweiß. (Feuchte) Felsschuttfluren, Geröll, Felsspalten; kalkliebend; (ober)montan bis alpin; hfg. **Fehlt B, W**. *(**A. alpina** s. str.)*

**Gewöhnliche A.-G., *Á. a. subsp. alpína***

* A. Polatschek: Mskr. N. Fl. **T & V**.

- KroB 10–18 mm lg, abrupt in den Nagel zusammengezogen; KB 4–6 mm lg; Pf grauweißfilzig. — Kro elfenbeinweiß. Kultiviert als ZierPf u. verwildert. (Heimat: Kaukasus.) (*A. albida*, ***A. caucasica***) ★ **Garten-G., Kaukasus-G., *Á. a. subsp. caucásica***
- Pf ohne kriechende Stg (höchstens ± kurz ausläuferartig verlängerte Seitenrosetten in den Achseln der GrundB); nie rasig, — ⊙–♃; Stg 1 bis wenige aufrechte . . . . . . . . . . **12**

**12** Kro gelblichweiß; Fr bogig überhängend; DeckB meist vorhanden. — Stg mit einfachen u. zahlr. 2-, 3- u. mehrarmigen, lg gestielten Haaren; Blüstd zumindest im unteren Teil beblättert; Fr 8–12(15) cm lg u. 2–2,5 mm br. H: 10–70 cm. ⊙–♃ He. Trockene, lichte Wälder; kalkliebend; collin bis untermontan; zstr bis slt (im Kalkwienerwald hfg). **Fehlt S?**. In den wAlp gefährdet. **Bogen-G.,** Bogenfrucht-G., „Turm-G." ***Á. turríta***

- Kro weiß; Fr aufrecht oder abstehend, nie überhängend; DeckB fehlend **13**

**13** Pf ⊙ (⊙); GrundB während der BlüZeit verwelkend, keine Seitenrosetten in ihren Achseln; am Stg neben 2armigen auch 3- u. mehrarmige, lg gestielte Haare; Fr stark abstehend . . . . . . . . . . **14**

- Pf ⊙ bis kurzlebig-mehrjährig; GrundB meist erst nach der Haupt-BlüZeit verwelkend, in ihren Achseln dann hfg Seitenrosetten; Stg kahl oder mit abstehenden einfachen u. 2armigen, lg gestielten Haaren oder (wenigstens unten) 2(4)armigen angepreßten, kompaßnadelartigen (sehr kurz gestielten) Haaren, aber ohne mehr als 2armige, lg gestielte Haare; Fr steif aufrecht, der FrStandsachse angedrückt oder nur wenig abstehend. (Artengruppe Wiesen-G., *A. hirsuta agg.*) . . . . . . . . . . **15**

**14** KroB 2–3(3,5) mm lg; längste FrStiele kürzer als 5 mm, etwa ebenso br wie die weniger als 1 mm br, höchstens 30 mm lg Fr; alle StgHaare verzweigt. — StgB 5–15, mit 2 kleinen, gerundeten Zipfeln den Stg umfassend. H: (5)10–40 cm. ⊙ Th. IV–V. Felsige Hänge, lückige Trockenrasen, Böschungen u. Erdanrisse; collin (montan?); im Pann zstr, sonst sehr slt. **B, W, N***. (*A. recta*) **Öhrchen-G., *Á. auriculáta***

- KroB meist 3–4 mm lg; längste FrStiele länger als 10 mm, deutlich schmäler als die etwa 1–1,5 mm br Fr; längste Fr mindestens 50 mm lg; einfache StgHaare vorhanden. — StgB 5–20, mit 2 kleinen, ± spitzen Zipfeln den Stg umfassend. H: (10)15–40 cm. ⊙–⊙ Th–He. VI–VII. Felsschutt, trockene Gebüschsäume; kalkliebend; montan bis subalpin; sehr slt. Im innenalpischen Trockengebiet. **T**. Vom Aussterben bedroht. (*A. saxatilis*) **Felsen-G., *Á. nóva***

**15** Alle StgInternodien kahl oder fast kahl; alle StgB auf der Fläche kahl (oder fast kahl), bewimpert; KroB vorn 1,3–2,5 mm br; FrStiele lg, ± dünn, die längsten im FrStand meist 6–12 mm lg; untere Fr die Blü überragend. — StgB etwa 10. H: 20–40 cm. ♃ He. VI–VII. Ziemlich feuchte, steinige, nährstoffreiche Silikatböden; Hochstaudenfluren, Felsschutthalden, Wildläger; subalpin (alpin); slt. **St, K, S.** (Diploid.) (*A. hirsuta subsp. glabra*, ***A. „allionii"***) ■ **Sudeten-G., *Á. sudética***

- Zumindest die unteren u. mittleren StgInternodien behaart; die unteren u. mittleren StgB auch auf der Fläche behaart; KroB vorn 0,6–1,5 mm br; die längsten FrStiele 3–7(10) mm lg; untere Fr die Blü kaum überragend . . **16**

**16** Stg im unteren Teil vorwiegend mit 2(4)armigen, fast ungestielten, anliegenden, kompaßnadelartigen Haaren; mittlere StgB mit herzförmigem Grund; Fr

* Fehlt in **T** laut A. POLATSCHEK: Mskr. N. Fl. **T & V**.

schmal (meist weniger als 0,9 mm br) mit schwachem oder fehlendem Mittelnerv, Sa sich durch die Klappen stark durchdrückend, Fr daher ± knotig-perlschnurförmig. — StgB 20–50(60), auffällig dicht stehend u. einander bedeckend; Fr zahlr., dicht stehend, steif aufrecht. H: 30–80 cm. ⊙ He. V–VI. Feuchte Wiesen, Auwaldränder, oft stickstoffreiche Böden; collin; sehr slt. Nur im Pann (im Seewinkel u. im Wiener Becken). **B, N***. Vom Aussterben bedroht. (Diploid.) *(A. gerardii, **A. planisiliqua**)* ■ **Gerard-G., *Á. nemorénsis***

- Stg im unteren Teil vorwiegend mit lg, einfachen u./oder 2armigen, lang gestielten Haaren; mittlere StgB mit pfeilförmigem, herzförmigem oder auch abgestutztem bis abgerundetem Grund; Fr breiter (meist breiter als 0,8 mm), Mittelnerv zumindest unten deutlich, Sa sich nicht stark durch die Klappen durchdrückend . . . . . . . . . . . . . . . . . . . . . . . . . . . . . . . **17**

**17** [7, 16] Fr dicht stehend, steif aufrecht, ± parallel zueinander, der Traubenachse ± anliegend, oft über 5 cm lg, nur im unteren Teil mit deutlichem Mittelnerv *(an trockenen Fr mit Lupe untersuchen!)*; StgB 10–25, mit 1–2 mm lg Öhrchen den Stg umfassend, StgB meist viel länger als die StgGlieder. H: (15)30–60(80) cm. ⊙ He. V–VII. Magerwiesen, Böschungen; collin bis montan; kalkliebend; zstr bis slt. **Fehlt V**. In den wAlp gefährdet. (Diploid.)
■ **Pfeilblatt-G., *Á. sagittáta***

- Fr locker stehend, nicht steif aufrecht u. nicht streng parallel zueinander, von der Traubenachse ± abstehend, stets kürzer als 5,2 cm; Mittelnerv der FrKlappen bis ins oberste Viertel sehr kräftig, meist bis in die Spitze reichend; StgB 10–30, mit 0,5–1 mm lg Öhrchen den Stg umfassend oder mit breitem Grund sitzend; StgB meist kürzer, slt wenig länger als die StgGlieder. H: (10)30–60(80) cm. ⊙ He. V–VII. Magerwiesen, Böschungen, Wegränder, lückige Trockenrasen; kalkliebend; collin bis montan (subalpin); hfg. **Alle Bdld**. (Tetraploid.) ■ **Wiesen-G., Behaarte G.,** Gewöhnliche G., „Rauhhaar-G.", ***Á. hirsúta*** *(s. str.)*

## (22) Mondviole, Silberblatt, *Lunária*

**1** Fr br-elliptisch bis fast kreisrund, vorn abgerundet (Abb. 283 a); obere LB sitzend; keine Grundrosette. H: 30–100(120) cm. ⊙–⊙ Th–He. IV–VI. Hfg als ZierPf („Judassilberlinge") kultiviert, oft verwildert, stellenweise eingebürgert (?) **(N, O, St, K, T)**. Unterscheidet sich von der im blühenden Zustand recht ähnlichen Garten-Nachtviole, (10), *Hesperis matronalis* durch den herzförmigen LB'Spreitengrund.
★☆ **Garten-M.,** Garten-S., Zweijährige M., ***L. ánnua***

- Fr länglich-elliptisch, spitz (Abb. 283 b); alle LB gestielt, untere meist gegenständig, Grundrosette vorhanden. H: 30–140 cm. ♃ He. V–VII. Schluchtwälder, Grauerlenwälder, feuchte (Bach-)Hochstaudenfluren; kalkliebend; luftfeuchtigkeitsliebend (oft bei Wasserfällen); montan; zstr bis slt. **Fehlt W**. Im nVL u. söVL gefährdet. △ **Ausdauernde M., Wild-M.,** Wildes S., ***L. redivíva***

## (23) Scheibenschötchen, *Peltária*

KroB 3–4 mm lg, weiß; Fr 7–10 mm ∅. H: (30)40–60 cm. ♃ He. V–VII. Steinige Abhänge, Waldschläge, Waldränder; kalk- u. nährstoffliebend; collin bis montan; zstr bis slt, in **O** sehr slt. **N, O, St**. (Hptvbr.: Balkanhalbinsel.)
**Scheibenschötchen, *P. alliácea***

* Neufund für **N** von W. Adler, 1990 (ined.).

## (24) Felsensteinkraut, *Aurínia*

Stg verzweigt, mit kurz gestielten Sternhaaren; Blüstd rispig; KroB kahl; Fr kahl. H: 15–35 cm. ♃ Ch. IV–V. An Felsen; kalkmeidend; collin bis submontan; slt bis sehr slt. **N, O, (K), S**. Auch als ZierPf kultiviert u. slt verwildert. *(Alyssum saxatile, A. arduini)* **Felsensteinkraut, *A. saxátilis***

## (25) Steinkraut, *Alýssum*

1 Fr kahl oder nur bewimpert. — LB grauhaarig; Kro bleichgelb; Fr kreisrund; Sa eiförmig, 1 mm lg, glatt, ringsum geflügelt. H: 10–12(20) cm. ⊙ Th. IV–V. Sandige Hügel, Grasplätze, Bahndämme; collin; sehr slt. **W†, N**. Vom Aussterben bedroht. (Hptvbr.: Ost- u. Südost-Europa, Vorderasien.) **Steppen-St., *A. desertórum***

– Fr (jung) von dicht angedrückten Sternhaaren grauflaumig, zuletzt manchmal verkahlend . . . . . . . . . . 2

2 Blüstd (fast schirm-)rispig; LB länger als 3 cm; FrFächer 1samig; kleine Ästchen in den Achseln der StgB. — StgB 10–20 cm lg, unterseits graufilzig; Fr 2–5,5 mm lg; Sa 3 mm lg. H: 25–70 cm. ♃ He. IV–V. Als ZierPf hfg kultiviert u. sehr slt verwildert: **(N, K)**. (Heimat: Südost-Europa, Südwest-Asien.) **★ Mauer-St., *A. muràle***

– Blüstd: Traube; LB kürzer als 3 cm; FrFächer 2samig; meist keine Ästchen in den Achseln der StgB . . . . . . . . . . 3

3 Fr (fast) kreisrund (slt elliptisch), 3–5(6) mm lg *(ohne Gri gemessen)*, dicht sternhaarig, slt verkahlend; LB graugrün; Sa 1,2–2 mm lg . . . . . . . . . . 4

– Fr elliptisch, 6–8 mm lg *(ohne Gri gemessen)*, zstr sternhaarig, zuletzt fast kahl; LB grün; Sa 2,5–3 mm lg. — Kro gelb . . . . . . . . . . 6

4 Pf ⊙; K bis zur FrZeit bleibend; Staubf. ohne Anhängsel. — Kro blaßgelb, weiß verbleichend; Sa 1,2–1,5 mm lg, glatt, ringsum schmal geflügelt. H: (3)7–30 cm. ⊙ Th. IV–IX. Sandige, steinige Trockenrasen, trockene Ruderalstellen; collin bis alpin; zstr. **Alle Bdld**. *(A. calycinum)* **Kelch-St., *A. alyssoídes***

– Pf ♃; KB vor der FrZeit abfallend; Staubf. mit flügelartigem Anhängsel. — Kro meist ± goldgelb . . . . . . . . . . 5

5 Stg fein sternhaarig, ohne einfache Haare. (Taxonomie noch nicht völlig geklärt.) **Berg-St., *A. montánum***

a Stg niederliegend bis aufsteigend; KroB 4–5 mm lg u. 1–2 mm br, goldgelb; Fr fast kreisrund, 3–5 mm lg, dicht sternhaarig. — Sa 2 mm lg, schmal hautrandig. H: (5)10–20 cm. ♃ Ch. (III)IV–V. Steinige, sandige Trockenrasen; basiphil bis pH-indifferent; collin bis montan; im Pann zstr, sonst slt. **B, N, O†, St** (bei Kraubath), **K, S†, (T)**. Im Alp. u. im nVL gefährdet. (Serpentinrasse in **St**: *var. preissmannii*?) **■ Gewöhnliches B.-St., *A. m. subsp. montánum***

– Stg aufrecht bis aufsteigend; KroB 3–4 mm lg u. 1–1,5 mm br, h'gelb bis blaßgelb; Fr br-elliptisch, 3–4 mm lg, oft verkahlend. H: 10–20 cm. ♃ Ch. IV–VI. Sandige, lückige Trockenrasen; collin; sehr slt. **N**. (Hptvbr.: Ost-Europa.) Vom Aussterben bedroht. *(A. arenarium)* **■ Sand-St., *A. m. subsp. gmelínii***

– Im oberen Teil des Stg neben Sternhaaren mit etwa gleich lg Strahlen auch solche mit stark verlängerten Strahlen, die dadurch einfache Haare vortäuschen. — Stg kurz aufsteigend bis aufrecht; Fr fast kreisrund, 5–6 mm lg; Sa kugelig, 1,5–2 mm lg, schmal geflügelt. H: 20–60 cm. ♃ Ch. IV–V(VI). Felsen u. steinige Hänge, offene Straßenböschungen; über Kalk u. Serpentin; collin bis montan; slt. **St** (auf dem Kirchkogel bei Pernegg), **K**. (Hptvbr.: Ost- u. Südost-Europa.) Potentiell gefährdet. **■ Siebenbürger St., *A. répens* (subsp. *transsilvánicum*)**

**6** [3] Untere LB elliptisch, allmählich in den LB'Stiel verschmälert; FrStiele 2× so lg wie die Fr; Sa eiförmig, 3 mm lg. H: 5–20 cm. ♃ Ch. V–VII. Sandige Flußufer, Felsschutt; kalkliebend; montan; sehr slt. **K** (im Gailtal). (Hptvbr.: Friaul.) Vom Aussterben bedroht. ▲ *(A. cuneifolium subsp. wulfenianum)*
**Wulfen-St., *A. wulfeniánum***

**-** Untere LB rundlich, abrupt in den LB'Stiel zusammengezogen; FrStiele kaum länger als die Fr; Sa kugelig, 2,5 mm lg. H: 6–12 cm. ♃ Ch. (VI)VII–VIII(IX). Felsschutt, Felsen; kalkliebend; (subalpin) alpin; slt. **St** (auf dem Hochschwab), **K** (in den Karawanken: bes. auf dem Obir). (Hptvbr.: Slowenien, Friaul.) Potentiell gefährdet. *(A. cuneifolium subsp. ovirense)*
**Obir-St., Alpen-St.,** (sl.:) obirski grobeljnik, ***A. ovirénse***

## (26) Graukresse, *Bertéroa*

Fr eiförmig, mit 1–3 mm lg Gri; KroB 4–6 mm lg. H: 25–60 cm. ⊙–⊙ Th–He. VI–X. Sandige u. steinige, trockene Ruderalstellen, Wegränder; collin bis montan; im Pann sehr hfg, sonst zstr bis slt. **Alle Bdld.** **Graukresse, *B. incána***

## ★ (26 b) Strandkresse, *Lobulária*

LB mit angedrückten Gabelhaaren; Blü duftend; KroB etwa 3 mm lg, weiß bis blaßlila, unzerteilt. H: 5–20(45) cm. ♃–⊙ He–Th. VI–X. ZierPf, oft unbeständig verwildert. (Heimat: Medit.)
★ **Strandkresse, Duft-Steinrich,** „Lappenblume", Lobularie, Silberkraut, ***L. marítima***

## (27) Felsenblümchen, *Drába*

**1** StgB mindestens 5; Traube meist mehr als 20blütig. — H: 8–45 cm . . . . **2**
**-** StgB 0–4; Traube 1–18blütig. — H: 0,5–12 cm . . . . . . . . . . . . . . **5**

**2** FrStiele aufwärts-abstehend . . . . . . . . . . . . . . . . . . . . . . . . . . **3**
**-** FrStiele ± waagrecht-abstehend . . . . . . . . . . . . . . . . . . . . . . . **4**

**3** Fr kahl. **Pacher-F., *D. pácheri*** (→ Pkt 12)
**-** Fr dicht sternhaarig. — StgB (2)5–15, ausschließlich mit Sternhaaren; KroB weiß, ausgerandet, 2,6–4,3 mm lg; Fr 6–11 mm lg u. 1,6–2,8 mm br; Gri 0,3–0,7 mm lg; Sa 0,8–1 mm lg. H: 8–20 cm. ♃ Ch. (V) VI. Kalk- u. Silikatfelsen, Felsläger; nitratliebend; subalpin bis alpin; slt bis sehr slt. **St** (auf der Rax), **K, T**. Gefährdet. ▲ *(**D. stylaris**)* [16] **Schweizer F., *D. thomásii***

**4** KroB weiß, 1,5–2 mm lg, vorn gerundet; StgB mit br, teilweise umfassendem Grund sitzend. — Fr 4–6 mm lg, 3–4× so lg wie br, kahl; Gri 0,1–0,2 mm lg. H: 10–30 cm. ⊙ (⊙) Th (He). V–VI. Lückige Trockenrasen, Böschungen, Ruderalstellen; collin; sehr slt. **(W, N, O, St)**. (Heimat: Medit.) Unbeständig. ☆ **Mauer-F., *D. murális***
**-** KroB h'gelb, 2-4 mm lg, vorn deutlich ausgerandet; StgB mit verschmälertem Grund sitzend. — Fr 5–8 mm lg, 3–4× so lg wie br, sehr kurz behaart oder kahl; Gri 0,2 mm lg. H: 10–30 cm. ⊙ Th. V–VI. Trockenwiesen, sandige Stellen; collin bis montan; sehr slt. **B, W, N, St, K, (T)**. Neubürger (?). (Hptvbr./Heimat: bes. Ost-Europa.) **Busch-F., Hain-F., *D. nemorósa***

**5** [1] Kro gelb bis weißlichgelb. — Stg blattlos; GrundB bewimpert . . . . . **6**
**-** Kro weiß. — StgB 0–4 . . . . . . . . . . . . . . . . . . . . . . . . . . . . **11**

**6** Blü schwefelgelb bis weißlichgelb. — LB lineal-lanzettlich bis lanzettlich-eiförmig, 1,5–4 mm br, kaum gekielt; StaubB u. KroB etwa gleich lg; Fr 3,7–6,4(7,3) mm lg; Gri (0,3)0,4–0,8 mm lg. H: 1–3,5(4,5)cm. ♃ Ch. VI–VIII. Kalkschuttböden, ebene bis schwach geneigte Halden; alpin; sehr slt. **T** (im

Brenner-Gebiet). Stark gefährdet. (Hptvbr.: in den Dolomiten). Diese Art ist früher mit *D. sauteri, D. fladnizensis* und *D. hoppeana* verwechselt worden. **Dolomiten-F.,** ***D. dolomítica***

- Blü sattgelb . . . . . . . . . . **7**

**7** StaubB 0,5–0,8× so lg wie die KroB (also deutlich kürzer). — Wuchs lockerrasig; LB gekielt; Traube 2–5blütig; Gri (0,1)0,3–1 mm lg; Sa etwa 1,2–1,6 mm lg. H: 5–15 cm. ♃ Ch. VI–VII. Ebene bis wenig geneigte Kalkfelsen (nicht Spalten) u. Felsschuttfluren in exponierten Gipfellagen; kalkstet; alpin bis subnival; slt bis sehr slt. **O, St, S, T**. (Sonstige Vbr.: Bayern: Berchtesgadener Alpen; – Endemit der nordöstl. Kalkalpen u. des Lungau.) **Sauter-F.,** ***D. sáuteri***

- StaubB u. KroB etwa gleich lg . . . . . . . . . . **8**

**8** Stg sternhaarig, slt mit einfachen Haaren. — LB 1–1,2 mm br; KroB 3 mm lg; Fr 6 mm lg, aufgeblasen, dicht sternhaarig; Gri 3–4 mm lg. H: 1,5–3 cm. ♃ Ch. VI–VII. Felsspalten, Felsschutt; alpin; sehr slt. **K** (Karawanken: auf der Petzen). (Hptvbr.: Slowenien, Balkanhalbinsel, Italien, Pyrenäen.) Stark gefährdet. ▲ (Zur Artengruppe Immergrünes F., *D. aizoides agg.*, vgl. Pkt 10.) *(D. bertolonii, D. aizoides subsp. bertolonii)* **Rauhes F.,** (sl.:) srhka gladnica, ***D. áspera***

- Stg kahl . . . . . . . . . . **9**

**9** Fr borstenhaarig. — KroB 4–5 mm lg; Fr 6–9 mm lg; Gri 2 mm lg. H: 8–20 cm. ♃ Ch. III–IV. Kalkfelsen; submontan; sehr slt. **N** (Alpenostrand). (Sonstige Vbr.: Slowakei, Ungarn, Karpaten, Balkanhalbinsel.) Stark gefährdet. *(D. aizoon)* **Karpaten-F.**, Rauhfrüchtiges F., ***D. lasiocárpa***

- Fr meist kahl, slt spärlich behaart . . . . . . . . . . **10**

**10** FrStiele 2–4 mm lg; Gri 0,7–1,2 mm lg. — Wuchs dichtrasig; LB lineal-lanzettlich, gekielt; KroB 3 mm lg; Fr 4–7 mm lg, unten u. oben ± stumpf, kahl; Sa etwa 1 mm lg. H: (1)2–6 cm. ♃ Ch. VII–VIII. Felsen, Gesteinsgrus (namengebende Art der Hoppefelsenblümchenflur), Schneetälchen; bes. über Kalksilikatschiefern; alpin; slt bis sehr slt. Zentralalpen. **St, K, S, T.** ▲ **Hoppe-F.,** ***D. hoppeána***

- FrStiele 5–15 mm lg; Gri 1,5–3 mm lg. — KroB 5–8 mm lg; Fr 6–13 mm lg, oben zugespitzt, meist kahl, slt am Rand spärlich behaart. H: (1)5–10(20) cm. ♃ Ch. (III)IV–VIII. Felsspalten, Steinschutt; kalkliebend; (collin bis montan: Eiszeitrelikt) alpin; hfg bis zstr. **Fehlt B, W.** ▲ (Zur Artengruppe Immergrünes F., *D. aizoides agg.*; vgl. Pkt 8.) **Immergrünes F.,** ***D. aizoídes*** *(s. str.)*

**11** [5] Stg u. LB behaart . . . . . . . . . . **12**

- Stg kahl, LB (fast) kahl oder spärlich behaart . . . . . . . . . . **15**

**12** LB u. Stg sternhaarig; Sternhaare mit sehr kurzem Stiel, fast sitzend, ihre Strahlen (Verzweigungen) fast in einer Ebene rechtwinkelig zum Stiel angeordnet. — Stg mit 0–7 LB, oft ästig; KroB 2,8–4,2 mm lg; Fr (3,4)5–7,5(9,5) mm lg, kahl; Gri 0,2–0,6 mm lg. H: 4–20 cm. ♃ Ch. VI–VIII. Felsspalten, Felsschuttfluren, Graspolster, Pionierrasen, Schneebodenges.; subalpin bis alpin; slt. Hohe Tauern, Seetaler A., Koralpe. **St, K, S.** (Sonstige Vbr.: Nord-Karpaten.) Gefährdet. ▲ (Inkl. *D. norica*) [3] **Tauern-F., Pacher-F.,** ***D. pácheri***

- LB u. Stg nur mit Wimpern oder auch mit Sternhaaren, diese jedoch lg gestielt u. ihre Strahlen nicht in einer Ebene angeordnet . . . . . . . . . . **13**

**13** Haartypen gleichmäßig verteilt: gesamter LB'Rand mit einfachen oder gabeligen Haaren, diese manchmal mit einzelnen Sternhaaren vermischt. — Gri 0–0,4 mm lg . . . . . . . . . . **14**

- Haartypen ungleichmäßig verteilt: LB'Rand am LB'Grund mit einfachen Haaren, gegen die Spitze zu mit Sternhaaren . . . . . . . . . . . . . . . . . . . **16**

**14** Stg bis zu den BlüStielen behaart. — LB ganzrandig oder slt mit vereinzelten kleinen Zähnen; FrStiele spitzwinkelig abstehend; Fr 4,5–6,5 mm lg; Gri 0,1–0,3 mm lg. H: 1,5–7 cm. ♃ Ch. VI–VII. Felsspalten; kalkstet; alpin; sehr slt. Rax-Schneeberg-Gebiet. **N?**, **St**. Vom Aussterben bedroht. (Arktisch-alpin.) *(„D. kotschyi")* **Norwegisches F.**, „Siebenbürger F.", ***D. norvégica***

- Stg kahl oder nur im unteren Drittel behaart. — KroB 2–3,5 mm lg; Fr kahl (oder sehr slt bewimpert); Gri 0–0,4(0,7) mm lg . . . . . . . . . . . . . . **15**

**15** [11, 14] FrStand kurz doldentraubig, weniger als ½× so lg wie der (restliche) Stg. — Stg mit 0–1(2) LB, kahl, sehr slt unten lg'haarig; GrundB kahl oder mit einfachen oder Gabelhaaren, immer ohne Sternhaare; Fr 2,5–7,5 mm lg, mit 5–10 Sa je Fach. H: 0,5–5(8) cm. ♃ Ch. VI–VIII. Basenreiche Felsspalten, Felsgrus, meist in Gratlagen; über Silikat u. Kalk; alpin; slt. **Fehlt B, W, N.** ▲ **Flattnitzer F.**, „Fladnitzer F."*, ***D. fladnizénsis***

- FrStd nicht doldentraubig verkürzt, mindestens ½× so lg wie der (restliche) Stg. — Stg mit 0–4 LB, kahl oder unten mit Gabel- u. Sternhaaren; GrundB kahl oder behaart, meist mit reichlich Sternhaaren oder ausschließlich mit einfachen u./oder Gabelhaaren; Fr 3,5–9,5(11) mm lg, mit (7)10–14(18) Sa je Fach. H: (1)5–15(20) cm. ♃ Ch. VI–VII. Basenreiche, kalkreiche bis kalkarme Felsspalten u. Felsschuttfluren, in Gratlagen; alpin; slt. **St, K, S, T, V**. (Gesamt-Vbr.: Pyrenäen bis Elburs.) ▲ *(D. carinthiaca)* [17, 19] **Kärntner F.**, ***D. siliquósa***

**16** [13] Fr überwiegend sternhaarig. — Fr der FrStands-Achse angedrückt. **Schweizer F.**, ***D. thomásii*** (→ Pkt 3–)

- Fr kahl oder behaart mit Wimper-, Gabel- u. Sternhaaren, letztere aber seltener als die beiden anderen Haartypen . . . . . . . . . . . . . . . . . . **17**

**17** LB'Flächen kahl. **Kärntner F.**, ***D. siliquósa*** (→ Pkt 15–)

- LB'Flächen behaart (zumindest bei einigen LB zur BlüZeit) . . . . . . . **18**

**18** Gri (0,6)0,7–1,2(2,0) mm lg; KroB 3–6 mm br, — 4,5–8 mm lg; Stg mit 0–3 LB, meist nur unten mit Sternhaaren u. Wimpern; Fr 4–10 mm lg u. 1,7–3,8 mm br, kahl oder slt schwach gewimpert. H: 3–10 cm. ♃ Ch. VI–VII. Gesteinsfluren, Schneebodenges.; kalkstet; alpin; zstr. **N, O, St**. Endemisch (nordöstl. Kalkalpen u. Niedere Tauern). ▲? *(D. austriaca)* **Sternhaar-F.**, ***D. stelláta***

- Gri 0,1–0,7 mm lg; KroB nicht über 2,8 mm br, — nicht über 5,5 mm lg **19**

**19** Mehrzahl der Sternhaare auf den LB'Flächen nicht oder schwach verzweigt (höchstens 1–2 Strahlen eines Haares haben einen Seitenast). — FrStand verlängert. **Kärntner F.**, ***D. siliquósa*** (→ Pkt 15–)

- Mehrzahl der Sternhaare reich verzweigt, (3 bis alle Strahlen eines Haares mit 1–2 Seitenästen) . . . . . . . . . . . . . . . . . . . . . . . . . . . **20**

**20** Fr elliptisch (oben u. unten abgerundet), dichthaarig; Stg u. FrStiele stark behaart. — Stg 0–3blättrig; KroB 3,2–5,5 mm lg; Fr 5–11 mm lg, dicht mit einfachen u. gabeligen Haaren besetzt, nie kahl; Gri 0,2–0,5 mm lg. H: 2–10 cm. ♃ Ch. VI–VIII. Felsspalten u. Felsschuttfluren; kalkstet; alpin; slt. **Fehlt B, W, N.** ▲ **Filz-F.**, ***D. tomentósa***

---

* Benannt nach dem Ort (und der Gegend) Flattnitz im nordöstl. **K** („In alpibus Fladnizensibus Leitersteig et Winterthal ...", F. X. v. WULFEN, Flora Norica Phanerogama, 1858 [posthum], S. 591).

- Fr schmal- bis br-lanzettlich (oben u. unten ± zugespitzt), kahl, slt randlich behaart; Stg locker sternhaarig, FrStiele kahl oder zstr sternhaarig. — Stg 0–3(4)blättrig; KroB 3–5 mm lg; Fr 5–13 mm lg; Gri 0,3–0,4 mm lg. H: 1–15 cm. ♃ Ch. V–VII. Basenreiche, oft kalkarme Felsspalten; alpin; slt. **St, K, S, T, V**. ▲ *(D. frigida)* **Kälte-F., *D. dúbia***

## (28) Hungerblümchen, *Eróphila*

Alle folgenden 3 Arten gehören zur Artengruppe Frühlings-H., *E. verna agg.*

1 Fr 2½–5× so lg wie br, — meist 6–10 mm lg; LB u. StgUnterteil mit vielen 2–4strahligen Sternhaaren, meist ohne einfache Haare; Sa meist 0,6–0,8 mm lg. H: 5–15 (20) cm. ⊙ Th. IV–V. Lückige Trockenrasen, Äcker, Ruderalstellen, oft auf Brandstellen; collin bis montan (subalpin); hfg bis zstr. **Alle Bdld**. *(E. verna subsp. verna)* ■ **Schmalfrucht-H.**, Eigentliches Frühlings-H., ***E. vérna*** *(s. str.)*

- Fr 1⅓–2× so lg wie br, — meist 3–6 mm lg; Sa meist 0,4–0,6 mm lg . . . 2

2 StgUnterteil u. LB mit Gabelhaaren u. 3–5strahligen Sternhaaren; Sa meist 0,4–0,5 mm lg; Fr etwa 1½× so lg wie br, — etwa 3–5 mm lg. H: 3–8 cm. ⊙ Th. III–V. Lückige Trockenrasen, Ruderalstellen; kalkliebend; collin bis montan; zstr bis slt. **B, W, N, O, St, V**. *(E. verna subsp. spathulata)* ■ **Rundfrucht-H., *E. spathuláta***

- StgUnterteil u. LB hauptsächlich mit einfachen Haaren, daneben vereinzelt Gabelhaare; Sa etwa 0,6 mm lg; Fr etwa 2× so lg wie br, — etwa 4–6 mm lg. H: 2–8 cm. ⊙ Th. III–IV. Lückige Trockenrasen; collin; sehr slt; **B†?, N***. Vom Aussterben bedroht (!). *(E. verna subsp. praecox)* ■ **Eifrucht-H., *E. práecox***

## (29) Steinschmückel, *Petrocállis*

Pf dichtrasig-polsterförmig; LB in dichter Rosette, vorn 3–5spaltig; Fr elliptisch, FrFach 1(2)samig. H: 2–8 cm. ♃ Ch. VI–VII. Felsschutt- u. Geröllfluren, Felsspalten, exponierte Gratfluren; kalkstet; subalpin bis alpin; zstr. **Fehlt B, W**. ▲ **Steinschmückel, *P. pyrenáica***

## (30) Löffelkraut, Löffelkresse, *Cochleária*

(Alle folgenden Arten gehören zur Artengruppe Echtes L., *C. officinalis agg.*)

1 Blühende Pf 3–10(17) cm hoch; Kro gelblichweiß. — WuStock 4–8(10) cm lg, kaum filzig; Spreite der GrundB nierenförmig, (0,3)0,5–1,4(1,5) cm lg u. (0,3)0,5–1,9(2) cm br, am Grund meist stark herzförmig; FrStiele in einem Winkel von 40–60 ° von der Traubenachse abstehend, meist 1–2(3)× so lg wie die Fr; Fr br-ellipsoidisch oder verkehrt-eiförmig, größte Fr 3–5(6,5) mm lg; Sa (1,2)1,3–1,7(1,8) mm lg. ⊙–♃ He(Ch). VII–VIII. Quellige, nasse Stellen, zB vom Wasser überrieselte Felswände u. bewegter, nasser Gesteinsschutt; kalkmeidend (nur über Schiefer u. Gneis); alpin; slt. **St, K**. Potentiell gefährdet. *(**C. pyrenaica subsp. excelsa**)* **Alpen-L., *C. excélsa***

- Blühende Pf (10)15–35(40) cm hoch; Kro rein weiß . . . . . . . . . . . . 2

* Im Frühling 1991 von W. ADLER im Wiener Becken wiedergefunden (unveröff.)

**2** GrundB an der Spreitenbasis gestutzt oder nur sehr schwach herzförmig; FrStiele 1–1,5× so lg wie die Fr, in einem Winkel von 60–90° von der Traubenachse abstehend; Sa (1,8)2–2,2(3) mm lg. — WuStock mit dichtem WuFilz; Spreite der GrundB eiförmig (0,4)1–2,3(3,5) cm lg u. (0,4)1–2,5(4,5) cm br; Fr ellipsoidisch bis kugelig, größte Fr (3,8)4–6,5(8) mm lg. H: 25–35(40) cm. ⊙–♃ He/Ch. (III)IV–V(VI). Quellaustritte in Flachmooren; collin; sehr slt. **N** (im Wiener Becken: Moosbrunn). Endemisch (!!). Vom Aussterben in höchstem Grad bedroht. **Dickwurzel-L., *C. macrorrhíza***

**-** GrundB an der Spreitenbasis meist deutlich herzförmig; FrStiele 0,5–1,5(2)× so lg wie die Fr, in einem Winkel von 60° von der Traubenachse abstehend; Sa (1,3)1,5–2,2(2,6) mm lg. — WuStock nur wenig filzig; Spreite der GrundB nierenförmig, (0,4)1–3,8(5,2) cm lg u. (0,5)1,2–4,5(8) cm br; Fr meist ellipsoidisch, unten u. oben verschmälert, größte Fr 4–6,5(8,2) mm lg. H: (10)15–30(40) cm. ⊙–♃ He/Ch. (IV)V–VI(VII). In u. an Quellen oder am Ufer von Bächen u. Gräben; nur in reinstem Wasser; kalkliebend; montan; slt. **B?, N, O†, St**. Potentiell gefährdet; im nVL gefährdet. *(**C. pyrenaica subsp. pyrenaica**)* **Pyrenäen-L., *C. pyrenáica s. str.***

## (31) Kugelschötchen, *Kérnera*

LB am Grund in einer Rosette, ganzrandig, gezähnt oder fiederspaltig, behaart; Stg unten behaart. H: 10–30 cm. ♃ Ch. VI–VIII. Felsen, Felsschutt; kalkstet; montan bis subalpin (bisweilen an Flüssen herabgeschwemmt); hfg bis zstr. **Fehlt B, W**. **Kugelschötchen, *K. saxátilis***

## (32) Leindotter, *Camelína*

Anm.: Achtung! Die Schlüssel in den meisten bisherigen Floren sind unrichtig, Pf deshalb mit diesen Büchern oft unbestimmbar; Fehlangaben u. unrichtig bestimmte Herbarbelege sind daher nicht slt.

**1** Fr 1,7–3,1 mm dick; Sa (0,9)1,0–1,4(1,5) mm lg; Stg u. LB dicht mit einfachen (oder zusätzlich mit verzweigten Haaren); FrKlappen nur schwach gewölbt. — Fr nicht deutlich netznervig . . . . . . . . . . . . . . . . . . . . . . . . . . **2**

**-** Fr 3,1–6,5 mm dick; Sa (1,5)1,6–2,7(2,9) mm lg; Stg u. LB kahl oder mit verzweigten Haaren (slt zusätzlich mit einfachen Haaren); FrKlappen stark aufgewölbt . . . . . . . . . . . . . . . . . . . . . . . . . . . . **3**

**2** KroB (5)6–8(9) mm lg, gelblichweiß; einfache Haare auf Stg u. LB 2–3,5 mm lg, zahlr., verzweigte Haare höchstens am Blattrand u. deutlich weniger als einfache oder fehlend; GrundBRosette zur ganzen Blühzeit meist noch vorhanden. — Pf stark abstehend-verzweigt; Fr birnenförmig, 5–8 mm lg *(ohne Gri gemessen)*; FrKlappen mit deutlichem Mittelnerv. H: (15)20–40(60) cm. ⊙ Th (winterannuell). V–VII. Äcker, Halbtrockenrasen (?), Ruderalstellen, bes. Bahnanlagen; collin; sehr slt. Nur im Pann. **B, W†, N**, sonst unbeständig?. (Hptvbr.: Süd-Europa bis Zentralasien; Heimat: Balkanhalbinsel, Vorderasien.) **Balkanischer L., Blasser L., *C. rumélica***

**-** KroB (2,2)2,6–4,1(4,5) mm lg, h'gelb; einfache Haare auf Stg u. LB höchstens 2 mm lg, verzweigte Haare meist zahlr. — GrundBRosette zur Blühzeit meist nicht mehr vorhanden. H: (15)20–60 cm. ⊙ Th. V–VII. Collin bis submontan. (Stammform von *C. sativa*.) (Früher zur „Artengruppe Saat-L., *C. sativa agg.*") *(„C. pilosa" ss. orig., non auct.)*
**Wild-L., Kleinfrucht-L., *C. microcárpa***

**a** Fr 5,2–6,8(7,2) mm lg *(ohne Gri gemessen)* u. (3,5)3,7–4,4(4,8) mm br; KroB (3,4)3,5–4,1(4,5) mm lg; Sa (1,1)1,2–1,4 mm lg. — Fr 2,3–3,1 mm dick, meist deutlich (0,3–0,4 mm br) berandet; Mittelnerv der Klappen deutlich. Meist winterannuell. Äcker, trockene Ruderalstellen, Halbtrockenrasen; kalkliebend, gern auf Rendsina über Löß; im Pann hfg bis zstr, sonst zstr bis slt. **Alle Bdld.** Alteingebürgert. *(„C. microcarpa")*
**Westlicher K.-L., *C. m. subsp. silvéstris***

**-** Fr 4,0–5,2 mm lg *(ohne Gri gemessen)* u. (2,0)2,5–3,4(3,5) mm br; KroB (2,2)2,6–3,5 mm lg; Sa (0,9)1,0–1,1(1,2) mm lg. — Fr 1,7–2,5 mm dick; nur sehr schmal (0,2–0,35 mm br) berandet; Mittelnerv der FrKlappen oft nur undeutlich bis fehlend. Meist sommerannuell. Ruderalstellen, meist auf Bahnanlagen; sehr slt. Vbr.? Unbeständig. (Heimat: Ost-Europa bis Zentralasien.) **☆ Östlicher K.-L., *C. m. subsp. microcárpa***

**3** KroB 4,0–4,5(5,0) mm lg; Sa (1,5)1,6–2,0(2,1) mm lg. — Fr (6,2)6,6–9,0(10,0) mm lg u. (3,6)4,0–5,5 mm br, deutlich netznervig. ⊙ Th. Äcker, Ruderalstellen (?); collin bis untermontan; slt. (Zur „Artengruppe Saat-L., *C. sativa agg.*") **Saat-L., *C. satíva***

**a** Stg u. LB ohne lg einfache Haare, mit kurzen einfachen Haaren oder Gabelhaaren oder fast kahl; Pf meist sommerannuell. — Fr meist birnenförmig, deutlich netznervig; Sa (1,6)1,7–2,0(2,1) mm lg. H: (20)30–70(100) cm. V–VIII. KulturPf, ehedem kultiviert (Öl in den Sa), jetzt als Kulturrelikt (Status unsicher). **B, W, (N), St, (S), T, (V).** *(**C. sativa subsp. sativa**)* **☆? Eigentlicher S.-L., *C. s. var. satíva***

**-** Stg u. LB mit lg einfachen u. mit kurzen Sternhaaren, niemals kahl; Pf meist winterannuell. — Fr meist br-birnenförmig bis fast kugelig; Sa (1,5)1,6–1,8(1,9) mm lg. H: 30–60 cm. V–VII. **(N).** *(C. pilosa auct., **C. sativa subsp. pilosa**)*
**☆ Behaarter L., *C. s. var. zíngeri***

**-** KroB 4,5–6,0(6,5) mm lg; Sa (1,8)2,1–2,7(2,9) mm lg. — Pf fast kahl. H: 30–100 cm. ⊙ Th. (V)VI–VIII. (Früher:) Leinäcker; kalkmeidend; collin; zstr bis lokal hfg. **B†, W†, N†, O†, St†, S†, T†, V†.** Als hochangepaßtes (spezialisiertes) Beikraut der Flachsfelder vor allem infolge perfekter Saatgutreinigung (u. mit dem Aufhören der Leinkultur) seit wenigen Jahrzehnten (seit etwa 1950) absolut (arealweit!) ausgestorben. (Zur „Artengruppe Saat-L., *C. sativa agg.*") *(C. dentata)* **† Gezähnter L., *C. alýssum***

**a** LB buchtig gezähnt bis buchtig-fiederspaltig (slt fast ganzrandig); Sa (1,8)2,0–2,7 mm lg; Fr fast kugelig, *(ohne Gri gemessen)* 6,5–8,5(9,0) mm lg — u. 5,0–7,0 mm br u. 4,0–5,5 mm dick, oben etwas eingedrückt, dünnhäutig, auch reif zusammendrückbar, FrKlappen oft seitlich etwas eingedellt; FrStiele aufrecht-abstehend bis abstehend. *(C. sativa subsp. dentata)* **† Eigentlicher G. L., *C. a. subsp. alýssum***

**-** LB alle ganzrandig oder entfernt gezähnelt; Sa (2,1)2,2–2,7(2,9) mm lg; FrStiele abstehend bis hin u. her bis abwärts gebogen; Fr verkehrt-eiförmig bis birnenförmig, *(ohne Gri gemessen)* 9,0–12,0 mm lg — u. 5,0–6,5 mm br u. 3,5–4,5 mm dick, oben abgerundet bis abgeflacht. *(C. macrocarpa)* **† Ganzrandiger L., *C. a. subsp. integérrima***

## (33) Finkensame, *Néslia*

KroB 2–3 mm lg, goldgelb. H: 15–80 cm. ⊙ Th. V–VII. Getreideäcker u. Äcker, trockene Ruderalstellen; collin bis montan; im Pann hfg, sonst zstr bis slt. **Alle Bdld.** **Finkensame, Ackernüßchen, *N. paniculáta*** *(subsp. paniculáta)*

## (34) Hirtentäschel, *Capsélla*

**1** KroB 2–3 mm lg, weiß, den grünen K überragend; Fr mit geraden oder etwas konvexen seitlichen Rändern (Abb. 273), — 5–10 mm lg; Gri 0,3–0,6 mm lg; Sa 0,8–1 mm lg. H: (3)5–40(70) cm. ⊙–⊙ Th–He. I–XII. Ruderalstellen, Äcker, Gärten; collin bis subalpin; sehr hfg. **Alle Bdld.** VolksarzneiPf, Wildgemüse.
**Gewöhnliches H., *C. búrsa-pastóris***

**-** KroB 1,5–2 mm lg, weiß bis rötlich, den rötlichen K nicht überragend; Fr mit konkaven

Rändern, — 4–6 mm lg, sehr tief ausgerandet; Sa 0,7–0,8 mm lg. H: 5–40 cm. ⊙–⊙ Th–He. VI–X. Ruderalstellen, Äcker; collin; sehr slt. **(St, T)**. Unbeständig. (Heimat: Medit.)
☆ **Rötliches H.,** ***C. rubélla***

## (35) Gemskresse, *Pritzelágo* (*Hutchínsia*; exkl. (36) *Hymenolobus* u. (37) *Hornungia*)

LB in Rosetten, fiederspaltig bis fiederteilig. (***Hutchinsia alpina***)
**Gemskresse, Alpen-Gemskresse,** ***P. alpína*** (*s. l.*)

**a** KroB 3,5–5 mm lg u. 2–3 mm br, abrupt in den stielartigen unteren Teil verschmälert; Fr 4–5 mm lg; Gri 0,2–0,5 mm lg; Blüstd nach dem Blühen verlängert; Sa 1,7–2,2 mm lg. H: 5–12 cm. ♃ Ch. V–VIII. Sickerfrische Felsschuttfluren; kalkliebend; (montan im Flußgeschiebe) subalpin bis alpin; hfg. **Fehlt B, W.** (*H. alpina s. str.*, ***Hutchinsia alpina subsp. alpina***) **Kalk-G.,** ***P. a. subsp. alpína***

**-!!** KroB 2,5–4 mm lg u. 1–2 mm br, allmählich in den stielartigen unteren Teil verschmälert; Fr 3,5–4 mm lg; Gri 0,1–0,2 mm lg; Blüstd nach dem Blühen kaum verlängert; Sa 1,2–1,5 mm lg. H: 2–5 cm. ♃ Ch. VII–VIII. Gesteinsfluren, Schneetälchenges. (Blaukressenflur); kalkmeidend; alpin; zstr bis slt. **Fehlt B, W, N.** (*H. brevicaulis,* ***H. alpina subsp. brevicaulis***) **Silikat-G., Kurzstengel-G.,** ***P. a. subsp. brevicáulis***

**-** KroB u. Blüstd wie bei *subsp. brevicaulis*, Fr u. Gri wie bei *subsp. alpina.* In **Ö** bisher nicht nachgewiesen, möglicherweise jedoch in den sAlp vorhanden. (Vbr.: Slowenien: Julische Alpen.) ⊖ **Südalpen-G.,** ***P. a. subsp. austroalpína***

### † (36) Zartschötchen, *Hymenólobus*

Stg niederliegend, beblättert; LB ganzrandig, 1–2 cm lg; Blüstd 2–6blütig; KB 0,5–1,5 mm lg; KroB 0,6–2 mm lg. H: 2–6 cm. ⊙–⊙ Th–He. V–VI. Feinsandige Balmen (= unter Felsen in Halbhöhlen), Lägerstellen am Fuß von Felsen; kalk- u. stickstoffliebend; montan bis subalpin; (früher:) sehr slt. **T**†. (Südalpen, Westalpen, Medit.)
† **Zartschötchen, Salztäschel,** ***H. pauciflórus***

## (37) Felskresse, *Hornúngia*

LB fiederteilig; KB 0,5–0,8 mm lg; KroB 0,7–1 mm lg; FrStiele waagrecht-abstehend. H: 2–15 cm. ⊙ Th. III–V. Lückige Trockenrasen (Frühlingsannuellenfluren), sandige, steinige Stellen; kalkliebend; collin bis montan; zstr bis slt. Im Pann. **B, W, N, (S, V)**. Potentiell gefährdet. (*Hutchinsia petraea*)
**Felskresse,** ***H. petráea***

## (38) Bauernsenf, *Teesdália* (*Teesdalea*)

LB leierförmig fiederspaltig; KroB weiß, die äußeren 1,5–2 mm lg, 1–1,5× so lg wie die inneren; Fr löffelförmig gebogen, schmal geflügelt. H: 8–15 cm. ⊙ He. IV–V. Bodensaure sandige Äcker u. Halbruderalstellen; kalkmeidend; collin bis submontan; sehr slt. Fast nur (?) im BM. **N, O, St?**. Stark gefährdet.
**Bauernsenf, Rahle,** Teesdalie, ***T. nudicáulis***

## (39) Täschelkraut, Hellerkraut, *Thláspi* (inkl. *Microthlaspi* u. *Noccaea*)

**1** Stg kantig; Pf beim Zerreiben ± nach Knoblauch riechend; Sa schwarz bis d'graubraun, mit Runzeln oder Grübchen (*Lupe!*). — Kro weiß; Gri (fast) fehlend (etwa 0,3 mm lg). (*Thlaspi s. str.*) . . . . . . . . . . . . . . . . **2**

**-** Stg stielrund; Pf nicht nach Knoblauch riechend; Sa gelb bis braungelb oder rotbraun, glatt (ohne Runzeln oder Grübchen) (*Lupe!*) . . . . . . . . . . **3**

Abb. 285

Abb. 286

Abb. 287

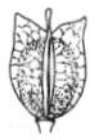

Abb. 288

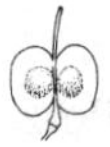

Abb. 289

**2** Pf völlig kahl; Fr flach, rundum br geflügelt, 15–18 mm lg, fast kreisrund (Abb. 276); FrFächer 5–6samig; Sa konzentrisch-runzelig. — Pf gelbgrün, ohne grundständige LB'Rosette. H: 10–50 cm. ⊙ Th. IV–IX. Äcker; collin bis montan; sehr hfg. **Alle Bdld**. **Acker-T., *Th. arvénse***

**-** Stg am Grund mit lg, weichen Haaren; Fr gedunsen, nur oben schmal geflügelt, 6–10 mm lg, verkehrt-eiförmig; FrFächer 3–4(5)samig; Sa grubig-netzig. — Pf mit starkem Lauchgeruch. H: 10–60 cm. ⊙ Th. IV–VI. Äcker (auch durch Begrünungssaaten verschleppt?); collin; sehr slt. **B, (N), O, St, S.** **Lauch-T., *Th. alliáceum***

**3** Narbe fast sitzend; Gri 0,1–0,3 mm lg; KB 1–1,5 mm lg; Pf ⊙. — GrundB rosettig, bläulich bereift; StgB stengelumfassend; Kro weiß; FrFächer 3–4samig. H: 7–20 cm. ⊙ Th. III–VI. Trockenrasen, Ruderalstellen; collin bis montan; hfg bis zstr. **Alle Bdld**. *(Microthlaspi perfoliatum)* **Stengelumfassendes T., Durchwachs-T., *Th. perfoliátum***

**-** Gri deutlich, 0,5–3 mm lg; KB 2–3 mm lg; Pf ⊙–♃. *(Noccaea)* . . . . . . **4**

**4** LB 1–2 cm lg, meist kaum länger als br, fleischig; Fr nicht oder sehr schmal (höchstens 0,2 mm br) geflügelt. — Gri 1–2 mm lg; LB blaugrün; Pf mit gut entwickelter PfahlWu u. ± ausläuferartig verlängerten, kaum wurzelnden WuStock-Sprossen; Schuttstauer bzw. Schuttkriecher; kalkstet . . . . . . . **5**

**-** LB 2–10 cm lg, meist mehr als 1½× so lg wie br, nicht fleischig; Fr deutlich (mindestens 0,3 mm br) geflügelt. — WuStock verzweigt, mit kurzen, in wenigen Rosetten endenden Ästen; Kro weiß . . . . . . . . . . . . . . . . . . . . **6**

**5** KroB 5–7(8) mm lg, meist lila bis h'purpurn (sehr slt weiß); Fr fast ungeflügelt, gekielt; FrStand: gedrungene, 2(3) cm lg Doldentraube. — Pf von lockerrasigem Wuchs mit kriechenden Stämmchen; fruchtende Doldentraube gedrungen. Namengebende Charakterart der Kalkfelsschuttges. (→ *subsp. r.*). Anm.: Zw. dieser Art u. *Th. minimum* vermitteln problematische Übergänge. *(N. r., Th. cepaeifolium s. l.)* **Rundblatt-T.**, Rundblättriges T., ***Th. rotundifólium***

**a** Grundständige LB meist ganzrandig, obere StgB mit geöhrtem, umfassenden Grund. — FrStand 2 cm lg; FrFächer (pro Fr 2 Fächer!) 1–3samig. H: 5–10(15) cm. ♃ Ch. V–IX. Felsschuttfluren (meist Grobschutt); kalkliebend; subalpin bis alpin; zstr. **Fehlt B, W** *(Th. cepaeifolium subsp. r.)*. **Gewöhnliches R.-T., *Th. r. subsp. rotundifólium***

**-** Grundständige LB stumpf gezähnt, obere StgB ohne Öhrchen am Grund. — FrStand 2–3 cm lg; FrFächer 4–6samig. H: 5–10 cm. ♃ Ch. (IV)V–VII. Kalk- u. Dolomit-Flußschotterfluren; Schwermetallzeiger, kalkliebend; (montan: herabgeschwemmt) subalpin bis alpin; sehr slt. **K** (nur bei Arnoldstein). (Lokalendemit der südöstl. Alpen: im Grenzbereich Kärnten/Slowenien/Friaul.) Vom Aussterben bedroht. ▲ *(Th. cepaeifolium s. str.)* **Dickblättriges R.-T., Julisches R.-T.,** Dickblatt-T., ***Th. r. subsp. cepaeifólium***

**-** KroB 4 mm lg, stets weiß; Fr etwa 0,2 mm br geflügelt; FrStand: verlängerte, (2)3 cm lg Traube. — Gri 1–1,5 mm lg. H: 5–10 cm. ♃ Ch. V–VII(IX). Felsschuttfluren, steinige Magerrasen; kalkstet; subalpin bis alpin; slt. Süd-**K** (Karawanken, bes. auf dem Obir). (Hptvbr.: Slowenien, illyrische Gebirge.) *(Th. alpinum var. kerneri, **Th. kerneri**, „Th. alpestre")* **Kerner-T., Zwerg-T.,** (sl.:) Kernerjev mošnjak, ***Th. mínimum***

**6** KroB 2–4 mm lg, 1–2× so lg wie der K. — Pf ohne verlängerte Ausläufer; KroB (2)3–4 mm lg; reife Fr seicht eingebuchtet bis deutlich ausgerandet; Gri (0,4)1–2 mm lg, die Ausrandung nicht bis deutlich überragend. H: 10–30(40) cm. ⊙–♃ Ch. V–VI(VII). Wiesen, Böschungen; meist kalkmeidend; montan bis subalpin; zstr. **Fehlt W**. Im BM gefährdet. Variabel; unzureichend erforscht. *(„**Th. alpestre agg.**“, „Th. alpestre“, „Th. sylvestre“, Noccaea caerulescens,* inkl. *Th. brachypetalum, Th. salisii)*

**Voralpen-T.**, Gebirgs-T., ***Th. caeruléscens***

**-** KroB 5–8 mm lg, 2½–3× so lg wie der K . . . . . . . . . . . . . . . . . . . 7

**7** WuStock ästige, verlängerte Ausläufer treibend . . . . . . . . . . . . . . . **8**

**-** WuStock ohne verlängerte Ausläufer, — LB'Rosetten daher dicht gedrängt . . . . . . . . . . . . . . . . . . . . . . . . . . . . . . . . . . . **9**

**8** Fr rundlich-verkehrt-herzförmig, am Grund abgerundet, vorn 1,5–2 mm br geflügelt; FrFächer 1(2)samig. — Gri 1,5–2 mm lg. H: 10–20 cm. ♃ Ch. IV–VI. Föhrenwälder, Felsschuttfluren; kalkliebend; submontan bis obermontan; zstr bis slt. **W, N, St†.** (Gesamt-Vbr.: Mitteleuropa.) Potentiell gefährdet. *(Noccaea montana)* **Berg-T., *Th. montánum***

**-** Fr länglich-verkehrt-herzförmig, zum Grund keilig verlaufend, vorn 0,5 mm br geflügelt; FrFächer 2(4)samig. — Äste des WuStocks wurzelnd; LB grün, glänzend; GrundB ± kreisrund; KroB 5–7 mm lg; Gri etwa 2 mm lg; FrStand 3–4 cm lg. H: 10–15 cm. ♃ Ch. V–VII(IX). Steinige, schneereiche Rasen, Schneeböden; kalkstet; subalpin bis alpin; zstr bis slt. Nordöstl. Kalkalpen. **N, O, St**. Endemisch. *(**Th. alpinum**)* **Alpen-T., *Th. alpéstre***

**9** K purpurn; FrFlügel an der Spitze mindestens so br wie sein Fach; grundständige LB 2–4 cm lg; KroB 5–7 mm lg; Gri (1)2–3,5 mm lg. H: 5–10(20) cm. ♃ Ch. III–IV(VI). Steinige, buschige Abhänge, trockene Wiesen, Straßenböschungen; kalkliebend; montan bis subalpin; slt. (**St**: angesalbt), Südost-**K**. (Hptvbr.: Balkanhalbinsel, Italien.) Potentiell gefährdet.

**Frühes T.,** (sl.:) rani mošnjak, ***Th. práecox***

**-** K grünlich bis weißlich; FrFlügel schmäler als sein Fach; grundständige LB 4–10 cm lg; Kro 7–8 mm lg; Gri (1,5)3 mm lg. H: 20–50 cm. ♃ Ch. V–VI. Lichte Wälder, steinige Abhänge; in **N** über Dolomit, in **B, St** bes. über Serpentin; montan; slt. **B** (zB bei Bernstein), **N** (bes. auf dem Gösing bei Ternitz), **St** (bes. bei Pernegg a. d. Mur). (Hptvbr.: Balkanhalbinsel.) Potentiell gefährdet.

**Gösing-T., *Th. goesingénse***

## (40) Steintäschel, *Aëthionéma*

LB bläulich bereift; Kro rosa bis weiß; Fr 2gestaltig: sowohl br geflügelte, oben ausgerandete Schötchen als auch kleine Nüsse. H: 5–20(30) cm. ♃(⊙?) Ch(–Th?). IV–VI. Felsschutt u. grusig-sandige Stellen; auf Kalk oder Dolomit; submontan bis subalpin; zstr, in **O** u. **K** slt. **Fehlt B, W**.

**Steintäschel, *A. saxátile*** *(s. str.)*

## (41) Schleifenblume, *Ibéris*

**1** LB (außer den GrundB) fast ganzrandig, kahl; Stg fast kahl. — KroB rosa bis purpurn, die äußeren 8–15 mm lg, 2–3× so lg wie die inneren; FrStand sehr dicht schirmtraubig; Fr mit 2 länglichen Flügellappen. H: 15–40 cm. ⊙ Th. IV–VIII. Als ZierPf kultiviert u. nicht slt an Ruderalstellen verwildert. (Heimat: Medit.) **★ Dolden-Sch., *I. umbelláta***

**-** LB (außer den obersten) deutlich gekerbt oder gezähnt bis fiederteilig, gewimpert; Stg behaart. — Äußere KroB 6–8 mm lg, 2× so lg wie die inneren . **2**

**2** LB'Zähne kürzer als die Breite der ungeteilten LB'Mitte; FrStand verlängert, viel länger als br. — KroB weiß, slt h'violett; Fr mit 2 br Flügellappen (Abb. 287). H: 10–30 cm. ⊙ Th. V–VIII. Angepflanzt u. verwildert, besonders an Ufern u. in Auen; kalkliebend. **W†, N†?, O, St, (K)**. (Heimat: Submedit.-atlant.) **★ Bitter-Sch., *I. amára***

**-** LB'Zähne bedeutend länger als die Breite der unzerteilten LB'Mitte; FrStand fast doldenartig, kaum länger als br. — KroB weiß. H: 10–30 cm. ⊙ Th. V–VII. ZierPf, angepflanzt u. verwildert; stellenweise als Ackerbeikraut u. in Schottertrockenrasen eingebürgert; kalkliebend; collin; sehr slt. **(W), N** (südl. Wiener Becken). Neubürgerin. (Heimat: Submedit.) **Fieder-Sch., *I. pinnáta***

## (42) Brillenschötchen, *Biscutélla*

GrundBRosette; Stg ± stark verzweigt; SpaltFr (in 2 1samige, geflügelte Nüßchen zerfallend, Abb. 288). **(Glattes) Brillenschötchen, *B. laevigáta***

Anm.: Zur Unterscheidung der recht variablen Unterarten ist es nötig, jeweils alle Merkmale an mehreren Exemplaren zu untersuchen.

**a** Fr stets behaart; GrundB dicht (slt zstr) behaart, niemals kahl, Stg samt BlüstdAchse bis zu ½–¾ seiner Höhe behaart; GrundB mit 3–5(6) Zähnen, diese 0,8–3 mm lg. — GrundB schmal-länglich-verkehrt-eiförmig, mindestens 4× so lg wie br, am Grund stielartig verschmälert (bei ¼ der LBLänge nur etwa ¼× so br wie die größte Breite), größtes GrundB meist 50–75 mm lg u. 7–10 mm br; das (der Zahl nach) mittlere der Stg- u. HochB etwa ¼–½× so lg wie das unterste StgB; Fr 5–7(8) mm lg u. (8)9–12(13) mm br. H: 25–40 cm. ♃ He. IV–VII. Föhrenwälder, Trockenrasen; auch über Serpentin; karbonatliebend; collin bis submontan; sehr slt. **N** (in der Wachau, im südl. Waldviertel u. im Weinviertel), **O** (im Innviertel). Potentiell gefährdet. (Subendemisch.) (Diploid.) **Kerner-B., *B. l. subsp. kérneri***

**-** Fr meist kahl (slt behaart); GrundB zstr behaart, slt dicht oder/und nur am Rand behaart u. sonst kahl; Stg samt BlüstdAchse höchstens bis zu ½ seiner Höhe behaart; GrundB (zumindest der Blühtriebe) mit 1–3(5) Zähnen, diese 0,5–1 mm lg (LB steriler Rosetten haben meist mehr und längere Zähne) . . . . . . . . . . . . . . . . . . . . **b**

**b** GrundB br-lanzettlich bis verkehrt-eilanzettlich, höchstens 4× so lg wie br, am Grund nur kurz stielförmig verschmälert (bei ¼ der LB'Länge mehr als ¼× so br wie die größte Breite); größtes GrundB meist 35–50(75) mm lg; das (der Zahl nach) mittlere der Stg- u. HochB ⅓–⅔× so lg wie das unterste StgB; Fr (5)5,5–7(8) mm lg u. (9)9,5–11(12) mm br. — Größtes GrundB meist 7,5–9,5 mm br; Fr stets kahl. H: 20–30 cm. ♃ He. IV–VII(VIII). (Alpin:) Magerrasen (Polsterseggenges.), Schutthalden, (montan:) (Dolomit-)Föhrenwälder, (collin:) Flußschotter, steinige Magerrasen; karbonatliebend (im **B** über Serpentin); collin bis alpin; zstr bis slt. **B, N, O, St**. (Endemisch.) (Diploid.) **Österreichisches B., *B. l. subsp. austríaca***

**-** GrundB (schmal-)lanzettlich bis schwach verkehrt-eilanzettlich, mehr als 4× so lg wie br, am Grund lg stielartig verschmälert (bei ¼ der LB'Länge höchstens ¼× so br wie die größte Breite); größtes GrundB (50)75–95 mm lg; das (der Zahl nach) mittlere der Stg- u. HochB höchstens ¼× so lg wie das unterste StgB; Fr (6)7–8 mm lg u. (10)11–13 mm br. — Größtes GrundB meist 9–10,5 mm br. H: 25–35 cm. ♃ He. V–IX. (Alpin:) Magerrasen (Polsterseggenges.), Schutthalden, (montan:) (Dolomit-)Föhrenwälder, (collin:) Flußschotter, steinige Magerrasen; karbonatliebend; (collin) montan bis alpin; zstr bis mäßig hfg. **Fehlt B, W, V**. (Tetraploid.) **(Eigentliches) Glattes B., *B. l. subsp. laevigáta***

## (43) Kresse, *Lepídium* (G II 15)

**1** Kro blaßgelb. — Untere StgB doppelt fiederschnittig, obere unzerteilt, eiförmig bis kreisrund, völlig ganzrandig, mit 2 großen, gerundeten Zipfeln den Stg umfassend. H: 20–40 cm. ⊙–⊙ Th–He. V–VI. Ruderalstellen, Äcker; salzresistent; collin; im Pann heimisch u. slt, sonst unbeständig u. sehr slt. **B, (W), N†,**

**(O, St, K, S, T, V)**. (Hptvbr.: Ost-Europa bis Mittelasien.) Vom Aussterben bedroht. **Durchwachs-K., Stengelumfassende K.,** Gelbe K., ***L. perfoliátum***
- Kro weiß oder fehlend . . . . . . . . . . . . . . . . . . . . . . . . . . . . 2

2 Obere StgB mit pfeilförmigem Grund stengelumfassend . . . . . . . . . . . 3
- Obere StgB nicht stengelumfassend, kurzgestielt oder sitzend . . . . . . . . 4

3 LB weichhaarig. — Pf grauflaumig; untere LB unzerteilt u. ganzrandig oder gezähnt bis gefiedert. H: 20–60 cm. ⊙–⊙ Th–He. V–VI. Ruderalstellen, Äkker; collin bis montan; im Pann hfg bis zstr, sonst slt. **Alle Bdld.**
**Kandelaber-K., Feld-K., *L. campéstre***
- LB kahl, — alle ganzrandig, lederig-dicklich (sukkulent), bläulichgrün, untere lg gestielt. H: 20–30 cm. ♃ He. V–VI. Salzsteppen (Solontschak); collin; zstr (aber Standort sehr slt!). **B** (im Seewinkel). Gefährdet. *(L. cartilagineum „subsp. crassifolium", L. c. subsp. cartilagineum,* ***L. crassifolium****)*
**Salz-K., *L. cartilagíneum***

4 FrStiel ½–¾× so lg wie die Fr; Fr 5–6 mm lg u. 3–4 mm br, — oben br geflügelt; Stg bereift. H: 20–40 cm. ⊙ Th. V–VII. Kultiviert als Gewürz- u. SalatPf; slt auf Ruderalstellen unbeständig verwildert; **(Alle Bdld)**. Alte KulturPf. (Heimat der wahrscheinlichen Stammsippe: Nordost-Afrika bis Südwest-Asien.) **★ Garten-K., *L. satívum***
- FrStiel 1–3× so lg wie die Fr; Fr höchstens 4 mm lg u. 2–3 mm br, — oben geflügelt oder ungeflügelt . . . . . . . . . . . . . . . . . . . . . . . . 5

5 Obere LB 2–4× so lg wie br; FrStiele 2–3× so lg wie die Fr; Fr nicht ausgerandet, ungeflügelt, — ± rundlich, behaart. — Pf scharf schmeckend; Stg stark bereift. H: 50–100 cm. ♃ He. V–VII. Salzrasen (?) u. Ruderalstellen; Halophyt; collin; (ehedem:) slt. **W†**, **N†** (im Pulkautal), **K†?**. (Ehedem?) slt kultiviert als Gewürzkraut u. verwildert (bzw. als Kulturrelikt). (Hptvbr.: West-Europa, Medit., Asien.) Anscheinend ausgestorben (!).
† **Breitblatt-K.,** Pfefferkraut, ***L. latifólium***
- Obere LB 5–20× so lg wie br; FrStiele 1–1½× so lg wie die Fr; Fr deutlich ausgerandet, geflügelt, — eiförmig bis rundlich . . . . . . . . . . . . . . 6

6 KroB länger als der K. — GrundB leierförmig bis fiederteilig, borstenhaarig; StgB unzerteilt, länglich bis lanzettlich, scharf gezähnt; StaubB 2–4. H: 30–50 cm. ⊙–⊙ Th–He. V–VIII. Sandige Ruderalstellen, Gärten; collin; slt. **Fehlt B**. Neubürgerin. (Heimat: Nord- u. Mittelamerika.) Wildgemüse.
**Virginische K., *L. virgínicum***
- KroB kürzer als der K oder fehlend . . . . . . . . . . . . . . . . . . . . 7

7 KroB fehlend; Fr 2–2,5 mm lg u. 1,5–2 mm br; untere LB bis auf den Mittelnerv 1–3fach fiederteilig, mit schmal-lanzettlichen Abschnitten; Pf riechend. — Obere LB ganzrandig. H: 10–30 cm. ⊙–⊙ Th–He. V–X. Trockene Ruderalstellen, Trittstellen, Bahnanlagen; collin bis montan; hfg bis zstr. **Alle Bdld.**
**Stink-K.,** Schutt-K., ***L. ruderále***
- KroB verkümmert oder fehlend; Fr 3–4 mm lg u. 2,5–3 mm br; untere LB unzerteilt u. gezähnt oder einfach fiederteilig (dann mit großem, eiförmigem, gezähntem Endabschnitt); Pf nicht deutlich riechend . . . . . . . . . . . 8

8 Obere StgB entfernt gezähnt, 3nervig (2 Randnerven), am Grund lg gewimpert, am Rand nicht papillös; FrStiele nicht auffällig dünn, 4–5,5 mm lg, schräg aufwärts gerichtet; Fr elliptisch, 3–4 mm lg u. 2,5–3 mm br. — Obere StgB linealisch bis lanzettlich. H: 10–40 cm. ⊙–⊙ Th–He. V–VII. Truppenübungsplätze, Bahndämme, sandige Ruderalstellen; collin; slt bis sehr slt. **Alle Bdld**. Neubürgerin. (Heimat: Nordamerika.) **Dichtblütige K., *L. densiflórum***
- Obere StgB ganzrandig, 1nervig, am Grund nicht gewimpert, am Rand ringsum papillös; FrStiele sehr dünn, 3 mm lg, fast waagrecht-abstehend; Fr ± kreisrund, 3 mm ∅ oder

breiter als lg. — Obere StgB linealisch. H: 20–40 cm. ⊙–⊙ Th–He. V–VII. Sandige Ruderalstellen, Schuttplätze; collin; slt bis sehr slt. **(W*, N, St, T, V)**. Unbeständig. (Heimat: Nordamerika.) ☆ **Verkannte K., *L. negléctum***

## (44) Pfeilkresse, *Cardária*

Obere StgB mit herz- bis pfeilförmigem Grund stengelumfassend. H: 20–50 cm. ♃ He. V–VI. Ruderalstellen, überdüngte Weingärten, Äcker; collin bis montan; im Pann sehr hfg, sonst zstr. Alteingebürgert. **Alle Bdld**.
**Pfeilkresse**, Herzkresse, ***C. drába***

## (45) Krähenfuß, *Corónopus* (G IV 29)

**1** KroB weiß, 1–1,5 mm lg, länger als die KB; Fr: nierenförmige, scharf gezähnte Nuß (Abb. 289), 2,5–3 mm lg u. 3–4 mm br, in den Gri verschmälert; BlüStiele kürzer als die Blü u. Fr; StaubB 6. H: 5–30 cm. ⊙ Th. V–VIII. Feuchte Ruderalstellen im Pann; collin; slt. **B, W†, N, (St, T)**. Stark gefährdet. *(C. procumbens)* **Warzen-K., *C. squamátus***

**-** KroB gelblich, 0,5 mm lg, kürzer als die KB oder fehlend; Fr: 2knotige, glatte SpaltFr, 1,5–1,7 mm lg u. 2–2,5 mm br, beim Gri ausgerandet; BlüStiele länger als die Blü u. Fr; StaubB 2(4). H: 10–30 cm. ⊙ Th. VI–VIII. Trittstellen, Ruderalstellen, Gärten; collin; sehr slt. **(W, N, St), T**. Neubürger. (Heimat: Südamerika.) **Zweiknoten-K., *C. dídymus***

## (46) Ackerkohl, *Conríngia*

**1** KroB 6–8(10) mm lg, zitronengelb; FrKlappen 3nervig; Fr 8kantig; Gri 3–4 mm lg. — Sa 2,8–3 mm lg, länglich, d'braun. H: 10–100 cm. ⊙–⊙ Th–He. V–VI(VIII). Steinige, buschige Bergabhänge; collin; sehr slt. **W, N**. Stark gefährdet (wohl eher vom Aussterben bedroht!).
**Österreichischer A., *C. austríaca***

**-** KroB 10–13 mm lg, gelblich- bis grünlichweiß; FrKlappen 1nervig; Fr 4kantig; Gri 1,5–2 mm lg. — Sa 2–2,5 mm lg, eiförmig, d'braun. H: 10–50(70) cm. ⊙–⊙ Th–He. V–VII(VIII). Äcker, Ruderalstellen, Brachäcker; collin bis montan; im Pann zstr, sonst sehr slt. **Fehlt K, V**. Neubürger (?). (Heimat: östl. Medit.)
**Orientalischer A.**, Morgenländischer A., Ost-A., „Weißer A.", ***C. orientális***

## (47) Doppelrauke, Doppelsame, *Diplotáxis*

**1** Fr oberhalb des BlüBodens (des K) mit (0,5)1–3 mm lg Stiel; KroB (7)8–10(15) mm lg; KB 4–7 mm lg; die beiden längeren BlüNektarien länger als br, etwa 1 mm lg; FrStiele etwa so lg wie die reife Fr; Stg etwa 3–6blättrig, meist aufsteigend, am Grund etwas verholzend; keine deutliche Grundrosette; LB meist fiederteilig, die Abschnitte schmal, fast linealisch, mehr als 4× so lg wie br. — LB (beim Zerreiben) eigenartig (wie Schweinsbraten) riechend; Blü duftend. H: 30–80 cm. (⊙)♃ He–Ch. V–X. Trockene Ruderalstellen: Wegränder, Bahndämme, Pflasterritzen; collin (montan); hfg. **Alle Bdld**. Alteingebürgert? Wildgemüse (ähnlich wie die Senfrauke, (50), *Eruca sativa* schmeckend).
**Schmalblatt-D.**, Ästige(r) D., ***D. tenuifólia***

---

* Neufund W. Adler, 1991 (unveröff.)

- Fr oberhalb des BlüBodens nicht oder höchstens 0,5 mm lg gestielt; KroB 5–6(8) mm lg; KB 3–4 mm lg; BlüNektarien höchstens so lg wie br, kürzer als 1 mm; FrStiele 1/3–1/2× so lg wie die reife Fr; Stg etwa 1–3blättrig, meist aufrecht; am Grund nie holzig, ± deutliche Grundrosette; LB buchtig gezähnt bis fiederspaltig, die Abschnitte br-3eckig, weniger als 2× so lg wie br. H: 15–60 cm. ⊙–⊙ Th–He. (IV)V–VIII(IX). Lehmige Äcker, Ruderalstellen, Mauern; collin bis montan; zstr. **Alle Bdld.** Alteingebürgert? **Acker-D.**, Mauer-D., ***D. murális***

## (48) Kohl (i. w. S.), *Brássica*

1 Obere StgB gestielt, oder wenigstens Spreite stielartig verschmälert . . . . 2
- Obere StgB sitzend, am Grund abgerundet bis tief herzförmig stengelumfassend . . . . 4

2 Fr u. FrStiele der FrStands-Achse dicht angedrückt. — KroB 8–9 mm lg, gelb; BlüStiele etwas kürzer als der K; Fr 1–2 cm lg. H: 50–100 cm. ⊙ Th. VI–IX. Kultiviert (GewürzPf: Senf) u. unbeständig verwildert: Flußufer, Schutt, Äcker. **★ Schwarzer Senf, Schwarzsenf, *B. nígra***
- Fr u. FrStiele der FrStands-Achse nicht angedrückt . . . . 3

3 Fr oberhalb des K deutlich gestielt, Stiel (FrTräger) 0,5–3 mm lg; FrSchnabel 1–2,5 mm lg. — KroB 7–10 mm lg, gelb; BlüStiele 1–2× so lg wie die KB; Fr 1,5–3 cm lg. H: 50–100 cm. ⊙–♃ He. VI–IX. Schuttstellen, Bahngelände, Wegränder; collin; slt bis sehr slt. **Langrispen-K., *B. elongáta***
  a Untere u. mittlere StgB fiederspaltig. **(B, W), N, (S)**. (Hptvbr.: Ungarn, Ost- u. Südost-Europa.) Angeblich heimisch in N, sonst unbeständig. Stark gefährdet. **Eigentlicher L.-K., *B. e. subsp. elongáta***
  - Untere u. mittlere StgB gekerbt bis buchtig. Ehedem verwildert. **(N, St)**. Unbeständig (?). Verschollen? (Heimat: Ukraine, Kleinasien.) *(B. armoracioides)* **†☆ Ganzblättriger L.-K., *B. e. subsp. integrifólia***
- Fr oberhalb des K nicht gestielt (kein FrTräger vorhanden); FrSchnabel 5–12 mm lg. — KroB 6–12 mm lg, h'gelb; BlüStiele 1,5–5,5× so lg wie die KB; Fr 3–5,5 cm lg. H: 60–100 cm. ⊙ Th. VI–IX. Kultiviert (Sa für Speiseöl u. als Gewürz: Speisesenf-Herstellung; GemüsePf) u. slt verwildert. Viele Kulturrassen. (Alte, allotetraploide KulturPf: *B. rapa × nigra*) **★ Ruten-K., Sareptasenf,** „Indischer Senf", „Chinesischer Senf", ***B. júncea***
  Anm.: Hierher auch der **★ Senfkohl, *B. j. subsp. integrifolia*** u. a.

4 [1] Obere StgB mit abgerundetem oder verschmälertem Grund sitzend; KB u. StaubB aufrecht; Kro schwefelgelb. H: 40–120 cm. ⊙–⊙ Th–Ch. V–IX. Kultiviert als GemüsePf, slt verwildert. KulturPf (Stammformen wildwachsend an den Küsten West- u. Süd-Europas). **★ Gemüse-K., *B. olerácea***
Wird in vielen Kulturrassen kultiviert, die bei uns wichtigsten (Haupt-)Sorten sind [genutztes Organ in eckigen Klammern]:
  a Stg nicht gestaucht, LB daher nicht rosettig angeordnet (sich normal entwickelnd, dh nicht in Knospenlage verharrend) . . . . b
  - Stg gestaucht, LB daher ± rosettig angeordnet . . . . c
  b In den StgBAchseln vergrößerte Laubknospen [= „Kohlsprossen"]. **★ Sprossen-K.**, Rosen-K., ***B. o. subsp. gemmífera***
  - In den StgBAchseln keine vergrößerten Knospen; LB meist ± kraus. [LB]. **★ Grün-K.**, Feder-K., Kraus-K., Braun-K., ***B. o. subsp. sabéllica***
  c StgGrund kugelig-knollig verdickt [= Achsenknolle]. *(B. rupestris subsp. gongylodes, B. o. subsp. caulorapa)* **★ Kohlrabi,** fälschlich „Kohlrübe", „Oberkohlrabi", ***B. o. subsp. gongylódes***
  - StgGrund nicht knollig verdickt . . . . d
  d Hauptsproß in der Knospenlage verharrend, daher kopfartig (= stark vergrößerte Laubknospe); Blüstd sich normal entwickelnd . . . . e

- Hauptsproß nicht in der Knospenlage verharrend, daher nicht kopfartig; junger GesamtBlüstd ± deutlich mißgebildet . . . . . . . . . . . . . . . . . . . . . . . . . . . . f

e LB ± glatt, h'grün oder weinrot (d'purpurn). [StgB]. Homöop.
★ **(Weiß- u. Rot-)Kraut,** Kopf-K., ***B. o. subsp. capitáta***

- LB stark blasig-runzelig (Felder zw. den Blattnerven stark gewölbt). [StgB]. *(B. o. subsp. bullata)* **Kohl, Wirsing-K.,** Wirsing, Welsch-K., ***B. o. subsp. sabáuda***

f Junger GesamtBlüstd zur Unkenntlichkeit verbildet: kopfartig, weiß, weich [= stark verzweigte u. vermehrte Anlagen der Blüstd]. *(B. cretica subsp. botrytis)*
★ **Karfiol,** Blumen-K., ***B. o. subsp. botrýtis***

Anm.: Hierher auch **„Romanesco"** u. a.

- Junger GesamtBlüstd sehr stark verzweigt, aus einer großen Zahl von Blüstd bestehend, deren Blü im Knospenzustand verharren. [Blüstd im Knospenzustand]. *(B. o. subsp. botrytis var. italica, B. cretica subsp. botrytis var. cymosa)*
★ **Brokkoli,** Spargel-K., ***B. o. subsp. itálica***

- Obere StgB deutlich herzförmig, ganz oder zumindest halb-stengelumfassend; KB u. kürzere StaubB abstehend; Kro goldgelb . . . . . . . . . . . . . . . . 5

5 RosettenB grasgrün, StgB schwach bläulich bereift; BlüKnospen von den geöffneten Blü überragt; BlüStiel stets länger als die Blü; K zuletzt waagrecht abstehend; KroB etwa 1,5× so lg wie die KB, kurz genagelt: Platte 5–6× so lg wie der Nagel; alle oder zumindest obere LB ganz stengelumfassend; Sa deutlich netzadrig. — Alle LB meist stark behaart. H: 40–80 cm. ⊙–⊙ Th–He. IV–IX. Kultiviert (Öl- u. FutterPf) u. hfg verwildert; Schuttstellen, Äcker; collin bis montan; hfg. **Alle Bdld.** *(B. campestris)*
**(★) Rüben-K., Rübsen, *B. rápa***

Die wichtigsten Kulturrassen:

a Hauptsproß kopfartig. Gemüse- u. SalatPf. *(B. pekinensis)*
★ **Peking-K., Breitblatt-China-K.,** Japan-K., ***B. r. subsp. pekinénsis***
u. *(B. chinensis)* ★ **China-K., Schmalblatt-China-K., *B. r. subsp. chinénsis***

Anm.: Hierher auch **„Paksoi", „Choisum"** u. a.

- Hauptsproß nicht kopfartig . . . . . . . . . . . . . . . . . . . . . . . . . . . . . b

b Wu u. StgGrund fleischig-knollig verdickt [Wu- u./oder Hypokotylrübe]. (Geschmack rettichähnlich). Futter- u. GemüsePf.
★ **Wasserrübe, Halmrübe, Weiße Rübe, Stoppelrübe, Speiserübe, Feldrübe, *B. r. subsp. rápa***

Anm.: Hierher auch **„Mairübe", „Herbstrübe", „Teltower Rübchen"** u. a.

- Wu u. StgGrund nicht knollig verdickt. ÖlPf [Sa].
★ **Öl-Rübsen, Rübsaat, *B. r. subsp. oleífera***

- Alle LB bläulich bereift; geöffnete Blü von den BlüKnospen überragt; BlüStiel so lg oder nur wenig länger als die Blü; K zuletzt aufrecht-abstehend; KroB 2× so lg wie die KB, lg genagelt: Platte 2–3× so lg wie der Nagel; obere LB nur halb-stengelumfassend; Sa nicht oder kaum netzadrig. — Untere LB schwach behaart, die oberen meist ganz kahl. H: 100–140 cm. ⊙–⊙ Th–He. IV–IX. Kultiviert, nicht slt verwildert. Hybridogene (allotetraploide) KulturPf *(B. oleracea × B. rapa)*. ★ **Raps u. Kohlrübe, *B. nápus***

Die wichtigsten Kulturrassen:

a HauptWu, Hypokotyl u. StgGrund verdickt [Rübe]. Gemüse- u. FutterPf. *(B. n. var. napobrassica)*
★ **Steckrübe, Wruke,** Kohlrübe, Unterkohlrabi, Bodenkohlrabi, ***B. n. subsp. rapífera***

- HauptWu, Hypokotyl u. StgGrund nicht verdickt. Sehr wichtige ÖlPf [Sa].
★ **Raps, *B. n. subsp. nápus***

Anm.: Hierher auch der ★ **Schnitt-K., *B. n. subsp. pabulária*** (GemüsePf).

## (49) Senf, *Sinápis*

1 LB meist einfach u. unzerteilt, die untersten gelappt oder buchtig gezähnt; Fr samt Schnabel kantig, kahl oder mit 0,3–0,6 mm lg, rückwärts gerichteten

Haaren; FrSchnabel kürzer als die restliche Fr; Sa schwarz; BlüStiele ½–1× so lg wie die KB. — StgBAchseln purpurviolett. H: 30–60 cm. ☉ Th. VI–X. Äcker, Wegränder, Schuttplätze; collin bis montan; hfg (früher sehr hfg). **Alle Bdld**. **Acker-S., *S. arvénsis***

- LB fiederschnittig bis gefiedert; FrSchnabel flach, 2schneidig; Fr mit zahlr. 0,6–1 mm lg, steifen, abstehenden Haaren u. 0,2 mm lg rückwärts anliegenden Haaren (Abb. 290), slt fast kahl; FrSchnabel wenigstens so lg wie die restliche Fr; Sa gelblich; BlüStiele 1–1½× so lg wie die KB. H: 30–60 cm. ☉ Th. VI–VII. Kultiviert als GewürzPf (Speisesenf), VolksarzneiPf, FutterPf, GründüngungsPf; gelegentlich unbeständig verwildert: Schuttstellen, Äcker, Wegränder; collin bis montan; slt eingebürgert (?). **(Alle Bdld)**. ArzneiPf (nur histor.: Sa als „Senfpflaster"). **★ Weißer S.**, Gelb-S., ***S. álba***

**a** Fr 3–4 mm dick, stark behaart. **Echter W. S., *S. a. subsp. álba***

- Fr 4–7 mm dick, wenig behaart bis fast kahl. — LB sehr stark zerschlitzt. Synanthrop in T. (Heimat: Medit.) **Zerschlitzter W. S., *S. a. subsp. dissécta***

## ★ (50) Senfrauke, *Erúca*

KroB gelblichweiß, stets d'violett geadert; Pf beim Zerreiben eigenartig riechend [ähnlich (47) Doppelrauke, *Diplotaxis*]; Stg aufrecht, kantig gestreift. H: 5–40 cm. ☉–⊙ Th–He. V–VI. Nur noch sehr slt kultiviert (Öl-, Senf- u. GemüsePf, BienenweidePf), slt verwildert auf Ruderalstellen; collin bis montan. **(W, N, St)**. (Heimat: Medit., dort auch heute hfg kultiviert.) *(E. vesicaria subsp. sativa)*

**★ Senfrauke, Echte Rauke**, „Senfkohl", (ital.:) Rucola, ***E. satíva***

## (51) Hundsrauke, *Erucástrum*

**1** DeckB fehlend oder nur bei den untersten 1–3 Blü; KroB 8–12 mm lg, satt gelb; KB etwa waagrecht-abstehend; Fr über dem BlüBoden 0,5–1 mm lg gestielt; FrSchnabel kegelig, fast stets 1samig, von der übrigen Fr kaum abgesetzt, am Grund 1–1,5 mm dick; FrStiele aufrecht-abstehend bis weit-abstehend. — LB auffällig kammförmig-fiederteilig. H: 40–80 cm. ⊙–♃ He. V–VIII. Frische Ruderalstellen, bes. in Auen, Ufer; collin bis montan; in **T** u. **V** mäßig hfg, sonst zstr. **Alle Bdld**. (Heimat: Südwest-Europa.) Neubürgerin (?) oder im Westen heimisch?. *(E. obtusangulum)*

**Stumpfkantige H., *E. nasturtiifólium*** *(s. str.)*

- Die untersten 3–8 Blü der Traube in der Achsel von meist ± fiederschnittigen DeckB; KroB 6–8 mm lg, blaßgelb, grünlich geadert; KB fast aufrecht; Fr über dem BlüBoden nicht gestielt; FrSchnabel schmal-walzlich, samenlos, von der übrigen Fr deutlich abgesetzt, am Grund 0,5 mm dick; FrStiele aufrecht bis aufrecht-abstehend. H: 30–60 cm. ☉–⊙ Th–He. V–X. Ruderalstellen, Wegränder, Äcker, Ufer; collin bis montan; slt. **Alle Bdld**. Unbeständig bis eingebürgert (Neubürgerin). (Heimat: West-Europa.) *(E. pollichii)*

**Französische H., *E. gállicum***

## ☆ (52) Rempe, Grausenf, *Hirschféldia*

LB meist dicht grauhaarig, leierförmig-fiederspaltig; Blüstd später stark verlängert; FrStiele keulig. H: 20–100 cm. ☉ Th. V–X. Weg- u. Ackerränder; collin; slt. **(B, W, N, St, K, T)**. Unbeständig. (Heimat: Medit.) **☆ Rempe, Grausenf, *H. incána***

## (53) Rapsdotter, *Rapístrum*

**1** Gri ganz kurz-kegelförmig (Narbe sitzend); Kro d'gelb; untere LB tief-lappig bis fiederspaltig. — Fr kahl; BlüStiel 2–2,5× so lg wie der K; Stg unten dicht steifhaarig. Steppenroller. H: 30–100 cm. ☉ He. IV–VIII. Trockenrasen auf

Löß, alte Böschungen; collin bis submontan; im Pann zstr (hier heimisch), sonst slt u. unbeständig. **B, W, N, (O, St, S, T).** **Ausdauernder R., *R. perénne***

– Gri etwa so lg wie die Fr; Kro h'gelb; untere LB leierförmig mit großem Endlappen. ☆ **Runzel-R., *R. rugósum***

a Oberes FrGlied borstig behaart, stark gerippt; Stg vom Grund an bis in den Blüstd locker mit nach unten gerichteten Börstchen besetzt; BlüStiel 1–1,5× so lg wie das untere FrGlied. — Oberes FrGlied kugelig bis eiförmig. H: (20)25–60 cm. ⊙ Th. VI–X. Ruderalstellen, extensiv genutzte Äcker; collin bis submontan; slt. **(W, N, K?,** Ost-**T).** Unbeständig. ☆ **Gewöhnlicher R.-R., *R. r. subsp. rugósum***

– Oberes FrGlied kahl, wenig gerippt; Stg nur im unteren Teil schwach borstig behaart, Blüstd kahl; BlüStiel 1,5–3× so lg wie das untere FrGlied. — Oberes FrGlied kugelig. H: 30–80 cm. ⊙ Th. VI–X. Ruderalstellen; collin bis submontan; slt. **(N, St, K,** Nord-**T).** Unbeständig. ☆ **Orientalischer R.-R., *R. r. subsp. orientále***

## (54) Meerkohl, *Crámbe*

GrundB sehr groß, im Umriß rhombisch, 2–3×-fiederlappig, dicklich, unterseits steif behaart; oberer, kugeliger Teil der Fr 3–6(7) mm ∅. Steppenroller. H: 60–90 cm. ♃ Ch. IV–VI. Halbtrockenrasen, Straßenböschungen, Ackerränder; über Löß; collin; sehr slt. **N** (im nördl. Weinviertel). Kältesteppen-Relikt. (Pontisch-pannonisch.) Stark gefährdet. **Tatarischer M., *C. tatárica***

## (55) Rettich, *Ráphanus*

1 Fr perlschnurartig eingeschnürt (Abb. 281); Kro h'gelb oder weiß, violett geädert. H: 30–60 cm. ⊙ Th. VI–X. Sandige, lehmige Äcker, Ruderalstellen; kalkmeidend; collin bis montan; hfg. **Alle Bdld.** **Acker-R., Hederich, *R. raphanístrum*** *(s. str.)*

– Fr nicht eingeschnürt, eilänglich, gedunsen (Abb. 291); Kro violett oder weiß, dunkel geädert. H: 30–100 cm. ⊙–⊙ Th–He. V–VI. Kultiviert als GemüsePf, manchmal unbeständig verwildert. ★ **Garten-R., Radieschen,** „Radi", *R. satívus*

Anm.: Sehr viele Kulturrassen (kugelige bis längliche, rote, weiße oder schwarze Hypokotylknollen bzw. Wu-Hypokotyl-Rüben), die bei uns wichtigsten: ★ **Radieschen, *R. s. subsp. satívus*;** ★ **Rettich, *R. s. subsp. níger*: Schwarzer Winter-R., *var. níger*; Weißer Bier-R., *var. álbus*.** (Außerdem ★ **Öl-Rettich, *R. s. subsp. oleíferus*** [Sa-Öl] u. ★ **Schlangen-Rettich, *R. s. subsp. caudátus*** [unreife Fr als Salat u. Gemüse].)

# 81. Familie: Resedagewächse, Resedengewächse, Waugewächse, *Resedáceae*

## Reseda, Wau, Resede, *Reséda* (→ G VIII 2–; IX 2; X 2)

Anm.: Die ★ **Garten-R., *R. odoráta*,** ist eine heute nur noch slt kultivierte Duft- u. ZierPf mit veilchenähnlich riechenden, grünlichgelben Blü. (Heimat: südl. Medit.)

1 Alle LB tief zerteilt, — Abschnitte länglich bis linealisch, am Rand meist wellig bis kraus; Blüstd (Traube) zunächst dicht kegelförmig, später verlängert; Blü gestielt (BlüStiele länger als 2,5 mm); KB 6(8), 2–3 mm lg, zur FrReife kaum länger als 4 mm; KroB blaßgelb, die beiden obersten 3zipfelig; Fr aufrecht, etwa 10 mm lg, walzenförmig. H: 20–50 cm. (⊙)⊙–♃ (Th)He. V–IX(XI). Trockene Ruderalfluren, Bahndämme; Rohboden-Pionier; collin bis montan; sehr hfg. **Alle Bdld.** **Gelb-R., Wilde R., Gelber W., *R. lútea***

– Zumindest die unteren LB unzerteilt . . . . . . . . . . . . . . . . . . . . . . . . **2**

Abb. 290

Abb. 291

Abb. 292

Abb. 293

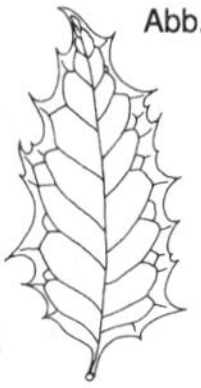

**2** BlüStiele höchstens 2,5 mm lg; KB 4; Fr etwa 4 mm lg, aufrecht, — kugelig; Stg stets aufrecht; LB stets alle unzerteilt, lanzettlich bis linealisch, kahl, am Rand oft wellig; Blüstd (Traube) ährenartig, steif, viel- u. dichtblütig, schlank, zuletzt stark verlängert; KroB blaßgelb, das oberste mit 4–5, die seitlichen mit 3 ± gleich lg Zipfeln. H: 50–120 cm. ⊙ He. VI–IX. Trockene Ruderalfluren; Rohboden-Pionier; collin bis montan; zstr bis slt. **B, W, N, O, St, (K, S, T, V).** Alteingebürgert u. Kulturrelikt. (Heimat: Medit.) Alte FärberPf (Gelb u. Grün). **Färber-R., Färber-W., *R. lutéola***

**-** BlüStiele länger als 2,5 mm; KB 6(8); Fr 10–16 mm lg, hängend, — walzen- bis verkehrt-eiförmig; untere StgB stets unzerteilt (spatelförmig), obere mitunter zerteilt (3zählig geschnitten); KB zur FrReife stark verlängert u. dann bis 10 mm lg; KroB weißlich, fiederschnittig. H: 10–40 cm. ⊙ Th. VI–IX. Trokkenwarme Äcker, Weingärten, Mauern, Ruderalfluren; collin bis submontan; sehr slt. Nur im Pann. **B, W†, N, (St, S).** (Stark!) gefährdet.
**Teufelskrallen-R., Rapunzel-W., *R. phytéuma***

# Ordnung Weidenartige, *Salicáles*

## 82. Familie: Weidengewächse, *Salicáceae* (B 3)

**1** Laubknospen mehrschuppig; LB'Spreite im Umriß 3eckig, herz- oder eiförmig, wenig länger als br oder breiter als lg, manchmal gelappt; Kätzchen stets herabhängend; DeckB zerschlitzt oder gezähnt; StaubB 8–30; Blü am Grund mit einem becherartigen Organ (dem Perigon entsprechend).
**(1) Pappel, *Pópulus***

**-** Laubknospen 1schuppig; LB'Spreite im Umriß (rundlich bis) br-lanzettlich bis verkehrt-eiförmig bis lanzettlich (bis linealisch), meist deutlich länger als br, stets unzerteilt; Kätzchen aufrecht bis abstehend, slt herabhängend; DeckB unzerteilt, ganzrandig; StaubB 2, 3 oder 5 (slt mehr); Blü am Grund mit 1–2 Nektardrüsen. **(2) Weide, *Sálix***

### (1) Pappel, „Alber", *Pópulus* (B 63, 91)

**1** LB der Langtriebe unterseits dicht filzig behaart, die der Kurztriebe schwach filzig bis verkahlend. — Junge Zweige u. Laubknospen weißfilzig; LB'Stiele von der Seite her zusammengedrückt; DeckB ± zottig gewimpert . . . . . **2**

**-** Alle LB unterseits nicht filzig behaart . . . . . . . . . . . . . . . . . . . . . . **3**

**2** LB der Langtriebe handförmig 3–5lappig, grob gezähnt, unterseits weißfilzig; LB der Kurztriebe unterseits bleibend graufilzig; junge Zweigachsen u. Laubknospen dicht weißfilzig; DeckB schwach u. ungleich gezähnt bis fast ganzrandig; Stamm weißrindig. — LB oberseits d'grün, glänzend; StaubB 6–10. H:

15–30 m. ♄ MPh. III–IV. Weichholz-Auwälder; auch Waldschläge, Brachen, Ruderalstellen (zB Bahngelände); kalkliebend; collin bis untermontan; hfg bis zstr; im Alp slt. **Alle Bdld**. Im Alp gefährdet. **Silber-P., Weiß-P., *P. álba***

- LB der Langtriebe nur schwach gelappt, 3eckig bis eiförmig, entfernt unregelmäßig grob gezähnt, unterseits graufilzig; LB der Kurztriebe unterseits anfangs dünn graufilzig, später kahl; junge Zweigachsen u. Laubknospen locker (gelblich-)graufilzig; DeckB zerschlitzt; Stamm grünlichweißrindig. — StaubB 8–15. H: 15–30 m. ♄ MPh. III–IV. (Bes. austrocknende) Auwälder; collin bis submontan; zstr bis slt. **Fehlt K?**. Auch als Zier- u. Nutzbaum (Holz) kultiviert. *(= P. alba × P. tremula)* **Grau-P., *P. × canéscens***

3 LB'Stiele ± stielrund oder oberseits etwas abgeflacht oder ± rinnenförmig, — Spreite ohne oder nur mit ganz schmalem, durchscheinendem Rand *(gegen das Licht halten! Lupe!)*; DeckB kahl . . . . . 4

- LB'Stiele ± stark von der Seite her zusammengedrückt . . . . . 6

4 LB'Spreite rhombisch-elliptisch bis verkehrt-eiförmig, am Grund keilig verschmälert; LB'Stiele 0,5–2,5(3) cm lg. — Zweigachsen, LB'Stiele u. Spreitenrand kahl; Baumkrone schmal. H: 10–15 m. ♄ MPh. IV. Als Forstbaum hfg (u. in allen Bdld?) kultiviert (leidet nicht unter Wildverbiß!), bes. in Windschutzstreifen; trockenheitsertragend; auch als Straßenbaum, zB in **W** (verträgt das Großstadtklima gut), **St, K** kultiviert. (Heimat: Nord-China.) **★ Simon-P., *P. simónii***

- LB'Spreite 3eckig bis eiförmig, am Grund abgerundet bis herzförmig; LB'Stiele 3–6 cm lg . . . . . 5

5 Junge Äste nicht kantig, braunrot, glänzend, kahl; LB'Stiele u. Spreitenrand kahl, Spreite eiförmig mit meist gerundetem Grund. — Laubknospen meist sehr groß, stark klebrig u. balsamisch duftend. H: 10–15 m. ♄ MPh. IV. Als Zierbaum u. ArzneiPf kultiviert, slt verwildert (**N, St**); auch als Forstbaum: in **T**. (Heimat: nördl. Nordamerika.) VolksarzneiPf (Harz der Laubknospen: „Balsam".) *(P. tacamahaca)* **★ Echte Balsam-P., „Balsambaum", *P. balsamífera***

- Junge Äste kantig, braun, matt, behaart; LB'Stiele u. Spreitenrand kurzhaarig; Spreite br-3eckig mit meist herzförmigem Grund, — unterseits auf den Nerven behaart. H: 10–20 m. ♄ MPh. IV. Als Zierbaum kultiviert. (Heimat: nordöstl. Nordamerika.) (Ursprung unbekannt, wahrscheinlich *P. balsamifera × P. deltoides*.) *(P. ontariensis, P. candicans)* **★ Weißliche Balsam-P., Ontario-P., *P. gileadénsis***

6 [3] LB'Spreite fast kreisrund, grob buchtig-gezähnt; DeckB gewimpert; StaubB 5–12. — Laubknospen kahl, etwas klebrig; LB'Spreite ohne oder mit ganz schmalem durchscheinendem Rand *(mit der Lupe gegen das Licht prüfen!)*; LB'Spreite der Langtriebe 3–8 cm lg, am Grund gestutzt, abgerundet oder etwas herzförmig; DeckB handförmig zerschlitzt; fruchtende Kätzchen 5–12 cm lg. H: 10–20 m. ♄ MPh. III–IV. Vorholz auf Waldschlägen, lichte Wälder u. Gebüsche; liebt neutrale bis schwach saure Böden, meidet hohe pH-Werte; collin bis obermontan; hfg bis zstr. **Alle Bdld**. Homöop. (Zweigrinde u. LB). **Zitter-P., Aspe, Espe, *P. trémula***

Anm.: Die Angabe, wonach die (nordamerikanische) **★ Großzahn-Aspe, *P. grandidentáta*** in **Ö** in nennenswertem Ausmaß kultiviert wird, beruht offenkundig auf einem Irrtum.

- LB'Spreite 3eckig oder eiförmig bis rhombisch-eiförmig, gekerbt-gesägt; DeckB kahl; StaubB (12)15–30(60). — LB'Spreite mit schmalem, aber deutlichem durchscheinendem Rand *(mit der Lupe gegen das Licht prüfen!)* . . 7

7 LB'Spreite 10–18 cm lg, 3eckig-eiförmig bis eiförmig, dicht gewimpert; StaubB 30–60. — Junge Äste von Korkrippen stark kantig; LB'Spreite am Grund mit 2–3 Drüsen; Narben 2–3, lg gestielt. H: 15–30 m. ♄ MPh. IV. Als Zierbaum kultiviert. (Heimat: östl. Nordamerika.) *(P. virginiana, P. „monilifera")* **★ Virginische P., Kanadische Schwarz-P., Rosenkranz-P., *P. deltoídes***

- LB'Spreite 7–10 cm lg, 3eckig oder rhombisch, lg zugespitzt, am Rand kahl oder locker gewimpert; StaubB 15–30 . . . . . . . . . . . . . . . . . . . . . . **8**

**8** LB'Spreite am Rand stets kahl, am Grund ohne Drüsen; junge Äste rundlich, ohne Korkrippen; Stamm durch seitliche Ausschläge stark wulstig. — Narben 2, sitzend; Baumkrone (bei der Wildsippe) ausgebreitet. H: 15–30 m. ♄ MPh. IV. Weichholz-Auwälder, Schotterbänke der Flüsse; collin; zstr bis slt. **Alle Bdld**. Im Alp gefährdet. Auch als Zier- u. Forstbaum kultiviert (bes. *var. pyramidalis*). VolksarzneiPf (Laubknospen). **Schwarz-P.**, ***P. nígra***

Anm.: Baumkrone schmal, säulenförmig, Äste steil aufrecht bei der meist ♂, hfg kultivierten ★ **Pyramiden-P., Spitz-P., Säulen-P.,** ***P. n. cv.*** **'*Itálica*'** (= *var. pyramidalis, var. fastigiata*).

- LB'Spreite zumindest anfangs locker gewimpert, am Grund meist mit 1–2 Drüsen; junge Äste von Korkrippen ± kantig; Stamm nicht wulstig. — Narben 3–4, fast sitzend. H: 15–30 m. ♄ MPh. IV. Hfg kultiviert in **allen Bdld**. Viele Kultursorten. *(P. deltoides × P. nigra) (P. × euramericana)*

★ **(Euro-amerikanische) Hybrid-P., Kanada-P.,** ***P. × canadénsis***

## (2) Weide, „Felbern"* u. „Salchern"*, *Sálix* (B 75, 82, 84, 98)

Anm.: Man beachte: Am Standort: Habitus, Wuchshöhe, Lebensform, Standort (oft nur gepflanzt, viele Kultursippen! [Verwendung als Zierbäume, für Hang- u. Uferverbauungen, als Windschutzgehölze, als BienenweidePf, als Palmkätzchen-Weiden u. als Lieferanten von Flechtmaterial]). – Brüchigkeit der Zweigachsen. – Das Vorhandensein von schmalen Längsrippen (= **Striemen**) am frischen, entrindeten Holz 2–6jähriger Zweigachsen (getrocknete Zweigachsen lassen sich meist erst nach Einweichen schälen!). – Farbe der frischen DeckB. – Farbe u. Glanz frischer LB. – Sonn- bzw. Schattexposition. – Beim Sammeln: Reichliches Material, nach Individuen getrennt. – Beim Bestimmen: Fast alle Arten, bes. aber die breitblättrigen (→ ab A2) weisen eine große Variabilität hinsichtlich der LB'Spreitenform auf. – Die Merkmale im Schlüssel A beziehen sich nur auf voll entwickelte LB; abweichend von diesen sind bes. die **PrimärB**, dh die untersten, als erste gebildete LB eines veg. Jungtriebes, die bei fast allen Arten eine seidige, ± dichte Behaarung u. oft andere LB'Spreiten- u. LB'Randformen aufweisen. Mit „**Jungtrieb**" ist immer nur die Achse eines veg. Jungtriebes gemeint. – Als **VorB'Knospen** wird ein zusätzliches Paar kleiner Knospen am Grund der Zweige u. Jungtriebe bezeichnet. – Laubknospenmerkmale sind am besten vom Spätsommer an bis knapp vor Beginn der BlüZeit an den obersten Laubknospen zu beobachten, die Behaarung entspricht meist jener der Zweigachsen. – An Langtrieben u. an Stockausschlägen können LB mit (sonst fehlenden) NebenB u./oder abnorm geformten u. überdimensionierten LB'Spreiten auftreten. – Zweigachsen mit **vorlaufenden** Kätzchen (dh LB zur BlüZeit noch nicht ausgetrieben, nur PrimärB vorhanden) können mit den Schlüsseln **B (für ♀)** bzw. **C (für ♂)** bestimmt werden; bei **gleichzeitigen** Kätzchen (dh entfaltete LB u. PrimärB zur BlüZeit ausgebildet), zum Vergleich von Habitus- u. Zweigmerkmalen sowie von manchmal am Boden erhaltenen LB des Vorjahres empfiehlt sich die Verwendung von LB- (Schlüssel A) und Kätzchenschlüssel (Schlüssel B u. C). – Bei den **Kätzchentrieben** wird der meist beblätterte Abschnitt der Achse unterhalb des Kätzchens als **Kätzchenstiel** (bzw. das Kätzchen als „gestielt") bezeichnet. – Man beachte die Möglichkeit des Vorliegens von Hybriden; vgl. die Merkmale der mutmaßlichen Eltern! Hinweise auf häufige Hybridkombinationen sowie auf hybridogene Übergangsformen nah verwandter Sippen finden sich im Schlüssel A). Am Ende der Gattung (S. 636) sind die wichtigsten Hybriden genannt. – Für genauere Information über diese Gattung siehe Hörandl (1992).

Schl. = Schlüssel. – Vwm. = Hinweis auf Verwechslungsmöglichkeiten.

Pf mit voll entwickelten LB: **Schlüssel A** (mit den Weiteren Angaben) (S. 620)
Blühende ♀ Pf: **Schlüssel B** (S. 629)
Blühende ♂ Pf: **Schlüssel C** (S. 633)

* „Felbern": die schmalblättrigen Arten; „Salchern": die br-blättrigen Arten.

## Schlüssel A (Vollschlüssel)

(für beblätterte Zweige):

**1** 3–2(1)jährige Zweigachsen fast stets bläulichweiß bereift; NebenB der Langtriebe am Grund mit dem LB'Stiel verwachsen u. mit diesem abfallend. — LB'Spreite br-lanzettlich bis lanzettlich, unterseits ± bereift, meist kahl, LB'Rand dicht u. regelmäßig gezähnt-gesägt. H: (1)3–10(15) m. ♄ MPh (NPh). III–IV. Auen, Bach- u. Flußufer, Alluvionen; auch kultiviert (als Palm-Weide u. Bienenweide); submontan bis obermontan (subalpin); mäßig hfg bis slt. **Fehlt B**. Im nNL u. söVL regional gefährdet. △ [B16, C30]
**Reif-W.**, Schimmel-W., Blut-W., ***S. daphnoídes***

**-** Zweigachsen nicht bereift; NebenB (wenn ausgebildet) nicht mit dem LB'Stiel verwachsen, nicht mit diesem abfallend . . . . . . . . . . . . . . . . . . . . . **2**

**2** LB'Spreite 4–10(20)× so lg wie br, lanzettlich bis linealisch . . . . . . . . **3**

**-** LB'Spreite (1)2–4× so lg wie br, eiförmig, elliptisch oder br-lanzettlich . **10**

**3** 0,2–1 m hoher Strauch mit bewurzelten, holzigen Bodensprossen, nur Seitensprosse oberirdisch, aufrecht bis aufsteigend; LB'Spreite meist kürzer als 5 cm. [B19, C19] **Kriech-W.**, ***S. répens*** (→ Pkt 20)

**-** (1)2–10(30) m hoher Strauch oder Baum ohne Bodensprosse, alle Sprosse oberirdisch, aufrecht; LB'Spreite meist länger als 5 cm. (Man beachte: Bei den ab hier folgenden Arten ist mit Kulturhybriden zu rechnen! – Bei KulturPf mit ± gestriemten Zweigachsen siehe Anm. bei Pkt 5) . . . . . . . . . . . . **4**

**4** LB'Rand zurückgerollt, ganzrandig oder höchstens entfernt u. fein gesägt; LB'Spreite unterseits entweder matt graufilzig oder wenn schimmernd seidenhaarig, dann Haare den Seitennerven parallel; LB'Spreite (6)8–20× so lg wie br . . . . . . . . . . . . . . . . . . . . . . . . . . . . . . . . . . . . . . . . **5**

**-** LB'Rand flach, stets deutlich gezähnt oder gesägt; LB'Spreite unterseits völlig kahl oder wenn schimmernd seidenhaarig, dann Haare dem Mittelnerv parallel; LB'Spreite 4–8(14)× so lg wie br . . . . . . . . . . . . . . . . . . . . . . . **6**

**5** LB'Spreite unterseits von krausen, verflochtenen Haaren filzig, matt grauweiß, oberseits derb lederig, mit eingesenkten Nerven; Zweigachsen brüchig. — LB'Spreite länglich bis linealisch; LB'Rand ganzrandig bis entfernt u. fein gesägt. H: 3–6(15) m. ♄ NPh–MPh. III–IV(V). Alluvionen, Kies- u. Schotterfluren, Schutthalden, Steinbrüche; collin bis obermontan (subalpin); im Alp hfg, außerhalb des Alp zstr bis sehr slt. **Fehlt B**. △ *(S. incana)* [B10, C3]
**Lavendel-W., Grau-W.**, Ufer-W., ***S. eleágnos*** *(subsp. eleágnos)*

Vwm.: Zierbäume mit schmal-linealischen LB (LB'Spreite mehr als 20× so lg wie br; LB'Rand stark zurückgerollt): ***subsp. angustifólia*** (Heimat: Südwest-Europa). – Hybriden sind an der schmalen LB'Spreite und deren oben beschriebener Behaarung zu erkennen.

**-** LB'Spreite unterseits von schräg anliegenden, den Seitennerven parallelen Haaren silberweiß schimmernd, oberseits nicht derb lederig, mit ± flachen Nerven; Zweigachsen zäh. — LB'Spreite lineal-lanzettlich mit lg ausgezogener Spitze; LB'Rand ganzrandig bis gewellt. H: 2–10 m. ♄ NPh (MPh). II–IV. Weichholzauen, Bachufer, Alluvionen, vielfach kultiviert; collin bis untermontan. **Alle Bdld**, (in **T** nur kultiviert?). Im Rh, Pann u. nVL regional gefährdet. △ [B23, C32] **Korb-W.**, ***S. viminális***

Vwm.: Die schräg gerichtete, schimmernde Behaarung überträgt *S. viminalis* ± auf ihre Hybriden (→ bes. *Mandel-W.* / *S. triandra subsp. triandra*, Asch-W. / *S. cinerea*, Purpur-W. / *S. purpurea* u. auf hybridogene Kultursippen mit Beteiligung der Asch-W. / *S. cinerea* (Zweigachsen gestriemt!): ***S.*** × ***dasýclados*** (Zweigachsen schwarzgrau-samtig;

LB'Spreite etwa 5× so lg wie br); ***S. × calodéndron*** (Zweigachsen ± rotbraun, verkahlend; LB'Spreite ± 4× so lg wie br); ***S. × stipuláris*** (Zweigachsen samthaarig bis verkahlend, LB'Spreite 4–8× so lg wie br).

**6** LB'Spreite meist über der Mitte am breitesten, schmal verkehrt-eilanzettlich, oberseits anfangs blaugrün; LB'Rand von der Spitze bis zur Hälfte (slt weiter herab) klein bis scharf gesägt, zumindest am Grund ganzrandig. — Laubknospen u. LB oft gegenständig; NebenB stets völlig fehlend; LB'Spreite meist kahl, unterseits h'blaugrün. H: 1–8 m. ♄ NPh. III–IV. Auengebüsche, Ufer, Schotter- u. Schuttfluren, Steinbrüche, Weidensümpfe, Feuchtwiesen; Pionier; collin bis montan (subalpin); sehr hfg. **Alle Bdld**. △ (Inkl. ***subsp. lambertiana***) [B23–, C2] **Purpur-W., *S. purpúrea***

Man beachte: Die Art weist eine hohe Variabilität der LB'Spreitenformen auf. – Häufig gepflanzt werden Hybriden mit der Korb-W. / *S. viminalis*, die an schwacher, bleibender, anliegender Behaarung u. verlängerten LB'Spreiten zu erkennen sind.

**-** LB'Spreite in oder unter der Mitte am breitesten, lanzettlich bis ei-lanzettlich bis länglich-elliptisch, oberseits niemals blaugrün; LB'Rand rundherum bis zum Grund scharf gezähnt bis gesägt. — NebenB zumindest als winzige Anlage vorhanden, oft deutlich u. auffällig ausgebildet . . . . . . . . . . . . . 7

**7** [16] LB'Stiel oberseits unter dem LB'Spreitengrund mit 2–5 Paar Drüsen; junge LB balsamisch duftend u. klebrig; LB'Rand auffällig dicht u. mit abstehenden Drüsen gezähnt. — Zweigachsen stark glänzend; LB'Spreite elliptisch bis br-eilanzettlich bis lanzettlich, oberseits stark glänzend, unterseits grün. H: 1–12 m, ♄ MPh–NPh. V–VII(VIII). Flachmoorwiesen, Bruch- u. Auwälder, Grünerlengebüsche; collin bis subalpin; auch kultiviert; slt bis sehr slt. **B, N, O, (K), S, T**. Stark gefährdet. △ [B12, C5] **Lorbeer-W., *S. pentándra***

Vwm.: Schmalblättrige Formen subalpiner Standorte (LB'Spreite lanzettlich, Pf etwa 1–3 m hoch) können mit der Reif-W. / *S. daphnoides* oder mit der Bruch-W. / *S. fragilis* verwechselt werden (→ Pkt 1 bzw. 9).

**-** LB'Stiel oberseits unmittelbar unter dem LB'Spreitengrund mit höchstens 1(2) Paar Drüsen; junge LB weder duftend noch klebrig; LB'Rand unauffällig, ± entfernt u. mit kaum abstehenden Drüsen gezähnt . . . . . . . . . . . . . **8**

**8** LB'Spreite länglich bis elliptisch mit kurzer Spitze, Seitennervenpaare einen stumpfen bis rechten weitbogigen Winkel bildend; NebenB stets deutlich ausgebildet, 2–10 mm lg; Zweigachsen u. Jungtriebe meist mit VorB'Knospen. — Rinde sich in schildförmigen Fetzen ablösend; LB'Rand grob bis fein gezähnt bis gesägt. H: 1–4(7) m. ♄ NPh. III–VI. Weichholzauen, Fluß- u. Bachufer; auch kultiviert; collin bis montan; mäßig hfg. **Alle Bdld**. Im Rh, Pann u. nVL regional gefährdet. △ [B11–, C5–] **Mandel-W., *S. triándra***

**a** LB'Spreite unterseits h'grün, nicht bereift, schwach glänzend, 3–7× so lg wie br; LB'Stieldrüsen meist deutlich, oft stiftartig. IV–VI. Collin bis submontan; außerhalb des Alp mäßig hfg, im Alp slt. **Fehlt V**, **Nord-T** (nur kultiviert?) *(S. t. subsp. concolor)* **Grüne M.-W., *S. t. subsp. triándra***

**-** LB'Spreite unterseits weißlich bereift, matt, 2–7× so lg wie br; LB'Stieldrüsen meist schwach entwickelt, nicht stiftartig. III–VI. Collin bis montan; im Alp hfg, außerhalb des Alp zstr. **Fehlt B?**. (***S. t. subsp. discolor***, inkl. *S. villarsiana)* **Bereifte M.-W., *S. t. subsp. amygdalína***

Vwm.: Teils kultivierte Hybriden der Grünen Mandel-W. / *S. triandra subsp. triandra* mit der Korb-W. / *S. viminalis* (LB'Stiel mit Drüsen, diese oft in kleine LB'Zipfel umgewandelt); mit *S. fragilis* (LB'Spreitenspitze lg ausgezogen, VorB'Knospen ausgebildet). – Ähnliche LB wie *subsp. amygdalina* weist *S. daphnoides* (→ Pkt 1) auf, ebenso die auch im Habitus ähnliche, gepflanzte ***S. rígida*** (LB'Spreitengrund herzförmig oder gestutzt bis keilförmig; LB'Stiel oberseits filzig, drüsenlos; Heimat: Nordamerika).

- LB'Spreite schmal-lanzettlich bis lanzettlich oder eilanzettlich mit lg ausgezogener Spitze, Seitennervenpaare einen spitzen bis rechten spitzbogigen Winkel bildend; NebenB nicht deutlich ausgebildet oder 3–5 mm lg; Zweige u. Jungtriebe am Grund meist ohne VorB'Knospen . . . . . . . . . . . . . . . . . **9**

**9** LB'Spreite unterseits völlig kahl; Zweigachsen am Grund brüchig, weitwinkelig abzweigend, völlig kahl, lehmfarben; Laubknospen außen stark gewölbt, kahl; LB'Rand grob gezähnt bis gesägt, Drüsen in den Buchten der Zähne sitzend; LB'Spreite eilanzettlich mit lg ausgezogener Spitze, (6)10–15 cm lg. — Baum breitkronig; NebenB halbherzförmig; LB'Spreite oberseits kahl, unterseits ± bereift. H: 3–15(20) m. ♄ MPh (NPh). III–V. Fluß- u. Bachauen, Feuchtwiesen; oft kultiviert; collin bis untermontan; zstr bis mäßig hfg. **Alle Bdld**. Gefährdet. △ (Zur Artengruppe Bruch-W., „*S. fragilis agg.*") [B13, C8] **Bruch-W., *S. frágilis*** (*s. str.*)

**–!!** LB'Spreite unterseits spärlich behaart; Zweigachsen brüchig bis zäh, kahl mit behaarten Laubknospenachseln oder spitzenwärts schwach behaart, spitz- bis weitwinkelig abzweigend, rotbraun; Laubknospen außen ± stark gewölbt, kahl oder spärlich behaart; LB'Rand grob gesägt, Drüsen meist auf den Zahnspitzen sitzend; LB'Spreite lanzettlich, 7–13 cm lg. — Baum eher schlankkronig. H: 5–30 m. ♄ MPh (NPh). III–V. Weichholzauen, Bachufer; oft kultiviert; collin bis untermontan; mäßig hfg, Pann hfg, Alp slt. **Alle Bdld** (in **T** u. **V** nur kultiviert?). △ (Zur Artengruppe Bruch-W., „*S. fragilis agg.*") (= *S. alba* × *S. fragilis*) [B13–!!, C8–!!] **Hohe W., *S.* × *rúbens***

- LB'Spreite unterseits ± dicht seidenhaarig, schimmernd; Zweigachsen spitzenwärts anliegend behaart, zäh, spitzwinkelig abzweigend, bei den Wildformen oliv- bis d'rotbraun; Laubknospen außenseitig abgeflacht, anliegend behaart; LB'Rand fein gesägt, Drüsen auf den Zahnspitzen sitzend; LB'Spreite lanzettlich bis schmal-lanzettlich, 5–9 cm lg. — Baum schlankkronig; NebenB lanzettlich; LB'Spreite auch oberseits meist ± behaart, unterseits bereift. H: 5–30 m, ♄ MPh. III–V. Weichholzauen, Erlengehölze; collin bis untermontan; hfg bis mäßig hfg, auch kultiviert. **Alle Bdld**. △ (Inkl. ***subsp. vitellína*** u. ***subsp. coerúlea***) [B13–, C8] **Silber-W., Weiß-W., *S. álba***

  Anm.: Manche Kulturvarietäten der Silber-W. / *S. alba* haben leuchtend gelbe bis rote Zweigachsen u. stärker verkahlende LB („Dotter-W."; Verwendung zum Korbflechten). – Vwm.: Bei Zierbäumen mit peitschenartig hängenden, ± gelblichen Zweigachsen („Trauer-Weiden") handelt es sich zumeist um Hybriden der Silber-W. / *S. alba* oder Bruch-W. / *S. fragilis* mit ***S. babylónica*** (Heimat: Ostasien).

**10** [2] 1–10 cm hohe, flach am Boden ausgebreitete Teppichsträucher; Sprosse niederliegend, oder wenn unterirdisch kriechend, dann Jungtriebe u. LB dicht am Boden . . . . . . . . . . . . . . . . . . . . . . . . . . . . . . . **11**

- Mindestens (10)30 cm bis mehrere Meter hoher, ± aufrechter Strauch oder Baum; wenn Sprosse unterirdisch kriechend, dann zumindest die Seitensprosse aufrecht bis aufsteigend, die LB meist deutlich über den Boden erhebend **16**

**11** Verholzende Sprosse unterirdisch kriechend (nur Jungtriebe u. LB oberirdisch); LB'Spreite rundlich, 1–1½× so lg wie br; LB'Rand scharf bis hakig gesägt-gezähnt. — Pf lockere Rasen bildend; LB'Spreite vorn stumpf, abgerundet bis ausgerandet. H: 2– 3(8) cm. ♄, Ch. VII–VIII. Schneetälchen, feuchter Schutt; meist kalkmeidend; subalpin bis alpin (nival); in den Zentralalpen hfg, in den nAlp u. sAlp zstr. **Fehlt B, W**. ▲ [B4, C13] **Kraut-W., *S. herbácea***

- Verholzende Sprosse oberirdisch, flach am Boden ausgebreitet; LB'Spreite verkehrt-eiförmig, ± elliptisch oder br-verkehrt-eilanzettlich, (1)1½–3× so lg wie br; wenn rundlich-elliptisch, dann ganzrandig . . . . . . . . . . . **12**

**12** LB'Spreite durch die tief eingesenkte, netzige Nervatur oberseits runzelig, satt- bis d'grün, unterseits matt weißlich-grau (jung seidenhaarig, später verkahlend); LB'Rand zurückgerollt; LB'Stiel 1–2 cm lg. — LB'Spreite rundlich bis elliptisch bis verkehrt-eiförmig, ganzrandig. H: 1–10. ♄ Ch. VII–VIII. Weidenspaliere, Kalk-Schneeböden, Blockhalden, feuchte Felsfluren; subalpin bis alpin (nival); mäßig hfg. **Fehlt B, W.** ▲ [B3, C10] **Netz-W., *S. reticuláta***

**-** LB'Spreite mit kaum eingesenkten, nicht oder schwach netzigen Nerven, oberseits glatt, beiderseits gleichfärbig grün u. ± glänzend; LB'Rand flach; LB'Stiel 0,1–0,4 cm lg . . . . . . . . . . . . . . . . . . . . . . . . **13**

**13** LB'Spreite vorn meist ausgerandet oder abgerundet, seltener stumpf oder spitz, beiderseits kahl, höchstens mit einzelnen Haaren; Seitennerven deutlich bogig spitzenwärts ziehend, nur undeutlich durch Netznerven verbunden. (Artengruppe Stumpfblatt-W., *S. retusa agg.*) . . . . . . . . . . . . . . . . **14**

**-** LB'Spreite vorn niemals ausgerandet oder abgerundet, sondern stumpf oder spitz, dicht bis zstr behaart (zumindest am LB'Rand u./oder Mittelnerv, slt gänzlich verkahlend); Seitennerven schwach bogig, durch deutliche Netznerven verbunden. (Artengruppe Myrten-W., *S. myrsinites agg.*) . . . . . . **15**

**14** LB'Spreite (0,8)1–3 cm lg (bei Hungerformen weniger als 1 cm lg) u. (0,3)0,5–1,2 cm br, mit 4–6 Paar Seitennerven; Pf meist locker verzweigt, meist weit ausgebreitet; *(man beachte die Kätzchen! → Schl. B u. C)*. — LB'Spreite aus keiligem Grund verkehrt-eiförmig bis verkehrt-eilanzettlich, ganzrandig oder am Grund entfernt gezähnt; Langtriebe (je nach Standort) 3–50 cm lg. H: 1–10 cm. ♄ Ch. VI–VIII. Schneeböden, Weidenspaliere, steinige Rasen, feuchte Felsfluren, Zwergstrauchheiden; subalpin bis alpin (nival); hfg bis sehr hfg. **Fehlt B, W.** ▲ [B5, C14] **Stumpfblatt-W., *S. retúsa*** *(s. str.)*

Anm.: Die ausgeprägte Bogennervatur (→ Pkt 13) u. den Habitus überträgt die Art auch auf ihre Hybriden.

**-** LB'Spreite 0,3–0,8 cm (höchstens an Langtrieben bis 1 cm) lg u. 0,2–0,4 cm br, mit 2–4 Paar Seitennerven; Pf meist dicht verzweigt, kompakt; *(man beachte die Kätzchen! →Schl. B u. C)*. — LB'Spreite aus keiligem Grund rundlich bis elliptisch bis verkehrt-eiförmig; Langtriebe (je nach Standort) 1–7 cm lg. H: 1–2 cm. ♄ Ch. VII–VIII. Pionierrasen, Felsfluren, Feinschuttfluren, flachgründige, exponierte Standorte, kalkliebend; (subalpin) alpin bis nival; zstr bis mäßig hfg. **Fehlt B, W, N.** ▲ [B5–, C14–]
**Quendel-W.,** Quendelblättrige W., ***S. serpillifólia***

**15** [19, 28] Alle LB ganzrandig (slt mit einzelnen schwachen Drüsenzähnen); LB'Spreite elliptisch bis br-verkehrt-eilanzettlich, vorn meist stumpf oder schwach bespitzt, meist nur am Rand lg-bewimpert bleibend. — Pf niederliegend bis aufsteigend; LB'Spreite unterseits stärker glänzend als oberseits, jung beiderseits seidenhaarig, später verkahlend. H: 5–30 cm. ♄ Ch. VI–VII. Schutt- u. Felsfluren, Pionierrasen, Zwergstrauchheiden, Weidenspaliere; kalkliebend; subalpin bis alpin; zstr. **Fehlt B, W, V.** ▲ *(S. jacquinii)* [B15, C16]
**Alpen-W.,** Ost-Myrten-W., Ostalpen-W., ***S. alpína***

**-** Alle LB am Rand dicht gesägt bis gezähnt oder zumindest dicht drüsenrandig; LB'Spreite br-verkehrt-eilanzettlich, vorn stumpf oder spitz, meist nur die Mittelrippe unterseits behaart bleibend. — Ähnlich voriger Art, aber: häufiger aufsteigend; LB'Spreite meist stärker verkahlend oder aber die LB'Fläche oberseits dichter als unterseits behaart. H: 5–50 cm. ♄ Ch. VI–VII. Weidengebüsche, Zwergstrauchheiden, Rasen, Schuttfluren; eher kalkmeidend; subalpin bis alpin; zstr bis mäßig hfg. **St?, K, S, T, V.** ▲ („*S. myrsinites*") [B15–, C16–]
**Kurzzahn-W.,** West-Myrten-W., ***S. breviserráta***

Vwm.: Kahlblättrige Formen von *S. breviserrata* (LB'Spreite unterseits grün, glänzend) mit *S. foetida* (LB'Spreite unterseits bereift, matt). – Im Überschneidungsbereich der Areale (bes. **S, K**) treten hybridogene Übergangsformen von *S. alpina* u. *S. breviserrata* mit ganzrandigen u. gesägten LB auf.

**16** [10] LB'Stiel oberseits gänzlich ohne Drüsen; VorB'Knospen meist fehlend . . . . . . . . . . . . . . . . . . . . . . . . . . . . . . **17**

**–** LB'Stiel oberseits unterhalb der LB'Spreite mit 1–5 Paar Drüsen; wenn LB'Stieldrüsen undeutlich, dann VorB'Knospen vorhanden . . . . . . . . **7**

**17** LB unterseits gleichmäßig dicht bis zstr (zumindest auf den Nerven) behaart . . . . . . . . . . . . . . . . . . . . . . . . . . . . . . **18**

**–** LB unterseits völlig kahl oder höchstens mit einzelnen Haaren, höchstens spitzenwärts anliegend behaart . . . . . . . . . . . . . . . . . . **27**

**18** 0,1–1(1,8) m hoher Strauch; NebenB meist nicht ausgebildet oder höchstens 2–3(5) mm lg, lanzettlich . . . . . . . . . . . . . . . . . . . **19**

**–** (1)2–10 m hoher Strauch oder Baum; NebenB meist ausgebildet, 3–10 mm lg, meist ± halbherzförmig . . . . . . . . . . . . . . . . . . . . . **22**

**19** LB beiderseits fast gleichfärbig grün: unterseits stärker glänzend u. etwas heller grün als oberseits, unterseits oft lockerer behaart als oberseits; etwa 5–30(50) cm hoher Strauch . . . . . . . . . . . . . . . . . . . . . **15**

**–** LB deutlich 2färbig: unterseits entweder von dichter, filziger Behaarung mattweißlichgrau oder über blaugrüner, matter Oberfläche dicht bis locker silbrigseidenhaarig, stets dichter behaart als oberseits; etwa 30–100(150) cm hoher Strauch . . . . . . . . . . . . . . . . . . . . . . . . . . . . **20**

**20** [3] Kriechsträucher mit bewurzelten, holzigen Bodensprossen, nur die Seitensprosse oberirdisch, aufrecht bis aufsteigend; collin bis montan. — LB'Spreite unterseits dicht bis zstr silbrig-seidenhaarig. H: 10–100(180) cm. ♄ NPh. IV–VI. Flachmoore, feuchte Magerwiesen; collin bis montan; zstr bis slt. **Alle Bdld.** Gefährdet; im wAlp, nVL, söVL u. Pann stark gefährdet. ▲ [A3, B19, C19]

**Kriech-W., *S. répens***

**a** LB'Spreite 2–4× so lg wie br, elliptisch, größte Breite in oder über der Mitte, vorn meist spitzbogig mit kurzem, oft gekrümmtem Spitzchen; LB'Rand ganzrandig bis entfernt gesägt, meist zurückgerollt; oberirdische Sprosse niederliegend bis aufsteigend, etwa 10–50 cm hoch. slt. **O, St, S,** Nord-**T, V**. *(S. repens s. str.)*

■ **Breitblatt-K.-W., *S. r. subsp. répens***

**–** LB'Spreite 4–10× so lg wie br, länglich-lanzettlich bis lineal-lanzettlich, größte Breite in oder unter der Mitte, vorn meist lg zugespitzt, meist ohne Spitzchen; LB'Rand ganzrandig (slt gesägt), flach oder zurückgerollt; oberirdische Sprosse niederliegend oder aus aufsteigendem Grund aufrecht, etwa 50–100(180) cm hoch. Mäßig hfg. **Fehlt V**. *(S. rosmarinifolia)* ■ **Rosmarin-K.-W., *S. r. subsp. rosmarinifólia***

Anm.: Im Gebiet treten außer typischen Ausbildungen der beiden Unterarten auch häufig hybridogene Zwischenformen auf, die entweder gemeinsam mit typischen Formen beider oder einer der beiden Unterarten oder aber auch eigenständig vorkommen. Bei der Zuordnung oder Deutung einzelner Individuen sollte daher in besonderem Maß auf die Variabilität der Gesamtpopulation geachtet werden.

**–** Strauch mit oberirdischen, aufrechten bis aufsteigenden Trieben; subalpin bis alpin . . . . . . . . . . . . . . . . . . . . . . . . . . . . . . **21**

**21** LB unterseits dicht wollig-filzig, matt weißlichgrau (nur jung seidenhaarig glänzend), oberseits satt grasgrün, glänzend oder matt, Seitennerven oberseits meist schwach eingesenkt. — LB'Spreite elliptisch bis verkehrt-eiförmig bis br-lanzettlich, LB'Rand ganzrandig bis gezähnt, zurückgerollt. H: 0,3–1,5 cm. ♄ NPh. VI– VII. Silikat-Blockschutthalden, Zwergstrauchheiden, Bachufer;

kalkmeidend; subalpin bis alpin. **St, K, S, T, V.** ▲ (Zur Artengruppe Lappland-W., *S. lapponum agg.*) [B24, C27] **Schweizer W., *S. helvética***

- LB unterseits über blaugrünem Grund dicht bis locker anliegend seidenhaarig, schwach glänzend, oberseits matt, blaugrün, Seitennerven oberseits schwach hervorspringend. — LB'Spreite br-lanzettlich bis verkehrt-eilänglich; LB'Rand ganzrandig, flach bis zurückgerollt. H: 0,3–1(1,5) m. ♄ NPh. VI–VII. Gebirgsbachufer, feuchte Schuttfluren; kalkmeidend; subalpin bis alpin. **K†?, S!, T.** Potentiell gefährdet. ▲ („*S. glauca*"). [B8, C11] **Seiden-W., *S. glaucosericea***

**22** [18] Holz von 2–4jährigen, entrindeten Zweigachsen mit ½–3 cm langen, scharf hervortretenden, zahlr. Striemen . . . . . . . . . . . . . . . . . . . . **23**

- Holz von 2–4jährigen, entrindeten Zweigachsen ohne oder mit höchstens ½ cm langen, undeutlichen, ± vereinzelten Striemen . . . . . . . . . . . **24**

**23** 1–2jährige Zweigachsen kahl oder höchstens zstr flaumig, dünn, rotbraun bis braun; Laubknospen eiförmig, stumpflich; LB'Spreite 1½–2(2½)× so lg wie br, oberseits stark runzelig, LB'Rand grob, oft ausgebissen unregelmäßig gezähnt. — NebenB 3–10 mm lg; LB'Spreite aus keiligem Grund (rundlich) verkehrt-eiförmig bis verkehrt-eilanzettlich. H: 1–2 m. ♄ NPh. Verbuschende Flachmoore, feuchte Wiesen u. Waldränder; collin bis montan; im Pann slt, sonst mäßig hfg. **Alle Bdld.** Im wAlp u. nVL gefährdet. △ [B27, C18] **Ohr-W., *S. auríta***

- 1–2jährige Zweigachsen kurz grau-samtig, derb, schmutzigbraun; Laubknospen eilänglich-spitzlich; LB'Spreite 2–4× so lg wie br, oberseits wenig runzelig, LB'Rand wellig bis fein oder grob unregelmäßig gekerbt-gezähnt. — Flachhalbkugeliger (krapfenförmiger) Strauch; NebenB 3–5 mm lg; LB'Spreite br-lanzettlich bis verkehrt-eilanzettlich oder -eilängl. H: 2–4(6) m. ♄ NPh. III–IV. Flachmoorwiesen, Weiden-Faulbaum-Gebüsche, Bruchwälder, Bachufer; collin bis untermontan; im Alp mäßig hfg, sonst hfg. **Alle Bdld.** Im Rh gefährdet. △ [B27–, C18–] **Asch-W.**, „Grau-W.", ***S. cinérea*** *(s. str.)*

  Anm.: Man beachte: Die gestriemten Zweigachsen übertragen Ohr-W. / *S. aurita* u. Asch-W. / *S. cinerea* auch auf ihre Hybriden; die im Pkt 23 beschriebenen Merkmale differenzieren auch die Hybriden der beiden Arten.

**24** LB unterseits meist h'blaugrün bereift, mit grüner Spitze *(man beachte mehrere LB oder Zweige!)*, mit kaum hervortretender Nervatur, beim Trocknen meist schwarz werdend. **Schwarz-W., *S. myrsinifólia*** (→ Pkt 32)

- LB unterseits ohne grüne Spitze, zur Gänze blaugrün bereift oder von ± dichter Behaarung weiß, meist mit deutlich hervortretender Nervatur, nur slt beim Trocknen schwach schwarz werdend . . . . . . . . . . . . . . . . . . **25**

**25** LB'Spreite 1½–2(2½)× so lg wie br, rundlich bis elliptisch, größte Breite unter oder in der Mitte, 7–10× so lg wie der LB'Stiel, unterseits bleibend dicht u. weich weißwollig-samtig; Zweigachsen mit braunem Mark. — Zweigachsen entrindet striemenlos; LB'Rand ganzrandig, gewellt bis unregelmäßig gezähnt. H: 2–10 m. ♄ MPh (NPh). (II)III–IV. Vorgehölze, Schlagfluren, Steinbrüche, Pionierstandorte; auch kultiviert (als Palmkätzchen-W. u. als Bienenweide); collin bis montan (subalpin); sehr hfg. **Alle Bdld.** △ [B30, C32–] **Sal-W.**, Palm-W., ***S. cáprea***

  Man beachte: LB'Spreitenbehaarung, -form sowie der relativ lange LB'Stiel sind meist auch an Hybriden von *S. caprea* zu erkennen.

- LB'Spreite (2)3–3½(4)× so lg wie br, verkehrt-eiförmig bis verkehrt-eilanzettlich bis lanzettlich mit der größten Breite meist über der Mitte, 8–14× so lg wie der LB'Stiel, unterseits meist (zumindest auf den Nerven) locker bis zstr borstig, slt dicht u. weich behaart; Zweigachsen mit weißlichem Mark. („Artengruppe Großblatt-W., *S. appendiculata agg.*") . . . . . . . . . . . . . . . **26**

**26** Zweigachsen schwach knotig, 1jährige kahl oder fast kahl; Jungtriebe flaumig; LB'Spreite unterseits blaugrün, getrocknet nicht schwärzend (die Nerven ± rotbraun färbend), dicht bis zstr (bes. auf den Nerven) rauh-borstig; Nervennetz engmaschig, oberseits eingesenkt, LB'Spreite dadurch runzelig; NebenB 5–10 mm lg, halbherz-nierenförmig. — Zweigachsen zstr u. kurz gestriemt; LB'Rand gewellt bis fein oder grob unregelmäßig gezähnt. H: 1/2–6 m. ♄ NPh. IV–VI. Schluchtwälder, Legföhren- u. Grünerlengebüsche, feuchte Schutt- u. Blockfluren; montan bis subalpin; hfg bis zstr. **Fehlt B, W.** △ *(S. grandifolia)* [B31, C22] **Großblatt-W., *S. appendiculáta*** *(s. str.)*

Man beachte: Die eingesenkte Nervatur, die runzelige, derbe LB'Spreite, deren Form und Behaarung an mutmaßlichen Hybriden.

**-** Zweigachsen derb knotig, 1jährige samtig-flaumig; Jungtriebe weißlich wollig-filzig; LB'Spreite unterseits von dichter, weicher Behaarung h'grau, getrocknet schwach blauschwarz werdend (die Nerven ± weißlich bleibend); Nervennetz weitmaschig, oberseits kaum eingesenkt, LB'Spreite daher flach; NebenB 2–3(5) mm lg, schief eilanzettlich. — LB'Rand ganzrandig, gewellt bis gekerbt. H: 2–3 m. ♄ NPh. V–VI. Blockhalden, Bachufer, Grünerlengebüsche; kalkmeidend; obermontan bis subalpin; sehr slt. In den Zentralalpen. **T**. (Hptvbr.: Westalpen.) Potentiell gefährdet. △ *(S. pubescens)* [B31–, C22–] **Flaum-W., *S. lággeri***

**27** [17] LB'Spreite beiderseits gleichfärbig grün, unterseits ± glänzend, nicht (oder höchstens an Langtrieben undeutlich) bereift . . . . . . . . . . **28**

**-** LB'Spreite deutlich 2färbig, unterseits stets matt, h'bläulichgrün bereift, blaugrün oder blaßgrün-weißlich (wenn LB teilweise grün, → Schwarz-W. / *S. myrsinifolia*, Pkt 32) . . . . . . . . . . . . . . . . . . . . . . . . **29**

**28** Aufrechter, 1–4 m hoher, br-schirmkroniger Strauch; LB'Stiel 5–10 mm lg; LB'Spreite 3–10 cm lg. — Zweigachsen kahl, glänzend; LB'Spreite elliptisch bis länglich-elliptisch bis br-verkehrt-eilanzettlich, getrocknet meist schwarzfleckig; Nervennetz unterseits vortretend. ♄ NPh. V–VII. Feuchte Almböden, Bachufer, Grünerlengebüsche; kalkliebend; subalpin; mäßig hfg bis zstr. **O, St, K, S, T**. ▲ (Zur Artengruppe Schwarz-W., *S. nigricans agg.*; vgl. *S. myrsinifolia*, → Pkt 32.) [B18–, C25–] **Tauern-W., *S. mielichhóferi***

**-** Niederliegender bis aufsteigender, 0,1–0,3(0,5) m hoher Spalierstrauch; LB'Stiel 2–4 mm lg; LB'Spreite 1–4 cm lg . . . . . . . . . . . . . . **15**

**29** LB'Spreite oberseits blaugrün, matt; LB'Rand zurückgerollt, stets völlig ganzrandig; Zweigachsen mit abschilfernder Haut . . . . . . . . . . . . . **30**

**-** LB'Spreite oberseits grasgrün oder h'grün, meist glänzend, nur bei Spieß-W. / *S. hastata* meist matt; LB'Rand stets flach, rundherum oder zumindest in den unteren 3/4 gezähnt oder gesägt (slt fast ganzrandig); Zweigachsen ohne abschilfernde Haut . . . . . . . . . . . . . . . . . . . . . . . . . . . **31**

**30** Kriechstrauch mit bewurzelten, holzigen Bodensprossen, nur die Seitensprosse aufrecht bis aufsteigend; Seitennerven getrockneter LB oberseits ± flach oder eingesenkt. — LB'Spreite elliptisch oder eiförmig-elliptisch, vorn abgerundet bis bespitzt. H: 30–60 cm. ♄ NPh. V-VI. Hochmoore; montan; sehr slt. **S** (nur: Pinzgau: Heutal). (Sonstige Vbr.: Schweiz, Bayern, Böhmen, Nord- u. Nordost-Europa, Sibirien.) Vom Aussterben bedroht. △ [B7–, C12]

**Heidelbeer-W.,** Heidel-W., Moor-W., ***S. myrtilloídes***

Vwm.: Von breitblättrigen Formen der häufigeren Kriech-W. / *S. repens* (→ Pkt 20) durch meist völlig kahle, ± bläuliche LB mit weitbogigen Seitennerven u. engmaschiger Feinnervatur, durch vorn helle DeckB u. stets völlig kahle Frkn unterscheidbar.

- Strauch mit oberirdischen, niederliegenden bis aufsteigenden bis aufrechten Sprossen; Seitennerven getrockneter LB oberseits ± vorspringend. — LB'Spreite elliptisch bis länglich-elliptisch bis verkehrt-eiförmig, bespitzt. H: 0,3–1,5 m. ♄ NPh. Flachmoorwiesen, Bachufer; subalpin; sehr slt. **K!**, Nord-**T**, **V**. Stark gefährdet. ▲ **Blau-W.**, ***S. cáesia***

Vwm.: Von der Purpur-W. / *S. purpurea* durch völlig ganzrandige, breitere LB, kurz-eiförmige, gewölbte Laubknospen sowie durch kurze u. deutlich gestielte Kätzchen unterscheidbar.

**31** LB'Spreite im vordersten Viertel ganzrandig u. darunter fein u. gleichmäßig gesägt, weich, oberseits (bes. getrocknet) meist matt, h'grün, unterseits matt blaßgrün-weißlich bis bereift; Nerven fein u. dicht netzig verbunden; Jungtriebe am Grund auffällig lg'bärtig. — NebenB deutlich ausgebildet; LB'Spreite verkehrt-eiförmig bis elliptisch (bis br-lanzettlich), stumpf oder spitz. H: 0,3–1,5 m, niederliegend bis aufrecht. ♄ NPh. VI–VIII. Weidengebüsche, Grünerlen- u. Legföhrengebüsche, Zwergstrauchheiden, Bach- u. Quellfluren, feuchte Schuttfluren; kalkmeidend; (obermontan) subalpin (alpin); in den wAlp hfg, in den oAlp zstr bis slt. **Fehlt B, W.** ▲ [B20, C28] **Spieß-W.**, ***S. hastáta***

Vwm.: Von *S. hegetschweileri* u. *S. waldsteiniana* durch die oberseits matt werdenden, vorn ganzrandigen LB, deren feine u. dichtnetzige Nervatur, durch lg'zottige DeckB u. stets völlig kahle Frkn unterscheidbar.

- LB'Spreite rundherum gekerbt, gesägt oder gezähnt, seltener rundherum ganzrandig, derb, oberseits (auch getrocknet) glänzend, sattgrün, unterseits stets h'blaugrün bereift; Nerven ± grob netzig verbunden; Jungtriebe nicht bärtig . . . . . . . . . . . . . . . . . . . . . . . . . . . . . . . . . **32**

**32** LB'Spreite unterseits meist h'blaugrün bereift mit grüner Spitze, meist ± behaart, verkahlend bis kahl, beim Trocknen schwarz oder schwarzfleckig werdend, oberseits schwach glänzend. — Zweigachsen kurzborstig bis kahl; LB'Spreite rundlich bis elliptisch bis eiförmig bis verkehrt-eiförmig bis br-lanzettlich, ± bespitzt; LB'Rand unregelmäßig gesägt bis gezähnt. H: 1–4(8) m. ♄ NPh–MPh. IV–VI(VII). Fluß- u. Bachauen, Grauerlenwälder, Feuchtwiesen; (collin) submontan bis montan; im Alp hfg, sonst zstr bis slt. **Fehlt B, W.** △ (Zur Artengruppe Schwarz-W., *S. nigricans agg.*; vgl. *S. mielichhoferi*, → Pkt 28.) *(S. nigricans s. str.)* [A24, B18–!!, C25–!!] . **Schwarz-W.**, ***S. myrsinifólia***

Anm.: Die Art ist extrem variabel hinsichtlich LB'Spreitenform, -behaarung u. -bereifung. – Bei Verdacht auf Hybriden vgl. die Merkmale im einzelnen.

- LB'Spreite unterseits zur Gänze h'blaugrün bereift, beiderseits meist völlig kahl (höchstens jung schwach seidenhaarig), entweder beim Trocknen nicht schwarz werdend oder wenn schwärzend, dann oberseits stark lackartig glänzend (→ Kahl-W. / *S. glabra*, Pkt 33) . . . . . . . . . . . . . . . . **33**

**33** LB oberseits auffällig stark lackartig glänzend, beim Trocknen schwarz oder schwarzfleckig werdend, unterseits sehr stark bereift. — LB'Spreite elliptisch bis br-lanzettlich bis verkehrt-eiförmig; Seitennerven getrockneter LB oberseits vorspringend. H: 0,3–1,5 m. ♄ NPh. V–VI. Schuttfluren, Rotföhrenwälder, Legföhrengebüsche, sonnige Standorte; kalkliebend, oft über Dolomit; montan bis subalpin; in den Zentralalpen slt, sonst hfg. **Fehlt B, W.** ▲ [B18, C25] **Kahl-W.**, Glanz-W., ***S. glábra***

Vwm.: Von der Bäumchen-W. / *S. waldsteiniana* durch schwärzende, völlig kahle LB, stets kahle Frkn, einfärbig gelbe DeckB u. behaarte Staubf. unterscheidbar.

- LB oberseits mäßig glänzend, beim Trocknen nicht schwarz werdend, unterseits schwach bis stark bereift . . . . . . . . . . . . . . . . . . . . . . . . 34

34 NebenB meist deutlich entwickelt, halbherzförmig, 2–5 mm lg; LB'Spreite 4–9 cm lg, am Grund abgerundet; LB'Stiel 6–15 mm lg; LB'Rand ± grob gesägt-gezähnt bis gekerbt oder fast ganzrandig. — LB'Spreite elliptisch bis br-verkehrt-eiförmig (bis br-lanzettlich), unterseits dicht bereift, kahl, Nervatur oberseits nicht vortretend. H: 1–2 m. ♄ NPh. V–VII. Weiden- u. Grünerlengebüsche, Gletschervorfelder, Gebirgsbäche; kalkmeidend; obermontan bis subalpin; slt. Nord-**T, V**. Endemisch in den Alpen. Potentiell gefährdet. △ (Zur *S. phylicifolia-Gruppe*.) („*S. phylicifolia*") [B29, C34]

■ **Hochtal-W., *S. hegetschwéileri***

- NebenB meist sehr schwach entwickelt, höckerförmig oder eilanzettlich, entweder höchstens 1 mm lg, oder wenn 1–3 mm lg, dann LB'Spreite 1–3(4) cm lg; LB'Spreite am Grund meist keilförmig, slt abgerundet; LB'Stiel (2)4–6(8) mm lg; LB'Rand entfernt u. seicht gesägt-gekerbt (→ Bäumchen-W. / *S. waldsteiniana*) oder dicht u. scharf gesägt-gezähnt (→ Ruch-W. / *S. foetida*), slt ganzrandig (→ Zweifarben-W. / *S. bicolor*) . . . . . . . . . . . . . . . . . . . . . 35

35 LB'Rand ganzrandig bis höchstens entfernt u. seicht gesägt; Seitennerven getrockneter LB oberseits flach oder schwach eingesenkt. — NebenB eilanzettlich, bis 1 mm lg; LB'Spreite br-verkehrt-eilanzettlich bis br-lanzettlich, unterseits schwach bis stark bereift. H: 1–1½ m. ♄ NPh. VI–VII. Feuchte Almböden, Bachufer; auch kultiviert; subalpin; sehr slt (nur eine einzige Population). **K!/S** (in den Gurktaler Alpen: am Kremsbach). (Sonstige Vbr.: Mittelgebirge Mittel- u. Ost-Europas.) Stark gefährdet. △ (Zur *S. phylicifolia-Gruppe*.) („***S. phylicifolia***") [B29–, C24–]

■ **Zweifarben-W.**, Zweifärbige W., ***S. bícolor***

- LB'Rand niemals ganzrandig, zumindest entfernt u. seicht gesägt bis gekerbt (→ Bäumchen-W. / *S. waldsteiniana*), oder dicht u. scharf gesägt-gezähnt (→ Ruch-W. / *S. foetida*); Seitennerven getrockneter LB oberseits hervortretend. (Artengruppe Bäumchen-W., *S. arbuscula agg.*) . . . . . . . . . . . . 36

36 LB'Rand entfernt u. seicht gesägt bis gekerbt mit unauffälligen, kleinen, stets dunklen Drüsen; LB'Spreite 2–5 cm lg. — NebenB höckerförmig, bis 1 mm lg; LB'Spreite elliptisch bis verkehrt-eiförmig bis br verkehrt-eilanzettlich (bis br-lanzettlich), unterseits bereift, vorn oft schwach anliegend behaart. H: 0,3–2 m. ♄ NPh. VI–VII. Weiden-, Legföhren-, Grünerlengebüsche, feuchte Schutthalden, Zwergstrauchheiden; kalkliebend; subalpin (alpin); hfg bis sehr hfg. **Fehlt B, W**. („*S. arbuscula*"). ▲ [B25, C29]

**Bäumchen-W.**, Östliche Bäumchen-W., ***S. waldsteiniána***

Vwm.: Von der Kahl-W. / *S. glabra* (Pkt 33; Schl. B, Pkt 18; Schl. C, Pkt 25) durch stets behaarte Frkn, kahle Staubf., beim Trocknen grün bleibende LB mit unterseits spitzenwärts schwacher Behaarung u. andersartiger Feinnervatur unterscheidbar. – Im Überschneidungsbereich der Areale von Ruch-W. / *S. foetida* u. Bäumchen-W. / *S. waldsteiniana* (in **T, V**) treten hybridogene Zwischenformen auf.

- LB'Rand dicht u. scharf gesägt-gezähnt mit auffällig großen, abstehenden, hellen (getrocknet oft dunkleren) Drüsen; LB'Spreite 1–3(4) cm lg. — NebenB eilanzettlich, ½–3 mm lg; LB'Spreite elliptisch-spitz bis br-lanzettlich. H: 0,3–1,5 m. ♄ NPh. VI–VII. Bäche, Quellfluren, Hangsümpfe; kalkmeidend; subalpin (alpin); zstr. **T, V!**. Potentiell gefährdet. △ („*S. arbuscula*") [B25–, C29–]

**Ruch-W., *S. fóetida***

## Schlüssel B

(für Zweige mit ♀ Kätzchen [mit oder ohne LB]):

Anm.: Man beachte: Die Farbe der DeckB wird hier für den frischen Zustand angegeben (getrocknet können 1färbige, helle DeckB oft dunkler werden, 2färbige werden oft 1färbig braun). – Wenn nicht anders angegeben, gelten die Merkmale u. Zahlenwerte sowohl für voll aufgeblühte als auch für fruchtende Kätzchen; Zahlenwerte vor dem Schrägstrich beziehen sich auf blühende, nach dem Schrägstrich auf fruchtende Kätzchen.
Die Weiteren Angaben (Standorte, Vbr. usw.) sind dem Schl. A (S. 620) zu entnehmen (Hinweise auf den entsprechenden Schl.-Pkt finden sich im folgenden bei jeder Art).

**1** DeckB fast stets 1färbig, meist gelbgrün oder gelb (höchstens vorn rötlich überlaufen), manchmal 1färbig rot, manchmal zur FrZeit bereits abgefallen . . . . . **2**

**-** DeckB meist deutlich 2färbig, zumindest vorn d'braun oder schwarz, am Grund h'grün oder rot, nicht abfallend . . . . . **14**

**2** Flach am Boden liegender oder mit unterirdischen Sprossen kriechender, 1–10 cm hoher (alpiner) Teppichstrauch; Kätzchentriebe meist endständig an den Zweigachsen; PrimärB den LB gleichend (nur kleiner); → Schl. A, Pkt 12–16! . . . . . **3**

**-** Aufrechter, 1/2 bis mehrere Meter hoher Strauch oder Baum; Kätzchentriebe seitenständig an den Zweigen, vorlaufend oder gleichzeitig; PrimärB meist anders gestaltet als die LB . . . . . **6**

**3** Frkn dicht silbergrau behaart; Kätzchen schlank, etwa 4× so lg wie dick, 2–3 cm lg, 2–3 cm lg gestielt; DeckB zur Gänze rot.
**Netz-W., *S. reticuláta*** (→ Schl. A, Pkt 12)

**-** Frkn kahl; Kätzchen gedrungen, etwa 1–2× so lg wie dick, 1/2–2 cm lg, 1/4–1 1/2 cm lg gestielt; DeckB gelbgrün bis gelb, höchstens vorn rötlich überlaufen . . . . . **4**

**4** Holzige Sprosse unterirdisch kriechend (nur Jungtriebe oberirdisch); LB scharf bis hakig gezähnt-gesägt; Seitennerven durch deutliche Netznerven verbunden. — Kätzchen 1/4–1/2 cm lg gestielt, etwa 1 cm lg, 2–6blütig.
**Kraut-W., *S. herbácea*** (→ Schl. A, Pkt 11)

**-** Holzige Sprosse oberirdisch, flach am Boden kriechend; LB ganzrandig bis höchstens schwach gezähnt; Seitennerven bogig spitzenwärts ziehend, nicht oder undeutlich durch Netznerven verbunden . . . . . **5**

**5** Kätzchen meist mehr als 10blütig (bei Hungerformen auch wenigblütig), 1/2–1 1/2 cm lg gestielt, 1–2 cm lg, aus den LB herausragend.
**Stumpfblatt-W., *S. retúsa*** (→ Schl. A, Pkt 14)

**-** Kätzchen 2–8blütig, fast sitzend, höchstens 1/2 cm lg, aus den LB nicht herausragend, sondern im Polster versteckt.
**Quendel-W., *S. serpillifólia*** (→ Schl. A, Pkt 14)

**6** [2] Kätzchen 1 1/2/–3 cm lg, höchstens 2–3× so lg wie dick; DeckB vorn oft rötlich überlaufen . . . . . **7**

**-** Kätzchen 2–/3–7 cm lg, mindestens 4× so lg wie dick; DeckB meist 1färbig . **8**

**7** Frkn behaart, sitzend/–1/2 mm lg gestielt; DeckB vorn kahl, nur am Grund behaart. **Blau-W., *S. cáesia*** (→ Schl. A, Pkt 30)

**-** Frkn kahl, deutlich 1 1/2/–3 mm lg gestielt; DeckB vorn behaart, am Grund kahl. **Heidelbeer-W., *S. myrtilloídes*** (→ Schl. A, Pkt 30)

**8** Frkn dicht u. bleibend seidenhaarig. — DeckB 1färbig gelb (getrocknet h'braun) **Seiden-W., *S. glaucoserícea*** (→ Schl. A, Pkt 21–)

- Frkn stets völlig kahl . . . . . . . . . . . . . . . . . . . . . . . . . . . . **9**

**9** DeckB zur FrZeit nicht abfallend; Frkn während des Blühens ½–2 mm lg gestielt . . . . . . . . . . . . . . . . . . . . . . . . . . . . **10**

- DeckB zur FrZeit abfallend; Frkn während des Blühens meist weniger als ½ mm lg gestielt . . . . . . . . . . . . . . . . . . . . . . . . . . . . **12**

**10** DeckB während des Blühens den Frkn bedeckend (nur Gri u. Narben herausragend), kahl, nur zstr kurz bewimpert (Haare 0,1–½ mm lg); Kätzchen sitzend oder höchstens ½ cm lg gestielt, schlank. — PrimärB unterseits seidig-filzig; Kätzchen vorlaufend.
**Lavendel-W., Grau-W., *S. eleágnos*** (→ Schl. A, Pkt 5)

- DeckB während des Blühens etwa bis zur Hälfte des Frkn reichend, entweder an der Spitze lg'zottig (Haare 1–2 mm lg) oder an der Spitze kahl u. am Grund dicht kraushaarig; Kätzchen mindestens ½ cm lg gestielt, dick . . . . . . **11**

**11** Gri deutlich, ½–1 mm lg; Narbenäste schräg aufwärts gerichtet; DeckB an der Spitze lg'zottig, außen u. am Grund kahl; junge LB getrocknet schwärzend.
**Kahle W., *S. glábra*** (→ Pkt 18)

- Gri sehr kurz, höchstens 0,2 mm lg; Narbenäste waagrecht spreizend; DeckB an der Spitze kahl, am Grund dicht kraushaarig; junge LB auch getrocknet meist grün. — Kätzchen kurz vorlaufend.
**Mandel-W., *S. triándra*** (→ Schl. A, Pkt 8)

**a** Junge LB unterseits grasgrün (auch PrimärB grün); Frkn 1–2/–3 mm lg gestielt.
**Grüne M.-W., *S. t. subsp. triándra***

- Junge LB unterseits h'blaugrün bereift (PrimärB grün oder schwach bereift); Frkn ½–1/–1½ mm lg gestielt. **Bereifte M.-W., *S. t. subsp. amygdalína***

**12** [9] Kätzchen 2–4/–5 cm lg gestielt, bogig hängend, nach der FrZeit (oft über den Winter) am Zweig hängenbleibend, dick, 2–3/–5× so lg wie dick; Gri ½–1 mm lg; PrimärB deutlich u. dicht gezähnt, duftend.
**Lorbeer-W., *S. pentándra*** (→ Schl. A, Pkt 7)

- Kätzchen ½–1½/–3 cm lg gestielt, nicht oder wenig hängend, nach der FrZeit stets abfallend, schlank, 3–4/–8× so lg wie dick; Gri höchstens ½ mm lg; PrimärB fast ganzrandig, nicht duftend . . . . . . . . . . . . . . . . **13**

**13** DeckB außen an der Spitze u. meist bis zum Grund herab lg'zottig, vorn abgerundet; Zweigachsen kahl, lehmfarben, glänzend, am Grund brüchig, weitwinkelig abzweigend; Laubknospen außen stark gewölbt, kahl; PrimärB unterseits völlig kahl, nur bewimpert; Frkn ⅓/–1 mm lg gestielt.
**Bruch-W., *S. frágilis*** (→ Schl. A, Pkt 9)

-!! DeckB meist wie bei Bruch-W. / *S. fragilis*, stumpf; Zweigachsen kahl, nur die Laubknospenachseln behaart, rotbraun, brüchig oder zäh, spitz- bis weitwinkelig abzweigend; Laubknospen außen ± gewölbt, schwach behaart oder kahl; PrimärB unterseits zstr bis locker seidenhaarig; Frkn ⅕–½/–1 mm lg gestielt.
**Hohe W., *S. × rúbens*** (→ Schl. A, Pkt 9)

- DeckB außen an der Spitze kahl, nur am Grund kraushaarig-zottig, vorn spitzlich; Zweigachsen spitzenwärts so wie die Laubknospen anliegend behaart, bei den Wildformen olivbraun bis d'rotbraun, zäh, spitzwinkelig abzweigend; Laubknospen außen flach, meist anliegend behaart; PrimärB unterseits locker bis dicht seidenhaarig; Frkn sitzend oder ⅕–⅓ mm lg gestielt.
**Weiß-W., Silber-W., *S. álba*** (→ Schl. A, Pkt 9)

**14** [1] DeckB am Grund rot, vorn schwarz (getrocknet zur Gänze schwarz); Oberfläche junger LB (nicht die Behaarung!) unterseits stärker glänzend als oberseits, satt- bis olivgrün; 5–30 cm hohe, niederliegender bis aufsteigender Strauch . . . . . . . . . . . . . . . . . . . . . . . . . . . . **15**

- DeckB am Grund gelbgrün bis gelb, vorn braun bis schwarz (getrocknet manchmal zur Gänze braun); Oberfläche junger LB (nicht die Behaarung!) unterseits matter als oberseits, blaugrün oder grasgrün; meist über 30 cm hoher, aufrechter Strauch oder Baum . . . . . . . . . . . . . . . . . . . . **16**

**15** Junge LB u. PrimärB ganzrandig. — Frkn während des Blühens dicht seidenhaarig, zur FrZeit verkahlend. **Alpen-W., *S. alpína*** (→ Schl. A, Pkt 15)

- Junge LB u. PrimärB gezähnt bis gesägt. **Kurzzahn-W., *S. breviserráta*** (→ Schl. A, Pkt 15–)

**16** (1)2jährige Zweigachsen meist blauweiß bereift; Kätzchen sitzend, am Grund meist unbeblättert, dichtblütig u. (durch die lg'zottigen DeckB) auffällig dichtpelzig. — Kätzchen lange vorlaufend. **Reif-W., *S. daphnoídes*** (→ Schl. A, Pkt 1)

- Zweigachsen nicht bereift; Kätzchen an deutlichen, beblätterten Stielen, meist lockerblütig; wenn sitzend u. dichtblütig, dann nicht dichtpelzig . . . . . **17**

**17** Junge LB u. PrimärB beim Trocknen meist schwarz oder schwarzfleckig werdend . . . . . . . . . . . . . . . . . . . . . . . . . . . . . . . . . . . . **18**

- Junge LB u. PrimärB beim Trocknen nicht schwarz werdend (oberseits aber manchmal d'grün) . . . . . . . . . . . . . . . . . . . . . . . . . . . . . **19**

**18** [11] PrimärB unterseits ± bereift u. daher blaugrün, meist kahl; junge LB unterseits zur Gänze h'blaugrün bereift, völlig kahl; Zweigachsen u. Jungtriebe meist völlig kahl, höchstens Jungtriebe spärlich behaart. — DeckB meist 1färbig gelbgrün oder vorn braun (getrocknet 1färbig h'braun); Frkn kahl. **Kahle W., *S. glábra*** (→ Schl. A, Pkt 33)

-!! PrimärB unterseits grün, meist am Mittelnerv seidenhaarig; junge LB unterseits bereift u. daher h'blaugrün, mit grüner Spitze, meist dicht behaart (oder verkahlend); Zweigachsen u. Jungtriebe meist dicht kurzborstig (oder verkahlend). — DeckB getrocknet meist 1färbig braun; Frkn meist kahl oder anfangs spärlich behaart. **Schwarz-W., *S. myrsinifólia*** (→ Schl. A, Pkt 32)

- PrimärB unterseits grasgrün, meist völlig kahl oder am Mittelnerv seidenhaarig; junge LB unterseits zur Gänze grün, schwach glänzend, völlig kahl; Zweigachsen stets kahl, Jungtriebe manchmal spärlich behaart. — Frkn kahl. **Tauern-W., *S. mielichhóferi*** (→ Schl. A, Pkt 28)

**19** Kriechstrauch mit bewurzelten, holzigen Bodensprossen, nur die Seitensprosse aufrecht bis aufsteigend; Kätzchen 1–1½–2 cm lg, 1–2× so lg wie dick. — Frkn seidenhaarig, verkahlend (aber nicht gänzlich). **Kriech-W., *S. répens*** (→ Schl. A, Pkt 20)

Anm.: Zur sicheren Unterscheidung der Unterarten sind vollentwickelte LB notwendig; bei typischer *subsp. repens* sind die Kätzchen oft ± gestielt, ± elliptisch-länglich, bei typischer *subsp. rosmarinifolia* fast sitzend, ± kugelig-elliptisch.

- Strauch oder Baum, alle Sprosse oberirdisch; Kätzchen meist mehr als 2–/3 cm lg, meist mehr als 2× so lg wie dick . . . . . . . . . . . . . . . . . . **20**

**20** Frkn stets völlig kahl. — DeckB auffällig weiß u. lg'zottig. **Spieß-W., *S. hastáta*** (→ Schl. A, Pkt 31)

- Frkn fast stets dicht u. bleibend behaart (sehr slt, nur bei *S. hegetschweileri* auch stark verkahlend) . . . . . . . . . . . . . . . . . . . . . . . . . . . . . **21**

**21** Frkn sitzend oder wenn kurz gestielt, dann der Stiel kürzer als ¼ des Frkn . . . . . . . . . . . . . . . . . . . . . . . . . . . . . . . . . . . . . **22**

- Frkn stets deutlich gestielt, der Stiel länger als ¼ des Frkn . . . . . . . . **26**

**22** PrimärB länglich bis lanzettlich, mindestens 4× so lg wie br; BlüZeit III–IV(VI); collin bis montan (subalpin) . . . . . . . . . . . . . . . . . . . . **23**

– PrimärB elliptisch bis br-lanzettlich, höchstens 3× so lg wie br; BlüZeit VI–VII; subalpin bis alpin . . . . . . . . . . . . . . . . . . . . . . . . . . . . . **24**

**23** Gri deutlich, ½–1 mm lg; Narbe tief gespalten mit fädlichen, ± spreizenden Narbenästen. **Korb-W., *S. viminális*** (→ Schl. A, Pkt 5)

– Gri sehr kurz, etwa 0,1 mm lg; Narbe seicht 2lappig. **Purpur-W., *S. purpúrea*** (→ Schl. A, Pkt 6)

**24** Junge LB unterseits bleibend dicht wollig-filzig, höchstens entlang des Mittelnervs seidenhaarig; LB'Rand zurückgerollt; Kätzchen 3–5/–8 cm lg; DeckB vorn schwarz, auffällig; Frkn filzig-seidenhaarig. — PrimärB unterseits dicht seidenhaarig. **Schweizer W., *S. helvética*** (→ Schl. A, Pkt 21)

– Junge LB unterseits kahl, höchstens vorn locker seidenhaarig; LB'Rand flach; Kätzchen 2–3/–5 cm lg; DeckB vorn braun, wenig auffällig; Frkn seidenhaarig . . . . . . . . . . . . . . . . . . . . . . . . . . . . . . **25**

**25** PrimärB ± ganzrandig; junge LB entfernt u. seicht gesägt-gezähnt mit unauffälligen, kleinen, dunklen Drüsen. — Kätzchen groß u. dick. **Bäumchen-W., *S. waldsteiniána*** (→ Schl. A, Pkt 36)

– PrimärB dicht gezähnt; junge LB dicht u. scharf gezähnt mit auffälligen, großen, hellen, abstehenden Drüsen. — Kätzchen klein u. schlank. **Ruch-W., *S. fóetida*** (→ Schl. A, Pkt 36)

**26** [21] Holz von 2–4jährigen, entrindeten Zweigachsen mit ½–3 cm langen, scharf hervortretenden, zahlr. Striemen . . . . . . . . . . . . . **27**

– Holz von 2–4jährigen, entrindeten Zweigachsen ohne oder mit höchstens ½ cm langen, undeutlichen, vereinzelten Striemen . . . . . . . . . . . **28**

**27** 1–2jährige Zweigachsen kahl oder höchstens zstr flaumig, rotbraun bis braun, dünn; Gri sehr kurz, höchstens 0,2 mm lg; Narbenäste kopfig zusammenneigend; Kätzchen kurz bleibend, 2–3/–4 cm lg, 2–2½× so lg wie dick. **Ohr-W., *S. auríta*** (→ Schl. A, Pkt 23)

– 1–2jährige Zweigachsen kurz grau-samtig, schmutzigbraun bis -grau, derb; Gri deutlich, ½–1 mm lg; Narbenäste ± spreizend; Kätzchen sich zur FrZeit verlängernd, 3–4/–9 cm lg, 2–4/–6× so lg wie dick. **Asch-W., *S. cinérea*** (→ Schl. A, Pkt 23)

**28** Gri mindestens ½ mm lg, länger als die Narbenäste; PrimärB unterseits locker seidenhaarig bis fast kahl . . . . . . . . . . . . . . . . . . . . . **29**

– Gri höchstens ½ mm lg, kürzer als die Narbenäste; PrimärB unterseits dicht seidenhaarig-filzig . . . . . . . . . . . . . . . . . . . . . . . . . **30**

**29** PrimärB gezähnt; junge LB meist grob gesägt-gezähnt, seltener fast ganzrandig, unterseits dicht weißlich bereift; Frkn zur FrZeit meist stark verkahlend. ■ **Hochtal-W., *S. hegetschwéileri*** (→ Schl. A, Pkt 34)

– PrimärB ganzrandig; junge LB ganzrandig bis entfernt u. seicht gesägt, unterseits schwach bereift, punktiert; Frkn auch zur FrZeit dicht behaart bleibend. ■ **Zweifärbige W., *S. bícolor*** (→ Schl. A, Pkt 35)

**30** Narbenäste aufrecht, aneinanderliegend; Kätzchen lange vorlaufend, zur BlüZeit nur PrimärB entwickelt; Zweigachsen mit braunem Mark. — FrknStiel etwa ½× so lg wie der Frkn, zur FrZeit nicht oder wenig zurückgeschlagen. **Sal-W., *S. cáprea*** (→ Schl. A, Pkt 25)

– Narbenäste ± schräg auseinanderspreizend; Kätzchen kurz vorlaufend bis gleichzeitig, zur BlüZeit PrimärB u. junge LB entwickelt; Zweigachsen mit weißlichem Mark . . . . . . . . . . . . . . . . . . . . . . . . . . . **31**

**31** Zweigachsen schwach knotig, 1jährige kahl oder fast kahl; Jungtriebe ± flaumig; FrknStiel ³/₄–1¹/₄× so lg wie der Frkn, zur FrZeit abstehend bis zurückgeschlagen, Kätzchen dadurch aufgelockert wirkend.

**Großblatt-W., *S. appendiculáta*** (→ Schl. A, Pkt 26)

- Zweigachsen derb knotig, 1jährige samtig-flaumig; Jungtriebe dicht weißlichfilzig; FrknStiel ¹/₄–¹/₂/–³/₄× so lg wie der Frkn, zur FrZeit wenig abstehend, Kätzchen dadurch kompakt wirkend.

**Flaum-W., *S. lággeri*** (→ Schl. A, Pkt 26)

## Schlüssel C

(für Zweige mit ♂ Kätzchen [mit oder ohne LB]):

Anm.: Die Weiteren Angaben (Standorte, Vbr. usw.) sind dem Schl. A (S. 620) zu entnehmen (Hinweise auf den entsprechenden Schl.-Pkt finden sich im folgenden bei jeder Art).

**1** Staubf. stets miteinander verwachsen, u. zwar vom Grund an etwa bis zur Hälfte oder bis zu den Staubbeuteln . . . . . . . . . . . . . . . . . . . . **2**

**-** Staubf. fast nie miteinander verwachsen (nur fallweise bei Mißbildungen, zB bei der Asch-W. / *S. cinerea*, oder bei Hybriden mit der Purpur-W. / *S. purpurea* verwachsen; *(man überprüfe weitere Merkmale bzw. mehrere Individuen im Bestand!)* . . . . . . . . . . . . . . . . . . . . . . . . . . . . **4**

**2** Staubf. bis zu den Staubbeuteln (zu scheinbar einem einzigen Staubf.) verwachsen; DeckB vorn d'braun bis schwarz, am Grund hell. — Kätzchen lange vorlaufend, sitzend. **Purpur-W., *S. purpúrea*** (→ Schl. A, Pkt 6)

**-** Staubf. etwa bis zur Hälfte verwachsen; DeckB vorn höchstens rötlich überlaufen, sonst zur Gänze gelbgrün bis gelb . . . . . . . . . . . . . . . . . . . . **3**

**3** PrimärB länglich, oberseits grasgrün, unterseits seidig-filzig; LB noch unentwickelt; Kätzchen vorlaufend, (fast) sitzend, lg u. schlank, 2–3 cm lg, 4–6× so lg wie dick. **Grau-W., Lavendel-W., *S. eleágnos*** (→ Schl. A, Pkt 5)

**-** PrimärB u. junge LB elliptisch, oberseits blaugrün, unterseits seidenhaarig bis kahl; Kätzchen kurz vorlaufend bis gleichzeitig, 2–8 mm lg gestielt, kurz u. dick, 1–1¹/₂ cm lg, 1–3× so lg wie dick. **Blau-W., *S. cáesia*** (→ Schl. A, Pkt 30)

**4** [1] StaubB 3 oder 5 (slt auch 4 oder 6) . . . . . . . . . . . . . . . . . . **5**

**-** StaubB 2 (slt in einzelnen Blüten 3) . . . . . . . . . . . . . . . . . . . . **6**

**5** StaubB (4)5(6); PrimärB völlig kahl, klebrig u. duftend; Kätzchen gleichzeitig, 1–2 cm lg gestielt. **Lorbeer-W., *S. pentándra*** (→ Schl. A, Pkt 7)

**-** StaubB 3; PrimärB unterseits seidenhaarig, weder klebrig noch duftend; Kätzchen kurz vorlaufend, etwa ¹/₂–1 cm lg gestielt.

**Mandel-W., *S. triándra*** (→ Schl. A, Pkt 8)

**a** Junge LB unterseits grün, nicht bereift (auch PrimärB grün).

**Grüne M.-W., *S. t. subsp. triándra***

**-** Junge LB unterseits bereift u. daher h'blaugrün (PrimärB grasgrün oder nur schwach bereift). **Bereifte M.-W., *S. t. subsp. amygdalína***

**6** DeckB meist 1färbig, gelbgrün oder gelb (höchstens vorn rötlich überlaufen), manchmal rot oder gelbbraun . . . . . . . . . . . . . . . . . . . . . . **7**

**-** DeckB 2färbig, zumindest vorn d'braun oder schwarz, am Grund h'grün oder rot . . . . . . . . . . . . . . . . . . . . . . . . . . . . . . . . . . . **15**

**7** Baum (slt Strauch), etwa 3–30 m hoch; Kätzchen vorlaufend; PrimärB ± lanzettlich . . . . . . . . . . . . . . . . . . . . . . . . . . . . . . . . . **8**

**-** Teppichstrauch oder niedriger Strauch, höchstens 1¹/₂ m hoch; Kätzchen gleichzeitig oder kurz vorlaufend; PrimärB u. LB rundlich, br-lanzettlich oder länglich . . . . . . . . . . . . . . . . . . . . . . . . . . . . . . . . . . **9**

**8** DeckB außen an der Spitze u. meist bis zum Grund herab lg'zottig, vorn abgerundet; Zweigachsen kahl, lehmfarben, glänzend, am Grund brüchig, weitwinkelig abzweigend; Laubknospen außen stark gewölbt, kahl; PrimärB unterseits völlig kahl, nur seidig bewimpert. **Bruch-W.**, ***S. frágilis*** (→ Schl. A, Pkt 9)

**–!!** DeckB meist wie bei der Bruch-W. / *S. fragilis*, vorn stumpf; Zweigachsen kahl, nur die Laubknospenachseln behaart, rotbraun, brüchig oder zäh, weit- bis spitzwinkelig abzweigend; Laubknospen außen ± gewölbt, schwach behaart oder kahl; PrimärB unterseits zstr bis locker seidenhaarig. **Hohe W.**, ***S.*** × ***rúbens*** (→ Schl. A, Pkt 9)

**–** DeckB außen an der Spitze kahl, nur am Grund kraushaarig-zottig, vorn spitzlich; Zweigachsen spitzenwärts so wie die Laubknospen anliegend behaart, bei Wildformen olivbraun bis d'rotbraun, zäh; Laubknospen außenseitig flach, meist anliegend behaart; PrimärB unterseits locker bis dicht seidenhaarig. **Silber-W., Weiß-W.**, ***S. álba*** (→ Schl. A, Pkt 9)

**9** Staubf. zumindest am Grund behaart; DeckB rötlich oder gelbgrün bis gelb . . . . . **10**

**–** Staubf. völlig kahl; DeckB gelbgrün bis gelb (höchstens vorn rötlich überlaufen) . . . . . **12**

**10** Niederliegender Teppichstrauch, 1–10 cm hoch; DeckB rötlich; Kätzchentrieb endständig; junge LB oberseits runzelig. — Kätzchen 1–2 cm lg gestielt, 3–5× so lg wie dick. **Netz-W.**, ***S. reticuláta*** (→ Schl. A, Pkt 12)

**–** ± aufrechter Strauch, meist über 30 cm hoch; DeckB gelbgrün bis gelb; Kätzchentrieb seitenständig; LB oberseits nicht runzelig . . . . . **11**

**11** Junge LB ganzrandig, beiderseits dicht seidenhaarig, länglich-lanzettlich; Kätzchen 2–2½ cm lg, ½–1 cm lg gestielt, etwa 2× so lg wie dick; Staubf. oft bis zu den Staubbeuteln behaart; Pf stets über Silikatgestein. **Seiden-W.**, ***S. glaucosericéa*** (→ Schl. A, Pkt 21)

**–** Junge LB gezähnt, beiderseits kahl, rundlich bis elliptisch; Kätzchen 3–5 cm lg, etwa 1 cm lg gestielt, 3–5× so lg wie dick; Staubf. nur am Grund behaart; Pf stets über Karbonatgestein. **Kahle W.**, ***S. glábra*** (→ Pkt 25)

**12** [9] LB'Rand zurückgerollt; LB'Spreite oberseits blaugrün; Kätzchen seitenständig an den Zweigen; Sproß ± aufrecht, 30–50 cm hoch. — Kätzchen etwa ½ cm lg gestielt, 1–2½ cm lg, etwa 3× so lg wie dick. **Heidelbeer-W.**, ***S. myrtilloídes*** (→ Schl. A, Pkt 30)

**–** LB'Rand flach; LB'Spreite beiderseits grün; Kätzchen endständig an den Zweigen; Sprosse niederliegend oder großteils unterirdisch kriechend, 1–5(10) cm hoch . . . . . **13**

**13** Verholzende Sprosse unterirdisch kriechend, nur Jungtriebe u. LB oberirdisch; LB'Rand scharf bis hakig gesägt; Seitennerven durch deutliche Netznerven verbunden. **Kraut-W.**, ***S. herbácea*** (→ Schl. A, Pkt 11)

**–** Verholzende Sprosse oberirdisch, flach am Boden kriechend; LB'Rand ganzrandig bis höchstens schwach gezähnt; Seitennerven bogig spitzenwärts ziehend, nicht oder undeutlich durch Netznerven verbunden . . . . . **14**

**14** Kätzchen etwa 1½ cm lg, 2–3× so lg wie dick, 2–5 mm lg gestielt, aus den LB herausragend. **Stumpfblatt-W.**, ***S. retúsa*** (→ Schl. A, Pkt 14)

**–** Kätzchen etwa ½ cm lg u. ebenso dick, fast sitzend, aus den LB nicht herausragend. **Quendel-W.**, ***S. serpillifólia*** (→ Schl. A, Pkt 14)

**15** [6] DeckB am Grund rot, vorn schwarz (getrocknet zur Gänze schwarz); niederliegender bis aufsteigender, etwa 5–30 cm hoher Strauch . . . . . **16**

**-** DeckB am Grund gelbgrün, vorn d'braun oder schwarz (getrocknet manchmal zur Gänze braun); aufsteigender bis aufrechter, meist über 50 cm hoher Strauch oder Baum . . . . . . . . . . . . . . . . . . . . . . . . . **17**

**16** PrimärB u. junge LB ganzrandig. — Staubf. rot (getrocknet schwarz).
**Alpen-W., *S. alpína*** (→ Schl. A, Pkt 15)

**-** PrimärB u. junge LB gezähnt bis gesägt.
**Kurzzahn-W., *S. breviserráta*** (→ Schl. A, Pkt 15)

**17** Holz von 2–4jährigen, entrindeten Zweigachsen mit ½–3 cm lg, scharf hervortretenden, zahlr. Striemen . . . . . . . . . . . . . . . . . . . . . . . . **18**

**-** Holz von 2–4jährigen, entrindeten Zweigachsen ohne oder mit höchstens ½ cm lg, undeutlichen, vereinzelten Striemen . . . . . . . . . . . . . . . . **19**

**18** 1–2jährige Zweigachsen kahl oder höchstens zstr flaumig, rotbraun bis braun, dünn; Kätzchen 1–3 cm lg. **Ohr-W., *S. auríta*** (→ Schl. A, Pkt 23)

**-** 1–2jährige Zweigachsen kurz grau-samtig, schmutzigbraun bis -grau, derb; Kätzchen 2–5 cm lg. **Asch-W., *S. cinérea*** (→ Schl. A, Pkt 23)

**19** Kriechstrauch mit bewurzelten, holzigen Bodensprossen, nur die Seitensprosse oberirdisch; Kätzchen 1–1,2 cm lg, 1–1½× so lg wie dick.
**Kriech-W., *S. répens*** (→ Schl. A, Pkt 20)

Anm.: Zur sicheren Unterscheidung der Unterarten sind vollentwickelte LB notwendig (vgl. auch Schl. B, Pkt 19).

**-** Baum oder Strauch, nur mit oberirdischen Sprossen; Kätzchen mindestens 2 cm lg, mindestens 2× so lg wie dick . . . . . . . . . . . . . . . . . **20**

**20** Staubf. am Grund zumindest zstr bis dicht behaart . . . . . . . . . . . **21**

**-** Staubf. zur Gänze kahl oder am Grund höchstens mit einzelnen Haaren **26**

**21** PrimärB unterseits dicht seidig-filzig . . . . . . . . . . . . . . . . . . **22**

**-** PrimärB unterseits kahl oder höchstens locker, bes. am Mittelnerv seidenhaarig . . . . . . . . . . . . . . . . . . . . . . . . . . . . . . . . . . **23**

**22** Zweigachsen schwach knotig, 1jährige kahl oder fast kahl; Jungtriebe höchstens flaumig; Kätzchen etwa 2× so lg wie dick, fast sitzend.
**Großblatt-W., *S. appendiculáta*** (→ Schl. A, Pkt 26)

**-** Zweigachsen derb knotig, 1jährige samtig-flaumig; Jungtriebe dicht weißlichfilzig; Kätzchen 2–4× so lg wie dick, etwa ½ cm lg gestielt.
**Flaum-W., *S. lággeri*** (→ Schl. A, Pkt 26)

**23** PrimärB u. junge LB beim Trocknen nicht schwarz werdend . . . . . . . **24**

**-** PrimärB u. junge LB beim Trocknen schwarz oder schwarzfleckig werdend . . . . . . . . . . . . . . . . . . . . . . . . . . . . . . . . . . **25**

**24** [31] PrimärB gezähnt. ■ **Hochtal-W., *S. hegetschwéileri*** (→ Schl. A, Pkt 34)

**-** PrimärB ganzrandig. ■ **Zweifärbige W., *S. bícolor*** (→ Schl. A, Pkt 35)

**25** PrimärB unterseits ± bereift u. dadurch blaugrün, meist kahl; junge LB unterseits zur Gänze bereift u. dadurch blaugrün, völlig kahl; Zweigachsen u. Jungtriebe meist völlig kahl, höchstens spärlich behaart.
**Kahle W., *S. glábra*** (→ Schl. A, Pkt 33)

**-!!** PrimärB unterseits grasgrün, meist am Mittelnerv seidenhaarig; junge LB unterseits bereift u. dadurch blaugrün, mit grüner Spitze, meist ± dicht behaart; Zweigachsen u. Jungtriebe meist dicht kurzborstig (oder kahl).
**Schwarz-W., *S. myrsinifólia*** (→ Schl. A, Pkt 32)

– PrimärB u. junge LB unterseits niemals bereift, sondern zur Gänze grün, kahl; Zweigachsen stets kahl, Jungtriebe manchmal spärlich behaart.
**Tauern-W., *S. mielichhóferi*** (→ Schl. A, Pkt 28)

**26** [20] Kätzchen kurz vorlaufend . . . . . . . . . . . . . . . . . . . . . . . . . **27**
– Kätzchen lange vorlaufend . . . . . . . . . . . . . . . . . . . . . . . . . **30**

**27** DeckB vorn schwarz, in der hellen Behaarung auffallend; junge LB unterseits bleibend wollig-filzig u. höchstens entlang des Mittelnervs seidenhaarig; LB'Rand zurückgerollt; PrimärB unterseits dicht seidenhaarig, schimmernd.
**Schweizer W., *S. helvética*** (→ Schl. A, Pkt 21)
– DeckB vorn braun, unauffällig; junge LB unterseits verkahlend, höchstens spitzenwärts spärlich seidenhaarig, aber niemals wollig-filzig; LB'Rand flach; PrimärB unterseits ± locker seidenhaarig, kaum schimmernd . . . . . **28**

**28** DeckB auffällig hell u. lg wollig-zottig (Haare 3–5 mm lg); junge LB mit abwischbarer, zottiger Behaarung, oberseits matt, mit feinmaschigem, oberseits flachem Nervennetz. **Spieß-W., *S. hastáta*** (→ Schl. A, Pkt 31)
– DeckB unaufällig kurzzottig (Haare höchstens 2 mm lg); junge LB unterseits mit nicht abwischbarer, seidiger Behaarung, oberseits glänzend, mit lockermaschigem, oberseits (bes. getrocknet) vorspringendem Nervennetz . . . . . **29**

**29** PrimärB ± ganzrandig; junge LB entfernt u. seicht gesägt-gezähnt mit unauffälligen, kleinen, dunklen Drüsen.
**Bäumchen-W., *S. waldsteiniána*** (→ Schl. A, Pkt 36)
– PrimärB dicht gezähnt; junge LB dicht u. scharf gezähnt mit auffälligen, großen, hellen, abstehenden Drüsen. **Ruch-W., *S. fóetida*** (→ Schl. A, Pkt 36)

**30** [26] 2(1)jährige Zweigachsen fast stets bläulichweiß bereift.
**Reif-W., *S. daphnoídes*** (→ Schl. A, Pkt 1)
– Zweigachsen nicht bereift . . . . . . . . . . . . . . . . . . . . . . . . . **31**

**31** 1jährige Zweigachsen kahl, glänzend; BlüZeit V–VI. Sehr seltene Art; bes. subalpin (obermontan). — PrimärB unterseits zstr bis dicht seidenhaarig **24**
– 1jährige Zweigachsen ± behaart, matt; BlüZeit III–IV. Häufige Art; bes. collin bis montan (subalpin) . . . . . . . . . . . . . . . . . . . . . . . . . **32**

**32** PrimärB schmal-lanzettlich; Rinde am Stamm u./oder an den dicksten Ästen glatt oder längsrissig; Zweigachsen lg u. schlank; Strauch.
**Korb-W., *S. viminális*** (→ Schl. A, Pkt 5)
– PrimärB br-lanzettlich bis lanzettlich; Rinde am Stamm u./oder an den dicksten Ästen mit reihenweise rhombischen Aufbrüchen; Zweigachsen ± derb; Baum, seltener Strauch. **Sal-W., *S. cáprea*** (→ Schl. A, Pkt 25)

Anm.: Von den zahlr. Hybriden sind nur folgende ± mäßig hfg anzutreffen (vielfach nur kultiviert!):
*S. alpina* × *S. breviserrata* (nur spontan)
*S. appendiculata* × *S. caprea* (nur spontan)
*S. appendiculata* × *S. eleagnos* (nur spontan)
*S. appendiculata* × *S. purpurea* (nur spontan)
*S. aurita* × *S. repens* (nur spontan)
*S. caprea* × *S. cinerea* (nur spontan)
*S. caprea* × *S. viminalis* (meist kultiviert)
*S. cinerea* × *S. viminalis* (meist kultiviert)
*S. glabra* × *S. myrsinifolia* (nur spontan)
*S. fragilis* × *S. pentandra* (meist kultiviert)
*S. fragilis* × *S. triandra* (meist kultiviert)
*S. purpurea* × *S. viminalis* (oft kultiviert)

# Ordnung Kürbisartige, *Cucurbitáles*

## 83. Familie: Kürbisgewächse, *Cucurbitáceae* (→ G XI 10; XII 4; XIII 1, 2, → 13; XIV 3, 17)

Anm.: Neben den behandelten gehören hierher noch mehrere weitere wichtige KulturPf, zB: ★ **Wassermelone, *Citrúllus lanátus*** (Heimat: tropisches Afrika), deren Fr als Obst verwendet werden; in Ö slt (in warmen Lagen) kultiviert u. bes. auf Mülldeponien verwildert. – ★ **Flaschenkürbis, Altwelt-Kalebasse, *Lagenária sicerária*** (Heimat unbekannt, wahrscheinlich altweltliche Tropen; KulturPf seit der Antike, „cucurbita" der Alten Römer), deren getrocknete hohle Fr als Gefäße, Weinheber etc. dienen; in Ö in Weinbaugebieten kultiviert.

**1** Ranken meist 3zählig verzweigt. — Pf 1häusig; ♀ Blü einzeln . . . . . . . **2**

**–** Ranken einfach, slt (meist nur bei *Thladiantha*) auch gegabelt . . . . . . . . . **3**

**2** Kro weiß bis gelblichgrün, 6zipfelig, höchstens 1 cm lg; ♂ Blü in länglichen, vielblütigen Rispen; Fr stachelig-borstig. **(4) Igelgurke, *Echinocýstis***

**–** Kro gelb, 5zipfelig, mindestens 6 cm lg; ♂ Blü einzeln; Fr kahl (glatt oder höckerig). ★ **(5) Kürbis, *Cucúrbita***

**3** Kro grünlichweiß (grün geadert), höchstens 2 cm ∅; ♀ Blü in doldenförmigen Blüstd; Fr: kugelige Beere, 0,6–1 cm lg, wenigsamig. — ♂ Blü in lg'gestielten, traubenförmigen Blüstd; StaubB 5, je 2 paarweise verwachsen, das fünfte frei (daher scheinbar 3 StaubB); Gri 3; Frkn kugelig. **(2) Zaunrübe, *Bryónia***

**–** Kro goldgelb, mindestens 2 cm ∅; ♀ Blü meist einzeln; Fr: Panzerbeere, 4–40 cm lg, vielsamig . . . . . . . . . . . . . . . . . . . . . . . . . **4**

**4** Pf ⊙, 1häusig; ♂ Blü mit scheinbar 3 StaubB (2 + 2 + 1); Fr meist 20–40 cm lg. ★ **(3) Gurke, *Cúcumis***

**–** Pf ♃, 2häusig; ♂ Blü mit 5 freien StaubB; Fr 4–5 cm lg. **(1) Quetschgurke, *Thladiántha***

### (☆) (1) Quetschgurke, *Thladiántha*

LB'Spreite rundlich- bis br-eiförmig, 5–16 cm lg, spitz bis zugespitzt, am Grund tief nierenförmig, unterseits dicht behaart (lg, gerade Haare u. kurze, an der Spitze hakig gekrümmte Haare, Spreite daher mit der Unterseite klettenartig haftend; ♂ Blü einzeln oder in wenigblütigen Zymen; Kro glockig, fast bis zum Grund zerteilt, 2–3 cm ∅; ♀ Blü mit 5 Staminodien; Fr eilänglich, zuletzt d'rot; WuKnollen. G: 1–4 m lg. ♃ G. V–VII. Als ZierPf kultiviert, gelegentlich verwildert u. ± eingebürgert **(W, N, St), K, (S?, T)**. (Heimat: China.) **(☆) Gewöhnliche Qu., *Th. dúbia***

### (2) Zaunrübe, *Bryónia*

**1** Pf 1häusig (unterer Teil der Blühtriebe mit ♂, oberer mit ♀ Blüstd!); K der ♀ Blü fast so lg wie die Kro; Narben kahl; Fr schwarz. — LB'Lappen unregelmäßig scharf gezähnt, der mittlere viel länger als die seitlichen. G: 2–4 m lg. ♃ He–G. VI–VII. Frische, nährstoffreiche Hecken, ruderale Wald- u. Gebüschsäume; collin; slt bis zstr. **Fehlt W, O**. Im Alp gefährdet. Giftig; VolksarzneiPf. **Schwarze Z.,** Schwarzbeerige Z., Weiße Z., ***B. álba***

**–** Pf 2häusig; K der ♀ Blü etwa ½ so lg wie die Kro; Narben behaart; Fr rot. — LB'Lappen ganzrandig oder mit wenigen, meist stumpflichen Zähnen, der mittlere Lappen meist nur wenig länger als die seitlichen; Blüstd u. FrStand sehr kurz gestielt (fast sitzend). G: 2–4 m lg. ♃ He–G. (V)VI–VII. Sommerwarme, frische, nährstoffreiche Hecken, ruderale Wald- u. Gebüschsäume; collin;

im Pann hfg, sonst zstr bis slt. **B, W, N, O, St†, K, (T)**. Gefährdet im söVL. Giftig; VolksarzneiPf; Homöop. *(B. cretica subsp. dioica)*
**Rote Z.**, Rotbeerige Z., Zweihäusige Z., ***B. dióica***

### ★ (3) Gurke, *Cúcumis*

Pf niederliegend oder kletternd, steifhaarig; LB'Spreite 5eckig bis handförmig 3–5lappig, Lappen gezähnt; ♂ Blü oft gebüschelt, deren Kro 2–3(4) cm lg; ♀ Blü mit 3 Staminodien; Fr meist walzenförmig, ± gekrümmt, höckerig-warzig bis glatt. G: 1–2 m lg. ☉ Th. VI–VIII. In zahlr. Sorten kultiviert. Fr als Gemüse, frisch (Salatgurke) oder konserviert (Salz-, Essig-, Senfgurke), verwendet. (Heimat: Indien.) **★ Gurke, *C. satívus***

Anm.: Die ★☆ **Zuckermelone,** Honigmelone, ***C. mélo*** *(Melo sativus)* (Kro blaßgelb, Fr kugelig bis eiförmig) wird als ObstPf in warmen Lagen (slt) kultiviert. Unbeständig auf Klärschlammdeponien. (Heimat: tropisch-subtropisches Afrika u./oder Süd-Asien.)

## (4) **Igelgurke**, Stachelgurke, ***Echinocýstis***

Stg kletternd, oberwärts meist stark verzweigt, (fast) kahl; LB'Spreite handförmig 5spaltig, Lappen 3eckig, haarfein zugespitzt; KZipfel pfriemlich, 1–2 mm lg; Kro tief zerteilt, Zipfel linealisch-3eckig, spitz, drüsenhaarig, die der ♂ Blü 3–5 mm lg, die der ♀ Blü meist 6–8 mm lg; Fr: ellipsoidisch, 4–6 cm lg. G: 1–6 m lg. ☉ Th. VI–VIII. Sommerwarme, nährstoffreiche Ufersäume; collin; slt. Süd-**B, N** (im Marchtal), Ost-**St,** (Nord-**T**). Neubürgerin oder unbeständig. Slt als ZierPf kultiviert (?). (Heimat: Nordamerika.) *(E. echinata)*
**Igelgurke, *E. lobáta***

Anm.: Die ähnliche ☆ **Haargurke, *Sícyos angulátus*** wird slt (?) als ZierPf kultiviert und verwildert gelegentlich, zB **(N, K)** in ruderalen Gebüschsäumen (?); sie unterscheidet sich durch 5zählige Blü, nur 12–15 mm lg Fr u. 5eckige (seichtlappige) LB; (Heimat: Nordamerika).

### ★ (5) Kürbis, *Cucúrbita*

Anm.: In wärmeren Lagen werden gelegentlich auch noch andere (sämtlich mittel- bis südamerikanische) Kürbis-Arten, wie ★ **Feigenblatt-K., *C. ficifólia,*** ★ **Riesen-K., *C. máxima*** u. ★ **Moschus-** oder **Melonen-K., *C. moscháta*** kultiviert.

Stg u. LB'Stiele ± stachelig behaart; LB'Spreite handförmig seicht gelappt bis gespalten, steifhaarig; Kro glockig bis trichterförmig, 7–10 cm lg; Staubf. meist paarweise miteinander verwachsen (scheinbar 3 Staubf.: 2 + 2 + 1; mitunter auch alle frei); Staubbeutel zu einem Säulchen verbunden; Fr sehr groß (15–40 cm lg), kugelig, ellipsoidisch oder verkehrt-eiförmig, seltener walzlich oder zusammengedrückt, vielsamig. G: 3–8 m lg. ☉ Th. VI–VIII. Alte, vorkolumbianische KulturPf Amerikas; (Heimat wahrscheinlich Nord-Mexiko u. östl. USA). In mehreren Kulturrassen als Futter-, Öl-, Gemüse-, Volksarznei- (Sa) u. ZierPf kultiviert, darunter zB **Zucchini, *C. p. convar. giromontiina*** u. der „Kernöl" liefernde „schalenlose" **Steirische Ölkürbis, *C. p. var. styriaca*,** bei dem die Verholzung der SaSchale unterbleibt. **★ Gewöhnlicher K., Feld-K., *C. pépo***

# Überordnung Malvenblütige, *Malvánae*
# Ordnung Malvenartige, *Malváles*

## 84. Familie: Lindengewächse, *Tiliáceae*

### Linde, *Tília* (→ B 90)

Anm.: Weitere Linden-Arten werden gelegentlich kultiviert, bes. hfg die ★ **Silber-L., *T. tomentósa*** (= *T. argentea*): heurige Zweigachsen filzig behaart; LB'Stiele kürzer als die halbe Spreitenlänge; LB'Spreite unterseits weiß-filzig, Blattrand scharf gesägt, aber nicht grannenspitzig; Heimat: Balkanhalbinsel. Nicht slt auch die ★ **Krim-L., *T.* × *euchlóra*** (= *T. cordata* × *T. dasystyla*): LB'Spreite stark asymmetrisch, oberseits d'grün, glänzend, unterseits in den Nervenwinkeln bräunlich-bärtig, sonst kahl, grannenspitzig gesägt; Blüstd 3–7blütig; Heimat: Halbinsel Krim.

1 LB oberseits kahl, unterseits in den Nervenwinkeln gelblich- bis rostbraunbärtig, sonst kahl u. h'bläulichgrün; heurige Zweigachsen kahl; Blüstd 4–15blütig, aufrecht-abstehend; Fr undeutlich kantig, zw. den Fingern leicht zerdrückbar. H: 20–30 m. ♄ MPh. VI–VII. Mäßig trockene Edellaubwälder, bes. Eichen-Hainbuchen-Wälder; collin bis untermontan; zstr. **Alle Bdld**. In den wAlp gefährdet. Auch als Zier- u. Straßenbaum kultiviert. ArzneiPf (Lindenblütentee). *(T. parvifolia)*
**Winter-L.**, Kleinblättrige L., Spät-L., ***T. cordáta***

- LB oberseits kurzhaarig, unterseits flächig behaart, außerdem in den Nervenwinkeln weiß-bärtig; heurige Zweigachsen meist behaart; Blüstd (2)3(5)blütig, hängend; Fr deutlich 4–5kantig, zw. den Fingern nicht zerdrückbar. H: 25–40 m. ♄ MPh. (V)VI. Mäßig frische, luftfeuchte, wintermilde Edellaubwälder, zB Ulmen-Ahorn-Eschen-Schluchtwälder; collin bis untermontan; zstr. **Alle Bdld**. In den wAlp gefährdet. Auch als Zier- u. Straßenbaum kultiviert. ArzneiPf (Lindenblütentee). *(T. grandifolia)*
**Sommer-L.**, Großblättrige L., Früh-L., ***T. platyphýllos***

Hybride: Mit intermediären Merkmalen: *T. cordáta* × *T. platyphýllos*, hfg wildwachsend u. auch oft kultiviert als Zier- u. Straßenbaum. *(T. intermedia, T. europaea)*
**Holland-L., *T.* × *vulgáris***

## 85. Familie: Malvengewächse, *Malváceae* (→ G XI 3–)

Anm.: Etliche Arten werden als ZierPf kultiviert, zB aus den Gattungen ★ ***Abútilon***, ★ ***Málope, Hibíscus, Lavátera***.

1 Gri 5; Fr: Kapsel, 5fächrig. **(5) Stundenblume u. Straucheibisch, *Hibíscus***
- Gri zahlr.; Fr: SpaltFr, TeilFr zahlr. (so viele wie Gri) . . . . . . . . . . . 2

2 AußenKB 3(4) . . . . . . . . . . . . . . . . . . . . . . . . . . . . . . . . 3
- AußenKB 6–9. — Untere LB unzerteilt bis handförmig gelappt, slt tiefer zerteilt . . . . . . . . . . . . . . . . . . . . . . . . . . . . . 4

3 AußenKB miteinander zu einer Hülle verwachsen, Zipfel halbrund bis eiförmig, oft breiter als lg. **(2) Strauchpappel, *Lavátera***
- AußenKB unter sich frei (am Grund nur mit dem K verwachsen), lanzettlich bis eiförmig. **(1) Malve, *Málva***

4 KroB 10–20 mm lg. **(3) Eibisch, *Altháea***
- KroB 30–55 mm lg. — Blü seitenständig, kurz gestielt, einen lg, ährenförmigen GesamtBlüstd bildend; AußenKB meist 6; TeilFr am Rücken mit tiefer Längsrinne, an den Rändern scharfkantig. **(4) Stockrose, *Álcea***

## (1) Malve, Käsepappel, Käspappel, *Málva*

**1** Mittlere StgB handförmig geteilt bis geschnitten. — Stg stets aufrecht; Blü einzeln in den Achseln von LB, die obersten meist traubig bis doldig gehäuft; KroB tief ausgerandet . . . . . . . . . . . . . . . . . . . . . . . . . . . **2**

**-** Mittlere StgB handförmig gelappt (bis gespalten), — Lappen kerbsägig; Stg niederliegend bis aufsteigend, slt aufrecht; Blü zu 1–6(10) in LB'Achseln; FrStiel mehrmals so lg wie der K . . . . . . . . . . . . . . . . . . . . . . . . **3**

**2** Stg (oberwärts) mit Sternhaaren; AußenKB eiförmig, meist 3–4 mm br; reife TeilFr kahl. — K filzig-sternhaarig; KroB 20–35 mm lg, rosa. H: 50–125 cm. ♃ He. VII–IX. Mäßig trockene Fettwiesen, Waldsäume, Wegränder, Böschungen; collin bis montan; zstr bis slt. **Alle Bdld**. Gefährdet. **Spitzblatt-M., Sigmarskraut, *M. álcea***

**-** Stg mit einfachen, abstehenden Haaren; AußenKB lineal-lanzettlich, meist 1–1,5 mm br; reife TeilFr am Rücken dicht behaart. — K mit Sternhaaren u. verlängerten, 1–3strahligen Büschelhaaren; KroB (20)25–35 mm lg, rosa (slt weiß). H: 20–60 cm. ♃ He. VI–X. Trockene bis mäßig trockene Fettwiesen, Waldsäume; collin bis montan; zstr bis slt. **Alle Bdld**. (In **T** u. **V** nur verwildert?) Gefährdet. **Moschus-M., Bisam-M., *M. moscháta***

**3** KroB 15–30 mm lg, 3–4× so lg wie der K; FrStiele aufrecht-abstehend. — KroB tief ausgerandet; TeilFr scharf berandet, am Rücken netzig-grubig, (fast) kahl. H: 25–100(150) cm. ⊙–♃ He. VI–X. Trockene bis mäßig frische Ruderalfluren; Stickstoffzeiger; collin bis montan; zstr bis mäßig hfg. **Alle Bdld**. Alte Kulturbegleiterin. ArzneiPf. Variabel (die Möglichkeit der im folgenden skizzierten Gliederung in 2 Unterarten – aufgrund des Habitus, der LB'Spreite, der Behaarung, der KroFarbe? – ist nicht ausreichend gesichert). **Wild-M., Große K., *M. sylvéstris***

**a** LB'Stiele ringsum dicht behaart, Spreite behaart; Stg aufsteigend, meist ziemlich dicht behaart; LB'Spreite deutlich 5lappig; Kro h'purpurrot mit dunkleren Längsstreifen. H: 25–100 cm. Vbr. erst festzustellen! ■ **Eigentliche W.-M., *M. s. subsp. sylvéstris***

**-** LB'Stiele nur oberseits behaart, Spreite fast kahl; Stg aufrecht, schwach behaart; LB'Spreite schwach 5lappig; Kro trüb-schwarzpurpurn. H: 30–150 cm. **S** (wohl auch anderwärts, Vbr. erst festzustellen!). Unbeständiger Gartenflüchtling (?). *(M. mauritiana)* ☆ ■ **Garten-M., Mauretanische M., *M. s. subsp. mauritiána***

**-** KroB 4–13 mm lg, 1–2(3)× so lg wie der K; FrStiele waagrecht-abstehend bis abwärts gebogen (Fr aufrecht!). — Kro blaßlila, h'rosa oder (fast) weiß . **4**

**4** KroB 8–13(20) mm lg, etwa 2(3)× so lg wie der K, tief ausgerandet; TeilFr am Rücken fast glatt, — meist dicht kurzhaarig. H: 5–25 (?) cm, G: 10–50 cm lg. ⊙–♃ Th–He. (V)VI–X. (Bes. dörfliche) ± trockene Ruderalfluren, Gärten; Stickstoffzeiger (AmmoniakPf); collin bis montan; hfg bis zstr. **Alle Bdld**. ArzneiPf; Wildgemüse. **Weg-M., Kleine K., Gewöhnliche M., *M. neglécta***

**-** KroB 4–5 mm lg, nicht oder nur wenig länger als der K, schwach ausgerandet; TeilFr am Rücken flach-grubig-runzelig, — an den Kanten scharf berandet. H: 3–20 cm. ⊙–♃ Th–He. VI–IX. Trockene bis mäßig trockene Ruderalfluren, Mauern; collin; sehr slt. **Fehlt St, T**. Stark gefährdet. ▲ **Kleinblütige M., Nordische M., *M. pusílla***

## (2) Strauchpappel, *Lavátera*

Pf oberwärts filzig-sternhaarig; untere LB seicht 5–7lappig, die obersten 3lappig, oft mit deutlich vorgezogenem Mittellappen; AußenKB kürzer als die KB; KroB (20)30–45 mm lg, tief ausgerandet, h'rosa; TeilFr kahl, am Rücken fein runzelig. H: 50–100 cm. ♃ He. VI–VIII(IX). Ruderalfluren, Waldsäume; auch auf etwas salzhaltigen Böden; collin; im Pann zstr, sonst sehr slt. **B, W, N, O†, (K)**. Gefährdet; stark gefährdet im nVL. ▲ **Thüringer St., *L. thuringíaca***

## (3) Eibisch, *Altháea*

**1** Pf ♃; Stg u. LB samtig-filzig behaart; Staubbeutel purpurn bis d'lila; TeilFr am Rücken filzig-sternhaarig. — Stg aufrecht; obere StgB eiförmig bis eilänglich, schwach 3lappig bis unzerteilt; GesamtBlüstd ährenförmig, zumindest die unteren TeilBlüstd vom dazugehörigen TragB deutlich überragt; KroB weiß bis h'rosa, (12)15–20 mm lg, seicht ausgerandet. H: 60–120 cm. ♃ He. VII–IX. Feuchte bis nasse, mitunter etwas salzhaltige Wiesen, Ufersäume, Röhrichte, feuchte Ruderalstellen; collin (montan nur verwildert); sehr zstr. In **B, W, N** heimisch, sonst kultiviert u. gelegentlich verwildert. Gefährdet. ArzneiPf.
**Echter Ei., Arznei-Ei., *A. officinális***

**-** Pf ⊙; Stg u. LB abstehend rauhhaarig; Staubbeutel gelb; TeilFr kahl. — Stg aufsteigend bis aufrecht; obere StgB 5–3zählig gespalten bis geschnitten; Blü einzeln in den Achseln von LB, das dazugehörende TragB meist überragend; KB zur FrReife aufrecht; KroB blaßlila, 12–17 mm lg; TeilFr am Rücken querrunzelig. H: 15–50 cm. ⊙ Th. VI–VIII. Lehmig-tonige Äcker, Weingärten, trockenwarme Ruderalfluren; collin; sehr slt. **W, N**. Nur im Pann südl. der Donau, sonst unbeständig. (Hptvbr.: Medit.)
**Rauhhaar-Ei., Borsten-Ei., *A. hirsúta***

## (4) Stockrose, *Álcea* *(Althaea p. p.)*

**1** KroB stets deutlich länger als br, tief ausgerandet, einander mit ihren Seitenrändern *(bei flach ausgebreiteter Kro)* nicht überdeckend, — etwa 30–45 mm lg u. 25–30 mm br, blaßrosa bis h'lila, am Grund grünlichgelb; Pf zumindest oberwärts filzig-rauhhaarig (Stern- u. Büschelhaare); Stg einfach oder verzweigt, am Grund meist mit nur einfachen, bis 2 mm lg Haaren; BlüStiel so lg oder kürzer als der K; AußenKZipfel 3eckig-eiförmig, spitz. H: 30–120 (180) cm. ⊙–♃ He. VII–IX. Ruderalfluren; über Löß; collin; sehr slt, meist nur unbeständig (Status unklar). Nur im Pann. **W†?, N**. Vom Aussterben bedroht. (Hptvbr.: Ost- u. Südost-Europa.) Vermutliche Stammsippe von A *A. rosea* (s. d.)
*(Althaea pallida, A. pallida)* **Blasse St., Blasser Eibisch, *A. biénnis***

**-** KroB meist breiter als lg, meist nur seicht ausgerandet, einander mit ihren Seitenrändern der ganzen Länge nach überdeckend, — meist 40–55 mm lg u. 45–60 mm br, meist rosa bis schwarzpurpurn, mitunter aber auch weiß oder gelb; BlüStiele, K u. AußenK meist filzig-sternhaarig. H: 1–2,5 m. ⊙–♃ He. VI–X. Volksarznei- u. ZierPf, in verschiedenen Sorten kultiviert, gelegentlich verwildert. KulturPf (Stammsippe wahrscheinlich *A. biennis*). *(Althaea rosea)* **★ Gewöhnliche St., Pappelrose, *A. rósea***

## (5) Stundenblume u. Straucheibisch, Ibisch, *Hibíscus*

**1** Pf krautig, 10–40 cm hoch; K zur FrReife stark aufgeblasen; AußenKB meist 12, pfriemlich; Sa kahl. — Pf mit Stern- u. Borstenhaaren; mittlere u. obere StgB meist handförmig-3schnittig, Abschnitte fiederspaltig; KroB 1,5–2 cm lg, schwefelgelb, am Grund (innen) schwarzpurpurn. H: 10–30(40) cm. ⊙ Th. VI–VIII. Sommerwarme, trockene bis mäßig feuchte Ruderalfluren, Äcker, Weingärten, auch ruderal beeinflußte Rasen; collin; slt. **B, W, N, (K)**. (Hptvbr.: östl. Medit.) Stark gefährdet. **Stundenblume, Stundeneibisch, *H. trióнum***

**-** Pf ♄ (Strauch), 150–200(300) cm hoch; K zur FrReife nicht aufgeblasen; AußenKB 7–9, schmal-lanzettlich bis linealisch; Sa behaart. — StgB meist rhombisch-eiförmig, ± 3lappig, grob kerbsägig; KroB 4–5 cm lg, weiß, rosa, purpurn, violett oder blau, am Grund meist schwarzpurpurn; Fr sternhaarig. H: 2–3 m. ♄ NPh. VIII–IX. Als Zierstrauch in zahlr. gärtnerischen Sorten kultiviert. (Heimat: China oder Indien [nicht Syrien!])
**★ Straucheibisch**, Strauch-Ibisch, ***H. syríacus***

# Überordnung Hartriegelblütige, *Cornánae*
# Ordnung Hartriegelartige, *Cornáles*

## 86. Familie: Hortensiengewächse, *Hydrangeáceae*

Anm.: Arten der Gattung ★ **Hortensie, *Hydrangéa***, insbesondere die ★ **Garten-H., *H. macrophýlla*** (Heimat: Japan), werden sehr hfg, auch als TopfPf, in vielen Kultursorten kultiviert.

### Pfeifenstrauch, *Philadélphus* (→ B 41)

LB gegenständig, gestielt, Spreite elliptisch, gezähnt; KroB 12–18 mm lg; Blü stark duftend. H: 1–3 m. ♄ NPh. V–VI. Felsgebüsche; untermontan; sehr slt. **O, St** (in der Weizklamm), **S**. Potentiell gefährdet. Wild nur in der Weizklamm, sonst eingebürgert. Als Zierstrauch hfg kultiviert (auch in gefülltblütigen Sorten), slt verwildert in (**W, N, K, V**). (Hptvbr.: Submedit., Südwest-Asien.) ▲ (Inkl. *P. pallidus*)

**Pfeifenstrauch**, Falscher Jasmin, ***P. coronárius***

## 87. Familie: Stechpalmengewächse, *Aquifoliáceae*

### Stechpalme, *Ílex* (→ B 73–, 99)

LB wechselständig, gestielt, immergrün, Spreite einfach, unzerteilt, glänzend, (Abb. 293); Kro weiß; Fr rot. H: 1–6 m. ♄ NPh. V–VI. Schattige Wälder; nur in ozeanischen Klimalagen; montan; in **V** zstr, sonst slt. **Fehlt W, K**. (Hptvbr.: West-Europa.) Gefährdet; in den öAlp stark gefährdet. ▲ Als Ziergehölz kultiviert, slt verwildert. VolksarzneiPf; Homöop.; giftig; alte Kult- u. ZauberPf.

**Stechpalme, Stechlaub**, Schradl(-Laub), ***Í. aquifólium***

## 88. Familie: Hartriegelgewächse, *Cornáceae*

### Hartriegel, *Córnus* (inkl. *Swida* = *Thelycrania*) → B 10, → 31)

1 Kro gelb; Blü in Dolden, diese am Grund mit HochBHülle, vor den LB erscheinend; LB vorn etwas zugespitzt, oberseits ± glänzend, unterseits in den Nervenwinkeln bärtig; Fr hängend, walzlich-ellipsoidisch (etwa 2× so lg wie br), d'rot. — LB mit 2–5 Paar Seitennerven; LB'Unterseite mit dicht anliegenden, 2armigen, kompaßnadelartigen Haaren; Fr wohlschmeckend. H: 2–10 m. ♄ NPh–MPh. II–IV. Lichte, trockene Wälder, Waldsäume; wärme- u. kalkliebend; collin bis submontan (untermontan); zstr bis sehr slt. Bes. im Pann. **Alle Bdld**. Auch als Obstgehölz kultiviert (Fr [„Dirndln"] für Marmelade u. Likör), im Westen meist nur verwildert (± eingebürgert).

**Gelb-H., Gelber H., Dirndlstrauch,** Kornelkirsche, ***C. mas***

– Kro weiß; Blü in Schirmrispen, diese am Grund ohne HochBHülle, nach den LB erscheinend; LB vorn kaum zugespitzt, oberseits matt, unterseits in den Nervenwinkeln nicht bärtig; Fr aufrecht, kugelig, weiß oder blauschwarz . 2

2 LB beiderseits gleichfärbig grün, mit 3–4 Nervenpaaren; Fr blauschwarz. — Zweigachsen meist weinrot. H: 2–5 m. ♄ NPh. V–VI (IX–X). Lichte, trockene Wälder u. deren Ränder; collin bis untermontan; hfg bis zstr. **Alle Bdld**. Schwach giftig. (*Thelycrania sanguinea, Swida sanguinea*)

**Rot-H., Roter H.**, „Hundsbeerstrauch", ***C. sanguínea***

a LB'Unterseite nur mit abstehenden Haaren (diese oft ± kraus). Hfg. **Alle Bdld**.

■ **Gewöhnlicher R.-H., *C. s. subsp. sanguínea***

–!! LB'Unterseite ausschließlich mit dicht anliegenden, 2strahligen, kompaßnadelartigen Haaren. Slt. Genaue Vbr. wenig bekannt. Gelegentlich angepflanzt u. eingebürgert. *(Swida australis)* **■ Südlicher R.-H., *C. s. subsp. austrális***

– LB'Unterseite außer den dicht anliegenden, 2strahligen, kompaßnadelartigen Haaren zusätzlich mit abstehenden Haaren. Zstr bis slt. **B, N, St, K, T**. **■ Ungarischer R.-H., *C. s. subsp. hungárica***

– LB oberseits grün, unterseits graugrün, daher ungleichfärbig, mit 5–7 Nervenpaaren; Fr weiß oder h'blau. — Pf mit zahlr. wurzelnden Ausläufern; Zweigachsen purpurrot. H: 1–3 m. ♄ NPh. VI–VII. Als Zierstrauch hfg kultiviert, slt verwildert (lokal eingebürgert, zB in **K**). (Heimat: Nordamerika.) *(C. stolonifera, C. alba, Th. sericea, Swida sericea)* **★ Weiß-H., *C. sericea***

# Ordnung Heidekrautartige, *Ericáles (Bicornes)*

## 89. Familie: Heidekrautgewächse, *Ericáceae* (inkl. *Vacciniaceae*)

Gemeinsame Merkmale (der heimischen Vertreter): Strauch (oft Zwergstrauch) oder Halbstrauch; LB wechselständig, gegenständig oder quirlig, einfach u. unzerteilt; Blü ⚥, ⊕ oder leicht ↓, 4–5zählig; KroB meist ± miteinander verwachsen, slt frei; StaubB 5, 8 oder 10, sich an der Spitze mit 2 Löchern öffnend; Frkn 1, ober- oder unterständig, 2–5fächrig; Gri 1; Fr: Kapsel, Beere oder beerenartige SteinFr. (B 79–, 97)

1 Frkn unterständig. — LB wechselständig, kahl, meist 1–2 mm lg gestielt; StaubB 8–10; Fr: Beere. **(10) Heidelbeere u. Verwandte, *Vaccínium***

– Frkn oberständig. — Fr: Kapsel oder beerenartige SteinFr . . . . . . . . . 2

2 LB nadel- oder schuppenförmig, etwa 1 mm br; KroB 4, an der Pf verwelkend (nicht abfallend). — Blüstd endständig, traubenförmig, ± einseitswendig, meist vielblütig; StaubB 8; Fr: Kapsel . . . . . . . . . . . . . . . . . . . . 3

– LB nicht nadel- oder schuppenförmig, mindestens 2 mm br; KroB 5, nach dem Blühen abfallend . . . . . . . . . . . . . . . . . . . . . . . . . . . . 4

3 LB gegenständig, schuppenförmig, 1–3 mm lg; K länger als die Kro; unter dem K ein grüner AußenK. **(8) Besenheide, *Callúna***

– LB in 3–4zähligen Scheinquirlen, nadelförmig, 5–8 mm lg; K kürzer als die Kro; AußenK fehlend. **(9) Schneeheide, *Eríca***

4 Kro kugelig bis krugförmig; Staubbeutel an der Spitze mit 2 schwanzförmigen Anhängseln. — LB wechselständig; StaubB 10 . . . . . . . . . . . . . . . 5

– Kro glockig, radförmig oder schüsselförmig; Staubbeutel ohne Anhängsel. — Fr: Kapsel . . . . . . . . . . . . . . . . . . . . . . . . . . . . . . . . 6

5 LB lanzettlich bis lineal-lanzettlich, bespitzt, Rand deutlich nach unten umgerollt; Fr: Kapsel. **(6) Rosmarinheide, *Andrómeda***

– LB schmal-verkehrt-eiförmig, stumpf bis abgerundet, Rand nicht umgerollt; Fr: beerenartige SteinFr. — LB oberseits d'grün, unterseits deutlich heller u. mit dichtem, dunklem Adernetz; Blüstd: endständige, meist 3–10blütige Traube; Kro ei-krugförmig, weiß bis rötlich, etwa 5–6 mm lg. **(7) Bärentraube, *Arctostáphylos***

6 KroB frei, weiß (sehr slt etwas rosa). **(4) Porst, *Lédum***

– KroB zumindest am Grund miteinander verwachsen, gelb, rosa oder rot (nur ausnahmsweise weiß) . . . . . . . . . . . . . . . . . . . . . . . . . . . 7

7 LB kürzer als 1 cm . . . . . . . . . . . . . . . . . . . . . . . . . . . 8

– LB länger als 1 cm . . . . . . . . . . . . . . . . . . . . . . . . . . . 9

**8** LB gegenständig, kahl, Rand deutlich nach unten umgerollt; Kro glockig, 4–5(6) mm ∅; StaubB 5. **(3) Gemsheide, *Loiseléuria***

**–** LB wechselständig, borstig bewimpert, Rand nicht umgerollt; Kro schüsselförmig ausgebreitet, 18–30 mm ∅; StaubB 10. **(1) Zwergalpenrose, *Rhodothámnus***

**9** LB wechselständig; Blü in endständigen Doldentrauben. **(5) Alpenrose, *Rhododéndron***

**–** LB gegenständig oder in 3zähligen Quirlen; Blü in kurz-gestielten, (1)3–9blütigen, seitlichen Doldentrauben (in den Achseln der obersten vorjährigen LB), — einen doldenähnlichen GesamtBlüstd bildend, aus dessen Mitte bereits während des Blühens der heurige Trieb herauswächst. ★ **(2) Lorbeerrose, *Kálmia***

## (1) Zwergalpenrose, *Rhodothámnus*

Niederliegender Zwergstrauch mit aufsteigenden Zweigen; LB wintergrün, ledrig, etwa 1–2 mm lg gestielt, gedrängt stehend, Spreite lanzettlich bis verkehrteiförmig, stumpf bis spitz; Blü meist zu 1–4, endständig; BlüStiele etwa 1–1,5 cm lg, drüsenhaarig; KB untereinander frei, etwa 5–7 mm lg, spitz, drüsenhaarig; Kro h'rosa, slt weiß. H: 10–20 cm. ♄ Ch. V–VII. ± trockene, kalkreiche Fels- u. -schuttfluren, Zwergstrauchheiden, Latschengebüsche; (montan) subalpin bis unteralpin; zstr. **Fehlt B, W, V.** ▲ **Zwergalpenrose, *Rh. chamaecístus***

## ★ (2) Lorbeerrose, Berglorbeer, *Kálmia*

Aufrechter Strauch; junge Zweigachsen u. LB'Stiele drüsenhaarig; LB wintergrün, etwa 0,5–1 cm lg gestielt, Spreite br-länglich bis br-lanzettlich (ähnlich wie beim Liguster), bei größeren LB 5–6 cm lg u. 1,5–2 cm br, ganzrandig, unterseits blaugrün; EinzelBlü meist 1,5–2 cm lg gestielt; Kro etwa 10 mm ∅, flach ausgebreitet, mit schmalem, aufgebogenem Saum, rosarot, am Grund d'rot gefleckt; StaubB 10. H: 50–100(200) cm. ♄ NPh. VI. Hochmoore; collin bis submontan; sehr slt. **O** (lokal verwildert u. eingebürgert). Slt als Zierstrauch kultiviert. (Heimat: Nordamerika.) ★ **Schmalblatt-L., *K. angustifólia***

## (3) Gemsheide, *Loiseléuria*

Niedriger, reichverzweigter, teppichartiger Spalierstrauch; LB wintergrün, ledrig, 1–3 mm lg gestielt, Spreite schmal-elliptisch, lanzettlich oder eilanzettlich, 4–6 mm lg, ganzrandig; Blü aufrecht, zu 2–5 in endständigen Doldentrauben; K bis fast zum Grund 5zipfelig zerteilt, d'rot; Kro rosa. H: 3–15 cm. ♄ Ch. VI–VII. Bodensaure, windexponierte Zwergstrauchheiden, slt auf Torfmoosbülten; kalkmeidend; subalpin bis unteralpin; in den Zentralalpen hfg, in den Kalkalpen zstr. **Fehlt B, W.** ▲
**Gemsheide,** Gamsheide, Alpenazalee, Alpenheide, ***L. procúmbens***

## (4) Porst, *Lédum* (Rhododendron sect. Ledum)

Strauch mit aufrecht abstehenden Zweigen; LB wechselständig, immergrün, ledrig, 2–4 mm lg gestielt, Spreite linealisch bis lineal-lanzettlich, 2–5 cm lg, ganzrandig, oberseits d'grün, verkahlend, unterseits rostrot-filzig, Rand stark nach unten umgerollt; Blü aufrecht, in dichten, endständigen Doldentrauben, stark duftend; BlüStiele drüsig; KroB ausgebreitet, 4–8(10) mm lg; StaubB 10; FrStiele herabgekrümmt. H: 50–120 cm. ♄ NPh. V–VI(VII). Hochmoore, moorige Wälder; (submontan) montan; sehr slt. **N, O!, St**†. (Gesamt-Vbr.: nördl. u. gemäßigtes Eurasien.) Stark gefährdet; im Alp vom Aussterben bedroht. ▲
(Rhododendron tomentosum) **Porst,** Sumpfporst, Moor-P., ***L. palústre***

## (5) Alpenrose, „Almrausch", *Rhododéndron*

1 Kro gelb, (4)5–6 cm ⌀; LB sommergrün, Spreite meist (6)8–12 cm lg; StaubB 5. — Aufrechter Strauch; junge Zweigachsen u. LB drüsenhaarig, klebrig; LB'Spreite meist lanzettlich bis verkehrt-eilanzettlich, fein bewimpert; Blü sehr stark duftend; BlüStiele u. K drüsenhaarig. H: 1–4 m. ♄ NPh. V–VI. Frische, kalkarme Edellaubwälder; collin bis submontan (?); sehr slt. **K** (wohl kaum ursprünglich!), in **N** u. **St** slt verwildert (lokal eingebürgert). (Nächste Vorkommen: Slowenien [ob ursprünglich?]; Hptvbr.: Nord-Anatolien, Kaukasus.) ZierPf. Stark gefährdet (?). ▲ *(Rh. flavum, Azalea pontica, A. flava)*
**Gelbe A.,** ***Rh. lúteum***

- Kro purpurrot, etwa 1,5–2 cm ⌀; LB wintergrün, Spreite meist 1,5–3,5(4,5) cm lg; StaubB 10. — Buschiger, aufrechter, bis 1 m hoher Strauch; LB etwa 2–5 mm lg gestielt; KroRöhre etwa so lg wie die ± ausgebreiteten KroZipfel; BlüStiele, K, Kro (außen) u. Frkn mit gelblichen Drüsen . . . . . . . . . . **2**

2 LB unterseits im Alter (durch Schuppenhaare) rostbraun (jung gelblich), nicht bewimpert. — LB'Spreite meist lanzettlich bis schmal-elliptisch, ganzrandig, Rand ± umgerollt; Kro purpurrot (slt weiß). H: 30–100 cm. ♄ NPh. VI–VII. Frische, meist bodensaure, lichte Nadelwälder, Krummholzgebüsche, Zwergstrauchheiden; (obermontan) subalpin (unteralpin); in den Zentralalpen hfg, in den Kalkalpen mäßig hfg. **Fehlt B, W**. Hybridisiert mit der folgenden Art. △
**Rost-A.,** Rostblättrige A., ***Rh. ferrugíneum***

- LB unterseits auch im Alter grün, deutlich bewimpert (Wimperhaare waagrecht-abstehend, 1–3 mm lg, ziemlich steif). — LB'Spreite meist schmal-elliptisch bis schmal-verkehrt-eiförmig, fein gekerbt bis ganzrandig, beiderseits drüsig punktiert (Drüsen anfangs gelblich, später bräunlich); Kro purpurrosa. H: 30–100 cm. ♄ NPh. V–VII. Frische, kalkreiche Krummholzgebüsche, Zwergstrauchheiden; (obermontan) subalpin (unteralpin); in den Kalkalpen hfg, in den Zentralalpen zstr. **Fehlt B, W**. Hybridisiert mit der vorigen Art. △
**Wimper-A.** Bewimperte A., „Almrausch", „Steinrose", ***Rh. hirsútum***

Hybride: *Rh. hirsutum × ferrugineum (= Rh. × intermedium)*; morphologisch u. auch ökologisch zw. den Eltern stehend; stellenweise hfg.

## (6) Rosmarinheide, Gränke, *Andrómeda* (G VIII 17)

Kriechender Halbstrauch mit aufsteigenden Ästen, kahl; LB wintergrün, ledrig, meist 1–3(5) mm lg gestielt, Spreite meist 1,5–3 cm lg, ganzrandig, oberseits glänzend d'grün, unterseits weißlich bis bläulichgrün; Blüstd: 2–5(8)blütige Doldentraube; Blü meist 8–13 mm lg gestielt, nickend; BlüStiele, K u. Kro purpurrosa; Kro etwa 5 mm lg; Fr kugelig. H: 10–20(30) cm. ♄ Ch. V–VI(VII). Moore, moorige Nadelwälder; montan; zstr (Standort slt!). **Fehlt B, W**. Giftig. Gefährdet. ▲ **Rosmarinheide,** Polei-G., ***A. polifólia***

## (7) Bärentraube, *Arctostáphylos*

1 LB immergrün, ganzrandig, kahl; Fr rot. — Niedergestreckt kriechender Zwergstrauch (= Spalierstrauch) mit flach aufsteigenden Ästen; LB 1–3(5) mm lg gestielt, Spreite meist 1–3 cm lg, am Grund keilförmig, unterseits nicht drüsig punktiert (Unterschied zur Preiselbeere!); Blü nickend. H: (2)5–10 cm; G: 30–100 cm lg. ♄ Ch. (IV)V–VII. Trockene Föhrenwälder, Latschen-

gebüsche, Zwergstrauchheiden; (montan) subalpin (unteralpin); zstr. **Fehlt B, W**. ArzneiPf. *(A. officinalis)* **Echte Bärentraube,** Arznei-B., ***A. úva-úrsi***

- LB sommergrün (im Herbst sich leuchtend rot verfärbend), fein gesägt, gegen den Grund zu lg bewimpert; Fr schwarz. — Spalierstrauch mit kurzen, aufsteigenden Endtrieben; LB'Spreiten am Grund keilig verschmälert, oberseits (durch das eingesenkte Adernetz) etwas runzelig, unterseits h'grün; Blü mit den LB erscheinend. H: (2)5–10 cm; G: 20–50 cm lg. ♄ Ch. V–VI. Meist kalkreiche Zwergstrauchheiden, Latschengebüsche; subalpin bis unteralpin; zstr. **Fehlt B, W**. *(Arctous alpina)* **Alpen-B., *A. alpínus***

## (8) Besenheide, *Callúna* (B 13; G VII 17)

Immergrüner Zwergstrauch; junge Zweigachsen samthaarig *(Lupe!)*; LB 4zeilig angeordnet, sich ziegeldachig überdeckend, kahl, am Grund mit 2 abwärts gerichteten, spitzen Öhrchen; Blü nickend; K u. Kro purpurrosa; K etwa 4 mm lg; Fr: kugelige, steifhaarige Kapsel. H: (10)20–40(60) cm. ♄ Ch–NPh. VII–IX. Saure, nährstoffarme Wälder, Zwergstrauchheiden, Magerrasen (bes. Magerweiden), Moore; kalkmeidend; collin bis subalpin; hfg. **Alle Bdld**.

**Besenheide,** Gewöhnliches Heidekraut, Herbstheidekraut, „Heidach", ***C. vulgáris***

## (9) Schneeheide, *Eríca* (B 15–; G VII 18)

Anm.: Die ozeanische MoorPf ☆ **Glocken-Heide, *E. tetrálix*** (LB steifhaarig bewimpert; Blüstd kopfig-doldig; Hptvbr.: West-Europa, nordwestl. Mitteleuropa) tritt neuerdings verwildert (sich einbürgernd?) in S (im Angertal bei Badgastein) auf.

Immergrüner Zwergstrauch, kahl; LB'Stiele etwa 1 mm lg, der Zweigachse anliegend; LB'Spreiten abstehend, spitz oder kurz stachelspitzig, oberseits glänzend d'grün, die nur durch einen Längsspalt sichtbare Unterseite weißlich, Rand stark nach unten umgerollt; BlüStiele 2–5 mm lg, mit 3 kleinen VorB; K u. Kro h'- bis d'purpurn (sehr slt weiß); Kro etwa 5 mm lg, schmal krugförmig, Saum kurz; Staubbeutel schwärzlichpurpurn, aus der Kro herausragend. H: 15–30(40) cm. ♄ Ch. II–IV. (Dolomit-)Föhrenwälder u. deren Säume, Felsfluren; meist über Karbonat, slt über Silikat (Quarzit, Serpentin); PionierPf; submontan bis subalpin; mäßig hfg. **Fehlt B, W**. *(**E. herbacea**)*

**Schneeheide,** Frühlingsheide, Erika, Frühlingsheidekraut, ***E. cárnea***

## (10) Heidelbeere, Preiselbeere u. Verwandte, *Vaccínium,* (inkl. *Oxycoccus, Rhodococcum*) (G VII 11; VIII 14)

**1** Stg fadenförmig, kriechend; Kro radförmig; KroB nur am Grund miteinander verwachsen. — LB wintergrün, ledrig, ganzrandig (Rand nach unten umgerollt), oberseits d'grün, glänzend, unterseits blaugrün bereift; BlüStiele rötlich, sehr dünn (fädlich), 2- bis mehrmals so lg wie die Kro, mit 2 VorB; Blü nickend, 4zählig; KroZipfel etwa 5–6 mm lg, rosarot, später turbanartig zurückgeschlagen; Fr rot. (Artengruppe Moor-Preiselbeere, *V. oxycoccos agg.*) . . . . . . . . . . **2**

**-** Stg kräftig, aufrecht bis aufsteigend (sehr slt niederliegend); Kro krug- bis glockenförmig; KroB mindestens bis zur Hälfte miteinander verwachsen. — Blü 4–5zählig; Kro 4–6 mm lg . . . . . . . . . . **3**

**2** BlüStiele flaumhaarig *(Lupe!)*; Staubf. nur an den Schmalseiten (= Außenkanten) behaart, kürzer als die Staubbeutel (einschl. Anhängsel); Blü in endständigen, (1)2–4(5)blütigen Doldentrauben. — LB'Spreiten länglich-eiförmig bis schmal-elliptisch, meist 5–11 mm lg u. 2,5–6 mm br, spitz; Fr meist kugelig, 8–10 mm ∅. H: 2–6 cm; G: 20–80 cm lg. ♄ Ch. (V)VI–VII(VIII). Hochmoore, Zwischenmoore; submontan bis montan; hfg (Standort slt!). **Fehlt B, W**. Gefährdet. ▲ *(Oxycoccus palustris, O. quadripetalus)*

■ **Gewöhnliche Moor-Preiselbeere,** Moosbeere, Moos- Granten, ***V. oxycóccos*** *(s. str.)*

- BlüStiele (fast) kahl; Staubf. ringsum behaart, meist so lg oder etwas länger als die Staubbeutel (einschl. Anhängsel); Blü meist einzeln, slt zu 2–3. — Stg, LB usw. im allgemeinen deutlich kleiner als bei der vorigen Art; LB'Stiel etwa 0,5 mm lg, Spreite etwa 3–5 mm lg u. 1–2 mm br, oft im untersten Viertel am breitesten u. dann schmal-3eckig-eiförmig; Fr birnenförmig bis zitronenförmig, 5–8 mm br. H: 2–5 cm. ♄ Ch. VI–VIII. Hochmoore; submontan bis subalpin; slt. **Fehlt B, W, O?**. Stark gefährdet. ▲ *(Oxycoccus palustris subsp. microcarpus, O. microcarpus, V. oxycoccos subsp. microcarpum)*

■ **Kleinfrucht-Moor-Preiselbeere,** Kleinfrucht-Moosbeere, ***V. microcárpum***

3 Zumindest die jüngeren Zweigachsen scharfkantig; Blü einzeln in den Achseln von LB. — Pf kahl; jüngere Zweigachsen grün; LB sommergrün, Spreite eiförmig bis elliptisch, meist spitz, fein gesägt bis gezähnt, beiderseits grasgrün; Blü nickend; Kro kugelig-krugförmig, grünlich, meist rötlich überlaufen; Fr blauschwarz, meist bereift, wohlschmeckend; FrFleisch u. Saft violett. H: 15–50(80) cm. ♄ Ch–NPh. V–VI(VIII). Bodensaure, frische Wälder, Zwergstrauchheiden, Moore; kalkmeidend; submontan bis unteralpin; hfg bis sehr hfg. **Alle Bdld**. Wildobst, ArzneiPf.

**Heidelbeere, Schwarzbeere,** Blaubeere, (nordtirolerisch:) „Moosbeere", ***V. myrtíllus***

- Zweigachsen stielrund; Blü in endständigen, 1- bis mehrblütigen Trauben. — Kro weiß bis rötlich . . . . . . . . . . . . . . . . . . . . . . . . . . . . . . **4**

4 LB wintergrün, unterseits h'grün, nicht netzaderig, zstr drüsig punktiert (Unterschied zur Echten Bärentraube, (7), *Arctostaphylos uva-ursi*), Rand meist deutlich nach unten umgerollt; Kro glockig; Staubf. behaart; Fr rot. — Junge Zweigachsen kurzhaarig; LB'Spreite meist schmal-verkehrt-eiförmig, ganzrandig bis schwach gekerbt oder gezähnelt; Trauben dicht, (3)5–10(15)blütig; Fr genießbar. H: 10–20(30) cm. ♄ Ch. V–VI(VIII). Bodensaure, magere, trockene Nadel- (bes. Föhren-)wälder, Magerweiden, Zwergstrauchheiden, Moore; kalkmeidend; (submontan) montan bis unteralpin; hfg. **Fehlt W**. Wildobst (Fr gekocht als Kompott). *(Rhodococcum vitis-idaea)*

**Preiselbeere,** Granten, ***V. vítis-idáea***

- LB sommergrün, unterseits bläulichgrün, deutlich netzaderig, nicht drüsig punktiert, Rand nicht oder nur schwach umgerollt; Kro kugelig- bis ei-krugförmig; Staubf. kahl; Fr blauschwarz, — bereift, mit weißlichem FrFleisch u. farblosem Saft, weniger wohlschmeckend; LB'Spreite rundlich- bis schmal-verkehrt-eiförmig, stets ganzrandig. (Artengruppe Rauschbeere, *V. uliginosum agg.*; noch unzureichend erforscht.) . . . . . . . . . . . . . . . . . . . . . . . . **5**

5 Pf meist ± aufrecht; LB deutlich blaugrün, 10–25(35) mm lg (größere stets länger als 15 mm), oft breiter als 10 mm, größte Breite oft in der Mitte, Rand kaum verdickt; Trauben (1)2–3blütig; BlüStiel so lg oder etwas länger als die Kro, meist 3–10 mm lg. H: (20)30–60(100) cm. ♄ Ch-NPh. V–VI(VII). Hochmoore, moorige Wälder, feuchte Zwergstrauchheiden; kalkmeidend; collin bis montan (subalpin); zstr. **Fehlt B, W**. (Eurosibirisch-nordamerikanisch-zirkum-

polar.) Gefährdet; stark gefährdet im Alp. ▲ (Tetraploid?) (*V. uliginosum subsp. uliginosum*) ■ **Moor-Rauschbeere, Moor-Nebelbeere,** Moor-Heidelbeere, Eigentliche Moorbeere, ***V. uliginósum*** (*s. str.*)

– Pf niederliegend bis aufsteigend; LB nur schwach bläulichgrün, 6–15 mm lg, meist schmäler als 10 mm, größte Breite meist über der Mitte, Rand unterseits mit kleinem Randwulst; Trauben 1(2)blütig; BlüStiel kürzer als die Kro, meist 1–3 mm lg. H: 5–15 cm. ♄ Ch. V–VI(VII). Bodensaure Zwergstrauchheiden u. Magerrasen; kalkmeidend; subalpin bis unteralpin; hfg. **Fehlt B, W**. (Arktisch-alpin.) (Diploid?) (*V. uliginosum subsp. alpinum, V. u. subsp. microphyllum*) ■ **Alpen-Rauschbeere, Alpen-Nebelbeere,** Alpen-Moorbeere, ***V. gaultherioídes***

## 90. Familie: Wintergrüngewächse, *Pyroláceae* (*s. str.*: exkl. [91. Fam.] *Monotropaceae*) (G VII 14; → VIII 17)

1 Blü meist in endständiger Dolde; LB undeutlich kurzgestielt, verkehrt-eilanzettlich, 2–4× so lg wie br, — kräftig gesägt, Stg'ständig, ± etagenförmig angeordnet; Kro 1–1,2 cm ∅, h'rosa (bis weiß?); Gri höchstens 0,5 mm lg, fast ganz in den Frkn eingesenkt; Narbe kopfig. **(1) Winterlieb, *Chimáphila***

– Blü in verlängerten Trauben oder einzeln; LB deutlich gestielt, eiförmig bis rundlich, 1–2× so lg wie br; Narbe 5lappig . . . . . . . . . . . . . . . . . 2

2 Blü einzeln, 1,5–2(2,5) cm ∅; Kro flach ausgebreitet; Fr aufrecht; KB frei, vorn abgerundet, — gewimpert; LB deutlich kerbsägig bis gesägt; Narbe auffällig groß: etwa 1–2 mm lg u. 2–3 mm br, kronenförmig. **(4) Moosauge, *Móneses***

– Blüstd mehrblütig; Blü weniger als 1(1,5) cm ∅; Kro glockig bis halbkugelig oder schüsselförmig; Fr nickend; KB am Grund miteinander verwachsen, vorn spitz . . . . . . . . . . . . . . . . . . . . . . . . . . . . . . . . . . . 3

3 Traube einseitswendig; LB Stg'ständig, eiförmig, meist mit kurzer aufgesetztem Spitzchen; KB gewimpert. — LB deutlich gesägt; Pollenkörner einfach (*Mikroskop!*). **(2) Birngrün, *Orthília***

– Traube allseitswendig; LB in Grundrosette, rundlich, stumpf; KB kahl. — LB sehr schwach u. fein gekerbt bis gesägt-gezähnt, oft fast ganzrandig; Pollenkörner zu Tetraden vereinigt (*Mikroskop!*). **(3) Wintergrün, *Pýrola***

### (1) Winterlieb, *Chimáphila* (B 36)

Stg am Grund ♄; Schaft ohne HochB; Dolde (3)4–7blütig; DeckB auf die BlüStiele verschoben. H: (5)10–20(30) cm. Ch (± schwach ♄). VI–VIII. Lichte, trockene, magere, moderreiche, bodensaure Wälder (meist Nadelwälder); kalkmeidend; collin bis untermontan; slt bis sehr slt. **B, N, O, St, K**. Stark gefährdet; im BM, nVL u. Pann vom Aussterben bedroht. VolksarzneiPf (LB), Homöop. ▲ **Winterlieb, *C. umbelláta***

### (2) Birngrün, *Orthília* (*Ramischia, Pyrola p. p.*)

Schaft am Grund mit 2–3, weiter oben mit 1–3 HochB; Kro grünlichweiß; Gri 3,5–5(6) mm lg, gerade, unterhalb der Narbe verdickt. H: 5–25 cm. ♄ Ch. VI–VII. Lichte moderhumusreiche Wälder, bes. Föhrenwälder; bes. über Dolomit; (collin) montan bis subalpin; zstr. **Fehlt W**. ▲ (*Pyrola secunda, Ramischia secunda*)

**Birngrün,** Einseitswendiges Wintergrün, Nickendes W., ***O. secúnda***

## (3) **Wintergrün,** Birnblatt, ***Pýrola*** *(Pirola)*

**1** Gri 1–2 mm lg, kürzer oder höchstens so lg wie der Frkn, kürzer als die Kro, unterhalb der Narbe nicht verdickt; Staubbeutel 1–1,3 mm lg. — LB'Spreite (1,5)2–4(5) cm lg; Schaft am Grund mit 0–2, weiter oben mit 0–1(2), pfriemlichen HochB; KB 3eckig, ± so lg wie br, ¼–⅓× so lg wie die KroB; Kro kugelig, weiß bis blaßrosa; Gri gerade. H: 5–20(30) cm. ♃ He. VI–VIII. Bodensaure Wälder, bes. Nadelwälder; submontan bis subalpin; zstr. **Alle Bdld.** ▲ **Klein-W., *P. mínor***

**-** Gri (3)4–10 mm lg, länger als der Frkn, länger als die KroB, unterhalb der Narbe verdickt; Staubbeutel 1,8–3 mm lg . . . . . . . . . . . . . . . . . . . **2**

**2** Gri beim Blühen gerade (an der Fr oft gekrümmt); LB'Stiel meist nicht länger als die Spreite. — LB'Spreite (2,5)3–4(5) cm lg; Schaft am Grund mit 2–4, weiter oben mit 1–2, eiförmigen HochB; KB br-lanzettlich, etwa 1¼–1¾× so lg wie br, etwa ½× so lg wie die KroB; Kro weiß, slt blaßrosa, halbkugelig; Gri (3)4–6 mm lg. H: (5)15–30 cm. ♃ He. VI–VIII. Schattige, bodensaure Wälder, bes. Nadelwälder; montan bis subalpin; sehr slt. **Fehlt W.** (Allotetraploide Hybride aus *P. minor* × *rotundifolia.*) ▲ **Mittel-W., *P. média***

**-** Gri stets gebogen; LB'Stiel meist länger als die Spreite. — Kro schüsselförmig . . . . . . . . . . . . . . . . . . . . . . . . . . . . . . . . . **3**

**3** KZipfel 1,5–2 mm lg, mindestens so br wie lg, ⅕–¼× so lg wie die blaßgelblichgrünen KroB; Stg am Grund scharfkantig. — LB'Spreite 1–2,5(3) cm lg, oft breiter als lg; Schaft am Grund mit 1–2, weiter oben mit (0)1(2), pfriemlichen HochB; Gri (4)6–7 mm lg. H: 10–30 cm. ♃ He. VI–VII. Lichte, trockene moderreiche Wälder, bes. Nadelwälder; etwas kalkliebend; montan bis subalpin; zstr bis slt. **Fehlt W.** ▲ **Grünblüten-W., *P. chlorántha***

**-** KZipfel 3,5–4,5 mm lg, 2–3½× so lg wie br, etwa ½× so lg wie die weißen, oft rosa überlaufenen KroB; Stg stumpfkantig. — LB'Spreite (1,5)3–5(6) cm lg; Schaft am Grund mit 2–3, weiter oben mit (1)2–4(5), eiförmigen HochB; Gri (4)6–8(10) mm lg. H: 20–30(35) cm. ♃ He. VI–VII. Schattige bodensaure Wälder, bes. Nadelwälder; montan bis subalpin; in den nördl. Kalkalpen hfg, sonst zstr bis slt. **Alle Bdld.** ▲
**Groß-W.,** Rundblatt-W., ***P. rotundifólia*** *(subsp. rotundifolia)*

## (4) **Moosauge, *Móneses*** *(Pyrola p. p.)*

LB'Spreite (0,7)1–1,5(2) cm lg; Schaft am Grund mit (1)2(3), weiter oben mit 1, br-elliptischen HochB; Blü nickend; Kro weiß, ausgebreitet; Staubf. S-förmig gebogen; Gri (4)5–7 mm lg, gerade, unterhalb der Narbe nicht verdickt. H: 5–10(15) cm. ♃ Ch, Ge. V–VIII. Moderhumusreiche, schattig-frische Wälder, bes. Nadelwälder; montan bis subalpin; zstr. **Fehlt W.** ▲ *(Pyrola uniflora)*
**Moosauge,** Einblütiges Wintergrün, ***M. uniflóra***

# 91. Familie: Fichtenspargelgewächse, *Monotropáceae*

## Fichtenspargel, *Monótropa* (inkl. *Hypópitys*) (→ D 7)

Vollparasitische, blaßgelbliche Pf ohne Chlorophyll. (Kontrastive Vbr. der beiden [Klein-]Arten ungenügend bekannt.) (Artengruppe Behaarter F., *M. hypópitys agg.*)

**1** Innenseite der Kro, Staubf., Gri u. oft der Frkn steifhaarig; Frkn u. Fr oft länger als br; Traube ± dicht, (6)10–15blütig; KroB (9)10–15 mm lg, an der

Spitze etwas ausgebreitet. — Stg oben, K u. Außenseite der Kro behaart oder kahl. H: 10–25 cm. ♃ Ge. VI–VII. Schattig-feuchte, humose, bodensaure Wälder, bes. Fichtenwälder; kalkmeidend; collin bis montan; zstr. **Fehlt W.** *(M. multiflora, M. hypopitys subsp. hypopitys)*
**Behaarter F.**, Fichtenspargel i. e. S., ***M. hypópitys*** *(s. str.)*

- Gesamte Blü stets kahl; Frkn u. Fr fast kugelig; Traube ± locker, 3–6(12)blütig; KroB 8–10 mm lg, aufrecht. — Stg stets kahl. H: 10–25 cm. ♃ Ge. VI–VII. Schattig-feuchte, humose, ± bodensaure Wälder, bes. Buchenwälder; kalkmeidend; collin bis montan; zstr bis slt. **Fehlt W, S.** Potentiell gefährdet. *(M. hypopitys subsp. hypophegea)* **Kahler F.**, Buchenspargel, ***M. hypophégea***

## 92. Familie: Krähenbeerengewächse, *Empetráceae*

### Krähenbeere, *Émpetrum* (→ B 17; G XIV 13, 21)

(Artengruppe Zweihäusige K., „Rauschbeere", *E. nigrum agg.*)

1 Pf 2häusig, fast alle Blü 1geschlechtig (um die bereits entwickelten Beeren herum sind keine Staubf. zu finden); LB 4,5–5,5 mm lg u. 1–1,5 mm br, 3–4× so lg wie br, die meisten länglich (dh im Mittelteil parallelrandig), unterseits mit weniger als 0,1 mm br Längsfurche. — Pf spärlich fruchtend (?); Sprosse liegend-ausgebreitet, zT wurzelnd (?); junge Triebe rötlich, ältere rotbraun (?). H: 15–30 cm. ♄ Ch (immergrün). IV–V. Bodensaure (Rohhumus!) Zwergstrauchheiden, Hochmoore; kalkmeidend; (montan) subalpin; slt. **N, O?, St.** (Diploid.) *(E. nigrum subsp. nigrum)* ■ **Zweihäusige K., *É. nigrum s. str.***

- Fast alle Blü ⚥ (um die bereits entwickelten Beeren sind meist noch Staubf., deren Staubbeutel abgebrochen sind, zu finden - *man untersuche mehrere Blü u. Fr!*); LB 4–5 mm lg u. 1,5–2 mm br, 2–3× so lg wie br, elliptisch (nie parallelrandig), auf der Unterseite mit 0,1–0,2 mm br Längsfurche. — Pf meist reich fruchtend (?); Sprosse ± aufrecht, nie wurzelnd (?); junge Triebe grün, ältere braun (?). H: 15–50 cm. ♄ Ch (immergrün). IV–V. Zwergstrauchheiden auf saurem Rohhumus; kalkmeidend; subalpin bis alpin; hfg. **Fehlt B, W, N.** Schwach giftig (?; Fr eßbar!). ▲ (Tetraploid.) *(E. nigrum subsp. hermaphroditum)* ■ **Zwittrige K., *E. hermaphrodítum***

# Überordnung Primelblütige, *Primulánae*
# Ordnung Primelartige, *Primuláles*

## 93. Familie: Primelgewächse, Schlüsselblumengewächse, *Primuláceae* (G V 46; VI 15)

Krautig; LB wechselständig oder wirtelig; NebenB fehlend; Blü ⚥; BlüHülle ⊕, meist 5zählig; Kro verwachsenblättrig; StaubB meist 5, vor (Abb. 303 a; nicht zwischen) den KroZipfeln stehend, meist mit der Kro(Röhre) verwachsen; Frkn 1, meist oberständig, mit Zentralplazenta (dh SaAnlagen auf einem Mittelsäulchen); Gri 1; Fr: Kapsel.

1 WasserPf; LB gefiedert. — LB untergetaucht; BlüSchaft aufrecht über dem Wasser; Blü in übereinandergestellten Quirlen. **(11) Wasserfeder, *Hottónia***

- Land- oder SumpfPf; LB unzerteilt . . . . . . . . . . . . . . . . . . . . 2

**2** KroZipfel zurückgeschlagen (oder Kro 0); WuStock brotlaibförmig bis knollig. — LB grundständig, immergrün; Blü grundständig, nickend. **(12) Zyklame, *Cýclamen***
**-** KroZipfel nicht zurückgeschlagen (oder Kro 0); WuStock nicht knollig . . 3

**3** LB grundständig, oft rosettig; Blü einzeln grundständig oder Dolde auf einem Schaft . . . . . . . . . . . . . . . . . . . . . . . . . . . . . . . 4
**-** Stg beblättert; Trauben oder Rispen oder Blü einzeln achselständig . . . . 7

**4** Kro mit fransig zerschlitztem Saum. — Fr 5zähnig u. sich mit einem Deckel öffnend; LB rundlich-herzförmig, lederig. **(8) Soldanelle, *Soldanélla***
**-** KroSaum nicht fransig zerschlitzt, KroZipfel ganzrandig oder ausgerandet. — Fr 5- oder 10zähnig, ohne Deckel . . . . . . . . . . . . . . . . . . . . . . 5

**5** LB'Spreite gelappt; Staubf. am Grund verdickt u. ringförmig miteinander verbunden. — LB'Spreite im Umriß fast rund, mit herzförmigem Grund, zottig behaart, Lappen spitz gesägt. **(7) Heilglöckchen, *Cortúsa***
**-** LB'Spreite ganz, nicht gelappt; Staubf. am Grund nicht verdickt u. nicht miteinander verbunden . . . . . . . . . . . . . . . . . . . . . . . . . 6

**6** Kro im Schlund mit 5 kurzen, gelben (beim Verblühen meist rötlichen) Schuppen. **(9) Mannsschild, *Andrósace***
**-** Kro im Schlund ohne Schuppen. — Blü meist verschiedengriffelig (lg'griffelig: Abb. 294 a; kurzgriffelig: Abb. 294 b); KroRöhre mindestens 0,5 cm lg, am Schlund nicht verengt. **(10) Primel, *Prímula***

**7** [3] Blü ohne Kro, mit Kro'artigem K. — KB 5, rosa; LB fleischig, die unteren gegen-, die oberen wechselständig. **(3) Strandmilchkraut, *Glaux***
**-** Blü mit Kro u. typischem K . . . . . . . . . . . . . . . . . . . . . . . . 8

**8** Frkn halbunterständig. — K am Grund oder bis zur Mitte dem Frkn angewachsen. **(6) Salzbunge, *Sámolus***
**-** Frkn oberständig . . . . . . . . . . . . . . . . . . . . . . . . . . . . 9

**9** KB, KroB u. StaubB 4(5); KroRöhre etwa so lg wie die KroZipfel, — fast kugelig-bauchig; Fr kugelig, mit einem Deckel aufspringend. **(5) Kleinling, *Centúnculus***
**-** KB, KroB u. fruchtbare StaubB 5–7; KroRöhre viel kürzer als die KroZipfel oder fast fehlend . . . . . . . . . . . . . . . . . . . . . . . . . . . . 10

**10** Kro gelb. — Fr mit 5 Klappen aufspringend. **(1) Gilbweiderich, *Lysimáchia***
**-** Kro nicht gelb, — sondern blau, rot oder weiß . . . . . . . . . . . . . . 11

**11** KroZipfel meist 7, weiß; LB im oberen StgTeil scheinquirlig angeordnet; Fr mit 7(5–9) Klappen aufspringend. **(2) Siebenstern, *Trientális***
**-** KroZipfel meist 5, rot oder blau; LB am Stg verteilt; Fr mit einem Deckel aufspringend. **(4) Gauchheil, *Anagállis***

## (1) Gilbweiderich, Felberich, *Lysimáchia* (G V 44; XI 9)

**1** Stg niederliegend oder aufsteigend . . . . . . . . . . . . . . . . . . . . 2
**-** Stg aufrecht . . . . . . . . . . . . . . . . . . . . . . . . . . . . . . . 3

**2** LB eiförmig, zugespitzt, nicht drüsig punktiert; KB etwa 4 mm lg, nicht herzförmig; Kro 5–8 mm ∅; Staubf. am Grund frei; Stg aufsteigend. G: 10–30 cm lg. ♃ Ch. V–VIII. Feuchte Wälder u. Gebüsche, Waldschläge, Bachufer; montan bis subalpin; hfg bis zstr. **Alle Bdld**. **Wald-G.**, Hain-G., ***L. némorum***

– LB rundlich, stumpf, rotdrüsig punktiert; KB 7–10 mm lg, am Grund herzförmig; Kro 9–16 mm ∅; Staubf. am Grund zusammenhängend; Stg niederliegend. — LB auffallend in einer Ebene ausgebreitet. G: 10–50 cm lg. Meist fruchtsteril. ♃ Ch. V–VII. Feuchte bis nasse Wiesen u. Wälder, wechselnasse Stellen, bes. in Auen; collin bis montan; hfg. **Alle Bdld.** VolksarzneiPf (Kraut); Homöop. **Pfennigkraut, *L. nummulária***

3 Blü 6–7zählig, — in dichten, achselständigen Trauben; Kro- u. KZipfel linealisch. H: 30–70 cm. ♃ He, Wa. V–VII. Sümpfe, Moore, Teichränder, Verlandungsbestände, moorige Nadelwälder; kalkmeidend; collin bis montan; slt. **Fehlt B, W.** Stark gefährdet; im Rh u. öAlp vom Aussterben bedroht. ▲ *(Naumburgia thyrsiflora)* **Strauß-G., *L. thyrsiflóra***

– Blü 5zählig . . . . . . . . . . . . . . . . . . . . . . . . . . . . . . . . . . . . . . **4**

4 Blü in unten beblätterter Rispe; LB'Wirtel 2–3zählig, LB nicht punktiert; KroZipfel am Rand kahl; KZipfel meist rötlich berandet. H: 50–160 cm. ♃ He. VI–VIII. Feuchte Gebüsche, Flachmoore, Sumpfwiesen, Bruchwälder; collin bis montan; hfg. **Alle Bdld.** **Rispen-G., Gewöhnlicher G., *L. vulgáris***

– Blü in beblätterter, quirliger Traube; LB'Wirtel 3–4zählig, LB unterseits dunkel punktiert; KroZipfel drüsig-gewimpert; KZipfel nicht rötlich berandet. — Pf aromatisch. H: 50–100 cm. ♃ He. VI–VIII. Feuchte Gebüsche, feuchte Wiesen, Sümpfe, Hochstaudenfluren, feuchte Bergwälder; collin bis subalpin; hfg. **Fehlt T, V.** Auch als ZierPf kultiviert.
**Trauben-G., Punkt-G.,** Punktierter G., Drüsen-G., ***L. punctáta***

## (2) Siebenstern, *Trientális* (G 12)

Pf mit Ausläufern, die am Ende knollig verdickt sind. H: 5–20 cm. ♃ Ge. V–VII. Hochmoorränder, moorige Wälder, humusreiche bodensaure Fichtenwälder; kalkmeidend; submontan bis subalpin; slt. **Fehlt B, W, V.** Gefährdet. ▲
**Siebenstern, *T. europáea***

## (3) Strandmilchkraut, *Glaux*

H: 3–20 cm. ♃ He. V–VIII. Feuchte Salzböden; collin; sehr slt. **N** (im Pulkautal). (Hptvbr.: Küsten Nord- u. West-Europas; Asien.) Vom Aussterben bedroht. **Strandmilchkraut, *G. marítima***

## (4) Gauchheil, *Anagállis*

1 Kro glockenförmig, 2–3× so lg wie der K; Stg sehr dünn, kriechend. — LB rundlich, kurz gestielt; KroB rosa, dunkler geadert. H: 4–20 cm. ♃ He. VII–VIII. Sümpfe, Moore; montan; früher sehr slt. **S**†, **T**†. (Hptvbr.: Westeuropa.) Ausgestorben.
**† Zarter G., *A. tenélla***

– Kro radförmig, etwa 1–1½× so lg wie der K; Stg aufrecht, — scharf 4kantig, kahl, ± stark verzweigt; DeckB gleich den LB, eiförmig, sitzend, unterseits bräunlich punktiert (Gruppe des Acker-G., *A. arvensis-Gruppe*) . . . . . **2**

2 BlüStiele (1)1¼–2× so lg wie ihr DeckB; Drüsenhaare am Rand der KroB 50–70 *(Lupe!)*, meist 3zellig, mit runder Endzelle *(Mikroskop!)*; Kro 5–7 mm lg (10–14 mm ∅), vorn nicht oder nur wenig gesägt; K etwa so lg wie die Kro; KB im Knospenzustand die Kro oft (?) nicht voll deckend; DeckB br-eiförmig; FrStiele meist 20–30 mm lg; Fr meist mit 20–22 Sa. — Kro meist zinnoberrot *(f. arvénsis)*, slt blau *(f. azúrea*: oft verwechselt mit *A. foemina*). H: 5–30 cm. ⊙ Th. VI–X. Äcker, Gärten, Weingärten, Ruderalstellen; collin bis montan;

hfg bis zstr. **Alle Bdld**. In den wAlp gefährdet. Schwach giftig. VolksarzneiPf (Kraut); Homöop. **■ Acker-G., *A. arvénsis***

- BlüStiele $^2/_3$–1($1^1/_4$)× so lg wie ihr DeckB; Drüsenhaare am Rand der KroB (0)5–10(15) *(Lupe!)*, (3)4zellig, mit länglicher Endzelle *(Mikroskop!)*; Kro 4–5 mm lg, vorn meist deutlich unregelmäßig gesägt; K etwa $^2/_3$× so lg wie die Kro; KB im Knospenzustand die Kro oft (?) voll deckend; DeckB eilanzettlich; FrStiele meist 10–15(20) mm lg; Fr meist mit 15–16 Sa. — Kro blau. H: 5–30 cm. ⊙ Th. VI–IX. Äcker, Weingärten, Gärten, Ruderalstellen; collin bis submontan; zstr bis slt. **(K); fehlt S, V**. Schwach giftig; VolksarzneiPf (Kraut). *(A. coerulea, A. arvensis subsp. coerulea)* **■ Blauer G., *A. fóemina***

## (5) Kleinling, *Centúnculus* (G IV 27)

LB eiförmig, wechselständig; Blü einzeln, achselständig; Kro weiß oder rötlich. H: 2–8 cm. ⊙ Th. V–IX. Feuchte Weiderasen, Äcker u. Ruderalstellen, feuchte, lehmige Fahrrinnen; kalkmeidend; collin bis submontan; slt. **Alle Bdld außer in O†, S†, V†**. Stark gefährdet; im nVL vom Aussterben bedroht. ▲ *(Anagallis minima)* **Kleinling, *C. mínimus***

## (6) Salzbunge, *Sámolus* (G V 35; VIII 14)

Pf (fast) kahl; grundständige LB rosettig stehend. H: 10–50 cm. ♃ He. VI–IX. Schwach salzige feuchte Wiesen, Salzsümpfe, auch andere feuchte u. moorige Wiesen; collin; slt. **B, N**. Stark gefährdet. **Salzbunge, *S. valerándi***

## (7) Heilglöckchen, *Cortúsa* (G XI 10)

Dolde 5–15(20)blütig; Blü nickend; Kro d'purpurn. H: 20–40 cm. ♃ He. VI–VIII. Feuchte Gebüsche (meist Grünerlengebüsche), Hochstaudenfluren, schattige Schluchten, Quellfluren; kalkliebend; obermontan bis subalpin; zstr. **Fehlt B, W**. ▲ **Heilglöckchen, *C. matthíoli***

## (8) Soldanelle, Alpenglöckchen, Troddelblume, *Soldanélla*

Anm.: Hybriden sind nicht slt!

**1** Schaft meist 1(2)blütig; Kro auf höchstens $^1/_3$ ihrer Länge zerschlitzt (KroSaum also kürzer als die KroRöhre), ohne oder mit nur sehr kleinen, unzerteilten Schlundschuppen; Gri kürzer als die Kro; LB'Spreite 4–10(20) mm br. — Kro röhrig bis glockig-röhrig, innen mit blauen Längsstreifen; Staubbeutelspitze unbegrannt; Fr 5zähnig . . . . . . . . . . . . . . . . **2**

- Schaft (1)2–8(10)blütig; Kro meist bis zur Hälfte oder mehr zerschlitzt (KroSaum also etwa so lg wie die KroRöhre), mit deutlichen, zumindest ausgerandeten Schlundschuppen; Gri länger als die Kro; LB'Spreite (10)15–60(70) mm br. — Kro trichterförmig, purpurlila bis lila, innen ohne Längsstreifen; Staubbeutelspitze begrannt; Fr meist 10zähnig . . . . . . . . . . . . . . . . **4**

**2** Schaft, LB- u. BlüStiele in der Jugend spärlich mit sitzenden Drüsen besetzt, bald gänzlich verkahlend. — LB'Spreite dünn, rundlich-nierenförmig (oft etwas breiter als lg), mit deutlicher Basalbucht, (4)10(20) mm br, Nerven oberseits ± deutlich hervortretend (LB'Oberseite getrocknet oft runzelig); Kro auf nur $^1/_4$ ihrer Länge zerschlitzt, h'purpurn, getrocknet blauviolett. H: 2–10 cm. ♃ He. V–VIII. ± bodensaure Schneetälchen; über Silikatgesteinen; (subalpin) alpin; in den Zentralalpen mäßig hfg, sonst slt. **Fehlt B, W, N.** △ **Zwerg-S., Niedrige S., *S. pusílla***

- Schaft, LB- u. BlüStiele in der Jugend dicht mit 0,05–0,2 mm lg gestielten Drüsen besetzt (meist ± bleibend). — LB'Spreite dicklich, kreisrund bis rundlich-eiförmig (oft etwas länger als breit), (fast) ohne Basalbucht, 4–10 mm br, oberseits ohne vorspringende Nerven (auch getrocknet nie runzelig); Kro auf 1/4–1/3 ihrer Länge zerschlitzt. (Artengruppe Kleinste S., *S. minima agg.*) . **3**

**3** Drüsenhaare 0,15–0,2 mm lg, deren Stiel 2–4(6)zellig, länger als das Drüsenköpfchen; LB- u. BlüStiele dicht drüsenhaarig (kaum verkahlend). — LB'Spreite meist ohne Basalbucht, Spaltöffnungen nur auf der Spreitenunterseite; Schaft 1(2)blütig; Kro meist h'purpurn, sehr kleine Schlundschuppen vorhanden. H: 2–10 cm. ♃ He. V–VII. Schneeböden; kalkstet; alpin; in den südl. Kalkalpen hfg, in den nördl. Kalkalpen slt. **K, T.** In den nAlp gefährdet. △ **Kleinste S., *S. mínima*** *(s. str.)*

- Drüsenhaare 0,05–0,1 mm lg, deren Stiel 1–2zellig, kürzer als das Drüsenköpfchen; LB- u. BlüStiele locker drüsenhaarig (meist etwas verkahlend). — LB'Spreite oft mit seichter Basalbucht, Spaltöffnungen auf beiden Seiten der Spreite; Schaft stets 1blütig; Kro meist weiß bis sehr blaßpurpurn, Schlundschuppen fehlend. H: 2–10 cm. ♃ He. V–VII. Schneeböden; kalkstet; alpin; in den nördl. Kalkalpen hfg, in den Zentralalpen slt. **N, O, St, S.** Endemisch (nordöstl. Ostalpen). △ **Österreichische S., *S. austríaca***

**4** [1] BlüStiele (u. LB'Stiele) in der Jugend spärlich mit sitzenden Drüsen besetzt, später (schon zu Ende der Blühzeit) ganz verkahlend; LB'Spreite dicklich, ± ganzrandig bis sehr seicht gekerbt, mit breiter Basalbucht; Fransen des KroSaums untereinder etwa gleich lg; Schlundschuppen breiter als lg, seicht ausgerandet. — LB'Spreite (10)13–25(35) mm br; Schaft (1)2–3(4)blütig; KB (1)3nervig; Granne der Staubbeutelspitze 2zähnig. H: 5–15 cm (zur FrZeit bis 30 cm). ♃ He. IV–VII. Feuchte Magerrasen, Schneeböden; subalpin bis alpin; hfg. **Fehlt B, W.** △ **Alpen-S.,** Gewöhnliches A., ***S. alpína***

- BlüStiele (u. LB'Stiele) in der Jugend dicht mit gestielten Drüsen (= Drüsenhaaren) besetzt (0,2–0,8(1) mm lg), auch später kaum verkahlend; LB'Spreite dünn, deutlich gekerbt, mit deutlicher Basalbucht; Fransen des KroSaums ungleich lg (tiefere u. seichtere Einschnitte); Schlundschuppen länger als br, 2spaltig. — Schaft (2)3–8(10)blütig; KB 1nervig; Granne der Staubbeutelspitze einfach. (Artengruppe Wald-S., *S. montana agg.*) . . . . . . . . . . . . . . . **5**

**5** BlüStiele mit 0,2–0,4 mm lg Drüsen; Drüsenstiele 2–5× so lg wie das Köpfchen; Zellen der Drüsenstiele 1–3× so lg wie br. — Schaft (2)3–8(10)blütig; LB'Spreite 20–40(60) mm br, Basalbucht etwas seichter als bei der folgenden Art (sich kaum überdeckend). H: (5)15–20(30) cm. ♃ He. V–VI. Schattig-feuchte, bodensaure Wälder, (subalpin:) Magerrasen, Legföhrengebüschränder; kalkmeidend; obermontan bis subalpin; zstr bis slt. Östl. Zentralalpen. **N, St, K, S.** (Sonstige Vbr.: Karpaten, Balkanhalbinsel.) △ *(S. montana subsp. hungarica, S. major)* **Ungarische S., Große S., *S. hungárica* (subsp. *májor*)**

- BlüStiele mit 0,4–0,8(1) mm lg Drüsen; Drüsenstiele 8–10× so lg wie das Köpfchen; Zellen der Drüsenstiele 3–6× so lg wie br. — Schaft (3)4–6(8)blütig; LB'Spreite 25–60(70) mm br, Basalbucht etwas tiefer als bei der vorigen Art (Basallappen sich oft etwas überdeckend). H: 10–25(35) cm. ♃ He. V–VI. Schattig-feuchte, bodensaure Wälder; montan bis subalpin; zstr. BM u. nordöstl. Kalkalpen. **N, O, St, S.** △ *(S. montana subsp. montana)* **Wald-S.,** Berg-S., ***S. montána***

## (9) Mannsschild u. Goldprimel, *Andrósace* (inkl. *Aretia* u. *Vitaliana*)

**1** Kro gelb, KroZipfel 4–9 mm lg u. 1½–2× so lg wie die KroRöhre; KroRöhre am Schlund nicht verengt; Blü verschiedengriffelig (vgl. Abb. 294). — Pf polsterbildend. H: 3–5 cm. ♃ Ch. V–VII. Niedrige Rasen auf wasserdurchtränktem Boden, feuchter Steinschutt u. feuchte Felsen; kalkmeidend, oft über vulkanischen Gesteinen; alpin; sehr slt. Südwest-**K.** (Hptvbr.: Südwest-Alpen.) Gefährdet (nur potentiell?). ▲ *(Douglasia vitaliana, Gregoria vitaliana, Vitaliana primuliflora, V. chionotricha)* **Goldprimel, *A. vitaliána***

**-** Kro weiß, rosa oder rot, mit 1–5 mm lg Zipfeln u. kürzerer bis wenig längerer KroRöhre; KroRöhre am Schlund verengt; Blü nicht verschiedengriffelig . **2**

**2** Pf ⊙, ohne nichtblühende Rosetten; LB gestielt . . . . . . . . . . . . . . . **3**

**-** Pf ♃, mit nichtblühenden Rosetten; LB ungestielt . . . . . . . . . . . . . . **5**

**3** HüllB so lg oder länger als die BlüStiele; Stg von einfachen Haaren weichhaarig-zottig. — HüllB LB'artig; Kro weiß oder rötlich. H: 3–15 cm. ⊙ Th. IV. Getreidefelder, Böschungen, Bahndämme, trockene Ruderalstellen; collin bis submontan; slt. **B, W, N, (T).** Vom Aussterben bedroht. △ **Acker-M., *A. máxima***

**-** HüllB viel kürzer als die BlüStiele; Stg von Sternhaaren flaumig . . . . . . **4**

**4** Kro u. Fr kürzer als der K; K 3,5–5 mm lg, sternhaarig. — Kro weiß mit gelbem Schlund. H: 2–10 cm. ⊙ Th. IV–V(VIII). Trockenrasen, sandige Böschungen u. Ackerränder; collin bis submontan; slt. Im Pann. **B, W!, N.** Stark gefährdet. **Steppen-M., Langstiel-M., *A. elongáta***

**-** Kro u. Fr länger als der K; K etwa 3 mm lg, kahl. — Kro weiß oder rosa mit gelbem Schlund. H: (5)10–20 cm. ⊙ Th. IV–VI. Waldschläge, steinige (?) Stellen; saurer, leicht austrocknender Moderhumus über Kalk; (unter)montan; sehr slt. **N** (auf dem Hohen Lindkogel im Kalk-Wienerwald), **T.** Vom Aussterben bedroht. **Nordischer M., *A. septentrionális***

**5** [2] Blü meist in Dolden oder paarweise auf ± lg Schaft; Blü aus der Achsel von HüllB entspringend. — LB meist 10 mm lg oder länger . . . . . . . . . . . **6**

**-** Blü meist einzeln, kurzgestielt oder sitzend; Blü aus der Achsel von RosettenB entspringend. — LB slt über 7 mm lg . . . . . . . . . . . . . . . . . . . . . . **9**

**6** Pf kahl (nur an den LB'Spitzen einige Wimpern). — Pf lockerrasig; BlüStiele (1)2–4 cm lg; Kro weiß mit gelbem Schlund. H: (2)3–15 cm. ♃ He. V–VII. Gesteinsfluren, Kalkfelsen, steinige Rasen; kalkstet; subalpin bis alpin; zstr. **Fehlt B, W.** ▲ [9] **Milch-M., *A. láctea***

**-** Pf behaart. — Kro weiß oder rötlich . . . . . . . . . . . . . . . . . . . . . . . . **7**

**7** Stg u. BlüStiele mit 0,01–0,2 mm lg, meist verzweigten, 1–8strahligen Haaren, ohne Drüsenhaare. — LB stumpflich, oberhalb der Mitte am breitesten. H: 2–10(15) cm. ♃ Ch. VI–VIII. Magerrasen; kalkmeidend; alpin; in den Zentralalpen hfg, sonst zstr bis slt. **O?, fehlt B, W; sonst in allen Bdld.** ▲ **Stumpfblatt-M., *A. obtusifólia***

**-** Stg u. BlüStiele mit 0,5–2 mm lg, einfachen, mehrzelligen, abstehenden Haaren u. mit etwa 0,1 mm lg Drüsenhaaren . . . . . . . . . . . . . . . . . . . . . . **8**

**8** LB fast nur am Rand mit 0,5–1 mm lg Haaren, sonst fast kahl; Pf lockerrasig; LB in flach ausgebreiteten Rosetten. H: 1–7 cm. ♃ Ch. VI–VII. Steinige Rasen, Gesteinsfluren; kalkliebend; subalpin bis alpin; in den nördl. Kalkalpen hfg, sonst zstr bis slt. **Fehlt B, W.** ▲ **Wimper-M.,** Haariger M., ***A. chamaejásme***

**-** LB am Rand u. auf der Unterseite (bes. gegen die Spitze zu) mit 1–2 mm lg

Haaren; Pf dichtrasig; LB in halbkugeligen Rosetten. — LB auffallend dicht u. seidenglänzend behaart. H: 1–7 cm. ♃ Ch. VI–VII. Gesteinsfluren, Felsen u. steinige Rasen; kalkliebend; subalpin bis alpin; zstr. **St, K.** ▲
**Zottiger M.,** ***A. villósa***

**9** [5] BlüStiele (10)20–40 mm lg, kahl. — LB 10–15 mm lg.
**Milch-M.,** ***A. láctea*** (→ Pkt 6)

**–** BlüStiele 1–6(8) mm lg, flaumig behaart . . . . . . . . . . . . . . . . . . . **10**

**10** Pf kompakte Kugelpolster bildend; verwelkte LB viele Jahre erhalten bleibend; BlüStiel etwa 1 mm lg. — Kugelpolster grau schimmernd; Haare ungeteilt, rückwärts abstehend; Kro weiß, slt rötlich. H: 1–5 cm. ♃ Ch. V–VII. Kalkfelsspalten (Charakterart der Schweizer-Mannsschild-Flur); kalkstet; alpin bis nival; in den westl. Teilen der nördl. Kalkalpen zstr, sonst slt. **O, St, S, T, V.** ▲
**Schweizer M.,** ***A. helvética***

**–** Pf ± flache oder keine Polster bildend; verwelkte LB nicht lg erhalten bleibend; BlüStiele 3–8 mm lg . . . . . . . . . . . . . . . . . . . . . . . . . **11**

**11** Kro 3–5 mm ∅; LB 5–10 mm lg; Stämmchen wenigköpfig, keine Polster bildend — u. mit ± dichten LB'Rosetten endigend; LB mit meist 3gabeligen Haaren; Kro rötlichweiß. H: 1–4 cm. ♃ Ch. VII–VIII(X). Gesteinsschutt, Dolomitgrus, Felsspalten; kalkstet; alpin; slt. **O?, St, K, S, T**. In den öAlp gefährdet. ▲ **Dolomiten-M.,** ***A. hausmánnii***

**–** Kro 5–12 mm ∅; LB 3–4(8) mm lg; Stämmchen vielköpfig, flache Polster bildend . . . . . . . . . . . . . . . . . . . . . . . . . . . . . . . **12**

**12** LB ± gekielt, zugespitzt, mit roter Spitze; K nicht bis zur Mitte geteilt; Kro 8–12 mm ∅. — LB mit wenig verzweigten Sternhaaren; Kro d'rosa. H: 2–5 cm. ♃ Ch. VI–VII. Windgefegte Kämme u. Kuppen, trockene Gesteinsfluren (Charakterart der Wulfenmannsschildflur); kalkmeidend; xerophil; alpin; slt. Zentralalpen im Gebiet der Mur u. Gurk, Rottenmanner Tauern. **St, K, S.** (Sonstige Vbr.: Südtirol; Endemit der Ostalpen.) ▲
**Wulfen-M., Steirischer M.,** ***A. wulfeniána***

**–** LB nicht gekielt, stumpf, ohne rote Spitze; K bis zur Mitte oder tiefer geteilt; Kro 5–9 mm ∅. — LB mit mehrfach verzweigten Sternhaaren; Kro rosarot oder weiß. H: 2–5 cm. ♃ Ch. VII–VIII. Feuchte, im Winter meist schneebedeckte Gesteinsfluren (namengebend für die Alpenmannsschildhalde); kalkmeidend; alpin bis nival; zstr bis slt. **O?, St, K, S, T, V.** ▲ (*Aretia alpina*, inkl. *var. tirolensis*) **Alpen-M.,** ***A. alpína***

## (10) Schlüsselblume, Primel, *Prímula*

Anm.: Hybriden sind nicht slt. – Etliche Arten (asiatische, bes. chinesische) werden als ZierPf hfg kultiviert.

**1** Jüngere LB (nach unten) zurückgerollt; LB'Nerven unterseits vorstehend; K ± kantig (vorstehende Mittelnerven); Spaltöffnungen meist auf der LB'Unterseite. — LB ± runzelig . . . . . . . . . . . . . . . . . . . . . . . . . . . **2**

**–** Jüngere LB (nach oben) eingerollt; LB'Nerven unterseits nicht vorstehend; K nicht kantig; Spaltöffnungen vor allem auf der LB'Oberseite. — LB meist etwas lederig oder fleischig . . . . . . . . . . . . . . . . . . . . . . . . . . **7**

**2** LB kahl, unterseits meist dicht mehlig bestäubt. — K stumpfkantig; Kro purpurn bis rosa, slt weiß . . . . . . . . . . . . . . . . . . . . . . . . . . . **3**

**–** LB unterseits kurzhaarig (samtig oder filzig), nicht bestäubt. — K scharfkantig; Blü verschiedengriffelig . . . . . . . . . . . . . . . . . . . . . . . . **4**

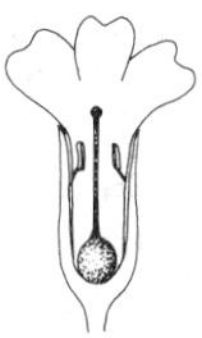
294a

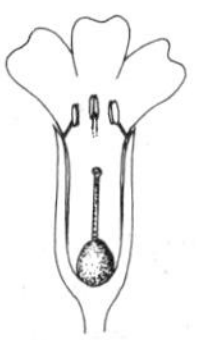
294b

295a

295b

Abb. 296

**3** KroRöhre etwa so lg wie der K; Blü verschiedengriffelig (vgl. Abb. 294). H: 5–20 cm. ♃ He. V–VII. Flachmoore, Sumpfwiesen, feuchte Wiesen; collin bis subalpin; zstr bis slt. **Fehlt W**. Im Rh, nVL u. Pann gefährdet. ▲
**Mehl-P., *P. farinósa***

**–** KroRöhre 2–3½× so lg wie der K; Blü nicht verschiedengriffelig (alle übrigen Arten verschiedengriffelig!). H: 8–18 cm. ♃ He. VI–VIII. Mäßig feuchte Magerrasen, feuchte Felsspalten; kalkliebend; subalpin bis alpin; zstr bis slt. **K, S, T.** ▲ *(P. longiflora)* **Haller-P., Langrohr-P., *P. hálleri***

**4** Dolde ungestielt (ohne Schaft), Blü daher grundständig; LB'Spreite oberseits kahl, Grund keilig; FrStiele schlaff, niederliegend, länger als 3 cm (Ameisenausbreitung!). — Kro schwefelgelb. H: 5–10 cm. ♃ He. II–V. Frische Edellaubwälder, Waldränder, Wiesen; in klimawarmen, subozeanischen Lagen; collin bis montan; hfg bis slt. **Fehlt S**. Anm.: Hybriden mit *P. veris* sind nicht slt; sie ähneln der *P. elatior*, der Schaft ist jedoch meist nur etwa (3)4–5× so lg wie die BlüStiele (bei *P. elátior* meist etwa 10× so lg). ▲ *(**P. vulgaris**)*
**Erd-P., Schaftlose P.**, Stengellose Sch., ***P. acáulis***

**–** Dolde gestielt (an der Spitze eines Schafts); LB'Spreite oberseits behaart, Grund meist ± gestutzt; FrStiele steif aufrecht (Schüttelstreuer!), kürzer als 3 cm . . . . . . . . . . . . . . . . . . . . . . . . . . . . . . . . **5**

**5** K bauchig erweitert; KroSaum vertieft, schalenförmig; Kro dottergelb; Fr oval, halb so lg wie der K. — Blü (nur die kurzgriffeligen?) duftend. H: 10–30 cm. ♃ He. IV–VI. ArzneiPf (Wu), VolksarzneiPf (Blü). Homöop. (Hybriden mit *P. vulgaris* sind nicht slt!) ▲ *(P. officinalis)*
**Arznei-Sch., -P.**, Frühlings-Sch., Echte Sch., „Himmelschlüssel", „Bodeinerl", ***P. véris***

**a** LB'Spreite unterseits schwach behaart bis verkahlend; Haare meist gerade u. unverzweigt. Trockene Wiesen, lichte Wälder, Waldränder, Waldschläge; collin bis montan; hfg bis zstr. **Alle Bdld**. Im Rh, nVL u. söVL gefährdet. ▲
■■ **Eigentliche A.-Sch., *P. v. subsp. véris***

**–** LB'Spreite unterseits graufilzig behaart; Haare gekräuselt, oft verzweigt u. verwoben. Trockenwarme (Eichen-)Wälder u. Wiesen; collin bis submontan; im Pann zstr, sonst slt. **B, W, N, St, K.** △ *(P. pannonica)*
■■ **Graufilzige A.-Sch.,** Pannonische A.-Sch., Aufgeblasene A.-Sch., ***P. v. subsp. infláta***

**–** K der Kro eng anliegend; KroSaum flach; Kro schwefelgelb; Fr zylindrisch, meist länger als der K. (Artengruppe Hohe Sch., *P. elatior agg.*) . . . . . **6**

**6** KZähne 3–7 mm lg, 2–2½× so lg wie br; LB'Spreiten, Stg, BlüStiele u. K mit wenigen bis zahlr., 0,4–0,7 mm lg Haaren; Fr 10–15 mm lg, 3–5× so lg wie br, deutlich länger als der K; LB'Spreite abrupt in den Stiel zusammengezogen. — Blü schwach duftend. H: 10–30 cm. ♃ He. III–V. Frische Wiesen, Hochstaudenfluren, lichte Wälder; collin bis subalpin (unteralpin); hfg. **Alle Bdld**. ArzneiPf (Wu). (Vgl. die sehr ähnliche Hybride *P. vulgaris* × *veris*!) △ (Inkl. *subsp. carpathica)* **Hohe Sch.**, „Bodeinerl", ***P. elátior*** *(s. str.)*

– KZähne 2–3 mm lg, 1–1²/₃× so lg wie br; LB'Spreiten, Stg, BlüStiele u. K mit sehr zahlr., 0,1–0,3 mm lg Haaren; Fr 8–12 mm lg, 2¹/₂–3× so lg wie br, nur wenig länger als der K; LB'Spreite allmählich in den Stiel verschmälert. H: 5–20 cm. ♃ He. IV–V. Laubwälder, schattige Fettwiesen, Gebüsche, Ufer, Lägerstellen; collin bis subalpin; slt. **K?, T?**. *(P. pallasii subsp. intricata, P. elatior subsp. intricata)* ⊖ **Südliche Sch., *P. intricáta***

7 [1] Kro gelb. — LB'Spreite meist etwas entfernt-gezähnt, mit deutlichem Knorpelrand; KroSaum etwas trichterförmig. H: 5–25 cm. ♃ He. IV–VI. Trockene Felsspalten, Gesteinsfluren, auch Polsterseggenrasen; kalkstet. ▲ **Aurikel,** „Alpen-Aurikel", „Petergstamm", „Platenigl", „Gelbes Gamsveigerl", „Zolidsch", ***P. aurícula***

**a** Kro h'gelb; Blü meist wohlriechend; wenigstens der K, meist auch die BlüStiele u. LB'Ränder mit Mehlstaub; Drüsenhaare am LB'Rand 0,1 mm lg, kürzer als die Breite des Knorpelrandes. Obermontan bis alpin; zstr. **Fehlt B, W.** ▲ **Duft-Au., *P. a. subsp. aurícula***

– Kro d'gelb; Blü geruchlos; Mehlstaub nur auf der Kro; Drüsenhaare am LB'Rand ¹/₃ mm lg, so lg oder länger als die Breite des Knorpelrandes. (Submontan) montan; slt. **N, St, K?, T**. (Südalpisch.) Potentiell gefährdet. ▲ In **Ö** vielleicht nur Annäherungsformen. *(P. a. subsp. ciliata)* ⊖? ■ **Wimper-Au., *P. a. subsp. balbísii***

– Kro violett, lila, purpurrot oder rosa (slt weiß) . . . . . . . . . . . . . . . **8**

**8** LB verkehrt-3eckig; Seitenkanten ganzrandig, Vorderkante mit 3–9 groben, in eine Knorpelspitze verschmälerten Sägezähnen. — LB scheinbar kahl, jedoch mit winzigen, sitzenden, 0,03–0,05 mm lg Drüsen *(starke Lupe!)*; Kro leuchtend rot. H: 1–3 cm. ♃ He. VI–VII. Frische (Silikat-)Magerrasen (Krummseggenrasen), Schneeböden; kalkmeidend; (subalpin) alpin; mäßig hfg. **Fehlt B, W, V.** ▲ **Zwerg-P.,** Kleinste P., „Habmichlieb", ***P. mínima***

– LB nicht verkehrt-3eckig . . . . . . . . . . . . . . . . . . . . . . . . . . . **9**

**9** LB'Rand kahl oder mit winzigen, sitzenden, 0,03–0,05 mm lg Drüsen *(starke Lupe!)*. — HüllB meist deutlich länger als die BlüStiele . . . . . . . . . **10**

– LB'Rand flaumig, gewimpert u./oder mit kurz gestielten, 0,1–0,75 mm lg Drüsen *(starke Lupe!)* . . . . . . . . . . . . . . . . . . . . . . . . . **11**

**10** HüllB br-elliptisch, 7–11 mm lg, den K umschließend. — Blü stark duftend; Kro anfänglich d'blau, später schmutzig-violett, slt weiß. H: 2–8 cm. ♃ He. VII–VIII. Feuchte Gesteinsfluren, Felsritzen u. Magerrasen (Krummseggenrasen); kalkmeidend; subalpin bis alpin; in den Zentralalpen zstr, in den Karnischen Alpen slt. **St, K, S, T, V.** ▲ **Kleb-P., Klebrige P.,** „Blauer Speik", ***P. glutinósa***

– HüllB linealisch, 4–9 mm lg, den K nicht umschließend. — Kro purpurrot. H: 1–7 cm. ♃ He. V–VII. Feuchte Gesteinsfluren, Felsspalten, niedrige Rasen, Schneeböden (Dolinen); kalkstet; subalpin bis alpin; in den Karawanken hfg, sonst slt. Süd-**K**. (Sonstige Vbr.: slowenische u. Venetianer Alpen; Endemit der südöstl. Kalkalpen.) ▲ **Wulfen-P.,** Südostalpen-P., (sl.:) Wulfenov jeglič, ***P. wulfeniána***

**11** Drüsenköpfe (alle oder zT) rot, braun oder schwärzlich. — LB klebrig; HüllB kürzer als die BlüStiele . . . . . . . . . . . . . . . . . . . . . . . . . **12**

– Drüsenköpfe alle farblos oder gelblich . . . . . . . . . . . . . . . . . . **14**

**12** Stg meist kürzer als die LB; KZähne abstehend; Fr kürzer als der K; nur einzelne Drüsenköpfe rot. — Drüsen 0,1–0,5 mm lg; Kro blaßlila bis d'purpurn mit weißem Schlund. H: 1–7 cm. ♃ He. IV–VII. Felsspalten, Gesteinsfluren, Magerrasen; kalkmeidend; obermontan bis alpin; in den (westl.) Zentralalpen zstr, sonst slt. **S, T, V.** ▲ [14] **Drüsenhaar-P.,** Drüsige P., „Roter Speik", ***P. hirsúta***

- Stg länger als die LB; KZähne anliegend; Fr so lg oder etwas länger als der K; fast alle Drüsenköpfe rot bis schwärzlich . . . . . . . . . . . . . . . . . . . **13**

**13** Drüsenhaare 0,1–0,3(0,4) mm lg. — Größte LB 6–17(20) mm br, schmal-keilförmig-verkehrteiförmig; längste BlüStiele meist 1–6(9) mm lg; Kro 10–20 mm ∅, rosa bis purpurn. H: 1,5–7(9) cm. ♃ He. VI. Felswände, Gesteinsfluren; kalkmeidend; subalpin bis alpin; sehr slt. **T** (im Oberinntal, im Paznauntal). (Hptvbr.: südöstl. Graubünden u. angrenzendes Nord-Italien: Ortler- u. Adamello-Gruppe.) Potentiell gefährdet. *(P. oenensis)*
**Rätische P., Inntaler P., *P. daonénsis***

- Drüsenhaare 0,3–0,75(1) mm lg. — Größte LB 10–35 mm br, br-verkehrteiförmig bis eiförmig; längste BlüStiele meist 4–15 mm lg; Kro 16–24 mm ∅, lila bis rosa. H: 3–15 cm. ♃ He. IV–VI. Felsspalten; kalkmeidend; (untermontan) subalpin bis alpin; zstr. Bes. östl. Zentralalpen. **St** (Zentralalpen u. Ost-**St**), **K**. (Sonstige Vbr.: Slowenien; disjunkt in den Südwest-Alpen.) Potentiell gefährdet. ▲ (Inkl. *P. commutata*) **Zotten-P., Zottige P.**, „Roter Speik", ***P. villósa***

**14** [11] HüllB br'eiförmig, viel kürzer als die BlüStiele.
**Drüsenhaar-P., *P. hirsúta*** (→ Pkt 12)

- HüllB lanzettlich bis lineal, meist länger als die BlüStiele. — LB ganzrandig . . . . . . . . . . . . . . . . . . . . . . . . . . . . . . . . . . . . . . . . **15**

**15** LB ohne Knorpelrand; LB'Rand mit 0,75 mm lg Haaren gewimpert. — Kro matt purpurn, slt weiß. H: 1–5 cm. ♃ He. VI–VII. Schneeböden, feuchte Gesteinsfluren; kalkmeidend; alpin; zstr. West-**T**, **V**. ▲
**Ganzrand-P.**, „Ganzblatt-P.", ***P. integrifólia***

- LB mit schmalem Knorpelrand; LB'Rand mit 0,1–0,5 mm lg Drüsenhaaren flaumig. — Kro rosenrot, beim Verblühen meist lila. H: 2–5(10) cm. ♃ He. V–VII. Feuchte Felsfluren, feuchte Rasen, Schneeböden; kalkstet; montan bis alpin; in den nordöstl. Kalkalpen hfg, in den Zentralalpen slt. **N, O, St, S**. Subendemisch (auch Berchtesgadener Alpen). ▲
**Clusius-P.**, Nordostalpen-P., „Rotes Gamsveigerl", „Jägerblut", ***P. clusiána***

## (11) Wasserfeder, *Hottónia* (A 8)

Kro weiß bis blaßrosa. H: 20–60 cm. ♃ Wa. V–VII. Stehende u. träg fließende Gewässer, bes. in Altwässern von Flüssen (zB Donau, March, Leitha, Raab, Mur? usw.?); Schwarzerlenbruchwälder; collin; slt. **B, N, O, St**. Stark gefährdet. **Wasserfeder, *H. palústris***

## (12) Zyklame, *Cýclamen*

Anm.: Kultursorten von ★ ***C. pérsicum*** (Heimat: Ost-Medit., Südwest-Asien) werden als beliebte ZierPf (TopfPf) kultiviert.

Kro purpurn; Blü stark duftend; LB'Oberseite meist gefleckt, LB'Unterseite meist d'purpurn. H: 5–15 cm. ♃ Ge. (VI)VII–IX. Kalkreiche Edellaubwälder, Föhrenwälder; (submontan) montan (subalpin); hfg bis zstr. **Alle Bdld**. Giftig. VolksarzneiPf (Knolle); Homöop. ▲ *(C. europaeum)*
**Zyklame,** Alpenveilchen, Zyklamen, „Erdscheibe", „Erdbrot", ***C. purpuráscens***

# Unterklasse Lippenblütlerähnliche, *Lamiidae*
# Überordnung Enzianblütige, *Gentianánae*
# Ordnung Enzianartige, *Gentianáles (Contortae)*

## 94. Familie: Enziangewächse, *Gentianáceae* (→ G IV 6, 27–; V 31, → **50**; VI 15–)

**1** Kro goldgelb (stets ohne dunklere Punkte oder Flecken). — LB bläulichgrün . . . . . . . . . . . . . . . . . . . . . . . . . . . . . . . . . . . . **2**
**-** Kro nicht goldgelb (wenn gelblich, dann stets mit dunkleren Punkten oder Flecken) . . . . . . . . . . . . . . . . . . . . . . . . . . . . . . . . . **3**

**2** Pf niedriger als 50 cm; LB schmäler als 2 cm; Blü in (meist lockeren) Dichasien. — LB (3eckig-)eiförmig; K fast bis zum Grund zerteilt, Zipfel linealisch bis lineal-lanzettlich; Kro 6–8zählig; KroRöhre kürzer als der KroSaum; Gri deutlich vom Frkn abgesetzt. **(7) Bitterling, *Blackstónia***
**-** Pf höher als 50 cm (bis 140 cm hoch); LB viel breiter als 2 cm; Blü in dichten Scheinquirlen (in den Achseln der oberen LB). — Frkn in den Gri verschmälert. **Gelb-Enzian, (1), *Gentiána lútea***

**3** KroB auf der Innenseite am Grund mit 2 gefransten Nektardrüsen (Abb. 295 a, b). — Gri fehlend; K fast bis zum Grund zerteilt; Kro radförmig . . . . **4**
**-** KroB ohne Nektardrüsen . . . . . . . . . . . . . . . . . . . . . . . . . . **5**

**4** Pf ♃, (8)15–60 cm hoch; Stg unverzweigt; Blü in lockerer, traubenförmiger Thyrse; Narbe sitzend, 2lappig; Kro mit dunklen Punkten u. Stricheln. **(6) Tarant, *Swértia***
**-** Pf ☉, 1–12 cm hoch; Stg meist vom Grund an verzweigt; Blü einzeln an lg, unbeblätterten Stielen (Pf 1- bis vielblütig); Narben am Frkn leistenförmig herablaufend (Abb. 296); Kro ohne dunkle Punkte u. Stricheln. **(5) Saumnarbe, *Lomatogónium***

**5** Kro im Schlund ohne Schuppen, kahl, KroZipfel nicht gefranst . . . . . . **6**
**-** Kro im Schlund mit in Fransen auslaufenden Schuppen (Schlundfransen) oder KroZipfel am Rand gefranst (u. Kro ohne Schlundschuppen) . . . . . . . **7**

**6** Kro rosa bis (purpur)rot, stets ohne dunklere Punkte oder Flecken; zw. den KroZipfeln keine Anhängsel; Staubbeutel nach dem Stäuben korkenzieherartig gedreht; Gri fädlich, stets deutlich vom Frkn abgesetzt. — Blüstd dichasial verzweigt (bei Zwergformen auch 1blütig); K tief zerteilt; KroRöhre länger als der KroSaum; KroSaum meist flach ausgebreitet; Gri unzerteilt (nur ausnahmsweise an der Spitze etwas gegabelt). **(8) Tausendguldenkraut, *Centáurium***
**-** Kro meist blau (wenn fallweise rötlich oder gelblich, dann stets mit dunkleren Punkten oder Flecken); zw. den KroZipfeln (in den Buchten) meist lappenförmige Anhängsel; Staubbeutel nach dem Stäuben nicht korkenzieherartig gedreht; Gri kräftig, nicht deutlich vom Frkn abgesetzt (slt fehlend). **(1) Enzian, *Gentiána***

**7** KroZipfel gegen den Grund zu am Rand lg gefranst; Schlundschuppen fehlend. **(2) Fransenenzian, *Gentianópsis***
**-** KroZipfel am Rand nicht gefranst; fransig-bärtige Schlundschuppen (am Grund der Innenseite der KroZipfel) vorhanden. — KZipfel mindestens so lg wie die KRöhre . . . . . . . . . . . . . . . . . . . . . . . . . . . . . . . . . **8**

**8** KB nur am Grund bis etwa $^1/_{10}$–$^2/_{10}$ ihrer Länge miteinander verwachsen (eine deutliche KRöhre daher fehlend), am Grund mit sackförmigen Anhängseln; Blü 5–15 mm lg; KroZipfel mit je 2 Schlundschuppen, diese (samt Bart) kaum halb so lg wie der KroZipfel. — H: höchstens 10 cm; Blü einzeln, lg gestielt.
**(4) Haarschlund, *Comástoma***

**-** KB bis ($^1/_4$)$^1/_3$–$^1/_2$ ihrer Länge miteinander verwachsen (K daher mit deutlicher Röhre), am Grund ohne sackförmige Anhängsel; Blü (10)15–42 mm lg; KroZipfel mit je 1 Schlundschuppe, diese (samt Bart) fast so lg wie der KroZipfel. — H: meist mehr als 10 cm; Blüstd meist reichblütig, durchblättert.
**(3) Kranzenzian, *Gentianélla***

## (1) Enzian, *Gentiána* (exkl. (2) *Gentianopsis*, exkl. (3) *Gentianella* u. (4) *Comastoma*; inkl. *Gentianoides, Pneumonanthe, Tretorhiza, Ciminalis, Calathiana*)

Anm.: *KroLängen werden hier samt aufgerichteten Zipfeln gemessen!*

**1** KroZipfel viel länger als die (sehr kurze) KroRöhre, — sternförmig ausgebreitet, spitz; Stg unverzweigt, kräftig; LB meist eiförmig bis elliptisch, bläulichgrün, 5–7nervig (Nerven bogig zur LB'Spitze verlaufend), die unteren kurz gestielt, die oberen sitzend; Blü gestielt; Kro 5–6(9)zipfelig, goldgelb; StaubB frei. H: 50–120(140) cm. ♃ He. VI–VIII. Kalkreiche Magerwiesen u. -weiden, Hochstaudenfluren, Gebüsche; montan bis subalpin (alpin); zstr bis slt. ArzneiPf, Homöop. (WuStock; zur Schnapserzeugung). Auch (als ArzneiPf) kultiviert. Potentiell gefährdet. ▲ **Gelb-E.**, Echter Gelber E., ***G. lútea***

Anm.: Im Habitus ähnlich den 3 anderen Hochstauden-Enzianen, → Pkt 4–5. *G. lutea* wird dem Namen nach oft mit *G. punctata* (Pkt 4) verwechselt. – Die LB der Hochstauden-Enziane sind kreuzgegenständig im Unterschied zu dem im Habitus grob ähnlichen, aber stark giftigen Germer / *Veratrum*, dessen LB wechselständig stehen.

**a** TragB der TeilBlüstd diesen nicht überragend, eilanzettlich, grün; vegetat. Sprosse nicht rosettig (dh mit deutlichem Stg). **S** (ob natürlich?), westl. Nord-**T**, **V**; (in **St** stellenweise verwildert). (Hptvbr.: Westalpen.) **Gewöhnlicher G.-E., *G. l. subsp. lútea***

**-** TragB der TeilBlüstd diesen weit überragend, br-eiförmig, h'grünlichgelb; vegetat. Sprosse rosettig (dh ohne Stg). Südwest-**K**. (Sonstige Vbr.: Julische Alpen, Südwest-Alpen [?].) **Südalpen-G.-E., Slowenischer G.-E.**, Vardjan-E., (sl.:) Vardjanov košutnik, ***G. l. subsp. vardjánii***

**-** KroZipfel kürzer als die KroRöhre. — Kro glockig oder stieltellerförmig . **2**

**2** Blü an der StgSpitze kopfig gehäuft (außerdem oft noch einzeln oder zu 2(3) in den Achseln der oberen StgB, ähnlich Abb. 297). — Pf 15–60 cm hoch; Stg kräftig, aufrecht, unverzweigt; Kro glockig, entweder 4zipfelig u. blau oder 5–9zipfelig u. dann gelblich oder purpurn . . . . . . . . . . . . . . . . . . . . . **3**

**-** Blü an der StgSpitze nicht kopfig gehäuft. — Kro 5zipfelig, meist blau, sehr slt gelblich oder weiß . . . . . . . . . . . . . . . . . . . . . . . . . . . . . . . **6**

**3** Kro 4zählig, außen schmutzig-blau bis etwas grünlich, innen rein blau, ungefleckt. — StgB meist eilanzettlich, 3(5)nervig, 5–10(15) cm lg u. 1–2,5(3,5) cm br; untere StgBPaare am Grund zu einer meist 1,5–2,5(4) cm lg Scheide verwachsen; KZähne meist br-3eckig u. fein zugespitzt, meist viel kürzer als die KRöhre; Kro röhrig-glockig, 20–25 mm lg. H: 15–40 cm. ♃ He. VII–IX(X). Trockene Wiesen u. Weiderasen, Waldsäume; kalkliebend; montan (subalpin); zstr. **Alle Bdld**. Im Pann, nVL, söVL u. Rh gefährdet. ▲ *(Tretorhiza cruciata)*
**Kreuz-E., *G. cruciáta***

**-** Kro 5–8(9)zählig, gelblich oder purpurn, mit dunkleren Flecken u. Punkten. — LB elliptisch bis eiförmig bis eilanzettlich, 5–7nervig (Nerven sehr kräftig, bogig zur LB'Spitze verlaufend). (Hochstauden-Enziane; vgl. die Anm. nach dem Gelb-E. / *G. lutea*, → Pkt 1) . . . . . . . . . . . . . . . . . . . . . . . . . . . . **4**

**4** Kro blaß-schmutziggelb, — (14)25–35(40) mm lg, mit kurzen (bis etwa 9 mm lg), aufrechten KroZipfeln; KZähne aufrecht. (Vgl. auch *G. pannonica f. ronnigeri* unter Pkt 5–!) H: 20–60 cm. ♃ He. VII–IX. Bodensaure Weiderasen, Hochstaudenfluren, Zwergstrauchheiden; (obermontan) subalpin bis alpin; zstr bis mäßig hfg. **St, K, S, T, V**. ArzneiPf (Verwendung wie Gelb-E., *G. lutea*). ▲ **Tüpfel-E., Punktierter E.**, Falscher Gelber E., ***G. punctáta***

**-** Kro purpurn, nur gegen den Grund zu (bes. innen) gelblich . . . . . . . . **5**

**5** K 2zipfelig, auf einer Seite fast bis zum Grund aufgeschlitzt; KZipfel nicht nach außen gekrümmt; Kro (15)20–35(45) mm lg, — schmutziglila- bis bräunlichpurpurn. H: 20–60 cm. ♃ He. VII–IX. Frische Wiesen u. Weiderasen, Hochstaudenfluren, Gebüsche, Zwergstrauchheiden; obermontan bis subalpin (alpin); zstr bis hfg. West-**T, V**. (Westalpisch.) ArzneiPf (wie Gelb-E. / *G. lutea*). Potentiell gefährdet. ▲ **Purpur-E., *G. purpúrea***

**-** K 5–8zipfelig, nicht auf einer Seite bis zum Grund aufgeschlitzt; KZipfel nach außen gekrümmt; Kro 25–50 mm lg. — KroZipfel verkehrt-eiförmig, etwa 15 mm lg, trüb-weinrot bis schmutzig-lila bis *(f. ronnigeri:)* schmutzig-gelblich (KroRöhre meist etwas heller). H: 20–60 cm. ♃ He. VII–VIII(IX). Schwach bodensaure Weiderasen, Hochstaudenfluren, Gebüsche; nur (?) über Karbonatgesteinen; obermontan bis subalpin (alpin); zstr bis mäßig hfg. **Fehlt B, W**. ArzneiPf (wie Gelb-E. / *G. lutea*). Potentiell gefährdet; im BM stärker gefährdet. ▲ **Ostalpen-E., Braunvioletter E.**, „Pannonischer E.", ***G. pannónica***

**6** [2] Anhängsel zw. den KroZipfeln nur wenig kürzer als diese (Kro daher 10zipfelig erscheinend). — Stg niederliegend bis aufsteigend, einfach bis stark verzweigt (Zweige meist schon nahe dem Grund abgehend), 1- bis vielblütig; nichtblühende Triebe fehlend; LB ziemlich dicht stehend, schmal-verkehrt-eiförmig bis verkehrt-eilänglich, etwa 6–9 mm lg, am Grund scheidig miteinander verwachsen; Blü einzeln, endständig; K röhrig; KZipfel aufrecht, 3eckig; Kro stieltellerförmig, 10–20 mm lg, h'graublau. H: 2–7(9) cm (fruchtend bis 13 cm). ⊙ Th. VII–VIII. Feuchte, steinige Rasen, steinige Straßenränder; subalpin bis alpin; zstr bis slt. **St, K, S, T**. Potentiell gefährdet. ▲ **Liegender E., *G. prostráta***

**-** Anhängsel zw. den KroZipfeln viel kürzer als diese . . . . . . . . . . . . **7**

**7** Pf ⊙, ohne nichtblühende Triebe. — Untere StgB rosettig gehäuft; Kro stieltellerförmig, tiefblau; KroRöhre nicht oder nur wenig länger als der K. (Zu *G. sect. Calathianae*.) . . . . . . . . . . . . . . . . . . . . . . . . . . . . . . . . . **8**

**-** Pf ♃, mit nichtblühenden Trieben . . . . . . . . . . . . . . . . . . . . . . **9**

**8** KRöhre zur BlüZeit 2–4 mm br, nicht aufgeblasen, an den Kanten höchstens 0,5 mm br geflügelt. — Pf zart; Stg vom Grund an ästig u. mehr- bis vielblütig (bei Zwergformen auch einfach u. 1blütig); StgB eiförmig bis elliptisch bis lanzettlich; KroRöhre etwa 10–18 mm lg; KroZipfel 3–6 mm lg. H: 1–15 cm. ⊙ Th. VI–VIII. Steinige Magerwiesen u. -weiden; (montan) subalpin bis alpin; mäßig hfg. **Fehlt B, W**. ▲ *(Calathiana nivalis)* **Schnee-E., *G. nivális***

**-** KRöhre (inkl. Flügel) zur BlüZeit 4–7(10) mm br, etwas aufgeblasen, an den Kanten (1)2–3 mm br geflügelt. — Stg einfach oder verzweigt, mehrblütig (bei Zwergformen 1blütig); RosettenB zur BlüZeit meist schon verwelkend; KroRöhre 15–20(25) mm lg; KroZipfel 5–8(10) mm lg. H: 6–25 cm. ⊙ Th. V–VIII. Feuchte Wiesen u. Weiderasen, lichte Wälder; kalkliebend; montan bis subalpin (alpin); zstr. **St†; fehlt B, W**. ▲ **Schlauch-E., *G. utriculósa***

**9** Untere LB keine von den übrigen StgB deutlich abgesetzte Rosette bildend (höchstens dicht ziegeldachig genähert). — Stg mit mehr als 3 LB'Paaren **10**

**-** Untere LB eine von den übrigen StgB deutlich abgesetzte Rosette bildend. — Stg aufrecht, unverzweigt, (außer den GrundrosettenB) meist nur mit 1–3 LB'Paaren, 1(3)blütig; Blü endständig . . . . . . . . . . . . . . . . . . . . **13**

**10** Zumindest die mittleren StgB länger als 1,3 cm; Kro keulig-glockig. — LB sitzend; Kro tiefblau (slt h'blau oder weiß) . . . . . . . . . . . . . . . . **11**

**-** StgB kürzer als 1,3 cm; Kro stieltellerförmig. — Pf rasig; Blü einzeln, endständig; K röhrig; Kro tiefblau; KroRöhre etwa 15–20 mm lg. (Teil der sect. *Calathianae subsect. Perennes*; *vgl. auch Pkt 14- u. 17–20!*) . . . . . . . . **12**

**11** LB deutlich (3)5nervig, breiter als 1 cm; Sa ringsum br geflügelt. — Pf meist mehrstengelig; Stg unverzweigt, ziemlich dicht beblättert, meist etwas seitwärts gebogen; LB eilanzettlich, lg zugespitzt, deutlich netzaderig, 5–10 cm lg u. 2–5 cm br; Blü zu 1–3 in den oberen LB'Achseln, (fast) sitzend; Kro 35–50 mm lg; KroZipfel 3eckig, zugespitzt. H: 15–60(100) cm. ♃ He. (VII)VIII–IX. Frische bis feuchte, ± bodensaure Wälder, Waldschläge, Wiesen u. Weiderasen; auch über Karbonatgesteinen; (submontan) montan bis subalpin; hfg. **Fehlt W.** ▲ *(Pneumonanthe asclepiadea)* **Schwalbenwurz-E., *G. asclepiádea***

**-** LB 1nervig, schmäler als 1 cm; Sa ungeflügelt. — Stg aufrecht, 1- bis mehrblütig (wenn mehrblütig, dann 1–3 Blü an der StgSpitze, die übrigen einzeln in den Achseln der oberen LB); LB eilanzettlich bis linealisch, am Rand meist etwas umgerollt; Kro 25–50 mm lg, mit 5 grünlichen Längsstreifen. H: (4)15–40 cm. ♃ He. VII–X. Feuchtwiesen (Pfeifengraswiesen), Flachmoorwiesen; collin bis montan; zstr bis sehr slt. **Alle Bdld.** Stark gefährdet. ▲ *(Pneumonanthe vulgaris)* **Lungen-E., *G. pneumonánthe***

**12** [10, 17] LB verkehrt-eiförmig bis zungenförmig, stumpf bis abgerundet, ohne knorpelige Spitze, am Rand glatt; K länger als die halbe KroRöhre; KZähne (4)5–6(7) mm lg. — Untere StgB höchstens so lg wie die übrigen, sich ziegeldachig überlappend; K (10)12–18 mm lg. H: 4–20 cm. ♃ He–Ch. VII–IX. Feuchte bis nasse Wiesen u. Weiderasen, Bachränder, Quellfluren, Polsterfluren; subalpin bis subnival; zstr bis hfg. **Fehlt B, W.** ▲ **Bayerischer E., *G. bavárica*** *(s. str.)*

Anm.: Kleinwüchsige alpine Populationen („*var. subacaulis*") mit einander rosettig genäherten untersten LB'Paaren unterscheiden sich von den verwandten Arten (→ auch Pkt 17–20) durch: breiteste Stelle der LB deutlich in der vorderen Hälfte (Abb. 298), Rand glatt.

**-** LB eiförmig, elliptisch oder lanzettlich, zugespitzt, mit knorpeliger Spitze, am Rand stark papillös; K etwa ½× so lg wie die KroRöhre; KZähne 3–4 mm lg (nicht länger als die halbe KRöhre). — LB 3–5 mm lg, stets dicht ziegeldachig angeordnet; K 8–11 mm lg. *(Vgl. die ähnlichen Arten unter Pkt 20!)* H: 3–6 cm. ♃ He–Ch. VII–VIII. Steinige Magerrasen, Felsschuttfluren; kalkliebend; subalpin bis alpin; zstr. ▲ Der taxonomische Wert der beiden Unterarten ist fragwürdig. **Julischer E., Triglav-E.***, Dachiger E., ***G. terglouénsis*** *(s. str.)*

**a** LB am Grund des BlüStg ± aufrecht; KZähne etwa ½× so lg wie die KRöhre. **K.** (Hptvbr: Alpen Sloweniens.) ■■ **Eigentlicher Triglav-E.**, (sl.:) triglavski svišč, ***G. t. subsp. terglouénsis***

**-** LB am Grund des BlüStg meist waagrecht ausgebreitet bis aufrecht-abstehend (scheinbar eine LB'Rosette bildend); KZähne etwa ⅓× so lg wie die KRöhre. **K?**, Ost-T. (Hptvbr.: Südtirol.) ■■ **Dolomiten-E., *G. t. subsp. imbricáta***

* sprich: „Trigláu"! (= „Dreikopf")

**13** [9] Kro blaßgelb bis cremeweiß, — (vor allem) außen mit blauen bis purpurnen Längsstreifen u. dunklen Punkten u. Stricheln; Stg 1–2(3)blütig; LB eilanzettlich bis lineal-lanzettlich, 1nervig; Spreite der grundständigen LB in den kurzen LB'Stiel verschmälert; obere LB mit kurzscheidigem Grund sitzend; KZähne etwa so lg wie die KRöhre; Kro keulig-glockig, 20–35 mm lg. H: 5–10(15) cm. ♃ He. VII–IX. Kalkarme, steinige Rasen, Felsfluren; alpin; slt. Ober-**St** (Niedere Tauern). (Hptvbr.: Karpaten.) (Potentiell!) gefährdet. ▲ *(Gentianoides frigida)* **Tauern-E.**, Steirischer E., Kälte-E., ***G. frígida***

**-** Kro blau (höchstens im Schlund mit weißlichen Längsstreifen oder grünlichen Flecken). — Stg 1(2)blütig . . . . . . . . . . . . . . . . . . . . . . . . . **14**

**14** Kro keulig-glockig, — 30–60(70) mm lg; StgB viel kleiner als die RosettenB . . . . . . . . . . . . . . . . . . . . . . . . . . . . . . . . . . . . **15**

**-** Kro stieltellerförmig, — 18–37(40) mm lg, zumindest die Zipfel tiefblau. (Teil der *sect. Calathianae subsect. Perennes* = Kleingattung *Calathiana*; diese Arten sind vielleicht (?) zT durch Übergangsformen verbunden; vgl. auch Pkt 10– u. 12!) **17**

**15** Narbenlappen länglich bis linealisch, nicht gefranst; Kro 30–40 mm lg, h'- bis violettblau, — ohne Punkte u. Streifen; RosettenB meist länglich-lanzettlich, am Rand oft nach oben eingerollt; KZähne nur wenig kürzer als die KRöhre. H: 5–10 cm. ♃ He. VII–IX. Steinige Rasen, Fels- u. -schuttfluren; kalkstet; subalpin bis alpin; slt. Süd-**K**. (Endemit der Südost-Alpen.) Gefährdet. ▲ **Karawanken-E.**, (sl.:) Froelichov svišč, ***G. froelíchii*** *(subsp. froelíchii)*

**-** Narbenlappen rundlich, gefranst; Kro 50–60(70) mm lg, zumindest die Zipfel d'blau. — Stg zur BlüZeit sehr kurz, nach dem Blühen meist stark verlängert; RosettenB schmal-elliptisch bis lanzettlich. (Glocken-E., Stengelloser Enzian, *G. sect. Thylacites*) . . . . . . . . . . . . . . . . . . . . . . . . . . . . . **16**

**16** KZipfel gegen den Grund zu am breitesten (am Grund nie eingeschnürt), so lg oder (meist) länger als die halbe KRöhre, aufrecht (der Kro anliegend); KBuchten spitz; KroRöhre innen ohne oder mit nur undeutlichen olivgrünen Flecken (dafür aber mit d'blauen Punktereihen innerhalb von weißlichen Längsstreifen), außen ± grünlich; LB'Rand papillös *(Lupe!)*. — RosettenB meist in oder unter der Mitte am breitesten, spitz bis zugespitzt, etwas ledrig u. steif. H: 5–10(15) cm. ♃ He. (III)IV–VII(VIII). Kalkreiche Magerrasen (Blaugras-Horstseggen-Rasen), Fels- u. Geröllfluren, (montan:) Flachmoore u. Föhrenwälder; montan bis alpin; zstr bis hfg. **Fehlt B, W**. ▲ *(Ciminalis clusii)* **Kalk-Glocken-E., Clusius-E., *G. clúsii***

**-** KZipfel am Grund meist etwas eingeschnürt, meist kürzer als die halbe KRöhre, etwas abstehend; KBuchten gestutzt; KroRöhre innen mit olivgrünen Flekken, außen kaum grünlich; LB'Rand glatt *(Lupe!)*. — RosettenB weicher als bei der vorigen Art, zuweilen über der Mitte am breitesten. H: 8–15(20) cm. ♃ He. VI–VIII. Bodensaure Magerrasen, (montan:) Feuchtwiesen; (montan) subalpin bis alpin; zstr bis hfg. **Fehlt B, W, N**. ▲ *(G. kochiana, Ciminalis acaulis)* **Silikat-Glocken-E.**, Koch-E., ***G. acáulis***

**17** [14] Untere LB nicht größer als die übrigen . . . . . . . . . . . . . . **12**

**-** Untere LB größer als die übrigen . . . . . . . . . . . . . . . . . . . . . **18**

**18** RosettenB lineal-lanzettlich bis schmal-linealisch, 1–2,5 mm br. — K meist 11–15 mm lg; KZähne etwa 5–7 mm lg (länger als die halbe KRöhre). H: 4–12 cm. ♃ He–Ch. (VI)VII–X. Frische Magerrasen, Schneetälchen; kalkstet; subalpin bis alpin; zstr bis mäßig hfg. Bes. nordöstl. u. südöstl. Kalkalpen. **N, O, St, K**. (*Subsp. pumila*: ostalpisch.) ▲ **Niedriger E., *G. púmila***

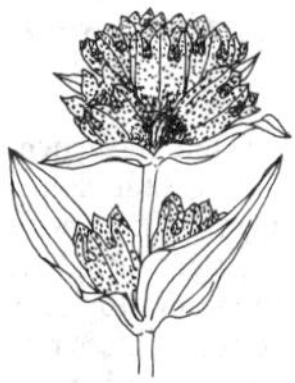

Abb. 297

Abb. 298

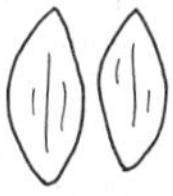

Abb. 299

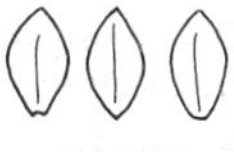

Abb. 300

Abb. 301

Abb. 302a

Abb. 302b

- RosettenB rundlich bis br-lanzettlich, meist 4–10 mm br . . . . . . . . . **19**

**19** K an den Kanten (0,5)1–2 mm br geflügelt; RosettenB meist 10–30 mm lg, — elliptisch bis br-lanzettlich, spitz, mit deutlichem Mittelnerv (Abb. 299); KRöhre (inkl. Flügel) 4–7 mm br; KZähne 2,5–6 mm lg; zw. den KroZipfeln je ein 2zipfeliges Anhängsel. H: (2)3–12(20) cm. ♃ He–Ch. III–VI(IX). Magerwiesen u. -weiden, Flachmoore, Zwergstrauchheiden; (collin) montan bis alpin; hfg. **Alle Bdld**. Gefährdet im nVL u. söVL. ▲ *(Calathiana verna)*

**Frühlings-E.**, „Schusternagerl", ***G. vérna*** *(s. str.)*

- K an den Kanten kaum mehr als 0,5 mm br. geflügelt; RosettenB meist 4–10 mm lg, — höchstens doppelt so lg wie br. (Vgl. Hinweis bei Pkt 10–!) . . . . . . . . . . . . . . . . . . . . . . . . . . . . . . . . . . . **20**

**20** Blü 2–15 mm über dem obersten StgBPaar; K an den Kanten kaum geflügelt; KRöhre (2,5)3(4) mm br; Kro h'- bis mittelblau; RosettenB rhombisch, h'bläulichgrün, — in der Mitte am breitesten, ± spitz (Abb. 300); KroZipfel etwa doppelt so lg wie br. H: 3–6(15) cm. ♃ He–Ch. VI–VIII. Kalkreiche bis kalkarme Magerrasen (zB Nacktriedges.), Felsschuttfluren, Schneetälchen; subalpin bis alpin (subnival); mäßig hfg. **Fehlt B, W, N.** ▲

**Kurzblatt-E., *G. brachyphýlla***

- Blü höchstens 2 mm über dem obersten StgBPaar; K an den Kanten deutlich geflügelt; KRöhre (inkl. Flügel) 4–5 mm br; Kro d'blau; RosettenB rundlich bis verkehrt-eiförmig, d'grün, — im mittleren Drittel (oft knapp oberhalb der Mitte) am breitesten, an der Spitze meist abgerundet (Abb. 301); KroZipfel nur wenig länger als br (mitunter auch etwas breiter als lg). H: 3–6(15) cm. ♃ He–Ch. VII–IX. Trockene Magerrasen, Gesteinsfluren; über kalkreichen Gesteinen (zB Kalkschiefer); subalpin bis alpin (subnival); in den Zentralalpen zstr, in den nAlp slt. **Fehlt B, W, N.** ▲ *(G. favrati, G. brachyphylla subsp. favrati, Calathiana orbicularis)* **Rundblatt-E., *G. orbiculáris***

## (2) **Fransenenzian,** Enzian (zT), ***Gentianópsis*** *(Gentiana sect. Crossopetalum,* ***Gentianella p. p.****)*

WuStock dünn, mit bleichen, schuppenförmigen NiederB; Stg einfach oder verzweigt, kahl; LB lanzettlich; Blü einzeln, endständig; BlüHülle 4zählig; Kro (23)35–50(55) mm lg, blau, slt weiß; Frkn gestielt; Narbe sitzend, kreisförmig. H: 6–25 cm. ⊙–♃ He. VIII–XI. Halbtrockenrasen, steinige Magerrasen (oft steinige Straßenböschungen); kalkstet; submontan bis subalpin; mäßig hfg bis zstr. **Alle Bdld**. ▲ *(Gentiana ciliata,* ***Gentianella ciliata****)*

**Fransenenzian**, Gefranster E., ***G. ciliáta***

## (3) **Kranzenzian,** Enzian (zT), ***Gentianélla*** (*s. str.*), (*Gentiana sect. Endotricha*; **exkl.** (2) *Gentianopsis* u. (4) *Comastoma*)

Anm.: Die meisten Arten – die vielleicht großteils nur den Rang von Unterarten verdienen, weil reichlich durch Übergangsformen miteinander verbunden – sind im Habitus recht vielgestaltig, zufolge früheren (heute zT als unzutreffend erkannten) Auffassungen umfassen sie (übrigens ähnlich wie einige halbparasitische Gattungen der Rachenblütler, vgl. Anm. bei Wachtelweizen, *Melampýrum*!) jeweils 2 oder mehrere ± deutlich verschiedene ökologische u./oder phänologische Rassen unterschiedlicher Wuchsform: a) im Frühsommer blühende („aestivale") Sippen mit wenigen, lg Internodien u. oft an der Spitze abgerundeten StgB; b) im Herbst blühende („autumnale") Sippen mit kurzen Internodien, spitzen StgB und reicher Verzweigung; c) ± intermediäre Gebirgssippen. Bei diesen Wuchsrassen handelt es sich zT vielleicht nur um Modifikationen durch Art u. Intensität der Beweidung; moderne kritische Untersuchungen sind noch ausständig. – Die für die Bestimmung wichtigen KZipfel sind meist ungleich ausgebildet. Der äußerste KZipfel ist bei allen Arten wenigstens etwas breiter als die übrigen; die Bestimmungsmerkmale (außer der Länge) sind an den inneren, untereinander ± gleichartigen festzustellen. Die KroLänge wird hier samt aufgerichteten Zipfeln gemessen; die Breite der KZipfel in deren Mitte.

**1** K u. Kro 4(5)zählig; die beiden äußeren KZipfel br-eiförmig, etwa 3× so br wie die inneren u. meist etwas kürzer als diese, die KBuchten verdeckend, die inneren schmal-lanzettlich. — Mittlere StgB 2–3(4)× so lg wie br, wie die oberen elliptisch bis eiförmig-3eckig oder verkehrt-eiförmig, am Rand kurz oder lg papillös; K 9–18 mm lg; Rand der KZipfel kurz oder lg papillös, nicht umgerollt; Kro schlank, röhrig-glockig, (15)20–27(31) mm lg, meist violett; Frkn u. Fr sitzend oder 1–4 mm lg gestielt. H: (3)5–20(26) cm. ⊙–⊙ Th–He. (V)VII–X. Magerrasen; montan bis alpin; hfg. **K?, S, T, V.** △ (Inkl. *G. islandica* u. *G. suecica*) **Feld-K.**, Feld-E., ***G. campéstris***

**-** K u. Kro (4)5zählig; KZipfel ± gleich gestaltet, 3eckig-lanzettlich bis linealisch (wenn die äußeren 2–3× so br wie die inneren, → **Kelch-K.,** ***G. anisodónta***, Pkt 3) . . . . . . . . . . . . . . . . . . . . . . . . . . . . . . . . . . . . . . **2**

**2** Rand der KZipfel lg-papillös (Papillen deutlich länger als br, weißlich) (*Lupe!*). — KBuchten spitz (Abb. 302 a). (Zur Artengruppe Deutscher K., *G. germanica*, vgl. auch Pkt 5–) . . . . . . . . . . . . . . . . . . . . . . . . **3**

**-** Rand der KZipfel glatt oder kurz-papillös (Papillen höchstens so lg wie br, kegelig, nur slt weißlich) (*Lupe!*) . . . . . . . . . . . . . . . . . . . . . . . **5**

**3** Äußere KZipfel 2–3× so br wie die inneren, aus breitem Grund 3eckig, mit stark umgerolltem Rand, innere schmal-3eckig, mit umgerolltem Rand; Mittelnerv der KZipfel kahl. — Mittlere StgB (1½)2–3(4)× so lg wie br, wie die oberen elliptisch bis eilanzettlich, Spitze abgerundet bis ± lg zugespitzt, am Rand kurz-papillös; K (6)10–15(19) mm lg; KZipfel 1–1½(2)× so lg wie die KRöhre, am Rand mit langen oder kürzeren Papillen; KBuchten spitz, oft von den br'flügeligen äußeren KZipfeln überdeckt; Kro röhrig-glockig, 13–30(33) mm lg, blauviolett, slt weiß; Frkn u. Fr (3)4–6 mm lg gestielt. H: 2,5–24 cm. (⊙)⊙ (Th)He. VI–X. Magerrasen, Zwergstrauchheiden; montan bis alpin; hfg. **St** (sehr slt), **S, K, T.** ▲ (Inkl. *G. antecedens* u. *G. calycina*) ■ **Kelch-K.,** ***G. anisodónta***

**-** Alle KZipfel ± gleichgestaltet, 3eckig-lanzettlich bis linealisch, mit schwach oder nicht umgerolltem Rand; Mittelnerv der KZipfel papillös (beim Behaarten K. / *G. pilosa* oft kahl) . . . . . . . . . . . . . . . . . . . . . . . . . . . **4**

**4** Mittlere StgB 2–3(4)× so lg wie br, wie die oberen eilanzettlich bis 3eckig-eiförmig; KZipfel 1–1,2(2½)× so lg wie die KRöhre, diese an den Verwachsungsnähten u. am Mittelnerv lg-papillös; Fläche der KRöhre kurz-papillös. —

Mittlere u. obere StgB am Rand u. auf dem Mittelnerv meist länger papillös; K 8–20 mm lg; KZipfel oft etwas geflügelt herablaufend u. dadurch die KBuchten verdeckend; Kro schlank bis br röhrig-glockig, (14)23–36(40) mm lg, violett oder lila, slt weiß; Frkn u. Fr 2–6 mm lg gestielt. H: (2,5)5–30 cm. ⊙–⊙Th–He. V–IX. Halbtrockenrasen, Kalktrockenrasen; montan bis alpin; hfg. Nördl. Kalkalpen. **Fehlt B, W.** ▲ (Inkl. *G. norica* u. *G. sturmiana*)

**■ Rauher K., *G. áspera***

- Mittlere StgB (3)4–6(7)× so lg wie br, wie die oberen schmal-eilanzettlich, mit lg ausgezogener Spitze; KZipfel 1½– 2½(3)× so lg wie die KRöhre, am Rand lg oder manchmal kurz papillös, am Mittelnerv oft kahl; KRöhre nur an den Verwachsungsnähten, slt an den Mittelnerven etwas papillös. — Mittlere u. obere StgB am Rand kurz oder länger papillös; K 8–26 mm lg; KZipfel slt am Grund verbreitert oder (nur slt?) geflügelt herablaufend; Kro schlank röhrig-glockig, (14)21–37 mm lg, violett; Frkn u. Fr sitzend oder bis 1 mm lg gestielt. H: (3,5)5–33(43) cm. ⊙ He. IX. Magerrasen; nur über Kalk; montan bis alpin; sehr slt. **K** (Gailtaler Alpen). (Hptvbr.: Südalpen.) ▲

**■ Behaarter K.,** (sl.:) dlakavi sviščevec, ***G. pilósa***

5 [2] Kro 10–20 mm lg, meist kürzer als die mittleren u. oberen StgB; GesamtBlüStand zylindrisch bis schmal-pyramidenförmig. — Mittlere StgB etwa 3–4× so lg wie br, wie die oberen elliptisch bis eilanzettlich, am Rand glatt oder kurz papillös; K 7–15 mm lg; KZipfel 1½–2(2½)× so lg wie die KRöhre, lg-3eckig bis linealisch, am Rand meist kurz 3eckig papillös, nicht oder nur schwach umgerollt; KBuchten rund oder spitz; Kro schlank, röhrig-trichterförmig, rötlich-violett bis weiß (trocken mehr gelblich bis gelb); Frkn u. Fr sitzend oder 1–2 mm lg gestielt. H: (2)3–40(60) cm. ⊙–⊙ Th–He. VI–X. (Feucht-)Wiesen, Weiderasen, Flachmoore; montan; zstr. **T.** **Bitterer K., *G. amarélla***

- Kro (16)20–45 mm lg, etwa so lg oder länger als die mittleren u. oberen StgB; GesamtBlüstd kegelig bis ebensträußig. — Mittlere StgB (1,4)2–4(5)× so lg wie br, wie die oberen 3eckig-eiförmig bis länglich-elliptisch, glatt oder am Rand kurz papillös. (Zur Artengruppe Deutscher K., *G. germanica agg.*, vgl. auch Pkt 2–4) . . . . . . . . . . . . . . . . . . . . . . . . . . . . . . . . . . . . . . **6**

6 KBuchten spitz, slt abgerundet (Abb. 302 a); KZipfel 3eckig bis schmal-3eckig, Rand meist deutlich umgerollt, kurz kegelig-papillös, slt glatt; KZipfel 1–1½(1,8)× so lg wie die KRöhre. — K (7)11–21 mm lg; Kro schlank röhrig-trichterförmig bis br-röhrig-glockig, (16)20–42 mm (im Osten meist 30–40 mm) lg, blauviolett, slt weiß; Frkn u. Fr slt sitzend, meist 2–6 mm lg gestielt. H: (3)5–30(50) cm. ⊙ He. V–IX. Magerrasen, Flachmoore; über Kalk- u. Silikatgesteinen; collin bis alpin; hfg. Im Alp bis ins westl. **N. Fehlt B, W.** ▲ (Inkl. *G. kerneri, G. rhaetica, G. solstitialis* u. *G. wettsteinii*)

**■ Deutscher K., *G. germánica*** *(s. str.)*

-!! KBuchten (innerhalb einer Population oder sogar innerhalb eines Individuums schwankend!) rund bis spitz; KZipfel schmal-3eckig bis länglich, Rand meist schwach umgerollt, meist nur schwach papillös; KZipfel 1–1½× so lg wie die KRöhre. — GesamtBlüstd meist ± kegelig (?); Kro 20–30 mm lg, meist purpurlila; Frkn u. Fr (3)5–8 mm lg gestielt. H: 5–30 cm. ⊙ He. V–IX. Bodensaure Magerrasen; submontan bis montan; slt. Nur im BM. **N, O?, St?**. (Hptvbr.: Böhmen.) Stark gefährdet. *(G. „**lutescens**", G. carpathica p. p., G. bohemica)* **■ Karpaten-K., Waldviertler K., *G. práecox*** *(s. orig.)*

- KBuchten rund (Abb. 302 b); KZipfel linealisch (zumindest in der Mitte), Rand nicht oder nur schwach umgerollt, glatt (slt kurz-papillös); KZipfel

1–2(2½)× so lg wie die KRöhre. — GesamtBlüstd ± ebensträußig (slt ± kegelig); K 8–23 mm lg, schlank röhrig-trichterförmig; Kro 20–40 mm lg, meist kräftig purpurlila, slt weißlich oder gelblich; Frkn u. Fr 2–4(6) mm lg gestielt. H: 5–25 cm. ⊙ He. VI–X. Magerrasen; collin bis subalpin (alpin); hfg. Nordostrand der Alpen u. Vorland: vom Seewinkel u. Wienerwald bis etwa zum Ötscher u. zur Schneealpe. **B, W, N, O?, St.** ▲ (Inkl. *G. praeflorens, G. neilreichii, G. „praecox" p. p., G. „lutescens" p. p.*)

■ **Österreichischer K.,** ***G. austríaca***

## (4) **Haarschlund,** Enzian (zT), ***Comástoma*** *(Gentiana* bzw. ***Gentianella*** *sect. Comastoma)*

1 BlüHülle meist 4zählig; KroRöhre 2–4× so lg wie br; LB (ei)lanzettlich bis spatelförmig, 3–6× so lg wie br; KroZipfel eiförmig, spitz; je 2 Nektargruben zw. den StaubB. — BlüStiel (1)2–5(6) cm lg; Kro meist himmelblau; KroRöhre 3–10 mm lg. H: 2–10 cm. ⊙ Th. VII–IX. Lückige Rasen, Lägerfluren, Grate, Felsschuttfluren; (subalpin) alpin; zstr. **K, S, T, V.** △ *(Gentiana tenella,* ***Gentianella tenella****)* **Zart-H.,** Zarter E., ***C. tenéllum***

– BlüHülle meist 5zählig; KroRöhre 1–2× so lg wie br; LB elliptisch, 1,5–3× so lg wie br; KroZipfel halbrundlich, abgerundet, kurz bespitzt; je 1 Nektargrube zw. den StaubB. — BlüStiel 0,5–2(4) cm lg; Kro d'violettblau; KroRöhre 3–7 mm lg. H: (1)2–5(8) cm. ⊙ Th. VII–IX. Feuchte, lockere, feinerdereiche, meist kalkarme Schuttfluren, Moränen (Ährengrannenhaferges.), Moospolster; alpin bis subnival; slt. **K, S, T.** Potentiell gefährdet. ▲ *(Gentiana nana,* ***Gentianella nana****)* **Zwerg-H.,** Zwerg-E., ***C. nánum***

## (5) **Saumnarbe,** ***Lomatogónium***

Stg 4kantig; LB eiförmig bis (ei)lanzettlich, die untersten in einen kurzen LB'Stiel verschmälert, die übrigen sitzend; K kürzer als die Kro; Kro etwa 10 mm lg, 12–16 mm ∅, blaßblau bis weiß (außen oft etwas grünlich). H: 1–12 cm. ⊙ Th. VIII–X. Kurzgrasige, lückige Weiderasen, erdige Rasenlücken (von Weidetieren ausgetretene Stellen), Nacktriedrasen; obermontan bis alpin; slt bis (lokal) mäßig hfg. **St, K, S, T.** ▲ *(Swe[e]rtia carinthiaca)*

**Saumnarbe, Tauernblümchen, Kärntner S., Kärntner T.,** ***L. carinthíacum***

## (6) **Tarant, Sumpfenzian,** ***Swértia***

Untere LB wechselständig, oft einander genähert, Spreite eiförmig bis elliptisch, stumpf, in den etwas geflügelten LB'Stiel verschmälert; obere StgB (fast) gegenständig, schmal-eiförmig bis lanzettlich, sitzend, oft halbstengelumfassend; BlüStiel etwas geflügelt-kantig; KZipfel zugespitzt; KroB bis fast zum Grund voneinander getrennt, länglich-lanzettlich, spitz, 10–16 mm lg, schmutzig-schwärzlichviolett bis blaßblau (slt gelblich). H: (8)15–60 cm. ♃ He. VII–IX. Sümpfe, kalkarme Flachmoore u. Quellfluren; (submontan) montan bis subalpin; zstr. **Fehlt B, W.** Gefährdet in den wAlp, im nVL u. Pann. ▲

**Tarant, Sumpfenzian,** Moorenzian, Blauer T., ***S. perénnis*** *(subsp. perénnis)*

## (7) **Bitterling,** ***Blackstónia*** (G VII 17–)

(Beide Arten gehören zur Artengruppe Durchwachs-B., *B. perfoliata agg.*):

1 Grundständige LB'Rosette gut entwickelt; obere StgB am Grund in ihrer ganzen Breite paarweise miteinander verwachsen; (StgB'Paare daher in der

Mitte nicht oder nur sehr wenig eingeschnürt); KZipfel schmal-linealisch. — Kro 8–15 mm lg. H: 15–40 cm. ⊙ Th. VI–VIII. Lückige Halbtrockenrasen; wärmeliebend; collin; sehr slt. **V**. (Hptvbr.: Medit.) Vom Aussterben bedroht. *(Chlora perfoliata)* **Durchwachs-B., *B. perfoliáta***

- Grundständige LB'Rosette nicht oder nur schwach entwickelt; obere StgB nicht in ihrer ganzen Breite paarweise miteinander verwachsen; (StgB'Paare daher in der Mitte deutlich eingeschnürt); KZipfel (lineal-)lanzettlich. — Blü-Stiele meist 1–4 cm lg; Kro (6)8–10 mm lg. H: 10–30 (35) cm. ⊙ Th. VIII–IX. Offene, wechselfeuchte Ruderalfluren, Wegränder, Ufer; wärmeliebend; collin; slt. **B, W, N, St†, V**. (Hptvbr.: Medit.) Vom Aussterben bedroht. *(B. serotina, B. perfoliata subsp. serotina, Chlora perfoliata subsp. serotina)* **Später B., *B. acumináta***

## (8) Tausendguldenkraut, *Centáurium* (*Erythraea*)

Anm.: *Die KroLänge wird hier samt aufgerichteten Zipfeln gemessen.*

1 Grundständige LB'Rosette fehlend; Stg meist schon vom Grund an verzweigt; (mittlere) Blü deutlich gestielt (BlüStiele 2–10 mm lg); KroZipfel 2–4 mm lg, rot. — Unterste StgB rundlich-eiförmig, mittlere u. obere meist schmal-elliptisch bis eilänglich; Blüstd locker; Kro 10–12 mm lg. H: 2–15(20) cm. ⊙ Th. VII–IX. Feuchte, kalkreiche Wiesen, Salzfluren, ruderal beeinflußte Rasen; collin bis montan; zstr bis slt. **Alle Bdld**. Gefährdet. △ *(Erythraea pulchella)* **Kleines T., *C. pulchéllum***

- Grundständige LB'Rosette vorhanden; Stg meist erst oberwärts verzweigt; (mittlere) Blü sitzend oder sehr kurz gestielt; KroZipfel (3)4–6 mm lg, rosarot . . . . . . . . . . . . . . . . . . . . . . . . . . . . . . . . . . . . . . . . **2**

2 RosettenB elliptisch bis verkehrt-eiförmig, breiter als 5 mm; StgB 3–5nervig. — Stg, LB'Rand u. K'Kanten glatt oder papillös; Blüstd meist schirmrispig. H: 10–30(50) cm. ⊙ He. VII–IX. Frische, lehmreiche, ± bodensaure Waldschläge, Wegböschungen, verbuschte Rasen; collin bis montan; zstr bis mäßig hfg. **Alle Bdld**. ArzneiPf. △ *(C. umbellatum, C. minus, Erythraea centaurium)* **Echtes T., *C. erythráea*** *(subsp. erythráea)*

- RosettenB länglich bis linealisch-spatelig, höchstens 5 mm br; StgB meist 1nervig. — Stg (bes. an den Kanten), LB'Rand u. K'Kanten papillös bis kurzhaarig *(gute Lupe!)*; K beim Aufblühen fast so lg wie die KroRöhre. H: 5–25 cm. ⊙ He. VII–IX. Feuchte Wiesen, Salzwiesen; collin (untermontan); im Seewinkel (Nord-**B**) mäßig hfg, sonst slt. Nur im Pann. **B, N**. Gefährdet. △ *(C. vulgare, C. uliginosum, Erythraea uliginosa)* **Salz-T.**, Strand-T., ***C. littorále*** **(subsp. *uliginósum*)**

# 95. Familie: Fieberkleegewächse, *Menyantháceae*

1 LB 3zählig zusammengesetzt; Kro weiß (mitunter schwach rosa überlaufen), Saum etwa so lg wie die KroRöhre. — Pf kahl; BlüHülle 5zählig, ⊕; StaubB 5; Frkn oberständig; Fr: Kapsel. **(1) Fieberklee, *Menyánthes***

- LB einfach (Spreite unzerteilt, rundlich-eiförmig); Kro goldgelb, Saum länger als die KroRöhre. — Pf kahl; BlüHülle 5zählig, ⊕; StaubB 5; Frkn oberständig; Fr: Kapsel. **(2) Seekanne, *Nymphoídes***

### (1) Fieberklee, *Menyánthes* (G V 49)

WuStock kriechend, verzweigt, 1–1,5(2) cm dick; Stg aufsteigend; LB gestielt, sehr bitter schmeckend, Blättchen (TeilB) fast sitzend, elliptisch bis verkehrteiförmig, etwa 4–10 cm lg u. 2–6 cm br; Blüstd (Traube) lg gestielt, meist 10–20blütig; Kro trichterförmig (mit nach außen gekrümmten Zipfeln), etwa 15 mm ∅, innen dichtbärtig. H (Teil über Wasser): 15–30 cm. ♃ Wa. V–VI(VIII). Kalkarme, ± saure Quell- u. Flachmoore, Verlandungssümpfe, Schwingrasen, Hochmoorschlenken, Flachbereich stehender Gewässer; collin bis montan; zstr. **Fehlt W**. ArzneiPf. Gefährdet. ▲
**Fieberklee, Bitterklee, *M. trifoliáta***

### (2) Seekanne, *Nymphoídes* (A 15)

SchwimmPf; WuStock kriechend, verzweigt; LB schwimmend, Spreite fast schildförmig, meist 7–15 cm lg, am Grund tief-herzförmig eingeschnitten, unterseits drüsig punktiert; LB'Stiel am Grund scheidig verbreitert; Blü meist 5–10 cm lg gestielt (BlüStiele aus dem Wasser ragend), zu (1)2–5(8) in LB'Achseln; Kro trichter- bis fast radförmig, etwa 25–30 mm ∅; KroZipfel am Rand wimperig gezähnelt, im Schlund bärtig. H: 80–150 cm. ♃ Wa. VII–IX. Stehende oder träg fließende Gewässer; collin; sehr slt. **N, O?, St, T**. (Vielleicht sind manche Vorkommen nicht ursprünglich, sondern auf Auspflanzung zurückzuführen.) Stark gefährdet. ▲. *(Limnanthemum nymphoides)* **Seekanne, *N. peltáta***

## 96. Familie: Hundsgiftgewächse, *Apocynáceae*

Anm.: Hierher auch der als ZierPf kultivierte, nicht winterharte ★ **Oleander, *Nérium oleánder*** aus dem Medit. (giftig).

### Immergrün, *Vínca* (→ **B 29**; G V 37)

**1** Pf im Winter völlig absterbend; Seitennerven der LB kaum wahrnehmbar oder von der Mittelrippe in einem Winkel von 10–30° abzweigend. — Kro blau; LB fein gewimpert. H: 30–60 cm. ♃ He. V–VI. Steinige, sonnige Abhänge, lichte Wälder; collin; sehr slt. **B, N**. (Submedit.) Schwach giftig. Gefährdet. △
**Krautiges I., *V. herbácea***

**–** Pf immergrün, zur BlüZeit LB des Vorjahres noch vorhanden; Seitennerven der LB von der Mittelrippe in einem Winkel von 30–50° abzweigend . . . **2**

**2** KB u. KroZipfel kahl; LB länglich-lanzettlich, kahl; Kro 25–30 mm ∅, — h'blau. H: 15–20 cm. ♄ Ch (immergrün). IV–V. Edellaubwälder, bes. Hainbuchenwälder, Harte Auwälder, Waldränder; collin bis montan; zstr. **Alle Bdld**. Hfg als ZierPf kultiviert. Schwach giftig. VolksarzneiPf; Homöop. △
**Kleines I., *V. mínor***

**–** KB u. KroZipfel bewimpert; untere LB herzeiförmig, obere eilanzettlich, am Rand fein bewimpert; Kro 30–50 mm ∅, — d'blau. H: 15–30 cm. ♄ Ch (immergrün). IV–V. Als ZierPf oft kultiviert, slt verwildert (zB **N, K**). (Heimat: Medit. bis Südwest-Asien.) Schwach giftig. ★ **Großes I., *V. májor***

## 97. Familie: Seidenpflanzengewächse, Schwalbenwurzgewächse, *Asclepiadáceae*

Anm.: Hierher gehören unter den ZimmerPf etwa ★ ***Hóya*** u. ★ ***Stapélia***. – Die ★ **Seidenpflanze**, „Papageienfrucht", ***Asclépias syríaca*** (♃; mit Milchsaft; LB gegenständig, eiförmig, 15–20 cm lg, unterseits filzhaarig; Dolden; Kro schmutzigrosa; Fr weichdornig, 10–15 cm lg, hornförmig; Sa mit Haarschopf; H: etwa 1,5 m) wird als ZierPf u. BienenweidePf (ehedem versuchsweise auch als Faser- u. KautschukPf) kultiviert. Im Pann nicht slt verwildert u. (?) eingebürgert. (Heimat: östl. Nordamerika [nicht Syrien!].)

### Schwalbenwurz, *Vincetóxicum* (→ G V 30, 37; XI 9)

LB herz-eiförmig, zugespitzt; Kro gelblichweiß, radförmig. H: 30–100 cm. ♃ He. V–VIII. Trocken-warme, lichte Wälder, steinige Trockenrasen; kalkliebend; collin bis montan; hfg. **Alle Bdld**. Giftig. VolksarzneiPf (Wu); Homöop. (LB). *(V. officinale, Cynanchum vincetoxicum)*

**Schwalbenwurz, *V. hirundinária*** *(subsp. hirundinária)*

## 98. Familie: Kaffeegewächse, Krappgewächse, Labkrautgewächse, Rötegewächse, *Rubiáceae* (→ G IV 6, 17; V 33)

1 K aus 6 deutlichen, meist etwa 0,5 mm lg, 3eckigen Zähnen bestehend; Blüstd von 8–10 am Grund verwachsenen HüllB sternförmig umgeben, — kopfig. **(1) Ackerröte, *Sherárdia***
- K undeutlich, ohne Zähne; Blüstd von keinen oder von freien HüllB umgeben . . . . . 2

2 KroRöhre meist länger als die KroZipfel; Blü ungestielt, oder die BlüStiele meist kürzer als die Frkn; VorB stets vorhanden; DeckB oft vorhanden. **(2) Meier, *Aspérula***
- KroRöhre kürzer als die KroZipfel; Blü gestielt (BlüStiele meist länger als die Frkn); VorB fehlend; DeckB oft fehlend . . . . . 3

3 Fr fleischig; Kro meist mit 5 (eingebogenen) Zipfeln, gelb. **★ (5) Krapp, *Rúbia***
- Fr trocken, lederig; Kro mit (3)4 Zipfeln . . . . . 4

4 TeilBlüstd kürzer als die LB . . . . . 5
- TeilBlüstd länger als die LB. **(3) Labkraut, *Gálium***

5 LB'Quirle mit 4 LB. — Kro gelb. **(4) Kreuzlabkraut, *Cruciáta***
- LB'Quirle mit 5–8 LB. — TeilBlüstd meist 3blütig; FrStiele bogig herabgekrümmt; Fr 3–5 mm ∅, warzig. **Dreihörniges Labkraut, (3), *Gálium tricornútum***

### (1) Ackerröte, *Sherárdia* (E 6)

Kro 4–5 mm lg, trichterig, h'purpurlila, slt weiß. H: 5–20 cm. ⊙ Th. V–X. Lehmreiche Äcker; collin bis montan; zstr. **Alle Bdld**. **Ackerröte, *S. arvénsis***

### (2) Meier, Meister, *Aspérula* (G III 4)

1 Zumindest einige LB'Quirle mit mehr als 4 LB . . . . . 2
- LB'Quirle höchstens mit 4 LB . . . . . 4

2 Kro meist 3zipfelig, — weiß, außen glatt; untere LB'Quirle mit 6, obere mit 4 LB; Fr glatt oder ± runzelig. H: 30–60 cm. ♃ He. VI–VIII. Lichte, trockene

Wälder, Trocken-(Flaumeichen-)Waldsäume, Halbtrockenrasen, wechseltrokkene Magerrasen; kalkliebend; collin bis montan; zstr bis slt. **Fehlt S, V**. In den wAlp gefährdet. **Färber-M., *A. tinctória***

– Kro 4(5)zipfelig . . . . . . . . . . . . . . . . . . . . . . . . . . . . . . . . **3**

**3** Pf ⊙; Kro blau, lg'röhrig; Blüstd kopfig, von borstig gewimperten HüllB umgeben. H: 15–30 cm. ⊙ Th. V–VI. Lehmig-tonige Äcker; kalkliebend; collin bis montan; früher zstr bis slt **in allen Bdld**, heute in allen Bdld ausgestorben. † **Acker-M., *A. arvénsis***

– Pf ♃; Kro purpurn, ± radförmig; Blü einzeln in den Achseln der LB oder am Ende der zahlr., beblätterten Äste. H: 10–50 cm. ♃ He. V–VII. Sonnige, felsige Abhänge, Felsgeröll, steinige Rasen; collin bis montan; slt. Süd-**K**. (Submedit.) *(Galium purpureum)* [(3) Pkt 24] **Purpur-M.,** (sl.:) škrlatna perla, ***A. purpúrea***

**4** [1] Mittlere u. obere StgB 2–3× so lg wie br, mit 3 Längsnerven. — Blüstd kopfig, von HüllB umgeben; Kro weißlich, KroRöhre 6–8 mm lg. H: 20–40 cm. ♃ He. V–VI. Edellaubwälder, bes. Buchenwälder; collin bis montan; zstr. **V**. (Hptvbr.: Schweiz, Süd-Europa.) Potentiell gefährdet. **Italienischer M., Turiner M., *A. taurína***

– Mittlere u. obere StgB 6–50× so lg wie br, 1nervig . . . . . . . . . . . . . **5**

**5** KroRöhre 2,5–4 mm lg, (1¾)2–3(4)× so lg wie die KroZipfel. — HochB 3–6× so lg wie br, die Frkn weit überragend; Kro rosa, KroRöhre außen meist glatt; Fr dicht warzig. H: 10–25(50) cm. ♃ He. VII–IX. Gesteinsfluren; kalkliebend; montan (subalpin); slt. Süd-**K**. *(A. a. „subsp. longiflora")* **Grannen-M.,** (sl.:) dolgocvetna perla, ***A. aristáta* (subsp. *oreóphila*)**

– KroRöhre 1,5–2,5 mm lg, 1–1½× so lg wie die KroZipfel . . . . . . . . . **6**

**6** Untere StgB zur BlüZeit meist vertrocknet; mittlere u. obere StgB meist kürzer als die StgGlieder; Kro h'rosa bis weiß, außen meist rauhkörnig; Fr deutlich warzig. — Pf meist locker-rasig; Stg ± flexibel; HochB die Frkn nicht oder nur wenig überragend. H: 10–40 cm. ♃ He. VI–IX. Trockenrasen, trockene Wiesen, lichte Gebüsche; kalkliebend; collin bis montan (subalpin); hfg. **Alle Bdld**. **Hügel-M., *A. cynánchica*** *(s. str.)*

– Untere StgB zur BlüZeit erhalten, verkehrt-eiförmig, zurückgekrümmt, mittlere u. obere StgB meist so lg oder länger als die StgGlieder; Kro rosa, außen glatt; Fr undeutlich warzig. — Pf dicht-rasig; Stg starr. H: 5–15 cm. ♃ He. VI–IX. Felsige Hänge, Felsschutt; kalkstet; montan bis subalpin; zstr. Nordöstl. Kalkalpen. **N, O,** Nord-**St**. **Ostalpen-M.,** Neilreich-M., ***A. neilréichii***

## (3) Labkraut, *Gálium*

**1** Mittlere LB 3nervig. — LB'Quirle mit 4 LB . . . . . . . . . . . . . . . . . **2**

– Mittlere LB 1nervig. — LB'Quirle mit 4–12 LB . . . . . . . . . . . . . . . **4**

**2** Mittlere LB br-oval, 1⅓–2½× so lg wie br; Blüstd schirmförmig; Fr mit abstehenden, hakenförmigen Haaren. H: 5–15(30) cm. ♃ Ch. VI–IX. Mäßig feuchte, schattige, etwas bodensaure Wälder (meist Fichtenforste); collin bis montan; zstr bis mäßig hfg. **Alle Bdld**. **Rundblatt-L., *G. rotundifólium***

– Mittlere LB lanzettlich, mehr als 3× so lg wie br; Blüstd eiförmig oder pyramidenförmig; Fr kahl oder mit anliegenden bis abstehenden, gekrümmten Haaren. — Stg steif aufrecht (Artengruppe Nordisches L., *G. boreale agg.*) . . **3**

**3** LB meist 15–40 mm lg u. 2–8 mm br, 5–20× so lg wie br, zw. den Nerven kaum geädert; Fr mit ± anliegender FrWand, meist behaart. H: 20–50 cm. ♃ He. VI–VIII. Wechselfeuchte bis nasse Wiesen, Flachmoorwiesen, trockene Magerrasen, Föhrenwälder; kalkliebend, Magerkeitszeiger; collin bis montan; hfg. **Alle Bdld.** (Inkl. *subsp. pseudorubioides*)

**Nordisches L., *G. boreále*** *(s. str.)*

- LB meist 40–80 mm lg u. 9–20 mm br, 3–4½× so lg wie br, zw. den Nerven unterseits deutlich geädert; Fr mit blasenförmig abgehobener FrWand, fast immer kahl. H: 30–70(120) cm. ♃ He. VI–VIII. Feuchte Wiesen, Auwälder, feuchte Gebüsche; collin; im Pann slt, sonst sehr slt. **B, W, N, S, V**. Stark gefährdet. *(G. boreale subsp. rubioides)* **Krapp-L., *G. rubioídes***

**4** [1] Kro trichterförmig oder glockig, — weiß . . . . . . . . . . . . . . . . . . **5**
- Kro ± flach, radförmig . . . . . . . . . . . . . . . . . . . . . . . . . . . **7**

**5** Stg von abwärts gerichteten Stachelchen rauh *(Lupe!)*. — Pf klimmend; LB am Rand mit zum LB'Grund gerichteten Stachelchen; Fr kahl, warzig. H: 60–100(200) cm. ♃ He. VII–VIII. Auwälder, feuchte Gebüsche; collin; sehr slt. **N.** (Hptvbr.: Mähren, Slowakei, Ungarn, Ost- u. Südost-Europa.) Vom Aussterben bedroht. *(Asperula rivalis, inkl. A. aparine)* **Bach-L., *G. riväle***
- Stg meist kahl u. glatt (slt behaart) *(Lupe!)* . . . . . . . . . . . . . . . . . . **6**

**6** LB lanzettlich, flach, untere zu 6, obere zu 8 quirlständig; Fr dicht mit hakigen Börstchen besetzt; Pf grasgrün, — im welken u. trockenen Zustand sowie Blü nach Cumarin duftend (= „Waldmeistergeruch"); Stg 4kantig, unverzweigt. H: 15–30 cm. ♃ Ge. V–VI. Edellaubwälder; collin bis montan; hfg. **Alle Bdld.** WürzPf (Bowle!), Mottenmittel u. ArzneiPf; Homöop. *(Asperula odorata)*

**Waldmeister**, Duft-L., ***G. odorátum***
- LB linealisch, am Rand umgerollt, zu 8–10(12) quirlständig; Fr kahl; Pf blaugrün. — Stg am Grund manchmal behaart. H: 30–60 cm. ♃ He. V–VII. Trockenrasen, Trockenwaldsäume; collin bis montan; im Pann zstr, sonst slt. **B, W, N, O, St, K?**. Im nVL gefährdet. *(Asperula glauca, A. galioides)*

**Blaugrünes L.**, Seegrünes L., ***G. gláucum***

**7** [4] Stg von abwärts gerichteten Stachelchen rauh *(mit den Fingern vorsichtig von unten nach oben streichen!)* . . . . . . . . . . . . . . . . . . . . . . . . . **8**
- Stg ohne abwärts gerichtete Stachelchen, kahl oder behaart . . . . . . . **15**

**8** LB ohne Stachelspitze, abgerundet; TeilFr kugelig. — Pf ♃ . . . . . . . . . **9**
- LB mit deutlicher Stachel- oder Knorpelspitze; TeilFr eiförmig. — Pf ♃ oder ⊙ . . . . . . . . . . . . . . . . . . . . . . . . . . . . . . . . . . . . . **11**

**9** Kro 3(4)zipfelig; Blü zu 1–3 in den LB'Achseln; FrStiele zurückgekrümmt. — Kro 1mm ∅, weiß. H: 5–15 cm. ♃ He. VI–VII. Moosige Stellen an zeitweise überschwemmten Felsblöcken am Ufer kleiner Gebirgsseen; subalpin; sehr slt. **St** (Seetaler Alpen). (Einziger Fundpunkt in Mitteleuropa.) (Arktisch-alpisch u. Nordamerika.) Stark gefährdet. **Dreizähliges L., *G. trífidum***
- Kro 4zipfelig; reichblütige Rispe (Thyrse); FrStiele gerade. — Pf beim Trocknen schwarz werdend; Staubbeutel rot. (Artengruppe Sumpf-L., *G. palustre agg.*) . . . . . . . . . . . . . . . . . . . . . . . . . . . . . . . . . . . **10**

**10** [15] Mittlere LB 5–15 mm lg; Kro 2–3,5 mm ∅; Fr 1,2–1,6 mm lg; Stg nicht weißkantig. H: 8–30 cm. ♃ He. V–VII. Sümpfe, nasse Wiesen, Ufer von Gewässern; collin bis montan; hfg. **Alle Bdld.** (Diploid.)

■ **Sumpf-L., *G. palústre*** *(s. str.)*
- Mittlere LB 15–20 mm lg; Kro 4–4,5 mm ∅; Fr 1,7–2,5 mm lg; Stg ± deutlich weißkantig. H: 30–100 cm. ♃ He. VI–VIII. Sümpfe, Ufer von Gewässern; collin; zstr bis slt. **Alle Bdld.** Im Alp, nVL u. söVL gefährdet. (Oktoploid.) *(G. palustre subsp. elongatum)* ■ **Verlängertes L., *G. elongátum***

**11** [8] FrStiele gleich nach dem Verblühen herabgekrümmt; TeilBlüstd kürzer als die LB, — 1–3blütig; LB am Rand mit zum LB'Grund gekrümmten, stacheligen Haaren; Fr 3–4 mm lg, mit kleinen spitzen Papillen. H: 15–40 cm. ⊙ Th. V–IX. Getreideäcker, Ruderalstellen; collin bis submontan; slt. **O†, (K), sonst in allen Bdld**. Gefährdet. *(G. tricorne)* **Dreihörner-L.,** ***G. tricornútum***

**–** FrStiele stets gerade; TeilBlüstd länger als die LB . . . . . . . . . . . . . **12**

**12** LB am Rand mit zur LB'Spitze gerichteten Stachelchen *(Lupe!)*. — Kro 0,5 mm ∅, innen grünlich, außen rötlich; Fr etwa 1 mm lg, kahl oder behaart. H: 10–22 cm. ⊙ Th. VI–VIII. Äcker, Brachäcker, Ruderalstellen; collin; sehr slt. **B, W, N, St**. Vom Aussterben bedroht. **Pariser L.,** ***G. parisiénse***

Anm.: Das nah verwandte ⊖ ***G. divaricátum*** **fehlt in Ö**.

**–** LB am Rand (zumindest in der unteren Hälfte) mit zum LB'Grund gerichteten Stachelchen *(Lupe!)* . . . . . . . . . . . . . . . . . . . . . . . . . **13**

**13** Pf ♃; Blüstd: überwiegend endständige Thyrsen; LB mit 0,2–0,3 mm lg Stachelspitze. — Pf beim Trocknen grün bleibend; Kro weiß; Staubbeutel gelb. H: 15–30 cm. ♃ He. VI–IX. Flachmoore, Sumpfwiesen; collin bis montan; zstr. **Alle Bdld**. **Moor-L.,** ***G. uliginósum***

**–** Pf ⊙; Blüstd: überwiegend LB'achselständige Zymen; LB mit 0,6–1,2 mm lg Stachelspitze. — Stg durch kurze Hakenhaare rauh u. klettend (u. ± kletternd). (Artengruppe Klett-L., *G. aparine agg.*) . . . . . . . . . . . . . . . **14**

**14** Kro 1,5–2 mm ∅, weiß; Fr *(ohne die Haare gemessen)* (3)4–5(6) mm lg, immer mit 0,4–0,7 mm lg, hakig gebogenen Haaren, die auf Papillen stehen *(Lupe!)*. — LB 3–8 mm br; Zymen 2–5blütig, mit 4–8 HochB. H: 60–200 cm. ⊙ Th. Auwälder, Gebüsche, Äcker, Weingärten, Ruderalstellen, Flußschotter; stickstoffliebend; collin bis montan; sehr hfg. **Alle Bdld**. VolksarzneiPf (Kraut); Wildgemüse; Homöop. **Klett(en)-L.,** Klebkraut, ***G. aparíne*** *(s. str.)*

**–** Kro 0,8–1,3 mm ∅, gelbgrünlich; Fr *(ohne Haare gemessen)* (1,5)2–3 mm lg, mit 0,2–0,5 mm lg, hakig gebogenen Haaren, die nicht auf Papillen stehen *(Lupe!)* (*subsp. vaillantii = subsp. infestum*), oder kahl (*subsp. spurium*). — LB 2–3 mm br; Zymen 3–9blütig, mit 2–3 HochB. H: 30–100 cm. ⊙ Th. V–X. Äcker, Weingärten, Ruderalstellen; stickstoffliebend; collin; zstr bis slt. **Alle Bdld**. **Acker-L.,** Grünblüten-L., ***G. spúrium***

**15** [7] LB ohne Stachelspitze, abgerundet; TeilFr kugelig. (Artengruppe Sumpf-L., *G. palustre agg.*) . . . . . . . . . . . . . . . . . . . . . . . . . **10**

**–** LB mit deutlicher Stachel- oder Knorpelspitze; TeilFr eiförmig . . . . . **16**

**16** Stg mit fadenförmigem Grund, dort kaum mehr als 1 mm ∅; H: 2–20(50) cm *(G. sect. Leptogalium)* . . . . . . . . . . . . . . . . . . . . . . . . . **17**

**–** Stg nicht mit fadenförmigem Grund, dort mehr als 1 mm ∅; H: (15)20–100(150) cm. *(G. sect. Leptogalium)* . . . . . . . . . . . . . . . . . . **24**

**17** KroZipfel grannenartig zugespitzt, Grannenspitze $^1/_{10}$–$^1/_2$× so lg wie der KroZipfel. — LB schmal-lanzettlich, 7–12× so lg wie br, oft mit zum LB'Grund gerichteten Stachelchen; Kro h'purpurn, rosa oder weiß. H: 20–50 cm. ♃ He. VI–VIII. Weiderasen, Waldschläge, Waldränder; collin bis montan; slt. **T**. (Hptvbr.: Südalpen.) *G. pumilum* × *rubrum*. *(G. leyboldii)* **Savoyer L.,** ***G.*** **×** ***centróniae***

**–** KroZipfel spitz, aber nicht grannenartig. — Kro weiß bis gelblichweiß . **18**

**18** LB mit 0,1 mm lg Knorpelspitze, am Rand glatt *(Lupe!)*. — LB dicklich, stark glänzend, beim Trocknen schwarz werdend; Kro gelblichweiß. H: 2–10 cm. ♃ Ch. VII–IX. Steinige Magerrasen, Gesteinsfluren; oft in Gipfelregionen; kalkliebend; subalpin bis alpin; in den nördl. u. südl. Kalkalpen hfg, in den Zentralalpen slt. **N, O, St, K, S**. *(G. „baldense“)* **Norisches L., *G. nóricum***

- LB mit 0,1–0,9 mm lg Stachel- oder Knorpelspitze, am Rand meist mit feinen Wimpern oder Stachelchen *(Lupe!)* . . . . . . . . . . . . . . . . . . . . . **19**

**19** FrStiele nach der BlüZeit abwärts gekrümmt, 2–3 mm lg; Fr 2–2,5 mm lg; — glatt; Stg kriechend (Schuttkriecher); LB am Rand mit zur LB'Spitze gerichteten Stachelchen; Kro gelblichweiß. H: 2–10 cm. ♃ Ge. VII–VIII. Felsschutt; kalkstet; (subalpin) alpin; zstr. Nördl. Kalkalpen. **O, St, S, T, V**. *(G. helveticum)* **Schweizer L., *G. megalospérmum***

- FrStiele stets gerade, 1–2 mm lg; Fr 1–1,6 mm lg . . . . . . . . . . . . . **20**

**20** LB am Rand mit zur LB'Spitze gerichteten sehr kurzen Wimpern *(Lupe!)*; Fr mit spitzen Papillen *(Lupe!)*; LB getrocknet ± schwarz verfärbt. H: (8)15–35(40) cm. ♃ Ch. VI–VIII. Bodensaure Wälder u. Magerrasen, Bürstlingsrasen; kalkmeidend; collin bis montan; slt. Bes. im BM. **N** (im Waldviertel), **O** (im Mühl- u. Hausruckviertel), **K**. (Hptvbr.: Nord-Deutschland, Westeuropa.) *(G. hercynicum, **G. harcynicum**)* ■ **Harz-L., *G. saxátile***

- LB am Rand hauptsächlich mit abstehenden oder zum LB'Grund gerichteten Stachelchen (einzelne auch zur LB'Spitze gerichtet) *(Lupe!)*; Fr glatt oder mit stumpfen (slt spitzlichen) Papillen *(Lupe!)*; LB getrocknet meist olivgrün verfärbt. (Artengruppe Kleines L., *G. pusillum agg.*) . . . . . . . . . . . . **21**

**21** BlüStiele 0,8–1,1 mm lg. — Stg oft abstehend behaart, am Grund rötlich; Kro weiß; Fr mit stumpfen bis spitzlichen Papillen *(Lupe!)*. H: (9)15–30(40) cm. ♃ He. VI–VII. Bodensaure Trockenrasen, lichte Wälder, bes. Föhrenwälder; kalkmeidend; collin bis untermontan; zstr bis slt. **N, O**. Potentiell gefährdet. (Diploid.) ■ **Mährisches L., *G. valdepilósum***

- BlüStiele 1–1,5 mm lg. — Stg meist kahl oder abstehend behaart; Fr glatt oder mit stumpfen Papillen *(Lupe!)* . . . . . . . . . . . . . . . . . . . . . . **22**

**22** Blüstd lg, mit kurzen Seitenästen, daher schmal eiförmig bis schmal pyramidenförmig, meist mehr als 2× so lg wie br. — Stg am Grund nicht rot; Kro weiß. H: (10)15–30(70) cm. ♃ He. VI–VIII. Mäßig trockene Magerwiesen, Waldränder, lichte, magere Laubmischwälder; kalkmeidend; collin bis montan; zstr bis hfg. **Alle Bdld**. (Oktoploid.) *(G. asperum)* ■ **Heide-L.**, Niedriges L., ***G. púmilum***

- Blüstd kurz, mit lg Seitenästen, daher br-pyramidenförmig oder schirmförmig, meist weniger als 2× so lg wie br . . . . . . . . . . . . . . . . . . . . **23**

**23** Stg am Grund oft rot; LB lineal-lanzettlich, (10)11–24(27)× so lg wie br. — Kro weiß. H: (8)12–20(30) cm. ♃ He. VI–VIII. Trockenrasen, Schwarzföhrenwälder, Felsschutt; über Kalk, Dolomit u. Serpentin; collin bis montan; zstr bis slt. **B, W, N, K**. (Diploid u. tetraploid.) ■ **Österreichisches L., *G. austríacum***

- Stg am Grund kaum rot; LB meist vorn allmählich verbreitert u. abrupt zugespitzt, (5)6–8(12)× so lg wie br. — Kro weiß bis gelblichweiß. H: (3)7–15(25) cm. ♃ He. VII–IX. Weiderasen, Gesteinsfluren, Schuttfluren, Schneeböden, zw. Krummholz; kalkliebend; obermontan bis alpin; hfg. **Fehlt B, W**. *(**G. anisophyllum**)* ■ **Alpen-L., Ungleichblättriges L., *G. anisophýllon***

**24** [16] Kro purpurn. **Purpur-Meier, (2), *Aspérula purpúrea***

-!! Kro gelb. — Stg u. LB'Unterseite dicht kurzhaarig; LB nadelförmig, 10–15× so lg wie br. (Artengruppe Gelb-L., *G. verum agg.*) . . . . . . . . . . . **25**

- Kro weiß, slt blaßgelb oder h'grünlichgelb . . . . . . . . . . . . . . . . **27**

**25** Stg unten ± 4kantig; Blüstd ± locker kurzhaarig bis kahl; KroZipfel schwach grannenspitzig. — LB 1,5–3(4) mm br; Kro gelb bis h'gelb. H: (20)50–100 cm. ♃ He. VI–IX. Wiesen, Straßenböschungen; collin bis montan; zstr. **Alle Bdld?**. *G. album* × *verum*. (*G. ochroleucum*) **Weißgelb-L.,** ***G.* × *pomeránicum***

– Stg unten ± rund; Blüstd dicht, meist dicht kurzhaarig; KroZipfel zugespitzt, aber nicht grannenspitzig . . . . . . . . . . . . . . . . . . . . . . . . . . **26**

**26** Mindestens die längsten TeilBlüstd länger als die darüberliegenden Internodien, Blüstd daher nicht unterbrochen; Blü nach Honig duftend; LB 0,5–1(2) mm br, glänzend; Kro goldgelb. H: 10–70 cm. ♃ He. VI–IX. Kalkmagerrasen, trockene und wechselfeuchte Magerwiesen, Pfeifengraswiesen; Magerkeitszeiger; collin bis montan; hfg. **Alle Bdld**. VolksarzneiPf (Kraut). Homöop. ■ **Gelb-L., Echtes L.,** ***G. vérum*** (*s. str.*)

– Auch die längsten TeilBlüstd meist kürzer als die darüberliegenden Internodien, Blüstd daher meist unterbrochen; Blü nicht duftend; LB 1–3 mm br, matt; Kro zitronengelb. H: 30–70 cm. ♃ He. V–VI. Halbtrockenrasen, wechselfeuchte Magerwiesen; collin bis submontan; slt. **B, W, N, O, St, T**. Gefährdet. (*G. praecox, G. verum subsp. wirtgenii*) ■ **Wirtgen-L.,** ***G. wirtgénii***

**27** [24] Blüstd br pyramiden- bis schirmförmig; LB unterseits heller als oberseits. — Stg unten oft ± stielrundlich, immer kahl; KroZipfel spitz bis grannenspitzig. (Artengruppe Wald-L., *G. sylvaticum agg.*) . . . . . . . . . . . . . . **28**

– Blüstd schmal-pyramidenförmig bis schmal-eiförmig; LB ober- u. unterseits gleichfärbig. — Stg auch unten deutlich 4kantig, gelegentlich ± behaart; KroZipfel immer grannenförmig zugespitzt. (Artengruppe Wiesen-L., *G. mollugo agg.*) . . . . . . . . . . . . . . . . . . . . . . . . . . . . . . . . . . . . **31**

**28** Stg am Grund nicht bewurzelt; Pf ohne Ausläufer . . . . . . . . . . . . **29**

– Stg am Grund bewurzelt; Pf mit Ausläufern. — Stg unten stielrund mit 4 schwachen Längsrippen; KroZipfel grannenförmig zugespitzt . . . . . . **30**

**29** Kro ± schalenförmig; KroZipfel spitz, aber nicht grannenförmig zugespitzt; junge Sprosse u. Frkn bläulich bereift; mittlere LB 20–40 mm lg u. 3–10 mm br; Stg unten stielrund mit 4 schwachen Längsrippen. — BlüKnospen oft nickend. H: 50–100 cm. ♃ Ge. VII–VIII. Magere, lehmige Edellaubwälder, Waldschläge; collin bis montan; hfg. **Alle Bdld**. **Wald-L.,** ***G. sylváticum***

– Kro flach; KroZipfel grannenförmig zugespitzt; junge Sprosse u. Frkn nicht bläulich bereift; mittlere LB 40–65 mm lg u. 3–5 mm br; Stg unten deutlich 4kantig. H: 50–80 cm. ♃ Ge. VI–VIII. Lichte Edellaubwälder, Waldränder; montan; zstr bis slt. **S, T**. (Wurde früher mit *G. laevigatum*, Pkt 30, verwechselt.) ■ **Grannen-L.,** ***G. aristátum***

**30** LB 40–75 mm lg u. (3)4–6(11) mm br, allmählich zugespitzt, beim Trocknen grün bleibend; junge Triebe u. Frkn ± (gras)grünlich; BlüStiele etwa so lg wie der Kro-∅; Kro (2)2,4–3,5(4) mm ∅, Zipfel ± grannenspitzig. H: 70–110 cm. ♃ Ge. VI–IX. Lichte Edellaubwälder, Waldränder; collin bis montan; slt. **K**. (Submedit.-montan.) ■ **Glattes L.,** (sl.:) gladka lakota, ***G. laevigátum***

– LB 25–60 mm lg u. (3)4–8(12) mm br, ziemlich abrupt zugespitzt, beim Trocknen schwarz werdend; junge Triebe u. Frkn bläulich bereift; BlüStiele meist länger als der Kro-∅; Kro (3)4–5 mm ∅, Zipfel deutlich grannenspitzig. H: 30–120 cm. ♃ Ge. VI–IX. Lichte Edellaubwälder, Waldränder; collin bis montan; slt. **B, N, St, K**. ■ **Schultes-L.,** „Glattes L.", ***G. schultésii***

**31** [27] Mittlere LB schmal-lanzettlich, die längsten mehr als 7× so lg wie br, 0,5–2,1 mm br. (Gruppe um das Glanz-L., *G. lucidum-Gruppe*) . . . . . **32**

– Mittlere LB oval bis lanzettlich, die längsten höchstens 7× so lg wie br,

1,5–7 mm br. — Kro weiß. (Gruppe um das Wiesen-L., *G. mollugo-Gruppe*) . . . . . . . . . . . . . . . . . . . . . . . . . . . . . . . . . . **34**

**32** LB'Rand glatt, ohne zur LB'Spitze gerichtete Stachelchen *(Lupe!).* — Stg kahl; Kro blaßgelb bis gelblich- oder grünlichweiß . . . . . . . . . . . . **33**

**-** LB'Rand mit zur LB'Spitze gerichteten Stachelchen *(Lupe!).* — Stg kahl oder behaart; Kro weiß bis gelblichweiß; Pf meist mit ± lg, gelben Ausläufern. H: 25–70 cm. ♃ He. VI–VIII. Föhrenwälder, Felsrasen; kalkliebend; collin bis montan; zstr. **Alle Bdld.** **Glanz-L., *G. lúcidum***

**33** LB dünn, nicht fleischig; Stg aufrecht; Pf ohne Ausläufer; Stg am Grund rötlich. — Kro blaßgelb. H: 25–40 cm. ♃ He. VI–VIII. Trockene, offene Schuttfluren u. Gesteinsfluren; nur auf Kalk u. Dolomit; montan; zstr. Nördl. Kalkalpen. **N, O, S.** (Subendemisch; auch Berchtesgadener Alpen.) **■ Traunsee-L., *G. truníacum***

**-** LB etwas fleischig; Stg aufsteigend; Pf mit kurzen Ausläufern; Stg am Grund grünlich. — Kro gelblichweiß bis grünlichweiß. H: 15–40 cm. ♃ He. VI–VIII. Trockene, offene Schutt- u. Gesteinsfluren; kalkstet; subalpin; zstr. Rax-Schneeberg-Gebiet. **N**, Nordost-**St**. Endemisch (nordöstl. Kalkalpen). **■ Honig-L., *G. meliodórum***

**34** [31] Kro 2–3 mm ∅; die längeren BlüStiele meist 3–4 mm lg, länger als der Kro-∅, nach dem Blühen ± sparrig abstehend; LB auffällig dünn, — an der Spitze ziemlich abrupt verschmälert, 2–4× so lg wie br. H: 30–80(100) cm. ♃ He. V–VII. Wiesen, Harte Auwälder; collin bis montan; hfg. **Alle Bdld.** Homöop. (Diploid.) *(G. insubricum, G. tyrolense)* **■ Kleines Wiesen-L., *G. mollúgo*** *(s. str.)*

**-** Kro 3–5 mm ∅; die längeren BlüStiele meist 1,2–3 mm lg, kürzer als der Kro-∅, nach dem Blühen kaum sparrig abstehend; LB nicht auffällig dünn, — 3–7× so lg wie br. (Weiß-L. i. w. S., ***G. album*** *[s. l.]*) . . . . . . . . . . **35**

**35** LB an der Spitze ± allmählich verschmälert; Pf meist zart, meist kahl. H: 30–80(100) cm. ♃ He. VI–IX. Fettwiesen, Halbruderalfluren; collin bis montan; sehr hfg. **Alle Bdld.** (Tetraploid.) *(**G. album subsp. album**)* **■ Großes Wiesen-L.** (i. e. S.), Gewöhnliches W.-L., Weiß-L., ***G. álbum s. str.***

**-** LB an der Spitze ziemlich abrupt verschmälert; Pf kräftig, meist dicht behaart. H: 50–100(150) cm. ♃ He. VI–IX. Trockene Buschwälder, Trockenwaldsäume, Halbtrockenrasen; collin; zstr. Im Pann. **B, W, N, St**. (Tetraploid.) *(**G. album subsp. pycnotrichum**)* **Dichthaariges L., *G. pycnotríchum***

## (4) Kreuzlabkraut, *Cruciáta*

**1** Pf ⊙; Kro 0,5–1 mm ∅; mittlere LB 0,4–1 cm lg, 1nervig. — Stg rauh; TeilBlüstd ohne HochB. H: 10–35 cm. ⊙ Th. IV–V. Lückige Trockenrasen, sandige Böschungen, Gebüschsäume; collin bis submontan; slt. Im Pann. **B, W!, N**. *(Galium pedemontanum)* **Piemont-K., *C. pedemontána***

**-** Pf ♃; Kro 2–3,5 mm ∅; mittlere LB 0,8–2 cm lg, 3nervig . . . . . . . . . **2**

**2** TeilBlüstd ohne HochB; Stg kahl oder mit 0,2–0,5 mm lg Haaren; BlüStiele kahl. H: 10–30 cm. ♃ He. IV–VI. Bodensaure Wälder u. Magerwiesen, Waldränder; kalkmeidend; collin bis montan; zstr. **Alle Bdld.** *(Galium vernum)* **Kahles K.**, Frühlings-K., ***C. glábra***

**-** TeilBlüstd mit kleinen HochB; Stg mit zahlr., abstehenden, 0,7–1,5 mm lg Haaren; BlüStiele meist behaart. H: 15–50 cm. ♃ He. IV–VI. Fettwiesen, Gebüsche; collin bis subalpin; hfg. **Alle Bdld.** *(Galium cruciata)* **Gewöhnliches K., Rauhhaariges K., *C. láevipes***

**★ (5) Krapp, *Rúbia***

WuStock rot; Stg aufsteigend bis aufrecht, scharf 4kantig, oft an den Kanten abwärts-feinstachelig, sonst kahl; LB'Quirl 4–6zählig; LB elliptisch bis lanzettlich; Kro grünlichgelb, 2–3 mm ∅. H: 50–80 cm. ♃ He. VI–VIII. Ehedem als FarbPf (WuStock: Krapprot) kultiviert in **N**, **K**. Slt verwildert in **N** (als Kulturrelikt). (Heimat: Südost-Europa, Südwest-Asien.) **★ Krapp, Färberröte, *R. tinctórum***

# Ordnung Ölbaumartige, *Oleáles*

## 99. Familie: Ölbaumgewächse, *Oleáceae* (B 9, → 32–)

1 Baum; LB unpaarig gefiedert (mit 5–15 Blättchen); Fr: einseitig geflügelte Nuß (Abb. 304 a). — Blü ⚥ oder 1geschlechtig; Kro fast freiblättrig oder (meist) fehlend; Fr hängend. **(3) Esche, *Fráxinus***

- Strauch (slt kleiner Baum); LB einfach oder (slt) 3zählig zusammengesetzt; Fr: Beere oder Kapsel. — Blü ⚥; Kro stets vorhanden, deutlich verwachsenblättrig . . . **2**

2 Kro gelb; Blü vor den LB erscheinend . . . . . . . . . . . . . . . . . . . . . . . . . **3**

- Kro nicht gelb; Blü nach den LB erscheinend. — LB stets einfach, ganzrandig, derb, kahl; Blüstd: endständige, dichte, vielblütige Rispe; Blü duftend . . . **4**

3 Blü (5)6zählig; LB 3zählig zusammengesetzt (Blättchen 1–2(3) cm lg, stets ganzrandig); Fr: schwarze, kugelige Beere. **★ (1) Jasmin, *Jasmínum***

- Blü meist 4zählig; LB meist einfach (wenn gelegentlich 3zählig zusammengesetzt, dann zumindest das mittlere Blättchen länger als 3 cm u. nicht ganzrandig); Fr: eiförmige, zugespitzte Kapsel. **★ (2) Forsythie, *Forsýthia***

4 LB lanzettlich; Kro etwa 5–6 mm lg; StaubB über die KroRöhre hinausragend; Fr: kugelige Beere. **(5) Liguster, *Ligústrum***

- LB br ei- bis herzförmig; Kro 10–15 mm lg; StaubB nicht über die KroRöhre hinausragend; Fr: schmal-eiförmige Kapsel. **★ (4) Flieder, *Syrínga***

**★ (1) Jasmin, *Jasmínum***

Anm.: Der **★ Echte Jasmin, *J. officinále***, ist ein kletternder Strauch mit gegenständigen, 5–7zählig gefiederten LB u. duftenden Blü mit weißer Kro (Heimat: Süd- u. Ost-Asien).

Zweige meist bogig überhängend, Achsen grün, kahl, 4kantig; Blättchen meist eiförmig bis schmal-elliptisch; Blü einzeln, seitenständig; Kro stieltellerförmig, KroRöhre etwa 15 mm lg. H: 50–150 cm. ♄ NPh. I–III(IV). In warmen, wintermilden Lagen als Zierstrauch kultiviert. (Heimat: China.) **★ Winter-J., *J. nudiflórum***

**★ (2) Forsythie,** Goldflieder, ***Forsýthia*** (B 43)

Jüngere Zweigachsen zw. den Knoten mit gefächertem Mark (in den Knoten mit vollem Mark), slt teilweise hohl; LB meist 1–2 cm lg gestielt, Spreite schmal-eiförmig bis lanzettlich, meist 6–10 cm lg, zumindest spitzenwärts gesägt bis gezähnt; Blü zu 1–3(5), seitenständig, etwa 2–3 cm lg; KroZipfel etwa 3–4× so lg wie die KroRöhre. H: 2–3 m. ♄ NPh. (III)IV. Als Zierstrauch in mehreren Sorten hfg kultiviert. Künstliche Hybride (Heimat der Eltern: China). *(F. suspensa × viridissima)* **★ Hybrid-F., *F. × intermédia***

Anm.: Slt werden auch die Eltern-Arten kultiviert.

**(3) Esche, *Fráxinus*** (B 24)

1 Kro vorhanden; Blü mit den LB erscheinend, riechend; GesamtBlüstd endständig (an heurigen Trieben), zumindest die unteren TeilBlüstd in den Ach-

seln von LB (Blüstd daher durchblättert). — Pf andromonözisch (mit ⚥ u. ♂ Blü); Winterknospen (silbrig-)grau-samtig bis braunfilzig; LB 5–9zählig, Blättchen meist 2–6 mm lg gestielt, 3–8(–12?) cm lg, meist eiförmig bis (länglich-)elliptisch, zugespitzt, kerbsägig, oberseits kahl, unterseits in den Nervenwinkeln meist bräunlich-filzig behaart; Blüstd: reichblütige Rispe; KroB linealisch, 6–12 mm lg, weiß. Insektenbestäubung. H: 4–8 m. ♄ MPh. V–VI. Trocken-warme Edellaubwälder (zB Hopfenbuchenwälder) u. Föhrenwälder, auch Trokkenrasen; collin bis submontan; in Ost- u. Süd-**K** hfg, sonst sehr slt. **B, N, St, K, T**. (Hptvbr.: Südalpen, Submedit.) Im Pann u. söVL gefährdet. ▲ Auch als Zierbaum kultiviert.

**Blumen-E.,** Manna-E., Schmuck-E., (sl.:) mali jesen, ***F. órnus*** *(subsp. órnus)*

- Kro fehlend; Blü vor den LB erscheinend, geruchlos; Blüstd seitenständig (an vorjährigen Trieben, in den Achseln von abgefallenen LB des Vorjahrs). — Blättchen zugespitzt; Windbestäubung . . . . . . . . . . . . . . . . . . . . . . **2**

2 K fehlend; Pf 3häusig; Sa u. Fr flach (2schneidig); FrFlügel meist 7–9(11) mm br; Blüstd meist etwa (1,5)2–6 cm lg. — Blättchen gesägt bis gezähnt, oberseits kahl (mitunter anfangs auch etwas behaart) . . . . . . . . . . . . . . . . . . **3**

- K vorhanden (auch an der Fr noch vorhanden!); Pf 2häusig; Sa u. Fr (abgesehen vom Flügel) stielrund; FrFlügel meist 4–6 mm br; Blüstd meist etwa 6–15 cm lg (?). — Winterknospen braun; Blättchen ± lg gestielt, kerbsägig bis fast ganzrandig; Blüstd: Rispe . **4**

3 Winterknospen rußschwarz(-bräunlich); Blättchen mit etwa doppelt so vielen Zähnen wie Seitennerven (Zähne oft ± vorwärts gekrümmt); Blüstd: Rispe. — LB (7)9– 13(15)zählig, seitliche Blättchen fast sitzend, meist eiförmig bis elliptisch bis eilanzettlich, 1,5–4,5 cm br; StaubB *(während des Stäubens)* den Frkn nicht überragend (?); Gri länger als der Frkn (?); Narbenlappen aufrecht. H: 10–40 m. ♄ MPh. (III)IV–V. Frische Edellaubwälder („Kalk-E."), Auwälder („Wasser-E."), Vorgehölze; lichtliebend; collin bis untermontan; hfg. **Alle Bdld**. Auch als Zier- u. Forstbaum kultiviert; Ziersorten sind zB die Trauer-E., Hänge-E., *cv. 'Péndula'* (Äste bogenförmig abwärts wachsend) u. die Einblatt-E., *cv. 'Diversifólia'* (LB'Spreite meist nur aus dem vergrößerten Endblättchen bestehend).

**Gewöhnliche E., Edel-E., *F. excélsior***

- Winterknospen braun; Blättchen mit etwa so vielen Zähnen wie Seitennerven (Zähne oft ± abstehend bis etwas zurückgekrümmt); Blüstd: Traube. — Seitliche Winterknospen stellenweise dicht gedrängt, oft quirlständig zu 3; LB 5–13zählig, seitliche Blättchen kurz gestielt (?), meist schmal-(länglich)eiförmig bis eilanzettlich, meist 1–4 cm br; StaubB *(während des Stäubens)* den Frkn überragend (?); Gri kaum länger als der Frkn (?); Narbenlappen bogig abstehend. H: 10–20 m. ♄ MPh. III–V. Sommerwarme Auwälder; collin; slt. **B, N** (Auen an March u. Leitha). Potentiell gefährdet. *(F. oxycarpa s. l., F. parvifolia,* ***F. angustifolia*** ***subsp. pannonica****)*

**Quirl-E., Schmalblatt-E.,** Spitzblatt-E., ***F. angustifólia*** ***(subsp. danubiális)***

Anm.: Die Hybride zw. der Gewöhnlichen u. der Quirl-E., *F. excelsior × angustifolia* wird gelegentlich forstlich gepflanzt (zB in den March-Auen).

4 Blättchen unterseits h'grau- bis weißlichgrün, mit Papillen *(starke Lupe!)*; junge Zweigachsen stets kahl; FrFlügel die Fr nur an der Spitze umfassend; endständige Winterknospen stumpf, meist deutlich breiter als lg. — LB'Stiel-Ule (= -Narbe) die Winterknospen mondsichelförmig umfassend; LB'Rachis kahl, Blättchen 5–7(9), (3)4–7(9) cm br, die seitlichen 5–15 mm lg gestielt, elliptisch bis schmal-eiförmig bis br-eilanzettlich, am Grund meist abgerundet, ganzrandig (bis kerbsägig). H: 20–30(40) m. ♄ MPh. IV–V. Zierbaum, slt forstlich kultiviert. (Heimat: Nordamerika.) ★ **Weiß-E., *F. americána***

- Blättchen unterseits grasgrün, ohne Papillen *(starke Lupe!)*; junge Zweigachsen meist kurzhaarig; FrFlügel bis zur Mitte der Fr herablaufend; endständige Winterknospen spitz, deutlich länger als br. — Blättchen 7–9, 2–5(6) cm br, die seitlichen meist (1)3–5(6) mm lg gestielt, schmal-eiförmig bis länglich-lanzettlich, am Grund meist etwas keilig, zumindest spitzenwärts kerbsägig; Sa regelmäßig längsrinnig, 1,5–2 mm dick. H: 10–20 m. ♄ MPh. IV–V. Zierbaum (Alleebaum), slt forstlich kultiviert. (Heimat: Nordamerika.) *(F. pubescens)* ★ **Pennsylvanische E., Rot-E., *F. pennsylvánica***

### ★ (4) Flieder, „Türkischer Holler", *Syrínga*

LB meist 2–3 cm lg gestielt, Spreite zugespitzt, 3–8(10) cm lg; Rispe etwa 10–20 cm lg; Kro lila (Wildform), purpurn oder weiß. H: 1,5–3(5) m. ♄ NPh (MPh). IV–V(VI). Als Zierstrauch in zahlr. Sorten kultiviert, in warmen Lagen gelegentlich verwildert. (Heimat: Südost-Europa [nicht Türkei!].)
★ **Balkan-F.**, Gewöhnlicher F., „Blauer F.", „Türkischer F.", ***S. vulgáris***

### (5) Liguster, Rainweide, *Ligústrum*

Anm.: Nicht slt als Ziersträucher kultiviert werden fremdländische Arten (in Kultursorten) wie der wintergrüne ★ **Breitblatt-L., *L. ovalifólium*** u. der sommergrüne ★ **Stumpfblatt-L., *L. obtusifólium*** (beider Heimat: Japan).

LB meist 2–5 mm lg gestielt, Spreite meist (3)4–6 cm lg u. 1–2 cm br; Rispe meist 3–6 cm lg; Kro weiß; KroZipfel etwa so lg wie die KroRöhre, zunächst ± trichterig, später flach ausgebreitet; Beeren schwarz, glänzend, etwa 6–8 mm ∅. H: 1–3(5) m. ♄ NPh. (V)VI–VII. Trockenwarme, meist kalkreiche Wälder u. Gebüsche; wärmeliebend; collin bis submontan; zstr bis hfg. **Alle Bdld**. Hfg auch als Zierstrauch kultiviert (bes. für Hecken). Giftig.
**Gewöhnlicher L.**, „Gimpelbeere", ***L. vulgáre***

# Ordnung Kardenartige, *Dipsacáles*

## 100. Familie: Geißblattgewächse, *Caprifoliáceae* (inkl. *Sambucáceae)* (→ B 32)

Anm.: Neuere Befunde sprechen dafür, daß die Gattungen Holunder / *Sambucus* u. Schneeball / *Viburnum* mit den übrigen Geißblattgewächsen / *Caprifoliaceae* nicht näher verwandt sind u. daher besser in eine eigene **Familie, Holundergewächse / *Sambucaceae***, zu stellen sind.

**1** LB unpaarig gefiedert. — Blättchen zugespitzt, gesägt; Blüstd: endständige, reichblütige, schirm- oder eiförmige Rispe; Kro radförmig; Narben meist 3, sitzend; Fr: kugelige SteinFr, meist 3samig. **(1) Holunder, *Sambúcus***
**–** LB einfach (unzerteilt bis gelappt) . . . . . . . . . . . . . . . . . . . . . . . . **2**

**2** Niedriger Halbstrauch (bis 20 cm hoch); Sproßachse kriechend, fadenförmig (etwa 1 mm dick). **(4) Moosglöckchen, *Linnáea***
**–** Höhere Sträucher (über 50 cm hoch) oder holzige KletterPf (Lianen); Sproßachsen aufrecht oder windend, kräftig . . . . . . . . . . . . . . . . . . . . . . . . **3**

**3** Blü in vielblütigen Schirmrispen; Gri fehlend; Narbe 3lappig; Fr: 1samige SteinFr, — Steinkern flach; aufrechter Strauch. **(2) Schneeball, *Vibúrnum***
**–** Blü nicht in Schirmrispen; Gri deutlich ausgebildet; Narbe kopfig oder 2lappig; Fr: 2- bis wenigsamige Beere oder vielsamige Kapsel . . . . . . . . . **4**

**4** Kro 5–6 mm lg; Fr: weiße Beere. — Blüstd ährenartig. ★ **(3) Schneebeere, *Symphoricárpos***
**–** Kro 8–50 mm lg; Fr: Kapsel oder rote, blaue oder schwarze Beere . . . . **5**

**5** LB gesägt; Frkn stielförmig (mehrfach so lg wie br); Fr: vielsamige Kapsel. — Blüstd: Thyrse ★ **(5) Weigelie, *Wéigela***

- LB ganzrandig; Frkn nicht stielförmig (höchstens doppelt so lg wie br); Fr: wenigsamige Beere oder Doppelbeere (dh durch die Verwachsung der beiden Frkn entstanden). — Kro meist deutlich 2lippig (Oberlippe 4zipfelig, Unterlippe unzerteilt, länglich, Abb. 76 a, b), slt (nur bei *L. caerulea*) fast ⊕. **(6) Heckenkirsche u. Geißblatt, *Lonícera***

## (1) Holunder, Holler, Flieder, *Sambúcus* (B 25–)

1 Pf krautig; Staubbeutel purpurn; NebenB LB'artig. — Stg meist unverzweigt, deutlich gefurcht; LB 5–9zählig; Blüstd: Schirmrispe; Kro 6–10 mm ∅, weiß bis ± rötlich; Blü unangenehm (nicht holunderartig) riechend; Fr: 5–6 mm ∅, schwarz. H: 50–150 cm. ♃ He. VI–VIII. Frische, nährstoffreiche Waldschläge, Ruderalfluren; Stickstoffzeiger; Lehmzeiger; Waldweidezeiger; collin bis untermontan; zstr bis mäßig hfg. **Alle Bdld**. Giftig (nur für Pferde?); VolksarzneiPf. **Zwerg-H.**, Attich, ***S. ébulus***

- Pf ♄: Strauch, slt kleiner Baum; Staubbeutel gelblich; NebenB sehr klein oder fehlend. — LB (3)5(7)zählig . . . . . . . . . . . . . . . . . . . . . . . **2**

2 Mark der Äste ockerfarben; Rispe eiförmig, 3–6 cm br; Blü gleichzeitig mit den LB erscheinend; Kro grünlichgelb, 4–5 mm ∅; Fr rot; anstelle der NebenB warzenähnliche Drüsen; Knospenschuppen vorhanden. — Fr 4–5 mm ∅. H: 1–3(4) m. ♄ NPh. IV–V. Frische, meist kalkarme Waldschläge, Edellaubwälder; Nitrifizierungszeiger; montan; zstr. **Alle Bdld**. VolksarzneiPf; Fr roh u. Sa schwach giftig. **Trauben-H., Rot-H.**, Hirsch-H., ***S. racemósa***

- Mark der Äste weiß; Rispe flach-schirmförmig, 10–20 cm ∅; Blü lange nach den LB erscheinend; Kro weiß bis gelblichweiß, 6–8 mm ∅; Fr schwarz; keine Warzen anstelle der NebenB; Knospenschuppen fehlend. — Fr 5–6 mm ∅, mit d'purpurnem Saft. H: 2–7 m. ♃ NPh(MPh). (V)VI–VII. Frische bis feuchte, nährstoffreiche Edellaubwälder, bes. Auwälder, Gebüsche, Ruderalfluren; Stickstoffzeiger; collin bis untermontan; sehr hfg. **Alle Bdld**. ArzneiPf (Blü, Fr), ObstPf. **Schwarz-H.**, Deutscher Flieder, ***S. nígra***

## (2) Schneeball, *Vibúrnum*

Anm.: Als ★ **Garten-Schneeball** werden hfg Zier-Sorten von ***V. opulus*** mit kugeligen Blüstd (die ausschließlich aus sterilen Blü mit vergrößerten Kro bestehen) kultiviert. Ferner sind einige ausländische *Viburnum*-Arten, zB der ★ **Runzelblatt-Sch.**, ***V. rhytidophyllum***, der im Winter blühende ★ **Duft-Sch.**, ***V. farreri*** (= ***V. fragrans***) (beider Heimat: China) u. der ★ **Burkwood-Sch.**, ***V.*** × ***burkwoodii*** (*V. carlesii* × *utile*, beide Eltern aus Ostasien) beliebte Ziersträucher.

1 LB unzerteilt; randständige Blü des Blüstd den inneren Blü völlig gleich; Fr flachgedrückt, zuletzt schwarz (anfangs rot); Steinkern nicht herzförmig. — (Winter-)Knospenschuppen fehlend; heurige u. vorjährige Zweigachsen dicht sternhaarig; LB etwa 1–2 cm lg gestielt, Spreite eiförmig bis elliptisch, 5–12(20) cm lg, regelmäßig gezähnt bis gesägt, oberseits ± runzelig, zumindest unterseits (bes. an den Nerven) sternhaarig (nicht wollig!); Kro kurz-glockig bis radförmig, 6–8(10) mm ∅, cremeweiß. H: 1–3 m. ♄ NPh. IV–VI (X). Trocken-warme Gebüsche, Eichenmischwälder, Föhrenwälder, Waldsäume; kalkliebend; collin bis untermontan; hfg. **Alle Bdld**. Fr schwach giftig. [B 39] **Wolliger Sch.**, Schlingen-Sch., „Papelstaude", ***V. lantána***

- LB handförmig 3(5)lappig; randständige Blü des Blüstd um vieles größer als die inneren Blü (Blüstd dadurch strahlend); Fr kugelig, (zuletzt) rot; Steinkern herzförmig. — Heurige Zweigachsen etwas kantig, kahl; LB 1,5–3 cm lg gestielt, Spreite meist 6–10 cm lg, unregelmäßig grob gezähnt; LB'Stiel kurz unter der LB'Spreite mit 2–4(6) sitzenden, becherförmigen Nektardrüsen (nicht vorhanden beim Feld-Ahorn / *Acer campestre*, der eine ähnliche LB'Spreite hat); Kro weiß; randständige Blü steril, deren Kro 15–25 mm ∅, Saum stark vergrößert. H: 1–3(4) m. ♄ NPh (MPh). V–VI. Frische bis feuchte Wälder, bes. Auwälder, Bachufer; collin bis untermontan; zstr bis hfg. **Alle Bdld**. Fr roh giftig. Vgl. Anm. am Beginn der Gattung. [B 34] **Gewöhnlicher Sch.**, „Herzbeer", ***V. ópulus***

### ★ (3) Schneebeere, *Symphoricárpos*

Anm.: Mehrere Arten werden als Ziersträucher kultiviert (auch solche mit purpurnen Beeren), am häufigsten die folgende.

Aufrechter Strauch; LB'Spreite rundlich-elliptisch bis eiförmig oder verkehrt-eiförmig, ganzrandig oder etwas gelappt, (fast) kahl; Blü 4–5zählig; Kro kurz-glockig, rötlich (slt weiß), im Schlund dicht zottig; Fr kugelig, 10–15 mm ∅, 2samig. H: 1–2,5 m. ♄ NPh. VI–VIII. Hfg als Zierstrauch kultiviert, nicht slt verwildert, stellenweise eingebürgert. (Heimat: Nordamerika.) Fr giftig. *(S. albus, S. racemosus)*
★ **Weiße Sch.**, „Knallerbse", „Allerheiligenbeere", „Friedhofskirschen", ***S. rivuláris***

## (4) Moosglöckchen, *Linnáea* (B 35)

Blühtriebe aufrecht, drüsenhaarig, meist 2blütig; LB wintergrün, 1–3(5) mm lg gestielt, Spreite meist rundlich-eiförmig, 8–14 mm lg, gekerbt; Blü nickend, nach Vanille duftend (?); Kro etwa 10 mm lg, trichterförmig, 5zipfelig, meist weiß bis zart rosa; StaubB 4. H: (5)10–20 cm; G: 20–100(400) cm. ♄ Ch. VI–VIII. Frische, nährstoffarme, saure Nadelwälder; obermontan bis subalpin (alpin); slt (**K, T**) bis sehr slt (**S, V**). Zentralalpen. **K, S**, Nord-**T, V**. (Arktisch-circumpolar-alpisch.) ▲ **Moosglöckchen, *Linnáea boreális***

### ★ (5) Weigelie, *Wéigela* (B 41–)

Anm.: Die hfg in Gärten kultivierten Sträucher sind meist Hybriden (★ ***W.-Hybriden***) aus verschiedenen Stammarten.

Aufrechter Strauch; junge Zweigachsen mit 2 Haarstreifen; LB kurz gestielt, Spreite elliptisch bis eilänglich, zugespitzt, unterseits behaart; Kro trichterig-glockig, etwa 2–3,5 cm lg, rosa; Narbe 2lappig; Kapsel länglich, 2klappig aufspringend. H: 1–2 m. ♄ NPh. V–VI. Slt als Zierstrauch kultiviert. Heimat: Ost-Asien. *(W. rosea, Diervilla florida)*
★ **Weigelie, *W. flórida***

Anm.: Entfernt ähnlich ist die ★ **Kolkwitzie, *Kolkwítzia amábilis***, mit paarweise verwachsenen Frkn (Heimat: China).

## (6) Heckenkirsche u. Geißblatt, *Lonícera*

1 KletterPf; Zweige windend; Blü sitzend, in meist 6blütigen Scheinquirlen (2 3blütige Dichasien), diese endständig u. kopfig gedrängt oder in den Achseln der obersten „LB'Teller". — LB oberseits d'grün, unterseits blaugrün; Blü duftend; Kro 3–5 cm lg, gelblichweiß, oft purpurn überlaufen. (Untergattung Geißblatt, *L. subg. Periclymenum*) . . . . . . . . . . . . . . . . . . 2

– Aufrechter Strauch; Zweige nicht windend; Blü zu 2 auf gemeinsamem Stiel (= Hypopodium) in den Achseln von LB. (Untergattung Heckenkirsche, *L. subg. Chamaecerasus*) . . . . . . . . . . . . . . . . . . . . . . . . 3

2 Oberste LB paarweise zu elliptischen bis runden „LB'Tellern" verwachsen. — LB (ausgenommen die obersten) kurz gestielt bis sitzend, Spreite eiförmig bis

verkehrt-eiförmig, 4–8(10) cm lg; Scheinquirle in den Achseln der obersten „LB'Teller"; Fr korallenrot. H: 2–4(10) m. ♄ NPh–MPh. V–VII. Trockene Edellaubwälder u. deren Säume; collin; zstr bis slt. **B, W, N, St, (K),** Nord-**T**. Auch als Zierstrauch kultiviert, mitunter verwildert. (Hptvbr.: Südost-Europa.) Giftig (? Fr). Gefährdet.

**Garten-G.**, Echtes G., Jelängerjelieber, ***L. caprifólium***

- Alle LB getrennt. — LB 2–5 mm lg gestielt (oberste LB mitunter sitzend), Spreite eiförmig bis länglich-elliptisch, 4–6 cm lg; Scheinquirle an den Zweigenden kopfig gedrängt; KZipfel u. Kro außen drüsenhaarig; Fr d'rot. H: 1–3(5) m. ♄ NPh(–MPh). (V)VI–VII. Frische, meist saure Edellaubwälder, Waldsäume, Hecken; collin; (früher:) slt. **V**† (Umgebung von Bregenz). Ausgestorben. Gelegentlich kultiviert, slt unbeständig verwildert, zB in **(K)**.

† **Wald-G.**, Deutsches G., ***L. periclýmenum***

**3** Frkn u. Fr eines BlüPaares (fast) vollständig miteinander verwachsen (Abb. 76 b) *(mehrere Blü untersuchen!)*. — Zweigachsen markig; Fr eine Doppelbeere (dh aus dem Verwachsungsprodukt der beiden Frkn entstanden) . . . . . **4**

- Frkn u. Fr eines BlüPaares vollständig getrennt oder nur am Grund miteinander verwachsen (Abb. 76 a) . . . . . . . . . . . . . . . . . . . . . . . . **5**

**4** Kro gelblichweiß, kaum 2lippig (fast ⊕), nickend; gemeinsamer „BlüStiel" kürzer als die Blü; Fr 5–10 mm lg gestielt, blauschwarz, bereift. — LB etwa 2–5 mm lg gestielt, Spreite meist elliptisch bis schmal-verkehrt-eiförmig, (2)4–7 cm lg u. (1)2–3 cm br; Fr wohlschmeckend (wie Heidelbeeren). H: 60–80(150) cm. ♄ NPh. (V)VI–VII. Frische, saure (Nadel-)Wälder; obermontan bis subalpin; zstr bis mäßig hfg. **Fehlt B, W, N.** **Blau-H., *L. caerúlea***

- Kro trüb d'rot, deutlich 2lippig, aufrecht; gemeinsamer „BlüStiel" etwa doppelt so lg wie die Blü; Fr 30–40 mm lg gestielt, kirschrot, nicht bereift. — LB etwa 1 cm lg gestielt, Spreite elliptisch, zugespitzt, meist 6–8(10) cm lg u. 3–5 cm br, unterseits stark glänzend. H: 50–150(200) cm. ♄ NPh. V–VII. Frische Edellaubwälder, bes. Kalkbuchenwälder, Schluchtwälder; montan bis subalpin; hfg. **Fehlt B, W**. Giftig (? Fr). **Alpen-H., *L. alpígena***

**5** LB beiderseits dicht weichhaarig. — Zweigachsen hohl; LB 5–10 mm lg gestielt, Spreite eiförmig bis verkehrt-eiförmig (meist elliptisch), 3–6(7) cm lg, unterseits graugrün; gemeinsamer „BlüStiel" 13–20 mm lg; Kro gelblichweiß; Fr etwas breit-gedrückt, etwa 6–9 mm ∅, kirschrot. H: 1–2 m. ♄ NPh. V–VI. Frische bis mäßig trockene, kalkreiche Edellaubwälder; collin bis untermontan; hfg. **Alle Bdld**. Giftig (Fr). **Gewöhnliche H.**, Rot-H., ***L. xylósteum***

- LB kahl oder nur unterseits behaart . . . . . . . . . . . . . . . . . . **6**

**6** Gemeinsamer „BlüStiel" etwa so lg wie die Blü; Fr korallenrot (slt gelb). — LB 2–6 mm lg gestielt, Spreite eiförmig bis eilanzettlich, 3–6 cm lg, am Grund meist gestutzt oder seicht nierenförmig, unterseits bläulichgrün, meist kahl; Kro d'rot bis weiß. H: 1–3 m. ♄ NPh. V–VI. Hfg als Zierstrauch kultiviert, gelegentlich verwildert. (Heimat: Ost-Europa bis Mittel-Asien.) ★ **Tataren-H., *L. tatárica***

- Gemeinsamer „BlüStiel" 2–3(4)× so lg wie die Blü; Fr schwarz, bläulich bereift. — Zweigachsen mit weißem Mark; LB 2–5 mm lg gestielt, Spreite eiförmig bis verkehrt-eilänglich, 3–7(9) cm lg u. 1,5–3(4) cm br; Kro weiß, h'purpurn überlaufen. H: 50–150(200) cm. ♄ NPh. V–VI. Frische, basenreiche, meist kalkarme Edellaub- u. Fichtenwälder; untermontan bis subalpin; zstr bis hfg. **Fehlt B, W**. Giftig (? Fr) **Schwarz-H., *L. nígra***

## 101. Familie: Moschuskrautgewächse, *Adoxáceae*

**Moschuskraut, *Adóxa*** (→ **G IV 10**; V 17; VII 3; VIII 10)

WuStock weiß, mit zahnartigen NiederB; dünne, weiße, unterirdische Ausläufer; LB unterseits glänzend. H: 5–15 cm. ♃ Ge. III–V. Auwälder (collin), Edellaubwälder, Gebüsche; collin bis subalpin; zstr. **Alle Bdld.**
**Moschuskraut,** Bisamkraut, ***A. moschatellína***

## 102. Familie: Baldriangewächse, *Valerianáceae* (→ G III 2)

1 KroRöhre nahe dem Grund mit lg Sporn; StaubB 1. ★ **(1) Spornblume, *Centránthus***
- KroRöhre ohne Sporn, höchstens mit Aussackung; StaubB 3 . . . . . . . 2

2 Pf ♃; Stg nicht gabelästig; K zur FrZeit zu einem behaarten Strahlenkranz auswachsend (Abb. 304 b; Flugorgan!); Kro am Grund deutlich ausgesackt (ähnlich Abb. 324), (purpur)rosa bis weiß oder bräunlich, gelblich oder grünlich. **(2) Baldrian, *Valeriána***
- Pf ☉; Stg wiederholt gabelästig; K ± deutlich 1–6zähnig bis fast fehlend, zur FrZeit nicht zu einem behaarten Strahlenkranz auswachsend; Kro am Grund nur sehr schwach ausgesackt, blaßblau bis blaßlila. **(3) Feldsalat, *Valerianélla***

### ★ (1) Spornblume, *Centránthus* (*Kentranthus*) (G I 2)

LB unzerteilt, blaugrün, kahl; dichte, reichblütige Thyrse; Kro purpurrot. H: 30–80 cm. ♃ He. V–VII. Als ZierPf hfg kultiviert, slt verwildert in Mauer- u. Felsspalten (Heimat: Submedit.). ★ **Spornblume, *C. rúber***

### (2) Baldrian, *Valeriána* (G XIV 14, 25)

1 Alle LB gefiedert. — Blü ⚥; Kro rosa bis weiß (Artengruppe Arznei-B., *V. officinalis agg.* [wahrscheinlich richtiger nur eine in Unterarten gegliederte Art: *V. officinalis s. l.*]) . . . . . . . . . . . . . . . . . . . . . . . . . . . . 2
- Wenigstens die unteren LB einfach, unzerteilt, — ganzrandig oder gezähnt; Blü ⚥ u./oder ± vollkommen 1geschlechtig (polygam) . . . . . . . . . . . . 7

2 Pf mit unter- u. oberirdischen Ausläufern; Endblättchen der mittleren StgB deutlich breiter als die Seitenblättchen. — Mittlere StgB mit 2–9 Blättchenpaaren; KroRöhre 4–8 mm lg; Fr 2,8–5,5 mm lg, kahl; Seitenblättchen deutlich gezähnt . . . . . . . . . . . . . . . . . . . . . . . . . . . . 3
- Pf ohne oder mit unterirdischen Ausläufern; Endblättchen der mittleren StgB schmäler bis wenig breiter als die Seitenblättchen. — Mittlere StgB mit (4)6–15 Blättchenpaaren; KroRöhre 2–6 mm lg; Fr 2–4,2 mm lg; Seitenblättchen gezähnt bis ganzrandig . . . . . . . . . . . . . . . . . . . . . . . . 4

3 Mittlere StgB mit (3)4–9 Blättchenpaaren; StgB'Unterseite immer (meist dicht) behaart; Stg meist dicht behaart, slt kahl, — maximale Länge der StgHaare 0,5–2,2 mm. H: 50–210 cm. ♃ He. VI–VIII. Hochstaudenfluren, Säume von

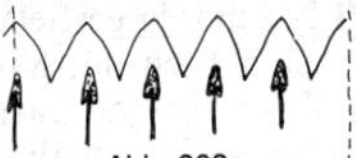

Abb. 303a

Abb. 303b

Abb. 304a

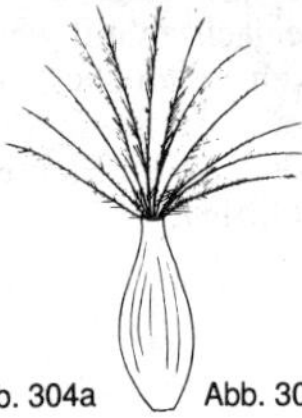

Abb. 304b

Bächen, Flüssen u. Gräben, Auwälder, Waldlichtungen; collin bis montan; slt. **S, T, V**. (Oktoploid; in den wAlp durch Übergangspopulationen mit nachfolgender Art verbunden.) *(? V. repens)* ■ **Kriechender Arznei-B., *V. procúrrens***

- Mittlere StgB mit 2–4(5) Blättchenpaaren; StgB'Unterseite kahl oder spärlich behaart; Stg kahl oder spärlich behaart, — maximale Länge der StgHaare 0,2–1 mm. H: 30–130 cm. ♃ He. V–VI. Hochstaudenfluren, Säume von Bach- u. Flußufern, Auwälder; montan bis subalpin; zstr. **N, O, St, K?, S**. (Oktoploid; in den wAlp durch Übergangspopulationen mit der vorigen Art verbunden.) *(V. officinalis subsp. sambucifolia)* ■ **Holunderblatt-Arznei-B., *V. sambucifólia***

4 Pf ohne Ausläufer. — Stg meist kahl; mittlere StgB mit 6–9(11) Blättchenpaaren; maximale Zahnzahl pro Seitenblättchenhälfte 2–10; Seitenblättchen 2,3–7,7× so lg wie br; Fr meist kahl. H: (50)70–150(190) cm. ♃ He. VII–VIII. Auwälder, Hochstaudenfluren, Flachmoorwiesen, Gräben, Ufer; collin bis submontan; hfg bis zstr. **Alle Bdld**. ArzneiPf (Wu) [auch die anderen Arten dieser Artengruppe]. Wird als ArzneiPf auch kultiviert. (Diploid.) *(V. exaltata, V. officinalis subsp. officinalis)*
■ **Breitblatt-Arznei-B., Echter B. (i. e. S.), *V. officinális (s. str.)***

- Pf mit unterirdischen Ausläufern *(Vorsicht: brechen leicht ab!)*, slt ohne oder mit oberirdischen Ausläufern. — Mittlere StgB mit 5–14 Blättchenpaaren; maximale Zahnzahl pro Seitenblättchenhälfte 0–5(7); Seitenblättchen 2,9–14× so lg wie br; Fr meist behaart . . . . . . . . . . . . . . . . . . . . . . . . **5**

5 FrStand 13–32 cm lg. — Stg meist kahl; StgKnoten 5–10; längster LB'Stiel meist 7–13 cm lg. H: 50–100 cm. ♃ He. V–VI. Feuchtwiesen (Riedwiesen), Gräben, Auwälder; collin bis submontan; slt. **T, V**. (Hptvbr.: Oberrheinebene, Bodenseegebiet u. Rheintal aufwärts bis Chur.) (Tetraploid; Inkl. *V. „vorarlbergensis"*; steht morphologisch zw. *V. wallrothii* u. *V. officinalis s. str.*)
■■ **Wiesen-Arznei-B., *V. praténsis***

- FrStand höchstens 13 cm lg. — Stg meist behaart; StgKnoten 3–7 . . . . **6**

6 Längster LB'Stiel meist kürzer als 7 cm. — Mittlere StgB mit (5)6–14(15) Blättchenpaaren; Endblättchen 2,9–17× so lg wie br, schmäler bis so br wie die Seitenblättchen; Fr 2–3,6 mm lg. H: 35–100(130) cm. ♃ He. V–VI. Lichte Edellaubwälder, bes. deren Säume, Halbtrockenrasen; collin bis montan; hfg bis zstr. **Alle Bdld**. (Tetraploid.) *(V. collina,* inkl. *V. angustifolia, V. officinalis subsp. collina, V. „pratensis" p. p.)*
■ **Schmalblatt-Arznei-B., Hügel-B., *V. wallróthii***

- Längster LB'Stiel meist länger als 7 cm. — Mittlere StgB mit (4)5–8 Blättchenpaaren; Endblättchen 2–8,3× so lg wie br, meist etwas breiter als die Seitenblättchen; Fr 3–4,2 mm lg. H: 40–130 cm. ♃ He. VI–VII. Hochstaudenfluren, Erlen- u. Haselgebüsche; nährstoffliebend; montan bis subalpin; zstr. **T, V**. (Oktoploid; steht morphologisch zw. *V. wallrothii* u. *V. procurrens.*)
■ **Verschiedenblättriger Arznei-B., *V. versifólia***

7 [1] StgB leierförmig gefiedert bis fiederspaltig. — Blü ± vollkommen 1geschlechtig; Kro der ♀ Blü 1–1,5 mm lg, weiß; Kro der ♂ Blü 3–3,5 mm lg, rosa; Pf ± vollkommen 2häusig. H: 10–40 cm. ♃ He. V–VI. Nasse Wiesen, (kalkreiche) Flachmoore, Sümpfe, Bruchwälder; collin bis subalpin; zstr. **Alle Bdld**. Im Rh u. im Pann gefährdet. **Sumpf-B., *V. dióica*** *(s. str.)*

- StgB einfach, unzerteilt oder 3(5)teilig. — Blü ⚥ u./oder ± vollkommen 1geschlechtig; Kro der ⚥ u. ♂ Blü ± deutlich größer als die der ♀ Blü; Pf ± vollkommen halb-2häusig (gynodiözisch, dh ⚥ u. ♀ Pf), 3häusig (triözisch, dh ⚥, ♀ u. ♂ Pf) oder 2häusig . . . . . . . . . . . . . . . . . . . . . . . **8**

**8** Blüstd kopfig, von HochB umhüllt. — HüllB bewimpert; Rhizom (Erdsproß) meist verzweigt, an den Knoten wurzelnd, an den Enden mit LB'Rosetten, mit oder ohne aufrechte Blühtriebe . . . . . . . . . . . . . . . . . . . . . . . . . . **9**
**–** Blüstd rispig (thyrsisch), nicht von HochB umhüllt . . . . . . . . . . . . **10**

**9** Rhizom meist waagrecht kriechend, ausläuferartig, 1–2 mm ∅, mit meist (bis 20 mm) lg StgGliedern, unterhalb der LB'Rosetten ohne einen dichten Mantel abgestorbener LB; Stg angedrückt kurzhaarig; RosettenB u. StgB br-verkehrt-eiförmig, ohne seitliche Zähne; LB bewimpert; die beiden leeren (sterilen) FrFächer schmal rippenförmig. H: 5–15 cm. Schuttkriecher. ♃ He. VII–VIII. Feinschuttfluren, Schneetälchen; kalkliebend; subalpin bis alpin; zstr. **O!** (auf dem Dachstein), **St, K, S, T, V**. **Zwerg-B.,** ***V. supína***
**–** Rhizom aufsteigend (seltener waagrecht), 3–5 mm ∅, mit meist sehr kurzen (nur wenige mm lg) StgGliedern, unterhalb der LB'Rosetten mit einem dichten Mantel abgestorbener LB; Stg kahl; RosettenB u. StgB verkehrt-eiförmig bis schmal-länglich-spatelig, oft mit kurzen bis (bei den StgB) sehr lg seitlichen Zähnen; LB kahl; die beiden leeren (sterilen) FrFächer dick wulstförmig. H: 5–15 cm. Schuttstauer. ♃ He. VII–VIII. Felsspalten, steinige Magerrasen; subalpin bis alpin; slt. **T**. (Hptvbr.: Westalpen.) Potentiell gefährdet. **Weiden-B.,** ***V. saliúnca***

**10** Kro bräunlich, grünlich oder gelblich . . . . . . . . . . . . . . . . . . . . . **11**
**–** Kro (purpur)rosa bis weiß . . . . . . . . . . . . . . . . . . . . . . . . . . . . . **12**

**11** StgB lineal-keilig, ganzrandig; Kro gelblich(weiß) bis bräunlich(rot). — Wu-Stock u. Wu mit durchdringendem Geruch. H: (2)5–15(20) cm. ♃ He. VII–VIII. Tiefgründige Rasen, bes. Krummseggenrasen; kalkmeidend; subalpin bis alpin; hfg bis zstr. **O, St, K, S, T**. Unterart endemisch. Kosm. (Wu als Duftstoff in der Parfumerie: „Speikseife"). ▲ **Echter Speik**, Baldrian-Speik, ***V. céltica (subsp. nórica)***
**–** StgB eiförmig oder fast 3eckig, gekerbt bis grob stumpf gezähnt; Kro bräunlich bis grünlich. H: 5–25 cm. ♃ He. VI–VIII. Felsspalten, Felsschutt; kalkstet; subalpin bis alpin; zstr bis slt. **N, O, St, K, T**. Endemit der Ostalpen (sonstige Vbr.: nordöstl. Italien, Slowenien). **Ostalpen-B.,** ***V. elongáta***

**12** Stg zw. den GrundB u. dem Blüstd mit höchstens 1 LB'Paar. — StgB linealisch; KroRöhre 1–2 mm lg; Kro weiß. H: 5–30 cm. ♃ He. VI–VIII. Kalk- u. Dolomitfelsspalten, (Charakterart der Stengel-Fingerkraut-Ges.); karbonatstet; (montan) subalpin bis alpin; hfg. **Fehlt B, W.** **Felsen-B.,** ***V. saxátilis***
**–** Stg zw. den GrundB u. Blüstd mit 3–8 LB'Paaren. . . . . . . . . . . . . . **13**

**13** Spreiten der GrundB deutlich herzförmig, obere StgB 3teilig, slt 5teilig oder unzerteilt. — LB kahl bis dicht (fast graufilzig) behaart (bes. im Westen); Kro weiß bis blaßrosa, die der ⚥ (u. der ♂) Blü 3,5–6 mm lg, der ♀ Blü 1,8–3,5 mm lg; Fr *(ohne KStrahlen gemessen)* 3,5–4 mm lg. H: (20)30–60 cm. ♃ He. IV–VII. Feucht-schattige Felshänge, Felsspaltenges., Felsblöcke in Wäldern; kalkliebend; montan bis subalpin; hfg. **Fehlt B, W**. **Dreischnittiger B.,** Stein-B., ***V. trípteris***
**–** Spreiten der GrundB am Grund lg- bis kurzkeilig oder abgestutzt, slt leicht herzförmig; alle StgB unzerteilt, eiförmig bis eilanzettlich. — Stg u. LB kahl (bes. im Westen) bis behaart; Kro meist rosa, seltener weiß, die der ⚥ (u. der ♂) Blü 3,5–6,5 mm lg, der ♀ Blü 1,5–3,4 mm lg; Fr *(ohne KStrahlen gemessen)* 3,4–5 mm lg. H: 20–60 cm. ♃ He. V–VII. Frische, meist feinerdereiche Ruhschuttfluren; kalkstet; (montan) subalpin (alpin); hfg. **Fehlt B, W**. **Berg-B.,** ***V. montána***

## (3) Feldsalat, Rapunzelsalat, Vogerlsalat, *Valerianélla* (G II 3)

Anm.: Zur sicheren Bestimmung sind reife Fr notwendig.

**1** KSaum an der reifen Fr undeutlich (Abb. 305); Fr zusammengedrückt (linsenförmig) oder fast prismatisch-4seitig (Abb. 305); in den unteren Astgabeln meist keine EinzelBlü bzw. Fr . . . . . . . . . . . . . . . . . . . . . . . . **2**

**-** KSaum an der reifen Fr deutlich, schief abgestutzt, gezähnelt, auf einer Seite mit 1 großen KZahn (Abb. 306); Fr fast kugelig-eiförmig oder eiförmig-kegelig, auf einer Seite abgeflacht, auf der anderen gewölbt (Abb. 306 b); in den unteren Astgabeln meist EinzelBlü bzw. Fr . . . . . . . . . . . . . . . . . **3**

**2** Fr breitseits fast kreisrund, im ∅ elliptisch, mit einer seichten Furche zw. den leeren FrFächern; FrWand im Bereich der seichten Furche nicht dünnhäutig-durchscheinend, im Bereich des samentragenden FrFaches höckerförmig verdickt (Abb. 305 a). H: 10–35 cm. ⊙ Th. IV–V. Trockenrasen, Gebüschsäume, Äcker; collin bis montan; mäßig hfg bis zstr. **Alle Bdld**. Wildsalat. Hfg als SalatPf (Kultursorten) kultiviert *(var. oleracea)*. *(V. olitoria)*
**Gewöhnlicher F.**, Vogerlsalat, Rapunzelsalat, ***V. locústa***

**-** Fr allseits länglich, im ∅ fast quadratisch, mit einer tiefen Furche zw. den leeren FrFächern; FrWand im Bereich der tiefen Furche dünnhäutig-durchscheinend, im Bereich des samentragenden FrFaches nicht verdickt (Abb. 305 b). H: 10–35 cm. ⊙ Th. IV–V. Lücken in Trockenrasen, Weingärten, Äcker; collin bis submontan; im Pann zstr, sonst slt. **Fehlt S**. In den wAlp gefährdet. Wildsalat. **Kiel-F.**, Gekielter F., ***V. carináta***

**3** Fr eiförmig-kegelig, dem großen KZahn gegenüber nur leicht gewölbt u. fein 3rippig; an einem großen FrFach mit Sa liegen 2 schmale, rippenartige, leere FrFächer (Abb. 306 a). — Fr kahl oder behaart. H: 10–50 cm. ⊙ Th. (V)VI–VII(VIII). Getreideäcker, Stoppeläcker, Böschungen, Trockenwiesen, trockene Ruderalstellen; collin bis montan; zstr bis slt. **Alle Bdld**. In den wAlp gefährdet. **Zähnchen-F.**, Gezähnter F., ***V. dentáta***

**-** Fr gedunsen, fast kugelig, dem großen KZahn gegenüber deutlich bauchig u. 1furchig; an einem FrFach mit Sa liegen 2 leere u. größere FrFächer (Abb. 306 b). — Fr meist kahl, seltener behaart. H: 10–50 cm. ⊙ Th. (V)VI–VII(VIII). Getreideäcker, Stoppeläcker, Böschungen, Trockenwiesen, trockene Ruderalstellen; collin bis montan; zstr bis slt. **Alle Bdld**. In den wAlp gefährdet. *(V. auricula)* **Furchen-F.**, Gefurchter F., ***V. rimósa***

Abb. 305a

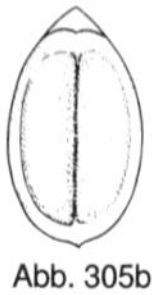
Abb. 305b

Abb. 305b

Abb. 305a

Abb. 305b

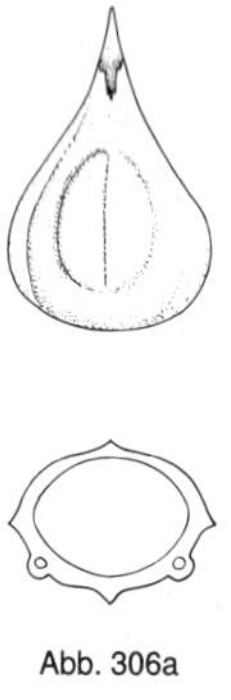
Abb. 306a

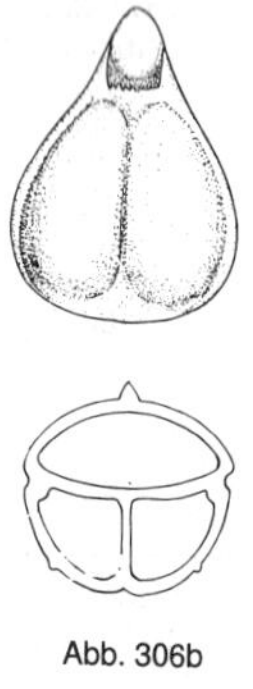
Abb. 306b

# 103. Familie: Kardengewächse, *Dipsacáceae* (→ E 9)

1 Stg u. BlüstdStiele ± stachelig. — Blüstd kegel- (Abb. 307) bis kugelförmig; SpreuB starr-stechend oder borstenförmig. **(2) Karde, *Dípsacus***
- Stg u. BlüstdStiele nicht stachelig . . . . . . . . . . . . . . . . . . . . . . . . 2

2 Kro 5spaltig. — Korbboden mit kleinen SpreuB; KBorsten (1–)5, slt fehlend; randständige Blü strahlend. **(3) Skabiose, *Scabiósa***
- Kro 4spaltig . . . . . . . . . . . . . . . . . . . . . . . . . . . . . . . . 3

3 KBorsten oder KZähne (6)8–16; Korbboden ohne SpreuB, behaart. — Blühende Körbe schwach gewölbt. **(6) Witwenblume, *Knáutia***
- KBorsten oder KZähne 4–8 oder fehlend; Korbboden mit SpreuB, nicht behaart. — Blühende Körbe ± kugelig . . . . . . . . . . . . . . . . . . . . . 4

4 HüllB in mehr als 3 Reihen. — LB gefiedert bis fiederschnittig; Hülle des Korbes halbkugelig, aus dichtdachigen HüllB gebildet; Kro gelblichweiß. **(1) Schuppenkopf, *Cephalária***
- HüllB in 1–3 Reihen . . . . . . . . . . . . . . . . . . . . . . . . . . . . 5

5 AußenK 4kantig, rauhhaarig, am Ende jeder Kante in einen stachelspitzigen Zipfel auslaufend; InnenK 5borstig; Kro d'blau; WuStock aufrecht, ohne Ausläufer, — stirbt unten ab u. sieht wie abgebissen aus. **(4) Teufelsabbiß, *Succísa***
- AußenK fast stielrund, kahl, sein Saum mit 4 kurzen, stumpfen Lappen; InnenK borstenlos; Kro h'lila (!) oder blaßblau bis weißlich (?); WuStock kriechend, mit kurzen Ausläufern. **(5) Sumpfabbiß, *Succisélla***

## (1) Schuppenkopf, *Cephalária*

1 HüllB 3,5–4 mm br, HüllB u. SpreuB seidig-zottig behaart (slt kahl); AußenK im FrZustand 9–12 mm lg, die 8 Zähne ungleich lg (4 Zähne etwa 1,5 mm lg, die 4 Zähne dazw. etwa 1 mm lg). — HüllB 6–7 mm lg; SpreuB 9–12 mm lg u. 2–3 mm br; Kro gelblichweiß. H: 60–100 cm. ♃ He. VII–VIII. Hochstaudenfluren, Gebüsche, Schutthänge; kalkliebend, wärmeliebend; montan bis subalpin; sehr slt. **V**. (Hptvbr.: Westalpen, nördl. Apennin.) Potentiell gefährdet. **Alpen-Sch., *C. alpína***
- HüllB 2–3 mm br, HüllB u. SpreuB lg gewimpert; AußenK im FrZustand 5–6 mm lg, die 8 Zähne ± gleich lg (etwa 1,5 mm lg). — LB mit 6–8 Paaren länglicher bis schmal-lanzettlicher Blättchen; HüllB 5–8 mm lg; SpreuB 7–10 mm lg u. 2,5–4 mm br; Kro 10–12 mm lg, gelblichweiß oder bläulich. H: 30–100 cm. ☉ Th. VII–VIII. Wegränder, Ackerränder, Böschungen; collin; slt. Im Pann. **(B, W*, N)**. Unbeständig bis eingebürgert. (Heimat: Süd-Europa, Slowakei, Ungarn, Siebenbürgen.) **(☆) Siebenbürger Sch., *C. transsylvánica***

Anm.: Der ☆ **Strahlende Sch., *C. radiáta*** wurde jüngst in **N** (am Kamp) als lokal eingebürgert entdeckt** (Pf ♃; LB mit 4–5(7) Paaren br-lanzettlicher Blättchen; HüllB 4–7 mm lg u. 3–5 mm br, flaumhaarig; SpreuB 7–9 mm lg u. 3–4 mm br; AußenK im FrZustand etwa 5 mm lg, mit deutlichen Rippen, oben verschmälert, nur mit winzigen, geraden Zähnchen, ohne Saum u. ohne deutliche Zähne; Kro 12–17 mm lg, gelb; Heimat: Rumänien).

* Wiederfund 1992 durch W. Adler.
** L. Schratt, unveröff.

## (2) Karde, *Dípsacus*

1 StgB gestielt, nicht paarweise miteinander verwachsen; Stg zstr kurz-stachelig; Blüstd kugelig; Kro weißlich bis gelblich . . . . . . . . . . . . . . . . . . . . 2

- StgB sitzend, am Grund paarweise miteinander schüsselförmig verwachsen (Wasserbehälter: sogen. Phytotelma); Stg dicht starr-stachelig; Blüstd kegelförmig (Abb. 307); Kro lila oder weiß . . . . . . . . . . . . . . . . . . . . 3

2 SpreuB 10–13 mm lg, die Blü kaum überragend, auch an der Spitze borstig bewimpert; Blüstd 1,5–2 cm br. — Kro weißlich. H: 60–120(200) cm. ⊙ He. VII–VIII. Auwälder, feuchte Gebüsche, feuchte Ruderalstellen; collin; slt. **S†, (K), sonst alle Bdld**. Gefährdet; im Alp, im nVL u. im söVL stark gefährdet. *(Cephalaria pilosa, Virga pilosa)* **Borsten-K., *D. pilósus***

- SpreuB 15–20 mm lg, die Blü deutlich überragend, nur auf dem Rücken bewimpert, Spitze kahl; Blüstd 3–4 cm br. — Kro blaßgelb. H: 80–200(250) cm. ⊙ He. VII–VIII. (Ruderalstellen?) In Ö noch nicht nachgewiesen. (Heimat: Ost-Europa, Asien.) *(Virga strigosa)* ⊖ **Schlanke K., *D. strigósus***

3 SpreuB mit zurückgekrümmter Spitze, kürzer als die Blü. — StgB entfernt-eingeschnitten-gekerbt-gezähnt; HüllB ± waagrecht abstehend; Kro lila. H: 100–150 cm. ⊙ He. VII–VIII. KulturPf (ehedem kultiviert zum Aufrauhen von Wollgeweben mit dem getrockneten FrStand; Stammart wahrscheinlich der medit. *D. ferox*). Früher (?) verwildert auf frischen Ruderalstellen (Friedhöfen). **W?** Ausgestorben? Heute als ZierPf kultiviert (FrStände für Kränze u. Trockensträuße)? *(D. „fullonum")* †? **Weber-K.**, Kardätschendistel, ***D. satívus***

- SpreuB mit ± gerader Spitze, länger als die Blü . . . . . . . . . . . . . . 4

4 StgB meist unzerteilt, am Rand kahl oder zstr stachelig; HüllB aufsteigend; Kro lila. — LB blasig-buckelig-stachelig; StgB gekerbt bis ganzrandig. H: 80–150 cm. ⊙ He. VII–VIII. Feuchte bis frische Ruderalfluren, Straßengräben, Bachufer, Waldschläge, bes. in Auen, Friedhöfe; collin bis montan; zstr. **Alle Bdld**. VolksarzneiPf (Wu); Homöop. Auch als ZierPf kultiviert? (FrStände für Trockensträuße etc.). *(D. sylvestris)* **Wilde K., *D. fullónum***

- StgB fiederspaltig, am Rand borstig bewimpert; HüllB abstehend; Kro weiß. H: 50–120 cm. ⊙ He. VII–VIII. Waldränder, Auen, Ruderalstellen, Friedhöfe; collin; slt. **B, W, N, O, (K), T, V**. Stark gefährdet; im nVL u. im söVL vom Aussterben bedroht. FrStände für Kränze u. Trockensträuße verwendet (?). ▲ **Schlitzblatt-K., *D. laciniátus***

## (3) Skabiose, Grindkraut, *Scabiósa*

1 GrundB unzerteilt, fast ganzrandig; KBorsten h'gelb. — Kro h'blau; Blü stark Orchideen-ähnlich duftend; KBorsten 5, etwa doppelt so lg wie der Saum des AußenK. H: 20–50 cm. ♃ He. VII–IX. Trockenrasen, lichte Föhrenwälder, steinige Hänge; kalkliebend; collin bis untermontan; im Pann zstr, sonst sehr slt. **B, W, N, O**. Gefährdet. *(S. suaveolens)* **Duft-S., *S. canéscens***

- GrundB fiederspaltig oder tief gekerbt; KBorsten d'braun oder fuchsrot . 2

2 Kro h'gelb; KBorsten fuchsrot, — 5, u. zwar 2–3× so lg wie der Saum des AußenK. H: 20–60 cm. ⊙ He. VII–IX. Trockenrasen, trockene Wiesen, Böschungen, Bahndämme; etwas kalkliebend; collin bis montan; im Pann hfg, sonst zstr. **Fehlt T?, V**. **Gelbe S., *S. ochroléuca***

- Kro blauviolett; KBorsten schwärzlich (slt fehlend). (Artengruppe Tauben-S., *S. columbaria agg.*) . . . . . . . . . . . . . . . . . . . . . . . 3

3 LB meist kahl, etwas glänzend; KBorsten gekielt, mit Randstreifen neben der Mittelrippe *(Lupe!)*. — KBorsten 5, u. zwar 4–5× so lg wie der Saum des

AußenK. H: 10–60 cm. ♃ He. VII–IX. Kalkmagerrasen, Magerweiden, Föhrenwälder, felsige Hänge, Felsschutt, Flachmoorwiesen; kalkliebend; (submontan) montan bis (sub)alpin; zstr. **Fehlt B, W.** **Glanz-S., *S. lúcida***

- LB ± kraushaarig, glanzlos; KBorsten nicht gekielt *(Lupe!)* oder fehlend **4**

**4** KBorsten 5, u. zwar 3–4× so lg wie der Saum des AußenK. H: 20–60 cm. ♃ He. VII–X. Trockenrasen, trockene Wiesen; kalkliebend; collin bis montan; zstr. **Alle Bdld.** In den wAlp, im nVL, im söVL u. im Pann gefährdet. **Tauben-S., *S. columbária*** *(s. str.)*

- KBorsten meist fehlend, manchmal 1–2, dann 1–2× so lg wie der Saum des AußenK. H: 20–60 cm. ♃ He. VII–IX. Trockene Wiesen, Trockenrasen; collin bis untermontan; slt. **Fehlt V.** Im nVL, im söVL u. im Pann gefährdet. *(**S. gramuntia**, inkl. S. agrestis)* **Südliche S., *S. triándra***

## (4) Teufelsabbiß, *Succísa*

H: 15–80(100) cm. ♃ He. VII–IX. Flachmoorwiesen, Flachmoore, wechselnasse Magerwiesen; Wechselnässezeiger; collin bis montan; hfg. **Alle Bdld.** VolksarzneiPf (WuStock u. Kraut). **Teufelsabbiß, *S. praténsis***

## (5) Sumpfabbiß, *Succisélla*

H: 30–100 cm. ♃ He. VI–IX. Sumpfwiesen, feuchte Wiesen; collin bis submontan; slt. **B, N†, O, St, K.** Gefährdet; im Alp u. im Pann stark gefährdet. *(Succisa inflexa)* **Sumpfabbiß, *S. infléxa***

## (6) Witwenblume, Knauzie, *Knáutia*

Anm.: Hybriden sind nicht slt.

**1** Rhizom monopodial, u. zwar mit zentraler LB'Rosette u. mehreren seitlich bogig aufsteigenden BlüStg; LB stets unzerteilt; mittlere StgB jederseits mit 10 oder mehr Kerbzähnen. — Kro purpurn. H: 30–80 cm. ♃ He. V–IX. **Ungarische W. (i. w. S.), *K. dryméia*** *(s. l.)*

**a** LB am Stg ± gleichmäßig verteilt, br-eiförmig bis fast rundlich, ebenso wie die Stg mit kurzen, weichen, weißlichen Haaren besetzt. H: 40–80 cm. V–IX. Trockene bis frische Edellaubwälder, Hartholzauen, Waldränder; collin bis untermontan; hfg bis zstr. **B, W, N, O, St, K.** *(K. drymeia s. str.)* **▪ Breitblättrige U. W., U. W. i. e. S., *K. d. subsp. dryméia***

- LB meist in der unteren StgHälfte gehäuft, elliptisch-lanzettlich, ebenso wie der Stg mit lg, steifborstigen, gelblichen Haaren besetzt. H: 30–60 cm. V–VIII. Lichte Wälder (meist Nadelwälder) u. Waldränder; montan bis subalpin; zstr. **N?, St, K, S, T.** *(K. intermedia)* **▪ Schmalblättrige U. W., Mittlere W., *K. d. subsp. intermédia***

- Rhizom sympodial, nur 1 BlüStg in der Mitte der LB'Rosette entspringend; LB zerteilt oder unzerteilt; im letzteren Fall mittlere StgB ganzrandig oder jederseits mit 1–10 Kerbzähnen . . . . . . . . . . . . . . . . **2**

**2** LB immer unzerteilt, zstr derbhaarig oder kahl; Rhizomäste gedrungen, wenig verzweigt; vegetative LB'Rosetten fehlend oder wenig zahlr. — Kro violett oder purpurviolett . . . . . . . . . . . . . . . . **3**

- LB zumindest an einem Teil (vielfach an der Mehrzahl) der Individuen einer Population zerteilt, fiederspaltig, nie kahl, meist fein u. dicht behaart; Rhizomäste oft dünn u. ± ausläuferartig, stark verzweigt; vegetative LB'Rosetten zahlr. . . . . . . . . . . . . . . . . **4**

**3** LB ganzrandig, schmal-lanzettlich. — Stg am Grund völlig kahl (oder kurz-flaumig: ⊖ „*K. brachytricha*": aus Ö nicht bekannt). H: (20)40–80(120) cm. ♃ He. VII–VIII. Weiderasen, Hochstaudenfluren; obermontan bis unteralpin; zstr. **K, S, T**. **Langblatt-W., *K. longifólia***

- LB ± gezähnt, br-lanzettlich. — Stg am Grund ± borstenhaarig. H: 30–100 cm. ♃ He. VI–IX. Lichte, frische Wälder, Waldränder, Hochstaudenfluren; montan bis subalpin; hfg. **Alle Bdld**. (*K. sylvatica*, ***K. dipsacifolia***) **Wald-W., *K. máxima***

4 Fiederschnittige StgB jederseits mit 1–3(4) Abschnitten, Endabschnitt etwa so lg wie das restliche StgB. — LB unterseits stets ± dicht kurz- u. weichhaarig u. daher weißlich. (Artengruppe Kärntner W., *K. carinthiaca agg.*) . . . . . . 5

- Fiederschnittige StgB jederseits mit (1)2–6(8) Abschnitten, Endabschnitt meist viel kürzer als das restliche StgB. — LB unterseits kahl, behaart oder graufilzig behaart, meist ± grün. (Artengruppe Wiesen-W., *K. arvensis agg.*) . . . . 6

5 Pf zur BlüZeit mit LB'Rosetten; Korb 2–3 cm ∅; Kro bleichlila. H: (10)15–30(50) cm. ♃ He. VI–VIII. Rotföhrenwälder auf steinigen Böden; kalkliebend; montan; slt. **K**. Endemisch. Potentiell gefährdet. ▲ (Diploid.) (*K. „velebitica"*) ■ **Kärntner W., *K. carinthíaca*** (*s. str.*)

- Pf zur BlüZeit meist ohne LB'Rosetten; Korb 3–4 cm ∅; Kro (purpur)violett. H: 20–50(70) cm. ♃ He. VI–VIII. Rotföhrenwälder auf steinigen, trockenen Böden, Felshänge; gern über Kalk u. Serpentin; montan; slt. **St, K**. Endemisch. Potentiell gefährdet (?). ▲ (Tetraploid u. hybridogen: *K. carinthiaca* × *drymeia subsp. drymeia*) (*K. „illyrica"*) ■ **Norische W., *K. nórica***

6 Kro gelblichweiß (höchstens Knospen leicht purpurn); StgGrund niemals rötlich. — LB meist unzerteilt. H: 20–50 cm. ♃ He. VII–VIII. Trockene Wiesen; collin; slt. Im Pann. **B!, N** (östlichste Teile). Wohl stark gefährdet! Hybriden mit *K. arvensis* sind nicht slt. (*K. arvensis subsp. kitaibelii*) **Kitaibel-W., Gelbe W., Weiße W., *K. kitaibélii*** (*subsp. kitaibélii*)

- Kro blauviolett; StgGrund oft rötlich. — LB meist zerteilt. H: (15)25–75(100) cm. ♃ He. VII–VIII. Trockene Fettwiesen (Salbeiwiesen), Wegränder; collin bis montan; hfg. **Alle Bdld**. Wildgemüse. **Wiesen-W.**, Wiesenskabiose, ***K. arvénsis*** (*s. str.*)
  - a LB kahl oder behaart; StgHaare derb, am Grund oft rötlich. **Alle Bdld**. (Tetraploid.) ■ **Gewöhnliche W.-W., *K. a. subsp. arvénsis***
  - – LB graufilzig behaart; StgHaare fein, am Grund grünlich. — Stg meist kräftig, unten ± dicht graufilzig. **B, W, N, O**. (Diploid.) (*K. arvensis var. budensis*) ■ **Pannnonische W.-W., *K. a. subsp. pannónica***

# Überordnung Nachtschattenblütige, *Solanánae*
# Ordnung Nachtschattenartige, *Solanáles*

## 104. Familie: Himmelsleitergewächse, Sperrkrautgewächse, *Polemoniáceae*

Anm.: Hierher gehört auch die amerikanische Gattung ★ ***Phlox***, aus der bes. ★ ***Ph. subuláta*** hfg in Gärten als ZierPf kultiviert wird. (G V 53)

### Himmelsleiter, *Polemónium* (→ G V 52)

LB gefiedert; Kro himmelblau oder weiß; Rispe drüsig behaart. H: 30–80 cm. ♃ He. VI–VIII. Feuchte Wiesen, Auen, Ufergebüsche, Flußkies, Schuttfluren; submontan bis montan; zstr bis slt. Heimisch in West-**T**, sonst als ZierPf

kultiviert u. verwildert **(in allen Bdld außer B, V)**. (Hptvbr.: Westalpen, Nord- u. Ost-Europa, Sibirien; in Mittel- u. West-Europa eingebürgert.)
**Himmelsleiter**, Blaues Sperrkraut, ***P. caerúleum***

## 105. Familie: Windengewächse, *Convolvuláceae* (→ G V 53)

Anm.: Arten der Gattung ★ **Prunkwinde, Trichterwinde, *Ipomóea*** *(Pharbitis)* (Narbe mit 1–3 kopfigen Lappen), zB ★ ***I. purpúrea*** (K rauhhaarig) u. ★ ***I. trícolor*** (beider Heimat: tropisches Amerika) werden in mehreren Sorten (verschiedenfärbige Kro) hfg als ⊙ Zier-SchlingPf kultiviert.

1 VorB an den BlüStielen linealisch, vom K ± entfernt stehend u. diesen nicht verdeckend; Kro 15–25(30) mm lg; Narbenlappen fädlich.
**(1) Winde, *Convólvulus***

- VorB an den BlüStielen eiförmig bis (slt) rundlich, als AußenK dicht unter dem K stehend u. diesen ganz oder zT verdeckend; Kro 35–70 mm lg; Narbenlappen flächig. — Pf windend; LB gestielt, Spreite br-eiförmig, am Grund pfeil-, nieren- oder herzförmig; Blü einzeln in den Achseln von LB.
**(2) Zaunwinde, *Calystégia***

### (1) Winde, *Convólvulus*

1 Alle LB deutlich gestielt, Spreite spieß- bis pfeilförmig (Abb. 308). — Pf meist kahl, slt etwas kurzhaarig; Stg niederliegend oder windend; Blü in den Achseln von LB, entweder einzeln u. lg gestielt oder in lg gestielten 2(–3)blütigen Zymen; VorB meist in oder über der Mitte der BlüStiele; Kro (2)3–4 cm ∅, rosa bis weiß. G: 20–100(200) cm lg. ♃ He. VI–IX. Frische bis mäßig trockene Ruderalfluren, Äcker, Gärten; collin bis montan; sehr hfg. **Alle Bdld.**
**Acker-W., *C. arvénsis***

- Zumindest die mittleren u. oberen LB sitzend, Spreite lineal-lanzettlich bis linealisch. — Stg aufsteigend bis aufrecht, niemals windend, unten abstehend, oberwärts (im Blüstd) angedrückt behaart; untere LB verkehrt-eilanzettlich, in den LB'Stiel verschmälert; seitliche TeilBlüstd (Zymen) lg gestielt; Kro 3–4 cm ∅, h'rosa mit d'rosa Längsstreifen, Längsstreifen außen anliegend seidenhaarig; Frkn u. Fr behaart. H: 20–40 cm. ♃ He. VI–VII. Trockenwarme Rasen u. Kalkfelsfluren; collin; sehr slt. **N** (Thermenlinie: bei Baden). (Hptvbr.: Medit.) Gefährdet.
**Kantabrische W., *C. cantábrica***

### (2) Zaunwinde, *Calystégia*

(Alle in **Ö** vorkommenden Arten zur Artengruppe Gewöhnliche Z., *C. sepium agg.* gehörend.)

Abb. 307

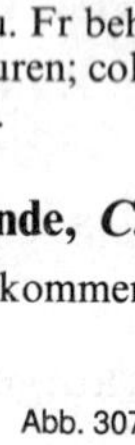

Abb. 308

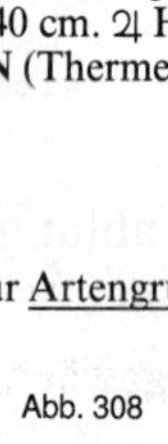

Abb. 309

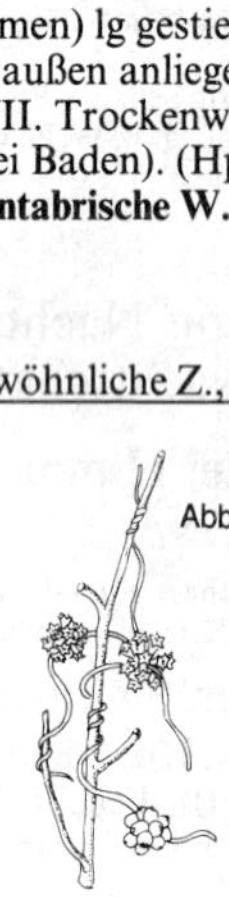

**1** Kro rosa (meist mit 5 weißen Längsstreifen); LB'Stiele u. BlüStiele zumindest anfangs behaart. — VorB bauchig, den K (fast) völlig einhüllend, *flachgedrückt* meist 15–25 mm br, an der Spitze abgerundet bis ausgerandet. G: 1–3 m lg. ♃ He. VI–IX. Slt kultvierte ZierPf, gelegentlich unbeständig verwildert (?). (Heimat: Nordost-Asien?.) *(C. silvatica auct. p. p.)* ⊖☆ **Schöne Z., *C. púlchra***

**-** Kro weiß; LB'Stiele u. BlüStiele (fast) kahl . . . . . . . . . . . . . . . . . . **2**

**2** VorB den K nicht völlig einhüllend, deutlich länger als br, spitz bis bespitzt, *flachgedrückt* kaum mehr als 15 mm br; Kro 35–50(55) mm lg; StaubB (15)17–23(25) mm lg. — Staubf. drüsenhaarig. G: 1–3 m lg. ♃ He. VI–IX. Auwälder, Ufersäume, Röhrichte, slt auch (Mais-)Äcker; collin bis montan; hfg. **Alle Bdld**. **Echte Z.**, Gewöhnliche Z., ***C. sépium*** *(s. str.)*

**-** VorB den K (fast) völlig einhüllend, nicht länger als br (mitunter bis doppelt so br wie lg), abgerundet bis ausgerandet, *flachgedrückt* meist breiter als 15 mm; Kro (55)60–70(90) mm lg; StaubB (25)28–36(39) mm lg. G: 1–3 m lg. ♃ He. VI–IX. Ob in **Ö**?. (Östliche Rasse; Hptvbr.: Südost-Europa.) ⊖☆ **Wald-Z., *C. silvatica***

## 106. Familie: Teufelszwirngewächse, Seidengewächse, *Cuscutáceae*

### Teufelszwirn, Seide, Kleeseide, *Cúscuta* (inkl. *Grammica, Monogynella*) (→ D 1)

Anm.: Weitere, in **Ö** manchmal (?) vorübergehend eingeschleppte Arten sind der ⊖☆ **Südliche T., *C. australis*** (*Grammica scandens*; mit sehr kleinen Schlundschuppen) u. der ⊖☆ **Chilenische T., *C. suaveolens*** (*Grammica suaveolens*; mit großen, die KroRöhre verschließenden Schlundschuppen), beide mit kurz gestielten, riechenden, weißlichen Blü in lockeren Büscheln u. 2 Gri mit kopfiger Narbe.

**1** Gri 1. — Blü meist zu 4–6 in ährenförmigen Blüstd (Zymen); Kro röhrig-glokkig, 5zipfelig, etwa 4–5 mm lg, weiß bis rötlich; KroZipfel etwa ⅓× so lg wie die KroRöhre; Schlundschuppen der Kro angedrückt, die StaubB nicht erreichend; Narbe 2lappig. G: 50–150 cm lg. ⊙ Th. VII–IX. Ufergebüsche, bes. auf Weide / *Salix* u. Pappel / *Populus*; collin; sehr slt. **B, W, N, St (?)**. Stark gefährdet. *(Monogynella lupuliformis)* **Pappel-T., -S., *C. lupulifórmis***

**-** Gri 2. — Blü in ± dichten Knäueln (Abb. 309) . . . . . . . . . . . . . **2**

**2** Narben kopfig; Blü zT kurz gestielt; Schlundschuppen meist länger als die KroRöhre (aus dieser ± herausragend). — Kro kurz-glockig, 5zipfelig, etwa 2–3 mm lg, grünlichweiß; KroZipfel ausgebreitet, an den Spitzen oft etwas nach innen gebogen; Schlundschuppen unregelmäßig gefranst, anfangs über dem Frkn zusammenneigend, später aufrecht. G: 20–50 cm lg. ⊙ Th. VII–IX. Äcker, bes. auf Klee / *Trifolium* u. Luzerne / *Medicago varia*; collin; slt. **B, W, N, St, S**†. Meist unbeständig (stellenweise eingebürgert?). (Heimat: Nordamerika.) *(C. arvensis, Grammica campestris)* ☆ **Nordamerikanischer T., Nordamerikanische S., *C. campéstris***

**-** Narben fadenförmig; Blü meist sitzend (seltener kurz gestielt); Schlundschuppen stets deutlich kürzer als die KroRöhre . . . . . . . . . . . . **3**

**3** Stg meist unverzweigt (slt 1- bis 2× verzweigt); Kro urnenförmig, grünlich- bis gelblichweiß. — Blü sitzend; Kro 5zipfelig, etwa 3 mm lg; Schlundschuppen etwa ⅔× so lg wie die KroRöhre, dieser angedrückt oder etwas nach innen geneigt, kurzfransig. G: 30–50 cm lg. ⊙ Th. VI–VIII. Äcker (meist auf Flachs / *Linum usitatissimum*). Früher in **allen Bdld**; nunmehr nicht nur im gesamten Bundesgebiet, sondern absolut, also arealweit ausgestorben. † **Flachs-T., -S.**, Lein-S., ***C. epilínum***

**-** Stg reich verzweigt; Kro kurz-röhrig-glockig, reinweiß, rosa oder rötlich. — Blü 3–4 mm lg . . . . . . . . . . . . . . . . . . . . . . . . **4**

**4** Kro 4(5)zipfelig; Gri (samt Narbe) höchstens so lg wie der Frkn; Schlundschuppen der KroRöhre angedrückt (KroRöhre daher offen). — Stg anfangs meist gelblich, später oft rötlich überlaufen; Kro weiß bis rötlich; Schlundschuppen zart, meist 2zipfelig, mitunter fast fehlend. G: 30–150 cm lg. ⊙ Th. VI–VIII. Ufergebüsche, Auwälder (bes. auf Brennessel/*Urtica*, Hopfen/*Humulus*, Weide/*Salix*, Erle/*Alnus*); collin bis montan; zstr bis hfg. **Alle Bdld.** *(C. viciae)* **Nessel-T., -S., *C. europáea***

**-** Kro 5zipfelig; Gri (samt Narbe) länger als der Frkn; Schlundschuppen zur KroMitte geneigt (KroRöhre daher ± verschlossen). — Stg meist purpurrot; K u. Kro meist blaßrosa, slt weiß; Schlundschuppen zungenförmig, gefranst. G: 20–60 cm lg. ⊙ Th. VI–VIII. Trockenwarme Magerrasen (bes. auf Feld-Quendel/*Thymus*, Besenheide/*Calluna* u. Klee/*Trifolium*); collin bis montan; zstr bis hfg. **Alle Bdld.** (Inkl. *C. trifolii)* **Quendel-T., -S., Kleeseide, *C. epíthymum*** *(subsp. epithymum)*

## 107. Familie: Nachtschattengewächse, *Solanáceae* (G V 50–)

Pf meist krautig, slt ♄ (Strauch); LB wechselständig (mitunter - infolge von Verwachsungen [Metatopien] – scheinbar gegenständig), ohne NebenB, einfach oder zusammengesetzt; Blüstd: Thyrsen bzw. Wickel oder Blü einzeln; Blü ⚥, ⊕ oder leicht ↓; KB 5; KroB 5, miteinander verwachsen; StaubB 5; Frkn 1, oberständig, 2fächrig; Scheidewand des Frkn schräg zur Mittellinie (Mediane) der Blü gestellt; Plazenten meist sehr groß; Gri 1; Fr: Kapsel oder Beere. Viele Nahrungs-, Gewürz-, Arznei- u. GiftPf.

Anm.: Die ☆ **Giftbeere, *Nicándra physalódes***, eine slt kultivierte ZierPf, tritt slt (verwildert?) unbeständig auf Ruderalplätzen auf: LB länglich, grob gezähnt; Kro glockig, h'blau; Fr: trockene Beere, vom aufgeblasenen K umhüllt. H: (10)30–80(100); ⊙, Th. (Heimat: Peru.) — Zu dieser Familie gehören einige ZierPf, zB die ★ **Petunie, *Petúnia*.**

**1** Strauch mit überhängenden, mitunter etwas dornigen Zweigen. **(1) Bocksdorn, *Lýcium***

**-** Pf krautig (höchstens halbstrauchig mit kletterndem, stets dornenlosem Stengel) . . . . . . . . . . **2**

**2** Staubbeutel länger als die Staubf., kegelförmig zusammenneigend. — Kro meist radförmig; Fr: Beere, niemals vom K umhüllt . . . . . . **3**

**-** Staubbeutel stets kürzer als die Staubf., nicht kegelförmig zusammenneigend. — KroZipfel kürzer als die KroRöhre . . . . . . **4**

**3** Fr zum größten Teil hohl (Hohlbeere, Trockenbeere); Blü einzeln (slt zu 2) in LB'Achseln. **★ (6) Paprika, *Cápsicum***

**-** Fr nicht hohl; Blü in doldenartigen, 3- bis vielblütigen Wickeln. **(7) Nachtschatten, *Solánum***

**4** Blü in einem endständigen, mehr- bis vielblütigen Blüstd. — Pf zumindest oberwärts drüsenhaarig; Fr: Kapsel . . . . . . **5**

**-** Blü einzeln in den Achseln von LB. — LB gestielt; Fr: Beere oder Kapsel **6**

**5** LB fiederspaltig bis grob u. unregelmäßig gezähnt; Blüstd (Wickel) unverzweigt; Blü fast sitzend; Fr sich mit einem Deckel öffnend (= Deckelkapsel), vom vergrößerten K eingeschlossen. **(4) Bilsenkraut, *Hyoscýamus***

**-** LB (fast) ganzrandig; Blüstd rispig verzweigt; Blü deutlich gestielt; Fr 2klappig aufspringend, vom K nicht eingeschlossen. — KroSaum ausgebreitet. **★ (9) Tabak, *Nicotiána***

**6** Kro 5–8(10) cm lg, reinweiß; Fr: aufrechte, stachelige, 4klappig aufspringende Kapsel. **(8) Stechapfel, *Datúra***

- Kro 1–3,5 cm lg, bräunlich oder cremeweiß (aber nicht reinweiß); Fr anders (Beere oder Deckelkapsel) . . . . . . . . . . . . . . . . . . . . . . . . **7**

**7** Kro cremeweiß, br-trichterig (fast radförmig); K zur FrReife rot, stark vergrößert, die Fr (Beere) lampionartig einhüllend. **(5) Judenkirsche, *Phýsalis***

- Kro nicht weiß, glockig bis walzlich; K zur FrReife grün, die Fr nicht lampionartig einhüllend. — Blü nickend bis hängend . . . . . . . . . . . . . . . . **8**

**8** KroZipfel meist 4–7 mm lg; Fr: glänzende, schwarze Beere. **(2) Tollkirsche, *Átropa***

- KroZipfel höchstens 1–2 mm lg (KroSaum unscheinbar, fast fehlend); Fr: grünliche Deckelkapsel. **(3) Tollkraut, *Scopólia***

## (1) Bocksdorn, *Lýcium* (B 68–, 84–)

Anm.: Der ★ **Chinesische B.**, ***L. chinense*** (inkl. *L. rhombifolium*) (LB'Spreite eilanzettlich bis [rhombisch-]eiförmig, unterhalb der Mitte am breitesten) wird gelegentlich als Zierstrauch kultiviert.

LB 2–5 mm lg gestielt, Spreite lanzettlich, meist 3–7 cm lg, ganzrandig, kahl; Blü gestielt, zu 1–3 in LB'Achseln; Kro stieltellerförmig, 1,5–2 cm ∅, schmutzigviolett; Fr (Beere) eiförmig bis länglich-ellipsoidisch, scharlachrot. H: 1–2,5 m. ♄ NPh. V–IX (meist schubweise, mit Unterbrechungen). Ruderale Hecken; wärmeliebend; collin bis submontan; im Pann hfg bis zstr, sonst slt. **B, W, N, O, St, (K), T**. Giftig. Verwilderte u. eingebürgerte ZierPf. (Heimat: China.) *(L. halimifolium)* **Bocksdorn,** „Teufelszwirn", ***L. bárbarum***

## (2) Tollkirsche, *Átropa*

LB im Bereich des Blüstd paarweise einander genähert (jeweils 1 größeres u. 1 kleineres), Spreite eiförmig bis elliptisch, zugespitzt, meist ganzrandig; K 5spaltig, KZipfel 3eckig, spitz bis zugespitzt, zur FrReife etwas vergrößert u. sternförmig ausgebreitet; Kro 2–3,5 cm lg, außen bräunlichviolett, innen schmutziggelb; Fr (Beere) kugelig, 15–20 mm ∅. H: 50–150 cm. ♃ He. VI–VIII. Waldschläge u. Vorwaldges.; kalkliebend, Nitrifizierungszeiger; collin bis montan; hfg. **Alle Bdld**. Stark giftig (ganze Pf!); ArzneiPf; Pharm.

**Tollkirsche, *A. bella-dónna***

## (3) Tollkraut, *Scopólia*

Pf kahl; Stg am Grund mit schuppenförmigen NiederB; LB im Bereich des Blüstd meist paarweise einander genähert, Spreite eiförmig, elliptisch oder verkehrt-eiförmig, spitz bis zugespitzt, am Grund keilig verschmälert, ganzrandig oder (sehr slt) zur Spitze hin unregelmäßig grob gezähnt; K kurz 5zähnig, zur FrReife vergrößert, die Kapsel becherförmig umhüllend; Kro etwa 2 cm lg, außen glänzend rotbraun, innen grünlichgelb; Fr (Kapsel) kugelig, etwa 1 cm ∅. H: 20–40 cm. ♃ He. III–IV. Frische Edellaubwälder (zB Grauerlenwald); submontan; sehr slt. **St** (nur Wildbad Einöd: wohl nur lokal eingebürgert). (Hptvbr.: Slowenien, Südost- u. Osteuropa.) Giftig; Rauschdroge (histor.) (namengebend für das Alkaloid Scopolamin, das in anderen Solanaceen in größerer Menge vorkommt). Potentiell gefährdet; △

**Tollkraut, Krainer T.,** (sl.:) kranjska bunika, ***S. carniólica***

## (4) Bilsenkraut, *Hyoscýamus*

Pf klebrig-zottig, unangenehm riechend; untere LB gestielt, obere halbstengelumfassend, Spreite eiförmig bis schmal elliptisch; Blüstd zunächst gedrängt, später verlängert, 1seitig durchblättert; K später erhärtend, zur FrReife krugförmig u. etwa 2,5–3,5 cm lg, seine Zähne 3eckig, zugespitzt, stechend; Kro leicht ↓, trichterig, etwa 2–3 cm lg, blaßgelb, violett geädert. H: 20–80 cm. ⊙ He. VI–X. Mäßig trockene Ruderalfluren (zB Eselsdistelflur), Äcker; wärmeliebend; collin bis submontan (montan); zstr bis slt. **Alle Bdld**. Stark giftig; ZauberPf (histor. Rauschdroge), ArzneiPf.

**Bilsenkraut,** Schwarzes B., ***H. níger***

## (5) Blasenkirsche, Judenkirsche, *Phýsalis*

Anm.: Die ★ **Peruanische B.**, „Kapstachelbeere", „Ananaskirsche", ***Ph. peruviána*** (Heimat: Süd- u. Mittel-Amerika) wird slt als ObstPf kultiviert. Slt (unbeständig) auf Mülldeponien.

LB'Spreite eiförmig, spitz bis zugespitzt, ganzrandig bis grob (lappig-)gezähnt; Kro 15–25 mm ∅; K zur FrReife etwa 4–5 cm lg, leuchtend orangerot (Abb. 310); Beere kugelig, 12–17 mm ∅, orange bis rot, süßlich. H: 25–60 cm. ♃ He. V–VIII. Auwälder, frische ruderale Gebüsche; Lehm- u. Nährstoffzeigerin; collin bis submontan; im Pann zstr, sonst slt. **Alle Bdld**. Giftig (auch Fr?). In der *var. franchetii* als ZierPf kultiviert u. gelegentlich (unbeständig) verwildert (zB in Maisäckern).

**Blasenkirsche, Judenkirsche,** Lampionblume, Schlutte, ***P. alkekéngi***

## ★ (6) Paprika, *Cápsicum*

LB gestielt, Spreite eiförmig, am Grund keilig verschmälert, kahl; Kro weiß, slt purpurn, mit weißlichen, grünen oder violetten Flecken; Fr meist 6–12 cm lg, je nach Kultursorte sehr verschieden geformt, von schmal-zylindrisch bis kugelig, gelb, orange oder rot (unreif grün), mild bis scharf. H: 20–50 cm. ⊙ Th. VI–IX. Gewürz- u. GemüsePf (viele Sorten); ArzneiPf. (Heimat: Mittelamerika.) Gelegentlich unbeständig verwildert (zB auf Müllplätzen).

★ **Paprika u. Pfefferoni, *C. ánnuum***

## (7) Nachtschatten, „Nachtschaden", *Solánum* (inkl. *Lycopersicon*)

(G XII 5–)

Anm.: Eine wichtige KulturPf ist die ★ **Melanzane**, Eierfrucht, Eierpflanze, Aubergine, ***S. melóngena*** (Pf ⊙; Stg u. LB ± filzig-sternhaarig; Kro 2–4 cm ∅, violett; Fr walzlich bis eiförmig, schwarzviolett; Heimat: Indien, Hinterindien), die in warmen Lagen kultiviert wird (Fr als Gemüse), slt verwildert. – Einige N.-Arten werden als ZierPf kultiviert; einige treten als seltene Unbeständige auf, zB ☆ **Argentinischer N., *S. sarachoídes* agg.: *S. nitidibaccátum*** (*„S. sarrachoides"*) (K die untere Hälfte der reifen Fr umfassend; Fr grün bis schwarzviolett, glänzend, mit 15–22 Sa; Heimat: Südamerika) in **(B, W, St)**.

**1** Kro gelb. — Pf drüsenhaarig (bes. im Blüstd); LB unterbrochen-unpaarig-gefiedert; Blättchen meist unregelmäßig fiederschnittig bis lappig gezähnt; Fr meist kugelig, meist 2–8 cm ∅, rot bis gelblich (unreif grün). H: 40–150 cm. ⊙ Th. VII–X. KulturPf (Gemüse- u. ObstPf; viele Sorten); gelegentlich unbeständig verwildert, oft massenhaft auf Klär-

Abb. 310

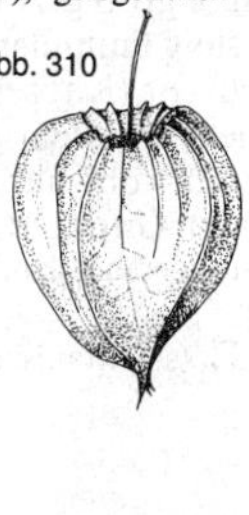

Abb. 311

schlammdeponien (Sa aus menschlichen Fäkalien). (Heimat: Süd- u. Mittelamerika.) (*Lycopersicon esculentum*) ★☆ **Paradeiser, Tomate, *S. lycopérsicum***

- Kro nicht gelb . . . . . . . . . . . . . . . . . . . . . . . . . . . . . 2

2 Halbstrauch, ± kletternd; Kro violett; Fr eiförmig, — 10–15 mm lg, glänzend scharlachrot; LB gestielt, Spreite einfach oder am Grund mit 1–2 Fiederlappen, eiförmig bis br-lanzettlich, spitz bis zugespitzt; Blüstd 10–25blütig; KroZipfel später zurückgebogen. G: 30–300 cm lg. ♄ Ch–NPh. VI–VIII. Bruchwälder, Auwälder, Ufergebüsche, Röhrichte, feuchte Waldschläge; collin bis montan; zstr bis hfg. **Alle Bdld**. Giftig. **Bittersüßer N., Bittersüß, *S. dulcamára*** (B 71)

- Pf krautig, nicht kletternd; Kro weiß, lila oder bläulich; Fr kugelig . . . . 3

3 LB unterbrochen gefiedert; Pf ♃, mit unterirdischen Sproßknollen (verdickten Ausläufer-Enden). — Blüstd gipfelständig, meist aus 2 Wickeln bestehend; Fr grün. H: 40–100 cm. ♃ Ge. VI–VIII. KulturPf (Nahrungs- u. FutterPf; viele Sorten). Slt unbeständig verwildert. (Heimat: Südamerika.) Grüne Teile giftig, auch Fr. ★ **Erdapfel, Kartoffel,** „Grundbirne", ***S. tuberósum***

- LB einfach (ganzrandig bis buchtig gelappt); Pf ⊙, ohne unterirdische Sproßknollen. — LB'Spreite meist rhombisch-eiförmig ; Fr etwa 6–10 mm ∅ . 4

4 Fr schwarz oder grün; Blüstd meist 5–10blütig, meist 11–30 mm lg gestielt. — Pf d'grün; Kro weiß, meist 10–14 mm ∅. H: 10–80 cm. ⊙ Th. VI–X. Frische Ruderalfluren; collin bis montan. **Alle Bdld**. Giftig, bes. Fr. **Schwarzer N., *S. nígrum***

**a** Pf spärlich behaart bis kahl, ohne Drüsenhaare; Haare meist angedrückt; LB meist ganzrandig bis seicht wellenförmig gelappt. Hackfrucht-Äcker, Gärten, ruderale Hekken, frische Ruderalfluren; hfg bis zstr. **Alle Bdld**. Alteingebürgert. Früher kultiviert (GemüsePf). **Gewöhnlicher Sch. N., *S. n. subsp. nígrum***

- Pf zumindest oberwärts dicht behaart, bes. im Blüstd auch drüsenhaarig; Haare meist abstehend; LB meist stark buchtig gelappt. Städtische Ruderalfluren, zB Baumscheiben, Hecken, Mülldeponien, Bahnhöfe; slt. **(W, N, K, V)**. Eingebürgert oder unbeständig? ☆? **Haariger Sch. N., *S. n. subsp. schultésii***

- Fr rot, orange oder gelb; Blüstd meist 3–5blütig, meist 7–13 mm lg gestielt. (Artengruppe Gelber N., *S. luteum agg.*) . . . . . . . . . . . . . . . . 5

5 Pf abstehend drüsenhaarig; Stg stielrund bis stumpfkantig, an den Kanten glatt; Fr meist gelb, zuletzt bräunlich. H: 10–40 cm. ⊙ Th. VII–X. Frische Ruderalfluren; collin; sehr slt. **W, N, O, St†**. Stark gefährdet. (***S. luteum*** *s. str.*) **Gelber N.**, Zottiger N., ***S. villósum*** (*s. str.*)

- Pf drüsenlos (meist spärlich kurzhaarig bis kahl); Stg schmal geflügelt, an den Kanten durch zahnartige Fortsätze rauh; Fr mennigrot. — Pf d'grün. H: 10–40 cm. ⊙ Th. VII–X. Frische bis mäßig trockene Ruderalfluren; collin; sehr slt. **B, W, N, O, St†, (K)**. Stark gefährdet. (*S. miniatum, S. villosum subsp. alatum*) **Mennigroter N.**, Flügel-N., ***S. alátum***

## (8) Stechapfel, *Datúra*

Pf unangenehm riechend; LB'Spreite eiförmig, spitz, grob gezähnt; Blü aufrecht; K röhrig, 5kantig, 3–5(6) cm lg; KZähne 3eckig, meist 0,5–1 cm lg; Kro trichterig, mit fein zugespitzten Zipfeln; Blü nachts geöffnet u. duftend; Fr eiförmig, 4–5(6) cm lg (Abb. 311). H: 30–100 cm. Nachtfalterblume. ⊙ Th. VI–X. Mäßig frische Ruderalfluren; wärmeliebend; collin; zstr bis slt. **Alle Bdld**. Neubürger seit etwa 1580. (Heimat: Mexiko.) Stark giftig; Rauschdrogen- (histor.) u. ArzneiPf. **Stechapfel, *D. stramónium***

Anm.: *Var. tátula* mit blaulila Kro wird slt kultiviert u. tritt sehr slt unbeständig verwildert auf.

### ★ (9) Tabak, *Nicotiána*

Anm.: Einige (südamerikanische u. australische) Arten werden als ZierPf kultiviert.

1 Kro 35–60 mm lg, Saum rosa bis rot. — Stg unverzweigt; LB schmal-eiförmig bis elliptisch, zugespitzt, zumindest die unteren ± herablaufend; KZähne schmal-3eckig, spitz bis zugespitzt; KroRöhre lg (sehr schlank), oben schmal-glockig erweitert; KroZipfel zugespitzt. H: 80–300 cm. ⊙ Th. VII–IX. NutzPf (mehrere Sorten; Verwendung als Droge zwecks Hirn-, Lungen- u. Luftverschmutzung). Bes. in Süd-**B, O** (im Mühlviertel) u. Ost-**St** (kleinräumig) gebaut. Slt auf Ruderalplätzen unbeständig verwildert. (Alte Kultursippe, wahrscheinlich hybridogen aus 2 Wildsippen im Raum nordwestl. Argentinien/Bolivien entstanden.) Stark giftig. **★ Virginischer T., *N. tábacum***

- Kro 12–22 mm lg, grün bis grünlichgelb. — Stg meist schon vom Grund an ästig; zumindest die unteren LB gestielt; LB'Spreite eiförmig bis elliptisch, stumpf bis abgerundet; KZipfel stumpf bis abgerundet, ungleich lg; Kro glockig, etwa 15–20 mm ∅, KroRöhre etwas tonnenförmig, meist 16–18 mm lg u. 8–11 mm br. H: 50–120 cm. ⊙ Th. VII–IX. Heute nur noch slt kultiviert (weil weniger zur Tabak- als zur Nikotin-Herstellung), sehr slt auf Ruderalplätzen unbeständig verwildert. (Alte Kultursippe, im präkolumbianischen Nord- u. Südamerika kultiviert; wahrscheinlich hybridogen aus 2 peruanischen Arten entstanden.) Stark giftig. **★ Bauern-T.,** Veilchen-T., Türkischer T., ***N. rústica***

# Ordnung Boretschartige, *Boragináles*

## ★ 108. Familie: Wasserblattgewächse, *Hydrophylláceae*

**★ Büschelschön, *Phacélia*** (→ G V 3, 31, 52)

Pf aufrecht, rauhhaarig; LB wechselständig, 1–2× fiederschnittig mit gesägt-gekerbten Abschnitten; Kro 6–9 mm lg. H: (20)30–70(80) cm. ⊙ Th. (V)VI–VII(IX). Als Zier- u. NutzPf (Bienenweide, Gründüngung) kultiviert, nicht slt verwildert. (Heimat: Kalifornien.) **★ Büschelschön, *Ph. tanacetifólia***

## 109. Familie: Rauhblattgewächse, Boretschgewächse, *Boragináceae*

Pf krautig; oft steifhaarig; LB wechselständig, unzerteilt, ohne NebenB; (Teil)Blüstd: oft eingerollte Wickel; Blü meist ⊕; Kro verwachsenblättrig; StaubB 5; Frkn 4teilig; Fr: in 4 1samige TeilFr (= „Klausen") zerfallend. (G V 47)

| | | |
|---|---|---|
| *Heliotropioideae* | *Boragineae* | *Eritricheae* |
| (1) *Heliotropium* | (7) *Pulmonaria* | (12) *Asperugo* |
| *Boraginoideae* | (8) *Nonea* | (13) *Myosotis* |
| *Lithospermeae* | (9) *Symphytum* | (14) *Eritrichum* |
| (2) *Lithospermum* | (10) *Anchusa* | (15) *Lappula* |
| (3) *Buglossoides* | (11) *Borago* | *Cynoglosseae* |
| (4) *Onosma* | | (16) *Omphalodes* |
| (5) *Cerinthe* | | (17) *Cynoglossum* |
| (6) *Echium* | | |

1 Frkn zur BlüZeit ungeteilt, erst bei der Reife in 4 TeilFr zerfallend; Gri endständig. **(1) Sonnwendkraut, *Heliotrópium***

- Frkn schon zur BlüZeit (2- oder) 4teilig; Gri zw. den 4 Teilen grundständig . . . . . . . . 2

2 Kro ↓: entweder KroSaum mit ungleichen Zipfeln oder KroRöhre deutlich gekniet (dh mit einer Krümmung etwa in der Mitte) . . . . . . . . 3

- Kro ⊕; KroZipfel gleich; KroRöhre gerade . . . . . . . . 4

**3** Kro mindestens 15 mm lg, mit fast gerader, trichteriger Röhre u. ungleichen Zipfeln, ohne Schlundschuppen, ohne Haarbüschel; StaubB aus der Kro herausragend; Gri meist 2spaltig. **(6) Natternkopf, *Échium***
**-** Kro etwa 10 mm lg, mit deutlich geknieter Röhre u. gleichen Zipfeln, mit behaarten Schlundschuppen, diese die StaubB verdeckend; Gri ungeteilt. *(Lycopsis)* **Krummhals (10), *Anchúsa arvénsis***

**4** K nach dem Blühen stark vergrößert, flach-zusammengedrückt, mit 2 buchtig gezähnten Lappen; Stg niederliegend, ausgebreitet. **(12) Scharfkraut, *Asperúgo***
**-** K glockenförmig oder zylindrisch (nie flach); Stg aufsteigend oder aufrecht . . . . . . . . . . . . . . . . . . . . . . . . . . . . . . . . **5**

**5** Kro walzig-glockig oder röhrenförmig. — Blü nickend bis hängend . . . . **6**
**-** Kro trichterig, radförmig oder stieltellerförmig . . . . . . . . . . . . . **8**

**6** Zumindest LB kahl, höchstens zstr rauh *(Lupe!)*; nur 2 TeilFr vorhanden (je 2 der 4 TeilFr miteinander verwachsen); Staubbeutel am Grund mit fadenförmigen Anhängseln; obere LB stengelumfassend. **(5) Wachsblume, *Cerínthe***
**-** Pf deutlich (meist ± borstig) behaart; 4 TeilFr vorhanden; Staubbeutel am Grund ohne Anhängsel; LB nicht stengelumfassend . . . . . . . . . . . . **7**

**7** Kro violett oder gelblichweiß, mit 5 lanzettlich-pfriemlichen, kegelförmig zusammenneigenden Schlundschuppen; Pf ♃. **(9) Beinwell, *Sýmphytum***
**-** Kro h'gelb, ohne Schlundschuppen; Pf ⊙. **(4) Lotwurz, *Onósma***

**8** [5] TeilFr mit 0,5–2 mm lg Stacheln, die an der Spitze Widerhaken tragen **9**
**-** Oberfläche der TeilFr glatt, wulstig oder warzig, aber nie mit widerhakigen Stacheln . . . . . . . . . . . . . . . . . . . . . . . . . . . . . . **10**

**9** Kro blau, 3–4 mm lg; Widerhaken-Stacheln nur auf dem geflügelten Rand der TeilFr oder in mehreren Reihen. **(15) Igelsame, *Láppula***
**-** Kro violett bis d'rot, 4–6 mm lg; Widerhaken-Stacheln über die ganze Außenfläche der TeilFr verteilt (nicht in Reihen). **(17) Hundszunge, *Cynoglóssum***

**10** KroZipfel allmählich u. fein zugespitzt, flach ausgebreitet; Staubf. mit etwa 2 mm lg Anhängseln; Kro mehr als 2 cm ∅, — radförmig. ★ **(11) Boretsch, *Borágo***
**-** KroZipfel nie mit feiner Spitze u. zugleich flach ausgebreitet; Staubf. ohne Anhängsel; Kro kleiner als 2 cm ∅ . . . . . . . . . . . . . . . . . **11**

**11** Schlund der Kro durch wohl entwickelte Schuppen oder Hohlschuppen (Ausstülpungen) geschlossen (= Schlundschuppen) . . . . . . . . . . . . **12**
**-** Schlund der Kro ohne Schuppen oder durch Wülste nur verengt, nicht verschlossen (höchstens kleine, behaarte Wülste oder Haarbüschel) . . . . . **15**

**12** Schlundschuppen bärtig lg'haarig oder samthaarig; TeilFr am Grund von einem gedunsenen, gerieften Ring umgeben u. innerhalb des Ringes ausgehöhlt. — H: 30–130 cm. **(10) Ochsenzunge, *Anchúsa***
**-** Schlundschuppen kahl; TeilFr entweder flach, eiförmig oder oben mit glatt berandeter, nabelförmiger Einsenkung. — H: 5–50 cm . . . . . . . . . . **13**

**13** TeilFr napfförmig ausgehöhlt, am Scheitel mit häutigem Ringsaum, mit dem Rücken an den Gri angewachsen; KroRöhre fast fehlend. **(16) Nabelnüßchen, *Omphalódes***
**-** TeilFr nicht napfförmig ausgehöhlt, sondern flach eiförmig, entweder ganzrandig oder mit gezähntem Rand, nicht an den Gri angewachsen; KroRöhre kurz, aber deutlich . . . . . . . . . . . . . . . . . . . . . . . . . **14**

**14** TeilFr mit geflügeltem u. gezähntem (gewimpertem) Rand; Blüstd mit HochB (jede Blü mit VorB). — Pf dichtrasig. Oberalpin.
**(14) Himmelsherold, *Erítrichum***
**-** TeilFr ganzrandig, glatt; Blüstd ohne HochB (Blü meist ohne VorB; höchstens die unteren, dann Standort aber nicht alpin). **(13) Vergißmeinnicht, *Myosótis***

**15** [11] K fast bis zum Grund geteilt, mit linealischen Zipfeln, zur FrZeit kaum vergrößert . . . . . . . . . . **16**
**-** K höchstens bis zur Mitte (meist weniger weit) gespalten, mit ± 3eckigen Zipfeln, zur FrZeit vergrößert . . . . . . . . . . **17**

**16** Schlund durch 5 ± behaarte Falten verengt; LB unterseits deutlich fiedernervig; KZipfel stumpf. — Kro weiß bis gelblichweiß.
**(2) Steinsame, *Lithospérmum***
**-** Schlund nur mit 5 deutlichen Haarstreifen in der KroRöhre; LB unterseits nur mit Mittelnerv, nicht fiedernervig; KZipfel spitz. — Kro weiß, h'blau oder blau. **(3) Rindszunge, *Buglossoídes***

**17** Kro gleichbleibend d'braunviolett; K röhrig, nicht kantig; Schlundfalten stumpf, behaart; TeilFr gerippt, runzelig. **(8) Runzelnüßchen, *Nónea***
**-** Kro zuerst rosa, dann blau u./oder (schließlich) violett; K 5kantig; Kro-Schlund mit 5 Haarbüscheln; TeilFr glatt. Heterostyl.
**(7) Lungenkraut, *Pulmonária***

## (1) Sonnwendkraut, *Heliotrópium*

Blüstd: achsel- u. endständige dichte, einseitswendige, eingerollte, einfache oder gegabelte Wickel; Blü sehr klein (2–4 mm ∅); Kro weiß bis bläulich, im Schlund gelb, mit kurzer Röhre, ohne Schlundschuppen; TeilFr ± behaart. H: 15–30 cm. ⊙ Th. VII–IX. Äcker, Weingärten u. Ruderalstellen; collin; im Pann sehr slt, sonst unbeständig. **B, W, N, (St, K, V)**. (Heimat: Medit.)
**Sonnwendkraut,** Europäisches S., ***H. europáeum***

## (2) Steinsame (i. e. S.), *Lithospérmum (s. str.)*

Stg stark verzweigt, dicht beblättert; K zur FrZeit 4–6 mm lg; TeilFr glatt, glänzend-weiß. H: 30–100 cm. ♃ He. V–VII. Harte Auwälder, Eichenwälder; kalkliebend; collin bis montan; zstr. **Alle Bdld**. VolksarzneiPf.
**Echter St.,** Arznei-St., „Meerhirse", ***L. officinále***

## (3) Rindszunge, Steinsame (zT), *Buglossoídes* *(Lithospermum p. p.)*

**1** Kro erst purpurrot, dann tiefblau, 10–15 mm br; TeilFr glatt, glänzend-weiß; Pf mit Ausläufern (Legtrieben). — K zur FrZeit 8–12 mm lg. H: 20–60 cm. ♃ He. IV–VI. Trocken-warme (Flaumeichen-)Wälder; kalkliebend; collin bis submontan; zstr. Bes. im Pann. **B, W, N, St**. (Submedit.) Im söVL gefährdet. *(Lithospermum purpureo-coeruleum, Aegonychon purpurocaeruleum)*
**Purpurblaue R., Purpurblauer St., *B. purpúrocaerúlea***
**-** Kro weiß, slt bläulich oder rötlich, 3–4 mm br; TeilFr runzelig, braun, kahl (wenn Fr behaart, vgl. die im FrZustand im Habitus ähnliche Spatzenzunge / *Thymelaea passerina*); Pf ohne Ausläufer. — K zur FrZeit 7–10 mm lg. H: 5–60 cm. ⊙ Th. V–VII. Äcker, Brachen, Ruderalstellen, lückige Magerrasen; collin bis montan; im Pann hfg, sonst zstr bis slt. **V†; sonst alle Bdld**. In den wAlp gefährdet. Früher: Volksmittel zur Empfängnisverhütung. *(Lithospermum arvense, Lithodora arvensis)* **Acker-R., Acker-St., *B. arvénsis*** *(subsp. arvénsis)*

## (4) Lotwurz, *Onósma* (G XII 5)

**1** Borstenhaare teils auf behaarten Scheiben oder Höckern, teils auf kahlen Scheiben sitzend; Blüstd nur schwach pyramidenförmig; Stg schlank, ± unverzweigt. — Staubbeutel 6 mm lg, fein u. deutlich gezähnelt. H: 30–50 cm. ⊙ He. V–VI. Sehr trockene, sonnige, lückige Trockenrasen; collin; sehr slt. Nur im Pann. **N** (nur in der nördl. Wachau). Endemisch. Vom Aussterben bedroht. *(O. austriacum, O. „arenaria subsp. tuberculata“,* ***O. helveticum subsp. austriacum****)* **Österreichische L., *O. helvética* (subsp. *austríaca*)**

**-** Borstenhaare ausschließlich auf kahlen Höckern sitzend; Blüstd vielästig, pyramidenförmig; Stg oft schon vom Grund an verzweigt . . . . . . . . . . **2**

**2** Staubbeutel 5–7 mm lg, bes. gegen die 2hörnige Spitze zu am Rand sehr deutlich gezähnt. H: 30–50 cm. ⊙ He. V–VI. Lückige Trockenrasen; collin; sehr slt. Nur im Pann. **B, W†, N**. Vom Aussterben bedroht. *(****O. arenarium subsp. arenarium****)* **Sand-L., *O. arenária*** *(subsp. arenária)*

**-** Staubbeutel 8–9 mm lg, völlig ganzrandig. — Pf vom Grund an verzweigt, mit ± kugeligem Habitus (Steppenroller!); Stg oft rot überlaufen. H: 30–50 cm. ⊙ He. V–VI. Felssteppen, Federgrasfluren, Trockenrasen; über Kalk oder Dolomit; collin (submontan); slt. Nur im Pann. **N**. (Hptvbr.: Ost-Europa, Balkanländer.) Gefährdet. **Visiani-L., Dalmatinische L., *O. visiánii***

## (5) Wachsblume, *Cerínthe*

**1** Pf ganz kahl; KroZipfel viel kürzer als die KroRöhre, stumpf, ihre Spitze nach außen gebogen. — LB nie gefleckt; Kro gelb mit purpurnen Flecken. H: 30–60 cm. ♃ He. V–VII. Kalkreiche, steinige Hochstaudenfluren, Lägerfluren, Grünerlengebüsche; subalpin; slt. **K, T, V**. (Hptvbr.: West- u. Südalpen, Süd- u. Ost-Europa.) *(C. alpina)* **Alpen-W., *C. glábra***

**-** KZipfel u. TragB (oft LB'Rand) feinborstig bewimpert; KroZipfel fast so lg wie die KroRöhre, allmählich zugespitzt, Spitze nach vorn gerichtet. — GrundB oft weißlich gefleckt; Kro 1färbig zitronengelb. H: 15–50 cm. ⊙–♃ He. (IV)V–VII. Waldschläge, Ruderalstellen, Äcker, Brachen, Böschungen; kalkhold; collin bis montan; zstr. **Alle Bdld.**
**Kleine W., *C. mínor*** *(subsp. minor)*

## (6) Natternkopf, *Échium* (G XIV 31)

**1** Blü in gegabelten oder 3ästigen Wickeln. — Kro weiß oder blaßrötlich; LB lanzettlich; Gri an der Spitze deutlich 2spaltig. H: 40–100 cm. ⊙–⊙ He–Th. VI–IX. Sand- u. Schotterfluren, im Pann (früher) auch über Löß; collin; sehr slt. **B†, (W†, N†, K)**. Vom Aussterben bedroht (?; vielleicht nie heimisch gewesen, sondern nur eingeschleppt u. unbeständig). (Hptvbr.: Medit., Südost-Europa.) *(E. altissimum)*
☆ **Hoher N., Italienischer N., *E. itálicum***

**-** Blü in einfachen Wickeln . . . . . . . . . . . . . . . . . . . . . . . . . **2**

**2** Gri ungeteilt (mit 2köpfiger Narbe); Kro blutrot (sehr slt weiß). — LB schmal-lanzettlich. H: 30–100 cm. ⊙–⊙ He–Th. VI. (Früher:) Steppenrasen; collin; wahrscheinlich ausgestorben. (Früher:) Im Pann. **N†**. (Pontisch-pannonisch.) *(****E. russicum****, E. rubrum)*
† **Roter N., *E. maculátum***

**-** Gri an der Spitze deutlich 2spaltig; Kro blau (sehr slt rosa oder weiß). — LB lanzettlich. H: 20–100 cm. ⊙–⊙ He–Th. (V)VI–X. Trockene Ruderalstellen, Schotterfluren (zB Bahnschotter), Wegränder, Schotter-Trockenrasen; collin bis montan; hfg. **Alle Bdld.**
**Gewöhnlicher N.**, Blauer N., „Himmelbrand“, „Starrer Hansl“, ***E. vulgáre***

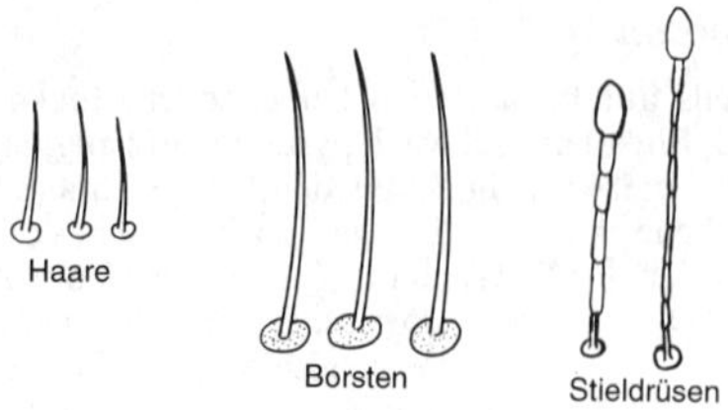


Abb. 312a Abb. 312b Abb. 312c

## (7) Lungenkraut, *Pulmonária*

Anm.: *Zur Bestimmung sind die oft erst nach dem Abblühen sich entwickelnden LB der LB'Rosetten (= GrundB) erforderlich. Zur Untersuchung des Haarkleides ist eine gute Lupe nötig (mindestens 10fache, am besten 40–50fache Vergrößerung).* Man unterscheidet Haare (Abb. 312 a), Borsten (Abb. 312 b) u. Stieldrüsen (Abb. 312 c).

**1** Oberseite der GrundB dicht mit Spitzhöckern (0,02–0,08 mm hoch) besetzt, daneben ± gleichlange Borsten u. wenige oder keine Stieldrüsen; GrundB meist herzförmig oder eiförmig, dann der Spreitengrund herzförmig bis gestutzt bis abgerundet, abrupt in den LB'Stiel verschmälert; WuStock ± deutlich etwas verlängert. — Innenseite der Kro stets kahl (außer dem Haarring am oberen Ende der Kro). (Artengruppe Echtes L., *P. officinalis agg.*) . . . . **2**

**-** Oberseite der GrundB stets ohne Spitzhöcker, entweder nur mit Borsten oder mit Borsten, Haaren u. Stieldrüsen; GrundB schmal- bis br-lanzettlich (bis eilanzettlich), Spreitengrund ± keilig in den Stiel verschmälert (nie herzförmig); WuStock stets kompakt. — Herbst-LB nicht überwinternd; Innenseite der Kro hfg ± behaart oder ± verkahlend . . . . . . . . . . . . . . . . . . **3**

**2** Voll entwickelte GrundB meist dünn u. weich d'-(„schwarz"-)grün, meist ungefleckt, bisweilen mit unregelmäßigen, h'grünen Flecken; K frisch aufgeblühter Blü schmal U-förmig, 2,5–4,5× so lg wie br, fallweise nur am Grund mit lg'gestielten Drüsen, KZähne $^1/_4$–$^1/_3$× so lg wie die KRöhre; Herbst-LB meist nicht überwinternd. H: 10–30 cm. ♃ He. III–V. Frische Edellaubwälder; collin (montan); sehr slt. **O** (im nördl. Mühlviertel). (Hptvbr.: Deutschland.) Gefährdet. **■ Dunkles L., *P. obscúra***

**-** Voll entwickelte GrundB meist derb, ± frischgrün, zumeist (oder oft) mit kräftigen, rundlichen, scharfberandeten, weißen Flecken; K frisch aufgeblühter Blü V-förmig, 1,5–2,5× so lg wie br, zumindest am Grund hfg mit lg'gestielten Drüsen, KZähne $^1/_3$–$^1/_2$× so lg wie die KRöhre; Herbst-LB oft überwinternd. H: 10–30 cm. ♃ He. III–V. Frische Edellaubwälder; collin bis montan; hfg bis zstr. **Alle Bdld**. VolksarzneiPf, Homöop. *(P. maculosa)*
**Flecken-L., Echtes L.**, „Hänsel-und-Gretl", „Blaue Himmelschlüssel", ***P. officinális*** *(s. str.)*

**3** LB stets ungefleckt, meist mit deutlichem Grauschimmer; Haarkleid weich: reichlich Haare (0,3 mm lg), daneben Borsten u. Stieldrüsen; obere StgB meist eiförmig-lanzettlich mit ± herzförmigem Grund ± stengelumfassend; GrundB ± eiförmig-lanzettlich, meist ± rasch in den Stiel verschmälert, — bespitzt, Spreite 40–60 cm lg; StgB 2–4 cm br; Blüstd klebrig; Kro innen außer dem Haarring dicht behaart. H: 15–30 cm. ♃ He. IV–V. Lichte Wälder, Gebüsche, Wiesen, Auwaldränder, Hochstaudenfluren. **Weiches L., *P. móllis***

**a** LB, K u. BlüstdAchsen dicht mit Haaren besetzt, aber mit wenigen Borsten, weich; GrundB beiderseits der Mittelrippe auffällig wellig-kraus; Kro stumpf lila, slt rot. Lichte Wälder, Gebüsche, Wiesen, Auwaldränder; collin bis montan; zstr. **B, N, O, St**. Potentiell gefährdet. *(P. mollissima)* ■ **Weichhaariges L., *P. m. subsp. móllis***

**-** LB, K u. BlüstdAchsen lockerer u. steifer behaart (relativ viele Borsten, aber Haare noch in der Überzahl); GrundB wenig wellig-kraus bis flach; Kro leuchtend blauviolett bis blau. Lichte Wälder, Hochstaudenfluren; montan bis subalpin; slt. **S, T**. Potentiell gefährdet. ■ **Alpen-L., *P. m. subsp. alpígena***

**-** LB ungefleckt oder ± deutlich gefleckt, sattgrün, ohne Grauschimmer; Haarkleid steif: reichlich Borsten (etwa 0,7–2 mm lg), mit wenigen bis vielen Stieldrüsen u. wenigen oder keinen Haaren; obere StgB meist mit ± verschmälertem oder abgerundetem Grund sitzend (seltener halbstengelumfassend); GrundB lanzettlich oder schmal eilanzettlich, allmählich in den Stiel verschmälert, — bespitzt oder in eine lg, feine Spitze auslaufend; BlüstdAchsen mit ähnlicher Behaarung, hfg noch zusätzlich (oder ausschl.) mit lg'gestielten Drüsen (3–5 mm lg) . . . . . . . . . . . . . . . . . . . . . . . . . **4**

**4** Haare vorhanden (daneben außerdem hauptsächlich verschieden lg Borsten u. Stieldrüsen); Kro innen hauptsächlich über dem Haarring am Grund des Saumes behaart. — K schmal-zylindrisch; Kro der LanggriffelBlü innen unter dem Haarring mit 5 auffälligen, herablaufenden Leisten . . . . . . . . . . **5**

**-** Haare fehlend (nur Borsten u./oder Stieldrüsen vorhanden); gesamte Innenseite der Kro – abgesehen vom Haarring – ± kahl oder höchstens der Grund des Saumes mit vereinzelten Härchen . . . . . . . . . . . . . . . . . . . . . **6**

**5** GrundB ± (ei-)lanzettlich, meistens in eine lg, feine Spitze auslaufend; LB meist mit ± rundlichen, kräftig weißen Flecken; Stg (zumindest am Grund) u. LB'Stiele mit auffallend dichtem Haarkleid: Borsten u. lg'gestielte Drüsen (3–5 mm lg); Kro intensiv azurblau; KroSaum frisch erblühter Blü ± deckend behaart; Staubbeutel ± schwarzviolett. H: 10–30 cm. ♃ He. IV–V. Wiesen, frische Wälder u. Gebüsche; montan; zstr. **St, K**. Endemisch.

**Steirisches L., *P. stiríaca***

**-** GrundB br-elliptisch bis ± oval-lanzettlich, bespitzt, oft ungefleckt oder mit verschieden großen, grünlichen oder weißlichen Flecken; Stg u. LB'Stiele ohne auffälliges Haarkleid; Kro blaßviolett, nicht slt ± lila; KroSaum frisch erblühter Blü sehr locker behaart; Staubbeutel gelb bis d'-ockerbraun. H: 13–25(30) cm. ♃ He. IV–V. Frische Wälder u. Gebüsche, Wiesen; kalkliebend; montan bis subalpin; zstr bis slt. Süd-**K**. (Sonstige Vbr.: Slowenien, [nicht in Carnia!].) Potentiell gefährdet. ▲

**Karawanken-L.,** (sl.:) karavanške (!) pljučnik, ***P. cárnica***

**6** Haarkleid der LB'Oberseite mit deutlich verschieden lg Borsten — u. stets mit, oft nur wenigen, Stieldrüsen; LB ± weich; GrundB schmal bis sehr schmal eiförmig-lanzettlich, nicht oder slt schwach gefleckt; StgB eilänglich, spitz; Blüstd wenigstens zur FrZeit mit etwas verlängerten Ästen; Kro satt-violett bis ± blau. H: 15–30 cm. ♃ He. III–V. Lichte Wälder, Trockenwiesen; collin bis submontan; sehr slt. Westl. Zentralalpen u. Wienerwald. **W** (im Gütenbachtal)*, **N** (Hänge des Kaufberg bei Laab i. W.)*, **T**. (Hptvbr.: Südalpen.) Stark gefährdet. *(P. „angustifolia“, **P. visianii** s. l.)* **Südliches L., *P. austrális***

**-** Haarkleid der LB'Oberseite mit gleich bis etwas verschieden lg Borsten, — stets ohne Stieldrüsen . . . . . . . . . . . . . . . . . . . . . . . . . **7**

---

* der Fundpunkt in **W** u. jener in **N** sind einander eng benachbart, beide unmittelbar an der Landesgrenze.

**7** GrundB (6)7–12× so lg wie br; Drüsenhaare im gesamten Blüstd die übrigen Haare nicht deutlich überragend; K zur FrZeit nicht wesentlich vergrößert, etwa 10 mm lg u. etwa 5 mm br. — GrundB ungefleckt, mit etwa gleich lg Borsten; Kro leuchtend azurblau. H: (15)20–30 cm. ♃ He. III–V. Lichte Wälder, Gebüsche, auch Wiesen; collin bis montan; slt. **B, N, St**. Stark gefährdet. *(P. azurea)* **Schmalblatt-L., *P. angustifólia***

**-** GrundB 3–6× so lg wie br; Drüsenhaare im oberen Blüstd'Bereich die übrigen Haare deutlich überragend; K zur FrZeit vergrößert, etwa 15 mm lg u. etwa 9 mm br. — GrundB bis 50 cm lg, gefleckt (oft sehr schwach) oder oft (!) ungefleckt, mit gleich oder etwas verschieden lg Borsten; Kro d'blau. H: (15)20–30(35) cm. ♃ He. V–VI(VII). Lichte Wälder, Gebüsche, Waldwiesen, auch im Krummholz; obermontan bis subalpin; mäßig hfg. **N, O, St**. Potentiell gefährdet. Endemisch (nordöstl. Kalkalpen). **Kerner-L., *P. kérneri***

## (8) **Runzelnüßchen,** Mönchskraut, ***Nónea*** *(„Nonnea")*

LB länglich-lanzettlich, grauhaarig bis borstig. H: 20–50 cm. ♃ He. V–VIII. Halbruderale Trockenrasen, Äcker; collin; im Pann zstr, sonst slt. **B, W, N, O**. Im nVL gefährdet. **Runzelnüßchen,** Dunkles R., ***N. púlla***

## (9) **Beinwell, Beinwurz, *Sýmphytum***

**1** TeilFr glatt, glänzend; Staubbeutelhälften vom Konnektiv überragt; Staubf. ungefähr so br wie der Staubbeutel. (Artengruppe Echter B., *S. officinale agg.)* . . . . . . . . . . . . . . . . . . . . . . . . . . . . . . . . . . . . . . . . . 2

**-** TeilFr ± rauh u. ± netzig-runzelig; Staubbeutelhälften vom Konnektiv nicht überragt; Staubf. schmäler als der Staubbeutel . . . . . . . . . . . . . . 3

**2** Mittlere u. obere LB weit (bis zum nächsten LB) herablaufend; Stg dadurch deutlich geflügelt; Stg u. LB ± dicht rauhhaarig; Kro purpurn, gelblich oder weiß. H: (30)50–100 cm. ♃ He. V–VII. Feuchte, nährstoffreiche Uferstaudenfluren, Gräben, nasse Fettwiesen, Auwälder; collin bis montan; hfg bis zstr. **Alle Bdld**. VolksarzneiPf (Wu). (inkl. *„S. bohemicum")*
**Echter B.,** Arznei-B., „Schwarzwurz", ***S. officinále*** *(s. str.)*

**-** Auch die obersten LB nicht oder nur kurz herablaufend (nie mehr als 1/3 der Strecke bis zum nächsten LB); Stg nicht geflügelt, unten kahl (frisch glänzend); Stg u. LB mit kleinen, weißen, zarten Stacheln auf höckrigem Grund; Kro purpurn oder violett. H: (30)50–100 cm. ♃ He. V–VII. Überschwemmte Wiesen; collin; sehr slt. **B, N** (in den Marchauen). Gefährdet. *(S. officinale subsp. uliginosum)* **■?■ Sumpf-B., *S. tanaicénse***

**3** Kro blaßgelb. — Rhizom waagrecht, knollig verdickt; obere LB sitzend, kurz u. schmal herablaufend. H: 15–30 cm. ♃ Ge. IV–V. Edellaubwälder, Hochstaudenfluren; collin bis montan; sehr hfg bis slt. **Fehlt V**. *(S. nodosum,* inkl. *S. leonhardtianum* u. *S. nodosum)* **Knollen-B., *S. tuberósum*** *(s. l.)*

**-** Kro rosa, blau oder violett. (★ Artengruppe Rauher B., *S. asperum agg.*) . . . . . . 4

**4** LB alle gestielt oder die obersten sitzend, aber nicht stengelumfassend oder herablaufend. — Stg mit Stachelhaaren, die am Grund auffallend verdickt sind; Kro zuerst rosa, dann blau. H: 100–175 cm. ♃ He. VI–VIII. KulturPf (Schweinefutter); slt (nur ehemals?) kultiviert. (Heimat: Kaukasus). **★ Rauher B.,** Kaukasus-Comfrey, ***S. ásperum*** *(s. str.)*

**-** Obere LB sitzend u. kurz herablaufend, oder zumindest stengelumfassend. — Stg rauh behaart; Kro entweder zuerst rosa, dann blau, oder gleichbleibend violett. H: 100–200 cm.

♃ He. VI–VIII. Höchstwahrscheinlich Bastard *S. asperum* × *officinale*. Früher kultiviert (Schweinefutter), heute slt verwildert bis eingebürgert.

★ **Futter-B.,** Comfrey, Bastard-B., ***S.*** × ***upländicum***

## (10) Ochsenzunge, *Anchúsa* (inkl. *Lycopsis*)

**1** KroRöhre gekniet. — Pf stechend-borstig; LB ausgeschweift-gezähnt; Kro h'blau mit weißer Röhre; TeilFr am Grund ausgehöhlt u. von einem wulstigen Ring umgeben. H: 20–40(60) cm. ⊙ Th, He. V–IX. Ruderalstellen, Äcker, Weingärten in warmen Lagen; etwas kalkmeidend; collin bis montan; im Osten zstr, sonst slt. **Alle Bdld**. In den wAlp gefährdet. *(Lycopsis arvensis, **A. arvensis subsp. arvensis**)* **Acker-O., Krummhals,** Wolfsauge, ***A. arvénsis (s. str.)***

**-** KroRöhre gerade . . . . . . . . . . . . . . . . . . . . . . . . . . . . . **2**

**2** Blü auffallend groß (∅ des KroTrichters etwa 1,5 cm); K bis fast zum Grund geteilt. — Kro lebhaft himmelblau; Schlundschuppen länglich, pinselig behaart. H: 60–130 cm. ⊙–♃He. V–IX. Trockene Ruderalstellen in warmen Lagen; collin. KulturPf (ZierPf, BienenweidePf) u. slt verwildert. **(B, W, N, St, K, S, T)**. (Heimat: Medit.) *(A. italica)*

★ **Italienische O.,** ***A. azúrea***

**-** Blü viel kleiner (∅ des KroTrichters bis 1 cm); K zumindest im untersten Drittel verwachsen . . . . . . . . . . . . . . . . . . . . . . . . . . . . . **3**

**3** Kro tief blauviolett (slt purpurn oder weiß); K nur im untersten Drittel verwachsen, mit spitzen Zipfeln. — LB graugrün, 10–20 mm br; Schlundschuppen weiß bis blaßblau, eiförmig, samtartig behaart. H: (20)30–80(100) cm. ⊙ He. V–IX. Trockene, schotterreiche Ruderalstellen, Bahnschotter, Wegränder, Böschungen; collin bis montan; zstr. **Alle Bdld**. VolksarzneiPf.

**Echte O.,** ***A. officinális***

**-** Kro blaßgelb; K bis zur Hälfte (bis zu höchstens 2/3) der Länge verwachsen, mit br abgerundeten, häutigen Zipfeln. — LB 3–12(25) mm br. H: 30–80 cm. ⊙–♃ He. V–IX. Trockene Ruderalstellen; collin; slt. **(W, N)**. Unbeständig. (Heimat: Südost-Europa, Kleinasien.)

☆ **Gelblichweiße O.,** ***A. ochroléuca***

### ★ (11) Boretsch, Borretsch, *Borágo*

LB elliptisch; Blü nickend; Kro himmelblau, die auffallend vorstehenden Schlundschuppen weiß. H: 15–60 cm. ⊙ Th. VI–VII(X). KulturPf (Gewürzkraut, VolksarzneiPf, Bienenweide- u. ZierPf), gelegentlich verwildert. (Heimat: westl. Nord-Afrika, Süd-Spanien.)

★ **Boretsch, Gurkenkraut,** ***B. officinális***

## (12) Scharfkraut, *Asperúgo*

LB elliptisch-lanzettlich; Kro 2–3 mm lg, violett oder blau; FrStiele herabgekrümmt. H: 20–50 cm. ⊙ Th. V–VIII. Stickstoffreiche Ruderalstellen, Lägerfluren, Balmen; collin bis subalpin; zstr bis slt. **O†, V†, sonst alle Bdld**. In den Alp u. im nVL gefährdet. **Scharfkraut,** Schlangenäuglein, ***A. procúmbens***

## (13) Vergißmeinnicht, *Myosótis*

**1** KHaare angedrückt, alle gerade, an der Spitze nicht hakig gekrümmt; KZipfel höchstens so lg wie die KRöhre (K 5lappig oder bis zur Mitte 5spaltig). — K nach der BlüZeit offen; KroSaum stets flach ausgebreitet; nasse bis feuchte Standorte. (Artengruppe Sumpf-V., *M. palustris agg.*) . . . . . . . . . . **2**

**-** KHaare (fast alle) abstehend, gerade oder zT hakig gekrümmt; KZipfel länger als die KRöhre (K 5teilig, Einschnitte etwa bis zum untersten Drittel reichend). — K nach der BlüZeit offen oder (durch die zusammenneigenden KZähne) ±

verschlossen; KroSaum flach ausgebreitet oder trichterig; trockene oder feuchte Standorte . . . . . . . . . . . . . . . . . . . . . . . . . . . . . . . . . 5

**2** Pf meist am Grund stark büschelig verzweigt; Wickel am Grund beblättert; KZähne etwa so lg wie die KRöhre. — Ohne WuStock, ohne Ausläufer; Wu büschelig; Kro 3–5 mm ∅. H: 20–50 cm. ⊙ He. V–VII. Nährstoffreiche Uferröhrichte, Gräben; collin bis submontan; slt. **Fehlt W, St, S**. Gefährdet.

**Rasen-V.**, ***M. láxa (subsp. cespitósa)***

**-** Pf am Grund nicht stark verzweigt; Wickel stets blattlos; KZähne nur etwa 1/3 der KLänge (1/2× so lg wie die KRöhre) . . . . . . . . . . . . . . . . . . . . . 3

**3** Pf nur 2–10 cm hoch, ausgebreitet, Matten bildend; Kro (6)8–12 mm ∅. — FrK etwa 4 mm lg, meist länger als der FrStiel; TeilFr 1,8 mm lg. ♃ He. IV–V. Mesotrophe, sommerlich überflutete Kiesufer des Bodensees; collin; sehr slt. **V** (Bodenseeufer). (Sonstige Vbr.: Schweiz, Bayern; überall sehr slt; vom absoluten Erlöschen bedroht.) Vom Aussterben bedroht. ▲ *(M. palustris subsp. caespititia, M. caespititia)* **Bodensee-V.**, ***M. rehstéineri***

**-** Pf meist über 20 cm hoch, nicht mattenförmig ausgebreitet; Kro 4–8 mm br . . . . . . . . . . . . . . . . . . . . . . . . . . . . . . . . . . . 4

**4** Meist ⊙, slt ♃, meist ohne Ausläufer; Stg am Grund kahl oder mit abwärts gerichteten oder mit abstehenden oder mit aufwärts gerichteten Haaren; Stg meist scharfkantig, glänzend; unterste StgB unterseits meist mit zum LB'Grund gerichteten, nicht anliegenden Haaren; FrK höchstens 5 mm lg; Kro höchstens 6 mm ∅; TeilFr höchstens 0,8 mm br. H: 10–40(50) cm. ⊙–♃ He. V–VIII. Feuchte Wiesen, Gräben, nasse Waldlichtungen; collin bis montan (?); zstr. **Alle Bdld**. Unzureichend bekannte Sippe.

■ **Gebirgs-V.**, Hain-V., ***M. nemorósa***

**-** ♃ mit kriechendem WuStock u. Ausläufern; Stg am Grund kahl oder abstehend oder aufrecht-abstehend behaart; Stg stumpfkantig bis fast stielrund, meist matt; unterste StgB unterseits mit zur LB'Spitze gerichteten angedrückten Haaren oder fast kahl, slt mit zum LB'Grund gerichteten Haaren; FrK meist 5–6 mm lg; Kr meist 6–8 mm ∅; TeilFr meist 0,8–1,2 mm br. — Stg aufsteigend bis aufrecht; LB meist oberseits mit spitzenwärts gerichteten, angedrückten Haaren. H: 20–100 cm. ♃ He. V–IX. Naßwiesen, Sümpfe, Ufer, Gräben, Bruchwälder; Nährstoffzeiger; collin bis montan; hfg. **Alle Bdld**. *(M. palustris „s. str.“*, inkl. *„M. strigulosa“, „M. laxiflora“)*

■ **Sumpf-V.**, ***M. scorpioídes***

**5** [1] Kro 6–8(10) mm ∅; Pf ⊙–♃. — Kro lebhaft h'- bis azurblau, KroSaum flach, ausgebreitet; TeilFr schwarz. (Artengruppe Wald-V., *M. sylvatica agg.*) . . . . . . . . . . . . . . . . . . . . . . . . . . . . . . . . . . . 6

**-** Kro 2–4 mm ∅; Pf ⊙. — Kro blaßblau oder anfangs gelblich, KroSaum trichterig; TeilFr braun oder schwarz . . . . . . . . . . . . . . . . . . 9

**6** TeilFr 2–2,5 mm lg, in der Mitte am breitesten, Spitze stumpf, unter der Spitze nur undeutlich gekielt, am Grund mit quer-länglicher Ansatzfläche, die seitlich in Grübchen verlängert ist; RosettenB deutlich gestielt; K am Grund allmählich in den BlüStiel übergehend, sich bei der Reife nicht vom FrStiel trennend. — KroRöhre meist kürzer als der K, KZipfel daher durch den flachen KroSaum umgebogen; FrStiel höchstens so lg wie der K . . . . . . . . . . . 7

**-** TeilFr 1,6–2 mm lg, unter der Mitte am breitesten, Spitze spitz, unter der Spitze scharf gekielt, am Grund mit kleiner, rundlicher bis querovaler Ansatzfläche ohne seitliche Grübchen; RosettenB allmählich in den Stiel übergehend; K am

Grund abgerundet, vom BlüStiel deutlich abgesetzt, bei der Reife vom FrStiel abbrechend. — K neben geraden Haaren stets mit lg, hakig gekrümmten Haaren; KroRöhre so lg oder länger als der K, KZipfel daher nicht umgebogen . . . . . . . . . . . . . . . . . . . . . . . . . . . . . . . . **8**

**7** StgB lanzettlich (in der Mitte am breitesten) bis lineal, spitz; FrRandsaum sehr schmal; KHaare ± angedrückt. — GrundB schmal-eiförmig, etwa 5 mm br, spitz, deutlich schlank gestielt; Stg am Grund verzweigt; Blüstd auffallend locker; K meist ohne (oder mit nur wenigen u. undeutlichen?) Hakenhaare. H: 5–35 cm. ♃ He. V–VIII. Nur (?) über Serpentin; collin bis untermontan; slt. **B?, N, St**. Gefährdet. *(M. alpestris subsp. stenophylla)*

**■ Schmalblatt-V.,** ***M. stenophýlla***

**-** StgB eiförmig bis (ei-)lanzettlich, nicht spitz; FrRandsaum br; KHaare ± abstehend. — GrundB elliptisch bis länglich-lanzettlich, ungestielt oder gestielt; Blüstd gedrungen; K mit oder ohne Hakenhaare. H: 5–35 cm. ♃ He. VI–VIII. Magerrasen u. -weiden; subalpin bis alpin; zstr. **Fehlt B, W**.

**■ Alpen-V.,** ***M. alpéstris***

**8** KroRöhre so lg oder ein wenig kürzer als der K (daher die KZipfel nicht überragend); längste Hakenhaare am K höchstens 0,2 mm lg; K ± locker behaart; KZipfel lineal bis schmal-lanzettlich; FrStiele mindestens 5 mm lg; TeilFr etwa 1,6–1,7 mm lg, mit sehr kleiner, fast kreisrunder Ansatzfläche; StgB br-lanzettlich; GrundB kurz gestielt. H: 15–45 cm. ⊙–♃ He. V–VII. Frische Fettwiesen, Waldsäume, Waldschläge, Hochstaudenfluren; Nährstoffzeiger; submontan bis montan; hfg. **Alle Bdld**.

**■ Wald-V.,** ***M. sylvática*** *(s. str.)*

**-** KroRöhre länger als der K (die KZipfel daher überragend); längste Hakenhaare am K 0,3–0,4(0,5) mm lg; K ± dicht behaart; KZipfel lanzettlich bis br-3eckig; FrStiele etwa 3 mm lg; TeilFr etwa 2 mm lg, mit quer-ovaler Ansatzfläche; StgB eiförmig; GrundB lg gestielt. — Stg am Grund meist gebogen u. Wu treibend. H: 20–40 cm. ♃ He. VI–VIII. Hochstaudenfluren, Bachufer, frische Fettwiesen, Waldsäume; montan bis subalpin; zstr bis hfg. **Fehlt B, W**.

**■ Niederliegendes V., Kälte-V.,** ***M. decúmbens***

**a** KroRöhre nur wenig länger als der K; Gri nicht länger als die KroRöhre. **O** (slt), **St** (zstr), **K** (hfg), **S, T, V** (zstr). *(M. sylvatica subsp. frigida)*

**■ Eigentliches N. V., Eigentliches K.-V.,** ***M. d. subsp. decúmbens***

**-** KroRöhre 2× so lg wie der K; Gri länger als die KroRöhre . . . . . . . . . . . **b**

**b** StaubB aus der KroRöhre etwas hervorragend. — (Einzige europäische *Myosotis*-Sippe mit aus der KroRöhre herausragenden StaubB!). **N** (sehr slt), **O** (sehr slt), **St** (hfg), **K** (slt), **S** (sehr slt). *(M. sylvatica subsp. variabilis, M. variabilis)*

**■ Steirisches N. V., Langkroniges K.-V.,** ***M. d. subsp. variábilis***

**-** StaubB aus der Kro nicht hervorragend. — Slt. **O?, St, K, S, T**. Endemisch (?). (Vermutlich entstanden aus *M. d. subsp. decumbens* × *subsp. variabilis*.) *(M. variabilis subsp. kerneri, M. kerneri)* **■ Kerner-V., Kerner-K.-V.,** ***M. d. subsp. kérneri***

**9** [5] LB'Unterseite (bes. auf dem Mittelnerv) u. StgGrund mit Hakenhaaren (Haare an der Spitze hakig umgebogen). — Unterste Blü meist mit VorB; FrStiele starr aufrecht, etwa 1 mm lg (meist höchstens ½× so lg wie der K); KroRöhre nicht aus dem K herausragend; TeilFr braun oder grau; fruchtender K durch die zusammenneigenden KZipfel ± geschlossen. H: 3–20 cm. ⊙ (?) Th. III–VI. Sandige Äcker, sandige Ruderalstellen, trockene Wiesen; kalkmeidend; collin bis montan; slt. **Fehlt V**. Gefährdet. *(M. arenaria, M. micrantha)*

**Sand-V.,** Steifes V., ***M. strícta***

**-** LB'Unterseite u. StgGrund ohne Hakenhaare . . . . . . . . . . . . . . . **10**

**10** KroRöhre sich während der BlüZeit verlängernd, beim Abblühen fast 2× so lg wie der K; Kro zunächst gelb, später blau. — Alle Blü ohne VorB; FrStiele zur Seite gekrümmt, 1,5–2,5 mm lg; TeilFr d'braun. H: 5–30 cm. ⊙–⊙ Th–He. IV–VI. Bodensaure Sand- u. Silikattrockenrasen; Ruderalstellen; kalkfeindlich; collin; slt. **B, N, O, St**. Gefährdet. *(M. versicolor)*
**Bunt-V.**, Gelbes V., ***M. díscolor***

**–** KroRöhre die Spitze der KZähne nicht überragend, beim Abblühen etwa so lg wie der K; Kro blau . . . . . . . . . . . . . . . . . . . . . . **11**

**11** TeilFr mit je 1 weißen Anhängsel; die untersten Blü mit großen VorB. — Wickel locker 3–5(6)blütig; FrStiele stark verlängert, ± zurückgekrümmt; TeilFr braun; Pf schlaff, zerbrechlich. H: 10–40 cm. ⊙ Th. IV–VI. Auwälder; nitrophil; collin; zstr. **B, W, N, O, St, K, (S)**. Im BM u. im Pann gefährdet.
**Zerstreutblüten-V.**, Lockerblütiges V., Auen-V., ***M. sparsiflóra***

**–** TeilFr ohne Anhängsel; alle Blü meist ohne VorB . . . . . . . . . . **12**

**12** TeilFr schwarz; fruchtender K durch die zusammenneigenden KZipfel ± geschlossen. — FrStiele meist 2–3× so lg wie der K. H: 10–40 cm. ⊙–⊙ Th–He. IV–IX. Äcker, Brachäcker, Ruderalstellen; collin bis montan; sehr hfg. **Alle Bdld**. **Acker-V.**, ***M. arvénsis*** *(subsp. arvénsis)*

**–** TeilFr h'braun bis gelblich; fruchtender K offen. — FrStiele etwa so lg wie der K. H: 5–25 cm. ⊙–⊖ Th. IV–VI. Trockene, saure Magerrasen, lückige (Silikat-)Trockenrasen; collin; im Pann mäßig hfg, sonst slt. **Fehlt V**. Im Alp, im BM, im nVL u. im söVL gefährdet. *(M. hispida, M. collina)*
**Hügel-V.**, ***M. ramosíssima***

## (14) Himmelsherold, *Erítrichum*

LB größtenteils rosettig gehäuft, zottig behaart; Blüstd 3–6blütig. H: 2–3(5) cm. ♃ HPh. VII–VIII. Felsspalten, Gesteinsgrus, offene Rasenstellen; (ober)alpin; zstr bis slt. **St, K, S**. Potentiell gefährdet. ▲ *(„Eritrichium" n.)*
**Himmelsherold, *E. nánum***

## (15) Igelsame, *Láppula* (inkl. *Hackelia*)

**1** BlüStiele nach der BlüZeit herabgebogen; TeilFr an den Kanten mit je 1 Reihe widerhakiger Stacheln; LB u. Stg abstehend behaart. — FrStiele so lg oder länger als der K. H: 20–60 cm. ⊙–⊙ Th–He. VI–VIII. Gesteinsschutt, bes. in Lägerfluren unter überhängenden Felsen (= Balmen); montan bis subalpin; zstr. **Fehlt W**. *(Hackelia deflexa)* **Zurückgebogener I., Wald-I., *L. defléxa***

**–** BlüStiele nach der BlüZeit aufrecht; TeilFr an den Kanten mit je 2–3 Reihen widerhakiger Stacheln; LB u. Stg angedrückt behaart . . . . . . . . . **2**

**2** Widerhakige Stacheln 1–1,5 mm lg, alle fast gleich lg, die der inneren Reihe am Grund nicht zusammenlaufend. — FrStiele viel kürzer als der K. H: 10–40(50) cm. ⊙ Th, He?. VI–VII(X). Trockene bis mäßig trockene Ruderalstellen, Brachen; collin bis montan; slt. **O†, sonst alle Bdld**. Gefährdet. *(L. echinata, L. myosotis)* **Gewöhnlicher I., *L. squarrósa*** *(s. str.)*

**–** Widerhakige Stacheln der äußeren Reihe sehr kurz, die der inneren Reihe 2–3 mm lg, am Grund zusammenlaufend. H: 10–40 cm. ⊙ Th, He. VI–VII. Gebüsche, Weiderasen, felsige Stellen; collin bis montan. Bisher in **Ö nicht** nachgewiesen, aber im Pann zu erwarten. Verbreitet in Ungarn u. in der Slowakei (zB Devínska kobyla / Thebner Kogel, knapp jenseits der österr. Grenze). ⊖ **Verschiedenstacheliger I., *L. heteracántha***

## (16) Nabelnüßchen, *Omphalódes*

1 Pf ⊙; LB lineal-lanzettlich bis spatelig, ohne deutlichen Stiel; Blü (scheinbar) einzeln in den LB'Achseln; Kro 3–4 mm ∅, himmelblau mit gelben Schlundschuppen. — Stg liegend. H: 10–30 cm. ⊙ Th. IV–V. Auwälder; kalkmeidend; collin; slt. **B, N, O, St, K, S?**. Gefährdet. **Kleinblütiges N., *O. scorpioídes***

– Pf ♃; mindestens die unteren LB deutlich gestielt; Blü ohne VorB; Kro 10 mm ∅, azurblau, mit weißen Schlundschuppen. — Stg aufrecht. H: 5–20 cm. ♃ He. IV–V. Feuchte Laubgehölze; montan; sehr slt. Süd-**K** (in den Karawanken: Loibl-Gebiet, Rosental u. bei Arnoldstein). Potentiell gefährdet. (Nur hier ursprünglich, sonst slt als ZierPf kultiviert u. slt verwildert in Parks u. Wäldern: **B, W†, N, O, K, S, V**). (Anm.: Nicht zu verwechseln mit dem hfg als ZierPf kultivierten ★ **Kaukasusvergißmeinnicht, *Brúnnera macrophýlla*!**)
**Großblütiges N.**, Gedenkemein, (sl.:) spomladanska torilnica, ***O. vérna***

## (17) Hundszunge, *Cynoglóssum*

1 TeilFr mit nach oben umgebogenem Rand, an dem die Widerhaken-Stacheln etwas länger sind u. dichter stehen als auf der Fläche. — Pf mäuseartig riechend; LB dünn-graufilzig, halbstengelumfassend; Kro braunrot; TeilFr 5–8 mm ∅. H: (20)30–60(90) cm. ⊙ He. V–VII. Trockene Ruderalstellen, Lägerfluren, ruderal beeinflußte Trockenrasen; collin bis montan; zstr. **Alle Bdld**. VolksarzneiPf (Wu u. LB) (histor.), giftig.
**Echte H.**, Gewöhnliche H., ***C. officinále***

– TeilFr ohne nach oben umgebogenen Rand, Widerhaken-Stacheln auf der ganzen TeilFr etwa gleich lg u. gleichmäßig verteilt . . . . . . . . . . . . 2

2 LB oberseits kahl, glänzend, unterseits zstr behaart. — Haare auf der LB'Unterseite auf Höckern stehend; Kro trübpurpurn; TeilFr 6–8 mm ∅. H: (20)30–50(60) cm. ⊙ He. V–VII. Wälder, Gebüsche, Waldschläge, Lägerfluren; collin bis montan; slt. **W, N, St?**. Gefährdet. **Deutsche H., *C. germánicum***

– LB auf beiden Flächen dicht behaart, nicht glänzend. — LB schmäler; Kro trübrot; TeilFr 4–6 mm ∅. H: (15)20–40(50) cm. ⊙ He. V–VII. Ruderale Lücken (Geilstellen) in (Halb-)Trockenrasen; collin; sehr slt. Im Pann. **B, N**. Stark (?) gefährdet. **Ungarische H., *C. hungáricum***

# Überordnung Taubnesselblütige, *Lamiánae*
# Ordnung Rachenblütlerartige, *Scrophulariáles*

## (★) 110. Familie: Sommerfliedergewächse, *Buddlejáceae*

### (★) Sommerflieder, *Buddléja* (→ B 38)

LB lanzettlich, gezähnt; Blüstd lg'kegelig-rispig, 10–25 cm lg; KroSaum lila, am Schlund gelblich. H: 1–3 m. ♄ NPh. VII–VIII. Als Zierstrauch hfg kultiviert u. verwildert in warmen Lagen an Ruderalstellen, bes. Pflasterritzen, Bauruinen, Schottergruben; collin bis untermontan; in **W** hfg, sonst slt. **Alle Bdld**. Neubürger. (Heimat: Ostasien.) (*B. variabilis*)
**(★) Sommerflieder**, Schmetterlingsstrauch, ***B. davídii***

# 111. Familie: Rachenblütler, Braunwurzgewächse, *Scrophulariáceae*

Pf meist krautig; Blü meist ↓; K 5–4zählig, verwachsen- bis fast freiblättrig; Kro 5–4zählig, verwachsenblättrig, oft 2lippig; StaubB 5 oder 4 oder 2; Frkn oberständig, unzerteilt; Gri 1; Fr: meist 2fächrige Kapsel. (G 4, 18; II 6; IV 3)

*Scrophularieae*
(1) *Scrophularia*
(2) *Verbascum*

*Antirrhineae*
(3) *Cymbalaria*
(4) *Kickxia*
(5) *Linaria*
(6) *Chaenarrhinum*
(7) *Antirrhinum*
(8) *Misopates*

*Digitalieae*
(9) *Digitalis*
(10) *Erinus*
(11) *Wulfenia*
(12) *Paederota*
(13) *Pseudolysimachion*
(14) *Veronica*

*Gratioleae*
(15) *Gratiola*
(16) *Mimulus*
(17) *Lindernia*
(18) *Limosella*

*Pedicularieae* (= *Rhinantheae*)
(19) *Pedicularis*
(20) *Bartsia*
(21) *Odontites*
(22) *Euphrasia*
(23) *Rhinanthus*
(24) *Melampyrum*
(25) *Tozzia*
(26) *Lathraea*

Abb. 313

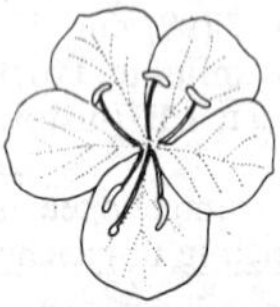
Abb. 314

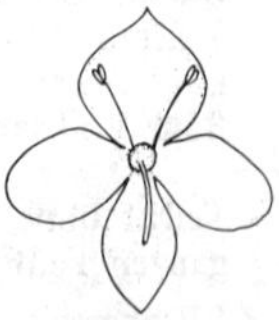
Abb. 315

**1** Pf ohne grüne Blätter, Vollschmarotzer. (Abb. 313.) **(26) Schuppenwurz, *Lathráea***
**–** Pf mit grünen Blättern, autotroph (oder halbschmarotzend) . . . . . . . . 2

**2** StaubB 5. — Kro radförmig, gelb oder violettpurpurn (Abb. 314). **(2) Königskerze, *Verbáscum***
**–** StaubB 4 oder 2 . . . . . . . . . . . . . . . . . . . . . . . . . . . . . . 3

**3** (Fertile) StaubB 2 (slt außerdem Staminodien) . . . . . . . . . . . . 4
**–** (Fertile) StaubB 4 . . . . . . . . . . . . . . . . . . . . . . . . . . . . . 8

**4** KroRöhre deutlich kürzer als der KroSaum, Kro ± radförmig (Abb. 315); KB meist 4 (wenn 5, dann das oberste viel kleiner als die übrigen), — (fast) frei; LB (nicht DeckB!) gegenständig; Blüstd: Traube oder Ähre oder wenigblütiges Köpfchen; Kro 4zählig. (Ehrenpreis i. w. S., ***Veronica [s. l.]***) . . . . . . . . 5
**–** KroRöhre mindestens so lg wie der KroSaum; KB 5, untereinander etwa gleich groß . . . . . . . . . . . . . . . . . . . . . . . . . . . . . . . . . . . 6

**5** KroRöhre länger als breit; Blüstd endständig (oft zusätzlich achselständige), dichtblütig, mit mehr als 40 Blü (Abb. 316). — Kro (violett)blau. **(13) Blauweiderich, *Pseudolysimáchion***
**–** KroRöhre breiter als lg; Blüstd achselständig oder endständig, dann aber lockerblütig oder mit weniger als 40 Blü. **(14) Ehrenpreis** (i. e. S.), ***Verónica (s. str.)***

**6** Kro weißlich bis h'lila; 2 Staminodien vorhanden; Blüstd: lockerblütige Traube mit LB'artigen DeckB. — BlüStiele mit 2 KB'artigen VorB knapp unterhalb der Blü; KB untereinander ungleich; Kro 10–18 mm lg. **(15) Gnadenkraut, *Gratíola***

**-** Kro gelb oder blau; keine Staminodien; Blüstd: dichtblütige, ährenförmige Traube mit hochB'artigen DeckB . . . . . . . . . . . . . . . . . . . . . . . . . . . . **7**

**7** Alle LB in grundständiger Rosette; Blüstd achselständig, sein Stiel länger als 10 cm, mit wechselständigen HochB; Staubf. in ganzer Länge mit der Kro verwachsen. — Traube dicht, ährenartig, einseitswendig; KB 5, linealisch. **(11) Wulfenie, *Wulfénia***

**-** Keine grundständige LB'Rosette, Stg mit gegenständigen LB; Blüstd endständig, kurz (höchstens 3 cm lg) gestielt, ohne HochB; Staubf. nur am Grund mit der KroRöhre verwachsen. — Traube dicht, fast kopfig, ± nickend; KB 5, schmal-linealisch. **(12) Mänderle, *Paederóta***

Abb. 316

**8** [3] LB 1–2fach-fiederschnittig; Blü mindestens 10 mm lg. — Halbschmarotzer (mit Haustorien = Saugwarzen an den Wurzeln). **(19) Läusekraut, *Pediculáris***

**-!!** LB fiederschnittig; Blü kürzer als 5 mm. **(1) Braunwurz, *Scrophulária***

**-** LB unzerteilt, höchstens eingeschnitten . . . . . . . . . . . . . . . . . . . . **9**

**9** Alle LB wechselständig, meist stengelständig, slt grundständig . . . . . . **10**

**-** LB, wenigstens die unteren, wirtelig angeordnet (dh gegenständig oder quirlständig) . . . . . . . . . . . . . . . . . . . . . . . . . . . . . . . . . . . **13**

**10** Kro ungespornt u. auch ohne Aussackung am Grund . . . . . . . . . . **11**

**-** Kro gespornt oder zumindest am Grund mit einer Aussackung . . . . . **22**

**11** Alle LB grundständig (Abb. 317). **(18) Schlammkraut, *Limosélla***

**-** Stg beblättert . . . . . . . . . . . . . . . . . . . . . . . . . . . . . . . . **12**

**12** Kro 7–10 mm lg, stieltellerförmig (KroRöhre walzlich); Blüstd höchstens 15blütig; Pf höchstens 25 cm hoch. **(10) Alpenbalsam, *Erínus***

**-!!** Kro mindestens 20 mm lg, mit bauchig oder glockig erweiterter KroRöhre (Abb. 318); Blüstd mehr als 15blütig; Pf höher als 25 cm. **(9) Fingerhut, *Digitális***

**-** (Wenn Kro deutlich 2lippig, → **(22) Augentrost / *Euphrásia***)

**13** [9] K 4zähnig oder 4spaltig. — Halbschmarotzer (mit Haustorien = Saugwarzen an den Wurzeln). *(Pedicularieae)* . . . . . . . . . . . . . . . . **14**

**-** K 5zähnig oder 5spaltig . . . . . . . . . . . . . . . . . . . . . . . . . . **19**

**14** K bauchig aufgeblasen (Abb. 319) u. seitlich zusammengedrückt-2kielig, breiter als 5 mm; KroOberlippe an der Spitze mit 2 bläulichen Zähnen; Sa scheibenförmig, geflügelt. — LB gesägt; Kro gelb, Unterlippe ohne Höcker. **(23) Klappertopf, *Rhinánthus***

**-** K glocken- oder walzenförmig, weniger als 5 mm br; KroOberlippe ohne bläuliche Zähne; Sa weder scheibenförmig noch geflügelt . . . . . . . . . **15**

**15** KroSaum undeutlich lippig, ausgebreitet; KroOberlippe flach, nicht helmförmig; Zipfel der KroUnterlippe unzerteilt; BlüStiel (3)4–7(10) mm lg; 1samige SchließFr. **(25) Alpenrachen, *Tózzia***

- KroSaum deutlich 2lippig; KroOberlippe helmförmig, wenn nur undeutlich helmförmig, dann Zipfel der KroUnterlippe ausgerandet (bis 2lappig); BlüStiel kürzer als 3 mm (Blü fast sitzend); Fr: 2- bis vielsamige Kapsel . . . . . **16**

**16** KroUnterlippe in Schlundnähe mit 2 deutlichen Höckern; LB ganzrandig; Fr 1–4samig; Sa 4–7 mm lg, — zylindrisch; KroOberlippe unzerteilt, mit Randwulst (eingerolltem Rand) (Abb. 320). **(24) Wachtelweizen, *Melampýrum***

- KroUnterlippe ohne Höcker; LB meist gesägt bis gezähnt; Fr mit mehr als 4 Sa, diese weniger als 3 mm lg . . . . . . . . . . . . . . . . . . . . . . . . . **17**

**17** Pf ♃; Kro trüb d'violett. — KroOberlippe kaum ausgerandet oder unzerteilt, an den Rändern nicht nach oben umgeschlagen. **(20) Alpenhelm, *Bártsia***

- Pf ⊙; Kro purpurn, gelb oder weißlich . . . . . . . . . . . . . . . . . . . . **18**

**18** Saum der KroOberlippe nicht nach oben umgeschlagen; Zipfel der KroUnterlippe nicht oder nur schwach ausgerandet (Abb. 321). **(21) Zahntrost, *Odontítes***

Abb. 317

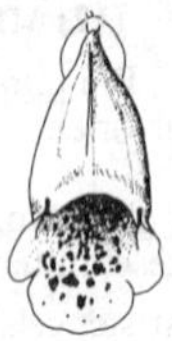
Abb. 318

Abb. 319

Abb. 320

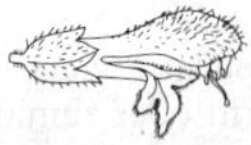
Abb. 321

- Saum der KroOberlippe nach oben umgeschlagen; Zipfel der KroUnterlippe deutlich 2lappig (Abb. 322). **(22) Augentrost, *Euphrásia***

**19** [13] KroSchlund ohne Aufwölbungen, daher ± offen; Kro niemals gespornt . . . . . . . . . . . . . . . . . . . . . . . . . . . . . . . . . . . . **20**

- KroSchlund durch wulstige Aufwölbungen der Unterlippe völlig geschlossen oder zumindest stark verengt (Abb. 323, 324); Kro am Grund gespornt oder zumindest mit einer Aussackung versehen . . . . . . . . . . . . . . . . . . **22**

**20** Schuppenförmiges Staminodium im KroSchlund unterhalb der Oberlippenzipfel. — LB zerquetscht unangenehm riechend; Kro gelblich, grünlichbraun oder rotbraun, KroRöhre bauchig bis fast kugelig, Saum kurz, undeutlich 2lippig (Abb. 325). **(1) Braunwurz, *Scrophulária***

- Kein Staminodium vorhanden . . . . . . . . . . . . . . . . . . . . . . . . . **21**

**21** Kro länger als 12 mm, gelb; StaubB nicht aus der Kro herausragend. **(16) Gauklerblume, *Mímulus***

-!! Kro kürzer als 12 mm, gelb; StaubB aus der Kro herausragend. **Frühlings-Braunwurz, (1), *Scrophulária vernális***

- Kro kürzer als 12 mm, weiß oder rosa; StaubB nicht aus der Kro herausragend. **(17) Büchsenkraut, *Lindérnia***

**22** [10, 19] Stg niederliegend. — Kro gespornt . . . . . . . . . . . . . . . . . **23**
**-** Stg aufrecht . . . . . . . . . . . . . . . . . . . . . . . . . . . . . . . . **24**

**23** LB kahl, seicht handförmig gelappt, mit handförmiger Nervatur (Abb. 326); Fr sich mit 2 gezähnten Löchern öffnend; Kro purpurlila mit gelb gefleckter Unterlippe. **(3) Zimbelkraut, *Cymbalária***
**-** LB behaart, ganzrandig, fiedernervig; Fr sich mit 2 großen Deckeln öffnend; Kro mit violetter Oberlippe, gelber Unterlippe, sonst h'gelb. — Pf weichlg'haarig. **(4) Tännelkraut, *Kíckxia***

**24** Kro am Grund mit einer Aussackung (Abb. 324) . . . . . . . . . . . . . . **25**
**-** Kro am Grund mit einem Sporn (Abb. 323) . . . . . . . . . . . . . . . . **26**

**25** K kürzer als die Kro u. kürzer als die Fr; Sa ellipsoidisch, SaOberfläche wabig-grubig; Pf ♃. **(★) (7) Löwenmaul, *Antirrhínum***
**-** K länger als die Kro u. länger als die Fr; Sa schüsselförmig, ober- u. unterseits mit einer Längsrippe; SaOberfläche fast glatt; Pf ⊙. **(8) Katzenmaul, *Misópates***

**26** Schlund der Kro nicht ganz geschlossen; Fächer der reifen Fr ungleich groß (das ventrale etwas größer als das dorsale). **(6) Klaffmund, *Microrrhínum***
**-** Schlund der Kro völlig geschlossen; Fächer der reifen Fr meist gleich groß. **(5) Leinkraut, *Linária***

## (1) Braunwurz, *Scrophulária*

**1** LB fiederteilig. — Kro purpurbraun. H: 20–60 cm. ♃ He. VI–VIII. Schotter- u. Felsschuttfluren; Rohbodenpionier. (Artengruppe Hunds-B., *S. canina agg.* *(S. canina s. l.)* . . . . . . . . . . . . . . . . . . . . . . . . . . . . **2**
**-** LB unzerteilt . . . . . . . . . . . . . . . . . . . . . . . . . . . . . . . . **3**

**2** KroOberlippe kürzer als die halbe KroRöhre; Blüstd mit (fast) sitzenden Drüsen. Collin bis montan; zstr. **K?, (W, N†)**. (Hptvbr.: Slowenien, Süd-u. Ost-Europa, West-Asien; medit.-submedit.) *(S. canina subsp. canina)* ⊖ **(Eigentliche) Hunds-B., *S. canína s. str.***
**-** KroOberlippe länger als die halbe KroRöhre; Blüstd drüsenhaarig. Collin bis subalpin; mäßig hfg; bes. sAlp. **St** (nur in der Raab-Klamm), **K, T**. (Hptvbr.: Slowenien, Südtirol, Nord-Italien, Schweiz.) *(S. canina subsp. hoppei, S. „hoppii")* (→ Pkt 1!) **Alpen-B., Alpen-Hunds-B.**, Jura-B., ***S. juraténsis***

**3** Kro gelb, fast ⊕; Knäuel in den Achseln von LB; KZipfel ohne häutigen Rand; Staminodium fehlend; StaubB aus der Kro weit herausragend. — LB'Spreite herzförmig, drüsenhaarig; Kro mit sehr kurzen Zipfeln. H: 20–60(80) cm. (⊙?)⊙–♃ He. IV–VI. Frische Edellaubwälder, Waldschläge, Gebüsche; nitrophil; submontan bis obermontan; slt. **St, K, S, T**. Gefährdet (?). **Frühlings-B., *S. vernális***
**-** Kro braun oder grünlich-bräunlich, deutlich ↓; Knäuel in den Achseln von HochB (daher eine brakteose Thyrse bildend); KZipfel häutig berandet; Staminodium vorhanden; StaubB nicht oder nur sehr wenig aus der Kro herausragend . . . . . . . . . . . . . . . . . . . . . . . . . . . . . . . . **4**

**4** Stg an den 4 Kanten geflügelt (Flügel zumindest oben ⅓–½× so br wie der restliche Stg-∅). — WuStock nicht knotig verdickt; LB kahl, scharf gesägt; KB mit (mindestens 0,5 mm) br Hautrand. H: (40)50–120(150) cm. ♃ He. VI–VIII. Bäche, Gräben, Ufer, nährstoffreiches Röhricht; collin bis montan; mäßig hfg bis zstr. **Alle Bdld**. Im Alp u. BM potentiell gefährdet. *(S. alata)* **Flügel-B., *S. umbrósa***

**a** Staminodium weniger als 3× so br wie lg; Kro grünlich-bräunlich, Rücken purpurbraun; alle LB scharf gesägt. **Fehlt T, K** (?). ▪ **Gewöhnliche F.-B., *S. u. subsp. umbrósa***

- Staminodium mindestens 3× so br wie lg; Kro lebhaft rotbraun, nur am Grund grünlich; untere LB gekerbt. (Bes. im Süden? Abgrenzung gegenüber *subsp. umbrosa* unklar.) **Fehlt B, W, N** (?). ▪ **Gekerbte F.-B., *S. u. subsp. néesii***
- Stg scharf 4kantig, aber ohne Flügelsäume . . . . . . . . . . . . . . . . 5

5 LB kerbsägig, beiderseits locker kurzhaarig; KZipfel mit br (mindestens 0,5 mm) Hautsaum; WuStock nicht knotig verdickt. H: 40–70(100) cm. ♃ He. VI–IX. Hochstaudenfluren, Wälder, Waldschläge; montan; mäßig hfg (in den Karawanken), sonst slt. Süd-**St**, Süd-**K**. (Hptvbr.: Slowenien, Balkanhalbinsel, Türkei, Italien.) **Scopoli-B., Drüsen-B.,** (sl.:) Scopolijeva črnobina, ***S. scopólii***
- LB scharf gesägt, kahl; KZipfel mit schmalem (unter 0,5 mm br) Hautsaum; WuStock knotig verdickt. H: (40)60–80(100) cm. ♃ He. VI–IX. Frische Edellaubwälder, Hochstaudenfluren; collin bis montan; hfg. **Alle Bdld**. VolksarzneiPf. **Knoten-B., Gewöhnliche B., *S. nodósa***

## (2) **Königskerze,** Wollkraut, Himmelsbrand, ***Verbáscum*** (G V 6)

Anm. 1: Hybriden sind nicht selten. – Anm. 2: Die ★☆ **Seidenhaar-K., *V. bombycíferum*** (untere Staubf. in der unteren Hälfte behaart, obere Hälfte kahl, mit heraublaufenden Staubbeuteln; LB nicht herablaufend, sitzend bis kurz gestielt; LB'Behaarung aus verzweigten Haaren bestehend; Blüstd meist unverzweigt, auffallend dicht weißseidig-filzig behaart, sodaß DeckB, KB u. BlüKnospen völlig verdeckt sind; Heimat: Türkei: Ulu Dağ) wird stellenweise kultiviert u. verwildert auch, zB in **(W, N)**.

1 Kro kräftig purpurviolett. — LB oberseits fast kahl, unterseits zstr behaart; GrundBRosette (am Boden flach anliegend), die StgB nach oben zu rasch kleiner werdend; Blüstd: Traube. H: 30–70(100) cm. ♃ (⊙) He. V–VII(IX). Tiefgründige Halbtrockenrasen; collin; slt. Im Pann. **B, W, N, (K?†)**. Gefährdet. △ **Purpur-K., *V. phoeníceum***
- Kro gelb . . . . . . . . . . . . . . . . . . . . . . . . . . . . . . . . . . . 2

2 Blüstd: lockerblütige (einfache) Traube. — LB kahl, gleichmäßig über den Stg verteilt, nach oben zu allmählich kleiner werdend; Kro außen ± rostrot überlaufen; Staubf.-Bart purpurviolett. H: (30)60–120(150) cm. ⊙ He. VI–VII. Sonnige, lückige, mäßig trockene bis mäßig frische Ruderalstellen; collin bis submontan; zstr. **(T, V), sonst alle Bdld.** **Schaben-K., Trauben-K.,** Mottenkraut, ***V. blattária***
- Blüstd aus BlüBüscheln zusammengesetzt, ährenförmig, verzweigt oder unverzweigt . . . . . . . . . . . . . . . . . . . . . . . . . . . . . . . . . 3

3 Staubf.-Bart purpurviolett . . . . . . . . . . . . . . . . . . . . . . . . . 4
- Staubf.-Bart (gelblich)weißlich . . . . . . . . . . . . . . . . . . . . . . 6

4 Spreite der GrundB mit kurz-keiligem Grund; Blüstd verzweigt: aus mehreren traubig angeordneten Ähren zusammengesetzt; die längsten BlüStiele etwa gleich lg wie der K, — 3–6 mm lg; Spreite der GrundB gegen den Grund zu nicht gelappt; StgB gekerbt, Kerbzähne ohne Spitzchen; LB unterseits grün, nicht filzig. H: (40)50–80(100) cm. ♃ He. VII–IX. Lückige, steinige Trockenrasen, Eichenwaldsäume; kalkhold, in trocken-warmen Lagen; collin bis submontan; im Pann hfg, sonst zstr bis (im Westen) sehr slt (in kühl-feuchteren Gegenden großteils durch *V. nigrum* ersetzt). **Fehlt V**. *(* ***V. austriacum****)* **Österreichische K., *V. cháixii* (subsp. *austríacum*)**
- Spreite der GrundB mit herzförmigem Grund; Blüstd ährenförmig, nicht verzweigt oder nur am Grund mit einigen wenigen seitlichen Ähren; die längsten BlüStiele 2× so lg wie der K, — 5–12 mm lg . . . . . . . . . . . . . 5

5 Stg unten zstr flockig-sternhaarig; K, Kro außen u. Fr dicht sternhaarig;

GrundB gekerbt-gesägt; LB unterseits ± dicht kurzhaarig, — oberseits fast kahl. H: 50–100(120) cm. ♃ He. VI–IX. Mäßig frische bis frische Wiesen, Böschungen, Ruderalstellen, Waldschläge, Ufer, Wege; (submontan) montan; mäßig hfg, im Pann fehlend (ersetzt durch *V. chaixii subsp. austriacum*). **Alle Bdld.** **Dunkle K., *V. nígrum***

**-** Stg unten dicht wollig behaart; K locker sternhaarig; Kro ± kahl; Fr kahl, glänzend; GrundB grob doppelt-gekerbt-gesägt bis eingeschnitten-kerbsägig; LB unterseits weich filzig-weißwollig, — oberseits schwach behaart bis fast kahl. H: 50–120 cm. (⊙) ♃ He. V–VII. Waldschläge, trockene Wiesen, Kar- u. Felsschuttfluren, kalkliebend; montan bis subalpin; in den südl. Kalkalpen zstr., in den östl. Zentralalpen mäßig hfg, in den nördl. Zentralalpen slt (?). **O** (sehr slt), **St, K, S** (im Lungau). *(V. lanatum)* **Woll-K., *V. alpínum***

**6** [3] Alle 5 Staubf. bebärtet, ihre Staubbeutel untereinander gleich, nierenförmig, nicht am Staubf. herablaufend. — StgB nicht am Stg herablaufend . **7**

**-** Die beiden unteren Staubf. von den 3 oberen stark verschieden, die Staubf. der beiden unteren StaubB meist ganz kahl (slt nur oben kahl), ihre Staubbeutel länger, (scheinbar:) dem Staubf. einseitig angewachsen oder am Staubf. herablaufend. — LB beiderseits dicht wollig-filzig (mit Stockwerkshaaren) . . . **8**

**7** LB oberseits locker angedrückt kurzhaarig bis fast kahl, unterseits dichter weißlich-grau bis dünnfilzig (wie mit Mehl bestäubt); oberste StgB nicht auffällig geöhrt; StgB ohne Buckel unmittelbar unterhalb der Ansatzstelle; Konnektiv der 3 oberen Staubbeutel behaart; Fr fast 2× so lg wie der K; Narbe kopfig. H: (50)60–120(150) cm. ⊙ He. VI–IX. Mäßig trockene, sonnige Waldsäume, Trocken- u. Halbtrockenrasen; mäßig trockene Halbruderalstellen, Lichtungen warmer Eichenwälder; kalkhold, Nitrifizierungszeiger, Tiefwurzler; collin bis untermontan; zstr bis mäßig hfg. **Alle Bdld.**
**Heidefackel-K., Fackel-K.,** Mehl-K., ***V. lychnítis***

**-** LB beiderseits dicht graugelblich-filzig; oberste StgB rundlich, geöhrt, stengelumfassend; StgB nach dem Abfallen am Grund einen knorpeligen Buckel hinterlassend; alle Konnektive kahl; Fr 1,2–1,5× so lg wie der K; Narbe verkehrt-eiförmig. — LB'Region auffällig kegelig. H: (50)100–150(200) cm. ⊙ He. VI(–VII). Gestörte Trockenrasen, Eichenwaldränder, Flaumeichenwald-Lichtungen, Eisenbahn- u. Weingartenböschungen; collin; sehr slt. Nur im Pann. **B, W, N, (?O**: synanthrop). (Hptvbr.: Südost-Europa.) Stark gefährdet.
**Pracht-K., *V. speciósum***

**8** Kro weit trichterförmig, (12)15–30(35) mm ∅; Staubbeutel der beiden unteren StaubB 1,5–2 mm lg, ihre Staubf. 3–4× so lg wie ihre (nur kurz „herablaufenden") Staubbeutel; Narbe nierenförmig, nicht am Gri herablaufend. (Artengruppe Kleinblütige K., *V. thapsus agg.*) . . . . . . . . . . . . . . . . **9**

**-** Kro (fast) flach ausgebreitet, 30–50(60) mm ∅; Staubbeutel der beiden unteren StaubB 3–5,5 mm lg, ihre Staubf. 0,5–2× so lg wie ihre (scheinbar daher weit am Staubf. herablaufenden) Staubbeutel; Narbe keulenförmig, am Gri etwas herablaufend. — Blü schwach duftend. (Gruppe der Gewöhnlichen K., *V. phlomoides-Gruppe*) . . . . . . . . . . . . . . . . . . . . . **10**

**9** GrundB sehr kurz u. undeutlich gestielt; alle StgB sitzend u. am Stg mit ihren Rändern bis zum nächst-unteren StgB oder darüber hinaus herablaufend (Stg daher geflügelt); die beiden unteren Staubf. gänzlich kahl. H: 30–170(200) cm. ⊙ He. VII–IX. Frische bis mäßig trockene Waldschläge, Ruderalstellen, Wege, Dämme, Ufer; Nitrifizierungszeiger; submontan bis montan; mäßig hfg. **Alle Bdld.** **Kleinblütige K., *V. thápsus*** *(s. str.)*

Abb. 322

Abb. 323

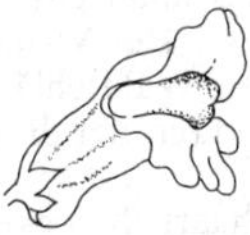
Abb. 324

Abb. 325

Abb. 326

- GrundB lg u. deutlich gestielt; untere StgB kurz gestielt, obere sitzend, am Stg nicht oder nur wenig (nicht bis zum nächst-unteren StgB) herablaufend; untere Staubf. nur im oberen Teil kahl, sonst wollig behaart. — LB gelblich bis rotbraun behaart. H: 30–150 cm. ⊙ He. VIII–IX. Sonnige Felshänge, Gebüschsäume, Böschungen; montan bis subalpin; sehr slt. **T†?, V!**. (Hptvbr.: Westalpen.) Vom Aussterben bedroht (!). *(V. montanum, V. thapsus subsp. crassifolium)* **Berg-K., *V. crassifólium***

**10** GrundB deutlich gestielt; mittlere u. obere StgB nicht oder nur sehr kurz (niemals bis zum nächsten LB) herablaufend, Stg daher (fast) nicht geflügelt, LB undeutlich gekerbt; TragB der BlüBüschel 9–15 mm lg; längster BlüStiel jedes BlüBüschels etwa so lg wie der K. H: (30)50–120(200) cm. ⊙ He. VII–IX. (Mäßig) trockene, sommerwarme Ruderalstellen, schottrige Ufer, halbruderale Trockenrasen; collin bis submontan; zstr bis mäßig hfg. **Alle Bdld***. ArzneiPf (Kro). **Gewöhnliche K., *V. phlomoídes***

- GrundB sitzend; mittlere u. obere StgB deutlich (meist bis zum nächsten StgB) herablaufend, Stg daher durchgehend stark geflügelt; LB deutlich gekerbt; TragB der BlüBüschel 15–40 mm lg; längster BlüStiel des BlüBüschels etwa ½× so lg wie der K. H: (30)50–120(200) cm. ⊙ He. VII–VIII. Mäßig trockene, meist steinige Ruderalstellen u. Waldschläge; Dämme, Böschungen, kalkhold; submontan (bis montan); zstr bis mäßig hfg. **Alle Bdld**. ArzneiPf (Kro). *(V. thapsiforme)* **Großblütige K., *V. densiflórum***

## (3) Zimbelkraut, *Cymbalária*

Pf niederliegend bis kriechend, verzweigt, Polster bildend; LB unterseits oft purpurn; in jedem Kapselfach bleibt am Grund 1(2) Sa festgewachsen. Fr wächst lichtabgewandt gegen die Unterlage, um dort (in Mauerritzen) die Samen abzulegen. G: 10–40(60) cm lg. ♃ He–Ch. VI–X. Mauerspalten; collin bis untermontan; zstr. **Alle Bdld**. Neubürger. (Heimat: Süd-Europa, submedit.) **Zimbelkraut,** Mauer-Z., ***C. murális***

## (4) Tännelkraut, *Kíckxia*

**1** LB spieß- bis pfeilförmig; BlüStiele meist kahl; Sporn gerade. — Kro *(ohne Sporn gemessen)* 5–7 mm lg, Oberlippe innen purpurviolett. H: 3–10 cm, G: 10–40(50) cm lg. ⊙ Th. VII–X. Getreideäcker, bes. Stoppelfelder, Brachen; Lehmzeiger, Tiefwurzler; collin; im Pann zstr, sonst sehr slt. **B, W, N, O, St, (K), V**. Stark gefährdet. **Spießblatt-T.,** Echtes T., ***K. elatíne***

- LB alle br-eiförmig, mit abgerundetem Grund; BlüStiele meist behaart; Sporn gekrümmt. — Kro *(ohne Sporn gemessen)* 7–8 mm lg, Oberlippe innen schwarzviolett. H: 3–10 cm, G: 10–30 cm lg. ⊙ Th. VII–X. Getreideäcker, bes. Stoppelfelder, Brachen; Lehmzeiger; collin; im Pann slt, sonst sehr slt. **(K), fehlt T; sonst alle Bdld**. Stark gefährdet. **Eiblatt-T.,** Unechtes T., ***K. spúria***

* In A. POLATSCHEK: Mskr N. Fl. **T & V** für **V** angegeben.

## (5) Leinkraut, *Linária*

Anm.: Das ☆ **Marokkanische L.**, ***L. maroccána*** wurde in **(K)** als unbeständig beobachtet (verwilderte ZierPf).

**1** Kro gelb, niemals mit violetten Adern; alle LB wechselständig . . . . . . . **2**
**–** Kro bläulich oder violett, wenn blaßgelblich, dann zT violett gestreift; zumindest untere LB wirtelig angeordnet: gegenständig oder quirlständig . . . . **4**

**2** LB (ei)lanzettlich, (3)5–15 mm br, 3–5nervig, am Grund abgestutzt; KB so lg wie die Fr; Sa scharf 3kantig, ohne Hautsaum. — Pf stark bläulichgrün bereift; Traube locker 5–20blütig, oft verzeigt; Kro *(samt Sporn gemessen)* 12–20 mm lg. H: (30)50–100 cm. ♃ He. VI–IX. Trockenrasen (slt Schotterfluren); collin; im Pann mäßig hfg, sonst sehr slt u. unbeständig. **B, W, N, (O, K).**
**Ginster-L., *L. genistifólia*** *(s. str.)*
**–** LB linealisch bis schmal-lanzettlich, 1–2(5) mm br, 1(3)nervig, am Grund verschmälert; KB kürzer als die Fr; Sa scheibenförmig, mit br Hautsaum. — Pf schwach bläulichgrün bereift. (Artengruppe Echtes L., *L. vulgaris agg.*) . . **3**

**3** Kro *(samt Sporn gemessen)* (19)25–30(33) mm lg, ihr Sporn 10–13 mm lg; KZipfel eiförmig bis verkehrt-lanzettlich; Traubenachse u. BlüStiele oft drüsig-flaumig; LB'Rand etwas umgerollt, Mittelnerv oberseits etwas eingedrückt; Fr ellipsoidisch, (5)7–8(11) mm lg. — Traube dicht 20–50blütig, unverzweigt; Kro h'gelb. H: 20–50(70) cm. ♃ He–Ge. VI–IX. Waldschläge, trockene Ruderalstellen, Wege, Steinbrüche, Bahnschotter, Äcker; Rohbodenpionier, gern auf Schotter, Tiefwurzler; collin bis montan; hfg. **Alle Bdld.** VolksarzneiPf (Leinkrautsalbe) u. ZauberPf. *(L. vulgaris subsp. vulgaris)*
**Echtes L.**, Gewöhnliches L., Frauenflachs, „Maulaff[erl]", ***L. vulgáris*** *(s. str.)*
**–** Kro *(samt Sporn gemessen)* (13)15–20(22) mm lg, ihr Sporn (5)7–10 mm lg; KZipfel lineal-lanzettlich; Traubenachse u. BlüStiele kahl; LB'Rand flach, Mittelnerv oberseits nicht eingedrückt; Fr fast kugelig, 4–5(7) mm lg. — Kro leuchtend zitronengelb. H: 20–50 cm. ♃ He–Ge. VI–VIII (?). [Trockene, steinige, kalkarme Böden in warmen Lagen, Felssteppen, Getreideäcker; collin.] Sehr slt: lokal eingebürgert: **T** (nur nächst Mühlau bei Innsbruck). (Submedit.) *(L. vulgaris subsp. italica, L. italica)*
**(☆) Schmalblatt-L.**, Italienisches L., ***L. angustíssima***

**4** [1] Stg liegend bis aufsteigend; fast alle LB quirlständig zu 3–4; KroSporn 8–10 mm lg. — Pf kahl oder Traube drüsig-flaumig; LB 5–15 mm lg, fleischig; Traube 3–10(15)blütig; BlüStiel 2–5 mm lg; Kro insgesamt 12–22 mm lg, lebhaft violett, mit meist orangegelbem Unterlippenwulst. ⊙–⊙–♃ Th–Ge–He. (V)VII–VIII. Mäßig frische, basenreiche Felsfeinschuttfluren.
**Alpen-L., *L. alpína***
**a** Pf 3–10 cm hoch; KZipfel verkehrt-eilanzettlich; Zipfel der KroOberlippe 1–2× so lg wie br; Sporn unterseits abgeflacht; Sa 1,2–2 mm ∅. Alpin bis subnival, an Gebirgsflüssen bis montan; mäßig hfg. **Fehlt B, W.** ▪ **Gewöhnliches A.-L., *L. a. subsp. alpína***
**–** Pf 10–20 cm hoch; KZipfel lanzettlich; Zipfel der KroOberlippe 2–3× so lg wie br; Sporn zylindrisch (nicht abgeflacht); Sa 2,5–3 mm ∅. — Stg aufsteigend. Montan; slt. **N, O, St.** Potentiell gefährdet. *(L. a. var. petraea, L. petraea)*
▪ **Felsen-A.-L.**, Stein-L., Jura-L., ***L. a. subsp. petráea***
**–** Stg aufrecht; höchstens die unteren LB quirlständig, die oberen wechselständig; KroSporn 1,5–5 mm lg . . . . . . . . . . . . . . . . . . . . . . . . **5**

**5** Pf ♃; kriechender WuStock; Kro *(samt Sporn gemessen)* 8–15 mm lg, Sporn 3–5 mm lg, gerade; Sa ellipsoidisch-3kantig, netzig-runzelig, ohne Hautsaum; Traube kahl; KroOberlippe zurückgeschlagen; BlüStiel so lg wie der K. — LB 15–40 mm lg; Kro weißlichgelblich bis blaßbläulichlila, Oberlippe violett geadert, Unterlippenwulst gelb; Fr 3–4 mm lg. H: (20)30–80(100) cm. ♃ He–Ge. (VI)VII–VIII(IX). Ruderalstellen, trockene Rasen (?); collin bis submontan (?); slt. **(O, S** [Stadt Salzburg], **T?)**. (Ozeanisch-submedit., West- u. Südwest-Europa.) Unbeständig. *(L. striata, L. monspessulana)* ☆ **Streifen-L., *L. répens***

- Pf ⊙, spindelige HauptWu; Kro *(samt Sporn gemessen)* 4–7 mm lg; Sporn 1,5–3(4) mm lg, stark gekrümmt, Sa scheibenförmig, fast glatt, mit br Hautsaum; Traube drüsenhaarig; KroOberlippe aufgerichtet; BlüStiel kürzer als der K. — LB (7)12–16(20) mm lg; Kro h'lilablau, dunkler gestreift, Unterlippenwulst weißlich, violett geadert; Fr 4–6 mm lg. H: 10–30 cm. ⊙ Th. (VI)VII–IX(X). Mäßig frische, nährstoffreiche, kalkarme, sandige Hackfruchtäcker (?); collin; sehr slt. **N** (im südöstl. u. östl. Waldviertel; in der östl. Buckligen Welt?). (Hptvbr.: Medit., West-Asien.) Vom Aussterben bedroht. **Acker-L., *L. arvénsis***

## (6) Klaffmund, Orant (zT), *Microrrhínum* (*Chaenarrhinum* = [*Chaenorrhinum*] *sect. Microrrhinum*)

(Beide Arten zu *M. (**Ch.**) minus agg.*)

**1** BlüStiele 3–4× so lg wie der K, FrStiel (5)8–20 mm lg; Fr etwa so lg wie der K; Kro h'lila, — 6–9(12) mm lg, Unterlippenwulst gelblich; K 3–5 mm lg. H: 5–20 cm. ⊙ Th. VI–X. Ruderalstellen, Äcker, Schotterfluren, Bahnschotter; collin bis montan; hfg. **Alle Bdld**. *(**Chaenarrhinum minus** subsp. minus*, inkl. *M. praetermissum)*
**Gewöhnlicher K.,** Kleiner Orant, Klaffnase, Kleines Leinkraut, ***M. mínus*** *(s. str.)*

- BlüStiele etwa 1–2× so lg wie der K, FrStiel 3–9 mm lg; Fr kürzer als der K; Kro h'blau. H: 20–60 cm lg. **(St, K)**. (Heimat: adriatische Küste.) *(**Chaenarrhinum litorale**, Ch. minus subsp. litorale)* ☆ **Strand-K., -O., *M. litorále***

## (★) (7) Löwenmaul, *Antirrhínum* (exkl. (8) *Misópates*)

LB br-lanzettlich; KZipfel eiförmig, untereinander ziemlich gleich, von Kro u. Fr überragt; Kro meist purpurrot mit gelben Unterlippenwülsten, 20–30 mm lg, länger als das DeckB. H: 30–70(120) cm. ♃ Ch–He (zT wintergrün). VI–IX. Hfg kultivierte ZierPf, zstr verwildert, slt (in subozeanischer Klimalage) eingebürgert: Mauern, Burgruinen, Steinbrüche, Felsspalten; nitrophil; collin bis submontan (?). **Alle Bdld** (?). (Heimat: West-Medit.)
**(★) Großes L.,** Löwenmäulchen, ***A. május*** *(s. str.)*

## (8) Katzenmaul, *Misópates*

LB lineal-lanzettlich; KZipfel linealisch, untereinander deutlich ungleich, die Kro u. die Fr überragend; Kro h'purpurrosa mit dunkleren Adern, 8–12(15) mm lg, kürzer als das DeckB. H: (10)15–30(50) cm. ⊙ Th. VII–X. Kalkarme, bodensaure Äcker, Weingärten, Brachen; Lehmzeiger; in ozeanischer Klimalage; collin bis submontan (?); slt bis sehr slt. **O†; sonst alle Bdld**. Gefährdet. *(Antirrhinum o.)*
**Katzenmaul,** Kleines Löwenmaul, Acker-L., Großer Orant, ***M. oróntium***

## (9) Fingerhut, *Digitális*

**1** Unterlippe der Kro fast so lg wie die KroRöhre; Kro weißlich/gelbbraun; Blüstd allseitswendig. — LB (schmal-)lanzettlich, (fast) kahl; Kro 20–30 mm lg. H: (30)40–100(120) cm. ⊙–♃ He. VI–VII. Ruderale Trockenrasen, Waldränder; collin; slt. Im Pann. **(B, N)**.

Unbeständig (lokal eingebürgert?). (Heimat: nördl. Balkanhalbinsel; submedit.) Als ArzneiPf (u. auch Pharm.) kultiviert (Herzglykoside); giftig. ★ ☆ **Woll-F., *D. lanáta***

- Unterlippe der Kro viel kürzer als die KroRöhre; Kro gelb oder purpurrot, slt weiß; Blüstd einseitswendig . . . . . . . . . . . . . . . . . . . . . . . . . . **2**

**2** Kro purpurrot (slt weiß); Stg u. LB'Unterseite graufilzig. — LB eilanzettlich, gekerbt bis gesägt, bucklig-runzelig; Kro 4–6 cm lg, innen hell gefleckt (Abb. 318). H: (40)60–150(180) cm. ⊙–♃ He. VI–VII(VIII). Frische, bodensaure Waldschläge; Nitrifizierungszeiger; montan; slt. **N, O, St, K**. Unbeständig verwildert, auch angesalbt, stellenweise eingebürgert (zB im BM). (Heimat: West-Europa; ozeanisch.) Als ZierPf hfg kultiviert (verschiedenkronenfärbige Sorten, auch mit verbildeter RiesenendBlü [„Pseudopelorie"]). ArzneiPf, Pharm. (Herzglykoside); giftig. **(★) Roter F., Purpur-F., *D. purpúrea***

- Kro gelb; LB kahl oder zstr behaart . . . . . . . . . . . . . . . . . . . . . . . **3**

**3** Kro 30–40 mm lg, (Mündungs-∅ 15–20 mm), glockig-bauchig, h'gelb, innen braun geädert u. nicht bärtig, Oberlippe ganzrandig, stumpf; LB unterseits u. Stg behaart. H: 60–100(120) cm. ♃ He. VI–VIII. Nährstoff- u. basenreiche Waldschläge, Waldränder, sonnige Böschungen u. Steinhalden; (submontan) montan (subalpin); mäßig hfg. **Alle Bdld.** Giftig. ▲ *(D. ambigua)*
**Großer F.**, Großblütiger F., ***D. grandiflóra***

- Kro 20–25 mm lg, (Mündungs-∅ 5–8 mm), röhrig, zitrongelb, innen nicht geädert, aber bärtig, Oberlippe spitz 2zähnig; Stg u. obere LB meist kahl. — LB lanzettlich, gesägt. H: (50)70–100 cm. ♃ He. VI–VIII. Frische Waldschläge u. Hochstaudenfluren; kalkhold; submontan bis montan; zstr bis mäßig hfg. West-**T, V**. (Hptvbr.: West-Alpen, Frankreich, Pyrenäen, Apennin.) Giftig. △
**Kleiner F.**, Kleinblütiger F., ***D. lútea***

## (10) Alpenbalsam, *Erínus*

Pf halbrosettig, drüsenhaarig; LB spatelig, 5–20 mm lg u. 2–5 mm br, verkehrt-eilanzettlich-spatelig, kerbsägig; Kro purpurrot bis purpurlila, nur schwach ↓; KroRöhre etwas gekrümmt; KroSaum 8–12 mm ∅, mit 5 ausgerandeten Zipfeln. H: 5–15(20) cm. ♃ Ch. (V)VI–VII(VIII). Steinrasen, Felsspalten, Felsschutt; kalkliebend; obermontan bis subalpin; zstr bis slt. **V**. (Westalpisch-westmedit.-montan.) Potentiell gefährdet.
**Alpenbalsam,** „Leberbalsam", Steinbalsam, ***E. alpínus***

## (11) Wulfenie, *Wulfénia*

LB br-verkehrt-eiförmig, gekerbt, fast kahl; Kro 12–15 mm lg, d'violettblau. H: 20–40(50) cm. ♃ He. VII. Hochstaudenfluren, frische Weiderasen; subalpin; sehr slt. Süd-**K** (auf dem Gartnerkofel). Stenoendemisch im Gebiet des Gartnerkofels in den Karnischen Alpen. (Sonstige Vbr.: nur italienische Seite des Gartnerkofels; nächste Verwandte: *W. blecicii* im Prokletije-Gebirge [Grenzbereich Montenegro/Kosovo/Albanien].) Potentiell gefährdet. ▲
**Wulfenie,** Kärntner W., Kuhtritt, ***W. carinthíaca***

## (12) Mänderle, *Paederóta*

**1** Kro gelb; LB mit mindestens 10 Sägezähnen je Seite, eilanzettlich, 3–7 cm lg — u. 1,5–3 cm br; Kro 10–15 mm lg. H: 10–30 cm. ♃ He. VI–VII. Kalkschutt u. Kalkfelsspalten; obermontan bis alpin; mäßig hfg. Süd-**K**. (Sonstige Vbr.: Slowenien, nordöstl. Italien, Herzegowina; südostalpisch/süddinarisch-disjunkt.) *(Veronica lutea)* **Gelb-M.,** (sl.:) rumeno milje, ***P. lútea***

- Kro tief violettblau; LB mit höchstens 9 groben Sägezähnen je Seite, rundlich bis br-eiförmig, 1,5–3 cm lg — u. 1–2 cm br, etwas ledrig-starr; Kro 8–13 mm lg. H: 5–15 cm. ♃ He. VII(VIII). Kalkfelsspalten; subalpin bis alpin; zstr bis sehr slt. **K** (zstr bis slt in den Gailtaler u. in den westl. Karnischen Alpen, sehr slt im mittelkärntnerischen Nockgebiet), **S** (sehr slt), Ost-**T** (südl. Kalkalpen). (Sonstige Vbr.: Julische Alpen, Nord-Italien; südostalpisch-subendemisch.) In den nAlp stark gefährdet. *(Veronica bonarota)*

**Blau-M.**, „Wildes Manndele", ***P. bonaróta***

Anm.: Die beiden Arten hybridisieren miteinander, wo sie gemeinsam vorkommen; Merkmale der Hybriden intermediär, so zB Kro gelblichschmutzigviolett.

## (13) **Blauweiderich** (i. e. S.), Ehrenpreis (zT), ***Pseudolysimáchion*** *(**Veronica** sect. Pseudolysimachium)*

**1** Pf meist höher als 60 cm; LB meist gesägt; KB auf der Fläche kahl oder fast kahl; Stg oben mit abwärts gerichteten Haaren besetzt; FrStiele meist 1–4 mm lg. — LB gegenständig oder quirlständig zu 3–4 . . . . . . . . . . . . . . . **2**

- Pf meist niedriger als 60 cm; LB meist gekerbt; KB auf der Fläche meist (drüsig) behaart; Stg oben mit waagrecht-abstehenden oder aufwärts gekrümmten Haaren besetzt; FrStiele meist höchstens 1 mm lg. — Gri 5–6 mm lg. („Artengruppe Ähren-B. (-E.), *P. (V.) spicatum agg.*") . . . . . . . . **3**

**2** Stg oben sehr dicht mit (auffallend dünnen,) 0,2–0,5 mm lg, abwärts gerichteten, drüsenlosen, ± krausen Haaren besetzt, meist fast filzig-grauhaarig, Drüsen fehlend; nur 1 endständige Traube oder unmittelbar darunter 2–3(6) zusätzliche, seitliche, kürzere Trauben in der Achsel der obersten LB; FrStiele 0,3–0,5(1)× so lg wie ihr DeckB, dicht mit drüsenlosen, 0,1–0,2 mm lg, abstehenden oder abwärts gerichteten Haaren besetzt; DeckB drüsenlos gewimpert. — LB'Spreite (5)6–11(13) cm lg u. 1–2(3) cm br; DeckB meist 3–6 mm lg, linealisch bis lineal-lanzettlich; BlüStiele meist 1–2 mm lg; FrStiele 1–3 mm lg; Gri (4)5–8 mm lg. H: (40)60–120(200) cm. ♃ He. (VI)VII–VIII. Sümpfe, Feuchtwiesen, feuchte Gebüsche, Auwälder und -wiesen; collin; im Pann zstr bis slt, sonst sehr slt. **B, (W), N, St**. Stark gefährdet. *(**V. longifolia**)*

**Langblatt-B.**, Langblatt-E., ***P. longifólium***

Anm.: In **N** gibt es diploide u. tetraploide Populationen. Die Gestalt der LB'Spreite ist ziemlich schwankend. Ob u. wieweit diese Variabilität mit einer Gliederung in Unterarten (zB „*subsp. maritimum*" neben der Nominat-Unterart) in Zusammenhang steht, ist noch unerforscht.

- Stg oben mäßig dicht mit (nicht auffallend dünnen), 0,1–0,2 mm lg, abwärts gekrümmten drüsenlosen Haaren besetzt (dazwischen oft zusätzlich etwas längere, 0,2–0,6 mm lg, abstehende Drüsenhaare); unmittelbar unterhalb der endständigen Traube (2)5–10(12) zusätzliche seitliche meist gleich lange Trauben (oft in 3–4zähligen Quirlen) in der Achsel von HochB; FrStiele 1,5–2,5× so lg wie ihr DeckB, locker bis mäßig dicht mit sehr kurzen (0,05–0,1 mm lg) Drüsenhaaren oder fast sitzenden Drüsen besetzt; DeckB drüsig kurz gewimpert. — LB'Spreite 4–9 cm lg u. 1–3 cm br; DeckB 1–3 mm lg, lanzettlich; BlüStiele 1,5–3 mm lg; FrStiele 2,5–4 mm lg; Gri meist 3–5(6) mm lg. H: 60–120(150) cm. ♃ He. (VI)VII–VIII. Tiefgründige Trockenrasen, Waldsäume; collin; sehr slt. **B** (nur sehr wenige Individuen an 2 Stellen: bei Eisenberg a. d. Pinka u. bei Rohrbach b. Mattersburg). (Pannonisch-pontisch.) Vom Aussterben bedroht. *(V. paniculata, **V. spuria**, P. paniculatum)*

**Rispen-B.**, Rispen-E., ***P. spúrium***

**3** Stg oben mit kürzeren u. längeren (0,1–0,6 mm), waagrecht-abstehenden (oder etwas abwärts gerichteten), (meist auffallend dünnen), drüsenlosen u./oder drüsigen Haaren sehr dicht besetzt; KB mit abstehenden, drüsenlosen (0,3–0,5 mm lg) Haaren gewimpert, dagegen auf der Fläche mit meist viel kürzeren (höchstens 0,2 mm) oder fast sitzenden Drüsenhaaren (slt mit drüsenlosen Haaren oder kahl) ± dicht bedeckt; Blü geruchlos. — LB meist dicht (oft drüsig u./oder ± graugrün) behaart; oberste StgB meist wechselständig; Kro getrocknet meist bläulich bleibend; KroZipfel stumpf, nicht oder nur undeutlich zugespitzt, manchmal mit 1–3 mm lg schraubig eingedrehter Spitze. H: (7)15–30(40) cm. ♃ He. VII–X. (Weide-)Trockenrasen (oft kalkarm); collin (submontan); im Pann zstr bis mäßig hfg, sonst (in den Innenalpen) sehr slt. **Fehlt S, V**. In den öAlp sowie im nVL u. söVL gefährdet. ▲ *(V. spicata subsp. spicata, **V. spicata s. str.**)*

**Ähren-B.**, Heide-E., Ähren-E., ***P. spicátum*** *(s. str.)*

**-** Stg oben mit kurzen (0,1–0,4 mm lg), aufwärts gekrümmten, stets drüsenlosen, Haaren ± dicht besetzt; KB einheitlich (auf der Fläche u. am Rand) mit 0,2–0,5 mm langen Drüsenhaaren dicht besetzt; Blü eigenartig (nach verbranntem Haar) riechend. — LB meist locker behaart (stets drüsenlos) bis fast kahl, oberseits oft ± glänzend; oberste StgB stets gegenständig; Kro getrocknet rasch gelblichweißlich ausbleichend; KroZipfel in schmale, 3–5 mm lg, schraubig eingedrehte Spitzen auslaufend (dadurch an die Riemenzunge/*Himantoglossum* erinnernd). H: (20)30–50(70) cm. ♃ He. VII–X. Eichenwälder, wechselfrische Magerwiesen; collin; slt bis sehr slt. **B, W, N, St** (sehr slt). Gefährdet; im Pann stark gefährdet. ▲ *(V. spicata subsp. orchidea, **V. orchidea**)*

**Orchideen-B.**, Orchideen-E., ***P. orchídeum***

## (14) Ehrenpreis (i. e. S.), *Verónica* (exkl. (13) Blauweiderich, *Pseudolysimáchion*)

**1** Blühtriebe ohne endständigen Blüstd (an seiner Stelle meist ein kurzer vegetativer Gipfelsproß), alle Trauben seitenständig in den Achseln von LB . . . **2**

**-** Blühtriebe mit einem endständigen Blüstd (Traube oder Ähre oder wenigblütiges Köpfchen) (darunter manchmal zusätzlich seitenständige Trauben) oder (scheinbar) Blü einzeln in den Achseln von LB . . . . . . . . . . . . . **17**

**2** Stg meist völlig kahl, slt kurz drüsenhaarig; drüsenlose Haare stets fehlend. Auf nassen Standorten . . . . . . . . . . . . . . . . . . . . . . . . . . . . **3**

**-** Stg ± behaart, drüsenlose Haare stets vorhanden (oft zusätzlich auch längere Drüsenhaare). Nicht auf nassen Standorten . . . . . . . . . . . . . . . . **9**

**3** Fr stark flach zusammengedrückt, mindestens 5 mm br, oft doppelt so lg wie der K, deutlich rechtwinkelig ausgerandet; Trauben wechselständig, die unteren oft vegetativen Seitensprossen gegenüberstehend. — Stg schlaff, oft hin u. her gebogen; LB linealisch bis lineal-lanzettlich, (20)30–50(60) mm lg u. (2)3–7(8) mm br, entfernt kurz-abstehend-gezähnelt bis fast ganzrandig; Kro weiß (slt rosa). H: (5)15–45(60) cm. ♃ He, Wa. VI–VIII(IX). Gräben, Ufer, mäßig nährstoffreiche, mäßig saure Quell- u. Flachmoore, Röhricht, Verlandungsges.; kalkmeidend; collin bis montan; zstr bis slt. **Alle Bdld**. Gefährdet; im Pann u. nVL stark gefährdet. **Schild-E., *V. scutelláta***

**-** Fr nur wenig zusammengedrückt, höchstens 5 mm br, höchstens wenig länger als der K, nicht oder sehr spitz ausgerandet; Trauben meist gegenständig. *(V. sect. Beccabunga)* . . . . . . . . . . . . . . . . . . . . . . . . . . . . . **4**

**4** [34] Blühtriebe im unteren Abschnitt kriechend; alle LB (auch die mittleren u. oberen) kurz gestielt. — Trauben u. Fr stets völlig kahl . . . . . . . . . . **5**

**-** Blühtriebe aufrecht oder rasch aufsteigend, nur am Grund wurzelnd, nicht kriechend; zumindest mittlere u. obere LB sitzend, oft etwas stengelumfassend. — Trauben u. Fr kahl oder ± locker kurz-drüsenhaarig. (Artengruppe Wasser-E., *V. anagallis-aquatica agg.* [inkl. *V. scardica*!]) . . . . . . . . . . . . **6**

**5** Grund der LB'Spreite meist abgestutzt oder kurz-keilig, dadurch deutlich vom Stiel abgesetzt; LB'Spreite mindestens 2× so lg wie br, länglich-elliptisch, meist etwas dicklich, fleischig, d'grün, ± glänzend; FrStiele meist weniger als 2× so lg wie ihr DeckB; Kro meist kräftig (slt h'-)blau; Fr meist etwas breiter als lg; KB (ei)lanzettlich, glattrandig; Gri meist länger als 1,6 mm; Sa länger als 0,6 mm u. breiter als 0,4 mm. — Stg dicklich-fleischig, 3–6 mm ∅, oft bräunlich-purpurn überlaufen, unten kriechend; KB immer unzerteilt. H: 5–20 cm; G: 10–60 cm lg. ♃ He, Wa. V–IX. ± nährstoffreiche Quellfluren, Bäche, Gräben, im Saum fließender Gewässer; collin bis subalpin; hfg. **Alle Bdld.** Wildsalat. **Bachbunge, Bach-E., Quell-E., *V. beccabúnga***

**-** Grund der LB'Spreite keilig in den Stiel verschmälert; Spreite höchstens 2× so lg wie br, oft fast rhombisch, dünn, h'grün oder purpurn überlaufen, nicht glänzend; FrStiele meist mehr als 2× so lg wie ihr DeckB; Kro h'purpurlila bis fast weiß; Fr etwas länger als br oder so lg wie br; KB verkehrt-eilanzettlich, am Rand meist ± papillös; Gri oft kürzer als 1,6 mm; Sa höchstens 0,6 mm lg u. br. — Stg ± aufrecht bis aufsteigend, am Grund ± weit kriechend (nicht slt ± dichte Rasen bildend); LB'Spreite meist 12–20 mm lg u. 10–16 mm br; KB manchmal ± eingeschnitten. H: 5–20(30) cm. ♃(–⊙?) He, Wa. VI–X. Offener Saum lichter Bächlein über Serpentin u. auch an ± salzreichen Stellen; konkurrenzschwach; collin; slt (Standorte sehr slt). **B, N** (im Weinviertel*). (Hptvbr.: West-Anatolien, Balkanhalbinsel.) Stark gefährdet. *(V. gracilis, V. velenovskyi)* [7–] ■ **Balkan-E., Serpentin-E., *V. scárdica***

**6** Zumindest die untersten LB oder wenigstens die LB der (kurzen, ± oberirdischen) Ausläufer kurz gestielt, Spreite höchstens 4× so lg wie br; Kro purpurrosa bis bläulichlila; Pf meist ♃ . . . . . . . . . . . . . . . . . . . . . . **7**

**-** Alle LB sitzend, Spreite meist mindestens 4× so lg wie br; Kro blaßrosa oder weiß; Pf meist ⊙ . . . . . . . . . . . . . . . . . . . . . . . . . . **8**

**7** LB mindestens 3× so lg wie br, meist länger als 3 cm, länglich bis lanzettlich, die mittleren u. oberen sitzend u. ± stengelumfassend; KB eilanzettlich (in der unteren Hälfte am breitesten); FrStiele aufrecht-abstehend u. spitzenwärts deutlich aufwärts gekrümmt, Fr daher aufrecht (senkrecht); Gri meist länger als 1,7 mm; Kro meist bläulich oder h'lila. — Pf meist höher als 40 cm; Stg oft dick u. hohl; grundständige LB u. jene der vegetativen, grundständigen Seitensprosse meist kurz gestielt; mittlere LB (15)40–80(120) mm lg u. (7)15–30(40) mm br, unter der Mitte oft etwas verschmälert, am Grund wieder verbreitert; FrStiele 1–2× so lg wie ihr DeckB. H: (5)20–80(100) cm. ♃ He, Wa. VI–X. Gräben, Bäche, Ufer, (bes. ± fließende Gewässer); nährstoffreiche Verlandungsges., Röhrichte, slt auch in wechselnassen Äckern; collin bis untermontan; zstr bis mäßig hfg. **Alle Bdld**. Sehr variabel. [8–]
■ **Ufer-E.,** Blauer Wasser-E., ***V. anagállis-aquática***

**-** LB höchstens 3× so lg wie br, kürzer als 3 cm, fast rundlich bis br-eiförmig bis fast rhombisch, auch die mittleren u. oberen kurz gestielt oder zumindest mit

* Wiederauffindung: L. Schratt, 1988 (ined.).

stark keilig verschmälertem Grund sitzend; KB verkehrt-eilanzettlich bis fast spatelig (über der Mitte am breitesten); FrStiele aufrecht-abstehend bis fast waagrecht-abstehend, spitzenwärts aber nicht aufwärts gekrümmt, Fr daher meist schräg stehend; Gri meist kürzer als 1,7 mm; Kro meist blaßpurpurrosa bis fast weiß. — Pf meist niedriger als 40 cm; FrStiele meist mehr als 2× so lg wie ihr DeckB. ■ **Balkan-E., Serpentin-E., *V. scárdica*** (→ Pkt 5–)

**8** [6, 33] Kro meist blaßlila bis lilapurpurn; Fr elliptisch (länger als br); FrStiele länger als ihr DeckB; Traube u. Fr ziemlich dicht kurz-drüsenhaarig; Gri (0,6)0,8–1,1(1,5) mm lg; LB meist nicht breiter als 6 mm. — Stg meist markig; meist reich verzweigt mit insgesamt (10)15–50 Trauben; LB lineal-lanzettlich, stets alle sitzend; FrStiele meist aufrecht-abstehend; Fr 2–3(3,5) mm lg u. 1,7–2,3 mm br, so lg oder länger als der K. H: (5)10–40 cm. ⊙(♃?) Th, Wa. VI–X. Gräben, Ufer (langsam fließende bis stehende Gewässer), nährstoffreicher Schlamm, wechselnasse Äcker; collin; zstr bis slt. **B, W, N, O** (sehr slt), **V**. Stark gefährdet. (Hybridisiert bes. mit dem Blassen Wasser-E. / *V. catenata*.)

■ **Schlamm-E., *V. anagalloídes***

**–!!** Kro weiß bis blaßpurpurrosa; Fr rundlich (etwas breiter als lg bis so br wie lg); FrStiele meist nicht länger als ihr DeckB; Traube u. Fr sehr zstr kurz-drüsenhaarig, slt völlig kahl; Gri (1,3)1,5–2 mm lg; LB meist breiter als 6 mm, — meist br-linealisch, alle sitzend; FrStiele meist waagrecht-abstehend. H: 15–60(80) cm. ⊙ (♃?) Wa. VI–X. Verlandungsges., Röhricht, stehende Gewässer, Gräben, wechselnasser Schlamm; collin; slt. **B, W, N, O, V**. Potentiell gefährdet. (Hybridisiert mit Schlamm-E. / *V. anagalloides*.) (*V. aquatica*)

■ **Blasser Wasser-E.**, Wasser-E., Roter Wasser-E., ***V. catenáta***

**–** (Wenn Pf nur 5–20 cm hoch, Kro h'blau bis lila, Gri etwa 2 mm lg, Fr rundlich, FrStiele länger als ihr DeckB, Traube u. Fr völlig kahl, dann handelt es sich um Kümmerexemplare des Ufer-E. / *V. anagallis-aquatica*, → Pkt 7)

**9** [2] Traube mit weniger als 9 Blü . . . . . . . . . . . . . . . . . . . . . . **10**
**–** Traube mit mehr als 9 Blü . . . . . . . . . . . . . . . . . . . . . . . . **11**

**10** Blühtriebe oberirdisch kriechend, 20–70 cm lg, mit 3–6 deutlich achselständigen Trauben; LB gleichmäßig verteilt; LB'Stiel 7–15 mm lg; LB'Spreite 20–35 mm lg; Fr breiter als lg. — Trauben 2–8blütig; Kro blaulila, 8–10 mm ∅; Fr 4–6 mm lg u. 7–8 mm br, stark zusammengedrückt, flach, drüsig gewimpert, sonst kahl. H: 5–15 cm. ♃ He. V–VI. Schattige, feuchte, lehmige Edellaubwälder; (collin) submontan bis montan; zstr (in **K** sehr slt). **Alle Bdld**.

**Berg-E., *V. montána***

**–** Blühtriebe kurz-aufsteigend, (1)2–5(8) cm lg, mit 1(2) undeutlich achselständigen (scheinbar endständigen) Trauben; LB meist in grundständiger Rosette gedrängt; LB'Stiel 0–3 mm lg; LB'Spreite 8–15 mm lg; Fr länger als br. — Trauben (1)2–5(6)blütig; Kro lila, 6–8 mm ∅. H: 3–8 cm. ♃ He. VI–VIII. Steinige Kalkrasen, (oft schneereiche) Kalkfelsfluren, Schneeböden; (subalpin) alpin; mäßig hfg. **Fehlt B, W**. [38] **Nacktstiel-E.**, Blattloser E., ***V. aphýlla***

**11** Stg niederliegend bis kriechend . . . . . . . . . . . . . . . . . . . . . **12**
**–** Stg aufrecht oder rasch aufsteigend . . . . . . . . . . . . . . . . . . . **13**

**12** LB eiförmig bis elliptisch, dicht behaart (Haare mindestens 0,5 mm lg); Traube dicht drüsenhaarig; Blü fast sitzend; KB 4, drüsenhaarig; Fr 3eckig, drüsenhaarig. — Pf kriechend, Blühtriebe mit 1–3(4) aufrechten, 15–30blütigen Trauben; Kro h'lila bis purpurviolett. H: 3–10 cm; G: 10–50 cm lg. ♃ Ch/He. VI–VIII. Mäßig trockene, magere, bodensaure Wälder, Waldschläge u. Weiderasen; kalkfeindlich, Säurezeiger; collin bis subalpin; hfg. **Alle Bdld.** Volksarznei- u. TeePf. **Echter E., Wald-E.,** ***V. officinális***

- LB br-linealisch bis länglich, sehr kurzflaumig (Haare höchstens 0,2 mm lg); Traube drüsenlos; Blü kurz (2–5 mm) gestielt; KB meist 5 (das oberste sehr klein), kahl bis fein gewimpert; Fr elliptisch, kahl. — Pf niederliegend, Stg oft sternförmig ausgebreitet; Kro h'(lila)blau. H: 5–15 cm; G: 10–40 cm lg. ♃ He. IV–V. Trockenrasen; collin (submontan); im Pann mäßig hfg, sonst sehr slt. **B, W, N, O, (St†), T.** Im Alp, im nVL u. im söVL gefährdet. (Diploid.) (Zur Artengruppe Österreichischer E., *V. austriaca agg.*; vgl. Pkt 16) ■ **Liegender E.,** Niederliegender E., ***V. prostráta*** *(s. str.)*

**13** FrStiele mindestens 2× so lg wie ihr DeckB, an der Spitze deutlich aufwärts gekrümmt; Fr 2× so lg wie der K, stark ausgerandet; Kro h'purpurrosa. — LB an der Spitze der Blühtriebe oft fehlend u. manchmal eine (scheinbar) endständige Traube vorhanden. H: (20)30–60(70) cm. ♃ He. Frische, schattige, steinige Wälder, bes. Schluchtwälder; kalkliebend; montan bis subalpin; mäßig hfg. **Fehlt B, W.** [34–!] **Nessel-E.,** Nesselblatt-E., ***V. urticifólia***

- FrStiele höchstens 2× so lg wie ihr DeckB, aufrecht, kaum aufwärts gekrümmt; Fr 1,5× so lg wie der K, schwach ausgerandet; Kro blau, slt weiß oder rosa . . . . . . . . . . . . . . . . . . . . . . . . . . . . . . . . . **14**

**14** Pf mit abstehender Behaarung; Stg mit 2 deutlichen, einander gegenüberstehenden Haarleisten; Fr stark abgeflacht, ± 3eckig, breiter als lg, mit keiligem Grund; kurze, dünne unterirdische Ausläufer vorhanden. — Blühtriebe kurz aufsteigend; Trauben oft drüsenhaarig; KB 4. (Artengruppe Gamander-E., *V. chamaedrys agg.*) . . . . . . . . . . . . . . . . . . . . . . . . . . **15**

- Pf mit ± angedrückten Krummhaaren; Stg meist ohne deutliche Haarleisten, sondern ringsum ± gleichmäßig behaart; Fr wenig abgeflacht, rundlich oder elliptisch, meist etwas länger als br, mit breitem Grund; Ausläufer fehlend. — Pf nirgends drüsenhaarig; Blühtriebe aufrecht; KB 4–5 (das 5. = oberste viel kleiner als die übrigen). (Teil der Artengruppe Österreichischer E., *V. austriaca agg.*; vgl. Pkt 12–) . . . . . . . . . . . . . . . . . . . . . . . . . **16**

**15** KB dicht behaart, mit insgesamt etwa 120–300, 0,2–0,4 mm lg Drüsenhaaren; Fr meist 3–3,5 mm lg u. 4–4,5 mm br. — Stg zw. den beiden Haarleisten stets völlig kahl; mittlere LB ± sitzend; LB'Spreite fast 3eckig, meist 11–22 mm lg u. 7–15 mm br, meist ± gelblichgrün, oberseits, zumindest in Randnähe, ziemlich dicht behaart (Haare 0,1–0,3 mm lg), bes. am Grund meist deutlich eingeschnitten-gekerbt-gesägt bis fiederschnittig mit jederseits meist 6–8 langen, geraden, fast linealischen Zähnen; Kro h'blau (oft mit weißlichem Randsaum) bis blaßblau bis weiß oder blaßrosa, 9–12 mm ∅; Gri 3–4,5(5,0) mm lg. H: (10)15–25(35) cm. ♃ He. IV–V. Warme Eichenwälder u. deren Säume, Trokkenwiesen; collin (submontan); im Pann hfg, sonst slt. **B, W, N, O, St, K** (slt). (Diploid.) *(V. chamaedrys subsp. vindobonensis)* **Wiener Gamander-E.,** Wiener E., ***V. vindobonénsis***

- KB locker behaart, mit insgesamt höchstens etwa 120, 0,3–0,8 mm lg, drüsigen oder drüsenlosen Haaren; Fr meist 4,0–4,5 mm lg u. 5,0–5,5 mm br. — Stg zw. den beiden Haarleisten oft behaart; mittlere LB meist 1–4 mm lg gestielt; LB'Spreite br- bis länglich-eiförmig, meist 20–50 mm lg u. 15–25 mm br, d'grün bis h'grün, oberseits locker behaart bis fast kahl, nicht oder höchstens die untersten eingeschnitten-gekerbt, Zähne meist eiförmig; Kro h'- bis kräftig blau (sehr slt kräftig rosa), 9–13(15) mm ∅; Gri meist 4,5–5,5 mm lg. H: 15–30(40) cm. ♃ He. (IV)V–VI(–X). Frische Edellaubwälder, bes. Auwälder,

Gebüschränder, Fettwiesen, Hochstaudenfluren; collin bis subalpin; sehr hfg. **Alle Bdld.** **(Gewöhnlicher) Gamander-E., *V. chamáedrys (s. str.)***

**a** LB tiefgrün, meist nicht glänzend, StgB oberhalb der Blüstd höchstens 2 mm lg gestielt, ihre Spreite br-eiförmig, höchstens 2× so lg wie br, jederseits mit meist weniger als 11 Zähnen; Haare an der Spitze der LB'Oberseite 0,2–0,6 mm lg; Haare der KB meist drüsig, wenn drüsenlos, dann 0,7–1,2 mm lg. Collin bis montan, subalpin nur an stark nährstoffreichen, gestörten Stellen. **Alle Bdld.** (Tetraploid.)
**■ Eigentlicher G. G.-E., *V. ch. subsp. chamáedrys***

**-** LB h'grün, oft etwas glänzend, StgB oberhalb der Blüstd 2–4 mm lg gestielt, ihre Spreite eilänglich, 2–2,5× so lg wie br, jederseits mit meist 11–14 Zähnen; Haare an der Spitze der LB'Oberseite 0,1–0,3 mm lg; Haare der KB stets drüsenlos, 0,3–0,7 mm lg. Obermontan bis subalpin. Bes. in den nördl. Kalkalpen. **Fehlt B, W, V?**. Subendemisch (auch: Ober-Bayern). (Diploid.) **■ Glanz-G.-E., *V. ch. subsp. mícans***
Anm.: Eine ähnliche, gleichfalls diploide, aber noch unzureichend erforschte Sippe (mit nicht glänzenden LB) wächst in Edellaubwäldern u. Waldsäumen in Süd-**K** u. in der südl. **St**.

**16** Zumindest die meisten StgB oberhalb der Blüstd linealisch, meist ganzrandig, mit deutlich nach unten umgerolltem Blattrand; mittlere u. untere LB br-lineal-lanzettlich, 3–10(15) mm br, Rand oft etwas umgerollt; Kro 9–12 mm ∅; Gri 4–5 mm lg. H: 15–40 cm. ♃ He. V–VI. Mäßig tiefgründige Trockenrasen, Eichenwaldsäume, Schwarzföhrenwälder; kalkhold; collin bis submontan; im Pann zstr bis slt, sonst sehr slt. **Fehlt S, V**. Gefährdet; im Alp stark gefährdet. ▲. (Hexaploid.) *(V. austriaca subsp. dentata)*
**■ Österreichischer E., *V. austríaca***

**-** StgB oberhalb der Blüstd länglich bis eiförmig, gekerbt, ihr Rand flach; untere LB br-eiförmig bis länglich-lanzettlich, 10–30 mm br, ihr Rand flach; Kro 12–18 mm ∅; Gri 5–6 mm lg. H: 30–100 cm. ♃ He. VI–VII. Tiefgründige Trockenwiesen, warme Waldränder; kalkliebend; collin bis untermontan; zstr. **Alle Bdld.** ▲ (Oktoploid.) **■ Groß-E.**, Großer E., ***V. téucrium***

**17** [1] Alle, auch die obersten DeckB gestielt, LB'artig, von den echten (untersten, gegenständigen) LB nicht oder kaum verschieden, Blü also scheinbar in den Achseln von LB, Blüstd sich daher vom LB'Bereich nur undeutlich (bloß durch die wechselständige Blattstellung) unterscheidend . . . . . . . . . . . . **18**

**-** Blü in den Achseln von sitzenden HochB (dh die DeckB sind HochB), Blüstd sich daher ziemlich deutlich vom LB'Bereich unterscheidend (die untersten DeckB allerdings oft vergrößert u. ± LB'artig) . . . . . . . . . . . . . . **26**

**18** Pf ohne drüsenlose Haare, völlig kahl oder drüsig-kurzhaarig; LB u. DeckB mindestens 3× so lg wie br; Blü sitzend oder fast sitzend, FrStiele höchstens 2 mm lg; Gri höchstens 0,3 mm lg. **Fremd-E., *V. peregrína*** (→ Pkt 32–)

**-!!** Pf mit drüsenlosen Haaren, niemals völlig kahl; LB u. DeckB höchstens 2,5× so lg wie br; Blü- u. FrStiele mindestens 5 mm lg; Gri mindestens 0,3 mm lg . . . . . . . . . . . . . . . . . . . . . . . . . . . . . **19**

**-** (Wenn untere DeckB u. obere LB tief handförmig zerteilt u. Blüstd stark drüsenhaarig u. Kro d'blau, → **Dreifinger-E., *V. triphýllos,*** → Pkt 28)

**19** KB 3eckig-herzförmig, kurz gestielt, auffällig lg gewimpert, nach dem Blühen pyramidal über der unreifen Fr zusammenneigend; Fr fast kugelig, oben abgestutzt, nicht ausgerandet, immer völlig kahl, mit höchstens 4 Sa; Sa 2,2–3 mm lg; LB u. DeckB rundlich bis etwas breiter als lg, ± deutlich handförmig gelappt (oder mit 5–7 ungleich großen Kerbzähnen) (Abb. 327); BlüStiel mit einer deutlichen Haarleiste. (Artengruppe Efeu-E., *V. hederifolia agg.*) . **20**

**-** KB eiförmig bis länglich, nicht gestielt, nicht auffällig gewimpert, nach dem Blühen aufrecht bis ± abstehend; Fr zusammengedrückt (abgeflacht), ± ausgerandet, behaart, mit mehr als 4 Sa; Sa kürzer als 2,3 mm; LB u. DeckB rundlich bis länglich-eiförmig, gekerbt bis gesägt; BlüStiel ringsum gleichmäßig behaart . . . . . . . . . . . . . . . . . . . . . . . . . . . . . . . . . **22**

**20** Kro d'blau; FrStiele (2)4–8(10) mm lg, meist 1–2× so lg wie der K; KB auf der Fläche der Unterseite (Außenseite) meist dicht kurzhaarig *(Lupe!)*; Sa länglich, kräftig gerippt, Mündungsrand nicht nach innen umgerollt u. nicht oder kaum verdünnt, deutlich gerippt, — matt; Pf meist niederliegend; DeckB tief 3(5)lappig (Abb. 327 a), d'grün, dicklich-fleischig (etwas steif); Wimperhaare der KB meist 0,5–0,8 mm lg, meist jederseits etwa 40–50; Kro 4–5 mm ∅, mit stark kontrastierendem weißem Zentrum; Staubbeutel 0,4–0,8 m lg, d'blau; FrStiele meist 0,5–0,6× so lg wie ihr DeckB *(samt Stiel gemessen)* (Abb. 327a); Gri (0,5)0,6(1,1) mm lg; Sa 2,3–2,7 × 1,7–2,1 mm, gelblichbraun. H: 2–5 cm; G: 5–20(30) cm lg. ☉ Th. III–V. Äcker, Weingärten, gestörte Trockenrasen; collin; im Pann zstr bis mäßig hfg, sonst sehr slt. **B, W, N, O, (St)**. Im nVL gefährdet. (Diploid.) *(V. hederifolia subsp. triloba)*

**■ Dreilappen-E.,** ***V. tríloba***

**-** Kro h'blau bis blaßlila; FrStiele (5)7–18(24) mm lg, meist 2–4× so lg wie der K; KB auf der Fläche der Unterseite kahl oder nur am Grund mit einigen Haaren; Sa rundlich, schwach gerippt, Mündungsrand zumindest etwas nach innen eingerollt, dünn u. nicht oder undeutlich gerippt, — blaß . . . . . . . . **21**

**21** Kro h'blau, weißes Zentrum sich deutlich abhebend, 5–7 mm ∅, mit 20–22 dunkleren Längsadern; Gri (0,6)0,7–0,9(1,1) mm lg; FrStiele meist 2–3× so lg wie der K; Sa blaßgelb, Mündungsrand deutlich nach innen umgerollt, etwas verdünnt, kaum gerippt, kaum glänzend. — Pf niederliegend bis aufsteigend; DeckB (3)5lappig, d'grün, schwach dicklich, ihre Spreite 1,4–1,1× so br wie lg (Abb. 327 b); Blü- u. FrStiele außerhalb der Haarleiste meist völlig kahl; KB auf der Fläche der Unterseite meist völlig kahl; KB'Wimperhaare locker stehend, jederseits meist 30–40, dick, meist 0,7–1 mm lg; Staubbeutel 0,7–1,2 mm lg, himmelblau; FrStiele (5)7–14(18) mm lg, meist 0,6–0,8× so lg wie ihr DeckB *(samt Stiel gemessen)*; Sa 2,6–3,1 × 2,2–2,7 mm. H: 2–10 cm; G: 5–40(50) cm lg. ☉ Th. III–V. Äcker, Weingärten, Ruderalstellen, slt frische ruderale Gebüsche; Nährstoff- u. Lehmzeiger; collin bis montan; mäßig hfg bis hfg. **Alle Bdld**. (Allohexaploid; hybridogen aus *V. triloba* × *V. sublobata* entstanden.) *(V. h. subsp. hederifolia)*

**■ Efeu-E.,** ***V. hederifólia (s. str.)***

**-** Kro blaßpurpurlila, weißliches Zentrum sich nur undeutlich abhebend, 4–5 mm ∅, mit 16–19 dunkleren Längsadern; Gri (0,2)0,3–0,6(0,7) mm lg; FrStiele meist 3–4× so lg wie der K; Sa rötlichbraun, Mündungsrand stark nach innen umgerollt, stark verdünnt, daher durchscheinend, glatt (nicht gerippt), weißlich, etwas glänzend. — Pf ± aufsteigend; DeckB schwach (3)5(7)lappig, h'grün, dünn, ihre Spreite 1,1–0,9× so br wie lg (Abb. 327 c); Blü- u. FrStiele außerhalb der Haarleiste oft abstehend behaart, nicht slt aber auch kahl; KB auf der Fläche der Unterseite kahl oder mit wenigen Haaren am

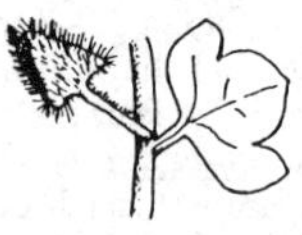
Abb. 327a

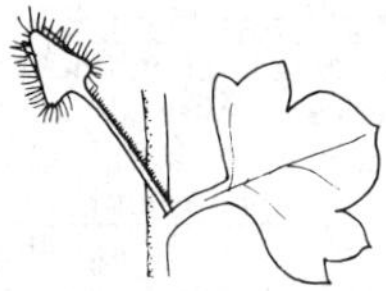
Abb. 327b

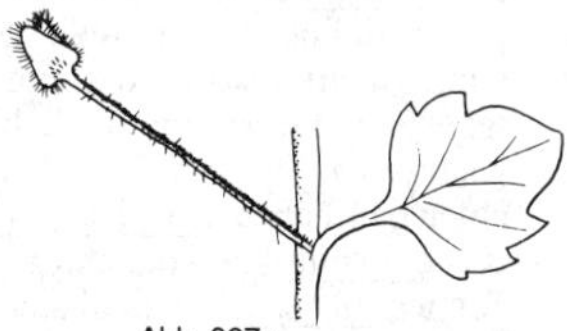
Abb. 327c

Grund; KB'Wimperhaare locker stehend, jederseits meist 25–35, dünn, meist 0,5–0,8 mm lg; Staubbeutel 0,4–0,8 mm lg, blaßlila; FrStiele (7)10–18(24) mm lg, meist 0,8–0,9× so lg wie ihr DeckB *(samt Stiel gemessen)*; Sa 2,2–2,7 × 2,0–2,4 mm. H: 5–15 cm; G: 5–40(50) cm lg. ⊙ Th. III–V. Auwälder, schattig-frische Ruderalfluren, frische ruderale Gebüsche, Gärten, auch Äcker (bes. submontan bis untermontan); collin bis untermontan; zstr bis sehr hfg. **Alle Bdld**. In den wAlp gefährdet (?). (Tetraploid.) *(V. hederifolia subsp. lucorum)*
■ **Hain-E.**, Schwachgelappter E., Ohnlappen-E., ***V. sublobáta***

**22** [19] Pf ♃; Stg kriechend (dh wurzelnd); Blü- u. FrStiele (15)20–30 mm lg, 4–6× so lg wie der K, stets mit sehr kurzen Drüsenhaaren *(Lupe!)*; Gri 3–4 mm lg; LB u. DeckB rundlich, seicht gekerbt; Sa flach oder nur schwach ausgehöhlt. — Pf stark verzweigt, dichte Rasen bildend; LB 1–3 mm lg gestielt, Spreite 4–13 mm lg u. 4–14 mm br, jederseits mit (2)3–5(6) Kerbzähnen; Trauben an der Spitze oft (?) vegetativ weiterwachsend; Kro 8–14 mm ∅, h'- bis kräftig lilablau; FrStiele 2–4(5)× so lg wie ihr DeckB; Fr nur slt ausgebildet. H: 2–7 cm; G: 20–50 cm lg. ♃ He. IV–V(VI). Parkrasen, Fettwiesen u. -weiden; in klimafeuchten Lagen; collin bis submontan; zstr bis mäßig hfg. Fehlt in Trokkengebieten wie zB im Pann. **Alle Bdld**. Neubürger (Friedhofflüchtling) seit dem 20. Jahrh., in Ausbreitung begriffen. (Heimat: Kaukasus u. Nordost-Türkei.) **Faden-E., *V. filifórmis***

**-** Pf ⊙ (bis ⊙); Stg niederliegend (nicht oder nur sehr wenig wurzelnd); Blü- u. FrStiele entweder höchstens 15 mm lg (u. ohne oder mit Drüsenhaaren) oder länger, dann aber immer ohne Drüsenhaare, höchstens 3,5(4)× so lg wie der K; Gri höchstens 3 mm lg; LB u. DeckB meist länger als br, gekerbt bis gesägt; Sa deutlich ausgehöhlt. (Gruppe des Acker-E., *V. agrestis-Gruppe*) . . . . . **23**

**23** Gri länger als 1,7 mm; FrStiele meist länger als 15 mm; Kro 8–14 mm ∅, den K weit überragend; Ausrandung der Fr (= Kapselbucht) weit, stumpfwinkelig; Fr (5)6–9 mm br, die Hälften asymmetrisch: oben stärker gekrümmt als gegen den Grund zu (Abb. 328). — LB- u. DeckB'Spreite rundlich bis br-eiförmig, kerbsägig, mit je 3–6(10) Zähnen je Seite, Rand nicht oder kaum umgerollt, Behaarung unterseits nur wenig dichter als oberseits; Kro kräftig h'blau; FrStiele (12)15–27(38) mm lg, (0,8)1–2,5(3)× so lg wie ihr DeckB *(samt Stiel gemessen)*, aufrecht-abstehend bis ± bogig zurückgekrümmt; FrKB elliptisch, spitz; Fr deutlich zusammengedrückt, deutlich gekielt, hervortretend-netznervig, locker bis mäßig dicht (drüsig u./oder drüsenlos) behaart; Sa (1,3)1,4–2,3(2,5) × (0,8)0,9–1,6(1,9) mm. H: 3–15 cm; G: 10–50(60) cm lg. ⊙(♃) Th(–He). I–XII. Nährstoffreiche Äcker, Weingärten, Gärten, ± ruderale Fettwiesen, Ruderalfluren; Lehmzeiger; collin bis montan; sehr hfg. **Alle Bdld**. Neubürger seit dem 19. Jahrh. (Heimat: Elburs-Gebirge in Nord-Persien.) (Allotetraploid; hybridogen aus *V. polita* × *V. ceratocarpa* [Kaukasus, Nord-Persien] entstanden.) *(V. tournefortii)* **Persischer E., *V. pérsica***

**-** Gri höchstens 1,7 mm lg; FrStiele meist kürzer als 15 mm; Kro weniger als 8 mm ∅; den K nicht oder kaum überragend; Ausrandung der Fr eng, spitzwinkelig; Fr (3,5)4–6(6,5) mm br, die Hälften fast symmetrisch: ziemlich gleichmäßig gerundet, beinahe halbkreisförmig (ähnlich wie Abb. 329). — FrStiele meist etwa halbkreisförmig zurückgekrümmt . . . . . . . . . . . **24**

**24** Fr nur mit Drüsenhaaren, kürzere, drüsenlose Haare fehlend; Kro weiß, blaßrosa oder blaßbläulich. — Spreite der oberen DeckB meist deutlich schmäler als die der unteren, länglich; LB'Rand kerbsägig bis fast gesägt, mit 4–6(8) Zähnen je Seite, Rand nicht oder kaum umgerollt; Behaarung unterseits kaum dichter als oberseits; FrStiele (5)6–10(15) mm lg; FrKB lineal-lanzettlich, vorn abgerundet, zstr drüsenlos u./oder drüsenhaarig; Kro 4–5(6) mm ∅; Fr etwas zusammengedrückt, deutlich gekielt, hervortretend geädert, 3,5–4,5(4,7) mm lg u. 4,5–6(6,3) mm br, drüsig gewimpert, sonst manchmal fast kahl; Gri (0,6)0,9–1,1(1,2) mm lg. H: 3–10 cm; G: 5–20(30) cm lg. ⊙ Th. IV–X. Frische, nährstoffreiche Gärten, Äcker; kalkmeidend; (collin) submontan bis montan; zstr bis slt. **Fehlt W**. **Acker-E., *V. agréstis***

– Fr mit zahlr. kurzen drüsenlosen Haaren zw. den etwas längeren Drüsenhaaren; Kro kräftig h'- bis d'blau . . . . . . . . . . . . . . . . . . . . **25**

**25** FrKB meist mehr als 2,6 mm br, br-elliptisch bis br-eiförmig, spitzlich, meist 1,3–2× so lg wie br, locker bis dicht behaart, jedoch auch die Haare am Grund des K höchstens 0,7 mm lg; LB u. DeckB tief gekerbt mit deutlich nach unten umgerolltem Rand, Unterseite viel dichter behaart u. deutlich blasser als die Oberseite, — mit 2–4 meist tiefen Kerbzähnen je Seite, Behaarung meist drüsenlos (slt drüsig); Kro (3)4–7(8) mm ∅, kräftig d'- bis h'blau, unterer Zipfel oft weiß; FrStiele (3)6–15(20) mm lg; Fr nicht zusammengedrückt, fast ungekielt, glatt, (2,5)3–4(4,5) mm lg u. (3,5)4–6(6,3) mm br (Abb. 329); Gri (0,5)1–1,6(1,8) mm lg. H: 3–10 cm; G: 5–20(30) cm lg. ⊙ Th. III–X. Mäßig trockene Äcker, Weingärten, Ruderalfluren; kalkhold, Lehmzeiger, sommerwärmeliebend; collin bis untermontan; mäßig bis sehr hfg. **Alle Bdld**. (Diploid.) *(V. didyma)* **Glanz-E.**, Glänzender E., ***V. políta***

– FrKB meist weniger als 2,7 mm br, länglich, vorn abgerundet, meist 2,3–3× so lg wie br, dicht behaart, KGrund meist mit bes. lg Haaren (0,7–1,3 mm lg) fast bebärtet; LB u. DeckB seicht kerbsägig mit flachem Rand, Unterseite nur undeutlich dichter als die Oberseite behaart u. fast gleichfärbig, — rundlich bis rundlich-eiförmig, mit 3–4(5) meist seichten Sägezähnen je Seite, Behaarung drüsig oder drüsenlos; Kro 4–7(8) mm ∅, meist gleichmäßig d'blau; FrStiele (5)7–12(20) mm lg; Fr etwas zusammengedrückt, deutlich gekielt, hervortretend geädert, (3,2)3,5–4,2(4,5) mm lg u. (5)5,3–6(6,5) mm br; Gri (0,7)0,9–1,3(1,5) mm lg. H: 3–10 cm; G: 5–20(30) cm lg. ⊙ Th. III–X. Nährstoffreiche, frische Hackfruchtäcker, bes. Kartoffeläcker; submontan bis untermontan; slt bis sehr slt. **O** (im Mühlviertel), **St, K** (im Klagenfurter Becken u. auf der Sattnitz), **S, T**. Potentiell gefährdet. **Glanzloser E., *V. opáca***

**26** [17] Obere LB u. untere DeckB handförmig oder fiedrig gelappt bis geteilt . . . . . . . . . . . . . . . . . . . . . . . . . . . . . . . **27**

– LB u. DeckB alle unzerteilt, ganzrandig oder gekerbt bis gesägt . . . . . **30**

**27** (Blü- u.) FrStiel mindestens so lg wie der K, FrStiel 5–10 mm lg; Sa ausgehöhlt, napfförmig. — Traube u. Fr drüsenhaarig (Drüsenköpfchen dunkel) . . **28**

– (Blü- u.) FrStiel kürzer als der K, FrStiel höchstens 3,5 mm lg; Sa flach. — Mittlere u. obere LB fiederschnittig; Fr auf der Fläche kurz drüsenlos flaumhaarig (*Lupe!*, daran im fruchtenden Zustand leicht vom Feld-E. / *V. arvensis*, Pkt 32, zu unterscheiden!). (Artengruppe Frühlings-E., *V. verna agg.*) . . . . . . . . **29**

**28** Obere LB u. untere DeckB (meist) tief handförmig 3–5(7)teilig; Fr rundlich bis etwas breiter als lg; Sa d'braun bis schwarz. — Pf unangenehm riechend; FrStiele abstehend-aufwärtsgebogen; Kro tiefblau, 5–8 mm ∅; Gri 0,7–1,5 mm lg. H: 5–15(20) cm. ⊙ Th. III–V. Sandige Äcker; ± kalkmeidend; collin bis submontan; mäßig hfg bis slt. **Fehlt V**. In den Alp u. im nVL gefährdet.
**Finger-E.**, Dreiteiliger E., „Dreiblättriger" E., ***V. triphýllos***

– Oberste LB u. unterste DeckB eingeschnitten-gekerbt-gesägt bis fiederspaltig; Fr etwas länger als br; Sa gelblich bis rotbraun. — Pf ohne auffallenden Geruch; FrStiele meist aufrecht; Kro (h')blau, 4–6 mm ∅; Gri 1–2 mm lg. H:

Abb. 328

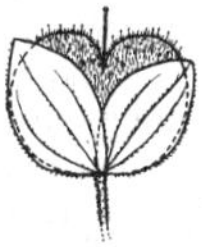

Abb. 329

Abb. 330

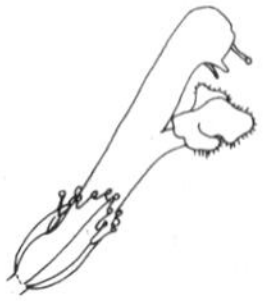

Abb. 331

3–20 cm. ⊙ Th. III–V. Trockenrasen-Lücken, Äcker, Weingärten; kalkliebend; collin; im Pann mäßig hfg, sonst slt. **B, W, N, O, (S), T**. In den Alp gefährdet. [33] **Früh-E.,** Frühblühender E., ***V. práecox***

**29** Gri 0,4–0,6 mm lg, die Ausrandung der Fr nicht überragend; Kro etwa 3 mm ∅; Fr 2,5–3 mm lg u. 3,5–4 mm br. — FrStiele 1–2,5 mm lg; Sa 0,8–1,2 × 0,6–0,9 mm. H: 3–15(20) cm. ⊙ Th. IV–V(VI). (Mäßig tiefgründige), bodensaure Trockenrasen, slt sandige Äcker; kalkmeidend; collin (submontan, in **T** subalpin); slt. **W†, O†?; fehlt V; sonst alle Bdld**. Stark gefährdet. ▲ **Frühlings-E., *V. vérna*** *(s. str.)*

**-** Gri 1–1,5 mm lg, die Ausrandung der Fr weit überragend; Kro etwa 5 mm ∅; Fr 3,5–4,5 mm lg u. 4,5–5,5 mm br. — FrStiele 2–3,5 mm lg; Sa 1,1–1,5 × 0,9–1,3 mm. H: 5–30(40) cm. ⊙ Th. IV–V(VI). Silikatfelsheiden, flachgründige, skelettreiche, trockene, bodensaure Trockenrasen; bes. über Silikatgrus, kalkmeidend; collin bis submontan (montan); slt bis sehr slt. Bes. im BM. **B, (W?), N, O, T?**. Gefährdet bis stark gefährdet. **Dillenius-E., *V. dillénii***

**30** [26] Pf ⊙; ohne niederliegenden oder kriechenden Bodentrieb (WuStock) oder Ausläufer; HauptWu vorhanden . . . . . . . . . . . . . . . . . . . . . . . . **31**

**-** Pf ♃; niederliegender oder kriechender Bodentrieb u./oder Ausläufer vorhanden; HauptWu fehlend . . . . . . . . . . . . . . . . . . . . . . . . . . . . **34**

**31** Blü- u. FrStiel 0,5–2 mm lg, höchstens halb so lg wie der K, 1/3× so lg wie das DeckB; Gri 0,2–1 mm lg, die Ausrandung der Fr nicht oder kaum überragend. — Kro kürzer als der K . . . . . . . . . . . . . . . . . . . . . . . . **32**

**-** Blü- u. FrStiel 3–8 mm lg, mindestens so lg wie der K, fast so lg oder länger als das DeckB; Gri 1–2 mm lg, die Ausrandung der Fr deutlich überragend **33**

**32** LB'Spreite br-eiförmig, höchstens 2,5× so lg wie br, am Grund br abgestutzt, gekerbt bis kerbsägig (slt fast ganzrandig); Kro himmelblau; Gri 0,4–0,8 mm lg; Pf mit drüsenlosen Haaren (Traube zusätzlich drüsenhaarig). — LB drüsenlos behaart; Kro 2–4 mm ∅, nur vormittags geöffnet; Fr drüsig gewimpert, sonst kahl (fruchtende Exemplare ohne LB lassen sich dadurch vom Frühlings-E. / *V. verna* u. Dillenius-E. / *V. dillenii* [→ Pkt 29] eindeutig unterscheiden). H: 3–30(40) cm. ⊙ Th. IV–V(X). Äcker, Wiesenlücken, Ruderalfluren; collin bis montan; sehr hfg. **Alle Bdld**. **Feld-E., *V. arvénsis***

**-** LB'Spreite lanzettlich bis länglich-spatelig, 3–5× so lg wie br, am Grund keilig verschmälert, ganzrandig; Kro weiß; Gri etwa 0,2 mm lg; Pf immer ohne drüsenlose Haare. H: 5–20(30) cm. ⊙ Th. (IV)V–VI. Gärten, Ruderalstellen, meist auf feuchten, nährstoffreichen Böden; collin. Neubürger (seit dem 19. Jahrh.). (Heimat: Gebirge in Mittel- u. Südamerika.) [18] **Fremd-E., Amerikanischer E., *V. peregrína***

**a** Pf meist völlig kahl. Zstr bis slt. **W, N, (O, S), St, T, V**. **Gewöhnlicher F.-E., *V. p. var. peregrína***

**-** Pf fein drüsig-flaumig. Sehr slt. **(K)**. Wohl nur unbeständig (?). ☆ **Drüsen-F.-E., *V. p. var. xalapénsis***

**33** LB tief gekerbt-gesägt, behaart; Fr etwas länger als br, seicht ausgerandet (Ausrandung etwa 1/8 der FrLänge); Gri die Ausrandung weit überragend; FrStiel 1–1,5× so lg wie der K, aufrecht; Köpfchen der Drüsenhaare dunkel. **Früh-E., *V. práecox*** (→ Pkt 28–)

**–!!** LB seicht undeutlich gesägt bis fast ganzrandig, (fast) kahl; Fr viel breiter als lg, 2spaltig (Einschnitt fast bis zur Mitte reichend); Gri den Einschnitt (= die Ausrandung) kaum überragend; FrStiel 2–3× so lg wie der K, aufrecht-abstehend, an der Spitze ± aufwärts gekrümmt; Köpfchen der Drüsenhaare hell. — Kro (h')blau; FrStiele 3–10 mm lg, 1–1,5× so lg wie ihr DeckB; Fr drüsig gewimpert; Gri etwa 1–1,5 mm lg; Sa flach. H: 3–10(15) cm. ⊙ Th. IV–V(VI?). Feuchte, tonige, wechselnasse Äcker; collin; sehr slt. Südl. Ost-**St**. (Ozeanisch-submedit.) Vom Aussterben bedroht. **Steinquendel-E.,** Drüsiger E., Kölme-E., ***V. acinifólia***

**–** (Wenn Pf im oder am Wasser wachsend u. mehrere seitliche Blüstd (Trauben) vorhanden, → Pkt 8)

**34** [30] Fr breiter als lg; oberirdisch kriechende, dünne, krautige, grünliche Stg; Klappen der toten Fr sich bei Befeuchtung öffnend. — Stg am Grund kriechend; LB kurz gestielt bis sitzend, fein gekerbt bis gesägt oder fast ganzrandig, locker kurzhaarig bis fast kahl; Traube kurz drüsenlos krummhaarig oder zusätzlich ± reich drüsenhaarig; FrStiele (3)4–5(6) mm lg; Fr 3–4 mm lg, 4–5,5 mm br; Gri 2–3 mm lg; Sa flach. ♃ He. Recht variabel; die im folgenden als Unterarten eingestufte Tief- u. die Hochlagen-Ökorasse sind durch Übergangspopulationen miteinander verbunden. **Quendel-E., *V. serpyllifólia***

**a** Kro weiß bis blaßblau (bläulich geädert); Traube etwa (15)25–40(60)blütig, etwa 5–10 cm lg (während des Blühens). — LB'Spreite länglich-elliptisch bis eiförmig (1,5–2,5× so lg wie br), (8)10–25 mm lg; Kro etwa 5–7 mm ∅. H: 10–30(40) cm. (IV)V–VII. Feuchte, oft kalkarme u. schwach bodensaure Waldwege, Fettwiesen, feuchte Trittrasen, Ackerränder u. Ruderalfluren; collin bis montan; hfg (im Pann slt). **Alle Bdld.** **Gewöhnlicher Qu.-E., *V. s. subsp. serpyllifólia***

**–** Kro h'blau bis ± kräftig lilablau (dunkler geädert); Traube etwa 5–15(25)blütig, etwa 2–4 cm lg (während des Blühens). — LB'Spreite meist rundlich-eiförmig bis rundlich (1–1,7× so lg wie br), 6–12 mm lg; Kro etwa 6–9 mm ∅. H: (3)5–8(12) cm. VI–IX. Fettweiden, Hochstaudenfluren, Lägerfluren; subalpin (alpin); hfg. **Fehlt B, W**. (Vgl. den im Habitus mitunter recht ähnlichen Alpen-E. / *V. alpina*, → Pkt 37.) (*V. s. subsp. nummularioides, V. s. var. humifusa, V. tenella*) **Gebirgs-Qu.-E., *V. s. subsp. humifúsa***

**–!!** Fr länger als br; Stg unten anders (dicker oder holzig oder unterirdisch); Klappen der toten Fr sich bei Befeuchtung ± schließend . . . . . . . . **35**

**–!!** (Wenn LB länger als 4 cm, mehrere seitenständige Trauben vorhanden, Pf aufrecht u. höher als 30 cm: → **Nessel-E. / *V. urticifólia***, → Pkt 13)

**–** (Wenn Pf im oder am Wasser wachsend u. mehrere seitliche Trauben vorhanden, → Pkt 4)

**35** Am Grund niederliegende bis kriechende, verzweigte, ± holzige Stg; LB steif, glänzend, etwas ledrig, fast kahl; Kro 9–15 mm ∅; Gri 4–6 mm lg, länger als die halbe FrLänge; Fr (fast) nicht ausgerandet, sich mit 4 Klappen öffnend. (Gruppe des Halbstrauch-E., *V. fruticulosa-Gruppe*) . . . . . . . . . . . **36**

**–** Stg alle krautig; LB weich, matt, nicht ledrig, sehr locker bis dicht behaart; Kro 4–9 mm ∅; Gri 0,7–4 mm lg, kürzer als die halbe FrLänge; Fr ausgerandet, sich mit 2 Klappen öffnend . . . . . . . . . . . . . . . . . . . . . . . . . . **37**

**36** BlüStiel u. K ohne Drüsenhaare; Kro tief blau mit purpurnem Schlundring; Blühtriebe mit 3–6 heurigen LB'Paaren; LB verkehrt-eilanzettlich, spatelig bis verkehrt-eiförmig, meist kürzer bis nur wenig länger als die Stg-Internodien;

Traube (1)3–7(9)blütig, unterste DeckB meist gegenständig; reife Fr den K deutlich überragend. — Kro 13–15 mm ∅; Fr eiförmig, (5)6–7(7,5) mm lg u. 3,5–4,5 mm br; Gri (3)4–5(6) mm lg. H: 5–10(15) cm. ♃ ♄ Ch HS. (V)VI–VIII. Felsfluren, steinige Magerrasen; über Kalk oder Silikat; obermontan bis alpin; mäßig hfg. **Fehlt B, W.** **Felsen-E., *V. frúticans***

- BlüStiel u. K drüsenhaarig; Kro blaß rosarot; Blühtriebe mit (6)8–12 heurigen LB'Paaren; LB lineal-lanzettlich, mindestens doppelt so lg wie die Stg-Internodien; Traube (5)8–20blütig, auch unterste DeckB wechselständig; reife Fr kaum länger als der K. — Kro (9)11–14 mm ∅; Fr eiförmig bis elliptisch, 6–7 mm lg u. (4)4,5(5) mm br; Gri 4–5(6) mm lg. H: 10–20(30) cm. ♃ ♄ Ch HS. VI–VII(VIII). Sonnige Kalkschuttfluren u. Kalkfelsspalten; subalpin bis alpin; zstr bis slt. sAlp. **K, T, V**. (Hptvbr.: Süd- u. Westalpen, Jura, Pyrenäen.) **Halbstrauch-E., *V. fruticulósa***

**37** Untere LB nicht rosettig gehäuft; sehr locker behaart, unterseits oft fast kahl; Traube u. Fr völlig drüsenlos behaart; Gri 0,5–1,5(2) mm lg. — Unterirdische Ausläufer; Traube 3–8blütig, mit 0,5–2 mm lg, stets drüsenlosen Haaren (Unterschied gegenüber dem im Habitus oft ähnlichen Gebirgs-Quendel-E. / *V. serpyllifolia subsp. humifusa*; → Pkt 34); Kro 4–7 mm ∅; Fr elliptisch, 5–7 mm lg u. 4–5 mm br, drüsenlos behaart, unreif meist türkisfarben überlaufen. H: 5–15 cm. ♃ He (Ge). VII–VIII. Nährstoffreiche, feuchte Rasen, Schneetälchen- u. Lägerfluren; subalpin bis subnival; hfg. **Fehlt B, W**. (*V. alpina subsp. australis*) **Alpen-E., *V. alpína* (*subsp. púmila*)**

- Untere LB rosettig gehäuft, mäßig dicht bis sehr dicht behaart; Traube u. Fr drüsenhaarig; Gri 2–4 mm lg. — Kro 6–8 mm ∅ . . . . . . . . . . . . **38**

**38** Meist alle LB in einer Grundrosette angeordnet, aus der eine eigentlich seitenständige, lg gestielte Traube ohne LB entspringt; LB 8–15 mm lg, drüsenlos behaart; Blü- u. FrStiele länger als ihr DeckB; Kro h'lilablau; dünne unterirdische Ausläufer vorhanden. — Traube 2–6blütig. **Nacktstiel-E., *V. aphýlla*** (→ Pkt 10–)

- GrundrosettenLB größer als die StgB, die in 2–3 voneinander entfernten Paaren unterhalb der Traube angeordnet sind; GrundB (15)20–30 mm lg, dicht, meist drüsig behaart; Blü- u. FrStiele viel kürzer als ihr DeckB; Kro d'blau; dicke, halb oberirdisch kurz kriechende, dicht beblätterte Stg, keine dünnen Ausläufer. — Traube 5–10blütig. H: (5)10–20(25) cm. ♃ He. VII–VIII. Mäßig trockene, bodensaure Magerrasen, Krummseggenrasen; kalkmeidend; (subalpin bis) alpin; mäßig hfg. **St, K, S, T, V**. **Gänseblümchen-E.,** Rosetten-E., Maßliebchen-E., ***V. bellidioídes*** (*subsp. bellidioídes*)

## (15) Gnadenkraut, *Gratíola* (G II 5)

LB länglich-lanzettlich, entfernt-gesägt, drüsig punktiert. H: 15–30 cm. ♃ He. VI–VIII. Sumpfwiesen, Gräben; collin bis submontan; slt. **Fehlt S**. VolksarzneiPf, Homöop.; giftig. Stark gefährdet. ▲ **Gnadenkraut, *G. officinális***

## (16) Gauklerblume, *Mímulus*

Anm.: Die ★ **Kupferrote G., *M. cúpreus***, ZierPf (Heimat: Chile) u. die ★ **Moschus-G., *M. moschátus***, ZierPf (KZähne fast gleich; Kro etwa 2 cm lg; Heimat: westl. Nordamerika) wurden in **(K)** (vielleicht auch anderwärts?) als unbeständig verwildert beobachtet.

Stg kahl oder schwach drüsenhaarig; LB kahl, obere sitzend bis ± stengelumfassend, verkehrt-eiförmig; Blüstd drüsig-flaumhaarig; BlüStiel 12–25 mm lg;

DeckB: HochB; KZähne deutlich ungleich; Kro 2–4,5 cm lg, gelb, zT rötlich gefleckt. H: (20)30–50(60) cm. ♃ He. (VI)VII–VIII(X). Narbenlappen reizbar (Klappbewegung). Bach- u. Flußufer, Gräben, Quellen, (meist kalkarm); submontan bis montan; zstr. **(O, St), K, S, T**. Neubürgerin seit dem 19. Jahrh. (verwilderte ZierPf). (Heimat: westl. Nordamerika.) **Gelbe G., *M. guttátus***

## (17) Büchsenkraut, *Lindérnia*

Pf kahl; Stg zT niederliegend, am Grund verzweigt; LB 3nervig, ganzrandig; Blüstd: Traube, untere DeckB LB'artig; Kro 3–6 mm lg, weißlich, oben rötlich; alle 4 StaubB fertil. H: (3)5–15(20) cm. ⊙ Th. (VII)VIII–IX. Offene, nährstoffreiche, meist kalkfreie Schlammböden, Ufer von Tümpeln u. Teichen, nasse Schweinesuhlen, Zwergbinsenges.; collin; sehr slt. **B, N, St, K†**. Vom Aussterben bedroht. *(L. pyxidaria)* **Europäisches B., Liegendes B., *L. procúmbens***

## (18) Schlammkraut, *Limosélla*

Pf kahl (Abb. 317); 2–5 cm lg, blattlose Ausläufer; LB samt Stiel (2)4–11(15) cm lg, Spreite länglich-spatelig, 8–20 mm lg u. 2–8 mm br; Blü grundständig, 8–15 mm lg gestielt; Kro 3 mm ⌀, blaß-purpurlila. H: (2)3–5(6) cm. ⊙ Th. VI–X. Zeitweise trockenfallende offene Schlammufer; collin; slt bis sehr slt. **(K), V†; sonst alle Bdld**. Vom Aussterben bedroht.
**Schlammkraut, *L. aquática***

## (19) Läusekraut, *Pediculáris*

1 Kro (h'-)gelb . . . . . . . . . . . . . . . . . . . . . . . . . . . . . . . . . . . . . 2
- Kro rosa, purpurrot oder rotbraun (blutrot) . . . . . . . . . . . . . . . . . . . . 8

2 KroOberlippe in einen deutlichen Schnabel verlängert (ähnlich Abb. 330). — K außen kahl oder flaumig bis zottig . . . . . . . . . . . . . . . . . . . . . . . . 3
- KroOberlippe ungeschnäbelt (ähnlich Abb. 331) . . . . . . . . . . . . . . . . . . 5

3 Stg der Blühtriebe am Grund allseits wollig behaart; KZähne innen kahl; Blüstd zu Beginn des Blühens etwa so lg wie br. — LB kahl oder unterseits zstr behaart; DeckB gewimpert; Kro 14–20 mm lg. H: (5)10–20(25) cm. ♃ He. VI–VIII. Saure Magerrasen, Bürstlingsrasen; subalpin bis alpin; mäßig hfg bis zstr. **K, S** (im Pinzgau), **T, V**. **Knollen-L., *P. tuberósa***
- Stg der Blühtriebe am Grund 2–3zeilig behaart; KZähne innen flaumhaarig; Blüstd zu Beginn des Blühens deutlich länger als br. — LB immer völlig kahl; Kro 12–18 mm lg. (Artengruppe Langähren-L., *P. elongata agg.*) . . . . . 4

4 DeckB kahl oder gewimpert, die oberen fiederspaltig bis gezähnt; K außen kahl; LB'Fiederchen fast ganzrandig; Fr den K etwas überragend. — Kro 12–16 mm lg. H: (10)15–30(40) cm. ♃ He. VII–VIII. Kalkmagerrasen; alpin; zstr bis slt. sAlp (sehr slt in den Zentralalpen). Südwest-**K** (bes. in den Karnischen Alpen), (bes. Ost-)**T**. (Gesamt-Vbr.: mittlere Südalpen: von der Brenta-Gruppe bis zum Dobratsch.) *(P. elongata subsp. elongata)*
**Langähren-L., *P. elongáta*** *(s. str.)*
- DeckB unterseits u. K außen zottig, obere DeckB 3lappig; LB'Fiederchen gekerbt; Fr so lg wie der K. — Kro 14–18 mm lg. H: (10)15–30(40) cm. ♃ He. VII–VIII. Kalkmagerrasen; alpin; slt. Südost-**K** (in den Karawanken u. (?) den Steiner Alpen). (Gesamt-Vbr.: östl. Südalpen: von den Julischen bis zu den Steiner Alpen.) *(P. elongata subsp. julica)*
**Julisches L.**, (sl.:) julijski ušivec, ***P. júlica***

**5** Kro 26–32(38) mm lg, Unterlippe rot gerandet; KroSchlund durch die fast anliegende Unterlippe geschlossen; KroRöhre nach oben zu etwas breiter werdend; Fr fast kugelig; Sa ringsum geflügelt. H: (15)30–70(100) cm. ♃ He. VI–VIII. Flachmoore, Moorwiesen, Verlandungsges.; collin bis montan; sehr slt. **St, S†**. Eiszeitrelikt. (Hptvbr.: Nord- u. Nordost-Europa, Sibirien.) Vom Aussterben bedroht. ▲
**Karlsszepter,** Moorkönig, ***P. scéptrum-carolínum***

**-** Kro (12)16–26(28) mm lg, Unterlippe nicht rot gerandet; Unterlippe abstehend, KroSchlund daher offen; KroRöhre zylindrisch; Fr seitlich stark zusammengedrückt; Sa ohne ringsum laufenden Flügel . . . . . . . . . . . . . **6**

**6** Pf 4–20 cm hoch; LB 2–6(8) cm lg u. 0,5–1 cm br, 1×-fiederschnittig, Fiedern gekerbt bis gesägt; DeckB die Blü nicht überragend, auch die unteren stark verschieden von den LB; Kro außen h'gelb, mit roten Flecken, innen meist blutrot. — K lg'haarig, 5zähnig bis 5spaltig, KZipfel lanzettlich, meist ganzrandig; Kro (12)16–20(30) mm lg. H: 4–15(20) cm. ♃ He. VI–VIII. Frische, lehmige, ± basische Magerrasen, bes. über Amphibolit, Kalkschiefer, Marmor, Dolomit; alpin; slt. Nur in den Zentralalpen. **St, T, V**. (Arktisch-asiatisch-alpin.) △ **Buntes L., *P. óederi***

**-** Pf 20–120 cm hoch; LB 8–30 cm lg u. 3–10 cm br; 2–3×-fiederschnittig; DeckB die Blü stark überragend, die unteren gestaltlich in die LB übergehend; Kro außen u. innen h'gelb, ohne rote Flecken . . . . . . . . . . . . . . . **7**

**7** K ledrig, vorn bis zur Mitte gespalten, 5zähnig (oft undeutlich), hintere KZähne br-3eckig; Oberlippe der Kro kahl oder zstr behaart. H: (20)30–90(120) cm. ♃ He. VII–VIII. Kalkreiche Wiesen u. Hochstaudenfluren, Ruhschuttrasen; obermontan bis subalpin; slt. sAlp. **K**. (Hptvbr.: Südalpen, Karpaten.) Stark gefährdet. ▲ **Karst-L., Hacquet-L.,** (sl.:) Hacquetov ušivec, ***P. hacquétii***

**-** K häutig, nicht gespalten, deutlich 5zähnig, alle KZähne lanzettlich-3eckig; Oberlippe der Kro dicht zottig. H: (15)25–40(50). ♃ He. VI–VIII. Frische, kalkreiche Rasen, bes. Rostseggenrasen, Hochstaudenfluren, Grünerlengebüsche; Tonzeiger; (obermontan) subalpin bis unteralpin; zstr. **Fehlt B, W**. △
**Blätter-L., Durchblättertes L., *P. foliósa***

**8** [1] StgB quirlständig in 4zähligen Wirteln. — Kro 12–16(20) mm lg; KroOberlippe ungeschnäbelt. H: 5–15(30) cm. ♃ He. VI–VIII. Frische, basenreiche Rasen (montan bes. in Quellmooren); (montan) subalpin bis alpin; hfg. **Fehlt B, W**. △ **Quirl-L., *P. verticilláta***

**-** StgB wechselständig oder gegenständig oder fehlend (weil alle LB in grundständiger Rosette) . . . . . . . . . . . . . . . . . . . . . . . . . . **9**

**9** Oberlippe der Kro gänzlich ungeschnäbelt u. ohne Zähne . . . . . . . . . **10**

**-!!** Oberlippe der Kro in einen kurzen Schnabel endend u./oder beiderseits mit einem kurzen Zahn (Abb. 331) . . . . . . . . . . . . . . . . . . . . . **11**

**-** Oberlippe der Kro deutlich geschnäbelt (Abb. 330) . . . . . . . . . . . . **13**

**10** Kro tief braunrot bis blutrot; K gewimpert, sonst kahl; untere DeckB fiederspaltig. H: 20–50(60) cm. ♃ He. VI–VIII. Hochstaudenfluren, Grünerlengebüsche, Rostseggenrasen, Quellfluren; sickerfeuchte, nährstoff- u. basenreiche Lehmböden; obermontan bis subalpin; zstr. **Fehlt B, W**. △
**Stutz-L., Gestutztes L., *P. recutíta***

**-** Kro rosa; K weißwollig; untere DeckB nur wenig eingeschnitten. — LB meist rotbraun. H: 5–15 cm. ♃ He. VII–VIII. Steinige Kalkrasen, Polsterseggenfluren; kalkstet; alpin; zstr bis slt. **N** (slt), **O, St, K, S**. △
**Rosarotes L., *P. rósea*** *(s. str.)*

**11** Blühtriebe einzeln (pro LB'Rosette); K nach dem Blühen nicht aufgeblasen. **Zweiblüten-L., *P. portenschlágii*** (→ Pkt 16–)
**-** Hauptsproß am Grund verzweigt, daher mehrere Blühtriebe pro LB'Rosette; K nach dem Blühen aufgeblasen . . . . . . . . . . . . . . . . . . . . . . . . **12**

**12** Seitliche Blühtriebe aufrecht-abstehend; K tief 2lippig; Unterlippe der Kro so lg wie die Oberlippe, gewimpert (Abb. 331); Sa schwarzbraun; Blüstd etwa 10–20blütig. H: (5)20–40(70) cm. ⊙–♃ He. V–VII. Nährstoff- u. basenreiche, meist kalkarme Flach- u. Zwischenmoore, Sumpfwiesen; collin bis montan; slt bis sehr slt. **Alle Bdld (W†)**. (Stark) gefährdet. △ **Sumpf-L., *P. palústris***
**-** Seitliche Blühtriebe niederliegend-aufsteigend; K ungleich-5zähnig; Unterlippe der Kro deutlich kürzer als die Oberlippe, kahl; Sa h'braun; Blüstd 3–10blütig. H: 5–12(15) cm. ⊙–♃ He. V–VII. Flach- u. Quellmoore, nährstoffarme, bodensaure Feuchtwiesen, moorige Wälder; bes. montan; slt bis sehr slt. Bes. im BM. **N, O, K, V**. Gefährdet; im Alp stark gefährdet. **Wald-L., *P. sylvática***

**13** [9] KZähne zumindest der oberen Blü ganzrandig; Blüstd ährenförmig, viel länger als br. — Kro 11–16 mm lg. H: (15)20–40(45) cm. ♃ He. VII–VIII. Frische Kalkmagerrasen, Rostseggenrasen; subalpin bis alpin; mäßig hfg bis zstr. *(**P. rostrato-spicata**)* **Ähren-L. *P. rostrátospicáta***
  **a** DeckB u. K spinnwebig behaart; KZähne auch der unteren Blü ganzrandig. **Fehlt B, W, V**. (Ostalpisch.) **Österreichisches Ä.-L., *P. r. subsp. rostrátospicáta***
  **-** DeckB u. K dicht grau- bis gelblichweiß-zottig; KZähne der unteren Blü ± deutlich gesägt; Pf „kräftiger" als die Nominatrasse. **V, West-T**. (Mittel- u. westalpisch.) **Schweizer Ä.-L., *P. r. subsp. helvética***
**-** KZähne auch der oberen Blü deutlich gesägt bis gekerbt; Blüstd nicht stark verlängert, meist kaum oder nur wenig länger als br . . . . . . . . . . . **14**

**14** Unterlippe der Kro dicht u. kurz gewimpert (Abb. 330). — K meist gewimpert u. auf den Längsnerven behaart, sonst kahl; Kro 16–25 mm lg. H: 5–20 cm. ♃ He. (V)VII–VIII. Kalkreiche, frische Steinrasen; (subalpin) alpin; hfg. **Fehlt B, W**. *(**P. rostrato-capitata**)*
**Kopf-L.,** Kopfiges L., ***P. rostrátocapitáta*** *(subsp. rostrátocapitáta)*
**-** Unterlippe der Kro kahl . . . . . . . . . . . . . . . . . . . . . . . . . . . . . **15**

**15** K rötlich-wollig-zottig (Haare 1–2 mm lg); KroRöhre so lg wie der K. — Blühtriebe endständig (einzeln pro LB'Rosette); Blüstd (1)2–5(8)blütig; Kro 13–17(18) mm lg; Schnabel der KroOberlippe 4–6 mm lg, deutlich abgesetzt. H: (2)5–8(10) cm. ♃ He. VII–VIII. Magerrasen u. Felsschuttfluren, bes. über Kalkschiefer; alpin; in den Zentralalpen mäßig hfg, sonst sehr slt. **Fehlt B, W, N**. **Farnblatt-L., Salzburger L., *P. aspleniifólia***
**-** K kurz weißlich-flaumig behaart (Haare höchstens 1 mm lg) oder kahl; KroRöhre deutlich länger als der K . . . . . . . . . . . . . . . . . . . . . . . **16**

**16** K gleichmäßig flaumig, slt kahl; Kro 17–20 mm lg; KroRöhre 1¼× so lg wie der K; Blühtriebe seitenständig (aus der Achsel von RosettenLB), (1)2–4(6) Blüstd pro LB'Rosette. — Blüstd 1–3(4)blütig; Schnabel der KroOberlippe deutlich abgesetzt. H: (3)5–8(15) cm. ♃ He. VII–VIII. Bodensaure Magerrasen, Krummseggenrasen, Felsschuttfluren; (hoch)alpin; zstr bis slt. **K?, S** (slt), **T, V**. *(P. rhaetica)* **Kerner-L., Bündner L., *P. kérneri***
**-** K gewimpert u. auf den Nerven flaumhaarig, sonst kahl; Kro 21–25(30) mm lg; KroRöhre 1½–2× so lg wie der K; Blühtriebe endständig (nur 1 Blühtrieb pro LB'Rosette). — Blüstd 1–3(5)blütig; Schnabel der KroOberlippe etwa 2 mm lg,

kegelig, nur wenig abgesetzt. H: 2–8(10) cm. ♃ He. VI–VIII. Mäßig bodensaure Magerrasen und Gesteinsfluren; alpin (bis subalpin); zstr bis slt. Östl. Zentral- u. Nord-Alpen. **N, St, K, S** (im Lungau). Endemisch.
**Zweiblüten-L.,** Zweiblütiges L., Portenschlag-L., ***P. portenschlágii***

## (20) Alpenhelm, *Bártsia*

LB eiförmig, d'grün bis schwärzlichgrün; K drüsenhaarig; Kro 18–22 mm lg. H: 5–10 cm. ♃ He. VI–VIII. Steinrasen, Quellsümpfe; kalkhold; subalpin bis alpin; hfg. **Fehlt B, W.** **Alpenhelm, Trauerblume,** Bartschie, ***B. alpína***

## (21) Zahntrost, *Odontítes*

Anm.: Vgl. die Anm. bei (24) Wachtelweizen, *Melampýrum*!

**1** Kro dottergelb; StaubB weit aus der Kro herausragend; Staubbeutel kahl, frei; LB linealisch, schwach entfernt-gesägt bis fast ganzrandig. H: 15–40 cm. ⊙ Th. VIII–IX. Trockenrasen; kalkliebend; collin bis submontan; im Pann zstr, sonst slt. **Fehlt S.** Gefährdet. *(Euphrasia lutea, Orthantha lutea, Orthanthella lutea,* ***Odontites lutea****)* **Gelb-Z., Gelber Z., *O. lúteus***

**-** Kro rosa bis fleischrot; StaubB aus der Kro nicht herausragend; Staubbeutel an der Spitze zottig, aneinander geklebt; LB schmal-lanzettlich, entfernt-gekerbt. (Artengruppe Rot-Z., Roter Z., *O. ruber agg., O. vernus s. l.*) . . . **2**

**2** DeckB 7–10 mm lg, die Blü nicht überragend; Pf vom Grund an verzweigt mit fast waagrecht-abstehenden Ästen; 2–4(7) LB'Paare zw. den obersten Ästen u. dem Blüstd. H: 20–50 cm. (VII)VIII–X. Frische Fettweiden u. Trittrasen; Lehmzeiger, salzertragend; collin bis untermontan; zstr. **Alle Bdld.** *(O. serotinus, O. ruber s. str., O. vernus subsp. serotinus)* **■ Herbst-Z., *O. vulgáris***

**-** DeckB 10–15(20) mm lg, die Blü überragend; Pf nur oben verzweigt mit aufrecht-abstehenden Ästen; oberste Äste unmittelbar unterhalb des Blüstd. H: 10–30 cm. ⊙ Th. V–VII. Frische, nährstoffreiche Getreideäcker; collin bis submontan; sehr slt. **Fehlt S.** Stark gefährdet. ▲ *(O. rubra subsp. verna,* ***O. verna****)* **■ Frühlings-Z., *O. vérnus***

## (22) Augentrost, *Euphrásia*

Anm.: Mit „drüsenhaarig" sind niemals sitzende Drüsen gemeint! – Die Kro vergrößert sich oft während des Blühens, die Meßwerte der KroLänge beziehen sich auf die voll entwickelte Kro und auf deren Rückenseite (obere Seite, Oberlippe). Bei allen Taxa ist die KroOberlippe ± violett, gelegentlich auch die KroUnterlippe ± violett bis lila. – Insbesondere bei alpinen Zwerg-Exemplaren ist die Bestimmung aufgrund morphologischer Konvergenz oft sehr schwierig.

**1** Zähne des DeckBRandes nicht unmittelbar aufeinanderfolgend (sondern ein Stück geraden, ganzen Randes zw. ihnen, zumindest zw. dem 1. u. 2. Zahn von oben, Abb. 333 u. 334); DeckB *(samt Zähnen gemessen!)* meist mehr als 2× so lg wie br; unreife Fr nicht abstehend gewimpert, — kahl oder am Scheitel mit wenigen Haaren, gelegentlich auch schwach behaart; LB'Spreitengrund deutlich keilig. *(E. sect. E. subsect. Angustifoliae)* . . . . . . . . . . . . . . . **2**

**-** Zähne des DeckBRandes unmittelbar aufeinanderfolgend (zw. ihnen kein ganzrandiges Stück LB'Rand, Abb. 332); DeckB *(samt Zähnen)* meist weniger als 2× so lg wie br; unreife Fr (bes. am Scheitel) deutlich abstehend gewimpert,

— u. oft auf der Fläche kurzhaarig (zur Reife oft ± verkahlend!) *(E. sect. E. subsect. Ciliatae)* . . . . . . . . . . . . . . . . . . . . . . . . . . . . **3**

**2** Gut ausgebildete DeckB mit meist mindestens 3 Zähnen pro Seite. — Kro 6–7(9) mm lg. H: 5–20 cm. ⊙ Th. VI–IX. Kalkschuttfluren, Kalkmagerrasen; (collin) montan bis subalpin; mäßig hfg. **Alle Bdld**. Sehr variabel. (Inkl. ***E. stiriaca***) **Salzburger Au., *E. salisburgénsis*** *(s. str.)*

**-** Gut ausgebildete DeckB mit meist weniger als 3 Zähnen pro Seite, — ihre Blattfläche *(ohne Zähne gemessen!)* 5–8× so lg wie br; DeckB mit (0)1–2(3) Zähnen; Kro 8–11(13) mm lg. H: 5–20 cm. ⊙ Th. VII–IX. Kalkschuttfluren; collin bis montan; in den sAlp mäßig hfg, sonst sehr slt. Süd-**K**, Nord-**T**. Potentiell gefährdet; in den nAlp gefährdet. *(E. tricuspidata subsp. cuspidata, E. carniolica)* **Krainer Au.**, Spitzblatt-Au., (sl.:) kranjska smetlika, ***E. cuspidáta***

**3** Kro sich während des Blühens deutlich vergrößernd, zuletzt (7)9–13(15) mm lg; Gri deutlich aus der Kro herausragend, sich während des Blühens nicht, nur wenig oder erst sehr spät einkrümmend. (Artengruppe Echter Au., *E. rostkoviana agg.*) . . . . . . . . . . . . . . . . . . . . . . . . . . . . . . . . . . **4**

**-** Kro sich während des Blühens nicht oder kaum vergrößernd, (3)4–8(9) mm lg; Gri aus der Kro kaum herausragend, sich vor oder während des Blühens stark einkrümmend . . . . . . . . . . . . . . . . . . . . . . . . . . . . . . . . . **6**

**4** DeckB (bes. untere) mit schmalem, keilförmigem Spreitengrund, — mit 3–5(9) Zähnen pro Seite; LB u. DeckB fast stets kahl, jedenfalls nicht drüsenhaarig, fein rauh, manchmal mit sitzenden Drüsen; unterste Blü am (6.)8.–12.(17.) Knoten oberhalb der KeimB; Kro 9–11 mm lg. H: 5–20(35) cm. ⊙ Th. V–X. Feuchtwiesen; collin; slt. **B, N, O?, St, S?**. Stark gefährdet. ▲ *(E. picta subsp. kerneri)* **■ Kerner-Au., Großblütiger Au., *E. kérneri***

**-** DeckB (sowie mittlere u. obere LB) mit abgerundetem bis keilförmigem Spreitengrund, — drüsenhaarig oder nicht drüsenhaarig (wenn drüsenlos, dann meist mit abgerundetem Spreitengrund); Kro weiß, mit gelb-violetter Zeichnung, oft ± lila überlaufen . . . . . . . . . . . . . . . . . . . . . . . . . . . **5**

**5** LB u. DeckB drüsenhaarig. H: 5–25(40) cm. ⊙ Th. V–X. Frische (Mager-)Wiesen u. Weiderasen; (submontan) montan (subalpin); hfg. **Alle Bdld**. VolksarzneiPf. *(**E. rostkoviana**; inkl. **subsp. montana** = E. officinalis subsp. monticola).*
**■ Wiesen-Au., Echter Au.**, Gewöhnlicher Au., ***E. officinális* (subsp. *rostkoviána*)**

**-** LB u. DeckB nicht drüsenhaarig, kahl oder mit sitzenden Drüsen. — LB oft kurzhaarig bis -borstig; unterste Blü am 2.–6.(7.) Knoten oberhalb der KeimB; untere DeckB mit 2–4(5) Zähne pro Seite; Kro (6,5)7,5–10(11) mm lg. H: 5–20(25) cm. ⊙ Th. V–X. Frische (Mager-)Wiesen u. Weiderasen; montan bis subalpin; zstr bis hfg. **Fehlt B, W**. (Inkl. *E. versicolor)*
**■ Scheckiger Au., *E. pícta***

Abb. 332

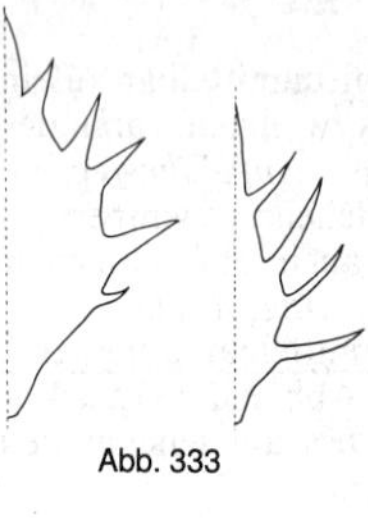
Abb. 333

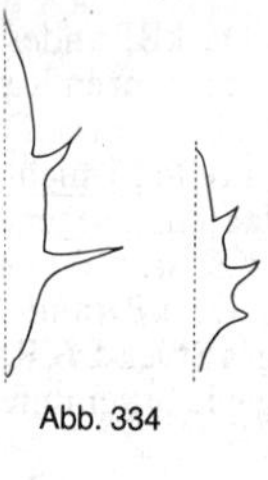
Abb. 334

**6** [3] Gri bereits vom Beginn des Blühens an stark gekrümmt. — Kro 4–7(8) mm lg. Montan bis alpin . . . . . . . . . . . . . . . . . . . . . . . . . . . . **7**

**-** Gri sich erst während des Blühens krümmend. — Kro (5)6–9 mm lg, weiß bis lila. Collin bis montan (subalpin) . . . . . . . . . . . . . . . . . . . . . . . **10**

**7** Bes. die oberen DeckB dicht dachziegelig gedrängt, mit mindestens (3)4 Zähnen pro Seite, — meist drüsenhaarig. H: 5–20 cm. ⊙ Th. VI–IX. Magerrasen; subalpin; slt. **T, V**. Gefährdet. **Zottiger Au., *E. hirtélla***

**-** Die oberen DeckB nicht dicht gedrängt, mit (2)3(4) Zähnen pro Seite, — nicht drüsenhaarig, kahl bis behaart . . . . . . . . . . . . . . . . . . . . . . **8**

**8** Kro (5)6–7(8) mm lg, — weiß oder gelb; größere Individuen meist verzweigt. H: (1)2–15(25) cm. ⊙ Th. VII–IX. (Oft ± bodensaure) Magerrasen, bes. Krummseggenrasen; obermontan bis alpin; hfg. **Fehlt B, W**. *(E. mattfeldii, E. tirolensis, „E. minima agg.")* **Zwerg-Au., *E. mínima***

Anm.: Unter „***E. drosocalyx***" wurden Zwergformen von *E. officinalis subsp. rostkoviana* u. von *E. hirtella* sowie die Hybride *E.* × *drosocalyx* = *E. minima* × *E. officinalis subsp. rostkoviana* verstanden; unter „***E. pulchella***" Zwergformen von *E. picta*, kahle Formen von *E. hirtella* sowie die Hybride *E.* × *pulchella* = *E. minima* × *E. picta*.

**-** Kro (4)5(6) mm lg, — weiß bis lila; Pf meist unverzweigt (höchstens 2 Äste), bes. im Herbst rötlich überlaufen . . . . . . . . . . . . . . . . . . . . . . **9**

**9** Buchten zw. den DeckB-Zähnen spitz. H: (1)2–10(15) cm. ⊙ Th. Magerrasen über Biotit-Schuppengneis; subalpin; sehr slt. **S** (bei Kaprun: vermutlich anthropogen!), **T** (im oberen Ötztal: Gurgl, Vent). Endemisch. (Stark) gefährdet. **■ Unerwarteter Au., *E. inopináta***

**-** Buchten zw. den DeckB-Zähnen stumpflich. H: (1)2–8 cm. ⊙ Th. Magerrasen über Kalk; subalpin; sehr slt. Nord-**T** (im Rofangebirge, auf dem Kitzbüheler Horn). Endemisch. (Stark) gefährdet. **■ Buchten-Au., *E. sinuáta***

**10** [6] Kro (6)7–10 mm lg; Zähne der oberen DeckB deutlich (meist dunkel) begrannt. — Pf meist stark purpurn überlaufen; Äste 2–6(10) Paare, meist steif aufrecht; LB'Grund meist keilig; DeckB meist etwas aufrecht-abstehend; unterste Blü am (3.)7.–14.(18.) Knoten oberhalb der KeimB; Fr meist 4–5,5(7) mm lg, 2,5–3,5× so lg wie br. H: 5–30 cm. ⊙ Th. (VI)VII–X. Halbtrokkenrasen; meist kalkliebend; collin bis montan (subalpin); hfg. **Alle Bdld**. *(E. ericetorum, E. pumila, E. „brevipila", E. „tatarica", E. stricta subsp. bicknellii, E. „officinalis" p. p.,* inkl. ***E. „pectinata"***; „Artengruppe Heide-Au., *E. stricta agg.*") **■ Heide-Au., Steifer Au., *E. stricta (s. l.)***

**-** Kro (2)4–7(8) mm lg; Zähne der oberen DeckB nicht oder nur kurz u. hell begrannt. (Artengruppe Hain-Au., *E. nemorosa agg.*) . . . . . . . . . . . **11**

**11** LB meist grün, am Rand wenig verdickt, im trockenen Zustand unterseits faltig; Ähre meist dicht; DeckB abstehend bis zurückgeschlagen, am Rand nicht oder schwach glänzend. H: 5–30(40) cm. ⊙ Th. V–X. Frische, basenreiche, kalkarme Weiderasen, Waldlichtungen, Wegränder; submontan bis (unter)montan; zstr. **N** (im Waldviertel). (Hptvbr.: Deutschland, West-, Nord- u. Ost-Europa.) *(E. nitidula)* **■ Hain-Au., Glanz-Au., *E. nemorósa***

**-** LB meist stark purpurn überlaufen, am Rand stark verdickt, im trockenen Zustand unterseits nicht faltig; Ähre sehr locker; DeckB aufrecht bis angedrückt, am Rand stark glänzend. H: 5–15(25) cm. ⊙ Th. VI–IX. Bodensaure (Silikat-)Magerrasen; submontan bis (unter)montan; zstr. Im BM. **N** (im Waldviertel), **O** (im Mühlviertel). Stark gefährdet. *(E. gracilis)* **■ Schlanker Au., *E. micrántha***

## (23) Klappertopf, „Klaft", *Rhinánthus*

Anm.: Vgl. die Anm. bei (24) Wachtelweizen, *Melampýrum*!

**1** Bläuliche Zähne der KroOberlippe höchstens 0,7 mm lg, breiter als lg; KroRöhre gerade. — Zähne der DeckB gleich groß, nicht begrannt; K kahl; Kro 13–15(20) mm lg. H: (5)10–30(40) cm. ⊙ Th. V–VI(IX). Wiesen, bes. Magerwiesen, Weiderasen; collin bis subalpin; hfg. **Alle Bdld.**
**Kleiner K., *Rh. mínor***

**–** Bläuliche Zähne der KroOberlippe 0,8–2,5 mm lg, deutlich länger als br; KroRöhre aufwärts gekrümmt . . . . . . . . . . . . . . . . . . . . . . . . **2**

**2** DeckB mit gleich großen Zähnen; K dicht drüsenlos behaart. — Zähne der DeckB grannenlos. H: (10)20–50(80) cm. ⊙ Th. (V)VI–VII(IX). Frische Fettwiesen, kalkhold; Lehmzeiger; (submontan) montan (subalpin). **Alle Bdld.** *(Rh. hirsutus,* ***Rh. alectorolophus agg.****)* **Zotten-K., *Rh. alectorólophus (s. l.)***

**a** KroUnterlippe waagrecht abgespreizt, der Oberlippe nicht angedrückt u. den Schlund freilassend; KroRöhre scharf aufwärts gebogen, daher Oberlippenzähne fast aufgerichtet. H: 10–20 cm. Montan bis subalpin; sehr slt. **S?**. Taxonomischer Wert zweifelhaft. *(**Rh. facchinii**)* ⊖? ■■ **Gähnender Z.-K., *Rh. a. subsp. facchínii***

**–** KroUnterlippe der Oberlippe angedrückt u. daher den Schlund verdeckend; KroRöhre nur schwach aufwärts gebogen . . . . . . . . . . . . . . . . . . . . . . . . **b**

**b** Zähne der KroOberlippe gerade vorwärts gestreckt; KHaare alle kurz, 1zellig. H: 10–60 cm. Montan; slt. Süd-**K, S**. *(**Rh. freynii**)*
**Südalpen(-Z.)-K., Freyn-K.,** Kurzhaar-K., (sl.:) Freynov škrobotec, ***Rh. a. subsp. fréynii***

**–** Zähne der KroOberlippe nach unten weisend; außer den kurzen KHaaren reichlich geschlängelte, lange, mehrzellige. H: 10–80 cm. (Submontan) montan; zstr bis mäßig hfg. **Alle Bdld.** *(**Rh. alectorolophus** s. str.)*
**Gewöhnlicher Z.-K., *Rh. a. subsp. alectorólophus***

**–** Untere Zähne der DeckB mindestens doppelt so lg wie die oberen (Abb. 335); K kahl oder drüsenhaarig . . . . . . . . . . . . . . . . . . . . . . . . **3**

**3** KroUnterlippe der Oberlippe ± anliegend, dadurch den Eingang in die KroRöhre verschließend. — K kahl. (Artengruppe Großer K., *Rh. serotinus agg.*) . . . . . . . . . . . . . . . . . . . . . . . . **4**

**–** KroUnterlippe abgespreizt, daher der Eingang in die KroRöhre offen. (Artengruppe Grannen-K., *Rh. aristatus agg.*) . . . . . . . . . . . . . . . . . . . . . . . . **5**

**4** LB kerbsägig, mit angedrückten Zähnen (Abb. 336). — Kro 17–20 mm lg. H: (15)20–50(60) cm. ⊙ Th. V–VIII(IX). Lehmige Feuchtwiesen, wechselfrische Halbtrockenrasen; collin (montan); im Pann zstr, sonst slt. **B, W, N, O, St, S.** Gefährdet. *(Rh. angustifolius,* inkl. *subsp. grandiflorus, Rh. glaber, Rh. major)*
■ **Großer K., *Rh. serótinus***

**–** LB mit abstehenden, spitzen Zähnen (Abb. 337). H: 20–60 cm. ⊙ Th. V–IX(?). Feuchtwiesen (?); collin; slt (?). Im Pann. **B, N.** Stark gefährdet. *(Rh. angustifolius subsp. borbasii)* ■ **Pußta-K., *Rh. borbásii***

Abb. 335

Abb. 336

Abb. 337

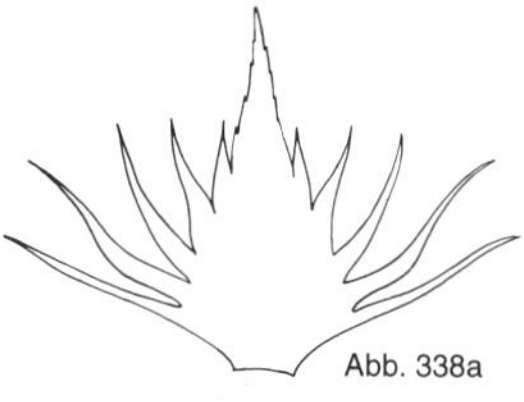

Abb. 338a

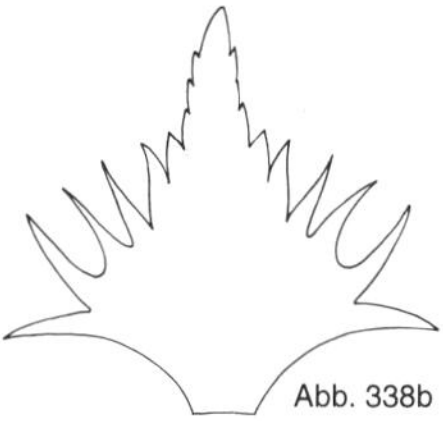

Abb. 338b

**5** Untere Zähne der DeckB 1–5 mm lg begrannt (Abb. 338 a). — Kro 15–18(20) mm lg. H: (10)30–50(70) cm. ⊙ Th. (V)VI–IX(X). Steinige Magerrasen, Felsschuttfluren, Föhrenwälder, bes. über Dolomit; (submontan bis) montan bis subalpin; hfg. **Fehlt B, W**. *(Rh. „angustifolius", Rh. aristatus)*
**Grannen-K., *Rh. glaciális***

**–** Untere Zähne der DeckB nicht oder höchstens 1 mm lg begrannt (Abb. 338 b). — K oft schwärzlich gestrichelt . . . . . . . . . . . . . . . . . . . . . . . . **6**

**6** K kahl. — Kro etwa 15 mm lg. H: (10)15–30(50) cm. ⊙ Th. (VI)VII–IX. Wiesen u. Weiderasen (?); submontan bis alpin; slt. West-**St**, Ost-**K**. Potentiell gefährdet. *(Rh. alpinus subsp. alpinus)* ■ **Alpen-K., Schöner K., *R. púlcher***

**–** K drüsenhaarig. H: 5–50 cm. ⊙ Th. (V)VII–VIII. Karfluren, Silikatrasen; obermontan bis subalpin; sehr slt. **St** (in den Seetaler Alpen), **K** (auf der Saualpe). Endemisch. Potentiell gefährdet. ▲ *(Rh. alpinus subsp. carinthiacus)*
■ **Kärntner K., *Rh. carinthíacus***

## (24) Wachtelweizen, *Melampýrum*

Anm.: Hauptsächlich bei den Gattungen (21) Zahntrost, *Odontítes*, (23) Klappertopf, *Rhinánthus* u. bes. stark beim (24) Wachtelweizen, *Melampýrum* (u. übrigens auch in einer ganz anderen Familie: beim Kranzenzian, *Gentianella*) gibt es eine eigenartige Parallelvariation, die meist als „Pseudosaisonpolymorphismus" bezeichnet wird: Viele Arten oder Artengruppen bestehen aus jeweils 2 oder mehreren Rassen (meist Unterarten), die sich phänologisch (dh bezüglich ihrer jahreszeitlichen Entwicklung, BlüZeit) u. durch bestimmte Merkmalskomplexe (Merkmalssyndrome) in paralleler Weise unterscheiden. Diese noch nicht ausreichend erforschten Kleinsippen werden in diesem Buch nicht näher behandelt.

**1** Blüstd allseitswendig (Blü in 4 Richtungen abstehend) . . . . . . . . . . . . **2**

**–** Blüstd einseitswendig (Blü in nur 1–2 Richtungen abstehend) . . . . . . . **4**

**2** Blüstd auffällig 4kantig, kompakt, DeckB u. Blü dicht ziegeldachig übereinandergepreßt, die BlüstdAchse verdeckend; DeckB in der Mitte gefaltet, br-herzförmig, dicht kurz gezähnt, — mit lg Spitze; DeckB u. Kro (bleich)gelb, oder zT bis ganz purpurn; Blü meist waagrecht abstehend. H: (10)15–40 cm. ⊙ Th. VI–VIII. Warme, nährstoff- u. tonreiche (Flaumeichen-)Wald- u. Gebüschsäume; collin; mäßig hfg bis zstr. **B, W, N, O†, St†, S†, T**. Gefährdet; im Alp, nVL u. söVL stark gefährdet. **Kamm-W., *M. cristátum***

**–** Blüstd nicht 4kantig, DeckB u. Blü locker übereinanderstehend, die Blüstd-Achse nicht verdeckend; DeckB flach, eilanzettlich, am Grund mit lg Borstenzähnen; Blü meist ± aufrecht bis aufrecht-abstehend . . . . . . . . . . . . **3**

**3** Obere DeckB purpurn, unterseits oft schwärzlich punktiert; Kro 2färbig: purpurn-h'gelb, Unterlippe der Oberlippe angenähert, KroSchlund daher eher geschlossen, Rand der Unterlippe aufgebogen; K lockerhaarig. H: 15–40 cm.

⊙ Th. VI–VII. Trockenwiesen u. Trockenrasen, Wegränder, nur noch slt in warmen Getreideäckern; kalkliebend; collin bis untermontan; im Pann zstr, sonst slt. **Alle Bdld.** Gefährdet; im Alp, BM u. nVL stark gefährdet. (In Ö 4 Unterarten oder Varietäten.) **Acker-W., *M. arvénse***

- Alle DeckB bleich-gelblich, nicht punktiert; Kro 1färbig h'gelb, Unterlippe von der Oberlippe abgespreizt, KroSchlund daher offen, Rand der Unterlippe herabgebogen; K dicht wollig-zottig. — LB'Paare 6–8; LB schmal-lanzettlich, 3–8 mm br; DeckB weißlich; KZähne so lg wie die KRöhre, mit 2–3 mm lg Grannen; Kro 20–25 mm lg, bleichgelb bis weiß, mit relativ weiter Röhre. H: 15–35 cm. ⊙ Th. V–VII. Trockenrasen; collin; slt. Im Pann. **B, N, (S)**. Stark gefährdet. *(M. barbatum subsp. barbatum)* **(Eigentlicher) Bart-W., *M. barbátum (s. str.)***

Anm.: Der ⊖ **Karst-W., *M. carstiénse*** *(M. barbatum subsp. carstiense)* (KZähne doppelt so lg wie die KRöhre, mit 3–4 mm lg Grannen; DeckB grün oder purpurn; Kro 27–30 mm lg. — LB'Paare 8–10; LB lanzettlich, 5–10 mm br; Kro bleichgelb oder purpurn, mit relativ enger Röhre; H: 20–40 cm; VI–VII) **fehlt auch in K** (alte Angabe irrig); ob sie in **T?, V?** vorkommt, ist sehr zweifelhaft.

**4** Zumindest die oberen DeckB violett (slt purpurn oder weiß); K zumindest auf den Nerven mit einigen mindestens 0,5 mm lg Haaren. (Artengruppe Hain-W., *M. nemorosum agg.*) . . . . . . . . . . . . . . . . . . . . . . . . . . . . **5**

**-** Alle DeckB grün; K völlig kahl oder mit höchstens 0,25 mm lg Haaren . . **6**

**5** K auch zw. den Nerven ziemlich dicht, fast kraus-zottig behaart; KZähne 3eckig; LB eilanzettlich, 15–35(40) mm br. — Kro 16–20 mm lg, KroSchlund fast geschlossen. H: 20–50 cm. ⊙ Th. VI–IX. Mäßig frische, nährstoffreiche, lehmreiche Eichen-Hainbuchen-Wälder, Hartholzauwälder, bes. deren Säume; collin bis submontan; mäßig hfg. **Fehlt T, V.** **Hain-W., *M. nemorósum***

**-** K nur auf den Nerven mit längeren (länger als 0,5 mm) Haaren, dazwischen reichlich mit viel kürzeren *(nur mit starker Lupe sichtbaren)*; KZähne fast linealisch; LB linealisch bis (schmal-ei-)lanzettlich, 2–18 mm br. — Kro 15–20(25) mm lg. H: 15–50(80) cm. ⊙ Th. VI–IX. Föhrenwälder, flachgründige Fichtenwälder, Flaumeichenwälder, Waldränder; bes. über Dolomit; collin bis montan; mäßig hfg. **N, St.** Endemisch (?) (nordöstl. Steirisch-Niederösterreichische Kalkalpen u. Semmering-Gebiet). Potentiell gefährdet. Taxonomisch schwierig u. erst unzureichend geklärt. **Schmalblatt-W.** i. w. S., ***M. subalpínum s. l.***

**a** Kro 18–20(25) mm lg; LB meist (3)7–18 mm br; Lippen der Kro nur wenig gespreizt. Hauptsächlich (Flaum-)Eichenwälder (?); collin bis submontan (?). (Vielleicht nur Varietät.) *(M. praealpinum, **M. subalpinum** s. str.)* **▪ Vorberge-W., *M. s. subsp. subalpínum***

**-** Kro 15–18 mm lg; LB meist (2)3–8(13) mm br; Lippen der Kro oft ± weit gespreizt. Hauptsächlich Föhrenwälder (?); (collin bis) montan. (Vielleicht nur Varietät.) *(**M. angustissimum**, inkl. M. grandiflorum u. M. stenotatum)* **▪ Eigentlicher Schmalblatt-W., *M. s. subsp. angustíssimum***

Anm.: Ob ⊖ ▪ ***M. bohémicum*** (ähnlich *M. subalpinum subsp. angustissimum*, jedoch DeckB meist grün; K fast kahl; Kro 15 mm lg) in **Ö** vorkommt, ist zweifelhaft; die Angabe für **S** ist irrig.

**6** Kro 12–20 mm lg; KroRöhre fast gerade; KroLippen einander genähert; K etwa halb so lg wie die KroRöhre; KZähne vorwärts gerichtet, die beiden oberen aufwärts gekrümmt, nicht abgespreizt. — DeckB mit extrafloralen Nektarien; Kro blaßgelb u. purpurn überlaufen bis sattgelb, ohne Saftmale. H: (5)10–50 cm. ⊙ Th. VI–X. Bodensaure Wälder, Waldschläge, Magerrasen, Hochmoore; kalkfeindlich; collin bis subalpin; hfg. **Alle Bdld.** Mehrere, zT ungenügend erforschte Unterarten. (Inkl. *M. vulgatum = M. commutatum, M. alpestre, M. oligocladum, M. paludosum, M. pseudosilvaticum, M. paradoxum)*

**Gewöhnlicher W., *M. praténse***

- Kro 6–10 mm lg; KroRöhre gekrümmt; KroLippen gespreizt; K fast so lg wie die KroRöhre; KZähne abgespreizt. — DeckB ohne extraflorale Nektarien; Kro meist d'gelb mit orangegelber Unterlippe u. meist mit rostroten Saftmalen. H: 5–20(30) cm. ⊙ Th. VI–VIII. Frische, humusreiche, bodensaure Nadelwälder, subalpin auch in Rasen; obermontan bis subalpin; hfg. **Fehlt W**. Mehrere, zT ungenügend erforschte Unterarten.

**Berg-W.**, Wald-W., ***M. sylváticum*** *(s. str.)*

## (25) Alpenrachen, *Tózzia*

WuStock mit fleischigen NiederB; LB schwach gewimpert, sonst kahl; Kro gelb, rot punktiert, Oberlippe 2spaltig. H: (10)20–40(50) cm. ♃ Ge. V–VII. Grünerlengebüsche, frische Hochstaudenfluren; kalkliebend, Lehmzeiger, meist HalbschattenPf; parasitiert bes. auf Pestwurz / *Petasites*, Alpendost / *Adenostyles*, Ampfer / *Rumex*; montan bis subalpin; zstr. **Fehlt B, W**.

**Alpenrachen,** Tozzie, ***T. alpína***

## (26) Schuppenwurz, *Lathráea* (D 9)

WuStock mit fleischigen weißlichen Schuppen dicht besetzt; Blüstd h'rosa. (Abb. 313.) H: 10–20 cm. ♃ Ge. III–IV(V). Frische bis feuchte nährstoffreiche Edellaubwälder, bes. Auwälder; schmarotzt auf Wu von Gehölzen; collin bis montan; zstr bis mäßig hfg. **Alle Bdld**. Montane Unterart (ökologische Rasse) auf Fichte: ▪ **Fichten-Sch., *subsp. tátrica*** (?). **Schuppenwurz, *L. squamária***

# 112. Familie: Kugelblumengewächse, *Globulariáceae*

## Kugelblume, *Globulária* (→ E 8–)

1 BlüStg zur BlüZeit gleichmäßig beblättert, — zur FrReife meist stark verlängert (bis 60 cm lg) u. im oberen Teil LB'los; RosettenB rundlich bis elliptisch, meist rasch in den ziemlich lg LB'Stiel verschmälert, an der Spitze abgerundet bis ausgerandet oder kurz 3zähnig; StgB sitzend, schmal-eiförmig bis lanzettlich, spitz bis zugespitzt; Köpfchen 10–15(20) mm ∅; Kro 6–8 mm lg. H (während des Blühens): 5–20(30) cm. ♃ He. V–VI. (Halb-)Trockenrasen, Felssteppen; kalkliebend; collin bis submontan (untermontan); zstr bis mäßig hfg. **Fehlt S**. Schwach giftig. Gefährdet im Rh. *(G. elongata, G. willkommii)*

**Hochstengel-K.,** Hochstiel-K., Gewöhnliche K., ***G. punctáta***

- BlüStg nackt oder nur mit einigen schuppenförmigen HochB . . . . . . . 2

2 Pf krautig; LB (4)5–9(15) cm lg u. 1–2,5 cm br; Kro 10–12(14) mm lg. — LB meist verkehrt-eilanzettlich, allmählich in den LB'Stiel verschmälert, an der Spitze abgerundet bis seicht ausgerandet; Köpfchen (15)18–25(30) mm br; Kro oft mit verkümmerter Oberlippe. H: 5–25 cm. ♃ He. VI–VII. Magerrasen, Zwergstrauchheiden, lichte Föhrenwälder, Legföhrengebüsch; kalkstet; obermontan bis alpin; zstr. **Fehlt B, W**.

**Nacktstengel-K.,** Nacktstiel-K., ***G. nudicáulis***

- Zwergstrauch; LB 1–3(5) cm lg u. 0,3–1(1,5) cm br; Kro 6–9 mm lg. — Triebe kriechend, stark verzweigt, einen Teppich bildend; LB spatelförmig bis schmal-verkehrt-herzförmig, an der Spitze abgerundet bis ausgerandet (u. dann meist mit kurzem Mittelzahn); Köpfchen 10–20 mm br. H: 3–10 cm. ♄ Ch. (IV)V–VII(VIII). Kalkfelsfluren (Felssteppen) u. Trockenrasen; collin bis alpin; mäßig hfg. **Alle Bdld.** (Inkl. „*G. meridionalis*")

**Herzblatt-K., Herz-K., *G. cordifólia*** (B 79–)

# 113. Familie: Sommerwurzgewächse, *Orobancháceae*

## **Sommerwurz,** Würger, ***Orobánche*** (→ D 9)

Anm.: Auf die WirtsPf ist zu achten! Diese ist allerdings meist nur schwer genau festzustellen; das Ausgraben sollte bei den selteneren Arten aus Naturschutzgründen unterlassen werden. Dennoch sollten die begleitenden Arten (unter denen der Wirt sein muß) festgestellt werden. – Wegen ihrer großen Variabilität sind manche Arten oft nicht leicht zu bestimmen! Die Farben der Narbe u. der Kro sind vor dem Herbarisieren sorgfältig festzuhalten!

**1** Blü (in der Achsel des DeckB) kurz gestielt, 2 VorB unmittelbar unterhalb jeder Blü *(weder mit dem K noch mit dem DeckB verwechseln!)*; K verwachsenblättrig, 4–5zähnig. (Abb. 339.) *(O. sect. Trionychon)* . . . . . . . . . . . **2**

**–** Blü (in der Achsel des DeckB) sitzend, ohne VorB; K aus 2 zweiteiligen (slt ungeteilten) freien oder auf der unteren Seite miteinander verwachsenen Hälften bestehend. (Abb. 340.) *(O. sect. Orobanche)* . . . . . . . . . . . . . . **5**

**2** Stg meist verzweigt; K 4zähnig; DeckB am Grund 1–2 mm br; Kro 10–15 mm lg, — blaßgelblich oder bläulich. H: 15–25(40) cm. ⊙ Th. VII–VIII. Sandige Äcker, bes. Hackkulturen; auf Hanf, Tabak, Kartoffeln; collin (montan?); früher zstr bis slt, heute sehr slt. **N†, O†, K, S†, T†, V†**. (Hptvbr.: Medit.)

**Hanf-S., *O. ramósa***

**–** Stg einfach; K 5spaltig, der hintere Zahn sehr klein; DeckB am Grund 3–6 mm br; Kro 18–35 mm lg. — Kro nach dem unteren, etwas erweiterten Drittel schwach verengt, darüber trichterig erweitert . . . . . . . . . . . . . . **3**

**3** Staubbeutel dicht behaart. — Unterlippe oft (?) mit abgerundeten Lappen; KZähne pfriemlich; Kro blauviolett, 20–35 mm lg. H: (15)30–50 mm. ⊙ Ge. VI–VII. Felsfluren, Trockenrasen; trockene, nährstoffarme, sandige Böden; auf Feld-Beifuß/*Artemisia campestris* u. Gewöhnlichem Beifuß/*A. vulgaris*; collin bis submontan; sehr slt. **B, W*, N, St†, S, T**. Vom Aussterben bedroht.

**Sand-S., *O. arenária***

**–** Staubbeutel kahl oder mit wenigen Haaren. — Unterlippe oft (?) mit spitzen Lappen; Staubf. dem verengten Teil der Kro eingefügt, fast kahl; Gri drüsenhaarig . . . . . . . . . . . . . . . . . . . . . . . . . . . . . . . . . **4**

**4** KZähne u. meist auch der obere Teil des Stg weißwollig. — Kro 20–25 mm lg, h'lila; Narbe weiß. H: 10–30 cm. ⊙(?) Ge. VI–VII. Trockenrasen; auf Pontischem u. Österreichischem Beifuß/*Artemisia pontica* u. *A. austriaca*; collin; sehr slt (nur wenige Individuen an nur 3 Stellen). Im Pann. **B, N**. Vom Aussterben bedroht. *(**O. caesia**)* **Weißwollige S., *O. lanuginósa***

**–** Pf nirgends weißwollig. — Kro 20–30 mm lg, blauviolett. H: 15–60 cm. ⊙–♃ Ge. VI–VII. Trockenrasen, trockene Wiesen; im Pann auf Schafgarbe/*Achillea* u. Beifuß/*Artemisia*, sonst slt auch auf Stengelloser Kratzdistel/*Cirsium acaule*; collin bis submontan; im Pann slt, sonst sehr slt. **B, W, N, O†, St, K, S†, T**. Stark gefährdet. ▲ *(O. caerulea)* **Violett-S., *O. purpúrea***

**5** [1] KroRöhre am Grund bauchig erweitert, darüber eingeschnürt u. gegen den

* Wiederfund (galt als ausgestorben): M. A. Fischer, 1992 (unveröff.).

Abb. 339

Abb. 340

Abb. 341

Abb. 342

Saum zu wieder erweitert; Staubf. in der eingeschnürten Mitte der KroRöhre eingefügt; Kro kräftig blauviolett. — Staubf. oben kahl; Gri ± kahl; Narbe weißlich. H: 10–40 cm. ⊙ Ge. VI–VII. Trockenrasen, auf sandigen Böden; auf Feld-Beifuß / *Artemisia campestris*; collin; sehr slt. Nur im Pann. **N, O**†. Vom Aussterben bedroht. **Bläuliche S., *O. coerulėscens***

**-** KroRöhre nach oben zu gleichmäßig erweitert, in der Mitte nicht eingeschnürt (höchstens nahe dem Saum verengt), am Grund nicht bauchig erweitert; Staubf. meist unter der Mitte der KroRöhre eingefügt; Kro weder blau noch violett, höchstens bläulich geadert oder schwach lila überlaufen . . . . . . **6**

**6** Staubf. 1–2 mm über dem Grund der KroRöhre eingefügt . . . . . . . . . **7**

**-** Staubf. 2–7 mm über dem Grund der KroRöhre eingefügt . . . . . . . . **10**

**7** Narbe gelb oder gelb mit braunrotem Rand. — Staubf. bis zur Mitte mit drüsenlosen Haaren . . . . . . . . . . . . . . . . . . . . . . . . . . . . **8**

**-** Narbe purpurn bis rotbraun . . . . . . . . . . . . . . . . . . . . . . **9**

**8** Kro innen glänzend trüb-blutrot; Narbe gelb mit purpurbraunem Rand; Staubf. oben drüsig; Gri drüsig behaart. — Geruch der Blü gewürznelkenähnlich; Kro außen gelb, gegen den Saum zu rot(braun). H: 10–60 cm. ⊙ Ge. V–VIII(X). Halbtrockenrasen, trockene Wiesen; auf Schmetterlingsblütlern (bes. auf Klee / *Trifolium*, Backenklee / *Dorycnium*, Hornklee / *Lotus*); collin bis montan; im Pann hfg, sonst mäßig hfg bis zstr (neben der Gelben S. / *O. lutea* die häufigste Art). **Alle Bdld**. *(O. cruenta)* **Blutrote S., *O. grácilis***

**-** Kro innen nicht glänzend trüb-blutrot; Narbe 1färbig gelb; Staubf. oben kahl; Gri kahl. — Kro gelblich, gegen den Saum zu braunviolett, innen gleichfärbig; Staubf. 1–3 mm über dem Grund der KroRöhre eingefügt. H: 15–40 cm. ⊙ Ge. VI–VII. Trockenrasen, Trockengebüschsäume; kalkhold; auf Heilwurz / *Seseli libanotis*; collin; sehr slt. **St, K**. Stark gefährdet. ▲ (Zur Artengruppe Haarstrang-S., *O. alsatica agg.*; vgl. Pkt 19.) *(O. libanotidis)*
**Heilwurz-S., Bartling-S., *O. bartlíngii***

**9** Oberlippe der Kro mit dunklen (violetten bis purpurroten) Drüsenhaaren. — Kro weißlich, gegen den Saum zu rötlich, violett geadert; Staubf. nur ganz am Grund drüsenlos behaart, an der Spitze stark dunkel-drüsenhaarig; Gri stark dunkel-drüsig. H: 20–25 cm. ⊙ Ge. VI–VII. (Halb-)Trockenrasen, trockene Wiesen; auf Lippenblütlern, bes. auf Thymian / *Thymus*, Steinquendel / *Acinos*, Salbei / *Salvia*; collin bis montan; zstr bis slt. **Alle Bdld**. *(O. epithymum)*
**Quendel-S. *O. álba***

**-** Oberlippe der Kro mit hellen Drüsenhaaren. — Geruch gewürznelkenähnlich; Kro meist gelblich- bis rötlichbräunlich; Staubf. bis zur Mitte drüsenlos behaart, oben drüsig; Gri drüsig behaart. H: 20–50 cm. ⊙–♃ Ge. VI–VII. Trokkenrasen, Felsfluren; auf Labkrautgewächsen / *Rubiaceae (Galium, Asperula, Sherardia)*; collin bis montan (subalpin); zstr. **Alle Bdld**. *(O. vulgaris)*
**Labkraut-S.,** Nelken-S., ***O. caryophyllácea***

**10** [6] Narbe purpurrot bis rotbraun . . . . . . . . . . . . . . . . . **11**

**-** Narbe gelb . . . . . . . . . . . . . . . . . . . . . . . . . . . . . **15**

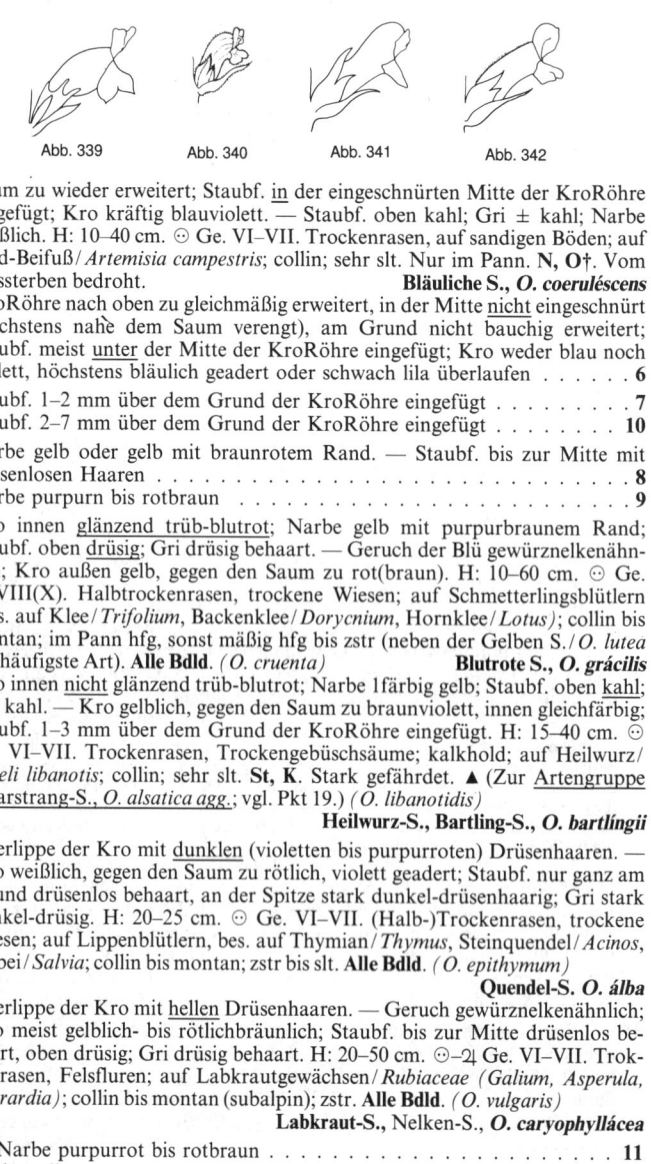

**11** Oberlippe der Kro mit dunklen (violetten bis purpurroten) Drüsenhaaren. — Staubf. unten bis zur Mitte mit drüsenlosen Haaren; Gri drüsig behaart.
**Netz-S., Distel-S., *O. reticuláta (s. l.)***

**a** Staubf. oben drüsig behaart; Kro dicht mit d'violetten Drüsenhaaren; Kro nur am Grund gelblich, sonst violett-purpurn u. dunkel geadert. H: 30–80 cm. ⊙–♃ Ge. VI–VII. Trockenwiesen, Felsschutthänge; auf Kratzdistel / *Cirsium*, Ringdistel / *Carduus*, Witwenblume / *Knautia*, Skabiose / *Scabiosa*; montan bis subalpin; zstr bis slt. **Fehlt B, W.** *(O. reticulata s. str.)* **Eigentliche N.-S., *O. r. subsp. reticuláta***

**-** Staubf. oben fast kahl (nur unmittelbar unter den Staubbeuteln spärlich drüsenhaarig); Kro spärlich mit d'violetten Drüsenhaaren besetzt; Kro weiß oder gelblich, gegen den Saum zu violett. H: 30–80 cm. ⊙–♃ Ge. VI–VII. Wärmeliebende Ruderalgesellschaften; nur auf Kratzdistel / *Cirsium* u. Ringdistel / *Carduus*; collin; slt. **B, W†, N.** Gefährdet. *(O. pallidiflora, O. cirsii)* **■ Bleiche N.-S., Bleich-S., *O. r. subsp. pallidiflóra***

**-** Oberlippe der Kro mit hellen Drüsenhaaren . . . . . . . . . . . . . . . **12**

**12** Staubf. oben (unter dem Staubbeutel) kahl oder fast kahl . . . . . . . . **13**

**-** Staubf. oben drüsenhaarig, untere Hälfte drüsenlos behaart. — Gri drüsig behaart . . . . . . . . . . . . . . . . . . . . . . . . . . . . . . **14**

**13** Staubf. nur ganz am Grund schwach drüsenlos behaart; Gri kahl. — Kro 10–12(18) mm lg, gelblichweiß, rötlich oder lila gestreift oder überlaufen; Oberlippe ausgerandet, mit vorwärtsgerichteten Lappen. H: 10–50 cm. ⊙–♃ Ge. VI. Wiesen, Kleefelder; auf Klee / *Trifolium*, Luzerne / *Medicago sativa*, Esparsette / *Onobrychis* u. a. (bei Massenvorkommen auf KulturPf für die Landwirtschaft schädlich werdend); collin (montan); zstr bis slt. **(N, O), St, K, (S), V.** **Klee-S.**, Kleewürger, ***O. mínor***

**-** Staubf. vom Grund bis zur Mitte drüsenlos behaart; Gri spärlich drüsenhaarig. — DeckB meist kürzer als die Blü; K aus 2 freien, bis zur Mitte 2spaltigen Hälften bestehend; Kro 15–20 mm lg, gelblichweiß, an der Oberlippe mit violetten Nerven. H: 10–40(70) cm. ⊙ Ge. VI–VII. Wiesen, Wege, Böschungen; auf Korbblütlern (bes. auf Gewöhnlichem Bitterkraut / *Picris hieracioides*), slt auf Möhre / *Daucus carota*; collin; sehr slt. **W†, N, O†, St†, K.** Vom Aussterben bedroht. (Zur Artengruppe Beifuß-S., *O. loricata agg.*, vgl. Pkt 14.)
**Bitterkraut-S., *O. pícridis***

**14** DeckB meist länger als die Blü; K aus 2 freien, fast bis zum Grund geteilten Hälften bestehend, die Zipfel sehr lg u. schmal (etwa 5× so lg wie am Grund br), wobei der längere Zipfel fast so lg wie die Kro ist; Kro gelblichweiß, violett geadert, 14–22 mm lg; Blüstd dicht. H: 15–40 cm. ⊙ Ge. VI. Trockenrasen, Felsfluren; auf Feld-Beifuß / *Artemisia campestris*; collin; sehr slt oder bereits ausgestorben. **N†** (früher bei Gumpoldskirchen u. Stein a. d. D.), **O?, K?.** (Zur Artengruppe Beifuß-S., *O. loricata agg.*, vgl. Pkt 13.) *(**O. loricata**)*
**†? Beifuß-S.**, Panzer-S., ***O. artemísiae-campéstris***

**-** DeckB kürzer als die Blü; K aus 2 freien, nur im obersten Drittel geteilten Hälften bestehend, die Zipfel br-3eckig (etwa 1–2× so lg wie am Grund br), wobei der längere Zipfel höchstens ⅓ der KroLänge erreicht; Kro bräunlichlila, (15)20–30 mm lg; Blüstd locker. H: 15–40 cm. ⊙ Ge. VI–VII. Trockenrasen, trockene Wiesen, Föhrenwälder; auf Gamander / *Teucrium*; collin bis montan; zstr. **Alle Bdld.** **Gamander-S., *O. téucrii***

**15** [10] Staubf. ohne oder nur ganz unten mit vereinzelten drüsenlosen Haaren, oben kahl (ohne Drüsenhaare). — Kro weißlich, purpurn geadert, Rücken violett überlaufen; KroRöhre über der Mitte, nahe dem Saum verengt, am Saum abrupt erweitert; Gri kahl. H: 30–60 cm. ⊙ Ge. V–VII. Gebüsche; auf Efeu / *Hedera*; collin; sehr slt. **T*, V** (bei Egg), **(N, S).** Vom Aussterben bedroht.
**Efeu-S., *O. héderae***

---

* A. Polatschek: Mskr. N. Fl. **T & V.**

- Staubf. bis zur Mitte oder darüber hinaus mit drüsenlosen Haaren, oben kahl oder drüsig behaart . . . . . . . . . . . . . . . . . . . . . . . . . . . . **16**

**16** Staubf. oben (unter dem Staubbeutel) kahl oder fast kahl . . . . . . . . . **17**
- Staubf. oben drüsenhaarig . . . . . . . . . . . . . . . . . . . . . . . . . **20**

**17** Gri kahl . . . . . . . . . . . . . . . . . . . . . . . . . . . . . . . . . **18**
- Gri drüsig behaart . . . . . . . . . . . . . . . . . . . . . . . . . . . . **19**

**18** Ähre stets dichtblütig. **Heilwurz-S., *O. bartlíngii*** (→ Pkt 8–)
- Ähre frühzeitig verlängert u. lockerblütig. — Kro rötlichgelb mit vielen hellen Drüsenhaaren; Zipfel der Oberlippe vorgestreckt. H: 18–50 cm. ⊙ Ge. VI–VIII. Gebüsche u. lichte Wälder; auf Berberitze / *Berberis*, Brombeere / *Rubus*, Weißdorn / *Crataegus*; montan; zstr. **K, S, T, V**. In den sAlp gefährdet. **Hain-S., *O. lucórum***

**19** Ähre stets dichtblütig. — Kro gelblich, gegen den Saum zu, bes. auf den Nerven, braunviolett. H: 30–70 cm. ⊙ Ge. VI–VII. Waldränder, Flaumeichenwälder; auf Hirschwurz / *Peucedanum cervaria*, Heilwurz / *Seseli libanotis*, Österreichischem Bergfenchel / *S. austriacum* u. anderen Umbelliferen; collin bis montan; sehr slt. **N, St**. Gefährdet. (Zur Artengruppe Haarstrang-S., *O. alsatica agg.*; vgl. Pkt 8.) *(O. cervariae)* **Haarstrang-S., *O. alsática***
- Ähre frühzeitig verlängert u. lockerblütig. — Kro erst gelb, später bräunlich werdend; Lappen der Unterlippe auffällig lg drüsig behaart. H: 12–50 cm. ⊙ Ge. VII–VIII. Wälder; auf Kleb-Salbei / *Salvia glutinosa*; obermontan bis subalpin; zstr. **Fehlt B, W**. **Salbei-S., *O. sálviae***

**20** [16] Gri kahl. — Kro ockergelb, an der Oberlippe rötlich, beim Vertrocknen braun werdend. H: 15–40 cm. ⊙ Ge. VI–VII. Kalkreiche Felsschuttfluren; auf Pestwurz / *Petasites* (bes. Schnee-P. / *P. paradoxus*), Alpendost / *Adenostyles*, Huflattich / *Tussilago*; montan bis subalpin; zstr, in den nördl. Kalkalpen hfg. **Fehlt B, W**. **Pestwurz-S., *O. fláva***
- Gri drüsig behaart . . . . . . . . . . . . . . . . . . . . . . . . . . . . **21**

**21** KroRöhre auf dem Rücken gerade, erst gegen den Saum zu abrupt winkelig abwärts gebogen (Abb. 341). — Blü nach Maiglöckchen duftend; Kro gelblich oder blaß-rotbraun, manchmal violett überlaufen. H: 30–50 cm. ⊙–♃ Ge. V–VI. Trockenrasen, Gebüsche, Luzerneäcker; auf Schneckenklee / *Medicago*, Klee / *Trifolium*, Steinklee / *Melilotus* (slt auf Hornklee / *Lotus* u. Backenklee / *Dorycnium*); collin bis montan; hfg bis zstr (neben der Blutroten S. / *O. gracilis* die häufigste Art). **Alle Bdld**. *(O. rubens)* **Gelb-S.,** Luzernen-S., ***O. lútea***
- KroRöhre vom Grund bis zur Spitze ziemlich gleichmäßig gekrümmt (Abb. 342) . . . . . . . . . . . . . . . . . . . . . . . . . . . . . . . . . . **22**

**22** Oberlippe der Kro undeutlich oder gar nicht ausgerandet; KZipfel mit undeutlichen Nerven; die SchuppenB am Stg meist länger als die StgGlieder. — Kro erst rosenrot, dann rötlichgelb; Ansatzstelle der Staubf. von einem gelben Fleck umgeben. H: 30–60 cm. ⊙ Ge. VI–VII. Trockenrasen u. lichte Gebüsche; auf Flockenblume / *Centaurea* u. Kugeldistel / *Echinops*; collin; slt. **Alle Bdld**. Stark gefährdet. ▲ *(O. major)* **Große S., *O. elátior***
- Oberlippe der Kro tief ausgerandet; KZipfel mit deutlichen Nerven; die SchuppenB am Stg meist kürzer als die StgGlieder. — Stg sehr kräftig u. dick; sehr reich- u. dichtblütig; Kro bis 30 mm lg, gelblich-braunviolett. H: 20–80 cm. ⊙ Ge. VII. Trockene, sonnige Böden; auf Bergkümmel / *Laserpitium siler*; montan bis subalpin; sehr slt. **N, St**. Stark gefährdet. **Bergkümmel-S., *O. laserpítii-síleris***

Abb. 343

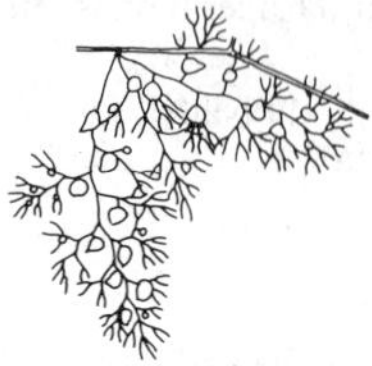

Abb. 344

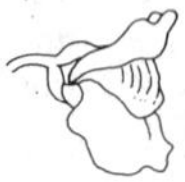

Abb. 345

# 114. Familie: Wasserschlauchgewächse, *Lentibulariáceae*

Tiere fangende u. verdauende („fleischfressende" = carnivore, Stickstoffgewinnung!) Krautige feuchter bis nasser, nährstoffarmer Standorte; K 2lippig; Kro verwachsenblättrig, 2lippig, gespornt; StaubB 2 (mit nur je 1 Theke); Frkn oberständig; Fr: Kapsel.

1 LandPf; LB ungeteilt; Kro mit offenem Schlund, violett oder weiß; Blü einzeln. — LB in grundständiger Rosette (Abb. 343), klebrig-drüsig. Die Beutetiere bleiben auf der LB'Oberfläche kleben u. werden hier verdaut.
**(1) Fettkraut, *Pinguícula***

- Untergetauchte WasserPf; LB stark zerteilt, mit schmal-linealischen Zipfeln (Abb. 344); Kro mit geschlossenem Schlund, gelb (Abb. 345); Blü in Trauben. — Pf oft mit rundlichen Fangblasen auf den LB, die zum Fangen u. zur Verdauung kleiner Wassertiere dienen (die Fangblasen führen Schluckbewegungen aus).
**(2) Wasserschlauch, *Utriculária***

## (1) Fettkraut, *Pinguícula* (→ G II 6)

1 Kro weiß mit gelbem Schlundfleck; Sporn 2–3(5) mm lg; Fr etwa 3× so lg wie br; LB ohne kopfige Drüsen über dem Hauptnerv; frische Wu gelb, dick (fleischig), am Ende meist verzweigt. H: (2)5–15 cm. ♃ He. V–VI(VIII). Überrieselte (Karbonat-)Felsen, Flachmoore; kalkliebend; (collin) montan bis alpin; zstr. **Fehlt W**. Im Pann gefährdet. **Alpen-F., *P. alpína***

- Kro blauviolett mit weißlichem Schlundfleck; Sporn 3–6(10) mm lg; Fr 1½–2× so lg wie br; LB mit kopfigen Drüsen über dem Hauptnerv; frische Wu weiß, dünn (zwirnartig), meist nicht verzweigt . . . . . . . . . . . . . . . . . 2

2 Untere KB etwa bis zur Mitte miteinander verwachsen; Blü *(samt Sporn)* 16–22 mm lg; Zipfel der Unterlippe länger als br. H: 5–15 cm. ♃ He. V–VI. Sumpfwiesen, Flachmoore, Rieselfluren; collin bis montan (subalpin); montan hfg bis zstr, sonst slt. **Alle Bdld**. Im BM, nVL u. Pann gefährdet.
**Gewöhnliches F., *P. vulgáris***

- Untere KB bis zum Grund getrennt; Blü *(samt Sporn)* 20–30 mm lg; Zipfel der Unterlippe etwa so lg wie br. H: 5–15 cm. ♃ He. V–VII. Quellmoore, nasse Wiesen; (montan) subalpin bis alpin; zstr. **K, S, T, V**.
**Dünnsporn-F., *P. leptóceras***

## (2) Wasserschlauch, *Utriculária* (→ A 5)

1 Endzipfel der LB nicht borstig bewimpert (höchstens mit einer Endborste); Sporn etwa so lg wie br, stumpf kegelig. — LB'Sprosse meist im Boden verankert, unterschieden in grüne Wassersprosse u. farblose Schlammsprosse; LB 3–20 mm lg. (Artengruppe Kleiner W., *U. minor agg.*) . . . . . . . . . 2

- Endzipfel der LB am Rand borstig bewimpert; Sporn länger als br . . . . 3

2 KroUnterlippe mit nach unten gebogenen Seitenrändern, 6 mm br; Traube

2–6blütig; LB 4–20 mm br, mit 7–22 LB'Zipfeln. H: 5–15 cm. ♃ Wa. VI–VIII. Hochmoorschlenken u. Hochmoortümpel, Torfstiche, Torflöcher; collin bis montan; slt. **Fehlt B, W**. Gefährdet. ▲ ■ **Kleiner W., *U. mínor***

- KroUnterlippe flach, 8–10 mm br; Traube 2–14blütig; LB 3,5–30 mm br, mit 9–50 LBZipfeln. H: 8–20 cm. ♃ Wa. VII–IX. Wassergräben u. Torflöcher; collin bis montan; sehr slt. **N, K, V†**. Vom Aussterben bedroht. ▲ ■ **Zierlicher W., *U. brémii***

3 LB'Sprosse frei schwimmend, einheitlich, grünlichbraun; Endzipfel der LB zahlr.; LB mit 8–200 Schläuchen. (Artengruppe Gewöhnlicher W., *U. vulgaris agg.*) . . . . . . . . . . . . . . . . . . . . . . . . . . . . . . . . . . . . **4**

- LB'Sprosse im Boden verankert, unterschieden in grüne Wassersprosse u. farblose Schlammsprosse; Endzipfel der LB 7–19(30); LB der Wassersprosse höchstens mit vereinzelten Schläuchen. (Artengruppe Mittlerer W., *U. intermedia agg.*) . . . . . . . . . . . . . . . . . . . . . . . . . . . . . . . . . . . **5**

4 Kro goldgelb, mit umgeschlagener KroUnterlippe u. 6–10 mm lg Sporn; BlüStiel 2–3× so lg wie das DeckB, nach dem Verblühen kaum verlängert. — LB mit 20–200 Schläuchen; BlüStiel 6–15 mm lg; Kro 13–20 mm lg. H: 15–30 cm. ♃ Wa. VI–VIII. Stehende u. träg fließende Gewässer, Sümpfe, Röhricht; collin bis montan; zstr bis slt. **Fehlt K**. Gefährdet. ■ **Gewöhnlicher W., *U. vulgáris***

- Kro blaßgelb, mit anfänglich flacher KroUnterlippe u. 5–6 mm lg Sporn; BlüStiel 3–5× so lg wie das DeckB, nach dem Blühen sehr stark verlängert (30–42 mm lg). — LB mit 8–75 Schläuchen; BlüStiel 5–18 mm lg; Kro 11–17 mm lg; Fr stets fehlend. H: 10–30 cm. ♃ Wa. VI–VIII. Stehende u. träg fließende Gewässer mit Torfschlammböden; collin bis montan; zstr. **Alle Bdld**. Potentiell gefährdet; im nVL gefährdet. ▲ *(U. neglecta)* ■ **Großer W., *U. austrális***

5 Endzipfel der WasserB vorne stumpf mit aufgesetzter Spitze, am Rand mit (2)4–12 Wimperborsten, die kaum aus dem LB'Rand heraustretenden Sockeln aufsitzen; LB stets ohne Schläuche; Sporn 5–10 mm lg, walzlich, etwa so lg wie die Unterlippe. H: 15–20 cm. ♃ Wa. VII–VIII. Hochmoorschlenken, Hochmoortümpel; kalkliebend; collin bis montan; slt. **St†, N†?; fehlt B, W, sonst in allen Bdld**. Gefährdet; im nVL u. söVL stark gefährdet. ▲ ■ **Mittlerer W., *U. intermédia***

- Endzipfel der WasserB allmählich in eine Spitze verschmälert, am Rand mit 1–3(6) Wimperborsten, die deutlich aus dem LB'Rand heraustretenden Sockeln aufsitzen; LB mit vereinzelten Schläuchen; Sporn etwa 5 mm lg, stumpfkegelig, höchstens ½× so lg wie die Unterlippe. H: 10–15 cm. ♃ Wa. VII–VIII. Nährstoffarme Hochmoorschlenken u. Hochmoortümpel; kalkmeidend; collin bis montan; (früher:) sehr slt. **K†, T†, V†**. Vermutlich ausgestorben. † ■ **Blaßgelber W., *U. ochroléuca***

## ★ 114 b. Familie: Bignoniengewächse, *Bignoniáceae*

Große, tropische Familie. Hierher gehören u. a. folgende hfg kultivierte Ziergehölze: ★ **Trompetenbaum**, Bohnenbaum, „Wetschinabaum"* / ***Catálpa bignonioídes*** (LB groß, br-herzförmig; aufrechte Rispen; Kro weiß; Fr virginia-zigarrenförmig, 15–40 cm lg; BlüZeit: VI–VII; Heimat: Nordamerika); ★ **Trompetenblume** / ***Cámpsis radícans*** (Liane; LB gefiedert; Kro orangerot; BlüZeit: VII–VIII; Heimat: Nordamerika) und wohl auch der (oft zu den Scrophulariaceen gestellte) ★ **Kaiserbaum, Blauglockenbaum, Paulownie** / ***Paulównia tomentósa*** (LB groß, br-herzförmig; aufrechte Rispen; Blü duftend; K braunsamtig; Kro violettblau; Fr eiförmig, 4–5 cm lg; BlüZeit: IV–V; JungPf in Mauerfugen, Pflasterritzen nicht slt verwildernd, zB in **W** u. **St** (Graz), [auch anderswo?]; Heimat: China).

* Wetschina (wienerisch) = Virginia(-Zigarre).

## 115. Familie: Wegerichgewächse, *Plantagináceae*

1 LandPf, keine Ausläufer treibend; Blü ⚥; Fr: Deckelkapsel. — Blüstd: Ähre oder Köpfchen. **(1) Wegerich, *Plantágo***
- WasserPf (zumindest periodisch untergetaucht lebend), Ausläufer treibend (diese bald nach der Bildung der TochterPf absterbend); Blü 1geschlechtig (Pf 1häusig); Fr: 1samige Nuß. **(2) Strandling, *Littorélla***

### (1) Wegerich, *Plantágo* (F 2; G IV 26)

Anm.: Der mediterrane ☆† **Strauch-W., *P. sempérvirens*** *(P. cynops)*, ehedem in **N** angesalbt, ist (glücklicherweise!) längst wieder verschwunden. – Jüngstens wurde der (☆) **Virginische W., *P. virgínica*** (Pf ☉; alle LB grundständig, br-elliptisch; Heimat: Nordamerika) in **N** (auf dem Marchfeldschutzdamm an der Donau, lokal eingebürgert) entdeckt*.

1 Stg beblättert; LB gegenständig, — sitzend, schmal-linealisch; Ähren eiförmig, (0,5)1–1,5 cm lg, dicht, gestielt, in LB'Achseln, an der StgSpitze (oft auch an der Spitze der Äste) trugdoldig angeordnet. H: (5)10–30(60) cm. ☉ Th. VII–IX. Trocken-warme, sandige, kalkarme Ruderalfluren u. Äcker; collin; sehr slt. **B, W, N, O?, (St, K, S, V)**. (Hptvbr.: Bes. Süd- u. Ost-Europa.) Stark gefährdet. *(**P. indica**, P. ramosa)* **Sand-W., *P. arenária***
- Stg nackt (= Schaft = BlüstdStiel); LB in grundständiger Rosette. — Ähren stets einzeln an der Spitze des Schaftes . . . . . . . . . . . . . . . . . . . . . . . **2**

2 KroRöhre außen behaart. — Haupttriebachse entweder unverzweigt u. nur mit 1 LB'Rosette oder (bei älteren Pf) am Grund verzweigt u. dann mit mehreren LB'Rosetten; LB meist schmal-linealisch bis lineal-lanzettlich, ganzrandig oder entfernt u. unregelmäßig gezähnt; Schaft die LB meist deutlich überragend; Ähren länglich- bis linealisch-walzlich, viel kürzer als der Schaft; Fr 2fächrig, (1)2–4samig. (Artengruppe Strand-W., *P. maritima agg.*) . . . **3**
- KroRöhre kahl . . . . . . . . . . . . . . . . . . . . . . . . . . . . . . . . . . . . . . . **6**

3 LB 1–1,5(2) mm br, deutlich gekielt, — meist deutlich rinnenförmig (nur gegen die Spitze zu im ∅ abgerundet-3eckig), (fast) ganzrandig; Pf dichte Rasen bildend; Haupttriebachse ♄; Schaft ± angedrückt behaart; Ähren (2,5)4–8(10) cm lg. H: 10–30 cm. ♄ Ch. V–VII. Trockene Magerrasen u. Felsfluren; collin bis subalpin (?); sehr slt. **St** (Gebiet des Hochschwabs). Lokal eingebürgert. Potentiell gefährdet (!). (Hptvbr.: Süd- u. Südost-Europa.) *(P. carinata, P. subulata, P. recurvata)* **■ Kiel-W., *P. holósteum***
- LB (1,5)2–6(8) mm br, nicht oder nur schwach gekielt . . . . . . . . . . **4**

4 Ähren 1–3(5) cm lg. — Die untersten LB 3eckig bis 3eckig-lanzettlich (deutlich kürzer als die folgenden), die übrigen linealisch bis lineal-lanzettlich, 2–6 mm br, 6–20× so lg wie br, (fast) kahl, Seitennerven näher beim Rand als beim Mittelnerv. H: (2)4–10(20) cm. ♃ He. V–VII. Frische bis mäßig frische Fettwiesen u. Weiderasen, Schneeböden; (montan) subalpin bis alpin; in **V** hfg, sonst slt. **S**, Nord-**T, V**. **■ Alpen-W., *P. alpína***
- Ähren (2)3–12(16) cm lg. — Scheiden der abgestorbenen LB nicht verwitternd, Triebachsen daher unter der LB'Rosette von den abgestorbenen LB'Scheiden dicht ummantelt; LB linealisch, (1,5)2–5(8) mm br, 20–45× so lg wie br, etwas fleischig; Staubbeutel gelb; Fr (1)2samig . . . . . . . . . . . . . . . . . . . **5**

5 KB stets deutlich bewimpert (Mittelnerv kurzborstig). — LB mitunter mit entfernt stehenden, schmal-linealischen, bis 5(13) mm lg Zähnen; breitere LB schwach 3nervig, die Seitennerven etwa in der Mitte zw. Rand u. Mittelnerv

* L. Schratt & F. Ehrendorfer, unveröff.

oder näher beim Mittelnerv. H: 8–35(50) cm. ♃ He. VI–VIII. Frische bis trockene Magerrasen, Felsfluren, Weg- u. Straßenränder (-böschungen); montan bis alpin. **T** (mäßig hfg), **V** (sehr slt). Der folgenden (Klein-)Art sehr ähnlich. *(P. maritima subsp. serpentina)* ■ **Schlangen-W., *P. serpentína***

- KB kahl oder nur sehr kurz bewimpert. — LB meist ganzrandig, nur slt mit wenigen, kaum mehr als 1,5 mm lg Zähnen, beiderseits kahl bis kurzflaumig *(Lupe!)*, an den Rändern (wie auch unterseits am Mittelnerv) glatt bis stachelig-rauh *(Lupe!)*; Schaft angedrückt behaart. H: 15–40(50) cm. ♃ He. VII–X. Meist stark salzhaltige, nasse bis wechselfeuchte Rasen, auch Kunstrasen; collin; im Seewinkel (**B**) hfg, sonst slt. Heimisch nur im Pann. **B, W, N, (O, St, S)**. Gefährdet. ■ **Salz-W., Meerstrand-W., *P. marítima***

6 [2] Pf ⊙; LB borstlich bis schmal-linealisch, 0,5–2(2,5) mm br, 1- oder undeutlich 3nervig, — flach, meist ganzrandig; Schaft *(ohne Ähre)* meist etwas kürzer als die LB; Ähre dünn, linealisch-walzlich, etwa so lg wie der Schaft, unten meist unterbrochen; StaubB nur wenig länger als die KroRöhre; Staubbeutel weißlich. H: 5–10 cm. ⊙ Th. IV–VI. Feuchte, zeitweise überschwemmte, salzreiche Rasen; collin; sehr slt. **B, N**. Vom Aussterben bedroht. **Dünnähren-W.**, Schmal-W., ***P. tenuiflóra***

- Pf ♃; LB lineal-lanzettlich bis rundlich-eiförmig, 2,5–140 mm br, deutlich 3–9nervig . . . . . . . . . . . . . . . . . . . . . . . . . . . . . **7**

7 Schaft kantig u. ± gefurcht. — LB'Spreite lanzettlich, allmählich in den LB'Stiel verschmälert, (5)7–30(45) mm br; Schaft die LB meist deutlich überragend; die beiden vorderen KB meist zumindest bis zur Hälfte miteinander verwachsen *(stets mehrere Blü untersuchen!)*, ein 2nerviges, an der Spitze ausgerandetes bis verkehrt-herzförmiges „Doppel-KB" bildend; Staubf. weißlich. („Artengruppe Spitz-W., *P. lanceolata-Gruppe*") . . . . . . . . . . . . **8**

- Schaft stielrund, nicht gefurcht . . . . . . . . . . . . . . . . . . . . . **9**

**8** LB zumindest zur BlüZeit noch behaart (nur bei alpinen Zwergformen mitunter fast kahl), später ± verkahlend; WuStock kurz, nicht kriechend; Wu höchstens 0,75 mm dick; Schaft (5)15–45(55) cm lg, 5(7)furchig (Furchen mitunter nur undeutlich); fruchtende Ähre kugelig bis eiförmig *(var. sphaerostachya)* oder länglich- bis linealisch-walzlich *(var. lanceolata)*, meist schmäler als 9 mm; Fr 3–4 mm lg; Sa meist 2–3 mm lg. — LB'Spreite lineal- bis br-lanzettlich, ganzrandig bis entfernt kurzzähnig, 3–5(7)nervig; Fr (1)2samig. H: (5)15–50(60) cm. ♃ He. V–IX. Frische bis mäßig trockene Mager- bis Fettwiesen, Weiderasen, halbruderale Stellen; collin bis obermontan; sehr hfg. **Alle Bdld**. ArzneiPf. ■ **Spitz-W., *P. lanceoláta***

- LB zur BlüZeit bereits kahl (höchstens im unteren Teil der Spreite einige zstr Flaumhaare); WuStock stark verlängert, kriechend; Wu meist 1–2 mm dick; Schaft (30)40–80(95) cm lg, meist 6–8furchig (Furchen stets deutlich); fruchtende Ähre gedrungen-walzlich, meist breiter als 9 mm; Fr 4–4,5 mm lg; Sa meist 3–3,5 mm lg. — LB'Spreite lineal- bis schmal-lanzettlich, oft in eine linealische, etwa 2–3 mm lg Spitze zusammengezogen, entfernt kurzzähnig, 5(7)nervig; fruchtende Ähre 25–50 mm lg u. etwa 9–11 mm br; Fr 2samig; Sa länglich, etwa 3× so lg wie br (Abb. 346). H: 40–100 cm. ♃ He. V–VII. Feuchte bis nasse, auch salzhaltige Wiesen; collin; sehr slt. **B, N, O?, K**. Stark gefährdet. ▲ *(P. lanceolata subsp. altissima)* ■ **Hochstiel-W., *P. altíssima***

**9** Fruchtende Ähre kugelig bis eiförmig, 5–15(20) mm lg; LB'Spreite 2,5–9(15) mm br, — lineal-lanzettlich bis lanzettlich, 3–5nervig; Schaft so lg oder länger als die LB, bes. unter der Ähre zottig behaart, zur FrReife ± niederliegend; Fr (1)2samig. H: (2)5–15(20) cm. ♃ He. V–VIII. Frische Mager- u.

Weiderasen, Schneeböden; obermontan bis alpin; mäßig hfg. **N** (sehr slt u. wohl nur verwildert), **O, St** (nur im Ausseer Land), **K, S, T, V**. *(P. montana)*

**Berg-W., *P. atráta* (subsp. *atráta*)**

- Fruchtende Ähre länglich- bis linealisch-walzlich, 20–150(300) mm lg (Ähre gegen Ende des Blühens bzw. zur FrReife meist stark verlängert); LB'Spreite 20–100(140) mm br, — rundlich-eiförmig bis lanzettlich, 3–9nervig . . . **10**

**10** Schaft *(ohne Ähre)* viel länger als die LB u. meist 4–10× so lg wie die fruchtende Ähre; Fr 2–4samig; Blü duftend; Staubf. h'- bis d'lila (slt weißlich), 5–10 mm lg; Staubbeutel länglich-elliptisch, 2–3× so lg wie br, — weißlich bis blaßlila; LB'Spreite stets länger als der LB'Stiel, rundlich-elliptisch bis lanzettlich, meist mit br-keiligem Grund in einen sehr kurzen LB'Stiel übergehend (seltener, bes. bei lanzettlichen Spreiten, allmählich in einen längeren LB'Stiel verschmälert), meist 5–7nervig, fast ganzrandig, bes. anfangs dicht behaart. H: 10–50 cm. ♃ He. V–IX. Trockene bis frische Weide- u. Magerrasen; collin bis obermontan; sehr hfg. **Alle Bdld**. Variabel (noch nicht ausreichend untersucht).

**Mittel-W.**, Mittlerer W., Weide-W., ***P. média***

- Schaft *(ohne Ähre)* etwa so lg oder kürzer als die LB u. höchstens 2× so lg wie die fruchtende Ähre; Fr 6–30(46)samig; Blü geruchlos; Staubf. grünlich bis weißlich, etwa 2 mm lg; Staubbeutel verkehrt-herzförmig, etwa so lg wie br. — LB'Spreite eiförmig bis (slt) elliptisch, (meist) etwa so lg wie der LB'Stiel (mitunter aber auch deutlich kürzer oder länger), kahl bis dicht kurzhaarig; Ähre vor dem Aufblühen stets aufrecht. VolksarzneiPf; Wildgemüse.

**Groß-W., Breit-W., *P. májor***

Anm.: Die folgende Gliederung von *P. major* ist für **Ö** noch unbefriedigend.

**a** Fr mit (4)7–9(15) Sa; Sa h'braun, meist 1,4–1,7 mm lg; LB'Spreite derb (?), kaum gezähnt, meist 5–9nervig, am Grund meist abgerundet bis seicht nierenförmig, kahl oder behaart; Abrißstelle des Deckels der Fr deutlich sichtbar; Stg meist aufrecht, seltener aufsteigend, meist kahl (?); fruchtende Ähre meist sehr schlank (linealisch-walzlich) u. spitz. — LB'Spreite meist etwa 1½× so lg wie br. H: (5)10–40(60) cm. ♃ He. (V)VI–X. Trittrasen, frische Ruderalfluren, Wege; Betrittzeiger; collin bis obermontan; sehr hfg. **Alle Bdld.**

**▪ Gewöhnlicher G.-W., *P. m.* subsp. *májor***

- Fr mit 18–25(46) Sa; Sa meist d'braun, 0,8–1 mm lg; LB'Spreite dünn u. weich (?), bes. im unteren Teil oft weitbuchtig gezähnt, 3–5(7)nervig, meist keilig in den LB'Stiel verschmälert (seltener am Grund abgerundet oder seicht nierenförmig), meist stark behaart (?); Abrißstelle des Deckels der Fr von den KB verdeckt; Stg meist aus liegendem Grund kurzbogig aufsteigend, stark behaart; fruchtende Ähre gedrungen- bis linealisch-walzlich, oben meist stumpf. H: 3–15(50) cm. ♃ He. VI–X. Ufer, feuchte Äcker, Ruderalfluren u. Wegränder, leicht salzige Rasen; collin bis submontan; zstr. **Fehlt T, V**. *(P. uliginosa, P. m. subsp. pleiosperma)*

**▪ Feuchtacker-G.-W.**, Vielsamiger W., Kleinsamiger W., ***P. m.* subsp. *intermédia***

Anm.: Taxonomisch problematisch (?) ist der **▪▪ Salzwiesen-G.-W., *P. m.* subsp. *wínteri*** *(P. m. var. salina)*: Fr mit 8–12 Sa; LB'Spreite etwas dicklich, meist mehr als 1½× so lg wie br, meist weitbuchtig gezähnt, meist 3nervig, am Grund meist keilig. H: 5–10 cm. ♃ He. VI–VIII. Salzhaltige Wiesen, Wegränder; collin; slt. **B** (im Seewinkel). Gefährdet.

## (2) Strandling, *Littorélla* *(Litorella)* (A 23; G XIII 6)

Pf ziemlich dichte Rasen bildend, kahl; LB in grundständiger Rosette, binsenartig, meist 1–3 mm br, am Grund scheidig; Blüstd 1–5(8), aus einer lg gestielten ♂ Blü u. 2–3 am Grund des Stiels in den Achseln je eines DeckB sitzenden ♀ Blü bestehend; Kro weißlich; StaubB sehr lg (weit aus der Kro herausragend); nur außerhalb des Wassers blühend. H: (2)4–12(15) cm. ♃ Wa. V–IX. Sandige, periodisch überschwemmte Ufer, aber auch ständig untergetaucht im Flachbereich von Seen; collin; sehr slt. **K, V**. Vom Aussterben bedroht. *(L. lacustris, L. juncea)*

**Strandling, *L. uniflóra***

# Ordnung Tannenwedelartige, *Hippuridáles*

## 116. Familie: Tannenwedelgewächse, *Hippuridáceae*

### Tannenwedel, *Hippúris* (→ A 26)

LB in (6)9–12(18)zähligen Quirlen (Abb. 347); UnterwasserB 1,5–2,5 mm br; ÜberwasserB kaum breiter als die untergetauchten; Blü (Abb. 348) in den LB'Achseln; KSaum buchtig; Kro fehlend; StaubB 1; Narbe 1; Fr: 1samige SteinFr. H: (5)30–80(190) cm. ♃ Wa. V–VIII. Stehende u. träg fließende Gewässer; kalkliebend, ± nährstoffliebend; collin bis subalpin; zstr. **Alle Bdld**. Gefährdet. △ **Tannenwedel, *H. vulgáris***

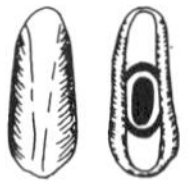

Abb. 346

Abb. 347

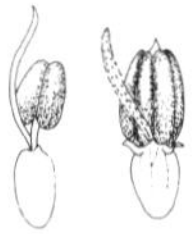

Abb. 348

# Ordnung Lippenblütlerartige, *Lamiáles*

## 117. Familie: Eisenkrautgewächse, *Verbenáceae*

Große, vielgestaltige, bes. tropische Familie. Hierher u. a. einige ZierPf, wie zB die ★ **Bartblume, *Caryópteris* × *clandonénsis*** (= *C. incana* × *C. mongolica*; Strauch; LB gegenständig, aromatisch [ähnlich Ysop], unterseits dünn graufilzig; gegenständige Cymen; Kro lippig, blau; Heimat der Eltern: Ostasien) u. das ★ **Wandelröschen, *Lantána cámara*** (bei uns als ⊙ kultiviert, eigentlich Strauch; Kro verändert während des Blühens ihre Farbe, zB von orange über gelb zu purpurn oder von rosa über orange zu lila; Heimat: amerikanische Tropen).

### Eisenkraut, *Verbéna* (→ **G 17**; IV 3)

Dicht drüsige, lg, starr abstehende Ähren; Blü ↓; Kro blaßlila; StaubB 4 (2 längere u. 2 kürzere). H: 30–100 cm. ⊙–♃, Th–He. VII–IX. Ruderalstellen, Wegränder, Trittges.; collin bis montan; sehr hfg bis zstr. **Alle Bdld**. VolksarzneiPf. **Eisenkraut, *V. officinális***

## 118. Familie: Lippenblütler, Taubnesselgewächse, *Lamiáceae* (= *Labiátae*)

Pf meist krautig, slt halbstrauchig; oft aromatisch; Stg meist 4kantig; LB gegenständig, meist unzerteilt; Blüstd: stockwerkartig übereinanderstehende Scheinquirle (die aus je 2 gegenständigen [slt 1blütigen] Zymen, meist Knäueln [Abb. 349, 350: Kn] bestehen); Knäuel-TragB (= Zymen-TragB) entweder LB (Abb. 349) oder HochB (Abb. 350, in diesem Fall bilden die übereinanderstehenden Scheinquirle [SchQu] oft eine ± unterbrochene Scheinähre); Blü meist ↓; K u. Kro je (± deutlich) 5zählig, verwachsenblättrig; Kro meist 2lippig (Oberlippe 1–2lappig, Unterlippe 3–4lappig); StaubB (2)4; Frkn oberständig, 4teilig; Fr: 4teilige KlausenFr (zerfällt bei der Reife in 4 1samige TeilFr = „Klausen"). (G 17; II 4; IV 2, 19; XIV 27)

Anm.: Bei einigen Gattungen (Gundelrebe/*Glechoma*, Dost/*Origanum*, Bergminze/*Calamintha*, Thymian/*Thymus*, Minze/*Mentha*, Salbei/*Salvia*) ist Gynodiözie die Regel, dh es gibt außer Individuen mit ausschließlich ⚥ auch solche mit ausschließlich ♀ Blü (bei diesen sind meist Rudimente der StaubB vorhanden). Die Kro der ♀ Blü sind meist kleiner als die der ⚥. Der **Sonderschlüssel** auf S. 772 ermöglicht die Bestimmung ♀ Exemplare bis zur Gattung.

(1) *Ajuga*
(2) *Teucrium*
(3) *Scutellaria*
(4) *Marrubium*
(5) *Sideritis*
(6) *Melittis*
(7) *Phlomis*
(8) *Galeopsis*
(9) *Lamium*
(10) *Lamiastrum*
(11) *Leonurus*
(12) *Ballota*
(13) *Stachys*
(14) *Betonica*
(15) *Nepeta*
(16) *Glechoma*
(17) *Dracocephalum*
(18) *Prunella*
★ (19) *Melissa*
★ (20) *Satureja*
(21) *Acinos*
(22) *Calamintha*
(23) *Clinopodium*
★ (24) *Hyssopus*
(25) *Origanum*
★ (26) *Majorana*
(27) *Thymus*
(28) *Lycopus*
(29) *Mentha*
☆ (29b) *Elsholtzia*
★ (30) *Lavandula*
(31) *Horminum*
(32) *Salvia*
★ (33) *Ocimum*

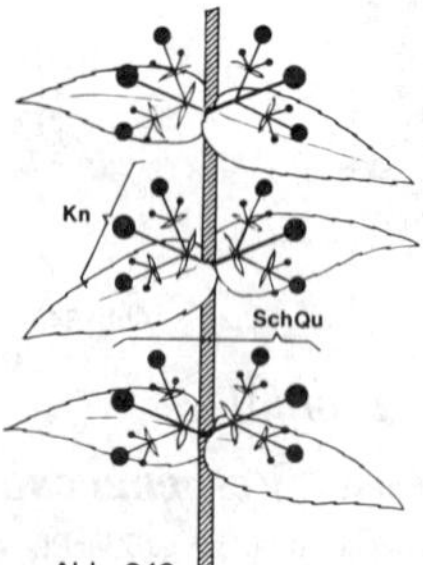

Abb. 349

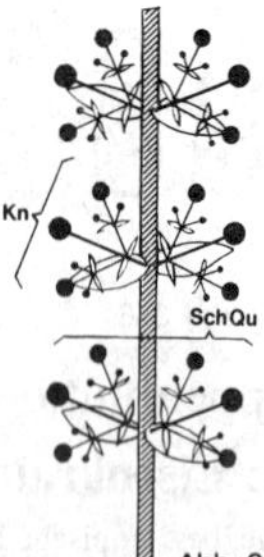

Abb. 350

**1** StaubB 2 . . . . . . . . . . . . . . . . . . . . . . . . . . . . . . . . . . . . . . **2**
**–** StaubB 4, meist zweimächtig, dh 2 lg u. 2 kurze . . . . . . . . . . . . . . . **3**

**2** Knäuel-TragB: LB; Kro fast $\oplus$, 4spaltig; K $\oplus$. — KroRöhre kürzer als der K; StaubB die Kro überragend (Abb. 351). **(28) Wolfsfuß, *Lýcopus***
**–** Knäuel-TragB: HochB; K u. Kro deutlich 2lippig (Abb. 352 a). — Nur 1 Staubbeutelhälfte fertil (dh pollenerzeugend); Konnektiv verlängert, staubf.artig, gelenkig am kurzen Staubf. sitzend, als „Schlagbaum" (Hebelmechanismus!) wirkend (Abb. 352 b). **(32) Salbei, *Sálvia***

**3** KroZipfel 4, untereinander fast gleich, Kro daher fast $\oplus$ . . . . . . . . . **4**
**–** KroZipfel untereinander verschieden, Kro deutlich ↓ (LippenKro) oder Kro 5spaltig. — (Gesamt-)Blüstd ± mehr- oder allseitswendig, Knäuel-TragB nie alle in einer Ebene . . . . . . . . . . . . . . . . . . . . . . . . . . . . . . . . **5**

**4** (Gesamt-)Blüstd mehr- oder allseitswendig; die 4 StaubB fast gleich lg. — Pf aromatisch (die einzelnen Arten verschieden riechend); Kro glockig bis trichterig, h'blau bis blaßlila (Abb. 353). **(29) Minze, *Méntha***
**–** Blüstd (Scheinähre) stark einseitswendig, alle Knäuel-TragB in einer Ebene; 2 StaubB viel länger als die 2 anderen. — Pf minzenartig riechend. ☆ **(29 b) Kamminze, *Elshóltzia***

**5** Oberlippe (scheinbar) fehlend oder sehr kurz, nur die Unterlippe der Kro deutlich entwickelt (3–5lappig) . . . . . . . . . . . . . . . . . . . . . . . . **6**
**–** Saum der Kro deutlich 2lippig, aus wohl entwickelter Ober- u. Unterlippe bestehend . . . . . . . . . . . . . . . . . . . . . . . . . . . . . . . . . . . . . . **7**

**6** Oberlippe sehr kurz, ausgerandet, daher 2lappig (Abb. 354); Kro innen mit einem Haarring. **(1) Günsel, *Ájuga***

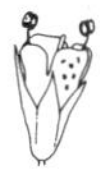
Abb. 351

Abb. 352a

Abb. 352b

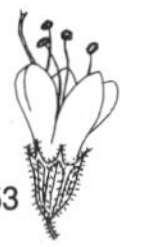
Abb. 353

Abb. 354

Abb. 355

Abb. 356a

Abb. 356b

Abb. 357a

Abb. 357b

- Oberlippe scheinbar ganz fehlend (Abb. 355), tatsächlich jedoch tief 2teilig u. ihre beiden Lappen gegen die Unterlippe herabgerückt, daher diese scheinbar 5spaltig; KroRöhre ohne Haarring. **(2) Gamander, *Téucrium***

7 StaubB u. Gri aus der KroRöhre nicht herausragend . . . . . . . . . . . . **8**
- StaubB u. Gri aus der KroRöhre herausragend . . . . . . . . . . . . . . **10**

8 Halbstrauch; Kro violettblau; K 13–15nervig. — Knäuel-TragB: trockenhäutige HochB. ★ **(30) Lavendel, *Lavándula***
- Pf krautig; Kro weiß oder gelb, niemals blau; K 5–10nervig . . . . . . . . **9**

9 Pf ♃, filzig; Kro weiß; K ± gleichmäßig 5–10zähnig; alle 4 StaubB fertil; Staubbeutel zuletzt 1fächrig. **(4) Andorn, *Marrúbium***
- Pf ⊙, zottig behaart; Kro gelb, braun gesäumt; K 2lippig; oft nur 2 StaubB fertil; Staubbeutel 2fächrig. **(5) Gliedkraut, *Siderítis***

10 [7] *Man untersuche den K!* K nur aus der ungeteilten Oberlippe bestehend, scheinbar 1blättrig, ohne hohle Schuppe. — Kro weiß. ★ **(26) Majoran, *Majorána***
-!! K 2lippig, beide Lippen ungeteilt, die obere auf dem Rücken mit einer hohlen Schuppe, die sich nach dem Blühen vergrößert (Abb. 356 a). (Abb. 356 b.) **(3) Helmkraut, *Scutellária***
- K 5zähnig (Abb. 357 a), ⊕ oder 2lippig (Abb. 357 b), stets ohne hohle Schuppe . . . . . . . . . . . . . . . . . . . . . . . . . . . . **11**

11 StaubB auf der Unterlippe der Kro liegend (Bestäubung durch Insektenbauch). — Kro weiß, ihre Oberlippe 4lappig. ★ **(33) Basilikum, *Ócimum***
-!! StaubB nach allen Richtungen aus dem Schlund heraustretend (Bestäubung durch den ganzen Insektenkörper). — Kro d'blau, ihre Oberlippe 2lappig. ★ **(24) Ysop, *Hyssópus***
- StaubB unmittelbar unter der Oberlippe der Kro (Bestäubung durch Insektenrücken) . . . . . . . . . . . . . . . . . . . . . . . . . . . . **12**

12 Unterlippe der Kro am Schlund mit 2 hohlen Höckern (Abb. 358). **(8) Hohlzahn, *Galeópsis***
- Unterlippe ohne hohle Höcker . . . . . . . . . . . . . . . . . . . . **13**

13 Wenigstens die 2 längeren StaubB länger als die KroOberlippe . . . . . **14**
- Alle StaubB höchstens so lg wie die KroOberlippe . . . . . . . . . . . **16**

14 StaubB unter der Oberlippe zusammenneigend; Pf nicht aromatisch; LB fast alle grundständig, rosettig (höchstens 1–2 Paar winzige StgB); Kro (blau)violett. **(31) Drachenmaul, *Hormínum***
- StaubB oben auseinanderspreizend (Abb. 359); Pf aromatisch; LB nicht grundständig; Kro purpurn . . . . . . . . . . . . . . . . . . . . . . . **15**

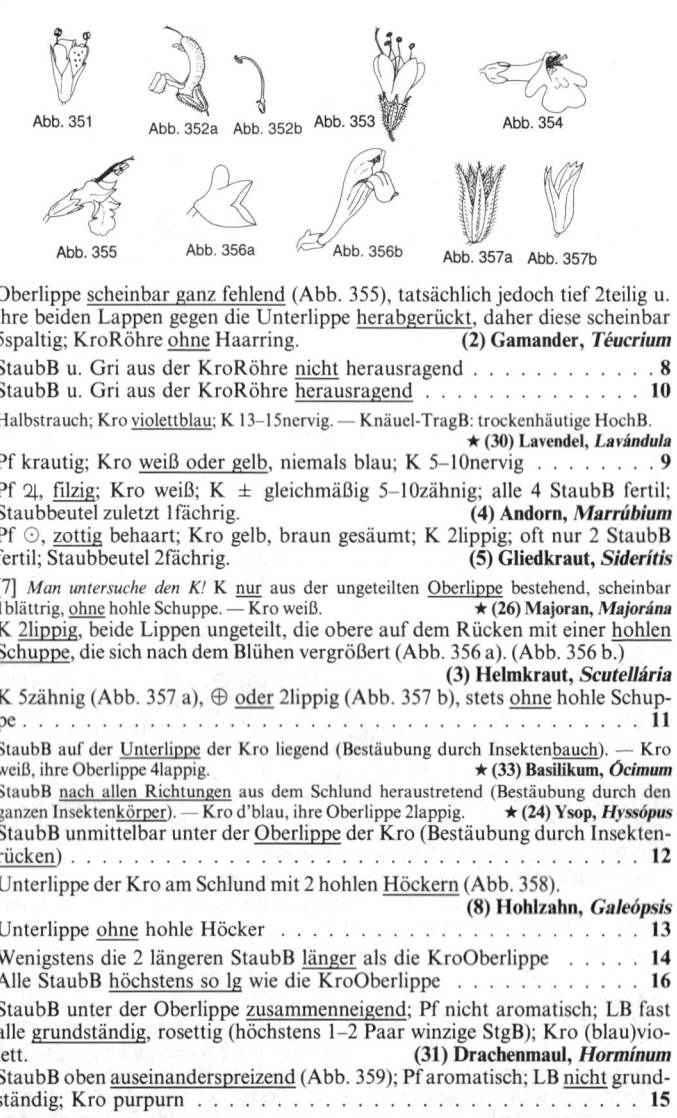

15 K 5zähnig mit beinahe gleichen Zähnen (Abb. 357 a); LB'Spreite mindestens 2 cm lg. — GesamtBlüstd schirmrispig (Zymen fast kopfig gehäuft); Kro purpurrosa; HochB braunrot. **(25) Dost, *Oríganum***

- K 2lippig (Abb. 357 b); LB'Spreite höchstens 2 cm lg. — LB'Stiel u./oder Spreitengrund gewimpert. **(27) Thymian, *Thýmus***

16 [13] K 2lippig oder deutlich ungleich 5zähnig . . . . . . . . . . . . . . . . **17**
- K 5zähnig mit beinahe gleichen Zähnen . . . . . . . . . . . . . . . . **25**

17 LB fast alle grundständig, rosettig (Stg höchstens mit 1–2 Paar HochB). **(31) Drachenmaul, *Hormínum***
- LB am Stg verteilt, nicht rosettig . . . . . . . . . . . . . . . . . . . . . **18**

18 LB lineal-lanzettlich, völlig ganzrandig, 2–5 mm br (vegetative Sprosse) oder fiederteilig mit schmal-linealischen, ganzrandigen Abschnitten. **(17) Drachenkopf, *Dracocéphalum***
- LB meist gesägt oder gekerbt, nicht lineal-lanzettlich, meist mehr als 5 mm br . . . . . . . . . . . . . . . . . . . . . . . . . . . . . **19**

19 Blü 30–45 mm lg. — K mit 4–5 br, stumpfen Zähnen, glockig, aufgeblasen, weiter als die Kro. **(6) Immenblatt, *Melíttis***
- Blü höchstens 25 mm lg . . . . . . . . . . . . . . . . . . . . . . . . . **20**

20 Knäuel-TragB sehr br, rundlich-herzförmig, ganzrandig; Scheinquirle zu endständigen, walzlichen Köpfchen vereinigt. **(18) Brunelle, *Prunélla***
- Knäuel-TragB u. Scheinquirle anders . . . . . . . . . . . . . . . . . . **21**

21 Kro gelb. **(13) Ziest, *Stáchys*** (s. d., Pkt 4)
- Kro nicht gelb . . . . . . . . . . . . . . . . . . . . . . . . . . . . . . . **22**

22 K glockig; Kro weiß (in der Knospe gelblich); KroRöhre gebogen; Oberlippe gewölbt. — Scheinquirle einseitswendig, zu 3–5 LB'achselständig. **★ (19) Melisse, *Melíssa***
- K walzlich; Kro purpurn bis blauviolett; KroRöhre fast gerade; Oberlippe flach . . . . . . . . . . . . . . . . . . . . . . . . . . . . . . . . . **23**

23 Scheinquirle dicht quirlartig, von einer aus borstlichen, langzottigen VorB bestehenden Hülle umgeben; Zymen (meist locker, daher nicht knäuelig) kurzgestielt (Stiel höchstens 5 mm lg); LB nicht drüsig-punktiert; Pf schwach aromatisch. **(23) Wirbeldost, *Clinopódium***
- Scheinquirle nicht quirlartig, ohne solche Hülle; Zymen (meist locker, daher nicht knäuelig) länger gestielt (Stiel mehr als 5 mm lg); LB drüsig punktiert (*Lupe!:* dunkle Punkte); Pf stark aromatisch . . . . . . . . . . . **24**

24 KRöhre gebogen, am Grund mit Kropf. **(21) Steinquendel, *Ácinos***
- KRöhre gerade, am Grund ohne Kropf. **(22) Bergminze, *Calamíntha***

25 [16] LB schmal-linealisch bis lineal-lanzettlich, völlig ganzrandig, 2–5 mm br oder LB fiederteilig, ihre Abschnitte schmal-linealisch . . . . . . . . . **26**
- LB länglich bis elliptisch oder eiförmig, ± gesägt oder gekerbt oder handförmig gespalten, meist breiter als 5 mm . . . . . . . . . . . . . . . . **27**

26 Kro blauviolett, 20–35 mm lg, ihre Oberlippe etwa 7–10 mm lg. **(17) Drachenkopf, *Dracocéphalum***
- Kro weiß, rosa oder h'purpurn, 4–7 mm lg, ihre Oberlippe etwa 1 mm lg. — Pf stark aromatisch; LB ganzrandig. **★ (20) Bohnenkraut, *Saturéja***

27 KroUnterlippe unzerteilt, am Grund meist mit 2 seitlichen kleinen, fadenförmigen Anhängseln (= die verkümmerten Seitenlappen) (Abb. 360). — LB beim Zerreiben unangenehm riechend; TragB der Knäuel LB'ähnlich; Kro purpurn oder weiß. **(9) Taubnessel, *Lámium***
- KroUnterlippe 3(4)lappig, ihre Seitenlappen kleiner als der Mittellappen, aber nicht fadenförmig . . . . . . . . . . . . . . . . . . . . . . . . . . **28**

**28** Seitenlappen der KroUnterlippe 3eckig-spitz. — LB beim Zerreiben leicht süßlich-unangenehm riechend; Kro goldgelb. **(10) Goldnessel, *Lamiástrum***
**-** Seitenlappen der KroUnterlippe abgerundet . . . . . . . . . . . . . . . . . . **29**

**29** Zymen (1)3blütig, ihre TragB sind LB. — Kriechsprosse vorhanden; LB nierenförmig, grob gekerbt, zerrieben würzig riechend; halbzweihäusig: ⚥ u. ♀ Individuen; Kro violett- bis lilablau; Mittellappen der Unterlippe flach, verkehrt-herzförmig (Abb. 361); (bei ♂ Exemplaren:) die beiden mittleren StaubB länger als die beiden seitlichen. **(16) Gundelrebe, *Glechóma***
**-** Zymen (Knäuel) mindestens 5blütig (wenn wenigerblütig, dann sind ihre TragB HochB) . . . . . . . . . . . . . . . . . . . . . . . . . . . . . . . . **30**

**30** Die beiden oberen (inneren) Staubf. am Grund (wo sie mit der KroRöhre verwachsen sind) mit je einem fädlichen Anhängsel (Abb. 362). **(7) Brandkraut, *Phlómis***

Abb. 358

Abb. 359

Abb. 360

Abb. 361

Abb. 362

Abb. 363

Abb. 364

Abb. 365

Abb. 366

**-** Keine fädlichen Anhängsel der Staubf. in der KroRöhre . . . . . . . . . **31**

**31** Alle LB handförmig 3–7spaltig.
**Gewöhnlicher Löwenschwanz, (11), *Leonúrus cardíaca***
**-** Alle LB gesägt oder gekerbt, nie tiefer geteilt . . . . . . . . . . . . . . **32**

**32** Blü nicht länger als 1 cm . . . . . . . . . . . . . . . . . . . . . . . . **33**
**-** Blü meist länger als 1 cm . . . . . . . . . . . . . . . . . . . . . . . . **34**

**33** Alle LB keilig in den Stiel verschmälert.
**Auen-Löwenschwanz, (11), *Leonúrus marrubiástrum***
**-** Zumindest die unteren LB herzförmig. — Mittellappen der Unterlippe konkav gewölbt (Abb. 363). **(15) Katzenminze, *Népeta***

**34** Knäuel 1–5(10) mm lg gestielt. **(12) Schwarznessel, *Ballóta***
**-** Knäuel (auf der Hauptachse) sitzend . . . . . . . . . . . . . . . . . . **35**

**35** LB nicht überwiegend rosettig; Stg meist mit mehr als 3 LB'Paaren; zur BlüZeit keine sterilen LB'Rosetten vorhanden; Staubbeutelhälften ± genau untereinander stehend. — Pf beim Zerreiben unangenehm riechend; die beiden längeren (äußeren) Staubf. sich beim Abblühen meist auswärts krümmend (Abb. 365). **(13) Ziest, *Stáchys***
**-** LB überwiegend rosettig; Stg nur mit 1–3 LB'Paaren; zur BlüZeit sterile LB'Rosetten vorhanden; Staubbeutelhälften in spitzem Winkel zueinander stehend. — Pf beim Zerreiben nicht auffällig riechend; Blü zu dichten allseitigen Scheinähren vereinigt; die beiden längeren (äußeren) Staubf. zuletzt nicht nach außen gekrümmt. **(14) Zehrkraut, *Betónica***

## (1) Günsel, *Ájuga*

**1** Kro gelb; LB sehr schmal-lanzettlich oder fiederteilig mit schmal-linealischen (höchstens 2 mm br) Abschnitten; DeckB LB'artig. — LB beim Zerreiben fast wie Fichtennadeln *(Name!)* duftend. H: 5–15 cm. ⊙ Th. V–IX(X). Lehmig-tonige, oft steinige, extensiv genutzte Äcker, Weingärten, Brachen; Kalkzeiger; collin bis untermontan; im Pann zstr, sonst slt. **B, W, N, O, (St)**. Gefährdet. *(Chamaepitys chia)* **Acker-G., *A. chamáepitys***

**-** Kro blau, slt purpurn oder weiß; LB eiförmig, ungeteilt, ganzrandig bis stumpf gezähnt; die DeckB sind HochB . . . . . . . . . . . . . . . . . . . . **2**

**2** Kriechende Ausläufer vorhanden; Stg kahl oder spärlich (± 2seitig) behaart. — GrundB lg gestielt, spatelförmig, 4–8(12) cm lg u. 1–3(5) cm br; TragB der Knäuel ganzrandig. H: 7–30 cm. ♃ He. V–VIII. Frische Edellaubwälder u. (Fett)wiesen; collin bis montan; hfg. **Alle Bdld**. **Kriech-G.**, Kriechender G., ***A. réptans***

**-** Pf ohne Ausläufer; Stg meist deutlich rundum behaart . . . . . . . . . . . **3**

**3** TragB der Knäuel meist 3lappig, die Blü nicht oder nur wenig überragend; Kro leuchtend d'blau (slt purpurn oder weiß). — Pf zottig behaart. H: 7–30 cm. ♃ He. IV–VI. Trockene, meist lehmreiche Weiderasen, Waldränder, Waldlichtungen; collin bis montan; zstr. **Alle Bdld**. Im Rh, nVL u. BM gefährdet. **Heide-G., Genfer G., Zottiger G., *A. genevénsis***

**-** TragB der Knäuel meist ganzrandig, meist mindestens doppelt so lg wie die Knäuel; Kro meist blaßblau. H: 7–30 cm. ♃ He. V–VIII. Bodensaure Magerrasen, zB Bürstlingsrasen; kalkmeidend; (obermontan) subalpin; zstr bis mäßig hfg. **Fehlt B, W**. **Pyramiden-G., *A. pyramidális***

## (2) Gamander, *Téucrium*

**1** Pf ⊙ (⊙); LB 1–2fach fiederteilig; KGrund unterseits nach hinten stark ausgesackt. — Scheinquirle entfernt in den Achseln von LB stehend; Kro purpurn bis rosa. H: (5)10–30(40) cm. ⊙ Th. VII–IX. Schotterfluren, skelettreiche Brachen, Trockenrasen; kalkhold; collin bis untermontan; zstr. **S†, V†, sonst in allen Bdld**. Gefährdet. **Feld-G., Trauben-G., *T. bótrys***

**-** Pf ♃; LB unzerteilt bis fiederlappig; KGrund unterseits ± schwach ausgebuchtet . . . . . . . . . . . . . . . . . . . . . . . . . . . . . . . **2**

**2** LB unterseits weißfilzig, linealisch bis lanzettlich, 4–8(11)× so lg wie br, fast stets ganzrandig, Rand zurückgerollt; Scheinquirle zu endständigen, halbkugeligen Köpfen zusammengedrängt. — Spalierhalbstrauch; Stg weißfilzig; Kro weiß bis blaßgelb. H: 5–20(30) cm. ♄ Ch HS. VI–IX. Trockene Felsfluren, Föhrenwälder, Trockenrasen; kalkstet; collin bis montan; hfg. **Alle Bdld**. ArzneiPf. **Berg-G., *T. montánum***

**-** LB unterseits feinhaarig, eiförmig bis länglich-elliptisch oder herzförmig, 2–4× so lg wie br, nicht ganzrandig, Rand flach; Scheinquirle entfernt stehend oder zu einseitswendigen, traubenähnlichen GesamtBlüstd (Thyrsen) vereinigt . **3**

**3** K 2lippig (Oberlippe aus 1 großen aufgebogenen Zahn, Unterlippe aus 4 kleinen gleichartigen Zähnen); Kro h'gelb; LB gestielt, mit herzförmigem oder gestutztem Spreitengrund, dicht netznervig, runzelig; Zymen 1–2blütig; Zymen-TragB: HochB, meist kürzer als der K. — Ausläufer; Scheinquirle lg, einseitswendige, traubige Thyrsen bildend. H: (15)30–70(100) cm. ♃ He. VII–

IX. Waldsäume, lichte Wälder, kalkmeidend, Säurezeiger; montan; zstr bis sehr slt. **Fehlt W**. (Areal ozeanisch.) Im Alp u. söVL gefährdet.
**Salbei-G.**, Wald-G., ***T. scorodónia***

- K fast regelmäßig 5zähnig; Kro purpurn bis rosa (slt weiß); LB gestielt mit keilförmigem Spreitengrund oder sitzend, schwach netznervig, ziemlich glatt; Zymen 2–8blütig; Zymen-TragB LB'artig, länger als der K . . . . . . . . **4**

**4** Ausläufer u. Stg krautig; Scheinquirle entfernt stehend; alle Knäuel-TragB länger als die Blü; Kro 6–10 mm lg. — Pf nach Knoblauch riechend; LB sitzend, länglich-elliptisch, Rand grob gesägt. H: 10–50 cm. ♃ He. VII–IX. Feuchte bis nasse Wiesen, Ufer, Schlammfluren, Wassergräben; collin bis submontan; zstr bis slt. **St†, V†; fehlt T**. Gefährdet. **Knoblauch-G., *T. scórdium***

- Ausläufer u. Stg am Grund etwas verholzt; Scheinquirle zu einseitswendigen, traubigen Thyrsen vereinigt; obere Knäuel-TragB länger als die Blü; Kro 10–15 mm lg. — Zwerg-Halbstrauch; Pf ohne auffälligen Geruch; LB mit keilförmigem oder verschmälertem Spreitengrund sitzend oder kurz gestielt, Spreite fiederlappig bis tief kerbsägig. H: 10–30(50) cm. ♄ Ch HS. VII–IX. Trocken- u. Halbtrockenrasen, Felsfluren, Waldsäume, lichte Wälder; kalkhold; collin bis montan; hfg. **Alle Bdld**. VolksarzneiPf.
**Edel-G.**, Echter G., ***T. chamáedrys***

## (3) Helmkraut, *Scutellária*

**1** Kro 6–7 mm lg, purpurn; KroRöhre fast gerade. — LB'Spreite 8–20 mm lg u. 4–10 mm br, eilanzettlich, ganzrandig oder mit je einem Zahn am Grund; K drüsenlos-flaumig. ♃ He. VII–IX. Offene Stellen in kalk- u. nährstoffarmen Naßwiesen u. Gräben; untermontan; sehr slt. **O** (im Mühlviertel*). (Hptvbr.: West-Europa.) Vom Aussterben bedroht (!). **Kleines H., *S. mínor***

- Kro 12–22 mm lg, violettblau; KroRöhre etwas gekrümmt . . . . . . . . . **2**

**2** LB'Spreite länglich-lanzettlich, am Grund 1–2zähnig, daher fast spießförmig, ganzrandig. — K u. Kro drüsig-flaumig. H: 10–40 cm. ♃ He. VI–VIII. Feuchte Wiesen, Gräben; collin; im Pann slt, sonst sehr slt. **B, W, N, O, St, K**. Stark gefährdet. **Spieß-H., *S. hastifólia***

- LB aus herzförmigem Grund länglich-lanzettlich, nicht spießförmig, entfernt gekerbt bis gesägt . . . . . . . . . . . . . . . . . . . . . . . . . **2**

**2** LB länglich-lanzettlich; DeckB von den StgB nicht oder nur wenig verschieden u. wie diese gekerbt, die Blü daher LB'achselständig erscheinend; K kahl oder wenigstens ohne Drüsenhaare. H: 10–40 cm. ♃ He. VI–IX. Sümpfe, Bäche, Naßwiesen, Gräben etc.; collin bis montan; zstr. **Alle Bdld**. In den wAlp gefährdet. **Sumpf-H., *S. galericuláta***

- LB eilanzettlich; DeckB viel kleiner als die StgB u. ganzrandig, Blüstd daher traubenförmig; K mit längeren Wollhaaren u. kurzen Drüsenhaaren. H: 60–100 cm. ♃ He. VI–VII. Wärmeliebende Laubwälder, lichte Gehölze; collin; slt. **B?, (W, N), St**. Lokal eingebürgert (zB auf dem Grazer Schloßberg). (Heimat: Südost-Europa.) **(☆) Hohes H., *S. altíssima***

## (4) Andorn, *Marrúbium*

**1** K wie die HochB abstehend behaart, KZähne 10, hakig zurückgekrümmt (Abb. 364). — LB eiförmig, filzig, runzelig. H: 40–50 cm. ♃ Ch. VI–VIII. Wege, Ruderalfluren, Dorfstraßen; collin; sehr slt. **W†; fehlt S, V**. ArzneiPf (Herba Marrubii). Vom Aussterben bedroht. ▲ **Echter A., *M. vulgáre***

* Neufund von A. SCHMALZER (Schönau i. Mkr.), 1989 (unveröff.).

- K anliegend filzhaarig, KZähne 5, aufrecht, nicht zurückgekrümmt. — LB elliptisch-lanzettlich, dicht weißfilzig. Steppenroller. H: 30–60 cm. ♃ Ch. VII–VIII. Trockene bis mäßig trockene Ruderalstellen, ruderal beeinflußte Trokkenrasen; basenhold; collin; zstr bis slt. Im Pann. **B, W†, N.** VolksarzneiPf. Gefährdet. **Grau-A., *M. peregrínum***

## (5) Gliedkraut, *Siderítis*

LB länglich-lanzettlich; K länger als die Kro, mit 3spaltiger Oberlippe. H: 20–30 cm. ⊙ Th. VII–IX. Trockene Magerwiesen, Trockenrasen, Weingärten, Brachen, trockene Ruderalfluren; collin; im Pann zstr, sonst slt. **B, W, N, O,** (anderswo unbeständig). Im nVL gefährdet. **Gliedkraut, *S. montána***

## (6) Immenblatt, *Melíttis*

LB br-eiförmig; Kro außen meist weiß, Oberlippe weiß oder h'purpurn, innen rötlich punktiert, Unterlippe meist mit leuchtend purpurlila Mittellappen, slt gänzlich weiß. H: 20–50 cm. ♃ He. V–VI. Wärmeliebende Edellaubwälder; collin bis montan; zstr. **Fehlt S, V.** Recht variabel; die zuweilen unterschiedenen Unterarten wie zB *subsp. carpatica* (LB etwa 10–16 cm lg u. 6–8 cm br; Haare am KGrund bis 2,5 mm lg; Areal östlich) u. *subsp. melissophyllum* (LB etwa 5–9 cm lg u. 3–5 cm br; KGrund fast kahl; Areal westlich) sind wohl kaum haltbar oder bedürfen genauerer Erforschung. **Immenblatt, *M. melissophýllum***

## (7) Brandkraut, *Phlómis*

LB überwiegend rosettig; Stg mit nur 1–3 LB'Paaren; Scheinquirle voneinander entfernt; Kro purpurn; Oberlippe dicht lg'haarig, weiß sternfilzig. H: 60–150 cm. ♃ He. VI–VII. Halbtrockenrasen, trocken-warme (Flaumeichen-) Waldsäume; collin; sehr slt. Im Pann. **B, N.** (Hptvbr.: Mähren, Slowakei, Ungarn, Ost-Europa, Westasien.) Stark gefährdet.

**Brandkraut, Knollen-B., *Ph. tuberósa***

## (8) Hohlzahn, Hanfnessel, *Galeópsis*

Anm.: Der ozeanische, säureliebende ⊖ **Gelblichweiße H., *G. ségetum*,** eine (Volks-)ArzneiPf, **fehlt in Ö** (er wurde u. wird nur aufgrund schlechter Bestimmer u./oder schlechter Bestimmungsbücher zuweilen für unser Gebiet angegeben).

**1** Stg unmittelbar unter den Knoten nicht verdickt, mit 0,2–0,5 mm lg, abwärts anliegenden Haaren. — LB'Spreite 1–4 cm lg u. 0,2–2,5 cm br; Kro purpurrot. Meist auf steinigen Böden. (Artengruppe Breitblatt-H., *G. ladanum* agg., *Dalanum*) . . . . . . . . . . . . . . . . . . . . . . . . . . . . . . . . **2**

**-** Stg unmittelbar unter den Knoten ± verdickt u. mit 1–2 mm lg, steifen, ± abstehenden Haaren. — LB'Spreite 3–12 cm lg u. 1,5–6 cm br . . . . . . . **3**

**2** LB schmal-lanzettlich, 4–15× so lg wie br, ganzrandig oder jederseits höchstens mit 4 kleinen Zähnen; Kro 3× so lg wie der K, ihre Röhre weit aus dem K ragend; VorB meist so lg oder länger als der K; KHaare warzig *(20fache Vergrößerung!)*. H: 10–20(40) cm. ⊙ Th. VI–X. Kalkreiche Schotterfluren (Schmalblatthohlzahnges.), Dämme, Bahnschotter, Kiesgruben; collin bis montan; zstr. **Alle Bdld.** *(Dalanum angustifolium)*

**Schmalblatt-H., *G. angustifólia***

**-** LB lanzettlich, 2–3× so lg wie br, jederseits mit 3–7 deutlichen Zähnen; Kro 2×

so lg wie der K, ihre Röhre nur wenig aus dem K ragend; VorB kürzer als der K; KHaare glatt *(20fache Vergrößerung!)*. H: 10–30(50) cm. ⊙ Th. VI–X. Oft kalkarme Felsschuttböden, Geröll, Äcker; wärmere Lagen; (collin) montan bis subalpin; slt. **Alle Bdld**. *(Dalanum ladanum)*
**Breitblatt-H.**, „Acker-H.", ***G. ládanum***

3 Köpfe der lg Drüsenhaare des K dunkel . . . . . . . . . . . . . . . . . . . . 4
– Köpfe der lg Drüsenhaare des K hell . . . . . . . . . . . . . . . . . . . . . . 5

4 Kro 2–3× so lg wie der K; Stg unmittelbar unter den Knoten nur wenig verdickt, — u. bes. dort mit wenigen Borstenhaaren u. zahlr. kurzen, anliegenden weichen Haaren; Kro meist d'purpurrot mit gelbem Schlund oder weiß oder gelblich. H: 20–50(60) cm. ⊙ Th. VII–IX. Gebüsche, Waldränder, Waldschläge; collin bis montan; im Osten hfg, nach Westen zu slt werdend. **V†, sonst in allen Bdld**. In den wAlp gefährdet. Variabel. (Diploid.) (Inkl. *G. murriana)*
**Flaum-H.**, ***G. pubéscens***
– Kro etwa 1,5× so lg wie der K; Stg unmittelbar unter den Knoten stark verdickt. — KZipfel stechend; Kro purpurrot oder weiß, Mittellappen der Unterlippe quadratisch, gezähnelt, hell gesäumt oder weiß, nicht ausgerandet. H: (10)20–30(60) cm. ⊙ Th. VI–X. Äcker (bes. Kartoffeläcker); Nährstoffzeiger; collin bis montan (subalpin); hfg. **Alle Bdld**. (Allotetraploid: entstanden aus *G. speciosa* × *pubescens*.) (Zu *G. tetrahit agg.*, vgl. Pkt 5–)
**Dorn-H.**, Stechender H., Gewöhnlicher H., „Daun", „Dorn", ***G. tétrahit***

5 Kro 25–40 mm lg, — gelb, nur der Mittellappen der Unterlippe violett (Abb. 358); Stg unter den Knoten steif behaart. H: 20–70 cm. ⊙ Th. VII–IX. Frische Gebüsche, lichte Wälder, Waldschläge; collin bis subalpin; im Süden u. Osten hfg, nach Westen zu slt werdend. **Alle Bdld**. (Diploid.) *(G. versicolor)*
**Bunt-H.**, ***G. speciósa***
– Kro 10–25 mm lg, — meist h'purpurrot, slt schwefelgelb; Mittelabschnitt der Unterlippe länglich, immer einfärbig (nicht gesäumt), deutlich ausgerandet. H: (20)30–60(70) cm. ⊙ Th. VI–X. Kalkarme, bodensaure Waldschläge, Ufer, Moore; collin bis subalpin; in Silikatgebieten zstr, sonst slt. **Alle Bdld**. (Tetraploid.) (Zur Artengruppe Dorn-H., *G. tetrahit agg.*, vgl. Pkt 4–)
**Zweizipfeliger H.**, „Zweispaltiger" H., ***G. bífida***

## (9) Taubnessel, *Lámium* (exkl. (10) *Lamiastrum*)

1 Staubbeutel kahl; LB meist breiter als 5 cm; Kro 3–4 cm lg, — purpurrot, Unterlippe dunkel gefleckt. H: 40–100 cm. ♃ He. IV–VI. Gebüsche, Waldsäume, Hochstaudenfluren, Bachränder; collin bis montan; mäßig hfg bis slt. Süd-**St**, Süd-**K**, Ost-**T**, sonst mancherorts verschleppt (?) u. eingebürgert, so in **N**, **S** (Paß Lueg). Im söVL gefährdet. (Südalpisch.)
**Riesen-T.**, Große T., Nesselkönig, (sl.:) velecvetna mrtva kopriva, ***L. orvála***
– Staubbeutel bärtig; LB höchstens 4 cm br; Kro höchstens 2,5 cm lg . . . . 2

2 Kro weiß bis gelblichweiß . . . . . . . . . . . . . . . . . . . . . . . . 3
– Kro purpurrot . . . . . . . . . . . . . . . . . . . . . . . . . . . . . 4

3 Haare der KroOberlippe ± abstehend, etwa 1,5 mm lg; KroRöhre innen über dem Grund mit schrägem Haarring; Knäuel-TragB 2–4× so lg wie br; K am Grund meist mit violetten Flecken. — Kro stets weiß bis gelblichweiß. H: 20–50 cm. ♃ He. IV–X. Ruderale Staudenges., Waldsäume; nitrophil; (submontan) montan bis subalpin; hfg bis zstr. **Alle Bdld**. VolksarzneiPf (Blü), Homöop. **Weiß-T.**, **Weiße T.**, ***L. álbum***

- Haare der KroOberlippe ± anliegend, 0,5–1 mm lg; KroRöhre innen über dem Grund mit waagrechtem Haarring; Knäuel-TragB 1–2× so lg wie br; K am Grund ungefleckt. **Gefleckte T.**, ***L. maculátum*** (→ Pkt 4–)

**4** KroRöhre aufwärts gebogen; Kro 2–3 cm lg; Pf ♃, mit unterirdischen Ausläufern. — Knäuel-TragB 1–2× so lg wie br; K am Grund ungefleckt; Kro purpurn, mit dunkel gefleckter Unterlippe, slt weiß; KroRöhre innen mit waagrechtem Haarring; Haare der KroOberlippe ± anliegend, 0,5–1 mm lg. H: 15–50(60) cm. ♃ He. IV–X. Laubwälder, Waldsäume, Hochstaudenfluren; nitrophil; collin bis subalpin; sehr hfg bis zstr. **Alle Bdld.**
**Flecken-T.**, **Gefleckte T.**, ***L. maculátum***

- KroRöhre gerade; Kro 1–1,5 cm lg; Pf ⊙–⊙, ohne Ausläufer . . . . . . . **5**

**5** Obere LB sitzend, stengelumfassend. — K abstehend behaart; Kro oft (bes. im Vorfrühling) knospenartig geschlossen bleibend u. sich nicht weiter entwickelnd (Kleistogamie!); entwickelte Blü mit sehr schlanker, weit aus dem K ragender Röhre. H: 5–20 cm. ⊙–⊙ Th–He. IV–V(VIII). Äcker, Gärten, Brachen; collin (submontan); hfg bis zstr. **Alle Bdld.**
**Acker-T.**, Rundblatt-T., Stengelumfassende T., ***L. amplexicáule***

- Obere LB gestielt . . . . . . . . . . . . . . . . . . . . . . . . . . . . . **6**

**6** LB gekerbt, stumpf gesägt, Zähne viel breiter als lg. — Kro 10–20 mm lg, purpurrot. H: (10)15–25(40) cm. ⊙–⊙ Th–He. III–VIII(X). Äcker, Gärten, Weingärten; nitrophil; collin bis montan (subalpin); sehr hfg. **Alle Bdld.**
**Kleine T.**, Purpur-T., ***L. purpúreum***

- LB stumpf oder spitz gezähnt, die tief eingeschnittenen Zähne meist länger als br. — Kro 10–15 mm lg, rosa. H: 10–30 cm. ⊙–⊙ Th–He. IV–X. Ziemlich feuchte Äcker, Gärten; collin bis montan; sehr slt. **T, V.** (Hybridogen: *L. purpureum* × *L. amplexicaule*.) *(L. incisum)*
**Schlitzblatt-T.**, Bastard-T., ***L. hýbridum***

## (10) Goldnessel, *Lamiástrum* (*Lamium subg. Galeobdolon, Galeóbdolon*)

(Alle Arten gehören zur Artengruppe Goldnessel, *L. galeobdolon agg.* ( = *Galeobdolon luteum s. l., Lamium luteum s. str.*)

**1** Pf stets ohne Ausläufer; Kro blaßgelb, 14–17 mm lg. — Blühtriebe oft mit zT blühenden Seitenästen; LB zuweilen mit weißen Flecken, welche die Felder der Nervatur fast ausfüllen; 10–14 Blü pro Scheinquirl. H: 25–50 cm. ♃ Ch. VI–VII. Alpine Steinschuttfluren, Hochstaudenfluren, oft entlang von Gebirgsbächen; obermontan bis subalpin; zstr. **Fehlt B, W.** (Diploid.) *(L. pallidum, L. galeobdolon subsp. flavidum, Galeobdolon flavidum)*
**Hellgelbe G.**, ***L. flávidum***

- Pf nach der BlüZeit mit oberirdischen Ausläufern (Legtrieben); Kro goldgelb, 17–25 mm lg . . . . . . . . . . . . . . . . . . . . . . . . . . . . . **2**

**2** Stg am Grund meist ringsum dicht u. abstehend behaart. — 9–15 Blü pro Scheinquirl; untere TragB manchmal mit weißen Flecken, welche die Felder der Nervatur nur zu etwa ²/₃ ausfüllen; KroOberlippe 5,5–8,5 mm br; Wimpern des Randes der KroOberlippe 0,7–1,3 mm lg. H: 30–50 cm. ♃ Ch. V(–VII). Frische Edellaubwälder; collin bis montan; hfg. **Alle Bdld.** (Allotetraploid: hybridogen aus *L. flavidum* × *L. galeobdolon*.) *(Lamium galeobdolon subsp. montanum, Galeobdolon montanum)* **Berg-G.**, ***L. montánum***

- Stg am Grund fast nur an den Kanten behaart . . . . . . . . . . . . . . . . **3**

**3** LB'Oberseite stets auffällig silberweiß gefleckt; KroOberlippe 7,5–11 mm br; Wimpern der KroOberlippe 1,2–2 mm lg. — BlüStiele mit querrunzelig-gerippter Oberfläche. H: 30–50 cm. ♃ Ch. V–VII. ZierPf, slt verwildert (eingebürgert): Waldschläge, siedlungsnahe Wälder, halbruderale Gebüsche; collin bis montan. **N, O, K, S.** (Genaue Vbr. unbekannt, vermutlich weiter verbreitet). Taxonomische Rangstufe unsicher (vielleicht nur Unterart). *(Galeobdolon argentatum, Lamium galeobdolon f. argentatum)*
**(★) Silber-G., *L. argentátum***

**-** LB'Oberseite schwach gefleckt oder ungefleckt; KroOberlippe 5,5–8,5 mm br; Wimpern des Randes des KroOberlippe 0,7–1,3 mm lg. — Nicht mehr als 8 Blü pro Scheinquirl. H: 20–40 cm. ♃ Ch. V–VII. Edellaubwälder; collin bis montan; slt. **N?, O?**. (Vbr.: Deutschland, Nord-, Ost- u. Südost-Europa.) (Diploid.) *(Lamium galeobdolon subsp. galeobdolon, Galeobdolon luteum s. str.)* ⊖ **Echte G., *L. galeóbdolon (s. str.)***

## (11) Löwenschwanz (u. Katzenschwanz), *Leonúrus*

**1** LB alle unzerteilt (rundlich-elliptisch bis lanzettlich), 3–5 cm lg, mit wenigen groben, spitzen Zähnen; Kro 5–8 mm lg. — Knäuel fast kugelig; Kro h'rosa. H: 50–100(120) cm. ⊙–⊙ Th–He. VII–VIII. Auen, feuchte Gebüsche; collin; im Pann slt, sonst sehr slt. **B, W, N, O, St†**. Stark gefährdet. *(Chaiturus marrubiastrum)* **Auen-L., Katzenschwanz, *L. marrubiástrum***

**-** Untere LB handförmig 3–7spaltig, 6–12 cm lg, mit spitzen Zähnen; obere LB 3teilig; Kro 8–11 mm lg. — Pf (zerrieben) ziest-ähnlich riechend; Kro h'purpurn; KZähne dornig, stechend; KroOberlippe zottig behaart; Seitenlappen der Unterlippe fast zurückgeschlagen. H: (30)50–100(120) cm. ♃ He. VI–IX. Trockene, stickstoffreiche Ruderalstellen um Dörfer; collin bis montan; zstr bis slt. VolksarzneiPf, Homöop. Gefährdet im Alp, BM, nVL u. söVL.
**Gewöhnlicher L., Herzgespann, *L. cardíaca***

**a** Stg nur an den Kanten kurzhaarig; LB oberseits fast kahl; KRöhre oberwärts drüsig; zstr bis slt. **V†, sonst in allen Bdld.** **Ganz G. L., *L. c. subsp. cardíaca***

**-** Stg dicht abstehend behaart; LB beiderseits dicht weichhaarig; KRöhre angedrückt kurzhaarig. Als BienenweidePf slt kultiviert u. stellenweise durch Imker angesalbt? u. verwildert (eingebürgert?). **W, N, K, T.** **Zottiger L., *L. c. subsp. villósus***

## (12) Schwarznessel, Stinkandorn, *Ballóta*

Stg vom Grund an verzweigt; LB gestielt, Spreitengrund gestutzt bis herzförmig; Kro purpurn. H: (30)50–100(130) cm. ♃ He. VI–X. Stickstoffreiche Ruderalstellen u. Heckensäume; collin bis montan. **Schwarznessel, *B. nígra***

**a** KZähne schmal-3eckig bis pfriemlich, 3–6 mm lg, in eine 2–3 mm lg Granne allmählich verschmälert („spätgotisch"); LB 3–5 cm br u. 4–8 cm lg. Im Pann sehr hfg, sonst zstr bis slt. **B, W, N, O, St, K, (T, V).** (Osteuropäisch.) **Gewöhnliche Sch., *B. n. subsp. nígra***

**-** KZähne br-3eckig, 2 mm lg, mit kurzer aufgesetzter, höchstens 0,5 mm lg Stachelspitze („frühgotisch"); LB höchstens 3 cm br u. höchstens 5 cm lg. Zstr. **(W), O, K, S, T, V.** (Westlich-submedit.) *(B. alba)* **Weiße Sch.**, Stink-Sch., ***B. n. subsp. fóetida***

## (13) Ziest, *Stáchys* (exkl. (14) Betonie, *Betonica*)

**1** Kro gelb oder blaßgelb . . . . . . . . . . . . . . . . . . . . . . . . . . . 2
**-** Kro purpurn bis d'purpurrot (slt rosa) . . . . . . . . . . . . . . . . . . . 5

**2** Stiel der untersten LB fast so lg wie die Spreite; Granne der KZähne bis zur Spitze behaart; Pf ⊙. — Kro blaßgelb. H: 10–30 cm. ⊙ Th. VI–X. Äcker (bes. Stoppelfelder), trockene Ruderalstellen in warmen Lagen; kalkstet; collin (submontan); im Pann hfg, sonst zstr bis slt. **Alle Bdld**. In den wAlp gefährdet. BienenweidePf. **Einjahrs-Z.**, Kleines Vusperkraut, ***S. ánnua***

- Stiel der untersten LB viel kürzer als die Spreite (etwa 1/4 der Spreitenlänge); Granne der KZähne kahl; Pf ♃. — Kro gelb. (Artengruppe Aufrechter Z., *S. recta agg.*) . . . . . . . . . . . . . . . . . . . . . . . . . . . . . . . . . . 3

**3** K 5–7 mm lg, meist ohne 0,5–1 mm lg Drüsenhaare (höchstens mit fast ungestielten Drüsen), gleichmäßig 5zähnig; KroUnterlippe 5–8 mm lg. H: 20–60 cm. ♃ He. VI–X. Halbtrockenrasen, Trockengebüsche, Kalkfelsfluren; collin bis montan; im Pann u. im Süden hfg, sonst zstr. **Alle Bdld**. VolksarzneiPf. **Aufrecht-Z., Aufrechter Z.**, (Großes) Vusperkraut, ***S. récta***

- K 7–9(11) mm lg, meist mit 0,5–1 mm lg Drüsenhaaren, deutlich 2lippig; KroUnterlippe 7–12 mm lg . . . . . . . . . . . . . . . . . . . . . . . . . . 4

**4** Mittlere u. obere LB 7–10 mm br, verkehrt-eiförmig, gekerbt bis kerbsägig, — 10–30 mm lg. H: 20–30(50) cm. ♃ He. VI–X. Kalk- u. Dolomitgeröll in warmen Lagen; (collin) montan bis subalpin; slt. **K**. (Hptvbr.: Slowenien, Südalpen, Apenninen.) *(S. recta subsp. labiosa)* **Großlippen-Z.**, (sl.:) dvoustnati čišljak, ***S. labiósa***

- Mittlere u. obere LB 1–6 mm br, linealisch bis lineal-lanzettlich, ganzrandig bis schwach gekerbt, — 10–60 mm lg, am Rand oft umgerollt. H: 20–30(40) cm. ♃ He. VI–IX. Kalk- u. Dolomitgeröll in warmen Lagen; (collin) montan bis subalpin; slt. **K**. (Hptvbr.: Slowenien, Kroatien, Montenegro, Friaul.) *(S. recta subsp. karstiana, S. recta subsp. subcrenata)* **Karst-Z.**, (sl.:) dalmatinski čišljak, ***S. subcrenáta***

**5** [1] Scheinquirle (2)6–10blütig; alle DeckB kürzer als die halbe KLänge; Kro kurz behaart . . . . . . . . . . . . . . . . . . . . . . . . . . . . . . . . . 6

- Scheinquirle 10–20blütig; zumindest die längeren DeckB etwa so lg wie der K; Kro außen zottig behaart . . . . . . . . . . . . . . . . . . . . . . . 8

**6** Kro kaum länger als der K, blaßrosa; LB rundlich, nur 1–3 cm lg. — Scheinquirle 2–6blütig. H: 10–30 cm. ⊙ Th. VII–X. Lehmige, feuchte Äcker, Gärten; kalkmeidend; collin; sehr slt. **(N, V?)**. Unbeständig. (Hptvbr.: West-Europa, Medit.) ☆ **Acker-Z., *S. arvénsis***

- Kro doppelt so lg wie der K, purpurn; LB länglich bis eiförmig, 3–12 cm lg . . . . . . . . . . . . . . . . . . . . . . . . . . . . . . . . . . . . 7

**7** LB länglich, schwach herzförmig, untere kurz gestielt, obere sitzend; Kro purpurn. — Pf fast geruchlos, mit lg, im Herbst zw. den Knoten knollig anschwellenden, unterirdischen Ausläufern. H: 30–100 cm. ♃ Ge. VI–IX. Feuchte, meist kalkarme, tonreiche Äcker, Gräben, Ufer, slt feuchte Wiesen; Bodenverschlämmungszeiger; collin bis montan; zstr. **Alle Bdld**. WuWildgemüse (?). **Sumpf-Z.**, Schweinsrübe, ***S. palústris***

- LB br-herzförmig (ähnlich jenen der Großen Brennessel), alle gestielt; Kro d'purpurrot. — Pf unangenehm riechend, mit lg, unverdickten, unterirdischen Ausläufern. H: 30–100 cm. ♃ He. VI–IX. Frische bis feuchte Edellaubwälder, bes. Auwälder, feuchte Waldschläge; collin bis montan. **Alle Bdld**. **Wald-Z., *S. sylvática***

**8** [5] Stg abstehend behaart, oben drüsenhaarig; LB anliegend kurzhaarig, grün, grob u. ± gesägt; TeilFr 2,5–3 mm lg. H: 40–100 cm. ♃ He. VII–IX. Kalkreiche, lichte Wälder, Waldschläge, Hochstaudenfluren; (collin) montan bis subalpin; im Alp zstr, sonst slt. **Fehlt B, W?**. **Alpen-Z., *S. alpína***

- Stg dicht weißwollig-filzig, oben fast drüsenlos; LB zottig u. weiß behaart, fein kerbsägig; TeilFr 1,8–2,4 mm lg. H: 30–100 cm. ⊙ (♃, ⊙) He (Th). VI–VIII. Ruderal beeinflußte Trockenrasen; kalkhold, wärmeliebend; collin bis submontan (montan); im Pann slt, sonst sehr slt. **B, W†, N, O, St, K, S?, T, V†**. Gefährdet; in den wAlp stark gefährdet. **Deutscher Z., *S. germánica***

## (14) **Betonie, Zehrkraut,** Flohblume, ***Betónica*** *(Stachys sect. Betonica)*

**1** Kro blaßgelb; LB'Spreiten 1–2× so lg wie br. H: 20–50 cm. ♃ He. VI–IX. Frische, steinige, kalkreiche Magerrasen, Ruhschutthalden; Lawinenrasen; obermontan bis subalpin; zstr bis mäßig hfg. **N, O, St, K, S**. *(B. jacquinii, B. divulsa, Stachys alopecuros)* **Gelb-B.,** Fuchsschwanz-B., ***B. alopecúros***

**-** Kro d'purpurrot (slt weiß); LB'Spreiten etwa 3× so lg wie br . . . . . . . **2**

**2** Kro 15–22 mm lg; K 12–15 mm lg, netzig-aderig; Haare am oberen StgTeil 1,5–3 mm lg; Stg u. LB dicht u. wollig behaart. H: 10–30 cm. ♃ He. VII–VIII. Trockene Magerwiesen, Zwergstrauchheiden, meist auf Kalk; subalpin; slt. Südwest-**K** (Gailtaler Kalkalpen, Karnische Alpen). (Hptvbr.: Süd- u. Westalpen, Gebirge Süd-Europas.) Gefährdet. *(Stachys monieri, S. densiflora)* **Dichtblüten-B., Alpen-B., *B. hirsúta***

**-** Kro 10–15 mm lg; K 5–10 mm lg, scheinbar aderlos; Haare am oberen StgTeil 0,4–1,5 mm lg; Stg u. LB fast kahl bis ± zstr behaart. H: 30–70(80) cm. ♃ He. VII–VIII. Wechselfeuchte bis nasse Magerwiesen, lichte Wälder; collin bis montan; hfg. **Alle Bdld**. VolksarzneiPf. *(Stachys officinalis, S. betonica)* **Echte Betonie,** Echtes Z., Echter Ziest, ***B. officinális***

## (15) **Katzenminze, *Népeta***

**1** Stg u. LB dicht kurzhaarig graugrün; LB 5–25 mm lg gestielt; K 6–8 mm lg, etwas gekrümmt. — Ganze Pf charakteristisch herb-aromatisch (minzenähnlich) oder auch (slt) zitronenartig riechend; Kro weiß bis schwach rötlich, mit rot punktierter Unterlippe. H: 50–100 cm. ♃ He. VII–IX. Trockene bis mäßig trockene Ruderalfluren, bes. in Dörfern, Mauern, Ruinen, Felsen (bes. Balmen), Waldschläge; collin bis submontan; zstr. **Fehlt V**. Verwilderte u. alteingebürgerte VolksarzneiPf. Früher hfg, heute nur noch slt kultiviert. (Heimat: Vorderasien bis Himalaja, Ost- u. Süd-Europa.) **Echte K., *N. catária***

**-** Stg u. LB fast kahl; LB sitzend, nur die unteren 1–5 mm lg gestielt; K 3–4 mm lg, gerade. — Kro blauviolett oder weiß, mit purpurn punktierter Unterlippe. H: 50–100 cm. ♃ He. VII–VIII. Ruderal beeinflußte Trockenrasen u. warmtrockene lichte Wälder u. Waldsäume; collin; slt. **B, N, St, K, T**. (Eurosibirische Waldsteppen.) Gefährdet. *(**N. pannonica**)* **Pannonische K.,** „Ungarische K.", ***N. núda***

## (16) **Gundelrebe,** Gundermann, ***Glechóma*** *(Glecoma)*

**1** KZähne 3eckig, weniger als 2 mm lg, begrannt-zugespitzt, meist ungleich lg, etwa 1/3× so lg wie die KRöhre; BlüStiele etwa 1 mm lg; Kro 1–2 cm lg, violettblau. — Ausläuferartig kriechende Sprosse; Behaarung sehr variabel (fast kahl bis dicht behaart); angenehm würzig riechend. H: 20–40 cm. ♃ He. IV–VI. Auwälder, Gebüsche, Fettwiesen, Gärten, auch halbruderal; Frische- u. Nährstoffzeiger; collin bis montan; sehr hfg. **Alle Bdld**. VolksarzneiPf, Gewürzkraut. (Diploid.) **Echte G.,** Gewöhnliche G., ***G. hederácea***

**-** KZähne pfriemlich, länger als 2 mm, lg begrannt-zugespitzt, meist gleich lg, etwa 1/2× so lg wie die KRöhre; BlüStiele 2–4 mm lg; Kro 2–3 cm lg, lilablau. — Pf in allen Teilen größer als die vorige; erst aufsteigende, später sich niederlegende u. einwurzelnde „Ausläufer"; Behaarung stets dicht u. lg; LB gröber gekerbt als bei voriger. H: 20–40 cm. ♃ He. IV–VI. Frische Edellaubwälder, Harte Auwälder; collin bis submontan; im Pann zstr, sonst slt. **B, W†?, N, O, St, K**. In den KäB u. nVL gefährdet. (Tetraploid.) **Haarige G., *G. hirsúta***

## (17) Drachenkopf, *Dracocéphalum*

**1** LB ungeteilt, schmal-lanzettlich; Stg u. K sehr kurz behaart; Kro blauviolett; K ± gleichmäßig 5zähnig; Kro 2,5–3 cm lg. H: 10–30 cm. ♃ Ch. VII–VIII. Süd-exponierte, ± kalkreiche Rasen, trocken-warme Föhren- u. Lärchenwälder; subalpin bis alpin; sehr slt. **K** (bei Mallnitz), **T** (Lechtaler Alpen u. Hohe Tauern*). (Gesamt-Vbr.: Eurasien.) Gefährdet. ▲
**Nordischer D., *D. ruyschiána***

**–** LB tief fiederteilig, Abschnitte linealisch; Stg u. K zottig behaart; Kro d'violett; K unregelmäßig 5zähnig; Kro 3,5–4,5 cm lg. H: 20–40 cm. ♃ Ch. V–VI. Steppenrasen, Flaumeichenbuschwaldsäume u. sonnige, felsige Rasen im Schwarzföhrenwald; über Karbonatgesteinen; collin bis submontan; sehr slt. Im Pann. **N** (Alpenostrand u. Hainburger Berge). (Pontisch-Pannonisch: Gesamt-Vbr.: von der Ukraine bis zu den innenalpischen Trockengebieten der Westalpen, sehr disjunkt.) Stark gefährdet.
**Österreichischer D., *D. austríacum***

## (18) Brunelle, *Prunélla*

**1** Die beiden längeren StaubB zahnlos oder nur mit einem kurzen, stumpfen Fortsatz; Blü 2–2,5 cm lg; oberstes StgBPaar vom GesamtBlüstd getrennt. — Kro violett. H: 10–30 cm. ♃ Ch–He. VI–VIII. Halbtrockenrasen, Trockenwiesen, Föhrenwälder, Schutthalden, Waldsäume; kalkhold; collin bis montan; zstr. **Alle Bdld.** Im Pann gefährdet.
**Großblütige B., Großblüten-B., *P. grandiflóra***

**–** Die beiden längeren StaubB mit einem dornförmigen Zahn (Abb. 366); Blü 0,8–1,8 cm lg; oberstes StgBPaar *(nicht Knäuel-TragB!)* den GesamtBlüstd umgebend . . . . . . . . . . . . . . . . . . . . . . . . . . . . **2**

**2** Kro gelblichweiß; LB meist ± fiederspaltig. H: 5–10(30) cm. ♃ Ch–He. VI–VIII. Trockenrasen u. trockene Wiesen; kalkliebend; collin bis montan; zstr bis slt. **Fehlt S, V**. Gefährdet. *(P. alba)*
**Weiße B., Weiß-B., Schlitzblatt-B., *P. laciniáta***

**–** Kro violett (slt weiß); LB meist unzerteilt. H: 5–15(30) cm. ♃ Ch–He. VI–IX. Bodendichte, ± feuchte Waldwege, Wiesen u. Weiderasen, Parkrasen; collin bis subalpin; sehr hfg. **Alle Bdld.** Wildgemüse. **Gewöhnliche B., *P. vulgáris***

## ★ (19) Melisse, *Melíssa*

Pf stark nach Zitrone duftend; LB gestielt, Spreite (herz-)eiförmig, gekerbt; Knäuel 3–7blütig, in den Achseln von LB; Kro cremeweiß (Knospe h'gelb). H: 30–80 cm. ♃ He. VI–VIII. Als Arznei- u. GewürzPf kultiviert u. mitunter verwildert. (Heimat: Südost-Europa.)
**★ Zitronen-M.**, Herzkraut, ***M. officinális***

## ★ (20) Bohnenkraut, Pfefferkraut, *Saturéja* (*s. str.*: exkl. (21) *Acinos*, (22) *Calamintha* u. (23) *Clinopodium*)

**1** Pf ⊙, nicht verholzt; Kro 4–7 mm lg. — LB schmal-lineal-lanzettlich; Kro weißlich oder blaßpurpurn. H: 10–25 cm. ⊙ Th. VII–IX. Kultiviert als Gewürzkraut (bes. für Würste u. Bohnen). (Heimat: östl. Medit., Südwest-Asien.)
**★ Sommer-B.**, Echtes B., „Satrei", ***S. horténsis***

**–** Pf ♄, unten verholzt; Kro 7–10 mm lg. — LB ungestielt, schmal lanzettlich, ledrig; KRöhre innen lg behaart; Kro weiß oder purpurn. H: 10–50 cm. ♄ Ch/NPh HS. VIII–X. Kultiviert (Verwendung wie *S. hortensis*); verwildert: **(K)**. (Heimat: Submedit., bis Südtirol).
**★ Winter-B.**, Berg-B., Ausdauerndes B., ***S. montána***

* Neufund von A. POLATSCHEK.

## (21) Steinquendel, Kölme, *Ácinos* (*Calamintha sect. Acinos*)

**1** Kro 7–10 mm lg, lila; K zur FrZeit durch die zusammenneigenden KZähne geschlossen; LB am Rand oft nach unten umgerollt, unterseits meist mit stark vortretenden Nerven. H: 10–30 cm. ⊙–⊙ Th–He. VI–IX. Lückige Trockenrasen, Trockenwiesen, Brachen, auch halbruderal auf Böschungen usw.; collin bis montan; hfg. **Alle Bdld.** (*Calamintha acinos*)

**Gewöhnlicher St., *A. arvénsis***

**-** Kro 15–20 mm lg, intensiv violett; K zur FrZeit offen. — LB am Rand nicht umgerollt, unterseits ohne hervortretende Nerven. H: 10–20(25) cm. ♃ He. VII–IX. Kalkige Steinrasen, Föhrenwälder, steinige Magerrasen; montan bis subalpin (alpin); hfg. **Fehlt B, W**. (*Calamintha alpina*)

**Alpen-St., Alpenquendel, *A. alpínus***

## (22) Bergminze, *Calamíntha* (*s. str.*: exkl. (21) Steinquendel, *Acinos* u. (23) Wirbeldost, *Clinopodium*)

**1** Stiel der Zyme etwa so lg wie der TragBStiel; K 11nervig, 10–13 mm lg, h'grün, Zähne der Unterlippe so lg wie die der Oberlippe; Kro 25–40 mm lg; Stg zart, fast kahl. — LB ziemlich grob gesägt; Kro h'purpurn. H: 20–50 cm. ♃ He. VII–IX(X). Frische, schattige Edellaubwälder; (collin) montan; slt. **K** (im Südosten: um Vellach u. Eisenkappl). (Hptvbr.: südeuropäische Buchenwälder.) Gefährdet. **Großblüten-B.,** (sl.:) velecvetni čober, ***C. grandiflóra***

**-** Stiel der Zyme länger als der TragBStiel; K 13nervig, 4–9 mm lg, oft purpurn überlaufen, die 2 unteren Zähne länger als die 3 oberen; Kro 8–22 mm lg; Stg kräftig, ± behaart. — LB mit sehr flachen Kerbzähnen oder ganzrandig; Kro purpurn bis lila. (Artengruppe Echte B., *C. nepeta agg.*) . . . . . . . . . . **2**

**2** K meist 7–10 mm lg, die unteren Zähne deutlich lg gewimpert, 2–4 mm lg u. viel länger als die oberen; KSchlund mit nicht oder kaum herausragenden Haaren; Zyme meist weniger als 7blütig; Kro der ⚥ Blü 15–22 mm lg; Stiel der Zyme (in der Mitte des GesamtBlüstd) samt Stiel der mittleren Blü meist nur 0,7–2 cm lg; BlüStiele ± aufrecht. — Pf locker behaart; Kro purpurn. H: (30)40–60(80) cm. ♃ He. VII–IX. Wärmeliebende, lichte Laubwälder; kalkliebend; collin bis montan; zstr bis slt. **Fehlt W**. In den nAlp u. im Pann gefährdet. (*C. „officinalis"*) ■ **Wald-B.,** Echte B., ***C. sylvática***

**-** K meist nur 3–7 mm lg, die unteren Zähne locker behaart, kaum gewimpert, 1–2 mm lg u. nur wenig länger als die oberen; KSchlund mit deutlich herausragenden Haaren; Zyme (Knäuel) 10–20blütig; Kro der ⚥ Blü 12–15 mm lg; Stiel der Zyme (in der Mitte des GesamtBlüstd) samt Stiel der mittleren Blü meist 2–5 cm lg; BlüStiele ± spreizend. — LB'Spreite 2–3 cm lg, kerbig gesägt . **3**

**3** Stiel der Zyme (in der Mitte des GesamtBlüstd) samt dem Stiel der mittleren (untersten) Blü meist nur 2–3 cm lg, Zyme dadurch ihr TragB höchstens wenig überragend; K 3–5 mm lg. — Kro lila (weiß). H: 30–80 cm. ♃ He. VII–IX. ± sommerwarme Felsgebüsche; collin bis montan; slt. **N, O, St, K, S**. Gefährdet. (*C. subisodonta, C. brauneana*) ■ **Österreichische B., *C. einseleána***

**-** Stiel der Zyme (in der Mitte des GesamtBlüstd) samt dem Stiel der mittleren (untersten) Blü meist 3–5 cm lg, Zyme dadurch ihr TragB meist weit überragend; K 5–7 mm lg. — Kro lila. H: 30–80 cm. ♃ He. VII–IX. Lichte Gehölze, Geröllhalden; kalkhold; collin bis montan; slt. Süd-**K, T, V**. Gefährdet. (*C. nepeta p. p.*) ■ **Kleinblüten-B., *C. nepetoídes***

## (23) Wirbeldost, *Clinopódium* (*Calamintha sect. Clinopodium*)

Pf zottig; Kro h'purpurn. H: (20)30–60 cm. ♃ He. VII–IX. Lichte Wälder, sonnige Waldränder, Waldschläge, Wiesen; collin bis montan; hfg. **Alle Bdld.** (*Calamintha clinopodium, Satureja vulgaris*)

**Wirbeldost, Wirbelborste, *C. vulgáre*** (*subsp. vulgáre*)

## ★ (24) Ysop, *Hyssópus*

Pf stark aromatisch, im unteren Teil verholzt; K fast gleichmäßig 5zähnig, in den Buchten zw. den Zähnen je ein Knötchen; Kro 8–12 mm lg, Unterlippe 4teilig. H: (20)30–50 cm. ♄ HS. VII–X. Kultiviert (Gewürz-, Volksarznei- u. BienenweidePf) u. in warmen Lagen nicht slt verwildert in ruderal beeinflußten Felsfluren u. Halbtrockenrasen, aufgelassenem Kulturland; kalkhold; collin (submontan). **(B, W, N, K, T)**. (Heimat: Süd-Europa bis Südalpen.) **(★) Echter Y., *H. officinális***

## (25) Dost, *Oríganum*

LB eiförmig, unterseits (*Lupe!*) dunkel drüsig-punktiert; Kro h'purpurn (slt weiß); Pf stark aromatisch. H: 20–60 cm. ♃ He. VII–IX. Kalkreiche Waldschläge, Trockenwiesen, Waldsäume in wärmeren Lagen; collin bis montan; hfg. **Alle Bdld.** Gewürz- („Oregano") u. VolksarzneiPf.

**Dost, Echter D., *O. vulgáre***

**a** TeilBlüstd fast kugelig, zu dichtem bis lockerem GesamtBlüstd vereinigt. VII–VIII. Hfg. **Alle Bdld.** **▪ Gewöhnlicher E. D., *O. v. subsp. vulgáre***

**–** TeilBlüstd verlängert prismatisch, aus etwa 20–25 Knäueln (samt HochB) gebildet u. zu großen, lockeren Rispen zusammengesetzt. VIII–IX. Slt. **B, N, T, V.** **▪ Falscher Stauden-Majoran, *O. v. subsp. prismáticum***

## ★ (26) Majoran, *Majorána* (*Origanum sect. Majorana*)

Pf stark aromatisch; LB elliptisch, graufilzig; Kro weiß oder h'rötlich. H: 20–50 cm. ⊙ Th. VII–IX. Als Volksarznei- u. GewürzPf hfg kultiviert, slt verwildert. (Heimat: östl. Nordafrika.) (*Origanum majorana*) **★ Garten-M., *M. horténsis***

## (27) Thymian, Quendel, Kuttelkraut, *Thýmus* (B 29)

Anm.: Schwierig. – Hybriden nicht slt.

**1** LB am Rand stark umgerollt, am Grund unbewimpert; Unterseite dicht weißsamtig; Stg bogig aufsteigend, stark verholzt. — Pf stark aromatisch; Kro blaß-purpurlila bis rosa. H: 15–40 cm. ♄ Ch. V–X. Als ArzneiPf (Hustenmittel) u. Gewürzkraut kultiviert. (Heimat: Südwest-Europa.)
**★ Echter Th., Garten-Th.,** Garten-Qu., Echtes K., Kudelkraut, ***Th. vulgáris***

**–** LB flach oder wenig eingerollt, am Grund ± bewimpert; Unterseite kahl oder behaart, jedoch nie samtig; Stg kriechend oder aufsteigend, nur ältere liegende Teile verholzt. — Kro meist kräftig purpurn bis purpurrot . . . . . . . . . **2**

**2** Stg der Blühtriebe unter dem Blüstd scharf 4kantig, mit 2 schmäleren, deutlich eingesenkten (konkaven) StgSeiten, nur auf den Kanten behaart oder, wenn auch auf den schmalen Seitenflächen, dann Kantenhaare viel länger. — Pf bes. stark aromatisch, zuweilen zitronenartig (*f. citriódorus*); Blüstd endständig an den zuletzt aufsteigenden Jahrestrieben, zylindrisch. (♄) Ch. VolksarzneiPf; Homöop. Sehr variabel. (Zur Artengruppe Gewöhnlicher Qu., *Th. chamaedrys agg.*) **Arznei-Qu., Feld-Th.,** Echter Qu., Eiblatt-Qu., ***Th. pulegioídes***

**a** Stg der Blühtriebe unter dem Blüstd auch auf den schmalen Seitenflächen behaart; LB'Flächen dicht behaart. — StgKantenhaare länger als der Stg-∅. H: 5–10 cm.

VI–VIII. Trocken- u. Halbtrockenrasen; kalkliebend; collin bis montan; slt. **K, T?, V?**. *(Th. p. var. vestitus, Th. froelichianus)*

■ **Krainer Qu.**, (sl.:) Froelichova materina dušica, ***Th. p. subsp. carniólicus***

- Stg der Blühtriebe unter dem Blüstd nur an den 4 Kanten behaart; LB'Flächen kahl . . . . . . . . . . . . . . . . . . . . . . . . . . . . . . . . . . . . . . **b**

**b** K außen behaart oder oberseits kahl, obere KZähne meist lg bewimpert. — LB'Spreite 4–15(20) mm lg, meist dünn, unterseits meist mit kaum hervortretenden Nerven, am Grund bewimpert. H: (2)5–10 cm; G: 10–40 cm lg. VI–X. Oft kalkarme Magerwiesen u. -weiden; collin bis subalpin; sehr hfg bis zstr, im Pann slt. **Alle Bdld.**

■ **Gewöhnlicher A.-Qu., Wiesen-Qu.,** ***Th. p. subsp. chamáedrys***

- K außen ± kahl, obere KZähne ohne lg Wimpern. — LB'Spreite 12–18 mm lg, meist derb, unterseits mit stark hervortretenden Seitennerven, Spreitengrund nur spärlich bewimpert oder wimperlos. H: 5–15 cm (?). Unzureichend bekannt. **Ö?**. (Hptvbr.: Südost-Europa.) ⊖ ■ **Berg-A.-Qu.,** ***Th. p. subsp. montánus***

- Stg der Blühtriebe unter dem Blüstd im ∅ stumpf 4kantig bis scheinbar rundlich, ohne deutlich schmälere u. eingesenkte (konkave) StgSeiten. — Pf oft etwas weniger stark aromatisch; Stg an den 4 Kanten nicht dichter behaart als auf den Seitenflächen, meist ringsum behaart, oder auf 2 Seiten schwächer behaart bis kahl . . . . . . . . . . . . . . . . . . . . . . . . . . . **3**

**3** Stg niederliegend bis kriechend, am Ende ± aufsteigend, (Wuchs oft etwas buschig verzweigt), spätestens im 2. Jahr mit einem Blüstd abschließend, zur BlüZeit ohne liegende vegetative Seitentriebe; Blühtriebe nicht reihenweise aus den vorjährigen Kriechtrieben entspringend. (Artengruppe Steppen-Qu., *Th. pannonicus agg.*) . . . . . . . . . . . . . . . . . . . . . . . . . . . . . . . **4**

- Stg lg kriechend, mit vegetativem Ende (jahrelang weiterwachsend, nur slt mit einem Blüstd abschließend), zur BlüZeit mit liegenden, vegetativen Seitentrieben (Wuchs daher spalierteppichartig ausgebreitet); Blühtriebe reihenweise aus den vorjährigen Kriechtrieben entspringend . . . . . . . . . . . . . . **5**

**4** Pf stets von buschigem Wuchs; LB immer sitzend, schmal-elliptisch (3–3½× so lg wie br); K 2,5–3,5 mm lg; Blüstd verlängert, unterbrochen. — Pf stark behaart oder auch (fast) kahl. H: 5–10(15) cm; G: 10–40 cm lg. (♄) Ch. VI–VIII. Trockenrasen; kalkliebend; collin; slt. Nur im Pann. **B, W, N**. Stark gefährdet. VolksarzneiPf. *(„**Th. pannonicus**", Th. „marschallianus")*

■ **Steppen-Qu., Pannonischer Qu.,** ***Th. kosteleckyánus***

-!! Stg öfters kurz niederliegend u. aufsteigend; LB kurz gestielt, länglich-elliptisch (2½× so lg wie br); K 3–5 mm lg; Blüstd verlängert, unterbrochen. — Pf stark behaart oder auch ± kahl; LB unterseits mit schwach hervortretenden Nerven. H: 5–10(15) cm. (♄) Ch. VI–VIII. Trockenrasen, Felssteppen; kalkliebend; collin; zstr. **B, W, N, O?**. *(Th. austriacus, **Th. glabrescens**)*

■ **Österreichischer Qu.,** ***Th. odoratíssimus***

- Stg aufsteigend, höchstens mit kurz niederliegenden Trieben; LB in den Stiel verschmälert, schmal-elliptisch (etwa 3× so lg wie br); K 4–5 mm lg; Blüstd kopfig-kugelig. — LB beiderseits oft stark behaart, unterseits mit stark hervortretenden weißlichen Nerven; KZähne nach dem Verblühen gelb u. stechend. H: 5–10(15) cm. (♄) Ch. VI–VIII. Inneralpine Trockenrasen; collin bis submontan; slt. Im Pann fehlend. **St, K?, T**. Gefährdet. *(Th. glabrescens subsp. decipiens, Th. „rudis")* ■ **Innsbrucker Qu., Tiroler Qu.,** ***Th. oenipontánus***

**5** Obere KZähne br-3eckig, etwa so lg wie am Grund br; LB'Spreite schmal-linealisch bis länglich, nur 1–3 mm br; LB kurz gestielt bis sitzend; Nerven auf der LB'Unterseite nicht oder stumpf hervortretend, aber oberstes Seitennervenpaar keinen Randnerv nahe der LB'Spitze bildend (am Blattrand verschwindend). — Blüstd kopfig, kugelig. H: 2–5(10) cm. (♄) Ch. VII–VIII.

Bodensaure Sandfluren u. sandige Böden in niederen Lagen; kalkfeindlich; collin; sehr slt. **B?**, **N** (im March- u. unteren Thaya-Tal). (Hptvbr.: Nord-Europa, Deutschland, Tschechien, Slowakei.) Vom Aussterben bedroht.
**■ Sand-Qu., *Th. serpýllum (s. str.)***

- Obere KZähne schmal-3eckig, länger als am Grund br; LB'Spreite elliptisch bis br-eiförmig bis rundlich-spatelig, 3–8 mm br; mittlere u. untere LB der Blühtriebe deutlich gestielt (Stiel oft mindestens ½× so lg wie die Spreite); Seitennerven auf der LB'Unterseite meist scharf hervortretend, oberstes Paar nahe der LB'Spitze wenigstens im getrockneten Zustand einen deutlichen Randnerv (Randwulst) bildend. — Blüstd kugelig. (Artengruppe Kriech-Qu., *Th. praecox agg.*) . . . . . . . . . . . . . . . . . . . . . . . . . . . . . **6**

**6** Seitennerven der LB'Unterseite ± undeutlich hervortretend. — LB beiderseits dicht behaart bis kahl. (♄) Ch. H: 2–10 cm. V–VII. Trockenrasen (?); kalkliebend; collin bis alpin (?); slt. Süd-**K?** (angeblich in den Karawanken). (Vbr.: Balkanhalbinsel.) (Inkl. „*Th. illyricus*“ u. *Th. dalmaticus*) ⊖ **■ Langstengel-Qu., Dalmatiner Qu.**, „Kriech-Qu.“, (sl.:) dolgostebelna materina dušica, ***Th. longicáulis***

- Seitennerven der LB'Unterseite deutlich hervortretend. — LB kahl bis beiderseits ± dicht behaart, im untersten Drittel gewimpert. (♄) Ch. H: 2–5(10) cm; G: 10–40 cm lg. V–VII. Trockenrasen, steinige Magerrasen, Felsfluren; kalkliebend; collin bis alpin. **■ Kriech-Qu., Früh-Qu., *Th. práecox***

Anm.: Die Angabe des ⊖ ***Th. thrácicus*** *(Th. „longidens“)* für **K** ist fraglich.

**a** Stg der Blühtriebe ringsum behaart, zuweilen an 2 Seiten etwas schwächer. Trockenrasen, Felsfluren (collin), Föhrenwälder; collin bis montan; sehr hfg. **Alle Bdld**. (Inkl. *Th. humifusus, Th. badensis*) **■ Früher K.-Qu., *Th. p. subsp. práecox***

- Stg der Blühtriebe nur an 2 Seiten behaart, 2 Seiten kahl oder fast kahl . . . . . . **b**

**b** Seitennerven auf der LB'Unterseite gegen den nicht wulstig verdickten unteren u. mittleren LB'Rand hin verschwindend. — Oft stark aromatisch (verschiedenartig, auch Zitronenduft!). Fels- u. Schotterfluren, Kalkmagerrasen; subalpin bis alpin; hfg. **Fehlt B, W**. *(Th. trachselianus, Th. „alpestris“, Th. vallicola, Th. pseudochamaedrys, Th. alpigenus, Th. polytrichus)*
**■ Gebirgs-K.-Qu., Gebirgs-Qu.**, Langhaar-Qu., ***Th. p. subsp. polýtrichus***

- Seitennerven auf der LB'Unterseite deutlich in den wulstig verdickten LB'Rand (unterer u. mittlerer Teil) mündend. Schwarzföhrenwälder; montan; sehr slt. **N** (am Alpenostrand vom Harzberg bei Bad Vöslau bis zum Schneeberg), **St**. Endemisch. Gefährdet. (Taxonomischer Wert problematisch.) *(Th. widderi)*
**■■ Widder-K.-Qu., *Th. p. subsp. wídderi***

## (28) **Wolfsfuß**, Wolfstrapp, ***Lýcopus*** (G II 11)

**1** Nur die unteren LB fiederspaltig bis fiederteilig, die oberen (bes. die Knäuel-TragB) unzerteilt, gesägt; VorB 3–5 mm lg; KZähne länger als die KRöhre, behaart, dornig; Staminodien winzig, fädlich oder fehlend. H: (20)30–100(130) cm. ♃ Ch. VII–IX. Gräben, Ufer, Röhricht, Großseggenges., Erlenwälder; collin bis submontan. **Gewöhnlicher W., *L. europáeus***

**a** LB lanzettlich, etwa 3,5× so lg wie br; Stg u. LB kahl oder spärlich kurzhaarig. Hfg. **Alle Bdld**. **Ganz G. W., *L. e. subsp. europáeus***

- LB eiförmig, etwa 2,5× so lg wie br; Stg dicht kraushaarig-wollig; LB wenigstens unterseits lg-weichhaarig. Slt. **Fehlt W, N, O**. Gefährdet.
**Weicher G. W., *L. e. subsp. móllis***

- Auch die oberen LB (einschl. Knäuel-TragB) fiederteilig; VorB 6–9 mm lg; KZähne so lg wie die KRöhre, (fast) kahl, nicht dornig; Staminodien deutlich, kopfig. H: (60)90–140(160) cm. ♃ He. VII–VIII. Weichholzauen, Großseggensümpfe; wärmeliebend, etwas salzertragend; collin; sehr slt. **B, N, K**. (Hptvbr.: Ost- u. Südost-Europa, Asien.) Stark gefährdet. ▲ **Hoher W., *L. exaltátus***

## (29) Minze, „Bålsn“ [= Balsam], *Méntha*

Anm.: Schwierig. – In der Gattung gibt es zahlr. Hybriden, die zwar ± pollen- u. samensteril sind, sich aber stark vegetativ – durch Ausläufer! – fortpflanzen u. ausbreiten. Viele Kultursippen (als Tee-, Duft-, Arznei- u. GewürzPf), unter ihnen mehrfach parallel krausblättrige Sorten („Krause Minze“).

1 KRöhre innen dicht mit mehrzelligen Haaren besetzt; K fast 2lippig; LB höchstens 1 cm br; Ausläufer oberirdisch. H: 10–30 cm. ♃ He. VII–IX. Feuchte, ± salzreiche Weiderasen, nährstoffreiche, kalkarme Ufer, Überschwemmungsbereich größerer Flüsse (Donau, Mur, Drau); collin; sehr slt. **B, W†, N, O, St, T**. Vom Aussterben bedroht. VolksarzneiPf (Polei-Öl).
**Polei-M., *M. pulégium***

– KRöhre innen kahl; K mit 5 gleichartigen Zähnen; LB meist breiter als 1 cm; Ausläufer meist unterirdisch . . . . . . . . . . . . . . . . . . . . . . . . . 2

2 Scheinquirle am Ende des Stg kopfig zusammengedrängt (Abb. 367) (TragB der Knäuel kürzer als diese), darunter noch 1–2 Scheinquirle, deren Knäuel aus LB'Achseln entspringen. — LB gestielt, Spreite eiförmig, Grund gestutzt bis schwach herzförmig; KZähne lg (etwa 1/3 der KLänge); Kro im Schlund mit einem dichten Haarkranz. H: 20–80 cm. ♃ He. VII–X. Bäche, Gräben, Röhrichte, Großseggenrieder, Ufer, Naßwiesen, Bruchwälder; collin bis montan (subalpin); hfg. **Alle Bdld**. VolksarzneiPf. (Eine der Stammarten der Pfeffer-M. / *M. × piperita*.)
**Wasser-M., *M. aquática***

–!! Alle Scheinquirle voneinander entfernt, nicht zusammenfließend; TragB der Knäuel LB'artig (wenn auch kleiner als die LB) u. die Knäuel deutlich überragend; Stg oft mit einem LB'Büschel endend. — LB 4–15 mm lg gestielt; Kro im Schlund mit oder ohne dichten Haarkranz . . . . . . . . . . . . . . . . 3

– Scheinquirle einander genähert, miteinander zusammenfließend, dadurch einen ährenartigen Blüstd (Scheinähre) bildend; die TragB der Knäuel sind HochB u. überragen die Knäuel nicht. — LB sitzend oder (höchstens 7 mm lg) gestielt . . . . . . . . . . . . . . . . . . . . . . . . . . . . . . . . . . . 4

3 KZähne schmal-3eckig, länger als br; KRöhre deutlich gefurcht, — röhrig bis glockig; LB eiförmig-elliptisch, mit deutlichen Sägezähnen; Blü meist steril. H: 20–80 cm. ♃ He. VII–VIII. Zeitweilig überflutete, sandige Ufer, Gräben; collin bis montan; zstr. **Alle Bdld**. (Hybriden mit *M. arvensis*.)
Artengruppe **Quirl-M., *M. × verticilláta agg.***

Anm.: Hierher gehören neben der **Quirl-M., Wirtel-M., *M. × verticilláta (s. str.)*** *(M. arvensis × M. aquatica)* (BlüStiele ± behaart; K röhrig, bis zum Grund behaart; Kro im Schlund mit Haarkranz) einige hauptsächlich kultivierte Hybriden, wie die **(★) Dalmatiner M., *M. × dalmática*** *(M. × carinthiaca p. p., M. arvensis × M. longifolia)* (LB unterseits ohne stark hervortretendes Nervennetz; BlüStiele meist behaart; K glockig, bis zum Grund behaart; Kro im Schlund [fast] kahl; wild in **S**: im Lungau); die **★ Kärntner (Kaas-)Nudelminze***, Edel-M., Herz-M., ***M. gentílis*** *(M. arvensis × M. spicata)* (BlüStiele [fast] kahl; K glockig, wenigstens am Grund kahl; KZähne 0,5–1 mm lg; unbeständig verwildert in **(K)**).

– KZähne br-3eckig, höchstens so lg wie br; KRöhre kaum gefurcht, — glockig; LB eiförmig-elliptisch, schwach gesägt bis gekerbt; Blü meist fruchtend. H: 15–45 cm. ♃ He. VI–X. Feuchte, nährstoffreiche, bodensaure Äcker, Naßwiesen; collin bis montan; hfg. **Alle Bdld**. (Umfaßt einige Unterarten.)
**Acker-M., *M. arvénsis***

* Auskünfte von H. Teppner (Graz) u. G. H. Leute (Klagenfurt).

**4** LB alle deutlich (3–7 mm lg) gestielt; Scheinähre dick, walzlich bis länglich-kopfig. — Pf kahl oder fast kahl; LB eilanzettlich, entfernt gesägt; K gefurcht, 13nervig. H: 50–80 cm. ♃ He. VI–VII. KulturPf. In England entstandene Hybride *(M. aquatica × M. spicata)*. Arznei- u. TeePf. **★ Pfeffer-M., *M. × piperíta***

Anm.: Die gleichfalls zur „Artengruppe Pfeffer-M., *M. piperita agg.*" *( = M. aquatica × M. spicata agg.)* zählende **Gebüsch-M., *M. × dumetórum*** *( = M. aquatica × M. longifolia)* (Pf flaumig bis wollig behaart, LB länglich-eiförmig bis elliptisch, vorn ± spitz) wird als slt u. für **alle Bdld außer B, W** angegeben.

**-** LB alle sitzend (höchstens die untersten sehr kurz gestielt); Scheinähre dünn, oft locker. — LB länglich-lanzettlich, scharf gesägt. (Artengruppe Grün-M., *M. spicata agg.*) . . . . . . . . . . . . . . . . . . . . . . . . . . . . . **5**

**5** Stg u. LB kahl (oder nur auf den Nerven zstr behaart). H: 30–80 cm. ♃ He. VII–IX. Als ArzneiPf kultiviert, slt verwildert. (?Entstanden aus *M. longifolia × M. suaveolens;* Herkunft unbekannt, West-Europa?) (Eine der Stammarten der Pfeffer-M. / *M. piperita.)* *(M. viridis)* **★ Grün-M.**, Speer-M., ***M. spicáta***

**-** Stg zottig-grau-weichhaarig; LB unterseits filzig. — K zur FrZeit oben eingeschnürt. H: 50–100 cm. ♃ He. VII–IX. Gräben, Ufer, feuchte bis nasse Weiderasen, feuchte Waldschläge, nasse Wiesen; collin bis subalpin; hfg. **Alle Bdld.** **Roß-M., *M. longifólia***

Anm.: Die **★ Rundblatt-M., *M. suavéolens*** *(M. rotundifolia)* (unterscheidet sich von der Roß-M. / *M. longifolia* durch die rundlich-eiförmigen, oberseits runzeligen, kerbig gesägten LB u. den nicht eingeschnürten FrK) kommt in **Ö** wahrscheinlich nicht wildwachsend vor u. wird auch nur slt kultiviert.

### ☆⊖ (29 b) Kamminze, *Elshóltzia*

Minzen-Aroma; Knäuel-TragB einander deckend; Kro purpurlila. H: 30–50 cm. ⊙ Th. VII–IX. Ruderalstellen; collin; sehr slt. **N?, St?**. Slt als Gewürz- u. VolksarzneiPf kultiviert u. sehr slt unbeständig verwildert. (Heimat: Asien.) *(E. patrinii, E. cristata)* ☆⊖ **Kamminze**, Echte K., ***E. ciliáta***

### ★ (30) Lavendel, *Lavándula*

LB lineal-lanzettlich; Knäuel in den Achseln von kleinen HochB, eine endständige unterbrochene Scheinähre bildend; Staubbeutel bärtig. H: 20–60 cm. ♄ NPh HS. VII–VIII. KulturPf. (Heimat: Westl. Medit.) Parfum- u. ArzneiPf, Homöop. *(L. spica)* **★ Schmalblatt-L., *L. angustifólia***

## (31) Drachenmaul, *Hormínum*

LB eiförmig, gekerbt, auffällig runzelig. H: 10–25 cm. ♃ He. VI–IX. Kalkreiche, sonnige Magerrasen; (montan) subalpin (alpin); slt, aber sehr gesellig. In den sAlp; in den nördl. Kalkalpen sehr slt (reliktisch). **K, S.** ▲ **Drachenmaul, *H. pyrenáicum***

## (32) Salbei, *Sálvia*

**1** Stg unterwärts holzig; Staubf. mindestens so lg wie das Konnektiv, dessen Äste fast gleich lg; beide Staubbeutelhälften vorhanden (untere meist steril). — LB graufilzig, runzelig; Kro meist h'violett. H: 20–80 cm. ♄ NPh HS. V–VII. Als Arznei- u. GewürzPf kultiviert. (Heimat: submedit. Süd-Europa.) **★ Echter S., *S. officinális***

**-** Stg krautig; Staubf. kürzer als das Konnektiv, oberer Konnektiv-Ast länger als der untere; untere Staubbeutelhälfte verkümmert oder umgeformt . . . . . **2**

**2** Scheinquirle 12–30blütig; unterer Konnektiv-Ast zu einer kurzen Spitze verkümmert; untere LB oft gefiedert mit 2–4(6) kleinen seitlichen Blättchen u. sehr großem Endblättchen. — Kro 9–15 mm lg, h'violett bis purpurlila, Kro-Röhre innen mit Haarring; StaubB unbeweglich. H: 30–60(80) cm. ♃ He.

VI–IX. Ruderal beeinflußte Halbtrockenrasen (Pann), trockene, sommerwarme Ruderalstellen; kalkhold; collin bis montan; hfg bis mäßig hfg. Im Pann urheimisch, sonst eingebürgert bis unbeständig (in Ausweitung begriffen?). **Alle Bdld.** **Quirl-S., *S. verticilláta***

**-** Scheinquirle 2–10blütig; unterer Konnektiv-Ast löffelförmig; LB stets alle unzerteilt, niemals mit Fiederblättchen . . . . . . . . . . . . . . . . . . . . . **3**

**3** LB'Spreite mit spießförmigem Grund; KOberlippe unzerteilt; Kro 30–40 mm lg, h'gelb. — Blüstd klebrig-drüsenhaarig; Scheinquirle 2–6blütig; KroUnterlippe rotbraun gezeichnet. Klett-Ausbreitung: klebriger K. H: (40)50–80(100) cm. ♃ Ch. VII–IX(X). Frische Edellaubwälder; kalkhold; (collin bis) montan; hfg. **Alle Bdld.** **Kleb-S.,** Klebriger S., „Flohkraut", ***S. glutinósa***

**-** LB'Spreite mit herzförmigem oder abgerundetem Grund; KOberlippe 3zähnig; Kro 9–30 mm lg, gelblichweiß, weiß oder violett (slt rosa) . . . . . . **4**

**4** KZähne (stechend-)begrannt (Granne länger als 1 mm), der mittlere Zahn der KOberlippe kürzer als die seitlichen . . . . . . . . . . . . . . . . . . . . . **5**

**-** KZähne nicht begrannt (Spitze höchstens 1 mm lg), die der KOberlippe alle gleich lg. — LB oberseits kahl oder flaumig, unterseits ± dicht flaumig (Haare gerade) . . . . . . . . . . . . . . . . . . . . . . . . . . . . . . . . . **6**

**5** Pf von einfachen Gliederhaaren grau(zottig), zumindest im oberen Teil auch mit Drüsenhaaren; Blü gestielt (Stiel 2–3 mm lg); Kro h'blau bis lila bis rosa. — Pf aromatisch [ähnlich Grapefruit]; LB br-herz-eiförmig; Knäuel-TragB krautig, ± purpurn; Knäuel 4–6blütig; DeckB purpurlila oder weiß, die Blü überragend; K flaumhaarig u. drüsig-punktiert, 1 cm lg; Kro 2–3 cm lg. H: (30)50–100 cm. ⊙–♃(?) He. VI–VII. Slt als (Volks-)Arznei- u. GewürzPf kultiviert, in klimawarmen Gegenden unbeständig verwildert bis lokal eingebürgert. **(N).** (Heimat: Ost-Medit., Südwest-Asien.) ☆ **Muskateller-S., *S. sclárea***

**-** Pf von Sternhaaren beiderseits dicht weißwollig-filzig (Haare kraus), meist ohne Drüsenhaare; Blü sitzend; Kro weiß. — LB'Spreite 10–30 cm lg u. 5–20 cm br; Blüstd stark allseitig verzweigt, fast kugelig. Steppenroller. H: (30)50–100 cm. ♃ He. VI–VIII. Gestörte Trockenrasen, auch halbruderal; collin; sehr slt. Im Pann. **B, W†, N.** (Hptvbr.: Südwest-Asien, Südost-Europa). Stark gefährdet. **Silberblatt-S.,** Ungarischer S., ***S. aethíopis***

**6** Kro cremeweiß; StaubB aus der Kro weit herausragend, spreizend. — Grundständige Rosetten-LB dem Boden flach angepreßt; Kro mit d'roten Drüsenhaaren. H: (50)60–80(100) cm. ♃ He. V–VI(IX). Weide-Trockenrasen; collin; sehr slt. Im Pann. **B, W, N.** (Pontisch-pannonisch.) Stark gefährdet. **Österreichischer S., *S. austríaca***

**-** Kro blau- oder purpurviolett (slt rosa oder weiß); StaubB aus der Kro nicht herausragend, parallel . . . . . . . . . . . . . . . . . . . . . . . . . . . **7**

**7** GrundB zur BlüZeit vorhanden; Stg oberwärts so wie Knäuel-TragB u. K drüsenhaarig; Knäuel-TragB grün; Kro 20–30 mm lg (wenn kleiner, dann Blü ♀). — LB d'grün; Kro violettblau. ⚥ u. ♀ Pf. H: (20)30–60(70) cm. ♃ He. V–VI(IX). Kalk-Magerrasen, Halbtrockenrasen, trocken-warme Fettwiesen; kalkhold; Rohbodenpionier, Tiefwurzler; collin bis (unter)montan; sehr hfg bis zstr. **Alle Bdld.** In den wAlp gefährdet. **Wiesen-S., *S. praténsis***

**-** GrundB zur BlüZeit verdorrt; Stg oberwärts so wie Knäuel-TragB u. K drüsenlos-flaumig (nebst sitzenden Drüsen!); Knäuel-TragB meist purpurn; Kro 8–15 mm lg, — lila; LB graugrün. H: (20)30–50(70) cm. ♃ He. VI–IX. Etwas ruderal beeinflußte Halbtrockenrasen, an Wegen, Böschungen; kalkhold; gern über Löß; collin; im Pann mäßig hfg, sonst slt u. zT nur unbeständig. **B, W, N, O†, (St, K, S, T).** Im nVL gefährdet. **Steppen-S., Hain-S., *S. nemorósa***

**★ (33) Basilikum, *Ócimum***

Pf kahl, sehr stark würzig aromatisch; Scheinquirle meist 6blütig; K 2lippig: KOberlippe breiter als lg, unzerteilt, Unterlippe 4zähnig; Unterlippe der Kro ungeteilt. H: 20–45 cm. ⊙ Th. VI–IX. KulturPf (Duft-, Gewürz- u. VolksarzneiPf); auch rotblättrige Sorten. (Heimat: Indien.) **★ Basilikum, Basilienkraut, *O. basílicum***

## Sonderschlüssel

zum Bestimmen ♀ Individuen der Gynodiözisten:

**1** Kro fast ⊕, — h'lilablau. **(29) Minze, *Méntha***
**-** Kro deutlich ↓ . . . . . . . . . . . . . . . . . . . . . . . . . . . . . . . . . . . . . . . . . . . . . **2**
**2** LB'Spreite kürzer als 1 cm, — ganzrandig; LB'Stiel lg abstehend gewimpert; Kro purpurn. **(27) Thymian, *Thýmus***
**-** LB'Spreite länger als 1 cm . . . . . . . . . . . . . . . . . . . . . . . . . . . . . . . . . . **3**
**3** Kriechsprosse vorhanden; Pf höchstens 40 cm hoch. — Kro blau. **(16) Gundelrebe, *Glechóma***
**-** Kriechsprosse fehlend; Pf mindestens 40 cm hoch . . . . . . . . . . . . . . . . . . . . . **4**
**4** Kro kürzer als 8 mm, — h'purpurn; LB (fast) ganzrandig, unterseits fein drüsig punktiert. **(25) Dost, *Oríganum***
**-** Kro länger als 8 mm . . . . . . . . . . . . . . . . . . . . . . . . . . . . . . . . . . . . . . . **5**
**5** Auch die unteren Zymen (Knäuel) in der Achsel von HochB. — Kro weiß, gelb, blau oder lila. Wenn Kro etwa 10 mm lg, dann LB deutlich gezähnt bis gekerbt. **(32) Salbei, *Sálvia***
**-** Zumindest die unteren Zymen in der Achsel von LB. — Kro purpurn. **(22) Bergminze, *Calamíntha***

# 119. Familie: Wassersterngewächse, *Callitricháceae*

## Wasserstern, *Callítriche* (→ **A** 18, 31, **38**)

Anm.: Für die Bestimmung sind reife Fr notwendig. Alle Arten treten als Wasser- u. Landformen auf. (Daß die Landformen in ausgetrockneten Tümpeln, Mooren, feuchten Wegen u. Wagenspuren usw. vorkommen, wird in den Standortsdiagnosen der einzelnen Arten nicht nochmals erwähnt.) Die Größenangaben beziehen sich auf die Wasserformen, die Landformen sind meist nur 2–5 cm hoch u. ± dem Boden angepreßt. – Habitus: Abb. 368.

Abb. 367

Abb. 368

Abb. 369a

Abb. 369b

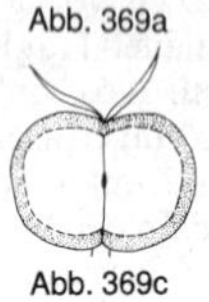
Abb. 369c

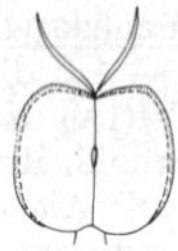
Abb. 369d

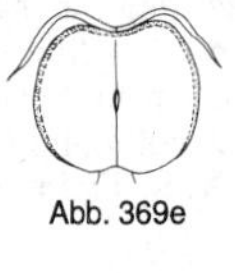
Abb. 369e

(Alle Arten gehören zur Artengruppe Sumpf-W., *C. palustris agg.*)

**1** Abgeflachte Seite der Fr deutlich länger als br . . . . . . . . . . . . . . . . **2**
**-** Abgeflachte Seite der Fr so lg wie br oder breiter als lg . . . . . . . . . . **3**

**2** Fr 1 mm lg u. 0,8 mm br, mit flachen, gekielten, gegen die Narben hin schmal geflügelten Rändern (Abb. 369 a). G: 5–30 cm. ⊙–♃ Wa. IV–X. Seichte, stehende, ± beschattete, kalk- u. nährstoffarme Gewässer, Tümpel, Pfützen (zB in Fahrspuren von Waldwegen); collin bis alpin; zstr. **Alle Bdld**. *(C. verna, C. vernalis)* ▪ **Sumpf-W.**, Frühlings-W., ***C. palústris***
**-** Fr 1,5–2 mm lg u. 1,2–1,7 mm br, mit gewölbten u. abgerundeten Rändern, ohne Kiel, ohne Flügel (Abb. 369 b). G: 10–60 cm. ♃ Wa. (IV)VI–IX(X). Stehende u. langsam fließende Gewässer (Wassertiefe 25–60 cm); collin; slt. **W, N, O**. (Hptvbr.: Westeuropäisch-medit.) ▪ **Nußfrucht-W.**, ***C. obtusángula***

**3** Fr deutlich geflügelt (Abb. 369 c), Flügel 0,05–0,1 mm br . . . . . . . . . . **4**
**-** Fr ungeflügelt (Abb. 369 d, e), jedoch mit scharfen Kanten . . . . . . . . . **5**

**4** Fr 0,06–0,1 mm br geflügelt; Fr blaß gelbbraun; StaubB 2 mm lg; Staubbeutel etwa 0,5 mm br; untere LB elliptisch, die der Rosette br-elliptisch bis fast kreisrund. G: 25–70(100) cm. ⊙–♃ Th Wa. VI–X. Stehende u. langsam fließende, oft beschattete, ± nährstoffreiche Gewässer; kalkmeidend; collin bis montan; slt. **O, St, T?, V**. ▪ **Breitblatt-W.**, ***C. stagnális***
**-** Fr etwa 0,05 mm br geflügelt; Fr d'braun; StaubB 4 mm lg; Staubbeutel etwa 1 mm br; untere LB oft linealisch, die der Rosette elliptisch. G: 20–70(100) cm. ⊙–♃ Wa. (V)VI–IX(X). Stehende u. langsam fließende, ± nährstoffreiche, aber auch nährstoffarme Gewässer; verträgt hohe Abwasserbelastung; collin; slt. **O, St**. (Vielleicht weiter verbreitet?) ▪ **Breitfrucht-W.**, ***C. platycárpa***

**5** Mindestens der unterste Teil der Narben aufrecht (Abb. 369 d). — RosettenB schmal, rhombisch bis spatelig, in den Stiel verschmälert. G: 10–25 cm. ⊙–♃ Wa. V–IX(X). Stehende u. langsam fließende, ± nährstoffreiche Gewässer, Gräben, Tümpel, Altwässer; collin bis subalpin; zstr. **Fehlt B**. *(C. polymorpha)* ▪ **Stumpffrucht-W.**, ***C. cophocárpa***
**-** Narben überall der Fr ± anliegend (Abb. 369 e) (nur bei dieser Art so!). — Pf meist untergetaucht u. meist ohne SchwimmB'Rosetten. G: 20–80 cm. ♃ Wa. (IV)V–VIII(X). Vor allem in fließenden, aber auch in stehenden, 20–80 cm tiefen Gewässern; nur in nährstoff- u. kalkarmen Gewässern mit klarem, kühlem, unverschmutztem Wasser; empfindlich gegen stärkere Abwasserbelastung; collin bis montan (subalpin); slt bis zstr. **B, N, O, St?, S?, T, V**. Gefährdet. ▪ **Haken-W.**, ***C. hamuláta***

# Unterklasse Korbblütlerähnliche, *Astéridae (Synandrae)*
# Ordnung Glockenblumenartige, *Campanuláles*

## 120. Familie: Glockenblumengewächse, *Campanuláceae* (E 9–; → G V 35–)

**1** Kro bis fast zum Grund in schmal-linealische Zipfel zerteilt, diese anfangs schmal-röhrenförmig miteinander verbunden, später sich vom Grund her trennend (slt an der Spitze verbunden bleibend) (Abb. 370). — Blüstd: Ähre oder Köpfchen, am Grund von einer HochB-Hülle umgeben (slt HochB sehr klein u. unscheinbar) . . . . . . . . . . . . . . . . . . . . . . . . . . . . . . . . **2**

**–** Kro höchstens bis etwas über die Hälfte in 3eckige bis eiförmige Zipfel zerteilt, diese niemals miteinander verbunden (sehr slt zusammenneigend). — Narben 3(5) . . . . . . . . . . . . . . . . . . . . . . . . . . . . . . . . . . . . . **4**

**2** DeckB fehlend; Fr sich an der Spitze mit einem Schlitz öffnend; Kro vor dem Aufblühen gerade; Staubbeutel am Grund etwas miteinander verwachsen. — Narben 2, sehr kurz *(Lupe!)*. **(6) Sandglöckchen, *Jasióne***

**–** DeckB vorhanden; Fr sich seitlich mit 2–3 Löchern öffnend; Kro vor dem Aufblühen meist gekrümmt; Staubbeutel am Grund frei. — Narben 2–3, fädlich, zuletzt zurückgerollt . . . . . . . . . . . . . . . . . . . . . . . . . . . . **3**

**3** Blü 2–5 mm lg gestielt; Kro 1,6–2 cm lg; KroZipfel an der Spitze immer verbunden bleibend. **(5) Schopfteufelskralle, *Physopléxis***

**–** Blü (fast) sitzend; Kro 1–1,5 cm lg; KroZipfel sich zuletzt auch an der Spitze trennend. **(4) Teufelskralle, *Phytéuma***

**4** [1] Pf ⊙; Kro radförmig, kürzer als der Frkn; Frkn u. Fr stielförmig. **(3) Venusspiegel, *Legóusia***

**–** Pf ♃(⊙); Kro glockig bis trichterförmig, deutlich länger als der Frkn; Frkn u. Fr verkehrt-kegelförmig bis halbkugelig . . . . . . . . . . . . . . . . . . **5**

**5** Gri am Grund von einem becherförmigen Drüsenring umgeben *(nach Entfernung der StaubB zu sehen)*, während des Blühens meist weit aus der Kro herausragend. **(2) Becherglocke, *Adenóphora***

**–** Gri am Grund nicht oder nur von einem flachen Drüsenring umgeben, während des Blühens nicht oder nur wenig aus der Kro herausragend. **(1) Glockenblume, *Campánula***

### (1) Glockenblume, *Campánula*

Anm.: Bei allen Arten kommen gelegentlich Individuen mit weißen (statt blauen) Kro vor. – Die KB sind zwar meist (fast) frei, werden jedoch traditionsgemäß durchwegs „KZipfel" genannt.

**1** K zw. den KZipfeln mit zurückgeschlagenen, lappenförmigen Anhängseln, die 0,5–3 mm lg sind (Abb. 371). — GrundB rosettig, in den LB'Stiel verschmälert . . . . . . . . . . . . . . . . . . . . . . . . . . . . . . . . . . . . . **2**

**–** K zw. den KZipfeln ohne Anhängsel . . . . . . . . . . . . . . . . . . . . **4**

**2** Anhängsel zw. den KZipfeln sehr klein, etwa 0,5–1 mm lg; KZipfel meist deutlich länger als die halbe Kro, — linealisch; Pf ± wollig-zottig behaart; Blüstd (Traube) (2)6–20blütig, meist schon knapp über dem Boden beginnend; Blü lg gestielt, nickend; Kro glockig, meist h'blau, etwa 10–20 mm lg. H: 5–15(25) cm. ♃ He. VII–VIII. Meist ± bodensaure Magerrasen u. Zwergstrauchheiden; (auch über Kalk); subalpin bis alpin; hfg bis slt. **N, O, St, K, S.** **Alpen-G., *C. alpína***

Abb. 370

Abb. 371

Abb. 372

- Anhängsel zw. den KZipfeln deutlich ausgebildet, etwa 1,5–3 mm lg; KZipfel meist kürzer als die halbe Kro. — KZipfel u. Anhängsel bewimpert . . . . **3**

**3** KroZipfel innen ± locker kraushaarig; Blüstd: (1)2–8(12)blütige, einseitswendige Traube (slt am Grund etwas verzweigt); Blü nickend. — Pf behaart; Anhängsel zw. den KZipfeln eiförmig, dem Frkn anliegend u. ihn fast völlig bedeckend; Kro br-glockig, meist 20–30 mm lg, meist h'blau, seltener tief violettblau. H: (5)10–40 cm. ♃ He. VI–VIII. Bodensaure, oft frische bis feuchte Magerrasen, Weiderasen, Zwergstrauchheiden, Waldsäume; kalkmeidend; montan bis subalpin; hfg. **Fehlt B, W**. **Bart-G., *C. barbáta***

- KroZipfel innen (fast) kahl; Blüstd: meist mehr als 10blütige, allseitswendige Rispe (slt Traube); Blü zumindest anfangs aufrecht, erst später (meist nach dem Verblühen) nickend. — Pf kurzhaarig; StgB länglich bis linealisch, am Rand ± wellig-kraus, halbstengelumfassend; Anhängsel zw. den KZipfeln schmal-3eckig bis länglich, vom Frkn ± abstehend; Kro trichterig-glockig, 15–25 mm (?) lg, meist d'blaulila. H: 15–40(60) cm. ⊙ He. V–VI. Trockenrasen, Fels- u. Rasensteppen; kalkstet; collin; im Pann zstr, sonst slt. **B, N**. (Art-Areal: südsibirisch-pontisch-pannonisch.) Gefährdet. (*Subsp. divergentiformis*?) **Steppen-G.**, Sibirische G., ***C. sibírica***

**4** [1] Blü sitzend; Blüstd köpfchen- oder ährenförmig . . . . . . . . . . . . . **5**

- Blü gestielt; Blüstd: Traube, Rispe oder Blü einzeln (endständig) . . . . . **8**

**5** Kro blaßgelb bis gelblichweiß. — Pf steifhaarig; GrundB länglich, allmählich in den LB'Stiel verschmälert; StgB sitzend, verkehrt-eilänglich bis lineal-lanzettlich; Blüstd: ährenförmige, vielblütige Thyrse, zumindest unten durchblättert (Zymen oft nur 1blütig); Kro röhrig-glockig, 17–22 mm lg, bes. an den Zipfeln locker kraushaarig. ⊙ He. VII–VIII. Sonnige, frische, kalkreiche, oft lehmreiche Rasen, bes. Rostseggenges. △ **Strauß-G., *C. thyrsoídes***

**a** Blüstd eiförmig bis kurz-walzlich (8–30 cm lg), sehr dicht; obere u. mittlere DeckB höchstens so lg wie die Blü; Kro blaßgelb. H: 10–30(40) cm. Obermontan bis alpin; slt. **N, St, K?, S, T, V**. Potentiell gefährdet. △ **Gewöhnliche Strauß-G., *C. th. subsp. thyrsoídes***

- Blüstd länglich-walzlich (30–60 cm lg), locker; obere u. mittlere DeckB 2× so lg wie die Blü; Kro gelblichweiß bis fast rein weiß. H: 40–100 cm. Auch Felsschuttfluren, Föhrenwälder; (collin) submontan bis montan (subalpin); slt. **K**. Potentiell gefährdet. △ **Krainer Strauß-G.**, (sl.:) kranjska šopasta zvončica, ***C. th. subsp. carniólica***

- Kro blau bis violett . . . . . . . . . . . . . . . . . . . . . . . . . . . . **6**

**6** Blü an der StgSpitze nicht kopfig gehäuft. — Pf behaart; GrundB lanzettlich, am Rand wellig-kraus, kaum gestielt; StgB eilanzettlich, halbstengelumfassend; Blüstd ährenförmig, ziemlich lg, am Grund oft unterbrochen; Kro trichterig-glockig, 17–22 mm lg, violettblau. H: 15–70(100) cm. ⊙ He. VI–VII. Magerrasen (bes. innenalpische Trockenrasen), Fels- u. Felsschuttfluren; collin bis subalpin; slt. **K, T**. Potentiell gefährdet. **Ähren-G., *C. spicáta***

- Blü an der StgSpitze kopfig gehäuft, darunter meist noch 1- bis mehrblütige Knäuel in den Achseln der oberen StgB . . . . . . . . . . . . . . **7**

**7** Pf (bes. Stg) steifhaarig; unterste StgB länglich bis lanzettlich, Spreitengrund allmählich in den etwas verbreiterten LB'Stiel verschmälert; KZipfel schmal-eiförmig, stumpf bis abgerundet, — kürzer als die halbe KroRöhre; obere StgB eilanzettlich, halbstengelumfassend; Kro 13–25 mm lg, meist bläulichlila. H: 30–70(90) cm. ⊙ He. VI–VII. Feuchte bis nasse Wiesen, Waldsäume; collin; slt. **B, N, St, K, T**. Gefährdet; im Pann u. in den KäB stark gefährdet.

**Borsten-G., *C. cervicária***

**-** Pf nicht steifhaarig (sondern kahl bis dicht-kurzhaarig); unterste StgB eiförmig bis eilanzettlich, Spreitengrund herzförmig bis abgerundet; KZipfel schmal-3eckig bis pfriemlich, spitz bis zugespitzt, — oft länger als die halbe KroRöhre; obere StgB eiförmig bis eilanzettlich, in den kurzen LB'Stiel verschmälert oder mit abgerundetem Grund sitzend (mitunter halbstengelumfassend); seitliche BlüKnäuel meist sitzend bis kurz gestielt (slt Blüstd verzweigt u. dann mit bis zu 20 cm lg Ästen); Kro 15–30 mm lg, meist kräftig bläulichlila. H: 20–50(90) cm. ♃ He. VI–IX. Halbtrocken- u. Trockenrasen, Waldsäume; kalkliebend; collin bis montan; zstr. **Alle Bdld**. Im BM u. nVL gefährdet.

**Knäuel-G., *C. glomeráta***

**8** [4] KroZipfel zusammenneigend, innen dicht weißhaarig. — Pf kahl, lockerrasig; GrundB u. unterste StgB rundlich bis eiförmig, ziemlich rasch in den LB'Stiel verschmälert (LB'Stiel meist so lg oder länger als die Spreite); Blüstd (Traube) 1–4blütig; Kro br-röhrig, am Grund etwas bauchig, 16–20 mm lg, h'lilablau. H: 5–10 cm. ♃ He. VII–VIII. Felsfluren; kalkstet; obermontan bis alpin; zstr bis slt. Süd-**K** (Karawanken, Steiner Alpen). (Sonstige Vbr.: slowenische u. venezianische Alpen; Endemit der südöstl. Kalkalpen.) ▲

**Zois-G., „Krainer" G.**, Nickende G., (sl.:) Zoisova zvončica, ***C. zoýsii***

**-** KroZipfel nicht zusammenneigend, innen nicht dicht weißhaarig . . . . . **9**

**9** Kapsel nahe dem oberen Rand sich mit 3 seitlichen Löchern öffnend . . **10**

**-** Kapsel nahe dem Grund sich mit 3 seitlichen Löchern öffnend . . . . . **13**

**10** Pf kriechend (rasenbildend), 3–5 cm hoch, — mit mehreren LB'Rosetten; LB sitzend, ganzrandig, lg bewimpert; RosettenB br-spatelförmig; Blü einzeln, endständig; Kro bis fast zur Mitte gespalten, ausgebreitet-glockig, etwa 15 mm lg, h'blau. H: 3–5 cm. ♃ He. VII–VIII. Fels- u. -schuttfluren; kalkliebend; alpin bis subnival; slt. **T, V**. Potentiell gefährdet.

**Mont-Cenis-G.**, Cenisische G., Französische G., ***C. cenísia***

**-** Pf nicht kriechend, 25–100 cm hoch . . . . . . . . . . . . . . . . . . . . . **11**

**11** Blüstd: Traube; Kro (2,5)3–4(5) cm lg, br-glockig; KZipfel schmal-3eckig, am Grund etwa 2–3 mm br. — Pf (fast) kahl; Traube meist 3–8blütig (slt Blüstd verzweigt u. dann bis zu 15blütig); LB derb, oberseits d'grün; GrundB u. untere StgB meist verkehrt-eilanzettlich, in den LB'Stiel verschmälert; mittlere u. obere StgB lineal-lanzettlich bis linealisch, sitzend; Kro (lila)blau. H: 30–80 cm. ♃ He. VI–VIII. Frische bis trockene Edellaubwälder, Waldsäume; collin bis untermontan; hfg bis zstr. **Alle Bdld**. Variabel: K manchmal dicht weißlich behaart („*var. eriocarpa*").

**Wald-G., Pfirsichblatt-G., *C. persicifólia***

**-** Blüstd: Rispe; Kro 1,5–2,5(3) cm lg, trichterig-glockig; KZipfel pfriemlich-3ekkig, am Grund etwa 1–1,5 mm br. — GrundB zur BlüZeit oft schon fehlend; Kro lila bis lilablau . . . . . . . . . . . . . . . . . . . . . . . . . . . . . . **12**

**12** Rispenäste locker ausgebreitet; Blü oft etwas nickend; Kro bis zur Mitte oder (meist) etwas tiefer gespalten; KroZipfel meist deutlich nach außen gebogen.

— GrundB rundlich-elliptisch bis verkehrt-eilänglich, in den LB'Stiel verschmälert; mittlere u. obere StgB sitzend, meist eilanzettlich bis länglich, seltener verkehrt-eilanzettlich; KZipfel in der unteren Hälfte beiderseits meist mit 1–2 kleinen Zähnchen. H: 30–60 cm. ⊙ He. V–VII. Frische, nährstoffreiche Wiesen; collin bis untermontan; sehr hfg bis hfg. **Alle Bdld**. Umfaßt eine kleinerblütige, diploide (*subsp. patula*) u. eine größerblütige, tetraploide Unterart (*subsp. costae*), die weiterer Erforschung bedürfen. **Wiesen-G., *C. pátula***

- Rispenäste straff aufrecht-abstehend; Blü stets aufrecht; Kro meist nicht ganz bis zur Mitte gespalten; KroZipfel nicht oder nur wenig nach außen gebogen. — Untere StgB verkehrt-eilanzettlich, obere eilanzettlich; KZipfel pfriemlich, etwa so lg wie die KroRöhre, in der unteren Hälfte beiderseits mit 2–3 kleinen Zähnchen. H: 30–80(100) cm. ⊙ He. V–VI(VII). Trockenwarme Magerrasen; collin; sehr slt. **B, N†, V†**. (Submedit.) Vom Aussterben bedroht. **Rapunzel-G., *C. rapúnculus***

**13** [9] Untere StgB breiter als 1,4 cm, mit herzförmigem bis abgerundetem Spreitengrund, — meist deutlich gestielt (nur bei *C. rhomboidalis* sitzend); oberste StgB deutlich gekerbt bis gesägt; Blüstd: meist vielblütige Traube oder Rispe; Fr nickend . . . . . . . . . . **14**

- Untere StgB schmäler als 1,4 cm, mit keilig verschmälertem Spreitengrund, — meist sitzend bis kurz gestielt; KZipfel pfriemlich . . . . . . . . . . **18**

**14** Alle StgB sitzend; KZipfel pfriemlich. — Stg kantig (mitunter auch scharfkantig), an den Kanten meist abstehend rauhhaarig; RosettenB zur BlüZeit meist vertrocknet; untere u. mittlere StgB eiförmig bis rhombisch, grob gesägt, die oberen br-eilanzettlich; Blüstd meist 4–15blütig; BlüKnospen aufrecht; Kro 12–20 mm lg, violettblau. H: 25–70(90) cm. ♃ He. VII–IX. Weiderasen, Wiesen; Nährstoffzeiger; montan bis subalpin; slt. **O** (Mühlviertel), Ober-**St, T, V***. Neubürgerin. (Heimat: Westalpen.) **Rhomben-G.**, Rauten-G., ***C. rhomboidális***

- Zumindest die unteren StgB gestielt; KZipfel schmal-3eckig bis fast linealisch . . . . . . . . . . **15**

**15** Stg zumindest in der unteren Hälfte (fast) stielrund . . . . . . . . . . **16**

- Stg deutlich kantig. — Kro h'lilapurpurn bis lilablau, Zipfel meist lockerkraushaarig . . . . . . . . . . **17**

**16** Kro 1–2 cm lg; KZipfel am Grund etwa 1 mm br. — Stg (bes. oberwärts) kurzhaarig; LB unterseits dicht kurzhaarig, graugrün; StgB eiförmig bis lanzettlich, die untersten lg gestielt, die folgenden kurz gestielt bis halbstengelumfassend; BlüStiele sehr kurz (etwa 2–5 mm lg); KZipfel aufrecht-abstehend bis ausgebreitet, etwa 4–5 mm lg; Kro lilablau. H: 40–100 cm. ♃ He. VII–IX. Trockenwarme Gebüsche, Waldsäume; kalkliebend; collin; im Pann zstr, sonst sehr slt. **B, W, N, K?**. Gefährdet. **Filz-G.**, Bologneser G., ***C. bononiénsis***

- Kro (3)4–5(5,5) cm lg; KZipfel am Grund etwa 3–6(9) mm br. — Stg unten kahl, oberwärts ± flaumhaarig; LB kahl oder kurz-weichhaarig; StgB schmaleiförmig bis lanzettlich, die unteren kurz gestielt (LB'Stiel meist viel kürzer als die Spreite, durch den herablaufenden Spreitengrund ± geflügelt); K kahl; Kro meist h'lilapurpurn bis lilablau. H: 60–150 cm. ♃ He. VI–VIII. Hochstaudenfluren, frische, nährstoffreiche Edellaubwälder; submontan bis montan; slt. **Fehlt B, W**. In den wAlp urheimisch, im Osten eingebürgert. Potentiell gefährdet. **Breitblatt-G., *C. latifólia***

---

* A. Polatschek: Mskr. N. Fl. **T & V**.

**17** KZipfel zur BlüZeit (oft schon vor dem Aufblühen) waagrecht-abstehend bis deutlich zurückgekrümmt, am Grund 1,5–2,5 mm br; Stg stumpfkantig, kahl bis kurz-rauhhaarig; Blü nickend, einseitswendig. — LB unterseits kurz-rauhhaarig; untere StgB br- bis länglich-eiförmig (mit seicht-herzförmigem bis abgerundetem Spreitengrund), die folgenden schmäler, kurz gestielt bis sitzend; Blüstd: Traube (slt verzweigt); Kro 2–3,5 cm lg, bis fast zur Mitte gespalten. H: 30–80 cm. ⊙ He. VI–IX. Lehmige Äcker, Ruderalfluren, Waldschläge; etwas kalkliebend, WuKriechpionier; collin bis montan; sehr hfg bis mäßig hfg. **Alle Bdld.** **Acker-G.**, Glockenkraut, ***C. rapunculoídes***

**-** KZipfel zur BlüZeit aufrecht, am Grund (3)4–5(7) mm br; Stg scharfkantig, steifhaarig; Blü ± aufrecht, allseitswendig. — LB kurz-rauhhaarig, grob doppelt gesägt; untere StgB mit tief-herzförmigem Spreitengrund, lg gestielt (LB'Stiel meist 1–2× so lg wie die Spreite); Blüstd meist verzweigt; K borstig (sehr slt kahl); Kro 3–4(5) cm lg. H: 30–80(110) cm. ♃ He. VI–VIII. Frische, nährstoffreiche Edellaubwälder; collin bis montan; sehr hfg. **Alle Bdld.** **Nessel-G., *C. trachélium***

**18** [13] Kro unter den KroZipfeln etwas verengt (schwach tonnenförmig), — 10–15 mm lg, h'blau, mit zarten, d'violetten Längsnerven (je 3 zu 1 KroZipfel verlaufend); WuStock verzweigt (meist mehrere Blühtriebe u. sterile Triebe vorhanden); RosettenB rundlich bis elliptisch, keilig in den etwas verbreiterten LB'Stiel verschmälert (Spreitengrund niemals herzförmig); StgB lanzettlich bis linealisch, im unteren Teil des Stg dicht gedrängt; Blüstd: mehrblütige, meist etwas einseitswendige Traube (seltener vielblütige Rispe oder Blü einzeln, endständig); BlüKnospen u. Blü nickend. H: 10–20(30) cm. ♃ He. VIII–IX. Fels- u. -schuttfluren, Föhrenwälder; nur über Kalk u. Dolomit; montan (subalpin); zstr bis hfg. **N, O, St, K, T.** **Rasen-G., *C. cespitósa***

**-** Kro unter den KroZipfeln nicht verengt . . . . . . . . . . . . . . . . . . . **19**

**19** Stg 1blütig. — BlüKnospen nickend . . . . . . . . . . . . . . . . . . . **20**

**-** Stg (1)2- bis vielblütig. — RosettenB lg gestielt; BlüKnospen nickend oder aufrecht . . . . . . . . . . . . . . . . . . . . . . . . . . . . **21**

**20** Alle StgB kerbsägig, Spreite der unteren u. mittleren rundlich, elliptisch oder eiförmig, in den kurzen LB'Stiel verschmälert; Blü nickend bis hängend. — Stg kahl oder am Grund borstig, oberwärts meist unbeblättert; Kro 15–25 mm lg, blauviolett. H: 5–15(20) cm. ♃ He. VI–VIII. Feuchte Fels- u. -schuttfluren, Schneeböden; kalkstet; (obermontan) subalpin bis alpin; zstr bis hfg. **N, O, St, K** (sehr slt), **S.** Endemisch (bes. nordöstl. Kalkalpen). **Dunkle G., Österreichische G., *C. púlla***

**-** Zumindest die oberen StgB ganzrandig, die unteren u. mittleren schmal-lanzettlich bis lineal-lanzettlich, (fast) sitzend (slt die untersten StgB länger gestielt); Blü kurzzeitig ± aufrecht (zu Beginn u. gegen Ende des Blühens nickend). **■ Scheuchzer-G., *C. schéuchzeri*** (→ Pkt 27)

**21** Während des Blühens mehrere sterile, LB'Rosetten tragende Triebe vorhanden; Spreitengrund der RosettenB höchstens schwach herzförmig (meist gestutzt oder rasch in den LB'Stiel verschmälert); Pf nur slt höher als 15 cm, — lockerrasig, mit mehreren Blühtrieben; untere StgB lanzettlich, die folgenden schmäler; LB'Stiel (oft auch die Spreite) kurzborstig bewimpert (seltener die ganze Pf dicht kurzborstig); Traube (1)2–6blütig; BlüKnospen (u. meist auch Blü) nickend (wenn BlüKnospen aufrecht, vgl. Pkt 26!); KZipfel kürzer als die halbe Kro; Kro 10–15(18) mm lg, h'- bis stahlblau; Frkn nicht papillös. H: 5–15(20) cm. ♃ He.

VI–VIII. Fels- u. -schuttfluren; kalkstet; (submontan) montan bis alpin; hfg. **Fehlt B, W**. *(C. pusilla)* **Niedrige G., Zierliche G., *C. cochleariifólia***

- Während des Blühens sterile, LB'Rosetten tragende Triebe meist fehlend (schon vertrocknet); Spreitengrund der RosettenB meist deutlich herzförmig; Pf (10)20–50(80) cm hoch (wenn niedriger als 20 cm, dann BlüKnospen aufrecht oder Kro länger als 18 mm). — StgB lanzettlich bis borstlich; Kro lila- bis violettblau. (Artengruppe Rundblättrige G., *C. rotundifolia agg.* Taxonomisch außerordentlich schwierige u. immer noch unzureichend erforschte Verwandtschaftsgruppe; einzelne Exemplare oft kaum bestimmbar!) . . . . . . . . **22**

**22** Fr ± aufrecht; KZipfel meist deutlich zurückgeschlagen. — RosettenB grob u. scharf gezähnt, zur BlüZeit oft noch vorhanden; Blü aufrecht; Frkn ± papillös . . . . . . . . . . . . . . . . . . . . . . . . . . . . . . **23**

- Fr nickend; KZipfel aufrecht bis bogig seitwärts gekrümmt . . . . . . . **24**

**23** KZipfel fast so lg wie die Kro; Blühtriebe einzeln oder (slt) zu wenigen, (wie die LB) völlig kahl; Blü einzeln oder in in wenigblütiger Traube; BlüKnospen nickend *(bei von Felsen herabhängenden Pf nicht immer erkennbar!)*; Frkn dicht mit weißlichen Papillen bedeckt. — Kro 15–25 mm lg. H: (12)20–35 cm. ♃ He. VI–VIII. Felsspalten, Felsschuttfluren; kalkliebend; montan; zstr. Süd-**K**. *(C. linifolia)* ■ **„Karnische" G.,** Leinblatt-G., (sl.:) karnijska zvončica, ***C. cárnica***

- KZipfel meist deutlich kürzer als die Kro; Blühtriebe meist mehrere, ihr Stg zumindest unten meist dicht kurzflaumig *(Lupe!)*; Blü in vielblütiger Traube oder Rispe; BlüKnospen aufrecht; Frkn nur spärlich mit Papillen besetzt. — StgB schmal-lineal-lanzettlich bis borstlich, meist ganzrandig, kahl; Blüstd bei an fast senkrechten Felsen wachsenden Pf oft auffallend waagrecht ausgebreitet; Kro 12–16 mm lg. H: (15)20–30 cm. ♃ He. VI–IX. Kalkfelsfluren; montan; zstr bis hfg. **N, St**. Endemisch (Alpenostrand). *(C. breynina)* ■ **Rax-G., Auffallende G., *C. praesígnis***

**24** BlüKnospen aufrecht; Frkn papillös (oft nur sehr schwach). — Spreitengrund nicht bewimpert; Blü meist ± nickend, seltener aufrecht . . . . . . . . . **25**

- BlüKnospen nickend; Frkn glatt. — Stg kahl oder an den Kanten behaart (niemals ringsum dicht kurz-flaumig) . . . . . . . . . . . . . . . . **27**

**25** WuStock sehr kräftig, (3)6–10(15) mm ∅, holzig; Stg kahl oder unten schwach kurz-flaumig, — meist ziemlich dicht beblättert; StgB lineal-lanzettlich bis borstenförmig, meist 1–3 mm br, kahl; Rispe vielblütig; Kro (12)15–20 mm lg. H: 25–50 cm. ♃ He. VI–IX. Trockenwarme Magerrasen u. Föhrenwälder; collin bis submontan; slt. **N**. (Sonstige Vbr.: Mähren, Ungarn, Rumänien.) Potentiell gefährdet. *(C. bertolae subsp. xylorrhiza)* ■ **Mährische G., *C. morávica***

- WuStock dünn, etwa 1–2 mm ∅, nicht holzig; Stg unten meist dicht kurz-flaumig *(Lupe!)* . . . . . . . . . . . . . . . . . . . . . . . . . . . **26**

**26** StgB im unteren Drittel des Stg gehäuft; Blühtriebe meist zahlr., 1- bis wenigblütig. — Untere StgB schmal-linealisch; Kro 12–18 mm lg. H: 10–25 cm. ♃ He. VI–VIII. Kalk- u. Dolomitfelsfluren, trockene Magerrasen; montan; slt (?). **N?**. (Vbr.: Böhmen, Bayern.) (Bisher in **Ö** nur übersehen?) ⊖ ■ **Fremde G., *C. gentílis***

- StgB gleichmäßig angeordnet; Blühtriebe meist einzeln oder zu wenigen, wenig- bis vielblütig, — ihr Stg zumindest unten stets dicht kurz-flaumig (auf der ganzen Fläche u. nicht nur auf den Kanten!); untere StgB schmal-lanzettlich bis linealisch, meist ganzrandig u. kahl (bei Pf schattiger Standorte sind die unteren StgB oft etwas breiter); Kro in Form u. Farbe variabel! H: (10)20–40(60) cm. ♃ He. VI–IX. Trockene bis frische, meist bodensaure Magerwiesen,

Weiderasen, Waldsäume, auch felsige Standorte (auch über Kalk); Magerkeitszeiger; collin bis montan; sehr hfg. **Alle Bdld.** (Inkl. *C. racemosa*)
▪ **Rundblatt-G., Gras-G., *C. rotundifólia***

**27** [24] Blü einzeln oder in 2–5(7)blütiger, meist etwas einseitswendiger Traube, für kurze Zeit (Höhepunkt des Blühens: Gri durchwächst die Staubbeutelröhre, Narben spreizen auseinander) ± aufrecht (zu Beginn u. gegen Ende des Blühens nickend); Kro 16–25(30) mm lg, — tief (violett)blau (meist intensiver gefärbt als bei den übrigen Arten der Gruppe); Stg unten an den Kanten meist kurzborstig; untere u. mittlere StgB meist sitzend bis kurz gestielt, ihre Spreite zumindest am Grund deutlich bewimpert. H: (5)10–25(35) cm. ♃ He. VI–VIII. Wiesen, Magerrasen, Weiderasen, Felsfluren; obermontan bis alpin; hfg. **Fehlt B, W.** (Inkl. *C. kerneri*) [20–] **Scheuchzer-G., *C. schéuchzeri***

**-** Blü meist in vielblütiger Rispe, stets ± nickend; Kro (10)15–18(20) mm lg. — Stg kahl oder an den Kanten sehr kurz behaart . . . . . . . . . . . . . . **28**

**28** Spreite der mittleren bzw. der größeren StgB schmal-lineal-lanzettlich (10–30× so lg wie br), 2–6 mm br, ganzrandig bis schwach gezähnelt, auf den Flächen kahl. — BlüStiele auffallend dünn; WuStock mit rübenförmigen WuKnollen. H: 25–50(60) cm. ♃ He. VII–IX. Wiesen, Weiderasen, Waldsäume, Latschengebüsch; montan bis subalpin; zstr. **N, St, K, T.** ▪ **Witasek-G., *C. witasekiána***

**-** Spreite der mittleren bzw. der größeren StgB lanzettlich (3–6× so lg wie br), 7–10 mm br, stets deutlich gezähnelt, oberwärts, bes. gegen den Rand zu, kurz-flaumig *(Lupe!)*. — Kro meist 15–18 mm lg. H: (15)25–45(60) cm. ♃ He. VI–IX. Wälder, Waldsäume, Hochstaudenfluren, Wiesen, Weiderasen; montan; zstr bis lokal mäßig hfg. **W, N, St?.** Endemisch (nordöstl. Alpen: vom Wienerwald [slt] bis zu den Bergen um das obere Traisental u. zum Schneeberg). *(C. hostii, C. baumgartenii subsp. beckiana)*
**Beck-G.**, Vielblütige G., ***C. beckiána***

## (2) Becherglocke, *Adenóphora*

Pf kahl; GrundB lg gestielt, mit rundlicher, am Grund herzförmiger Spreite, zur BlüZeit fehlend; StgB meist br- bis lineal-lanzettlich, spitz, zumindest in der vorderen Hälfte (scharf) gesägt, die unteren in einen kurzen LB'Stiel verschmälert, die oberen sitzend; Blüstd: Rispe; Blü nickend (Gri heraushängend), duftend; Kro br-glockig, 12–20 mm lg, h'blau. H: 30–100 cm. ♃ He. VI–IX. Sommerwarme wechselfeuchte bis wechselnasse (Flachmoor-)Wiesen u. Waldsäume; collin (montan?) [außerhalb von **Ö** auch in montanen Dolomitföhrenwäldern]; sehr slt. **B†, N, St.** Vom Aussterben bedroht. ▲
**Becherglocke,** Drüsenglocke, Duft-B., ***A. liliifólia***

## (3) Venusspiegel, Frauenspiegel, *Legóusia*

**1** KroZipfel ungefähr ½× so lg wie die KZipfel; KZipfel im FrZustand ± aufrecht; Kro 6–15 mm ∅, purpurn (?). H: 10–35 cm. ⊙ Th. VI–VII. Lehmig-tonige, meist skelettreiche Äcker, Stoppeläcker; kalkliebend; collin; sehr slt. **(K).** (Medit.) ☆ **Kleiner V., *L. hýbrida***

**-** KroZipfel so lg oder länger als die KZipfel; KZipfel zur FrReife abstehend; Kro (10)12–20(25) mm ∅, violett, im Zentrum weißlich. — LB etwas wellig, die unteren in den LB'Stiel verschmälert, die oberen sitzend; Rispe locker; KZipfel schmal-linealisch, zugespitzt; KroZipfel bespitzt; Fr 10–15 mm lg. H: 10–20(30) cm. ⊙ Th. VI–VIII. (Meist lehmige, kalkhaltige) Getreideäcker, Stoppeläcker; collin; zstr bis slt, lokal hfg. **Alle Bdld.** Gefährdet. *(Specularia speculum, L. speculum)* **Großer V., *L. spéculum-véneris***

## (4) **Teufelskralle**, Rapunzel, ***Phytéuma***

Anm.: Bei allen blau- (bzw. schwarzviolett-)kronigen Arten kommen gelegentlich Individuen mit weißer Kro vor.

**1** Blüstd (Ähre) eiförmig bis walzlich, — dicht, vielblütig; LB'Stiel der GrundB meist so lg oder länger als die Spreite; oberste StgB kurz gestielt bis sitzend, eilanzettlich bis linealisch . . . . . . . . . . . . . . . . . . . . . . . . . **2**

**-** Blüstd (Köpfchen) kugelig, — (2)5- bis vielblütig; Narben 3 . . . . . . . . **6**

**2** Spreite der GrundB eilanzettlich, meist 3–6× so lg wie br; Kro vor dem Aufblühen gerade bis leicht gekrümmt. — HüllB sehr klein u. unscheinbar; Kro (violett)blau; Narben 2–3. (Artengruppe Westalpen-T., *Ph. michelii agg.*) . **3**

**-** Spreite der GrundB herzförmig bis eiförmig, meist 1–2× so lg wie br; Kro vor dem Aufblühen deutlich gekrümmt. — Pf kahl; HüllB ähnlich den obersten StgB; Narben 2 . . . . . . . . . . . . . . . . . . . . . . . . . . **4**

**3** Narben 2 (slt einzelne Blü mit 3 Narben). — Pf kahl; Stg meist bis zum Blüstd hin beblättert (oberste StgB meist 1–2 cm lg HochB); Kro blau. H: 30–90 cm. ♃ He. VII–VIII. Frische, bodensaure Magerrasen u. Waldsäume; kalkmeidend; untermontan bis subalpin; zstr. **St, K, S, T**. *(**Ph. zahlbruckneri**)*
**Steirische T.**, Pfirsichblatt-T., ***Ph. persicifólium***

**-** Narben 3 (slt einige Blü mit 2 Narben). — Stg kahl oder am Grund behaart, im obersten Drittel meist LB'los; Kro violettblau. H: 20–70 cm. ♃ He. VI–IX. Frische Silikatmagerrasen, Waldsäume; kalkmeidend; montan bis alpin; zstr bis hfg. **K, S, T, V**. **Betonien-T.**, Zehrkraut-T., ***Ph. betonicifólium***

**4** Kro grünlich- bis gelblichweiß oder h'blau. — Spreite der GrundB oft dunkel gefleckt, mit tief herzförmigem Grund, Rand kerbsägig. H: 30–80 cm. ♃ He. V–VI. Frische, lehmreiche Edellaubwälder, Hochstaudenfluren; submontan bis untermontan; mäßig hfg. **Ähren-T., Weiße T.,** ***Ph. spicátum***

**a** Kro grünlich- bis gelblichweiß. — **Alle Bdld.** (Vgl. *Ph. ovatum*, Pkt 5.)
**Gewöhnliche Ä.-T., Weiße Ä.-T.,** ***Ph. s. subsp. spicátum***

**-** Kro h'- bis blaßblau (auch kräftig blau?). — **W, N, O?, St, S, V**.
**Blaue Ä.-T.**, Niederösterreichische Ä.-T., ***Ph. s. subsp. coerúleum***

**-** Kro schwarzviolett bis schwarzblau (sehr slt weiß) . . . . . . . . . . . . . **5**

**5** Spreite der GrundB etwa so lg wie br, mit tief-herzförmigem Grund; untere StgB br-eiförmig, mit herzförmigem Spreitengrund, — so wie die GrundB grob doppelt gesägt. H: 30–100 cm. ♃ He. VI–VIII. Frische, nährstoffreiche Wiesen u. Hochstaudenfluren, Buchenwälder; (ober)montan bis subalpin; zstr. **St, K, T, V**. Subalpin auch mit ± weißlicher Kro (nur Narben oft bräunlich)*; Abgrenzung gegen *P. spicatum* nicht ganz klar. *(Ph. halleri)*
**Eikopf-T.**, Haller-T., ***Ph. ovátum***

**-** Spreite der GrundB etwa doppelt so lg wie br, mit meist nur seicht-herzförmigem Grund; untere StgB eilanzettlich, mit abgerundetem bis keiligem Spreitengrund. — GrundB gekerbt bis kerbsägig; mittlere u. obere StgB meist mit stark reduzierter Spreite, Stg daher im oberen Drittel meist nur mit 1–2 HochB . H: 20–60 cm. ♃ He. V–VII. Frische, bodensaure Fettwiesen u. Waldsäume; kalkmeidend, Lehmzeiger; collin bis montan; slt. Nur (?) im BM. **N, O**.
**Schwarze T.,** ***Ph. nígrum***

**6** [1] Äußere HüllB linealisch, am Grund kaum verbreitert; Kro vor dem Aufblühen fast gerade. — Pf kahl; GrundB sowie untere StgB lg gestielt, Spreite

---

* Mitteilung von A. POLATSCHEK.

herzförmig bis schmal-eilanzettlich; äußere HüllB meist länger als das Köpfchen; Kro violettblau. H: 10–45 cm. ♃ He. VI–VIII. Felsfluren, Weiderasen; kalkliebend; montan bis subalpin; sehr slt. **T**. (Hptvbr.: Südalpen.) Stark gefährdet. *(Ph. sch. subsp. charmelioides)*
**Scheuchzer-T.**, Horn-T., Columna-T., ***Ph. schéuchzeri (subsp. colúmnae)***

**-** Äußere HüllB rundlich, eiförmig oder eilanzettlich (wenn eilanzettlich, dann mit deutlich verbreitertem Grund); Kro vor dem Aufblühen deutlich gekrümmt, — d'blau bis violettblau . . . . . . . . . . . . . . . . . . . . . . . **7**

**7** Spreite der (stets deutlich gestielten) GrundB unter der Mitte am breitesten, rundlich-eiförmig bis schmal-lanzettlich (doch niemals linealisch), — meist mehr als 5 mm br . . . . . . . . . . . . . . . . . . . . . . . . . . . **8**

**-** Spreite der GrundB über oder (slt) in der Mitte am breitesten, spatelförmig bis schmal-linealisch, — 1–6(7) mm br; Kro violettblau . . . . . . . . . . . . **9**

**8** Äußere HüllB eilanzettlich, meist 2–4× so lg wie br, am Grund ganzrandig oder nur mit wenigen Zähnen, kahl oder spärlich bewimpert, meist in eine lg Spitze ausgezogen. — Spreite der GrundB eiförmig bis schmal-lanzettlich, am Grund herzförmig bis keilig (sehr variabel!); obere StgB sitzend, eilanzettlich bis linealisch; Köpfchen meist 15–30blütig, 1,5–3 cm br. H: (5)10–50 cm. ♃ He. V–VII. Magerrasen, Flachmoorwiesen, Föhrenwälder; kalkliebend; (collin) submontan bis alpin; hfg. **Alle Bdld**. Sehr variabel.
**Rundkopf-T., Kugel-T., *Ph. orbiculáre***

**-** Äußere HüllB br-3eckig-eiförmig, 1–1,5× so lg wie br, am Grund stets deutlich gezähnt, ringsum stets dicht bewimpert, nicht in eine lg Spitze ausgezogen (Abb. 372). — Spreite der GrundB rundlich-eiförmig bis br-lanzettlich, am Grund seicht herzförmig bis keilig; obere StgB sitzend bis halbstengelumfassend, eiförmig bis eilanzettlich; Köpfchen 5–15blütig; Zähne der HüllB scharf zugespitzt. H: 5–30 cm. ♃ He. VII–IX. Dolomitfelsfluren; obermontan bis alpin; zstr. **K, T**. *(Ph. orbiculare var. sieberi)* **Sieber-T., *Ph. síeberi***

**9** GrundB (u. StgB) schmal-linealisch bis rinnenförmig-borstlich, 0,5–2(3) mm br (mitunter einige GrundB linealisch-spatelförmig); äußere HüllB eilanzettlich, — zumindest am Grund ± gezähnt (Abb. 373); Köpfchen meist mehr- bis vielblütig. H: (2)5–15(30) cm. ♃ He. VII–VIII. Silikatfelsfluren, bodensaure Magerrasen (Krummseggenrasen), Zwergstrauchheiden; kalkmeidend; subalpin bis alpin; hfg. **St, K, S, T, V**. **Grasblatt-T., *Ph. hemisphäericum***

**-** GrundB spatelförmig, nicht rinnenförmig, meist 3–6(7) mm br; äußere HüllB rundlich bis eiförmig, — oft bläulich überlaufen, meist etwas gezähnt, bewimpert; LB an der Spitze klein gekerbt bis ganzrandig. (Artengruppe Armblütige T., *Ph. pauciflorum agg.*) . . . . . . . . . . . . . . . . . . . . . . . . . **10**

**10** Köpfchen 2–7blütig; GrundB meist 1–3 cm lg, die Spreitenspitze das oberste Zähnchenpaar (wenn vorhanden) nicht oder nur wenig überragend (Abb. 374). H: 1–6 cm. ♃ He. VII–IX. Windexponierte Magerrasen, Fels- u. -schuttfluren; bes. über Silikat, auch über Kalkglimmerschiefer; subalpin bis alpin; zstr. **St, K, S, T, V**. (*Ph. pauciflorum,* inkl. „*Ph. pedemontanum*")
**Armblütige T.**, Kleinste T., Kugelblumenblättrige T., ***Ph. globulariifólium*** *(subsp. globulariifólium)*

**-** Köpfchen 5–10(15)blütig; GrundB meist 3–10 cm lg, die Spreitenspitze das oberste Zähnchenpaar (wenn vorhanden) überragend (Abb. 375). — LB'Spreite allmählich in den meist langen LB'Stiel verschmälert. H: (1)3–15 cm.

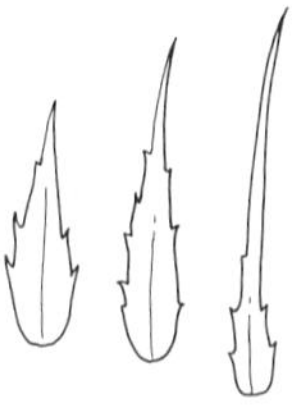

Abb. 373

Abb. 374

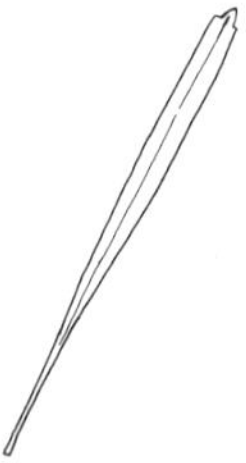

Abb. 375

♃ He. VII–IX. Magerrasen, Gemsheideges., Felsfluren; kalkmeidend; subalpin bis alpin; zstr. **St, K, S.** (Ostalpisch-karpatisch-balkanisch.) *(**Ph. nanum**)*

**Zungenblatt-T., Zwerg-T., *Ph. confúsum***

## (5) Schopfteufelskralle, *Physopléxis*

Pf kahl; grundständige LB lg gestielt, Spreite nierenförmig bis elliptisch, grob gezähnt; HüllB meist schmal-elliptisch bis lanzettlich, tief u. scharf gezähnt, etwa so lg wie die Blü; Blüstd doldig, meist 8–20blütig; Kro h'purpurlila, zur Spitze hin tief blauviolett; Narben 2. H: 5–15 cm. ♃ He. VII–VIII. Kalk- u. Dolomitfelsfluren; montan bis subalpin; sehr slt. **K** (Karnische Alpen: Gartnerkofel). (Hptvbr.: Südtirol, Norditalien, Slowenien; Endemit der südöstl. Alpen.) Potentiell gefährdet. ▲ *(Phyteuma comosum, Synotoma comosum)*

**Schopfteufelskralle, *Ph. comósa***

## (6) Sandglöckchen, *Jasióne*

Pf ± behaart; Stg nur unten beblättert; StgB sitzend, meist länglich bis linealisch, am Rand ± wellig-kraus; Köpfchen etwa 2 cm ∅; HüllB eiförmig, meist kürzer als die Blü; Blü etwa 2–4 mm lg gestielt; Kro blau (sehr slt weiß); Gri die Kro deutlich überragend. H: 15–30 cm. ⊙ He. VI–VIII. Bodensaure, trockene Magerrasen, Wegböschungen, Föhrenwälder; kalkmeidend; collin bis montan; zstr bis slt. **W†, sonst alle Bdld**. Gefährdet im Rh, nVL, söVL u. Pann.

**Sandglöckchen, *J. montána***

# Ordnung Korbblütlerartige, *Asteráles*

## 121. Familie: Korbblütler, Kompositen*, Körbchenblütler, *Asteráceae (Compósitae*)*

Pf krautig; Blüstd: von HochB (= **HüllB**, die die Korbhülle = „**Hülle**" bilden) umgebenes Köpfchen, das **Korb** (= „Körbchen", „Kopf") heißt (Abb. 376) u. einer (einzelnen) Blü ähnelt (u. sich auch bestäubungsbiologisch als Einheit verhält: Pseudanthium). [Dieser Korb wird deshalb vom Laien für eine einzige Blü gehalten (zB bei Gänseblümchen, Löwenzahn u. Sonnenblume: die Hülle wird dabei fälschlich für den K, u. die als Schauapparat dienenden randlichen StrahlBlü werden für KroB gehalten!).] Korbboden (= BlüstdAchse) oft flach, tellerartig, seltener kopfartig oder kegelig; DeckB meist fehlend, wenn vorhanden, dann schuppenförmig u. ± trockenhäutig (= **SpreuB**, Abb. 380); Blü meist ⚥, die (zungenförmigen)

* latein.: „die Zusammengesetzten"; nomenklatorisch gültiger Alternativname; vgl. S. 577!

Abb. 376

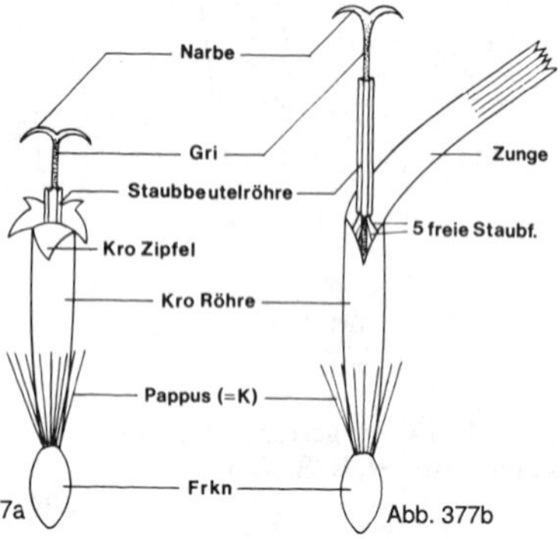


Abb. 377a Abb. 377b

RandBlü oft ♀; K (hier **Pappus** genannt) meist in Form eines Haarschopfes (= „**haarförmiger Pappus**"; Haare einfach oder gefiedert [= fiederig verzweigt, „federig"]), der zur Reifezeit als Fallschirm wirkt (Windausbreitung!, Abb. 378), oder in Form eines Kranzes von Schuppen oder Borsten oder als häutiger Saum (= **Krönchen**) oder völlig fehlend; Kro ⊕ u. röhrig (meist 5-, slt 4zählig: **RöhrenBlü**, Abb. 377 a) oder stark ↓ u. zungenförmig (**ZungenBlü**, Abb. 377 b, der gegenüber den übrigen BlüTeilen meist stark vergrößerte Abschnitt der Kro wird **Zunge** genannt); 5 StaubB, Staubbeutel zu einer Röhre verwachsen, durch die der Griffel führt und aus der bei älteren Blü oben die 2teilige Narbe herausragt (Abb. 377); Frkn unterständig; Fr: 1samige Nuß (= Achäne). (E 1; G XII 1)

Anm.: Die Angaben des Korb-∅ sind immer mit den StrahlBlü zu verstehen (wenn dagegen ohne StrahlBlü gemessen: „Breite der Hülle"!). – Bei jenen Körben, deren RandBlü als StrahlBlü ausgebildet sind, heißt die Gesamtheit der übrigen Blü „**Scheibe**". – *Der Pappus ist immer schon an der Blüte entwickelt u. kann daher bereits in blühenden Körben untersucht werden. Zur Feststellung, ob die Pappushaare verzweigt (gefiedert) sind, empfiehlt es sich, den Pappus umzubiegen, leicht darüberzustreichen u. die Lupe zu verwenden.*

**Asteroideae**
*(= „Tubuliflorae")*
**Eupatorieae**
(1) *Eupatorium*
★ (1b) *Ageratum*
**Astereae**
(2) *Solidago*
(3) *Bellis*
(4) *Aster*
★ (4b) *Callistephus*
(5) *Erigeron*
(6) *Conyza*
**Inuleae**
*Gnaphaliinae*
(7) *Filago*
(8) *Bombycilaena (= Micropus)*
(9) *Gnaphalium*
(10) *Pseudognaphalium*
(11) *Helichrysum*
★ (11b) *Anaphalis*
(12) *Antennaria*
(13) *Leontopodium*
*Inulinae*
(14) *Inula*
(15) *Pulicaria*
(16) *Carpesium*
(17) *Buphthalmum*
★ (17b) *Telekia*
**Heliantheae**
*Helianthinae*
(18) *Rudbeckia*
★ (19) *Helianthus*
☆ (19b) *Guizotia*
*Coreopsidinae*
(20) *Bidens*
★ (20b) *Dahlia*
★ (20c) *Cosmos*
★ (20d) *Coreopsis*
*Zinniinae*
★ (21) *Zinnia*
*Melampodiinae*
★ (22) *Silphium*
*Ambrosiinae*
(23) *Iva*
(24) *Ambrosia*
(25) *Xanthium*

*Galinsoginae*
(26) *Galinsoga*
**Helenieae**
*Tagetinae*
★ (27) *Tagetes*
*Heleniinae*
★ (27b) *Helenium*
★ (27c) *Gaillardia*
**Anthemideae**
(28) *Anthemis*
(29) *Achillea*
(30) *Tripleurospermum*
*(= „Matricaria")*
(31) *Matricaria*
*(= Chamomilla)*
(32) *Tanacetum*
(32b) *Balsamita*
(33) *Leucanthemopsis*
(34) *Leucanthemum*
☆ (34b) *Chrysanthemum (s. str.)*
(35) *Artemisia*
**Senecioneae**
(36) *Tussilago*
(37) *Petasites*
(38) *Homogyne*
(39) *Adenostyles*
(40) *Arnica*
(41) *Doronicum*
(42) *Erechtites*
(43) *Senecio*
(exkl. (44) *Tephroseris*)
(44) *Tephroseris*
(45) *Ligularia*
**Calenduleae**
★ (46) *Calendula*
**Cardueae**
*(= Cynareae)*
*Echinopinae*
(47) *Echinops*
*Carlininae*
(48) *Carlina*
(49) *Xeranthemum*
*Carduinae*
(inkl. *Centaureinae*)
(50) *Arctium*
(51) *Saussurea*
*Carduinae* (Forts.)
(52) *Jurinea*
(53) *Carduus*
(54) *Cirsium*
(55) *Onopordum*
★ (55b) *Silybum*
(56) *Serratula*
(57) *Stemmacantha*
*(= Leuzea = Rhaponticum)*
(58) *Centaurea*
★ (58b) *Carthamus*

**Cichorioideae**
*(„Liguliflorae")*
**Lactuceae**
*(= Cichorieae)*
*Hyoseridinae*
*(= Cichoriinae)*
(59) *Cichorium*
(60) *Arnoseris*
*Hypochoeridinae*
*(= Leontodontinae)*
(61) *Hypochoeris*
(62) *Leontodon*
(63) *Picris*
(64) *Helminthotheca (= Picris p. p.)*
*Scorzonerinae*
(65) *Scorzonera*
(inkl. *Podospermum*)
(66) *Tragopogon*
*Crepidinae*
(67) *Sonchus*
(68) *Lactuca*
(69) *Cicerbita*
(70) *Prenanthes*
(71) *Mycelis*
(72) *Taraxacum*
(73) *Chondrilla*
(74) *Calycocorsus*
(75) *Lapsana*
(76) *Aposeris*
(77) *Crepis*
(78) *Chlorocrepis*
*(= Tolpis p. p. = Hieracium subg. Stenotheca)*
(79) *Hieracium*

**1** Alle Blü des Korbes oder alle außer den randlichen Blü mit röhrenförmiger (= **RöhrenBlü**, Abb. 377 a), manchmal zT fädlicher Kro; die randlichen Blü oft strahlend (= StrahlBlü, dh ähnlich wie KroB aussehend), u. zwar entweder ZungenBlü (ihre Zunge vorn meist 3zähnig [aus 3 KroB gebildet]) oder gegenüber den ScheibenBlü vergrößerte RöhrenBlü; Pf ohne Milchsaft. (Unterfam. Röhrenblütige Korbblütler, „Tubulifloren", *Asteroídeae*) . . . . . . . . . **2**

**-** Alle Blü mit zungenförmiger Kro (= **„Zunge"**, **ZungenBlü**, Abb. 377 b) *(Achtung: bei jungen Körben sind die mittleren noch in Knospe u. wirken ± röhrenförmig!)*; Zunge (aus allen 5 KroB gebildet) vorn meist 5zähnig oder ganzrandig;

Abb. 378a

Abb. 378b

Abb. 378c

Abb. 379a

Abb. 379b

Abb. 379c

Pf fast stets mit Milchsaft *(an jungen PfTeilen prüfen!)*. (Unterfam. Zungenblütige Korbblütler, „Liguliflоren“, *Cichorioideae*) . . . . . . . . . . . . . . **3**

**2** ZungenBlü fehlend, dh alle Blü sind RöhrenBlü . . . . . . . . . . . . . . **30**
**-** RandBlü (= **StrahlBlü**) des Korbes mit zungenförmiger Kro (ZungenBlü, Zunge vorn 3zähnig oder ganzrandig), oft 1geschlechtig oder geschlechtslos; alle übrigen (**ScheibenBlü**) mit röhrenförmiger Kro . . . . . . . . . . . . **64**

## „Zungenblütler“ (Körbe nur mit ZungenBlü):

**3** Kro (= Zungen) blau, h'violett, purpurn oder weiß . . . . . . . . . . . . . **4**
**-** Kro (= Zungen) gelb, orangegelb oder orange . . . . . . . . . . . . . . . . **8**

**4** Pappus nicht haarförmig, sondern aus einigen Schüppchen bestehend (Abb. 378 c). — HüllB deutlich 2reihig, die äußeren kürzer, abstehend; Zungen himmelblau, slt weiß. **(59) Wegwarte, *Cichórium***
**-** Frkn u. Fr am oberen Rand mit einem haarförmigen Pappus (= Haarschopf, Haare einfach oder gefiedert) versehen (Abb. 378 a, b) . . . . . . . . . . . **5**

**5** Pappushaare einfach (Abb. 378 a; *umbiegen, drüberstreichen, Lupe!*; im Mikroskop oft ± gezähnt) . . . . . . . . . . . . . . . . . . . . . . . . . **6**
**-** Pappushaare gefiedert (dh fiederförmig verzweigt: Abb. 378 b) . . . . . **16**

**6** Körbe hängend; Fr stielrund, — an der Spitze nicht verschmälert, abgestutzt; Körbe (4)5(6)blütig; Kro d'purpurn. **(70) Hasenlattich, *Prenánthes***
**-** Körbe nicht hängend; Fr zusammengedrückt. — Körbe 5–16blütig . . . . **7**

**7** Fr ungeschnäbelt, höchstens oben verschmälert (Abb. 379 a, b). — Pappus 1reihig, außen von einem Kranz kurzer Borstenwimpern umgeben (= „Krönchen“). **(69) Milchlattich, *Cicérbita***
**-** Fr geschnäbelt (Abb. 379 c) . . . . . . . . . . . . . . . . . . . . . . . . **25**

**8** [3] Alle LB grundständig (der Stg, wenn oben verzweigt, höchstens mit kleinen, lanzettlichen HochB besetzt) . . . . . . . . . . . . . . . . . . . . . . **9**
**-** LB am Stg verteilt (wenigstens 1 wohlausgebildetes StgB) . . . . . . . . **14**

**9** Korbboden mit linealischen, zur FrReife abfallenden SpreuB (schuppenförmigen DeckB) (Abb. 380). — LB in grundständiger Rosette, Stg LB'los oder 1–2blättrig, oft mit HochB, unter dem Korb oft verbreitert; Pappus fiederhaarig. **(61) Ferkelkraut, *Hypochóeris***
**-** Korbboden ohne SpreuB (Korbboden nackt) . . . . . . . . . . . . . . . **10**

**10** Fr ohne Pappus . . . . . . . . . . . . . . . . . . . . . . . . . . . . . **11**
**-** Fr mit Pappus . . . . . . . . . . . . . . . . . . . . . . . . . . . . . **12**

**11** Schaft nach oben zu keulig verdickt; LB unzerteilt, verkehrt-eiförmig, gezähnt; HüllB 15–20. — Schaft 1–5körbig. **(60) Lämmersalat, *Arnóseris***

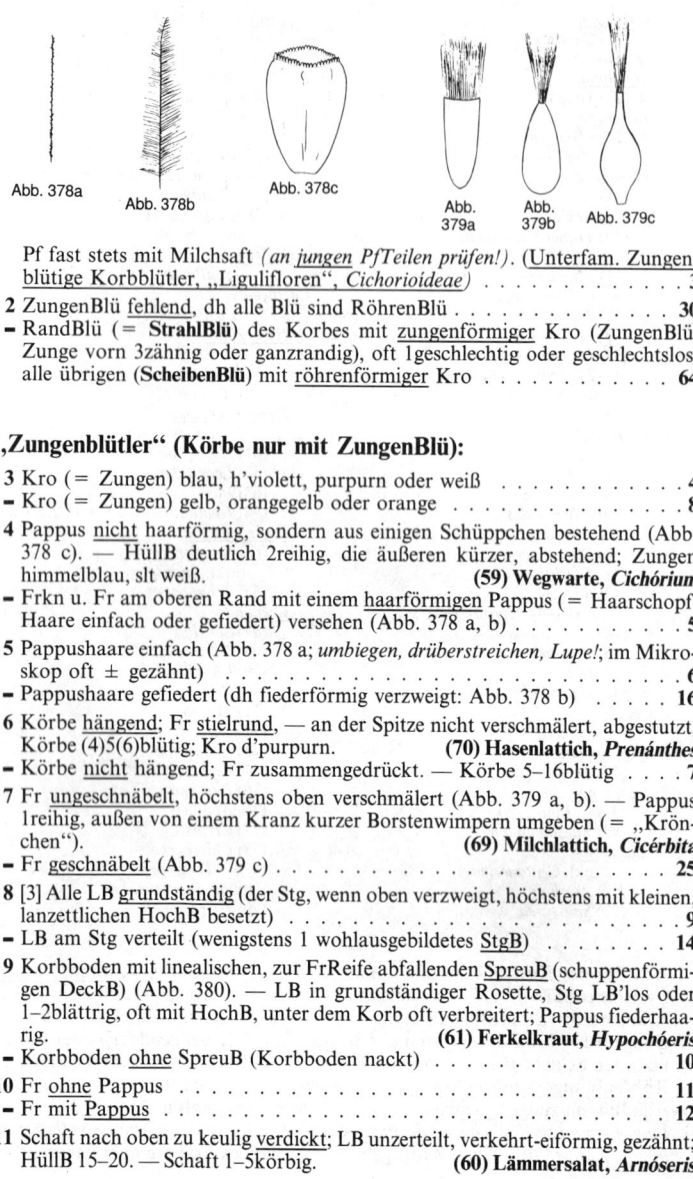

- Schaft oben nicht verdickt; LB schrotsägeförmig fiederteilig (Abb. 381); HüllB 6–10. — Schaft 1körbig. **(76) Stinksalat, *Apóseris***

12 *(Den Pappus untersuchen durch Umbiegen, Drüberstreichen, Lupe!)* Pappus aus gefiederten Haaren gebildet, wenigstens bei den mittleren Blü (Abb. 378 b). **(62) Leuenzahn, *Leóntodon***

- Pappus aus einfachen Haaren gebildet . . . . . . . . . . . . . . . . . . . **13**

13 Stg (Schaft) röhrenförmig (hohl), 1körbig; Fr lg'geschnäbelt *(bereits in der Blü als knapp 1 mm lg Stiel zu sehen!)*, Pappus daher gestielt. — Fr unter dem Schnabelgrund mit spitzen Höckern; Pappushaare weiß. **(72) Löwenzahn, *Taráxacum***

- Stg zumeist nicht hohl; Fr nicht geschnäbelt, Pappus daher sitzend . . . **28**

14 [8] Pappus fehlend. **(75) Rainkohl, *Lápsana***

- Pappus vorhanden . . . . . . . . . . . . . . . . . . . . . . . . . . . . **15**

15 Zumindest die inneren Pappushaare gefiedert *(umbiegen, drüberstreichen, Lupe!)* . . . . . . . . . . . . . . . . . . . . . . . . . . . . . . . . . **16**

- Alle Pappushaare (einer Blü bzw. Fr) einfach . . . . . . . . . . . . . . **21**

16 [5] Korbboden mit Spreublättern besetzt. **(61) Ferkelkraut, *Hypochóeris***

- Korbboden nackt . . . . . . . . . . . . . . . . . . . . . . . . . . . . **17**

17 Untere LB fiederteilig; Fr am Grund mit einem 2–3 mm lg samenlosen Abschnitt, der zusammendrückbar u. breiter u. heller ist als der samentragende obere FrTeil. — LB mit wenigen, sehr schmalen, linealischen Zipfeln, obere LB meist unzerteilt, schmal-linealisch. **Stielfrucht, (65), *Scorzonéra sect. Podospérmum*** (→ Gattung (65), Pkt 2)

- Alle LB unzerteilt; Fr am Grund ohne einen derartigen samenlosen „Stiel" . . . . . . . . . . . . . . . . . . . . . . . . . . . . . . . . . **18**

18 LB fiedernervig, buchtig gezähnt bis fast ganzrandig; Fiedern der Pappushaare nicht miteinander verflochten oder verwebt . . . . . . . . . . . . . . **19**

- LB parallelnervig (sogen. Rachisblatt, dh der Mittelrippe des fiedrig zerteilten LB homolog, wie beim Wegerich/*Plantago*), kahl oder etwas spinnwebig-wollig, ganzrandig; Fiedern der Pappushaare miteinander verflochten oder verwebt (Abb. 382). — LB'Spreite schmal-linealisch bis br-lanzettlich . . . . . . . . . . **20**

19 Äußerste HüllB lineal-lanzettlich, 1–2(3) mm br, keine auffällige Außenhülle bildend, — aufrecht-abstehend bis etwas zurückgebogen (alle HüllB gleich); Stg u. LB oft von (fast) ankerförmigen (T-förmigen) Haaren steifhaarig; Pappus fast sitzend. **(63) Bitterkraut, *Pícris***

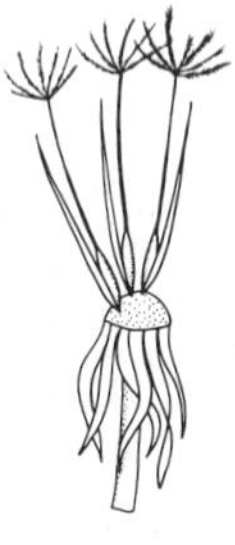

Abb. 380

Abb. 381

Abb. 382

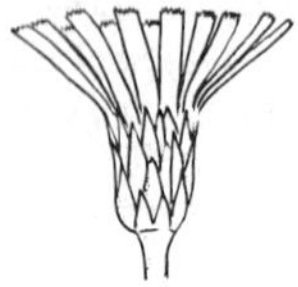
Abb. 383

Abb. 384a

Abb. 384b

- Äußerste 3–5 HüllB herz-eiförmig, 5–8 mm br, eine auffällige Außenhülle bildend. — Untere LB länglich-lanzettlich, buchtig gezähnt, gestielt, ± steifborstig, die mittleren u. oberen StgB in den Stiel verschmälert, mit abgerundetem, halb-stengelumfassendem Grund sitzend; Pappus gestielt. **(64) Wurmlattich, *Helminthothéca***

20 Hülle durchwegs 1reihig, alle HüllB gleich lg. — HüllB 8–12; am Grund (auf $^1/_4$–$^1/_3$ der Länge) miteinander verwachsen; Fr meist lg geschnäbelt. **(66) Bocksbart, *Tragopógon***

- Hülle vielreihig, ziegeldachig (ähnlich Abb. 383). — Fr nicht oder undeutlich geschnäbelt. **(65) Schwarzwurz, *Scorzonéra***

21 [15] Fr geschnäbelt (Abb. 379 c), Pappus daher gestielt . . . . . . . . . . **22**

- Fr ungeschnäbelt (Abb. 379 a, b), Pappus daher sitzend . . . . . . . . . . **27**

22 Fr unter dem Schnabelansatz mit einem 5spaltigen Krönchen — u. unter diesem oft noch mit Höckern; Schnabel mindestens so lg wie der samentragende FrTeil . . . . . . . . . . . . . . . . . . . . . . . . . . . . . . . . . . . **23**

- FrSchnabel ohne Krönchen am Grund — u. meist auch ohne Höcker . **24**

23 Korb mit höchstens 15 Blü in 2 Reihen; Stg wenigstens oberwärts kahl; Hülle flaumig-flockig; FrSchnabel am Grund mit 5 Schüppchen. — LB blaugrün; Fr im ∅ rundlich. **(73) Knorpelsalat, *Chondrílla***

- Korb vielblütig; Stg oberwärts wie die Hülle schwarz-steifhaarig; FrSchnabel am Grund mit 5 spitzen Zähnchen. — Stg 1–2blättrig. **(74) Kronlattich, *Calycocórsus***

24 HüllB ziegeldachig angeordnet (Abb. 383) . . . . . . . . . . . . . . . . . **25**

- Hülle 1–2reihig, äußere HüllB kürzer, meist eine Außenhülle bildend (Abb. 384 a). — Die inneren HüllB zur FrZeit knorpelig, rinnig u. jeweils 1 Fr einschließend; Fr stielrund . . . . . . . . . . . . . . . . . . . . . . . . **29**

25 [7] FrSchnabel 1–2× so lg wie der samentragende FrTeil. — Pappus aus mehreren Reihen gleich langer Haare bestehend; Körbe 5–16blütig; Zungen gelb oder blau. **(68) Lattich, *Lactúca***

- FrSchnabel kürzer, höchstens $^1/_2$× so lg wie der samentragende FrTeil . **26**

26 Körbe 5–6blütig; Fr spindelförmig; Pappus aus 1 Reihe langer Haare, von einem Kranz kurzer Börstchen umgeben; FrSchnabel h'färbig, weißlich; Endlappen der LB meist größer als die größten Seitenlappen; unterste Seitenlappen meist zum Spreitengrund gerichtet; HüllB nicht dunkel punktiert. — Zungen h'gelb; Fr samt Schnabel 3–4 mm lg; FrSchnabel $^1/_4$–$^1/_2$× so lg wie der schwarzbraune samentragende FrTeil. **(71) Mauerlattich, *Mycélis***

- Körbe 8–13(16)blütig; Fr verkehrt-eilänglich; Pappus aus mehreren Reihen gleich langer Haare; FrSchnabel schwarz; Endlappen der LB meist kleiner als die größten Seitenlappen; unterste Seitenlappen meist zur Spitze gerichtet; HüllB mit winzigen dunklen Pünktchen. — Zungen gelb; die nach oben zu verschmälerte Fr kurzborstig; FrSchnabel $^1/_3$–$^1/_2$× so lg wie der schwärzliche samentragende FrTeil. **Eichen-Lattich, (68), *Lactúca quercína***

**27** [21] Fr stark zusammengedrückt; Hülle am Grund krugförmig erweitert (Abb. 384 b); LB stachelig gezähnt. **(67) Gänsedistel, *Sónchus***

– Fr nicht oder nur schwach zusammengedrückt; LB nicht stachelig gezähnt . . . . . . . . . . . . . . . . . . . . . . . . . . . . . . . . . . . **28**

**28** [13, 27] Hülle mehr als 2reihig, meist ziegeldachig. — Pappus leicht zerbrechlich *(beim Biegen!)* u. spröde, zu Pulver zerreibbar, meist schmutzigweiß bis gelblich, Pappushaare 1–2reihig, gleich oder verschieden lg; Fr oben br abgestutzt (gänzlich schnabellos u. oberseits nicht verschmälert; Abb. 379 a), nach unten zu verschmälert. **(79) Habichtskraut, *Hierácium***

– Hülle 2reihig, äußere Reihe kürzer, slt ziegeldachig. — Pappus meist weiß u. biegsam (nicht spröde u. daher nicht zu Pulver zerreibbar) . . . . . . . . **29**

**29** [24, 28] Fr oben gänzlich schnabellos u. nicht verjüngt oder verschmälert, sondern br abgestutzt; Pappus 1reihig, — Pappushaare gleich lg, reinweiß bis schmutzigweiß; unterirdische Ausläufer; LB grundständig, lineal-lanzettlich, ganzrandig bis entfernt-gezähnt, kahl, blaugrün; Stg 1(5)körbig, ohne LB (nur mit HochB); äußere HüllB sehr kurz, in HochB übergehend.
**(78) Grasnelkenhabichtskraut, *Chlorocrépis***

– Fr oben deutlich verschmälert bis geschnäbelt (Abb. 379 b, c); Pappushaare mehrreihig, — meist schneeweiß u. biegsam (nicht spröde u. daher nicht zu Pulver zerreibbar, außer bei Sumpf-Pippau / *Crepis paludosa*, Berg-P. / *C. pontana*, Mähnen-P. / *C. rhaetica* u. Felsen-P. / *C. jacquinii agg.*, bei denen er gelblichschmutzigweiß u. zerbrechlich ist); innere HüllB zur FrReife manchmal knorpelig. **(77) Pippau, *Crépis***

## „Röhrenblütler" ohne Zungenblüten:

**30** [2] Körbe nicht oder kaum der Familienbeschreibung entsprechend, nicht typisch ausgebildet, nur 1–2blütig (aber zu kugeligem Korbstand vereinigt), oder, wenn 8–25blütig, Blü zT untypisch gebaut (kronenlos) . . . . . . . **31**

– Körbe mit dem typischen Bau des röhrenblütigen Korbblütlers (→ Familienbeschreibung) . . . . . . . . . . . . . . . . . . . . . . . . . . . . . . **35**

**31** Körbe 1geschlechtig. — ♀ Körbe 1–2blütig; ♀ Blü ohne Kro; ♂ Körbe vielblütig; Staubf. zu einer Röhre verwachsen; Staubbeutel frei (!); Pf 1häusig . **32**

– Körbe 2geschlechtig; wenn 1geschlechtig, dann Pf 2häusig oder alle Körbe vielblütig . . . . . . . . . . . . . . . . . . . . . . . . . . . . . . . . . . **33**

**32** ♀ Körbe 2blütig, oft zu mehreren in LB'Achseln gehäuft; die (weich-)dornige Hülle um die beiden Blü vollständig geschlossen, ebenso die reifen Fr einhüllend (Abb. 385); ♂ Körbe aufrecht, zu kurzen, knäueligen Ähren angeordnet. — FrKörbe mit 2 Schnäbeln. Epizoochor. **(25) Spitzklette, *Xánthium***

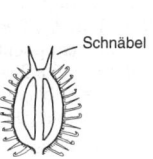

Abb. 385a

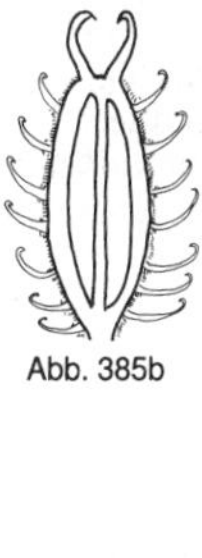
Abb. 385b

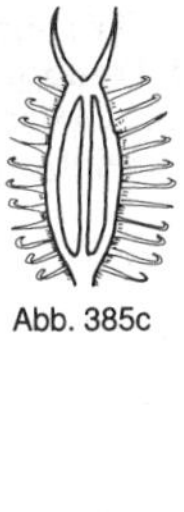
Abb. 385c

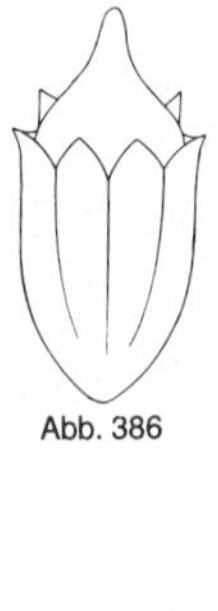
Abb. 386

– ♀ Körbe 1blütig, einzeln in LB'Achseln, von der behaarten, 6zähnigen Hülle halb umschlossen (Abb. 386); ♂ Körbe nickend, oberhalb der ♀ Körbe zu tragblattlosen Ähren oder Trauben angeordnet. — Hülle des ♀ Korbes glatt oder mit wenigen kurzen zahnartigen Spitzen. **(24) Traubenkraut, *Ambrósia***

**33** Körbe alle 1blütig, jede Blü hat daher eine eigene, aus mehreren Schuppen bestehende Hülle (Abb. 387). — Stg einfach oder mit 1köpfigen Ästen; Körbe zu einem kugeligen, igelartigen Korbköpfchen von 4–8 cm ∅ vereinigt (das von keinerlei Hülle umgeben ist); LB ± distelartig dornig-gezähnt, fiederlappig bis -teilig; alle Blü mit deutlicher Kro. **(47) Kugeldistel, *Echínops***

– Körbe mehrblütig, nicht zu einem kugeligen Korbstand vereinigt . . . . . . . . . . . **34**

**34** Jeder Korb mit 8–20 ♂ Blü mit unscheinbarer röhriger Kro, die von 1–5 kronenlosen ♀ Blü umgeben sind; Körbe zu end- u. achselständigen, tragblattlosen Rispen angeordnet. — LB ± gegenständig, br-3eckig-herzförmig, untere etwa 2–20 cm br; Körbe 3–5 mm ∅, grünlich. ☆ **(23) Rispenkraut, *Íva***

– Jeder Korb mit 3–7 ♂ Blü mit röhriger Kro, 4–5zipfelig, die von 5–14 ♀ Blü mit fädlicher Kro ohne Zipfeln umgeben sind; Körbe meist in kugeligen, end- u. seitenständigen Knäueln angeordnet, — von LB überragt, Seitenäste unmittelbar darunter abzweigend; innere HüllB dicht grauweiß-wollig-filzig, die randständigen winzigen Blü (später die Fr) einhüllend; Korb kleiner als 10 mm ∅. † **(8) Falzblume, *Mícropus***

**35** [30] LB, wenigstens die unteren, gegenständig . . . . . . . . . . . . . . **36**

– Alle LB wechselständig, — zuweilen alle grundständig . . . . . . . . . . **37**

**36** Kro der RöhrenBlü rosarot, slt kräftig purpurn. **(1) Wasserdost, *Eupatórium***

– Kro der RöhrenBlü gelb oder gelblich, slt weiß . . . . . . . . . . . . . **64**

**37** Fr am oberen Ende ohne Pappus, höchstens mit einem häutigen Rand oder Krönchen . . . . . . . . . . . . . . . . . . . . . . . . . . . . . . . . . **38**

– Fr am oberen Ende mit deutlichem Pappus, der aus Haaren, Borsten oder Schüppchen besteht . . . . . . . . . . . . . . . . . . . . . . . . . . . **39**

**38** Fr in einen kurzen, mit klebrigen Drüsen versehenen Schnabel verlängert, am oberen Ende wieder etwas erweitert. **(16) Kragenblume, *Carpésium***

– Fr am oberen Ende mit einem häutigen Rand oder einem Krönchen . . **77**

**39** Korbboden nackt, weder mit SpreuB noch mit Haaren . . . . . . . . . . **40**

– Korbboden mit SpreuB oder mit Haaren . . . . . . . . . . . . . . . . **51**

**40** Korbboden mit wabenförmigen Vertiefungen. — Pf distelartig (stachelig); Körbe mehr als 3 cm br; Kro purpurn. **(55) Eselsdistel, *Onopórdum***

– Korbboden ± glatt (ohne Vertiefungen). **(Vgl. Anm. bei (4) Aster, S. 797!)** . . **41**

**41** HüllB 1reihig (wesentlich kürzere äußerste Schuppen [= Außenhülle] können vorhanden sein) . . . . . . . . . . . . . . . . . . . . . . . . . . . . **42**

– Hülle ziegeldachig. — Pf manchmal ± wollig, weiß- oder graufilzig behaart . . . . . . . . . . . . . . . . . . . . . . . . . . . . . . . . . . **46**

**42** Alle LB grundständig (Stg blattlos oder mit HochB). — LB lg'gestielt, Spreite rundlich- bis 3eckig-herz- bis nierenförmig, gezähnt . . . . . . . . . . **43**

– Stg mit LB besetzt . . . . . . . . . . . . . . . . . . . . . . . . . . . **44**

**43** Stg fast immer 1körbig, blattlos oder mit 1–3 HochB; LB zur BlüZeit entwickelt, Spreite 1–7 cm ∅. — Kro purpurn bis lila. **(38) Brandlattich, *Homógyne***

– Stg vielkörbig, Körbe in Trauben angeordnet; Stg mit zahlr. schuppenförmigen HochB; LB sich erst nach der BlüZeit voll entwickelnd, Spreite 20–60 cm ∅, — unterseits grau- bis weißfilzig behaart; Kro purpurn oder gelblichweiß. **(37) Pestwurz, *Petasítes***

**44** HüllB mit schwarzer Spitze. **(43) Greiskraut, *Senécio***

- HüllB ohne schwarze Spitze . . . . . . . . . . . . . . . . . . . . . . . . . **45**

**45** Kro schwefelgelb, 5zählig. **(42) Scheingreiskraut, *Erechtítes***
- Kro purpurn, rosa (slt weiß), 4zählig. — LB br-herzförmig; Korbstand dicht, rispig, ± ebensträußig. **(39) Alpendost, *Adenostýles***

**46** [41] 5–10 kopfig zusammengedrängte Körbe von 6–13 sternförmig ausgebreiteten weißwollig-filzigen HochB umgeben (Superpseudanthium). — Blühsproß stets unverzweigt. **(13) Edelweiß, *Leontopódium***
- Körbe einzeln oder in einem Korbstand, aber nicht von einer sternförmigen weißwollig-filzigen HochBHülle umgeben. — Blühsproß oft verzweigt . **47**

**47** HüllB krautig (nur Rand trockenhäutig), filzig. — Körbe 2–4 mm ∅, zu Knäueln oder rundlichen Körben 2. Ordnung vereint; zw. den äußeren ♀ Blü oft den HüllB ähnliche SpreuB. **(7) Filzkraut, *Filágo***
- HüllB trockenhäutig, kahl . . . . . . . . . . . . . . . . . . . . . . . . . **48**

**48** Nichtblühende Rosettensprosse mit spateligen LB; Pf 2häusig, wenn ⚥ Blü vorhanden, diese steril. — Hülle weiß bis purpurrot; Körbe in einer köpfchenartigen Dolde angeordnet. **(12) Katzenpfötchen, *Antennária***
- Rosettensprosse fehlend oder, wenn vorhanden, dann RosettenB nicht spatelig; Pf nicht 2häusig: ⚥ Blü zumindest in der Mitte des Korbes, am Rand meist ♀ Blü **49**

**49** Hülle 8–10 mm hoch; LB mindestens 2 cm br; Körbe in ansehnlichen, dichten Schirmrispen. — Hülle vielreihig, regelmäßig ziegeldachig, äußere HüllB lederighäutig mit krautiger, abstehender Spitze, mittlere u. innere strohgelb mit grünem Mittelstreif. **Dürrwurz, (14), *Ínula conýza***
- Hülle (3)4–6 mm hoch; LB höchstens 1 cm br . . . . . . . . . . . . . . . . . **50**

**50** Körbe kurz gestielt, in Schirmtrauben bis -rispen, nicht von HochB überragt; äußere HüllB trockenhäutig, mittlere u. innere mit großem trockenhäutigem (gelbem, orangegelbem oder rötlichem bis weißem) Anhängsel. — Pf ♃; Hülle kugelig-eiförmig, 5 mm hoch, ziegeldachig. **(11) Strohblume, *Helichrýsum***
-!! Körbe (fast) sitzend, in Knäueln, die nicht oder nur von viel kürzeren HochB umgeben sind; HüllB fast alle beinahe gänzlich trockenhäutig, strohig, glänzend, durchscheinend, h'gelb bis blaßbräunlich bis weißlich. — Pf ⊙; Hülle walzlich, etwa 4 mm hoch, wenigreihig, fast 2reihig. **(10) Scheinruhrkraut, *Pseudognaphálium***
- Körbe sitzend, einzeln oder in Knäueln in der Achsel von sie überragenden HochB; HüllB meist grünlich bis bräunlich bis schwärzlich, ± br trockenhäutig berandet. — Pf ♃ oder ⊙; Hülle walzlich bis kegelig, 3–6 mm hoch, wenigreihig, unregelmäßig ziegeldachig. **(9) Ruhrkraut, *Gnaphálium***

**51** [39] Pappus aus etwa 5–10 trockenhäutigen Schüppchen bestehend. **(49) Spreublume, *Xeránthemum***
- Pappus aus Borsten, einfachen oder gefiederten Haaren bestehend . . . . . . **52**

**52** Äußere HüllB mit mehreren steifen, stechenden Spitzen, innere HüllB strahlend (dh anstelle von StrahlBlü den Schauapparat des Korbes bildend), — gelblich oder weiß, trockenhäutig, glänzend; Pf distelartig. **(48) Gold- u. Silberdistel, *Carlína***
- Äußere HüllB ohne oder nur mit 1 Dorn, innere nicht strahlend . . . . . . . . **53**

**53** Pappusstrahlen deutlich gefiedert *(am besten festzustellen durch Umbiegen des Pappus u. mehrmaliges Darüberstreichen!)* . . . . . . . . . . . . . . . . **54**
- Pappusstrahlen nicht gefiedert, höchstens kurz gezähnt oder rauh; oder Pappus fehlend . . . . . . . . . . . . . . . . . . . . . . . . . . . . . . . . **55**

**54** LB u. auch HüllB stachelig gezähnt; Pappus mehrreihig, — als Ganzes abfallend. **(54) Kratzdistel, *Círsium***

**-** Pf unbewehrt; Pappus 2reihig, äußere Reihe kürzer u. kurzborstig gewimpert. **(51) Alpenscharte, *Saussúrea***

**55** HüllB mit (meist) trockenhäutigem Rand, an der Spitze oft ein trockenhäutiges, flächiges, nicht stechendes Anhängsel . . . . . . . . . . . . . . . . . . **56**

**-** HüllB ohne trockenhäutigen Rand, oft in eine grüne oder trockenhäutige Stachelspitze ausgezogen (entweder gerade oder gekrümmt), die oft auch dornig (stechend) ist . . . . . . . . . . . . . . . . . . . . . . . . . . . . . **58**

**56** Korb weniger als 1 cm ∅; HüllB ohne endständiges Anhängsel, — mehrreihig, ziegeldachig angeordnet, wenige mm lg, eine zylindrische oder kugelige Hülle bildend; Körbe meist zahlr., in kopfigen, ährigen, traubigen oder rispigen Korbständen. **(35) Beifuß, *Artemísia***

**-** Korb mindestens 1 cm ∅; HüllB mit endständigem, zumeist deutlich abgegrenztem, oft gefranstem, trockenhäutigem Anhängsel . . . . . . . . . . **57**

**57** Endständiges Anhängsel der HüllB kreisrund, 7–10 mm ∅, braun, am Rande meist eingerissen. **(57) Bergscharte, *Stemmacántha***

**-** Anhängsel der HüllB kleiner als 7 mm ∅ oder andersartig, oft fiedrig-fransig zerteilt. **(58) Flockenblume, *Centauréa***

**58** [55] HüllB-Spitze abstehend oder hakig einwärts gebogen . . . . . . . . **59**

**-** HüllB-Spitze geradlinig-aufrecht, oft stechend . . . . . . . . . . . . . . . **60**

**59** LB nicht stachelig (Pf nicht distelartig); Spitze der HüllB (zumindest der äußeren) hart, hakenförmig einwärts gekrümmt, Korb daher mit starker Klettwirkung (Klettausbreitung!). — Pappus aus am Grund verbundenen Haaren bestehend, 1–3,5 mm lg, viel kürzer als die Fr. **(50) Klette, *Árctium***

**-!!** LB nicht stachelig (Pf nicht distelartig); Spitze der HüllB abstehend bis zurückgekrümmt, weich, Korb daher nicht klettend. — LB'Unterseite weißfilzig; HüllB dicht wollig; Fr runzelig. **(52) Silberscharte, *Jurínea***

**-** LB stachelig (Pf distelartig); Spitze der HüllB abstehend bis zurückgekrümmt, hart, stechend, Korb aber nicht klettend.
**Nickende Ringdistel, (53), *Cárduus nútans***

**60** HüllB in einem kräftigen, einfachen oder verzweigten Dorn endend . . . . . . . . . **61**

**-** HüllB-Spitzen einfach, ungeteilt, meist stachelspitzig . . . . . . . . . . . **62**

**61** Alle Blü gleichgestaltet, ihre Kro safrangelb, orange bis feuerrot. — Pappus aus Schuppen bestehend; Körbe von den obersten LB weitgehend eingehüllt; LB unzerteilt, fein dornig gezähnt; Pf kultiviert u. verwildert. **★ (58 b) Saflor, Färberdistel, *Cárthamus***

**-** Die äußeren Blü größer als die inneren, strahlend, ohne StaubB u. Stempel, purpurn, weißlich oder h'gelb. **☆ (58) Flockenblume, *Centauréa*,** Pkt 2–3

**62** Kro gelb. — Pf nicht distelartig (ohne Stacheln); Körbe höchstens 2 cm ∅; Korbboden trocken, mit grubigen Vertiefungen, an den Grubenrändern kurze, spitze Schüppchen (SpreuB). **Goldschopf-Aster, (4), *Áster linósyris***

**-** Kro purpurn . . . . . . . . . . . . . . . . . . . . . . . . . . . . . . . . **63**

**63** LB stachelig gezähnt oder stachelig fiederteilig, Pf daher ± distelartig (= wehrhaft); Pappushaare am Grund miteinander verwachsen (an der Ansatzstelle des Pappus meist ein erhabener Ring [deutscher Gattungsname!]).
**(53) Ringdistel, *Cárduus***

**-** LB nicht stachelig, jedoch am Rand scharf bis grannig gesägt bis grob gezähnt (Pf somit nicht wehrhaft); Pappus aus mehreren Reihen gänzlich freier, unter-

einander nicht zu einem Ring verwachsener Haare oder Borsten bestehend, die einzeln abfallen. — Spitze der HüllB anliegend; Fr glatt.
**(56) Scharte, *Serrátula***

## Körbe mit Röhren- u. randlichen Zungenblüten (StrahlBlü)

**64** [2, 36] Frkn u. Fr an der Spitze mit 2–5 mit Widerhäkchen versehenen Grannen (Abb. 388). — RöhrenBlü bräunlich-gelb; StrahlBlü oft fehlend.
**(20) Zweizahn, *Bídens***

**–!!** Fr mit haarförmigem Pappus . . . . . . . . . . . . . . . . . . . . . . . . **65**

**–** Pappus fehlend oder andersartig . . . . . . . . . . . . . . . . . . . . . . . **77**

**65** Stg laubblattlos (höchstens mit HochB besetzt); LB in einer grundständigen Rosette angeordnet. — Stg 1körbig . . . . . . . . . . . . . . . . . . . . **66**

**–** Stg mit LB besetzt . . . . . . . . . . . . . . . . . . . . . . . . . . . . . **67**

**66** Zungen der StrahlBlü weiß; LB'Rosette schon vor dem Aufblühen des Korbes entwickelt; Stg völlig blattlos **Sternlieb, (4), *Áster bellidiástrum***

**–** Zungen der StrahlBlü gelb; LB'Rosette sich erst am Ende oder nach der BlüZeit entwickelnd; Stg mit HochB besetzt. **(36) Huflattich, *Tussilágo***

**67** LB gegenständig, wenigstens die unteren u. mittleren. **(40) Arnika, *Árnica***

**–** LB wechselständig . . . . . . . . . . . . . . . . . . . . . . . . . . . . . **68**

**68** Hülle 1reihig oder aus 2 Reihen, von denen die äußere Reihe aus viel kürzeren HüllB besteht („Außenhülle") . . . . . . . . . . . . . . . . . . . **69**

**–!!** HüllB deutlich 2- bis mehrreihig, alle HüllB etwa gleich lg . . . . . . . **71**

**–** HüllB ziegeldachig angeordnet (Abb. 383) . . . . . . . . . . . . . . . . . **74**

**69** Hülle flach schüsselförmig bis halbkugelig. **(41) Gemswurz, *Dorónicum***

**–** Hülle becherförmig bis fast zylindrisch . . . . . . . . . . . . . . . . . **70**

**70** LB'Grund ohne Scheide, aber zuweilen mit Öhrchen; HüllB deutlich 1reihig angeordnet, ihre Spitze meist schwärzlich; am Grund der Hülle eine Außenhülle vorhanden (1 bis meist mehrere kurze HochB, Abb. 389).
**(43) Greiskraut, *Senécio (s. str.)***

**–!!** LB'Grund ohne Scheide; HüllB deutlich 1reihig angeordnet, ihre Spitze nicht schwärzlich; Körbe ohne Außenhülle (Abb. 390). — Stauden mit dunklem WuStock u. bis zum Korbstand stets unverzweigtem Stg. *(**Senecio subg. Tephroseris**)* **(44) Aschenkraut, *Tephróseris***

**–** LB'Grund zu einer auffälligen, stengelumfassenden Scheide erweitert; HüllB eigentlich 1reihig angeordnet, nach oben zu einander mit den Rändern überdeckend, dadurch 2reihig erscheinend; Körbe ohne Außenhülle.
**(45) Goldkolben, *Liguléria***

Abb. 387

Abb. 388

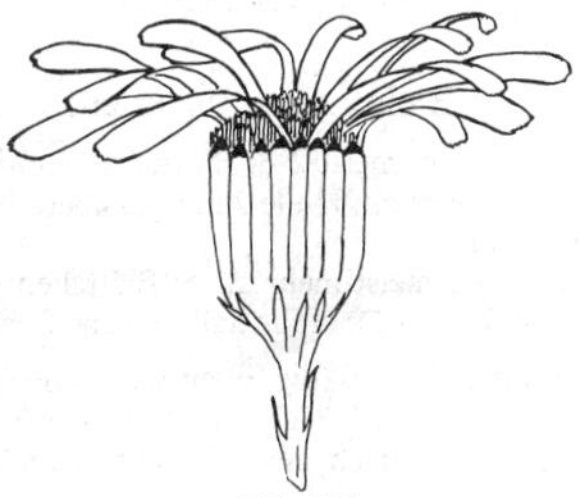
Abb. 389

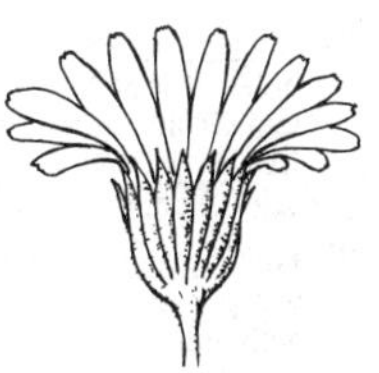
Abb. 390

**71** [68] StrahlBlü (ZungenBlü) fast doppelt bis mehrfach so lg wie die RöhrenBlü, abstehend (ausgebreitet) . . . . . . . . . . . . . . . . . . . . . . . . . . . . . **72**

**–** StrahlBlü (ZungenBlü) kaum länger als die RöhrenBlü, aufrecht . . . . **73**

**72** Zunge der StrahlBlü schmal-linealisch bis fädlich, weniger als 1 mm br, ± deutlich mehrreihig, fast doppelt so lg wie die RöhrenBlü; HüllB schmal, lineal-lanzettlich, meist annähernd gleich lg, krautig oder mit schmalem häutigem Rand; Pappushaare meist zerbrechlich, oft 2reihig; Körbe meist auf längeren, blattlosen Stielen. **(5) Berufkraut, *Erígeron***

**–** Zunge der StrahlBlü linealisch bis lineal-lanzettlich, mindestens etwa 1 mm br, 1reihig (slt 2reihig), 2–4× so lg wie die RöhrenBlü; HüllB br oder mit verbreiterter Spitze, meist deutlich ziegeldachig angeordnet, häutig mit meist krautiger Spitze; Pappushaare nicht zerbrechlich; Körbe auf beblätterten, slt blattlosen Stielen. **(4) Aster, *Áster***

**73** Körbe 3–5 mm ∅, in sehr reichkörbiger Rispe angeordnet; Zungen schmutzigweiß, unauffällig; Kro der RöhrenBlü gelblichweiß. **(6) Kanadaberufkraut, *Conýza***

**–** Körbe 6–13 mm ∅, in wenigkörbiger Traube oder wenigästiger Rispe angeordnet; Zungen purpurn bis lila, auffällig; Kro der RöhrenBlü grünlichgelb. **Scharfes Berufkraut, (5), *Erígeron ácris***

**74** [68] Zungen (der StrahlBlü) weiß, purpurn, lila oder blau, nicht gelb . . **72**

**–** Zungen (der StrahlBlü) gelb . . . . . . . . . . . . . . . . . . . . . . . . . . **75**

**75** StrahlBlü 5–15; Staubbeutel am Grund ohne Anhängsel *(starke Lupe!)*. — Körbe in lockeren, dolden- bis kegelförmigen Rispen angeordnet. **(2) Goldrute, *Solidágo***

**–** StrahlBlü mehr als 15; Staubbeutel am Grund mit Anhängsel *(starke Lupe!)* **76**

**76** Pappushaare in nur 1 Reihe, am Grund ohne Schuppenkrönchen. **(14) Alant, *Ínula***

**–** Pappushaare in 2 Reihen, äußere Reihe kurz, am Grund von einem Krönchen aus miteinander verwachsenen Schuppen umgeben. **(15) Flohkraut, *Pulicária***

**77** [38, 64] Alle LB in einer grundständigen Rosette, Stg daher blattlos, — 1körbig; Zunge der StrahlBlü weiß bis ± purpurn überlaufen. **(3) Gänseblümchen, *Béllis***

**–** Stg beblättert . . . . . . . . . . . . . . . . . . . . . . . . . . . . . . **78**

**78** LB gegenständig . . . . . . . . . . . . . . . . . . . . . . . . . . . . . **79**

**–** Wenigstens die oberen LB wechselständig . . . . . . . . . . . . . . . **85**

**79** Die geflügelten LB'Stiele miteinander zu einem becherartigen Gebilde verwachsen. **(★) ☆ (22) Becherpflanze, *Sílphium***

**–** Gegenständige LB nicht derartig verwachsen . . . . . . . . . . . . . **80**

**80** LB gefiedert . . . . . . . . . . . . . . . . . . . . . . . . . . . . . . . **81**

**–** Zumindest die meisten LB einfach u. unzerteilt . . . . . . . . . . . . **82**

**81** LB 1(2)× gefiedert, Fiederpaare meist 2–3; Blättchen elliptisch-länglich, mindestens 3 cm br. — Körbe 5–20 cm ∅, lg gestielt; Hülle 2reihig, äußere HüllB kleiner, mit verschmälertem Grund, zurückgeschlagen. **★ (20 b) Dahlie, *Dáhlia***

**–** LB 2× gefiedert, Fiederpaare meist mehr als 5; Blättchen schmal-linealisch bis haarfein, 0,1–0,3 cm br. — Körbe 4,5–9 cm ∅; Hülle halbkugelig, 2reihig. **★ (20 c) Kosmee, *Cósmos***

**82** HüllB gesägt, schwarzrandig; SpreuB (die Fr einschließend) am Ende erweitert u. gesägt bis wimperig zerschlitzt. — Korb etwa 4–8(12) cm ∅; Zunge der StrahlBlü leuchtend rot (oder gelb oder weiß), samtig-matt, (nach dem Verblühen nicht abfallend), fest auf der Fr sitzend. **★ (21) Zinnie, *Zínnia***

- HüllB nicht gesägt; SpreuB anders geformt . . . . . . . . . . . . . . . . . **83**

**83** Korb 0,6–0,8 cm ∅; StrahlBlü meist 5, Zunge weiß; WildPf. — Pappus aus SchuppenB bestehend. **(26) Knopfkraut, *Galinsóga***
- Korb 3–7 cm ∅; StrahlBlü 7–13, Zunge gelb; ZierPf . . . . . . . . . . . . . . . . . **84**

**84** Korbstiele unverzweigt; Körbe 5–7 cm ∅. — LB bes. am unteren Teil des Stg. ★ **(20 d) Schönauge, *Coreópsis***
- Korbstiele reich verzweigt; Körbe 3–4 cm ∅. — StrahlBlü meist 8; SpreuB die BlüKnospen überragend. ☆ **(19 b) Ramtillkraut, *Guizótia***

**85** [78] StrahlBlü fehlend oder, wenn vorhanden, dann sehr kurz . . . . . . **86**
- StrahlBlü vorhanden, deutlich länger als die Hülle, ± abstehend (flach ausgebreitet) . . . . . . . . . . . . . . . . . . . . . . . . . . . . . . **87**

**86** Korbboden scheibenförmig, flach; LB länger als 5 cm, 1–2fach-fiederschnittig; Körbe ohne Kamillengeruch. — Wenn StrahlenBlü vorhanden, dann die Hülle kaum überragend, 3zähnig, gelb; Korb 8–11 mm ∅. **Rainfarn, (32), *Tanacétum vulgáre***
–!! Korbboden scheibenförmig, flach; LB länger als 5 cm, unzerteilt oder nur am Grund etwas fiederspaltig; Körbe (u. ganze Pf) stark aromatisch, aber nicht kamillenähnlich. ★ **(32 b) Balsamkraut, *Balsamíta***
- Korbboden gewölbt, kegelförmig, hohl; LB kürzer als 5 cm, 2–3fach-fiederschnittig; Körbe mit Kamillengeruch. — LB mit lineal-lanzettlichen, 0,5–1 mm br, stachelspitzigen Abschnitten. **Strahlenlose Kamille, (31), *Matricária matricarioídes***

**87** Zunge der StrahlBlü weiß oder gelblichweiß, slt rötlich . . . . . . . . . . **88**
- Zunge der StrahlBlü gelb, orange oder bräunlich . . . . . . . . . . . . . **95**

**88** Korbboden mit SpreuB (Abb. 380). *(Sorgfältig analysieren! Man entferne die ganzen Blü [samt Frkn!] vom Korbboden u. stelle fest, ob auf dem Korbboden SpreuB sitzen.)* . . . . . . . . . . . . . . . . . . . . . . . . . . **89**
- Korbboden nackt, dh ohne SpreuB . . . . . . . . . . . . . . . . . . . . **91**

**89** Körbe höchstens 20 mm ∅; StrahlBlü höchstens 20, mit rundlicher bis eiförmiger, kurzer Zunge (Abb. 391). — Körbe slt einzeln, meist schirmrispig angeordnet; RöhrenBlü weiß, zuweilen rötlich. **(29) Schafgarbe, *Achilléa***
- Körbe mehr als 20 mm ∅, StrahlBlü mehr als 20, mit länglich-linealischer Zunge. — Körbe ± margeritenähnlich . . . . . . . . . . . . . . . . **90**

**90** Stg reich verzweigt, Körbe zahlr., zumeist einzeln an längeren StgÄsten; Kro der RöhrenBlü gelb; collin bis montan. **(28) Hundskamille, *Ánthemis***
- Stg stets einfach, 1körbig; Kro der RöhrenBlü gelblichweiß; HochgebirgsPf (subalpin bis alpin). **Dolomiten-Schafgarbe, (29), *Achilléa oxýloba***

**91** [88] LB 2–3×-fiederteilig mit linealischen bis fast fädlichen Zipfeln . . . **92**
- LB unzerteilt oder 1×-fiederteilig mit länglich-lanzettlichen bis eiförmigen Zipfeln . . . . . . . . . . . . . . . . . . . . . . . . . . . . . . . **93**

**92** Korbboden kegelförmig, hohl *(Längsschnitt durch den Korb!)*; Körbe (*bes. zerrieben*) stark aromatisch (Kamillengeruch). **(31) Kamille, *Matricária***
- Korbboden halbkugelig, markig; Körbe (fast) geruchlos. **(30) Ruderalkamille, *Tripleurospérmum***

**93** Körbe in vielkörbigen Schirmrispen; LB fiederschnittig bis gefiedert, meist schmäler als 4 cm. **(32) Wucherblume, *Tanacétum***
–!! Körbe in mehrkörbigen Schirmrispen; LB unzerteilt, höchstens am Grund etwas fiederlappig, mindestens 4 cm br. ■ **(32 b) Balsamkraut, *Balsamíta***

– Stg 1körbig oder Körbe einzeln an lg Ästen; LB unzerteilt bis fiederteilig, schmäler als 4 cm . . . . . . . . . . . . . . . . . . . . . . . . . . . . . . . . . . . **94**

**94** Untere LB kammförmig fiederspaltig mit einander genäherten, ganzrandigen Fiederabschnitten. — Obere LB linealisch, ganzrandig.
**(33) Alpenwucherblume, *Leucanthemópsis***

– LB alle gesägt, gezähnt oder gekerbt, höchstens am Grund ± fiederspaltig.
**(34) Margerite, *Leucánthemum***

**95** [87] HüllB zu einem gezähnten Becher verwachsen, — 5–10, kahl; Pf stark eigenartig aromatisch; untere LB gegenständig, obere oft wechselständig, tief fiederteilig, auffallend drüsig punktiert; Zunge der StrahlBlü gelb bis orangebraun. **★ (27) Samtblume, *Tagétes***

– HüllB nicht zu einem Becher verwachsen . . . . . . . . . . . . . . . . . . . . **96**

**96** Korbboden ohne SpreuB . . . . . . . . . . . . . . . . . . . . . . . . . . . . . . . . . . . **97**

– Korbboden mit vielen SpreuB . . . . . . . . . . . . . . . . . . . . . . . . . . . . **98**

**97** HüllB 2reihig, ziemlich gleich lg; zumindest die äußeren Fr bogig gekrümmt u. höckerig oder stachelig; LB unzerteilt. **★ (46) Ringelblume, *Caléndula***

– HüllB deutlich ziegeldachig angeordnet, ungleich lg, mehrreihig; alle Fr gerade, gleichgestaltet; LB 1×-fiederspaltig. **☆ (34 b) Saatwucherblume, *Chrysánthemum***

**98** Zunge der StrahlBlü schmäler als 2 mm. — Scheibe 3–6 cm ∅; LB 30–50 cm lg, br-herzförmig. **★ (17 b) Telekie, *Telékia***

– Zunge der StrahlBlü breiter als 2 mm . . . . . . . . . . . . . . . . . . . . . . . **99**

**99** LB fiederteilig, mit regelmäßig kammförmig fiederspaltigen Abschnitten. — Röhren- u. StrahlBlü goldgelb.
**Färber-Hundskamille, (28), *Ánthemis tinctória***

– LB unzerteilt oder 3teilig oder unregelmäßig gezähnt bis fiederspaltig . **100**

**100** Kro der RöhrenBlü gelb . . . . . . . . . . . . . . . . . . . . . . . . . . . . . . . . **101**

– Kro der RöhrenBlü bräunlichgelb oder olivgrün . . . . . . . . . . . . . . . . . . . **102**

**101** Alle LB lanzettlich, (fast) ganzrandig; Pf niedriger als 1 m, weichhaarig, ohne unterirdische Knollen. — Körbe 3–6 cm ∅. **(17) Rindsauge, *Buphthálmum***

– Wenigstens die unteren LB eiförmig, schwach herzförmig; Pf höher als 1 m, rauh, mit unterirdischen Knollen. **★ Topinambur, (19), *Heliánthus tuberósus***

**102** Korbboden stark kegelig gewölbt; Körbe aufrecht, etwa 6–12 cm ∅.
**★ (18) Rudbeckie, *Rudbéckia***

– Korbboden (fast) flach; Körbe nickend, 10–40 cm ∅.
**★ Sonnenblume, (19), *Heliánthus ánnuus***

## Unterfamilie Röhrenblütige Korbblütler, *Asteroídeae*

(Gattungen Nr. 1 bis 58 b)

### (1) Wasserdost, *Eupatórium*

Stg einfach; LB handförmig 3(–7)schnittig; Körbe in dichten, zusammengesetzten Schirmrispen; Körbe 4–6blütig, Hülle 1(2) mm br u. 5 mm hoch, Narben weit aus der Kro herausragend. H: 50–150 cm. ♃ He. VII–IX. Frische bis feuchte Waldschläge, Säume u. Verlichtungen von Au- u. Bruchwäldern; kalkliebend; Nitrifizierungs- u. Feuchtigkeits- (Wasserzügigkeits-)Zeiger; collin bis untermontan; hfg. **Alle Bdld**. VolksarzneiPf.
**Wasserdost,** Wasserhanf, Kunigundenkraut, ***E. cannábinum***

Anm.: **(1 b) ★ Leberbalsam, *Agératum houstoniánum*** *(A. mexicanum)* hfg als ZierPf (mehrere Sorten) kultiviert u. slt verwildert. Krautig bis halbstrauchig; nur RöhrenBlü, blau; Körbe in gedrängten Schirmtrauben. H: 10–50 cm. ☉ Th. (Heimat: Mexiko, Guatemala.)

## (2) Goldrute, *Solidágo*

**1** StrahlBlü deutlich länger als die Hülle, die RöhrenBlü weit überragend; Körbe 7–11 mm lg. ♃ He. VIII–X. VolksarzneiPf; Homöop. Anm.: Die im folgenden als Unterarten betrachteten beiden Höhenstufen-Ökorassen sind durch reichliche Übergangsformen miteinander verbunden (im Detail nicht ausreichend untersucht).
**Echte G., *S. virgáurea***

**a** Pf (20)30–100 cm hoch; Körbe (30)50–100(200), 10–15 mm ∅, in Rispe oder zusammengesetzter Traube; Hülle 5–7 mm lg, deutlich ziegeldachig angeordnet; LB 3–4× so lg wie br. Magere, ± bodensaure Wälder, Magerrasen; collin bis montan; sehr hfg. **Alle Bdld.** *(S. virga-aurea)* **Gewöhnliche E. G., *S. v. subsp. virgáurea***

**-** Pf 5–30 cm hoch; Körbe (3)10–20(30), 15–20 mm ∅, in einfacher oder wenig verzweigter Traube; HüllB 7–9 mm lg, ± gleich lg (nicht bis kaum ziegeldachig angeordnet); LB 4–6× so lg wie br. Bodensaure Magerrasen; obermontan bis subalpin; mäßig hfg. **Fehlt B, W.** *(S. alpestris, S. v. subsp. alpestris)* **Alpen-G., *S. v. subsp. minúta***

**-** StrahlBlü nicht oder kaum länger als die Hülle, die RöhrenBlü nicht oder kaum überragend; Körbe 4–6 mm lg . . . . . . . . . . . . . . . . . . . . . . **2**

**2** StgB ganzrandig; Körbe in dichten Trugdolden, fast sitzend; Korbboden gewimpert. — LB lineal-lanzettlich. H: 50–80 cm. ♃ He. VII–X. ZierPf, zuweilen verwildert u. eingebürgert (?); Staudenges. der Auen; collin; zstr bis slt. **(W, N), V**. Neubürgerin. (Heimat: Nordamerika.) *(S. lanceolata)* **(☆) Grasblättrige G., *S. graminifólia***

**-** StgB gesägt; Körbe einseitswendig auf der Oberseite der bogig gekrümmten Rispenzweige, deutlich gestielt; Korbboden kahl . . . . . . . . . . . . **3**

**3** Stg zumindest unten kahl; StrahlBlü etwas länger als die Hülle; Rispenäste etwas bogig überhängend. H: 50–100(150) cm. ♃ He. VII–X. Waldschläge in Auwäldern, Flußufer, oft massenhaft; collin. **Alle Bdld**. Neubürgerin (Heimat: Nordamerika). Auch als BienenweidePf u. ZierPf kultiviert. *(S. serotina, S. gigantea subsp. leiophylla)* **Riesen-G.**, Späte Goldrute, ***S. gigantéa***

**-** Stg zur Gänze dicht abstehend kurzhaarig; StrahlBlü die Hülle nicht überragend; Rispenäste ± aufrecht. H: 70–150(200) cm. ♃ He. (VII)VIII–X. Aufgelassene Gärten, Schlagfluren, Ruderalstellen; collin bis untermontan. **Alle Bdld**. Neubürgerin (Heimat: Nordamerika). Auch als ZierPf u. BienenweidePf kultiviert. **Kanadische G., *S. canadénsis***

## (3) Gänseblümchen, *Béllis*

LB grundständig, spatelig; Schaft anliegend behaart; Körbe 1–3 cm ∅. H: 5–15 cm. ♃ He. (II)III–XI. Fettweiden u. -wiesen, Parkrasen, Wegränder; Nährstoffzeiger; collin bis subalpin; hfg. **Alle Bdld**. VolksarzneiPf; Homöop.; Wildgemüse. Gefüllt-körbige Garten-Sorten („Tausendschönchen", „Rockerln", „Monatlan") als ZierPf hfg kultiviert. **Gänseblümchen**, Maßliebchen, ***B. perénnis***

## (4) Aster, Sternblume, Staudenaster, *Áster* (inkl. *Bellidiastrum, Crinitaria* u. a.)

Anm.: Korkboden grubig, mit kleinen, unregelmäßigen, spitzen Schüppchen. — Pf nicht stachlig; Körbe 0,8–1,5 cm br; Kro gelb: **Goldschopf, →** Pkt 1.

**1** StrahlBlü fehlend; Kro der RöhrenBlü goldgelb. — LB schmal-linealisch, 1–3 mm br, die mittleren 3–5 cm lg, 1nervig, zahlr. H: 15–50 cm. ♃ He. VIII–IX. Trocken- u. Halbtrockenrasen, Trockengebüschsäume; kalkliebend; collin bis untermontan; im Pann stellenweise sehr hfg, sonst zstr. **B, W, N, K**. In den KäB gefährdet. *(Linosyris vulgaris, Crinitaria linosyris, Crinitina linosyris)*
**Goldschopf**, Goldschopf-A., ***A. linósyris***

- StrahlBlü vorhanden, Zunge blau, violett, purpurn oder weiß . . . . . . . . **2**

**2** LB in grundständiger Rosette, — spatelig, grob gezähnt; Pf gänseblümchenartig; Stg 1körbig; Zunge der StrahlBlü weiß oder rötlich. H: 10–25 cm. ♃ He. IV–VIII. Steinige Hänge, Föhrenwälder, Blaugrashalden, auch Kalkquellfluren u. überrieselte Kalksinterterrassen; kalkliebend; (collin) montan bis subalpin (slt alpin); hfg. **Fehlt B, W**. *(Bellidiastrum michelii)*
**Sternlieb, Alpenmaßlieb, *A. bellidiástrum***

- LB am Stg verteilt . . . . . . . . . . . . . . . . . . . . . . . . . . . . **3**

**3** Stg meist 1körbig, slt wenigkörbig; Körbe 3–5 cm ∅. — RosettenB spatelig, weichhaarig, ganzrandig; Zunge der StrahlBlü violettblau. H: 5–15 cm. ♃ He. VI–VIII. Magerrasen; etwas kalkliebend; obermontan bis alpin; zstr bis mäßig hfg. **Fehlt B, W**. ▲ **Alpen-A., *A. alpínus***

- Stg mehr- bis vielkörbig; Körbe 1–4 cm ∅ . . . . . . . . . . . . . . . . **4**

**4** Alle HüllB länglich, 1,5–2,5 mm br, — stumpf . . . . . . . . . . . . . . . **5**

- HüllB 0,5–1,5 mm br, — spitz oder stumpf . . . . . . . . . . . . . . . . **6**

**5** LB br-lanzettlich bis verkehrt-eiförmig, beiderseits kurzhaarig (mit bogig gekrümmten, ± angedrückten Haaren). — Stg bogig aufsteigend, schwach gerieft, kurzhaarig, unten meist rot überlaufen; Stg oberwärts verzweigt, Äste 1- oder wenigkörbig; LB ganzrandig, untere slt gezähnt, meist gewimpert; Körbe 2–4(5) cm ∅, doldentraubig bis rispig angeordnet; äußere HüllB gegen die Spitze zu oft spatelförmig verbreitert, etwas abstehend; Zunge der StrahlBlü blaulila. H: 20–60(70) cm. ♃ He. VII–X. Waldränder, Föhrenwälder, Halbtrockenrasen; collin bis untermontan; mäßig hfg (bes. in wärmeren Lagen) bis slt. **S†; fehlt V**. Im nVL gefährdet. △ **Berg-A., *A. amellus***

- StgB lineal-lanzettlich, gewimpert, sonst kahl, — dicklich, 1nervig bis undeutlich 3nervig; Stg aufsteigend bis aufrecht, oberwärts gerieft, (fast) kahl, oft rot überlaufen; Körbe 1–3,5 cm ∅, in lockerer endständiger Schirmtraube oder Schirmrispe; HüllB 2–3reihig, kahl, purpurn überlaufen, angedrückt; Zunge der StrahlBlü h'blau bis lila. H: (5)10–80(120) cm. ♃ He. VI–IX. Salzfluren; collin; zstr bis mäßig hfg (aber Standort sehr slt!). Im Pann. **B** (im Seewinkel), **N**. Gefährdet. *(Tripolium vulgare subsp. pannonicum, Tripolium pannonicum)*
**Salz-A., *A. tripólium* (subsp. *pannónicus*)**

**6** Stg u. LB locker spinnwebig-grauflaumig-filzig. — Stg aufrecht, gerillt, dicht beblättert, nur oberwärts verzweigt; LB länglich-elliptisch bis schmal-lanzettlich, 3nervig, zugespitzt, sitzend, ganzrandig, drüsig punktiert; Körbe 1–2,5 cm ∅; HüllB lanzettlich, die äußeren spitz, die inneren stumpf; StrahlBlü 8–12, blauviolett. H: 30–60(100) cm. ♃ He. VIII–X. Sommertrockene, wechselfeuchte, schwach salzig-tonige Wiesen; collin; sehr slt. Im Pann. **B** (Seewinkel), **N** (Marchfeld). (Hptvbr.: Ost- u. Südost-Europa.) Stark gefährdet. *(A. punctatus subsp. canus, A. sedifolius subsp. c., Galatella p.)* **Grau-A., *A. cánus***

- Stg u. LB nicht spinnwebig-grauflaumig-filzig . . . . . . . . . . . . . **7**

**7** Stg ringsum dicht steif-lg'haarig u. oberwärts drüsig. — WuStock kriechend; LB ganzrandig, kurzhaarig; Körbe zahlr., 2–4 cm ∅; HüllB lineal-pfriemlich, spitz u. klebrig-drüsig; StrahlBlü etwa 40–50, 12–15 mm lg, d'blau, blauviolett, rosarot bis kräftig purpurn. H: 60–120(150) cm. ♃ He. IX–XI. Ruderalstellen, Planierungen; collin; mäßig hfg bis slt. **(B, W, N, St, K, T)**. Verwilderte ZierPf (Heimat: Nordamerika), unbeständig (ob auch eingebürgert?) ☆ **Rauhblatt-A.**, Neuengland-A., ***A. nóvae-ángliae***

- Stg nicht ringsum steif-lg'haarig u. nicht drüsig. — StgB-Ansatz ± deutlich stengelumfassend. (Artengruppe Neubelgien-A., *A. novi-belgii agg.*) . . . . **8**

**8** StgB mit schmalem (etwa 3–6 mm br), niemals herzförmigem Grund sitzend; Zunge der StrahlBlü meist weiß oder blaßlila, etwa 1 mm br. — Stg oberwärts stets mit Haarleisten; LB'Spreite oft etwa 8× so lg wie br, ganzrandig bis entfernt-gesägt; Körbe 1,2–2 cm ∅; Hülle 4–5(5,5) mm hoch; äußere HüllB meist nur ¼–½× so lg wie die inneren; alle etwa 0,5 mm br. H: 60–120(150) cm. ♃ He. VIII–XI. Auen, Dämme, Böschungen, Ruderalstellen; collin; mäßig hfg. **Alle Bdld**. Neubürgerin (Heimat: Nordamerika). *(A. simplex, A. bellidiflorus,* inkl. „*A. tradescantii*") ■ **Lanzett-A., *A. lanceolátus***

Anm.: Diese Art bildet mit *A. novi-belgii* (Pkt 9) verschiedene, in den Merkmalen vermittelnde Hybriden. – Außerdem sehr ähnlich: **Weidenblatt-A., *A.* × *salígnus*** *(A. salicifolius)*: Alle HüllB untereinander fast gleich lg (die untersten mindestens etwa ¾× so lg wie die obersten) u. 0,5–0,7 mm br; Hülle 6–6,5 mm hoch; Körbe 2–3 cm ∅, Zunge der StrahlBlü etwa 1–1,4 mm br. H: 60–120(150) cm. ♃ He. VIII–XI. Auwälder, Ufer; collin; zstr bis slt(?). **Fehlt O, S**. Neubürgerin. Taxonomie (Abgrenzung usw.) unklar. Angeblich Hybride *A. lanceolatus* × *novi-belgii.*

**-** StgB mit br (etwa 7–10 mm), mitunter fast herzförmigem Grund sitzend; Zunge der StrahlBlü h'blau bis h'blauviolett, slt rosa oder weiß, mindestens 1,5 mm br. — LB'Spreite oft etwa 5× so lg wie br . . . . . . . . . . . . **9**

**9** WuStock weit kriechend; Stg oberwärts u. Äste fast stets mit Haarleisten aus kurzen abstehenden Haaren; HüllB locker übereinander liegend, manchmal mit auswärts gebogenen Spitzen, die äußeren meist mindestens ½× so lg wie die inneren. — LB kahl, nur am Rand rauh, ganzrandig bis entfernt-gesägt; Körbe 2,5–3 cm ∅; Hülle 5–10 mm hoch; HüllB etwa 0,7–1 mm br, grün, krautig oder am Rand weißlich-knorpelig; StrahlBlü 6–12 mm lg. H: 60–150 cm. ♃ He. VIII–X. Auwälder, Ufer, Waldsäume, Ruderalstellen; collin; mäßig hfg. **Alle Bdld**. Neubürgerin. Verwilderte ZierPf (Heimat: Nordamerika). Sehr variabel. (Inkl. *subsp. laevigatus)*
■ **Neubelgien-A., Glattblatt-A.**, „Herbst-A.", ***A. nóvi-bélgii***

Anm.: Auch diese Art ist mit der folgenden durch Übergangsformen (Hybriden) verbunden (?). – Außerdem sehr ähnlich: ☆ **Bunt-A., *A.* × *versícolor*:** Pf nicht bereift, grün; LB u. HüllB derber als bei Neubelgien-A. / *A. novi-belgii*; HüllB alle angedrückt, deutlich mehrreihig, strohig, mit gut abgesetztem grünem Mittelstreifen. H: 60–150 cm. ♃ He. VIII–XI. Ufer, Auwälder, Ruderalstellen; collin; zstr. **(W, St, K, S, T)***, **V**. Als ZierPf kultiviert u. verwildert (eingebürgert?). Taxonomie (Abgrenzung usw.) unklar. Angeblich Hybride *A. laevis* × *A. novi-belgii.*

**-** WuStock kurz; ganze Pf kahl; HüllB dicht einander anliegend, die äußeren viel kürzer als (weniger als ½× so lg wie) die inneren, — weißlich-knorpelig mit rhombischer grüner krautiger Spitze, Hülle daher gescheckt; Pf bereift, bläulichgrün; die obersten StgB oft nur schuppenförmig oder pfriemlich (1–2 mm br); LB derb, dicklich, bläulich bereift, am Rand von winzigen Zäckchen rauh; Hülle 5–7 mm lg; StrahlBlü 15–30, 8–12 mm lg u. etwa 2 mm br. H: 60–120 cm. ♃ He. IX–XI. Ufer, Auwälder, Ruderalstellen; collin; zstr. **(B, W, N, O, St, T, V)***. Verwilderte ZierPf (Heimat: Nordamerika). Unbeständig (auch eingebürgert?).
☆ **Kahle A., *A. láevis***

## ★ (4 b) Gartenaster, *Callístephus*

Untere StgB gestielt, gezähnt oder gesägt, obere sitzend, ganzrandig; Körbe 6–8 cm ∅, einzeln am Ende des Stg u. der Seitenäste; HüllB mehrreihig, LB'artig u. krautig, abstehend, die innersten trockenhäutig u. kürzer als die äußeren; bei gefüllten Formen die RöhrenBlü in ZungenBlü umgewandelt. ⊙ Th. H: 30–80 cm. ZierPf, in vielen Sorten gezogen. Gelegentlich u. unbeständig verwildert. (Heimat: Korea u. Nord-China.)
★ **Gartenaster, Sommeraster, *C. chinénsis***

* A. Polatschek: Mskr. N. Fl. **T & V**.

## (5) Berufkraut u. Feinstrahl, *Erígeron* (inkl. *Stenáctis*)

**1** StrahlBlü mit kurzer, aufrechter Zunge, so lg oder wenig länger als die ScheibenBlü; Körbe höchstens 12 mm ∅ . . . . . . . . . . . . . . . . . . . . . . . **2**

**–** StrahlBlü mit abstehender Zunge, etwa doppelt so lg wie die ScheibenBlü; Körbe meist mehr als 15 mm ∅ . . . . . . . . . . . . . . . . . . . . . . . **3**

**2** Körbe etwa 5–30(70), 5–12 mm ∅; Zunge der StrahlBlü lila bis purpurn. — Körbe in armblütiger Traube oder wenigästiger Rispe, Äste meist 1körbig. H: (5)15–50(100) cm. ⊙–♃ He. VI–X. **Scharfes B.,** ***E. ácris***

**a** Pf meist über 50 cm hoch, mit 30–70(120) Körben, dicht beblättert; untere LB etwa 1,5–2 cm br. — LB kahl, obere StgB nicht wesentlich kleiner als die unteren, gewimpert; HüllB kahl oder fast kahl, von den StrahlBlü deutlich überragt. Felsrasen; collin bis submontan (?); slt. **N** (Alpenostrand, Wachau, Kalkvoralpen), **St** (Grazer Bergland, Murtal). (Sonstige Vbr.: Karpaten.) Gefährdet.
**Großblättriges Sch. B.,** ***E. a. subsp. macrophýllus***

**–** Pf höchstens 40 cm hoch, mit etwa 20–40 Körben, weniger dicht beblättert; LB etwa 1 cm br . . . . . . . . . . . . . . . . . . . . . . . . . . . . . . . . . **b**

**b** LB beiderseits dicht behaart; Stg aufrecht, dicht behaart, stielrund; StgB länglich, stumpf, oft etwas wellig; HüllB meist dicht kraushaarig. Kalkmager- u. Halbtrockenrasen, Sandfelder, Wegränder; collin bis montan; zstr bis hfg. **Alle Bdld.**
**Gewöhnliches Sch. B., Eigentliches Sch. B.,** ***E. a. subsp. ácris***

**–** LB auf den Flächen kahl oder fast kahl, jedoch gewimpert; Stg aufrecht bis bogig aufsteigend, spärlich behaart bis kahl, ± kantig bis schwach gerillt; StgB lanzettlich, etwas steif u. flach, nicht wellig; HüllB locker bis mäßig dicht lg'haarig, — grün mit lila Spitze. Steinige Rasen, offene Schotterfluren der Bäche u. Flüsse; montan; zstr (?). **Fehlt B, W.** Potentiell gefährdet. *(E. angulosus)* **Kantiges Sch. B.,** ***E. a. subsp. angulósus***

**–** Körbe mindestens 80, 3–5 mm ∅; Zunge der StrahlBlü schmutzigweiß. — Korbstand: reichästige Rispe. **Kanadaberufkraut, (6),** ***Conýza canadénsis***

**3** Korbstiele drüsenhaarig. — Körbe mit FadenBlü (dh mit engröhrigen ♀ Blü zw. den ⚥ ScheibenBlü u. den StrahlBlü) . . . . . . . . . . . . . . . . . **4**

**–** Korbstiele drüsenlos. — Mit oder ohne FadenBlü . . . . . . . . . . . . **5**

**4** Stg kräftig (unten 3–4 mm ∅), steif aufrecht, kantig, sehr dicht beblättert, nur oberhalb der Mitte oder im obersten Drittel mit zahlr. 1- bis mehrkörbigen Ästen; Korb 20–35 mm ∅; Zunge der StrahlBlü intensiv purpurn, die Hülle um 5–8 mm überragend. H: 20–60 cm. ♃ He. VII–IX. Frische, meist kalkhältige, sonnige Rasen, Felsspalten; obermontan bis alpin; zstr bis slt. **St, K, S, T, V.** Gefährdet. *(E. villarsii)* **Villars-B., Drüsiges B.,** ***E. átticus***

**–** Stg dünn (unten 2 mm ∅), aufsteigend, kaum kantig, mäßig dicht beblättert, in der Mitte oder unterhalb mit wenigen, lg, 1körbigen Ästen; Korb 10–25 mm ∅; Zunge der StrahlBlü blaßlila oder weiß, die Hülle um 3–5 mm überragend. H: 10–30 cm. ♃ He. VII–VIII(IX). Gesteinsfluren, bes. über Silikat; subalpin; zstr bis slt. **St, K, S, T, V.** Potentiell gefährdet. *(E. glandulosus)*
**Felsen-B.,** Schweizer B., ***E. gaudínii***

**5** Pf meist mehr als 40 cm hoch; Körbe zahlr., in einer Schirmrispe, der endständige Korb wird von den seitlichen überragt; Pappus der RöhrenBlü sehr kurz, 1reihig. — Stg aufrecht; HüllB fast gleich lg, wenig behaart; Zunge der StrahlBlü weiß bis blaßpurpurn, 4–8(10) mm lg u. 0,6–1 mm br. H: (40)50–100 cm. ⊙–⊙ Th–He. VI–X. Auwälder, feuchte Wiesen, Ruderalfluren; bis 1 m tief wurzelnde PionierPf; collin bis montan; zstr bis hfg. **Alle Bdld.** Verwilderte ehemalige ZierPf. Neubürger. (Heimat: Nordamerika.) Die Unterarten u. ihre Vbr. sind noch unzureichend erforscht. *(Stenactis annua)*
**Feinstrahl, Weißes B.,** ***E. ánnuus***

**a** StgB unmittelbar unterhalb des Korbstandes entfernt grob gezähnt bis gesägt; Stg zstr bis ziemlich dicht abstehend lg'haarig (Haare über 1 mm lg); Zunge der StrahlBlü so lg wie bis etwas länger als der ∅ der Scheibe. Zstr bis hfg. **Alle Bdld.**
**■ Vielblättriger F., Eigentliches W. B., *E. a. subsp. ánnuus***

**-** Alle StgB oder zumindest die oberen (auch jene knapp unterhalb des Korbstandes) ganzrandig; Stg kurz u. anliegend behaart oder sehr zstr abstehend behaart bis fast kahl; Zunge der StrahlBlü meist deutlich kürzer als der ∅ der Scheibe . . . . . . . . . . **b**

**b** Stg sehr zstr abstehend behaart (unmittelbar unter dem Korbstand anliegend behaart) oder fast kahl. Mäßig hfg. **Fehlt V.** **■ Nordischer F., *E. a. subsp. septentrionális***

**-** Stg ziemlich dicht kurz u. anliegend behaart. Trockene, lichte Stellen; slt. **B, W, N, St, K.** *(E. ramosus, Stenactis ramosa)*
**■ Ästiger F., Striegelhaariges W. B., *E. a. subsp. strigósus***

**-** Pf meist weniger als 40 cm hoch; Körbe 1 oder wenige, der endständige nicht von seitlichen überragt; Pappus aller Blü gleich. — Stg aufsteigend bis aufrecht. Subalpin bis alpin . . . . . . . . . . . . . . . . . . . . . . . . . **6**

**6** Zw. den zungenförmigen ♀ StrahlBlü u. den röhrigen ⚥ ScheibenBlü 1–2 Reihen (oder manchmal nur wenige!) ♀ Blü mit engröhriger, fast fädiger Kro ohne deutliche Zipfel (= „FadenBlü"). (Artengruppe Alpen-B., *E. alpinus agg.*) . . . . . . . . . . . . . . . . . . . . . . . . . . . . . . . **7**

**-** Keine derartigen FadenBlü . . . . . . . . . . . . . . . . . . . . . . . . . **8**

**7** LB nicht dicklich, oft beiderseits ± angedrückt lg'haarig u. gewimpert; GrundB lanzettlich; HüllB meist im unteren Drittel am breitesten. — Stg 1–15körbig, aufrecht, meist grün, meist am Grund bogig gekrümmt, unten meist dicht zottig lg'haarig; Hülle zottig lg'haarig bis verkahlend, mit einzelnen kurzen Drüsenhaaren; StrahlBlü purpurn oder lila, sehr zahlr. (60–150). H: 5–20(40) cm. ♃ He. VII–IX. Meist kalkarme, sonnige Steinrasen, Magerweiden; subalpin bis alpin; zstr bis slt. **St, K, S, T, V**. *(Trimorpha alpina)*
**Alpen-B., *E. alpínus***

**-** LB etwas dicklich (fleischig), gewimpert, aber oberseits meist kahl; GrundB schmal-verkehrt-eiförmig; HüllB etwa in der Mitte am breitesten. — Stg fast immer 1körbig, steif aufrecht, meist rötlich, locker lg'haarig; Hülle dicht weißlich wollig-zottig behaart, drüsenlos; StrahlBlü pfirsich- bis weinrot, 4–5 mm lg; ScheibenBlü gelb, an der Spitze meist purpurn. H: 10–20(30) cm. ♃ He. VI–VIII. Sonnige, basenreiche, meist kalkhältige Steinrasen; subalpin bis alpin; slt. **K, S, T, V**. *(Trimorpha neglecta, E. alpinus subsp. neglectus)*
**Verkanntes B., Tiroler B.,** Übersehenes B., ***E. negléctus***

**8** Zunge der StrahlBlü rein weiß. — Stg einfach, 1körbig (15 mm ∅); LB grün, untere fast kahl, obere lg gewimpert; HüllB grün mit rötlicher Spitze, spärlich bis ziemlich dicht behaart. H: 3–20 cm. ♃ He. VII–VIII. Rasen auf Kalkbändern; Kalkzeiger; alpin; sehr slt. **St, K**. Endemisch (Norische Alpen). Gefährdet. ▲ (Nächstverwandt mit *E. glabrátus*, Pkt 9, taxonomischer Status problematisch.) *(E. polymorphus subsp. candidus)* **Koralpen-B., *E. cándidus***

**-** Zunge der StrahlBlü purpurrosa bis lila, slt weiß . . . . . . . . . . . **9**

**9** Stg 1–6körbig; Körbe 15–30 mm ∅; HüllB meist im unteren Drittel am breitesten, kahl oder angedrückt kurzhaarig; GrundB lanzettlich, nur am Rand behaart. — Stg meist grün, unten kahl oder zstr behaart, oben zstr längere abstehende Haare. H: (2)5–30(40) cm. ♃ He. VII–VIII(IX). Steinrasen, Felsspalten; nur über Kalk; subalpin bis alpin; hfg. **Fehlt B, W**. *(**E. polymorphus**)*
**Kahles B., *E. glabrátus***

**-** Stg stets 1körbig; Korb 10–15 mm ∅; HüllB etwa in der Mitte am breitesten, dicht wollig-zottig behaart; GrundB schmal- verkehrt-eiförmig. H: 2–10(15) cm.

♃ He. VII–IX. Kalkarme, windexponierte u. schneegefegte Gratlagen, Weiderasen, Gesteinsfluren; pH-indifferent bis kalkmeidend; alpin bis subnival; in den Zentralalpen mäßig hfg, in den nördl. u. südl. Kalkalpen slt. **Fehlt B, W.**
**Einkopf-B.,** ***E. uniflórus***

## (6) Kanadaberufkraut, Katzenschweif, *Conýza*

**1** LB frischgrün, zstr lg behaart; Korbstand nicht von Ästen überragt; Pappus 2,5 mm lg. — Pf reichästig, mit fast aufrechten Ästen; Stg aufrecht, gerippt, zstr abstehend steifhaarig, dicht beblättert; LB lineal-lanzettlich; Korbstand rispig, zylindrisch bis schmal-kegelig, bis über 100körbig; Hülle 3–4 mm lg; StrahlBlü mit kurzer weißlicher bis blaßpurpurner Zunge, diese kaum länger als die Hülle, die ScheibenBlü kaum überragend; Pappus 3× so lg wie die Fr. H: 20–75(100) cm. ⊙–⊙ Th–He. VII–IX. Unkrautfluren, Dämme, Waldschläge, Straßenränder, Erdaufrisse, Brachen; collin bis obermontan; sehr hfg. **Alle Bdld**. Neubürger, synanthroper Kosmopolit. (Heimat: Nordamerika.) Homöop. *(Erigeron canadensis)* **Gewöhnliches K., Kanadisches Berufkraut,** Kanadischer Katzenschweif, ***C. canadénsis***

**–** LB graugrün, anliegend kurz behaart; Korbstand von aufrecht-abstehenden Ästen übergipfelt; Pappus 3–3,5 mm lg. — Hülle etwa 4 mm lg; RandBlü meist ohne Zunge. H: 20–50(80) cm. ⊙ Th (?). VII–X. Ruderalstellen, bes. Bahnhöfe; collin; slt. **(St)**. (Heimat: tropisches u. subtropisches Südamerika.) Unbeständig. *(Erigeron bonariensis, E. crispus, Conyza ambigua)* ☆ **Krauses K., Südamerikanischer K., *C. bonariénsis***

## (7) Filzkraut, Fadenkraut, Schimmelkraut, *Filágo* (inkl. *Logfia*)

**1** Mittlere HüllB in eine grannenartige Spitze auslaufend; HüllB zur FrZeit aufrecht u. wenig spreizend; Körbe in dichten, fast kugeligen Knäueln . . 2
**–** Mittlere HüllB stumpflich; HüllB zur FrZeit sternförmig ausgebreitet; Körbe in lockeren, weniger deutlichen Knäueln. *(Logfia)* . . . . . . . . . . . . 3

**2** Mittlere HüllB nur punktförmig oberhalb der Mitte locker lg'haarig, sonst kahl, kaum gekielt, meist mit rotem Fleck, Spitze aber nie rot; Hülle (Korb) im ∅ rundlich; LB lineal-lanzettlich, allmählich zugespitzt, am Rand meist wellig, dem Stg anliegend; Korbknäuel nicht von LB überragt, — aus 20–40 Körben bestehend. H: 5–35 cm. ⊙ Th. VI–IX. Trockenrasen, Brachen, Äcker, Ruderalstellen; humus- u. feinerdearme Sand- u. Kiesböden; collin; sehr slt. **Fehlt W, S, V**. Vom Aussterben bedroht. *(F. canescens, F. germanica)*
**Gewöhnliches F., *F. vulgaris***

**–** Mittlere HüllB reichlich wollig bis filzig behaart, nur unten kahl, deutlich gekielt, vor dem Aufblühen rot bespitzt; Hülle (Korb) im ∅ ± 5kantig; LB länglich-spatelig, in eine winzige Spitze zusammengezogen, flach; Korbknäuel meist von 1–2 LB überragt. — Pf locker gelblichgrau-filzig behaart; in den inneren HüllBReihen 3–4 ⚥ röhrige Blü u. zahlr. ♀ FadenBlü. H: 5–30 cm. ⊙ Th. VI–IX. Brachen, auf trockenen, kalkarmen Sand- u. Kiesböden; collin; slt, überall zurückgehend. **B, N**. Stark gefährdet. *(F. apiculata, F. vulgaris subsp. lutescens)* **Graugelbes F., *F. lutéscens***

**3** HüllB bis zur Spitze dicht wollig-filzig; Körbe 4–5 mm lg, vor dem Aufblühen länglich-eiförmig; Stg meist im unteren Drittel unverzweigt, darüber traubig bis rispig verzweigt. H: 10–30 cm. ⊙ Th–He. VI–VIII. Äcker, Brachen, Wegränder; sandig-kiesige Böden, kalkmeidend; collin bis montan; ziemlich slt. **T†?, V†; sonst alle Bdld**. Im Alp u. nVL gefährdet. *(Logfia arvensis)*
**Acker-F., *F. arvénsis***

- HüllB nur in der unteren Hälfte filzig behaart, mit kahlen, glänzenden Spitzen; Körbe 3–3,5 mm lg, vor dem Aufblühen pyramidal; Stg meist schon vom Grund an gabelästig verzweigt, Körbe trugdoldig angeordnet. H: 5–15(20) cm. ⊙ Th. VI–IX. Sandfelder, Felsköpfe, Trockenrasen, Weiderasen, Waldschläge, lichte Wälder; kalkmeidend; Sandzeiger; collin bis montan; mäßig hfg bis slt. **B, W, N, O, St, K**. Stark gefährdet. *(„F. montana", Logfia minima)* **Zwerg-F.**, Berg-F., ***F. mínima***

† **(8) Falzblume, *Bombyciláena* (*Micropus*)**

Pf reich verzweigt, dicht wollig-filzig behaart; LB länglich-linealisch bis spatelig, stumpf, ganzrandig. H: 5–10(20) cm. ⊙ Th. V–VIII. Lückige Trockenrasen, Brachen, trockene sandig-steinige Lehm- u. Tonböden; kalkliebend; collin; (früher:) slt. **N†** (südl. Wiener Becken). Verschollen oder ausgestorben. (***Micropus erectus***) † **Falzblume, *B. erécta***

## (9) Ruhrkraut, *Gnaphálium* (inkl. *Omalotheca* u. *Filaginella*; exkl. (10) Scheinruhrkraut/*Pseudognaphalium*)

**1** Pf ⊙, mit spindelförmiger Wu; Körbe knäuelig gehäuft; Blü 1–1,5 mm lg; Fr 0,5–0,7 mm lg; Pappus 1,5 mm lg. — Stg meist vom Grund an verzweigt; LB schmal-länglich-spatelig, 1–4 mm br, graufilzig; Korbknäuel von HochB umgeben; HüllB bräunlich. H: 5–15 cm. ⊙ Th. VI–X. Wegränder, Ufer, Gräben, kalkarme, mäßig bodensaure, lehmig-tonige, feuchte Äcker, Waldschläge u. Weiderasen; collin bis submontan; Vernässungszeiger; mäßig hfg (oft nur in nassen Jahren). **Alle Bdld**. In den wAlp gefährdet. *(Filaginella uliginosa)* **Sumpf-R., *G. uliginósum***

**-** Pf ♃, mit WuStock; Körbe in Ähren, Trauben oder slt zu wenigen kopfig gedrängt oder einzeln; Blü 3–3,5 mm lg; Fr 1–1,5 mm lg; Pappus 3–4 mm lg. *(Omalotheca)* . . . . . . . . . . . . . . . . . . . . . . . . . . **2**

**2** Pf höher als 10 cm, mit meist mehr als 12 Körben; Pappusborsten am Grund miteinander verbunden. — Korbstand fast ährenförmig. Collin bis subalpin. *(G. sect. Synchaeta)* . . . . . . . . . . . . . . . . . . . . . . . . **3**

**-** Pf meist weniger als 10 cm hoch, mit nur 1–6(12) Körben; Pappusborsten bis zum Grund frei. — LB beiderseits graufilzig, lineal-lanzettlich bis linealisch, kaum über 3 mm br. Subalpin bis alpin. *(G. sect. Omalotheca)* . . . . . . **4**

**3** LB linealisch bis lineal-lanzettlich, mittlere u. obere StgB 1nervig, unterseits graufilzig, oberseits sehr dünn flaumig-filzig, verkahlend, 1–4 cm lg u. 2–5 mm br; HüllB ± dunkel gefleckt mit hellem Hautrand, meist zerschlitzt; Korbstand mindestens ⅓× so lg wie der Stg, unten unterbrochen, — aus 2–8körbigen Knäueln zusammengesetzt; Pf mit zahlr. frischgrünen GrundrosettenB. H: 10–30(50) cm. ♃ He. VII–IX. Trockene, kalkarme Wälder, Waldschläge, Magerwiesen; Nitrifizierungszeiger, Humuszehrer; collin bis subalpin; mäßig hfg bis hfg. **Alle Bdld**. *(Omalotheca sylvatica)* **Wald-R., *G. sylváticum***

**-** LB lanzettlich, mittlere StgB 3nervig, beiderseits (oberseits dünner) graufilzig, 5 cm lg oder länger (oft länger als die unteren LB), 5–10 mm br; HüllB alle dunkel gesäumt, ganzrandig; Korbstand höchstens ¼× so lg wie der Stg, dicht, — aus 1–3körbigen Knäueln zusammengesetzt; GrundrosettenB weniger zahlr. als bei voriger; Korbstand von den LB meist etwas überragt. H: 10–30 cm. ♃ He. VII–IX. Silikat-Magerrasen, Waldlichtungen u. -ränder, Rasenlücken, Forstwege; kalkmeidend; montan bis subalpin; zstr bis mäßig hfg. **Fehlt B, W**. *(Omalotheca norvegica)* **Norwegisches R., *G. norvégicum***

**4** Äußere HüllB höchstens ½× so lg wie die inneren, HüllB meist schwärzlichbraun; Hülle zur FrZeit glockig; Körbe dicht gedrängt; LB (1)2–3(4) mm br, oberseits schwächer, unterseits dichter graufilzig; Pf ohne Ausläufer. H: 5–10 cm. ♃ He. VII–VIII. Schneetälchen, Geröll, steinige Rasen; kalkliebend; subalpin bis alpin; zstr. Bes. in den Kalkalpen. **Fehlt B, W.** *(Omalotheca hoppeana)* **Alpen-R.**, Hoppe-R., ***G. hoppeánum***

**-** Äußere HüllB etwa ⅔× so lg wie die inneren, HüllB h'braun; Hülle zur FrZeit sternförmig ausgebreitet; die Körbe dann meist entfernt voneinander stehend; LB 1–2 mm br, beiderseits dicht filzig behaart; Pf mit Ausläufern. H: 2–8(10) cm. ♃ He–Ch. VII–VIII. Kalkarme Schneeböden, Schneetälchen, feuchte, lückige Silikat-Magerrasen; subalpin bis alpin; mäßig hfg bis hfg. **Fehlt B, W.** (Arktisch-alpin.) *(Omalotheca supina)* **Zwerg-R., *G. supínum***

## (10) Scheinruhrkraut, Gelbruhrkraut, *Pseudognaphálium* *(„Gnaphalium s. str.", **Gnaphalium** sect. Calolepis)*

Stg aufrecht u. einfach oder nur unten mit bogig aufsteigenden Seitenästen; LB br-länglich-spatelig, 5–8 mm br, angedrückt dünn-weißgraufilzig, halbstengelumfassend; Blü gelblich, oben rötlich, 2–2,5 mm lg; Fr 0,6 mm lg; Pappus 2 mm lg. H: 10–30(40) cm. ⊙ Th. VI–X. Feuchte bis trockene, kalkarme, bodensaure, lehmig-tonige Äcker u. Waldschläge, Teichränder, Wassergräben; bis 25 cm tief wurzelnd; collin bis untermontan; slt u. zT ± unbeständig. **Fehlt K; S†; sonst alle Bdld**, auch V (!?). Stark gefährdet. *(**Gnaphalium luteo-album**)*
**Scheinruhrkraut,** Gelbliches Ruhrkraut, ***P. lúteoálbum***

## (11) Strohblume, *Helichrýsum*

Anm.: Die ★ **Garten-St., Immortelle, *H. bracteátum*** (Heimat: Australien) wird als GartenzierPf kultiviert.

Pf weißwollig; Körbe 6–7 mm ∅, in dichter, endständiger Schirmtraube; Hülle goldgelb oder orange. H: 10–40 cm. ♃ He. VII–X. Kalkarme Sandsteppen, trockene Grasplätze; collin; slt. **B, W†, N.** Stark gefährdet.
**Sand-Strohblume, *H. arenárium***

### ★ (11 b) Perlblume, *Anáphalis*

Körbe rispig-doldig, weiß, mit weißlichen HüllB; StgB zahlr., lanzettlich zugespitzt. H: 30–60 cm. ♃ He. VII–IX. Waldwege, Waldschläge, Ufergebüsch; collin; zstr. Als ZierPf kultiviert, gelegentlich unbeständig verwildert. **(B, N, St, K, S, V)** (vielleicht weiter verbreitet). (Heimat: Nordamerika u. Nordost-Asien.) *(Gnaphalium margaritaceum)*
**★ Perlblume, *A. margaritácea***

## (12) Katzenpfötchen, *Antennária*

**1** Anhängsel der HüllB weiß oder d'rot bis rosa; Pf mit Ausläufern; LB 1nervig, oberseits kahl oder behaart, unterseits weißwollig-filzig. H: 5–20(30) cm. ♃ Ch. V–VII. Bodensaure Magerrasen u. -weiden, Föhrenwälder; kalkmeidend, Säurezeiger; collin bis subalpin; mäßig hfg. **Alle Bdld.** Gefährdet im BM.
**Gewöhnliches K., *A. dióica***

**-** Anhängsel der HüllB bräunlich; Pf ohne Ausläufer; LB schwach 3nervig, beiderseits wollig-filzig. H: 5–15(20) cm. ♃ He. VI–VIII. Magere, kalkarme Steinrasen, in wind- u. schneegefegten Gratlagen; obermontan bis subalpin; in den Zentralalpen zstr bis mäßig hfg, in den Kalkalpen slt. **Fehlt B, W, N.**
**Karpaten-K., *A. carpática***

## (13) Edelweiß, *Leontopódium*

Ganze Pf weißwollig-filzig. H: 5–20(30) cm. ♃ He. VII–IX. Sonnige, steinige Rasen, feinerdearme Felsböden; pH-indifferent bis kalkliebend; subalpin bis alpin; zstr bis slt. **Fehlt B, W, O**. Potentiell gefährdet. ▲ **Edelweiß, *L. alpínum***

## (14) Alant, *Ínula*

**1** StrahlBlü fehlend oder scheinbar fehlend, weil fast röhrig, mit sehr kurzer Zunge, schmutziggelb, in der Hülle versteckt. — Pf mit „Bisamgeruch"; Stg erst oben verzweigt, meist purpurbraun mit schirmrispigem Korbstand; StgB eilänglich-lanzettlich, unterseits dünnfilzig, netzrunzelig; Korb 5–10 mm ∅; HüllB an der Spitze abstehend; RöhrenBlü der Korbmitte h'bräunlich. H: 50–80 cm. ♃ He. VI–X. Waldnahe Trocken- u. Halbtrockenrasen, Trockenwälder u. ihre Säume, trockene Waldschläge; bes. auf steinigen Lehmböden; collin bis montan; zstr bis (zB im Pann) hfg. **Alle Bdld**. *(I. vulgaris, I. conyzae)* **Dürrwurz,** Dürrwurz-Alant, ***I. conỳza***

**-** StrahlBlü (ZungenBlü) stets vorhanden u. meist deutlich länger als die Hülle . . . . . . . . . . . . . . . . . . . . . . . . . . . . . . . . . **2**

**2** GrundrosettenB mindestens 10 cm br; Körbe 5–7 cm ∅; HüllB mit großen, 3eckigen, außen filzigen, etwas abstehenden Anhängseln. — LB eiförmig bis elliptisch, unterseits dicht weißgrausamtig, die oberen mit herzförmigem Grund sitzend, die unteren in einen Stiel verschmälert u. 40–80 cm lg. H: 1–2 m. ♃ He. VII–VIII. Alte KulturPf; Zier-, Volksarznei-, Gewürz- u. FärbePf; slt u. meist unbeständig verwildert **(in allen Bdld)** in frischen Ruderalges., an Ufern, Rasen, Waldrändern. ★ **Echter A., *I. helénium***

**-** GrundrosettenB 0,5–4 cm br; Körbe 2–5 cm ∅; HüllB anders. — Pf höchstens 80 cm hoch . . . . . . . . . . . . . . . . . . . . . . . . . . **3**

**3** StrahlBlü wenig (1–3 mm) länger als die Hülle. — StgB mit br-herzförmigem, stengelumfassendem Grund sitzend, unterseits lg'haarig, drüsig; Körbe 1 cm ∅, in gedrängter Schirmrispe; Fr glatt. H: 30–60 cm. ♃ He. VII–VIII. Trokkengebüschsäume, waldnahe Halbtrockenrasen; kalkstet; collin; sehr slt. Im Pann. **B, W?, N**. Stark gefährdet. **Deutscher A., *I. germánica***

**-** StrahlBlü viel länger als die Hülle . . . . . . . . . . . . . . . . **4**

**4** Obere StgB mit verschmälertem oder abgerundetem Grund sitzend, aber nicht stengelumfassend . . . . . . . . . . . . . . . . . . . . . . . . . **5**

**-** Obere StgB mit herzförmigem Grund stengelumfassend. — Strahlen goldgelb . . . . . . . . . . . . . . . . . . . . . . . . . . . . . . . . . **7**

**5** LB nur gewimpert, sonst kahl, die mittleren schmäler als 10 mm. — LB d'grün, derb, mit beiderseits hervortretenden Nerven, untere Seitennerven dem Mittelnerv annähernd parallel verlaufend (5 Längsnerven), Spreite lineal-lanzettlich; mittlere LB 4–8 cm lg u. 3–7 mm br; Körbe 1(3), endständig, 2,5–5 cm ∅; Strahlen goldgelb. H: 10–40(50) cm. ♃ He. VII–VIII. Kalkreiche Trockenrasen; collin; im Pann mäßig hfg, sonst slt. **B, W, N, O†, K**. Potentiell gefährdet; bes. in den KäB u. im nVL gefährdet. **Schwert-A., *I. ensifólia***

**-** LB rauhhaarig bis filzig, die mittleren breiter als 10 mm . . . . . . . . . **6**

**6** Stg abstehend steifhaarig; LB beiderseits ± stark rauhhaarig, hervortretend netzaderig; HüllB fast gleich lg, aufrecht, steifhaarig. — Körbe 1–3, 2,5–5 cm ∅; Strahlen goldgelb. H: 15–45 cm. ♃ He. VI–VII. Halbtrocken- u. Steppenrasen, Eichen- u. Schwarzföhrenwälder, Waldsäume; kalkliebend; collin bis montan; im Pann ziemlich hfg, sonst slt. **O†; fehlt S, V?**. Potentiell gefährdet; bes. in den Alp, im nVL u. im söVL gefährdet. **Rauhhaar-A., *I. hírta***

- Stg locker weißfilzig behaart; LB beiderseits dicht seidig-wollig filzig, verstärkt an den unterseits vortretenden Nerven; HüllB unregelmäßig ziegeldachig, dicht seidig lg'haarig. — Körbe 2–5, 2,5–4 cm ∅; Strahlen gold- bis orangegelb. H: 20–50(60) cm. ♃ He. VI–VIII. Halbtrockenrasen, trocken-warme Waldsäume; collin; zstr bis slt. Im Pann. **B, W, N**. Gefährdet. **Christusaugen-A.**, Christusauge, ***I. óculus-chrísti***

7 [4] Stg kahl, nur im unteren Teil kurzborstig; LB unterseits an den Nerven kurzborstig, jedoch drüsenlos; LB ganzrandig, von sehr kurzen Borsten rauh; äußere u. mittlere HüllB mit deutlich abgesetzter grüner abstehender Spitze, alle kurz u. dicht gewimpert; Fr kahl. — Körbe 1–5, 2,5–4 cm ∅. H: 25–60 cm. ♃ He. VI–VIII. Wechselfeuchte Magerwiesen, Flachmoore, sonnige Waldsäume; collin bis untermontan; mäßig hfg bis slt. **Alle Bdld**. Gefährdet (?). **Weiden-A.**, ***I. salícina***

- Stg seidig bis zottig lg'haarig; LB oberseits spärlich behaart, unterseits dicht anliegend seidig lg'haarig u. dicht drüsig; LB'Rand fein gezähnelt, Zähne zum Spreitengrund hin größer werdend, kahl; äußere u. mittlere HüllB ohne abgesetzte Spitze, zstr bis dicht lg'haarig u. drüsig; Fr behaart. — Körbe 2,5–5 cm ∅. H: 20–60 cm. ♃ He. VII–IX. Ufer, Gräben, nährstoff- u. basenreiche (auch schwach salzige), feuchte, zeitweise überschwemmte Wiesen; collin bis untermontan; zstr bis slt. **S†; sonst alle Bdld**. Gefährdet. **Wiesen-A.**, ***I. británnica***

## (15) Flohkraut, *Pulicária*

1 Zunge der StrahlBlü goldgelb; diese viel länger als die RöhrenBlü, die Hülle weit überragend; Körbe etwa 1,5–2,5 cm ∅; mittlere u. obere StgB mit herz- bis pfeilförmigem Grund stengelumfassend; Korbstand: Schirmtraube. — Unterirdische Ausläufer. H: 20–60 cm. ♃ He. VII–IX. Lehmig-tonige, nährstoff- u. basenreiche Moorwiesen, Naßweiden, Auwälder, Grabenränder; collin bis montan; mäßig hfg. **Alle Bdld**. Im Alp, nVL u. söVL gefährdet. **Großes F., Ruhrwurz, *P. dysentérica***

- Zunge der StrahlBlü schmutziggelb; diese kaum länger als die RöhrenBlü, die Hülle kaum überragend; Körbe etwa 1 cm ∅; mittlere u. obere StgB mit abgerundetem Grund halbstengelumfassend sitzend; Korbstand spirrenartig. H: 15–45 cm. ☉ Th. VII–VIII(IX). Gräben, Teichränder; überschwemmte, meist kalkarme, dichte Böden, etwas salzresistent; collin; slt u. noch seltener werdend. **W†; fehlt S, V**. Vom Aussterben bedroht. **Kleines F., *P. vulgáris***

## (16) Kragenblume, *Carpésium*

Stg zottig weichhaarig; LB rhombisch bis eilänglich, spitz, die unteren in einen lg Stiel verschmälert, zur BlüZeit vertrocknet; Körbe einzeln, endständig, nikkend; HüllB mehrreihig, äußere mit zurückgebogener, krautiger Spitze, innere lederig, oben trockenhäutig, fein gezähnelt. H: 20–80 cm. ☉–☉ Th–He. VII–IX. Feuchte Wälder, ruderale Waldsäume, Staudenfluren; wärmeliebend; Klebausbreitung; gern in Siedlungsnähe; collin; sehr slt. **W†, N, O,** Süd-**St, K**. Stark gefährdet. (Hptvbr.: Schweiz, Südtirol, Slowenien, Süd- u. Ost-Europa, Vorderasien.) ▲ **Kragenblume,** Nickende K., ***C. cérnuum***

## (17) Rindsauge, *Buphthálmum*

Stg aufrecht, kurzhaarig, meist verzweigt, gleichmäßig wechselständig beblättert, unter dem Korb hohl; LB lanzettlich bis verkehrt-eilanzettlich, untere lg gestielt, oberste mit verschmälertem Grund sitzend; Körbe einzeln oder wenige am StgEnde; Zunge der StrahlBlü goldgelb, 2,5 mm br u. 11–16 mm lg. H: 30–60 cm. ♃ He. VI–IX. Kalk-Magerrasen, (slt in Feuchtwiesen), trockene Wälder; kalkstet; (collin) submontan bis subalpin; hfg bis sehr hfg. **Alle Bdld.** Wird von Unkundigen nicht slt mit (40) Arnika/*Arnica* verwechselt (bei dieser aber LB gegenständig). **Rindsauge,** Ochsenauge, ***B. salicifólium***

### ★ (17 b) Telekie, *Telékia*

Stg aufrecht, kurz zottig; LB'Spreite dünn, unterseits kurzhaarig, 30–40 cm lg u. 20–30 cm br, Spreite in einem schmalen Saum den Stg herablaufend; StrahlBlü 1reihig, Zunge 20–25 mm lg u. 1–1,5 mm br, goldgelb. H: 90–150 cm. ♃ He. VI–VIII. Hochstaudenfluren, feuchte Wälder, Gebüsche, Bachufer, Wiesen; kalkliebend; submontan bis montan; sehr slt. **Fehlt B.** Als ZierPf u. als WildfutterPf kultiviert u. lokal Neubürgerin. (Heimat: Slowenien, Balkanhalbinsel, Rumänien.) *(Buphthalmum speciosum)*
★ **Telekie,** Große T., Siebenbürgische T., ***T. speciósa***

## (★) (18) Sonnenhut, Rudbeckie, *Rudbéckia*

1 LB unzerteilt, länglich-lanzettlich; Stg meist einfach, rauhhaarig; ScheibenBlü rotbraun; Zungen gelb, 20–30 mm lg. H: 30–60(100) cm. ⊙(–♃) Th(–He). VII–VIII. Als ZierPf hfg kultiviert, unbeständig verwildert bis eingebürgert (in **allen Bdld**) an grasigen Wegrändern, Ruderalstellen, bes. Straßen- u. Bahnböschungen (durch Begrünungssaaten eingeschleppt); collin bis submontan; slt. (Heimat: Nordamerika.) ★ ☆ **Rauher S.,** ***R. hírta***

– Untere LB fiederteilig, obere 3–5teilig; Stg ästig, kahl; ScheibenBlü olivgrün; Zungen gelb, 40–50 mm lg. H: 80–200 cm. ♃ He–Ge. VII–IX. Ufergebüsche an Flußläufen, feuchte Waldränder, Auwälder; zstr, im BM hfg. **(Alle Bdld)***. Verwilderte ZierPf, slt kultiviert. Neubürger. (Heimat: Nordamerika.)
(★) **Schlitzblatt-S.,** „Aistrose", ***R. laciniáta***

### ★ (19) Sonnenblume u. Topinambur, *Heliánthus*

Anm.: Ruderal wurden außerdem als Unbeständige festgestellt: ☆ ***H. rígidus*** (ohne Knollen; LB'Spreite lanzettlich, etwas in den Stiel verschmälert, unterseits rauh; HüllB länglich-eiförmig); ☆ ***H. débilis,*** ☆ ***H. petioláris,*** ☆ ***H. ánnuus*** × ***cucumerifólius.***

1 Pf ohne Knollen; LB fast alle wechselständig, Spreite herzförmig-3eckig, abrupt in den Stiel zusammengezogen, unterseits rauh; Korb nickend, 10–40 cm ∅; Zungen 6–10 cm lg; RöhrenBlü braun. H: 100–200 cm. ⊙ Th. VII–IX. Frische, nährstoffreiche Böden in sommerwarmen Klimalagen; Intensivwurzler; hfg als Zier-, Futter- u. ÖlPf kultiviert u. hfg auf Ruderalstellen unbeständig verwildert. (Heimat: Mexiko, südl. USA.)
★ ☆ **(Gewöhnliche) Sonnenblume,** ***H. ánnuus***

– Pf mit unterirdischen, kartoffelartigen Knollen; LB gegenständig, nur die oberen wechselständig; Spreite br-eiförmig-länglich, etwas in den Stiel verschmälert, unterseits kahl, flaumig oder filzig, aber nicht rauh; untere LB schwach herzförmig; Körbe aufrecht, 3–8 cm ∅; Zungen 2–2,5 cm lg; RöhrenBlü gelb. — HüllB schwärzlich-d'grün, öfters locker abstehend. H: 100–250 cm. Wurzelkriechpionier, KurztagPf. ♃ Ge. X(XI). Ufer, feuchte Ruderalfluren; collin bis submontan; zstr. **Fehlt O(?)**. Als (Wild-)Futter- u. GemüsePf kultiviert u. Neubürgerin. (Heimat: Nordamerika.)
(★) **Topinambur,** Erdbirne, Jerusalem-Artischocke, Knollen-S., „Süßkartoffel", „Hirschkraut", ***H. tuberósus***

Die Hybride ★ ***H. tuberosus*** × ***rigidus*** ( = *H.* × *laetiflorus*; wenige Knollen, LB'Spreite eilanzettlich, etwas in den Stiel verschmälert, unterseits rauh; HüllB länglich-lanzettlich, stets anliegend) als ZierPf kultiviert u. auf Ruderalstellen zstr unbeständig verwildert; BlüZeit: IX–X.

* Von A. POLATSCHEK neuerdings auch in **T, V** nachgewiesen, unveröff.

### ☆ (19 b) Ramtillkraut, *Guizótia*

Stg aufrecht, oben reich verzweigt; LB länglich-lanzettlich, herzförmig stengelumfassend sitzend, scharf gesägt; Hülle 2reihig, äußere Reihe krautig, innere häutig; StrahlBlü ♀; Zunge gelb, grob 3zähnig; Röhre der ScheibenBlü mit Haarring, die unteren Haare den Frkn bzw. die Fr bedeckend. H: 50–200 cm. ⊙ Th. IX–X. Ruderalges., Gärten, Grünanlagen; collin; slt. **Fehlt B**. VogelfutterPf; unbeständig. (Heimat: Ostafrika, bes. Abessinien.) In den Tropen als ÖlPf (Fr) kultiviert.

☆ **Abessinisches R., Gingellikraut,** Nigersaat, ***G. abyssínica***

## (20) Zweizahn, *Bídens*

**1** LB alle stets einfach u. unzerteilt, — schmal-lanzettlich, am Grund kaum verschmälert, paarweise miteinander kurz verwachsen; Körbe nickend, etwa 30 mm ∅, oft mit (gelben) StrahlBlü (ZungenBlü). H: 5–100 cm. ⊙ Th. VII–IX. Nasse, zeitweise überschwemmte, nährstoff- (stickstoff-)reiche, schlammige Krautfluren an Teichrändern, Gräben u. in Sümpfen; collin bis untermontan; zstr. **Alle Bdld**. Gefährdet. *(**B. cernua**)*

**Nickender Z., *B. cérnuus***

**-** LB 3–5teilig oder gefiedert (slt einfach u. unzerteilt) . . . . . . . . . . . . . **2**

**2** Fr borstig-höckerig, schwärzlich, — mit 2 Grannen mit meist rückwärts (slt vorwärts: *var. anomalus*)) gerichteten Stacheln; LB unpaarig gefiedert, mit 1–2 Fiederpaaren; Endfieder lg u. dünn gestielt; Seitenfiedern kurz gestielt; Körbe aufrecht, etwa 1 cm ∅; StrahlBlü (ZungenBlü) meist fehlend, slt die RandBlü mit 2–3 mm lg Zunge; ScheibenBlü die Hülle kaum überragend. H: 30–120 cm. ⊙ Th. VIII–IX. Flußufer, Auen, Schlammböden; collin; zstr bis mäßig hfg. Entlang großer Flüsse (zB March, Thaya, Donau). **B, W, N, St, K, S**. Weitere Arealausweitung zu erwarten. Neubürger. (Heimat: Nordamerika.) *(B. melanocarpus, **B. frondosa**)*

**Schwarzfrucht-Z., *B. frondósus***

**-** Fr auf der Fläche glatt, nur am Rand rückwärts stachelig-rauh, braungrün, — mit 2 längeren (u. oft 1–2 kürzeren) Grannen; meist ohne StrahlBlü . . . . **3**

**3** LB grasgrün, ihre Zähne schwach, aber deutlich vorwärts (einwärts) gekrümmt; Körbe schon beim Blühen 2–3× so br (∅) wie hoch; äußere, blattartige HüllB meist 9–12; SpreuB weniger als 1 mm br, so lg wie die Fr einschließlich Grannen. — Wenig u. nicht ausladend verzweigt. H: 15–100 cm. ⊙ Th. VIII–X. Offene, nasse, zeitweise überschwemmte, nährstoffreiche Teichufer, Gräben; collin; zstr bis slt. **B, N, St, (V?)**. Gefährdet. *(**B. radiata**)*

**Großer Z., *B. radiátus***

**-** LB d'grün, ihre Zähne fast gerade, vorwärts abstehend; Körbe etwa 1–1½× so br (∅) wie hoch; äußere, blattartige HüllB 5–8; SpreuB etwa 1 mm br, so lg wie die Fr ausschließlich Grannen. — Stg meist kräftig braunrot, mit weit ausladenden Ästen. H: 15–100 cm. ⊙ Th. VII–X. Sümpfe, Auwälder, Gräben, Teichufer, Naßstellen in Äckern; collin bis untermontan; hfg. **Alle Bdld**. In den wAlp gefährdet. *(**B. tripartita**)*

**Dreiteiliger Z., Gewöhnlicher Z.,** „Acker-Z.", ***B. tripartítus***

### ★ (20 b) Dahlie, *Dáhlia*

Kräftige Staude mit WuKnollen; LB gegenständig; innere HüllB häutig, am Grund miteinander verwachsen. H: 60–180 cm. (♃ Ge), als ⊙ kultiviert. VII–X. KulturPf (Hybriden): ZierPf: zahlr. (mehr als 1000!) Kultursorten mit einfachen oder gefüllten Körben in fast allen Farben von reinem Weiß bis zum dunkelsten Schwarzpurpur. (Nicht winterhart, daher als ⊙ kultiviert.) (Heimat der Stammsippe: Mexiko.) *(D. variabilis, D. × cultorum)*.

★ **Dahlie, Georgine, *D.-Hybriden***

### ★ (20 c) Kosmee, Schmuckkörbchen, „Schmuckblume", *Cósmos*

Pf kahl oder fein behaart, reich verzweigt; StrahlBlü meist 8, purpurn, lila oder weiß, bis 3 cm lg; Kro der ScheibenBlü gelborange. H: 60–150 cm. ⊙ Th. VII–X. ZierPf (mehrere Sorten); beliebte Schnittblume; frostempfindlich; slt verwildert. (Heimat der Stammsippe: Amerika zw. Bolivien u. Arizona.) (*Cosmea bipinnata*)
**★ Kosmee, Schmuckkörbchen,** Fiederblatt-Sch., ***C. bipinnátus***

### ★ (20 d) Schönauge, *Coreópsis*

LB meist unzerteilt, lanzettlich, vereinzelt auch fiederschnittig; Körbe auf lg, dünnen Stielen; Zunge der StrahlBlü br-keilförmig, gelb, 2–3 cm lg u. 1,5 cm br, am Ende grob 4zähnig; Fr schwärzlich, seitlich mit glasig-durchscheinenden Flügeln, oben mit 2 kurzen Zähnen. H: 50–60 cm. ♃ He. VI–VIII. ZierPf; zahlr. Kultursorten; slt verwildert. (Heimat: Nordamerika.) (Auch noch viele andere Arten der Gattung als ZierPf.)
**★ Schönauge, *C. lanceoláta***

### ★ (21) Zinnie, *Zínnia*

Stg steif, aufrecht, meist wenig bis nicht verzweigt; LB gegenständig, br-lanzettlich bis elliptisch, sitzend, stengelumfassend; H: 30–60(100) cm. ⊙ Th. VI–X. ZierPf (auch gefüllte Sorten). (Heimat: Mexiko.) **★ Zinnie, *Z. élegans***

### ★ (22) Becherpflanze, *Sílphium*

Stg nur oben verzweigt; LB 3eckig bis eilänglich, spitz, gezähnt, rauh; Korb 5–8 cm ∅, lg gestielt; HüllBSpitzen zurückgebogen; Kro d'gelb; Zunge der StrahlBlü 3 cm lg. Die paarweise miteinander verwachsenen LB'Basen sind Sammelbecken für Regenwasser. H: 1–2,5 m. ♃ He. VII–IX. Slt kultivierte ZierPf, slt (unbeständig) verwildert in Auwäldern, an Flußufern. **(N, St)**. (Heimat: Nordamerika.) (★) ☆ **Becherpflanze,** Silphie, ***S. perfoliátum***

### ☆ (23) Rispenkraut, *Íva*

Stg aufrecht, unten kahl, im Korbstand zstr zottig behaart; LB gestielt, grob gesägt, kurzhaarig, graugrün, Größe sehr variabel; Blü sehr unscheinbar; Fr 3 mm lg, oben schwarz behaart, ohne Pappus. H: 90–180 cm. ⊙ Th. VIII–X. Mäßig frische, sandig-kiesige Ruderalstellen; zstr bis slt. **(W, N, O, St, S, T)**. Eingeschleppt (Eisenbahnausbreitung), unbeständig. (Heimat: Nordamerika.) ☆ **Rispenkraut,** Schlagkraut, ***Í. xanthiifólia***

## (24) Traubenkraut, Ambrosie, *Ambrósia*

1 LB 3–5spaltig, handförmig, aber auch unzerteilt, mit br-lanzettlichen, über 1 cm br Abschnitten; Stg zstr kurz-rauhhaarig; ♀ Körbe zu 4–8 in sitzenden oder kurz gestielten Büscheln in den Achseln der obersten Blätter unter den ♂ Korbständen. — Obere LB ± unzerteilt. H: 50–100 cm. ⊙ Th. VIII–X. Sandige bis kiesige Ruderalstellen, Flußufer; collin; slt. **(O, St, K?, S)**. Eingeschleppt (mit landwirtschaftlichen Produkten), unbeständig. (Heimat: Nordamerika.) ☆ **Dreispaltiges T., *A. trífida***

- LB 1–2×-fiederteilig mit viel schmäleren Abschnitten; Stg oben abstehend zottig behaart; ♀ Körbe einzeln oder zu 2–3 an kurzen Seitenästen in den Achseln der oberen LB. — FrHülle mit (5)6(7) kurzen Stacheln. H: 50–150 cm. ⊙ Th. VIII–X. Mäßig trockene, sandig-kiesige Ruderalstellen, massenhaft in Luzerne-Äckern; collin; slt bis zstr. **B, W, N, St, K, S, T***. Unbeständig bis (neuerdings) eingebürgert (Neubürger), in Ausbreitung u. weiterer Einbürgerung begriffen. (Heimat: Nordamerika.) (*A. elatior*)
**Beifuß-T., Hohes T., *A. artemisiifólia***

* A. Polatschek: Mskr. N. Fl. **T & V**.

## (25) Spitzklette, *Xánthium* (E 2)

**1** Stg bei den Knoten mit 1–2 kräftigen, 3teiligen, gelben Dornen; LB oberseits d'grün, unterseits weißfilzig. — FrKorb (Hülle) zw. den Dornen (= Hülldornen) kurzhaarig; Hülldornen hakig; Schnäbel des FrKorbs gerade. H: 30–80 cm. ⊙ Th. VIII–IX. Mäßig trockene, sandig-kiesige Ruderalstellen, Bahnanlagen; collin; sehr slt. Bes. im Pann (früher häufiger, durch den Rückgang der Weidewirtschaft sehr selten geworden). **B, W, N, (St, K†)**. Neubürgerin. (Heimat: Südamerika.) **Dorn-Sp., *X. spinósum***

**-** Stg ohne Dornen; LB beiderseits gleichfarbig, grün, nicht filzig. (Gruppe um die Gewöhnliche Sp., *X. strumarium-Gruppe* = *X. subgen. Xanthium* = *X. strumarium s. latiss.* [Fl. Eur.]) . . . . . . . . . . . . . . . . . . . . . . **2**

Anm.: Die Arten dieser Gruppe sind zT nicht ganz leicht unterscheidbar; zudem ist strittig, ob sie überhaupt Artrang verdienen.

**2** Reife FrKörbe (Hülle) graugrün, zuweilen rötlich überlaufen, fein kraus behaart, zstr drüsig; Schnäbel des FrKorbes (Hülle) gerade, abstehend oder zusammenneigend; FrKorb-Gesamtlänge *(samt den 2 Schnäbeln gemessen)* 12–15(17) mm. — Hülldornen 2–2,5 mm lg, Abstand zw. 2 Dornen 1–2 mm (Abb. 385 a). H: 30–100 cm. ⊙ Th. VII–X. Mäßig frische Ruderalstellen, feuchte Äcker, Flußufer, Schutt- u. Verladeplätze; sommerwärmeliebend; collin; slt bis sehr slt. **B, W, N, O†, St, (K†, S, T, V)**. (Europäisch-westasiatisch.) Gefährdet; in den KäB, im nVL u. im söVL stark gefährdet. (Inkl. *X. sibiricum*) **■ Gewöhnliche Sp., *X. strumárium***

**-** Reife FrKörbe (Hülle) kräftig braun, steifhaarig, slt fast kahl, drüsig oder drüsenlos, mit gebogenen Schnäbeln; FrKorb-Gesamtlänge 15–21 mm lg. (*X. subgen. X. sect. Campylorrhyncha*; meist entstanden in Europa aus Neophyten aus Amerika) . . . . . . . . . . . . . . . . . . . . . . . . **3**

**3** FrKörbe samt Hülldornen u. Schnäbeln fast kahl, — nur mit ganz vereinzelten Härchen u. Drüsen besetzt, mattglänzend. H: 30–100 cm. ⊙ Th. VIII–X. Ruderalges.; collin; sehr slt. **(St)**. Unbeständig. (Heimat: östl. Nordamerika.) ☆ **■ Stech-Sp., *X. púngens***

**-** FrKörbe samt Hülldornen u. Schnäbeln steifhaarig, — drüsig bis drüsenlos . . . . . . . . . . . . . . . . . . . . . . . . . . . . . . . **4**

**4** Hülldornen von der Mitte an bogig nach oben gekrümmt, an der Spitze hakig, locker stehend (Abstände zw. ihnen oft 2–3 mm) (Abb. 385 b). H: 30–100 cm. ⊙ Th. VII–IX. Ruderalges., nährstoffreiche Sandböden; collin; sehr slt. **(B), N** (im Steinfeld bei Wiener Neustadt), **(K†)**. (Hptvbr.: West- u. Südwest-Europa.) GiftPf. *(X. macrocarpum)* **■ Großfrucht-Sp., *X. orientále***

**-** Hülldornen bis zur geraden oder hakigen Spitze gerade oder schwach bogig, meist dicht stehend (Abstände zw. ihnen meist nur 1(–3) mm) . . . . . . . **5**

**5** 50–80 % der Hülldornen mit ganz gerader, nähnadelartiger oder höchstens offen-hakiger Spitze, 20–50 % der Hülldornen mit deutlich nach oben zu eingeschlagener, hakiger (häkelnadelartiger) Spitze; Hülldornen etwa 0,5–0,6× so lg wie der FrKorb-∅ *(ohne Hülldornen gemessen)*. H: 10–100 cm. ⊙ Th. VIII–X. Flußufer, Ruderalges., bes. Schuttplätze; collin. (Entstanden angeblich aus *X. saccharatum*, Pkt 6.) *(X. riparium)* **■ Ufer-Sp., Elbe-Sp.,** Elb-Sp., ***X. albínum s. l.***

**a** FrKörbe dick, eiförmig, etwa 2,5× so lg wie br *(gemessen samt den Schnäbeln, aber ohne die Hülldornen!)*; etwa 40–50 % der Hülldornen mit hakiger Spitze; LB'Spreitengrund meist gestutzt bis fast herzförmig, slt zT keilförmig. Bisher in **Ö** nicht nachgewiesen. (Hptvbr.: Norddeutsche Tiefebene [Elbe-Gebiet]). *(X. riparium var. albinum, X. albinum s. str.)* ⊖ **■ Dickköpfige U.-Sp., *X. a. subsp. albínum***

- FrKörbe schlank, ellipsoidisch, etwa 3,5× so lg wie br; etwa 20–30(40) % der Hülldornen mit hakiger Spitze; LB'Spreitengrund deutlich keilförmig. Sehr slt. **W, N** (im unteren Thaya- u. oberen Marchtal). (Hptvbr.: Nordostdeutsche Tiefebene, Baltikum). Gefährdet. *(X. ripicola)* **■ Schlankköpfige U.-Sp., *X. a. subsp. ripárium***
- 0–20(30) % der Hülldornen mit ganz gerader, nähnadelartiger oder höchstens offenhakiger Spitze, (70)80–100 % der Hülldornen mit deutlich nach oben zu eingeschlagener, hakiger (häkelnadelartiger) Spitze; Hülldornen etwa 0,6–1,1× so lg wie der FrKorb-∅ . . . . . . . . . . . . . . . . . . . . . . . . . . . . . . . . . . . . **6**

**6** (90)100 % der Hülldornen mit hakiger Spitze; Hülldornen etwa 0,8–1,1× so lg wie der FrKorb-∅; Schnäbel meist stumpfkantig, oft mit schwachem Rückenkiel. — FrKorb drüsenlos bis schwach drüsig. H: (10)20–100(120) cm. ⊙ Th. IX–X. Flußufer, Ruderalges.; collin; sehr slt. **(St)**. (Heimat: Nord- u. Südamerika; Vbr. in Europa: Oberitalien, Mittel- u. Unterlauf der Donau?). Unbeständig (seit vielen Jahren nicht mehr beobachtet). ☆† **■ Italien-Sp., *X. itálicum***
- (70)80–90 % der Hülldornen mit hakiger Spitze; Hülldornen etwa 0,6–0,8× so lg wie der FrKorb-∅; Schnäbel meist ± stielrund. — Stg einfärbig grün, ohne oder mit nur sehr undeutlicher Strichzeichnung; FrKörbe etwa 3,2× so lg wie br *(gemessen samt den Schnäbeln, aber ohne die Hülldornen)*, dicht drüsig (Abb. 385 c). H: 20–100(170) cm. ⊙ Th. VIII–X. Flußufer, austrocknende Sandflächen der Uferzone; collin; slt. **N** (im unteren Marchtal), **(St, S)**. (Heimat: Nordamerika; Vbr. in Europa: Deutschland: an Rhein u. Mosel, Nord-Italien, Ost-Europa?) In Einbürgerung begriffen? (Angeblich Stammart von *X. albinum*.) **(☆) ■ Zucker-Sp., Süß-Sp., *X. saccharátum***

## (26) **Knopfkraut,** Franzosenkraut, Gängelkraut, ***Galinsóga***

**1** Stg dicht abstehend borstig behaart; LB ziemlich grob entfernt gezähnt; Korbstiele mäßig dicht anliegend behaart, außerdem mit vielen Drüsenhaaren; SpreuB lineal-lanzettlich, unzerteilt; Zunge der StrahlBlü mindestens so lg wie der halbe ∅ der Scheibe; Pappus der StrahlBlü gut entwickelt, einseitig. H: 10–80 cm. ⊙ Th. V–X. Sandige, lehmige stickstoffreiche Äcker (Hackkulturen), Gärten, Weingärten, Ruderalstellen (eher in kühl-feuchteren Lagen als die folgende Art); (collin) submontan bis montan; hfg; in weiterer Ausbreitung begriffen. **Alle Bdld**. Neubürger seit Ende des 19. Jh. (Heimat: Süd- u. Mittelamerika.) *(G. quadriradiata)* **Behaartes K.**, Zottiges K., ***G. ciliáta***
- Stg kahl oder sehr zstr behaart; LB fein gezähnelt; Korbstiele sehr dicht anliegend behaart, mit wenigen, kurzen Drüsenhaaren; SpreuB nach vorn zu verbreitert u. meist 3lappig; Zunge der StrahlBlü kürzer als der halbe ∅ der Scheibe; Pappus der StrahlBlü aus wenigen, kurzen Borsten bestehend. H: 10–60 cm. ⊙ Th. V–X. Sandige bis lehmige, meist stickstoffreiche Äcker, Gärten, Weingärten, Ruderalplätze; Tiefwurzler, Nährstoffzehrer; collin bis untermontan; hfg bis sehr hfg, bes. in warmen Lagen. **Alle Bdld**. Neubürger seit etwa 1800. (Heimat: westl. Südamerika.) **Kleinblütiges K., *G. parviflóra***

### ★ (27) Samtblume, Tagetes, *Tagétes*

**1** Korbstiele kaum verdickt; Hülle zylindrisch; Körbe etwa 4–6 cm ∅. H: (10)30–60 cm. ⊙ Th. VII–IX. Als (anspruchslose) ZierPf, in vielen Sorten sehr hfg kultiviert; gelegentlich in Ruderalges. unbeständig verwildert. (Heimat: Mexiko, Guatemala.) **★ Gewöhnliche S.,** Ausgebreitete S., Studentenblume, „Türkische Nelke", ***T. pátula***
- Korbstiele keulig verdickt; Hülle etwas kantig; Körbe 8–10 cm ∅. H: 45–75 cm. ⊙ Th. VII–IX. Als ZierPf in vielen Sorten kultiviert. (Heimat: Mexiko.) **★ Aufrechte S., *T. erécta***

### ★ (27 b) Sonnenbraut, *Helénium*

Blühsprosse etwas rauhhaarig, reichkörbig; ScheibenBlü bilden im Laufe des Blühens eine sich nach oben wölbende Halbkugel, während sich die StrahlBlü immer mehr nach unten zurückschlagen; StrahlBlü h'gelb bis d'gelb, orange bis braun. H: 50–150 cm. ⊙ Th. VI–IX. Als ZierPf kultiviert. (Heimat der Stammsippen: Nord- u. Südamerika.) Hybridogen (gärtnerisch). *(Helenium autumnale)* **★ Herbst-S., *Helénium-Hybriden***

### ★ (27 c) Kokardenblume, *Gaillárdia*

Stg rauh behaart, verzweigt; LB wechselständig, unzerteilt oder fiederspaltig; Körbe 6–10 cm ∅; Korbboden gewölbt; StrahlBlü steril mit br, tief 3spaltiger Zunge; ScheibenBlü ⚥ u. fertil; Hülle 3reihig, zur Reifezeit zurückgeschlagen; Blü gelb oder purpurn. H: 40–60 cm. ⊙–♃ Th–He. VI–IX. ZierPf, in mehreren Sorten kultiviert; gelegentlich u. unbeständig verwildert. (Heimat: südwestl. USA, Mexiko.) *(G. × grandiflora)*
**★ Kokardenblume, *G.-Hybriden***

## (28) Hundskamille, *Ánthemis*

**1** Zungen der StrahlBlü meist gelb, slt weiß oder fehlend *(f. discoidea)*. — LB fiederteilig, Zipfel kammförmig fiederspaltig, unterseits anliegend kurzhaarig; Korbboden halbkugelig, auf der ganzen Oberfläche SpreuB, diese lanzettlich mit starrer Stachelspitze. H: 20–60(80) cm. ♃ He. VI–IX. Trockenrasen, Felsbänder, Gebüsche, Erdanrisse, Böschungen; kalkmeidend; collin bis montan; slt u. oft unbeständig in **K, S, T, V**, zstr bis mäßig hfg in **B, W, N, O, St**. Früher FärbePf (Blü); WanderPf. *(Cota tinctoria)* **Färber-H., *A. tinctória***

**-** Zungen der StrahlBlü weiß . . . . . . . . . . . . . . . . . . . . . . . . . . **2**

**2** Pf ♃, mit verholztem WuStock. — Stg aufrecht oder bogig aufsteigend, zstr bis dicht behaart, meist 1körbig, nur untere Hälfte beblättert; LB einfach oder unregelmäßig doppelt-fiederteilig, in der Jugend lg'haarig, drüsig punktiert; Körbe 3,5–4,5 cm ∅; HüllB mit br, d'- bis schwarzbraun zerschlitztem Hautsaum; SpreuB oben zerschlitzt gezähnt, in eine Spitze auslaufend. H: 10–25 cm. ♃ He. VII–VIII. Felsen u. Felsschutt (Silikatgestein); alpin; sehr slt. **St** (Seckauer Alpen). Potentiell gefährdet. (Hptvbr.: Süd-Karpaten, nördl. Balkanhalbinsel.) *(A. orientalis subsp. carpatica, A. montana subsp. carpatica,* inkl. *A. styriaca)* **Karpaten-H., *A. carpática***

**-** Pf ⊙, mit dünner, spindelförmiger Wu . . . . . . . . . . . . . . . **3**

**3** Korbboden halbkugelig gewölbt; Fr deutlich zusammengedrückt, 2schneidig abgeflacht, 4kantig (im ∅ rhombisch); LB doppelt fiederschnittig mit ± regelmäßig kammförmig angeordneten Zipfeln. — Körbe einzeln, 2–3,5 cm ∅; SpreuB mit aufgesetzter, starrer, kurzer Spitze. H: 10–60 cm. ⊙–⊙ Th–He. VI–IX. Äcker, Brachen, Bahndämme, Wegränder, Ruderalplätze; basenhold; collin; im Pann hfg, sonst zstr (meist nur eingeschleppt u. unbeständig). **Fehlt** S. Alteingebürgert. *(Cota austriaca)* **Österreichische H., *A. austríaca***

**-** Korbboden schmalkegelig bis walzlich; Fr nicht zusammengedrückt, im ∅ rundlich oder schwach 4kantig, stark gerippt; LB unregelmäßig 1–2×-fiederschnittig . . . . . . . . . . . . . . . . . . . . . . . . . . . . . . **4**

**4** StrahlBlü geschlechtslos (auch ohne Gri); SpreuB lineal-borstlich, nur im oberen Teil des Korbbodens; Fr fast stielrund, knotig gerippt; innere HüllB länglich, nach oben zu verschmälert, schmal hautrandig; Pf widerlich riechend, — fast kahl. H: 15–50 cm. ⊙ Th. VI–IX. Ruderalstellen, Brachen, Getreideäcker, Wegränder; collin bis untermontan; zstr bis slt, im Pann mäßig hfg. **Alle Bdld**. Gefährdet; im Alp, BM, nVL u. söVL stark gefährdet.
**Stink-H., *A. cótula***

**-** StrahlBlü ♀; SpreuB lanzettlich, stachelspitzig, auf der ganzen Fläche des Korbbodens; Fr stumpf 4kantig mit glatten Rippen; innere HüllB oben nicht schmäler, mit br Hautrand; Pf nicht widerlich riechend . . . . . . . . . . **5**

**5** Alle SpreuB länglich-keilförmig (größte Breite wenig unterhalb der Spitze), ziemlich abrupt in eine Stachelspitze zusammengezogen, daneben oft gezähnelt; RandFr mit scharfrandigem, meist schiefem Scheitel (Krönchen); HüllB oben mit fransig zerschlitztem Rand; Pf stark aromatisch, — meist ± angedrückt-wollig. H: 25–50 cm. ⊙ Th. VI–VIII(IX). Trockene Ruderalstellen, Brachen, Äcker; collin; slt bis sehr slt im Pann, sonst höchstens unbeständig (?). **B, W, N, (T?)**. Stark gefährdet. (Hptvbr.: Ost- u. Südost-Europa.)
**Ruthenische H., *A. ruthénica***

**-** SpreuB lanzettlich (größte Breite in oder wenig oberhalb der Mitte), allmählich in die Stachelspitze verschmälert, ganzrandig, äußere SpreuB etwas schmäler; RandFr oben sehr stumpf berandet, ohne schiefes Krönchen; HüllB oben mit ganzrandigem oder etwas gezähneltem Hautrand; Pf fast geruchlos, — kahl oder spärlich weichhaarig. H: 15–50 cm. ⊙ Th. VI–IX. Bodensaure Äcker, Weingärten, Brachen; collin bis montan; mäßig hfg bis zstr (im Rückgang begriffen?). **Alle Bdld**. Im Rh gefährdet. **Acker-H., *A. arvénsis***

## (29) Schafgarbe, *Achilléa*

**1** LB unzerteilt, lineal-lanzettlich, gesägt, — Spreite kahl, glänzend, nicht drüsig; WuStock kriechend, mit Ausläufern; Stg nur oben verzweigt, unten kahl, oben locker anliegend behaart; Körbe schirmrispig angeordnet, 12–17 mm ⌀; StrahlBlü 8–13, ihre Zunge etwa 4–6 mm lg. H: 30–100 cm. ♃ He. VII–IX. Naß- u. Moorwiesen, Staudenfluren an Bächen, Gräben u. Flüssen; collin (sonst Gartenflüchtling); zstr bis slt. **Alle Bdld**. Gefährdet. Als Volksarznei- u. ZierPf auch kultiviert u. auch verwildert. *(Ptarmica vulgaris)*
**Bertram-Sch.**, Sumpf-Sch., ***A. ptármica***

**-** LB fiedrig zerteilt (fiederspaltig oder 1–3×- fiederschnittig) . . . . . . . . . **2**

**2** StrahlBlü (5)6–12(29), ihre Zunge etwa so lg oder länger als die Hülle, — deutlich länger als br, weiß; Hülle meist (4)6–8 mm hoch; Körbe 9–30 mm ⌀. Meist montan bis alpin . . . . . . . . . . . . . . . . . . . . . . . . . **3**

**-** StrahlBlü 4–5(8), ihre Zunge immer deutlich kürzer als die Hülle (höchstens fast so lg), — weiß, gelblichweiß oder purpurrosa bis -rot; Hülle 2–5(6) mm hoch; Körbe 6–12(15) mm ⌀; LB 2–3×-fiederschnittig . . . . . . . . . . . **8**

**3** LB nur wenig länger als br, Abschnitte lanzettlich, 5–10 mm br, scharf doppelt gesägt; Pf meist über 50 cm hoch. — Stg aufrecht, reichlich beblättert, die unteren LB zur BlüZeit meist vertrocknet; Körbe etwa 10–35, eine mäßig dichte Schirmrispe bildend; StrahlBlü meist 5(–8), ihre Zunge 4–7 mm lg u. 3–6 mm br. H: (30)50–100 cm. ♃ He. VII–IX. Hochstaudenfluren, Grauerlenwälder, feucht-felsige Schluchten; etwas kalkmeidend; obermontan bis subalpin; zstr bis mäßig hfg. West-**K, T, V**. **Großblatt-Sch., *A. macrophýlla***

**-** LB mehrmals so lg wie br, Abschnitte letzter Ordnung schmäler als 5 mm, nie scharf gesägt; Pf kaum über 30 cm hoch. — Obermontan bis subnival . . **4**

**4** LB (wie die ganze Pf) anliegend weißgrau-seidig-filzig (sehr slt kahl), ihr Mittelfeld 2–5 mm br. — Untere LB lg gestielt, Spreite keilig bis spatelig, mit 2–4(5) Paar Fiederabschnitten, diese 1–4 mm br, ganzrandig u. mit 2–3zähnigen Zipfeln; Körbe 10–18 mm ⌀, in mäßig dichten Schirmrispen; HüllB mit schwarzbraunem Hautrand; Zungen der StrahlBlü weiß, 3–5(7) mm lg. H: 5–30 cm. ♃ He. VII–IX. Sonnige Steinrasen, Felsspalten, Felsschutt; kalkstet; (ober)montan bis alpin; in den Kalkalpen hfg, in den Zentralalpen zstr bis slt. **Fehlt B, W, V**. △ **Steinraute, Weißer Speik, Weiße Sch.**, Bittere Sch., ***A. clavénae***

- LB nicht seidig anliegend behaart, ihre Spindel etwa 1–2 mm br. — LB kahl oder schwach behaart . . . . . . . . . . . . . . . . . . . . . . . . . . . . . . **5**

**5** Stg meist 1körbig (slt 2–5körbig); Zunge der StrahlBlü 6–10 mm lg. — Habitus ähnlich wie Hundskamille/*Anthemis*; Stg unten kahl, oben zottig lg'haarig; LB zstr lg'haarig, ihre linealischen Zipfel 0,5 mm br, sehr spitz, unzerteilt oder bis 5spaltig; Korb (15)20–30 mm ∅; HüllB zstr-lg'haarig, in der Mitte grün, br-schwarzbraun-hautrandig; StrahlBlü 13–18(20), weiß. H: 8–20(30) cm. ♃ He. VII–IX. Felsschutthalden, Felsrasen; über Kalk u. Dolomit; subalpin bis alpin; zstr. Südwest-**K**, Ost-**T**. (Hptvbr.: Dolomiten.)
**Dolomiten-Sch., Spitzblatt-Sch., *A. oxýloba***

- Stg mit mehreren Körben in einer Schirmrispe; Zunge der StrahlBlü kaum über 6 mm lg . . . . . . . . . . . . . . . . . . . . . . . . . . . . . . **6**

**6** LB dicht eingestochen-drüsig-punktiert, — 1×-fiederteilig (kammförmig fiederschnittig), Fiederabschnitte länglich bis linealisch, 0,5–1 mm br, 2–5× so lg wie wie die LB'Spindel-Breite, ganzrandig bis 1–3zähnig; Pf kleine Rasen bildend, aromatisch; GrundB gestielt; StgB sitzend; Körbe 10–14 mm ∅; Hülle becherförmig, (3)4–5(6) mm hoch u. (3)4–5(6) mm br; HüllB lg'haarig, grün, mit gelbem Mittelnerv u. braunem Hautsaum; StrahlBlü 6–8, Zunge 4 mm lg; Kro der RöhrenBlü weißlich. H: 7–20 cm. ♃ He. VII–IX. Lückige Rasen, Steinschuttfluren, kalkarme, ruhende oder schwach bewegte, lehmige Verwitterungshalden; bes. über Silikatgesteinen; (alpin) subnival; in den Zentralalpen hfg, in den Kalkalpen slt. **St, K, S, T, V**. VolksarzneiPf. *(A. erba-rotta subsp. moschata)* **Moschus-Sch.**, Ivapflanze, Jochkamille, ***A. moscháta***
Anm.: Die Angabe der ⊖ **Zwerg-Sch.**, ***A. nána*** (Vbr: Südwestalpen) für **T** beruht auf einem Irrtum.

- LB nicht drüsig punktiert, — (1)2–3×-fiederschnittig mit schmal-linealischen Abschnitten; StrahlBlü 7–12, Zungen 3–7 mm lg. Stets auf basischen Böden (über Kalk). (Artengruppe Schwarzrand-Sch., *A. atrata agg.*) . . . . . . . **7**

**7** LB 1×-fiederschnittig, Zipfel etwa 1 mm br; vordere LB'Abschnitte 3–4(5)spaltig bis -teilig; Zunge der StrahlBlü 5–7 mm lg; Hülle 5–6 mm hoch; Pf kaum aromatisch; Korbstiele meist mehr als 3× so lg wie der Korb. — Körbe 11–16 mm ∅; HüllB mit gelbem Mittelnerv u. schwarzbraunem Hautsaum. H: (6)8–25 cm. ♃ He. (VI)VII–IX. Feuchte, gröbere Felsschuttrasen, Schneetälchen, Moränen; (subalpin) alpin; in den Zentralalpen slt, in den westl. Kalkalpen hfg, in den östl. (im Areal der folgenden Art) zstr bis slt. **Fehlt B, W**. *(A. atrata subsp. atrata)* **Schwarzrand-Sch., Schwarze Sch., *A. atráta***

- LB 2(3)×-fiederschnittig, Zipfel etwa 0,5 mm br; vordere LB'Abschnitte 5- bis vielspaltig; Zunge der StrahlBlü 3–4(5) mm lg; Hülle 4–5 mm hoch; Pf stark aromatisch; Korbstiele meist weniger als 3× so lg wie der Korb. — Körbe 9–12 mm ∅. H: (6)10–20(30) cm. ♃ He. VII–VIII. Sickerfrische, feinerdereiche Felsschuttböden, Schneetälchen, Steinrasen; subalpin bis alpin; mäßig hfg. **N, O, St**. Endemisch (nordöstl. Kalkalpen). VolksarzneiPf. *(A. atrata subsp. clusiana)* **Clusius-Sch., Ostalpen-Sch., *A. clusiána***

**8** [2] Anm. 1: Die hier folgenden Arten, insbesondere die Artengruppe Echte Sch., *A. millefolium agg.* (ab Pkt 10), bilden eine sehr schwierige Verwandtschaftsgruppe u. bereiten nicht nur dem Anfänger Probleme! Diese Sippen sind noch nicht ausreichend erforscht. In der folgenden Darstellung werden allerdings die bisher vorliegenden Ergebnisse der gegenwärtig in Wien laufenden Untersuchungen berücksichtigt (SAUKEL & LÄNGER 1992 a–c).
Anm. 2: *Soweit wie möglich, sollen immer mehrere Pf aus derselben Population untersucht (vermessen) werden. Denn nahezu alle Größenangaben sind nur als Mittelwerte einer*

*größeren Stichprobe signifikant! Aberrante Pf, zB Blühsprosse, die sich nach der Mahd entwickelt haben, werden kaum bestimmbar sein. Für die Bestimmung sind Lupe u. Lineal (u. eventuell Taschenrechner), bei Herbarbelegen auch das Mikroskop mit Meßstrichplatte notwendig. Es werden viele Zahlenwerte verwendet. Diese beruhen bei der LB'Spindel, den Fiedern, den StrahlBlü (u. deren Zungen), der Hüllenlänge u. Hüllenbreite (zur Vollblüte; vorher sind die Abmessungen kleiner, nachher größer als angegeben) entweder auf frischen oder aber aufgekochten (in 60%iger Chloralhydratlösung) Teilen!*

Anm. 3: Der gesamte Korbstand (Schirmkorbrispe) an der Spitze des Stg wird hier „Hauptschirm" (eigentlich genau: Hauptschirmkorbrispe) genannt *(∅ messen!)*; er setzt sich meist aus mehreren, ± deutlich erkennbaren, noch kompakteren Untereinheiten zusammen, deren mittlere hier „Endschirm" genannt wird *(Länge messen!)*. Die angegebenen Maßangaben beziehen sich jedoch auf Herbarbelege (gepreßte u. getrocknete Pf), für lebende Pf sind diese Werte um etwa 20 % zu hoch. – Flächigkeit der Fiedern: flächig = Fiederspindel u. Endzipfel br (im Verhältnis zur Fiederlänge). *Die Anwesenheit von Proazulenen (Sesquiterpenlactone, die bei Wasserdampfdestillation blaue Azulene liefern; sie weisen entzündungshemmende Eigenschaften auf) kann an gut getrocknetem Material mit dem sogen. CP-Reagenz im Mikroskop (60%ige Chloralhydratlösung u. 85%ige Phosphorsäure im Verhältnis 2:1) leicht überprüft werden: Man legt StrahlBlü oder ScheibenBlü in die Lösung ein u. kocht auf. Wenn Proazulene vorhanden sind, färben sich die Drüsenhaare grau, blau, violett oder schwarz. Grüntöne sind kein Hinweis auf Proazulene (sondern auf andere Sesquiterpenlactone).* – „Internodienlänge" = Wuchshöhe (Pflanzenhöhe) dividiert durch die mittlere Zahl der StgKnoten bis unterhalb des Hauptschirms (dieser Wert ist also geringfügig größer als die durchschnittliche Länge der StgInternodien); Knotenzahl = Anzahl der Stg-Knoten (bis zum Beginn des Hauptschirms); StgBLänge (cm) × StgBBreite (cm) = Produkt aus der Länge u. der (Umriß-)Breite der Spreite immer der oberen StgB, als Maß für die Flächengröße ($cm^2$) der LBSpreite; Zungenlänge (mm) × Zungenbreite (mm) = Produkt aus Länge u. Breite der Zunge der StrahlBlü ($mm^2$).

Pf ohne eigentliche Ausläufer, aber mit kurzen, GrundB tragenden Stocksprossen (WuStock mehrköpfig); StgB im Umriß br-elliptisch bis eiförmig, (1)2–3× so lg wie br. — KroRöhre der StrahlBlü so lg oder länger als die kurze Zunge . . . . . . . . . . . . . . . . . . . . . . . . . . . . . . . . . . . **9**

- Pf mit unter- oder oberirdischen, 3–50 cm lg Ausläufern; StgB im Umriß länglich-eiförmig bis länglich-lineal-lanzettlich, 3–12× so lg wie br. — GrundB oft tiefer geteilt als die StgB; StgB (meist) sitzend, mit oft vergrößerten (öhrchenartigen) basalen Fiedern; Hülle 3–6 mm lg; StrahlBlü (4)5(6), etwa 0,3–1× so lg wie die Hüllenlänge; KroRöhre der StrahlBlü meist höchstens so lg wie die Zunge (nur bei *A. setacea* u. *A. collina* länger). ArzneiPf. (Artengruppe Echte Sch., *A. millefolium agg.*) . . . . . . . . . . . . . . . . . . . . . **10**

Vgl. die Anm. am Beginn von Pkt 8!

**9** LB'Spindel gezähnelt u. meist mit kleineren Zwischenlappen. — Fiedern der oberen StgB (1)2–3(4)×-fiederschnittig; untere StgB 2–10 cm lg u. 1–3 cm br; obere StgB eiförmig, 1–5 cm lg u. 1,5–3 cm br, deren Fiedern mit 2–25 Zähnchen pro Seite. H: 20–60 cm. ♃ He. VI–X. (Halb-)Trockenrasen, trockene Halbruderalfluren, Waldschläge; basenhold; collin; sehr slt. Im Pann. **B, W†, N, (St)**. Stark gefährdet. Proazulen-frei. Vielgestaltig (Kleinartengruppe?). (Tetraploid.) *(A. neilreichii)* **Edel-Sch., *A. nóbilis (s. l.)***

- LB'Spindel ganzrandig. — Fiedern der oberen StgB 1–2(3)×-fiederschnittig; untere StgB 6–20 cm lg u. 1,5–7 cm br (Fiedern meist dichter als bei *A. nobilis* u. auffällig feiner zerteilt als die Fiedern der oberen StgB); obere StgB eiförmig bis länglich, 2–13 cm lg u. (1)3(4) cm br, deren Fiedern mit (2)4(10) Zähnchen pro Seite. H: 20–60 cm. ⊙–♃. He. V–VII. Trockene Ruderalfluren; collin; sehr slt. **W, N, St, T**. (Heimat: Ost- u. Südost-Europa.) Unbeständig. (Diploid u. tetraploid.) Proazulen-frei. ☆ **Meerfenchel-Sch., *A. crithmifólia***

**10** Stg, LB u. Hüllen (diese oft auch auf der Fläche) meist dicht lg'haarig; KroRöhre der StrahlBlü meist so lg oder länger als die Zunge. — StgBLänge ×

StgBBreite 0,5–3(4) cm²; Zungen der StrahlBlü immer weiß. Collin, bes. im Pann, bes. auf (Halb-)Trockenrasen . . . . . . . . . . . . . . . . . . . . . . 11

– Stg, LB u. Hüllen nie alle dicht lg'haarig; KroRöhre der StrahlBlü meist kürzer als die Zunge. — GrundB niemals mit deutlich 3dimensionaler Fiederanordnung; StrahlBlü weiß bis purpurrot . . . . . . . . . . . . . . . . . . . . . 13

11 GrundB mit Fiedern, die in haarförmig-linealische, weniger als 0,3 mm br Zipfel zerteilt u. in frischem Zustand deutlich 3dimensional angeordnet sind (GrundB daher lampenputzerförmig); „Endschirm" 1–1,5 cm lg. — StgBLänge × StgBBreite (0,25)0,5(1,3) cm²; „Hauptschirm" meist kompakt; Stg meist unverzweigt, „Internodienlänge" 1,5 cm, längstes 2,5 cm, Knotenzahl 10–27; LB graugrün; untere StgB 5–15 cm lg u. 3–11 mm br; obere StgB 1–4,5 cm lg u. 2–6(8) mm br, 4–12× so lg wie br, mit 10–31 Fiedern (diese 0,4–1(1,8) mm voneinander entfernt), Fiedern 1–5 mm lg u. 1–4 mm br, 0,8–1,3(1,6)× so lg wie br, mit 7–10(16) Zähnchen pro Fiederhälfte, Endzipfel der Fieder 0,4–1 mm lg u. 0,2–0,4 mm br, 1,2–4× so lg wie br; LB'Spindel 0,5–1,2 mm br; Hülle (2,5)3,7(4,5) mm lg u. (2)2,5(3,5) mm br; HüllB am Rand grün bis d'braun; Zunge der StrahlBlü (0,7)1,4(1,9) mm lg u. (1,1)1,9(2,5) mm br, 0,6–1× so lg wie br, weiß bis gelblichweiß, 0,2–0,6× so lg wie die Hülle; KroRöhre der StrahlBlü (1)1,3(1,9)× so lg wie die Zunge. H: 10–30(60) cm. ♃ He. V–VI. Meist ± bodensaure Trockenrasen, über kalkarmen Sanden u. Schottern, auf feinerdereichen Böden über Löß; collin; zstr bis slt. Im Pann. **B, W†, N**. Stark gefährdet. (Hptvbr.: (Süd-)Ost-Europa u. kontinentaleres Mitteleuropa.) Proazulen-frei. (Diploid.) *(A. millefolium subsp. setacea)* **■ Feinblatt-Sch., *A. setácea***

– GrundB mit Fiedern, die ± flächig ausgebreitet sind (auch frisch nie 3dimensional angeordnet), Zipfel nicht linealisch (oft zwiebelförmig), nur ausnahmsweise schmäler als 0,3 mm; „Endschirm" meist länger als 2 cm . . . . . 12

12 „Hauptschirm" 4–8 cm ∅; Hüllenlänge × Hüllenbreite im Mittel 14 mm²; GrundB oft ½–1× so lg wie die ganze Pf. — Pf an allen Teilen immer dicht lg'haarig (Haare an älteren Herbarbelegen oft rostbraun gefärbt!), oft graugrün, meist unverzweigt oder nur oberwärts verzweigt; GrundB oft breiter als 1,5 cm, aufrecht-abstehend, mit flächigen, sehr regelmäßig angeordneten (oft gegenständigen) Fiedern (diese an der Spitze oft nach oben gebogen); untere StgB 4,5–30 cm lg u. 0,7–2(3) cm br, 6–20× so lg wie br; obere StgB 2–8 cm lg u. (0,3)0,6(1,5) cm br, (6)8–18× so lg wie br, mit (12)19(32) Fiedern (diese 1–2(5) mm voneinander entfernt), Fiedern (2)6–13 mm lg u. (1,5)4(9) mm br, (1)1,4(1,8)× so lg wie br, mit 7–10(26) Zähnchen pro Fiederhälfte, Endzipfel der Fieder (0,3)1(2) mm lg u. (0,4)0,7(1,2) mm br, (0,7)1,5(2,3)× so lg wie br; LB'Spindel (0,7)1,5(2,5) mm br, gegen die Spitze zu manchmal gezähnelt; Hülle (3)4,5(6) mm lg u. (2)3(4) mm br, HüllB grün bis braun berandet, dicht behaart; Zunge der StrahlBlü (1,3)2,2(2,6) mm lg u. (2)2,7(4)mm br, (0,55)0,81(1)× so lg wie br, weiß, 0,3–0,6× so lg wie die Hülle; KroRöhre der StrahlBlü (0,7)0,9(1,2)× so lg wie die Zunge. H: 30–70(90) cm. ♃ He. (V)VI–VIII. Flaumeichengebüsch-Säume, Waldsteppen, Halbtrockenrasen; collin; zstr bis slt. Im Pann. **B, W, N, (O?)**. Proazulen-frei. Gefährdet. (Meist oktoploid, seltener hexaploid.) *(A. millefolium subsp. pannonica)* **■ Pannonische Sch., *A. pannónica***

– „Hauptschirm" 2–3(4) cm ∅; Hüllenlänge × Hüllenbreite im Mittel 10 mm²; GrundB meist kaum halb so lg wie die ganze Pf. — Pf oft nicht an allen Teilen dicht lg'haarig (manchmal sogar nur schwach behaart), h'grün, seltener graugrün, oft horstig wachsend, unverzweigt bis stark verzweigt, oft mit sterilen LB'Büscheln in den Achseln der oberen StgB; Fiedern der GrundB weniger flächig (sondern feiner zerteilt) u. unregelmäßig (oft wechselständig) angeordnet; untere StgB 3–41 cm lg u. 0,3–1,5(4) cm br, (4)8(15)× so lg wie br; obere StgB 1,4–7 cm lg u. (0,2)0,4(0,8) cm br, 8–18× so lg wie br, mit (10)20(40) Fiedern (diese (0,6)1,7(4) mm voneinander entfernt), Fiedern (1,6)3,5(7) mm lg u. (1)2,5(5,5) mm br, (0,9)1,4(2)× so lg wie br, mit (3)9(21) Zähnchen pro Fiederhälfte, meist flach an der LB'Spindel ansetzend u. dann gedreht, Endzipfel der Fieder (0,3)0,75(1,8) mm lg u. (0,2)0,5(0,9) mm br, 0,8–1,5(4)× so lg wie br; LB'Spindel (0,4)1(1,8) mm br; Hülle

(2,2)3,7(5) mm lg u. (1,8)2,6(4) mm br; HüllB grün bis braun berandet, behaart bis kahl; Zunge der StrahlBlü (1)1,8(2,8) mm lg u. (1,3)2(3) mm br, (0,7)0,9(1,3)× so lg wie br, weiß (sehr slt – zB in **K** – rosa), 0,3–0,8× so lg wie die Hülle; KroRöhre der StrahlBlü (0,8)1(1,6)× so lg wie die Zunge. H: (10)25–60(80) cm. ♃ He. (VI)VII–XI. Halbtrockenrasen, trockene Wiesen, (Halb-)Ruderalstellen, lichte (Föhren-) Wälder; collin bis submontan; im Pann sehr hfg, sonst zstr bis slt (?). **B, W, N, O?, St, K, S?, T?, V?**. (Genaue Vbr. noch unbekannt.) ArzneiPf (proazulenreich). Sehr variabel. (Meist tetraploid.) *(A. millefolium subsp. collina)* [19–]

■ **Hügel-Sch., *A. collína*** *(s. l.)*

Anm.: Diese Art ist sehr vielgestaltig u. noch nicht ausreichend geklärt. Die große Variationsbreite beruht zT darauf, daß mehrere, gegenwärtig noch nicht faßbare Sippen vorliegen, zum anderen Teil aber auch darauf, daß *A. collina* leicht mit anderen Arten hybridisiert (zB mit *A. setacea, A. aspleniifolia, A. pratensis, A. millefolium, A. pannonica*) u. sich diese Hybriden nicht leicht als solche erkennen lassen.

**13** [10] StgB (1,5)3(6)× so lg wie br; StgBLänge × StgBBreite der StgB (4)7–11(44) cm². — StgB auffällig plump, ihre Breite (0,18)0,37(0,60)× so groß wie die durchschnittliche „Internodienlänge", mit entfernt stehenden u. plan ansetzenden flächigen Fiedern (deren Abstand voneinander (2)4–10 mm); LB'Spindel der StgB meist br geflügelt, an allen LB geflügelt u. oft gezähnelt oder mit Zwischenfiedern; „Internodienlänge" etwa 3–5(8) cm. Collin bis montan **14**

**-** StgB (5)10(15)× so lg wie br; StgBLänge × StgBBreite der StgB meist weniger als 7 cm². — StgB schlank, mit ziemlich dicht stehenden Fiedern (deren Abstand 0,5–2(3) mm); LB'Spindel der StgB kaum geflügelt, an den oberen StgB ± geflügelt, immer ohne Zwischenfiedern (manchmal aber gezähnelt); „Internodienlänge" etwa 2–4 cm. Collin bis alpin . . . . . . . . . . . . . . . . **17**

**14** GrundB meist lanzettlich (größte Breite in der Spreitenmitte), ihre LB'Spindel deutlich gezähnt, meist mit Zwischenfiedern. — LB'Fiedern (1,5)2,2–6× so lg wie br (an unteren StgB bis zu 10× so lg wie br); proazulen-frei. (Zahnblatt-Sch. i. w. S., *A. dístans s. l.*) . . . . . . . . . . . . . . . . . . . . **15**

**-** GrundB länglich-verkehrt-eiförmig bis fast spatelförmig (größte Breite über der Spreitenmitte), ihre LB'Spindel nur im vorderen Teil öfters gezähnelt (aber ohne Zwischenfiedern). — Pf meist mit einzelnen auffallend lg Internodien; die obersten StgB kaum verkleinert; Fiedern der StgB (1,2)1,7(2,3)× so lg wie br. Fast nur in Wiesenges. . . . . . . . . . . . . . . . . . . . . . . . . **16**

**15** LB'Spindel schmal geflügelt, insgesamt *(samt Flügel)* höchstens 1–2 mm br; Internodien in der StgMitte oft gestaucht. — LB'Fiedern sehr entfernt stehend, schmal-lanzettlich bis linealisch; „Hauptschirm" sehr dicht u. oft von unteren (seitlichen) Schirmkorbrispen übergipfelt.

■ **Rainfarn-Sch., *A. „tanacetifólia"*** (→ Pkt 20)

**-** LB'Spindel deutlich geflügelt, insgesamt *(samt Flügel)* meist 2–3(5) mm br; Internodien in der StgMitte nie auffällig gestaucht. — LBFiedern breiter, „flächiger"; Zunge der StrahlBlü rosa bis weiß. Fast nur in Waldges. ♃ He. (Vgl. *A. „tanacetifolia"*, → Pkt 20.) *(„A. distans subsp. distans")*

■ **Zahnblatt-Sch. i. e. S., *A. dístans s. str.***

**a** „Hauptschirm" etwa 3–5(8) cm br; Körbe klein: Hüllenlänge × Hüllenbreite etwa 10 mm²; Knotenzahl (10)19(40); Pf oft Horste bildend (WuStock oft mehrere Zentimeter dick), — unverzweigt (oder nur oben verzweigt), graugrün bis grün; „Internodienlänge" (2,4)4,5(7) cm (längstes 8–13 cm); LB deutlich behaart; untere StgB (10)17(30) cm lg u. (1,6)3,4(7) cm br, 5–10× so lg wie br; obere StgB (3)6(9) cm lg u. (0,8)1,5(3,6) cm br, 5–8× so lg wie br, Fiedern (8)17(23), (2,4)3,8(6) mm voneinander entfernt, (6)12(25) mm lg u. 3–6–10 mm br, (1,5)2(3)× so lg wie br, mit (15)40(80)

Zähnchen pro Fiederhälfte, Endzipfel der Fieder (0,4)1(3,5) mm lg u. (0,4)0,8(1,4) mm br, (0,8)1,5(3)× so lg wie br; LB'Spindel insgesamt *(samt Flügel)* (1)2(4) mm br; Hülle (3)4(5) mm lg u. (1,8)2,4(3) mm br; HüllB grün bis braun berandet, behaart; Zunge der StrahlBlü (1,5)2,2(2,9) mm lg u. (1,5)2,3(2,9) mm br, (0,8)1(1,3)× so lg wie br, Zungenlänge × Zungenbreite 5 mm²; Zunge 0,50–0,86× so lg wie die Hülle; KroRöhre der StrahlBlü (0,6)0,8(1,2)× so lg wie die Zunge. H: (40)60–100(120) cm. VII–IX. Fels- u. Schuttstandorte in lichten Laubwaldresten u. Gebüschsäumen; über neutralem bis basischem Silikat; montan; zstr. Bisher nur **St** (im Murtal) u. **S** (im Lungau). Proazulen-frei. Potentiell gefährdet. (Tetraploid.) **■ Steirische Z.-Sch., *A. d. subsp. styríaca****

**-** „Hauptschirm" etwa 5–10 cm br; Körbe groß: Hüllenlänge × Hüllenbreite etwa 15 mm²; Knotenzahl (5)11(19); Pf oft einzeln stehend, — oft schon unten verzweigt (seltener unverzweigt), grün; „Internodienlänge" (2)4,5(8) cm (längstes 7–12 cm); LB ± behaart; untere StgB (8)19(40) cm lg u. (1,4)3,4(9) cm br, 4–9× so lg wie br; obere StgB (3)5(8) cm lg u. (0,6)1,6(7,6) cm br, 4–8× so lg wie br, Fiedern (7)14(26), (1,6)4(11) mm voneinander entfernt, (4)8(13) mm lg u. (1,6)3,8(7) mm br, (1,5)2,2(4)× so lg wie br, mit (4)14(30) Zähnchen pro Fiederhälfte, Endzipfel der Fieder (0,4)1(2,3) mm lg u. (0,4)0,9(2,2) mm br, (0,8)1,2(2)× so lg wie br; LB'Spindel insgesamt *(samt Flügel)* (1,3)2(5) mm br, oft gezähnt u./oder mit kleinen Zwischenfiedern; Hülle (3,8)5(6) mm lg u. (3)3,2(4) mm br; HüllB (d')braun berandet, behaart bis kahl; Zunge der StrahlBlü (1,8)2,6(4,5) mm lg u. (2)2,8(4,2) mm br, (0,7)1(1,3)× so lg wie br, Zungenlänge × Zungenbreite 7,5–8 mm²; Zunge 0,4–0,9× so lg wie die Hülle; KroRöhre der StrahlBlü (0,5)0,7(1)× so lg wie die Zunge. H: (20)40–60(80) cm. (VI)VII–IX. Lichte Wälder, bes. Föhrenwälder, steinige Waldränder, trockenwarme Buschsäume, Magerwiesen; kalkliebend; submontan bis montan; zstr bis slt. **B, N, O, St,** Ost-**T**?. (Hptvbr.: Südalpen, Südost-Europa). Proazulen-frei. Potentiell gefährdet. (Hexaploid.) *(A. m. subsp. distans)* **■ Eigentliche Z.-Sch., *A. d. subsp. dístans***

**16** „Hauptschirm" 1–3(4) cm ∅; „Endschirm" meist kürzer als 1,5 cm; Hüllenlänge × Hüllenbreite im Mittel 12(14) mm²; Pf ausgesprochen rasig wachsend (10–50 gleich hohe Individuen fleckenweise auftretend); Stg 1–2(3) mm ∅, oft vollkommen stielrund (vor allem bei Spätsommertrieben), — meist unverzweigt; Pf h'grün bis grün, mäßig behaart bis kahl; StgGrund meist mit kurzen, zur BlüZeit des Hauptsprosses bereits entwickelte LB tragenden ober- u. unterirdischen Ausläufern (oder sogar schon mit Blühtrieben); „Internodienlänge" (1,7)5(9) cm (längstes 8–18 cm), Knotenzahl (6)9(20); StgBLänge × StgBBreite 10(40) cm²; untere StgB (5)15(27) cm lg u. (1,2)2,5(5) cm br, 3–9× so lg wie br; obere StgB (2)6–11 cm lg u. (0,8)2(4,5) cm br, (1,5)3,3(6)× so lg wie br; LB mit (10)16(24) Fiedern (diese (1,5)3,5(11) mm voneinander entfernt), (4,5)9(15) mm lg u. (2)5(10) mm br, mit (5)17(33) Zähnchen pro Fiederhälfte, Endzipfel der Fieder (0,3)0,95(2) mm lg u. (0,4)0,8(1,5) mm br, (0,74)1,3(3,8)× so lg wie br; LB'Spindel (1)1,6(2,5) mm br, zur Spitze hin des öfteren gezähnelt; Hülle (3)4,1(5) mm lg u. (2)3,3(4,5) mm br; HüllB grün bis braun berandet, weitgehend kahl; Zunge der StrahlBlü weiß bis rosa (slt d'rosa), (1,2)2,3(3) mm lg u. (1,3)2,5(3,8) mm br, (0,73)0,9(1,2)× so lg wie br; Zungenlänge × Zungenbreite 6(11) mm²; Zunge 0,35–0,80× so lg wie die Hülle; KroRöhre der StrahlBlü (0,6)0,8(1)× so lg wie die Zunge. H: (20)30–50(90) cm. ♃ He. V–XI. Frische bis feuchte Fettwiesen; collin bis montan; zstr bis hfg. **Alle Bdld**. (Hptvbr.: Mitteleuropa). Proazulen-frei. (Tetraploid.) **■ Wiesen-Sch., *A. praténsis***

Anm. 1: Diese erst knapp vor Redaktionsschluß entdeckte Art (eine ihrem trivial klingenden Artbeinamen zum Trotz absolut neue Art) wurde früher teils nicht von *A. roseoalba* (Pkt 19) unterschieden, teils für *A. collina* (Pkt 12–) gehalten, teils als zw. *A. millefolium s. str.* (Pkt 20–) u. *A. distans* (Pkt 15–) vermittelnd oder als zu einer dieser beiden gehörend angesehen.

Anm. 2: Wenn Pf höher als 50 cm u. proazulen-hältig, „Hauptschirm" oft bis 5(6) cm br, Stg bis 4(5) mm ∅ u. leicht kantig, dann vgl. auch *A. aspleniifolia* (Pkt 18), *A. roseoalba* (Pkt 19) u. im östl. **Ö** auch *A. collina* (Pkt 12–)!; auch Hybriden zw. *A. pratensis* u. diesen Arten kommen vor!

* J. Saukel u. R. Länger (1993, in Vorbereitung).

– „Hauptschirm" (5)10(15) cm ∅; „Endschirm" meist länger als 1,5 cm; Hüllenlänge × Hüllenbreite im Mittel 15(20) mm²; Pf meist einzelstehend (meist nur mit unterirdischen Ausläufern); Stg 3–8 mm ∅, oft kantig, — unverzweigt bis verzweigt; StgBLänge × StgBBreite 6(16) cm2; Zungenlänge × Zungenbreite 7(14) mm2. **Echte Sch., *A. millefólium*** (→ Pkt 20–)

**17** [13] „Hauptschirm" 1–3(4) cm ∅; „Endschirm" meist kürzer als 1,3 cm; Stg am Grund kaum mehr als 2 mm ∅. — Hülle kahl bis fast kahl; HüllB meist h'braun bis braun berandet. Collin bis montan . . . . . . . . . . . . . . **18**

– „Hauptschirm" 4–10 cm ∅; „Endschirm" meist länger als 1,3 cm; Stg am Grund meist mehr als 2 mm ∅. — HüllB h'- bis d'braun berandet. Collin bis alpin . . . . . . . . . . . . . . . . . . . . . . . . . . . . . . . . . **20**

**18** Untere StgB meist auffällig gestielt; Fiedern flächig u. plan ansetzend (aber Spitze oft einwärts gekrümmt); Fiederrand oft mit weißer Kollenchymleiste *(Mikroskop!)*. — Pf oft h'grün, meist unverzweigt, ± kahl; Stg oft verbogen, mit lg unteren Stengelgliedern; Knotenzahl (7)14(22); „Internodienlänge" (1,7)2,8(10) cm (längstes 8–13 cm); GrundB immer gestielt; LBFiedern meist wenig zerteilt, Abschnitte 2. (3.) Ordnung oft annähernd rechtwinkelig ansetzend; Fiedern (2,5)4,5(10) mm lg u. (1,4)3,4(6,5) mm br, (1)1,3(2,5)× so lg wie br, mit (5)11(24) Zähnchen pro Fiederhälfte, Endzipfel der Fieder (0,3)0,8(1,7) mm lg u. (0,3)0,7(1,7) mm br, (0,4)1,3(3)× so lg wie br; LB- u. Fiederspitzen im frischen Zustand oft stechend; LB'Spindel (0,8)1,7(4,5) mm br, (0,2)0,3(0,5)× so br wie die Fiederlänge, ± br geflügelt; untere StgB (4)8(12) cm lg u. (0,7)1,1(2,2) cm br, 5–13× so lg wie br; obere StgB oft drüsig-punktiert, (2,2)4,2(9) cm lg u. (0,3)0,6(2) cm br, 5,6–17× so lg wie br, mit (9)17(25) Fiedern, die (1)4(4,3) mm voneinander entfernt sind; Hülle (3)3,8(5) mm lg u. (2)2,6(4) mm br; HüllB grün bis (d')braun berandet, kahl; Zunge der StrahlBlü (1,4)2(3) mm lg u. (1,2)2(3) mm br, (0,7)1(1,3)× so lg wie br, (d')rosa, seltener weiß, 0,4–0,85× so lg wie die Hülle; KroRöhre der StrahlBlü (0,5)0,8(1,4)× so lg wie die Zunge. H: (25)35–50(75) cm. ♃ He. (V)VI(VII). Feuchte, meist basenreiche, auch leicht salzige (Flachmoor-)Wiesen, Pfeifengraswiesen; collin; zstr bis slt. Im Pann. **B**, **N**. Proazulen-reich. Stark gefährdet. (Diploid, seltener tetraploid.) *(A. millefolium subsp. aspleniifolia)*

■ **Farn-Sch., *A. aspleniifólia***

– Untere StgB meist fast sitzend, seltener gestielt; Fiedern oft gedreht ansetzend u. weniger flächig ausgebildet; Fiederrand nur slt mit weißer Kollenchymleiste *(Mikroskop!)*. (Vgl. auch Pkt 16!) . . . . . . . . . . . . . . . . . . . . . . **19**

**19** Endzipfel der Fiedern meist deutlich länger als br; Hülle kahl; StrahlBlü h'- bis d'rosa (slt weiß), „Internodienlänge" (2,5)4(8) cm (längstes 7–11 cm). — Pf zart, meist unverzweigt; Knotenzahl (5)12(22); untere StgB (4)8(15) cm lg u. (0,8)1,3(2,3) cm br, (6,5)9× so lg wie br; obere StgB (2)4(6,5) cm lg u. (0,4)0,8(2,2) cm br, 5,5–12× so lg wie br; LBFiedern (9)18(26), (1,2)2,2(3,8) mm voneinander entfernt, (3)6(8,5) mm lg u. (2,3)3,8(6,8) mm br, (1,2)1,6(2,2)× so lg wie br, mit (6)12(17) Zähnchen pro Fiederhälfte, Endzipfel der Fieder (0,4)1(2,1) mm lg u. (0,3)0,6(1,1) mm br, (1)1,7(3)× so lg wie br; LB'Spindel (0,8)1,3(1,8) mm br; Hülle (2,8)3,5(4,5) mm lg u. (1,8)2,3(3,5) mm br; HüllB grün bis braun berandet, kahl; Zunge der StrahlBlü (1,1)2(2,9) mm lg u. (1,2)2(2,5) mm br, (0,7)1(1,4)× so lg wie br, 0,40–0,75× so lg wie die Hülle; KroRöhre der StrahlBlü (0,5)0,8(1,2)× so lg wie die Zunge. H: (25)35–55(75) cm. ♃ He. VII–IX. Frische bis feuchte Wiesen, ± bodensaure Flachmoore; collin bis submontan; zstr bis slt. Süd-**K**, **T?**, **V**. Proazulen-reich. Gefährdet in den wAlp. (Diploid.) *(**A. roseo-alba**)* ■ **Blaßrote Sch.**, Rosaweiße Sch., Südalpen-Sch., ***A. róseoálba***

– Endzipfel der Fiedern meist so br wie lg (zwiebelförmig) oder wenig länger; Hülle (schwach) behaart; Zungen der StrahlBlü meist weiß (slt – in Kontaktgebieten mit *A. roseoalba* – auch zart rosa); „Internodienlänge" (0,5)2,5(7) cm (längstes 2–3(7) cm). — Pf kräftiger, unverzweigt bis verzweigt.

■ **Hügel-Sch., *A. collína*** (→ Pkt 12–)

**20** [17] GrundB u. untere StgB deutlich lanzettlich; LB'Fiedern meist mehr als 2(–6)× so lg wie br (schmal-lanzettlich bis linealisch); LB'Spindel gezähnt u. oft mit kleinen Zwischenfiedern; „Hauptschirm" sehr dicht (schlecht preßbar) u. oft von kleinen, knapp unter der „Hauptschirm" entspringenden seitlichen Schirmkorbrispen übergipfelt; Internodien in der StgMitte oft auffällig verkürzt. — WuStock kräftig, oft 4–8 mm ∅, verzweigt, meist mit (bis zu 50 cm) lg Ausläufern; Pf graugrün-d'grün; unverzweigt bis verzweigt; LB u. Stg oft lg'haarig; „Internodienlänge" (1)2,5(5) cm (längstes 4–8 cm); Knotenzahl (7)16(25); GrundB u. untere StgB mit sehr entfernt (5–10 mm) stehenden Fiedern; untere StgB (6)12(25) cm lg u. (1)2,4(7) cm br, 5–10× so lg wie br; obere StgB (2,5)5(7) cm lg u. (0,5)0,8(1,5) cm br, (4)6–12× so lg wie br, mit (13)19(24) Fiedern, diese (1,2)2,5(6) mm voneinander entfernt u. (4)7(12) mm lg u. (1)3(6) mm br, (1,6)2,2(4)× so lg wie br, mit (4)11(16) Zähnchen pro Fiederhälfte, Endzipfel der Fieder (0,6)1,3(2,7) mm lg u. (0,5)0,8(1,3) mm br, spitz u. lg ausgezogen, (1,2)1,9(3,5)× so lg wie br; LB'Spindel der oberen StgB samt Flügeln (0,7)1,2(1,8) mm br; „Hauptschirm" etwa 4–10 cm ∅; Hülle (3,5)4,6(5,5) mm lg u. (2,2)3,5(4,5) mm br, behaart bis kahl; HüllB grün bis (d')braun berandet; Zunge der StrahlBlü (2,2)2,8(3,8) mm lg u. (2,2)3(3,9) mm br, (0,7)1(1,4)× so lg wie br, weiß oder seltener rosa, 0,5–0,8× so lg wie die Hülle; KroRöhre der StrahlBlü (0,5)0,7(0,85)× so lg wie die Zunge. H: (20)30–40(60) cm. ♃ He. VI–X. Lichte Föhrenwälder, steinige Waldränder, Magerwiesen; kalkliebend; (submontan?) montan; zstr. **N** (im Rax- u. Schneeberg-Gebiet). (Hptvbr.: Ost- u. Süd-Europa.) Proazulen-frei. (Hexaploid.) (Vgl. *A. distans*, → Pkt 15–.) (*A. millefolium subsp. tanacetifolia, A. distans subsp. „stricta", „A. stricta"*) ■ **Rainfarn-Sch., *A. „tanacetifólia"*** *

– GrundB u. untere StgB nicht deutlich lanzettlich, sondern ± länglich; LB'Fiedern höchstens 2× so lg wie br (nicht linealisch); LB'Spindel ganzrandig oder höchstens im vorderen Abschnitt gezähnelt, nie mit Zwischenfiedern; „Hauptschirm" weniger dicht (nur ganz breite „Hauptschirme" schlecht preßbar) u. nie von kleinen seitlichen Schirmkorbrispen übergipfelt; Internodien in der StgMitte höchstens ausnahmsweise verkürzt. — Fiedern der GrundB u. unteren StgB dicht bis entfernt stehend; „Hauptschirm" etwa 4–15 cm ∅ (kleiner nur bei subalpinen Pf mit br d'braun berandeten HüllB). ♃ He. Bes. Rasenges. ArzneiPf., GewürzPf; proazulen-frei. Sehr variabel (vielgestaltig). (Hexaploid.) [16]
■ **Echte Sch.**, Gewöhnliche Sch., Eigentliche Sch., „Mausleiterl", „Gachel"**, ***A. millefólium (s. str.)***

**a** HüllB meist d'braun berandet; Zungenlänge × Zungenbreite meist mehr als 7 mm². — Stg ziemlich dick (etwa (0,03)0,08(0,35)× so br wie die PfHöhe, öfters behaart, meist unverzweigt; Hülle (3)4,5(6,5) mm lg u. (2,5)3,5(5) mm br; Zunge der StrahlBlü oft (d')rosa, (1,5)2,6(5) mm lg u. (1,6)2,8(5) mm br, meist so br bis breiter als lg, 0,5–1,0× so lg wie die Hülle; KroRöhre kürzer als die Zunge. H: 8–40(60) cm. VII–X. Rasenges.; (obermontan) subalpin bis alpin; mäßig hfg bis zstr. **Fehlt W, B.**
**Gebirgs-Sch., Sudeten-Sch., *A. m. subsp. „sudética"***

Anm.: Unter diesem Namen werden 3 bisher kaum beachtete, aber doch sehr unterschiedlich gestaltete Sippen subsumiert, die noch nicht ausreichend erforscht sind* u. im folgenden daher bewußt mit bloß provisorischen Labor-Bezeichnungen bedacht werden:

**aa** Pf mittelgroß, wenig behaart; StgBLänge × StgBBreite etwa 6 cm²; Fiederlänge × Fiederbreite etwa 20–60 mm²; Zungenlänge × Zungenbreite etwa 9 mm². Rasenges. auf ± neutralen bis schwach basischen Böden bes. über Kalkschiefer, slt auf reinen Kalkböden. **St, K, S, T, V.** **SUD–W2**

– Obere LB, Fiedern u. Zungen der StrahlBlü kleiner . . . . . . . . . . . . . . **bb**

---

* Nomenklatur ungeklärt!
** Die Mundartnamen gelten wohl für die gesamte Artengruppe (ab Pkt 10).

**bb** Pf mittelgroß, meist nur schwach behaart bis kahl; Knotenzahl niedrig; GrundB oft auffällig groß (0,5–1(2)× so lg wie die PfHöhe), mit meist ungeflügelter LB'Spindel u. entfernt stehenden, wenig zerteilten, aber gestreckten Fiedern; StgB ebenfalls oft groß u. br, mit gleicher Fiedergestalt wie bei den GrundB; StrahlBlü kleiner als bei den beiden anderen Sippen. Wiesen auf tiefgründigen Böden über Kalk. Östlichste Kalkalpen. **N, St.** **SUD–O**

**-** Pf klein bis mittelgroß, stärker behaart; Knotenzahl höher u. Internodien kürzer als bei den beiden anderen Sippen; LB schmal 3eckig-lanzettlich mit quer ansetzenden u. relativ dicht stehenden Fiedern; Fiedern mäßig zerteilt u. in schlanke Spitzen auslaufend. Rasenges. auf tiefgründigen Böden. Zentralalpen. **St, K, S, T, V.** **SUD–W1**

**-** HüllB meist grünlichbräunlich bis h'braun (slt d'braun) berandet; Zungenlänge × Zungenbreite oft weniger als 7 mm². — Stg kräftig bis zart (etwa (0,026)0,065(0,12)× so br wie die PfHöhe), unverzweigt bis verzweigt; Hülle (3)4,3(6) mm lg u. (2)2,8(4,5) mm br; Hüllenlänge × Hüllenbreite oft kleiner als 14 mm²; Zunge der StrahlBlü (1,3)2,3(3,3) mm lg u. (1,5)2,5(3,7) mm br, weiß bis rosa (slt d'rosa), 0,34–0,80× so lg wie die Hülle. Sehr vielgestaltig! H: (20)40–70(100) cm. ♃ He. (VI)VII–X. Fettwiesen, Waldschläge; sehr anpassungsfähig; collin bis montan (subalpin); hfg bis lokal slt. **Alle Bdld.** **Gewöhnliche E. Sch., *A. m.* „*subsp. millefólium*"**

Anm.: Diese uneinheitliche Sippe ist vielleicht eine aus mehreren Unterarten bestehende Art oder sogar eine Gruppe von Kleinarten. Ihre Zusammensetzung ist zur Zeit noch ungeklärt. Bisher sind lediglich zwei Kleinsippen unterscheidbar, auf die näher Interessierte hiemit aufmerksam gemacht werden sollen*: **(a)** Stg schlank, oft unverzweigt, mit meist zahlr. StgB, diese oft deutlich länglich-3eckig bis linealisch, aufrecht-abstehend; Fiedern zahlr., einander oft stark genähert u. gedreht; „Hauptschirm" 5–10 cm ∅. – **(b)** Stg kräftig, gedrungen (bis zu 1 cm dick), mit wenigen StgB, diese oft ausgesprochen plump (an *A. pratensis* erinnernd), mit wenigen u. entfernt stehenden, flächig entwikkelten u. plan ansetzenden Fiedern; LB'Spindel öfters gezähnelt; unverzweigt bis verzweigt; „Hauptschirm" (5)8–15 cm br.

## (30) Ruderalkamille, *Tripleurospérmum* (*Matricaria*)

**1** Fr oben mit scharfem, leicht becherförmigem Rand (Krönchen = Pappus) u. mit 2 Öldrüsen auf der Bauchseite unterhalb des Scheitels; Rückenseite der Fr runzelig. — LB kahl, 2–3×-fiederteilig, Zipfel stachelspitzig; Körbe lg gestielt; Korbboden markerfüllt, nicht hohl; Fr 1,5–2,3 mm lg, Rippen an der Bauchseite der Fr deutlich getrennt. H: (20)30–60(80) cm. ⊙–⊙ Th–He. VI–X(XI). Wege, Straßenränder, Dämme, Ruderalplätze, Äcker; etwas salzresistent (?); collin bis montan; hfg bis sehr hfg. **Alle Bdld.** (*„Matricaria inodora", Matricaria perforata, Matricaria maritima subsp. inodora, T. maritimum subsp. inodorum, T. perforatum*) **Geruchlose R., Geruchlose Kamille, *T. inodórum***

**-** Fr oben abgerundet, ohne Krönchen, mit nur 1 Öldrüse nahe dem Scheitel; Rückenseite der Fr glatt oder mit feiner Längsrippe. H: 30–100 cm. ⊙–♃ He. VII–X. Waldränder, Hecken, begraste Straßenböschungen, Äcker; collin bis untermontan; slt. **B, N, Ost-St.** (Hptvbr.: Ungarn, Balkanhalbinsel.) (*Matricaria tenuifolia, M. trichophylla*) **Feinblatt-R., *T. tenuifólium***

## (31) Kamille, *Matricária* (*Chamomilla*)

**1** Körbe mehr als 2 cm lg gestielt; StrahlBlü weiß, länger als die Hülle, bald zurückgeschlagen; RöhrenBlü gelb, 5zählig. — LB 2–3×-fiederschnittig mit schmal-linealischen, stachelspitzigen Zipfeln. H: 15–50 cm. ⊙ Th. V–IX. Ru-

* Beobachtungen erbeten an Univ.-Doz. Dr. J. SAUKEL, Institut für Pharmakognosie der Universität Wien, Währinger Str. 25, A-1090 Wien.

deralfluren, Brachen, meist kalkarme (leicht bodensaure), lehmreiche Äcker, Salzfluren (salzige Weiderasen); collin bis submontan; zstr. **Alle Bdld**. Alteingebürgerter Kulturbegleiter; in den lückigen Salzrasen (**B**: im Seewinkel) vielleicht ursprünglich („*subsp. bayeri*"); auch oft kultiviert u. verwildert. (Urheimat: Süd- u. Ost-Europa, Vorderasien.) ArzneiPf (Körbe). *(Chamomilla recutita, Matricaria recutita*, inkl. *subsp. bayeri*) **Echte K., *M. chamomílla***

- Körbe höchstens 2 cm lg gestielt, ohne StrahlBlü; RöhrenBlü grünlichgelb, 4zählig. H: 15–40 cm. ⊙ Th. VI–VIII(X). Ruderalstellen, Wegränder, Trittrasen, vor allem in Siedlungsnähe; collin bis montan; hfg. **Alle Bdld**. Neubürgerin seit etwa 1850. (Heimat: Sibirien, Nordamerika.) Fast kosmopolitisch. *(**M. discoidea**, Chamomilla suaveolens)*

**Strahlenlose K., Knopf-K., *M. matricarioídes***

## (32) Wucherblume, Rainfarn, Straußmargerite u. Mutterkamille, *Tanacétum* (inkl. *Pyrethrum*; **exkl.** (33) Alpenwucherblume/*Leucanthemopsis* u. ★ (32 b) Balsamkraut/*Balsamita*)

1 StrahlBlü fehlend. — Pf fast kahl; Stg aufrecht, oben doldentraubig verästelt; LB doppelt fiederspaltig, Fiedern 8–12, mit gesägten Zipfeln; LB (zerrieben) stark aromatisch (bei der im veget. Zustand sehr ähnlichen Strauß-W. / *T. corymbosum* nicht aromatisch!). Körbe 8–11 mm ∅; Scheibe goldgelb. H: 40–120 cm. ♃ He. VII–X. Staudenreiche Ruderalfluren, an Wegen, Ufern; Kriechwurzler; collin bis montan; zstr bis hfg. **Alle Bdld**. VolksarzneiPf (Wurmmittel, Mottenkraut); giftig. *(Chrysanthemum vulgare)*

**Rainfarn**, „Roafling", Strahlenlose W., Gewöhnliche W., ***T. vulgáre***

- StrahlBlü vorhanden, weiß. — Alle LB fiederteilig bis gefiedert; Körbe in Schirmrispen . . . . . . . . . . . . . . . . . . . . . . . . . . . . . . . 2

2 RöhrenBlü bräunlichweiß; Körbe 6–8 mm ∅, fast kugelig. — LB gegen den Grund hin gefiedert, spitzenwärts fiederteilig, mit lg, zugespitzten, herablaufenden, grob gesägten Abschnitten; StrahlBlü weiß, 5–6, viel kürzer als die Hülle, breiter als lg. H: 40–150 cm. ♃ He. VI–VIII. ZierPf, unbeständig verwildernd. (Heimat: Südost-Europa.) *(Chrysanthemum macrophyllum, Pyrethrum macrophyllum)* **★ Großblatt-W., *T. macrophýllum***

- RöhrenBlü gelb; Körbe über 10 mm ∅, flach gewölbt . . . . . . . . . . 3

3 Zunge der StrahlBlü lineal-länglich, länger als die Hülle; Fr 5kantig; LB'Spindel gesägt; Pf nicht auffällig aromatisch. — Stg oben nur entfernt beblättert; LB länglich, mit 3–7 Paar Fiedern; Körbe 3–14, 25–50 mm ∅, eine lockere Schirmtraube bildend. H: 50–100 cm. ♃ He. VI–VIII. Kalkliebend. *(Pyrethrum corymbosum)*

**Straußmargerite, Strauß-W., Doldentrauben-W.**, Ebenstrauß-W., ***T. corymbósum s. l.***

a Hautrand der HüllB h'braun; StrahlBlü doppelt so lg wie die ScheibenBlü. — Korb 25–40 mm ∅. Trockenwarme Edellaubwälder u. deren Säume, Trockenwiesen; collin bis untermontan; mäßig hfg. **Fehlt S?, V**. (Tetraploid.) *(**T. corymbosum** s. str.)*

**Gewöhnliche St.**, Gewöhnliche D.-W., ***T. c. subsp. corymbósum***

- Hautrand der HüllB schwarzbraun; StrahlBlü 3× so lg wie die ScheibenBlü. — Korb 30–50 mm ∅. Lichte Wälder, kräuterreiche Wiesen, Waldsäume; wärmeliebend; obermontan bis subalpin; zstr bis slt. **N, St, K, S**. (Disjunktes Reliktareal.) (Diploid.) *(Pyrethrum clusii, **T. clusii**)*

**Berg-St., Clusius-St.**, Berg-D.-W., ***T. c. subsp. subcorymbósum***

- Zunge der StrahlBlü verkehrt-eiförmig, nicht oder kaum länger als die Hülle; Fr 10kantig; LB'Spindel nicht gesägt; Pf stark aromatisch. — LB zart, im Umriß br-eiförmig, 1–2×-gefiedert, mit 2–5 Paar Fiedern. H: 30–60 cm. ♃ He. VI–VIII. In Bauerngärten als Zier- u.

ArzneiPf kultiviert, gelegentlich an Ruderalplätzen (meist unbeständig) verwildert. **Alle Bdld.** (Heimat: Ost-Europa, Kleinasien, Kaukasusländer.) VolksarzneiPf (auch Abortivum). *(Pyrethrum parthenium, Chrysanthemum parthenium)*

★ **Mutterkamille,** Mutterkraut, Jungfernkraut, ***T. parthénium***

## ★ (32 b) Balsamkraut, *Balsamíta*

Pf grauflaumig, stark aromatisch; LB elliptisch bis eiförmig, fein gekerbt-gesägt, sitzend, oft geöhrt; Körbe kleiner als 10 mm ∅. H: 60–120 cm. ♃ He. VII–IX. Als Gewürz- u. VolksarzneiPf in Bauerngärten kultiviert u. slt unbeständig verwildert, so in **(B, W, N, St)**. (Heimat: Südwest-Asien.) *(Chrysanthemum „balsamita", Ch. majus,* ***Tanacetum balsamita****)*

★ **Balsamkraut,** Marienblatt, „Frauenminze", „Frauensalbei", ***B. májor***

## (33) Alpenmargerite, Alpenwucherblume, *Leucanthemópsis*

Grundständige LB u. die der nichtblühenden Sprosse rundlich-eiförmig, kammförmig-fiederteilig, mit dicht genäherten, ganzrandigen Zipfeln; obere StgB (nur wenige) unzerteilt, linealisch, ganzrandig; Korb einzeln, lg gestielt, 2–4 cm ∅; HüllB grün, mit br schwarzbraunem Hautrand. H: 5–10(15) cm. ♃ He. VII–VIII. Feuchte, kalkarme, mäßig saure Schneeböden, Felsschuttfluren; subalpin bis alpin; in den Silikatalpen hfg, in den Kalkalpen slt. **Fehlt B, W, N.** Die beiden Unterarten bedürfen weiterer Untersuchung. *(Chrysanthemum alpinum,* ***Tanacetum alpinum****)* **Alpenmargerite,** Alpenwucherblume, ***L. alpína***

**a** GrundB tief fiederteilig mit etwas abstehenden schmalen Zipfeln (diese wenigstens 4× so lg wie br); unzerteilter Mittelstreifen der LB'Spreite schmal, gleichmäßig br. Nord-**T**?, **V**?. (Mehr westl. Rasse.) (Inkl. *Chrysanthemum a. var. hutchinsiifolium)*

⊖■ **Westliche A.,** ***L. a. subsp. alpína***

**-** GrundB keilförmig, fiederspaltig, mit engstehenden, mehr vorwärts gerichteten Zipfeln (diese höchstens 4× so lg wie br); unzerteilter Mittelstreifen der LB'Spreite zur Spitze hin verschmälert. **O, St, K, S, T.** (Hauptsächlich ostalpische Rasse.) *(Chrysanthemum a. var. minimum, var. cuneifolium)* ■ **Östliche A.,** ***L. a. subsp. mínima***

## (34) Margerite, *Leucánthemum*

Anm. 1: *Alle Arten sind beim Bestimmen schwierig! Womöglich mehrere u. immer nur gut entwickelte Individuen untersuchen!* – Anm. 2: Als GartenzierPf wird die großkörbige ★ **Garten-M.,** ***L. maximum-Hybriden,*** eine hybridogene Kultursippe (hauptsächliche Stammart ist das dekaploide, pyrenäische *L. maximum s. str.*), kultiviert.

**1** Mittlere StgB (dh in der Mitte des beblätterten StgTeils) im vorderen (spitzenwärtigen) Drittel am breitesten, am Grund wieder etwas breiter, ihre Zähne zum Grund hin oft dichter u. meist länger, zT deutliche Öhrchen bildend; WuStock schief, meist kürzer als etwa 4 cm. — Stg 1- bis mehrkörbig, fast in seiner ganzen Länge ziemlich gleichmäßig beblättert; HüllB mit h'braunem bis braunschwarzem Hautrand; alle Fr ohne Krönchen, slt die der StrahlBlü mit kurzem, schiefem, einseitigem Krönchen. (Teil der „Artengruppe Gewöhnliche Margerite, *L. vulgare agg.*", → Pkt 4) . . . . . . . . . . . . . . . . . . . . . **2**

**-** Mittlere StgB nahe der Mitte am breitesten, im mittleren Teil oft fast parallelrandig, am Grund verschmälert bis abgerundet, Zähne am Grund nicht gehäuft, nicht öhrchenartig angeordnet; WuStock waagrecht, meist länger als 4 cm. — Stg einfach, fast immer 1körbig, obere Hälfte bis oberes Drittel meist ohne LB (bei niedrigen, alpinen Pf nicht deutlich zu erkennen) . . . . . . **3**

**2** Stg oft verzweigt, mehrkörbig; GrundB (samt LB'Stiel) meist länger als 3 cm, kaum dicklich; mittlere StgB etwa 5× so lg wie br, unregelmäßig fiederlappig bis -spaltig, *(ohne Berücksichtigung der Zähne)* zum Grund hin deutlich verschmälert, im unteren Drittel ± fiederteilig mit Zähnen (Abschnitten), die viel länger als br u. länger sind als die Breite des Spreitenmittelfeldes, unterste Abschnitte öhrchenartig den Stg umfassend; Zähne der vorderen Hälfte der unteren StgB meist länger als br, mindestens ¹/₃× so lg wie die Spreitenbreite; Hautrand der HüllB h'braun; Zungen meist 4–6 mm br. — WuStock schwach; Stg meist kahl; Körbe 3,5–5,5 cm (?) ∅; Fr 1,5–2 mm lg. H: (20)30–70 cm. ⊙–♃ He. V–IX(X). Magerrasen, Halbtrockenrasen, wechselfeuchte Magerwiesen; collin bis montan (subalpin?); hfg. **Alle Bdld**. (Diploid.) *(Chrysanthemum leucanthemum, L. praecox)*

**■ Magerwiesen-M., Wiesen-M., *L. vulgáre*** *(s. str.)*

–!! Stg meist unverzweigt, 1körbig, oft mit braunroten Längslinien; GrundB (samt LB'Stiel) meist kaum über 3 cm lg, etwas dicklich; mittlere StgB meist mindestens 6× so lg wie br, regelmäßig tief gesägt-gezähnt, zum Grund hin deutlich verschmälert, im unteren Drittel ± fiederteilig mit Abschnitten, die deutlich länger als br u. etwa so lg oder länger sind als die Breite des Spreitenmittelfeldes, unterste Abschnitte meist nicht oder nur schwach öhrchenartig; Zähne der vorderen Hälfte der unteren StgB meist breiter als lg, kürzer als ¹/₃ der Spreitenbreite; Hautrand der HüllB d'- bis schwarzbraun; Zungen meist nicht über 4(6) mm br. — WuStock kräftig; Korb (3?)4–6 (?) cm ∅; Fr 1,5–2,4 mm lg. H: (10)20–30(40) cm. ♃ He. VII–VIII. Steinige Magerrasen; montan bis subalpin; mäßig hfg. Im Alp. **O, St, K, S, T?, V?**. (Diploid.) *(Chrysanthemum leucanthemum var. gaudinii, Ch. alpicola, L. vulgare subsp. (var.) alpicola)*

**■ Gebirgs-M.,** Gaudin-M., ***L. gaudínii***

– Stg meist verzweigt, mehrkörbig, meist ohne braune Längslinien; GrundB (u. jene der sterilen Triebe) (samt LB'Stiel) meist länger als 3 cm, kaum dicklich; mittlere StgB etwa 4× so lg wie br, regelmäßig gesägt-gezähnt bis -gekerbt, zum Grund hin wenig verschmälert, am Grund eingeschnitten-gesägt, im unteren Drittel mit Zähnen, die nicht länger als br u. meist kürzer sind als die Breite des Spreitenmittelfeldes; unterste Zähne (Abschnitte) kaum öhrchenartig oder ± abstehend-geöhrt; Zähne der vorderen Hälfte der unteren StgB meist breiter als lg, kürzer als ¹/₃ der Spreitenbreite; Hautrand der HüllB h'- bis d'braun; Zungen meist 4–6 mm br. — WuStock schwach; Stg oft behaart; Körbe 3,5–5,5 cm ∅; Fr 1,7–2,3 mm lg. H: 30–70(100) cm. ⊙–♃ He. V–IX(X). Fettwiesen u. -weiden, auch Magerwiesen, Wegränder; etwas halbruderal; collin bis montan; sehr hfg. **Alle Bdld**. (Tetraploid.) *(„Chrysanthemum leucanthemum")* **■ Fettwiesen-M., Gewöhnliche M.,** Sibirische M., ***L. ircutiánum***

**3** Fr der ScheibenBlü ohne Krönchen; Hautrand der HüllB h'- bis d'braun; LB über den ganzen Stg fast gleichmäßig verteilt, jederseits mit je meist 10–20 Zähnen. (Teil der „Artengruppe Gewöhnliche M., *L. vulgare agg.*", vgl. Pkt 2; ***L. maximum*** *[s. l.])* . . . . . . . . . . . . . . . . . . . . . . . . . . . . . . . **4**

– Fr aller Blü mit gut entwickeltem, deutlichem Krönchen; Hautrand der HüllB durchgehend schwarz; LB auf die untere StgHälfte konzentriert, etwas dicklich, jederseits mit nur je 3–10(20) Zähnen. (Artengruppe Schwarzrand-M., *L. atratum agg.*) . . . . . . . . . . . . . . . . . . . . . . . . . . . . . . . . . **5**

**4** Die (± spateligen) GrundB zur Blühzeit schon verschwunden, die untersten LB daher lanzettlich bis verkehrt-eilanzettlich, lg gestielt; Hautrand der HüllB h'braun. — StgB grob gekerbt bis grob gesägt; randständige Fr mit deutlichem Krönchen. H: 30–50 cm. ♃ He. VII–IX. Magerwiesen, steinige, buschige Hänge; montan; zstr. **St?, K, T, V?**. *(L. montanum, Chrysanthemum leucanthemum var. lanceolatum, L. maximum p. p.: „Südalpen-Sippe")*

**■ Große M., Verschiedenblättrige M., *L. heterophýllum***

- Wenigstens einige der ± spateligen GrundB noch vorhanden, Spreite abrupt in den Stiel verschmälert; Hautrand der HüllB d'braun. — StgB dicklich, starr, mittlere parallelrandig, ziemlich fein u. gleichmäßig gezähnt, oberste ganzrandig. H: 20–60 cm. ♃ He. VI–VIII. Steinige Rasen, Felsbänder, Föhrenwälder; montan bis subalpin; slt. (Hexaploid.) *(L. vulgare subsp. montanum var. adustum, L. maximum p. p.)* ■ **Berg-M.**, Angebrannte M., ***L. adústum***
  - a Stg oft unten behaart; Krönchen der Fr der StrahlBlü oft nur zT ausgebildet, manchmal undeutlich bis fehlend. H: (20)30–40(50) cm. wAlp. **T, V**. *(L. maximum p. p.: „Westalpen-Sippe")* ■ **Westliche B.-M., *L. a. subsp. adústum***
  - – Stg meist kahl; Krönchen der Fr der StrahlBlü deutlich. — Pf slt auch mehrköpfig. H: (40)50–60 cm. **W, N, St, K?**. *(L. margaritae, L. maximum p. p.: „Pannonische Sippe")* ■ **Östliche B.-M., Pannonische M., *L. a. subsp. margarítae***

5 Zähne der mittleren StgB 3eckig, oft ziemlich gerade nach vorn gerichtet; H: meist mehr als 20 cm. — Stg aufrecht, am Grund etwas aufsteigend, kahl; LB brüchig, kahl, d'grün; untere LB gestielt, keilförmig länglich, mit 3–8(20) groben Sägezähnen; Körbe 3–6 cm ∅. H: (10)20–40 cm. ♃ He. VI–IX. Gesteinsfluren, begraster Felsschutt, Schneeböden; kalkstet; subalpin bis alpin; zstr. **N, O, St**. Endemisch (nordöstl. Kalkalpen: vom Höllengebirge bis zum Schneeberg). (Hexaploid.) *(Chrysanthemum atratum)* ■ **Schwarzrand-M., *L. atrátum***

- Zähne der mittleren StgB zT linealisch, abstehend bis etwas zurückgebogen; H: 5–20 cm . . . . . . . . . . . . . . . . . . . . . . . . . . . . . **6**

6 Mittlere LB linealisch, *ohne Zähne gemessen* etwa 2 mm br. H: 5–10 cm. ♃ He. VII–IX. Kalkgrus- u. -felsfluren; subalpin bis alpin; zstr. Süd-**K** (Steiner Alpen). (Sonstige Vbr.: Slowenien: Endemit der Steiner Alpen / Kamniške Alpe.) Potentiell gefährdet. (Diploid.) *(Chrysanthemum atratum subsp. lithopolitanicum, L. a. subsp. l.)* ■ **Steineralpen-M.,** (sl.:) Kamniška ivanjščica, ***L. lithopolitánicum***

- Mittlere LB lanzettlich, *ohne Zähne gemessen* breiter als 2 mm. — StgB kaum kleiner als die GrundB, d'grün, kahl. H: 10–20 cm. ♃ He. VII–VIII. Felsschuttfluren; Schuttstrecker; kalkstet; alpin; zstr in den nordwestl. Kalkalpen, slt in den Zentralalpen. **Fehlt B, W, N**. (Diploid.) *(Chrysanthemum halleri, L. atratum subsp. halleri)* ■ **Haller-M., *L. hálleri***

☆ **(34 b) Saatwucherblume, *Chrysánthemum***

LB grob gesägt bis fiederspaltig, bläulichgrün; Körbe einzeln, lg gestielt, 4–5 cm ∅; StrahlBlü goldgelb. H: 20–60 cm. ⊙ Th. VII–X. Saure sandige bis lehmige Äcker, kalkmeidend; collin; sehr slt eingeschleppt u. unbeständig. **(W, N, O, St, K, T)**. (Hptvbr.: Medit.) ☆ **Saat-W., *Ch. ségetum***

Anm.: Zur Gattungsgruppe ***Chrysanthemum s. l.*** zählen mehrere ⊙ bis ♃ ZierPf-Arten, darunter viele Kulturhybriden wie zB die bes. hfg kultivierte ★ **Gärtner-Chrysantheme, Winteraster, *Dendranthema-Indica-Hybriden*** *(Chrysanthemum indicum-Hybriden, Ch. × hortorum)*: sehr zahlr. Sorten (die meisten nicht winterhart), im Spätherbst blühend (Gräberschmuck!); (Heimat der Stammeltern: Japan u. China).

## (35) Beifuß, Wermut u. Edelraute, *Artemísia*

1 StgB unzerteilt (höchstens die unteren 3spaltig), — lineal-lanzettlich, kahl, am Grund ohne Öhrchen; Pf kahl, rispig-ästig, eigenartig aromatisch (verschieden schmeckende Chemo-Rassen!); Körbe kugelig, 2–3 mm ∅, weißlich (zuletzt rötlich), nickend, zu lockeren Rispen vereinigt. H: 50–150 cm. ♃ He. VIII–X. Als GewürzPf kultiviert, slt ruderal verwildert. (Heimat: Südost-Europa, West-Asien.) ★ **Estragon,** „Bertramkraut", ***A. dracúnculus***

- StgB 1- bis mehrfach-fiederteilig, höchstens die oberen unzerteilt . . . . . **2**

**2** LB'Stiele ohne Öhrchen. — Pf ♃ (♄) . . . . . . . . . . . . . . . . . . . . . . . . **3**
**-** Wenigstens die unteren StgB mit Öhrchen oder am Grund fiederspaltig gezähnt. — Meist collin bis montan . . . . . . . . . . . . . . . . . . . . **9**

**3** Untere LB 3teilig oder fingerig vielspaltig. — Alle LB grau-seidenhaarig; Körbe 3–20, in endständigen Trauben oder Ähren angeordnet; H: 5–30 cm. Meist subalpin bis alpin (subnival) . . . . . . . . . . . . . . . . . . . . . **4**
**-** Untere LB 2–3×-fiederspaltig oder doppelt-fiederschnittig. — Körbe zahlr., fast kugelig, nickend. Meist collin bis montan . . . . . . . . . . . . . . . . **6**

**4** Körbe während u. nach dem Blühen nickend; Fr kahl. Kalkliebend. — Obere StgB sitzend, deutlich fiederteilig bis -schnittig; Korbstand: sich verlängernde, einseitige Traube; Körbe kugelig, 6–8 mm ∅, meist 25–30blütig; Korbboden behaart. H: 10–30 cm. ♃ Ch. VIII–IX. Felsrasen, bes. über Kalk u. Dolomit; (obermontan) subalpin bis alpin; sehr slt. Süd-**K**. (Hptvbr.: Südalpen.) Potentiell gefährdet. ▲ **Glänzende Edelraute, Glanz-E.,** (sl.:) bleščeči pelin, ***A. nítida***
**-** Körbe stets aufrecht; Fr behaart. Meist kalkmeidend . . . . . . . . . . . . **5**

**5** Korbboden behaart; Kro behaart; Körbe locker traubig angeordnet, die unteren meist ± gestielt. — Obere StgB gestielt, stets (fast) handförmig geteilt; Körbe insgesamt 3–20 in den Achseln der oberen LB, ei-kugelig, 5–6 mm lg u. 4–5 mm ∅, etwa 20blütig. H: 5–15(20) cm. ♃ Ch. VII–VIII. Moränen, Felsschutt, -spalten; bes. über Silikatgesteinen; subalpin bis alpin; in den Zentralalpen mäßig hfg bis zstr, in den Kalkalpen slt. **St, K, S, T, V**. VolksarzneiPf. ▲ *(A. laxa, A. umbelliformis)* **Echte Edelraute, *A. mutellína***
**-** Korbboden kahl; Kro kahl; Körbe fast ährig angeordnet, alle sehr kurz gestielt bis sitzend. — StgB meist fiederteilig bis fiederlappig, Abschnitte ganzrandig oder 3zähnig; Körbe 4–6 mm lg. H: 5–15 cm. ♃ Ch. VII–IX. Fels- u. Moränenschutt; meist über Silikatgesteinen, Schieferschutt, slt über Kalk; alpin bis subnival; mäßig hfg bis zstr. **St, K, S, T, V**. VolksarzneiPf. ▲ *(A. spicata)*
**Schwarze Edelraute,** Schwarzraute, ***A. genípi***

**6** [3] Korbboden behaart. — Pf silbergrau-seidig-filzig, von eingesenkten Öldrüsen punktiert, stark aromatisch, Geschmack bitter; LB oberseits graugrün, unterseits grauweiß; LB'Zipfel lanzettlich bis lineal-lanzettlich, etwa 2–3 mm br, stumpflich gerandet; Körbe 3–4 mm ∅; Blü gelb. H: 60–120 cm. ♃ Ch (He). VII–IX. Mäßig trockene Ruderalstellen, Waldschläge, Weiderasen, ruderale Halbtrockenrasen, Dämme, Zäune, Auengebüsch; offene sandig-schotterige Böden, bes. in trocken-warmen Lagen; collin bis montan (subalpin); zstr bis hfg. **Alle Bdld**. Alteingebürgerter Kulturbegleiter (Urheimat: West-Asien). Arznei- u. GewürzPf (Wermutwein, Aperitif); stark dosiert giftig.
**Echter Wermut,** Absinth, ***A. absínthium***
**-** Korbboden kahl . . . . . . . . . . . . . . . . . . . . . . . . . . . . . . . **7**

**7** Halbstrauch; HüllB behaart; LB'Zipfel schmal-linealisch bis fädlich. — Pf mit etwas zitronenähnlichem Geruch; LB'Oberseite kahl, Unterseite grauhaarig; mittlere StgB doppelt-fiederspaltig, oberste Stg 3spaltig oder ungeteilt; Körbe 3 mm ∅, kugelig, nickend, achselständige beblätterte Trauben bildend; äußere HüllB spitz, innere stumpf, hautrandig, weißlich. H: 60–100 cm. ♃(♄) HS, Ch. VII–X. Als Duft-, Gewürz- u. VolksarzneiPf kultiviert, slt verwildert. (Heimat: unbekannt.)
★ **Eberraute,** Stabwurz, Zitronenkraut, „Ab(e)rat", „Alter Mann", ***A. abrótanum***
**-** Staude; HüllB kahl; LB'Zipfel lanzettlich . . . . . . . . . . . . . . . **8**

**8** LB kahl oder fast kahl. H: 10–50 cm. ♃ Ch. VIII–X. Schwach salzige wechselfeuchte Magerwiesen; collin; sehr slt. Im Pann. **B** (im Seewinkel), **N**†. (Hptvbr.: Zentralasien.) Vom Aussterben bedroht. **Schlitzblatt-B., *A. laciniáta***

- LB unterseits weißseidig-dünnfilzig. H: 20–50 cm. ♃ He. IX–X. Halbtrockenrasen, bes. Waldsteppen-Säume; collin; sehr slt. Im Pann. **B, N.** (Sonstige Vbr.: Mähren, Vojvodina; Gesamt-Vbr.: Randbereiche der Pannonischen Florenprovinz.) Stark gefährdet. **Waldsteppen-B.**, Pančić-B., ***A. pancícii***

**9** [2] RandBlü ⚥, — ebenso fruchtbar wie die ScheibenBlü; Stg ± grauhaarig bis weißfilzig, bald verkahlend, bräunlich, oben rispig-ästig, mit aufrechten bis abstehenden Ästen; LB 2–3×-fiederschnittig, 1–3 cm (!) lg, die unteren zur BlüZeit meist vertrocknet; Körbe eiförmig, 2–3 mm lg u. 1–2 mm ∅, kurz gestielt oder sitzend; Korbboden kahl. H: 20–60 cm. ♃ Ch–He. IX–X. Salzsteppenrasen; collin; zstr bis mäßig hfg (aber Standort sehr slt!). **B** (im Seewinkel), **N** (im Marchfeld). Stark gefährdet. *(**A. monogyna**, A. maritima s. l.)* **Salz-Beifuß, Salz-Wermut, *A. santónicum***

- RandBlü ♀, mit verlängertem Gri, — ScheibenBlü unfruchtbar oder fruchtbar . . . . . . . . . . **10**

**10** HüllB kahl. — Korbboden kahl . . . . . . . . . . **11**

- HüllB filzig behaart . . . . . . . . . . **14**

**11** Pf ⊙–⊙, daher ohne vegetative (nichtblühende) Sprosse . . . . . . . . . . **12**

- Pf ♃, nichtblühende grundständige Sprosse vorhanden, oft fast lockere Rasen bildend, — nicht aromatisch; LB'Zipfel stachelspitzig. (Artengruppe Feld-B., *A. campestris agg.*) . . . . . . . . . . **13**

**12** Abschnitte der StgB schmal-linealisch bis fadenförmig, 5–15 mm — u. 0,5–1 mm br; Pf kahl oder schwach seidenhaarig; Stg steif aufrecht, dicht ästig; Körbe 1–2 mm ∅. H: 30–60 cm. ⊙–⊙. Th–He. VIII–X. Trockenrasen, Raine, Brachen, Ruderalstellen; collin; zstr bis slt. Im Pann. **B, W, N, (O, St, K, S).** Oft nur unbeständig. (Hptvbr.: Donau- u. Balkanländer, Asien.) Stark gefährdet. **Besen-B., *A. scopária***

- Abschnitte der StgB lineal-lanzettlich, 1–5 mm lg — u. 0,5–1 mm br; Pf stets völlig kahl, stark aromatisch; Körbe 1,5–2 mm ∅. H: 50–150 cm. ⊙ Th. VII–IX. Ruderalfluren, an Wegen; Kies- u. Sandböden; collin; slt. **W, N, K.** Neubürger; oft auch nur unbeständig. (Heimat: Ost-Europa u. West-Asien.) **Einjahrs-B., *A. ánnua***

**13** Sprosse niederliegend bis aufsteigend; Körbe 2–3 mm lg, 5–12blütig, rotbraun, in reich verzweigten sparrigen Rispen mit kurzen Ästen. — Pf nicht aromatisch; Stg u. LB kahl *(subsp. campestris)* oder filzig-seidig behaart *(„subsp. lednicensis“)*. H: 30–80 cm. ♃ Ch. VIII–X. Sonnige, lückige Trockenrasen, Felssteppen, Felskanten u. -bänder; collin bis submontan; mäßig hfg. Bes. im Pann. **B, W, N, K?, T, V†?.** *(A. campestris subsp. campestris)* **Eigentlicher Feld-B.**, Wilde Stabwurz, ***A. campéstris***

- Stg meist aufrecht; Körbe 5–6 mm lg, 15-30blütig, gelb, in wenig verzweigten, schmalen, fast traubenförmigen Rispen. — Stg u. LB meist kahl, slt seidig behaart. H: 8–25 cm. ♃ Ch. VII–VIII(IX). Zwergstrauchheiden, Gesteinsfluren, über Silikatgesteinen; obermontan bis alpin; slt bis zstr. Hohe Tauern. Nordwest-**K, S,** Ost-**T**. (Gesamtvbr.: Alpen, Sibirien, Grönland.) Potentiell gefährdet. ▲ *(A. nana, A. campestris subsp. borealis)* **Nordischer B., *A. boreális***

Anm.: Zwischenformen (bes. in innenalpischen Trockenlagen) zw. den beiden zuletzt behandelten Kleinarten werden oft *A. campestris subsp. alpina („A. argyrea“)* benannt; ihre taxonomische Bewertung ist unklar.

**14** [10] Korbboden behaart. — Halbstrauch mit lg, steif abstehenden Stg, kampferartig aromatisch, kahl bis graufilzig, aber nicht silbrig glänzend; LB schwach behaart bis filzig;

LB'Zipfel schmal-linealisch, kaum 1 mm br; Körbe kugelig, 4–5 mm ∅. H: 30–80 cm. ♃ Ch. VII–IX. Trockene, sonnige Fels- u. Felsschutthänge, lückige Magerrasen; collin; (früher:) sehr slt. **B†, N†**. (Submedit.) Ausgestorben. *(A. lobelii, A. camphorata)*

**† Kampfer-W., *A. álba***

- Korbboden kahl . . . . . . . . . . . . . . . . . . . . . . . . . . . . . . **15**

**15** LB oberseits meist d'grün u. kahl, unterseits weißfilzig, 1×-fiederspaltig; LB'Abschnitte über 2 mm br. (Artengruppe Gewöhnlicher B., *A. vulgaris agg.*) . . . . . . . . . . . . . . . . . . . . . . . . . . . . . . **16**

- LB beiderseits graugrün bis grauweiß, 2–3×-geteilt; LB'Abschnitte höchstens 1 mm br, — linealisch . . . . . . . . . . . . . . . . . . . . . . . . **17**

**16** Fiedern der oberen StgB lanzettlich, meist eingeschnitten oder grob gesägt bis ganzrandig (am Rand umgerollt); Pf ohne Ausläufer; Korbstand: reich verzweigte, breit-ästige Rispe; Körbe eiförmig, 3–4 mm lg; HüllB eiförmig, filzig. — Pf (schwach) würzig-aromatisch; Stg ± kahl; Blü meist ± rötlich. H: 50–150 cm. ♃ He (Ch). VII–IX. Ruderalfluren, Ufergebüsch; Nitrifizierungszeiger; collin bis montan; sehr hfg. **Alle Bdld**. (Früher) GewürzPf.

**Gewöhnlicher B., *A. vulgáris***

- Fiedern der oberen StgB verlängert, linealisch, ganzrandig; Pf mit bis 1 m lg, überwinternde LB'Rosetten tragenden Ausläufern; Korbstand schmal-rispig; Körbe kugelig, 4 mm ∅; HüllB linealisch, verkahlend. — Pf stark kampferartig aromatisch; Stg meist behaart. H: 50–250 cm. ♃ He. Oft nicht blühend (oder Fr nicht ausreifend), sich nur vegetativ fortpflanzend! IX–X. Frische bis feuchte Ruderalfluren, Flußufer, Äcker, Weingärten; Rhizomkriechpionier; collin; slt (in Ausbreitung begriffen?). **Fehlt B**. Neubürger oder unbeständig. (Heimat: Kamtschatka, Nord-Japan.) *(A. vulgaris subsp. verlotiorum)*

**Kamtschatka-B.**, Verlot-B., ***A. verlotiórum***

**17** LB beiderseits matt graufilzig oder oberseits mehr graugrün, unten verkahlend, glanzlos; LB'Zipfel meist unter 5 mm lg; Körbe kugelig, 4 mm ∅, in schlanken, säulenartigen, schmalästigen Rispen; HüllB verkehrt-eiförmig, die äußeren lanzettlich, angedrückt graufilzig; Blü gelb. H: 40–80 cm. ♃ He. VIII–IX. Lückige, subruderale Trockenrasen; collin; im Pann zstr bis slt. **B, W, N, (O, St), K, (S)**. (Hptvbr.: Ost- u. Südost-Europa.) Gefährdet.

**Pontischer B., *A. póntica***

- LB beiderseits seidig behaart, grauweiß, schwach seidig glänzend, dicht büschelig gedrängt; LB'Zipfel 5–12 mm lg; Körbe eiförmig (9 mm lg u. 3 mm ∅), in sparrigen Rispen; HüllB länglich, die äußeren linealisch, abstehend behaart; Blü rötlichgelb. H: 20–60 cm. ♃ Ch. VII–IX. Trockenrasen, Sandsteppen, slt ruderal; kalkmeidend; collin; slt. Im Pann. **B, W, N**. Stark gefährdet.

**Österreichischer B., *A. austríaca***

## (36) Huflattich, *Tussilágo* (D 6)

Pf mit (bis 180 cm lg) unterirdischen Ausläufern, LB daher in Herden; StgSchuppen an der Spitze rotbraun; LB'Stiel U-förmig; LB'Spreite herzförmig-rundlich, 10–30 cm ∅, schwärzlich gezähnt, unterseits weißfilzig; ScheibenBlü (RöhrenBlü) ♂. H: 5–15 cm (blühend), 20–30(40) cm (fruchtend). ♃ Ge (He). (I)II–IV. Wege, Schuttplätze, Erdanrisse, feuchte Äcker u. Ruderalstellen, Ufer, Felsschutt, Kiesgruben; Lehm- u. Wasserzugzeiger, Rhizomkriechpionier, Bodenfestiger; collin bis montan; hfg. **Alle Bdld**. ArzneiPf; Wildgemüse. Vgl. Anm. bei (37) Weiß-Pestwurz!

**Huflattich, *T. fárfara***

## (37) Pestwurz, *Petasítes* (D 6)

1 Kro gelblichweiß; Schuppen der BlüStg bleich; LB'Spreite ausgeprägt doppelt gezähnt — mit schmalen, deutlichen, meist grünen, fast stachelspitzigen Zähnen, 20–40 cm ∅, rundlich, stumpf-buchtig, unterste Seitenrippe nicht am Spreitenrand (in der Bucht) verlaufend (Abb. 392 a); LB'Stiel nicht hohl, oberseits seicht u. br gefurcht. H: 10–80 cm. ♃ Ge. (II)III–V. Bachufer, Hangvernässungen, Hochstaudenfluren, sickerfeuchte, lehmreiche Edellaubwälder, Auwälder, Forststraßenränder; montan; mäßig hfg bis sehr hfg. **Alle Bdld.** (LB ähnlich jenen des Huflattichs / *Tussilago farfara*, dessen LB im Durchschnitt kleiner u. regelmäßiger gelappt sind mit 5–12 spitzen Lappen, deren Rand nur entfernt u. seicht gezähnt ist mit kurzen, dicken, schwärzlichen Zahnspitzen.) **Weiß-P.**, ***P. álbus***

- Kro rosa bis schmutzig-purpurn; Schuppen der BlüStg rötlich oder rötlich überlaufen; LB fast gleichmäßig einfach gezähnt . . . . . . . . . . . . . . . **2**

2 LB'Spreite 3eckig-herzförmig, meist länger als br, unterseits dicht schneeweißfilzig. — LB'Stiel oberseits seicht gefurcht; LB'Rand flach bogenförmig knorpelig gezähnt. H: 15–60 cm. ♃ Ge (He). IV–V. Sickerfeuchte Felsschuttfluren (Charakterart der Pestwurzflur), Föhrenwälder; kalkstet; montan bis subalpin (oft ins Alpenvorland herabgeschwemmt); hfg bis sehr hfg. **Fehlt B, W.** *(P. niveus)* **Alpen-P., Geröll-P.,** ***P. paradóxus***

- LB'Spreite rundlich, voll entwickelt bis 60 cm ∅, unterseits grauwollig, später verkahlend, — unterste Seitenrippen am Spreitenrand (in der Bucht) verlaufend (Abb. 392 b); LB'Stiel hohl, oberseits tief u. eng gefurcht; LB'Rand scharf gezähnt, slt mit größeren Zähnen. H: 15–120 cm. ♃ Ge (He). (III)IV–V. Nährstoffreiche Bachufer, Auwälder, Schluchtwälder, Sumpfwiesen; collin bis untermontan; zstr bis hfg. **Alle Bdld.** *(P. officinalis)*
**Bach-P., Gewöhnliche P.,** Rote P., ***P. hýbridus***

Abb. 391

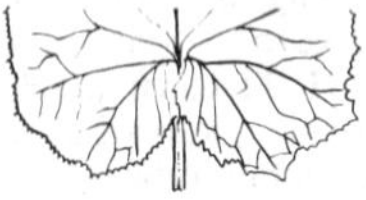

Abb. 392a

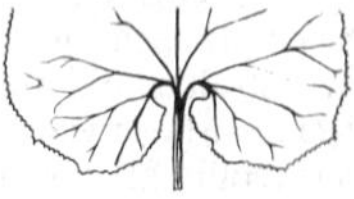

Abb. 392b

## (38) Brandlattich, Alpenlattich, *Homógyne*

1 LB unterseits weißfilzig, — etwa 10–15 mm br, Rand ungleich grobgezähnt; Pf ohne Ausläufer. H: 10–25 cm. ♃ He. VI–VIII. Steinige Rasen, Zwergstrauchheiden, Schneeböden; Kalkzeiger; subalpin bis alpin; in den Kalkalpen hfg, Zentralalpen sehr slt. **Fehlt B, W, V.** **Filz-B.,** Zweifarbiger B., ***H. díscolor***

- LB unterseits grün, kahl oder locker behaart, — meist breiter als 15 mm . **2**

2 LB handförmig seicht gelappt, die 3 mittleren Lappen meist spitz 3zähnig; Pf ohne Ausläufer. H: 15–25 cm. ♃ He. V–VI. Wälder, Gebüsche; kalkliebend; montan (bis subalpin); zstr bis slt. **K** (bes. sAlp), **S?** (früher vom Paß Lueg angegeben). (Südostalpisch-dinarisch.)
**Illyrischer B.,** Wald-B., (sl.:) gozdni planinšček, ***H. sylvéstris***

- LB unzerteilt, nierenförmig, seicht gekerbt-gezähnt; Pf mit beblätterten Ausläufern. H: 10–40 cm. ♃ He. VI–VIII. Feuchte Rasen, Zwergstrauchheiden, Torfmoosbülten, lichte Wälder u. Gebüsche; kalkmeidend; montan bis alpin; hfg. **Fehlt B, W.** **Alpen-B., Alpenlattich,** Grüner B., ***H. alpína***

## (39) Alpendost, *Adenostýles*

**1** Körbe (12)15–25blütig; HüllB 7–9, filzig behaart; Kro pfirsichblütenrot. — LB unterseits dicht weißfilzig, oberseits dünner graufilzig bis verkahlend; StgB ohne oder mit kleinen, ganzrandigen Öhrchen; KroZipfel etwa 1/5–1/6× so lg wie der KroSaum. H: 20–30(50) cm. ♃ He. VII(VIII). Mäßig bodensaure Silikatschuttfluren; alpin; sehr slt. **T** (im Ötztal ob Obergurgl). (Hptvbr.: Westalpen.) Gefährdet. *(A. tomentosa)* **Weiß-A., Weißfilziger A., *A. leucophýlla***

**–** Körbe 2–5(10)blütig; HüllB meist 3–5, kahl oder nur an der Spitze flaumig behaart; Kro purpurn (sehr slt weiß) . . . . . . . . . . . . . . . . . . . . . **2**

**2** Obere StgB stets gestielt; LB'Stiel nicht geöhrt; LB ziemlich gleichmäßig gezähnt, unterseits graugrün, meist nur auf den Adern behaart, sonst kahl (slt unterseits dünnfilzig-spinnwebig: *var. calcarea*); Adernetz engmaschig, deutlich hervortretend; KroZipfel mindestens 1/2× so lg wie der KroSaum. — StgB meist 3–5; Korb meist 2–3(5)blütig; HüllB 3–5, kahl. H: 30–60(80) cm. ♃ He. VII–VIII(IX). Kalkschutt- u. -blockfluren; Kalkzeiger; montan bis subalpin; hfg. **Fehlt B, W**. *(*Inkl. *A. calcarea; A. alpina)*

**Grün-A.**, Kahler A., ***A. glábra***

**–** Obere StgB halbstengelumfassend sitzend oder LB'Stiel deutlich geöhrt; LB ungleichmäßig gezähnt, unterseits grau, locker spinnwebig-flockig dünnfilzig; Adernetz weitmaschig, wenig hervortretend; KroZipfel etwa 1/3–1/4× so lg wie der KroSaum. — StgB meist 3; Korb 3–5(10)blütig; HüllB meist 5, nur an der Spitze behaart. H: 60–150(200) cm. ♃ He. VII–VIII. Hochstaudenfluren (Charakterart), Schluchtwälder, Waldränder; montan bis subalpin; hfg bis zstr. **Fehlt B, W**. **Grau-A.**, Grauer A., ***A. alliáriae***

## (40) Arnika, *Árnica*

GrundRosettenB verkehrt-eiförmig; Stg einfach oder wenigästig, unten mit 1–2, br-elliptischen LB'Paaren; Körbe 6–8 cm ∅, würzig riechend; Korbboden behaart; Strahlen d'dottergelb. H: 20–60 cm. ♃ He. V–VIII. Mäßig trockene, bodensaure Magerwiesen u. -weiden, kalkarme Silikat-Magerrasen; Humuswurzler; (collin als Eiszeitrelikt) montan bis alpin; mäßig hfg. **Fehlt W**. ArzneiPf (Wundheilmittel). Gefährdet im BM, im nVL u. söVL. △ (Anm.: Nicht mit → (17) Rindsauge/*Buphthalmum* verwechseln!)

**Arnika**, Wolferlei, Wohlverleih, ***A. montána***

## (41) Gemswurz, *Dorónicum*

Anm.: Die ★ **Orient-G.**, „Gelbe Margerite", ***D. orientále*** *(D. caucasicum)* (H: 40–60 cm; ♃; WuStock knotig, mit Haarbüscheln, Ausläufer bildend; GrundB mit br geflügeltem Stiel u. br-eiförmiger Spreite mit herzförmigem Grund; Stg 1(2)körbig, StgB 1–3; randständige Fr ohne Pappus) wird sehr hfg als frühblühende (IV–V) ZierPf kultiviert; slt unbeständig verwildert **(N, W, St)**; (Heimat: Balkanhalbinsel, Türkei, Kaukasus).

**1** Randständige Fr (der StrahlBlü) ohne Pappus. — Stg oft mehrkörbig . . **2**

**–** Alle Fr mit haarförmigem Pappus. — Stg meist 1körbig . . . . . . . . . **5**

**2** Grundständige RosettenLB zur BlüZeit fehlend. — WuStock ohne Ausläufer; Stg kantig, unten kahl, oben ± weichhaarig, drüsig, 5–12(17)körbig; StgB mit abrupt verschmälertem Grund herzförmig stengelumfassend sitzend; Körbe 5–6 cm ∅. H: 30–150 cm. ♃ He. VI–VIII. Sickerfrische, basenreiche Hochstaudenfluren, Krummholz, (Bruchwälder: Eiszeitrelikt); Humuswurzler; (collin) montan bis subalpin; mäßig hfg. **Fehlt W, V**.

**Österreichische G., *D. austríacum***

- Zur BlüZeit mit grundständiger LB'Rosette an u. neben dem Stg. — GrundB lg gestielt . . . . . . . . . . . . . . . . . . . . . . . . . . . . . . . . . . . . **3**

**3** LB'Spreite fast ganzrandig, beiderseits auf den Flächen behaart; WuStock mit unterirdischen, am Ende knollig verdickten u. LB'Rosetten tragenden Ausläufern. — Stg zottig behaart, (1)2–6(8)körbig; Korbstiele sehr kurz, die älteren hfg von den jüngeren überragt; Körbe 4–6(8) cm ∅. Pf oft nicht blühend. H: 30–100(150) cm. ♃ He. VII–VIII. Laubwälder (Eichen-Hainbuchen-W.), Waldschluchten, ehemalige Parkanlagen; über Kalk- u. Silikatgesteinen; Mullbodenkriecher; collin bis untermontan; slt. **B** (im östl. Leithagebirge eingebürgert), **W**†, **N** (im östl. Leithagebirge eingebürgert). Unbeständig bis eingebürgert. (Hptvbr.: Südwest- u. Mitteleuropa.) Zier- u. ArzneiPf. *(D. matthioli, D. romanum, D. macrophyllum)* **Kriech-G.**, Schwindelwurz, ***D. pardaliánches***

- LB'Spreiten gezähnt, auf den Flächen kahl oder (slt) verkahlend; ohne unterirdische Ausläufer . . . . . . . . . . . . . . . . . . . . . . . . . . . . **4**

**4** Stg 1(–3)körbig; LB'Spreite der GrundB 3–8 cm lg u. br; Achsel der GrundB ohne Wollhaare; mindestens die mittleren Fr fein drüsenlos steifhaarig. — WuStock schlank, lange Zeit mit LB'Resten bedeckt; Körbe 3–6 cm ∅. H: 15–60 cm ♃ He. V–VIII. Steinschuttfluren, lichte Wälder, Gebüsche; kalkstet; montan bis subalpin; zstr bis slt. Nördl. u. südl. Kalkalpen. Südwest-**K, S, T**. Auch ZierPf. *(D. cordifolium, D. cordatum)* **Herz-G.**, Herzblatt-G., Herzblättrige G., ***D. colúmnae***

- Stg 4–10körbig; LB'Spreite der GrundB (10)15–20 cm lg, 10–18 cm br; Achsel der GrundB fein seidig-wollhaarig; mindestens die mittleren Fr sehr fein drüsenhaarig. — WuStock dick, bald nackt; Pf kräftig, aber zerbrechlich; Stg hohl, mit lg Internodien, locker beblättert; GrundB an jene der Sumpfdotterblume / *Caltha palustris* erinnernd; Körbe 4–8(10) cm ∅; StrahlBlü 2× so lg wie die Hülle, auf der Außenseite (bes. am Beginn des röhrigen Teiles) kurz drüsenhaarig. H: 80–130 cm. ♃ He. VII–IX. In u. an Bächen; bes. über Gneis; obermontan bis subalpin; sehr slt. **St, K**. Endemisch (auf der Koralpe). Gefährdet. ▲ **Sturzbach-G.**, ***D. cataractárum***

**5** [1] Grundständige u. untere LB br-eiförmig, am Grund gerundet bis herzförmig, vom Stiel abgesetzt. — WuStock süßlich schmeckend; Stiel der grundständigen u. unteren LB (1–)2× so lg wie die Spreite; LB'Spreite grob buchtig gezähnt, am Rand mit kräftigen Zottenhaaren, kürzeren Drüsenhaaren u. Gliederhaaren; StgB gestutzt bis ± herzförmig stengelumfassend; Stg 1–5körbig; Körbe 4–6 cm ∅; HüllB reichlich mit allen genannten Haartypen besetzt. H: 15–50(60) cm. ♃ He. VII–VIII. Felsschutt; kalkstet; subalpin bis subnival; nördl. u. südl. Kalkalpen mäßig hfg, Zentralalpen slt. **Fehlt B, W**. *(D. halleri, D. scorpioides)* **Großkorb-G., Großköpfige G.,** ***D. grandiflórum***

- Grundständige u. untere LB länglich bis länglich-spatelig, Spreite in den Stiel verschmälert, daher von ihm nicht abgesetzt. — WuStock geschmacklos; StgB am Grund nur seicht herzförmig, nicht oder bis halbstengelumfassend; Stg 1körbig; Pf 10–30 cm hoch. (Artengruppe Kahlblatt-G., *D. clusii agg.*) . . **6**

**6** LB am Rand mit steifen, breiten (deutlich mehrzellreihigen) Wimperzotten, ohne Kraushaare *(Lupe!)* (Abb. 393 a, b) . . . . . . . . . . . . . . . . **7**

- LB am Rand mit weichen, schlanken (undeutlich mehrzellreihigen) Gliederhaaren u. kürzeren, dünneren Kraushaaren *(Lupe!)* (Abb. 393 c), — meist drüsenlos (höchstens mit vereinzelten Drüsen); Stg unten hohl; Körbe 4–6,5 cm ∅ . . . . . . . . . . . . . . . . . . . . . . . . . . . . . . . . . **8**

**7** Auf Rand u. Fläche der LB außer den kräftigen Wimperzotten auch kurze

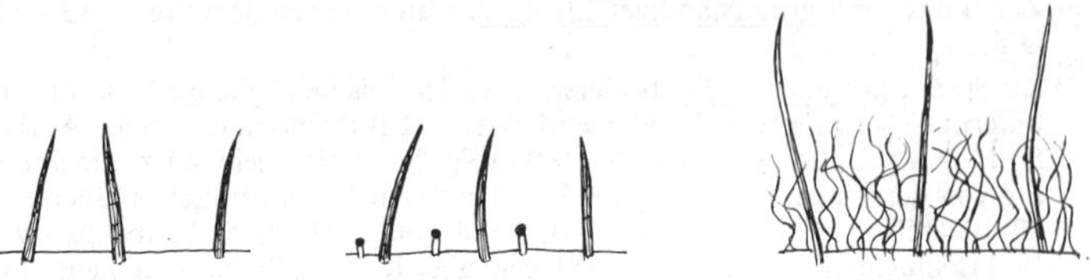

Abb. 393a Abb. 393b Abb. 393c

Drüsenhaare *(Lupe!)* (Abb. 393 b); Körbe 3–5(7) cm ∅. — Stg voll, nur unterhalb des Korbes hohl; HüllB reichlich mit drüsenlosen Haaren u. kurzen Drüsenhaaren. H: 5–25 cm. ♃ He. (VI)VII–VIII. Fein- u. Grobschuttrasen, Schneeböden, Moränen, Blockhalden; über Kalk- u. Silikatgestein; (subalpin) alpin; mäßig hfg. **O, St, K, S, T**. (Fehlt im Areal der folgenden Art.) *(D. glaciale subsp. glaciale)* **Gletscher-G., *D. glaciále*** *(s. str.)*

- Auf Rand u. Fläche der LB außer den kräftigen Wimperzotten keine Drüsenhaare *(Lupe!)* (Abb. 393 a); Körbe 4–7,5 cm ∅. — Stg meist hohl; HüllB reichlich mit lg Drüsenhaaren. H: (5)10–25(35) cm. ♃ He. (VI)VII–VIII. Felsige Weiderasen, Dolinenränder, Schneeböden; kalkstet; subalpin bis alpin; hfg. **N, St**. Endemisch (nordöstl. Kalkalpen: nur auf Ötscher, Schneeberg, Rax, Schneealpe, Hochlantsch). *(D. glaciale subsp. calcareum)* **Kalk-G., *D. calcáreum***

**8** LB dünn, weich u. schlaff, Spreite auf der Fläche fast völlig kahl. H: 10–30(40) cm. ♃ He. VII–IX. Kalkarme (Zentralalpen) Steinschutt- u. Moränenfluren, in den südl. Kalkalpen auch über Kalk; subalpin bis alpin; mäßig hfg. **K, S, T, V**. *(D. glabratum, D. clusii subsp. clusii)* **Clusius-G., Kahlblatt-G., *D. clúsii*** *(s. str.)*

- LB derb, steif, Spreite auf der Fläche ± reichlich zottig behaart. H: (5)10–20(30) cm. ♃ He. VII–IX. Felsschuttfluren; subalpin bis alpin; mäßig hfg. Bes. Zentralalpen. Nord-**St, K, S**. (Sonstige Vbr.: Karpaten.) *(D. clusii subsp. villosum)* **Steirische G., Zottige G., *D. stiríacum***

## (42) Scheingreiskraut, *Erechtítes*

Stg aufrecht, traubig verästelt, hohl u. zerbrechlich, mehrkörbig; untere LB dünn, frischgrün, länglich-eiförmig, gezähnelt, in den lg geflügelten Stiel verschmälert, zur BlüZeit zumeist vertrocknet; mittlere LB grob gezähnt; Körbe walzenförmig, 12–20 mm lg, am Grund 5–10 mm ∅; HüllB 1reihig, linealisch, zugespitzt, bräunlichrot, am Rand weißhäutig; StrahlBlü fehlend; Kro röhrig-fadenförmig, blaßgelb. H: 50–120(180) cm. ⊙ Th. VII–X. Waldschläge; collin bis untermontan; mäßig hfg bis zstr. **B, W, N, O, St, K**. Neubürger. (Heimat: Nord- u. Südamerika.) Wildgemüse.
**Scheingreiskraut, Feuerkraut,** Habichts-Sch., Afterkreuzkraut, ***E. hieraciifólia***

## (43) Greiskraut, Kreuzkraut, *Senécio* (exkl. (44) *Tephróseris*, → Anm. dort!)

Anm.: Das ☆ **Schmalblatt-G., *S. inaequidens*** *(**S. reclinatus**)* (Halbstrauch; LB 1–3 mm br, ganzrandig, fast stechend-spitz, in den Achseln meist mit LB'Büscheln; H: 30–100 cm; VIII–IX) unbeständig, bes. auf Bahngelände, in Ausbreitung u. zT vielleicht in Einbürgerung begriffen: **(W, O, St, S, T)**; (Heimat: Südafrika; Neubürger in Nord-Italien, Nordwest-Deutschland, West-Frankreich u. a.).

**1** Auch die oberen LB mit unzerteilter* Spreite, — Rand gesägt oder gezähnt; Fr kahl . . . . . . . . . . . . . . . . . . . . . . . . . . . . . . . . . . . **2**
**-** LB (wenigstens die oberen) mit fiederspaltiger bis fiederteiliger Spreite . **12**

**2** Wenigstens die unteren LB am Grund herzförmig bis fast herzförmig-3eckig. — Körbe 3–4 cm ∅, lg gestielt, wenige Körbe zu lockerem Ebenstrauß vereint . . . . . . . . . . . . . . . . . . . . . . . . . . . . . . . . . **3**
**-** LB niemals herzförmig, sondern länglich-eiförmig bis lanzettlich . . . . . . **4**

**3** Stiele der oberen LB ganzrandig u. ungeflügelt, höchstens am Grund kleine Öhrchen; Spreite etwa 1,5× so lg wie br, oberseits d'grün, unterseits spinnwebig-wollig, zuweilen verkahlend, graugrün, der Rand unregelmäßig gesägt; StrahlBlü 13–16. H: 30–100 cm. ♃ He. VII–IX. Hochstaudenfluren, Viehläger, Bachufer; kalkliebend; montan bis subalpin; zstr bis mäßig hfg. **O, St?, K, S, T, V**. (***S. alpinus***) **Alpen-G., Herz-G., *S. cordátus***
**-** Stiele der oberen LB geflügelt; Spreite gelappt oder gefiedert u. am Grund mit ± stengelumfassenden, ± gezähnten Öhrchen (Abb. 394 a**), so lg wie br, beiderseits grasgrün, unterseits höchstens auf den Nerven behaart, Rand grob bis doppelt gesägt; StrahlBlü 21. H: 30–70 cm. ♃ He. VII–IX. Viehläger, Hochstaudenfluren, feuchte Wiesen u. Wälder; obermontan bis subalpin; in **N, O, St** hfg, in **K, S** zstr. Anm.: Die Hybride *S. cordatus* × *S. jacobaea* (zB in den wAlp) sieht dem *S. subalpinus* oft sehr ähnlich!*** **Berg-G.,** Gebirgs-G., ***S. subalpínus***

**4** StrahlBlü meist fehlend (falls welche vorhanden: bleich schwefelgelb: Hybriden?). — LB wenigstens unterseits kraushaarig, ihr Rand scharf gezähnt und fein gewimpert; KorbStiele, oft auch die Hülle dicht drüsenhaarig; Körbe in dichtem, ästigem Ebenstrauß; RöhrenBlü gelblichweiß. H: 60–150 cm. ♃ He. VII–VIII. Wälder, Waldschläge, Hochstaudenfluren, Grünerlengebüsch, auch Viehläger; obermontan bis subalpin; zstr. Zentralalpen u. südl. Kalkalpen. Voralpen von **St, K, S**, Ost-**T**. (Zur Artengruppe Hain-G., *S. nemorensis agg.*, → Pkt 10–11). **Pestwurz-G.,** Dost-G., ***S. cacaliáster***
**-** StrahlBlü stets vorhanden, sattgelb, — mindestens 5 . . . . . . . . . . . **5**

**5** Körbe mit 10–20 StrahlBlü; Außenhülle vielblättrig . . . . . . . . . . . . . **6**
**-** Körbe mit 5–8 StrahlBlü; Außenhülle 3–7(8)blättrig. — Pf 50–200 cm hoch . . . . . . . . . . . . . . . . . . . . . . . . . . . . . . . . . . . **7**

**6** Stg 1körbig oder mit wenigen, 1körbigen Ästen; LB verkehrt-eiförmig bis lanzettlich, spitz gesägt mit abstehenden Zähnen; Körbe 4–6 cm ∅; Zungen der StrahlBlü tiefgelb bis orange; WuStock nicht kriechend. — Untere LB ledrig, kurzhaarig, oft etwas wollig. H: 20–40(60) cm. ♃ He. VII–VIII. Felsschutt, steinige Rasen; obermontan bis subalpin; mäßig hfg bis zstr, in **N** slt. **Fehlt B, W**. **Gemswurz-G., *S. dorónicum***
**-** Stg reichkörbig; LB schmal-lanzettlich, gesägt mit zur LB'Spitze weisenden Zähnen; Körbe 3 cm ∅; Zungen der StrahlBlü h'gelb; WuStock kriechend. — Stg hohl; alle LB sitzend. H: 50–200 cm. ♃ He. VI–VIII. Sümpfe, Ufer, Röhricht, Erlenbrüche; collin; slt. **Fehlt** Ost-**T**. Stark gefährdet; in den wAlp vom Aussterben bedroht. ▲ **Sumpf-G., *S. paludósus***

**7** StgB nach oben zu immer kleiner werdend u. in schmale, lanzettlich-pfriemliche HochB übergehend; Stg oben daher fast nackt. (Artengruppe Hohes G., *S. doria agg.*) . . . . . . . . . . . . . . . . . . . . . . . . . . . . . . . **8**
**-** Stg bis oben mit LB besetzt . . . . . . . . . . . . . . . . . . . . . . . . **9**

---

* Vgl. jedoch **Berg-G.,** Pkt 3–! — ** Auf S. 851! — *** A. POLATSCHEK: Mskr. N. Fl. **T & V**.

**8** Stg u. LB kahl, der Stg höchstens oben etwas wollig; LB d'blaugrün, kohlartig, ledrig; untere LB elliptisch bis länglich, in den LB'Stiel verschmälert; die folgenden LB elliptisch bis lanzettlich, mit kurz verschmälertem Grund sitzend bis herablaufend, nach oben zu abrupt kleiner werdend; Körbe 15–20 mm ∅, zu einer lockeren, mehrfach zusammengesetzten Schirmtraube vereint; HüllB 10–13, an der Spitze bärtig; StrahlBlü meist 5–6, h'goldgelb. H: 40–150 cm. ♃ He. VII–IX. Feuchte Wiesen, Gräben, Auwälder, in warmen Flußtälern; collin; sehr slt. **B, W, N,** Süd-**K**. Stark gefährdet. ▲ *(S. altissimus,* inkl. *S. fontanicola)* **Hohes G.,** Gold-G., Fettblättriges G., ***S. dória***

**-** Stg wollig-kraus behaart; LB h'bläulichgrün, TabakB-ähnlich; unterseits bes. an den Nerven angedrückt kraus behaart; untere LB eiförmig, abrupt in den Stiel zusammengezogen, die folgenden eiförmig, spitz, mit abgerundetem oder herzförmigem Grund stengelumfassend sitzend, nach oben zu allmählich kleiner werdend; Körbe 25–30 mm ∅, zu einer kompakten Schirmtraube vereint; HüllB meist 13, häutig berandet, bisweilen miteinander verwachsen; StrahlBlü 8, h'gelb. H: 60–150 cm. ♃ He. VII–IX. Lichte Laubwälder, Waldränder, Waldschläge, sekundär auch auf feuchten Wiesen; kalkliebend; collin bis untermontan; slt. Nur südl. der Donau. **B, N.** Potentiell gefährdet. *(S. doria subsp. umbrosus)* **Schatten-G., *S. umbrósus***

**9** LB scharf gesägt, mit vorwärts gerichteten (± gekrümmten) Zähnen; Pf mit fleischigem, waagrechtem, weit kriechendem WuStock, Ausläufer treibend; StrahlBlü (6)7–8, goldgelb. — Stg oben flaumig bis drüsenflaumig; LB länglich-lanzettlich, kahl, spitz; reichästige Schirmtraube; Korb 3 cm ∅; Hülle glockig-walzlich. H: 60–200 cm. ♃ He. VIII–X. Staudenfluren u. Weidengebüsche der Auen, Ufergebüsche, feuchte Böschungen; collin; zstr bis slt. **B, W, N, O.** Stark gefährdet. *(**S. fluviatilis**, S. salicetorum)* **Fluß-G., *S. sarracénicus***

**-** LB gesägt bis gezähnt, Zähne ± gerade abstehend; Pf mit fast holzigem, schiefem, kurzem, abgebissenen WuStock, keine oder nur kurze (sehr slt bis 25 cm lg) Ausläufer treibend; StrahlBlü 5(8), h'gelb. — LB eiförmig bis lanzettlich oder länglich, bis 20 cm lg u. 7 cm br. (Teil der Artengruppe Hain-G., *S. nemorensis agg.*; → auch Pkt 4!) . . . . . . . . . . . . . . . . . . . . **10**

**10** Obere StgB abgerundet oder verschmälert gerundet sitzend, meist zum Grund erneut etwas verbreitert u. geöhrt, halbstengelumfassend, manchmal auch etwas herablaufend; Korbstiele, AußenhüllB u. HüllB spärlich bis reichlich abstehend drüsenhaarig. — Stg meist grün u. behaart; LB unterseits zumeist kraushaarig, stets gewimpert; Körbe etwa 3 cm ∅, in einem dichten, zusammengesetzten Ebenstrauß; Hülle 10–12blättrig, braunschwarz bespitzt, AußenhüllB meist so lg oder länger als die Hülle, an der Spitze hfg einwärts gekrümmt. H: 50–150 cm. ♃ He. VII–IX. Schattig-feuchte u. lichte Wälder, Hochstaudenfluren, Waldschläge; pH-indifferent, Nitrifizierungszeiger, Waldbodenbereiter; obermontan bis subalpin; mäßig hfg. **Alle Bdld.** *(**„S. nemorensis subsp. nemorensis"** p. p.)* **(Eigentliches) Hain-G.,** Harz-G., ***S. hercýnicus*** *(subsp. hercýnicus)*

**-** Obere StgB gestielt oder deutlich verschmälert sitzend, am Grund weder verbreitert noch stengelumfassend; Korbstiel u. HüllB kahl oder zstr behaart, aber nicht abstehend drüsenhaarig. — AußenhüllB kürzer oder länger als die Hülle, oberhalb der Mitte am breitesten . . . . . . . . . . . . . . . **11**

**11** Außenhülle meist kürzer als die Hülle, kahl oder spärlich ± abstehend kurzhaarig; Hülle 7(8)blättrig; Stg meist violettbraun u. kahl; Pf nicht auffällig riechend. — LB länglich-lanzettlich, wimperlos bis sehr schwach gewimpert, beiderseits (fast) kahl; LB'Stiele schmal geflügelt; Hülle 10 mm lg, walzlich, mit wenigen fädigen, am Stiel herabgerückten, pfriemlichen bis linealischen AußenhüllB; StrahlBlü (4)5(8); RöhrenBlü 8–14. H: 60–150 cm. ♃ He. VII–IX. Krautreiche Wälder, Waldschläge u. Waldverlichtungen; etwas kalkliebend; montan bis subalpin; sehr hfg. **Alle Bdld**. VolksarzneiPf. *(S. nemorensis subsp. fuchsii,* ***S. fuchsii****)* **Fuchs-G.**, Kahles Hain-G., ***S. ovátus***

- AußenhüllB etwa so lg wie oder länger als die Hülle, meist auffällig gewimpert; Hülle 10–12blättrig; Stg meist grün u. oft behaart; Pf meist auffällig eigenartig süßlich-aromatisch. — LB etwa 3× so lg wie br, ± grob gezähnt, gewimpert, unterseits kraushaarig; LB'Stiel br geflügelt, am Grund verbreitert; Hülle kurzhaarig, 10–12 mm lg, walzlich-glockig, mit 3–5, linealischen bis lineal-lanzettlichen AußenhüllB; StrahlBlü 5(7); RöhrenBlü 14–20. H: 50–120 cm. ♃ He. VII–IX. Sickerfrische Waldsäume, Hochstaudenfluren, Waldschläge; collin bis submontan; zstr bis mäßig hfg. **Jacquin-G.**, ***S. germánicus***

a Stg mit gekräuselten Flaumhaaren; ohne Ausläufer, einzeln oder durch noch im selben Jahr blühende basale Triebe buschig gedrängt. — Eigenartiger Duft fast immer vorhanden. **B, W, N, O, St?, T**. Gefährdet in den wAlp. *(****S. nemorensis subsp. jacquinianus****)* **Flaumiges J.-G.**, Eigentliches J.-G., ***S. g. subsp. germánicus***

- Stg kahl bis zstr anliegend kurzhaarig; mit kurzen Ausläufern, die nicht mehr im selben Jahr blühen. Submontan. (Bes. im Westen.) **K, T**. (Vbr. noch nicht genau bekannt.) *(S. „nemorensis s. str." p. p.)* **Kahles J.-G., Verkahltes J.-G.,** ***S. g. subsp. glabrátus***

**12** [1] StrahlBlü fehlend. — LB buchtig gelappt bis fiederspaltig, gezähnt, die oberen geöhrt; AußenHüllB meist 8–10, 1–2 mm lg, bis zur Hälfte schwärzlich; HüllB 21. H: 10–30(50) cm. ⊙ Th (He). (I)III–X(XII). Äcker, Weingärten, Brachen, Ruderalstellen; Stickstoffzeiger; collin bis montan; sehr hfg. **Alle Bdld**. Alteingebürgerter Kulturbegleiter. Kosmopolit. **Gewöhnliches G.**, Grimmkraut, ***S. vulgáris***

- StrahlBlü vorhanden, zuweilen aber kurz u. zurückgerollt . . . . . . . . . **13**

**13** StrahlBlü kurz u. zurückgerollt, — ihre Anzahl: 13 . . . . . . . . . . . . . **14**

- StrahlBlü lg u. flach ausgebreitet . . . . . . . . . . . . . . . . . . . . . . . . **15**

**14** Pf drüsenhaarig-klebrig; Hülle 9–11 mm lg u. 5–6 mm br, walzlich-glockig; HüllB 21; AußenHüllB wenige, locker abstehend, zT bis zum Korbstiel herabgerückt, halb so lg wie die Hülle; Pappus zur FrZeit 3× so lg wie die Fr, reinweiß. H: 15–60 cm. ⊙ Th. VI–IX. Waldschläge, Steinschuttfluren, Ruderalstellen, Bahnschotter; feinerdearme Schotterböden; schwach kalkmeidend; collin bis montan; hfg. **Alle Bdld**. **Kleb-G.**, ***S. viscósus***

- Pf nicht drüsig-klebrig, aber spinnwebig, weichhaarig bis verkahlend; Hülle 7–9 mm lg u. 3–4 mm br, schmal-walzlich; HüllB 13; AußenhüllB angedrückt, etwa ¹/₅× so lg wie die HüllB; Pappus zur FrZeit fast 2× so lg wie die Fr, schmutzigweiß. H: (5)15–80 cm. ⊙ Th. VII–X. Waldschläge, Waldwege, Waldlichtungen, gern auf Brandflächen; Nitrifizierungszeiger, Humuszehrer, kalkmeidend; (collin) montan; hfg. **Alle Bdld**. **Wald-G.**, ***S. sylváticus***

**15** LB angedrückt weißgrau-filzig, verkahlend, oder ± kahl. — Spreite keilig-verkehrt-eiförmig, kerbig eingeschnitten bis fiederspaltig; Korb etwa 13 mm ∅; HüllB 6–10, br-linealisch, stumpf, außen filzig; AußenhüllB am Korbstiel herabgerückt; Kro der RöhrenBlü lebhaft dottergelb; StrahlBlü 3–5, wenig länger als die RöhrenBlü, 5–6 mm lg, lebhaft dottergelb. H: 5–15 cm. ♃ He. VII–IX. Frische, kalkarme Silikatrasen, lückige Zwergstrauchheiden, Moränen, Felsspalten; subalpin bis alpin; hfg bis zstr. Bes. in den Zentralalpen. **Fehlt B, W, N**. *(S. carniolicus)* **Krainer G.**, „Gelber Speik", ***S. incánus (subsp. carniólicus)****

* Die Nominat-Unterart ist westalpisch.

– LB nicht weißgrau-filzig, grün. — LB'Spindel durch Herablaufen der Fiedern geflügelt, Blättchen dadurch sitzend; StrahlBlü 13 . . . . . . . . . . . . . **16**

**16** Flügel der LB'Spindel (= Mittelfeld) meist ± ganzrandig (Abb. 394 b) . . **17**

– Flügel der LB'Spindel (= Mittelfeld) gezähnt (Abb. 394 c). — Außenhülle 6–12blättrig; HüllB 21; Fr angedrückt behaart . . . . . . . . . . . . . . . **21**

**17** StrahlBlü leuchtend orangegelb oder slt orangerot; HüllB 21. — Fast HS, verholzte kriechende Grundachse mit aufsteigendem Stg; LB ungeöhrt, 1–2×-fiederteilig, mit schmal-linealischen Zipfeln, glänzend sattgrün, wintergrün; 2–5 Körbe zu einem Ebenstrauß vereinigt, 3–5 cm lg gestielt, mit schmal-lanzettlichen HochB; Körbe 2,5–4 cm ∅; StrahlBlü 10–13 je Korb, etwa 3× so lg wie die HüllB; Fr kahl; Pappus doppelt so lg wie die Fr. H: 15–40 cm. ♃ Ch. VII–IX. Gesteinsfluren, Zwergstrauchheiden; obermontan bis subalpin; hfg bis zstr. **Fehlt B, W.** △ **Eberrauten-G.,** Bärenkraut, ***S. abrotanifólius***

a StrahlBlü leuchtend orangegelb. Kalkliebend. **Fehlt B, W, V.** **Gewöhnliches E.-G., *S. a. subsp. abrotanifólius***

– StrahlBlü orangerot. Über Silikatgesteinen. **T, V.** **Tiroler E.-G., *S. a. subsp. tiroliénsis***

– StrahlBlü h'goldgelb; HüllB 13 . . . . . . . . . . . . . . . . . . . . . . **18**

**18** Alle Fr kurzhaarig; Pappus der Fr fest anhaftend, etwa 3× so lg wie diese; AußenhüllB (3)4–6(8), (? anliegend bis) meist deutlich abstehend, halb so lg wie die HüllB; Pf mit Ausläufern. — LB fiederteilig, mit linealischen, unzerteilten oder fiederspaltig gezähnten, nach vorne gerichteten Zipfeln; Körbe zahlr. (bis 30 u. mehr), 12–15 mm ∅. H: 30–120 cm. ♃ He. VI–IX. Buschige Hänge, Waldlichtungen, Waldsäume, Trockenrasen; collin bis untermontan; etwas kalkliebend; slt. **Fehlt S?**. Gefährdet; in den öAlp u. im söVL stark gefährdet. (Inkl. *subsp. tenuifolius*) **Rauken-G., *S. erucifólius***

– Entweder alle Fr oder wenigstens die randständigen oder die mittleren Fr kahl; Pappus sich leicht von der Fr lösend; AußenhüllB 2–5, ¼× so lg wie die HüllB, alle anliegend oder nur 1–2 deutlich abstehend; Pf ohne Ausläufer . . . **19**

**19** Fr der RöhrenBlü dicht kurzhaarig, die der StrahlBlü (RandFr) kahl; GrundB mit mäßig großem Endlappen, zur BlüZeit meist verwelkt. — StgB fiederspaltig, tief gezähnt u. mit vielteiligen Öhrchen, unterseits spinnwebig-wollig bis kahl; Körbe zahlr., 15–25 mm ∅. H: 30–100 cm. ⊙–♃ He. VII–IX(X). Trockene Magerwiesen, Halbtrockenrasen, Waldränder, Buschsäume, Erdanrisse; collin bis untermontan; hfg. **Alle Bdld.** Giftig (bes. für Weidevieh: phototoxisch). **Jakobs-G.,** Jakobskraut, ***S. jacobáea***

– Alle Fr kahl oder die mittleren oder die RandFr spärlich kurzhaarig; GrundB mit großem Endlappen, zur BlüZeit noch frisch. (Artengruppe Wasser-G., *S. aquaticus agg.*; taxonomische Wertigkeit unsicher) . . . . . . . . . . . . . . . . **20**

**20** Stg von der Mitte an mit sparrig ausgebreiteten Ästen; Seitenfiedern fast rechtwinkelig von der LB'Spindel abstehend, länglich-verkehrt-eiförmig (?); mittlere u. obere StgB mit eiförmig großem Endlappen u. nur 1–2 Fiederpaaren, d'grün. — Korb (12)15–25 mm ∅; Fr (der ScheibenBlü u./oder der StrahlBlü) alle kahl oder spärlich behaart oder feinborstig (bes. auf den ± deutlichen Rippen). H: 30–100 cm. ⊙ He. VII–IX. Feuchte Wiesen, Gräben, Sümpfe, Auwälder; collin bis untermontan; im Pann mäßig hfg, sonst zstr bis slt. **Alle Bdld.** In Ö anscheinend nur *subsp. barbareifolius (s. str.)*. *(S. aquaticus subsp. barbareifolius sensu Fl. Eur.)* ■ **Spreizendes G., *S. erráticus***

– Stg meist nur an der Spitze mit aufwärts strebenden Ästen; Seitenfiedern im spitzen Winkel (vorwärts gerichtet) von der LB'Spindel abgehend, fast linealisch (?); mittlere u. obere StgB mit länglichem Endlappen u. 3–4 Fiederpaaren, gelblichgrün. — Korb 20–30 mm ∅; Fr alle kahl oder die mittleren spärlich behaart. H: 20–60 cm. ⊙ He. VII–IX. Nährstoffreichere (?), kalkarme Naß- u. Flachmoorwiesen; collin; zstr, in **N** sehr slt. **Fehlt B, W**. Gefährdet. *(S. a. subsp. aquaticus)* ■ **Wasser-G.,** ***S. aquáticus***

**21** [16] LB beiderseits dicht spinnwebig-wollig; LB'Zipfel eiförmig; Pappus bleibend; AußenhüllB mit kahlen Spitzen, — fast bis zur Hälfte schwarz; Spreite u. LB'Rand gewellt. H: 15–45 cm. ⊙ Th(He). V–XI. Mäßig trockene Ruderalstellen, Brachen, lehmige Äcker; collin; zstr bis slt. **B, W, N, St, K, S, T**. Aus Osteuropa um 1850 eingewandert; Neubürger oder nur unbeständig. Giftig für Pferde. **Frühlings-G.,** ***S. vernális***

**-** LB kahl oder nur unterseits etwas wollig; LB'Zipfel länglich; Pappus abfallend; AußenhüllB hfg mit pinselartig behaarten Spitzen. — Hülle nach Ausfall der Fr zurückgeschlagen. H: 20–60 cm. ⊙–♃ Th(He). VI–VIII. Läger- u. Ruderalfluren, lichte Wälder, Felsschuttfluren, felsige Orte; montan bis subalpin; etwas kalkliebend; mäßig hfg. **Fehlt W**. *(S. squalidus)* **Felsen-G.,** ***S. rupéstris***

## (44) Aschenkraut, Greiskraut (zT), *Tephróseris* (*Senecio* sect. *Tephroseris*, „*Cineraria*")

Anm.: Trotz der oberflächlich großen Ähnlichkeit mit der Gattung Greiskraut / *Senecio* besteht, wie auch neuere Befunde bestätigen, keine sehr nahe Verwandtschaft mit dieser Gattung. Die Sippe wird daher, in Übereinstimmung mit anderen neuen Florenwerken, nicht mehr als Sektion oder Untergattung innerhalb von *Senecio*, sondern als Gattung eingestuft. – Diese Gattung darf nicht verwechselt werden mit der medit., bei uns als ZierPf kultivierten Greiskraut-Art ★ ***Senécio bícolor*** *(S. cineraria, Cineraria maritima)* (mit 1–2×-fiederteiligen, dicht schneeweiß-filzigen LB) u. aber auch nicht mit der als ZierPf (TopfPf) hfg kultivierten u. sortenreichen ★ **Gartencinerarie,** ***Senécio-Cruéntus-Hybriden*** *(„Cineraria hybrida")*, deren eine Stammsippe, *Senécio cruéntus*, auf den Kanarischen Inseln beheimatet ist.

**1** Spreite der unteren LB am Grund herzförmig. — Zungen der StrahlBlü dottergelb bis orangerot . . . . . . . . . . . . . . . . . . . . . . . . . . . . . **2**

**-** Spreite der unteren LB ± abrupt in den Stiel verschmälert oder abgerundet bis gestutzt (nur slt einzelne Spreiten schwach herzförmig) . . . . . . . . . . . **3**

**2** Untere LB mit br-geflügeltem Stiel, Spreitenrand meist wellig-kraus; Frkn u. Fr kahl. — Stg spinnwebig-wollig bis fast kahl; obere LB sitzend; Korbstand 5–15zählig; Korbstiele 1–3 cm lg; StrahlBlü 15–21; Pappus zur Blühzeit etwa (fast) so lg (?) wie die Kro der ScheibenBlü. H: 30–100 cm. ♃ He. VI–VIII. Staudenfluren quelliger Orte, feuchte Wiesen, Erlen-Auwald; montan bis subalpin; mäßig hfg bis zstr. **Fehlt T, V**. *(Senecio crispatus,* ***Senecio rivularis****, S. r. subsp. rivularis, T. rivularis)* ■ **Bach-A., Bach-G.,** Krauses A., G., ***T. críspa***

**-** Untere LB mit ungeflügeltem bis sehr schmal geflügeltem Stiel, Spreitenrand nicht wellig-kraus; Frkn u. Fr dicht behaart. — Korbstand 3–10zählig; Pappus zur Blühzeit 1/4–1/2× so lg (?) wie die Kro der ScheibenBlü. H: 30–70 cm. ♃ He. VI–VIII. Feuchte Wiesen, Hochstaudenfluren, Latschengebüsche; montan bis subalpin; zstr bis slt. Ober-**St, K**. (Hptvbr.: norditalienische Südalpen.) Unzureichend erforscht. (Zur Artengruppe Obir-A. [-G.], *T. [S.] ovirensis agg.*, vgl. Pkt 9, 11–) *(Senecio rivularis subsp. pseudocrispus,* ***Senecio pseudocrispus****, T. crispa subsp. pseudocrispa)* ■ **Südalpen-A., -G.,** Cividale-A., ***T. pséudocrispa***

**3** Zungen der StrahlBlü orange bis feuerrot, slt gelb. — HüllB meist zur Gänze purpurn; Frkn u. Fr behaart. (Teil der Artengruppe Steppen-A. (-G.), *S. integrifolius agg.*; vgl. Pkt 7) . . . . . . . . . . . . . . . . . . . . . . . . **4**

**-** Zungen der StrahlBlü heller oder dunkler gelb (höchstens vor dem Aufblühen – bes. außen – orange). — HüllB meist grün, slt purpurn . . . . . . . . . **5**

**4** Stg dicht wollig bis fast weißfilzig, mit kurzen Gliederhaaren; Pf von gedrungenem Wuchs; Stg kräftig; Korbstand dicht gedrungen. H: 15–30 cm. ♃ He. VII–VIII. Felsrasen, steinige Weiderasen; subalpin bis alpin; sehr slt. **St, K, T.** Stark gefährdet. ▲ (*Senecio integrifolius subsp. capitatus,* ***Senecio capitatus***)
■ **Kopf-A., Feuer-A.,** Feuer-G., Kopf-G., ***T. capitáta***

**-** Stg kahl oder etwas wollig, nicht weißfilzig, ohne Gliederhaare (oder mit nur spärlichen); Pf von schlankem Wuchs; Stg zart; Korbstand locker. H: 20–50 cm. ♃ He. VI–VII. Trockene bis wechselfeuchte Wiesen, lichtes Gebüsch u. Waldsäume; montan; slt. **B, N, St, K** (sehr slt). Vom Aussterben bedroht. ▲ (*Senecio integrifolius subsp. aurantiacus, S. i. subsp. capitatus var. aurantiacus,* ***Senecio aurantiacus***) ■ **Orange-A., -G.,** Orangefarbenes A., G., ***T. aurantíaca***

**5** Spreitenrand der GrundB (fast) ganzrandig. — GrundB meist dem Boden angedrückt, zur Blühzeit meist noch vorhanden; Spreiten der GrundB oft länger als ihr LB'Stiel . . . . . . . . . . . . . . . . . . . . . . . . . . . . **6**

**-** Spreitenrand der GrundB gezähnt, buchtig gezähnt oder buchtig. — GrundB meist nicht dem Boden angedrückt, zur Blühzeit oft schon verwelkt; Spreiten der GrundB so lg oder meist kürzer als ihr LB'Stiel; StrahlBlü 18–21 . . . **8**

**6** HüllB (zumindest in der oberen Hälfte) purpurn. — LB oberseits ± kräftig spinnwebig-flockig u. kurz rauhhaarig; Spreitenrand meist seicht buchtig gezähnt; Korbstand 2–10zählig; StrahlBlü slt leicht orange überlaufen; Fr behaart. H: 15–60 cm (?). ♃ He. V–VI. Lichte Rotföhrenwälder, auch Halbtrockenrasen; über Serpentin; collin; sehr slt. **B** (auf dem Steinstückl bei Redlschlag u. auf der Kleinen Plischa*). Endemisch. Stark gefährdet. (Teil der Artengruppe Steppen-A. (-G.), *T. (S.) integrifolia agg.*; → Pkt 4.) (*Senecio integrifolius subsp. serpentini,* ***Senecio serpentini***)
■ **Serpentin-A., -G.,** Serpentin-Steppen-A., -G., ***T. serpentíni***

**-** HüllB zur Gänze grün, — ihre Anzahl: 21; StrahlBlü 13–18 . . . . . . . . **7**

**7** LB oberseits u. unterseits wenig verschieden: beiderseits grün, ± spinnwebig behaart; LB'Spreite etwas länger als der LB'Stiel; Korbstiel etwa 2–3 cm lg; Hülle 6–8 mm lg. — GrundBSpreite ± eiförmig; LB'Stiel br-geflügelt; LB'Spreite ganzrandig bis seicht gezähnelt; Korbstand 3–10(15)zählig; StrahlBlü 13. H: 15–60 cm. ♃ He. V–VI. Halbtrockenrasen, einmähdige Wiesen, lichte Gebüsche, wechselfeuchte Wiesen; kalkliebend; collin bis submontan; im Pann mäßig hfg, sonst zstr. **B, W, N, O**†. Im nVL gefährdet. (*Senecio campestris, Senecio integrifolius subsp. integrifolius,* ***Senecio integrifolius*** *s. str.*)
■ **Steppen-A., -G.,** Eigentliches Steppen-A., -G., ***T. integrifólia*** (*s. str.*)

**-** LB oberseits u. unterseits (zumindest anfangs) auffallend verschieden: unterseits weiß, weil dicht wollig-filzig (später oft ± verkahlend), oberseits grün, schwach behaart; LB'Spreite so lg oder kürzer als der LB'Stiel; Korbstiel etwa 3–4 cm cm lg; Hülle 8–12 mm lg. — GrundBSpreite ei- bis spatelförmig; LB'Stiel schmal-geflügelt; Korbstand (6)8–16(20)zählig. H: 20–70 cm. ♃ He. V–VII. Meist kalkfreie, neutrale bis mäßig saure Feuchtwiesen u. Flachmoore; Wechselfeuchtezeiger. Gefährdet; im BM stark gefährdet. (*Senecio spathulifolius,* ***Senecio helenitis***) ■ **Alant-A., Alant-G.,** Spatelblatt-G., ***T. helenítis***

**a** Frkn u. Fr behaart; Spreite der unteren LB am Grund gestutzt, also abrupt in den Stiel verschmälert (bis fast schwach herzförmig), deutlich gekerbt-gezähnt. — StrahlBlü etwa 13 (slt fehlend). Collin bis montan; slt. **N, O, K?, S.** (***S. h. subsp. helenitis,*** *T. lanceolata*)
■ **Gewöhnliches Alant-A., -G., *T. h. subsp. helenítis***

**-** Frkn u. Fr kahl; Spreite der unteren LB am Grund keilig verschmälert, also allmählich

* Neufund H. Melzer u. G. Karrer.

in den Stiel verschmälert, entfernt gezähnt bis ganzrandig, — verkahlend; StrahlBlü oft fehlend, sonst 15–18. Collin; sehr slt. **O, S**. *(Senecio „pratensis", **S. h. subsp. salisburgensis**, T. thyrsoidea)* ■ **Salzburger A.-A., -G.**, Wiesen-G., ***T. h. subsp. salisburgénsis***

**8** HüllB zumindest in der oberen Hälfte purpurn. ■ **Serpentin-A., *T. serpentíni*** (→ Pkt 6)

**-** HüllB zur Gänze grün . . . . . . . . . . . . . . . . . . . . . . . . . . . **9**

**9** LB oberseits u. unterseits (zumindest anfangs) auffallend verschieden: unterseits weiß, weil dicht wollig-filzig (später oft ± verkahlend), oberseits grün, schwach behaart. ■ **Alant-A., *T. helenítis*** (→ Pkt 7–)

**-** LB oberseits u. unterseits wenig verschieden: beiderseits grün, ± spinnwebig behaart. (Zur Artengruppe Obir-A. [-G.], *S./T. ovirensis/longifolia agg.*; vgl. Pkt 2) . . . . . . . . . . . . . . . . . . . . . . . . . . . . . . . . . **10**

**10** Mittlere LB mit br geflügeltem Stiel herzförmig sitzend; Korb 3–4 cm ∅; Korbstand locker halbkugelig; Korbstiele 6–8 cm lg, etwa 7× so lg wie die Hülle; HüllB meist 21; Pf meist überall ± stark drüsig behaart. — Korbstand 3–10zählig; HüllB manchmal mit roter Spitze. H: 20–60 cm. ♃ He. V–VII. Kar- u. Hochstaudenfluren, feuchte Wiesen, lichte Wälder; pH-indifferent; collin bis subalpin; in höheren Lagen mäßig hfg, in niederen Lagen slt. Nur südl. der Donau. **Fehlt W, V**. *(**Senecio ovirensis** s. str., S. o. subsp. o.)* ■ **Obir-A., Obir-G.**, Langblatt-A., -G., ***T. longifólia*** *(s. str.)*

**-** Mittlere LB gegen den Grund zu stielartig verschmälert; Korb 2–3 cm ∅; Korbstand gedrungen halbkugelig; Korbstiele 2–4 cm lg, etwa 2–3× so lg wie die Hülle; HüllB meist 13; Pf nicht oder nur sehr spärlich drüsenhaarig. — Stg spinnwebig-wollig, später ± verkahlend, zuletzt kurzgliederhaarig; Korbstand 5–15zählig; HüllB stets ohne rote Spitze. H: 30–80 cm. ♃ He. VI–VIII. Fettwiesen, Viehläger, Karfluren, Bachufer, Waldsäume; obermontan bis subalpin; zstr; in den Zentralalpen slt. **O, St, K, S, Ost-T**. *(Senecio „brachychaetus", S. ovirensis subsp. gaudinii, **Senecio gaudinii**)* ■ **Schweizer A., Schweizer G.**, Läger-G., ***T. tenuifólia***

## (45) Goldkolben, *Ligulária*

Anm.: Der als ZierPf kultivierte ★ **Japanischer G., *L. dentáta*** *(L. clivorum, Senecio c.)* (Heimat: Japan, China) tritt slt verwildert (unbeständig bis lokal eingebürgert) auf, zB in **W**.

Zahlr. grundständige LB vor Entwicklung der Blühtriebe; Stg aufrecht, unverzweigt, unten spärlich beblättert, oben braunrote SchuppenB; untere LB lg gestielt, Spreite tief herzförmig-3eckig, 10–15 cm lg u. 8–12 cm br, scharf gezähnt; Körbe kurz gestielt, in einer endständigen, 3–5 cm br Ähre; StrahlBlü 8–10, goldgelb; Pappus schmutzig bräunlichweiß. H: 50–150(200) cm. ♃ He. VII–VIII. Flachmoore; untermontan; sehr slt. **N** (ein einziger Fundpunkt in den Kalkvoralpen). Ob heimisch oder lokaler Neubürger? (Sonstige Vbr.: Böhmen, Slowakei, Ost-Europa, Sibirien, Französisches Mittelgebirge, Pyrenäen.) Stark gefährdet (?). **Sibirischer G., *L. sibírica***

Anm.: Das ☆ **Tungusische Greiskraut, *Sinacália tangútica*** *(Senecio tanguticus, Ligularia tangutica)* (LB gespalten bis geteilt; IX–X; Heimat: Nord-China) tritt sehr slt lokal eingebürgert auf: **N** (Ybbstaler Alpen).

## ★ (46) Ringelblume, *Caléndula*

**1** Körbe 3–5 cm ∅; Zungen orange oder sattgelb; FrKörbe ± aufrecht; Fr kahnförmig gebogen; untere LB spatelförmig. H: 30–50 cm. ⊙ Th. VII–IX(X). Als Zier-, Farb- u. VolksarzneiPf kultiviert. Leicht verwildernd, jedoch unbeständig. (Heimat: Medit.) ★☆ **Garten-R., Echte R., *C. officinális***

- Körbe 1–2 cm ∅; Kro h'gelb; FrKörbe nickend; äußere Fr linealisch, gerade, innere ± eingerollt; alle LB länglich-lanzettlich. H: 10–20 cm. ⊙ Th. VI–X. Weingärten, Äcker; kalkliebend; sehr slt. Unbeständig. (Heimat: Medit.) ☆ **Acker-R., *C. arvénsis***

## (47) Kugeldistel, *Echínops*

Anm.: In Gärten wird nicht slt die aus Südost-Europa stammende ★ **Garten-K., *E. bannáticus***, (Stg drüsenlos; LB oberseits leicht spinnwebig; Hülle blau; in **N** slt verwildert) als ZierPf u. BienenweidePf kultiviert. – Slt, unbeständig bis lokal eingebürgert ist die ☆ **Hohe K., *E. exaltátus*** *(E. commutatus)* (Stg, LB u. Hülle drüsenlos; LB oberseits locker steifhaarig; Hülle grau; Hptvbr.: Slowenien, Ost- u. Südost-Europa).

1 LB oberseits dicht drüsig-flaumig u. zstr kurzborstig; äußere HüllB grau, unten (außen) drüsig behaart; Kro bläulichweiß; Fr grau-seidenhaarig; LB fiederspaltig bis -schnittig mit im Umriß länglichen Abschnitten, unterseits weißgrauwollig-filzig. — Stg weißwollig-filzig u. nach oben zu dicht drüsig-flaumig; Korbstand 4–8 cm ∅, von oben nach unten aufblühend. H: 60–120(150) cm. ♃ He. VI–VIII. Bahndämme, Straßenränder, Ruderalstellen. **B, W, N, (O), St, K, (S), T, (V)**. In den wAlp gefährdet. BienenweidePf.
**Bienen-K., *E. sphaerocéphalus***

- LB oberseits kahl, glänzend; HüllB blau, unten (außen) kahl; Kro blaßlila; Fr gelblich-seidenhaarig; LB doppelt-fiederschnittig mit lanzettlichen bis linealischen Abschnitten, unterseits schneeweiß-filzig. — LB'Rand zurückgerollt; Korbstand 3–5 cm ∅; innere HüllB violett. H: (10)30–70 cm. ♃ He. VII–VII(IX). Sonnige Felshänge, Felssteppen; collin; slt. Im Pann. **N, (St)**. Gefährdet. *(E. ruthenicus)* **Ruthenische K., *E. rítro (subsp. ruthénicus)***

## (48) Gold- u. Silberdisteln, Eberwurz, *Carlína*

1 Körbe (3)4–5(8) cm ∅, strahlende HüllB silberweiß (slt rötlich), 3–6 cm lg; Pf ♃. — Stg oft fehlend, 1(6)körbig; LB 8–25 cm lg, tief buchtig-fiederspaltig bis fiederteilig. H: 5–20(50) cm. ♃ He. VI–IX. Magerweiden u. -rasen, Wege u. Böschungen; Tiefwurzler; collin bis subalpin; hfg. **Alle Bdld**. Im Pann u. im BM gefährdet. △ Formenreich.
**Silberdistel, Wetterdistel,** Große E., Stengellose E., „Jägerbrot", „Oanhagel", ***C. acáulis***

Anm.: Im Gegensatz zu älteren Auffassungen ist für die Unterarten nicht die StgLänge, sondern die Spreitengestalt maßgeblich! Bei beiden Unterarten gibt es Formen mit sitzenden u. solche mit ± lg gestielten Körben.

**a** LB'Abschnitte mit br Grund der Mittelrippe aufsitzend, diese br geflügelt; LB'Spreite ziemlich flach. — Stg 1-15(20) cm hoch, StgB gleichmäßig verteilt *(var. alpina)* oder unter dem Korb rosettig gehäuft *(var. acaulis)*. **Alle Bdld**. Vbr. noch unzureichend erforscht. **Gewöhnliche S., Breitzipfel-S., *C. a. subsp. acáulis***

- LB'Abschnitte mit verschmälertem Grund der Mittelrippe aufsitzend, diese kaum geflügelt; LB'Spreite kraus u. stachelig. — Stg (1)20–40(50) cm hoch; StgB gleichmäßig verteilt. **O, K, S, T**; (wohl weiter verbreitet). ***(C. a. subsp. simplex p. p.)***
**Krausblatt-S., Schmalzipfel-S., *C. a. subsp. cauléscens***

- Körbe 1,5–3(4) cm ∅; strahlende HüllB strohgelb, 1–2 cm lg; Pf ⊙. — Stg immer vorhanden, 15–100 cm hoch, rispig (1)3- bis vielkörbig; mittlere StgB 2–10 cm lg, unzerteilt bis fiederspaltig. (Artengruppe Golddistel, *C. vulgaris agg.*) . . . . . . . . . . . . . . . . . . . . . . . . . . . . . . . . . . . . . . . . . . . . 2

2 LB von der Grundrosette aufwärts allmählich kleiner werdend (Beblätterung daher verkehrt-trompetenförmig); LB'Spreite flach oder nur schwach kraus,

meist unzerteilt, mit unterbrochen dornzähnigem Rand. — Stg meist wenigkörbig; Korb (11)15–30(35) mm br. ⊙ He. VII–IX.

**Langblatt-G., Steife G., *C. biebersteínii***

a Körbe 15–30(35) mm ∅; äußere HüllB (16)18–30 mm lg. H: (20)40–60 cm. ⊙ He. VII–IX. Naturnahe frische Rasen u. Hochstaudenfluren, Waldschläge; meist in luftfeuchten Lagen; montan bis subalpin; zstr. **N, O, S, T, V**. (*C. stricta, C. longifolia*)

**■ Eigentliche L.-G., *C. b. subsp. biebersteínii***

- Körbe 11–20 mm ∅; äußere HüllB (12)14–18(20) mm lg. H: (20)30–70(110) cm. ⊙ He. VII–IX. Lichte Wälder, Magerrasen u. -weiden; collin bis submontan; zstr. **B, W, N, O, St**. (***C. intermedia***) **■ Mittlere G., *C. b. subsp. brevibracteáta***

- LB von der Grundrosette aufwärts sehr rasch kleiner werdend (Beblätterung daher fast walzlich); LB'Spreite ± sparrig-kraus, fiederlappig bis fiederschnittig, — obere eiförmig bis länglich, bis zur Spitze dornzipfelig mit derben, kurz zugespitzten Dornen. H: (20)30–60 cm. ⊙ He. VII–IX. Trockene Ruderalfluren, Halbtrockenrasen, Wegränder, Sand- u. Schotterfluren, Föhrenwälder; hfg. **Alle Bdld.** **■ Kleine G., Gewöhnliche G., *C. vulgáris***

## (49) Spreublume, *Xeránthemum*

LB lanzettlich, ganzrandig, stachelspitzig, grau-filzig; Körbe einzeln an der Spitze der langen, oben fast blattlosen Äste, 3–5 cm ∅; innere HüllB trockenhäutig glänzend, zungenförmig verlängert (ZungenB vortäuschend), h'purpurn. H: 15–50 cm. ⊙ Th. VI–VIII. Sandige lückige Trockenrasen; collin; slt. Im Pann. **B, W†, N, (K)**. (Hptvbr.: Südeuropa, Kleinasien.) Vom Aussterben bedroht. Auch als ZierPf kultiviert. **Spreublume,** Einjahrs-Sp., ***X. ánnuum***

## (50) Klette, *Árctium*

Anm.: Hybriden sind nicht slt!. – *Körbe samt HüllBSpitzen messen!*

1 Hülle dicht spinnwebig-wollig; nur äußere HüllB mit hakenförmiger Spitze, innere HüllB stumpflich, mit aufgesetzter, kurzer, gerader Stachelspitze; LB unterseits dicht graufilzig, — oberseits d'grün; Stiele der GrundB zT markig; Korbstand locker schirmtraubig; Korbstiele 3–10 cm lg; Kro drüsig. H: 50–120 cm. ⊙ He. VII–IX. Mäßig trockene bis frische Ruderalstellen, Ufer, Auengebüsch; basenhold; Lehmzeiger; collin bis montan; hfg. **Alle Bdld.** Alteingebürgert. **Spinnweb-K., Filz-K., *A. tomentósum***

- Hülle kahl oder wenig spinnwebig; alle HüllB mit hakenförmiger Spitze; LB unterseits kahl oder schwach graufilzig . . . . . . . . . . . . . . . . . . . . . 2

2 Alle HüllB bis zur Spitze grün, weißlich bespitzt, (etwas länger als die Blü); Stiele der GrundB zumindest unten markig; Korbstand locker schirmtraubig. — Korbstiele 3–10 cm lg; Körbe 30–50 mm br; Fr 6–8 mm lg. H: 80–150 cm. ⊙ He. VII–IX. Staudenreiche Ruderalges., Schuttplätze, Wege u. Zäune, auch Ufer, Auwälder (Primärstandort?); Stickstoffzeiger; collin bis untermontan; hfg. **Alle Bdld.** Alteingebürgert. Volksarznei- u. NutzPf (Wu: Klettenöl). **Groß-K., Großkorb-K.,** Großkopf-K., **Große K., *A. láppa***

- Innere HüllB an der Spitze purpurn; Stiele der GrundB hohl; Korbstand ährig bis traubig oder rispig. — Korbstiele 0–4 cm lg. (Artengruppe Klein-Klette, *A. minus agg.*) . . . . . . . . . . . . . . . . . . . . . . . . 3

3 Körbe im FrZustand 15–18 mm hoch u. 15–25 mm br; Blü länger als die inneren HüllB. — Äste aufrecht-abstehend; Korbstiele 0–1 cm lg; Hülle grün oder purpurn überlaufen, jung oft ± dicht spinnwebartig behaart, später

verkahlend, im FrZustand oben geschlossen; Fr 5–7 mm lg. H: 50–120 cm. ⊙ He. VI–IX. Frische, staudenreiche Ruderalfluren (Müll- u. Schuttplätze), Ufergebüsch; Stickstoffzeiger; collin bis (unter)montan; hfg. **Alle Bdld.** Alteingebürgert. *(A. minus subsp. minus)* **Klein-K., *A. mínus***

- Körbe im FrZustand 20–25 mm hoch u. (25)30–35(40) mm br; Blü etwa so lg wie die HüllB . . . . . . . . . . . . . . . . . . . . . . . . . . . . . . . **4**

**4** Hülle strohfarben, jung dicht spinnwebig behaart, später verkahlend, im FrZustand oben offen; Korbstiele 1–4 cm lg. — Stg, LB- u. Korbstiele bemehlt; Seitenäste ± aufrecht-abstehend; Körbe 25–30 mm br; Fr 5–7 mm lg, bräunlich. H: 60–150 cm. ⊙ He. VIII. Waldschläge, Waldsäume, Auwälder; collin bis montan; slt? **Alle Bdld?** (genaue Vbr. noch unbekannt). (Hybridogen aus *A. lappa [nemorosum?]* × *A. minus* entstanden?) *(A. minus subsp. pubens)* **■ Flaum-K., *A. púbens***

- Hülle grün oder d'purpurn überlaufen, meist spärlich spinnwebig behaart, im FrZustand oben geschlossen; Korbstiele 0–1 cm lg. — LB unterseits fast kahl; Seitenäste abstehend bis (zuletzt) überhängend; Körbe 30–40 mm br?; Fr (6)8–9(11) mm lg, d'braun. H: 100–250 cm. ⊙ He. VI–IX. Waldschläge, Waldverlichtungen, feuchte Laubwälder, bes. Auwälder, kaum ruderal; collin bis submontan; slt. **Alle Bdld.** *(A. minus subsp. nemorosum)* **■ Auen-K., Hain-K., *A. nemorósum***

## (51) Alpenscharte, *Saussúrea*

**1** Alle LB lineal-lanzettlich, sitzend; Stg 1körbig. — LB ganzrandig oder gezähnt; HüllB lg zugespitzt, grün mit braunem Rand, zottig behaart; Korb 2–3 cm ∅, oft von den oberen StgB überragt; Kro blauviolett. H: 5–15 cm. ♃ He (Ch). VII–IX. Steinrasen, Felsschutt; kalkliebend; (subalpin) alpin; zstr bis slt. **Fehlt B, W, V.** **Zwerg-A., *S. pygmáea***

- Untere LB herzförmig-3eckig bis eilanzettlich, gestielt; obere LB lanzettlich, sitzend; Stg 2- bis mehrkörbig; H: (5)15–30 cm . . . . . . . . . . . . . . . **2**

**2** LB'Spreite unterseits dicht weißfilzig; LB'Stiel nicht geflügelt. — Stg dicht-filzig behaart, bes. unten beblättert, 3–8körbig; LB'Spreite länglich-3eckig, am Grund herzförmig bis abgestutzt; HüllB bräunlich-violett mit purpurner Spitze; Blü stark nach Vanille duftend; Kro h'violett bis purpurn. H: 15–30 cm. ♃ He (Ch). VII–IX. Gesteinsfluren, Felsspalten, Blaugrashalden; (subalpin) alpin; zstr bis slt. Bes. in den Kalkalpen. **N, St, K, T, V.** (Gebirge Eurasiens.) **Filz-A., Zweifarben-A., *S. díscolor***

- LB'Spreite unterseits spinnwebig-graufilzig bis locker-wollig; LB'Stiel schmal geflügelt. — Stg locker-filzig behaart, oft rötlich überlaufen; Körbe kurz gestielt, in 5- bis mehrkörbigen Schirmtrauben, von den oberen StgB nicht überragt; HüllB schwärzlich überlaufen; Kro purpurn; Staubbeutel blau. H: (5)10–30(50) cm. ♃ He (Ch). VII–IX. Steinrasen (oft kalkarm), Zwergstrauchheiden, windgefegte Grate (Nacktriedrasen); (subalpin) alpin; zstr bis slt. **St, K, S, T, V.** Anm.: Die Unterarten sind in **Ö** noch nicht ausreichend bekannt. **Gewöhnliche A.**, Echte A., ***S. alpína***

  **a** Spreite der unteren LB keilig, allmählich in den LB'Stiel verschmälert. (Arktisch-alpin.) **■ Eigentliche A., *S. a. subsp. alpína***

  - Spreite der unteren LB am Grund abgerundet bis undeutlich herzförmig, abrupt in den LB'Stiel verschmälert. (Ostalpisch-karpatisch.) **■ Großblättrige A., *S. a. subsp. macrophýlla***

## (52) Silberscharte, *Jurínea*

Stg aufrecht, einfach u. 1körbig, slt mehrkörbig, nur am Grund beblättert, oben nackt; LB tief fiederspaltig, oberseits spinnwebig-wollig, verkahlend, zuletzt d'grün, unterseits dauernd grau- bis weißfilzig; Korb 3–5 cm ∅, duftend; Kro purpurrot. H: 10–80 cm. ♃ He. V–VI(VII). Trockenrasen u. Felsfluren; collin; mäßig hfg. Im Pann. **B, W, N**. Gefährdet. ▲

**Silberscharte**, Bisamdistel, ***J. móllis***

## (53) Ringdistel, Haarschopfdistel, Distel (i. e. S.), *Cárduus*

Anm.: Die Arten dieser Gattung neigen stark zur Bildung von Hybriden.

**1** Mittlere HüllB oberhalb des ± eiförmigen Grundes ± deutlich eingeschnürt, — oberhalb der Einschnürung lanzettlich, in einen Dorn zugespitzt, aufrecht-abstehend bis herabgeknickt (zurückgebogen); Stg 1–2(3)körbig; LB tief fiederspaltig, derbdornig, beiderseits grün; Körbe 2–8 cm ∅; Kro purpurn (slt gelb oder weiß). H: 30–100 cm. ⊙(-⊙) He (Th). VI–IX. Trockene Ruderalplätze, Geilstellen in Weiderasen, Brachen; wärmeliebend; Stickstoffzeiger, PionierPf; collin bis montan. **Alle Bdld**. Anm.: Laut Mitteilung von A. Polatschek handelt es sich bei den im folgenden angeführten beiden heterotypischen Unterarten nicht um solche, sondern um Hybriden von *C. nutans* mit anderen *Carduus*-Arten.

**Nickende R., Nick-R., Nickende D., *C. nútans***

**a** HüllB über dem Grund undeutlich eingeschnürt, unter der Einschnürung br-eiförmig, abrupt in den kaum 3 mm lg Dorn zusammengezogen, — ± aufrecht-abstehend, (2–4?) 5–8 mm br, Mittelnerv undeutlich; LB unterseits dicht wollig behaart, 8–10lappig, Nerven der Unterseite nur in der vorderen Hälfte hervortretend; Abschnitte mit 1–3(4) mm lg Stacheln; Körbe 2–3 (4–6,5?) cm ∅, meist aufrecht, einzeln oder zu 2–3; Pappus 18–24 mm lg. Mäßig hfg bis slt. Innere Alpentäler. **O, K?, S, T, V**.

**▪ Breitschuppen-N.-R., *C. n. subsp. platýlepis***

**-** HüllB über dem Grund sehr deutlich eingeschnürt, unter der Einschnürung länglich-eiförmig, allmählich in den mehr als 3 mm lg Dorn zusammengezogen . . . . . . . . **b**

**b** HüllB mit deutlichem Mittelnerv, äußere HüllB zurückgeschlagen, — mittlere 1,5–2,5(4?) mm br; LB 6–8lappig, unterseits mit deutlich hervortretenden Nerven; LBZähne stets 2spitzig, Stacheln 4–8 mm lg; Körbe (2?)4–5(8?) cm ∅, meist zu 1–2(3), stets nickend; Pappus 13–18 mm lg. Im Pann heimisch u. hfg, sonst eingebürgert u. zstr bis slt. **Alle Bdld**. **▪ Eigentliche N.-R., *C. n. subsp. nútans***

**-** HüllB mit undeutlichem Mittelnerv, äußere HüllB nicht zurückgeschlagen, — mittlere 5–8 mm br; LB nur unterseits auf den Nerven behaart oder völlig kahl; Körbe (3?)4–6(8?) cm ∅, kahl bis schwach behaart, meist einzeln. Slt. Unbeständig, verschleppt. (Heimat: Submedit.) ☆ **▪ Großschuppen-N.-R., *C. n. subsp. macrólepis***

**-** Mittlere HüllB nicht eingeschnürt . . . . . . . . . . . . . . . . . . . . . . **2**

**2** Stg 1körbig oder häufiger in mehrere verlängerte, meist oben nackte, fast immer 1körbige Äste geteilt . . . . . . . . . . . . . . . . . . . . . . . . . **3**

**-** Stg stets mehrkörbig; Körbe gehäuft oder zu 2–3 beisammen, slt einzeln, — auf stachelig geflügelten, nur ganz oben oft nackten Stielen . . . . . . . . . . **5**

**3** Flügel des Stg bis zum Grund in Lappen zerteilt; Körbe während der BlüZeit aufrecht, Korbstiel höchstens 10 cm lg, slt wenig länger. — LB ± weich, oberseits kahl, unterseits spinnwebig weichhaarig aus dünnen, nicht krausen, unseptierten *(Lupe!)*, weißen Haaren, zuletzt verkahlt, tief fiederspaltig, mit verlängertem Endlappen, am Vorderrand 2–3 lappige, feinstachelig gewimperte Zipfel; Hülle kugelig, HüllB linealisch, abrupt in eine kurze weiche Spitze zusammengezogen, alle ± zurückgebogen. H: 10–80 cm. ♃ He. VI–IX. Lichte Wälder, Hochstaudenfluren, steinige Weiderasen; kalkliebend; montan bis subalpin; zstr bis mäßig hfg. In den sAlp. Süd-**K**. (Hptvbr.: Südalpen, Slowenien, Balkanhalbinsel.) *(C. defloratus subsp. carduelis)*

**Stieglitz-R.,** (sl.:) repinčasti bodak, ***C. carduélis***

- Flügel des Stg zusammenhängend, nicht bis zum Grund in Lappen zerteilt; Körbe während der BlüZeit nickend, Korbstiel länger als 10 cm. — LB meist ± steif, unterseits kahl oder mit dicken, krausen, septierten *(Lupe!)* Haaren. (Artengruppe Berg-R., *C. deflorátus agg.* [sehr schwierig, immer noch recht unzureichend erforscht; nicht nur die Unterarten, sondern auch die beiden Arten sind vielleicht stellenweise durch Übergangspopulationen miteinander verbunden; wahrscheinlich auch Hybridisierung mit Arten außerhalb dieser Gruppe]) . . . . . . . . . . . . . . . . **4**

4 Alle LB unzerteilt bis schwach gelappt, nicht stechend, unterseits völlig kahl, — Konsistenz etwas steif u. dicklich. ▪ **Dickblatt-R.,** ***C. crassifólius***

a Äußere HüllB am Grund 1,5–2,5 mm br, mittlere eilanzettlich, 3–4× so lg wie br, abrupt in die kurze Stachelspitze verschmälert, nur mit der Spitze etwas abstehend; Fr verkehrt-eiförmig, 2½–3× so lg wie br, mit unzerteiltem Endfortsatz. — LB verkehrt-eiförmig bis länglich, beiderseits graugrün u. bläulich bereift, ringsum stachelig gewimpert, mit jederseits 25–50, bis 2 mm lg Zähnen, am Stg bis zum nächsten LB als gleich br Flügel herablaufend. H: 20–80 cm. ♃ He. V–VII. Steinige Hänge, Föhrenwälder; Waldlichtungen; karbonatliebend; collin bis montan; mäßig hfg. Im Alp. **W, N** (am Alpenostrand), **St** (Grazer Kalkbergland), **K** (im Görtschitztal). (Sonstige Vbr.: Karpaten, Südalpen?) *(C. defloratus subsp. glaucus, C. glaucus, C. glaucinus)*

▪ **Blaugrüne D.-R.,** ***C. c. subsp. gláucus***

- Äußere HüllB am Grund 1–1,5 mm br, mittlere aus eiförmigem Grund lineal-lanzettlich, (4)6–8× so lg wie br, allmählich in die Stachelspitze verschmälert, oberhalb der Mitte auswärts gebogen u. abstehend; Fr länglich-zylindrisch, 3–4× so lg wie br, mit 5lappigem Endfortsatz. — LB elliptisch-länglich, etwas gelappt, unterseits oder beiderseits blaugrün, meist ± stachelig gezähnt, mit jederseits 12–25, bis 5 mm lg Zähnen, ± weit, oft nicht bis zum nächsten LB herablaufend u. Flügel oft nicht gleichmäßig br. H: 20–80 cm. ♃ He. VI–VIII. Lichte Wälder, bes. Föhrenwälder, steinige Rasen; kalkliebend; obermontan bis subalpin (alpin); hfg. **Fehlt B, W**. *(C. defloratus subsp. summanus, C. defloratus subsp. defloratus sensu* KERNER, JANCHEN, *Fl. Eur.)*

▪ **Eigentliche D.-R.,** ***C. c. subsp. crassifólius***

- Zumindest die untersten LB fiederspaltig bis fiederschnittig, deutlich stechend, unterseits zumindest auf den Nerven mit septierten Haaren.

▪ **Berg-R.,** Wald-D., Alpen-D., ***C. deflorátus***

a Mittlere u. obere StgB unzerteilt bis fiederlappig, weich gezähnt, beiderseits grasgrün; LB am StgGrund fiederspaltig. — Mittlere HüllB in eine kaum stechende Spitze auslaufend. H: 20–80 cm. ♃ He. V–VII(IX). Felshänge, Steinrasen, Waldlichtungen, Wegränder; (collin) montan bis subalpin; pH-indifferent; in den nördl. Kalkalpen hfg, sonst slt. **Fehlt W**. *(C. viridis, C. defloratus subsp. viridis)*

▪ **Grasgrüne B.-R.,** ***C. d. subsp. deflorátus*** *(sensu* KAZMI*)*

- Alle LB fiederspaltig bis -schnittig, mit gelappten, am Rand krausen u. kräftig bedornten Abschnitten, beiderseits stark blaugrün. — Untere HüllB abrupt in eine schmale Spitze zusammengezogen, obere mit starrer gerader Spitze. H: 20–60 cm. ♃ He. (VI)VII–VIII. Weide- u. Steinrasen, Lägerfluren, Hochstaudenfluren; pH-indifferent; obermontan bis alpin; zstr. Bes. Zentralalpen u. sAlp. **K, S?, T, V**. (Hptvbr.: Apennin, Südalpen.) (Problematische Sippe, wahrscheinlich Hybride mit *C. acanthoides**.) *(C. rhaeticus, C. defloratus subsp. rhaeticus)* ▪ **Rätische B.-R.,** ***C. d. subsp. tridentínus***

5 [2] LB unterseits fast kahl (höchstens wenige mehrzellige Haare), grün, derbstachelig; Körbe zu 1–3; Kro h'purpurn. — LB tief fiederspaltig, Stacheln weißlichgelb, 6–7 mm lg; Korbstiele kurz, kraus geflügelt. H: 30–100 cm. ⊙–⊙

* laut Mitteilung von A. POLATSCHEK.

Th–He. VI–X(XI). Trockene Wege, Dämme, Brachen, Ruderalplätze; PionierPf; collin bis untermontan; sehr hfg bis hfg. Alteingebürgert. **Alle Bdld.**
**Weg-R.,** Weg-D., ***C. acanthoídes***

- LB unterseits spinnwebig-filzig, weißgrau, weichstachelig; Körbe zu 3–5; Kro d'purpurn . . . . . . . . . . . . . . . . . . . . . . . . . . . . . . **6**

**6** Stg schmal geflügelt; obere StgB fast unzerteilt, regelmäßig stachelig gezähnt, am Grund abgerundet bis halb-stengelumfassend; HüllB länger als die Blü. H: 50–160 cm. ♃ He. VII–VIII. Hochstaudenfluren, Ufer der Gebirgsflüsse, Grauerlenauwald; montan bis subalpin; zstr. **Fehlt B, W**.
**Kletten-R.,** Kletten-D., „Berg-D.", Maskierte D., ***C. personáta***

- Stg br kraus geflügelt; auch obere StgB buchtig gelappt bis fiederspaltig, tief doppelt gezähnt, mit verschmälertem Grund sitzend; HüllB kürzer als die Blü. H: 50–140 cm. ♃ He. VII–IX. Auwälder, staudenreiche Ruderalges., Ufer, Waldschläge; Nährstoff- u. Feuchtezeiger; collin bis montan; mäßig hfg, in **St** slt. **Fehlt K**. **Kraus-R.,** ***C. críspus***

## (54) **Kratzdistel,** Federschopfdistel, Distel (zT), ***Círsium***

Anm.: Die Arten der Gattung neigen stark zur Bildung von Hybriden; bes. auffällig sind jene zw. Arten mit verschiedenfarbiger (gelber u. purpurner) Kro, die Mischfarben aufweisen.

**1** Stg fehlend oder höchstens 5 cm lg (Korb bzw. Körbe daher auf der LB'Grundrosette sitzend), — 1–4körbig; LB lanzettlich, buchtig fiederspaltig, dornig, mit eiförmigen, fast 3spaltigen Zipfeln. H: 5–25 cm. ♃ He. VII–IX. Trockene Wiesen u. Weiderasen; kalkliebend; collin bis subalpin, zstr bis slt. **K, S?, T, V**. **Stengellose K.,** ***C. acáule***

- Stg wohl entwickelt, 10–200 cm lg . . . . . . . . . . . . . . . . . . . . **2**

**2** LB oberseits von kleinen Stacheln rauh. — LB fiederspaltig bis fiederteilig; Körbe mindestens 3 cm ∅; HüllB lanzettlich, stachelspitzig; Kro purpurn . . . . . . . . . . . . . . . . . . . . . . . . . . . . . . . . **3**

- LB oberseits kahl oder behaart, aber nicht stachelig kurzhaarig . . . . . . **4**

**3** Stg durch herablaufende LB stachelig geflügelt; LB unterseits kahl bis weißwollig, Fiederabschnitte in einen lg, gelben Dorn auslaufend; Körbe eiförmig, 2–4 cm ∅, fast doppelt so br wie der oberste Teil der Hülle; HüllB kahl oder leicht wollig. H: 30–150(200) cm. ⊙ He. VI–X. Staudenreiche Ruderalges., Wege, Schuttplätze, Ufer, Waldschläge; Nitratzeiger; collin bis montan; sehr hfg. **Alle Bdld.** *(C. lanceolatum)*
**Gewöhnliche K.,** Lanzett-K., Speer-Distel, ***C. vulgáre***

- Stg ungeflügelt, wehrlos; LB nicht am Stg herablaufend, unterseits weißfilzig; Körbe kugelig, 4–7 cm ∅, zur BlüZeit kaum breiter als der oberste Teil der Hülle; HüllB dicht spinnwebig-wollig. — GrundB sehr groß u. tief fiederspaltig, sämtliche Fiederabschnitte fein gezähnt. H: 60–150 cm. ⊙ He. VII–IX. Waldschläge u. -ränder; (collin bis) montan; mäßig hfg bis zstr. **Alle Bdld, (W)**.
△ **Wollkopf-K.,** Wollkopf-D., ***C. erióphorum***

**4** Kro gelb bis gelblichweiß. — Stauden mit nicht oder kaum am Stg herablaufenden LB . . . . . . . . . . . . . . . . . . . . . . . . . . . . . . **5**

- Kro rötlich, violett oder purpurn, slt weiß . . . . . . . . . . . . . . . . . **8**

**5** Stg im oberen Drittel blattlos, in ± lg, 1körbige Äste geteilt; Körbe überhängend, am Grund ohne einhüllende HochB; Kro zitronengelb. — Stg oberwärts klebrig-flaumig; untere LB regelmäßig fiederteilig; HüllB ganzrandig, dicht drüsig-klebrig. H: 50–150(200) cm. ♃ He. VII–IX. Frische Wälder u. Waldsäume; kalkliebend, jedoch nicht kalkstet; montan; in den Kalkalpen meist hfg, in den Zentralalpen seltener. **Fehlt B.** **Kleb-K.**, Klebrige D., ***C. erisíthales***

- Stg bis zur Spitze beblättert; Körbe aufrecht u. mehrere köpfchenartig gehäuft, diese Korbgruppen von 4–6 cm lg, blaßgelben HochB umgeben; Kro h'gelb bis blaßgelb . . . . . . . . . . . . . . . . . . . . . . . . . . . . . . . **6**

**6** Stg reich beblättert; HochB unter den Körben gleich den LB tief fiederspaltig, derb u. reich stachelig. H: 20–80 cm. ♃ He. VII–IX. Schneeböden, steinige Fettweiden, auch Hochstaudenfluren, Viehläger bei Almhütten; Stickstoffzeiger, Bodenfestiger; subalpin bis alpin; zstr, in **N** sehr slt. **Fehlt B, W.** **Vielstachel-K.**, Stachel-K., Stacheligste K., Alpen-K., ***C. spinosíssimum***

- Stg entfernt beblättert; HochB unter den Körben unzerteilt; LB kaum stechend, unzerteilt bis lappig fiederspaltig . . . . . . . . . . . . . . . . . . . **7**

**7** Stg oben, Korbstiele u. DeckB rostfarbenfilzig; HochB lineal-lanzettlich, äußere HüllB rostbraun-zottig. H: 30–120 cm. ♃ He. VII–VIII. Hochstaudenfluren, steinige Weiderasen, Gebüsche, Krummholz; kalkliebend; montan bis subalpin; zstr bis slt. **N, O, St, K, S** (im südl. Lungau). (Endemit der südöstl. Ostalpen.) **Krainer K.**, ***C. carniólicum***

- Stg oben, Korbstiele u. DeckB ziemlich kahl oder etwas wollig, nicht rostfarbenfilzig; HochB eiförmig; äußere HüllB kahl oder leicht spinnwebig. — Pf nicht stechend. H: 30–150 cm. ♃ He. VII–IX. Nährstoffreiche Feuchtwiesen (feuchte Fettwiesen; namengebende Art der Kohldistelwiesen), Flachmoorwiesen, Bachufer, Hochstaudenfluren; auf sicker- u. staunassen Böden; Düngungszeiger; collin bis montan; sehr hfg. **Alle Bdld**. Früher als Wildgemüse verwendet. **Kohl-K., Kohldistel,** „Schorkraut", ***C. oleráceum***

**8** [4] Saum der Kro fast bis zum Grund geteilt, viel kürzer als die KroRöhre; Blü 1geschlechtig (Pf 2häusig). — Wu weit waagrecht verlängert, mit WuSprossen; Stg traubig bis rispig verzweigt; LB nicht herablaufend (Stg daher nicht geflügelt), unzerteilt, buchtig gezähnt oder fiederspaltig, stachelig; sterile Äste in den unteren LB'Achseln; Körbe deutlich gestielt; Blü mit intensivem Honigduft; Kro blaß-purpurlila. H: 20–120 cm. ♃ He. VII–IX. Äcker, Brachen, Waldschläge, Ruderalges.; Lehm- u. Stickstoffzeiger; Kriech- u. Tiefwurzler; collin bis montan; sehr hfg. **Alle Bdld**. Formenreich. **Acker-K., Ackerdistel, *C. arvénse***

- Saum der Kro meist bis zur Mitte oder höchstens bis ¾ seiner Länge gespalten, nur wenig kürzer oder so lg oder länger als die KroRöhre; Blü ⚥ . . . . . **9**

**9** Alle oder wenigstens die unteren StgB zumindest kurz herablaufend, Stg dadurch ± geflügelt . . . . . . . . . . . . . . . . . . . . . . . . . . . . . . . **10**

- StgB nicht oder kaum herablaufend, Stg daher nirgends geflügelt . . . . **13**

**10** Körbe einzeln auf langen Stielen; Pf wenig stechend, — 1körbig oder in 2–6 1körbige Äste verzweigt; Stg oben fast blattlos u. nicht geflügelt; LB unzerteilt oder buchtig fiederlappig . . . . . . . . . . . . . . . . . . . . . . . . . . **11**

- Körbe am Ende des Stg in Knäueln gehäuft, kurz gestielt bis fast sitzend; Pf sehr stechend . . . . . . . . . . . . . . . . . . . . . . . . . . . . . . . **12**

**11** Innere HüllB an der Spitze deutlich eiförmig verbreitert; Pappushaare an der Spitze verdickt; Wu knollig (dick-spindelig) verdickt; Körbe 3–5 cm ∅. — LB unzerteilt bis buchtig-fiederlappig; innere HüllB an der Spitze trockenhäutig. H: 30–70(100) cm. ♃ He. VII–X. Sumpfwiesen, Flachmoore, Grabenränder; collin bis untermontan; im Pann hfg, sonst slt. **B, W, N, O†, St†, (K)**. Im BM u. im söVL gefährdet. **Grau-K.**, Graue D., ***C. cánum***

- Innere HüllB zur Spitze hin verschmälert, zugespitzt, die äußersten mit kurzer Stachelspitze; Pappushaare an der Spitze nicht verdickt; alle Wu fädlich, unverdickt; Körbe 1–2 cm ∅. — Stg unten von den herablaufenden StgB schmal u. ganzrandig geflügelt; LB unzerteilt, fast ganzrandig. H: 50–80(100) cm. ♃ He. VI–VII(VIII). Wechseltrockene bis wechselnasse Magerwiesen, trockenwarme, lichte Wälder; collin bis submontan; im Pann mäßig hfg, sonst zstr bis slt. **B, W, N, O, St, K**. Gefährdet; im Pann (?), nVL u. söVL stark gefährdet. **Pannonische K., *C. pannónicum***

**12** Kro d'purpurrot; Stg von unten bis oben zu den Körben durch die herablaufenden StgB lappig oder kraus dornig geflügelt; auch untere LB buchtig fiederspaltig, Abschnitte 2–3spaltig; HüllB in eine sehr kurze (1 mm lg) Dornspitze auslaufend. — Pf meist purpurbraun überlaufen; Äste aufrecht-abstehend, reichlich u. bis zu den Körben hin beblättert; Körbe 10–15 mm ∅. H: 60–200 cm. ⊙ He. VII–IX. Sumpfwiesen, Quellsümpfe, Gräben, Ufer, Auwälder, feuchte Waldschläge; Ton- u. Vernässungszeiger; collin bis montan; hfg. **Alle Bdld**. **Sumpf-K.**, Sumpf-D., ***C. palústre***

- Kro h'lila; Stg im oberen Drittel fast blattlos u. nicht geflügelt; untere StgB unzerteilt, br-lanzettlich; HüllB in eine 2–3 mm lg, strohgelbe, abstehende Dornspitze auslaufend. — Stg bis zum Korbstand einfach; obere LB lineal-lanzettlich, gegen den Grund zu fiederlappig bis unzerteilt, kräftig dornig gezähnt; Korbstiele dicht filzig; Hülle 10–17 mm lg, walzenförmig. H: (30)50–100 cm. ⊙–♃ He. VI–IX. Sumpfwiesen, Flachmoore, Gräben, bes. auf schwach salzigen Böden; collin; slt. Im Pann. **B, W†, N**. (Hptvbr.: Ungarische Tiefebene.) Stark gefährdet. **Kurzkopf-K., *C. brachycéphalum***

**13** [9] LB unterseits schneeweiß-filzig, — elliptisch oder lanzettlich, unzerteilt bis fiederspaltig; die oberen ± stengelumfassend; Stg aufrecht, einfach oder mit wenigen 1körbigen Ästen, bis oben reichlich beblättert; Körbe 3,5–5 cm lg. H: 50–100 cm. ♃ He. VII–VIII. Meist kalkarme feuchte Wiesen, an Gräben u. Bachufern, Hochstaudenfluren; montan bis subalpin; zstr bis mäßig hfg. **Fehlt B, W**. (*C. helenioides s. l.*)
**Verschiedenblättrige K., Filz-K., Alant-K.**, Filz-D., ***C. heterophýllum***

- LB unterseits kahl oder spinnwebig bis grauwollig, aber grün, nicht weißfilzig . . . . . . . . . . **14**

**14** Stg bis oben beblättert; LB unzerteilt oder gelappt, gezähnt, — unterseits spinnwebig, die unteren eiförmig, mit dem geflügelten, am Grund geöhrten LB'Stiel stengelumfassend; die oberen mit herzförmigem Grund sitzend; Körbe zu 2–4 gehäuft, nickend; HüllB d'purpurn, die äußeren eilanzettlich, mit kurzer, weicher, abstehender Stachelspitze; Kro d'purpurrot, slt weiß. H: (50)70–200 cm. ♃ He. VII–VIII. Schluchten, bodensaure Wälder, Hochstaudenfluren, Waldschläge, Waldränder; kalkmeidend; montan (subalpin); zstr. **St, K**. (Hptvbr.: Slowenien, Balkanhalbinsel, Ost-Karpaten.) (*C. pauciflorum*)
**Wenigkörbige K.**, Armköpfige K., Waldstein-D., ***C. waldstéinii***

- Stg oberwärts LB'los; LB fiederspaltig bis fiederteilig (slt bloß buchtig-fiederlappig) . . . . . . . . . . **15**

**15** Körbe einzeln, auf lg, spinnwebigen Stielen; LB mit lanzettlichen, 2–3spaltigen Zipfeln, unterseits dünn spinnwebig bis graufilzig; StgB am Grund etwas geöhrt; WuStock mit knollig verdickten Wu. H: (20)50–150 cm. ♃ He, Ge. VII–VIII. Feuchte Wiesen, Flachmoore, Gräben; collin bis montan; (früher:) slt. **T†** (früher bei Seefeld). (Hptvbr.: Bayern, Schweiz.) (*C. bulbosum*) **† Knollen-K., *C. tuberósum***

- Körbe meist zu 2–4(7) an der StgSpitze einander knäuelig genähert; Stg entweder wollig oder oberwärts weißfilzig; LB mit lanzettlichen, unzerteilten oder mit je 1 Seitenlappen versehenen Zipfeln, unterseits kraushaarig; StgB geöhrt stengelumfassend; WuStock mit lg, dünnen Fasern. — Stg oben fast blattlos; HüllB meist rot überlaufen; Blü 15–20 mm lg. H: 30–120 cm. ♃ He. VI–VII. Naß- u. Moorwiesen, Sümpfe, Gräben; kalkmeidend; collin bis untermontan; mäßig hfg. **Alle Bdld**. Im Pann, BM, Rh u. nVL gefährdet.

**Bach-K.,** ***C. rivuláre***

## (55) Eselsdistel, *Onopórdum*

Stg mit 5–15 mm br, stacheligen Flügeln; LB ungleich-buchtig-stachelig gelappt, spinnwebig-filzig; Körbe einzeln, 3–5 cm hoch; Pappus rötlich. H: 30–150 cm. ⊙ He. VII–IX. Mäßig trockene Ruderalstellen, Wegränder; collin; im Pann mäßig hfg, sonst zstr bis slt. **Fehlt S.** **Eselsdistel,** ***O. acánthium***

## ★ ☆ (55 b) Mariendistel, *Sílybum*

LB weiß gefleckt, glänzend, kahl; Korb 4–5 cm hoch; äußere HüllB ledrig, hart, mit lanzettlicher, stacheliger, zurückgekrümmter Stachelspitze; die innersten HüllB in ein stachelig gewimpertes u. in einen lg Dorn auslaufendes Anhängsel ausgezogen; Kro d'purpurrot; Fr 6–7 mm lg, glatt; Pappus aus mehreren Reihen gezähnter, nicht gefiederter Haare bestehend, am Grund zu einem Ring verwachsen, als Ganzes abfallend. H: 60–120 cm. ♃ He. VI–IX. Slt als Zier- u. (Volks-)ArzneiPf kultiviert: Homöop., Pharm. (leberschützende Bitterdroge); in Ruderal- u. Ackerunkrautfluren sehr slt unbeständig verwildert (bis eingebürgert?); collin. (Heimat: Medit.) **★ ☆ Mariendistel,** ***S. mariánum***

## (56) Scharte, *Serrátula*

1 Stg einfach, 1körbig, nur unten beblättert u. flaumig behaart; Hülle kugelig, 20–30 mm br. — LB kahl, glänzend, grundständige br-eiförmig, grob-buchtig gezähnt bis fiederlappig, lg gestielt; StgB leierförmig-fiederspaltig, Endabschnitt gezähnt; Hülle ziegeldachig; Kro h'purpurn. AmeisenPf (Symbiose mit Ameisen, die die Körbe bewachen u. dafür beköstigt werden). H: 25–100 cm. ♃ Ge–He. VI–VII. Wechselfeuchte Magerwiesen, Halbtrockenrasen; collin; sehr slt. Im Pann. N. (Pontisch-pannonisch.) Stark gefährdet. *(Klasea lycopifolia)*

**Einkopf-Sch.,** Wolfsfuß-Sch., Pannonische Sch., ***S. lycopifólia***

- Stg in wenige Äste verzweigt, meist je 2–3körbig, fast bis oben beblättert, kahl; Hülle walzlich bis glockig, höchstens 12 mm br — u. 15–20 mm hoch; LB am Rand scharf u. klein grannig gesägt; Kro satt-purpurn. ♃ Ge–He. VII–IX. (Artengruppe Färber-Sch., *S. tinctória agg.*) . . . . . . . . . . . . . . . . . . 2

2 Hülle 4–6 mm br, in locker-rispigem Korbstand; unterste LB lg gestielt. — Untere LB lanzettlich, unzerteilt, obere meist fiederspaltig; Hülle walzlich; HüllB eilanzettlich, an der Spitze violett überlaufen. H: 30–80 cm. Flachmoorwiesen, wechselnasse Wiesen, Pfeifengraswiesen, lichte, magere, bodensaure Eichenwälder; collin bis montan; zstr. **Alle Bdld**. In den Alp u. im nVL gefährdet. Alte Volksarznei- u. FärbePf. **■ (Eigentliche) Färber-Sch.,** ***S. tinctória***

- Hülle 6–12 mm br, meist köpfchenförmig gehäuft; unterste LB kurz gestielt, — obere u. mittlere LB fiederspaltig mit 2–3 Paaren von kurzen Abschnitten, mit größerem eiförmigem Endabschnitt; die obersten StgB umgeben den Korbstand; Hülle ± glockig. H: 10–40 cm. Weiderasen, Latschengebüsche; obermontan bis subalpin; slt. Süd-**K**. (Hptvbr.: Gebirge Sloweniens bis Nord-Spaniens.) Potentiell gefährdet. *(S. tinctoria subsp. macrocephala)*

**■ Großkopf-(Färber-)Sch.,** (sl.:) veleglava mačina, ***S. macrocéphala***

## (57) Bergscharte, *Stemmacántha* (*Leuzea, Rhaponticum*)

Stg dick, einfach, wollig-flockig behaart; LB oberseits kahl, grün, unterseits weißgrau-filzig; GrundB 40–60 cm lg, 10–15 cm br, ungleich scharf gezähnt; StgB kleiner, ungeteilt, leierförmig gelappt; Körbe einzeln, endständig, 5–11 cm ∅; Blü purpurrot, 5spaltig, 2lippig. H: 30–100 cm. ♃ He. VI–VII. Hochstaudenfluren, bes. auf feuchten, basenreichen Schieferschuttböden; kalkliebend; montan bis subalpin; zstr bis slt. West-**T**, **V**. (Hptvbr.: Westalpen.) Gefährdet. ▲ (*Centaurea heleniifolia, Centaurea rhaponticum, Leuzea rhapontica, Rhaponticum lyratum,* ***Rhaponticum scariosum subsp. heleniifolium****, Rh. s. subsp. lyratum*) **Bergscharte, *S. rhapónticum* (subsp. *heleniifólium*)**

## (58) Flockenblume (u. Kornblume), *Centauréa* (inkl. *Colymbada, Acosta, Calcitrapa, Jacea* u. *Cyanus*)

Anm.: Das HüllB ohne Anhängsel wird hier „Nagel" genannt. – Als ZierPf wird gelegentlich die ★ **Großköpfige F., *C. macrocéphala*** (*Phaeopappus m.*) kultiviert (alle Blü intensiv gelb, gleich groß; LB unzerteilt; Stg 1körbig; Heimat: Kaukasus).

**1** HüllB in eine ± lg Stachelspitze auslaufend . . . . . . . . . . **2**

**–** HüllB ohne Stachelspitze, mit trockenhäutigem Anhängsel oder an der Spitze mit einem trockenhäutigen Rand . . . . . . . . . . **4**

**2** Kro h'gelb; Stg durch die herablaufenden graufilzigen LB geflügelt; Pappus vorhanden. — StgB lineal-lanzettlich, kurz stachelspitzig, untere LB fiederschnittig; HüllB-Anhängsel aus einem 10–15 mm lg Stachel bestehend, an dessen Grund 2–4 kleine Stacheln. H: 30–80 cm. ⊙ Th. VII–IX. Ruderalges., Schutt- u. Verladeplätze, Luzerneäcker; basenhold; collin; sehr slt. **(Fehlt O, K)**. WanderPf (Heimat: West- u. Südeuropa), unbeständig. (*Calcitrapa solstitialis*) ☆ **Sonnwend-F.**, Sommer-F., ***C. solstitiális***

**–** Kro weiß, rosa oder h'purpurn; Stg nicht geflügelt; Pappus fehlend . . . . . . . . . . **3**

**3** Kro weißlich (slt rosa); Körbe einzeln an der Spitze der Äste; Stachel der mittleren HüllB 3–4 mm lg, beiderseits mit 3–4 stacheligen Fransen versehen. — LB flaumig-rauh, dünnfilzig, untere StgB 2–3×-gefiedert, obere unzerteilt, eiförmig-lanzettlich. H: 10–60 cm. ⊙ Th. VII–VIII. Offene Ruderalges., Schutt- u. Verladeplätze, Eisenbahndämme; collin; sehr slt. **(W, N**: im Marchfeld). Eingeschleppt, unbeständig. (Heimat: Südost-Europa, West-Asien.) ☆ **Sparrige F., *C. diffúsa***

**–** Kro purpurn; Körbe an den Zweigen end- u. achselständig sitzend; Dorn der mittleren HüllB 10–30 mm lg, an dessen Grund beiderseits 1–3 Dörnchen. — LB grün, zstr flaumhaarig; grundständige LB fiederschnittig mit stachelspitzigen Zipfeln, oberste LB lanzettlich oder spießförmig. H: 10–50 cm. ⊙ He (Th). VII–IX. Offene Ruderalges., Wege, Dämme, Schutt- u. Verladeplätze; collin; sehr slt. **(W, N, O, K)**. Unbeständig. (Heimat: Medit.) (*Calcitrapa stellaris*) ☆ **Stern-F.**, Distel-F., ***C. calcítrapa***

**4** [1] StrahlBlü leuchtend blau oder violettblau (slt weiß). — StgB unzerteilt. (*C. sect. Cyanus*) . . . . . . . . . . **5**

**–** StrahlBlü purpurn bis purpurrot . . . . . . . . . . **7**

**5** StgB nicht herablaufend, 3–5 mm br; Pf ⊙. — Stg einfach bis verzweigt; LB oberseits spinnwebig-filzig behaart; unterste LB zT fiederspaltig, zur BlüZeit hinfällig; äußere HüllB anliegend, grün, innere locker stehend, violett überlaufen, mit d'braunem bis schwarzem, gefranstem Anhängsel. H: 30–60 cm. ⊙ Th. VI–X. Sandige bis lehmige Äcker, Ackerränder; collin bis untermontan; stellenweise hfg, meist jedoch heute slt bis sehr slt (infolge Saatgutreinigung und Herbizidanwendung verschwunden oder slt geworden). **Alle Bdld**. Gefährdet. △ (*Cyanus segetum*) **Kornblume**, Acker-F., Cyane, ***C. cýanus***

**–** LB am Stg herablaufend, mehr als 10 mm br; Pf ♃ . . . . . . . . . . **6**

**6** Fransen der HüllB schwarz, etwa so lg wie deren schwarzer Rand; LB eiförmig, zugespitzt, unterseits ± graufilzig, verkahlend. — StrahlBlü tiefblau. H: 30–70 cm. ♃ He. V–VIII. Hochstaudenfluren, frische, lichte Wälder, Krummholz; kalkliebend; obermontan bis subalpin; mäßig hfg. **Fehlt B, W**. △ Auch als ZierPf kultiviert u. verwildert (**W**). *(Cyanus montanus)*

**Berg-F.**, ***C. montána***

**-** Fransen der HüllB hell oder silberglänzend, etwa doppelt so lg wie deren d'brauner Rand; LB schmal-linealisch, beiderseits graufilzig behaart, nicht verkahlend. — StrahlBlü blauviolett. H: 10–40 cm. ♃ He. V–VI. Halbtrockenrasen, Waldsteppen, Waldsäume, Schwarzföhrenwälder; licht- u. wärmeliebend; collin bis submontan (subalpin?); im Pann mäßig hfg, sonst zstr bis slt. **B, W, N, O**, Süd-**K**, Ost-**T**†?. Gefährdet in den öAlp u. im nVL. Formenreich (erst mangelhaft erforscht). *(Cyanus triumfetti)*

**Bunt-F.**, Filz-F., ***C. triumféttii***

**7** [4] LB sämtlich fiederteilig bis fiederspaltig oder nur die untersten unzerteilt . . . . . . . . . . . . . . . . . . . . . . . . . . . . . . . . . . **8**

**-** LB unzerteilt oder nur die unteren fiederspaltig . . . . . . . . . . . . . . **11**

**8** LB grün, lederig, glatt oder spärlich rauh behaart, Abschnitte länglich bis lanzettlich; Körbe einzeln, Hülle 20 mm hoch u. 35–50 mm br. — Stg kantig, rauh, über der Mitte mit aufrecht-abstehenden Ästen, keinesfalls sparrig verästelt; HüllB nervenlos; Kro purpurrot (slt rosenrot oder weiß); Fr 4–5 mm lg, Pappus ebenso lg. *(Man verwechsle nicht die am Korbboden stehenden Borsten mit dem Pappus!)* H: 30–120(200) cm. ♃ He. VI–X. Trockenwiesen, Wegränder, Felsrasen; kalkliebend; collin bis subalpin. **Alle Bdld**. *(Colymbada scabiosa s. l.)*

**Skabiosen-F.**, Große F., ***C. scabiósa***

**a** HüllB-Anhängsel die Nägel der HüllB fast vollständig verdeckend, Hülle daher fast ganz schwarz; Stg meist niedrig u. unverzweigt u. meist 1–2körbig. — Korb 35–40 mm ∅; HüllB-Anhängsel höchstens 5 mm lg; Fransen länger als der Querdurchmesser des Anhängsels; Kro sattpurpurn. H: 30–70 cm. VII–VIII. Steinrasen; montan bis subalpin; zstr bis mäßig hfg. **Fehlt B, W, O**. Rasse der höheren Lagen. *(C. alpestris, Colymbada alpestris)* **■ Voralpen-S.-F., Schwarze S.-F., *C. s. subsp. alpéstris***

**-** HüllB-Anhängsel die Nägel der HüllB nicht verdeckend, Hülle daher braunschwarzgrün gescheckt erscheinend; Stg oft ästig u. mehrkörbig . . . . . . . . . . . . . . . **b**

**b** Anhängsel der mittleren HüllB rundlich, weißlich mit schwarzem Mittelfleck. — LB'Oberseite glatt. Trockenrasen, Sandsteppen; collin; sehr slt. **W**†, **N** (sandige Stellen im Marchfeld). (Hptvbr.: Ungarn, südl. Slowakei, östl. Balkanländer.) Vom Aussterben bedroht. *(**C. s. subsp. sadlerana**, C. sadleriana, Colymbada sadler(i)ana)*

**■ Ungarische S.-F.**, Sadler-S.-F., ***C. s. subsp. sadleriána***

**-** Anhängsel der mittleren HüllB 3eckig, mit schwarzer Spitze . . . . . . . . . . . . **c**

**c** LB ganz kahl u. glatt, — einfach-fiederspaltig mit lineal-lanzettlichen oder br-linealischen Abschnitten, diese ganzrandig u. großenteils unzerteilt; Stg 1(3)körbig; Anhängsel der HüllB 2–3 mm lg, der herablaufende Rand 1 mm br, beiderseits mit je 8–11 länglichen Fransen. Felsrasen, Waldsäume, Lichtungen des Schwarzföhrenwaldes; collin bis submontan; mäßig hfg. **W, N** (an der Thermenlinie). *(Colymbada badensis)*

**■ Badner S.-F., *C. s. subsp. badénsis***

**-** LB wenigstens am Rand rauh . . . . . . . . . . . . . . . . . . . . . . . . . . . . . . . . . **d**

**d** LB beiderseits rauh, kaum glänzend; Abschnitte elliptisch bis eilanzettlich, etwa 1 cm br; Anhängsel der HüllB 2,5–3 mm lg. — Stg meist verzweigt, mehrkörbig; Nägel der HüllB von den Anhängseln nicht völlig verdeckt, Korbhülle daher grün-schwarz gescheckt; Anhängsel der HüllB beiderseits deutlich herablaufend, jederseits mit 5–15 Fransen. Halbtrockenrasen, trockene Magerwiesen; kalk- u. wärmeliebend; collin bis montan; sehr hfg. **Alle Bdld**. *(Colymbada scabiosa s. str.)*

**■ Gewöhnliche S.-F.**, Eigentliche S.-F., ***C. s. subsp. scabiósa***

Abb. 394a

Abb. 394b

Abb. 394c

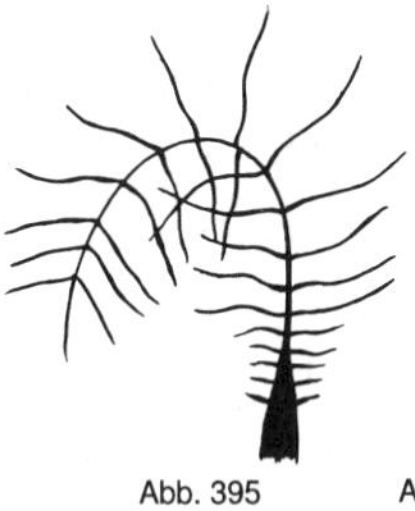

Abb. 395

Abb. 396

- LB oberseits kahl u. glatt, glänzend, unterseits an den Nerven u. am Rand rauh, Abschnitte schmal, 0,5–1 cm br; Anhängsel der HüllB 1–2 mm lg. — HüllB mehlig-filzig; Anhängsel beiderseits in einem 0,5 mm br Rand herablaufend, jederseits mit 6–10 Fransen; Anhängsel mit auffallendem, mondsichelförmig-3eckigem schwarzem Fleck. H: 100–200 cm. Buschige Sonnenhänge, Felstriften; wärmeliebend; collin bis untermontan; zstr bis slt. Süd-**K**?, Ost-**T***. (Hptvbr.: Slowakei, Ungarn, Slowenien, Balkanhalbinsel.) *(C. fritschii, Colymbada grinensis subsp. fritschii)* ■ **Fritsch-F., *C. s. subsp. frítschii***
- LB grau- bis weißfilzig, Abschnitte linealisch; Körbe rispig gehäuft; Hülle 10–15 mm hoch u. 5–10 mm br. — Pf insgesamt graufilzig. (Artengruppe Rispen-F., *C. paniculata agg.*; wahrscheinlich nur eine aus Unterarten bestehende Art) . . . . . . . . . . . . . . . . . . . . . . . . . . . . . . **9**

**9** Pappus mindestens ½× so lg wie die Fr. — LB'Zipfel linealisch, graugrün-filzig; Körbe rispig gehäuft, zahlr., meist von den obersten LB umhüllt; Hülle 14 mm hoch u. 10 mm br; Anhängsel der HüllB schwarz, mit jederseits 6–8 schwarzen oder an der Spitze weißlichen Fransen. H: 30–100 cm. ⊙ ♃ He. VII–IX(X). Fels- u. Trockenrasen, halbruderale Raine u. Dämme; kalkliebend; Rohbodenpionier; collin bis untermontan (montan); im Pann sehr hfg, sonst mäßig hfg bis zstr. **Alle Bdld**. (Wahrscheinlich nur eine Unterart.) △ *(C. rhenana, C. stoebe subsp. rhenana, C. paniculata subsp. stoebe, Acosta rhenana)* ■ **(Rheinländische) Rispen-F., Gewöhnliche R.-F., *C. stóebe***
- Pappus höchstens ⅓× so lg wie die Fr . . . . . . . . . . . . . . . . . . **10**

**10** Anhängsel der HüllB h'- bis d'braun, meist länger als 1 mm, am Grund mit mondsichelförmigem, schwärzlichem Fleck u. mit jederseits 7–12 weißlichen Fransen; Hülle 12 mm hoch u. 9 mm br. H: 30–80 cm. ⊙–♃ He. VII–IX. Trockenrasen; montan; slt. West-**T** (Ober-Inntal) (Endemit des oberen Inn- u. Etschgebietes.) (Wahrscheinlich nur eine Unterart.) *(C. stoebe subsp. maculosa)* ■ **Flecken-Rispen-F., *C. maculósa***
- Anhängsel der HüllB schwärzlich, nur 1 mm lg, ohne Fleck, mit jederseits 4–6 dunklen Fransen; Hülle 11 mm hoch u. 5–7 mm br. H: 40–80 cm. ⊙ ♃ He. VII–IX. Trockenrasen, Wegränder; collin; slt. Im Pann. **B, W, N**. (Hptvbr.: Mähren, Slowakei, Ungarn.) Vom Aussterben bedroht. (Wahrscheinlich nur eine Unterart.) *(C. stoebe subsp. micranthos, C. maculosa subsp. micranthos,* ***C. micranthos****, Acosta biebersteinii)* ■ **Kleinkopf-Rispen-F., *C. biebersteínii***

**11** Pappus meist fehlend . . . . . . . . . . . . . . . . . . . . . . . . . . . . **12**

---

* A. Polatschek: Mskr. N. Fl. **T & V**.

- Pappus vorhanden, zuweilen sehr kurz. — Anhängsel der HüllB in eine verlängert-pfriemliche, bogig zurückgekrümmte, lg fiedrig gefranste Spitze übergehend (Abb. 395, Hülle daher „perückenähnlich"); Nägel der HüllB von den Anhängseln ± verdeckt oder durch die Fransen durchscheinend . . . . **13**

**12** Anhängsel der HüllB ziemlich rundlich, unzerteilt oder eingerissen, oder auch 3eckig bis lanzettlich, regelmäßig gefranst, die Endfransen so lg oder länger als die seitlichen u. ± gerade vorgestreckt; die Nägel grün, von den Anhängseln ganz verdeckt oder nur seitlich etwas durchschimmernd. — LB eiförmig-lanzettlich oder fast linealisch, die unteren manchmal gelappt bis fiederspaltig. H: 30–80(120) cm. ♃ He. VI–X. Feuchte, wechselfrische bis trockene (Fett-)Wiesen u. Weiderasen; collin bis montan; sehr hfg. **Alle Bdld.** Sehr formenreich, schwierig u. unzureichend erforscht. Bildet Hybriden, bes. mit *C. nigrescens*. Auch einige der subspp. sind wohl Hybriden! *(Jacea pratensis s. l.)* **(■) Wiesen-F., *C. jacéa***

**a** Pf spinnwebig-flockig bis -filzig; Stg einfach oder schon unter der Mitte reichästig; Korbstiel kaum verdickt. — LB lanzettlich, die oberen lineal-lanzettlich bis linealisch . . . . . . . . . . . . . . . . . . . . . . . . . . . . . . . . . . . . . . . . . . . . **b**

- Pf meist kahl; Stg einfach oder meist nur über der Mitte verzweigt; Korbstiel meist etwas verdickt. — LB eilanzettlich bis lanzettlich . . . . . . . . . . . . . . . . . . . . . . **c**

**b** Pf 60–120 cm hoch; Stg schon unter der Mitte reichästig, mit langen, steifen, oft weitverzweigten, reich beblätterten Ästen; untere LB meist fiederlappig, obere u. oberste schmal-linealisch, deutlich länger als die StgGlieder; HüllB-Anhängsel rundlich-eiförmig, unzerteilt, bisweilen eingerissen, d'braun bis schwärzlich, br weißlich umrandet. — Hülle eiförmig bis kugelig. VII–X. Halbtrockenrasen, Dämme, Säume, Ruderalstellen; collin; im Pann hfg, sonst slt. **B, W, N, O?, St, K?, S?, T†?, V?**. Im söVL gefährdet. *(C. pannonica, Jacea pannonica)* **■ Schmalblatt-W.-F., *C. j. subsp. angustifólia***

- Pf slt über 40 cm hoch; Stg einfach, nur im oberen Teil manchmal in wenige verlängerte Äste geteilt; untere LB unzerteilt, eilanzettlich bis lanzettlich, gezähnelt; obere LB lanzettlich, nur wenig länger als die StgGlieder; HüllB-Anhängsel fast kreisrund, in der Mitte dunkler. — Untere LB graufilzig, obere am Grund spieß- oder halbspießförmig; Körbe etwa 4 cm ∅; Hülle fast kugelig. Einmähdige Wiesen, lichte Wälder; collin bis untermontan; zstr. Südl. Alpentäler. **K,** Ost-**T**. Gefährdet. *(C. bracteata)* **■ Hellschuppen-W.-F., *C. j. subsp. gaudínii***

**c** Anhängsel der HüllB unzerteilt oder unregelmäßig eingerissen, — rundlich bis 3eckig-lanzettlich; Stg einfach oder von der Mitte an kurzästig; LB kürzer als die StgGlieder. H: 20–60 cm. VI–VIII. Frische bis feuchte Wiesen; collin bis montan; hfg, im Pann slt. **Alle Bdld.** *(Jacea pratensis s. str.)* **■ Gewöhnliche W.-F., Eigentliche W.-F., *C. j. subsp. jacéa***

- Anhängsel der HüllB regelmäßig kammartig gefranst . . . . . . . . . . . . . . . . . . **d**

**d** Anhängsel der HüllB 3eckig, aufrecht. Halbtrockenrasen; collin bis montan; mäßig hfg bis zstr. **Fehlt V**. Wahrscheinlich (zT) Hybriden mit Schwärzlicher F. / *C. nigrescens*. *(Jacea subjacea)* **■ Kammschuppen-W.-F.,** Fransen-W.-F., ***C. j. subsp. subjacéa***

- Anhängsel der HüllB lanzettlich, zurückgebogen. — Stg im oberen Teil mit kurzen Ästen; unterste LB gelappt bis fiederspaltig. H: 50–80 cm. VI–VIII. Wechselfeuchte Wiesen; collin; mäßig hfg. **B, O, St, K,** Ost-**T***. *(C. macroptilon, Jacea macroptilon)* **■ Fiederschuppen-W.-F., *C. j. subsp. macróptilon***

- Anhängsel der mittleren HüllB schwärzlich, meist 3eckig, regelmäßig kurz gefranst, die inneren, grünlichen Anhängsel nicht völlig überdeckend (Hülle dadurch schwarz-grün gescheckt erscheinend). — Stg von der Mitte an in wenige beblätterte Äste geteilt; die unteren LB eilanzettlich unzerteilt oder leierförmig-fiederlappig; Körbe einzeln, von den obersten LB umhüllt; Hülle eiförmig bis walzlich; Blü purpurn. H: 20–80 cm. ♃ He. VII–IX. Wiesen,

* A. Polatschek: Mskr. N. Fl. **T & V.**

Halbtrockenrasen; collin bis untermontan; zstr. **B, W, N.** Schwierig u. unzureichend erforscht. *(C. dubia subsp. nigrescens, Jacea nigrescens)*

■ **Schwärzliche F., *C. nigréscens***

**a** Mittlere bis innere HüllB-Anhängsel 3eckig, — gefranst, meist angedrückt; obere StgB u. LB der Äste lanzettlich, mit verschmälertem oder schmal abgerundetem Grund sitzend. Sehr slt. **B†, W** (Kalksburg), **N** (Perchtoldsdorf u. im Triestingtal). Vom Aussterben bedroht (!). ■ **Eigentliche Sch. F., *C. n. subsp. nigréscens***

**-** Anhängsel der mittleren bis inneren HüllB-Reihen nicht 3eckig . . . . . . . . . . **b**

**b** Obere StgB lanzettlich bis eilanzettlich; Hülle ± eiförmig, 15 mm lg; Anhängsel der HüllB der beiden innersten Reihen rundlich, unzerteilt (die der übrigen 3eckig), nicht abstehend. Südl. Kalkalpen. West-**K,** Nord-**T.** *(C. dubia)*

■ **Südliche Sch. F., *C. n. subsp. transalpína***

**-** Obere StgB eiförmig bis rundlich; Hülle fast walzlich, 14 mm lg; Anhängsel der HüllB nur der innersten Reihe rundlich (alle übrigen kurz 3eckig), ihre Spitze meist abstehend, — sehr klein, die grünen Teile der HüllB daher deutlich hervortretend. **B, St,** Ost-**K.** *(C. carniolica)* ■ **Wocheiner Sch. F., Krainer Sch. F., *C. n. subsp. vochinénsis***

**13** Stg stets 1körbig; LB mit gestutztem oder geöhrtem Grund sitzend; Pappus 2,5–3 mm lg; StrahlBlü nicht 2lippig. — Stg steif aufrecht, bis oben beblättert; Hülle kugelig, 20–24 mm br; HüllB-Anhängsel h'- bis d'braun; StrahlBlü sehr stark vergrößert, 22–25 mm lg. H: 10–40 cm. ♃ He. VII–VIII. Magerrasen bis Fettwiesen, Latschengebüsch; obermontan bis alpin. sAlp. **K** (Karnische u. Gailtaler Alpen hfg, Karawanken slt). (Hptvbr.: Südalpen, Gebirge der Balkanhalbinsel, Süd-Karpaten.) (Zu *C. uniflora agg.) (C. plumosa, Jacea nervosa)* **Feder-F., *C. nervósa***

**-** Stg (1)2–3körbig; LB am Grund nicht gestutzt; Pappus 0,5–1,5 mm lg; StrahlBlü deutlich 2lippig: die 2 Zipfel der „Oberlippe" bis zum Grund getrennt, die 3 Zipfel der „Unterlippe" ziemlich weit hinauf verbunden. — Hülle eiförmig bis kugelig, 18–20 mm br; HüllB-Anhängsel schwarz- bis d'braun. H: 20–120 cm. ♃ He. VII–IX. (Artengruppe Perücken-F., *C. phrygia agg.*) . . . **14**

**14** LB auch in der Jugend grün, nicht spinnwebig behaart, br, die oberen meist mit herzförmigem Grund stengelumfassend sitzend; Hülle kugelig, 20 mm br. H: 30–100 cm. ♃ He. VIII–IX. Meist kalkarme, schwach bodensaure Wiesen, Waldsäume; (collin) montan bis subalpin; mäßig hfg bis zstr. **Fehlt W.** *(C. phrygia subsp. pseudophrygia, Jacea phrygia)*

■ **Gewöhnliche Perücken-F., *C. pseudophrýgia***

**-** LB bes. in der Jugend graugrün, ± spinnwebig behaart, schmal, obere StgB nicht stengelumfassend, sondern mit verschmälertem Grund sitzend; Hülle eiförmig, 10–14 mm br, — 15–18 mm lg. H: 20–120 cm. ♃ He. VIII–IX. Waldsäume, Wiesen; collin bis untermontan; im Pann zstr, sonst slt. **B, W, N, St.** Gefährdet. *(C. ph. subsp. stenolepis, Jacea stenolepis)*

■ **Schmalschuppige Perücken-F., *C. stenolépis***

## ★ (58 b) Saflor, *Cárthamus*

Stg aufrecht, im oberen Teil starrästig; Körbe 3–4 cm lg u. 3 cm ∅, von den obersten LB umgeben („stechende Halskrause"). H: 30–80 cm. ☉ Th. VI–VII. Alte KulturPf (Lebensmittelfärbe- u. ÖlPf), neuerdings wieder feldmäßig in Warmklima-Gebieten im östl. **Ö** gebaut, fallweise auch verwildert. Wertvolle ÖlPf mit hohem Anteil an ungesättigten Fettsäuren („Distelöl"). (Heimat: Medit., Vorderasien.)

★ **Saflor, Färberdistel,** Öldistel, Bauernsafran, (kärntn.:) „Safran", ***C. tinctórius***

## Unterfamilie Zungenblütige Korbblütler, *Cichorioídeae*

(Nur 1 Tribus: *Lactúceae*).

### (59) Wegwarte, *Cichórium*

**1** Untere LB schrotsägeförmig bis buchtig-fiederspaltig, zumindest unterseits borstig behaart. — Obere LB unzerteilt, lanzettlich mit br Grund, fast stengelumfassend. Körbe nur vormittags geöffnet. H: 30–120 cm. ♃ He. VI–X. Mäßig trockene Ruderalstellen, Wegränder, Brachen; Lehmböden, auch salzertragend; PionierPf, Tiefwurzler; collin bis untermontan; hfg. **Alle Bdld**. VolksarzneiPf, Homöop.; Wildsalat. Auch kultiviert als SalatPf (Kulturrassen: zB „Radicchio", Chicorée; „Zichorienkaffee" aus den Wu).
**Gewöhnliche W., Zichorie, *C. íntybus***

**-** Untere LB ± buchtig-gezähnt, kahl . . . . . . . . . . . . . . . . . . . . . . . . 2

**2** Korbstiel oben keulig verdickt; TragB der Korbknäuel nicht auffällig groß; Fr 2,5–3,5 mm lg; Pappus 0,4–0,6 mm lg, 1/4–1/5× so lg wie die Fr, aus borstenförmigen Schuppen. — Obere LB br-eiförmig, mit herzförmigem Grund stengelumfassend. H: 30–60(120) cm. ⊙–⊙ Th–He. VII–IX. KulturPf (Salat), slt verwildert. (Herkunft: Medit.)
**★ Endivie, Escariol, *C. endívia***

**-** Korbstiel schlank, oben kaum verdickt; TragB der Korbknäuel „auffällig groß", 3eckig u. zugespitzt; Fr etwa 2 mm lg; Pappus fehlend oder höchstens 0,1 mm lg. — Fr etwa 1,4 mm br. H: 30–60 cm. ⊙ Th. VII–IX (?). Kleeäcker (eingeschleppt mit Saatgut von *Trifolium alexandrinum* u. *T. resupinatum* aus Ägypten; collin; slt. **(B)**. Unbeständig. (Heimat: Abessinien.)
☆ **Glatzfrucht-W.**, „Kahlfrüchtige" W., ***C. cálvum***

### (60) Lämmersalat, *Arnóseris*

LB in Grundrosette, gezähnt. H: 10–25 cm. ⊙ Th. VI–IX. Mineralarme, stark bodensaure, sandige Äcker u. Brachen; Magerkeits- u. Säurezeiger, kalkfeindlich; collin bis submontan; slt. Nur im BM. **N, O**. Stark gefährdet.
**Lämmersalat, *A. mínima***

### (61) Ferkelkraut, *Hypochoéris* (inkl. *Trommsdorffia*)

**1** Korbstiele nach oben zu allmählich stark verdickt, dicht graufilzig; Stg stets 1körbig, — steifhaarig; äußere u. mittlere HüllB zerrissen-fransig, schwärzlich-kraushaarig. H: 15–50 cm. ♃ He. VII–IX. Frische Silikatmagerrasen u. -weiden; Zwergstrauchheiden; kalkmeidend; (obermontan) subalpin bis alpin; in den Zentralalpen mäßig hfg; in den nördl. u. südl. Kalkalpen zstr bis slt. **St, K, S, T, V**. (*Trommsdorffia uniflora*) **Einkopf-F., *H. uniflóra***

**-** Korbstiele nur dicht unter den Körben etwas verdickt, ohne Filz; Stg meist mehrkörbig . . . . . . . . . . . . . . . . . . . . . . . . . . . . . . . . 2

**2** Stg in ganzer Länge rauhhaarig, außer der Rosette mit 1–2 LB; Pappus 1reihig, alle Haare gefiedert. — LB meist mit auffälligen, großen, rotbraunen Flecken. H: 30–100 cm. ♃ He. V–VIII. Trocken- u. Halbtrockenrasen, Magerrasen, Trockenwälder (Schwarzföhrenwälder) u. ihre Säume; kalkliebend; collin bis untermontan, zstr bis slt. **Alle Bdld**. Gefährdet. (*Trommsdorffia maculata*)
**Flecken-F.**, Geflecktes F., ***H. maculáta***

**-** Stg kahl oder nur am Grund borstenhaarig, außer der Rosette höchstens mit einigen HochB; Pappus 2reihig, äußere Haare kurz, rauh, innere lg u. gefiedert. (*H. sect. Hypochoeris*) . . . . . . . . . . . . . . . . . . 3

**3** LB zstr borstig; Stg blaugrün; RandBlü länger als die Hülle; alle Fr lg geschnäbelt. H: 50–60 cm. ♃ He. VI–IX(X). Kalkarme Mager- u. Trockenrasen, grasreiche Föhrenwälder, Waldschläge; Magerkeits- u. Säurezeiger; collin bis montan; hfg. **Alle Bdld.** **Gewöhnliches F.,** ***H. radicáta***

- LB kahl; Stg grün; RandBlü so lg wie die HüllB; RandFr schnabellos. H: 15–30 cm. ⊙ Th. VI–X. Mineralarme, stark saure Böden, Sandzeiger; collin; (früher) slt. **N†, O†**. Ausgestorben, wohl infolge von Standortsvernichtung. **† Kahles F.,** ***H. glábra***

## (62) Leuenzahn*, Milchkraut, „Löwenzahn" (zT), *Leóntodon*

**1** Randständige Fr mit Krönchen, ohne Pappushaare, zuletzt oft in HüllB eingerollt *(schlecht zu sehen!)*; HüllB schwarz berandet. — Stg bogig aufsteigend, 1körbig, anfänglich nickend; LB lineal-lanzettlich, seicht gesägt bis schrotsägeförmig, zstr behaart, auf den Rippen meist ± rot punktiert; äußere Zungen unterseits blaugrau gestreift; Pappus der inneren Fr 2reihig, äußere Pappusstrahlen kürzer u. rauh gezähnelt, innere gefiedert. H: 5–20(30) cm. ⊙–⊙–♃ Th–He. VII–IX. Mäßig feuchte, grasige, sandige Plätze, Ufer, überschwemmte salzige Wiesen, Parkrasen; collin; slt. **B, W, N, (St, K, T)**. Stark gefährdet. *(Thrincia hirta, L. leysseri, L. taraxacoides, L. nudicaulis subsp. taraxacoides, L. nudicalyx, Colobium taraxacoides)*
**Hunds-L., Hundslattich,** Nickender L., Zinnensalat, ***L. saxátilis***

- Alle Fr mit gefiederten Pappushaaren; HüllB nicht schwarz berandet . . . **2**

**2** Stg gabelig verzweigt u. daher mehrkörbig; äußere u. innere Pappusstrahlen gleichartig, gleich lg u. alle gefiedert. — LB meist tief fiederteilig mit lg (oft auffallend schmalen) Abschnitten (slt fiederlappig), (fast) kahl; Korbstiele mit einigen kleinen, pfriemlichen HochB; Zungen goldgelb, jene der äußeren Blü unterseits rötlich gestreift; Gri grüngelb, getrocknet schwärzlich. H: 15–50 cm. ♃ He. VI–X. Wiesen, Fettweiden, Trittrasen, Wege; trittresistent; tief wurzelnde PionierPf; collin bis subalpin; hfg. **Alle Bdld**. Sehr variabel. *(Scorzoneroides autumnalis)* **Herbst-L.,** ***L. autumnális***

- Stg meist einfach u. 1körbig; Strahlen des Pappus ungleich, die inneren gefiedert, die äußeren unverzweigt u. kürzer, slt gefiedert . . . . . . . . . . . **3**

**3** Hülle schwarz-zottig behaart, — ebenso der obere Teil des Stg (unmittelbar unterhalb des Korbes); Körbe auch vor dem Aufblühen aufrecht; Zunge goldgelb . . . . . . . . . . . . . . . . . . . . . . . . . . . . . . **4**

- Hülle nicht schwarz-zottig. — Pappus schmutzigweiß bis bräunlich . . . . **5**

**4** Pappus schneeweiß; Stg unter dem Korb keulig verdickt. — Stg so lg oder wenig länger als die LB; LB mit 8–20 mm lg Endabschnitt; Körbe 2,5–3,5 cm ∅. H: 3–10(20) cm. ♃ He. VII–VIII. Basenreiche, ± kalkhältige, schwach bewegte, lange schneebedeckte Feinschuttfluren (namengebende Charakterart feinerdereicher Felsschuttfluren); Pionier; alpin; zstr. **Fehlt B, W, N.**
**Alpen-L., Berg-L.,** ***L. montánus***

- Pappus gelblichweiß, nie schneeweiß; Stg unter dem Korb nicht keulig verdickt. — LB mit 4–10 mm lg Endabschnitt. Sehr ähnlich dem Alpen-L./*L. montanus*. H: 5–15 cm. ♃ He. VII–VIII. Feuchte Felsschuttfluren, bes. Schneeböden; kalkliebend; subalpin bis alpin; sehr slt. Endemisch (nordöstl. Kalkhochalpen: Schneeberg bis Veitschalpe u. Kräuterin). **N, St**. Potentiell gefährdet. *(L. montanus subsp. montaniformis p. p.)* **Nordostalpen-L.,** ***L. montanifórmis***

---

* Neuer, hier erstmals vorgeschlagener Name, um dem Streit um den besten deutschen Namen für diese Gattung ein Ende zu bereiten. (Der Herausgeber.)

**5** Stg u. LB von 3–4gabeligen Sternhaaren ± graufilzig behaart *(Lupe!)*; WuStock lg, senkrecht, dick-spindelförmig, mit spärlichen, feinen FaserWu, — im oberen Teil schuppig; Stg 1–2(5), stets einfach, aufrecht, mit 1–2 pfriemlichen HochB, 1körbig; LB länglich-lanzettlich, ganzrandig oder entfernt gezähnelt; Körbe vor dem Aufblühen nickend, 3–4 cm ∅, Zungen goldgelb; Fr 5–7 mm lg, nach oben zu verjüngt. H: 15–40(50) cm. ♃ He. V–VI(VII). Sonnige Felshänge, Trockenwiesen, Waldschläge, Föhrenwälder; kalkstet; Spaltenwurzler; collin bis montan (subalpin); hfg bis zstr. **Alle Bdld.** **Grau-L., *L. incánus***

**–** LB ± dicht behaart bis fast völlig kahl, aber grün (nicht graufilzig); WuStock gestutzt, waagrecht liegend oder schräg abwärts steigend, mit zahlr. starken Wu . . . . . . . . . . . . . . . . . . . . . . . . . . . . . . . . . . . . . . . . . . **6**

**6** Stg ohne oder nur mit 1–2 schuppenförmigen HochB; LB ± dicht behaart mit 2–4spaltigen Gabel- u. Sternhaaren oder (nicht slt) bis fast völlig kahl, slt mit einfachen Haaren; Körbe vor dem Aufblühen nickend. — LB mit undeutlichem, br Stiel; Stg aufrecht, auch bogig aufsteigend, 1körbig; Fr 5–8 mm lg, schwach runzelig, oben oft schnabelartig verschmälert, h'braun. LichtPf (blüht von 5–15 Uhr). H: 15–50 cm. ♃ He. Sehr formenreich. (Ob die nachfolgend angeführten Varianten tatsächlich als Unterarten zu bewerten sind oder nicht doch nur als Varietäten, ist noch nicht ausreichend erforscht.)
**Wiesen-L.**, Gewöhnlicher L., ***L. híspidus***

**a** LB tief fiederspaltig bis fiederteilig . . . . . . . . . . . . . . . . . . . . . . . . . **b**

**–** LB nur ± buchtig gezähnt . . . . . . . . . . . . . . . . . . . . . . . . . . . . . . . . . **c**

**b** Pf stark behaart. — LB'Abschnitte wellig-kraus, dicht gabelhaarig; Stg u. HüllB steif behaart; Hülle 11–13 mm lg. H: 15–25(30) cm. VI–IX. Felsrasen, Felsschuttfluren; kalkliebend; obermontan bis subalpin; zstr bis slt. **St, K?, S, T.**
■ **Rauher Schlitzblatt-W.-L., *L. h. subsp. pseudocríspus***

**–** Pf (fast) kahl. — Stg niedrig, schlank, unterhalb des Korbes meist verdickt; LB'Zipfel verlängert u. oft sehr schmal; Hülle 13–15 mm lg, (fast) kahl. H: 15–30 cm. VI–IX. Feuchte Felsschuttfluren, im Krummholz; kalkstet; mäßig hfg bis zstr; montan bis subalpin. **Fehlt B, W.** ■ **Glatter Schlitzblatt-W.-L., *L. h. subsp. hyoseroídes***

**c** Pf stark behaart . . . . . . . . . . . . . . . . . . . . . . . . . . . . . . . . . . . . . . **d**

**–** Pf fast kahl . . . . . . . . . . . . . . . . . . . . . . . . . . . . . . . . . . . . . . . . . **e**

**d** Stg (Schaft) 2–3× so lg wie die LB. — Stg u. Hülle weißlich steifhaarig; LB ± dicht gabelhaarig; Hülle (9)11–13(15) mm lg. H: 20–50 cm. VI–X. Fettwiesen u. Fettweiden; collin bis subalpin; sehr hfg. **Alle Bdld.**
■ **Gewöhnlicher W.-L., Rauher W.-L., *L. h. subsp. híspidus***

**–** Stg höchstens so lg wie die LB. — Stg oft aufsteigend; Hülle 13–15 mm lg; HüllB u. oberer Teil des Stg mit weißlichen Haaren ± reichlich besetzt. H: 15–30 cm. VII–VIII. Felsdurchsetzte Rasen, Steinschutt; subalpin bis alpin; mäßig hfg. **Fehlt B, W, K?.**
■ **Alpiner W.-L., *L. h. subsp. alpínus***

**e** Stg 2–3× so lg wie die LB. — Stg dünn; LB, Stg u. Hülle kahl oder nur mit einzelnen Haaren besetzt; Hülle 12–15 mm lg. H: 20–40 cm. VI–X. Flachmoor- u. Sumpfwiesen, Kalkschuttfluren; collin bis alpin; sehr hfg. **Alle Bdld.** *(L. h. subsp. danubialis, L. hastilis)* ■ **Kahler G. L., *L. h. subsp. glabrátus***

**–** Stg höchstens 2× so lg wie die LB, — nach oben zu stark verdickt; Hülle 11–14 mm lg, (fast) kahl. H: 15–30 cm. VI-IX. Fettwiesen u. Fettweiden; kalkliebend; obermontan bis subalpin; mäßig hfg. Vbr. ungenügend bekannt.
■ **Stattlicher G. L., *L. h. subsp. opímus***

**–** Stg oben mit mehr als 2 lanzettlichen, schuppenförmigen HochB besetzt; LB mit einfachen Haaren, unterseits nur auf den Nerven behaart oder kahl; Körbe vor dem Aufblühen aufrecht . . . . . . . . . . . . . . . . . . . . . . . . . . . **7**

**7** RosettenB unterseits nur auf den Nerven behaart; Stg unter dem Korb deutlich, 1–3 cm lg verdickt; Zungen leuchtend safrangelb; LB sitzend (dh: Spreite in einen geflügelten Stiel verschmälert), — lanzettlich; HüllB mit schwarzen u. weißen Haaren. H: 10–35(45) cm. ♃ He. VII–VIII. Feuchte Bodensenken, ± tiefergründige Rasen; subalpin; slt, stellenweise hfg. Norische Alpen u. Seckauer Alpen. **St, K**. (Sonstige Vbr.: Ost-Karpaten.) **Safran-L., *L. cróceus***

- RosettenB kahl oder unterseits nicht nur auf den Nerven behaart; Stg unmittelbar unter dem Korb kaum merklich verdickt; Zungen goldgelb; LB gestielt (Spreite in einen deutlichen, ungeflügelten Stiel allmählich verschmälert), — verkehrt-eilanzettlich; Korb 2–2,5 cm ∅; Hülle dunkel-kraushaarig. H: 5–20(30) cm. ♃ He. VII–IX. Weiderasen („Milchkrautweiden"), Zwergstrauchgebüsch, Silikatmagerrasen (Bürstlingsrasen); kalkmeidend; subalpin bis alpin; hfg. **Fehlt B, W**. *(L. pyrenaicus, L. p. subsp. helveticus)* **Schweizer L., *L. helvéticus***

## (63) Bitterkraut, *Pícris* (exkl. (64) Wurmlattich/*Helminthotheca*)

(Beide Arten zur Artengruppe Gewöhnliches B., *P. hieracioides agg.*)

1 Stg von oben bis unten borstig behaart; LB beiderseits zstr behaart, mit abgerundetem Grund sitzend. — Pf beim Zerreiben gurkenähnlich riechend; HüllB grün, außen ± weißflockig oder schwarz-borstig oder kahl. H: 30–60(100) cm. ⊙–♃ He. VI–X. Mäßig frische Ruderalstellen, Wegränder, Brachen, Bahnanlagen, ruderal beeinflußte Halbtrockenrasen; collin bis montan; hfg. **Alle Bdld**. *(P. hieracioides subsp. hieracioides,* inkl. *subsp. paleacea* u. *subsp. spinulosa)* **Gewöhnliches B.**, Habichtskrautähnliches B., ***P. hieracioídes***

- Stg nur am Grund borstig, sonst kahl; LB nur randlich oder unterseits auf dem Mittelnerv borstig behaart, mit fast herzförmig stengelumfassendem Grund sitzend. — HüllB schwärzlichgrün, spärlich flockig, mit weißlichen widerhakigen Borsten besetzt. H: 30–60(100) cm. ⊙–♃ He. VII–X. Wiesen, Wegränder der Alpentäler, Waldschläge, Hochstaudenfluren; montan bis subalpin; zstr. **B?, St?, (K), S?, T, V**. Gefährdet. *(P. h. subsp. crepoides)* **Pippau-B., *P. crepoídes***

## (64) Wurmlattich, *Helminthothéca* (*Picris* sect. *Helminthia*)

Untere LB verkehrt-eiförmig, die oberen herz-eiförmig, stengelumfassend, mit Borstenhaaren auf kleinen weißen Pusteln; Fr 2gestaltig (heterokarp): innere Fr regelmäßig ⊕ (kahl, querrunzelig, braun, mit lg, feinem Schnabel); randständige Fr von den inneren HüllB eingeschlossen, gekrümmt, ↓, deutlich 2seitig (weißlich, Bauchseite zottig, Rückenseite kahl u. querrunzelig). H: 30–60(80) cm. ⊙–⊙ Th–He. VI–VIII. Ruderalges., Äcker, Brachen, Kunstrasen, Ufer; collin; slt u. oft auch unbeständig. **B, W, N, O, St, T**. WanderPf. (Heimat: Medit.) ArzneiPf (histor., Wurmmittel). *(Helminthia echioides, **Picris echioides**)* **(Großer) Wurmlattich, Wurmkraut,** Wurm-Bitterkraut, ***H. echioídes***

## (65) Schwarzwurz, Schwarzwurzel, *Scorzonéra* (inkl. Stielfrucht, Stielsamenkraut/*Podospérmum*)

1 Untere LB fiederteilig; Fr am Grund mit einem samenlosen Abschnitt, der breiter u. heller ist als der samentragende obere FrTeil u. etwa 1/4× so lg wie die gesamte Fr. — LB mit wenigen, sehr schmalen, linealischen Zipfeln, obere LB meist unzerteilt, schmal-linealisch. (Stielfrucht, Stielsamenkraut, *S. sect. Podospérmum,* = Gattung ***Podospermum***) . . . . . . . . . . . . . . . . 2

- Alle LB unzerteilt, linealisch bis br-lanzettlich (Rachisblatt!); Fr ohne derartigen leeren, röhrigen basalen Abschnitt (oder dieser wesentlich kürzer als 1/4 der GesamtFr-Länge). (Schwarzwurz i. e. S., *S. sect. Scorzonera* = ***Scorzonera s. str.***) . . . . . . . . . . 3

2 Pf ♃, neben den blühenden Stg meist nichtblühende LB'Rosetten tragend; Stg u. Äste oben gefurcht; RandBlü 2× so lg wie die Hülle; Körbe 25–30 mm ∅. H: 10–45(80) cm. ♃ He. (V)VI–VIII. Meist etwas ruderale Halbtrockenrasen u. trockene Wiesen, Wegränder, Ruderalplätze; collin; im Pann mäßig hfg, sonst nur slt u. unbeständig. **B, W, N, (O, St)**. (*Scorzonera jacquiniana, Arachnospermum canum, P. jacquinianum,* ***Podospermum canum***)
**Gewöhnliche Stielfrucht, Jacquin-Sch.,** ***S. cána***
Anm.: Auf sehr trockenen, mageren Standorten (Dammkronen, Wegrändern), die nicht gemäht werden, findet sich slt eine Variante (*f. simplex*) mit unverzweigtem, 50–80 cm hohem Stg, der sich im oberen Drittel in mehrere 1(2)körbige Äste teilt; GrundB 30–40 cm lg, Blattspindel grasartig schmal (3 mm); nichtblühende LB'Rosetten fehlend.

- Pf ⊙ bis ⊙, daher ohne nichtblühende LB'Rosetten; Stg u. Äste stielrund, nur oben fein gerillt; RandBlü wenig oder gar nicht länger als die Hülle; Körbe etwa 12 mm ∅. H: 15–45(75) cm. ⊙–⊙ He. V–VII. Trockene Ruderalstellen u. Gebüschsäume, lückige Trokkenrasen; collin; (früher:) sehr slt u. unbeständig. (Früher:) Im Pann. **B†, W†, N†, (O?, St?)**. Ausgestorben oder verschollen. (Hptvbr.: Süd- u. Osteuropa bis Westasien.) (*Arachnospermum l.,* ***Podospermum laciniatum***) **† Schlitzblatt-St., Schlitzblatt-Sch.,** ***S. laciniáta***

3 Kro rosarot, purpurn oder lila. — Faserschopf unter der LB'Rosette; LB linealisch . . . . . . . . . . 4
- Kro gelb . . . . . . . . . . 5

4 LB rinnenförmig; Kro blaß-purpurlila; Fr 12 mm lg, gerippt, ihre Rippen glatt; Stg einfach oder oben verzweigt, 1–4körbig. H: 25–50 cm. ♃ He. V–VI. Halbtrockenrasen, lichte Föhrenwälder; kalkliebend; collin. Im Pann. **B, W, N, (O?)**. Gefährdet. **Purpurlila Sch.,** ***S. purpúrea***
- LB flach; Kro h'rosarot; Fr 15 mm lg, mit an der Spitze gezähnelten u. dort daher rauhen Rippen; Stg 1körbig oder am Grund etwas verzweigt. H: 15–60 cm. ♃ He. VI–VIII. Fettwiesen, Weiderasen, Rostseggenrasen, lichte Wälder; kalkliebend; obermontan bis subalpin; mäßig hfg. **K** (sAlp). (Hptvbr.: Südalpen, illyrische Gebirge, Ost- u. Süd-Karpaten.)
**Rosenrote Sch.,** (sl.:) rožnati gadnjak, ***S. rósea***

5 Unter der LB'Rosette ein dichter Schopf aus feinen Fasern. — GrundB linealisch bis länglich-lanzettlich oder elliptisch, (1)10–30(60) mm br, bläulichgrün, wollig-flaumig bis kahl, oft mit gewelltem Rand; Stg 1körbig, blattlos oder mit 1–4 lanzettlichen, schuppenförmigen HochB; Hülle eiglockenförmig, zuletzt kantig, HüllB ziegeldachig angeordnet, äußere ohne pfriemliche Spitze. H: 10–35 cm. ♃ He. IV–V. Trockenrasen, Felssteppen, lichte Schwarzföhrenwälder; kalkliebend; collin bis submontan; im Pann mäßig hfg, sonst slt. **B, W, N, O†, St**. Im nVL u. söVL gefährdet. **Österreichische Sch.,** ***S. austríaca***
Anm.: Die Breite der LB ist sehr veränderlich, zB sehr schmalblättrige (1–3 mm br) Populationen slt in extremen Trockenrasen.
- Kein Faserschopf am Grund der LB'Rosette, an seiner Stelle manchmal vertrocknete lanzettliche Schuppen . . . . . . . . . . 6

6 Stg völlig blattlos, ohne SchuppenB (alle LB grundständig); Fr 10 mm lg, gerippt, auf den Rippen knotig-stachelig oder quergerunzelt. — LB linealisch bis lineal-lanzettlich, lg zugespitzt; Stg 1(2)körbig; Korb lg gestielt, 3–4 cm ∅; Hülle walzlich, 2–2,5 cm lg, HüllB reihig angeordnet, äußere mit verlängert-pfriemlicher Spitze. H: 10–50 cm. ♃ He. VI–VIII. Tiefgründige, mäßig feuchte

Fettwiesen; über karbonathältigen Gesteinen; montan bis alpin; zstr bis slt. Südl. Kalkalpen u. Südseite (sehr slt Nordseite) der Zentralalpen. **K, S** (Rauriser Tal), **T**. **Grannen-Sch., *S. aristáta***

- Stg beblättert oder wenigstens SchuppenB tragend, slt blattlos; Fr 7–9 mm lg, 10rippig, die Rippen glatt oder die der randständigen Fr fein gezackt. — LB länglich oder lanzettlich bis linealisch . . . . . . . . . . . . . . . . . . . . . . 7

**7** Körbe höchstens 2 cm ∅; die RandBlü so lg wie die HüllB. — Stg 1–3körbig; Stg u. Hülle kahl; Kro wachsgelb. Körbe nur im vollen Sonnenschein geöffnet. H: 20–40 cm. ⊙–♃ He. V–VI(VII). Feuchte, salzige Wiesen; Halophyt; collin; slt. Im Pann. **B** (im Seewinkel: zstr), **N**. Stark gefährdet. **Salz-Sch.**, Kleinkörbige Sch., ***S. parviflóra***

- Körbe 3–4 cm ∅; die RandBlü doppelt so lg wie die HüllB . . . . . . . . 8

**8** Stg reich beblättert, ästig, mehrkörbig; LB'Spreite länglich-lanzettlich bis linealisch, ganzrandig, spitz, die unteren in einen Stiel verschmälert, mittlere u. obere mit scheidigem Grund stengelumfassend sitzend. — Kro h'gelb; randständige Fr fein-weichstachelig. H: 40–80(120) cm. ♃ He. VI–VIII. Waldsteppen, Flaumeichenwaldsäume; collin; slt. Im Pann zstr. **B, W, N, (K, T)**. (Submedit.) Gefährdet. Aus Süd-Europa stammende Kulturrassen werden als WurzelgemüsePf (fleischige PfahlWu: „Schwarzwurzel") gebaut; slt verwildert. **Spanische Sch., Echte Sch.**, Garten-S., ***S. hispánica***

- Stg blattlos oder nur 1–3blättrig, einfach oder seltener in 2–3 1körbige Äste geteilt; GrundB mit br-lanzettlicher Spreite, in einen fast gleich lg Stiel zusammengezogen (ähnlich jenen des Spitz-Wegerichs / *Plantago lanceolata*), — in der Jugend spinnwebwollig (wie auch der Stg), dann verkahlend; Blü doppelt so lg wie die Hülle; Kro h'gelb. H: 10–40 cm. ♃ He. V–VII. Basenreiche, jedoch kalkfreie, wechselfeuchte Magerwiesen, Flachmoorwiesen; düngerfeindlich; collin bis montan; zstr bis mäßig hfg. **Fehlt K**. Gefährdet; im Pann stark gefährdet. **Niedrige Sch., *S. húmilis***

## (66) Bocksbart, *Tragopógon*

**1** Kro weinrot. — Stg unter dem Korb stark verdickt. H: 60–120 cm. ⊙–⊙ Th–He. VI–VII. Früher als WuGemüse kultiviert (u. verwildert?). (Heimat: Medit.) *(**T. sinuatus**)* **★ Haferwurz, *T. porrifólius***

- Kro gelb . . . . . . . . . . . . . . . . . . . . . . . . . . . . . . . . . 2

**2** Korbstiel unmittelbar unter dem Korb auffällig keulig verdickt, hohl; HüllB deutlich länger als die Blü, über dem Grund nicht eingeschnürt; Fr 20–40 mm lg, FrSchnabel so lg wie die eigentliche Fr. — HüllB 8–12; Kro blaßgelb; FrKörbe zuletzt stark vergrößert. H: 20–60 cm. ⊙ He. V–VI. Magerrasen, Ruderalstellen, Wege u. Dämme; kalk- u. wärmeliebend; collin; im Pann mäßig hfg, sonst slt. **B, W, N, O, (St, K), T, (V)**. *(T. major)* **Großer B., *T. dúbius***

- Korbstiel unter dem Korb wenig oder nicht auffällig verdickt, nicht oder kaum hohl; HüllB höchstens so lg wie die Blü, über dem Grund eingeschnürt; Fr 15–20 mm lg, FrSchnabel kürzer als die eigentliche Fr. — HüllB meist 8; Kro schwefelgelb bis d'goldgelb. (Artengruppe Wiesen-B., *T. pratensis agg.*) . . 3

**3** Blü goldgelb, deutlich länger als die Hülle; Körbe 5–8 cm ∅. — Körbe bis gegen 11 Uhr geöffnet; Staubbeutel mit braunschwarzen Längsstreifen oder in der Mitte gelb u. an den Enden schwarzviolett; RandFr schuppig-weichstachelig oder stachelig-rauh. H: 20–70 cm. ♃ He. V–VII. Mäßig trockene Fettwiesen (Glatthaferwiesen), Wegränder; collin bis subalpin; hfg; **Alle Bdld**. Wildgemüse. *(T. pratensis subsp. orientalis*; inkl. *T. grandiflorus = T. o. subsp. grandiflorus)* **Östlicher Wiesen-B., Großer W.-B.,** Großkorb-W.-B., ***T. orientális***

- Blü blaß- bis h'gelb, höchstens so lg wie die Hülle; Körbe 2–3 cm ∅. — Körbe bis gegen 14 Uhr geöffnet; Staubbeutel unten gelb, oben schwarzviolett; RandFr (fast) glatt. H: 30–60 cm. ♃ He. V–VII. Fettwiesen; collin bis montan; slt. **K?, S?, T, V**. Oft nur unbeständig (?). (Hptvbr.: westl. u. nördl. Mitteleuropa.) *(T. pratensis subsp. pratensis)*
**Westlicher Wiesen-B., Mittlerer W.-B., *T. praténsis (s. str.)***

## (67) Gänsedistel, Milchdistel, *Sónchus*

**1** Stg ästig; Hülle kahl oder mit einzelnen Drüsenhaaren; Fr beiderseits mit 3 Längsrippen; Pf ⊙ . . . . . . . . . . . . . . . . . . . . . . . . . **2**

**-** Stg einfach; Hülle meist drüsenhaarig, slt kahl; Fr beiderseits mit 5 Längsrippen; Pf ♃ . . . . . . . . . . . . . . . . . . . . . . . . . **3**

**2** StgB mit vorgestreckten, spitzen Öhrchen, weich, etwas blaugrün, matt, nicht stachelig, die unteren schrotsägeförmig fiederspaltig bis -teilig u. im Endlappen am breitesten; Kro h'gelb; Fr 3 mm lg, zw. den Längsrippen querrunzelig. H: 30–100 cm. ⊙ Th. VI–X. Nährstoffreiche Äcker, Gärten, Ruderalstellen; stickstoffliebend, salzertragend; collin bis untermontan; sehr hfg. **Alle Bdld**. Alteingebürgert. Wildgemüse, früher GemüsePf.
**Gewöhnliche G.**, Gemüse-G., „Kohl-G.", ***S. oleráceus***

**-** StgB mit abgerundeten, anliegenden Öhrchen, derb, d'grün, oberseits glänzend, stachelig gewimpert, die unteren meist unzerteilt, wenn fiederspaltig, dann oberste Seitenlappen breiter als Endlappen; Kro sattgelb; Fr 2,5 mm lg, zw. den Längsrippen glatt. H: 30–80 cm. ⊙ Th. VI–X. Lehmige, meist stickstoffreichere Äcker (Hackkulturen), Gärten, frische Ruderalstellen; collin bis untermontan; mäßig bis sehr hfg. **Alle Bdld**. Alteingebürgert.
**Dorn-G.,** Rauhe G., ***S. ásper***

**3** LB am pfeilförmigen Grund mit zugespitzten, abstehenden Öhrchen; BlüStiele u. BlüHülle mit meist schwarzen Drüsenhaaren; Körbe 3 cm ∅; WuStock nicht kriechend. — Stg 4kantig, hohl, mehrkörbig. H: 100–300 (!) cm. ♃ He. VII–IX. Auwälder, nasse, nährstoffreiche Staudenfluren, Moorwiesen, Röhricht, Sümpfe, auch salzertragend; collin; slt. Im Pann. **B, W, N**. Stark gefährdet. **Sumpf-G., *S. palústris***

**-** LB am Grund mit abgerundeten, anliegenden Öhrchen; BlüStiele u. BlüHülle mit meist gelben Drüsenhaaren; Körbe 4–5 cm ∅; WuStock kriechend. — Stg wenigkörbig. H: 50–150 cm. ♃ He. VII–X. Lehmige bis tonige Äcker, Ufer, Gräben, Sümpfe; Lehmzeiger, etwas salzertragend, WuKriechpionier, lichtblütig (Körbe nur vormittags offen); collin bis montan. **Alle Bdld**.
**Acker-G., *S. arvénsis***

**a** Hülle ± drüsenhaarig. Bes. in Hackfruchtäckern; mäßig hfg. **Alle Bdld**.
**Gewöhnliche A.-G.,** Eigentliche A.-G., ***S. a. subsp. arvénsis***

**-** Hülle fast drüsenlos. Flußufer, Gräben, gestörte Feuchtwiesen, auf nährstoff- u. basenreichen oder salzhältigen Böden; slt. **B, W, N, O?, St, S?, T?**. Oft auch nur unbeständig (ruderal). Gefährdet. **Drüsenlose A.-G., *S. a. subsp. uliginósus***

## (68) Lattich, *Lactúca*

**1** Kro blau bis blauviolett, slt weiß; Pf ♃ . . . . . . . . . . . . . . . . . . **2**

**-** Kro gelb (beim Trocknen manchmal blau werdend); Pf ⊙–⊙. — Fr beiderseits mehrrippig . . . . . . . . . . . . . . . . . . . . . . . . . . . . . . . **3**

**2** Pf mit unterirdischen Ausläufern; LB fiederschnittig mit br-3eckigen Abschnitten; HüllB meist purpurn punktiert oder gestrichelt; Fr grünlichbraun, gefleckt, mehrrippig (tief längsfurchig), ihr Schnabel kürzer als der gleichfärbige FrKörper. H: 30–80 cm. ♃ He. VII–VIII. Brachen, Ruderalstellen: Schuttfluren, Müllplätze, Bahnanlagen; nährstoffreiche, auch salzbeeinflußte Böden; Wurzelkriechpionier; collin; slt. **N**. Neubürger (in neuester Zeit eingeschleppt u. (?) in Ausbreitung begriffen; Heimat: Osteuropa, Asien). *(Lagedium tataricum)* **Tataren-L., *L. tatárica***

**-** Pf ohne Ausläufer; LB fiederschnittig mit lanzettlichen Abschnitten; HüllB nicht purpurn punktiert; Fr schwarz, beiderseits mit 1 Längsrippe, ihr Schnabel so lg wie der dunklerfärbige FrKörper. — Pf bläulichgrün; LB kahl, meist fiederteilig. H: 30–60 cm. ♃ He. V–VI; Kalk- u. Silikatfelsfluren, Felsbandges., sonnige Trockenrasen, Wegraine, Mauern; collin bis montan; slt. **K, T**. Potentiell gefährdet. **Blau-L.**, Dauer-L., ***L. perénnis***

**3** Stg grün oder rötlich überlaufen, krautig, — oft ± hohl; Wu knollenförmig; LB zart, fiederspaltig bis -teilig (slt StgB ungeteilt: *var. integrifólia [= subsp. chaixii]*), tief pfeilförmig-stengelumfassend, am Stg nicht herablaufend; Endlappen der LB meist viel kleiner als die größten Seitenlappen; unterste Lappen (Blättchen) meist etwa waagrecht-abstehend; HüllB purpurn punktiert *(Lupe!)*. H: 60–120(150) cm. ⊙ He. VII–IX. Frische, lehmreiche Eichen-Hainbuchenwälder, Harte Auwälder u. deren Säume, Robinienforste; nitrophil; collin; zstr. Im Pann. **B, W, N**. (Pontisch-pannonisch.) Gefährdet. (Unterscheidet sich von dem im Habitus ähnlichen Mauerlattich, (71), *Mycelis muralis* durch die mindestens 8blütigen Körbe.) *(Mulgedium quercinum)* **Eichen-L.**, „Wald-L.", ***L. quercína***

**-** Stg gelblichweiß, knochenartig fest, — markig . . . . . . . . . . . . . . **4**

**4** Körbe meist 5blütig; LB am Grund mit 2 linealischen, 1–2 cm lg Öhrchen, die dem Stg herablaufend angewachsen sind *(sicheres Erkennungsmerkmal!)*. — Pf mit aufrechten rutenförmigen Ästen u. locker-ährig angeordneten Körben; unterste LB tief fiederspaltig, die oberen lanzettlich, lg zugespitzt; Hülle walzlich, HüllB dicht ziegeldachig; Blü länger als die Hülle; Kro blaßgelb. Milchsaft enthält reichlich Kautschuk. H: 30–60 cm. ⊙ He. VII–VIII. Lückige Trockenrasen, Böschungen, Weinbergränder, Felsbandges.; collin bis submontan; zstr bis slt. Im Pann. **B, W, N**. Potentiell gefährdet. *(Scariola viminea)* **Ruten-L., *L. vimínea***

**-** Körbe 10–16blütig; LB am Stg nicht herablaufend . . . . . . . . . . . . **5**

**5** KulturPf; LB herzförmig-stengelumfassend, — meist verkehrt-eiförmig, ganzrandig, gezähnt oder fast fiederspaltig; Körbe in dichten, flachen Ebensträußen („ausgewachsener" Salat), mit schuppenförmigen, pfeilförmigen HochB; Kro blaßgelb, länger als die Hülle. H: 60–100 cm. ☉–⊙ Th–He. VI–VIII. Als GemüsePf sehr hfg in vielen Sorten kultiviert (KulturPf seit der Antike, in Mitteleuropa seit der Zeit Karls des Großen; vgl. Anm. bei *L. serriola*, Pkt 7–). ★ **Gartensalat, Grüner Salat, Kopfsalat,** Garten-L., ***L. satíva***

**-** WildPf; LB pfeilförmig-stengelumfassend, — unterseits auf der Mittelrippe meist stachelig . . . . . . . . . . . . . . . . . . . . . . . . . . . **6**

**6** StgB linealisch u. ganzrandig, nur unterste fiederspaltig; FrSchnabel doppelt so lg wie die Fr. — Körbe an rutenförmigen Ästen traubig-ährig angeordnet; Kro h'gelb, außen oft braunrötlich überlaufen. H: 30–60 cm. KompaßPf (vgl. Zaun-L. / *L. serriola*). ☉–⊙ Th–He. VII–VIII. Trockene Ruderalstellen, trokken-warme Hänge, Gebüschsäume, Wege u. Weinbergränder, salzbeeinflußte Böden; lichtliebend; collin; sehr slt. Im Pann. **B, W, N, (St)**. Stark gefährdet. **Weiden-L., *L. salígna***

- StgB länglich bis verkehrt-eiförmig, fast unzerteilt bis fast fiederspaltig, gezähnt; FrSchnabel etwa so lg wie die Fr . . . . . . . . . . . . . . . . . . . . . 7

7 StgB waagrecht gestellt, unzerteilt oder seltener buchtig fiederlappig bis -spaltig, stachelig gezähnt; Fr schwarz, br berandet, an der Spitze kahl. H: 50–150 cm. ⊙–⊙ Th–He. VII–VIII. Ruderalfluren, Wegränder, Schuttstellen; wärmeliebend, Licht- bis HalbschattenPf; submontan; sehr slt. **St**. Vielleicht Kulturrelikt. (Submedit.-atlantisch.) Stark gefährdet. Früher als ArzneiPf (histor., Narkoticum: „Lactucarium") gebaut. **Gift-L., *L. virósa***

- StgB fast senkrecht stehend, (zumindest an trockenen Standorten) in Nord-Süd-Richtung gestellt („KompaßPf"), fiederlappig bis -spaltig, slt unzerteilt, bestachelt; Fr bräunlichgrau, sehr schmal berandet, an der Spitze kurzhaarig. H: 60–120 cm. ⊙–⊙ Th–He. VII–IX. Trockene bis mäßig trockene Ruderalstellen, basenhold; wärme- u. lichtliebend; bis 2 m tief wurzelnd; collin bis montan; hfg bis zstr. **Alle Bdld**. Alteingebürgert. Wildgemüse. (Anm.: Vielleicht Stammart des Gartensalats / *L. sativa*, Pkt 5.) *(L. scariola)*
**Zaun-L., Wild-L., *L. serríola***

## (69) Milchlattich, *Cicérbita*

Pf oberwärts stark drüsig behaart; Endabschnitt der LB 3eckig-spießförmig, groß; Korbstand rispig-traubig; Kro blauviolett. H: 60–140 cm. ♃ He. VII–IX. Basenreiche Hochstaudenfluren, staudenreiche Edellaubwälder; etwas kalkliebend; obermontan bis subalpin; mäßig hfg. **Fehlt B, W**. *(Mulgedium alpinum)*
**Milchlattich**, Alpen-M., ***C. alpína***

## (70) Hasenlattich, *Prenánthes*

LB elliptisch, slt linealisch, entfernt gezähnt, herzförmig-stengelumfassend, kahl, unterseits blaugrün; Körbe in großer, endständiger Rispe u. kleineren seitlichen Rispen in den Achseln der obersten LB. H: 50–150 cm. ♃ He. VII–VIII. Frische Edellaubwälder, bes. Fichten-Tannen-Buchen-Wälder, Waldschläge, Hochstaudenfluren; Schatten- bis HalbschattenPf; (submontan) montan (subalpin); hfg. **Alle Bdld**. **Hasenlattich, Purpurlattich, *P. purpúrea***

## (71) Mauerlattich, Waldlattich, *Mycélis*

LB leierförmig fiederteilig mit eckigen Zipfeln u. großen rhombischen bis eiförmigen Endlappen; Endlappen der LB meist viel größer als die größten Seitenlappen; unterste Lappen (Blättchen) meist zurückgeschlagen; Korbstand lockerrispig; Körbe meist aufrecht; HüllB nicht punktiert. H: 60–80 cm. ♃ He. VII–VIII. Edellaubwälder, slt auf Mauern; Mull- u. Moderwurzler; collin bis montan; hfg. **Alle Bdld**. (Unterscheidet sich von dem im Habitus ähnlichen Eichen-L., (68), *Lactuca quercina* durch die nur 5blütigen Körbe.) *(Lactuca muralis, Cicerbita muralis)* **Mauerlattich, Waldlattich, *M. murális***

## (72) Löwenzahn, Kuhblume, Röhrlsalat, Pfaffenröhrlein, „Pusteblume", *Taráxacum*

Anm.: Außer aus einigen (meist sexuellen) Arten besteht die Gattung hauptsächlich aus (Klein-)Artengruppen, die zT zahlr. agamospermische (dh die Sa ungeschlechtlich erzeugende) Sippen umfassen, die oft als Arten ( = Kleinarten) bewertet werden, aber nur nach gründlicher, mehrjähriger Einarbeitung oder von Spezialisten bestimmt werden können. Da die Kleinarten noch nicht ausreichend erforscht sind, werden sie im folgenden nicht oder nur beispielsweise erwähnt. (Allein für die subalpine u. alpine Stufe Österreichs werden ~70 Kleinarten angegeben.) Auch die Vbr.-Angaben sind zT unvollständig. Oft ist aber auch die Bestimmung der Artengruppen schwierig, weil sie zT nicht sauber voneinander zu trennen sind. Jedenfalls sind sorgfältig gesammelte Exemplare, die Kenntnis der Farbe der Zungen u. der reifen Fr unerläßlich. – *Mit „Fr“ ist die Fr samt „***Pyramide***“* (Spitzenabschnitt oberhalb der Zähne = Stacheln), *aber ohne Schnabel u. Pappus gemeint.* – Siehe auch Anm. bei Pkt 13!

**1** Pappus purpur- bis bräunlichpurpurweiß. — Äußere HüllB sehr schmal-lineallanzettlich, undeutlich berandet; Fr spindelförmig, allmählich nach oben zusammengezogen; BlüZeit: VIII–X. Collin . . . . . . . . . . . . . . . . . . . **2**

**–** Pappus reinweiß. — BlüZeit: III–VI (niedere Lagen), VI–VIII (Hochlagen). Collin bis alpin . . . . . . . . . . . . . . . . . . . . . . . . . . . . . . . **3**

**2** Schaft oberwärts dicht weißwollig; RosettenLB dem Boden angedrückt, lederig, bräunlichgraugrün, unten anfangs graufilzig, später verkahlend, gezähnelt, unzerteilt bis seicht buchtig (slt bis tief schrotsägeförmig-eingeschnitten mit zurückgebogenen Lappen); Korb 2–4 cm ∅; Zungen gelborange. H: 5–20 cm. ♃ He. VIII–X. Lößwände, Trockenrasen, Wegränder über Löß; collin; slt. Pann. **B, W, N**. Stark gefährdet. (Sexuell.) *(T. sect. Dioszegia = sect. Serotina)*

**Löß-L., Spätblühender L., *T. serótinum***

**–** Schaft kahl oder sehr spärlich filzig; RosettenLB aufrecht oder ausgebreitet, etwas fleischig, grau- oder rötlichgrün, kahl, lanzettlich, gegen den Grund lg verschmälert, grob gezähnt; Korb 1 cm ∅; Zungen h'gelb. — Äußere HüllB oft rot überlaufen. H: 5–15 cm. ♃ He. VIII–X. Feuchte Salzwiesen; collin; slt. Im Pann. **B, N**. Stark gefährdet. (Sexuell.) *(T. sect. Leptocephala)*

**Salz-L.**, Kleinkörbiger L., ***T. bessarábicum***

**3** Fr (reif!) rotbraun oder braun bis h'strohbraun, dann aber mit zylindrischer Pyramide an der Spitze der Fr u. Rosettengrund mit vertrockneten LB'Resten (= „Tunika“). — LB ± tief zerteilt schrotsägeförmig; entweder HüllB unter der Spitze mit einem Höcker (Schwiele, u. dann Standort trocken, oder [bei *T. schroeterianum*] ohne Höcker, dann aber Standort naß); Zungen h'gelb . . **4**

**–** Fr grau- oder h'- bis d'braun (reif ohne rote Farbtöne, vgl. Pkt 9–); Pyramide meist kegelig (vgl. aber Pkt 12!); Rosettengrund ohne vertrocknete LB'Reste . . . . . . . . . . . . . . . . . . . . . . . . . . . . . . . . **5**

**4** Äußere HüllB mit einem schmalen (weniger als 3 mm) u. scharf abgegrenzten weißen Hautsaum, meist etwas bereift u. dadurch graugrün. — LB h'- bis bläulichgrün, kahl oder unterseits spärlich lg'haarig, 5–30 mm br, lanzettlich, tief fiederschnittig, oft bis zur Mittelrippe eingeschnitten; Schaft schlank, aufrecht oder aufsteigend; Korb 15–25 mm ∅; Zungen gelb; Fr oberwärts bestachelt, braunrot oder fast schwarzpurpurn. H: 5–25 cm. ♃ He. IV–VI. Lückige Trockenrasen u. Felsfluren, trockene Ruderalstellen; basenhold; collin bis submontan; mäßig hfg (bes. im Pann). **Alle Bdld**. In den wAlp gefährdet. (zT sexuell.) *(T. sect. Erythrosperma)*

■ Artengruppe **Heide-L., Schwielen-L., *T. laevigátum agg.***

**–!!** Äußere HüllB mit einem br (mindestens 3 mm), nicht scharf abgegrenzten Hautsaum, unbereift. — LB blaßgraugrün, spärlich behaart, fiederlappig bis -teilig; Schaft bes. in der Jugend unter dem Korb wollig; Korb 10–25 mm ∅; Zungen h'gelb; Fr leuchtend purpurn. H: 5–15 cm. ♃ He. V–VI. Trockene Felshänge; subalpin bis alpin; sehr slt. **T** (Ötztaler Alpen bis Samnaungruppe). Gefährdet. (Zu *„T. hoppeanum agg.“, T. sect. Erythrocarpa*)

■ **Föhntal-L., Graugrüner L., *T. aquilonáre***

– Äußere HüllB undeutlich, schmal berandet, d'grün, — eiförmig, glänzend, steif der Hülle angedrückt; LB'Stiel u. Spreiten-Mittelnerv tief purpurn; Seitenlappen nahezu 3eckig; alle HüllB ohne Schwielen; Zungen d'gelb, außen purpurn gestreift; Pollen fehlend; Narben schmutziggelb; Fr purpurbraun, etwa 4,5 mm lg; Pyramide etwa 0,8 mm lg; FrSchnabel ziemlich dick, etwa 7 mm lg. H: 6–35 cm. ♃ He. VI–VIII. Sümpfe, Flachmoore, Quellfluren; subalpin (alpin); sehr slt. **V** (im Rätikon*), (ob auch im westl. **T**?). (Hptvbr.: Schweiz, Westalpen.) (Zu *sect. Rhodocarpa*) ■ **Schröter-L.,** ***T. schroeteriánum***

5 Spitze der Zungen kapuzenförmig verwachsen, dadurch fast röhrenförmig; Zungen strohfarben. — LB am Grund verbreitert, ± lg gestielt (LB'Stiel „schmal"), die mittleren verkehrt-eiförmig-länglich, buchtig gezähnt; äußere HüllB lose anliegend bis abstehend; Fr graubraun, etwa 4 mm lg, an der Spitze schmal bestachelt, Schnabel fast 2× so lg wie die Fr. H: 10–25 cm. ♃ He. VI–VII. Fettweiden, nährstoffreiche Mulden auf Almböden, Schneetälchenges.; subalpin bis alpin; zstr. (*T. sect. Cucullata,* Artengruppe ■ **Kapuzen-L., Stroh-L.,** ***T. cucullátum agg.***) . . . . . . . . . . . . . . . . . . . . . . . . 6

– Spitze der Zungen flach ausgebreitet, nicht (oder nur slt) kapuzenförmig verwachsen; Zungen h'gelb bis orange . . . . . . . . . . . . . . . . . . . . . . . . 7

6 LB fast kahl; LB'Seitenlappenpaare 1–3, Zwischenlappen ± ungezähnt; Pollen vorhanden; Endlappen der LB „groß"; äußere HüllB kaum halb so lg wie die inneren. **Fehlt B, W.** ■ **Eigentlicher Kapuzen-L., Stroh-L.,** ***T. cucullátum***

–!! LB fast kahl; LB'Seitenlappenpaare 4–6, Zwischenlappen ± lg'gezähnt; Pollen fehlend; Endlappen der LB „mittelgroß", spitz; äußere HüllB länger u. breiter als bei der vorigen Art. **K, S, T, V.** ■ **Tiroler Kapuzen-L.,** ***T. tiroléense***

– LB auffallend stark grau behaart. **T** (im Ötztal). ■ **Grauer Kapuzen-L.,** ***T. concucullátum***

7 Zungen innen orangerot, außen purpurn (ähnlich wie Gold-Pippau, (77), *Crepis aurea*). — Schaft anfangs ± stark behaart, später verkahlend; LB lanzettlich, 7–10 mm br, ausgebreitet, kahl, Seitenlappen wenige, kurz-3eckig, ungezähnt; Korb 10–18 mm ∅; HüllB schwarzgrün, etwas bereift, die äußeren anliegend, halb so lg wie die inneren; Fr 4–5 mm lg, fast glatt (bis schwach höckerig); Pyramide sehr kurz; FrSchnabel dick, $1/2$× bis fast so lg wie die Fr. H: 2–6 cm. ♃ He. VI–VII. Gesteinsgrus, Moränen, feuchter, feinerdereicher Ruhschutt; alpin bis subnival; slt. (Bes. Hohe Tauern, Samnaungruppe.) **K, T.** Potentiell gefährdet. (*T. sect. Pachera*) ■ **Pacher-L.,** ***T. pácheri***

– Zungen schwefel- bis goldgelb . . . . . . . . . . . . . . . . . . 8

8 Fr tief d'braun oder schwärzlichrotbraun, — kurzhöckerig; FrSchnabel dicklich, etwa 0,06 mm lg, steif; WuHals mit LB'Resten. (Artengruppe Wulstfrucht-L., *T. phymatocarpum agg., T. sect. Arctica*) . . . . . . . . . . . 9

– Fr bleich-braun, graubraun oder grau (nur unreif auch d'rot!) . . . . . **10**

9 LB schwarzgrün, regelmäßig 3eckig-fiederlappig, — lanzettlich, 11–13 mm br; Schaft kahl u. dicklich; Korb 20 mm hoch u. ∅; HüllB d'graugrün bis schwärzlich, mit deutlicher Schwiele an der Spitze, die äußeren halb so lg wie die inneren; Pappus 5–7 mm lg. H: 10–20 cm. ♃ He. VII–VIII. Felsrasen, Ruhschuttges. über Phyllit, windausgesetzte Grate; oberalpin; sehr slt. **T** (Samnaungruppe, Hohe Tauern). Subendemisch (auch Südtirol: Brennergebiet). Gefährdet. ■ **Handel-L.,** ***T. handélii***

* Erstnachweis für **Ö**: A. POLATSCHEK; vgl. N. Fl. **T & V.**

- LB h'grün, nicht eingeschnitten, entfernt kurz gezähnt, — schmal-lanzettlich, 6–14 mm br; Schaft spärlich lg'haarig, zart; Korb 15–20 mm hoch u. 20–25 mm ∅; äußere HüllB graugrün, sehr br, berandet, mit Schwiele an der Spitze; Fr unreif d'rot; Pappus 5 mm lg. H: 3–10 cm. ♃ He. VII–VIII. Schafläger, Flechtenheiden, Ruhschuttges., windausgesetzte Grate; oberalpin; sehr slt. Zentralalpen. **T** (Hohe Tauern, Brennergebiet). Subendemisch. Gefährdet. ■ **Reichenbach-L.**, „Tiroler L.", ***T. reichenbáchii***

**10** Äußere HüllB mit ziemlich großer, oft sehr langer Schwiele (kräftigem Höker). — LB lanzettlich bis verkehrt-eiförmig, buchtig gezähnt bis schrotsägeförmig-fiederspaltig; Schaft zuerst wollig, dann verkahlend; Korb bis 25 mm hoch u. 30 mm ∅; Zungen h'gelb, außen oft rot überlaufen; Fr strohfarben bis blaß orange bis h'braun; FrSchnabel 1½–2× so lg wie die Fr, 5 mm lg; Pappus 5-8 mm lg. H: 6–25 cm. ♃ He. VI–VIII. Schaflägerfluren, Ruhschuttges., windausgesetzte Grate; über Kalk; hochalpin; slt. Zentralalpen. **K, T.** (Hptvbr.: Westalpen, arktisches u. subarktisches Europa, Asien, Nordamerika.) Gefährdet. *(T. sect. Ceratophora, T. sect. Borealia,* ■ Artengruppe **Horn-L.**, Horntragender L., ***T. ceratóphorum agg.*** . . . . . . . . . . . . **11**

- Äußere HüllB ohne oder mit nur ganz kurzer Schwiele . . . . . . . . . . . **12**

**11** Pyramide 0,8 mm lg; Pollen vorhanden. West-**T.** ■ **Mazzetti-L.,** ***T. mazzéttii***

- Pyramide 0,3 mm lg; Pollen fehlend. Im Alp. Vbr.? ■ **Melzer-L.,** ***T. melzeriánum***

Anm.: ***T. ceratóphorum s. str.*** *(T. kraettlii)* wird für **T** angegeben.

**12** LB oft schmal, lineal-lanzettlich bis fast linealisch, wenig eingeschnitten, ausgeschweift gezähnt bis seicht buchtig gelappt, meist nur 3–10 mm br; Pyramide zylindrisch, meist etwa 1 mm lg; Korb 12–20 mm hoch; äußere HüllB mit häutigem Rand, meist stumpf, — anliegend bis aufrecht abstehend (die Spitzen oft etwas auswärts gekrümmt); LB wenige, aufrecht, Zungen lebhaft h'gelb, außen oft orange überlaufen. H: 5–25 cm. ♃ He. IV–VI. Feuchte bis nasse (auch wechselnasse), sumpfige Wiesen, Flachmoore; auf Lehm- u. Salzböden; collin bis obermontan; slt. **Alle Bdld.** Stark gefährdet. ▲ *(T. sect. Palustria)* Artengruppe **Sumpf-L.,** ***T. palústre agg.***

- LB eilanzettlich bis verkehrt-eiförmig meist deutlich fiedrig zerteilt (schrotsägeförmig) u. breiter als 10 mm; Fr an der Spitze mit weniger als 1 mm lg, meist kegeliger Pyramide; Korb 20–25 mm hoch; äußere HüllB meist ohne deutlichen Rand (wenn berandet, dann vorn spitz), — abstehend-zurückgekrümmt oder locker bis stärker angepreßt . . . . . . . . . . . . . . . . . . . . **13**

**13** Äußere HüllB linealisch bis schmal-lanzettlich, zur BlüZeit nicht viel kürzer als die inneren, knapp über dem Grund zurückgeschlagen, nur ausnahmsweise abstehend oder teilweise aufsteigend, — nicht oder nur wenig hautrandig; innere HüllB aufrecht; LB stark gelappt u. vielzähnig oder tief fiederteilig mit 3eckigen Lappen; Korb 3–6 cm ∅; FrSchnabel mindestens doppelt so lg wie die Fr. H: 10–50(80) cm. ♃ He. (III)IV–V(X). Fettwiesen, Wegränder, Ruderalges.; meist tiefgründige Ton- u. Lehmböden; Tiefwurzler, PionierPf; collin bis subalpin; sehr hfg. **Alle Bdld.** Wildsalat- u. VolksarzneiPf, Homöop., Zichorienwurzelersatz (Wu), BienenweidePf. Sehr formenreich (umfaßt eine sehr große Zahl von Kleinarten; zT auch sexuell). *(T. sect. Vulgaria, T. sect. Ruderalia)* Artengruppe **Gewöhnlicher L., Röhrlsalat,** „Maiblume", „Maistock", ***T. „officinále" agg.***

Anm.: Kürzlich wurde ein Vertreter der Gruppe des **Haken-L.,** ***T. sect. Hamáta*** erstmals für **Ö** nachgewiesen: **N** (im Waldviertel). Diese Artengruppe (Sektion) hat eine dunkle, bläulichgrün bereifte Hülle, umgebogene äußere HüllB, d'grüne (schwach bläulichgrüne) LB mit hakigen Lappen u. rot längsgestrichelter Mittelrippe(n-Oberseite). Diese Gruppe ist im BM vielleicht weiter verbreitet.

- Äußere HüllB kurz-lanzettlich bis br-eiförmig, etwa ²/₃ der Länge der inneren HüllB erreichend, anliegend oder wenig abstehend . . . . . . . . . . . . **14**

**14** LB meist unzerteilt (zungenförmig; slt fast bis zur Mittelrippe zerteilt, zB bei *T. aurantellum*) u. nur gezähnt oder gelappt mit 2–3 Seitenlappen; LB'Stiel br geflügelt; äußere HüllB mit deutlichem weißem Hautsaum. — Zungen goldgelb bis orangegelb; Fr mindestens 4 mm lg, h'braun, Pyramide dick u. lg, immer kegelig; FrSchnabel 7–12 mm lg, mindestens 2× so lg wie die Fr. H: 10–20(40) cm. ♃ He. V–VII. Quellfluren, Bachufer, Flachmoore; obermontan bis subalpin; slt (oder nur zu wenig beachtet?). **N, St, K, S, T, V**. (In **Ö** 13 Kleinarten.) *(T. sect. Fontana)* ■ Artengruppe **Quell-L.**, ***T. fontánum agg.***

- LB oft tief zerteilt, Spreitenmittelfeld daher relativ schmal; LB'Stiel mäßig geflügelt; äußere HüllB undeutlich berandet . . . . . . . . . . . . . . . . . **15**

**15** Standort collin bis untermontan. — LB'Stiel ± rosa überlaufen; LB'Abschnitte waagrecht abstehend; Endabschnitt rhombisch-3eckig; Spitze u. oberer Rand der äußeren HüllB stark rot überlaufen, asymmetrisch; äußere Zungen mit kräftig purpurbraunem Rückenstreif; Fr 3,6–4 mm lg, Pyramide kürzer als 1 mm. H: 5–25 cm. ♃ He. V–VII. Feuchte bis wechselnasse, bodensaure Magerwiesen; sehr slt. Nur im BM. **N** (Waldviertel). (Hptvbr.: bes. Böhmen, Nord-Deutschland.) (Stark gefährdet.) (Zur Artengruppe Ansehnlicher L., *T. spectabile agg., sect. Celtica, sect. Spectabilia p. p.*)
**Nordstedt-L.**, ***T. nordstédtii***

- Standort obermontan bis alpin . . . . . . . . . . . . . . . . . . . . . . . **16**

**16** Fr bräunlich, Pyramide kegelig; äußere HüllB kurz eiförmig bis lanzettlich; LB meist ausgebreitet, grün, schrotsägeförmig bis regelmäßig fiederspaltig; FrSchnabel 4–5 mm lg, — etwa 1–1¹/₄(1¹/₂)× so lg wie die Fr; Korb 12–25 mm hoch; Hülle graugrün bis schwärzlich; äußere HüllB breiter u. mindestens halb so lg wie die inneren; Zungen goldgelb; Pyramide 0,2–0,7 mm lg. H: 5–20 cm. ♃ He. VI–IX. Fettweiden, Schneetälchen, feuchter Gesteinsgrus; subalpin bis alpin; hfg. **Fehlt B, W**. (In **Ö** bisher 13 Kleinarten.) *(T. apenninum agg., T. sect. Alpina)* ■ Artengruppe **Alpen-L.**, ***T. alpínum agg.***

- Fr ± strohfarben (h'grau bis blaß orange), seltener rötlich, Pyramide fast zylindrisch; äußere HüllB 3eckig; LB aufrecht, mattgrün, dicklich, fiederspaltig bis buchtig; FrSchnabel 7–12 mm lg, etwa 2× so lg wie die Fr. — Korb 20–25 mm hoch u. 30–35 mm ∅; Hülle oft d'grün bis schwärzlich, glänzend, oft bereift; äußere HüllB 3–5× so lg wie br, mehr als halb so lg wie die inneren, wenig berandet, anliegend bis abstehend; innere HüllB bisweilen mit Schwielen; Fr 3–4,5 mm lg, meist bestachelt; Pyramide 0,6–0,7(1?) mm lg; FrSchnabel haarfein, (1)2× so lg wie die Fr. H: 5–20 cm. ♃ He. V–VII. Obermontan (subalpin). Soziologie u. Vbr. ungenügend bekannt. **Bdld?** Anscheinend zw. *T. alpinum agg.* einerseits sowie *T. fontanum agg.* u. „*T. officinale agg.*" andrerseits vermittelnde Gruppe. (In **Ö** 19 Kleinarten.) *(T. nigricans agg., T. sect. Alpestria)* ■ Artengruppe **Schwärzlicher L.**, Gebirgs-L., ***T. alpéstre agg.***

## (73) **Knorpellattich**, Knorpelsalat, ***Chondrílla***

**1** Stg mit vielen sparrigen Ästen; GrundB buchtig-fiederspaltig, zur BlüZeit vertrocknet; Körbe zu 1–3, in lockeren, ährig-rispigen Korbständen. — Stg u. Äste grün, stielrund (Rutengewächs!); Stg am Grund abstehend weißborstig, sonst kahl; StgB schmal, meist linealisch bis -lanzettlich, ± gezähnt bis fast ganzrandig. H: 30–100 cm. Vormittagsblüher; agamospermisch. ♃ He. VII–IX. Lehmreiche, auch sandige Halbtrockenrasen, halbruderale Böschungen, Brachen; kalkliebend, bes. über Löß; tief wurzelnder Rohbodenpionier; collin bis submontan. Im Pann hfg, sonst zstr. **B, W, N, O, St, (K)**. Gefährdet im nVL u. söAV. **Binsen-K., Ruten-K., *Ch. júncea***

- Stg nur oberwärts gabelästig, fast blattlos; GrundB lanzettlich, entfernt gezähnelt, zur BlüZeit vorhanden; Korbstand schirmrispig. H: 10–30 cm. ♃ He. VII–VIII. Sickerfrische, kalkreiche Schotteralluvionen, an Alpenbächen, auch in tiefere Lagen herabgeschwemmt; montan bis subalpin; zstr bis slt. **O**, (Süd-)**K, T, V**. Potentiell gefährdet; im Rh u. in den nAlp gefährdet. **Alpen-K., *Ch. chondrilloídes***

## (74) Kronláttich, *Calycocórsus* (*Willemetia*)

LB kahl, schwach bläulichgrün; GrundB in Rosette, StgB klein oder schuppenförmig; Zungen goldgelb, länger als die Hülle. H: 15–45 cm. ♃ He. VI–VIII. Feuchte Wiesen, Sümpfe, meist kalkarme Flach- u. Quellmoore; obermontan bis subalpin; mäßig hfg bis zstr. **B†; fehlt W**. Regional gefährdet im BM u. im nVL. (*Willemetia stipitata*) **Kronlattich, *C. stipitátus***

## (75) Rainkohl, *Lápsana*

LB eckig gezähnt, untere leierförmig, mit großem Endabschnitt; Korbstiele meist mehr als 2× so lg wie die Hülle; Zungen h'gelb. H: 30–100 cm. ⊙–♃ Th–He. VI–VIII. Auwälder, Waldschläge, ruderale Gebüsche, Gärten, frische, nährstoffreiche Äcker; nitrophil; collin bis montan; sehr hfg. **Alle Bdld**. Alteingebürgert. **Rainkohl, Rainsalat, *L. commúnis***

**a** StrahlBlü höchstens 1½× so lg wie die Hülle. — Seitenlappen der (leierförmigen) LB schmäler als der Endlappen; Hülle 5–7(8) mm lg. H: (20)40–120 cm. ⊙ Th. Sehr hfg. **Alle Bdld**. **Gewöhnlicher R., *L. c. subsp. commúnis***

- StrahlBlü etwa 2× so lg wie die Hülle. — Seitenlappen der (leierförmigen) LB oft etwa so br wie der Endlappen; Hülle 7–10 mm lg. H: 25–80(100) cm. ⊙–⊙–♃ Th–He. Auwälder an der Donau; collin; slt (?). **N**. Ob weiter verbreitet? (Hptvbr.: Südost-Europa.) **Mittlerer R., *L. c. subsp. intermédia***

## (76) Stinksalat, *Apóseris*

Seitenlappen der LB fast rhombisch, Endlappen 3eckig; Korb 1,5 cm ∅; Kro goldgelb; Milchsaft stinkend (an rohe Erdäpfel erinnernd). H: 5–25 cm. ♃ He. VI–VIII. Frische Edellaubwälder u. (Fichten-Tannen-)Buchen-Wälder; kalkstet; montan (subalpin); zstr bis mäßig hfg; in **N** slt (nur im Westen). **Fehlt B, W**.

**Stinksalat, Stinklattich, Hainsalat,** Stinkender Hainsalat, Stinkkohl, ***A. fóetida***

## (77) Pippau, *Crépis*

**1** Fr, wenigstens die inneren, mit deutlichem, ± langem Schnabel. — Pappus schneeweiß . . . . . . . . . . . . . . . . . . . . . . . . . . **2**

- Fr oben verschmälert, wenn Schnabel vorhanden, dann sehr kurz u. undeutlich . . . . . . . . . . . . . . . . . . . . . . . . . . . . **4**

**2** Korb vor dem Aufblühen nickend; Gri gelb. — Stg aufrecht, ästig, ausgebreitet, Äste 1körbig; LB fiederspaltig bis -teilig, mit gezähnelten, slt ganzrandigen

Abschnitten, Endabschnitt größer als die seitlichen Abschnitte; Stg u. LB mit lg, steifen Haaren; Korbstiele u. HüllB steifborstig; Korb 30–35 mm ∅; FrSchnabel die Hülle nicht oder wenig überragend; Milchsaft gelblich, stark (karbolähnlich) riechend. H: 15–40(50) cm. ⊙–⊙ Th–He. VI–IX. Mäßig trokkene Ruderalstellen, Erdaufrisse, Schottergruben, Wegränder, Verladeplätze, Bahnschotter; kalkliebend; collin; im Pann mäßig hfg, sonst zstr bis slt. **B, W, N, O, St, (S, T)**. (Hptvbr.: Ost- u. Südost-Europa.) *(C. foetida subsp. rhoeadifolia)* **Klatschmohn-P., Mohnblatt-P., *C. rhoeadifólia***

- Korb vor dem Aufblühen aufrecht; Gri grünlich oder grünlich-braun . . . **3**

**3** Hülle u. Korbstiele reichlich gelbborstig; äußere HüllB abstehend, nicht oder schwach hautrandig, zur FrZeit nur wenig kürzer als der Pappus; Korbboden kahl; Kro h'zitronengelb. — Stg weißborstig. H: 15–50 cm. ⊙ Th–He. VI–IX. Mäßig trockene Ruderalstellen, Brachen, Trockenwiesen, Äcker (in Dauerkultur); collin; im Pann zstr bis slt, sonst zstr u. unbeständig eingeschleppt. **B, W, N, (O, St, S, T, V)**. (Hptvbr.: Medit.) Vom Aussterben bedroht. **Borsten-P., *C. setósa***

- Hülle u. Korbstiele kahl oder nur wenig schwärzlich behaart; äußere HüllB erst beim Aufblühen abstehend, br hautrandig, zur FrZeit halb so lg wie der Pappus; Korbboden behaart; Kro sattgelb, unterseits rot gestreift. H: 30–80 cm. ⊙ He. V–VI. Mäßig trockene Ruderalstellen, Ödland, Grasplätze, Wegränder, an Mauern; collin; zstr. **(N), T, V**. *(C. vesicaria subsp. taraxacifolia)* **Löwenzahn-P., *C. taraxacifólia***

**4** [1] Pappus schmutzigweiß bis gelblich, — oft steif u. zerbrechlich . . . . . **5**

- Pappus reinweiß, — biegsam . . . . . . . . . . . . . . . . . . . . . . . . **9**

**5** Blühtriebe 1(3)körbig. — LB stets unzerteilt; Korbstiele oben verdickt. Subalpin bis alpin . . . . . . . . . . . . . . . . . . . . . . . . . . . . **6**

- Blühtriebe stets mehrkörbig. — LB unzerteilt oder fiederteilig . . . . . . . **7**

**6** Korb 4–6 cm ∅; HüllB braungrün-zottig, von Sternhaaren flaumig. — LB br-lanzettlich, entfernt gezähnt, mit abgerundetem Grund den Stg umfassend, fast kahl; Kro gelb. H: (20)25–60 cm. ♃ He. VI–VIII. Wildgrashalden, steinige Rasen, Hochstaudenfluren; kalkliebend; subalpin bis alpin; zstr. **Fehlt B, W.** *(C. montana, C. bocconi)* **Berg-P., *C. pontána***

- Korb 1–1,5 cm ∅; oberer Stg u. HüllB von gelblichen geschlängelten Haaren dicht zottig, ohne Sternhaare. — Kro goldgelb; Fr 20rippig. H: (2)5–10(15) cm. ♃ He. VII–VIII. Gesteinsfluren; über Kalk u. Schiefer; alpin; sehr slt. **T.** (Hptvbr.: Zentralalpen der Schweiz u. Savoyens.) Stark gefährdet. (Im Habitus sehr ähnlich dem Alpen-Leuenzahn / *Leontodon montanus*.) *(C. jubata)* **Mähnen-P., *C. rháetica***

**7** Stg röhrig; Pf 30–100 cm hoch. — LB länglich-verkehrt-eiförmig bis lanzettlich, buchtig gezähnt, kahl, dünn, unterseits bläulich; obere LB mit spitzen Öhrchen stengelumfassend sitzend; Körbe 2–3, zylindrisch-kegelförmig; HüllB schwärzlichgrün, kurz behaart u. drüsig; Gri schwärzlichgrün. ♃ He. VI–VIII. Nasse bis wechselnasse Wiesen, Flachmoore, Quellfluren, Auwälder, Bruchwälder, Hochstaudenfluren; collin bis montan; zstr bis mäßig hfg. **Fehlt W.** **Sumpf-P., *C. paludósa***

- Stg nicht röhrig; Pf 5–20 cm hoch. — Untere LB lanzettlich, ganzrandig bis entfernt gezähnt, lg gestielt; StgB fast kammförmig fiederschnittig mit linealischen Abschnitten u. br Endzipfel; obere LB sitzend; Körbe 2–3 cm ∅. Lichtblütig (Vormittagsblüher). (Artengruppe Felsschutt-P., *C. jacquinii agg.*) . **8**

**8** Pf meist 12–20 cm hoch, (1)3–5körbig; unterste GrundB meist entfernt gezähnelt, die übrigen LB buchtig mit br angesetzten Sägezähnen; Hülle 9–11 mm lg, Grund keilig in den Korbstiel verschmälert. — Hülle meist ± sternhaarig-flaumig bis weißflockig, slt mit wenigen bis zahlr. schwarzen Zottenhaaren. ♃ He. VI–VIII. Feinschutt, steinige Hänge, lückige Steinrasen; obermontan bis alpin; kalkliebend; zstr bis slt. Nordöstl. Kalkalpen. **N, O, St, S**. (Sonstige Vbr.: Karpaten.) *(C. jacquinii subsp. jacquinii)*
**Jacquin-P.**, Östlicher Felsschutt-P., ***C. jacquínii***

**-** Pf meist 5–10 cm hoch, 1–2(3)körbig; unterste GrundB meist ganzrandig, die übrigen LB schmal-linealisch u. zart schrotsägeförmig gezähnt; Hülle 11–13 mm lg, Grund abgerundet (vom Korbstiel deutlich abgesetzt). — Hülle meist dicht schwarzhaarig-zottig. ♃ He. VII–VIII. Felsschutt, steinige Hänge, lückige Steinrasen; (subalpin) alpin; kalkliebend; slt. **St, K, S, T, V**. *(C. jacquinii subsp. kerneri)* **Kerner-P.**, Westlicher Felsschutt-P., ***C. kérneri***

**9** [4] Blühtrieb 1(3)körbig. — LB (fast) kahl . . . . . . . . . . . . . . . . . . **10**

**-** Blühtrieb vielkörbig . . . . . . . . . . . . . . . . . . . . . . . . . . **12**

**10** Kro orangerot; Fr 20rippig. — Habitus leuenzahn-ähnlich; RosettenB buchtig gezähnt bis schrotsägeförmig; Stg blattlos oder mit wenigen SchuppenB; Körbe etwa 2 cm ∅; Hülle u. oberer Teil des Stg dicht kurz abstehend-schwarzzottig. H: 5–20 cm. ♃ He. VI–IX. Frische, nährstoffreiche, meist kalkarme Wiesen u. Weiderasen, Lägerfluren, Schneeböden; obermontan bis alpin; hfg. **Fehlt B, W**. **Gold-P.**, ***C. áurea***

**-** Kro gelb; Fr 10–13rippig . . . . . . . . . . . . . . . . . . . . . . . **11**

**11** Pf (2)5–7(10) cm hoch, ihre LB kaum überragend; LB bis zur Mitte buchtig fiederspaltig, mit br-3eckigen bis halbkreisförmigen Abschnitten; Stg unten fast kahl, oben schwarzzottig; Hülle dicht abstehend schwarz drüsenlos behaart; Fr 4–5 mm lg. — Pf 1körbig; Korb 3–5 cm ∅, von den obersten LB ± eingehüllt. ♃ He. VII–VIII. Karbonatschutthalden; alpin; in den nördl. Kalkalpen mäßig hfg, in den südl. Kalkalpen zstr, in den Zentralalpen slt. **Fehlt B, W**. (Ostalpisch.) Ähnelt im Habitus stark dem Berg-Leuenzahn / *Leontodon montanus*. *(C. hyoseridifolia)* **Triglav-P.***, ***C. terglouénsis***

**-** Pf 10–40 cm hoch, ihre LB meist überragend; LB lanzettlich, gezähnelt bis schwach schrotsägeförmig; Stg flaumig behaart, oben wie die Hülle graufilzig, außerdem mit lg weißen bis schwarzen Haaren; Fr 6–12 mm lg. — Pf 1körbig, slt mit 2–3 1körbigen Ästen; LB flaumig behaart oder verkahlend; Kro dottergelb. ♃ He. V–VII(VIII). Trockenwiesen, Waldschläge, lichte Föhrenwälder; kalkstet; montan bis subalpin; zstr. **Fehlt B, W**. **Voralpen-P.**, ***C. alpéstris***

**12** [9] Blühtriebe außer der grundständigen LB'Rosette blattlos oder slt mit 1 StgB (HochB) . . . . . . . . . . . . . . . . . . . . . . . . . . **13**

**-** Blühtriebe bis zur Spitze beblättert . . . . . . . . . . . . . . . . . . . **14**

**13** Zungen stets h'gelb; Korbstand traubig, manchmal fast ährig-walzlich, 8–20körbig, von oben nach unten aufblühend; RosettenB 10–14 cm lg, entfernt gezähnelt bis fast ganzrandig, oben gelblichgrün, unterseits blasser. H: 15–50(70) cm. ♃ He. V–VI. Magerrasen, Waldränder; kalkliebend; collin bis montan; mäßig hfg bis zstr. **Alle Bdld**. Gefährdet (bes. in **St**).
**Trauben-P.**, Abbiß-P., ***C. praemórsa***

* sprich: „Trigláu"! („Dreikopf"; höchster Berg der Julischen Alpen u. Sloweniens)

- Zungen blaß(purpur)lila bis weiß; Korbstand doldenrispig, 2–5körbig, von unten nach oben aufblühend; RosettenB 6–8 cm lg, buchtig gezähnt, blaugrün. H: 18–30(60) cm. ♃ He. V. Kalkschuttfluren, (Schwarz-)Föhrenwälder, felsige Trockenrasen; kalkstet; montan bis subalpin; zstr bis mäßig hfg. Südl. Kalkalpen. Süd-**K**, Ost-**T**. (In **V** nur lokal nach Ansalbung eingebürgert.) (Hptvbr.: Südalpen, Slowenien.) *(C. incarnata, C. froelichiana subsp. incarnata)*
**Dinarischer P.**, Fleischfarbener P., (sl.:) mesnordeči dimek, ***C. froelichiána (subsp. dinárica)***

**14** Pf ♃, mit dunklem, kräftigem Rhizom. — Fr 20rippig . . . . . . . . . . . **15**
- Pf ☉ bis ⊙, mit h'färbiger, spindeliger Wu . . . . . . . . . . . . . . . . . **17**

**15** Gri schwärzlichgrün; StgB mit abgerundetem oder herzförmigem Grund geöhrlt bis stengelumfassend sitzend; Hülle 8–14 mm lg, — äußere HüllB deutlich kürzer als die inneren; GrundB zur BlüZeit vorhanden, ganzrandig oder schwach gezähnelt; untere StgB länglich-eiförmig, obere lanzettlich, alle seicht entfernt-gezähnt; Stg oben schirmtraubig; Korb 2,5–3,5 cm ∅. H: 30–60(90) cm. ♃ He. VI–VIII. Feuchte bis nasse Wiesen, Weiderasen, Flachmoore, Tümpel, Grabenränder; montan; slt. **Fehlt B, W, K**. In den wAlp, im BM u. im nVL gefährdet. Ob u. wieweit die beiden Unterarten zu Recht bestehen, bleibt zu überprüfen. **Weichhaar-P., *C. móllis***
**a** Hülle schwarzzottig, mit wenigen oder gar keinen Drüsenhaaren. Bes. im Alp. **N, O, St, S**. **?■ Gewöhnlicher W.-P., *C. m. subsp. móllis***
- Hülle trübgrün, dicht drüsig-flaumig. **N** (Waldviertel), **O** (Mühlviertel), **K, S**, Nord-**T**, **V**. *(C. hieracioides)* **?■ Abbiß-W.-P., *C. m. subsp. succisifólia***
- Gri gelb; StgB mit pfeilförmigem Grund sitzend; Hülle meist länger als 14 mm . . . . . . . . . . . . . . . . . . . . . . . . . . . . . . . . . **16**

**16** Äußere HüllB viel kürzer als die inneren; Korbstiele an der Spitze verdickt; Korbstiele u. HüllB mit Drüsenhaaren; LB flaumig-zottig behaart. — Hülle 16–20 mm lg. H: 20–60 cm. ♃ He. VII–IX. Sonnige, frische, bodensaure Silikatrasen, Magerweiden, an Weg- u. Waldrändern; säureliebend; Tiefwurzler; obermontan bis subalpin; in den Zentralalpen mäßig hfg, in den Kalkalpen slt. **Fehlt B, W, N**. *(C. grandiflora)*
**Großkorb-P., Großkopf-P., *C. conyzifólia***
- Alle HüllB etwa gleich lg; Korbstiele an der Spitze nicht verdickt; Korbstiele u. HüllB ohne Drüsenhaare, jedoch mit lg, schmutzigweißen Haaren; LB spärlich behaart. — Stg mit mehreren, meist 1körbigen Ästen oder 1körbig; GrundB zur BlüZeit verwelkt; Korb 3–4 cm ∅; Hülle 14–17 mm lg. H: 25–70 cm. ♃ He. VI–VIII. Hochstaudenfluren; kalkliebend; montan bis subalpin; in den Kalkalpen mäßig hfg, in den Zentralalpen zstr bis slt. **Fehlt B, W**. *(C. blattarioides)*
**Schabenkraut-P., Pyrenäen-P., *C. pyrenáica***

**17** [14] Fr 20rippig. — Pf ⊙, mit kräftiger, spindeliger Wu; Stg aufrecht, kantig gefurcht, oben doldentraubig verästelt; LB derb, dicklich, starr, kurzhaarig-rauh bis kahl, die unteren gestielt, die oberen mit pfeilförmigem Grund sitzend; LB'Spreite eilänglich-lanzettlich bis spatelig, unregelmäßig buchtig bis grob gezähnt; Korbstiele sparrig abstehend bis aufwärts gekrümmt, oben kaum verdickt, grauflaumig; Korb 4–5 cm ∅; Hülle kantig, 20–25 mm lg, graufilzig; äußere HüllB etwa 1/3× so lg wie die inneren, anliegend; Blü doppelt so lg wie die Hülle; Gri gelb; Fr 1,6 mm lg. H: 25–100 cm. ⊙ He (?). VI–VIII. Trockenrasen; collin; sehr slt. Im Pann. **N** (im Weinviertel). (Hptvbr.: Mähren, Ungarn bis Ukraine.) Vom Aussterben bedroht. **Pannonischer P., *C. pannónica***
- Fr 10–13rippig . . . . . . . . . . . . . . . . . . . . . . . . . . . . . **18**

**18** Hülle walzlich, kahl. — LB drüsig-klebrig oder flaumig; StgB länglich, ganzrandig oder schwach gezähnt, mit gestutztem oder pfeilförmigem Grund sitzend; Korbstiele kahl, hohl; Korb 15–20 mm ∅; Hülle 5–8 mm lg; innere HüllB zur FrZeit mit knorpelig verdicktem Mittelnerv. H: 30–70 cm. ⊙ Th. V–VII. Mauern, Weinberge, Heckensäume, Brachland; kalkliebend; collin; slt. **(W, N, O, S)**. Unbeständig. (Heimat: Südeuropa, Asien.)

☆ **Schöner P.**, Glanz-P., ***C. púlchra***

**-** Hülle glockig, ± behaart . . . . . . . . . . . . . . . . . . . . . . . . . **19**

**19** Gri bräunlichgrün; Pf graugrün; obere LB am Rand umgerollt, — linealisch, entfernt fiederspaltig oder ganzrandig, am Grund pfeilförmig (Abb. 396); Stg ± reich verzweigt, flaumig behaart bis kahl; Korb 15–20 mm ∅; innere HüllB auf der Innenseite anliegend seidenhaarig *(Lupe!)*; Kro h'gelb. H: 10–60 cm. ⊙ Th–He. V–X. Trockene, sandig-kiesige Ruderalstellen, Brachen, Äcker; collin bis submontan (montan); zstr bis mäßig hfg. **Alle Bdld.**

**Dach-P.**, Mauer-P., ***C. tectórum***

**-** Gri gelb; Pf frischgrün; LB am Rand flach, nicht umgerollt . . . . . . . **20**

**20** Körbe 10–15 mm ∅; innere HüllB auf der Innenseite kahl *(Lupe!)*; äußere HüllB angedrückt oder einwärts gebogen; StgB pfeilförmig, über dem Grund fiederspaltig. — Zungen der äußeren Blü unterseits oft rötlich überlaufen. H: 15–60(100) cm. ⊙ Th. VI–IX. Magerwiesen, Weiderasen, Äcker, Zierrasen; Magerkeitszeiger; collin bis montan; hfg bis zstr. **Alle Bdld.** *(C. virens)*

**Grün-P.**, Haarstiel-P., Kleinkörbiger P., ***C. capilláris***

**-** Körbe 25–35 mm ∅; innere HüllB auf der Innenseite anliegend seidenhaarig *(Lupe!)*; äußere HüllB abstehend; StgB am Grund verschmälert, obere mit gestutztem Grund sitzend, ihre Sägezähne abwärts gerichtet. — Zungen unterseits nicht rötlich überlaufen. H: 50–120 cm. ⊙ He. V–VIII. Frische Fettwiesen, Wegraine; collin bis montan; sehr hfg. **Alle Bdld.** Sehr variabel.

**Wiesen-P.**, Zweijähriger P., ***C. biénnis***

## (78) Grasnelkenhabichtskraut, *Chlorocrépis* (= *Hieracium subgen. Stenotheca,* = *Tolpis p. p.)*

Stg an der Spitze graufilzig; Körbe 2–3 cm ∅; Kro schwefelgelb. H: 15–40 cm. ♃ He. VI–IX. Felsschutt, Bachgeröll, Schotterfluren; kalkliebend; WuKriechpionier; (collin) montan bis subalpin; mäßig hfg. **Fehlt W**. Gefährdet im Pann u. nVL. *(**Hieracium staticifolium**, Tolpis staticifolia)*

**Grasnelkenhabichtskraut, *Ch. staticifólia***

## (79) Habichtskraut, *Hierácium* (inkl. *Pilosella*; exkl. (78) *Chlorocrepis*)

Anm. 1: Die Habichtskräuter sind eine der artenreichsten u. schwierigsten Gattungen der mitteleuropäischen Flora. In den beiden Untergattungen werden sogenannte Haupt- u. Zwischenarten unterschieden, viele von beiden umfassen auch noch oft zahlr. Unterarten (die auch als Kleinarten angesehen werden können). Zwischenarten sind durch Hybridisierung entstandene Arten, deren Merkmalsbestand zwischen denen ihrer Elternarten liegt. Die Ursache für diesen Formenreichtum liegt im Vorherrschen agamospermischer Fortpflanzung, wodurch (ähnlich wie bei den Brombeeren) slt auftretende Hybriden wegen des mangelnden Gen-Austausches fixiert werden und sich daher genetisch wie Arten verhalten. Im folgenden Schlüssel werden nur die Hauptarten angeführt. Bei Individuen, die sich diesen Hauptarten nicht eindeutig zuordnen lassen, liegt der Verdacht nahe, daß es sich um eine der 175 für **Ö** bisher nachgewiesenen Zwischenarten handelt. Die Bestimmung der Zwischenarten u. Unterarten ist schwierig u. verlangt ein ausführlicheres Bestimmungswerk u. auch ein gewisses größeres Maß an Erfahrung (die Hieraciologie ist gegenwärtig in **Ö** unterentwickelt).

Anm. 2: Als „Haare“ werden hier nur die einfachen, drüsenlosen Haare bezeichnet; „haarlos“ bedeutet also nicht kahl! Außerdem kommen Sternhaare (= „Flocken“) u. Drüsenhaare vor (*mit der Lupe zu untersuchen!*).

**1** Fr 1–2,5 mm lg, Pappus 1reihig, mit gleich lg Haaren, jede FrRippe in einen kurzen, zahnartigen Vorsprung endend; LB ganzrandig, slt schwach gezähnelt, stets in grundständiger Rosette; die länglich-lanzettliche Spreite ohne abgesetzten Stiel; StgB wenige oder fehlend; Pf oft mit oberirdischen Ausläufern. (Untergattung Mausohr-H., *H. subg. Pilosélla* = Gattung *Pilosella*). Anm.: Außer den 10 im folgenden behandelten Hauptarten kommen in **Ö** 64 Zwischenarten vor. . . . . . . . . . . . . . . . . . . . . . . . . . . . . . . . . . . . **2**

**-** Fr 3–5 mm lg, Pappus 2reihig mit verschieden lg Haaren; FrRippen oben in einen ungezähnten, ringförmigen Wulst verschmelzend; LB meist gezähnt u. ± deutlich gestielt; LB grundständig (auch als Rosette) u./oder stengelständig; Pf stets ohne Ausläufer. (Untergattung: Eigentliche H., *H. subg. Hierácium* = Gattung *Hieracium s. str.*). Anm.: Außer den 22 im folgenden behandelten Hauptarten kommen in **Ö** 111 Zwischenarten vor. . . . . . . . . . . . . . . . . . . . . . . . . **11**

**2** Stg 1körbig, blattlos. — LB unterseits ± graufilzig, oberseits mit locker stehenden, sehr lg Borstenhaaren; Ausläufer meist vorhanden; Zungen der randlichen Blü unterseits oft rotstreifig . . . . . . . . . . . . . . . . . . . . . . . . **3**

**-** Stg 2- bis mehrkörbig, beblättert. — Korbstand rispig oder doldig . . . . **4**

**3** HüllB 0,5–2 mm br, schmal-linealisch (bis lineal-lanzettlich), spitz, graufilzig, haarlos bis reichhaarig, drüsenhaarig bis drüsenlos; Ausläufer verlängert, dünnstengelig, entfernt beblättert (LB zur Ausläuferspitze hin kleiner werdend). — Hülle 7–11 mm lg. H: 5–30 cm. ♃ He. V–X. Mager- u. Trockenrasen, Waldlichtungen; pH-indifferent; collin bis subalpin; sehr hfg. **Alle Bdld.**

**Kleines H.**, Langhaar-H., ***H. pilosélla***

**-** HüllB 1,5–4 mm br, länglich bis länglich-eiförmig, an der Spitze abgerundet oder stumpflich, wenig behaart; Ausläufer kurz, dicklich, mit einander ± genäherten, fast gleich großen LB. — Hülle 10–14 mm lg. H: 10–30 cm. ♃ He. VI–VIII. Kalkarme (?), mäßig bodensaure Mager- u. Weiderasen; (collin) montan bis subalpin; zstr. **Fehlt O**. Im Pann gefährdet.

**Hoppe-H., *H. hoppeánum***

**4** Zungen orangerot bis rot. — Pf teils mit unterirdischen, bleichen, teils mit kurzen oberirdischen Ausläufern; RosettenB lanzettlich, über der Mitte am breitesten, steifhaarig; Blühtrieb 2–12(25)körbig (Körbe rispig angeordnet, anfangs gedrängt), mit 1–4 HochB; Stg mit 2–7 mm lg, dunklen Haaren; Korbstiele u. Hülle abstehend schwarzdrüsenhaarig; Hülle 7–10 mm lg, HüllB stumpflich. H: 20–40(60) cm. ♃ He. VI–VIII. Silikat-Magerrasen, Zwergstrauchheiden; bevorzugt modrig-torfige Humusböden; obermontan bis alpin; slt bis zstr. **Alle Bdld, (W)**. Auch als ZierPf kultiviert, verwildert in mageren Parkrasen. **Orange-H.**, Orangerotes H., ***H. aurantíacum***

**-** Zungen gelb, allenfalls die äußeren (randlichen) unterseits rötlich . . . . . **5**

**5** Stg unter 25 cm hoch, aufsteigend; Körbe (1)2–5(7). — GrundB linealisch bis spatelig, grün bis blaugrün; Stg 1blättrig . . . . . . . . . . . . . . . . . . . **6**

**-** Stg meist über 25 cm hoch, aufrecht; Körbe mehr als 7. — Stg 1- bis mehrblättrig; LB ± spitz . . . . . . . . . . . . . . . . . . . . . . . . . . . . . . . . . . . **7**

**6** LB spatelig, ohne Sternhaare, nur am Rand u. Grund behaart; Stg (außer am Grund) haarlos; HüllB weißlich berandet; Ausläufer lg, — deren LB nach der Ausläuferspitze zu größer werdend; LB blaugrün. H: 5–25 cm. ♃ He. V–VIII.

Meist kalkarme Magerrasen, frische bis feuchte Grasplätze, Wege u. Erdanrisse, Flachmoorwiesen; pH-indifferent; collin bis subalpin; mäßig hfg. **Alle Bdld**. *(H. auricula)* . **Öhrchen-H., *H. lactucélla***

- LB lineal-lanzettlich, wenigstens am Rand u. Rückennerv durch Sternhaare flockig; Stg mit 1,5–4 mm lg Haaren (neben Stern- u. Drüsenhaaren); HüllB ohne weißen Rand; Ausläufer meist fehlend oder sehr kurz. — LB grasgrün bis blaugrün. H: 10–20 cm. ♃ He. VII–VIII. Silikat-Magerrasen, Felsbänder; säureliebend; subalpin bis alpin; zstr bis slt. Bes. in den Zentralalpen. **St, K, S, T, V**. *(H. angustifolium)* **Gletscher-H., *H. glaciále***

7 StgB (3)5–20, — lg, ± angedrückt, lanzettlich, derb, dicklich, graugrün, mit Stern- u. Borstenhaaren; Ausläufer fehlend; GrundB zur BlüZeit abgestorben; Körbe trugdoldig zu 10–30; HüllB u. Korbstiele von Sternhaaren filzig, ohne Drüsenhaare. H: 30–60 cm. ♃ He. VII–VIII. Sandige u. steinige Trockenrasen; collin; slt. Im Pann. **B, W, N, (T)**. Gefährdet. **Natternkopf-H., *H. echioídes***

- StgB 1–4(6) . . . . . . . . . . . . . . . . . . . . . . . . . . . . . . . **8**

8 LB gras- bis gelblichgrün, ± weich, elliptisch-länglich bis lanzettlich, überall reichhaarig, — oft fein gezähnt . . . . . . . . . . . . . . . . . . . . . . . . **9**

- LB blaugrün, ± derb, länglich-lanzettlich bis linealisch, meist nur am Rand u. Nerv der Unterseite behaart. — Haare steifborstig, kaum sternhaarig . . **10**

9 LB gelbgrün, unterseits mit lg Borstenhaaren, oberseits oft mit Sternhaaren; Korbstand doldig; Hülle 5–7(8) mm lg; Gri hell. — Ausläufer unter- oder oberirdisch oder (meist?) fehlend; Haare meist hell, am Stg kürzer als dessen ∅. H: 30–65(80) cm. ♃ He. V–VII. Halbtrockenrasen, Gebüschsäume, Wegränder; kalkliebend bis pH-indifferent; collin bis untermontan; mäßig hfg bis slt. **S†; fehlt V**. Im Alp u. im Pann gefährdet. **Trugdolden-H., *H. cymósum***

- LB grasgrün, höchstens unterseits spärlich sternhaarig; Korbstand ± rispig, anfangs geknäuelt, später oft sehr locker; Hülle 7–8 mm lg; Gri meist dunkel. — Mit meist ober- (slt unter-)irdischen Ausläufern; StgHaare reichlich, hell oder dunkel, meist länger als der Stg-∅; StgB 2–3; LB'Oberseite u. Stg d'borstig. H: 30–60 cm. ♃ He. V–VII(VIII). Feuchtwiesen, Moorwiesen, Halbtrokkenrasen, Wegraine; collin bis montan; slt. **W†; sonst alle Bdld**. Gefährdet. *(H. pratense, H. collinum)* **Wiesen-H., *H. caespitósum***

10 Pf stets ohne Ausläufer; Korbstiele weich drüsenhaarig. H: 20–80 cm. ♃ He. VI–VIII. Lückige, wechseltrockene, kalkreiche Rasen, Trockengebüschsäume, Brachen, Schotterfluren von Alpenflüssen; collin bis montan (alpin); mäßig hfg bis slt. **Alle Bdld**. *(H. florentinum, H. praealtum)* **Florentiner H., *H. piloselloídes***

- Ausläufer vorhanden, oft sehr lg u. dünn (bis 80 cm lg); Korbstiele meist drüsenlos. H: 25–80 cm. ♃ He. V–VII. Magere, lückige Halbtrocken- u. Trokkenrasen, Bahn- u. Straßendämme; collin bis obermontan; mäßig hfg. **Alle Bdld**. *(**H. bauhinii**)* **Ausläufer-H.**, Bauhin-H., ***H. bauhíni***

11 [1] HüllB fast 2reihig angeordnet; Hülle zylindrisch-glockig. — LB länglich-lanzettlich, in den Stiel verschmälert, wenighaarig, blaugrün; HüllB alle stumpf u. schwarzgrün, äußere kurz u. schmal, innere br. H: 10–80 cm. ♃ He. VII–IX. Grasige Stein- u. Felsfluren, Zwergstrauchheiden, kieselliebend; obermontan bis alpin; slt. **K, S**, Nord-**T**. Stark gefährdet. ▲ *(H. sparsiflorum)* **Zerstreutkörbiges H., *H. spársum***

- HüllB mehrreihig, regelmäßig oder unregelmäßig ziegeldachig angeordnet; Hülle eiförmig bis fast kugelig . . . . . . . . . . . . . . . . . . . . . . . . **12**

**12** GrundB zur BlüZeit meist verdorrt oder fehlend (slt 1–4); StgB stets sehr zahlr.: meist mehr als 10. — LB ± gezähnt . . . . . . . . . . . . . . . . **13**
**-** GrundB zur BlüZeit vorhanden, mehrere bis viele, slt wenige; Stg meist wenigblättrig: höchstens 10 StgB. — LB zT wintergrün . . . . . . . . . . . . . . **18**

**13** Ganze Pf dicht klebrig-lg'drüsig, sonst ohne Haare; Zungen gelblichweiß. — Pf stark duftend; Stg dick, gefurcht, gabelästig, 1–3körbig; LB länglich-lanzettlich, weich, unregelmäßig gezähnt, am Rand ± gewellt, gelbgrün; Hülle kugelig, oft von den obersten StgB (HochB) eingehüllt. H: 5–15(30) cm. ♃ He. VII–IX. Felsfluren, Felsspalten, Felsschutthalden, steinige Weiderasen, Schneetälchen; nur über Silikatgesteinen; subalpin bis alpin; mäßig hfg. **St, K, S, T, V**. *(H. albidum)* **Endivien-H., Blaßgelb-H.**, Weißliches H., ***H. intybáceum***
**-** Höchstens Korbstand u. Hüllen klebrig-drüsig, Pf sonst einfach behaart; Zungen gelb. — Pf meist höher als 30 cm; Stg schlank u. hochwüchsig, mit zahlr., höchstens armdrüsigen LB . . . . . . . . . . . . . . . . . . . . . . . . . . **14**

**14** Korbstand u. Hüllen reichdrüsig; Zungen vorn gewimpert; mittlere StgB br-eiförmig-lanzettlich, mit herzförmigem Grund halb oder ganz stengelumfassend sitzend. — LB unterseits netzadrig; StgB 10–40, gedrängt; Korbstand lockerrispig, 1–3fach verzweigt, reichkörbig, Äste sparrig abstehend. H: 40–120 cm. ♃ He. VI–VIII. Felsige Hänge, Hochstaudenfluren, Gebüsche; kalkliebend; obermontan bis subalpin; mäßig hfg. **Fehlt B, W, O**. *(H. spicatum)* **Hasenlattich-H., *H. prenanthoídes***
**-** Korbstand u. Hüllen drüsenlos oder armdrüsig; Zungenzähne nicht gewimpert; LB am Grund verschmälert oder nur wenig abgerundet, höchstens mit schwach stengelumfassendem Grund sitzend, zuweilen gestielt . . . . . . **15**

**15** HüllB unregelmäßig ziegeldachig angeordnet, innere spitz, äußere stumpf. — GrundB fehlend, slt 1–4; StgB (4)6–30(40), eilanzettlich bis lineal-lanzettlich, lg zugespitzt, untere in den lg geflügelten Stiel verschmälert, mittlere mit keiligem Grund, obere mit abgerundetem Grund sitzend; alle LB mit 3(4) großen, nach vorn gekrümmten Zähnen, dazwischen oft kleinzähnig; HüllB aufrecht, nicht zurückgebogen, kahl bis mäßig behaart. H: 30–120 cm. ♃ He. VI–VIII. Lichte, bodensaure Laubwälder, Waldränder, Vorgehölze, Magerrasen; collin bis obermontan; zstr bis slt. **Alle Bdld**. *(H. tridentatum)* **Glatt-H., Dreizahn-H., *H. laevigátum***
**-** HüllB regelmäßig ziegeldachig angeordnet, alle stumpf. — GrundB stets fehlend; StgB 10–50(70), dichtstehend . . . . . . . . . . . . . . . . . . . . **16**

**16** Korbstand wenigstens oben doldig; HüllB an der Spitze sparrig abstehend, mit zurückgebogener Spitze, kahl, slt mit einzelnen kleinen Drüsen oder Haaren; Gri gelb bis dunkel; LB linealisch bis lanzettlich (5–12× so lg wie br), ihr Rand ± stark umgerollt, in der Jugend meist sternhaarig, drüsenlos, alle ± gleichgestaltet, sitzend. H: 20–100 cm. ♃ He. VI–X. Lichte u. magere Eichen- u. Föhrenwälder, Waldsäume, Vorgehölze, Magerrasen, meist über Sand, Grus, Schotter; collin bis montan; hfg. **Alle Bdld**. **Dolden-H., *H. umbellátum***
**-** Korbstand nur slt etwas doldig; Spitzen der HüllB nie zurückgebogen, meist drüsig; Gri meist dunkel; LB eiförmig-lanzettlich (2–5× so lg wie br), ihr Rand flach u. nur schwach umgerollt, mit wenigen Drüsen; untere LB stielartig verschmälert, mittlere u. obere mit rundem, herzförmigem Grund schwach stengelumfassend . . . . . . . . . . . . . . . . . . . . . . . . . . **17**

**17** LB gleichmäßig am Stg verteilt oder nur unten etwas gedrängt; HüllB d'grün bis schwarz, bisweilen hellrandig; Grubenränder des Korbbodens mit lg, gefransten Zähnen; Korbstand lockerrispig, — vielkörbig, sparrig, übergipfelnd; Fr d'braun bis schwarz. H: 50–120 cm. ♃ He. VIII–X. Lichte Eichen-Hainbuchen-Wälder, Nadelwälder u. ihre Säume, mäßig trockene Halbruderalstellen, zB Steinbrüche, Wegböschungen, Bahnkörper; collin bis montan; hfg. **Alle Bdld.** **Savoyen-H.,** Herbst-H., ***H. sabáudum***

**-** LB ein wenig über dem Grund des Stg oder in dessen Mitte dicht rosettig gedrängt, darüber abrupt kleiner werdend; HüllB grün oder mit br grünem Rand; Grubenränder des Korbbodens kurz gezähnt; Korbstand traubig, — Äste kurz, ziemlich gleich lg, nur die obersten den gipfelständigen Korb erreichend; Stg samt den großen LB bes. unten steif u. reichlich lg'haarig; Fr gelblich bis braun. H: 10–80 cm. ♃ He. VII–X. Lichte Waldsäume, Gebüsche; etwas kalkmeidend; collin bis montan; zstr bis mäßig hfg. **Fehlt S.** **Trauben-H.,** Traubiges H., ***H. racemósum***

**18** [12] LB (wenigstens am Rand) u. ganze übrige Pf drüsenhaarig . . . . . **19**

**-** LB drüsenlos, aber mit Borstenhaaren; Pf wenigstens im unteren Teil drüsenlos (siehe aber *H. schmidtii*!, Pkt 27) . . . . . . . . . . . . . . . . . . . . **21**

**19** Ganze Pf dicht klebrig-drüsig, schwach behaart bis kahl; Hülle meist haarlos, gelbdrüsig; StgB 3–6, — eiförmig, mit herzförmigem Grund stengelumfassend sitzend; Stg reichästig, verzweigt, 2–12körbig; Zungenzähne stark gewimpert. H: 10–50 cm. ♃ He. VI–VIII. Fels- u. Schotterfluren, Mauerspalten; bes. auf Kalk- u. kalkhältigem Gestein; montan bis alpin; mäßig hfg bis slt. **Fehlt B, W.** **Herzblatt-H.,** Stengelumfassendes H., ***H. amplexicáule***

**-** Pf ± reichdrüsig u. haarig, aber nicht klebrig; Hülle behaart; StgB 1–4 . **20**

**20** LB eiförmig, tief buchtig gezähnt, am Grund oft fast fiederteilig; Zungenzähne nicht gewimpert. — Stg vom Grund an gabelästig, (1)2–4blättrig, 2–4(8)körbig; HüllB stumpflich, ohne oder mit wenigen Sternhaaren. H: 10–30 cm. ♃ He. VI–VIII. (Kalk-)Felsspaltenfluren, kalkliebend; montan bis alpin; zstr bis slt. **Fehlt B, W.** *(H. jacquinii)* **Niedriges H.,** ***H. húmile***

**-** LB länglich-lanzettlich, fein gezähnelt bis ganzrandig; Zungenzähne gewimpert. — Stg einfach oder weniggabelig, 1(3)körbig; StgB (HochB) 0–3; Hülle schwarzgrün bis schwarz, oft reichhaarig, Haare 3–5 mm lg, dunkel, Sternhaare fehlend; Gri gelb. H: (5)10–15(30) cm. ♃ He. VII–VIII. Kalkarme, bodensaure Silikat-Magerweiden u. -rasen, Zwergstrauch-Gestrüpp, Geröllhalden, Flechtenheiden; subalpin bis alpin; in den Zentralalpen hfg, sonst zstr. **Fehlt B, W.** **Alpen-H.,** ***H. alpínum***

**21** [18] HüllB regelmäßig ziegeldachig angeordnet, die äußeren allmählich in die inneren übergehend . . . . . . . . . . . . . . . . . . . . . . . . . **22**

**-** HüllB unregelmäßig ziegeldachig angeordnet, wenigreihig; die äußeren kurz u. nicht allmählich in die gleich langen inneren übergehend . . . . . . . . . **27**

**22** Äußere HüllB nicht oder nur mäßig behaart, ± stumpf; LB schmal-linealisch bis schmal-lanzettlich, — blaugrün . . . . . . . . . . . . . . . . . . **23**

**-** Äußere HüllB dicht u. lg zottig, lg u. fein zugespitzt; LB lanzettlich bis eilanzettlich . . . . . . . . . . . . . . . . . . . . . . . . . . . . . . **25**

**23** GrundB sehr schmal-linealisch, 2–4 mm br, — 3–7 cm lg, fast immer ganzrandig, nur am Grund behaart; StgB meist mehr als 6, nach oben zu allmählich kleiner werdend; Korbstand tiefgabelig, Äste 2–10, je 2–6körbig; Hülle 9–11 mm lg, fast kugelig, am Grund bisweilen verkehrt-kegelig in den Korbstiel verschmälert; Fr strohfarben. H: 30–50(60) cm. ♃ He. VII–IX. Fels- u. Felsschuttfluren; kalkstet; montan; mäßig hfg. **N, O, St, K,** Ost-**T**.

**Lauch-H.,** ***H. porrifólium***

- GrundB schmal-lanzettlich, meist 4–10 mm br . . . . . . . . . . . . . . . **24**

**24** Korbstand tiefgabelig, meist 5–10(15)körbig; GrundB mit meist deutlich stielartig verschmälertem Spreitengrund, — gezähnelt bis gesägt-gezähnt; StgB 2–6(12), nach oben zu ziemlich abrupt kleiner u. schmäler werdend; Hülle 9–11(13) mm lg, eiförmig. H: 20–60 cm. ♃ He. VII–IX. Fels- u. Felsschuttfluren; kalkstet; collin bis subalpin; mäßig hfg. **Fehlt B.**

**Blaugrünes H.,** ***H. glaúcum***

- Korbstand hochgabelig, meist (1)2–3(5)körbig; GrundB mit nicht oder kaum stielartig verschmälertem Spreitengrund, — entfernt gezähnelt; Stg mit meist mehr als 6 StgB, über der Mitte gabelig, Äste 1–4, je 1–3körbig; GrundB 4–8 cm lg u. 3–8 mm br, am Grund behaart oder kahl; Hülle 12–15 mm lg, kugelig, sehr dick werdend, am Grund gestutzt; Fr braunrot bis schwarz. H: 20–40(50) cm. ♃ He. VII–VIII. Fels- u. Felsschuttfluren; kalkstet; montan bis subalpin; slt. **Fehlt B, W.** **Hasenohr-H.,** ***H. bupleuroídes***

**25** [22] Stg blattlos oder 1blättrig, — fast stets 1körbig; GrundB zahlr., kaum gestielt, slt mit wenigen Zähnchen, mit aufgesetzter Spitze; Stg u. LB weichhaarig; Hülle kugelig bis bauchig; HüllB nur an der Spitze etwas drüsig; Zungenzähne nicht gewimpert. H: 5–15(20) cm. ♃ He. VII–VIII. Felsfluren, Moränen, Silikat-Magerrasen; kalkmeidend; alpin bis subnival; mäßig hfg. **Fehlt B, W, O.** *(**H. glanduliferum**)*

**Haariges H.,** Haartragendes H., Grauzottiges H., ***H. pilíferum***

- Stg mehrblättrig, — 1- bis mehrkörbig; ganze Pf reichlich mit lg, weißen Haaren bedeckt . . . . . . . . . . . . . . . . . . . . . . . . . . . . **26**

**26** Äußere HüllB etwas locker abstehend, LB'artig, elliptisch bis lanzettlich, meist grün, in die StgB übergehend; innere schmäler u. lg zugespitzt. — Stg meist 2–4körbig; Korbstiele u. StgSpitze weißfilzig. H: 15–35 cm. ♃ He. VII–VIII. Steinige Magerrasen (Charakterart der Blaugras-Horstseggen-Rasen), Geröllhalden, Latschengebüsch; kalkstet; subalpin bis alpin; zstr bis mäßig hfg. **Fehlt B, W.** **Zottiges H.,** ***H. villósum***

- HüllB locker angedrückt, lineal-lanzettlich bis linealisch, feinspitzig, alle gleichgestaltet. — Stg 1–2(5)körbig; Haare lg, seidig. H: (10)15–25(30) cm. ♃ He. VII–VIII. Fels- u. Felsschuttfluren, steinige Magerrasen; kalkstet; obermontan bis alpin; mäßig hfg. **Fehlt B, W, V.** *(**H. morisianum**)*

**Weißseidiges H.,** Weißhaariges H., Moris-H., Zottigköpfiges H., ***H. pilósum***

**27** [21] LB oberseits, bes. am Rand borstenhaarig u. spärlich kleindrüsig; Gri gelb; Zungenzähne ± gewimpert; Grubenränder des (fruchtenden) Korbbodens gezähnt. — LB bis 10, grundständig, LB'Stiel ± geflügelt, Spreite blaugrün, nicht gefleckt, ganzrandig bis gezähnt; StgB 0–1; Korbstand sparrig-hochgabelig; HüllB feindrüsig, wenigstens zstr haarig. H: 20–40 cm. ♃ He. V–VII(VIII). Sonnige Silikat-Felsen u. Mauern, Felsspalten, Geröll; kalkmeidend, licht- u. wärmeliebend; montan bis subalpin; sehr zstr. **W, N, T.** *(**H. pallidum**)*

**Blasses H., Bleiches H.,** ***H. schmídtii***

- LB weich-kraushaarig, drüsenlos; Gri oft dunkel; Zungenzähne nicht gewimpert; Grubenränder des Korbbodens nicht oder sehr kurz gezähnt . . . . **28**

**28** Korbstand wie die Hüllen drüsenlos (oder spärlichdrüsig), mäßig bis reichlich haarig u. oft dicht sternhaarig. — LB'Oberseite bläulichgrün, gefleckt, meist kahl bis wenig behaart . . . . . . . . . . . . . . . . . . . . . . . . . . **29**

- Korbstand wie die Hüllen reichdrüsig, nicht oder nur sehr schwach haarig . . . . . . . . . . . . . . . . . . . . . . . . . . . . . . . . . **30**

**29** Stg blattlos oder 1(2)blättrig; Spreitengrund der GrundB meist gestutzt bis herzförmig. — LB grob buchtig bis fiederschnittig gezähnt, oberseits meist kahl, glänzend; Korbstand gabelig-sparrig; Hülle 9–11 mm lg, d'- bis weißgrau; innere HüllB lg u. fein zugespitzt, meist reichlich sternhaarig bis leicht filzig; Gri gelb. H: 10–40 cm. ♃ He. VI–VIII. Felsbänder u. -schutt, trockene Wälder (Föhrenwälder); kalkliebend; collin bis subalpin; mäßig hfg. **Alle Bdld**. Ähnelt im Habitus sehr stark dem Wald-H. (Pkt 31). **Gabel-H.**, ***H. bífidum***

- Stg 2–6(10)blättrig; Spreitengrund der GrundB keilig. — GrundB zahlr., br-lanzettlich, wie die StgB gezähnt bis eingeschnitten; Korbstand lockerrispig; Hülle 9–11(13) mm lg, eiförmig; Gri gelb bis d'braun. H: 20–60 cm. ♃ He. VII–IX. Trockene Buschsäume, Felsbänder, Mauern, Schotterfluren; kalkstet; collin bis obermontan; mäßig hfg. **Fehlt B**.
**Meergrün-H.**, Seegrünes H., Bläulichgraues H., ***H. cáesium***

**30** Stiel der GrundB dicht weißzottig. — GrundB 6–10 (oder mehr), Spreite eiförmig bis länglich, ± abrupt in den Stiel zusammengezogen; StgB 2–4, lanzettlich, verschmälert sitzend; alle LB überall sehr dicht kurzhaarig; Körbe meist höchstens 15blütig; Hülle zylindrisch, 7–8 mm lg, wie der Korbstand reichdrüsig u. haarlos; HüllB schmal, zugespitzt, weißlich berandet; Drüsen h'färbig u. fein, Hülle daher grün; Gri zuerst gelb, dann braun. H: 30–80 cm. ♃ He. VI–VIII. Lichte Laub- u. Nadelwälder; collin bis submontan; slt. West-**St** (Umgebung von Deutschlandsberg). (Hptvbr.: Slowenien, Balkanhalbinsel, Karpatenländer, Ost-Europa.) *(H. rotundatum)*
**Siebenbürger H.**, Rundblättriges H., ***H. transsylvánicum***

- Stiel der GrundB nicht auffällig weißzottig. — GrundB 4–8, Spreite elliptisch bis länglich-eiförmig, am Grund herzförmig, gerundet oder in den Stiel verschmälert; alle LB graş- bis graugrün, viel geringer behaart; Körbe oft mehr als 15blütig; Hülle eiförmig, dunkel, oft ± behaart u. ± drüsig . . . . . . . **31**

**31** StgB (0)1(–3); GrundB mit herzförmigem bis gestutztem Spreitengrund, — ihre Spreite im unteren Drittel grob bis eingeschnitten gezähnt, oft mit 1–2 großen, rückwärts gerichteten Zähnen; StgB lineal-lanzettlich, in der unteren StgHälfte; HüllB meist ohne Sternhaare (wenn vorhanden, dann nur slt einen filzigen Rand bildend). H: 20–60(80) cm. ♃ He. V–VIII. Oft ± basenreiche, aber ± kalkarme (?) Wälder u. ihre Säume, Gebirgswiesen, Fels- u. Schotterfluren, Mauern; collin bis subalpin; sehr hfg. **Alle Bdld**. Sehr variabel. *(**H. sylvaticum**)* **Wald-H.**, ***H. murórum***

- StgB 3–5(8) (slt mehr); GrundB mit keiligem Spreitengrund, — br-länglich-lanzettlich, eingeschnitten gesägt-gezähnt, Zähne auf den Stiel übergreifend, d'grün, unterseits oft rötlich. H: 30–70 cm. ♃ He. VI–VIII(IX). Lichte Wälder, Waldschläge, Buschsäume; säureliebend; collin bis montan (subalpin); hfg. **Alle Bdld**. *(H. vulgatum, H. argillaceum)*
**Gewöhnliches H.**, Lachenal-H., ***H. lachenálii***

# Klasse Einkeimblättrige, *Monocotyledóneae (Liliopsida)* Unterklasse Froschlöffelähnliche, *Alismátidae (Helobiae)* Ordnung Froschlöffelartige, *Alismatáles*

## 122. Familie: Schwanenblumengewächse, *Butomáceae*

**Schwanenblume, *Bútomus*** (→ G 10)

H: 50–150 cm. Seichte, stehende oder träg fließende Gewässer u. deren Ufer; collin bis submontan; zstr bis slt. **B, W, N, O, St, (K)**. Gefährdet. Im BM, nVL u. söVL stark gefährdet. ▲ **Schwanenblume,** „Blumenbinse", ***B. umbellátus***

## 123. Familie: Froschlöffelgewächse, *Alismatáceae* (→ A **19**, 33)

**1** LuftB pfeilförmig (Abb. 397); Blü 1geschlechtig, 1häusig, obere ♂, untere ♀. — WasserB bandförmig; Blü in 3blütigen Quirlen. **(1) Pfeilkraut, *Sagittária***

**–** LB nie pfeilförmig; Blü ⚥ . . . . . . . . . . . . . . . . . . . . . . . . **2**

**2** Spreitengrund der LuftB tief herzförmig; KroB reinweiß; Stempel (FrB) 6–9; TeilFr zusammengedrückt, mit 3 Rippen. **† (2) Herzlöffel, *Caldésia***

**–** Spreitengrund der LuftB abgerundet oder verschmälert (Abb. 398), slt schwach herzförmig; KroB rosa oder weiß mit gelbem Fleck; Stempel (FrB) 11–28; TeilFr stark zusammengedrückt, am Rücken mit 2(3) Rippen. — Pf slt nur mit WasserB. **(3) Froschlöffel, *Alísma***

### (1) Pfeilkraut, *Sagittária* (G XIII 14)

KroB fast kreisrund, 10–15 mm ∅, weiß, mit rotem Fleck am Grund. H: 30–100 cm. ♃ Wa. VI–VIII. Seichte, stehende oder träg fließende Gewässer, bes. längs größerer Flüsse (Donau, March, Mur) u. Seen (Bodensee); collin bis submontan; slt. **B, W, N, O, St, (K), V**. Stark gefährdet. ▲ **Pfeilkraut, *S. sagittifólia***

### † (2) Herzlöffel, *Caldésia*

LB 2–4(5) cm lg u. 2–4 cm br, stumpf. H: 10–30(100) cm. ♃ Wa. VII–IX. Kleine Seen, Sümpfe, stehende Gewässer; collin; (früher:) slt. **O†, St†, K†**. Vermutlich ausgestorben. *(Alisma parnassifolium)* **† Herzlöffel, Herzblatt-Froschlöffel, *C. parnassifólia***

### (3) Froschlöffel, *Alísma* (G VI 3)

**1** Blühende Pf nur mit WasserB oder mit Schwimm- u. WasserB; Gri kürzer als der Frkn, hakig gekrümmt; Staubbeutel ± kugelig, 0,3–0,6 mm lg. — Narben $1/4$ bis $1/2$× so lg wie der Gri, papillös. H: 10–30(50) cm. ♃ Wa. VI–VIII. Etwas tiefere Gewässer, bes. längs der größeren Flüsse u. in den Ebenen; collin; slt. **B, N, O?, St?, K?, S?, V**. Vom Aussterben bedroht. *(A. loeselii)* **Gras-F., *A. gramíneum***

**–** LuftB vorhanden; Gri so lg oder länger als der Frkn, nicht hakig gekrümmt; Staubbeutel ± länglich, 1–1,3 mm lg . . . . . . . . . . . . . . . . . . **2**

**2** Spreite der LuftB blühender Pf schmal-elliptisch bis lanzettlich, am Grund verschmälert; KroB zugespitzt, purpurrosa; Gri am Grund gebogen; Narbe $1/2$–$1/3$× so lg wie der Gri, grob papillös. H: 20–60 cm. Blü vormittags etwa zw.

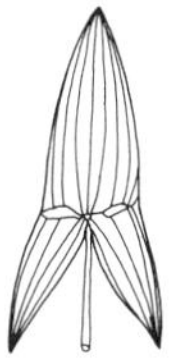
Abb. 397

Abb. 398

Abb. 399

(8)9 u. 14(17) Uhr geöffnet, ab 13–15 Uhr stark welkend. ♃ Wa. VI–VII. Röhrichte u. Großseggenriede, Ufer, Gräben mit schlammigen Böden; kalkliebend; collin bis untermontan; zstr bis slt. **B, W, N, O, St, K, V**. Gefährdet. ▲
*(A. stenophyllum)* **Lanzett-F., *A. lanceolátum***

- Spreite der LuftB blühender Pf eiförmig bis elliptisch, am Grund abgerundet oder schwach herzförmig; KroB stumpf, weiß bis zart-purpurn; Gri gerade; Narbe $^{1}/_{8}$–$^{1}/_{5}\times$ so lg wie der Gri, fein papillös. H: 30–100 cm. Blü sich erst gegen (8–11)12 Uhr öffnend u. bis 17(19) Uhr offen bleibend (nicht welkend). ♃ Wa. VI–VIII. Seichte Gewässer, Sümpfe, Röhricht, Gräben; collin bis obermontan; hfg. **Alle Bdld**. Schwach giftig. Homöop. ▲
**Gewöhnlicher F., *A. plantágo-aquática***

# Ordnung Froschbißartige, *Hydrocharitáles*

## 124. Familie: Froschbißgewächse, *Hydrocharitáceae* (→ A 35)

Anm.: Die **Grundnessel, *Hydrílla verticilláta*** ist in **K** (Thermalwässer von Warmbad Villach) eingebürgert.

**1** LB schwimmend, lg gestielt, kreisrund, am Grund tief herzförmig. — LB mit 2 NebenB; Pf meist 2häusig. **(1) Froschbiß, *Hydrócharis***
**-** LB ganz oder halb untergetaucht, sitzend, linealisch oder länglich . . . . . **2**

**2** LB in grundständiger Rosette; Pf mit Ausläufern . . . . . . . . . . . . . . **3**
**-** LB stengelständig; Pf ohne Ausläufer . . . . . . . . . . . . . . . . **4**

**3** Pf im Boden wurzelnd; LB bandförmig, flutend, oberwärts etwas gesägt. ☆ **(6) Wasserschraube, *Vallisnéria***
**-** Pf frei schwimmend; LB schwertförmig, 3kantig, steif, zur BlüZeit halb aus dem Wasser ragend, stachelig gesägt. **(2) Krebsschere, *Stratiótes***

**4** Untere LB deutlich wechselständig, obere stark genähert, Quirlständigkeit vortäuschend. **(5) Schmalrohr, *Lagarósiphon***
**-** Alle LB quirlständig . . . . . . . . . . . . . . . . . . . . . . . **5**

**5** Mittlere u. obere Quirle mit (3)4–5(8) LB; keine Faserzellen im LB'Rand; LB etwa 2 cm lg; Blü 10–20 mm br, weiß, aus dem Wasser ragend. **(4) Dichte Wasserpest, *Egéria***
**-** Mittlere u. obere Quirle meist mit 3 LB; 1–6 Faserzellreihen im LB'Rand; LB etwa 1 cm lg; Blü 5 mm br, weiß oder h'purpurn, schwimmend. **(3) Wasserpest, *Elódea***

## (1) Froschbiß, *Hydrócharis* (A 14)

KroB etwa 1 cm lg, weiß, am Grund mit gelbem Fleck; Pf schwimmend u. Wu lg herabhängend (slt in flachem Wasser wurzelnd). H: 15–30 cm. ♃ Wa. VI–VIII. Seichte, stehende oder träg fließende Gewässer; collin; slt. **K†?; fehlt T, V.** Stark gefährdet. ▲ **Froschbiß, *H. mórsus-ránae***

## (2) Krebsschere, Wassersäge, *Stratiótes* (A 17)

KroB 15–25 mm lg, rundlich, weiß. H: 15–45 cm. ♃ Wa. V–VIII. Stehende u. träg fließende Gewässer, Röhricht; nur entlang Donau u. March; collin; sehr slt. **W, N, O**. Vom Aussterben bedroht. △ **Krebsschere, *S. aloídes***

## (3) Wasserpest, *Elódea*

1 LB breiter als 2 mm; Blü 5 mm ∅; KB der ♀ Blü 2–3,5 mm lg; Kro rötlich-grün. G: 30–60 cm. ♃ Wa. (V)VII–VIII(IX) (?). Stehende u. langsam fließende Gewässer (bis 3 m Wassertiefe), ruhige Seebuchten, Tümpel, Gräben; collin bis montan; hfg. **Fehlt B**. Neubürgerin (nur ♀ Pf). (Heimat: Nordamerika.) *(Helodea canadensis, Anacharis canadensis)* **Kanadische W., *E. canadénsis***

– LB höchstens 2 mm br; Blü 3–4 mm ∅; KB der ♀ Blü 1–1,8 mm lg; Kro weiß. G: 30–60 cm (?). ♃ Wa. VII–IX. Stehende u. langsam fließende Gewässer (bis 2 m Wassertiefe). **N?** (Lunzer See?). Neubürgerin (?). (Heimat: Nordamerika.) Die Angaben aus **Ö** bedürfen der Überprüfung an blühenden Pf. ⊖☆? **Nuttall-W., *E. nuttállii***

### (☆) (4) Dichte Wasserpest, *Egéria*

H: 30–60 cm. ♃ Wa. V–VIII. Seen, Warmwassergräben, Fischteiche mit sandig-schlammigem Grund; collin; slt eingeschleppt (lokal eingebürgert?), zB **(K)** (Thermalwässer in Warmbad Villach). (Heimat: Südamerika.) *(Elodea densa, Anacharis densa)* **(☆) Dichte Wasserpest, *E. dénsa***

### (★) (5) Schmalrohr, *Lagarósiphon*

LB 10–25 mm lg u. 2–3 mm br, auffällig zurückgekrümmt. H: 30–100 cm. ♃ Wa. VII–VIII. Eutrophe Seen mit kiesdurchsetztem, organischem Schlamm; nährstoffliebend; collin bis untermontan; slt eingeschleppt oder angesalbt, zB **(K)** (Thermalwässer in Warmbad Villach); in Europa in Ausbreitung begriffen. (Heimat: südl. Afrika.) *(Elodea crispa, L. muscoides)* **(★) Schmalrohr,** Schmalschlauch, ***L. májor***

### ☆ (6) Wasserschraube, *Vallisnéria* (A 22)

LB 20–80(100) cm lg u. 5–12 mm br, etwas gedreht. H: 20–100 cm. ♃ Wa. VI–IX. Warme Seen, Abwässer, Gräben, nährstoffreiche Warmwassergräben; collin; slt (durch Aquarienabfall) eingeschleppt, unbeständig bis eingebürgert (?), zB **(W)** (in der Lobau), **(K)** (Warmbad Villach). (Heimat: Tropen u. Subtropen.) (Inkl. *V. asiatica)* ☆ **Wasserschraube,** „Sumpfschraube“, ***V. spirális***

# Ordnung Nixenkrautartige (Laichkrautartige), *Najadáles (Potamogetonales)*

## 125. Familie: Blasensimsengewächse, Blumenbinsengewächse, *Scheuchzeriáceae*

**Blasensimse,** Blumenbinse, ***Scheuchzéria*** (→ **F 5**, G VI 11)

Blü 3–10 (Abb. 399), gelblichgrün; Fr schief-eiförmig, aufgeblasen; Pf mit Ausläufern. H: 10–20 cm. ♃ Ge. V–VI. Hochmoorschlenken, Zwischenmoore u. Schwingrasen; montan; slt. **B†; fehlt W**. Stark gefährdet. ▲
**Blasensimse, Blumenbinse,** Blasenbinse, Blumensimse, ***S. palústris***

## 126. Familie: Dreizackgewächse, *Juncagináceae*

**Dreizack, *Triglóchin*** (→ **F 5**; G VI 3, 11)

1 Ähre dichtblütig, breiter als 5 mm, mit mehr als 50 Blü; alle 6 FrB fruchtbar; Narben 6; Rhizom meist waagrecht, dick, ohne Ausläufer; Fr 3–5 mm lg, am Grund abgerundet, TeilFr nicht spreizend. H: 15–60 cm. ♃ He. VI–VIII. Feuchte, etwas salzige Wiesen, feuchte bis nasse Salzfluren; salzertragend; collin; um den Neusiedlersee zstr, sonst slt. **B, N**. Gefährdet.
**Salz-D.**, Meerstrands-D., ***T. marítimum***

- Ähre lockerblütig, höchstens 5 mm br, mit weniger als 30 Blü; nur 3 FrB fruchtbar; Narben 3; Rhizom aufrecht, dünn, mit 10 cm lg u. 1 mm dicken Ausläufern; Fr 7–10 mm lg, am Grund spitz, TeilFr unten abgespreizt. H: 15–70 cm. ♃ He. VI–VIII. Feuchte bis sumpfige Wiesen, Flachmoore, Quellfluren; collin bis subalpin; zstr. **Alle Bdld**. Im BM, nVL u. Pann gefährdet.
**Sumpf-D., *T. palústre***

## 127. Familie: Laichkrautgewächse, *Potamogetonáceae*

(→ **A 20**, 28)

1 LB wechselständig, höchstens die obersten fast gegenständig; EinzelFr stumpf oder mit geradem Schnabel u. derber Wand. **(1) Laichkraut, *Potamogéton***

- LB gegenständig, slt in Quirlen zu 3; EinzelFr mit hakigem Schnabel u. dünner Wand. **(2) Fischkraut, *Groenlándia***

### (1) Laichkraut, *Potamogéton* (inkl. *Coleogeton*, exkl. (2) *Groenlandia*)

1 LB'Spreite am oberen Ende der grünen, den Stg meist eng umhüllenden LB'Scheide abgehend (Abb. 400 a). — Alle LB untergetaucht, schmal-linealisch bis borstlich, 0,25–2 mm br, ganzrandig . . . . . . . . . . . . . . . . **2**

- LB'Spreite oder LB'Stiel (wenigstens der oberen LB) am Grund des häutigen, durchscheinenden, meist etwas abstehenden B'Häutchens abgehend (Abb. 400 b) . . . . . . . . . . . . . . . . . . . . . . . . . . . . . . **3**

2 LB schmal-linealisch bis borstlich, spitz oder stumpf u. bespitzt; LB'Scheide offen, eingerollt, meist weiß berandet; Fr fast halbkreisförmig, auf dem Rükken gekielt, mit kurzem Schnabel, 3–5 mm lg; Blü 3 mm br. — Ähre 2–5 cm lg, mit 8–16 Blü, etwas unterbrochen. G: 30–300(400) cm. ♃ Wa. V–IX. Stehende

Abb. 400a

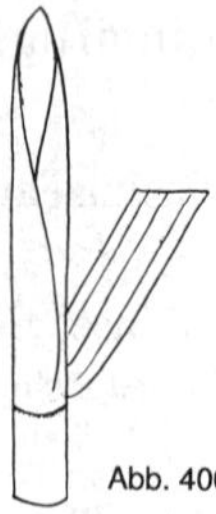
Abb. 400b

oder langsam fließende Gewässer, Seen, Tümpel, Altwässer, Gräben; wird durch Wasserverschmutzung gefördert; zstr. *(Coleogeton pectinatus)*
**Kamm-L., *P. pectinátus***

a Rhizom 1–1,5 mm dick; untere LB'Scheiden nicht erweitert. H: 30–300 cm. Collin bis montan. **Alle Bdld.** **Gewöhnliches K.-L., *P. p. subsp. pectinátus***

- Rhizom 2–8 mm dick; untere LB'Scheiden erweitert. H: 100–400 cm. Collin. **B.**
**Plattensee-K.-L., *P. p. subsp. balatónicus***

- LB fadenförmig, stumpf; LB'Scheide in der unteren Hälfte röhrig verwachsen (später oft aufreißend), nicht weiß berandet; Fr schief-elliptisch, auf dem Rükken abgerundet, kaum geschnäbelt, 2–2,75 mm lg; Blü 1,5 mm br. — Ähre 4–12 cm lg, mit 4–10 Blü, unterbrochen. H: 10–40(50) cm. ♃ Wa. V–VIII. Kühle, klare Seen oder langsam fließende Gewässer; nur in nicht verschmutzten Gewässern; collin bis subalpin; slt. **O, St, K†, S, T, V?**. Stark gefährdet. (▲: in **K**!) (Inkl. *P. juncifolius)* **Faden-L., *P. filifórmis***

3 Pf mit SchwimmB . . . . . . . . . . . . . . . . . . . . . . . . . . . . 4
- Pf ohne SchwimmB . . . . . . . . . . . . . . . . . . . . . . . . . . . . 11

4 SchwimmB mit andersfarbigem, biegsamen Gelenk an der Spitze des LB'Stiels, unmittelbar unterhalb der Spitze; UnterwasserB auf den schmal-linealischen LB'Stiel reduziert, dh ohne Spreite. H: 60–150 cm. ♃ Wa. V–IX. Stehende u. fließende Gewässer, auch zw. Röhricht; collin bis montan (subalpin); zstr. **Alle Bdld**. Gefährdet. Homöop. ▲ **Schwimmendes L., *P. nátans***
- SchwimmB ohne Gelenk an der Spitze des LB'Stieles; UnterwasserB (wenn vorhanden) meist mit durchscheinender Spreite . . . . . . . . . . . . . . 5

5 *Man untersuche im folgenden Pf mit entwickelten UnterwasserB! Diese sind allerdings oft hinfällig!* — UnterwasserB länger als 1,5 cm gestielt . . . . . 6
- UnterwasserB halbstengelumfassend-sitzend oder höchstens 1 cm lg gestielt . . . . . . . . . . . . . . . . . . . . . . . . . . . . . . . . 8

6 SchwimmB durchscheinend, dünnhäutig (pergamentartig), 2–3× so lg wie ihr Stiel. — SchwimmB meist rötlich gefärbt (an im Wasser schwimmende, verwelkte LB der Rotbuche erinnernd); Fr 1–2 mm lg, auf dem Rücken stumpf gekielt. H: 30–60 cm. ♃ Wa. VI–IX. Langsam fließende Gewässer mit sauberem, kaltem, klarem Wasser; collin; sehr slt. **N, O, V**. Vom Aussterben bedroht. **Gefärbtes L., *P. colorátus***
- SchwimmB nicht durchscheinend, lederig, so lg wie ihr Stiel oder wenig länger . . . . . . . . . . . . . . . . . . . . . . . . . . . . . . . . 7

7 SchwimmB länglich-elliptisch; UnterwasserB lg-lanzettlich, winzig gezähnt; Ährenstiele oben verdickt; Fr 3–4 mm lg, am Rücken u. an den Seiten gekielt. — Internodien gegen den StgGrund hin immer kürzer werdend, Stg daher

unten knotig *(nur bei dieser Art so!)*. H: 100–200 cm. ♃ Wa. VI–IX. Tiefe, langsam fließende Gewässer u. Altwässer; collin bis montan; slt. **N†?, O, K, S, T, V**. Stark gefährdet. ▲ *(P. fluitans)* **Flutendes L., *P. nodósus***

- SchwimmB br-elliptisch; UnterwasserB lanzettlich, ganzrandig; Ährenstiele unverdickt; Fr 1,5–3 mm lg, ohne Kiel. — SchwimmB am Grund verschmälert oder schwach herzförmig. H: 10–60 cm. ♃ Wa. VI–VIII. Verlandungsges. flacher Moortümpel, Moorschlenken, Moorgräben; kalkmeidend; collin (montan); sehr slt. **O?, K**. Vom Aussterben bedroht. ▲ *(P. oblongus)* **Knöterich-L., *P. polygonifólius***

**8** [5] UnterwasserB halbstengelumfassend sitzend; Pf nie fruchtend. — SchwimmB lederig, länger als ihr Stiel. H: 30–120 cm. ♃ Wa. VI–VIII. Seen, Altwässer, langsam fließende Gewässer; Vbr. unzureichend bekannt. *(P. gramineus × perfoliatus)* [23] **Schimmerndes L., *P. × nítens***

- UnterwasserB nicht halbstengelumfassend sitzend oder ganz kurz (höchstens 1 cm lg) gestielt; Pf oft fruchtend . . . . . . . . . . . . . . . . . . . . . . . **9**

**9** UnterwasserB ganzrandig, stumpf. — Pf meist rötlichgrün. H: 30–70(200) cm. ♃ Wa. VII–VIII. Stehende u. langsam fließende, kühle, unverschmutzte, nährstoffarme, kalkarme u. kalkreiche Gewässer; collin bis montan (subalpin); slt. **Fehlt B, W**. Gefährdet. ▲ *(P. rufescens)* [21] **Alpen-L., *P. alpínus***

- UnterwasserB gezähnt, zugespitzt . . . . . . . . . . . . . . . . . . . . . **10**

**10** UnterwasserB 6–10 mm br. — Flutende Stg am Grund mit vielen kürzeren, nicht blühenden Seitenzweigen. H: 30–120 cm. ♃ Wa. VI–IX. Klare, unverschmutzte, mesotrophe Gewässer, oligotrophe Moortümpel; collin bis montan; slt. **N†?, O, St, K, S, T, V**. ▲ (Inkl. *P. heterophyllus)* [24] **Gras-L., *P. gramíneus***

- UnterwasserB 20–30 mm br. — UnterwasserB sitzend oder kurz (bis 1 cm lg) gestielt; LB'Stiele dann ± abgeflacht, oft 1seitig geflügelt. H: 30–100 cm. ♃ Wa. VI–IX. Stehende u. langsam fließende eutrophe Gewässer, Seen, Altwässer; montan; sehr slt. **O, K, V**. Vielleicht weiter verbreitet. *(P. gramineus × lucens, P. (×) zizii)* [25–] **Schmalblatt-L., *P. × angustifólius***

**11** [3] LB schmal-linealisch oder borstlich, 0,5–5 mm br . . . . . . . . . . . **12**

- LB elliptisch bis lineal-lanzettlich oder schmal-länglich, 5–60 mm br . . **19**

**12** LB fein gezähnt. **Krauses L., *P. críspus*** (→ Pkt 19)

- LB ganzrandig . . . . . . . . . . . . . . . . . . . . . . . . . . . . . **13**

**13** LB mit feinen, längslaufenden Zwischennerven zw. den 3–5 Hauptnerven. — Stg flach zusammengedrückt . . . . . . . . . . . . . . . . . . . . . . . **14**

- LB ohne feine, längsumlaufende Zwischennerven zw. den 3–5(7) Hauptnerven . . . . . . . . . . . . . . . . . . . . . . . . . . . . . . . . . **15**

**14** LB meist stumpflich, stachelspitzig, mit 5 Hauptnerven; Ährenstiele 2–3× so lg wie die 10–15blütige, walzige Ähre. — Stg schmal geflügelt; LB 2–4 mm br, am Grund stets ohne Höcker. H: 50–150 cm. ♃ Wa. VI–IX. Nährstoffreiche, schlammige Seen, Altwässer; collin; slt. **B, O, St, S?**. Stark gefährdet. **Flachstengeliges L., *P. compréssus***

- LB lg zugespitzt, mit 3 Hauptnerven; Ährenstiele meist so lg wie die 4–6blütige, rundliche Ähre. — LB 2–3 mm br, am Grund oft mit 1–2 kleinen, schwärzlichen Höckern. H: 30–60 cm. ♃ Wa. VII–VIII. Nährstoffreiche Seen, langsam fließende Gewässer; kalkliebend; collin bis submontan; sehr slt. **B, N, O, K, S†**. Vom Aussterben bedroht. ▲ **Spitzblatt-L., *P. acutifólius***

**15** B'Häutchen in der unteren Hälfte röhrig verwachsen (zumindest im Jugendstadium, später eventuell aufreißend). — Fr 1,5–2 mm lg . . . . . . . . . . **16**
**–** B'Häutchen offen, eingerollt . . . . . . . . . . . . . . . . . . . . . . . . . . **17**

**16** LB meist 5nervig, 2–3,5 mm br. — Stg etwas zusammengedrückt, mit zahlr., achselständigen Kurztrieben; B'Häutchen später oft bis zum Grund 2spaltig. H: 30–120 cm. ♃ Wa. VI–VIII. Stehende, seichte, mesotrophe Gewässer; collin; slt. **W, N, O, K, V**. *(P. mucronatus)* **■ Stachelspitziges L.,** ***P. fríesii***
**–** LB meist 3nervig, 0,5–1,5 mm br. — Seitennerven etwa 2 mm unter der LB'Spitze spitzwinkelig in den Mittelnerv einmündend (bei *P. berchtoldii* fast rechtwinkelig einmündend); LB biegsam; Ährenstiele fadenförmig. H: 20–100 cm. ♃ Wa. VI–IX. Klare, ± nährstoffreiche, meso- bis eutrophe (?) Gewässer, Seen, Tümpel, Gräben, auf humosem Sand- u. Torfschlamm; collin bis montan; slt. **K, V?**. Gefährdet. ▲ *(P. panormitanus)* (Zur gleichnamigen Artengruppe / *P. pusillus agg.; vgl. P. berchtoldii*) **■ Zwerg-L.,** ***P. pusíllus***

**17** LB 2–4 mm br, an der Spitze stumpf abgerundet. — LB 3–5nervig; Frkn 4; Fr 3–4 mm lg, auf dem Rücken scharf gekielt. H: 30–90 cm. ♃ Wa. VI–VIII. Stehende, eutrophe, aber oft kalkarme Gewässer mit Humus-Schlammboden; collin; slt. **B, N, O?, St, S?**. Stark gefährdet. **■ Stumpfblatt-L.,** ***P. obtusifólius***
**–** LB 0,5–2 mm br, spitz. — LB 3nervig . . . . . . . . . . . . . . . . . . **18**

**18** LB 0,5–1(1,5) mm br, borstenförmig, mit deutlichem Mittelnerv u. 2 kaum sichtbaren Nerven parallel dazu, außerhalb des Wassers spreizend. — Frkn 1–3; Fr 3 mm lg, linsenförmig, mit warzigem Kiel. H: 30–50 cm. ♃ Wa. VI–IX. Klare, nährstoffarme, stehende Gewässer, Gräben, Torfstiche; collin bis submontan; slt. **Fehlt B**. Stark gefährdet. ▲ **■ Haar-L.,** ***P. trichoídes***
**–** LB 1–2 mm br, abgeflacht, mit Mittelnerv u. 2 deutlichen Nerven parallel dazu, außerhalb des Wassers zusammenfallend. — Seitennerven 0,5–1 mm unter der LB'Spitze fast rechtwinkelig in den Mittelnerv mündend (bei *P. pusillus* spitzwinkelig einmündend); Frkn 4; Fr 2–2,5 mm lg, am Rücken abgerundet. H: 10–100 cm. ♃ Wa. VI–IX. Stehende oder langsam fließende Gewässer, Seen, beschattete Altwässer, Gräben auf humosen Schlammböden; collin bis montan; zstr. **Alle Bdld**. ▲ (Zur Artengruppe Zwerg-L., *P. pusillus agg.*)
**■ Berchtold-L.,** ***P. berchtóldii***

**19** [11, 12] Fr am Grund verwachsen, Schnabel so lg wie die Fr. — Stg zusammengedrückt-4kantig; LB meist wellig-kraus; 3–15 mm br, am Rand meist gewellt. H: 30–200 cm. ♃ Wa. V–IX. Stehende u. langsam fließende, nährstoffreiche, oft verschmutzte Seen, Altwässer, Gräben; collin bis montan; hfg. **Alle Bdld.** [12] **Krauses L.,** ***P. críspus***
**–** Fr völlig voneinander getrennt, Schnabel viel kürzer als die Fr . . . . . **20**

**20** LB stumpf; Ährenstiele oberwärts nicht deutlich dicker als der Stg . . . **21**
**–** LB zugespitzt oder stachelspitzig; Ährenstiele oberwärts meist deutlich dicker als der Stg . . . . . . . . . . . . . . . . . . . . . . . . . . . . . . . . . **23**

**21** LB nicht stengelumfassend, am Grund keilförmig verschmälert. — Pf oft rötlich überlaufen; LB ganzrandig. **Alpen-L.,** ***P. alpínus*** (→ Pkt 9)
**–** LB ± stengelumfassend . . . . . . . . . . . . . . . . . . . . . . . . . . **22**

**22** LB rundlich bis lanzettlich, kleingezähnt, flach oder an der Spitze etwas kappenförmig, am Grund tief herzförmig; B'Häutchen 1 cm lg, häutig, hinfällig; Fr abgerundet, 3–3,5 mm lg. H: 30–100(600) cm. ♃ Wa. VI–VIII. Stehende u. langsam fließende, mäßig nährstoffreiche bis nährstoffreiche Gewässer, Seen,

Gräben; leichte Verschmutzung ertragend; collin bis montan; mäßig hfg bis zstr. **Fehlt B.** **Durchwachsenes L., *P. perfoliátus***

- LB länglich-lanzettlich, ganzrandig, an der Spitze kappenförmig, am Grund abgerundet, seicht herzförmig; B'Häutchen 1,5–6 cm lg, derb, ausdauernd; Fr scharf gekielt, 4–5 mm lg. — Stg meist knickig hin u. her gebogen. H: 50–200 cm. ♃ Wa. VII–VIII. Klare, unverschmutzte, stehende Gewässer, Seen, Teiche; Reinwasserzeiger; collin bis montan; slt. **N, O, S, T, V**. Stark gefährdet. **Langblatt-L., *P. praelóngus***

**23** [20] LB halbstengelumfassend; Pf nie fruchtend. — LB 8–13 mm br. **Schimmerndes L., *P. × nítens*** (→ Pkt 8)

- LB sitzend oder kurz gestielt; Pf oft fruchtend . . . . . . . . . . . . . . **24**

**24** LB 6–10 mm br. **Gras-L., *P. gramíneus*** (→ Pkt 10)

- LB 20–50 mm br . . . . . . . . . . . . . . . . . . . . . . . . . . **25**

**25** LB 25–50 mm br, kurz gestielt; LB'Stiel nicht oder kaum abgeflacht; Fr 3–4 mm lg. — Junge LB h'grün, glänzend. H: 60–300 cm. ♃ Wa. VI–VIII. ± nährstoffreiche, stehende Gewässer auf organischem Schlammboden, (wird durch Eutrophierung bis zu einem gewissen Grad gefördert, fehlt jedoch in stärker belasteten Gewässern); collin bis montan; zstr. **Fehlt B.** **Glanz-L., *P. lúcens***

- LB 20–30 mm br, sitzend oder kurz gestielt; LB'Stiel abgeflacht, oft 1seitig geflügelt; Fr 2,5–3 mm lg. **Schmalblatt-L., *P. × angustifólius*** (→ Pkt 10)

## (2) Fischkraut, *Groenlándia* (A 34)

Alle LB untergetaucht; LB eiförmig bis länglich-lanzettlich, stumpf, 10–40 mm lg u. 3–15 mm br, ohne BScheide. H: 10–30 cm. ♃ Wa. VI–VIII. In kühlen, langsam fließenden, klaren, unverschmutzten Gewässern; collin bis submontan; zstr bis slt. **K?†, sonst alle Bdld**. Gefährdet. *(Potamogeton densus)* **Fischkraut, Dichtes Laichkraut, *G. dénsa***

# 128. Familie: Teichfadengewächse, *Zannichelliáceae*

## Teichfaden, *Zannichéllia* (→ A 28)

Anm.: Im vegetativen Habitus den schmalblättrigen *Potamogeton*-Arten gleichend.

Pf 1häusig; LB fadenförmig, oft einander paarweise genähert; Blü scheinbar achselständig, 1geschlechtig; Fr meist ± gekrümmt; 1samig. H: 10–40 cm. ♃ Wa. V–IX. Taxonomie u. Vbr. unzureichend geklärt. **Teichfaden, *Z. palústris***

**a** Fr fast sitzend; Gri 0,5 mm lg, höchstens 1/3× so lg wie die Fr; LB 0,5 mm br. Stehende u. langsam fließende, nährstoffreiche Gewässer; collin; zstr. **Alle Bdld**. Im Alp, nVL u. söVL gefährdet. ■ **Sumpf-T., *Z. p. subsp. palústris***

- FrStiele 1–2 mm lg; Gri 1,5–2,5 mm lg, 1/2× bis gleich lg wie die Fr; LB 0,3–1,2 mm br. Stehende, meist ± salzhaltige Gewässer; salzertragend; collin; slt. **B, N, St†**. (Hptvbr.: im Brackwasser der Küsten, im Binnenland slt.) ■ **Salz-T.,** Stielfrüchtiger T., ***Z. p. subsp. pedicelláta***

## 129. Familie: Nixenkrautgewächse, *Najadáceae*

**Nixenkraut,** Nixkraut, ***Nájas*** (→ A 24)

**1** Pf 2häusig; LB inkl. der Zähne 1–6 mm br, deutlich gezähnt; Stg bestachelt oder glatt; LB'Scheiden ganzrandig. H: 5–50 cm. ⊙ Th. VI–VIII. Stehende u. träg fließende Gewässer; collin; slt. **B, W, N, K, S.**

**Großes N.,** Meer-N., ***N. marína***

**a** LB'Scheiden ohne Zähne (nur ausnahmsweise je Seite 1–2 kleine Zähne). — Fr 4–8 mm lg u. 1,5–2,5 mm dick. Vbr. im Gebiet unbekannt. *(N. major)*

**(Eigentliches) G. N., *N. m. subsp. marína***

**-** LB'Scheiden je Seite mit 3–8 feinen Zähnen. — In allen Teilen kleiner als die vorige Unterart; Fr 3–4 mm lg u. 1–1,5 mm dick. Vbr. im Gebiet unbekannt. *(N. intermedia)*

**Mittleres N., *N. m. subsp. intermédia***

**-** Pf 1häusig; LB inkl. der Zähne 0,5 mm br, winzig gezähnt; Stg stets glatt; LB'Scheiden wimperig gezähnt. — LB meist zurückgekrümmt. H: 5–20 cm. ⊙ Th. VI–VIII. Stehende u. träg fließende, nährstoffreiche, sommerwarme Gewässer, Altwässer längs der Flüsse; collin (submontan); slt. **Fehlt S*.** ▲

**Kleines N., *N. mínor***

# Unterklasse Lilienähnliche, *Liliidae*
# Überordnung Lilienblütige, *Liliánae (Liliiflorae)*

Anm. zu den Ordnungen Yamwurzartige/*Dioscoreáles*, Spargelartige/*Asparagáles* und Lilienartige i. e. S./*Liliáles*:

Die **traditionelle Familie der Liliengewächse (i. w. S.) / *Liliaceae s. l.*,** wie sie bis vor kurzem allgemein umgrenzt worden ist, wirkt zwar im Blütenbau recht einheitlich, umfaßt jedoch tatsächlich, wie neuere Forschungsergebnisse (bes. über Samenbau, Embryologie, Phytochemie) bestätigen, sehr verschiedenartige und nicht näher miteinander verwandte (sondern konvergent evoluierte) Sippen, deren Zusammenfassung zu einer einzigen Familie sich nicht rechtfertigen läßt. Um diesem aktuellen Wissensstand über die Verwandtschaftsverhältnisse besser Rechnung zu tragen, müssen daher die traditionellen Unterfamilien (bzw. Triben) in den Rang von Familien erhoben werden. Dies kommt einer Aufteilung der bisherigen Familie Liliengewächse i. w. S. (soweit Österreich betreffend) auf 9 Familien gleich, die sich zT als so wenig miteinander verwandt erweisen, daß sie auf 3 verschiedene Ordnungen (*Dioscoreales, Asparagales* u. *Liliales*) verteilt werden (!). Um die Verbindung zwischen dieser neuen Gliederung und den traditionellen Liliengewächsen i. w. S. herzustellen, wird die folgende Übersicht geboten:

**Liliengewächse i. w. S., *Liliaceae s. l.*** (= 131.–136. Fam. + 138.–140. Fam.):

Meist Stauden (bes. Geophyten) mit Zwiebel oder WuStock; Blü ⊕; Perigon frei- oder verwachsenblättrig, meist 6zählig (3 äußere und 3 innere PerigonB); StaubB meist 6 (3 äußere u. 3 innere); Stempel aus 3 miteinander verwachsenen FrB; Frkn oberständig; Fr: Kapsel oder Beere.

**Ordnung Yamwurzartige, *Dioscoreales*:**

[130. Fam.: Yamwurzgewächse, *Dioscoreaceae*: Diese Familie zählte nicht zu den Liliengew. i. w. S., *Liliaceae s. l.*, sie wurde vielmehr auch früher schon als eigene Familie angesehen.]

131. Fam.: Einbeerengewächse, *Trilliaceae (Liliaceae-Asparagoideae-Parideae)*

Einbeere, *Paris*

* Bestätigung des Vorkommens in **St**: H. Melzer, 1992.

**Ordnung Spargelartige, *Asparagales*:**

132. Fam.: Spargelgewächse, *Asparagaceae* (inkl. Maiglöckchengewächse, *Convallariaceae*) (*Liliaceae-Asparagoideae*)
(1) Maiglöckchen, *Convallaria*
(2) Schattenblümchen, *Maianthemum*
(3) Knotenfuß, *Streptopus*
(4) Weißwurz, *Polygonatum*
(5) Spargel, *Asparagus*
(6) Mäusedorn, *Ruscus*

133. Fam.: Grasliliengewächse (Affodillgewächse), *Asphodelaceae* (*Liliaceae-Asphodeloideae*)
(1) Graslilie, *Anthericum*
(2) Trichterlilie, *Paradisea*

134. Fam.: Tagliliengewächse, *Hemerocallidaceae* (*Liliaceae-Asphodeloideae-Hemerocallideae*)
Taglilie, *Hemerocallis*

135. Fam.: Hyazinthengewächse, *Hyacinthaceae* (*Liliaceae-Scilloideae*)
(1) Milchstern, *Ornithogalum*
★ (2) Hasenglöckchen, *Hyacinthoides*
(3) Blaustern, *Scilla*
★ (4) Hyazinthe, *Hyacinthus*
★ (5) Wildhyazinthe, *Brimeura*
★ (6) Puschkinie, *Puschkinia*
(7) Traubenhyazinthe, *Muscari*

136. Fam.: Lauchgewächse, *Alliaceae* (*Liliaceae-Allioideae*)
Lauch, *Allium*

[137. Fam.: Narzissengewächse, *Amaryllidaceae* (S. 907): Diese Familie zählte nicht zu den Liliengew. i. w. S., *Liliaceae s. l.*, sie wurde vielmehr auch früher schon als eigene Familie angesehen.]

**Ordnung Lilienartige i. e. S., *Liliales*:**

138. Fam.: Germergewächse, *Melanthiaceae* (*Liliaceae-Veratroideae, -Melanthioideae*)
(1) Simsenlilie, *Tofieldia*
(2) Germer, *Veratrum*

139. Fam.: Herbstzeitlosengewächse, *Colchicaceae* (*Liliaceae-Colchicoideae*)
(1) Herbstzeitlose, *Colchicum* (inkl. Lichtblume, *Bulbocodium*)

140. Fam.: Liliengewächse i. e. S., *Liliaceae (s. str.)* (*Liliaceae-Lilioideae*)
(1) Faltenlilie, *Lloydia*
(2) Gelbstern, *Gagea*
(3) Hundszahn, *Erythronium*
(4) Tulpe, *Tulipa*
(5) Schachblume, *Fritillaria*
(6) Lilie, *Lilium*

[141. Fam.: Schwertliliengewächse, *Iridaceae*: Diese Familie zählte nicht zu den Liliengew. i. w. S., *Liliaceae s. l.*, sie wurde vielmehr auch früher schon als eigene Familie angesehen.]

# Ordnung Yamwurzartige, *Dioscoreáles*

## 130. Familie: Yamwurzgewächse, Schmerwurzgewächse, *Dioscoreáceae*

### Schmerwurz, *Támus* (→ G XIV 8, 18)

Unterirdische Knolle 20–30 cm lg u. 5–10 cm br; ♂ Blü mit glockiger Röhre; Perigon der ♀ Blü fast ganz freiblättrig; Stg meist windend. H: 1,5–3 m. ♃ Ge.

V–VI. Schattige Edellaubwälder (bes. Buchenwälder), Waldränder; collin bis untermontan; slt. **St, V**. (Ozeanisch-submedit.) Stark gefährdet.
**Schmerwurz, *T. commúnis***

## 131. Familie: Einbeerengewächse, *Trilliáceae*
## *(Liliaceae-Asparagoideae-Parideae)*

Anm.: Diese Familie wurde früher als Teil (Tribus) der Liliengewächse i. w. S. / *Liliaceae s. l.* betrachtet; → Anm. auf S. 886.

### Einbeere, *Páris* (G VII 4, 18)

Anm.: Von manchen Taxonomen wird diese Gattung ( die ganze Familie) zu den Asparagaceen gestellt.

Staubf. über die Staubbeutel hinaus in eine 5–10 mm lg, grannenartige Spitze verlängert (verlängertes Konnektiv); Rhizom waagrecht kriechend. H: 10–30 cm. ♃ Ge. V–VI. Frische bis feuchte Edellaubwälder, (collin: bes. Auwälder); etwas kalkliebend; collin bis subalpin; hfg bis zstr. **Alle Bdld**. Giftig (bes. die Beere). **Einbeere, *P. quadrifólia***

# Ordnung Spargelartige, *Asparagáles*

## 132. Familie: Spargelgewächse, *Asparagáceae* (inkl. Maiglöckchengewächse, *Convallariáceae)*
## *(Liliaceae-Asparagoideae)* (G VI 19)

Anm.: Diese Familie wurde früher als Teil (Unterfamilie) der Liliengewächse i. w. S. / *Liliaceae s. l.* betrachtet; → Anm. auf S. 886.

**1** PerigonB 4; StaubB 4. — LB meist 2, wechselständig, herzförmig; Perigon weiß; Gri 1; Fr: rote Beere. **(2) Schattenblümchen, *Maiánthemum***
**-** PerigonB 6; StaubB 6 . . . . . . . . . . . . . . . . . . . . . . . . . . . . . . **2**

**2** Statt der LB kleine, häutige Schuppen (= NiederB); in deren Achseln stehen Phyllokladien (= LB'artig verbreiterte oder nadelförmige bis linealische Kurzsprosse). — Fr: 1–2samige, rote Beere . . . . . . . . . . . . . . . . . . **3**
**-** LB normal entwickelt, nicht durch schuppenförmige NiederB ersetzt; Phyllokladien fehlen. — Kriechendes Rhizom; Perigon weiß oder weißlich . . . . **4**

**3** BlüStiele (Blüstd) einem Phyllokladium entspringend; Phyllokladien elliptisch; Staubf. zu einer Röhre verwachsen. — Phyllokladien 3–10(11) cm lg u. 1–3,5(5) cm br. **(6) Mäusedorn, *Rúscus***
**-** BlüStiele (Blüstd) einem Ast entspringend (nicht einem Phyllokladium); Phyllokladien nadelförmig; Staubf. frei. **(5) Spargel, *Aspáragus***

**4** LB 2, auf einem ScheinStg (der aus den ineinander gefalzten LB'Stielen besteht), tatsächlich grundständig; grundständige, einseitswendige Traube. — Blü wohlriechend; Fr: scharlachrote Beere. **(1) Maiglöckchen, *Convallária***
**-** LB mehr als 2, Stg'ständig; Blü zu 1–4 in den LB'Achseln . . . . . . . . . **5**

**5** PerigonB fast bis zum Grund frei; LB stengelumfassend; Fr: rote Beere.
**(3) Knotenfuß, *Stréptopus***

- PerigonB fast in der ganzen Länge miteinander zu einer Röhre verwachsen; LB nicht stengelumfassend; Fr: blaue bis schwärzliche Beere. **(4) Weißwurz, *Polygónatum***

## (1) Maiglöckchen, *Convallária* (G VI 23)

LB'Spreiten unterseits glänzend (die des ähnlichen Bär-Lauchs, *Allium ursinum*, [scheinbar] oberseits glänzend!). H: 10–20 cm. ♃ Ge. V–VI. Trockene (Edellaub-)Wälder; collin bis subalpin; zstr. **Alle Bdld**. Stark giftig (Herzgift: Cardenolide); ArzneiPf (LB, Blü, Wu); Pharm. ▲ **Maiglöckchen, *C. majális***

## (2) Schattenblümchen, *Maiánthemum* (G IV 23)

WuStock dünn, kriechend. H: 5–15 cm. ♃ Ge. V–VI. Bodensaure, schattige Laub- u. Nadelwälder, auch Auwälder; Säurezeiger; collin bis subalpin; zstr. **Alle Bdld**. **Schattenblümchen, *M. bifólium***

## (3) Knotenfuß, *Stréptopus*

WuStock schief, knotig; BlüStiel unter das LB gebogen u. deutlich gekniet. H: 30–100 cm. ♃ Ge. VI–VII. Schattig-feuchte Fichtenwälder, Schluchtwälder, feucht-schattige Felshänge, auch Grünerlengebüsche, Hochstaudenfluren u. Waldwiesen; montan bis subalpin; zstr bis slt. **Fehlt B, W**. Im BM gefährdet. **Knotenfuß, *S. amplexifólius***

## (4) Weißwurz, Salomonssiegel, *Polygónatum*

1 LB zu 3–7 quirlständig, lineal-lanzettlich. — 2–5(7)blütige achselständige Trauben, slt Blü einzeln; Blü geruchlos. H: 20–80(100) cm. ♃ Ge. V–VI. (Fichten-Tannen-Buchen-)Wälder, Fichtenforste; (ober)montan bis subalpin; zstr. **Fehlt B, W**. Giftig? **Quirl-W., *P. verticillátum***

- LB wechselständig, 2zeilig, br-elliptisch . . . . . . . . . . . . . . . . . . 2

2 LB unterseits zeilenförmig kurzhaarig. — LB grasgrün, beiderseits glänzend, 4–8 cm br; Blü einzeln oder in 2–5blütigen Trauben, geruchlos. H: 20–80 cm. ♃ Ge. V–VI. Warme Edellaubwälder, bes. Harte Auwälder, alte Schloßparks; collin; zstr bis slt. Im Pann. **B, W, N, St**†. Giftig? Im nVL u. söVL gefährdet. *(P. hirtum)* **Auen-W.**, Behaarter W., Breitblatt-W., ***P. latifólium***

- LB unterseits kahl . . . . . . . . . . . . . . . . . . . . . . . . . . . . 3

3 Stg stielrund; 2–5(6)blütige Trauben in der Achsel der LB; Perigonröhre über dem Frkn etwas zusammengezogen; Blü geruchlos; Staubf. flaumig behaart. — LB etwas blaugrün, matt, 3–5 cm br. H: 30–80 cm. ♃ Ge. V–VI. Edellaubwälder, auch Auwälder; collin bis montan; hfg. **Alle Bdld**. Giftig? **Wald-W.**, Vielblütige W., ***P. multiflórum***

- Stg kantig; Blü einzeln oder zu 2 in der Achsel der LB; Perigonröhre nicht zusammengezogen; Blü duftend; Staubf. kahl. — LB blaugrün. H: 15–60 cm. ♃ Ge. V–VI. Trockenrasen, Föhrenwälder, Waldsäume; kalkliebend; collin bis montan; hfg bis zstr. **Alle Bdld**. Giftig? VolksarzneiPf (WuStock). *(P. officinale)* **Duft-W.**, Echtes Salomonssiegel, ***P. odorátum***

## (5) Spargel, *Aspáragus* (D 2; G XIV 4, 9, 21–)

1 BlüStiele unmittelbar unterhalb der Blü gegliedert; Staubbeutel 0,4–0,5 mm lg, 1/6–1/4× so lg wie die Staubf.; Phyllokladien 0,1–0,2 mm br, zu 10–25 in der

Achsel eines häutigen NiederB. H: 30–80(100) cm. ♃ Ge. V–VI. Gebüsche an felsigen, sonnigen Südhängen; collin bis montan; sehr slt. **K**, **T**. (Hptvbr.: Submedit.) Stark gefährdet. ▲ **Feinblatt-Sp., *A. tenuifólius***

- BlüStiele ungefähr in der Mitte gegliedert; Staubbeutel 0,7–1,6 mm lg, ungefähr so lg wie die Staubf.; Phyllokladien 0,3–0,4 mm br, zu 3–8(15) in der Achsel eines häutigen NiederB. H: 30–150 cm. ♃ Ge. V–VII. Als GemüsePf kultiviert (junge Laubsprosse) u. als Kulturrelikt eingebürgert in ruderalen Trockenrasen, Ackerrändern, Ruderalstellen, bes. in Auen; collin bis submontan (montan); zstr. **Alle Bdld**. (Heimat: Südwest-Asien.) VolksarzneiPf (Laubsprosse u. Wu); Homöop. **(★) Garten-Sp., *A. officinális***

## (6) Mäusedorn, *Rúscus* (B 11; G XIV 3, 19)

Pf 2häusig. H: 20–40 cm. ♃ Ch–NPh HS (immergrün). IV–V. Edellaubwälder, bes. Buchenwälder; montan; sehr slt. **B†**, **N**. (Hptvbr.: Südost-Europa.) Vom Aussterben bedroht. **Zungen-M., *R. hypoglóssum***

# 133. Familie: Grasliliengewächse (Affodillgewächse), *Asphodeláceae* (*Anthericaceae*) (*Liliaceae-Asphodeloideae*)

(G VI 25)

Anm.: Diese Familie wurde früher als Teil (Unterfamilie) der Liliengewächse i. w. S. / *Liliaceae s. l.* betrachtet; → Anm. auf S. 886.

1 BlüStiele gegliedert (knotige Verdickung des BlüStieles u. Bruchstelle nach der FrReife); PerigonB 1–2,2 cm lg, zur BlüZeit ausgebreitet. **(1) Graslilie, *Anthéricum***

- BlüStiele nicht gegliedert; PerigonB 3–5 cm lg, Perigon trichterförmig. — Blüstd meist einseitswendig. **(2) Trichterlilie, *Paradísea***

## (1) Graslilie, Zaunlilie, *Anthéricum*

1 PerigonB 1,6–2,2(3) cm lg, alle gleich br, die StaubB um 0,6–1 cm überragend; Gri bogig gekrümmt, kürzer als die PerigonB; Fr eiförmig, spitz, (8)10–13 mm lg. — Stg am Grund ohne deutlichen Faserschopf, mit spreitenlosen NiederB; Blüstd: meist Traube; DeckB am Grund 2–2,5 mm br. H: 30–80 cm. ♃ He. V–VII. Trockenrasen, heiße Felshänge, Föhrenwälder; kalkmeidend; collin bis montan; zstr bis slt. **W†?**, **N†**, **St†**, **T**, **V**. Potentiell gefährdet; in den öAlp gefährdet. **Astlose G., *A. liliágo***

- PerigonB (0,8)1–1,4 cm lg, innere deutlich breiter als die äußeren, die StaubB um 0,1–0,2 cm überragend; Gri gerade, länger als die PerigonB; Fr fast kugelig, stumpf mit Stachelspitzchen, 5–7(9) mm lg. — Stg am Grund mit Faserschopf u. ohne spreitenlose NiederB; Blüstd: meist Rispe, slt traubig (*f. simplex*); DeckB am Grund etwa 1 mm br. H: 30–80 cm. ♃ He. VI–VIII. Föhrenwälder, auch lichte, trockene Laubwälder, Trockenrasen, Blaugras-Horstseggen-Rasen; kalkliebend; collin bis subalpin; hfg. **Alle Bdld**. **Ästige G., *A. ramósum***

## (2) Trichterlilie, *Paradísea* („*Paradisia*")

PerigonB weiß, an der Spitze mit 3 sich vereinigenden Nerven. H: 30–50 cm. ♃ He. VI–VII. Fettwiesen (Goldhaferwiesen), Magerrasen (Buntschwingel-

rasen); obermontan bis subalpin; zstr. Südwest-**K** (Karnische u. Gailtaler Alpen). (Hptvbr.: Süd-, Mittel- u. Westalpen, Apenninen, Pyrenäen.) ▲
**Trichterlilie, *P. liliástrum***

## 134. Familie: Tagliliengewächse, *Hemerocallidáceae*
## *(Liliaceae-Asphodeloideae-Hemerocallideae)*

Anm.: Diese Familie wurde früher als Teil (Unterfamilie) der Liliengewächse i. w. S. / *Liliaceae s. l.* betrachtet; → Anm. auf S. 886.

### Taglilie, *Hemerocállis* (G VI 22)

1 PerigonB gelb, mit glattem Rand, nur mit Längsnerven, — 5–7(8) cm lg. H: 50–100 cm. ♃ Ge. VI. Feuchte Wiesen, feuchte bis nasse, lichte Wälder; collin; slt. **B, St, K, (V)**. (Sonstige Vbr.: Nordost-Italien, Slowenien.) Auch hfg als ZierPf kultiviert u. manchmal verwildert. Potentiell gefährdet. ▲ *(H. flava)*
**Gelbe T., *H. lilioasphódelus***

– PerigonB orange, die inneren mit welligem bis krausem Rand, alle mit Längs- u. Quernerven, — 6–10 cm lg. H: 50–100 cm. ♃ Ge. VII–VIII. Hfg als ZierPf kultiviert (Heimat: China), slt unbeständig verwildert bis eingebürgert (zB **W, N** [im Weinviertel], K) in Auen, feuchten Wäldern, feuchten Wiesen; collin. ★ **Gelbrote T., *H. fúlva***

## 135. Familie: Hyazinthengewächse, *Hyacintháceae*
## *(Liliaceae-Scilloideae)* (G VI 23, 25)

Anm.: Diese Familie wurde früher als Teil (Unterfamilie) der Liliengewächse i. w. S. / *Liliaceae s. l.* betrachtet; → Anm. auf S. 886.

1 DeckB länger als 10 mm . . . . . . . . . . . . . . . . . . . . . . . . . **2**
– DeckB höchstens 3 mm lg oder fehlend . . . . . . . . . . . . . . . . . . . **4**

2 VorB (seitlich vom DeckB am Grund des BlüStiels, stets deutlich kleiner als das DeckB) vorhanden (Abb. 401); PerigonB blau (slt rosa oder weiß), — frei, ± glockenförmig oder sternförmig; Grund der LB von einem häutigen, scheidenförmigem NiederB umschlossen.
★ **(2) Hasenglöckchen, *Hyacinthoídes***
– VorB (neben dem DeckB) fehlend . . . . . . . . . . . . . . . . . . . . . . **3**

3 PerigonB innen weiß, grünlichweiß bis gelbgrün, außen (meist) mit einem grünem Mittelstreif; PerigonB frei; Grund der LB nicht von scheidenförmigen NiederB umhüllt. **(1) Milchstern, *Ornithógalum***
– PerigonB blau bis violett; PerigonB am Grund zu einer Perigonröhre verwachsen; Grund der LB von scheidenförmigen NiederB umhüllt. ★ **(5) Wildhyazinthe, *Briméura***

4 PerigonB frei. **(3) Blaustern, *Scílla***
– PerigonB am Grund zu einer deutlichen Perigonröhre oder fast zur Gänze miteinander verwachsen . . . . . . . . . . . . . . . . . . . . . . . . . **5**

5 PerigonB zu mehr als ¾ ihrer Länge miteinander verwachsen (Perigonzipfel daher winzig: „Perigonzähne"); Staubf. großteils mit der Perigonröhre verwachsen, kurzer freier Teil fädig, in 2 Kreisen angeordnet; je FrknFach 2 übereinanderliegende SaAnlagen; FrWand dünn, trocken. — Perigon kugelig bis krugförmig, vorn meist deutlich verengt (nicht bei *M. azureum*!).
**(7) Traubenhyazinthe, *Múscari***

Abb. 401

Abb. 402

Abb. 403

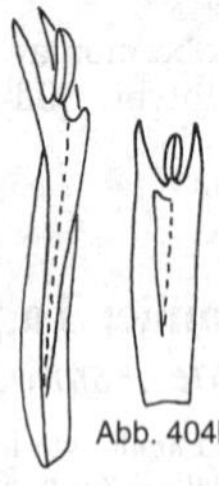

Abb. 404b

Abb. 404a

- PerigonB vom Grund an bis höchstens zu 2/3 ihrer Länge miteinander verwachsen; Staubf. zwar ebenfalls mit der Perigonröhre zT verwachsen, freier Teil aber in 1 Kreis angeordnet; je FrFach mehr als 2 SaAnlagen; FrWand dick, saftig . . . . . . . . . . . . . . . . . . **6**

**6** Perigon zu mehr als der Hälfte seiner Länge verwachsen; Stg etwa 5 mm ∅; LB 5–6(12); alle BlüStiele etwa 5 mm lg, — ± nickend; Zwiebel etwa 3–6 cm ∅, ± kugelig; Traube zylindrisch, vielblütig; Blü duftend; Perigonröhre (10)12–16 mm lg. **★ (4) Hyazinthe, *Hyacínthus***

- Perigon zu weniger als der Hälfte seiner Länge verwachsen; Stg höchstens 3 mm ∅; LB 2–3; unterste BlüStiele länger als 5 mm, die oberen allmählich kürzer. — Zwiebel weniger als 2 cm br, ± ei- bis flaschenförmig; Traube oft wenig- bis 1blütig . . . . . . . . . . **7**

**7** Freier Teil der Staubf. 3–10 mm lg (u. 2–3 mm br), stumpf; Staubbeutel geschlossen etwa 5 mm lg; Sa kugelig, mit einem deutlichen, kappenförmigen (aus dem Exostom entstandenen) Elaiosom (Abb. 402). **★ Schneestolz, (3), *Scílla ser. Chionodóxa*** [(3) Blaustern, *Scilla*: ab Pkt 10]

- Freier Teil der Staubf. 0,7 mm lg (u. schmal), spitz; Staubbeutel geschlossen 3 mm lg; Sa länglich, mit fleischiger SaSchale (Sarkotesta). — Staubf. etwa in der Mitte des Nebenperigons ansetzend (Abb. 403). **★ (6) Puschkinie, *Puschkínia***

## (1) Milchstern, Vogelmilch, *Ornithógalum* (inkl. *Honorius* u. *Loncomelos*)

**1** BlüStiele etwa halb so lg wie ihr DeckB, zur FrZeit hängend; Staubf. blattartig verbreitert, zumindest die inneren neben dem Staubbeutel jederseits mit 1 Zahn; Perigon glockig. — LB graugrün, mit weißem Mittelstreif; Traube 3–12blütig; Fr kugelig bis ellipsoidisch, 1–2,5 cm lg, ohne Längsleisten, FrWand fleischig . . . . . . . . . . . . . . . . . . . . . . . . . . . . . . **2**

- Unterste BlüStiele deutlich länger bis nur wenig kürzer als ihr DeckB, zur FrZeit aufrecht, aufwärts gekrümmt oder abstehend bis etwas abwärts-abstehend; Staubf. lanzettlich bis fadenförmig, stets ohne Zahn; Perigon sternförmig. — Fr mit Längsleisten (u. FrWand fleischig) oder ohne, dann aber FrWand dünn . . . . . . . . . . . . . . . . . . . . . . . . . . . . . . **3**

**2** Zumindest die inneren Staubf. auf der Innenseite mit einer Leiste, die dicht unterhalb des Staubbeutels in einem (dritten) Zahn endet (Abb. 404: a von der Seite, b von innen gesehen); Frkn ungefähr so lg wie der Gri. H: 15–50 cm. ♃ Ge. IV–V. Alte Gärten, Auen, Gebüsche, Äcker, Weingärten; collin bis submontan; slt bis sehr slt. **B, W, N, (O), St, (K), T**. Stark gefährdet. ▲ *(Honorius boucheanus)* **■ Grüner M., *O. boucheánum***

- Staubf. mit einer derartigen Leiste, aber ohne dritten Zahn; Frkn etwas kürzer als der Gri. H: (15)20–60 cm. ♃ Ge. IV–V. Alte Parkanlagen, Gebüsche, Äcker, Weingärten, aus früheren Kulturen verwildert; collin bis submontan; slt. **B, W,**

**N, O, (St, K, T).** (Heimat: östl. Medit.) Potentiell gefährdet. △ *(Honorius nutans)* ■ **Nickender M.,** ***O. nútans***
Anm.: Die Hybride zw. den beiden vorstehend genannten Arten ist nicht slt; auch Hybriden von *O. boucheanum* mit *O. kochii* u. *O. pannonicum* sind bekannt.

**3** Blüstd verlängert-traubig, 20–80blütig; FrStiele der BlüstdAchse angepreßt. — Schaft 20–50 cm lg; LB graugrün, ohne weißen Mittelstreif; alle BlüStiele ungefähr gleich lg . . . . . . . . . . . . . . . . . . . . . . . . . . **4**

**-** Blüstd doldentraubig oder schopfig-traubig, kurz, 2–15(25)blütig; FrStiele ± abstehend, nicht der BlüstdAchse angepreßt. — Schaft 5–30 cm lg . . . . **5**

**4** Gri (1,2)2(2,3) mm lg; Perigon schließt sich nach dem Blühen fest um den Frkn, die PerigonB sind nicht mehr einzeln zu erkennen; Frkn während des Blühens leuchtend gelb. — Blü (wie bei den anderen Arten) nachts geschlossen; PerigonB außer dem grünen Rückenstreif rein weiß. H: 30–100(120) cm. ♃ Ge. VI–VII. Wiesen, Trockenrasen, Felder, Brachen; collin; sehr slt. **B** (bei Parndorf), **N!** (im Wiener Becken*), **(St†)****. Vom Aussterben bedroht (!). *(**O. „pyramidale“**, Loncomelos brevistylus)* **Pyramiden-M.,** ***O. brevistýlum***

**-** Gri 3 mm lg; PerigonB bilden während des Blühens eine Längsrinne; Frkn während des Blühens grün. — Blü auch nachts geöffnet. H: 30–80(100) cm. ♃ Ge. VI–VII. ▲ *(Loncomelos sphaerocarpus s. l.)*
**Pyrenäen-M. (i. w. S.),** ***O. pyrenáicum (s. l.)***

**a** Perigon weißlich; Frkn ± kugelig. Wiesen, Äcker, Ruderalstellen, Hartholzauwälder; collin bis montan; slt. **B, W, N, O, St, K**. Gefährdet. ▲ *(**O. sphaerocarpum**)*
**Weißer P.-M.,** Acker-P.-M., Kugelfrucht-M., ***O. p. subsp. sphaerocárpum***

**-** Perigon gelb-grünlich; Frkn ± eiförmig. Wiesen, Gebüsche, Ruderalstellen; collin bis submontan; sehr slt. **(O), K**. Stark gefährdet. ▲ *(O. flavescens, **O. pyrenaicum**)*
**Gelbgrüner P.-M.,** Pyrenäen-M. (i. e. S.), ***O. p. subsp. pyrenáicum***

**5** LB flach rinnenförmig, graugrün, ohne weißen Mittelstreifen, bewimpert, zur BlüZeit oft schon verwelkt; DeckB der untersten Blü meist so lg oder etwas länger (slt etwas kürzer) als der BlüStiel; Frkn u. Fr ohne Längsleisten (∅: Abb. 405 a). — Zwiebel lg'gestreckt, ohne Nebenzwiebeln; Frkn gelb. H: 10–40 cm. ♃ Ge. V–VI. Trockenrasen; collin bis untermontan; slt. **B, W†, N**. Potentiell gefährdet. △ *(**O. „comosum“**)*
**Schopf-M.,** Pannonischer M., ***O. pannónicum***

**-** LB deutlich rinnenförmig, ± grasgrün, mit weißem Mittelstreifen, völlig kahl, zur BlüZeit meist noch nicht verwelkt; DeckB der untersten Blü stets deutlich kürzer als der BlüStiel; Frkn u. Fr mit 6 Längsleisten (∅: Abb. 405 b). (Artengruppe Dolden-M., *O. umbellatum agg.*; noch nicht ausreichend aufgeklärt; in Schloßparkanlagen usw. sind lokal eingebürgerte Arten zu erwarten, darunter vielleicht auch *O. umbellatum s. str.*, das wild in Ö nicht vorkommt. (Bisher sind über 30 Arten aus dieser Verwandtschaftsgruppe beschrieben worden.) . . . . . . . . . . . . . . **6**

**6** Zwiebel von vielen Brutzwiebeln umgeben; Frkn oben leuchtend gelb (unten grün); Fr am Scheitel gestutzt; untere FrStiele meist waagrecht-abstehend. — Brutzwiebeln laubblattlos; LB 2–6 mm br; PerigonB 4–8 mm br. H: 10–30 cm. ♃ Ge. IV–V. Feuchte Wiesen, Gebüsche, bes. in Auen, Obstgärten, Äcker; collin bis montan; zstr bis slt. **V†, sonst in allen Bdld.** △
■ **Dolden-M.,** ***„O. umbellátum“***

**-** Zwiebel meist ohne, nur slt mit einzelnen Brutzwiebeln; Frkn oben gelblichgrün; Fr am Scheitel stark vertieft; untere FrStiele aufrecht-abstehend. — LB

* Wiederentdeckt von TH. BARTA und H. MELZER, 1991. – **ob je vorhanden gewesen?

1–3 mm br; PerigonB 3–4 mm br. H: 5–20 cm. ♃ Ge. IV–V. Trockene Wiesen, lichte Gebüsche, Trockenrasen; collin; im Pann zstr, sonst slt. **B, W, N, St?, K.** Gefährdet. △ („***O. gussonei***", „*O. tenuifolium*", „*O. orthophyllum*": die „echten" Arten mit diesen Namen kommen in Ö nicht vor.) ■ **Schmalblatt-M., *O. kóchii***

### ★ (2) Hasenglöckchen, *Hyacinthoídes* (*Endymion*, ***Scilla*** *sect. Endymion*)

1 Perigon sternförmig; Staubf. am Grund des Perigons entspringend, frei. — Perigon h'blau. H: 10–20(30) cm. ♃ Ge. Als ZierPf kultiviert. (Heimat: westl. Medit.) **★ Italienisches H., *H. itálica***

– Perigon ± glockenförmig; Staubf. großteils mit dem Perigon verwachsen. — PerigonB 14–20 mm lg . . . . . . . . . . . . . . . . . . . . . . . . . . . . . . . . . . . . . . 2

2 Traube einseitig, an der Spitze nickend; Staubbeutel cremefarben; Blü duftend; die äußeren StaubB länger als die inneren. — PerigonB mit zurückgerollten Zipfeln, blau (slt rötlich oder weiß). H: 15–40 cm. ♃ Ge. IV–V. Als ZierPf kultiviert, verwildert in V. (Heimat: West-Europa.) Hybriden mit der folgenden Art sind hfg. (*Endymion non-scriptus*, ***Scilla non-scripta***) **★ Eigentliches Hasenglöckchen, *H. non-scrípta***

– Traube nur undeutlich einseitig, aufrecht; Staubbeutel blau; Blü duftlos; StaubB alle gleich lg. H: 15–40 cm. ♃ Ge. IV–V. Als ZierPf kultiviert. (Heimat: westl. Medit.) Hybriden mit der vorigen Art sind hfg. **★ Spanisches H., *H. hispánica***

## (3) Blaustern (u. Schneestolz), *Scílla* (exkl. (2) *Hyacinthoides* = *Endymion*; inkl. *Chionodoxa*)

Anm.: In dieser Gattung werden verhältnismäßig viele nicht heimische, sondern bloß als ZierPf kultivierte (Klein-)Arten behandelt, weil sie gelegentlich verwildern u. – wegen der schwierigen Taxonomie – bisher oft unrichtig bestimmt bzw. miteinander verwechselt worden sind.

1 PerigonB 4–5 mm lg; Traube dicht, 15–70blütig; Schaft steif, ± stielrund, nach dem Blühen aufrecht bleibend; LB (2)3–5(9), schmal; SaAnlagen 2 je Fach. — LB rinnenförmig, spitz; Perigon h'himmelblau; Gri 1,2–1,5(2) mm lg. H: 10–45 cm. ♃ Ge. (IV)V. Als ZierPf kultiviert (Heimat: Slowenien bis Montenegro). (*S. pratensis*, *S. amethystina*) **★ ■ Amethyst-B., *S. litardiérei***

– PerigonB länger als 5 mm; Traube locker, 1–12blütig; Schaft weich, biegt oder legt sich nach dem Blühen auf den Boden (Ameisenausbreitung!); LB 2–6, br; SaAnlagen mehr als 2 je Fach . . . . . . . . . . . . . . . . . . . . . . . . 2

2 Gri 4–6 mm lg, deutlich vom Frkn abgesetzt (Abb. 406 a); Perigon nach dem Blühen abfallend; DeckB kragenförmig, unregelmäßig gestaltet, mit dem VorB ± verwachsen (Abb. 406 c); SaSchale mit Papillen. — Abgestorbene Zwiebelschuppen braun, nach innen zu immer auch ± purpurn; je Zwiebel 1–8 Schäfte, diese ± halbstielrund; LB 2–6 je Zwiebel; Sa mit oder ohne Elaiosom . . . . . . . . . . . . . . . . . . . . . . . . . . 3

– Gri 0,7–3 mm lg, allmählich in den Frkn übergehend (Abb. 406 b) (Blü mit Perigonröhre haben bei *Scilla* nie einen längeren Gri!); Perigon an der Fr verdorrend; DeckB einfach, winzig oder fehlend; VorB stets fehlend; SaSchale glatt. — Abgestorbene Zwiebelschuppen braun; je Zwiebel stets nur 1 Schaft, dieser stielrund; LB 2(3) je Zwiebel; Sa mit Elaiosom als deutlichem Anhängsel (aus dem Exostom hervorgehend: Abb. 402) . . . . . . . . . . . . . . . . 6

3 Perigon weiß bis bläulichweiß, mit blauem Mittelnerv. — LB 3–4, h'grün; Blüstd 2–8, je 2–6blütig; BlüStiele 5–25 mm lg, gerade; PerigonB 15–20 mm lg; Frkn gelb bis gelbgrün; SaAnlagen 4 je Fach; Gri 6–8 mm lg; Fr grün; Sa 2,5–3 mm ∅, d'braun, mit mächtigem, weißem Elaiosom (aus der gesamten Raphe bestehend: Abb. 406 d). H: 10–20 cm. ♃ Ge. III–IV. Als ZierPf in Gärten u. Parkanlagen kultiviert, zum Verwildern neigend. (Heimat: Nordwest-Iran.) (*S. tubergeniana*) **★ ■ Mischtschenko-B., *S. mischtschenkoána***

– Perigon blau . . . . . . . . . . . . . . . . . . . . . . . . . . . . . . . . . . . . . . . 4

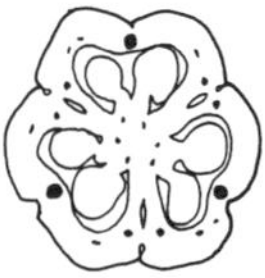

Abb. 405a

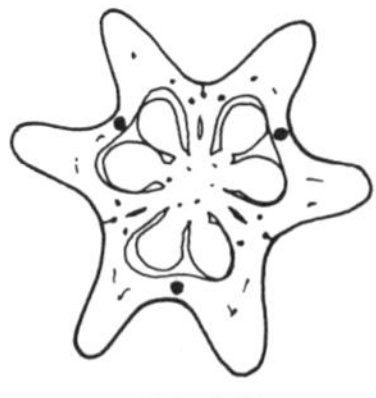

Abb. 405b

Abb. 406a Abb. 406b

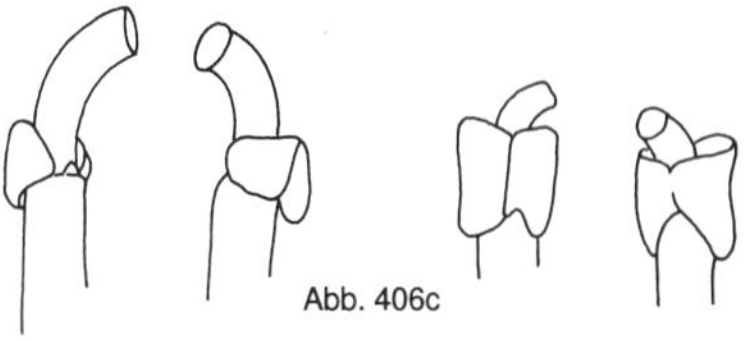

Abb. 406c

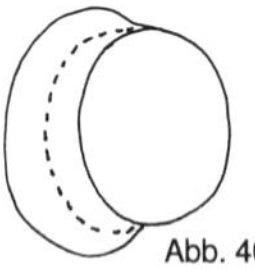

Abb. 406d

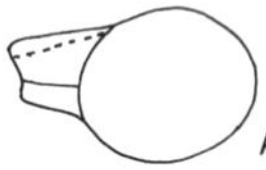

Abb. 406e

**4** Perigon porzellanblau, außen (unten) dunkler als innen (oben); LB h'grün. — Je Zwiebel 1–3 Schäfte; LB (3)4–5, br- linealisch; Traube locker, (1)4–6(15)blütig, aufrecht; BlüStiele (5)10–20 mm lg; Blü nur wenig nickend; Perigon sternförmig, PerigonB 10–12 mm lg; Gri 5–6 mm lg; Sa h'gelb, ohne Elaiosom. H: (15)20–30 cm. ♃ Ge. V. Als ZierPf kultiviert. (Heimat unbekannt. Wurde zu Clusius' Zeiten aus Istanbul nach **Ö** u. in die Kultur eingeführt, ist bis heute nicht wild (in ihrem natürlichen Areal) gefunden worden. In Kultur heute nur noch äußerst slt u. akut vom Aussterben bedroht!) (Oft mit *S. siberica* verwechselt.) ★ ▪ **Schöner B.,** ***S. amóena***

**-** Perigon azurblau oder lavendelblau, innen (oben) dunkler als außen (unten); LB kräftig grasgrün . . . . . . . . . . . . . . . . . . . . . . . . . . . . . . . . . . . . . **5**

**5** BlüStiele 2–4 mm lg; Perigon d'azurblau, in der Knospe grünlicheisblau; Fr grün; Sa h'gelb, mit weißem Elaiosom (aus dem Exostom u. dem anliegenden Rapheteil hervorgehend: Abb. 406 e). — Je Zwiebel 1–3(5) Schäfte u. 2–3 LB; Blüstd 1–2(5)blütig; Blü nickend; PerigonB 12–15(17) mm lg; Frkn grünlichgelb bis grün; SaAnlagen 2–12 je Fach; Gri 4–6 mm lg. H: 5–20 cm. ♃ Ge. III–IV. Als ZierPf kultiviert in Gärten u. Parkanlagen; zum Verwildern neigend; verwildert zB in **N**. (Heimat: Ukraine, Kaukasus.) *(„S. sibirica")* ★ ▪ **Sibirischer B.,** ***S. sibérica***

**-** BlüStiele 6–24 mm lg; Perigon lavendelblau, in der Knospe h'blau; Fr braungrün; Sa h'braungelb, ohne Elaiosom. — Je Zwiebel (1)2–5(6) Schäfte u. 3–4 LB; LB etwa 15 cm lg; Blüstd 1–5blütig; Blü etwas nickend; PerigonB 11–13 mm lg; SaAnlagen 6–9 je Fach; Gri 4–5,5 mm lg. H: 10–20 cm. ♃ Ge. III–IV. Als ZierPf kultiviert in Gärten u. Parkanlagen; zum Verwildern neigend. (Heimat: Kleinasien: Taurus, Antitaurus.) ★ ▪ **Ingrid-B.,** ***S. ingrídae***

**6** [2] PerigonB frei (sternförmig ausgebreitet); Staubbeutel u. Pollen weinrot; Staubf. abstehend, von gleicher Farbe wie das Perigon. (Artengruppe Zweiblatt-B., *S. bifolia agg.*) . . . . . . . . . . . . . . . . . . . . . . . . **7**

**-** PerigonB zu 15–40% ihrer Gesamtlänge miteinander verwachsen; Staubbeutel u. Pollen gelb; Staubf. aufrecht, weiß, — am Grund mit der Perigonröhre verwachsen, freier Teil abgeflacht, ein Krönchen um den Stempel bildend; Sa trocken schwarz. („Schneestolz, *Chionodoxa*") . . . . . . . . . . . . . . . . . . . . . . . . . . . . . . . . . . . **10**

**7** BlüKnospen grün; Sa h'gelb; Stg d'purpurrot (bei genügend Licht). — PerigonB (6)7–8(9) mm lg *(im Herbar um 1–2 mm kürzer!)*, oberseits (innen) d'blau mit schmalem weißem Grund; unreife Fr d'grün; Sa frisch 2 mm ∅. H: 5–20 cm. ♃ Ge. III–IV. Harte Auwälder, frische Eichen-Hainbuchen-Wälder; collin bis untermontan, zstr. **B, W, N**. (Sonstige Vbr.: Ungarn, östl. Deutschland, Tschechien, Slowakei, Kroatien, Albanien.) △

■ **Wiener B., *S. vindobonénsis***

- BlüKnospen graublau bis h'weinrot; Sa d'braun oder schwarz; Stg grün oder nur leicht purpurn überlaufen. — PerigonB 6–17 mm lg . . . . . . . . . . **8**

**8** Sa schwarz, 1,3 mm ∅; BlüKnospen weinrot; Frkn sehr d'blau; LB braungrün, — schmal; PerigonB 7–8 mm lg u. 1,5–2 mm br, d'himmelblau; Gri 3 mm lg. H: 5–15 cm. ♃ Ge. III. Als ZierPf kultiviert in Parkanlagen u. Gärten; zum Verwildern neigend. (Heimat: südwestl. Kleinasien.) (Wahrscheinlich sind noch weitere, nah verwandte Kleinarten im Handel.) ★ ■ **Schnee-B., *S. nivális***

- Sa d'braun, 2,5–3,5 mm ∅; BlüKnospen graublau bis teils etwas violettlich; Frkn blau; LB grasgrün . . . . . . . . . . . . . . . . . . . . . . . . . . . . **9**

**9** PerigonB (6)8(9) mm lg; frische Sa 2,5 mm ∅. — Stg grün; BlüKnospen graublau; PerigonB h'graublau-violett; unreife Fr h'grün; Sa frisch olivbraun, trocken d'braun. H: 5–20 cm. ♃ Ge. III–IV. Harte Auwälder, grasreiche Obstgärten; collin bis untermontan; zstr bis slt. **N, O, K, S**. In den KäB u. im Pann gefährdet. ▲ ■ **Zweiblatt-B. (i. e. S.), *S. bifólia (s. str.)***

-!! PerigonB 9–10 mm lg; frische Sa 3 mm ∅. — Stg grün; BlüKnospen graublau-violettlich; PerigonB h'graublau-violett; Sa frisch olivbraun, trocken d'braun; unreife Fr h'grün. H: 5–20 cm. ♃ Ge. III–IV. Edellaubwälder, bes. Auwälder, Obstgärten, Wiesen; collin bis untermontan; zstr bis slt. **B, N, O, St**. Im Alp, söVL u. Pann gefährdet. *(S. bifolia subsp. drunensis)*

■ **Traun-B., *S. drunénsis***

- PerigonB 12–15 mm lg; frische Sa 3,5 mm ∅. — Stg grün, bisweilen leicht purpurn überlaufen; Traube annähernd schirmförmig; BlüKnospen blau (auch die ganz jungen); PerigonB leuchtend himmelblau bis tief kornblumenblau. H: 5–15 cm. ♃ Ge. III–IV. Auwälder; collin; sehr slt. **N** (im Weinviertel: Kreuttal). (Sonstige Vbr.: Ungarn.) ■ **Speta-B., *S. spetána***

**10** [6] Perigon d'himmelblau, ohne weißes Zentrum („Auge"); PerigonB zu etwa 30–40 % ihrer gesamten Länge miteinander verwachsen; Gri 2–3 mm lg. — PerigonB 8–17 mm lg; Sa 2–3 mm ∅. H: 5–10 cm. ♃ Ge. III–IV. Als ZierPf kultiviert in Parkanlagen u. Gärten; zum Verwildern neigend. (Heimat: Türkei: Gebirge Boz Dağlari bei Izmir.) *(Chionodoxa sardensis)* ★ ■ **Sardensischer Sch., *S. sardénsis***

- Perigon mit ± deutlichem weißem Zentrum („Auge"); PerigonB zu 15–25 % ihrer gesamten Länge miteinander verwachsen; Gri 0,7–1,5 mm lg . . . . . . . . . . . . . . . **11**

**11** Weißes „Auge" des Perigons verwaschen (undeutlich abgehoben, nicht reinweiß). — Blüstd 1–2(4)blütig; PerigonB 16–27 mm lg, zu 20–25 % ihrer gesamten Länge miteinander verwachsen; Gri 1 mm lg; Sa 2,3 mm ∅. H: 3–10 cm. ♃ Ge. III–IV. Als ZierPf kultiviert in Parkanlagen u. Gärten; zum Verwildern neigend. (Heimat: Türkei: Gebirge Boz Dağlari bei Izmir.) *(Chionodoxa luciliae)* ★ ■ **Luzilien-Sch., *S. lucíliae***

- Weißes „Auge" des Perigons deutlich. — PerigonB 12–27 mm lg . . . . . . . . . . **12**

**12** Gri 1–1,5 mm lg; Fr ellipsoidisch; Sa 2–3 mm ∅; PerigonB zu 20–25 % ihrer gesamten Länge miteinander verwachsen; LB ziemlich linealisch, kräftig grasgrün, — rinnenförmig; Blüstd 1–11blütig; PerigonB 12–19 mm lg. H: 10–25 cm. ♃ Ge. III–IV. Als ZierPf hfg kultiviert in Parkanlagen u. Gärten; zum Verwildern neigend. (Heimat: südwestl. Kleinasien.) Die triploide Kultursorte *cv. 'Pink Giant'* (mit rosafarbenem Perigon) ist samensteril. *(Chionodoxa siehei)* ★ ■ **Siehe-Sch., *S. siehei***

- Gri 0,7(1) mm lg; Fr 3kantig; Sa 1–1,5 mm ∅; PerigonB zu 15–20 % ihrer gesamten Länge miteinander verwachsen; LB lg-keilförmig, gegen die Spitze zu breiter werdend, h'grün. — PerigonB 14–27 mm lg. H: 10 cm. ♃ Ge. IV. Als ZierPf slt kultiviert. (Nur aus der Kultur bekannt; angebliche Heimat: Türkei: „Bozdag" [bei Izmir – = „Tmolus" der Antike]) *(Chionodoxa tmoli)* ★ ■ **Tmolus-Sch., *S. tmóli***

### ★ (4) Hyazinthe, *Hyacínthus*

LB 5–12, br-linealisch, kürzer als der Stg; Blü duftend; Perigon blau, rosa, weiß oder gelb. H: 30–45 cm. ♃ Ge. IV–V. Als ZierPf kultiviert, sehr slt verwildert. (Heimat: östl. Medit.)
**★ Hyazinthe, Gartenhyazinthe, *H. orientális***

### ★ (5) Wildhyazinthe, *Briméura*

LB aufrecht, den Blüstd meist überragend; Blüstd 6–12blütig, einseitswendig; Perigon 10–11 mm lg u. 6–7 mm br, blau bis violett, röhrig-glockig, Zipfel kürzer als die Perigonröhre. H: 10–30 cm. ♃ Ge. IV–V. Als ZierPf gelegentlich kultiviert u. slt verwildert. (Heimat: Süd-Europa.) **★ Amethyst-W., *B. amethýstina***

### ★ (6) Puschkinie, *Puschkínia*

LB 2–3; lockere, wenigblütige Traube; unterste BlüStiele etwa 6 mm lg; DeckB sehr kurz; Perigon blaßblau, im unteren 1/3 verwachsenblättrig; PerigonB mit dunklerem Mittelstreif; Nebenperigon 2–3 mm hoch (Abb. 403); Staubf. sehr kurz u. dünn; Gri kurz. H: 5–15 cm. ♃ Ge. III–IV. Als ZierPf kultiviert in Parkanlagen u. Gärten; zum Verwildern neigend. (Heimat: Kleinasien, Kaukasus.) **★ Puschkinie, *P. scilloídes***

## (7) Traubenhyazinthe, *Múscari* (inkl. *Leopoldia*)

**1** Traube locker, 10–25 cm lg; die oberen Blü violett (meist mehr als 10, ± einen auffälligen Schopf bildend), die unteren Blü blaßgrünlich bis cremefarben oder gelbbräunlich, abstehend; LB'Rand fein gewimpert („rauh"). — Die oberen, violetten Blü unfruchtbar (= SchopfBlü), die unteren fruchtbar. (Schopftraubenhyazinthe, *Leopoldia*) . . . . . . . . . . . . . . . . . . . . . . . . . . . . . **2**

**-** Traube dicht, 2–6 cm lg; alle Blü blau mit weißem Saum, die obersten h'blau (meist weniger als 10, keinen Schopf bildend), die unteren h'blau bis schwarzblau, nickend; LB'Rand kahl. — Die obersten Blü unfruchtbar u. etwas kleiner. (Traubenhyazinthe i. e. S., *Muscari s. str.*) . . . . . . . . . . . . . . . **3**

**2** Perigonzipfel der unteren, fruchtbaren Blü schwarz; Stiele der unfruchtbaren Blü (= „SchopfBlü") etwa so lg (bis 2× so lg?) wie diese, meist abstehend bis nickend; SchopfBlü etwa so lg wie die fruchtbaren, aber schmäler; Zwiebel innen weiß *(aus Naturschutzgründen nicht ausgraben!)*. — Perigon auch der fruchtbaren Blü im Knospenzustand blauviolett. H: 25–50 cm. ♃ Ge. V–VI. Trockenrasen, Felssteppen, Gebüschsäume; gern über Löß; collin bis submontan; slt. Im Pann. **B, W, N.** Potentiell gefährdet. ▲ *(Leopoldia tenuiflora)*
**Schmalblütige T., *M. tenuiflórum***

**-** Perigonzipfel der unteren, fruchtbaren Blü grünlich; Stiele der unfruchtbaren Blü 3–6× so lg wie diese, aufrecht; SchopfBlü kürzer (u. schmäler) als die fruchtbaren; Zwiebel innen rosa, — sehr tief im Boden. H: 30–70(110) cm. ♃ Ge. V–VI. Ackerränder, Weingärten, Halbtrockenrasen, lichte Gebüsche; bes. über Löß; collin bis montan; im Pann zstr, sonst slt. **B, W, N, O, St, K**. Im Alp, nVL u. söVL gefährdet. ▲ *(Leopoldia comosa)*
**Schopf-T.**, Eigentliche Schopf-T., ***M. comósum***

**3** Perigonröhre oben nur sehr wenig (kaum merklich) verengt, — glockenförmig, etwa 4 mm lg, blaßhimmelblau; LB 2–3, 6–18 cm lg u. 3–15 mm br; Traube dicht, 20–60blütig; BlüStiele 2–4 mm lg, abstehend bis aufrecht-abstehend; PerigonB mit dunklerem Mittelstreif, Perigonzipfel 3 mm lg u. 1–1,5 mm br, wenig zurückgebogen; unfruchtbare Blü wenige, kleiner, blässer. H: 5–10(20) cm. ♃ Ge. III–IV. Als ZierPf slt kultiviert; sehr slt verwildert (**N**: an der „Thermenlinie" südl. von Wien). (Heimat: Kleinasien.) *(Hyacinthus azureus, Hyacinthella azurea)* **★ Himmelblaue T., Scheinhyazinthe, *M. azúreum***

**-** Perigonröhre an der Spitze stark verengt . . . . . . . . . . . . . . . . . **4**

**4** Perigonröhre der fruchtbaren Blü schwarzviolett. — LB 3–6, schmal-linealisch, oberseits rinnenförmig, schlaff, länger als der Stg; Blü duftend; Perigon länglich-eiförmig, 3,5–7,5 mm lg u. 1,5–3,5 mm br; Perigonzipfel weißlich, 0,3–1 mm lg, zurückgebogen. H: 15–30 cm. ♃ Ge. IV–V. Halbtrockenrasen, Trockenwiesen, pannonische Eichenwälder, Weingärten, slt Äcker; collin bis submontan; im Pann zstr, sonst slt. **B, W, N, O?, St, (K), T, V†**. Im Alp, nVL u. söVL gefährdet. ▲ *(**M. racemosum**)*
**Gewöhnliche T., Weinbergs-T.,** ***M. negléctum***

**–** Perigonröhre h'blau bis lila . . . . . . . . . . . . . . . . . . . . . . . . . . **5**

**5** Perigonröhre kugelig-eiförmig; LB verkehrt-eilanzettlich (gegen die stumpfe Spitze zu allmählich verbreitert), steif aufrecht, — 2–3(4), fast so lg wie der Blühtrieb; Blü geruchlos. H: 10–20 cm. ♃ Ge. IV–V. Trockene bis mäßig feuchte Wiesen, alte Gärten; collin bis montan; slt. **K†?, V**. Gefährdet. Auch als ZierPf kultiviert u. verwildert u. stellenweise eingebürgert in **allen übrigen Bdld**. (Sonstige Vbr.: Süd-Deutschland, Süd-Europa.) **Kleine T.,** ***M. botryoídes***

**–** Perigonröhre eiförmig (genauer: obovoid); LB linealisch, schlaff liegend, — (2)3–5(7), 10–30 cm lg u. 1–5(10) mm br; Traube dicht bis sehr dicht, zur FrZeit verlängert; Perigon 3,5–5,5 mm lg, Perigonzipfel 0,5–1 mm lg. H: 10–40 cm. ♃ Ge. IV–V. Als ZierPf hfg kultiviert, slt verwildert. (Heimat: Südost-Europa, Kleinasien, Kaukasien).
★ **Armenische T.,** ***M. armeníacum***

## 136. Familie: Lauchgewächse, *Alliáceae* (*Liliaceae-Allioideae*)

Anm.: Diese Familie wurde früher als Teil (Unterfamilie) der Liliengewächse i. w. S. / *Liliaceae s. l.* betrachtet; → Anm. auf S. 886.

### Lauch, *Állium* (E 3; F 1; G VI 20)

Anm. 1: Viele Arten dieser Gattung lassen sich mit den üblichen (u. üblen?) Schlüsseln, die sowohl LB- wie BlüMerkmale benutzen, nicht problemlos bestimmen, weil blühende Pf oft nur verdorrte LB haben, an denen die entscheidenden Merkmale nicht mehr feststellbar sind. Andererseits bilden einige Arten oft keine Blü; diese lassen sich aber ebensowenig bestimmen, weil die üblichen Schlüssel auch BlüMerkmale in entscheidender Weise verwenden. Um diesem Dilemma zu entkommen, bieten wir hier die beiden Zusatzschlüssel **A** u. **B**: **A** für blühende Pf (S. 898), **B** für solche mit gut entwickelten LB (S. 901); beide führen zum Artnamen mit dem Hinweis auf die Schlüssel-Pkt-Nummer im Vollschlüssel **C** (S. 903). Dieser vollständige Schlüssel (**C**) berücksichtigt in der üblichen Weise beide Merkmalsbereiche, die der vegetativen ebenso wie die der reproduktiven Region; er enthält auch die Weiteren Angaben. – Anm. 2: *Man setze die Zwiebeln nach erfolgter Prüfung wieder ein!*

#### Zusatzschlüssel A (für Pf mit voll entwickelten Blü)

Anm. 1: Der Gri ist bei allen Arten in den Frkn ± weit eingesenkt, was bei der Ermittlung seiner Gesamtlänge zu berücksichtigen ist. Wenn nichts anderes angegeben, beziehen sich die Gri-Längen-Angaben auf den herausragenden Teil. – Der Gri verlängert sich während des Blühens; die angegebenen Werte beziehen sich immer auf die größte Länge, die am Ende des Blühens erreicht wird. – Anm. 2: Bei den folgenden Arten sind im Blüstd oft nur Brutzwiebeln u. keine Blü vorhanden: *A. paradóxum, A. satívum, A. vineále.*

**1** PerigonB 7–15 mm lg; StaubB deutlich kürzer als das Perigon (½×–¾× so lg) . . . . . . . . . . . . . . . . . . . . . . . . . . . . . . . . . **2**

**–** PerigonB 3–6(7) mm lg (nur bei *A. atropurpureum* bis 9 mm lg); StaubB annähernd so lg oder länger als das Perigon . . . . . . . . . . . . . . **4**

**2** PerigonB h'purpurn oder rosa, slt weiß; Stg stielrund; 2 SaAnlagen je FrknFach. — LB röhrig, manchmal etwas abgeflacht; StaubB $^1/_2$–$^3/_4$× so lg wie die PerigonB. **Schnitt-L., *Á. schoenóprasum*** (→ C 11)

–!! PerigonB d'purpurn; Stg stielrund; mehr als 2 SaAnlagen je FrknFach. — Zwiebel kugelig, 1,5–3 cm ∅; LB 1–4 cm br; PerigonB schmal, einander nicht überdeckend, 6–9 mm lg; StaubB so lg wie die PerigonB; Frkn (halb)kugelig, fast schwarz. **Purpur-L., *Á. atropurpúreum*** (→ A 18, → C 21)

– PerigonB weiß; Stg 3kantig; 2 SaAnlagen je FrknFach. — LB flach; PerigonB 7–12 mm lg; Frkn kugelig; Sa schwarz . . . . . . . . . . . . . . . . . . . . **3**

**3** PerigonB spitz, abstehend (ausgebreitet); Narbe einfach; StaubB $^1/_2$–$^2/_3$× so lg wie die PerigonB; BlüStiele aufrecht-abstehend; Scheindolde 6–20blütig; LB (1)2(3) mit (6)10–20 cm lg Stielen u. 2–8 cm br Spreite; Zwiebel etwa 4 cm lg u. 1 cm br; Sa ohne Elaiosom. **Bär-L., *Á. ursínum*** (→ C 2)

– PerigonB stumpf, aufrecht; Narbe 3zipfelig; StaubB $^1/_3$× so lg wie die PerigonB; BlüStiele abstehend bis zurückgeschlagen; Scheindolde (1)2–5(10)blütig; LB 1(2), ungestielt, mit 0,5–2,5 cm br Spreite; Zwiebel kugelig, 1 cm ∅; Sa mit weißem Elaiosom. — Scheindolde mit oder ohne Brutzwiebeln, gelegentlich nur Brutzwiebeln, 1–2 „BlüStiele" tragen manchmal 1 kleines HochB mit 1–2 Brutzwiebeln u. eventuell noch 1 gestielte Blü; PerigonB bis zur FrReife erhalten bleibend. **(★) Wunder-L., *Á. parádoxum*** (→ C 1)

**4** [1] Staubf. der inneren StaubB ± verbreitert, beiderseits der den Staubbeutel tragenden Mittelspitze lange, fadenförmige Zipfel (Abb. 407 a, b). — Zwiebel: auf 1 dickes SpeicherB folgen 1(3) dünne NiederB; Brutzwiebel im Blüstd oft vorhanden, Blü oft nur wenige oder fehlend (fehlgeschlagen), sodaß im Blüstd nur Brutzwiebeln vorhanden sind . . . . . . . . . . . . . . . . . . . . **5**

– Staubf. einfach oder mit nur kurzen, grundständigen Lappen oder Zipfeln (Abb. 407 c, d). — Brutzwiebeln vorhanden oder fehlend; normal entwickelte Blü stets vorhanden . . . . . . . . . . . . . . . . . . . . . . . . . . **10**

**5** PerigonB schmutzigweiß bis violettlich; Stg mehr als 1 cm ∅; H: 1,5–2 m. — LB gefaltet, blaugrün, Kiel u. LB'Rand rauh; Blüstd reichblütig, kugelig, ohne Brutzwiebeln; HochB bauchig, mit einer mehrere cm lg Spitze, nach Beginn der BlüZeit bald abfallend; StaubB länger als PerigonB. **(★) Porree, *Á. pórrum*** (→ C 17)

– PerigonB rosa bis purpurn; Stg höchstens 0,5 cm ∅; H: höchstens 1,5 m. — Blüstd mit oder ohne Brutzwiebeln . . . . . . . . . . . . . . . . . . . . . . . **6**

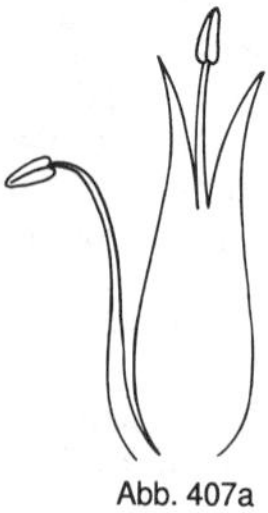

Abb. 407a

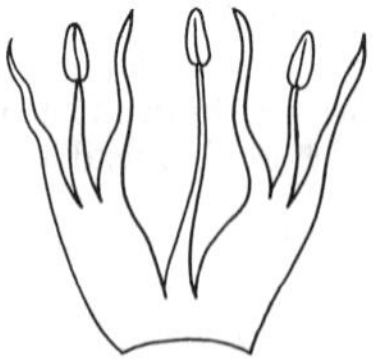

Abb. 407b

Abb. 407c

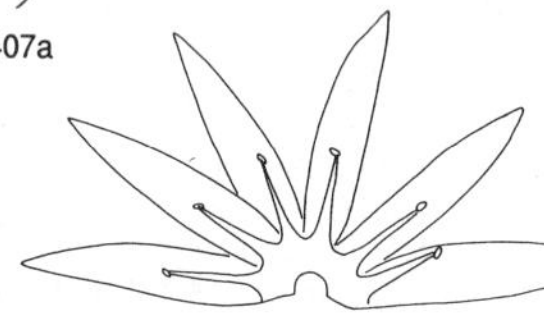

Abb. 407d

**6** Mittelspitze der Staubf. (die den Staubbeutel trägt) so lg oder länger als der ungeteilte Grund; HochB mit (mehrere cm) langer Spitze, — nach Beginn des Blühens bald abfallend; Blüstd fast ausschließlich aus Brutzwiebeln bestehend, dazwischen einzelne ± verkümmerte, sterile Blü; StaubB kürzer als das rötlichweiße Perigon.
★ **Knob-L., *Á. satívum*** (→ C 15)

**-** Mittelspitze der Staubf. höchstens ½× so lg wie der ungeteilte Grund; HochB mit nur kurzer (höchstens 2,5 cm lg) Spitze . . . . . . . . . . . . . . . **7**

**7** StaubB u. Gri (2 mm lg) höchstens so lg wie die PerigonB, Staubbeutel u. Gri die PerigonB daher nicht überragend (nur die seitlichen Zähne der Staubf. etwas über das Perigon hinausragend). — Zwiebeln meist mit kleinen Nebenzwiebeln; LB flach, V-förmig, gekielt; Perigon purpurn . . . . . . . . . . . **8**

**-** StaubB u. Gri länger als die PerigonB, Staubbeutel die PerigonB daher überragend. — Zwiebeln ohne kleine Nebenzwiebeln; LB ± stielrund, oberseits mit flacher Rinne, hohl; Perigon h'purpurn bis rosa . . . . . . . . . . . . . **9**

**8** Blüstd ohne Brutzwiebeln. — PerigonB 4–5(6) mm lg.
**Rund-L., *Á. rotúndum*** (→ C 17)

**-** Blüstd mit Brutzwiebeln. — PerigonB 3–4(5) mm lg.
**Schlangen-L., *Á. scorodóprasum*** (→ C 16)

**9** Blüstd ohne Brutzwiebeln; HüllB (1)2, Spitze 6–7 mm lg, meist kürzer als der Blüstd, meist lange erhalten bleibend.
**Kugel-L., *Á. sphaerocéphalon*** (→ C 14)

**-** Blüstd mit Brutzwiebeln (nicht slt ohne Blü); HüllB 1 (Spitze etwa 15–25 mm lg), so lg oder etwas länger als der Blüstd, meist bald abfallend.
**Weinberg-L., *Á. vineále*** (→ C 14)

**10** [4] Die beiden HüllB ungleich lg (das längere gelegentlich bis über 20 cm lg), am Grund nicht bauchig, — bis zur FrReife verdorrt vorhanden; Stiele der Blü-Knospen aufrecht, der Blü nickend, der Fr wieder aufrecht, ungleich lg; Staubf. einfach. *(A. sect. Codonoprasum)* . . . . . . . . . . . . . . . . . **11**

**-** Die beiden HüllB etwa gleich groß, — am Grund bauchig, sehr br, mit nur kurzer Spitze, bis zur FrReife ± beschädigt erhalten . . . . . . . . . . . **13**

**11** Perigon gelb; Frkn kugelig, — kurz gestielt; Staubf. bis zu ⅓ länger als die PerigonB; Blüstd ohne Brutzwiebeln. **Gelb-L., *Á. flávum*** (→ C 24)

**-** Perigon nicht gelb; Frkn lg'gestreckt. — LB flach, 1–4 mm br . . . . . . **12**

**12** Staubf. etwa so lg wie die PerigonB, sodaß höchstens die Staubbeutel ± weit herausragen; Perigon grünlichweiß mit braunem Mittelstreif oder h'bräunlich-purpurn (schwach rosa); Gri den Frkn nicht oder kaum überragend. — LB innen mit Luftgängen, daher ± hohl; Blüstd mit (d'roten) Brutzwiebeln
**Glocken-L., *Á. oleráceum*** (→ C 23)

**-!!** Staubf. länger als die PerigonB; Perigon purpurn (rosa); Gri den Frkn um 3–5 mm überragend (insgesamt 5–7 mm lg). — LB ungekielt, nicht hohl (nur gelegentlich kleine Luftgänge); Blüstd mit Brutzwiebeln.
**Kiel-L., *Á. carinátum*** (→ C 25)

**-** (Wenn keine Brutzwiebeln im Blüstd, → ⊖ **Schön-L., *A. pulchellum***, → C 25)

**13** [10] Stg u. LB hohl. (Kultivierte Arten.) . . . . . . . . . . . . . . . . . . **14**

**-** Stg u. LB nicht hohl . . . . . . . . . . . . . . . . . . . . . . . . . **16**

**14** Stg nicht aufgeblasen. — Blüstd mit Brutzwiebeln; innere StaubB etwa so lg oder etwas länger als die PerigonB, ihre Staubf. am Grund mit seitlichen Zipfeln (ähnlich Abb. 407 c) (wenn Staubf. nur halb so lg wie die PerigonB u. am Grund ohne Zipfel, → Schnitt-L., *Á. schoenóprasum*, → C 11). ★ **Schalotte, *Á. „ascalónicum“*** (→ C 11)

**-** Stg u. LB aufgeblasen, — weich, dick . . . . . . . . . . . . . . . . . . **15**

**15** StaubB 1½–2× so lg wie die PerigonB; die inneren Staubf. am Grund stark verbreitert, mit 2 deutlichen Zähnen (Abb. 407 c) (seltener zahnlos oder mit undeutlichen Höckern); BlüStiele 3–8× so lg wie die PerigonB. — BlüStiele 1–3 cm lg; Perigon grünlichweiß.
★ **Küchen-Zwiebel, *Á. cépa*** (→ C 10)
**-** StaubB mindestens 2× so lg wie die PerigonB; alle Staubf. zahnlos (ähnlich Abb. 407 d); BlüStiele höchstens doppelt so lg wie die PerigonB (zur FrReife 3–4× so lg).
★ **Röhren-Zwiebel, *Á. fistulósum*** (→ C 10)

**16** [13] Perigon gelblichweiß bis grünlichgelb. — Pro FrknFach 1 oder 2 SaAnlagen . . . . . . . . . . . . . . . . . . . . . . . . . . . . . . . . . **17**
**-** Perigon blaßrosa, rosa oder purpurn. — PerigonB 3–6 mm lg; Frkn eiförmig; pro FrknFach 2 oder mehr SaAnlagen . . . . . . . . . . . . . . . . **18**

**17** Frkn mit etwas unregelmäßiger Oberfläche, pro Fach nur 1 SaAnlage; Perigon blaß-grünlichgelb; Zwiebel 4–6 cm lg u. 1–2 cm br, von einer dichten, netzartigen Zwiebelhülle umgeben; LB'Scheiden den Stg auf ⅓–½ seiner Länge umhüllend, Spreite kurz gestielt, lanzettlich, 20–30(90) mm br. — PerigonB 3–6 mm lg. **Allermannsharnisch, *Á. victoriális*** (→ C 2)
**-** Frkn mit regelmäßiger, glatter Oberfläche, pro Fach 2 SaAnlagen; Perigon h'gelb; Zwiebel schmal, lg'gestreckt, 4–6 cm lg u. 0,5–1,5 cm br, von einer faserig zerfallenden Zwiebelhülle umgeben; LB'Scheiden den Stg auf höchstens ⅕ seiner Länge umhüllend, Spreite ungestielt, linealisch, 2–5 mm br. — Perigon 4–5 mm lg. **Gelbweiß-L., *Á. ochroléucum*** (→ C 20)

**18** Frkn ± kugelig, pro Fach mehr als 2 SaAnlagen; PerigonB 6–9 mm lg, schmal, einander nicht überdeckend; BlüStiele 3–4× so lg wie die Blü. — Zwiebel kugelig, 1,5–3 cm ∅; Stg dick, stielrund; LB 1–4 cm br, nicht gefaltet. [2–!!]
**Purpur-L., *Á. atropurpúreum*** (→ C 21)
**-** Frkn länglich, pro Fach 2 SaAnlagen; PerigonB 3–6 mm lg, einander randlich etwas überdeckend; BlüStiele 1–2× so lg wie die Blü. — Stg schlank . . **19**

**19** Stg stielrund; LB'Scheiden zumindest ⅓ des Stg umhüllend. — Zwiebel länglich, schlank . . . . . . . . . . . . . . . . . . . . . . . . . . . . . . . . . **20**
**-** Stg 2kantig; LB'Scheiden weniger als ⅓ der StgLänge umhüllend. — Zwiebel wenig entwickelt, am Ende eines verzweigten WuStocks sitzend; Zwiebelhülle hinfällig . . . . . . . . . . . . . . . . . . . . . . . . . . . . . . . . . **21**

**20** StaubB 1¼–1⅓× so lg wie die PerigonB; innere Staubf. am Grund abrupt verbreitert, meist jederseits mit kurzem Zahn (Abb. 407 c); Fasern der Zwiebelhülle ein dichtes Netz bildend. — PerigonB purpurn, 4–5 mm lg.
**Steif-L., *Á. stríctum*** (→ C 26)
**-** StaubB 1½–2× so lg wie die PerigonB; innere Staubf. am Grund allmählich verbreitert, ohne Zähne; Zwiebelhülle glatt, parallel zerfasernd. — PerigonB blaßrosa mit rotem Mittelstreifen, 3–4 mm lg. **Duft-L., *Á. suavéolens*** (→ C 26)

**21** StaubB ungefähr so lg wie die PerigonB oder etwas kürzer; LB'Unterseite in der Mitte mit Kiel. — PerigonB 3–6 mm lg, purpurn (slt weiß).
**Kanten-L., *Á. angulósum*** (→ C 22)
**-** StaubB deutlich länger als die PerigonB; LB'Unterseite in der Mitte ohne Kiel, — doch gelegentlich mit seitlichen Kanten; PerigonB 5–6 mm lg, purpurn bis purpurlila. **Berg-L., *Á. senéscens*** (→ C 22)

**Zusatzschlüssel B** (für Pf ohne Blü, aber mit gut entwickelten LB)

Anm.: *Es sind immer die untersten (äußersten) LB zu messen!*

**1** LB stielrund oder oberseits etwas rinnenförmig, zumindest am Grund deutlich röhrig (dh stielrund u. hohl) . . . . . . . . . . . . . . . . . . . . . **2**

– LB flach, ± rinnenförmig oder gefaltet, nicht stielrund (zuweilen aber durch Luftgänge ± hohl) . . . . . . . . . . **7**

**2** Pf nach Knoblauch riechend; LB blühreifer Pf oberseits etwas rinnenförmig, die der jüngeren Pf ± stielrund; ZwiebelB sehr verschieden dick: 1–2 dünnen folgt 1 sehr dickes ZwiebelB (NiederB). — Zwiebelhülle jung gelb, glatt, älter längsrissig, graubraun; Brutzwiebeln gelb . . . . . . . . . . **3**

– Pf nicht nach Knoblauch riechend (sondern nach Küchenzwiebel oder Schnittlauch); LB stets halbstielrund bis stielrund; alle ZwiebelB etwa gleich dick **4**

**3** LB erscheinen schon im Herbst; Pf einzeln wachsend. **Kugel-L., *Á. sphaerocéphalon*** (→ C 14)

– LB erscheinen im Vorfrühling (noch vor dem Gras auf den Wiesen); Pf meist gruppenweise wachsend, im Habitus ähnlich dem Schnittlauch („Roßschnittlauch"). **Weinberg-L., *Á. vineále*** (→ C 14)

**4** Zwiebel höchstens 5 mm br, — schmal-länglich, mager (ZwiebelB nur wenig verdickt); LB 1–6 mm ∅, ohne oder mit nur wenigen Nebenzwiebeln; Zwiebelhülle sich zerteilend (± zerschlitzt) **Schnitt-L., *Á. schoenóprasum*** (→ C 11)

– Zwiebel (5)10–50 mm br . . . . . . . . . . **5**

**5** Zwiebel asymmetrisch, — schief-länglich bis eiförmig, 5–20 mm br, mit ± zahlr. Nebenzwiebeln; Zwiebelhülle sich nicht zerschlitzend. ★ **Schalotte, *Á. „ascalónicum"*** (→ C 11)

– Zwiebel symmetrisch . . . . . . . . . . **6**

**6** Zwiebel wenig ausgeprägt, länglich, walzenförmig mit anfangs weißlicher, später brauner, meist nicht zerspaltender Zwiebelhülle u. vielen Nebenzwiebeln, — die einem fast waagrechten WuStock aufsitzen. ★ **Röhren-Zwiebel, *Á. fistulósum*** (→ C 10)

– Zwiebel deutlich ausgeprägt, groß, vielgestaltig (plattgedrückt-kugelig, eiförmig oder länglich) mit weißer, gelbbrauner oder violetter, meist zerspaltender Zwiebelhülle u. meist ohne Nebenzwiebeln. ★ **Küchen-Zwiebel, *Á. cépa*** (→ C 10)

**7** [1] LB gestielt, — mit 2–9 cm br, lanzettlicher Spreite; Zwiebel lg'gestreckt . . . . . . . . . . **8**

– LB ungestielt . . . . . . . . . . **9**

**8** LB'Scheiden lg, etwa ⅓–½ der StgLänge einhüllend; LB'Stiel 1–2(8) cm lg; Zwiebel wenig fleischig, von einer netzigen, dicken, bleibenden Zwiebelhülle umgeben. — Zwiebel 4–6 cm lg u. 1–2 cm br. **Allermannsharnisch, *Á. victoriális*** (→ C 2)

– LB'Scheiden sehr kurz, nur etwa ⅕ der StgLänge einhüllend; LB'Stiel (6)10–20 cm lg; Zwiebel fleischig, von einer häutigen, dünnen, hinfälligen, gelblichbraunen Zwiebelhülle umgeben. — Zwiebel etwa 4 cm lg u. 1 cm br, am Grund mit lockerem Borstenkranz; LB verkehrt stehend: die glänzende Seite (= morphologische Unterseite) nach oben gewendet. **Bär-L., *Á. ursínum*** (→ C 2)

**9** LB meist mehr als (4)5 mm br . . . . . . . . . . **10**

– LB höchstens 4(5) mm br . . . . . . . . . . **15**

**10** LB 1. — Zwiebel 0,5–1 cm br; Zwiebelhülle sehr dünn, hinfällig, h'braun. (★) **Wunder-L., *Á. parádoxum*** (→ C 1)

– Mehr als 1 LB . . . . . . . . . . **11**

**11** LB flach-rinnenförmig, ohne Kiel, — 1–4 cm br, blaugrün, glatt; Zwiebel groß, kugelig, tief im Boden sitzend. **Purpur-L., *Á. atropurpúreum*** (→ C 21)

– LB jung zusammengefaltet, V-förmig, später ausgebreitet, gekielt. — Zwiebel aus einem dicken SpeicherB, dem 1–3 dünne NiederB u. LB folgen . . . **12**

**12** Zwiebeln mit großen, sitzenden Neben- u. Beizwiebeln („Knoblauchzehen"). — Zwiebelhülle weiß oder purpurn; LB 6–12, am Rand kahl oder rauh. ★ **Knob-L., *Á. satívum*** (→ C 15)

– Zwiebeln ohne derartige Neben- u. Beizwiebeln oder nur mit kleinen Brutzwiebeln . . . . . . . . . . . . . . . . . . . . . . . . . . . . . . **13**

**13** Zwiebeln ohne Brutzwiebeln; Zwiebelhülle weißlich. — Meist nur JungPf, deren lg LB'Scheiden einen lg ScheinStg bilden; eine typische Zwiebel bildet sich erst im 2. Lebensjahr in der Achsel des obersten LB zur Zeit des 1. Blühens.
(★) **Porree, *Á. pórrum*** (→ C 17)

– Zwiebeln mit kleinen, gestielten Brutzwiebeln; Zwiebelhülle d'purpurn (bes. deutlich bei den Brutzwiebeln) bis schwärzlich. — Zwiebeln 1–2 cm br; LB 3–5 . . . . . . . . . . . . . . . . . . . . . . . . . . . . **14**

Anm.: Die folgenden beiden, nahe miteinander verwandten Arten sind im vegetativen Zustand nur schwer voneinander zu unterscheiden.

**14** LB gegen die Spitze zu am Rand meist schwach rauh, am Kiel meist fast glatt; Brutzwiebeln kugelig, mit kurzer Spitze. — LB (2)4–10 mm br.
**Rund-L., *Á. rotúndum*** (→ C 17)

– LB am Rand u. am Kiel kurz bewimpert rauh; Brutzwiebeln lg'gestreckt, mit ausgezogener Spitze. — LB 6–18 mm br.
**Schlangen-L., *Á. scorodóprasum*** (→ C 16)

**15** [9] LB'Scheiden höchstens 1/6 der StgLänge umhüllend; Zwiebel stets auf einem WuStock sitzend; Zwiebelhülle hinfällig . . . . . . . . . . . . . . . . . . **16**

– LB'Scheiden 1/4–3/5 der StgLänge umhüllend; Zwiebel meist nicht auf einem WuStock sitzend; Zwiebelhülle gut erhalten bis sehr robust . . . . . . . **17**

**16** LB gekielt. Auf feuchten Standorten. — Zwiebeln 0,5–1 cm br; LB 4–6.
**Kanten-L., *Á. angulósum*** (→ C 22–)

– LB ohne Kiel (zumindest nicht in der Blattmitte). Auf trockenen Standorten. — Zwiebeln etwa 1 cm br; LB 4–9. **Berg-L., *Á. senéscens*** (→ C 22)

**17** Zwiebel lg'gestreckt, schmal, walzlich bis schmal-kegelförmig, nicht fleischig . . . . . . . . . . . . . . . . . . . . . . . . . . . . . . **18**

– Zwiebel ± eiförmig bis zwiebelförmig, fleischig, — 1–1,5 cm br . . . . . **20**

**18** Zwiebelhülle dicknetzig. — LB 2–4, 18 cm lg u. 3,5 mm ∅; 1/3 des Stg von Blattscheiden umhüllt. **Steif-L., *Á. stríctum*** (→ C 26)

– Zwiebelhülle häutig, streifig, glatt . . . . . . . . . . . . . . . . . . . . **19**

**19** Pf trockener Standorte. Nur in Süd-**K** (in den Karawanken).
**Gelbweiß-L., *Á. ochroléucum*** (→ C 20)

– Pf feuchter Standorte. Nur in **B, N, V**. **Duft-L., *Á. suavéolens*** (→ C 26–)

**20** [17] LB mit stark abgerundeten Kanten, etwas hohl; LB'Scheiden 1/3–1/2 der StgLänge umhüllend. — Zwiebel 1–1,5 cm br; LB treiben im Herbst; LB 2–3, 2 mm br. **Gelb-L., *Á. flávum*** (→ C 24)

–!! LB seicht rinnenförmig, mit Luftgängen, daher ± hohl; LB'Scheiden 1/2–3/5 der StgLänge umhüllend. — Zwiebel meist 1–1,5 cm br; LB 2–4, 1–4 mm br.
**Glocken-L., *Á. oleráceum*** (→ C 23)

– LB flach, nicht hohl, Gewebe (Parenchym) aber gelegentlich lückig; LB'Scheiden 1/2–3/5 der StgLänge umhüllend. — Zwiebel 1 cm br; LB 2–4, 1–2,5 mm br.
**Kiel-L., *Á. carinátum*** (→ C 25)

**Vollschlüssel C** (mit den Weiteren Angaben)

**1** LB sitzend, länglich-lanzettlich, 0,5–2 cm br; Stg 3kantig. — Grundständige LB 1; Blüstd gelegentlich verzweigt (aus 2–3 „Stockwerken" bestehend), meist mit Brutzwiebeln, 1blütig oder ohne Blü; BlüStiel 2–4,5 cm; Perigon weiß; meist keine Fr bildend, sondern apomikti-

sche Fortpflanzung durch Brutzwiebeln. H: 15–30(40) cm. ♃ Ge. IV–V. Parks, Auwälder; collin; slt. **(W), S**. Lokaler Neubürger. (Heimat: Kaukasus, Elburs.) [A3–, B10]
**(★) Wunder-L.**, Seltsamer L., ***A. parádoxum***

–!! LB'Spreite in einen deutlichen Stiel verschmälert, br-lanzettlich bis elliptisch, mindestens 2 cm br; Stg stielrund. — Dolde stets unverzweigt, ohne Brutzwiebeln . . . . . . . . . . **2**

– LB sitzend, linealisch, lineal-lanzettlich oder röhrig, höchstens 1 cm br; Stg stielrund. — Dolde unverzweigt, mit oder ohne Brutzwiebeln (zuweilen ohne Blü) . . . . . . . . . . **3**

**2** Stg scheinbar beblättert (1/3 bis 1/2 der StgLänge, da die Scheiden der oberen = inneren LB länger sind; tatsächlich sind alle LB grundständig); StaubB länger als die PerigonB. — Zwiebel 4–6 cm lg u. 1–2 cm br, von einem dichten Fasernetz umschlossen; PerigonB 4–6 mm lg, weißlich- oder grünlichgelb. H: 30–60 cm. ♃ Ge. VII–VIII. Rasen, Hochstaudenfluren; subalpin bis alpin; zstr bis slt. **Fehlt B, W**. Alte ZauberPf. [A17, B8–]
**Allermannsharnisch**, Siegwurz-L., ***A. victoriális***

– Stg nicht (scheinbar) beblättert (LB'Scheiden alle gleich kurz); StaubB kürzer als die PerigonB. — Zwiebel etwa 4 cm lg u. 1 cm br, von hinfälligen Häuten umgeben; LB verkehrt stehend: die glänzende morphologische Unterseite nach oben gewendet; PerigonB 7–12 mm lg, weiß. H: 10–50 cm. ♃ Ge. V–VI. Harte Auwälder, lehmig-feuchte Edellaubwälder; collin bis montan; hfg bis zstr. **Alle Bdld**. Homöop.; Wildsalat, Wildgemüse („Knofelspinat"). In den wAlp gefährdet. [A3, B8–] **Bär-L.**, Bären-L., „Waldknoblauch", „Ronzn", ***Á. ursínum***

**3** Blüstd nur aus Brutzwiebeln bestehend, ohne Blü . . . . . . . . . . **4**

– Blüstd mit Blü, manchmal mit Brutzwiebeln . . . . . . . . . . **8**

**4** HüllB mindestens 3 cm lg u. lange erhalten bleibend . . . . . . . . . . **5**

– HüllB höchstens 2 cm lg, wenn etwas länger, dann frühzeitig abfallend . . **6**

**5** LB innen hohl; StgGrund unmittelbar oberhalb der Zwiebel ohne Faserschopf.
**Glocken-L.**, ***Á. oleráceum*** (→ Pkt 23)

– LB nicht hohl; StgGrund unmittelbar oberhalb der Zwiebel mit deutlichem Faserschopf. **Kiel-L.**, ***Á. carinátum*** (→ Pkt 25)

**6** LB 0,2–4 mm br, fast stielrund, oberseits rinnenförmig. — HüllB 1, so lg oder etwas länger als der Blüstd, meist bald abfallend.
**Weinberg-L.**, ***Á. vineále*** (→ Pkt 14)

– LB 5–20 mm br, flach . . . . . . . . . . **7**

**7** LB 2–5, am Rand kurz bewimpert-rauh; Hauptzwiebel nicht zusammengesetzt, meist von viel kleineren Nebenzwiebeln umgeben; WildPf.
**Schlangen-L.**, ***Á. scorodóprasum*** (→ Pkt 16)

– LB 6–12, am Rand kahl oder rauh; Hauptzwiebel aus mehreren Nebenzwiebeln („Zehen") zusammengesetzt, außerhalb der gemeinsamen Haut keine kleinen Nebenzwiebeln; KulturPf. **★ Knob-L., Knoblauch, *Á. satívum*** (→ Pkt 15)

**8** [3] LB röhrig, hohl, stielrund u. oberseits nicht rinnenförmig, slt etwas abgeflacht . . . . . . . . . . **9**

– LB flach oder ± stielrund u. hohl, aber oberseits rinnenförmig . . . . . **12**

**9** Stg unterhalb der Mitte u. LB bauchig aufgeblasen (bauchig verdickt). — Zwiebel ohne Tochterzwiebeln; Perigon weißlich oder grün . . . . . . . . . . **10**

– Stg u. LB nicht aufgeblasen, gleichmäßig stielrund . . . . . . . . . . **11**

**10** Alle Staubf. zahnlos (ähnlich Abb. 407 d); BlüStiele etwa so lg wie die Blü. H: 30–100 cm. ♃ Ge. VI–VIII. KulturPf (Gewürz- u. GemüsePf); slt verwildert. (Heimat: Süd-Sibirien.) [A15–, B6] **★ Röhren-Zwiebel, *Á. fistulósum***

- Die inneren Staubf. jederseits mit kurzem Zahn (Abb. 407 c); BlüStiele 3–8× so lg wie die Blü. H: 60–120 cm. ♃ Ge. VI–VIII. KulturPf (Gewürz- u. GemüsePf); slt verwildert. (Heimat: südwestl. Mittelasien.) Homöop. [A15, B6–] **★ Küchen-Zwiebel, *Á. cépa***

**11** Perigon bläulich; StaubB etwas länger als das Perigon, die inneren am Grund mit einem Zahn (ähnlich Abb. 407 c); Blüstd mit Brutzwiebeln. — Zwiebel mit Tochterzwiebeln. H: 15–80 cm. ♃ Ge. VI–VII. KulturPf (Gewürz- u. GemüsePf); slt verwildert. (Heimat: Südwest-Asien: Palästina. Aus Askalon von Kreuzfahrern nach Europa gebracht: Name!) *(A. cepa var. ascalonicum)* [A14, B5] **★ Schalotte,** Asch-L., ***A. „ascalónicum"***

- Perigon h'purpurn; StaubB kürzer als das Perigon, alle zahnlos (Abb. 407 d); Blüstd stets ohne Brutzwiebeln. [A2, B4] **Schnitt-L., *Á. schoenóprasum***
  - **a** Stg nur am Grund oder im unteren Drittel von LB'Scheiden umhüllt (scheinbar beblättert, *vgl. Erläuterung in Pkt 2)*; BlüStiele 7–8 mm lg, so lg wie die lanzettlichen bis eiförmigen, 7–10(12) mm lg PerigonB. H: 15–30(50) cm. ♃ Ge. VI–VIII. KulturPf (Gewürz- u. GemüsePf), manchmal verwildert. (Heimat: Nordost-Europa, Sibirien). **★ Garten-Sch.,** „Schnittling", „Schnittler", ***Á. s. subsp. schoenóprasum***
  - **-** LB'Scheiden reichen etwa bis zur Mitte des Stg (Stg daher scheinbar bis über die Mitte beblättert); BlüStiele 4–6 mm lg, meist kürzer als die lineal-lanzettlichen, 10–15 mm lg PerigonB. — LB oft etwas abgeflacht. H: 20–50 cm. ♃ Ge. VI–VIII. Sumpfwiesen, Flachmoore, feuchte, steinige Hänge, meist kalkreiche Quellfluren; subalpin bis alpin (sehr slt collin als Eiszeitrelikt); mäßig hfg bis slt. **Fehlt B, W.** Im BM, nVL u. Pann gefährdet. *(A. sibiricum)* **Alpen-Sch., *Á. s. subsp. alpínum***

**12** [8] Zumindest die 3 inneren Staubf. verbreitert, an der Spitze 3zähnig, die beiden seitlichen Zähne zur Zeit des Blühbeginns mindestens so lg wie der Mittelzahn, der den Staubbeutel trägt (Abb. 407 a, b) . . . . . . . . . . **13**

- Meist alle Staubf. gleich, ohne lg Seitenzähne, die 3 inneren Staubf. höchstens am Grund verbreitert u. Seitenzähne viel kürzer als der Mittelzahn (Abb. 407 c, d) . . . . . . . . . . . . . . . . . . . . . . . . . . . . . . **18**

**13** LB wenigstens vorn (halb-)stielrund, stets oberseits rinnenförmig. — StaubB länger als das Perigon . . . . . . . . . . . . . . . . . . . . . . . . **14**

- LB flach . . . . . . . . . . . . . . . . . . . . . . . . . . . . . . **15**

**14** Blüstd meist ohne Brutzwiebeln; HüllB (1)2, kürzer als der Blüstd, meist lange erhalten bleibend. — Zwiebel ohne kleine Nebenzwiebeln; Staubbeutel aus dem h'purpurnen Perigon herausragend. H: 30–60 cm. ♃ Ge. VI–VII. Trockenrasen, Gebüsche, Weingärten, Äcker, Ruderalstellen; collin bis montan; slt. **B, W, N, O†, V†.** Gefährdet. [A9, B3] **Kugel-L., *Á. sphaerocéphalon***

- Blüstd meist mit Brutzwiebeln; HüllB 1, so lg oder etwas länger als der Blüstd, meist bald abfallend. — Blüstd wenigblütig oder blütenlos (nur mit Brutzwiebeln); StaubB zuletzt fast doppelt so lg wie die PerigonB. H: 30–70 cm. ♃ Ge. VI–VIII. Weingärten, Äcker, Wiesen, Halbtrockenrasen, Gebüsche; collin bis submontan; zstr. **V†; fehlt T.** [A9–, B3–, C6] **Weinberg-L.,** „Roß-Schnittlauch", ***Á. vineále***

**15** Mittelspitze der Staubf. (die den Staubbeutel trägt) so lg oder länger als der ungeteilte Grund. — Zwiebel zusammengesetzt, Nebenzwiebel länglich-eiförmig („Zehen"); Blüstd fast ausschließlich mit Brutzwiebeln; StaubB kürzer als das rötlichweiße Perigon. Alle Kulturrassen sind nur vegetativ vermehrbar, da Viren usw. die Ausbildung fertiler Blü regelmäßig verhindern. H: 25–70 cm. ♃ Ge. VII–VIII. KulturPf (Heimat: Mittelasien); slt verwildert. Gewürz-, Gemüse- u. VolksarzneiPf; Pharm.; Homöop. [A6, B12, C7–] **★ Knob-L., Knoblauch,** „Knofel", ***Á. satívum***
  - **a** Stg (Schaft) vor dem Blühen starr aufrecht. **★ Echter K., *Á. s. var. satívum***
  - **-** Stg vor dem Blühen krummstab- oder schlangenartig eingerollt. **★ Natter-K., *Á. s. var. ophioscórodon***

- Mittelspitze der Staubf. höchstens ½× so lg wie der ungeteilte Grund . . **16**

**16** Blüstd mit Brutzwiebeln; HüllB 2, lange bleibend. — LB am Rand u. auf dem

Mittelnerv rauh; StaubB kürzer als das d'purpurne Perigon. H: 30–100 cm. ♃ Ge. VI–VII. Gebüschsäume, Waldränder, Weingärten, Auwälder, Ruderalstellen; collin bis montan; zstr bis slt. **Fehlt S, V**. In den wAlp u. im nVL gefährdet. [A8–, B14–, C7] **Schlangen-L., *Á. scorodóprasum*** *(s. str.)*

- Blüstd ohne Brutzwiebeln; HüllB 1, früh abfallend . . . . . . . . . . . . **17**

**17** LB schmal-linealisch, d'grün; Hülle nicht bauchig aufgeblasen, kürzer als der Blüstd; StaubB höchstens so lg wie das purpurne Perigon, nur ihre fädigen Zähne hervorragend; LB'Rand unten glatt, gegen die Spitze zu rauh. — Zwiebel meist von kleinen Nebenzwiebeln umgeben; LB zur BlüZeit meist verwelkt, dann u. U. zu verwechseln mit dem **Kugel-L.** (→ Pkt 14, bei diesem aber die StaubB länger als das Perigon u. Zwiebel ohne Nebenzwiebeln). H: 30–60 cm. ♃ Ge. VI–VIII. Trockenrasen, Gebüsche, Äcker, Weingärten; collin bis submontan; im Pann slt, sonst sehr slt. **B, W, N, O†**. Gefährdet. *(A. scorodoprasum subsp. rotundum)* [A8, B14] **Rund-L., *Á. rotúndum***

- LB länglich-lanzettlich, blaugrün; Hülle bauchig aufgeblasen, länger als der Blüstd; StaubB länger als das schmutzigweiße bis violettliche Perigon; LB am Rand u. am Kiel rauh. — In den Gärten fast nur JungPf, deren lg LB'Scheiden einen ScheinStg bilden. H: 40–90 cm. ♃ Ge. VI–VIII. KulturPf; Gewürz- u. GemüsePf (LB [samt ScheinStg]). In **V** verwildert u. eingebürgert. (Stammsippe: *Á. ampeloprasum*, Felsküsten des Medit.) [A5, B13] **(★) Porree,** Breit-L., „Lauch", ***A. pórrum***

**18** [12] Stg höchstens im untersten $^1/_6$ von LB'Scheiden umhüllt *[→ Erläuterung in Pkt 2!]* (daher alle LB'Spreiten in ungefähr derselben Höhe vom Stg abgehend) . . . . . . . . . . . . . . . . . . . . . . . . . . . . . . . . . . . **19**

- Stg zumindest im untersten $^1/_4$ (bis $^3/_5$) von LB'Scheiden umhüllt (daher LB'Spreiten in verschiedenen Höhen vom Stg abgehend) . . . . . . . . . . **23**

**19** Perigon weiß oder gelblichweiß . . . . . . . . . . . . . . . . . . . . . . . **20**

- Perigon purpurn oder lila . . . . . . . . . . . . . . . . . . . . . . . . . . . **21**

**20** StaubB etwa doppelt so lg wie die PerigonB; Frkn eiförmig; Zwiebelhäute faserig zerfallend. — PerigonB 4–5 mm lg. H: 10–40 cm. ♃ Ge. VII–VIII. Felsige Abhänge; kalkstet; montan bis subalpin; slt. Süd-**K** (Karawanken). (Hptvbr.: südl. Kalkalpen, Dinariden, Apenninen, Karpaten.) [A17–, B19] **Gelbweiß-L.**, (sl.:) rumenkasti luk, ***A. ochroléucum***

- StaubB ungefähr so lg wie die PerigonB oder etwas kürzer; Frkn eiförmig; Zwiebelhäute nicht faserig zerfallend. — LB unterseits mit scharfem Kiel. **Kanten-L., *Á. angulósum*** (→ Pkt 22–)

**21** Stg rund; Zwiebel halbkugelig bis zwiebelförmig, nicht auf einem Rhizom sitzend, — 1,5–3 cm br, sehr tief im Boden; LB 1–4 cm br; PerigonB 7–9 mm lg; StaubB nur wenig kürzer als das d'purpurne Perigon. H: 40–100 cm. ♃ Ge. VI–VIII. Böschungen, Getreideäcker; collin; sehr slt. **B, (N†)**. Vom Aussterben bedroht. [A2–!!, A18, B11] **Purpur-L., *Á. atropurpúreum***

- Stg kantig; Zwiebel länglich bis fast zylindrisch, auf einem kurzen Rhizom sitzend . . . . . . . . . . . . . . . . . . . . . . . . . . . . . . . . . . . **22**

**22** LB unterseits ohne deutlichen Kiel; StaubB länger als die PerigonB. — Perigon purpurn bis purpurlila. H: 10–40 cm. ♃ Ge. VII–VIII. Sonnige Felsrasen, flachgründige Trockenrasen; collin bis subalpin; zstr. **Fehlt W**. *(**A. montanum**)* [A21–, B16–] **Berg-L., *Á. senéscens* (subsp. *montánum*)**

- LB unterseits mit scharfem Kiel; StaubB höchstens so lg wie die PerigonB. — Perigon h'purpurn (slt weiß). H: 20–50(70) cm. ♃ Ge. VII–VIII. Feuchte bis nasse Wiesen (Flachmoorwiesen); collin; slt. **B, W, N, O†, St†, K, S†, V**. Stark gefährdet; im Rh u. nVL vom Aussterben bedroht. *(A. acutangulum)* [A21, B16, C20–] **Kanten-L., *Á. angulósum***

**23** [18] StaubB kaum länger als die PerigonB. — Blüstd meist mit d'roten Brutzwiebeln; Perigon grünlich, rötlich überlaufen. H: 30–60(100) cm. ♃ Ge. VII–VIII. Trockene bis feuchte Wiesen, Gebüsche, Weinberge, auch Felsen u. Mauern; collin bis montan; zstr bis slt. **V†, sonst in allen Bdld**. In den wAlp gefährdet. [A12, B20–!!, C5] **Glocken-L.**, Gemüse-L., ***Á. oleráceum***

**–** StaubB deutlich länger als die PerigonB . . . . . . . . . . . . . . . . . . . **24**

**24** Perigon gelb. — Blüstd ohne Brutzwiebeln; BlüStiele zart, fast fadenförmig, 3–4× so lg wie die Blü. H: (10)20–60 cm. ♃ Ge. VII–VIII. Trockenrasen, trockene Wiesen; collin bis montan; zstr bis slt. Bes. im Pann. **B, W, N**. [A11, B20] **Gelb-L., *Á. flávum***

**–** Perigon purpurn . . . . . . . . . . . . . . . . . . . . . . . . . . . . . **25**

**25** Blüstd mit Brutzwiebeln; BlüStiele 4–6× so lg wie die Blü. — Blü 0–30, meist unfruchtbar, Fr daher slt. H: 30–60 cm. ♃ Ge. VI–VII(VIII). Trockene u. feuchte Magerwiesen, lichte Föhrenwälder; collin bis montan; zstr. **Alle Bdld**. [A12–!!, B20–, C5–] **Kiel-L., *Á. carinátum***

**–!!** Blüstd ohne Brutzwiebeln; BlüStiele 2–4× so lg wie die Blü. — Blü zahlr., meist fruchtbar; Fr zahlr. H: 20–60 cm. ♃ Ge. VII–VIII. Trockenwiesen, trockene Hänge; kalk- u. wärmeliebend; collin bis submontan; slt?. **V**?. *(A. carinatum subsp. pulchellum, A. cirrhosum)* ⊖ **Schön-L., *Á. pulchéllum***

**–** Blüstd ohne Brutzwiebeln; BlüStiele ungefähr so lg wie die Blü. — Stg stielrund . . . . . . . . . . . . . . . . . . . . . . . . . . . . . . . **26**

**26** Innere Staubf. am Grund abrupt verbreitert, meist jederseits mit kurzem Zahn (Abb. 407 c); Fasern der Zwiebelhäute ein dichtes Netz bildend. H: 20–50 cm. ♃ Ge. VI–VIII. Rasenbänder, Felsgesimse u. Felsspalten; montan bis subalpin; sehr slt. **St, S, T**. Potentiell gefährdet. [A20, B18] **Steif-L., *Á. stríctum***

**–** Innere Staubf. am Grund allmählich verbreitert, ohne Zähne; Fasern der Zwiebelhäute parallel gerichtet. — StaubB länger als die PerigonB (bei dem an ähnlichen Standorten vorkommenden Kanten-L., *A. angulosum*, [→ Pkt 22] sind die StaubB nicht länger als die PerigonB). H: 20–50 cm. ♃ Ge. VIII–IX. Sumpfwiesen, Flachmoore; collin bis submontan; sehr slt. **B, N, V**. Stark gefährdet; im Rh vom Aussterben bedroht. [A20–, B19–] **Duft-L., *Á. suavéolens***

## 137. Familie: Narzissengewächse, *Amaryllidáceae* (→ G VI 13)

**1** PerigonB röhrig verwachsen, mit 6zipfligem Saum u. einem schüssel- oder becherförmigen Nebenperigon (Abb. 408). **(3) Narzisse, *Narcíssus***

**–** PerigonB frei, ohne Nebenperigon. — Perigon weiß . . . . . . . . . . . **2**

**2** PerigonB gleich lg, alle an der Spitze mit grünlichem oder gelbem Fleck; LB 3–4, grasgrün. **(1) Knotenblume, *Leucójum***

**–** Innere PerigonB mit grünem Spitzenfleck, nur halb so lg wie die ungefleckten äußeren; LB 2, blaugrün, — dicklich. **(2) Schneeglöckchen, *Galánthus***

## (1) Knotenblume, *Leucójum*

**1** Stg 1(2)blütig; Fr ellipsoidisch; Sa weißlich, mit Anhängsel. H: 10–30 cm. ♃ Ge. II–IV. Auwälder, bes. Grauerlenwälder, feuchte bis sumpfige Wiesen; (collin) submontan bis montan (subalpin); hfg bis zstr. **Fehlt W**. Im nVL gefährdet. △ Auch als ZierPf kultiviert. Schwach giftig.
**Frühlings-K.**, „Großes Schneeglöckchen", „Märzenbecher", ***L. vérnum***

- Stg (1)2–5(7)blütig; Fr fast kugelig; Sa schwarz, ohne Anhängsel. H: 35–60 cm. ♃ Ge. (IV)V–VI. Nasse Wiesen, Sümpfe, Auwälder; collin; slt. Im Pann. **B, N.** Schwach giftig. Gefährdet. ▲ **Sommer-K., *L. aestívum***

## (2) Schneeglöckchen, *Galánthus*

Stg 1blütig; Sa mit gekrümmtem Anhängsel (Elaiosom: Ameisenausbreitung!). H: 10–20 cm. ♃ Ge. II–IV. Auwälder u. lehmig-feuchte Edellaubwälder; collin bis montan; zstr. **Fehlt T**; in **K** nur verwilderte ZierPf. Schwach giftig. Im nVL, söVL u. im Rh gefährdet. ▲
**Schneeglöckchen**, Eigentliches Sch., Kleines Sch., ***G. nivális***

## (3) Narzisse, *Narcíssus*

1 Perigon h'gelb; Nebenperigon dottergelb, becherförmig, so lg wie die Perigonzipfel. H: 15–40 cm. ♃ Ge. III–IV. Als ZierPf hfg kultiviert, manchmal verwildert bis lokal eingebürgert. Giftig. ★ **Gelbe N.,** „Märzenbecher", ***N. pseudonarcíssus***
Anm.: Die Hybride ★ ***N. × incomparábilis*** (= *N. pseudonarcissus × poeticus*; Nebenperigon kürzer als die freien Perigonzipfel, becher- bis radförmig) als ZierPf kultiviert u. auch verwildert, zB in **(W, N, O, St)**.
- Perigon weiß; Nebenperigon gelb, schüsselförmig, mit krausem, roten Rand, kürzer als die Perigonzipfel . . . . . . . . . . . . . . . . . . . . . . . . 2

2 Perigonzipfel am Grund nur wenig verschmälert; 3 StaubB tiefer u. 3 höher eingefügt, zur Zeit der Pollenreife nur 3 StaubB aus der Perigonröhre herausragend (?). — Perigonzipfel 20–25 mm lg; LB 6–10(12) mm br. H: 30–50 cm. ♃ Ge. IV–V. ZierPf, hfg kultiviert. Verwildert in **allen Bdld**. Giftig. (→ Anm. bei Pkt 1!)
★ **Dichter-N.,** Weiße N., Garten-N., ***N. poéticus***
- Perigonzipfel am Grund keilig verschmälert; alle 6 StaubB fast in gleicher Höhe eingefügt, zur Zeit der Pollenreife alle 6 StaubB aus der Perigonröhre herausragend (?). — Perigonzipfel 22–30 mm lg; LB 5–8 mm br; H: 20–40 cm. ♃ Ge. IV–V. Feuchte Wiesen; obermontan bis subalpin; zstr, stellenweise hfg. **N, O, St, K**. Giftig. △ (Inkl. *N. exsertus* u. *N. stellaris)*
■ **Stern-N., *N. radiiflórus***

# Ordnung Lilienartige i. e. S., *Liliáles*

## 138. Familie: Germergewächse, *Melanthiáceae*
*(Liliaceae-Veratroideae, -Melanthioideae)* (G VI 10)

1 Pf 5–30(40) cm hoch; LB 2zeilig angeordnet, die meisten grundständig, linealisch, schwertlilien-ähnlich (reitend); PerigonB 1,5–3,5 mm lg, — gelbgrün bis weißlich. **(1) Simsenlilie, *Tofiéldia***
- Pf 60–150 cm hoch; LB schraubig angeordnet, die meisten stengelständig, br-eiförmig bis -elliptisch; PerigonB 4–15 mm lg. **(2) Germer, *Verátrum***

## (1) Simsenlilie, Torflilie, „Graslilie", Liliensimse, *Tofieldia*

1 DeckB unzerteilt, eiförmig bis lanzettlich; BlüStiel direkt unterhalb des Perigons mit 3teiligem VorB („Außenperigon"); Perigon blaßgelb. — LB 2–15 cm lg, 4–10nervig; Blüstd meist walzlich, 2–6 cm lg, 15–30blütig. H: 15–30(40) cm. ♃ He. VI–VII. Feuchte Wiesen, Quellfluren, feuchte Felshänge, Flachmoore;

kalkliebend; collin bis subalpin (alpin); collin slt, sonst hfg bis zstr. **Fehlt W**. Im nVL u. im Pann gefährdet. **Gewöhnliche S.,** Kelch-G., ***T. calyculáta***
- DeckB 3lappig; BlüStiel ohne VorB; Perigon weißlich. — LB 1–5 cm lg, 3–4nervig; Blüstd meist kopfig, 0,5–2 cm lg, 5–10blütig. H: (2)5–10(15) cm. ♃ He. VII–VIII. Sickernasse Quellmoore, Schneetälchen, Polsterseggenrasen; subalpin bis alpin; slt. **Fehlt B, W, N**. *(T. palustris)* **Kleine S.,** ***T. pusílla***

Anm.: Die seit 1961 unterschiedenen Unterarten (***subsp. pusílla***: LB meist 2–5 cm lg, 3–4nervig; u. *subsp. austríaca*: LB meist 4–8 cm lg, 5–7nervig, alpin, in den Ostalpen endemisch) sind als solche nicht aufrechtzuerhalten, da es sich bei den als „***subsp. austriaca***" betrachteten Populationen um Hybriden mit *T. calyculata* handelt*.

## (2) Germer, *Verátrum*

1 LB kahl; BlüStiele ungefähr so lg oder wenig länger als die DeckB; PerigonB rotbraun bis d'violettbraun, 3,5–7 mm lg; Fr kahl. H: 50–100(130) cm. ♃ He. VII–VIII. Trockene, klimawarme Wälder, Waldschläge; collin bis untermontan; zstr bis slt. **B, W, N, St**. (Submedit.) Giftig. Im söVL gefährdet. △ **Schwarz-G.,** Schwarzer G., ***V. nígrum***
- LB unterseits flaumig behaart; BlüStiele kürzer als die DeckB; PerigonB weiß bis grünlich oder gelblich, 7–15 mm lg; Fr behaart. H: 50–175 cm. ♃ He. VI–VIII. Hochstaudenfluren, Weiderasen, (collin bis untermontan:) Flachmoore u. Feuchtwiesen, slt in Schwarzerlenwäldern; (collin bis) obermontan bis subalpin; hfg. **Alle Bdld**. Stark giftig; Pharm. (Veratrin). △ **Weiß-G.,** Weißer G., „Hemmer(t)wurzn", ***V. álbum***

a PerigonB innen weiß, außen grünlich bis schmutziggelb; BlüStiele viel kürzer als die DeckB. Hfg. **Fehlt V**. **Eigentlicher Weiß-G.,** ***V. a. subsp. álbum***
- PerigonB beiderseits grün; BlüStiele etwas kürzer als die DeckB. Zstr bis slt. Bes. im Westen u. Süden. **N?, St, K, S, T, V**. **Grüner (Weiß-)G.,** ***V. a. subsp. lobeliánum***

# 139. Familie: Herbstzeitlosengewächse, *Colchicáceae* *(Liliaceae-Colchicoideae)*

## (1) Herbstzeitlose u. Lichtblume, Zeitlose, *Cólchicum* (inkl. *Bulbocodium*) (D 3; G VI 4, G VI 8, 18)

1 Gri 3, bis zum Grund frei; unterer, schmaler Teil der PerigonB zu einer Röhre verwachsen. — LB im Frühjahr mit der aufgeblasenen Fr erscheinend; Perigon purpurn. H: 5–30 cm. ♃ Ge. VIII–XI (slt II–III: dann nicht mit *Crocus* verwechseln!). Frische Fettwiesen, Auwälder; kalkliebend; collin bis subalpin; hfg. **Alle Bdld**. Stark giftig (Colchizin). **Herbstzeitlose,** ***C. autumnále***
- Gri 1, oben 3spaltig; unterer, schmaler Teil der PerigonB nicht miteinander verwachsen. — LB im Vorfrühling gleichzeitig mit den Blü erscheinend; Perigon h'purpurrot, slt weiß. H: 5–20 cm. ♃ Ge. II–III. Grasige Bänder, feinerdereiche Stellen einer südexponierten Felswand; untermontan; sehr slt. **K** (nur 1 Fundort auf der Südseite der Gerlitzen). (Sonstige Vbr.: Pyrenäen, Westalpen.) Gefährdet. ▲ *(**Bulbocodium vernum**)*
**Frühlings-Lichtblume,** Frühlings-Zeitlose, „Kärntner Lichtblume", ***C. vérnum***

---

* Mitteilung von W. GUTERMANN.

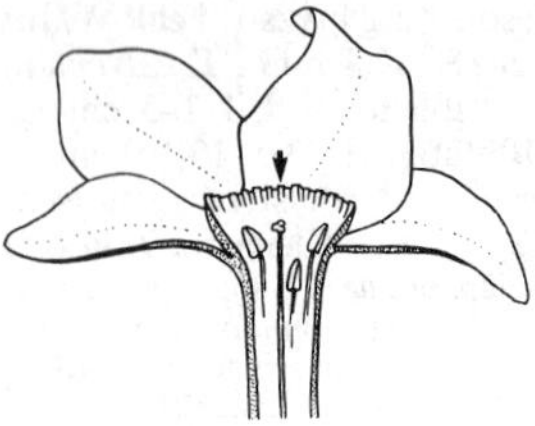

Abb. 408

Abb. 409a

Abb. 409b

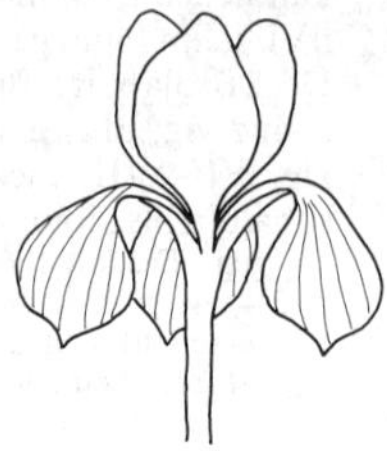

Abb. 410

## 140. Familie: Liliengewächse i. e. S.*, *Liliáceae (s. str.)*
*(Liliaceae-Lilioideae)* (G VI 10, 24)

1 Staubbeutel in der Mitte dem Staubf. angeheftet (Abb. 409 a). **(6) Lilie, *Lílium***
– Staubbeutel am Grund dem Staubf. angeheftet (Abb. 409 b) . . . . . . . . 2

2 PerigonB in der Höhe des Frkn abrupt zurückgebogen (dadurch zyklamenähnlich); LB gefleckt. **(3) Hundszahn, *Erythrónium***
– PerigonB nicht abrupt zurückgebogen; LB nicht gefleckt . . . . . . . . . . 3

3 Gri (fast) fehlend; Narbe fast sitzend. **(4) Tulpe, *Túlipa***
– Gri deutlich ausgebildet; Narbe nicht sitzend . . . . . . . . . . . . . . 4

4 Blü nickend; PerigonB 3–3,7 cm lg. **(5) Schachblume, *Fritillária***
– Blü aufrecht oder waagrecht abstehend, nicht nickend; PerigonB 1–2 cm lg, — gelb oder weiß . . . . . . . . . . . . . . . . . . . . . . . . . . 5

5 PerigonB innen weiß, am Grund mit kleiner, schüsselförmiger Nektardrüse. **(1) Faltenlilie, *Lloýdia***
– PerigonB innen gelb (sehr slt weißlich), ohne Nektardrüse. — Blü einzeln oder in Trauben bis Dolden; PerigonB außen gelblichgrün. **(2) Gelbstern, *Gágea***

### (1) Faltenlilie, *Lloýdia*

Stg 1(3)blütig; GrundB meist 2, fadenförmig, 7–20(30) cm lg, meist länger als der Stg; StgB lineal-lanzettlich. H: 5–15(40) cm. ♃ Ge. VII–VIII. Rasen, Gesteinsfluren, Felsritzen, bes. in Nacktriedges., auch in flechtenreichen Krummseggenrasen u. in Gemsheide-Spalieren; bes. über Kalkschiefer u. Silikatgesteinen; subalpin bis alpin; zstr bis slt. **St, K, S, T, V.** △ **Faltenlilie, *L. serótina***

### (2) Gelbstern, Goldstern, *Gágea*

Anm.: *Die Zwiebelmerkmale (beziehen sich auf die blühende Pf) sind im folgenden Schlüssel für die Bestimmung zwar entbehrlich (taxonomisch aber wichtig); nach etwaiger Überprüfung der Zwiebel setze man sie womöglich wieder ein!*

1 GrundB röhrig-hohl, — halbstielrund bis stielrund; Zwiebeln 2, von außen einfach erscheinend (von gemeinsamer Haut umschlossen), mindestens so hoch wie br . . . . . . . . . . . . . . . . . . . . . . . . . . 2

* Siehe Anm. auf S. 886!

- GrundB nicht röhrig-hohl, — halbstielrund, rinnenförmig oder flach . . . **3**

**2** BlüStiele kahl; StgB 1, von den HochB entfernt. — GrundB 1–1,5 mm br; das StgB von den HochB auffällig verschieden, mit Kapuzenspitze u. LB'Scheide. H: 10–20 cm. ♃ Ge. IV–V. Schattige, feuchte (vernäßte) Wälder, Auwiesen; collin; slt. Süd-**B**. Gefährdet. **Scheiden-G., *G. spathácea***

- BlüStiele behaart; StgB 2, beide den HochB genähert. — GrundB 2–3 mm br. H: 10–20 cm. ♃ Ge. VI–VII. Überdüngte, sumpfige Wiesen, Lägerstellen, oft in der Umgebung von Almhütten; kalkmeidend; subalpin bis alpin; zstr. **St, K, S, T, V**. △ *(G. liotardii)* **Röhren-G., Alpen-G.,** Erdbeer-G., ***G. fistulósa***

**3** BlüStiele behaart; GrundB 2, — ± rinnenförmig; Zwiebeln 2, von außen einfach erscheinend (von gemeinsamer Haut umschlossen), nicht breiter als hoch . . . . . . . . . . . . . . . . . . . . . . . . . . . . . . . . . **4**

- BlüStiele kahl (nur ausnahmsweise sehr spärlich behaart; allerdings HochB oft gewimpert); GrundB 1(2) . . . . . . . . . . . . . . . . . . . . . . . . **5**

**4** StgB fast gegenständig, den DeckB genähert; GrundB flach; BlüStiele 20–30 mm lg; PerigonB spitzlich; Gri meist ± kurzhaarig. — GrundB (1)1,5–2(4) mm br, grasgrün; Stg meist behaart; Blüstd (2)5–12(14)blütig; BlüStiele stets stark behaart; PerigonB 12–15 mm lg. H: 10–15 cm. ♃ Ge. III–V. Äcker, Weingärten, Böschungen; collin bis submontan; im Pann mäßig hfg bis zstr, sonst slt. **B, W, N, O†, St, K?†**. Im Alp, nVL u. söVL gefährdet. △ *(G. arvensis)* **Acker-G., *G. villósa***

- StgB voneinander u. von den DeckB ± entfernt; GrundB fädlich; BlüStiele (2)5–20 mm lg; PerigonB vorn stumpf-abgerundet; Gri kahl. — GrundB meist höchstens 1 mm br, d'grün; Stg meist kahl; StgB am Grund länglich, spitzenwärts verschmälert, fädlich; Blüstd 1–3blütig; BlüStiele stark bis schwach behaart, slt kahl (?); PerigonB 13–17 mm lg. H: 3–8 cm. ♃ Ge. III(–IV). Silikat-Trockenrasen, Sandsteppen; kalkmeidend; collin; slt bis sehr slt. Im Pann. **B, N**. Stark gefährdet. △ **Böhmischer G., *G. bohémica***

**5** PerigonB allmählich zugespitzt; GrundB ohne Kapuzenspitze, — 1–2(3) mm br; Zwiebeln 2, von außen einfach erscheinend (von gemeinsamer Haut umschlossen), mindestens so hoch wie br; PerigonB 10–15 mm lg. H: 8–15 cm. ♃ Ge. III–V. Gebüsche, Waldränder, Lägerfluren, Alpenampferges.; collin bis subalpin; slt. **Fehlt W, O, V**. Im Pann u. im söVL gefährdet. △ **Kleiner G., *G. mínima***

- PerigonB vorn abgerundet; GrundB mit ± deutlicher Kapuzenspitze . . . **6**

**6** GrundB reingrün, (5)7–10(15) mm br, — am Grund höchstens braunrot, aber niemals purpurn, meist flach, kurz zugespitzt (mit deutlicher Kapuzenspitze); Zwiebel 1; unterstes StgB den Blüstd meist nicht überragend; PerigonB 15–18 mm lg. H: 10–30 cm. ♃ Ge. III–V. Auwälder, Gebüsche, feuchte Wiesen; collin bis montan; zstr. bis mäßig hfg. **Alle Bdld**. In den wAlp gefährdet. △ *(G. sylvatica)* **Wald-G., *G. lútea***

- GrundB etwas bläulich- oder graugrün, 1–6 mm br. — PerigonB 12–17 mm lg . . . . . . . . . . . . . . . . . . . . . . . . . . . . . . . . . . . **7**

**7** GrundB 1–3 mm br, — oft viel länger als der Stg, meist ± rinnenförmig; Zwiebel 1, höher als br; BlüStiele slt schwach behaart (?). H: 3–10 cm. ♃ Ge. III–IV. Trockenrasen, Trockengebüschsäume, slt Weingärten; collin bis submontan; im Pann slt, sonst sehr slt. **B, W, N, St†, K?**. Gefährdet; im Alp stark gefährdet. △ **Zwerg-G., *G. pusílla***

- GrundB 3–6 mm br, — meist flach, am Grund oft purpurn (weinrot) überlaufen; Zwiebeln (2)3, von außen erkennbar, breiter als hoch; GrundB 1(2), allmählich in eine Spitze verschmälert; unterstes StgB den Blüstd oft überragend. H: 8–20 cm. ♃ Ge. III–V. Trockene Wiesen, Halbtrockenrasen, Ackerränder, Weingärten, Obstwiesen u. Parkrasen (in Stammnähe alter Laubbäume); collin bis submontan; zstr bis slt. **B, W, N, O, St, K**. Gefährdet. △ **Wiesen-G.,** ***G. praténsis***

## (3) Hundszahn, *Erythrónium*

Zwiebel zahnähnlich; LB 2, gegenständig; Blü meist einzeln, nickend; PerigonB purpurn (sehr slt weiß), innerseits am Grund gelb u. dort mit kleinem Wulst, der jederseits einen etwa 0,5 mm lg, abstehenden Zahn bildet. H: 10–30 cm. ♃ Ge. II–IV. Edellaubwälder, feuchte Wiesen; collin bis montan; zstr bis slt. **B, St, K**. (Hptvbr.: Submedit., Ost-Europa, Asien.) ▲ **Hundszahn,** ***E. dens-cánis***

## (4) Tulpe, *Túlipa*

**1** Staubf. am Grund dicht behaart; Perigon spitz; LB meist flach. — Zwiebel meist mit zwiebeltragenden Ausläufern; Pf oft nicht blühend, dann nur mit 1 LB; Perigon gelb. H: (10)20–45 cm. ♃ Ge. IV–V. Wiesen, Waldränder, alte Parkanlagen, Auen; collin; sehr slt. **W, N, O**†, **St, (K?), T**. (Alteingebürgert?) Vom Aussterben bedroht. **Wilde T.,** ***T. sylvéstris***

- Staubf. kahl; PerigonB meist stumpf; LB am Rand wellig. — Perigon meist rot oder gelb. H: 30–50 cm. ♃ Ge. IV–V. ZierPf, slt verwildert. (Heimat: West-Asien.) Schwach giftig. (*„T. gesneriana“*) ★ **Garten-T.,** ***T.-Hybriden***

Anm.: Außer der Garten-T. werden noch zahlr. weitere Arten („Botanische Tulpen“), großteils heute auch als Kultursorten (also nicht mehr „botanische“ Arten [dh Wildsippen]!) angebaut. (Heimat: Südwest- u. Zentralasien.)

## (5) Schachblume, *Fritillária*

Anm.: Die ★ **Kaiserkrone,** ***F. imperiális*** *(Petilium imperiale)* ist eine beliebte Garten-ZierPf (Heimat: Iran bis Nordwest-Himalaja.)

PerigonB schachbrettartig gezeichnet, meist purpurbraun, slt weiß. H: 15–30 cm. ♃ Ge. IV–V. Feuchte Wiesen; collin; sehr slt. Süd-**B, O**†, **St**. (Hptvbr.: bes. Süd- u. Südost-Europa.) Vom Aussterben bedroht. ▲ **Schachblume,** ***F. meleágris***

## (6) Lilie, *Lílium*

**1** PerigonB stark zurückgebogen . . . . . . . . . . . . . . . . . . . . . . . . . . . 2
- PerigonB aufrecht oder ausgebreitet, nie stark zurückgebogen . . . . . . . 3

**2** Mittlere LB fast quirlig. — LB'Rand fein gekerbt, nicht papillös, manchmal kurz bewimpert *(Lupe!)*; Blüstd (1)3–10(20)blütig; PerigonB h'purpurrot mit dunklen Flecken. H: 40–100(150) cm. ♃ Ge. VI–VII. Edellaubwälder, Waldschläge; etwas kalkliebend; collin bis subalpin; hfg bis zstr. **Alle Bdld.** ▲. ZauberPf. **Türkenbund,** Türkenbund-L., „Goldapfel“, ***L. mártagon***

- Alle LB wechselständig, — LB'Rand papillös *(Lupe!)*, sonst kahl; Blüstd 1–3blütig; PerigonB h'zinnoberrot bis feuerrot, gegen den Grund zu mit dunklen Punkten u. Warzen. H: 30–80(90) cm. ♃ Ge. VI. Wiesen, Hochstaudenfluren, Gebüsche, Felsschutt; kalkliebend; montan bis subalpin; slt. Süd-**K** (in den Karawanken, auf dem Dobratsch). Gefährdet. ▲ **Krainer L.,** (sl.:) kranjska lilija, ***L. carniólicum***

**3** Perigon weiß. — Blüstd 5–6(15)blütig. H: 90–120(180) cm. ♃ Ge. VI–VII. ZierPf. (Heimat: Libanon, Nord-Galiläa.) ArzneiPf. ★ **Weiße L.**, Madonnen-L., Josefs-L., ***L. cándidum***

**-** Perigon rotgelb bis orange. — Stg oberwärts in den LB'Achseln oft mit Brutzwiebeln; LB'Rand sehr fein gekerbt *(Lupe!)*, nicht papillös; Blüstd 1–3(5)blütig. H: 40–60(150) cm. ♃ Ge. VI–VII. Trockene Wiesen, Waldränder (früher auch Äcker); (collin) montan bis subalpin; zstr bis slt. ▲ **Feuer-L.**, ***L. bulbíferum***

**a** Obere LB'Achseln mit Brutzwiebeln; Blü meist alle ⚥; PerigonB orangegelb, meist ohne Flecken; Fr stumpfkantig. **(B), fehlt W, sonst alle Bdld.** **Eigentliche F.-L.**, Bulbillentragende F.-L., ***L. b. subsp. bulbíferum***

**-** Pf ohne Brutzwiebeln; neben ⚥ Blü auch ♂ Blü auf demselben oder auf getrennten Individuen; Perigon orangerot, mit schwärzlichen Flecken; Fr scharfkantig. In Ö nicht sicher nachgewiesen. *(L. aurantiacum)* ⊖ **Krokus-F.-L.**, Orangerote F.-L., ***L. b. subsp. cróceum***

## 141. Familie: Schwertliliengewächse, *Iridáceae* (G III 14)

**1** Perigon ↓, Perigon fast 2lippig mit aufrechten Zipfeln u. ± gekrümmter Röhre, meist purpurrot. **(3) Siegwurz, *Gladíolus***

**-** Perigon ⊕ . . . . . . . . . . . . . . . . . . . . . . . . . . . . . . **2**

**2** Oberirdische Stg fehlend; Blü grundständig; Perigonröhre lg (meist länger als die Zipfel), alle Perigonzipfel aufrecht; Gri sehr lg (ein Vielfaches der FrknLänge). — LB zur BlüZeit vorhanden (vgl. Herbstzeitlose / *Colchicum*!); Narben zerschlitzt. **(1) Krokus, *Crócus***

**-** Oberirdischer Stg vorhanden; Blü nicht grundständig; Perigonröhre kurz (meist kürzer als die Zipfel), äußere Zipfel abstehend bis zurückgeschlagen, oder alle abstehend; Gri kurz (meist nicht länger als der Frkn) . . . . . . **3**

**3** Alle Perigonzipfel gleich gestaltet, abstehend; GriÄste fädlich; StaubB fast bis zur Spitze röhrig miteinander verwachsen. — LB 2–4 mm br. **(★) (2) Grasschwertel, *Sisyrínchium***

**-** Äußere Perigonzipfel zurückgeschlagen oder abstehend, anders gestaltet als die aufrechten inneren (Abb. 410); GriÄste kronblattartig verbreitert; StaubB völlig frei. **(4) Schwertlilie, *Íris***

### (1) Krokus, Safran, *Crócus*

**1** Narben ungefähr so lg wie die Perigonzipfel, herabgebogen. — Perigonzipfel violett. H: 8–30 cm. ♃ Ge. IX–XI. Als Gewürz-, Färbemittel- (Safran) u. ArzneiPf (die etwa 3 cm lg Narbenäste) in **N** ehedem feldmäßig (heute nur noch sehr slt in Gärten) kultiviert. Triploide KulturPf (Stammsippe: *C. cartwrightianus*: Griechenland). *(C. officinalis)* ★ **Echter Safran, *C. satívus***

**-** Narben kürzer als die Perigonzipfel, aufrecht. BlüZeit II–VI . . . . . . . . **2**

**2** Gri kürzer als die StaubB. — Perigon weiß, lila oder weiß-lila gestreift; Perigonzipfel 15–30 mm lg u. 3–10 mm br. H: 4–15 cm. ♃ Ge. III–VI(VII). Frische bis feuchte Wiesen u. Weiderasen; (submontan) montan bis alpin; hfg bis zstr. **Fehlt W**. Im Rh, nVL, söVL u. Pann gefährdet. ▲ Variabel (umfaßt vielleicht mehrere Sippen). *(C. vernus subsp. albiflorus, „**C. napolitanus**" p. p.)* [5–] ■ **Weißer K.**, „Frühlings-K.", ***C. albiflórus***

**-** Gri mindestens so lg wie die StaubB. — Perigon violett oder weiß, nie gestreift; Perigonzipfel 20–40 mm lg u. 4–15 mm br . . . . . . . . . . . . . . . **3**

**3** Enden der Perigonzipfel mit dunkler Zeichnung. — Perigon meist violett. *(C. vernus subsp. vernus sensu Fl. Eur.)* . . . . . . . . . . . . . . . . . . . . . **4**

**-** Enden der Perigonzipfel ohne dunkle Zeichnung. — Perigon violett oder weiß . . . . . . . . . . . . . . . . . . . . . . . . . . . . . . . . **5**

**4** Perigonzipfel meist mit V-förmiger, oft schwacher Zeichnung; LB zur BlüZeit höchstens 7 mm br. H: 10–20 cm. ♃ Ge. III–V. Frische bis feuchte Wiesen u. Weiderasen, Auwälder, Edellaubwälder; submontan bis montan; mäßig hfg bis zstr. **St, K**. (?Hptvbr.: Slowenien, Kroatien.) ▲ (Noch nicht ausreichend erforscht.) *(C.* ***„napolitanus“****)* ■ **Illyrischer K.**, „Frühlings-K.“, ***C. „vittátus“***

**-** Perigonzipfel mit fächerförmiger, deutlicher Zeichnung; LB zur BlüZeit etwa 7–10 mm br. H: 10–20 cm. ♃ Ge. II–IV. Trockene bis frische Laubwälder; collin; sehr slt. Süd-**B** (bei Rotenturm). Lokaler Neubürger in einem Schloßpark. (☆) ■ **Heuffel-K.**, Eichenwald-K., ***C. heuffeliánus***

**5** Perigonzipfel 25–40 mm lg u. 7–13 mm br, violett, — innen am Grund behaart *(nur an frischen Blü gut zu sehen, an herbarisierten dagegen nur schwer)*. H: 10–20 cm. ♃ Ge. II–IV. Feuchte Wiesen, Gebüschränder, Bachufer; collin bis montan; zstr. **N** (im Tal der Kleinen Erlauf). Lokaler Neubürger. ▲ *(C. albiflorus subsp. neapolitanus*; zu *C. vernus subsp. vernus ss. Fl. Eur.)* (☆) ■ **Neapolitanischer K.**, ***C. napolitánus***

**-** Perigonzipfel 20–25 mm lg u. 4–8 mm br, weiß, oft am Grund violett. *(„****C. napolitanus****“)* ■ **Weißer K.**, ***C. albiflórus*** (→ Pkt 2)

## (★) (2) Grasschwertel, Blauaugengras, *Sisyrínchium* (G XII 1)

Stg schwach geflügelt; Perigon blauviolett, slt weiß, im Schlund gelb. H: 15–30 cm. ♃ Ge. V–VI. (Wechsel-)feuchte Wiesen, Straßenböschungen; collin bis montan; zstr bis slt. **Fehlt B, W**. Unbeständig bis eingebürgert; auch als ZierPf kultiviert. (Heimat: Nordamerika, Bermuda-Inseln, West-Irland?) (Inkl. *S. angustifolium, S. montanum, S. gramineum*)
**(★) (Schmalblatt-)G.**, Bermuda-G., ***S. bermudiána***

## (3) Siegwurz, Gladiole, *Gladíolus*

**1** Unterstes StgB stumpf; Perigonröhre stark gebogen. — Fasern der Knollenhülle parallel; unterstes StgB etwa 15 mm br; Ähre einseitswendig, 4–12blütig; Fr an der Spitze eingedrückt. H: 30–80 cm. ♃ Ge. VII. Feuchte Wiesen, Auwälder; collin bis montan; sehr slt. **B, N, St**. Vom Aussterben bedroht. ▲
**Dachige S.**, ***G. imbricátus***

**-** Unterstes StgB allmählich zugespitzt; Perigonröhre schwach gebogen bis fast gerade . . . . . . . . . . . . . . . . . . . . . . . . . . . . . . **2**

**2** Ähre einseitswendig, 3–6blütig; Fasern der Knollenhülle stark netzig verbunden, mit elliptischen bis rundlichen Maschen. — Unterstes StgB 4–10 mm br; Fr an der Spitze abgerundet, nicht eingedrückt. H: 30–60 cm. ♃ Ge. VI–VII. Sumpfwiesen, Flachmoore; etwas salzresistent; collin bis montan; slt bis sehr slt. **Fehlt W, St?, K?; sonst alle Bdld**. Vom Aussterben bedroht. ▲
**Sumpf-S.**, ***G. palústris***

**-** Ähre ± 2zeilig, 3–20blütig; Fasern der Knollenhülle parallel . . . . . . . . **3**

**3** StgB 10–40 cm lg u. 4–10 mm br; Ähre 3–10blütig, kaum verzweigt; PerigonB 25–40 mm lg u. 6–16 mm br. H: 25–50 cm. ♃ Ge. V. Feuchte Wiesen; collin; sehr slt. **K**. (Hptvbr.: Submedit.) Stark gefährdet. ▲
**Illyrische S.**, (sl.:) ilirski meček, ***G. illýricus***

- StgB 30–70 cm lg u. 5–22 mm br; Ähre 10–20blütig, oft verzweigt; PerigonB 30–45 mm lg u. 10–25 mm br. H: 50–100 cm. ♃ Ge. VII–X. Kultursippe; als ZierPf kultiviert, slt unbeständig verwildert (eingebürgert?) in **(W, O, K)**. *(„G. communis“, „G. × gandavensis“)*
**★ Garten-S., Gladiole, *G.-Hybriden***

## (4) **Schwertlilie**, Schwertel, ***Íris***

1 Äußere Perigonzipfel kahl oder höchstens von 1zelligen Haaren schwach flaumig, stets bartlos . . . . . . . . . . . . . . . . . . . . . . . . . . . 2
- Die 3 äußeren Perigonzipfel auf der Oberseite gegen den Grund zu bärtig (mit einem Längsstreifen dichter, mehrzelliger Haare) . . . . . . . . . . . . . 5

2 Perigonzipfel h'gelb. — LB schwertförmig, 10–30 mm br, mit wenig auffälliger, aber deutlicher Mittelrippe, am Grund purpurn; äußere Perigonzipfel eiförmig, innere linealisch. H: 50–100 cm. ♃ Ge. V–VI. Sümpfe, Röhricht, Wassergräben, an stehenden u. träg fließenden Gewässern, Erlenbrüche, Silberweidenwälder; collin bis untermontan; zstr. **Alle Bdld.** ▲
**Wasser-Sch., *Í. pseudácorus***
- Perigonzipfel h'blau oder violett . . . . . . . . . . . . . . . . . . . . . 3

3 Stg 2schneidig zus.gedrückt; Blü wohlriechend (nach Pflaumen duftend). — Stg viel kürzer als die LB; LB 5–15 mm br, nach der BlüZeit auffallend flach am Boden ausgebreitet (wie wenn sich ein Reh darauf gelagert hätte). H: 15–30 cm. ♃ Ge. V–VI. Magerrasen, Halbtrockenrasen, trockene, lichte Gebüsche u. Wälder; wärmeliebend; collin bis untermontan; slt. **B, W, N, O†, St, K.** Gefährdet; in den KäB u. im nVL stark gefährdet. ▲ **Gras-Sch., *Í. gramínea***
- Stg (fast) stielrund; Blü nicht wohlriechend . . . . . . . . . . . . . . . . 4

4 LB 5–12(15) mm br; oberer Teil des Frkn steril, Fr daher 12–40 mm lg geschnäbelt; Sa kantig. H: 30–60 cm. ♃ Ge. V–VI. Leicht salzhältige Feuchtwiesen; collin; sehr slt. Nur im Pann. **B, N.** Stark gefährdet. ▲
**Salzwiesen-Sch.**, „Bastard-Sch.“, ***Í. spúria***
- LB 2–6(10) mm br; oberer Teil des Frkn fruchtbar, Fr daher nicht geschnäbelt; Sa abgeflacht. H: 30–80 cm. ♃ Ge. V–VI. Nasse Wiesen, Sumpfwiesen; collin bis montan; zstr bis slt. **Alle Bdld.** Gefährdet; in den wAlp, im nVL, söVL, BM (!) u. Pann stark gefährdet oder vom Aussterben bedroht. ▲
**Sibirische Sch., *Í. sibírica***

5 [1] Stg 1–10 cm lg, — unverzweigt, 1–2blütig . . . . . . . . . . . . . . . . 6
- Stg (12)15–100 cm lg, — meist verzweigt, 2–6blütig . . . . . . . . . . . . . 7

6 Perigonröhre 5–12 mm lg; äußere Perigonzipfel abstehend; LB 2–8 mm br; Stg 5–10(15) cm lg, meist 2blütig; Sa mit deutlichem weißlichem, rundem SaMantel (Arillus); Rhizom dünn, mit schlanken Ausläufern, die an der Spitze verdickt sind. — Perigonzipfel gelb, am Grund braun gestreift. H: 10–20 cm. ♃ Ge. IV–V. Steinige u. sandige Silikat-Trockenrasen; collin; sehr slt. Im Pann. **N** (im nordwestl. Weinviertel). (Hptvbr. der Art: Mähren, Slowakei, Ungarn bis Ukraine u. Rußland.) Stark gefährdet. ▲ *(I. flavissima, I. arenaria)*
**Sand-Sch., *Í. húmilis* (subsp. *arenária*)**
- Perigonröhre 25–90 mm lg; äußere Perigonzipfel zurückgeschlagen; LB 5–17 mm br; Stg höchstens 5 cm lg, meist 1blütig; Sa ohne SaMantel; Rhizom dick, ohne Ausläufer. — Perigonzipfel blauviolett bis violettpurpurn oder gelb bis gelblichweiß. H: 10–15 cm. ♃ Ge. IV–V. Felssteppen, steinige, lückige Trockenrasen; collin bis untermontan; zstr bis slt. Im Pann. **B, W, N, O†.** Gefährdet; im nVL stark gefährdet. ▲ Auch als ZierPf kultiviert (u. verwildert?). **Zwerg-Sch., *Í. púmila***

**7** HochB zur BlüZeit gänzlich trockenhäutig. — LB 10–40 mm br; Perigonzipfel h'violett. H: 30–100 cm. ♃ Ge. V–VI. Als Zier- u. ArzneiPf kultiviert, slt verwildert. VolksarzneiPf (Wu); Kosmet. (Heimat: Südtirol, Italien, Slowenien, Südost-Europa.)
**★ Blaßviolette Sch., *Í. pállida***

**-** HochB zur BlüZeit zumindest in der unteren Hälfte krautig . . . . . . . . **8**

**8** HochB zur BlüZeit zur Gänze krautig (außer einem sehr schmalen Hautrand); innere Perigonzipfel rein goldgelb, nach dem Grund hin allmählich verschmälert. — LB 7–30 mm br; äußere Perigonzipfel gelblich weiß, dunkler geadert. H: 12–40 cm. ♃ Ge. V–VI. Lichte, trocken-warme (Flaumeichen-)Wälder, Waldsäume, Halbtrockenrasen; collin bis submontan; slt. Bes. im Pann. **B, W, N, O?, K**. Gefährdet. ▲ **Bunt-Sch., *Í. variegáta***

**-** HochB in der unteren Hälfte krautig, die obere Hälfte trockenhäutig; innere Perigonzipfel niemals rein goldgelb, abrupt in den Nagel verschmälert . . . . . . . . . . . . . . . . . . . **9**

**9** Staubf. so lg wie die Staubbeutel; äußere Perigonzipfel höchstens unterwärts von br, dunklen Adern durchzogen, — violett, am Grund gelblich mit gelbem Bart; LB 20–35 mm br. H: 30–100 cm. ♃ Ge. V–VI. Als Zier- u. ArzneiPf (Wu: „Veilchenwurzel", histor.; Kosmet.) kultiviert, verwildert bis eingebürgert an sonnigen Böschungen u. Weingartenmauern, Burgruinen; collin bis submontan; zstr. **(Alle Bdld)**. (Herkunft unbekannt.) ▲
**(★) Deutsche Sch., *Í. germánica***

**-** Staubf. länger als die Staubbeutel; äußere Perigonzipfel von br, dunklen Adern durchzogen, — braunviolett, am Grund weißlich, mit weißem oder gelbem Bart; LB 20–30 mm br; Blü oft ± stark nach Holunder duftend; innere PerigonB gelblich, blau oder violett bis bräunlich. H: 40–60 cm. ♃ Ge. V–VI. ZierPf, slt (unbeständig) verwildert: Weingartenmauern, felsige Böschungen, Trockenrasen; collin bis submontan. **(N, O, St, V)**. KulturPf, vielleicht aus *I. variegata* × *I. pallida* entstanden. *(I. × „lurida", I. × „squalens")*
**(★) Holunder-Sch., *Í. (×) sambucína***

# Überordnung Orchideenblütige, *Orchidánae (Gynandrae)*

# Ordnung Orchideenartige, *Orchidáles*

## 142. Familie: Orchideen, Knabenkrautgewächse, *Orchidáceae*

Pf krautig, ♃ (WuKnolle oder WuStock), Stg unverzweigt; LB wechselständig, einfach u. unzerteilt, ganzrandig, parallelnervig (ausgenommen *Goodyera*), meist ungestielt, slt fehlend u. dann durch schuppenförmige NiederB ersetzt (Pf chlorophyllos, auf Pilzen schmarotzend); Blü (vgl. Abb. 93) ⚥, ↓, meist ungestielt, 3 äußere u. 3 innere BlüHüllB; die 3 äußeren (= KB, in der Orchideenliteratur meist „Sepalen" genannt) gleich gefärbt, alle gleich geformt oder das mittlere abweichend; die 3 inneren von den äußeren abweichend: die beiden seitlichen (= paarige KroB, in der Orchideenliteratur meist „Petalen" genannt) gleich, mit den 3 KB oft zusammenneigend u. so einen „Helm" bildend, das 3., mittlere BlüHüllB (= Lippe = Labellum, Abb 93. L) in Form, Farbe u. Struktur meist stark von allen übrigen BlüHüllB abweichend: meist das größte, oft gespornt (Sporn oft ± mit Nektar gefüllt), in der Knospe nach oben gerichtet, dann meist durch Drehung des Frkn oder des BlüStiels um 180° (= Resupination) nach unten weisend (Landeplatz für Bestäuber); StaubB bei *Cypripedium* 2, sonst 1 (2 Theken!), mit dem Gri verwachsen u. so ein „Säulchen" (= Gynostemium) bildend (Abb. 93 u. 416: S = Säulchen, A = Staubbeutel, Th = Theke, P = Pollinium, R = Rostellum(drüse), N = Narbe); Pollen meist nicht lose, sondern je Theke zu keulenförmigen Paketen (= Pollinien) verklebt, diese meist mit Klebdrüse oder Klebscheibe (= Rostellumdrüse) als Haftorgan (Abb. 416 R); Frkn unterständig; Fr: Kapsel mit sehr vielen winzig kleinen Sa (ohne Nährgewebe u. mit wenig entwickeltem Keimling, Keimung daher auf symbiontische Pilze angewiesen). (D 8; G 8)

Anm.: Im Jahre 1986 wurde über einen Fund des medit.-subozeanischen ☆? **Ohnhorns, *Áceras anthropóphorum*** in Südost-**K** (▲) berichtet (Ansalbung oder spontan?), der sich unseres Wissens in der Folge jedoch nicht hat bestätigen lassen.

***Cypripedioideae***
(1) *Cypripedium*

***Orchidoideae***
*Neottieae*
(2) *Epipactis*
(3) *Cephalanthera*
(4) *Limodorum*
(5) *Neottia*
(6) *Listera*
(7) *Spiranthes*
(8) *Goodyera*

*Orchideae*
(9) *Herminium*
(10) *Platanthera*
(11) *Dactylorhiza*
(12) *Coeloglossum*
(13) *Gymnadenia*
(14) *Pseudorchis*
(15) *Nigritella*
(16) *Chamorchis*
(17) *Orchis*
(18) *Traunsteinera*

*Orchideae* (Forts.)
(19) *Anacamptis*
(20) *Himantoglossum*
(21) *Ophrys*
*Epidendreae*
(22) *Liparis*
(23) *Malaxis*
(24) *Hammarbya*
(25) *Epipogium*
*Vandeae*
(26) *Corallorhiza*

**1** Pf ohne grüne LB . . . . . . . . . . **2**
**-** Pf mit grünen LB . . . . . . . . . . **5**

**2** Lippe ungespornt . . . . . . . . . . **3**
**-** Lippe gespornt . . . . . . . . . . **4**

**3** Stg mit mehr als 5 SchuppenB; Blüstd mehr als 20blütig; BlüHülle etwa 10 mm ∅; Lippe 2lappig; Pf (gelb)braun. **(5) Nestwurz, *Neóttia***
**-** Stg mit 2–4 SchuppenB; Blüstd 5–10blütig; BlüHülle etwa 5–7 mm ∅; Lippe nicht 2lappig; Pf (bleich)grünlich bis (-)gelblich. **(26) Korallenwurz, *Corallorhíza***

**4** Pf weißlich, gelblich oder rötlich; Sporn nach oben gerichtet, 3–8(10) mm lg. **(25) Widerbart, *Epipógium***
**-** Pf stahlblau bis violett; Sporn nach unten gerichtet, 15–25 mm lg. **(4) Dingel, *Limodórum***

**5** [1] Lippe deutlich gespornt . . . . . . . . . . **6**
**-** Lippe ungespornt oder mit nur undeutlicher Aussackung am Lippengrund . . . . . . . . . . **15**

**6** Lippe nach oben gerichtet. — Blüstd sehr dicht; LB grasartig. **(15) Kohlröschen, *Nigritélla***
**-** Lippe nach unten gerichtet . . . . . . . . . . **7**

**7** KB u. paarige KroB in einen schmalen, am Ende keulenförmig verbreiterten Zipfel verlängert. **(18) Kugelstendel, *Traunstéinera***
**-** KB u. paarige KroB in die Spitze ± gleichmäßig verschmälert . . . . . . **8**

**8** Lippe unzerteilt, — schmal-zungenförmig; Sporn 2–4 cm lg; LB 2(–4) am StgGrund; Blüstd locker u. ± reichblütig. **(10) Waldhyazinthe, *Platanthéra***
**-** Lippe 3lappig oder 3zähnig . . . . . . . . . . **9**

**9** Mittellappen der Lippe 3,5–6 cm lg. **(20) Riemenzunge, *Himantoglóssum***
**-** Lippe höchstens 2,5 cm lg . . . . . . . . . . **10**

**10** Lippe zungenförmig, die 2 parallelen Seitenlappen wesentlich länger als der zahnförmige Mittellappen. **(12) Hohlzunge, *Coeloglóssum***
**-** Lippe nicht zungenförmig, Seitenlappen nicht länger als der Mittellappen **11**

**11** Sporn fadenförmig; seitliche KB ± waagrecht spreizend . . . . . . . . **12**
**-** Sporn sack-, kegel- oder walzenförmig; seitliche KB nicht waagrecht spreizend . . . . . . . . . . **13**

**12** Blüstd kegel- bis eiförmig, höchstens doppelt so lg wie br **(19) Pyramidenstendel, *Anacámptis***
**-** Blüstd schmal-walzenförmig, viel mehr als doppelt so lg wie br, — locker bis dicht gedrängt. **(13) Händelwurz, *Gymnadénia***

**13** Blü 3–5 mm ∅; BlüHülle cremeweiß, weißlichgrün oder gelblich. **(14) Höswurz, *Pseudórchis***
**–** Blü mindestens 8 mm ∅; BlüHülle rosa, rot, purpurn, violett oder gelb. — Sporn ohne Nektar (ausgenommen *Orchis coriophora*) . . . . . . . . . . . . . **14**

**14** DeckB häutig u. kaum länger als der Frkn; Blüstd u. Stg vor dem Aufblühen von scheidenförmigen HüllB umgeben; Knolle nicht handförmig gespalten. **(17) Knabenkraut** (zT), ***Órchis***
**–** DeckB krautig u. länger als der Frkn; Blüstd u. Stg vor dem Aufblühen nicht von HüllB umgeben; Knolle handförmig gespalten. — Seitliche KB aufgerichtet; mittleres KB u. paarige KroB zusammenneigend. **(11) Fingerknabenkraut, *Dactylorhíza***

**15** [5] Blü 4–6 cm lg; Lippe schuhartig ausgehöhlt; StaubB 2. **(1) Frauenschuh, *Cypripédium***
**–** Blü höchstens 3 cm lg; Lippe nicht schuhartig; StaubB 1 (2 Theken!) . . **16**

**16** LB netznervig, kurz gestielt. — Blüstd angedeutet schraubig gedreht oder ± einseitswendig. **(8) Netzblatt, *Goodyéra***
**–** LB parallelnervig, ungestielt . . . . . . . . . . . . . . . . . . . . . . . . . **17**

**17** Lippe quer eingeschnürt u. dadurch in einen vorderen (Vorderglied [= Epichil]) u. einen hinteren Abschnitt (Hinterglied [= Hypochil]) gegliedert . **18**
**–** Lippe nicht eingeschnürt . . . . . . . . . . . . . . . . . . . . . . . **19**

**18** Blü ± aufrecht, ungestielt; Frkn ± gedreht (slt nicht gedreht); Vorderglied mit Längsleisten; Säulchen lg, am Grund von der Lippe umfaßt. — BlüHüllB zT zusammenneigend bis BlüHülle ganz geschlossen. **(3) Waldvöglein, *Cephalanthéra***
**–** Blü waagrecht-abstehend oder ± hängend, 2–5 mm lg gestielt, BlüStiel gedreht, Frkn nicht gedreht; Vorderglied glatt oder mit Höckern; Säulchen sehr kurz, freistehend. — BlüHüllB glockig zusammenneigend bis weit abstehend (slt ganz geschlossen). **(2) Stendelwurz, *Epipáctis***

**19** Pf mit 2 fast gegenständigen StgB in der unteren StgHälfte, aber deutlich über dem StgGrund. — Blü gestielt, Stiel gedreht; Lippe 2lappig. **(6) Zweiblatt, *Lístera***
**–** Pf nicht mit 2 fast gegenständigen StgB . . . . . . . . . . . . . . . . **20**

**20** Lippe samtig behaart, mit kahler Zeichnung (= Mal), — das Mal schließt am Grund der Lippe eine meist farblich abweichende Fläche (= Basalfeld) ein; LB rosettig angeordnet, wintergrün; 1–4 scheidige StgB; Blüstd locker. **(21) Ragwurz, *Óphrys***
**–** Lippe kahl, ohne Mal . . . . . . . . . . . . . . . . . . . . . . . . . . . **21**

**21** Lippe gelappt bis geteilt . . . . . . . . . . . . . . . . . . . . . . . . . **22**
**–** Lippe weder gelappt noch geteilt . . . . . . . . . . . . . . . . . . . . **23**

**22** Lippe mit nur angedeuteten Seitenlappen; LB schmal-linealisch, grasartig. **(16) Zwergstendel, *Chamórchis***
**–** Lippe mit 2 deutlichen Seitenlappen im hinteren Drittel; LB br-lanzettlich. **(9) Einknolle, *Hermínium***

**23** Stg oberwärts u. DeckB drüsig behaart; Blüstd schraubig gedreht; Blü ungestielt; BlüHülle weiß. — Blüstd dicht, 6–20blütig; Blü 5–7 mm groß. **(7) Drehähre, *Spiránthes***
**–** Stg kahl; Blüstd nicht schraubig gedreht; Blü gestielt; BlüHülle gelblichgrün. — Pf mit Stgknollen . . . . . . . . . . . . . . . . . . . . . . . . . . . **24**

**24** Blü 6–12 mm groß; BlüStiel kaum gedreht; Lippe rinnenförmig u. ± sichelartig gebogen. **(22) Glanzstendel, *Líparis***

**-** Blü nur 3–5 mm groß; BlüStiel um 360° gedreht; Lippe weder rinnenförmig noch sichelartig gebogen. — Blüstd sehr schlank; (die einzelnen BlüTeile mit freiem Auge kaum erkennbar; *Lupe!*) . . . . . . . . . . . . . . . . . . . . . **25**

**25** LB 3–4, eiförmig-stumpf, höchstens 3 cm lg, am Rand oft mit Brutknöllchen; Lippe kleiner als die übrigen BlüHüllB. **(24) Weichstendel, *Hammarbýa***

**-** LB 1(2), eiförmig-spitz, über 3 cm lg, ohne Brutknöllchen; alle BlüHüllB etwa gleich lg. **(23) Einblatt, *Maláxis***

## (1) Frauenschuh, *Cypripédium*

DeckB groß, laubblattartig; Blü 1–2(3); KB u. seitliche KroB d'rotbraun; seitliche KB miteinander verwachsen u. abwärts gerichtet; seitliche KroB ± spiralig gedreht u. ± schräg abwärts gerichtet; Lippe gelb, 3lappige Narbe von schildförmigem, h'gelbem, rotgepunktetem unfruchtbarem StaubB verdeckt; Lippe als „Kesselfalle" ausgebildet. H: 25–60 cm. ♃ Ge. Halbschattige, oft wechselfrische Wälder; kalkliebend; collin bis obermontan; slt. **W†; sonst alle Bdld**. Gefährdet; im Pann stark gefährdet. ▲ **Frauenschuh, *C. calcéolus***

## (2) Stendelwurz, Waldstendel, Stendel, *Epipáctis*

Anm.: Kürzlich wurde über die Auffindung der aus Griechenland beschriebenen, später für andere medit. Gebiete nachgewiesenen ■ **Greuter-St., *E. gréuteri*** in **N** (auf dem Schneeberg) berichtet.

**1** Hinterglied u. Vorderglied der Lippe beweglich (Gelenk!) miteinander verbunden; Vorderglied weiß; Hinterglied purpurn geadert, beiderseits mit je einem Seitenlappen (Abb. 411). — Blüstd locker; BlüHüllB zunächst glockig zusammenneigend; Frkn kurzflaumig. H: 20–50(70) cm. ♃ Ge. VI–VIII. Kalkreiche Flachmoore u. Feuchtwiesen; collin bis untermontan; zstr. **Alle Bdld**. Gefährdet; im BM, im nVL, im söVL u. im Pann stärker gefährdet. ▲ **Sumpf-St., Sumpfstendel, *E. palústris***

**-** Vorderglied u. Hinterglied starr verbunden; Vorderglied grünlich oder purpurn; Hinterglied ohne Seitenlappen, — schüsselförmig . . . . . . . . . . **2**

**2** LB meist kürzer als die StgGlieder; DeckB kürzer als der Frkn. — Stg meist, Frkn stets dicht kurzhaarig; Blüstd locker, ± einseitswendig; Blü meist nikkend; BlüHülle sehr klein (5–7 mm lg), BlüHüllB glockig zusammenneigend; Vorderglied am Grund warzig (Abb. 412). H: 15–50 cm. Meist Selbstbestäuber. ♃ Ge. VI–VII. Schattige Edellaubwälder; kalkliebend; collin bis montan; slt. **O†, fehlt** S. Stark gefährdet. ▲ **Kleinblatt-St., *E. microphýlla***

**-** LB etwa gleich lg wie (oder deutlich länger als) die StgGlieder; DeckB länger als der Frkn . . . . . . . . . . . . . . . . . . . . . . . . . . . . . . . **3**

**3** BlüHülle braunrot bis purpurn, nach Vanille duftend. — Stg oberwärts u. Frkn kurzflaumig; LB oft 2zeilig angeordnet; das StgGlied unter dem Blüstd deutlich verlängert; Blüstd meist vielblütig, ± einseitswendig; BlüHüllB dicht kurzhaarig; Vorderglied herzförmig, am Grund warzig (Lippe: Abb. 413). H: 25–80 cm. ♃ Ge. VI–VIII. Föhrenwälder, Magerrasen; kalkliebend; collin bis subalpin; zstr. **Fehlt W**. ▲ Sehr slt Hybriden mit *E. helleborine* bildend. *(E. rubiginosa, E. atropurpurea)* **Braunrote St.**, Dunkelroter W., ***E. atrorúbens***

**-** BlüHülle grünlich bis blaßlila, nicht nach Vanille duftend . . . . . . . . **4**

**4** LB zumindest unterseits violett überlaufen; BlüHülle seidig glänzend. — Blühtriebe oft büschelweise aus einem WuStock entspringend; Stg meist violett überlaufen; Blüstd dicht- u. vielblütig; BlüHülle grünlich, bisweilen violett überlaufen; Vorderglied herzförmig (Lippe: Abb. 414). H: 20–80 cm. ♃ Ge. (VII)VIII–IX. Schattige, frische bis mäßig feuchte (Edellaub-)Wälder; kalkliebend; collin bis montan; slt. **Fehlt V**. Gefährdet. ▲ (*E. violacea, E. sessilifolia*)
**Violette St.**, ***E. purpuráta***

**-** LB beidseitig grün oder nur am Ansatz purpurn überlaufen; BlüHülle nicht glänzend (Artengruppe Breitblatt-S., *E. helleborine agg.*) . . . . . . . . . . **5**

**5** Rostellum entwickelt . . . . . . . . . . . . . . . . . . . . . . . . . . **6**

**-** Rostellum fehlend oder verkümmert (Selbstbestäuber). — KB u. paarige KroB meist gelblichgrün . . . . . . . . . . . . . . . . . . . . . . . . . . **7**

**6** Vorderglied länger (etwa 5 mm) als br (etwa 4 mm); Mündung des Hinterglieds ins Vorderglied „schlüssellochförmig" (Abb. 415). — WuStock mitunter mehrere Blühtriebe tragend; Stg steif, ± dick, etwas hin- u. hergebogen, im unteren Teil mäßig behaart u. purpurn überlaufen, im Bereich des Blüstd dichter behaart u. grün; LB 3(4), steif u. derb, waagrecht abstehend, grüngelblich (im Herbst d'grün mit bläulichem Schimmer) mit rötlichen Hauptnerven, am Ansatz purpurn überlaufen; untere DeckB sehr groß (4–6 cm lg u. 0,5–1 cm br); Blüstd ± einseitswendig, 15–20 cm lg, 10–20blütig; KB schmal, oberseits gekielt, grünlich; paarige KroB grün mit rosa Schimmer; Hinterglied innen rötlich bis bräunlichrot, nektarführend. H: 30–45 cm. ♃ Ge. (VII)VIII. Schattige Fichten-Tannen-Buchenwälder mit hoher Luft- u. Feuchtigkeitszirkulation, oft mit Kleinblatt-St. / *E. microphylla* u. Widerbart / *Epipogium aphyllum* vergesellschaftet; submontan bis obermontan; sehr slt. Südost-**K**. (Vbr. ungenügend bekannt.) (Sonstige Vbr.: Nord-Slowenien.) ▲
■ **Leute-St.**, (sl.:) Leutejeva močvirnica, ***E. léutei***

**-** Vorderglied breiter als lg; Mündung des Hinterglieds ins Vorderglied nicht schlüssellochförmig. — LB groß (3–12 cm br), eiförmig bis lanzettlich, die obersten hochblattartig; Blüstd meist vielblütig; BlüHüllB anfangs glockig zusammenneigend, später weit abstehend, grünlich, meist rosa bis purpurn (violett) überlaufen; Säulchen: Abb. 416; Vorderglied ± zurückgeschlagen. H: 30–80(100) cm. ♃ Ge. VII–VIII. (Halb)schattige, frische Wälder, bes. Edellaubwälder; collin bis untermontan; mäßig hfg. **Alle Bdld**. Im nVL gefährdet. ▲ Sehr slt Hybriden mit *E. atrorubens* bildend. (*E. latifolia*)
■ **Breitblatt-St.**, Grüner W., ***E. helleborine*** (*s. str.*)

**7** Vorderglied länger als br, spitz (Abb. 417); LB eiförmig, — oft schlaff, obere LB den unteren DeckB sehr ähnlich; Blühtriebe oft büschelweise aus einem WuStock entspringend; Blüstd locker; Blü abstehend bis nickend; BlüHüllB glockig zusammenneigend oder ganz geschlossen; Rostellum fehlend oder verkümmert. H: 30–70 cm. ♃ Ge. VII–VIII. Schattige, mäßig trockene Laubwälder; kalkliebend; (collin) submontan bis obermontan; sehr slt. **B, N, K**. (Vbr. ungenügend bekannt.) Stark gefährdet. ▲ ■ **Schmallippen-St.**, ***E. leptochíla***

**-** Vorderglied mindestens so br wie lg; LB lanzettlich . . . . . . . . . . . . . **8**

**8** Rostellum vorhanden, aber funktionsuntüchtig; LB in der StgMitte gedrängt. — Pf zart . . . . . . . . . . . . . . . . . . . . . . . . . . . . . **9**

**-** Rostellum fehlend; LB nicht in der StgMitte gedrängt . . . . . . . . . . **10**

**9** LB 4–6, unterstes eiförmig u. stumpf, die folgenden zunehmend länglich bis lanzettlich u. spitz, h'grün, Rand wellig; Blü nickend; BlüHüllB glockig zusammenneigend bis ausgebreitet. — Keine nichtblühenden u. keine büschelweise

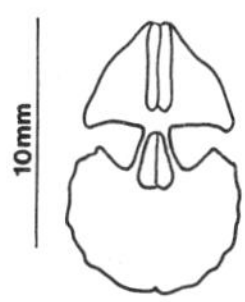


Abb. 411

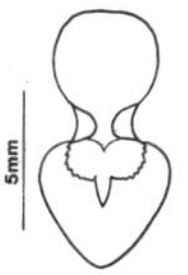


Abb. 412

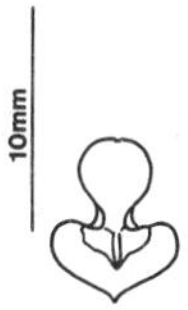


Abb. 413

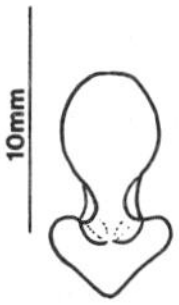


Abb. 414

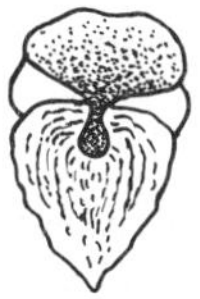

Abb. 415

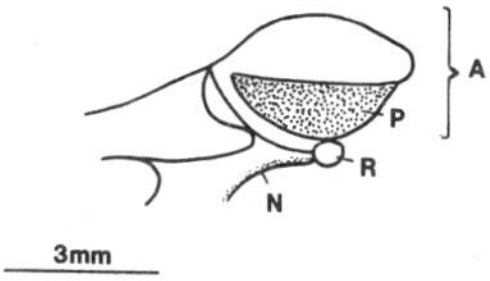


Abb. 416

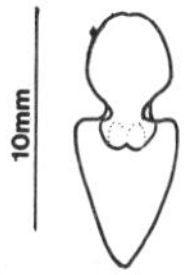


Abb. 417

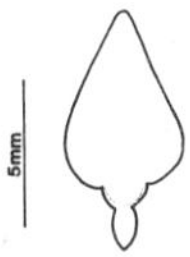


Abb. 418

angeordneten Triebe; Stg dünn, oberwärts dicht kurzhaarig; untere DeckB viel länger als die Blü; Blüstd 7–20(40)blütig; Vorderglied oval bis rundlich, grünlichweiß, slt mit rosa Schimmer, bei älteren Blü zurückgeschlagen; Hinterglied innen oliv bis bräunlich. H: 15–35(50) cm. Bei ungünstiger Witterung hfg Selbstbestäubung in der Knospe, die dann geschlossen bleibt (Kleistogamie). ♃ Ge. (VII)VIII(IX). Lichtarme Buchenmischwälder; collin bis submontan; slt. **B, N, St**. (Vbr. ungenügend bekannt.) ▲ ■ **Pontus-St., *E. póntica***

- LB (1)3(5), rundlich bis br-eiförmig (eiförmig-lanzettlich), grün bis gelblichgrün, Rand nicht wellig; Blü waagrecht-abstehend; BlüHülle halb geöffnet. — 1(2) Blühtriebe aus einem WuStock entspringend; Stg dick, von unten nach oben zunehmend kurzhaarig; unterste DeckB 1(2) cm lg, oberste 0,4 cm lg; Blüstd locker, ± einseitswendig, (1)3–8(15)blütig; paarige KroB innen grünlichrosa; Vorderglied herzförmig, ± (weißlich-)amethystfarben, Spitze ± gestreckt; Hinterglied innen rötlichbraun, Mündung ins Vorderglied „schlüssellochförmig". H: 4–15(38) cm. Blü nur 3 Tage lg aufgeblüht. ♃ Ge. VIII–X. Auwälder; collin; sehr slt. Südost-**St** (Auen der Mur). (Vbr. ungenügend bekannt.) Vom Aussterben bedroht (?). ▲ ■ **Norden-St., *E. nordeniórum***

**10** Pf 25–90 cm hoch; Blüstd 10–40blütig. — Stg oft mehrmals gebogen; LB rinnenförmig gefaltet, sichelförmig gebogen, an den Rändern wellig; Blü nikkend; Vorderglied ± zurückgeschlagen, weißlich, grünlich oder h'rosa; Hinterglied innen leuchtend rot. ♃ Ge. VII–VIII. Basenreiche, lichte Wälder, Waldsäume; collin bis montan; sehr slt. **N, St, K**. (Vbr. ungenügend bekannt.) Stark gefährdet. ▲ ■ **Müller-St., *E. múelleri***

- Pf 10–30 cm hoch; Blüstd 3–12blütig, — ± einseitswendig; Pf stets einzeln wachsend, nie in Gruppen; BlüHüllB glockig zusammenneigend oder ganz geschlossen; Blü sehr klein (8–12 mm ∅); Vorderglied nach vorn gerichtet, gelblichgrün; Hinterglied innen braunrot. ♃ Ge. VIII–IX(–XI!). Schattige Edellaubwälder, Auwälder; collin; sehr slt. **N** (Auen der March). (Vbr. ungenügend bekannt.) ▲ ■ **Elbe-St., *E. albénsis***

## (3) Waldvöglein, *Cephalanthéra*

**1** BlüHülle rosa bis purpurrosa, seitliche KB oft weit abspreizend; Stg oben u. Frkn dicht behaart; Vorderglied u. Hinterglied der Lippe beweglich (Gelenk!)

miteinander verbunden. — Blüstd locker; Lippe ± aufwärts gerichtet. H: 20–60 cm. ♃ Ge. V–VII. Lichte Wälder, Waldschläge; kalkliebend; collin bis obermontan; zstr. **Alle Bdld**. Im nVL, im söVL u. im Pann gefährdet. ▲

**Rotes W.,** ***C. rúbra***

- BlüHülle weiß bis gelblichweiß, ziemlich geschlossen bleibend bis sich halb öffnend; Stg u. Frkn mit nur vereinzelten Haaren; Vorderglied u. Hinterglied der Lippe starr miteinander verbunden . . . . . . . . . . . . . . . . . . . . **2**

**2** LB wechselständig, eiförmig, 2–3× so lg wie br, meist flach ausgebreitet. — Untere DeckB laubblattartig; Blüstd locker; BlüHülle weißlich bis gelblichweiß, ± aufrecht stehend, sich kaum öffnend. H: 20–60 cm. Selbstbestäuber. ♃ Ge. V–VI(VII). (Halb)schattige, trockene Wälder u. Waldsäume (Charakterart der Kalk-Buchenwälder); kalkliebend; collin bis untermontan; zstr. **Alle Bdld**. Im BM u. im nVL gefährdet. ▲ *(C. alba)*

**Cremeweißes W.,** Breitblatt-W., ***C. damasónium***

- LB ± 2zeilig angeordnet, lanzettlich bis lineal-lanzettlich, 4–6× so lg wie br, abstehend bis überhängend. — Blüstd locker bis ziemlich dicht; BlüHülle rein weiß, sich meist halb öffnend. H: 20–60 cm. Selbstbestäubung möglich. ♃ Ge. V–VI(VII). Halbschattige, trockene bis frische Laubwälder, Waldsäume, slt Rasen; kalkliebend; collin bis montan; zstr. **Alle Bdld**. Im nVL, im söVL u. im Pann gefährdet. ▲ *(C. ensifolia)*

**Schwertblatt-W.,** Langblatt-W., ***C. longifólia***

## (4) Dingel, *Limodórum*

Stg kräftig, feingestreift, mit scheidigen SchuppenB; Blüstd locker, 5–20blütig; DeckB länger als der Frkn; Blü 3–4 cm br; BlüStiel kurz, gedreht; BlüHüllB geschlossen bleibend oder helmbildend oder weit geöffnet; Lippe waagrecht- bis aufrecht-abstehend, nahe dem Grund undeutlich eingeschnürt, Vorderglied (Epichil) mit hochgebogenen welligen Rändern, in der Längsrichtung nach außen gekrümmt. H: 20–60 cm. Selbstbestäubung möglich; gelegentlich unterirdische, kleistogame Blü. ♃ Ge. (V)VI. Lichte, sommerwarme, trockene Föhren- u. Eichenwälder, Magerrasen; kalkliebend; collin bis untermontan; slt bis sehr slt. **B, W(!), N, O*, St, K, S?**. (Submedit.) Stark gefährdet. ▲

**Dingel,** ***L. abortívum***

## (5) Nestwurz, *Neóttia*

Stg kräftig; Blüstd dicht- u. vielblütig, unterwärts oft aufgelockert; DeckB halb so lg wie der Frkn; BlüStiel kurz, gedreht; KB u. paarige KroB helmförmig zusammenneigend; Lippe am Grund ausgehöhlt, an der Spitze in 2 nach außen stehende Lappen gespalten. H: 20–40 cm. Blüht gelegentlich unterirdisch (dann selbstbestäubend). ♃ Ge. V–VII. Schattige, nährstoff- u. basenreiche Laub- u. Nadelwälder; collin bis montan; mäßig hfg. **Alle Bdld**. ▲

**Nestwurz,** Vogelnestwurz, ***N. nídus-ávis***

## (6) Zweiblatt, *Lístera*

**1** Pf kräftig; LB (br)eiförmig, derb, 5–15 cm lg u. 3–8 cm br. — Blüstd ziemlich locker, (10)20–50(80)blütig; BlüHülle gelbgrün; KB u. paarige KroB zu einem ziemlich offenen Helm zusammenneigend; Seitenlappen der Lippe stumpf. H:

* Wiedergefunden im Jahr 1990 von R. Steinwendtner

20–50(70) cm. ♃ Ge. V–VII. Frische (bis feuchte) (Edel-)Laubwälder, Wiesen, Magerrasen, Flachmoore; collin bis obermontan; hfg. **Alle Bdld.** ▲
**Großes Z.**, Eiform-Z., ***L. ováta***

- Pf sehr zart; LB herzförmig, 1–3 cm lg u. br. — Stg sehr dünn (etwa 1 mm ∅); Blüstd locker, 4–20blütig; befruchteter Frkn kugelig; BlüHülle sehr klein (6–7 mm lg), grünlich bis rötlichbraun; KB u. paarige KroB sternförmig spreizend; Lippe am Grund mit 2 hornförmigen Zähnchen, Seitenlappen der Lippe spitz. H: 5–20(25) cm. ♃ Ge. (V)VI–VIII. Feuchte, moosige, stark bodensaure Nadelwälder, auch in Hochmooren, oft zusammen mit Heidelbeere u. Korallenwurz / *Corallorhiza trifida*; montan bis subalpin; slt. **Fehlt B, W.** ▲
**Kleines Z., Herz-Z., *L. cordáta***

## (7) Drehähre, Wendelähre, Schraubenstendel, *Spiránthes*

1 LB'Rosette des Blühtriebes zur BlüZeit bereits vertrocknet, daneben junge LB'Rosette des nächsten Jahres; Stg nur mit drüsig behaarten SchuppenB; LB eiförmig, 2–3,5 cm lg — u. 1–2 cm br, bläulichgrün; seitliche KB an den Enden abstehend, die übrigen BlüHüllB röhrenförmig zusammenneigend; Lippe am Rand weiß, in der Mitte gelblichgrün. H: 6–25(35) cm. ♃ He. VIII–IX(X). Wechselfeuchte bis trockene Magerwiesen u. -weiden; collin bis montan; slt. **Alle Bdld (!)**. Stark gefährdet. ▲ (*S. autumnalis*) **Herbst-D., *S. spirális***

- Blühtrieb ohne nebenstehende LB'Rosette; Stg vom Grund an beblättert; LB lineal-lanzettlich, 5–12 cm lg — u. 0,5–1 cm br, gelblichgrün; alle BlüHüllB röhrenförmig zusammenneigend. H: 10–30(40) cm. ♃ Ge. VII–VIII. Kalkflachmoore, sumpfige Wiesen; collin bis untermontan; sehr slt. **Fehlt B, W; St†, N†; sonst alle Bdld**. Vom Aussterben bedroht. ▲ **Sommer-D., *S. aestivális***

## (8) Netzblatt, *Goodyéra*

Lange oberirdische Ausläufer; neue LB'Rosetten kommen bereits im Herbst u. überwintern; Stg oberwärts dicht drüsig behaart; LB am StgGrund rosettig angeordnet, Spreite herz- bis eiförmig, 1,5–3,5 cm lg u. 1–2 cm br, weißlichgrün bis d'grün; Blüstd dicht- u. vielblütig; BlüHüllB weiß, 3–6 mm lg, glockig zusammenneigend; KB außen drüsig behaart; Lippe zungenförmig, abwärts gebogen. H: 10–30 cm. ♃ He. VII–VIII. Mäßig trockene bis feuchte Nadelwälder; collin bis obermontan; zstr. **Fehlt W.** ▲
**Netzblatt, Kriechstendel, *G. répens***

## (9) Einknolle, *Hermínium*

Pf zart u. unscheinbar, grüngelblich; 10–20 cm lange unterirdische Ausläufer, die an der Spitze neue Knollen tragen; LB 2(3–4) am StgGrund, eiförmig bis br-lanzettlich; Blüstd 1,5–10(15) cm lg, schmal, ± dicht, 10–50(70)blütig, oft ± einseitswendig; Blü 3–6 mm groß, nickend, intensiv nach Honig duftend; BlüHüllB glockig zusammenneigend. H: (7)10–20(30) cm. ♃ Ge. VI–VIII. Feuchte u. trockene Magerrasen, Magerweiden, Flachmoore; kalkliebend; collin bis obermontan; slt. **B†, W†; sonst alle Bdld**. Gefährdet; im nVL u. im Pann stark gefährdet. ▲ **Einknolle,** Honigorchis, Elfenstendel, ***H. monórchis***

## (10) Waldhyazinthe, *Platanthéra*

1 Staubbeutelfächer parallel u. nahe beisammen stehend; Sporn fast gleichförmig fadenförmig. — Pf zarter als *P. chlorantha*; Blü bes. abends süß (maiglöck-

chenartig?) duftend; BlüHülle weiß bis weißlich-grünlich; seitliche KB weit abspreizend; Lippe an der Spitze grünlich. H: 20–60 cm. ♃ Ge. V–VII. Wälder, Magerrasen, Flachmoore; collin bis subalpin; mäßig hfg. **Alle Bdld.** ▲ Hybriden mit *P. chlorantha* bildend. **Weiße W., *P. bifólia***

- Staubbeutelfächer nach unten zu auseinanderspreizend; Sporn am Ende kolbig verdickt. — Pf kräftiger als *P. bifolia*; BlüHülle weiß, grünlich oder gelblich; seitliche KB oft mit welligem Rand, weit abspreizend; Lippe bes. an der Spitze h'grün bis gelblich. H: 20–60 cm. ♃ Ge. V–VII. Wälder, Magerrasen, Flachmoore; kalkliebend; submontan bis obermontan; sehr zstr. **W†; sonst alle Bdld.** ▲ Hybriden mit *P. bifolia* bildend. **Grünliche W., *P. chlorántha***

## (11) Fingerknabenkraut, Fingerwurz, Knabenkraut (zT), *Dactylorhíza* (*Dactylorchis*)

1 BlüHülle (h')gelb . . . . . . . . . . . . . . . . . . . . . . . . . . . . . 2
- BlüHülle nicht gelb . . . . . . . . . . . . . . . . . . . . . . . . . . . . 3

2 Pf u. Blüstd gedrungen; LB in der Mitte am breitesten; Sporn 10–15 mm lg, kegelig-walzenförmig, mindestens so lg wie der Frkn, meist steil abwärts gebogen. (Meist gemeinsam mit rotblühenden Exemplaren.) **Holunder-F., *D. sambucína*** (→ Pkt 3)
- Pf u. Blüstd schlank; LB nahe dem Grund am breitesten; Sporn 6–10 mm lg, walzenförmig, kürzer als der Frkn, meist leicht abwärts gebogen. **Gelbliches F., *D. incarnáta* subsp. *ochroléuca*** (→ Pkt 8)

3 BlüHüllB rot bis orangerot, am Grund gelb. — LB schmal- bis br-lanzettlich, ungefleckt; Blüstd dicht- u. reichblütig; DeckB die Blü oft überragend; Blü schwach nach Holunder duftend; (BlüFarbenpolymorphismus: BlüHüllB (h')gelb oder rot bis orange-rot mit gelbem Grund;) Lippe querelliptisch bis rundlich, meist angedeutet 3lappig, leicht konvex, ± gepunktet; Sporn meist steil abwärts gebogen. H: 10–30 cm. ♃ Ge. V–VI(VII). Frische bis mäßig trockene Magerrasen u. -wiesen, fast stets gemeinsam mit gelbblühenden Exemplaren; collin bis obermontan; zstr. **Fehlt W**. Gefährdet. ▲ *(D. latifolia sensu propr.)* [2] **Holunder-F., *D. sambucína***
- BlüHüllB rosa bis d'purpurn, slt weiß, am Grund niemals gelb . . . . . . 4

4 LB 5–10(12), die Spitze des obersten LB erreicht nicht den Blüstd; Stg markig (nicht zusammendrückbar). — LB oberseits meist gefleckt; untere rosettig gehäuft; Blüstd anfangs kegel-, dann walzenförmig, dicht- u. reichblütig; BlüHülle rosa bis d'purpurn (slt weiß); DeckB meist kürzer als die Blü; Lippe ± ausgebreitet, angedeutet bis ausgeprägt 3lappig, meist mit ± symmetrischem Schleifenmuster (slt lediglich undeutlich gepunktet oder ungezeichnet). H: 15–60(100) cm. ♃ Ge. (V)VI–VII(VIII). Wälder, frische Wiesen, Flach- u. Quellmoore; collin bis subalpin; mäßig hfg. **Alle Bdld.** ▲ (Inkl. ***D. fuchsii***; „*D. maculata agg.*") ■ **Geflecktes F., *D. maculáta***
- LB 1–7, die Spitze des obersten LB erreicht meist den Blüstd; Stg zumindest etwas hohl (± zusammendrückbar) . . . . . . . . . . . . . . . . . . . . 5

5 LB meist auf beiden Seiten intensiv blutrot bis violett gefleckt oder flächig überlaufen. — LB 2–5, br-lanzettlich, das größte etwa 4× so lg wie br, seitlich abstehend; 1–2 deckblattartige StgB; Blüstd walzenförmig, dicht, 10–30blütig; Stg oberwärts u. DeckB beidseitig gefleckt oder überlaufen; Lippe 5–8 mm br, schwach 3lappig, Ränder zurückgeschlagen; Sporn kegelförmig, abwärts gerichtet. H: 15–30 cm. ♃ Ge. VI–VII. Nasse Wiesen, Flach- u. Hangmoore;

kalkliebend; montan bis obermontan; slt. **O, K?, S, T**. (Vbr. ungenügend bekannt.) Stark gefährdet. ▲ (Zu *D. incarnata agg.*, vgl. Pkt 8–)

**■ Blutrotes F., *D. cruénta***

- LB nur auf der Oberseite gefleckt oder ungefleckt . . . . . . . . . . . . . . **6**

**6** Blüstd 5–20blütig; Blü nicht gedrängt. (Zu *D. majalis agg.*, vgl. Pkt 8.) . . **7**

- Blüstd 10–50blütig; Blü meist dicht gedrängt . . . . . . . . . . . . . . . . . **8**

**7** LB oberseits meist stark gefleckt, nicht gekielt. — LB meist 3, 1. LB zungenförmig, 2. LB lanzettlich, 3. LB deckblattartig, vom Stg ± abstehend; Blüstd kegel- bis walzenförmig; BlüHülle (d')purpurn; Lippe meist breiter als lg, flach bis leicht konvex, schwach 3lappig (slt ganzrandig), mit Schleifenzeichnung; Sporn kegelförmig, leicht abwärts geneigt. H: 10–20(30) cm. ♃ Ge. VI–VII. Nasse Wiesen, Bachufer, Flachmoore; kalkliebend; montan bis subalpin; slt. **N, K, S**. (Vbr. ungenügend bekannt.) ▲ **■ Lappland-F., *D. lappónica***

- LB nicht oder nur undeutlich gefleckt, gekielt. — LB 2–5, lineal-lanzettlich, 6–10× so lg wie br; schräg aufwärts stehend u. leicht auswärts gebogen; Blüstd ei- bis walzenförmig; BlüHülle (d')purpurrot; Lippe meist sattelförmig, querelliptisch, 3lappig mit kleinem Mittellappen, zum Grund hin heller werdend, mit undeutlicher Schleifenzeichnung; Sporn kegel- bis walzenförmig, stumpf, leicht abwärts gerichtet. H: 10–40 cm. ♃ Ge. VI–VII. Feuchte bis nasse Wiesen, Flach- u. Quellmoore; submontan bis montan; slt. **Fehlt B, W, N**. Stark gefährdet. ▲ **■ Traunsteiner-F., *D. traunstéineri***

**8** LB seitlich abstehend, trübgrün, meist gefleckt, br-lanzettlich bis eiförmig, 3–4(6)× so lg wie br, kaum gekielt, Spitze nicht kapuzenförmig; Stg dick, ± schlaff; paarige KroB aufwärts gebogen. — DeckB länger als die Blü, ± gefleckt; Blüstd anfangs gedrungen, kegel- bis walzenförmig; BlüHülle h'- bis d'purpurn; Lippe sattelförmig, zum Grund hin heller werdend, mit Schleifenmuster; Sporn leicht abwärts gebogen. H: 10–40(60) cm. ♃ Ge. V–VII. Feuchte Wiesen, Flach- u. Quellmoore; collin bis subalpin; zstr bis mäßig hfg. **Alle Bdld**. Regional gefährdet; im nVL, im söVL u. im Pann stärker gefährdet. ▲ Hybriden mit *D. incarnata* bildend. Variabel (Unterarten?). (Zu *D. majalis agg.*, vgl. Pkt 7.) *(„D. latifolia", D. fistulosa)*

**■ Breitblatt-F., *D. majális***

- LB steil aufwärts gerichtet, gelbgrün, ungefleckt, lineal-lanzettlich bis länglich-lanzettlich, mindestens 6× so lg wie br, gekielt, Spitze kapuzenförmig zusammengezogen; Stg steif; paarige KroB zurückgeschlagen.

**■ Eigentliches Fleischfarbenes F., *D. incarnáta* subsp. *incarnáta*** (→ im folgenden)

Die Art **■ Fleischfarbenes F., *D. incarnáta*** u. ihre Unterarten:

DeckB die Blü überragend; Lippe rhombisch, ± längsgefaltet. H: 20–60(80) cm. ♃ Ge. V–VII. Feuchte bis nasse Wiesen, Flach- u. Quellmoore; collin bis montan. (Zu *D. incarnata agg.*)

**a** BlüHülle h'gelb; Lippe mit dunkler gelbem Mittelteil, tief 3lappig. Sehr slt. **N, O, S, V**. Stark gefährdet. ▲ *(D. ochroléuca)* [2–] **Gelbliches F., *D. i. subsp. ochroléuca***

- BlüHülle rosa, fleischfarben bis d'violett; DeckB oft purpurn überlaufen; Lippe seicht 3lappig mit deutlicher Schleifenzeichnung. Zstr. **Alle Bdld**. Gefährdet; im BM, im nVL, im söVL u. im Pann stärker gefährdet. ▲ Hybriden mit *D. majalis* bildend. **Eigentliches Fleischfarbenes F., *D. i. subsp. incarnáta***

## (12) Hohlzunge, *Coeloglóssum*

Pf unauffällig; LB 3–5(7), am Stg verteilt, untere eiförmig, obere deckblattartig, lanzettlich; Blüstd ziemlich locker, 5–25blütig; BlüHülle grün oder gelblich, oft braunrot überlaufen; KB u. paarige KroB helmförmig zusammenneigend; Sporn 2–3 mm lg. H: 5–25(35) cm. ♃ Ge. (V)VI–VII. (Saure) Magerrasen u. -wiesen, lichte Wälder, Zwergstrauchges.; (submontan) montan bis alpin; zstr bis mäßig hfg. **B†, W†; sonst alle Bdld**. Im BM, im söVL u. im Pann gefährdet. ▲ **Hohlzunge, *C. víride***

## (13) Händelwurz, Nacktdrüse, Friggagras, Handwurz, *Gymnadénia*

**1** Sporn 10–20 mm lg, länger als der Frkn, abwärts gebogen; Blü ± duftend. — LB linealisch bis lanzettlich; BlüHülle rosa bis d'purpurrot. H: (15)30–80 cm. ♃ Ge. (V)VI–VII(VIII). Magerrasen, Föhrenwälder, Feucht- u. Naßwiesen, Flach- u. Quellmoore; collin bis subalpin (alpin); mäßig hfg. **Alle Bdld**. Im BM, im nVL, im söVL u. im Pann gefährdet. ▲ Hybriden mit *G. odoratissima, Nigritella rhellicani* u. (sehr slt) *Pseudorchis albida* bildend. *(G. conopea)*
**Mücken-H.**, Langsporn-H., Fliegen-H., Große H., ***G. conopséa***

**-** Sporn 4–6 mm lg, kürzer als der Frkn, waagrecht bis schwach abwärts gebogen; Blü intensiv vanilleartig duftend. — LB linealisch; BlüHülle weiß bis purpurn. H: 15–30(50) cm. ♃ Ge. (V)VI–VIII. Föhrenwälder, Magerrasen, Feucht- u. Naßwiesen, Flach- u. Quellmoore; stets über Kalk; (collin) montan bis subalpin (alpin); zstr. **Fehlt B, W**. Im BM u. im Pann gefährdet. ▲ Hybriden mit *G. conopsea, Nigritella rhellicani* u. (sehr slt) *Pseudorchis albida* bildend.
**Duft-H.**, Wohlriechende H., ***G. odoratíssima***

## (14) Höswurz, *Pseudórchis (Leucorchis)*

Pf schlank; LB 3–7, am Stg verteilt, untere länglich-eiförmig bis länglich-lanzettlich; Blüstd schmal-walzenförmig, dicht- u. reichblütig; BlüHüllB helmförmig zusammenneigend; Lippe tief 3lappig, Mittellappen zungenförmig, Seitenlappen meist zugespitzt u. schmäler als der Mittellappen; Sporn 2–3 mm lg. H: 10–40 cm. ♃ Ge. (V)VI–VIII. Bodensaure Magerrasen, Weiderasen u. Zwergstrauchges.; untermontan bis alpin; zstr bis mäßig hfg. **Fehlt B, W**. ▲ Sehr slt Hybriden mit *Gymnadenia conopsea, G. odoratissima* u. *Nigritella rhellicani* bildend. *(Gymnadenia albida, Leucorchis albida)*
**Höswurz, Weißzüngel, *P. álbida***

## (15) Kohlröschen, *Nigritélla*

(Alle Arten gehören zur Artengruppe Schwarzes K., *N. nigra agg.*)

**1** BlüHülle meist d'rotbraun; Lippe (Abb. 418) höchstens schwach sattelförmig eingeschnürt, Vorderteil nicht tütenförmig. — Blüstd köpfchenähnlich, kegelig, halbkugelig bis kugelig oder eiförmig oder etwas walzlich, stark nach Schokolade oder Vanille duftend. (Schwarzes K., Kohlröserl, Braune(r)le, Blutströpfchen, ***N. nigra s. l.***) . . . . . . . . . . . . . . . . . . . . . . . . . . . **2**

**-** BlüHülle nicht d'rotbraun; Lippe (Abb. 419–423) stark sattelförmig eingeschnürt, Vorderteil tütenförmig (die Lippenränder berühren einander an der Einschnürung beinahe oder überschneiden einander). *(N. miniata s. l., N. rubra s. l.)* . . . . . . . . . . . . . . . . . . . . . . . . . . . . . . . . . . . . . . **3**

**2** Untere DeckB (aus dem untersten Fünftel des Blüstd) 7–10,5 mm lg, meist einige bis viele (slt auch obere) DeckB mindestens in der vorderen Hälfte am Rand mit einem ± dichten „Stiftchen-Saum" (etwa 0,05–0,1 mm lg Papillen, *starke Lupe!*), slt alle unteren DeckB am Rand nur undeutlich papillös oder ganz glatt; Lippe *(ohne Sporn gemessen)* (4,5)5–7(7,8) mm lg; Säulchen etwa 1,5 mm lg; Antiklinalwände der Zellen der SaSchale gerade bis gekrümmt, aber

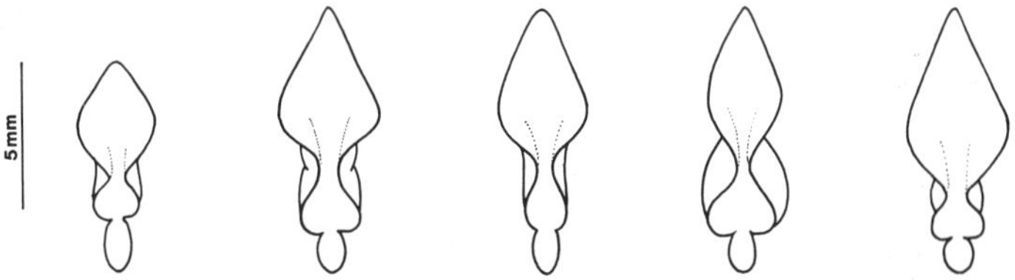


Abb. 419 Abb. 420 Abb. 421 Abb. 422 Abb. 423

nicht wellig gebogen, ihre Wandstärke (3)4–9 µm *(Mikroskop!)*; an den Seitenflächen des Sa stehen in einer ungefähren Längsreihe etwa 6–10 SaSchalenzellen *(Mikroskop!)*. — Blüstd zur Vollblüte etwa so br wie hoch; BlüHülle d'schokoladebraun bis rotbraun oder braunrot (slt ziegelfarben), am Grund kaum heller; Sa mit 1 Embryo, Embryonen untereinander ziemlich gleich groß. H: 5–22 cm. SaBildung geschlechtlich. ♃ Ge. VI–VIII (8–10 Tage nach *N. nigra (subsp. austriaca)*). Meist frische, lehmige, ± basen- u. kalkreiche Magerrasen; alpin; zstr bis slt. **O, St, K, S, T, V**. (Gesamt-Vbr.: Gebirge Mittel- u. Südeuropas.) ▲ Hybriden mit *Gymnadenia conopsea, G. odoratissima*, sehr slt mit *N. rubra, Pseudorchis albida* u. *Dactylorhiza majalis* bildend. (Diploid.) Bisher von „*N. nigra subsp. nigra*" *[s. l.]* nicht unterschieden.

■ **Gewöhnliches K.,** Rhellicanus-K., ***N. rhellicáni***

- Untere DeckB (aus dem untersten Fünftel des Blüstd) 10–13 mm lg, alle DeckB am Rand glatt *(starke Lupe!)* oder die unteren in der Mitte am Rand höchstens schwach papillös (Papillen breiter als lg, bis etwa 0,05 mm lg); Lippe *(ohne Sporn gemessen)* 6,8–10 mm lg; Säulchen etwa 1,9–2,0 mm lg; Antiklinalwände der Zellen der SaSchale stark wellig gebogen, ihre Wandstärke etwa 2–3(4) µm *(Mikroskop!)*; an den Seitenflächen des Sa stehen in einer ungefähren Längsreihe etwa (4)5–6(7) SaSchalenzellen *(Mikroskop!)*. — Blüstd zur Vollblüte etwas breiter als hoch; BlüHülle d'rotbraun bis d'braunrot, am Grund etwas heller; Sa mit 1–2 Embryonen, die sehr ungleich groß sind. H: 8–27 cm. SaBildung ungeschlechtlich. ♃ Ge. VI–VIII (8–10 Tage vor *N. rhellicani*). Kalkmagerrasen; alpin; zstr bis slt. **N** (slt), **St, K,** Ost-**T**. (Sonstige Vbr.: Südtirol u. Umgebung; Gesamt-Vbr.: mittlere u. östlichste Ostalpen.) ▲ (Tetraploid.) Bisher von *N.* „*nigra subsp. nigra*" *[s. l.]* nicht unterschieden; *subsp. nigra [s. str.]* nur in Skandinavien.

■ **Österreichisches Schwarzes K.,** ***N. nígra (subsp. austríaca)***

**3** Spitze der BlüHüllB heller (weißlich) als der übrige (purpurrosa) Bereich. — Blüstd ± walzenförmig; (Lippe: Abb. 419). H: 5–20(30) cm. SaBildung ungeschlechtlich. ♃ Ge. VI–VIII. Kalkmagerrasen; subalpin bis alpin; sehr slt. **O, St, S.** Endemisch (im Salzkammergut u. im Grazer Bergland). Gefährdet. ▲ (Tetraploid.) *(Gymnadenia miniata var. stiriaca)* ■ **Steirisches K.,** ***N. stiríaca***

- Spitze der BlüHüllB dunkler als der übrige Bereich . . . . . . . . . . . . . **4**

**4** BlüHülle leuchtend rubinrot. — Blüstd ± walzenförmig, eiförmig oder kugelig; (Lippe: Abb. 420). H: 5–20(30) cm. SaBildung ungeschlechtlich. ♃ Ge. VI–VIII. Kalkmagerrasen; subalpin bis alpin; slt. **Fehlt B, W**. In den wAlp gefährdet. ▲ (Tetraploid.) *(**N. miniata**)* ■ **Rotes K.,** ***N. rúbra (s. str.)***

- BlüHüllB h'purpurrosa bis h'purpurn . . . . . . . . . . . . . . . . . . **5**

**5** Blü fast geschlossen bleibend (nur seitliche KB abstehend); BlüHülle lachsrosa bis fleischfarben, jene der Knospen nicht oder nur wenig dunkler als die der

voll entwickelten Blü. — Blüstd kugelig; (Lippe: Abb. 421). H: 5–20(30) cm. SaBildung ungeschlechtlich. ♃ Ge. VII–VIII. Kalkmagerrasen; alpin; sehr slt. **St**. (Vbr. ungenügend bekannt.) Endemisch. Gefährdet. ▲ (Tetraploid.)
■ **Erzherzog-Johann-K.**, ***N. archidúcis-joánnis***

- Blü öffnen sich (BlüHülle trichterförmig, alle BlüHüllB abstehend oder nur mittleres KB u. seitliche KroB gerade vorgestreckt bis etwas zurückgekrümmt; zumindest die Lippe abstehend); BlüHülle blaß-purpurrosa, jene der Knospen deutlich dunkler als die der offenen Blü. — Blüstd halbkugelig bis eiförmig . . . . . . . . . . . . . . . . . . . . . . . . . . . . . . . . **6**

**6** Hinterer (unterer), bauchiger (halbkugeliger) Abschnitt der Lippe (Abb. 422) annähernd so lg u. br (etwa 3 mm) wie der tütenförmige vordere Teil: Rostellumfalte des Gynostemiums bei Seitenansicht deutlich zw. den beiden Staubbeutelhälften in Richtung des Sporneingangs hervorragend *(Lupe!)*. H: 5–20(30) cm. SaBildung ungeschlechtlich. ♃ Ge. VII. Kalkmagerrasen; alpin; slt. Nördl. Kalkalpen, Grazer Bergland. **N, O, St, T**. (Sonstige Vbr.: Apennin.) ▲ (Tetraploid.)
■ **Widder-K.**, Widders K., ***N. wídderi***

- Hinterer (unterer), bauchiger (halbkugeliger) Abschnitt der Lippe (Abb. 423) halb so lg u. br (etwa 2 mm) wie der tütenförmige vordere Teil; Rostellumfalte des Gynostemiums bei Seitenansicht nicht oder kaum wahrnehmbar *(Lupe!)*. H: 5–20(30) cm. SaBildung geschlechtlich. ♃ Ge. VII–VIII. Kalkmagerrasen (Blaugras-Horstseggen-Rasen); alpin; slt. Steiner Alpen, östl. Karawanken, Koralpe. Südwest-**St**, Südost-**K**. (Endemit der südöstl. Ostalpen; sonstige Vbr.: Slowenien.) Potentiell gefährdet. ▲ (Diploid.)
■ **Steineralpen-K.**, (sl.:) kamniška murka, ***N. lithopolitánica***

## (16) Zwergstendel, *Chamórchis (Chamaeorchis)*

Pf kann 1 zusätzliche Tochterknolle u. kurze Ausläufer bilden, kommt daher oft truppweise vor; LB 4–10, rosettig angeordnet, den Blüstd erreichend oder überragend; Blüstd 5–12blütig, ziemlich dicht; Blü 4–6 mm groß; BlüHülle gelbgrün, oft rotbraun überlaufen; KB u. paarige KroB helmförmig zusammenneigend; Lippe zungenförmig. H: 5–15 cm. Meist Selbstbestäubung. ♃ Ge. VII–VIII. Felsige, trockene Magerrasen, auch auf ungeschützten Graten; kalkliebend; subalpin bis alpin; zstr. **Fehlt B, W**. ▲
**Zwergstendel**, Zwergorchis, ***C. alpína***

## (17) Knabenkraut (zT), *Órchis* (inkl. *Anteriorchis)*

Anm.: 1988 wurde über ein mit Unterbrechungen wiederkehrendes Vorkommen des subozeanisch-medit. ☆? **Affen-K.**, ***O. símia*** in **N** (nördlich von Wien) berichtet (Ansalbung oder spontan?); die Art ähnelt dem Helm-K., *O. militaris*, aber die Seitenlappen der Lippe den Zipfeln des Mittellappens gleichend, etwa 10× so lg wie br u. unregelmäßig – meist aufwärts – gekrümmt; Aufblühfolge von oben nach unten!

**1** LB locker am Stg verteilt, nicht rosettig, — lineal-lanzettlich, aufrecht-abstehend, ± gefaltet; Blüstd locker; BlüHülle (h')rosa bis (d')purpurrot; seitliche KB zurückgeschlagen; Lippe im Mittelteil heller u. mit dunklen Flecken, Mittellappen der Lippe etwas gefaltet, Seitenlappen ausgebreitet. H: 30–60(80) cm. ♃ Ge. V–VI. Flachmoore u. sumpfige Wiesen; salzverträglich; collin; slt. **B, W†, N, O†, St†, S†**. Stark gefährdet; im nVL u. im söVL vom Aussterben bedroht. ▲ In allen Merkmalen ziemlich variabel. **Sumpf-K.**, ***O. palústris***

- LB ± rosettig angeordnet. — 1–3(4) scheidige StgB . . . . . . . . . . . **2**

**2** KB u. paarige KroB olivgrün, stets ebenso wie die Lippe purpurrot gefleckt; am Sporneingang 2 deutliche Schwielen. — LB br-lanzettlich, glänzend; Blüstd ziemlich locker, 10–20blütig; seitliche KB leicht abspreizend. H: 20–35 cm. ♃ Ge. VI–VII. Frische (Weide-)Rasen, Krummholzgebüsch; obermontan bis subalpin; sehr slt. **N†, O†, K†, S.** (Hptvbr.: medit.-montan, Areal stark disjunkt in Europa, Nord-Afrika u. Vorderasien.) Gefährdet. ▲

**Spitzel-K., *O. spitzélii***

**-** KB u. paarige KroB nicht olivgrün; keine Schwielen am Sporneingang . . **3**

**3** Seitliche KB abstehend oder zurückgeschlagen. — Blüstd walzenförmig; Sporn ± aufwärts gerichtet . . . . . . . . . . . . . . . . . . . . . . . . . . **4**

**-** KB u. paarige KroB helmartig zusammenneigend. — LB stets ungefleckt . **5**

**4** BlüHüllB h'gelb, sämtliche ohne Zeichnung. — LB glänzend; Blüstd mäßig dicht- u. reichblütig; Blü holunderähnlich duftend; KB stumpflich, seitliche völlig nach oben geschlagen. H: 15–40 cm. ♃ Ge. IV–V. Laub- u. Nadelwälder, Magerrasen; kalkliebend; collin bis obermontan; slt. **W†; fehlt K**. Gefährdet; in den wAlp stärker gefährdet. ▲ Hybriden mit *O. mascula* bildend.

**Bleiches K.,** Blaßgelbes K., ***O. pállens***

**-** BlüHüllB h'rosa bis d'purpurn, Lippe meist mit Zeichnung. — LB am Grund dicht d'rot gestrichelt oder gefleckt (slt ungefleckt); Blüstd ± dicht- u. reichblütig; Lippe in Größe u. Form sehr variabel, Mittelteil meist heller u. dunkel gepunktet, Ränder ± gekerbt u. gewellt. H: 20–60 cm. ♃ Ge. V–VI. Frische bis mäßig trockene Magerrasen, lichte Wälder; collin bis subalpin. ▲

**Stattliches K., Manns-K., *O. máscula*** (*s. l.*)

**a** KB stumpf bis kurz bespitzt, Vorderhälfte meist übergeneigt, 7–10 mm lg, seitliche KB nach außen gedreht; Lippe im vorderen Drittel 3lappig, meist kürzer als der Sporn, Mittellappen höchstens etwas länger als die Seitenlappen. Slt. **K, T, V**. (Vbr. ungenügend bekannt.) (Gesamt-Vbr.: West-, Zentral- u. Nordeuropa, Nordafrika.) Hybriden mit *O. pallens* bildend. **Eigentliches St. K., *O. m. subsp. máscula***

**-** KB in lange, unregelmäßig gekrümmte, am Ende zurückgebogene Spitzen ausgezogen, 12–15(20) mm lg, seitliche KB nicht nach außen gedreht; Lippe etwa ab der Hälfte 3lappig, länger als der Sporn, Mittellappen 1½–2× so lg wie die Seitenlappen. Zstr bis mäßig hfg. **W†; sonst alle Bdld.** (Gesamt-Vbr.: östl. Mitteleuropa, Ost- u. Südost-Europa.) Im BM, im nVL u. im Pann gefährdet (!). Hybriden mit *O. pallens* bildend. (*O. signifera, O. speciosa*) **Prächtiges St. K.,** Östliches St. K., ***O. m. subsp. signífera***

**5** Helm (bes. innen) auffällig grün geadert. — LB'Rosette wintergrün; LB schmal-eiförmig; Blüstd locker, 5–25blütig; BlüHülle (weiß), h'rosa bis tief purpurviolett; Lippe mindestens 1½× so br wie lg, im helleren Mittelteil mit dunklen Saftmalen. H: 10–35 cm. ♃ He. IV–VI. Trockene u. wechselfeuchte, meist bodensaure Magerrasen, Halbtrockenrasen, lichte Wälder; collin bis untermontan; zstr. **Alle Bdld.** Histor. ArzneiPf (Knolle: „Salep"). Gefährdet; im Alp u. im nVL stärker gefährdet. ▲ **Kleines K., Frühes K., *O. mório***

**-** Helm nicht oder nicht sehr auffällig grün geadert . . . . . . . . . . . . . **6**

**6** DeckB höchstens ⅓× so lg wie der Frkn. — LB glänzend . . . . . . . . . **7**

**-** DeckB mindestens ½× so lg wie der Frkn . . . . . . . . . . . . . . . . . . **8**

**7** Helm d'braunrot, meist gefleckt. — LB br-lanzettlich; Blüstd anfangs kegel-, dann walzenförmig, dicht- u. reichblütig; Lippe weißlich mit zahlr. braunroten Haarbüscheln besetzt, in der Form äußerst variabel. H: 30–60(80) cm. ♃ Ge. (V)VI. Lichte trockene (Eichen-)Wälder, Waldsäume, Magerrasen; kalkliebend; collin bis submontan; slt. Bes. im Pann. **B, W(!), N, O†, K, V?**. Gefährdet; im Alp stärker gefährdet. ▲ Hybriden mit *O. militaris* bildend.

**Purpur-K., *O. purpúrea***

- Helm weißlich bis blaßrosa, ungefleckt. — LB lg-eiförmig; Blüstd walzenförmig, reichblütig, anfangs dicht, dann aufgelockert; Helm innen d'purpurn geadert; Lippe rosa- bis purpurrot, im Mittelteil heller u. mit dunklen Haarbüscheln besetzt. H: 25–45(65) cm. ♃ Ge. V–VI. Magerrasen, Halbtrockenrasen; kalkliebend; collin bis montan; zstr. **Alle Bdld**. Gefährdet. ▲ Hybriden mit *O. purpurea* bildend. – Vgl. dazu die Anm. am Beginn der Gattung!

**Helm-K., *O. militáris***

8 Mittellappen der Lippe unzerteilt; Helm geschnäbelt. — LB'Rosette wintergrün; LB bläulichgrün, linealisch bis lanzettlich, spitz; Blüstd walzenförmig, dicht- u. ± reichblütig; Blü oft wanzenartig oder süß riechend; BlüHülle (grünlich-)h'- bis d'rotbraun; Lippe deutlich nach hinten gebogen; Sporn oft mit Nektar. H: 15–30(40) cm. ♃ He. V–VI. Feuchte bis mäßig trockene Magerrasen, Halbtrockenrasen; salzverträglich; collin bis montan; slt. **O†, St†, V†; sonst alle Bdld**. Vom Aussterben bedroht. ▲ *(O. coriophora subsp. coriophora, Anteriorchis coriophora)* **Wanzen-K., *O. corióphora***

- Mittellappen der Lippe zerteilt; Helm nicht geschnäbelt . . . . . . . . . . 9

9 Blüstd (halb-)kugelig oder kegelförmig; KB h'rosa; Lippe d'rosa gefleckt; helmbildende BlüHüllB rot gestreift. — LB'Rosette wintergrün; LB schmallanzettlich, bläulichgrün; Blüstd dicht- u. reichblütig. H: 20–30(40) cm. ♃ He. V–VI. Trockene Magerrasen, Waldsäume; collin bis montan; slt. **Fehlt T, V; W†?, St†**. Gefährdet; in den wAlp, im BM u. im nVL stark gefährdet. ▲ Hybriden mit *O. ustulata subsp. ustulata* nicht slt.

**Dreizähniges K., *O. tridentáta***

- Blüstd kurz- bis lg-walzenförmig; KB d'rot, im Knospenzustand fast schwarz; Lippe rot punktiert, 5–8 mm lg; helmbildende BlüHüllB ohne Streifen, 3–6 mm lg (kleinste heimische *Orchis*-Blü!). — LB länglich-eiförmig; Dichte des Blüstd von oben nach unten abnehmend; DeckB etwa so lg wie der Frkn, lanzettlich, spitz, rötlich bis purpurn überlaufen. ♃ He. ▲ **Brand-K., *O. ustuláta***

  **a** Spitzen der paarigen KB nicht nach außen umgebogen; LB'Rosette wintergrün; unterste (2)3(4) LB ± waagrecht-abstehend, bläulichgrün, — unterseits nicht gekielt; HochB 1(2); Blüstd meist 2–7 cm lg, (10)15–45(55)blütig, oben abgerundet; Blü meist ± honigähnlich duftend. H: 10–25(35) cm. V–VI(VII). Meist kalkreiche Halbtrockenrasen, trockene bis wechselfeuchte Magerrasen; collin bis obermontan; zstr bis mäßig hfg. Bes. im Pann. **Alle Bdld**. Im BM, im nVL u. im söVL gefährdet. Hybriden mit *O. tridentata* nicht slt. **Frühlings-B.-K., *O. u. subsp. ustuláta***

  - Spitzen der paarigen KB nach außen umgebogen; unterste (2)3(4) LB nur eine ± undeutliche Grundrosette bildend, meist ± aufrecht-abstehend u. ± nach außen gebogen, grasgrün, — unterseits meist gekielt; HochB 2–3; Blüstd meist 4–8 cm lg, (20)25–55(60)blütig, oben ± spitz; Blü sehr schwach zitronenähnlich duftend. H: 30–50(80) cm. VII–VIII. Wechselfeuchte bis mäßig trockene, kalkreiche bis kalkarme Magerrasen, Pfeifengraswiesen; collin bis untermontan (?); zstr bis slt. Im Pann nur an frischeren, schattigen Standorten. **B, W, N, St, K, S**. (Vbr. erst unzureichend bekannt.)

**Sommer-B.-K., *O. u. subsp. aestivális***

## (18) Kugelstendel, Kugelorchis, *Traunstéinera*

LB länglich-lanzettlich, am Stg verteilt, ziemlich aufrecht; Blüstd anfangs pyramidenförmig oder halbkugelig, dann kugelig bis eiförmig, sehr dicht- u. reichblütig; BlüHüllB purpurrosa, anfangs helmförmig zusammenneigend, dann abstehend; Lippe purpurn gepunktet. H: 20–60 cm. ♃ Ge. VI–VIII. Frische Magerrasen, auch zw. Krummholz; kalkliebend; untermontan bis subalpin; zstr. **Fehlt B, W**. Im BM (stark!) gefährdet. ▲

**Kugelstendel,** Kugelorchis, Kugelknabenkraut, Rosa K., ***T. globósa***

## (19) Pyramidenstendel, Hundswurz, *Anacámptis*

LB schmal-lanzettlich, oft rinnenförmig gefaltet, am Stg verteilt u. etwas abstehend; Blüstd dicht- u. reichblütig, im Abblühen länger werdend, Dichte von oben nach unten etwas abnehmend; BlüHülle leuchtend h'- bis d'purpurrot; Lippe mit 2 aufrechten Längsleisten am Sporneingang; Sporn nach unten gerichtet, gebogen, 10–15 mm lg. H: 20–40(60) cm. ♃ Ge. (V)VI–VII. Trockene bis wechselfrische Magerrasen, lichte Wälder; kalkliebend; collin bis montan; zstr. **Fehlt S, T**. In den wAlp gefährdet. ▲
**Pyramidenstendel,** Hundswurz, Pyramidenorchis, Spitzorchis, Kammstendel, ***A. pyramidális***

## (20) Riemenzunge, *Himantoglóssum*

LB'Rosette wintergrün; LB lanzettlich, am Stg verteilt u. etwas abstehend; DeckB 2–3 cm lg; Blüstd locker, 15–50blütig; Helm (KB u. paarige KroB miteinander verklebt) außen weißlich, blaßrosa oder grünlich, innen braunrot geadert; Lippe 3lappig, tief gespalten, im ungespaltenen weißlichen Teil mit weißlichen bis braunroten Haarbüscheln besetzt, Mittellappen ± gedreht; Lippenrand u. Seitenlappen grünlich bis d'braunrot; Sporn 2–4 mm lg. H: 30–80 cm. ♃ He. (V) VI. Halbtrockenrasen, lichte (Flaumeichen-)Wälder, Waldsäume; kalkliebend; collin bis submontan; slt. **B, W, N, O†, St†**. (Hptvbr.: östl. Medit. u. Submedit.) Stark gefährdet. ▲ *(„**H. hircinum [s. l.]**")*
**Riemenzunge**, Adria-R., ***H. adriáticum***

## (21) Ragwurz, Kerfstendel, *Óphrys*

**1** KB weiß oder rosa bis purpurn; Lippe unten mit gelblichgrünem Zipfel (= Anhängsel) . . . . . . . . . . . . . . . . . . . . . . . . . . . . . . . . . . **2**

**-** KB gelblichgrün bis d'grün; Lippe ohne Anhängsel . . . . . . . . . . . . . **3**

**2** Lippe ganzrandig; Anhängsel aufgerichtet. — LB lanzettlich; Blüstd 2–10blütig; Blü in Größe, Form u. Farbe sehr variabel; KB mit grünem Mittelnerv; paarige KroB meist 3eckig, behaart, meist dunkler als die KB; Lippe meist ± trapezförmig, nach vorn gewölbt, am Grund meist ± gehöckert, Grundfarbe h'braun bis d'braun; Mal sehr variabel. H: 10–30(40) cm. ♃ He. V–VI. Halbtrockenrasen, lichte Wälder, Waldsäume; kalkliebend; collin bis montan; slt. **Fehlt S, T**. Stark gefährdet. ▲ Hybriden mit *O. apifera, O. insectifera,* u. *O. sphegodes* bildend. *(O. fuciflora, **O. holosericea**)*
**Hummel-R., *O. holosérica***

**-** Lippe tief 3lappig; Anhängsel zurückgeschlagen. — LB lanzettlich; Blüstd 2–8blütig; KB (weiß) rosa bis purpurn; paarige KroB 3eckig oder zungenförmig, behaart; Lippe im Vorderteil stark gewölbt, samtartig, Grundfarbe etwa kastanienbraun, Seitenlappen außen dicht behaart; Mal dunkler als das Basalfeld. H: 20–35(50) cm. Meist Selbstbestäubung durch Krümmung der Pollinien zur Narbe. ♃ He. VI–VII. Halbtrockenrasen; kalkliebend; collin bis submontan; sehr slt. **B, W, N, O†, St, V**. Stark gefährdet. ▲ Hybriden mit *O. holoserica* u. *O. insectifera* bildend. **Bienen-R., *O. apífera***

**3** Paarige KroB fadenförmig, d'rotbraun, behaart; Lippe mit 2 ausgeprägten Seitenlappen. — LB länglich-lanzettlich; Blüstd 2–10(20)blütig; paarige KroB ± nach vorn abstehend; Lippe d'(rot-)braun, ziemlich flach; Mal flächig, weißlich bis metallisch bläulichgrau, Basalfeld dunkel. H: 15–40 cm. ♃ He. V–VII. Magerrasen, lichte Wälder, bes. Föhrenwälder, slt auch Flachmoore;

kalkliebend; collin bis obermontan (subalpin); zstr. **Alle Bdld**. Im nVL, im söVL u. im Pann gefährdet. ▲ Hybriden mit *O. apifera, O. holoserica* u. *O. sphegodes* bildend. *(O. muscifera)* **Fliegen-R., *O. insectífera***

- Paarige KroB zungenförmig, gelbgrün bis d'grün, bisweilen bräunlich überlaufen, kahl; Lippe ganzrandig oder mit nur angedeuteten Seitenlappen. — LB br-lanzettlich; Blüstd 3–10blütig; mittleres KB an den Rändern meist eingerollt; paarige KroB am Rand meist gewellt; Lippe oval, rundlich oder quadratisch, gewölbt, h'- bis d'braun, am Grund meist gehöckert; Mal ± H-förmig, bläulich bis braunviolett. H: 10–30(40) cm. ♃ He. V–VI. Frische Magerrasen bis Halbtrockenrasen; kalkliebend; collin bis submontan; sehr zstr. **O†; fehlt S**. Gefährdet; im Alp, im nVL u. im söVL stark gefährdet. ▲ Hybriden mit *O. holoserica* u. *O. insectifera* bildend. *(O. aran(e)ifera,* ***O. sphecodes****)* **Spinnen-R.**, „Wespen-R.", ***O. sphegódes*** *(s. str.)*

## (22) Glanzstendel, Glanzkraut, *Líparis*

LB 2(3), grundständig, br-lanzettlich, aufrecht-abstehend, fettig glänzend; Stg kantig; Blüstd locker, 2–12blütig; BlüHüllB frei, aufrecht-abstehend bis waagrecht-spreizend; KB u. die etwas kürzeren paarigen KroB linealisch; Lippe an den Rändern wellig-gekerbt. H: 5–20 cm. Selbstbestäubung hfg. Am Ende des horizontalen WuStocks entwickelt sich nahe beim vorjährigen der neue Blühtrieb. ♃ Ge. VI–VII. Flachmoore u. sumpfige Wiesen; kalkliebend; collin bis montan; sehr slt. **Fehlt W; N†**. Stark gefährdet. ▲

**Glanzstendel,** Glanzkraut, Torf-G., ***L. loesélii***

## (23) Einblatt, *Maláxis* (*s. str.; Microstylis*; exkl. (24) *Hammarbya*)

Zweites LB, falls vorhanden, viel kleiner als das erste; Blüstd ziemlich locker, 20–100blütig (reichstblütige heimische Orchidee); KB schmal; paarige KroB sehr schmal; Lippe 3eckig, am Grund konkav. H: 10–30(45) cm. ♃ Ge. (V)VI–VII. Frische Wälder u. Wiesen, moosige Felsen; submontan bis obermontan; sehr zstr. **Fehlt B, W**. ▲ *(Microstylis monophyllos, Achroanthes m.)*

**Einblatt,** Kleingriffel, ***M. monophýllos***

## (24) Weichstendel, *Hammarbýa* (*Malaxis p. p.*)

Stg krautig, am knollig verdickten Grund von LB'Scheiden umhüllt; Blüstd ziemlich locker, reichblütig; paarige KroB nach hinten geschlagen; Lippe eiförmig-spitz, konkav. H: 5–25 cm. ♃ Ge. VII–VIII. Hoch- u. Flachmoore, meist zw. Torfmoos; kalkfeindlich; collin bis mittelmontan; sehr slt. **N†, O!*, St, K, S, T, V†?**. Vom Aussterben bedroht. ▲ *(Malaxis paludosa)*

**Weichstendel,** Weichkraut, Weichwurz, ***H. paludósa***

## (25) Widerbart, *Epipógium*

Pf alabasterartig durchscheinend; Stg röhrig, blaßgelb bis rötlich; Blüstd locker, 1–8blütig; Blü kurz gestielt, hängend, nicht gedreht; KB u. paarige KroB linealisch, 8–17 mm lg, abwärts gerichtet; Lippe nach oben gerichtet, 7–12 mm lg, weißlich mit 4–6 meist purpurroten Längsleisten, an den Rändern gekerbt, Sporn sackförmig. H: (7)10–20(30) cm. Vermehrung überwiegend vegetativ

---

* Die Angabe des Erloschenseins in **O** in der Roten Liste (1986) ist irrig.

aus korallenartigem WuStock; blüht gelegentlich unterirdisch (dann selbstbestäubend). ♃ Ge. VII–VIII. Frische, schattige Edellaubwälder u. Fichtenforste; montan bis obermontan; sehr slt. **Fehlt B; W†?; sonst alle Bdld.** Gefährdet. ▲
**Widerbart, *E. aphýllum***

## (26) Korallenwurz, *Corallorhíza*

WuStock korallenartig verzweigt; nicht slt truppweise auftretend; Blüstd lokker, 4–12blütig; Blü kurz gestielt, abstehend, ihr Stiel gedreht; KB u. paarige KroB grünlich bis gelblich, bisweilen rot gefleckt; seitliche KB abstehend; Lippe weißlich, oft rot gefleckt, zungenförmig, mit gekerbten Rändern. H: 8–20(30) cm. Selbstbestäuber. ♃ Ge. (V)VI–VII. Schattige, frische (Nadel-) Wälder; submontan bis obermontan; zstr. **W†; sonst alle Bdld.** ▲ (*C. innata*)
**Korallenwurz, *C. trífida***

# Überordnung Simsenblütige, *Juncánae*
# Ordnung Simsenartige, *Juncáles*

## 143. Familie: Simsengewächse*, *Juncáceae* (→ F 4, G VI 17)

1 LB'Spreite pfriemenförmig, rinnenförmig oder stielrund, kahl; Fr vielsamig.
**(1) Simse, *Júncus***
– LB'Spreite flach, grasartig, meist lg bewimpert; Fr 3samig.
**(2) Hainsimse, *Lúzula***

## (1) Simse, „Binse"*, *Júncus* (G III 6, 7, 14)

Anm.: Die PerigonB sind nicht slt eingerollt u. erscheinen dadurch auch dann spitz, wenn sie es gar nicht sind!

1 Blüstd dadurch, daß sich ein großes LB (StgB) an seinem Grund genau in die Richtung des Stg stellt, scheinbar seitenständig (Abb. 424 a); Stg (scheinbar) blattlos, am Grunde mit Blattscheiden oder mit 1–2 grundständigen LB, die dem Stg sehr ähnlich sehen . . . . . 2
– Blüstd deutlich endständig (kein LB den Stg geradlinig fortsetzend; Abb. 424 b), zuweilen jedoch von obersten LB überragt; Stg meist beblättert . . . . 8

2 Blüstd scheinbar etwas vom Stg (vom obersten StgB) abstehend (daher scheinbar gestielt). — Grundständige LB sehr dünn, höher als der Stg; PerigonB 4–8 mm lg, glänzend schwarzbraun, zugespitzt. H: 10–25 cm. ♃ He. VII–IX. Feuchte, bodensaure Magerrasen, Quellfluren; kalkfeindlich; subalpin bis alpin; zstr. **Fehlt B, W.** **Gemsen-S.**, Jacquin-S., ***J. jacquínii***
– Blüstd nicht abstehend, nicht „gestielt", sondern scheinbar unmittelbar am Stg sitzend . . . . . 3

3 Das den Stg geradlinig fortsetzende StgB stechend, spitz, etwa so lg wie der Blüstd. — Grundständige LB stielrund, stechend, mit brauner Scheide; Blüstd aus 2–3blütigen Köpfen zusammengesetzt; PerigonB etwa so lg wie die Fr. H: 30–100 cm. ♃ Ge. VII–VIII. Schwach salzige feuchte Wiesen; collin; sehr slt.

* Diese Familie u. ihre Nominatgattung werden zuweilen auch „Binsengewächse" bzw. „Binse" genannt. Wir hingegen verwenden den Namen „Binse" für die Gattung *Scirpus* u. – in Zusammensetzungen – für ihre Verwandten (Riedgrasgewächse, Cyperaceen).

**B** (nur im Seewinkel: südl. von Apetlon). (Hptvbr.: Küsten u. Salzsteppen der meisten Erdteile.) Stark gefährdet. **Strand-S., *J. marítimus***

- Das den Stg geradlinig fortsetzende StgB nicht stechend-spitz, viel länger als der Blüstd . . . . . . . . . . . . . . . . . . . . . . . . . . . . . . . . . **4**

**4** Rhizom unterirdisch waagrecht kriechend, auf diesem die Stg in einer Reihe kammartig angeordnet; Blüstd 1–12blütig . . . . . . . . . . . . . . . . . . . **5**

- Pf horstbildend; Blüstd mehr als 15blütig . . . . . . . . . . . . . . . . . . . **6**

**5** Blüstd in der Mitte des (scheinbaren: → Pkt 1) Stg, locker; Stg 1 mm ∅. H: 15–45 cm. ♃ Ge. VI–VIII. Sümpfe, Flachmoore, nasse Wiesen, Schneetälchen; kalkfeindlich; collin bis alpin; hfg bis zstr. **Fehlt B, W**. **Faden-S., *J. filifórmis***

- Blüstd im obersten Viertel des (scheinbaren) Stg, dicht kopfig; Stg 2 mm ∅. H: 15–40 cm. ♃ Ge. VII–VIII. Sandige, von Schlamm durchsetzte, ständig feuchte Alluvionen von Gletscherbächen, Moränen; subalpin bis alpin; slt. **T, V**. Gefährdet. (Arktisch-alpin.) **Nordische S., *J. árcticus***

**6** Stg u. LB durch Markquerwände gekammert (Mark durch Zwischenräume unterbrochen); grundständige Blattscheiden schwarzbraun, glänzend. — Stg blaugrün, deutlich 12–16rippig; Blüstd locker; StaubB 6. H: 30–60 cm. ♃ He. VI–VIII. Nasse Wiesen, Sümpfe, Flachmoore, nasse Stellen; etwas kalkliebend; collin bis montan (subalpin); zstr bis mäßig hfg. **Alle Bdld**. *(J. glaucus)* **Grau-S., *J. infléxus***

- Stg u. LB mit zusammenhängendem Mark; grundständige Blattscheiden gelb oder braun, nicht glänzend. — StaubB meist 3 . . . . . . . . . . . . . . **7**

**7** Stg kaum glänzend, etwas graugrün, mit 15–24 Längsrippen; das den Stg geradlinig fortsetzende LB (StgB) mit stark aufgeblasener Scheide (die mindestens 2× so br wie der Stg ist). — Blüstd meist in 1 Köpfchen zusammengezogen, slt mit mehreren Köpfchen oder locker *(var. laxus)*. H: 20–100 cm. ♃ He. V–VII. Flachmoore, Sümpfe, nasse Stellen; kalkmeidend; collin bis montan; zstr bis slt. **Alle Bdld**. Gefährdet. *(J. leersii)* **Knäuel-S., *J. conglomerátus***

- Stg glänzend, grasgrün, glatt (nur trocken mit 30–60 ganz feinen Rillen); das den Stg geradlinig fortsetzende LB (StgB) mit nicht oder kaum aufgeblasener Scheide. — Blüstd meist locker, slt in ein dichtes Köpfchen zusammengezogen *(var. compactus*; slt in **N, St**). H: 30–150 cm. ♃ He. VI–VIII. Nasse Wiesen, Sümpfe, Flachmoore, Bruchwälder, nasse Waldschläge; kalkmeidend; collin bis montan (subalpin); hfg. **Alle Bdld**. VolksarzneiPf (u. homöop.; frischer WuStock). **Flatter-S., *J. effúsus***

**8** [1] Jede einzelne Blü am Grund mit 2 häutigen VorB . . . . . . . . . . **9**

- Die einzelnen Blü am Grund ohne VorB. — Blü zu knäueligen Köpfchen vereinigt, diese Köpfchen oft von HochB umgeben. *(Achtung: Diese HochB nicht mit den VorB der einzelnen Blü verwechseln, die bei dieser Gruppe stets fehlen!)* . . . . . . . . . . . . . . . . . . . . . . . . . . . . . . . . . . . . . **18**

**9** Pf ⊙, alle Triebe blühend; Stg nur am Grund büschelig verzweigt . . . . **10**

- Pf ♃, mit kriechendem oder kurzem, mehrköpfigem WuStock u. nichtblühenden LB'Trieben; Stg nur oberwärts ästig . . . . . . . . . . . . . . . . . . **13**

**10** LB'Scheiden an der Spitze mit 2 seitlichen Öhrchen; PerigonB braun mit grünem Mittelstreifen. — PerigonB so lg wie die kugelige Fr oder wenig kürzer. H: 5–30 cm. ⊙ Th. VI–VIII. Offene, feuchte, kalkarme Sand- u. Lehmböden an Ufern, Wegrinnen; collin; früher slt bis sehr slt; **B†, N†** (Waldviertel; zuletzt 1963 beobachtet), **T†**. Verschollen, vermutlich ausgestorben. **† Schlamm-S., *J. tenageía***

- LB'Scheiden ohne Öhrchen; PerigonB grün oder weißlichgrün . . . . . . **11**

**11** Fr fast kugelig; PerigonB viel länger als die Fr. — Blü an den Ästen stets einzeln; alle PerigonB spitz, von der Fr abstehend. H: 5–20 cm. ⊙ Th. VI–VIII. Nasse, lehmige Äcker, schlammige Ufer; collin (montan); im Pann slt, sonst sehr slt. **B, W†, N, O**. Vom Aussterben bedroht.
**Kugelfrucht-S., *J. sphaerocárpus***

**-** Fr länglich; PerigonB etwa so lg wie die Fr oder wenig länger. — Blü an den Ästen zu 1–3. (Artengruppe Kröten-S., *J. bufonius agg.*) . . . . . . . . . **12**

**12** Innere PerigonB stumpf bis wenig spitz, so lg oder kürzer als die Fr; untere LB'Scheiden meist rot; Blü an bogigen Ästen, — meist einzeln oder seltener zu 2–3 einander genähert (etwas kopfig gehäuft); Sa etwa 0,5 mm lg. H: 5–20 cm. ⊙ Th. V–VIII. Feuchte bis nasse offene Stellen, feuchte Ruderalfluren; schwach salzige Böden; kalkmeidend; collin; slt. **B, N**. Gefährdet. *(J. ranarius)*
**■ Frosch-S., *J. ambíguus***

Anm.: Ob die ⊖ ■ **Unordentliche S., *J. hýbridus*** (die meisten Blü zu dichten Köpfchen gehäuft; Sa 0,3–0,4 mm lg) in **Ö** vorkommt, ist fraglich. (Submedit.)

**-** Innere PerigonB spitz bis zugespitzt, länger als die Fr; untere LB'Scheiden meist gelbbraun; Blü an geraden Ästen, — einzeln; Sa 0,4–0,55 mm lg. H: 10–25(40) cm. ⊙ Th. V–VIII. Nasse offene Böden, schlammige Ufer, feuchte bis nasse Wege, Äcker u. Ruderalstellen; etwas kalkmeidend; collin bis obermontan; hfg. **Alle Bdld**. **■ Kröten-S., *J. bufónius***

Anm.: Der taxonomische Status (bzw. das Vorkommen in **Ö**) der Kleinart ⊖ ■ **Winzige S. / *J. minútulus*** (H: 0,5–5(10) cm; Staubbeutel 0,2–0,6 mm lg, ¼–⅓× so lg wie die Staubf.; Fr 2–3 mm lg; [hingegen bei *J. bufonius*: H: 5–40 cm; Staubbeutel 0,5–1 mm lg, ½–1× so lg wie die Staubf.; Fr 3–5 mm lg; Sa 0,35–0,4(0,5) mm lg]) ist fragwürdig u. noch nicht ausreichend geklärt.

**13** [9] LB'Scheiden in lg, tiefgeschlitzte Öhrchen auslaufend; Blüstd 1–4blütig. (Artengruppe Dreiblatt-S., *J. trifidus agg.*) . . . . . . . . . . . . . . . . . **14**

**-** LB'Scheiden ohne tiefgeschlitzte Öhrchen; Blüstd mehr als 5blütig . . . **15**

**14** Grundständige Blattscheiden ohne oder mit nur etwa 1 cm lg, borstenförmigen Spreiten; Stg mit meist 3 fadenförmigen LB im obersten Drittel des Stg, die den Blüstd weit überragen; Blüstd (1)2–4blütig. H: 8–25 cm. ♃ He. VII–VIII. Magerrasen, Zwergstrauchfluren, Felsspalten; kalkfeindlich; (subalpin) alpin; zstr. **Fehlt B, W**. **Dreiblatt-S., *J. trífidus***

**-** Oberste grundständige Blattscheiden mit 5–10(15) cm lg, borstenförmigen Spreiten; Stg in der ganzen Länge mit entfernt stehenden LB; Blüstd 1(3)blütig. H: 8–25 cm. ♃ He. VII–VIII. Trockene Rasen, Felsspalten, Geröll; kalkstet; (subalpin) alpin; zstr. **Fehlt B, W, V**. *(J. trifidus subsp. hostii)*
**Einblüten-S., *J. monánthos***

**15** Stg in der Mitte mit 1–2 LB (oft nur 1 rinniges LB). — PerigonB stumpf. (Artengruppe Platthalm-S., *J. compressus agg.*) . . . . . . . . . . . . . . **16**

**-** Stg außer den obersten StgB (am Grund des Blüstd) blattlos, nur noch mit grundständigen LB . . . . . . . . . . . . . . . . . . . . . . . . . . . . **17**

**16** PerigonB 2–2,5 mm lg, ½–⅔× so lg wie die fast kugelige, gelb- bis kastanienbraune Fr; Gri zur BlüZeit halb so lg wie der Frkn; Staubbeutel etwa 1 mm lg, etwa 1½× so lg wie die Staubf.; Stg etwas zusammengedrückt, graugrün; Blüstd meist vom obersten LB überragt. H: 15–30 cm. ♃ Ge. VII–VIII. Feuchte bis nasse Wiesen, Flachmoore, feuchte bis nasse Ruderalstellen; etwas salzertragend; collin bis subalpin; zstr. **Alle Bdld**. **Platthalm-S., *J. compréssus***

**-** PerigonB 2,5–3,5 mm lg, fast so lg wie die ellipsoidische, rot- bis schwarzbraune Fr; Gri zur BlüZeit so lg wie der Frkn; Staubbeutel 1,3–2 mm lg, etwa 3× so lg wie die Staubf.; Stg fast stielrund, rein grün; Blüstd nicht vom obersten LB überragt. H: 15–50 cm. ♃ Ge. VI–VII. Schwach salzige feuchte Wiesen; collin bis montan; im Pann zstr (im Seewinkel jedoch hfg), sonst slt. **B, W, N, T, V**. Gefährdet. **Salz-S., *J. gerárdii***

**17** GrundB abstehend, starr; PerigonB stumpf, etwa so lg wie die Fr; oberstes StgB höchstens so lg wie der Blüstd. H: 15–30 cm. ♃ He. VI–VIII. Bodensaure feuchte Magerrasen; stark kalkmeidend; collin bis subalpin; im BM zstr bis slt, sonst sehr slt. **N, O, St, S, V**. Stark gefährdet. **Sparrige S., *J. squarrósus***

**–** GrundB aufrecht, zart; PerigonB zugespitzt, länger als die Fr; oberstes StgB den Blüstd weit überragend. — LB'Öhrchen an der Scheide 2–6 mm lg, stumpf, nicht zerschlitzt. H: 15–40 cm. ♃ He. VI–IX. Feuchte Waldwege u. Halbruderalstellen; collin bis montan; hfg bis zstr. **Alle Bdld**. In weiterer Ausbreitung begriffene Neubürgerin. (Heimat: Nordamerika.) *(J. macer)* **Zart-S., *J. ténuis***

**18** [8] Stg schlaff, oft kriechend oder im Wasser flutend. — Stg am Grund ab u. zu knotig angeschwollen; LB halbstielrund, röhrig, fadenförmig, undeutlich querwandig, oberseits etwas rinnig; Blüstd wenigblütig, oft mit büscheligen Laubtrieben; Fr stumpf, stachelspitzig, etwa so lg wie die lanzettlichen PerigonB; StaubB 3(6). H: 3–30 cm. ♃ He. VII–IX. Moore, Sümpfe, seichte Gewässer, Ufer; kalkfeindlich; collin bis montan; slt. **W†, N, O, St, K, S†, T, V**. Im Alp, im nVL, im söVL u. im Pann gefährdet. *(J. supinus)* (A 30) **Rasen-S., *J. bulbósus***

**–** Stg steif u. aufrecht . . . . . . . . . . . . . . . . . . . . . . . . . . . . **19**

**19** Pf ⊙, ohne Rhizom, Wu büschelig. — Stg fadendünn, unbeblättert; LB rinnig, nicht quergefächert; 1 endständiges, 6–10blütiges Köpfchen (u. oft 1–3 seitenständige); PerigonB weißlich, später rotbraun, haarspitzig. H: 3–10 cm. ⊙ Th. VI–IX. Torfsümpfe u. sonstige Feuchtstellen (feuchte Äcker); collin; sehr slt. **N** (im Waldviertel), **St**. Vom Aussterben bedroht. (Aber fast weltweit verbreitet.) **Kopf-S., *J. capitátus***

**–** Pf ♃; mit Rhizom . . . . . . . . . . . . . . . . . . . . . . . . . . . . **20**

**20** Blüstd aus 1 endständigen u. 1 seitenständigen (2–6blütigen) Köpfchen bestehend, die dicht übereinander stehen. — Bis 20 cm lg, unterirdische Ausläufer; reife Fr auffallend groß (7–10 mm lg), schwarzbraun, viel länger als die PerigonB; H: 10–40 cm. ♃ He. VII–VIII. Quellfluren, Bachufer, sumpfige Stellen; kalkfeindlich; subalpin bis alpin; slt. **St, K** (im Nockgebiet), **S, T**. In den wAlp gefährdet. **Kastanien-S., *J. castáneus***

**–!!** Blüstd aus einem einzigen, endständigen Köpfchen bestehend. — LB grundständig, rinnig, ohne Querwände . . . . . . . . . . . . . . . . . . . . . . . . **21**

**–** Blüstd aus mehreren Köpfchen oder EinzelBlü zusammengesetzt . . . . **22**

**21** Blü (2)3(5), dicht nebeneinander; Fr oben stumpf, bespitzt; LB viel kürzer als der Stg. H: 6–15 cm. ♃ He. VII–VIII. Flachmoore, Sumpfwiesen, Quellfluren; kalkfeindlich; subalpin bis alpin; hfg bis slt. Bes. in den Tauern. **Fehlt B, W, N.** **Dreiblüten-S., Dreiblütige S., *J. triglúmis***

**–** Blü (1)2(4), dicht übereinander; Fr oben stumpf, nabelförmig eingesenkt; LB etwa so lg wie der Stg. H: 4–15(20) cm. ♃ He. VII–VIII. Feuchte, kiesig-sandige Ufer; kalkliebend; alpin; sehr slt. Nur an 1 Fundstelle in **S** (Hochfeindkette in den Radstädter Tauern): einziger Fundort in Mitteleuropa! (Arktisch-alpin.) Stark gefährdet. **Zweiblüten-S., Zweiblütige S., *J. biglúmis***

**22** PerigonB sehr stumpf, bleich strohfarben; nicht-blühende Triebe den blütentragenden Stg gleich u. am Grund nur von blattlosen Scheiden umgeben, innen

mit Quer- u. Längswänden versehen (daher mehrröhrig). — Verzweigungen des GesamtBlüstd ± sparrig (dh hfg rechte Winkel vorhanden); alle PerigonB gleich lg. H: 50–120 cm. ♃ Ge. VII–VIII. Nasse Wiesen, Flachmoore; kalkliebend, auch auf schwach salzigen Böden; collin bis montan; im Pann zstr, sonst slt. **Fehlt St**. Stark gefährdet. ▲ *(J. obtusiflorus)*
**Knötchen-S.**, Stumpfblütige S., ***J. subnodulósus***

- PerigonB (zumindest äußere) spitz oder stumpf mit aufgesetzter Spitze, d'braun; nicht-blühende Triebe den blütentragenden Stg nicht gleich, am Grund beblättert, ohne Längsscheidewände (daher einröhrig) . . . . . . **23**

**23** Obere LB auch im frischen Zustand deutlich 5–9kantig, trocken deutlich längsrippig, mit undeutlichen Querwänden. — Pf graugrün; PerigonB schwarzbraun, ± gleich lg. H: 30–100 cm. ♃ He. VII–IX. Sumpfwiesen, Flachmoore, feuchte Grasplätze; collin bis montan; früher: slt bis sehr slt. N†. Verschollen. † **Schwarz-S.**, ***J. atrátus***

- Auch obere LB frisch völlig ungefurcht, nur trocken fein runzelig-gestreift, mit deutlichen Querwänden . . . . . . . . . . . . . . . . . . . . . . . . **24**

**24** Innere PerigonB deutlich länger als die äußeren. — LB im ∅ elliptisch. H: 30–100 cm. ♃ Ge. VII–IX. Feuchte Wälder, Waldsümpfe, feuchte Gebüsche, nasse u. moorige Wiesen, Flachmoore; kalkfeindlich; collin bis montan; zstr bis slt. **N†; fehlt B, W, K?**. Gefährdet; im BM u. im söVL stark gefährdet. *(J. sylvaticus)* **Spitzblüten-S.**, ***J. acutiflórus***

- Alle PerigonB gleich lg . . . . . . . . . . . . . . . . . . . . . . . **25**

**25** Alle PerigonB spitz; Fr länglich-eiförmig, zugespitzt, stark glänzend; LB im ∅ elliptisch, — stark quergefächert (Querwände beim Drüberstreichen als Knoten spürbar). H: 10–60 cm. ♃ He. VII–IX. Feuchte bis nasse Wiesen, Sümpfe, feuchte Ruderalstellen; collin bis montan (subalpin); hfg. **Alle Bdld**. *(J. lamprocarpus)* **Glieder-S.**, ***J. articulátus***

- Alle PerigonB stumpf, die äußeren mit feiner aufgesetzter Spitze; Fr eiförmig, stumpf, oft mit aufgesetztem Spitzchen, glänzend; LB im ∅ rund, — quergefächert; Perigon d'braun bis schwarz. H: 10–70 cm. ♃ He. VII–VIII. Nasse Wiesen, Moore, Sümpfe; kalkliebend; (collin) montan bis subalpin (alpin); hfg bis slt. **Alle Bdld**. Im Pann u. nVL gefährdet. *(J. alpinus,* ***J. alpino-articulatus****)*
**Gebirgs-S., Alpen-S.,** ***J. alpínoarticulátus***

## (2) Hainsimse, Marbel, *Lúzula*

**1** Blüstd ± einfach, fast doldenähnliche Rispe (Abb. 425): Blü stets einzeln, ungleichlang gestielt. — Sa mit deutlichem, weißem Anhängsel (0,6–1,5(3) mm lg; ½× so lg bis so lg wie Sa). *(Sect. Pterodes)* . . . . . . . . . . . . . . **2**

–!! Blüstd rispig (oder meist 2–3fach-traubig) zusammengesetzt aus 2–6blütigen (wenn mehrblütig, Perigon schneeweiß: → Pkt 5–) Köpfchen (Büscheln) (Abb. 426) oder teils einzeln, teils zu 2. — Sa mit sehr kleinem (höchstens 0,2 mm lg) oder fehlendem Anhängsel. *(Sect. Anthelaea)* . . . . . . . . . . . . . . **4**

- Blüstd traubig zusammengesetzt aus mehr als 6blütigen, kurzwalzlichen bis kugeligen Köpfchen (Abb. 427). — Sa mit meist mittelgroßem (0,1–0,8 mm lg) Anhängsel. *(Sect. Luzula)* . . . . . . . . . . . . . . . . . . . . . . **8**

**2** LB 5–10 mm br, an der Spitze ohne feine, aufgesetzte, gelbliche Stachelspitze. — LB abstehend bewimpert; Blüstd-Äste zur FrZeit zurückgeschlagen; PerigonB braun, br-hautrandig; Fr eiförmig; Sa-Anhängsel sichelförmig, so lg wie der 1,2–1,8 mm lg Sa. H: 15–30(40) cm. ♃ He. IV–V. Lichte, bodensaure Laubwälder, seltener Nadelwälder, Waldwiesen; collin bis subalpin; zstr. **Alle Bdld**. **Wimper-H.**, Frühlings-H., ***L. pilósa***

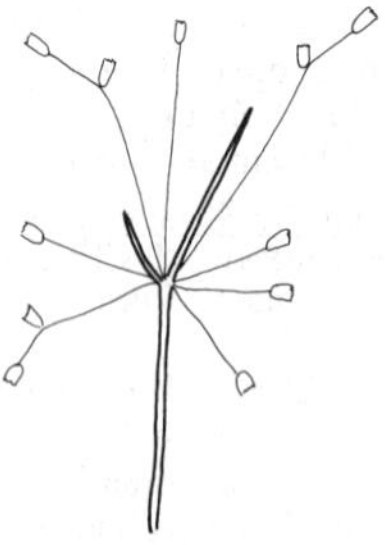
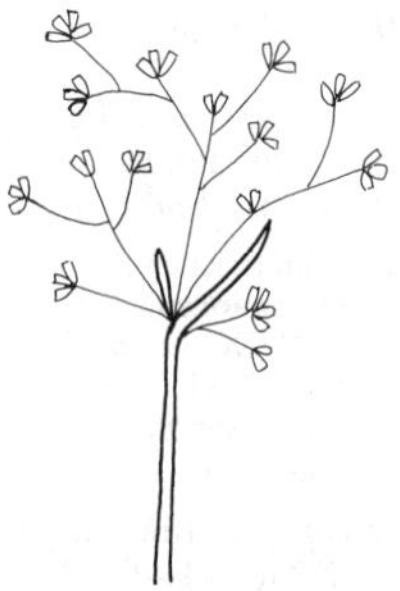

Abb. 424a Abb. 424b Abb. 425 Abb. 426 Abb. 427

- LB 1,5–3(4) mm br, an der Spitze mit feiner, aufgesetzter, 0,1–0,2 mm lg, gelblicher Stachelspitze . . . . . . . . . . . . . . . . . . . . . . . . . . . . . . **3**

**3** Pf mit 3–10 cm lg, dünnen, unterirdischen Ausläufern; lockerrasig; PerigonB gelblich, mit br weißem Hautrand; untere LB'Scheiden gelblich bis braun. — Blüstd ± ausgebreitet; Sa 1,3–1,5 mm lg, Anhängsel so lg wie der Sa. H: 10–25(30) cm. ♃ He. VI–VII. Bodensaure (Fichten-)Wälder; kalkmeidend; obermontan bis subalpin; zstr bis slt. **Fehlt B, W**. *(L. flavescens)*
**Gelbliche H., *L. luzulína***

- Pf ohne Ausläufer (höchstens 1cm lg), horstbildend; PerigonB braun, schmal hautrandig; untere LB'Scheiden purpurrot bis violett. — BlüstdÄste auch zur FrZeit aufrecht oder nickend; Sa 1,3–1,6 mm lg, Anhängsel $^1/_2$–$^2/_3$× so lg wie der Sa. H: 15–30(40) cm. ♃ He. IV–V. Trockene, ± bodensaure Eichen- u. Eichen-Hainbuchen-Wälder; kalkmeidend, sandsteinliebend; collin bis submontan; slt. **B, W, N**. (Submedit.) Gefährdet.
**Forster-H., Eichenwald-H., *L. fórsteri***

**4** [1] PerigonB gelb. — Grundständige LB 3–6 mm br, mit rotbraunen Scheiden, kahl oder fast kahl; Blüstd aus 6–10blütigen Knäueln bestehend; Sa ca 1,5 mm lg, ohne Anhängsel. H: (10)15–20(30) cm. ♃ He. VII–VIII. Magerrasen, auch auf Geröll; saure, trockene, humose, nährstoffarme Böden; kalkmeidend; subalpin bis alpin; zstr bis slt. **T, V**. **Gold-H.**, Gelbe H., ***L. lútea***

-!! PerigonB gelblichweißlich oder weiß, slt braunrot. — LB stark anliegend gewimpert . . . . . . . . . . . . . . . . . . . . . . . . . . . . . . . . . . . **5**

- PerigonB braun bis schwarzbraun . . . . . . . . . . . . . . . . . . . . . . . . **6**

**5** PerigonB schmutzigweiß oder (*subsp. rubella*) braunrötlich, 2,5–3,5 mm lg, etwa so lg wie die Fr. — Ausläufer höchstens 4 cm lg; BlüBüschel 2–10blütig; Sa 1,2 mm lg, braun bis schwarz, mit winzigem Anhängsel. H: (30)40–65(75) cm. ♃ He. VI–VII. ± bodensaure lichte, trockene Wälder, (subalpin: Rasen); Säurezeiger; collin bis subalpin; sehr hfg bis hfg. **Alle Bdld**. *(L. albida, „L. nemorosa")* **Weißliche H., Gewöhnliche H., *L. luzuloídes***

- PerigonB reinweiß, 5 mm lg, doppelt so lg wie die Fr. — Ausläufer bis 10 cm lg; BlüBüschel 6–20blütig; Sa 1,5 mm lg, rotbraun, mit winzigem Anhängsel. H:

40–60(80) cm. ♃ He. VI–VIII. Lichte, bodensaure Wälder; collin bis subalpin; zstr. Bes. sAlp. **K, T, V**. (Hptvbr.: Südalpen, Süd- u. Westeuropa.)
**Schneeweiße H., *L. nívea***

**6** LB lg gewimpert. — GrundB (5)10–15(20) mm br, starr, glänzend, d'grün; PerigonB 2–4(4,5) mm lg, braun; Sa 1,4–1,7 mm lg mit kleinem Anhängsel. H: (30)40–80(100) cm. ♃ He. V–VI. Mäßig schattige Wälder (bes. Fichten- u. Lärchenwälder), Latschengebüsche, Hochstaudenfluren; kalkmeidend; obermontan bis subalpin; hfg. **Fehlt B, W**.
**Groß-H.,** Große H., Wald-H., ***L. sylvática*** *(s. l.)*

**a** GrundB (6)10–15(20) mm br; Stg bis 80(100) cm hoch, dick; Blüstd groß, mehrfach zusammengesetzt; reife Fr etwa so lg wie die inneren PerigonB. Obermontan (subalpin); hfg. **Fehlt B, W, V**. (Areal eher östl.) *(L. sylvatica s. str.)*
**▪ Gewöhnliche G.-H., *L. s. subsp. sylvática***

**-** GrundB (3)4–5(6) mm br; Stg höchstens 50(60) cm hoch, ziemlich dünn; Blüstd kleiner, sehr locker; reife Fr kürzer als die inneren PerigonB. (Obermontan) subalpin; zstr bis slt. **K, S, T, V**. (Areal eher westl.) *(L. sieberi)*
**▪ Westliche G.-H., Sieber-G.-H., *L. s. subsp. síeberi***

**-** LB (fast) kahl, oft nur an der Scheidenmündung behaart . . . . . . . . . . 7

**7** Untere StgB (6)7–10 mm br. — Fr kugelig, plötzlich deutlich zugespitzt; Sa 1,2–1,8 mm lg, nur an der Spitze ein winziges, 0,1 mm lg Anhängsel. H: 15–30(50) cm. ♃ He. VI–VII. Rasen, Zwergstrauchheiden, schneereiche Geröllhalden; kalkliebend; subalpin bis alpin; zstr. **N, O, St, K*, S, T**. *(L. glabrescens)*
**Kahl-H.,** Kahle H., ***L. glabráta***

**-** Untere StgB 1–3(5) mm br. — Fr 3kantig-eiförmig, meist stachelspitzig; Sa 1,3 mm lg, an der Spitze u. am Grund je 1 kleines Anhängsel. H: 10–30 cm. ♃ He. VI–VIII. Feuchte Rasen, Schneetälchen, Bachufer, schneereiche Geröllhalden („Braunsimsenrasen"); kalkmeidend; subalpin bis alpin; mäßig hfg bis zstr. **Fehlt B, W, N**. *(L. spadicea, **L. alpino-pilosa**)*
**Braun-H.,** „Braunsimse", ***L. alpínopilósa***

**8** [1] Blüstd meist nickend; LB rinnenförmig; TragB des Blüstd lg gewimpert. — GrundB 1–2(4) mm br; PerigonB (2)2,5–3 mm lg, grannig-stachelspitzig, etwa so lg wie die Fr; Sa 1–1,2 mm lg, das Anhängsel 0,1–0,2 mm lg, etwa 1/10× so lg wie der Sa. H: 7–25 cm. ♃ He. VI–VIII. Trockene Krummseggen- u. Nacktriedrasen, Wulfen-Mannsschild-Flur; kalkmeidend; subalpin bis alpin; zstr bis mäßig hfg. **Fehlt B, W, N**. **Ähren-H., *L. spicáta***

**a** Staubf. (0,4)0,5–0,7(0,8) mm lg; Fr (reif!) (1,9)2,1–2,5(2,6) mm lg. H: meist 15–25 cm. **T**. Genaue Vbr. noch unbekannt. **Eigentliche Ä.-H., *L. s. subsp. spicáta***

**-** Staubf. 0,3–0,6 mm lg; Fr 1,5–2,0(2,2) mm lg. H: meist 7–15 cm. **Fehlt B, W, N**. *(L. glomerata)* **Veränderliche Ä.-H., *L. s. subsp. mutábilis***

**-** Blüstd aufrecht (slt etwas gekrümmt); LB ± flach; TragB des Blüstd fast kahl. (Artengruppe Hügel-H., *L. campestris agg.*) . . . . . . . . . . . . . . . . 9

**9** Äußere PerigonB deutlich (um etwa 0,5 mm) länger als die inneren; Gri 0,1–0,3 mm lg; Fr 1,7–2,1 mm lg . . . . . . . . . . . . . . . . . . . . . . **10**

**-** Alle PerigonB etwa gleich lg (oder die äußeren höchstens um 0,3 mm länger als die inneren); Gri länger als (0,3)0,5 mm; Fr länger als (2,0)2,3 mm . . . **11**

**10** Perigon schwarzbraun; Sa etwa 1 mm lg, 5–10× so lg wie das frische Anhängsel; Sa-Anhängsel *(auf der Rückenseite gemessen)* 0,1 mm lg; BlüStiel *(im*

---

* Die alten Angaben für **K** (aus dem Süden des Landes) haben sich als höchstwahrscheinlich durchwegs irrig erwiesen; hingegen wurde diese Art jüngst (1992) durch L. Schratt (ined.) im äußersten Norden dieses Bundeslandes nachgewiesen.

*Mikroskop, bei etwa 150facher Vergrößerung)* ± glatt; Pf grasgrün, lockerrasig, mit unterirdischen Ausläufern. — LB dicht gesägt, untere LB 2–4 mm br; Ährchen 3–6, mit je 3–8 Blü, alle Ährchen gestielt; Fr schwarzbraun; Sa schmal-ellipsoidisch, 0,5–0,6 mm br. H: (10)15–30(40) cm. ♃ He. VI–VIII. Bodensaure, frische Magerrasen, Zwergstrauchges., Flachmoore; kalkmeidend; subalpin bis alpin; zstr bis slt. **Fehlt B, W**. ■ **Sudeten-H.**, ***L. sudética***

- Perigon blaß gelblichgrün bis h'braun; Sa etwa 0,6 mm lg, 2–3× so lg wie das frische Anhängsel; Sa-Anhängsel *(auf der Rückenseite gemessen)* 0,2–0,3 mm lg; BlüStiele *(im Mikroskop, bei etwa 150facher Vergrößerung)* dicht papillös; Pf h'gelblichgrün, dichtrasig, ohne Ausläufer. — Ährchen 5–20, mit je 5–20 Blü, mittlere Ährchen ± sitzend, die anderen gestielt; Blü kürzer als 2,8 mm; Fr h'braun. H: 10–30(40) cm. ♃ He. IV–V. Moorwiesen, Föhrenwälder, Waldschläge; collin bis montan; sehr slt. **B, N?, St, K, T**. Vom Aussterben bedroht. *(„**L. pallescens**")* ■ **Blasse H., Bleiche H., *L. pallídula***

11 Staubbeutel (2,5)3–6× so lg wie der Staubf.; Gri 1,0–2,5 mm lg; Sa (abgesehen vom Anhängsel) fast kugelig, (0,9)1,0(1,3) mm ∅, Anhängsel 0,4–0,8 mm lg . . . . . . . . . . . . . . . . . . . . . . . . . . . . . . . . . . . . **12**

- Staubbeutel höchstens 1,5–2,0(2,5)× so lg wie der Staubf.; Gri 0,3–0,7(1,1) mm lg; Sa ellipsoidisch bis schmal-eiförmig, 0,6–0,9 mm br, Anhängsel 0,3–0,4(0,5) mm lg. — Pf ohne Ausläufer. („*L. multiflora s. l.*") . . . . . . . **13**

12 Pf ± dichtrasig, ohne Ausläufer; alle BlüBüschel auf ± aufrechten Stielen. — Spaltöffnungen *(Mikroskop!)* (0,035)0,040–0,050(0,055) mm lg; äußere PerigonB schmal berandet, 2–2,5(2,7) mm lg; Narben bleibend; Blü mindestens 3,5 mm lg; StgB dem Stg ± anliegend, Stg dadurch auffällig schlank erscheinend. H: 15–40 cm. ♃ He. IV–V. Magere, ± bodensaure, trockene (Laub)wälder (Eichen- u. Eichen-Hainbuchen-Wälder), Trockenrasen; collin bis submontan; zstr. **B, W, N** (im Wienerwald u. im Weinviertel). (Vielleicht weiter verbreitet, noch wenig erforscht; ist früher von *L. campestris* u. *L. multiflora* nicht unterschieden worden.) ■ **Schlanke H., *L. divulgáta***

- Pf sehr lockerrasig, mit langen u./oder kurzen unterirdischen Ausläufern; meist zumindest eines der BlüBüschel auf (zuletzt) zurückgebogenem Stiel. — Spaltöffnungen *(Mikroskop!)* (0,025)0,030–0,040(0,045) mm lg; Ährchen 2–6; PerigonB 3–4 mm lg. H: (5)10–30(40) cm. ♃ He. III–V(VI). Trockene bis wechselfeuchte, ± bodensaure Magerrasen; kalkmeidend; collin bis subalpin; hfg. **Alle Bdld**. ■ **Wiesen-H.**, Hügel-H., Feld-H., Hasenbrot, ***L. campéstris***

13 Blüstd (hauptsächlich) aus sitzenden oder fast sitzenden BlüBüscheln zusammengesetzt; Perigon schwarzbraun; GrundB (4)5–7 mm br. — Pf dichthorstig; LB am Rand stets stumpf gezähnt, die Zähne weit voneinander entfernt stehend; Blüstd meist auffällig dicht zusammengezogen; äußere PerigonB (2,7)3–3,5 mm lg, schmal berandet. H: 20–40 cm. ♃ He. VI–VIII. Lückige Rasen; kalkmeidend; subalpin bis alpin; mäßig hfg. **Fehlt B, W, O**. (Ist früher von *L. multiflora (subsp. multiflora)* nicht unterschieden worden.) ■ **Alpen-H., *L. alpína***

- Blüstd aus deutlich gestielten BlüBüscheln zusammengesetzt (oder nur ein einzelnes sitzend oder fast sitzend); Perigon blaßgrünlich bis blaßbraun; GrundB 3–4(5) mm br. — Pf ± dichtrasig; Blü 2,5–3,5 mm lg; äußere PerigonB (2,5)2,9–3,6(3,9) mm lg, br berandet; Gri meist 0,5–0,8 mm; Narben hinfällig; Sa (0,9)1–1,2 mm lg. H: 15–40(50) cm. ♃ He. IV–V. Lichte Wälder, Gebüsche, trockene Wiesen; kalkmeidend; collin bis subalpin (alpin); zstr. **Alle Bdld**. *(**L. multiflora subsp. multiflora**)* ■ **Vielblütige H., *L. multiflóra s. str.***

Anm.: ⊖■ ***L. congésta*** *( = **L. multiflora subsp. congesta**)* fehlt in Ö.

# Ordnung Riedgrasartige, *Cyperáles*

## 144. Familie: Riedgräser, Sauergräser, Binsengewächse*, *Cyperáceae* (F 3; G II 8; III 12)

Meist ♃, grasartige Pf; Stg meist 3kantig; LB wechselständig, 3zeilig angeordnet; LB'Scheide meist geschlossen; Blüstd: „Ährchen", oft zu „Ähren" oder „Doppelähren", Köpfchen oder Rispen zusammengestellt; Blü ⚥ oder 1geschlechtig; Perigon aus Schuppen oder Borsten bestehend oder fehlend; StaubB (1)2–3; Narben 2–3; Fr: 3kantige oder linsenförmige Nuß. – Anm.: Perigonborsten oder -fäden (= BlüBorsten, hypogyne Borsten oder Fäden) sind Borsten am Grund des Frkn (Abb. 428), die sich manchmal in lg weiße Haare verlängern (Abb. 434).

*Cyperoídeae*
(1) *Scírpus*
(2) *Bolboschóenus*
(3) *Schoenopléctus*
(4) *Scirpoídes*
(5) *Isólepis*
(6) *Trichóphorum*
(7) *Blýsmus*

*Cyperoídeae* (Forts.)
(8) *Erióphorum*
(9) *Eleócharis*
(10) *Cypérus*
(11) *Cládium*
(12) *Rhynchóspora*
(13) *Schóenus*

*Caricoídeae*
(14) *Kobrésia* (inkl. *Elyna*)
(15) *Cárex*

1 Frkn wie Fr von einer eiförmigen bis flaschenförmigen (fast stets ±, zumindest sehr kurz geschäbelten) Hülle (= Schlauch = Schl. = Utriculus) völlig umschlossen, aus deren Öffnung an der Spitze die Narben herausragen (Abb. 429). — Stg 3kantig; LB grasartig; Ähren mit ♂ oder ♀ Blü (Abb. 430, 432) oder mit ♂ u. ♀ Blü (Abb. 430, 431); alle Blü in den Achseln von DeckB (Abb. 429); Blü stets 1geschlechtig (Pf 1- oder slt 2häusig); ♂ Blü: StaubB 3(2), ohne BlüHülle (auch Perigonborsten fehlend); ♀ Blü: Frkn 1, Narben 3–2. (Der Schlauch ist kein Perigon, sondern eigentlich das TragB der ♀ Blü u. sitzt auf der stark reduzierten Achse eines 1blütigen Ährchens in der Achsel des „DeckB der ♀ Blü"; Schema: Abb. 433) **(15) Segge, *Cárex***

– Frkn u. Fr meist nicht von einem Schlauch völlig umschlossen, sondern in der

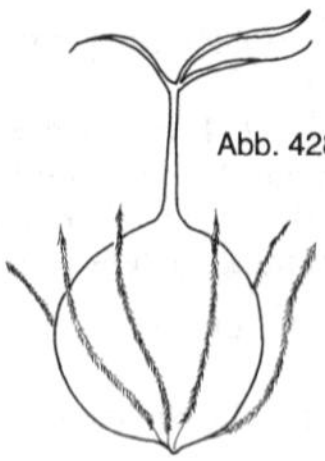

Abb. 428

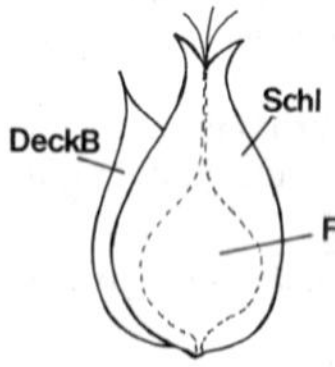


Abb. 429

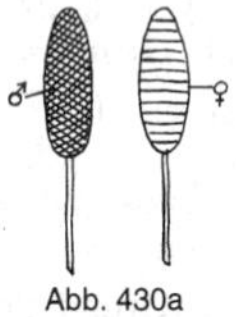


Abb. 430a

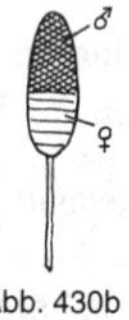


Abb. 430b

Abb. 431

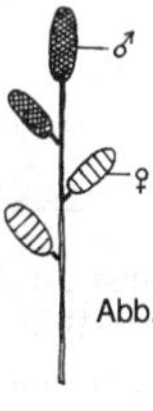


Abb. 432

* Vgl. die Fußnote auf S. 933 u. S. 943!

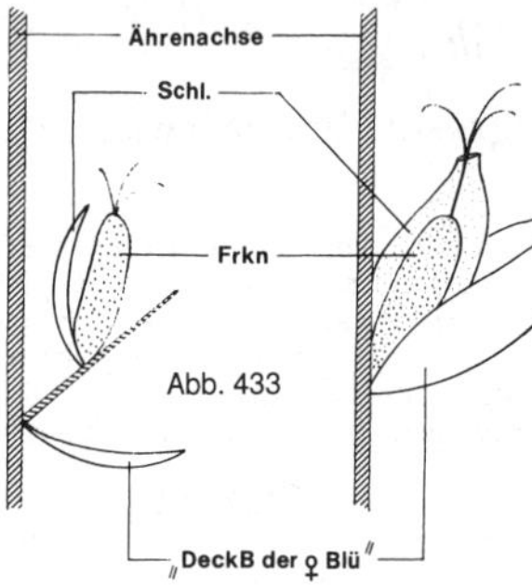

Abb. 433

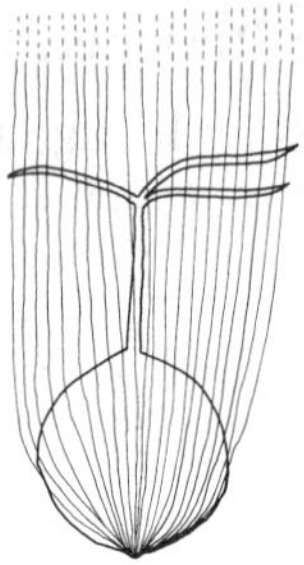
Abb. 434

Achsel eines DeckB mit freien (oder höchstens am Grund verwachsenen) Rändern, slt von ihm ± eingehüllt (Hülle aber nie geschnäbelt) . . . . . . . . 2

2 Blü 1geschlechtig. — Perigonborsten fehlend. **(14) Schuppenried, *Kobrésia***
- Blü ⚥. — Ährchen mehrblütig . . . . . . . . . . . . . . . . . . . . . . . . 3

3 Ährchen mit 2zeilig angeordneten Spelzen (DeckB) . . . . . . . . . . . . 4
- Ährchen mit 3- oder mehrzeilig angeordneten Spelzen (DeckB) . . . . . . 5

4 Ährchen 2–3blütig; die untersten 2–4 Spelzen steril (keine Blü in ihren Achseln); Perigonborsten vorhanden. **(13) Knopfbinse, *Schóenus***
- Ährchen mehr als 4blütig; alle Spelzen fertil (dh DeckB) oder nur die untersten 1–2 steril; Perigonborsten fehlend. **(10) Zypergras, *Cypérus***

5 Ährchen 2–3blütig, am Grund mit mehreren sterilen Spelzen, die kleiner sind als die fertilen Spelzen . . . . . . . . . . . . . . . . . . . . . . . . . 6
- Ährchen mehr als 4blütig; Spelzen alle fertil oder nur die untersten 1–2 steril; alle Spelzen meist etwa gleich groß . . . . . . . . . . . . . . . . . . . 7

6 LB 10–15 mm br; Perigonborsten fehlend; LB am Rand u. am Rückenkiel schneidend scharf u. deutlich sägezähnig *(Lupe!)*. **(11) Schneideried, *Cládium***
- LB 1–2 mm br; Perigonborsten vorhanden; LB nicht schneidend scharf sägezähnig, höchstens am Rand rauh. — Fr durch den bleibenden GriGrund geschnäbelt. **(12) Schnabelbinse, *Rhynchóspora***

7 Perigonborsten zur FrZeit seidig-wollig u. die Spelzen weit überragend (Abb. 434) . . . . . . . . . . . . . . . . . . . . . . . . . . . . . . . . . . 8
- Perigonborsten zur FrZeit unscheinbar, kürzer als die Spelzen oder ganz fehlend . . . . . . . . . . . . . . . . . . . . . . . . . . . . . . . . . . . 9

8 Blü mit mehr als 8 Perigonborsten (Abb. 434). **(8) Wollgras, *Erióphorum***
- Blü mit 4–6 Perigonborsten. **Alpen-Haarbinse, (6), *Trichóphorum alpínum***

9 Blüstd ein einziges, endständiges Ährchen. — LB'Spreite 0,3–3 cm lg oder fehlend . . . . . . . . . . . . . . . . . . . . . . . . . . . . . . . . . 10
- Blüstd meist aus mehreren Ährchen bestehend, slt 1 endständiges Ährchen, dann aber LB'Spreite länger als 10 cm . . . . . . . . . . . . . . . . . 11

10 Zumindest oberste StgB mit 3–15(30) mm lg Spreite; GriGrund nicht verdickt; Perigonborsten nicht rückwärts rauh, — slt reduziert bis ganz fehlend. **Rasen-Haarbinse, (6), *Trichóphorum cespitósum***

- Stg ohne LB'Spreiten; GriGrund meist ± verdickt; Perigonborsten meist rückwärts rauh, — slt fehlend. **(9) Sumpfbinse, *Eleócharis***

**11** Unterste 1–2 Spelzen steril. — Ährchen 8–20blütig; Perigonborsten fehlend. **Micheli-Zypergras, (10), *Cypérus micheliánus***

- Alle Spelzen fertil . . . . . . . . . . . . . . . . . . . . . . . . . . . **12**

**12** Ährchen in einer 2reihigen, endständigen (Gesamt-)Ähre angeordnet. **(7) Quellbinse, *Blýsmus***

- Ährchen nicht in einer 2reihigen (Gesamt-)Ähre angeordnet . . . . . . . **13**

**13** Ährchen zu 1 oder mehreren kugelrunden, dichten Köpfchen zusammengedrängt. **(4) Kugelbinse, *Scirpoídes***

- Ährchen anders angeordnet . . . . . . . . . . . . . . . . . . . . . . **14**

**14** Blüstd deutlich endständig . . . . . . . . . . . . . . . . . . . . . . **15**

- Blüstd scheinbar seitenständig, weil 1 Stg'artiges HüllB die Fortsetzung des Stg bildet . . . . . . . . . . . . . . . . . . . . . . . . . . . . . . . **16**

**15** Blüstd eine einfache oder kopfig zusammengezogene Spirre; Ährchen 10–20 mm lg; Spelzen etwa 7 mm lg; Fr 3 mm lg. — Pf mit Ausläufern, die an der Spitze zu kugelförmigen, haselnuß- bis walnußgroßen Knollen verdickt sind; Narben 2–3. **(2) Knollenbinse, *Bolboschóenus***

- Blüstd eine stark verzweigte, lockere, ährchenreiche Spirre; Ährchen 2–5 mm lg; Spelzen etwa 2 mm lg; Fr 1 mm lg. — Narben 3. **(1) Waldbinse, *Scírpus***

**16** Pf 30–400 cm hoch, meist mit kriechendem Rhizom, — ♃; StaubB 3. **(3) Teichbinse, *Schoenopléctus***

- Pf 2–15 cm hoch, mit FaserWu, — ⊙–♃ . . . . . . . . . . . . . . . . . **17**

**17** Ährchen 2–3(4) mm lg; TragB des Blüstd viel kürzer als der Stg, Ährchen daher scheinbar im oberen StgTeil stehend; StaubB 2. **(5) Moorbinse, *Isólepis***

- Ährchen 5–12 mm lg; TragB des Blüstd ½–1× so lg wie der Stg, Ährchen daher scheinbar in der StgMitte stehend; StaubB 3. **Zwerg-Teichbinse, (3), *Schoenopléctus supínus***

## (1) **Waldbinse***, Grabenbinse*, ***Scírpus*** *(s. str.; Scirpus sect. Scirpus)*

**1** Pf ohne oberirdische Ausläufer; Spelzen gekielt, mit Stachelspitze; Perigonborsten gerade, rückwärts-rauh. — WuStock mit unterirdischen Ausläufern; Ährchen meist zu 2–5 gebüschelt. H: 30–100 cm. ♃ Ge. V–VIII. Feuchte bis nasse Wälder u. Gebüsche, Waldsümpfe, Flachmoore, Wassergräben; collin bis montan; hfg. **Alle Bdld.** **Gewöhnliche W., Waldsimse, *S. sylváticus***

- Pf oft mit oberirdischen, bogenförmigen, an der Spitze wurzelnde Laubsprosse bildenden Ausläufern; Spelzen ungekielt, ohne Stachelspitze; Perigonborsten geschlängelt, glatt. — WuStock abgestutzt; Ährchen meist einzeln, seltener zu 3 gebüschelt. H: 40–100 cm. ♃ Ge. VI–VII. Ufer von Altwässern u. Teichen; collin bis submontan; sehr slt. **N, O†, St, S?**. Vom Aussterben bedroht. **Wurzelnde W., *S. radícans***

---

* Diese Gattung bzw. auch die meisten anderen dieser Familie werden zuweilen auch „Simse" bzw. „Teichsimse", „Kugelsimse" usw. genannt. Wir hingegen nennen diese Cyperaceen durchwegs „Binsen" und verwenden „Simse" nur für *Juncus* u. „Hainsimse" für *Luzula* (beide Juncaceen).

## (2) Knollenbinse, *Bolboschóenus* (*Scirpus sect. Bolboschoenus*)

Stg scharf 3kantig, rauh. H: 30–100 cm. ♃ Ge. VI–VIII. An u. in stehenden u. fließenden Gewässern, Sumpfwiesen, feuchte Äcker; collin bis montan; an den Sodalacken im Seewinkel im **B** hfg, sonst zstr bis slt. **B, W, N, O†, St, K, V†**. Gefährdet; im Alp, nVL u. söVL stark gefährdet. (*Scirpus maritimus, Schoenoplectus maritimus*) **Knollenbinse, Meerbinse,** Strand-Binse, ***B. marítimus***

## (3) Teichbinse, Flechtbinse, *Schoenopléctus* (*Scirpus sect. Actaeogeton, S. sect. Pterolepis*)

**1** Pf 5–15(20) cm hoch, ⊙; Stg 0,5–1,5 mm ∅, — stielrund; TragB des Blüstd ½–1× so lg wie der Stg; Ährchen 5–10 mm lg. Th. VI–X. Schlammige Tümpel-Ufer, feuchte Sandgruben u. Geländesenken; collin; sehr slt. **B, W†, N**. Vom Aussterben bedroht. (*Scirpus supinus, Isolepis supina*)
**Zwerg-T., Zwergbinse, *S. supínus***

**-** Pf 30–400 cm hoch, ♃; Stg 10–15 mm ∅ . . . . . . . . . . . . . . . . . . . **2**

**2** Stg stielrund, manchmal oberwärts schwach 3kantig. (Artengruppe Grüne T., *S. lacustris agg.*) . . . . . . . . . . . . . . . . . . . . . . . . . . . . . . **3**

**-** Stg deutlich 3kantig . . . . . . . . . . . . . . . . . . . . . . . . . . . . . . **4**

**3** Stg d'grasgrün; Narben 3; Spelzen glatt oder nur auf dem Mittelnerv mit roten Wärzchen. — WuStock gelbbraun, rotbraun oder tiefrot; Konnektivanhängsel deutlich behaart; Fr stumpf 3kantig, 2,5–3 mm lg. H: 100–350(400) cm. ♃ Ge. V–VII. Röhricht, stehende u. träg fließende Gewässer (oft weit ins tiefere Wasser vordringend); collin bis montan; zstr. **Alle Bdld**. In den wAlp, BM, nVL u. söVL gefährdet. Verwendung als „lebende Kläranlage". (*Scirpus lacustris subsp. lacustris*)
**Grüne T.,** Eigentliche Flechtbinse, Seebinse, ***S. lacústris***

**-** Stg blau- oder graugrün; Narben 2; Spelzen meist auf der ganzen Fläche mit roten Wärzchen. — WuStock gelbbraun; Konnektivanhängsel kurz behaart oder kahl; Fr linsenförmig, 2–2,5 mm lg. H: 60–150(250) cm. ♃ Ge. VI–VII. Stehende, mäßig salzhaltige Gewässer (Sodalacken) u. ± salzhältige Sumpfwiesen; collin bis untermontan; im Seewinkel (**B**) zstr, sonst slt. **O†?, sonst alle Bdld**. Gefährdet; im Alp, nVL u. söVL stark gefährdet, in **St** vom Aussterben bedroht. (*Scirpus lacustris subsp. glaucus, S. l. subsp. tabernaemontani*)
**Graue T.,** „Salzbinse", Blaue F., ***S. tabernaemontáni***

**4** Pf ohne Ausläufer; Spelzen nicht ausgerandet, stachelspitzig; Narben 3; Fr querrunzelig. — Spelzen weißlich mit grünem Kiel u. rotem Rand. H: 30–100 cm. ♃ He. VII–X. Röhricht, schlammige Ufer, Sümpfe; collin; sehr slt. **St, K, V**. Vom Aussterben bedroht. ▲ (*Scirpus mucronatus*)
**Spitze T., Stachel-F., *S. mucronátus***

**-** Pf mit Ausläufern; Spelzen an der Spitze ausgerandet, in der Ausrandung begrannt; Narben 2; Fr glatt oder nur undeutlich querrunzelig . . . . . . **5**

**5** Stg mit 2(3) LB, diese 3–20 cm lg; Perigonborsten fehlend oder 1–2 rudimentäre Borsten, die viel kürzer als die Fr sind. — Ährchen stets ungestielt, 5–10 mm lg; Spelzen mit spitzen Lappen (beiderseits der Ausrandung). H: 30–100 cm. ♃ Ge. VII–VIII. Ufer von Seen; collin; sehr slt. **B** (im Seewinkel), **T†**. (Hptvbr.: Nord- bis Südamerika, Neuseeland, in Europa zstr.) Vom Aussterben bedroht. (*Scirpus americanus, Scirpus pungens, **Schoenoplectus americanus***)
**Stech-T., Amerikanische F., *S. púngens***

- Stg ohne LB oder nur mit einem 2–6 cm lg LB; Perigonborsten 4–6, etwa so lg wie die Fr . . . . . . . . . . . . . . . . . . . . . . . . . . . . . . . . . . 6

6 Perigonborsten oberwärts spatelförmig verbreitert. — Ährchen 5–15 mm lg. H: 30–200 cm. ♃ Ge. VI–VIII. Seen; collin; sehr slt. **B** (nur im südöstl. Neusiedlersee). (Hptvbr.: Ungarn, Süd-Europa, Paläotropis.) Stark gefährdet. *(Scirpus litoralis)* **Strand-T., *S. litorális***
- Perigonborsten oberwärts nicht spatelförmig verbreitert. — Ährchen 5–10 mm lg, meist gestielt; Spelzen mit stumpfen Lappen (beiderseits der Ausrandung). H: 50–100(150) cm. ♃ Ge. VI–VII. Röhricht, überschwemmte Flußufer, Altwässer, Seen, nasse Wiesen; etwas salzliebend; collin: sehr slt. **B†, W†, N, O†, K†, S†, V†**. Vom Aussterben bedroht; im nVL u. Alp ausgestorben oder verschollen. *(Scirpus triqueter)* **Kanten-T., Dreikanten-Binse, *S. tríqueter***

## (4) Kugelbinse, *Scirpoídes (Holoschoenus,* Scirpus sect. Holoschoenus)

Perigonborsten fehlend; Narben 3. H: 30–100 cm. ♃ Ge. VI–VIII. Feuchte u. wechselfeuchte Wiesen, Ufer, Moore; collin (submontan); slt. **B, W, N, (O), St†, K**. Stark gefährdet. ▲ *(**Holoschoenus romanus**, Holoschoenus vulgaris, Scirpus holoschoenus)*

**Kugelbinse,** Glanzbinse, „Kopfbinse“, ***S. holoschóenus***

## (5) Moorbinse, *Isólepis* *(Scirpus sect. Isolepis)*

Spelzen bräunlich mit grünem Kiel; Stg aufrecht, fadendünn, 0,3–0,5 mm ∅. H: 2–15 cm. ⊙–♃ Th–He. VI–X. Feuchte Wege, Ufer, feuchte Äcker; kalkmeidend; collin bis montan; zstr bis slt. **Alle Bdld**. Gefährdet. *(Schoenoplectus setaceus, Scirpus setaceus)* **Borsten-M., *I. setácea***

## (6) Haarbinse, *Trichóphorum* *(Scirpus sect. Baeothryon)*

1 Stg stielrund, glatt; Perigonborsten bräunlich, kürzer als die Spelzen, zur Reife im Ährchen verborgen; Ährchen 3–6(20)blütig; Pf dichtrasig, ohne Ausläufer. H: (5)10–40(60) cm. ♃ He. V–VII(IX). Moore u. moorige Böden, Quellfluren, Zwergstrauchheiden; kalkmeidend; (collin bis) obermontan bis alpin; zstr. **Fehlt B, W**. *(T. austriacum, Scirpus cespitosus subsp. cespitosus, Baeothryon cespitosum)* **Rasen-H., Rasen-Binse, *T. cespitósum***
- Stg 3kantig, rauh; Perigonborsten weiß, viel länger als die Spelzen, Frstd zur Reife daher mit Wollschopf; Ährchen 8–12blütig; Pf mit unterirdisch kriechendem Rhizom. — Perigonborsten zur FrZeit 1,5–2,5 cm lg, geschlängelt. H: 10–30(40) cm. ♃ Ge. IV–V. Hochmoorschlenken, nasse Ränder von Hoch- u. Zwischenmooren; kalkmeidend; (collin bis) montan bis subalpin; zstr bis slt. **Fehlt W**. In Rh, BM, nVL u. söVL gefährdet. *(Scirpus hudsonianus, Baeothryon alpinum)* **Alpen-H., *T. alpínum***

## (7) Quellbinse, Quellried, *Blýsmus*

Stg meist etwas zusammengedrückt; Blüstd eine 2reihige, aus 5–18 Ährchen gebildete Ähre, 1–4 cm lg; Perigonborsten 3–6, rückwärts-rauh; Narben 2. H: 10–40 cm. ♃ Ge. V–IX. Sumpfwiesen, Flachmoore, Wassergräben, Quell-

fluren, nasse Feldwege; kalkliebend; collin bis subalpin; zstr. **Alle Bdld**. Im BM, nVL u. Pann gefährdet. (*Scirpus planifolius*)
**Quellbinse,** Zusammengedrückte(s) Qu., ***B. compréssus***

## (8) Wollgras, Wollbinse, *Erióphorum*

**1** Stg mit einem einzigen stets aufrechten, endständigen Ährchen . . . . . . **2**
**-** Stg mit mehreren (2–12) zur FrZeit überhängenden Ährchen . . . . . . . . **3**

**2** Pf dichtrasig, ohne Ausläufer; oberste StgBScheide aufgeblasen, mit verkümmerter Spreite (also HochB); LB'Spreite am Rand meist etwas rauh. H: (10)30–70 cm. ♃ He. III–V, manchmal nochmals VII–IX. Hochmoore, Waldsümpfe; kalkmeidend; collin bis alpin; zstr bis slt. **Fehlt W; B†, sonst alle Bdld**. Im BM u. nVL gefährdet. △ **Scheiden-W., *E. vaginátum***
**-** Pf Ausläufer treibend; oberste StgBScheide nicht deutlich aufgeblasen, mit kurzer Spreite; LB'Spreitenrand glatt. H: 10–35 cm. ♃ He. VI–IX. Sumpfwiesen, Flachmoore, Ufer; subalpin bis alpin; zstr. **Fehlt B, W, N**. △
**Scheuchzer-W.,** Alpen-W., ***E. schéuchzeri***

**3** Ährchenstiele glatt; Stg stielrund oder nur im oberen Teil stumpf 3kantig. — Rhizom mit 5–20 cm lg Ausläufern; LB 2–6(7) mm br, mit 5–8 cm lg 3kantiger Spitze; Ährchen 3–5(8), 10–22 mm lg. H: 20–50(90) cm. ♃ Ge. III–V(IX). Nährstoffarme, bodensaure Flach-, Zwischen- u. Hochmoore; collin bis subalpin; zstr. **Alle Bdld**. Im BM, nVL, söVL u. Pann gefährdet. △
**Schmalblatt-W., *E. angustifólium***
**-** Ährchenstiele rauh; Stg stumpf 3kantig . . . . . . . . . . . . . . . . . . . . . **4**

**4** Pf ohne Ausläufer; StgB ± flach mit 1–1,5 cm lg, 3kantiger Spitze, 3–8 mm br; Spelzen 1nervig. — Ährchen 4–12, 6–10 mm lg. H: 20–80 cm. ♃ He. IV–VI. Basenreiche Sumpfwiesen, Quellsümpfe, Kalk-Flachmoore (meist nicht auf Hochmooren); collin bis subalpin (alpin); zstr. **Alle Bdld**. Im BM, nVL, söVL u. Pann gefährdet. △ **Breitblatt-W., *E. latifólium***
**-** Pf mit 5–15 cm lg, unterirdischen Ausläufern; StgB 3kantig, 1–2 mm br; Spelzen vielnervig. — Ährchen 2–5, 5–8(10) mm lg. H: 10–50(70) cm. ♃ Ge. Zwischen- u. Flachmoore; collin bis subalpin; sehr slt. **Fehlt B, W; St†, sonst alle Bdld**. Vom Aussterben bedroht. ▲ **Schlankes W., *E. grácile***

## (9) Sumpfbinse, *Eleócharis* (*Heleocharis*)

**1** Narben 3; Ährchen 2–8(15)blütig. — Pf mit Ausläufern . . . . . . . . . **2**
**-** Narben 2; Ährchen 10–30(70)blütig. — Stg stielrund oder zusammengedrückt, höchstens durch längsverlaufende Rillen gefurcht; GriGrund stark verdickt, meist deutlich von der Fr abgesetzt . . . . . . . . . . . . . . . . . . . . . . **3**

**2** Stg (3)4kantig, fadenförmig, 0,3–0,5 mm ∅; Fr mit Längsrippen, die durch erhabene Querwände verbunden sind, gittermaschig; Ährchen 2–4(7) mm lg; LB'Scheiden am Grund purpurn. — Ährchen (3)5–8(15)blütig. H: 2–10(20) cm. ♃ He. VI–X. Feuchte u. zeitweilig überschwemmte Stellen, nasse Wege, Gräben, bes. an Ufern; etwas kalkmeidend; collin bis montan; zstr bis slt. **Fehlt W**. Gefährdet; im Alp, nVL u. söVL stark gefährdet. ▲
**Nadel-S.,** Nadelbinse, ***E. aciculáris***
**-** Stg ± stielrund mit 4 Rillen, nicht fadenförmig, 0,5–1 mm ∅; Fr nicht gerippt; Ährchen 4–8(10) mm lg; LB'Scheiden am Grund braunrot. — Ährchen 2–7(9)blütig; GriGrund wenig verdickt, allmählich in die Fr übergehend. H:

5–30 cm. ♃ He. V–VII. Sumpfwiesen, Wiesenmoore, feuchte Stellen, Ufer, Wassergräben; collin bis subalpin; zstr. **Alle Bdld**. *(E. pauciflora, E. vierhapperi)* **Armblütige S., *E. quinqueflóra***

**3** Stg 0,3–0,5 mm ∅; GriGrund 1/4–1/3× so br wie die Fr. — Pf ohne Ausläufer; Ährchen 3–13 mm lg. H: 5–30 cm. ♃ He. VII–IX. Feuchte Äcker, Ufer, Teiche; collin; slt. **St, K**†. (Hptvbr.: Slowenien, Ungarn, Slowakei, Karpaten, Balkanhalbinsel, Oberitalien.) Stark gefährdet. **Krainer S., *E. carniólica***

**-** Stg 0,5–4(6) mm ∅; GriGrund mindestens 1/3× so br wie die Fr . . . . . . **4**

**4** Pf ⊙, ohne Ausläufer. — Ährchen eiförmig, 2–8 mm lg; Fr etwa 1 mm lg. H: 3–40 cm. ⊙ Th. VI–VIII. Schlammige Ufer, Böden abgelassener Teiche; collin; slt bis sehr slt. **Fehlt W, V**. Stark gefährdet; in den wAlp vom Aussterben bedroht. ▲ *(E. soloniensis)* **Ei-S.,** Eiförmige S., ***E. ováta***

**-** Pf ♃, mit Ausläufern. — Ährchen eiförmig bis länglich; Fr 1–1,8 mm lg. (Artengruppe Große S., *E. palustris agg.*) . . . . . . . . . . . . . . . . . **5**

**5** Unterste Spelze steril, den Grund des Ährchens (fast) ganz umfassend; Stg 0,5–1,5(2,0) mm ∅. — Ährchen 10–30blütig. H: 5–40(50) cm. ♃ He. V–VIII. Sumpfwiesen, Flachmoore, nasse, zeitweilig überschwemmte Stellen, nasse Wege u. Gräben; collin bis montan; zstr bis slt. **Alle Bdld**. Gefährdet. **Einspelzen-S., *E. uniglúmis***

**-** Die untersten 2 Spelzen steril, den Grund des Ährchens meist nur halb (bis höchstens 3/4) umfassend; Stg (1)2–3(5) mm ∅ . . . . . . . . . . . . . **6**

**6** Spelzen zur FrZeit bleibend; Perigonborsten (0–3)4, den GriGrund nicht überragend; GriGrund am Grund durch eine Einschnürung deutlich von der Fr abgesetzt; Stg in trockenem Zustand nicht oder nur sehr fein gefurcht, mit etwa 20 Leitbündeln, — meist starr, nicht leicht zusammendrückbar, matt- bis graugrün. H: (5)10–60(100) cm. ♃ He. V–VIII(X). Verlandungsges., Naßwiesen; collin bis montan. **Große S., Gewöhnliche S., *E. palústris***

**a** Ährchen meist 40–70blütig; mittlere Spelzen 2,7–3,5 mm lg, bleich bis h'braun; Fr *(ohne GriGrund)* 1,2–1,4 mm lg. Zstr. **Alle Bdld**. Genaue Vbr. unbekannt. *(E. p. subsp. microcarpa,* inkl. *subsp. glaucescens)* **Vielblütige G. S., *E. p. subsp. palústris***

**-** Ährchen meist 20–40blütig; mittlere Spelzen 3,5–4,5 mm, d'braun mit grünem Mittelstreifen; Fr *(ohne GriGrund)* 1,5–2 mm lg. Slt. **B**. Stark gefährdet. **Großfrüchtige G. S., *E. p. subsp. vulgáris***

**-** Spelzen zur FrZeit abfallend; Perigonborsten 5–6, den GriGrund überragend; GriGrund allmählich u. ohne Einschnürung in die Fr verschmälert; Stg in trockenem Zustand meist deutlich gefurcht, mit 8–16 Leitbündeln, — meist weich, leicht zusammendrückbar, h'grün. (Zitzen-S. i. w. S., ***E. mamillata s. l.***) . . . . . . . . . . . . . . . . . . . . . . . . . . . . **7**

**7** GriGrund höher als br, am Grund 1/3–1/2× so br wie die Fr; Stg mit 12–14(16) Leitbündeln; Perigonborsten (4)5(6), — so lg wie die Fr oder länger. H: 10–50 cm. ♃ He. VI–VIII. Flachmoore, Gewässerufer; montan; zstr. **Fehlt B, W**. *(**E. mamillata subsp. austriaca**, E. palustris subsp. austriaca, E. benedicta)* **Österreichische S., *E. austríaca***

**-** GriGrund breiter als hoch, am Grund 1/2–2/3× so br wie die Fr; Stg mit 8–12 Leitbündeln; Perigonborsten (5)6(8), — länger als die Fr. H: 10–50 cm. ♃ He. VI–VIII. Teich- u. Seeufer, Zwischenmoorschlenken; collin bis montan; slt. **N, O, St, K, V**. Stark gefährdet. *(**E. mamillata subsp. mamillata**)* **Eigentliche Zitzen-S., *E. mamilláta s. str.***

## (10) Zypergras, *Cypérus* (inkl. *Acorellus, Dichostylis, Pycreus, Chlorocyperus)*

Anm.: Die (★) **Erdmandel, *C. esculéntus*** *(Chlorocyperus esculentus)* (Heimat: Ostafrika) wird wegen ihrer fettreichen, eichelgroßen Sproßknöllchen auch im Medit. kultiviert u. ist in **K** lokal eingebürgert. – Das ☆ **Knollen-Z., *C. rotúndus*** *(Chlorocyperus rotundus)* (Heimat: Tropen, Subtropen) ähnlich dem Langen Z., *C. lóngus*, aber nur 10–40 cm hoch, u. unterirdische Ausläufer nur 1–2 mm ∅, eingeschleppt in **(K)**.

**1** Narben 3; Fr 3kantig . . . . . . . . . . . . . . . . . . . . . . . . . . . . **2**

**–** Narben 2; Fr linsenförmig . . . . . . . . . . . . . . . . . . . . . . . . . **3**

**2** Pf ⊙, 3–25(45) cm hoch; Stg scharf 3kantig. — Spelzen schwarzbraun mit grünem Rückenstreif. ⊙ Th. VI–IX. Sumpfränder, auf offenem Schlammboden, feuchte Rinnen an Wegrändern; kalkmeidend; collin bis untermontan; zstr bis slt. **Alle Bdld**. Gefährdet. **Braunes Z., *C. fúscus***

**–** Pf ♃, (30)50–120 cm hoch; Stg zusammengedrückt. — Holzige, dicke, unterirdische Ausläufer mit 3–5 mm ∅; LB 4–7 mm br; Spirrenäste 6–10; Ährchen 1–2,5 cm lg; Spelzen hell hautrandig. ♃ He. V–X. Grabenränder; collin; sehr slt. **N** (Wassergräben am Abfluß der Thermen von Bad Vöslau), **(O, S)**. (Hptvbr.: Medit.) Vom Aussterben bedroht. *(Chlorocyperus longus)* **Langes Z., *C. lóngus***

**3** Blüstd durch Verlängerung eines HüllB scheinbar seitenständig. — Ährchen 5–8(10) mm lg; Spelzen bleichgrün mit braunroten Flecken. H: 4–15(30) cm. ♃ He. VII–IX. Sandig-feuchte Ufer von Sodalacken; collin; slt. **B** (im Seewinkel), **N**†. Gefährdet. *(Juncellus pannonicus, Acorellus pannonicus)* **Salz-Z., Salzbinse, *C. pannónicus***

**–** Blüstd deutlich endständig . . . . . . . . . . . . . . . . . . . . . . . . **4**

**4** Spelzen undeutlich 3zeilig gestellt, länglich, zugespitzt, weißlich, mit grünem, kielartig vorspringendem Mittelstreifen; StaubB (1)2(3); Ährchen 4 mm lg. — Kleine, dichte Rasen bildend. H: 2–15(20) cm. ⊙ Th. VII–IX. Schlammige oder sandige Ufer, Böden abgelassener Teiche, Sandgruben; collin; sehr slt. **N, St, K**. Vom Aussterben bedroht. ▲ *(Dichostylis micheliana)* **Micheli-Z.,** Seggenbinse, ***C. micheliánus***

**–** Spelzen 2zeilig gestellt, eiförmig bis br-eiförmig, spitzlich, gelblich, mit grünem Kiel; StaubB 3; Ährchen 5–12 mm lg. — Stg stumpf 3kantig. H: (1)3–25 cm. ⊙ Th. VII–X. Nasse Stellen, erdige Ufer, ausgetrocknete Gräben, Teiche u. Fahrrillen auf Wegen; collin bis montan; sehr slt. **Fehlt W**. Vom Aussterben bedroht. ▲ *(Pycreus flavescens)* **Gelbes Z.,** „Quellenbinse", ***C. flavéscens***

## (11) Schneideried, *Cládium*

Rhizom kriechend, ausläufertreibend; GesamtBlüstd aus Köpfen von je 3–10 Ährchen bestehend. H: 80–200 cm. ♃ Ge. VI–VII. Röhricht, Flachmoortümpel, an Quellen, Sumpfwiesen; kalkliebend; collin bis untermontan; zstr bis slt. **Fehlt W**. Gefährdet; im Rh, nVL u. Pann stark gefährdet. **Schneidebinse, Schneideried, *C. maríscus***

## (12) Schnabelbinse, Schnabelried, *Rhynchóspora*

**1** TragB der Ährchenknäuel etwa so lg wie dieses; Rhizom ohne oder nur mit kurzen Ausläufern; Spelzen weiß, später rötlich; Perigonborsten 9–13, kürzer als die Fr *(samt Schnabel)*; StaubB 2. H: 10–40(60) cm. ♃ He. VI–VIII.

Zwischen- u. Hochmoore; kalkmeidend; collin bis montan; zstr bis slt. **Fehlt B, W**. Gefährdet; im BM u. söVL stark gefährdet. **Weiße(s) Sch., *R. álba***

- TragB der Ährchenknäuel etwa 2–4× so lg wie dieses; Rhizom mit lg unterirdischen Ausläufern; Spelzen gelb bis rotbraun; Perigonborsten 4–6, zT länger als die Fr *(samt Schnabel)*; StaubB 3. H: 10–30(40) cm. ♃ He-Ge. V–VIII. Hochmoorschlenken, Zwischenmoore; kalkmeidend; collin bis montan; slt. **Fehlt B, W, N; St†**. Stark gefährdet. ▲ **Braune(s) Sch., *R. fúsca***

## (13) **Knopfbinse,** Kopfbinse, Kopfried, ***Schóenus***

**1** LB höchstens 1/3× so lg wie der Stg; HüllB des Köpfchens so lg wie dieses oder wenig länger; Ährchen 2–3; Perigonborsten länger als die Fr; LB'Scheiden d'braun. H: 15–30 cm. ♃ He. V–VII. Quell- u. Flachmoore, Sumpfwiesen; collin bis obermontan; slt. **Fehlt W**. Stark gefährdet. **Braune K., *S. ferrugíneus***

- LB 1/2–2/3× so lg wie der Stg; HüllB des Köpfchens weit länger als dieses; Ährchen 5–10; Perigonborsten viel kürzer als die Fr; LB'Scheiden schwarzbraun. — Ährchen braunschwarz. H: 10–60 cm. ♃ He. V–VII. Flachmoore, Sumpfwiesen; kalkliebend, etwas salzertragend; collin bis (unter)montan; zstr. **St†, sonst alle Bdld**. Stark gefährdet. ▲ **Schwarze K., *S. nígricans***

## (14) **Schuppenried u. Nacktried, *Kobrésia s. l.*** („*Cobresia*"; inkl. ***Elyna***)

**1** Jedes Ährchen 2blütig, aus 1 oberen ♂ u. 1 unteren ♀ Blü bestehend; jeweils 10–20 Ährchen eine linealische, h'braune, endständige Ähre bildend; Grund der ♂ Blü u. Frkn vom unten röhrig-scheidig ausgebildeten DeckB der ♀ Blü teilweise eingeschlossen; LB borstlich, mindestens so lg wie der Stg. — Blüstd eine einzige, endständige, 1–2,5(3) cm lg, schlanke Ähre, die am Grund oft unterbrochen ist. H: 5–20(30) cm. ♃ He. VI–VIII. Windexponierte Grate u. im Winter schneefreie, trockene Bergkämme (ihren ehemaligen Namen gebende Charakterart des Elynion = Nacktriedrasens); auf basenreichen, aber oberflächlich meist entkalkten, neutralen Steinböden; alpin bis nival; zstr bis slt. **Fehlt B, W, N**. *(K. bellardii, **Elyna myosuroides**)* **Nacktried,** Ährenried, Alpen-Ährensegge, ***K. myosuroídes***

- Ährchen 1blütig, zu je 4–5 eine unten ♀, oben ♂ Ähre bildend; 4–10 solcher Ähren eine spitz-3eckige, dicke, endständige Doppelähre bildend; DeckB der ♀ Blü bis zum Grund mit freien Rändern; LB ± flach, viel kürzer als der Stg. — Stg fast stielrund oder undeutlich 3kantig; Blüstd 1–2,5(3) cm lg. H: 3–20(30) cm. ♃ He. VII–VIII. Quellfluren, Anschwemmungen, Flachmoore, Naßstellen; etwas kalkliebend; alpin; slt. **O, St, K, S, T**. Potentiell gefährdet. *(K. caricina)* **Schuppenried, Schuppensegge, *K. simpliciúscula***

## (15) **Segge, *Cárex*** (inkl. *Vignea*)

Anm.: Für die sichere Bestimmung der Arten sind meist Blü (Anzahl der Narben!), reife Fr (Gestalt der Schläuche = Schl.! [→ S. 941]) u. die unterirdischen Organe (Ausbildung des Rhizoms!) erforderlich. Oft sind auch die Farbe u. die Art u. Weise des altersbedingten Zerfalls der NiederB u. grundständigen Blattscheiden von Bedeutung (unter „NiederB" sind hier stets die am StgGrund stehenden spreitenlosen Blätter zu verstehen). Mit „DeckB" sind immer die „DeckB der Schläuche" (also eigentlich die TragB der einblütigen ♀ Ährchen [→ S. 941]) gemeint, sofern nicht ausdrücklich angegeben ist, daß es sich um die DeckB der ♂ Blü handelt.

Die Angaben über Größe u. Gestalt der DeckB beziehen sich auf jene in der Ährenmitte; die angegebene Farbe der DeckB versteht sich für den Zustand des Blühens, da später helle DeckB meist dunkler, dunkle DeckB jedoch oft heller werden. Auch der anfangs (während des Blühens) meist grüne Mittelstreifen der DeckB wird später oft gelblich bis h'braun (slt auch rötlichbraun). – Bei den Verschiedenährigen Seggen (ab Pkt 38) sind unter „TragB" stets die TragB der ♀ Ähren zu verstehen, sofern nicht ausdrücklich angegeben ist, daß es sich um TragB der ♂ Ähren handelt. Von großer diagnostischer Bedeutung sind oft auch die Blattscheiden. Diese können beim Aufreißen (durch Wegziehen der Spreite oder von selbst durch Wachstumsvorgänge) an der der Spreite gegenüberliegenden häutigen Seite (Rißstelle) lappig zerfetzen (Abb. 435) oder zerfasern (Abb. 436). Diese an der Rißstelle entstehende randliche Zerfaserung darf jedoch nicht mit der beim Verwittern der alten grundständigen Blattscheiden (u. NiederB) entstehenden vollständigen Zerfaserung verwechselt werden, durch die am Grund der Pf mitunter ein dichter Faserschopf entsteht (Abb. 437).

***subg. Primocarex*** (Einährige S.)
Grannen-S., *C. microglóchin* (Pkt 6)
Wenigblütige S., *C. pauciflóra* (Pkt 7)
Floh-S., *C. pulicáris* (Pkt 5–)
Felsen-S., *C. rupéstris* (Pkt 7–)
Kopf-S., *C. capitáta* (Pkt 5)

***subg. Vignea*** (meist Gleichährige S.)
Davall-S., *C. davalliána** (Pkt 3)
Zweihäusige S., *C. dióica** (Pkt 3–)
Monte-Baldo-S., *C. baldénsis* (Pkt 10)
Krumm-S., *C. cúrvula* (Pkt 10–)
  Gewöhnliche K.-S., *C. c. subsp. cúrvula*
  Kalk-K.-S., *C. c. subsp. rósae*
*C. muricata agg.* (Pkt 21)
■ Dichtährige S., *C. spicáta* (Pkt 24)
■ Sparrige S., *C. muricáta* (= *C. pairae*) (Pkt 25)
■ Lockerährige S., *C. divúlsa* (Pkt 26)
■ Vielblatt-S., *C. leersiána* (Pkt 26–)
*C. vulpina agg.* (Pkt 19)
■ Fuchs-S., *C. vulpína* (Pkt 20)
■ Hain-S., *C. ótrubae* (Pkt 20–)
☆? Fuchsseggenähnliche S., *C. vulpinoídea* (Pkt 17)
Seegras-S., *C. brizoídes* (Pkt 31)
*C. praecox agg.*
■ Früh-S., *C. práecox* (Pkt 30)
■ Gebogene S., *C. curváta* (Pkt 31–)
Kriech-S., *C. répens*** (Pkt 47)
Kamm-S., *C. dísticha*** (Pkt 38)
Strick-S., *C. chordorrhíza* (Pkt 12)
Knopfbinsen-S., *C. divísa* (Pkt 18, [16–])
Schmalblatt-S., *C. stenophýlla* (Pkt 15–)
Schneetälchen-S., *C. fóetida* (Pkt 16)
Simsen-S., *C. marítima* (Pkt 15)
Draht-S., *C. diándra* (Pkt 22)
Seltsame S., *C. appropinquáta* (Pkt 23)
Rispen-S., *C. paniculáta* (Pkt 23–)
Kleine Zypergras-S., *C. bohémica* (Pkt 27)
Hasen-S., *C. leporína* (Pkt 29)
*C. canescens agg.* (Pkt 34)
  Grau-S., *C. canéscens* (Pkt 35–)
  Bräunliche S., *C. brunnéscens* (Pkt 35)
  ■ Gewöhnliche B. S., *C. b. subsp. brunnéscens*
  ■ Lockere B. S., *C. b. subsp. vítilis*
Schneehuhn-S., *C. bipartíta* (= *C. lachenalii*) (Pkt 37–)
Schlenken-S., *C. heleonástes* (Pkt 37)
Walzen-S., *C. elongáta* (Pkt 36)
Igel-S., *C. echináta* (Pkt 33)
Winkel-S., *C. remóta* (Pkt 32)

Abb. 435

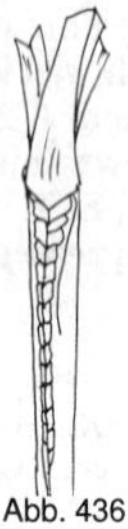
Abb. 436

Abb. 437

Abb. 438

Abb. 439

* Im Schlüssel bei den Einährigen Seggen.
** Im Schlüssel bei den Verschiedenährigen Seggen, da der Ährenstand neben androgynen Ähren meist auch rein ♀ u. rein ♂ Ähren enthält.

***subg. Carex*** (Verschiedenährige S.)
Finger-S., *C. digitáta* (Pkt 65)
*C. ornithopoda agg.* (Pkt 65–)
Vogelfuß-S., *C. ornithópoda* (Pkt 66)
■ Eigentliche V.-S., *C. o. subsp. ornithópoda*
■ Kastanienbraune V.-S., *C. o. subsp. elongáta*
Alpen-Vogelfuß-S., *C. ornithopodoídes* (Pkt 66–)
Erd-S., *C. húmilis* (Pkt 63)
Haller-S., *C. halleriána* (Pkt 59–)
Siebenbürger S., *C. transsilvánica* (Pkt 59)
Weiß-S., *C. álba* (Pkt 88, [76])
Riesel-S., *C. paupércula* (Pkt 96)
Schlamm-S., *C. limósa* (Pkt 96–)
Pillen-S., *C. pilulífera* (Pkt 73–)
Berg-S., *C. montána* (Pkt 72)
Fritsch-S., *C. frítschii* (Pkt 73, [106])
Heide-S., *C. ericetórum* (Pkt 70)
Steppenrasen-S., *C. supína* (Pkt 118)
Glanz-S., *C. liparocárpos* (Pkt 120)
Frühlings-S., *C. caryophýllea* (Pkt 70–)
Schatten-S., *C. umbrósa* (Pkt 71)
Bleich-S., *C. palléscens* (Pkt 103–)
Filz-S., *C. tomentósa* (Pkt 69)
Hirse-S., *C. panícea* (Pkt 122–)
Scheiden-S., *C. vagináta* (Pkt 122)
Blau-S., *C. flácca* (Pkt 79, [95, 118–])
Hänge-S., *C. péndula* (Pkt 94–)
*C. atrata agg.* (Pkt 44)
■ Trauer-S., *C. atráta* (Pkt 45)
■ Kohlschwarze S., *C. atérrima* (Pkt 45–)
Kleinblütige S., *C. parviflóra* (Pkt 46)
Alpen-S., *C. norvégica* (Pkt 46–)
■■ Norwegische A.-S., *C. n. subsp. norvégica*
■■ Pustertaler A.-S., *C. n. subsp. pusteriána*
*C. buxbaumii agg.* (Pkt 42)
Moor-S., *C. buxbáumii* (Pkt 43)
Hartman-S., *C. hartmánii* (Pkt 43–)
Zweifarben-S., *C. bícolor* (Pkt 40)
Starre S., *C. bigelówii (subsp. rígida)* (Pkt 55–)
Braun-S., *C. nígra* (Pkt 55)
Spitz-S., *C. acúta (= gracilis)* (Pkt 54b)
Inn-S., *C. oenénsis* (Pkt 54b–)
Rasen-S., *C. cespitósa* (Pkt 52–)
Bulten-S., *C. eláta* (Pkt 52)
Banater S., *C. búekii* (Pkt 53)
Rost-S., *C. ferrugínea* (Pkt 101, [62–, 123])
Horst-S., *C. sempérvirens* (Pkt 113, [62, 81, 101–])
Polster-S., *C. fírma* (Pkt 87)
Ruß-S., *C. fuliginósa* (Pkt 41)
Eis-S., *C. frígida* (Pkt 98–, [114, 124])
Schwarzrote S., *C. atrofúsca* (Pkt 98, [90])
Kurzähren-S., *C. brachýstachys* (Pkt 100)
Stachelspitzige S., *C. mucronáta* (Pkt 49)
Haarstiel-S., *C. capilláris* (Pkt 77)
Dünnähren-S., *C. strigósa* (Pkt 94, [104])
Wald-S., *C. sylvática* (Pkt 100–)
Wimper-S., *C. pilósa* (Pkt 103)
Micheli-S., *C. michélii* (Pkt 119)
Punkt-S., *C. punctáta* (Pkt 115)
Saum-S., *C. hostiána* (Pkt 116–, [124–])
Lücken-S., *C. dístans* (Pkt 116)
*C. flava agg.* (Pkt 108–)
■ Kleine Gelb-S., *C. virídula (= C. oederi)* (Pkt 110)
■ Verkannte Gelb-S., *C. tumidicárpa* (Pkt 110–)
■ Mittlere Gelb-S., *C. lepidocárpa* (Pkt 111)
■ Große Gelb-S., *C. fláva* (Pkt 112)
■■ Hochgebirgs-Gelb-S., *C. „flavélla"* (Pkt 112–)
Gersten-S., *C. hordeístichos* (Pkt 82)
Roggen-S., *C. secalína* (Pkt 82–)
Sumpf-S., *C. acutifórmis* (Pkt 86–)
Nickende S., *C. melanostáchya* (Pkt 85)
Ufer-S., *C. ripária* (Pkt 86)
Schnabel-S., *C. rostráta* (Pkt 84)
Blasen-S., *C. vesicária* (Pkt 84–)
Große Zypergras-S., *C. pseudocypérus* (Pkt 91, [77–])
Faden-S., *C. lasiocárpa* (Pkt 61)
Behaarte S., *C. hírta* (Pkt 57)

**1** Stg mit einer einzigen, endständigen Ähre (Abb. 430). *Es ist dabei sorgfältig zu prüfen, ob alle DeckB an der Hauptachse stehen (Abb. 438) oder ob es sich um einen zusammengesetzten Blüstd mit kurzen Seitenästen handelt (Abb. 439).* — Schl. kahl. (Einährige Seggen) . . . . . . . . . . . . . . . . . . . . **2**
**–** Stg mit mehreren Ähren (Abb. 431, 432) . . . . . . . . . . . . . . . . **8**

**2** Ähre mit ♂ oder ♀ Blü (Abb. 430a); Pf daher 2häusig. — LB kürzer als der Stg, Spreite rinnenförmig-borstlich; Schl. d'braun; Narben 2. *(C. subg. Vignea sect. Physoglochin = sect. Dioicae)* . . . . . . . . . . . . . . . . . . . **3**
**–** Ähre mit ♂ und ♀ Blü (Abb. 430b); Pf daher 1häusig. — Ähre oben ♂, unten ♀. *(C. subg. Primocarex)* . . . . . . . . . . . . . . . . . . . . **4**

**3** Pf horstig, ohne ausläuferartig verlängertes Rhizom; Stg zumindest oberwärts meist rauh; Ähre lockerfrüchtig; Schl. 3,5–4,5 mm lg, eilanzettlich, zur FrReife waagrecht abstehend bis etwas zurückgeschlagen. H: 10–25(40) cm. ♃ He. IV–VI. Kalkreiche Flachmoore u. Quellfluren (soziol. Charakterart des Caricion davallianae); collin bis subalpin; hfg. **Alle Bdld.** Gefährdet im BM, nVL, söVL u. Pann. *(Vignea davalliana)* **Davall-S.,** „Torf-S.", Rauh-S., ***C. davalliána***

**-** Pf lockerrasig, mit ausläuferartig kriechendem Rhizom; Stg meist glatt; Ähre dichtfrüchtig; Schl. 2,5–3,5 mm lg, eiförmig, zur FrReife aufrecht- bis waagrecht-abstehend. H: 5–25(30) cm. ♃ Ge. IV–V. Saure Flach- u. Zwischenmoore; (collin?) submontan bis subalpin; slt. **Fehlt B, W**. Gefährdet; im Rh, BM u. nVL stark gefährdet. *(Vignea dioica)* **Zweihäusige S., *C. dióica***

**4** Narben 2. — LB'Spreite rinnenförmig-borstlich; Schl. nervenlos . . . . . . **5**

**-** Narben 3 . . . . . . . . . . . . . . . . . . . . . . . . . . . . . . . . . . **6**

**5** Ähre kopfig, etwa 5–8 mm lg; Pf horstig. — Schl. aufrecht-abstehend, 2–3(3,5) mm lg, eiförmig, flach zusammengedrückt, länger als die DeckB. H: 15–30 cm. ♃ He. V–VI. Flach- u. Zwischenmoore; montan (?); sehr slt. Nord-T. (Sonstige Vbr.: Südtirol, Nord-Europa; circumboreal, südandin.) Vom Aussterben bedroht. **Kopf-S., *C. capitáta***

**-** Ähre länglich-walzlich, 10–20 mm lg; Pf lockerrasig. — ♀ Blü 5–10; Schl. 4–5 mm lg, lanzettlich, beiderseits verschmälert, zuletzt herabgeschlagen; DeckB deutlich kürzer als die Schl., vor diesen abfallend. H: 5–25(35) cm. ♃ He. V–VI. Flachmoore, Quellfluren; collin bis montan; sehr slt. **Fehlt B, W.** Stark gefährdet. ▲ *(Vignea pulicaris)* **Floh-S., *C. pulicáris***

**6** Schl. mit einer grannenartig herausragenden Achsenspitze. — Stg steif aufrecht, glatt, im ∅ meist rundlich; LB'Spreite rinnenförmig-borstlich, kürzer als der Stg; Ähre kaum länger als 1 cm; DeckB früher als die Schl. abfallend; Schl. 3,5–4,5 mm lg, schmal-eilanzettlich, länger als die DeckB, längsnervig, zuletzt stark herabgeschlagen (FrStand ähnlich einer Pfeilspitze). H: 7–15(20) cm. ♃ He. V–VII. Quellfluren, Flachmoore, kiesige Ufer; montan bis unteralpin; sehr slt. **O?, St, S†, T**. Vom Aussterben bedroht. **Grannen-S., *C. microglóchin***

**-** Schl. ohne grannenartig herausragende Achsenspitze . . . . . . . . . . . **7**

**7** Ähre 5–10 mm lg, wenigblütig (♂ Blü 1–2, ♀ Blü 2–5); Schl. zuletzt herabgeschlagen; DeckB früher als die Schl. abfallend; LB'Spreite rinnenförmig-borstlich, höchstens 1 mm br. — Rhizom verzweigt, ausläuferartig, meist in der unteren Moosschicht kriechend; Schl. 6–7 mm lg, eispindelförmig, zuletzt strohgelb. H: 5–20 cm. ♃ Ge. V–VII. Hoch- u. Zwischenmoore, subalpine Flachmoore mit kleinen Torfmoos-Bülten; kalkfeindlich; collin bis subalpin; slt. **Fehlt B, W**. Gefährdet. **Wenigblüten-S.,** Armblütige S., ***C. pauciflóra***

**-** Ähre 10–15(20) mm lg, vielblütig (♂ Blü 10–20, ♀ Blü 3–6); Schl. stets aufrecht-abstehend; DeckB später als die Schl. abfallend; LB'Spreite schmal-linealisch, 1–2 mm br. — DeckB d'braun; Schl. 2,5–3,5 mm lg, verkehrt-eiförmig, im ∅ stumpf-3kantig. H: 5–15 cm. ♃ He. VI–VIII. Fels- u. -schuttfluren, basenreiche Magerrasen, bes. Windkanten; subalpin bis alpin; zstr bis slt. **Fehlt B, W, V**. **Felsen-S., *C. rupéstris***

**8** [1] Alle Ähren mit ♂ u. ♀ Blü (Abb. 431). — Ähren etwa 5–15 mm lg, in Form u. Farbe annähernd gleich; seitliche Ähren stets sitzend, ährig, kopfig oder rispig angeordnet. (Gleichährige Seggen, *C. subg. Vignea* exkl. *sect. Physoglochin* [→ Pkt 2], exkl. *C. repens* [Pkt 47] u. *C. disticha* [Pkt 38].) . . . . . . . . . . **9**

**-** Nicht alle Ähren mit ♂ u. ♀ Blü (zumindest die unterste Ähre rein ♀) (Abb.

432). — Endständige Ähre zumindest teilweise ♂ (einzige Ausnahme: *C. disticha*: hier befinden sich die ♂ Ähren meist in der Mitte des Blüstd); seitliche Ähren sitzend oder gestielt. (Verschiedenährige Seggen, *C. subg. Carex*, inkl. *C. repens* u. *C. disticha*.) . . . . . . . . . . . . . . . . . . . . . . . . . . . . **38**

**9** Narben 3. — Ährenstand köpfchenförmig; Ähren an der Spitze ♂ . . . . **10**

**-** Narben 2 . . . . . . . . . . . . . . . . . . . . . . . . . . . . . . **11**

**10** Ähren weißlich bis gelblich; Ährenstand am Grund mit (1)2–5(20) cm lg, LB'artigen HüllB; Schl. 4–5 mm lg, länglich-elliptisch, ungeschnäbelt, — zuletzt d'braun. H: 10–30 cm. ♃ He. VI–VII. Magerrasen, Fels- u. Felsschuttfluren; kalkstet; montan bis subalpin; sehr slt. Nord-T. (Hptvbr.: mittlere Südalpen.) Potentiell gefährdet. **Monte-Baldo-S., *C. baldénsis***

**-** Ähren braun; Ährenstand am Grund ohne LB'artige HüllB; Schl. 5–8 mm lg, br-lanzettlich, am Rand ± stachelig-rauh, 2zähnig geschnäbelt. — Pf horstig; Stg glatt; LB'Spreite von der Spitze her frühzeitig absterbend. H: 5–20(40) cm. ♃ He. VII–VIII. *(Vignea curvula)* **Krumm-S., *C. cúrvula***

**a** Wu h'braun bis gelblich; LB'Spreite an der Spitze meist deutlich gekrümmt u. (infolge Pilzbefalls) abgestorben u. vertrocknet, im ∅ V-förmig, oberseits mit feiner Mittelrinne; DeckB kastanienbraun. — Bodensaure Magerrasen (namengebende Charakterart der Krummseggenrasen [Caricion curvulae]); alpin; sehr hfg, meist bestandbildend (in **O** slt). **Fehlt B, W, N.** (Gesamt-Vbr.: Ostpyrenäen, Mittel- u. Ostalpen, Karpaten, Gebirge der Balkanhalbinsel.) **Gewöhnliche K.-S., Silikat-K.-S., *C. c. subsp. cúrvula***

**-** Wu braun; LB'Spreite an der Spitze meist nicht gekrümmt, im ∅ mondsichelförmig, oberseits ohne Mittelrinne; DeckB gelblich- bis h'braun. — Magerrasen über Kalk(glimmer)schiefer; alpin; slt. **K, T.** (Westpyrenäisch-west-mittelalpisch.) Potentiell gefährdet. **Kalk-K.-S., *C. c. subsp. rósae***

**11** Ähren an der Spitze ♂, am Grund ♀ . . . . . . . . . . . . . . . . . . . . . . **12**

**-** Ähren am Grund ♂, an der Spitze ♀. — Schl. plankonvex . . . . . . . . **27**

**12** Pf mit oberirdisch kriechendem Rhizom (Rhizom bis 1 m lg). — Triebe aufsteigend; Stg glatt; Ähren 3–5, kopfig angeordnet; DeckB rötlichbraun, mit hellem Mittelstreifen; Schl. 3–4,5 mm lg, eiförmig, mit glattem, kurz 2zähnigem Schnabel, schwach längsnervig. H: (5)15–30 cm. ♃ He. V–VI(VII). Zwischenmoore, Schwingrasen; collin bis montan; sehr slt. **N, O, St?, K, S, V.** Vom Aussterben bedroht. ▲ *(Vignea ch.)* **Strick-S., *C. chordorrhíza***

**-** Pf ohne oberirdisch kriechendes Rhizom . . . . . . . . . . . . . . . . . **13**

**13** Ährenstand köpfchenförmig, 1–1,5(2) cm lg . . . . . . . . . . . . . . . **14**

**-** Ährenstand ähren- oder rispenförmig, (1,5)2–10(15) cm lg. — Schl. eiförmig, in einen 2zähnigen Schnabel verschmälert, oberwärts an den Rändern rauh . . . . . . . . . . . . . . . . . . . . . . . . . . . . . . **17**

**14** LB'Spreite rinnenförmig-borstlich, 0,2–1,5 mm br. — Rhizom dünn, ausläuferartig kriechend; Schl. 3–4(4,5) mm lg, plankonvex (Innenseite flach, Außenseite ± gewölbt) . . . . . . . . . . . . . . . . . . . . . . . . . . **15**

**-** LB'Spreite flach, 2–3 mm br. — Schl. 2zähnig geschnäbelt . . . . . . . . **16**

**15** Schl. schmal-eiförmig bis br-eilanzettlich, allmählich in den meist gestutzten Schnabel verschmälert, undeutlich längsnervig. — Stg glatt; DeckB etwas kürzer als die Schl. H: 5–12(18) cm. ♃ He. VII–VIII. Geröll- u. Felsschuttfluren; subalpin bis alpin; sehr slt. **T, V†.** (Sonstige Vbr.: Westalpen; circumarktisch-alpin.) Vom Aussterben bedroht. *(C. incurva, C. juncifolia)*

**Simsen-S., *C. marítima***

**-** Schl. rundlich-eiförmig, ziemlich rasch in den 2zähnigen Schnabel verschmälert, deutlich längsnervig, — kastanienbraun, glänzend; DeckB meist etwa so lg wie die Schl., br hautrandig. H: (5)7–25 cm. ♃ He. IV–VIII. Sandige, trockene Magerrasen; collin; im Pann zstr, sonst sehr slt. **B, W, N, O?, St†**. Gefährdet; im söVL stark gefährdet. *(Vignea st.)* **Schmalblatt-S., *C. stenophýlla***

**16** Ährenstand 10–15 mm lg, kugelig bis eiförmig. — Pf lockerrasig; Rhizom meist ziemlich kurz; Schl. 3–4 mm lg, eiförmig, an den Schnabelrändern rauh. (Pf nicht stinkend.) H: 10–20(30) cm. ♃ He. VII–VIII. Steinige Magerrasen, Schneeböden; kalkfeindlich; subalpin bis alpin; sehr slt. **St** (in den Seetaler Alpen u. Wölzer Tauern). (Pyrenäisch-west-mittelalpisch; bis Südtirol.) (Potentiell) gefährdet. **Schneetälchen-S.**, Stink-S., ***C. fóetida***

**–** Ährenstand 15–25(30) mm lg, schmal-eiförmig bis länglich-walzlich. **Knopfbinsen-S., *C. divísa*** (→ Pkt 18)

**17** [13] Schl. 2–2,5(2,7) mm lg; DeckB abrupt in eine sehr lg, grannenartige Spitze verschmälert, diese etwa so lg wie das übrige DeckB. — Pf horstig; Blattscheiden auffallend querwellig; LB'Spreite meist 2–4 mm br; Ährenstand länglich, meist etwas verzweigt, ziemlich dicht, 5–10 cm lg u. etwa 1 cm br, zur FrReife strohgelb; Schl. rundlich-eiförmig, rasch in den etwa 0,8 mm lg Schnabel verschmälert (Abb. 440), plankonvex. H: 30–100 cm. ♃ He. V–VI. Feuchte bis nasse Wiesen, Ufer; collin; sehr slt. **(O, St, K, S, T)**. Unbeständig. (Heimat: Nordamerika.) *(Vignea v.)* ☆ **Fuchsseggenähnliche S., *C. vulpinoídea***

**–** Schl. 2,5–6 mm lg; DeckB nicht in eine sehr lg, grannenartige Spitze verschmälert (wenn fallweise grannig zugespitzt, dann Spitze deutlich kürzer als das übrige DeckB) . . . . . . . . . . . . . . . . . . . . . . . . . . . . . **18**

**18** Pf lockerrasig (Rhizom ausläuferartig kriechend, bis über 10 cm lg), — graugrün; LB'Spreite 2–3 mm br; Ährenstand dicht eiförmig bis länglich-walzlich u. etwas locker, 15–25(30) mm lg u. 6–10 mm br; Schl. (2,5)3–4 mm lg, plankonvex, längsnervig. H: 10–40 cm. ♃ He. IV–VI. Feuchte, sandige, zuweilen auch schwach salzige Wiesen; collin; in **B** (im Seewinkel) zstr, sonst sehr slt. **B, W†, N, O?, St†?**. Stark gefährdet. *(Vignea divisa)* [Pkt 16–] **Knopfbinsen-S.**, Geteilte S., ***C. divísa***

**–** Pf horstig (Rhizom sehr kurz, gestaucht) . . . . . . . . . . . . . . . . **19**

**19** Stg im ∅ mit deutlich konkaven Seiten (Abb. 442 a), an den Kanten ± geflügelt. — Abstand zw. den StgKanten (= Seitenlänge des Stg-∅) (2)2,5–6,5 mm (in der StgMitte gemessen); LB'Spreite 4–8(12) mm br; Ährenstand walzenförmig, ellipsoidisch oder schmal-eiförmig, meist dicht, mit sehr kurzen Seitenachsen, etwa 2–7(10) cm lg u. 1–1,5(2,5) cm br; TragB der Ähren borstlich; Schl. (3,5)4–6 mm lg u. etwa 2 mm br, plankonvex. (Artengruppe Fuchs-S., *C. vulpina agg.*) . . . . . . . . . . . . . . . . . . . . . . . . . . . . . . **20**

**–** Stg im ∅ mit geraden oder etwas konvexen Seiten (Abb. 442 b), an den Kanten nicht geflügelt . . . . . . . . . . . . . . . . . . . . . . . . . . . . . . . . **21**

**20** Bogen des B'Häutchen-Ansatzes (beim obersten LB) 2–5 mm hoch, breiter als hoch, stumpf bis etwas abgerundet (Abb. 441 a); Stg deutlich geflügelt (Abb. 442 a); häutiger (durchsichtiger) Teil der Blattscheiden oft querrunzelig; grundständige Blattscheiden beim Verwittern stark zerfasernd (Fasern schwarzbraun); unterster Ast des Ährenstandes von seinem TragB meist nicht überragt; Schl. (3,5)4–5 mm lg, rostbraun, matt (papillös), nur auf der Außenseite deutlich längsnervig, Schnabel auf der Außenseite tiefer gespalten als auf der Innenseite. H: 30–80(100) cm. ♃ He. V–VI. Nasse Wiesen, Röhrichte, Großseggensümpfe; collin bis untermontan; zstr bis slt. **Alle Bdld.** Gefährdet. *(Vignea vulpina)* ■ **Fuchs-S., *C. vulpína***

**–** Bogen des B'Häutchen-Ansatzes (beim obersten LB) (7)10–17 mm hoch, höher als br, ± spitz (Abb. 441 b); Stg nicht oder nur schwach geflügelt; häutiger

Abb. 440

Abb. 441a

Abb. 441b

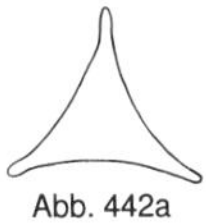
Abb. 442a

Abb. 442b

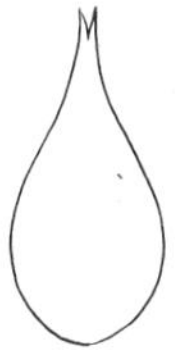
Abb. 443a

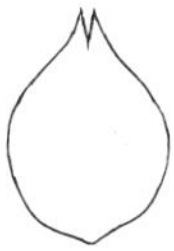
Abb. 443b

(durchsichtiger) Teil der Blattscheiden nicht querrunzelig; grundständige Blattscheiden beim Verwittern kaum zerfasernd; unterster Ast des Ährenstandes von seinem TragB meist deutlich überragt; Schl. 5–6 mm lg, grünlich bis h'braun, glänzend, beiderseits deutlich längsnervig, Schnabel auf beiden Seiten gleich tief gespalten. H: (15)20–60(80) cm. ♃ He. V–VI(X). Feuchte bis nasse, nährstoffreiche, mitunter schwach salzige Wiesen, Ufersäume, Großseggensümpfe, Gräben; collin; zstr, im Seewinkel (**B**) hfg. **Fehlt T?**. Im Rh, in den öAlp u. im söVL gefährdet. *(C. cuprina, C. nemorosa, C. vulpina subsp. nemorosa, Vignea o.)* **■ Hain-S., Falsche Fuchs-S., *C. ótrubae***

**21** Schl. 2,5–3(3,8) mm lg u. 1–1,5(1,8) mm br, innen schwach, außen stark gewölbt. — Ährenstand meist verzweigt (Seitenachsen mitunter nur kurz); Schl. zur FrReife meist aufrecht-abstehend, d'braun . . . . . . . . . . . . . . **22**

**-** Schl. 3–6 mm lg u. (1,5)1,8–2,2 mm br, innen flach, außen nur schwach gewölbt (plankonvex). — Ährenstand unverzweigt oder am Grund mit sehr kurzen Seitenachsen; Ähren kugelig bis eiförmig; Schl. zur FrReife aufrecht-abstehend bis etwas zurückgeschlagen; DeckB mit grünem Mittelstreifen, kürzer als die Schl. (Artengruppe Stachel-S., *C. muricata agg.*) . . . . . . . . . . **24**

**22** Ährenstand 2–3 cm lg, zur FrReife kaum breiter als 1 cm, die Seitenachsen kaum länger als 1 cm; LB'Spreite 1–2,5(3) mm br. — Pf graugrün; Stg unten ± stielrund, oben scharf 3kantig, in der Mitte etwa 1–1,5 mm dick; Ährenstand länglich, dicht, die Seitenachsen steif aufrecht-abstehend, meist unverzweigt; Schl. stark glänzend, innen fast nervenlos, außen mit wenigen Nerven . H: 25–60 cm. ♃ He–Ge. V–VI. Zwischenmoore, Schwingrasen, Sumpfwiesen, Erlenbruchwälder; collin bis montan (subalpin); slt bis sehr slt. **Fehlt W**. Stark gefährdet; in **V** vom Aussterben bedroht. ▲ *(Vignea d.)*

**Draht-S., *C. diándra***

**-** Ährenstand (3)4–10(15) cm lg, zur FrReife meist breiter als 1 cm, zumindest die unterste Seitenachse länger als 1 cm; LB'Spreite (1)2–7 mm br. — Pf sehr dichte Horste (Bulte) bildend; Seitenachsen des Ährenstandes verzweigt oder unverzweigt . . . . . . . . . . . . . . . . . . . . . . . . . **23**

**23** NiederB schwarzbraun, beim Verwittern stark zerfasernd, einen dichten, schwarzen Faserschopf bildend; LB'Spreite (1)2–3(4,5) mm br; Ährenstand (3)4–8(10) cm lg, mit aufrechten, kurzen Seitenachsen (unterste Seitenachse meist 1,5–2,5(3) cm lg) (zw. *C. diandra* u. *C. paniculata* vermittelnd); Schl. zumindest außen deutlich längsnervig. — Stg in der Mitte etwa 1,5 mm dick; LB'Spreite meist hohlrinnig; Schl. matt. H: 30–60(80) cm. ♃ He. V–VI. Flachmoore, Sumpfwiesen, Erlenbruchwälder; collin bis untermontan; slt. **Fehlt W**. Stark gefährdet. ▲ *(C. paradoxa, Vignea a.)* **Seltsame S., *C. appropinquáta***

**-** NiederB h'- bis d'braun, beim Verwittern kaum zerfasernd, keinen Faserschopf bildend; LB'Spreite 3–7 mm br; Ährenstand 5–10(15) cm lg, mit meist bogig abstehenden, verlängerten Seitenachsen (unterste Seitenachse meist 2,5–6(8) cm lg); Schl. meist nur schwach längsnervig. — Stg u. Ährenstand oft bogig überhängend; Stg in der Mitte etwa 2,5–3 mm dick (= Abstand zw. den Kanten). H: 40–100 cm. ♃ He. V–VI. Wasserzügige Sumpfwiesen, Flachmoore, Quellfluren, Erlenbruchwälder; collin bis subalpin; zstr bis hfg. **Alle Bdld.** Gefährdet im nVL, söVL u. Pann. *(Vignea p.)* **Rispen-S., *C. paniculáta***

**24** [21] Bogen des B'Häutchen-Ansatzes deutlich höher als br; innere Schicht der WuRinde bei älteren Pf d'violett *(Wu ankratzen!)*. — Stg nicht nur oberwärts, sondern auch unten (im Bereich der oberen Blattscheiden) deutlich 3kantig; LB'Spreite 2–4 mm br; Ährenstand meist unverzweigt, 2–3,5(5) cm lg, dicht (slt die unterste Ähre etwas abgerückt); Schl. (4,5)5–6(6,5) mm lg, allmählich in den ziemlich lg Schnabel verschmälert (Abb. 443 a). (Schl. oft von Schädlingen befallen!) H: 20–60 cm. ♃ He. V–VI. Nährstoffreiche, mäßig trockene Waldschläge, Hecken, Wegränder; collin bis montan; zstr bis hfg. **Alle Bdld**. *(C. contigua, Vignea spicata)* ■ **Dichtährige S., *C. spicáta***

**-** Bogen des B'Häutchen-Ansatzes kaum höher als br; WuRinde braun . . **25**

**25** Ährenstand dicht, die untersten 3 Ähren in Abständen von 0,5–1 cm angeordnet (slt die unterste Ähre weiter entfernt). — LB'Spreite 2–3(4) mm br; Ährenstand (1,5)2–3(4) cm lg; DeckB meist kastanienbraun, die der ♂ Blü zur FrReife meist einen d'braunen Knopf an der Spitze der Ähren bildend; Schl. br-eiförmig, 3–4(4,5) mm lg, ziemlich rasch in den Schnabel verschmälert (Abb. 443 b). H: 30–60(80) cm. ♃ He. V–VII. Frische, steinig-lehmige Waldschläge, Waldsäume, Magerrasen; collin bis montan; zstr. **Alle Bdld**. (*C. „pairae"*, *Vignea muricata)* ■ **Sparrige S.**, Paira-S., ***C. muricáta*** *(s. str.)*

**-** Ährenstand am Grund locker, die untersten 3 Ähren bzw. Seitenachsen meist in Abständen von 1–4 cm angeordnet. — LB'Spreite ziemlich schlaff; Ährenstand am Grund mitunter mit 1–3 kurzen Seitenachsen; DeckB weißlich bis h'braun . . . . . . . . . . . . . . . . . . . . . . . . . . . . . . **26**

**26** Schl. 3,5–4(4,5) mm lg (Abb. 444 a); LB'Spreite 2–3 mm br; Bogen des B'Häutchen-Ansatzes etwa so hoch wie br. — Ährenstand 4–10(20) cm lg. H: 20–60 cm. ♃ He. V–VIII. Frische Edellaubwälder; collin bis submontan (untermontan?); slt. **Fehlt K?,** S. Gefährdet. *(C. virens, Vignea divulsa)* ■ **Lockerährige S.**, Unterbrochenährige S., ***C. divúlsa***

**-** Schl. (4)4,5–5(5,5) mm lg (Abb. 444 b); LB'Spreite (2,5)3–4(5) mm br; Bogen des B'Häutchen-Ansatzes breiter als hoch. — Ährenstand (3)4–6(8) cm lg (je schattiger der Standort, desto länger die Abstände zw. den Ähren). H: 40–100 cm. ♃ He. V–VI. Waldschläge, Waldsäume; collin bis untermontan; zstr. **Fehlt K**. *(**C. polyphylla**, C. leersii, C. pairae subsp. leersii, C. divulsa subsp. leersii)* ■ **Vielblatt-S.**, Leers-S., ***C. leersiána***

**27** [11] Ährenstand köpfchenartig, von 2–5 LB'artigen HüllB weit überragt. — Pf horstig; LB'Spreite 1,5–3,5(4) mm br; Ähren zahlr., zur BlüZeit grün, zur FrReife h'braun; Schl. 7–10 mm lg u. etwa 1 mm br, schmal-lanzettlich, allmählich in einen lg, tief 2zähnigen Schnabel verschmälert. H: 8–40(60) cm. ♃ He. VI–IX. Teich- u. Seeufer, abgelassene Fischteiche, vernäßte Karrenwege; collin bis untermontan; slt, sehr unbeständig. **N, O, St, K**. Gefährdet. *(C. cyperoides, Vignea bohemica)* **Kleine Zypergras-S., *C. bohémica***

**-** Ährenstand ährenartig, nicht von LB'artigen HüllB überragt, — eiförmig bis länglich; DeckB mit grünem Mittelstreifen . . . . . . . . . . . **28**

**28** Schl. am Rand deutlich geflügelt, — stets deutlich geschnäbelt (Schnabel 2zähnig), zumindest oberwärts an den Rändern rauh; Ähren sich überlappend, 5–12 mm lg; DeckB ± hautrandig . . . . . . . . . . . . . . . . . . . . . . **29**

- Schl. am Rand nicht geflügelt, — ± geschnäbelt; DeckB kürzer als die Schl. . . . . . . . . . . . . . . . . . . . . . . . . . . . . . . . . . . . . . **32**

**29** Pf mit ziemlich kurzem (gestauchtem) Rhizom, daher ± horstig; Stg (in der Mitte) meist dicker als 1 mm; LB wintergrün*, — Spreite (1,5)2–4(6) mm br; Ährenstand dicht, 1,5–4 cm lg; Ähren (3)5–7(10); DeckB etwa so lg wie die Schl., spitz, h'olivbraun (bei dunkel stehenden WaldPf auch weißlich); Schl. 3,5–5 mm lg, eiförmig. H: 15–60 cm. ♃ He. V–VII. Feuchte bis nasse Wiesen, Magerweiden u. Waldschläge; kalkmeidend; collin bis subalpin; zstr bis mäßig hfg. **Alle Bdld**. *(C. ovalis, Vignea ovalis)*

**Hasen-S.**, Hasenpfötchen-S., ***C. leporína***

Anm.: Neuerdings wurde ☆ ***C. bébbii*** (reifer Ährenstand noch dichter; DeckB kürzer als die Schl.; Schl. eiförmig, 2–2,5× so lg wie br, deutlich geflügelt) in **T** gefunden (Heimat: Nordamerika).

- Pf mit lg, ausläuferartig kriechendem Rhizom, daher lockerrasig; Stg (in der Mitte) kaum dicker als 1 mm; LB sommergrün. — Ährenstand meist (1,5)2–3 cm lg . . . . . . . . . . . . . . . . . . . . . . . . . . . . . . **30**

**30** Ähren fast stets gerade; Schl. 2,5–3 mm lg, rundlich- bis br-eiförmig, erst ab oder oberhalb der Mitte geflügelt, rasch in einen tief 2zähnigen Schnabel verschmälert (Abb. 445 a), braun; DeckB kastanienbraun, bei der (seltenen) Schattenform („*f. pallida*") auch h'braun. — Stg stets aufrecht; LB'Spreite 0,6–2 mm br, meist deutlich kürzer als der Stg. H: 10–30 cm. ♃ Ge(He). IV–V. Trockenrasen, trockene Wegränder u. Bahndämme, slt auch wechselfeuchte Wiesen; kalkliebend; collin bis untermontan; zstr, in **St** u. **K** slt. **Fehlt S, V**. (Zur „Artengruppe Früh-S., *C. praecox agg.*"; vgl. Pkt 31–.) *(C. schreberi, Vignea praecox)* ■ **Früh-S.**, Weg-S., ***C. práecox***

- Ähren (zumindest zur FrReife) ± nach auswärts gekrümmt; Schl. 3–4,5 mm lg, schmal-eiförmig bis br-eilanzettlich, Flügelung schon unterhalb der Mitte beginnend, allmählich in einen kurz-2zähnigen Schnabel verschmälert (Abb. 445 b, c), grünlich bis h'braun; DeckB weißlich bis verwaschen-braun. — Stg u. LB'Spreiten oft bogig überhängend (vor allem zur FrReife); Ähren meist 5–8 . . . . . . . . . . . . . . . . . . . . . . . . . . . . . . . . . **31**

**31** DeckB weißlich; Ähren oft schon während des Blühens deutlich nach auswärts gebogen; Schl. meist 3,5–4,5 mm lg (Abb. 445 b; deutlich länger u. schlanker als bei der folgenden Art). — LB meist länger als der Stg, Spreite (1,5)2–2,5(3) mm br. H: 30–60(100) cm. ♃ He. V–VI. Feuchte bis nasse, kalkarme Wälder (bisweilen bestandbildend) u. Magerwiesen, Ufer; Forstunkraut, Verdichtungs- u. Vernässungszeiger; collin bis montan; zstr bis mäßig hfg. **Alle Bdld.** (Früher) als „Seegras" zum Polstern verwendet. *(Vignea brizoides)*

**Seegras-S.**, Zittergras-S., Waldseegras, ***C. brizoídes***

- DeckB verwaschen-braun (mit schmalem Hautrand); Ähren erst ab dem Blühen etwas nach auswärts gebogen; Schl. meist 3–3,5 mm lg (Abb. 445 c). — LB etwa so lg wie der Stg, Spreite 1–2 mm br; DeckB etwa so lg wie die Schl.. H: (20)30–60 cm. ♃ He. V–VI. Sumpfige bis mäßig feuchte Wiesen (nicht jedoch in trockenwarmen Eichenwäldern!); collin bis untermontan (?); sehr slt. **B, W, N, O, (St)**. Stark gefährdet. (Zur Artengruppe Früh-S., *C. praecox agg.*; vgl. Pkt 30; vielleicht nur Unterart von *C. praecox* oder von *C. brizoides*?) *(C. brizoides subsp. intermedia)* ■ **Gebogene S.**, Gekrümmte S., ***C. curváta***

* Wintergrüne LB bleiben bis zum Erscheinen der neuen Triebe zumindest zT grün.

**32** [28] TragB der unteren Ähren LB'artig, den Ährenstand meist weit überragend; untere Ähren auffallend weit voneinander entfernt (Abstand zw. den unteren Ähren etwa 2–5 cm); Pf sehr schlaff, — horstig; LB'Spreite 1,5–2 mm br; Ährenstand meist 10–20 cm lg; Ähren 6–10(14), eiförmig, 4–10 mm lg; DeckB weißlich; Schl. 2,5–3,5 mm lg, schmal-eiförmig, oberwärts an den Rändern rauh, gelblich-grün. H: 30–60(70) cm. ♃ He. V–VI. Feuchte bis nasse Wälder, bes. Schwarzerlen-Eschenwälder, Waldbachfluren; collin bis montan; zstr bis mäßig hfg. **Alle Bdld**. *(Vignea remota)*
**Winkel-S.**, Entferntährige S., Schlaffe S., ***C. remóta***

**-** TragB der unteren Ähren meist DeckB'artig, den Ährenstand kaum überragend; untere Ähren nicht auffallend weit voneinander entfernt; Pf nicht schlaff . . . . . . . . . . . . . . . . . . . . . . . . . . . . . **33**

**33** Zumindest die unteren Schl. zur FrReife waagrecht abstehend bis zurückgeschlagen (Ähren morgensternartig). — Stg stumpf 3kantig; NiederB u. grundständige Blattscheiden h'braun; LB'Spreite 1–2,5 mm br; Ährenstand (1)2–3 cm lg; Ähren 3–5, kugelig, 4–7(9) mm lg; DeckB bräunlich, mit br Hautrand u. grünem Mittelstreifen; Schl. 3–4 mm lg, schmal-eiförmig, plankonvex, an den Schnabelrändern rauh. (Vgl. auch Walzen-S., *C. elongáta*, → Pkt 36!) H: 10–40 cm. ♃ He. V–VI. Sumpfwiesen, Flachmoore, Quellfluren; collin bis subalpin (alpin); kalkmeidend; zstr bis hfg. **Fehlt W**. *(C. stellulata, Vignea echinata)* **Igel-S.**, Stern-S., ***C. echináta***

**-** Alle Schl. zur FrReife aufrecht-abstehend . . . . . . . . . . . . . . . . **34**

**34** Ähren grünlich bis blaßbraun, zumindest die unteren einander meist nicht überlappend. (Artengruppe Grau-S., *C. canescens agg.*) . . . . . . . . . . **35**

**-** Ähren d'braun, einander meist überlappend . . . . . . . . . . . . . . . **36**

**35** Schnabel der Schl. auf der Außenseite bis zum Grund aufgeschlitzt; Ähren 3–5 mm lg, meist kugelig-eiförmig. — LB'Spreite 1,5–2,5 mm br; Ährenstand 1,5–3(5) cm lg; Ähren 5–8(10); Schl. 2–3,5 mm lg, in einen 2zähnigen, an den Rändern rauhen Schnabel verschmälert. H: (10)20–50(70) cm. ♃ He. V–VII(VIII). *(Vignea brunnescens)* **Bräunliche S.**, „Braun-S.", ***C. brunnéscens***

**a** Pf horstig; Stg (10)20–40 cm hoch; LB deutlich kürzer als der Stg, steif; Ähren dichtblütig; DeckB bräunlich; Schl. 2–2,5 mm lg (Abb. 446), zuletzt d'braun, Schlauchwand slt aufreißend. — Feuchte Magerrasen, Flachmoore, feuchte Zwergstrauchheiden u. Grünerlengebüsche; kalkfeindlich; subalpin bis alpin; zstr bis mäßig hfg. **St, K, S, T, V**.
■ **Gewöhnliche B. S., *C. b. subsp. brunnéscens***

**-** Pf lockerrasig; Stg 30–70 cm hoch; LB etwa so lg wie der Stg, schlaff; Ähren lockerblütig; DeckB grünlich; Schl. 2,5–3,5 mm lg, grünlich, oft mit violettbraunen Flecken, Schlauchwand oft aufreißend. — Schattige, feuchte (?) Laubwälder, Bachufer (?), Flach- u. Zwischenmoore (?), Fichten- u. Lärchen-Zirbenwälder; (collin?) montan bis subalpin (alpin?); sehr slt. S. (Hptvbr.: Nord-Europa.) Unzureichend erforscht (taxonom. Stellung zweifelhaft). ■ **Lockere B. S., *C. b. subsp. vítilis***

**-** Schnabel der Schl. auf der Außenseite nicht aufgeschlitzt; Ähren 5–10(15) mm lg, meist länglich-eiförmig bis länglich-ellipsoidisch. — Pf horstig; LB'Spreite (1,5)2–3(4) mm br, schlaff, graugrün; Ährenstand (2)3–6(7) cm lg; Ähren (3)4–7(12); Schl. 2–2,5(3) mm lg, schwach längsnervig, an den Schnabelrändern meist etwas rauh (Abb. 447); DeckB weißlich bis strohgelb. H: 20–45(60) cm. ♃ He. V–VI. Nasse Wiesen, sumpfige Wälder, Moore; (collin) montan bis alpin; zstr. **Fehlt W**. Im Rh u. Pann gefährdet. *(C. curta, Vignea cinerea)* **Grau-S., *C. canéscens***

**36** Ähren (5)8–12(18); untere u. mittlere Schl. etwas nach außen gekrümmt. — Pf horstig; LB'Spreite 2–6 mm br, grasgrün; Ährenstand (3)4–7(10) cm lg; Ähren

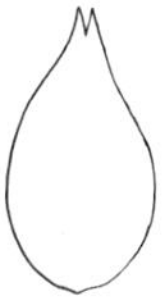
Abb. 444a

Abb. 444b

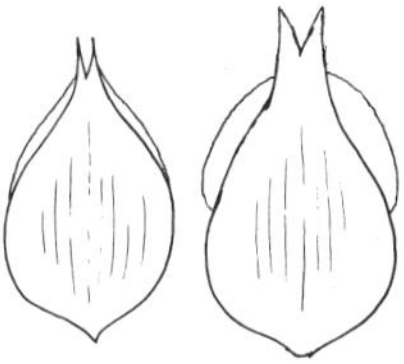
Abb. 445a

Abb. 445b

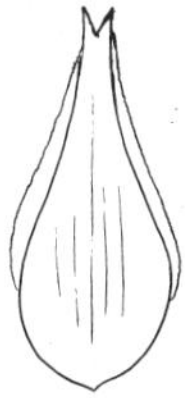
Abb. 445c

meist schmal-ellipsoidisch bis länglich-walzlich, 5–15 mm lg; Schl. 3–3,5(4) mm lg, schmal-eiförmig, deutlich längsnervig, rötlichbraun, an den Schnabelrändern meist rauh (Abb. 448); DeckB h'- bis rötlichbraun, br-hautrandig. H: (15)30–70(100) cm. ♃ He. (IV)V–VI. Erlenbruchwälder (Charakterart der mitteleuropäischen Schwarzerlenbruchwälder), Waldbachfluren; collin bis montan; slt. **Fehlt W; sonst alle Bdld**, auch **V**!*. Gefährdet. *(Vignea elongata)*

**Walzen-S.**, Langähren-S., ***C. elongáta***

- Ähren 2–4(6); Schl. nicht nach außen gekrümmt. — LB'Spreite 1–2 mm br; Ährenstand (0,5)1–2 cm lg . . . . . . . . . . . . . . . . . . . . . . . . **37**

**37** Stg scharf 3kantig, oberwärts meist rauh; Ähren kugelig-eiförmig; Schl. mit kegeligem Schnabel, an den Schnabelrändern meist etwas rauh; LB graugrün. — Ähren 3–4(6), 5–10 mm lg; DeckB meist h'braun (slt rötlich-braun), br-hautrandig; Schl. 2,7–3,5 mm lg, eiförmig bis elliptisch, allmählich in einen kurzen Schnabel verschmälert, längsnervig. H: 15–30 cm. ♃ He. V–VI. Zwischenmoore; montan bis subalpin; sehr slt. **O(!), St, S†, T**. Vom Aussterben bedroht. **Schlenken-S.**, Torfmoor-S., ***C. heleonástes***

- Stg stumpf 3kantig, meist glatt (nur unter dem Ährenstand mitunter etwas rauh); Ähren meist ellipsoidisch; Schl. mit zylindrischem Schnabel, an den Schnabelrändern stets glatt; LB grasgrün. — Ähren (2)3–4(5), 7–10 mm lg; DeckB kastanienbraun; Schl. (1,5)2,5–3 mm lg, eiförmig, Schnabel an der Außenseite aufgeschlitzt. H: 5–20 cm. ♃ He. VI–VII. Feuchte bis nasse Magerrasen, Schneetälchen u. Felsschuttfluren; nur über Silikatgesteinen; alpin; zstr. **St, K, S, T, V**. *(C. lagopina, **C. lachenalii**, Vignea lachenalii)*

**Schneehuhn-S.**, ***C. bipartíta***

**38** [8] Anm.: *Bei den Verschiedenährigen Seggen (= Seggen mit ♀ u. ♂ Ähren) sind unter „TragB" stets die TragB der ♀ Ähren zu verstehen, sofern nicht ausdrücklich angegeben ist, daß es sich um die TragB der ♂ Ähren handelt (→ Pkt 82).*

♂ Blü im mittleren Teil des Ährenstandes (untere u. obere Ähren meist rein ♀); Ährenstand zur FrReife in der Mitte meist ± eingeschnürt. — Stg oft bis zur Mitte beblättert; LB'Spreite 2–4(6) mm br; Ährenstand 3–7(10) cm lg u. 1–2 cm br, dicht, mehr als 10ährig; DeckB braun, mit hellem Mittelstreifen; Schl. 4–5 mm lg, eiförmig, plankonvex, im Schnabelbereich zur Ährenachse hin gekrümmt (Abb. 449), mit vorspringenden, oberwärts rauhen Rändern (mitunter schwach geflügelt), allmählich in den 2zähnigen Schnabel verschmälert; Narben 2. H: (15)30–80(120) cm. ♃ He. V–VI. Großseggensümpfe, Moore, Ufersäume; kalkliebend; collin bis montan; slt. **Fehlt K**. Stark gefährdet.

**Kamm-S.**, ***C. dísticha***

* In **V** wieder gefunden: A. POLATSCHEK: Mskr. N. Fl. **T & V**.

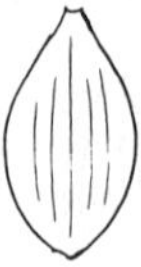

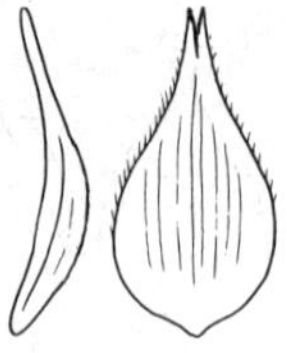

Abb. 450

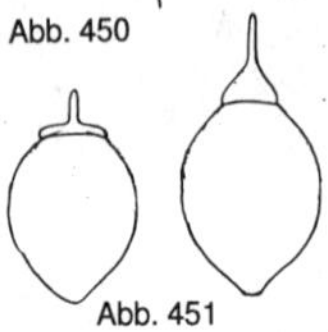

Abb. 446 Abb. 447 Abb. 448 Abb. 449 Abb. 451

Anm.: Es sind stets mehrere Individuen zu untersuchen, da diese Art mitunter auch rein ♀ Blüstd oder solche mit ausschließlich androgynen Ähren (dh Ähren mit ♀ u. ♂ Blü) ausbildet (u. somit ein Bindeglied zw. Gleichährigen u. Verschiedenährigen Seggen darstellt). (Vgl. auch Kriech-S., *C. répens*, → Pkt 47.)

- ♂ Blü stets im oberen Teil des Ährenstandes (endständige Ähre zumindest teilweise ♂, untere Ähren stets ♀); Ährenstand zur FrReife nicht eingeschnürt . . . . . . . . . . . . . . . . . . . . . . . . . . . . . . . . . . . . . . **39**

**39** Endständige Ähre an der Spitze ♀, am Grund ♂ (slt rein ♀). — Seitenständige Ähren ♀; alle Ähren in Form u. Farbe ± gleich . . . . . . . . . . . . . . **40**

- Endständige Ähre rein ♂ (nur ausnahmsweise am Grund mit einigen ♀ Blü). — An der Spitze des Ährenstandes 1–3(10) ♂ Ähren . . . . . . . . . . . . **47**

**40** Narben 2; Schl. ungeschnäbelt. — LB meist kürzer als der Stg, Spreite 1–2(3) mm br; Ährenstand büschelig, meist etwas nickend; Ähren (2)3–4(5), 5–10(20) mm lg, sitzend (nur das unterste bis 1(2) cm lg gestielt); DeckB rot- bis schwarzbraun, mit grünem Mittelstreifen; Schl. 1,5–2,5 mm lg, verkehrt-eiförmig, bikonvex (dh auf beiden Seiten gewölbt), blaß graugrün. H: 5–20(25) cm. ♃ He. VII. Feuchte Magerrasen, Felsschuttfluren, kiesige Ufer; subalpin bis alpin; slt, in Ost-T zstr. **K, S, T**. Potentiell gefährdet. **Zweifarben-S., *C. bícolor***

- Narben 3; Schl. geschnäbelt (Schnabel 2zähnig oder ausgerandet, mitunter sehr kurz) . . . . . . . . . . . . . . . . . . . . . . . . . . . . . . . . . . . **41**

**41** Schl. eilanzettlich, allmählich in den lg Schnabel verschmälert. — Pf horstig, Grund dicht umscheidet; Stg meist 2–3× so lg wie die LB; LB'Spreite (1,5)2–4(5) mm br; Ähren (2)3–4(5), 10–20 mm lg, meist 1–5 cm lg gestielt u. nickend; DeckB rötlich- bis schwarzbraun; Schl. 4–6 mm lg, zumindest oberwärts schwarzbraun u. an den Rändern rauh. H: (5)10–30(40) cm. ♃ He. VI–VIII. Steinige, feuchte, kalkarme bis kalkreiche Magerrasen; bes. über Kalkschiefer; subalpin bis alpin; zstr. **Fehlt B, W, N**. **Ruß-S., *C. fuliginósa***

- Schl. elliptisch, eiförmig oder verkehrt-eiförmig, abrupt in den sehr kurzen Schnabel verschmälert. — TragB der untersten Ähre meist LB'artig . . . **42**

**42** Zumindest die oberen DeckB grannig zugespitzt; Blattscheiden beim Aufreißen an der Rißstelle zerfasernd. — Pf lockerrasig, mit lg, ausläuferartig kriechendem Rhizom; NiederB u. unterste Blattscheiden braun bis schwarzpurpurn; LB meist kürzer als der Stg, Spreite 1–4 mm br; DeckB rot- bis schwarzbraun, mit grünem Mittelstreifen; Schl. fast bis zuletzt grün. Colline bis montane Naßbiotope. (Artengruppe Moor-S., *C. buxbaumii agg.*) . . . . . . **43**

- DeckB stumpf bis zugespitzt, aber nicht grannig zugespitzt; Blattscheiden beim Aufreißen kaum zerfasernd. — DeckB schwarzpurpurn bis schwarz; bes. subalpin bis alpin . . . . . . . . . . . . . . . . . . . . . . . . . . . . . . . . . . **44**

**43** Endständige Ähre keulenförmig, 6–8(10) mm dick (u. 10–15 mm lg); seitliche Ähren 1–3(4), alle etwa gleich groß; Schl. 3–4,5 mm lg, schwach längsnervig;

Spitze der DeckB meist mehr als ½× so lg wie das übrige DeckB; TragB der untersten Ähre den Ährenstand meist überragend. H: 30–70 cm. ♃ Ge. V–VI. Nasse Wiesen, Flachmoore; collin bis montan; sehr slt. **Fehlt W, St, V?** Vom Aussterben bedroht. ▲ *(C. polygama subsp. subulata)*

**Moor-S., Buxbaum-S., *C. buxbáumii***

- Endständige Ähre walzlich, 4–5 mm dick; seitliche Ähren (2)3–4(5), ungleich groß (die oberen deutlich kürzer als die unteren); Schl. (2)2,5–3,5 mm lg, deutlich längsnervig; Spitze der DeckB meist weniger als ½× so lg wie das übrige DeckB; TragB der untersten Ähre den Ährenstand nicht überragend. H: 30–70 cm. ♃ Ge. V–VI. Nasse Wiesen, Flachmoore, Bachufer; collin bis untermontan; sehr slt. **B†, N, O, St, K, S, T, V?**. Stark gefährdet. ▲ *(C. buxbaumii subsp. hartmanii)* **Hartman-S., *C. hartmánii***

**44** Untere Ähren deutlich gestielt (Stiel der untersten Ähre etwa ½–1× so lg wie diese); Ährenstand locker-büschelig, oft etwas nickend. — Ähren (2)3–5(7); Schl. zuletzt meist schwarzpurpurn bis schwarz, glatt. (Teil der Artengruppe Trauer-S., *C. atrata agg.*; vgl. Pkt 46) . . . . . . . . . . . . . . . . . **45**

- Untere Ähren sitzend oder höchstens 2–3(5) mm lg gestielt; Ährenstand kopfig-büschelig, stets aufrecht. — Ähren 2–4(5) . . . . . . . . . . . . . . . **46**

**45** Stg meist 15–30 cm hoch, glatt; LB'Spreite 3–5(7) mm br; Ährenstand ± aufrecht; Ähren 10–20 mm lg; Schl. 3–4 mm lg. H: 15–30(40) cm. ♃ He. VI–VIII. Steinige Magerrasen, Felsfluren; kalkliebend; subalpin bis alpin; hfg. **Fehlt B, W**. (Auch Übergangsformen zu *C. aterrima*!?)

■ **Trauer-S.**, Geschwärzte S., Schwärzliche S., ***C. atráta***

- Stg meist 30–60 cm hoch, oberwärts rauh; LB'Spreite 5–11 mm br; Ährenstand ± nickend; Ähren 15–35 mm lg; Schl. 4–5 mm lg. H: 30–60(70) cm. ♃ He. VI–VIII. Magerrasen?, Hochgrasfluren, Hochstaudenfluren; (obermontan?) subalpin (alpin); zstr. **Fehlt B, W, N**. (Taxonomischer Wert dieser Sippe noch unklar, vielleicht nur Unterart wegen reichlicher Übergangsformen zu *C. atrata*?.) *(C. atrata subsp. aterrima)* ■ **Kohlschwarze S.**, Rußgeschwärzte S., ***C. atérrima***

**46** Schl. (2,5)3–3,5(4) mm lg, schwarz. — LB'Spreite (1)2–4 mm br; Ähren kugelig bis eiförmig, 5–8(10) mm lg. H: (5)10–20 cm. ♃ He. VII–VIII. Schneeböden; kalkliebend; subalpin bis alpin; zstr bis mäßig hfg. **Fehlt B, W**. (Zur Artengruppe Trauer-S., *C. atrata agg.*; vgl. Pkt 45.) *(C. nigra, C. atrata subsp. nigra)*

**Kleinblütige S.**, Schwarz-S., ***C. parviflóra***

- Schl. 1,8–3 mm lg, grünlich bis d'olivbraun (Schnabel von Anfang an schwarzbraun), — papillös; NiederB u. unterste Blattscheiden purpurn bis schwarzpurpurn; LB meist nur ½× so lg wie der Stg, steif. (Die Berechtigung der beiden Unterarten wird neuerdings sehr bezweifelt.) (Sonstige Vbr. der Art: Südtirol, Schweiz, Nord-Europa, Island, Grönland, nördl. Nordamerika.) *(C. alpina, C. halleri)* **Alpen-S., Norwegische S., *C. norvégica***

**a** Schl. 1,8–2,5 mm lg, br-eiförmig bis br-verkehrt-eiförmig; endständige Ähre deutlich größer als der übrige Teil des Ährenstandes; LB'Spreite 1,5–3 mm br. — Ähren meist ellipsoidisch, 4–12 mm lg; DeckB 0,65–0,85× so lg wie die Schl.. H: 5–40 cm. ♃ He. VII–VIII. Feuchte Geröll- u. Felsfluren; kalkfeindlich; obermontan bis alpin; sehr zstr. **T?**. Potentiell gefährdet. ⊖■■ **Norwegische A.-S., *C. n. subsp. norvégica***

- Schl. 2,5–3 mm lg, länglich-eiförmig bis ellipsoidisch; endständige Ähre nicht oder nur wenig größer als der übrige Teil des Ährenstandes; LB'Spreite 2,5–5 mm br. — Ähren kugelig bis eiförmig, 4–8 mm lg; DeckB 0,5–0,75× so lg wie die Schl. H: 10–40 cm. ♃ He. VI–VIII. Feuchte Magerrasen u. Felsfluren, Quellfluren; nur über Silikatgesteinen; subalpin bis alpin; slt. **St, T**. Potentiell gefährdet. *(C. angarae subsp. puster(i)ana, C. media subsp. puster(i)ana)* ■■ **Pustertaler A.-S., *C. n. subsp. pusteriána***

**47** [39] An der Spitze des Ährenstandes meist 5–10(12) ♂ Ähren, diese 0,5–1 cm lg (dicht stehend). — Rhizom meist sehr lg, ausläuferartig kriechend, 2–2,5 mm dick, von schwarzbraunen, borstig zerfasernden NiederB bedeckt; NiederB u. unterste Blattscheiden d'braun; LB'Spreite 2–3(4) mm br, an den Rändern sehr rauh; Ährenstand länglich, 3–7(10) cm lg; mittlere Ähren meist androgyn (oben ♂, unten ♀), untere ♀; ♀ Ähren länglich, dichtfrüchtig, 1–1,5 cm lg; Schl. 4–5,5 mm lg, eilanzettlich, plankonvex, vom Grund an deutlich geflügelt, in einen lg, 2zähnigen Schnabel verschmälert, h'grün; Narben 2. H: 25–50(90) cm. ♃ Ge. V–VI. Bach- u. Flußufer; collin bis untermontan; slt. **B, St, K**. Gefährdet (?). **Kriech-S., *C. répens***

Anm.: Ähnlich wie bei *C. disticha* (→ Pkt 38) kommen auch bei dieser Art mitunter rein ♀ Blüstd oder solche mit ausschließlich androgynen Ähren vor (androgyne Ähren an der Spitze ♂).

- An der Spitze des Ährenstandes 1–3(6) ♂ Ähren (wenn mehr als 3 ♂ Ähren, dann zumindest die oberste deutlich länger als 1,5 cm). — Die obersten ♀ Ähren an der Spitze mitunter mit einigen ♂ Blü . . . . . . . . . . . . . . **48**

**48** Narben 2. — TragB der Ähren ohne oder mit sehr kurzer Scheide; Ähren dichtfrüchtig; Schl. u. Fr meist ± flachgedrückt (dh beiderseits schwach gewölbt), sehr slt plankonvex . . . . . . . . . . . . . . . . . . . . . . . . **49**

- Narben 3. — Schl. u. (bes.) Fr im ∅ meist 3kantig bis stielrund, nur bei *C. hordeistichos* u. *C. secalina* (→ Pkt 82) Schl. plankonvex . . . . . . . . . **56**

**49** Schl. fein-behaart (bes. an den Kanten); LB'Spreite haarförmig, 0,2–0,5 mm br; ♀ Ähren (3)5–10blütig. — Pf horstig; Stg glatt; ♂ Ähre 1, meist 2–5 mm lg gestielt; ♀ Ähren 1–2, 5–10 mm lg, (fast) sitzend; Ähren einander überlappend; DeckB braun, mit grünem oder hellem Mittelstreifen, etwas kürzer als die Schl.; Schl. 3,5–5 mm lg, schmal-eiförmig, plankonvex, allmählich in einen 2zähnigen Schnabel verschmälert. H: (7)10–30(40) cm. ♃ He. V–VIII. Trockene Magerrasen, Fels- u. -schuttfluren, montan in Schluchtwäldern; kalkstet; Alpenschwemmling; montan bis alpin; zstr. **Fehlt B, W**.

**Stachelspitzige S., *C. mucronáta***

- Schl. kahl; LB'Spreite nicht haarförmig, breiter als 1 mm; ♀ Ähren mindestens (10)20blütig. — Stg scharf 3kantig, oberwärts an den Kanten meist rauh; TragB der untersten Ähre LB'artig; Schl. fast stets mit sehr kurzem, vulkanartig aufgesetztem, gestutztem oder schwach ausgerandetem Schnabel (Abb. 450) . . . . . . . . . . . . . . . . . . . . . . . . . . . . . . . . . . . **50**

**50** Rhizom nicht ausläuferartig kriechend; Pf dichte Horste oder oft Bulte (= hockerartige Horste) bildend. — Ähren aufrecht . . . . . . . . . . . . . . **51**

- Rhizom ausläuferartig kriechend; Pf lockerrasig (keine Horste oder Bulte bildend) . . . . . . . . . . . . . . . . . . . . . . . . . . . . . . . . . . . **53**

**51** LB'Spreite beim Trocknen sich nach oben einrollend, Oberseite matter als die Unterseite. **Braun-S., *C. nigra*** (→ Pkt 55)

- LB'Spreite beim Trocknen sich nach unten umrollend, Unterseite matter als die Oberseite . . . . . . . . . . . . . . . . . . . . . . . . . . . . . . . . **52**

**52** ♂ Ähren 1–2(3), zumindest die endständige meist 35–50(60) mm lg; ♀ Ähren 2–4, die unterste meist 30–50(60) mm lg; Schl. (2,5)3–3,5(4) mm lg; NiederB u. unterste Blattscheiden gelbbraun. — Pf graugrün, meist große, „hockerartige" Horste (= Bulte) bildend (in Streuwiesen oft nicht horstförmig: „*f. dissoluta*"); LB so lg oder kürzer als der Stg, Spreite (2)3–5(6) mm br; Blattscheiden beim Aufreißen an der Rißstelle stark zerfasernd; Ährenstand meist 10–20 cm lg;

unterstes TragB seine Ähre meist überragend, jedoch kürzer als der Ährenstand; ♀ Ähren sitzend oder kurz gestielt, sich meist überlappend; DeckB lanzettlich, schwarzbraun, mit grünem Mittelstreifen, meist ohne h'häutigen Rand; Schl. br-eiförmig bis elliptisch, graugrün. H: 30–100(120) cm. ♃ He. IV–V. Sumpfwiesen, Flachmoore, Ufersäume, Erlenbruchwälder; collin bis untermontan; zstr bis mäßig hfg. **Alle Bdld.** *(C. stricta)*
**Bult(en)-S., Steif-S., *C. eláta*** *(subsp. eláta)*

- ♂ Ähren 1, 10–20(25) mm lg; ♀ Ähren 1–2(3), die unterste 10–20(30) mm lg; Schl. 2–2,5 mm lg; NiederB u. unterste Blattscheiden rot- bis d'braun. — LB'Spreite 1–3(4) mm br; unterstes TragB seine Ähre meist nicht überragend; DeckB rot- bis schwarzbraun, mit schmalem, weißlichem Hautrand u. grünem bis rötlichem Mittelstreifen; Schl. rundlich, elliptisch oder br-eiförmig, (fast) nervenlos. H: (15)25–50(80) cm. ♃ He. IV–V. Sumpfwiesen, Erlenbruchwälder, Ufersäume; collin bis submontan; slt. **S†; fehlt W, T, V**. Stark gefährdet. ▲
**Rasen-S., *C. cespitósa***

**53** [50] Blattscheiden beim Aufreißen an der Rißstelle auffallend stark netzig zerfasernd, — die untersten spreitenlos (NiederB), scharf gekielt, rot- bis schwarzbraun; LB'Spreite 4–7(10) mm br, beim Trocknen sich nach unten umrollend; ♂ Ähren 1–3, (15)25–60 mm lg; ♀ Ähren 3–5, die untersten 40–100 mm lg, später oft überhängend; unterstes TragB seine Ähre deutlich überragend; DeckB schwarzbraun, mit grünem Mittelstreifen; Schl. 2–2,5 mm lg, nervenlos, grün. H: 40–120 cm. ♃ He. IV–V. Kalkarme Flußufersäume, Auwälder; collin bis untermontan; slt, lokal (Süd-**B**, Ost-**St**) mäßig hfg. **B, N, O, St, K**. Gefährdet (?). **Banater S., *C. búekii***

- Blattscheiden beim Aufreißen an der Rißstelle nicht oder nur wenig zerfasernd, — die untersten meist mit Spreite . . . . . . . . . . . . . . . . . . . **54**

**54** LB so lg oder länger als der Stg; Ährenstand meist 10–20 cm lg; ♂ Ähren (1)2–4, die endständige meist 40–60 mm lg; die untersten ♀ Ähren 50–100(150) mm lg; TragB der untersten Ähre meist länger als der Ährenstand. — LB'Spreite (3)5–17 mm br, unterseits scharf gekielt, beim Trocknen sich nach unten umrollend; Ährenstand (u. Ähren) zuletzt meist ± übergebogen; ♀ Ähren 2–4(8); DeckB rot- bis schwarzbraun, mit grünem bis h'braunem Mittelstreifen; Schl. 2–3(3,5) mm lg, elliptisch bis eiförmig . . . . . . . . . . **54b**

- LB meist kürzer als der Stg; Ährenstand meist 3–10 cm lg; ♂ Ähren 1(2), 10–30(40) mm lg; die untersten ♀ Ähren 10–40(50) mm lg; TragB der untersten Ähre meist kürzer als der Ährenstand. — LB'Spreite graugrün; Ähren aufrecht . . . . . . . . . . . . . . . . . . . . . . . . . . . . . . . **55**

**54b** Dickste Wu *(im Leben)* 1,5–2 mm ∅ (*im Herbar* 1–1,5(2) mm ∅); NiederB u. untere (äußere) Blattscheiden an (im Vorjahr angelegten, gut entwickelten) veget. Trieben höchstens 10 mm br, nicht sehr derb, allmählich zugespitzt, slt u. nur andeutungsweise rötlich überlaufen, den Grund des Triebes nur anfänglich u. locker zusammenhaltend (bald trichterförmig auseinandergehend); breiteste Spreite der unteren (samt Scheide mindestens 15 cm lg) LB *(im Leben u. im Herbar)* meist deutlich schmäler als 10 mm, im Frühling *(wenn voll entwikkelt)* graugrün. — Stg oberwärts nicht sehr scharf 3kantig, mit nur wenig eingesenkten Seitenflächen; ♀ Ähren ziemlich dick u. kurz, die unteren meist sitzend oder kurz (slt lg) gestielt u. fast aufrecht bis schwach überhängend; Schl. am Grund dicht stehend. H: 30–100(150) cm. ♃ He. V(VI?). Ufersäume, Großseggenges. (Charakterart), Flachmoore, Sumpfwiesen; collin bis unter-

montan; zstr. **Alle Bdld**. In den wAlp gefährdet. Ehemals wichtige StreuPf. *(**C. gracilis**)*
**Spitz-S., Schlank-S., Zierliche S.**, Scharfkantige S., Kanten-S., ***C. acúta***

- Dickste Wu *(im Leben)* 3–4 mm ∅ (*im Herbar* 2–3(3,5) mm ∅); NiederB u. untere (äußere) Blattscheiden an (im Vorjahr angelegten, gut entwickelten) veget. Trieben meist 10–14 mm br, derb, rasch zugespitzt, oft rotbraun bis braunviolett überlaufen, den Grund des Triebes wie ein Korsett zusammenhaltend; breiteste Spreite der unteren (samt Scheide mindestens 15 cm lg) LB *(im Leben)* (10)12–17 mm br (*im Herbar* (8)10–14 mm br), im Frühling *(wenn voll entwickelt)* grasgrün bis h'grün. — Stg oberwärts sehr scharf 3kantig, mit deutlich eingesenkten (konkaven) Seitenflächen; ♀ Ähren ziemlich dünn u. lg, die unteren stets lg gestielt u. stark überhängend; Schl. am Grund locker stehend. H: 60–80(100) cm. ♃ He. V. Ufersäume, Großseggenges., Bachufer in Auwäldern; schattenertragend (?), kalkliebend (?); collin bis untermontan (?); zstr. **N, O, S,** Nord-**T**. (Sonstige Vbr.: Bayern.)
**Inn-S.**, Inntaler S., Innviertler S., ***C. oenénsis***

Anm.: Diese von dem großen Caricologen A. NEUMANN (1916–1973) entdeckte u. schon länger bekannte Art wurde erst jüngst (WALLNÖFER 1993) genauer erforscht u. ordnungsgemäß neubeschrieben.

**55** LB'Spreite 1–3(5) mm br, die Ränder sich beim Trocknen nach oben einrollend, — Oberseite matt, graugrün, Unterseite glänzend, grasgrün; Stg 1(2) mm dick; NiederB (rot)braun; ♀ Ähren 1–3(4), 10–40(50) mm lg, fast sitzend; DeckB meist kürzer als die Schl., meist eiförmig bis elliptisch, stumpf bis abgerundet, slt lanzettlich u. spitz, meist schwarz mit grünem Mittelstreifen (slt braun mit gelblichem Mittelstreifen); Schl. 2,5–3 mm lg, eiförmig, elliptisch, verkehrt-eiförmig oder rundlich. H: (4)10–50(70) cm. ♃ He. V–VIII. Meist kalkarme Flachmoore (Charakterart des Caricion „fuscae"!), Quellfluren, Ufersäume, feuchte Zwergstrauchheiden, slt kalkreichere alpine Magerrasen; collin bis subalpin (alpin); hfg. **Fehlt W**. Gefährdet im nVL, söVL u. Pann. Sehr variabel, bes. Wuchsform (locker- bis dichtrasig, bes. an Teichrändern mitunter sogar kleine Bulte bildend; niedrige Pf mit stark verlängertem Rhizom u. zurückgekrümmten LB'Spreiten: „*subsp. alpina*"?). *(C. fusca, C. goodenowii)* [Pkt 51] **Braun-S., *C. nígra***

- LB'Spreite 4–6(7) mm br, die Ränder sich beim Trocknen nach unten umrollend. — Stg kräftig, (1)1,5–2(3) mm dick, auffallend steif; LB'Spreite (fast schon) vom Grund an allmählich verschmälert, zugespitzt; ♂ Ähre (5)10–15 mm lg; ♀ Ähren 2–3(5), 10–15(20) mm lg, die unterste meist kurz gestielt; DeckB stumpf bis abgerundet, so lg oder kürzer als die Schl., schwarz, mit hellem Mittelstreifen; Schl. 2,5–3 mm lg, br-ellipsoidisch. H: (5)10–25(30) cm. ♃ He. VI–VIII. Feuchte bis trockene, kalkarme Magerrasen, bes. Krummseggenrasen, Zwergstrauchheiden; (subalpin) alpin; slt. **St, K, S**. Potentiell gefährdet. *(C. rigida, C. fyllae)* **Starre S., *C. bigelówii* (*subsp. rígida*)**

**56** [48] Schl. (zumindest oberwärts) ringsum behaart (nicht nur an den Kanten oder an den Schnabelrändern) . . . . . . . . . . . . . . . . . . . . . . . . **57**

- Schl. kahl oder nur an den Kanten oder Schnabelrändern behaart . . . . **74**

**57** DeckB der ♂ Blü behaart (bei allen übrigen in **Ö** vorkommenden Seggen-Arten sind die DeckB der ♂ Blü kahl!). — Stg glatt, beblättert; LB zumindest an den Blattscheiden meist deutlich behaart, Spreite (2)3–5(6) mm br; TragB LB'artig, das unterste seine Ähre meist weit überragend (meist jedoch kürzer als der Ährenstand), meist mit 5–40 mm lg Scheide; ♂ Ähren (1)2–3(4); ♀ Ähren 2–3,

10–45 mm lg, aufrecht, oft weit voneinander entfernt, zumindest die unterste meist deutlich (bis 10 cm lg) gestielt (Ährenstiel zT in der TragBScheide verborgen), slt fast sitzend; Schl. 5–7,5 mm lg, meist dicht behaart, mit lg, tief 2zähnigem Schnabel. H: (10)20–50(100) cm. ♃ Ge(He). IV–VII. Feuchte bis nasse Wiesen, Waldschläge, Wegränder, Maisäcker, Straßengräben, Bahndämme, subruderal; collin bis montan; hfg. **Alle Bdld.**

**Behaarte S., Rauhhaar-S., *C. hírta***

**-** DeckB der ♂ Blü kahl. — LB'Spreite kahl oder kurzhaarig . . . . . . . **58**

**58** Pf mit 1–2 grundständigen, meist lg gestielten ♀ Ähren. — Pf horstig; LB kahl; Stiel der grundständigen Ähre(n) sehr dünn, zT in den Blattscheiden verborgen; Ährenstand ziemlich dicht; ♂ Ähre 1; ♀ Ähren (außer den grundständigen) 1–3, meist 5–10 mm lg; TragB der untersten Ähre (nicht der grundständigen) LB'artig . . . . . . . . . . . . . . . . . . . . . . . . . . . . . . . **59**

**-** Pf ohne grundständige Ähren . . . . . . . . . . . . . . . . . . . . . . **60**

**59** Schl. 2,5–3 mm lg, nur die Randnerven deutlich, im ∅ (wie die Fr) rundlich-3eckig; DeckB weißlich (mit grünem Mittelstreifen); Fr *(nicht Schl.!)* unterhalb der Spitze mit einer waagrechten Einschnürung, der darüberliegende Teil (= Mitra) in Verbindung mit dem GriRest ähnlich einem Eisstock (Abb. 451); Wu gelblichbraun bis rotbraun. — LB wintergrün, Spreiten 2–4 mm br; grundständige Ähren meist 3–10 cm lg gestielt; Schl. verkehrt-eiförmig, mit kegeligem, etwas ausgerandetem Schnabel (Abb. 452). H: (10)20–30(40) cm. ♃ He. IV–V. Wald- u. Gebüschsäume, rasige Wegränder, Straßenböschungen, Weiderasen; collin bis montan; slt. **B, St**. Potentiell gefährdet. *(C. depressa subsp. transsilvanica)* **Siebenbürger S., *C. transsilvánica***

**-** Schl. 4–5 mm lg, deutlich längsnervig (Nerven zahlr., regelmäßig angeordnet), im ∅ (wie die Fr) 3eckig; DeckB braun (mit grünem Mittelstreifen); Fr *(nicht Schl.!)* ohne Einschnürung; Wu schwärzlich. — LB'Spreiten 1,5–2,5 mm br; grundständige Ähren meist 7–20 cm lg gestielt; Schl. elliptisch bis verkehrt-eiförmig, in einen kurzen Schnabel verschmälert. H: 10–30(40) cm. ♃ He. III–V. Trockenwarme Rasen, (Flaum-)Eichenwälder; kalkliebend; collin bis montan; zstr. **W, N, O**. (Submedit.). Potentiell gefährdet. *(**C. hallerana**)*

**Haller-S., *C. halleriána***

**60** Schl. in einen deutlichen Schnabel verschmälert; Schnabel meist deutlich 2zähnig, meist länger als 0,5 mm. — Schl. 3–5,5 mm lg . . . . . . . . . . . . **61**

**-** Schl. ungeschnäbelt oder mit sehr kurzem, vulkanförmig aufgesetztem Schnabel; Schnabel gestutzt oder schwach ausgerandet (slt kurz 2zähnig), kürzer als 0,5 mm. — ♂ Ähren 1(2) . . . . . . . . . . . . . . . . . . . . . . . . **63**

**61** Schl. auf der ganzen Oberfläche dicht kurzhaarig. — Pf lockerrasig, mit lg, kriechendem Rhizom ; LB'Spreite 1–2 mm br, rinnenförmig, graugrün; TragB der untersten Ähre LB'artig, kurzscheidig (Scheide meist 2–5 mm lg, nur ausnahmsweise bis zu 40 mm lg), so lg oder länger als der Ährenstand; ♂ Ähren 1–2(3), die endständige meist 35–50 mm lg; ♀ Ähren (1)2(3), vielblütig, meist 15–30 mm lg, entfernt stehend; Schl. 3,5–5 mm lg. H: (30)40–60(100) cm. ♃ He. V–VI. Flach- u. Zwischenmoore, Sumpfwiesen; collin bis montan; slt. **Fehlt W***. Stark gefährdet. ▲ *(C. filiformis)* **Faden-S., *C. lasiocárpa***

* Neuerdings auch für Süd-**B** (auf der Apfelleiten bei Oberwart) nachgewiesen.

- Schl. nur oberwärts ± behaart, — bes. an den Schnabelrändern stachelig-rauh; GebirgsPf . . . . . . . . . . **62**

**62** DeckB der ♂ Blü mit deutlichem Hautrand; Triebe innerhalb der Blattscheiden entspringend (intravaginal); die untersten Blätter sind LB (dh mit Spreiten), ihre Scheiden beim Verwittern einen dichten Faserschopf bildend; ♀ Ähren meist aufrecht; Schnabel der Schl. an der Spitze meist weißlich-häutig.
**Horst-S., *C. sempérvirens*** (→ Pkt 113)

- DeckB der ♂ Blü ohne Hautrand; Triebe die Blattscheiden durchstoßend (extravaginal); die untersten Blätter sind spreitenlose NiederB, diese beim Verwittern keinen dichten Faserschopf bildend; ♀ Ähren zuletzt meist nickend; Schnabel der Schl. an der Spitze nicht weißlich-häutig.
**Rost-S., *C. ferrugínea*** (→ Pkt 101)

**63** [60] Ähren über den ganzen Stg verteilt. — Pf ring- oder halbringförmige Horste bildend; LB wintergrün, Spreite 1–1,5(2) mm br, rinnenförmig, kahl; TragB der Ähren DeckB'artig, mit 3–8(10) mm lg Scheide; ♂ Ähre 10–15(20) mm lg; ♀ Ähren 2–4, (1)2–4(6)blütig; Schl. 2,5–3 mm lg, dicht kurzhaarig, mit undeutlichem, kaum ausgerandetem Schnabel. H: 2–10(15) cm (LB'Spreite bis 25 cm lg). ♃ He. III–V. Trockenwarme Magerrasen, Rasensteppen u. Föhrenwälder; kalkliebend; collin bis untermontan; im Pann hfg, sonst zstr bis slt. **Alle Bdld.** **Erd-S., Zwerg-S.,** „Niedrige S.", ***C. húmilis***

- Ähren nur in der oberen StgHälfte . . . . . . . . . . **64**

**64** Oberste ♀ Ähre die Spitze der endständigen ♂ Ähre überragend; ♀ Ähren lockerfrüchtig, — 2–10blütig; Pf horstig; Stg seitenständig (nicht dem Zentrum der LB'Rosette entspringend); LB wintergrün; ♀ Ähren 2–3(4), aufrecht bis ± bogig zur Seite gekrümmt; DeckB hautrandig, mit grünem Mittelstreifen; Schl. verkehrt-eiförmig . . . . . . . . . . **65**

- Oberste ♀ Ähre die Spitze der endständigen ♂ Ähre nicht überragend; ♀ Ähren dichtfrüchtig, — kugelig bis länglich-walzlich, 4–5(6) mm br, aufrecht . **67**

**65** Schl. 3–4(4,5) mm lg, etwa so lg wie die DeckB; die unterste ♀ Ähre 10–25 mm lg, meist 5–10blütig, 1–3(4) cm lg gestielt, meist deutlich abgerückt; ♂ Ähre 8–15 mm lg. — NiederB u. unterste Blattscheiden d'purpurn; LB'Spreite 2–4(5) mm br, flach, zunächst gras-, später d'grün; TragB der untersten Ähre mit 5–20(30) mm lg Scheide u. kurzer, meist nur 2–5 mm lg, pfriemlicher Spreite; DeckB h'- bis d'rotbraun; Schl. kurzhaarig. H: 10–30(40) cm. ♃ He. III–V. Krautreiche, frische, humose, lehmige Edellaubwälder; collin bis montan; hfg. **Alle Bdld.** **Finger-S., *C. digitáta***

- Schl. 2–3 mm lg, meist deutlich länger als die DeckB; die unterste ♀ Ähre 3–10(15) mm lg, meist 2–6blütig, sitzend oder bis 5(10) mm lg gestielt, nicht oder nur wenig abgerückt (Ährenstand vogelfußartig); ♂ Ähre 4–8 mm lg. — DeckB den Schl. eng anliegend. (Artengruppe Vogelfuß-S., *C. ornithopoda* agg.) . . . . . . . . . . **66**

**66** Schl. 2,5–3 mm lg, kurzhaarig; Stg gerade oder schwach gebogen; ♀ Ähren 2–3(4), 5–10(15) mm lg; DeckB gelblich-, rötlich- oder kastanienbraun. H: 5–10(25) cm. ♃ He. (III)IV–V. **Alle Bdld.** **Vogelfuß-S., *C. ornithópoda***

**a** DeckB gelblich- bis rötlichbraun; Schl. dicht behaart. Halbtrockenrasen, Föhrenwälder, steinige, oft absonnige Hänge; kalkliebend; collin bis montan (subalpin); hfg bis zstr.
■ **Eigentliche V.-S., *C. o. subsp. ornithópoda***

- DeckB kastanienbraun; Schl. schwach behaart u. etwas glänzend. — Stg fast glatt. Kalkreiche, steinige Magerrasen; subalpin bis alpin; zstr. (Genaue Vbr. unklar.)
■ **Kastanienbraune V.-S., *C. o. subsp. elongáta***

Anm.: Die **Dickwurzel-S.**, *C. pedifórmis*, einst irrtümlich für **O** angegeben, wurde jüngst in **N** (im Waldviertel: im Thaya-Tal) aufgefunden*: Blühtrieb nicht seitlich, sondern aus der Mitte der LB'Rosette entspringend, am Grund meist mit LB; ♀ Ähren 15–30 mm lg, die oberste meist die ♂ überragend; DeckB so lg wie die Schl.; H: (10)20–50(60) cm. (Sonstige Vbr.: Böhmen, Mähren, Slowakei, Ost- u. Nord-Europa.)

- Schl. 2–2,5 mm lg, kahl; Stg meist stark gebogen; ♀ Ähren 2(3), 3–5 mm lg; DeckB schwarzpurpurn. H: 5–10 cm. ♃ He. VII. Feuchte, kalkreiche, steinige Rasen, Schneetälchen; subalpin bis alpin; in **T** mäßig hfg, sonst zstr bis slt. **Fehlt B, W, O**. *(C. ornithopoda subsp. ornithopodoides)* [Pkt 75] **Alpen-Vogelfuß-S.**, ***C. ornithopodoídes***

**67** [64] Rhizom meist lg, ausläuferartig kriechend; Pf lockerrasig. — Schl. fast nervenlos (ausgenommen Randnerven); untere Blattscheiden beim Aufreißen an der Rißstelle zerfasernd . . . . . . . . . . . . . . . . . . . . . . . . **68**

- Rhizom kurz (gestaucht), nicht ausläuferartig kriechend; Pf horstig. — Schl. verkehrt-eiförmig . . . . . . . . . . . . . . . . . . . . . . . . **71**

**68** ♂ Ähren meist 2–3; LB'Spreite unterseits meist stark blaugrün. **Blau-S.**, ***C. flácca*** (→ Pkt 79)

- ♂ Ähre meist 1; LB'Spreite unterseits höchstens schwach blaugrün . . . **69**

**69** Unterstes TragB LB'artig, seine Ähre meist deutlich überragend (doch nur slt länger als der Ährenstand); Ähren meist deutlich voneinander entfernt, einander kaum überlappend. — NiederB u. unterste Blattscheiden purpurn bis rotbraun; LB kahl oder (slt) unterseits u. an den Scheiden behaart, Spreiten grau- bis schwach blaugrün, 1–2,5(3) mm br; TragB der untersten Ähre zuletzt meist (fast) waagrecht-abstehend, ohne oder nur mit sehr kurzer Scheide; ♂ Ähre 10–25(30) mm lg; ♀ Ähren 1–2, 5–15(20) mm lg, sitzend oder bis 3(5) mm lg gestielt; DeckB rot- bis schwarzbraun, mit grünem Mittelstreifen; Schl. 2–3 mm lg, verkehrt eiförmig bis kugelig, dicht weißlich-kurzhaarig. H: (10)20–50 cm. ♃ He–Ge. IV–VI. Wechseltrockene bis wechselnasse Magerwiesen, Laubwälder; kalkliebend; collin bis obermontan; zstr. **Alle Bdld**. Gefährdet. **Filz-S.**, ***C. tomentósa***

- Unterstes TragB DeckB'artig (oft borstenförmig verlängert), seine Ähre kaum überragend; Ähren dicht gedrängt, einander überlappend. — LB wintergrün, kahl, Spreite ziemlich steif; ♂ Ähre 10–15(20) mm lg; ♀ Ähren 5–15 mm lg . . . . . . . . . . . . . . . . . . . . . . . . . . . . **70**

**70** TragB der untersten Ähre mit 0–1(2) mm lg Scheide; DeckB rot- bis schwarzbraun (die der ♂ Blü fast schwarz), mit weißlichem Hautrand, stumpf bis abgerundet (nie bespitzt), vorn kurz bewimpert *(gute Lupe!)*, ohne oder mit nur undeutlichem Mittelstreifen. — LB'Spreite 2–4 mm br; ♀ Ähren 1–3, (fast) sitzend; Schl. 2–2,5(3) mm lg, verkehrt-eiförmig bis länglich-verkehrt-eiförmig, dicht kurzhaarig. H: 5–25(40) cm. ♃ He. III–V. Trockene Magerrasen u. Föhrenwälder; collin bis alpin; zstr bis slt, in **T** häufiger. **Fehlt W**. Im BM, nVL u. Pann gefährdet. **Heide-S.**, ***C. ericetórum***

- TragB der untersten Ähre mit 2–5 mm lg Scheide; DeckB olivbraun, meist ohne weißlichen Hautrand, spitz, zugespitzt oder grannig bespitzt (nie abgerundet), vorn nicht bewimpert, mit deutlichem (grünem) Mittelstreifen. — LB'Spreite 1,5–2(3) mm br; ♀ Ähren 1–2(3), zumindest die unterste Ähre etwa 2–5 mm lg gestielt (Ährenstiel zT in der TragBScheide verborgen); DeckB etwa so lg wie die Schl.; Schl. 2–3 mm lg, verkehrt-eiförmig, locker-kurzhaarig, mit 2

* V. Grulich, Brno, in Druck.

Abb. 452

Abb. 453

Abb. 454

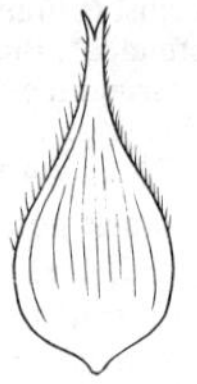
Abb. 455

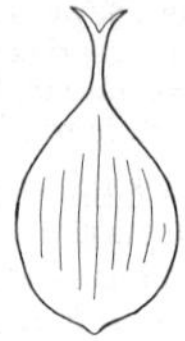
Abb. 456

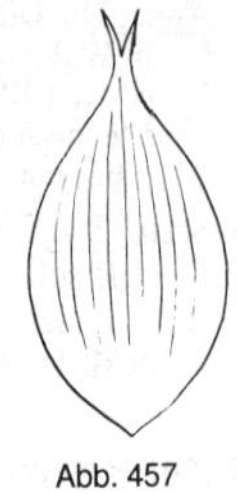
Abb. 457

deutlichen Randnerven. Fr *(nicht Schl.!)* unterhalb der Spitze eingeschnürt (Abb. 453). H: (5)10–30(50) cm. ♃ He. III–V. Wechselfeuchte, mäßig trockene, sonnige Mager- (bes. Weide-)Rasen; collin bis subalpin (alpin); zstr bis sehr hfg. **Alle Bdld**. *(C. verna)* **Frühlings-S., *C. caryophýllea***

**71** [67] TragB der untersten Ähre mit (3)4–10 mm lg Scheide. — Pf dichte Horste bildend; NiederB u. unterste Blattscheiden beim Verwittern stark zerfasernd, einen dichten Faserschopf bildend; LB wintergrün, Spreite steif, 1,5–3 mm br, zuletzt stark verlängert (bis 70 cm lg), am Rand oft bis zum Grund rauh; ♂ Ähre (5)10–15 mm lg; ♀ Ähren 1–3, 7–15 mm lg, zumindest die unterste kurz gestielt; TragB der untersten Ähre meist LB'artig; DeckB kürzer als die Schl., olivbraun, mit grünem Mittelstreifen u. ohne weißlichen Hautrand; Schl. 2–3 mm lg; Fr *(nicht Schl.!)* unterhalb der Spitze eingeschnürt. H: (15)30–50 cm. ♃ He. IV–VI. Sommerwarme Wälder, Waldsäume, moorige Wiesen; oft kalkmeidend (?); collin bis montan (subalpin); zstr bis slt. **Alle Bdld**. **Schatten-S., *C. umbrósa***

**-** TragB der untersten Ähre mit 0–1(2) mm lg Scheide. — ♀ Ähren kugelig bis eiförmig oder verkehrt-eiförmig, (fast) sitzend . . . . . . . . . . . . . . . **72**

**72** LB'Spreite oberseits kurzhaarig *(Lupe!)*. — NiederB u. unterste Blattscheiden purpurn; LB nicht wintergrün, Spreite 1,5–2,5 mm br; ♀ Ähren 1–3(4), 5–10 mm lg; DeckB meist seicht ausgerandet u. in der Mitte kurz grannig bespitzt (seltener spitz oder zugespitzt), (rot- bis) schwarzbraun, ohne Hautrand; Schl. 3–4(4,5) mm lg, dicht behaart (Haare etwa 0,2 mm lg), olivbraun, oberwärts schwarzbraun, die Randnerven wulstig verdickt. H: (5)10–30(40) cm. ♃ He. III–V. Mäßig trockene Waldsäume, Halbtrockenrasen, wechseltrockene Magerrasen; kalkliebend; collin bis untermontan; zstr bis hfg. **Alle Bdld**. **Berg-S., *C. montána***

**-** LB'Spreite (beiderseits) kahl . . . . . . . . . . . . . . . . . . . . . . . . **73**

**73** ♂ Ähre (10)15–20(25) mm lg u. 3–4(5) mm br. — NiederB u. unterste Blattscheiden beim Verwittern einen auffallenden Faserschopf bildend; LB'Spreite (1,5)2–4 mm br; unterstes TragB DeckB- oder LB'artig, seine Ähre nicht oder nur wenig überragend; ♀ Ähren 2–3, 6–12 mm lg; DeckB rotbraun, mit grünem oder h'braunem Mittelstreifen; Schl. 3–3,5(4) mm lg, kurzhaarig (Haare kaum 0,05 mm lg) bis kahl. H: (20)30–65 cm lg. ♃ He. IV–VI. Trockenwarme Laub- u. Föhrenwälder, Waldschläge, Waldsäume; kalkmeidend; collin bis submontan; zstr bis slt. **B, K**. Stark gefährdet. ▲ [Pkt 106] **Fritsch-S., *C. frítschii***

**-** ♂ Ähre 4–10(15) mm lg u. 1–1,5(2) mm br. — NiederB u. unterste Blattscheiden gelb- bis rotbraun; Blattscheiden beim Aufreißen an der Rißstelle netzig

zerfasernd; LB'Spreite 1,5–3(4) mm br, bes. spitzenwärts rauh; ♀ Ähren 2–4, 5–8 mm lg; DeckB spitz bis zugespitzt, h'- bis rotbraun, mit grünem Mittelstreifen; Schl. (1,5)2–3 mm lg, kugelig-verkehrt-eiförmig, dicht kurzhaarig (Haare etwa 0,05 mm lg), fast nervenlos (mit Ausnahme der beiden Randnerven). H: (5)10–30(40) cm. ♃ He. IV–V. Bodensaure, trockene, lichte Wälder, Magerrasen; kalkmeidend; collin bis subalpin; zstr. **Alle Bdld.**
**Pillen-S., *C. pilulífera***

**74** [56] Oberste ♀ Ähre die Spitze der endständigen ♂ Ähre überragend . . . **75**
**-** Oberste ♀ Ähre die Spitze der endständigen ♂ Ähre nicht überragend . . **78**

**75** Unterste ♀ Ähre (fast) sitzend.
**Alpen-Vogelfuß-S., *C. ornithopodoídes*** (→ Pkt 66–)
**-** Unterste ♀ Ähre deutlich gestielt . . . . . . . . . . . . . . . . . . . . **76**

**76** Rhizom lg, ausläuferartig kriechend; TragB der untersten Ähre DeckB'artig oder nur aus der Scheide bestehend. **Weiß-S., *C. álba*** (→ Pkt 88)
**-** Rhizom kurz, nicht ausläuferartig kriechend; TragB der untersten Ähre LB'artig, — meist so lg oder länger als der Ährenstand; Schl. geschnäbelt . . **77**

**77** LB'Spreite (0,5)1–2(2,5) mm br; ♀ Ähren 5–12blütig. — Pf horstig; ♀ Ähren 2–4, 5–15 mm lg, ziemlich lockerfrüchtig, meist fingerförmig genähert (nur die unterste mitunter etwas abgerückt), zuletzt ± überhängend (Ährenstiele 1–2(4) cm lg, haardünn); Schl. 2–4 mm lg, schmal-eiförmig bis ellipsoidisch, nach beiden Seiten allmählich verschmälert, nervenlos (mit Ausnahme der Randnerven), an der Schnabelspitze häutig. H: (2)5–25 cm. ♃ He. V–VII. Trockene bis feuchte, meist kalkreiche Magerrasen, Fels- u. Quellfluren; obermontan bis alpin; zstr bis hfg. **Fehlt B, W.** **Haarstiel-S., *C. capilláris***
**-** LB'Spreite 5–10(15) mm br; ♀ Ähren vielblütig (über 100 Blü).
**Große Zypergras-S., *C. pseudocypérus*** (→ Pkt 91)

**78** [74] ♂ Ähren (1)2–6 *(stets mehrere Pf untersuchen!)*. — ♀ Ähren dichtfrüchtig; zumindest das TragB der untersten Ähre LB'artig . . . . . . . . . . . **79**
**-** ♂ Ähren 1(2) . . . . . . . . . . . . . . . . . . . . . . . . . . . . . **87**

**79** Schl. 2–3 mm lg, oberwärts abgerundet (Abb. 454), mit sehr kurzem, aufgesetztem Schnabel; Schnabel gestutzt, etwa 0,2 mm lg. — Rhizom ausläuferartig kriechend; LB wintergrün, kürzer als der Stg, Spreite (2)3–5(6) mm br, unterseits grau- bis blaugrün; ♂ Ähren (1)2–3(4), 15–40 mm lg; ♀ Ähren (1)2–3(4), (15)20–40(60) mm lg, meist deutlich gestielt, zuletzt meist hängend; TragB der untersten Ähre so lg oder länger als der Ährenstand, Scheide 0–5(40) mm lg; Schl. ellipsoidisch, braun bis schwarzpurpurn, meist stark papillös (bei 30facher Vergrößerung), slt zstr kurzborstig, nervenlos (nur die beiden Randnerven hervortretend). H: (10)20–50(70) cm. ♃ He. IV–VI. Wechselnasse bis wechselfeuchte Magerwiesen, Wälder, Flachmoore; kalkliebend; collin bis subalpin; sehr hfg (neben *C. caryophyllea* die relativ häufigste heimische Seggenart). **Alle Bdld.** *(C. glauca)* [Pkt 68, 95 u. 118–]
**Blau-S., Blaugrüne S., *C. flácca*** *(subsp. flacca)*
**-** Schl. (3,5)4–12 mm lg, oberwärts nicht abgerundet, sondern in einen deutlichen Schnabel verschmälert; Schnabel meist deutlich 2zähnig (slt nur ausgerandet), etwa 0,5–2 mm lg . . . . . . . . . . . . . . . . . . . . . . . . . **80**

**80** TragB der unteren Ähren mit (5)10–50 mm lg Scheide; Pf horstig; Rhizom kurz (gestaucht), nicht ausläuferartig kriechend. — Stg meist glatt; Schl. allmählich in den Schnabel verschmälert . . . . . . . . . . . . . . . . . . **81**

- TragB der unteren Ähren (fast) scheidenlos (nur das TragB der untersten Ähre mitunter mit längerer Scheide); Pf lockerrasig; Rhizom ausläuferartig kriechend. — TragB der untersten Ähre meist so lg oder länger als der Ährenstand; Schl. völlig kahl, meist mit deutlichen Längsnerven . . . . . . . . . . . . **83**

**81** TragB der Ähren den Ährenstand nicht überragend; Schl. 3kantig; GebirgsPf. **Horst-S., *C. sempérvirens*** (→ Pkt 113)

- Zumindest die TragB der oberen ♀ Ähren (aufgerichtet) den Ährenstand überragend; Schl. plankonvex; Pf colliner (slt submontaner) Feuchtstandorte. — ♂ Ähren (1)2–3, dicht stehend, 10–20(25) mm lg; ♀ Ähren 2–6(9), meist entfernt stehend, die unterste 1–3(6) cm lg gestielt (Ährenstiel zum größten Teil in der TragB'Scheide verborgen); DeckB kürzer als die Schl., mit br Hautrand u. grünem Mittelstreifen; Schl. eiförmig bis eilanzettlich, an den Rändern schmal geflügelt u. stachelig-rauh . . . . . . . . . . . . . . . . . . . . . . . . **82**

**82** Schl. (8)9–10(12) mm lg, regelmäßig 4–5zeilig angeordnet; TragB der untersten ♂ (!) Ähre meist LB'artig u. den Ährenstand überragend. — LB'Spreite 3–5 mm br, sehr steif; ♀ Ähren 20–30(40) mm lg u. 8–10 mm dick. H: 10–30(50) cm. ♃ He. V–VII. Feuchte, oft salzige Wiesen, Wege, Ufer; wärmeliebend; PionierPf; collin bis submontan; slt. **B, W, N, K†, (St)**. Stark gefährdet. ▲ **Gersten-S., *C. hordeístichos***

- Schl. 5–7 mm lg (Abb. 455), unregelmäßig angeordnet; TragB der untersten ♂ (!) Ähre meist DeckB'artig u. den Ährenstand nicht überragend. — LB'Spreite 2–3(4) mm br, graugrün; Ährenstand bei kräftigen Pf oft verzweigt u. dann jeweils 2–3 ♀ Ähren an den Seitenachsen büschelig beisammen stehend; ♀ Ähren 10–30 mm lg u. (5)6–7 mm dick, meist deutlich voneinander entfernt u. oft über den ganzen Stg verteilt. H: 10–30(40) cm. ♃ He. V–VI. Nasse bis feuchte, salzige Wiesen, Ufersäume stehender Gewässer; collin; slt. **B, W, N**. Stark gefährdet. **Roggen-S., *C. secalína***

**83** [80] Schl. zur FrReife deutlich aufgeblasen, dünnhäutig (im Gegenlicht fast durchscheinend), die Fr sehr locker umschließend, mit 1–2 mm lg Schnabel. — Grundständige Blattscheiden gitternervig; ♂ Ähren 2–4; die unterste ♀ Ähre (3)10–25(80) mm lg gestielt; DeckB meist kürzer als die Schl., rötlichbraun, mit grünem Mittelstreifen; Schl. gelbgrün bis h'braun . . . . . . . . . . . . . **84**

- Schl. zur FrReife nicht oder nur wenig aufgeblasen, derbhäutig, die Fr ± eng umschließend, mit 0,3–1 mm lg Schnabel. — Stg scharf 3kantig; untere Blätter spreitenlos (= NiederB); DeckB rot- bis schwarzbraun, mit grünem Mittelstreifen . . . . . . . . . . . . . . . . . . . . . . . . . . . . . . **85**

**84** Pf grau- bis blaugrün (bes. LB'Spreiten); Schl. 4–6 mm lg, abrupt in den Schnabel verschmälert (Abb. 456); Stg stumpf 3kantig, glatt bis etwas rauh. — Grundständige Blattscheiden beim Aufreißen an der Rißstelle meist nur schwach zerfasernd; LB den Stg überragend, Spreite 2–7(10) mm br; ♀ Ähren 2–3(5), 30–70(100) mm lg u. 6–8(10) mm br, meist aufrecht bis aufrecht-abstehend. H: (20)30–60(100) cm. ♃ He. V–VI. Sehr saure bis mäßig nährstoff- u. basenreiche Sumpfwiesen, Großseggenges., Ufersäume, Torfschlammböden; (bis zu 15(25) cm im Wasser stehend); collin bis obermontan (subalpin); zstr. **Alle Bdld**. Im nVL, söVL u. Pann gefährdet. *(„C. inflata")* **Schnabel-S., *C. rostráta***

- Pf grasgrün; Schl. (6)7–8(9) mm lg, allmählich in den Schnabel verschmälert (Abb. 457); Stg scharf 3kantig, oberwärts rauh bis sehr rauh. — LB etwa so lg wie der Stg, Spreite 3–7(8) mm br; Blattscheiden beim Aufreißen an der Rißstelle stark netzig zerfasernd, die untersten (wie die NiederB) meist d'rotbraun bis purpurn (slt h'braun); ♀ Ähren (1)2–3, 20–50(70) mm lg u. 10–15 mm br, zur FrReife mitunter hängend. H: 30–100(120) cm. ♃ He. (IV)V–VI. Mäßig basen- u. nährstoffreiche Sumpfwiesen, Röhrichte, Großseggenges., Ufer stehender Gewässer, Bruchwälder, mesotrophe Torfschlammböden; collin bis untermontan; zstr. **Alle Bdld**. Im Alp u. nVL gefährdet.

**Blasen-S., *C. vesicária***

**85** LB'Spreite 2–4(5) mm br; Längsnerven der Schl. eingesenkt (Abb. 458); Stg fast glatt. — Grundständige Blattscheiden beim Aufreißen an der Rißstelle stark netzig zerfasernd, die untersten (wie die NiederB) purpurn überlaufen; ♂ Ähren (1)2(3); ♀ Ähren (1)2–3(4), 10–35 mm lg u. 5–8(10) mm br, (fast) sitzend bis kurz gestielt; Schl. 3,5–5 mm lg. H: (15)30–50(70) cm. ♃ He–Ge. V–VI. Feuchte bis sumpfige, mitunter salzige Wiesen, Flußufer; collin; slt. **B, (W), N, (St)**. Stark gefährdet. *(C. nutans)* **Nickende S., *C. melanostáchya***

- LB'Spreite (4)5–20(30) mm br; Längsnerven der Schl. nicht eingesenkt; Stg oberwärts ± rauh. — DeckB schmal-eiförmig bis lanzettlich, zugespitzt; Schl. eiförmig bis ellipsoidisch . . . . . . . . . . . . . . . . . . . . . . . **86**

**86** Bogen des B'Häutchen-Ansatzes abgerundet, etwa ½× so hoch wie br (Abb. 459 a); Blattscheiden beim Aufreißen an der Rißstelle nicht oder nur wenig zerfasernd; LB im Bereich des B'Häutchens deutlich gitternervig, Spreite (5)10–20(30) mm br; ♀ Ähren 8–12 mm br; DeckB meist abrupt in eine lg, grannenartige Spitze verschmälert (Abb. 459 b); Schl. 5–7 mm lg, — im ∅ ± rundlich (etwas aufgeblasen, Abb. 459 c); ♂ Ähren (2)3–6; ♀ Ähren (1)2–5, 30–100 mm lg, die unterste zur FrReife oft hängend. H: (40)60–120(200) cm. ♃ He. (IV)V–VI. Nasse Wiesen, Ufer, Röhrichte, Bruchwälder; collin bis untermontan; im Pann zstr, sonst slt. **V**†*, **sonst in allen Bdld**. Im Alp, nVL u. söVL gefährdet. **Ufer-S., *C. ripária***

- Bogen des B'Häutchen-Ansatzes spitz, so hoch oder bis 3× so hoch wie br (Abb. 460 a); Blattscheiden beim Aufreißen an der Rißstelle stark netzig zerfasernd; LB im Bereich des B'Häutchens nicht oder nur schwach gitternervig, Spreite (4)7–10 mm br; ♀ Ähren (5)6–7(8) mm br; DeckB allmählich in eine scharfe Spitze verschmälert (Abb. 460 b); Schl. (3,5)4–5(5,5) mm lg, — ± zusammengedrückt; ♂ Ähren (1)2–3(4); ♀ Ähren (1)3–5, 20–50(70) mm lg, die unterste meist 1–2 cm lg gestielt, stets aufrecht. H: 30–100(150) cm. ♃ He–Ge. V–VI. Sumpfwiesen, Ufer, Röhrichte, Au- u. Bruchwälder; collin bis montan; zstr. **Alle Bdld**. **Sumpf-S., *C. acutifórmis***

**87** [78] LB rosettig ausgebreitet, Spreite kürzer als 8 cm (meist nur bis 5 cm lg), vom Grund an gleichmäßig zur Spitze hin verschmälert (3eckig-linealisch); Stg mindestens 2× so lg wie die LB, — die LB weit überragend; Pf meist dichte Polster bildend; LB wintergrün, steif; ♀ Ähren 1–3, 5–10 mm lg; DeckB braun, mit grünem, zuletzt h'braunem Mittelstreifen, gekielt; Schl. 3,5–4,5(5) mm lg, lanzettlich, am Rand ± rauh. H: 5–20(30) cm. ♃ He. VI–VIII. Oft windexponierte, flachgründige Kalk-Magerrasen (namengebende Charakterart des Caricetum firmae = „Firmetum" = Polsterseggenrasen, alpin), Felsfluren; kalkstet; (montan) obermontan bis alpin; hfg. **Fehlt B, W**. ▲

**Polster-S., *C. fírma***

- LB nicht rosettig ausgebreitet, Spreite länger als 8 cm, linealisch; Stg höchstens 2× so lg wie die LB . . . . . . . . . . . . . . . . . . . . . . . **88**

---

* Nach A. Polatschek: Mskr. N. Fl. **T & V** auch in **V**.

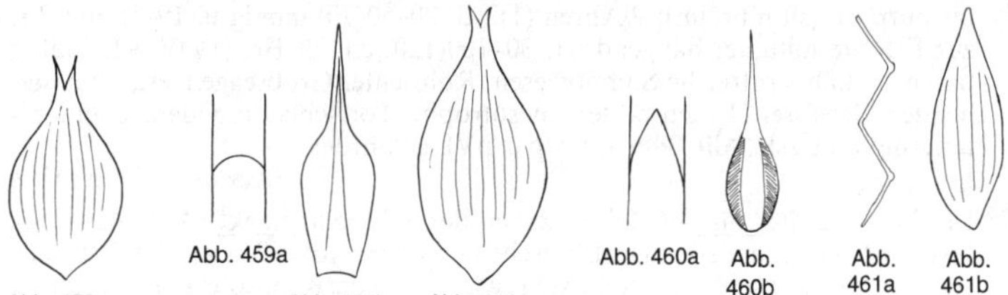

Abb. 458 Abb. 459a Abb. 459b Abb. 459c Abb. 460a Abb. 460b Abb. 461a Abb. 461b

**88** TragB der Ähren meist ohne Spreite (nur aus der Scheide bestehend). — Pf mit lg, kriechendem Rhizom; Stg meist büschelig beisammen stehend; LB wintergrün, Spreite 1–1,5(2) mm br, weich; ♀ Ähren 1–3, 5–10 mm lg, 3–7blütig, lockerfrüchtig, meist 1–3 cm lg gestielt; DeckB viel kürzer als die Schl., weißlich mit grünem Mittelstreifen; Schl. 3,5–4 mm lg, kugelig bis ellipsoidisch, deutlich längsnervig, kurz geschnäbelt. H: 10–25(40) cm. ♃ He. III–V(VI). Trockene bis mäßig trockene Laub- (Charakterart der Kalkbuchenwälder) u. Nadelwälder, bes. Föhrenwälder; kalkliebend; (collin) submontan bis obermontan (subalpin); hfg bis sehr häufig. **Alle Bdld**. [Pkt 76]

**Weiß-S., *C. álba***

**–** Zumindest das TragB der untersten Ähre mit Spreite, — LB- oder DeckB'artig, mit oder ohne Scheide . . . . . . . . . . . . . . . . . . . . . . . . . **89**

**89** Zumindest die unterste Ähre zur FrReife hängend, — gestielt . . . . . . **90**

**–** Alle Ähren zur FrReife aufrecht bis aufrecht-abstehend, — sitzend oder gestielt . . . . . . . . . . . . . . . . . . . . . . . . . . . . . . . . . . . . . **102**

**90** TragB der untersten Ähre DeckB'artig, diese nicht überragend.

**Schwarzrote S., *C. atrofúsca*** (→ Pkt 98)

**–** TragB der untersten Ähre LB'artig, diese meist überragend . . . . . . . **91**

**91** Schl. zur FrReife waagrecht-abstehend bis zurückgeschlagen. — LB'Spreite 5–10(15) mm br; TragB der untersten Ähre den Ährenstand weit überragend, ohne oder mit sehr kurzer Scheide; ♀ Ähren 3–5(6), (20)30–50(100) mm lg, etwa 10 mm dick, auffallend dichtfrüchtig, die unterste 30–50(100) mm lg gestielt; Ährenstiele sehr dünn; DeckB weißlich (mit grünem Mittelstreifen), meist schmal-eilanzettlich, in eine lg, stachelig-rauhe Granne verschmälert; Schl. 4–5 mm lg, eilanzettlich, allmählich in einen lg, tief 2zähnigen Schnabel verschmälert, gelblichgrün, deutlich längsnervig, Zähne etwas spreizend. H: (30)40–80(100) cm. ♃ He. V–VI. Sumpfwiesen, Röhrichte, Ufer stehender u. langsam fließender Gewässer, Erlenbruchwälder; collin bis untermontan; slt. **Alle Bdld**. Stark gefährdet. ▲ [Pkt 77–]

**Große Zypergras-S., *C. pseudocypérus***

**–** Schl. stets aufrecht-abstehend . . . . . . . . . . . . . . . . . . . . . . . . **92**

**92** Schl. ohne oder nur mit sehr kurzem, gestutztem oder schwach ausgerandetem Schnabel . . . . . . . . . . . . . . . . . . . . . . . . . . . . . . . . . . . . . **93**

**–** Schl. mit deutlichem, 2zähnigem oder stark ausgerandetem Schnabel . . **97**

**93** Unterste ♀ Ähre (30)40–150(200) mm lg, linealisch-walzlich; LB'Spreite 6–20 mm br, — doppelt gefaltet; Stg glatt; LB wintergrün; DeckB mit grünem Mittelstreifen; Schl. im ∅ 3kantig . . . . . . . . . . . . . . . . . . . . **94**

**–** Unterste ♀ Ähre 5–40(60) mm lg, rundlich-eiförmig bis länglich-walzlich; LB'Spreite 1–6 mm br . . . . . . . . . . . . . . . . . . . . . . . . . . . . . **95**

**94** ♀ Ähren 2–3 mm dick, lockerfrüchtig; LB'Spreite 6–12(16) mm br, unterseits frischgrün; DeckB grünlichweiß (grüner Mittelstreifen u. br, weißlicher Hautrand). — Rhizom kurz; grundständige Blätter spreitenlos (NiederB), h'braun; LB'Spreite an den beiden oberen Faltstellen durch den hervortretenden Nerv etwas verdickt (Abb. 461 a; Unterschied zu der im Habitus ähnlichen Wald-S. / *C. sylvatica*!); ♀ Ähren (2)3–5(7), die unterste (30)40–80 mm lg; unterstes TragB seine Ähre überragend, jedoch kürzer als der Ährenstand, mit (20)30–50 mm lg Scheide; Schl. 3–4 mm lg, schmal-ellipsoidisch, allmählich zur Spitze hin verschmälert (Abb. 461 b). (Die im Habitus ähnliche Wald-S. / *C. sylvatica* hat lg geschnäbelte Schl.!). H: (20)40–70(100) cm. ♃ He. (IV)V–VI. Feuchte Edellaubwälder; kalkmeidend; wärmeliebend; collin bis submontan (untermontan); slt. **N, O, St, S, V**. Stark gefährdet. [Pkt 104]
**Dünnähren-S.**, „Schlanke S.", „Schlankährige S.", ***C. strigósa***

**-** ♀ Ähren 5–7 mm dick, dichtfrüchtig; LB'Spreite (8)10–20 mm br, unterseits blaugrün; DeckB rotbraun. — Pf horstig; TragB der untersten Ähre meist länger als der Ährenstand, mit (30)50–100 mm lg Scheide; ♀ Ähren (3)4–5(7), die unterste 70–150(200) mm lg; Schl. (2,7)3–3,5 mm lg, ellipsoidisch (Abb. 462). H: (50)70–150 cm. ♃ He. V–VI. Nasse, schattige Stellen in Laubwäldern, Schluchtwälder, Naßgallen, Quellfluren, Bachufer; kalkmeidend; collin bis untermontan; mäßig hfg bis zstr. **Alle Bdld.** **Hänge-S., *C. péndula***

**95** ♀ Ähren länglich-walzlich, meist mit mehr als 30 Blü, 15–40(60) mm lg; Stg am Grund mit LB. — LB'Spreite unterseits blaugrün; DeckB eiförmig, kürzer bis etwas länger als die Schl. **Blau-S., *C. flácca*** (→ Pkt 79)

**-** ♀ Ähren rundlich-eiförmig bis länglich-ellipsoidisch, meist mit 5–20 Blü, 5–15(20) mm lg; Stg am Grund mit spreitenlosen NiederB, — darüber meist nur wenige LB; Schl. elliptisch, ± zusammengedrückt . . . . . . . . . . . **96**

**96** LB'Spreite 2–4 mm br; ♀ Ähren 2–3, 6–10(15) mm lg; DeckB eiförmig bis eilanzettlich, deutlich länger als die Schl.; Schl. 2,5–3 mm lg, nervenlos bis schwach längsnervig; Pf mit kurzem, aufsteigendem Rhizom. — Seitenständige Ähren meist mit 7–20(25) ♀ u. 1–3 ♂ Blü. H: 10–30(40) cm. ♃ He. V–VIII. Flach- u. Quellmoore, Ufer, sumpfige Stellen; kalkfeindlich; montan bis alpin; zstr bis slt. **Fehlt B, W, N**. Gefährdet. *(„C. magellanica", „C. irrigua")*
**Riesel-S., Magellan-S.**, Berieselte S., ***C. paupércula***

**-** LB'Spreite 1–1,5(2) mm br; ♀ Ähren 1–2(3), (5)10–15(20) mm lg; DeckB schmal-eiförmig bis elliptisch, nur wenig länger als die Schl.; Schl. 3,5–4,5 mm lg, deutlich längsnervig; Pf mit lg, ober- oder unterirdisch kriechendem Rhizom. — LB rinnenförmig gefaltet, steif; ♀ Ähren 10–25(40) mm lg gestielt. H: (10)20–40(60) cm. ♃ He. V–VII. Hochmoorschlenken (Charakterart der Schlammseggenges. / Caricetum limosae), Zwischenmoore, Schwingrasen; kalkfeindlich; collin bis subalpin (alpin); slt. **Fehlt B, W**. Gefährdet; im BM u. nVL stark gefährdet. ▲ **Schlamm-S., *C. limósa***

**97** [92] ♀ Ähren (5)6–10 mm dick, dichtfrüchtig. — Rhizom (oft nur sehr kurz) kriechend; LB meist viel kürzer als der Stg, Spreite 2–4(5) mm br, flach; Ährenstiele fädlich; Schl. nervenlos, zumindest an den Schnabelrändern meist stachelig-rauh . . . . . . . . . . . . . . . . . . . . . . . . . . **98**

**-** ♀ Ähren 2,5–5 mm dick, zumindest am Grund etwas lockerfrüchtig . . . **99**

**98** Unterstes TragB seine Ähre meist nicht überragend, mit 5–15(25) mm lg Scheide; ♀ Ähren eiförmig, die unterste nicht oder nur wenig abgerückt; Schl. 3,5–5 mm lg. — ♀ Ähren 2–4(6), 8–15(20) mm lg, die unterste 15–40 mm lg gestielt; DeckB schwarzpurpurn; Schl. elliptisch, etwas flachgedrückt, schwarzpurpurn. H: 10–30(40) cm. ♃ He. VII–VIII. Feuchte bis sumpfige Rasen; alpin; sehr slt. **K, T**. Gefährdet. [Pkt 90]

**Schwarzrote S., *C. atrofúsca***

- Unterstes TragB seine Ähre meist überragend, mit 10–40 mm lg Scheide; ♀ Ähren schmal-ellipsoidisch bis länglich-walzlich, die unterste meist deutlich abgerückt; Schl. 5–6(7) mm lg. — ♀ Ähren meist 3–4, (10)15–35 mm lg; DeckB d'rot- bis schwarzbraun, mit grünem, später h'braunem Mittelstreifen, nicht hautrandig; Schl. schmal-eilanzettlich, allmählich in einen lg Schnabel verschmälert, zuletzt schwarzbraun (Abb. 463). H: (10)20–40(70) cm. ♃ Ge(He). VI–VIII. Quell- u. Rieselfluren, Bachufer, feuchte bis nasse Magerrasen; kalkmeidend; (obermontan) subalpin bis alpin; zstr bis mäßig hfg. **Fehlt B, W, N**. [Pkt 114 u. 124] **Eis-S., Kälte-S., *C. frígida***

**99** Schl. an den Schnabelrändern glatt. — Pf horstig; DeckB mit grünem Mittelstreifen . . . . . . . . . . . . . . . . . . . . . . . . . . . . . . . . . **100**

- Schl. an den Schnabelrändern stachelig-rauh. — Stg glatt; LB'Spreite (1)1,5–2,5(3) mm br; ♀ Ähren (1)2–3(4), 10–20(30) mm lg, voneinander entfernt stehend; TragB der Ähren den Ährenstand nicht überragend; DeckB rot- bis schwarzbraun, mit grünem bis h'braunem Mittelstreifen . . . . . . . . **101**

**100** LB'Spreite 0,5–1 mm br, einfach gefaltet (mit flach V-förmigem ∅); DeckB rot- bis schwarzbraun, schmal hautrandig. — ♀ Ähren (1)2–3(4), 10–20 mm lg, länglich-walzlich, voneinander entfernt stehend; unterstes TragB seine Ähre meist nicht überragend; Schl. 3,5–4,5 mm lg, schmal-eiförmig bis eilanzettlich, allmählich in einen lg Schnabel verschmälert, fast doppelt so lg wie die DeckB. H: (5)10–30(40) cm. ♃ He. V–VIII. Schattige Felsspalten, überrieselte Felsfluren, feuchte bis frische, schattige Wälder; kalkstet; (submontan) montan bis subalpin (alpin); zstr. **Fehlt B, W**. (*C. tenuis*)

**Kurzähren-S., *C. brachýstachys***

- LB'Spreite (3)4–8(10) mm br, doppelt gefaltet; DeckB grünlich, br hautrandig. — Stg glatt; LB wintergrün; ♀ Ähren (2)3–5(6), 20–50(70) mm lg, zumindest die unteren meist lg gestielt u. entfernt stehend; unterstes TragB meist mit 1–5 cm lg Scheide, seine Ähre meist deutlich überragend (jedoch kürzer als der Ährenstand); Schl. 4–5,5(6) mm lg, schmal-elliptisch, ziemlich abrupt in einen schlanken, 1,5–2 mm lg, 2zähnigen Schnabel verschmälert. H: (10)30–70(100) cm. ♃ He. (IV)V–VI. Staufeuchte (Laub-)Wälder; collin bis montan; sehr hfg. **Alle Bdld**. **Wald-S., *C. sylvática***

**101** DeckB der ♂ Blü ohne Hautrand; äußere grundständige Blätter ohne Spreiten (NiederB), beim Verwittern nur wenig zerfasernd, niemals einen dichten Faserschopf bildend; unterstes TragB seine Ähre meist deutlich überragend; Triebe die Blattscheiden durchbrechend (extravaginal); Pf meist lockerrasig. — NiederB stets d'purpurn; Schl. 3–4 mm lg, so lg oder länger als die DeckB. H: (10)20–60(70) cm. ♃ Ge. VI–VIII(IX). Frische bis mäßig feuchte Kalk-Magerrasen (namengebende Charakterart des Caricion ferrugineae = „Ferrugineten" = Rostseggenrasen, bes. obermontan bis subalpin), Felsfluren; kalkliebend; obermontan bis alpin; hfg. **Fehlt B, W**. [Pkt 62– u. 123]

**Rost-S., *C. ferrugínea***

- DeckB der ♂ Blü stets mit deutlichem Hautrand; äußere grundständige Blätter mit Spreiten (LB), beim Verwittern stark zerfasernd u. einen dichten Faserschopf bildend; unterstes TragB seine Ähre meist nicht überragend; alle Triebe von den Blattscheiden umschlossen (intravaginal), diese nicht durchbrechend; Pf horstig. — Grundständige Blattscheiden meist gelbbraun, slt rotbraun.

**Horst-S., *C. sempérvirens*** (→ Pkt 113)

**102** [89] LB'Spreite deutlich bewimpert oder unterseits (wie die Blattscheiden) kurzhaarig. — ♀ Ähren 2–3(4), gestielt; TragB der Ähren LB'artig; DeckB mit grünem Mittelstreifen . . . . . . . . . . . . . . . . . . . . . . . . . . . . **103**
- LB'Spreite kahl . . . . . . . . . . . . . . . . . . . . . . . . . . . . **104**

**103** ♀ Ähren lockerfrüchtig, 20–40 mm lg; Pf mit lg, ausläuferartig kriechendem Rhizom, lockerrasig; LB wintergrün, Spreite deutlich bewimpert (u. ± wimperig behaart bis verkahlend), (4)5–10 mm br; Schl. kugelig bis verkehrt-eiförmig, deutlich geschnäbelt (Abb. 464). — Grundständige Blätter spreitenlos (NiederB), purpurn bis rotbraun; LB'Spreite doppelt gefaltet; TragB der untersten Ähre mit 15–35 mm lg Scheide; Schl. 3,5–5,5 mm lg. H: (20)30–40(50) cm. ♃ He. IV–V(VI). Trockene bis mäßig feuchte, meist kalkarme Laubwälder, bes. Buchenwälder; collin bis untermontan; hfg (im Osten) bis slt (im Westen); **Alle Bdld**. In den wAlp gefährdet. **Wimper-S., *C. pilósa***
- ♀ Ähren dichtfrüchtig, (5)10–20(30) mm lg; Pf ohne ausläuferartig kriechendes Rhizom, horstig; LB sommergrün, Spreite nicht bewimpert (jedoch unterseits kurzhaarig), 2–3(4) mm br; Schl. schmal-ellipsoidisch, ungeschnäbelt. — TragB der Ähren ohne oder mit sehr kurzer Scheide, das unterste den Ährenstand meist überragend, am Grund (der Spreite) oft querwellig; DeckB weißlich bis etwas bräunlich; Schl. 2,5–3 mm lg, fein längsnervig, glänzend, an der Spitze abgerundet. H: (5)20–50(70) cm. ♃ He. IV–VI. Frische bis mäßig trokkene, ± bodensaure Laubwälder, Magerrasen, Moore, sumpfige Wiesen; kalkmeidend; collin bis obermontan; hfg. **Alle Bdld.** **Bleich-S., *C. palléscens***

**104** ♀ Ähren (30)40–80 mm lg, 2–3 mm dick, linealisch-walzlich, — lockerfrüchtig. **Dünnähren-S., Schlank-S., *C. strigósa*** (→ Pkt 94)
- ♀ Ähren 5–40(60) mm lg, 3–12 mm dick, kugelig bis länglich-walzlich, — locker- bis dichtfrüchtig . . . . . . . . . . . . . . . . . . . . . . . . **105**

**105** Pf horstig; Rhizom kurz (gestaucht), nicht ausläuferartig kriechend . **106**
- Pf lockerrasig; Rhizom ± verlängert, ausläuferartig kriechend . . . . . **117**

**106** TragB der untersten Ähre meist DeckB'artig, seltener etwas LB'artig u. dann seine Spreite kaum länger als 15 mm. **Fritsch-S., *C. frítschii*** (→ Pkt 73)
- TragB der untersten Ähre stets LB'artig, seine Spreite länger als 15 mm. — Zumindest die unterste Ähre gestielt (Ährenstiel zT in der TragBScheide verborgen); DeckB mit grünem bis (slt) h'braunem Mittelstreifen; Schl. mit 2zähnigem Schnabel . . . . . . . . . . . . . . . . . . . . . . . . . . . . **107**

**107** TragB der ♀ Ähren zur FrReife waagrecht-abstehend bis zurückgeschlagen . . . . . . . . . . . . . . . . . . . . . . . . . . . . . . . . . . **108**
- TragB der ♀ Ähren zur FrReife aufrecht bis aufrecht-abstehend, — das der untersten Ähre meist deutlich kürzer als der Ährenstand, mit 10–35(50) mm lg Scheide; ♀ Ähren schmal-ellipsoidisch bis länglich-walzlich . . . . . . . **113**

**108** Zumindest die beiden unteren Ähren länglich-walzlich, etwa 3–4× so lg wie br, länger als 15 mm; Schl. stark glänzend. **Punkt-S., *C. punctáta*** (→ Pkt 115)
- Alle Ähren kugelig bis kurzwalzlich, etwa 1–1,5× so lg wie br, höchstens 15 mm lg; Schl. matt. — NiederB u. unterste Blattscheiden gelblich- bis h'braun; TragB der untersten Ähre meist deutlich länger als der Ährenstand; TragB der oberen (gedrängt stehenden) Ähren mit 0–6(10) mm lg Scheide (TragB einer – fallweise – weiter nach unten gerückten Ähre jedoch mit bis über 50 mm lg Scheide!); ♀ Ähren (1)2–4(5), dichtfrüchtig, 5–15 mm lg; DeckB

strohfarbig bis rotbraun, kürzer als die Schl.; Schl. gelblichgrün bis gelbbraun, zur FrReife die mittleren waagrecht-abstehend, die unteren ± zurückgeschlagen. (Artengruppe Gelb-S., *C. flava agg.*) . . . . . . . . . . . . . . . . . . **109**

**109** Schnabel der Schl. (fast) gerade, stets deutlich kürzer als der übrige Teil des Schl. — ♂ Ähre sitzend oder bis 10(20) mm lg gestielt; DeckB 1,5–2,5 mm lg, strohfarbig bis h'braun . . . . . . . . . . . . . . . . . . . . . . . . . . . **110**

Anm.: Diese folgenden beiden Arten (*C. viridula* u. *C. tumidicarpa*) sind zuweilen leicht mit abgebissenen oder abgemähten Exemplaren von *C. flava* u. *C. lepidocarpa* (Pkt 111 u. 112), die ebenfalls kürzere Schl. haben u. kaum bestimmbar sind, zu verwechseln! (?)

**-** Schnabel der Schl. deutlich herabgekrümmt (zumindest bei den jeweils unteren Schl. einer Ähre), fast so lg wie der übrige Teil des Schl. — Schl. deutlich längsnervig . . . . . . . . . . . . . . . . . . . . . . . . . . . . . . **111**

**110** Schl. 2–2,5(3) mm lg, schwach längsnervig (nur die Randnerven stärker hervortretend), mit 0,5–1 mm lg Schnabel (Abb. 468); Ähren meist gedrängt, nur die unterste mitunter ± abgerückt; Stg aufrecht, meist kürzer als die LB. — LB'Spreite 1,5–3 mm br; TragBScheide der untersten Ähre am oberen Rand (gegenüber dem Spreitengrund) ohne oder mit einem höchstens 0,5 mm lg Anhängsel; ♀ Ähren 5–8 mm lg u. 4–5 mm br. H: 5–20(30) cm. ♃ He. (V)VI–VII. Flachmoore, feuchte bis nasse, mitunter auch salzige Wiesen; collin bis subalpin; hfg. **Alle Bdld**. Im KäB, BM u. Pann gefährdet. *(C. serotina,* ***C. oederi****)* **■ Kleine Gelb-S., *C. virídula***

**-** Schl. 3–4 mm lg, deutlich längsnervig, mit 1–1,5 mm lg Schnabel; Ähren etwas voneinander entfernt, die unterste meist weit abgerückt (mitunter bis zum Grund des Stg); Stg meist kurz-bogig aufsteigend, meist so lg oder etwas länger als die LB. — LB'Spreite 2–5 mm br, kräftig grün; TragBScheide der untersten Ähre am oberen Rand (gegenüber dem Spreitengrund) mit einem mindestens 1 mm lg Anhängsel; ♀ Ähren 7–13 mm lg u. 6–8 mm br; Schl. fast bis zur FrReife d'grün. H: (5)10–20(40) cm. ♃ He. V–VII. Flachmoore, Quellfluren, sumpfige Wiesen; collin bis montan; slt. **B, W, N, O, St**. Im BM gefährdet. *(„C. demissa", „C. oederi subsp. demissa", C. oe. subsp. oedocarpa)* **■ Verkannte Gelb-S., *C. tumidicárpa***

**111** ♂ Ähre meist 10–20(30) mm lg gestielt. — LB'Spreite 2–4 mm br; ♂ Ähre meist 15–30 mm lg, durch die oberste ♀ Ähre oft etwas zur Seite gedrückt; ♀ Ähren meist 2–3, 6–13(15) mm lg u. 7–10 mm br, die unterste meist deutlich abgerückt (zuweilen bis unter die StgMitte) u. dann ihr TragB mit längerer Scheide; Schl. (3,5)4–5(5,5) mm lg. H: (10)20–50(60) cm. ♃ He. V–VI. Flachmoore, Quellfluren, nasse Wiesen; meist kalkliebend; collin bis untermontan; zstr. **Alle Bdld**. Im BM, nVL, söVL u. Pann gefährdet. **■ Mittlere Gelb-S., Schuppenfrüchtige Gelb-S., *C. lepidocárpa***

**-** ♂ Ähre sitzend oder bis 5(10) mm lg gestielt . . . . . . . . . . . . . . . **112**

**112** Schl. 5–6(7) mm lg; ♂ Ähre meist 10–20 mm lg; ♀ Ähren (2)3–4(5), meist 10–15 mm lg; LB'Spreite (2)3–5(7) mm br, — frischgrün; ♀ Ähren 10–12 mm br, meist gedrängt (geknäuelt) stehend, nur die unterste mitunter etwas abgerückt. H: (10)20–50(70) cm. ♃ He. V–VII. Flach- u. Quellmoore, Erlenbrüche, Röhrichte, nasse bis feuchte Wiesen; collin bis subalpin; zstr. **Alle Bdld**. Im BM, nVL, söVL u. Pann gefährdet. **■ Große Gelb-S., *C. fláva***

**-** Schl. (3)3,5–4,5(5) mm lg; ♂ Ähre meist 8–12 mm lg; ♀ Ähren 1–2(3), meist 5–8 mm lg; LB'Spreite 1,5–3 mm br. — DeckB rotbraun. H: 8–20(30). ♃ He. (VI)VII. Feuchte bis nasse Magerwiesen u. -weiden; subalpin bis alpin; zstr bis mäßig hfg. **Fehlt B, W**. (Taxonomisch ungeklärt: vielleicht nur Hochlagen-Modifikation der Großen Gelb-S. / *C. flava*?) *(C. flavella)* **■■ Hochgebirgsform der G. G.-S., *C. fláva var. alpína***

Abb. 462

Abb. 463

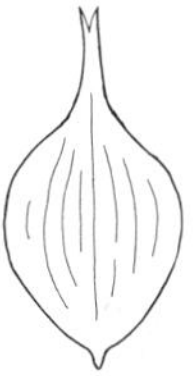
Abb. 464

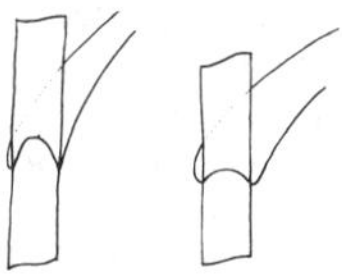
Abb. 465

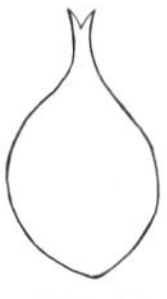
Abb. 466

Abb. 467a

Abb. 467b

**113** [107] Unterstes TragB seine Ähre meist nicht überragend; Stg am Grund von einem dichten Faserschopf (= verwitterte Blattscheiden) umhüllt (Triebe intravaginal, → Pkt 101–). — LB'Spreite 1–2,5(3) mm br; ♀ Ähren (1)2–3, 10–20 mm lg, am Grund etwas lockerfrüchtig, die unterste (15)20–80(120) mm lg gestielt; DeckB rot- bis schwarzbraun, deutlich hautrandig, meist deutlich kürzer als die Schl.; Schl. 4–5,5 mm lg, oberwärts an den Kanten ± kurzborstig, allmählich in einen lg, am Rand stachelig-rauhen Schnabel verschmälert (Schnabel an der Spitze meist hautrandig). H: (10)20–40(60) cm. ♃ He. V–VIII. Frische bis mäßig trockene, feinerdereichere Magerrasen (namengebende Charakterart des Blaugras-Horstseggen-Rasens = „Semperviretum" = Seslerio-Caricetum sempervirentis, subalpin bis unteralpin), Felsfluren; kalkliebend; obermontan bis alpin; hfg. **Fehlt B, W**. [Pkt 62, 81 u. 101–]

**Horst-S., *C. sempérvirens***

- Unterstes TragB seine Ähre meist deutlich überragend; Stg am Grund nicht von einem dichten Faserschopf umhüllt . . . . . . . . . . . . . . . . . **114**

**114** DeckB lanzettlich, nicht hautrandig; Schl. schmal-lanzettlich, zuletzt schwarzbraun. — Scheide der oberen StgB am oberen Rand (gegenüber dem Spreitengrund) mit oder ohne häutiges Anhängsel. **Eis-S., *C. frígida*** (→ Pkt 98–)

- DeckB eiförmig, meist ± hautrandig; Schl. eiförmig bis elliptisch bis verkehrteiförmig, grünlich bis h'braun. — Scheide der oberen StgB am oberen Rand (gegenüber dem Spreitengrund) mit häutigem Anhängsel (*bes. gut an jungen Pf, also vor oder während des Blühens zu beobachten*, Abb. 465) . . . . . . **115**

**115** Schl. völlig glatt *(stets mehrere Schl. untersuchen, gute Lupe!)*; DeckB grünlich (grüner Mittelstreifen, br, weißlicher Hautrand). — Stg glatt; LB'Spreite 3–6(8) mm br, frischgrün; TragB der untersten Ähre kürzer bis etwas länger als der Ährenstand; zumindest die beiden unteren Ähren meist weit voneinander entfernt; DeckB meist grannig zugespitzt, meist kürzer als die Schl.; Schl. zuletzt fast waagrecht-abstehend, 3–4 mm lg, etwas aufgeblasen, deutlich geschnäbelt (Schnabel kurz 2zähnig), glänzend, undeutlich längsnervig (nur die beiden Randnerven deutlich), grün (im getrockneten Zustand – angeblich erst nach vielen Jahren – deutlich punktiert; Abb. 466). H: 15–40(60) cm. ♃ He. V–VII. Feuchte bis nasse Wiesen u. Weiderasen, Bachufer; kalkmeidend; collin bis untermontan; sehr slt. **St, K†, V**. Stark gefährdet. [Pkt 108]

**Punkt-S., Punktierte S., *C. punctáta***

- Schl. zumindest an den Schnabelrändern fein stachelig-rauh *(stets mehrere Schl. untersuchen!; gute Lupe!)*; DeckB braun (mit grünem Mittelstreifen), —

kürzer als die Schl.; Spreiten der grundständigen LB etwa ½× so lg wie der Stg; Schl. längsnervig . . . . . . . . . . . . . . . . . . . . . . . . . . **116**

**116** Schnabelzähne der Schl. auf der Innenseite (wie auch an den Außenrändern) stachelig-rauh, nicht hautrandig (Abb. 467 a); DeckB meist nur mit schmalem Hautrand, — an der Spitze oft kurz-fransig bewimpert *(Lupe!)*, der meist etwas gekielte Mittelnerv oft fein stachelig-rauh (DeckB meist etwas heller als bei nachstehender Art); Stg glatt; LB'Spreite 2–5(6) mm br; ♀ Ähren 2–3(4), 10–30(35) mm lg, die untersten beiden meist auffallend weit voneinander entfernt (meist um ein Mehrfaches der Ährenlänge), die unterste oft bis zur StgMitte oder noch tiefer abgerückt; Schl. (3,5)4–5 mm lg. H: (15)25–60(100) cm. ♃ He. (IV)V–VI. Feuchte bis nasse, auch salzige Wiesen, Flachmoore; kalkliebend; collin bis untermontan; in niederen Lagen hfg, sonst zstr bis slt. **Alle Bdld**. Gefährdet. **Lücken-S., Entferntährige S., *C. dístans***

**-** Schnabelzähne der Schl. auf der Innenseite glatt, etwas weißlich-hautrandig (an den Außenrändern nur schwach stachelig-rauh, mitunter auch glatt, Abb. 467 b); DeckB meist mit br, weißlich-glänzendem Hautrand, — an der Spitze nicht oder (slt) nur wenig bewimpert, am Mittelnerv kaum stachelig-rauh; LB'Spreite 2–4(5) mm br; die untersten beiden Ähren nicht auffallend weit voneinander entfernt, die unterste kaum unter das obere StgDrittel abgerückt; Schl. 3–4(4,5) mm lg, abrupt in einen dünnen, etwa 0,8–1,5 mm lg Schnabel verschmälert. H: (15)30–60 cm. ♃ He. V–VI. Feuchte bis nasse Wiesen, Flachmoore; collin bis montan; zstr. **Alle Bdld**. Im Rh, BM, nVL, söVL u. Pann gefährdet. [Pkt 124–] **Saum-S.**, Host-S., ***C. hostiána***

**117** [105] TragB der untersten Ähre ohne Scheide . . . . . . . . . . . . . **118**

**-** TragB der untersten Ähre mit Scheide, — LB'artig (nur bei der Glanz-S. / *C. liparocarpos* mitunter borstlich), den Ährenstand nicht überragend; ♀ Ähren gestielt (Ährenstiel zT in der TragBScheide verborgen) . . . . . . . . . **119**

**118** LB'Spreite 0,5–1,5 mm br, (beiderseits) grasgrün; ♀ Ähren 1–2(3), sitzend, kugelig bis eiförmig, etwa 5 mm lg, (1)3–5blütig. — NiederB u. unterste Blattscheiden purpurn; TragB der Ähren meist DeckB'artig bis borstlich; DeckB rotbraun, mit br Hautrand; Schl. 2,5–3 mm lg, kugelig bis verkehrt-eiförmig, glänzend, abrupt in einen kurzen Schnabel verschmälert. H: 5–20(30) cm. ♃ Ge. IV–V. Trockenwarme Magerrasen, Waldsäume; collin (submontan); im Pann sehr zstr, sonst sehr slt. **B, W†, N, O?, St†**. Gefährdet; im söVL stark gefährdet. **Steppenrasen-S., Kleine S.**, „Niedrige S.", ***C. supína***

**-** LB'Spreite (2)3–5(6) mm br, unterseits grau- bis blaugrün; ♀ Ähren (1)2–3(4), gestielt, walzlich, (15)20–40(60) mm lg, vielblütig.
**Blau-S., *C. flácca*** (→ Pkt 79)

**119** DeckB grünlich-weiß (grüner Mittelstreifen, br, weißlicher Hautrand), — meist grannig zugespitzt; NiederB u. unterste Blattscheiden beim Verwittern stark zerfasernd; LB wintergrün, Spreite 2–3 mm br; ♀ Ähren 1–2, 10–20 mm lg, 6–12(16)blütig; unterstes TragB seine Ähre meist nicht oder nur wenig überragend, meist mit 10–25 mm lg Scheide; Schl. (5)6–7 mm lg, kahl oder *(f. pubérula)* etwas kurzflaumig, verkehrt-eiförmig bis ellipsoidisch, abrupt in einen dünnen, etwa 2–3 mm lg, tief 2zähnigen Schnabel verschmälert, grün, zuletzt oft bräunlich. H: (15)20–35(45) cm. ♃ He. IV–VI. Halbtrockenrasen, mäßig trockene bis frische Magerrasen u. Laubwälder; wärmeliebend; collin bis submontan (untermontan); zstr bis slt. **B, W, N, O, St, K**. Im öAlp, KäB, nVL u. söVL gefährdet. **Micheli-S., *C. michélii***

**-** DeckB rot-(schwarz-)braun, — mit grünem bis h'braunem Mittelstreifen **120**

**120** TragB der untersten Ähre meist mit 4–8 mm lg Scheide, borstlich bis LB'artig; Schl. stark glänzend, — 3–4 mm lg, kugelig-eiförmig; LB'Spreite 1–2(3) mm br; ♀ Ähren (1)2–3, einander meist überlappend (nur die unterste zuweilen etwas abgerückt), kugelig bis schmal-ellipsoidisch, 5–15 mm lg u. etwa 5–6 mm dick, 5–12(20)blütig; DeckB kürzer als die Schl., rotbraun, mit br Hautrand. H: 10–30(35) cm. ♃ Ge–He(?). IV–V. Trockene Magerrasen; collin bis alpin; im Pann zstr, sonst slt. **B, W, N, O†, K, T**. Gefährdet; im Alp, nVL u. söVL stark gefährdet. *(C. nitida)* **Glanz-S., *C. liparocárpos***

- TragB der untersten Ähre meist mit 8–30(50) mm lg Scheide, stets deutlich LB'artig; Schl. matt . . . . . . . . . . . . . . . . . . . . . . . . **121**

**121** Schl. völlig glatt. — Stg glatt; NiederB u. unterste Blattscheiden h'braun; ♀ Ähren 1–3, zumindest am Grund etwas lockerfrüchtig; DeckB kürzer als die Schl. . . . . . . . . . . . . . . . . . . . . . . . . . . . . . **122**

- Schl. zumindest an den Schnabelrändern stachelig-rauh *(stets mehrere Schl. untersuchen, gute Lupe!)*, — mit lg, 2zähnigem Schnabel . . . . . . . . **123**

**122** Unterstes TragB seine Ähre nicht überragend; LB'Spreite grasgrün, ± sichelförmig zurückgebogen, (3)4–6 mm br, doppelt gefaltet, am Grund verschmälert; Schl. 1,5–2 mm br. — Pf oft keine Blühtriebe ausbildend; Stg 1–1,5 mm dick; LB'Spreite ziemlich steif; TragB der untersten Ähre mit 1–2,5 cm lg Scheide, diese den Stg nur locker umfassend; ♀ Ähren meist 2, sehr entfernt stehend (einander nicht überlappend), 10–25 mm lg, meist mit nur wenigen Fr (slt mehr als 12); Schl. eiförmig, 3–3,5(4) mm lg, allmählich in einen etwa 0,5–1 mm lg, etwas nach außen gekrümmten Schnabel verschmälert, sehr lange (fast bis zur Reife) grasgrün bleibend. H: 10–30(50) cm. ♃ Ge. VI–VIII. Feuchte bis nasse Magerrasen, sumpfige Stellen; subalpin bis alpin; slt. **St, T!**. (Hptvbr.: Circumboreal, disjunkt in Gebirgen Mittel- u. Südeuropas.) Gefährdet. *(C. sparsiflora)* **Scheiden-S., *C. vagináta***

- Unterstes TragB seine Ähre meist überragend; LB'Spreite (bes. unterseits) blau- bis graugrün, aufrecht-abstehend, (1)2–4(5) mm br, meist nur einfach gefaltet, am Grund nicht verschmälert; Schl. 2–3 mm br. — TragB der untersten Ähre meist mit 1–2 cm lg Scheide; ♀ Ähren (10)15–30 mm lg u. 5–6(7) mm br; Schl. verkehrt-eiförmig bis elliptisch, die Fr sehr locker umhüllend, 3,5–4 mm lg, abrupt in einen kurzen, gestutzten bis ausgerandeten Schnabel verschmälert, in der Seitenansicht etwas asymmetrisch, schon vor der Reife bräunlich werdend. H: (10)15–30(60) cm. ♃ Ge–He. IV–VI. Feuchte bis nasse Wiesen, Flachmoore, Quellfluren; kalkmeidend; collin bis subalpin (alpin); hfg. **Alle Bdld**. Im nVL, söVL u. Pann gefährdet. **Hirse-S., *C. panícea***

**123** ♀ Ähren 3–4,5 mm dick, am Grund etwas lockerfrüchtig; NiederB u. unterste Blattscheiden purpurn bis d'rotbraun. **Rost-S., *C. ferrugínea*** (→ Pkt 101)

- ♀ Ähren 5–8 mm dick, dichtfrüchtig; NiederB u. unterste Blattscheiden strohfarbig bis h'braun . . . . . . . . . . . . . . . . . . . . . . . . **124**

**124** DeckB lanzettlich, meist schwarzbraun, nicht hautrandig; Schl. 5–6 mm lg, eilanzettlich, allmählich zur Spitze hin verschmälert, zuletzt schwarzbraun. **Eis-S., *C. frígida*** (→ Pkt 98–)

- DeckB eiförmig, rot- bis d'braun, deutlich hautrandig; Schl. 3–4(4,5) mm lg, eiförmig bis verkehrt-eiförmig, abrupt in einen dünnen, 0,8–1,5 mm lg Schnabel verschmälert, zuletzt grünlich bis h'braun. — Rhizom meist nur kurz. **Saum-S., *C. hostiána*** (→ Pkt 116–)

# Überordnung Rohrkolbenblütige, *Typhánae*
# Ordnung Rohrkolbenartige, *Typháles*

## 145. Familie: Rohrkolbengewächse, *Typháceae* (*s. l.*, dh inkl. Igelkolbengewächse / *Sparganiaceae*)

**1** Blü (Abb. 470) in kolbenförmigen (Abb. 471) Blüstd (zumindest der obere, ♂ Abschnitt); Blüstd aufrecht; alle LB als aufrechte LuftB ausgebildet, mit nur 1 Schicht von Luftkammern, ungekielt mit gerundetem Rücken; winzige Nuß mit häutiger FrWand u. haarförmigem Flugapparat (Windausbreitung). **(1) Rohrkolben, *Týpha***

**-** Blü in köpfchenförmigen TeilBlüstd (Abb. 469); Blüstd aufrecht oder flutend; LB als UnterwasserB, SchwimmB u. / oder aufrechte LuftB ausgebildet, letztere meist mit mehreren Schichten von Luftkammern, meist ± gekielt; SteinFr mit saftlosem, lufthaltigem FrFleisch (Wasser- u. Vogelausbreitung). **(2) Igelkolben, *Spargánium***

### (1) Rohrkolben, *Týpha* (→ Eingg.-Schl. 8)

**1** LB 1–2(3) mm br; ♂ Kolben 1,5–5 cm lg; ♂ Blü ohne Haare zw. den StaubB; Haare der ♀ Blü an der Spitze keulig. — ♀ Kolben 1,5–5 cm lg; ♀ u. ♂ Kolben unmittelbar aneinander grenzend oder 0,5–3(4) cm voneinander getrennt. H: 30–70(100) cm. ♃ Ge. V–VI. Sandige Flußufer, Sand- u. Kiesbänke; kalkliebend; collin bis montan; sehr slt. **W†, N†?, O†, St†, K†?, S†, T, V**. Vom Aussterben bedroht. ▲ **Zwerg-R., *T. mínima***

**-** LB (2)3–20 mm br; ♂ Kolben (5)10–30 cm lg; ♂ Blü mit Haaren zw. den StaubB; Haare der ♀ Blü an der Spitze nicht oder kaum verdickt . . . . . **2**

**2** ♀ u. ♂ Kolben meist durch ein nacktes Achsenstück von 3–8(12) cm Länge voneinander getrennt (Abb. 471) . . . . . . . . . . . . . . . . . . . . . . . . **3**

**-** ♂ Kolben dem ♀ meist unmittelbar aufsitzend. — ♀ Blü ohne DeckB . . . **4**

**3** LB 2–4(7) mm br; ♀ Blü ohne DeckB; ♂ Kolben viel schmäler u. (1,3)2–3(4)× so lg wie der ♀. — ♂ Kolben (7,5)9–15 cm lg, 0,6 cm br; ♀ Kolben 3,5–9 cm lg, etwa 2 cm br. H: (70)80–120(150) cm. ♃ Wa. VII–VIII. Feuchte Sandgruben, Sümpfe, Ufer; collin; sehr slt. **B, W, N**. Neubürger. (Heimat: Ost-Europa, Asien.) (Vielleicht im Zuge der modischen Anlegung von Kunsttümpeln in Ausbreitung begriffen.) ▲ *(T. stenophylla)* **Laxmann-R., *T. laxmánnii***

**-** LB 3–10(14) mm br; DeckB der ♀ Blü vorhanden, schuppenförmig. ♂ Kolben etwa so br u. etwa so lg wie der ♀. — ♂ u. ♀ Kolben je 10–35 cm lg. H: 100–300 cm. ♃ Wa. VI–VII. Röhricht, stehende u. träg fließende, kalkhältige Gewässer; collin bis montan; zstr. **Alle Bdld**. Potentiell gefährdet; im Alp, nVL u. söVL gefährdet, zT vom Aussterben bedroht. ▲ **Schmalblatt-R., *T. angustifólia***

**4** ♂ Kolben(abschnitt) meist etwa so lg wie der ♀; Haare des ♀ Kolbens die Narben nicht überragend, Kolben zur Reifezeit daher schwarzbraun; Sa (0,9)1,2–1,6 mm lg; LB blaugrün, 8–20 mm br. H: 100–200(250) cm. ♃ Wa. VII–VIII. Röhricht, Ufer, Tümpel, Gräben; collin bis montan; hfg bis zstr. **Alle Bdld**. Homöop. ▲ **Breitblatt-R., *T. latifólia***

**-** ♂ Kolben(abschnitt) meist $^1/_3$–$^1/_2$× so lg wie der ♀; Haare des ♀ Kolbens zur FrZeit die Narben überragend, Kolben daher silbergrau; Sa 0,7–0,9 mm lg; LB

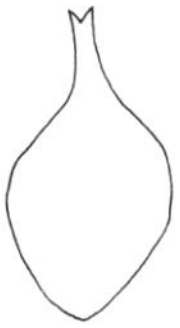

Abb. 468

Abb. 469

Abb. 470

Abb. 471

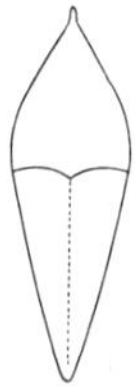

Abb. 472a

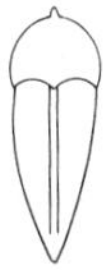

Abb. 472b

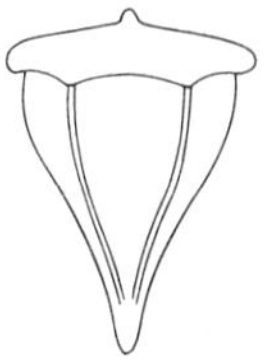

Abb. 472c

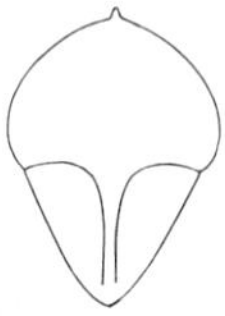

Abb. 472d

h'grün bis gelbgrün, 5–10(15) mm br. H: 100–150 cm. ♃ Wa. VI–VII. Tümpel, Gräben, Sumpfwiesen; collin bis submontan; slt. **W, N, O†, St, K, S, (T), V**. Stark gefährdet; im Rh vom Aussterben bedroht. ▲

**Silber-R., Shuttleworth-R., *T. shuttlewórthii***

## (2) Igelkolben, *Spargánium* (→ **A 33**; G XIII 4, 15)

**1** Blüstd fast immer mit entwickelten mehrköpfigen Seitenzweigen; BlüHüllB im Spitzenbereich schwammig verdickt u. dunkel, Köpfchenknospen daher dunkel; Steinkern der Fr mit 6–11 Längsrippen. — LB stets deutlich gekielt; blühende Pf nie flutend. H: (30)50–150(200) cm. ♃ Wa. VI–VIII. Röhricht stehender u. langsam fließender Gewässer, Gräben, Tümpel, Sumpfwiesen; nährstoffliebend; collin bis montan. **Alle Bdld**. ▲ *(S. ramosum)*

**Ästiger I., *S. eréctum***

Anm.: Zur Bestimmung der Unterarten sind reife Fr nötig!

**a** Fr spindelförmig (Abb. 472 a), etwa zur Hälfte im Köpfchenverband einander berührend, dort kaum gegeneinander abgeplattet, kaum längskantig. — Ganze Fr außer dem Schnabel glänzend einfarbig ledergelb; Fr (ohne Schnabel) 7–9 mm lg u. 2–3,5 mm br. Zstr. **Alle Bdld**. ▲ *(S. neglectum)* **Kegelfrüchtiger Ä. I., *S. e. subsp. negléctum***

**-** Fr nicht spindelförmig, stets oberhalb der Mitte am breitesten (Abb. 472 b, c, d), etwa zu ²/₃ oder mehr im Köpfchenverband einander berührend, dort pyramidenförmig gegeneinander abgeplattet oder wenigstens deutlich längskantig . . . . . . . . . . . . . . **b**

**b** Oberteil der Fr zwiebelförmig (Abb. 472 b), — gelbbraun, glänzend; Fr (ohne Schnabel gemessen) 6–7(8) mm lg u. 2,5–4,5 mm br. Zstr. **St, K, S, T**. ▲ *(S. microcarpum)*

**Kleinfrüchtiger Ä. I., *S. e. subsp. microcárpum***

**-!!** Oberteil der Fr abgeflacht (Abb. 472 c), — d'braun, matt; Fr (ohne Schnabel gemessen) (5)6–8(10) mm lg u. (3)4–6(7) mm br. Slt bis sehr slt. **Alle Bdld**. Stark gefährdet. ▲ *(S. ramosum subsp. polyedrum)* **Eckiger Ä. I., *S. e. subsp. eréctum***

**-** Oberteil der Fr kugelig (Abb. 472 d). — Fr 5–8 mm lg u. 4–7 mm br, zur Gänze h'braun; in jedem Köpfchen nur wenige Fr zur Entwicklung gelangend (vielleicht weil Hybride?). Slt. **O**. Stark gefährdet. ▲ *(S. e. subsp. erectum × subsp. neglectum ?; S. oocarpum)*

**Eifrüchtiger Ä. I., *S. e. subsp. oocárpum***

- Blüstd fast nie mit entwickelten mehrköpfigen Seitenzweigen (♂ Köpfchen nur am Ende der Hauptachse; Abb. 469); BlüHüllB dünn, häutig, hell, Köpfchenknospen daher hell; Steinkern der Fr ± glatt. — Blühende Pf flutend oder nicht flutend . . . . . . . . . . . . . . . . . . . . . . . . . . . . . . . . . . . . **2**

**2** ♂ Köpfchen (1)3–10, voneinander entfernt; LB am Grund im ∅ 3eckig. — ♀ Köpfchen 3–6, die untersten oft gestielt. H: 20–60 cm. ♃ Wa. VI–VII. Stehende u. langsam fließende Gewässer, Teiche, Altwässer, Seen; collin bis montan (subalpin); zstr. **Alle Bdld**. Gefährdet. ▲ *(S. simplex;* inkl. *S. longissimum)*
**Astloser I.,** ***S. emérsum***

- ♂ Köpfchen 1–2(3), einander genähert; LB am Grund im ∅ nicht 3eckig . **3**

**3** LB'ähnliches TragB das unterste ♀ Köpfchen um 10–60 cm überragend, zumindest doppelt so lg wie der Blüstd; ♂ Köpfchen meist zu 2, einander stark genähert, dadurch als 1 verlängertes Köpfchen erscheinend; LB am Grund aufgeblasen. — Pf meist flutend; ♀ Köpfchen 2–4, unterste oft gestielt. H: 10–100 cm. ♃ Wa. VI–IX. Verlandungszonen nährstoffarmer, saurer Gebirgsseen, Moorgräben u. -tümpel; kalkmeidend; montan bis subalpin; slt. **St, K, S, T, V**. Potentiell gefährdet. ▲ *(S. affine)* **Schmalblatt-I.,** ***S. angustifólium***

- LB'ähnliches TragB das unterste ♀ Köpfchen um 1–5(8) cm überragend, kaum länger als der Blüstd; ♂ Köpfchen meist 1; LB am Grund nur schwach aufgeblasen. — ♀ Köpfchen (1)2–3(4), meist alle sitzend. H: 10–30 cm. ♃ Wa. VI–VIII. Moortümpel, Schlenken, Torfstiche, Moorgräben, Seen; kalkmeidend; collin bis montan; slt. **Fehlt B, W**. Stark gefährdet. ▲ ***(Sp. minimum)***
**Zwerg-I.,** ***S. nátans***

# Überordnung Commelinablütige, *Commelinánae*
# Ordnung Commelinaartige, *Commelináles*

## ☆ 146. Familie: Commelinagewächse, Tradeskantiengewächse, *Commelináceae*

Anm.: Hierher auch die ★ **„Tradeskantien"**, ***Zebrína*** u. ***Tradescántia*** (Heimat: Mittel- u. Südamerika), von denen mehrere Arten, Hybriden u. Kultursorten als Zimmer-(Ampel-) BlattPf bzw. als Garten-ZierPf kultiviert werden.

☆ **Commelina,** ***Commelína*** (→ G VI 1)

Stg aufsteigend oder niederliegend; LB br-lanzettlich; Blüstd von einem gefalteten, einer Spatha gleichenden TragB umgeben. H: 20–70 cm. ♃ He. VII–X. Als ZierPf kultiviert, manchmal verwildert an Ruderalstellen, Straßenrändern, in Parkanlagen; collin; slt. (Heimat: Ostasien.) ☆ **Commelina,** ***C. commúnis***

# Ordnung Süßgrasartige, *Poáles (Glumiflorae)*

## 147. Familie: Süßgräser, Echte Gräser, Gräser, *Poáceae (Gramíneae)*

Pf krautig; Stg (= „Halm") stielrund oder 2schneidig, Knoten oft verdickt (knotenartig), StgGlieder meist hohl; LB wechselständig, 2zeilig angeordnet; LB mit lg, stengelumfassender, röhriger (= geschlossener) oder rinniger (= offener) Scheide (= UnterB), an deren Grenze zur Spreite meist ein zartes **B'Häutchen** (= Ligula) (Abb. 473 a), das auch durch einen Haarkranz

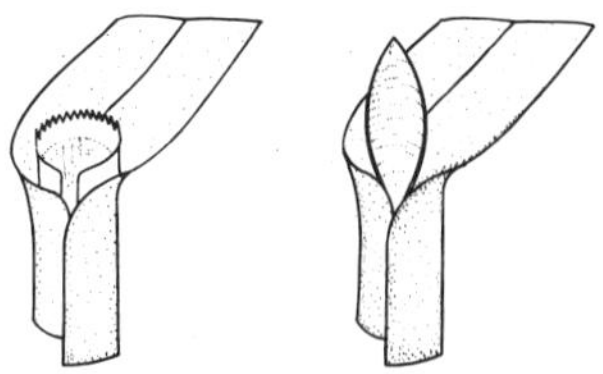

Abb. 473a

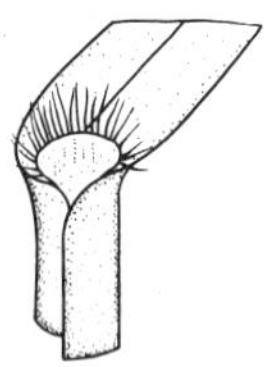

Abb. 473b

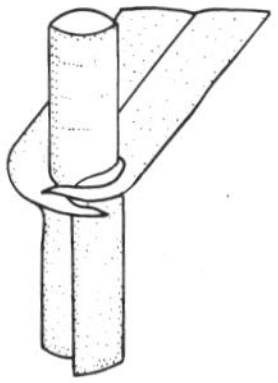

Abb. 473c

ersetzt sein kann (Abb. 473 b); gleichfalls an der Grenze zw. LB'Scheide u. -Spreite befinden sich zuweilen paarige seitliche Anhängsel: Öhrchen (Abb. 473 c); Blüstd zusammengesetzt (→ Pkt 2) aus **Ährchen** (= TeilBlüstd, → Abb. 474 a, b), dieses am Grund mit (0)2(4) **Hüllspelzen** (= **HüllSp**, Abb. 474 a: untere = uH, obere = oH) u. darüber 1 bis mehreren **Deckspelzen** (= **DeckSp** = DeckB); mehrere bis viele Ährchen sind zu einem Ährchenstand vereinigt, u. zwar meist in Form einer tragblätterlosen Rispe oder einer Ähre (→ Pkt 2); HüllSp u. DeckSp sind auf der Ährchenachse 2zeilig angeordnet, sie können begrannt sein, dh einen ± lg borstenartigen Fortsatz (= Granne) tragen (Rücken-Granne: entspringt nicht an der Spitze der Spelze, sondern etwa in der Mitte ihrer Außen- = Unterseite); Blü meist ⚥, windblütig, am Grund mit einer oft 2kieligen **Vorspelze (= VorSp)**; BlüHülle meist nur in Form von 2 winzigen Schwellkörpern (= Lodiculae, Abb. 474 a: Lo); StaubB (meist) 3, zur BlüZeit mit lg, hängenden Staubf.; Frkn oberständig; Narben (1)2, fedrig; Fr: 1samige SchließFr (= „Karyopse", Sa i. d. R. mit der FrWand verwachsen, Ausnahmen: → Pkt 27; die an der Fr sichtbare Ansatzstelle des Sa heißt Nabelfleck [Hilum]). *(Die Fachausdrücke sind in der Abb. 474 a erklärt!) (F 3)*

*Poeae*
(1) *Festuca*
(2) *Lolium*
(3) *Vulpia*
(3b) *Bellardiochloa*
(4) *Poa*

*Poeae* (Forts.)
(5) *Puccinellia*
(6) *Sclerochloa*
(7) *Dactylis*
(8) *Cynosurus*
(9) *Catabrosa*

*Poeae* (Forts.)
(10) *Apera*
(11) *Briza*
*Seslerieae*
(12) *Sesleria*
(13) *Oreochloa*

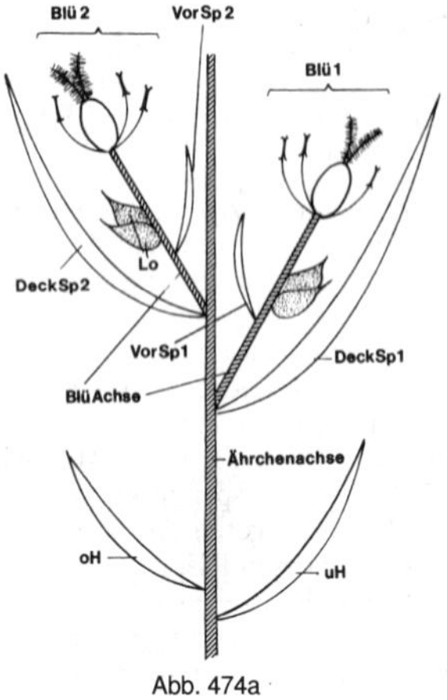


Abb. 474a

Abb. 474b

Abb. 475

*Meliceae*
(14) *Melica*
*Glycerieae*
(15) *Glyceria*
*Bromeae*
(16) *Bromus*
*Brachypodieae*
(17) *Brachypodium*
*Triticeae*
(18) *Elymus*
(= *Agropyron p. p.*)
(19) *Agropyron (s. str.)*
★ (20) *Triticum*
★ (21) *Secale*
(22) *Hordeum*
(23) *Hordelymus*
*Aveneae*
(24) *Avena*
(25) *Helictotrichon*
(26) *Avenula*
(= *Avenochloa*)
(27) *Arrhenatherum*
(28) *Ventenata*
(29) *Koeleria*
(30) *Trisetum*
(31) *Deschampsia*
(32) *Avenella*
(33) *Aira*

*Aveneae* (Forts.)
(34) *Hierochloë*
(35) *Anthoxanthum*
(36) *Holcus*
(37) *Corynephorus*
(38) *Agrostis*
(39) *Calamagrostis*
*Phleeae*
(40) *Phleum*
(41) *Alopecurus*
*Hainardieae*
(42) *Pholiurus*
*Phalarideae*
(43) *Phalaris*
*Coleantheae*
† (44) *Coleanthus*
*Milieae*
(45) *Milium*
*Stipeae*
(46) *Piptatherum*
(= *Oryzopsis*)
(47) *Stipa*
(48) *Achnatherum*
(= *Lasiagrostis*)
*Arundineae*
(49) *Phragmites*
*Danthonieae*
(50) *Danthonia*

*Molinieae*
(51) *Molinia*
*Nardeae*
(52) *Nardus*
*Eragrostideae*
(53) *Cleistogenes*
(= *Diplachne*)
(54) *Eragrostis*
(55) *Crypsis*
(exkl. *Heleochloa*)
(56) *Heleochloa*
*Chlorideae*
(57) *Cynodon*
*Zoysieae*
(58) *Tragus*
*Oryzeae*
(59) *Leersia*
*Paniceae*
(60) *Panicum*
(61) *Echinochloa*
(62) *Digitaria*
(63) *Setaria*
*Andropogoneae*
★ (64) *Sorghum*
(65) *Chrysopogon*
(66) *Bothriochloa*
(= *Dichanthium*)
★ (67) *Zea*

Anm.: Das ☆ **Pfannengras, *Páspalum paspalódes*** („*P. distichum*"; Pf ♃, kriechend; Ährchen in 2(4) fingerartig angeordneten, einseitswendigen Trauben, Traubenachse abgeflacht) wurde in **(K)** als Unbeständige beobachtet (Heimat: Subtropen u. Tropen, in Süd-Europa unbeständig bis eingebürgert).

**1** Pf 1häusig; ♂ Blü in endständiger Rispe; ♀ Blü an dicken, in große HüllB („LieschB") eingeschlossenen Kolben, die in den Achseln der mittleren StgB stehen; LB'Spreiten mehr als 4 cm br. **★ (67) Mais, *Zéa***

**–** Blü ⚥; slt einige Blü ♂, diese dann aber nicht in eigenen Rispen; LB'Spreiten höchstens 3 cm br . . . . . . . . . . . . . . . . . . . . . . . . . . . . . . . **2**

**2** Ährchenstand an der Spitze des Stg in Form einer einzigen Ähre (Abb. 475) oder mehrerer handförmig oder traubig (slt rispig) angeordneten Ähren (Abb. 476); die einzelnen Ährchen sitzen unmittelbar auf der Ährenachse oder auf ganz kurzen, unverzweigten Stielen („Ährengräser") . . . . . . . . . . . . **3**

**–!!** Ährchenstand an der Spitze des Stg in Form einer zusammengezogenen (± kompakten) u. daher ährenförmigen Rispe (beim Umbiegen dieser Scheinähre [= „Ährenrispe"] ist zu erkennen, daß die Ährchen zu mehreren an gemeinsamen kurzen, verästelten Stielen sitzen u. daß also nicht jedes Ährchen der Ährenachse unmittelbar aufsitzt, Abb. 477) („Ährenrispengräser") . . . **19**

**–** Ährchen lg gestielt oder, wenn kurz gestielt, an längeren Ästen u. Zweigen stehend, Ährchenstand daher in Form einer ± lockeren Rispe (Abb. 478) oder Ährchen in Form einer Traube angeordnet (Ährchenstiele u. Äste wenigstens zum großen Teil sichtbar, Ährchen höchstens am Ende längerer Rispenäste nur kurz gestielt u. dort ährenähnlich geknäuelt) („Rispengräser") . . . **33**

Abb. 476

Abb. 477

Abb. 478

Ä h r e n g r ä s e r :

**3** Stg an der Spitze mit mehreren handförmig oder traubig bis rispig angeordneten Ähren („Fingerährengräser“; Abb. 476) . . . . . . . . . . . . . . . . . . . . . **4**

**-** Stg an der Spitze mit einer einzigen Ähre (Abb. 475) . . . . . . . . . . . . . **8**

**4** B'Häutchen durch einen Haarkranz ersetzt . . . . . . . . . . . . . . . . . . **5**

**-** B'Häutchen häutig (manchmal etwas zerschlitzt) oder völlig fehlend, nie ganz in Haare aufgelöst . . . . . . . . . . . . . . . . . . . . . . . . . . . **7**

**5** Ähren fast genau von 1 Punkt entspringend (handförmig angeordnet). — Ährchen einzeln; Pf mit lg, oberirdischen Ausläufern. **(57) Hundszahngras, *Cýnodon***

**-** Ähren nicht von 1 Punkt entspringend . . . . . . . . . . . . . . . . . . . . . **6**

**6** DeckSp der oberen, ⚥ Blü mit 8–16 mm lg, geknieter Granne. — Granne, Ährchen u. deren Stiele rauhhaarig. **(66) Bartgras, *Bothrióchloa***

**-** DeckSp mit höchstens 1–2(3) mm lg, gerader Granne. — In den oberen StgB'Scheiden meist kurze Seitenäste mit kleistogamen Ährchen; endständige Ähren mehrfach verzweigt, rispig angeordnet; LB auffallend starr u. abstehend. **(53) Steifhalm, *Cleistógenes***

**7** [4] Ähren traubig angeordnet, 7–10 mm dick; B'Häutchen meist fehlend. **(61) Hühnerhirse, *Echinóchloa***

**-** Ähren ± undeutlich fingerförmig, 3–5 mm dick; B'Häutchen 1–2 mm lg. — HüllSp (scheinbar) 3 (da untere DeckSp steril, daher = 3. HüllSp). **(62) Fingerhirse, *Digitária***

**8** [3] Ähre einseitswendig (Ährchen nur auf 1 Seite der Ährenachse) . . . . . **9**

**-** Ähren 2- oder allseitswendig (Ährchen an 2 Seiten der Ährenachse oder rings um diese angeordnet) . . . . . . . . . . . . . . . . . . . . . . . . . **10**

**9** Ährchen 1blütig. **(52) Bürstling, *Nárdus***

**-!!** Ährchen 2blütig, — ellipsoidisch, hängend. **(14) Perlgras, *Mélica*:** Pkt 5

**-** Ährchen mehrblütig (3–6blütig). **(6) Hartgras, *Scleróchloa***

**10** Ährchen unterhalb der HüllSp mit mehreren, die Länge des Ährchens überragenden, rauhen Borsten. **Fuchsrote Borstenhirse, (63), *Setária gláuca***

**-** Ährchen unterhalb der HüllSp ohne Borsten . . . . . . . . . . . . . . **11**

**11** Ährchen ganz in die Aushöhlungen der Ährenachse eingesenkt; Ähre daher kaum dicker als der Stg u. diesem ähnlich. **(42) Schuppenschwanz, *Pholiúrus***

– Ährchen nicht in die Ährenachse eingesenkt; Ähre stets dicker als der Stg u. von diesem deutlich geschieden . . . . . . . . . . . . . . . . . . . . . . . . . **12**

**12** Auf jedem Knoten (Absatz) der Ährenachse nur 1 sitzendes oder kurzgestieltes Ährchen; Ährchen nicht in 2 gegenüberliegenden Zeilen, sondern rundherum angeordnet. **(40) Lieschgras, *Phléum***

–!! Auf jedem Knoten (Absatz) der Ährenachse sitzen (2)3(6) Ährchen nebeneinander (da am Grund eines jeden Ährchens 2 seitliche Ährchen sitzen, Abb. 479 a), die seitlichen jedoch oft wesentlich schmäler (weil verkümmert, steril) als das mittlere (Abb. 479 b). — LB'Öhrchen lg, gebogen (Abb. 482 c) . . . **13**

– Auf jedem Knoten (Absatz) der Ährenachse nur 1 sitzendes oder kurzgestieltes Ährchen; Ährchen in 2 gegenüberliegenden Zeilen . . . . . . . . . . . . **14**

**13** [12, 26] Gipfelährchen entwickelt; alle Ährchen zw. (innerhalb = oberhalb) der HüllSp deutlich kurz gestielt; Pf ♃. **(23) Waldgerste, *Hordélymus***

– Gipfelährchen verkümmert; Ährchen zw. den HüllSp ungestielt, oder nur die seitlichen kurz gestielt; Pf ⊙. **(22) Gerste, *Hórdeum***

**14** Ährchen deutlich sehr kurz (etwa 2 mm) gestielt, zumindest (8)10blütig. — B'Häutchen 1–3 mm lg. **(17) Zwenke, *Brachypódium***

– Ährchen völlig ungestielt, höchstens 8(10)blütig . . . . . . . . . . . . . . . **15**

**15** Ährchen mit der schmalen Seite (dem DeckSp-Rücken) der Ährenachse zugewendet (Abb. 480); das endständige mit 2, die übrigen mit 1 HüllSp. **(2) Lolch, *Lólium***

– Ährchen mit der br Seite (den DeckSp-Rändern) der Ährenachse zugewendet (Abb. 481); alle mit 2 HüllSp . . . . . . . . . . . . . . . . . . . . . . . . . **16**

**16** Ährchen 2blütig, zw. den beiden Blü ein stielartiger Ansatz einer dritten Blü; HüllSp pfriemlich, 1nervig. — LB'Öhrchen kurz, kahl (Abb. 482 a); KulturPf. **★ (21) Roggen, *Secále***

– Ährchen 3–8blütig; HüllSp ei- oder lanzettförmig, 3- oder mehrnervig . **17**

**17** HüllSp eiförmig, wenigstens an der Spitze scharf gekielt; Ährchen bauchig, bei der Reife nicht zerfallend, entweder als Ganzes abfallend oder Fr unbespelzt ausfallend; Pf ⊙–⊙; KulturPf. — LB'Öhrchen (meist) gewimpert (Abb. 482 b); DeckSp begrannt oder nicht begrannt. **★ (20) Weizen, *Tríticum***

– HüllSp lanzettlich, nicht oder stumpf gekielt; Ährchen nicht bauchig, bei der Reife in die einzelnen Blü zerfallend; Fr von Deck- u. VorSp stets eingehüllt bleibend; Pf ♃; WildPf . . . . . . . . . . . . . . . . . . . . . . . . . **18**

**18** HüllSp 1nervig; Ähre elliptisch oder länglich; Ährchen ± abstehend. **(19) Kammquecke, *Agropýron (s. str.)***

– HüllSp 3–11nervig; Ähre meist lg u. schmal; Ährchen der Spindel ± anliegend. **(18) Quecke, *Élymus***

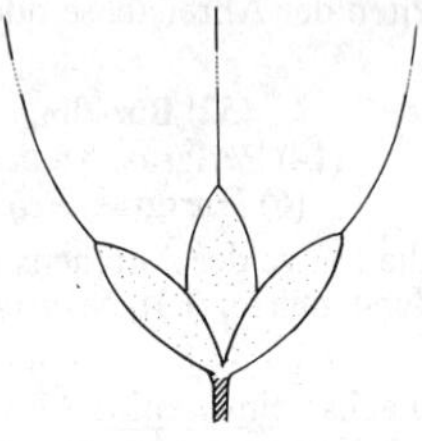
Abb. 479a

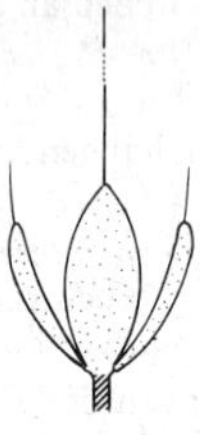
Abb. 479b

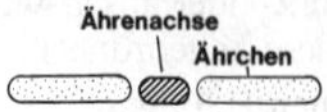

Abb. 480

Abb. 481

**Ährenrispengräser:**

**19** [2] Ährchen von lg, am Grund stehenden borstenartigen Grannen überragt; statt eines B'Häutchens ein Wimpernkranz. **(63) Borstenhirse, *Setária***

**–!!** Am Grund der Ährchen je ein doppelkammförmiges, gefiedertes Gebilde (steriles Ährchen) (Abb. 483); B'Häutchen ungewimpert, 1 mm lg. **(8) Kammgras, *Cynosúrus***

**–** Ährchen am Grund ohne Borsten u. ohne doppelkammförmiges Gebilde **20**

**20** Untere HüllSp sehr klein (bisweilen fehlend); obere HüllSp groß, mit kräftigen, hakigen, etwa 1 mm lg Stacheln, klettenartig. **(58) Klettengras, *Trágus***

**–** HüllSp nicht stachelig . . . . . . . . . . . . . . . . . . . . . . . . . . **21**

**21** Ährchen mit 1 ⚥ Blü, darüber 1 gestielte kahle Knospe von 1–2 weiteren, geschlossen bleibenden, unfruchtbaren, etwas fleischigen Blü (die als Elaiosom fungiert); DeckSp der ⚥ Blü an ihrem ganzen Rande dicht u. (etwa 2 mm) lg seidig gewimpert. — Ährenrispe nach der BlüZeit durch die dann abstehenden Spelzenhaare auffallend silberhaarig. (Vgl. Pkt 9–!!, 33 u. 51) **(14) Perlgras, *Mélica***

**–** Ährchen nicht mit gestielter Endknospe aus unfruchtbaren Blü; DeckSp kahl oder kurz behaart . . . . . . . . . . . . . . . . . . . . . . . . . . **22**

**22** Ährchen 1blütig (manchmal noch mit 1 oder 2 weiteren, verkümmerten oder bloß ♂ Blü), nie je 3 Ährchen dicht nebeneinander . . . . . . . . . . . . **23**

**–!!** Je 3 1blütige Ährchen sitzen (scheinbar) unmittelbar nebeneinander („Triade") auf der Blüstd-Hauptachse, Ährenrispe daher sehr ährenähnlich. **(22) Gerste, *Hórdeum***

**–** Ährchen 2- bis vielblütig . . . . . . . . . . . . . . . . . . . . . . . . . . **28**

**23** Die beiden HüllSp am Grund oder bis über die Mitte deutlich miteinander verwachsen (Abb. 484). — DeckSp oft mit knieförmig gebogener Granne, die Blü schlauchartig einschließend. **(41) Fuchsschwanzgras, *Alopecúrus***

**–** HüllSp bis zum Grund voneinander getrennt . . . . . . . . . . . . . . . **24**

**24** Äußere HüllSp auf dem Rücken br geflügelt. — Ährenrispe eiförmig-kugelig, grün u. weiß gestreift, von der Scheide des obersten StgB nicht umfaßt; HüllSp 4, die äußeren doppelt so lg wie die inneren, alle kahl u. unbegrannt; äußere HüllSp viel länger als die Blü. **(43) Glanzgras, *Phaláris***

**–** HüllSp auf dem Rücken nicht geflügelt, — oft ungleich lg oder verkümmert . . . . . . . . . . . . . . . . . . . . . . . . . . . . . . . . . . . **25**

**25** HüllSp (scheinbar) 4 (Abb. 485 a), die beiden äußeren ungleich groß, die beiden inneren noch kleiner als die äußeren, untereinander gleich groß, d'braun behaart u. (außer bei den obersten Blü) begrannt. — Pf nach Cumarin duftend; B'Häutchen 2–3(5) mm lg; LB'Öhrchen gewimpert; Ährenrispe locker (Ährchen die Rispenachse nicht völlig verdeckend); Ährchen unten mit 2 un-

Abb. 482a

Abb. 482b

Abb. 482c

Abb. 483

Abb. 484

fruchtbaren, verkümmerten Blü (deren DeckSp = scheinbare obere 2 HüllSp) u. 1 fruchtbaren Blü darüber; StaubB 2. **(35) Ruchgras, *Anthoxánthum***

– HüllSp 2, etwa gleich lg. — Ährenrispe dicht; StaubB (2)3 . . . . . . . . . **26**

**26** B'Häutchen stets vorhanden, etwa 1–5 mm lg, nicht durch einen Haarkranz ersetzt. — DeckSp stumpf, unbegrannt, kürzer als die HüllSp; Ährchen stiefelknecht-förmig (Abb. 485 b). **(40) Lieschgras, *Phléum***

–!! B'Häutchen fast fehlend oder etwa 1 mm lg, nicht durch einen Haarkranz ersetzt. — DeckSp spitz, begrannt . . . . . . . . . . . . . . . . . . . . **13**

– Anstelle des B'Häutchens ein Haarkranz. — DeckSp länger als die HüllSp. — Sa mit FrWand nicht verwachsen . . . . . . . . . . . . . . . . . . . . **27**

**27** Ährenrispe kopfförmig, breiter als lg, ohne verlängerte Hauptachse; VorSp 1nervig; StaubB 2. **(55) Dorngras, *Crýpsis***

– Ährenrispe walzenförmig oder eiförmig, länger als br, mit deutlicher Hauptachse; VorSp 2nervig; StaubB 3. **(56) Sumpfgras, *Heleóchloa***

**28** [22] DeckSp mit 3–4 mm lg Rücken-Granne. **Ähren-Goldhafer, (30), *Trisétum spicátum***

– DeckSp unbegrannt oder mit Spitzengranne . . . . . . . . . . . . . . . . . **29**

**29** HüllSp deutlich kürzer als das Ährchen, die untere höchstens halb so lg wie die obere; Pf ⊙ . . . . . . . . . . . . . . . . . . . . . . . . . . . . . . **30**

– HüllSp so lg oder fast so lg wie das Ährchen, die untere nur wenig kürzer als die obere; Pf ♃ . . . . . . . . . . . . . . . . . . . . . . . . . . . . . . **31**

**30** DeckSp stumpf, unbegrannt; Stg niederliegend; StaubB 3. **(6) Hartgras, *Scleróchloa***

– DeckSp zugespitzt, mit 7–15 mm lg Granne; Stg aufrecht; StaubB 1. **(3) Federschwingel, *Vúlpia***

**31** Narben federig; Ährenrispe eilänglich bis lg-zylindrisch, — (1)2–15 cm lg, am Grund oft gelappt; Rispe nie deutlich 2zeilig; DeckSp stumpf, zugespitzt oder kurz 1grannig. **(29) Kammschmiele, *Koeléria***

– Narben fadenförmig; Ährenrispe eiförmig oder kurz zylindrisch, — ½–3(4) cm lg, dicht; DeckSp oben mit 1–5 grannenartigen Spitzen oder zugespitzt . **32**

**32** Ährenrispe einseitswendig, deutlich 2zeilig (Rispenhauptachse auf einer Seite sichtbar!); untere Rispenäste ohne schuppenförmige TragB. **(13) Kopfgras, *Oreóchloa***

– Ährenrispe allseitswendig, nicht deutlich 2zeilig; untere Rispenäste mit schuppenförmigen, häutigen TragB. **(12) Blaugras, *Sesléria***

**Rispengräser:**

**33** [2] Ährchen 1blütig, ohne verkümmerte Blü . . . . . . . . . . . . . . . **34**

–!! Ährchen 1blütig, oben mit einer zweiten, zu einer sterilen, gestielten Knospe verkümmerten Blü (Elaiosom!). — Dem B'Häutchen gegenüber ein spitzes Anhängsel. **Einblütiges Perlgras, (14), *Mélica uniflóra***

–!! Ährchen mit 1 ⚥ Blü u. darüber mit 1 ♂ Blü. — Pf wenigstens an den StgKnoten behaart; Ährenachse kahl. **(36) Honiggras, *Hólcus***

–!! Ährchen mit 1 ⚥ Blü u. darunter 1–2 ♂ Blü . . . . . . . . . . . . . . **48**

–!! Ährchen mit 2 bis zahlr. ⚥ Blü (und eventuell ♂ Blü) *(mehrere Ährchen untersuchen!)* . . . . . . . . . . . . . . . . . . . . . . . . . . . . . . . . . **49**

– 1blütige und mehrblütige Ährchen vorhanden *(mehrere Ährchen untersuchen!)* . . . . . . . . . . . . . . . . . . . . . . . . . . . . . . . . . **78**

**34** Ährchen mit 1 ⚥ Blü u. Ährchen mit 1 ♂ Blü vorhanden . . . . . . . . . . **35**
**–** Alle Ährchen mit 1 ⚥ Blü . . . . . . . . . . . . . . . . . . . . . . . . . . **36**

**35** Rispenäste am Ende verdickt u. dort mit auffallendem goldgelben Haarschopf („Goldbart"). **(65) Goldbart, *Chrysopógon***
**–** Rispenäste am Ende unverdickt u. ohne Haarschopf. — An der Spitze der Rispenäste 1 ⚥ u. 2 ♂ Ährchen zusammen, sonst Ährchen in Paaren zusammen (1 ⚥ sitzendes Ährchen u. 1 kurzgestieltes ♂ Ährchen). ★☆ **(64) Mohrenhirse, *Sórghum***

**36** DeckSp mit 10–30(40) cm lg Granne. — Granne unbehaart oder lg'haarig (dadurch „federig"). **(47) Federgras u. Pfriemengras, *Stípa***
**–** Granne der DeckSp fehlend oder höchstens 1,5 cm lg . . . . . . . . . . **37**

**37** Granne 2–5× so lg wie die DeckSp . . . . . . . . . . . . . . . . . . . . . **38**
**–** Granne kürzer als die DeckSp oder fehlend . . . . . . . . . . . . . . . . **40**

**38** Pf ⊙–⊙; B'Häutchen 2–6 mm lg; LB'Spreite 1–4 mm br; DeckSp fast kahl oder nur am Grund kurzhaarig. **(10) Windhalm, *Apéra***
**–** Pf ♃; B'Häutchen 0,1–0,5 mm lg; LB'Spreite 6–8(10) mm br; DeckSp zstr behaart oder dicht zottig mit 3–5 mm lg Haaren . . . . . . . . . . . . . **39**

**39** DeckSp br, oben übereinander gerollt, die Fr einhüllend; DeckSp zstr behaart (slt kahl), Haare kürzer als 1 mm. **(46) Grannenhirse, *Piptátherum***
**–** DeckSp schmal, oben nicht übereinandergerollt, die Fr nicht einhüllend; DeckSp dicht weißzottig behaart, Haare 3–6 mm lg. **(48) Rauhgras, *Achnátherum***

**40** [37] Ährchen höchstens 1 mm lg, an den Rispenästen in dolden- oder quirlförmigen Büscheln. — Obere LB'Scheiden sehr br, scheidig aufgeblasen. † **(44) Scheidengras, *Coleánthus***
**–** Ährchen länger als 1 mm, nicht in dolden- oder quirlförmigen Büscheln **41**

**41** HüllSp fehlend. — LB'Spreite 0,7–1 cm br, auffallend h'grün, überhängend, am Rand (so wie die LB'Scheiden) sehr stark widerhakig-rauh; Rispe meist ganz oder größtenteils in die oberste LB'Scheide eingeschlossen bleibend. **(59) Reisquecke, *Léersia***
**–** HüllSp 2–4 . . . . . . . . . . . . . . . . . . . . . . . . . . . . . . . **42**

**42** Ährchen im ∅ rundlich oder vom Rücken her zusammengedrückt, daher HüllSp am Rücken flach gewölbt, nicht gekielt . . . . . . . . . . . . . . **43**
**–** Ährchen von der Seite her zusammengedrückt; HüllSp daher mit V-förmigem ∅ u. auf dem Rücken deutlich gekielt . . . . . . . . . . . . . . . . . . **44**

**43** HüllSp 2; Pf ♃; B'Häutchen etwa 5 mm lg, zerschlitzt. — LB'Scheiden kahl; Rispe gut ausgebildet. **(45) Waldhirse, *Mílium***
**–** HüllSp 3; Pf ⊙; statt des B'Häutchens ein 1–2 mm lg Wimpernkranz. — LB'Scheiden meist dicht mit 1–4 mm lg, auf Warzen sitzenden Haaren besetzt. **(60) Rispenhirse, *Panícum***

**44** Ährchen am Grund der DeckSp mit einem Haarkranz; dieser 1/3–2× so lg wie die DeckSp . . . . . . . . . . . . . . . . . . . . . . . . . . . . . . . **45**
**–** Ährchen am Grund der DeckSp kahl oder Haare kürzer als 1/4 der DeckSpLänge . . . . . . . . . . . . . . . . . . . . . . . . . . . . . . . . **46**

**45** Ährchen 2–2,5 mm lg; VorSp fast verkümmert, nur 1/5× so lg wie die DeckSp. — Haare 1/2× so lg wie die DeckSp. **Schilf-Straußgras, (38), *Agróstis schraderiána***
**–** Ährchen 4–7 mm lg; VorSp gut entwickelt, 2/3–4/5× so lg wie die DeckSp. — Haare 1/3–2× so lg wie die DeckSp. **(39) Reitgras, *Calamagróstis***

**46** HüllSp 4 (eigentlich 2 HüllSp u. 2 sterile DeckSp) . . . . . . . . . . . . . **47**
**-** HüllSp 2. — LB'Spreite 1–10 mm br. **(38) Straußgras, *Agróstis***

**47** Die beiden oberen HüllSp zu sehr kleinen, unbegrannten Schüppchen verkümmert; StaubB 3. — LB'Spreite 8–20 mm br; Rispe deutlich knäuelig gelappt. **Rohr-Glanzgras, (43), *Phaláris arundinácea***
**-** Die beiden oberen HüllSp mit Rücken-Granne, braunhaarig; StaubB 2. — Pf höchstens 50 cm hoch, trocken mit Cumarin-(Waldmeister-)Duft (wichtige Komponente des Heugeruchs!); WuStock mit Karbolgeruch; Rispe ährenförmig zusammengezogen; DeckSp sehr klein. **(35) Ruchgras, *Anthoxánthum***

**48** [33] DeckSp der unteren u. einzigen ♂ Blü mit lg Rücken-Granne, die das Ährchen weit (um 5–10 mm) überragt. — Ährchenachse lg behaart; DeckSp der oberen, ⚥ Blü ohne Granne oder mit kürzerer Granne; aus jedem Ährchen ragt also entweder nur 1 Granne, oder es ragen 2 ungleich lg Grannen hervor [im Unterschied zu (26) Wiesenhafer / *Avenula (= Avenochloa)* u. (25) Staudenhafer / *Helictotrichon s. str.*]. **(27) Glatthafer, *Arrhenátherum***
**-!!** DeckSp der beiden ♂ Blü unbegrannt oder mit kurzer Rücken-Granne, die das Ährchen kaum (höchstens 1 mm) überragt. — Pf kahl, nach Waldmeister (Cumarin) duftend; Ährchen glänzend braun, 3blütig, die beiden unteren Blü ♂ mit 3 StaubB, die zw. ihnen stehende obere ⚥ Blü mit 2 StaubB; Ährchenachse kahl. **(34) Mariengras, *Hieróchloë***
**-** DeckSp der einzigen ♂ Blü ohne Rücken-Granne, jedoch mit 3–4 mm lg Spitzen-Granne. — DeckSp der (1)2 ⚥ Blü mit Rücken-Granne, die 2× so lg ist wie die DeckSp u. weit (10–15 mm) aus dem Ährchen ragt; Spitze der DeckSp in 2 Grannen ausgezogen; Ährchenachse rauh. **(28) Schmielenhafer, *Ventenáta***

**49** [33] Ährchen am Ende der Rispenäste knäuelig gehäuft; unterster Rispenast einzeln u. ohne grundständigen Zweig. — LB'Scheiden 2schneidig zusammengedrückt; Ährchen auf dem Rücken ± scharf gekielt, zusammengedrückt; DeckSp stachelspitzig oder begrannt. **(7) Knäuelgras, *Dáctylis***
**-** Ährchen nicht knäuelig gehäuft, Rispe nicht aus mehreren Knäueln bestehend, höchstens dadurch etwas ährenähnlich, daß die Rispenäste vom Grund an Ährchen tragen . . . . . . . . . . . . . . . . . . . . . . . . . . . . . . . **50**

**50** HüllSp (wenigstens eine) so lg oder fast so lg wie das Ährchen . . . . . **51**
**-** HüllSp merklich kürzer als das Ährchen u. meist auch kürzer als die nächsten DeckSp . . . . . . . . . . . . . . . . . . . . . . . . . . . . . . . . . . . **63**

**51** Ährchen mit 2(3) ⚥ Blü, darüber eine lg gestielte, knospenförmige, verkümmerte, sterile, fleischig werdende Blü (Elaiosom!). — LB'Scheiden geschlossen, kahl; Rispe wenigährig, traubenähnlich, ihre Äste aufrecht bis anliegend; alle Sp stumpf. **(14) Perlgras, *Mélica***
**-** Ährchen ohne endständige, verkümmerte, sterile Blü. — DeckSp meist spitz oder mehrspitzig . . . . . . . . . . . . . . . . . . . . . . . . . . . . . . **52**

**52** B'Häutchen durch eine Haarreihe aus 0,5 mm lg Haaren ersetzt. — DeckSp an der Spitze eingeschnitten, im Einschnitt mit 10–15 mm lg Granne oder mit sehr kurzer Spitze, dann 3zähnig erscheinend. **(50) Kelchgras, *Danthónia***
**-** B'Häutchen ein Hautsaum (dieser manchmal ± zerschlitzt) . . . . . . . **53**

**53** DeckSp unbegrannt oder mit kurzer endständiger Stachelspitze . . . . . **54**
**-** DeckSp (wenigstens bei 1 Blü des Ährchens) auf dem Rücken oder doch unterhalb der Spitze begrannt (Granne bisweilen sehr kurz, zw. den Spelzen versteckt u. mit ihrer Spitze nicht aus dem Ährchen hervortretend) . . . **55**

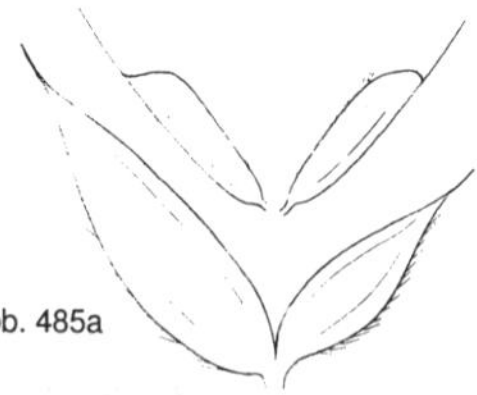

Abb. 485a

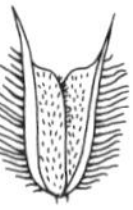

Abb. 485b

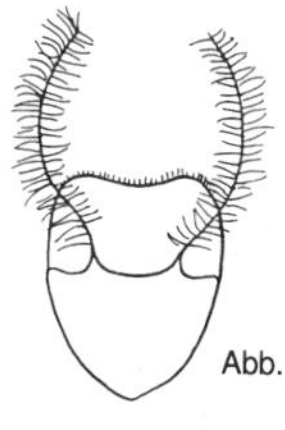

Abb. 486

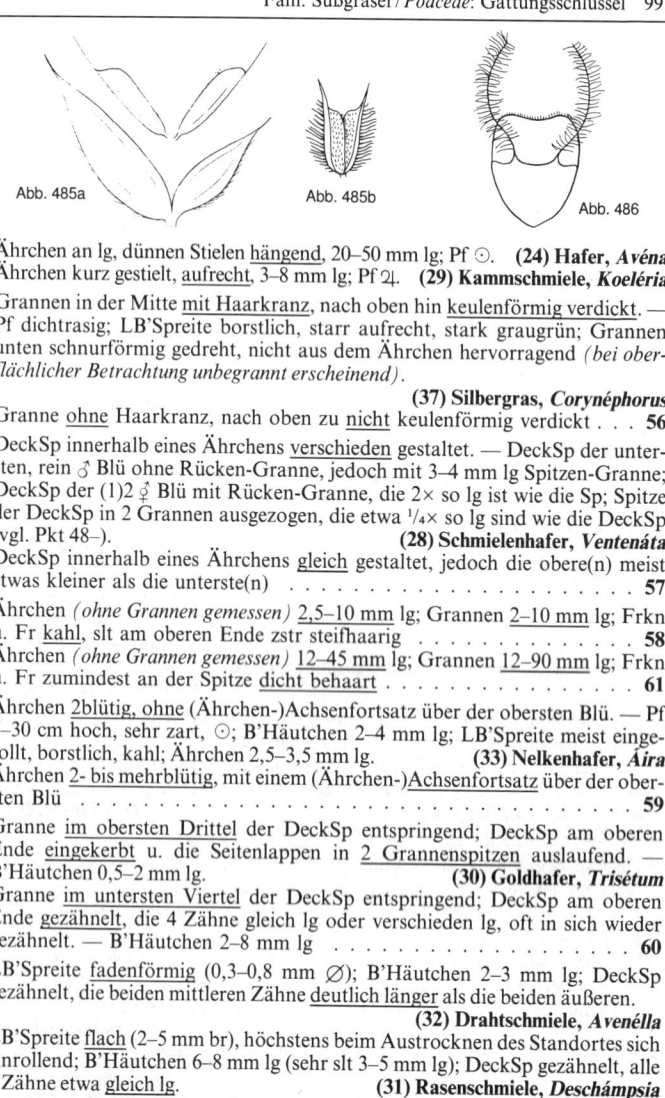

**54** Ährchen an lg, dünnen Stielen hängend, 20–50 mm lg; Pf ⊙. **(24) Hafer, *Avéna***
**–** Ährchen kurz gestielt, aufrecht, 3–8 mm lg; Pf ♃. **(29) Kammschmiele, *Koeléria***

**55** Grannen in der Mitte mit Haarkranz, nach oben hin keulenförmig verdickt. — Pf dichtrasig; LB'Spreite borstlich, starr aufrecht, stark graugrün; Grannen unten schnurförmig gedreht, nicht aus dem Ährchen hervorragend *(bei oberflächlicher Betrachtung unbegrannt erscheinend)*. **(37) Silbergras, *Corynéphorus***
**–** Granne ohne Haarkranz, nach oben zu nicht keulenförmig verdickt . . . **56**

**56** DeckSp innerhalb eines Ährchens verschieden gestaltet. — DeckSp der untersten, rein ♂ Blü ohne Rücken-Granne, jedoch mit 3–4 mm lg Spitzen-Granne; DeckSp der (1)2 ⚥ Blü mit Rücken-Granne, die 2× so lg ist wie die Sp; Spitze der DeckSp in 2 Grannen ausgezogen, die etwa 1/4× so lg sind wie die DeckSp (vgl. Pkt 48–). **(28) Schmielenhafer, *Ventenáta***
**–** DeckSp innerhalb eines Ährchens gleich gestaltet, jedoch die obere(n) meist etwas kleiner als die unterste(n) . . . . . . . . . . . . . . . . . . . **57**

**57** Ährchen *(ohne Grannen gemessen)* 2,5–10 mm lg; Grannen 2–10 mm lg; Frkn u. Fr kahl, slt am oberen Ende zstr steifhaarig . . . . . . . . . . . . **58**
**–** Ährchen *(ohne Grannen gemessen)* 12–45 mm lg; Grannen 12–90 mm lg; Frkn u. Fr zumindest an der Spitze dicht behaart . . . . . . . . . . . . . . **61**

**58** Ährchen 2blütig, ohne (Ährchen-)Achsenfortsatz über der obersten Blü. — Pf 5–30 cm hoch, sehr zart, ⊙; B'Häutchen 2–4 mm lg; LB'Spreite meist eingerollt, borstlich, kahl; Ährchen 2,5–3,5 mm lg. **(33) Nelkenhafer, *Áira***
**–** Ährchen 2- bis mehrblütig, mit einem (Ährchen-)Achsenfortsatz über der obersten Blü . . . . . . . . . . . . . . . . . . . . . . . . . . . . **59**

**59** Granne im obersten Drittel der DeckSp entspringend; DeckSp am oberen Ende eingekerbt u. die Seitenlappen in 2 Grannenspitzen auslaufend. — B'Häutchen 0,5–2 mm lg. **(30) Goldhafer, *Trisétum***
**–** Granne im untersten Viertel der DeckSp entspringend; DeckSp am oberen Ende gezähnelt, die 4 Zähne gleich lg oder verschieden lg, oft in sich wieder gezähnelt. — B'Häutchen 2–8 mm lg . . . . . . . . . . . . . . . **60**

**60** LB'Spreite fadenförmig (0,3–0,8 mm ∅); B'Häutchen 2–3 mm lg; DeckSp gezähnelt, die beiden mittleren Zähne deutlich länger als die beiden äußeren. **(32) Drahtschmiele, *Avenélla***
**–** LB'Spreite flach (2–5 mm br), höchstens beim Austrocknen des Standortes sich einrollend; B'Häutchen 6–8 mm lg (sehr slt 3–5 mm lg); DeckSp gezähnelt, alle 4 Zähne etwa gleich lg. **(31) Rasenschmiele, *Deschámpsia***

**61** [57] Pf ⊙; HüllSp 7–11nervig. — Ährchen an lg, dünnen Stielen, oft hängend; HüllSp papierartig, mit br, weißlich-durchsichtigen Rändern. **(24) Hafer, *Avéna***
**–** Pf ♃; HüllSp 1–3nervig. — Ährchen an kurzen Stielen, meist ± aufrecht oder abstehend, slt hängend; HüllSp dünnhäutig . . . . . . . . . . . . . **62**

**62** LB'Spreiten der Erneuerungssprosse im trockenen Zustand meist zusammengerollt u. borstenförmig, ∅ U-förmig, *(ausgebreitet)* 0,7–1,2(3) mm br, auf der Oberseite stark gerippt, unterseits glatt. **(25) Staudenhafer, *Helictotríchon***

**–** LB'Spreiten der Erneuerungssprosse flach-ausgebreitet oder zusammengefaltet, ∅ V-förmig, *(ausgebreitet)* 2–9(10) mm br, nicht gerippt, beiderseits glatt. **(26) Wiesenhafer, *Avénula***

**63** [50] Ährchen rundlich bis br-eiförmig, mit abgestutztem bis schwach herzförmigem Grund, — seitlich zusammengedrückt. **(11) Zittergras, *Bríza***

**–** Ährchen eiförmig, länglich oder lanzettlich, am Grund meist ± keilig . **64**

**64** B'Häutchen durch einen Haarkranz ersetzt . . . . . . . . . . . . . . . . . **65**

**–** B'Häutchen häutig (manchmal etwas zerschlitzt) oder fehlend, nie ganz in Haare aufgelöst . . . . . . . . . . . . . . . . . . . . . . . . . . . . . . . **68**

**65** Stg bis an die Rispe auffallend starr abstehend beblättert. — In den oberen StgB'Scheiden oft kurze Seitenäste mit kleistogamen Ährchen. **(53) Steifhalm, *Cleistógenes***

**–** Stg nicht bis an die Rispe auffallend starr abstehend beblättert. — In den LB'Scheiden des Stg meist keine kleistogamen Ährchen . . . . . . . . . **66**

**66** Stg nur am zwiebelförmigen Grund u. 1–2(5) cm oberhalb mit Knoten, darüber knoten- u. blattlos (oft aber bis zur Mitte von den LB'Scheiden eingehüllt u. scheinbar bis dorthin beblättert. — Pf horstbildend; Ährchen meist blau überlaufen mit kahler oder kurzhaariger Achse. **(51) Pfeifengras, *Molínia***

**–** Stg bis oben knoten- u. blatttragend . . . . . . . . . . . . . . . . . . . . **67**

**67** Ährchenachse mit lg, später aus dem Ährchen herausragenden weißen Haaren; Pf ♃, mit lg unter- oder oberirdischen Ausläufern; H: 100–300(400) cm. **(49) Schilf, *Phragmítes***

**–** Ährchenachse kahl; Pf ⊙, ohne Ausläufer; H: 10–40(50) cm. **(54) Liebesgras, *Eragróstis***

**68** [64] Narben unterhalb der Spitze des Frkn eingefügt (Abb. 486). — LB'Scheiden meist ganz geschlossen; Frkn mit länglichem Nabelfleck (Abb. 502 a); Ährchen 1–2,5(6) cm lg; DeckSp fast stets kurz 2zähnig, ihre Grannen meist etwas unterhalb der Spitze der DeckSp entspringend (slt grannenlos: → Wehrlose T. / *B. inermis*, Pkt 6). **(16) Trespe, *Brómus***

**–** Narben an der Spitze des Frkn sitzend . . . . . . . . . . . . . . . . . . . **69**

**69** DeckSp begrannt; Granne mindestens 1 mm lg. — DeckSp höchstens oben schwach gekielt . . . . . . . . . . . . . . . . . . . . . . . . . . . . . . **70**

**–** DeckSp unbegrannt, höchstens zugespitzt oder kurz stachelspitzig, der Stachel kürzer als 1 mm . . . . . . . . . . . . . . . . . . . . . . . . . . . . . . **72**

**70** Blü mit 1 StaubB; Pf ⊙. — Ährchenstiele unter den Ährchen oft verdickt; HüllSp verschieden lg, die untere nur $^1/_2$–$^1/_{10}$× so lg wie die obere; Granne 7–15 mm lg, 1–2× so lg wie die DeckSp; Rispe auffallend schmal. **(3) Federschwingel, *Vúlpia***

**–** Blü mit 3 StaubB; Pf ♃. — Ährchenstiele unter den Ährchen nicht verdickt . . . . . . . . . . . . . . . . . . . . . . . . . . . . . . . . . . . . **71**

**71** Ährchenachse unter jeder DeckSp mit etwa 0,5 mm lg, steifen Borstenhaaren; Nabelfleck rundlich (Abb. 502 b). — Granne der DeckSp 1 mm lg. **(3 b) Violettrispe, *Bellardióchloa***

**–** Ährchenachse unter den DeckSp ohne Borstenhaare; Nabelfleck länglich (Abb. 502 a). — Granne der DeckSp 1–30 mm lg. **(1) Schwingel, *Festúca***

**72** [69] DeckSp gekielt, ∅ V-förmig. — Nabelfleck rundlich (Abb. 502 b). (Wenn DeckSp ± gekielt u. Nabelfleck länglich (Abb. 502 a), → *Festuca pulchella*, S. 996) . . . . . . . . . . . . . . . . . . . . . . . . . . . . **73**
**-** DeckSp nicht gekielt, ∅ abgerundet . . . . . . . . . . . . . . . . . . . . **74**

**73** DeckSp nur schwach gekielt, fein zugespitzt oder mit etwa 1 mm lg Granne; Ährchenachse unterhalb jeder DeckSp mit 0,5 mm lg, steifen Borstenhaaren. **(3 b) Violettrispe, *Bellardióchloa***
**-** DeckSp deutlich gekielt, stumpf oder spitz, aber nie begrannt; Ährchenachse unterhalb der DeckSp ohne Borstenhaare. **(4) Rispe, *Póa***

**74** DeckSp hautrandig, mit gezähnter oder stumpfwinkeliger Spitze . . . . . **75**
**-** DeckSp nicht hautrandig, zugespitzt . . . . . . . . . . . . . . . . . . . . **76**

**75** DeckSp 3nervig, mit deutlichen Nerven, oben ± gezähnt. — Ährchen (1)2–3(5)blütig, 1–3 mm lg; Nabelfleck rundlich (Abb. 502 b). **(9) Quellgras, *Catabrósa***
**-!!** DeckSp 5nervig, mit undeutlichen Nerven, oben oft ausgerandet; LB'Scheiden offen. — Nabelfleck rundlich (Abb. 502 b). **(5) Salzschwaden, *Puccinéllia***
**-** DeckSp 7nervig, mit deutlichen Nerven; LB'Scheiden fast ganz geschlossen. — Nabelfleck länglich (Abb. 502 a). **(15) Schwadengras, *Glycéria***

**76** DeckSp deutlich 7nervig. — Nabelfleck länglich (Abb. 502 a). **(15) Schwadengras, *Glycéria***
**-** DeckSp ± deutlich (3)5nervig . . . . . . . . . . . . . . . . . . . . **77**

**77** Nabelfleck rundlich (Abb. 502 b); Ährchenachse unter jeder DeckSp mit etwa 0,5 mm lg, steifen Borstenhaaren. **(3 b) Violettrispe, *Bellardióchloa***
**-** Nabelfleck länglich (Abb. 502 a); Ährchenachse unter den DeckSp ohne Borstenhaare. **(1) Schwingel, *Festúca***

**78** [33] Stg kriechend u. bogig aufsteigend; Ährchen-∅ rundlich; B'Häutchen 3–5 mm lg. **(9) Quellgras, *Catabrósa***
**-** Stg meist aufrecht, an den Knoten keine Wurzeln treibend; Ährchen im ∅ V-förmig, gekielt; B'Häutchen 0,5–1 mm lg. — StgB meist waagrecht-abstehend bis aufrecht-abstehend. **Hain-Rispe, (4), *Póa nemorális***

## (1) Schwingel, *Festúca*

Anm.: Viele Schwingel-Arten sind einander im Habitus sehr ähnlich, u. die wichtigen Unterscheidungsmerkmale können nur an vollständigem Material festgestellt werden. Man beachte daher die folgenden

*Hinweise zum Sammeln u. Bestimmen:*

*Zu sammeln ist stets die vollständige Pf einschließlich etwa vorhandener Ausläufer, nichtblühender Erneuerungstriebe u. blühender Triebe mit ihren grundständigen, abgestorbenen Blattscheiden. – Einige Sippen zeigen eine ± intensive blaugrüne (= glauke) Färbung. Dies kann in manchen Fällen auch durch eine abwischbare Bereifung bedingt sein (sollte beim Sammeln notiert werden). – Unter „LB" („LB'Spreite" usw.) sind immer jene an nichtblühenden Erneuerungstrieben (sie entspringen meist am Grund der Blühtriebe) zu verstehen (= GrundB).*

*Querschnitte durch LB'Spreiten sind an vollentwickelten LB nichtblühender Erneuerungstriebe knapp oberhalb ihrer Mitte vorzunehmen. Man untersuche womöglich mehrere LB! Zur Analyse ist ein Durchlichtmikroskop u. eine etwa 100fache Vergrößerung erforderlich. Das Sklerenchym (Gewebe aus dickwandigen Zellen = Festigungsgewebe = Bast) erscheint dabei heller als das Mesophyll (in den halbschematischen Abb. 487–501 ist es dunkel dargestellt!). Der Durchmesser (∅) borstlicher LB'Spreiten wird von der Mittelrippe zu den Blatträndern gemessen (Abb. 487), die Breite von LB'Spreiten hingegen zw. den beiden Blatträndern. (LB'Spreiten-)„Innenseite" = -Oberseite; (LB'Spreiten-)„Außenseite" = -Unterseite.*

*LB'Scheiden werden an Querschnitten durch nichtblühende Erneuerungstriebe untersucht.* Sie können entweder röhrenförmig verwachsen sein oder überlappende Ränder zeigen. In letzterem Fall sind sie meist offen oder (slt, bei *F. amethystina* u. *F. norica*) nur durch ein dünnes Schließhäutchen zw. den Rändern geschlossen.

Die Erneuerungstriebe entspringen entweder ohne oder mit sehr kurzen Ausläufern innerhalb der abgestorbenen LB'Scheiden des Muttersprosses (intravaginal, zB *F. ovina*-Gruppe, *F. valesiaca*-Gruppe), was stets zur Bildung kompakter Horste führt, oder aber sie durchbrechen als Ausläufer (Rhizome) die abgestorbenen LB'Scheiden (extravaginal, zB *F. rubra*-Gruppe, *F. violacea*-Gruppe). Wenn die Ausläufer sehr kurz bleiben, neigen auch sich extravaginal verzweigende Arten zur Horstbildung (zB *F. nigrescens*).

*Die Länge der DeckSp wird stets an der untersten eines Ährchens u. ohne Granne gemessen. Die Breite der DeckSp ist im ausgebreiteten Zustand an der breitesten Stelle, einschließlich eines allfälligen Hautrandes zu messen. Die Ährchenlänge wird stets vom Grund der unteren HüllSp bis zur Spitze der 4. DeckSp (ohne Granne) gemessen, auch wenn im Ährchen mehr als 4 Blü stehen.* – Als „gescheckte" Ährchen werden jene mit auffällig 2färbigen DeckSp (Grund grün, Spitze u. Ränder d'violett) bezeichnet.

**Gattungsübersicht:**

Anm.: Die angeführten Artengruppen stimmen mit den „Aggregaten" in der „Liste der Gefäßpflanzen Mitteleuropas" (Gutermann & al. 1973) überein, abgesehen von folgenden Abweichungen: *F. pratensis* u. *F. arundinacea* werden zu einer Gruppe zusammengefaßt, die *F. halleri-Gruppe* wird um *F. alpina* u. *F. rupicaprina* erweitert, u. das sehr weit gefaßte *F. ovina agg.* muß in 2 Artengruppen (*F. valesiaca-* u. *F. ovina-Gruppe*) zerlegt werden, um der deutlichen Zäsur zw. diesen beiden Einheiten Ausdruck zu verleihen.

*F. pratensis-Gruppe:*
- *F. pratensis* [5–]
  - *subsp. pratensis*
  - *subsp. apennina*
- *F. arundinacea (= F. elatior)* [5]

*F. gigantea* [4]
*F. altissima (= F. sylvatica)* [3]
*F. drymeia* [3–]
*F. pulchella* [8–]
- *subsp. pulchella*
- *subsp. jurana*

*F. paniculata* [7]
*F. laxa* [8]
*F. pumila (= F. quadriflora* inkl. *F. rigidior)* [10]

*F. varia-Gruppe:*
- *F. alpestris* [11]
- *F. calva* [12]
- *F. varia* [13]
- *F. versicolor* [13–]
  - *subsp. brachystachys*
  - *subsp. pallidula*

*F. rubra-Gruppe:*
- *F. rubra* [30–]
  - *subsp. rubra*
  - *subsp. juncea*
- *F. trichophylla* [28]
- *F. nigrescens* [29]
- *F. diffusa* [30]

*F. heterophylla* [27]

*F. violacea-Gruppe:*
- *F. picturata (= F. picta)* [20–]

*F. violaceae-Gruppe:*
- *F. norica* [18, 15–]
- *F. nigricans (= F. puccinellii sensu Fl. Eur. p. p.)* [19]
- *F. nitida (= F. carnica)* [20]

*F. amethystina* [15]

*F. halleri-Gruppe:*
- *F. stenantha* [22]
- *F. pseudodura* [26]
- *F. halleri* [20–]
- *F. intercedens (F. halleri var. tenuis)* [25–]
- *F. rupicaprina* [25]
- *F. alpina* [23]

*„F. ovina agg." (= F. valesiaca-Gruppe + F. ovina-Gruppe)*

*F. valesiaca-Gruppe:*
- *F. brevipila (= F. trachyphylla)* [33]
- *F. stricta* [33–]
- *F. valesiaca* [35]
- *F. pseudovina* [35–]
- *F. pseudodalmatica* [36]
- *F. rupicola (= F. sulcata, inkl. F. carnuntina)* [36–]
- *F. vivipara* [37]

*F. ovina-Gruppe:*
- *F. curvula* [41, 39]
- *F. eggleri* [42]
- *F. supina (= F. airoides sensu Fl. Eur. p. p.)* [42–]
- *F. vaginata* [44]
- *F. pallens* [44–, 47–]
  - *subsp. pallens (*inkl.

F. ovina-Gruppe (Forts.):
*F. pannonica sensu Fl. Eur.)* [44–]
*subsp. scabrifolia (sensu Fl. Eur., nom. illegit.)* [47]
*F. filiformis (= F. tenuifolia, F. capillata)* [46]
*F. ovina (s. str.)* [46–]
*F. „guestfalica" (sensu Fl. Eur., typo excl.!; = „F. firmula")* [47–]

**1** LB mit flachen, höchstens seicht rinnenförmigen, mindestens 4 mm br Spreiten . . . . . . . . . . **2**

**–** LB mit rinnenförmigen (= V-förmig gefalteten) oder eingerollten, *(im flachgedrückten Zustand)* höchstens 4 mm br Spreiten . . . . . . . . **6**

**2** B'Häutchen deutlich, 1–3 mm lg; Mündung der LB'Scheide ohne seitliche Öhrchen; am Grund der Erneuerungstriebe kurze spreitenlose Blattscheiden (= NiederB); DeckSp weich, hautrandig; Frkn steifhaarig . . . . . **3**

**–** B'Häutchen nicht erkennbar oder nur ein sehr schmaler (weit weniger als 1 mm hoher) Saum; Mündung der LB'Scheide mit seitlichen Öhrchen; keine spreitenlosen Blattscheiden am Grund der Erneuerungstriebe; DeckSp hart, nur mit undeutlichem Hautrand; Frkn kahl . . . . . . . . **4**

**3** Pf ohne Ausläufer; DeckSp spitz, mit 3(5) Leitbündeln (= „Blattnerven"); Mündung der LB'Scheiden kahl; spreitenlose Blattscheiden am Grund der nichtblühenden Erneuerungstriebe 4–5, dick, strohig u. nicht zerfasernd. H: 50–120(200) cm. ♃ He. VI–VII. Schattige, frische Edellaubwälder; montan bis subalpin; zstr bis slt. **Fehlt W**. *(F. sylvatica)* **Wald-Sch.**, Hoher Sch., ***F. altíssima***

**–** Pf mit Ausläufern; DeckSp stumpf, mit 5 Leitbündeln; Mündung der LB'Scheide fransig bewimpert; grundständige, spreitenlose Blattscheiden an den Erneuerungstrieben 2–3, rasch zerfasernd u. bald verschwindend. H: 70–110 cm. ♃ He. VI. Feucht-schattige Laubwälder; submontan bis obermontan; im Wienerwald zstr, sonst slt bis sehr slt. **B, W, N, O, St**. *(F. montana)* **Berg-Sch. *F. dryméia***

**4** DeckSp mit 10–15 mm lg, geschlängelter Granne. — LB'Spreite unterseits glänzend; Rispenäste überhängend; LB'Öhrchen der unteren StgB den Stg krallenförmig umfassend, spitz; LB'Spreite u. Blattscheiden kahl (bei der im Habitus ähnlichen Artengruppe Wald-Trespe / *Bromus ramosus agg.* dicht behaart!). H: 50–150 cm. ♃ He. VII–VIII. Schattige, staufeuchte Edellaubwälder, Auwälder; collin bis obermontan; hfg bis zstr. **Alle Bdld**. **Riesen-Sch., *F. gigantéa***

**–** DeckSp unbegrannt oder mit höchstens 2,5 mm lg, gerader Granne . . . . **5**

**5** Öhrchen an der LB'Scheidenmündung mit einzelnen bis zahlr., etwa 0,5 mm lg Haaren bewimpert; LB'Oberseite deutlich gerippt; unterste Rispenäste 2–3, etwa gleich kräftig, mit je 5–15 Ährchen; — die längsten Rispenäste 4–10 cm lg; DeckSp spitz bis kurz begrannt (Granne 1–2 mm lg), samt Granne 6,5–11 mm lg. H: 60–180(200) cm. ♃ He. VI–VII. Feuchte Wiesen, Auwälder, Ufer, Wegränder; collin bis obermontan; zstr. **Alle Bdld**. *(F. elatior sensu orig., non auct. mult.)* **Rohr-Sch.**, Großer Sch., ***F. arundinácea***

Anm.: Die mangelhafte Kenntnis der beiden für **Ö** angegebenen Unterarten *subsp. arundinacea* u. *subsp. uechtritziana* erlaubt keine sichere Bewertung ihrer taxonomischen Stellung.

**–!!** Öhrchen an der LB'Scheidenmündung kahl; LB'Oberseite nicht oder nur undeutlich gerippt, fast glatt; die untersten Rispenäste zu 2, stets unterschiedlich kräftig, der schwächere mit 1–3, der stärkere mit 4–6 Ährchen. H: 30–100 cm. ♃ He. VI–VII. Frische Fettwiesen, Weiderasen; collin bis subalpin; sehr hfg. **Alle Bdld**. *(„F. elatior")* **Wiesen-Sch., *F. praténsis***

**a** DeckSp meist unbegrannt (sehr slt mit kurzer Granne), (5,0)6,5–7,0(7,5) mm lg, auch samt Granne stets weniger als 8 mm lg; längster Rispenast 1–5 cm lg, LB'Öhrchen der Blühtriebe weniger als 1,5 mm weit abstehend; LB'Scheiden zur Gänze offen; DeckSp an der Spitze nicht 2zähnig. — LB'Spreite 3–6 mm br; Ährchen 9–11 mm lg. H: 30–80 cm. Frische Fettwiesen, Weiderasen; collin bis montan (subalpin); hfg. **Alle Bdld.** (*F. pratensis s. str.*) ■ **Gewöhnlicher W.-Sch., *F. p. subsp. praténsis***

**-** DeckSp stets begrannt, (7,0)7,5–9,0(9,5) mm lg, samt Granne stets mehr als 8 mm lg; längster Rispenast 4–10 cm lg; LB'Öhrchen der Blühtriebe mehr als 1,5 mm weit abstehend; LB'Scheiden zumindest im unteren Drittel, oft bis zur Mitte geschlossen; DeckSp an der Spitze 2zähnig. — LB'Spreite 4–10 mm br; Ährchen 9–13(15) mm lg. H: 50–100 cm. Hochstaudenfluren, Grünerlengebüsch, Wiesen, Weiderasen, Ufer, Geröll; basenliebend; montan bis subalpin; zstr. **Fehlt B, W**. (*F. apennina*)
■ **Begrannter W.-Sch., *F. p. subsp. apennína***

**-** Vgl. auch die Gattungshybride **Lolchschwingel,** × ***Festulólium*** (→ Anm. nach Ausdauernder Lolch, (2), *Lolium perenne*)

**6** [1] LB'Spreiten rinnenförmig, slt eingerollt (vgl. *F. laxa* u. *F. pulchella subsp. jurana*, Pkt 8); zahlr. Sklerenchymstränge von der Spreiten-Außenseite (= Unterseite) zur -Innenseite (= Oberseite) durchlaufend (wie zB Abb. 487) . . . . . . . . . . . . . . . . . . . . . . . . . . . . . . . . . . . . 7

**-** LB'Spreiten eingerollt oder eng V-förmig gefaltet, dadurch borstlich; sklerenchymatisches Gewebe an der Spreiten-Außenseite angeordnet, ausnahmsweise können dünne Innensklerenchymbündel (vgl. Glatter Bunt-Sch., / *F. calva*, Pkt 12, Abb. 488) oder einzelne bis zur Innenseite durchlaufende Sklerenchymbündel (vgl. Norischer Sch. / *F. norica*, Pkt 18, Abb. 491) auftreten . . . . . . 9

**7** Pf dichthorstig; LB'Scheiden bilden am Grund der Triebe eine zwiebelartige Verdickung; Ährchen goldgelb. — B'Häutchen an den oberen StgB 2–3 mm lg; LB'Spreite flach, 2–4 mm br; DeckSp mit 5 auffallend vortretenden Leitbündeln, nicht begrannt. H: 50–120 cm. ♃ He. VII–VIII. Sonnige Bergwiesen, steinige Weiderasen; kalkmeidend; subalpin bis alpin; zstr. **St** (sehr slt), **K, T.** (*F. spadicea*) **Gold-Sch.,** Rispen-Sch., ***F. paniculáta***

**-** Pf mit Ausläufern unterschiedlicher Länge; Grund der Triebe nicht verdickt; Ährchen grünlich, meist dunkelbraun oder violett überlaufen . . . . . . . 8

**8** Ganze Pf auffällig blaugrün; LB'Spreiten borstlich eingerollt (höchstens ± feucht ausgebreitet); LB'Scheiden bis fast zum Grund offen, gelblich, derb u. nach dem Absterben lange erhalten bleibend; am Grund der Sprosse stets spreitenlose Scheiden vorhanden; B'Häutchen etwa 1 mm lg; Sklerenchymelemente an der Spreiten-Innenseite (= Oberseite) auffällig amboßförmig auseinanderlaufend (Abb. 487). — Ährchen 8–9 mm lg, violett gescheckt. H: 30–60 cm. ♃ He. VII–VIII. Felsschuttfluren, Flußschotter; kalkstet; (montan) subalpin bis alpin; slt. **K** (in den Karawanken) (Sonstige Vbr.: Slowenien; Endemit der südöstl. Kalkalpen.)
**Schlaffer Sch.,** (sl.:) mlahava bilnica, ***F. láxa***

**-** Ganze Pf stumpfgrün; LB'Spreiten rinnenförmig oder locker eingerollt; LB'Scheiden etwa bis zur Hälfte verwachsen, d'braun, nach dem Absterben rasch netzartig zerfallend; am Grund der Sprosse keine beständigen spreitenlosen Scheiden sichtbar; an der LB'Scheidenmündung seitliche öhrchenartige Säume, aber kein B'Häutchen; Sklerenchymelemente an der Spreiten-Innenseite (= Oberseite) nicht amboßförmig auseinanderlaufend. — Ährchen 6–7 mm lg, rotbraun u. goldgelb gescheckt, ± flachgedrückt u. gekielt, dadurch an Rispe / *Poa* erinnernd [jedoch: bei *Poa* ist der Nabelfleck rund (Abb. 502 b), beim Schwingel / *Festuca* länglich (Abb. 502 a)]. H: 20–60 cm. ♃ He. VII–VIII. Frische, tiefgründige, steinige Rasen, auch Schutthalden; kalkliebend; subalpin bis alpin; zstr. **Fehlt B, W**. **Schön-Sch., *F. pulchélla***

**a** Pf durch lg (1–10 cm) Ausläufer locker rasig; LB'Spreiten der nichtblühenden Sprosse flach bis seicht rinnenförmig, 2–4 mm br *(ausgebreitet gemessen)*; alle Sklerenchymbündel von der Unterseite zur Oberseite der Spreite durchlaufend; Rispe reichblütig, am untersten Ripsenast 4–5(6) Ährchen; 4blütige Ährchen 5,5–7(7,5) mm lg. H: 30–60 cm. Humusreiche, kalkhaltige, frische bis feuchte Rasen (zB Rostseggenrasen); zstr. **Fehlt B, W**. ■ **Gewöhnlicher Sch.-Sch., *F. p. subsp. pulchélla***

**-** Pf mit kurzen (0,5–3 cm lg) Ausläufern, dadurch im Wuchs dichtrasig; LB'Spreite stets eingerollt, 0,8–1,5 mm ∅; nur die Sklerenchymbündel der kräftigeren Leitbündel von der Unterseite zur Oberseite durchlaufend; Rispe locker, armblütig, am untersten Rispenast 3(4) Ährchen; 4blütige Ährchen (6,5)7–8 mm lg. H: 20–30 cm. Ruhschuttfluren über kalkreichem Gestein; slt. **O, St, S, T**. ■ **Faltblättriger Sch.-Sch., *F. p. subsp. jurána***

**9** [6] B'Häutchen deutlich, mindestens 0,5 mm lg . . . . . . . . . . . . . . **10**

**-** B'Häutchen fehlend, an der Mündung der LB'Scheiden aber oftmals seitliche, öhrchenartige Säume . . . . . . . . . . . . . . . . . . . . . . . . . **14**

**10** B'Häutchen kürzer als 1 mm, ohne erkennbare Leitbündel; LB'Spreite hart, aber nicht stechend, in der oberen Hälfte rauh; Spreiten-Außenseite mit 5 deutlichen Rippen. — Meist ein separates Sklerenchymbündel an jeder Rippe, seltener ein ungleichmäßig dicker Sklerenchymring (Abb. 490); Ährchen rot, braun u. gelb gescheckt; Granne der DeckSp 0,2–1,3 mm lg. H: 10–20 cm. ♃ He. VII–VIII. Alpine Rasen, Felsschuttfluren, Felsen; kalkhaltige bis schwach saure, steinige, trockene, sonnige Böden mit kurzer Schneebedeckung (Kuppen u. Grate); subalpin bis alpin; zstr. **Fehlt B, W**. *(F. quadriflora)* ■ **Niedriger Sch.**, Niedriger Bunt-Sch., ***F. púmila***

Anm.: Eine im Habitus ziemlich variable Sippe mit starren, meist graugrünen LB mit ungleich dickem Sklerenchymring wird zuweilen als *F. „rigidior"* abgetrennt.

**-** B'Häutchen mindestens 1 mm lg; zumindest das mittlere Leitbündel deutlich zu erkennen; LB'Spreite deutlich stechend, glatt; Spreiten-Außenseite ohne Rippen. — Stets ein gleichmäßig dicker Sklerenchymring. (Artengruppe Bunt-Sch., *F. varia-Gruppe*) . . . . . . . . . . . . . . . . . . . . . . . . **11**

**11** B'Häutchen mindestens 3 mm lg, spitz, stets mit 3 deutlich erkennbaren Leitbündeln. — LB'Spreite starr, stechend, 0,7–1 mm dick; Ährchen gelbgrün, manchmal leicht gescheckt; DeckSp kurz zugespitzt, Granne fehlend oder sehr kurz. H: 25–50 cm. ♃ He. VII–VIII. Offene Treppenrasen an steilen, sonnigen Hängen; kalkstet; obermontan bis subalpin; sehr slt. Ost-**T** (Lienzer Dolomiten*). (Hptvbr.: Südalpen.) Gefährdet (!). ■ **Südalpen-Bunt-Sch., *F. alpéstris***

**-** B'Häutchen höchstens 2 mm lg, gestutzt, mit nur einem erkennbaren Leitbündel . . . . . . . . . . . . . . . . . . . . . . . . . . . . . **12**

**12** LB'Spreiten-Innenseite mit Sklerenchymzellen an den Rippen; Sklerenchymring weit in die Innenseite reichend (Abb. 488); Rispe locker, unterster Rispenast meist stark verlängert. — Stg kahl; die untersten LB'Spreiten der Erneuerungstriebe fast so lg wie die der folgenden LB; Ährchen violett gescheckt; Granne der DeckSp 0–0,2(0,6) mm lg. H: 30–50 cm. ♃ He. VII. Offene Rasen, Geröll, Felsen; kalkstet; subalpin bis alpin; slt. Süd-**K**. (Gesamtvbr.: südöstl. Kalkalpen.) ■ **Glatter Bunt-Sch.,** (sl.:) gola bilnica, ***F. cálva***

**-** LB'Spreiten-Innenseite ohne Sklerenchymzellen (Abb. 494); Rispe dicht mit kurzen Ästen, am untersten Rispenast sitzen die Ährchen bis knapp an den Grund . . . . . . . . . . . . . . . . . . . . . . . . . . . . **13**

**13** Die äußersten grundständigen LB der Erneuerungstriebe mit kurzer Spreite (1/5–1/10× so lg wie die der Folgeblätter); Spelzen nicht oder nur undeutlich

* Unveröff. Neufunde von M. Isda-Englmaier, P. Englmaier u. W. Gutermann.

hautrandig. — LB'Spreiten-∅: Abb. 494; Ährchen 4–7blütig, blaugrün, violett gescheckt. H: 25–50 cm. ♃ He. VII–VIII. Offene, sonnige, steinige, trockene, bodensaure Rasen auf steilen Hängen; kalkmeidend; subalpin bis alpin; hfg. **St, K, S,** Ost-**T**. ■ **Gescheckter Bunt-Sch.,** ***F. vária***

- Die Spreiten der äußersten (= untersten) grundständigen LB der Erneuerungstriebe mindestens ¼× so lg wie jene der Folgeblätter; Spelzen br-hautrandig. — Ährchen 2–4(6)blütig. H: 15–50 cm. ♃ He. VII–VIII. Steinige alpine Rasen, Felsfluren; die in den Ostalpen auftretenden Sippen sind kalkstet.
■ **Verschiedenfärbiger Bunt-Sch.,** ***F. versícolor***

a Rispe steif aufrecht; Rispenäste (flaumig) behaart; DeckSp kurz zugespitzt; Granne der DeckSp fehlend oder sehr kurz: 0–0,3(0,5) mm lg; LB'Spreite 0,5–0,7(0,8) mm ∅. — Sklerenchymring im LB-∅ (1)2–3(4) Zellagen dick, geschlossen (sehr slt unterbrochen); Ährchen meist fahl bläulichgrün, kaum bis ± stark blaßlila gescheckt. Trockene Felsfluren, sonnige, flachgründige Felsrasen; montan (subalpin); zstr bis slt. **N, O, St.**
■ **Bleicher V. B.-Sch.,** ***F. v. subsp. pallídula***

- Rispe hfg nickend; Rispenäste kahl u. glatt (slt schwach papillös); DeckSp lg zugespitzt; Granne der DeckSp deutlich: (0,2)0,5–1,0(1,3) mm lg; LB'Spreite (0,6)0,7–0,9(1,1) mm ∅. — Sklerenchymring im LB-∅ 1–2(3) Zellagen dick, oft mehrmals unterbrochen; Ährchen meist deutlich violett gescheckt oder überlaufen. Windgefegte Magerrasen, subalpin bis alpin; hfg. **N, O, St.** ■ **Kurzrispiger V. B.-Sch.,** ***F. v. subsp. brachystáchys***

**14** [9] LB'Scheiden nur durch ein dünnes, 1- bis mehrzellreihiges, überlappendes Schließhäutchen geschlossen (als Längsfurche sichtbar, vgl. Abb. 491) . **15**

**-** LB'Scheiden entweder im unteren Teil vollständig zu einer Röhre verwachsen oder gänzlich offen . . . . . . . . . . . . . . . . . . . . . . . . . . . . **16**

**15** LB'Scheiden meist deutlich lila überlaufen, im abgestorbenen Zustand derb u. glatt, nicht zerfasernd; Schließhäutchen der LB'Scheiden einzellreihig; Ährchen fahlgrün; DeckSp lg zugespitzt, aber unbegrannt. — LB'Spreite 0,3–0,6(0,7) mm br, rauh, mit 5–7 Leitbündeln (Abb. 495). H: 50–80 cm. ♃ He. VI. Eichen- u. Föhrenwälder, Waldränder, Magerrasen; oft auf basischen Böden; collin bis obermontan; zstr. **Alle Bdld.** ▲
■ **Amethyst-Sch.,** ***F. amethýstina*** (*subsp. amethýstina*)

**-** LB'Scheiden grünlich, mitunter mit leichtem lila Anflug, im abgestorbenen Zustand netzartig zerfasernd; Schließhäutchen der LB'Scheiden 2- bis mehrzellreihig; Ährchen violett gescheckt; DeckSp stets begrannt.
■ **Norischer Sch.,** ***F. nórica*** (→ Pkt 18)

**16** Abgestorbene LB'Scheiden ± netzartig zerfasernd (mitunter schlecht zu erkennen), (fast) stets bis zur Mündung verwachsen. — Sklerenchym der LB'Spreite stets in einzelnen Bündeln . . . . . . . . . . . . . . **17**

**-** LB'Scheiden derb, nach dem Absterben als Ganzes erhalten bleibend, höchstens bis zur Hälfte verwachsen. — Sklerenchym der LB'Spreite ringförmig geschlossen oder in einzelnen Bündeln . . . . . . . . . . . . . . . . . . **31**

**17** LB'Spreiten frischgrün, glänzend; Ährchen glänzend, gescheckt. — Frkn behaart; nichtblühende Triebe meist extravaginal. (Artengruppe Violett-Sch., *F. violacea-Gruppe*) . . . . . . . . . . . . . . . . . . . . . . . . . . . . . . **18**

**-** LB'Spreiten graugrün, glanzlos; Ährchen glanzlos, grün oder als Ganzes violett überlaufen . . . . . . . . . . . . . . . . . . . . . . . . . . . . . **21**

**18** Sklerenchymbündel bei den stärksten seitlichen Leitbündeln bis zur Spreiten-Innenseite durchlaufend (Abb. 491); LB'Scheide durch ein 2zellreihiges Schließhäutchen geschlossen, das nicht ganz bis zur Mündung der LB'Scheide reicht (Abb. 491). — Abgestorbene LB'Scheiden nur sehr langsam zerfasernd; LB'Spreite 0,6–0,7 mm br, steif, mit 5–9 stark ausgebildeten Sklerenchym-

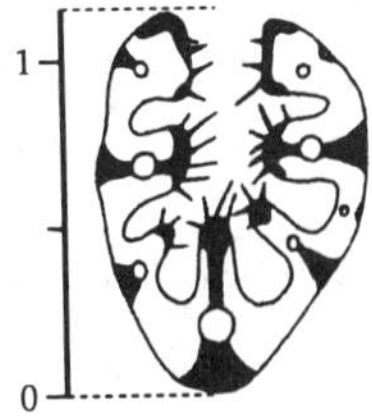


Abb. 487

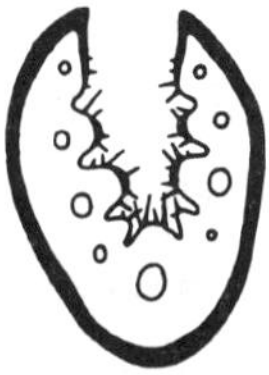

Abb. 488

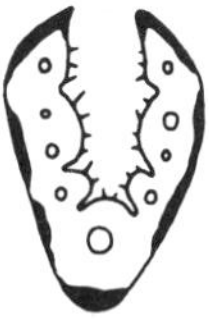

Abb. 489

Abb. 490

Abb. 491

Abb. 492

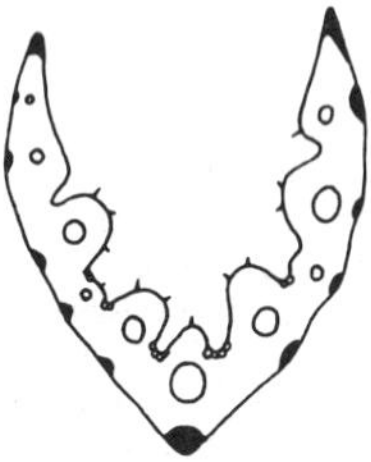

Abb. 493

Abb. 494

Abb. 495

Abb. 496

Abb. 497

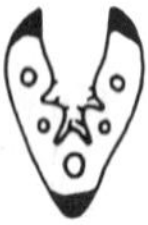

Abb. 498

Abb. 499

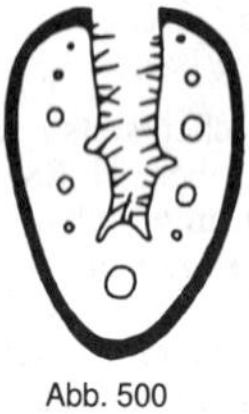

Abb. 500

Abb. 501

strängen (Abb. 491); Ährchen h'violett gescheckt. H: 25–50(60) cm. ♃ He. VII–VIII. Steinige alpine Rasen; bes. über ± basischen Gesteinen (zB Kalkschiefer); subalpin bis alpin; zstr. **St, K, S, T, V**. [15–]

**■ Norischer Sch., *F. nórica***

- Sklerenchymbündel nicht bis zur Spreiten-Innenseite durchlaufend; LB'Scheide bis zur Mündung vollständig verwachsen . . . . . . . . . . . . . . . . **19**

**19** Stg unter der Rispe kahl, slt einzeln stehende Haare; obere HüllSp spitz; DeckSp 2–4 mm lg begrannt; Epidermis-Kurzzellen der Spreiten-Außenseite nur über den Sklerenchymbündeln (LB'Spreiten-∅: Abb. 496); abgestorbene LB'Scheiden lange erhalten bleibend. — StgB mitunter fast flach, 1–2 mm br; Rispe 6–9 cm lg, ihre Äste kahl oder behaart; Ährchen 8–10 mm lg, d'violett oder gelbgrün. H: 30–50 cm. ♃ He. VII–VIII. Wildheurasen, steinige Matten, Bachrunsen; subalpin bis alpin; zstr. **T, V**. *(F. puccinellii sensu Fl. Eur., p. p.)*
■ **Schwärzlicher Violett-Sch., *F. nígricans***

**–** Stg unter der Rispe deutlich, meist flaumig behaart; obere HüllSp meist stumpf; DeckSp slt mehr als 2 mm lg begrannt; Epidermis-Kurzzellen der Spreiten-Außenseite zstr auch zw. den Sklerenchymbündeln; abgestorbene LB'Scheiden sehr schnell zerfallend . . . . . . . . . . . . . . . . . . . . . **20**

**20** LB'Spreiten sehr zart, dünn (0,3–0,45 mm ∅) mit 3(5) Leitbündeln; VorSp nur mit einzelnen Wimpern an der Spitze; Granne der DeckSp höchstens 1 mm lg, — manchmal auch unbegrannt; Rispe 4–5 cm lg, ihre Äste behaart; Ährchen 7–8 mm lg, violett, glänzend. H: 20–40 cm. ♃ He. VII–VIII. Steinige Weiderasen, Wildheurasen, mitunter auch in schattigen Wildbachrunsen u. Lawinenrinnen; kalkliebend; subalpin bis alpin; zstr. **K** (Karawanken u. Karnische Alpen). *(„**F. violacea**" p. p., F. carnica)* ■ **Karnischer Violett-Sch.,**
Filzästiger V.-Sch., Glanz-Sch., (sl.:) bleščeča bilnica, ***F. nítida***

**–** LB'Spreiten kräftig (0,5–0,75 mm ∅), meist mit 5 Leitbündeln; VorSpKiele über die ganze Länge bewimpert; Granne der DeckSp deutlich, 1,5–2 mm lg. — Ährchen grün, d'violett gescheckt. H: 25–40(45) cm. ♃ He. VII–VIII. Steinige, feuchte Rasen, oft in steilen Rinnen; kalkmeidend; subalpin bis alpin; zstr bis hfg. **N, St, K, S, T**. *(**F. picta**)* ■ **Bunter Violett-Sch., *F. picturáta***

**21** [17] Granne mindestens halb so lg wie die DeckSp; Ährchen oft violett überlaufen, slt grünlich; LB'Spreite mit 3 Sklerenchymbündeln (nur bei *F. intercedens* hfg 5), im ∅ meist elliptisch, an der Spreiten-Außenseite keine seitlichen Rippen; StgB borstlich; Öhrchen seitlich an der LB'Scheidenmündung (für Ungeübte oft schlecht erkennbar). — Pf oft kleinwüchsig. (Artengruppe Felsen-Sch., *Festuca halleri-Gruppe*) . . . . . . . . . . . . . . . . . . . . . **22**

**–** Granne kürzer als die halbe DeckSp; Ährchen stets grünlich; LB'Spreiten-∅ mit stets mehr als 3 Sklerenchymbündeln (über jedem Leitbündel an der Spreiten-Außenseite eine Rippe mit einem Sklerenchymbündel); StgB flach bis seicht rinnenförmig; keine Öhrchen an der LB'Scheidenmündung. — Pf kräftig . . . . . . . . . . . . . . . . . . . . . . . . . . . . **27**

**22** Rispe weit ausladend; Ährchen stets grün; Granne der DeckSp (3)4–5 mm lg, fast so lg wie die DeckSp; obere HüllSp u. DeckSp schmal, etwa 4× so lg wie br; Stg unter der Rispe mitunter behaart. H: 15–30 cm. ♃ He. VI. Felsspalten; kalkstet; montan (subalpin); zstr bis (in den nordöstl. Kalkalpen) slt. **N, O, St, K, S.** ■ **Schmalrispiger Felsen-Sch., *F. stenántha***

**–** Rispe zusammengezogen mit verkürzten Ästen; Ährchen oft violett gescheckt (außer Alpen-Sch. / *F. alpina* u. Gemsen-Sch. / *F. rupicaprina*). Granne der DeckSp immer deutlich kürzer als diese; obere HüllSp u. DeckSp höchstens 3× so lg wie br, oft br-eiförmig; Stg unter der Rispe (mit Ausnahme des Mittleren Felsen-Sch. / *F. intercedens*) kahl. Alpin . . . . . . . . . . . . . . . . . . . . . **23**

**23** LB'Spreiten haarfein, 0,2–0,4 mm ∅, meist mit 3 Leitbündeln; Staubbeutel 0,7–1,2(1,4) mm lg. — Pf meist sehr kleinwüchsig. H: 5–20 cm. ♃ He. VI–VII. Felsen u. Felsspalten; kalkstet; konkurrenzschwach; subalpin bis alpin; zstr. **Fehlt B, W**. ■ **Alpen-Sch., *F. alpína***

- LB'Spreiten mindestens 0,5 mm ∅, mit 5(7) Leitbündeln; Staubbeutel mindestens 1,4 mm lg . . . . . . . . . . . . . . . . . . . . . . . . . . . . . **24**

**24** LB'Spreiten mit dünnen Sklerenchymbündeln; Ährchen meist ± grünlich, Stg stets grün; Granne meist nur halb so lg wie die DeckSp. — Pf zart; bes. auf kalkhältigen Substraten . . . . . . . . . . . . . . . . . . . . . . . **25**

- LB'Spreiten mit 3 dicken Sklerenchymbündeln; Ährchen stark violett überlaufen, mitunter auch der obere Teil des Stg; Granne länger als die halbe DeckSp. — Pf kräftig mit starren LB'Spreiten; stets über Silikatgestein . . . . . . **26**

**25** LB'Spreiten grasgrün mit 3 zarten Sklerenchymbündeln; Stg unterhalb der Rispe stets kahl; Staubbeutel (1,8)2–2,4(2,6) mm lg. — LB'Spreite 0,3–0,6(0,7) mm br. H: 10–20 cm. ♃ He. VI–VII. Steinige Matten, steile Kalkschutthänge; kalkstet; subalpin bis alpin; hfg bis (im Süden) slt. Bes. in den nördl. Kalkalpen. **Fehlt B, W.** ■ **Gemsen-Sch.,** ***F. rupicaprína***

- LB'Spreiten oft graugrün mit 5(7) Sklerenchymbündeln (Abb. 497); Stg unterhalb der Rispe fast immer behaart; Staubbeutel (1,4)1,6–2(2,2) mm lg. — LB'Spreite 0,3–0,6 mm br; Granne der DeckSp (1,6)1,8–2,2(2,5) mm lg. H: 6–20(25) cm. ♃ He. VI–VII. Steinige Rasen, Felsschutt; bevorzugt schwach basische Substrate (jedoch nicht auf reinem Kalk); subalpin bis alpin; slt; **St, K, S, T, V.** *(F. halleri var. tenuis)* ■ **Mittlerer Felsen-Sch.,** ***F. intercédens***

**26** LB'Spreite 0,7–1,2 mm ∅; Staubbeutel (2,2)2,6–3 mm lg; unterster Rispenast meist verzweigt. — LB'Scheiden u. Spreitengrund hfg behaart; HüllSp u. DeckSp lanzettlich. H: 20–40 cm. ♃ He. VII. Basenreiche Silikat- u. Kalksilikatfelsen u. -felsschutt, steinige Rasen; subalpin bis alpin; hfg. **St, K, S, T.** (Tetraploid.) ■ **Harter Felsen-Sch.,** ***F. pseudodúra***

- LB'Spreite 0,5–0,8 mm ∅ (Abb. 498); Staubbeutel höchstens 2,6 mm lg; unterster Rispen-Ast nur ausnahmsweise verzweigt. — LB'Scheiden stets kahl. H: (6)10–25 cm. Saure, trockene, feinerdereiche Rasen auf steilen Hängen mit kurzer Schneebedeckung; streng kalkmeidend; subalpin bis alpin; zstr. **T, V.** (Diploid.) ■ **Eigentlicher Felsen-Sch.,** ***F. hálleri***

**27** [21] LB'Spreiten-∅ auffällig rhombisch (Abb. 492), mit meist 2 seitlichen Sklerenchymbündeln. — Erneuerungstriebe meist intravaginal; GrundB 0,3–0,5 mm ∅, rauh; StgB 2–3 mm br, flach, mit 7–11 Leitbündeln (von den GrundB daher auffällig verschieden); LB'Scheiden stets kahl; Ährchen grün. H: 60–120 cm. ♃ He. VI–VIII. Trockene, lehmreiche, lichte Wälder (Eichen- u. Eichen-Hainbuchen-Wälder), Waldränder; etwas kalkmeidend; collin bis montan; mäßig hfg bis slt. **Alle Bdld.**
**Verschiedenblättriger Sch.,** ***F. heterophýlla***

- LB'Spreiten-∅ nicht rhombisch (jedoch kantig), mit (4)6 seitlichen Sklerenchymbündeln. — Erneuerungstriebe extravaginal; LB'Scheiden meist behaart. (Artengruppe Rot-Sch., *F. rubra agg.*) . . . . . . . . . . . . . . . . **28**

  Anm.: Durch Saatgutmischungen werden nicht slt ausländische Sippen dieser Artengruppe eingeschleppt, die auch zuweilen mit heimischen Arten bastardieren; sie sind in diesem Schlüssel nicht berücksichtigt!

**28** Granne der DeckSp etwa (höchstens) 1 mm lg; LB'Spreiten 0,3–0,5 mm ∅, steif aufrecht, — manchmal etwas blaugrün; Rispe 6–10 cm lg, schmal, länglich, mit auffallend dünnen Ästen; LB'Scheiden kahl, sehr stark fasernd; Ährchen meist grün oder nur schwach violett gescheckt. H: 30–70 cm. ♃ He. VI–VII. Basische Flachmoore, Feuchtwiesen; collin bis montan; slt bis sehr slt. **B** (im Seewinkel), **N, K, T.** Stark gefährdet; im Alp vom Aussterben bedroht. ▲
■ **Haarblatt-Rot-Sch.,** Sumpf-Sch., ***F. trichophýlla***

- Granne der DeckSp länger als 1 mm; LB'Spreiten 0,45–0,75(1,0) mm ∅, jedoch nicht steif, — stets grasgrün . . . . . . . . . . . . . . . . . . . . . . . **29**

**29** Ausläufer spärlich, sehr kurz (2–5 mm), Pf daher deutlich horstig. — LB'Spreite 0,4–0,7(1) mm br, d'grün; Stg mitunter knieförmig aufsteigend; LB'Scheiden samthaarig; Ährchen grün, bisweilen schwarzviolett überlaufen. H: 30–90 cm. ♃ He. VII. Alpweiden, Waldwiesen, lichte Wälder, Waldschläge; etwas kalkmeidend; submontan bis subalpin; zstr bis hfg. **Fehlt B, W.** *(F. rubra subsp. commutata, F. fallax)* ■ **Horst-Rot-Sch.,** ***F. nigréscens***

Anm.: Diese Art ist sehr heterogen, ihre Variabilität ist noch ungenügend bekannt.

- Ausläufer deutlich länger als 5 mm, meist kriechend . . . . . . . . . . . **30**

**30** LB'Spreiten hfg nur schwach gefaltet, mit 7–12 Leitbündeln; großlumige Gelenkzellen in den Furchen neben der Mittelrippe (Abb. 493). — LB'Scheiden behaart; Rispe 9–15 cm lg, locker, ausgebreitet; Ährchen grün oder blaugrün, ± violett überlaufen, mindestens 8blütig. H: 50–100 cm. ♃ He. VI–VII. Frische Wiesen, Hochstaudenfluren, Waldränder; collin bis subalpin; slt. **N, St, K, S** (im Lungau), **T.** *(F. rubra subsp. multiflora, F. multiflora)*
■ **Vielblütiger Rot-Sch.,** ***F. diffúsa***

- LB'Spreiten deutlich V-förmig gefaltet, borstlich, mit 5(7) Leitbündeln; keine Gelenkzellen. — Ährchen meist grün, violett überlaufen, 6(–8)blütig; StgB meist ± flach. ♃ He. ■ **Gewöhnlicher Rot-Sch.,** Ausläufer-Rot-Sch., ***F. rúbra***

**a** Pf lockerrasig, stets mit etwa gleich lg, 1–10 cm lg Ausläufern; Spreiten-Außenseite mit deutlichen Rippen. — LB'Spreiten stets weniger als 1 mm ∅ (0,6–0,9 mm ∅); keine Sklerenchymzellen an den Rippen der Spreiten-Innenseite; LB'Spreite ± behaart. H: 20–100 cm. VI–VIII. Wiesen, Weiderasen, lichte Wälder; collin bis subalpin; hfg. **Alle Bdld.** ■ **Ganz G. R.-Sch.,** ***F. r. subsp. rúbra***

- Pf mit verschieden lg Ausläufern (kurze nur wenige mm lg, längere 5–10 cm lg), daher auffällig büscheliger Wuchs; LB'Scheiden oft gänzlich kahl, zuweilen aber kurzborstig behaart; Rippen an der Spreiten-Außenseite nur undeutlich ausgebildet. — LB'Spreite 0,7–1,3 mm ∅; hfg Sklerenchymzellen an den Rippen der Spreiten-Innenseite; LB'Spreite meist behaart; LB'Spreite auffallend steif *(zumindest im trockenen Zustand)*, binsenartig. H: 20–65 cm. VI–VII. Sandige Ufer von Flüssen u. Seen, in Begrünungssaaten (daher zB Straßenböschungen); collin bis submontan; zstr. **Fehlt W, V.**
■ **Simsen-R.-Sch.,** Binsen-R.-Sch., ***F. r. subsp. júncea***

**31** [16] LB'Spreiten im ∅ mit 3(5) einzelnen Sklerenchymbündeln. (Artengruppe Walliser Sch., *F. valesiaca-Gruppe*) . . . . . . . . . . . . . . . . . . . . **32**

- LB'Spreiten im ∅ mit einem Sklerenchymring, der bisweilen unterbrochen sein kann . . . . . . . . . . . . . . . . . . . . . . . . . . . . . . . . . . . **37**

**32** Sklerenchymbündel zusammenfließend, woraus ein mitunter ungleichmäßig dicker, meist mehrfach unterbrochener Sklerenchymring resultieren kann **33**

- Sklerenchymbündel stets voneinander getrennt, nicht zu einem Ring zusammenfließend . . . . . . . . . . . . . . . . . . . . . . . . . . . . . . . . . . **34**

**33** [32, 39] Rispe locker, zur BlüZeit stark spreizend. — Pf hfg grau- bis blaugrün, mitunter auch bereift, aufrecht; Stg oben rauh; LB'Scheiden kahl oder kurz behaart; Rispe (3)5–10(13) cm lg. H: (15)30–60(75) cm. ♃ He. V–VII. Trockenrasen, trockene Ruderalfluren, in Begrünungssaaten (daher Straßenränder, Bahndämme); collin bis montan; zstr. **Alle Bdld.** (Hexaploid.) Sehr variabel; neigt zur Ausbildung von Lokalpopulationen mit extremen Merkmalskombinationen. *(**F. trachyphylla**)* ■ **Rauhblatt-Sch.,** ***F. brevípila***

- Rispe stets dicht zusammengezogen, mit verkürzten Ästen, zur Blüzeit nicht oder nur wenig spreizend. — Pf blaugrün oder grün, nicht bereift, steif u. starr; LB'Scheiden dicht behaart, nur vereinzelt verkahlend; Rispe 4–6 cm lg; Haare der Speiten-Innenseite dicht, bis 0,1 mm lg. H: 25–40 cm. ♃ He. V–VII. Sonnige Kalkfelsen, Schwarzföhrenwälder; kalkliebend; collin bis montan; slt. **W?**, **N**. Endemisch (Ostrand der Kalkalpen). ■ **Steif-Sch.**, ***F. stricta***

**34** LB'Spreiten 0,3–0,55 mm ∅; Ährchen bis zur Spitze der 4. DeckSp höchstens 6,5 mm lg. — LB'Scheiden stets kahl; DeckSp meist kahl . . . . . . . . . **35**

**-** LB'Spreiten 0,5–0,9(1,0) mm ∅; Ährchen bis zur Spitze der 4. DeckSp 6,3–8 mm lg. — LB'Scheiden mitunter behaart . . . . . . . . . . . . . . . **36**

**35** DeckSp schmal-lanzettlich, 3,5–4,5 mm lg, Länge/Breite-Verhältnis größer als 3,5; Granne der DeckSp länger als 1/3 der DeckSp; Pf stark bereift, — blaugrün; Ährchen bereift, LB'Scheiden stets kahl. H: 20–30 cm. ♃ He. V–VII. Trockenrasen (Charakterart kontinentaler Trockenrasen); kalkliebend; collin bis montan; in den innenalpischen Trockengebieten mäßig hfg, im Pann zstr, sonst slt. **B, W, N, St?, T, V?**. Potentiell (!) gefährdet. (Diploid.)
■ **Walliser Sch.**, ***F. valesíaca***

**-** DeckSp br-lanzettlich, 2,5–3,8 mm lg, Länge/Breite-Verhältnis kleiner als 3,2; Granne der DeckSp 1/4–1/3× so lg wie die DeckSp; Pf nicht bereift, — grün oder graugrün, mitunter auch blaugrün; Ährchen blaugrün, leicht violett überlaufen, mitunter auch bereift. H: 20–30(40) cm. Trockenrasen, schwach salzhaltige, trockene Magerwiesen; collin; im Pann mäßig hfg, sonst slt. **B, W, N, St**. Potentiell (!) gefährdet. (Diploid.) ■ **Salz-Sch.**, ***F. pseudovína***

**36** LB'Spreiten lg, oft schlaff überhängend, h'blaugrün, bisweilen leicht bereift; LB'Scheiden kahl, zumeist violett überlaufen; im LB'Spreiten-∅ zw. den 3 dicken fast immer 2 schwächere Sklerenchymbündel; Rispe locker mit lg Ästen. — Pf oft nur spärlich blühend; LB'Spreite (0,45)0,50–0,65 mm ∅; Ährchen blaugrün, oft bereift; DeckSp meist kahl, mitunter auch bewimpert. H: 25–60 cm. ♃ He. V–VI. Lichte Trockenwälder; collin; slt. **B, N, St**. Gefährdet. Vbr. u. Ökologie noch unzureichend bekannt.
■ **Falscher Dalmatiner Sch.**, ***F. pseudodalmática***

**-** LB'Spreiten derb, aufrecht, meist grasgrün (in manchen Populationen blaugrün); LB'Scheiden meist kurzhaarig, seltener ganz kahl, gelbgrün; schwache seitliche Sklerenchymbündel nur slt ausgebildet; Rispe dicht u. starr. — Pf zumeist reichlich Blühtriebe entwickelnd; LB'Spreiten 0,55–0,85 mm ∅ (Abb. 499); Ährchen grün; DeckSp stets bewimpert, hfg behaart. H: 20–60 cm. ♃ He. V–VII. Trockenrasen, trockene Magerwiesen, Straßen- u. Bahnböschungen; collin bis montan; zstr bis hfg. **Fehlt V?**. (Hexaploid.) (*F. hirsuta, F. sulcata,* inkl. *F. carnuntina* [→ Anm.]) ■ **Furchen-Sch.**, ***F. rupícola***

Anm.: *F. rupicola* bildet gelegentlich Lokalpopulationen in Felsrasen, die von der typischen Form durch Xeromorphosen (kräftigere Sklerenchymbündel, verdickte Cuticula, stärkere Behaarung) abweichen. Solche Populationen aus den Hainburger Bergen wurden als ■ **Carnuntum-Sch.**, ***F. carnuntína*** (potentiell gefährdet) beschrieben; ihr taxonomischer Status ist zweifelhaft.

**37** [31] Rispe mit pseudoviviparen BlüAnlagen (dh statt der Blü vegetative Brutknospen bzw. JungPf bildend). — LB'Spreite 0,3–0,7 mm br. H: 10–30 cm. ♃ He. VII–VIII. Pionierrasen in Gratlagen, Ruhschutt, nord-exponierte grasige Hänge; alpin bis subnival; slt. Zentralalpen u. Grauwackenzone. **St, K, S, T, V**. (Arktisch-alpin.) Potentiell gefährdet (?).
■ **Brutknospen-Sch.**, Knospender Sch., ***F. vivípara***

**-** Rispe Blü u. Sa bildend . . . . . . . . . . . . . . . . . . . . . . . . . . **38**

**38** Dicke des Sklerenchymrings der LB'Spreite stark schwankend, hfg unterbrochen . . . . . . . . . . . . . . . . . . . . . . . . . . . . **39**

- Sklerenchymring der LB'Spreiten gleichförmig dick, 1- oder mehrreihig, nur slt kurz unterbrochen: (Artengruppe Schaf-Sch. i. e. S., *F. ovina-Gruppe*; vgl. Anm. am Beginn der Gattung!) . . . . . . . . . . . . . . . . . . . . . . **40**

**39** LB'Spreiten glatt u. auffallend dick, oft über 1 mm ∅; LB'Scheiden zu etwa 1/4 bis 1/2 ihrer Länge verwachsen; Granne etwa halb so lg wie die DeckSp; subalpin bis alpin. ■ **Krumm-Sch.,** ***F. cúrvula*** (→ Pkt 41)

- LB'Spreiten stets rauh, slt mehr als 1 mm ∅; LB'Scheiden nur am Grund verwachsen; Granne kürzer als die halbe DeckSp; nicht über die montane Stufe aufsteigend . . . . . . . . . . . . . . . . . . . . . . . . . . . . . . **33**

**40** LB'Scheiden zu etwa 1/4–1/2 ihrer Länge verwachsen . . . . . . . . . . . **41**

- LB'Scheiden vom Grund an offen . . . . . . . . . . . . . . . . . . . . . **43**

**41** LB'Spreiten glatt u. dick, 0,8–1,2 mm ∅; Sklerenchym aus 3 Bündeln zum Sklerenchymring zusammenfließend (Abb. 489); Granne meist etwas länger als die halbe DeckSp. — LB mitunter bereift; Ährchen 8–10 mm lg; DeckSp 6–7,5 mm lg. H: 25–40(60) cm. ♃ He. VI–VII. Trockene Magerrasen, Felsfluren, Ruhschutt; bes. auf schwach basischen Böden; subalpin bis alpin; slt. **T, V**. Potentiell gefährdet. Sehr variabel. [39] ■ **Krumm-Sch.,** ***F. cúrvula***

- LB'Spreiten zumindest an der Spitze, manchmal auch über die ganze Länge rauh, stets weniger als 0,65 mm ∅; Sklerenchym als dünner, mitunter mehrfach unterbrochener Ring; Granne immer kürzer als die halbe DeckSp . . . . . . . . . . . . . . . . . . . . . . . . . . . . . . . . **42**

**42** Pf auffällig h'grün, LB'Spreiten schlaff, überhängend; Rispe locker; DeckSp meist kahl, slt bewimpert. — Stg oberwärts (fast) glatt; Ährchen h'grün. H: 25–45 cm. ♃ He. V–VI. Lichte, sonnige, trockene Rotföhrenwälder, Trockenrasen; nur über Serpentinit; submontan bis montan; hfg (Standort sehr slt!). **St** (Serpentingebiete im mittleren Murtal). Endemisch. Potentiell gefährdet. Noch unzureichend erforscht. ■ **Eggler-Sch.,** ***F. éggleri***

- Pf d'grün, LB'Spreiten steif; Rispe dicht, mit kurzen Ästen; DeckSp meist kurzhaarig. — Stg oberwärts schwach rauh, mitunter behaart; Ährchen blaugrün, violett überlaufen. H: 10–25 cm. ♃ He. VI–VII. Trockene Magerrasen, Felsen; kalkmeidend; montan bis alpin; slt. **St, K, T**. *(F. airoides sensu Fl. Eur.)* ■ **Kurz-Sch.,** ***F. supína***

**43** [40] LB'Spreiten glatt, slt gegen die Spitze zu leicht rauh. — Vielfach kräftige Pf mit dicken LB'Spreiten (über 1 mm ∅), mit 7–13 Leitbündeln . . . . . . **44**

- LB'Spreiten beim Streichen zur Spitze zu über die ganze Länge spürbar rauh. — Zarte bis kräftige Pf; LB'Spreiten slt mit mehr als 7 Leitbündeln . . . **45**

**44** Ährchen bis zur Spitze der 4. DeckSp 4,5–5,2 mm lg; DeckSp 3,0–3,5 mm lg, stachelspitzig, unbegrannt. — Rispe aufrecht, locker, mit vielen Ährchen; Stg u. LB'Spreite kahl; Sklerenchym der LB'Spreite in Form eines durchgehenden Ringes; LB'Scheiden stark bereift, violett überlaufen, manchmal dicht behaart. H: (15)25–60 cm. ♃ He. V–VI. Sand-Trockenrasen; collin; sehr slt. Nur im Pann. **W†, N**. (Hptvbr.: Pannonisch.) Vom Aussterben bedroht. ■ **Sand-Sch.,** ***F. vagináta***

Anm.: ⊖***F. jávorkae*** *(F. wagneri p. p.)* (sandige Standorte der Pannonischen Florenprovinz) ist für **Ö** bisher nicht eindeutig nachgewiesen.

- Ährchen bis zur Spitze der 4. DeckSp stets mehr als 6 mm lg; DeckSp 4,0–4,6 mm lg, deutlich begrannt. — Rispe oft nickend, dicht; LB blaugrün, stark bereift, steif, 0,6–1,2 mm br (Abb. 500). H: 30–40(60) cm. ♃ He. V–VI. Felsige Hänge, Felssteppen, Föhrenwälder, Felsschutt; über Kalk u. Silikat; collin bis obermontan; zstr bis slt. **Fehlt W, T, V.** (Gesamt-Vbr.: Mitteleuropa.) (Diploid u. tetraploid.) (Inkl. *F. pannonica sensu Fl. Eur.*)

■ **Bleich-Sch., *F. pállens subsp. pállens***

Vgl. *F. p. subsp. scabrifólia* unter Pkt 47!

**45** Alle LB'Spreiten sehr dünn, 0,2–0,45 mm ∅; Sklerenchymring 1- bis 2zellreihig, meist geschlossen, mitunter auch kurz unterbrochen; Ährchen bis zur Spitze der 4. DeckSp (3,8)4,3–4,8(5,3) mm lg; DeckSp 2,5–3,0 mm lg; Staubbeutel 1,2–1,5 mm lg. — Ährchen 3–5blütig . . . . . . . . . . . . . . . . **46**

**-** LB'Spreiten derber, stets mehr als 0,4 mm ∅; Sklerenchymring 2- bis mehrzellreihig, geschlossen; Ährchen bis zur Spitze der 4. DeckSp 5,5–6,5(7,0) mm lg, DeckSp über 4 mm lg; Staubbeutel 1,8–2,5 mm lg. — Ährchen 4–6(8)blütig . . . . . . . . . . . . . . . . . . . . . . . . . . . . . . **47**

**46** DeckSp ohne Granne, aber lg zugespitzt. — Ährchen (3,8)4–4,5(4,8) mm lg; DeckSp 2,7–3,2(3,4) mm lg. H: (10)20–30(40) cm. ♃ He. V–VII. Bodensaure Eichenwälder, Magerrasen; kalkmeidend; collin bis montan; zstr. **Fehlt V.** (Oft synanthrop.) Kaum (!) gefährdet. (*F. capillata*, ***F. tenuifolia***)

■ **Haar-Sch., *F. filifórmis***

**-** DeckSp stets mit deutlicher Granne. — Ährchen (4,2)4,4–5,0(5,6) mm lg; DeckSp 3,0–3,6(3,8) mm lg. H: (10)20–40(60) cm. ♃ He. V–VIII. Lichte Wälder, Magerwiesen, Trockenrasen; kalkmeidend; collin bis montan; slt. **B, W?, N, O.** Stark (!) gefährdet. ■ **Eigentlicher Schaf-Sch., *F. ovína*** (*s. str.*)

**47** LB hfg abwischbar bereift, 0,6–1 mm ∅, mit 9–11 Leitbündeln, im obersten Drittel, seltener bis zur Hälfte rauh. — Rispe meist nickend. H: 30–50(60) cm. ♃ He. V–VI. Trocken-warme felsige Hänge, Felsschutt; collin bis montan; zstr bis slt. **O** (Täler des Mühlviertels). (Hptvbr.: an den Flußläufen der westl. Böhmischen Masse.) ■ **Rauher Bleich-Sch., *F. pállens subsp. scabrifólia***

Vgl. *F. p. subsp. pállens* unter Pkt 44–!

**-** LB mitunter blaugrün überlaufen, aber nur ausnahmsweise bereift, 0,45–0,7 mm ∅, überwiegend mit 7 Leitbündeln (Abb. 501), über die ganze Länge rauh. — Rispe stets steif aufrecht. H: 30–40 cm. ♃ He. V–VI. Lichte, bodensaure Wälder, Waldränder, Lichtungen; über Silikatgesteinen; collin bis montan; mäßig hfg bis zstr. **B, W, N, O, St.** Formenreich. (Tetraploid.) (*F. ovina subsp. ovina var. vulgaris subvar. firmula; „F. firmula"*; früher auch als *„F. lemanii"* bezeichnet, die in **Ö** fehlt)

■ **Gewöhnlicher Schaf-Sch., *F. „guestfálica"*** (*sensu Fl. Eur. p. p., typo excl.*)

Anm.: Mit diesem provisorischen Namen ist eine Gruppe noch ungenügend bekannter tetraploider *F. ovina*-Sippen von zT sehr lokaler Vbr. gemeint. In etlichen neueren Florenwerken, darunter Fl. Eur., wurde dieser Formenkreis unter *F. guestfalica* zusammengefaßt. Die jüngst erfolgte Typisierung der *F. guestfalica* i. S. einer morphologisch u. ökologisch isolierten Kalkfelsrasen-Sippe aus dem nördlichen Sauerland (Nordrhein-Westfalen, Deutschland) läßt diese Vorgangsweise jedoch nicht weiter zu.

## (2) Lolch, *Lólium*

**1** Pf mit nichtblühenden LB'Trieben; HüllSp $^1/_3$–$^3/_4$× so lg wie das Ährchen; DeckSp dünn, krautig, 4–5× so lg wie br . . . . . . . . . . . . . . . **2**

**-** Pf nur mit Blühtrieben; HüllSp mehr als $^3/_4$× so lg wie das Ährchen; DeckSp derb, ledrig, am Grund knorpelig, 3–4× so lg wie br. — Pf ⊙. (Außer Steif-L., *L. rigidum* zur Artengruppe Taumel-L., *L. temulentum agg.*) . . . . . . . . **3**

**2** DeckSp stets unbegrannt; HüllSp $^3/_4$× so lg wie das Ährchen u. 1,5× so lg wie die unterste DeckSp; Ährchen zur BlüZeit aufrecht abstehend bis anliegend

(Abb. 480), ihre Achse glatt; Stg bis oben stets glatt; LB'Scheiden glatt; LB'Spreite 2–4(6) mm br, d'grün, in der Knospe der Länge nach gefaltet; Ährchen etwa 1 cm lg, 6–10blütig; DeckSp 6–7 mm lg. H: 10–60 cm. ♃ He. V–X. Parkrasen, Wegränder, Trittrasen (Wiesenwege), Fettweiden; trittresistent; collin bis montan; hfg. **Alle Bdld.** Wichtiger Bestandteil von Rasensaaten. **Ausdauernder L., Deutsches Weidelgras,** Dauer-L., Englisches Raygras, Raygras, ***L. perénne***

Anm.: *Lólium perénne* bildet mit *Festúca praténsis*, (1), einen Gattungsbastard: Unterstes Ährchen gestielt, schräg zur Ährchenachse gestellt, mit 2 HüllSp. Lehmige Wiesenwege; zstr bis slt. *(Festulolium adscendens)*
**Lolchschwingel, Bastardschwingel,** × ***Festulólium loliáceum***

- Wenigstens die oberen DeckSp meist begrannt; HüllSp höchstens ½× so lg wie das Ährchen, etwa so lg wie die unterste DeckSp; Ährchen zur BlüZeit fast waagrecht abstehend, ihre Achse rauh; Stg oberwärts fast stets rauh; LB'Scheiden meist etwas rauh; LB'Spreite 6–10 mm br, h'grün, in der Knospe eingerollt; Ährchen mehr als 1 cm lg, 10–20blütig, DeckSp 7–8 mm lg. H: 30–100 cm. ⊙–⊙–♃ Th–He. VI–VIII. Als Futtergras hfg kultiviert, verwildert (eingebürgert) in Fettwiesen u. Parkanlagen (in Begrünungssaaten). **Alle Bdld.** *(L. italicum)*
(★) **Vielblütiger L., Welsches Weidelgras,** Italienisches Raygras, ***L. multiflórum***

3 Ährchen 7–11 mm lg; HüllSp 7–10 mm lg, 5nervig, die Spitze der obersten DeckSp nicht erreichend, glatt; DeckSp meist unbegrannt, slt kurzgrannig; LB'Scheiden meist glatt; LB'Spreite 2–3(4) mm br. — Pf gelbgrün. H: 30–60 cm. ⊙ Th. VI–VIII. Hochspezialisiertes Beikraut in Leinfeldern; collin bis montan; ehedem zstr, heute sehr slt oder ausgestorben. **B†, N†, O†?, St†, K†?, S†, T†?, V†?**. Vom Aussterben bedroht oder bereits ausgestorben? (Arealweit vom Aussterben bedroht). Pf durch einen symbiontischen Pilz giftig. ▲
**†? Lein-L., *L. remótum***

–!! Ährchen (10)15–25 mm lg; HüllSp 15–30 mm lg, 7–9nervig, die Spitze der obersten DeckSp erreichend oder (meist) überragend, rauh; DeckSp fast stets lg begrannt; LB'Scheiden meist rauh; LB'Spreite 3–12 mm br. — Pf bläulichgrün. H: 30–90(100) cm. ⊙ Th. VI–VIII. Getreideäcker (bes. unter Hafer u. Gerste), Ruderalstellen; kalkliebend; collin bis montan; sehr slt. **N†, S†; sonst alle (?) Bdld.** Pf durch einen symbiontischen Pilz giftig. Vom Aussterben bedroht. ▲ **Taumel-L., *L. temuléntum***

- Ährchen 15–25 mm lg; HüllSp 10–20 mm lg, 5nervig, die Spitze der obersten DeckSp nicht erreichend, rauh; DeckSp mit abgerundeter, br-hautrandiger, durchsichtiger Spitze, unbegrannt; LB'Scheiden meist rauh; LB'Spreite 5–8 mm br. — Ährenachse an den Kanten auffallend rauh. H: 30–80 cm. ⊙ Th. V–VII. Sandige Äcker u. Ruderalstellen; collin bis montan; sehr slt. **(K)**. (Weiter verbreitet?) (Heimat: Medit.) ☆ **Steif-L., *L. rígidum***

## (3) Federschwingel, Fuchsschwingel, *Vúlpia*

1 Unterste Teile der Rispe von der obersten LB'Scheide umschlossen; Rispe bis über 20 cm lg, schmal, überhängend. — H: 20–50 cm. ⊙–⊙ Th–He. VI–X. Trockene Ruderalstellen, Bahngelände, Ackerränder; kalkmeidend; collin bis montan; slt bis sehr slt. **B, W, N, (O, St, K, S)**. Stark gefährdet. *(Festuca myuros)* **Mäuse-F., *V. myúros***

- Rispe weit aus der obersten LB'Scheide herausragend; Rispe 5–10 cm lg, straff aufrecht. H: 10–30 cm. ⊙ He. VI–VIII. Trockene Ruderalstellen, Bahngelände, Ackerränder; meist auf Sandböden; kalkmeidend; collin; sehr slt. **B, N, (St, K?), V†**. Vom Aussterben bedroht. *(V. dertonensis)* **Trespen-F., *V. bromoídes***

## (3 b) Violettrispe, *Bellardióchloa* (*Poa* sect. *Pseudofestuca*)

Pf vom Habitus eines Schwingels/*Festuca*; Ährchen 7 mm lg, meist violett überlaufen; LB'Spreite borstenförmig, blaugrün; B'Häutchen 3–7 mm lg; DeckSp auf dem Rücken kahl oder gegen den Grund zu undeutlich gewimpert. H: 20–50 cm. ♃ He. VII–VIII. Trockene, steinige alpine Magerrasen, Felsschuttfluren, Felsen; kalkmeidend; subalpin bis alpin; zstr bis slt. **St, K, S, T.** (*Festuca pilosa, F. rhaetica, Poa variegata,* ***Poa violacea***)
**Violettrispe, Violettrispengras, *B. variegáta***

## (4) Rispe, Rispengras, *Póa* (exkl. (3 b) *Bellardiochloa*)

**1** Untere Rispenäste zu 1–2 . . . . . . . . . . **2**
**–** Untere Rispenäste halbquirlig, meist zu 5 (slt zu 3–5 oder bis zu 10) . . **12**

**2** Untere HüllSp 1-, obere 3nervig, unterschiedlich lg. — Pf ⊙ oder ♃; Stg zusammengedrückt, am Grund meist liegend; DeckSp br-hautrandig, fast kahl; Ährchen 3–7blütig; Rispe locker. (Artengruppe Einjähriges R., *P. annua agg.*) . . . . . . . . . . **3**
**–** Beide HüllSp 3nervig, fast gleich lg. — Pf stets ♃ . . . . . . . . . . **4**

**3** Staubbeutel 0,2–0,5 mm lg, kaum länger als br. — Stg ± stark zusammengedrückt; LB'Spreite 1–2 mm br; Rispenäste nach der BlüZeit aufrecht bis abstehend. H: 3–15 cm. ⊙ Th. IV–VI. Sandige, trockene Stellen in klimawarmer Lage; collin; sehr slt. **(W)**. Unbeständig (?) (Heimat: Medit.). Diploid. (*P. exilis, P. remotiflora*) ☆ **Frühlings-R., *P. infírma***
**–!!** Staubbeutel 0,5–1 mm lg, 2–3× so lg wie br. — Stg wenig zusammengedrückt; B'Häutchen 1–3 mm lg; LB'Spreite 2–3 mm br; Rispenäste nach der BlüZeit abstehend oder zurückgeschlagen; unterste Rispenäste meist zu 2. H: (3)5–30 cm. ⊙–♃ Th–He. I–XII. Frische Grasplätze, Trittrasen, Wege, Ruderalstellen, Gärten; trittresistent, etwas salzresistent; collin bis subalpin; sehr hfg. **Alle Bdld**. Hybridogen (allotetraploid) entstanden aus *P. supina* × *P. infirma*.
**Einjahrs-R.**, Einjährige(s) R., ***P. ánnua***
**–** Staubbeutel 1,5–2,5 mm lg, 5–8× so lg wie br. — B'Häutchen 0,5 mm lg; meist nur 1 unterster Rispenast; DeckSp meist d'braunviolett überlaufen. H: 5–25 cm. ♃ He. IV–VI. Fettweiden, Viehläger, Ruderalstellen, grasige Wege; (submontan) montan bis alpin; hfg bis zstr. **Fehlt W**. Diploid. **Läger-R., *P. supína***

**4** Stg am Grund zwiebelartig verdickt. — LB graugrün, sehr früh (V–VI) absterbend; B'Häutchen 3–4 mm lg; Spreite der grundständigen LB meist borstenförmig; Ährchen statt Blü meist Laubsprosse hervorbringend (die als Diasporen fungieren: „Pseudoviviparie"). H: 20–40 cm. ⊙ Th. V–VI. Lückige Trockenrasen, sehr trockene, sandige Böden; collin bis obermontan; zstr bis slt. **B, W, N, O, (St), K, S†, T?, V†**. Im Rh u. im nVL gefährdet. (Inkl. Ungarisches R., *P. bulbosa subsp. pseudoconcinna*) **Zwiebel-R.**, Knollen-R., ***P. bulbósa***
**–** Stg am Grund nicht zwiebelartig verdickt . . . . . . . . . . **5**

**5** Ährchen am Ende der Rispenäste knäuelig gedrängt, die beiden letzten Ährchen jedes Astes um weniger als ½ Ährchenlänge voneinander entfernt; HüllSp schmal, in eine scharfe Spitze verschmälert oder mit deutlicher, aufgesetzter Stachelspitze . . . . . . . . . . **6**
**–** Ährchen nicht knäuelig angeordnet, die beiden letzten Ährchen jedes Astes mehr als ½ Ährchenlänge voneinander entfernt; HüllSp spitz, stets ohne Stachelspitze . . . . . . . . . . **8**

**6** Blü oft zu Brutknospen umgebildet (pseudovivipar); Rispe ± pyramidenförmig; LB'Spreiten beim Ziehen an der Spitze in der Spreite (nicht an deren

Grund) abreißend, grün bis etwas graugrün, mit stets nur sehr schmalem (kaum sichtbarem) hellem Knorpelrand. — LB'Spreiten meist 4–10 cm lg u. 2–5 mm br, flach; B'Häutchen der GrundB fehlend bis fast fehlend, gestutzt, das der StgB 3–5 mm lg, zerschlitzt, nicht spitz; Ährchen violett überlaufen. H: (5)15–30(50) cm. ♃ He. VI–VIII. Fettweiden, Lägerstellen, Schuttfluren, Wegböschungen; liebt nährstoffreiche Böden; subalpin bis alpin; hfg. **Fehlt B, W.**

**Alpen-R., *P. alpína***

- Ährchen nie zu Brutknospen umgebildet; Rispe ± eiförmig; LB'Spreiten beim Ziehen an der Spitze stets an deren Grund abreißend, — meist (1,5)2,5–6 cm lg, stets stark graugrün, meist mit deutlichem hellem Knorpelrand. (Artengruppe Badener R., *P. badensis agg.*) . . . . . . . . . . . . . . . . . . . . . . **7**

**7** LB'Spreite 2–5 mm br, flach bis schwach gefaltet, stets mit br hellem Knorpelrand. — B'Häutchen der GrundB 1–2 mm lg, gestutzt bis abgerundet, oft zerschlitzt, das der oberen StgB 3–6 mm lg, spitz; Ährchen meist grünlich, manchmal violett überlaufen. H: (10)15–40 cm. ♃ He. V–VII. Felssteppen, Trockenrasen; kalkliebend, wärmeliebend; collin (submontan); zstr. Im Pann. **B, W, N.** **Badener R.**, Hügel-R., ***P. badénsis***

- LB'Spreite 1,5–2 mm br, oft rinnenförmig bis stark gefaltet, slt flach; schmal knorpelig berandet. — B'Häutchen der GrundB 0,5–2 mm lg, abgerundet, oft zerschlitzt, das der oberen StgB 1–3,5 mm lg, spitz; Ährchen oft violett überlaufen; DeckSp zw. den Nerven ± behaart. H: 10–20 cm. ♃ He. VI–VIII. Trockene, steppenartige Rasen, sonnige Hänge, Balmen, Gipfelfluren; montan bis alpin; zstr. In den Innenalpen. **St, K, S, T.** *(P. alpina subsp. xerophila)*

**Trocken-R., Innenalpen-R., *P. molinéri***

Anm.: DeckSp zw. den Nerven kahl. — B'Häutchen 1–2 mm lg; LB'Spreite 2–5 cm lg, (0,2)0,5–1,5 mm br, gefaltet oder flach, ohne hellen Knorpelrand; Rispe 2,5–5 cm lg, eiförmig; Ährchen grünlich bis violett überlaufen. H: 6–18(30) cm. ♃ He. VI–VIII. Steinige Rasen, Felsen; kalkliebend; subalpin bis alpin; slt. **K?.** Bisher liegen aus dem Gebiet nur irrige Angaben vor (wohl Verwechslung mit *P. molineri*); (nächste abgesicherte Fundorte in Slowenien u. Norditalien; ferner Balkanhalbinsel, Karpaten).

⊖ **Niedrige(s) R., *P. púmila***

**8** [5] DeckSp deutlich 5nervig. **Bläuliche(s) R., *P. subcoerúlea*** (→ Pkt 18)

- DeckSp undeutlich 5nervig . . . . . . . . . . . . . . . . . . . . . . . . . . . . **9**

**9** B'Häutchen der obersten StgB 2–3 mm lg, spitz oder abgerundet . . . . **10**

- B'Häutchen der obersten StgB 0,2–1(1,5) mm lg, gestutzt, oder fehlend. (Artengruppe Hain-R., *Poa nemoralis agg.*) . . . . . . . . . . . . . . . . **23**

**10** B'Häutchen der obersten StgB abgerundet; Pf mit kriechendem Rhizom, mit mehr als 10 cm lg Ausläufern. — LB an den Ausläufern auffallend 2zeilig angeordnet; unterste Rispenäste zu 2(3); Rispe 5–10 cm lg, locker, ihre Äste schlaff; Ährchen 5–6 mm lg, grünlich, slt violett überlaufen. H: 20–40 cm. ♃ He. VI–VIII. Steile, bewegliche, feinerdereiche, feuchte Kalkgeröllhalden, manchmal herabgeschwemmt auf den Kiesbänken der Alpenflüsse; kalkstet; (montan) subalpin bis alpin; zstr bis slt. **Fehlt B, W.** *(P. distichophylla)*. [21]

**Kriech-R.**, Zweizeiliges R., ***P. cenísia***

- B'Häutchen der obersten StgB spitz; Pf meist horstig, slt mit bis 5 cm lg Ausläufern. Unterste Rispenäste zu 1–2; Ährchen 5–7 mm lg, meist violett . . . . . . . . . . . . . . . . . . . . . . . . . . . . . . . . . . . . . . . . **11**

**11** Oberster StgKnoten von einer LB'Scheide bedeckt; Ährchen eiförmig, 2–3blütig; Rispenäste *(im trockenen Zustand)* 0,2–0,3 mm dick, kantig u. mit deutlichen Längsfurchen; Pf meergrün. H: 10–20 cm. ♃ He. VII–VIII. Pionier auf Moränen u. auf feuchten, wenig bewachsenen, oft rutschenden, steinigen u.

windexponierten Hängen, schattige Felsen; kalkfeindlich; alpin bis subnival; zstr. **St, K, S, T, V.** **Schlaff-R., Schlaffe(s) R., *P. láxa***

- Oberster StgKnoten nicht von einer LB'Scheide bedeckt; Ährchen länglich-eiförmig, 4–6blütig; Rispenäste *(trocken)* 0,1 mm dick, stielrund, ohne Längsfurchen; Pf grasgrün. H: 5–30 cm. ♃ He. VII–VIII. Steile Kalkgeröllhalden, Schneeböden, Felsritzen; kalkstet; subalpin bis alpin; zstr. **Fehlt B, W.** **Klein-R., *P. mínor***

**12** [1] LB'Spreite (4)6–12(15) mm br. — Pf horstbildend, ohne oder mit sehr kurzen Ausläufern; Stg u. LB'Scheiden flachgedrückt bis 2schneidig; Rispe 15–30 cm lg, sehr locker; Nerven der DeckSp deutlich . . . . . . . . . . **13**

- LB'Spreite 1–4(5) mm br . . . . . . . . . . . . . . . . . . . . . . . . . **15**

**13** LB'Spreite (4)6–8(10) mm br, allmählich in eine feine, flache Spitze verschmälert (keine Kapuzenspitze); obere LB'Scheiden glatt. — B'Häutchen 3–5 mm lg, spitz bis abgerundet, nicht gewimpert; DeckSp 4–5 mm lg, auf dem Kiel mit feinen Borsten, am Grund mit wenigen, lg u. krausen Haaren. H: 50–150 cm. ♃ He. VI–VII. Hochstaudenfluren, Grünerlengebüsche, feuchte, schattige Rasen; obermontan bis subalpin; slt. **Fehlt B, W.** **Gebüsch-R., Bastard-R., *P. hýbrida***

- LB'Spreite 5–15 mm br, mit ± deutlicher Kapuzenspitze; obere LB'Scheiden rauh. — B'Häutchen 0,5–4 mm lg, abgerundet bis gestutzt, gewimpert oder nicht gewimpert . . . . . . . . . . . . . . . . . . . . . . . . **14**

**14** B'Häutchen der obersten StgB 2,5–4 mm lg, br abgerundet, kahl; DeckSp am Grund mit wenigen, lg u. krausen Haaren; Ährchen 6–7 mm lg; HüllSp (wenigstens auf den Nerven) stark rauh; LB'Spitzen schwach kapuzenförmig. — Pf gelbgrün; oft kurze oberirdische Ausläufer vorhanden; Ährchen (2)3blütig. H: 50–150 cm. ♃ He. VI–VII. Schluchtwälder, Edellaubwälder, Auwälder, Ufer; montan bis subalpin; slt. **Fehlt B, W.** **Locker-R., Lockerrispige(s) R., *P. remóta***

- B'Häutchen der obersten StgB 0,5–1,5 mm lg, gestutzt, gewimpert; DeckSp kahl; Ährchen 8–9 mm lg; HüllSp fast glatt; LB'Spitzen deutlich kapuzenförmig. — LB'Scheiden blaugrün, oft bereift; Ährchen 2–5blütig. H: 50–150 cm. ♃ He. VI–VII. Lichte Wälder, Fettweiden, Hochstaudenfluren, Zwergstrauchheiden; kalkmeidend; (collin) montan bis alpin; zstr bis slt. **Fehlt B, W.** **Wald-R., Berg-R.,** Breitblatt-R., Kapuzengras, ***P. cháixii***

**15** [12] DeckSp deutlich 5nervig. — DeckSp am Grund mit einem Haarschopf, der etwa so lg wie die DeckSp ist . . . . . . . . . . . . . . . . . . **16**

- DeckSp undeutlich 3–5nervig . . . . . . . . . . . . . . . . . . . . . . **20**

**16** B'Häutchen der obersten StgB (4)5–6(7) mm lg, spitz; DeckSp zarthäutig, ± zugespitzt; Pf mit oberirdischen, niederliegenden Ausläufern. — Pf gelbgrün; Stg u. LB'Scheiden meist rückwärts rauh *(von unten nach oben streichen!)*; Ährchen 3–4 mm lg, 3–4blütig. H: 50–90 cm. ♃ He. VI–VII. Wassergräben, feuchte Fettwiesen u. Gebüsche, feuchte Ruderalstellen; collin bis subalpin; sehr hfg. **Alle Bdld.** **Graben-R., Gewöhnliches R., *P. triviális***

- B'Häutchen der obersten StgB 1(2) mm lg, gestutzt; DeckSp derbhäutig, stumpf; Pf mit unterirdischen Ausläufern. (Artengruppe Wiesen-R., *P. praténsis agg.*) . . . . . . . . . . . . . . . . . . . . . . . . . . . . . . **17**

**17** LB'Spreite eng eingerollt, fast fadenförmig erscheinend, 0,2–0,3 mm ∅. — Pf schwach bläulich; B'Häutchen 1–2 mm lg, abgerundet; LB'Spreite auf der Oberseite zw. den Nerven kurzhaarig; Rispenäste aufrecht, sehr rauh; Ährchen 4–6blütig. H: (30)50–80(100) cm. ♃ He. VI–VII. Eichen- u. Buchenwälder,

Waldränder, Waldschläge, Geröllhalden, Felsen; karbonatliebend; montan bis subalpin; mäßig hfg bis slt. **Fehlt W, T, V.**

**Steirer R., Steirische(s) R., *P. stiríaca***

- LB'Spreite gefaltet oder flach, mehr als 0,5 mm ∅ . . . . . . . . . . . **18**

**18** Pf (10)20–30 cm hoch, deutlich blaugrün; untere Rispenäste meist zu 2; Ährchen bereift; HüllSp etwa gleich lg, beide 3nervig; Blühtriebe ± einzeln, mit wenigen toten LB'Scheiden am Grund (nicht von sterilen Trieben umgeben). — B'Häutchen 1 mm lg, behaart; LB'Spreite 1,5–2,5 mm br; Rispe wenigährig. ♃ He. VI–VII. Schattige, trockene Wälder, Wegränder (?), Magerwiesen; collin bis montan; slt. **N, O**. Stark gefährdet. (Einzelne Merkmale dieser Art treten auch bei *P. pratensis* auf.) *(P. irrigata, P. athroostachya)* [8]

**■ Bläuliche(s) R., *P. subcoerúlea***

- Pf (20)30–70 cm hoch, grün oder graugrün (nicht oder nur schwach blaugrün); untere Rispenäste meist zu 3–5; Ährchen nicht bereift; HüllSp ungleich lg, die untere 1nervig, die obere 3nervig; BlüTriebe zahlr. beieinander stehend, mit zahlr. LB'Scheidenresten am Grund (Blühtrieb von vegetativen Trieben umgeben) . . . . . . . . . . . . . . . . . . . . . . . . . . . . . . . **19**

**19** GrundB- u. StgB'Spreiten flach oder rinnig, 3–4 mm br, Spreitengrund so br wie der StgGrund, vorn allmählich zugespitzt oder kapuzenförmig; Rispe wenig höher als br; B'Häutchen 1 mm lg, am Rand der LB'Scheide herablaufend. H: 20–50(70) cm. ♃ He. V–VII. Trockene bis frische Wiesen, Weiderasen, Wegränder; collin bis subalpin; hfg. **Alle Bdld.** Variabel (gelegentlich Ähnlichkeit u. Verwechslung mit *P. subcoerulea*!). **Wiesen-R., *P. praténsis***

- GrundBSpreite gefaltet u. daher borstlich, 1–2 mm br, Spreitengrund schmäler als der StgGrund; StgB schmal, flach oder borstlich, etwa 3 mm br, vorn nicht kapuzenförmig; Rispe fast doppelt so lg wie br; B'Häutchen 1–3 mm lg, nicht an der LB'Scheide herablaufend. — Wuchs dicht, fast horstförmig; untere HüllSp mit scharfer, schmaler Spitze. H: (30)50–70 cm. ♃ He. V–VI. Halbtrockenrasen, trockene Magerwiesen, Halbruderalstellen; collin bis montan; zstr. **Alle Bdld. Schmalblatt-R., Schmalblättrige(s) Wiesen-R., *P. angustifólia***

**20** [15] Stg u. LB'Scheiden flachgedrückt, 2schneidig. — Pf mit lg, unterirdischen Ausläufern, graugrün; Stg oft knickig aufsteigend; Rispenäste meist auffallend kurz (oft viel kürzer als die Ährchen). H: 20–50(80) cm. ♃ He. VI–VII.

**Platthalm-R., *P. compréssa***

**a** LB'Spreite etwa 3 mm br; B'Häutchen etwa 1 mm lg; Ährchen 3–6(7)blütig; Rispenäste auffallend kurz, meist kürzer als die Ährchen; Rispe 3–6(8) cm lg. H: 20–50 cm. Trockene Ruderalstellen, Straßenränder, Pflasterritzen, Böschungen, Dämme, Mauern; kalkliebend; collin bis obermontan; zstr. **Alle Bdld.**

**■ Eigentliches P.-R., *P. c. subsp. compréssa***

- LB'Spreite 3–5 mm br; B'Häutchen 1–3 mm lg; Ährchen (6)8–11blütig; Rispenäste verlängert, länger als die Ährchen; Rispe 6–12 cm lg. H: 50–80 cm. Bahnhöfe, Pflasterritzen, Ruderalstellen; meist an etwas feuchteren Stellen; slt. Genaue Vbr.? (Wahrscheinlich keine eigene Sippe, sondern nur Modifikation?!)

**■■ Großes P.-R., *P. c. subsp. langeána***

- Stg u. LB'Scheiden stielrund . . . . . . . . . . . . . . . . . . . . . . . . . **21**

**21** Pf mit über 10 cm lg Ausläufern. — B'Häutchen der obersten StgB 2,5–3 mm lg, abgerundet; LB an den Ausläufern auffallend 2zeilig angeordnet.

**Kriech-R., *P. cenísia*** (→ Pkt 10)

- Pf ohne Ausläufer . . . . . . . . . . . . . . . . . . . . . . . . . . . . . **22**

**22** B'Häutchen der obersten StgB 2–3 mm lg, spitz, stets vorhanden. — Stg aufsteigend; Stg u. LB'Scheiden glatt; Ährchen 2–5blütig; Spitze der DeckSp gelbbraun (bei den anderen *Poa*-Arten ist der Rand an der Spitze farblos-durchsichtig!). H: 30–100(120) cm. ♃ He. VI–VIII. Feuchte bis nasse Wiesen, Sümpfe, Ufer, Röhricht, auch an trockeneren (wechselnassen u. -feuchten) Standorten u. subruderal; collin bis montan; zstr bis slt. **Alle Bdld**. In den wAlp gefährdet. *(P. serotina)* **Sumpf-R., *P. palústris***

- B'Häutchen der obersten StgB 0–1(1,5) mm lg, gestutzt. — Untere Rispenäste zu 2–5. (Artengruppe Hain-R., *P. nemorális agg.*) . . . . . . . . . . . . **23**

**23** [9, 22] Oberste LB'Scheide kürzer als die Spreite; B'Häutchen fehlend oder bis 0,5 mm lg; Ährchenachse meist weich behaart. — Pf grasgrün oder bereift u. dadurch blaugrün; StgB 1–3 mm br, meist ± deutlich waagrecht-abstehend („Wegweisergras"); oberstes StgB oberhalb der StgMitte; Rispenäste ziemlich lg u. dünn; Ährchen 1–5blütig, grünlich (in Hochlagen aber fast stets violett). H: 30–80 cm. ♃ He. VI–VII. Lichte u. bes. magere Laubwälder, Waldränder, trockene Gebirgswiesen, Felsschuttfluren; collin bis subalpin; hfg. **Alle Bdld.** **Hain-R., *P. nemorális***

- Oberste LB'Scheide meist länger als die Spreite; B'Häutchen 1–1,5 mm lg; Ährchenachse fast stets kahl (aber papillös). — Pf mit oder ohne blaugrüne Bereifung; oberstes StgB unterhalb der StgMitte; Rispenäste ziemlich kurz u. dick; Ährchen 2–4blütig, oft violett. H: (10)15–40 cm. ♃ He. VII–VIII. Trockene alpine Rasen, felsige Stellen, Felsspalten; meist an Windkanten (exponierten Stellen mit kurzer Schneebedeckung); (montan) subalpin bis alpin (subnival); sehr slt. **St, K?, S, T, V†?**. *(P. caesia)* **Blaugrünes R., *P. gláuca***

## (5) Salzschwaden, Andel, „Queller", *Puccinéllia* *(Atropis)*

(Alle folgenden Arten gehören zur Artengruppe Gewöhnlicher S., *P. distans agg.*)

**1** LB'Spreite flach oder rinnenförmig, unterseits kahl u. glatt; unterster Knoten der Rispe mit 4–6 Ästen, der kürzeste Ast mindestens 10 mm lg; 4blütige Ährchen 3,6–3,9 mm lg; unterste DeckSp im Ährchen 1,7–2,0 mm lg. Fakultativer Halophyt. — Staubbeutel etwa 0,5–1 mm lg. H: 10–50 cm. ♃ He. VI–IX. Salzhältige Ruderalfluren, Straßenränder (winterliche Salzstreuung!); collin bis montan; an Straßenrändern mäßig hfg, sonst slt. **Alle Bdld**. *(P. distans subsp. distans)* **Gewöhnlicher S.**, „Abstehender S.", Ruderal-S., ***P. dístans***

- LB'Spreite eingerollt (nur ausnahmsweise rinnenförmig); unterseits (Außenseite) dicht papillös *(sehr starke Lupe!)*; unterster Knoten der Rispe mit 5–10 Ästen, der kürzeste Ast stets weniger als 10 mm lg; 4blütige Ährchen (4,0)4,2–5,0 mm lg; unterste DeckSp im Ährchen 2,0–2,7 mm lg. Obligater Halophyt . . . . . . . . . . . . . . . . . . . . . . . . . . . . . . **2**

**2** Unterste DeckSp br-lanzettlich, 1,5–2,0× so lg wie br; Staubbeutel 0,6–1,2 mm lg. — Pf zart, Wuchsform locker horstig; LB'Spreite nicht fleischig, weniger als 0,8 mm ∅. H: 10–40 cm. ♃ He. VI–VIII. Feuchte, anmoorige, salzhältige Böden; collin; slt (u. Standort slt!). **B, N†**. Stark gefährdet. *(P. distans subsp. limosa)* **Sumpf-S., *P. limósa***

- Unterste DeckSp schmal-lanzettlich, 2,0–2,4× so lg wie br; Staubbeutel 1,5–2,0 mm lg. — Pf kräftig, dichthorstig; LB'Spreite meist fleischig, mindestens 0,8 mm ∅. H: (10)20–50 cm. ♃ He. VI–VIII. Sandige Sodaböden, Salzlackenränder, Solontschak; collin; mäßig hfg (Standort sehr slt!). **B** (im Seewinkel). (Endemit des pannonischen Tieflandes.) (Potentiell!) gefährdet. *(„P. salinaria" p. p., P. distans subsp. peisonis)* **Neusiedlersee-S.**, Zickgras, ***P. peisónis***

## (6) Hartgras, *Sclerόchloa*

Ährenrispe einseitswendig, sehr dicht; Pf graugrün, vom Grund an verzweigt; LB'Scheiden gekielt; HüllSp mit br, häutigem, weißem Rand; DeckSp gekielt, hart werdend. H: 5–10(15) cm. ⊙ Th. IV–VII. Trockene Ruderalstellen, Wege, Trittstellen, Pflasterritzen, Straßenränder, Weingärten; etwas salzresistent; collin; im Pann zstr, sonst slt. **B, W, N, O**. **Hartgras, *S. dúra***

## (7) Knäuelgras, *Dáctylis*

1 Untere HüllSp 1nervig, (obere 3nervig), beide auf dem Kiel steifhaarig gewimpert (slt kahl), nicht durchscheinend (oft violett oder rötlich); Pf blaugrün oder graugrün, dichthorstig; DeckSp auf der Fläche ± behaart, (die unteren) abrupt in eine 1–2 mm lg Granne verschmälert. — LB'Spreite 4–10 mm br; Rispe zur BlüZeit mit 3eckigem Umriß, stark geknäuelt, mit weit abstehendem unteren Ast, später zusammengezogen mit fast aufrechter Spitze; Ährchen 3–4(5)blütig (?). H: 50–120 cm. ♃ He. V–VII. Fettwiesen, Ruderalstellen; collin bis subalpin; sehr hfg. **Alle Bdld**. Wird auch als Futtergras kultiviert. (Allotetraploid.) **Wiesen-K.**, Knaulgras, ***D. glomeráta*** *(subsp. glomerata)*

– Untere HüllSp wenigstens am Grund 3nervig, (obere 3nervig), beide HüllSp auf dem Kiel bloß rauh, durchscheinend (weißlich); Pf h'grün bis gelbgrün; DeckSp auf der Fläche kahl, rauh punktiert, (die unteren) allmählich in eine 0,5–1 mm lg Spitze verschmälert. — LB'Spreite 3–6 mm br; Rispe schmal, wenig geknäuelt, ± überhängend; Ährchen (3)5–6blütig (?). H: 50–120 cm. ♃ He. V–VII. Wärmeliebende Laubwälder (meist Eichen-Hainbuchen-Wälder), auch eingebürgert in Parkanlagen; collin bis submontan; zstr. **B, W, N, O, St, K**. (Diploide Elternsippe von *D. glomerata*.) *(D. aschersoniana, D. glomerata subsp. aschersoniana)* ■ **Wald-K., *D. polýgama***

## (8) Kammgras, *Cynosúrus*

1 Ährenrispe einseitswendig, im Umriß länglich-lineal, 3–10 cm lg; Grannen kürzer (höchstens ½× so lg) als ihre Spelze; B'Häutchen etwa 1 mm lg. — Pf dichtrasig; LB'Spreite 2–3 mm br, meist gefaltet. H: 20–60 cm. ♃ He. VI–VII. Frische bis staufeuchte Fettweiden, lehmige, feuchte, leicht bodensaure Fettwiesen; Bodendichtezeiger; collin bis subalpin; hfg. **Alle Bdld**. **Wiesen-K., *C. cristátus***

– Ährenrispe allseitswendig, im Umriß kugelig-eiförmig, 1–4 cm lg u. (ohne Grannen) 1–2 cm br; Grannen etwa ½–2× so lg wie ihre Spelze; LB'Häutchen 2–4(7) mm lg. — Stg einzeln; LB'Spreiten 3–9 mm br, flach. H: 20–60 cm. ⊙ Th. V. Trockene Wiesen, Getreideäcker, Gärten, Ruderalstellen; collin (submontan); slt. **(W†, N, O, St, K, S)**. Unbeständig. (Heimat: Medit. u. Westeuropa.) *(Falona echinata)* ☆ **Grannen-K.**, Igel-K., ***C. echinátus***

## (9) Quellgras, *Catabrósa*

Pf kahl, mit im Schlamm kriechenden Ausläufern; LB'Spreite 5–10 mm br, mit kurzer, stumpfer Spitze. H: 20–50(70) cm. ♃ He. VI–IX. An Quellen, Wassergräben, slt in Tümpeln u. Lacken, Bruchwälder; liebt klares Wasser u. schlammigen Grund; collin bis subalpin; slt. **W†, sonst alle Bdld**. Stark gefährdet. ▲ *(Glyceria aquatica)* **Quellgras, *C. aquática***

## (10) Windhalm, *Apéra*

**1** Staubbeutel 1–1,5(1,8) mm lg, länglich; Rispe meist 20–30 cm lg, beim Blühen 5–18 cm br, lockerblütig (ihre Äste bis 10 cm lg, abstehend), vor u. nach dem Blühen 3–9 cm br; Ährchen 2,5–3 mm lg. — Rispe meist ausgebreitet; B'Häutchen 4–6 mm lg; LB'Spreite 1–5(8) mm br; Granne 5–10 mm lg. H: 30–100 cm. ⊙–⊙ Th–He. VI–VII. Getreideäcker, Ruderalstellen, Wegränder; kalkmeidend, liebt sandige Böden; collin bis obermontan; zstr. **Alle Bdld**. In den wAlp u. in den KäB gefährdet. **Gewöhnlicher W.**, ***A. spíca-vénti***

**-** Staubbeutel 0,3–0,5 mm lg, rundlich; Rispe meist weniger als 10 cm lg, schmal (beim Blühen höchstens 2 cm br), ± dichtblütig (ihre Äste bis 3 cm lg, aufrecht), vor u. nach dem Blühen 0,5–1,5 cm br; Ährchen 2–2,5 mm lg. — Rispe (zumindest im unteren Teil) unregelmäßig unterbrochen; B'Häutchen 2–5 mm lg; LB'Spreite 1–3 mm br; Granne 4–10 mm lg. H: 20–50(70) cm. ⊙ Th. V–VI. Sandgruben, Äcker, Ruderalstellen; kalkmeidend, liebt sandige Böden; collin; slt. Im Pann. **B, W, N**. Vom Aussterben bedroht.
**Lücken-W.**, Unterbrochener W., ***A. interrúpta***

## (11) Zittergras, *Bríza*

Ährchen an lg Stielen hängend, mit waagrecht abstehenden, stumpfen, unbegrannten DeckSp; B'Häutchen 0,5–1 mm lg. H: 20–50(80) cm. ♃ He. V–VII. Trockene bis feuchte Magerwiesen, lichte Wälder; collin bis subalpin; sehr hfg. **Alle Bdld**. **Zittergras**, „Herzlgras", ***B. média***

## (12) Blaugras, *Sesléria*

**1** DeckSp an der Spitze mit 5 Grannen, die mittlere so lg oder fast so lg wie die DeckSp, die 4 seitlichen kürzer. — LB'Spreiten borstlich, gefaltet, höchstens 1 mm br; Ährenrispe dicht, kugelig bis br-eiförmig, größter ∅ meist 0,3–0,7 cm. H: (3)5–10 cm. ♃ He. VII–VIII. Lockere, steinige Rasen, Felsschuttfluren, Felsspalten; bes. über Kalkschiefer; alpin bis subnival; zstr. **O, St, K, S, T**. *(Psilathera ovata)* **Eikopf-B.**, Kleinblütiges B., ***S. ováta***

**-** DeckSp an der Spitze mit 1, 3 oder 5 grannenartigen Spitzen oder Zähnen, längste Granne jedoch stets weniger als ½× so lg wie die Sp . . . . . . . . **2**

**2** Ährenrispe kugelig; LB'Spreiten borstenförmig. — Ährenrispe 0,5–1,3 cm ∅; DeckSp unbegrannt oder Grannen höchstens 0,5 mm lg. H: 12–20 cm. ♃ He. VII–VIII. Lockere, steinige Rasen, Felsschuttfluren, Felsspalten; kalkliebend; subalpin bis alpin; in den südl. Kalkalpen hfg, sonst slt. *(Sesleriella sphaerocephala)* **Rundkopf-B.**, ***S. sphaerocéphala***

**a** Ährenrispe h'gelb bis weißlich, 0,8–1,3 cm ∅. H: 15–20 cm. ♃ He. VII–VIII. Ost-T, südwestl. **K**. *(Sesleriella leucocephala, Sesleria sphaerocephala var. wulfeniana)*
**Weißes R.-B., Weißkopf-B.**, ***S. s. subsp. leucocéphala***

**-** Ährenrispe graublau, 0,5–0,7 cm ∅. H: 12–20 cm. ♃ He. VII–VIII. Süd-**K** (mit der vorigen Unterart geographisch vikariierend*). *(Sesleriella sphaerocephala)*
**Eigentliches R.-B.**, ***S. s. subsp. sphaerocéphala***

**-** Ährenrispe zylindrisch bis eiförmig, ährenartig; LB'Spreiten flach, slt gefaltet, nicht borstenförmig. (Artengruppe Kalk-B., *S. varia agg.***) . . . . . . . . **3**

---

* Mitteilung von H. Niklfeld.
** Die Angabe der ⊖ ***S. tátrae*** für **Ö** ist unrichtig.

**3** Mittlere Granne der DeckSp höchstens 0,5 mm lg. — Pf dichtrasig; LB'Spreite unterseits mit deutlichem Kiel, oberseits nicht weißlich bereift, flach, Spitze kahnförmig, 2,5–3(5) mm br; Ährenrispe 1,5–5 cm lg. H: 10–45 cm. ♃ He. III–V. Steinige Trockenrasen, Felsrasen, Magerrasen (subalpin bis alpin), lichte, trockene, flachgründige Wälder (bes. Föhrenwälder); kalkstet; collin bis alpin; hfg. **Alle Bdld.** *(S. calcaria,* ***S. varia****)* **Kalk-B.,** ***S. álbicans***

**-** Mittlere Granne der DeckSp 1–2 mm lg . . . . . . . . . . . . . . . . . . . . **4**

**4** Junge LB'Spreite oberseits weißlich bereift; Ährenrispe 1–1,5(2) cm lg. — Pf ringförmige Rasen bildend; LB'Spreite unterseits ohne (oder nur mit undeutlichem) Kiel, sich beim Trocknen nach oben einrollend, 1–2 mm br. H: 10–45 cm. ♃ He. V–VII. Feuchte bis nasse Wiesen, Flachmoore; collin bis montan; zstr bis slt. **B, W, N, O, St, T**. Stark gefährdet. *(S. coerulea)* **Moor-B.,** ***S. uliginósa***

**-** Junge LB'Spreite oberseits nicht weißlich bereift; Ährenrispe 2–2,5 cm lg. — LB'Spreite 4–5 mm br, flach oder gefaltet, steif. H: 15–60 cm. ♃ He. III–V. Schattseitige, felsige Trockenrasen; kalkliebend; collin bis montan; slt. Nur im Pann. **N** (Hainburger Berge). (Hptvbr.: Slowakei, Ungarn; pannonisch.) Potentiell gefährdet. *(S. budensis,* ***S. sadlerana****)* **Pannonisches B., Sadler-B.,** ***S. sadleriána***

## (13) Kopfgras, Steingras, *Oreóchloa*

Ährenrispe 0,7–1,5 cm lg; DeckSp in 1, weniger als 0,5 mm lg Granne auslaufend; LB'Spreiten haarfein, gefaltet, weniger als 1 mm br; LB'Scheiden geschlossen. H: 10–20 cm. ♃ He. VII–VIII. Windexponierte, lückige Rasen mit kurzer Schneebedeckung auf sauren, trockenen, offenen Rohböden, bes. Krummseggenrasen, Zwergstrauchheiden; kalkfeindlich; (subalpin) alpin bis subnival; hfg bis zstr. **St, K, S, T, V**. *(Sesleria disticha)* **Kopfgras,** Steingras, ***O. dísticha***

## (14) Perlgras, *Mélica*

**1** DeckSp nach der BlüZeit dicht u. lg seidig behaart. — Ährchenstand eine Ährenrispe. (Artengruppe Wimper-P., *M. ciliata agg.*) . . . . . . . . . . . **2**

**-** DeckSp kahl bleibend . . . . . . . . . . . . . . . . . . . . . . . . . . **3**

**2** GrundBScheiden kahl; Pf graugrün; LB'Spreiten ungekielt; Ähren ± locker, ± einseitswendig mit überall sichtbarer Spindel; untere HüllSp $^3/_4$–1× so lg wie die obere. — Ähren bleich; H: 20–70 cm. ♃ He. VI. Flachgründige Kalk-Trockenrasen, felsige Hänge u. Felsschuttfluren, Felsbänder; kalkliebend; collin bis montan; zstr. **Alle Bdld.** *(M. nebrodensis)* **Wimper-P.,** ***M. ciliáta***

**-** GrundBScheiden dicht u. lg'zottig behaart; Pf grün; LB'Spreite unterseits gekielt; Ähren dicht, Spindel von den Ähren verdeckt; untere HüllSp nur $^1/_3$–$^2/_3$×so lg wie die obere. — Ährchen oft bräunlich überlaufen. H: 30–120 cm. ♃ He. VI. Oft kalkarme u. lehmreiche, feinerdereiche, auch subruderale Halbtrockenrasen, trockene Waldsäume, slt Felsrasen; collin bis montan; slt bis sehr slt. **Fehlt K, S**. Gefährdet. **Siebenbürger P.,** ***M. transsilvánica***

**3** Ähre dicht zylindrisch; Ährchen mehr als 20; LB'Spreite 5–15 mm br. — B'Häutchen 3–5 mm lg; Ähre 10–20 cm lg, dicht, mit kurzen, aufrechten Ästen, unten oft unterbrochen; Ährchen 7–10 mm lg. H: 60–150(200) cm hoch. ♃ He. VI. Lichte, trockene Wälder auf felsigem Boden, slt ruderal in Robinienforsten; collin bis submontan; sehr slt. **N** (im Thayatal). (Hptvbr.: Ost- u. Südost-Europa, Westasien.) Vom Aussterben bedroht. **Hohes P.,** ***M. altíssima***

- Ähre locker, traubig oder Rispe mit ausgebreiteten Ästen; Ährchen meist weniger als 20; LB'Spreite 1–6(7) mm br . . . . . . . . . . . . . . . . . . . . **4**

**4** Ährchen immer aufrecht, mit 1 fruchtbaren Blü; dem B'Häutchen gegenüber ein spitzes, 3–4 mm lg, dem Stg anliegendes Anhängsel. — Pf mit unterirdischen Ausläufern. H: 30–50 cm. Ameisenausbreitung. ♃ He/Ge. V–VI. Edellaubwälder; collin bis montan; mäßig hfg bis slt. **V†; fehlt K, S; sonst alle Bdld.** In den wAlp gefährdet. **Einblütiges P., *M. uniflóra***

- Ährchen oft nickend, mit 2 fruchtbaren Blü; B'Häutchen ohne gegenständiges Anhängsel. (Artengruppe Nickendes P., *M. nutans agg.*) . . . . . . . . . . **5**

**5** B'Häutchen höchstens 0,5 mm lg; Pf mit unterirdischen Ausläufern, lockerrasig. — Pf grasgrün; HüllSp braunrot, oberwärts häutig. H: 30–60 cm. Ameisenausbreitung. ♃ He/Ge. V–VI. Trockene Edellaubwälder; kalkliebend; collin (subalpin); hfg. **Alle Bdld.** **Nickendes P., *M. nútans***

- B'Häutchen 1–2,5 mm lg; Pf ohne Ausläufer, dichtrasig. — Pf graugrün; HüllSp grün, weißhäutig, an der Spitze rotgefleckt. H: 30–60 cm. ♃ He/Ge. V–VI. Wärmeliebende Gebüsche u. Eichen-Hainbuchen-Wälder; kalkmeidend; collin; sehr slt. **B, W, N, St**. Stark gefährdet. **Buntes P., *M. pícta***

## (15) Schwaden, Schwadengras, Süßgras, *Glycéria*

**1** Ährchen 3–10 mm lg, 4–8blütig . . . . . . . . . . . . . . . . . . . . . . . **2**

- Ährchen 10–30 mm lg, 7–12blütig. — Blü mit 3 StaubB. (Artengruppe Flut-Sch., *G. fluitans agg.*) . . . . . . . . . . . . . . . . . . . . . . . . . **3**

**2** Ährchen 6–10 mm lg; untere HüllSp 2–2,5 mm lg; DeckSp 3–3,5 mm lg; LB'Spreite 10–15 mm br; Rispe 20–40 cm lg; StaubB 3; B'Häutchen abgerundet oder gestutzt, — 1–3 mm lg; unterste Rispenäste zu 5–10. H: 80–200 cm. ♃ He. VII–VIII. An Gräben u. Flüssen mit stehendem oder langsam fließendem Wasser, an Seen; meist über nährstoffreichem Schlamm; collin; zstr bis slt. **Alle Bdld.** Potentiell gefährdet. *(G. aquatica)* **Großer Sch., *G. máxima***

- Ährchen 3–4 mm lg; untere HüllSp etwa 1 mm lg; DeckSp etwa 2 mm lg; LB'Spreite 2–6 mm br; Rispe 10–20 cm lg; StaubB 2; B'Häutchen spitz, zerschlitzt, — 2 mm lg. H: 30–100 cm. ♃ He. VII–VIII. Sümpfe, Wassergräben, Naßwiesen, vernäßte Weiderasen; collin; sehr slt. **O, K**. Neubürger. (Heimat: Nordamerika.) **Streifen-Sch., Gestreiftes Sch., *G. striáta***

**3** Ährchen nach der BlüZeit als Ganzes erhalten bleibend; Pf Sa-steril. — Staubbeutel nicht stäubend (Pf ♂ steril). H: 50–130 cm. ♃ He. VI–VIII. An Bächen, Wassergräben, Teichen, in Tümpeln u. Sümpfen; collin; zstr. **B, O, St**, Ost-**T**, **V*** (sicher weiter verbreitet, oft übersehen). *(G. fluitans × plicata, G. intersita)* **Stiel-Sch., *G. × pedicelláta***

- Ährchen zur FrZeit zerfallend; Pf fruchtend . . . . . . . . . . . . . . . . . **4**

**4** DeckSp an der Spitze mit 3–5 deutlichen Zähnen; VorSp tief in 2 etwas spreizende Spitzen gespalten, die DeckSp deutlich überragend; LB'Spreite abrupt in eine kurze Spitze zusammengezogen; Staubbeutel 0,5–1 mm lg, — meist violett; LB blaugrün; Rispe armblütig, oft nur traubig, mit zur FrZeit anliegenden Ästen. H: 10–60 cm. ♃ He. VI–VIII. Nasse Waldwege, quellige Wegränder, Spurrillen in sumpfigen Wegen, Moorwiesen; bes. in Silikatgebieten; collin bis montan; zstr. **Fehlt W, V**. In den wAlp gefährdet. **Blaugrüner Sch., Geneigtes Sch., *G. declináta***

---

* A. Polatschek: Mskr. N. Fl. **T & V**.

- DeckSp an der Spitze ohne deutliche Zähne; VorSp an der Spitze abgerundet u. 2zähnig oder seicht ausgerandet, die Zähne die DeckSp nicht oder kaum überragend; LB'Spreite allmählich zugespitzt; Staubbeutel 0,7–2,5(3) mm lg . . . . . . . . . . . . . . . . . . . . . . . . . . . . . . **5**

**5** DeckSp 6–7,5 mm lg, ± spitz bis stumpflich; unterste Rispenäste meist zu 2, der längere mit 1–4, der kürzere meist mit 1(2) Ährchen; Rispenäste zur FrZeit ± anliegend; Staubbeutel 2–3 mm lg, meist violett. — LB'Spreiten grasgrün, lg zugespitzt. H: 40–120 cm. ♃ He. V–VIII. An u. in stehenden oder langsam fließenden, sauberen Gewässern, bes. Bächen, Wassergräben, Teichen, Tümpeln, Sümpfen; collin bis montan; zstr. **Alle Bdld**. In den wAlp gefährdet. (Früher als Getreide genutzt: „Schwadengrütze".)
**Flut-Sch.**, Flutender Sch., Mannagras, ***G. flúitans***

- DeckSp 3–4,5 mm lg, stumpf; unterste Rispenäste zu 2–5, die längeren mit 5–16, die kürzeren mit 1–6 Ährchen; Rispenäste auch zur FrZeit ± abstehend; Staubbeutel 1–1,5 mm lg, gelb. H: 30–80 cm. ♃ He. VI–VII. Bäche, Wassergräben, Sümpfe, überflutete Stellen; auch auf von nährstoffreichem, ± verschmutztem Wasser überfluteten Böden; collin bis subalpin; hfg. **Alle Bdld**. *(G. plicata)* **Falt-Sch., *G. notáta***

## (16) Trespe, *Brómus*

Anm.: In jüngster Zeit wird im nordöstl. **K** an Bahndämmen die **Kiel-T., *B. carinátus*** *(B. sect. Ceratochloa)* als lokale Neubürgerin beobachtet (Heimat: Nordamerika; eingebürgert in Teilen von Nordwest-Europa). Sie unterscheidet sich von den Arten der *sect. Bromus* (→ Pkt 3–) durch: Pf ♃; Ährchen stark abgeflacht; DeckSp am Rücken stark gekielt; Granne kürzer als die DeckSp, stets gerade, fast an der Spitze der DeckSp entspringend (*sect. Bromus* hingegen: Pf ⊙–⊙; Ährchen ± stielrund; DeckSp am Rücken abgerundet; Granne meist etwa so lg wie die DeckSp, oft gebogen, unterhalb der Spitze der DeckSp entspringend). – Die ☆ **Steif-T., *B. rígidus*** (Heimat: Süd- u. West-Europa) wurde zB in **(K)** als unbeständig eingeschleppt beobachtet.

**1** Ährchen gegen die Spitze zu verbreitert. — Pf ⊙; VorSp kammförmig gewimpert; Rispe überhängend; untere HüllSp 1nervig, obere 3nervig. (*B. sect. Stenobromus = sect. Genea, Anisantha*) . . . . . . . . . . . . . . . . . . . . . . **2**

- Ährchen gegen die Spitze zu verschmälert . . . . . . . . . . . . . . . . . . **3**

**2** Stg kahl; Rispenäste rauh; DeckSp mit deutlichen Nerven, rauh (sonst kahl); Rispe ausgebreitet, nicht slt fast allseitswendig, locker; Rispenäste 5–10 cm lg; Granne viel länger als die DeckSp. H: 30–60 cm. ⊙–⊙ Th–He. V–VII. Ruderalfluren, Wegränder, ruderale Heckensäume, lichte, trockene, stickstoffreiche (Robinien-)Forste; stickstoffliebend; collin bis montan; hfg. **Alle Bdld**. *(Anisantha sterilis)* **Taube T., Ruderal-T.**, Hafer-T., ***B. stérilis***

- Stg unter der Rispe flaumig; Rispenäste weichhaarig; DeckSp mit undeutlichen Nerven, meist glänzend u. weichhaarig; Rispe meist ± einseitswendig u. dicht; Rispenäste 2–3(4) cm lg; Granne etwa so lg wie die DeckSp. H: 10–45 cm. ⊙ He. V–VI. Trockene Ruderalstellen, Bahngelände, Straßenränder, Kiesgruben, Mauern; collin bis montan; hfg. **Alle Bdld**. *(Anisantha tectorum)*
**Dach-T., *B. tectórum***

**3** Untere HüllSp 1nervig, obere 3nervig, beide schmal-lanzettlich; VorSp am Rand kurzflaumig; Pf ♃. — Ährchen lineal-lanzettlich. *(B. sect. Festucoides = sect. Pnigma = Zerna = Bromopsis)* . . . . . . . . . . . . . . . . . . **4**

-!! Untere HüllSp 3–5nervig, obere 5–9nervig, beide elliptisch; VorSp mit steifen

Borsten entfernt-kammförmig-gewimpert; Pf ⊙–⊙. *(B. sect. Bromus = Bromus s. str.)* . . . . . . . . . . **8**
- (Falls Pf ♃, → Anm. am Beginn der Gattung!)

**4** Rispe sehr locker; Rispenäste 5–20 cm lg, weit-abstehend u. bogig überhängend. Waldbewohner. (Artengruppe Wald-T., *B. ramosus agg.*) . . . . . . **5**
- Rispe ± dicht; Rispenäste 2–5 cm lg, aufrecht-abstehend. Rasenbewohner . . . . . . . . . . **6**

**5** Oberste LB'Scheide mit 3–4 mm lg, abstehenden Haaren, ohne kurze Flaumhaare; Rispe spreizend, meist mehrseitswendig. H: 80–150 cm. ♃ He. VII–VIII. Edellaubwälder, Waldschläge, Gebüsche an Bachrändern; auf grundnassen, verdichteten, schweren Böden; collin bis montan; zstr bis sehr slt. **Alle Bdld***. *(B. serotinus, Zerna ramosa, Bromopsis ramosa)*
**Ästige T.**, Spätblühende Wald-T., ***B. ramósus***
- Oberste LB'Scheide mit kurzer, dichter, etwa 0,1 mm lg Behaarung (am Scheidengrund längere Haare!); Rispe meist einseitswendig. H: 50–90 cm. ♃ He. VI–VII. Wärmeliebende, trockene, steinige, lichte Edellaubwälder; kalkliebend; collin bis montan; zstr. **Alle Bdld**. *(B. asper, Zerna benekenii, Bromopsis benekenii)* **Einseitige T.**, Frühblühende Wald-T., ***B. benekénii***

**6** DeckSp ohne oder mit höchstens 2 mm lg Granne. — Pf mit lg, unterirdischen Ausläufern; untere LB'Scheiden kahl; B'Häutchen 0,5–2 mm lg; LB'Spreiten flach, 6–10 mm br, kahl. H: 30–90 cm. ♃ He. VI–VII. Trockene Fettwiesen, Ruderalstellen, Böschungen, Wegränder (in Begrünungssaaten); Nährstoffzeiger; collin bis montan; zstr. **Alle Bdld**. *(Zerna inermis, Bromopsis inermis)*
**Wehrlose T.**, ***B. inérmis***
- DeckSp stets mit 4–10 mm lg Granne. (Artengruppe Aufrechte T., *B. erectus agg.*) . . . . . . . . . . **7**

**7** Pf mit lg, unterirdischen Ausläufern; LB'Spreiten alle flach; LB'Scheiden dicht, oft wollig oder zottig behaart, seidenglänzend, slt kahl; Staubbeutel 3–4 mm lg. — Rispenäste meist nur 1 Ährchen tragend. H: 30–70(80) cm. ♃ He. V–VII(X). Trockene Wiesen, Trockenrasen, steinige Abhänge; collin; slt. **B, N, St**. Gefährdet. *(Zerna pannonica, Bromopsis pannonica)*
**Pannonische T., Ungarische T., *B. pannónicus***
- Pf dichtrasig, meist ohne Ausläufer; obere LB'Spreiten flach, untere meist gefaltet u. dadurch borstlich; LB'Scheiden kahl oder gewimpert, höchstens die untersten dicht kurzhaarig; Staubbeutel 4–7 mm lg. — LB'Spreite ± locker aufrecht-abstehend gewimpert; Rispenäste mit 1–3 Ährchen. H: 40–90(100) cm. ♃ He. V–VII(X). Trockene (Kalk-)Magerrasen, Halbtrockenrasen (namengebende pflanzensoziologische Leitart für das Mesobromion = „Trespenrasen"); kalkliebend; nicht weidefest; collin bis obermontan; sehr hfg. **Alle Bdld**. *(Zerna erecta, Bromopsis erecta)* **Aufrechte T., *B. eréctus***

**8** [3] DeckSp zur FrZeit walzlich eingerollt, voneinander abstehend u. einander nicht deckend. — Staubbeutel 1–2 mm lg . . . . . . . . . . **9**
- DeckSp zur FrZeit nicht eingerollt, einander ziegeldachig deckend. — Untere LB'Scheiden ± behaart . . . . . . . . . . **10**

**9** LB'Scheiden meist kahl; DeckSp nicht länger als die VorSp; Rispenäste aufrecht-abstehend. — Zur Reifezeit die Ährchenachse deutlich sichtbar, diese zäh, meist bis über den Winter unzergliedert bleibend. H: (20)40–100(120) cm.

* A. Polatschek: Mskr. N. Fl. **T & V**: Auch in Nord-T u. V.

⊙–⊙ Th–He. VI–VII. Getreideäcker, Ruderalstellen; collin bis montan; sehr slt. **K†, V†; sonst alle Bdld?**. Stark gefährdet. ▲
**Roggen-T.**, „Durscht", „Duacht", ***B. secalínus***

- LB'Scheiden ± behaart; DeckSp deutlich länger als die VorSp; Rispenäste nach dem Blühen weit-abstehend, zT überhängend. — Zur Reifezeit die Ährchenachse etwas sichtbar. **Hänge-T.**, Japan-T., ***B. japónicus*** (→ Pkt 12)

**10** Staubbeutel (vor dem Stäuben) 3,5–5 mm lg, etwa 1/2× so lg wie die DeckSp; Ährchen meist purpurn überlaufen. — DeckSp so lg wie die VorSp; DeckSp mit 2 spitzen Zähnen. H: 30–100 cm. ⊙–⊙ Th–He. V–VIII. Getreideäcker, Ruderalstellen, (in Begrünungssaaten); collin bis obermontan; sehr slt. **V†?, sonst alle Bdld**. Vom Aussterben bedroht (Wildvorkommen). ▲
**Acker-T.**, ***B. arvénsis***

- Staubbeutel (vor dem Stäuben) 0,5–3 mm lg, höchstens 1/3× so lg wie die DeckSp; Ährchen meist grün . . . . . . . . . . . . . . . . . . . . . . . . **11**

**11** Granne mindestens 2 mm unter der 2zähnigen Spitze der DeckSp entspringend, zur FrZeit stark auswärts spreizend. — Granne an den oberen Blü über 10 mm lg, an den unteren viel kürzer bis fehlend; VorSp viel kürzer als die DeckSp . . . . . . . . . . . . . . . . . . . . . . . . . . . . . . . . . . . **12**

- Granne 1–1,5 mm unterhalb der 2zähnigen Spitze der DeckSp entspringend, zur FrZeit gerade oder nur sehr schwach auswärtsgebogen . . . . . . . . **13**

**12** Ährchenstands-Äste (Rispenäste) meist mit (1)3(4) länglich-lanzettlichen, 2–3 cm lg, meist 7–10blütigen Ährchen; Ährchenstand deutlich verzweigt (also rispig); DeckSp 3–4 mm br, ihr Hautrand in der Mitte kaum verbreitert, dort 0,5 mm br; DeckSp deshalb elliptisch; Rispenäste meist länger als deren Ährchen. H: 15–60 cm. ⊙–⊙ Th–He. V–VI. Ruderalstellen, Äcker, Weingartenränder, lichte Gehölze; collin; zstr bis slt. **Fehlt S**. Im Alp, im nVL u. im söVL gefährdet. *(B. patulus)* **Hänge-T.**, Japan-T., ***B. japónicus***

- Ährchenstands-Äste meist mit 1(–3) br-eilanzettlichen, 3–5 cm lg, 10–20blütigen Ährchen; Ährchenstand wenig verzweigt (also traubig), ± einseitswendig; DeckSp 5–7 mm br, ihr Hautrand in der Mitte stark verbreitert, dort 1 mm br; DeckSp deshalb fast rhombisch; Ährchenstands-Äste meist kürzer als die auffallend großen Ährchen. H: 20–60 cm. ⊙–⊙ Th–He. V–VI. Ruderalstellen, sonnige Grasplätze, Äcker, Weingärten, Viehläger; collin bis montan; slt. **B, W, N, (O, St, K, S), T**. Stark gefährdet. ▲ **Sparrige T.**, ***B. squarrósus***

**13** Die meisten Ährchenstiele viel kürzer als ihre Ährchen, Rispe daher ziemlich dicht; DeckSp dünnhäutig, mit auffallend hervortretenden Nerven, meist weichhaarig (bei den übrigen Arten der *sect. Bromus* DeckSp ohne auffallend hervortretende Nerven u. meist kahl). — B'Häutchen 2 mm lg, gefranst, behaart. H: 5–80 cm. ⊙–⊙ Th–He. V–VIII. Ruderalstellen, Wegränder, trockene Fettweiden, Äcker, Mauerkronen; collin bis montan; sehr hfg. **Alle Bdld**. *(B. mollis)*
**Flaum-T.**, Weiche T., ***B. hordeáceus*** *(subsp. hordeáceus)*

- Die meisten Ährchenstiele länger als ihre Ährchen, Rispe daher ziemlich locker; DeckSp dick, derb, mit kaum hervortretenden Nerven, meist kahl. — DeckSp mit 2 abgerundeten Zähnen. (Artengruppe Trauben-T., *B. racemosus agg.*) . . . . . . . . . . . . . . . . . . . . . . . . . . . . . . . . . . . . **14**

**14** Staubbeutel (1,5)2–3 mm lg; VorSp so lg wie die DeckSp (höchstens um 0,5 mm kürzer); DeckSp (6,5)7–8 mm lg, gleichmäßig gerundet, im Umriß elliptisch; unterstes Glied der Ährchenachse 0,5–1 mm lg. — Ährchenstand meist eine Traube, 3–10(15) cm lg; Ährchenstiele etwa 1–3 cm lg; obere HüllSp

4–7 mm lg. H: 20–100 cm. ⊙–⊙ Th–He. VI. Feuchte bis nasse, lehmige Wiesen u. Weiderasen; kalkmeidend; collin; sehr slt. **V†?, T†?, sonst alle Bdld.** Vom Aussterben bedroht. **Trauben-T., *B. racemósus***

- Staubbeutel (1)1,5(2) mm lg; VorSp um 1–2 mm kürzer als die DeckSp; DeckSp 8–11(12) mm lg, im oberen Drittel abgerundet-stumpfwinkelig, im Umriß daher fast leicht rhombisch; unterstes Glied der Ährchenachse 1,5–1,8 mm lg. — Ährchenstand meist eine Rispe (untere Äste verzweigt), 7–20 cm lg; Ährchenstiele etwa 3–7 cm lg; obere HüllSp 6–9 mm lg. H: (30)40–110 cm. ⊙–⊙ Th–He. VI. Ruderalstellen, frische Äcker (bes. unter Futter-Schmetterlingsblütlern), Wiesen, Wegränder; bes. lehmige, nährstoffreiche Böden; collin bis obermontan; zstr bis slt. **Fehlt V**. Gefährdet. **Verwechselte T., *B. commutátus***

## (17) Zwenke, *Brachypódium*

1 LB'Spreite 6–12 mm br; Pf dichtrasig; Stg u. LB'Spreite schlaff, Ährchenstand überhängend; Ährchen 2–2,5 cm lg, obere Grannen jedes Ährchens mindestens so lg wie die DeckSp, dünn, oft geschlängelt. — LB'Scheiden u. LB'Spreiten weichhaarig. H: (40)60–120 cm. ♃ He. VII–VIII. Edellaubwälder; kalkliebend; collin bis montan; zstr. **Alle Bdld.** **Wald-Z., *B. sylváticum*** *(subsp. sylváticum)*

- LB'Spreite 3–6(8) mm br; Pf mit lg, unterirdischen Ausläufern; Stg u. LB'Spreite ± steif, Ährchenstand aufrecht; Ährchen 2–4 cm lg, Granne kürzer als die DeckSp, steif. — LB'Scheiden weichhaarig, kahl oder rauh; LB'Spreiten kahl oder behaart. (Artengruppe Fieder-Z., *B. pinnatum agg.*) . . . . . . . 2

2 LB'Spreitenunterseite überall mit dichten Reihen schräg vorwärts gerichteter Stachelhärchen *(Lupe!)*, LB'Spreitenunterseite dadurch nicht glänzend; LB'Spreite stets flach ausgebreitet, d'grün; DeckSp meist behaart; B'Häutchen des 2. LB von oben 1,6–2,8 mm lg; Ähre mit 6–8 Ährchen. H: 50–60 cm. ♃ He. VI–VII. Halbtrockenrasen, trockene Magerweiden u. Waldsäume, lichte Wälder; kalkliebend, durch Abbrennen gefördert; collin bis montan; hfg bis zstr. **Alle Bdld.** ■ **Fieder-Z., *B. pinnátum***

- LB'Spreitenunterseite höchstens auf den Nerven mit vereinzelten Stachelhärchen, dazw. kahl; LB'Spreitenunterseite dadurch auffallend speckig glänzend; LB'Spreite eingerollt oder flach ausgebreitet, h'grün; DeckSp oft kahl; B'Häutchen des 2. LB von oben 0,6–1,8 mm lg; Ähre mit 8–10 Ährchen. H: 50–100 cm. ♃ He. VI–VII. Föhrenwälder, Halbtrockenrasen, Saumges., felsige Hänge, trockene Böschungen; collin bis montan; hfg bis slt. Im Süden u. im Inntal hfg, sonst slt oder sogar überprüfungsbedürftig (ob echtes *B. r.*). **Fehlt O**. (Inkl. *B. cespitosum*) ■ **Felsen-Z., *B. rupéstre***

## (18) Quecke, *Élymus (Agropýron p. p.*, *Roegneria, Elytrigia)*

Anm.: Die ☆ **Verlängerte Qu., *E. (A.) elongátus*** (Heimat: Süd- u. Südost-Europa) wurde in **(K)** als unbeständig eingeschleppt beobachtet.

1 DeckSp lg begrannt; Granne stets so lg oder länger als die Sp, bis 25(40) mm lg; Pf horstbildend, ohne Ausläufer. — Ähre schlaff, meist überhängend; Ährchen 1–1,5 cm lg; Ährchenachse sehr brüchig, kurzhaarig; LB'Scheiden meist kahl, slt rauh; LB'Spreite oben mattgraugrün, unten glänzend d'grün. H: 50–120 cm. ♃ He. VI–VII. Schattig-feuchte Wälder, Auwälder; kalkliebend; collin bis montan (subalpin); zstr. **Alle Bdld.** *(Roegneria canina, **Agropyron caninum**)* **Hunds-Qu.,** Wald-Qu., ***E. canínus***

- DeckSp unbegrannt oder mit kurzer, die Länge der Sp nicht erreichender Granne; lange, unterirdische Ausläufer. — Ähre meist aufrecht. *(Elytrigia)* . . . . . . . . . . . . . . . . . . . . . . . . . . . . . . . . 2

2 LB'Spreite dünn, meist flach, grün bis blaugraugrün, Rippen nicht hervortretend; LB'Scheiden am freien Rand ungewimpert. — HüllSp meist 5nervig, scharf zugespitzt oder mit kurzen Grannen; WuStock lg, weißlich, ausläuferartig. H: 30–150 cm. ♃ Ge. VI–VIII. Äcker, Gärten, Ruderalstellen; etwas kalkmeidend; collin bis montan; hfg. **Alle Bdld**. VolksarzneiPf (unterirdische Sprosse). *(**Agropyron repens**, Elytrigia repens)*
**Acker-Qu.**, Kriech-Qu., „Baier", „Weißwurzn", ***E. répens***

a Untere LB'Scheiden behaart; Granne fast ebenso lg wie die DeckSp. — LB'Spreite blaugrün. Gebüsche, Waldsäume, Hecken; zstr bis slt. **W, N, O, St, S, T**.
■■ **Blaugrüne A.-Qu., *E. r. subsp. cáesius***

- LB'Scheiden kahl; Granne viel kürzer als die DeckSp oder fehlend. — LB'Spreite grün bis graugrün. Allgemein verbreitet u. hfg. ■■ **Gewöhnliche A.-Qu., *E. r. subsp. répens***

- LB'Spreite steif, oft eingerollt, durch die stark hervortretenden, weißlichen, das grüne Gewebe fast verdeckenden Rippen weißlichgrün; LB'Scheiden am freien Rande gewimpert. — Pf meist weißlich-blaugrün; HüllSp 5–7nervig . . . . . . . . . . . . . . . . . . . . . . . . . . . . . . . . 3

3 HüllSp spitz oder kurz stachelspitzig, schmal hautrandig, 9–11 mm lg; Ähre sehr dicht, nur unterste Ährchen locker stehend; grünes LB'Gewebe durch die stark hervortretenden Spreitenrippen fast verdeckt. — LB'Scheiden kahl; HüllSp 5nervig. H: (20)30–60(80) cm. ♃ Ge. V–VII. Offene, kalkhaltige, oft wechselfeuchte, sandige u. kiesige Ufer, Ufergebüsch; collin bis montan; slt. **N, K, T**. Gefährdet (?). *(Agropyron repens subsp. litorale, **Agropyron „pungens"**, A. litorale, A. pycnanthum, Elytrigia pycnantha, Elymus pungens, E. pycnanthus)* **Stech-Qu., *E. athéricus***

- HüllSp stumpf, gestutzt, br hautrandig, 6–8 mm lg; Ähre locker; grünes Gewebe an Teilen der LB'Spreite sichtbar. — HüllSp 5–7nervig. (Artengruppe Blau-Qu., **„*Agropyron intermedium agg.*"**) **Blau-Qu., *E. híspidus***

a DeckSp kahl, 10 mm lg. — LB'Scheiden kahl oder behaart; Ährchen 15–20 mm lg. H: 30–80(100) cm. ♃ Ge. VI–VII. Trockene Halbruderalstellen, halbruderale Halbtrockenrasen, Weingartenränder; collin bis montan; im Pann zstr, sonst slt. **B, W, N, O, St** Nord-**T***. *(**Agropyron intermedium s. str.**, Elytrigia intermedia)*
**Eigentliche Blau-Qu.**, Meergrüne Qu., ***E. h. subsp. híspidus***

- DeckSp behaart, 8–9 mm lg. — Bes. die unteren LB'Scheiden rauhhaarig (zur BlüZeit aber bereits absterbend); Ährchen 9–18 mm lg. H: 30–80 cm. ♃ Ge. VI–VII. Halbtrockenrasen; collin; slt bis sehr slt. Fast nur im Pann. **B, W, N, St**. Gefährdet. *(**Agropyron trichophorum**, A. intermedium subsp. trichophorum)* **Flaum-Qu., *E. h. subsp. barbulátus***

## (19) Kammquecke, *Agropýron (s. str.*, exkl. (18) Quecke / *Elymus)*

Ähre kammförmig-2zeilig, etwa 5 cm lg; Hüll- u. DeckSp begrannt; LB'Scheiden kahl. H: (20)30–60 cm. ♃ He. V–VII. Trockenrasen, Lößsteppen, Ruderalstellen mit frisch aufgeschüttetem Sand; collin; sehr slt. **B, (W), N, (St)**, slt unbeständig verschleppt (zB Wiener Donauinsel). Vom Aussterben bedroht. *(A. cristatum)* **Kammquecke, *A. pectinátum***

* A. Polatschek: Mskr. N. Fl. **T & V**.

## ★ (20) Weizen, *Tríticum*

Anm.: Die künstliche Gattungshybride von Weizen u. Roggen, *T. aestivum* × *Secale cereale* = ★ ***Triticále*** *(= Triticosecale)* ***rimpaui***, wird versuchsweise als GetreidePf kultiviert.

1 Ährenachse (= „Spindel") brüchig, dh bei der Reife zerbrechend; Ährchen mit dem über oder unter ihm stehenden Bruchstück der Ährenachse abfallend; Fr von den Sp fest umschlossen bleibend, neben der Furche flach u. scharfkantig („Spelzweizen") . . . . **2**

- Ährenachse zäh u. fest, bei der Reife nicht zerfallend; Fr aus den an der (nicht zerbrechenden) Ährenachse stehenbleibenden Sp herausfallend; Fr neben der Furche gewölbt („Nacktweizen") . . . . **4**

2 Ähre locker, im ∅ quadratisch; DeckSp kurz begrannt oder unbegrannt; Stg dünnwandig, hohl; Ährchen mit dem über ihm stehenden Ährenachsenstück abfallend. — Achse ohne Haarbüschel an der Ansatzstelle der Ährchen; Ährchen 3–5blütig, meist mit 2–3 Fr. H: 60–150 cm. ⊙ Th. VI–VII. Alte, ertragsarme Sorten; bis vor kurzem nur noch wenig kultiviert, in letzter Zeit wieder mehr. Meist als Winterweizen. (Hexaploid.) *(T. aestivum subsp. spelta)* ★ **Dinkel,** Spelz, „Grünkern", Spelz-W., ***T. spélta***

- Ähre dicht, zusammengedrückt (im ∅ rechteckig); DeckSp bis 10 cm lg begrannt; Stg dickwandig oder voll; Ährchen mit dem unter ihm stehenden Spindelstück abfallend . **3**

3 Ährchen 3(4)blütig, mit 2(3) fertilen Blü, daher 2grannig; HüllSp fast geflügelt gekielt, an der Spitze mit 1 scharfen Zahn, manchmal mit kurzem, stumpfem Seitenzahn; VorSp auch zur Reifezeit ungeteilt; Ährenachse an der Ansatzstelle der Ährchen stets mit Haarbüschel; StgKnoten kahl. Als Sommerweizen. Nur noch sehr slt kultiviert. (Tetraploid.) *(T. turgidum subsp. dicoccon)* ★ **Emmer,** Zweikorn-W., ***T. dicóccon***

- Ährchen meist nur mit 1 fertilen Blü, daher 1grannig; HüllSp scharf gekielt, an der Spitze 2zähnig; VorSp zur Reifezeit bis zum Grund 2spaltig; Ährenachse meist kahl, slt an der Ansatzstelle der Ährchen lg weißhaarig; StgKnoten abwärts behaart. Als Sommerweizen. Seit der frühen Jungsteinzeit kultiviert, heute nur noch sehr slt, in V? (dort auch verwildert?). (Diploid.) *(T. monococcum subsp. monococcum)* ★ **Einkorn,** Einkorn-W., ***T. monocóccum***

4 [1] Ährenachse an der Ansatzstelle der Ährchen ohne Haarbüschel; HüllSp oberwärts deutlich gekielt, unten ± abgerundet; Stg hohl, dünnwandig . . . . **5**

- Ährenachse an der Ansatzstelle der Ährchen mit Haarbüschel; HüllSp in ganzer Länge scharf bis flügelig gekielt; Stg dickwandig bis voll . . . . **6**

5 Ähre schmal, länger als 5 cm, locker, mitunter zur Spitze dicker werdend. — DeckSp begrannt („Bart-W.", „Grannen-W.", meist als Sommerweizen) oder unbegrannt („Kolben-W.", meist als Winterweizen). H: 70–160 cm. ⊙ Th. VI–VII. Als Sommerweizen u. als Winterweizen in zahlr. Sorten als weltweit wichtigste GetreidePf hfg kultiviert, manchmal verwildert. (Hexaploid.) *(T. aestivum subsp. aestivum)* ★ **Saat-W.,** Weich-W., ***T. aestívum***

- Ähre sehr kurz u. dick, bis 5 cm lg. — Ährchen br u. kurz; DeckSp begrannt (Igel-W.) oder unbegrannt (Binkel-W.). Nur als Sommerweizen. Sehr slt kultiviert. (Hexaploid.) *(T. aestivum subsp. c.)* ★ **Kugel-W.,** Igel-W., Binkel-W., Buckel-W., Zwerg-W., ***T. compáctum***

6 HüllSp bei der Reife dünn, papierartig, Kiele gewimpert. — HüllSp so lg oder länger als die DeckSp; Ähre ± zusammengedrückt oder quadratisch, unreif meist blaugrün; Achse unter der HüllSp mit starker Schwiele u. Haarbüschel. Als Sommerweizen. Nur slt kultiviert. [Hat mit Polen nichts zu tun!] (Tetraploid.) *(T. turgidum subsp. polonicum)* ★ **Galizischer W.,** „Polnischer" W., Gommer, ***T. polónicum***

- HüllSp fest, nicht papierartig, auf den Kielen nicht gewimpert . . . . **7**

7 Ähre 4–6 cm lg; Ährchen länger als br; HüllSp flügelig gekielt mit kräftigem, spitzem Zahn, wie die meist lg u. starr begrannten DeckSp sich leicht von der Ährenachse lösend; Fr länglich, spitz, meist hart, glasig. — Ährchen 3–4blütig. Als Sommerweizen. Nur slt in wärmsten Gebieten kultiviert. Bes. in Italien zur Spaghetti- u. Makkaronierzeugung verwendet. (Tetraploid.) *(T. turgidum subsp. durum)* ★ **Hart-W.,** Glas-W., ***T. dúrum***

- Ähre bis 10 cm lg; Ährchen so lg wie br oder breiter; HüllSp nur gekielt, mit stumpfem oder spitzem, ± gebogenem Zahn, ziemlich fest an der Ährenachse haftend; Fr kurz, dick, bauchig, mehlig. — Ährchen 3–5blütig. Als Sommerweizen. Nur slt kultiviert. In Italien zur Makkaronierzeugung verwendet. (Tetraploid.) *(T. turgidum subsp. turgidum)* ★ **Rauh-W.,** Kegel-W., Makkaroni-W., ***T. túrgidum***

### ★ (21) Roggen, *Secále*

Anm.: Bezüglich ★ ***Triticále*** vgl. die Anm. unter (20) Weizen!

LB blau bereift, an keimenden Pf rötlichbraun; B'Häutchen bis 2 mm lg; Stg unter der Ähre flaumig, sonst kahl; Ähre 4kantig, ± überhängend; DeckSp 4–8 cm lg begrannt. H: 70–200 cm. ⊙ Th. V–VI. Allgemein als wichtiges Getreide in zahlr. Sorten kultiviert u. manchmal verwildert. ★ **Roggen,** Korn, ***S. cereále***

## (22) Gerste, *Hórdeum*

**1** HüllSp alle oder doch die äußeren der seitlichen Ährchen nur aus Grannen bestehend, länger als die lanzettlichen DeckSp *(ohne Granne gemessen)*; Ährenspindel zerbrechlich; Ährchendrillinge bei der Reife mit dem unter ihnen befindlichen Stück der Spindel abfallend; WildPf . . . . . . . . . . . . . . **2**

**–** HüllSp alle linealisch-pfriemlich, höchstens so lg wie die br-elliptischen DeckSp *(ohne Granne gemessen)*, begrannt; Ährenspindel zäh, bei der Reife nicht zerbrechend, die Ährchen sich einzeln ablösend; KulturPf. — LB'Öhrchen stengelumfassend, kahl . . . . . **4**

**2** Granne der HüllSp 6–9 cm lg; Seitenährchen steril. — Ähre zierlich, überhängend bis nickend. H: 15–40 cm. ⊙ Th. VI–IX. Straßenböschungen (in Begrünungssaaten), trockene Ruderalstellen; salzertragend; collin bis montan; slt (in Ausbreitung begriffen). **(N, St, K, S, T)**. Unbeständig. Wird auch als Ziergras (Trockensträuße) kultiviert. (Heimat: Nord- u. Südamerika, Sibirien.) ☆ **Mähnen-G.,** ***H. jubátum***

**–** Granne der HüllSp nicht länger als 2,5 cm lg; Seitenährchen ♂ . . . . . . **3**

**3** HüllSp der Mittelährchen jedes Drillings an beiden Seiten borstig gewimpert; Ähre 5–12 cm lg; alle LB'Scheiden kahl. — Pf grasgrün, büschelig verzweigt; Stg ± aufrecht. H: 15–40 cm. ⊙–⊙ Th–He. VI–X. Trockene Ruderalstellen, Bahnanlagen, Straßenränder; Stickstoffzeigerin; collin bis submontan; hfg bis zstr. **Alle Bdld.** **Mäuse-G.,** „Schliefhansl", ***H. murínum***

**–** HüllSp aller Ährchen ungewimpert; Ähre 4–6 cm lg; untere LB'Scheiden mit 0,5–1(1,2) mm lg Haaren. — Pf graugrün, büschelig verzweigt; Stg ± liegend, knickig aufsteigend. H: (5)10–30(40) cm. ⊙ Th. V–VII. Salzhaltige Ruderalstellen; collin; slt. **B** (im Seewinkel), **(W, N)**. Stark gefährdet. *(**H. geniculatum**, H. gussoneanum)* **Salz-G.,** Igel-G., ***H. hýstrix***

Anm.: Die so wie die vorige Art zur Artengruppe Strand-G., *H. marinum agg.* gehörende ☆ **Strand-G., *H. marínum (H. maritimum)*** (Heimat: Küstengebiete Süd- u. West-Europas; salzertragend!) wurde in **(K)** als unbeständig eingeschleppt beobachtet.

**4** [1] Seitenährchen kurz gestielt, unbegrannt, nur mit StaubB, unfruchtbar; daher Ähre 2zeilig. — Pf ⊙ (Sommergerste). H: 60–120 cm. ⊙ Th. VI–VII. Sehr hfg kultiviert (als Braugerste), manchmal verwildert. *(H. vulgare subsp. distichon)* ★ **Zweizeilige G.,** Brau-G., ***H. dístichon***

**a** Mittelährchen u. Grannen aufrecht; Ähren 6–15 cm lg, schmal, nickend oder aufrecht. H: 80–120 cm. ★ **Gewöhnliche Z. G., *H. d. cv. dístichon***

**–** Mittelährchen abstehend, Grannen fächerförmig spreizend; Ähren 4–6 cm lg, aufrecht, aus sehr breitem Grund verschmälert; H: 60–90 cm. — Fr weit abstehend, von DeckSp u. VorSp umschlossen; slt kultiviert, bes. in Gebirgsgegenden. ★ **Fächer-G.,** Pfauen-G., ***H. d. cv. zeocríthon***

**–** Alle Ährchen sitzend, begrannt, mit StaubB u. Stempel, also fruchtbar; daher Ähre 4- oder 6zeilig. — Pf winterannuell (Wintergerste). H: 60–120 cm. V–VI. Kultursippe; hfg kultiviert (Futtergerste). *(H. vulgare subsp. vulgare)* ★ **Mehrzeilige G.,** ***H. vulgáre***

**a** Ähre 4kantig (die Ährchen sind so angeordnet, daß nur 4 senkrechte Zeilen von Ährchen entstehen). ★ **Vierzeilige G., *H. v. cv. vulgáre***

**–** Ähre 6kantig-zylindrisch (alle Ährchen – 3 auf jeder Seite – bilden je eine senkrechte Ährchenzeile). ★ **Sechszeilige G., *H. v. cv. hexástichon***

## (23) Waldgerste, *Hordélymus*

Untere LB'Scheiden zottig behaart; LB'Spreite flach, oberseits behaart; B'Häutchen fast fehlend; DeckSp kahl, lg begrannt. H: 60–120 cm. ♃ He. VI–VIII. Edellaubwälder (bes. Buchenwälder); kalkliebend; (submontan) montan; zstr. **(K), sonst alle Bdld** (fehlt Ost-**T**, in **St** slt).

**Waldgerste,** Haargerste, ***H. europáeus***

## (24) Hafer, *Avéna*

**1** DeckSp wenigstens im unteren Teil lg behaart; Ährchen zur Reifezeit leicht zerfallend (bespelzte Fr reif abfallend: Wild-Hafer); unterste Fr jedes Ährchens am Grund mit vorgebildeter Bruchstelle, diese dadurch glatt . . . . . . . . **2**

**–** DeckSp kahl; Ährchen zur Reifezeit nicht zerfallend (KulturPf); unterste Fr jedes Ährchens am Grund ohne vorgebildete Bruchstelle, diese dadurch zackig umrandet . . . . . . . . . . . . . . . . . . . . . . . . . . . . . . . **4**

**2** DeckSp an der Spitze mit 2 feinen, 3–5 mm lg Grannen. — Rispe meist einseitswendig. H: (30)60–80(150) cm. ⊙ Th. V–VI. Bahngelände, Ruderalstellen; collin; slt. **(St)** Unbeständig. (Heimat: Medit., Südwest-Asien.) ☆ **Bart-H., *A. barbáta***

**–** DeckSp an der Spitze mit 2 häutigen, 1–2 mm lg Zähnen . . . . . . . . . **3**

**3** Rispe meist allseitswendig; Ährchenachse über den HüllSp und zw. den Blü zerfallend (alle Fr des Ährchens mit Bruchstelle); DeckSp 2–4 mm lg behaart; Ährchen 16–25(30) mm lg. Sommerkeimer. H: 40–120(150) cm. ⊙ Th. VI–VIII. Unkraut in Getreideäckern (bes. in Haferäckern), Ruderalstellen; collin bis montan; sehr hfg bis slt. **Alle Bdld***.

**Flug-H.,** Wind-H., Sommerungs-Flug-H., ***A. fátua***

**–** Rispe meist einseitswendig; Ährchenachse nur über den HüllSp zerfallend (nur die unterste Fr des Ährchens mit Bruchstelle); DeckSp 4–8 mm lg behaart; Ährchen 25–50 mm lg. Herbst- u. Winterkeimer. H: 20–80(160) cm. ⊙ Th. VII–VIII. Bahngelände, Ruderalstellen; collin; slt. **(O, St, V)** Unbeständig (kann bei uns nicht überwintern). (Heimat: Medit., Südwest-Asien; in Süd- u. West-Europa eingebürgert u. gefürchtetes „Ungras".)

☆ **Taub-H.,** Winterungs-Flug-H., ***A. stérilis (subsp. ludoviciána)***

**4** [1] DeckSp an der Spitze mit 2 feinen, 3–8 mm lg Grannen. H: 40–120(150) cm. ⊙ Th. VI–VIII. Früher als Getreide kultiviert in **N, O, St, S,** heute fast nur mehr als Ackerunkraut vorhanden; collin bis montan; zstr bis slt. **N, O.**

**Sand-H.,** Zweispitz-H., ***A. strigósa***

**–** DeckSp an der Spitze nicht mit 2 feinen, 3–8 mm lg Grannen . . . . . . . **5**

**5** DeckSp an der Spitze mit 1–2(3) mm lg Grannenspitzen. — DeckSp dünnhäutig, mit stark hervortretenden Nerven; HüllSp deutlich kürzer als das Ährchen; Fr locker von DeckSp u. VorSp eingehüllt; Ährchen 3–4blütig, 18–25 mm lg. H: 40–80 cm. ⊙ Th. VI–VIII. Früher als Getreide kultiviert, heute nur noch Beikraut (Ungras) in Haferäckern; collin; slt. **B, W, N.** **Nackt-H., *A. núda***

**–** DeckSp an der Spitze unzerteilt oder mit 0,5–2 mm lg Seitenlappen. ⊙ Th. VI–VIII. Kultursippe. ★ **Saat-H., *A. satíva***

**a** DeckSp dünnhäutig, mit stark hervortretenden Nerven; HüllSp deutlich kürzer als das Ährchen; Fr locker von DeckSp u. VorSp eingehüllt. — Ährchen 3–6blütig, 25–40 mm lg. H: 60–130 cm. Früher slt kultiviert. (Heimat: Ost-Asien [China]).

★ † **Chinesischer S.-H., Chinesischer Nackt-H., *A. s. subsp. chinénsis***

**–** DeckSp derbhäutig bis knorpelig verdickt, im unteren Teil glänzend u. ohne erkennbare Nerven; HüllSp deutlich länger als das Ährchen; Fr eng von DeckSp u. VorSp umschlossen . . . . . . . . . . . . . . . . . . . . . . . . . . . . . . . . **b**

---

* Auch in **V** laut A. POLATSCHEK: Mskr. N. Fl. **T & V**.

**b** Rispe allseitswendig, ausladend. H: 60–150 cm. KulturPf; collin bis montan. In **allen Bdld** kultiviert, manchmal verwildert. **★ Gewöhnlicher Saat-H., *A. s. subsp. satíva***

**–** Rispe einseitswendig, zusammengezogen. H: 60–100 cm. KulturPf; collin bis montan. In **allen Bdld** kultiviert. **★ Ungarischer S.-H., Fahnen-H., *A. s. subsp. contrácta***

## (25) Staudenhafer, Wiesenhafer (zT), *Helictótrichon (s. str.)* *(Avenastrum p. p.)*

**1** B'Häutchen der Erneuerungssprosse 0,2–0,5 mm lg, am oberen Rand abgeschnitten oder br abgerundet u. gewimpert. — B'Häutchen der StgB etwa 0,7 mm lg; Ährchenachse nur unter der untersten DeckSp gegliedert u. zur Reifezeit alle Blü als Ganzes aus den HüllSp fallend. H: 15–40 cm. ♃ He. VII. In trockenen Felsspalten u. auf Felsgraten, auf Kalk- u. Dolomitfelsen; kalkstet; obermontan bis subalpin; zstr bis slt. **K** (in den Karawanken, bes. auf der Petzen). (Endemisch im kärntnerisch-slowenischen Grenzgebiet der südöstl. Alpen.) Potentiell gefährdet. ▲ *(H. setaceum subsp. petzense)*
**Petzen-St.,** Petzenhafer, Karawankenhafer, (sl.:) karavanška ovsika, ***H. petzénse***

**–** B'Häutchen der Erneuerungssprosse 3–8 mm lg, spitz, am oberen Rand nicht gewimpert . . . . . . . . . . . . . . . . . . . . . . . . . . . . . **2**

**2** B'Häutchen der StgB u. der Erneuerungssprosse gleich, 3–6 mm lg; Rispe ausgebreitet, aus 15–45 Ährchen zusammengesetzt; Ährchenachse nur unter der untersten DeckSp gegliedert; zur Reifezeit alle Blü (samt ihren DeckSp) als Ganzes aus den HüllSp fallend. H: 40–100 cm. ♃ He. VII–VIII. Auf etwas gefestigten Karbonatschutthalden, auf sonnigen Rasenbändern, zw. Felsen; Basenzeiger; subalpin bis alpin; zstr. **Fehlt B, W, V.**
**Parlatore-St., P.-W., *H. parlatórei***

**–** B'Häutchen der StgB 1–3 mm lg, die der Erneuerungssprosse 3–8 mm lg, also deutlich verschieden; Rispe locker, aufrecht, aus 7–17 Ährchen zusammengesetzt; Ährchenachse unter der untersten DeckSp und zwischen allen DeckSp gegliedert u. zur Reifezeit jede Blü (samt DeckSp) einzeln aus den HüllSp fallend. — Untere LB'Scheiden behaart. H: 30–60 cm. ♃ He. V–VI. Steppen u. Trockenrasen auf steinigen Böden; kalkliebend; collin bis montan; sehr slt. **N.** (Sonstige Vbr.: Süd-Mähren, Hptvbr.: Ost-Europa bis Zentralasien.) Potentiell gefährdet. *(H. besseri)*
**Steppen-St., St.-W., St-H., *H. desertórum* (subsp. *basálticum*)**

## (26) Wiesenhafer, *Avénula* *(Avenochloa, Helictotrichon p. p., Avenastrum p. p.)*

**1** Ährchenachse zw. den Blü mit 3–6 mm lg Haaren, auch der Achsenfortsatz über der obersten fruchtbaren Blü lg behaart; LB'Scheiden u. LB'Spreiten der unteren StgB meist dicht u. lg behaart, bei Pf höherer Lagen zuweilen verkahlend oder fast kahl. — Pf mit 5–10 cm lg unterirdischen Ausläufern; LB'Spreiten 2–4(6) mm br; B'Häutchen der StgB 5–7 mm lg, die der Erneuerungssprosse 0,5–1 mm lg. H: 30–90(120) cm. ♃ He. V–VIII. Magerwiesen, bes. Trockenwiesen, Halbtrockenrasen, auch Feuchtwiesen, alpine Rasen; kalkliebend; collin bis alpin; hfg. **Alle Bdld.** Taxonomischer Wert u. Vbr. der Unterarten ist strittig.
*(Helictotrichon p.)* **Flaumhafer, Flaum-W., *A. pubéscens***

**a** LB'Scheiden der Erneuerungssprosse u. zumindest die unteren StgB meist weich behaart (slt zstr behaart bis kahl); Ährchen 2–3(4)blütig, 10–17 mm lg. Trockenwiesen, Halbtrockenrasen, sonnige Böschungen; kalkliebend; collin bis obermontan; hfg. **Alle Bdld.**
**■? Gewöhnlicher F.-W., *A. p. subsp. pubéscens***

- LB'Scheiden der Erneuerungssprosse u. der StgB kahl, slt schwach behaart; Ährchen (2)3–4blütig, 15–20(26) mm lg. Sonnige Rasen, Rasenbänder; kalkliebend; subalpin bis alpin; zstr bis slt. **K, S, T**. *(Avena p. var. colorata)* **■? Kahler F.-W., *A. p. subsp. laevigáta***
- Ährchenachse zw. den Blü mit 0,5–3 mm lg Haaren; Achsenfortsatz über der obersten fruchtbaren Blü kahl oder nur kurz behaart; LB'Scheiden stets kahl, glatt oder rauh . . . . . . . . . . . . . . . . . . . . . . . . . . . **2**

**2** DeckSp im unteren Teil braun oder braunviolett u. bronzefarben gescheckt; LB'Scheiden der Erneuerungstriebe im untersten Drittel oder in der unteren Hälfte geschlossen; Ährchen 10–13 mm lg. — Pf mit unterirdischen Ausläufern; B'Häutchen 2–4 mm lg; LB'Spreite 2–4 mm br, oberseits glatt, mit auffallendem weißen, rauhen Rand. H: 20–50 cm. ♃ He. VII–VIII(IX). Kurzgrasige, steinige, bodensaure Rasen (Krummseggen- u. Bürstlingsrasen), Zwergstrauchheiden; kalkfeindlich; (montan) subalpin bis alpin; zstr. **St, K, S, T, V**. *(Helictotrichon v.)* **Bunthafer, Bunter W., *A. versícolor***
- DeckSp im unteren Teil grün, manchmal violett überlaufen; LB'Scheiden der Erneuerungstriebe bis zum Grund offen; Ährchen (13)15–30 mm lg. (Artengruppe Kahler W., *A. pratensis agg.*) . . . . . . . . . . . . . . . . . . . . **3**

**3** Untere LB'Scheiden seitlich zusammengedrückt, unterster StgTeil im ∅ elliptisch; Pf stets mit 5–20(30) cm lg unterirdischen Ausläufern, lockere Rasen bildend. — LB'Spreite der Erneuerungssprosse 2–9 mm br; B'Häutchen der oberen StgB 4–6(7) mm lg. H: (25)40–80(100) cm. ♃ He. VI–VII. *(Helictotrichon a.)* **■ Aufsteigender W., *A. adsúrgens***

**a** Pf mit 10–20(30) cm lg, unterirdischen Ausläufern; LB'Spreiten der Erneuerungssprosse 3–9 mm br, meist mit 17–21(25) Leitbündeln (∅); Seitennerven der DeckSp fast stets vor dem weißlich-durchsichtigen Hautrand auslaufend. H: 40–80(100) cm. ♃ He. VI–VII. Trockene Wiesen, Trockenrasen, Rotföhren-Wälder (oft auf Serpentin); collin bis montan; zstr bis slt. **B, St, K**. Potentiell gefährdet. (inkl. *Helictotrichon conjungens, H. a. subsp. a.)* **■ Eigentlicher Au. W., *A. a. subsp. adsúrgens***
- Pf mit kurzen, 5–10 cm lg, unterirdischen Ausläufern; LB'Spreiten der Erneuerungssprosse 2–3 mm br, meist mit 15–17 Leitbündeln (∅); Seitennerven der DeckSp fast stets den weißlich-durchsichtigen Hautsaum durchlaufend. H: (25)40–50(60) cm. ♃ He. VII. Rasen, Rasenbänder, Zwergstrauchheiden, in trockenen Laubgebüschen, slt auf Felsen, an warmen, südexponierten Stellen; obermontan bis alpin; slt. **St, K, S**. *(Helictotrichon a. subsp. au.)* **■ Südtiroler Au. W., *A. a. subsp. ausserdórferi***
- Untere LB'Scheiden u. unterster StgTeil stielrund; Pf meist ohne unterirdische Ausläufer, ± dichte Horste bildend . . . . . . . . . . . . . . . . . . . . . . . . **4**

**4** Erneuerungssprosse überwiegend innerhalb der untersten LB'Scheiden emporwachsend (intravaginal). — B'Häutchen der oberen StgB 3–5 mm lg; LB'Spreite 2–3 mm br, anfangs zusammengefaltet, später flach, beiderseits glatt, am Rand rauh. H: 30–80 cm. ♃ He. V–VII. Halbtrocken- u. Trockenrasen, lichte trockene Wälder; pH-indifferent; collin bis montan; im Pann zstr, sonst slt. **B, W, N, S, T?**. Gefährdet. *(Helictotrichon pratense)* **■ Kahler W., Trifthafer, *A. praténsis***
- Erneuerungssprosse überwiegend außerhalb der untersten LB'Scheiden emporwachsend (extravaginal). — Die mit spitzen Schuppen bedeckten Knospen die LB'Scheiden am Grund durchbrechend; B'Häutchen der oberen StgB 3–4(7) mm lg; LB'Spreite 2–3(4) mm br, zusammengefaltet u. oft gedreht oder flach. H: 25–70 cm. ♃ He. VI–VIII. *(Helictotrichon alpinum, Helictotrichon praeustum)* **■ Alpen-W., *A. praeústa***

**a** Stg kräftig, steif aufrecht; Rispe 10–18 cm lg u. 2,5–4 cm br, im Umriß länglich-eiförmig, aus 10–25 Ährchen zusammengesetzt; Ährchen 4–6blütig, grün oder nur schwach violett überlaufen; LB'Spreiten der Erneuerungssprosse 2–3(4) mm br, ∅ mit (11)13–15 Leitbündeln. H: 40–70 cm. Sonnige Rasen, Rasenbänder, Felsschuttfluren; kalkliebend; montan bis alpin; zstr. **K, T, V**. *(Helictotrichon praeustum subsp. praeustum)*

■ **Eigentlicher A.-W., *A. p. „subsp. praeústa"***

- Stg dünn, im oberen Teil oft überhängend; Rispe 5–9 cm lg u. 1,5–2,5 cm br, im Umriß lanzettlich, aus 5–8(10) Ährchen zusammengesetzt; Ährchen 4–5blütig, fast immer violett gefärbt; LB'Spreiten der Erneuerungssprosse 1,5–2 mm br, ∅ mit 9–13 Leitbündeln. H: 25–40(50) cm. Steinige Rasen, sonnige Rasenbänder; subalpin bis alpin; slt. **K, T**. *(Helictotrichon praeustum subsp. pseudoviolaceum)*

■ **Violetter A.-W., *A. p. „subsp. pseudoviolácea"***

## (27) Glatthafer, *Arrhenátherum*

LB'Spreite flach, oberseits abstehend kurzhaarig; LB'Scheiden meist kahl; B'Häutchen 1–3(5) mm lg; untere HüllSp 1-, obere 3nervig. H: 50–120(150) cm. ♃ He. VI–VII. Fettwiesen (Charakterart der Glatthaferwiesen), Wegränder; collin bis montan; sehr hfg. **Alle Bdld**. Auch als Futtergras kultiviert.

**Glatthafer,** Französisches Weidelgras, Französisches Raygras, ***A. elátius***

## (28) Schmielenhafer, *Ventenáta*

B'Häutchen 4–9 mm lg, zungenförmig, oben zugespitzt, gezähnelt. H: (20)30–60(80) cm. ⊙–⊙ Th–He. VI–VII. Lichte, trockene Wälder, Trockenrasen, trockene Äcker, Ruderalstellen; collin; sehr slt. **B, W†, N, St†**. Vom Aussterben bedroht. *(Avena dubia)* **Schmielenhafer, *V. dúbia***

## (29) Kammschmiele, Schillergras, *Koeléria*

1 DeckSp am oberen Ende kurz eingekerbt (slt spitz) u. mit einer 1–3 mm lg, geraden Granne. — Grundständige LB'Scheiden lg erhalten bleibend u. den Stg oft auffallend verdickend; Rispe 2–5 cm lg u. 1–1,5 cm br; HüllSp mit 0,3–1 mm lg, dichtstehenden Haaren. H: 10–30 cm. ♃ He. VII–IX. Steile, sonnige, trockene Hänge, auch Felsschuttfluren u. Felsen; kalkmeidend; subalpin bis alpin; zstr bis sehr slt. **K** (Karnische Alpen), **T** (bes. Ötztaler Alpen).

**Rauhe K., *K. hirsúta***

- DeckSp am oberen Ende spitz oder in eine kurze Stachelspitze verschmälert, seltener schmal-abgerundet, unbegrannt . . . . . . . . . . . . . . . . 2

2 Erneuerungssprosse zu je 2–3 von einer gemeinsamen Hülle aus alten, abgestorbenen LB'Scheiden umgeben; aus einem solchen Büschel mehr als 4 gut ausgebildete LB'Spreiten herausragend; Erneuerungssprosse gewöhnlich am Grund knollenförmig verdickt . . . . . . . . . . . . . . . . . . . . . . . . 3

- Erneuerungssprosse einzeln, mit 1–3(4) gut ausgebildeten LB'Spreiten, am Grund nie knollenartig verdickt. (Artengruppe Wiesen-K., *K. pyramidata agg.*) . . . . . . . . . . . . . . . . . . . . . . . . . . . . . . . . . . . . . 4

3 Die alten LB'Scheiden parallel zerfasernd; Hüll- u. DeckSp oben abgerundet, letztere zuweilen mit aufgesetzter Stachelspitze; LB'Spreiten beiderseits rauh u. oft kurz behaart. — Rispe 2–12 cm lg u. 0,6–1,5 cm br; Pf blaugrün. H: 30–50(80) cm. ♃ He. V–VII(VIII). Sandsteppen; collin; sehr slt. Nur im Pann. **N** (im Marchfeld). (Hptvbr.: Ost-Europa, West- u. Mittelasien.) Vom Aussterben bedroht. **Sand-K.,** Blaue K., Meergrüne K., ***K. gláuca***

- Die alten LB'Scheiden nicht zerfasernd; Hüll- u. DeckSp oben spitz oder zugespitzt; LB'Spreiten auf der Unterseite glatt u. kahl, auf der Oberseite glatt oder (seltener) etwas rauh. — Rispe 3–10 cm lg u. etwa 1 cm br. H: 20–50 cm. ♃ He. V–VII. Magerwiesen an sonnigen Hängen u. auf Kalkhügeln; kalkliebend; collin bis submontan; slt (?). **K?** (Lesach- u. Gailtal?), Ost-**T?**. Vorkommen in **Ö** sehr fraglich. (Hptvbr.: Medit.) *(K. lobata)*

⊖ **Glänzende K.,** Knollen-K., ***K. spléndens***

**4** Ährchen ± dicht behaart. — Rispe 2–8 cm lg u. 1–1,5 cm br. H: 30–50(80) cm. ♃ He. VII–VIII. Steinige, trockene Rasen, warme, sonnige Hänge, Geröll, Felsen; kalkliebend; subalpin bis alpin; zstr bis slt. Süd-**K**, Ost-**T**. *(K. carniolica)* **Wollige K., *K. eriostáchya***

**-** Ährchen kahl oder zstr behaart . . . . . . . . . . . . . . . . . . . . . . . . . **5**

**5** LB'Spreiten meist flach ausgebreitet u. 2–3 mm br, im unteren Teil an den Rändern mit 0,5–1,5 mm lg, glasartigen, abstehenden Wimpern; Ährchen 5,5–7(8) mm lg. — Ährchen 2–5blütig. H: 30–90 cm. ♃ He. **Alle Bdld.**

**Wiesen-K., Große K.,** Gewöhnliche K., ***K. pyramidáta***

**a** Stg unter der Rispe kurz behaart bis kahl; LB'Scheiden u. -Spreiten (diese beiderseits) kahl oder zstr behaart. V–VII. Trockene Wiesen, Magerrasen, Weiderasen; kalkliebend; collin bis subalpin; hfg bis zstr, im Pann slt. **Alle Bdld.**

**▪ Gewöhnliche W.-K., *K. p. subsp. pyramidáta***

**-** Stg überall oder wenigstens unter der Rispe weich behaart; LB'Scheiden u. -spreiten (diese beiderseits) dicht samtig behaart (ähnlich *K. macrantha*, Spreiten aber flach u. breiter als 2 mm). H: 20–50 cm. VI–VII. Trockenrasen über Serpentin; (sub)montan; slt, lokal hfg. **B, St**. Potentiell gefährdet. *(„K. macrantha var. pubiculmis", K. pyramidata var. pubiculmis)* **▪ Serpentin-K., *K. p. subsp. pubicúlmis***

**-** LB'Spreiten meist zusammengerollt, entrollt 1–2(3) mm br, am Rand ohne glasartige Wimpern; Ährchen 3,5–5(6) mm lg. — Stg schlank, meist bis zur Rispe kahl; LB'Scheiden weichhaarig; LB'Spreiten beiderseits gleichmäßig ± dicht behaart, slt u. meist nur einzelne kahl. H: 20–50 cm. ♃ He. VI–VII. Trockenrasen, Steppenrasen; kalkliebend; collin bis montan; im Pann zstr, sonst slt. **Fehlt V**. Im Alp, im nVL u. im söVL gefährdet. *(K. gracilis, K. cristata)* **Steppen-K., Zarte K., *K. macrántha***

## (30) **Goldhafer,** Grannenhafer, ***Trisétum***

**1** Rispe dicht (zusammengezogen), eiförmig bis walzenförmig, ihre längsten Seitenäste einschließlich der Ährchen 1–1,5 cm lg; Stg unter der Rispe behaart. — Ährchen violett, grün u. gelb gescheckt; Seitenlappen der oben eingekerbten DeckSp spitz oder in je eine 0,5 mm lg Grannenspitze auslaufend; Granne 3–6 mm lg, gekniet. H: 10–20 cm. ♃ He. VII–VIII. Pionierrasen auf ruhendem, feinem Schieferschutt (namengebend für die Ährengrannenhafer-Ges.), steinige Rasen, Felsen, bes. in windexponierten Gratlagen mit kurzer Schneebedekkung, Wildläger; alpin bis subnival; zstr. **St, K, S, T, V**. *(T. subspicatum)*

**Ähren-G., Ä.-Grannenhafer, *T. spicátum* (subsp. *ovátipaniculátum*)**

**-** Rispe locker, im Umriß länglich bis pyramidenförmig, zumindest zur BlüZeit ausgebreitet, ihre längsten Seitenäste einschließlich der Ähren 2–3,5 cm lg; Stg unter der Rispe kahl . . . . . . . . . . . . . . . . . . . . . . . . . **2**

**2** Pf horstbildend, (fast) keine oberirdischen Ausläufer vorhanden; Haare unterhalb der untersten DeckSp $^1/_{10}$–$^1/_{20}$× so lg wie die DeckSp, etwa 0,5 mm lg. — LB'Spreiten oberseits weichhaarig; DeckSp oben mit zwei 0,5–1 mm lg Grannen. (Artengruppe Wiesen-Goldhafer, *T. flavescens agg.*) . . . . . . . . . **3**

**-** Pf lockere Rasen bildend, mit lg, verzweigten oberirdischen Ausläufern; Haare unterhalb der untersten DeckSp $^1/_3$–$^1/_2$× so lg wie die DeckSp, etwa 1,5–3 mm lg. — DeckSp oben mit 2 Grannenspitzen, diese etwa 0,5 mm lg. (Artengruppe Zweizeiliger Grannenhafer, *T. distichophyllum agg.*) . . . . . . . . . . **4**

**3** Stg 3–5knotig, die einzelnen StgGlieder länger als ihre LB'Scheide, Knoten deshalb sichtbar; Rispenäste rauh; Frkn kahl. — LB'Spreite 4–10 mm br; Rispe 6–20 cm lg, grün bis purpurviolett. H: 20–80(100) cm. ♃ He. VI–VII. Trockene bis frische Fettwiesen (Goldhaferwiesen), Blaugrashalden (subalpin); etwas kalkliebend; (collin) submontan bis subalpin; sehr hfg bis hfg. **Alle Bdld.** Wertvolles Futtergras. **Wiesen-Goldhafer, *T. flavéscens***

- Stg 2knotig, die einzelnen StgGlieder kürzer als ihre LB'Scheide, Knoten deshalb verdeckt; Rispenäste glatt; Frkn am oberen Ende meist kurz u. steif behaart. — Rispe 3–6 cm lg. H: 15–30 cm. ♃ He. VI–VII. Steinige Wiesen, Geröllhalden, Felsen; kalkliebend; (montan) subalpin bis alpin; zstr. **N, O, St, K, S, T.** (Ostalpisch.) **Alpen-Goldhafer, *T. alpéstre***

**4** Ährchen 6,5–9 mm lg; die längsten Haare unterhalb der untersten DeckSp etwa ½× so lg wie die DeckSp, etwa 3 mm lg; LB'Spreite 2–3 mm br, steif. — LB bes. an den nichtblühenden Trieben auffallend 2zeilig angeordnet; Ährchen braunrot. H: 10–20(30) cm. ♃ He. VI–VII. PionierPf auf alpinen Felsschuttfluren (Kalkschiefer), Bachkies (bildet mit Hilfe der Ausläufer auf Felsschutt ± dichte Rasen); kalkstet; (montan) subalpin bis alpin; zstr bis slt. **Fehlt B, W.**
**Zweizeiliger Grannenhafer,** Fächer-G., ***T. distichophýllum***

- Ährchen 4,5–6,5 mm lg; die längsten Haare unterhalb der untersten DeckSp etwa ⅓× so lg wie diese, 1,2–1,5 mm lg; LB'Spreite 1–1,5(2) mm br, schlaff. — LB ± 2zeilig angeordnet; Ährchen gelbbraun, schwach violett überlaufen. H: 15–30(35) cm. ♃ He. VI–VII. PionierPf auf gefestigten Felsschuttfluren, Felsabhängen, Balmen, Kies an Bachufern; kalkstet; (montan) subalpin bis alpin; slt. **K, Ost-T.** **Silber-Grannenhafer,** Silberhafer, ***T. argénteum***

## (31) Rasenschmiele, *Deschámpsia*

**1** B'Häutchen 6–8 mm lg; Rispenäste stets rauh; Ährchen nie vivipar; Granne der DeckSp diese meist nicht überragend, 3–4 mm lg; LB'Spreite 10–60 cm lg, meist flach. — Pf stets horstbildend; LB'Spreite am Rand u. auf den 7 Rippen der Oberseite auffällig scharf rauh *(läßt sich nicht von der Spitze gegen den Grund zw. den Fingern durchziehen!)* bis schneidend *(Vorsicht!)*; Spreite im Durchlicht mit auffälligen hellen Längsstreifen *(gutes vegetatives Erkennungsmerkmal!)*; obere HüllSp 3–4 mm lg. H: 30–150 cm. ♃ He. VI–VII. Frische bis feuchte Fettweiden, Flachmoore, Sümpfe, Ufer; (subalpin bis alpin: Nährstoffzeiger); etwas kalkmeidend; collin bis subalpin (alpin); sehr hfg. **Alle Bdld.**
**Gewöhnliche R.,** Sumpfschmiele, Horstschmiele, ***D. cespitósa***

- B'Häutchen 3–5 mm lg; Rispenäste meist glatt; Ährchen meist pseudovivipar *(var. rhenana)*; Granne der DeckSp diese meist überragend, 4–5 mm lg; LB'Spreite 6–12 cm lg, oft eingerollt. — Obere HüllSp 5–6 mm lg; Granne mit der Spitze etwas aus dem Ährchen hervorragend. H: 30–90 cm. ♃ He. BlüZeit: Im Frühling vor der Überschwemmung des Bodensees u. im Herbst nach der Überschwemmung. Kiesige bis sandige, periodisch überschwemmte Strandzone des Bodensees; collin; (früher:) slt. **V**† (ehemals am Bodenseeufer, „bei Bregenz u. Mehrerau an zahlr. Stellen"). (Sonstige Vbr.: An Seen u. größeren Flüssen der Schweiz.) Vermutlich ausgestorben. Die *var. rhenana* ist Endemit des Bodensees.
† **Ufer-R., Bodensee-R., *D. littorális***

## (32) Drahtschmiele, Waldschmiele, *Avenélla (Deschampsia p.p.)*

Grundständige LB'Spreiten überhängend niederliegend, glatt u. kahl, sich ölig-glatt anfühlend (beim im sterilen Zustand sehr ähnlichen Verschiedenblättrigen Schwingel / *Festuca heterophylla* sind die LB'Spreiten deutlich kantig); Ährchen h'bräunlich, oft violett überlaufen; Rispe locker, mit meist geschlängelten, violetten Ästen; Pf ab Spätsommer meist kupferrot. H: (20)30–60(80) cm. ♃ He. VI–VIII. Bodensaure Wälder, Waldschläge u. Rasen; kalkfeindlich, Säurezeiger; collin bis subalpin (alpin); sehr hfg. **Alle Bdld.** *(Deschampsia flexuosa, Aira flexuosa)* **Drahtschmiele,** Waldschmiele, Schlängelschmiele, ***A. flexuósa***

## (33) **Nelkenhafer,** Haferschmiele, ***Aíra***

**1** Ährchenstiele etwa so lg (einzelne bis 2× so lg) wie das zugehörige Ährchen, die längsten 4–5 mm lg; Ährchen 2,2–3,5 mm lg; DeckSp beider Blü stets begrannt; HüllSp 2–3 mm lg. H: (5)10–30 cm. ⊙–⊙ Th–He. IV–VI. Sandige Trockenwiesen, trockene, lichte Wälder; kalkfeindlich; collin bis submontan; zstr bis slt. **B, W†, N, O, St†, T, V.** Gefährdet; in den wAlp stark gefährdet.
**Gewöhnlicher N., *A. caryophýllea***

**-** Ährchenstiele 2–5× so lg wie das zugehörige Ährchen, die längsten 8–12 mm lg; Ährchen 1,5–2,5 mm lg; DeckSp beider Blü oder nur der oberen Blü begrannt; HüllSp 1,5–2,5 mm lg. — Ährchenstiele nie bloß so lg wie das Ährchen, deshalb Rispe auffallend locker. H: 6–30 cm. ⊙–⊙ Th–He. V–VII. Lichte, trockene Wälder, Waldränder, Waldschläge, verbuschte, sonnige Hänge, lückige Rasen; kalkfeindlich; collin; sehr slt. **B, N** (Hainburger Berge). Vom Aussterben bedroht (?). Wird öfters als ZierPf kultiviert (?). *(**A. elegans**, A. capillaris,* inkl. *subsp. ambigua)* **Zierlicher N., *A. elegantíssima***

## (34) **Mariengras, *Hieróchloë***

**1** Pf ± dichte Horste bildend, ohne Ausläufer; DeckSp der oberen ♂ Blü mit 1–4 mm lg, geknieter, im mittleren Drittel der Sp entspringender Granne. — Knoten in der unteren Hälfte der StgLänge; oberste Blattscheide ohne Spreite; Rispenäste unterhalb der HüllSp mit einem Büschel von 0,1–0,3 mm lg Haaren. H: 20–60 cm. ♃ He. IV–V. Lichte, trocken-warme Wälder, bes. Flaumeichenwälder, (nie in baumfreien Gesellschaften); kalkliebend; collin bis montan; zstr bis slt. **B, N, O, St, K.** **Südliches M., *H. austrális***

**-** Pf lockere Rasen bildend, mit 13–30 cm lg, unterirdischen Ausläufern; DeckSp der oberen ♂ Blü unbegrannt oder mit höchstens 1 mm lg, ungekmieter, aus der Spitze oder kurz darunter entspringender Grannenspitze. (Artengruppe Duft-M., *H. odorata agg.*) . . . . . . . . . . . . . . . . . . . . . . . . . **2**

**2** Rispe dicht, mit (80)120–160(300) in dichten Büscheln stehenden Ährchen; LB stets blaugrün. — Knoten am Stg nur im untersten ¼; oberste Blattscheide mit 1–4 cm lg Spreite. H: 40–80 cm. ♃ Ge. V–VI. Feuchte, sandige Au-Wiesen; collin; sehr slt. Im Pann. **N.** (Hptvbr.: Ost-Europa.) Vom Aussterben bedroht. *(H. odorata subsp. pannonica)* **Kriechendes M., *H. répens***

**-** Rispe locker, mit (10)25–100 gleichmäßig angeordneten Ährchen; LB grün (slt blaugrün) . . . . . . . . . . . . . . . . . . . . . . . . . . . . . **3**

**3** DeckSp der beiden unteren ♂ Blü an den Rändern locker mit 0,3–0,6(0,8) mm lg Haaren besetzt, — spitz oder in eine Grannenspitze auslaufend oder zw. den 0,1–0,2 mm lg Seitenlappen mit kurzer Grannenspitze, diese bei der untersten Blü 0,1–0,5 mm lg, bei der mittleren Blü 0,1–0,2(0,8) mm lg; Haare der obersten DeckSp 0,1–0,6 mm lg, anliegend; oberste Blattscheide aufgeblasen, mit 0,5–3,5 cm lg Spreite. H: 20–60(80) cm. ♃ Ge. V–VI. Flachmoorwiesen, verlandende Seeufer, Bruchwälder; montan; sehr slt. **St** (im Paltental), Ost-**T.** (Hptvbr.: circumpolar; Eurasien u. Nordamerika.) Vom Aussterben bedroht.
**Duft-M., *H. odoráta*** *(subsp. odoráta)*

**-** DeckSp der beiden unteren ♂ Blü an den Rändern dicht mit 0,5–1mm lg Haaren besetzt, — in eine Grannenspitze auslaufend oder zw. den 0,1–0,5 mm lg Seitenlappen mit einer Grannenspitze, diese bei der untersten Blü 0,2–0,8 mm lg, bei der mittleren Blü (0)0,2–1 mm lg; Haare der obersten DeckSp 0,4–0,8 mm lg, abstehend; unterste Rispenäste nicht hängend. H: 40–80(110) cm. ♃ Ge. V–VI. Flachmoorwiesen, auf sandigen oder kiesigen Böden (liebt etwas trockenere Böden als *H. odorata*); submontan; sehr slt. **St** (im Ennstal). (Hptvbr.: circumpolar; Fennoskandien, Nordwest-Rußland, Polen.) Vom Aussterben bedroht. **Rauhes M., *H. hírta* (subsp. *árctica*)**

## (35) Ruchgras, Geruchgras, *Anthoxánthum*

(Die beiden folgenden Arten gehören zur Artengruppe Gewöhnliches R., *A. odoratum agg.*)

**1** DeckSp (der fruchtbaren Blü) gänzlich glatt u. kahl; LB'Spreiten (voll entwikkelt, *bes. deutlich nach dem Blühen*) auf beiden Seiten fast gleich gefärbt, graugrün u. matt, flach ausgebreitet *(auch frisch abgerissene Spreiten bleiben flach!)*; Ährenrispe 2–8 cm lg, gelblich. — LB'Spreite 3–7 mm br; die Haare der beiden oberen HüllSp (= DeckSp der beiden verkümmerten Blü) erreichen oder überragen oft deren Spitze; die Granne der obersten HüllSp überragt das Ährchen meist nicht oder nur wenig (etwa 1 mm). H: (15)30–50(80) cm. ♃ He. (IV)V–VI. Wiesen (bes. Magerwiesen) u. Weiderasen, auch lichte, magere Wälder; kalkmeidend; collin bis montan; hfg. **Alle Bdld.** (Allotetraploid.) **■ Gewöhnliches R., *A. odorátum***

**-** DeckSp (der fruchtbaren Blü) zumindest oben an den Rändern von ganz kurzen Borstenhärchen rauh; LB'Spreiten (voll entwickelt, *bes. deutlich nach dem Blühen*) auf der Oberseite graugrün u. matt, unterseits gelbgrün u. glänzend, sich nach oben einrollend *(auch jüngere, noch flache, frisch abgerissene Spreiten rollen sich nach kurzer Zeit ein!)*; Ährenrispe meist 1–2(3) cm lg, meist gelbbraun. — LB'Spreite 2–5 mm br; die Haare der beiden oberen HüllSp (= DeckSp der beiden verkümmerten Blü) erreichen meist bei weitem nicht deren Spitze; die Granne der obersten HüllSp überragt das Ährchen oft beträchtlich (1–3,5 mm). H: 15–20(40) cm. ♃ He. V–VII. Bodensaure Rasenges. (Bürstlingsrasen), auch Schneeböden, lichte Lärchenwälder; kalkmeidend; (ober)montan bis alpin; zstr. **Fehlt W.** (Diploid.) *(A. nipponicum)* **■ Alpen-R.**, Japanisches R., ***A. alpínum***

## (36) Honiggras, *Hólcus*

**1** StgKnoten, LB'Scheiden u. -Spreiten ziemlich gleichmäßig weichhaarig; Granne der ♂ Blü nicht oder kaum aus dem Ährchen herausragend, zuletzt an der Spitze hakenförmig; Pf dichtrasig, meist ohne Ausläufer. — Rispe weißlich, meist rötlich angelaufen. H: 30–100 cm. ♃ He. VI–VIII. Feuchte bis nasse Wiesen, Flachmoore, auch lichte Wälder; kalkmeidend; collin bis montan; hfg. **Alle Bdld.** **Wolliges H., *H. lanátus***

**-** StgKnoten mit einem Haarkranz, LB'Scheiden u. LB'Spreiten dagegen spärlich behaart oder kahl; Granne der ♂ Blü die HüllSp etwa um ⅓ ihrer Länge überragend, gekniet; Pf mit unterirdischen Ausläufern. H: 30–100 cm. ♃ Ge. VII–VIII. Bodensaure Eichenwälder, Waldränder, feuchte Magerwiesen, Flachmoorwiesen, Zwergstrauchheiden; kalkfeindlich; collin bis montan; zstr. **Fehlt W.** **Weiches H., *H. móllis***

## (37) Silbergras, Keulengras, *Corynéphorus*

B'Häutchen 2–3 mm lg, schmal, zugespitzt; LB'Spreite graugrün, 4–6 cm lg, borstenförmig, steif, von kleinen, dichtstehenden Stachelhaaren rauh; LB'Scheiden kahl, im unteren Teil oft rötlich überlaufen. H: 15–30(50) cm. ♃ He. VI–VIII. Sandsteppen, Flugsandrasen, Föhrenwälder; kalkmeidend; collin; sehr slt. **N** (im Marchtal). (Hptvbr.: Nord- u. West-Europa.) Vom Aussterben bedroht. *(Weingaertneria canescens)* **Silbergras, *C. canéscens***

## (38) Straußgras, *Agróstis*

**1** Haare unterhalb der DeckSp 1/3–1/2× so lg wie die DeckSp. — VorSp etwa 1/5× so lg wie die DeckSp; Pf mit lg, unterirdischen Ausläufern; Rispe ± zusammengezogen; LB'Spreite flach, 3–5 mm br, in der Knospenlage gerollt; B'Häutchen 2–3 mm lg. H: 40–60 cm. ♃ He. VII–VIII. Kalkarme, feuchte, schattige Blockhänge, vor allem in Runsen mit lg Schneebedeckung; Zwergstrauchheiden, Grünerlengebüsche; kalkmeidend; subalpin bis alpin; zstr. **St, K, S, T, V**. *(A. agrostiflora, Calamagrostis humilis, C. tenella,* ***A. schraderana****)*
**Schilf-St.**, Zartes St., „Zartes Reitgras", ***A. schraderiána***

**-** Haare unterhalb der DeckSp fehlend oder nicht länger als 1/5 der DeckSp-Länge . . . . . **2**

**2** VorSp fehlend oder höchstens 1/5× so lg wie die DeckSp; LB'Spreiten mit gefalteter Knospenlage, wenigstens die GrundB auch später gefaltet u. daher borstlich . . . . . **3**

**-** VorSp mindestens 1/2× so lg wie die DeckSp; LB'Spreiten mit gerollter Knospenlage, später meist flach, slt eingerollt, nie gefaltet. — DeckSp meist unbegrannt . . . . . **8**

**3** Rispenäste u. Ährchenstiele ganz glatt u. kahl. — DeckSp unter der Mitte mit etwa 3 mm lg, geknieter Granne; beide HüllSp fast gleich lg (2,5–3 mm lg). H: 5–10(25) cm. ♃ He. VII–VIII. Felsspalten u. trockene Rasen mit kurzer Schneebedeckung auf meist sauren, humusreichen Böden (Krummseggenrasen); meist kalkmeidend; (montan) subalpin bis alpin; hfg bis zstr. **Fehlt B, W**.
**Felsen-St., *A. rupéstris***

**-** Rispenäste u. Ährchenstiele rauh (mit 0,1 mm lg, feinen borstigen Haaren, *Lupe!*) . . . . . **4**

**4** DeckSp auf dem Rücken nahe dem Grund begrannt; Granne stets vorhanden; Ährchen 3–5 mm lg; StgB 1–2, etwa 1 mm br. (Artengruppe Alpen-St., *A. alpina agg.*) . . . . . **5**

**-** DeckSp auf dem Rücken in der Mitte begrannt oder slt unbegrannt; Ährchen 2–3 mm lg; StgB (2)3–6, meist 2 mm (slt 1 mm) br . . . . . **6**

**5** Rispe zur BlüZeit stets ausgebreitet; Ährchen d'rotbraun. — StgB meist ± flach. H: 10–30 cm. ♃ He. VII–IX. Trockene Rasen, Felsfluren; subalpin bis alpin; zstr. **Fehlt B, W**. **Alpen-St., *A. alpína***

**-** Rispe stets sehr eng zusammengezogen; Ährchen meist gelbgrün bis blaß-bläulich. — StgB meist borstlich. H: 15–30(35) cm. ♃ He. VII–IX. Feuchte schattige Felsspalten in Klammen in der montanen u. sonnige, trockene Rasenbänder an felsigen Hängen in der subalpinen Stufe; kalkstet; slt. Nördl. Kalkalpen. **T, V** Potentiell gefährdet. **Schleicher-St., *A. schléicheri***

**6** StaubB 0,6–0,8 mm lg, weniger als 1/2× so lg wie die DeckSp; HüllSp ungleich lg. — DeckSp rauh, meist ohne Granne; Pf auffallend zart u. reich verzweigt; LB'Spreite 1 mm br. H: 30–70 cm. ♃ He. IX–X (!). Teichränder, feuchte Waldschläge über Sand; kalkmeidend; collin; sehr slt. **N** (Gmünd / NÖ u. Umgebung). Neubürger. (Heimat: Nordamerika.) *(A. hyemalis)*
**Amerikanisches St., *A. scábra***

**-** StaubB 1–1,8 mm lg, mehr als 1/2× so lg wie die DeckSp; HüllSp fast gleich lg. — HüllSp 2–3 mm lg; DeckSp begrannt. (Artengruppe Sumpf-St., *A. canina agg.*) . . . . . **7**

**7** Sumpf-Pf, ohne unterirdische Ausläufer, mit lg oberirdischen, dichtbüschelig feinbeblätterten Kriechtrieben; StgB flach; Rispe nach der BlüZeit etwas zusammengezogen; LB'Spreite graugrün, weich. H: 20–70 cm. ♃ He. VI–VIII. Feuchte bis nasse Wiesen, Sümpfe, Moore, feuchte Waldlichtungen; kalkfeindlich; collin bis montan; zstr bis slt. **Alle Bdld**. In den wAlp gefährdet.
**Sumpf-St.**, Hunds-St., ***A. canína***

**-** Sand-Pf, mit kurzen unterirdischen Ausläufern, ohne oberirdische Kriechtriebe; StgB zusammengerollt; Rispe nach der BlüZeit stark zusammengezogen; LB'Spreite grün, starr. H: 20–40 cm. ♃ He. VI–IX. Trockene Magerwiesen, Waldlichtungen, lichte Eichenwälder; collin bis montan; zstr bis slt. **Fehlt W, S, V**. Gefährdet. *(A. coarctata, A. canina subsp. montana, A. ericetorum,* ***A. stricta****)* **Heide-St.**, Sand-St., ***A. vineális***

**8** [2] B'Häutchen der unteren u. mittleren StgB 0,5–1,5 mm lg; Rispenäste meist glatt *(Lupe!)*; VorSp ½× so lg wie die DeckSp. — Rispe auch nach der BlüZeit gespreizt, ± rot überlaufen, Ährchen nicht gebüschelt. H: 20–60(80) cm. ♃ He. VI–VII. Wiesen, bes. Magerwiesen, Weiderasen, Waldlichtungen, Wegränder, auch Heidemoore; kalkmeidend; collin bis subalpin; hfg bis sehr hfg. **Alle Bdld**. *(****A. tenuis****, A. vulgaris)* **Rot-St., Gewöhnliches St., *A. capilláris***

**-** B'Häutchen der unteren u. mittleren StgB 2–6 mm lg; Rispenäste mit 0,1 mm lg borstigen Kurzhaaren; VorSp (½)⅔–¾× so lg wie die DeckSp. (Artengruppe Kriech-St., *A. stolonifera agg.*) . . . . . . . . . . . . . . . . . . . . . . . . . . **9**

**9** Pf mit dicken unterirdischen Ausläufern, ohne oberirdische Kriechtriebe; Rispe auch nach der BlüZeit spreizend, durch die horizontal gestellten Endzweige in „Stockwerke" geteilt; Stg aufrecht. — LB'Spreite 3–11 mm br. H: 40–130 cm. ♃ He. VI–VII. Frische Wiesen, Äcker, feuchte Wälder, Waldschläge; collin bis subalpin; zstr. **Alle Bdld**.
**Riesen-St.**, Wiesen-St., Fioringras, ***A. gigantéa***

**-** Pf meist ohne unterirdische Ausläufer, mit lg, oberirdischen, LB tragenden Kriechtrieben; Rispe nach dem Verblühen zusammengezogen, meist bleich; Stg oft ästig, unten liegend, bogig aufsteigend. — LB'Spreite 2–6(8) mm br. H: 10–70 cm. ♃ He. VI–VII. Nasse Wiesen, Ufer, Röhricht; gewässerbegleitender Pionier auf Schlickböden u. Kiesbänken, Tonböden in Schottergruben; auch auf schwach salzigen Böden; collin bis montan; hfg bis zstr. **Alle Bdld**. *(A. alba)* **Kriech-St.**, Weißes St., Flecht-St., ***A. stolonífera***

## (39) Reitgras*, Reutgras, *Calamagróstis*

**1** Granne der DeckSp aus dem Ährchen 1–3 mm weit herausragend . . . . . **2**
**-** Granne der DeckSp nicht aus dem Ährchen herausragend . . . . . . . . . . **3**

**2** Haare am Grund der DeckSp spärlich, nur ¼× so lg wie die DeckSp; Granne etwa 3 mm weit aus dem Ährchen ragend; am LB'Spreitengrund außen (unten) ein schmaler Haarkranz. — LB'Spreite 4–7 mm br, grasgrün, unterseits glänzend; B'Häutchen 2–4 mm lg. H: 60–150 cm. ♃ He. VI–VII. Lichte Wälder, Waldränder; kalkmeidend; submontan bis subalpin; zstr. **Alle Bdld**.
**Wald-R., *C. arundinácea***

**-** Haare am Grund der DeckSp zahlr., etwa so lg wie die DeckSp; Granne (höchstens) 1–2 mm weit aus dem Ährchen ragend; am LB'Spreitengrund

* eigentlich „Reutgras", i. S. von „Rodungsgras"; gemeint ist das Land-R. / *C. epigejos*, das allerdings nicht auf Rodungen, sondern auf Waldschlägen wächst.

außen mit oder ohne Haarkranz. — LB'Spreite 3–8 mm br, blaugraugrün; B'Häutchen 2–4 mm lg. H: 30–120 cm. ♃ He. VII–VIII. Lichte, trockene, bodenbasische Wälder (bes. Föhrenwälder), Kalkbuchenwälder, Waldschläge, Felsschuttfluren, sonnige waldnahe Grashänge; kalkliebend; montan bis subalpin; hfg. **Fehlt W**. **Bunt-R.,** Berg-R., Kalk-R., ***C. vária***

**3** Haare am Grund der DeckSp so lg wie das Ährchen . . . . . . . . . . . . **4**

**-** Haare am Grund der DeckSp ½× so lg wie das Ährchen . . . . . . . . . **5**

**4** Granne der DeckSp endständig (im 2zähnigen Einschnitt der DeckSp entspringend). — Pf blaugrün; B'Häutchen 4–10 mm lg; Rispe 30–40 cm lg, im oberen Teil nickend; Granne so lg wie die DeckSp. H: 50–150 cm. ♃ He. VI–VII. Pionier auf Sandbänken größerer Flüsse, auch Ufer von Teichen (Ziegelteichen); collin bis montan; zstr bis slt. **Fehlt B**. Im Rh, in den öAlp, im nVL, im söVL u. im Pann gefährdet. *(C. littorea)* **Ufer-R., *C. pseudophragmítes***

**-** Granne der DeckSp rückenständig (in der Mitte eingefügt). — Rispe knäuelig gelappt; Pf graugrün; B'Häutchen 4–12 mm lg; Granne die DeckSp weit überragend; HüllSp fast grannenspitzig. H: (60)100–160 cm. ♃ He. VII–VIII. Waldschläge, lichte Wälder, Wegränder, Forststraßen, Flußufer; liebt sandige Böden; collin bis montan; sehr hfg. **Alle Bdld**.
**Land-R., Landschilf,** Sand-R., Landrohr, Waldschilf, ***C. epigéjos***

**5** Granne der DeckSp endständig, im 2zähnigen Einschnitt der DeckSp entspringend; am LB'Spreitengrund außen (unten) keine Haare. — Granne höchstens 1 mm lg, die seitlichen Zähne nicht oder kaum überragend; Rispe 20–30 cm lg; LB'Spreiten graugrün, unterseits glänzend; Stg oft unterwärts aus den Knoten verzweigt; B'Häutchen 2–3(5) mm lg. H: 50–150 cm. ♃ He. VII–VIII. Schilfreiche Seeufer, Flachmoorwiesen, Sümpfe, Erlenbrüche; kalkmeidend; collin bis submontan; im Waldviertel zstr, sonst slt. **Fehlt V**. Gefährdet; im Alp, im nVL u. im Pann stark gefährdet. *(C. lanceolata)*
**Moor-R.,** Sumpf-R., Lanzett-R., ***C. canéscens***

**-** Granne der DeckSp rückenständig (in oder unterhalb der Mitte); am Spreitengrund der unteren LB außen (unterseits) meist ein schmaler Haarkranz. — Granne die DeckSp kaum überragend; Rispe ausgebreitet, schlaff; B'Häutchen 3–5 mm lg. H: 50–120 cm. ♃ He. VII–VIII. Waldschläge, Wälder, bes. auch Lärchenwälder, Zwergstrauchheiden; kalkmeidend, rohhumusliebend (in den Kalkalpen nur über dicker Rohhumusschicht, bes. auf geschwendeten Latschenböden); montan bis alpin; zstr. **Fehlt W**. **Woll-R., *C. villósa***

Anm.: Der Art-Beiname bezieht sich auf den FrStand, nicht auf den Stg.

## (40) Lieschgras, *Phléum*

**1** Ährenrispe beim Umbiegen lappig, Seitenäste zT verlängert u. nicht mit der Hauptachse verwachsen . . . . . . . . . . . . . . . . . . . . . . . . . . . . **2**

**-** Ährenrispe beim Umbiegen nicht lappig (sondern homogen bleibend), Seitenäste kurz, vollkommen mit der Hauptachse verwachsen . . . . . . . . . . **3**

**2** Ährchen einschließlich der Grannen 2,5–3,5 mm lg; HüllSp auf dem Kiel zstr u. kurz (bis 0,1 mm lg) behaart (in der oberen Hälfte mit einzelnen längeren Haaren), am oberen Ende schräg abgeschnitten u. abrupt in eine 0,3–0,5 mm lg Granne verschmälert; LB'Spreite 2–4 mm br, mit auffallendem weißem Rand; B'Häutchen 1 mm lg. H: 30–60 cm. ♃ He. VI–VII. (Halb-)Trockenrasen; collin bis montan; im Pann zstr, sonst slt. **Fehlt V**. Im BM, im nVL u. im söVL gefährdet. *(Ph. boehmeri)* **Steppen-L., Glanz-L., *Ph. phleoídes***

– Ährchen einschließlich der Grannen 4,5–6 mm lg; HüllSp auf dem Kiel lg behaart (Haare 0,2–0,5 mm lg), am oberen Ende allmählich verschmälert u. in eine 1–1,5 mm lg Granne auslaufend; LB'Spreite 2–8 mm br, ohne weißen Rand; B'Häutchen etwa 4 mm lg. H: 30–60 cm. ♃ He. VII–VIII. Sonnige Weiderasen; kalkliebend; obermontan bis alpin; zstr. **Fehlt B, W.** *(Ph. michelii)* **Matten-L.**, Rauhes L., ***Ph. hirsútum***

3 Ährenrispe walzenförmig, 1–15(39) cm lg; die oberste LB'Scheide nicht oder nur wenig aufgeblasen; Granne der HüllSp 0,3–2 mm lg. — B'Häutchen 1–6 mm lg. (Artengruppe Wiesen-L., *Ph. pratense agg.*) . . . . . . . . . . **4**

– Ährenrispe meist eiförmig oder kugelig, 1–5 cm lg; die oberste LB'Scheide deutlich aufgeblasen; Granne der HüllSp 1,5–4 mm lg, — ½–1× so lg wie die HüllSp; B'Häutchen etwa 1 mm lg; Ährenrispe grün bis ± violett. (Artengruppe Alpen-L., *Ph. alpinum agg.*) . . . . . . . . . . . . . . . . . . . . . . . . **5**

4 Ährenrispe 6–11(30) cm lg u. 6–8(10) mm br; Ährchen *(inkl. Granne)* 4,5–5,5 mm lg, HüllSp'Granne 1–2 mm lg, länger als die Ährchenbreite, ½× so lg wie die HüllSp *(ohne Granne gemessen)*; — Stg am Grund unverdickt oder verdickt. H: 40–100 cm. ♃ He. VI–VIII. Frische bis feuchte Fettwiesen; collin bis montan; hfg. **Alle Bdld.** Als Futtergras auch hfg kultiviert. *(Ph. pratense subsp. pratense)* ■ **Wiesen-L.**, Timothee, Timotheusgras, ***Ph. praténse***

– Ährenrispe 1–8(10) cm lg u. (3)4–5(6) mm br; Ährchen *(inkl. Granne)* 2,5–3,5 mm lg, HüllSp'Granne 0,2–1,2 mm lg, kürzer als die Ährchenbreite, ⅓× so lg wie die HüllSp *(ohne Granne gemessen)*. — Stg am Grund stets zwiebelförmig verdickt. H: 10–70(100) cm. ♃ He. VI–VII. Trockene Magerwiesen; collin bis montan; zstr bis slt. **W*, N?, St, K, S, T, V.** Gefährdet. *(Ph. nodosum, Ph. pratense subsp. bertolonii))* ■ **Zwiebel-L.**, Knollen-L., ***Ph. bertolónii***

5 Granne der HüllSp zumindest in der unteren Hälfte abstehend behaart. H: (5)20–50 cm. ♃ He. VII–VIII. Fettweiden (Almen), bei Almhütten (Viehläger), Schneeböden; nährstoffliebend; subalpin bis alpin; zstr. **Fehlt B, W.** (Diploid.) *(Ph. alpinum subsp. rhaeticum,* ***Ph. alpinum*** *sensu „Liste d. Gef'Pf ME", 1973)* ■ **Bündner (Alpen-)L.**, Graubündener A.-L., Wimpergrannen-A.-L., „Echtes A.-L.", ***Ph. rháeticum***

– Granne der HüllSp rauh, aber nicht behaart. H: (5)20–40 cm. ♃ He. VII–VIII. Schneetälchen, Flachmoore, Bachufer, auf feuchtem Schieferschutt; kalkmeidend; subalpin bis alpin; zstr bis slt. **Fehlt B, W.** (Tetraploid.) *(Ph. alpinum subsp. alpinum, Ph. alpinum sensu Fl. Eur. (1980) &* HEGI, *Ill. Fl. ME, 3. Aufl., 1985)* ■ **Kahlgrannen-Alpen-L.**, „Falsches Alpen-L.", ***Ph. commutátum***

## (41) Fuchsschwanzgras, „Fuchsschwanz", *Alopecúrus*

1 Stg aufrecht; HüllSp auf ⅓ bis ½ ihrer Länge miteinander verwachsen (Abb. 484). — Grannen weit aus dem Ährchen hervorragend . . . . . . . . . . . **2**

– Stg am Grund niederliegend, knickig aufsteigend; HüllSp nur am Grund miteinander verwachsen . . . . . . . . . . . . . . . . . . . . . . . . **3**

2 Ährenrispe nur 0,3–0,5 cm br, 5–10 cm lg, beidseitig zugespitzt; Ährchen zu 1–2 an jedem Ästchen; HüllSp bis zur Mitte miteinander verwachsen, am Kiel schwach geflügelt, nur in der unteren Hälfte auf dem Kiel mit etwa 0,3 mm lg Haaren; Pf ohne Ausläufer; LB'Spreite höchstens 2 mm br. H: 20–50 cm.

* Erstnachweis: W. ADLER, 1992.

⊙–⊙ Th–He. V–IX. Lehmige Getreideäcker, bes. Roggenäcker, Wegränder, Ruderalstellen; collin; bis vor wenigen Jahren sehr slt u. vom Aussterben bedroht, sich aber neuerdings ausbreitend?. **Alle Bdld**. Gefährdet (!). *(A. agrestis)* **Acker-F., *A. myosuroídes***

- Ährenrispe 0,8–1,5 cm br, 3–10 cm lg, walzig, stumpf; Ährchen zu 4–6 an jedem Ästchen; HüllSp auf ⅓ ihrer Länge miteinander verwachsen, am ungeflügelten Kiel in ganzer Länge mit 1 mm lg Haaren gewimpert; Pf mit 2–10 cm lg Ausläufern; LB'Spreite 4–10 mm br. H: 30–100 cm. ♃ He. V–VI. Frische bis feuchte Fettwiesen; collin bis montan; hfg. **Alle Bdld**. Als Futtergras hfg kultiviert. **Wiesen-F., *A. praténsis***
  - **a** Ährenrispe blaßgrün bis grün, 3–10 cm lg u. 0,7–1 cm br; Ausläufer 2–4 cm lg. Allgemein verbreitet u. hfg. ■ **Gewöhnliches W.-F., *A. p. subsp. praténsis***
  - **-** Ährenrispe schwärzlich, 2–5 cm lg u. 1–1,5 cm br; Ausläufer 3–10 cm lg. Zstr. Vbr. nicht bekannt. *(A. obscurus)* ⊖ ■ **Dunkles W.-F., *A. p. subsp. pseudonígricans***

**3** Granne aus dem Ährchen weit herausragend, nahe dem Grund der DeckSp entspringend; Staubbeutel anfangs h'gelb (oder schwach violett), später kaffeebraun; Ährchen *(ohne Grannen gemessen)* 3 mm lg. — Pf graugrün. H: (10)15–40 cm. ⊙–♃ He. V–X. Nasse Wiesen, Sümpfe, Ufer, überschwemmte Stellen, Schipisten, Straßenränder; collin bis subalpin; slt. **Alle Bdld**. Gefährdet. **Knick-F., *A. geniculátus***

- Granne aus dem Ährchen kaum herausragend, in der Mitte der DeckSp entspringend; Staubbeutel anfangs gelblichweiß, dann orange; Ährchen *(ohne Grannen gemessen)* 2 mm lg. — LB grün oder hechtblau bereift. H: 10–25 cm. ⊙–♃ He. V–X. Gewässer (oft flutend), Sümpfe, schlammige Ufer, Gräben; collin bis montan; zstr. **Alle Bdld**. In den wAlp gefährdet. *(A. fulvus)* **Gilb-F.**, Rotgelbes F., Kurzgranniges F., ***A. aequális***

## (42) Schuppenschwanz, *Pholiúrus*

Stg kahl, gekniet, am Grund verzweigt; B'Häutchen 3–4 mm lg; Ähre 5–9 cm lg, gerade oder leicht gebogen; Ährchen 4–5 mm lg. H: 5–15(20) cm. ⊙ Th. VI–VII. Weiderasen auf schweren, tonigen, nassen Sodaböden; collin; sehr slt. **B** (im Seewinkel), **N**†. Vom Aussterben bedroht. *(Lepturus p.)* **Sch., Pannonischer Dünnschwanz, *Ph. pannónicus***

## (43) Glanzgras, *Phaláris*

**1** Ährchen in eiförmiger Ährenrispe; äußere HüllSp deutlich geflügelt. — Oberste LB'Scheide aufgeblasen erweitert; B'Häutchen 3–5 mm lg; HüllSp weiß u. grün gestreift. H: 15–40 cm. ⊙ Th. VI–IX. Ruderalstellen; wärmeliebend; collin bis submontan; zstr bis slt. **(Alle Bdld)**. Unbeständig (als Vogelfutter eingeschleppt). (Heimat: Kanarische Inseln, westl. Medit.) ☆ **Echtes G.**, Kanariengras, ***Ph. canariénsis***

- Ährchen in ausgebreiteter, etwas geknäuelter Rispe, an den Enden der Rispenäste gehäuft; äußere HüllSp ungeflügelt. — Hohes, schilfartiges Gras; LB'Scheiden nicht aufgeblasen; B'Häutchen 3–6 mm lg (das im Habitus ähnliche Schilf hat statt des B'Häutchens einen Haarkranz); Ährchen stark glänzend. H: 100–200 cm. ♃ He. VI–VII. Ufer fließender u. stehender Gewässer (auch im Wasser), nasse Wiesen; etwas kalkmeidend, Wechselnässe-Zeiger; collin bis montan; hfg. **Alle Bdld**. Im jungen Zustand als Futtergras verwendbar. *(Typhoides arundinacea, Baldingera arundinacea)* **Rohr-G., *Ph. arundinácea***

  Anm.: Sorten mit weiß gestreiften LB werden oft als ZierPf gezogen u. verwildern gelegentlich: ★ **Bandgras**, „Steirergras", ***Ph. a. var. pícta***

### † (44) Scheidengras, *Coleánthus*

Pf mit zahlr., liegenden bis aufsteigenden Stg. H: 2–6 cm. ⊙ Th. V–X. Schlammböden abgelassener Teiche, bes. von Fischteichen, schlammige Teichufer; collin; (früher:) slt bis sehr slt; **N**† (Teiche im Waldviertel). Vermutlich ausgestorben. **† Scheidengras, *C. subtílis***

## (45) Waldhirse, *Mílium*

Pf blaugrün, kahl, mit unterirdischen Ausläufern; LB'Spreite 1–1,5 cm br. H: 50–120 cm. ♃ He. V–VII. Schattige, frische Edellaubwälder, bes. Buchenwälder; collin bis subalpin; hfg bis zstr. **Alle Bdld**.
**Waldhirse,** Flatterhirse, Flattergras, ***M. effúsum***

**a** Rispe ausgebreitet, (15)18–30(35) cm lg u. (7)9–14(18) cm br; der längste Rispenast (in der Mitte der Rispe) (35)50–70(90) mm lg, (4)5–11(18) grüne Ährchen tragend. Collin bis subalpin. **Alle Bdld?**. **Gewöhnliche W., *M. e. subsp. effúsum***

**-** Rispe zusammengezogen, (8)10–15(16) cm lg u. 1,5–2,5(4) cm br; der längste Rispenast (in der Mitte der Rispe) 20–35(40) mm lg, (13)14–18(30) oft violette Ährchen tragend. Obermontan bis subalpin. Süd-**K?** (Hptvbr.: Slowenien.)
⊖ **Alpen-W., *M. e. subsp. alpícolum***

## (46) Grannenhirse, *Piptátherum (Oryzopsis)*

Anm.: Die ☆ **Südliche G., *P. miliáceum*** *(Oryzopsis miliacea)* (DeckSp kahl, ihre Granne 3–5 mm lg, leicht abfallend) wurde in **(K)** als Unbeständige beobachtet (Heimat: Medit.).

Rispenäste haarfein, schlängelig aufrecht; DeckSp kurz u. anliegend behaart, ihre Granne 8–15 mm lg, nicht abfallend. H: 80–120 cm. ♃ He. V–VII. Warme, lichte Wälder, Waldschläge; collin (untermontan); slt. **B, N, O**. (Submedit.) Gefährdet. *(**Oryzopsis virescens**)* **Grannenhirse, *P. viréscens***

## (47) Federgras u. Pfriemengras, *Stípa*

Anm. 1: Am Grund der reifen, sich ablösenden DeckSp (die die Fr einschließt) sitzt eine stechende (im folgenden so genannte) Bohrspitze (= „Kallus"), die morphologisch der Ährchenachse entspricht. Die DeckSp samt Fr u. Bohrspitze bohrt sich mittels hygroskopischer Bewegungen der Granne in den Boden.
Anm. 2: Das **Weichhaarige F., *S. dasyphýlla*** wurde erst jüngst für **Ö** nachgewiesen (sonst zB in Mähren), u. zwar bei Hardegg (nördliches Waldviertel, **N**: V. Grulich, 1993, ined.); es unterscheidet sich von allen anderen angeführten Arten durch die lg (bis 1,2 mm), abstehend u. weich behaarte LB'Spreitenunterseite.

**1** Granne zur Gänze unbehaart, — über dem Knie rauh. H: 30–100 cm. ♃ He. VII–VIII. Trockenrasen; collin bis montan; zstr bis slt. Im Pann u. in den innenalpischen Trockengebieten. **B, W, N, St, K, T**. Im Alp gefährdet. ▲
**Pfriemengras, *S. capilláta***

**-** Oberer, nicht gedrehter Grannenteil lg abstehend behaart (Abb. 503 a). (Artengruppe Federgras, *S. pennata agg.*) . . . . . . . . . . . . . . . . . . . . **2**

**2** LB'Spreite in eine grannenähnliche, haarfeine Spitze auslaufend; B'Häutchen der LB der Erneuerungstriebe kaum sichtbar. — Die auffallend lg (bis 90 cm), borstenförmigen (∅ 0,5 mm) LB'Spreiten der Erneuerungstriebe auch bei feuchtem Wetter eingerollt; DeckSp *(ohne Granne, aber samt Bohrspitze gemessen)* (16)18–20(21) mm lg. H: 30–70(100) cm. ♃ He. V–VI. Wiesensteppen; collin; sehr slt. Im Pann. **N** (im Weinviertel). (Hptvbr.: Pontisch-Pannonisch: Ost-Europa, Westasien.) Vom Aussterben bedroht. ▲ *(S. stenophylla)*
■ **Schmalblatt-F., *S. tírsa***

- LB'Spreite nicht in eine haarfeine Spitze auslaufend; B'Häutchen der GrundB gut sichtbar. — B'Häutchen des StgB 2–7(9) mm lg; LB'Spreitenoberseite kahl oder rauh-papillös bis kurzhaarig . . . . . . . . . . . . . . . . . . . . . . . . **3**

**3** Seitliche Ränder der DeckSp (oft einander übergreifend) in der ganzen Länge behaart (randliche Haarstreifen also bis zur Spitze reichend); mittlerer Haarstreifen der DeckSp (auf dem Rücken: auf dem Mittelnerv) so lg oder kürzer als die unmittelbar seitlich benachbarten Haarstreifen (Abb. 503 b); LB'Spitzen stets kahl . . . . . . . . . . . . . . . . . . . . . . . . . . . . . . . **4**

- Seitliche Ränder der DeckSp (oft einander übergreifend) im obersten $(^1/_4)^1/_3$ kahl (randliche Haarstreifen also nur auf den unteren $^2/_3(^3/_4)$); mittlerer Haarstreifen der DeckSp (auf dem Rücken: auf dem Mittelnerv) deutlich länger als die unmittelbar seitlich benachbarten Haarstreifen (Abb. 503 c); LB'Spitzen (bes. der StgB) meist pinselartig behaart oder mit Haarresten versehen (im Laufe der Vegetationsperiode verkahlend!), slt kahl . . . . . . . . . . . . . . **5**

**4** Mittlerer Haarstreifen der DeckSp kürzer als die unmittelbar seitlich benachbarten oder fehlend; DeckSp *(ohne Granne, aber samt Bohrspitze gemessen)* (13)15–18(20) mm lg; Granne (16)20–28(30) cm lg; LB'Spreitenunterseite völlig glatt. — LB'Scheiden oben manchmal kurz u. fein behaart; B'Häutchen der Erneuerungstriebe 1–2 mm lg, das der oberen StgB 3–4 lg, alle ± lg behaart (Wimpern meist länger als 1 mm); LB'Spreiten 1,5–2 mm br, meist zusammengefaltet, bis 35 cm lg. H: 30–60 cm. ♃ He. V–VI. Felssteppen, Trockenrasen; nur auf trockensten Böden; kalkliebend; collin bis montan (subalpin).

▲ *(S. pennata sensu Fl. Europ.)* ■ **Zierliches F.**, Wollstengel-F., ***S. eriocáulis***

a DeckSp *(ohne Granne, aber samt Bohrspitze gemessen)* (13)15–16(17) mm lg; Granne (16)19–22(24) cm lg; Stg unter der Rispe 0,4–0,6 mm lg behaart. Slt bis sehr slt. Bes. im Pann. **Fehlt B?, O, V**. (Submedit.) Im Alp gefährdet.

■ **Österreichisches Z. F.**, Französisches F., ***S. e. subsp. austríaca***

- DeckSp *(ohne Granne, aber samt Bohrspitze gemessen)* (17)18–19(20) mm lg; Granne (21)23–28(30) cm lg; Stg unter der Rispe 0,2–0,3 mm lg behaart. In **Ö** noch nicht sicher nachgewiesen, (Hptvbr.: Südalpen: Südtirol, Slowenien.)

⊖ ■ **Südalpisches Z. F.**, ***S. e. subsp. eriocáulis***

- Mittlerer Haarstreifen der DeckSp etwa so lg oder etwas länger als die unmittelbar seitlich benachbarten; DeckSp *(ohne Granne, aber samt Bohrspitze gemessen)* (18)20–23(25) mm lg; Granne (25)30–45(50) cm lg; LB'Spreitenunterseite fein rauh-papillös punktiert *(20fache Lupe!)*. — LB'Scheiden meist kahl; B'Häutchen der Erneuerungstriebe (0,5)1–2 mm lg, das der oberen StgB 5–7(9) mm lg, alle kurz behaart (Wimpern kürzer als 0,5 mm); LB'Spreiten 2–3 mm

Abb. 502a

Abb. 502b

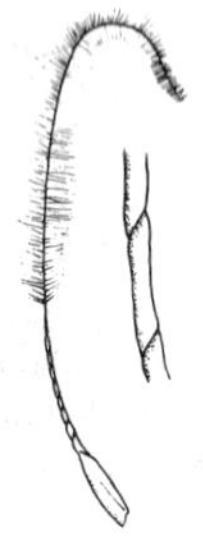
Abb. 503a

Abb. 503b

Abb. 503c

br, meist flach, derb, bis 80 cm lg; Stg unter der Rispe kahl oder kurz u. anliegend behaart, unter den Knoten fast kahl. H: 50–100 cm. ♃ He. V–VI. (Halb-)Trockenrasen (oft über Löß), (Felssteppen); collin bis submontan; slt bis sehr slt. Bes. im Pann. **N, K** (bei Friesach), Nord-**T**†?. Gefährdet. ▲

■ **Großes F., Schönes F.**, Gelbscheiden-F., ***S. pulchérrima*** *(subsp. pulchérrima)*

**5** Scheiden der oberen StgB kahl, slt schwach rauh; LB'Spreitenunterseite kahl oder schwach rauh-papillös; DeckSp *(ohne Granne, aber samt Bohrspitze gemessen)* (12)15–17(19) mm lg. — LB grün; B'Häutchen der Erneuerungstriebe meist etwa 1 mm, das der StgB 2(–5?) mm lg; LB'Spreite 1,5–2,5 mm br, meist zusammengefaltet, Spitze meist pinselartig mit 2–3 mm lg Haaren; Granne (22)25–33 cm lg. H: 30–100 cm. ♃ He. V–VI. Halbtrockenrasen u. Volltrockenrasen; collin bis montan; zstr bis sehr slt. **B, W, N, St, K**, Nord-**T***. Außerhalb des Pann gefährdet. ▲ *(S. pennata ss. H. J. Conert in Hegi, 3. Aufl.)*

■ **Grauscheiden-F.**, „Echtes F.", ***S. joánnis***

**–!!** Obere LB'Scheiden dicht behaart (Haare 0,2(–0,8) mm lg); DeckSp *(ohne Granne, aber samt Bohrspitze gemessen)* (17)21–22 mm lg; Bohrspitze gekrümmt. — LB'Spreitenunterseite stark rauh, oberseits kahl bis dicht behaart, Spitze kahl oder mit wenigen Haaren; Granne (31)37–41(45) cm lg. H: 30–100 cm. ♃ He. V–VI. Innenalpische Trockenrasen; montan; sehr slt. **St, K**. Endemisch. Stark gefährdet. ▲ (Artberechtigung noch ungesichert; vielleicht nur Varietät von *S. joannis*.) ■ **Steirisches F., *S. styríaca***

**–** Obere LB'Scheiden rauh (winzige Papillen, bes. zw. den Nerven); DeckSp *(ohne Granne, aber samt Bohrspitze gemessen)* (17)18–21(22) mm lg; Bohrspitze gerade. — LB grau; LB'Spreitenunterseite rauh-papillös, Spitze schwach behaart oder kahl; Granne 30–40 cm lg. H: 30–100 cm. ♃ He. V–VI. Alkalische Flugsande des Marchfeldes; collin; sehr slt. **N**. Vom Aussterben bedroht. ▲ (Das Vorkommen dieser Art in **Ö** ist nicht ausreichend gesichert.) *(S. borysthenica)* ⊖ ■ **Sand-F., *S. sabulósa***

## (48) Rauhgras, *Achnátherum* *(Lasiagrostis, Stipa p. p.)*

Bildet im Kalkgeröll (meist auf steilen Halden) auffallende, mächtige Horste; Rispenäste meist ± ausgebreitet. H: 60–120 cm. ♃ He. VI–IX. Rotföhrenwälder; Pionier auf sonnigen, trockenen, kalkhaltigen Rutschhängen (namengebend für die Rauhgrasfluren), auch auf Flußalluvionen; kalkstet; (collin) montan (subalpin); zstr bis slt. **Fehlt B, W**. *(Lasiagrostis calamagrostis, Stipa calamagrostis)* **Rauhgras, *A. calamagróstis***

## (49) Schilf, *Phragmítes*

Ährchen meist rotbraun. H: 100–300(400) cm. ♃ Ge. VII–IX(X). Gewässerränder, Röhrichte, Sümpfe, nasse Wiesen, grundnasse Stellen; Grundwasserzeiger; collin bis montan; hfg. **Alle Bdld**. *(Ph. communis)* **Schilf, *Ph. austrális***

## (50) Kelchgras u. Dreizahn(gras), *Danthónia* (inkl. *Sieglingia*)

**1** Mittelgranne der DeckSp 10–15 mm lg, gekniet, (bes. zur FrReife:) im unteren Teil hobelspanartig gedreht; Seitenlappen der DeckSp 2–3 mm lg, in eine 1–3 mm lg Granne auslaufend; Ährchen *(ohne die Grannen gemessen)* 15–20(25) mm lg; LB'Scheiden kahl. — Traube mit etwa 5 (?) Ährchen. H:

* A. Polatschek: Mskr. N. Fl. **T & V**.

30–60(80) cm. ♃ He. VI–VII. Trockene Wiesen, lichte Wälder u. Gebüsche; in **Ö** kalkmeidend (außerhalb von **Ö** meist kalkliebend), auch über Serpentin; collin bis untermontan; sehr slt. **B, W, N.** Vom Aussterben bedroht. *(D. provincialis, D. calycina)* **Kelchgras, *D. alpína***

- Mittelgranne der DeckSp auf eine kleine Spitze reduziert; Seitenlappen der DeckSp kurz, unbegrannt, die DeckSp deshalb am oberen Rand kurz 3spitzig; Ährchen 6–12 mm lg; LB'Scheiden ± dicht mit 1–2 mm lg Haaren besetzt. — Traube mit 4–12 Ährchen. H: 15–45 cm. ♃ He. VI–VII. Trockene bis frische Magerwiesen, lichte Waldstellen; collin bis subalpin; zstr bis mäßig hfg. **Alle Bdld.** Die folgenden Unterarten sind unzureichend bekannt; wieweit sie tatsächlich unterscheidbar sind, bleibt vorläufig etwas zweifelhaft. *(Sieglingia decumbens)* **Dreizahn, Dreizahngras, *D. decúmbens***

a Pf dichte Rasen bildend, mit kräftigem, gedrungenem Stg. Bodensaure Magerwiesen, zB Bürstlingsrasen, Zwergstrauchheiden; kalkmeidend. Allgemein verbreitet. **■ Gewöhnlicher D., *D. d. subsp. decúmbens***

- Pf lockere Rasen bildend, mit zierlichem, höherem Stg. Basenreiche Föhrenwälder, Trespenrasen (Mesobrometen), bes. (?) über Dolomit u. Serpentin; sehr slt (?). **St?, S.** **■ Enttäuschender D., *D. d. subsp. decípiens***

## (51) Pfeifengras, *Molínia*

Anm.: Die heimischen Arten gehören zur Artengruppe *M. caerulea agg.*, einem noch nicht ausreichend geklärten Polyploidkomplex, der vielleicht nicht bloß aus den beiden angeführten Arten besteht.

1 DeckSp der untersten Blü 3–4(4,5) mm lg, eiförmig, am oberen Ende br abgerundet; Ährchen 2–5blütig, 4–6(8) mm lg; Ährchenachse zw. den Blü kahl oder mit wenigen, ganz kurzen Haaren. — LB'Spreite 2–8(12) mm br. H: 10–100(150) cm. ♃ He. VII–IX(X). Flachmoorwiesen, Sumpfwiesen („Streuwiesen"; namengebend für die Pfeifengraswiesen u. das Molinion); collin bis subalpin; hfg bis zstr. **Alle Bdld.** Formenreich. *(M. varia)* **■ Blaues Pf., *M. caerúlea***

- DeckSp der untersten Blü (4,5)5–7 mm lg, lg-elliptisch, am oberen Ende zugespitzt; Ährchen (1)2–4blütig, 6–9 mm lg; Ährchenachse zw. den Blü mit einigen 0,3–0,6 mm lg Haaren. — LB'Spreite 6–12(14) mm br. H: 100–200(250) cm. ♃ He. VII–IX. Lichte, ± trockene bis wechselfeuchte (Eichen- u. Föhren-)Wälder, oft an steilen Hängen (Rutschhängen), kalkreiche Moore, Flußauen; collin bis subalpin; zstr. **Alle Bdld.** Formenreich. *(M. altissima)* **■ Rohr-Pf., *M. arundinácea***

## (52) Bürstling, Borstgras, *Nárdus*

Ährchen 1blütig, 7–15 mm lg, rötlich oder bläulich, ohne HüllSp; DeckSp meist sehr dunkel; LB'Spreiten borstlich steif; Pf dichte, graugrüne Horste bildend. H: 10–30 cm. ♃ He. V–VI. Bodensaure Magerrasen, bes. Weiderasen (in Wäldern Beweidungsrelikt; namengebende Charakterart der Bürstlingsrasen = Nardion); kalkfeindlich (in Kalkgebieten nur über Rohhumusschicht); (collin) montan bis unteralpin; hfg bis zstr (fehlt im Pann). **Alle Bdld.** Im BM u. nVL gefährdet. **Bürstling,** Borstgras, ***N. strícta***

## (53) Steifhalm, *Cleistógenes* *(Diplachne)*

Pf kurze, unterirdische Ausläufer treibend; LB'Spreiten 1–4(10) cm lg, graugrün. H: 30–60(90) cm. ♃ He. VII–X. Trockene, sonnige Hügel u. Felshänge, lückige Trockenrasen; kalkmeidend; collin; sehr slt. Im Pann. **B** (Nordost-Fuß des Leithagebirges), **N** (in der Wachau). (Submedit.) Stark gefährdet. *(Diplachne serotina)* **Steifhalm, *C. serótina***

## (54) Liebesgras, *Eragróstis*

1 Die unteren Rispenäste zu (2)3–6, dünn, biegsam u. glatt, am Grund mit 3–4 mm lg, abstehenden Haaren; LB'Spreiten an den Rändern ohne Knötchen *(Lupe!)*; Ährchen 1–1,5 mm br; Ährchenachse zw. den Blü sichtbar; die untere HüllSp viel kürzer u. schmäler als die obere; Fr elliptisch; VorSp bald nach den DeckSp abfallend; die meisten seitenständigen Ährchen nicht länger bis viel kürzer als ihre Stiele. H: 10–30(50) cm. ⊙ Th. VII–X. Wegränder, Pflasterritzen, sandige Böschungen, Ruderalstellen, Äcker; kalkmeidend; collin; slt. **Fehlt S, V**. Gefährdet; im Alp, im nVL u. im Pann stark gefährdet. **Haariges L., *E. pilósa***

- Die unteren Rispenäste einzeln oder slt zu 2, starr, am Grund kahl oder höchstens 1 mm lg behaart; LB'Spreite an den Rändern mit kleinen, knotenförmigen Drüsen *(Lupe!)*; Ährchen 1,5–3,5 mm br; Ährchenachse zw. den Blü nicht sichtbar; die untere HüllSp nur wenig kürzer u. schmäler als die obere; Fr fast kugelförmig; VorSp lange an der Ährchenachse verbleibend; seitenständige Ährchen 2–8× so lg wie ihre Stiele . . . . . . . . . . . . . . . . . . . . . **2**

2 LB'Scheiden kahl, an den Rändern kurz gewimpert, an der Öffnung mit einem Haarbüschel; Ährchen 2–3,5 mm br; DeckSp 2–2,6 mm lg, am oberen Rand ausgerandet, in der Ausrandung meist mit einer kurzen Stachelspitze. H: 20–30(50) cm. ⊙ Th. V–IX. Ruderalstellen, sandige Äcker, Weingärten; kalkliebend; collin; sehr slt. **W, N†?, (St, K)**. *(**E. megastachya**)* **Großes L., *E. cilianénsis***

- LB'Scheiden ± dicht mit 1–2 mm lg, abstehenden Haaren besetzt, an der Öffnung lg behaart; Ährchen 1,5–2 mm br; DeckSp 1,8–2 mm lg, am oberen Rand abgerundet u. stumpf. H: 5–40 cm. ⊙ Th. (VII)VIII–IX(X). Straßenränder, Pflasterritzen, Eisenbahnanlagen, Äcker, Gärten, Ruderalstellen; collin (montan); im Pann u. in Städten hfg, sonst zstr bis slt. **Alle Bdld**. *(E. poaeoides)* **Kleines L., *E. mínor***

## (55) Dorngras, *Crýpsis (s. str.)* (exkl. (56) Sumpfgras, *Heleochloa*)

Ährchenrispe etwa 7 mm hoch u. 8–12 mm br, von den obersten LB'Scheiden eingehüllt; LB'Spreite 1–8 cm lg, deutlich von der LB'Scheide abgesetzt, steif u. starr abstehend; Stg liegend oder gekniet aufsteigend. H: 3–30 cm. ⊙ Th. VII–IX. Trocken gefallene Sodalacken-Ränder, feucht-tonige Stellen mit stärkerem Salz- (Soda-)Gehalt; collin; um den Neusiedlersee hfg, sonst früher slt u. heute †. **B, W†, N†**. Gefährdet. **Dorngras**, Starres D., ***C. aculeáta***

## (56) Sumpfgras, *Heleóchloa*

1 Ährenrispe eiförmig, am Grund von den beiden obersten LB'Scheiden eingehüllt, oberste LB'Scheide deutlich aufgeblasen, kürzer als ihre Spreite. — Stg liegend oder gekniet aufsteigend; Ährenrispe 1–1,5 cm lg u. 0,6–1 cm br, meist dunkel gefleckt. H: 3–20 cm. ⊙ Th. VII–IX. Feuchte, sandige Stellen, zeitweilig überschwemmte Ufer, feuchte Salzfluren; collin; sehr slt. Nur im Pann. **B, N**. Vom Aussterben bedroht. *(Crypsis schoenoides)* **Knopfbinsen-S., *H. schoenoídes***

- Ährenrispe walzenförmig, höchstens von der obersten LB'Scheide am Grund eingehüllt, diese kaum aufgeblasen, länger als ihre Spreite. — Stg gekniet aufsteigend oder aufrecht; Ährenrispe 2–6 cm lg u. 0,4–0,6 cm br, schwärzlich gefleckt. H: 3–30 cm. ⊙ Th. VI–IX. Feuchte, sandige Äcker, feuchte Ackersenken, feuchte Wiesen; collin; sehr slt. Nur im Pann. **B, W†, N**. Vom Aussterben bedroht. *(Crypsis alopecuroides)* **Fuchsschwanz-S., *H. alopecuroídes***

## (57) Hundszahngras, *Cýnodon*

Alle Sp grannenlos. H: 10–40 cm. ♃ He. (VI)VII–IX. Trocken-warme, sonnige Böschungen, Wegränder, Bahndämme, trockene Ruderalstellen, Pflasterritzen, Weingärten; collin (submontan); im Pann hfg bis zstr, sonst slt. **V†; (K, S), sonst alle Bdld**. Im Alp, im nVL u. im söVL gefährdet.
**Hundszahngras,** „Hundszahn", Bermudagras, ***C. dáctylon***

## (58) Klettengras, *Trágus*

Pf niederliegend oder aufsteigend; B'Häutchen sehr kurz, gewimpert; LB'Spreiten borstlich gewimpert; Ährenrispe 2–6 cm lg, am Grund oft unterbrochen; Rispenäste mit Widerhaken, je 3–5 gebüschelte Ährchen tragend, bei der Reife als Ganzes abfallend. H: 10–30 cm. ⊙ Th. VI–VII. Sandsteppen, Weingärten, Ruderalstellen; collin; sehr slt. Im Pann. **W†, N** (im Marchfeld?, Weinviertel?). Neubürger (?). Im Aussterben begriffen? (Hptvbr.: Süd- u. Südost-Europa; Heimat: Tropen?). **Klettengras, *T. racemósus***

## (59) Reisquecke, *Léersia*

Pf mit lg, dünnen, unterirdischen Ausläufern; Stg knickig aufsteigend, glatt, an den Knoten behaart; B'Häutchen 1 mm lg; Ährchen 4–5 mm lg. H: 50–150 cm. ♃ He. VIII–X. Sümpfe, Wassergräben, Röhricht, Ufer; collin (montan); zstr bis slt. **V†, sonst alle Bdld**. In den wAlp gefährdet. *(Oryza clandestina)*
**Reisquecke,** Wilde R., ***L. oryzoídes***

## (60) Rispenhirse, *Panícum*

**1** LB'Scheiden kahl . . . . . . . . . . . . . . . . . . . . . . . . . . . . . **2**
**-** LB'Scheiden behaart . . . . . . . . . . . . . . . . . . . . . . . . . . . **3**

**2** Ährchen 2–2,5 mm lg u. etwa 1,2 mm br. H: 30–100 cm. ⊙ Th. VII–IX. Maisäcker; collin; slt. **B, (O)***, **St, (K)**. Neubürgerin (seit etwa 1980). (Heimat: Nordamerika.) **Kahle R., *P. laevifólium***
**-** Ährchen 2,4–3,2 mm lg u. etwa 1 mm br. H: 30–100 cm. ⊙ Th. VII–X. Äcker, bes. Maisäcker, Gräben, Straßenränder, Bahnanlagen; collin; im söVL hfg, sonst zstr bis slt, in Ausbreitung begriffen. **B, O, St, K, V**. Neubürgerin (seit etwa 1980). (Heimat: östl. Nordamerika, Mittelamerika.)
**Spätblühende R., *P. dichotomiflórum***

**3** Ährchen 4–5 mm lg; untere HüllSp $^{2}/_{3}\times$ so lg wie das Ährchen; Rispe zusammengezogen oder ± ausgebreitet; Ährchenstiele 2–6 mm lg. H: 30–100(150) cm. ⊙ Th. VII–IX. Collin; wärmeliebend.
**Echte R., Echte Hirse,** „Brein", ***P. miliáceum***

* Neufund durch S. Wagner u. H. Melzer, ined.

**a** Rispe aufrecht, Rispenäste steif, aufrecht-abstehend; Fr 1,5–1,9(2,1) mm br, olivbraun bis schwärzlich, zur Reifezeit leicht ausfallend; ebenso restliches Ährchen (HüllSp) abfallend. Maisäcker, slt ruderal u. an Straßenböschungen; zstr, stellenweise hfg. **O, St, K, T**. Neubürgerin. *(P. spontaneum)* **Unkraut-R.,** ***P. m. subsp. ruderále***

**–!!** Rispe nickend, Rispenäste überhängend; Fr 2–2,3 mm br, olivbraun bis schwärzlich, zur Reifezeit leicht ausfallend; restliches Ährchen (HüllSp) nicht abfallend. Maisäcker; zstr (?). **St, K**. (Sonstige Vbr.: Slowakei, Mähren, Nord-Italien, Istrien, Elsaß, Bayern?, Ungarn?) (Erst kürzlich entdeckte Sippe; neu entstandener Abkömmling der Kultur-R.?) **Bauern-R.,** „Falsche Unkraut-Hirse“, ***P. m. subsp. agrícola***

**–** Rispe nickend, Rispenäste überhängend; Fr 2–2,3 mm br, h'gelb oder rötlich (slt d'braun), zur Reifezeit nicht aus- oder abfallend. Ehedem als GetreidePf hfg angebaut („Hirsebrei“), heute als VogelfutterPf, neuerdings auch wieder als Getreide kultiviert; öfters verwildert. Wichtige, alte KulturPf seit der Jungsteinzeit. (Heimat wahrscheinlich Zentral- u. Ostasien.) **★ Kultur-R.,** ***P. m. subsp. miliáceum***

**aa** Rispe ausgebreitet u. sehr locker. Die ursprünglichste Kultursippe. **★ Ausgebreitete R., Flatter-R.,** ***P. m. subsp. m. var. effúsum***

**–!!** Rispe zusammengezogen, oben dichter als am Grund, ihre Seitenäste einseitig überhängend. **★ Zusammengezogene R., Klump-Hirse,** ***P. m. subsp. m. var. contráctum***

**–** Rispe zusammengezogen, überall dicht, alle Seitenäste aufrecht. **★ Dicke R., Dick-Hirse,** ***P. m. subsp. m. var. compáctum***

**–** Ährchen 2–3,5 mm lg; untere HüllSp $^1/_3$–$^1/_2$× so lg wie das Ährchen; Rispe sehr locker u. weit ausgebreitet; Ährchenstiele 10–20 mm lg . . . . . . . . . . . **4**

**4** Abbruchstelle der von Deck- u. VorSp umschlossenen Fr mit mondsichelförmigem Wulst (Abb. 504 a); Fr dunkel; Ährchen etwa 3 mm lg. — Ährchenstiele fein; Rispen weit aus den Scheiden tretend. H: (20)30–50(75) cm. ⊙ Th. VII–VIII. Maisäcker, Ruderalstellen; collin; slt (?). **B, N, St, K**. Neubürgerin (seit etwa 1980). (Heimat: Prärien Nordamerikas.) **Hillman-R.,** ***P. hillmánii***

**–** Abbruchstelle der von Deck- u. VorSp umschlossenen Fr ohne mondsichelförmigen Wulst (Abb. 504 b); Fr h'grau oder gelblich; Ährchen 2–3,5 mm lg. — Ährchenstiele haarfein. H: (20)30–50(75) cm. ⊙ Th. VII–VIII. Als Ziergras kultiviert u. oft verwildert: bes. Maisäcker, Ruderalstellen; collin; im Pann zstr, sonst slt (in Ausbreitung begriffen). **Alle Bdld***. Neubürgerin (seit etwa 1970). (Heimat: Nordamerika.) **Haarstiel-R.,** ***P. capilláre***

## (61) Hühnerhirse, *Echinóchloa*

Anm.: Die ☆ **Japanische Hirse, *E. útilis*** *(E. frumentacea subsp. utilis)*, eine Getreide-Kultursippe, ist als unbeständig auftretende „VogelfutterPf“ aus **(N, St, K)** bekannt; die ☆ **Kleine H., Schamahirse, *E. colónum*** *(E. colona)* (Heimat: Tropen u. Subtropen; eingebürgert im Medit.) wurde in **(K)** als unbeständig eingeschleppt beobachtet.

Ährenrispen 5–10 cm lg; LB'Spreite u. -Scheide kahl oder fast kahl. H: 30–100 cm. ⊙ Th. VII–X. Äcker, Gärten, Weingärten, Ruderalstellen, Teichränder; bes. sandige Böden; collin hfg, montan zstr. **Alle Bdld**. **Hühnerhirse,** ***E. crus-gálli***

## (62) Fingerhirse, Bluthirse, *Digitária*

**1** Obere HüllSp nur $^1/_2$× so lg wie die d'braune DeckSp der fruchtbaren Blü, diese dadurch deutlich sichtbar (untere HüllSp winzig klein, 0,3–0,5 mm lg); Ährchen 2,8–3,3 mm lg; LB'Scheiden zumindest im oberen Teil ± dicht ab-

* Auch in **T** u. **V** laut A. POLATSCHEK: Mskr. N. Fl. **T & V**.

stehend lg'haarig (Haare 1–3 mm lg). — Ähren (Abb. 476) zu 4–6(8). H: 20–40(80) cm. ⊙ Th. VII–X. Früher als GetreidePf („Himmeltau") kultiviert.
**Bluthirse**, Blutfennich, ***D. sanguinális***

a DeckSp der unteren, sterilen Blü behaart (= „3. HüllSp."), beiderseits zw. den Randnerven ohne auf Wärzchen stehende Haare, nur mit kurzen (etwa 0,5 mm lg), weichen Haaren. Äcker (bes. Maisäcker), Gärten, Weingärten, Ruderalstellen; collin (hfg) bis submontan (zstr). **Alle Bdld.** **Gewöhnliche B.**, ***D. s. subsp. sanguinális***

- DeckSp der unteren, sterilen Blü (= „3. HüllSp.") beiderseits zw. den Randnerven mit lg (1–2 mm lg u. 0,02–0,05 mm br), steifen, auf Wärzchen stehenden Haaren u. zusätzlich kürzeren (etwa 0,5 mm lg), weichen Haaren. Maisäcker; collin; hfg. **Alle Bdld***. *(D. „ciliaris")* **Wimper-B.**, ***D. s. subsp. pectinifórmis***

- Obere HüllSp so lg wie die d'braune DeckSp der fruchtbaren Blü, diese dadurch völlig verdeckt (untere HüllSp fehlend oder bis 0,2 mm lg); Ährchen 2–2,5 mm lg; die oberen LB'Scheiden kahl, die unteren zuweilen ± flaumhaarig. — Ähren zu 2–4(7). H: 10–30(50) cm. ⊙ Th. VII–X. Maisäcker, Gärten, Ruderalstellen; kalkmeidend; collin (submontan); hfg bis zstr. **Alle Bdld**. *(Panicum lineare)* **Fadenhirse**, Kahle F., ***D. ischáemum***

## (63) Borstenhirse, *Setária*

1 Ährchen mit ihrer Borstenhülle einzeln an der Hauptachse der Rispe stehend; unter jedem Ährchen 4–12 Borsten, diese zuerst gelb, später fuchsrot, — obere HüllSp ²/₃× so lg wie die verhärtende, stark querrunzelige obere DeckSp, deren oberer Teil nicht von der HüllSp verdeckt wird; Pf graugrün; Stachelhaare (Zähnchen) der Borsten zur Spitze hin gerichtet; Oberseite wenigstens der jungen LB'Spreiten am Grund mit lg, abstehenden Haaren; LB'Scheiden am Rand ohne Haarsaum. H: (10)15–60(120) cm. ⊙ Th. VII–IX. Hackfruchtäkker, Gärten, Weingärten, Ruderalstellen; collin bis montan; im Pann hfg, sonst zstr. **Alle Bdld**. *(S. lutescens, „**S. glauca**)*
**Fuchsrote B.**, Rötliche B., Gelbe B., Graugrüne B., ***S. púmila***

- Ährchen mit ihrer Borstenhülle an kurzen, verzweigten Seitenästen der Rispe stehend; unter jedem Ährchen 1–3 Borsten, diese grün, oft violett überlaufen, später strohfarben oder fast gelblichbraun . . . . . . . . . . . . . . . . . . **2**

2 Spreiten aller oder fast aller LB oberseits locker behaart; Ährchen 2,5–3 mm lg; obere HüllSp um 0,4–0,8 mm kürzer als die DeckSp; obere DeckSp stark querrunzelig. H: 20–60 cm. ⊙ Th. VII–X. Mais- u. Sojaäcker, Schotteranschüttungen, Bahnhofsgelände; collin; zstr bis slt. **St, K, T, V**. Neubürgerin (seit etwa 1980). (Heimat: Ostasien; nach **Ö** aber aus Nordamerika gelangt, wo diese Art weithin eingebürgert ist.) **Faber-B.**, ***S. fáberi***

- Spreiten kahl; Ährchen 1,8–2,6 mm lg; obere HüllSp so lg wie die DeckSp, obere DeckSp fast glatt, ohne oder mit schwachen Querrunzeln. — Oberer Teil der DeckSp von der HüllSp (fast) ganz verdeckt . . . . . . . . . . . . . . . **3**

3 Stachelhaare (Zähnchen) der Borsten abwärts (zum Grund) gerichtet, die Rispen derselben oder benachbarter Individuen sich deshalb wie Kletten gegenseitig ineinander verhakend, beim Durchziehen durch die Hand schneidend. — LB'Scheiden ganzflächig oder nur am Rand behaart; LB'Spreiten fast kahl; Ährenrispe 10(–15) cm lg, wenigstens am Grund unterbrochen, ihre Hauptachse dicht kurzborstig behaart (ohne längere, weiche Haare); Narbe rot. H: (10)20–60(100) cm. ⊙ Th. VII–IX. Gärten, Maisäcker, Weingärten, Ruderal-

* Auch in **V** laut A. POLATSCHEK: Mskr. Fl. **T & V**.

stellen; collin; zstr bis slt. **Alle Bdld.** (Zur Artengruppe Kletten-B., *S. verticillata agg.*; vgl. Pkt 6–). **Kletten-B.**, Quirl-B., Klebgras, ***S. verticilláta***
- Stachelhaare der Borsten aufwärts (zur Spitze) gerichtet, die Rispen deshalb nicht klettenartig haftend . . . . . . . . . . . . . . . . . . . . . . . . . . . . **4**

**4** Ähre 2–3 cm ∅ . . . . . . . . . . . . . . . . . . . . . . . . . . . . . . . . . . . **5**
- Ähre 0,5–0,8(1,2) cm ∅. — LB'Spreiten kahl, LB'Scheiden am Rand mit Haarsaum; obere, verhärtende DeckSp schwach runzelig; zur Reifezeit das ganze Ährchen abfallend; Ährchen 1,8–2,2 mm lg . . . . . . . . . . . . . **6**

**5** Ährchen zur Reifezeit nicht als Ganzes abfallend, die HüllSp bleiben stehen; obere, verhärtende DeckSp glatt u. glänzend, etwas aus den grünen Sp hervorragend; Ährchen 3–3,5 mm lg. — Stg bis 1 cm dick, steif aufrecht; LB'Spreiten meist kahl, 1–3 cm br. H: 60–120 cm. ⊙ Th. VII–IX. Bei uns als VogelfutterPf (in Südeuropa als GetreidePf) kultiviert u. zstr bis slt unbeständig verwildert: **(B, W, N, St, K, T, V)**. ★ **Kolbenhirse,** Vogelhirse, ***S. itálica***

**a** Ähre 10–30 cm lg, gelappt, ± überhängend. Als KörnerFr gebaut. ★ **Große K.,** ***S. i. subsp. itálica***
- Ähre 7–12 cm lg, nicht gelappt, aufrecht. Vogelfutter u. Futtergras. **B, N, (St, K, T, V).** ★ **Kleine K.,** Mohar, ***S. i. subsp. mohária***

- Ährchen zur Reifezeit als Ganzes abfallend; obere, verhärtende DeckSp schwach runzelig; Ährchen 1,8–2,2 mm lg. H: 150–250 cm. ⊙ Th. VII–X. Nährstoffreiche Maisäcker, Ruderalstellen. Vbr. noch festzustellen. *(S. v. var. major, ?S. italica × viridis)* ⊖ ***S. víridis subsp. pycnocóma*** (vgl. Pkt 6)

**6** Die zw. den Quirlen sichtbare Hauptachse der Rispe kurz-steifhaarig (ohne längere, weiche Haare); wenigstens im unteren Teil der Ähre die Rispenäste voneinander entfernt u. quirlartig angeordnet, die Ähre daher unterbrochen; die meisten Borsten nur 3–4 mm lg, dick u. steif; Narbe rot. (Im Habitus sehr ähnlich der *S. verticillata*, die sich hauptsächlich durch die abwärts gerichteten Stachelhaare der Borsten unterscheidet.) H: 20–50 cm. ⊙ Th. VII–IX. (Alte) Gärten, Ruderalstellen (bes. an Zäunen u. Mauerfüßen?), (Mais-)Äcker, Brachen; collin; slt. **W, N, St, (K)**. *(S. gussonei, S. ambigua, S. verticilliformis*; zuweilen auch als Hybride *S. verticillata × viridis* [miß]gedeutet). (Zur Artengruppe Kletten-B., *S. verticillata agg.*; vgl. Pkt 3.) **Kurzborstige B., Täuschende B., *S. decípiens***
- Die von den Ährchen völlig verdeckte Hauptachse der Rispe bes. im mittleren u. oberen Teil (zusätzlich zur kurz-steifen Behaarung) weichhaarig; die Rispenäste dicht stehend, die Ähre nicht unterbrochen; alle Borsten 5–10 mm lg, dünn u. biegsam; Narbe gelblichweiß. H: (5)20–60(100) cm. ⊙ Th. VII–X. Äcker, Gärten, Weingärten, Ruderalstellen; collin (submontan); hfg. **Alle Bdld**. (Vgl. *S. v. subsp. pycnocoma*: → Pkt 5–) **Grüne B., *S. víridis subsp. víridis***

### ★☆ (64) Mohrenhirse, Sorgum, *Sórghum* *(Sorgum)*

**1** Rispe dicht u. zusammengezogen, eiförmig bis länglich, mit aufrechten, vielblütigen Seitenästen; Hauptachse stets von den Seitenzweigen verdeckt; sitzende Ährchen eiförmig bis kugelig. H: 100–300(400) cm. ⊙ Th. VII–IX. Alte KulturPf (Ursprung: Afrika); bei uns in wärmeren Gebieten kultiviert u. slt verwildert. (Inkl. *S. dochna, S. cernuum, S. saccharatum* etc.) ★ **Mohrenhirse, Zuckerhirse u. Besenhirse, *S. bícolor agg.***

Anm.: Umfaßt viele Kultursippen (zT als Sortengruppen, zT als Kleinarten behandelt), die in verschiedener Weise verwendet werden: als Getreide, als FutterPf, zur Zuckersirupgewinnung (aus den Stg) u. als EnergiePf („Biosprit"), für technische Zwecke (Reisbesen u. -bürsten) usw.
- Rispe locker u. ausgebreitet, pyramidenförmig, mit abstehenden Seitenästen; Hauptachse zumindest während u. nach der BlüZeit sichtbar; sitzende Ährchen lanzettlich bis länglich . . . . . . . . . . . . . . . . . . . . . . . . . . . . . . . . . . . . **2**

**2** Pf ♃, mit lg, verzweigtem WuStock; StgKnoten dicht u. kurz behaart; sitzendes Ährchen 4,5–6 mm lg u. 1,8–2,3 mm br; Fr 2,5–3 mm lg. H: 40–140 cm. ♃ Ge. VI–VII. Sonnige, trockene Hügel, Weingärten, Maisäcker, Wegränder, Bahndämme; collin; slt. **(W, N, St, K, V)**. Unbeständig. (In Südeuropa völlig eingebürgert; Heimat: östl. Medit. u. Südwest-Asien.) ☆ **Wilde M.**, Aleppo-M., Aleppohirse, ***S. halepénse***

**-** Pf ⊙; StgKnoten kahl; sitzendes Ährchen 6–7,5 mm lg u. 2–3 mm br; Fr 3,5–4,5 mm lg. H: 150–300 cm. ⊙ Th. VI–VII. Als Futtergras kultiviert, meist in **B, N**. Heute meist durch Mais ersetzt. (Heimat: Sudan u. Ägypten.) ★ **Sudan-M., Sudangras, *S. sudanénse***

## (65) Goldbart, *Chrysopógon*

Anstelle des B'Häutchens ein Haarkranz; jeder Rispenast trägt am Ende (nur dort!) eine Gruppe von 3 Ährchen; mittleres Ährchen sitzend, ⚥, mit lg begrannter DeckSp (Granne borstig behaart, bis 4 cm lg), die beiden seitlichen Ährchen gestielt, ♂, mit unbegrannter DeckSp. H: 30–100 cm. ♃ He. V–VIII. Trockenrasen; collin; sehr slt. Im Pann. **B, N**. (Hptvbr.: Submedit.) Gefährdet. *(Andropogon gryllus)* **Goldbart, *Ch. grýllus***

## (66) Bartgras, *Bothrióchloa* *(Dichánthium)*

Ähren handförmig angeordnet, h'violett; Ährenachse zerbrechlich. H: (10)15–60(80) cm. ♃ He. VII–IX(X). Trockenrasen, Sandsteppen, trockene Böschungen u. Dämme; collin bis submontan; im Pann zstr, sonst slt. **V†; fehlt S**. In den wAlp gefährdet. *(Dichanthium ischaemum)* **Bartgras, *B. ischáemum***

## ★ (67) Mais, *Zéa* (Eingg.-Schl. 7; G XIII 4)

Die obersten LB ohne Spreite. H: 100–300 cm. ⊙ Th. VII–X. KulturPf; Getreide- (Körnermais) u. FutterPf (Silomais); zahlr. Sorten. (Heimat: Mittelamerika.)
★ **Mais**, Kukuruz, Türken, Türkischer Weizen, ***Z. máys***

# Unterklasse Palmenähnliche, *Arécidae (Spadiciflorae)*
# Überordnung Aronstabblütige, *Aránae*
# Ordnung Aronstabartige, *Aráles*

## 148. Familie: Aronstabgewächse, *Aráceae* (inkl. *Acoraceae)*
(→ Eingg.-Schl. 8)

Anm.: Aus dieser hauptsächlich tropischen Familie werden mehrere Zimmer-ZierPf kultiviert, zB ★ **„Philodendron"/*Mónstera*** (Heimat: trop. Amerika), ★ ***Dieffenbáchia*** (Heimat: trop. Amerika), ★ ***Aglaonéma*** (Heimat: Philippinen), ★ **Flamingoblume/*Anthúrium*** (Heimat: trop. Amerika), ★ **„Calla"/*Zantedéschia*** (Heimat: Südafrika).

**1** LB linealisch, grasartig; HüllB (= Spatha) des Blüstd linealisch, den LB ähnlich (Abb. 505 b), — grün, den Kolben nicht einhüllend. **(1) Kalmus, *Ácorus***

**-** LB herz- oder pfeil- bis spießförmig; Spatha rundlich bis lanzettlich (Abb. 505 a, 506 a, 507), — weiß oder grünlich, den Kolben ± einhüllend; Fr: rote Beere . . . . . . . . . . . . . . . . . . . . . . . . . . . . . . . . . . . . . . . . **2**

**2** Spatha rundlich bis br-elliptisch, ohne röhrenförmigen Basalteil (Abb. 505 a); Kolben bis zur Spitze mit ⚥ oder oben mit ♂ Blü besetzt (Abb. 505 a); Pf mit verlängertem Rhizom. **(2) Drachenwurz, *Cálla***

**-** Spatha eiförmig bis br-lanzettlich, mit röhrenförmigem Basalteil (Abb. 506 a, 507); Kolben mit je 1 Kranz ♀ u. ♂ Blü sowie dazwischen u. oberhalb der ♂ Blü mit je 1 Kranz steriler, staminodialer Blü besetzt, Endabschnitt der Kolbenachse steril (nackt; = Appendix: Stinkorgan [Kesselfallenblume!]; Abb. 506 b); Pf mit Knolle. **(3) Aronstab, *Árum***

### (1) Kalmus, *Ácorus* (Eingg.-Schl. 7)

Anm.: Heute meist zu einer eigenen Familie *(Acoráceae)* gerechnet.

Rhizom kriechend, stark aromatisch; LB am Rand meist gewellt, aromatisch; Spatha den Stg über dem Kolben fortsetzend, dieser daher scheinbar seitlich; Kolben 5–8 cm lg, walzlich, schwach gebogen (Abb. 505 b); Perigon kelchartig. H: 60–120 cm. Slt blühend; triploid, steril. ♃ Wa. VI–VII. Sümpfe, Röhricht, Ufer stehender u. träg fließender Gewässer, auch im Wasser; collin bis untermontan; slt. **Fehlt W**. Gewürz- u. ArzneiPf („KalmusWu") u. Homöop. Neubürger (seit 16. Jahrh.). (Heimat: Ost-Asien.) ▲ **Kalmus, *Á. cálamus***

### (2) Drachenwurz, *Cálla*

Anm.: Die „Calla" der Blumenhändler hat mit dieser Gattung nichts zu tun; → die Anm. am Beginn der Familie!

H: 15–30 cm. ♃ Ge. V–VII (manchmal nochmals VIII–IX). Bruchwälder, Hochmoorränder, Zwischenmoore, Verlandungssümpfe; kalkmeidend; collin

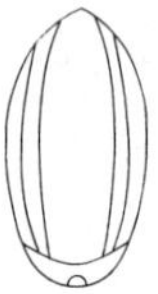
Abb. 504a

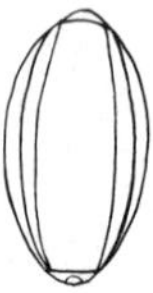
Abb. 504b

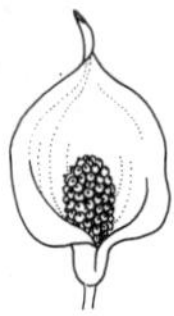
Abb. 505a

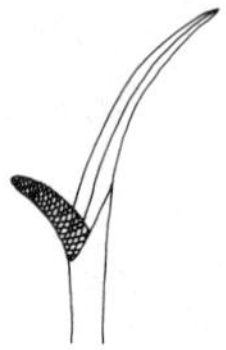
Abb. 505b

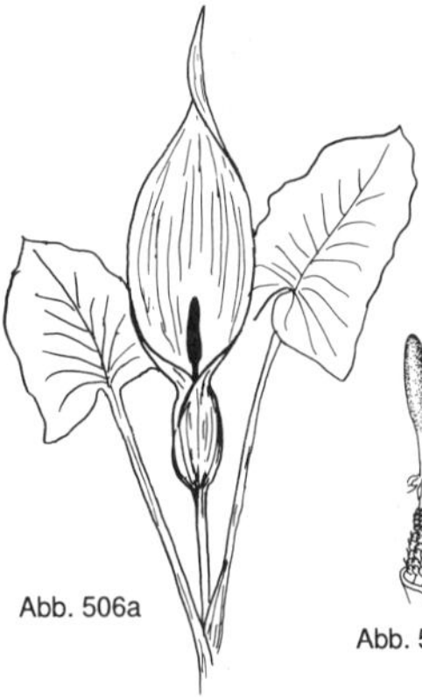

Abb. 506a

Abb. 506b

Abb. 507

bis untermontan; slt. **Fehlt B, W, V**. Giftig. Stark gefährdet; im Alp, nVL u. söVL vom Aussterben bedroht. ▲ **Drachenwurz,** Schlangenwurz, ***C. palústris***

## (3) Aronstab, *Árum*

**1** Knolle deutlich länger als br, rhizomartig, (Wuchsrichtung horizontal); Stg $^1/_2$–$^2/_3$× so lg wie die LB'Stiele; Spatha (2)2$^1/_4$–2$^3/_4$× so lg wie der Kolben; offener, oberer Teil der Spatha 3$^1/_2$–5(6)× so lg wie der geschlossene, röhrenförmige, untere Teil; Staubbeutel meist gelb; sterile Blü oberhalb der ♂ Blü in 2–3(4) Kreisen (jene unterhalb der ♂ Blü in 1–2 Kreisen?) angeordnet. — LB'Spreite meist ± spießförmig, diese u. die Spatha gefleckt oder ungefleckt; Spatha 12–25(30) cm lg, ihr offener Teil meist br-lanzettlich, größte Breite *(ausgebreitet)* 35–50(60) mm; unterer Teil des nackten Endabschnitts der Kolbenachse stielförmig u. abrupt abgesetzt vom wesentlich dickeren oberen Teil, dieser meist gelblich bis violettbraun oder purpurn (?); ♀ Blü locker stehend; Narbe etwa $^3/_4$–1 mm ∅; FrStand meist ohne Rest der Spatha (?); Fr fast kugelig, oben etwas abgestutzt, etwas breiter als lg, apfelförmig*. (Abb. 506.) H: 15–40 cm. ♃ Ge. IV–V. Feuchte Edellaubwälder, bes. Auwälder; collin bis untermontan; zstr, in **T, K** sehr slt. **Fehlt B?** (oder im äußersten Süden?), **fehlt W, N**. (Bes. West-Europa u. westl. Mitteleuropa, auch Süd-Europa.) In den sAlp gefährdet. Giftig; VolksarzneiPf u. Homöop. ▲ (Tetraploid.)
**Gefleckter A., *Á. maculátum***

**-** Knolle ± rundlich, brotlaibförmig, (Wuchsrichtung vertikal bis horizontal); Stg meist $^3/_4$–$^5/_4$× so lg wie die LB'Stiele; Spatha 1$^1/_2$–2× so lg wie der Kolben; offener, oberer Teil der Spatha 1$^1/_2$–2$^1/_2$(3)× so lg wie der geschlossene, röhrenförmige, untere Teil; Staubbeutel meist purpurviolett; sterile Blü oberhalb der ♂ Blü in (3)4–5(6) Kreisen (jene unterhalb der ♂ Blü in 2$^1/_2$–4 Kreisen?) angeordnet. — LB'Spreite eher pfeilförmig, diese u. die Spatha immer ungefleckt; Spatha (8)9–15(18) cm lg, ihr offener Teil meist eilanzettlich, größte Breite *(ausgebreitet)* 20–35(40) mm; unterer Teil des nackten Endabschnitts der Kolbenachse schlanker u. oft weniger abgesetzt vom nur wenig dickeren oberen Teil, dieser purpurrosa (?) bis olivbraun oder orangegelblich (?); ♀ Blü dicht stehend; Narbe etwa $^1/_2$ mm ∅; FrStand am Grund meist (?) mit ver-

Abb. 508 Abb. 509 Abb. 510

trockneter Spatha; Fr ± ovoid, birnenförmig*, meist deutlich länger als br. (Abb. 507.) H: 15–40 cm. ♃ Ge. IV–V. Frische bis feuchte, sehr nährstoffreiche Edellaubwälder: Eichen-Hainbuchen-Wälder, Buchenwälder, Auwälder, auch Robinienforste; collin bis submontan; mäßig hfg bis zstr. **B, W, N** (nur [?] östl. der Erlauf). (Submediterran-pannonisch-sarmatisch; von Spanien, Sizilien u. Kreta bis Dänemark.) Giftig; VolksarzneiPf u. Homöop. (?). △ (Diploid.)
Anm.: Diese von *A. maculatum* sehr klar u. deutlich verschiedene u. getrennte Art wurde bis in die 70er Jahre dieses Jahrh. irrtümlicherweise von jener nicht unterschieden, u. auch heute noch sind, selbst in neueren Werken, falsche Angaben nicht selten. *(„A. maculatum var. immaculatum", A. orientale subsp. alpinum, A. orientale subsp. danicum, A. cylindraceum)* **Südöstlicher A.**, Dänischer A., ***Á. alpínum***

## 149. Familie: Wasserlinsengewächse, *Lemnáceae* (→ A 1)

1 Blattartige Sproßglieder *(im folgenden kurz „Glieder" genannt")* ohne Wu, 0,5–1,5 mm ∅. † **(3) Zwergwasserlinse, *Wólffia***
–!! Blattartige Sproßglieder *(im folgenden kurz „Glieder" genannt)* mit je 1 Wu (Abb. 508–510), meist 2–10 mm lg. **(2) Wasserlinse, *Lémna***
– Glieder mit je einem Büschel von Wu. **(1) Teichlinse, *Spirodéla***

### (1) Teichlinse, *Spirodéla*

Glieder rundlich bis verkehrt-eiförmig, beiderseits flach, oberseits d'grün, oft purpurn überlaufen, glänzend, unterseits meist purpurn, 5–9nervig, 4–7(10) mm lg. ♃ Wa. Sehr slt blühend (VI–VII). Stehende Gewässer; collin bis untermontan; zstr bis slt. **Alle Bdld.** **Vielwurzelige T., *S. polyrhíza***

### (2) Wasserlinse, *Lémna*

Anm.: ⊖ **Winzige W., Zierliche W.**, Kleinste W., ***L. minúta*** *(L. minuscula)* (Glieder mit einer angedeuteten Spitze, ± symmetrisch, oberseits meist d'grün glänzend, gekörnelt, 1nervig *[schwer zu sehen!]*, 1–2(3) mm lg; Wu höchstens 1 cm lg. **Ö?**. Neubürgerin im Bodensee-Gebiet. (Heimat: Nordamerika.)

1 Sprosse untergetaucht (nur zur BlüZeit an die Oberfläche kommend), lanzettlich, in einen deutlichen Stiel verschmälert; meist viele Glieder kettenartig kreuzweise zusammenhängend (Abb. 509), — die einzelnen Glieder 3–10 mm lg. ♃ Wa. Slt blühend (VI–VII). Stehende Gewässer oder Buchten fließender Gewässer; collin bis montan; slt. **Fehlt T**. Gefährdet; im Rh stark gefährdet. **Untergetauchte W.**, Kreuzständige W., ***L. trisúlca***

* Wir danken für die Erlaubnis zur Einsichtnahme in ein noch unveröffentlichtes Manuskript von Ricek, Hübl & Schramayr.

- Sprosse schwimmend, ellipsoidisch bis eiförmig, ungestielt, oft 2–3(10) Glieder zusammenhängend, aber nicht kreuzweise . . . . . . . . . . . . . . . . . . . . **2**

**2** Glieder unterseits meist ± bauchig aufgetrieben (Abb. 510), slt flach; netzartige Struktur auf der Unterseite mit 40–50 Maschen; die meisten Lufthöhlen länger als 0,3 mm; Fr geflügelt, — meist mehrsamig, rundherum aufreißend; entwickelte Glieder (2)3–5(6) mm lg, oberseits graugrün, manchmal rotbraun, unterseits grün oder nur am Rand purpurn. ♃ Wa. Slt blühend, VI–VIII. Sehr nährstoffreiche, verschmutzte Tümpel, Gräben, Dorfteiche, Klärteiche; collin bis submontan; zstr bis slt. **S?, fehlt St**. In den wAlp gefährdet.
**Buckel-W., *L. gíbba***

- Glieder stets flach (Abb. 508); netzartige Struktur auf der Unterseite mit 15–20 Maschen; die meisten Lufthöhlen kürzer als 0,3 mm; Fr ungeflügelt. — Entwickelte Glieder unterseits grün, slt flächig purpurn . . . . . . . . . . . . **3**

**3** Ab August Turionen (Überwinterungsorgane) bildend: 1 mm große scheibchenförmige, d'olivgrünpurpurne Glieder, die bis Mai an den neu ausgetriebenen Individuen vorhanden sind; Glieder oberseits meist olivgrün-purpurn, ± symmetrisch; unterseits zumindest am WuAnsatz purpurn; Sa mit 30–60 Rippen. — Glieder (1,4)2–3(4) mm lg. ♃ Wa. (VI–VIII). Stehende oder langsam fließende Gewässer; collin bis submontan; sehr slt. **N** (im Waldviertel: Schloßteich von Gmünd/NÖ). Neubürgerin? (Auch in Deutschland u. Frankreich; Hptvbr.: Nordamerika, Asien; in Europa erst seit 1965 nachgewiesen u. seit 1984 bekannt.) **Rote W., *L. turionífera****

- Turionen stets fehlend; Glieder oberseits meist h'grün, slt mit rosa oder purpurnen Punkten, oft sehr asymmetrisch, unterseits fast immer grün; Sa mit 10–16 Rippen. — Wu 1–15 cm lg; Glieder (1)2–4(6) mm lg, 3(5)nervig (*(Lupe!)*; Fr 1samig, nicht aufreißend. ♃ Wa. Sehr slt blühend (VI–VIII). Stehende oder langsam fließende Gewässer; collin bis montan; hfg. **Alle Bdld**.
**Kleine W., *L. mínor***

Vgl. die Anm. am Beginn der Gattung!

## † (3) Zwergwasserlinse, *Wólffia*

Blattartige Sproßglieder oberseits schwach gewölbt, unterseits kugelig gewölbt (kleinste BlüPf Europas!). ♃ Wa. In Europa nie blühend. Nährstoffreiche, stehende bis schwach strömende, windgeschützte Gewässer; nur in sommerwarmen Gebieten; collin; früher sehr slt (oder nur unbeständig?), heute vermutlich ausgestorben. **N†**. (Nächste Vorkommen: Mähren; Gesamt-Vbr.: fast ganz Europa, Afrika, Süd-Asien, Australien.)
**(†) Zwergwasserlinse,** Entenlinse, ***W. arrhíza***

* Wir danken den Kollegen P. Wolff u. W. Lang für die Einsichtnahme in ihr Manuskript über den Erstnachweis für **Ö**.

## Literaturverzeichnis (Gefäßpflanzen)

Anm. 1.: Dieses Schriftenverzeichnis ist natürlich keine vollständige Bibliographie, sondern soll dem an der Gelände-Botanik Interessierten einerseits die grundlegenden Werke zu einem weiteren Eindringen in unsere Wissenschaft nennen, andererseits soll es auch sowohl auf populäre wie wissenschaftliche Literatur aufmerksam machen. Bei den spezielleren Abhandlungen handelt es sich dabei immer nur um eine z. T. beispielhafte oder auch ± repräsentative (oft etwas subjektive) Auswahl, die Art und Themenstellungen der botanischen Forschungsarbeiten, vor allem der Fachbereiche Sippensystematik und Floristik der Gefäßpflanzen sowie Geobotanik Mitteleuropas andeuten soll.

Anm. 2.: Das Sternchen (*) vor den Autoren zeigt besonders wichtige Werke an.

### 1) Altösterreichische und andere (mittel)europäische Florenwerke:

**a)** Veraltet:

FRITSCH K., 1922: Exkursionsflora für Österreich und die ehemals österreichischen Nachbargebiete. 3. Aufl. – Wien. Nachdruck bei J. Cramer, Lehre, 1973, 824 Seiten. – *Altes Standardwerk; veraltet; ohne ökologische Angaben und ohne Abbildungen. Behandelt auch Böhmen, Mähren, Österr.-Schlesien, Südtirol, Trentino, fast ganz Slowenien sowie Triest u. Istrien samt den Kvarner-Inseln (Krk, Cres und Lošinj).*

HEIMERL A., 1912: Schulflora für Österreich und die angrenzenden Gebiete der Alpen- und Sudetenländer sowie des Küstenlandes bis Triest. 2., veränd. Aufl. – Wien: Hölder–Pichler–Tempsky. – (1. Aufl.: 1903; 3., unveränd. Aufl.: 1923.) – *Gebiet (fast) gleich wie bei* FRITSCH. *Gute und leicht zu handhabende Schlüssel, illustriert. Veraltet.*

**b)** Mitteleuropa:

HERMANN F., 1956: Flora von Nord- und Mitteleuropa. – Stuttgart: G. Fischer. – *Behandelt auch Teile Südost-Europas.*

*HEGIS Illustrierte Flora von Mitteleuropa. – Mehrbändig; 1. Aufl. (1906–1931) veraltet; 2. (ab 1936) u. 3. Aufl. (ab 1979) (beide unvollständig; neue Lieferungen in ± langsamem Erscheinen begriffen). – Berlin &c.: P. Parey. – *Vielbändiges, umfangreiches Standardwerk mit ausführlichen Beschreibungen, Abbildungen, morphologischen, ökologischen, ethnobotanischen etc. Angaben sowie Literaturhinweisen für alle Gefäßpflanzensippen Mitteleuropas.*

*SCHMEIL O. & J. FITSCHEN (Begr.), 1993: Flora von Deutschland und angrenzender Länder. 89. Aufl., bearb. v. K. SENGHAS u. S. SEYBOLD. – Heidelberg &c.: Quelle & Meyer. – *Umfaßt Deutschland, Dänemark, Pommern, West- u. Ostpreußen, Schlesien, Oberösterreich, Steiermark, Kärnten, Salzburg, Tirol, Vorarlberg, Elsaß, Luxemburg, Belgien, Niederlande. – Schlüssel bis zu den Unterarten.*

*GUTERMANN W. & al., 1973: Liste der Gefäßpflanzen Mitteleuropas. 2. Aufl. (Hrsg.: F. EHRENDORFER). – Stuttgart: G. Fischer. – *Alphabetisches Verzeichnis der Gattungen mit allen Arten und Unterarten sowie den wichtigsten Synonymen, Angaben der Familienzugehörigkeit, Verbreitungsangaben für die Länder Mitteleuropas und Hinweisen auf Spezialliteratur; Basiswerk für das laufende internationale Forschungsunternehmen der Kartierung der Gefäßpflanzenflora Mitteleuropas.*

GUTERMANN W., 1975: Übersicht einiger ergänzter Sippen und geänderter Namen in den Markierungsformularen zur Kartierung der Flora Mitteleuropas. – Göttinger Flor. Rundbr. **9**: 44–52. *(Nachträge zur vorgen. Liste.)*

**c)** Europa:

JALAS J. & J. SUOMINEN (Hrsg.), 1972–1991–: Atlas Florae Europaeae. Distribution of Vascular Plants in Europe. **1–9** (*Pteridophyta* bis *Capparaceae*) [wird fortgesetzt]. – Helsinki: Akateeminen Kirjakauppa (The Academic Bookstore).

*TUTIN T. G. & al. (Hrsg.), 1964–1980: Flora Europaea **1–5**. 1. Aufl. (2. Aufl., 1993: nur Band **1**.) – Cambridge: Cambridge University Press. – *Bestimmungsschlüssel, kurze Beschreibungen, Verbreitungsangaben für alle Gefäßpflanzen ganz Europas. (In englischer Sprache.)*

## 2) Neuere floristische (Artenlisten, Fundortsangaben, Rote Listen etc.), taxonomische (Bestimmungshilfen) und geobotanische (areal- und vegetationskundliche) Schriften über Österreich (und Teilgebiete):

### a) Bestimmungsflora für ein Bundesland:

*MAURER W., ca. 1994 (im Druck): Flora der Steiermark. Ein Bestimmungsbuch der Farn- und Blütenpflanzen des Landes Steiermark und angrenzender Gebiete am Ostrand der Alpen. Band **I**: Farnpflanzen (Pteridophyten) und Freikronblättrige (Apetale und Dialypetale). Mit 700 Farbfotos. – Graz: Verlag für Sammler.

### b) Einfache, unvollständige, populäre Bestimmungshilfen:

AICHINGER E. [& A. NEUMANN], 1967: Pflanzen als forstliche Standortsanzeiger. – Hrsg.: Forstliche Bundesversuchsanstalt Wien. – Wien: Österr. Agrarverlag.
HÖPFLINGER F. & H. SCHLIEFSTEINER, 1981: Naturführer Österreich. Flora und Fauna. – Alle Wirbeltiere und die wichtigsten Pflanzengesellschaften der Ostalpenregion und des westpannonischen Raumes. – Graz &c.: Styria. – *Nach Lebensräumen geordnet, die wichtigsten Arten mit kurzen Beschreibungen und Farbbildern.*
SCHWAIGHOFER K. F., 1961: Pflanzen der Heimat. Tabellen zur Bestimmung einheimischer Samenpflanzen und Gefäßsporenpflanzen. 44. Aufl. – Wien: Hölder–Pichler–Tempsky. – 49., unveränd. Aufl.: 1972. – *Als Schulbuch (früher) weithin verwendet; einfache Schlüssel; behandelt nur eine (recht schlechte) Auswahl von Arten der österr. Flora (ca. 50%)!*
WOLKINGER F., 1993: Bäume und Sträucher Österreichs. Eine umfassende Beschreibung aller einheimischen wildwachsenden Nadel- und Laubgehölze [*recte:* -bäume] sowie der wichtigsten Sträucher. – Graz: U. Moser.

### c) Floristik und Rote Listen für ganz Österreich:

*JANCHEN E., 1956–1960: Catalogus Florae Austriae. – Wien: Springer. Mit 3 Ergänzungshefte (1963, 1964, 1966) und einem Generalindex (1967). – *Systematische Aufzählung aller in Österreich wildwachsenden und kultivierten Gefäßpflanzenarten mit allen infraspezifischen Einheiten, Synonymen, deutschen Namen, sippensystem. und floristisch-regionaler Spezialliteratur, Standorten, Häufigkeit und Verbreitung in den einzelnen Bundesländern.*
*NIKLFELD H. & al., 1986: Rote Listen gefährdeter Pflanzen Österreichs. – Grüne Reihe des Bundesministeriums für Gesundheit und Umweltschutz (Wien) **5**. – *(Gratis beim Umwelt-Ministerium erhältlich, gegenwärtig vergriffen.)*

### d) Neuere Regionalfloren und -Teilfloren (Artenverzeichnisse), Verbreitungsatlanten und Rote Listen der Bundesländer (ohne Bestimmungsschlüssel):

FORSTNER, W. & E. HÜBL, 1971: Ruderal-, Segetal- und Adventivflora von Wien. – Wien: Notring der wissenschaftl. Gesellsch. Österreichs.
*GRABHERR G. & A. POLATSCHEK, 1986: → *Abschnitt i!*
*HARTL H., G. KNIELY, G. H. LEUTE, H. NIKLFELD & M. PERKO, 1992: Verbreitungsatlas der Farn- und Blütenpflanzen Kärntens. – Klagenfurt: Naturwiss. Verein f. Kärnten.
*JANCHEN E., 1976: Flora von Wien, Niederösterreich und Nordburgenland. 2. Aufl. – Wien: Verein für Landeskunde von Niederösterreich und Wien. – *Verbreitungsangaben. Ohne Bestimmungsschlüssel!*
SCHRATT L., 1990: Rote Liste gefährdeter Farn- und Blütenpflanzen Niederösterreichs. (1. Fassung.) – Wien: Institut für Botanik der Universität Wien.
*TRAXLER, G., 1989: Liste der Gefäßpflanzen des Burgenlandes. 2. Auflage. – Veröff. d. Internat. Clusius-Forschungsgesellsch. Güssing **7**: 32 Seiten. – *Zugleich Rote Liste für das Burgenland.*
*WITTMANN H., A. SIEBENBRUNNER, P. PILSL & P. HEISELMAYER, 1987: Verbreitungsatlas der Salzburger Gefäßpflanzen. – Sauteria **2**. – Salzburg: Abakus-Verlag.
WITTMANN H., 1989: Rote Liste gefährdeter Farn- und Blütenpflanzen des Bundeslandes Salzburg. – Naturschutzbeiträge **8/89**. – Salzburg: Amt der Salzburger Landesregierung, Naturschutzreferat.

*ZIMMERMANN A., G. KNIELY, H. MELZER, W. MAURER & R. HÖLLRIEGL, 1989: Atlas gefährdeter Farn- und Blütenpflanzen der Steiermark. – Mitt. Abt. Botanik Landesmus. Joanneum Graz **18/19**. – (Auch als selbständiges Buch erschienen: Amt der Steiermärkischen Landesregierung, Fachstelle Naturschutz; Steiermärkisches Landesmuseum Joanneum; alle in Graz.) – *Sehr sorgfältige u. inhaltsreiche Dokumentation mit Rasterpunkt-Arealkarten der Verbreitung in der Steiermark für jede gefährdete Art sowie mit ökolog. Informationen; Zeichnungen und Farbfotos.*

## e) Auswahl einiger Arealkarten und arealkundlicher Arbeiten:

EHRENDORFER F. & H. NIKLFELD, 1967: Areale charakteristischer Gefäßpflanzen der Steiermark I., II. – In: „Atlas der Steiermark". – Graz: Akadem. Druck- u. Verlagsanst. – *Punktkarten für 62 Gefäßpflanzenarten der Steiermark.*

GAMS H., 1931–1932: Die klimatische Begrenzung von Pflanzenarealen und die Verteilung der hygrischen Kontinentalität in den Alpen. – Zeitschr. Ges. Erdk. (Berlin) **1931**: 321–346; **1932**: 52–68, 178–198.

HARTL H., 1970: Südliche Einstrahlungen in die Pflanzenwelt Kärntens. – Carinthia II, Sonderheft **30**.

KOEGELER K., 1953: Die pflanzengeographische Gliederung der Steiermark. – Mitt. Abt. Zool. Bot. Landesmus. Joanneum Graz **2**.

NIKLFELD H., 1972: Der niederösterreichische Alpenostrand – ein Glazialrefugium montaner Pflanzensippen. – Jahrb. d. Ver. z. Schutze d. Alpenpflanzen und -tiere (München) **37**: 42–92.

NIKLFELD H., 1973: Über Grundzüge der Pflanzenverbreitung in Österreich und einigen Nachbargebieten. – Verh. Zool.-Bot. Ges. (Wien) **113**: 53–69. (+ Karte IV/1a–i: „Charakteristische Pflanzenareale" aus dem Österreich-Atlas (ed. H. BOBEK).

WENDELBERGER G., 1974: Die Serpentinflora des Burgenlandes in ihrer pflanzengeographischen Stellung. – Wissensch. Arb. Burgenland **53**: 5–20.

ZIMMERMANN A., 1972: Pflanzenareale am niederösterreichischen Alpenostrand und ihre florengeschichtliche Deutung. – Dissertationes Botanicae **18**. – Lehre: J. Cramer.

## f) Neuere Lokalfloren („Florulae") (ohne Bestimmungsschlüssel) und Beispiele für neuere floristische Beiträge:

### Lokalfloren:

GRIMS F., 1970–1972: Die Flora des Sauwaldes und der umgrenzenden Täler von Pram, Inn und Donau. – Jahrb. Oberösterr. Musealver. **115/I**: 305–338, **116/I**: 305–350, **117/I**: 335–376.

HÖRANDL E., 1989: Die Flora der Umgebung von Hinterstoder mit Einschluß der Priel-Gruppe (Oberösterreich). – Stapfia **19**.

KUTZELNIGG H. & R. DÜLL, 1989: Die Gefäßpflanzen des Pitztals/Tirol. – Bad Münstereifel-Olerath: IDH.

LEUTE G. H., 1980: Florula Montis Magdalenae. – Carinthia II, Sonderheft **37**.

MAURER W., 1974: Die Flora von Krumegg und St. Marein bei Graz (Steiermark, Österreich). – Mitt. Naturwiss. Ver. Steierm. **104**.

MAURER W., 1978: Die Flora der Kartierungsquadranten Irdning-SE und Liezen-SW (Steiermark). – Mitt. Naturwiss. Ver. Steierm. **108**.

MAURER W. & K. MECENOVIC, 1970: Die Flora von Klöch und St. Anna am Aigen. – Mitt. Abt. Zool. Bot. Landesmus. Joanneum Graz **37**: 127–172.

MAURER W., K. MECENOVIC & H. PITTONI-DANNENFELD, 1975: Die Flora von Pischelsdorf und Stubenberg (Steiermark, Österreich). – Mitt. Abt. Bot. Landesmus. Joanneum Graz **6**.

MAURER W., J. POELT & J. RIEDL, 1983: Die Flora des Schöckl-Gebietes bei Graz (Steiermark, Österreich). – Mitt. Abt. Bot. Landesmus. Joanneum Graz **11/12**: 1–104.

PILS G., 1979: Die Flora der Umgebung von Pregarten (Mühlviertel, Oberösterreich). – Stapfia **6**.

RECHINGER L., 1966: Die Flora von Bad Aussee. – Graz.

REIF R., 1991: Zur Gefäßpflanzenflora des oberen Görtschitztales in Kärnten. – Carinthia II, Sonderheft **50**.

RICEK E. W., 1982: Die Flora der Umgebung von Gmünd im niederösterreichischen Waldviertel. – Abhandl. Zool.-Bot. Ges. Österr. **21**. – Wien: Zool.-Bot. Ges. Österr.

STRAUCH M., 1992: Die Flora im Unteren Trauntal (Oberösterreich). – In: AESCHT E. & al. (Red.): Die Traun – Fluß ohne Wiederkehr **2**: 277–329. – Kataloge des OÖ. Landesmuseums N. F. **54**. – *(In diesem Band sind auch noch einige weitere botanische Beiträge)*. – Hrsg.: Land Oberösterreich, Linz.

WAGNER R. & K. MECENOVIC, 1973: Flora von Eisenerz und Umgebung. – Mitt. Abt. Bot. Landesmus. Joanneum Graz **2/3**.

Floristische Beiträge (sehr knappe Auswahl):

BLAB A., 1991: *Taraxacum nordstedtii (sect. Celtica)* – eine neue Art und eine neue Sektion der österreichischen Flora. – Verh. Zool.-Bot. Ges. Österr. **128**: 41–46.

GRIMS F., 1977: Das Donautal zwischen Aschach und Passau, ein Refugium bemerkenswerter Pflanzen in Oberösterreich. – Linzer Biol. Beitr. **9**: 5–80.

LEUTE G., 1989: Das Wechselblütige Tausendblatt, *Myriophyllum alterniflorum* DC. – neu für Kärnten und Steiermark. – Carinthia II **179/99**: 269–274.

MELZER H., 1957–1991–: Neues zur Flora von Steiermark (I–XXXII). – Mitt. Naturwiss. Ver. Steierm. **87–89, 91–100, 102–121**.

MELZER H., 1972–1990–: Beiträge zur floristischen Erforschung Kärntens [u. andere Titel]. – Carinthia II **162/82–180/100**.

MELZER H. & TH. BARTA, 1992: Neues zur Flora von Österreich und neue Fundorte bemerkenswerter Blütenpflanzen im Burgenland, in Niederösterreich und Wien. – Linzer Biol. Beitr. **24**: 709–723.

PILS G., 1988 u. 1989: Floristische Beobachtungen aus dem Mühlviertel (Oberösterreich) [bzw.] ... aus Oberösterreich. – Linzer Biol. Beitr. **20**: 253–281; **21**: 177–191.

POLATSCHEK A., 1980: Beiträge zur Flora von Tirol und Vorarlberg (6.). – Osttiroler Heimatbl. (Lienz) **48** (5).

POLATSCHEK A., 1989: Veränderungen innerhalb der Pflanzenwelt Tirols in den letzten 100 Jahren. – In: G. TARMANN (Red.): Wo sind sie geblieben? Artenrückgang in Tirol. Beiheft zur Sonderausstellung im Tiroler Landeskundlichen Museum im Zeughaus Innsbruck, Juni 1989. S. 9–36. – Innsbruck: Tiroler Landesmuseum Ferdinandeum.

TRAXLER G., 1967–1987: Floristische Neuigkeiten aus dem Burgenland, I.–XII., XVIII–XXI. – Burgenländ. Heimatbl. **29–49**.

g) Arealkundliche und taxonomisch-floristisch(-ökologische) Beiträge zur Flora Österreichs (kleine, ± beispielhafte, ± willkürliche Auswahl neuerer Arbeiten):

BEDALOV M. & W. GUTERMANN, 1982: Die Gattung *Arum* in den Ostalpenländern. – Stapfia **10**: 95–97.

BILLENSTEINER H., 1984: Die Orchideen Wiens. – Abhandl. Zool.-Bot. Ges. Österr. **22**: 5–81. – *Rasterverbreitungskarten.*

ERNET D. & al., 1983: Heimische Orchideen. Verbreitung und Gefährdung in der Steiermark. 3. Aufl. – Graz: Abt. f. Botanik am Steierm. Landesmuseum Joanneum.

FISCHER R., 1991: Der Sibirische Goldkolben *(Ligularia sibirica)* – doch kein Relikt aus grauer Vorzeit? – Jahrb. Ver. z. Schutze d. Bergwelt (München) **56**: 183–192.

FRANZ W. R., 1991: Neufunde der Virginischen Mondraute *(Botrychium virginianum (L.) Sw.)* im Gailtal und ihr Gesellschaftsanschluß in Kärnten und Steiermark. – Carinthia II **181/101**: 573–598.

GRIMS F., 1988: Die Gattung *Alchemilla (Rosaceae)* in Oberösterreich. – Linzer Biol. Beitr. **20**: 919–979.

HÖRANDL E., 1989: *Cystopteris dickieana* R. SIM *(Pteridophyta)* – neu für Österreich und andere Gebiete. – Verh. Zool.-Bot. Ges. Österr. **126**: 179–183.

HÖRANDL E., 1992: Die Gattung *Salix* in Österreich (mit Berücksichtigung angrenzender Gebiete). – Abhandl. Zool.-Bot. Ges. Österr. **27** (178 pp.). – *Mit Bestimmungsschlüsseln, Diskussion schwieriger Sippen, Verbreitungskarten, Hybriden usw.*

LEUTE G. H., 1978: Vorläufige Mitteilung über zwei Sippen aus dem *Campanula patula*-Aggregat und ihre Verbreitung in Kärnten. – Carinthia II **168/88**: 243–255.

LONSING A., 1977: Die Verbreitung der Caryophyllaceen in Oberösterreich. – Stapfia **1**.

LONSING A., 1981: Die Verbreitung der Hahnenfußgewächse *(Ranunculaceae)* in Oberösterreich. – Stapfia **8**.

MELZER H., 1987: *Corydalis capnoides (L.) Pers.* – in den Ostalpen heimisch. – Not. Fl. Steiermark **8**: 1–6.
MÖSCHL W., 1973: Über die Cerastien Österreichs. – Mitt. Naturwiss. Ver. Steiermark **103**: 141–169.
PERKO M. & K. ROBATSCH, 1989: Beiträge zur Orchideenflora Kärntens. – Carinthia II **179/99**: 659–667. – *Enthält u. a. die Erstbeschreibung von Epipactis leutei.*
SAUER W., 1976: Die Gattung *Pulmonaria* in der Steiermark. – Not. Flora Steiermark **3**: 1–17.
SPETA F., 1974: Cytotaxonomische und arealkundliche Untersuchungen an der *Scilla bifolia*-Gruppe in Oberösterreich, Niederösterreich und Wien. – Naturk. Jahrb. Stadt Linz **25**: 9–54.
SPETA F., 1984: Über Oberösterreichs wildwachsende Laucharten *(Allium L., Alliaceae)*. – Linzer Biol. Beitr. **16**: 45–81.
TEPPNER H., 1975–1978: Botanische Studien im Gebiet der Planner-Alm (Niedere Tauern, Steiermark) I–VI. – Mitt. Naturwiss. Ver. Steierm. **105**: 161–180; **108**: 179–189.
TEPPNER H., 1987: *Empetrum nigrum L. s. str.* – neu für die Alpen. – Bot. Jahrb. Syst. **108**: 355–362.
WEBER H. E. & W. MAURER, 1991: Kommentierte Checkliste der in Österreich nachgewiesenen Arten der Gattung *Rubus L. (Rosaceae)*. – Phyton (Horn, Austria) **31**: 67–79. – *Ohne Bestimmungsschlüssel.*
WETSCHNIG W., 1992: Chromosomenzahlen Kärntner Gefäßpflanzen (Teil 3): Karyologie und Verbreitung der *Allium*-Arten *(Alliaceae)* in Kärnten. – Carinthia II **182/102**: 497–533.
WITTMANN H., 1984: Beiträge zur Karyologie der Gattung *Allium* und zur Verbreitung der Arten im Bundesland Salzburg (Österreich). – Linzer Biol. Beitr. **16**: 83–104.

### **h)** Taxonomische Untersuchungen, die großteils auch österreichische Taxa betreffen (kleine Auswahl):

EHRENDORFER F., 1958: Die geographische und ökologische Entfaltung des europäisch-alpinen Polyploid-Komplexes *Galium anisophyllum* Vill. seit Beginn des Quartärs. – Uppsala Univ. Årsskr. **1958 (6)**: 176–181.
EHRENDORFER F. & E. VITEK, 1984: Evolution alpiner Populationen von *Euphrasia (Scrophulariaceae)*: Entdeckung kleinblütiger, diploider Sippen. – Pl. Syst. Evol. **144**: 25–44.
ERNET D., 1977–1978: Beiträge zur Systematik und Evolution von *Valerianella* und *Fedia (Valerianaceae)*, 1.–3. – Pl. Syst. Evol. **127**: 243–276, **128**: 1–22; **130**: 86–126.
FISCHER M. [A.], 1970, 1973, 1974: Zur Cytotaxonomie von *Veronica chamaedrys* I., II., III., IV. – Pl. Syst. Evol. **118**: 206–215; **121**: 73–79; **122**: 287–292; (MIREK Z. & M. A. F.) Phyton (Austria) **26**: 107–129.
FISCHER M. A., 1974: Beitrag zu einer systematischen Neubearbeitung der Gruppe um *Pseudolysimachion spicatum (= Veronica spicata)*. – Phyton (Austria) **16**: 29–47.
FISCHER M. A., 1987: On the origin of *Veronica persica (Scrophulariaceae)* – a contribution to the history of a neophytic weed. – Pl. Syst. Evol. **155**:105–132. – *Mit Bestimmungsschlüssel der V. agrestis-Gruppe.*
HÖRANDL E., 1993: Revision der *Saxifraga sedoides*-Gruppe *(Saxifragaceae)* hinsichtlich Systematik, Verbreitung und Vegetationsanschluß. – Phyton (Horn, Austria) **33**: 87–119.
KRENDL F., 1967: Cytotaxonomie der *Galium mollugo*-Gruppe in Mitteleuropa. – Österr. Bot. Z. **114**: 508–549.
MEUSEL H. & A. KÄSTNER, 1990: Lebensgeschichte der Gold- und Silberdisteln. Monographie der mediterran-mitteleuropäischen Compositen-Gattung *Carlina* **1** [Band **2** im Druck]. – Österr. Akad. d. Wissensch., Mathem.-Naturw. Kl., Denkschriften **127**. – Wien &c.: Springer-Verlag.
MUCHER W., 1991: *Aconitum napellus subsp. lobelii* subsp. nova und *A. napellus subsp. koelleanum* comb. nova. – Phyton (Horn, Austria) **31**: 129–135.
PILS G., 1980: Systematik, Verbreitung und Karyologie der *Festuca violacea*-Gruppe im Ostalpenraum. – Pl. Syst. Evol. **136**: 73–124.
POLATSCHEK A., 1966: Cytotaxonomische Beiträge zur Flora der Ostalpenländer, I., II. – Österr. Bot. Z. **113**: 1–46, 101–147.
SAUKEL J. & R. LÄNGER, 1992 (a, b): Die *Achillea millefolium*-Gruppe (Asteraceae) in Mitteleuropa, 1.–2. – Phyton (Horn, Austria) **31**: 185–207; **32**: 47–78.
SAUKEL J. & R. LÄNGER, 1992 (c): *Achillea pratensis Saukel & Länger, spec. nova*, eine tetraploide Sippe der *Achillea millefolium*-Gruppe. – Phyton (Horn, Austria) **32**: 159–172.

TEPPNER H., 1971: Cytosystematische Studien an *Onosma (Boraginaceae)*. Die Formenkreise von *O. echioides, O. helveticum* und *O. arenarium*. – Ber. Deutsch. Bot. Ges. **84**: 691–696.
TEPPNER H. & E. KLEIN, 1985: Karyologie und Fortpflanzungsmodus von *Nigritella (Orchidaceae-Orchideae)*. – Phyton (Austria) **25**: 147–176.
TEPPNER H. & E. KLEIN, 1985: *Nigritella widderi* spec. nov. *(Orchidaceae-Orchideae)*. – Phyton (Austria) **25**: 317–326.
TEPPNER H. & E. KLEIN, 1990(1991): *Nigritella rhellicani* spec. nova und *N. nigra (L.) Rchb. f. s. str. (Orchidaceae-Orchideae)*. – Phyton (Horn, Austria) **31**: 5–26.
TITZ E., 1984: Die Arzneibaldriane Deutschlands mit besonderer Berücksichtigung Bayerns. – Ber. Bayer. Bot. Ges. **55**: 25–48.
TITZ W., 1972: Evolution of the *Arabis hirsuta* group in Central Europe. – Taxon **21**: 121–128.
TITZ W., 1972: Zur Evolution der Gattung *Arabis* im Alpenraum. – Ber. Deutsch. Bot. Ges. **84**: 697–704.
TITZ W. & E. TITZ, 1982a: Analyse der Formenmannigfaltigkeit der *Valeriana officinalis*-Gruppe im zentralen und südlichen Europa. – Ber. Deutsch. Bot. Ges. **95**: 155–164.
TITZ W. & E. TITZ, 1982b: Die Arzneibaldriane Vorarlbergs und Liechtensteins. – Jahrb. Vorarlb. Landesmuseumsverein **1980/81**: 203–213.
TITZ W., W. TIMISCHL & E. TITZ, 1983: Morphometrische Studien an *Valeriana officinalis s. l.*: Auswahl, Analyse und Aufbereitung der Merkmale. – Pl. Syst. Evol. **141**: 313–339.
TITZ W. & M. WEIGERSTORFER, 1976: Verbreitung und Evolution von *Arabis pumila* Jacq. und *A. soyeri* Reut. & Huet in den Alpen. – Linzer Biol. Beitr. **8**: 333–346.
VITEK E., 1985 a, 1985 b & 1986: Evolution alpiner Populationen von *Euphrasia (Scrophulariaceae)*. – Pl. Syst. Evol. **148**: 215–237; **149**: 1–18; **151**: 241–269.
WALLNÖFER B., 1992: Beitrag zur Kenntnis von *Carex oenensis* A. NEUMANN *ex* B. WALLNÖFER. – Linzer Biol. Beitr. **24**: 829–849.
WITTMANN H.,1985: Beitrag zur Systematik der *Ornithogalum*-Arten mit verlängert-traubiger Infloreszenz. – Stapfia (Linz) **13**.
ZIMMERMANN A., 1976: Zur Verbreitung und Lebensgeschichte der Verschiedenblättrigen Nabelmiere, *Moehringia diversifolia*. – Jahrb. Ver. Schutze Alpenpfl. -tiere **41**: 159–169.

## **i)** Geobotanik (Ökologie und Vegetationskunde) (kleine Auswahl einiger neuerer wissenschaftlicher bis ± populärer Schriften):

Vgl. auch **j**!

### Ganz Österreich:

FISCHER M. [A.], 1976: Österreichs Pflanzenwelt. – In: „Naturgeschichte Österreichs". – Wien: Forum-Verlag.
GRABHERR G. & L. MUCINA, 1993: Die Pflanzengesellschaften Österreichs **2**. – Jena: G. Fischer.
HOLZNER W. (Projektleiter), 1989: Biotoptypen in Österreich. Vorarbeiten zu einem Katalog. – Wien: Umweltbundesamt. – *Grober Überblick über die Pflanzengesellschaften Österreichs.*
*MAYER H., 1974: Wälder des Ostalpenraums. Standort, Aufbau und waldbauliche Bedeutung der wichtigsten Waldgesellschaften in den Ostalpen samt Vorland. – Stuttgart: G. Fischer.
MAYER H., K. ZUKRIGL, W. SCHREMPF & G. SCHLAGER, 1987: Urwaldreste, Naturwaldreservate und schützenswerte Naturwälder in Österreich. – Wien: Universität f. Bodenkultur, Institut f. Waldbau.
MUCINA L., G. GRABHERR & T. ELLMAUER, 1993: Die Pflanzengesellschaften Österreichs **1**. – Jena: G. Fischer.
MUCINA L., G. GRABHERR & S. WALLNÖFER, 1993: Die Pflanzengesellschaften Österreichs **3**. – Jena: G. Fischer.
SCHARFETTER R., 1938: Das Pflanzenleben der Ostalpen. – Wien. – *Veraltet.*
STEINER G. M. & al., 1992: Österreichischer Moorschutzkatalog. 4. Aufl. – Wien: Grüne Reihe des Bundesministeriums f. Umwelt etc., Band **1**. – Graz: U. Moser.
*WAGNER H., 1971–1985: Die natürliche Pflanzendecke Österreichs. – Österr. Akad. Wiss., Kommiss. für Raumforschung, Beitr. z. Regionalforschung, Band **6**. ( + Karte IV/3: „Natürliche Vegetation" im Österreich-Atlas (ed. H. BOBEK). – Wien: Verlag d. Österr. Akad. d. Wissensch.

Regional:

BROGGI M. F. & G. GRABHERR, 1991: Biotope in Vorarlberg. Endbericht zum Biotopinventar Vorarlberg. – Dornbirn: Vorarlberger Verlagsanstalt.
DUNZENDORFER W., 1992: Zwischen Böhmerwald und Donau. Naturschutz und Vegetationsökologie des Oberen Mühlviertels. – Rohrbach: Dr. W. Dunzendorfer.
FRANZ W. R. & G. H. LEUTE, 1987: Gefährdete und schützenswerte Biotope und Pflanzenvorkommen in Kärnten. – Kärntner Naturschutzblätter **25**: 79–128 + Karte.
*GRABHERR G. & POLATSCHEK A., 1986: Lebensräume und Lebensgemeinschaften in Vorarlberg. Ökosysteme, Vegetation, Flora mit Roten Listen. – Dornbirn: Vorarlberger Verlagsanstalt.
*HOLZNER W. & al., 1986: Österreichischer Trockenrasen-Katalog. „Steppen", „Heiden", Trockenwiesen, Magerwiesen: Bestand, Gefährdung, Möglichkeiten ihrer Erhaltung. – Wien: Grüne Reihe d. Bundesminist. f. Gesundh. u. Umweltschmutz (Wien) Band **6**.
KRISAI R., 1975: Die Ufervegetation der Trumerseen (Salzburg). – Diss. Bot. **29**.
KRISAI R. & R. SCHMIDT, 1983: Die Moore Oberösterreichs. Natur- und Landschaftsschutz in Oberösterreich, Band **6**. – Linz: Amt der oberösterr. Landesregierung.
NIKLFELD H., 1979: Vegetationsmuster und Arealtypen der montanen Trockenflora in den nordöstlichen Alpen. – Stapfia (Linz) **4**.
REISIGL H. & R. KELLER, 1987: Alpenpflanzen im Lebensraum. Alpine Rasen, Schutt- und Felsvegetation. – Stuttgart & al.: G. Fischer.
REISIGL H. & R. KELLER, 1989: Lebensraum Bergwald. Alpenpflanzen in Bergwald, Baumgrenze und Zwergstrauchheide. – Stuttgart & al.: G. Fischer.
SCHIECHTL H. M. & R. STERN, 1975–1982 (etc.): Karte der aktuellen Vegetation von Tirol 1 : 100 000: IV–VIII (etc.). – Grenoble: Doc. Cartogr. Ecol. **25**. (Etc.)
SCHIECHTL H. M. & R. STERN (& al.), 1985: Die aktuelle Vegetation der Hohen Tauern. Matrei in Osttirol und Großglockner. – Nationalpark Hohe Tauern, wissenschaftliche Schriften. – Innsbruck: Universitätsverlag Wagner. *(Mit 4 Vegetationskarten 1: 25 000 als Beilagen: ÖK 152/Süd, ÖK 152/Nord, ÖK 153/Süd, ÖK 153/Nord.)*
SMETTAN H. W., 1981: Die Pflanzengesellschaften des Kaisergebirges / Tirol. – München: Verein zum Schutze der Bergwelt e. V.
*STARMÜHLNER F. & F. EHRENDORFER (Red.), 1970: Naturgeschichte Wiens. 4 Bände. – Wien &c.: Jugend u. Volk. – *Enthält u. a., besonders im Band* **2**, *ausführliche und vielseitige Darstellungen (mit Abbildungen und Tabellen) über die Pflanzenwelt des Wiener Raums, bes. über deren ökologische und vegetationskundliche Aspekte, aber auch Artenlisten mit Zeigerwerten. Sehr wichtiges Lese- und Nachschlagewerk, insbes. auch für den Biologielehrer.*
WENDELBERGER G., 1950: Zur Soziologie der kontinentalen Halophytenvegetation Mitteleuropas. – Denkschr. Österr. Akad. Wissensch., Wien, math.-nat. Kl., **108**.
WENDELBERGER G., 1954: Steppen, Trockenrasen und Wälder des pannonischen Raumes. – Angew. Pflanzensoziologie (Wien) **1** (Festschrift Aichinger): 573–634.
WIKUS E., 1958–1961: Die Vegetation der Lienzer Dolomiten. – Arch. Bot. Biogeogr. Ital. (Forli) **34**: 157–184; **35**: 17–39, 201–225; **36**: 137–158, 211–231; **37**: 13–35, 87–131.
WITTMANN H. & W. STROBL, 1990: Gefährdete Biotoptypen und Pflanzengesellschaften im Land Salzburg. Ein erster Überblick. – Naturschutzbeiträge **9/90**. – Salzburg: Amt der Salzburger Landesregierung.
ZIMMERMANN A., 1981: Katalog naturnaher und extensiv genutzter Biotoptypen für die Steiermark (exkl. der subalpin-alpinen Stufe). – Mitt. Inst. Umweltwiss. Naturschutz. Graz **4**: 33–68.
ZIMMERMANN A., 1986, 1987: Karte der aktuellen Vegetation des „Mittleren Murtales" (Nordteil) 1: 25 000. – [Erläuterungen dazu:] Die Vegetation des „mittleren Murtales" (Nordteil). – Mitt. Abt. Bot. Landesmus. Joanneum **15, 16/17**.
ZUKRIGL K., 1973: Montane und subalpine Waldgesellschaften am Alpenostrand. – Mitt. Forstl. Bundesversuchsanst. Wien **101**.

j) Eine Auswahl volkstümlicher Darstellungen der Vegetation und Flora (und des Naturschutzes) einzelner Gebiete:

BERGER R., J. FALLY & H. LUNZER, 1992: Frischer Wind am Steppensee. Nationalpark Neusiedler See – Seewinkel. Friedenspark im Herzen des neuen Europa. – Deutschkreuz: J. Fally.

BLAB A., [1993]: Die Pflanzen der Langen Lacke. – Informationsbroschüre des WWF Österreich und des Nationalparks Neusiedler See–Seewinkel (WWF-Informationszentrum Seewinkelhof, A-7143 Apetlon). – *Standorte, Pflanzengesellschaften, Auswahl an Arten.*
ERNET D., (Hrsg.) 1985: Gebirgsflora der Steiermark. Erkundet im Alpengarten Rannach – erlebt in der Natur. – Graz: Abt. f. Botanik am Steiermärkischen Landesmuseum Joanneum. – *Kleine Auswahl.*
FRANZ [R.] W., H. HARTL & G. H. LEUTE, 1989: Botanik. In: „Nationalpark Nockberge. Geologie, Botanik, Zoologie." (Hrsg.: A. FRITZ.) – Klagenfurt: Eigenverlag des Naturwissenschaftlichen Vereins für Kärnten.
GRANER H. P., 1991: Nationalpark Donau-March-Thaya-Auen. Mit 225 Abb. – Wien: Christian Brandstätter.
GUGLIA O. & A. FESTETICS, 1969: Pflanzen und Tiere des Burgenlandes. 80 bemerkenswerte Arten in Wort und Bild. – Wien: Österr. Bundesverlag.
HARTL H. & T. PEER, [ca. 1987]: Die Pflanzenwelt der Hohen Tauern. (Nationalpark Hohe Tauern, Wissenschaftliche Schriften.) – Klagenfurt: Carinthia.
HÖLLRIEGL R. & A. ZIMMERMANN, 1988: Geschützte Pflanzen der Steiermark. – Graz &c.: L. Stocker.
LÖFFLER H., 1974: Der Neusiedler See. Naturgeschichte eines Steppensees. – Wien &c.: F. Molden.
LÖFFLER H., 1982: Der Seewinkel. Die fast verlorene Landschaft. – St. Pölten: Verlag Niederösterr. Pressehaus.
LOIDL E., o. J.: Naturschutz in Oberösterreich. Unsere geschützten Pflanzen. – Linz: Amt der o.ö. Landesregierung, Agrar- und Forstrechts-Abteilung. – *Die durch das oberösterreichische Naturschutzgesetz geschützten Pflanzenarten mit Farbfotos und kurzen Texten.*
MAURER W., 1981: Die Pflanzenwelt der Steiermark und angrenzender Gebiete am Alpen-Ostrand. – Graz: Verlag für Sammler.
STÜBER E. (Hrsg.), 1989: Der österreichische Naturführer in Farbe. – Innsbruck: Pinguin-Verlag. – *Mit einem botanischen Kapitel zu jedem Bundesland.*

### k) Bibliographien:

→ auch JANCHEN (→ 2c)!

EHRENDORFER F. (Hrsg.), D. FÜRNKRANZ, W. GUTERMANN & H. NIKLFELD, 1974: Fortschritte der Gefäßpflanzensystematik, Floristik und Vegetationskunde in Österreich, 1961–1971. – Verh. Zool.-Bot. Ges. Wien **114** 63–143.
HAMANN U. & G. WAGENITZ, 1977: Bibliographie zur Flora von Mitteleuropa. Eine Auswahl der neueren floristischen und vegetationskundlichen Literatur sowie allgemeiner Arbeiten über Geobotanik, Systematik, Morphologie, Anatomie, Cytologie, Biologie, Phytochemie, Geschichte, Namen, Verwendung und Schädlinge mitteleuropäischer Gefäßpflanzen. 2. Aufl. – Berlin &c.: P. Parey.

## 3) Florenwerke (bes. Bestimmungsbücher) und Verbreitungsatlanten über Nachbarländer:

### a) Deutschland: Vgl auch unter 1b!

GARCKE A., 1972: Illustrierte Flora: Deutschland und angrenzende Gebiete; Gefäßkryptogamen und Blütenpflanzen. 23. Aufl. herausgegeben von K. v. WEIHE. – Berlin &c.: P. Parey.
*OBERDORFER E. & TH. MÜLLER, 1990: Pflanzensoziologische Exkursionsflora. (Für Deutschland und die Nachbargebiete.) 6. Aufl. – Stuttgart: E. Ulmer. – *Mit ausführlicher Behandlung der Autökologie und Pflanzensoziologie der einzelnen Arten; unentbehrlich für vegetationskundlich Interessierte. Zu beachten ist jedoch, daß viele ökologische Angaben für Österreich nicht zutreffen, weil sich viele Arten in den Alpen und im pannonischen Osten anders verhalten als in Deutschland.*
*ROTHMALER W., R. SCHUBERT, K. WERNER & H. MEUSEL, 1994: Exkursionsflora von Deutschland, Band **2**: Gefäßpflanzen: Grundband. 15. Aufl. – Jena: G. Fischer. – *Mit guten Angaben zur Biologie, Lebensform, Verbreitung, Soziologie usw. der Arten. Führt nicht bis zu den Kleinarten u. Unterarten.*

*ROTHMALER W., R. SCHUBERT & W. VENT (Hrsg.), 1988: Exkursionsflora für die Gebiete der DDR und BRD, Band **4**, Kritischer Band. 7. Aufl. – Berlin: Volk u. Wissen, VEV. – *Berücksichtigt auch Kleinarten und Unterarten („kritische" Sippen). Der allgemeine Einleitungsteil ist in diesem Band sehr unvollständig.*

*ROTHMALER W., R. SCHUBERT, E. JÄGER & K. WERNER, 1987: Atlas der Gefäßpflanzen. 6., völlig neu bearb. Aufl. – Exkursionsflora für die Gebiete der DDR u. der BRD, Band **3**. – Berlin: Volk und Wissen, VEV. – *Strichzeichnungen fast aller Arten Deutschlands.*

## Verbreitungsatlanten:

HAEUPLER H. & P. SCHÖNFELDER (Hrsg.), 1988: Atlas der Farn- und Blütenpflanzen der Bundesrepublik Deutschland. – Stuttgart: E. Ulmer. – *780 S., 2624 Verbreitungskarten auf Grundfeld-Basis für die ehemalige BRD.*

SCHÖNFELDER P. & A. BRESINSKY (Hrsg.), 1990: Verbreitungsatlas der Farn- und Blütenpflanzen Bayerns. – Stuttgart: E. Ulmer. – *752 S.; 2496 Raster-Verbreitungskarten auf Quadrantenbasis.*

SEBALD O., S. SEYBOLD & G. PHILIPPI (Hrsg.), 1990–1992–: Die Farn- und Blütenpflanzen Baden-Württembergs. **1–4** [**5–8** in Vorber.]. – Stuttgart: E. Ulmer. – *Verbreitungskarten (Quadranten-Raster), synökologische Angaben, Farbfotos, Bestimmungsschlüssel u. Beschreibungen.*

## Ökologische Zeigerwerte:

ELLENBERG H. & al., 1991: Zeigerwerte von Pflanzen in Mitteleuropa. – Scripta Geobot. **18**. – Göttingen: E. Goltze.

## b) Schweiz:

AESCHIMANN D. & H. M. BURDET, 1989: Flore de la Suisse et des territoires limitrophes. Le nouveau „Binz". – Neuchtel: Ed. du Griffon. – *Vorbildliche Taschenflora. (In französischer Sprache.)*

BINZ A. & C. HEITZ, 1990: Schul- und Exkursionsflora für die Schweiz mit Berücksichtigung der Grenzgebiete. Bestimmungsbuch für die wildwachsenden Gefäßpflanzen. 19. Aufl. – Basel: Schwabe & Co.

*HESS H. E., E. LANDOLT & R. HIRZEL, 1976–1980: Flora der Schweiz und angrenzender Gebiete **1–3**. 2. Aufl. – Basel &c. – *Großes Querformat; ausführliche Beschreibungen und diverse Angaben, gute Strichzeichnungen. (1. Aufl.: 1967–1972.)*

HESS H. E., E. LANDOLT & R. HIRZEL, 1984: Bestimmungsschlüssel zur Flora der Schweiz und angrenzender Gebiete. 2. Aufl. – Basel: Birkhäuser. – *Einbändige Kurzfassung (Taschenbuch) des vorgen. Werkes: enthält nur Bestimmungsschlüssel, die meisten Abbildungen, aber keine weiteren Angaben.*

LAUBER K. & G. WAGNER, 1992: Flora des Kantons Bern. 1836 Farbfotos der wildwachsenden Blüten- und Farnpflanzen; Artbeschreibungen und [gesonderter] Bestimmungsschlüssel. - 2. Aufl. Bern &c.: P. Haupt.

WELTEN M. & R. SUTTER, 1982: Verbreitungsatlas der Farn- und Blütenpflanzen der Schweiz **1–2**. – Basel &c.: Birkhäuser.

## c) Liechtenstein:

SEITTER H., 1977: Die Flora des Fürstentums Liechtenstein. – Vaduz: Botan.-Zool. Ges. Liechtenstein–Sargans–Werderberg. – *Ohne Bestimmungsschlüssel.*

## d) Italien:

DALLA FIOR G., 1969: La nostra flora. Guida alla conoscenza della flora della regione Trentino - Alto Adige. 3. ed. – Trento: G. B. Monauni. – *Berücksichtigt hauptsächlich das Trentino; etwas veraltet.*

*PIGNATTI S., 1983: Flora d'Italia. – Bologna: Edagricole. 3 Bände. – *Schlüssel, Kurzbeschreibungen, Strichzeichnungen. (In italienischer Sprache.)*

PITSCHMANN H., H. REISIGL & H. SCHIECHTL, 1965: Flora der Südalpen vom Gardasee zum Comersee. 2. Aufl. – Stuttgart &c.: G. Fischer.

POLDINI L., 1991: Atlante corologico delle piante vascolari nel Friuli–Venezia Giulia. Inventario floristico regionale. – Udine: Regione autonoma Friuli–Venezia Giulia, direzione regionale delle foreste e dei parchi; Università degli studi di Trieste, dipartimento di biologie.
ZANGHERI P., 1976: Flora Italica. **I** (testo), **II** (tavole). – Padova: CEDAM.

**e)** Slowenien:

*MARTINČIČ A. & F. SUŠNIK, 1984: Mala flora Slovenije. Praprotnice in semenke. [Kleine Flora Sloweniens. Farne und Samenpflanzen]. [2. Aufl.] – Ljubljana: Državna založba. – *Bestimmungsschlüssel, ökogeographische Angaben, Detailzeichnungen. (In slowenischer Sprache.)*
WRABER T. & P. SKOBERNE, 1989: Rdeči seznam ogroženih praprotnic in semenk SR Slovenije (The Red Data List of Threatened Vascular Plants in the S. R. of Slovenia). – Varstvo narave (Ljubljana) **14–15**.
WRABER T., 1990: Sto znamenitih rastlin na Slovenskem. [Hundert bemerkenswerte Pflanzen in Slowenien.] – Ljubljana: Prešernova družba. – *Farbfotos.*

**f)** Ungarn:

*JÁVORKA S. & V. CSAPODY, 1929–1934: Ikonographie der Flora des südöstlichen Mitteleuropa. – Budapest und Stuttgart: Akadémiai Kiadó bzw. G.-Fischer-Verlag. – *Nachdruck der ungar. Originalaufl. mit Ergänzungen und deutscher Übersetzung der Legenden. Sehr gute Strichzeichnungen.*
SOÓ R., 1964–1985: A Magyar flóra és vegetáció rendszertani-növényföldrajzi kézikönyve (Synopsis systematico-geobotanica florae vegetationisque Hungariae) **1–7**. – Budapest: Akadémiai kiadó. – *Ohne Schlüssel.*
SOÓ R. & Z. KÁRPÁTY, 1968: Magyar flóra. – Budapest. – *(In ungar. Sprache.) Mit Strichzeichnungen.*

**g)** Tschechien und Slowakei (ehem. ČSFR):

DOSTÁL J., 1989: Nová Květena ČSSR. – Praha: Academia **1–2**. – *Illustrierte Flora der ehemaligen ČSFR. (In tschechischer Sprache.)*
*FUTÁK J., L. BERTOVA & al., 1966–: Flóra Slovenska. – Bratislava: Vydav. Slov. akad. vied. – *Flora der Slowakei. Mehrbändig, ausführlich, mit Abbildungen und Arealkarten. Noch unvollständig. (In slowakischer Sprache.)*
*HEJNÝ S. & B. SLAVÍK (Hrsg.), 1988–1992–: Květena České republiky **1–3**–. – Praha: Academia. – *Bisher Bände* **1** *[Bärlappgewächse bis Brennesselgewächse],* **2** *[Buchengewächse bis Krähenbeerengewächse] und* **3** *(Kreuzblütler bis Rosengewächse) erschienen (8 Bände sind vorgesehen). – Ausführliche, mit sehr guten Strichzeichnungen illustrierte Flora Tschechiens (Böhmens und Mährens). (In tschechischer Sprache.)*

**h)** Wissenschaftl. Artenliste der Mittelmeerländer:

GREUTER W. & al., 1984–1989: Med-Checklist. A critical inventory of vascular plants of the circum-mediterranean countries. Bände **1, 3, 4** (**2** u. **5** noch ausständig). - Ed. Conserv. Jard. bot. Genève. – *Taxonomisch geordnetes Artenverzeichnis mit revidierter Nomenklatur, Synonymen u. Verbreitungsangaben. (Ohne Schlüssel.)*

## **4) Einige populäre, bebilderte Pflanzenbücher**, die jeweils eine Auswahl der häufigeren Arten bieten:

AICHELE D., R. AICHELE, H. W. SCHWEGLER & A. SCHWEGLER, 1977: Blumen der Alpen und der nordischen Länder. Ein Naturführer mit 690 Farbfotos. Kosmos-Naturführer. – Stuttgart: Frackh.
AICHELE D. & M. GOLTE-BECHTLE, 1973: Was blüht denn da? In Farbe. Kosmos-Naturführer. 35. Aufl. – Stuttgart: Frankh.
DÜLL R. & H. KUTZELNIGG, 1992: Botanisch-ökologisches Exkursionstaschenbuch. Das Wichtigste zur Biologie bekannter heimischer Pflanzen. 4. Aufl. – Heidelberg: Quelle & Meyer.

FITTER R. & A. & M. BLAMEY, 1974: Pareys Blumenbuch. Wildblühende Pflanzen Deutschlands und Nordwesteuropas. Aus dem Englischen übersetzt und bearbeitet von K. v. WEIHE. – Hamburg & Berlin: P. Parey.
POLUNIN O., 1971: Pflanzen Europas. – München &c.: BLV. (Originalausgabe engl., 1969). – *Behandelt ca. 2800 der ca. 11 000 Gefäßpflanzenarten Europas; ca. 300 Strichzeichnungen und 1088 Farbfotos.*
POLUNIN O., 1973: Pflanzen Europas. – München: BLV. – Sonderausgabe mit 1088 Farbfotos. – *Kurzfassung des vorgen. Werkes.*
SCHAUER T. & C. CASPARI, 1978: Pflanzenführer. BLV Bestimmungsbuch. – München &c.: BLV. – *Über 1400 Pflanzenarten Deutschlands und der Nachbarländer, davon 1020 farbig abgebildet.*
SEIDEL D. & W. EISENREICH, 1987: Foto-Pflanzenführer. 440 heimische Pflanzenarten nach Blütenfarben mit Schnellbestimm-System. 2. Aufl. – BLV-Bestimmungsbuch 35. – München &c.: BLV.

## 5) Einige Bücher über einzelne Taxa (Farne, Gräser & Orchideen):

AICHELE D. & H.-W. SCHWEGLER, 1973: Unsere Gräser. – Kosmos-Naturführer. 3. Aufl. – Stuttgart: Franckh. – *Volkstümlich.*
BAUMANN H. & S. KÜNKELE, 1988: Die Orchideen Europas. 2. Aufl. – Kosmos-Naturführer. – Stuttgart: Franckh.
*BUTTLER K.-P., 1986: Orchideen. Die wildwachsenden Arten und Unterarten Europas, Vorderasiens und Nordafrikas. – München: Mosaik-Verlag. – *Sehr gründlich und sorgfältig.*
GRAU J. & al., 1990: Gräser. Süßgräser, Sauergräser, Binsengewächse und grasähnliche Familien Europas. – Steinbachs Naturführer. – München: Mosaik-Verlag.
HUBBARD C. E., 1985: Gräser. Beschreibung, Verbreitung, Verwendung. (Übersetzung aus dem Englischen.) – UTB 233. – Stuttgart: E. Ulmer.
*KLAPP E. & W. OPITZ v. BOBERFELD, 1990: Taschenbuch der Gräser. Erkennung und Bestimmung, Standort und Vergesellschaftung, Bewertung und Verwendung. Mit 749 Abbildungen. 12. Aufl. – Berlin &c.: P. Parey. – *Sehr empfehlenswertes Standardwerk. Behandelt auch landwirtschaftliche und kulturtechnische Aspekte.*
RASBACH K., H. RASBACH & O. WILMANNS, 1968: Die Farnpflanzen Zentraleuropas. Gestalt, Geschichte, Lebensraum. Mit 146 Abb. – Heidelberg: Quelle & Meyer.

## 6) Bücher über Taxa bestimmter Lebensformen, Lebensräume:

### a) Gehölze:

ESCHRICH W., 1981: Gehölze im Winter. Zweige und Knospen. – Stuttgart: G. Fischer.
*FITSCHEN J., 1987: Gehölzflora. Ein Buch zum Bestimmen der in Mitteleuropa wildwachsenden und angepflanzten Bäume und Sträucher. 8. Aufl. von F. H. MEYER, U. HECKER, H. R. HÖSTER, F.-G. SCHROEDER. – Heidelberg &c.: Quelle & Meyer. – *Wichtiges Standardwerk mit Bestimmungsschlüsseln.*
GODET J.-D., 1983: Knospen & Zweige der einheimischen Baum- und Straucharten. 432 S. mit über 1000 Farbabbildungen. – Melsungen: J. Neumann-Neudamm.
HECKER U., 1985: Laubgehölze. Wildwachsende Bäume Sträucher und Zwerggehölze. – Spektrum der Natur. BLV Intensivführer. – München &c.: BLV.
KRÜSSMANN G., 1968: Die Bäume Europas. Ein Taschenbuch für Naturfreunde. – Berlin &c.: P. Parey.
WOLKINGER (→ 2b, S. 1051).

### b) Wasserpflanzen:

CASPER S. J. & H.-D. KRAUSCH, 1980–1981: *Pteridophyta* und *Anthophyta* **1–2**. [Wasser- und Sumpfpflanzen Mitteleuropas.] – In: ETTL H. & al. (Hrsg.): Süßwasserflora von Mitteleuropa **23–24**. – Stuttgart &c.: G. Fischer.

### c) Grünland- und Beikräuter:

Siehe auch Abschn. **7 f**!

HOLZNER W., 1981: Acker-Unkräuter. Bestimmung, Verbreitung, Biologie und Ökologie. – Graz &c.: L. Stocker.
KLAPP E. & W. OPITZ V. BOBERFELD, 1988: Kräuterbestimmungsschlüssel für die häufigsten Grünland- und Rasenkräuter. Zur Ansprache im blütenlosen Zustand. 2. Aufl. – Berlin &c.: P. Parey. – *Verbreitung und landwirtschaftl. Wert.*
REISIGL H., 1982: Wiesenblumen. – Innsbruck: Pinguin.

### d) Alpenpflanzen:

FINKENZELLER X. & J. GRAU, 1984: Alpenblumen. – Die farbigen Naturführer. – München: Mosaik-Verlag.
GREY-WILSON C. & M. BLAMEY, 1980: Pareys Bergblumenbuch. Wildblühende Pflanzen der Alpen, Pyrenäen, Apenninen, der skandinavischen und britischen Gebirge. – Hamburg & Berlin: P. Parey. – *(Übersetzung aus dem Englischen.)*
HEGI G., H. MERXMÜLLER & H. REISIGL, 1977: Alpenflora. 25. Aufl. – Berlin &c.: P. Parey. – *Beschreibung, Standorts- und Verbreitungsangaben und Farbbilder der wichtigsten Alpenpflanzen, einige Verbreitungskarten.*
LANDOLT E., 1992: Unsere Alpenflora. Mit 480 Farbabb. auf 120 Bildtafeln. 6. Aufl. – Stuttgart: G. Fischer. – *Die wichtigsten Alpenpflanzen der Schweiz.*
LIPPERT W., 1981: Fotoatlas der Alpenblumen. 400 Farbfotos, 600 Zeichnungen. – München: Gräfe & Unzer. – *Gute Fotos, fachlich kompetenter Text; Arealkarten.*
REISIGL H., 1980: Alpenblumen. – Innsbruck: Pinguin.
REISIGL H., 1987: Blumenwelt der Alpen. – Innsbruck: Pinguin.
WENDELBERGER E., 1984: Alpenpflanzen. Blumen, Gräser, Zwergsträucher. – München &c.: BLV.

## 7) Botanik-Lehrbücher, Bücher über verschiedene Teilgebiete der Botanik:

### a) Einführung in die Freilandbotanik für Anfänger:

*BUTTLER K. P., 1983: Mein Hobby: Pflanzen kennenlernen. Botanisieren und Geländebeobachtungen. BLV-Naturführer. – München &c.: BLV. – *191 S. Ausgezeichnete Einführung in die Freilandbotanik für Amateure und AnfängerInnen, aber auch für Biologie-StudentInnen (Pflanzenbestimmen, Pflanzensystematik, Beobachtungen im Gelände, Phänologie, Pflanzen fotografieren, Herbar, Vegetationsaufnahmen, floristische Kartierung, Naturschutz).*

### b) Lehrbücher der (± gesamten) Botanik:

JACOB F., E. J. JÄGER & E. OHMANN, 1987: Botanik. – UTB 1431. – Jena & Stuttgart: G. Fischer. – (3. Aufl. des „Kompendiums der Botanik".) *Hervorragendes Kurzlehrbuch der gesamten Botanik, sehr übersichtlich und informativ.*
LÜTTGE U., M. KLUGE & G. BAUER, 1988: Botanik. Ein grundlegendes Lehrbuch. – Weinheim: VCH-Verlagsges.
RAVEN P. H., R. F. EVERT & H. CURTIS, 1988: Biologie der Pflanzen. 2. Aufl. (Übersetzung aus dem Amerikanischen; Original: Biology of Plants, 3rd ed., N. Y., 1981.) – Berlin: W. de Gruyter.
*STRASBURGER E. & al. (Begr.); P. SITTE, H. ZIEGLER, F. EHRENDORFER & A. BRESINSKY, 1991: Lehrbuch der Botanik für Hochschulen. 33. Aufl. – Stuttgart &c.: G. Fischer.
TROLL W. & K. HÖHN, 1973: Allgemeine Botanik. – Ein Lehrbuch auf vergleichend-biologischer Grundlage. 4. Aufl. – Stuttgart: F. Enke. – *Hervorragendes Lehrbuch.*

## c) Sippensystematik:

### Allgemeine Sippensystematik (Prinzipielles u. Methodisches):

Briggs D. & S. M. Walters, 1969: Die Abstammung der Pflanzen. Evolution und Variation bei Blütenpflanzen. (Aus dem Englischen; Original: Plant Variation and Evolution. 2nd ed.: Cambridge, U. K., 1984.) – Kindlers Universitäts-Bibliothek. – München: Kindler. – *Sehr gute Einführung (nur der Haupttitel der deutschen Übersetzung ist irreführend).*

Davis P. H. & V. H. Heywood, 1963: Principles of Angiosperm Taxonomy. – Edinburgh: Cambridge University Press.

Ehrendorfer F., 1962: Cytotaxonomische Beiträge zur Genese der mitteleuropäischen Flora und Vegetation. – Ber. Deutsch. Bot. Ges. **75**: 137–152.

Ehrendorfer F., 1963: Cytologie, Taxonomie und Evolution bei Samenpflanzen. – In: Turrill W. B. (Ed.): Vistas in Botany **4** 99–186. – Oxford: Pergamon Press.

Ehrendorfer F., 1984: Artbegriff und Artbildung in botanischer Sicht. – Zeitschr. Zool. Systematik Evolutionsforschung **22**: 234–263.

Fischer, M. A., 1987: Neuere Überlegungen über die Prinzipien der biologischen Systematik und Phylogenetik. – Wien: Wissenschaftl. Nachrichten **75**: 6–10.

Fischer M. A., 1988: Prinzipien biologischer Systematik – kein Thema für die Schulbiologie? – Wien: Wissensch. Nachrichten **76**: 6–10.

Heywood V. H., 1971: Taxonomie der Pflanzen. – Stuttgart: G. Fischer. – *Taschenbuch, 112 Seiten. Kurze Einführung in die Prinzipien und Methoden der Verwandtschaftsforschung und Taxonomie.*

Rothmaler W., 1955: Allgemeine Taxonomie und Chorologie der Pflanzen. Grundzüge der Speziellen Botanik. 2. Aufl. – Jena: W. Gronau. – *Ausgezeichnete Einführung, etwas veraltet.*

Stace C. A., 1989: Plant Taxonomy and Biosystematics. – 2nd. ed. – Cambridge: Cambridge University Press.

Stuessy T. F., 1990: Plant Taxonomy. The Systematic Evaluation of Comparative Data. – New York: Columbia University Press.

Weberling F. & Th. Stützel, 1993: Biologische Systematik. Grundlagen und Methoden. – Darmstadt: Wissenschaftliche Buchgesellschaft.

### Spezielle Sippensystematik (Darstellung des Systems):

→ auch Lehrbücher der gesamten Botanik w. o.!

Frohne D. & U. Jensen, 1992: Systematik des Pflanzenreiches unter besonderer Berücksichtigung chemischer Merkmale und pflanzlicher Drogen. 4. Aufl. – Stuttgart &c.: G. Fischer.

Graf J. & al., 1975: Tafelwerk zur Pflanzensystematik. Einführung in das natürliche System der Blütenpflanzen mit neuartiger Bildmethode. – München: J. F. Lehmann.

Heywood V. H. (Hrsg.), 1982: Blütenpflanzen der Welt. – Basel: Birkhäuser-Verlag. – (Deutsche Übersetzung von „Flowering Plants of the World“, Oxford: Univ. Press, 1978). *Knappe Besprechung aller Samenpflanzen-Familien der Erde.*

Martensen H. O. & W. Probst, 1990: Farn- und Samenpflanzen in Europa. Mit Bestimmungsschlüsseln bis zu den Gattungen. – Stuttgart &c.: G. Fischer. – *Kombination eines Lehrbuchs der Taxonomie der Gefäßpflanzen mit einem Bestimmungsschlüssel der Gattungen Europas.*

*Melchior H. (Hrsg.), 1964: A. Englers Syllabus der Pflanzenfamilien unter besonderer Berücksichtigung der Nutzpflanzen. II. Band: Angiospermen; Übersicht über die Florengebiete der Erde. 12. Aufl. – Berlin-Nikolassee: Gebr. Borntraeger. – *Alle Ordnungen, Familien, Unterfamilien und Triben sowie die wichtigsten Gattungen.*

*Rohweder O. & P. K. Endress, 1983: Samenpflanzen. Morphologie und Systematik der Angiospermen und Gymnospermen. – Stuttgart &c.: G. Thieme. – *Sehr empfehlenswertes Kurzlehrbuch; Taschenformat.*

*Urania Pflanzenreich in vier Bänden. Die große farbige Enzyklopädie. „1.“ (wahrheitswidrig; tatsächlich: 2., überarb.) Aufl. – Leipzig &c.: Urania-Verlag. – *Sehr gute halbpopuläre Darstellung.*

Weberling F. & H. O. Schwantes, 1987: Pflanzensystematik. Einführung in die Systematische Botanik, Grundzüge des Pflanzensystems. 5. Aufl. – UTB 62. – Stuttgart: E. Ulmer. – *Kurzlehrbuch; Taschenformat, 412 Seiten.*

## d) Morphologie:

GEITLER L., 1953: Morphologie der Pflanzen. 3. Aufl. – Sammlung Göschen **141**. – *Kleines Bändchen mit klarer und einprägsamer Darstellung der Grundzüge pflanzlicher Strukturen.*
HESS D., 1990: Die Blüte. Eine Einführung in Struktur und Funktion, Ökologie und Evolution der Blüten. Mit Anleitungen zu einfachen Versuchen. 2. Aufl. – Stuttgart: E. Ulmer.
KUTSCHERA L., 1960: Wurzelatlas mitteleuropäischer Ackerunkräuter und Kulturpflanzen. – Frankfurt/M.: DLG-Verlags-GmbH.
KUTSCHERA L., E. LICHTENEGGER & M. SOBOTIK, 1982: Wurzelatlas mitteleuropäischer Grünlandpflanzen. Band **1**: *Monocotyledoneae*. – Stuttgart &c.: G. Fischer. – *Weitere Bände in Vorbereitung.*
TROLL W., 1954, 1957: Praktische Einführung in die Pflanzenmorphologie; **1.** und **2.** Teil (2 Bände). – Jena: G. Fischer. – *Unentbehrlich für jeden, der etwas tiefer in die wissenschaftliche Vergleichende Morphologie eindringen will.*
WEBERLING F., 1981: Morphologie der Blüte und der Blütenstände. – Stuttgart: E. Ulmer.

## e) Blüten- und Diasporenökologie:

BARTH F. G., 1982: Biologie einer Begegnung. Die Partnerschaft der Insekten und Blumen. – Stuttgart: Deutsche Verlagsanstalt. – *Einführung in die zoogame Blütenökologie (von zoologischer Seite).*
KNOLL F., 1956: Die Biologie der Blüte. – Verständliche Wissenschaft **57**. – Berlin &c.: Springer.
KUGLER H., 1970: Blütenökologie. 2. Aufl. – Stuttgart: G. Fischer.
MÜLLER-SCHNEIDER P., 1983: Verbreitungsbiologie (Diasporologie) der Blütenpflanzen. 3. Aufl. – Veröff. Geobot. Inst. ETH, Stiftung Rübel, Zürich **61**. – Bern: H. Huber.

## f) Chorologie (Arealkunde und Florengeschichte):

MERXMÜLLER H., 1952–1954: Untersuchungen zur Sippengliederung und Arealbildung in den Alpen. – Jahrb. Ver. Schutze Alpenpfl. u. -tiere (München) **17**:96–133, **18**: 135–158, **19**: 97–139.
*MEUSEL H., E. JÄGER, S. RAUSCHERT & E. WEINERT (& al.), 1965–1992: Vergleichende Chorologie der zentraleuropäischen Flora, Bände **1–3** (je ein Karten- u. ein Textband). – Jena & Stuttgart: G. Fischer.
WALTER H. & H. STRAKA, 1970: Arealkunde. Floristisch-historische Geobotanik. 2. Aufl. – Stuttgart: E. Ulmer.
WILLERDING U., 1986: Zur Geschichte der Unkräuter Mitteleuropas. – Göttinger Schriften zur Vor- und Frühgeschichte **22**. – Neumünster: K. Wachholtz.

## g) Vegetationskunde (Pflanzensoziologie) und Naturschutz:

→ auch Abschn. 3 a!

*ELLENBERG H., 1986: Vegetation Mitteleuropas mit den Alpen in ökologischer Sicht. 4. Aufl. – Stuttgart: E. Ulmer. – *Wichtiges Standardwerk und Hochschullehrbuch. Mit Angabe der Zeigerwerte der wichtigsten Arten der Flora Deutschlands.*
KAULE G., 1986: Arten- und Biotopschutz. – Stuttgart: E. Ulmer.
KREEB K. H., 1983: Vegetationskunde. Methoden und Vegetationsformen unter Berücksichtigung ökosystematischer Aspekte. – Stuttgart: E. Ulmer.
PLACHTER H., 1991: Naturschutz. – UTB 1563. – Stuttgart: G. Fischer.
POTT R., 1992: Die Pflanzengesellschaften Deutschlands. – Stuttgart: E. Ulmer.
RUNGE F., 1990: Die Pflanzengesellschaften Mitteleuropas. Eine kleine Übersicht. – 10./11. Aufl. – Münster: Aschendorff. – *Aufzählung der Pflanzengesellschaften mit Angabe ihrer Charakterarten; mit einem Schlüssel zum Bestimmen der Pflanzengesellschaften.*
WILMANNS O., 1984: Ökologische Pflanzensoziologie. 3. Aufl. – UTB 269. – Heidelberg: Quelle & Meyer. – *Kurzlehrbuch.*

## h) Wörterbücher, Nomenklatur:

BOERNER F. & G. KUNKEL, 1989: Taschenwörterbuch der botanischen Pflanzennamen für Gärtner, Garten- und Pflanzenfreunde, Land- und Forstwirte. 4. Aufl. – Berlin &c.: P. Parey.

GENAUST H. & M. A. FISCHER (in Vorb.): Etymologisches Wörterbuch der botanischen Pflanzennamen. 3., verbesserte Aufl. – Basel: Birkhäuser. – *Sprachliche Herleitungen der wissenschaftlichen Gattungsnamen u. Artbeinamen der mitteleuropäischen Flora und der meisten gärtnerisch kultivierten Gattungen und Arten.*
GREUTER W. & P. HIEPKO, 1989: Internationaler Code der Botanischen Nomenklatur. Angenommen durch den 14. Intern. Botan. Kongreß, Berlin 1987. Ins Deutsche übertragen (engl. Originalausgabe in Regnum Vegetabile **118**, 1988). – Englera (Berlin) **11**.
NATHO G., CH. MÜLLER & H. SCHMIDT (Hrsg.), 1990: Morphologie und Systematik der Pflanzen. Teile **1** u. **2**. – UTB 1522. – Stuttgart: G. Fischer. – *Ein Fachwörterbuch.*
SCHUBERT R. & G. WAGNER, 1991: Botanisches Wörterbuch. Pflanzennamen und botanische Fachwörter. 10. Aufl. – UTB 1476. – Stuttgart: G. Fischer.
*STEARN W. T., 1983: Botanical Latin. History, Grammar, Syntax, Terminology and Vocabulary. (3rd ed.) – Newton Abbot, Devon: David & Charles Ltd.
VOGELLEHNER D., 1983: Botanische Terminologie und Nomenklatur. Eine Einführung. 2. Aufl. – UTB 1266. – Stuttgart: G. Fischer.
WERNER F. C., 1972: Wortelemente lateinisch-griechischer Fachausdrücke in den biologischen Wissenschaften. – Sine loco: Suhrkamp Taschenbuch **64**.
*ZANDER R. (Begr.), F. ENCKE, G. BUCHHEIM, S. SEYBOLD, 1992: Handwörterbuch der Pflanzennamen. 14. Aufl. – Stuttgart: E. Ulmer.

## 8) Nutzpflanzen, Zierpflanzen, Heilpflanzen, Giftpflanzen:

ENCKE F. (Hrsg.), 1958–1961: Pareys Blumengärtnerei. Beschreibung, Kultur und Verwendung der gesamten gärtnerischen Schmuckpflanzen. **1–3**. 2. Aufl. – Berlin &c.: P. Parey. – *Umfassendes und umfangreiches Standardwerk.*
ENCKE F. & al., 1987: Kalt- und Warmhauspflanzen. Arten, Herkunft, Pflege und Vermehrung. Ein Handbuch für Liebhaber und Fachleute. 2. Aufl. – Stuttgart: E. Ulmer.
FRANKE W., 1989: Nutzpflanzenkunde. Nutzbare Gewächse der gemäßigten Breiten, Subtropen und Tropen. 4. Aufl. – Stuttgart &c.: Thieme. – *Sehr informatives Taschenbuch.*
FROHNE D. & H. J. PFÄNDER, 1987: Giftpflanzen. Ein Handbuch für Apotheker, Ärzte, Toxikologen und Biologen. 3. Aufl. – Stuttgart: Wissensch. Verlagsges. mbH.
GESSNER O. & G. ORZECHOWSKI, 1974: Gift- und Arzneipflanzen von Mitteleuropa. 3 Aufl. – Heidelberg: C. Winter. – *„Klassisches" Standardwerk.*
HOLZNER W. (Hrsg.), 1985: Das kritische Heilpflanzen-Handbuch. – Wien: Orac. – *Behandelt eine Auswahl wichtiger Heilpflanzen, diese aber sehr gründlich.*
JELITTO L. (Begr.) & al., 1990: Die Freiland-Schmuckstauden. Handbuch und Lexikon der winterharten Gartenstauden. 4. Aufl. – Stuttgart: E. Ulmer.
MANSFELD R. (Begr.) & J. SCHULTZE-MOTEL (Hrsg.), 1986: Verzeichnis landwirtschaftlicher und gärtnerischer Kulturpflanzen (ohne Zierpflanzen) **1–4**. 2. Aufl. – Berlin &c.: Springer. – *Wissensch. Standardwerk: Taxonomie, Namen, Verwendung, Verbreitung, Literaturangaben.*
SCHÖNFELDER P. & I. SCHÖNFELDER, 1980: Der Kosmos-Heilpflanzenführer. Europäische Heil- und Giftpflanzen. 442 Farbfotos und 277 historische Holzschnitte. – Stuttgart: Franckh.

## 9) Die wichtigsten **in Österreich herausgegebenen Fachzeitschriften und Buchreihen**, in denen u. a. Artikel erscheinen, die Sippensystematik, Floristik und Vegetationskunde der Gefäßpflanzen Österreichs betreffen:

### a) Zeitschriften:

**Berichte des Naturwissenschaftlich-Medizinischen Vereins in Innsbruck.** – Innsbruck.
**Burgenländische Heimatblätter**. – Hrsg. vom Amt der Burgenländischen Landesregierung, Landesarchiv etc. – Eisenstadt.
**Carinthia II**. Mitteilungen des Naturwissenschaftlichen Vereins für Kärnten. Teil 1: Populärwissenschaftlicher Teil (Schriftleitung: H. ZWANDER); Teil 2: Fachwissenschaftlicher Teil (Schriftleitung: P. MILDNER); beide: Museumgasse 2, A-9021 Klagenfurt. – Klagenfurt: Verlag d. Naturwiss. Ver.

**Floristische Mitteilungen aus Salzburg.** – (Schriftleitung: Univ.-Prof. Dr. D. Fürnkranz & Univ.-Doz. Dr. P. Heiselmayer.) – Hrsg.: H. Wagner u. D. Fürnkranz, Salzburg, w. o.
**Linzer Biologische Beiträge.** (Schriftleitung Botanik: Univ.-Prof. Dr. J. Greilhuber, Dr. A. Kump, Univ.-Doz. Dr. F. Speta, Abt. Botanik, Biologiezentrum des Oberösterreichischen Landesmuseums, Johann-Wilhelm-Klein-Str. 73, A-4040 Linz-Dornach). – Hrsg.: Botan. Arbeitsgemeinschaft am Oberösterr. Landesmuseum, w. o..
**Mitteilungen der Abteilung für Botanik am Landesmuseum Joanneum in Graz.** – (Schriftleitung: Wiss. OR. Mag. Dr. D. Ernet, Abt. f. Botanik d. Landesmuseums Joanneum, Raubergasse 10, A-8010 Graz.) – Hrsg.: w. o., Graz.
**Mitteilungen der Forstlichen Bundesversuchsanstalt Wien.** – Wien: Österr. Agrarverlag.
**Mitteilungen des Naturwissenschaftlichen Vereins für Steiermark.** – (Hrsg. vom Naturwissenschaftlichen Verein für Steiermark, Universitätsplatz 3, A-8010 Graz; – Schriftleitung f. Botanik: Mag. Dr. A. Drescher, Institut f. Botanik d. Universität Graz, Holteigasse 6, A-8010 Graz.)
**Naturkundliches Jahrbuch der Stadt Linz.** – Linz: Städtische Sammlungen Linz.
**Notizen zur Flora der Steiermark.** – (Schriftleitung: D. Ernet & A. Zimmermann. Hrsg.: Floristisch-Geobotanische Arbeitsgemeinschaft d. Naturwiss. Vereins f. Steiermark.) – Graz: Abt. Bot., Landesmuseum Joanneum.
**"Öko-L".** Zeitschrift für Ökologie, Natur- und Umweltschutz. (Redaktion: Mag. G. Pfitzner, Roseggerstr. 22, A-4020 Linz.). – Hrsg.: Naturkundliche Station der Stadt Linz.
**Phyton**, Annales rei Botanicae (Horn, Austria). (Redaktion: Prof. Dr. D. Grill & Prof. Dr. H. Teppner, Institut für Botanik, Universität Graz, Holteigasse 6, A-8010 Graz.)
**Verhandlungen der Zoologisch-Botanischen Gesellschaft in Österreich.** (Schriftleitung Botanik: Univ.-Prof. Dr. R. Maier; Institut für Pflanzenphysiologie der Universität Wien, Althanstraße 14, A-1090 Wien.) – Wien: Selbstverlag der Zool.-Bot. Ges.
**Veröffentlichungen des Tiroler Landesmuseums Ferdinandeum.** – Innsbruck: Verein Tiroler Landesmuseum Ferdinandeum, Museumstr. 15, A-6020 Innsbruck.
**Wulfenia.** Mitteilungen des Botanischen Gartens des Landes Kärnten. (Red.: Dr. G. H. Leute, M. Kosch, Mag. Dr. H. Zwander; Botanischer Garten des Landes Kärnten, Kinkstraße 6, A-9020 Klagenfurt.) – Klagenfurt: Amt der Kärntner Landesregierung.

**b)** Buchreihen:

**Abhandlungen der Zoologisch-Botanischen Gesellschaft in Österreich.** – Hrsg. von der Zool.-Botan. Ges. in Österr., Althanstr. 14, A-1091 Wien.
**Naturschutz in Kärnten.** - Hrsg.: Amt der Kärntner Landesregierung, Abt. 20: Landesplanung, Wulfengasse 13, A-9020 Klagenfurt.
**Sauteria.** Beiträge zu Geobotanik, Pflanzensystematik und Floristik. (Schriftleitung: Univ.-Doz. Dr. P. Heiselmayer; Institut f. Botanik, Universität Salzburg, Hellbrunner Str. 34, A-5020 Salzburg.) – Hrsg.: O. Prof. Dipl.-Ing. Dr. H. Wagner u. Ao. Prof. Dr. D. Fürnkranz, Salzburg, w. o.
**Stapfia.** Publikationen der Botanischen Arbeitsgemeinschaft am OÖ. Landesmuseum Linz. (Schriftleitung Botanik: Univ.-Doz. Dr. J. Greilhuber, Dr. A. Kump, Univ.-Doz. Dr. F. Speta, Abt. Botanik u. Zoologie, Museumstr. 14, A-4010 Linz.) – Linz: w. o.
**Wissenschaftliche Arbeiten aus dem Burgenland.** – Herausgegeben vom Burgenländischen Landesmuseum in Eisenstadt.

## 10) Einige **im Ausland erscheinende** wissenschaftliche Zeitschriften, die Artikel der im Kap. 9 angegebenen Fachbereiche publizieren:

**Acta Facultatis Rerum Naturalium Universitatis Comenianae, Botanica.** – Bratislava: Univerzita Komenského.
**Berichte der Bayerischen Botanischen Gesellschaft** zur Erforschung der heimischen Flora. – München: Selbstverlag der Gesellsch.
**Biološki Vestnik.** – Ljubljana: Društvo biologov Slovenije.
**Botanica Helvetica.** Berichte der Schweizerischen Botanischen Gesellschaft. – Basel: Birkhäuser.

**Floristische Rundbriefe**. (Früher: „Göttinger Floristische Rundbriefe".) Zeitschrift für floristische Geobotanik, Populationsökologie und Systematik. – Göttingen: E. Goltze.
**Folia Geobotanica et Phytotaxonomica**. – Prague: Botanical Institute, Czechoslovak Academy of Sciences.
**Fragmenta Floristica et Geobotanica**. A Societate Botanicorum Poloniae publicata. – Kraków.
**Gleditschia**. Beiträge zur botanischen Taxonomie und deren Grenzgebiete. – Berlin: Akademie-Verlag.
**Gortania**. – Trieste.
**Gorteria**. Tijdschrift voor onderzoek aan de wilde flora. – Leiden: Rijksherbarium.
**Informatore Botanico Italiano.** Bollettino della societá botanica Italiana. – Firenze.
**Jahrbuch des Vereins zum Schutz der Bergwelt**. – München.
**Kieler Notizen** zur Pflanzenkunde in Schleswig-Holstein. – Hrsg.: Arbeitsgemeinschaft Geobotanik in Schleswig-Holstein und Hamburg e. V.
**Mitteilungen zur Floristischen Kartierung, Halle**. – Hrsg.: Halle (Saale): Martin-Luther-Universität Halle-Wittenberg, Fachbereich Biologie, Inst. f. Geobotanik u. Botan. Garten, Arbeitsgem. Herzynischer Floristen; Zentralstelle f. d. Floristische Kartierung d. BR Deutschland (Bereich Ost).
**Preslia**. Časopis československé botanické společnosti. – Praha.
**Proteus**. Časopis za poljudno naravoslovje. – Ljubljana: Prirodoslovno društvo Slovenije.
**Scopolia**. Prirodoslovni muzej Slovenije. – Ljubljana.
**Tuexenia**. Mitteilungen der Floristisch-soziologischen Arbeitsgemeinschaft. N. S. – Hrsg.: H. Dierschke. – Göttingen.
**Watsonia**. Journal of the Botanical Society of the British Isles. – London: Department of Botany, The Natural History Museum.

Anemogame, Anemogamie = Windbestäubte, Windbestäubung (Pollentransport durch den Wind) 100
Anemophilie = Anpassung an Bestäubung durch den Wind; → Anemogamie
Anleitung zum Pflanzenbestimmen: 164–169; zum Pflanzensammeln: 172–177; (→ Bestimmen)
„angewachsen" (= adnat) 58
Anmoor, anmoorige Böden: schwach torfig, schwaches, fragmentarisches → Flachmoor
Annuelle = Einjährige [⊙] 94
Anpassung 27 f., 92
ansalben: Ausbringen von Pflanzen bzw. Diasporen in die freie Natur ohne land- oder forstwirtschaftliches Motiv. Ansalbungen sind grundsätzlich durch die Naturschutzgesetze verboten, denn sie sind Florenverfälschung, störende Eingriffe in die Natur, dazu noch ohne ernsten Beweggrund. Weder Experimentierfreude noch falsch verstandener Naturschutz rechtfertigen das Auspflanzen oder Aussäen in der Natur. (Dazu sind Gärten da.) 155
anspruchslos (= oligotraphent) 123, 124
anspruchsvoll (= eutraphent) 123, 124
Anthese = Blühen, Blühzustand 74
Anthropochorie: → Ausbreitung durch die Kulturtätigkeit des Menschen 106
anthropogen = durch den Menschen bewirkt, verursacht, geschaffen, erzeugt, geprägt, mitgestaltet; künstlich; (*vgl. Gegensatz:* natürlich)
anthropogene Einwirkungen, Faktoren 108, 124, 125, 131, 153 ff.
anthropogene Grünlandvegetation 134, 148 ff.
anthropogene Vegetation 131, 134, 148–152, 153–155
Antiklinalwände: Zellwände, die normal (= senkrecht) zur Oberfläche des betreffenden Organs verlaufen
Anulus 90
Apfelfrucht 86
apikal = an der Spitze, spitzenwärts, → oben, vorn 42, 54, 65
apogam = → agamospermisch: Samen ungeschlechtlich (ohne Befruchtung) erzeugend
apomiktisch, Apomixis: = obligatorisch ungeschlechtliche (→ vegetative) oder befruchtungslose Fortpflanzung; *(oft fälschlicherweise auch gleichbedeutend mit* → agamospermisch *gebraucht*) 103
Appendix (die!): Anhängsel, Fortsatz
aralokaspisch-südsibirisch-pontisch 113
Archäophyt (Archaeophyt) = → Alteingebürgerte
Areal = Wohngebiet (= Verbreitungsgebiet, Siedlungsgebiet) einer → Sippe 107
Arealkunde = Chorologie 107
Arealtypen 107, 112
Arillus = Samenmantel 89
arktisch-alpine Zwergstrauchgesellschaften **(30–31)** 133, 140
arktisch-alpisch 113
arktisch-zentralasiatisch-alpisch 113
arm: → mager
Art (= *species*, = Spezies) 26, 27, 29, 31
Art-Begriff (→ Art) 29
Art-Beiname (= Art-Epithet, = spezifisches Epitheton) 33, 1113
Artengruppe 26
Artenschlüssel: ein Bestimmungsschlüssel (meist von der Gattung ausgehend), der zu den Arten führt, d. h. die Ergebnisse sind Arten
Artenschutz 156
Art-Epithet = Artbeiname (*vgl.* → Binom) 33, 1113
Artenzahlen der österreichischen Gefäßpflanzenflora 110 ff.
Artenzahlen-Rückgang 153
Artname (→ Binom): aus Gattungsname und Art-Beiname bestehend
Arzneipflanze [ArzneiPf] (= Heilpflanze, Medizinalpflanze): *bedeutet in diesem Buch*: in der österreichischen Pharmakopöe (= im amtlichen österreichischen Arzneibuch)

bullat (= blasig-höckerig) 49
Bülten = Bulte(n) *(Vegetationskunde)*: Kuppen, hockerförmige Bildungen der Vegetation, z. B. im Hochmoor
Buntschwingelrasen **(44 b)** 143
Burrian = Steppenroller 104
BURSER, J. 157
Bürstlingsrasen (= Nardion, = Borstgrasrasen) **(80)** 150
Büschelhaar 51
BUSCHMANN, A. 163

calciphil = → kalkliebend
Caricion curvulae = Krummseggenrasen **(44)** 143
Carnivore = „Fleischfressende", Tierverdauende 99
Catena: „Kette", ökologische Reihe von Standorten bzw. Pflanzengesellschaften; (*vgl.* → Gradient) 131
*cf.* = *confer* = „vergleiche!": Hinweis auf eine provisorische, unsichere Angabe (Bestimmungsergebnis), die erst überprüft werden muß 176
Chamaechorie = Ausbreitung mittels Steppenroller 104
Chamaephyten („Bodennah Knospende") 95
Charakterarten = Kennarten 125
Chemorasse (= Chemodem): Rasse oder → Variante oder → Biotyp (Genotyp), die/der sich (nur) in einem chemischen Merkmal (Inhaltsstoff) unterscheidet, z. B.: „citriodora"-Variante bei manchen Lippenblütlern (z. B. Quendel/*Thymus*)
Chlorophyll = Blattgrün
Chorologie = Arealkunde 107
Chromosomen (= „Kernschleifen"): Träger der Erbsubstanz (→ DNA, → Gene) im Zellkern *(vgl.* → Chromosomenzahl) 27
Chromosomenzahl *(vgl.* → diploid, → polyploid) 32
(circum)boreal-alpisch 113
CLUSIUS, C. 157
collin (kollin) = planar-collin = in der Ebenen- und Hügelstufe 129
Convarietät = *convar.*: Sortengruppe, Gruppe von miteinander nächstverwandten Kulturvarietäten, entspricht etwa der → Unterart bei Wildsippen; *vgl.* → Cultivar
cordat = → herzförmig
corollinisch = → kronenartig
Corymbus (= Ebenstrauß) 72
CRANTZ, H. J. N. v. 157
Cultivar (= „cultivated variety") = cv. = Kulturvarietät = Sorte: bei → Kultursippen, im Zuge der Züchtung aufgetretene und absichtlich erhaltene und vermehrte → infraspezifische Sippe; *z. B.* die schlankbaumkronige Rasse der Schwarz-Pappel / *Populus nigra* (= „Spitz-Pappel", „Pyramiden-Pappel"), die „Trauerform" der Gewöhnlichen Esche / *Fraxinus excelsior (= cv.* 'Pendula'), die dunkelrotblättrigen Sorten des Spitz-Ahorns / *Acer platanoides* und der Rotbuche / *Fagus sylvatica* (= „Blut-Buche" = *F. s. cv.* 'Atropunicea'), die Schlitzblatt-Mutante der Weiß-Birke / *Betula pendula*, die als Obst verwendbaren, weil bitterstoffarmen Sorten der → Eberesche / *Sorbus aucuparia (var. moravica)*
Cupula: fälschlich „Fruchtbecher"; 4- oder 1teilige Hülle, die bei den Buchengewächsen/*Fagaceae* den 3–1blütigen ♀ Teilblütenstand umgibt
„Curvuleten" = → Krummseggenrasen **(44)** 143
Cyathium 73
Cyclochorie = → Steppenroller
Cyme, cymös = → Zyme, zymös
Cytogenetik: Cytologie und Genetik, insbesondere deren Zusammenhänge
Cytologie: Erforschung der Zelle, Zellenlehre

„dachziegelig" = → ziegeldachig, aus wie Dachziegel angeordneten (Hoch-)Blättern bestehend 44
DALLA TORRE, K. W. v. & L. v. SARNTHEIN 161
Dauergesellschaften 131; trockene 144 f.

endogen: von innen, aus der Pflanze selbst kommend, von ihr selbst verursacht (*Gegensatz:* → exogen)
Endokarp 86
Endozoochorie = Verdauungsausbreitung 104
engräumig verbreitet = stenochor 107
Entstehung neuer Pflanzenarten (= Speziation) 31
Entwicklung, Entwicklungsgeschichte: (a) → phylogenetische E.; (b) → ontogenetische E.
ephemer (wörtlich: „über einen Tag"): kurzlebig, vorübergehend, → unbeständig (→ „adventiv")
Ephemerophyt (bes. früher unrichtig → „Adventive" genannt)
Epiphyt = „Überpflanze" (= „Aufsitzer") 97
Epithet = Epitheton = Beiname (z. B. → Art-Epithet, Unterart-Epithet usw.) 33, 1113
epizoochor, Epizoochorie = (mit) Klettausbreitung 104
Eponym: *(in der Botanik:)* Pflanzenname, der auf einen Personennamen zurückgeht; = → Dedikationsname
Erde: ein nicht uninteressanter Planet (nicht: → Boden!)
„Erdsproß" = → Bodentrieb 45
Erdschürfepflanzen = → Hemikryptophyten
Erico-Pinion = Schneeheide-Föhrenwald **(21)** 139
Erneuerungsknospen, Erneuerungssprosse (= Innovationsknospen, -sprosse) 43
Errantia 97
Ersatzgesellschaften: vom Menschen bedingte Vegetation anstelle der einstigen natürlichen (= Ur-)Vegetation 132, 134
Erstbeschreibung (= Originaldiagnose) 34
Eschenau **(12)** 138
Ethnobotanik: *im weiteren Sinn:* angewandte Botanik, Erforschung der Verwendung der Pflanzen durch den Menschen; *im engeren Sinn:* völkerkundliche und volkskundliche Aspekte der Botanik 20
ethnobotanische Angaben 20, 171
Etikett, Etikettierung: → Herbaretikett 174, 176
etioliert: infolge Lichtmangels zu lang, kleinblättrig und bleich verbildeter Pflanzentrieb
Euanthium (*Gegensätze:* → Pseudanthium, → Meranthium) 103
eumediterran: = mediterran i. e. S.: wintermilder Bereich der Hartlaubgehölze am Mittelmeer; *vgl.* → mediterran
Eurasien = Europa + Asien
euryök 124
eutroph, Eutrophierung = nährstoffreich, Nährstoffanreicherung 123, 155
Evolution: stammesgeschichtlicher Wandel (Entwicklung im geologischen Zeitmaßstab) samt dessen Ursachen, Prozessen und Gesetzmäßigkeiten; (*vgl. dazu* → Phylogenese) 31, 92
evolutiv: auf die → Evolution bezüglich
Exemplar (= Specimen): (→ herbarisiertes) Pflanzenindividuum 41
exogen: von außen, von außerhalb der Pflanze, aus der Umwelt kommend, dort die Ursache habend
Exokarp 86
Exostom *(im* Scilla-*Schlüssel)*: der mikropylare Randbereich des äußeren Integuments (d. i. der äußeren Schicht der → Samenanlage). (Die Mikropyle ist der Eingangskanal in die Samenanlage, durch die [zwischen → Bestäubung u. → Befruchtung] der Pollenschlauch – des gekeimten → Pollenkorns – eindringt.)
exponiert: „ausgesetzt", einem dominierenden Umweltfaktor ausgesetzt (z. B.: windexponiert) *oder (meist):* in eine bestimmte Himmelsrichtung schauend (Hangrichtung, z. B. südexponiert); *vgl.* → Exposition
Exposition (= Hanglage) 121, 175
Exsikkat = → Herbarbeleg (*insbeson-*

flachgründig: Boden geringmächtig, dünnschichtig 122
Flachmoore (= Niedermoore) **(73–74)** 134, 148
Flachmoorwiesen **(75)** 134, 149
Flaumeichenwälder **(2)** 135
Flaumhaare, flaumhaarig, flaumig (pubeszent) 51
flechtenreiche Gemsheidespaliere **(31)** 140
fleischig (= sukkulent) 57
fleischige Frucht (= Saftfrucht) 86
Flexurkante *(Umbelliferen-Petalen)* 534 (Abb. 260)
Fliegenblume 102
FlK = → Flexurkante
flockig 52
Flora: Gesamtheit der Pflanzensippen eines bestimmten Gebietes; *auch:* Buch, das alle Pflanzensippen eines bestimmten Gebietes in systematischer Ordnung auflistet, darstellt, beschreibt, oder außerdem Bestimmungsmöglichkeiten (also einen → Bestimmungsschlüssel) bietet (in diesem Fall: Bestimmungsflora). (*Vgl. dagegen* → Vegetation!) 110
florale Region (= Blütenstandsbereich) 40
Florengebiet: Einheit der floristischen Gliederung (nach der Ähnlichkeit der → Flora) der Erde; hierarchische Rangstufen: Florenreich – Florenregion – Florenprovinz
Florist: Pflanzen(sippen)kenner, Kenner der → Flora (einer bestimmten Gegend). Bedeutet in der Botanik also nicht „Blumenbinder, Blumenhändler"! (*Die botanische Bedeutung dieses Wortes hat historische Priorität;* → Floristik.)
Floristik: Beschäftigung mit dem Kennenlernen, Beobachten, Beschreiben, Dokumentieren usw. der Pflanzensippen eines bestimmten geographischen Gebietes. *(Das Wort „Floristik" hat auch noch eine gänzlich andere Bedeutung: diesen Ausdruck verwenden nämlich auch, besonders in neuerer Zeit, die Blumenbinder und Blumenhändler für ihre Arbeit, ihren Beruf und ihr Fachgebiet: abgeleitet vom französischen „fleuriste" für „Blumenhändler"; sie sollten sich freilich besser „Fleuristen" nennen und uns die Floristik nicht streitig machen.)*
Flügel 79, 86
Flügelflieger 104
Flügelfrucht (*vgl.* → Flügelflieger)
Flügellänge *(Doldenblütler-KroB)* 534
Flügelnuß (= Samara) 86
flutend 48
Flutrasen **(65)** 147
Flyschzone (*sprich:* „Flisch", nicht -ü-!) 117, 127, Abb. 104
Föhn 128
Föhrenwälder: *wenn nichts anderes angegeben*: bodentrockene → Rot- und/oder Schwarzföhrenwälder, = → Erico-Pinion
Fö = Förderung (morphologische Vergrößerung) (KroB u. Dolden bei den → Umbelliferen) 534 f.
Form: *sehr verschiedene Bedeutungen: a)* Gestalt (z. B. eines Organs); *b)* Pflanzengestalt, Gestaltabweichung eines Individuums oder einer → Population oder einer → Sippe, wobei offen bleibt, ob bloß → modifikativ oder erblich (→ genetisch) bedingt; *c)* Rangstufe der → Forma; *d) gedankenloser- und unzweckmäßigerweise oft auch statt* richtig → Sippe
Forma (*forma*) (Abkürzung: *f.* oder *fa.*): die unterste taxonomische → Rangstufe 26, 31
formenreich: → polymorph und/oder → variabel
Forst: ± künstlicher (→ anthropogener) Baumbestand oder → Forstgesellschaft. (*Vgl. den Gegensatz:* → Wald!) **(98)** 152
Fortpflanzungssystem: Gesamtheit der Einrichtungen und Eigenschaften einer Sippe, die für das Fortpflanzungsgeschehen maßgeblich sind; vor allem: Art und Weise der Fortpflanzung, Qualität und Quantität der Blüten- und Samenbildung, Bestäubungs- und Befruchtungsverhältnisse (→ Blütenökologie,

Haustorien: Saugnäpfe, Saugwarzen oder Saugwurzeln (bei → Parasiten) 41
häutig (trockenhäutig, membranös, skariös); (*Gegensatz:* krautig) 57
Hautrand, hautrandig: am Rand mit einem → häutigen Saum versehen
HAYEK, A. v. 161, 162
„Heiden": *sehr vage, weitgefaßte u. vegetationskundlich sehr Verschiedenartiges umfassende bzw. ungenaue oder unklare Bezeichnung für* nicht als Ackerland genutztes → Extensiv-Kulturland (Magerweiden, Trockenrasen, lichte Wälder, Moore)
„Heidewiesen" **(77)** 149
Heimat: natürliches (nicht → anthropogenes, nicht → synanthropes → Areal
HEIMERL, A. 161
Heißländen **(54)** 145
Hemikryptophyten [He] 95 f.
Hemiphanerophyten (Kleinsträucher) 94 f.
herablaufend (dekurrent) 56
Herbar = Herbarium: wissenschaftliche Sammlung getrockneter, gepreßter und beschrifteter (→ Herbaretikett) Pflanzen 172 ff., 176 f.
Herbarbeleg (= Exsikkat, = „Preßling"): eine oder mehrere → herbarisierte und sachgemäß etikettierte (→ Herbaretikett) Pflanze 175 ff.
Herbarbogen = Spannbogen 176 f.
Herbaretikett 174, 176
herbarisieren: eine Pflanze zu wissenschaftlichen Zwecken vom lebenden in den toten, flach(gepreßt)en, getrockneten Zustand befördern 172–177
Herbizid = chemisches Mittel zur Beikrauttötung, Ackerwildkrautvernichtungsgift
Herbst-Annuelle 96
herzförmig (= cordat, „herzlich") 63, 64
heterokarp = „verschiedenfrüchtig", mit verschieden gestalteten Früchten
heterochlamydeisch = → „ungleichartige" Blütenhülle
heterospor (= „verschiedensporig") 90
heterostyl = → verschiedengriffelig
heterotroph: sich von organischen Substanzen ernährend (d. s. → Parasiten und → Saprophyten); (*vgl. Gegensatz:* → autotroph)
heterotypisch: mit verschiedenen (bzw. mit einem anderen) → nomenklatorischen Typen (Typus); (*Gegensatz:* → homotypisch) 27
hexaploid: 2n = 6x; (*vgl.* → polyploid)
hinfällig (*deciduus*) 57
HINTERHUBER, R. & J. H. 160
Hochblatt, Hochblätter [HochB] (Braktee) (*vgl.* → Deckblatt!) 54, 55, 68
(Hoch-)Gebirgspflanzen (= Orophyten) 98
Hochmoorbult(en)gesellschaften **(71)** 148
Hochmoore **(71–72)** 134, 148
Hochstaude 97
Hochstaudenfluren **(35)** 133, 141
Hochwald: Baumbestand aus Samen erwachsen und ± die natürliche Wuchshöhe erreichend; (*vgl. Gegensatz:* → Niederwald)
höckerig 49
Höhenlage, Höhenstufen, Höhenverbreitung 125, 128 ff., 170
Höhere Landpflanzen = → Gefäßpflanzen
Hohe Tauern: Hochgebirge an der Grenze Land Salzburg/Ost-Tirol/West-Kärnten (überwiegend silikatisch; Teil der → Zentralalpen), → Abb. 103
hohl 52
Holzgewächse, holzig (♄) 52, 94
Holzschlag = → Waldschlag
homochlamydeisch: → „einfache" Blütenhülle
homolog, Homologie: morphologische Gleichheit, bauplanmäßige gestaltliche Entsprechung (unabhängig von Ähnlichkeit und Funktion); (*vgl. Gegensatz* → analog, Analogie!)
Homonyme: gleichlautende, aber Verschiedenes bedeutende Namen 37

Zentralalpen (in Ost-Kärnten und Steiermark) *(der Ausdruck wird in verschiedenen Bedeutungen, mit verschiedenem Umfang verwendet, meist aber etwa wie folgt)*: Gurktaler Alpen (samt den Nockbergen), Seetaler Alpen, Saualpe, Gleinalpe, Stubalpe, Packalpe, Koralpe
Nunatakker 108
Nuß (Nußfrucht) 86
Nüßchen 86
Nutzpflanzen 15, 20, 171

oben 42
oberalpin (hochalpin) 129
Oberblatt 54
„Oberflächenpflanzen" = Chamaephyten [Ch] 95
Ober-Kärnten: Westteil Kärntens, etwa westlich (des Meridians) von Villach
Oberlippe 80
obermontan 129
oberseits 54
oberständig (Fruchtknoten) 81
Ober-Steiermark: nördlich-nordwestliche Hälfte der Steiermark (etwa nordwestlich der Linie Semmering – Bruck/M. – Zeltweg – Obdacher Sattel); (*Gegensätze:*: → Mittel-Steiermark, → Untersteiermark) Abb. 103
oberwärts 48
obligat *(Standortsökologie)*: auf den betreffenden Standortsfaktor unbedingt angewiesen, von ihm abhängig, an ihn gebunden; (*vgl. Gegensatz:* → fakultativ)
oblanzeolat = → verkehrt-eilanzettlich
oblong = → länglich
obovat = → verkehrt-eiförmig
Ochrea (= Tute) = → Nebenblattscheide; (→ Knöterichgew.) 58, 344
„Ödland": nicht kultivierte, nicht land- oder forstwirtschaftlich genutze Flächen: → Ruderalfluren, → Waldschlagfluren, → alpine Gesellschaften
offener Blütenstand 68
offizinell (von mittellateinisch *officina* = Apotheke): „in der Apotheke verwendet", = → Arzneipflanze, → Volksarzneipflanze
Öffnungsfrucht = → Springfrucht
Öhrchen (= *auricula*) 58
Ökofaktor = ökologischer Faktor, Standortsfaktor, Standortsbedingung, Umwelteinwirkung (z. B. ein bestimmtes Ausmaß an Feuchtigkeit, Nährstoffversorgung, → pH-Wert, Licht usw.)
ökogeographisch: in standörtlicher und verbreitungsmäßiger (arealkundlicher) Hinsicht; bezüglich → Ökologie und/oder Geographie 29
ökogeographische Rassen = → Ökorasse
ökoklinal, Ökokline 30
Ökologie: Wissenschaft von den Beziehungen der Organismen zur Umwelt (Autökologie) und untereinander (Synökologie) 18, 93
ökologische Radiation 93
Ökomorphologie: erforscht die Gestalten u. Gestaltungen der Organismen, insoweit und in welcher Weise sie ökologisch relevant sind 93
ökophysiologisch: → physiologisch insofern, als für die Umweltbeziehungen (→ Ökologie) maßgeblich; die Ökologie betreffende physiologische Aspekte
Ökorasse 27, 29, 31
Ökotop = Standort 121
Ökotyp 29
oktoploid: → Chromosomenzahl 2n = 8x; *vgl.* → polyploid
oligotroph = nährstoffarm
Ombrochorie = → Ausbreitung mittels Regens 104
ombrophil = regenliebend
ontogenetisch: die Individualentwicklung (= Ontogenese: vom Samen über die blühende Pflanze bis wieder zur Samenbildung) betreffend; (*vgl. dagegen jedoch* → phylogenetisch)
Ophiolith, ophiolitisch: „Serpentin"-Gesteine; → Serpentinfluren, → Serpentinophyten

„Orchideen-Buchenwälder“ **(6)** 136
Ordnung (= *ordo*) 25, 26, 207; *(Syntaxonomie:)* 126
Ornithochorie = → Ausbreitung durch Vögel 105
Orographie (= „Gebirgsbeschreibung“), orographisch, → geomorphologisch, die (Wissenschaft von der) Gestaltung der Erdoberfläche betreffend 108
Ostalpen: die Alpen östlich des Rheins/Hinterrheins 117, 127
ostalpisch 113
ostalpisch-illyrisch 113
ostalpisch-karpatisch 113
östliche Alpenländer [öAlp] 117
Ost-Steiermark: der östliche Teil der → Mittel-Steiermark: zwischen der Mur, der Mürz und der burgenländischen Grenze Abb. 103
Ötztal, Ötztaler Alpen: Hochgebirge und Talzug im südwestlichen Nord-Tirol, → Abb. 103
oval = → elliptisch (*vgl. dagegen* → ovat!)
Ovar = → Fruchtknoten
ovat = → eiförmig (*vgl. dagegen* → oval!)
ovoid (= dreidimensional-eiförmig) 67
ozeanisch (= atlantisch); (*Gegensatz:* kontinental); → Ozeanität/Kontinentalität
Ozeanität/Kontinentalität des Klimas 108, 121, 128

P *(im Alternativschlüssel der Umbelliferen)* 534 (Abb. 260)
paarig-gefiedert 60
Pacher, D. 160
Palynologie = Pollenforschung
pannonisch: in der Ungarischen Tiefebene und den benachbarten Hügellandschaften beheimatet bzw. dort zentriert bzw. für diese Gegend charakteristisch 107, 112, 113, 116, 120
pannonische Felssteppen **(37)** 141
pannonische Rasensteppen **(38)** 141
pannonische Wiesensteppen **(39)** 142
Pannonisches Gebiet, Pannonicum (innerhalb Österreichs = österreichischer Anteil: [Pann]) 107, 116, 120, Abb. 104
pannonisches Klima 127
papillös 49
Pappus 85
parallelnervig 57
paraphyletisch: mit nur einem einzigen, aber nicht ausschließlichen Vorfahren (denn aus diesem Vorfahren haben sich auch noch andere Nachfahren entwickelt); ± willkürlich abgetrennter Teil einer monophyletischen Gruppe. (*Vgl. als Gegensätze:* → monophyletisch; → polyphyletisch!) 26
Parasiten (= Schmarotzer), Parasitismus 99
Partialinfloreszenz = → Teilblütenstand
Pedicellus (Pedizellus) = → Blüten- bzw. → Fruchtstiel
Pehr, F. 163
pentaploid: → Chromosomenzahl 2n = 5x; *vgl.* → polyploid
Perennierende = → Ausdauernde
perenn, perennierend = → ausdauernd
perfoliat = → durchwachsen(blättrig)
Perianth = → Blütenhülle 77
Perigon verwachsenblättrig (syntepal) 76
Perigon (*vgl.* → „einfache“ Blütenhülle) (76), 77
Perigonblätter [PerigonB] (= Tepalen) 77
persistierend: (längere Zeit, während der ganzen Vegetationsperiode oder noch länger) erhalten bleibend, nicht abfallend, nicht verschwindend. (*Vgl. Gegensatz:* → hinfällig)
Pestwurzhalde **(51)** 144
petaloid = kronblattartig; *vgl.* → kronenartig
Pfahlwurzel 41
Pfeifengraswiesen **(75)** 149
pfeilförmig (= sagittat) 64
Pflanze [Pf]: ein Individuum oder dessen oberirdischer Teil. („Pflanze“ *sollte nicht statt* → Sippe *verwendet werden*!) 41
Pflanzengesellschaft(en) 121, 125
Pflanzenpresse 173, Abb. 107

Polymorphie, Polymorphismus: Vielgestaltigkeit; → polymorph
polyphyletisch: uneinheitlichen Ursprungs, auf 2 oder mehrere verschiedene Vorfahren zurückgehend. (*Vgl. als Gegensätze:* → monophyletisch; → paraphyletisch!)
polyploid (Polyploidie): *(in der Taxonomie:)* Sippe, deren gametophytische Chromosomenzahl n ein Mehrfaches von → x ist (*vgl. unter* → diploid!); triploid: n = meist unregelmäßig, 2 n = 3 x; tetraploid: n = 2 x, 2n = 4 x; hexaploid: n = 3 x, 2 n = 6 x; oktoploid: n = 4 x, 2n = 8 x; usw. (*Vgl.* → Chromosomen, → Allopolyploidie!)
polysymmetrisch = → radiär
polytomer Schlüssel: jeder Schlüsselpunkt mit mehr als 2 Wahlmöglichkeiten; (*vgl.:* → dichotomer Schlüssel) 165
Polytomie: Verzweigung in mehrere Richtungen 165
polytop: 31
pontisch: im Steppengebiet nördlich des Schwarzen Meeres (südliche Ukraine und Südost-Rußland) beheimatet bzw. dort zentriert bzw. für diese Gegend charakteristisch 107, 112, 113
pontisch-pannonisch 113
Population 25
Porenkapsel 87
PORTENSCHLAG-LEDERMAYER, F. V. 159
postfloral (= postanthetisch): nach dem Blühen, nach dem blühenden Zustand, nach der Blühphase 74
potentiell gefährdet: → Gefährdungsstufen 153
Präparieren, Präparation von Pflanzen 172, 175
Preßling = → Herbarbeleg
Presse: → Pflanzenpresse
Primärsproß 42
Primärwurzel 41
Prioritätsregel: Hauptregel der → Nomenklaturregeln: der älteste wirksame Name ist der gültige 32
Prodromus: „Vorläufer“, vorläufige Fassung eines wissenschaftlichen Werkes
prostrat (= niederliegend, liegend) 47
Proterandrie, proterandrisch: die Staubblätter reifen (d. i. öffnen ihren Staubbeutel), bevor der/die Stempel reift/reifen (d. h.: die Narbe belegungsfähig = empfangsbereit wird). (*vgl. Gegensatz:* → proterogyn) 103
Proterogynie, proterogyn: die Narbe(n) der Blüte wird (werden) empfangsbereit, bevor sich die Staubbeutel öffnen; (*Gegensatz:* → proterandrisch) 103
Prothallium (= „Vorkeim“, der → Gametophyt der Pteridophyten) 91
Pseudanthium (= „Scheinblüte“): blütenähnlicher Blütenstand, Infloreszenzblume 73, 103
psychophil: → Tagfalterblumen
pubeszent = flaumhaarig 51
Punkt: = → Schlüsselpunkt
punktiert 49
purpurn („blaurot“, „rotviolett“, „lilarot“): Farbtöne zwischen rot und violett
Purpurweidengebüsch **(11)** 138

Quadrant: das Viertel eines → Grundfeldes 175, 176
Quellfluren, Quellsümpfe **(69–70)** 134, 147
querelliptisch 62
Quirl 69
„quirlig“ = → quirlständig 49
quirlständig: Blätter in mindestens 3zähligen Wirteln angeordnet 49

racemös 69
Rachis (= Rhachis) = → Blattspindel
Rachisblatt 60
Rachenblumen 101
radförmig (= rotat) 79
radiär [⊕] (= strahlig, aktinomorph, polysymmetrisch): mit mehr als 2 Symmetrieebenen 75
Radicula = → Keimwurzel(anlage), → Keimlingswurzel
Radikante 94

→ Moder(humus) und → Mull(humus) 122
Röhrichte und Großseggensümpfe **(62–66)** 134, 146–147
Röhrichtgesellschaften **(62)** 134, 146
Rollfarnflur **(53)** 145
RONNIGER, K. 163
ROSENKRANZ, F. 163
Rosetten-Hemikryptophyten 95
Roßminzen-Blausimsen-Flur **(70)** 147
Rostalpenrosen-Heiden **(30)** 140
Rostseggenrasen **(43)** 143
Rotbuchenwälder = → Buchenwälder
Rote Liste: Verzeichnis der ± stark in ihrer Existenz bedrohten, gefährdeten Sippen eines Landes; → Gefährdungsstufen 7, 153, 171
Rotföhrenwälder **(23)** 139
Rosette, Rosettensproß 44
rosettig 44
Röhre (Kronröhre, Kelchröhre und Perigonröhre) 77
röhrenförmig 79
röhrig 67, 79
Rübe 41
Rückennaht (= Dorsalnaht) 87
Rückkreuzung: Kreuzung mit einem Individuum eines Elters oder einer Elternsippe 29
rückwärts-gesägt 66
rückwärts-rauh 66
ruderal: → Ruderalfluren, → Ruderalflora
ruderale Säume **(96)** 134, 152
ruderale Heckensäume **(96)** 152
ruderale Schotterfluren **(94)** 152
Ruderalflora: Arten, die für → Ruderalstandorte typisch sind, d. h. für nicht bewirtschaftete, aber vom Menschen stark beeinflußte Standorte, wie Wegränder, Müll- und Schuttplätze, Industrie- und Verkehrsanlagen; unter ihnen viele → Pionierpflanzen und → Nährstoffzeiger
Ruderalfluren, Ruderalgesellschaften **(92–96)** 134, 152, 155
Ruderalstandort, Ruderalstelle: *früher auch irreführend* → „Ödland" (z. T.) genannt; → Ruderalfluren
Rudiment: Verkümmerung als (stammesgeschichtliches) Überbleibsel
Rundblattäschelkrauthalde **(51)** 144
rundlich (= rotundat) 62
runzelig (= rugos) 49
rutenförmig 46
Rutengewächs (*vgl.* → Rutensproß) (98)
Rutensproß: (*vgl.* → Rutengewächs, → Rutenstrauch) 46
Rutenstrauch: strauchiges → Rutengewächs

SABIDUSSI, H. 163
SABRANSKY, H. 163
Saftmale 102
Sägezähne 66
sagittat = → pfeilförmig
SAILER, F. S. 159
Salbei-Glatthaferwiese **(85)** 150
Salzböden: reich an Salzen, meist weniger an Kochsalz als vielmehr an Soda (= Kalziumkarbonaten); → halisch, → Salzfluren; → Solontschak, → Solonetz
Salzfluren: salz-(soda-)reiche Standorte (Gesellschaften); *vgl.* → Salzsteppen, → Salzwiesen, → Salzlakken, → Salzböden
Salzlacken: Sodalacken, salzreiche Tümpel und kleine Seen **(57)** 145
Salzsteppen **(57)** 145
Salzwiesen: salz-(soda-)reiche geschlossene Rasen
Same [Sa] 85, 89
Samenanlage(n) 81, 89
Samenmantel (= Arillus) 89
Samennabel (= Hilum) 89
Samenschale [SaSchale] (= Testa) 89
Samenschuppe [SaSchuppe] 82
samensteril: keine reifen (keimfähigen) Samen hervorbringend
Samenstielchen (= Nabelstrang, Funiculus) 89
„Sammelart" = → Aggregat 26
Sammelausrüstung 172
Sammelfrucht [SammelFr] 88
Sammler (Pflanzensammler) 175
samthaarig *(= velutinus)* 51
sandig *(arenosus)* 122
Sandrasen **(55)** 145

schneeliebend (= chionophil) 121
schneemeidend (= chionophob) 121
Schneetälchen **(46–47)** 133, 143 f.
Schopfflieger 104
Schößling 43
Schotterfluren **(54)** 145
Schötchen (= Silicula) 88
Schote (= Siliqua) 87
SCHRANK, F. v. P. v. 158
SCHRATT, L. = L. SCHRATT-EHRENDORFER 4, 13
Schraubel 72
schraubig 48
schrotsägeförmig (= runcinat) 61
schülf(e)rig 52
SCHULTES, J. A. 158
schuppenförmig 64
Schuppenhaare 52
Schuppenzwiebel 45
Schutt: *man unterscheide:* „Schutt" als Substrat von manchen → Ruderalstandorten und → Felsschutt!
Schuttdecker 99
„Schuttfluren" = → Felsschuttfluren
Schuttstauer 99
Schuttstrecker 99
Schuttüberkriecher 99
Schuttwanderer 99
Schüttelstreuer 105
SCHWAIGHOFER, A. & F. 161
Schwarzerde (= Tschernosem): ein Bodentyp (tiefgründig, nährstoffreich)
Schwarzföhrenwälder **(21–22)** 133, 139
Schweizermannsschild-Gesellschaft **(48)** 144
schwerer Boden: lehm- und tonreicher Boden 122
schwertförmig 67
schwielig 49
schwierige Taxa 17
Schwimmblattgesellschaften **(61)** 134, 146
SCHWIMMER, J. 163
Schwimmpflanzen 97, 98
Schwimmpflanzengesellschaften **(61)** 134, 146
SCOPOLI, J. A. 158
Schwingrasen **(72 c)** 148
*sect.* = *sectio* = Sektion 26
Seehöhe: → Höhenstufe 175
Seewinkel: Ebene (mit → Sodalacken) östlich des Neusiedler Sees im → Nord-Burgenland, → Abb. 103
segetal: auf Ackerstandorte bezüglich; *vgl.* → Segetalflora
Segetalflora: Ackerwildkräuter, früher Acker-„Unkräuter" genannt, nicht direkt landwirtschaftlich genutzte Arten auf ackerbaulich genutzten Standorten
Segetalfluren (*vgl.* → Segetalflora) **(89–91)** 134, 151
Segregat: ausgegliedertes Taxon (z. B. aufgrund einer Rangstufenerhöhung für diese Sippe), „Spaltprodukt"; z. B. ist *Huperzia* Segregat von *Lycopodium*, *Pulsatilla* von *Anemone*, die *Sambucaceae* von den *Caprifoliaceae*
seidenhaarig (= *sericeus*) 51
Seitenachse 53
Seitensproß, Seitentrieb 40, 42
Seitenwurzeln 41
Sektion (= *sectio, sect.*): taxonomische → Rangstufe zwischen → Untergattung und → Art 26
Selbstausbreiter (= Autochore) 105
Selbstbestäubung (= Autogamie) 30, 103
Selbstung = → Selbstbestäubung
*sensu (= ss)* = im Sinn von 33
*sensu lato (= s. l.)* = im weiten, umfassenden Sinn; *sensu latiore* = in einem noch weiteren Sinn; *sensu latissimo* = im allerweitesten Sinn 33
*sensu stricto (= s. str.)* = im engen Sinn; *sensu strictiore* = in einem noch engeren Sinn (d. h.: nicht im weiten und nicht im engsten Sinn); *sensu strictissimo* = im allerengsten Sinn 33
septiert: durch Querwände (Septen) gegliedert
Serie (= *series* = *ser.*) 26
Serpentinfluren **(58)** 145
Serpentin-Föhrenwälder **(25)** 139
Serpentinophyten 115, 139, 145
Serpentinstandorte, Serpentinvegetation 117, 120
„Seslerio-Sempervireten" **(42)** 143

Stengelblatt [StgB]: stengelständiges Laubblatt 44
Stengelglied [StgGlied] = Internodium (40), 52
stengelständig 44
stengelumfassend (= amplexicaul) 56
stenochor (= engräumig, mit relativ kleinem Areal) 107, 114
Stenoendemit: → Lokalendemit
stenök, Stenözie 124
Steppen: → Trockenrasen
Steppenföhrenwälder **(24)** 139
„Steppenhexe" = → Steppenroller
Steppenroller 104
steril = unfruchtbar: keine Fortpflanzungskeime (z. B. Sporen oder Samen) hervorbringend, der eigentlichen Funktion nicht gerecht werdend; z. B.: sterile Staubblätter = keinen Pollen erzeugende Staubblätter. *Auch*: keine Blüten tragend. Sterile Blätter (z. B. Spelzen) sind solche, aus deren Achsel keine Blüte entspringt. (*Vgl.* → fruchtsteril, → samensteril; *und den Gegensatz:* → fertil.)
Sternhaar, sternhaarig 51
stet, Stetigkeit 125
Stiel: unverzweigter Sproßabschnitt, an dessen Ende ein Organ, z. B. Blütenstand, Blüte oder Frucht, steht; er beginnt in der Achsel seines Tragblattes; er ist entweder blattlos u. umfaßt dann nur ein einziges Internodium (z. B. Blütenstandstiel [BlüstdStiel] = Grundinternodium = Hypopodium) oder trägt Blätter (meist HochB) u. umfaßt daher mehrere Internodien. Bei endständigen Blütenständen oder Blüten ist meist nur das Internodium unterhalb der Blüte gemeint. (Der → Blattstiel darf niemals „Stiel" genannt werden, denn er ist kein Sproß, sondern Teil des Blattes!) – *Bei den → Bärlappgewächsen bedeutet „Stiel" (ausnahmsweise, sonderbarerweise) auch* ein bloß mit Hochblättern (statt Laubblättern) besetztes Sproßglied.
Stielbucht (= Basalbucht): bei gestielten Blättern die Bucht des → herz-(oder nieren-)förmigen Spreitengrundes, in deren Mitte der → Blattstiel in die → Blattspreite mündet
Stieldrüsen 50
stielrund (= teret) 53
Stieltellerblumen 101
stieltellerförmig (= hypocrateriform) 79
Stipellen = → Nebenblättchen 59
Stipeln = → Nebenblätter
Stomata = → Spaltöffnungen
Strahlblüten = strahlende Randblüten 80
strahlig = → radiär
Strandlingsflur **(66)** 147
streifennervig 57
Streu(e)wiesen **(75)** 134, 149
Streufrucht = → Springfrucht
Striegelhaare, striegelhaarig 51
Strohtunika: → Faserschopf 56, 98
Stufe: *meist* = → Höhenstufe
stumpf 65
stumpfkantig 53
Stylus = → Griffel
subalpin (*vgl. im Unterschied dazu* → unteralpin!) 129
subatlantisch 113
Subendemit, subendemisch: fast endemisch (d. h., nur sehr kleine Arealteile außerhalb des betreffenden Gebietes) 114
*subgenus [subg. = subgen.]* = → Untergattung
subkontinental: schwach → kontinentales Klima: das → pannonische Klima und das der → Innenalpen 128
submediterran [submedit.]; (*vgl.:* → mediterran) 113
submers: untergetaucht, im Wasser
submontan (*vgl. dagegen* → untermontan!) 129
subnival 129
subozeanisch = schwach → ozeanisch; z. B. das Klima der → Randalpen; generell das durchschnittliche → mitteleuropäische Klima
subruderal: schwach und/oder teilweise ruderal, halbruderal

*subsect.* = *subsect.* = Untersektion
*subspecies [subsp.]* = Subspezies = → Unterart. Anm.: *Falls eine Art aus Unterarten besteht, von denen in Österreich nur eine einzige vorhanden ist, in Nachbarländern aber mindestens eine weitere vorkommt, so ist in diesem Buch i. d. R. der Beiname der österreichischen Unterart in Klammern und in Kleindruck angeführt, und zwar im Fall der → homotypischen Unterart (= Nominat-Subspecies) in Magerdruck – z. B.:* **Helléborus víridis** (subsp. víridis) – , *im Fall einer → heterotypischen Unterart dagegen in Fettdruck – z. B.:* **Verónica alpína (subsp. púmila).** *Im ersten Beispiel gibt es in Deutschland und in West-Europa* subsp. occidentalis*; im zweiten Beispiel ist die Nominat-Subspezies (also* subsp. alpina*) in Nord-Europa verbreitet, fehlt aber in den Alpen.*
„Substratsteppen": bodenbedingte Steppenrasen **(54–58)** 134, 145
Südalpen: südliche Teile der Ostalpen, hauptsächlich in Slowenien und Nord-Italien, randlich nach Österreich reichend (letztere = sAlp): von den → Steiner Alpen u. → Karawanken im Osten über die → Karnischen Alpen, die Dolomiten, die → Judikarischen Alpen bis etwa zu den Bergamasker Alpen im Westen; (jedoch: sAlp = nur österreichischer Anteil! 117, 118 f.)
südalpisch 112, 113, (115)
südalpisch-illyrisch 113
Süd-Burgenland: etwa südlich der Güns Abb. 103
Südliche Kalkzone (Kalkalpen) 127
Südliche Schieferzone (= Grauwackenzone) 127
südostalpisch 113
Südöstliches Alpenvorland [söVL] 119, 127
südsibirisch-pontisch-pannonisch (Arealtyp) 113
Südsibirisch-Pontisch-Pannonisch (Florenregion) 107
Süd-Steiermark: die südlichsten Teile der → Mittel-Steiermark, also der → West- und der → Ost-Steiermark (*vgl. dagegen* → Untersteiermark) Abb. 103
Südtirol = Autonome Provinz Südtirol = Provinz Bozen (also nicht die Provinz Trient [= Trentino], die vor 1918 „Südtirol" genannt wurde!)
sukkulent, Sukkulente = fleischig-saftig, „Saftpflanzen" 95, 98
Sukkulenz: Verdickung der Achsen (→ Achsensukkulenz) und/oder Blätter (→ Blattsukkulenz) zwecks Wasserspeicherung 95, 98
Sukzession 131
Sümpfe **(62–70)** 134, 146 f.
Sumpfpflanzen = Helophyten 97
Sumpfwälder (= Bruchwälder) **(16)** 138
Sumpfwiesen **(75)** 149
Superpseudanthium = aus → Pseudanthien zusammengesetztes Pseudanthium, also Pseudanthium 2. Ordnung (z. B. beim Edelweiß/*Leontopodium*)
*sylvestris* = Wild- (nicht „Wald-„!) 37
symbiontisch: in Symbiose lebend, d. h. in enger Lebensgemeinschaft zwischen zwei Organismensippen zu beidseitigem Nutzen
Symmetrie, symmetrisch (Blüte) 75
Sympodium 42
synanthrop: durch den Menschen ausgebreitet, an vom Menschen geschaffenen (= → anthropogenen) Standorten vorkommend, = → „Kulturfolger" (Apophyt)
Syndrom = → Merkmalssyndrom
Synfloreszenz 73
Synökologie: erforscht die Beziehungen zwischen den Organismen (zwischen den miteinander wachsenden Pflanzen: Sippen und Individuen) 93
Synonyme: verschieden lautende, aber gleichbedeutende Namen 19, 34
Synopsis = „Zusammenschau", zusammenfassende, übersichtliche wissenschaftliche Darstellung (oft ein Buch)
Synsystematik = → Syntaxonomie

Urwiesen: natürliche (nicht anthropogene) → Rasen

Vagina (Betonung auf dem i!) = → Blattscheide
Valven: (a) = Fruchtklappen (*vgl.* → Klappen); (b) *jedoch bei* → *Rumex*: → postfloral vergrößerte innere → Perigonblätter
*var.* = *varietas* = → Varietät
variabel, Variabilität: veränderlich, mit schwankenden, wechselnden Merkmalsausbildungen; Sippe, innerhalb der ein oder mehrere Merkmale relativ stark verschiedene Ausprägungen annehmen; *vgl.* → polymorph
Variante *(Taxonomie)*: infraspezifische → Sippe unklarer → Rangstufe; (*vgl. dagegen* → Varietät) 30
Variation: Merkmalsschwankung, -abweichung, -änderung: (a) → modifikative: bewirkt durch Umweltfaktoren, nicht-erblich; (b) → ontogenetische: im Zuge der Individualentwicklung, erblich festgelegt; (c) genetische (allelische): zwischen Individuen einer Population und einer Art; sowie taxonomische: zwischen den Sippen; beide erblich festgelegt 27, 29, 30, 31
Varietät *(varietas = var.)*; (*vgl. dagegen* → Variante) 26, 30
Vegetation: Gesamtheit der Pflanzengesellschaften (*vgl. dagegen* → Flora!) 121, 125
Vegetationskunde 93, 121, 125
Vegetationsperiode: die für das Pflanzenwachstum günstigen Jahreszeiten
Vegetationstypen Österreichs 132 ff.
vegetativ [veget.]: nicht blühend (u. daher auch nicht fruchtend), ohne geschlechtliche Fortpflanzung; *(bei den Pteridophyten:)* keine Sporen erzeugend; bloß der Ernährung dienend. *(Außerhalb der Botanik bedeutet „vegetativ": pflanzlich, im Gegensatz zu tierisch und seelisch/geistig.)*
vegetative Fortpflanzung: durch → Erneuerungstriebe, → Ausläufer, → Brutknospen (Brutknöllchen, Brutzwiebeln) usw. 103
vegetative Region: Laubblatt-, Niederblatt- und Wurzel-Bereich 40
vegetativer Trieb 43
ventral: bauchwärts, bauchseitig, auf der Bauchseite (*Gegensatz:* → dorsal)
Verband *(Syntaxonomie)* 126
Verbreitung (*vgl. dagegen* → Ausbreitung!) 107
Verbreitungsatlanten 7
„Verbreitungsbiologie" = → Ausbreitungsökologie
Verbreitungsgebiet = → Areal 107
Verdichtungszeiger: Bodenverdichtung anzeigend, d. h. Luftarmut des Bodens
Verhagerung, Verhagerungszeiger: → Aushagerung
Verlandungsgesellschaften, -zone **(62–63)** 134, 146
verkahlend (= *glabrescens*) 50
Verkarstung: → Karst
verkehrt-eiförmig (= obovat) 62
verkehrt-eilanzettlich (= „oblanceolate") 62
verkehrt-herzförmig (= obcordat) 63
Vernakularname, vernakularer Name: volkstümliche Pflanzenbezeichnung, Dialektname; *im Gegensatz zum* (schrift-)deutschen Standardnamen (= „Büchernamen") *und zum* wissenschaftlich-lateinischen Namen 20, 37
Verschiedengriffeligkeit (= Heterostylie): die Individuen innerhalb der Art bestehen aus zwei (dimorph) oder drei (trimorph) Typen („Morphen"), deren Blüten sich in der relativen Position von Narben und Staubbeuteln unterscheiden: (dimorph:) lang- u. kurzgriffelige oder (trimorph:) lang-, mittel- u. kurzgriffelige 103
verschmälert 64
verschollen: keine Vorkommen mehr bekannt, entweder weil die Sippe nicht beachtet worden oder weil sie → ausgestorben ist

## Anhang zum Sachregister:

Übersetzung der in diesem Buch verwendeten österreichischen Ausdrücke ins Gemeindeutsche für Benützer in Deutschland und der Schweiz, die der österreichischen Variante der deutschen Schriftsprache nicht mächtig sind.
(Vgl. EBNER J., 1980: Wie sagt man in Österreich? Wörterbuch der österreichischen Besonderheiten. 2. Aufl. – Duden Taschenbücher. – Mannheim &c.: Bibliographisches Institut / Duden-Verlag.)

Au = Aue
Auwälder = Auenwälder
Benützer = Benutzer
färbig = farbig
Egart: → Egartwiesen
zur Gänze = vollständig, ganz
Gstettn (Gstätten) = ruderale, brachliegende, „verwilderte", z. T. als Müll- und Schuttdeponie verwendete Fläche, (ursprünglich) insbesondere (Ufer-)Böschung, Abhang
-hältig = -haltig
heurig = diesjährig
Kipfe(r)l = kleines gebogenes Feingebäck, Hörnchen
Knödel = Kloß
Lacke = Lache, Pfütze, Tümpel, kleiner See; *(vgl.* → Salzlacke)
Mähder = hochgelegene Bergwiese, subalpine Mähwiese (die oft nur jedes zweite Jahr gemäht wird)
Most = *(auch)* Obstwein
ohneweiters = ohne weiteres
der Polster (Einz.), die Pölster (Mehrz.) = Kissen
schattseitig, Schattseite = schattenseitig, Schattenseite
schmäler = schmaler
sonnseitig, Sonnseite = sonnenseitig, Sonnenseite
Schweinsbraten = Schweinebraten
sodaß = so daß
Salzlacke = Salz-(Soda-)See (im → Nord-Burgenland)
Stanitzel (das) = trichterartige, spitze Tüte

Zahlreich sind die Unterschiede bei den Pflanzennamen, (darunter viele Nutzpflanzen): z. B. Almrausch, Bockshörndl, Bürstling, Dirndlstrauch, Erdapfel, Föhre, Karfiol, Kranewit, Kren, Kukuruz = Türken, Kuttelkraut, Marille, Reseda, Ribisel, Vogerlsalat; in manchen Fällen sind das grammatische Geschlecht oder die Betonung (z. B. österr.: Sálbei) oder die Rechtschreibung anders (z. B. österr.: Zwetschke). Die österreichischen Namen stehen in diesem Buch jeweils an erster Stelle, die gemeindeutschen sind jedoch gleichfalls angeführt. Man beachte, daß nicht selten Bedeutungsunterschiede bestehen: z. B. Binse, Kraut, Kohl, Maiblume, Queller, Simse.

## Erklärung (Übersetzung) der häufigsten botanisch-lateinischen Artbeinamen (Art-Epitheta)

Vgl. dazu auch S. 32–35 u. 167–163!

(Es sind jeweils die Endungen der 3 grammatischen Geschlechter angegeben: männlich = *-us* bzw. *-is*; weiblich = *-a* bzw. *-is*; sächlich: *-um* bzw. *-e*; — gr. = aus dem Altgriechischen stammendes Wort.)

Geographische Namen folgen anschließend (S. 1115) in einem getrennten Verzeichnis!

*acáulis, -e* = stengellos
*aestívus, -a, -um* = Sommer-, sommerlich
*agréstis, -e* = Acker-, Feld-
*álbus, -a, -um; álbidus, -a, -um* = weiß; weißlich
*alpéstris, -e* = *alpínus, -a, -um* = Alpen-, alpin, alpisch
*angustifólius, -a, -um* = schmalblättrig
*ánnuus, -a, -um* = einjährig, annuell
*aquáticus, -a, -um* = Wasser-
*arenósus, -a, -um* = *arenárius, -a, -um* = Sand-
*argénteus, -a, -um* = Silber-, silbrig
*arvénsis, -e* = Acker-
*ásper, -ra, -rum* = rauh
*atrátus, -a, -um* = schwarz, dunkel
*áureus, -a, -um* = Gold-, golden
*austrális, -e* = südlich, Süd-
*autumnális, -e* = Herbst-, herbstlich
*biflórus, -a, -um* = zweiblütig
*azúreus, -a, -um* = himmelblau
*boreális, -e* = nördlich, nordisch, Nord-
*bulbósus, -a, -um* = Zwiebel-, (Knollen-)
*cáesius, -a, -um* = blaugrün, graugrün
*campéstris, -e* = Feld-
*cándidus, -a, -um* = weiß, rein
*canéscens* = grau, weißgrau werdend
*canínus, -a, -um* = Hunds-
*cánus, -a, -um* = grau
*capilláris, -e* = Haar-, haarförmig
*capitátus, -a, -um* = kopfig, Kopf-
*ciliátus, -a, -um* = Wimper-, bewimpert
*coerúleus, -a, -um* = blau
*collínus, -a, -um* = Hügel-
*commúnis, -e* = gewöhnlich
*commutátus, -a, -um* = verwechselt
*comósus, -a, -um* = Schopf-, schopfig
*cordátus, -a, -um* = Herz-, herzförmig
*corymbósus, -a, -um* = ebensträußig, doldentraubig, schirmrispig
*críspus, -a, -um* = kraus
*decúmbens* = (nieder)liegend (an der Spitze ± aufsteigend)
*dentátus, -a, -um* = gezähnt, Zahn-
*dióicus, -a, -um* = zweihäusig, diözisch
*díscolor* = verschiedenfärbig
*dúbius, -a, -um* = zweifelhaft, fragwürdig, unklar
*dúlcis, -e* = süß
*elátior, -ius* = höher
*elátus, -a, -um* = hoch
*eréctus, -a, -um* = aufrecht
*exíguus, -a, -um* = winzig
*filifórmis, -e* = fadenförmig
*flávus, -a, -um* = gelb
*fóetidus, -a, -um* = stinkend, Stink-
*fruticósus, -a, -um* = strauchig, Strauch-
*gigantéus, -a, -um* (gr.) = riesig, Riesen-
*gláucus, -a, -um* = blaugrün, graugrün
*gláber, -bra, -um* = kahl
*glabérrimus, -a, -um* = völlig kahl
*glaciális, -e* = Gletscher-, Eis-
*glomerátus, -a, um* = geknäuelt, Knäuel-
*glutinósus, -a, -um* = klebrig, Kleb-
*grácilis, -e* = zart, schlank
*grandiflórus, -a, -um* = großblütig
*herbáceus, -a, -um* = krautig
*híspidus, -a, -um* = steifhaarig, rauhhaarig
*heterophýllus, -a, -um* (gr.) = verschiedenblättrig
*hirsútus, -a, -um* = behaart, haarig
*hírtus, -a, -um* = behaart, haarig
*húmilis, -e* = niedrig, bodennah
*hyemális, -e* = Winter-, winterlich
*incánus, -a, -um* = (ziemlich) grau, weißgrau

*integérrimus, -a, -um* = ganzrandig
*intermédius, -a, -um* = mittel, Mittel-, in der Mitte stehend
*laevigátus, -a, -um* = glatt
*lanátus, -a, -um* = wollig, Woll-
*lanceolátus, -a, -um* = lanzettlich, Lanzett-
*latifólius, -a, -um* = breitblättrig
*longifólius, -a, -um* = langblättrig
*lúteus, -a, -um* = gelb
*maculátus, -a, -um* = gefleckt, fleckig
*májor, május* = größer
*marítimus, -a, -um* = Meerstrands-
*máximus, -a, -um* = sehr groß
*médius, -a, -um* = mittel, Mittel-
*micránthos, -us, -a, -um* (gr.) = kleinblütig
*mínimus, -a, -um* = sehr klein
*mínor, minus* = kleiner
*móllis, -e* = weich
*montánus, -a, -um* = Berg-, Gebirgs-
*multiflórus, -a, -um* = vielblütig
*murális, -e* = Mauer-
*negléctus, -a, -um* = verkannt, vernachlässigt, übersehen
*nemorális, -e* = *nemorénsis, -e* = *nemorósus, -a, -um* = Hain-, Wald-
*níger, nigra, -um* = schwarz
*nítidus, -a, -um* = glänzend, Glanz-
*nivális, -e* = schneeweiß, Schnee-
*níveus, -a, -um* = schneeweiß
*nudicáulis, -e* = nacktstengelig
*nútans* = nickend
*occidentális, -e* = westlich, West-
*odorátus, -a, -um* = duftend, Duft-
*officinális, -e* = in der Apotheke erhältlich, Arznei- (früher auch „gebräuchlich“ genannt)
*oleráceus, -a, -um* = im Gemüsegarten (Küchengarten), Gemüse-
*orientális, -e* = östlich, Ost, Orient-
*ovátus, -a, -um* = eiförmig, Ei-
*palléscens, -a, -um* = bleich (werdend)
*pállidus, -a, -um* = bleich
*palústris, -e* = Sumpf-
*parviflórus, -a, -um* = kleinblütig
*persicifólius, -a, -um* = pfirsichblättrig
*pilósus, -a, -um* = behaart, Haar-
*platyphýllos* (gr.) = breitblättrig
*práecox* = früh, frühzeitig, frühreif, frühblühend
*praténsis, -e* = Wiesen-
*procúmbens* = niederliegend
*pubéscens* = weichhaarig, Flaum-
*púmilus, -a, -um* = zwergig, niedrig
*purpúreus, -a, -um* = purpurn
*pusíllus, -a, -um* = sehr klein
*racemósus, -a, -um* = traubig, Trauben-
*ramósus, -a, -um* = verzweigt, ästig
*répens* = kriechend
*réptans* = kriechend
*róseus, -a, -um* = rosafarben
*rotundifólius, -a, -um* = rundblättrig
*rúber, -rubra, -um* = rot
*rupéstris, -e* = Felsen-, felsig
*salicifólius, -a, -um* = weidenblättrig
*satívus, -a, -um* = kultiviert, gesät, angepflanzt, angebaut
*saxátilis, -e* = Felsen-, Stein-
*sempérvirens* = immergrün
*septentrionális, -e* = nördlich, nordisch, Nord-
*seríceus, -a, -um* = samtig
*serótinus, -a, -um* = spät(blühend)
*speciósus, -a, -um* = prächtig, ansehnlich
*sphaerocárpus, -a, -um* (gr.) = kugelfrüchtig
*sphaerocéphalus, -a, -um* (gr.) = kugelköpfig
*spicátus, -a, -um* = ährig, Ähren-
*spinósus, -a, -um* = dornig, stachelig
*spúrius, -a, -um* = unecht, falsch, Bastard-
*stenophýllus, -a, -um* (gr.) = schmalblättrig
*stríctus, -a, -um* = steif, starr
*suavéolens* = *suávis, -e* = (süß, lieblich) duftend
*sylváticus, -a, -um* = Wald-
*sylvéstris, -e* = wildwachsend, Wild-
*tenuifólius, -a, -um* = zartblättrig
*ténuis, -e* = zart, schmal
*tomentósus, -a, -um* = filzig
*tuberósus, -a, -um* = knollig
*uliginósus, -a, -um* = Sumpf-
*uniflórus, -a, -um* = einblütig
*variegátus, -a, -um* = bunt, marmoriert
*vernális, -e* = Frühlings-
*vérnus, -a, -um* = Frühlings-

*verrucósus, -a, -um* = warzig, Warzen-
*villósus, -a, -um* = zottig
*víridis, -e* = grün
*viscósus, -a, -um* = klebrig, Leim-
*vulgáris, -e* = gewöhnlich (früher: „gemein“)

## Anhang: Epitheta nach geographischen Namen (manchmal in einem historischen Sinn gemeint):

*ánglicus, -a, -um* = englisch
*británnicus, -a, um* = großbritannisch, britisch
*creténsis, -e* = *créticus, -a, -um* = auf der Insel Kreta (nicht selten irrtümlich!)
*gállicus, -a, -um* = französisch
*gráecus, -a, -um* = griechisch
*hispánicus, -a, -um* = spanisch
*insúbricus, -a, -um* = insubrisch, d. h. im Gebiet der Südalpen um die oberitalienischen Seen, im Grenzgebiet zum Tessin (südliche Schweiz), bes. vom Langen- zum Comersee (Lago Maggiore bis Lago di Como)
*lappónicus, -a, -um* = lappländisch
*monspeliénsis, -e* = *monspelíacus, -a, um* = *monspessulánus, -a, -um* = Montpellier- (Stadt in Südfrankreich)
*n(e)apolitánus, -a, um* = Neapel- (Napoli)
*norvégicus, -a, -um* = norwegisch
*provinciális, -e* = *galloprovinciális, -e* = provençalisch, Provence- (Süd-Frankreich)
*pyrenáicus, -a, -um* = *pyrenáeus, -a, -um* = pyrenäisch, Pyrenäen-
*sárdous, -a, -um* = sardisch = sardinisch (Sardinien)
*sinénsis, -e* = chinesisch
*suécicus, -a, -um* = schwedisch
*transsylvánicus, -a, -um* = siebenbürgisch, Siebenbürger
*virgínicus, -a, -um* = *virginiánus, -a, -um* = Virginia- (Staat in den USA)

Nach Namen von und in Nachbarländern Österreichs:

*bavάricus, -a, -um* = bayerisch
*bohémicus, -a, -um* = böhmisch (Böhmen: westlicher Teil Tschechiens)
*cárnicus, -a, -um* = karnisch (nach der Landschaft Carnia im Nordwesten der italienischen Region Friaul-Julisch-Venetien und den angrenzenden Karnischen Alpen an der österreichisch-italienischen Grenze)
*carniólicus, -a, -um* = Krainer, krainerisch (Krain: nordwestliches, zentrales und südliches Slowenien)
*germánicus, -a, -um* = deutsch, in Deutschland
*helvéticus, -a, -um* = Schweizer, schweizerisch
*hercýnicus, -a, -um* = *harcynicus, -a, -um* = herzynisch, Harz- (Gebirge in Deutschland), in den Deutschen Mittelgebirgen
*hungáricus, -a, -um* = ungarisch
*itálicus, -a, -um* = italienisch
*júlicus, -a, um* = julisch, in den Julischen Alpen (im Grenzbereich Slowenien/Italien)
*morávicus, -a, -um* = mährisch (Mähren: östlicher Teil Tschechiens)
*ratisbonénsis, -e* = Regensburger (Regensburg: Stadt in Bayern)
*rháeticus, -a, -um* = rätisch, (meist:) Bündner, = in Graubünden (südöstliche Schweiz), (oder:) in den Rätischen Alpen, *(auch:)* westösterreichisch (nach der römisch-antiken Provinz *R(h)aetia*)
*rhenánus, -a, um* = Rhein-
*tridentínus, -a, -um* = Trientiner, im Trentino (Provinz Trient, früher Welsch-Tirol, „Südttirol“ im alten Sinn; in Nord-Italien)
*valesíacus, -a, -um* = Walliser, im Wallis (oberes Rhonetal, in der südwestlichen Schweiz)

Nach österreichischen Toponymen (Namen von Ländern, Landschaften, Ortschaften, Bergen und Gewässern in Österreich):

*anisíacus, -a, -um* = an der Enns (Fluß in Oberösterreich u. der Steiermark), Enns-, Ennstal-
*austríacus, -a, -um* = österreichisch
*badénsis, -e* = bei Baden (bei Wien)
*breynínus, -a, -um* = auf der Rax (früher „Prein“, Berg an der niederösterreichisch-steirischen Grenze), Rax-
*carinthíacus, -a, -um* = Kärntner, kärntnerisch
*carnuntínus, -a, -um* = Carnuntum- (antike Stadt bei Petronell bei Hainburg/Donau, in Niederösterreich)
*danubiális, -e* = an der Donau, Donau-
*fladnizénsis, -e* = bei Flattnitz (in Kärnten)
*goesingénsis, -e* = auf dem Gösing (Berg in den niederösterreichischen Kalkvoralpen)
*graecénsis, -e* = Grazer, bei Graz
*juennénsis, -e* = Jauntaler, im Jauntal, (nach der antiken Siedlung Juenna, deren Namen in der Landschaftsbezeichnung Jauntal weiterlebt; in Unter-Kärnten)
*leontínus, -a, um* = Lienzer, bei Lienz (in Ost-Tirol)
*lithopolitánicus, -a, us* = in den Steiner Alpen / Kamniške Alpe (Grenze Österreich/Slowenien)
*liubénsis, -e* = Leobner, bei Leoben (in Steiermark)
*matreiénsis, -e* = bei Matrei (bei *Alchemilla*: M. in Osttirol)
*nóricus, -a, -um* = norisch, in den östlichen Ostalpen (nach der römisch-antiken Provinz *Noricum*)
*oenénsis, -e* = am Inn (Fluß in Graubünden, Tirol, Bayern, Oberösterreich), Inn-, Inntal-
*oenipontánus, -a, -um* = Innsbrucker, innsbruckerisch
*ovirénsis, -e* = auf dem Obir (Berg in den Karawanken, Süd-Kärnten)
*pannónicus, -a, -um* = pannonisch (nach der römisch-antiken Provinz *Pannonia*: östl. Österreich und westl. Ungarn)
*peisónis* = des Neusiedler Sees, am Neusiedler See (= *lacus peiso*)
*petzénsis, -e* = auf der Petzen/Peca (Berg in den Karawanken, Süd-Kärnten)
*rháeticus*: → oben (S. 1115)!
*salisburgénsis, -e* = Salzburger, salzburgisch
*solvénsis, -e* = Leibnitzer, bei Leibnitz (= *Flavia Solva*) (in Süd-Steiermark)
*styríacus, -a, -um* = *stiríacus, -a, -um* = Steirer, steiermärkisch, steir(er)isch
*tauréricus, -a, um* = (u. a.:) in den Tauern (Gebirgszug in den österreichischen Alpen)
*táuricus, -a, -um* = (meist:) auf der Halbinsel Krim; (selten:) in den Tauern (s. o.)
*tirol(i)énsis, -e* = *tyrolénsis, -e* = Tiroler, tirol(er)isch
*truníacus, -a, -um* = *drunénsis, -e* = an der Traun (Fluß in Oberösterreich), Traun-, Trauntal-, Traunsee-
*turrachénsis, -e* = bei Turrach (Ober-Steiermark), auf der Turracher Höhe (Paß an der steirisch-kärntnerischen Grenze)
*vindobonénsis, -e* = *viennénsis, -e* = Wiener, wienerisch
*weizénsis, -e* = bei Weiz (in der Ost-Steiermark)

# Register der deutschen und lateinischen Pflanzennamen

Erfaßt sind die Sippennamen aller Rangstufen bis hinunter zur Gattung, bei den größeren Gattungen (nämlich jenen mit mindestens 13 österreichischen Arten) bis zur Art; dagegen fehlen durchwegs die Namen der Unterarten (sowie Varietäten und Formae). Alle uninominalen (d. h. aus einem einzigen Wort bestehenden) deutschen Artnamen (z. B. Kornblume, Waldmeister) und ebenso jene, die zwar mehrgliedrig sind, aber nicht den wissenschaftlichen Binomen entsprechen (also nicht die Gattung angeben, z. B. Blauer Speik, Gretl in der Stauden) sind jedoch aufgenommen. Die *wissenschaftlich-lateinischen Namen* sind *kursiv* gedruckt. Synonyme stehen in Klammern ( ), auch die ansonsten akzeptierten Namen für jene Textstellen, wo sie als Synonym aufscheinen. Unrichtig verwendete lateinische Namen, mißverständliche und deshalb nicht empfehlenswerte deutsche Büchernamen sowie Dialektnamen stehen zwischen Anführungszeichen. Falls pro Name mehrere Seitenzahlen aufscheinen, geben die **fettgedruckten** Zahlen die Haupteintragung an, das ist jene Textstelle, wo die ausführlichste Information zu finden ist, also bei Familiennamen die Seite, wo der Gattungsschlüssel beginnt, bei Gattungsnamen der Anfang des Artenschlüssels und bei Artnamen die Stelle mit den Weiteren Angaben. (Die Artbeinamen, und zwar sowohl die deutschen wie die lateinischen, werden jedoch – wie erwähnt – nur bei den Gattungen mit mindestens 13 Arten angeführt.) Die mageren Zahlen bezeichnen die Seiten mit Nebeneintragungen, das sind Erwähnungen in den einleitenden Kapiteln, in den taxonomischen Übersichten bei den großen Familien und Gattungen, in Nebenausschlüsselungen (bei Mehrfachverschlüsselung), bei vergleichenden Hinweisen (auf Verwechslungsmöglichkeiten) usw. (Nebeneintragungen auf derselben Seite, auf der sich auch die Haupteintragung befindet, werden allerdings nicht angegeben.) In einigen Fällen finden sich in diesem Register auch Namen (Synonyme), die im Text nicht aufscheinen: sie werden hier im Register erklärt. Bei den deutschen Namen beachte man: Die Grundwörter zusammengesetzter Gattungsnamen werden meist nur dann angeführt, wenn die betreffenden Gattungen miteinander einigermaßen verwandt sind (zur selben Familie gehören), also z. B. finden sich die Gattungsnamen Knollenmiere und Wassermiere auch unter dem Stichwort Miere, Brunnenkresse und Sumpfkresse auch unter Kresse, nicht aber findet man Alpenrose, Pappelrose und Pfingstrose unter Rose und ebensowenig Mondraute, Wiesenraute, Weinraute und Edelraute unter Raute und Alpenveilchen unter Veilchen.

**Farbatlas Feldflora**

Wildkräuter und Unkräuter. Martin Hanf. 1990. 254 Seiten, 207 Farbfotos, 23 Tabellen. Kt. ISBN 3-8001-4074-8.

Seit alters her begleiten Wildkräuter den Anbau unserer Nutzpflanzen. Mit der Intensivierung der Landwirtschaft in den letzten Jahrzehnten hat sich das Erscheinugsbild der Feldflora erheblich verändert: Früher häufige Arten sind selten geworden, andere haben sich dagegen stark ausgebreitet. Das Buch setzt sich mit dieser Entwicklung auseinander und führt die heutige Situation in einer differenzierten Bestandsaufnahme vor Augen. Die rund 270 abgebildeten und beschriebenen Pflanzenarten sind nach ihrem Vorkommen auf Äckern, Gemüsefeldern, Gartenland oder bestimmten Böden gruppiert. Jede Darstellung enthält Angaben über Aussehen, Verbreitung und Standortansprüche, ergänzt durch weitere interessante Informationen. Anhand einfacher Tabellen kann auch der botanische Laie ihm unbekannte Arten bestimmen.

**Pflanzenökologisches Praktikum**

Gelände- und Laborpraktikum der terrestrischen Pflanzenökologie. 1992. Prof. Dr. Lore Steubing, Dr. Andreas Fangmeier. 205 Seiten, 80 Abbildungen (UTB – Große Reihe) Kt. ISBN 3-8252-8062-4.

Das Arbeitsbuch enthält Versuchsanleitungen aus allen Teildisziplinen der terrestrischen Pflanzenökologie. Lehrende und Studierende der Biologie und der angewandt-biologischen Fächer finden hier vielfältige Anregungen und Hilfen bei Planung und Durchführung von ökologischen Experimenten: Methoden zur ökologischen Bewertung der Standortfaktoren Boden, Klima und Immissionen; Biomonitoring; syn- und autökologische Messungen an Pflanzen. Ein kurzer theoretischer Vorspann führt zu jedem beschriebenen Versuch in grundlegende Probleme ein. Abschließend werden Hinweise zur Zusammenstellung von Versuchen für verschiedene Themengebiete gegeben.

**Landschaftsökologie**

Ansatz, Modelle, Methodik, Anwendung. Prof. Dr. Hartmut Leser. 3. vollständig neubearbeitete Auflage. 1991. 647 Seiten, 122 Abbildungen, 16 Tabellen. (UTB 521). Kst. ISBN 3-8252-0521-5.

Seit dem Erscheinen der 1. Auflage ist ein starkes Bewußtsein für Umweltprobleme und ökologische Fragestellungen entstanden. Die 3. Auflage wurde mit Bezug auf die aktuelle Entwicklung von Grund auf neu geschrieben und bewußt praktischer orientiert. Diese neue „Landschaftsökologie" stellt das Landschaftsökosystem als konkreten Forschungsgegenstand modellhaft in den Mittelpunkt der Betrachtung, denn eine zielgerichtete Ökosystemforschung und damit auch eine Bewältigung praktischer Probleme kann nur „vor Ort" zustande kommen. In diesem Sinne kann das neubearbeitete Buch auch als eine Anleitung zum Handeln am Gesamtökosystem verstanden und benutzt werden.

## Alphabetisches Verzeichnis der wichtigsten Abkürzungen:

(Weiteres und Genaueres auf S. 21–24):

| | |
|---|---|
| Abb. | Abbildung |
| Alp | Alpengebiet (innerhalb Österreichs) |
| Anm. | Anmerkung |
| **B** | Burgenland |
| ...B | ...blatt |
| – DeckB | Deckblatt |
| – HochB | Hochblatt |
| – TragB | Tragblatt |
| **Bdld** | Bundesland, -länder |
| bes. | besonders |
| Blü | Blüte, Blüten |
| – BlüHülle | Blütenhülle |
| Blüstd | Blütenstand |
| BM | nördliches Gneis- u. Granitgebiet (Böhmische Masse: Waldviertel u. Mühlviertel) |
| br | breit |
| Ch | Chamaephyt |
| cv. | cultivar = Kulturvarietät |
| d'... | dunkel... (bei Farben) |
| dazw. | dazwischen |
| dh | d. h. = das heißt |
| Fl. Eur. | Fl. Europ. = „Flora Europaea“ |
| Fr | Frucht, Früchte |
| Frkn | Fruchtknoten |
| G | Größe (fallweise statt H; Länge der Triebe) |
| Ge | Geophyt |
| ...ges. | ...gesellschaft(en) |
| Gri | Griffel |
| H | Höhe (= Wuchshöhe der Pflanze) |
| h'... | hell... (bei Farben) |
| He | Hemikryptophyt |
| hfg | häufig |
| Homöop. | homöopathisches Arzneimittel |
| Hptvbr. | Hauptverbreitungsgebiet = größter Teil des Areals |
| HS | Hemiphanerophyt, Halbstrauch |
| **K** | Bundesland Kärnten |
| K | Kelch |
| – KB | Kelchblatt, Kelchblätter |
| KäB | Kärntner Beckenlandschaften |
| Kro | Krone (= Corolle) |
| – KroB | Kronblatt, Kronblätter |
| LB | Laubblatt, Laubblätter |
| lg | lang |
| Medit. | Mediterraneis (= Mittelmeergebiet, mediterrane Florenregion) |
| MPh | Makrophanerophyt, Baum oder Liane (Lebensformentyp) |
| **N** | Niederösterreich (ohne Wien!) |
| nAlp | Nordalpen (innerhalb Österreichs) |
| NPh | Nanophanerophyt, Strauch (Lebensformentyp) |
| nVL | Vorland nördlich der Alpen (nördliches Alpenvorland) |
| **O** | Oberösterreich (Bundesland) |
| **Ö** | Österreich (Bundesgebiet) |
| öAlp | östliche Alpenländer (Teile von **S**, **St**, **O**, **N**, ganz **K**) |
| Pann | Pannonisches Gebiet innerhalb Österreichs |
| Pf | (oberirdischer Teil der) Pflanze |
| Pharm. | für die Gewinnung eines pharmazeutischen Produkts verwendet |